本書為內蒙古工業大學範景武主持完成的國家社會科學基金（西部）項目《中國帝陵神道文化研究》（項目批准號為：13XZJ013）的最終成果。

第一卷

神道文獻整理與帝陵神道研究

範景武 編著

中国社会科学出版社

圖書在版編目（CIP）數據

神道文獻整理與帝陵神道研究：全五卷／範景武編著．
—北京：中國社會科學出版社，2021.5
ISBN 978－7－5203－7877－2

Ⅰ.①神…　Ⅱ.①範…　Ⅲ.①陵墓—文化研究—中國
Ⅳ.①K878.84

中國版本圖書館 CIP 數據核字(2021)第 025439 號

出 版 人　趙劍英
責任編輯　楊曉芳
責任校對　李　芳
責任印製　王　超

出　　版　中國社會科學出版社
社　　址　北京鼓樓西大街甲 158 號
郵　　編　100720
網　　址　http://www.csspw.cn
發 行 部　010－84083685
門 市 部　010－84029450
經　　銷　新華書店及其他書店

印刷裝訂　北京君昇印刷有限公司
版　　次　2021 年 5 月第 1 版
印　　次　2021 年 5 月第 1 次印刷

開　　本　787×1092　1/16
印　　張　164.5
字　　數　3491 千字
定　　價　1280.00 元(全五卷)

凡　例

一、本書包括兩個部分：神道文獻整理和帝陵神道研究。整理歷朝歷代的神道文獻，厘清神道簡史，挖掘神道內涵，探究神道本質，比較中日神道，揭示帝陵神道文化、思想和哲學。

二、依據“中國基本古籍庫”（北京愛如生數字化技術研究中心研製）的資源平臺，搜索“神道”用語，經過“點校”與“彙編”，形成了由朝代、作者、著述、版本、用例等要素構成的神道文獻整理及帝陵神道研究成果。

三、根據歷史軌跡和朝代更迭，歷史人物的“神道文獻”是以“漢語拼音”排序，配以“英語字母”順序，如宋朝起於公元960年，止於公元1279年，而其相關人物始於蔡襄（公元1012—公元1067年），終於祖無擇（公元1011—公元1084年）。

四、歷史文獻以繁體為主，兼有簡體，繁簡並用。其中，既有漏刻、誤寫、錯鈔等現象，又有摘錄、簡化、壓縮等情形。“異體字”或“變體字”，亦造成了錄入、核校和閱讀等困難。

五、神道文獻的載體原有刻本、鈔本、拓本、印本、稿本、刊本、館本、全書本、全集本、叢書本、遺書本、遺著本、重訂本、重刊本、景鈔本、舊鈔本、校刻本、排印本、石印本、輯要本、增修本、活字本等樣式，今人運用現代照排技術，原本原樣，原汁原味，保證了歷史文獻的真實性與原始性，體現了傳統文化的歷時性與體系性。

六、歷史長河與文化長廊，共築了中國傳統思想文化的體系化與整體性。文獻整理時，運用歷史學、文獻學、民族學、文化學、建築學、文學、美學和哲學等諸多學科專業的理論與方法，以期全方位閱讀“歷史遺存”和“文化遺跡”。在學術研究中，運用馬克思主義的立場與思想，研判中國古代社會特殊社會階層傳播或傳承傳統文化、處理和解決人與自然關係的地位及作用；援用文化自信與創新、思想比較與交流、哲學對話與溝通的理論和政策，詮釋中國傳統思想文化體系的構成要素與影響因素——神道的歷史脈絡、文化價值、思想内涵和哲學成分。

七、時代不同，版本各異，用例多樣，其所指和取向等亦有變化。憑依某一信息資源，難免列舉不周，期待專家學者不吝賜教，期盼學界同仁持續研究。

目　　錄

緒　論

中國傳統思想文化具有體系化和完整性特徵，它由中華民族在不同歷史時代以多種思想文化類型共築而成，既有儒釋道等主流思想文化的基礎地位和定向作用，亦有神道等非主流思想文化的輔助地位和優化作用。我們嘗試性地研學、探索性地整理神道文獻和針對性地研究、綜合性地詮釋帝陵神道，應該説是一項浩繁的、復雜的、長期的系統工程，它將廣泛涉及歷史學、民族學、文獻學、建築史學、文化哲學，乃至風水學、堪輿學、陰陽學等領域的相關理論、知識與方法。這樣一來，我們或許能夠歷時性地梳理中國帝陵神道的歷史線索和發展脈絡，屆時性地廓清中國帝陵神道文化、思想和哲學的主要内容和基本特徵，歷時性和屆時性相結合地整理神道文獻及把握中國帝陵神道文化、思想和哲學的邏辑關係，以及選擇性地比較和闡釋中日神道文化、思想和哲學的影響關係。在"歷史與文化"中，我們基於歷史視角與文化視野，通過文化閲讀來尋求歷史自覺和文化自尊，認為歷史是一種文化自信和一幅文化畫卷，文化是一份歷史責任和一張歷史面孔。我們通過解讀神道文化與帝陵文化、帝陵文化與陵寢文化、陵寢文化與喪葬文化、喪葬文化與禮樂文化、禮樂文化與傳統文化的建構邏輯和系統關係，以管窺中國古代社會（尤指封建社會，下同）歷代特殊社會階層尤其是最高統治者處理和解決人與自然的關係、傳播和傳承民族傳統文化及關照和詮釋神道與自然、生態的關係時所表現出來的思維模式和行為方式。在"文獻與思想"中，我們基於神道文獻的全面整理與帝陵建築的實地考察，通過遍覽神道的載體、找尋神道的軌跡、挖掘神道的含義、劃分神道的類型、彙集神道的釋義、闡釋神道的價值、考察神道的遺跡、辨析神道的關係等研究工作，使中國帝陵神道文化、思想和哲學的完整形象呈現在學界和學人面前，為相關研究工作的資料查詢、文獻甄别、概念界定、學問設定及學術參考等提供基礎條件；我們基於跨學科綜合研究與跨文化比較研究的視角，選取了歷史學、民族學、文獻學等學科專業的理論與方法，應用於"神道文獻整理與帝陵神道研究"之中，厚實學術與學理、理論與知識、立場與方法的支撐條件，以達成研究目的和面世研究效果；我們依託中國帝陵神道的歷史線索與邏輯關係，通過神道文獻整理、回顧和釋義等研究工作，深究中國帝陵神道文化、思想和哲學的序列及遞進關係，如借助主神道與輔神道、總神道與分神道、左神道與右神道、直神道與曲神道、長神道與短神道、寬神道與窄神道、平地神道與通天神道及有神道與無神道、實物神道與觀念神道等對應關係，特別是深挖山陵關係、地陵關係、神陵關係和人陵關係之中所深藏的內在的神道哲學思想，將“論述”“考證”與“辨析”結合起來，以拓展中國傳統思想文化研究的領域或範圍。

一　問題意識

（一）唯物史觀與唯心史觀

依據馬克思主義的立場、觀點和方法，看待或對待人民群眾與英雄人物、傑出人物或歷史人物在社會歷史發展過程中的地位和作用，要求我們必須堅持歷史唯物主義的“群眾史觀”，批判歷史唯心主義的“英雄史觀”。縱觀人類社會的演變過程、發展階段及其客觀規律，無疑驗證了歷史唯物主義的科學性與進步性和歷史唯心主義的落後性與局限性。考察和審視中國古代社會的歷史現象與歷史事實、歷史發展與歷史規律等內容，分析和把握中華民族傳統文化的內涵與外延、成分與結構、形態與載體、實質與特徵、功能與價值等方面，必須客觀地、科學地運用和貫徹唯物史觀的立場、觀點與方法，批判性地認清和滌除唯心史觀的立場、觀點與方法。鑒於人類歷史與思想文化的研究始終存在歷史唯物主義與歷史唯心主義的紛爭，或總是存在“唯物史觀”與“唯心史觀”的較量，故研究神道文獻中所承載的中國古代社會歷史軌跡與帝陵神道所內含的民族傳統思想文化時，不可避免地要闡明立場，明晰觀點。

第一，人民群眾創造歷史和文化——中國帝陵神道文化、思想和哲學的源頭活水。人民群眾是人類社會歷史的創造者，即歷史是人民群眾創造的——人民群眾是歷史過程和歷史事件的見證者，物質財富和精神財富的製造者，物質文化和精神文化的締造者，行為方式和行為文化的形成者，自然資源和生態文化的守護者，但普通群眾的日常生活平凡至極，生產活動按部就班，居家生活闔家歡樂，為人處世簡易實用，性格特徵樸實無華等狀況，以至於歷史文獻中鮮有記述普通個人的生活內容、生存狀態、人生軌跡及信仰習慣等方面，即歷史和文獻難以詳實記載人民群眾中每個個體如何參與社會建設與助推社會進步、如何豐富物質財富與盤活物質資源、如何深厚文化土壤與創造文化類型等人生足跡和影響印跡，而只能彙集為群體形象，描述為整體特徵，表現為全面而整合的創造作用。以人民群眾中的個體死後生活的去處和標誌——墳墓為例，因時光荏苒而無影無蹤，或舉家遷徙而不知去向，或後繼無人而無從查考，或默默無聞而無人問津，天長日久後復歸於自然界的原始的本來的存在狀態，真正地與自然界的事物和現象的存在、運行融為一體，而深植於民間和基層的生死觀念、喪葬習俗、祭祀文化、信仰類型等內容，構築著中國傳統思想文化體系。

第二，歷史人物推動歷史和文化——中國帝陵神道文化、思想和哲學的來龍去脈。歷史人物是人類社會建設與發展的重要參與者，即歷史不能離開歷史人物的活動及作用——歷史人物是歷史過程的重要推動者及歷史進程的關鍵推進者，物質資源和精神資源的主要支配者，物質需求與精神需求的特別追求者，故歷史文獻總是連篇累牘地輯錄著帝王將相的奮鬥歷程、生活樣式、政治抱負、執政理念、家族譜系、思维方式及行為模式等內容，致使他們死後生活的空間和載體——陵墓、陵寢或陵園，未因朝代更迭而退出歷史舞臺，或沿襲舊制而警示時人，或後承前制而昭示世人，或後改前制而提示國人，特別是它以獨特方式定格陵寢制度、演繹神道歷史、傳承喪葬文化、詮釋生死關係及闡釋人倫道德、關注自然道德等方面，證明歷史人物在人化自然的過程中發揮了舉足輕重的作用，在自然人化的成果裏樹立了顯而易見的形象，體現了歷史人物始終思考和刻意追求著“前生—今生—來生”或“前世—今世—來世”的序列關係，以獨特的視角和獨有的方式詮釋了“事死如事生”“事亡如事存”的道理。

第三，政治人物影響歷史與文化——中國帝陵神道文化、思想和哲學的功能價值。人類社會歷史是由政治、經濟、文化、教育、軍事、外交等要素構成的一個完整的系統或整體，也是由具體的時間、地點、人物、著述、典籍等因素構成的一幅幅生動的畫面或畫卷，其中人民群眾的活動佔有基礎性的、決定性的地位，而政治人物的活動起到關鍵性的、制約性的作用。評價和把握政治人物的歷史活動與文化建設，既能從一個側面揭示歷史和文化的自身規律，又能使我們從各類政治人物的認識與認知、所思和所想、行為和作為中總結和汲取有益的經驗教訓，繼承和發揚優質的歷史資源和優良的文化傳統，提高認識歷史問題和鑒別文化現象的綜合能力。界定和確定政治人物的歷史作用與文化地位，主要看他們是否順應了歷史發展的潮流或規律，是否匯入了思想文化的主流或幹流，是否推動了生產力發展、人類社會進步和思想文化建設，是否尊重和凝聚了人民群眾創造歷史的經驗與智慧。總之，針對中國古代政治人物的歷史貢獻和文化成就等問題開展研究工作，主要是圍繞他們的政治主張、文教政策、文化措施及艺术追求等內容予以綜合分析，它包括對人類社會的生產生活方式和科學文化制度、對多民族國家的民族關係和民族文化、對歷史進程中的國家統一和政治穩定及對國際關係中的中國形象和文化印象的影響等方面。政治人物的歷史功績和文化成績印記於歷朝歷代的陵園建築和帝陵神道文化、思想和哲學之上，成為我們回望歷史、關切文化、把脈思想和界定哲學的重要參考。

（二）古代社會與傳統文化

人民群眾所享有的基本權利表現在他們精心培育的喪葬文化裏，統治階級所擁有的特殊權利體現在他們所苦心經營的陵寢文化中，這種面對生死問題所伴生的文化心態和社會習俗豐富與完善了中國傳統思想文化體系和內容，而這一針對生死關係所形成的等級序列或特權制度，也是中國古代社會前進的羈絆和發展的障礙。如何丈量國民的文明素質或定位國人的文化品位，恐怕不能簡單地以墳與墓、墳與陵、墳墓與陵寢、殯葬與喪葬、陪葬與殉葬、薄葬與厚葬、土葬與水葬、天葬與野葬、深埋與淺埋之分及帝陵的選址與設計、規劃與營造、建制與形制之別等作為衡量指標或評價標準。中國古代社會歷史發展和文化積澱過程中，在“人本位”價值觀的取捨與實施問題上，尚不具備削弱帝本位、皇本位及官本位的封建等級制度的法制環境，也不具有消除君民尊卑、君臣尊卑、臣民尊卑及父子尊卑、夫婦尊卑、兄弟尊卑、朋友尊卑等封建傳統觀念的制度條件。

政治生活、社会治理及古代建築中的等級制度有著殊途同歸之功或異曲同工之妙，均為人們研究社會文化思想變遷的材料或資源，正如“宗教是文化的一部分，從宗教的進化途徑上，可以看出民族文化進展的痕跡。例如從游牧社會所崇拜的庶物，進到農業社會所崇拜的山川社稷，再進到封建社會所崇拜的天祖，都足以看出社會文化遞進的情形”。[①]我們以中國古代社會的建築等級制度為例，因其列入朝廷的法典之中，具有神聖不可侵犯之義，又因其納入中國古代社會的禮制之內，具有區別於其他國家民族建築之效。具體言之，根據社會地位尤其是政治地位而規定建築物的式樣、數量、結構、規模、佈局或格局等內容，並嚴格區分為皇帝、皇親國戚和貴族階層的建築，朝廷的文武百官、封疆大吏和地方官員的建築，以及平民百姓或凡夫俗子的建築等類型，其等級森嚴，規制嚴整，內涵不一，既不可效仿，又不能復製，僭越者或招致繩之以法的境遇，或面臨身敗名裂的命運；根據禮儀定式與禮制規範而限定建築物的屋頂式樣、面闊的間數、裝飾的色彩、彩畫的形式、斗拱的層數、臺基的階數及位置關係、位階關係等內容，其規格定制，尺寸嚴實，方位精准，既不可上行下效，又不能以下犯上，造次者或遭受株連九族的境地，或遭遇銷聲匿跡的結局。

第一，社會地位與政治地位的差異。處於社會底層、居家過日子的普通人，生前僅能使用簡便實用的生產資料和享用自給自足的生活資料，人們或雞犬之聲相聞，老死不相往來；或面朝黃土背朝天，滴汗入土苦作甜；或安身立命，各安其位，各守其分，各得其所；或老弱病殘衰聽之任之，衣食住行用聽天由命，即衣——破衣爛衫，知足常樂；食——粗茶淡飯，溫飽而已；住——鄉野民居，其樂融融；行——日出而作，日落而息；

① 王治心：《中國宗教思想史大綱·自序》（校訂版），商務印書館2015年版，第4頁。

用——簡單適用，經濟實用等，而死後只能帶走直系親屬的傷悲、後生晚輩的思念、親朋好友的囑託和老鄰舊居的祝福，並因其自然地理環境和生產生活方式千差萬別，而導致喪葬習俗和葬禮儀式五花八門，又因文化背景和社會功能各有千秋，而逐漸構成了中華民族喪葬文化的不同層面、樣式、類型及特色，如蒙古族、藏族推崇天葬和野葬，苗族沿襲傳統施行懸棺葬（崖葬）和洞棺葬，信奉印度教、佛教的民族看重火葬，篤信儒家思想、伊斯蘭教和基督教的民族奉行土葬，西南地區的藏族和門巴族推行水葬，東南沿海地區的民族盛行甕葬，居住在天然洞穴中的原始人類實行洞穴土葬，還有把死者置於深山或野外的樹葬（風葬、掛葬、木葬、空葬或懸空葬）等。林林總總，別具一格，但大都反映了一定的歷史真實和相應的文化品位。總之，它們都是將生前的樸實與死後的節儉自然而然地鏈接起來，把在世的境況與離世的情形順其自然地關聯起來，主要是為了達成讚頌死者生前的美德和善行，勸喻世人尊敬長者和前輩，勿忘祖先恩德和族群風習等目的。而位居上層社會、掌握最高權力的人，生前擁有優質社會資源的佔有權、支配權，過著養尊處優的日子，享受窮奢極欲的生活，掌握一言九鼎的權力，死後仍然握有主要物質文化財富的使用權和經營權，並千方百計地將現世生活的場景與靈魂世界的願景人為結合起來，想方設法地將世俗社會的利益與宗教世界的訴求天然貫通起來，不遺餘力地以死者生前的生活模式為樣板，別出心裁地擬化出靈魂存在的條件，理所當然地形成了帝陵、皇陵、王陵及后陵、妃園陵等建築樣式及營造規制或定制，其目的在於講究奢華——不願意放棄既得的政治利益，滿足金口玉言的期許；獨佔財富——不願意捨棄到手的物質利益，享受驕奢淫逸的生活；靈魂不死——不願意丟棄已有的宗教利益，達成事死如生的願望；陰陽和合——不願意擯棄整合的文化利益，扎實皇權神授的理念；樹碑立傳——不願意拋棄因襲的社會利益，追求前呼後擁的效果；永垂不朽——不願意委棄相沿的階級利益，追求萬世一系的效果等，它充分地體現了統治階級追逐政治目的、獲取經濟利益、佔有社會資源、左右文化財富和崇信宗教信仰等欲望或訴求高於一切，而平民百姓只是為統治階級提供充裕的物質財富和落實虔誠的宗教信仰的工具或手段。馬克思在《〈摩爾根古代社會〉一書摘要》中指出："佔有欲依靠純粹歸個人使用的物品而哺育著它那初生的力量，這類物品是隨著發明的緩慢發展而增多的。佔有者生前認為最貴重的物品，都被關進死者的墳墓，供他在冥中繼續使用。"① 也可以說，"歷代最高統治者的陵墓，其功能之一是承載著社會教化示範的作用，在再現社會觀念的同時，也是當政者生前生活及思想觀念的復製"。②

第二，喪葬文化與陵寢文化的區別。普通民眾的墳墓依照當地風俗或族群葬俗而修建，大多散落於民間或荒野，歷經風雨剝蝕而夷為平地，飽經風雨滄桑而回歸自然，往往

---

① 《馬克思恩格斯全集》第四十五卷，人民出版社 1985 年版，第 380 頁。

② 段清波：《秦始皇帝陵園考古研究》，北京大學出版社 2011 年版，第 225 頁。

無跡可尋，即便有跡可循，其墳前祭祀隸屬於富有生活氣息和感恩意味的民間祭祀，他們大都遵守或踐行厚養薄葬的理念，往往不會出現死人與活人爭地的局面，這既盡顯了普通民眾對祖先、長輩或死者的送終之孝，也體現了他們對同族、晚輩或生者的啟後之謀。概言之，文化意蘊根植於民間，文化內涵根源於民眾，文化追求貼近於民生，文化取向親近於自然，文化品位接近於生態。皇帝陵寢則是嚴守“天朝上國”或“太平天國”的國家意志、契合“故土難離”或“以土為本”的農業文明、來源“以農為本”或“畫地為牢”的農耕文化和遵循“葉落歸根”或“飲水思源”的先祖遺訓而興建，總是卜擇上佳吉壤、肥饒之地或卜定上善之地、不傾之地，一味追求負陰抱陽、背山面水的地理環境與人文景觀的合一狀態，並將擇地而居、擇地而眠、擇地而葬與擇時而祭貫通起來，雖經歲月滄桑卻不失奢華，雖有政權交替卻世代祭拜，無論哪朝哪代或歷朝歷代，無論是漢族或少數民族掌握政權，無論是貴族、皇族延續或篡奪政權還是平民、農民奪取或推翻政權，無論是否發生“易姓革命”，登上政治舞臺和掌握統治權力的統治者們面向列祖列宗的祭祀活動皆演變為承載濃厚的政治色彩和發揮巨大的宗教功能的國家祭祀，還將原始的樸素的民間的山川自然崇拜逐漸發展成為敬祀天地、日月、山川、社稷的國家祀典，他們大多堅持和奉行厚養厚葬的理念，決意規避數典忘祖的風險，全力追求喪、殯、葬和祭的一體化發展，努力達成喪禮、葬禮和祭禮的可持續發展，這說明了在統治階級眼裏祖墓的風水只影響家人或家庭、家族或宗族的命運——主要是佑護子子孫孫的福祉和本宗本族的繁衍，而一國之君的陵墓的風水要決定整個國家和民族的命運——主要是保全天朝天國的完整和龍脈嫡傳的永續。

（三）古老中國與民族文化

分析中國古代社會結構乃至家庭結構，研讀中國傳統文化體系乃至倫理道德文化體系，挖掘中華民族生死觀念、喪葬風俗、祭祀禮儀等內容，探討中國人國民性特徵、民族性特點等議題，可知“上有祖宗，下有子孫”的家族本位意識根深蒂固，“人命至重，有貴千金”的人道主義普適人間，“死生有命，富貴在天”的宿命思想亙古流傳，“人死為大，入土為安”的農業文明一脈相承，“生老病死，時至則行”的自然規律客觀存在，“子隨父葬，祖輩衍繼”的埋葬規制一以貫之，“昭穆次序，左右順序”的宗法制度古已有之，“慎終追遠，民德歸厚”的經典古訓延續至今。

依據宗教文化與國民生活的淵源關係、宗教世界與世俗社會的虛實關係、政治制度與陵寢文化的表裏關係，可知某民族的思想與文化、信仰與祭祀等應與本民族的物質追求、精神需求和生活要求存在密不可分的關係。“除卻外來宗教，中國固有的宗教思想發展的經過，大概可約分為三個時期：一、神與人異的時期。二、神人相似的時期。三、人擬神的時期。"[①] "世界各民族因空間的關係，乃至有大同的生活；又因為生活不同的緣故，精神上的需要乃亦不能無別，所以一民族便有一民族的宗教了。而且一民族的宗教，正是其民族精神的表現：有強毅的阿拉伯民族，便會產生出富有團結和抵抗的回教；有物產富裕的印度民族，便會產牛出神秘玄妙的婆羅門教與佛教；有屢受他民族壓迫的希伯來民族，便會產生出信賴一神的摩西教與耶穌教；有宗法制度極發達的中華民族，便會產生出天祖崇拜的二神宗教。"[②] 在宗法制度盛行的古代社會裏，在統治階級治國理政的歷史過程中，必須高度重視人祖與天祖、始祖與世祖、皇祖與太祖、帝祖與聖祖的關係，才能規避政治風險，擺脫民族危機，佑護政局穩固，預防政權旁落。

第一，古籍、古典、古語、古訓、名言或民諺等文化符號，要麼記述於歷史文獻中，供後人查詢和參考；要麼記載於民間故事裏，經世代流傳和演繹；要麼刻錄於日常生活上，使世人享用和傳承；要麼見證於平常行為時，為時代評說和檢驗。如以為"人命至重，有貴千金，一方濟之，德逾於此，故以為名也"。[③] 道出了生命無與倫比的寶貴、重於泰山的可貴和高於一切的珍貴，即一切社會財富包括物質財富和精神財富、制度文化與行為文化皆為人的創造物，一切美好願望、光明前景和幸福生活都建立在保全生命、珍惜生命和愛惜生命的基礎之上。如"司馬牛憂曰：人皆有兄弟，我獨亡。子夏曰：商聞之矣：死生有命，富貴在天。君子敬而無失，與人恭而有禮，四海之內皆兄弟也。君子何患乎無兄弟也?"（《論語・顏淵篇》）指出了人應該擁有順天從人、敬天愛人的心懷，養成順天應時、以德配天的情懷，如此才能迎來應天承運的機緣，創造應運而生的機會，把握時來運轉的機遇。"雞豬魚蒜，逢著便吃；生老病死，時至則行。"[④] 強調了民以食為天，又以五穀雜糧為食，生老病死的自然規律不依賴於人的主觀意志，生死存亡的自然關係不以個人的喜好為轉移，喜怒哀樂的自然狀態需要人們精心呵護。"曾子曰：慎終追遠，民德歸厚矣。"（《論語・學而篇》）這闡明了謹慎地對待父母的去世、經常地追念久遠的祖先與老百姓日趨忠厚老實的民俗、日益樸實純粹的民風之間的因果關係，以及其對於民俗文化的積澱乃至民族精神的養育具有深遠影響作用。"夫祭有昭穆。昭穆者，所以別父子、遠近、長幼、親疏之序而無亂也。"（《禮記・祭統》）昭穆之序是宗法制度對宗廟或墓地的輩次排列的規則和次序，體現了中國古代社會統治階級蓄意經營和大力推行的等級序列的政治關係與前因後果的邏輯關係。還有"一命，二運，三風水，四積陰德，五讀書"等民諺，說出了影響人的生存狀況及未來命運的諸多要素，其在民間社會和統治階層有著廣泛而持續的流行並被全面而深刻的認可，印跡於人們日常生活的行為方式和精神生活的思

① 王治心：《中國宗教思想史大綱・陳序》（校訂版），商務印書館 2015 年版，第 2 頁。

② 王治心：《中國宗教思想史大綱》（校訂版），商務印書館 2015 年版，第 8 頁。

③ （唐）孫思邈：《備急千金要方》序。

④ （南朝宋）劉義慶：《世說新語・雅量》。

維模式。

總而言之，儒家認同和維護了周公的“制禮作樂”的禮樂文化，儒學宣揚和完善了周朝的分封制、嫡子繼承制和宗廟祭祀制度（昭穆制）等所構築的宗法制度。秦漢以後，中國社會進入專制時代，廢止了分封制，動搖了宗法制，開啟了郡縣制，但因其承載了儒家的倫理訴求和政治寄託，滿足了統治者的政治利益和文教政策，故宗法制度並未退出歷史舞臺和消弭於文化領域，反而與專制主義互為表裏。這些構成要素和影響因素共同保持著中國古代社會的倫理本位關係，極力延續著中國古代社會的君臣、父子、夫婦、兄弟、朋友等“五倫”之序的社會歷史局面。

第二，中國社會歷朝帝陵既是統治者崇祖思想的外化、敬祖觀念的外顯及祭祖活動的載體，也是他們敬畏神秘莫測的自然力的產物、尊崇神奇無比的社會力的結果和折服神聖至極的精神力的表現，還是政治性的設施、宗教性的場所和禮制性的建築的統一，而帝陵祭祀則是營造政治氛圍、突出宗教色彩、彰顯倫理本位和體現皇權至尊的神奇結合或玄妙組合。自古以來，時常存在中國是“非宗教國”還是“多宗教國”的紛爭或論爭。如果歷史地考察是否出現過全民信仰的宗教形態、“宗教人口”多於“戶籍人口”的社會局面及“政教合一”的宗教統治，則可明確何為具體的宗教、何謂制度的宗教了。我們認為歷代統治者的尊崇儒學或某些朝代的獨尊儒術，致使儒家學說一直居於統治思想地位，但本土宗教——道教和外來宗教——佛教對人們的思想和心理的影響是深遠的，對人們的行為和實踐的影響是恒久的，他們深知只有整合儒學的正心、道教的靜心和佛教的明心等特點，才能達及揚長避短的功能或優勢互補的功效。中國古代社會的統治階級總費盡心機地處理儒釋道的結構平衡關係和力量對比關係，煞費苦心地選擇和運用儒釋道的概念與理念、學說與學理及理論與方法，用心指導陵園建築的禮制與規制、形制與建制，竭力推進帝陵神道思想文化建設等事關國計民生的大事，使之淋漓盡致地體現出世俗文化和宗教文化的會通關係、本土文化與外域文化的比較關係及民族文化與世界文化的交流關係。

中國古代社會的歷史進程中構築了堅實的“金字塔式”的社會結構，中國傳統文化的邏輯演進中完善了以儒釋道為根基和根幹的思想文化體系，位於“塔尖”的帝王和處於“塔底”的民眾之間，那些對維護和鞏固君主專制統治有利的、有功的歷史人物，主導或踐行主流意識和引導或規約民間思想借以為私有制條件下階級統治搖旗吶喊的哲學家、思想家，或盡忠守節的政治家、赴湯蹈火的軍事家，不管他們是否屬於王室成員或擁有貴族身份，也可以列入神明的隊伍，享受時人和後人的崇拜和祭祀，這使祭天、祭地、祭祖和祭靈等祭祀活動呈現為規格化、體系化和系列化的發展格局，形成了制度化、規範化和程式化的天神、地祇、人鬼的祭祀體系。如“夫聖王之制祭祀也：法施於民則祀之，以死勤事則祀之，以勞定國則祀之，能御太菑則祀之，能捍太患則祀之。是故厲山氏之有天下也，其子曰農，能殖百穀；夏之衰也，周棄繼之，故祀以為稷。”（禮祀・祭法》）即那些善於理政、勇於安邦、忠於國君、敢於諫言且勤勤懇懇、恪盡職守、鞠躬盡瘁、死而後已的忠臣良將，皆入帝王寵倖和王朝祭祀之列，使其生前和死後皆可享受無出其右的榮耀，以實現了光宗耀祖的生命價值與為國盡忠的政治價值的統一。因此，分析中國帝陵的內容與形式及帝陵神道文化與思想的結構和特徵，不但需要分析中國古代社會陵寢制度的頂層設計，評價中國傳統社會祭祀體制機制的運行狀況，解構中國特殊社會結構關係體系的要素因素，還需要閱讀私有制條件下等級化社會關係的內生協調功能，解讀制度化、禮制化的帝陵祭祀或國家祭祀活動及其文化屬性與思想價值。

第三，中國社會歷代帝陵或皇陵的選址、堪輿、規劃、設計、營造、定時、佈局、形制、方位、禁忌及管理等事項，無不與山形與山勢、地理與地勢、氣象與氣勢、形狀與形勢、土壤與土質、水系與水勢、風向與風水、節令與節氣、星宿與占星、陰陽與五行及人口與人氣等因素和要素密切關聯，以講究來龍去脈、陰陽和合、天人合一、帝運盛衰和國祚綿長等寓意與旨意。帝王陵墓主要包括紀念性建築和宮室型建築或禮制性建築和居住型建築，它既是統治者生前所需統治空間和死後所需物理環境合二為一的支撐條件，也是統治者生前擇地而宜居意識和死後擇地而長眠觀念相互關照的物質基礎。帝陵建築是生死文化、建築藝術和科學技術及當時生產力發展水準相結合的產物，是中國古代社會發展的歷史見證和民族文化建設的典型代表，也是管理藝術（體制設計、人員管理、關係協調等）、思維藝術（感知、想像、推斷、整合、創意、發明等）、造型藝術（雕塑、繪畫、書法、篆刻、環境、園藝等）的統合與展示。皇帝繼位、在位、在世時乃至退位、駕崩、埋葬後，或親定百年之後的“萬年吉地”，或由繼嗣皇帝選定“萬年龍虎抱，每夜鬼神朝”的風水佳地，或欽派王公大臣和堪輿人員“觀四面之山巒，望兩旁之水勢，看山在何處住，水在何處合”之後，而組織人力物力和耗費財力精力予以興建、改建、擴建、續建及重建，這是因襲古制之法或沿襲舊制之策，它體現了奴隸社會和封建社會的統治階級牢固樹立起了不因政權更迭、易姓革命而影響皇統綿綿的皇權觀念或專制思想，尤其是邊疆少數民族建立的國家或掌握了政權，還表現出覬覦中原、擴展疆域的意願，表達了效仿漢俗、仰慕漢制的追求，足以說明少數民族統治階級往往將仿照中原王朝的陵寢規制與保存本民族的風俗習慣相融合而建造帝陵，以此吸收和內化內地先進的民族文化和歷久彌堅的社會風俗，以期壯大本民族的文化實力、優化本民族的生活習俗和充實本民族的政治勢力的開放意識或交融思想。不管是漢族建立的王朝還是少數民族掌握的政權大都遵從遺訓，遵守祖訓，遵照聖訓，遵循古訓，甚至吸納經驗並吸取教訓，這也揭示出了奴隸社會和封建社會的統治階級奉行祖宗之命不可違、先朝之制不可改、成功經驗不可丟、失敗教訓不可棄的本位觀念或至上意識。

皇帝陵寢或歷代皇陵，逐漸擴展為陵園、陵區和陵邑等設施或建制，它包括主體建築與附屬建築或輔助建築，還將“陵旁立廟”改為“陵內設殿”，使依據佛教思想獨立開展的祭祀活動演變為依據佛教思想和先祖遺訓綜合展開的祭神與崇祖活動。主體建築是指陵寢圍牆以内的建築，附屬建築是指陵園大門以前的建築，而主體建築又分為“前朝”和“後寢”兩部分。“以皇帝陵為例，其附屬建築有大碑樓、神路橋、石像生、牌樓門（又稱龍鳳門）、神道碑亭、下馬牌、神廚庫、東西朝房、東西值班房等。這些建築，或建於神道之上，或分列於神道兩旁，佈局比較分散。主體建築中的‘前朝’部分包括隆恩殿、東西配殿以及東西燎爐、隆恩門，是舉行謁陵、祭祀活動的主要場所。‘後寢’部分包括二柱門、石五供、方城、明樓、寶城、寶頂、地宫等，這部分是帝、后、妃死後的安身之處。”① 陵園、陵區或陵邑的禮制性建築群以神道為中軸線或坐向線，這種一分為二、合二為一的構想與做法，體現了“天下一統、家國同構、萬世一系”的政治哲學思想；陵園、陵區或陵邑的禮制性建築群必須遵循“左祖（宗廟）右社（社稷），面朝（宫廷）後市（市場）”的禮制而設計，採用對稱排列、東西排位、依次排序的方法而施工，如實地貫徹“均衡分佈、錯落有致、左右對稱、前後順位、相互映照、彼此感應、陰陽和合、中正和諧”的建築藝術思想；帝陵的神道或筆直伸向陵寢門而表明生死貫通的大旨，或順應地勢和依照山勢通向陵寢門而説明生死相通的意旨，或依照總與分、主與次的差序關係指向陵寢門而證明生死圓通的宏旨。神道指陳陵主神靈之路，嚴禁行人、牲畜或動物隨便在神道上行走，立下“横走罰，豎走殺，馬過削蹄”的規矩，體現了中國奴隸社會和封建社會的統治階級所追求的中央集權主義、奉行的皇權至上思想和幻想的靈魂不死觀念的整合狀態；神道是帝陵風水的中心，且在神道上建神功聖德碑（注：不同朝代，稱謂有别。一般而言，開國皇帝陵神道上所建之碑，始稱“神功聖德碑”；後嗣皇帝陵神道上所建之碑，改稱“聖德神功碑”），或稱大碑樓，寓意為“風水一眼望不斷”，它包括“風水一眼望不到邊”“風水一眼望不到底”“風水一眼望不到頭”及“風水一眼望不盡意”等深層含義，體現了陵園主人期盼永遠掌握政治權力、永久統治人類社會、永世剝削人民群眾、永恆支配社會資源等專制思想、集權主義和皇權觀念，也回應了他們一直追求且終生嚮往的位居人上的至上心理、不甘人下的獨尊觀念和舍我其誰的自我意識。

第四，中國帝陵神道及其文化是專制制度的產物、專制技術的表徵、專制思想的成分、專制文化的要件和專制精神的基礎之一。中國帝陵神道及其文化發展史，一定意義上是專制制度發展史的反映、專制技術發展史的體現、專制精神發展史的例證、專制思想發展史的構成、專制文化發展史的縮影及中國人國民性演變史的條件之一。歷史上，歐洲的哲學家和思想家依循哲學的真理、歷史的邏輯、宗教的倫理與文化的精神，與奉行專制主義和重商政策的國王及商人資產階級一起，試圖建立類似中國古代社會的集權國家，但由於商人資產階級勢力日漸興盛，特别是商品經濟和市民社會的發展，其集權專制只是封建

① 徐廣源：《清東陵史話》，新世界出版社 2001 年版，第 13 — 14 頁。

領主制向資本主義制度過渡的環節和中介。《歷史哲學》之“中國”認為：“歷史必須從中華帝國說起，因為根據史書的記載，中國實在是最古老的國家；它的原則又具有那一種實體性，所以它既然是最古的、同時又是最新的帝國。”[①]《論法的精神》之“中華帝國”寫道：“有人曾經想使法律和專制主義並行，但是任何東西和專制主義聯繫起來，便失掉了自己的力量。中國的專制主義，在禍患無窮的壓力之下，雖然曾經願意給自己帶上鎖鏈，但都徒勞無益；它用自己的鎖鏈武裝了自己，而變得更加兇暴。因此，中國是一個專制的國家，它的原則是恐怖。在最初那些朝代，疆域沒有這麼遼闊，政府的專制的精神也許稍為差些；但是今天的情況卻正相反。”[②]

中國古代社會相對漫長的私有制度和比較典型的農業文明培育了專制主義，等級化或序列化的體制機制培植了集權主義，政治化或倫理化的文化類型孕育了皇權思想，而專制主義的根本原則是獨斷專權，集權主義的主要目的是限制分權，皇權思想的基本目標是謀求帝位終身制和皇位世襲制。“專制制度是世界上最自私的一種制度。為了讓這一家一姓能夠千秋萬代享有全天下的膏脂，它盡最大可能地壓縮社會其他人群的權利和利益，盡最大可能地消滅一切對專有權力的覬覦和挑戰，盡最大可能地維持穩定，保持現狀，防止社會發展變化。”[③] 專制主義中央集權制度作為中國古代社會的一種政權組織形式，有著深厚的經濟根源——強力維護私有的生產關係或封建的經濟基礎的需要，深層的社會根源——極力鞏固多民族國家社會穩定與發展的需要，深邃的思想根源——大力宣揚法家的國家治理方式及思想的需要。

第五，中國古代社會的政治文化和政治制度，逐漸培育和形成了“唯皇權、君權、神權、特權、專權是賴”的社會氛圍和價值基準，也鑄就和強化了中國古代社會的帝王獨尊、皇權至上、君權神授的歷史線索和思想特徵。“貴為天子，富有天下”，乃炎黃子孫的一種人生追求、社會理想和政治抱負，如：“子曰：無憂者，其惟文王乎！……身不失天下之顯名，尊為天子，富有四海之內。宗廟饗之，子孫保之。”（《中庸》）“夫貴為天子，富有天下，是人情之所同欲也；然則從人之欲，則勢不能容，物不能贍也。故先王案為之制禮義以分之，使有貴賤之等，長幼之差，知賢愚，能不能之分，皆使人載其事而各得其宜，然後使愨祿多少厚薄之稱，是夫群居和一之道也。”（《荀子・榮辱》）“內聖外王之道”乃老莊哲學和儒家思想所宣明的人格特徵、政治理想和文化內涵，如：“聖有所生，王有所成，皆原於一。……是故內聖外王之道，暗而不明，鬱而不發，天下之人各為其所欲焉以自為方。”（《莊子・天下》）帝王制度以家族制度、宗族制度、姻親制度為基礎，逐漸演變為國家統一、民族團結、社會安定的象徵與保障。我國從第一個奴隸制國家到最

① ［德］黑格爾：《歷史哲學》，王造時，世紀出版集團/上海書店出版社 2006 年版，第 110 頁。

② ［法］孟德斯鳩：《論法的精神》上冊，張雁深譯，商務印書館 1997 年版，第 129 頁。

③ 張宏傑：《中國國民性演變歷程・自序》，湖南人民出版社 2013 年版，第 002 頁。

後一個封建制王朝，風雨滄桑歷時了三千餘年，薪火相傳演繹了民族傳統文化。期間，漢族和少數民族所建立的統一王朝和地方政權，共有帝王五百餘人。其中，地面有跡可尋、時代明確、史料確鑿、保存尚好的帝王陵寢共有一百餘座。依照現行的行政區劃而言，其分佈在全國半數以上的省區直轄市，大體說來東至福建省，西至四川省，南至廣東省，北至黑龍江省，現已成為各地方政府精心保護的國家財產和各族人民用心呵護的文化遺產。

根據陰陽理論、風水學說和堪輿之術，帝陵選址應於"背倚山峰，面臨平原"的"山沖"之地，或是"枕山面水"、依山傍水的藏龍臥虎之地。中華大地之上，四面環山之處比比皆是，山高水深之地俯拾皆是，人傑地靈之所不計其數，背山面水之場隨處可見，故原初的宗教活動結緣山水文化，最初的自然宗教鍾情於天地崇拜或山川崇拜、山嶽崇拜，而由自然崇拜到社會崇拜或神道設教，即由山川崇拜到天地崇拜、由天地崇拜到祖靈崇拜的緣由和契機，則是掌握了與天地相交通的職權、使祖業相貫通的政權的帝王真正開始了處心積慮和勞民傷財營建陵墓。"陵墓，指的就是古代帝王死後的安葬之地。帝王陵寢則是陵墓及其附屬建築的合稱，一般指包括封土、祭室、獻堂、寢殿、神道和闕門等在内的大規模的陵園。"① 帝王陵墓既是統治階級以實用觀點和宗教觀念對待自然事物和現象的產物與表現，也是以審美意識和藝術視角看待自然事物和現象的感應與體驗，還是以整合意識和行動視角善待人類行為與社會環境、自然資源的多元關係的認識與舉措；帝王陵寢文化既是儒家的廟堂文化、載道文化的内化與例證，也是道家的山林文化、隱逸文化的吸收與佐證，還是佛家的出世文化、寺廟文化的參考與實證。為此，我國的帝王陵寢數量眾多，分佈廣博，歷史悠久，式樣繁多，禮制嚴整，堪稱世界之最；佈局嚴謹，建築宏偉，工藝精湛，文化奇異，思想統一，可謂絕無僅有；以君為本，君臨天下，萬世一系，神聖無比，權力至上，可知皇權思想登峰造極。由此，把脈帝王的作風或作派，把准君主的想法或做法，乃是歷史與文化研究的一道難題！

第六，中國帝陵建築是一種重要的文化形態和特殊的古典建築，它深受根深葉茂的中國傳統思想文化的主幹部分——儒學、道教、佛教的制約，也接受盤根錯節的中國社會民間文化的主要類型——雕刻藝術、民俗文化、宗教禁忌的影響。因此，中國帝陵建築集歷史、文化與藝術於一身，融人文、環境與生態於一體。"就古典建築而言，三家思想的影響大體表現出以下特點：在城市的規劃、宮室的佈局與形制等方面，儒家思想的影響是決定性的。特別是某些禮制性建築，可謂儒家思想的直接呈現。在古典園林特別是士人園林的營造佈局或景觀分佈方面，道家思想發揮著主要的影響。在古典建築的演進中，佛教的貢獻主要有二：一是對塔的引進與推廣；二是對洞窟建築（不同於原始先民所居之洞窟）及其繪畫、雕刻藝術的引進與推廣。至於其寺院，則往往是古典宮室性建築的直接移植或

① 參見劉勇編著《帝王陵寢》，時代出版傳媒股份有限公司/黃山書社 2016 年版，第 1 頁。

轉化。”[①]

中國帝陵建築是物質功能與精神功能、政治功能與文化功能的統一：其物質功能和政治功能是指它基於物理空間而為最高統治者死後提供的庇護或便利，發揮著維護政治統治、貫徹國家意志、安撫人民群眾的作用；其精神功能和文化功能是指它具現了凝聚於禮制性建築中的文化觀念與生命態度，展示了慰藉精神需求、滿足心理訴求、體現生命追求的作用。中國帝陵建築集倫理功能、宗教功能於一體：其倫理功能是指它具有協調倫理關係、維護倫理秩序和傳承倫理道德規範的作用；其宗教功能是指它擁有傳播宗教信仰、宣傳靈魂觀念、張揚生死理念的作用。“建築是人類生存、繁衍的必需空間。在人的一生中，其祭祀、操勞、交往、優遊、止息等皆離不開建築；即便是告別了世界，也要有安息之所，溝通著生死。作為重要的文化形態，建築絕非是一堆死寂之物的堆積，而是凝聚、寄寓著人的思想、情感、信仰的意義載體。一磚一木、一瓦一石，皆因融入人的喜怒哀樂而具有了‘生氣’。建築構成了人的意義世界，也是人理解世界、參與世界的重要憑依。”[②]

第七，帝陵建築是天人合一思想的產物和人化自然歷程的標誌，帝陵神道文化、思想和哲學是道法自然觀念的延伸和自然人化進程的表現；帝陵神道是自然界與人類社會一體兩面或同體不離關係的見證，帝陵神道文化、思想和哲學是自然條件與人文景觀的集合、自然歷史文化與人文社會文化的集結；帝陵祭祀活動、祭祀事務是“敬天法祖，展孝報本”的國家大事，帝陵祭祀文化、祭祀典制體現的是“孝先天下，首重山陵”的國家意志，即它們是告慰祖先、嚴守祖訓、延續皇統、展示神威、敬畏神明、皇權天授的一種制度安排。帝陵是自然崇拜和祖先崇拜相結合的明證，如以清帝陵為例，以皇帝謁陵詩為證，可見一斑。大清王朝康熙皇帝曾在《雪中謁永陵告祭》中讚歎祖陵所處的自然環境，謳歌先人所系的人文情懷，感悟時人所負的歷史重任，抒發世人所擔的時代課題：“峰巒迭迭水層層，王氣氤氳護永陵。蟠伏諸山成虎踞，飛騫眾壑佐龍騰。雲封草木橋園古，雪擁松楸輦路升。一自遷岐基盛業，深思遺緒愧難承。”我們認為，帝陵神道是一個自然歷史過程，帝陵神道文化是一種歷史文化現象，帝陵神道及其文化、思想和哲學是中國古代社會發展曲折歷程的真實反映、中國傳統思想文化建設過程的具體體現，故為了圓滿完成“神道文獻整理與帝陵神道研究”的宿願，需要捨得在時間和精力上的投入，值得在物質和財力上的投資，悟得在心理和精神上的投放。作為探索者和研究者，我們始終告誡自己，只有在歷史座標上“惡補歷史知識”，在文化座標上“充實文化理論”，在時空座標上“牢固自然生態觀念”，在倫理道德座標上“強化人際道德與自然道德相統一理念”，在宗教信仰座標上遵循“宗教是一種社會文化現象”的政策，才能不斷地“靠近主題”

① 陳徽：《中國古典建築思想四論》，復旦大學出版社 2012 年版，第 32 頁。

② 同上書，第 47 頁。

“貼近主旨” 和 “完成目標”。

長期以來，學界對歷史的追述、文獻的考證、古跡的探尋和文博的考古等工作從未停滯或停止，歷史的本來狀態、文獻的真實狀態及遺存的文化狀態逐漸清晰地呈現在世人面前，並營造了人們尊重歷史的社會氛圍、珍重文獻的學術風氣、看重文博的心理情結和敬重文化的人文環境。隨著社會的發展、文明的進步、知識的更新、科技的昌明、思想的自由及生態的尊崇等社會因素、文化要素和科技元素的綜合作用，我們能夠充分地分享著信息社會、數字時代的建設成就，充足地享受著知識經濟、市場經濟的綜合效益，切實地感受到現代社會、網絡時代的發展速度，如源遠流長的歷史和浩如煙海的文獻大都以 “網絡資源” 或 “網絡信息” 的存在方式存儲下來或加工出來，成為 “取之不盡，用之不竭” 的信息資源，這既大大地豐富了信息寶庫，也實實在在地證明了信息與物質、能量一樣，變成不以人的意志為轉移的客觀存在方式，它為學習者或研究者提供了諸多便利條件，使他們能夠不斷地節約學習時間或降低研究成本，逐漸地提高學習效果、增進研究效益，同時改變了人們的 “書寫習慣” 與思考方式，添加了一種 “輸入—輸出” 的研究習慣與思維方式。我們必須耗費時日和精力，處理好信息數量和信息品質的關係，解決好信息存儲與信息加工的關係，提升及時把握信息機會的能力，培養合理利用信息平臺的意識，培育有效避免信息缺失的環境，擺脫無端陷入 “信息孤島” 的困境；我們應該培養閱讀歷史、文獻、實物和生態的能力，即如何選取有價值的信息，如何提取有內涵的信息，如何獲取有品質的信息等方面的能力。當此之際，我們應該真情地回報經濟和社會發展所提供的優惠環境和優越條件，無愧於歷史的昭示和時代的召喚，即我們面向記錄了中華民族奮鬥歷程和優良傳統的歷史時，我們考究承載著中國傳統思想文化的發展軌跡和精神追求的文獻時，我們考察凝結著歷史觀、政治觀、生態觀、文化觀、倫理觀、藝術觀的史料時，更應該在充分地尊重歷史過程的客觀性、尊敬歷史人物的重要性和尊崇歷史事件的規律性等基礎上，在明確地遵守學術立場的嚴肅性、遵循學術見解的嚴謹性和遵照學術研究的嚴格性等前提下，努力探索我國古代陵園建築的實踐和理論，尤其是深入分析我國帝陵神道建築實踐和理論的政治理想、文化品位、生態意識、價值追求、審美情趣、宗教信仰和社會功能等諸多問題，剔除帝陵神道中的古代文化糟粕，闡揚帝陵神道中的傳統文化精華，為揭示帝陵神道建築及其思想文化所傳承的中國傳統思想文化的基本精神或中華民族的民族精神貢獻綿薄之力。我們認為，特殊社會階層及其代表人物是享用和傳承中國傳統思想文化的重要力量，特殊建築物及其風格式樣體現了統治階級，以及參與營建禮制性建築的工匠們處理和解決人與自然的關係的一種話語方式，以此構築了他們掌控社會資源和自然資源的話語體系，形成了他們把控社會歷史過程和左右自然生態狀況的話語權利。

第八，中國帝陵神道文化、思想和哲學反映和記錄了不同歷史時期、特殊社會階層及中華民族的各個民族的墓葬制度和喪葬禮儀，是把握中華民族的生產生活方式、思想文化形態的重要參照。中華民族的喪葬習俗表現出由無葬到有葬、由獨葬到合葬、由薄葬到厚葬及薄葬與厚葬的並存等發展歷程和實際狀況。無葬與有葬、薄葬與厚葬之別，構成了活人對待死人、生者對待死者、後人對待前人、晚輩對待長者及臣民對待帝王的一種態度；由簡葬到祔葬、由薄葬到厚葬的演變，説明自春秋時代儒家的"孝道"思想漸成主流意識；薄葬與厚葬的並存，證明民間社會與上層社會的觀念和認識迥異；厚葬之風日盛，遺跡遺物增多，文物古跡繁多，祭祀程式繁雜，表明私有制條件下經濟社會的畸形發展和統治階級奢靡觀念的滋生；薄葬與厚葬的紛爭，解明社會風氣與統治思想的博弈及不同思想文化形態尤其是世俗文化與宗教文化的較量。"厚葬的觀念在中國喪葬文化中一直占絕對支配的地位，是古代中國的主流喪葬觀。自新石器時代至清末民國，厚葬之風綿延不斷，其間，經歷了商周、秦漢、唐宋和明清四大高潮。……首先，從宗教信仰的角度看，中國傳統的'靈魂不滅'觀念一直支配著古人的心靈。……其次，從倫理道德的角度看，儒家倡導的'孝道觀念'一直強烈地影響著人們的厚葬觀念。……第三，各時期的政治和經濟制度也對厚葬觀產生了重要的影響。"① 與厚葬觀對立的非主流的薄葬觀，作為一種新的世界觀、價值觀、生死觀和喪葬觀，為中國古代社會傳統的喪葬文化注入了理性之光，融入了清新之氣。"薄葬觀念源於兩個方面：一是西周以來樸素的無神論思想的發展，從'神本'走向'人本'，傳統的靈魂不滅觀念已經受到了一部分有遠見的思想家的懷疑；二是商周以來厚葬之風異化的結果。"② 人類最初或許並沒有葬的概念與葬的禮制、葬的需求與葬的行為、葬的記載與葬的闡發等，後來挖坑埋掉死者屍體，覆蓋雜草或草席等物品，才逐漸有了原始的"葬"之行為與觀念，如："古之葬者，厚衣之以薪，葬之中野，不封不樹，喪期無數。後世聖人易之以棺槨，蓋取諸大過。"（《易傳・系辭傳下》）"太古薄葬，棺厚三寸，衣衾三領，葬田不妨田，故不掘也。亂今厚葬，飾棺，故扣也。"（《荀子・正論》）"賢聖之業，皆以薄葬省用為務。然而世尚厚，有奢泰之失者，儒家論不明，墨家議之非故也。"（王充《論衡・薄葬》）"六月，令曰：古之葬者，必居瘠薄之地。其規西門豹祠西原上為壽陵，因高為基，不封不樹。《周禮》冢人掌公墓之地，凡諸侯居左右以前，卿大夫居後，漢制亦謂之陪陵。其公卿大臣列將有功者，宜陪壽陵。其廣為兆域，使足相容。"（《三国志・魏書・武帝紀》）由於尊崇孝道和踐行孝行、尊奉"慎終追遠，民德歸厚"的禮教及遵守"事死如生，事亡如存"的觀念，將宮室中盛行的高臺建築搬到墓上，出現了"反壤樹之""封之若堂"的發展態勢。原始的"葬"之認識與行為，深植於人類社會生活之中，它是處於不同社會階層的人們的心理訴求和精神需求的實現路徑之一。

---

① 參見趙芳編著《中國古代喪葬》，中國商業出版社 2015 年版，第 8 — 10 頁。

② 同上書，第 12 頁。

隨著人類社會物質文明和精神文明的進步與發展，出現了對尊貴死者的追崇，尤其是國家的形成、階級的產生和帝王的出現、等級的完備等事實，使葬事變得更加復雜、非常重要和十分必要了。與墓有級別一樣，葬亦有了等級——厚葬流行，實質上是等級制度的外化、科層觀念的落實、權力尋租的反映、皇權至上的需要及皇威浩蕩的體現，也是“事死如事生，事亡如事存”思想的落地生根。自春秋時期起，一些朝代出現了“國彌大，家彌富，葬彌厚”的狀況，統治階級極力宣揚以厚葬為榮、以薄葬為恥的價值觀念或文化取向，而厚葬之習積習已久與厚葬之風屢禁不止，也預示著奴隸社會或封建王朝的搖搖欲墜的狀態、岌岌可危的局面，乃至行將滅亡的命運。當然，開國之君或開國明君、開明之主或有識之士，也有擯棄勞民傷財的厚葬之風、秉承勤儉節約的薄葬之俗者，為節儉興國的風尚和勤儉持家的風習增添了一些成分和一抹色彩。“在說皇帝的陵號之前，先解釋一下‘墓’‘墳’‘陵’的區別。簡單地說，把死人挖坑埋了，然後用土把坑填平，這就是墓；墓上面再堆個土堆，就是墳，墳要是加大了尺碼，就叫陵。”① “春秋以來，對祖先的祭祀逐漸由太廟轉向墳墓，由此開始了封土墓，這就是‘墳’。帝王的墳墓，因封土高大，常被稱為‘丘’。”② “墓葬，也指墓葬建築，是為安葬死者而建於地下或地上的建築。中國的墓葬建築中深深滲透著禮制的內容。皇帝死後的埋葬地稱‘陵’，諸侯稱‘封’，大夫稱‘墳’。墳丘的大小、衣襟棺槨、墓葬儀式都是按等級嚴加規定的。”③ 總之，透過墓葬習俗、埋葬風俗、喪葬文化乃至陵寢文化等內容，可以透視社會發展的狀況、經濟建設的實力、文化追求的努力和統治階級的命運。

第九，帝陵神道及其文化、思想和哲學研究，從一個側面揭示了中國古代社會的存亡、盛衰、更迭等事物、現象及問題的文化基因、思想動因和哲學歸因。短暫的奴隸社會和長期的封建社會共同構築了中國社會發展的私有制階段，而造成私有制條件下朝代順次更迭、時代依次延續、文化逐次提升、思想梯次演進和哲學按次發展等社會狀況和思想狀態的成因何在?《論法的精神》之“中國因奢侈而必然產生的後果”主張：“實際上，開國的皇帝是在戰爭的艱苦中成長起來的，他們推翻了耽於逸樂的皇室，當然是尊崇品德，害怕淫佚的；因為他們曾經體會到品德的有益，也看到了淫佚的有害。但是在開國初的三、四個君主之後，後繼的君主便成為腐化、奢侈、懶惰、逸樂的俘虜；他們把自己關在深宮裏，他們的精神衰弱了，壽命短促了，皇室衰微下去；權貴興起，宦官獲得寵信，登上寶座的都是一些小孩子；皇宮成為國家的仇敵；住在宮裏的懶漢使勞動的人們遭到破產……”④ 中國的思想家和政治家與國外的漢學家和史學家，探索中國古代社會的關鍵發

① 李文君：《皇帝的名字》，中華書局 2012 年版，第 222 頁。

② 同上。

③ 參見牛建軍編著《墓葬的故事》（前言），中州古籍出版社 2014 年版，第 1 頁。

④ ［法］孟德斯鳩：《論法的精神》上冊，張雁深譯，商務印書館 1997 年版，第 103 頁。

展階段、重大歷史事件的深層原因及社會歷史規律的表現形式等工作一直堅持下來，詮釋“中國社會歷史之謎”的努力從未鬆懈開來，解讀“中國傳統思想文化之謎”的願望並未懸置起來，甚至美國歷史學家史景遷（Jonathan Spence）亦提出了“瞭解帝王之心才能瞭解時代”等耐人尋味的學術見解。

概觀古今中外學術界和思想界關於影響或制約中國封建社會發展因素之說，大致包括以下幾種觀點：有人認為中國封建社會自給自足的小農經濟長期得不到變更，商品經濟長久得不到發展；有人認為中國封建社會的剝削關係和壓迫制度將農民大眾推向死亡線，阻斷了社會發展和生活延續；有人認為中國封建社會組織了巨大的官僚系統，推行重本抑末、重農抑商、閉關自守的經濟政策，嚴守罷黜百家、獨尊儒術的文化政策，遏制資本主義制度或因素的政治政策；有人認為運用馬克思的“亞細亞生產方式”學說可以剖析中國封建社會的狀態、性質與特徵；有人認為中國封建社會處於與世隔絕的地理環境之中；有人認為中國封建社會的人口—土地的生態關係制約了生產水準，導致了“易姓革命”；有人將自然科學的系統論和控制論運用於社會歷史領域，指出中國封建社會屬於超穩定系統，它既有巨大的穩定性，又表現出週期性振蕩，即其巨大的穩定性是通過自身具有的週期性振蕩的調節機制得以實現的……我們基於歷史學、政治學、文化學與文獻學等理論視角，主張帝陵建築及帝陵神道文化、思想和哲學是奴隸社會統治階級的財產觀念形成的烙印、封建社會統治階級的財富理念發展的見證以及私有制社會等級觀念演化的縮影，這也許可以匯入詮釋“中國古代社會歷史之謎”和解讀“中國傳統思想文化之謎”的潮流之中吧！馬克思在《〈摩爾根古代社會〉一書摘要》中關於“財產觀念的發展”的論述，可以佐證我們的研究視角與研究主旨。“‘對財產的最早觀念（!）’是和獲得生活資料這種基本需要緊密相聯的。財產的對象，在每一個‘順序相承的文化時期’自然都隨著生活資料所依賴的生存技術的增進而增加起來；因此，財產的增長是與發明和發現的進展齊頭並進的。由此可見，每一個文化時期都比前一時期有著顯著的進步，這不僅表現在發明的數量上，而且也表現在由這些發明造成的財產的種類和總額上。財產形式增加，關於佔有和繼承的某些法規也必然隨之發展。關於佔有和繼承財產的這些法規所依據的習俗，是由社會組織的發展狀況和水準決定的。由此可見，財產的增長是與標誌著人類進步的各個文化時期的各種發明和發現的增多以及社會制度的改善有著密切關係的（第525、526頁）。”①

二　研究主旨

陵寢是帝王精心謀劃營建和重點組織實施的文物建築，它內化了中國私有制社會的喪

① 《馬克思恩格斯全集》第四十五卷，人民出版社1985年版，第378頁。

葬制度的主要內容，凝聚了普通民眾世世代代哺育和享用的喪葬文化的精神實質，體現了統治階級的宇宙觀、生死觀、道德觀、文化觀、習俗觀及自然觀、生態觀等價值取向，展現了特殊利益集團的規劃思想和建築藝術。陵寢是指奴隸社會和封建社會的最高統治者尤其是封建社會最高統治者仿照生前所居住的宮廷佈局和宮室環境，依照當時政治制度、經濟條件、文化類型、社會風習及祭祀禮制的特殊需要，而耗費大量的人力物力財力精力所修建的巨大的陵墓，以及用來供奉、祭祀和朝拜的建築群的總稱。陵寢是為了最大限度地或最高程度地滿足陵主的存在欲望、存活指望、宗教熱望、政治渴望和文化期望而在地面上修築的建築群的總稱。陵寢制度是指以陵寢建築這一實物設施為物質基礎，以祭祀制度這一制度文化為精神支撐，以喪葬文化這一文化類型為文化條件，所形成的完整禮制和系列規制的總稱。

（一）陵寢制度及其思想文化

根據歷史文獻記載和考古發現證明，自春秋戰國晚期階級社會統治者開始萌生陵寢理念起，至於明清時代，陵寢制度已有二千多年的歷史發展和文化脈絡。這是我們關注中國歷史進程時無法繞過的內容或不能錯過的機緣，分析民族文化特色時難以跳過的層面或不容翻過的階段，把握歷史與文化之內在關係時不可回避的事實或不應規避的環節，解讀文獻與思想時必須用心的財富或值得傾心的資源。我們在浩瀚的歷史文獻中擷取一二，足以起到“舉一反三”或“以點帶面”的效果。如：“宗廟之制，古學以為人君之居，前有朝，後有寢，終則前制廟以象朝，後制寢以象寢，廟以藏主列昭穆寢。有衣冠幾杖，象生之具，總謂之宮。《月令》曰：先薦寢廟。《詩》云：公侯之宮。《頌》曰：寢廟奕奕。言相連也。是皆其文也。古不墓祭，至秦始皇出寢，起之於墓側，漢因而不改，故今陵上稱寢殿，有起居衣冠，象生之備，皆古寢之意也。”（蔡邕《獨斷》卷下）再如“陵”曰：“古王者之葬，稱墓而已。《左傳》曰：殽有二陵，其南陵，夏後皋之墓也。《書》傳亦言：桐宮，湯墓。《周官・冢人》：掌公墓之地。並言墓不言陵。及春秋以降，乃有稱丘者。楚昭王墓謂之‘昭丘’，趙武靈王墓謂之‘靈丘’，而吳王闔閭之墓亦名‘虎丘’。蓋必其因山而高大者，故二三君之外無聞焉。《史記・趙世家》：肅侯十五年，起壽陵。《秦本紀》：惠文王葬公陵，悼武王葬永陵，孝文王葬壽陵。始有稱陵者。至漢，則無帝不稱陵矣。宋施宿《會稽志》曰：自先秦古書，帝王墓皆不稱陵，而陵之名實自漢始。非也。”（顧炎武《日知錄》卷十五）根據古代文獻記述和考古發掘證實，學界認為陵寢制度或早在秦始皇之前的戰國晚期就已於秦國王陵建制中產生，並在後來一直影響到秦始皇陵及漢代帝王陵的陵寢體制。“始皇陵與戰國晚期的秦國芷陽陵區一號陵園相比，用於祭祀的寢殿建築更加完備，現模更大。”① 中國古代陵寢制度肇始於秦時將廟寢搬到陵前的想法與做法，由此演變出了古代社會中國特色的制度文化與行為文化、宗教文化與世俗文化、政治文化與祭祀文化、物質文化與精神文化的一體發展歷史。如“祭祀之道，自生民以來則有之矣。豺獺知祭祀，而況人乎！故人知之至於念想，猶豺獺之自然也，顧古質略而後文飾耳。自古以來王公所為群祀，至於王莽，《漢書·郊祀志》既著矣，故今但列自中興以來所修用者，以為《祭祀志》。”（范曄《後漢書·祭祀上》）“古不墓祭，漢諸陵皆有園寢，承秦所為也。說者以為古宗廟前制廟，後制寢，以象人之居前有朝，後有寢也。《月令》有‘先薦寢廟’，《詩》稱‘寢廟弈弈’，言相通也。廟以藏主，以四時祭。寢有衣冠幾杖象生之具，以薦新物。秦始出寢，起於墓側，漢因而弗改，故陵上稱寢殿，起居衣服象生人之具，古寢之意也。”（范曄《後漢書·祭祀下》）隨著時代的推演與政權的更迭及供奉、祭祀、朝拜、祭拜、尊崇、等級等觀念的變化，陵寢的規模、結構、數量、建制、形制、理念和功能都發生了巨大而顯著的變化。“墓葬在中國歷史悠久。《紅樓夢》裹說的‘土饅頭’，是民間俗語對於墓葬外觀的概括，其實中國古代墓葬因逝者身份、等級、財力以及生活地區的不同而形成諸多形制：地表從一個簡陋的‘土饅頭’到巨大的‘夯土金字塔’乃至於真正的大山，皆可作為墳冢。講究者墳冢之前，還設有神道，神道的起始處設有門闕或望柱、華表之屬，其後有成對的石人石獸排列，謂之‘石像生’；有時還有祭祀建築群、石碑之類；有時整座墓園特別是帝陵還有牆垣環護，附有守陵人居所，漢代帝王甚至在帝陵之畔建造城市即所謂‘陵邑’，讓一座城市的人為自己守陵……②

（二）祭祀制度及其思想文化

中國自古就有“事死如生”“事亡如存”“慎終追遠”及“孝行天下”等生死觀念、靈魂意識、陵寢理念及倫理道德規範。“子曰：武王、周公，其達孝矣乎！……踐其位，行其禮，奏其樂，敬其所尊，愛其所親，事死如事生，事亡如事存，孝之至也。”（《中庸》）“禮者，謹於治生死者也。生，人之始也；死，人之終也。終始俱善，人道畢矣。故君子敬始而慎終，終始如一，是君子之道，禮義之文也。夫厚其生而薄其死，是敬其有知而慢其無知也，是奸人之道而倍叛之心也。”“喪禮者，以生者飾死者也，大象其生以送其死也。故如死如生，如亡如存，終始一也。”“凡禮，事生，飾歡也；送死，飾哀也；祭祀，飾敬也；師旅，飾威也。”“哀夫！敬夫！事死如事生，事亡如事存，狀乎無形，影然而成文。”（《荀子·禮論》）“子曰：武王、周公，其達孝矣乎！夫孝者，善繼人之志，善

① 劉士莪、馬振智：《秦國陵寢制度對西漢帝陵的影響》，《文博》1990 年第 5 期。

② 王南：《漢家陵闕》，《讀庫》（1304），新星出版社 2013 年版，第 209 頁。

述人之事者也。春秋修其祖廟，陳其宗器，設其裳衣，薦其時食。宗廟之禮，所以序昭穆也。序爵，所以辨貴賤也。序事，所以辨賢也。旅酬下為上，所以逮賤也。燕毛，所以序齒也。踐其位，行其禮，奏起樂，敬其所尊，愛其所親，事死如事生，事亡如事存，孝之至也。郊社之禮，所以事上帝也。宗廟之禮，所以祀乎其先也。明乎郊社之禮，禘嘗之義，治國其如示諸掌乎!"（《中庸》）陵寢制度的存在是為了推崇皇權神聖不可侵犯和加強統治秩序萬世一系的政治理想，為了固化最高統治者"視死如視生"的生死哲學和"視己如視神"的宗教哲學，為了凸顯被統治者"事死如事生""事亡如事存""事人如事神""事君如事神"的價值理想，為了體現"因山為陵"的自然觀和"因山就勢"的尊崇意識，為了表達"因山為體"和"築墓為用"的文化理念，為了貫徹"比德山水"的藝術哲學，為了形成陵墓建築居於主導地位、自然山水處於主體地位的陵制思想，故其盛衰變化是中國古代社會的政治、經濟、文化的真實寫照，也是對人與人、人與社會、人與自然或生態及天地、天人、天地人、神道與自然或生態等關係的認識程度的集中反映。

（三）山陵制度及其思想文化

中國古代陵寢建築始終遵照"陵制與山水相稱"的原則，不斷追求"築陵以象山""因山為陵"或"依山為陵"的風尚，努力謀求能夠融合人文美與自然美的境界，精心創造能夠糅合環境美與社會美的氛圍，刻意追求能夠統一主觀美與客觀美的條件，反映出中國人整體性思維和全局性考慮的國民性特徵。"幾千年來，中國古代帝王陵寢或堆土為陵如秦漢帝王諸陵，或因山為陵如唐代皇陵，但到了明代，明太祖朱元璋一改前代遺風，將帝陵建築成寶城寶頂的形式，即在地宮之上砌築高大的磚城，在磚城內填土而使地宮成為高出城牆的一個圓頂。福陵作為清朝入關前修築的皇陵，一方面反映了自身民族傳承和地方習俗的風格；另一方面則體現出其深受明朝陵寢制度的影響。因此，在經歷了皇太極時期的草創、順治時期的增建、康熙時期的完善，加上雍正時期又增建了一些附屬建築，福陵的建築規制呈現出一種雜糅的面貌。"① "神道文獻整理與帝陵神道研究"課題或論題主要以歷代帝陵（帝王陵）或皇陵（皇帝陵）為對象［除非特殊需要，不欲涉及后陵、王陵（國王陵、諸侯王陵、親王陵、郡王陵、藩王陵等）、太子陵、公主陵、妃園陵等］，綜觀陵園（可能關涉陵區或墓區、陵邑或陵城、兆域或塋域等）建築的歷史發展，其重點不在於描述皇陵或帝陵的形態、規模、結構、數量、墓葬、陪葬、殉葬、祔葬、合葬、地宮或玄宮、墓道或甬道、棺槨、隍壕或兆溝等外在的物象及直觀的表象，而在於闡述皇陵或帝陵的制度、建制、禮制、規制、形制、體制、祭儀、風俗、風水、堪輿、陰陽等內在的思想內容，以及綜述墓前神道或陵前神道（王道、司馬道）、神道石刻、神道碑亭等設

① 伊人：《盛京三陵》，遼寧民族出版社 2007 年版，第 51 頁。

施所內化的社會制度和文化傳統。我們認為“神道文獻整理與帝陵神道研究”尚屬於探索性和嘗試性的研究工作，其所依據的歷史資料、文獻資源及考古資訊不計其數，達成共識者有之，不屑一顧者有之，見仁見智者有之，有待核實者有之，千古之迷者有之，等等，故篩選和甄別出有價值的可資利用的資料或材料必須付出艱苦的、長期的思維實踐，但我們相信經過不斷努力能夠產出令人滿意的成果，形成一得之見的效果，完成拾遺補缺的結果。帝陵神道大都體現著鮮明的時代特色、制度特色、地域特色、民族特色、文化特色及自然生態特色等，它們既表現出“後承前制”，如因襲古制、延續舊制、遵從祖制、沿革禮制等共性，也表現出“後改前制”，如廢除古制、翻新舊制、改易祖制、創新禮制等特性，使帝陵神道文化、思想和哲學演繹著共性與特性、連續性與非連續性、穩定性與變異性及前與後、新與舊、古與今、常與變、破與立、興與衰、存與亡等之間的歷史文化關係，故一定意義上可以說帝陵神道研究是在梳理中國人的文化、思想與哲學思維軌跡，印證著中華民族是不折不扣的哲學民族。進而言之，帝陵神道文化、思想和哲學顯示出中國人國民性的內涵與外延，體現著中國古代特殊社會階層精神生活的思維方式與政治生活的行為模式。

中國帝陵神道是中國古代社會不同發展階段的政治形勢、經濟形態和文化形制的一種符號或標識。一個階級在政治上、經濟上佔據了統治地位及發揮了支配作用，一定會千方百計地在思想文化領域佔有統治地位及發展支配作用。一個階級在社會政治生活中擁有掌控政治關係、維護政治秩序、享受政治利益、左右政治制度等政治權利，在社會經濟活動中擁有佔據經濟資源、保障經濟秩序、出臺經濟政策、獲取經濟利益、確立經濟制度等經濟權利，那麼這個階級在思想領域和文化活動中必然推行能夠反映和體現政治經濟地位與要求的主流意識與核心價值，並最終形成政治、經濟和思想文化有機統一的社會狀況。中國帝陵神道文化、思想和哲學恰是奴隸社會、封建社會的統治階級的統治思想的構成成分和重要特徵，是居於統治地位的支配物質生產資料和精神生產資源的統治階級的統治思想的真實反映與主要表徵，是中國古代社會特殊社會階層日常生活的行為方式和精神生活的思維模式的構成要素和影響因素。“統治階級的思想在每一時代都是占統治地位的思想。這就是說，一個階級是社會上佔統治地位的物質力量，同時也是社會上佔統治地位的精神力量。支配著物質生產資料的階級，同時也支配著精神生產的資料，因此，那些沒有精神生產資料的人的思想，一般地是受統治階級支配的。佔統治地位的思想不過是佔統治地位的物質關係在觀念上的表現，不過是以思想的形式表現出來的佔統治地位的物質關係；因而，這就是那些使某一個階級成為統治階級的各種關係的表現，因而這也就是這個階級的統治的思想。”①

① 《馬克思恩格斯選集》第一卷，人民出版社 1977 年版，第 52 頁。

（四）喪葬制度及其思想文化

喪葬文化是孝道的傳頌與傳接、傳播與傳承，它涵蓋了治喪、冥器、殉葬、風水、防盜、建築、祭祀等多方面的禮儀；喪葬禮儀是人生的最後一個禮儀、最終一種禮遇，而統治階級將喪葬文化和喪葬禮儀加以制度化發展，逐漸形成了完備的陵寢制度和完善的陵寢文化。學界同仁的真知灼見層出疊現，令人耳目一新，如“喪葬文化包括喪葬觀念、習俗、禮制及物態的陵墓，分別體現了人們的心態、行為和制度的不同層次。關於‘喪葬觀念’，志中介紹了影響喪葬觀念、禮俗的四個方面：一、自原始社會起長期在社會上流行的鬼神崇拜等原始宗教信仰。二、數千年來盛行的基於血緣關係的宗族、家族觀念和祖先崇拜。三、古代以儒家為首的各派思想家的影響。四、東漢以後本土的道教、外來的佛教等宗教的影響。關於‘喪葬禮儀與風俗’，志中重點介紹了儒家喪葬禮儀，包括嚴格的喪服、居喪制度和繁縟的儀節。”[①] 在中日思想文化交往、交流、交融的關係上，“當然，子女的孝順是日本與中國所共有的倫理道德規範。早在公元六、七世紀，日本就接受了中國人那套系統的孝道理論，同時也採納了中國的佛教、儒家倫理以及世俗中國文化。但是孝道的表現特點難免有所修改，以適用於不同的日本家族結構。在中國，即使在今天，一個人理應忠誠於他那龐大的宗族。……此外，日本的情況完全不一樣。直到十九世紀中葉，只有貴族和武士門第的人才允許使用姓。……日本是個封建性的國家。效忠的對象不是一個龐大的親戚集團，而是封建領主。……使得氏族制度化的另一個途徑是在神社或祠堂裏拜遠古的祖先或氏族神。……因此，‘孝行’在日本是一個只限於家族內部面對面的成員之間的問題。……但是等級制度的老習慣依然很強。”[②] 學界認為，中國文化是“孝文化”，日本文化是“忠文化”，西方文化是“法文化”；中國文化是“仁文化”，日本文化是“恥文化”，西方文化是“罪文化”；中國文化是“德性文化”，西方文化是“智性文化”，日本文化是“曖昧文化”等。中國人講究孝道、重視孝行，崇敬盡孝之人，認同和踐行百善孝為先、百行孝為本的觀念，主張和弘揚孝是一切倫理道德的根源、所有人為人處世的根本等哲理，如“忠有愚忠，孝有愚孝，可知忠孝二字，不是憐俐人做得來；仁有假仁，義有假義，可知仁義兩途，不無奸惡人藏其內。”再如“常存仁孝心，則天下凡不可為者，皆不忍為，所以孝居百行之先；一起邪淫念，則生平極不欲為者，皆不難為，所以淫是萬惡之首。”（《王永彬《圍爐夜話》》）由此逐漸積澱為濃重的中華民族特色和濃厚的傳統文化特點，成為中國社會維繫家庭關係的道德準則乃至維護社會關係的倫理標準，

---

① 《中華文化通志》編委會編、黃景略等撰：《中華文化通志·宗教與民俗典·喪葬陵墓志》（內容提要），世紀出版集團/上海人民出版社 2010 年版，第 1 頁。

② ［美］本尼迪克特：《菊花與刀——日本文化的諸模式》，孫志民等譯，莊錫昌校，浙江人民出版社 1987 年版，第 42 — 45 頁。

它既包括對故去的前輩或逝去的祖輩要盡孝，成為教化世人的家教，也包括對活著的親人、長輩要盡孝，形成教育子女的家風。中國傳統文化重在傳頌與傳播文化形態和文化內容，中華民族精神旨在傳接與傳承文化特質和文化內核，它既指中國人傳頌與傳播、傳接與傳承健康的去除封建迷信色彩的優秀傳統文化及其所培育和蘊含的優質民族精神，以期延展和延伸有著深厚的歷史淵源的喪葬習俗，也指中國人變革與變異、淘汰和摒棄過時的帶有濃烈的封建迷信色彩的低俗傳統觀念及其夾雜和混雜的劣質民族習性，以此達到純化和淨化有著各種構成要素和影響因素的喪葬文化。尤其是歷代統治階級將喪葬文化與喪葬制度相結合後，為中國帝陵建築、帝陵神道及帝陵神道文化、思想和哲學提供了制度條件和保障因素。中國帝陵神道吸收了中華民族的喪葬文化的內涵與實質，經由特殊社會階層依據特殊利益驅動以特殊方式實施了喪葬觀念、遵循了喪葬習俗、完備了喪葬禮制，並通過構築豐富多彩的帝王陵墓或陵寢，營建規模不一的陵園、陵區和陵邑，形成了別具一格的帝陵神道文化、思想和哲學，成為我們認識和思考中國社會、中華民族及中國人國民性的一種視角與一個視野。

（五）禮樂制度及其思想文化

中國古代社會統治階級把協調和處理人與物、人與事、人與人、人與自己內心世界的關係的經驗和智慧投射於帝陵建築之上，凝結於帝陵神道文化、思想和哲學之中。所謂人與物的關係包括統治階級與物質財富、自然資源、勞動產品、生活用品、日常食品、個人飾品、文學作品、文物藏品、藝術精品等的關係；人與事的關係是指統治階級與自然境遇、社會處遇、人情世故、人心向背等的關係，它包括自然界的運行是否天隨人願或風調雨順、民情民意民心是否人心所向或如願以償、各種利益集團是否有序競爭或相互掣肘等狀況；人與人的關係是指統治階級與他人、組織、社會的關係，它包括統治階級與團體、群體、集體、族體、族群、社群、家庭、家族、宗族等的關係；人與自己內心世界的關係包括統治階級如何調理和釋放自身的精神狀態、心理活動、文化理念、意志品質、性格特徵、個人喜好等情況。在人與物的關係上，他們認為生前佔有“物”的數量、品質、結構、規模、品種、產地、質地、價格、價值等資源，歸屬於理所當然之事，而死後享用之亦隸屬於合情合理之舉，故他們打破了生不帶來、死不帶去的事理，創制了生生不息、生死一貫的規制，使世上留存下來了名目繁多、精美無比、價值連城的物態的文化遺產。在人與事的關係上，與其說他們相信“謀事在人，成事在天”的規則，倒不如說他們崇信“謀事在人，成事在人”的道理，所謂事在人為，不是我為人人——統治階級不會想民眾之所想，急民眾之所急，而是人人為我——統治階級強迫社會各界一心一意地貫徹落實國家意志，全心全意地實現統治理念。於是，他們役使被統治階級無原則地放棄家事，無條件地服從國事，通過全程參與營建帝陵，獲得為國爭光的殊榮，贏得家族榮光的盛譽。在人與人的關係上，他們佔據統治地位，擁有統治權力，施展統治策略，揮灑統治抱負，認為統治和支配“人”的思想、意識和心理，限制和管控“人”的行為、舉止和作為，屬於治國理政、安邦施政的關鍵所在，也是體現“勞心者治人、勞力者治於人”的根本途徑。私有制社會統治階級隨心所欲地統治和盤剝被統治階級，為所欲為地利誘和驅使被統治階級，喪心病狂地愚弄和擺佈被統治階級，目的是使勞動者能夠死心塌地地匍匐於統治階級的面前，心甘情願地屈服於統治階級的淫威，義不容辭地服務於統治階級的需求。他們招募能工巧匠、招攬天下英才、召喚志士仁人和召集忠勇義士，耗費時間、精力和智力，曠日持久地修繕祖靈之所，以體現光宗耀祖的理念；浪費人力、物力和財力，經年累月地修築帝靈之所，以證明靈魂不死的觀念，為世間保存下來了規模宏大、佈局嚴整、富麗堂皇的非物質文化遺產。在人與自己內心世界的關係上，他們有著高深莫測的精神世界、莫名其妙的心理反應、虔誠無比的宗教信仰、不同凡響的意志品質、獨具匠心的個人喜好、喜怒無常的性格特徵等，普通百姓難以揣摩他們的內心世界，難以捕捉他們的精神活動，難以度量他們的品性操守，因為他們有時爾虞我詐，有時反復無常，有時耀武揚威，有時危在旦夕，但他們規劃和營造帝陵却有一定之規或不亂方寸，不敢越雷池一步，以免遭受天譴；唯恐違背祖訓或遺訓，無顏面對列祖列宗；害怕破壞風水和龍脈，落下斷子絕孫的悲慘命運；擔心錯過龍穴和寶地，得到臭名昭著的淒慘結局。於是，通過兢兢業業地修建和修復祖陵，千方百計地修理和修葺皇陵，轟轟烈烈地營建和營造帝陵，以確保祖宗基業的永存、祖傳帝業的永在和祖輩龍脈的永續。

（六）信仰制度及其思想文化

中國社會的歷史發展和中華民族的文化積澱同世界上一些國家和民族的歷史與文化的發生過程、存在機理和發展規律一樣，也是由素樸的神話、動人的傳說和神秘的信仰的開啟、構築、助推、凝聚和衍生而成。陵園（陵墓、陵寢）地面建築或主體建築及其帝陵神道是中國社會的悠久歷史和中華民族的傳統文化的物質載體之一。美麗動人的神話、亙古流傳的傳說和變化莫測的信仰印記在特殊的物質文化現實和精神文化現象之中，曲折地折射出我們的祖先創造古代文明的足跡和延續華夏文化的智慧，也生動地反映著不同地區軒輊有別的自然景觀和不同民族各具特色的文化邏輯。傳說與神話、信仰與文化在特殊時期、特定領域和特別意味上潤物無聲地影響著人們的日常生活，潛移默化地規約著人們的精神生活。不論“堆土為墳”“積土為封”“穿土為壙”“潛埋為葬”等葬式，還是“因山為陵”“以山為陵”“依山為陵”“倚山為陵”“鑿山為陵”“緣山為陵”“憑山為陵”“象山為陵”“視山為陵”“借山為陵”“靠山為陵”等理念；不管是“墓而不墳”“不封不樹”“勿封勿樹”“無為封樹”“封而樹之”“堆土植樹”“標墓以樹”等葬法，還是“前廟後寢”“前朝後寢”“陵側起寢”“陵旁立廟”“陵內設殿”等佈局，皆不同程度地體現了前方後圓、天圓地方、天覆地載、天人合一、生死始終及和而不同、道法自然等思想或認識，也一定意義上遵循了“人不能離開自然”的規律，踐行了“人是自然界的一部分”的原理，為人類社會處理和解決自然現象與社會現象、自然事物與社會事物、自然規律與社會規律之間的同體關係留下了一筆寶貴的精神財富。肇始春秋戰國時期、下迄明清兩代的喪葬制度、墓葬制度、陵寢制度及其所承載的生死文化、喪葬文化、墓葬文化、陵寢文化已有兩千多年的發展歷史，戰國時代推崇孔子的“仁論”、反對孟子的“義論”而提倡“禮論”的荀子特別關注生死、喪葬、墓葬、陵寢等相關制度及其與社會生活的內在關係，如主張“故壙壠，其貌象室屋也”，這已預言了陵寢制度的發展路徑和構築模式，如帝陵建築與宅居模式的同構現象，成為私有制社會尤其是封建社會“家天下”的社會形態的文化縮影，並逐漸形成了中國傳統陵園建築文化的社會特色。“為了理解以前世界各民族的思想，它們的神話能告訴我們非常多的東西，而這些東西是未必能從它們的歷史中知道的。”①

我們試圖以“神話・宗教・哲學——中國傳統哲學思想與文化探源”為研究視角，運用哲學、民俗學、文化人類學、文獻學、社會學及建築學、風水學的相關理論、知識與方法，考察中國皇帝陵園建築的規劃與藝術、規制與佈局、形制與式樣，探究帝陵神道的制度條件與自然因素、文化品位與社會價值、本位價值與功能價值，挖掘中華民族的精神家園的歷史要素與文化因素、信仰體系與信念內核，找尋中國傳統社會發展的文化基因和思想動因，揭示中國傳統思想的文化脈絡和哲學價值。在中國人留給後人的精神產品和後世的文化遺產中，神話傳說、自然崇拜、山嶽崇拜、神靈崇拜、祖靈崇拜等宗教意識、宗教信仰是不容忽視的一部分，存在著“神話—宗教—哲學”之間依次的因果關係和內在的邏輯關係，它既展示了中國人思想文化創建和創新的才情，也為此後的哲學家提供了反思和深思的才智，為爾後的歷史學家提供了考古和考察的才能，為以後的藝術家提供了創意和創造的才思。恩格斯在《反杜林論》中揭示了宗教的自然起源和社會根源、自然發展和人為建構及自然本性和社會本質等關鍵問題，成為我們理解和把握宗教的起源、要素、演變、本質和作用的理論依據，也是一個國家和民族制定宗教政策、規範宗教活動及開展宗教文化研究的理論基礎。“但是，一切宗教都不過是支配著人們日常生活的外部力量在人們頭腦中的幻想的反映，在這種反映中，人間的力量採取了超人間的力量的形式。在歷史的初期，首先是自然力量獲得了這樣的反映，而在進一步的發展中，在不同的民族那裏又經歷了極為不同和極為復雜的人格化。……但是除自然力量外，不久社會力量也起了作用，這種力量和自然力量本身一樣，對人來說是異己的，最初也是不能解釋的，它以同樣

① ［美］愛得華・B. 泰勒：《人類學——人及其文化研究》，連樹聲譯，廣西師範大學出版社 2004 年版，第 376 頁。

的表面上的自然必然性支配著人。最初僅僅反映自然界的神秘力量的幻象，現在又獲得了社會的屬性，成為歷史力量的代表者。在更進一步的發展階段上，許多神的全部自然屬性和社會屬性都轉移到一個萬能的神身上，而這個神本身又只是抽象的人的反映。"① 從宗教文化的視角來看，宗教信仰、宗教學說、宗教理論、宗教政策等，均屬於思想文化的另類和他說，信教行為、祭祀儀式、祭拜活動等，皆屬於思想文化的外化和物化。本來，宗教是反映人民群眾認識和理解不可抗拒的自然力的產物與表現，反映人民群眾認知和把握變化多端的社會力的產物與表現，反映被壓迫人民、被剝削階級反抗和抵制統治階級、剝削階級的思想和行為的產物與表現，但它逐漸成為人民群眾擺脫不掉的精神枷鎖、揮之不去的精神鴉片及掙脫不了的統治工具。中國神話預示了中國傳統思想文化未來發展的種種可能，它為宗教和哲學提供了原始素材；宗教提升了神話的理論性和針對性，克服了神話的原始性和樸素性，並為哲學提供了總結的前提和概括的基礎；哲學批判了宗教的神秘性和政治性，實現了世界觀和方法論的統一。我們設定"神話—宗教—哲學"的研究視角，應用於中國帝陵神道文化、思想和哲學研究事業，試圖尋找其內含的神話色彩、包含的宗教信仰和蘊含的哲學思想，利用其良性的思想文化內容，分析其中性的思想文化關係，批判其惡性的思想文化功能。

三　心路歷程

（一）起因與動因

提起研究動機，其實既簡單又復雜。簡單如一張白紙——希冀"躍然紙上的話語承載我們的心路歷程和印證我們的思想軌跡"，讓前輩、同仁和讀者了然我們的思慮、認識和態度；復雜如縱橫交錯——企盼"借助於鮮活的文字和可靠的數據展示我們的研究程度和表徵我們的工作態度"，讓前輩、同仁和讀者知曉我們的努力、認知和成果。要說創作契機，其實既必然又偶然。必然是指前人關於相關問題的學術積累深厚、學術成就頗多，已經形成了層見疊出的態勢和崇論閎議的趨勢，後人順其自然地開展學術研究，則可以達到自然而然的效果；偶然是指今人面對相關問題時不經意間道出個人所思所想所感所悟，提醒和啟發了"科研小組"成員，引發和引導了調研興趣與學術取向，喚醒了處於沉睡狀態或懸置階段的科研課題，激發和助推了科研活動與調研進程，由此我們將偶有所得見諸報端，以期逐步修正研究框架、修補研究理念和修理研究細節。說到寫作意圖，其實既自然又使然。自然是指學術活動是一種處理和解決"源流關係的思想實踐"，它要求精心地疏

① 《馬克思恩格斯選集》第三卷，人民出版社 1977 年版，第 354 — 355 頁。

通“思想河流”，著力地清理“思想障礙”，使之儘量避免堵塞現象，盡力破除屏蔽作用，實現由源頭順暢地流向終點的學術理想，完成自始至終的價值追求；使然是指學術成果類似“醜媳婦見公婆”，遮掩只能起到一時之功，不會發揮長久之效，它必須坦白地接受社會的檢驗、坦誠地接受學界的評說、坦率地接受時間的認可，旨在追求由學術作品到學術成品再到學術精品的轉化。我們風塵僕僕、跋山涉水去考察遍佈大江南北的古跡，尋根追源、刨根問底地去考究不可勝數的古籍，既是艱苦的體力勞動又是艱難的腦力勞動，故作為研究者應該致力於把“勞力”和“勞心”結合起來，作為探索者必須盡力把田野調查式的考古或訪古的力度與追求書齋式的探古或究古的程度結合起來。換言之，我們發現了自己前期研究的“挂一漏萬”和學識淺薄，也知曉了尚且存在的學術空間和學問缺失，更明瞭應該追求的學術道德和學術價值。基於嘗試性地研究和揭示中華民族優秀傳統文化與中國人國民性的內在關係，詮釋了“如果一個民族缺乏歷史悠久的民族文化，那麼這個民族就缺失根基；如果一種民族文化尚未凝練出民族精神，那麼這個民族就缺少靈魂”的道理。多年來，在略顯孤寂的學術研究中，我們始終相信勤能補拙和天道酬勤。勤勉於思維實踐，盤活信息資源，捕捉信息機會，擴充信息數量，提升信息品質，旨在不斷地克服學識的“先天不足”，逐漸地填補思想空間或思維空間，並追求降低學術成本、提高學術效益、規避學術風險、凝練學術成果的目標和理想。

（二）要素與因素

研判中國傳統思想文化體系自身獨特的文化構成要素和思想影響因素，不能放過具有意義建構和知識建構等功能的帝陵神道文化、思想和哲學。中國古代社會的統治階級在與周圍環境相互作用的過程中，逐步構建起關於外部世界的認知邏輯和知識體系，從而使自身的認知結構得以優化或知識體系得以完善，尤其是在與特殊的自然地理環境與特別的社會人文環境交互作用的過程中，通過勘察地形與地勢、觀察山形與山勢、考察風水與陰陽、審查歷史與傳統、洞察人文與天文、視察民情與民風以及明察文獻與古籍等要素與因素，最終形成了統治階級關於陵墓、陵址、陵寢、陵區、陵園、陵邑的頂層設計與具體實施。中國帝陵神道文化、思想和哲學的建構過程是必然與偶然的結合。所謂必然是指歷代帝陵選址吸納了傳統墓地選擇習俗，受制於風水學說的影響和皇權永固的需要；所謂偶然是指皇帝本人的情感因素往往起著是非或曲直的關鍵作用，或其個人好惡可能起到有無或取捨的決定作用。統治階級通過同化與順應的過程和形式達到與社會歷史條件、自然地理環境的平衡關係。所謂同化是指統治階級把外部環境中有關信息吸收進來並結合到自身已有的認知結構和知識體系中，即他們把外界刺激所提供的信息整合到自己原有認知結構和知識體系的過程，它屬於統治階級認知結構成分的擴充和知識體系要素的增加。所謂順應是指統治階級因外部環境發生變化而原有認知結構和知識體系無法同化新環境提供的新信息時所引起的認知結構重組與知識體系變化的過程，它屬於認知結構性質的改變和知識體系特徵的完善。各個朝代的統治階級極為重視帝陵神道文化、思想和哲學的建設與發展，使其主體性在建構認知結構和健全知識體系過程中發揮了基礎性作用，不僅使其認知結構的數量和知識體系的要素、認知結構的性質和知識體系的特徵發生變化，還使其認知結構和知識體系的條件、認知結構和知識體系的功能發生變化。尤其是統治階級強調其在認知過程中所處社會文化歷史背景的作用，這是我們理解和把握帝陵神道文化、思想和哲學同中國傳統思想文化體系的內在關係的基礎要素和關鍵因素。

（三）已知與未知

閱讀獨樹一幟的中國傳統建築文化的奇葩——中國帝陵神道及其文化、思想和哲學，目的是嘗試性地、探索性地研究一個未知的學問領域和追求未竟的知識境界；汲取“源遠流長，博大精深”的民族文化養分，以期牢固樹立中國傳統文化及其精神有著根深蒂固的源頭和屬於川流不息的活水等理念；徜徉於獨有的悠久的中國帝陵神道文化、思想和哲學的歷史長河中，目的在於充實自己的研究生活，豐實自己的精神食糧，滿足自己的文化訴求，還可以自慰：我們是中國人，生活在充滿生機和活力的中華沃土，我們的身上流淌著中華民族的血液，我們應該甄別中國傳統文化的良莠，揚棄中國傳統文化的內容、形態及功能，如此才能堅挺起民族文化復興的脊樑。找尋中國帝陵神道的發展軌跡，挖掘中國帝陵神道的精神內涵，實質上是梳理和把握中華民族歷史上處理和解決人與自然的關係的方式和理念，尤其是可以考察和審視特殊社會階層中金口玉言的皇帝通過營建陵寢、修建帝陵神道這些實物或載體，如何實施政治抱負，如何釋放道德情懷，如何實現文化關懷，如何把人際道德推廣到自然界即如何對自然界講道德等問題；適當地參照獨具特色的日本民族文化特別是日本神社神道與日本人國民性的相關關係，比較研究形式類似而內容不一的神道文化形態，可以為把握中國帝陵神道與中國人國民性、中華民族傳統文化的相關關係提供一些文化建設理路及文化鏡鑒功能。當然，精神和心理上的自慰，思想和文化上的自尊，認知和情感上的自持，並不意味著借以推卸學術責任；求索全新的學術領域，並不意味著可以降低學術水準；遭遇意想不到的困境，並不意味著可以停止學術追求；參照相關的文化形態，並不意味著可以喧賓奪主；踏上難得的文化征程，並不意味著可以徑情直遂。我們認為，從事學術研究的工作者，一旦選擇了值得研究的學問領域和學術問題，就應該奉行學術規範、堅持學術積累和推進學術發展，因為學術規範是價值追求和責任擔當的基礎，學術積累是維護學術秩序和創新學術成果的前提，學術發展是繁榮思想文化和助推社會進步的動因。

（四）機遇與挑戰

評估自然界的承載力與自然力的制約性，在於考量客觀物質世界各構成要素的影響關係或制約關係，尤其是評價災害性的自然現象和爆發性的社會現象，旨在考驗“萬物之靈”的心理、智慧和能力及想法、做法和效果。2002 年 11 月起，“非典”肆虐，人心惶惶。它凸顯出人與自然、生態的緊張關係，也考量著人與人、人與社會的和諧關係。舉世合力，舉國同心，為抗擊這個“不速之客”而不遺餘力，同時人們不得不深思人與物、人與事、人與人、人與社會及人與自然的互動關係，不得不關注人際道德與自然道德的內在關係。我們認為，人作為“經濟性的動物”，需要經濟建設與發展，惠及自身的利益和需求，但應該處理好發展速度與品質、發展成本與效益的關係；人作為“政治性的動物”，需要政治環境與秩序，實現自身的信念和抱負，但應該解決好政治理想與現實、政治制度與文明的關係；人作為“社會性的動物”，需要社會交往與認可，滿足自身的理想和追求，但應該把握好社會進步與自然承載、社會發展與自然演進的關係。關於人與自然的關係問題，學界不斷推出頗有見地的思想觀點，如有人從生態視角考察文明進程及人與自然的關係，認為其表現為早期文明時期的順應自然、農業文明時期的改造自然、工業文明時期的征服自然、現代文明時期的和諧自然等歷程；有人從文化視角探索不同文化形態處理人與自然的關係的智慧，認為人與自然的關係大致分為敬畏自然、虐待自然和善待自然等階段；有人從哲學思想視角予以深度思考，認為自然哲學提倡順應自然、主體哲學提倡超越自然、生態哲學提倡回歸自然。總之，人們不想淪為“環境難民”或“生態難民”，不願惡化生存空間和降低生活質量，更不期望“光吃祖宗飯而斷子孫根”。於是，“人定勝天”思想修改為“天人和諧共生”觀念，“人為自然立法”思想修正為“自然為人立法，人為自然護法”理念。其實自人類社會發展逐漸步入工業社會和各國人民開始享用工業文明以來，在歐洲中心主義主宰世界格局、轉嫁經濟社會發展所帶來的負面效應之時，在人類中心主義主導社會思潮以後，在人類得意於認識、利用、支配和改造自然的輝煌成就之際，自然界這個有機整體和生態系統就不停地發出呻吟，不斷地祭出吶喊，不住地提出抗議，不時地為人類亮出“黃牌”予以警告，甚至掏出“紅牌”示意“退場”，嚴肅而認真地提醒人類要規範自身的認識和檢點自己的行為，於是幡然省悟的時人和世人開始重新思索經濟和社會發展的成本與代價、人際道德和自然道德的相關性與同構性、人對自然界講道德的必要性與可能性等事關人類社會生存與發展、生產與生活及物質生活與精神生活等何去何從的重大問題。為此，論及中國傳統文化所培育的自然觀，著眼於中國帝陵神道文化、思想和哲學所傳承的生態觀，著力於帝陵禮制性建築所蘊含的環境觀，可以說是尋找擺脫自然界的困境和解決人類社會的困惑的路徑之一。

探索和遵循科學研究的可持續發展之路，既能夠保存已有的研究成果，鋪墊未來的研究方向，也可以依託前期的研究經驗，規避預期的研究風險。2003 年暑期，在人們的身體或生理受到極大的威脅、心理或情感受到莫大的挑戰之時，長期以來自然結成的“科研小組”的忠實成員們依然沉浸在“思想沙龍”的激辯氛圍之中，盡情地享受著“精神會餐”

的愉悅與滿足。文化火花的碰撞、思想火種的點燃，代表了學術品質的追求和思想內涵的企盼。看似偶然的一次論談，卻激發了我們的思緒，啟動了我們的思維。一種偶然的機遇，一些並不熟悉我們的研究領域的人，只因了知“日本的神道”與“中國的神道”在概念上的一致或可比，便在觀念上一再提醒於我們：不要無視中國傳統文化中的帝陵神道及其價值，不能忽視民族文化與民族精神的相關性，不該弱視整個中華民族傳統文化對中國人國民性的養育作用。當然，基於多年的資料積累和研究經驗，緣於從民族文化視角研究中日文化比較與交流事業，我們提出了不能否認神道文化在中日文化比較和交流過程中所發揮的嫁接功能與橋樑作用，也不能無視日本神社神道文化對中國傳統思想文化的影響價值與鏡鑒作用。從那時起，我們就徜徉在求索“中國帝陵神道文化、思想和哲學是什麼、為什麼、怎麼樣及有何作用”的漫漫征途上，起初設定和不同時段擬定的主旨分別有“中國帝陵神道與中國人國民性”“中國帝陵神道與中華民族的精神家園”“中國帝陵神道與中華民族的民族精神”“帝陵神道與中日思想文化比較和交流”“帝陵神道與中國人的自然觀”“帝陵神道與中華民族傳統文化的內在關係”等。時光如水，光陰似箭。我們的研究主旨“幾易其稿”，最終確定為“中國特殊社會階層如何認知和傳承民族傳統文化，帝陵神道如何反映中國人處理和解決人與自然的關係之經驗和智慧，帝陵神道文化、思想和哲學如何體現中國人詮釋神道與自然、生態的關係之做法和能力”。於是，我們開始專注於識別和定位中華民族的精神家園的構成元素和影響因素——帝陵神道及其文化、思想和哲學，區別和評價中國傳統思想文化體系中帝陵神道所培育和傳承的中國人的自然觀、生態觀、道德觀及審美觀、文化觀等內容，甄別和考察中國帝陵神道的良莠與取向等。只有揚棄中國帝陵神道文化、思想和哲學，即取其精華，去其糟粕，去粗取精，去偽存真，才能貢獻於中國傳統思想文化偉大復興事業。

為了搜集研究資料，豐富研究經驗，優選研究路徑，實現學術研究的可持續發展，我們試圖找到“傳統文化或民族文化研究”的真正感覺，分析文化表層的動因和文化深層的基因，探討民族文化與國民性的相關性，把握民族文化所培育和傳承的自然觀和倫理觀，理解“文化民族”歷史地、自然地凝結而成的生態智慧和環境方略，以期輔助中國傳統文化中的帝陵神道及其文化、思想和哲學的研究工作，深化中國帝陵神道文化、思想和哲學是構築中華民族的精神家園的一個單元，是展示中華民族的精神創造的一種形式，是揭示中華民族閱讀神道與自然、生態的關係的一條路徑等主旨。我們認為，研究者一刻也不能停止理論思維，一時也不能停止探索腳步。心想著就是追求著，探索著就是享受著。我們的本望是：求證未知領域，求索未競事業，享受學術生活，厚實研究閱歷。開啟思維和創新實踐是形成一定的認知成果的基本前提。

四　路徑選擇

（一）讀書與行路

人類學、民族學、社會學等大力倡導和踐行實地調查工作，其典型為田野調查或田野工作，研究者貫徹落實和協調解決主位與客位、宏觀與微觀、社區與個案、專題與綜合等研究視角及其相互關係，並借助參與者和觀察者身份緊盯一個對象開展定性研究或質性研究，實現深度研究或理論建構目標。中國傳統思想文化就是研究者運用參與觀察、深度訪談和口述史料等方式，實現了制度化、體系化和可持續化發展。司馬遷主張“讀萬卷書，行萬里路”，與培根（Francis Bacon）“知識就是力量”有異曲同工之妙，而杜甫《奉贈韋左丞丈二十二韻》中亦有“讀書破萬卷，下筆如有神”之說。古人已知“讀破”萬卷書，下筆如“神助”的道理，而今人更知行程至萬里，“一覽眾山小”的哲理。我們認為，不讀書，不行路，則無知無識；只讀書，不行路，則有知無識；不讀書，只行路，則有識無知；既讀書，又行路，則有知有識。讀書至於萬卷，乃是讀書人和學問者的目標追求，它可以在梳理文獻、辨證考據的過程中把握歷史的走向和文化的脈絡；行路達及萬里，則是仁義者和達觀者的精神境界，它可以在田野調查或實地考察的過程中飽覽別致的自然景色和濃鬱的人文景觀，尤其是在交通便利的今天更能獲得倍加的效果或多贏的結果；更為重要的是應把讀書與行路有效結合起來，如果能夠把多讀書、讀好書和好讀書與行路有機地結合起來，則可致知行合一的狀態、收到稱心如意的效果。讀書也好，行路也罷，其實都是在持續地培養自己的閱讀習慣和不斷地增強自身的研究能力，包括提取信息的能力、選取信息的能力、獲取信息的能力、萃取信息的能力和吸取信息的能力。由於經濟社會發展的提速，提振了人們參與思想文化建設的信心和信念，但也釀成了人們心急氣躁的狀態和急於求成的心願，形成了“不願讀書”或“不想讀書”“不會讀書”“不能讀書”的社會風氣，甚至“為什麼讀書”“讀什麼書”“如何讀書”及“讀書為何”等，本來不是問題的問題，反而成了問題之中的問題，導致人們的“閱讀習慣”的不存，“閱讀能力”的滑坡，形成了一種逆反心理和反常行為。更何況支付智力、體力和精力及耗費人力、物力和財力的行路，使人們想起來就皺眉頭，做起來更打怵，導致“探路習慣”的減少或消失，“行路水準”的停滯或參差，形成了一種叛逆心理和異常行為。人們靜不下心來認認真真地讀書，也沉不下身去扎扎實實地行路，而且讀書與行路各行其是，各行其道，各自為政。這是一個國家和民族亟待矯正的思維方式、有待修正的行為方式。我們認為讀書和行路作為治學準則和研學要求，其實是將文獻材料與田野考察相結合，驗證歷史記述的真實性和佐證實物遺存的歷史性。

自從志學和治學以來，一直告誡和敦促自己：讀書，讀書，再讀書；考察，考察，再考察；研究，研究，再研究；創作，創作，再創作。於是，買書—藏書—讀書—寫書—贈書——以書為伴，與書相伴，學業才可持續！以書為友，與書為鄰，人生才會光彩！這一切共同作為“文化養分”，已經滲入我們的肌體和血液之中。我們尊重以挖掘古跡為生、以厘清歷史文化為業的考古學家，敬重研究歷史記載、詮釋歷史文物的歷史學家，看重研究民族的起源、發展和消亡及各族體的生產力和生產關係、經濟基礎和上層建築等社會結構關係的民族學家，注重研究信仰、風俗、口傳文學、傳統文化、思考模式及其在時空中流變意義的民俗學家，推重主要從社會整體利益和系統關係出發且通過社會關係和社會行為來研究社會的結構與功能、發生與發展的基本規律並為社會各階層提供理論依據與政策參考的社會學家，愛重研究神道的起源、演化、性質、規律、作用等內容的神道學家，珍重以追求世界的本源、本質、共性、絕對、終極的形而上者為目標和以認識、利用、改造世界的方法論為內容的哲學家。為此，我們將現存一百餘座蹤跡可尋的具有歷史價值和文化功能的實物史料——中國皇帝陵園作為研究對象，將陵寢制度、祭祀制度、喪葬制度及等級制度、專制制度、集權主義作為研究領域，將帝陵神道文化、思想和哲學及其價值作為研究主旨，希冀為社會和學界奉獻研究成果。

（二）問路與尋路

當今社會，治學者或志學者都應該帶著問題、圍繞主題進行讀書，也應該設定專題、詮釋課題進行思考，還應該尋找話題、求解議題進行交流，更應該依託讀中思、思中讀、以讀促思、以思導讀的方式，並追求讀思互依、讀思共進、讀思相濟的目標和境界，因為讀書是思考的前提，思考是讀書的深化，交流是讀書和思考的延伸，創作是驗證讀書、思考和交流的標尺。也許人們在處理和解決讀書、思考與交流的關係時存在著個體差異或認知偏差，但選擇如下路徑之一並非難事，即可以邊讀書邊思考邊記錄讀書所得、思考心得和交流偶得；可以集中精力系統地讀書之後，殫精竭慮深入地思考，挖空心思廣泛地交流；可以分時分段有計畫地讀書之後，分層分類有目的的總體思考，分別分析有選擇地開展交流。任何民族一時也不能沒有思想，一刻也不能停止思維。恩格斯在《自然辯證法》中寫道：“每一個時代的理論思維，從而我們時代的理論思維，都是一種歷史的產物，它在不同的時代具有非常不同的形式，並因而具有非常不同的內容。”[①] 時至今日，我們的閱讀、思考、交流和創作活動時刻不能離開“網絡世界”，須臾不能離開網絡資源，人們越來越感受到信息社會的快捷、便利和豐富多彩！如果把“網絡天地”比擬為感情世界，它無疑是虛擬的和間接的存在方式；如果把網絡資源視為文化信息，它應該是現實的和直

① 《馬克思恩格斯選集》第三卷，人民出版社 1977 年版，第 465 頁。

接的存在方式，尤其是承載中國傳統思想文化的經典、文獻或史料大都“被網絡化”後，我們認為中國傳統思想文化增添了一條現代化的、可持續的生存和發展之路。我們可以選取所需要的網絡文化資源，迅速下載、整理和存儲後，只要輸入“關鍵字”或“關鍵詞”，便可以輕而易舉地查找相關信息或統計有關數據，然後再把“網絡版的信息”與“文字版的信息”相對照，以便核對準確無誤後引入自己的“作品”之中，為達成自己的閱讀、思考、交流和創作等目的而添磚加瓦。如我們借助於“中國基本古籍庫”這一信息平臺，輸入“神道”一詞，便可以搜索出20500餘條用語或出處（包含部分重復條目，以及一些並非所指條目）。我們找到了傳承神道的歷史文獻，省去了大量的查閱時間，降低了一定的研究成本，但核實電子信息和紙質信息仍耗費時日和心血；解決了神道出典問題，獲得了詳實的“神道數據”，一定意義上可以說實現了定量研究神道文化、思想和哲學的目的，接下來就進入了神道解讀、神道釋義、神道分類及神道比較等定性研究工作。於是，我們可以在概念、詞語、說法、用法、寓意、所指、做法及關係等方面，定性研究神道的文化內涵、思想價值和哲學關係，也可以在學說與學理、學派與學脈及信仰與精神等方面，定性研究神道的本位價值和功能價值。

學術活動自有其程式和規範，研究生活各有其苦樂和規則。中國人習慣以對錯判斷事物，也內化於帝陵神道文化、思想和哲學之中；日本人通行以輸贏判定事情，也體現在神社神道文化、思想和哲學之內。長期以來，我們不折不扣地執行著“對錯標準”，雖然培育了國人的原創能力或創造精神，卻壓抑了國人的應用能力和應變能力；日本人則矢志不虞地貫徹“輸贏標準”，培養了日本人的憂患意識和變形精神，激發了日本人的應用欲望和實用品格，但也壓制了日本人的自創能力和自我意識。具體言之，基於學術道德、出於學術良心和遵循學術規範，研究者總是淡泊名利而潛心研究，探索者有時擔當風險而用心創作，評價者本著實事求是的原則認真對待被評價對象，但他們還是懼怕將汗水和心血凝結而成的智力成果被一錘定音式地斷定為一錢不值的學術垃圾，甚至被蓋棺定論式地判定為貽害世人的“假冒偽劣精神產品”。然而，真正的學術活動和研究工作是研究者、探索者和評價者在自己的著述無人問津的境遇中依然孜孜以求或不言放棄，或在自己的作品不會有商業賣點的質疑中毅然決然匍匐前行，或在自己設定了神道文化、思想和哲學的對話、比較、交流和借鑒等研究視角不被人理解或難以讓人認可的情況下還是依然故我。多年來，因執著於獨特的學問領域，探索著奇特的學術空間，使我們增加了見識，增長了學識，增強了認識，增進了認同。近年來，因游步所及大江南北，游程已至長城內外，使我們思緒萬千。現如今，我們致力於古籍中探求、從專家中訴求、在行路中尋求和網絡中搜求等多種治學方式，旨在使信息獲取得以迅捷、知識領域得以拓展和學問境界得以提升。我們不想錯過信息機會，不願造成信息損失，不能浪費信息資源，尤其是期望在掌握足量信息的前提下篩選出優質信息，為研究工作提供取之不盡、用之不竭的思想材料和文化資源。

（三）探路與開路

我們有志於特殊的學問領域，徜徉於獨特的知識空間，希望有助於推動先賢們開創的中國帝陵神道文化、思想和哲學的建設事業，有利於推進前人未竟的中國帝陵神道文化、思想與哲學的研究事業。就研究過程而言，精神愉悦和心理安慰自不待言；就學術成果而言，裨補缺漏應在情理之中；就創作動機而言，求學的心願和求教的夙願刻骨銘心；就執行效果而言，探古的旨趣和究古的旨意望眼欲穿；就研究經驗而言，自身的學術經歷和他人的學術成就可以助推研究進程及助力研究成果；就學問目標而言，古往今來的軌跡和借古喻今的信念歷歷在目；就學術責任而言，尊重學術規範和遵守研究倫理不言而喻。這是因為：在我國形式多樣、內涵豐富和特色顯著的建築寶庫中，有一類引人入勝的建築物——皇帝陵墓；在我國豐富多彩、參差不齊和前景廣闊的旅游資源特别是旅游文化資源裏，有一類璀璨奪目的自然景色和人文景觀合而為一之地——陵園建築；在我國歷史悠久、博大精深和源遠流長的傳統文化中，有一類涵蓋面廣、觸角多元的傳統建築文化——陵園文化；在我國毁譽参半、功過兩分和見仁見智的神道發展史上，有一種常被忽視的實物文化現象——帝陵神道。英國著名科學史家李約瑟博士（Joseph Nee dham）以建築形制和天人關係為視角，高度評價了帝陵的藝術價值、人文理念及其所體現的中華民族的無與倫比的哲學智慧，即“在本章開始時曾提到帝王陵墓是中國建築成就中的大類型之一。現在我們還以它作為結束，並不是因為對帝制本身的任何特别的尊重，而是因為它們所構成的整個佈局或許是把廣闊的風景區作為一個部分吸收到構造整體中的最偉大的例子”。[①] 他認為以明十三陵為例，足以見證中國人的智慧和中華民族的才能，“在有些地方，如東北的瀋陽，尚完整地保存著清初皇帝的陵墓（圖 742，圖版）。但是最偉大的傑作肯定要算位於北京北面山中稱做‘十三陵’的明代陵墓群。它們分佈在廣闊的山谷裏，每個有城垛圍牆的陵墓往往建在突出於兩個巨大的山谷之間的支脈斜坡上，陵前開闢出一個滿植林木的廣大圍場，其中有成組的殿堂。……然後，當神道穿過農田漸向右彎時，可以看到一長列立在神道兩旁的石像，有駱駝和象、馬和神獸、文武官員等（圖 810，圖版）；神道終止於另一牌樓（‘龍鳳門’）……在靈臺上游覽者可以看到整個山谷的宏偉景象，並沉思那把風景和建築物的整個形勢考慮在內的有機的設計，以及通過建築師和匠人的技巧而表現出來的一個民族的才能”。[②] 我們研究中國帝陵神道文化、思想和哲學，主要以附屬於或鑲嵌於用地規模大小不一、形制建制各異的陵園建築的帝陵神道為對象，探究其歷史演變、思想境界、文化內涵、生態智慧、道德追求和價值意義，因為“中國人在一切其他

① ［英］李約瑟：《中國科學技術史・物理學及相關技術・土木工程與航海技術》（第四卷，第三分冊），汪受琪等譯，科學出版社/上海古籍出版社 2008 年版，第 168 頁。

② 同上書，第 168 — 171 頁。

表達思想的領域中，從沒有像在建築中這樣忠實地體現他們的偉大原則，即人不可被看做是和自然界分離的，人不能從社會的人中隔離出來”。①

我們根據時代演進、政權更迭、思想發展、文化積澱、國民性格、民族心理及靈魂觀念、喪葬文化和陵寢制度等綜合的社會歷史條件和精神文化因素，把握中國社會不同時代、不同地域、不同民族、不同文化背景及不同建築式樣等條件下的帝陵神道文化、思想和哲學及其發展史。我們側重於詮釋帝陵神道的思想文化內涵和內在價值追求，即通過梳理和分類作為實物形態的帝陵神道，考究其所蘊涵的人與物、人與事、人與人、人與社會之間的相互關係，亦即社會關係，研究其所內在的人與自然、人與環境、人與生態之間的彼此關係，亦即天人關係，以及探究天地、天人、天地人關係，解讀神道與自然、生態的契合關係，使帝陵神道的思想文化內涵得以深度上的挖掘，帝陵神道的思想文化外延得以廣度上的拓展，帝陵神道的價值和意義得以維度上的彰現。應該說，研究之路就在身邊，研究之境就在腳下。

五　未來前景

（一）帝陵神道及其文化、思想和哲學

中華民族是一個有著悠久歷史和燦爛文化的古老民族，是一個敢於創造奇跡和善於製造奇觀的偉大民族，是一個精於原創民族文化和志於凝練民族精神的智慧民族，是一個能夠屹立於世界民族之林和影響了世界歷史進程的強大民族。我們在經天緯地的文化寶庫和瑰麗神奇的文化寶藏中擷取帝陵神道，予以文化閱讀，以期說明中國帝陵神道對中華民族文化體系的構築作用；在源源不絕的思想積澱和意味深長的思想寶典中提取帝陵神道，予以思想解讀，以期說明中國帝陵神道思想對中華民族思想體系的構建作用；在互為表裏的文化形態和互惠互利的思想類型中選取帝陵神道，予以哲學研讀，以期說明中國帝陵神道哲學對中華民族哲學體系的構成作用；在概念和形式上有著千絲萬縷的文化關係和在內容和性質上存在天壤之別的文化形態中比對中國帝陵神道與日本神社神道，以期形成文化對話的機會、打造文化比較的平臺、正視文化交流的現實及提升文化借鑒的層次等。我們認為，帝陵、帝陵神道是研判陵寢制度及其所反映出的歷史、政治、思想、文化、藝術、民俗、建築、生態的實物史料，研究中國帝陵神道文化、思想和哲學應該成為探討政治史、文化史、民族史、民俗史、藝術史、建築史及祭祀史的基本內容，成為分析封建制、等級

① ［英］李約瑟：《中國科學技術史·物理學及相關技術·土木工程與航海技術》（第四卷，第三分冊），汪受琪等譯，科學出版社/上海古籍出版社 2008 年版，第 64 頁。

制、專制制、繼嗣制、血統制、陵墓制、喪葬制的重要契機，故我們以帝陵神道為對象，以帝陵神道文化、思想和哲學為重點，審視中國古代政治文化、神道文化、建築文化、陵寢文化、喪葬文化、石刻文化、祭祀文化、生態文化的建設和發展的歷程與成果。這一切都是為了以文化建設、思想精進、哲學發展為契機，匯入中華民族方興未艾的哲學大興、思想振興和文化復興之社會思潮。恩格斯在《反杜林論》中指出："因此，自由是在於根據對自然界的必然性的認識來支配我們自己和外部自然界；因此它必然是歷史發展的產物。最初的、從動物界分離出來的人，在一切本質方面是和動物本身一樣不自由的；但是文化上的每一個進步，都是邁向自由的一步。"[①] 歷史必然性決定了文化必然性和道德必然性，而文化和道德必然性又影響了歷史必然性，這一原理和原則的基本含義包括：文化進步及其成果是經濟社會發展的產物和表現，也是經濟社會發展的源泉和動力；文化進步及其成果既是思想成熟的前提和基礎，也是思想成就的表現和證據。

（二）傳統文化及其立場、觀點和方法

在人類社會的歷史發展、思想積澱和文化演進的過程中，伴隨著喪葬觀念的形成與演變、喪葬習俗的演化與變遷、喪葬文化的孕育與深厚、喪葬制度的確立與完善，以及跟隨著人類文明的進程與成果、國民心智的開化與進化等，在世界上不同的國家和民族中陸續出現了公墓的現象、形態與規制，也逐漸形成了公墓的認識、態度與管理。於是，在近現代社會中鮮有為統治者修築陵墓、修建陵園、劃定陵區、設置陵邑等社會現象，大多數國家和民族開始宣揚或強化移風易俗的政策，鼓勵各地各民族採取喪事從簡的辦法、節約土地的做法、保護環境的理念，以及推行集中安葬、簡約祭祀的喪葬改革制度。在大多數國家和民族的思想形態與文化理念中，為死者提供葬身之地原是生者的責任和家族的義務，養老送終乃天經地義之事，這與生者的生活境況或生存狀況、家庭的人口結構或經濟條件、家族的社會地位和政治影響等要素或因素並不構成對應關係，也不存在前因後果關係，因為人們普遍認為不能讓逝者"死無葬身之地"才是底線和主因，同時人們普遍相信或始終認為人雖死而親緣關係猶存、血緣關係不滅和業緣關係不失。公墓本是用來埋葬死者的土地、場地或聖地，逐漸演變為城鄉居民安葬骨灰和遺體的設施、環境或條件，它受到自然地理條件、祖先崇拜觀念、社會價值取向及建築審美意向、環境衛生要求、喪葬政策導引等要素和因素的綜合影響。"雖然人們還遠沒有突破各種含混與神秘，但爭論卻足以使我們看到中國喪葬問題上的種種矛盾和亂象：在當代中國大城市中，人們已經很難在街上看到出殯的情形；但在農村乃至很多中小城市裏，喪禮卻頑強地堅持著傳統形態。隨著各種宗教的復興，與喪葬相關的法事、道場也越來越熱鬧。一方面，喪葬業變成非常暴

① 《馬克思恩格斯選集》第三卷，人民出版社 1977 年版，第 154 頁。

利的產業，人們總是哀歎死不起人；另一方面，喪葬卻越來越成為一個極其邊緣的行業，只要有機會找到正當職業者，往往不會去選擇埋死人，而從業者常常腰纏萬貫，卻連對象都找不到。一方面，地方政府以打擊封建迷信的名義平掉鄉間原始的祖墳；另一方面，拔地而起的城市墓園又讓人們越來越憂慮未來的環保問題。"① 古往今來，公墓的歷史悠久；古今中外，公墓的類型繁多；在城市與農村、市民與村民之間，因喪葬觀念和習俗的差別及其影響，人們對待公墓的態度迥異。公墓大致分為：古代諸侯王的公墓——安葬帝王將相或王公貴族；宗族墓地——安葬有著姻親關係及具有同一信仰或思想的人員；家族墓地——安葬自己家庭成員或家族成員；特色墓地——安葬突發事件或偶發事故的犧牲者及戰爭陣亡者；公共墓地——安葬社會各界人士；社區墓地——安葬社區居民尤其是社區領袖或特殊貢獻者；教會墓地或教堂墓地——安葬神職人員或宗教信徒尤其是基督教信徒。此外，還有紀念園、國家公墓及現代公墓等形式。隨著社會發展帶來了城市與農村的二元結構、市民與農民的不同身份、村民與居民的不同稱謂，出現了公益性與經營性的不同理念，故公墓是城鎮居民安葬骨灰和農村居民存放遺體的一種設施。公墓的勘驗、選址、經營、管理及其性質和特色，除了秉持傳統風水理論或學說外，還深受環境衛生觀念、公共用地狀況、城鄉規模大小、人口數量多少及傳統生死觀念強弱等主客觀因素的影響或制約，它關聯著陰陽、吉凶、福禍、命運、晦明、生死、存亡、盛衰、興替等自然界的規律、人類社會的規則和思維發展的規程。我國 1992 年頒行《公墓管理暫行辦法》，標誌著中國社會的喪葬祭的管理制度、運行體制與服務機制等已步入規範化發展之路。為國捐軀、為民犧牲的英雄人物安葬在烈士陵園，成為人們追憶英靈、追思英烈及追求慰藉的神聖場所，並逐漸演變為現代社會開展愛國主義和集體主義傳統教育的重要基地。

"古為今用"——我們將傳統與現實對接起來，將歷史與文化嫁接起來，使歷史的發展軌跡和文化的演進邏輯昭示現實的路徑與未來的方向，讓時代的前進步伐和文明的推進過程延續曾經的奮鬥過程或過去的價值追求，去除中國歷史發展和中華文化進步過程中的雜音或糟粕，實現以古為鏡和以人為鏡、以古為鑒和以史為鑒的效果，以及正確處理尚古與疑古、循古與排古、訓詁與非古的關係，避免陷入因師古而泥古、因崇古而復古的窠臼，為現時代經濟社會發展探尋良性的歷史資源與文化參考。

"洋為中用"——我們將相關國家和民族苦心經營神道文化、思想和哲學的歷程與成就予以關聯與對照，找尋神道文化、思想和哲學的軌跡和機理，完善類似的思想文化形態能夠取長補短、相輔相承的體制機制，克服民族傳統文化建設過程中的"食古不化"和"食洋不化"之弊端，實現學以致用、為我所用的目的，達成交流與互通、比較與借鑒、變化與內化等目標。

① 吳飛：《慎終追遠：現代中國的一個童話》，《讀書》，生活·讀書·新知三聯書店 2014 年第 4 期，第 121 頁。

“文明以止”——我們將社會與文化聯繫起來，為社會發展培植和夯實文化建設的土壤，讓文化成就培育和孕育社會進步的方向，以此深度挖掘文明的正功能和全面釋放文化的正能量，盡可能地避免文明的負功能和降低文化的負能量。古人曰：“剛柔交錯，天文也。文明以止，人文也。觀乎天文，以察時變。觀乎人文，以化成天下。”（《周易·賁卦》第二十二）我們既要看重“天文”——陰陽彼此迭運、剛柔互相交錯的自然變化過程及其運行法則，又要推崇“人文”——人類製作的禮樂典章制度及其對人類行為的規範教化作用，還要呵護“天文”與“人文”的因果序列關係和內在邏輯關係，實現自然歷史條件和社會文化因素的交互作用。

“人文化成”——我們在處理和解決人際關係時，亟待培養人文心懷和適度推展人文關懷，因為人文是根植於內心世界的修養，承認約束條件的自由，以及設身處地為別人著想的善良；在看待和對待社會關係與自然關係時，需要修煉人文胸懷和及時投放人文情懷，將“人化自然”的實踐和“自然人化”的成果融通起來，尊重自然事物、現象及其規律的客觀性，看重社會事物、現象及其規律的歷史性，探索神道與自然、生態的內在關係，為人類社會構築資源節約、環境優美、關係和諧的生存與發展空間。

“推陳出新”——依託現代科學的發展和信息技術的應用，我們確信帝陵遺址的考古發掘將向世人展示出不盡的歷史資源和無窮的文化魅力，這就迫切要求學術界和思想界在關涉中國帝陵文化、思想和哲學的研究工作時必須做到推陳出新，實現創新發展，如開發和開展擁有得古獨厚、得天獨厚的帝陵文化之旅，創辦和經營帝陵文化旅游產業，製造和打造帝陵文化產品乃至帝陵文化品牌，創建和保護帝陵文化聖地，樹立和維護帝陵文化符號等工作，必須提到議事日程上來，一絲不苟地予以謀劃與實施，科學合理地予以管理與服務，誠心誠意地予以利用和保護，這樣可以使人們能夠同時飽覽自然風光、游覽歷史遺跡和享受文化資源，實現歷史人文旅游和生態休閒旅游的全面、協調和可持續發展。我們認為，如果一個人、一個家庭、一個群體、一個組織、一個社區乃至一個民族和國家，致力於最大限度地、最高程度地、最好標準地實現推進歷史和發展文化的預期目標，那麼這個人、這個家庭、這個群體、這個組織、這個社區乃至這個民族和國家就將充滿希望或前景光明。如果一個人、一個家庭、一個群體、一個組織、一個社區乃至一個民族和國家，拘泥於最小限度地、最低程度地、最差標準地完成推動歷史和建設文化的預定目標，那麼這個人、這個家庭、這個群體、這個組織、這個社區乃至這個民族和國家就將面臨危機或陷入困境。

中國帝陵神道是中華民族傳統思想文化體系的構成要素和影響因素。研究中國帝陵神道，我們期待匯入始於20世紀80年代以來的“文化熱”潮流。我們細化文化研究領域和問題時，既不能“泛化”研究對象及其主旨，而得出“如果不能精細考證和精准定位中國帝陵神道，則中華民族傳統思想文化研究就有缺憾與不足”等結論，也應該避免“窄化”中國傳統思想文化，無視中國是一個多民族國家的歷史與現實，而將其先限定為漢族文化，再局限為儒家文化，最後圈定為正統的經典的儒家文化。中華文化的體系化和整體性特徵顯著，它不是單一學說、某個流派或個別觀點的代名詞，而是內化了歷史世界、政治世界和生活世界的文明成果的統一體，即“中華民族，嚴格說來就是一個天下民族，就是由這個體系熔鑄出來的民族，我們很難用西方民族主義的觀點來理解漢族的民族特點。這樣來看，我們講中華文化的時候，不是簡單講它是漢族的文化，而是從這個體系性角度來講文化，一方面在這個體系性裏面講多元文化的並存，另一方面也要講多元文化共同創造了這個體系。這個體系有它自己的一整套象徵體系、符號體系，而這個體系是超越單一民族、單一宗教和單一文化的。這是我們看待中華文化的一個基本觀點，不能被任何單一的學說、學派、文化、宗教甚至單一的族群壟斷了對中華文化的解釋”。[①] 在梳理和分析中國帝陵神道文化、思想和哲學的歷史沉澱和演進邏輯時，無疑會關涉中華民族傳統思想文化的各種形態及狀態，尤其是關聯其“主幹”成分——儒釋道文化的內容及價值，更重要的是必然關切其“主流”部分——儒學的地位及命運，我們還將在“漢儒講章句”“宋儒引佛理”“清儒重考據”的歷史過程和邏輯關係之中，展現和凸現中國帝陵神道文化、思想和哲學的歷史定位、學術價值和民族特色。

---

① 張志強:《中華文化的體系性特徵》,《中國文化研究》2017 年第 4 期。

第一编

神道文獻

第一章　先秦時期

先秦時期

（夏朝　商朝　西周　春秋　戰國）

表一

作者/文獻	版本	用　例
卜子夏《子夏易傳》卷二	清通志堂經解本	(1)《彖》曰：大觀在上，順而巽，中正以觀天下。觀，盥而不薦，有孚顒若，下觀而化也。觀天之神道，而四時不忒。聖人以神道設教，而天下服矣。 (2) 盥者，祭之道可觀其首敬也。薦者，養之道，故盡其敬，竭其情，則能備物矣。所以假外物而成孝子之心也，非禮之本也，故不在於薦矣，觀其誠信顒若而已。民知其敬上也，聖人申其情，行其事，而成教於天下。雖天子必有尊也，則神道報其情也。此先王設教之端，而天下大服矣。
卜子夏《子夏易傳》卷八	清通志堂經解本	(3) 古之葬者，厚衣之以薪，葬之中野，不封不樹，喪期无數。後世聖人易之以棺槨，蓋取諸《大過》。太古之人，朴而未散，哀樂之情無係也。故生而求充其體，死而葬諸中野，以為無知而異類也。後世淳漓情智外散，故親其親，子其子，而哀樂惡欲之心盈矣。是以聖人因遵其情，而成其教明，神道立上，下修五禮，設五教以養生送死，以達其情而天下聽矣。設棺槨，穴地而葬之，其象入於澤也。其義不忘死而過厚之也。是以取諸《大過》。
卜子夏《子夏易傳》卷十	清通志堂經解本	(4) 制作治事，然後可大，故受之以臨。臨，剛長而大而臨制也，相臨之道觀乎上之風也，在於尊上立敬也。莫大於神道，設教而天下可觀，治之大者也，故受之以觀。雖設教之可觀，必齊之而後合，故受之以噬嗑。噬嗑，合也。道之以德，齊之以禮，齊之以刑，雖合而已未之至也。故制之大小，序之等終，分之外內，別之同異，文物以采之，聲明以揚之，煥然而有其文，而後盡其治也。

表二

作者/文獻	版本	用　　例
管仲 《管子》 卷第一	四部叢刊景宋本	(1) 我苟種之，如神用之，舉事如神，唯王之門。(王者，貴神道設教也。)凡牧民者，使士無邪行，女無淫事。士無邪行，教也。女無淫事，訓也。教訓成俗，而刑罰省，數也。(所角反) 凡牧民者，欲民之正也；欲民之正，則微邪不可不禁也；微邪者，大邪之所生也；微邪不禁，而求大邪之無傷國，不可得也。
管仲 《管子》 卷第九		(2) 管子對曰：君若將欲霸王舉大事乎？則必從其本事矣。桓公變躬遷席，拱手而問曰：敢問何謂其本？管子對曰：齊國百姓，公之本也。人甚憂饑而稅斂重，人甚懼死而刑政險，人甚傷勞而上舉事不時。公輕其稅斂則人不憂饑，緩其刑政則人不懼死，舉事以時則人不傷勞。桓公曰：寡人聞仲父之言此三者，聞命矣，不敢擅也，將薦之先君。(不敢專擅，自發此命，將進之宗廟，告先君而後行，所謂以神道設教者也。) 于是令百官有司，削方墨筆。

表三

作者/文獻	版本	用　　例
列御寇 《列子》 卷二	四部叢刊景宋本	(1) 晝寢而夢 (將明至理不可以情求，故寄之於夢。聖人無夢也)，遊於華胥氏之國。華胥氏之國在弇州之西，台州之北，(不必便有此國也，明至理之必如此耳。《淮南子》云：正西曰弇州，西北曰台州。) 不知斯齊國幾千萬里；(斯，離也。齊，中也。) 蓋非舟車足力之所及，神游而已。(舟車足力，形之所資者耳。神道恍惚，不行所至者也。)
列御寇 《列子》 卷三		(2) 周穆王第三。(夫稟生受有謂之形，俛仰變異謂之化。神之所交謂之夢，形之所接謂之覺。原其極也，同歸虛僞。何者？生質根滯，百年乃終；化情枝淺，視瞬而滅。神道恍惚，若存若亡；形理顯著，若誠若實。故洞監知生滅之理均，覺夢之塗一；雖萬變交陳，未關神慮。愚惑者以顯昧為成驗遲速而致疑，故竊然而自私，以形骸為眞宅。孰識生化之本歸之於無物哉？)

第二章　皇權時代

秦漢時期

（秦朝 西漢 東漢）

表四

作者/文獻	版本	用　　例
班固 《漢書》 卷十一	清乾隆武英殿刻本	(1) 以建平二年為太初元年。號曰陳聖劉太平皇帝。（李斐曰：陳，道也；言得神道聖者劉也。如淳曰：陳，舜後。王莽，陳之後。謬語以明莽當篡立而不知。韋昭曰：敷陳聖劉之德也。師古曰：如、韋二說是也。）
班固 《漢書》 卷二十二		(2) 微感心攸通脩名，（師古曰：言精微所應，其心攸遠，故得通達成長久之名。）周流常羊思所並。（師古曰：周流，猶周行也。常羊，猶逍遥也。思所並，思與神道合也，下言合所思是也。）
班固 《漢書》 卷五十四		(3) 廣死明年，李蔡以丞相坐昭賜冢地陽陵當得二十畝，蔡盜取三頃，頗賣得四十餘萬，又盜取神道外壖地一畝，葬其中。（師古曰：壖音人椽反。）當下獄，自殺。
班固 《漢書》 卷六十八		(4) 禹既嗣為博陸侯，太夫人顯改光時所自造塋制而侈大。（師古曰：塋墓，域也。音營。）起三出闕，築神道，北臨昭靈，南出承恩。（服虔曰：昭靈、承恩，皆館名也。李奇曰：昭靈，高祖母冢園也。文穎曰：承恩，宣平侯冢園也。師古曰：服，説是也。文、李並失之。）

表五

作者/文獻	版本	用　例
孔安國《尚書注疏》附釋音尚書注疏卷第四	清嘉慶二十年南昌府學重刊宋本十三經注疏本	(1)《易》曰：神者妙萬物而為言者。又曰：神妙無方。此言神道微妙，無可比方，不知所以然。

表六

作者/文獻	版本	用　例
劉向《古列女傳》卷八	四部叢刊景明本	(1)光既薨，子禹嗣為博陸侯。顯改更光時所造塋而侈大之，築神道，為輦閣，幽閉良人、奴婢。又治第宅，作乘輿輦，盡繡絪紨，黃金塗，為薦輪，侍婢以五采絲挽顯遊戲；又與監奴馮子都淫亂。

表七

作者/文獻	版本	用　例
劉珍等《東觀漢記》卷十三	清武殿英聚珍版叢書本	(1)追觀往法，政皆神道設教，強幹弱枝，本支百世之要也。是以皆永享康寧之福，無怵惕之憂，繼嗣承業，恭己而治，蓋此助也。
劉珍等《東觀漢記》卷二十三		(2)望至，說囂曰：足下欲承天順民，輔漢而起，今立者乃在南陽，王莽尚據長安，雖欲以漢為民，其實無所受命，將何以見信于眾？宜急立高廟，稱臣奉祠，所謂“神道設教”，求助民神者也。

表八

作者/文獻	版本	用　　例
鄭玄等 《毛詩注疏》 附釋音毛詩注疏 卷十二	清嘉慶二十年南昌府學重刊宋本十三經注疏本	(1) 智達之士，識先聖之幽情；中下之主，信妖祥以自懼。但神道可以助教，不可以爲教。神之則惑眾，去之則害宜。故其言若有若無，其事若信若不信，期於大通而已矣。
鄭玄等 《毛詩注疏》 附釋音毛詩注疏 卷十七		(2) 既祭神道，乃自此而往於郊，以祭天也。所以用先歲之物齋敬犯軷而祀天者，欲以興起來歲，使之繼嗣往歲，而恒得豐年故也。

表九

作者/文獻	版本	用　　例
司馬遷 《史記》 卷六	清乾隆武英殿刻本	(1) 二世曰：先帝後宮非有子者，出焉不宜。皆令從死，死者甚衆。葬既已下，或言工匠為機，藏皆知之，藏重即泄。大事畢，已藏，閉中羨，(《正義》：音延，下同。謂冢中神道。) 下外羨門，盡閉工匠藏者，無復出者。
司馬遷 《史記》 卷二十八		(2)《索隱》：司馬彪《續漢書·祭祀志》云：壇有八陛，通道以為門。又《三輔黃圖》云：上帝壇八觚，神道八通，廣三十步也。
司馬遷 《史記》 卷一百九		(3)《索隱》：壖音人絹反，又音乃煆反，又音而宣反。案：壖地，神道之地也。《黃圖》云：陽陵闕門，西出神道四通。茂陵神道，廣四十三丈也。《正義》：《漢書》云：昭賜冢地陽陵當得二十畝，蔡盜取三頃，頗賣得四十餘萬，又盜取神道外壖地一畝，葬其中。當下獄，自殺。

表十

作者/文獻	版本	用　　例
王充 《論衡》 卷第二十八	四部叢刊景通津草堂本	(1) 說事者好神道恢義，不肖以遭禍。是故經傳篇數，皆有所法。考實根本，論其文義，與彼賢者作書詩，無以異也。故聖人作經，賢者作書，義窮理竟，文辭備足，則爲篇矣。

表十一

作者/文獻	版本	用　　例
許慎 《說文解字》 卷十三下	清文淵閣四庫全書本	（1）埸，祭神道也。一日田不耕。一日治穀田也。

表十二

作者/文獻	版本	用　　例
荀悅 《漢紀》 前漢孝武皇帝紀四 卷十三	四部叢刊景明嘉慶刻本	（1）五年春三月甲午，丞相李蔡有罪，自殺。賜葬地陽陵二十畝，盜取長陵三畝，又侵神道壖地一畝，葬其中。
荀悅 《漢紀》 前漢孝宣皇帝紀一 卷十七		（2）光夫人顯改光生時所造塋制，而更奢大之。起三出闕，築神道，北臨昭臺，南出罘罳，盛飾輦道，通屬永巷，而幽閉良人婢妾以守之。

表十三

作者/文獻	版本	用　　例
嚴遵 《道德指歸論》 卷六	明津逮秘書本	（1）夫無形無聲而使物自然者，道與神也；有物有聲而使物自然者，地與天也。神道蕩蕩而化，天地默默而告；蕩而無所不化，默而無所不告；神氣相傳，感動相報；反淪虛無，甚微以眇；歸於自然，無所不導。

表十四

作者/文獻	版本	用　　例
楊雄 《太玄經》 卷第四	四部叢刊景明翻宋本	（1）初一：幽遇神及師，夢貞。（[illegible]稱幽，幽思也。不見稱神，幽而不見，故遇神也，師眾也。憂思神道，若夢見之，故及夢師也，真正也。夢不違道，故貞也。）

續表

作者/文獻	版本	用　例
楊雄《揚子法言》卷第五	四部叢刊景宋本	(2)《揚子法言・問神卷第五》(測干天地之情者，潛之乎心也。心能則乎天地之情，則人乎神矣。)：或问神。曰：心。请问……曰：潜天而天，潜地而地。(惟其所潜) 天地，神明而不測者也。心之潛也，猶將測之，況於人乎？況於事倫乎？敢問潛心于聖。曰：昔乎，仲尼潛心於文王矣，達之。(達，通。) 顏淵亦潛心於仲尼矣，未達一間耳。(其殆庶幾) 神在所潛而已矣。(神道不遠，潛心則是。) 天神天明，照知四方。(天以神明，光燭幽冥，照曜四方；人以潛心，鉤深致遠，探賾《索隱》。)

表十五

作者/文獻	版本	用　例
佚名《太平經》鈔乙部卷二	明正統道藏本	(1) 眞人問：何以知道效乎？神人曰：決之於明師，行之於身；身變形易，與神道同門，與眞爲鄰，與神人同戶。求之子身，何不覩患，其失道意，反求之四野，索之不得，便至窮老矣。
佚名《太平經》鈔丙部卷三		(2) 夫天下大急有二，小急有一，其餘悉不急，反厭人耳目，為人召禍，亡家喪國，若身絕後。坐不急之，務而致此，禍患若此。夫人生受命之時，與天地分身，抱元氣於自然，不飲不食，呼吸陰陽氣而活，不知飢渴，久久離神道遠，漸失根本，後生者復不知，眞道日流就僞，便生飢渴，不飲不食便死，是大急矣。
佚名《太平經》鈔己部卷六		(3) 古者火行，同當太平，而不正神道。令天師獨使令火行正神道，何也？令乃火氣最盛，上皇氣至。火氣盛者，必正神道，何也？夫火者，乃天之心也。 (4) 大賢中賢下民，俱守神道而為之，則天地四時之神，悉與邪自消亡。此則天下地上，四方六屬六親之神，悉悅喜天興善，助人為吉矣。
佚名《太平經》鈔庚部卷七		(5) 愚者賤道，下與地連，仁賢貴道，忽上天門，神道不死，鬼神終焉。 (6) 地者下，承順其上，陰事其陽，子事其父，臣事其君。君上事天，地亦事天，天事其上，故與地同氣，故樂與孝最順天地也。易者理陰陽氣，八風為節，與六甲同位，陰陽同體，與天地連身，故為神道也。 (7) 今之為道，皆四毀之行，天污辱皇天之神道，并亂地之紀，記不可為化首，不可為師法，不可為父母。

續表

作者/文獻	版本	用　　例
佚名 《太平經》 鈔辛部卷八	明正統道藏本	(8) 太平氣至，陽氣大興，天道嚴，神道明。明則天且使人俱興用之，神道用，則以降消鬼物之道也。 (9) 神道興，與君子同行。鬼物道者，與小人同行。故君子理以公正，神亦理公正。小人理邪僞，鬼物亦理邪僞，明於同氣類也。
佚名 《太平經》 鈔癸部卷十		(10) 一曰神道書，二曰核事文，三曰去浮華記，都曰大順之道。太者，大也；大者，天也；天能覆育萬物，其功最大。平者，地也；地平，然能養育萬物。經者，常也；天以日月五星為經，地以嶽瀆山川為經。天地失常道，即萬物悉受災。帝王上法皇天，下法后地，中法經緯，星辰嶽瀆，育養萬娊。故曰大順之道。 (11) 古者神人自占是非，得與不得，其事立可觀也。不但闇昧，昭然清白。神道至眾，染習身神，正心意，得無藏匿。善者出，惡者伏，即自知吉凶之法，如照鏡之式也。 (12) 於此之時，賢明自安，時不再來，物不重應。乃得獨盛，洽遠方，故事見，其應見，慎無拒逆，撰以為寶器，可謂得天地之心意矣。其事時矣，事皆職矣，神道來矣，賢者謀矣，吉人到矣，邪者不來矣，清明見矣，四方悅矣，幽人隱士出矣，得天心矣，得治術矣，邪不發矣，自然達矣，眞人來輔矣，天下善應矣，各以其事來矣，去憒亂矣。 (13) 外學多，內學少，外事日興，內事日衰，故人多病，故多浮華。浮者，表也。華者，末也。夫天道遠入邪中，不能自還。所謂神道書者，本根與陰陽合，與神明同。核事文者，考核異同疑誤不失。浮華記者，離本已遠，乃居野，其文錯亂，不可常用，時可記也。
佚名 《太平經》 卷三十六		(14) 然天下人本生受命之時，與天地分身，抱元氣於自然，不飲不食，噓吸陰陽氣而活，不知饑渴，久久離神道遠，小小失其指意，後生者不得復知，眞道空虛，日流就僞，更生饑渴，不饑不食便死，是一大急也。
佚名 《太平經》 卷五十		(15) 今後生皆用命少，未覩一周，何知大小中有三周哉？古常神道乎？故遂失正路，覩須臾之間，又未通洞古今神文，遂從偏辭，自言是也。
佚名 《太平經》 卷五十四		(16) 自古者諸侯太平之君，無有奇神道也，皆因任心能所及，故能致其太平之氣，而無寃結民也。禍亂之將起，皆坐任非其能，作非其事職而重責之，其刑罰雖坐之而死，猶不能理其職務也。災變連起，不可禁止，因以為亂敗，吉凶安危，正起於此。

續表

作者/文獻	版本	用　　例
佚名《太平經》卷六十八	明正統道藏本	(17) 故何為為天地常經，為陰陽作神道，勿怪吾書前後甚復重也。所以復重者，恐有失之也。又天道至嚴，既言不敢不具通，不通名為逶道，為過劇。吾誠哀之，此雖復重。比若上古聖人，中古聖人，下古聖人，皆異世而生，其辭相因，復重而說，更以相考明，廼天道悉可知，此之謂也。行矣，吾有急行，重慎持天寶，傳付其人。
佚名《太平經》卷九十二		(18) 火氣正神道訣第一百三十五 (19) 請問：古者火行，同嘗太平，而不正神道，今天師獨使令火行正神道，何也？善哉！子之問也。是故百人百意，千人千意，萬人萬意，用策不同各殊異，故多不得天心意。眞人言是也。……夫火氣盛者，必正神道，何也？願聞其意。然夫火者，乃是天之心也。心主神，心正則神當明。故天使吾下理神道也。夫神道已自神，何必當理之邪？善哉，子之言。夫神，乃天之正吏也。今邪神多，則正神不得其處，天神道内獨大亂，俱失其居。今天氣不調，帝王為之愁苦，而人又不得知其要意。 (20) 子知之邪？故令太陽最盛，未嘗有也。陽者稱神，故天為神。陰者稱邪，故姧氣常以陰中往來，不敢正晝行，姧而正晝行，為名陰乘陽路；病而晝作，名為陰盛興，為陽失其道，君衰間為是久矣。故天道吾正神道也，令使不敢復為也。子知之耶？唯唯。善哉善哉！
佚名《太平經》卷九十六		(21) 如使讀一卷書，必且不信之也。反且言其非而自解，則邪惡日興，得害人也。如大賢中賢下及百姓，俱守神道而為之，則天地四時之神悉興，邪自消亡矣。 (22) 或有初覩神，反十十相應，久久反日不中者，見試於神道，故使不中也。 (23) 故大賢中賢小賢百姓男女為道，悉以是自占，不失之也，非猶神道試人也。凡天下之事，皆以試敗。天地有試人，故人亦象天地，有相試也。
佚名《太平經》卷九十八		(24) 行，後世得吾文，為其廣開眞道之路，必且俱學眞道。夫眞道而多與神交際，神道專以司人為事：親人且喜善，與不視人且驚駭，與不俱爭語言於人旁，狀若群鳥相與往來，無有窮極。或言人且度去，或言人且富而貴，或言人且貧而賤，或譽旁人，或毀旁人，或使人大悅喜，或使人常苦大忿。

續表

<table>
<tr><th>作者/文獻</th><th>版本</th><th>用　　例</th></tr>
<tr><td>佚名
《太平經》
卷一百三</td><td rowspan="2">明正統道藏本</td><td>(25) 凡萬物生自有神，千八百息人為尊，故可不死而長仙，所以蚤終失自然，禽獸尚度況人焉。愚者賤道志，下與地連，仁賢貴道，忽上天門，神道不死，鬼道終焉。子欲為之，如環無端。慎毋有奇，自益身患，亦毋妄去，令人死焉。天地之性，獨貴自然，各順其事，毋敢逆焉。道興無為，虛無自然，高士樂之，下士恚焉。</td></tr>
<tr><td>佚名
《太平經》卷
一百一十七</td><td>(26) 夫道乃天也，清且明，不欲見汙辱也。而今學為道者，皆為四毀之行，共汙辱皇天之神道，並亂地之紀，訖不可以為化首，不可以為師法，不可以為父母。俱共毀敗天之寶器，天之皆名之，名為大反逆之子。</td></tr>
</table>

表十六

<table>
<tr><th>作者/文獻</th><th>版本</th><th>用　　例</th></tr>
<tr><td>鄭玄
《周易鄭注》
上經噬嗑傳
第三</td><td>清湖海樓叢書本</td><td>(1)《彖》曰：大觀在上，順而巽，中正以觀天下。觀，盥而不薦，有孚顒若，下觀而化也。觀天之神道，而四時不忒。聖人以神道設教，而天下服矣。</td></tr>
<tr><td>鄭玄
《禮記疏》
附釋音禮記注疏
卷第二十三</td><td rowspan="4">清嘉慶二十年南昌府學重刊宋本十三經注疏本</td><td>(2) 鬼神之祭，單席者。神道異人，不假多重，自溫，故單席也。</td></tr>
<tr><td>鄭玄
《禮記疏》
附釋音禮記注疏
卷第二十五</td><td>(3) 神道與人既異，故不敢用人之食味。神以多大爲功，故貴多品。</td></tr>
<tr><td>鄭玄
《禮記疏》
附釋音禮記注疏
卷第四十一</td><td>(4) 云“尊神，不名，爲之造字”者，以字者，冠時所有，此兄去年已死，未得有字，雖云“某甫”，是死後祔時爲之造字，必造字者，以神道事之，可謂名是也。</td></tr>
<tr><td>鄭玄
《禮記疏》
附釋音禮記注疏
卷第五十四</td><td>(5)“鬼尊而不親”者，鬼，謂鬼神。神道嚴敬，降人禍福，是尊也。人神道隔，無形可見，是“不親”也。</td></tr>
</table>

三國兩晉南北朝時期

（魏國　蜀國　吳國　西晉　東晉　南朝　北朝）

表十七

作者/文獻	版本	用　　例
管輅 《管氏指蒙》 卷上	明刻本	（1）踞脚不同於脚走，擡身有類于達身。踞脚雖伸，只伸（一作“伸不伸”）于水內。擡身雖走，只走（一作“走不走”）于水濱。如鼈裙螺脣兮，氣殄而不立。如龜肩虎跡兮，氣鐘而有文。文者，光芒經緯之著。而發揮于積氣之墳，鉗脫袖垂之臂，剌剌風寒埏。（音然。又以旃切地之八際也。塋，冢之神道也。） （2）埏塋，冢之神道也。顆，塊也。蓬者，《蒿里》之義也。

表十八

作者/文獻	版本	用　　例
王弼 《周易注疏》 周易兼義 上經隨傳 卷第三	南昌府學重刊宋本十三經注疏本	（1）觀，盥而不薦，有孚顒若，下觀而化也。觀天之神道，而四時不忒。聖人以神道設教，而天下服矣。 （2）“觀天之神道，而四時不忒”者，此盛明觀卦之美，言“觀盥”與天之神道相合，觀此天之神道而四時不有差忒。“神道”者，微妙無方，理不可知，目不可見，不知所以然而然，謂之“神道”，而四時之節氣見矣。豈見天之所爲，不知從何而來邪？蓋四時流行不有差忒，故云“觀天之神道，而四時不忒”也。“聖人以神道設教，而天下服矣”者，此明聖人用此天之神道，以“觀”設教而天下服矣。天既不言而行，不爲而成，聖人法則天之神道，本身自行善，垂化於人，不假言語教戒，不須威刑恐逼，在下自然觀化服從，故云“天下服矣”。
王弼 《周易注疏》 周易兼義 下經隨傳 卷第六		（3）“用史巫紛若，吉，無咎”者，史謂祝史，巫謂巫覡，並是接事鬼神之人也。“紛若”者，盛多之貌。卑甚失正，則入於過咎。人有威勢，易爲行恭；神道無形，多生怠慢。若能用居中之德，行至卑之道，用之於神祇，不行之於威勢，則能致之於盛多之吉，而無咎過，故曰“用史巫紛若，吉，無咎”也。
王弼 《周易注疏》 周易兼義 卷第七		（4）神者，微妙玄通，不可測量，故能知鬼神之情狀，與天地相似。知周萬物，樂天知命，安土敦仁，範圍天地，曲成萬物，通乎晝夜，此皆神之功用也。作《易》者因自然之神以垂教，欲使聖人用此神道以被天下，雖是神之所爲，亦是聖人所爲。

續表

作者/文獻	版本	用　　例
王弼 《周易注疏》 周易兼義 卷第八	清嘉慶二十年南昌府學重刊宋本十三經注疏本	(5) 神道微妙，寂然不測。人若能豫知事之幾微，則能與其神道合會也。 (6)《正義》曰："君子知微知彰"者，初見是幾，是知其微；既見其幾，逆知事之禍福，是知其彰著也。"知柔知剛"者，剛柔是變化之道，既知初時之柔，則逆知在後之剛，言凡物之體從柔以至剛，凡事之理從微以至彰，知幾之人既知其始，又知其末，是合於神道，故爲萬夫所瞻望也。萬夫舉大略而言。若知幾合神，則爲天下之主，何直只云萬夫而已，此知幾其神乎者也。
王弼 《周易注疏》 周易兼義 卷第九		(7)《正義》曰：幽者，隱而難見，故訓爲深也。贊者，佐而助成，而令微者得著，故訓爲明也。"蓍受命如向，不知所以然而然"者，釋聖人所以深明神明之道，便能生用蓍之意，以神道與用蓍相協之故也。神之爲道，陰陽不測，妙而無方，生成變化，不知所以然而然者也。蓍則受人命令，告人吉凶，應人如嚮，亦不知所以然而然，與神道爲一，故《繫辭》云"蓍之德員而神"，其受命如向，亦《繫辭》文也。
王弼 《周易》 卷二	四部叢刊景宋本	(8)《彖》曰：大觀在上，順而巽，中正以觀天下。觀，盥而不薦，有孚顒若，下觀而化也。觀天之神道，而四時不忒。聖人以神道設教，而天下服矣。
王弼 《周易》 卷十		(9) 无為之"一"者，道也，君也。統而推尋，萬物雖殊，一之以神道；百姓雖衆，御之以君主也。

表十九

作者/文獻	版本	用　　例
諸葛亮 《諸葛武侯文集》 卷之二	清正誼堂全書本	(1)《逐惡》：夫軍國之弊，有五害焉：一曰結黨相連，毁譖賢良；二曰侈其衣服，異其冠帶；三曰虛誇妖術，詭言神道；四曰專察是非，私以動衆；五曰伺候得失，陰結敵人。此所謂姦僞悖德之人，可遠而不可親也。
諸葛亮 《諸葛武侯文集》 卷之三		(2) 若夫"造栖有九星，開八門，用三奇"者，則又黄帝命風后為之也。蓋聖人以神道設教，以神其術，使人莫知其所以然也。
諸葛亮 《心書》	明黄邦彦刻諸葛武侯心書本	(3)《逐惡第二》：夫軍國之弊，有五害焉：一曰結黨相連，毁譖賢良；二曰侈其衣服，异其冠帶；三曰虛誇妖術，詭言神道；四曰專察是非，私以動衆；五曰伺候得失，陰結敵人。此所謂爲奸悖德之人，可遠而不可親也。

表二十

<table>
<tr><th>作者/文獻</th><th>版本</th><th>用　　例</th></tr>
<tr><td>陳壽
《三國志》
卷二</td><td rowspan="2">百衲本景宋紹熙刊本</td><td>（1）冬十月甲子，表首陽山東為壽陵，作《終制》曰：禮，國君即位為椑，存不忘亡也。……昔堯葬穀林，通樹之，禹葬會稽，農不易畝，……故葬於山林，則合乎山林。封樹之制，非上古也，吾無取焉。壽陵因山為體，無為封樹，無立寢殿，造園邑，通神道。夫葬也者，藏也，欲人之不得見也。</td></tr>
<tr><td>陳壽
《三國志》
卷二十九</td><td>（2）輅言：貴人有事，其應在天。在天，則日月星辰也。兵動民憂，其應在物。在物，則山林鳥獸也。夫雞者，兌之畜；金者，兵之精；雉者，離之鳥；獸者，武之神。故太白揚輝則雞鳴，熒惑流行則雉驚，各感數而動。又兵之神道，布在六甲，六甲推移，其占無常。是以晉柩牛呴，果有西軍，鴻嘉石鼓，鳴則有兵，不專近在於雞雉也。</td></tr>
</table>

表二十一

<table>
<tr><th>作者/文獻</th><th>版本</th><th>用　　例</th></tr>
<tr><td>杜預
《左傳杜林合注》
卷十</td><td>清文淵閣四庫全書本</td><td>（1）（杜）隱惡非法所得，尊貴罪所不加，是以聖人因天地之變，自然之妖，以感動之。知達之主，則識先聖之情以自厲；中下之主，亦信妖祥以不妄。神道助教，唯此為深。</td></tr>
<tr><td>杜預
《春秋左傳正義》
附釋音春秋
左傳注疏
卷第十四</td><td rowspan="2">清嘉慶二十年南昌府學重刊宋本十三經注疏本</td><td>（2）隱惡非法所得，尊貴罪所不加，是以聖人因天地之變，自然之妖，以感動之。知達之主，則識先聖之情以自厲；中下之主，亦信妖祥以不妄。神道助教，唯此爲深。
（3）《易》稱“聖人以神道設教”，故云“神道助教，唯此事爲深。”因此遂汎解《春秋》諸有妖祥之事，皆爲此也。
（4）其傳云“亂則妖災生”，《洪範》曰“狂恒雨若”，此皆假之陰陽以爲勸戒。神道助教，非實辭也。但聖賢之説未知孰是，故兩載其義，以俟後賢。</td></tr>
<tr><td>杜預
《春秋左傳正義》
附釋音春秋
左傳注疏
卷第十六</td><td>（5）《正義》曰：劉炫云：神道冥昧，與人不交，楚師之敗，未必由此。但於時戰在河旁，河神許助。若子玉從神所求，不惜瓊玉，則國人以爲神得所欲，必將助已，自當三軍用命，戰士爭先。亦既不遂神心，人謂神必不助，則衆意皆阻，莫不畏敵，且兵凶戰危，必有傷殺，三軍之命，在茲一舉。猶尚愛惜此物，是無恤民之心。在軍之士，誰肯競勸。故云：因神之欲，以附百姓之願，是濟師之理也。</td></tr>
</table>

續表

作者/文獻	版本	用　　例
杜預 《春秋左傳正義》 附釋音春秋 左傳注疏 卷第四十四		(6) 天道深遠，有時而驗，或亦人之禍釁，偶與相逢，故聖人得因其變常，假爲勸戒。知達之士，識先聖之幽情；中下之主，信妖祥以自懼。但神道可以助教，不可專以爲教。神之則惑衆，去之則害宜。故其言若有若無，其事若信若不信，期於大通而已。世之學者，宜知其趣焉。
杜預 《春秋經傳集解》 僖公上 第五	四部 叢刊 景宋 本	(7) 隱惡非法所得，尊貴罪所不加，是以聖人因天地之變，自然之妖，以感動之。知達之主，則識先聖之情以自厲；中下之主，亦信妖祥以不妄。神道助教，唯此為深。知音智。

表二十二

作者/文獻	版本	用　　例
葛洪 《抱朴子内外篇》 抱朴子内篇 卷十五	四部 叢刊 景明 本	(1) 抱朴子曰：神道有五，坐在立亡其數焉。然無益於年命之事，但在人間無故而為此，則致詭怪之聲，不足妄行也。可以備兵亂危急，不得已而用之，可以免難也。
葛洪 《神仙傳》 卷五	清文 淵閣 四庫 全書 本	(2) 又著詩三篇，以示將來。……其二曰：余之聖師，體道如貞。昇降變化，松喬為隣。惟余同學，十有二人。寒苦求道，歷二十春。中多怠慢，志行不勤。痛乎諸子，命也自天。天不妄授，道必歸賢。身投幽壤，何時可還。嗟爾將來，勤加精研。勿為流俗，富貴所牽。神道一成，昇彼九天。壽同三光，何但億年。

表二十三

作者/文獻	版本	用　　例
皇甫謐 《甲乙經》 卷三	明古 今醫 統正 脈全 書本	(1) 神道，在第五椎節下間，督脈氣所發，俛而取之，刺入五分，留五呼，灸三壯。(《氣府論》注云：灸五壯。)
皇甫謐 《甲乙經》 卷七		(2) 身熱頭痛，進退往來，神道主之。

表二十四

作者/文獻	版本	用例
陸機《陸士衡文集》卷九	清嘉慶宛委別藏本	(1) 接皇漢之末緒，值王塗之多違。佇重淵以育鱗，撫慶雲而遐飛。運神道以載德，乘靈風而扇威。摧群雄而電擊，舉勍敵其如遺。指八極以遠略，必翦焉而後綏。釐三才之闕典，啓天地之禁闈。舉修網之絕紀，紐大音之解徽。掃雲物以貞觀，要萬塗而來歸。丕大德以宏覆，援日月而齊輝。濟元功於九有，固舉世之所推。

表二十五

作者/文獻	版本	用例
陸雲《陸士龍集》陸士龍文集卷第一	四部叢刊景明正德翻宋本	(1) 天明既畏，神道無親。善在求己，慶由積仁。無念爾本，聿修厥淳。執盈如虛，乃反天真。逸民司正，敢告官人。 (2) 有皇晉之霸后，資濬哲之叡聖，崇文德於緝熙，濟武功而保定，應天鑒之昭，華荷帝祐之休命。步玉衡以觀八方，在旋璣而齊七政。芒芒神道，化洽崇深。印戾天飛，俯洞淵沉。振南箕以鼓物，冒慶雲而崇蔭，恢天維以寵世，廓宇宙而宅心。濟博施之厚德，鏗希聲之大音。淵澤田而泣注，豪彥萃而為林。九服惟清，諸夏謐靜，肅慎囬首，沙漠引領。天和時降，地靈夙挺。結芳林之奇幹，發珍禾之神穎。勵修德於億兆，端澄形於萬景。
陸雲《陸士龍集》陸士龍文集卷第二		(3) 頹綱既振，品物咸秩。神道見素，遺華反質。辰晷重光，協風應律。函夏無塵，海外有謐。 (4) 惟常思庸，大興光迪。聖敬遠隮，神道玄邈。思媚三靈，誕膺天篤。嘉命既辱，王人言告。
陸雲《陸士龍集》陸士龍文集卷第五		(5) 穆穆天子，昭明有融。乃命三人，禮憲是崇。賜以歸賻，榮以贈終。冠盖南徂，映族輝邦。日薄南陸，辰次天漢。龜筮協貞，靈域載判。明器既庀，神道已羨。縣象未登，明星有爛。軒車微動，執紼同贊。永棄高廈，黃廬是館。寧彼昏昧，荒此輝粲。幽房長鍵，修夜靡旦。翼翼輕蓋，翩翩丹旐。龍章舒藻，旟旐有輝。輴輪轇結，玄駟徘徊。人誰弗思，靡思匪哀。援扎心楚，投翰餘悲。嗚呼哀哉！
陸雲《陸士龍集》陸士龍文集卷第六		(6) 臣聞遊魂變化，神道無方，雖聖靈登遐，降陟在天，連光五精，流輝太一。或冀神輿降觀，薄狩五服，時邁玉輅，言巡茲邑。是以下臣仰瞻紫宮，俯要恍惚，愚情振蕩，靡審所如，不勝延頸紫微，結心閶闔之情，謹住水濱，拜章陳愚。臣云誠惶誠恐，頓首頓首，死罪死罪！臣稽首以聞。

續表

作者/文獻	版本	用　　例
陸雲 《陸士龍集》 陸士龍文集 卷第六	四部叢刊景明正德翻宋本	(7) 明明邵侯，允哲允謀。叡心昭德，叔問宣猷。如日之升，如川之至，炎精既頹，黃揮昺煥，光宅海邦，大造江漢。王于出征，二公斯難。長驅致届，九有有判。咸黜凶醜，區域寧晏。天祿未終，大命有集。卜食東夏，元龜既襲。聿來耶宮，作蕃舊邑。公徒斯振，帝旅凱入。於變時雍，神道經始。肅肅九命，永言徽止。公拜稽首，對敭天子。猗歟盛歟，邰侯有作。
陸雲 《陸士龍集》 陸士龍文集 卷第九		(8) 伏惟殿下明德光邵，天資秀朗。方當光演文武，允迪皇猷，如復垂精古今之奧，仰覽千載之籍，則神道叡知，無物不照。且師友文學，朝選於眾，以德來教，雖豐祿崇禮，已隆其人。而先王之道，未簡聖聽。在位累載，官廢其職。每聽其言，亦懷慷慨。臣以可於良日就講經學，先闡大道，永播芳風。愚臣區區，敢獻瞽言。

表二十六

作者/文獻	版本	用　　例
釋僧肇 《肇論》	大正新修大藏經本	(1) 神而無功，故至功常存；與道通洞，故沖而不改。沖而不改，故不可為有；至功常存，故不可為無。然則有無絕於內，稱謂淪於外，視聽之所不暨，四空之所昏昧，恬焉而夷，怕焉而泰，九流於是乎交歸，眾聖於是乎冥會，斯乃希夷之境、太玄之鄉，而欲以有無題榜，標其方域，而語其神道者，不亦邈哉！ (2) 有名曰：夫名號不虛生，稱謂不自起。《經》稱有餘涅槃、無餘涅槃者，蓋是返本之真名，神道之妙稱者也。 (3) 然則有無雖殊，俱未免於有也。此乃言象之所以形，是非之所以生，豈是以統夫幽極，擬夫神道者乎？是以論稱出有無者，良以有無之數，止乎六境之內。 (4)《道行》曰：心亦不有亦不無。不有者，不若有心之有；不無者，不若無心之無。何者？有心則眾庶是也，無心則太虛是也。眾庶止於妄想，太虛絕於靈照。豈可止於妄想，絕於靈照？標其神道，而語聖心者乎！

表二十七

作者/文獻	版本	用　　例
釋支遁 《支道林集》	明末 吳家 騆刻 本	(1)《座右铭》：勤之勤之，至道非彌。奚為淹滯，弱喪神奇。茫茫三界，眇眇長羈。煩勞外湊，冥心內馳。殉赴欽渴，緬邈忘疲。人生一世，涓若露垂。我身非我，云云誰施。達人懷德，知安必危。寂寥清舉，濯累禪池。謹守明禁，雅翫玄規。綏心神道，抗志無為。寮朗三蔽，融冶六疵。空同五陰，豁虛四支。非指喻指，絕而莫離。妙覺既陳，又玄其知。婉轉平任，與物推移。過此以往，勿思勿議。敦之覺父，志在嬰兒。 (2)《阿彌陀佛像讚》（并序）：夫六合之外，非典籍所模；神道詭世，豈意者所測？故曰：人之所知，不若共所不知。每在常，轍欲以所不能見，而斷所未能了。故令井蛙有坎宅之矜，馮夷有秋水之伐，故其寘矣。……咏言不足，遂復係以微頌，其詞曰：王猷外釐，神道內綏，皇矣正覺，寔兼宗師。泰定軫曜，黃中秀姿，恬智交滑，三達玄夷。……葳蕤霄散，靈飆掃英，瓊林喈響，八音文成。璿瑤沈粲，芙渠晞陽，流澄其潔，蕊播其香。潛爽冥華，載揚來翔。孕景中葩，結靈幽芳。類諸風化，妙兼於長。萬軌一變，同規坐忘。

表二十八

作者/文獻	版本	用　　例
顔紉明、何承天 《靈棋經》 靈聖經 卷上	明正 德十 五年 序重 刊本	(1)《詩》曰：恃富因忘本，貪過竟失中，欺心天弗佑，神道不私功。 (2)《象》曰：冢墓高丘，鬼神上遊，宜祀鑲之，可得無憂。（顔曰：積陰無陽，其高崔嵬，塚墓之象。鬼神道盛，誠心祭祀，方得無憂。）

表二十九

作者/文獻	版本	用　　例
袁宏 《後漢紀》 後漢光武皇帝紀 卷一	四部 叢刊 景明 嘉靖 刻本	(1) 望說囂曰：今欲承天順民，輔漢而立者乃在南陽，莽尚據長安，言爲漢無所受命，何以見信於衆乎？宜急立漢高廟，稱臣奉祠，所謂“神道設教”，求助民神者也。且禮有損益，質文無常。茅茨土階，致其肅也敬。雖未備物，神明其捨諸。
袁宏 《後漢紀》 後漢光武皇帝紀 卷三		(2) 袁宏曰：夫天地之性非一物也；致物之方，非一道也。是以聖人仰觀俯察，而備其法象，所以開物成務，以通天下之志。故有神道焉，有人道焉。微顯闡幽，遠而必著；聰明正直，遂知來物，神之所爲也。智以周變，仁以博施，理財正辭，禁民爲非，人之所爲也。故將有疑事，或言乎遠，必神而明之，以一物心。此應變適會，用之神道者也。

續表

作者/文獻	版本	用　　例
袁宏 《後漢紀》 後漢光武皇帝紀 卷七	四部叢刊景明嘉靖刻本	(3) 及漢初興，上稽舊章，同符在昔，徙齊諸田，楚昭、屈、景，燕、趙、韓、魏之後，以削弱六國彊宗。故邑里無見利之家，山澤無兼并之民，萬里一統，海內賴安。其後輒因衰麤之痛，脅以送終之義，故遂相率而陪園陵，無反顧之心。追觀徃政，皆神道設教，彊幹百世之要也。是以永享康寧之福，而無怵惕之憂，繼嗣承業，恭己而治，蓋此之助也。
袁宏 《後漢紀》 後漢光武皇帝紀 卷八		(4)《續漢祭祀志》載其文曰：赤劉之九，會命岱宗。不慎克用，何益於承。誠善用之，奸偽不萌。按：此符及赤伏符均系承旨杜撰之文，所謂“神道設教”者也。 (5) 雖繼體之君，時有功德，此蓋率復舊業，增修前政，不得仰齊造國，同符改物者也。夫神道貞一，其用不煩；天地易簡，其禮尚質。故藉用白茅，貴其誠素；器用陶匏，取其易從。然則封禪之禮，簡易可也。若夫石函玉牒，非天地之性也。

表三十

作者/文獻	版本	用　　例
張華 《博物志》 卷十	清指海本	(1) 昔者元都賢鬼神道，廢人事，其謀臣不用，龜策是從，忠臣無禄，神巫用國。

表三十一

作者/文獻	版本	用　　例
鮑照 《鮑明遠集》 鮑氏集 卷第五	四部叢刊景宋本	(1)《白雲詩》：探靈喜解骨，測化善騰天。情高不戀俗，厭世樂尋仙。煉金宿明館，屑玉止瑤淵。鳳歌出林闕，龍駕戾蓬山。淩崖采三露，攀鴻戲五煙。昭昭景臨霞，湯湯風媚泉。命娥雙月際，要媛兩星間。飛虹眺卷河，汎霧弄輕絃。笛聲謝廣賓，神道不復傳。一逐白雲去，千齡猶未旋。

表三十二

作者/文獻	版本	用　　例
崔鴻 《十六國春秋》 卷七十三	明萬曆刻本	(1) 時張掖人王鸞頗知神道，言於祚曰：軍不可行，出必不還，涼國將有大變。并陳祚三不道。祚大怒，叱鸞為妖言沮衆，斬之以狥，三軍乃發。鸞臨刑曰：我死不二十日，兵敗於外、王死於內必矣。

表三十三

作者/文獻	版本	用　　例
范曄 《後漢書》 卷十三	百衲本景宋紹熙刻本	(1) 望至，說囂曰：足下欲承天順民，輔漢而起，今立者乃在南陽，王莽尚據長安，雖欲以漢為名，其實無所受命，將何以見信於眾乎？宜急立高廟，稱臣奉祠，所謂“神道設教”，求助人神者也。(《易・觀卦》曰：聖人神道設教，而天下服矣。)
范曄 《後漢書》 卷三十八		(2) 論曰：安、順以後，風威稍薄，寇攘寖橫，緣隙而生，剽人盜邑者不闋時月（闋息也），假署皇王者蓋以十數。或託驗神道，或矯妄冕服。然其雄渠魁長未有聞焉，猶至壘盈四郊，奔命首尾。
范曄 《後漢書》 卷四十二		(3) 自中興至和帝時，皇子始封薨者，皆賻錢三千萬，布三萬匹；嗣王薨，賻錢千萬，布萬匹。是時竇太后臨朝，竇憲兄弟擅權，太后及憲等，東海出也（《爾雅》曰“女子之子為出也”），故睦於焉而重於禮，加賻錢一億。詔濟南、東海二王皆會。大為修冢塋，開神道，（墓前開道，建石柱以為標，謂之神道。）平夷吏人冢墓以千數，作者萬餘人。
范曄 《後漢書》 卷八十二		(4)《左慈傳》：左慈，字元放，廬江人也。少有神道。嘗在司空曹操坐，操從容顧衆賓曰：今日高會，珍羞略備，所少吳松江鱸魚耳。
范曄 《後漢書》 卷八十三		(5)《襄陽記》曰：鹿門山，舊名蘇嶺山。建武中，襄陽侯習郁立神祠於山，刻二石鹿夾神道口，俗因謂之鹿門廟，遂以廟名山也。
范曄 《後漢書》 卷八十五		(6) 建武中元二年，倭奴國奉貢朝賀，使人自稱大夫，倭國之極南界也。光武賜以印綬。安帝永初元年，倭國王帥升等獻生口百六十人，願請見。桓、靈閒，倭國大亂，更相攻伐，歷年無主。有一女子，名曰卑彌呼，年長不嫁，事鬼神道，能以妖惑衆，於是共立為王。侍婢千人，少有見者，唯有男子一人給飲食，傳辭語。居處宮室、樓觀城柵，皆持兵守衛。法俗嚴峻。
范曄 《後漢書》 卷八十八		(7) 贊曰：逷矣西胡，天之外區。……土物琛麗，人性淫虛。不率華禮，莫有典書。若微神道，何恤何拘。（言無神道以制胡人，則匈猛之性，何所憂懼，何所拘忌也。）
范曄 《後漢書》 卷九十七		(8) 上帝壇圓八觚，徑五丈，高九尺。茅營去壇十步，竹宮徑三百步，土營徑五百步。神靈壇各於其方面三丈，去茅營二十步，廣三十五步。合祀神靈以璧琮。用辟神道以八通，廣各三十步。 (9) 凡天宗上帝宮壇營，徑三里，周九里。營三重，通八方。后土壇方五丈六尺。茅營去壇十步外，土營方二百步限之。其五零壇去茅營，如上帝五神去營步數，神道四通，廣各十步。

續表

作者/文獻	版本	用　　例
范曄 《後漢書》 卷九十七	百衲本景宋紹熙刻本	(10) 夫東方者，萬物之所始；山嶽者，靈氣之所宅。故求之物本，必於其始；取其所通，必於所宅。崇其壇埸，則謂之封；明其代興，則謂之禪。然則封禪者，王者開務之大禮也。德不周洽，不得輒議斯事；功不弘濟，不得髣髴斯禮。曠代一有，其道至高。故自黃帝、堯、舜至三代，各一得封禪，未有中修其禮者也。雖繼職體之君，時有功德，此蓋率復舊業。增修其前政，不得仰齊造國，同符改物者也。夫神道貞一，其用不煩；天地易簡，其禮尚質。故藉用白茅，貴其誠素；器用陶匏，取其易從。然封禪之禮，簡易可也。若夫白石函玉牒，非天地之性也。
范曄 《後漢書》 卷一百五		(11) 追觀往法，政皆神道設教，強幹弱枝，本支百世之要也。是以皆永享康寧之福，無怵惕之憂，繼嗣承業，恭己而治，蓋此助也。
范曄 《後漢書》 卷一百七		(12) 孔子曰：曾謂泰山不如林放乎！天地明察，降禍見災，乃其理也。又聞者，有司正以冬至之後，奏開恭陵神道。陛下至孝，不忍距逆，或發冢移尸。

表三十四

作者/文獻	版本	用　　例
關朗 《關氏易傳》	明範氏天一閣刻本	(1) 易之神在乎道，而所神在人也。故曰：神而明之，存乎其人。又曰：苟非其人，道不虛行（聖人以神道設教）。神無方，道無迹，人無至。（無方見《繫辭》，無迹見《老子》，無至見《文中子》，其幾一也。）

表三十五

作者/文獻	版本	用　　例
迦葉摩騰 《大智度論》 卷十	大正新修大藏經本	(1) 答曰：是揵闥婆是諸天伎人，隨逐諸天，其心柔軟，福德力小減諸天。諸鬼神，鬼神道中攝；龍王，畜生道中攝。甄陀羅亦是天伎，皆屬天，與天同住共坐，飲食伎樂皆與天同。 (2) 問曰：若爾者，揵闥婆、阿修羅亦不應說。何以故？鬼神道中已攝故？
迦葉摩騰 《大智度論》 卷三十九		(3) 答曰：雖不得道，種得道善根因緣。所以者何？以重罪故，不應得道。畜生道中當分別：或得者，或不得者。如阿那婆達多龍王、沙竭龍王等得菩薩道。鬼神道中，如夜叉、密迹金剛、鬼子母等，有得見道，是大菩薩。
迦葉摩騰 《大智度論》 卷七十九		(4) 鬼神道眼根等利，諸煩惱覆心故，不能專行深般若。人道中，苦差三惡道，樂不如諸天，眼等諸根濁重，身多地種故，能制苦樂意而行般若。

表三十六

作者/文獻	版本	用　　例
江淹《江文通集注》卷四	明萬曆二十六年刻本	(1) 宮廟禮哀敬，枌邑道嚴玄。(《漢書》曰：高祖禱豐枌榆社。《説文》曰：玄，幽遠也。謂神道幽遠也。)

表三十七

<table>
<tr><th>作者/文獻</th><th>版本</th><th>用　　例</th></tr>
<tr><td>酈道元《水經注》卷十九</td><td rowspan="3">清武英殿聚珍版叢書本</td><td>(1) 鄭容如睡，覺而見宮闕，若王者之居焉。謁者出，受書，入，有頃（案：近刻訛作“又見頃”），聞語聲言：祖龍死。神道茫昧，理難辨測，故無以精其幽致矣。
(2)《漢武帝故事》曰：帝崩，後見形，謂陵令薛平曰：吾雖失勢，猶爲汝君。奈何令吏卒上吾陵磨刀劍乎？自今以後，可禁之。平頓首謝，因不見。推問陵傍，果有方石可以爲礪，吏卒常盜磨刀劍。霍光欲斬之，張安世曰：神道茫昧，不宜爲法。乃止。故阮公《詠懷詩》曰：失勢在須臾，帶劍上吾丘。</td></tr>
<tr><td>酈道元《水經注》卷二十三</td><td>(3) 石榜云：晉故使持節、散騎常侍、都督楊州、江州諸軍事、安東大將軍、譙定王河内溫司馬公墓之神道。過水又東逕朱龜墓北，東南流。</td></tr>
<tr><td>酈道元《水經注》卷三十九</td><td>(4) 後吳猛經過，山神迎猛。猛語曰：君王此山，近六百年，符命已盡，不宜久居非據。猛又贈詩云：仰矚列仙館，俯察王神宅。曠載暢幽懷，傾蓋付三益。此乃神道之事，亦有換轉，理難詳矣。</td></tr>
<tr><td>酈道元《水經注箋》卷十一</td><td rowspan="4">明萬曆四十三年李長庚刻本</td><td>(5) 按：《後漢書》：中山簡王焉，詔重其禮。大為修冢塋，開神道，平夷吏人墓冢以千數，作者萬餘人。</td></tr>
<tr><td>酈道元《水經注箋》卷十九</td><td>(6) 鄭容如睡，覺而見宮闕，若王者之居焉。謁者出，受書，入，又見頃，聞語聲言：祖龍死。神道茫昧，理難辨測，故無以精其幽致矣。</td></tr>
<tr><td>酈道元《水經注箋》卷十九</td><td>(7)《漢武帝故事》曰：帝崩，後見形，謂陵令薛平曰：吾雖失勢，猶為汝君。奈何令吏卒上吾陵磨刀劍乎？自今以後，可禁之。平頓首謝，因不見。推問陵傍，果有方石可以為礪，吏卒常盜磨刀劍。霍光欲斬之，張安世曰：神道茫昧，不宜為法。乃止。故阮公《詠懷詩》曰：失勢在須臾，帶劍上吾丘。</td></tr>
<tr><td>酈道元《水經注箋》卷三十九</td><td>(8) 後吳猛經過，山神迎猛。猛語曰：君王此山，近六百年，符命已盡，不宜久居非據。猛又贈詩云：仰矚列僊館，俯察王神宅。曠載暢幽懷，傾蓋付三益。此乃神道之事，亦有換轉，理難詳矣。</td></tr>
</table>

續表

作者/文獻	版本	用　例
酈道元《水經注集釋訂訛》卷十一	清文淵閣四庫全書本	(9)《後漢書》：中山簡王焉，立五十二年薨，詔重其禮。大為修冢塋，開神道，平夷吏人冢墓以千數，作者萬餘人。
酈道元《水經注集釋訂訛》卷十九		(10)鄭容如睡，覺而見宮闕，若王者之居焉。謁者出，受書，入，又見頃，聞語聲言：祖龍死。神道茫昧，理難辨測，故無以精其幽致矣。 (11)《漢武帝故事》曰：帝崩，後見形，謂陵令薛平曰：吾雖失勢，猶為汝君。奈何令吏卒上吾陵磨刀劍乎？自今以後，可禁之。平頓首謝，因不見。推問陵傍，果有方石可以為礪，吏卒常盜磨刀劍。霍光欲斬之，張安世曰：神道茫昧，不宜為法。乃止。故阮公《詠懷詩》曰：失勢在須臾，帶劍上吾丘。
酈道元《水經注集釋訂訛》卷二十三		(12)石牓云：晉故使持節、散騎常侍、都督楊州、江州諸軍事、安東大將軍、譙定王河內溫司馬公墓之神道。
酈道元《水經注集釋訂訛》卷三十九		(13)後吳猛經過，山神迎猛。猛語曰：君王此山，近六百年，符命已盡，不宜久居非據。猛又贈詩云：仰矚列僊館，俯察王神宅。曠載暢幽懷，傾蓋付三益。此乃神道之事，亦有換轉，理難詳矣。
酈道元《水經注釋》卷十九		(14)鄭容如睡，覺而見宮闕，若王者之居焉。謁者出，受書，入，又見頃，聞語聲言：祖龍死。神道茫昧，理難辨測，故無以精其幽致矣。 (15)《漢武帝故事》曰：帝崩，後見形，謂陵令薛平曰：吾雖失勢，猶為汝君。奈何令吏卒上吾陵磨刀劍乎？自今以後，可禁之。平頓首謝，因不見。推問陵傍，果有方石可以為礪，吏卒常盜磨刀劍。霍光欲斬之，張安世曰：神道茫昧，不宜為法。乃止。故阮公《詠懷詩》曰：失勢在須臾，帶劍上吾丘。
酈道元《水經注釋》卷二十三		(16)石牓云：晉故使持節、散騎常侍、都督楊州、江州諸軍事、安東大將軍、譙定王河內溫司馬公墓之神道。過水又東逕朱龜墓北，東南流。
酈道元《水經注釋》卷三十九		(17)後吳猛經過，山神迎猛。猛語曰：君王此山，近六百年，符命已盡，不宜久居非據。猛又贈詩云：仰矚列仙館，俯察王神宅。曠載暢幽懷，傾蓋付三益。此乃神道之事，亦有換轉，理難詳矣。

表三十八

作者/文獻	版本	用　　例
劉勰 《文心雕龍》 卷一	四部叢刊景明嘉靖刊本	(1) 夫神道闡幽，天命微顯，馬龍出而大《易》興，神龜見而《洪範》燿，故《繫辭》稱“河出圖，洛出書，聖人則之”，斯之謂也。
劉勰 《文心雕龍》 卷八		(2) 夫形而上者謂之道，形而下者謂之器。神道難摹，精言不能追其極；形器易寫，壯辭可得喻其真；才非短長，理自難易耳。故自天地以降，豫入聲貌，文辭所被，誇飾恒存。雖《詩》《書》雅言，風格訓世，事必宜廣，文亦過焉。
劉勰 《文心雕龍輯注》 卷一	清文淵閣四庫全書本	(3) 夫神道闡幽，天命微顯，馬龍出而大《易》興，神龜見而《洪範》燿，故《繫辭》稱“河出圖，洛出書，聖人則之”，斯之謂也。
劉勰 《文心雕龍輯注》 卷八		(4) 夫形而上者謂之道，形而下者謂之器。神道難摹，精言不能追其極；形器易寫，壯辭可得喻其真；才非短長，理自難易耳。故自天地以降，豫入聲貌，文辭所被，誇飾恒存。雖《詩》《書》雅言，風格訓世，事必宜廣，文亦過焉。

表三十九

作者/文獻	版本	用　　例
求那跋陀羅 《雜阿含經》 卷第四十五	大正新修大藏經本	(1) 而說偈言：我今禮大師，等正覺無滅，於此現法中，一切疑網斷。曠野住比丘，命終般涅槃，威儀攝諸根，大德稱於世。世尊為制名，名尼拘律想，我今問世尊，彼不動解脫。精進勤方便，功德為我說，我為釋迦種，世尊法弟子。及餘皆欲知，圓道眼所說，我等住於此，一切皆欲聞。世尊為大師，無上救世間，斷疑大牟尼，智慧已具備。圓照神道眼，光明顯四眾，猶如天帝釋，曜三十三天。諸貪欲疑惑，皆從無明起，若得遇如來，斷滅悉無餘。世尊神道眼，世間為最上，滅除眾生遇，如風飄遊塵。一切諸世間，煩惱覆隱沒，設餘悉無有，明目如佛者。慧光照一切，令同大精進，唯願大智尊，當為眾記說。言出微妙聲，我等專心聽，柔軟音演說，諸世間普聞。猶如熱渴逼，求索清涼水，如佛無滅知，我等亦求知。
求那跋陀羅 《雜阿含經》 卷第四十九		(2) 爾時，畢陵伽鬼夜婦，畢陵伽鬼子母，為其子說偈，呵止言：畢陵伽鬼子，汝今莫得啼！當聽彼比丘，誦習法句偈。若知法句者，能自護持戒，遠離於殺生，實言不妄語，能自捨非義，解脫鬼神道。

表四十

<table>
<tr><th>作者/文獻</th><th>版本</th><th>用　　例</th></tr>
<tr><td>沈約
《宋書》
卷十五</td><td rowspan="3">清乾隆武英殿刻本</td><td>(1) 文帝黃初三年，又自作《終制》：禮，國君卽位為椑，存不忘亡也。壽陵因山為體，無封無樹，無立寢殿，造園邑，通神道。</td></tr>
<tr><td>沈約
《宋書》
卷七十二</td><td>(2) 又頃者史官奏天文占候，頗云休若應挾異端。神道芒昧，乃不可全信，然前後相准，略亦不無仿佛。</td></tr>
<tr><td>沈約
《宋書》
卷七十三</td><td>(3) 流言謗議，有道所不免，况在闕薄，難用算防。接應之方，言必出己。或信不素積，嫌間所襲，或性不和物，尤怨所聚，有一于此，何處逃毀。苟能反悔在我，而無責於人，必有達鑒，昭其情遠，識迹其事。日省吾躬，月料吾志，寬默以居，潔靜以期，神道必在，何恤人言。</td></tr>
</table>

表四十一

<table>
<tr><th>作者/文獻</th><th>版本</th><th>用　　例</th></tr>
<tr><td>釋慧皎
《高僧傳》
卷四</td><td rowspan="4">大正新修大藏經本</td><td>(1) 時或有墮者遁乃著《座右著》，以勗之曰：勤之勤之，至道非彌。奚為淹滯，弱喪神奇。茫茫三界，眇眇長羈。煩勞外湊，冥心內馳。殉赴欽渴，緬邈忘疲。人生一世，涓若露垂。我身非我，云云誰施。達人懷德，知安必危。寂寥清舉，濯累禪池。謹守明禁，雅翫玄規。綏心神道，抗志無為。寮朗三蔽，融冶六疵。空同五陰，豁虛四支。非指喻指，絕而莫離。妙覺既陳，又玄其知。婉轉平任，與物推移。過此以往，勿思勿議。敦之覺父，志在嬰兒。</td></tr>
<tr><td>釋慧皎
《高僧傳》
卷六</td><td>(2) 何者？本之有境，則五陰永滅；推之無鄉，而幽靈不竭。幽靈不竭，則抱一湛然；五陰永滅，則萬累都捐。萬累都捐，故與道通同；抱一湛然，故神而無功。神而無功，故至功常在；與道通同，故沖而不改。沖而不改，不可為有；至功常在，不可為無。然則有無絕於內，稱謂淪於外，視聽之所不暨，四空之所昏昧，恬兮而夷，泊焉而泰，九流於是乎交歸，眾聖於是乎冥會，斯乃希夷之境、太玄之鄉，而欲以有無題牓，標其方域，而語其神道者，不亦邈哉！</td></tr>
<tr><td>釋慧皎
《高僧傳》
卷七</td><td>(3) 竊尋此說，有契理奧。何者？若使家家持戒，則一國息刑。故佛澄適趙，二石減暴；靈塔放光，苻健損虐。故神道助教，有自來矣。</td></tr>
<tr><td>釋慧皎
《高僧傳》
卷八</td><td>(4) 致敬已，乃言：弟子王有此山，七百餘年。神道有法，物不得干。前諸棲託，或非眞正。故死病繼之，亦其命也。法師道德所歸，謹捨以奉給，并願受五戒，永結來緣。</td></tr>
</table>

續表

作者/文獻	版本	用　　例
釋慧皎《高僧傳》卷十	大正新修大藏經本	(5) 論曰：神道之為化也，蓋以抑夸強，摧侮慢，挫兇銳，解塵紛。至若飛輪御寶，則善信歸降；竦石參烟，則力士潛伏。
釋慧皎《高僧傳》卷十一		(6) 猷曰：貧道尋山願得相値，何不共住？神曰：弟子無爲不爾，但部屬未洽法化，卒難制語，遠人來往或相侵觸，人神道異，是以去耳。
釋慧皎《高僧傳》卷十三		(7) 故知道藉人弘，神由物感，豈曰虛哉！是以祭神如神在，則神道交矣；敬佛像如佛身，則法身應矣。

表四十二

作者/文獻	版本	用　　例
釋僧祐《弘明集》卷第二	四部叢刊景明本	(1) 魯陽、耿恭、遠祖九江，所以能迴日、飛泉、蟲虎避德者，皆以烈誠動乎神道。神道之感，即佛之感也。若在秦、趙，必不陷於難矣。則夫陷者，皆已無誠，何由致感於佛，而融冶起、籍哉！ (2) 夫人事之動，必貫神道。物無妄然，要當有故而然矣。若使幽冥之報不如向論，則六十萬命何理以坑乎？既以報坑，必以報不坑矣。 (3) 若使迴身中荒，升岳遐覽，妙觀天宇澄肅之曠，日月照洞之奇，寧無列聖威靈尊嚴乎其中，而唯唯人羣，匆匆世務而已哉？固將懷遠以開神道之想，感寂以昭明靈之應矣。 (4) 漢、魏、晉、宋，咸有瑞命，知視聽之表，神道炳焉。有神理必有妙極，得一以靈，非佛而何夫神也者？依方玄應，應不預存，從實致化，何患不盡，豈須詭物而後訓乎？然則其法之實，其教之信，不容疑矣。 (5) 夫風經炎則暄，吹林必涼。清水激濁，澄石必明。神用得喪，亦存所託。今不信佛法，非分之必然，蓋處意則然。誠試避心世物，移映清徹，則佛理可明，事皆信矣。可不妙處其意乎？資此明信已往，終將克王神道。百世先業，皆可幽明永濟，孝之大矣。眾生沾仁，慈之至矣。凝神獨妙，道之極矣。洞朗無硋，明之盡矣。
釋僧祐《弘明集》卷第五		(6) 若有始也，則不能為終；唯無始也，然後終始無窮。此自是理所不然，不可徵事之有始，而責神同於事。神道玄遠，至理無言；髣髴其宗，相與為悟。而自末徵本，動失其統，所以守此一觀，庶階其峯。若肆辯競辭，余知其息矣。《洪範》說生之本，與佛同矣。

續表

作者/文獻	版本	用　　例
釋僧祐《弘明集》卷第五	四部叢刊景明本	(7) 荅曰：夫幽宗曠邈，神道精微，可以理尋，難以事詰。 (8) 二子之論，雖未究其實，亦嘗傍宗而有聞焉。論者不尋方生方死之說，而惑聚散於一化；不思神道有妙物之靈，而謂精麤同盡。不亦悲乎！
釋僧祐《弘明集》卷第六		(9) 正曰：佛經之宗，根明極教，而三世無得，俗證覺道，非可事顯。然精深所會，定慧有征於內；緣感所應，因果無妄於外。夫釋迦發窮源之真唱，以明神道之所通也。故其練精研照，非養正之功；微善階極，異殆庶自崖。道濟在忘形，而所貴非全生，生生不貴，存存何功？忘功而功著，寂滅而道常，出乎無始，入乎無終，靡應非身，塵劫非遐，此其所以為教也。 (10) 雖神道所歸，吾知其主，然自釋之外，儒綱為弘；過此而能與仲尼相若者，黃老實雄也。 (11) 自極教應世與俗而差，神道救物稱感成異。
釋僧祐《弘明集》卷第八		(12) 禮新冠見母，其母拜之，喜其備德，故屈尊禮卑也。介冑之士，見君不拜，重其秉武，故尊不加也。縕弁輕冠，本無神道；介冑凶器，非有至德。然事應加恭，則以母拜子；勢宜停敬，則臣不跪君。禮典世教，周孔所制，論其變通，不由一執。況佛道之尊，標出三界，神教妙本，羣致玄宗。以此加人，實尊冠冑。冠冑及禮，古今不疑，佛道加敬，將欲何怪？
釋僧祐《弘明集》卷第九		(13) 夫神道冥默，宣尼固已絕言；心數理妙，柱史又所未說。非聖智不周，近情難用語遂故也。 (14) 內兄范子縝著《神滅論》，以明無佛。自謂辯摧衆口，日服千人。予意猶有惑焉，聊欲薄其稽疑，詢其未悟。論至今所持者形神，所訟者精理。若乃《春秋》孝享，為之宗廟，則以為聖人神道設教，立禮防愚。杜伯關弓，伯有被介，復謂天地之間，自有怪物，非人死為鬼。
釋僧祐《弘明集》卷第十		(15) 性與天道，稱謂理絕；積劫多幸，猥斑妙訓。接足頂受，歡敬戴懷。竊謂神道寂寞，法海難邊。是以智積麻葦而未測，識了色塵而猶昧。
釋僧祐《弘明集》卷第十一		(16) 夫神道助教，有自來矣。雷霆所擊，暑雨恒事，及展廟遇震，而書為隱慝；桀紂之朝，寃死者不可稱紀。而周宣晉景，獨以深刑受祟。檢報應之數，既有不符；徵古今之例，秖更增惑。而經文載之，以彰勸戒。萬一影像，猶云深切。

續表

<table>
<tr><th>作者/文獻</th><th>版本</th><th>用　　例</th></tr>
<tr><td>釋僧祐
《弘明集》
卷第十二</td><td rowspan="3">四部叢刊景明本</td><td>(17) 夫萬方殊俗，神道難辨，有自來矣。
(18) 然尋其遺文，鑽其要旨，五戒之禁，實助王化。賤昭昭之名行，貴冥冥之潛操，行德在於忘身，抱一心之清妙，且興自漢世，迄于今日，雖法有隆衰，而弊無妖妄，神道經久，未有其比也。夫詛有損也，祝必有益。
(19) 答曰：夫神道設教，誠難以言辨，意以為大設靈奇，示以報應，此最影響之實理，佛教之根要。今若謂三世為虛誕，罪福為畏懼，則釋迦之所明，殆將無寄矣。
(20) 神道冥昧，聖詔幽遠，陛下所弘者大，爰逮道人奉佛者耳。
(21) 夫神道茫昧，聖人之所不言，然惟其製作所弘，如將可見。佛所貴無為，殷懃在於絕欲，而比者淩遲，遂失斯道。</td></tr>
<tr><td>釋僧祐
《弘明集》
卷第十三</td><td>(22) 夫理本於心，而報彰於事，猶形正則影直，聲和而響順，此自然玄應，孰有爲之者哉！然則契心神道，固宜期之通理，務存遠大，虛中正己，而無希外助。不可接以卑瀆，要以情求：此乃厝懷之關鍵，學者所宜思也。
(23) 或謂心念必報，理同影響，但當求己而已，固無事於幽冥。原經教之設，蓋所以悟夫求己，然求己之方，非教莫悟。悟因乎教，則功由神道。欣感發中，必形於事，亦由詠歌不足，係以手舞。然則奉而尊之，蓋理所不必須，而情所不能廢。宜縱己深體教旨，忘懷欣想，將以己引物，自同乎眾。所以固新涉之志，而令寄懷有擬。
(24) 物有不然，事無不弊，衡石日陳，猶患差忒，況神道不形，固眾端之所假，未能體神，而不疑神無者。以爲靈性密微，可以積理知，洪變欻怳，可以大順待。照若鏡天，肅若窺淵，能以理順為人者，可與言有神矣。若乃罔其眞而責其弊，是未加心照耳。
(25) 夫闇愚其皆然，匪伊人之獨爾。察寡孕於嘉類，悟繁產於蟲豸。喻零霖其猶希，若幡囊之倒米。為嚚嚚以日日，誰識伏而達倚。匪余情之能測，謬聞之以如是。若夫倒置之族，矇矇徒生。兵風既至，忽然潛征。神道雖昧，鬼法尤明。徘徊中陰，徂彼鐵城。宵絕望舒，晝無曜靈。身造笮蕚之檻，足蹈炎炭之庭。</td></tr>
<tr><td>釋僧祐
《弘明集》
卷第十四</td><td>(26) 是以太山據青龍之域，衡霍處諸陽之儀，華陽顯零班之境，恒岱列幽武之賓。嵩峙皇州之中鎮，四瀆之所墳，此皆稟氣運實，無邪之穢。神道自然，崇正不僞，因天之覆，順地之載，敦朴方直，澹然玄淨。進道四運之端，退履五教之精，內韜通微之資，外朗道德之明，上達虛無，下育蒼生，含德潛通，無遐不徹，遊步九崖，翱翔玄闕。</td></tr>
</table>

續表

作者/文獻	版本	用　　例
釋僧祐 《弘明集》 卷第十四	四部叢刊景明本	(27) 此乃靈翔之妙節，清虛之神道。若神不正者，則干於萬物，因時託響，傳惑於俗，沮成散朴，激動人心，傾財極殺，斷截眾命，枉害中年，殂其骨肉，精神離迸，痛傷元氣。東岳之神，豈此之謂也。
釋僧祐 《出三藏記集》 序卷七	大正新修大藏經本	(28) "首楞嚴三昧"者，蓋神道之龍津，聖德之淵府也。妙物希微，非器像所表；幽玄冥湛，豈情言所議？冠九位以虛昇，果萬行而圓就；量種智以窮賢，絕殆庶而靜統。
釋僧祐 《出三藏記集》 序卷九		(29) 自極教應世與俗而差，神道救物稱感成異。玄圃以東，號曰太一；罽賓以西，字為正覺。東國明殃，慶於百年；西域辨休，咎於三世。希無之與修空，其揆一也。有欲於無者，既無得無之分；施心於空者，豈有入空之照。而講求釋教者，或謂會理可漸，或謂入空必頓，請試言之，以筌幽寄。
釋僧祐 《出三藏記集》 序卷十		(30) 夫有欲之激，百轉千化，搖蕩成教，亦何得一端乎？是故正覺因心所遷，即名為經。邪止名正，亂止名定。方圓隨器，合散從俗。隨器故因質而立名，從俗故緣對而授藥。立名無常名，則神道矣；授藥無常藥，則感而通故矣。

表四十三

作者/文獻	版本	用　　例
陶弘景 《眞誥》 卷十三	明正統道藏本	(1) 華陽中玉碣文，在童初府西向，一云四面，其文曰：解帶被褐，尋生理活，養存三亦，洞我玉文。領理八老，二十四真。不眠內視，微氣綿綿。把錄太素，元之又元。神道在今，子來乃臻。
陶弘景 《鬼谷子》 卷中		(2) 潛謀陰密，日用不知，若神道之不測，故曰：神也。功成事遂，煥然彰著，故曰：明也。
陶弘景 《鬼谷子》 卷下		(3) 言能化者，在於全五氣。神其一長者，言能齊一志思而君長之，神既一長，故能靜和而養氣，氣既養，德必和焉。四者，志、思、神、德也。四者能不衰，則四邊威勢，無有不爲常存而舍之，則神道變化，自歸於身，神化歸身，可謂眞人。 (4) 聖心若鏡，物感斯應；故不測之智，心術之要可通也。而神道混沌爲一，以變論萬義類，說義無窮。 (5) 既以聖心原不測、通心術，故雖神道混沌，妙物杳冥，而能類其萬類之變，說無窮之義也。 (6) 聖人體道以爲用，其動也神，其隨也天，故興造教化，其功動作，先合大道之理，以稽神明之域。神道不違，然後發施號令。

表四十四

作者/文獻	版本	用　　例
魏收 《魏書》 卷四十三	清乾隆武英殿刻本	(1) 問《儀禮》，繼母出嫁，從爲之服，《傳》云"貴終其恩"曰：繼母配父，本非天屬，與尊合德，名義以興。兼鞠育有加，禮服是重。既體違義盡，棄節毁慈，作嬪異門，爲鬼他族，神道不全，何終恩之有？方齊服是追，哭於野次，苟存降重，無乃過猶不及乎？ (2) 問《左氏傳》，齊人殺哀姜，君子以爲不可曰：受醮從天，人倫所重。保育異宗，承奉郊奠。而乃肆極昏淫，禍傾卺之尊；怙亂無終，殄滅誕鞠之愛。齊桓匡翼四方，正存刑矩。割不忍之恩，行至公之法。方生貶違，以殺爲甚。而神道幽默，禍降未期，雖窮勃履朝，臣不宜糾，既事反人靈，咎將有所，施之取衷，孰爲優允？
魏收 《魏書》 卷一百八之一		(3) 夫在天莫明於日月，在人莫明於禮儀。先王以安上治民，用成風化，苟或失之，斯亡云及。聖者因人有尊敬哀思嗜慾喜怒之情，而制以上下隆殺長幼衆寡之節，本於人心，會於神道，故使三才惟穆，百姓允諧。而淳澆世殊，質文異設，損益相仍，隨時作範。秦滅儒經，漢承其弊，三代之禮，蓋如線焉。劉氏中興，頗率周典，魏晉之世，抑有可知。
魏收 《魏書》 卷一百一十一		(4) 二儀既判，彙品生焉，五才兼用，廢一不可。金水水火土，咸相愛惡。陰陽所育，稟氣呈形，鼓之以雷霆，潤之以雲雨，春夏以生長之，秋冬以殺藏之。斯則德刑之設，著自神道。聖人處天地之間，率神祇之意。生民有喜怒之性，哀樂之心，應感而動，動而逾變。
魏收 《魏書》 卷一百一十四		(5) 世祖曾問方士金丹事，多日可成。文秀對曰：神道幽昧，變化難測，可以闇遇，難以豫期。臣昔者受教於先師，曾聞其事，未之為也。 (6) 太和十五年秋，詔曰：夫至道無形，虚寂為主。自有漢以後，置立壇祠，先朝以其至順可歸，用立寺宇。昔京城之内，居舍尚希。今者里宅櫛比，人神猥湊，非所以祗崇至法，清敬神道。可移於都南桑乾之陰，岳山之陽，永置其所。給戶五十，以供齋祀之用，仍名為崇虚寺。可招諸州隱士，員滿九十人。

表四十五

作者/文獻	版本	用　　例
蕭統 《六臣注文選》 六臣註文選 卷第十一	四部叢刊景宋本	(1) 荷天衢以元亨，廓宇宙而作京。敷皇極以創業，恊神道而太寧。 (2)《周易》曰：聖人以神道設教。 (3) 銑曰：荷賴衢道，元大亨通；廓開故布，皇大極中恊令寧安也。言漢氏賴天道大通，開宇宙而作爲京室，布大中之道以創制鴻業，合於神道而大安也。

續表

作者/文獻	版本	用　例
蕭統 《六臣注文選》 六臣註文選 卷第十四	四部叢刊景宋本	(4) 善曰：曹大家曰：太素不染，神色不變，則庶幾於神道之幾微，而入於神明之域矣。 (5) 良曰：逵道，昧闇也。言神道昧暗難審，誰能察而從也?
蕭統 《六臣注文選》 六臣註文選 卷第十九		(6) 濟曰：太陰、鬼神道，悟見也，宵闇冝也。
蕭統 《六臣注文選》 六臣註文選 卷第二十		(7) 頽綱既振，品物咸秩。神道見素，遺華反質。 (8)《周易》曰：品物咸亨。又曰：聖人以神道設教。 (9) 良曰：振，整也。言頽落網紀既整，品物皆有次序。遺其浮華，體神道爲質素。
蕭統 《六臣注文選》 六臣註文選 卷第二十二		(10)《周易》曰：聖人以神道設教，而天下服。
蕭統 《六臣注文選》 六臣註文選 卷第三十一		(11)《說文》曰：玄，幽遠也，謂神道幽遠也。
蕭統 《六臣注文選》 六臣註文選 卷第三十二		(12) 楚人名巫為靈子。連蜷，巫迎神道引貌也。既，已也。留，止也。爛，光貌也。昭昭，明貌也。未央，未已也。
蕭統 《六臣注文選》 六臣註文選 卷第四十五		(13)《莊子》曰：恬淡寂漠，虛無無為，此道德之質也。翰曰：清靜寂漠，皆無營欲也。庭宅，謂精神道德之所居處。
蕭統 《六臣注文選》 六臣註文選 卷第四十六		(14) 善曰：神理，猶神道也。 (15)《周易》曰：聖人以神道設教，而天下服。 (16) 當時嗟服，若有神道。 (17) 善曰：《周易》曰：聖人以神道設教，而天下服矣。

續表

作者/文獻	版本	用　　例
蕭統 《六臣注文選》 六臣註文選 卷第五十六	四部叢刊景宋本	（18）一暑一寒，有明有晦。神道無跡，天工罕代。
蕭統 《六臣注文選》 六臣註文選 卷第六十		（19）運神道以載德，乘靈風而扇威。 （20）善曰：《周易》曰：聖人以神道設教。
蕭統 《文選》 卷十一	胡刻本	（21）敷皇極以創業，協神道而大寧。 （22）《周易》曰：聖人以神道設教。
蕭統 《文選》 卷十四		（23）曹大家曰：大素不染，神色不變，則庶幾于神道之幾微，而入于神明之域矣。
蕭統 《文選》 卷十八		（24）《晋書》：阮籍，字嗣宗，陳留尉氏人。容貌瑰杰，志氣宏放，尤好《莊》《老》，嗜酒能嘯。籍嘗于蘇門山遇孫登，與商略終古栖神道氣之術，登皆不應，籍因長嘯而退。至于半嶺，聞有聲若鸞鳳之音，響乎岩穀，乃登之嘯也。
蕭統 《文選》 卷二十		（25）神道見素，遺華反質。 （26）《周易》曰：聖人以神道設教。
蕭統 《文選》 卷二十二		（27）《周易》曰：聖人以神道設教，而天下服。
蕭統 《文選》 卷三十一		（28）《說文》曰：玄，幽遠也，謂神道幽遠也。
蕭統 《文選》 卷三十二		（29）楚人名巫爲靈子。連蜷，巫迎神道引貌也。既，已也。留，止也。
蕭統 《文選》 卷四十六		（30）《淮南子》曰：帝者體太一，牢籠天地，彈壓山川。神理，猶神道也。

續表

作者/文獻	版本	用　例
蕭統《文選》卷四十六	胡刻本	(31)《周易》曰：聖人以神道設教，而天下服。 (32)當時嗟服，若有神道。 (33)《周易》曰：聖人以神道設教，而天下服矣。
蕭統《文選》卷五十六		(34)神道無迹，天工罕代。
蕭統《文選》卷六十		(35)運神道以載德，乘靈風而扇威。 (36)《周易》曰：聖人以神道設教。

表四十六

作者/文獻	版本	用　例
蕭子顯《南齊書》卷五十四	清乾隆武英殿刻本	(1)九流之設，用籍世教，刑名道墨，乖心異旨，儒者不學，無傷為儒；佛理玄曠，實智妙有，一物不知，不成圓聖。若夫神道應現之力，感會變化之奇，不可思議，難用言象。

表四十七

作者/文獻	版本	用　例
謝靈運《謝康樂集》卷四	明萬曆沈啓原刻本	(1)《辨宗論》：同遊諸道人，並業心神道，求解言外。余枕疾務寡，頗多暇日，聊伸由來之意，庶定求宗之悟。釋氏之論，聖道雖遠，積學能至，累盡鑒生，不應漸悟。孔氏之論，聖道既妙，雖顏殆庶，體無鑒周，理歸一極。有新論道士，以為寂鑒微妙，不容階級，積學無限，何為自絕？今去釋氏之漸悟，而取其能至；去孔氏之殆庶，而取其一極。一極異漸悟，能至非殆庶。故理之所去，雖合各取，然其離孔、釋矣。余謂二談救物之言，道家之唱，得意之說，敢以折中自許。竊謂新論為然。聊答下意，遲有所悟。……勗再問：案論孔、釋，其道既同，救物之假，亦不容異。而神道之域，雖顏也，孔子所不誨；實相之妙，雖愚也，釋氏所必教。然則二聖建言，何乖背之甚哉？再答：二教不同者，隨方應物，所化地異也。大而校之，華民易於見理，難於受教，故閉其累學，而開其一極；夷人易於受教，難於見理，故閉其頓了，而開其漸悟。漸悟雖可至，昧頓了之實；一極雖知寄，絕累學之冀。良由華人悟理無漸，而誣道無學；夷人悟理有學，而誣道有漸。是故權實雖同，其用各異。昔向子期以儒道為壹，應吉甫謂孔老可齊，皆欲窺宗，而況眞實者乎？

表四十八

<table>
<tr><th>作者/文獻</th><th>版本</th><th>用　　例</th></tr>
<tr><td>佚名
《靈寶五符經》
卷中</td><td rowspan="2">明正
統道
藏本</td><td>（1）服之六年，增壽二百歲。服之七年，神道欲成，增壽千年。服之八年，目視千里，耳聞萬里，增壽二千年。</td></tr>
<tr><td>佚名
《正一威儀經》</td><td>（2）正一燒香威儀：祈告啓請，入靖登壇，使晝夜相續，勿令斷絶，而神道無形，寄香氣宣通。</td></tr>
</table>

表四十九

<table>
<tr><th>作者/文獻</th><th>版本</th><th>用　　例</th></tr>
<tr><td>庾季才
《靈臺秘苑》
卷二</td><td>清文
淵閣
四庫
全書
本</td><td>（1）一曰天江，主四瀆津梁，所以度神道四方也。</td></tr>
</table>

表五十

<table>
<tr><th>作者/文獻</th><th>版本</th><th>用　　例</th></tr>
<tr><td>庾信
《庾子山集》
卷十三</td><td rowspan="2">四部
叢刊
景明
屠隆
本</td><td>（1）周上柱國齊王憲神道碑
（2）周大將軍崔説神道碑
（3）周柱國大將軍拓拔儉神道碑</td></tr>
<tr><td>庾信
《庾子山集》
卷十四</td><td>（4）周柱國大將軍紇于弘神道碑
（5）周柱國大將軍大都督同州刺史爾綿永神道碑
（6）周車騎大將軍婁公神道碑
（7）周上柱國宿國公河州都督普屯威神道碑銘
（8）周柱國楚國公岐州刺史慕容公神道碑
（9）周兖州刺史廣饒公宇文公神道碑
（10）周隴右總管長史贈太子少保豆盧公神道碑</td></tr>
<tr><td>庾信
《庾子山集注》
卷六</td><td>清文
淵閣
四庫
全書
本</td><td>（11）《三輔黃圖》曰：上帝壇八觚，神道八通，廣三十步也。</td></tr>
</table>

續表

作者/文獻	版本	用　　例
庾信 《庾子山集注》 卷十三	清文淵閣四庫全書本	(12) 周上柱國齊王憲神道碑 (13) 周太子太保步陸逞神道碑 (14) 周大將軍崔説神道碑 (15) 周大將軍司馬裔神道碑 (16) 周柱國大將軍長孫（一作“拓跋”）儉神道碑
庾信 《庾子山集注》 卷十四		(17) 周柱國大將軍紇干弘神道碑 (18) 周柱國大將軍大都督同州刺史爾（字或作尒同）綿永神道碑 (19) 周車騎大將軍賀婁公神道碑 (20) 周上柱國宿國公河州都督普屯威神道碑 (21) 周柱國楚國公岐州刺史慕容公神道碑 (22) 周兖州刺史廣饒公宇文公（本姓鄭,《周書》作“鄭常”）神道碑 (23) 周隴右總管長史贈太子少保豆盧公神道碑
庾信 《庾子山集注》 卷十五		(24)《襄陽記》曰：鹿門山，舊名蘇嶺山。建武中，襄陽侯習郁立神祠於山，刻二石鹿夾神道口，俗因謂之鹿門廟，遂以廟名山也。
庾信 《庾開府集箋注》 卷八		(25) 周上柱國齊王憲神道碑 (26) 李賢曰：墓前開道，建石柱為標，謂之神道。 (27) 周太子太保步陸逞神道碑 (28) 周大將軍同馬裔神道碑 (29) 周柱國大將軍長孫儉神道碑 (30) 周柱國大將軍紇干弘神道碑
庾信 《庾開府集箋注》 卷九		(31) 周大將軍崔訦神道碑（《北史本傳》作“崔說”） (32) 周車騎將軍賀婁慈神道碑（《北史》《周書》俱無傳，世系莫考。) (33) 周上柱國宿國公河州都督辛威神道碑 (34) 周兖州刺史廣饒公鄭常神道碑 (35) 周隴右總管長史贈少保豆盧永恩神道碑 (36) 周柱國大將軍大都督同州刺史段永神道碑 (37) 周柱國楚國公岐州刺史慕容寧神道碑
庾信 《庾開府集箋注》 卷十		(38)《襄陽耆舊傳》：習郁為侍中時，從光武幸黎丘，與帝通夢，見蘇山神，光武嘉之，拜大鴻臚。錄其前後功，封襄陽侯，使立蘇嶺祠。刻二石鹿夾神道，百姓謂之鹿門廟，或呼蘇嶺幽為鹿門。

表五十一

作者/文獻	版本	用　例
諸僧《梁皇懺法》卷八	大正新修大藏經本	(1) 若有地獄道苦，今日即得解脫。若有畜生道苦，今日即得解脫。若有鬼神道苦，今日即得解脫。

隋朝

表五十二

作者/文獻	版本	用例
費長房 《歷代三寶紀》 卷八	金刻 趙城 藏本	(1) 何者？本之有境，則五陰永滅；椎之無鄉，則幽靈不竭。幽靈不竭，則抱一湛然；五陰永滅，則萬累都捐。萬累都捐，故與道通同；抱一湛然，故神而無功。神而無功，故至功常在，與道通同，故沖而不改。沖而不改，不可為有；至功常在，不可為無。然則有無絕於內，稱謂淪於外，視聽之所不暨，四空之所昏昧，恬兮而夷，泊焉而泰，九流於此乎交歸，眾聖於此乎冥會，斯乃希夷之境、太玄之鄉，而欲以有無題牓，標其方域，而語其神道者，不亦邈哉！

表五十三

作者/文獻	版本	用例
釋吉藏 《三論玄義》	大正 新修 大藏 經本	(1) 難曰：夫神道幽玄，惑人多昧，義經丘而未曉，理涉旦而猶昏，唯有佛宗乃盡其致。

表五十四

作者/文獻	版本	用例
王通 《中說》 卷一	四部 叢刊 景宋 本	(1) 子遊孔子之廟。出而歌曰：大哉乎。君君臣臣，父父子子，兄兄弟弟，夫夫婦婦！夫子之力也，其與太極合德，神道並行乎？
王通 《中說》 卷二		(2)《周禮》：祭天曰祀，祭地曰祭，祭宗廟曰享。異其名，言神道幽奧，禮宜分也。分而接之，則配天而天人統和。 (3) 猶一隅以知三隅，是亦有隅也。大方无隅，而神无方。聖人與神道並行，无所至，无不至。
王通 《中說》 卷九		(4) 收曰：三者何先？子曰：三才不相離也。措之事業，則有主焉。圓丘尚祀，觀神道也；方澤貴祭，察物類也；宗廟用饗，懷精氣也。

唐　朝

表五十五

<table>
<tr><th>作者/文獻</th><th>版本</th><th>用　　例</th></tr>
<tr><td>白居易
《白氏長慶集》
白氏文集
卷第四</td><td rowspan="4">四部叢刊景日本翻宋大字本</td><td>(1)《青石》：青石出自藍田山，兼車運載來長安。工人磨琢欲何用，石不能言我代言。不願作人家墓前神道碣，墳土未乾，名已滅。不願作官家道傍德政碑，不鐫實錄鐫虛辭。願為顏氏段氏碑，雕鏤太尉與太師。刻此兩片堅貞質，狀彼二人忠烈姿。義心若石屹不轉，死節名流確不移。如觀奮擊朱泚日，似見叱呵希烈時。各於其上題名謚，一置高山一沈水。陵谷雖遷碑獨存，骨化為塵名不死。長使不忠不烈臣，觀碑改節慕為人。慕為人，勸事君。</td></tr>
<tr><td>白居易
《白氏長慶集》
白氏文集
卷第六</td><td>(2)《效陶潛體詩十六首》：濟水澄而潔，河水渾而黃。交流列四瀆，清濁不相傷。太公戰牧野，伯夷餓首陽。同時號賢聖，進退不相妨。謂天不愛民，胡為生稻粱。謂天果愛民，胡為生豺狼。謂神福善人，孔聖竟栖遑。謂神禍淫人，暴秦終霸王。顏回與黃憲，何辜早夭亡，蝮蛇與鴆鳥，何得壽延長。物理不可測，神道亦難量。舉頭仰問天，天色但蒼蒼。唯當多種黍，日醉手中觴。</td></tr>
<tr><td>白居易
《白氏長慶集》
白氏文集
卷第二十三</td><td>(3)《祭廬山文》：維元和十二年歲次丁酉二月二十五日乙酉，將仕郎守江州司馬白居易，以香火酒脯，告于廬山遺愛寺四旁上下大小諸神。居易夙聞匡廬，天下神秀，幸因佐宦，得造茲山，又聞永遠、宗雷，同居于是，道俗並處，古之遺風，而遺愛西偏，鄭氏舊隱。三寺長老，招予此居，創新堂宇，疏舊泉沼，或來或往，棲遲其間，不唯躭翫水石，以樂野性，亦欲擺去煩惱，漸歸空門。儻秩滿以來，得以自遂，餘生終老，願託於斯。今葺構既成，遊息方始，爰以潔敬，薦茲馨香。不敢媚神，不敢禳福，但使疫癘不作，魑魅不逢，猛獸毒蟲，各安其所。苟人居之靜必，則神道之光明。齋心露誠，庶幾有答。尚饗。</td></tr>
<tr><td>白居易
《白氏長慶集》
卷第二十四</td><td>(4) 唐故通議大夫和州刺史呉郡張公神道碑銘并序
(5) 唐贈尚書工部侍郎呉郡張公神道碑銘并序
(6) 元和十三年詔贈主客員外郎；明年，贈太常少卿；又明年，贈尚書工部侍郎。夫人，吳郡陸氏，貞元二年某月某日，終于某所。春秋六十六。追封嘉興縣太君，又封呉郡太夫人。嗣子通議大夫、守尚書戶部侍郎、判度支、上柱國、賜紫金魚袋平叔，以長慶二年某月某日立神道碑。</td></tr>
</table>

續表

作者/文獻	版本	用　　例
白居易 《白氏長慶集》 白氏文集 卷第四十一	四部叢刊景日本翻宋大字本	(7) 臣今職爲學士，官是拾遺。日草詔書，月請諫紙。臣若默默，惜身不言，豈惟上辜聖恩，實亦下負神道。所以密緘手疏，潛吐血誠。苟合天心，雖死無恨。無任憂懼，激切之至。
白居易 《白氏長慶集》 白氏文集 卷第六十		(8) 故饒州刺史吳府君神道碑銘并序 (9) 噫！先生之道，吾能引古以明之。銘曰：漢中大夫，東方曼倩，夏侯湛高之，作《廟貌讚》；唐中大夫，眞存先生，白樂天知之，作《神道銘》。嗚呼二大夫，異代而同塗，其皆達者乎？
白居易 《白氏長慶集》 白氏文集 卷第六十一		(10) 公幼好學，長善屬文。俯取科第，如拾地芥。著《文集》三十卷，藏於家；纂《制詔》一百卷，行於代；尤工五言章句，詩家流稱之。嘗譔《先僕射府君神道碑》及《丞相文獻始興公廟碑》，由文得禮，秉筆者許之。
白居易 《白氏六帖事類集》 卷二十	民國景宋本	(11) 祭祀主敬，祭有十倫。(見事鬼神道焉，見貴賤之等焉，長幼之序，夫婦之別，親疎之殺，爵賞之施，君臣之位，上下之際，政事之均，父子之倫。)
白居易 《白氏六帖事類集》 卷二十九		(12) 爲夫。(《四公子傳》：西海邊無慮，北有女國，以蛇爲夫，不嚙人，爲女臣僕官室，習俗無契而從呪咀，可信乎者無他，曲者立死，神道設教，人莫能化。)

表五十六

作者/文獻	版本	用　　例
般利密帝 《大佛頂如來密因修證了義諸菩薩萬行首楞嚴經》 卷第六	大正新修大藏經本	(1) 阿難，又諸世界六道眾生，其心不殺，則不隨其生死相續。汝修三昧，本出塵勞。殺心不除，塵不可出。縱有多智禪定現前，如不斷殺，必落神道。上品之人，為大力鬼；中品即為飛行夜叉、諸鬼帥等；下品當為地行羅刹。彼諸鬼神，亦有徒眾，各各自謂成無上道。我滅度後，末法之中，多此神鬼熾盛世間。自言食肉，得菩提路。

表五十七

作者/文獻	版本	用　　例
陳子昂《陳伯玉集》陳伯玉文集卷第四	四部叢刊景明本	(1) 況凶羯遺醜，未及尤羊，固作孽以招誅，自辜恩而取滅，伏惟陛下威加四海，子育百蠻，鬼神尚不敢違，凶狡豈能逃罪。逆賊萬斬等天奪其魄，坐自爲殃，仇須等謹奉廟謀，遠憑國計，短兵纔接，群逆銷亡，返風廻烟，熏睛掩目，此乃天威潛運，神道密周，豈止人謀，抑由靈助。

表五十八

作者/文獻	版本	用　　例
成玄英《南華眞經注疏》卷十	古逸叢書景宋本	(1) 貪而儲積心，常不足。知足止分，故清廉虛澹，絶待獨立，而精神道無不在；自古有之也。

表五十九

作者/文獻	版本	用　　例
褚亮《褚亮集》	清武林往哲遺著本	(1) 僉以陳君物範，且勒潁川之碑；張氏孝廉，猶書冠軍之碣。況乃勵茲近俗，振我湆風，節士慕義，懦夫成勇，言之不可以已，其在斯乎！乃刊志清徽，樹之神道，俾夫披文相質，知皇代之有人焉。 (2)《舒和》：神道發生敷九稼，陰極乘仁暢八埏。緯武經文隆景化，登祥薦祉啟豐年。

表六十

作者/文獻	版本	用　　例
儲光羲《儲光羲詩集》卷二	清文淵閣四庫全書本	(1)《薦玄德公廟》：神道本無已，成化亦自然。君居寥天上，德在玉華泉。眞遊踐王豫，永日遲雲仙。表微在營道，明祀將祈年。靈山俯新邑，松上生彩烟。豈知穆天子，遠去瑤池邊。

表六十一

作者/文獻	版本	用　　例
獨孤及 《毗陵集》 昆陵集 卷八	四部叢刊景清趙氏亦有生齋本	（1）唐故睢陽郡太守贈祕書監李公神道碑銘（并序） （2）唐故朝議大夫申王府司馬上柱國贈太常卿韋公神道碑銘（并序） （3）唐故朝議大夫高平郡別駕權公神道碑銘（并序）
獨孤及 《毗陵集》 昆陵集 卷十三		（4）自志學至校書郎已（《文粹》作“以”）前八卷，并《常山公主誌文》《竇將軍神道碑》《崔河南生祠碑》《禮部李侍郎碑》……名存而篇亡。 （5）其中陳王業，則《無疆頌》……吟詠情性，達於事變，則《詠古詩》；思舊，則《三賢論》；辨卿大夫之族姓，則《盧監察神道碑》……其餘雖波瀾萬變，而未始不根於典謨。 （6）其中陳王業，則《無疆頌》……吟詠情性，達於事變，則《詠古詩》；辨卿大夫族姓，則《盧監察神道碑》……其餘雖比興萬變，而未始不根於道德。
獨孤及 《毗陵集》 昆陵集 卷十七		（7）既而誠達於神，感而遂契，徹筵俟命，焚其章草（《英華》作“畢”），獨神道許三字在乎（二字作“存於”）煨燼之中。
獨孤及 《毗陵集》 昆陵集 附錄		（8）朝散大夫使持節常州諸軍事守常州刺史賜紫金魚袋獨孤公神道碑銘（并序）

表六十二

作者/文獻	版本	用　　例
杜甫 《杜工部集》 卷八	續古逸叢書景宋本配毛氏汲古閣本	（1）《奉送魏六丈佑少府之交廣》：賢豪贊經綸，功成空名垂。子孫不振耀（一云“子孫沒不振”），歷代皆有之。鄭公四葉孫，長大常苦飢。眾中見毛骨，猶是麒麟兒。……南遊炎海甸，浩蕩從此辭。窮途仗神道，世亂輕土宜。……錯揮鐵如意，莫避珊瑚枝。始兼（一作“無”）逸邁興，終慎賓主儀。戎馬闇天宇，嗚呼生別離。
杜甫 《杜工部集》 卷二十		（2）唐故德儀贈淑妃皇甫氏神道碑

續表

<table>
<tr><th>作者/文獻</th><th>版本</th><th>用　　例</th></tr>
<tr><td>杜甫
《杜詩鏡銓》
卷十四</td><td rowspan="3">清乾隆五十七年陽湖九柏山房刻本</td><td>(3) 雅望與英姿，惻愴槐里接。(《光弼神道碑》：窆公於富平縣先塋之東。)</td></tr>
<tr><td>杜甫
《杜詩鏡銓》
卷十八</td><td>(4) 送鮮于萬州遷巴州。(顏真卿《鮮于仲通神道碑》：仲通子六人，皆有令聞。)</td></tr>
<tr><td>杜甫
《杜詩鏡銓》
卷二十</td><td>(5)《奉送魏六丈佑少府之交廣》：賢豪贊經綸，功成空名垂。子孫不振耀，歷代皆有之。鄭公四葉孫，長大常苦飢。眾中見毛骨，猶是麒麟兒。……南遊炎海甸，浩蕩從此辭。窮途仗神道，世亂輕土宜。……心事披寫間，氣酣達所為。錯揮鐵如意，莫避珊瑚枝。……戎馬闇天宇，嗚呼生別離。</td></tr>
<tr><td>杜甫
《杜詩詳注》
卷十六</td><td rowspan="3">清文淵閣四庫全書本</td><td>(6) 又《神道碑》云：窆公于富平縣。</td></tr>
<tr><td>杜甫
《杜詩詳注》
卷二十三</td><td>(7)《奉送魏六丈佑少(去聲)府之交廣》(黃鶴編，在大歷三年。……四年，置廣州總管府，後改中都督府。)：賢豪贊經綸，功成空名(一作“名空”)垂。子孫不振耀(一云“沒不振”)，歷代皆有之。鄭公四葉孫，長大常苦饑。眾中見毛骨，猶是麒麟兒。……南滸炎海甸，浩蕩從此辭。窮途仗神道，世亂輕土宜。……心事披寫間，氣酣達所為。錯揮鐵如意，莫避珊瑚枝。……戎馬闇天宇，嗚呼生別離。
(8)《後漢書・隗囂傳》：方望曰：所謂“神道設教”，求助人神者也。</td></tr>
<tr><td>杜甫
《杜詩詳注》
卷二十五</td><td>(9) 唐故德儀贈淑妃皇甫氏神道碑</td></tr>
<tr><td>杜甫
《杜詩闡》
卷三十一</td><td>清康熙二十一年刻本</td><td>(10)《奉送魏六丈佑少府之交廣》：賢豪贊經綸，功成空名垂。子孫不振耀，歷代皆有之。(四句泛起) 鄭公四葉孫，長大常苦饑。眾中見毛骨，猶是麒麟兒。……南遊炎海甸，浩蕩從此辭。窮途仗神道，世亂輕土宜。……心事披寫間，氣酣達所爲。錯揮鐵如意，莫避珊瑚枝。……戎馬闇天宇，嗚呼生別離。(二句送別之情)</td></tr>
</table>

續表

作者/文獻	版本	用　　例
杜甫 《讀杜心解》 卷一	清雍正二年至三年浦氏寧我齋刻本	(11)《奉送魏六丈佑少府之交廣》(交卽交阯郡，唐初改安南都護府，地與廣接。)：賢豪贊經綸，功成空名（一作“空名”）垂。子孫不振耀，歷代皆有之。……南游炎海甸，浩蕩從此辭。窮途仗神道，世亂輕土宜。……心事披寫問，氣酣達所爲。錯揮鐵如意，莫避珊瑚枝。……戎馬闇天宇，嗚呼生別離。 (12) 公侯來宜貴顯也，乃賈賦不如長卿。空囊竟同季，（闕）虛縻散官。浩蕩遠（闕）不可惜，伏神道以祝其平安。輕土宜以諒其罔投，春風歸以上其留戀。
杜甫 《讀杜心解》 卷四		(13) 唐故德儀贈淑妃皇甫氏神道碑
杜甫 《錢注杜詩》 卷一	清康熙刻本	(14) 杜濟。(《宰相世系表》：濟字應物，給事中、京兆尹。《顏魯公神道碑》：征南十四代孫，東川節度，兼京兆尹。)
杜甫 《錢注杜詩》 卷七		(15)《顏魯公神道碑》：乾元二年冬十月甲申，賊將周摯悉河北之眾，萃于河陽城北。思明以河南之眾，頓于河陽南城之南。南北夾擊，表裏受敵。 (16)《神道碑》：遂趣徐州，因召田神功，與同寢宿，以宋州之難告。祖道郊外，俾先飲以寵之。分麾下隸于其將喬岫，仍令兵馬使郝庭玉與岫犄角而擊之，賊遂一戰而走。 (17)《神道碑》：窆公于富平縣先塋之東。
杜甫 《錢注杜詩》 卷八		(18)《奉送魏六丈佑少府之交廣》：賢豪贊經綸，功成空名（一作“名空”）垂。子孫不振耀（一云“子孫沒不振”），歷代皆有之。鄭公四葉孫，長大常苦飢。眾中見毛骨，猶是麒麟兒。……南游炎海甸，浩蕩從此辭。窮途仗神道，世亂輕土宜。……心事披寫問，氣酣達（一作“遠”）所爲。錯揮鐵如意，莫避珊瑚枝。……戎馬闇天宇，嗚呼生別離。 (19) 權德輿《南兗郡王伊愼神道碑》：大曆中，嶺南裨將哥舒晃作亂。
杜甫 《錢注杜詩》 卷九		(20)《顏魯公神道碑》：公好俠，以鷹犬射獵自娛，輕財尚氣，果于然諾。……從官十年，超登四岳。按：公《投贈》詩，與魯公《神道碑》，敘次略同。 (21) 公嘗作公主母《皇甫淑妃神道碑》云：甫忝鄭莊之賓客，遊竇主之園林。 (22) 顏眞卿撰《顏允南神道碑》：潼關陷，朝官多出駱谷至興道。中丞田梁丘爲哥舒翰行軍司馬，既敗，猶自振矜，因誦表云云。

續表

作者/文獻	版本	用　　例
杜甫 《錢注杜詩》 卷十二	清康熙刻本	(23)《顏眞卿集·顏允南神道碑》：潼關陷，與駕幸蜀，朝官多出駱穀至興道。
杜甫 《錢注杜詩》 卷十三		(24）顏魯公《和政公主神道碑》：廣德元年冬，上既東幸，主志期扈蹕，回兵充斥，咫尺不通，因至荊南。
杜甫 《錢注杜詩》 卷十六		(25）顏魯公《鮮于仲通神道碑》：仲通子六人。
杜甫 《錢注杜詩》 卷二十		(26）唐故德儀贈淑妃皇甫氏神道碑
杜甫 《杜工部草堂詩箋》 草堂詩箋 卷二	古逸叢書覆宋麻沙本	(27）公又有《皇甫淑妃神道碑》：公時白衣。天寶十載，始上《三大禮賦》起家。
杜甫 《杜工部草堂詩箋》 草堂詩箋 卷十五		(28）《襃陽記》：鹿門山，舊名蘇嶺山。建武中，襃陽侯習郁立神祠於山，刻二石鹿夾神道口，俗因謂之鹿門廟，遂以廟名山焉。
杜甫 《杜工部草堂詩箋》 詩箋補遺 卷十		(29）窮途仗神道（言舟行之險，神其相之也），世亂輕土宜。（言避乱而輕，去鄉里也。）
杜甫 《九家集注杜詩》 卷五	清文淵閣四庫全書本	(30）《襄陽記》云：鹿門山，舊名蘇嶺山。建武中，襄陽侯習郁立神祠於山，刻二石鹿夾神道口，俗因謂之鹿門廟，遂以廟名山。
杜甫 《九家集注杜詩》 卷十五		(31）窮途伏神道，世亂輕土宜。解帆歲云暮，可與春風歸。（趙云：即阮籍至窮途而哭世亂，則亂世之倒用也。伏神道，以正直行也。輕土宜，言其不懷土也。）
杜甫 《補注杜詩》 卷十五		(32）窮途仗神道（洙曰：正也），世亂輕土宜。（師曰：言避亂而輕，去鄉土也。）

續表

作者/文獻	版本	用　例
杜甫 《分門集注 杜工部詩》 卷二十	四部 叢刊 景宋 刊本	(33) 窮途仗神道 (洙曰：正也)，世亂輕土宜。(洙曰：不可安於上也。)
杜甫 《集千家注杜詩》 卷十九	清文 淵閣 四庫 全書 本	(34)《奉送魏六丈佑少府之交廣》：賢豪贊經綸，功成空名垂。子孫不振耀，歷代皆有之。鄭公四葉孫，長大常苦飢。眾中見毛骨，猶是麒麟兒。……南遊炎海甸，浩蕩從此辭。窮途仗神道，世亂輕土宜。……心事披寫間，氣酣達所為。錯揮鐵如意，莫避珊瑚枝。……戎馬闇天宇，嗚呼生別離。

表六十三

作者/文獻	版本	用　例
杜牧 《樊川集》 樊川文集 第十四	四部 叢刊 景明 翻宋 本	(1) 居數月，魏博節度使史憲誠拜章爲故帥田季安樹神道碑，內官執請亦如前辭。 (2) 居數月，陳許節度使王沛拜章乞爲亡父樹神道碑，內官執請亦如前辭。
杜牧 《樊川詩集注》 詩集 卷一	清嘉 慶德 裕堂 刻本	(3) 庾信《辛威神道碑銘》：洛城戰陣，河橋旗鼓。
杜牧 《樊川詩集注》 詩集 卷二		(4) 庾信《鄭常神道碑》：祥雲入境，行雨隨軒。 (5) 庾信《普屯威神道碑》：大將登壇，無待東歸之策。

表六十四

作者/文獻	版本	用　例
杜佑 《通典》 卷四十五	清武 英殿 刻本	(1) 剡其上以象物生，方其下以象地體。埋其半，以根在土中，而本末均也。則神道設教，法象有憑，其尺請用古尺。

續表

作者/文獻	版本	用　　例
杜佑 《通典》 卷四十七	清武英殿刻本	(2) 竊聞識禮樂之情者能作，達禮樂之文者能述。述作之義，聖賢所重，禮樂之本，古今所崇，變而通之，所以久也。所謂變者，變其文也；所謂通者，通其情也。祭祀之興，肇於太古，人所飲食，必先嚴獻。未有火化，茹毛飲血，則有毛血之薦；未有麴糵，汙樽抔飲，則有玄酒之奠。施及後王，禮物漸備，作為酒醴，伏其犧牲，以致馨香，以極豐潔，故有三牲八簋之盛，五齊九獻之殷。然以神道至玄，可存而不能測也；祭禮主敬，可備而不可廢也。是以毛血腥爓，玄罇犧象，靡不畢登於明薦矣。 (3) 太常博士段同泰議曰：伏據隱太子等，皆稟殊恩，式創陵寢。一羞蘋藻，驟移檀柘，豈非睦親繼絕，悼往推恩者歟！況漢置戾園，晉循虞祀，書稱咸秩，禮紀百神，紛綸葳蕤，可略言矣。隱太子等並特降絲綸，別營祠宇，義殊太廟，恩出當時。借如逝者之錫蘋蘩，亦猶生者之開茆土，寵章所及，誰謂非宜？且自古帝王，封建子弟，寄以維城之固，咸登列郡之榮，豈必有功於人，立事於代？生者曾無異議，逝者輒此奏停，雖存沒之跡不同，而君親之恩何別？此則輕重非當，情禮不均，神道固是難誣，人情孰云其可？
杜佑 《通典》 卷五十四		(4) 夫神道貞一，其用不煩；天地易簡，其禮尚質。故藉用白茅，貴其誠素；器用陶匏，取其易從。然封禪之禮，簡易可也。若夫石函玉牒，非天地之性也。
杜佑 《通典》 卷八十六		(5) 塗車芻靈，自古有之。（芻靈，束茅爲人馬也。謂之靈者，神道之類。） (6) 伏以合葬者，緣人私情；不合葬者，前循故事。若以神道有知，幽塗自得通會；若以死者無知，合之復有何益？……伏望少迴天眷，俯覽臣言，行古昔之明規，割私情之愛欲，使社稷長享，天下乂安。疏奏，令百官詳議。尋有敕令，準遺詔合葬。
杜佑 《通典》 卷一百十六		(7) 拜謁前一日，皇帝至行宮，詣齋室，仗衛如式。陵令以玉冊進，御署訖，近臣奉出，陵令受訖，奉禮設御位於陵東南隅，西向。（其有山谷隱映，則隨地設位，望陵而拜。）又設位於寢宮之內寢殿東階之東南，西向。又設百官位於陵所，行從官及皇親諸親并客使等分方位於神道左右，相對為首；於寢宮所大次之前，分方序立如常，並隨地之宜。
杜佑 《通典》 卷一百二十一		(8) 古者宗子去他國，庶子無廟。孔子曰：許向墓遙為壇，以時祭。即今之上墓，義或有憑。然神道尚幽，不可逼黷塋域，宜於塋南山門之外，設淨席為位，遙祭以時饌，如平生所嗜。若一塋數墓，每墓各設位席，昭穆異列，以西為上。主人盥手奠爵，三獻而止。徹饌訖，主人以下泣辭塋。食餘饌者可於他僻處，不見壙所，孝子之情。

續表

<table>
<tr><th>作者/文獻</th><th>版本</th><th>用　　例</th></tr>
<tr><td>杜佑
《通典》
卷一百三十九</td><td rowspan="2">清武英殿刻本</td><td>（9）祝於輿左，西向跪，昭告曰：孤子某（母云哀子）謹用吉辰，奉歸先寢（若新卜宅，云“奉遷幽宅”。四品以下先兆、幽宅），靈車就引，神道紆迴，惟以荒寥，無任鯁絕。</td></tr>
<tr><td>杜佑
《通典》
卷一百四十二</td><td>（10）《易》云：大觀在上。觀天之神道，而四時不忒也。</td></tr>
</table>

表六十五

<table>
<tr><th>作者/文獻</th><th>版本</th><th>用　　例</th></tr>
<tr><td>房玄齡
《晉書》
卷十六</td><td rowspan="5">清乾隆武英殿刻本</td><td>（1）《易》曰：形而上者謂之道，形而下者謂之器。夫神道廣大，妙本於陰陽；形器精微，義先於律呂。聖人觀四時之變，刻玉紀其盈虛，察五行之聲，鑄金均其清濁，所以遂八風而宣九德，和大樂而成政道。</td></tr>
<tr><td>房玄齡
《晉書》
卷二十</td><td>（2）魏文帝黃初三年，又自作《終制》曰：禮，國君即位爲椑，存不忘亡也。壽陵因山爲體，無封樹，無立寢殿，造園邑，通神道。夫葬者，藏也，欲人之不得見也。禮不墓祭，欲存亡不黷也。</td></tr>
<tr><td>房玄齡
《晉書》
卷三十一</td><td>（3）送終之禮，比素上世。襚無珍寶，唅無明月。潛輝梓宮，永背昭晰。臣妾哀號，同此斷絕。庭宇遏密，幽室增陰。空設幃帳，虛置衣衾。人亦有言，神道難尋。悠悠精爽，豈浮豈沈。豐奠日陳，冀魂之臨。孰云元後，不聞其音。乃議景行，景行已溢。乃考龜筮，龜筮襲吉。爰定宅兆，克成玄室。魂之往兮，於以今日。</td></tr>
<tr><td>房玄齡
《晉書》
卷八十二</td><td>（4）夫書赴告之定辭，據國史之方策，猶尚若茲，況仰述千載之前，記殊俗之表，綴片言於殘闕，訪行事於故老，將使事不二迹，言無異塗，然後為信者，固亦前史之所病。然而國家不廢注記之官，學士不絕誦覽之業，豈不以其所失者小，所存者大乎！今之所集，設有承於前載者，則非余之罪也。若使采訪近世之事，苟有虛錯，願與先賢前儒分其譏謗。及其著述，亦足以明神道之不誣也。</td></tr>
<tr><td>房玄齡
《晉書》
卷八十三</td><td>（5）若率文而行，則舉義皆闕；有所施補，則不統其源。漢侍中盧植，時之達學，受法不究，則不敢厝心。誠以五行深遠，神道幽昧，探賾之求難以常思，錯綜之理不可一數。臣非至精，孰能與此！帝猶敕撰定，逌又陳古義，帝乃止。</td></tr>
</table>

續表

<table>
<tr><th>作者/文獻</th><th>版本</th><th>用　　例</th></tr>
<tr><td>房玄齡
《晉書》
卷八十六</td><td rowspan="2">清乾隆武英殿刻本</td><td>(6) 祚宗人張瓘時鎮枹罕，祚惡其強，遣其將易揣、張玲率步騎萬三千以襲之。時張掖人王鸞頗知神道，言於祚曰：軍出不復還，涼國將有不利矣。祚大怒，以鸞妖言沮眾，斬之以徇，三軍乃發。鸞臨刑曰：我死不二十日，軍必敗。時有神降於玄武殿，自稱玄冥，與人交語。祚日夜祈之，神言與之福利，祚甚信之。</td></tr>
<tr><td>房玄齡
《晉書》
卷九十五</td><td>(7)《藝術》：藝術之興，由來尚矣。先王以是決猶豫，定吉凶，審存亡，省禍福。曰神與智，藏往知來；幽贊冥符，弼成人事；既興利而除害，亦威眾以立權，所謂“神道設教”，率由於此。然而詭託近於妖妄，迂誕難可根源，法術紛以多端，變態諒非一緒，真雖存矣，偽亦憑焉。聖人不語怪力亂神，良有以也。逮丘明首唱，敍妖夢以垂文，子長繼作，援龜策以立傳，自茲厥後，史不絕書。漢武雅好神仙，世祖尤耽讖術，遂使文成、五利逞詭詐而取寵榮，尹敏、桓譚由忤時而嬰罪戾，斯固通人之所蔽，千慮之一失者乎！詳觀眾術，抑惟小道，棄之如或可惜，存之又恐不經。載籍既務在博聞，筆削則理宜詳備，晉謂之《乘》，義在於斯。今錄其推步尤精、伎能可紀者，以為《藝術傳》，式備前史云。</td></tr>
</table>

表六十六

<table>
<tr><th>作者/文獻</th><th>版本</th><th>用　　例</th></tr>
<tr><td>封演
《封氏聞見記》
卷六</td><td rowspan="2">清文淵閣四庫全書本</td><td>(1)《碑碣》：墓前碑碣，未詳所起。按：《儀禮》：廟中有碑，所以繫牲，並視日景。《禮記》：公室視豐碑，三家視桓楹。豐碑桓楹，天子諸侯葬時下棺之柱，其上有孔，以貫繂索，懸棺而下，取其安審，事畢因閉壙中。臣子或書君父勲伐於碑上，後又立之于隧口，故謂之神道，言神靈之道也。古碑上往往有孔，是貫繂索之像。前漢碑甚少，後漢蔡邕、崔瑗之徒，多為人立碑。魏晉之後，其流寖盛。碣亦碑之類也。</td></tr>
<tr><td>封演
《封氏聞見記》
卷八</td><td>(2)《霹靂》：人閑往往見細石，赤色，形如小斧，謂之霹靂斧。…盛宏之《荊州記》亦載：南中雷神，有洪五之事。然則俗傳霹靂之石，其信然乎夫雷者，陰陽薄觸之為耳。激怒尤盛，或當其衝，則謂之霹靂。若以為神道譴怒，而降之罰，又何待一拳之石，以成其威耶！</td></tr>
</table>

續表

作者/文獻	版本	用　例
封演 《封氏聞見記》 卷十	清文淵閣四庫全書本	(3)《俳諧》：範液有口才，薄命，所向不偶。曾為詩曰：舉意三江竭，興心四海枯。南游李邕死，北望守珪殂。液欲投謁二公，皆會其淪躓，故云然。宗叔範純，家富于財，液每有所求，純常給與之非一。純曾謂液曰：君有才而困于貧迫，可試自詠。液命紙筆，立操而竟，其詩曰：長吟太息問皇天，神道由來也已偏。一名國士皆貧病，但是禅兵總有錢！純大笑曰：教君自詠，何罵我乎？不以為過。

表六十七

作者/文獻	版本	用　例
顧況 《華陽集》 卷上	清文淵閣四庫全書本	(1)《陵霜之華一章》：囝，哀閩也。（囝，音蹇。閩俗呼子為囝，呼父為郎罷。）囝生閩方，閩吏得之，乃絕其陽。為臧為獲，致金滿屋。為髡為鉗，如視草木。天道無知，我罹其毒。神道無知，彼受其福。郎罷別囝，吾悔生汝。及汝既生，人勸不舉。不從人言，果獲是苦。囝別郎罷，心摧血下。隔地絕天，及至黃泉，不得在郎罷前。
顧況 《華陽集》 卷下		(2) 微塵數佛，各坐蓮臺，展臂指塵，皆當此說。且修多羅藏八萬在娑竭羅龍王宮中，以龍樹之聰利，受持不盡。海惠盡焉，曾不得失夫少分，或以其言河漢，詎知我生一，一生陰陽也。不測之外，更有神速之如此乎？是以聖人神道設教。

表六十八

作者/文獻	版本	用　例
韓愈 《昌黎先生文集》 卷第四	宋蜀本	(1)《豐陵行》（順宗陵也）：羽衛煌煌一百里，曉出都門葬天子。群臣雜沓馳後先，宮官穰穰來不已。是時新秋七月初，金神按節炎氣除。清風飄飄輕雨灑，偃蹇旂旆卷以舒。逾梁下坂笳鼓咽，嵽嵲遂走玄宮閭（一作"間"）。哭聲訇天百鳥噪，幽坎晝閉空靈輿。皇帝孝心深且遠，資送禮備無贏餘。設官置衛鏁嬪妓，供養朝夕象平居。臣聞神道尚清淨，三代舊制存諸書。墓藏廟祭不可亂，欲言非職知何如。
韓愈 《昌黎先生文集》 卷第二十六		(2) 唐（一無"唐"）銀青光祿大夫左散騎常侍致仕陽平路公神道碑文 (3) 唐故河東節度觀察使滎陽鄭公神道碑文
韓愈 《昌黎先生文集》 卷第二十七		(4) 唐故（一無"唐故"）銀青光祿大夫檢校左散騎常侍兼右金吾衛大將軍贈工部尚書太原郡公神道碑文（并序）

續表

<table>
<tr><th>作者/文獻</th><th>版本</th><th>用　　例</th></tr>
<tr><td>韓愈
《昌黎先生文集》
卷第三十</td><td rowspan="4">宋蜀本</td><td>（5）少府監胡公墓神道碑</td></tr>
<tr><td>韓愈
《昌黎先生文集》
卷第三十一</td><td>（6）唐故江南西道觀察使中大夫洪州刺史兼御史中丞上柱國賜紫金魚袋贈左散騎常侍太原王公神道碑銘</td></tr>
<tr><td>韓愈
《昌黎先生文集》
卷第三十二</td><td>（7）司徒兼侍中中書令贈太尉許公神道碑銘</td></tr>
<tr><td>韓愈
《昌黎先生文集》
卷第三十八</td><td>（8）故檢校左散騎常侍兼右金吾衛大將軍贈工部尚書王用神道碑文
（9）某官某乙。右今白品官唐國珍到臣宅，奉宣進止。緣臣與王用撰《神道碑文》，令臣領受用男沼所與臣馬一匹，并鞍銜及白王腰帶一條者。臣才識淺薄，詞藝荒蕪，所撰碑文，不能備盡事跡。聖恩弘獎，特令中使宣諭，并令臣受領人事物等。承命震悚，再欣再躍，無任榮抃之至，謹附狀陳謝以聞。謹奏。</td></tr>
<tr><td>韓愈
《韓集點勘》
卷四</td><td>清文淵閣四庫全書本</td><td>（10）河東節度使鄭公神道碑
（11）太原郡公神道碑
（12）江南西道觀察使王公神道碑
（13）許國公神道碑</td></tr>
<tr><td>韓愈
《韓集箋正》
韓箋四</td><td rowspan="2">民國瑞安陳氏湫漻齊本</td><td>（14）平陽路公神道碑銘
（15）滎陽鄭公神道碑文
（16）太原郡公神道碑文
（17）祝注本崔祐甫《獨孤及神道碑》，自無差誤。
（18）胡良公墓神道碑
（19）江西南道觀察使王公神道碑銘
（20）許國公神道碑銘</td></tr>
<tr><td>韓愈
《韓集箋正》
韓箋五</td><td>（21）何義門曰：《王仲舒神道碑》云：元和初，徵拜吏部員外郎。未幾，爲職方郎中知制誥。</td></tr>
</table>

續表

作者/文獻	版本	用　例
韓愈《韓昌黎詩集編年箋注》卷三	清乾隆盧見曾雅雨堂刻本	(22) 皇甫湜作公《神道碑》云：關中旱飢，人死相枕藉，吏刻取怨。先生列言天下根本，民急如是，請寬民徭而免田租。專政者惡之，遂貶。然則不因論宮市明甚。 (23)（方云）公陽山之貶，《行狀》但云"爲幸臣所惡"，《神道碑》亦只云"因疏關中旱飢，專政者惡之"，則其非爲論宮市明矣。
韓愈《韓昌黎詩集編年箋注》卷四		(24)《豐陵行》(順宗陵也)：羽衛煌煌一百里，曉出都門葬天子。羣臣雜沓馳後先，宮官穰穰來不已。是時新秋七月初，金神按節炎氣除。清風飄飄輕雨灑，偃蹇旂旆卷以舒。逾梁下坂笳鼓咽，嵽嵲遂走玄宮閭。哭聲訇天百鳥噪，幽坎晝閉空靈輿。皇帝孝心深且遠，資送禮備無羸餘。設官置衛鏁嬪妓，供養朝夕象平居。臣聞神道尚清淨，三代舊制存諸書。墓藏廟祭不可亂，欲言非職知何如。
韓愈《東雅堂昌黎集注》卷一	清文淵閣四庫全書本	(25) 唯皇甫持正《神道碑》云：貞元十九年，關中旱飢，公列言天下根本。專政者惡之，出為陽山令。則非為言宮市出也。
韓愈《東雅堂昌黎集注》卷四		(26)《豐陵行》(順宗陵也。按《長安志》，順宗豐陵在富平縣東北三十五里甕，以元和元年七月葬。……當時之禮，必有不合於古者故云。)：羽衛煌煌一百里，(一或作"三"。以《長安志》考之，非是。)曉出都門葬天子（順宗也)。羣臣雜沓馳後先，宮官穰穰來不已。是時新秋七月初，金神按節炎氣除。臣聞神道尚清淨，三代舊制存諸書。墓藏廟祭不可亂，欲言非職知何如。
韓愈《東雅堂昌黎集注》卷十三		(27) 皇甫持正公《神道碑》云：先叔父雲卿，當肅代朝，獨為文章官。
韓愈《東雅堂昌黎集注》卷十四		(28) 當禘祫之時，獻祖宜居東向之位，景皇帝宜從昭穆之列。祖以孫尊，孫以祖屈，求之神道，豈遠人情?

續表

作者/文獻	版本	用　　例
韓愈 《東雅堂 昌黎集注》 卷二十六	清文淵閣四庫全書本	(29) 唐銀青光祿大夫守左散騎常侍致仕上柱國襄陽郡王平陽路公神道碑銘 (30) 烏氏廟碑銘（烏重胤之父也。許孟容嘗為作《神道碑》。） (31) 今按：許孟容作《烏承洽神道碑》示：渤海王武藝，出海濱，至馬都山，屠陷城邑。 (32)《新史》據孟容《神道碑》及公《廟碑》而作。司馬溫公《考異》，以《新史》為誤，恐《考異》未見孟容碑刻耳。 (33) 唐故河東節度觀察使滎陽鄭公神道碑文
韓愈 《東雅堂 昌黎集注》 卷二十七		(34) 唐故銀青光祿大夫檢校左散騎常侍兼右金吾衛大將軍贈工部尚書太原郡公神道碑文（或無"尚書"以上二十八字）
韓愈 《東雅堂 昌黎集注》 卷三十		(35) 唐故中散大夫少府監胡良公墓神道（此篇從方氏石本，疑者別出。蜀本注：牛僧儒撰《墓志》，陳鴻撰《謚》，張籍撰《行狀》。歐陽公《集古録》有《胡良公碑跋》云：良者，韓之門人張籍妻父也。今按：方本無"中散大夫良"五字。又它《神道碑》不著"墓"字，唯此有之，亦變例也。）
韓愈 《東雅堂 昌黎集注》 卷三十一		(36) 唐故江南西道觀察使中大夫洪州刺史兼御史中丞上柱國賜紫金魚袋贈左散騎常侍太原王公神道碑銘（王仲舒為連州司戶，公令連之陽山。仲舒觀察江西，公為袁州刺史。公既為作《燕喜亭記》《修滕王閣記》，今誌其墓，又書《神道碑》，《新史》並取公《碑誌》作《傳》。）
韓愈 《東雅堂 昌黎集注》 卷三十二		(37) 司徒兼侍中中書令贈太尉許國公神道碑銘（韓弘，《新史》有《傳》，多取《碑》詞，《傳》間有誤處，當以《碑》為正。蓋淮西之役，弘為行營都統，公為行軍司馬，其知弘非一日也。） (38) 唐故朝散大夫越州刺史薛公墓誌銘（薛戎，元稹為《神道碑》，而公誌其墓。公嘗為河南，與薛為代，故誌及之。）
韓愈 《東雅堂 昌黎集注》 卷三十三		(39) 故江南西道觀察史贈左散騎常侍太原王公墓誌銘（或有"中大夫洪州刺史兼御史中丞"十二字。王弘仲嘗為連州司戶，公為連之陽山令，嘗為作《燕喜亭記》。後為江南西道觀察使，公時刺袁州，又為作《滕王閣記》。至是銘其墓，又為《神道碑》。然則公於弘中，可謂厚矣。） (40) 公所至，輒先求人利害廢置所宜。（利，或作"之"。李云：古本無"利"字。《神道碑》"周知俗之病"，亦無"利"字。今按：下文云"廢置所宜"，則此句合有"利"字。古本偶皆脫漏，不足為据。）

續表

作者/文獻	版本	用　例
韓愈《東雅堂昌黎集注》卷三十六	清文淵閣四庫全書本	(41) 歐陽文忠作《陳文惠公神道碑》，書公通判潮州惡谿，鱷魚不可近。公命捕得，鳴鼓于市，告以文而戮之，其患并息。
韓愈《東雅堂昌黎集注》卷三十七		(42) 御史臺上論天旱人饑狀（公時為監察御史。皇甫湜為公作《神道碑》曰：關中旱饑，人死相枕籍，吏刻取怨。先生列言天下根本，民急如是，請寬民徭役而免田租之弊。專政者惡之，出為連州陽山令。蓋謂此也。）
韓愈《東雅堂昌黎集注》卷三十八		(43) 故檢校左散騎常侍兼右金吾衛大將軍贈工部尚書王用神道碑文（用，以元和十一年八月卒，贈工部尚書，是年十一月葬。） (44) 右今日品官唐國珍到臣宅，奉宣進止。緣臣與王用撰《神道碑文》，令臣領受用男沼所與臣馬一匹，并鞍銜及白玉腰帶一條者。臣才識淺薄，詞藝荒蕪，所撰碑文，不能備盡事跡。聖恩弘獎，特令中使宣諭，并令臣受領人事物等。承命震悚，再欣再躍，無任榮抃之至，謹附狀陳謝以聞。謹奏。
韓愈《五百家注昌黎文集》卷一		(45) 唯皇甫持正《神道碑》云：關中旱飢，先生列言天下根本。專政者惡之，出為陽山令。正與詩意合。持正當時從公遊者，知公之不以論宮市而出，審矣。
韓愈《五百家注昌黎文集》卷四		(46)《豐陵行》(順宗陵也)：羽衛煌煌一百里，曉出都門葬天子。……皇帝孝心深且遠，資送禮備無羸餘。設官置衛鏁嬪妓，(孫曰：唐制，諸陵皆置宮殿，列官曹，設嬪妓，侍衛如平生。杜甫《橋陵詩》"宮女晚如曙，祠臣朝見星"，即謂此也。) 供養朝夕象平居。臣聞神道尚清淨，三代舊制存諸書。墓藏廟祭不可亂，欲言非職知何如。
韓愈《五百家注昌黎文集》卷十三		(47) 皇甫持正公《神道碑》云：先叔父云卿，當肅代朝，獨為文章官。
韓愈《五百家注昌黎文集》卷十五		(48) 樊曰：皇甫持正為公《神道碑》云：除尚書都官郎中，分司判祠部。中官號功德使，司京城觀寺，尚書斂手。公按《六典》，盡索之以歸，除其無良，時其出入云云。

續表

作者/文獻	版本	用　例
韓愈《五百家注昌黎文集》卷二十六	清文淵閣四庫全書本	(49) 唐故銀青光祿大夫左散騎常侍致仕陽平路公神道碑文 (50) 一本題云：陽平路公神道碑文。 (51) 烏石廟碑銘（韓曰：烏重胤之父也。許孟容亦為作《神道碑》。） (52) 今按：許孟容作《烏承洽神道碑》云：渤海王武藝，出海濱，至馬都山，屠陷城邑。 (53)《新史》據孟容《神道碑》及公《廟碑》而作。司馬溫公《考異》，以《新史》為誤，恐《考異》未見孟容碑刻耳。 (54) 唐故河東節度觀察使滎陽鄭公神道碑文
韓愈《五百家注昌黎文集》卷二十七	清文淵閣四庫全書本	(55) 唐故銀青光祿大夫檢校左散騎常侍兼右金吾衛大將軍贈工部尚書太原郡公神道碑文（并序）
韓愈《五百家注昌黎文集》卷三十	清文淵閣四庫全書本	(56) 唐故少府監胡公墓神道碑 (57)《集注》：胡珦，謚曰良公。陳鴻為作《謚文》，張籍作《行狀》，牛僧孺作《墓誌》，公作《神道碑》。歐陽公《集古録》有《胡良公碑跋》云：良公者，韓之門人張籍妻父也。流俗所傳本非，當以《碑》為正。
韓愈《五百家注昌黎文集》卷三十一	清文淵閣四庫全書本	(58) 唐故江南西道觀察使中大夫洪州刺史兼御史中丞上柱國賜紫金魚袋贈左散騎常侍太原王公神道碑銘 (59) 今本止云：太原王公神道碑銘。
韓愈《五百家注昌黎文集》卷三十二	清文淵閣四庫全書本	(60) 唐故司徒兼侍中中書令贈太尉許國公神道碑銘 (61) 今本止云：許公神道碑銘。 (62) 唐故朝散大夫越州刺史薛公墓誌銘（韓曰：薛戎，元稹為《神道碑》，而公誌其墓。）
韓愈《五百家注昌黎文集》卷三十五	清文淵閣四庫全書本	(63) 樊曰：《唐史・世系表》及李太白《武昌宰韓君去思碑》並云：叡素，桂州長史。皇甫持正誌公墓及《神道碑》俱同，而此云"刺史"，其字誤矣。
韓愈《五百家注昌黎文集》卷三十六	清文淵閣四庫全書本	(64) 歐陽文忠作《陳文惠公神道碑》，書公通判潮州惡谿，鱷魚不可近。公命捕得，鳴鼓于市，告以文而戮之，其患并息。

續表

作者/文獻	版本	用　例
韓愈《五百家注昌黎文集》卷三十七	清文淵閣四庫全書本	(65) 韓曰：公既上此疏，專政者惡之。十二月，奏貶連州陽山縣令。《神道碑》具載此事。
韓愈《五百家注昌黎文集》卷三十八	清文淵閣四庫全書本	(66) 故檢校左散騎常侍兼右金吾衛大將軍贈工部尚書王用神道碑文（樊曰：用，以元和十一年八月卒，贈工部尚書，是年十一月葬。） (67) 某官某乙。右今日品官唐國珍到臣宅，奉宣進旨。緣臣與王用撰《神道碑文》，令臣領受用男沼所與臣馬一匹，并鞍銜及白玉腰帶一條者。臣才識淺薄，詞藝荒蕪，所撰碑文，不能備盡事迹。聖恩弘奬，特令中使宣諭，并令臣受領人事物等。承命震慄，再欣再躍（再皆合作"載"字），無任榮抃之至，謹附狀陳謝以聞。謹狀。
韓愈《五百家注昌黎文集》卷四十	清文淵閣四庫全書本	(68) 國子監論新注學官牒（韓曰：李習之狀公行云：其為國子祭酒也。奏儒生為學官，日使會講。生徒多奔走聽聞，皆曰：韓公來為祭酒，國子監不寂寞矣。皇甫持正《神道碑》亦云：此疏乃為祭酒時所論也。） (69) 應所在典貼良人男女狀（樊曰：公之為袁州也。袁人以男女為隸，過期不贖，則沒入之。公至，悉計傭得所沒，歸之父母七百餘人。因與約，禁其為隸。《行狀》《神道碑》《新舊傳》，皆書之。《新傳》所謂沒歸父母七百餘人，則出公此《狀》。《神道碑》又云：及還，請著之赦令。）
韓愈《詳注昌黎先生文集》文集卷一	宋刻本	(70) 惟皇甫持正《神道碑》云：正元十九年，關中旱飢，吏刻取恩。先生列言天下根本，請民𦂳傜而免田租。專政者惡之，出為陽山令。
韓愈《詳注昌黎先生文集》文集卷四	宋刻本	(71)《豐陵行》（順宗陵也）：羽衛煌煌一百里，曉出都門葬天子。羣臣雜沓馳後先，宮官穰穰來不已。……設官置衛鏁嬪妓，供養朝夕象平居。（陸士衡《挽歌》云：備物象平生。）臣聞神道尚清淨，三代舊制存諸書。墓藏廟祭不可亂，欲言非職知何如。
韓愈《詳注昌黎先生文集》文集卷十	宋刻本	(72) 李習之《行狀》、皇甫持正《墓誌》《神道碑》及《新舊傳》，皆書此事，而《行狀》為尤詳載在《集》後。

續表

作者/文獻	版本	用　例
韓愈《詳注昌黎先生文集》文集卷十四	宋刻本	(73) 當禘祫之時，獻祖宜居東嚮之位，景皇帝宜從昭穆之列，祖以孫尊，孫以祖屈，求之神道，豈遠人情？又常祭甚衆，合祭甚寡，則是人祖所屈之祭至少，所伸之祭至多。比於伸孫之尊，廢祖之祭，不亦順乎？事異殷、周，禮從而變，非所失禮也。
韓愈《詳注昌黎先生文集》文集卷二十一		(74) 公《烏氏廟碑》云：元和五年壬辰，詔用烏公為銀青光祿大夫、河陽軍節度兼御史大夫。許孟容所作《神道碑》考之，壬辰四月二十三日也。此云為節度之三月，即元和五年六月也。
韓愈《詳注昌黎先生文集》文集卷二十六		(75) 銀青光祿大夫左散騎常侍致仕陽平路公神道碑文 (76) 石本云：大唐銀青光祿大夫守左散騎常侍上柱國襄陽郡王陽平路公神道碑。 (77) 許孟容《神道碑》云：《唐史》：北狄有五：契丹一、奚一、室韋一、黑水一、渤海一。可汗于渤海者，渤海王名大武藝可汗于渤海本，兩事，《新唐書》書之詳矣。司馬溫公《考異》以為一事，蓋《考異》之作，不見許孟容《神道碑》也。 (78) 元和八年，許孟容為河南尹，有《烏承玼神道碑》。溫公《考異》以為《史傳》云"承泚"，《廟碑》云"承洽"，當從《新書》。然按《神道碑》與公《廟碑》，皆元和八年所作，其所書名豈容有異？ (79) 河東節度觀察使滎陽鄭公神道碑 (80)《靈光殿賦》曰：敷皇極以創業，協神道而太寧。
韓愈《詳注昌黎先生文集》文集卷二十七		(81) 銀青光祿大夫檢校左騎常侍兼右金吾衛大將軍贈工部尚書太原郡公神道碑文 (82) 王氏出自姬姓。周靈王太子晉，事見《王仲舒神道碑》。
韓愈《詳注昌黎先生文集》文集卷三十		(83) 少府監胡公墓神道碑
韓愈《詳注昌黎先生文集》文集卷三十一		(84) 江南西道觀察使中大夫洪州刺史兼御史中丞上柱國賜紫金魚袋贈左散騎常侍太原王公神道碑銘 (85) 字洪中，《墓誌》《神道碑》皆然，而溫公《考異》乃謂公《神道碑》云"諱洪中"誤尔。今考諸本未常誤也，溫公本偶然異耶，其為蘇州召為中舍也。《誌銘》云云，《神道碑》云云，一事而兩書之，足以見公言之法如此。

續表

作者/文獻	版本	用　例
韓愈《詳注昌黎先生文集》文集卷三十二	宋刻本	(86) 司徒兼侍中中書令贈太尉許國公神道碑銘 (87) 朝散大夫越州刺史薛公墓誌銘（(補註) 薛戎，元稹為《神道碑》，而公為之《誌》。) (88) 濟美代冕使福建，奏公副團練事及使浙東，公亦隨副之。見元稹所作《神道碑》。
韓愈《詳注昌黎先生文集》文集卷三十六	宋刻本	(89) 予所陳歐陽作《陳文恵神道碑》，書其斬鱷魚事。
韓愈《詳注昌黎先生文集》文集卷三十七	宋刻本	(90) 御史臺上論天旱人饑狀（(補註) 公時為御史，正元十九年冬也。公後《赴江陵途中寄三學士》詩，正與此《狀》意合。皇甫持正《神道碑》亦著之。蓋公以此《狀》故，出為陽山令。而《舊傳》以為論宮市，《新史》承之，誤矣。當以此《狀》及《江陵》詩、《神道碑》為正。腹内見《德宗舊紀》十四年正月詔也。)
韓愈《詳注昌黎先生文集》文集卷三十八	宋刻本	(91) 故撿挍左散騎常侍兼右金吾衛大將軍贈工部尚書王用神道碑文 (92) 某官某乙。右（一作“臣某言”）今日品官唐國珍到臣宅，奉宣進止。緣臣與王用撰《神道碑文》，令臣領受用男沼所與臣馬一疋，并鞍銜及白玉帶一條者。臣才識淺薄，詞藝荒蕪，所撰碑文，不能備盡事跡。聖恩引奬，特令中使宣諭，并令臣受領人事物等。承命震悚，再欣再躍，無任榮抃之至，謹附狀陳謝以聞。謹奏。
韓愈《詳注昌黎先生文集》文集卷四十	宋刻本	(93) 生徒奔走聽聞，皆相喜曰：韓公來為祭酒，國子監不寂寞矣。皇甫湜《神道碑》亦云。 (94) 此《狀》在還朝之後作，《行狀》《神道碑》《新舊傳》皆書之。 (95) 十二年秋，度為淮西節度使，以公為行軍司馬，卒從度平蔡還。事見李習之《行狀》、皇甫持正《神道碑》及《新傳》，而《行狀》謂公以考功郎中知制誥。為此，《神道碑》及《新傳》謂公以中書舍人。考功郎中知制誥則十年，中書舍人則十一年也。今從《神道碑》及《新傳》。
韓愈《詳注昌黎先生文集》外集卷三	宋刻本	(96) 路氏得姓，歷二千年。洎中路侯後至拜諫議大夫，凡二十三世。（見《路應神道碑》）

續表

<table>
<tr><th>作者/文獻</th><th>版本</th><th>用　　例</th></tr>
<tr><td>韓愈
《詳注昌黎先生文集》
外集卷五</td><td rowspan="2">宋刻本</td><td>(97)(補註)反復此《表》觀之，此誠公之作矣。然考之《行狀》《墓誌》《神道碑》《新舊史》，皆莫之書。夫豈當時草而未上耶？抑雖上而穆宗昏童不領也？</td></tr>
<tr><td>韓愈
《詳注昌黎先生文集》
外集卷六</td><td>(98)《播神道碑》云：播為侍御史時，京兆李實太皇所委，能禍福卿士。</td></tr>
<tr><td>韓愈
《朱文公校韓昌黎先生集》
朱文公校昌黎先生文集卷之一</td><td rowspan="4">四部叢刊景元刊本</td><td>(99)惟皇甫持正《神道碑》云：関中旱飢，先生力言天下根本。專政者惡之，出為陽山令。</td></tr>
<tr><td>韓愈
《朱文公校韓昌黎先生集》
朱文公校昌黎先生文集卷之四</td><td>(100)《豐陵行》(順宗時)：羽衛煌煌一百里，(一或作“三”。方云：以《長安志》考之，非是。)曉出都門葬天子。群臣雜沓馳後先，宮官穰穰來不已。是時新秋七月初，金神按節炎氣除。清風飄飄輕雨灑，偃蹇旂旆卷以舒。……皇帝孝心深且遠，資送禮備無羸餘。……臣聞神道尚清淨，三代舊制存諸書。墓藏廟祭不可亂，欲言非職知何如。</td></tr>
<tr><td>韓愈
《朱文公校韓昌黎先生集》
朱文公校昌黎先生文集卷之十四</td><td>(101)當禘祫之時，獻祖宜居東向之位，景皇帝宜從昭穆之列。祖以孫尊，孫以祖屈，求之神道，豈遠人情？</td></tr>
<tr><td>韓愈
《朱文公校韓昌黎先生集》
朱文公校昌黎先生文集卷之二十四</td><td>(102)清邊郡王楊燕奇碑文(晁本作《清郡王楊公神道碑》)</td></tr>
</table>

續表

作者/文獻	版本	用　　例
韓愈《朱文公校韓昌黎先生集》朱文正公校昌黎先生集卷之二十六	四部叢刊景元刊本	（103）陽郡王平陽路公神道碑銘 （104）唐故河東節度觀察使滎陽鄭公神道碑文
韓愈《朱文公校韓昌黎先生集》朱文正公校昌黎先生集卷之二十七		（105）唐故銀青光祿大夫撿校左散騎常侍兼右金吾衛大將軍贈工部尚書太原郡公神道碑文
韓愈《朱文公校韓昌黎先生集》朱文正公校昌黎先生集卷之三十		（106）唐故中散大夫少府監胡良公墓神道碑（此篇從方氏石本，疑者別出。蜀本注：牛僧儒撰《墓志》，陳鴻撰《謚》，張籍撰《行狀》。……今按：方本無“中散大夫良”五字。又它《神道碑》不著“墓”字，唯此有之，亦變例也。）
韓愈《朱文公校韓昌黎先生集》朱文正公校昌黎先生集卷之三十一		（107）唐故江南西道觀察使中大夫洪州刺史兼御史中丞上柱国賜紫金魚袋贈左散騎常侍太原王公神道碑銘
韓愈《朱文公校韓昌黎先生集》朱文正公校昌黎先生集卷之三十二		（108）司徒兼侍中中書令贈太尉許國公神道碑銘
韓愈《朱文公校韓昌黎先生集》朱文正公校昌黎先生集卷之三十三		（109）公所至，輒先求人利害廢置所宜。（利，或作“之”。李云：古本無“利”字。《神道碑》“周知俗之病”，亦無“利”字。今按：下文云“廢置所宜”，則此句合有“利”字。古本偶皆脫漏，不足爲据。）

續表

<table>
<tr><th>作者/文獻</th><th>版本</th><th>用　例</th></tr>
<tr><td>韓愈
《朱文公校
韓昌黎先生集》
朱文正公校
昌黎先生集
卷之三十七</td><td rowspan="3">四部
叢刊
景元
刊本</td><td>(110) 御史臺上論天旱人饑狀（韓曰：公既上此疏，專政者惡之。十二月，奏貶連州陽山縣令。具《神道碑》。）</td></tr>
<tr><td>韓愈
《朱文公校
韓昌黎先生集》
朱文正公校
昌黎先生集
卷之三十八</td><td>(111) 故檢校左散常侍兼右金吾衛大將軍贈工部尚書王用神道碑文
(112) 右今日品官唐國珍到臣宅，奉宣進止。緣臣與王用撰《神道碑文》，令臣領受用男沼所與臣馬一匹，并鞍銜及白玉腰帶一條者。臣才識淺薄，詞藝荒蕪，所撰碑文，不能備盡事跡。聖恩弘獎，特令中使宣諭，并令臣受領人事物等。承命震悚，再欣再躍，無任榮抃之至，謹附狀陳謝以聞。謹狀。</td></tr>
<tr><td>韓愈
《朱文公校
韓昌黎先生集》
朱文正公校
昌黎先生集傳</td><td>(113) 今以李翺所撰《行狀》、皇甫湜所撰《墓誌》《神道碑》、《舊史》本傳、《資治通鑑》、洪興祖所撰《年譜》、程俱所撰《歷官記》、方崧卿《增攷年譜》，考其同異詳畧，附注本文之下，以見公之行事本末。而文之已見於《集》者，不復載云。
(114) 李白作文公父仲卿《去思碑》云：南陽人。而公常自稱“昌黎”。李翺作公《行狀》亦云：昌黎某人。皇甫湜作《墓誌》，不言鄉里；又作《神道碑》乃云：上世嘗居南陽，又隸延州之武陽。
(115)《董晉行狀》云：十二年七月，晉拜宣武節度使，受命遂行，韓愈實從。公《行狀》云：董公辟公以行，得試祕書省校書郎，爲觀察推官。《墓誌》云：先生三十有一而仕。《神道碑》云：十四年，用進士從董晉平汴州推官。
(116)《舊史》云：愈嘗上章數千言，極論宮市之弊，貶陽山令。疏今不傳，則公之被絀，坐論此兩事也。方攷云：公陽山之貶，《寄三學士》詩敍述其詳，而《行狀》但云“爲幸臣所惡，出宰陽山。”《神道碑》亦只云“因疏關中旱飢，專政者惡之”，則其非爲論宮市明矣。
(117) 洪《譜》云：四年己丑，公年四十二，改都官員外郎，守東都省。《神道碑》云：除尚書都官郎中，分司判祠部。《行狀》《新舊史》皆云“員外郎”，《送李正字序》亦但云“都官郎”，《碑文》誤也。
(118) 洪《譜》又云：《神道碑》云：中官号功曹使，司京城觀寺，尚書斂手失職，先生按《六典》盡索之以歸。誅其無良，時其出入。禁譁衆以正浮屠。
(119)《神道碑》云：魏鄆幽鎮各爲留邸，貯潛卒以櫜罪士，官无敢問者。先生將擿其禁，以壯朝廷，斷民署吏，俟令且發。留守、尹大恐，遽相禁。有使還爲言，憲宗悅曰：韓愈助我者。是後鄆邸果謀反，東都將署留守，以應淮蔡。
(120) 洪《譜》又云：是年有《石鼎聯句》《贈劉師服詩》《祭石洪文》《李素》《石洪墓誌》《路應神道碑》。</td></tr>
</table>

續表

作者/文獻	版本	用　　例
韓愈 《朱文公校 韓昌黎先生集》 朱文正公校 昌黎先生集傳	四部 叢刊 景元 刊本	(121) 洪《譜》云：此除在八年癸巳三月乙亥。《舊史》云：執政覽其文而憐之，以其有史才，故除是官。時宰相武元衡、李吉甫、李絳也。是年有《答刘秀才論史書》，及《烏氏》《田氏廟碑》《鄭儋神道碑》《李虚中》《董溪》《息國夫人墓誌》。 (122) 洪《譜》云：九年甲午十月甲子，爲考功郎中，依前史館修撰。十二月戊午，以考功知制誥。是年有《元微之書》《田弘正書》《送張道士序》《刘昌裔神道碑》《王適》《孟郊》《扶風郡夫人墓誌》。 (123) 洪《譜》《論淮西事直狀》在去年知制誥持，而《神道碑》《新史》則在迁中書舍人之後。但《行狀》言公所論有殺宰相事，乃在去年六月，而《狀》中實无此語。 (124)《行狀》《神道碑》及《舊史》云：十二年丁酉秋，以兵老久屯，賊未滅，上命裴丞相為淮西節度使，以招討之。丞相請公以行，賜三品衣、魚，爲行軍司馬，從丞相居於郾城。軍出潼関，公請先乘遽至汴，感説都統弘。弘說用命，師乘遂和。 (125)《神道碑》云：方鎮反，太原兵以輕利誘迴紇，召先生禍福，譬引虎齧臃血，直今所患，非兵不足，遽疏陳得失厶。今按：此數語不可曉，它書亦皆无之，未詳何謂，恐有誤也。 (126)《神道碑》云：復爲兵部侍郎，銓不鎖入吏。選父七十，母六十，身七十，悉与二利取才，財勢路絕厶。 (127)《神道碑》云：遺命丧葬无不如礼。俗習夷狄，畫寫浮圖，日以七數之，及拘陰陽，所謂吉兇，一无汙我厶。今按：此事，可見公之平生謹守礼法，排斥異教，自信之篤，至死不变，可以爲後世法。而《譜》下載，盖不以爲然也。 (128)《行狀》云：公氣厚性通，論議多大体。《神道碑》云：朝有大獄大疑，文武會同，莫先發言；先生援經引決，考合傳記，侃侃正色，伏其所詞。《墓誌》云：公洞朗軒闢，不施戟級；平居雖寢食，未嘗去書，怠以爲枕，餐以飴口，講評孜孜，以磨諸生，恐不完美；游以詼笑愕歌，使皆醉義忘歸。嗚呼，可謂樂易君子鉅人者矣。

表六十九

作者/文獻	版本	用　　例
胡曾 《詠史詩》 卷第三	四部叢刊三編景宋鈔本	(1) 夫德者，上感星辰，下服神道，故曰：災福一德也。

表七十

作者/文獻	版本	用　　例
皇甫湜 《皇甫持正集》 皇甫持正文集 卷第六	四部叢刊景宋本	(1) 韓文公神道碑 (2)《韓文公墓銘》：長慶四年八月，昌黎韓先生既以疾免吏部侍郎，謫湜曰：死能令我躬所以不隨世磨滅者惟子，以為囑。其年十二月丙子，遂薨。明年正月，其孤昶，使奉功緒之錄，繼訃以至。三月癸酉，葵河南河陽，乃哭而敘銘其墓，其詳將揭之於《神道碑》云。

表七十一

作者/文獻	版本	用　　例
李翱 《卓異記》	明顧氏文房小説本	(1)《與使主同時為相》：杜佑、權聽輿、牛僧孺、李珏：按德輿《杜公神道碑》云：早忝賓席，晚聯台座。時牛公自中書侍郎出鎮武昌，辟珏爲書記，始授殿中侍御史。其後十餘年間，珏已為戶部侍郎平章事。時牛公自右僕射再入爲相，正共珏同列相庭，當代以為盛矣。 (2)《起家二年為丞相》：張鎬：按獨孤及撰《張鎬神道碑》云：一命左拾遺，二命右補闕，三命侍御史，四命諫議大夫，五命中書侍郎平章事。起家二年秉國鈞，自古未有。
李翱 《李文公集》 李文 卷十三	四部叢刊景明成化本	(3) 唐故特進左領軍衛上將軍御史大夫平原郡王贈司空栢公神道碑 (4) 唐故橫海軍節度齊棣滄景等州觀察處置等使金紫光祿大夫檢校兵部尚書使持節齊州諸軍事兼齊州刺史御史大夫上柱國貝郡開國公食邑二千戶贈左僕射傅公神道碑

表七十二

作者/文獻	版本	用　　例
李白 《李太白集》 卷三十	宋刻本	(1)《為竇氏小師祭璿和尚文》：年月日，某謹以齋蔬之猷，敢昭告于和尚之靈。伏惟和尚，降靈自天，依化遊世。角立獨出，嶷然生知。鳳凰開九名之翼，豫章橫萬頃之陂。始傳燈而納照，因落髮以從師。邁龍象以蹴踏，為天人之羽儀。紹釋風於西域，回佛日於東維。若大塊之噫氣，鼓和風而一吹。熱惱清灑，道芽榮滋。走吳、楚以宗仰，將掃地而歸之。嗚呼！來無所從，去複何適？水還火歸，蕭散本宅。寶舟輟棹，禪月掩魄。痛一往而無蹤，愴雙林之變白。某早承訓誨，偏荷恩慈。忝餐風於法侶，旋落蔭於禪枝。號無輟響，泣有餘悲。手撰茗藥，精誠嚴思。異神道之昭格，庶明靈而饗之。
李白 《李太白詩集注》 卷十三	清文淵閣四庫全書本	(2) 鹿門山，舊名蘇嶺山。建武中，襄陽侯習郁立神祠於山，刻二石鹿夾神道口，俗因謂之鹿門廟，遂以廟名山也。
李白 《李太白詩集注》 卷十七		(3) 按《後漢書》：諸袁事漢，四世五公。陳子昂《梓州司馬楊君神道碑》：迨震、秉、彪、賜，四代五公，光烈昭於漢室，盛德充於海內。
李白 《李太白詩集注》 卷二十九		(4) 皇甫湜《韓文公神道碑》：曾祖叡素，為唐桂州長史，善化行於江嶺之間。《通典》：魏尚書有金部郎，其後歷代多有之，北齊金部主才量尺度、內外諸庫藏文帳。 (5) 皇甫湜《韓文公神道碑》：叔父雲卿，當肅宗、代宗朝，獨為文章冠。李翺《韓君夫人韋氏墓誌銘》：禮部郎中雲卿，好立義節，有大功於昭陵，其文章出於時而官不甚高。 (6) 某早承訓誨，偏荷恩慈。忝餐風於法侶，旋落蔭（郭本作“陰”）於禪枝。號無輟響，泣有餘悲。手撰茗藥，精誠嚴思。冀神道之昭格，庶明靈而饗之。
李白 《分類補注李太白詩》 卷之十三	四部叢刊景明本	(7)《襄陽記》：鹿門山，舊名蘇嶺山。建武中，習郁立神祠於山，刻二石鹿夾神道口，俗呼鹿門廟，因以名山。

表七十三

作者/文獻	版本	用　　例
李淳風 《乙巳占》 卷三	清十萬卷樓叢書本	(1) 世暨三王已降，五霸相沿，英賢嗣興，哲人係踵，君則畏命奉天，臣則竭誠盡慮，故能權宜時政，斟酌治綱，驗人事之是非，託神道以設教，忠節上達，黎庶下安，此中古之賢史也。
李淳風 《乙巳占》 卷四		(2) 夫形器著於下，精象繫於上，所以通山澤之氣，引性命之情，近取諸身，耳目爲肝腎之用，鼻口實心腹之資，故情欲暢於性靈，神道宣於視聽，彼此響應，豈不然歟？是以聖人體而名之，垂教後世，授之以職位，分之以國野，象之事物，效之以吉凶，雖變化萬殊，誰能越此，將來事業，可得而理焉。

表七十四

作者/文獻	版本	用　　例
李德裕 《李文饒集》 李文饒文集 卷第二	四部叢刊景明本	(1) 回鶻者，本北狄之裔也，或曰獯狁，或曰山戎，五帝所不能臣，三王所不能制，前史載之詳矣。暨薛延陀之敗也，酋帥吐迷度率眾款塞，太宗幸靈武納降，立回鶻部落，置瀚海都督，因我封殖，遂雄北方。代宗之戡內難也，葉護以射雕之士，親護戎旃，亦由羌髳率師以翼周，北貊梟騎以助漢，既殄大憝，乃疇厥庸，特拜葉護司空，歲賜繒二萬匹。厥後飾宗女以配之，立宮室以居之。其在京師也，瑤祠雲構，甲第棊布，棟宇輪奐，衣冠縞素，交利者風偃，挾邪者景附。其翎侯貴種，則被我文繢，帶我金犀，悅和音，厭珍膳，蝎蠹上國，百有餘年。既而桀驁無親，天命不佑，僭侈極欲，神道惡盈，本國薦饑，畜產耗半。黠戛斯因秋乘便，遂焚龍庭，區落蕭條，陰燐青熒。 (2) 臣又聞為善者天報之以福，為不善者天報之以殃，神道昭晰，應如影響。嗢沒斯方欲保大節，成大勳，宜乎佩服斯文，以為鑒戒。臣備位台鉉，獲奉睿謀，受詔序事，冠於篇首。
李德裕 《李文饒集》 李文饒文集 卷第十		(3)《宣懿皇太后祔陵廟狀》（第二第三狀附）：奉宣，“宣懿皇太后祔光陵同元宮，及不移福陵只祔廟，何者為便，商量奏來”。右，臣等伏以園寢已安，神道貴靜，光陵因山久固，僅二十年，福陵近又修崇，足彰嚴奉。今若再因合祔，須啓二陵，或慮聖靈不安，未合先旨。又以陰陽避忌，亦有所疑，不移福陵，實合禮意。伏以照臨在天，光靈未遠。合食清廟，於禮無違，足以申陛下大孝之心，表先后昭配之德，既遵舊典，尤愜眾情。臣等商量，祔太廟不移福陵，實爲允便。臣等不任感切之至。

續表

作者/文獻	版本	用　例
李德裕《李文饒集》李文饒文集卷第十一	四部叢刊景明本	(4) 又天皇大帝，其精耀魄寶，蓋萬神之秘圖，與河洛之命紀皆稟焉。此則上帝是星之明據也。天一掌八氣、九精之政令，以佐天極。微明而有常，則陰陽序而大運興。太一掌十有六神之法度，以輔人極。微明而得中，則神人和而王道平。又北斗有衡、權二星，天一、太一参居其間，所以財成天工，輔相神道也。若一概以列宿論之，實為乖謬。
李德裕《李文饒集》李文饒別集卷第一		(5) 然茲器也，不以中而自藏，不以跌而自傷。其過也如彼薄蝕，其更也浸發輝光。得其道者，居則念於豐蔀，動乃思於謙受。顏既復而不遠，惠屢黜而何咎。知任重之必及，悟物盈之難久。雖神道之無形，常參然於前後。昔與君子，同秉國鈞。公得之為賢相，余失之為放臣。覩遺物之猶在，懷舊好而悲辛。思欲克己以復禮，永德報於仁人。
李德裕《李文饒集》李文饒別集卷第二		(6)《問泉途賦（并序）》：問泉途，思沈侯也（原注：沈侯傅師也。）……昔我與子，同升玉堂。回先帝之英盼，被霄漢之輝光。君聳駕於長沙，余建旆於朱方。……問冥昧於故人，求神道之髣髴。或曰生特在於行樂，死何用於虛謚。或言唯令名之不泯，非苦節而安致。彼終古之茫茫，竟斯言之誰是。……懷君子之素風，方俟命於昊穹。無乃困武叔而見宏石，迫無極而值充躬。有明龍而害正，有儀尚之蔽忠。苟不罹於此患，固無傷於道窮。
李德裕《李文饒集》李文饒別集卷第六		(7) 唐故左神策軍護軍中尉兼左街功德使知內侍省事劉公神道碑 (8) 唐故開府儀同三司行右領軍衛上將軍致仕上柱國扶風馬公神道碑銘（并序）
李德裕《李文饒集》李文饒外集卷第四		(9)《冥數有報論》：宣尼罕言性命，不語怪神，非謂無也，欲人嚴三綱之道，奉五常之教，修天爵以致人爵，不欲言富貴在於天命，福錄由於冥數。……惟再謫南服，未嘗有前知者為余言之，豈禍患不可移者，神道所祕，莫得預聞乎？自古銜冤歿世者多矣，冥報之事，或有或無，遂使好亂樂禍者以神道為茫昧。余嘗論之，仁人上哲，必達生知命，如顏氏之子，犯而不校；釋門達摩，了空喻幻，必不思報矣；其下柔弱無心報者，力不能報；所能報者，乃中人耳，悍強任氣如伯有、灌夫之流，亦其在臨歿之際，方寸不撓，魂魄不散，惟結念於此，是以能報。夫人之捨生也，如薪盡火滅，溘然則無能為矣。其達於理者，使心不亂，則精爽常存，不生不滅，自可以超然出世，升躋神明。其次精多魄強，則能為厲。冥報之事，或有或無，理在此也。

表七十五

作者/文獻	版本	用　例
李鼎祚《周易集解》卷五	清文淵閣四庫全書本	(1) 順而巽，中正以觀天下。虞翻曰：謂陽息臨二，直方大。臨者，大也。在觀上，故稱“大觀”。順，坤也。中正謂五。五以天神道觀示天下，咸服其化，賓於王庭。觀，盥而不薦，有孚顒若，下觀而化也。 (2) 觀天之神道，而四時不忒。虞翻曰：忒，差也。神道謂五。臨，震兌為春秋，三上易位，坎冬離夏，日月象正。故“四時不忒”。聖人以神道設教，而天下服矣。
李鼎祚《周易集解》卷十三		(3) 鼓萬物而不與聖人同憂。侯果曰：聖人成務，不能無心，故有憂。神道鼓物，寂然無情，故無憂也。
李鼎祚《周易集解》卷十五		(4) 精義入神，而致用也。姚信曰：陽稱精，陰為義。入在初也。陰陽在初，深不可測，故謂之“神”。變為姤復，故曰“致用也”。韓康伯曰：精義，物理之微者也。神，寂然不動、感而遂通者也。理入寂一，則精義斯得，乃用无極也。干寶曰：能精義理之微，以得未然之事，是以涉於神道，而逆禍福也。

表七十六

作者/文獻	版本	用　例
李賀《李長吉歌詩彙解》卷一	清乾隆寶笏樓刻本	(1) 離鸞別鳳烟梧中，巫雲蜀雨遙相通。（舜葬蒼梧，二妃死湘水，故言“離鸞別鳳”。烟，雲也。煙梧，謂蒼梧之雲氣也。神靈各在一方，雖相去不遠，僅可因雲雨之往來，遙相通達而已，終不能常常會合雲雨。而曰“巫雲蜀雨”者，借巫山神女之説。所謂“朝為行雲，暮為行雨”者，以見神道變化之不測，讀者勿以辭害意。）

表七十七

作者/文獻	版本	用　例
李華《李遐叔文集》卷一	清文淵閣四庫全書本	(1) 頃撰《軍器舅神道碑》，後其房族由來，意欲如軍器之志，廣外家之美，令萬代聞見，不復討譜牒也。華質性鈍弱，而慕汲黯、卜式之直，晚歲思夫子互鄉之見。林宗、賈淑之後，若悟此道，仁在其中。 (2) 語曰：孝如曾參不忍離其親，生既不忍，歿忍離之哉？二子之孝，過於曾氏矣。昔吳起忍與母盟，陳湯忍匿父喪；起謀復楚而戮死，湯功釋漢恥而囚廢。神道昭昭，若何無報？九州之眾，誰非人子？

續表

<table>
<tr><th>作者/文獻</th><th>版本</th><th>用　　例</th></tr>
<tr><td>李華
《李遐叔文集》
卷二</td><td rowspan="3">清文淵閣四庫全書本</td><td>(3) 劉在京下，嘗寢疾。房公時臨扶風，聞之，通夕不寐，顧謂賓從曰：挺卿若不起，無復有神道。
(4) 唐贈太子太師崔公神道碑
(5) 歷宰三縣，牧守一郡，人感懷之，刊石繼起。再蒞京邑，不求名聲，推心而理。盛德有後，曷其崇高？神道聰明，豈曠人欲？君從父弟惲，御史中丞陳留太守河南採訪清廉有威，所向霽肅。</td></tr>
<tr><td>李華
《李遐叔文集》
卷三</td><td>(6) 至若教行於無訟之前，慮辨於未萌之始，未萌而慮，則求煩不獲；無訟而教，則何用不臧？寬細瑕為大體，復故事為新政。小人畏法，君子夷心，無隱情於國家，無愧辭於神道，堂堂乎大雅之素也。</td></tr>
<tr><td>李華
《李遐叔文集》
卷四</td><td>(7) 唐故東光縣主神道碑銘（并序）</td></tr>
</table>

表七十八

作者/文獻	版本	用　　例
李筌 《太白陰經》 卷七	清初虞山毛氏汲古閣鈔本	(1)《祭風伯》：惟神道出地戶，迹遍天涯。東溫而層冰澌散，西冽則百卉潛藏。鼓怒則走石飛沙、翻江倒海，安靜則雲屯浪息、綻柳開花。暢百物以敷蘇，使八方而靜謐。達庶人之理，暢大王之雄。國家至德深仁，豚魚信服，左社稷髮，混一車書，海晏河清，遠安邇肅。……蒙袂僵仆，款我轅門，兵不血刃，而華戎寗謐。

表七十九

作者/文獻	版本	用　　例
李商隱 《李義山文集》 卷第五	四部叢刊景稽瑞樓鈔本	(1)《祭張書記文》：維會昌元年，歲次辛酉，四月辛丑朔，二十日庚申，隴西某、滎陽鄭某、隴西李某、安定張某、昌黎韓某、樊南李某，謹以清酌之奠，敬祭于故朔方書記張五審禮之靈。……迴翔逸軌，傲睨重霄。將期晚節，更峻清標。懸蛇結疊，鬪蟻成妖。迴生乏祖洲之草，續斷無弱水之膠。陳尸重來而何望，楚魂一散而難招。嗚呼！神道甚微，天理難究。桂蠹蘭敗，龜年鶴壽。在長短而且然，于妍醜而何有？……冀有鑒于酸嘶，庶無乖于酣飫。

續表

作者/文獻	版本	用　　例
李商隱《樊南文集詳注》卷六	清乾隆德聚堂刻本	(2) 庾信《豆盧公神道碑》：直幹百尋，澄波千頃。 (3) 嗚呼！神道甚微，天理難究。
李商隱《樊南文集詳注》卷七		(4)《唐文粹》有李玨撰《牛僧孺神道碑》云：大中戊辰歲十月二十九日薨，己巳歲五月十九日葬。然則義山於三年春時抵京，明矣。
李商隱《樊南文集詳注》卷八		(3)《唐語林》：大中末，諫官疏，請白居易謚。上曰：何不讀《醉吟先生墓表》？卒不賜謚。弟敏中在相位，奏立《神道碑》，使李商隱為之。
李商隱《玉溪生詩詳注》卷一		(4)《舊史》云：侗、佃、偕無録早世，豈以侗等早世，故《碑》不載歟？又李石撰《李聽碑》云：西平有子十六人，疑更有未名而卒者爾。桉：《神道碑》乃太和元年奉勅撰，必可據也。
李商隱《玉溪生詩詳注》卷三		(5)《晉書》：阮籍嘗於蘇門山遇孫登，與商略終古及棲神道氣之術，登皆不應，籍因長嘯而退。至半嶺，聞有聲若鸞鳳之音，響乎嵓谷，乃登之嘯也。遂歸著《大人先生傳》。
李商隱《樊南文集補編》卷三	清同治望三益齋刻本	(6) 不惟稟以廟謀（見奚寇狀），固欲誓于神道。
李商隱《樊南文集補編》卷七		(7) 伏見制書，尙書克懷懋德（《書》），以（原作“心”，今據胡本改正）贊明時。殊祥取貴於龜龍，大樂受鈞於金石（二語並《禮記》），以秩宗典禮（《書》），以司馬總戎。(見《書》。庾信《長孫儉神道碑》：龍驤總戎，或似平吳之號。)
李商隱《李義山文集箋注》卷六	清文淵閣四庫全書本	(8) 嗚呼！神道甚微，天理難究。
李商隱《李義山文集箋注》卷七		(9) 干鏌將用，不挫鋒鋩。(《吳越春秋》：干將者吳人，造劍二枚，一曰干將，二曰莫邪。庾信《神道碑》：鎮北鋒鋩。)

續表

作者/文獻	版本	用　例
李商隱《李義山文集箋注》卷九	清文淵閣四庫全書本	(10) 公於是承命有宣懿祔廟所制。(……穆宗為太后得侍，生武宗。長慶時，冊為妃。武宗立，妃已亡，追冊為皇太后，上尊謚。有司奏：太后陵宜別制號。帝乃名所葵園曰福陵。既又問宰相：葵從光陵與但祔廟孰安？奏言：神道安于靜，光陵因山為固，且二十年，不可更穿。福陵崇築已有所，當遂就。臣等請奉主祔穆宗廟便。由是奉后合食穆宗室。)
李商隱《李義山詩集注》卷二下		(11) 道源注《搜神記》：左慈，少有神道。嘗在曹公座，公曰：今日高會，所少者松江鱸魚為鱠。慈求銅盤貯水，釣于盤中，引一鱸魚出。公曰：今既得鱸，恨無蜀中薑耳。慈曰：亦可得也。

表八十

作者/文獻	版本	用　例
李延壽《北史》卷六十一	清乾隆武英殿刻本	(1) 於是詔曰：一諠，有周之世，早豫人倫，朕共遊庠序，遂相親好。然性懷險薄，巫覡盈門，鬼言怪語，稱神道聖。朕受命之初，深存戒約，口云改悔，心實不悛。乃說四天王神道，諠應受命，書有諠讖，天有諠星，桃、鹿二川，岐州之下，歲在辰巳，興帝王之業。密令卜問，伺殿省之災。又說其身是明王聖主，信用左道，所在詿誤，自言相表，當王不疑。此而赦之，將或為亂，禁暴除惡，宜伏國刑。
李延壽《南史》卷六十一		(2) 汝驚吾墮馬侍中之門，陷池武陵之第，徧布朝野，自言焦悚。丘也幸，苟有過，人必知之。吾生平所願，身沒之後，題吾墓云“陳故酒徒陳君之神道”。若斯志意，豈避南征之不復，賈諠之慟哭者哉？何水曹眼不識盃鐺，吾口不離瓢杓，汝寧與何同日而醒，與吾同日而醉乎？政言其醒可及，其醉不可及也。速營糟丘，吾將老焉。爾無多言，非爾所及。

表八十一

作者/文獻	版本	用　例
李邕《李北海集》卷五	清文淵閣四庫全書本	(1) 神道碑 (2) 唐贈太子少保劉知柔神道碑 (3) 左羽林大將軍臧公神道碑

續表

作者/文獻	版本	用　　例
李邕《李北海集》卷六	清文淵閣四庫全書本	(4) 神道碑・墓誌銘 (5) 贈安州都督王仁忠神道碑 (6) 長安縣尉贈隴州刺史王府君神道碑 (7) 桂州長史程府君神道碑

表八十二

作者/文獻	版本	用　　例
令狐德棻《周書》卷十九	清乾隆武英殿刻本	(1) 高祖聞之，璽書勞武曰：公年尊德重，弼諧朕躬。比以陰陽愆序，時雨不降，命公求祈，止言廟所。不謂公不憚危險，遂乃遠陟高峰。但神道聰明，無幽不燭，感公至誠，甘澤斯應。聞之嘉賞，無忘于懷。今賜公雜綵百疋。公其善思嘉猷，匡朕不逮。念坐而論道之義，勿復更煩筋力也。

表八十三

作者/文獻	版本	用　　例
劉肅《大唐新語》卷五	清文淵閣四庫全書本	(1) 武三思亂政，壽春周憬，慷慨有節槩，與駙馬王同皎謀誅之。事發，同皎遇害，憬遁於比干廟自刎，臨死謂左右曰：韋后亂國，寵樹奸佞。三思干上犯順，虐害忠良。吾知其滅亡不久，可懸吾頭於國門，觀其身首異處而出。又曰：比干，忠臣也，儻神道有知，明我以忠見殺。三思果敗。
劉肅《大唐新語》卷十一		(2) 張說既致仕，在家修史，乃乘閑徃景山之陽，於先塋建立碑表。玄宗仍賜御書碑額以寵之。其文曰：嗚呼，積善之墓。與宣父延陵季子墓誌同體也。朝野以為榮。及說薨，玄宗親製《神道碑》，其略曰：長安中，公為鳳閣舍人，屬鱗臺監張易之誣構大臣，作為飛語。御史大夫魏元忠摘其異正，必以中傷。天后致投杼之疑，中宗憂掘蠱之變。是時勑公為證，啗以右職。一言利囬，四國交亂。公重為義，死且不辭，迋辯無辜，中旨有忤，左右為之惕息，而公以之抗詞。反元忠之塋蒐，出太子於坑陷。人謂此舉，義重於生，由是長流欽州，守正故也。

續表

作者/文獻	版本	用　例
劉肅 《大唐新語》 卷十三	清文淵閣四庫全書本	(3) 開元十五年正月，集賢學士徐堅請假往京兆葬其妻岑氏，問兆域之制於張説。説曰：墓而不墳，所以反本也。三代以降，始有墳之飾，斯孝子永思之所也。禮有升降貴賤之度，俾存沒之道各得其宜。長安神龍之際，有黄州僧泓者，能通鬼神之意，而以事參之。僕常聞其言，猶記其要。墓欲深而狹。深者，取其幽；狹者，取其固。平地之下一丈二尺為土界，又一丈二尺為水界，各有龍守之。土龍六年而一暴，水龍十二年而一暴。當其隧者，神道不安。故深二丈四尺之下，可設窀穸。墓之四維，謂之折壁。欲下闊而上斂，其中頂謂之中樵，中樵欲俯斂而傍殺。墓中抹粉為飾，以代石堊，不置瓴甋瓷瓦，以其近於火。不置黄金，以其久而為怪。不置朱丹、雄黄、礬石，以其氣燥而烈，使墳上草木枯而不潤。不置毛羽，以其近於屍也。鑄鐵為牛豕之狀，可以禦二龍。玉潤而潔，能和百神，置之墓內，以助神道。僧泓之説如此，皆前賢所未達也。

表八十四

作者/文獻	版本	用　例
劉禹錫 《劉夢得文集》 卷第二十八	四部叢刊景宋本	(1) 唐故朝議郎守尚書吏部侍郎上柱國賜紫金魚袋贈司空奚公神道碑
劉禹錫 《劉夢得文集》 卷第二十九		(2) 唐故福建等州都團練觀察處置使福州刺史兼御史中丞贈左散騎常侍薛公神道碑 (3) 唐故朝散大夫檢校尚書吏部郎中兼御史中丞賜紫金魚袋清河縣開國男贈太師崔公神道碑 (4) 唐故宣歙池等州都團練觀察處置使宣州刺史兼御史中丞贈左散騎常侍王公神道碑 (5) 唐故邠寧慶等州節度觀察處置使朝散大夫檢校戶部尚書兼御史大夫賜紫金魚袋贈右僕射史公神道碑
劉禹錫 《劉夢得文集》 卷第三十		(6)《唐故衡嶽律大師湘潭唐興寺儼公碑》：佛法在九州間，隨其方而化。中夏之人汩於榮利，莫若妙覺，故言禪寂者宗嵩山；北方之人鋭以武，攝武莫若示現，故言神道者宗清涼山；南方之人剽而輕，制輕莫若威儀，故言律藏者宗衡山。是三名山爲莊嚴國，必有達者，與山比崇。南嶽律門以津公為上首，津之後雲峰證公承之，證公之後湘潭儼公承之。星月麗天，珠璣同貫。

續表

作者/文獻	版本	用　　例
劉禹錫《劉夢得文集》外集卷第十	四部叢刊景宋本	(7)《祭興元李司空文》：維大和四年月日，禮部郎中集賢殿直學士劉禹錫，謹以清酌之奠，敬祭于故相國山南西道節度使贈司空李公之靈。嗚呼！龜靈而刳，龍知而屠。古今同之，天不可問。公之挺生，德與位并。如瞻日月，豈替其明。何以致之，姑話平生。……時耶命耶，不慮不圖。物理神道，安知有無。……長夜無曉，斯焉永歸。風淒日昏，鼓咽簫悲。沈埋玉樹，誰不霑衣。平生故人，零落已稀。委化而盡，然猶怨咨。如何國禎，有此遭罹。挻災賦命，孰主張之。有肴在筵，有酒盈巵。神其來歆，已矣長辭。尚饗。

表八十五

作者/文獻	版本	用　　例
劉知幾《史通評釋》卷五	明萬曆刻本	(1) 廬江左慈，字元放。少有神道。曹操欲收殺之，慈乃却入壁中，霍然不知所在。或見於市者，又捕之，而市人皆變形與慈同，莫知誰是。後人逢慈於陽城山頭，因復逐之，入走羊羣。操知不可得，乃令就羊中告之曰：不復相殺，本試君術耳。
劉知幾《史通訓故》卷五	明萬曆刻本	(2)《後漢書》：左慈，字元放，廬江人。少有神道。操不喜，因坐上欲收殺之，乃卻入壁中，霍然不知所在。後人逢慈于陽城山頭，復逐之，遂走入羊羣。操知不可得，乃令就羊中告之曰：不復相殺，本試君術耳。
劉知幾《史通訓故補》卷五	清乾隆養素堂刻本	(3)《後漢書》：左慈，字元放，廬江人。少有神道。操不喜，因坐上欲收殺之，乃卻入壁中，霍然不知所在。後人逢慈于陽城山頭，復逐之，遂走入羊羣。操知不可得，乃令就羊中告之曰：不復相殺，本試君術耳。
劉知幾《史通削繁》卷一	清道光刻本	(4)《後漢書·方術傳》：左慈，字元放。少有神道。曹操欲收殺之，慈卻入壁中，霍然不知所在。後又逢慈於陽城山頭，因復逐之，人走羊群。操乃令就羊中告之曰：不復相殺，欲試石術耳。
劉知幾《史通通釋》卷五	清文淵閣四庫全書本	(5) 又：左慈，字元放。少有神道。曹操欲收殺之，慈卻入壁中，霍然不知所在。後又逢慈於陽城山頭，因復逐之，入走羊羣。操乃令就羊中告之曰：不復相殺，欲試君術耳。

表八十六

作者/文獻	版本	用　　例
柳宗元《柳集點勘》卷一	民國二十五年蟫隱廬石印本	(1)《先侍御史府君神道表》：自閔鄉令，遷殿中侍御史，為鄂岳沔都團練判官。後數年，登朝為真。
柳宗元《柳集點勘》卷二		(2)《與顧十郎書》：顧少連子，見於史者二人：師閔、師邕。詳見《神道碑》者，更有師安。
柳宗元《詁訓柳先生文集》卷五	清文淵閣四庫全書本	(3) 惟夫子以神道設教，我今罔敢知。欽若茲教，以寧其神。追思告誨，如在于前。苟神之在，曷敢不虔。居而無陋，罔貳昔言。申陳嚴祀，永永是尊。麗牲有碑，刻在廟門。 (4) 既興功，玄雲觸石，霈澤周被，植物擢茂，期于豐登。神道感而宣靈，人心歡而致和。嘉氣充溢，抃蹈布野。 (5) 辭曰：皇帝垂德，制定統極，神道泰寧。祀典修飾，禳祈禜雩，皆有準程。 (6) 烈烈孝娥，水死上虞。娥之至德，實與為儔。恒人有言，惟教是圖。懿茲德女，家世不儒。竒行特出，神道莫酬。窮哀罔泄，終古以留。鄉人好禮，爰立茲丘。建銘當道，過者下車。
柳宗元《詁訓柳先生文集》卷十二		(7) 先侍御史府君神道表（公永貞元年八月，謫永州司馬。明年，元和改元，先夫人卒于永州。明年，歸祔於侍御之墓。《表》當作于是時。） (8) 嗚呼！宗元不謹先君之教，以陷大禍，幸而緩於死。既不克成先君之寵贈，又無以寧太夫人之飲食，天殛荐酷，名在刑書。不得手開玄堂以奉安祔，罪惡益大，世無所容。尚顧嗣續，不敢即死。支綴氣息，以嚴邦刑。大懼祭祀之無主，以忝盛德。敢用特牲，昭告神道，號叫萬里，以畢其辭云。
柳宗元《詁訓柳先生文集》卷十三		(9) 嗚呼！夫人生男一人，曰曹婆，幼孺在抱，委縗就位（縗音崔）。女一人，曰喜子，匍匐繈褓，（上，舉兩切。下，音保。）寄婦人之手。哀哉！盖衰門薄祐，神道不相，顧仲父違背於歲首，而夫人捐棄於是日。遺孤眇藐，未克承紹，凡我族屬，其痛巨乎！遂以其年十二月十三日庚午，合祔於少陵原之墓。
柳宗元《詁訓柳先生文集》卷二十		(10) 謹案：興氓庶賤陋，循習伐下，性非文字所導，生與耨耒為業（一作“伍”），而能鍾彼醇（音淳）孝，超出古列，天意神道，猶錫瑞物，以表殊異。伏惟陛下有唐堯如天如神之德，宜加旌褒，合於上下，請表其里閭，刻石明白，宣延風美，觀示後祀，永永無極。

續表

作者/文獻	版本	用　　例
柳宗元《詁訓柳先生文集》卷三十一	清文淵閣四庫全書本	(11) 且古之言“葬者，藏也”。“壤樹之”，而君子以為議。……況廬而居者，其足尚之哉？聖人有制度，有法令，過則為辟。(音闢，罪也。) 故立大中者不尚異，教人者欲其誠，是故惡夫飾且偽也。過制而不除喪，宜廬於庭；而矯於墓者，大中之罪人也。況又出怪物，詭神道，以奸大法 (奸音干)，而因以為利乎？夫偽孝以奸利，誠仁者不忍擿過，恐傷於教也。
柳宗元《詁訓柳先生文集》卷三十七		(12) 伏以太上皇后著虞嬪之至德，嗣周母之徽音。表率六宮，明彰萬國。陛下克修理本，以暢化源，神道知事地之方，人倫識尊親之大。豈惟婦順斯備，陰禮用修，足以播正始於王風 (一作“國風”)，致時雍於帝典。臣某等謬塵榮位，獲覩盛儀，踴躍之誠，倍百恒品 (百一作“萬”)。
柳宗元《詁訓柳先生文集》卷四十四		(13) 非曰：劌之問洎嚴公之對，皆庶乎知戰之本矣。而曰夫“神求優裕於饗”，“不優，神不福也”，是大不可。方鬬二國之存亡，以决民命，不務乎實，而神道焉是問，則事幾殆矣。
柳宗元《詁訓柳先生文集》外集卷下		(14) 或謂公集《先侍御府君神道表》云“汾陽王居朔方，備禮延望”，恐此《表》乃其先人之作，然亦不可得而考。此決非公之文也，明矣。
柳宗元《河東先生集》卷五	宋刻本	(15) 惟夫子以神道設教，(《易》：聖人以神道設教，而天下服。) 我今罔敢知。欽若茲教，以寧其神。追思告誨，如在于前。苟神之在，曷敢不虔。居而無陋，罔貳昔言。 (16) 既興功，玄雲觸石，霈澤周被，植物擢茂，期于豐登。神道感而宣靈，人心歡而致和。嘉氣充溢，抃蹈布野。 (17) 辭曰：皇帝垂德，制定統極，神道泰寧。 (18) 娥之至德，實與為儔。恒人有言，惟教是圖。懿茲德女，家世不儒。奇行特出，神道莫酬。窮哀罔泄，終古以留。鄉人好禮，爰立茲丘。
柳宗元《河東先生集》卷十二		(19) 先侍御史府君神道表 (公永貞元年八月，謫永州司馬。明年，元和改元，先夫人卒于永州。明年，歸祔于侍御之墓。《表》當作于是時。) (20) 嗚呼！宗元不謹先君之教，以陷大禍，幸而緩於死。既不克成先君之寵贈，又無以甯太夫人之飲食，天殛荐酷，名在刑書。不得手開玄堂以奉安祔，罪惡益大，世無所容。尚顧嗣續，不敢即死。支綴氣息，以嚴邦刑。大懼祭祀之無主，以忝盛德。敢用特牲，昭告神道，號叫萬里，以畢其辭云。

續表

作者/文獻	版本	用　　例
柳宗元《河東先生集》卷十三	宋刻本	(21) 嗚呼！夫人生男一人，曰曹婆，幼孺在抱，委縗就位（縗音崔）。女一人，曰喜子，匍匐繈緥，（繈，舉兩切。緥，音保。）寄婦人之手。哀哉！蓋衰門薄祐，神道不相，顧仲父違背於歲首（正月九日，殿中君卒），而夫人捐棄於是月。遺孤眇藐，未克承紹，凡我族屬，其痛巨乎！遂以其年十二月十三日庚午，合祔于少陵原之墓。
柳宗元《河東先生集》卷二十		(22) 謹案：興匹庶賤陋，循習淺下，性非文字所導，生與耨耒為業（一作“伍”），而能鍾彼醇孝，超出古列，天意神道，猶錫瑞物，以表殊異。伏惟陛下有唐堯如天如神之德，（《史記》稱堯“其仁如天，其智如神。”）宜加旌褒，合于上下，請表其里閭，刻石明白，宣延風美，觀示後祀，永永無極。
柳宗元《河東先生集》卷三十一		(23) 且古之言“葬者，藏也”。“壤樹之”，而君子以為譏。……況廬而居者，其足尚之哉？聖人有制度，有法令，過則為辟。（音闢，罪也。）故立大中者不尚異，教人者欲其誠，是故惡夫飾且僞也。過制而不除喪，宜廬於庭；而矯於墓者，大中之罪人也。況又出怪物，詭神道，以奸大法（奸音干），而因以為利乎？夫僞孝以奸利，誠仁者不忍摘過，恐傷於教也。
柳宗元《河東先生集》卷三十七		(24) 伏以太上皇后著虞嬪之至德，（《書》：釐降二女于嬀汭，嬪于虞。嬪，婦也。）嗣周母之徽音。（《詩》：大姒嗣徽音。徽，美也。）表率六宮，明彰萬國。陛下克修理本，以暢化源，神道知事地之方，人倫識尊親之大。
柳宗元《河東先生集》卷四十四	元刻本	(25) 非曰：劌之問洎嚴公之對，皆庶乎知戰之本矣。而曰夫“神求優裕於饗”，“不優，神不福也”，是大不可。方鬬二國之存亡，以决民命，不務乎實，而神道焉是問，則事幾殆矣。
柳宗元《注釋音辯柳集》卷五		(26) 惟夫子以神道設教，我今罔敢知。欽若茲教，以寧其神。追思告誨，如在于前。苟神之在，曷敢不虔。居而無陋，罔貳昔言。 (27) 既興功，玄雲觸石，霈澤周被，植物擢茂，期于豐登。神道感而宣靈，人心歡而致和。嘉氣充溢，抃蹈布野。 (28) 辭曰：皇帝垂德，制定統極，神道泰寧。 (29) 娥之至德，實與為儔。恒人有言，惟教是圖。懿茲德女，家世不儒。奇行特出，神道莫酬。窮哀罔泄，終古以留。鄉人好禮，爰立茲丘。建銘當道，過者下車。

續表

作者/文獻	版本	用　　例
柳宗元《注釋音辯柳集》卷十二	元刻本	(30) 先侍御史府君神道表 (31) 嗚呼！宗元不謹先君之教，以陷大禍，幸而緩于死。既不克成先君之寵贈，又無以寧太夫人之飲食，天殛薦酷，名在刑書。不得手開玄堂以奉安祔，罪惡益大，世無所容。尚顧嗣續，不敢即死。支綴氣息，以嚴邦刑。大懼祭祀之無主，以忝盛德。敢用特牲，昭告神道，號叫萬里，以畢其辭云。 (32) 李覿，隴西人。行義甚脩。至刑部郎中，卒。故與先君為三司者也。其大理者曰楊瑀。瑀無可言，猶以獄直為御史。（注：見前《神道表》。）
柳宗元《注釋音辯柳集》卷十三		(33) 嗚呼！夫人生男一人，曰曹婆，幼孺在抱，委繚就位。女一人，曰喜子，匍匐繈緥，寄婦人之手。哀哉！蓋衰門薄祐，神道不相，顧仲父違背於歲首，而夫人捐棄於是日。遺孤眇藐，未克承紹，凡我族屬，其痛巨乎！遂以其年十二月十三日庚午，合祔於少陵原之墓。
柳宗元《注釋音辯柳集》卷二十		(34) 謹案：興庶賤陋，循習伐下，性非文字所導，生與耨耒為業，而能鍾彼醇孝，超出古列，天意神道，猶錫瑞物，以表殊異。伏惟陛下有唐堯如天如神之德，宜加旌褒，合於上下，請表其里閭，刻石明白，宣延風美，覩示後祀，永永無極。
柳宗元《注釋音辯柳集》卷三十一		(35) 且古之言“葬者，藏也”。“壤樹之”，而君子以為譏（《禮祀·檀弓篇》國子高云）。……聖人有制度，有法令，過則為辟。（潘云：四亦切，邪也。）故立大中者不尚異，教人者欲其誠，是故惡夫飾且偽也。過制而不除喪，宜廬於庭；而矯於墓者，大中之罪人也。況又出怪物，詭神道，以奸大法，（奸音干，犯也。）而因以為利乎？夫偽孝以奸利，誠仁者不忍擿過，恐傷於教也。然使偽可為而利可冒，則教益壞。若然者，勿與知焉可也，伏而不出之可也。
柳宗元《注釋音辯柳集》卷三十七		(36) 伏以太上皇后著虞嬪之至德，嗣周母之徽音。表率六宮，明彰萬國。陛下克修理本，以暢化源，神道知事地之方，人倫識尊親之大。豈惟婦順斯備，陰禮用修，足以播正始於王風（王一本作“國”），致時雍於帝典。臣某等謬塵榮位，獲覩盛儀，踊躍之誠，倍百恒品（百一本作“萬”）。
柳宗元《注釋音辯柳集》別集注卷上		(37) 非曰：劌之問洎嚴公之對，皆庶乎知戰之本矣。而曰夫“神求優裕於饗”，“不優，神不福也”，是大不可。方鬭二國之存亡，以決民命，不務乎實，而神道焉是問，則事幾殆矣。

續表

作者/文獻	版本	用　例
柳宗元《增廣百家補注唐柳先生文集》卷五	宋刻本	(38) 惟夫子以神道設教，(孫曰：《易》：聖人以神道設教，而天下服。) 我今罔敢知。欽若茲教，以寧其神。追思告誨，如在於前。苟神之在，曷敢不虔。居而無陋，罔貳昔言。 (39) 既興功，玄雲觸石，霈澤周被，植物擢茂，期於豐登。神道感而宣靈，人心歡而致和。嘉氣充溢，抃蹈布野。 (40) 辭曰：皇帝垂德，制定統極，神道泰寧。 (41) 娥之至德，實與為儔。恒人有言，惟教是圖。懿茲德女，家世不儒。奇行特出，神道莫酬。窮哀罔泄，終古以留。鄉人好禮，爰立茲丘。建銘當道，(孫曰：當道謂横道上也。) 過者下車。
柳宗元《增廣百家補注唐柳先生文集》卷十二		(42) 先侍御史府君神道表 (43) 嗚呼！宗元不謹先君之教，以陷大禍，幸而緩于死。既不克成先君之寵贈，又無以寧太夫人之飲食，天殛荐酷，名在刑書。不得手開玄堂以奉安祔，罪惡甚大，世無所容。尚顧嗣續，不敢即死。支綴氣息，以嚴邦刑。大懼祭祀之無主，以忝盛德。敢用特牲，昭告神道，號叫萬里，以畢其辭云。
柳宗元《增廣百家補注唐柳先生文集》卷十三		(44) 嗚呼！夫人生男一人，曰曹婆，幼孺在抱，委縗就位（縗音崔）。女一人，曰喜子，匍匐繈緥，(繈，舉兩切。緥，音保。) 寄婦人之手。哀哉！蓋衰門薄祐，神道不相，顧仲父違背於歲首（韓曰：正月九日，殿中君卒。)，而夫人捐棄於是日。遺孤眇藐，未克承紹，凡我族屬，其痛巨乎！遂以其年十二月十三日庚午，合祔於少陵原之墓。
柳宗元《增廣百家補注唐柳先生文集》卷二十		(45) 謹案：興庶賤陋，循習伐下，性非文字所導，生與耨耒為業（一作"伍"），而能鍾彼醇孝（醇音"淳"），超出古列，天意神道，猶錫瑞物，以表殊異。伏惟陛下有唐堯如天如神之德，(童曰：《史記》稱堯"其仁如天，其智如神"。) 宜加旌褒，合於上下，請表其里閭，刻石明白，宣延風美，觀示後祀，永永無極。
柳宗元《增廣百家補注唐柳先生文集》新編外集卷二		(46) 或謂公集《先侍御府君神道表》云"汾陽工居朔方，備禮延望"，恐此《表》乃其先人之作，然亦不可得而考。此決非公之文也，明矣。

表八十七

作者/文獻	版本	用　例
盧重元《列子注》卷二	清嘉慶八年秦恩復石研齋刻本	(1) 盧曰：夫生於陵而安於陵，生於水而安於水，習則為常，故曰：始乎故也，長乎性也。習其故，安其性，忽然神會以成其命，得之不自知也。故《易》曰：窮理盡性，以至於命。命者，契乎神道也。
盧重元《列子注》卷五		(2) 夫神道之含萬物也，故不窮陰陽之含天地也。故無極天地萬物之外，我所不知以辯之，非謂都不知也。

表八十八

作者/文獻	版本	用　例
陸德明《經典釋文》卷二	清抱經堂叢書本	(1) 神道設教（一本作“以神道設教”）

表八十九

作者/文獻	版本	用　例
呂溫《呂衡州文集》卷六	清粵雅堂叢書本	(1) 故太子中保贈尚書左僕射京兆韋府君神道碑銘（并序） (2) 唐故金紫光祿大夫檢校兵部尚書使持節都督秦州諸軍事兼秦州刺吏御史大夫充保義軍節度隴西經略軍等使上柱國彭城郡開國公食邑二千戶贈尚書右僕射中山劉公神道碑銘（并序） (3) 唐故銀青光祿大夫京兆尹兼御史大夫上林國贈吏部尚書京兆韋公神道碑銘（并序）

表九十

作者/文獻	版本	用　例
呂巖《呂子易説》卷上	清乾隆曾燠刻本	(1)《彖》曰：大觀在上，順而巽，中正以觀天下。觀，盥而不薦，有孚顒若，下觀而化也。觀天之神道，而四時不忒。聖人以神道設教，而天下服矣。 (2) 觀之道乎，聖人以神道設教喻之以意，而不言天下亦俞于聖人之意。不待象指之煩，均服于德化之中而不自知矣。象取于風行地上，徧及庶物，觀之義也。

續表

作者/文獻	版本	用　　例
呂巖 《呂子易説》 卷下	清乾隆曾燠刻本	(3) 雖然君子之介于石，亦非執一不變也。微以窺天，彰以察地。柔以法陰，剛以體陽。合乎神道，通乎冥運。與時爲變，而其中乎有一定之衡。而不可奪者，所以爲萬夫之望也。

表九十一

作者/文獻	版本	用　　例
駱賓王 《箋注駱臨海集》 卷一	清咸豐刻本	(1) 據張説《贈太尉裴公神道碑》：上元中，詔公為洮州道左軍總管，又為秦川鎮撫右軍總管。雖祭公有諫，耀武之事不行；而方叔帥師，來威之道備矣。 (2) 案：張説《贈太尉裴公神道碑》：乾封歲徵為司文少卿，尋除司列少常伯，官復舊號，為吏部侍郎，加銀青光禄大夫。
駱賓王 《箋注駱臨海集》 卷三		(3) 遙遙分風野，去去轉龍媒。(庾信《周大將軍崔訦神道碑》：鳳野匡周，龍門佐禹。《漢書・禮樂志》：天馬徠，龍之媒。顔師古注應邵曰：言天馬者乃神龍之類，今天馬已來，此龍必至之效也。) (4) 蕭索郊埏晚，荒涼井徑寒。(徑一作"陘"。……庾信《慕容寧神道碑》：邑里蕭索，宅帷荒涼。鮑照《蕪城賦》：井徑滅兮邱壠殘。李善注《周禮》曰：九夫為井。又曰：夫閒有遂，遂上有徑。)
駱賓王 《箋注駱臨海集》 卷四		(5) 張説《贈太尉裴公神道碑》：公諱行儉，字守約，河東聞喜人也。明慶中，出為西州長史，又改金山副都護，又拜安西大都護。西域從政，七八年間，窮荒舉落，重譯向化。乾封歲徵為同文少卿，尋除司列少常伯，官復舊號，為吏部侍郎，加銀青光禄大夫。
駱賓王 《箋注駱臨海集》 卷五		(6) 阮籍空長嘯，劉琨獨未歡。(《新書・則天本紀》：光宅元年二月戊午，慶皇帝為盧陵王。……籍嘗於蘇門山遇孫登，與商略終古及栖神道氣之術，登皆不應，籍因長嘯而退。至半嶺，聞有聲若鸞鳳之音，響乎巖谷，乃登之嘯也。)
駱賓王 《箋注駱臨海集》 卷七		(7) 庾信《太子少保豆盧公神道碑》：留心職事，愛玩圖籍。

續表

作者/文獻	版本	用　　例
駱賓王 《箋注駱臨海集》 卷八	清咸豐刻本	(8) 據張說《贈太尉裴公神道碑》：是年，行儉亦未行也。
駱賓王 《箋注駱臨海集》 卷十		(9) 庾信《周長孫儉神道碑》：地軸左轉，天關北開。 (10) 庾信《周兗州刺史鄭常神道碑》：蜂目已奔，狼心遂革。

表九十二

作者/文獻	版本	用　　例
馬總 《通紀》 卷十五	清嘉慶宛委別藏本	(1) 鏐以長興三年薨，年八十一。制以王禮葬，仍賜《神道碑》，謚曰武肅。鏐晚歲尤恃崇盛，分兩浙為數鎮，其節制署而後奏。左右前後皆兒孫甥姪，兩浙里俗咸曰“海龍王”也。梁開平中，立生祠，至今蒸黎饗之，子孫保之，斯亦近之名王也。

表九十三

作者/文獻	版本	用　　例
孟安排 《道教義樞》 卷一	明正統道藏本	(1) 徐法師舉《洞神經》云：神人、真人、仙人、道人、聖人、賢人，合共爲道。《太真科》云：鬼中立功，進登鬼仙者，皆號靈人。神者，神妙無方。真者，堅純非假。仙者，遷昇改化。道者，虚通不壅。聖者，正名制作。此義多在果入因。人言聖者正行居心也，賢者辯能才智，靈者識鑒通微。前六，世人得道之名；後一，鬼神得道之稱。又云：名乃有七，位乃有三。一者仙位，二者真位，三者聖位。神道賢靈，更無別位，名號雖異，猶附三階。今謂衆經顯名，豈唯有七，猶如至人、智人、上人、大人也。
孟安排 《道教義樞》 卷二		(2) 衆術者，無所不通，大而論之略有五事：一者，思神存眞，二者，心齋坐忘。三者，步虚飛空。四者，餐吸六炁。五者，導引三光。此皆心炁相使，而神道冥通也。

續表

作者/文獻	版本	用　　例
孟安排《道教義樞》卷七	明正統道藏本	(3) 義曰：五道者，明善惡之雜報，示苦樂之差別，戒行是修，則受人天之果，罪緣不輟，仍爲地獄之因，此其致也。一天道，二人道，三地獄道，四畜生道，五餓鬼道。釋曰：一天道者，字一大也。道氣初應之曰一，一統億兆，無所不包，故號一大。天以自然爲義，言諸天皆果報自然也。二人道者，人者，仁人也，謂有仁愛；亦以統御爲義，謂假人御陰陽也。三地獄道者，謂居在地下囚獄之中也。四畜生道者，謂爲人所畜，亦是積惡招生也。五餓鬼道者，鬼，歸也，謂去生歸滅，無糧常餓也。亦有六道，即加鬼神道。……又善有二品，重者生天，輕者生人也。

表九十四

作者/文獻	版本	用　　例
歐陽詢《藝文類聚》卷十一	清文淵閣四庫全書本	(1) 晉庾闡《虞舜像贊并序》曰：夫至道玄妙，非器象所載；靈化潛融，非軌跡所傳。故道資沖朴，則謂之三皇；德被群生，則號稱舜禹。是以先王因其會通，制為準極。功格於天，則配於上帝；法施於民，則載在祀典。然後名教彰於至治，王道煥乎無窮，故茲堂之構也，有自來矣。然樹寢所以栖神，而寢非神之所期；立像所以表德，而像非德之所存。若乃廢其軌景，洞其玄眞，雖冥照之鑒獨朗，天下惡乎注其耳目哉！遂乃顯圖靈像，廓其廟壇。俾天光焜於宇宙，南風散乎五絃。豈謂神道之妙，可寄之於有涯哉？蓋亦暢悠悠者之心也。其辭曰：玄像焜燿，萬物含靈。飛龍在天，陽德文明。神道雖寂，務由機生。擁琴高詠，寄和五聲。玄風既暢，妙盡無名。民鑒其朗，孰測窈冥。
歐陽詢《藝文類聚》卷十三		(2)（策文）《晉穆帝哀策文》曰：欽明文思，允恭克讓。忽若布衣，忘其矜尚。體有示無，德克神王。冕旒兩楹，委政元輔。內倚公旦，外仗尚父。郁哉惟文，赫斯惟武。西廓岷河，北清伊渚。園陵聿修，舊京式敘。方振長慧，風掃天宇。休牛歸馬，卷旗臥鼓。俾我蒸民，擊壤容與。昊天不吊，奄背率土。哀同遏密，痛方創鉅。日月不居，神道之幽。三辰吉良，五謀同休，祖載華庭，晏駕崇丘。俯執饋奠，仰攀龍輀。岌岌黼翣，飄飄素旍。感想平昔，人懷崩抽。號聲如震，灑涕成流。

續表

作者/文獻	版本	用　　例
歐陽詢《藝文類聚》卷十三	清文淵閣四庫全書本	(3)（議）宋顏延之《武帝謚議》曰：以為聖哲同風，功美殊稱。蓋出乎道者無方，故刑于物者不一。伏惟道塞人神，信通期運，愛敬所稟，因心則遠，英粹之照，正性自天。……斥堠之所未羈，亭徼之所不譯。莫不飾誠請罪，欵塞來賓，故能洒掃中嶽，致廟九山，神道會昌，寶命既集，損之而益，後身愈先。既而儀形帝載，揖讓天歷，改玉乎文祖，班瑞于神宗。貫革寢機，文武搢笏。故宸居兩楹，坐一八表，國訓成均之學，家沾撫辜之仁。大美配天，必終之以儉德。道固萬葉，猶申之以話言。允所謂教思無窮，樹之長世，取高上代，顧邈前王矣。
歐陽詢《藝文類聚》卷十六		(4)（碑）魏溫子昇《常山公主碑》曰：啓泰微之層構，闢閶闔之重扉，據天下以為家，苞率土而光宅。然則崑山西峙，爰有夜光；漢水東流，是生明月。公主稟靈宸極，資和天地，芬芳有性，溫潤成質。……奄辭身世，從宓妃於伊洛；遽捐館舍，追帝子於瀟湘。銘曰：龍轡莫援，日車遂往。奄離形神，忽歸丘壤。祖歌薤露，出奏巫山。永厝中野，終掩窮泉。蕭瑟神道，荒凉墓田。松檟徒列，琬琰空傳。
歐陽詢《藝文類聚》卷二十		(5) 晉戴逵《顏回贊》曰，神道天絶，理非語象。不有伊人，誰憐誰仰？際盡一時，照無二朗。契彼玄迹，冥若影響。
歐陽詢《藝文類聚》卷二十五		(6)《東觀漢記》曰：隗囂既立，使聘平陵方望為軍師。望至，說囂曰：足下欲承天順民，輔漢而起，今立者乃在南陽，王莽尚據長安，雖欲以漢為名，其實無所受命，將何以見信於衆？宜急立高廟，稱臣奉祠，所謂“神道設教”，求助民神者也。囂從其言。
歐陽詢《藝文類聚》卷二十九		(7) 晉王浚《從幸洛水餞王公歸國》詩曰：聖主應期運，至德敷彝倫。神道垂大教，玄化被無垠。欽若崇古制，建侯屏四鄰。皇輿回羽蓋，高會洛水濱。臨川講妙藝，縱酒釣潛鱗。八音以迭奏，蘭羞備時珍。古人亦有言，為國不患貧。與蒙廟庭施，幸得廁太鈞。羣僚荷恩澤，朱顏感獻春。賦詩盡下情，至感暢人神。長流無舍逝，白日入西津。奉辭慕華輦，侍衛路無因。馳情系帷幄，乃心戀軌塵。

續表

作者/文獻	版本	用　　例
歐陽詢《藝文類聚》卷三十七	清文淵閣四庫全書本	(8) 齊孔稚珪《褚先生伯玉碑》曰：夫河洛摛寶，神道之功既傳；岱華吐秘，仙靈之跡可覩。蓋事詳於玉牒，理煥於金符。雖冥默難源，顯晦異軌，測心觀古，可得而言焉。……心圖上玄，志通大造。
歐陽詢《藝文類聚》卷三十八		(9) 齊卞伯玉《祭孫叔敖文》曰：謹以醴羞，祭楚令尹孫君之靈。眇眇千載，悠悠舒荊。理無不通，事隔者形。尚想清塵，承風效誠。超超夫子，淡矣道情。自心伊貴，人爵靡嬰。芳風如蕭，清響如塤。景矣行役，言戾豫方。側聞夫子，記憤睢陽。靈封頹墓，丘塋榛荒。幽幽神道，為有為亡。徘徊永念，悽矣其傷。
歐陽詢《藝文類聚》卷四十九		(10)《襄陽耆舊傳》曰：習郁為侍中時，從光武幸黎丘，與帝通夢，見蘇山神，光武嘉之，拜大鴻臚。録其前後功，封襄陽矦，使立蘇嶺，。刻二石鹿夾神道，百姓謂之鹿門廟，或呼蘇嶺山為鹿門山。
歐陽詢《藝文類聚》卷七十五		(11)（序）梁元帝《洞林序》曰：蓋聞玄枵之野，鬼方難測；朱鳥之舍，神道莫知。而緹幔曉披，即辯黃鍾之氣；靈臺夕望，便知玉井之色。復以變乎天者，雖絕名言之外；存乎我者，還居稱謂之中。余幼學星文，多歷歲稔。海中之書，略皆尋究；巫咸之說，偏得研求。雖紫微迢遞，如觀掌握；青龍顯晦，易乎窺覽。羨門五將，亟經玩習；韓終六王，常所寶愛。至如周王白雉之筮，殷人飛燕之卜。蓍名聚雪，非關地極之山；卦有密雲，能擁西郊之氣。爻通七聖，世經三古。山陽王氏，直解談玄；河東郭生，纔能射覆。並而兩之，竊自許矣。
歐陽詢《藝文類聚》卷七十八		(12) 齊孔稚珪《玄館碑》曰：夫"朋白兔而侶青鳥，啓銀函而講金字"者，有道存焉。故能大叩玄宗，鬱為物範，則天地正六合，照日月而導蒼生。神道無門，陰陽不測。是故赤松家石室之下，神農行弟子之敬，廣成在崆峒之上，軒轅稟順風之禮，洛浦笙飛之秀，闕山駕鳳之英。凡此之儔，希世間出，皆雍容以沐咸池，或蕭灑而開閶闔。

表九十五

作者/文獻	版本	用　例
錢起 《錢考功集》 卷第七	四部叢刊景明活字本	(1)《奉和聖制登朝元閣》：六合紆玄覽，重軒啓上清。石林飛棟出，霞頂太階平。拂曙鑾輿上，晞陽瑞雪晴。翠微廻日馭，丹巘駐天行。御氣升銀漢，垂衣俯錦城。山通玉苑迥，河抱紫雚明。感物乾文動，凝神道化成。周王陟喬嶽，列辟讓英聲。

表九十六

作者/文獻	版本	用　例
權德輿 《權載之文集》 卷十三	四部叢刊景清嘉慶本	(1) 唐故朔方河中晉絳邠寧慶等州兵馬副元帥河中絳邠節度營田觀察處置等使元從奉天定難功臣開府儀同三司檢校司徒兼中書令河中尹上柱國咸寧郡王贈太師忠武渾公神道碑銘（并序） (2) 又嘗慕《太史公自敘》，著《行紀》一篇，詞不矜大，而事皆明備。……令弟輔國大將軍右領軍衛將軍武當郡王玘，與諸孤等推烝彝景鐘之義，因識喪以聞，有詔詞臣，刻石傳信，乃采其贊書侯表，作《神道碑銘》。 (3) 唐故正議大夫守門下侍郎同中書門下平章事成紀縣開國男賜紫金魚袋贈太子太傅貞憲趙公神道碑銘（并序） (4) 在漢孝宣，厲精理道，則有魏相通故事，邴吉知大體，百職修明，中興有聲。……左輔右弼，調和鼎味，降祥而生，盡瘁而終，時貞元十三年，年六十一歲。皇上震悼，不視朝三日。詔奉常具儀法，冊贈太子太傅。又俾百執事爲位，哭於其庭，吊祠禮賻，率有加等。二府之屬，或銘其德於壽堂，或狀其行於考功，有司稽實，諡曰貞憲。公之盛業，斯謂不朽。又舉其始中終之畧，識於神道。 (5) 唐故東都留守東都汝州防禦使銀青光祿大夫檢校吏部尚書判東都尚書省事兼御史大夫上柱國扶風縣開國伯贈太子少傅杜公神道碑銘（并序） (6) 唐故劍南東州節度副大使知節度事管內支度營田觀察處置等使正議大夫持節梓州諸軍事守梓州刺史兼御史大夫護軍賜紫金魚袋贈禮部尚書盧公神道碑銘（并序）
權德輿 《權載之文集》 卷十四		(7) 唐故中書侍郎同中書門下平章事太子賓客贈戶部尚書齊成公神道碑銘（并序） (8) 唐故中散大夫守尚書右僕射上柱國賜紫金魚袋贈太子太保姚公神道碑銘（并序） (9) 唐故太子右庶子集賢院學士贈左散騎常侍王公神道碑銘（并序）

續表

作者/文獻	版本	用　　例
權德輿 《權載之文集》 卷十四	四部叢刊景清嘉慶本	（10）興元元年春二月，太子右庶子王公艱貞歸全於京師新昌里。夏五月，王師震耀，祲沴銷散。天子以公忠義風節，可以聳厲人臣，追命左散騎常侍，且詔有司護葬加禮。冬十一月，寧神於咸陽縣肺浮原先公之兆域，既葬十二歲，其孤仲周以德輿昔在羈丱，獲見於公，無容之敬，嘗拜於牀下，乃泣狀代德，俾表識於神道云。
權德輿 《權載之文集》 卷十五		（11）故宣武軍節度副大使知節度事管內支度營田汴宋亳潁等州觀察處置等使金紫光祿大夫檢校尚書左僕射同中書門下平章事使持節汴州諸軍事兼汴州刺史上柱國隴西郡開國公贈太傅董公神道碑銘（并序） （12）唐故四鎮北庭行軍兼涇原等州節度支度營田等使開府儀同三司檢校尚書右僕射使持節涇諸軍事涇州刺史兼御史大夫上柱國南川郡王贈司空劉公神道碑銘（并序） （13）唐故劍南東川節度副大使知節度事管內支度營田觀察處置靜戎軍等使光祿大夫檢校尚書左僕射使持節梓州諸軍事兼梓州刺史御史大夫鄭國公贈司空嚴公神道碑銘（并序） （14）以德輿嘗志太師之墓，亦草興州之詔，耳目事實，其詞不誣，是焉篆刻，以表神道。銘曰：地中有水，利用行師。於惟鄭公，藩屏清時。蜀川橫潰，人用恇駭。公披肺肝，請埽蜂蠆。賦車誓眾，沐浴齋戒。吉語日聞，嘉猷是賴。以犒以饋，間關感槩。……既理漢中，乃遷梓潼。武以貞師，文以撫封。八旒七章，既長宗公。乃倚乃伏，如何不淑。樹檟蒼蒼，墓門肅肅。立茲介石，永表陵谷。
權德輿 《權載之文集》 卷十六		（15）唐故楚州淮陰縣令贈尚書右僕射王府君神道碑銘（并序） （16）唐故鄜州伏陸縣令贈左散騎常侍王府君神道碑銘（并序） （17）唐故通議大夫守戶部尚書兼御史大夫持節充朔方鎮西北庭興平陳鄭等州行營兵馬及河中節度都統處置等使兼管內觀察使權知絳州刺史賜紫金魚袋贈揚州大都督府李公神道碑銘（并序）
權德輿 《權載之文集》 卷十七		（18）唐尚書度支郎中贈尚書左僕射正平節公裴公神道碑銘（并序） （19）唐中散大夫殿中侍御史潤州司馬贈吏部尚書沛國公武公神道碑銘（并序） （20）唐故光祿大夫檢校尚書右僕射兼右衛將軍南充郡王贈太子少保伊公神道碑銘（并序）

續表

作者/文獻	版本	用　　例
權德輿 《權載之文集》 卷十七	四部叢刊景清嘉慶本	(21) 宥以鄙夫與太保同居里鄉，且以理命遺緘，辱徵斯文，表諸神道，不敢誣也。銘曰：在殷保衡，負鼎而相。惟唐南充，推轂爲將。泔溪之刑，嶺表乃平。蠻水之捷，漢南以清。蔡兗滔天，曹邸鼓行。公率武旅，迅如風霆。蘄春安陸，連下劇地。專城建牙，宏大名器。交修威懷，較著功利。介主會朝，脫躧師帥。南宮端右，武候緹騎。沐浴休明，保完富貴。歲降婁兮月大呂，一氣散兮無處所。繫甲車兮馬鬣封，九原夕兮閟音容。揭此介石，厥聲無窮。 (22) 唐故江南西道都團練觀察處置等使中散大夫使持節都督洪州諸軍事守洪州刺史兼御史中丞騎都尉賜紫金魚袋贈左散騎常侍崔公神道碑銘（并序） (23) 當宣武之際，用愷悌修政，爲代吏賜，優詔錫今爵。推理行第一，神道繆盭，遭罹戕害，他日以君之勤，贈太子少師。君慈和修潔，平粹文敏，以勤身之功善，揚積厚之風類。 (24) 唐故尚書工部員外郎贈禮部尚書王公神道碑銘（并序） (25) 以八月某甲子，袝于萬年縣鳳棲原，克纂先志，禮無違者。而又哀請父黨，篆茲祖德，永揭神道，用愧蕪辭。銘曰：懿懿王君，黃中有文。清時發身，舒翼卿雲。執憲平明，含香秘紛。慶靈下鍾，復大其門。追錫儀曹，徽章顯奠。鳳棲古原，龜筴不諼。泣袝雙魂，禮成孝孫。刻銘斯碑，君子之墳。
權德輿 《權載之文集》 卷十八		(26) 唐故朝議郎使持節溫州諸軍事守溫州刺史充靜海軍使賜緋魚袋河東裴府君神道碑銘（并序） (27) 唐故成德軍節度營田副使正議大夫趙州別駕贈壽州都督河間尹府君神道碑銘（并序） (28) 唐故右神策護軍中尉右街功德使開府儀同三司守右武衛大將軍知內侍省事上柱國樂安縣開國公內侍省少監致仕贈揚州大都督府孫公神道碑銘（并序） (29) 唐故義武軍節度度支營田易定等州觀察處置等使檢校司空同中書門下平章事贈太傅上谷郡王張公夫人鄧國夫人谷氏神道碑銘（并序）
權德輿 《權載之文集》 卷二十九		(30) 朝議郎守尚書司勳郎中知制誥雲騎尉賜緋魚袋臣權德輿議曰：臣聞古宗廟之制，前有廟，廟列昭穆；後有寢，寢陳衣冠。自秦漢已來，始因陵立廟，有寢宮便殿，雖廟居陵傍，而無必在山上不在山下之定制。且禮文所貴，宜也稱也；祀事所資，敬也潔也。伏以昭陵因山，太宗所建，宜在山上，便於當時，自野火延燒行宮山下，亦已久矣。今若伐木縮板，程功就險，神道貴靜，或非所宜，則與置陵之初，事體爲異。況舊制既毀，新宮是修，考于便地，可以經久，所謂宜且稱也。

續表

作者/文獻	版本	用　　例
權德輿 《權載之文集》 卷三十三	四部叢刊景清嘉慶本	(31) 貞元七年春，轉職方員外郎知制誥。八年冬，罷爲比部郎中。十一年夏，感疾不起，其壽□十甲子。其文若干篇，閎茂博厚，菁華縝密，足以希前古而聳後學。紀循吏政事，則《房栢鄉碣》《孫信州頌》；敘守臣勲烈，則《黎陽城碑》《劉幽求神道碑》；表宗工賢人兆域，則李太師、梁郎中《誌文》；譔門中德善，則貞文孝文《誌》《碣》二銘；攄志氣以申感譔，則《與李都統及二從事書》；纂槃門心法，則《大覺神師碑》；推人情以陳聖德，則《請尊號表》；鋪陳理道，則有制策；藻潤王度，則有詔誥；嚮向所敘《詩》《書》《說命》《駉頌》而下，君皆索其粹精，故能度越倫類，有聲名於代。其他詩賦贊論銘誄序詔等，合爲三十卷，如黃鐘玉磬，宏璧琬琰，奏於懸間，列在西序。其彰彰者，雖漢庭諸公不能加也。
權德輿 《權載之文集》 卷四十八		(32) 日夕音徽，切劘討論。發函亹亹，如見吾子。或忠言以規過，亦善譃而溢美。冀登柄用，以永介祉。每褱首於公朝，期盍簪於仁里？俄驚感疾，方俟有喜。志切乞身，恩深臥理。神道與善，胡然不起。寢門一哀，孰甚知已？素車莫遂，雪涕何已！樽酒簋貳，深誠在此。尚饗。

表九十七

作者/文獻	版本	用　　例
史徵 《周易口訣義》 卷二	清武英殿聚珍版叢書本	(1)《彖》曰：大觀在上，順而巽，中正以觀天下。觀，盥而不薦，有孚顒若，下觀而化也。觀天之神道，而四時不忒。聖人以神道設教，而天下服矣。

表九十八

作者/文獻	版本	用　　例
釋澄觀 《華嚴經疏》 卷十三	大正新修大藏經本	(1) 一初生時，身如夜月，皎鏡可觀，智猶滿月，清涼照物，故云“永作”。二行七步時，顯其具德。三顧眄時，觀方現笑。四師子吼時，說我獨尊。五出家時，解縛修寂。六坐道埸時，障盡德圓。七轉法輪時，因悲度物。八顯神道時，調彼難調。九示入涅槃，不妨神用。又下二句亦總結前九，皆是神通並有深意。

續表

作者/文獻	版本	用　　例
釋澄觀 《華嚴大疏鈔》 卷二十二	大正新修大藏經本	(2) 一切如來、應正等覺，雖現睡眠而不轉側。大風卒起，不動身衣。行如牛王，步如師子等。今但云“風不動衣等”，“等”取餘事。五中望三，神道即聖威力，共與不共，但顯超勝。
釋澄觀 《華嚴大疏鈔》 卷八十		(3) 然則有無絕於內，稱謂淪於外。視聽之所不曁，四空之所昏昧。恬焉而夷，怕焉而泰。九流於是乎交歸，衆聖於是乎冥會。斯乃希夷之境、太玄之鄉，而欲以有無題牓，標其方域，而語其神道者，不亦邈哉！
釋澄觀 《華嚴大疏鈔》 卷八十一		(4) 此乃言像之所以形，是非之所以生，豈足以統夫幽極，而擬夫神道者乎？是以論稱出有無者，良以有無之數，止乎六境之內。六境之內，非涅槃之宅，故借出以祛之。

表九十九

作者/文獻	版本	用　　例
釋道世 《法苑珠林》 卷第六	四部叢刊景明萬曆本	(1) 山中人不信有魚大如木，海上人不信有木大如魚；漢武帝不信弦膠，魏人不信火布；胡人見錦，不信有蟲食樹吐絲所成；吳人身在江南，不信有千人氈帳；及來河北，不信有二萬石船：皆實驗也。如世有祝師及諸幻術，猶能履火蹈刃，種瓜移井，倏忽之間，千變萬化。人力所為，尚能如此，何況神道感應，不可思量。寶幢百由旬，坐化成淨土，踊生妙塔乎？
釋道世 《法苑珠林》 卷第十		(2) 叔謂胡曰：吾不應死，神道須吾算諸鬼錄。今大從吏兵，恐驚損墟里。故不將進耳。胡亦大見眾鬼紛鬧若村外。 (3) 仍謂曰：成長史語我，有一事羞君不得道。既與君交，亦不能不告君。鬼神道亦有食，然不能得飽，常苦飢渴。若得人食，便得一年飽。衆鬼多偷竊人食。我既貴重，不能偷之，從君請一餐。
釋道世 《法苑珠林》 卷第三十三		(4) 夫六合之外，非典籍所模；神道詭世，豈意者所測？故曰：人之所知，不若其所不知。每在常，輒欲以所不能見，而斷所未能了。故令井蛙有坎宅之矜，憑夷有秋水之伐，故其宜矣。 (5) 頌曰：王猷外鬯，神道內綏。皇覺正法，斯極宗師。敬承玄教，崇德振輝。師弟說受，芳業秀滋。四諦感悟，三達熙怡。啓境金牒，開訓神機。空有齊較，玄門洞微。遣于無遣，至道非彌。

續表

<table>
<tr><th>作者/文獻</th><th>版本</th><th>用　　例</th></tr>
<tr><td>釋道世
《法苑珠林》
卷第三十三</td><td rowspan="7">四部叢刊景明萬曆本</td><td>(6) 晉州有人性愛遊獵，初不奉信。有傳瑟感，乃造山覔，唯覩空處。自悔哀哭曰：生不蒙開信，死不逢奇瑞。獨何無感？必有神道，願示徵祥。言訖，地湧奇華，還長二尺。欣慰嘉應，發心永固。</td></tr>
<tr><td>釋道世
《法苑珠林》
卷第三十六</td><td>(7) 夫神道之為化也，蓋以抑誇強，摧侮慢，挫凶鋭，解塵紛。至若飛輪御寶，則善信歸降；竦石參烟，則力士潛伏。當知至治無心，剛柔在化。</td></tr>
<tr><td>釋道世
《法苑珠林》
卷第四十四</td><td>(8) 丁蘭温凊竭誠，木母以之變色。魯陽廻戈而日轉，杞婦下淚而城崩。斯皆隱惻入其性情，故使徵祥照乎耳目。是知道藉人弘，神由物感，豈曰虚哉！是以祭神如神在，則神道交矣；敬像如敬佛，則法身應矣。</td></tr>
<tr><td>釋道世
《法苑珠林》
卷第五十一</td><td>(9) 爾時大梵天王，來至世尊所白佛言：如來初踰城至洴沙王國，問樹神道。樹神請佛至宮已白佛言：我受此神身經二十大劫，過去諸佛皆來至此。</td></tr>
<tr><td>釋道世
《法苑珠林》
卷第六十一</td><td>(10) 勤之勤之，至道非孜。奚為淹滯，弱喪神奇。茫茫三界，眇眇長羈。煩勞外湊，冥心内馳。殉赴欽渴，緬邈忘疲。人生一世，涓若露垂。我身非我，云云誰施。達人懷德，知安必危。寂寥清舉，潔累禪池。謹守明禁，雅說玄規。綏心神道，抗志無為。寮朗三蔽，融治六疵。空洞五陰，虚豁四支。非指喻指，絕而莫離。妙覺既陳，又玄其知。婉轉平任，與物推移。過此以往，勿思勿議。</td></tr>
<tr><td>釋道世
《法苑珠林》
卷第七十六</td><td>(11) 前周葛由，蜀羌人也。周成王時，好刻木作羊賣之。一旦，乘木羊入蜀中，蜀中王矦貴人追之，上綏山。綏山在峨眉西南，高無極也。隨之者不復還，皆得神道。故里諭曰：得綏山一桃，雖不能僊，亦足以豪。山下立祠數十處。（見《搜神記》。）</td></tr>
<tr><td>釋道世
《法苑珠林》
卷第七十八</td><td>(12) 貴人亦至云：知汝無他得還，甚善，力修功德，吾身福微，不辦生天，受報於此，輔佐府君，亦優遊富樂，神道之美。吾家在宛，姓某名某，君還爲吾致意，澳盡奉法，勿犯佛禁，可具以所見示語之也。</td></tr>
</table>

續表

作者/文獻	版本	用　　例
釋道世 《法苑珠林》 卷第一百七	四部 叢刊 景明 萬曆 本	(13) 釋法度，黃龍人。少出家，遊學北土，備綜衆經，而專以苦節成務。宋末，遊於京師。高士齊郡明僧紹，抗跡人外，隱居琅琊之攝山，挹度清阜，待以師友之禮。及亾，捨所居山為栖霞寺，自度居之。……尚形甚都雅，羽衛亦嚴。致敬已，乃言：弟子王有此山，七百餘年。神道有法，物不得干。前諸栖託，或非真正。故死病相繼，亦其命也。法師道德所歸，謹捨以奉給，并願受五戒，永結來緣。
釋道世 《法苑珠林》 卷第一百十四		(14) 凡有含靈，並皆祇饗。致使神爽冥昧，識慮昏泫。至於寤寐，多有恐怖。庶得臨危攝念，無俟三稱；在嶮逢安，寧勞千遍。願增益神道，加足威光，以善利生，無相惱害。誠言可錄，信驗有徵矣。

表一百

作者/文獻	版本	用　　例
釋道宣 《廣弘明集》 卷第二	四部 叢刊 景明 本	(1) 太和十五年，詔曰：夫至道無形，虛寂爲主。自有漢已後，置立壇祠，先朝以其至順可歸，爲立寺宇。昔京城之內，居舍尚希。今者里宅櫛比，人神猥湊，非所以祗崇至法，清敬神道。可移於都南桑乾之陰，嶽山之陽，永置其所。給戸五十，以供齋祀之用，仍名爲崇虛寺。可召諸州隱士，圓滿九十人。
釋道宣 《廣弘明集》 卷第十二		(2) 自漢明感夢，寺興白馬之名；孫權驗瑞，塔始建初之號。自斯厥後，相係而興。向若神道泯無，帝王豈應敬事？威靈歇滅，國主寧復遵承？並以目驗身臨，故使歸依迴向。未若道家都無承據：李老事周之日，未有玄壇；張陵謀漢之晨，方興觀舍。
釋道宣 《廣弘明集》 卷第十五		(3) 夫六合之外，非典籍所模；神道詭世，豈意者所測？故曰：人之所知，不若其所不知。每在常，輒欲以所不能見，而斷所未能了。故令井蛙有坎宅之矜，馮夷有秋水之伐，故其冥矣。 (4) 其詞曰：王猷外釐，神道內綏。皇矣正覺，寔兼宗師。泰定軫曜，黃中秀姿。恬智交泯，三達玄夷。啓境金方，緬路悠迴。于彼神化，悟感應機。五度砥操，六慧研微。空有同狀，玄門洞開。詠歌濟濟，精義順神。玄肆洋洋，三乘詵詵。藏往摹故，知來惟新。二才孰降，朗滯由人。造化營域，雲構峩峩。紫館辰峙，華宇星羅。玉闔通方，金墉啓阿。景傾朝日，豔蔚晨霞。神堤迴互，九源曾深。浪無筌忘，鱗罕餌淫。澤不司虞，駭翼懷林。有客

續表

作者/文獻	版本	用　　例
釋道宣《廣弘明集》卷第十五	四部叢刊景明本	驅徒，兩埋機心。甘露敦洽，蘭蕙助聲。化隨雲濃，俗與風清。葳蕤霄散，靈飆掃英。瓊林喈響，八音文成。瑨瑤沈粲，芙蕖晞陽。流澄其潔，蘂播其香。潛爽冥萃，載哲來翔。孕景中葩，結靈幽芳。類諸風化，妙兼于長。邁軌一變，同規坐忘。 (5) 遠昔尋先師，奉侍歷載。雖啓蒙慈訓，託志玄籍。每想奇聞，以篤其誠。遇西域沙門，輒餐遊方之說。故知有佛影，而傳者尚未曉然。及在此山，值罽賓禪師，南國律學道士。與昔聞既同，並是其人遊歷所經，因其詳問，乃多有先徵。然後驗神道無方，觸像而寄，百慮所會，非一時之感。於是悟徹其誠，應深其信。將援同契，發其真趣，故與夫隨喜之賢，圖而銘焉。 (6) 范侯遠送像讚，命余同作。神道希微，願言所屬，輒揔三首，期之道場。 (7) 白毫所照，遍刹土於恒沙；七步降踐，壅龍堆而攸被。推極神道，原本心靈。感之所召，跨無邊而咫尺；緣之所乖，面法城而不覩。
釋道宣《廣弘明集》卷第十八		(8) 夫人生而靜，天之性也；感物而動，性之欲也。性欲既開，流宕莫檢。聖人之救其弊，因神道以設教，故理妙而化敷順，推遷而抑引，故功玄而事適。是以六合之內，論而不議。鑽之而不知所由，日用而不見所極，設禮學以開其大矇，名法以束其形跡，賢者倚之以成其志，不肖企及以免其過，使孝友之恩深，君臣之義篤，長幼之禮序，朋執之好著。背之則為失道之人，譏議以之起；向之則為名教之士，聲譽以之彰。此則君子行己處心，豈可須臾而忘善哉？何必循教責實，以期應報乎？苟能體聖教之幽旨，審分命之所鍾，庶可豁滯於心府，不祈驗於冥中矣。 (9) 論云：因神道以設教，故理妙而化敷，順推遷而抑引，故功玄而事適者也。 (10) 同遊諸道人，並業心神道，求解言外。余枕疾務寡，頗多暇日，聊伸由來之意，庶定求宗之悟。釋氏之論，聖道雖遠，積學能至，累盡鑒生，不應漸悟。孔氏之論，聖道既妙，雖顏殆庶，體無鑒周，理歸一極。 (11) 案論孔、釋，其道既同，救物之假，亦不容異。而神道之域，雖顏也，孔子所不誨；實相之妙，雖愚也，釋氏所必教。然則二聖建言，何乖背之甚哉？

續表

作者/文獻	版本	用　　例
釋道宣《廣弘明集》卷之二十三	四部叢刊景明本	(12) 白日春上，素月秋中，方寸無底，六合可窮。卓彼羅什，三界特秀，真俗冠冕，神道領袖。若人對響，承車即轍，沙漠織寒，長風負雪。投袂冰霜，攬裾暮節。誰斯問津，悠焉在哲。莊衿老帶，孔思周情，百時如一，京載獨開。匈地既滿，顧惟糟魄。 (13) 以泰始六年，初講《十誦》於震澤，闡揚事相，咫尺神道，高談出雲漢，精義入無間。八萬威儀，怡然理暢；五部章句，渙爾同波。由是後進知宗，先達改觀，暉光令問，於斯藉甚。法師應不擇方，行有餘力，清言終日，而事在其中，立栖雲於具區，營筵祚於建業。令不待嚴，房櫳肅靜；役不加迅，棟宇騈羅。自方等來儀，變梵為漢，鴻才鉅學，連軸比肩。法華、維摩之宗，往往間出。
釋道宣《廣弘明集》卷第二十五		(14) 嘗試言之，受父母之遺，稟乾坤之分，可以存乎氣，可以立乎形。至若已之神道，必是我之心業，未曾感之於乾坤，得之於父母，識含胎藏，彌亘虛空，意帶熏種，漫盈世界。去而復生，如火焰之連出；來而更逝，若水波之續轉。根之莫見其始，究之豈覿其終？濁之則爲凡，澄之則爲聖，神道細幽，理固難詳矣。 (15) 左威衛長史崔安、都錄事沈玄明等議曰：竊以紫氣騰眞，玄牝之風西被；白虹沈化，涅槃之蘊東流。轡羽驪霞，影玉京而凝衆妙；津慈照寂，啓金園而融至道。義冠空有，理洞希夷。祛濟塵蒙，薰滌因累。神道裨教，玆焉有徵。
釋道宣《廣弘明集》卷第二十六		(16) 前臣曰：夫神道茫昧，求諸不一，或尚血腥之祀，或歆蘊藻之誠。設教隨時，貴其為善，其誠無忒，何往不通？若祭享理無，則四代之風為爽；神明實有，三世之道為弘。語其無，不待牲牷之潔；據其有，宜存去殺之仁。周文禴祭，由來尚矣；苟有明德，神其吐諸。而以麪為牲，於義未達，方之紋錦，將不矛盾乎？
釋道宣《廣弘明集》卷第二十八上		(17)《捨舊宅造興聖於詔》（唐太宗）：丹陵啓聖，華緒降祥，叶德神居，克隆鴻業。朕丕承大寶，奄宅域中，遠藉郊禋之慶，仰惟樞電之祉。思園之禮既弘，撫鏡之情徒切，而永懷慈訓，欲報無從，靖言因果，思憑冥福。通義宮皇家舊宅，制度弘敞，以崇仁祠，敬僧靈祐，宜捨為尼寺，仍以興聖為名。庶神道無方，微伸凱風之思，主者施行。

續表

作者/文獻	版本	用　　例
釋道宣《廣弘明集》卷第二十八下	四部叢刊景明本	(18)《羣臣請陳武帝懺文》(陳江總)：某位某甲稽首和南，十方三世一切諸佛，十方三世一切尊法，十方三世一切賢聖，見前大德僧皇帝某菩薩。睿哲聰明，廣淵 齊聖。心若虛空，照窮般若。發弘大誓，荷負衆生。神道會昌，膺兹景業。百王既季，運屬艱難。五嶽維塵，六軍日動。劬勞在念，有切皇心。既而深悟苦空，極信無我。寶臺華柱，本非實錄。賊城樓櫓，苦具兹多。遂坐道場，靜居禪室。堅固善本，具足檀那。
釋道宣《續高僧傳》卷三		(19) 若含通本末，有六千偈，梵文如此，翻則減之。我皇帝神道邁於羲皇，陶鑄侔於造化。……崇本息末，無為太平；守母存子，不言而治。以為聖教東流，年淹數百，而億象所負，闕者猶多，希聞未聞，勞於寤寐。 (20) 登又下令與普光寺眾曰：蓋聞正法沒於西域，像教被於東華，古往今來，多歷年所。而難陀迦葉，馬鳴龍樹，既同瓶瀉有若燈傳，故得妙旨微言，垂文見意。是以三十二相，遍滿人天；十二部經，敷揚刹土。由其路者，則高騁四衢之上；迷其塗者，則輪廻六趣之中。理窟法門，玄宗秘藏，非天下之至賾，孰能與於此乎？皇帝以神道設教，利益群生，故普建仁祠，紹隆正覺，卜兹勝地，立此伽藍。
釋道宣《續高僧傳》卷十三	大正新修大藏經本	(21) 令述其不逮，問其治術，對答若神，情兼明舉。乃命諸子紹、續、績、曠、岳、略等，列於義前，令其顧指。義曰：府君六子，誠偉器也。自長而三，州縣之職，保家自若也。已下之三，其志遠，其德高，業心神道，求解言外，固非世局之所常談也。
釋道宣《續高僧傳》卷十四		(22) 晉州有人，性愛遊獵，初不奉信。有傳遜之祥兆達其耳者，乃造山覓之，花滅屍亡，唯覩空處。仍大哭曰：生不蒙開信，死不蒙花瑞。一何無感？必神道有徵，願重靈相。言訖，地踊奇花，還長尺許。欣慰嘉應。遂折取而歸，通告鄉川。由斯起信，並近年目信可妄傳乎？
釋道宣《續高僧傳》卷二十		(23) 高齊河北，獨盛僧稠。周氏關中，尊登僧實。寶重之冠，方駕澄、安。神道所通，制伏強禦。致令宣帝擔負傾府，藏於雲門；冢宰降階，展歸心於福寺，誠有圖矣。故使中原定苑，剖開綱領，惟此二賢，接踵傳燈。 (24) 褊淺之識，隳惰之流，朝入禪門，夕弘其術。相與傳說，謂各窮源。神道冥昧，孰明通塞？是知慮之所及，智之所圖，無非妄境惑心，斯是不能返照其識，浪執境緣，心靜波驚，多生定障。

續表

作者/文獻	版本	用　　例
釋道宣 《續高僧傳》 卷二十一	大正新修大藏經本	(25) 釋慧主，俗姓賈氏，始州永歸縣人。六歲出家，為斌法師弟子。後令誦《遺教》，一夕便度。以經驗師，多有乖越，便捨之而往姜律師所，誦《法華經》。寺東房中，講於俗律，試聽一遍，性若曾聞，乃問十關，無能解者。刺史以下，合州白黑，皆往諮問，莫木歸伏。始州一部，祖宗道眾。即為州內律主，受菩薩戒，既爾約束：以佛為師，尚不敬天，況禮神道？於是佛法，方得開弘。於黃安縣造寺七所，梓潼縣造十寺，武連縣造三寺，從彼至今，方將盛矣。
釋道宣 《續高僧傳》 卷二十二		(26) 若能依准教，行不越常刑，賢聖所同，寔當弘護。至如澄寺九百，神道映於趙都；遠林不刊，戒德流於晉世，可龜鏡矣。專門奉律之客，立志貞梗之夫，薄誦戒緣，粗知文句。時登兀坐，引衆闡揚，慢水覆心，更無依學，是則不聞明律之清誡也。
釋道宣 《續高僧傳》 卷二十六		(27) 州民蘇法會，左足攣跛，十有餘年。委杖自扶，來禮乞願，尋得除差，放杖而歸。範目覩靈驗，神道若斯，信知經教，非徒虛誕。但由誠節未著，故致有差。後歸本寺，還遵前轍，未詳其卒。 (28) 論曰：夫吟嘯之鼓風雲，律調之通寒暑，物理相會，有若自天。況乃神道玄謀，義乖恒應，而可思也，故聖人之爲利也。
釋道宣 《四分律行事鈔》 卷下之三		(29)《大論》：密迹金剛，鬼神道中。又云：執金剛菩薩，常執金剛衛護。五分；佛四而五百金剛也。

表一百零一

作者/文獻	版本	用　　例
釋法琳 《辯正論》 卷四	大正新修大藏經本	(1) 貞觀二年，下詔曰：神道設教，慈惠為先，玄化潛通，亭育資始。朕恭膺大寶，撫愛黎元，矜愍之心，觸類而長。是用傍求冥貺，幽贊明靈，所冀九功惟序，五福斯應。比嚴霜早降，秋實不登，靜言寡薄，無忘慚惕。今百穀滋茂，萬寶將成，猶恐風雨失時，字養無寄。敢藉聖明，介茲多祉，宜為溥天億兆，仰祈嘉祐。可於京城及天下諸州寺觀，僧尼道士等七日七夜轉經行道。每年正月七月，例皆准此。

表一百零二

作者/文獻	版本	用　　例
釋慧祥 《清涼傳》 廣清涼傳 卷下	大正 新修 大藏 經本	(1) 少主即位，加五臺山管内都僧統。後以功授大漢國都僧統、檢校太師兼中書令。以僞漢天會十七年正月十二日，遷滅於五臺山菩薩院，享年七十有三。僧臘三十有二。詔僞諫議大夫楊夢申撰《神道碑銘》，立於院之西北。門人收靈骨，建塔猶在。

表一百零三

作者/文獻	版本	用　　例
釋善導 《觀無量壽佛經疏》 觀經序分義 卷二	大正 新修 大藏 經本	(1) 然佛光隨身出處，必皆有益。佛足下放光，即照益地獄道；若光從膝出，照益畜生道；若光從陰藏出，照益鬼神道；若光從臍出，照益脩羅道；光從心出，照益於人道；若光從口出，照益二乘之人；若光從眉間出，照益大乘人。今明此光從口出，直照王頂者，即授其小果。若光從眉間出，即從佛頂入者，即授菩薩記也。如斯義者，廣多無量，不可具述。

表一百零四

作者/文獻	版本	用　　例
釋玄奘 《大唐西域記》 卷第八	四部 叢刊 景宋 藏經 本	(1) 目支隣陀龍池南窣堵波，迦葉波救如來溺水處也。迦葉兄弟時推神道，遠近仰德，黎庶歸心。世尊方導迷徒，大權攝化，興布密雲，降注暴雨，周佛所居，今獨無水。迦葉是時見此雲雨，謂門人曰：沙門住處將不漂溺？泛舟來救，乃見世尊履水如地，蹈河中流，水分沙現。迦葉見已，心伏而退。
釋玄奘 《大唐西域記》 卷第十二		(2) 記贊曰：大矣哉，法王之應也！靈化潛運，神道虚通。盡形識於沙界，絕起謝於塵劫。形識雖盡，應生而不生；起謝雖絕，示寂滅而無滅。豈實迦維降神，娑羅潛化而已。 (3) 我大唐臨訓天下，作孚海外，孝聖人之遺則，正先王文舊典。闡茲像教，釁爲大訓，道不虛行，弘在明德。遂使三乘奥義，釁於千載之下；十方遺靈，閟於萬里之外。神道無方，聖教有寄，待緣斯顯，其言信矣。 (4) 然佛以神通接物，靈化垂訓，故曰：神道洞玄，則理絕人區；靈化幽顯，則事出天外。是以諸佛降祥之域，先聖流美之墟，略舉遺靈，粗申記注。

表一百零五

作者/文獻	版本	用　　例
釋彥悰 《集沙門不應拜俗等事》 卷一	大正新修大藏經本	(1) 夫萬方殊俗，神道難辯，有自來矣。達觀傍通，誠當無怪。況阿跪拜之禮，何必尚然。當復原先王所以尚之之意，豈直好此屈折而坐遷槃辟哉？固不然矣。 (2) 輒共尋詳，有佛無佛，固非臣等所能定也。然尋其遺文，鑽其旨要，五戒之禁，實助王化。賤昭昭之名行，貴冥冥之潛操，行德在於忘身，抱一心之精妙，且興自漢世，迄于今朝，雖法有隆衰，而弊無妖妄，神道經久，未有其比也。夫詛有損也，祝必有益。 (3) 答曰：夫神道設教，誠難以言辯，意以為大設靈奇，示以報應，此最影響之實理，佛教之根要。今若謂三世為虛誕，罪福為畏懼，則釋迦之所明，殆將無寄矣。
釋彥悰 《集沙門不應拜俗等事》 卷二		(4) 答曰：夫幽宗曠邈，神道精微，可以理尋，難以事詰。 (5) 論者不尋方生方死之說，而或聚散於一化；不思神道有妙物之靈，而謂精麁同盡。不亦悲乎！ (6) 神道冥昧，聖詔幽遠。陛下所弘者，大爰逮道人奉佛者耳。 (7) 嘗試言之，受父母之遺，稟乾坤之分，可以存乎氣，可以立乎形。至若已之神道，必是我之心業，未曾感之於乾坤，得之于父母，識含胎藏，彌亘虛空，意帶熏習，漫盈世界。去而復生，如火焰之連出；來而更逝，若水波之續轉。根之莫見其始，究之豈覿其終？濁之則為凡，澄之則為聖，神理細幽，固難詳矣。
釋彥悰 《集沙門不應拜俗等事》 卷四		(8) 竊惟君臣契重，忠孝之義本隆；父子恩深，愛敬之情攸切。存日用之理，荷生成之大，受其蔭者豈有忘其德？餐其惠者寧有闕其禮？斯固在三隆訓，盡一垂範，乃理叶神衷，義符聖詔。然而域內之法，與老釋殊制；方外之軌，共堯孔異轍。筌蹄不能喻，性相兩亡；小大所不拘，天地齊一。不以色養為孝，不以棄親為疑。神道經久，此而莫止，尋其要旨，亦有助化。
釋彥悰 《集沙門不應拜俗等事》 卷五		(9) 竊以紫氣騰真，玄牝之風西被；白虹沈化，涅槃之蘊東流。轡羽驤霞，影玉京而凝衆妙；津慈照寂，啓金園而融至道。義冠空有，理洞希夷。祛濟塵蒙，薰滌因累。神道裨教，茲焉有徵。

表一百零六

作者/文獻	版本	用　　例
釋一行《大毗盧遮那成佛經疏》卷十八	日本慶安二年刻本	(1) 同事已久，菩薩漸示厭離，稍歎柔順行呵麁暴事，後自改已勸彼令改，而猶未從，菩薩後時以示捨惡行故，稍自修道得大法利，現示神道，彼發稀有心，此人所行先過於我，尚能自改而獲此法，我何不爲？又以彼爲師而入法利，即是菩薩以慧方便而示麁惡也。

表一百零七

作者/文獻	版本	用　　例
釋圓照《貞元新定釋教目録》卷十六	大正新修大藏經本	(1) 草堂沙門惠朗等言：昨六日，先師荼毘之夕，聖慈哀悼，追贈司空，仍謚號大辯正廣智不空三藏和上。昭宣國禮，寵光神道。三公之贈，有越舊章。和上之稱，先經未載。是知高天之澤，浸江海而無涯；幽途之靈，蒙日月而下照。凡百弟子數千衆人，悲感聖恩，無任戴荷。

表一百零八

作者/文獻	版本	用　　例
釋知玄《水懺》卷下	大正新修大藏經本	(1) 次復懺悔一切鬼神修羅道中，諛諂憍詐罪報。懺悔鬼神道中，擔沙負石，填河塞海罪報。懺悔鬼神羅刹、鳩槃茶，諸惡鬼神，生噉血肉，受此醜陋罪報。如是鬼神道中，無量無邊，一切罪報，今日稽顙，向十方佛大地菩薩，求哀懺悔，悉令消滅。

表一百零九

<table>
<tr><th>作者/文獻</th><th>版本</th><th>用　　例</th></tr>
<tr><td>釋宗密《圓覺經略疏之鈔》卷十三</td><td rowspan="2">清宣統三年揚州藏經院刻本</td><td>(1) 若諸衆生，其心不淫，則不隨其生死相續。汝修三昧，本出塵勞。淫心不除，塵不可出。縱有多智禪定現前，如不斷淫，必落魔道。(殺墮神道，偷墮邪道。) 彼等諸魔（殺云鬼神，偷云羣邪）亦有徒衆。各各自謂，成無上道。</td></tr>
<tr><td>釋宗密《圓覺經略疏之鈔》卷二十四</td><td>(2) 僞者隨因所修數息等禪所發之法，身手紛動，或重或輕，或寒或熱，或念散善，或起惡覺，乃至憂喜驚樂，此名邪定。若人念著，多好失心。或鬼神知之，則加勢力；令發諸定，智辨神通；感動世人，謂得道果；乃至命終，墮鬼神道。</td></tr>
</table>

表一百一十

作者/文獻	版本	用　　例
司空圖《司空表聖文集》卷第五	四部叢刊景舊鈔本	（1）唐故太子太師致仕盧公神道碑（渥）

表一百一十一

作者/文獻	版本	用　　例
孫思邈《千金翼方》卷二十六	元大德梅溪書院本	（1）大椎，在第一椎上陷中。陶道，在大椎下節間。身柱，在第三椎下節間。神道，在第五椎下節間。至陽，在第七椎下節間。筋縮，在第九椎下節間。脊中，在第十一椎下節間，不灸。……長強，在脊骶端。
孫思邈《千金翼方》卷三十		（2）吾有其禁知天神，蓋不自發身歸誠。日南施禁火精，日北施禁五帝動。經吾三禁，莫敢不來。神道神名，鬼道鬼字。蠱道蠱名，魅道魅字。偷道偷名，賊道賊字。高山騰蛇，下山騰蛇。高山之崎，下山之峻。或在天上，或在人間。河伯將軍，五道倏羅。
孫思邈《千金要方》卷五十七	清文淵閣四庫全書本	（3）灸從大椎數，下行第五節下，第六節上，穴在中間（此即神道穴），隨年壯，并主上氣。
孫思邈《千金要方》卷六十一		（4）論曰：夫三焦者，一名三關也。上焦名三管反射，中焦名霍亂，下焦名走哺。合而為一，有名無形，主五臟六腑，往還神道，周身貫體，可聞不可見。和利精氣，決通水道，息氣腸胃之間，不可不知也。
孫思邈《千金要方》卷八十七		（5）大椎，在第一椎上陷中。陶道，在大椎下節間。身柱，在第三椎下節間。神道，在第五椎下節間。靈臺，在第六椎。至陽，在第七椎下節間。
孫思邈《千金要方》卷九十一		（6）曲池、人迎、神道、章門、中府、臨泣、天池、旋機、府輸，主胷中滿。支溝，主脅腋急痛。腕骨、陽谷，主脅痛不得息。豐隆、丘墟，主胷痛如刺。竅陰，主脅痛欬逆。
孫思邈《千金要方》卷九十二		（7）天牖、缺盆、神道、大杼、天突、水道、巨骨，主肩背痛。膈輸、譩譆、京門、尺澤，主肩背寒痓，肩甲內廉痛。 （8）神道、谷中、腰輸、長強、大杼、膈關、水分、脾輸、小腸輸、膀胱輸，主腰脊急強。 （9）天井、神道、心輸，主悲愁恍惚，悲傷不樂。

續表

作者/文獻	版本	用　　例
孫思邈 《千金要方》 卷九十三	清文淵閣四庫全書本	(10) 天井、神道、心俞，主悲愁恍惚，悲傷不樂。 (11) 神道、關元，主身熱頭痛，進退往來。 (12) 商丘、神庭、上星、百會、完骨、風池、神道、液門、前谷、光明、至陰、大杼，主痎瘧熱。

表一百一十二

作者/文獻	版本	用　　例
唐臨 《冥報記》 卷中	大正新修大藏經本	(1) 時大業初，江陵岑之象爲邯鄲令。子文本，年未弱冠。之象請仁蒨於家教文本書，蒨以此事告文本。乃謂曰：成長吏謂曰我，有一事着君不得道。既與君交，久不能不告君。鬼神道中亦有食，然不能飽，苦飢。若得人食，便得一年飽。衆鬼多偷竊人食。我既貴重，不能偷之，從君請一飡。

表一百一十三

作者/文獻	版本	用　　例
王冰 《黃帝内經素問》 重廣補注黃帝 内經素問 卷第十	四部叢刊景明翻北宋本	(1) 先項背痛者，先刺之。(項，風池、風府主之。背，大杼、神道主之。)
王冰 《黃帝内經素問》 重廣補注黃帝 内經素問 卷第十五		(2) 大椎以下至尻尾及傍十五穴。(脊椎之閒，有大椎、陶道、身柱、神道、靈臺、至陽、筋縮、中樞、脊中、懸樞、命門、陽關、腰輸、長強、會陽十五俞也。……神道，在第五椎節下間，俛而取之。靈臺，在第六椎節下閒，俛而取之。) (3) 陶道、神道，各留五呼。陶道、身柱、神道、筋縮，可灸五壯。

表一百一十四

作者/文獻	版本	用　　例
王勃 《王子安集》 卷十三	四部叢刊景明本	(1) 導揚十聖，光被六虛，乘素履而保安貞，垂黃裳而獲元吉。故能貴而無位，履端於太極之初；高而無名，布政於皇王之首。千秋所不能易，百代所不能移，萬乘資以興衰，四海繇其輕重。雖復質文交映，瞻禴祀而長存；金火遞遷，奉琴書而罔絕。蓋《易》曰：觀乎人文，以化成天下。又云：聖人以神道設教，而萬物服焉。豈古之聰明睿智，神武而不殺者夫！

續表

作者/文獻	版本	用　　例
王勃《王子安集》卷十五	四部叢刊景明本	(2)《梓州郪縣兜率寺浮圖碑》：若夫仙樓白玉，窈冥崑閬之墟；神闕黃金，寂寞蓬瀛之浦。斯則罔巒㝢鬴，稽鳳冊而空存；島嶼遐陵，艤龍舟而罕追。至若按皇軒於夏籙，考璿構於殷圖，周王北洛之官，秦帝南山之閣。西京故事，下聽雷霆；東國餘基，俛臨風雨。莫不陵遷谷變，共榛灌而丘墟；火絕烟沉，與雲雨而坱莽。其有據坤靈之寶位，借神道之冥扶。占象緯而圖基，揆川原而宅址。蜂台映月，還臨舍衛之城；鴈塔尋雲，即對嗜闍之嶺。成而不毀者，將斯之謂與？

表一百一十五

作者/文獻	版本	用　　例
王燾《外臺秘要》卷六	清文淵閣四庫全書本	(1) 刪繁論曰：夫三焦者，一名三關也。上焦名三管反射，中焦名霍亂，下焦名走哺。合而爲一，有名無形，主五臟六腑，往還神道，周身貫體，可聞不可見。
王燾《外臺秘要》卷三十九		(2) 神道（在第五椎節下間。督脈氣所發，俛而取之，灸三壯。主身熱頭痛、進退往來、痻瘧、恍惚悲愁。）

表一百一十六

作者/文獻	版本	用　　例
王維《王摩詰文集》卷第七	宋蜀本	(1) 故右豹韜衛長史賜丹州刺史任君神道碑（并序） (2) 大唐故臨汝郡太守贈祕書監京兆韋公神道碑銘（并序）
王維《王右丞集箋注》卷十一	清文淵閣四庫全書本	(3) 銅盤（《後漢書》：左慈，字元放。少有神道。嘗在司空曹操坐，操從容顧眾賓曰：今日高會，珍羞略備，所少吳松江鱸魚耳。元放于下坐應曰：此可得也。因求銅盤貯水，以竹竿餌釣于盤中，須臾引一鱸魚出。操大拊掌笑，會者皆驚。）
王維《王右丞集箋注》卷二十三		(4) 故右豹韜衛長史賜丹州刺史任君神道碑（右一本作"左"） (5) 大唐故臨汝郡太守贈祕書監京兆韋公神道碑銘

表一百一十七

作者/文獻	版本	用　例
王希明 《太乙金鏡式經》 卷四	清文淵閣四庫全書本	(1) 今則太乙兵起鄉，陣隨於地，觀方制變，皆筭稱神，此用兵之神道也。

表一百一十八

作者/文獻	版本	用　例
魏徵 《隋書》 卷十三	清乾隆武英殿刻本	(1)《易》云：大觀在上。觀天之神道，而四時不忒也。
魏徵 《隋書》 卷十四		(2) 皇帝奠爵訖，奏《高明樂》《覆燾》之舞辭：自天子之，會昌神道。丘陵肅事，(北郊云：方澤祇事。) 克光天保。九關洞開，百靈環列。八樽呈備，五聲投節。 (3) 進熟，皇帝入北門，奏《皇夏樂》辭：齊居嚴殿，夙駕層闈。車輅垂彩，旒袞騰輝。聳誠載仰，翹心有慕。洞洞自形，斤斤表步。閟宮有邃，神道依俙。孝心緬邈，爰屬爰依。
魏徵 《隋書》 卷十五		(4)《飲福酒歌》辭（郊丘社廟同）：神道正直，祀事有融。肅雝備禮，莊敬在躬。羞燔已具，奠酹將終。降祥惟永，受福無窮。
魏徵 《隋書》 卷十九		(5)《春秋傳》曰：公既祖朔，遂登觀臺，凡分至啓閉，必書雲物。神道司存，安可誣也！今略舉其形名占驗，次之經星之末云。
魏徵 《隋書》 卷二十二		(6) 性者，生之靜也。欲者，心之使他。置情攸往，引類同歸。雀乳於空城之側，鷂飛於于耳之上。短長之制，既曰由人；黔隧崇山，同車共軫。必有神道，裁成倚伏。一則以為殃釁，一則以為休徵。故曰：德勝不祥而義厭不惠。是以聖王常由德義，消伏災咎也。
魏徵 《隋書》 卷三十二		(7)《易》曰：河出圖，洛出書。然則聖人之受命也，必因積德累業，豐功厚利，誠著天地，澤被生人，萬物之所歸往，神明之所福饗，則有天命之應。蓋龜龍銜負，出於河、洛，以紀易代之徵，其理幽昧，究極神道。先王恐其惑人，祕而不傳。說者又云：孔子既敍《六經》，以明天人之道，知後世不能稽同其意，故別立緯及讖，以遺來世。其書出於前漢，有《河圖》九篇，《洛書》六篇，云自黃帝至周文王所受本文。又別有三十篇，云自初起至於孔子，九聖之所增演，以廣其意。

續表

作者/文獻	版本	用　例
魏徵《隋書》卷四十	清乾隆武英殿刻本	(8) 胡僧告之，公卿奏誼大逆不道，罪當死。上見誼，愴然曰：朕與公舊為同學，甚相憐愍，將奈國法何？於是下詔曰：誼，有周之世，早豫人倫，朕共遊庠序，遂相親好。然性懷險薄，巫覡盈門，鬼言怪語，稱神道聖。朕受命之初，深存戒約，口云改悔，心實不悛。乃說四天正神道，誼應受命，書有誼讖，天有誼星，桃、鹿二川，岐州之下，歲在辰巳，興帝王之業。密令卜問，伺殿省之災。又說其身是明王，信用左道，所在詿誤，自言相表，當王不疑。此而赦之，將或為亂，禁暴除惡，宜伏國刑。
魏徵《群書治要》羣書治要卷第一	四部叢刊景日本本	(9)《象》曰：順而巽，中正以觀天下。觀天之神道，而四時不忒。聖人以神道設教，而天下服。
魏徵《群書治要》羣書治要卷第十一		(10) 論曰：孔子稱古者三皇五帝，設防而不犯，故無陷刑之民。是以或結繩而治，或象畫而化，自庖犧至于堯舜，神道設教，可謂至政，無所用刑矣。夫三載考績，黜陟幽明，善無微不著，惡無隱不章，任自然以誅賞，委羣心以就制，故能造御乎無爲，運道於至和，百姓日用而不知，含德若自有者也。
魏徵《群書治要》羣書治要卷第二十五		(11) 三年，表首陽山東爲壽陵，作《終制》曰：禮，國君卽位爲椑，存不忌亡也。封樹之制，非上古也，吾無取焉。壽陵因山爲體，無爲封樹，無立寢殿，造園邑，通神道。夫葬者，藏也，欲人之不得見也。骨無痛癢之知，冢非棲神之宅，禮不墓祭，欲存亡之不黷也，爲棺槨足以朽骨，衣衾足以朽肉而已。故吾營此丘墟不食之地，欲使易代之後不知其處。

表一百一十九

作者/文獻	版本	用　例
溫庭筠《溫飛卿詩集箋注》卷八	清文淵閣四庫全書本	(1)《阮籍傳》：籍嘗於蘇門山遇孫登，與商確終古及栖神道氣之術，登皆不應，籍因長嘯而退。至半嶺，聞有聲若鸞鳳之音，響乎巖谷，乃登之嘯也。

表一百二十

<table>
<tr><th>作者/文獻</th><th>版本</th><th>用　例</th></tr>
<tr><td>吴筠
《玄綱論》
中篇</td><td rowspan="3">明正統道藏本</td><td>(1) 神道設教章第十
(2) 九玄之初，二象未構，靈風集妙，空洞凝華，寶章結於混成，玉字標於獨化，挺乎有無之際，煥乎玄黄之先，月得之以照臨，乾坤資之以覆載。於是無上虛皇命元始天王編之於金簡，次之於玉章，初祕上玄，末流下土，降鑒有道，乃錫斯文。故伏羲受圖，軒轅受符，高辛受天經，大禹受洛書，神道設教兆於兹矣。</td></tr>
<tr><td>吴筠
《玄綱論》
下篇</td><td>(3) 畏神道章第二十六
(4) 或問曰：人有善惡，天地神明豈悉知之乎？愚應之曰：是何言歟？是何言歟？夫心者神靈之府，神棲於其間。苟心謀之，即神知之。神知之，則天地神明悉知之矣。未有爲善惡不謀於心者，既謀於心，則神道所察，無逃於毫分。無逃於毫分，則福善禍淫，其不差矣。</td></tr>
<tr><td>吴筠
《宗玄集》
宗玄先生文集
卷中</td><td>(5) 五帝合符，三皇同征，乃命天將，總天丁；伐天鼓，揚天旌；揮金鑲，擲火鈴；使列缺，激迅霆；出昭曠，入杳冥；捕無影，搜無聲；獲祆師，殲氛兵；正太階，掃攙搶。盪遺祆於千載，流惠澤於八紘，班師下土，歸功上清。然後人倫可以順化，神道可以永貞，變訛僻之俗，為雍照之甿。佇淳風之尅復，吾乃鼓腹擊壤於巖埛，吟詠栢皇與驪連大庭而已矣！
(6) 噫嗟！進有馳車升丘之難，退有轉規入谷之易，縈塵務以汩沒，皆近習之所致。徇人情之所取，必神道之我棄，理無往而不復，思挺然以釋累。……俾疎墮之情廢，則精勤之思興，代甘芳以淳淡，易浮蕩以虛凝。合抱生於毫末，履霜至於堅冰，孰謂希夷之無物，吾必知恍惚之可憑也。
(7) 《經羊角哀墓作》：衹召出江國，路傍旌古墳。伯桃葬角哀，墓近荊將軍。神道不相得，稱兵解其紛。幽明信難知，勝負理莫分。長呼遂刎頸，此節古未聞。兩賢結情愛，骨肉何足云。感子初並粮，我心正氛氳。遲回駐征騎，不覺空林曛。</td></tr>
</table>

表一百二十一

作者/文獻	版本	用　例
蕭嵩 《大唐開元禮》 卷一	清文淵閣四庫全書本	(1) 謹按：《傳》曰：萬物之精，上為眾星。故天有萬一千五百二十星，地有萬一千五百二十物，即星之與物各有所主。若五帝之神別有空位，則衆星之位豈有別神者哉？雖神道有殊而至理可見，今並依郊壇圖為定。

續表

作者/文獻	版本	用　　例
蕭嵩《大唐開元禮》卷四十五	清文淵閣四庫全書本	(2) 拜謁前一日，皇帝至行宮，詣齋室，仗衛如式。陵令以玉冊進，御署訖，近臣奉出，陵令受訖，奉禮設御位於陵東南隅，西向。(其有山谷隱暎，則隨地設位，望陵而拜。) 又設位於寢宮之內寢殿東階之東南，西向。又設百官位於陵所，行從官及皇親諸親客使等分方位於神道之左右，相對為首；又設百官位於寢宮所大次之前，分方序立如常，並隨地之宜。
蕭嵩《大唐開元禮》卷七十八		(3) 古者宗子去他國，庶子無廟。許望墓爲壇，以時祭。即今之上墓，義或有憑。然神道尚幽，不可逼黷塋域，宜于墓南山門之外，設淨席爲位，望祭以時，饌如平生所嗜。若一塋數墓，每墓各設位席，昭穆異列，以西為上。主人盥手奠爵，三獻而止。徹饌訖，主人以下辭墓。食餘饌者可于他處，避不見墓，孝子之情也。
蕭嵩《大唐開元禮》卷一百三十九		(4) 祝於輿左，西向跪，告曰：孤子某（母云哀子）謹用吉辰，奉歸先寢，(若新卜宅，云“奉遷幽宅”。) 靈車就引，神道紆迴，惟以荒寥，無任哽絶。
蕭嵩《大唐開元禮》卷一百四十三		(5) 祝於輿左，西向跪，告曰：孤子某（母稱哀子）謹用吉辰，奉歸先兆，(若新卜宅，宜曰“奉遷幽宅”。) 靈車就引，神道紆迴，惟心荒寥，無任哽絶。
蕭嵩《大唐開元禮》卷一百四十七		(6) 祝於輿右，西向跪，告曰：孤子某（母云哀子）謹用吉辰，奉歸先兆，(若新卜塋域，宜曰“奉遷幽兆”。) 靈車就引，神道紆迴，惟以荒寥，無任哽絶。

表一百二十二

作者/文獻	版本	用　　例
徐堅《初學記》卷二十二	清光緒孔氏三十三萬卷堂本	(1) 葛洪《神仙傳》曰：左慈，字元放，廬江人也。少有神道。嘗在曹公坐，公曰：今日高會，珍羞略備，所少者吳江鱸魚為鱠耳。元放曰：此可得也。

續表

作者/文獻	版本	用　　例
徐堅《初學記》卷二十五	清光緒孔氏三十三萬卷堂本	(2) 乃詔小臣，為其銘曰：一寒一暑，有明有晦；神道無跡，天工空代。乃置挈壺，是惟熙載；氣均衡石，晷正權槩。世道交喪，禮術消亡；遽遷水火，爭倒衣裳。擊刀舛次，聚木乖方；爰究爰度，時惟我皇。方壺外次，員流內襲；洪殺殊等，高卑異級。靈虯承注，陰蟲吐噏；倏忽往來，鬼神出入。微若抽繭，逝若激電。耳不輟音，眼無流眄；銅史司刻，金徒抱箭。合昏暮卷，螢莢晨生；尚辨天意，猶測地情。況我神造，通幽洞靈；配等皇極，為世作程。

表一百二十三

作者/文獻	版本	用　　例
徐寅《釣磯文集》補	四部叢刊三編景清述古堂鈔本	(1)《衡賦》：搜聖人之垂象，伊茲衡之可觀。……四方正而域中平，七政齊而天下泰。動而無欲，任之故絶私；益而無方，行之固不害。然能思無不踐，應倉舒刻舟之深淺；問無不知，表張重度骨之威儀。若乃均其神道，形其事業，聖人因之以平施，邊鄙賴之而不怯。豈欲決其差謬，明其有無，小人取之以作則，君子見之而交孚。則有王臣謇謇，宰職秩秩。洞鑒人才，神無隱質。諒茲衡之攸媲，故守之而勿失。倘陳平之見知，宰州縣之如一。

表一百二十四

<table>
<tr><th>作者/文獻</th><th>版本</th><th>用　　例</th></tr>
<tr><td>許敬宗《文館詞林》卷四百五十三</td><td rowspan="3">民國適園叢書本</td><td>(1) 僉以陳君物範，且勒潁川之碑；張氏孝廉，猶書冠軍之碣。況乃勵茲近俗，振我淳風，節士慕義，懦夫成勇，言之不可以已，其在斯乎？乃刊志清徽，樹之神道，俾夫披文相質，知皇代之有人焉。</td></tr>
<tr><td>許敬宗《文館詞林》卷四百五十九</td><td>(2) 故吏某官姓名等，日月逾往，懷感彌至，思騰聲實，永永無窮。勒石神道紀功，旌伐其銘，粵荀該四，海袁號五。
(3) 夫立德計功，垂範貽則，可以銘太常而書王府，鏤金石而被管弦，在當年而無愧，歷永代而不朽者，惟公乎！故吏某官姓名等，想生氣其猶存，痛徽音之永謝，式昭盛業，樹碑神道。嗣子某等，克構丕基，早標令譽，怵惕霜露，俗報之志無從；匍匐幾筵，誄德之情斯切。</td></tr>
<tr><td>許敬宗《文館詞林》卷六百六十一</td><td>(4) 方前驅輦道，受記明庭，參駕鑾輿，告成日觀，而彼蒼寡惠，與善愆期，沈痼彌留，晦時愈積。眷言神道，禍福之塗終昧；並走群望，甿史之誠無感。粵以貞觀六年薨於州館，春秋五十有二。</td></tr>
</table>

續表

作者/文獻	版本	用　　例
許敬宗 《文館詞林》 卷六百七十	民國適園叢書本	(5) 門下齊應天歷，會昌神道。代及握紀，照臨萬方。朕以寡德，對揚靈命。將茲大業，作君四海。永言丕緒，夙夜惟夤。

表一百二十五

作者/文獻	版本	用　　例
許嵩 《建康實録》 卷二十	清文淵閣四庫全書本	(1) 簡文夜夢吞一塊土，意惡之，以告不害，不害曰：昔晉文出奔，野人遺塊，卒返其國。簡文曰：若神道有知，尚冀言之不忘。

表一百二十六

作者/文獻	版本	用　　例
顏眞卿 《顏魯公文集》 卷五	清三長物齋叢書本	(1) 唐故太尉廣平文貞公宋公神道碑側記（大歷十三年三月）
顏眞卿 《顏魯公文集》 卷七		(2) 少師生三子，曰右武衛將軍贈幽州大都督（闕三字）懷慶、冠軍左羽林大將軍兼營府都督御史中丞充平盧節度採訪兩蕃使懷亮、河源軍使安北都護右領軍將軍上柱國上蔡縣開國侯累贈大常卿魏州刺史工部尚書懷恪，皆行冠人倫，才兼文武，并時迭將，爲國虎臣，朔漠之問，峻風斯在。其功庸志業，各具《三原縣先塋神道碑》。 (3) 曜卿，工草隸、五言，以文學直崇文館，淄川司馬。旭卿，善草書，允山令。茂曾篤行，頗好詁訓，犍爲司馬。惟貞，字叔堅，有德行詞學，尤善草隸。屢登甲科、太子文學、薛王友、累贈太子少保，事具陸據《神道碑》。 (4) 其年年七月才生明，遘疾而歿，教義者隱而傷焉。與會稽賀知章、陳郡殷踐猷、吳郡陸象先、上谷寇泚、河南源光裕、博陵崔璩友善，事具陸據所撰《神道碑》。
顏眞卿 《顏魯公文集》 卷八		(5) 神道碑銘一 (6) 河南府參軍贈祕書丞郭君神道碑銘（天寶九載五月） (7) 祕書省著作郎夔州都督長史上護軍顏公神道碑（乾元二年）

續表

<table>
<tr><th>作者/文獻</th><th>版本</th><th>用　例</th></tr>
<tr><td>顔眞卿
《顔魯公文集》
卷八</td><td rowspan="3">清三長物齋叢書本</td><td>（8）先夫人陳郡殷氏泉柳夫人同合祔焉，禮也。七子：昭甫，晉王曹王侍讀，贈華州刺史，事具眞卿所撰《神道碑》。敬仲，吏部郎中，事具劉子元《神道碑》。殆庶、無恤、辟非、少連、務滋，皆有學行，以柳令外甥不得仕進。……屬元宗監國，專掌令畫。滁、沂、豪三州刺史，贈秘書監。惟貞，頻以書判入高等，歷畿赤尉丞、太子文學、薛王友、贈國子祭酒、太子少保，德業具陸據《神道碑》。
（9）攝常山郡太守衛尉鄉兼御史中丞贈太子太保謚忠節京兆顔公神道碑銘（乾元二年正月）
（10）正議大夫行國子司業上柱國金鄉縣開國男顔府君神道碑銘（寶應元年）
（11）和政公主神道碑（廣德二年八月）
（12）唐故開府儀同三司太尉兼侍中河南副元帥都督河南淮南淮西荊南山南東道五節度行營事東都留守上柱國贈太保臨淮武穆王李公神道碑銘（廣德二年十一月）</td></tr>
<tr><td>顔眞卿
《顔魯公文集》
卷九</td><td>（13）神道碑銘二
（14）朝議大夫贈梁州都督上柱國徐府君神道碑銘
（15）金紫光祿大夫守太子太傅兼宗正卿贈司空上柱國隴西郡開國公李公神道碑銘
（16）特進行左金吾衛大將軍上柱國清河郡開國公贈開府儀同三司兼夏州都督康公神道碑銘（永泰二年二月）
（17）中散大夫京兆尹漢陽郡太守贈太子少保鮮于公神道碑銘（永泰二年）
（18）朝請大夫行江陵少尹兼侍御史荊南行軍司馬上柱國顔君神道碑銘（大歷四年四月）
（19）左衛率府兵曹參軍賜紫金魚袋顔君神道碑銘（大歷四年四月）</td></tr>
<tr><td>顔眞卿
《顔魯公文集》
卷十</td><td>（20）神道碑銘三
（22）唐故右武衛將軍贈工部尚書上柱國上蔡縣開國侯臧公神道碑銘
（22）有唐開府儀同三司行尚書右丞相上柱國贈太尉廣平文貞公宋公神道碑銘（大歷五年十二月）
（23）高祖元節，定州田曹。曾祖宏俊，大理丞。祖務本，皇櫟陽令。父元撫，衛州司戶，贈戶部尚書。自田曹至於尚書，皆實浮於名，而位不充量，事見許公蘇頲所撰《神道碑》。
（24）遊擊將軍左領軍衛大將軍兼商州刺史武關防禦使上柱國歐陽使君神道碑銘（大歷十年十月）
（25）銀青光祿大夫海濮饒房睦台六州刺史上柱國汲郡開國公康使君神道碑銘（大歷十一年）
（26）京兆尹御史中丞梓遂杭三州刺史劍南東川節度使杜公神道碑銘（大歷十二年十一月）</td></tr>
</table>

續表

<table>
<tr><th>作者/文獻</th><th>版本</th><th>用　　例</th></tr>
<tr><td>顏眞卿
《顏魯公文集》
卷十一</td><td rowspan="6">清三長物齋叢書本</td><td>(27) 神道碣銘
(28) 杭州錢塘縣丞殷府君夫人顏君神道碣銘</td></tr>
<tr><td>顏眞卿
《顏魯公文集》
卷十四</td><td>(29) 光祿大夫太子太師上柱國魯郡開國公顏眞卿神道碑銘（原題作《墓誌銘》，今改。太原，令狐峘。）
(30) 且其文曰“故吏廬州刺史李萼刊石立碑，旌於不朽”，則峘所撰者公之《神道碑》也，以傳刻失實耳。及閱留元剛《魯公年譜》，其末條辨正公卒之年，亦引此文。作《神道碑》，益知愚論爲不謬，因改題曰《神道碑銘》。</td></tr>
<tr><td>顏眞卿
《顏魯公文集》
卷十五</td><td>(31) 按本傳及《神道碑》，天寶初以制策甲科，作尉醴泉。考《唐會要》所載，諸科如文詞秀逸，皆謂之制舉。
(32) 本傳云：上皇遷西内，公率百官問起居，李輔國惡之。《行狀》《神道碑》又謂：爲御史中丞敬羽所誣。然二事皆在公貶貳之時也。
(33) 今參之《行狀》《神道碑》《史傳》所載，先後進吏部當在今年，充使乃代宗晏駕之後也。
(34)《新史記》以爲貞元元年之八月，《神道碑》《前書》日月同《舊傳》。</td></tr>
<tr><td>顏眞卿
《顏魯公文集》
卷十六</td><td>(35)《新樂府・青石一激忠烈也》：青石出自藍田山，兼車載運來長安。工人磨琢欲何用，石不能言我代言。不願作人家墓前神道碣，墳土未乾名已滅。不願作官家道旁德政碑，不鐫實錄鐫虛辭。願爲顏氏段氏碑，雕鏤太尉與太師。刻此兩片堅貞質，狀彼二人忠烈姿。義心如石屹不轉，死節如石確不移。如觀奮擊朱泚日，似見叱訶希烈時。各於其上題名謚，一置高山一沈水。陵谷雖遷碑獨存，骨化爲塵名不死。長使不忠不烈臣，觀碑改節慕爲人。慕爲人，勸事君。</td></tr>
<tr><td>顏眞卿
《顏魯公文集》
卷十八</td><td>(36) 按《藝文志》《行狀》《神道碑》，公佐吉州有《廬陵集》十卷，刺撫州有《臨川集》十卷，刺湖州有《吳興集》十卷、《韻海鏡源》三百六十卷，爲禮儀使有《禮儀集》十卷，今並逸而不傳。</td></tr>
<tr><td>顏眞卿
《顏魯公文集》
卷十九</td><td>(37)《唐書》本傳載魯公遷轉官爵多誤，今以《行狀》《神道碑銘》及《家譜》《年譜》與本傳互攷，附載《家廟碑》之後。
(38) 舉進士（以《新唐書》本傳爲主，下並同。案：本傳以此爲在開元中。令狐峘《神道碑銘》云：進士出身，尋判人高等，授祕書省校書郎。）
(39) 令狐峘撰公《神道碑》，以當時人書當時事，其說似可憑信。</td></tr>
</table>

續表

作者/文獻	版本	用　　例
顔眞卿 《顔魯公文集》 卷十九	清三長物齋叢書本	(40) 若公歿於興元元年，不應書是帖。於明年正月，則兩書、本傳及《神道碑》皆誤矣。 (41) 其年壽，《新史》及《神道碑》皆云七十六，《舊史》及《行狀》皆云七十七。 (42) 其歸葬之期，當以《神道碑》所載：貞元二年，蔡州平。冬十一月旬有三日，歸葬。 (43) 其母當卒於京師，而葬亦當祔惟貞之墓。《神道碑》云：嗣子碩奉喪歸葬於萬年（闕）之舊原，即鳳栖原祖塋地也。
顔眞卿 《顔魯公文集》 卷二十		(44) 魯郡公顔眞卿守平原，溫佶杖策往謁，雲風類隨，忠氣合發。（牛僧孺撰佶《神道碑》。）
顔眞卿 《顔魯公文集》 卷二十一		(45) 又《金石萃編》謂徐浩未嘗爲都官郎中，豈未見《多寶塔》題銜邪？又偃師學有貞元十五年，張式撰《徐浩神道碑》云"遷金部員外郎，轉都官郎中"，正在天寶時，並正於此。
顔眞卿 《顔魯公文集》 卷二十二		(46) 令狐峘《神道碑》曰：時前殿中侍御史沈震、鹽山尉穆寧、武邑丞李銑、清河主簿張澹，各抒器能，參贊成務。
顔眞卿 《顔魯公文集》 卷二十三		(47) 右《顔勤禮神道碑》，顔眞卿撰并書序。顔、溫二家之盛，云思魯、大雅，在隋俱仕東宮；愍楚、彥博，同直内史省；遊秦、彥將，皆典秘閣。
顔眞卿 《顔魯公文集》 卷二十四		(48) 閬州《鮮于氏神道碑》二，一在二教院崖上，一在墓，其文與書皆出顔魯公。又有《獎諭仲通碑》亦在墓田，非魯公之文，亦魯公之筆也。（《輿地碑目》）
顔眞卿 《顔魯公文集》 卷二十五		(49)《宋公神道碑》獨完好，惟《碑側記》闕八字。碑去官道二里餘，世罕知者，以故久不顯於世，致君因謁墓下始得之且難。舊史不載，新書闕遺，乃刻顔公體大書字畫，則刻於石，庶久其傳。 (50)《宋文貞神道碑側記》，顔魯公纂書，石刻，沙河。二公剛勁大節相埒，書亦稱是，眞足三絶。 (51) 今碑言衡謫居沙州，是亦史所未及，可備録也。外又有《神道碑側記》，趙德父已具録，茲不再贅云。（《授堂金石跋》）此碑兩面，一側皆《神道碑銘》；其一側記宋公軼事，謂之《碑側記》。

續表

作者/文獻	版本	用　例
顔眞卿 《顔魯公文集》 卷二十六	清三長物齋叢書本	(52) 右碑題云“唐故右武衛將軍贈工部尚書上柱國上蔡縣開國侯臧公神道碑”，撫州刺史顔眞卿撰并書，李秀巖篆額。 (53) 又《文苑英華》載李邕《左羽林大將軍臧公神道碑文》云：其先派於後稷，演於周公，洎魯孝公子臧，因而氏焉。 (54) 墓在縣北，號柘塘神。市人月有祭，禱必應，溧陽人尤神之。《神道碑》，裴度撰，蔣潼書。 (55) 沖弟太眞，史有傳。登天寶上第，《文集》三十卷。《神道碑文》，裴度撰，蔣潼書。 (56) 顔眞卿以其結銜考之，《宋文貞公神道碑》署曰：行撫州刺史，爲大歷七年九月，立此碑。
顔眞卿 《顔魯公文集》 卷二十七		(57) 案：魯公幼孤，撰仲兄允南《神道碑》云：開元二十六年，丁內憂時，魯公年三十歲。
顔眞卿 《顔魯公文集》 卷二十八		(58)《杜濟墓碑》：右《杜濟神道碑》，顔眞卿撰并書。藝之至者，如庖丁之刀，輪扁之斲，無不中也。顔魯公之書，刻於石者多矣，而有精麤，雖他人皆莫可及。然在其一家，自有優劣，余意傳模鐫刻之有工拙也。而此碑字畫遒勁，豈傳刻不失其眞者皆若是歟。碑已殘缺，銓次不能成文，第録其字法爾。(《集古録跋尾》) (59) 右顔魯壻書撰《杜濟神道碑》，沉著端重，眞可入木八分。
顔眞卿 《顔魯公文集》 卷三十		(60) 按：留元綱《年譜》：魯公生於景龍三年己酉，距貞元元年乙丑，年七十有七。殷亮《行狀》亦云：貞元元年八月二十四日，希烈使景臻等害公於龍興寺，年七十七。令狐峘《神道碑》則云：今上興元二年八月三日，蹈危致命。而《碑》末復云：貞元初，遇害。

表一百二十七

作者/文獻	版本	用　例
楊炯 《盈川集》 楊盈川集 卷四	四部叢刊景明本	(1) 古之君子，昔者明王。道協公旦，神交帝唐。攝官從事，冕服端章。示之以德，臨之以莊。澤如春雨，威若秋霜。男女斯別，尊卑克彰。時逢版蕩，運屬悽遑。入齊損味，居陳絕糧。登山極目，臨水倘佯。無道斯隱，舍之則藏。季孫大賚，敬叔揄揚。問官郯子，受樂師襄。神明協贊，雅頌鏗鏘。紫麟遙集，丹鳥遠翔。生靈水火，家國舟航。功符日用，德協天長。倏嗟崩嶽，奄歎摧梁。昧昧神道，悠悠彼蒼。書開壞宅，讖識登床。與供輕重，因時弛張。

續表

<table>
<tr><th>作者/文獻</th><th>版本</th><th>用　例</th></tr>
<tr><td>楊炯
《盈川集》
楊盈川集
卷六</td><td rowspan="4">四部叢刊景明本</td><td>(2) 神道碑
(3) 後周青州刺史齊貞公宇文公神道碑
(4) 後周明威將軍梁公神道碑
(5) 唐同州長史宇文公神道碑</td></tr>
<tr><td>楊炯
《盈川集》
楊盈川集
卷七</td><td>(6) 神道碑
(7) 唐恒州刺史建昌公王公神道碑
(8) 王氏之先，代爲佐命。……思傳舊德，式建豐碑。戴安道作頌於鄭元，蔡伯諧披文於郭泰。魏武皇讀而稱妙，非所望焉；夏侯湛見而陋之，固其宜也。銘曰：厥初兮後稷，導生人兮知稼穡。降及兮文王，精翼日兮衣青光。平東遷兮郟鄏，晉上賓兮帝鄉。秦三將兮繼代，漢五侯兮克昌。……卜龜謀兮習吉，陳旨酒兮嘉栗。車徒儼兮在門，旌旆紛兮竟術。循洛橋兮南渡，從國門兮右出。樹蕭蕭兮有風，雲慘慘兮無日。指丘陵兮一閉，與天地兮相畢。悲孝子兮純深，孰憂思兮可任？訴高天兮泣血，踏厚地兮崩心。樹碑兮神道，無媿兮詞林。歷陽之都兮水沒，圓嶠之海兮山沉。俾外孫兮幼婦，生白玉兮黃金。
(9) 唐贈荊州刺史成公神道碑
(10) 益州溫江縣令任君神道碑
(11) 原州百泉縣令李君神道碑</td></tr>
<tr><td>楊炯
《盈川集》
楊盈川集
卷八</td><td>(12) 神道碑
(13) 瀘州都督王湛神道碑
(14) 唐右將軍魏哲神道碑
(15) 唐上騎都尉高君神道碑
(16) 唐昭武校尉曹君神道碑</td></tr>
<tr><td>楊炯
《盈川集》
楊盈川集
卷十</td><td>(17) 調露元年，詔公龍門鎮守，兼於夏州防捍。飲水受命，倍道兼行，鞍甲成勞，晦明爲疾。璽書降問，即日追還。中使接迹於家庭，尚藥綢繆於錫賚。人生詎幾？神道何知？仰觀於天，值三軍之星落；俯察於地，逢五將之山崩。詔書來北斗之門，圖像在南宮之壁。以三年秋七月，薨於紫桂宮右羽林軍之官第。詔賜御食，并錦被一張，常服一襲，雜彩百五十段；賜物一百段，粟一百石。勅書弔贈，禮越常班；喪葬所資，數優恒典。</td></tr>
</table>

表一百二十八

作者/文獻	版本	用　　例
佚名《黃帝九鼎神丹經訣》卷三	明正統道藏本	(1) 某雖凡愚，宿有道緣，遇蒙先師受大訣，祕之在心，未曾發洩。雖知天禁至重，又不可使神道永祕。今有某甲，雖處世俗，心慕道門，不貴金玉，不尚榮華，仰希玄路，志登紫雲。故減削自身，以備信物。
佚名《黃帝九鼎神丹經訣》卷十六		(2) 臣按：芒硝雖有陰陽正質，能得之者，功用乃神。所以其方之用，此作硝石，無有不効驗，神道畢矣。

表一百二十九

作者/文獻	版本	用　　例
義淨《南海寄歸內法傳》卷一	大正新修大藏經本	(1) 大眾咸足，其湌所長，還如常日，咸皆唱善，讚天神之力，親行禮覲，即覩神容，見在其前，食成大聚，問其何意，報此所由。淮北雖復先無，江南多有置處，求者効驗，神道非虛。大覺寺目，真隣陀龍，亦同斯異矣。
義淨《南海寄歸內法傳》卷四		(2) 法師亡日，淨年十二矣。大象既去，無所依投。遂棄外書，欽情內典。十四得霑緇侶，十八擬向西天。至三十七，方遂所願。淨來日就墓辭禮，于時已霜林半拱，宿草填塋。神道雖疎，展如在之敬；周環企望，述遠涉之心。冀福利於幽靈，報慈顏之厚德矣。

表一百三十

作者/文獻	版本	用　　例
虞世南《北堂書鈔》卷第十	清文淵閣四庫全書本	(1) 聖人以神道設教。(孫氏校之，道德改“以神道”。)
虞世南《北堂書鈔》卷第一百四十九		(2) 觀天之道，四時不忒。（又云：觀天之神道，而四時不忒。注：神，無形。今案：見《易・觀卦》“神，無形”句。見王注陳本小注“不忒”下，多引“神道設教”二句。)
虞世南《北堂書鈔》卷第一百五十五		(3) 祈請道神，是謂之祖。(《風俗通》云：見上。今案：此是稽含《祖賦》，已見上條注中。其又《風俗通》者，蓋沿上文羼入陳本，已改正矣。惟“道神”作“神道”下句，作“謂之有祖”亦非。)

表一百三十一

作者/文獻	版本	用　　例
元稹 《元氏長慶集》 卷第五十三	四部叢刊景明嘉靖本	(1) 唐故越州刺史兼御史中丞浙江東道觀察等使贈左散騎常侍河東薛公神道碑文銘

表一百三十二

作者/文獻	版本	用　　例
張讀 《宣室志》 卷四	清文淵閣四庫全書本	(1) 即命梃椽以牢禮陳於湫之傍，且祝曰：汝，水族也，無為生人患，將以酒沃之。是夕，郡西有暴風雷，聲震山郭，夜分霽焉。明日，里民視其湫，水已盡。公命使窮其跡，至湫西六十里易地為湫，巨鱷亦隨而徙焉。自是郡民獲免其患。故工部郎中皇甫湜撰愈《神道碑序》曰：刑部為潮陽守，云"峒獠海夷，陶然自化，鱷魚稻蟹，不暴民物"，蓋謂此也。

表一百三十三

作者/文獻	版本	用　　例
張九齡 《曲江集》 曲江張先生文集 卷之一	四部叢刊景明成化本	(1)《聖應圖贊》(并序)：臣聞啓聖者天也，宣有以覺悟；受命者聖也，必有以明徵：故神不言而可知，時將至而先兆。當陛下龍潛上黨也，或託類於雲物，或效靈於卜筮，意者天之丁寧垂象，唯恐後時。又以潞水之泓深，山鹿之捷走，馳騎是獲，厲流不濡，非力所能，以明或躍。《乾》之上體，時在九四，神道幽贊，聖期密邇，自後而占，何著明其若此？蓋天福海內，地降聖跡，以瑞非常之后，以決如神之策，至于再三，明必信耳。 (2) 臣聞天道先聖而啓期，聖人後天而奉時；不當乎天心，不在曆數；不登乎聖道，不合元符。玄命定而王者應，幽數起而明者察：故洛下閎極其數而知來，《耆舊傳》尚其占而示後。我皇帝無思而感，自然玄同；僧玄偘等幸會而言，豈云素慮？非人事也，非神道也，天固已儲祥以俟時，積分以差日，出入數代，多曆年所：疇人極力，不能課其祥；上林雜候，亦莫徵其失。
張九齡 《曲江集》 曲江張先生文集 卷之二		(3)《酬周判官巡至始興會改秘書少監見貽之作兼呈耿廣州》：惟昔遷樂土，迨今已重世。陰慶荷先德，素風慙後裔。唯益梓桑恭，豈稟山川麗。于時初自勉，揆己無兼濟。瘠土資勞力，良書啓蒙蔽。一探石室文，再擢金門第。……無庸我先舉，同事君猶滯。當推奉使績，且結拜親契。更延懷安吉，曾是慮危際。善謀雖若茲，至理焉可替。所仗有神道，况承明主惠。

續表

<table>
<tr><th>作者/文獻</th><th>版本</th><th>用　　例</th></tr>
<tr><td>張九齡
《曲江集》
曲江張先生文集
卷之八</td><td rowspan="4">四部叢刊景明成化本</td><td>（4）《勑清夷軍使虞靈章書》：勑清夷軍使虞靈章：窮寇傷殘，寄命無所，猶以遺噍，敢犯塞垣。卿義勇過人，臨難無苟，親當矢石，逐此犬羊，略有梟夷，足申威武，邊寄盡節，朕甚嘉之。仍聞鋒鏑既交，在卿亦有所損，神道助順，應不爲災。今將藥物，可以時將療，所有將士用命，即具狀以聞。其不幸陣亡，固將深悼惜，亦宜追録，當有加贈。夏末甚熱，卿及將士已下並平安好，遣書指不多及。</td></tr>
<tr><td>張九齡
《曲江集》
曲江張先生文集
卷之九</td><td>（5）《勑松模都督》勑松漠都督右金吾衛大將軍涅禮：得張守珪表，知卿等破賊。且突厥此來也，其心毒害，又甚輕敵，人事之與神道，可得不有傷殘？卿之忠誠，加以義勇，以順討逆，自然必勝。朕所懸爵秩，惟賞有功，況卿赤心，復加戍捷。然狂賊自遠投於死地，今其傷敗，必更有謀，可須防之，重不可失。烏知義在彼，宜與臨事籌之，若須邀截，亦與之計會。秋氣漸涼，卿及衙官首領百姓並平安好，遣書指不多及。
（6）《勑幽州節度張守珪書》：勑幽州節度副大使張守珪：張奉高下，叛奚自取殲滅，此等惡積，天將絕種。故遽誘其衷，叛亡相繼，及師徒追下，皆就誅夷，一二年間，凶黨必盡：亦由卿指揮得所，動不失宜，明於兵權，暗合神道，故能致此也。……彼軍少馬，已勒朔方，想卿早知之，宜差人受領。秋氣漸冷，卿及將士已下並平安好，遣書指不多及。</td></tr>
<tr><td>張九齡
《曲江集》
曲江張先生文集
卷之十三</td><td>（7）《薛王有疾上憂變容髪請宣付館狀》（并御批）：右臣等伏見邠王守禮等表并荅制：以薛王業有疾，聖情軫慮，宿昔之間，容發遂變；又尋繹致倦，假寢通神，因獲異方，頓解危惙。誠陛下友愛之至，冠於皇王，急難之情，達於神道。所以諸王陳請，願書竹帛，然猶讓此歸美，推而不居。聖德謙冲，固難名於廣大；臣子之志，敢忘義於昭宣？况臣等近侍軒墀，倍百恒品，望以邠王等狀宣付史館。謹錄狀奏聞，伏聽勑旨。</td></tr>
<tr><td>張九齡
《曲江集》
曲江張先生文集
卷之十四</td><td>（8）《賀祥雲見狀》（并御批）：右臣等伏見道門威儀司馬秀表稱：今月十日夜，陛下親臨同明殿道場，為宗廟蒼生祈福，有祥雲見。伏以聖德以精至動天，天意以昐蠁符聖：其感甚速，其應豈遠？陛下聖敬之深，勤恤所至，靈心如荅，神道何言？自表休期，以介景福，生人大賴，天下幸甚！臣等忝居近侍，倍百恒情。謹奉狀陳賀以聞。</td></tr>
</table>

續表

<table>
<tr><th>作者/文獻</th><th>版本</th><th>用　例</th></tr>
<tr><td>張九齡
《曲江集》
曲江張先生文集
卷之十六</td><td rowspan="4">四部叢刊景明成化本</td><td>(9)《姚令公荅書》：忽辱牋翰，喜慰攸集。退自循省，慙懼亦深，實智力之所不逮也，宜朝廷之所見責也。僕本凡近之才，素非經濟之具，叨承過聽，謬膺朝委。自少及長，從微至著，唯以直道爲業，匪以曲路期通。歷官三朝，年逾一紀，凡所稱薦，罕避嫌疑，實有祁奚之舉，非無許允之對。……上恃天聽，俯仗神道，既不得奉身而退，但知信心而前，然顧無隱慝，亦死爲分明矣。假惟不敏，敬承厥休，持當座銘，永爲身寶。元崇頓首頓首。</td></tr>
<tr><td>張九齡
《曲江集》
曲江張先生文集
卷之十七</td><td>(10)《祭舜廟》：維某月朔日，中散大夫、使持節都督桂州諸軍事、守桂州刺史兼當管經畧使、嶺南道按察使、攝御史中丞、借紫金魚袋上柱國、曲江縣開國男張某，敢昭告于大舜之靈：惟神以大孝而崇德，以大聖而奮庸，以至公而有天下，以至均而一海內。故不以荒服之外，不以黃屋之尊，巡守而來，殂落於此。……今聖朝紹興至道，愍兹遠人，爰遣使臣，按理邊俗。惟神幽鑒，願表微誠：若私僻爲謀，公忠有替，明鑒是殛，俾無遠圖；如悉心在公，惟力是視，當福而不福，爲善者懼矣。今至止之日，輙詣陳誠，伏惟神道聰明，亮斯欽到，願俯垂冥祐，俾輸力明時。尚饗。
(11)《爲吏部侍郎祭故人文》：維開元十年歲次壬戌二月癸酉朔十七日己丑，吏部侍郎某，謹以清酌脯醢之奠，敬祭故某公之靈：聞夫仁必壽考，所謂神道；善亦慶延，以爲信然。今夫子之不福，而聖朞之是愆。孝友純固，禮讓周旋，行所以直，業所以專，誠公才而天假，故官政以日宣。……今卜兆有日，祖載在庭，颫然象設，寞爾音形。驅白馬而何見，瞻素車之已扃。德音不忘，應甘棠之勿翦；交情乃見，伊黍稷之非馨。嗚呼哀哉！尚饗。</td></tr>
<tr><td>張九齡
《曲江集》
曲江張先生文集
卷之十九</td><td>(12) 大唐故光祿大夫右散騎常侍集賢院學士贈太子少保東海徐文公神道碑并序</td></tr>
<tr><td>張九齡
《曲江集》
曲江張先生文集
卷之二十</td><td>(13) 公以孝友爲體，一變而迪忠信；以明恕爲用，再變而致循良。故所行無擇，所事無巧；有恒其德，終且溫溫；不伐其功，昭然赫赫。所以遺愛固結，必在何武之去；稱誦斯深，惟恐子產之死。已而神道欺而不福，物情喪其所賴，人之不幸，今也云亡！及喪之西歸，則人吏致哀，道路相屬，得人心如此。冬十一月，葬于北原。</td></tr>
</table>

表一百三十四

作者/文獻	版本	用　例
張君相《道德眞經集解》卷四	清嘉慶宛委別藏本	(1)《疏》：神道處陰，幽冥難測，由其得一，故靈智無方。故《莊子》云：神鬼神帝，生天生地也。

表一百三十五

作者/文獻	版本	用　例
張説《張燕公集》張説之文集卷第三	四部叢刊景明嘉靖本	(1)《應制奉和》：文教資武功，郊畋閱邦正。不知仁育夂，徒看禽獸盛。夜霰氛埃滅，朝日山川静。綽仗飛走繁，抨弦筋角勁。帝射參神道，龍馳合人性。五豝連一發，百中皆先命。勇爵均萬夫，雄圖羅七聖。星為吉符老，雪作豐年慶。喜聽行獵詩，威神入軍令。
張説《張燕公集》張説之文集卷第十一		(2)《月重輪》：皇帝臨潞州，景龍元年七月十有四日，夜月重輪。頌曰：維帝潛德，受天眷命。月之重輪，示我金鏡。壁彩內澈，環規外映。君心用明，神道協慶。
張説《張燕公集》張説之文集卷第十四		(3) 贈太尉裴公神道碑 (4) 敘曰：八柱承天，高明之位定；四時成歲，亭育之功存。晝為九州禹也，堯享鴻名；播時百穀棄也，舜稱至德。由此言之，知人則哲，非贒罔乂，致君堯舜，何代無人？有唐元宰曰梁文貞公者，位為帝之四輔，才為國之六翮，言為代之軌物，行為人之師表：蓋維嶽降神，應時間出者也。……皇上悼焉，國人慕焉，撫床輟舂，曾未云比。制贈揚州大都督，謚曰文貞，禮也。……子昇子弈，思綴遺美，以寘罔極。有詔：掌文之官，敘事盛德之老，銘功將以寵宗臣、揚英烈。帝乃洒恩仙翰，鏤澤豐砥，日月照臨於佳城，煙雲變態於神道。寶其文字，別為群玉之山；禁其樵蘇，即表三司之墓。 (5)《孝經》云“立身行道，以顯父母”，侍中有焉。合三德而為家，橫百世而濟美。信可以言時稱代，鏤石刋金者歟！神道前銘，薛令所撰，且有後命，俾余係述。馬遷世家，益孟堅之一傳；劉寬表墓，並伯喈之兩碑。報德教忠，俱傳不朽。銘曰：天生亞聖，祚此王國。文綜九流，武參七德。柔遠服叛，窮西盡北。赫我皇靈，去其蟊賊。仁則不遠，智何不周？如山之峻，如川之流。術與神合，藝將道遊。書來懸帳，賦出登樓。司馬軍陣，宮人綱紀。帝嘉常伯，國于聞喜。室其令妻，家成克子。社金傳世，桓珪守祀。神為上台，永介拜祉。

續表

作者/文獻	版本	用　　例
張説 《張燕公集》 張説之文集 卷第十六	四部叢刊景明嘉靖本	(6) 唐故夏州都督太原王公神道碑 (7) 河州刺史舟府君神道碑 (8) 贈廣州大都督馮府君神道碑
張説 《張燕公集》 張説之文集 卷第十七		(9) 右《羽林大將軍王氏神道碑》，奉勑撰。
張説 《張燕公集》 張説之文集 卷第十八		(10) 大唐中散大夫行淄州司馬鄭府君神道碑 (11) 唐故贈齊州司馬陸公神道碑
張説 《張燕公集》 張説之文集 卷第十九		(12) 唐故瀛州河間丞崔君神道碑
張説 《張燕公集》 張説之文集 卷第二十一		(13)《和麗妃神道碑銘》，奉敕撰。 (14) 郾國長公主神道碑 (15) 延州豆盧使君萬泉縣主薛氏神道碑 (16)《鄭國夫人神道碑》，奉勑撰。
張説 《張燕公集》 張説之文集 卷第二十二		(17) 聖朝荅高秩於驃騎，酧大封於虢畧，豈非以辭茅之懇忠，成斷織之明訓？臣節立矣，君恩厚矣，子孝成矣，母慈著矣：備此四者，善孰加焉？抑神道祐心，而人倫興行。
張説 《張燕公集》 張説之文集 卷第二十五		(18) 贈吏部尚書蕭公神道碑 (19) 贈戶部尚書河東公楊君神道碑 (20) 故括州刺史贈工部尚書馮公神道碑

表一百三十六

作者/文獻	版本	用　例
鄭處誨 《明皇雜録》 卷上	清守山閣叢書本	(1) 姚元崇與張說同為宰輔，頗疑阻，屢以其相侵，張銜之頗切。姚既病，誡諸子曰：張丞相與我不叶，釁隙甚深。然其人少懷奢侈，尤好服玩。吾身歿之後，以吾嘗同寮，當來弔。汝其盛陳吾平生服玩，寶帶重器，羅列於帳前。若不顧，汝速計家事，舉族無類矣。目此，吾屬無所虞。便當録其玩用，致於張公，仍以《神道碑》為請。既獲其文，登時便寫進，仍先礱石以待之，便令鐫刻。張丞相見事遲於我，數日之後，當悔。若却徵碑文，以刊削為辭，當引使視其鐫刻，仍告以聞上訖。姚既歿，張果至，目其玩服三四。姚氏諸孤悉如教誡。不數日文成，敘述核詳，時為極筆。其略曰：八柱承天，高明之位列；四時成歲，亭毒之功存。後數日，張果使使取文本，以為詞未周密，欲重為刪改。姚氏諸子，仍引使者示其碑，乃告以奏御。使者復命，悔恨拊膺曰：死姚崇猶能筭生張說。吾今知才之不及也遠矣。

五代十國

表一百三十七

作者/文獻	版本	用　例
杜光庭 《廣成集》 卷二	四部叢刊景明正統道藏本	(1)《宣示解泰邊垂謝恩表》：臣某伏奉聖旨，宣示東北面軍前所奏，得鳳翔出歸官健王彥劉等分析賊中事宜，并有謠言，泰邊垂曲子待來年者。……竊聞所告之詞，便生剋平之義。所言邊垂者，乃國家散關之外卽是。國之時，雨之師，神道言，祥光陳。徯后之詠，成功堯敵，翹足可期，卽當蕩定三秦，統臨萬國。瑤圖寶曆，地久天長。臣獲奉天慈，躬聆吉語，輒陳淺見，干晚宸嚴，不任之至。
杜光庭 《廣成集》 卷六		(2)《青城令莫庭乂爲副使修本命周天醮詞》：伏聞道化宣行，玄功覆載。陰陽不測，亭育無私。由是五帝三皇，御六儀而統物；天官水府，司八會以持綱。……又恐三命五行，或逢衰厄；明星暗曜，或值照臨。神道至幽，常情靡達。非聞至聖，難滌深瑕。是敢依詣靈山，修崇大醮。遍天地陰陽之府，周星辰日月之宮。瀝懇披心，祈恩悔過。伏願靈光迴鑒，除已往之愆違；惠澤下臨，息將來之災否。允垂嘉祐，永介福祥。延壽紀於丹篇，落罪名於黑籍。以康川境，永保群生。不任。
杜光庭 《廣成集》 卷十		(3)《李仇中丞本命醮詞》：伏以二象陶融，三元生化。裁成品物，亭育群方。受命稟形，上繫天府。……又恐積生所犯，冤債未除；積世所行，過尤旋結。常情罔測，神道難知。非託醮祈，無由解謝。輒因本命之日，虔備香燈。仰玄象以披心，對星壇而瀝懇。敢希至聖，俯鑒丹誠。三官落罪簡之文，五帝削災妨之籍。臣宿瑕蕩滌，積釁銷平。輟死北宮，上生南極。天曹增祿，司命延年。眷屬和寧，公私清泰。卽荷眾聖之恩。不任。
杜光庭 《廣成集》 卷十二		(4)《周庠員外填本命醮詞》：伏聞天鑒孔明，有感斯應。神道正直，無祈不通。每垂拯護之仁，以副禱祈之願。祛災流貺，猶響應聲。竊佩斯言，常虔片志。每因元命，得備焚修。……今則方當劘壘，未議櫜弓。久曠香燈，不達寧處。是用馳心靈觀，遐叩至眞。備三醮之物儀，同一壇之關告。伏惟玄聖，俯鑒丹誠。解厄消災，延生保命。宿瑕蕩滌，往咎蠲平。克覩成功，永臻多福。不任。
杜光庭 《廣成集》 卷十三		(5)《眾修南斗醮詞》：伏以大道凝眞，玄功化育。清濁之源既異，陰陽之位亦殊。……或逢災厄，或遇刑衝。神道難知，凡情罔測。須資香火，用罄禱祈。敢以吉辰，虔申大醮。伏願流光下燭，玄鑒俯臨。察丹切之心，降厖洪之福。祛災度厄，增祿延年。削罪目於陰曹，上生名於陽籍。公私和暢，眷屬康宜。存歿沾恩，幽明蒙祐。不任。

續表

作者/文獻	版本	用　例
杜光庭《廣成集》卷十三	四部叢刊景明正統道藏本	(6)《靜遠軍司空承肇本命醮詞》：伏以至道生成，玄功陶鑄。陰陽主宰，品彙區分。稟質誕形，仰資神化。……神道難明，常情靡測。因成災滯，悔謝無由。輒於本命之辰，虔申醮酌。依天眞科格，拜伏大章。伏惟高聖感通，真靈鑒護。察其丹懇，降以玄恩，災厄銷平，壽涯延益。潛增祿祚，廣赦罪愆。解已往之冤讎，錫將來之福祐。誓傾忠孝，永奉君親。不任。
杜光庭《太上黃籙齋儀》卷二十二	明正統道藏本	(7)《重稱法位》：具位臣某等，謹重伸上啓太上無極大道元始天尊，太上大道君，十方無極大道天尊，至眞大帝天帝，三十六部尊經，玄中大法師天師君，上相上宰、四司五帝，天地應感一切眞靈。……推古及今，率由斯道。齋主某爰因卜築，恐有犯違。神道難明，常情靡測。既畢工於土木，將展禮於香燈。懺罪希恩，祛災謝過。……護法安人，濟人利物。共揚道化，助正却邪。遐及幽明，同臻妙道。上明天尊廣濟之澤，下副臣等歸命之誠。謹啓以聞。
杜光庭《太上黃籙齋儀》卷二十八	明正統道藏本	(8)《重稱法位》：具位臣某等，謹重伸上啓太上無極大道元始天尊，太上大道君，太上老君，至眞無極大道道德衆聖天尊至眞，大帝天帝，三十六部尊經，玄中大法師，上相上宰、四司五帝，三界感應一切尊靈。……陰陽之品目難窮，神道之幽玄靡測。致成災咎，志切懺祈。敷列壇場，延降眞聖。炷香達懇，拜手披心。伏惟上聖衆尊，垂光憫鑒。千災萬厄，咸賜蕩除。上願國祚無疆，帝德遐廣。……上明天尊大慈之澤，下副臣衆等懺謝之誠。謹啓以聞。
杜光庭《太上黃籙齋儀》卷四十	明正統道藏本	(9)《懺悔》（已後倣此）：臣等今故燒香，奉為某乙修建靈寶解考妙齋，轉經行道，懺悔億曾萬祖，及三十六世已來，（爰及亡靈，若亡若存。）無邊之罪。或行違正道，諂佞無端。嫉妬賢能，濁亂神道。酷虐無度，殺戮任心。負誓違盟，魘蠱謀議。殃罪結固，積若丘山。責重考深，未蒙原解。……伏冀大慈開宥，道力垂光。告下東府之中，擣官門下。解存亡殃考，遷拔魂神，受福天堂。生神上境，幽明咸泰。仰荷玄恩，得道之後，昇入無為。和與道合眞。
杜光庭《太上黃籙齋儀》卷四十八	明正統道藏本	(10)《西方》：臣等今故燒香，歸身歸神歸命，奉為（某乙）奉修无上解考妙齋，轉經行道，皈命西方无極太上靈寶天尊，七炁天君，西鄉神仙諸靈官。懺悔某三十六世以來，億曾萬祖，爰及亡靈，眷屬親緣，生世所行，無邊之罪。或不行義讓，諂佞無端。嫉妬賢能，濁亂神道。……受福天堂，生神仙界。幽明咸泰，永荷玄恩。得道之後，昇入无形。和與道合眞。

續表

作者/文獻	版本	用 例
杜光庭《道德眞經廣聖義》卷一	明正統道藏本	(11) 夫此道德二字者，宣道德生畜之源，經國理身之妙，莫不盡此也。昔葛玄仙公謂吴王孫權曰：《道德經》者，乃天地之至妙，有天道焉，有人道焉，有神道焉。大無不包，細無不入，宜遵之焉。
杜光庭《道德眞經廣聖義》卷四		(12)《易》云：聖人以神道設教。言教者，以教於人，而世之衆教皆以有執有爲爲本。今老君此教以無爲不言爲化，故爲衆教所尊、理道所貴也。
杜光庭《道德眞經廣聖義》卷三十二		(13) 吴先生曰：上士不教而自知，下士雖教而不移。神道設教，爲中士耳。夫中士者，語之以善則遷善，導之以惡則趣惡，故教之所設，爲中士之人可上可下也。太上之旨誘以多方，教以善道，俾其遷革，漸脱愚迷，俾有向風進善之門，則所謂人無弃人矣。上士既悟之於自然，故勤行不怠也。
杜光庭《道德眞經廣聖義》卷三十五		(14)《疏》：禍，害也，神不祐也，大亡敗之禍，緣何而來？由貪土地，求而無猒，不知止足，致神道不祐，而嬰禍害。人之有過，過非一途，貪之爲禍，禍之大也。

表一百三十八

作者/文獻	版本	用 例
劉昫《舊唐書》卷十八上	清乾隆武英殿刻本	(1) 初，武宗欲啓穆宗陵祔葬，中書門下奏曰：園陵已安，神道貴靜。光陵二十餘載，福陵則近又修崇。竊惟孝思，足彰嚴奉。今若再因合祔，須啓二陵，或慮聖靈不安，未合先旨。又以陰陽避忌，亦有所疑。不移福陵，實協典禮。乃止。就舊墳增築，名曰福陵。
劉昫《舊唐書》卷十九上		(2) 十二年春正月戊申，宰相路巖率文武百僚上徽號曰睿文英武明德至仁大聖廣孝皇帝，御含元殿。册禮畢，大赦。辛酉，葬衛國公主於少陵原。先是，詔百偺為挽歌詞，仍令韋保衡自撰《神道碑》，京兆尹薛能為外監護，供奉楊復璟為内監護，威儀甚盛，上與郭淑妃御延興門哭送。幽州節度使張允伸病，請以子簡會為節度副大使、權知兵馬事，詔從之。

續表

作者/文獻	版本	用　　例
劉昫《舊唐書》卷二十四	清乾隆武英殿刻本	(3) 天一掌八氣、九精之政令，以佐天極。徵明而有常，則陰陽序，大運興。太一掌十有六神之法度，以輔人極。徵明而得中，則神人和而王道昇平。又北斗有權、衡二星，天一、太一參居其間，所以財成天地，輔相神道也。若一概以列宿論之，實為淺近。
劉昫《舊唐書》卷三十		(4) 送文舞出迎武舞入用《舒和》：神道發生敷九稼，陰陽乘仁暢八挺。緯武經文陶景化，登祥薦祉啓豐年。
劉昫《舊唐書》卷三十七		(5) 今暫逢霖雨，即閉坊門，弃先聖之明訓，遵後來之淺術，時偶中之，安足神耶？蓋當屏翳收津，豐隆戢響之日也。豈有一坊一市，遂能感召皇靈；暫閉暫開，便欲發揮神道。必不然矣，何其謬哉！至今巷議街言，共呼坊門為宰相，謂能節宣風雨，燮理陰陽。夫如是，則赫赫師尹，便為虛設；悠悠蒼生，復何所望？
劉昫《舊唐書》卷六十六		(6) 三年，代長孫無忌為尚書右僕射，仍知選事與房玄齡共掌朝政。至於臺閣規模及典章文物，皆二人所定，甚獲當代之譽，談良相者，至今稱房、杜焉。如晦以高孝基有知人之鑒，為其樹《神道碑》以紀其德。
劉昫《舊唐書》卷七十二		(7) 今之所卜，地勢即平，不可不起，宜依《白虎通》所陳周制，為三仞之墳，其方中制度，事事減少。事竟之日，刻石於陵側，明丘封大小高下之式。明器所須，皆以瓦木，合於禮文，一不得用金銀銅鐵。使萬代子孫，並皆遵奉，一通藏之宗廟，豈不美乎！且臣下除服用三十六日，已依霸陵，今為墳壠，又以長陵為法，恐非所宜。伏願深覽古今，為長久之慮，臣之赤心，唯願萬歲之後，神道常安，陛下孝名，揚於無窮耳。
劉昫《舊唐書》卷八十八		(8) 他日，上謂頲曰：前朝有李嶠、蘇味道，謂之蘇、李；今有卿及李乂，亦不讓之。卿所製文誥，可錄一本封進，題云“臣某撰”，朕要留中披覽。其禮遇如此。玄宗欲於靖陵建碑，頲諫曰：帝王及后，無《神道碑》，且事不師古，動皆不法。若靖陵獨建，陛下祖宗之陵皆須追造。玄宗從其言而止。
劉昫《舊唐書》卷九十		(9) 自文明草昧，天地屯蒙，二叔流言，四凶搆難。不設鉤距，無以應天順人；不切刑名，不可摧姦息暴。故置神器，開告端，曲直之影必呈，包藏之心盡露。神道助直，無罪不除；人心保能，無妖不戮。以茲妙算，窮造化之幽深；用此神謀，入天人之秘術。故能計不下席，聽不出闈，蒼生晏然，紫宸易主。大哉偉哉，無得而稱也！

續表

作者/文獻	版本	用　　例
劉昫《舊唐書》卷九十六	清乾隆武英殿刻本	(10) 吾性甚不愛冠衣，必不得將入棺墓，紫衣玉帶，足便於身，念爾等勿復違之。且神道惡奢，冥塗尚質，若違吾處分，使吾受戮於地下，於汝心安乎？念而思之。 (11) 長安中，倖臣張易之誣構御史大夫魏元忠有不順之言，引鳳閣舍人張說令證之。說將人於御前對覆，惶惑迫懼，璟謂曰：名義至重，神道難欺，必不可黨邪陷正，以求苟免。若緣犯顏流貶，芬芳多矣。或至不測，吾必叩閤救子，將與子同死。努力，萬代瞻仰，在此舉也。
劉昫《舊唐書》卷九十七	清乾隆武英殿刻本	(12) 太常謚議曰文貞，左司郎中陽伯成駁議，以爲不稱，工部侍郎張九齡立議，請依太常爲定，紛綸未決。玄宗爲說自製《神道碑文》，御筆賜謚曰文貞，由是方定。
劉昫《舊唐書》卷一百四十八	清乾隆武英殿刻本	(13) 帝又問曰：禳災祈福之說，其事信否？藩對曰：臣竊觀自古聖達，皆不禱祠。故楚昭王有疾，卜者謂河為祟，昭王以河不在楚，非所獲罪，孔子以為知天道。仲尼病，子路請禱，仲尼以為神道助順，繫於所行，己既全德，無愧屋漏。故答子路云：丘之禱久矣。
劉昫《舊唐書》卷一百七十二	清乾隆武英殿刻本	(14) 在相位時，穆宗詔撰《故成德軍節度使王士眞神道碑》，對曰：臣器褊狹，此不能強。王承宗先朝阻命，事無可觀，如臣秉筆，不能溢美。或撰進之後，例行貺遺。臣若公然阻絕，則違陛下撫納之宜；僶俛受之，則非微臣平生之志。臣不願為之秉筆。帝嘉而免之。
劉昫《舊唐書》卷一百七十四	清乾隆武英殿刻本	(15) 自憲闈竟十年居相位，由西蜀而入，代予持憲者，俄亦竄逐。唯再謫南荒，未嘗有前知之士為予言之。豈禍患不可移者，神道所祕，莫得預聞。
劉昫《舊唐書》卷一百八十二	清乾隆武英殿刻本	(16) 駢家屬並在道院，秦彥供給甚薄，薪蒸亦闕。奴僕徹延和閣欄檻煑革帶食之，互相篡啖。駢召從事盧涚謂之曰：予三朝為國，粗立功名。比擺脫塵埃，自求清淨，非與人世爭利。一旦至此，神道其何望耶？掩涕不能已。
劉昫《舊唐書》卷一百八十七上	清乾隆武英殿刻本	(17) 初與同皎叶謀，有武當丞周憬者，壽州壽春人也。事既洩，遁於比干廟中，自刎而死。臨終，謂左右曰：比干，古之忠臣也。倘神道聰明，應知周憬忠而死也。韋后亂朝，寵樹邪佞，武三思于上犯順，虐害忠良，吾知其滅亡不久也！可懸吾頭於國門，觀其身首異門而出。其後皆如其言。
劉昫《舊唐書》卷一百八十八	清乾隆武英殿刻本	(18) 祭祀之興，肇於太古，人所飲食，必先嚴獻。未有火化，茹毛飲血，則有毛血之薦；未有麴糵，汙罇抔飲，則有玄酒之奠。施及後王，禮物漸備，作為酒醴，伏其犧牲，以致馨香，以極豐潔，故有三牲八簋之盛，五齊九獻

續表

作者/文獻	版本	用　例
劉昫 《舊唐書》 卷一百八十八	清乾隆武英殿刻本	之殷。然以神道至玄，可存而不可測也；祭禮主敬，可備而不敢廢也。是以血腥爓熟，玄罇犧象，靡不畢登於明薦矣！然而薦貴於新，味不尚褻，雖則備物，猶存節制。
劉昫 《舊唐書》 卷一百九十一		(19) 明崇儼，洛州偃師人。其先平原士族，世仕江左。父恪，豫州刺史。崇儼年少時，隨父任安喜令，父之小吏有善役召鬼神者，崇儼盡能傳其術。……崇儼每因謁見，輒假以神道，頗陳時政得失，帝深加允納。潤州棲霞寺，是其五代祖梁處士山賓故宅，帝特為製碑文，親書於石，論者榮之。 (20) 伏望依漢朝之故事，改魏、晉之頹綱，於乾陵之傍，更擇吉地，取生墓之法，別起一陵，既得從葬之儀，又成固本之業。臣伏以合葬者，人緣私情；不合者，前修故事。若以神道有知，幽途自得通會；若以死者無知，合之復有何益！然以山川精氣，上為星象，若葬得其所，則神安後昌；若葬失其宜，則神危後損。所以先哲垂範，具之《葬經》，欲使生人之道必安，死者之神必泰。伏望少迴天眷，俯覽臣言，行古昔之明規，割私情之愛欲，使社稷長享，天下乂安．凡在懷生，孰不慶幸！

表一百三十九

作者/文獻	版本	用　例
釋延壽 《宗鏡録》 卷三十九	大正新修大藏經本	(1) 推此而論，則知化以情感，神以化傳。情為化之母，神為情之根。情有會物之道，神有冥移之功。但悟徹者，反本。惑理者，逐物耳！乃至或聚散於一化，不思神道有妙物之靈，而謂精麁同盡，不亦悲乎！
釋延壽 《宗鏡録》 卷九十		(2) 然則有無絶於內，稱謂淪於外。視聽之所不泊，四空之所昏昧。恬焉而夷，泊焉而泰。九流於是乎交歸，衆聖於是乎冥會。斯乃希夷之境、太玄之鄉，而欲以有無題牓，標其方域，而語其神道者，不亦邈哉！
釋延壽 《宗鏡録》 卷九十二		(3) 然則有生於無，無生於有，離有無無，離無無有。有無相生，其猶高下相傾，有高必有下，有下必有高矣。然則有無雖殊，俱未免于有。此乃言像之所以形，是非之所以生，豈足以統夫幽極，而擬夫神道者乎？是以論稱出有無者，良以有無之數，止乎六境之內。六境之內，非涅槃之宅，故借出以祛之耳。庶希道之流，髣髴幽途，託情絶域，得意忘言，體其非有非無耳。豈曰有無之外，別有妙道而可稱哉！

表一百四十

作者/文獻	版本	用　　例
譚峭 《齊丘子》 道化 第一	明子 彙本	(1)《神道》：太上者，虛無之神也；天地者，陰陽之神也；人蟲者，血肉之神也。其同者神，其異者形。是故形不靈而氣靈，語不靈而聲靈，覺不靈而夢靈，生不靈而死靈。水至清而結冰不清，神至明而結形不明。冰泮返清，形散返明。能知眞死者，可以游太上之京。

表一百四十一

<table>
<tr><th>作者/文獻</th><th>版本</th><th>用　　例</th></tr>
<tr><td>王定保
《唐摭言》
卷七</td><td rowspan="2">清學
津討
原本</td><td>(1) 劉在京下，常寢疾。房公時臨扶風，聞之，通夕不寐，顧謂賓從曰：即若不起，無復有神道。尚書劉公每有勝理，必詣與談，終日忘返，退而嘆曰：聞劉公清言，見皇王之理矣。</td></tr>
<tr><td>王定保
《唐摭言》
卷十五</td><td>(2)《文貞公神道碑》，太宗之文。時徵將薨，太宗嘗夢見，及覺，左右奏徵卒。故曰：俄于髣髴，忽覩形儀。復曰：高宗昔日得賢相于夢中，朕今此宵失良臣于覺後。</td></tr>
</table>

表一百四十二

<table>
<tr><th>作者/文獻</th><th>版本</th><th>用　　例</th></tr>
<tr><td>徐鍇
《説文解字繫傳》
通釋卷十八</td><td rowspan="2">四部
叢刊
景述
古堂
景宋
鈔本</td><td>(1) 按：古樹宗廟立碑，以繫牲耳，非石也。後人因於其上紀功德，則此從石碑字。或難臣曰：古七十二家封禪勒石，便應有碑，何以言秦以來有碑？七十二家之言起於管仲，不言碑。《穆天子傳》曰：天子乃紀丌迹於弇山石上，亦不言碑。又難曰：劉熙《釋名》何以言起於縣棺之碑？臣對曰：起於縣棺者，葢今之《神道碑》，而銘勒功德當始於宗廟麗牲之碑也。</td></tr>
<tr><td>徐鍇
《説文解字繫傳》
通釋卷二十六</td><td>(2) 場，祭神道也。一曰山田不耕者。一曰治穀田。從土，昜聲。</td></tr>
<tr><td>徐鍇
《説文解字
篆韻譜》
卷二</td><td>清文
淵閣
四庫
全書
本</td><td>(3) 場，祭神道。</td></tr>
</table>

宋　朝

表一百四十三

作者/文獻	版本	用　　例
蔡襄 《端明集》 莆陽居士蔡公文集 卷第十	宋刻本	(1)《易》載“害盈益謙”之旨，蓋神道正直，必有輔於教也。
蔡襄 《端明集》 莆陽居士蔡公文集 卷第三十三		(2) 光祿少卿方公神道碑

表一百四十四

作者/文獻	版本	用　　例
蔡淵 《周易經傳訓解》 卷上	清文淵閣四庫全書本	(1) 觀天之神道，而四時不忒。聖人以神道設教，而天下服矣。

表一百四十五

作者/文獻	版本	用　　例
蔡正孫 《詩林廣記》 後集卷六	清文淵閣四庫全書本	(1) 東坡作《神道碑銘》曰：為政一年，疾病半之。功則多矣，百年之思。謝疊山云：此兩句，見溫公克勤于邦，盡瘁于國，因此成疾。悲痛之意，形於言外。 (2) 東坡作《溫公神道碑》亦云：溫公平生惟一誠。公奉祠十五年，著《通鑑》一書，其實與熙豐新法不合。及其沒也，赤子無所恃怙，天下寒士無廣廈萬間之庇，豈但吾廬破而受凍哉！

表一百四十六

作者/文獻	版本	用　　例
曹勛 《松隱集》 卷三十五	民國嘉業堂叢書本	(1) 至若平日細行，則詳載於《神道銘》。

表一百四十七

作者/文獻	版本	用　　例
晁補之 《鷄肋集》 濟北晁先生鷄肋集 卷第二十四	四部叢刊景明本	(1) 然則禮不制而備，樂不作而洽。凡此所缺，特北胡一事而已。臣思之至深，以謂陛下神道設教，紀綱既正，天下大定，燕居而高拱，百工安職，四民樂業矣。

表一百四十八

作者/文獻	版本	用　　例
晁公武 《郡齋讀書志》 昭德先生 郡齊讀書志 卷第二下	四部叢刊三編景宋淳祐本	(1)《鐘山日録》二十卷：右皇朝王安石介甫撰。紹聖間，蔡卞合曾布獻于朝，添入《神宗實録》。陳瑩中謂安石既罷相，悔其執政日無善狀，乃撰此書，歸過于上，掠美於己，且歷詆平生不悦者，欲以欺後世，於是著《尊堯集》及《日録不合神道論》云。
晁公武 《郡齋讀書志》 昭德先生 郡齊讀書志 卷第三下		(2)《玉壺清話》十卷：右皇朝僧文瑩元豐中撰。自序云：文瑩收國初至熙寧中文集數千卷，其間神道、墓誌、行狀、實録、奏議之類，輯其事成一家言。玉壺，隱居之潭也。
晁公武 《郡齋讀書志》 昭德先生 郡齊讀書志 卷第五上		(3)《隸韻》七卷：右洪文惠公适《隸釋序》冠於前。周益公誌其《神道碑》云：耽嗜隸古，爲纂《釋》二十七卷、《隸續》二十一卷。
晁公武 《郡齋讀書志》 昭德先生 郡齊讀書志 卷第五下		(4) 以太宗皇帝御製《神道碑》冠于帙首，并《行狀》為一卷。次以記，又次以表疏，又次以奏狀、劄子，又次以啟狀、詞帖，成五卷。 (5)《韓魏王安陽集》五十卷：右魏忠獻王韓琦之文也。王，安陽人，故以名集。王字稚圭，天聖五年進士第二人，定策三朝，功在國史。神宗皇帝御製《神道碑》有云：薨前一夕，有大星殞于園中，櫪馬皆鳴。 (6) 吴康肅公《湖山集》四十三卷、《别集》一卷、《和陶詩》三卷、《附録》三卷：右吳康肅公芾之文也。《附録》則《行狀》《神道碑》及《謚誥》，周益公為之序。

續表

作者/文獻	版本	用　例
晁公武《郡齋讀書志》昭德先生郡齊讀書志卷第五下	四部叢刊三編景宋淳祐本	(7)《湖先生詩集》四十卷：右李文懿公壁字季章之詩也。壁，文簡公燾之子，嘗為參知政事。《神道碑》附於集後，真文忠公德秀所作也。 (8) 洪文惠《盤州集》八十卷：右文惠公洪适之文也。……後三年，文敏公邁亦中選，由是洪氏文名滿天下。……淳熙十一年二月，薨於家。前自撰《遺表》上之,《神道碑》《謚議》附于集後。 (9)《皇朝名臣經濟奏議》一百五十卷：淳熙中趙忠定帥蜀時所進也。一君道，二帝繫，三天道，四百官，五儒學，六禮樂，七賞刑，八財賦，九兵政，十方域，十一邊防，十二總議。自建隆，迄靖康，推尋歲月，槩見本末。忠定自序於前。紹熙之末，忠定有定策功，為侂胄誣貶，久而論定。賜謚追王，配食寧廟。游侣誌其神道之碑，御篆額曰“宗老元勛”云。

表一百四十九

作者/文獻	版本	用　例
晁迥《法藏碎金録》卷九	清文淵閣四庫全書本	(1) 諦觀大覺大雄之名理：大覺者神道也，寂照於内，萬象洞分澄湛海；大雄者神力也，降伏於外，八風不動妙高山。内外如此，殊勝可知。吾思學其百億分之一，而不可以言及姑務歸心而已。
晁迥《法藏碎金録》卷十	清文淵閣四庫全書本	(2) 合世態者，由乎飾情；感神道者，由乎至誠。有妄有真，各以類應，必然之理也。君子時權以適變，小人幸權而失正。大智明照，物無遁形。 (3) 觀神道之設教，教極精微；乘佛理以御心，心彌洞達。覺大虛妄，是正修行。伊予于茲，耄年益壯。 (4) 世間之法大妙者，謂之數術，盖以物有成壞之數，推窮以至根極者能然也。出世間之法大妙者，謂之神道，盖以心有聖神之道，脩練以至明徹者能然也。道與術以大小分名，可以智曉，不可以言宣。
晁迥《昭德新編》卷下	鈔本	(5) 唐朝道士吳筠，出萃之翹翹者也。著《夻綱論》，内有《畏神道章》云：夫心者靈之府也，神棲于其間。苟心謀之，則神知。神知，則天地神明知之。未有善惡不謀于心者，既謀于心則神道知察，無遺于分毫矣。無遺分毫，則福善禍淫信不差矣。

表一百五十

<table>
<tr><th>作者/文獻</th><th>版本</th><th>用　例</th></tr>
<tr><td>晁説之
《嵩山文集》
卷三</td><td rowspan="3">四部
叢刊
續編
景舊
鈔本</td><td>（1）臣竊以為善觀聖帝明君成天下之業者，不觀其迹而觀其志。恭惟神宗皇帝，巍肰之功在天下者，孰不覩矣。其末年所以為天下後世慮者，未易為單見淺聞道也。神宗皇帝即位之初，却韓琦論新法之疏，至于再三。逮琦之薨，與兩宫震悼，躬製《神道碑》，念之不已，每對臣僚，稱琦為社稷之臣。</td></tr>
<tr><td>晁説之
《嵩山文集》
卷十五</td><td>（2）此熈河道，曹南院棄而不城者也。其後夏英公喜功名，欲城之，其如韓、范之論何？又其後有一王長官韶者，薄游陽翟，偶見《英公神道碑》所載云云，遂穴以爲策以干丞相。時丞相是謂韓公，視王長官者稚而狂之。若河外數州，則又王長官棄而不城者也。</td></tr>
<tr><td>晁説之
《嵩山文集》
卷十七</td><td>（3）卦各專一義，未有如臨觀同一義而異用也。汝欲全乎觀之義，其唯盥而不薦乎？我以盥觀，人人不待。吾薦而觀之，則吾以神道設教，而不吾難省方觀民設教，而不吾勞今字。
（4）體易之君，子則安之。明吾易平危而傾易之道，獨以神道設教而教行于宗廟之中。曰“盥而不薦，有孚顒若”，天下不復否矣。汝知我以盥觀，人人不待。吾薦而觀之乎？非不薦也。不待吾之薦，而先有得於吾之盥也。觀吾之盥而得之者，不必待乎吾之薦而可以語幾也。知幾則知神，而吾之神道可以設教矣。</td></tr>
</table>

表一百五十一

作者/文獻	版本	用　例
陳葆光 《三洞群仙録》 卷六	明正 統道 藏本	（1）當與祠部韓嶼友善，嶼贈詩云：一定童顔老歲華，貧寒遊歷貴人家。鍊成正氣功雖大，忘却元神道更差。烏曳鶴毛乾髭毬，杖攜龍甲瘦查牙。如何舊隱不歸去，落盡蟠桃幾番花。

表一百五十二

作者/文獻	版本	用　例
陳摶 《河洛眞數》 易卦釋義上經 卷下	明萬 曆刻 本	（1）觀之爲卦，内坤外巽，九五中正，故曰：大觀在上，順而巽，中正以觀天下。此德之美也。不順必拂，不巽必忤，不中必倚，不正必邪。道心澄徹，至靈至妙。首出庶物，而爲兆民所瞻仰，豈徒富貴，赫然在上，而謂之觀乎？故曰：下觀而化神道，設教而天下服矣。

表一百五十三

作者/文獻	版本	用　例
陳長方 《步里客談》 卷下	清守山閣叢書本	(1) 張文潛見《富鄭公神道碑》，至論趙濟處，曰：公文固奇，欲加“一”字可否？遂改云：及英宗神宗之世，公老矣。功在史官，德在生民。

表一百五十四

<table>
<tr><th>作者/文獻</th><th>版本</th><th>用　例</th></tr>
<tr><td>陳東
《少陽集》
卷七附錄</td><td rowspan="2">明正德刻本</td><td>(1) 景定中，大夫馬光祖過丹陽，即墓建祠，自題云“有宋修譔陳公神道”。蓋先生之女適括蒼潘好謙，而光祖母葉氏又好謙之甥也。</td></tr>
<tr><td>陳東
《少陽集》
卷十附錄</td><td>(2) 近得公之姪孫挺遞及《短卷》七卦、《諫疏》九卦，與夫邵安撫《墓誌》《經略》，錢待制所譔《神道碑》并範制《參傳公行實》，且命攀鱗為書，其後一再披味。凡公之忠言讜論，彪炳紀載，讀之令人肝膽張奮激切，足以竊一班而酬素志。</td></tr>
</table>

表一百五十五

<table>
<tr><th>作者/文獻</th><th>版本</th><th>用　例</th></tr>
<tr><td>陳傅良
《止齋文集》
止齋先生文集
卷之一</td><td rowspan="2">四部叢刊景明弘治本</td><td>(1) 讀範文正公神道碑有感佚事</td></tr>
<tr><td>陳傅良
《止齋文集》
止齋先生文集
附録卷
之五十二</td><td>(2)《宋故寶謨閣待制贈通議大夫陳公神道碑》，龍圖閣直學士通議大夫致仕奉化郡開國侯食邑一千樓鑰撰。</td></tr>
</table>

表一百五十六

作者/文獻	版本	用　　例
陳鵠 《耆舊續聞》 西塘集耆舊續聞 卷第四	清知不足齋叢書本	(1) 此事正與東坡記歐陽公作《範文正神道碑》相類。碑載章獻太后臨朝時，仁宗欲率百官朝正太后，范公力爭乃罷。其後軾先君修《太常因革禮》，求之故府，而朝正案牘具在，本末無諫止之事，而有已行之明驗。
陳鵠 《耆舊續聞》 西塘集耆舊續聞 卷第五		(2) 仁宗朝，晏元獻撰《章懿李皇太后神道碑》，破題云“五嶽崢嶸，崐山出玉；四溟浩渺，麗水生金。”蓋言誕育聖躬，實係章懿。

表一百五十七

作者/文獻	版本	用　　例
陳均 《宋九朝編年備要》 皇朝編年備要 卷第七	宋紹定刻本	(1) 它日，問欽若曰：今將若何？欽若度上厭兵，即謬曰：陛下以兵取幽薊，乃可刷此恥也。上令思其次，欽若因請封禪，以鎮服四海，誇示夷狄。又言：封禪當得天瑞。又言：天瑞，前代蓋有以人力為之。陛下謂《河圖》《洛書》果有此耶？聖人以神道設教耳。 (2) 上尋問杜鎬以河洛、圖書事，鎬偶曰：聖人以神道設教耳。上意遂決。召旦飲於內中，歡甚。賜以尊酒。既歸發視，乃珠子也。
陳均 《宋九朝編年備要》 皇朝編年備要 卷第二十四		(3) 邵亦言：軾在元祐間，凡作文字，譏斥先朝。呂惠卿制詞曰：均輸之政，自同商賈；手實之法，下及雞豚。呂大防制詞則曰：民亦勞止，願聞休息之期。司馬光《神道碑》則曰：其退於洛，如屈原之在陂澤。 (4) 七月，追奪司馬光等贈謚，竄呂大防等於諸州。(以黃履、周秩、張商英等交章論之也。追奪光及呂公著贈謚及所賜《神道碑額》，撤樓毀碑。) (5) 張商英在元祐時上呂公著詩求進，其言諛佞無恥，士大夫皆傳笑之。及近為諫官，則上疏乞毀司馬光、呂公著《神道碑》。
陳均 《宋九朝編年備要》 皇朝編年備要 卷第二十六		(6) 惟韓維、孫固以神考潛邸舊人，有旨特免。尋詔毀《範純仁神道碑》，議定謚官各罰金。

表一百五十八

<table>
<tr><th>作者/文獻</th><th>版本</th><th>用　　例</th></tr>
<tr><td>陳康伯
《陳文正公文集》
卷七</td><td rowspan="3">清刻本</td><td>（1）《人物志・名宦》載：陳文正公事實大槩，與史鑑《言行錄》《神道碑》同，而文稍簡。
（2）鉛山縣志（《神道碑銘》）
（3）宋陳康伯墓，在二十九都九龍岡。宋孝宗御書“旌忠顯德之碑”。翰林學士劉珙捜《神道碑銘》。</td></tr>
<tr><td>陳康伯
《陳文正公文集》
卷八</td><td>（4）公奉冊定議禪位，輔導之力爲多署浩後。叅知政事汪澈、給事中金安節其計平生，則詳于翰林院學士劉珙奉勅所為《神道碑文》。浩汨紫巖中興之功，亦檜之餘孽，後世爲王十朋刻去，不足齒矣。</td></tr>
<tr><td>陳康伯
《陳文正公文集》
卷十二</td><td>（5）按：《宋史》及《神道碑》：康伯，字長卿，號龜嶺。幼穎悟，讀書一過日不忘。未冠，貢京師。宣和三年，中丙科。高宗朝，累官至吏部侍郎。嘗使虜不辱國命，屢守太郡，善政尤多。</td></tr>
</table>

表一百五十九

作者/文獻	版本	用　　例
陳亮 《蘇門六君子文粹》 卷六十五	清文淵閣四庫全書本	（1）臣思之至深，以謂陛下神道設教。紀綱既正，天下大定。燕居而高拱，百工安職，四民樂業矣。

表一百六十

作者/文獻	版本	用　　例
陳宓 《龍圖陳公文集》 卷十二	清鈔本	（1）苟延歲月，益以慚惧大監；傾時去國，殊有祖風海內。嘆仰甚盛。某近得先公所撰《忠獻神道碑》，不勝悲嘆。

表一百六十一

作者/文獻	版本	用　例
陳彭年《重修廣韻》卷二	四部叢刊景宋本	（1）場（祭神道處，又治穀地也。）
陳彭年《重修玉篇》卷二	清文淵閣四庫全書本	（2）場（除良切。《國語》曰：屏攝之位，曰場。壇之所除地，曰場。《説文》云：祭神道也。一曰田不耕。一曰治穀處。）
陳彭年《重修玉篇》卷十八	清文淵閣四庫全書本	（3）軷（蒲菴反祭神道，又蒲鉢切轉皃。）

表一百六十二

作者/文獻	版本	用　例
陳普《石堂先生遺集》卷三	明萬曆三年薛孔洵刻本	（1）若所谓“黎民敏德，四方風動”，所謂“不距朕行，罔迪不適”，《易》之所谓“聖人作而萬物覩”。聖人以神道設教，而天下服。聖人感人心，而天下和平。

表一百六十三

作者/文獻	版本	用　例
陳耆卿《（嘉定）赤城志》卷二十七	清文淵閣四庫全書本	（1）雖然佛滅度三千年，世與法交相喪。濁刧下根，訹為愚冥，非廣示像法，無以震動，而傾駭之，使趨善良。神道化時，叵得而已。
陳耆卿《（嘉定）赤城志》卷三十三	清文淵閣四庫全書本	（2）吳芾（仙居人，字明可。……復除吏侍，遷禮侍，知太平州紹興府。後以龍圖閣直學士致仕，自號湖山居士。年八十卒，謚康肅。事見國史及朱文公所為《神道碑》。）

表一百六十四

作者/文獻	版本	用　　例
陳起 《江湖小集》 卷三十七	清文淵閣四庫全書補配清文津閣四庫全書本	(1)《湖口阻風》：冒雪衝霜已十程，狂風迺敢逆吾行。無人說向江神道，莫待明朝亦世情。

表一百六十五

作者/文獻	版本	用　　例
陳仁子 《文選補遺》 卷三十四	清文淵閣四庫全書本	(1) 微感心攸通修名，（其心攸遠，故得通，成長久之名。）周流常羊思所并。（周流，周行也。常羊，逍遙也。思所并，思與神道合。）
陳仁子 《文選補遺》 卷三十九		(2) 惟帝與后，契闊在昔。比翼白屋，雙飛紫閣。悼后傷后，早即窀穸。言斯既及，涕泗隕落。追惟我后，寔聰寔哲。通于性命，達于儉節。送終之禮，比素上世。襚無珍寶，唅無明月。潛輝梓宮，永背昭晰。臣妾哀號，同此斷絕。庭宇遏密，幽室增陰。空設幃帳，虛置衣衾。人亦有言，神道難尋。悠悠精爽，豈浮豈沈。豐奠日陳，冀魂之臨。孰云元后，不聞其音。

表一百六十六

作者/文獻	版本	用　　例
陳師道 《後山集》 後山居士文集 卷第十八	宋刻本	(1) 光祿曾公神道碑

表一百六十七

作者/文獻	版本	用　　例
陳思 《兩宋名賢小集》 卷一	清文淵閣四庫全書本	(1)《偶興》：芳蘭滋九畹，蕭蒿亦旁植。威鳳翔丹山，鴟梟猶接翼。雅琴歌南風，蛙鳴不容息。驪珠媚清川，魚目光激射。薫蕕豈同器，雲壤自懸隔。咄咄來逼人，薨薨止于棘。發跡由屠沽，操心希桀跖。天形固殘毀，吏曹嘗擯斥。狠羊遠刀杌，黠馬委銜策。心同溪壑險，惡比丘山積。天聽本聰明，神道尤正直。……堯民率可封，湯網從此釋。永躋仁壽期，共造華胥域。
陳思 《兩宋名賢小集》 卷三十八		(2)《赴郡之初尋屬愆亢有議舉舊典取湫水徵巫覡以致禱而涉旬靡應農事方急遣罷去越翊日漸獲忧優洽》：優詔將州任，視政纔旬時。田畯訴炎暵，坐虞多稼萎。雲將掉頭去，波臣涸轍危。……神道貴得一，何乃托邪師。遽俾送湫勺，撤役勤繭絲。申明恤刑詔，梃重捨輕疑。從此四三日，油霈洽封圻。又聞堯湯世，水旱軫君慈。振救自有術，斂散適所宜。元元無菜色，九載尚熙熙。周禮地官職，皇舞雖有祈。道經莅天下，傷民誠弗為。惟神稟聰正，遠鬼務肅祇。願守有常德，可戒興妖思。
陳思 《兩宋名賢小集》 卷三百二十六		(3)《湖口阻風》：冒雪衝霜已十程，狂風又敢戹吾行。無人説向江神道，莫待明年却世情。
陳思 《書小史》 卷十		(4)《嶠之神道碑》云：初獻策十八篇，進書六體。明皇手詔荅曰：得所進書，甚可觀覽，囬鸞顧鵲，墜露凌雲，既極臨池之功，足方懸帳之妙。今賜物三十段，用彰翰墨之佳也。
陳思 《寶刻叢編》 卷二		(5)《唐房玄齡神道碑》，唐褚遂良書，在龍山鎮。(《訪碑録》) (6)《漢博士趙傳逢君神道二》，在北海縣東二十里。漢博士逄汾墳前雙石柱篆書。(《訪碑録》) (7) 漢逄府君墓石柱篆文云“漢故博士趙傳逄府君神道”，唐李利涉編。 (8)《漢故瑯琊相王君神道》，篆文，九字。(《復齋碑録》)
陳思 《寶刻叢編》 卷三		(9)《大周鉅魏君之神道字》，在鄧城縣南十二里，張相公墓前。(《訪碑録》) (10) 大將軍席肅公之神道。 (11)《漢蜀郡屬國都尉王君神道》，在南陽，題云“漢故蜀郡屬國都尉王君神道”。
陳思 《寶刻叢編》 卷四		(12)《漢太尉劉寬神道二》：其一曰“漢太尉劉公，諱寬，字文饒。”其一曰“漢太尉車騎將軍特進昭烈侯劉公神道”。 (13)《唐崔能神道碑》，唐兵部侍郎李宗閔撰，能弟檢校吏部尚書判東都尚書省從書戶部尚書胡証篆額。……碑以長慶三年立。(《集古録目》)

續表

作者/文獻	版本	用　　例
陳思《寶刻叢編》卷五	清文淵閣四庫全書本	(14)《漢郭禧後碑》，碑殘缺尤甚，其畧可辨者惟“光和二年夏五月甲寅大中大夫故太尉郭公薨”，而其額題“漢故太尉郭公神道”，字畫尚完。(《金石録》) (15)《唐高瑀神道詩》，唐司徒侍中東都留守裴度撰，河南尹鄭幹書。……碑以大和八年立。(《集古録目》) (16)《唐李石神道碑》，唐東都留守李德裕撰，工部侍郎栁公權書。碑文殘缺，名字皆不可見。 (17)《唐宋公神道碑》，唐中書舍人遜狄撰，河南府陽翟縣尉集賢校理御書，史惟則八分。宋公名字缺亡，而碑不著其鄉里。……碑以天寶四年立，在梁縣。(《集古録目》)
陳思《寶刻叢編》卷六		(18)《唐張仁憲神道碑》，唐幽州節度掌書記李儉撰，幽州節度叅軍蔡陵八分書并篆額。……碑以大中二年立，在文安縣。(《集古録目》) (19)《唐太子太師裴休神道碑》，唐宣武節度副大使（碑缺，不見其姓。）處晦撰，右散騎常侍（中闕）。碑以咸通八年立。(《集古録目》) (20)《漢故原武典農高府君之神道》，在汲縣東北五十里二石柱上。(《寰宇記》)
陳思《寶刻叢編》卷八		(21)《唐鄭孝王亮墓誌》，正書，細字，無書撰人姓名。開皇元年薨。《唐贈鄭王子淮安王神道》：以貞觀二年七月改葬於萬年縣。(《復齋碑錄》)
陳思《寶刻叢編》卷九		(22)《唐贈太常卿韋縝神道碑》，唐獨孤及撰，顔真卿書。寶應二年立。(《京兆金石錄》)
陳思《寶刻叢編》卷十		(23)《唐贈揚州都督段寛神道碑》，唐楊炎撰，蕭正正書。大歷四年十月。(《金石録》) (24)《唐于志寧神道碑》，唐令狐德棻撰，男立政書。乾封元年十一月立。(《金石録》) (25)《唐贈宋州刺史王仁敬神道碑》，唐張廙撰，張少悌正書。興元二年。(《京兆金石錄》) (26)《唐贈太師王起神道碑》，唐戶部尚書平章事李回撰，太子少師栁公權書并篆額。……碑以太中元年四月立，在三原。(《集古錄目》)

續表

作者/文獻	版本	用　例
陳思 《寳刻叢編》 卷十四	清文淵閣四庫全書本	(27)《後唐尚父吳越國王謚武肅神道碑》，楊凝式撰，翰林待詔張恭險行書，郭在微篆額。長興五年正月立，在臨安縣。(《復齋碑録》) (28)《宋文帝神道碑》："太祖文皇帝之神道"，凡八大字而別無文辭，惟以此為表識爾。古人刻碑，正當如此，而後世鐫刻功德、爵里、世系，惟恐不詳。然自後漢以來，門生故吏多相與立碑頌德矣。……如此者，益疑後世所書。(《集古録目》)
陳思 《寳刻叢編》 卷十五		(29)《梁臨川靖惠王神道二》："梁故假黄鉞侍中大將軍揚州牧臨川靖惠王之神道"，雙闕，各二十一字。去城三十里，北城鄉。(《復齋碑録》) (30)《梁新渝寬侯神道》：梁故侍中仁威將軍新渝寬侯之神道。(《復齋碑録》) (31)《梁吳平忠侯蕭公神道》，反書，隸字，題云"梁故侍中撫軍將軍開府儀同三司吳平忠侯蕭公神道"。在花林村。(《復齋碑録》) (32)《梁建安敏侯神道》："梁故侍中左衛將軍建安敏侯之神道"，正書，十五字。在淳化鎮。(《復齋碑録》) (33)《梁故范府君神道》："梁故昭遠將軍臨川王國侍郎范府君之神道"，正書，十八字。(《復齋碑録》) (34)《梁鄱陽王神道》，正書。(《諸道石刻録》) (35)《梁康王神道碑》，篆書，六字。(《諸道石刻録》) (36)《梁史府闇神道》："梁故解節散騎常侍兖州刺史建昌縣開國侯史府闇之神道"，正書，二十四字。有武后時字，恐武后時立。(《復齋碑録》) (37)《唐再立後漢史公神道碑》，晉永和八年立。唐貞觀十四年，十八代孫仲鎮再立碑，題云"後漢司空驃騎將軍史公神道碑"。(《諸道石刻録》) (38)《唐立晉建安太守史憲神道碑》："晉建安太守山陰侯史公神道碑"，從孫嶷撰，從孫處權正書。景龍四年二月立，在溧陽。(《復齋碑録》) (39)《唐王師乾神道碑》，唐中書侍郎平章事楊綰撰，大理司直張從申書。……碑以大歷十三年立，在句容。(《集古録目》) (40)《南唐魏惠王神道碑》，常夢錫撰，書人殘缺，王文秉鐫。保大七年己酉十二月建。(《復齋碑録》)
陳思 《寳刻叢編》 卷十八		(41)《漢賜豫州刺史馮煥詔》，安帝元初六年也。……又有墓闕，題云"豫州幽州刺史馮使君神道"。 (42)《漢幽州刺史馮煥神道》，銘云"故尚書侍郎河南京令豫州刺史馮使君神道"。……此字在宕渠緄墓前雙石闕上，知其為煥闕也。(《金石録》)

續表

作者/文獻	版本	用　　例
陳思 《寶刻叢編》 卷十八	清文淵閣四庫全書本	(43)《漢幽州刺史馮煥神道》，今在渠州。……《馮煥詔》：煥之殘碑有“郎中尚書侍”五字可辨，今無所見也。(《隸釋》)
陳思 《寶刻叢編》 卷十九		(44)《漢廣漢綿竹令王君神道》，建寧元年十月造，“縣令”字作“苓”。漢人淳質，文字相近者多假借用之。如“縣令”字，人所常用，而尚假借，何也？(《金石録》) (45)“廣漢綿竹令王君神道”九字，微雜，篆體。……歐陽公博收並蓄，顧弗深考，姓名、字畫多有誤讀者。德父治郡之餘專意金石刻，辨證亦甚精確。獨此碑為可笑爾！(《隸釋》) (46)《漢劉讓閣道題》：劉讓所題十六字，相傳云在蜀中閣道。……“建寧元年十月上旬工楗為武陽劉讓題”十六字作一行，《金石録》誤以此合之《廣漢王君神道》。 (47) 漢謁者北屯司馬左都侯沈府君神道 (48)《漢交阯都尉沈君神道》：“交阯都尉沈君二神道”，其上各刻朱雀，其形相向，知此蓋是一人。猶《王稚子闕》，盡書其所歷官也。其下又刻龜蛇虎首，所畫甚工。此字及馮煥、《王稚子闕》皆是八分書，張懷瓘所謂“作威投戟、騰氣揚波”者也。(《隸釋》)
陳思 《寶刻叢編》 卷二十		(49)《征南將軍劉君神道》，有“漢征南將軍劉君神道”十字，大小與《王稚子闕》相類，而剛勁過之，惟後兩字刓損。……(《隸續》) (50)《侍中楊文父神道》：“漢楊侍中文父之神道”，字體畧與《馮幽州闕》相似。……(《隸續》) (51)《蜀郡太守任君神道》：“漢蜀郡太守任君神道”九字，字畫壯偉，然不著名字、鄉里、歲月，莫詳其為何人也。(《金石録》) (52)《太保任公神道》：“魏太保任公神道”七字。(《金石録》)

表一百六十八

作者/文獻	版本	用　　例
陳田夫 《南嶽總勝集》 卷中	宋刻本	(1) 廣成先生神道碑（翰林承旨蕭鄴撰，太子少傅致仕盧璠書。） (2) 大中五年冬十月，有雲鶴屢降，未幾去世。聞天樂浮空，及遷神日，惟杖屨在。弟子呂志眞得其道。兵部侍郎蕭鄴文其碑，吏部侍郎趙櫓為傳，太子盧璠作石室銘，道士張堅白為内傳。今止存内傳。洎《神道碑》在銓德觀，今基址尚在。

表一百六十九

作者/文獻	版本	用　例
陳襄 《古靈集》 卷五	宋刻本	(1) 凡有司之事，一切付之。陛下但優游巖廊，以神道設教，此堯舜之舉也。

表一百七十

作者/文獻	版本	用　例
陳祥道 《禮書》 卷七十四	元至正七年福州路儒學刻明修本	(1)《禮》曰：祭成祭喪者必有尸，尸必以孫。孫則使人抱之，無孫則取於同姓可也。此大夫士之禮歟？蓋喪禮，始喪而奠，則無尸，以人道事之也。既葬而祭，則有尸，以神道事之也。

表一百七十一

作者/文獻	版本	用　例
陳暘 《樂書》 卷二十八	清文淵閣四庫全書本	(1)《易》曰：觀天之神道，而四時不忒。……又天道之始終歟？《記》：有之不閉其夂，是天道也。蓋天可以兼地，地不可以兼天，猶形而上者可以言器，形而下者不可以言道。

表一百七十二

作者/文獻	版本	用　例
陳櫄 《負暄野録》 卷上	清知不足齋叢書本	(1) 既而中使納謁，具傳上旨，賜以香茶、湯藥、宮羅之屬。又頒下翰苑所撰《憲聖慈烈皇后之弟吳八郡王蓋神道碑》，命蔣書之。蔣即奉敕，書以授中使而歸。

表一百七十三

作者/文獻	版本	用　　例
陳與義《箋注簡齋詩集》卷十五	元刻本	(1) 範公深憂天下日，仁祖愛民全盛年。遺廟只今香火（闕），時時風葉一騷然。(文正公慶曆間，守鄧凡三年。歐丈忠公作公《神道碑》云：公常自誦曰“士當先天下之憂而憂，後天下之樂而樂也。”)

表一百七十四

作者/文獻	版本	用　　例
陳元靚《歲時廣記》卷十六	清十萬卷樓叢書本	(1) 然神道尚幽，不可逼黷，宜于塋南門之外，設淨席為位，望而祭之，以時饌如平生嗜。若一塋數墳，每墳各設位席，昭穆異列，以西為上。

表一百七十五

作者/文獻	版本	用　　例
陳振孫《直齋書録解題》卷十六	清武英殿聚珍版叢書本	(1)《曲江集》二十卷，唐宰相曲江張九齡子壽撰。曲江本有元祐中郡人鄧開序，自言得其文於公十世孫蒼梧守唐輔而刊之。卷末附以中書舍人樊子彥所撰《行狀》、會稽公徐浩所撰《神道碑》及太常博士鄭宗珍《議謚文獻狀》，蜀本無之。
陳振孫《直齋書録解題》卷十七		(2)《乖崖集》十二卷、《附錄》一卷，樞密直學士忠定公鄄城張詠復之撰。……乖崖，其自號也。錢希白為《墓誌》，韓魏公為《神道碑》。近時郭森卿宰崇陽刻。此集舊本十卷，今增廣，并《語録》為十二卷。 (3)《元豐類槁》五十卷、《續》四十卷、《年譜》一卷，中書舍人南豐曾鞏子固撰，王震為之序。《年譜》，朱熹所輯也。案：韓持國為鞏《神道碑》，稱《類槁》五十卷、《續》四十卷、《外集》十卷，本傳同之。
陳振孫《直齋書録解題》卷十八		(4)《雲龕草堂後集》二十六卷，參政鉅野李邴漢老撰。明受之變，以兵部侍郎直學士院叱責兇渠，朝廷賴焉。既復辟，首擢執政。周益公作《神道碑》，言《前》《後集》一百卷，今惟《後集》，蓋皆南渡後所作也。
陳振孫《白氏文公年譜》	明鈔本	(5) 六年四月，德裕貶崖，而公之卒不記其月。按：此蓋未嘗見《神道碑》，而此《詩集》中無有。

表一百七十六

<table>
<tr><th>作者/文獻</th><th>版本</th><th>用　　例</th></tr>
<tr><td>程珌
《洺水集》
卷七</td><td>明崇禎元年刻本</td><td>（1）至若過時迺學，則已跳躍逐物矣。揉之維之，刻之琢之，俾還性初，迺順帝則。夫時而學與過時而學，皆可達諸聖賢。神道顯德，坦然亡壅。嗚呼！先王為之設學，不可一日緩已。國家昭德恢儒，今二百五十年。聲容文明，匹休三代。</td></tr>
</table>

表一百七十七

<table>
<tr><th>作者/文獻</th><th>版本</th><th>用　　例</th></tr>
<tr><td>程大昌
《演繁露》
卷二</td><td rowspan="2">清學津討原本</td><td>（1）神道
（2）《李廣傳》：丞相李蔡得賜冢地，盜取三頃，賣之，又盜取神道外壖地一畝葬其中。世之言神道者，始此（西漢二十四）。又霍光塋起三土闕，築神道。神道，言神行之道也。（《長安志》）</td></tr>
<tr><td>程大昌
《演繁露》
卷十</td><td>（3）《神道碑》：裴子野葬，湘東王爲《墓誌銘》，陳于藏內。邵陵王又立《墓誌》，堙于羨道。列誌，自此始。</td></tr>
</table>

表一百七十八

<table>
<tr><th>作者/文獻</th><th>版本</th><th>用　　例</th></tr>
<tr><td>程顥
《二程遺書》
卷十八</td><td rowspan="2">清文淵閣四庫全書本</td><td>（1）放勳非堯號，蓋史稱堯之道也。謂三皇而上，以神道設教，不言而化，至堯方見於事功也。後人以“放勳”為“堯號”，故記《孟子》者，遂以“堯曰”為“放勳曰”也。</td></tr>
<tr><td>程顥
《二程文集》
卷六</td><td>（2）臣料陛下仁孝，豈忍如斯。皆由左右之臣不能為陛下開明此理，在於神道不遠人情。故先聖謂：事死如事生，事亡如事存。</td></tr>
<tr><td>程頤
《伊川易傳》
伊川程先生
周易上經傳
卷之三</td><td rowspan="2">元刻本</td><td>（3）觀天之神道，而四時不忒。聖人以神道設教，而天下服矣。（天道至神，故曰“神道”。觀天之運行，四時無有差忒，則見其神妙。聖人見天道之神，體神道以設教，故天下莫不服也。夫天道至神，故運行四時、化育萬物無有差忒。至神之道莫可名言，唯聖人默契，體其妙用，設爲政教，故天下之人涵泳其德而不知其功，皷舞其化而莫測其用，自然仰觀而戴服，故曰：以神道設教，而天下服矣。）</td></tr>
<tr><td>程頤
《伊川易傳》
伊川程先生
周易上經傳
卷之九</td><td>（5）又曰：顯明於道，而見其功用之神，故可與應對萬變，可賛祐於神道矣，謂合德也。人爲順理以成功，乃賛天地之化育也。</td></tr>
</table>

表一百七十九

作者/文獻	版本	用　　例
褚伯秀《南華眞經義海纂微》卷八十二	明正統道藏本	(1) 疑獨註：魯人彭陽，字則陽。夷節，楚人。王果，楚大夫。公閱休，隱者也。夷節無天德而有俗知，不能以神道自許，顛冥於富貴之地，固足以消子之德，非助子也。譬凍者假春為衣，暍者俟冷風禦暑，言求王果之助，非所急也。况楚王為人，威嚴如虎，若不入之以佞，則必化之以正也。
褚伯秀《南華眞經義海纂微》卷九十三		(2) 疑獨註：魏公子牟，封於中山。瞻子，魏之賢人。夫公子之貴，其心最為難勝，故雖身在江海，而心居魏闕。……牟雖知生可重物可輕，然其心不能自勝其私，則神道寧無惡乎？神生於虛，今牟心未虛，所以不能自勝而強不從者。挫損情欲，重傷其性，與無壽之人類矣。

表一百八十

作者/文獻	版本	用　　例
崔敦詩《玉堂類稿》卷十九	清佚存叢書本	(1) 惟神道參上，帝德芘下民。

表一百八十一

作者/文獻	版本	用　　例
鄧名世《古今姓氏書辯證》卷五	清文淵閣四庫全書本	(1) 案：張說《裴行儉神道碑》：行儉，乃仁基子。

表一百八十二

作者/文獻	版本	用　　例
鄧牧《洞霄圖志》卷五	清知不足齋叢書本	(1) 贊曰：神道設教，受知明皇。入覲顧問，出從翱翔。高高月宮，不見漁陽。人謀何及，夫數適當。
鄧牧《洞霄圖志》卷六		(2) 光化二年十一月二十七日，詔旨敕錢鏐：省所奏進重修建天柱觀圖一面事，具悉。我國家襲慶仙源，遊神道域，普天之下靈跡甚多。然自兵革洊興，基址多毀，況茲幽邃，豈暇修營？卿考一境圖經，知列聖崇奉，親臨勝槩，重葺仙居，仍選精慤之流，虔備焚修之禮，冀承玄貺，來祐昌期。豈唯觀好事之方，抑亦驗愛君之節。既陳章奏，披玩再三，嘉歎無已，想宜知悉。

表一百八十三

作者/文獻	版本	用　例
鄧肅 《栟櫚集》 卷一	明正德刻本	(1) 臣聞功足以利一國者，當享一國之樂；德足以備四海者，當受四海之奉。恭惟皇帝陛下，至仁之所覆，神道之所化，畢乎無外，不可量數。如一元默運，萬物自春。

表一百八十四

作者/文獻	版本	用　例
丁度 《集韻》 卷三	清文淵閣四庫全書本	(1) 場，塲暘。(《説文》：祭神道也。一曰田不耕。一曰治穀田也。或作塲暘。)

表一百八十五

作者/文獻	版本	用　例
丁易東 《周易象義》 卷九	清文淵閣四庫全書本	(1) 大觀在上，順而巽，中正以觀天下。觀，盥而不薦，有孚顒若，下觀而化也。觀天之神道，而四時不忒。聖人以神道設教，而天下服矣。 (2) 觀天神道以下極論觀，所以孚以天道而形容聖人也。卦以盥而不薦取義，故以神道設教言之，盖盥薦所以事神，以我之神而交彼之神者也。“觀天之神道，而四時不忒。”此以天道言也。“聖人以神道設教，而天下服。”此以聖人之道言也。

表一百八十六

作者/文獻	版本	用　例
董楷 《周易傳義附録》 周易上經程朱先生傳義附錄 卷之六	清文淵閣四庫全書本	(1) 觀天之神道，而四時不忒。聖人以神道設教，而天下服矣。((《傳》) 天道至誠，故曰“神道”。觀天之運行，四時无有差忒，則見其神妙。聖人見天道之神，体神道以設教，故天下莫不服也。夫天道至神，故運行四時、化育萬物无有差忒。至神之道莫可名言，唯聖人默契，躰其妙用，設爲政教，故天下之人涵泳其德而不知其功，鼓舞其化而莫測其用，自然仰觀而戴服，故曰：以神道設教，而天下服矣。(《本義》) 極言觀之道也。“四時不忒”，天之所以爲觀也。“神道設教”，聖人之所以爲觀也。)

續表

作者/文獻	版本	用　例
董楷《周易傳義附録》周易上經程朱先生傳義附録卷之六	清文淵閣四庫全書本	(2)《朱氏附録》：盥本謂薦，而不薦是欲蓄其誠意以觀示民，使民觀感而化之義。"有孚顒若"，便是那下觀而化，却不是說人君身上事。"聖人以神道設教"，是聖人不犯手做底，即是"盥而不薦"之義。"順而巽，中正以觀天下。"謂以此觀示之也。 (3) 觀天之神道，只是自然運行底道理，四時自然不忒。聖人神道，亦是說他有教人自然觀感處。
董楷《周易傳義附録》周易擊辭程朱氏說卷之上	清文淵閣四庫全書本	(4)（程氏曰）顯明於道，而見其功用之神，故可與應對萬變，可贊佑於神道矣，謂合德也。人惟順理以成功，乃贊天地之化育也。
董楷《周易傳義附録》周易擊辭程朱氏說卷之下	清文淵閣四庫全書本	(5) 問：巽以行權，恐是神道？曰：不須如此說。巽只是柔順，低心下意底氣象。人至行權處，不少巽順，如何行得？

表一百八十七

作者/文獻	版本	用　例
都絜《易變體義》卷八	清文淵閣四庫全書本	(1) 元吉无咎，孔子釋之以下不厚事。言下不事，以此為厚，而從之輕也。元，仁德也。吉，言有成功也。無咎，言人无厲已之咎也。然觀之主意，本以觀天之神道設教，而至於天下服。今乃因益以興利而言觀示上之德意者，有不可已，故為益之觀與觀之本體異焉。

表一百八十八

作者/文獻	版本	用　例
杜大珪《名臣碑傳琬琰集》上卷一	宋刻元明遞修本	(1) 趙中令公普神道碑
杜大珪《名臣碑傳琬琰集》上卷六	宋刻元明遞修本	(2) 賈文元公昌朝神道碑（荊公王安石）

續表

作者/文獻	版本	用　例
杜大珪 《名臣碑傳琬琰集》 上卷七		（3）宋景文公祁神道碑（蜀公範鎮）
杜大珪 《名臣碑傳琬琰集》 上卷八		（4）王太師珪神道碑（黄門李李清臣）
杜大珪 《名臣碑傳琬琰集》 上卷十二		（5）吳武安公玠神道碑（中書舍人王綸）
杜大珪 《名臣碑傳琬琰集》 上卷十五		（6）吕文穆公蒙正神道碑（文忠公富弼） （7）陳文惠公堯佐神道碑（文忠公歐陽修）
杜大珪 《名臣碑傳琬琰集》 上卷十六	宋刻元明遞修本	（8）張忠定公詠神道碑（忠獻公韓琦） （9）一日，具書來告曰：堯夫之曾祖，昔事太宗、真宗朝，勤勞內外，有大名於天下。而自葬距今，歷年多矣，墓碑之刻，闕然未立。請書其實，以表神道，固烈祖之益光也。 （10）曾諫議大夫致堯神道碑（文忠公歐陽修）
杜大珪 《名臣碑傳琬琰集》 上卷十七		（11）馮勤威公守信神道碑（荊公王安石） （12）康刺史延澤神道碑（翰林學士王禹偁）
杜大珪 《名臣碑傳琬琰集》 上卷十八		（13）張刺史綸神道碑（文正公范仲淹） （14）名聳後世，公實兼之，宜其被金石而不朽矣。將終，召掾曹沛國朱寀草理命於牀下，且謂某嘗從事于使部，僅知所存在甲令五品而上立《神道碑》。 （15）李觀察士衡神道碑（文正公范仲淹）
杜大珪 《名臣碑傳琬琰集》 上卷十九		（16）馬正惠公知節神道碑（荊公王安石） （17）王武恭公德用神道碑（文忠公歐陽修）

續表

作者/文獻	版本	用　　例
杜大珪 《名臣碑傳琬琰集》 上卷二十	宋刻元明遞修本	（18）範文正公仲淹神道碑（文忠公歐陽修） （19）趙康靖公槩神道碑（文忠公蘇軾）
杜大珪 《名臣碑傳琬琰集》 上卷二十一		（20）周安惠公起神道碑（荊公王安石） （21）王待制質神道碑（文忠公歐陽修）
杜大珪 《名臣碑傳琬琰集》 上卷二十二		（22）夏文莊公竦神道碑（文恭公王珪） （23）龐莊敏公藉神道碑（翰林學士王珪）
杜大珪 《名臣碑傳琬琰集》 上卷二十三		（24）余襄公靖神道碑（文忠公歐陽修） （25）孫威敏公沔神道碑（學士畢仲游代範純禮作）
杜大珪 《名臣碑傳琬琰集》 上卷二十四		（26）歐陽文忠公修神道碑（文定公蘇轍）
杜大珪 《名臣碑傳琬琰集》 上卷二十五		（27）狄武襄公青神道碑（文恭公王珪） （28）种院使世衡神道碑（文正公范仲淹）
杜大珪 《名臣碑傳琬琰集》 上卷二十六		（29）呂惠穆公公弼神道碑（忠文公範鎮） （30）範忠獻公雍神道碑（蜀公範鎮）
杜大珪 《名臣碑傳琬琰集》 上卷二十七		（31）周侍郎沆神道碑（文正公司馬光） （32）趙樞密瞻神道碑（范太史祖禹）

續表

作者/文獻	版本	用　例
杜大珪 《名臣碑傳琬琰集》 中卷一	宋刻元明遞修本	(33) 二聖從民所望，遂大用之，而居位未幾，功業不究。然其著見之效，已暴於天下，炳於後世，列於太常，藏之史官。攷公行事，所至可紀。今掇其大者，揭之神道，以詔於無窮。
杜大珪 《名臣碑傳琬琰集》 中卷二		(34) 後十餘年，衍為武勝軍節度推官、知沈丘縣事，以公文集及墓銘相示，且命某為《神道碑》。其墓銘乃故叅知政事範公所為也。
杜大珪 《名臣碑傳琬琰集》 中卷二十三		(35) 文正公既葬，二聖遣使，賜白金二千兩，立《神道碑》。
杜大珪 《名臣碑傳琬琰集》 中卷四十		(36) 謝尚書濤神道碑（文正公范仲淹）
杜大珪 《名臣碑傳琬琰集》 中卷四十二		(37) 曾博士易占神道碑（門下侍郎李臣）
杜大珪 《名臣碑傳琬琰集》 中卷四十八		(38) 慶歷五年，葬安陽縣新安村。尹洙、師魯誌其墓，今富鄭公為《神道碑》載公事業甚詳。
杜大珪 《名臣碑傳琬琰集》 中卷五十五		(39) 紹聖元年，用諫官翟思、張商英、周秩章疏，削公著謚，毀所賜《神道碑》。
杜大珪 《名臣碑傳琬琰集》 下卷十六		(40) 明年春，以太子少師致仕。後二年卒，年七十四。車馬臨奠，賻郵有加。詔贈司徒，謚文簡。仍賜《神道碑》，以“吉德”為額。

續表

作者/文獻	版本	用　　例
杜大珪《名臣碑傳琬琰集》下卷二十三	宋刻元明遞修本	（41）宋故右朝議大夫充徽猷閣待制致仕彭城縣開國子食邑五百戶贈少傅劉公神道碑銘
杜大珪《名臣碑傳琬琰集》下卷二十四		（42）奏且有日，諸孤俾狀其行事將請謚于太常，揭碑于神道以圖不朽而傳無窮。以掄同朝之久，知公為詳，故不果辭。敬為次第其實，以告太史氏。謹狀。

表一百八十九

作者/文獻	版本	用　　例
杜範《清獻集》宋史列傳	清鈔本	（1）明日，上率百官設祖帳于東門外，親述文以祭之，復出內帑銀絹三千兩疋，左帑所賜如之。即其山爲造五鳳樓及封壙壇堦、翁仲祠宇，象設之物莫不俱俻，乃以境內鴻福寺爲香燈院，俾供洒埽，神道有碑，祭祀有田，燕享以時。若是先朝加殊禮于丞相者，可謂至矣。

表一百九十

作者/文獻	版本	用　　例
度正《性善堂稿》卷十五	清文淵閣四庫全書本	（1）《文靖公程文跋》（代吳侍郎）：此文靖吕公少時應舉之作也。……公雖長于智慮，然其為相，實以安靜為本，每不欲有所更張。當時範文正公、歐陽文忠公輩亦皆不樂之，然公處之泰然，蓋未嘗以為意也。其後首引範公與之共政。及公易簀，仁宗手詔以人材為問，公具以對，蓋自韓魏公而下見于《慶歷聖德詩》者，皆公密具以聞者，而世罕知之也。獨歐陽公知之，故于《範公神道碑》中具載此意。而忠宣公不悅，歐陽公至變色語之。

表一百九十一

<table>
<tr><th>作者/文獻</th><th>版本</th><th>用　　例</th></tr>
<tr><td>范成大
《石湖詩集》
石湖居士文集
卷三十</td><td>四部
叢刊
景清
愛汝
堂本</td><td>(1)《爆竹行》：歲朝爆竹傳自昔，吳儂政用前五日。食殘豆粥埽罷塵，截筒五尺煨以薪。節間汗流火力透，健僕取將仍疾走。兒童却立避其鋒，當堦擊地雷霆吼。一聲兩聲百鬼驚，三聲四聲鬼巢傾。十聲百聲神道寧，八方上下皆和平。却拾焦頭疊牀底，猶有餘威可驅厲。屏除藥裹添酒杯，晝日嬉遊夜濃睡。</td></tr>
<tr><td>范成大
《（紹定）
吳郡志》
卷第二十二</td><td rowspan="2">擇是
居叢
書景
宋刻
本</td><td>(2) 始，少連攜少子師閔奔行在，有詔同止翰林院，車駕還，授同州參軍。韋夏卿撰《少連神道碑》謂：顧氏復徙吳會，自晋司空和洎梁給事中耀，至少連十三代矣。</td></tr>
<tr><td>范成大
《（紹定）
吳郡志》
卷第二十六</td><td>(3) 范仲淹，字希文。事具歐陽文忠公所撰《神道碑》及《國史傳》，其略云：皇祐四年五月甲子，資政殿學士、尚書戶部侍郎、汝南文正公薨於徐州。五代之際，世家蘇州。生二歲而孤，母再適長山朱氏，仍其姓，始名說。既長，知其世家，感泣去，之南都。入學五年，大通《六經》，為文章，論說必本仁義。舉進士，禮部選第一，中乙科，始歸迎其母以養。少有大節，其於富貴、貧賤、毀譽、懽戚，不一動其心，而慨然有志於天下，常自誦曰：士當先天下之憂而憂，後天下之樂而樂也。</td></tr>
</table>

表一百九十二

<table>
<tr><th>作者/文獻</th><th>版本</th><th>用　　例</th></tr>
<tr><td>范純仁
《范忠宣公文集》
卷第十</td><td rowspan="2">元刻
明修
本</td><td>(1) 天心仁愛，遂羣物之常生；神道聰明，感至誠而善應。</td></tr>
<tr><td>范純仁
《范忠宣公文集》
卷第十六</td><td>(2)《神道碑・太子太保宣簡田公》：惟宣簡公既改葬于河南府壽安縣甘泉鄉之龕澗里。後十有六年，其配永嘉夫人富氏，命其子承奉郎旦以公功行之狀、易名之議、誌壙之銘，屬范某曰：昔先文正公當朝，號知人，而吾夫乃所薦進士。及公輔政，吾夫遂居近侍而繼亦大用。</td></tr>
</table>

表一百九十三

作者/文獻	版本	用　　例
范坰 《吴越備史》 卷第二	四部叢刊續編景清鈔本	(1) 秋七月甲戌，麗春院火延于内城，王遷居瑶臺院。是月，閩王曦稱大閩皇帝。八月辛亥，王薨于瑶臺院之綵雲樓，年五十五，在位十年。贈謚曰文穆，勅宰相和凝撰《神道碑》。七年壬寅二月癸卯，葬于國城龍山之南原。
范坰 《吴越備史》 卷第四		(2) 伏有懆誠，貯于肺腑，幸因入覲，輒敢上言。盖虞神道之害盈，必冀天時之從欲。臣近蒙賜以劍履上殿，詔書不名，仍以本道領募卒徒，嘗營戈甲，特建國王之號，俾增師律之嚴，皆所以假其寵名，詫于鄰敵。方今幅員無外，名數洞分，豈可冒居，自罷公議？合從省罷，以正等威。除本道軍士、甲器已曾奏納外，所有封吴越國王及天下兵馬大元帥職名，並乞解罷。凡頒詔命，悉願呼名，庶聖朝無虚授之恩，微臣免疾顛之禍。

表一百九十四

作者/文獻	版本	用　　例
范仲淹 《范文正公别集》 卷第二	四部叢刊景明翻元刊本	(1)《窮神知化賦》(窮彼神道，然後知化。)：惟神也感而遂通，惟化也變在其中。究明神而未昧，知至化而無窮。通幽洞微，極萬物盛衰之變；鈎深致遠，明二儀生育之功。大《易》格言，先聖微旨，神則不知不識，化則無終無始，在乎窮之於此，得之於彼。苟精義而入焉，如至誠而感矣。 (2)《乾爲金賦》(剛健純粹，其象金也。)：大哉乾陽，稟乎至剛。統於天而不息，取諸金而可方。外著元亨，想有英而可覩；中含變化，知從革之靡常。原夫聖人之作《易》也，八卦成文，百代爲憲。索隱而神道可極，取象而物形何遁。立夫《乾》也，所以體乎高明；爲彼金焉，所以尚乎剛健。觀其爻繫斯著，擬議有倫。此則端四德而成象，彼則列五行而效珍。非同體於煥耀，實比德於貞純。
范仲淹 《范文正公文集》 卷第十一		(3) 宋故乾州刺史張公神道碑 (4) 名聳後世，公實兼之，宜其被金石而不朽矣。將終，召掾曹沛國朱寀草理命於牀下，且謂某嘗從事于使部，僅知所存在甲令五品而上立《神道碑》。 (5) 宋故衛尉少卿分司西京胡公神道銘 (6) 宋故太子賔客分司西京謝公神道碑銘 (7) 宋故同州觀察使李公神道碑銘

續表

作者/文獻	版本	用　　例
范仲淹 《范文正公文集》 卷第十六	四部叢刊景明翻元刊本	(8) 雖聖恩曲示於便安，柰神道常惡其盈滿。請麾上穎，蓋遭拙疢之未平；息鞍東徐，益覺靈醫之不效。唯積疢之見困，非晚歲之能支。神不在形，氣將去幹。冥冥幽壤，倏爲長往之期；穆穆清光，永絕再瞻之望。肝膽摧落，精魄飛揚。
范仲淹 《范文正公尺牘》 卷中		(9) 初暑，伏惟爲國倍加自重，至禱至禱。某再拜資政諫議，伏想鎮臨大屏，頤養至和，與神道游，誠將物感，正人之望日重休。某衰晚之期休息，甚稱田園未立，告老猶稽，此可愧於人也。然念念其退不作妄動事，爲知已之羞。拜會未期，萬萬自重。

表一百九十五

作者/文獻	版本	用　　例
范祖禹 《范太史集》 卷四十一	清文淵閣四庫全書本	(1) 同知樞密院趙公神道碑銘 (2) 二聖從民所望，遂大用之，而居位未幾，功業不究。然其著見之效，已暴於天下，炳於後世，列於太常，藏之史官。攷公行事，所至可紀。今掇其大者，揭之神道，以詔於無窮。 (3) 文正公既葬，二聖遣使，賜白金二千兩，立《神道碑》。
范祖禹 《范太史集》 卷五十三		(4) 臣承詔既論次王之德行，而銘之矣。有司謂當刻石以表神道，昭示後世，故又取其大畧而書之。

表一百九十六

作者/文獻	版本	用　　例
方大琮 《鐵庵集》 宋寶章閣直學士忠惠鐵庵方公文集 卷二十五	明正德八年方良節刻本	(1) 薦福香火院，前歲重造法堂，亦嘗致微助，不知能復舊觀否?《長史中丞二祖神道碑》已立，其勞神用甚多，既感且謝。 (2) 本朝科級者又傳，而孫曾四十二，有持從櫜躋郎省，與眉山蘇公同時得首神道鉅筆，而靈隱之名益著。

表一百九十七

<table>
<tr><th>作者/文獻</th><th>版本</th><th>用　例</th></tr>
<tr><td>方實孫
《淙山讀周易》
卷六</td><td rowspan="3">清文淵閣四庫全書本</td><td>（1）“有孚顒若”，皆知有君子之道，亦可以上合天意。“神道設教”，其妙如此。所謂“盥而不薦”者，豈徒以祭祀之虚文而為敬哉？
（2）觀天之神道，而四時不忒。聖人以神道設教，而天下服矣。
（3）伊川曰：天道至神，故運行四時、化育萬物无有差忒。至神之道莫可名言，唯聖人黙契其妙用，設為政教，故天下之人涵泳其德而不知其功，鼓舞其化而莫測其用，自然仰觀而戴服，故曰：以神道設教，而天下服矣。童溪曰：天下之所觀者，聖人也。聖人之所觀者，天也。聖人何取于天哉？以其不言之教，見于四時之運行，无有差忒，此所謂“神道”也。神，即誠也。體于心而謂之誠，妙于物而謂之神，即一物也。又曰：不言之教寓于始盥之時，此所謂聖人之神道也。</td></tr>
<tr><td>方實孫
《淙山讀周易》
卷十七</td><td>（4）《易》所以至精、至變、至神者，皆道也。又言：聖人之道極深而見其賾，故能通天下之志；研幾而察其微，故能成天下之務。聖人非有私智參于其間，不疾而速，不行而至，是亦神道之自然也。</td></tr>
<tr><td>方實孫
《淙山讀周易》
卷十九</td><td>（5）昔者聖人之作《易》也，幽贊於神明而生蓍。（疏云：釋聖人所以深明神明之道，便能生用蓍之意，以神道與用蓍相協之故也。）</td></tr>
</table>

表一百九十八

<table>
<tr><th>作者/文獻</th><th>版本</th><th>用　例</th></tr>
<tr><td>方崧卿
《韓集舉正》
卷八</td><td rowspan="3">清文淵閣四庫全書本</td><td>（1）唐銀青光禄大夫左散騎常侍致仕平陽路公神道碑文（石本）
（2）宋本、樊本皆刋從承玭，蓋唐許孟容嘗為《承玭神道碑》，石本猶傳於世，《新傳》蓋本此也。
（3）唐故河東節度觀察使滎陽鄭公神道碑文</td></tr>
<tr><td>方崧卿
《韓集舉正》
卷九</td><td>（4）衛大将軍贈工部尚書太原郡公神道碑文（杭蜀）
（5）唐故少府監胡公墓神道碑（石本）
（6）唐故江南西道觀察使太原王公神道碑銘
（7）司徒兼侍中中書令贈太尉許國公神道碑
（8）元微之嘗為《薛戎神道碑》，疑後人以他文增校也。</td></tr>
<tr><td>方崧卿
《韓集舉正》
卷十</td><td>（9）《神道碑》：周知俗之利病，亦無“利”字。</td></tr>
</table>

表一百九十九

作者/文獻	版本	用　　例
方聞一 《大易粹言》 卷二十	清文淵閣四庫全書本	(1)《彖》曰：大觀在上，順而巽，中正以觀天下。觀，盥而不薦，有孚顒若，下觀而化也。觀天之神道，而四時不忒。聖人以神道設教，而天下服矣。 (2) 天道至神，故曰“神道”。觀天之運行，四時无有差忒，則見其神妙。聖人見天道之神，體神道以設教，故天下莫不服也。夫天道至神，故運行四時、化育萬物无有差忒。至神之道莫可名言，惟聖人黙契，體其妙用，設為政教，故天下之人涵泳其德而不知其功，皷舞其化而莫測其用，自然仰觀而戴服，故曰：以神道設教，而天下服矣。(並《易傳》。) (3) 横渠先生曰：內順外巽，示民以順而外從巽，此祭所以為教之本，故“盥而不薦”。“中正以觀天下”，又曰“大觀在上”，皆謂五也。凡言“觀我生”，亦皆謂五也。天不言，藏其用而四時行。神道，如“盥而不薦”之類。盥簡潔而神，薦褻近而煩也。 (4) 有兩則湏有感，然天之感有何思慮？莫非自然。聖人則能用感，何謂用感？凡教化設施，皆是用感也。作於此化於彼者，皆感之道，聖人以神道設教是也。(並《易説》。) (5) 上天之載，有感必通；聖人之為，得為而為之也。天不言而四時行，聖人“神道設教而天下服”。誠於此，動於彼，神之道歟！成變化，行鬼神，成形陰陽之氣而已矣。(《正蒙》) (6) 夫其為物不貳，其生物不測，天之神道也；而“四時不忒”，以其誠无息而已。聖人觀天之神道而設教，亦惟誠而已。 (7) 聖人以神道設教，而天下服。所謂“神道”，誠意而已。誠意，大德也。(語錄) (8)《經》曰：觀，盥而不薦，有孚顒若。誠之夲也，至於薦也，備物而將之末也。且天之神道，四時見之矣。其升降之運本之一氣，一氣之運本之於一誠，故八卦之變起於中孚，非誠則不能也。聖人之神道，見於教化；教化之成敗，見之於風俗；風俗之所自，出於上之誠信。故知遠之近，知風之自，則有至於无聲无臭者矣。彼刑名度數，曷足以明之，故“聖人以神道設教，而天下服”者，予知其“聲色之於化民，末也。” (9) 治象之法未廢也，而治亂之迹如是之不同，何也？誠與不誠之效也。故曰：至誠如神，鬼神之為德也。視之而不見，聽之而弗聞。使天下齊明盛服，以承其祭祀。洋洋乎，如在其上，如在其左右。故曰：神之格思，不可度思。故天之神道，聖人之神道。推此，可得而知之也。嗚呼！二帝三王遠矣，吾於此猶可觀焉。(並《易説》。)

續表

作者/文獻	版本	用　　例
方聞一 《大易粹言》 卷二十	清文淵閣四庫全書本	(10) 白雲郭氏口：大觀在上，以巽順之德，居中正之位。初，未嘗有心於示人也。其誠明之著晬然，見於面，盎於背，施於四體，有不可揜者焉，亦猶聖人有以示之也。觀之者，至於不期化而自化，是之謂神道。神道之謂大觀，且觀之天則天亦无所示也，特四時不忒而已。因四時不忒，而萬物自生自化，故知四時不忒，是為天之神道。由人言之，亦曰天之大觀也。 (11)《乾卦》言：各正性命，保合太和。天之神道，其及物如此而已。 (12)《彖》言：神道設教，天下不知所以然而然。觀民設教，則其迹可見矣。所以為王者之事，非盡《彖》之道者也。(《易説》)
方聞一 《大易粹言》 卷四十五		(13) 白雲郭氏曰：萃聚之世，既庶既富之時也，故萃有亨之道。孔子曰：既富矣，又何加焉？曰：教之。故聖人設教必於富庶之後，而設教之道莫先於孝享。以為天下先，故觀之“神道設教”，亦必以“盥而不薦”為首。
方聞一 《大易粹言》 卷六十七		(14) 伊川先生曰：顯明於道而見其功用之神，故可與應對萬變，可贊祐於神道矣，謂合德也。
方聞一 《大易粹言》 卷六十九		(15) 白雲郭氏曰：時異則事異，於是乎有變。唯聖人能通其變，則民不困於事，是以不倦於有行也。故雖聖人神道設教，不過宜斯民而已。

表二百

作者/文獻	版本	用　　例
費袞 《梁溪漫志》 卷第八	清知不足齋叢書本	(1) 夫善惡之實，公議不能掩，所謂史官不記，天下亦皆記之矣。然程公《墓誌》《神道碑》皆歐陽公所爲。凡碑、誌等文，或被旨而作，或因其子孫之請，揚善掩惡，理亦宜然。至於是是非非，則天下自有公論。歐陽公一世正人，而謂“受潤筆帛五千端”，人不信也。

表二百零一

作者/文獻	版本	用　　例
馮椅《厚齋易學》卷十三	清文淵閣四庫全書本	(1) 贊曰：盥而不薦，有孚顒若，下觀而化也。觀天之神道，而四時不忒。聖人以神道設教，而天下服矣。 (2) 李子思曰：三陽體巽之德，萬物於是而潔齋有誠敬化民之象，而羣陰以坤順在下則有衆民信順之意，故卦辭首"觀，盥而不薦"，即所謂"神道設教"者。 (3) 毛伯玉曰：陰者，鬼道也，至幽之義也。陽者，人道也，至明之義也。祭祀之禮，以其至明者託於至幽，所謂以"神道設教"也。 (4) 楊中立曰：古人所以交神而接人，其道一主於誠。故曰：明則有禮樂，幽則有鬼神。幽明本無二理，故所以感之者亦以一理。所謂"神道"，誠意而已。 (5) 李去非曰：小人日用而不知，則觀道益神。案：大觀之君以神道設教於上，百姓日用而不知乃其分也。故曰：小人道也，無足咎也。 (6) 楊氏啓新曰：聖人設教，誠於此，動於彼。不顯之德，篤恭之妙，與"上天之載"無聲無臭"者同一機，而其動物之妙，丕變之感，有非人所能測者，故曰"神道設教"。 (7) 李子思曰：居九五之位者，知四陰並進為陰長之世；賔而禮之，使陰類反從而順化，无以致其犯上之患。此所謂以"神道設教"者歟！
馮椅《厚齋易學》卷三十四		(8) 觀天之神道，而四時不忒。聖人以神道設教，而天下服矣。……神道謂"盥而不薦"，四時天下謂"四陰之象"。王景孟曰：不忒者，非天不忒，神故不忒也。曰：服者，非服聖人，服其神也。

表二百零二

作者/文獻	版本	用　　例
高承《事物紀原》卷九	明弘治十八年魏氏仁實堂重刻正統本	(1)《神道碑》：古之葬有豐碑以窆。秦漢以來，死有功業、生有德政者皆碑之。稍改用石，因總謂之碑。晉宋之世，始又有《神道碑》，天子及諸侯皆有之，其刻文止曰：某帝或某官神道之碑。今世尚有《宋文帝神道碑》，墨本也。其初由立之于葬兆之東南，地理家言以東南為神道，故以名碑爾。按：後漢中山簡王焉，詔大為修塚塋，開神道。注云：墓前開道，建石柱以為標，謂之神道。是則神道之名，在漢已有之也。晉宋之後，易以碑刻云。

表二百零三

作者/文獻	版本	用　　例
高斯得《耻堂存稿》卷八	清武英殿聚珍版叢書本	（1）讀天臺侍郎黄公宜神道碑

表二百零四

作者/文獻	版本	用　　例
高似孫《（嘉定）剡録》卷五	清道光八年刻本	（1）河洛摛寶，神道之功可傳；嵩華吐祕，仙靈之迹可覿。蓋事詳於玉牒，理煥於金符。雖冥默難源，顯晦異軌，測心觀古，可得而言焉。是以子晉笙歌，馭鳳於天海；王喬雲舉，控鶴於元都。……先生攀途躋阻，宿枻涉圻，而衡飈夜鼓，山洪暴激，忽乃崩舟墜壑，一裂千仞，飄地淪篙，翻透無底。徒侶判其氷碎，舟子悲其雹散，危魂中夜，赴阻相尋，方見先生，恬然安席。 （2）其辭曰：道無不在，若存若亡。於惟上學，理妙羣方。用之日損，言則非常。儵焉靈化，羽衣霓裳。九重嶤屼，三山璀璨。日為車馬，芝成宮觀。……臨雲置墠，駕岳開櫺。澗塗蹇產，林圻蔥青。誰謂應遠，神道微密。慶集宮闈，祥流罕畢。其久如地，其恒如日。壽同南山，與天無卒。更生變煉，外示無功。少君飛轉，密與神通。因資假力，輕舉騰空。庶憑嘉誘，永濟微（闕）。
高似孫《緯略》卷十二	清守山閣叢書本	（3）潤筆：王岐公譔《麗穎公神道碑》，其家以古書畫。《杜荀鶴及第》時，試卷為潤筆。薛紹彭書米元章《會稽公襄陽公丹陽二夫人告》，以智永《臨右軍帖》為潤筆，可謂奇古之甚。
高似孫《子略》卷四	明刻百川學海本	（4）梁肅《圯橋石表》曰：黄帝氏方平蚩尤時，乃玄女啓符，風后行誅；漢祖方征秦項時，乃黄石授兵，留侯演成。《易》稱：人謀鬼謀，百姓與能。又曰：神道設教，而天下服。盖謂是矣。

表二百零五

作者/文獻	版本	用　　例
葛立方《韻語陽秋》卷五	宋刻本	（1）韓愈自監察御史貶連州陽山今，所坐之因，傳記各異。《唐書》本傳謂上書論宮市，德宗怒，故貶。李翱《行狀》謂爲幸臣所惡，故貶。皇甫湜作《神道碑》謂貞元十九年關中旱饑，公請寬民徭，專政者惡之，故貶。

續表

作者/文獻	版本	用　　例
葛立方《韻語陽秋》卷五	宋刻本	(2)《宣室志》載：威粹骨蕤國世與韓氏爲仇，神人以帝命召公討事。愈曰：臣願從大王討之。未幾而愈卒。公《神道》《墓誌》《行狀》俱不載，而止見於小説者如此，豈東坡所謂"其生也有自來，其死也有所爲"乎？

表二百零六

作者/文獻	版本	用　　例
葛勝仲《丹陽集》卷一	清文淵閣四庫全書本	(1)《進養士圖籍答子》：臣竊以三代之盛班治顯設之方，尤備於成周；而周之隆教養作成之法，獨推於文武。文王之詩曰：不顯亦臨，無射亦保。故其效至於多士以寧。武王之詩曰：豐水有芑，武王豈不仕？故其效至於無思不服。雖聖人以神道設教，其精神心術之妙不可推測，意者殆將以作人籲俊為長久無窮之計，非特用於一時以康庶事而已。
葛勝仲《丹陽集》卷十七		(2) 赭山承慶報慈禪院劉希範資政墳寺張参預為神道碑

表二百零七

作者/文獻	版本	用　　例
耿南仲《周易新講義》卷三	清文淵閣四庫全書本	(1)《彖》曰：大觀在上，順而巽，中正以觀天下。觀，盥而不薦，有孚顒若，下觀而化也。觀天之神道，而四時不忒。聖人以神道設教，而天下服矣。 (2) 貞觀者，天地之所以觀萬物也；大觀者，聖人之所以觀天地。故曰：觀天之神道，而四時不忒。言天有以觀萬物，而聖人有以觀之也。又曰：聖人以神道設教，而天下服矣。言聖人有以觀天下，而天下觀之也。四時有神道，有法先後之可循，往反之可期，明法也。不知披拂主張之為誰者，神道也。於其神道觀之而不助，則其明法協紀而不忒矣。故曰：觀天之神道，而四時不忒矣。天之神道，則觀而不助可也，所以教天下則不能無助矣。故曰：神道設教。以神道設教，則行積于此，而民得于彼，天下不知其所以然而然矣。 (3)《彖》曰：大觀在上，順而巽，中正以觀天下。觀，盥而不薦，有孚顒若，下觀而化也。觀天之神道，而四時不忒。聖人以神道設教，而天下服矣。

續表

作者/文獻	版本	用　　例
耿南仲《周易新講義》卷三	清文淵閣四庫全書本	(4) 要之，觀爲體，觀之者爲用。天也，聖人也，皆以神道而觀也。聖人則觀諸天，衆人則觀諸聖人，皆以彼有觀焉，而此觀之也。道之爲言，无乎不在，則亦无乎不是，而此曰“神道”者，以爲是也。雖有所示，而莫知其所以然也，無言也。運以至健之精，昭以燦然之象，而四時不忒者，天之神道也，无爲也。順性命之理，以佑萬物之神，而天下服者，聖人之神道也。

表二百零八

作者/文獻	版本	用　　例
郭茂倩《樂府詩集》卷第三	四部叢刊景汲古閣本	(1)《高明樂》：自天子之，會昌神道。丘陵肅事，克光天保。九關洞開，百靈環列。八樽呈備，五聲投節。 (2)《高明樂》：自天子之，會昌神道。方澤祗事，克光天保。九關洞開，百靈環列。八樽呈備，五聲投節。
郭茂倩《樂府詩集》卷第七		(3)《舒和》：神道發生敷九稼，陰極乘仁暢八埏。緯武經文隆景化，登祥薦祉啓豐年。
郭茂倩《樂府詩集》卷第九		(4)《皇夏樂》：齊居嚴殿，夙駕層闈。車輅垂彩，旒衮騰輝。聳誠載仰，翹心有慕。洞洞自形，斤斤表步。閟宫有邃，神道依俙。孝心緬邈，爰屬爰依。
郭茂倩《樂府詩集》卷第十		(5)《飲福酒歌》：神道正直，祀事有融。肅雝備禮，莊敬在躬。羞燔已具，奠酹將終。降祥惟永，受福無窮。
郭茂倩《樂府詩集》第五十二		(6)《大觀舞歌》：《隋書・樂志》曰：《大觀舞》，取《易・象》曰“大觀在上”“觀天之神道，而四時不忒”也。
郭茂倩《樂府詩集》卷第九十八		(7)《青石》：青石出自藍田山，兼車運載來長安。工人磨琢欲何用，石不能言我代言。不願作人家墓前神道碣，墳土未乾名已滅。不願作官家道旁德政碑，不鐫實錄鐫虛辭。願為顔氏段氏碑，雕鏤太尉與太師。刻此兩片堅貞質，狀彼二人忠烈姿。義心若石屹不轉，死節名流確不移。如觀奮擊朱泚日，似見叱呵希烈時。各於其上題名謚，一置高山一沉水。陵谷雖遷碑獨存，骨化為塵名不死。長使不忠不烈臣，觀碑改節慕為人。慕為人，勸事君。

表二百零九

作者/文獻	版本	用　　例
郭雍 《郭氏傳家易説》 卷二	清武英殿聚珍版叢書本	(1)《彖》曰：大觀在上，順而巽，中正以觀天下。觀，盥而不薦，有孚顒若，下觀而化也。觀天之神道，而四時不忒。聖人以神道設教，而天下服矣。 (2) 大觀在上，以巽順之德，居中正之位，初，未嘗有心于示人也。……觀之者，至于不期化而自化，是之謂神道。神道之謂大觀，且觀之天則天亦無所示也，特四時不忒而已。因四時不忒，而萬物自生自化，故知四時不忒，是為天之神道。由人言之，亦曰天之大觀也。 (3)《乾卦》言：各正性命，保合太和。天之神道，其及物如此而已。 (4)《彖》言：神道設教，天下不知所以然而然。觀民設教，則其迹可見矣。所以為王者之事，非盡《彖》之義者也。
郭雍 《郭氏傳家易説》 卷五		(5) 萃聚之世，既庶既富之時也，故萃有亨之道。孔子曰：既富矣，又何加焉？曰：教之。故聖人設教必于富庶之後，而設教之道莫先于孝享。以為天下先，故觀之“神道設教”，亦必以“盥而不薦”為首。
郭雍 《郭氏傳家易説》 卷八		(6) 時異則事異，于是乎有變。唯聖人能通其變，則民不困于事，是以不倦于有行也。故雖聖人神道設教，不過宜斯民而已。

表二百一十

作者/文獻	版本	用　　例
韓琦 《安陽集》 卷三十八	明正德九年張士隆刻本	(1) 恭惟某官稟醇和之靈，厚寛中之性；臺閣夙推於素譽，搢紳咸挹於高芬。式奉帝俞，顯分邦寄。仲竇之若有神道，必研輕重之幾；子幹以深達故宜，居存清浄之務。惠利已凝於殊績，儷鴻將沛於茂恩。仰冀遵調，少符瞻顧。
韓琦 《安陽集》 卷五十		(2)《故樞密直學士禮部尚書贈左僕射張公神道碑銘》：故樞密直學士禮部尚書贈左僕射張公，以魁奇豪傑之材，逢時自奮，智略神出，勲業赫赫，震暴當世，誠一代之偉人也。某向守大名，其孫堯夫，主簿元城。一日，具書來告曰：堯夫之曾祖，昔事太宗、真宗朝，勤勞内外，有大名於天下。而自葬距今，歷年久矣，墓碑之刻，闕然未立。請書其實，以表神道，固祖烈之益光也。

表二百一十一

作者/文獻	版本	用　　例
韓維《南陽集》卷二十九	清文淵閣四庫全書補配清文津閣四庫全書本	(1) 朝散郎試中書舍人輕車都尉賜紫金魚袋曾公神道碑
韓維《南陽集》卷三十		(2) 端明殿學士銀青光祿大夫致仕柱國蜀郡開國公食邑二千六百戶食實封五百戶贈右金紫光祿大夫謚忠文範公神道碑（見范氏所藏石本）

表二百一十二

作者/文獻	版本	用　　例
韓元吉《南澗甲乙稿》卷二十	清武英殿聚珍版叢書本	(1) 公善書，筆法遒美。太上嘗以所臨王羲之《四帖》為賜，且批紙尾曰：卿留心翰墨，深得八法之妙，勿以不工為笑也。《張循王神道碑》成，詔公書之。公因講筵三留身，曰：臣蓋論張俊諸子，除次對論譔不當矣。今君命寵，其父不敢辭。若其家有所謂潤筆，不敢受也。既張氏果致金綵甚厚，有旨受之，公卒辭焉。

表二百一十三

作者/文獻	版本	用　　例
何薳《春渚紀聞》卷五	明津逮秘書本	(1)《張仙人謔》：紹聖間，朝廷貶責元祐大臣及禁毀元祐學術文字，有言《司馬溫公神道碑》乃蘇軾撰述，合行除毀。於是州牒巡尉毀折碑樓及碎碑。張山人聞之曰：不須如此行遣，只消令山人帶一箇玉冊官，去碑額上添鐫兩箇不合字，便了也。碑額本云“忠清粹德之碑”云。

表二百一十四

作者/文獻	版本	用　　例
洪邁《容齋詩話》卷之二	清學海類編本	(1) 祥符以後，凡天書禮文、宮觀典冊、祭祀巡幸、祥瑞頌聲之事，王文正公旦實爲參政宰相，無一不預。官自侍郎至太保，公心知得罪於清議，而固戀患失，不能決去。及其臨終，乃欲削髮僧服以斂，何所補哉？……歐陽公《神道碑》，悉隱而不書，蓋不可書也。雖持身公清，無一可議，然特張禹、孔光、胡廣之流云。

續表

作者/文獻	版本	用例
洪邁《夷堅支志》景卷九	清景宋鈔本	(2) 少頃，醫來，楊斥其姓名。莊曰：何得遽爾見輕？楊曰：我是神道。如何叫汝姓名不得？汝平日用附子入藥，煞損了人性命，復敢然邪！
洪邁《夷堅支志》戊卷六		(3) 客曰：我相隨許時，本不是好意。望爾身畔料必有財物，欲爲不利。夜來鑽壁，乃睹一人，長七八尺，面似神道，瞪眼看我。我不覺驚倒，又不敢叫人相救，此何祥也？呂曰：每日天未曉時，誦《金剛經》，今十年矣。
洪邁《夷堅支志》己卷五		(4) 陳知必有物憑附者，叱曰：汝是何神道？我自有官法。良久乃定，云：各請方便。陳又曰：我自有官法，我先出去。汝是何神道，亦宜出去。……又一紫衫官人來，喝云：汝是何神道？我自有官法。 (5) 遇市曹刑殺罪人，則左右環坐於屋簷上觀看。才命斷，被刑者升屋，盡拜諸人，又倉忙狂走。城郭牆壁，並無隔礙，亦不曾有神道闌問。唯值知府出，則避伏橋下。
洪邁《夷堅支志》己卷九		(6) 四年九月，始北往荊南。將渡江，與女偕。有術士劉三郎者，能靜識異物，俗稱爲活神道。
洪邁《夷堅支志》辛卷六		(7) 方未病前，夢鄉人迎神過門。此客哀哭出訴，仍引土地為證。神大怒，命收下我父子魂魄，候申奏施行，今萬無可脫之理。願法師勸世人以我為戒，縱使人不知虛空，豈無神道？遂不復語。才三日，相繼亡。
洪邁《夷堅支志》辛卷十		(8) 紹熙二年，抵袁州。四年，次郢州。兩處各生一子。還過洞庭湖，有巴陵人劉一郎者，能知人未來事，俗稱為活神道。見之云：汝妻非人，乃三世之鬼。
洪邁《夷堅支志》壬卷四		(9) 翁進曰：吾官乃我家福星，我家六七十口，不幸一男自獄歸，染囚疾。今家眾已死三分之二，獨老夫先病而甦。昨夜忽夢數神道來，相將辭去，某試陽止之，神相顧曰：不可居此矣，明日有撫州涂朝奉來，當急引避。故從早汛掃敝家以待，果蒙賜臨，幸為我小駐。
洪邁《容齋隨筆》卷第四	清修明崇禎馬元調刻本	(10)《王文正公》：祥符以後，凡天書禮文、宮觀典冊、祭祀巡幸、祥瑞頌聲之事，王文正公旦實為參政宰相，無一不預。官自侍郎至太保，公心知得罪於清議，而固戀患失，不能決去。及其臨終，乃欲削髮僧服以斂，何所補哉？……歐陽公《神道碑》，悉隱而不書，蓋不可書也。雖持身公清，無一可議，然特張禹、孔光、胡廣之流云。

續表

作者/文獻	版本	用　　例
洪邁 《容齋隨筆》 卷第七	清修明崇禎馬元調刻本	（11）《漢晉太常》：漢自武帝以後，丞相無爵者乃封侯，其次雖御史大夫，亦不以爵封為閑。唯太常一卿，必以見侯居之，而職典宗廟園陵，動輒得咎，由元狩以降，以罪廢斥者二十人。意武帝陰欲損侯國，故使居是官以困之爾。表中所載：鄭侯蕭壽成，坐犧牲瘦；蓼侯孔臧，坐衣冠道橋壞；鄲侯周仲居，坐不收赤側錢；繩侯周平，坐不繕園屋；睢陵侯張昌，坐乏祠；陽平侯杜相，坐擅役鄭舞人；廣阿侯任越人，坐廟酒酸；江鄒侯靳石，坐離宮道橋苦惡；戚侯李信成，坐縱丞相侵神道；俞侯欒賁，坐雍犧牲不如令；山陽侯張當居，坐擇博士弟子不以實；成安侯韓延年，坐留外國文書；新時侯趙弟，坐鞠獄不實；牧丘侯石德，坐廟牲瘦；當塗侯魏不害，坐孝文廟風發瓦；轑陽侯江德，坐廟郎夜飲失火；薄侯蘇昌，坐泄官書；弋陽侯任官，坐人盜茂陵園物；建平侯杜緩，坐盜賊多。自鄭侯至牧丘十四侯，皆奪國，武帝時也。……陵上荊一枝圍七寸二分者被斫，司徒、太常奔走道路，太常禁止不解，蓋循習漢事云。
洪邁 《容齋隨筆》 卷第八	清修明崇禎馬元調刻本	（12）皇甫湜作公《神道碑》云：關中旱饑，人死相枕藉。吏刻取恩，先生列言天下根本，民急如是，請寬民徭而免田租，專政者惡之，遂貶。然則不因論宮市明甚。
洪邁 《容齋隨筆》 容齋續筆 卷第六	清修明崇禎馬元調刻本	（13）玭曰：若以潤筆為贈，即不敢從命。本朝此風猶存，唯蘇坡公於天下未嘗銘墓，獨銘五人，皆盛德故，謂富韓公、司馬溫公、趙清獻公、範蜀公、張文定公也。此外趙康靖公、滕元發二銘，乃代文定所為者。在翰林日，詔撰《同知樞密院趙瞻神道碑》，亦辭不作。
洪邁 《容齋隨筆》 容齋續筆 卷第十一	清修明崇禎馬元調刻本	（14）乾道中，邁直翰苑，答陳敏步帥詔云：亞夫持重，小棘門、霸上之將軍；不識將屯，冠長樂、未央之衞尉。後為敏作《神道碑》，亦引之，正以公為法也。
洪邁 《容齋隨筆》 容齋續筆 卷第十四	清修明崇禎馬元調刻本	（15）白馬之禍，豈李振、柳璨數凶子所能害哉？亦裴、崔、獨孤諸公有以自取耳。偶讀《司空表聖集·太子太師盧知猷神道碑》，見其仕於僖、昭，更歷榮級，至尚書右僕射，以一品致仕，可以歸矣。然由間關跋履，從昭宗播遷，自華幸洛，天祐二年九月乃終，享年八十有六，其得沒於牖下，亦云幸也。
洪邁 《容齋隨筆》 容齋續筆 卷第十五	清修明崇禎馬元調刻本	（16）王韶取熙河，國史以為嘗遊陝西，采訪邊事，遂詣闕上書。偶讀《晁以道集·與熙河錢經略書》，云：熙河一道，曹南院棄而不城者也。其後夏英公喜功名，欲城之，其如韓、范之論何？又其後有一王長官韶者，薄遊陽翟，偶見《英公神道碑》所載云云，遂竊以為策以干丞相。

續表

作者/文獻	版本	用　例
洪邁《容齋隨筆》容齋三筆卷第五	清修明崇禎馬元調刻本	(17) 韓魏公作公《神道碑》云：公以魁奇豪傑之才，逢時自奮，智略神出，勳業赫赫，震暴當世，誠一世偉人。
洪邁《容齋隨筆》容齋三筆卷第九		(18) 按：政和以前，太尉在太傅上，其上唯有太師，故凡稱攝太尉者，皆爲攝太傅，則贈者亦應如此，不應但許至少師也。生爲執政，其身後但有子升朝，則累贈可至極品大國公。歐陽公位參知政事、太子少師，後以諸子恩至太師、兗國公，而其子棐亦不過朝大夫耳，見於蘇公《祭文》及黄門所撰《神道碑》。
洪邁《容齋隨筆》容齋四筆卷第六		(19)《眉州小集》有元祐中奏稿云：臣近准敕差撰《故同知樞密院事趙瞻神道碑》并書者，臣平生本不為人撰行狀、埋銘、墓碑，士大夫所共知。只因近日撰《司馬光行狀》，蓋為光曾為臣亡母程氏撰埋銘；又為範鎮撰《墓誌》，蓋為鎮與先臣某平生交契至深，不可不撰。及奉詔撰司馬光、富弼等墓碑，不可固辭，然終非本志，況臣老病廢學，文詞鄙陋，不稱人子所欲顯揚其親之意，伏望聖慈别擇能者，特許辭免。觀此一奏，可印公心。
洪邁《容齋隨筆》容齋四筆卷第十三		(20) 房玄齡名字：《舊唐書》目錄書房元齡，而《本傳》云房喬字玄齡，《新唐書》列傳房玄齡字喬，而《宰相世系表》玄齡字喬松，三者不同。趙明誠《金石錄》得其《神道碑》，褚遂良書，名字與《新史》傳同。予記先公自燕還，有房碑一冊，于志寧撰，乃玄齡字喬松，本欽宗在東宫時所藏，其後猶有一印，曰“伯志西齋”。今亦不存矣。 (21) 文臣封贈三代，自初除執政外，凡轉廳皆不再該，唯知樞密院及拜相乃復得之。然舊法又不如是。歐陽公作《程文簡公琳父神道碑》，歷敍恩典曰：琳參知政事，贈為太子少師。在政事遷左丞，系轉一官。又贈太子太師。罷為資政殿學士，又贈太師、中書令。為宣徽北院使，又贈兼尚書令。則是轉官與罷政亦褒贈，而自宫師得太師中令，更為超越。它或不然。
洪邁《容齋隨筆》容齋五筆卷第三		(22) 後閱《華陽集》，王珪撰《高瓊神道碑》云：王為殿前都指揮使，管軍員闕，兼領二司，王乃言曰：臣老矣，如有負薪之憂，誰為可任者？先朝自殿前而下，各置副都指揮使，及都虞候，常有十人，職近事親，易以第進，又使士卒預識其威名，緩急臨戎，上下得以附習，此軍制之大要也。有旨從之。據瓊所言如此，正合前說。

續表

作者/文獻	版本	用　例
洪邁 《夷堅志》 夷堅乙志 卷十二	清十萬卷樓叢書本	(23)《王晌惡讖》：王晌神道在京師時，從妙應大師問相，得兩句偈曰：姓名不過程家渡，出郭猶行十里村。紹興丙子歲，罷當塗守。在宜興縣，又從達真黃元道求詩，其末句曰：巽嶺直下梅家店，福祿難過醜年春。

表二百一十五

作者/文獻	版本	用　例
洪適 《隸續》 卷二	清文淵閣四庫全書本	（1）征南將軍劉君神道 （2）《有漢征南將軍劉君神道》：右“征南將軍劉君神道”，十字，大小與《王稚子闕》相類，而剛勁過之。 （3）右“平陽府君六字”，葢漢神道所刻者。石缺不全，莫知為何人。漢字存于今鮮矣，譬之麒麟一毛，虯龍片甲，皆可貴也。
洪適 《隸續》 卷三		（4）太尉劉寬神道二 （5）漢太尉車騎將軍特進昭烈侯劉公神道 （6）右《劉公神道二》，刻其一曰“漢太尉劉公，諱寬，字文饒。”其一曰“漢太尉車騎將軍特進昭烈侯劉公神道”。
洪適 《隸續》 卷五		（7）右《沈府君二神道》，其上皆刻朱鳥，其下則右刻元武，左刻一獸之首。若虎而角環在口，已缺其爪。 （8）右《劉寬神道二》，刻隸字各二行，其上皆有螭，左右相向；其下有一獸之面，兩旁頗不具，或是打碑人所損。 （9）右《韋氏神道》，其上重暈與埋名同，中刻此四字。
洪適 《隸續》 卷十一		（10）涪陵太守龎厷神道 （11）漢故涪陵太守昌陽龎厷神道 （12）右《涪陵太守龎厷神道》，兩行，十二字。今在資州。
洪適 《隸續》 卷十三		（13）近得范君一闕，其上橫刻四字，尚可認，曰“府君神道”。字之下所刻四人物，乃是前所謂魏君闕者。

續表

作者/文獻	版本	用　　例
洪適 《隸續》 卷二十	清文淵閣四庫全書本	(14) 汝南上蔡令神道 (15) 右《汝南上蔡令神道》，今在閬州城外。一石闕，其東面刻十三字，與《王稚子闕》相類，蜀人謂之“汝南令闕”。 (16) 侍中楊文父神道 (17) 漢楊侍中文父之神道 (18) 右《侍中楊文父神道》，字體格與《馮幽州闕》相似，必西州所刻者。
洪適 《隸釋》 卷三	四部叢刊三編景明萬曆刻本	(19)《張公神碑》：惟和平元年正月，(闕二字) 朝歌長鄭郴造 (闕) 張公建 (闕) 良 (闕) 之山，運置綦暘，刊鑿涿摩，立左右闕，表神道，(闕) 豎碑廟堂之前。到五月 (闕) 乃成。長 (闕) 之，銘勒神懿光秘後昆。
洪適 《隸釋》 卷十		(20) 石刻有《漢故博士趙傳逄府君神道逄童之碑》，其篆文皆從“夆”。《魏元丕碑》有“逄牧”，《孔宙碑陰》有“逄祈”，此有“逄信”，亦不書作“逢”。
洪適 《隸釋》 卷十一		(21) 漢人書墓闕及神道，則有盡列其平生所歷官者；及銘誌，則舉其所終或所歷之清高者題之。
洪適 《隸釋》 卷十二		(22) 右《漢故太尉楊公神道碑銘》，篆額。楊公名震，洪農華陰人。安帝時，為司徒。垂四載，為太尉。閱半載，以延光三年卒。楊氏墓，在陝州閿鄉。
洪適 《隸釋》 卷十三		(23) 交阯都尉沈君二神道 (24) 漢謁者北屯司馬左都候沈府君神道 (25) 漢新豊令交阯都尉沈府君神道 (26) 右《交阯都尉沈君二神道》，今在梁山軍。其上各刻朱雀，其形相尚，知此盖是一人。猶《王稚子闕》，盡書其所歷官也。 (27) 幽州刻史馮煥神道 (28) 故尚書侍郎河南京令豫州幽州刻史馮使君神道 (29) 右《幽州刻史馮煥神道》，今在渠州。 (30) 緜竹令王君神道 (31) 廣漢緜竹令王君神道 (32) 右《緜竹令王君神道》，九字，微雜，篆體。

續表

作者/文獻	版本	用　　例
洪适 《隸釋》 卷十三	四部叢刊三編景明萬曆刻本	（33）上庸長司馬孟臺神道 （34）故上庸長司馬君孟臺神道 （35）右《上庸長司馬孟臺神道》，石文皴剝，而字札甚精。漢人所作墓闕、神道者，弟欲表封陌、限樵牧爾，非若鐫過實之辭，有意乎欺誑來世也。 （36）韋氏神道 （37）右《韋氏神道》，石文中斷，似若“韋 ”字爾。
洪适 《隸釋》 卷十五		（38）按：馮君，乃車騎將軍緄之父。《緄傳》云：煥爲幽州剌史。又煥有墓闕，題云“豫州幽州剌史馮使君神道”。
洪适 《隸釋》 卷二十一		（39）右《楊震碑》，首題云“漢故太尉楊公神道碑銘”。文字殘闕，首尾不完。
洪适 《隸釋》 卷二十三		（40）《楊震碑》，右隸書，不著書撰人名氏。其前不完，碑首題曰“漢太尉楊公神道碑銘”。震，安帝時位至太尉。碑，在陝府閿鄉縣。
洪适 《隸釋》 卷二十四		（41）廣漢縣令王君神道 （42）右《廣漢縣令王君神道》，建寧元年十月造。
洪适 《隸釋》 卷二十五		（43）右《郭禧後碑》，殘缺尤甚，其略可辨者云：惟光和二年夏五月甲寅，太中大夫故太尉郭公薨。又云：公之肩子，故五原太守。餘不復成文，而其額題“漢故太尉郭公神道”，字畫尚完云。
洪适 《隸釋》 卷二十六		（44）右《馮使君墓闕銘》云：故尚書侍郎河南京令豫州幽州刺史馮使君神道。 （45）蜀郡太守任君神道 （46）蜀郡都尉王君神道
洪适 《盤洲集》 卷二十五		（47）夫日徃月來，寒暑推移，以之成歲，而考測盈縮，辨察昏旦，非假噐物則無以仰窺神道。

續表

作者/文獻	版本	用　　例
洪適 《盤洲集》 卷六十二	四部叢刊景宋刊本	(48) 予家有彦博《墓誌》及《神道碑》，皆云諱彦博，字大臨，不云其以字行。陳、竇二公，雖疑史策之誤，然碑碣不容失實，其説無據，當從碑誌爲正。以魯公之文、思魯之制、新書之表爲憑，則是《大雅》獨與二弟不同。

表二百一十六

作者/文獻	版本	用　　例
洪興祖 《韓子年譜》 卷一	民國景新刊五百家注音辨昌黎先生文集本	(1) 李翺云：汴州亂，董公辟公以行，得試秘書省校書郎，為觀察推官。而公《神道碑》云：十四年，用進士從董晉平汴州。《墓誌》云：先生三十有一而仕。皆後二年，殊不可曉。豈今年辟公以行，至十四年始有成命邪？亦不應如是之緩也。
洪興祖 《韓子年譜》 卷二		(2) 按：公陽山之貶，《寄贈三學士》詩敘述甚詳，而皇甫持正作公《神道碑》亦云"因疏關中旱饑，專政者惡之"，則其非為論宮市明矣。
洪興祖 《韓子年譜》 卷三		(3) 公除都官，六月十日也。時實以員外郎，分司東都。《神道碑》謂"郎中"，誤矣。
洪興祖 《韓子年譜》 卷四		(4) 按：公《烏氏廟碑》云：元和五年四月，中貴人誘盧從史縛之。壬辰，詔用烏公為河陽節度使。以許孟容《神道碑》考之，壬辰，四月二十三日也。 (5) 是年，有《李素》《石洪墓誌》《路應神道碑》《祭石三學士洪文》。 (6) 是年，有《烏氏廟碑》《鄭儋神道碑》《李虛中》《董溪》《息國夫人墓誌》。 (7) 是年，有《劉昌裔神道碑》《王適》《孟郊》《扶風郡夫人墓誌》。

表二百一十七

作者/文獻	版本	用　　例
洪諮夔 《平齋文集》 卷第二十八	四部叢刊續編景宋鈔本	(1) 觀天神道，而四時不忒。聖人以神道設教，而天下服矣。

表二百一十八

作者/文獻	版本	用　　例
胡宏《五峰集》卷二	清文淵閣四庫全書本	(1) 臣聞三綱，人之本性；神化，天之良能。堯、舜、禹、湯、文、武，恭己盡性，德合于天，一言一行，當物情之精，中民心之會，利用出入，民所共由。故精神感通，折衝萬里，天下心服，莫測其用。《易》曰：聖人以神道設教，而天下服。此之謂也。
胡宏《五峰集》卷四	清文淵閣四庫全書本	(2) 先儒謂商人尚神，余初疑之。及觀《湯誥》《盤庚》之文，然後知聖人以神道設教，非如末世及西人之妄誕也。行妄誕而能成事者，未之有也。
胡宏《皇王大紀》卷八	清文淵閣四庫全書本	(3) 先儒謂商人尚神，愚初疑之。及觀《湯誥》《盤庚》之文，然後知聖人以神道設教，非如末世及夷教之妄誕也。行妄誕而能成事者，未之有也。
胡宏《皇王大紀》卷六十一	清文淵閣四庫全書本	(4) 《彖》曰：大觀在上，順而巽，中正以觀天下。觀，盥而不薦，有孚顒若，下觀而化也。觀天之神道，而四時不忒。聖人以神道設教，而天下服矣。

表二百一十九

作者/文獻	版本	用　　例
胡宿《文恭集》卷五	清武英殿聚珍版叢書本	(1) 天子知亭伯，時人重孟公。何言執戟滯，便到闔棺窮。鵩鳥巢門止，驊騮搧櫪終。芝筋留御帳（曼卿受詔書《李文靖公神道碑》石本，奏御之日，有司以曼卿不起聞，上深嗟惜之），簫賦落王宮。
胡宿《文恭集》卷三十五	清武英殿聚珍版叢書本	(2) 吾聞西竺之教，利生接物，因權顯實，使人崇十善，持五戒，去貪離著。尋本究原，復一性之真常，息萬塗之流競，擺落根境，超出生滅。此神道之極摯，津梁之至妙。無生上法，雖然成于解行；有為勝業，亦以董于種性。
胡宿《文恭集》卷三十八	清武英殿聚珍版叢書本	(3) 入辭之日，仁宗遣中使至第，以“舊德之碑”四字。篆文《懿公神道》，又賜公御書飛白及鳳茶，以將其意眷焉。
胡宿《文恭集》卷三十九	清武英殿聚珍版叢書本	(4) 宋故朝散大夫尚書禮部侍郎致仕上柱國樂安縣開國侯食邑一千三百戶賜紫金魚袋贈吏部侍郎蔣公神道碑 (5) 宋有大雅全德之老，尚書禮部侍郎致仕蔣公，以皇祐六年三月辛酉，考終于吳郡靈芝坊私第，以至和元年九月乙酉，葬于吳縣堯峰之魯塢，門人邵必誌其壙。議者謂公朝廷偉人，東南首望，宜有石刻，以表神道。既葬十年，宿得以申，尋遺烈章示于後。公諱堂，字希魯，常州宜興人。

表二百二十

作者/文獻	版本	用　例
胡寅 《斐然集》 卷二十六	清文淵閣四庫全書補配清文津閣四庫全書本	(1) 右朝奉大夫集英殿修撰翁公神道碑 (2) 夫作史者未嘗不先詢求於當傳之家，次及於見聞，故其家之所載，宜尤悉以俟太史氏采擇。而孝子慈孫思顯揚祖考者，必為之行録，以請幽藏之文。猶以為未也，復大書深刻於外，曰《表》，曰《碣》，曰《神道碑》，而門人學者往往為之歌詩贊詠，以翼而張之，庶乎其先徳之流光而不泯，斯亦仁之至義之盡矣。紹之以是見，謂曰：先祖應得《神道碑》，願屬之。
胡寅 《致堂讀史管見》 卷十	宋嘉定十一年刻本	(3) 於是人主之侈肆迷謬者，謂已玄聖與天神接，或聆其語言，或覩其儀觀，或受其詔告符契，則又大興土木，崇飾殿宇，偶而事之周遍四海，謂以神道設教，而愚黔首莫不因方士簧鼓譸張，侈其心意而至此也。
胡寅 《致堂讀史管見》 卷十八		(4) 取天下者，以義爲之，則天理所祐；以利爲之，則神道所虧。晉陽裴劉之謀也，太宗承統房杜之策也，是皆乘風雲之會，依日月之光，當與有唐相爲終始。而禍敗之及，或在其身，或在其子孫，殊不與周召蕭曹比是，何也？
胡寅 《致堂讀史管見》 卷十九		(5) 朱敬則上䟽，請寛刑省罰，以爲文明草昧，天地逆蒙，三叔流言，四凶搆難。不設鉤钜，無以應天順人；不切刑名，不可摧姦息暴。神道助直，無罪不除。蒼生晏然，紫宸易主。向時之妙策，乃當今之芻狗。太后善之，自是刑獄稍衰。

表二百二十一

作者/文獻	版本	用　例
胡瑗 《周易口義》 卷四上經	清文淵閣四庫全書本	(1)《彖》曰：大觀在上，順而巽，中正以觀天下。觀，盥而不薦，有孚顒若，下觀而化也。觀天之神道，而四時不忒。聖人以神道設教，而天下服矣。 (2)“觀天之神道，而四時不忒。聖人以神道設教，而天下服”者，此廣明其義也，言下之人既觀上之道以爲法則，而聖人又觀天之道以爲法則也。神道者，陰陽不測之謂也。

表二百二十二

作者/文獻	版本	用　　例
胡仔《苕溪漁隱叢話前後集》前集卷二十五	清乾隆刻本	(1)《東軒筆錄》云：太平興國中，吳王李煜薨，太宗詔侍臣撰《吳王神道碑》。時有與徐鉉爭名而欲中傷之者，面奏曰：知吳王事迹，莫若徐鉉為詳。太宗未悟，遂詔鉉撰碑，鉉遽請對而泣曰：臣舊事李煜，陛下容臣存故主之義，乃敢奉詔。太宗始悟讒者之意，許之。故鉉為碑，但推言歷數有盡，天下有歸而已。
胡仔《苕溪漁隱叢話前後集》前集卷二十七		(2)《東軒筆錄》云：李淑在翰林，奉詔撰《陳文惠公神道碑》。李為人高亢，少許可，其文章尤尚奇澀。碑成，殊不稱文惠之功烈、文章，但云平生能為二韻小詩而已。文惠之子述古等，懇乞改去"二韻"等字，答已經進呈，不可刊削，述古極銜之。
胡仔《苕溪漁隱叢話前後集》後集卷二十		(3)《苕溪漁隱》曰：余讀《萊公神道碑》云：公及雷陽，吏以《圖經》獻閱，視之，首載郡東南門抵海凡十里，公恍然悟曰：我少時有到海祗十里，過山應萬重之句，乃今日意爾，人生得喪，豈偶然邪！

表二百二十三

作者/文獻	版本	用　　例
黄朝英《靖康緗素雜記》卷九	清守山閣叢書本	(1) 又《韓愈集》中有《王弘中神道碑》云：諱弘中，字某。案：《實録》《新舊傳》皆名仲舒，字弘中。愈又作《燕喜亭記》，稱為王弘中，然則弘中必字也，碑文誤耳，政與房喬名字一同。

表二百二十四

作者/文獻	版本	用　　例
黄公紹《在軒集》	清文淵閣四庫全書本	(1) 因邦人之趨善，廣神道之設教，惟欲與民同歸善道，毋輕生以殺人。上體當今皇帝好生之心，即是一念對越于神皇帝之心，便是天地之心，便是神明之心。西乾之神，尚且受菩薩之戒；此邦之人，豈不感相公之化！

表二百二十五

作者/文獻	版本	用　　例
黃倫 《尚書精義》 卷一	清文淵閣四庫全書本	(1) 伊川曰：放勳非堯號，蓋史稱堯之道也。以謂三皇而上，以神道設教，不言而化，至堯方見事功也。後人以“放勳”為“堯號”，故記《孟子》者，遂以“堯”為“放勳”也。若以“堯”為“放勳”，則皋陶當號“允迪”，禹曰“文命”。下言“敷於四海”，有甚義？

表二百二十六

作者/文獻	版本	用　　例
黃裳 《演山集》 演山集文集 卷第三十九	清鈔本	(1) 由大而化之，則仁復乎德，而吾君為帝矣。由聖而妙之，則德復乎道，而吾君為皇矣。是故百姓謂我自然者，其功上達乎天道故也。帝力何有于我者，其功上達乎神道故也。
黃裳 《演山集》 演山集文集 卷第四十四		(2) 移民、通財、舍禁、弛力、薄征、緩刑之類，是以王政而救喪荒者也。救日月，則詔王鼓。若國大旱，帥巫而舞雩。禱祠招弭，禬類祈禳之類，是以神道而救妖釁者也。 (3) 宋端明殿學士正議大夫贈少傅黃公神道碑

表二百二十七

作者/文獻	版本	用　　例
黃庭堅 《山谷別集》 卷六	清文淵閣四庫全書本	(1) 臣聞一雨所濡，大小之生異類；一氣所殺，剛脆之質不同。所以聖人因物以盡性，神道設教而無功。
黃庭堅 《山谷別集》 卷十七		(2)《溫公神道碑》，市中有板，數十文可置，適令買，尚未來。

續表

作者/文獻	版本	用　　例
黃庭堅 《山谷老人刀筆》 卷二	元刻本	(3) 子瞻所作《溫公神道碑》，文逐雄壯，後可付去，適冗甚。又家中小大，多發溫方，謁謨醫藥，奉狀草草。 (4)《溫公神道碑》，市中有板，夲十千可置，適令買，尚未來。
黃庭堅 《豫章黃先生文集》 第二十四	四部叢刊景宋乾道刊本	(5) 吏部侍郎魏公神道碑（代李尚書作）
黃庭堅 《豫章黃先生文集》 第二十八		(6) 翟公巽所藏古石刻甚富，然有數種妙墨獨未入篋中，何邪？魯公東西林題名，宋開府神道，永州磨崖諸奇書，楊少師洛中十一碑，懷素《自敘》草書千餘字當集爲一，它日可爲跋尾。禪家云：法不孤起，仗境方生。懸想而書，不得一二，又臂痛才能用筆三四分耳。
黃庭堅 《山谷內集詩注》 內集卷十四	清文淵閣四庫全書本	(7) 溫公在政府一年而薨，歸葬陝府夏縣，賜碑額曰"清忠粹德"。紹聖初，以監察御史周秩言追所贈官及所賜《神道碑》，額仍磨毀。碑文事具《實錄》。
黃庭堅 《山谷內集詩注》 內集卷十五		(8) 未嘗頃刻可去酒，無有一日不吟詩。詩狂克念作酒聖，意態忽如少年時。(皇甫湜《韓文公神道碑》曰：未嘗一日不對客。《書》曰：惟狂克念作聖。樂天詩曰：不知老將至，猶自放詩狂。《酒諸》曰：李白每醉為文，未嘗差誤，人目為醉聖。

表二百二十八

作者/文獻	版本	用　　例
黃休復 《茅亭客話》 卷第十	清光緒琳琅秘室叢書本	(1) 知微曰：今冥中所重者罪在是何等？應者曰：殺生與負心爾。所景奉者，浮圖教也。知微曰：某之後事可得聞乎？應者曰：禍福之事不可前告。神道幽祕，弗許預知也。

表二百二十九

作者/文獻	版本	用　　例
黃震 《古今紀要》 卷十七	清文淵閣四庫全書本	(1) 杜鎬（常州人。鼠銜《孝經》，疏對神道設教。）
黃震 《黃氏日鈔》 卷三十五	元後至元刻本	(2)《呂氏大學解》：呂氏之先，與二程遊，家學最為近正。然未能不惑於浮屠、老子之說，末流不能無弊。今論一二，以補其闕。先生又自註其下云：《正獻公神道碑》載：公進讀，上語及釋老。
黃震 《黃氏日鈔》 卷三十六		(3)《張南軒神道碑》首言：聖學不傳，言理者歸佛老，論事者騖管商。 (4)《直祕閣範如圭神道碑》：如圭，字伯達，為武安推官。 (5)《煥章王公神道碑》：公名師愈，婺州人。父喪，貧不得窆，族欲火葬。
黃震 《黃氏日鈔》 卷四十五		(6)《祭堂記》：徂徠法未應，有家廟作臺三楹，薦新及於考天人而已。……緣古禮而出新意也，推神道而本人情也。
黃震 《黃氏日鈔》 卷五十九		(7)《路應神道碑》：逢水旱，喜賤出與民，歲熟以其得收，常有贏利。 (8)《鄭僑神道碑》：削四鄰之交賄，省誇嬉之大燕。簾閣據几，終日不知有人。
黃震 《黃氏日鈔》 卷六十一		(9) 神道碑・墓誌 (10)《丞相文惠公陳堯佐神道碑》：潮州戮鱷魚，壽州活饑民（自出米為倡），而浙堤錢塘（薪土、易竹、籠石），滑州築陳公堤，治開封，一以誠諭少年無犯法者，凡公外庸之略如此。 (11)《范文正公神道碑》：幼孤，刻若，慨然有志於天下。……碑中所著，皆繫天下國家之大者。 (12)《王質神道碑》：盜殺其徒而自首原之，所以疑壞其黨而開其自新。 (13)《王文正神道碑》：槩言其為賢宰相，而徐述其寡言笑，善處大事數項，終以不求恩澤。 (14) 公於程文簡饒為《神道碑》，又誌其墓。 (15) 荊公東坡者，極可觀吳充為《行狀》，韓魏公為《誌銘》，皆與實蘇轍為《神道碑》不及也。

續表

作者/文獻	版本	用　例
黃震 《黃氏日鈔》 卷六十二	元後至元刻本	(16) 神道碑 (17)《富鄭公神道碑》：以公使虜比萊公澶淵之功，為宋興百年，安靖二公之力偉論也。 (18)《趙清獻公神道碑》謂：在官守不專於寬，在言責不專於直，善觀人者。 (19) 墓誌・神道碑 (20)《趙康靖公（槩）神道碑》：（又）首論我朝以仁為家法，一時鄉相大臣含垢匿瑕，氣象使人為之鄙吝消釋。
黃震 《黃氏日鈔》 卷六十三		(21)《太子賓客陳巽神道碑》：少客京師，有欲教公以化黃金者，公辭不受。 (22)《祕監陳世卿神道碑》：知廣州，罷計口鬻塩，人以休息。 (23)《刑部張保雍神道碑》：李丞相迪用公通判永興，萊公代鎮。

表二百三十

作者/文獻	版本	用　例
宋徽宗 《聖濟經》 卷五	清十萬卷樓叢書本	(1) 孟子言“聖而不可知之謂神”，則由聖而至於神，蓋言聖人入而之神也。若乃闡神道而致無方之用，則神於聖人固有所待。
宋徽宗 《聖濟經》 卷七		(2) 神而化之，使民宜之。神道設教，而天下大服。

表二百三十一

作者/文獻	版本	用　例
計有功 《唐詩紀事》 卷第三十四	四部叢刊景明嘉靖本	(1) 皇甫湜作韓先生《墓誌》曰：長慶四年八月，昌黎韓先生既以疾免吏部侍郎，書諭湜曰：死能令我躬所以不隨世磨滅者，惟子以為囑。其年十二月丙子，遂薨。明年正月，其孤昶，使奉功緒之錄，繼訃以至。三月癸酉，葬河陽，乃哭而敘銘其墓，其詳將揭之於《神道碑》云。

表二百三十二

作者/文獻	版本	用　　例
江少虞《新雕皇朝類苑》卷第七	日本元和七年活字印本	(1) 御書碑額：仁宗天縱多能，尤精書學。凡宮殿門觀，多帝飛白題榜，勳賢神道，率賜篆螭首。王曾之碑曰“旌賢”，寇準曰“旌忠”，李迪曰“遺直”，晏殊曰“舊學”，丁度曰“崇儒”，王旦曰“全德元老”，文彦博父均曰“教忠積慶”，李用和曰“親賢”，范仲淹曰“褒賢”，曹利用曰“旌功”，吕夷簡曰“懷忠”，張士遜曰“舊德”，狄青曰“旌忠元勳”，其餘不可悉記。
江少虞《新雕皇朝類苑》卷第八		(2)《韓忠獻公神道碑》，神宗御製也，中云：薨前一夕，有大星殞于園中，櫪馬皆鳴。
江少虞《新雕皇朝類苑》卷第十二		(3) 臣唐英嘗聞縉紳先生言：故太師許國公，在中書日嘗見天下諸路有職司捃拾官吏小過，輒顔色不懌，曰：今天下太平，主上之心，雖蟲魚草木皆欲得所。夫仕者大則望為公卿，次亦望為侍從、職司二千石，其下亦望京朝、幕職，奈何錮之於聖世？持心如此。昔袁安不以贓罪鞫人，其韓公之謂乎？上嘗思之。命張方平譔《神道碑》。（以上出《本朝名臣傳》）
江少虞《新雕皇朝類苑》卷第三十六		(4) 太平興國中，吳王李煜薨，太宗詔侍臣撰《吳王神道碑》。時有與徐鉉爭名而欲中傷之者，面奏曰：知吳王事跡，莫若徐鉉為詳。太宗未悟，詔徐鉉撰碑，鉉遽請對而泣曰：臣舊事李煜，陛下容臣存故主之義，乃敢奉詔。太宗始悟讒者之意，許之。故鉉之為碑，但推言歷數有盡，天命有歸而已。
江少虞《新雕皇朝類苑》卷第四十		(5) 章懿太后神道碑 (6) 晏元獻公撰《章懿李太后神道碑》，破題云：五嶽崢嶸，崑山出玉；四溟浩渺，麗水生金。蓋言誕育聖躬，寔繄懿后。奈仁宗夙以母儀事明肅劉太后，膺先帝擁祐之託，難為直致，然才者則愛其善比也。
江少虞《新雕皇朝類苑》卷第四十三		(7) 日本僧：景德三年，予知銀臺通進司，有日本僧入貢，遂召問之。僧不通華言，善書札，命以牘對，云：住天台山延歷寺，寺僧三千人，身名寂照，號圓通大師。國王年二十五，大臣十六七人，郡僚百許人。每歲春秋二時集貢士，所試或賦或詩，凡及第者常三四十人。國中專奉神道，多祠廟，伊州有大神，或託三五歲童子，降言禍福事。
江少虞《新雕皇朝類苑》卷第四十四		(8) 馬副樞知節請大年撰其父《全乂神道碑》，潤筆一物不受，止求薦一師號。馬樞奏：臣以楊某為先臣撰碑，況詞臣潤筆，國之常規，乞降聖旨，俾受臣所贈。

續表

作者/文獻	版本	用　例
江少虡《新雕皇朝類苑》卷第五十七	日本元和七年活字印本	(9) 胥公孳孳於後進，故天聖、明道間得譽於時，若歐陽公等皆是。後進雖貴顯，而眷眄亦衰。故學士王平甫撰《胥公神道碑》，略云：諸孤幼甚，歸於潤州。公平日湔擢相踵，而材勢大顯者，無一人相助，獨宋鄭公卹其家甚厚。
江少虞《新雕皇朝類苑》卷第六十		(10) 閩人稱呼：閩人謂子為囝，謂父為郎罷，故顧況有《囝・哀閩》一篇曰：囝生閩方，閩吏得之，乃絕其陽。為臧為獲，致金滿屋。為髠為鉗，如視草木。天道無知，我罹其毒。神道無知，彼受其福。郎罷別囝，吾悔生汝。及汝既生，人勸不舉。不從人言，果獲是苦。囝別郎罷，心摧血下。隔地絕天，及至黃泉，不得在郎罷前。蓋唐世多取閩童為閹奴以進之，故況陳其苦以諷焉。（並《青箱雜記》）
江少虞《新雕皇朝類苑》卷第六十四		(11) 石參政（中立）在中書時，盛文肅（度）禁林當直，撰《張文節公（知白）神道碑》，進御罷，呈中書。石急問之：是誰撰？盛卒對曰：度撰。對訖方悟，滿堂大笑。
江少虞《新雕皇朝類苑》卷第六十九		(12) 趙韓王普，年七十一，病久無生意，解所寶雙魚犀帶，遣親吏甄潛者詣上清太平宮醮星露，懇以謝往咎。……公曰：我知之矣，此必秦王庭美也。然當時事曲不在吾，渠自與盧多遜遣堂吏趙白交通，其事暴露，自速其害，咎豈在予？但願早逝，血面辨於幽獄，曲直自正。是夕，普卒。上感悼涕泗，自撰《神道碑》，八分御書賜之。（並《玉壺清話》）

表二百三十三

作者/文獻	版本	用　例
江休復《嘉祐雜志》	清文淵閣四庫全書本	(1) 蒲城縣《胡珦神道碑》，韓文公撰，胡証書。在尉廨支槽，近置夫子廟。訪墳，不獲矣。 (2) 澶淵之幸，陳堯叟有西蜀之議，王欽若勸金陵之行，持疑未決。遣訪上谷，云：直有熱血相潑爾。後浸潤者以為殊無愛君之心。講和之後，民安兵弭，天意悅豫，而妄相激以城下之盟為恥，須訓兵積財以報東門。既弗之許，則說以神道設教，填服戎心。祥符中所講禮文，悉起於此。蒲卿云。

表二百三十四

作者/文獻	版本	用　例
蔣叔輿《無上黄籙大齋立成儀》卷十三	明正統道藏本	(1) 今依律召攝，遍十方際、盡玄空界、浩劫以來、至於今日，一切天道，一切人道，一切神道，一切地獄道，一切餓鬼道，一切畜生道，一切孤魂滯魄。……各承太上之慈光，普入盟眞之法會，須至召攝者。 (2) 右關神虎三部、追魂使者，天道、地道、人道、仙道、神道、鬼道、業道功曹。只今前去酆都，六道都案，及東嶽泰山府。交管債放、六道四生，孤魂滯魄等衆。同共引領前來，赴壇受度，不得時刻住滯。故關。
蔣叔輿《無上黄籙大齋立成儀》卷二十七		(3) 具法位臣某上啟妙無上帝自然元始天尊，妙有大帝虛皇玉宸大道君，至真大帝萬變混沌玄元老君，紫微中天北極大帝，太微南極長生大帝，太一救苦天尊，丹天朱陵大帝，九天自然生神上帝，五靈五老上帝，三十二天帝君，東華木公青童道君，西靈金母元君，度人不死尊神道君，南昌上官長生大帝，度世司馬大神好生韓君文人，南上司命司錄延壽益筭度厄上生真君，廻骸起死監生大神度命成仙真君，靈寶五師君，三官大帝君，南極九華真人，五嶽揔領眞君，南陵樞府朱陵火府南昌上宮受煉司真宰，朱陵火府眞宰，黄籙院真宰，黄籙煉度、三界應感、合會威靈。
蔣叔輿《無上黄籙大齋立成儀》卷二十九		(4) 焚太一飛符，祝曰：妙道之先，混然無物。三號分而令生九炁，一元判而肇有三才。高澄凝滓，天地位焉。纖悉散殊，萬物備矣。炁元無象，人爲最靈。善惡始運於一心，報對遂淪於六趣。或生天道，或在人中，或居神道之間，或受地獄之苦，或招餓鬼之報，或處畜獸之中。一墮輪廻，未易出離。以至盡玄空界、積夜寒鄉，絶無祭祀之孤魂，莫遂超昇之滯魄，常炎飢火，永隔陽光。未落滅於惡根，徒流吹於苦海。洪惟太上，重軫哀矜。……具有檄文，謹當宣示。 (5) 法師祝曰：今仰承無上道力，無上經力，無上法力，一切天道，一切人道，一切神道，一切地獄道，一切餓鬼道，一切畜生道，一切孤魂滯魄，既已雲集道場，尚慮汝等生世之日，或因雷霆水火、刑殺刀兵、瘖跛聾盲、厭呪蠱毒、胎產攧墜、蟲獸傷殘、非命横亡、抱疾枉死、魂魄蕩散、神識飄況，形相不完，肢體未具。陽間所患，陰境亦然。……今當遵依教典，告召靈司，奉行大法，攝召真氣，爲汝等眾，醫治疾病，解釋苦根，返質全形，還神復性。然後蕩除穢濁，鍊化超昇。各生恭肅之心，勿墮崇修之果。
蔣叔輿《無上黄籙大齋立成儀》卷三十四		(6) 張萬福天師曰：凡傳言驛行，皆憑神道，庶得感通。所言神道，仙官吏兵是也。仙官吏兵，須是師受，即仙靈治籙、三部八景、三十二天、玉童玉女、五帝直符直事等是也。

續表

作者/文獻	版本	用　例
蔣叔輿《無上黄籙大齋立成儀》卷三十八	明正統道藏本	(7) 大羅玉清無極無上至眞大道太上三尊，北極紫微大帝，太一救苦天尊，南極長生大帝，朱陵度命天尊，南極眞王朱陵大帝，九天生神上帝，三十二天帝君，東華木公上相青童道君，九靈太妙白玉龜臺夜光金真萬炁祖母元君，五帝護魂侍魄養炁通血中主君，靈寶五師眞君度人不死尊神道君，度世司馬好生韓君，鍊度成仙眞君，南上司命司録延壽益筭度厄上生眞君……聖位三十有六，或分或合隨宜，壇席狹處，臨煉度夜，供設醮獻亦可。聖位皆與煉度科相關，不可刪動、以類相從併合之。
蔣叔輿《無上黄籙大齋立成儀》卷三十九		(8) 人道，元洞玉晨天尊。色累苦心門，普光弘濟天尊。太山地獄苦道，弘慈廣濟天尊。神道，通光普照天尊。愛累苦神門，法輪開化天尊。風刀地獄苦道，靈源普潤天尊。鬼道，慈悲惠愛天尊。貪累苦形門，神光廣被天尊。揵山負石苦道，玄上玉華天尊。地獄道，寶光通照天尊。華競苦精門，玉清玄上天尊。作江河苦道，慈恩萬善天尊。傍生門，金華慈慧天尊。身累苦魂門，玄明梵行天尊。呑火食炭苦道，玉眞隱韻天尊。地徒界，法力超升天尊。
蔣叔輿《無上黄籙大齋立成儀》卷四十二		(9) 玉清七道功曹符：天道功曹，地道功曹，人道功曹，仙道功曹，神道功曹，鬼道功曹，業道功曹。
蔣叔輿《無上黄籙大齋立成儀》卷五十五		(10) 天道姬功曹，地道邵功曹，仙道鄭功曹，神道潘功曹，人道郭功曹，鬼道安功曹，業道江功曹，天醫治病成功曹，續頭姚功曹，續骨江功曹，續形陸功曹，續炁史功曹，續血彭功曹，續命軒轅功曹，起死風功曹，定命魏功曹，合形卓功曹，聚形莊功曹，聚神冉功曹，天醫符醫炁醫諸君吏，分形博士，化形將軍，尚藥童子，砭石小吏，生脈仙吏。 (11) 臣謹稽首上啟扶桑大帝，木公尊神道君，太眞夫人，金母尊神元君。臣聞玄黄降炁，妙物化精，為天地之尊神，總靈司之主宰。周行元梵，萬品生成。密運璿璣，三才陶育，重玄大化，擬議難詮。 (12) 伏聞希夷之閫，固竊眇以難通。恍惚之間，惟精明而可叩。切仰生神之典，實標起死之功。罔怠欽承，庶回昭鑒。焚香上啓元陽慈父，扶桑大帝，木公尊神道君，白玉龜臺九靈太妙青金丹皇夫人，金母尊神，青靈始老九炁天君，丹靈眞老三炁君，皓靈皇老七炁一天君……俯降齋壇，宏敷道蔭，稽首皈依，虔誠稱讚。

續表

作者/文獻	版本	用　　例
蔣叔輿《無上黄籙大齋立成儀》卷五十五	明正統道藏本	(13) 臣等謹稽首頓首再拜，上奏扶桑大帝，木公尊神道君，白玉龜臺九靈太妙青金丹皇夫人。伏聞元始降炁，妙物分精，作天地之尊神，為靈眞之主宰。周行元梵，有形咸被於生成。密運璿璣，無物不歸於陶鑄。重玄大化，至妙難思。 (14) 皇人曰：右符九道，當用黄紙朱書於表前。書時存身為金籙生神道君，掐九宮訣。吸取九霄之炁，咒而成符。 (15) 天道郜天真，地道冉文仲，人道胡當，仙道索忠，神道祖公弼，鬼道翟尚，業道萬贇，畜生道王精。 (16) 神虎玄司壇局，自有七道功曹，每一道各有功曹一百二十員。凡追攝，須用符召而用之。……如召到天道神道功曹使者，即至解壇。散席用酒果金錢雲馬，發歸天府。 (17) 謹請天道功曹，地道功曹，人道功曹，仙道功曹，神道功曹，鬼道功曹，業道功曹，立降真炁。急急如上帝律令勑攝。如書玉女符，即改為玉女之名。 (18) 神道功曹真形符。勑符咒曰：上元八極，運化天光。三元五運，八極九祥，造化萬變，結聚成章。急急如長生大帝律令勑。 (19) 神道景門符 (20) 靈寶大法司劄付神道功曹 (21) 上詣三界無極神鄉主宰前，通上須至專遣者。右劄神道功曹，仰齎送前去，分明通落。

表二百三十五

作者/文獻	版本	用　　例
金履祥《通鑒前編》卷四	清文淵閣四庫全書本	(1) 先儒謂商人尚神，愚初嘗疑之。及觀《湯誥》《盤庚》之文，然後知聖人以神道設教，非如末世及夷教之妄誕也。
金履祥《書經注》卷六	清十萬卷樓叢書本	(2) 先儒謂商人尚神，愚初疑之。及觀《湯誥》《盤庚》之文，然後知聖人以神道設教，非如末世及夷教之妄誕也。

表二百三十六

作者/文獻	版本	用　　例
居簡 《北磵文集》 卷十	清文淵閣四庫全書本	（1）御史銀青米公復神道銘 （2）襄陽米氏祖墓，距鐵甕城西南二里，黃鶴山之陽。六馲度江擾攘，甫奠軍遊，奕廹墓垣，營絶神道，無復元禁。 （3）未浹旬，復其故，造亭，大書而扁之曰“有宋御史銀青米公神道”。雲山增華，草木津津。

表二百三十七

作者/文獻	版本	用　　例
孔平仲 《談苑》 卷三	民國景明甯顏堂秘笈本	（1）澶淵之幸，陳堯叟有西蜀之議，王欽若贊金陵之行，持遲未決。遣訪寇準，準云：惟有熱血相潑爾。浸潤者云：殊無愛君之心。講和之後，兵息民安，天意悦豫，而欽若激以城下之盟，欲報東門之役。既弗之許，則説以神道設教，鎮服人心。祥符中所講禮文，悉起於此也。
孔平仲 《續世説》 卷三	清嘉慶宛委別藏本	（2）張易之誣魏元忠有不順之言，引張説令證之。説皇惑迫懼，宋璟曰：名義至重，神道難欺，必不可黨邪陷正，以求苟免。若緣犯顏流貶，芬芳多矣。或至不測，吾必叩閤救子，與子同死。努力，萬代瞻仰，在此舉也。説感其言。及入，乃保明元忠，竟得免死。
孔平仲 《續世説》 卷四		（3）杜如晦少聰悟，好談文史。高孝基深器重之，曰：公有應變之才，當爲棟梁之用，願保崇令德。如晦果爲良相，以孝基有知人之鑒，為樹《神道碑》以紀其德。
孔平仲 《續世説》 卷五		（4）元宗寵任張説，説為中書令，上親爲詔賜中上考。及薨，上自製《神道碑文》，御筆賜謚曰文貞。

表二百三十八

作者/文獻	版本	用　　例
孔延之 《會稽掇英總集》 卷十六	清文淵閣四庫全書補配清文津閣四庫全書本	（1）其辭曰：道無不在，若存若亡。於惟上學，理妙羣方。用之日損，言則非常。倏焉靈化，羽衣蜺裳。九重蹇光，三山璀璨。日為車馬，芝成宮觀。……臨雲置墠，駕岳開櫺。磵塗蹇産，林圻蕙青。誰謂應遠，神道微密。慶集宮闈，祥流罕畢。其久如地，其恒如日。壽同南山，與天無卒。更生變練，外示無功。少君飛轉，密與神通。因資假力，輕舉騰空。庶憑嘉誘，永濟微躬。

續表

作者/文獻	版本	用　　例
孔延之《會稽掇英總集》卷十七	清文淵閣四庫全書補配清文津閣四庫全書本	(2)《吳越國武肅王廟碑銘》(并序)(皮光業):粵以唐長興七載壬辰春季蓂凋十三莢，天下兵馬都元帥尚父守尚書令吳越國王棄捐宮館。以是歲明宗皇帝降太常博士段顒，定謚議曰“武肅”，詔尚書工部侍郎楊凝式撰《神道碑文》，宣翰林待詔張季恭至吳越，書于刊石。後二年歲在敦牂，天下兵馬元帥嗣吳越王建廟貌于始封之越國，禮與境內，樂之罔極，孝思也。蓋聞神道設教，莫大於郊社嚴禋。明德惟馨，無逾于祖考孝享。是以百代相襲，六籍盛稱。報劬勞則天保是徵，展欽若則王假是訢。 (3) 九九之仙壽，近帝位于一爻。感萬萬之人心，歆神道于千祀。有後如此，又何缺焉。

表二百三十九

作者/文獻	版本	用　　例
樂史《太平寰宇記》卷七	清文淵閣四庫全書補配古逸叢書景宋本	(1) 荀爽兄弟八塚，在縣東北七里。爽本潁川人，今地名荀村，里名高陽，神道存。灌夫塚，在縣北三里，為漢將軍。
樂史《太平寰宇記》卷二十七		(2)《關中記》:姜嫄祠，在郃城東。隋文帝泰陵，在縣西南二十里三畤原上。慶善宮，在縣南十八里，唐家舊宅，南臨渭水。武德元年置，貞觀六年，鑾駕親幸，醮羣臣，賦詩焉。蘓許公墓，在縣西一十里蘓村，《神道碑》存。
樂史《太平寰宇記》卷四十三		(3) 周厲王陵，在縣東二十九里，厲王無道，國人叛之，王出奔彘死，因葬此。轟匕廟，在縣西百里。按:《碑文》:永徽五年，百姓石羅縣開國燕伯隴等立。又《神道碑》云:唐故雲麾將軍燕鸞，字伯隴，即霍邑人也。
樂史《太平寰宇記》卷五十六		(4) 酈元注《水經》云:山西蒼谷有蒼玉珉石，故為名焉。博望岡，在縣東北五十里，接內黃西界，上有石墳，云是張騫冢，非也。有二石柱，俗云“故原武典農高府君之神道”，呼為石柱岡。鐵丘，春秋衛太子登鐵丘是也。
樂史《太平寰宇記》卷一百四十五		(5)《襄陽記》云:習郁為侍中時，從光武幸犂邱，與武帝通夢，見蘇嶺山神，光武嘉之，拜大鴻臚。録其前後功，封襄陽侯，使立蘇嶺之祠，刻二石鹿夾祠神道，百姓謂鹿門廟。

續表

作者/文獻	版本	用　例
樂史 《太平寰宇記》 卷一百七十四	清文淵閣四庫全書補配古逸叢書景宋本	(6)《後漢書》云：光武中元二年，倭奴國奉貢朝賀，使人自稱大夫。桓、靈間，倭國大亂，更相攻伐，歷年無主。有一女子，名曰卑彌呼，年長不嫁，事鬼神道，能以妖惑衆，於是共立為主。侍婢千人，少見者，唯男子一人給王飲食，傳辭語。居處宮室、樓觀城柵，皆持兵守衛。為法甚嚴。魏明帝景初二年，司馬宣王之平公孫氏也，倭女王始遣大夫貢獻。魏以為親魏。正始中，倭王卑彌呼死，其宗女一奥為王。

表二百四十

作者/文獻	版本	用　例
黎靖德 《朱子語類》 卷第三	明成化九年陳煒刻本	(1) 問：天地山川是有箇物事，則祭之其神可致。人死氣已散，如何致之？曰：只是一氣。如子孫有箇氣在此，畢竟是因何有此？其所自來，蓋自厥初生民氣化之祖相傳到此，只是此氣。問：祭先賢先聖，如何？曰：有功德在人，人自當報之。古人祀五帝，只是如此。後世有箇新生底神道，緣眾人心都向它，它便盛。如狄仁傑只留吳太伯、伍子胥廟。壞了許多廟，其鬼亦不能為害，緣是它見得無這物事了。因舉上蔡云：可者欲人致生之，故其鬼神；不可者欲人致死之，故其鬼不神。(夔孫)(賜錄略)
黎靖德 《朱子語類》 卷第三十四		(2) 問：子不語怪力亂神。《集注》言：鬼神之理，難明易惑，而實不外乎人事。鬼神之理，在人事中如何見得？曰：鬼神只是二氣之屈伸往來。就人事中言之，如福善禍淫，便可以見鬼神道理。《論語》中聖人不曾説此。
黎靖德 《朱子語類》 卷第三十九		(3) 徐問：《集注》云"鬼神不外人事"，在人事中，何以見？曰：鬼神只是二氣屈伸往來。在人事，如福善禍淫，亦可見鬼神道理。《論語》少説此般話。
黎靖德 《朱子語類》 卷第七十		(4) 盥，非灌之義。盥本為薦而不薦，是欲蓄其誠意以觀示民，使民觀感而化之義。"有孚顒若"，便是那下觀而化，卻不是説人君身上事。"聖人以神道設教"，是聖人不犯手做底，即是"盥而不薦"之義。"順而巽，中正以觀天下"，謂以此觀示之也。(淵)

續表

<table>
<tr><th>作者/文獻</th><th>版本</th><th>用　　例</th></tr>
<tr><td>黎靖德
《朱子語類》
卷第七十</td><td rowspan="6">明成化九年陳煒刻本</td><td>(5)“觀天之神道”，只是自然運行底道理，四時自然不忒。“聖人神道”，亦是說他有教人自然觀感處。(淵)</td></tr>
<tr><td>黎靖德
《朱子語類》
卷第七十六</td><td>(6)鄭仲履問：“巽以行權”，恐是神道？曰：不須如此說。巽只是柔順，低心下意底氣象。人至行權處，不少巽順，如何行得？此外八卦各有所主，皆是處憂患之道。(蓋卿)</td></tr>
<tr><td>黎靖德
《朱子語類》
卷第八十七</td><td>(7)又問：郊焉而天神假，廟焉而人鬼享，如何？曰：古時祭祀都是正，無許多邪誕。古人只臨時為壇以祭，此心發處，則彼以氣感，纔了便散。今人不合做許多神像只兀兀在這裏坐，又有許多夫妻子母之屬。如今神道必有一名，謂之“張太保”“李太保”，甚可笑！(自修)(賀孫同)</td></tr>
<tr><td>黎靖德
《朱子語類》
卷第一百二十九</td><td>(8)嘗奏記呂公云：相公有汾陽之心之德，仲淹無臨淮之才之力。後歐陽公為《范公神道碑》，有“懽然相得，戮力平賊”之語，正謂是也。</td></tr>
<tr><td>黎靖德
《朱子語類》
卷第一百三十</td><td>(9)或問：張安道為人何如？曰：不好。如攻范黨時，他大節自虧了。後來為溫公攻擊，章凡六七上，神宗不聽，遂除溫公過翰林學士，而張居職如故。嘗見東坡為《溫公神道碑》，敘溫公自翰林學士為御史中丞，自御史中丞再為翰林學士，心嘗疑之，此一節必有所以。
(10)溫公自翰林學士遷御史中丞，累章論張方平。所論不行，自中丞復為翰林學士。東坡作《溫公神道碑》，只說自中丞復為翰林學士，卻節去論方平事，為方平諱也。某初時看，更曉不得。後來看得溫公文集，方知是如此。(文蔚)
(11)坡公作《溫公神道碑》，敘事甚略。然其平生大致，不踰於是矣，這見得眼目高處。道夫曰：某作富公碑甚詳。曰：溫公是他已為《行狀》，若富公，則異於是矣。又曰：富公在朝，不甚喜坡公。其子弟求此文，恐未必得，而坡公銳然許之。自今觀之，蓋坡公欲得此為一題目，以發明己意耳。其首論富公使虜事，豈苟然哉！</td></tr>
<tr><td>黎靖德
《朱子語類》
卷第一百三十九</td><td>(12)韓千變萬化，無心變；歐有心變。《杜祈公墓誌》說一件未了，又說一件。韓《董晉行狀》尚稍長，權德輿作宰相，《神道碑》只一板許，歐、蘇便長了。
(13)統領商榮以《溫公神道碑》為餉。先生命吏約道夫同視，且曰：坡公此文，說得來恰似山摧石裂。道夫問：不知既說“誠”，何故又說“一”？曰：這便是他看道理不破處。</td></tr>
</table>

續表

作者/文獻	版本	用　例
黎靖德《朱子語類》卷第一百三十九	明成化九年陳煒刻本	(14) 南豐范貫之奏議序，氣脈渾厚，說得仁宗好。東坡《趙清獻神道碑》說仁宗處，其文氣象不好。“第一流人”等句，南豐不說。子由挽南豐詩，甚服之。

表二百四十一

作者/文獻	版本	用　例
李燾《續資治通鑒長編》卷十五	清文淵閣四庫全書本	(1) 是歲，始詔除授京官，差遣、勾當、黜陟令中書依朝官例降敕，御史臺修寫班簿，每十日一上中書。(此事據《會要》閏十月事，今附此，當考以前何獨不降敕進班簿。) 北漢主改元廣運。(天會凡十八年始改廣運，或云十三年即改，蓋誤。今從《資治通鑑》考異，以《劉繼顒神道碑》爲正。)
李燾《續資治通鑒長編》卷二十二		(2) 太子太保趙普奉朝請累年，盧多遜益毀之，鬱鬱不得志。(普遷太子太保，正史、《實録》及《百官表》並不記。太宗所撰《神道碑》云：既靜妖氛，爰覃爵賞。蓋普從征晉陽，以功遷秩也，當在太平興國四年冬十月。《行狀》則云五年郊祀後遷太子太保，今從《行狀》。)
李燾《續資治通鑒長編》卷二十九		(3) 近制，宰相子起家即授水部員外郎，加朝散階，吕蒙正固讓，止授六品京官，自是爲例。(此事見富弼作《蒙正神道碑》，云：蒙正長子從簡當得水部員外郎，蒙正懇辭，止授將作監丞，因以爲著例，至今不易。)
李燾《續資治通鑒長編》卷三十三		(4) 二女皆笄，普妻和氏言願爲尼，上再三諭之，不能奪，皆賜以名號。又親撰《神道碑》，書以賜焉。(按《神道碑》，普以七月十四日卒；十四日，乙巳也。已酉，十八日，上始聞訃耳。)
李燾《續資治通鑒長編》卷三十四		(5) 蒙正曰：古者以簡易治國者，享祚長久。陛下崇尚清靜，實宗社無疆之休也。(此段據別本《實錄》并《寶訓》及富弼所撰《吕蒙正神道碑》刪修。中國安靜，四夷自歸。……咸平五年六月，蒙正復有此對。)

續表

作者/文獻	版本	用　例
李燾《續資治通鑒長編》卷三十五	清文淵閣四庫全書本	(6) 因固稱：其人可使，餘不及。臣不欲用媚道妄隨人主意以害國事。同府皆惕息不敢動，蒙正搢笏俛而拾其書，徐懷之而下。上退，謂親信曰：是翁氣量我不如。既而卒用蒙正所選，復命，大稱旨。上于是益知蒙正能任人，而嘉其有不可奪之志。（此二事並據富弼所作《蒙正神道碑》……又載吕端、蘇易簡對答，與此不同，今不取。）
李燾《續資治通鑒長編》卷三十六		(7) 李畋作《張詠語録》云：川界既安，兵未凱旋，主帥頗有驕色，詠奏乞遣心腹近臣可以彈壓主將者，然後抽兵。尋詔衞紹欽爲同捉賊招安使。韓琦作《神道碑》，亦載此事，與畋同。 (8) 韓琦作詠《神道碑》云：王繼恩縱軍士剽掠民財，詠召繼恩用事吏，面數其過，將斬之，吏股栗求活，詠赦之，因令繼恩分屯兵，繼恩即日分兵屯隣州，當還京師者遣之。
李燾《續資治通鑒長編》卷四十四		(9) 范仲淹作《李士衡神道碑》亦云：爲河北轉運使，建言民乏帛貨，每春取絹直于豪戶，其息必倍。本道歲給請軍帛七十萬疋，不足則市于民。請使預受其直，則公私交齊。制足之，今行于諸道。蓋馬元方任三司實創此議，雖布其法于諸道，有即奉行者，亦有未即奉行者。
李燾《續資治通鑒長編》卷五十一		(10) 致堯既受命，乃不欲行，因抗疏言：宰相向敏中以非功德進官，臣論其不可用。今臣受命未有效，不敢冒章紱之賜。朝論疾致堯狂躁，詔下御史獄鞫其罪，責授黃州團練副使，奪金紫。（按：《實録》云：致堯除判官，中謝日，即賜金紫，俄抗疏自陳。王安石《墓銘》、歐陽修《神道碑》並稱致堯先辭行，召賜金紫，遂云云，似飾說也。）
李燾《續資治通鑒長編》卷六十三		(11) 王欽若恨瓊附寇準，此據王珪所作瓊《神道碑》，然珪亦云欽若勸上南巡，準叱之則已。嘗辨其不然，今畧加刪潤，庶不相牴牾。
李燾《續資治通鑒長編》卷六十七		(12) 上曰：何謂大功業？欽若曰：封禪是矣。然封禪當得天瑞希世絕倫之事，乃可為。既而又曰：天里安可必得？前代盖有以人力爲之。若人主深信而崇奉焉，以明示天下，則與天瑞無異也。陛下謂《河圖》《洛書》果有此乎？聖人以神道設教耳。上久之，乃可，獨憚王旦，曰：王旦得無不可乎？欽若曰：臣請以聖意諭旦，宜無不可。乘間為旦言之，黽勉而從。然上意猶未决，莫適與籌之者。它日，晚幸祕閣，惟杜鎬方宿直。上驟問之曰：卿博達墳典，所謂河出圖、洛出書，果何事耶？鎬老儒，不測上旨，漫應曰：此聖人以神道設教耳。其言偶與欽若同。上由此意决，遂召王旦，飲於內中，歡甚，賜以尊酒曰：此酒極佳，歸與妻孥共之。既歸發視，乃珠子也。旦自是不復持異，天書、封禪等事始作。

續表

作者/文獻	版本	用　　例
李燾《續資治通鑒長編》卷七十六	清文淵閣四庫全書本	(13) 授交甘等州、大食、蒲端、三麻蘭、勿廵、蒲婆羅國進奉使官。劒、利、閬、集、壁、巴等州饑，詔賑之。內供奉官張承素爲其父贈豊州觀察使崇貴立《神道碑》，上曰：中官立碑，恐無此例，如李神福、竇神興曽立碑即可。(此見《會要》，李、竇立碑事，當考。)
李燾《續資治通鑒長編》卷八十一		(14) 丙辰，以東頭供奉官張綸爲辰州都巡檢使，招撫蠻人，內侍殿頭江德源副之。綸，汝陰人也。(按：此所云"招撫蠻人"，當是魏進武等。綸本傳乃言溪洞彭氏蠻內寇，以綸知辰州。綸至，築蓬山驛路，賊不得通，乃遁去。與《實録》事似不同，傳盖因范仲淹《神道碑》也。當考天禧二年三月。)
李燾《續資治通鑒長編》卷八十四		(15) 先是，當死者甚衆，王旦獨請對，言曰：始失火時，陛下始以罪己詔天下。今乃過為殺戮，恐失前詔意也。且火雖有跡，寧知非天譴邪！上欣然納之，由是減死者幾百輩。(當失火時，固已知自榮王宮矣。命官勘劾，事理當然，非因大臣建議也。旦所以諫，蓋慮緣坐者衆，或及無辜爾。若云不宜罪人，則恐失實。歐陽修《神道碑》乃由旦子素《遺行錄》略加刪潤耳，今取參考，修入。)
李燾《續資治通鑒長編》卷八十九		(16) 旦聞命愈恐，家居不出，手疏懇請去位，且言私門百口，屬疾將遍，欲退身以息災咎，今加此峻秩，則是愈增罪釁，辭意堅若。(《實録》云：旦聞詔詣便殿以謝，固讓新命。據本傳及《神道碑》並云：旦不出也。恐《實錄》未可全信，今不取。)
李燾《續資治通鑒長編》卷九十		(17) 旦言：皇子盛德，必任陛下事。遂薦可爲大臣者十餘人，其後不踐兩府者，獨凌策、李及。旦退，復上疏請去位。上乃從之。(旦《遺行録》及《神道碑》並稱"皇太子"。按：此時未建東宮，今但稱"皇子"。《會要》亦稱"皇太子"，又以為祥符九年事，尤誤也。)
李燾《續資治通鑒長編》卷九十八		(18) 癸亥，太后忽降手書，處分盡如謂所議。蓋謂不欲令同列預聞機密，故潛結允恭使白太后，卒行其意。及學士草詞，允恭先持示謂，閱訖乃進。(歐陽修作晏殊《神道碑》云：丁謂、曹利用各欲獨見奏事，無敢决其議。殊建言，羣臣奏事太后者，垂簾聽之，皆無得見，議遂定。附傳、正傳俱無比，今亦不取。)
李燾《續資治通鑒長編》卷一百五		(19) 監察御史曹修古、王沿等劾奏：殊身任輔弼，百寮所法，而忿躁無大臣體。古者三公不按吏，先朝陳恕於中書榜人，即時罷黜。請正典刑，以允公議。殊坐是免，尋改知應天府。殊至應天，乃大興學，范仲淹方居母喪，殊延以教諸生。自五代以來，天下學廢，興自殊始。論張耆不可爲樞密，據張唐英《政要》及歐陽修《神道碑》，史不載也。

續表

作者/文獻	版本	用　　例
李燾《續資治通鑑長編》卷一百六	清文淵閣四庫全書本	(20) 已巳，祠部員外郎、直集賢院丁度為京西轉運使。司天言永昌陵有白氣，請改築，以厭不祥。詔度按視。度奏：神道貴靜，陵廟事大，不可用術者言輕議增損，乃止。(永昌陵白氣，恐自有時日，則此條不必載。)
李燾《續資治通鑑長編》卷一百八		(21) 仲淹退，又作書遺殊，申理前奏，不少屈，殊卒媿謝焉。又奏疏請皇太后還政，亦不報，遂乞補外。尋出爲河中府通判。(歐陽修作《仲淹神道碑》云：太后將以至日大會前殿，上率百官爲壽，仲淹言之，其事遂已。)
李燾《續資治通鑑長編》卷一百十		(22) 癸亥，徙河北轉運使、刑部郎中張宗誨知徐州，河東轉運使、金部郎中胡令儀知涇州，殿中侍御史朱諫知耀州，並坐調發擾民也。初，宗誨爲開封府判官，監察御史王沿奏宗誨嗜酒廢職。至是，沿丁母喪，在衛州，宗誨乃發沿假官舟賈販，朝廷惡之，因以公事與令儀等俱絀。(范仲淹作《令儀神道碑》：令儀爲借民飛輓以實邊郡，人或媒孽其不便，朝廷惑之，徙守回中。既而代者復行前議，令儀得辨，改之鳳翔。此事當考。又不知朱諫何事，當並考。)
李燾《續資治通鑑長編》卷一百十一		(23) 始，太后欲純被帝者之服，參知政事晏殊以《周官》王后之服爲對，失太后旨，輔臣皆依違不決。薛奎獨爭曰：太后必御此見祖宗，若何而拜?固執不可。雖終不納，猶少殺其禮焉。(殊事據《神道碑》，正傳不改。奎《墓誌》云"太后乃改他服"，誤也。)
李燾《續資治通鑑長編》卷一百十二		(24) 初，荊王子養禁中，既長，夷簡請出之，太后欲留，使從帝誦讀。夷簡曰：上富春秋，所親非儒學之臣，恐亡益聖德。即日命還邸中。(蘇轍《龍川別志》云：張方平奉敕撰《夷簡神道碑》，其家欲言協和二宮事，方平於上前質其虛實，上不喜，曰：吾不能復記此。……方平撰《神道碑》不記此。獨本傳有"養荊王子禁中，既長，命還邸"，與蘇轍所記不同，不知本傳何據，竊疑蘇轍所記得實，今姑從本傳。) (25) 太常博士、祕閣校理范仲淹為右司諫。仲淹初聞遺誥以太妃為皇太后，叅决軍國事，亟上疏言：太后，母號也，未聞因保育而代立者。今一太后崩，又立一太后，天下且疑陛下不可一日無母后之助矣！時已删去叅决等語，然太后之號訖不改，止罷其册命而已。(富弼《墓誌》云：上悟，止存后號而止。恐當日删去叅决等語，未必緣仲淹奏疏，今且附見罷其册命，此據歐陽修《神道碑》。)

續表

作者/文獻	版本	用　例
李燾《續資治通鑒長編》卷一百十六	清文淵閣四庫全書本	(26) 書奏，再責監永州酒。正月七日，責監酒，今並書於此。(《實録》殊不載沔再責事，可謂疎畧，此據《沔家集》，及畢仲遊《神道碑》。) (27) 凡與諷善者皆絀削。延年嘗上書請章獻太后還政，諷任中丞，欲引延年為屬，延年力止之，竟坐免。人謂籍劾諷不置，實夷簡陰教之云。(諷請辨，據王珪所爲籍《神道碑》，他書並無有也。)
李燾《續資治通鑒長編》卷一百二十一		(28) 仁祖首肯曰：姑置之。貴妃即追冊溫成后也。當時於墓刻《神道碑》，不敢書。公薨百餘年，公之曾孫右中大夫、直秘閣兖始錄以示人。嗚呼，茲舉也，天下之治亂係焉。
李燾《續資治通鑒長編》卷一百二十六		(29) 知諫院富弼言：昭晒乳臭兒，必敗事。又言：殿前副都指揮使鄭守忠、馬軍副都指揮使高化故親事官，皆奴才小人，不可用，不報。(此據《富弼神道碑》，碑云"昭晒以觀察使知同州"，而《實録》但書"防禦使"。及四月責降，乃書"觀察使"，不知何時遷改。) (30) 知諫院富弼言：唐代之衰，始疑將帥，遂以內臣監軍，取敗非一。今守忠爲都鈐轄，與監軍何異？昨用夏守贇，已失人望，願罷守忠勿遣。不聽。(《神道碑》及《實録》附《傳》並云：詔罷守忠不遣。)
李燾《續資治通鑒長編》卷一百三十一		(31) 孫沔救仲淹，此據日記，刪改書據朔歷。按：高延德之來，初無書，以仲淹與元昊書可考也。畢仲游作沔《神道碑》，乃云：延德奉書至延州及闕下，誤矣。
李燾《續資治通鑒長編》卷一百三十二		(32)（沔五奏並據《沔家集》并畢仲游《神道碑》。）沔五奏皆與大臣牾，又薦田況、歐陽修、張方平、曾公亮、蔡襄、王素可任諫官自代。(此據畢仲游《神道碑》。)
李燾《續資治通鑒長編》卷一百三十五		(33)《實錄》載林瑀事不詳，取司馬光《記聞》及朔歷、魏泰《東軒錄》并王安石、王珪所作賈昌朝《墓誌》《神道碑》增修。
李燾《續資治通鑒長編》卷一百三十七		(34) 自北朝忘章聖皇帝之大德以下至此，並據《神宗實錄》朱本，蓋朱本用蘇軾所作《神道碑》，墨本乃無之，範純仁《行狀》及弼《奉使語錄》亦無，《神道碑》必有所據，不知墨本何故不載此也。按：奉使必有《別錄》，弼前奉使未見《別錄》，恐《神道碑》、朱史所載弼語在《別錄》，當考求之。

續表

作者/文獻	版本	用　例
李燾《續資治通鑒長編》卷一百三十八	清文淵閣四庫全書本	(35) 龐籍修橋子谷寨成，降詔奬諭，已見四月戊子，今與仲淹、琦同進官職，必以是月己酉王信、狄青等破賊功，但史所記，或疎畧。又檢籍附傳、正傳、司馬光《墓誌》，並不載籍兼領四路事。王珪《神道碑》略載，亦不詳。 (36) 遣間使，諸書不一，今酌取其不相牴牾者聯書之。龐籍《正傳》《附傳》《墓誌銘》《神道碑》，《种世衡傳》《墓誌》，沈括《筆談》，司馬光《記聞》，元昊《正傳》《附傳》，《實録》所載賀從勗語，皆在是也。
李燾《續資治通鑒長編》卷一百三十九		(37) 此據龐籍《附傳》《正傳》，及司馬光《墓誌》、王珪《神道碑》，并取《實録》所載賀從勗語增入之。
李燾《續資治通鑒長編》卷一百五十		(38) 今據弼《自敘箚子》，增以夏竦僞作書詔事。契丹與西界會兵討岱爾族，亦據弼奏議，國史及仲淹《墓誌》《神道碑》皆不明言也。……申公問：何爲亟去朝廷？文正言：欲經制西事耳。申公曰：經制西事，莫如在朝廷之便。文正為之愕然。故歐陽公爲《文正神道碑》，言二公晚年歡然相稱，由此故也。後生不知，皆咎歐陽公。
李燾《續資治通鑒長編》卷一百五十一		(39) 下兩制學士、太常禮院議，而翰林學士丁度等言：公綽所引前代皇后皆從帝謚，然漢之帝謚，主於一字，與本朝名號不同。真宗五后祔廟日久，神道貴静，難從改謚之禮。 (40) 弼緣此遂行，實非始謀也。其後，弼有《辨讒謗箚子》却云：因保州亂，堅乞得河北宣撫，盖小誤。然事適同日，不妨便文。而範純仁《行狀》、蘇軾《神道碑》及《朱墨史》《附傳》並云：弼因保州賊平乞出，則誤甚矣。
李燾《續資治通鑒長編》卷一百五十四		(41) 孫抃作度《神道碑》，但云：西師未解，上問用人以資與才孰先。云"西師未解"猶可也，若云"方用兵事邊"，則誤矣。不知史臣何所據，盖不細考耳。
李燾《續資治通鑒長編》卷一百六十三		(42) 上覽奏，益異之，書"文儒"二字以賜方平。（國史載甲寅詔問近臣，對者獨稱魚周詢詳敏，蓋未及知方平所對尤敏且詳也。方平本傳因《神道碑》，但舉大略。今從方平集掇取附見，仍列周詢所對于後。《方平神道碑》又云：上御迎陽門，召兩制近侍復賜問，且獨引方平近御榻密訪之。方平曰：暴人之私，迫人於險而攘之，我不爲也。終無所言。案正史，方平與李淑、梁適、蘇紳同時好傾陷人者，《神道碑》恐飾説，今不取。）

續表

作者/文獻	版本	用　例
李燾 《續資治通鑒長編》 卷一百六十四	清文淵閣四庫全書本	(43) 按：諒祚此時方自保不暇，何敢更圍慶陽，本傳必誤。按：《附傳》及歐陽修《墓銘》《神道碑》，亦不載此事，不知本傳何所據也。
李燾 《續資治通鑒長編》 卷一百六十五		(44) 初，淑奉詔撰《陳堯佐神道碑》，少所推稱，其家積憾，求所以報。會淑嘗作《周陵詩》，有"不知門外倒戈回"之句，國子博士陳求古者，堯佐子也，因上淑詩石本，且言辭涉謗訕，下兩制及臺諫官參定，皆以謂引喻非當，遂黜之。
李燾 《續資治通鑒長編》 卷一百六十六		(45) 前此，救災者皆聚民城郭中，煮粥食之。飢民聚爲疾疫，及相蹈藉死。或待次數日不食，得粥皆僵仆，名爲救人，而實殺之。弼所立法，簡便周至，天下傳以爲法。(弼《墓誌》《神道碑》《朱墨史》《附傳》並云：弼先以救災加禮侍，辭不受。又以捕齊兵再加禮侍，亦不受。考其事跡，蓋顛倒也。)
李燾 《續資治通鑒長編》 卷一百六十八		(46) 丙申，幸彰信節度使、兼侍中李用和第問疾，入見于臥內。擢其次子西上閤門副使，珣爲閤門使以所居第賜之，并給官舍僦錢五千。及卒，又臨奠，哭之慟。贈太師、中書令、隴西郡王。特輟視朝五日，制服苑中。謚恭僖，御撰《神道碑》，仍篆曰"親賢之碑"。
李燾 《續資治通鑒長編》 卷一百七十一		(47) 癸丑，右領軍衛大將軍宗厚、右監門衛大將軍宗惠，並為右屯衛大將軍；右領軍衛大將軍宗秀、宗辨，並為右武衛大將軍。皆允升諸子也，以進所業召試學士院，特遷之。詔太常寺：皇地祇壇舊制狹小，宜如《唐郊祀録》增廣之。又高禖壇，其地卑濕，宜徙置高爽處。從同知禮院司馬光奏請也。賜《李繼隆神道碑》，額曰"顯功"。
李燾 《續資治通鑒長編》 卷一百七十三		(48) 按：辛卯，八月十九日也。九月十四日丙辰，偕始與楊畋等同被責，方改命沔時，偕固未死，死者張忠也，偕但敗軍爾。王珪《畢仲游墓誌》《神道碑》亦止稱偕敗，不稱偕死，沔傳誤矣。今改之。 (49) 沔行至鼎州，復有詔加廣南東、西路安撫使。(沔加廣南安撫，《實録》無有。……《神道碑》云：沔行至鼎州，乃受廣南之命。今從之。)
李燾 《續資治通鑒長編》 卷一百七十五		(50) 御史俞希孟乞自今更不除前後省都都知，奏可。(絳傳云：罷守忠判内省事，蓋因《神道碑》也，其實守忠為兩省都都知如故。) (51) 又問曰：某人戰當奏功，汝不時奏，何耶？對曰：是幸賞也，故不奏。沔曰：而能知此而反自為，何耶？皆惶懼再拜趨出。(此據孫沔《墓誌》及《神道碑》。)

續表

作者/文獻	版本	用　例
李燾《續資治通鑒長編》卷一百七十八	清文淵閣四庫全書本	(52) 翰林學士歐陽修亦論諫，上從之，不復至溫成陵廟。(劉攽作《韓絳行狀》，云絳嘗言此，李清臣《神道碑》亦云，而傳不載。今但記抃。 (53) 庚辰，威武節度推官劉抃爲司天監丞。抃嘗挾術數言人禍福，多遊公卿之門。於是當改官，判流內銓賈黯以爲言，故有是命。(《韓絳傳》亦稱絳之請，蓋因劉攽《行狀》，然李清臣《神道碑》不載。今但存賈黯姓名。)
李燾《續資治通鑒長編》卷一百八十一		(54) 臣請選知水利之臣，就其下流，求入海之路而浚之。不然，下流梗澁，則終虞上決，爲患無涯。臣非知水者，但以今事可驗者較之爾。願下臣議，裁取其當焉。(蘇轍作修《神道碑》云：河決商胡，賈昌朝留守北京，欲開横隴故道回河使東。有李仲昌者，欲道商胡入六塔河。詔兩府、臺諫集議。陳執中當國，主横隴議，執中罷去，而宰相復以仲昌之言爲然。宰相，蓋指富弼也。今附此。)
李燾《續資治通鑒長編》卷一百八十四		(55) 按：防乃至和二年乾元節使者，四月已亥入見，丁未辭，而召富弼入相，實六月丙申，防安得留京師至此時！云云必誤。《德用墓銘》王珪作，《神道碑》歐陽修作，並有是言。范純仁作《富弼行狀》亦有是言，本傳蓋因之。《墓銘》指耶律防，而《神道碑》但稱契丹使者，豈修已覺其誤，故没其姓名耶？純仁又出修後。大抵德用再入西府耄矣，云云殆溢美，今削去不書。 (56)《江鄰幾雜志》云：富、范議建儲，王德用在密府，合掌加額云：置這一尊菩薩何地？永叔聞之，罵作老衙官，及爲《神道碑》，頗溢美。
李燾《續資治通鑒長編》卷一百八十五		(57) 辛巳，追封乳母戴氏爲宗國夫人。內侍副都知、昭宣使、果州團練使武繼隆遷宣政使，尋罷之。(此據《百官表》，不詳何事。韓絳《行狀》《神道碑》及本傳並云：內侍武繼隆遷官，絳封還詞頭，因數其過惡，遂出爲鄆州鈐轄，當即此事。不知《實録》何故不書。)
李燾《續資治通鑒長編》卷一百八十七		(58) 蘇軾代張方平作《趙槩神道碑》云：李参爲河北轉運使，職事辦治，進秩二等，且官其一子。郭申錫為諫官，争之曰：参職事所當辦，無功不可賞。上怒，欲罪申錫，槩言：陛下始面諭申錫，毋面從吾過。今黜之，何以示天下！
李燾《續資治通鑒長編》卷一百九十二		(59) 乙亥，吏部侍郎、集賢院學士余靖爲廣南西路體量安撫使，如京使賈師熊副之。靖至廣西，移檄交阯，召其用事臣費嘉祐詰責之。嘉祐對以近邊種落相侵，誤犯官軍，願悉推治，還所掠及械罪人以自贖。靖信其詐，厚賂遣去。嘉祐既歸，遂不復出。(《神道碑》云"即械五人送欽州，戮于界上"，蓋飾說也。今從本傳。)

續表

作者/文獻	版本	用　例
李燾《續資治通鑒長編》卷一百九十二	清文淵閣四庫全書本	(60) 抃《神道碑》云：庠選用武臣多不如舊法，至有訴於上前者，抃陳其不可。 (61) 翰林學士兼侍讀學士、禮部侍郎、知制誥、史館修撰歐陽修，樞密直學士、右諫議大夫陳旭，御史中丞趙槩並爲樞密副使，仍以槩為禮部侍郎。詔：自今臣僚之家，毋得陳乞御篆《神道碑額》。
李燾《續資治通鑒長編》卷二百五		(62) 先是，韓琦、曾公亮欲遷歐陽修爲樞密使，將進擬，不以告修，修覺其意，謂兩人曰：今天子諒陰，母后垂簾，而二三大臣自相位置，何以示天下？兩人服其言，遽止。及張昪去位，上遂欲用修，修又力辭不拜。（此據蘇轍《神道碑》。）
李燾《續資治通鑒長編》卷二百六		(63)《五行志》曰：簡宗廟，廢祭祀，水不潤下。水者北方，萬物終藏之所。神道居陰，尚乎安靜，虔恭廟祭，所以昭孝而訓人。乃者濮安懿王一事，始議或將與仁廟比崇，終罷追封，不及燕王之例，禮失中而孝不足，是亦幾乎慢也。
李燾《續資治通鑒長編》卷二百七		(64) 詔百官議追崇典禮，諸王府侍講孫固曰：禮可變，天性不可變。王宜稱親。議未集，有詔罷議。（孫固議據《馮家神道碑》及《傅堯俞墓銘》。皇太后手書，蓋中書用固議。） (65) 瞻初以接伴契丹使對延和殿，謂上曰：陛下為仁宗子，而濮王稱皇考，非典禮。上曰：卿嘗見朕欲以皇考事濮王乎？瞻曰：此大臣之議，陛下未嘗自言也。上曰：此中書過議耳！瞻因請宣諭中書，上曰：朕意已决，亦無庸宣諭也。（請宣諭中書，據傅堯俞、范祖禹所爲瞻《墓志》《神道碑》。）
李燾《續資治通鑒長編》卷二百二十		(66) 李清臣作《韓絳神道碑》云：司馬光方與執政忤，而絳言光可代已爲樞密副使，至爲宰相又薦光。神宗亦可之曰：卿度光來乎？朕當亟召。邵伯溫所記“度光來乎”，神宗語絳，而伯溫誤之以屬程顥也，更詳考之。 (67) 是日，西賊攻撫寧堡，陷之。（賊攻撫寧堡，《實録》不書，據《趙卨神道碑》。）
李燾《續資治通鑒長編》卷二百三十六		(68) 今者之議將取正之變乎，則亦取變之正乎？是亦取其變之正也。况太廟一歲而數祭，禘祫閲數年而後及也！如此則太祖之尊一歲而屢饗，遠祖之尊數歲而一伸，於以求之禮法，參之神道，質之人情，亦是變之正也。

續表

作者/文獻	版本	用　　例
李燾《續資治通鑒長編》卷二百四十	清文淵閣四庫全書本	(69) 若乃藏王未順，宜必改定，蓋夾室者子孫廟之偏室，非廟之正也。議者謂神道尚右，失其旨矣。然則僖祖之主，必有所歸。 (70) 三曰：神道尚右。夾室在西，僖祖主祧藏于其中，猶處順祖之右，尊卑之次似亦無嫌。
李燾《續資治通鑒長編》卷二百八十七		(71) 鄧潤甫作《熊本神道碑》云：會中貴人程昉欲於衛州西南鑿隄引河通江、淮，都水丞范子淵建疏濬司，以鐵龍爪疏黄河，謂可回奪河勢，欲附會退灘地爲疏濬功。事下河北安撫司，帥臣文潞公言小臣興功罔利，皆非實。
李燾《續資治通鑒長編》卷三百		(72) 轉運副使苗時中亦言，順州所築堡寨，深在賊境，饋運阻絶，戍卒死者十常八九，不如棄之。然廣源州舊隷邕管羈縻，本非交阯有也。（尚欲留廣源等州，本傳及《神道碑》皆無之，此據朱本。）
李燾《續資治通鑒長編》卷三百十七		(73)《詳定禮文》所言：天道遠而難致，尊而難親。以其遠而難致也，故常以神道致之；以其尊而難親也，故常以人事親之。《易》曰“聖人亨以享上帝”，人道親之也。《禮》曰“郊血”，神道致之也。本朝郊禮，薦熟之外不設血，殊爲闕禮。伏請南郊先薦血于神座前，盛以槃，次薦腥，次薦熟，并北郊准此，仍先瘞以致神。從之。 (74) 又言：祭祀之禮，神有尊卑，故禮有隆殺，德有大小，故物有厚薄，惟其稱而已。天神尊，故以神道接之。社稷五祀卑，故以人道接之。以神道接之，則貴遠人之物，故郊天先薦血，次薦腥，次薦爓，次薦熟。以人道接之，則貴近人之物，故社稷五祀先薦爓，次薦熟。至於羣小祀，則又其卑者，故薦熟而已。
李燾《續資治通鑒長編》卷三百二十		(75)《詳定禮文》所言：古者宗廟九獻，王及后各四，諸臣一。自漢以來爲三獻，后無入廟之事，相循至今。若時享則有事于室而無事于堂，禘祫則有事于堂而無事于室，室中神位不在奧，堂上神位不在扆，有饋食而無朝踐，此古今之制所以不同也。然古禮有不必復者，事尸與王后入廟是也；有須復而後禮意備者，祼將于室，朝踐于堂，饋食于室是也。蓋獻之屬重于祼，而朝踐薦腥，所以貴本而備上古之食，心神道事之也；饋食薦熟，所以親用而備後世之食，以人道事之也。三者交神之大節，必須人主親之。
李燾《續資治通鑒長編》卷三百二十二		(76) 上批：涇原路轉運副使葉康直權管勾環慶路轉運判官公事。李稷已令再上殿奏事，候上殿畢，限三日兼程赴任，計會李承之幹辦軍須。尋又促康直先發。（……張舜民作《葉康直神道碑》云：五年夏，再議靈州之舉，欲自鎮戎軍熙寧寨築堡大小十五，以傳靈武。）

續表

作者/文獻	版本	用 例
李燾《續資治通鑒長編》卷三百四十一	清文淵閣四庫全書本	(77) 禼得書，語其使曰：爾歸諭西領：國主世受爵命，何故擅行絀廢？朝廷問罪，猶敢倔强，今又狂悖妄作，滅亡無日矣。叱去之。（此據禼《神道碑》，或附盧秉奏書時，更詳之。）
李燾《續資治通鑒長編》卷三百五十三		(78) 羣臣若有沮難者，其人必有姦惡，畏人指陳，專欲壅蔽聰明，此不可不察也。（……程顥勸光入臨，據邵伯温《辨誣》，餘則據光集並雜傳及《行狀》《神道碑》。）
李燾《續資治通鑒長編》卷三百五十四		(79) 是月，與賊戰和爾平，賊敗，果趨平夏。千兵伏發，賊駭潰，斬馘千，生擒威明，嘉勒斬首領六，獲戰馬七百，牛羊、老幼三萬。五月，遷龍圖閣直學士、朝奉大夫，復帥延安。傳盖全因範百禄所作《神道碑》。
李燾《續資治通鑒長編》卷三百五十七		(80) 丁卯，賜故左僕射王珪壽昌坊官第，《神道碑額》曰“懿文”，遺表恩澤十人。詔給事中陸佃監護葬事。
李燾《續資治通鑒長編》卷三百七十六		(81) 詔《故宰相王珪神道碑》，賜“懿文”為額，仍差中書舍人錢勰書。又詔職事官卿監以下應任子者，寄禄官至朝奉郎方聽，餘依舊條。
李燾《續資治通鑒長編》卷三百九十四		(82) 吕大防作《吕公著神道碑》云：自熙寧四年，始改科舉，罷詞賦等，用王安石經義以取士，又以釋氏之說解聖人之經。學者既不博觀群書，無修詞屬文之意，或竊誦他人已成之書寫之以干進。由此科舉益輕，而文詞之官漸艱其選。先帝以荅高麗書不稱旨，故當時以爲言，議者欲以詩賦代經義，公著乃于經義之外益以詩賦，而先經義，以盡多士之能，又禁有司不得以老、莊之書出題，而學者不得以申、韓、佛書爲說，經義參用古今諸儒之學，不得專用王氏。
李燾《續資治通鑒長編》卷三百九十五		(83) 詔賜《富弼神道碑》，以“顯忠尚德”為額，仍命翰林學士蘇軾撰文，從其子紹庭請也。太師文彦博言：廂軍舊録樞密院，新制改隸兵部，且本兵之府，豈可無籍？

續表

作者/文獻	版本	用　　例
李燾《續資治通鑒長編》卷四百一	清文淵閣四庫全書本	(84) 丁憂人前朝奉郎、著作佐郎王仲修特勒停，前宣義郎王仲端特依差替人例，以仲修等坐令蔡碩屬其兄確撰父珪《神道碑》為美詞，及受碩請屬，以犯杖人王儀冒名補授門客恩澤故也。
李燾《續資治通鑒長編》卷四百十一		(85) 詔贈《太師富弼神道碑額》許御篆，從弼子紹廷請也。詔新除著作郎黄庭堅依舊著作佐郎。以御史趙挺之論其質性姦回，操行邪穢，罪惡尤大，故有是命。
李燾《續資治通鑒長編》卷四百十四		(86) 傅堯俞作趙瞻墓碑云：因進對，言機政所急，人才而已，今選武官難遽盡知，請詔諸路安撫、轉運司舉使臣，科别其才第。爲三等，籍之以備選任，范祖禹《神道碑》同。
李燾《續資治通鑒長編》卷四百十五		(87) 趙瞻《墓誌》《神道碑》並稱廢渠陽用瞻議，但不見其議云何。《舊錄》云：先帝經畧溪峒，撫納諸蠻，置渠陽軍，今委棄之，冀以息兵，終至用兵也。
李燾《續資治通鑒長編》卷四百二十六		(88) 祖禹即上言：臣蒙陛下擢授諫職，受命以來，夙夜不遑寧處，深思天下之事，自非遠者大者，未之敢先。恭惟祖宗受天明命，百三十年，自三代以來，未有承平如此之久。……若皇帝陛下聖心曉然，明於邪正是非，他日衆說不能惑，小人不能進，則萬事定而治化綦隆矣。詔賜《蔡挺神道碑》，以“顯忠”爲額。
李燾《續資治通鑒長編》卷四百三十七		(89) 韓琦忠義動金石，精誠貫白日，建言定策，爲宗廟萬世之福，人神之所慶祐，遠近率皆悦服，故其生則位極台鼎，死則配享廟廷。神宗皇帝紹休聖緒，緝熙帝業，知琦有大勳勞於天下，故尊寵異數，褒嘉盡禮，始終一意，恩榮絶等；猶以爲未也，又親撰其《神道碑》，以“兩朝定策元勳”為之名，昭示天下後世。不刊之烈，雖山河之誓，無以加此，世世忠臣義士，孰不激揚而歎服！ (90) 甲午，詔《趙槩神道碑》，以“忠純”爲額。
李燾《續資治通鑒長編》卷四百四十一		(91) 右光禄大夫、知樞密院事孫固卒。輟朝臨奠，贈開府儀同三司，賜《神道碑額》曰“純亮”，遺表恩澤例外，更舉三人差遣。

續表

作者/文獻	版本	用　例
李燾《續資治通鑑長編》卷四百四十二	清文淵閣四庫全書本	(92) 太常寺狀：欲乞今後應輟朝並輟聞哀之明日，如前殿即輟起居，遇後殿起居或日參並准此。假日及後殿垂簾假日，合入官起居輟以次日。從之。詔贈《太子太師元絳神道碑》，以"懿文"爲額，從其子耆寧請也。
李燾《續資治通鑑長編》卷四百六十三		(93) 太子太保致仕李端愿卒，輟朝臨奠，賻典加等，贈開府儀同三司，仍以旌舊爲《神道碑額》。端愿，獻穆公主子，好交喜名，所與游皆一時賢士大夫，故慨然數論天下事。晚得目疾，聞時事，有抵掌談説，聽者忘倦。
李燾《續資治通鑑長編》卷四百九十三		(94) 詔令結罪保明，差官覆按，又遣使賜茶藥，催具功狀聞奏。(《鍾傳神道碑》，鄭居中作。紹聖四年十二月出剗子山，討白草原，俘馘四千，遣幕官董采詣闕，請合涇原帥，趍天都山、蒱摩會，置州與寨。)
李燾《續資治通鑑長編》卷四百九十四		(95) 鄭居中作傳《神道碑》云：作金城闗，以功遷承議郎、直龍圖閣、熙河經畧安撫判官，秩視轉運副使。七月，又城平西寨於安西城之西北。十二月，出剗子山討白草原，俘馘四千，遣幕官董采詣闕，請合涇原帥，趍天都山、蒱摩會，置州與寨，自馳赴章楶議云云。
李燾《續資治通鑑長編》卷四百九十六		(96) 鄭居中作傳《神道碑》云"有告白草原冒賞事，坐責永州監税"，與《曾布日錄》不同。紹聖四年十二月二十一日可考。

表二百四十二

作者/文獻	版本	用　例
李昉《太平御覽》第七十九	四部叢刊三編景宋本	(1) 華胥之國在弇州之西，台州之北，……蓋非舟車足力之所及，神遊而已。(舟車足力，形之負者耳。神道恍惚，不行而至也。) 其國無師長，其民無嗜慾，不知樂生，不知惡死，故無夭傷；不知親已，不知踈物，故無憎愛；不知背逆，不知向順，故無利害（理無生死，故無所樂惡；理無愛憎，故無所親疎；理無順逆，故無所利害也)；都無所愛憎，都無所畏忌。

續表

作者/文獻	版本	用　　例
李昉 《太平御覽》 卷第四百一	四部叢刊三編景宋本	（2）又《觀卦》曰：聖人以神道設教，而天下服矣。
李昉 《太平御覽》 卷第四百六十一		（3）又曰：隗囂既立，便聘平陵方望爲軍帥。望至，説囂曰：足下欲丞天順民，輔漢而今起，立者乃在南陽，王莽尚據長安，雖欲以漢爲名，其實無所受命，將何以見信於衆？宜急立高廟，稱臣奉祠，所謂“神道設教”，求助民神者也。
李昉 《太平御覽》 卷第五百二十九		（4）傳玄《五祀議》曰：禮大記云：室中央中霤，謂四霤之中也。祭於漏井，盖失之矣。七祀之文，皆云祀行而無井，祭竈而不祭井，於事則闕。夫設祀者，非唯報功而已，亦神道設教，使民慎之幽冥也。臣以爲帝之都城，宜祭一門，正宫一門，正室一戶，井、竈、中霤，亦各擇其一正者祭之。 （5）《唐書》曰：憲宗謂宰臣曰：穰災祈福之説，其事信否？李藩對曰：臣竊觀自古聖達，皆不禱祠。故楚昭王有疾，卜者謂河爲祟，昭王以河不在楚，非所獲罪。孔子以爲知天道。仲尼疾病，門人子路請禱。仲尼以爲神道助順，繫於所行，已既全德，無愧屋漏，故荅子路云：丘之禱久矣。
李昉 《太平御覽》 卷第五百六十		（6）開元十五年正月，集賢學士徐堅請假往京兆葬其妻岑氏，問兆域之制于張説。説曰：墓而不墳，所以反本也。三代以降，始有墳之飾，斯孝子永思之所也。禮有升降貴賤之度，俾存歿之道各得其宜。長安神龍之際，有黄州僧泓者，能通鬼神之意，而以人事糸之。僕嘗聞其言，猶記其要。墓欲深而狹。深者，取其幽；狹者，取其固。平地之下，一丈二尺爲土界，又一丈二尺爲水界，各有龍守之。土龍六年而一暴，水龍十二年而一暴。當其隧者，神道不安。故深二丈四尺之下，可以設窀穸。墓之四維，謂之折壁。欲下闊而上斂，其中頂謂之中樵，中樵欲俯嵌而傍煞。墓中末粉爲飾，以代石堊。不置瓴甋瓷瓦，以其氣燥而烈，使墳上草木枯而不潤。不置羽毛，其近於屍也。鑄鐵爲牛豕之像，可以禦二龍。王潤而潔，能和百神，寘之墓内，以助神道。僧泓之説如此。
李昉 《太平御覽》 卷第五百六十六		（7）乃定郊禋宗廟及三朝之樂，以武舞爲《大壯舞》，取《易》云“大者壯也”“正大而天地之情可見”也。以文舞爲《大觀舞》，取“大觀在上”“觀天之神道，而四時不忒”也。國樂以“雅”爲稱，取《詩序》云“言天下之事，形四方之風，謂之雅。雅者，正也。”止乎十二，則天數也。乃去階步之樂，增撤食之雅。

續表

作者/文獻	版本	用　　例
李昉 《太平御覽》 卷第五百八十九	四部叢刊三編景宋本	(8) 又曰：蕭俛在相位時，穆宗詔撰《故成德軍節度使王士眞神道碑》，對曰：臣器褊狹，比不能強。王承宗先朝阻命，事無可觀，如臣秉筆，不能溢美。又撰進之後，例行貺遺，臣若公然阻絶，則違陛下撫納之宜；僶俛受之，則非微臣平生之志。臣不願爲之秉筆。帝嘉而從之。
李昉 《太平御覽》 卷第八百一十五		(9) 又曰：左慈，字元放，廬江人。少有神道。嘗在魏武帝坐，帝曰：恨無蜀中生薑耳。放曰：亦可得也。
李昉 《太平御覽》 卷第八百四十六		(10) 昔阮咸、阮籍同遊竹林，宣子不聞斯言。王湛能玄言巧騎，武子呼爲癡叔。何陳留之風不嗣，太原之氣巋然，翻成可怪？吾既寂漠當世，朽病殘年，產不異於顏、原，名未動於卿相。若不日飲醇酒，復欲安歸？汝以飲酒爲非，吾以不飲酒爲過。昔周伯仁度江唯三日醒，吾不以爲少；鄭康成一飲三百盃，吾不以爲多。然洪醉之後，有得失。成廝養之志，是其得也；使次公之狂，是其失也。吾常譬酒之猶水也，可以濟舟，亦可以覆舟，故五議有言：酒猶兵也。兵可千日而不用，不可 一日而不備；酒可千日而不飲，不可一飲而不醉。美哉江公，可與共論酒矣！汝驚吾憧車侍中之門，陷池武陵之地，遍布朝野，自言憔悴。丘也幸，苟有過，人必知之。吾平生所願，身沒之後，題吾墓云“陳故酒徒陳君之神道”。若斯志意，豈避南征之不復，賈誼之慟哭者哉？何水曹眼不識盃鐺，吾口不離瓢杓。汝寧與何同日醒，與吾同日而醉乎？政言其醒可及，其醉不可及也。速營糟丘，吾將老焉。
李昉 《太平御覽》 卷第九百七十		(11) 麋元詩曰：蒼蒼陵上栢，參差列成行。童童安石榴，列生神道傍。
李昉 《太平廣記》 卷八	民國景明嘉靖談愷刻本	(12) 其二章曰：余之圣师，体道之真，升降变化，乔、松为邻。唯余同学，十有二人，寒苦求道，歷二十年，中多怠墮，志行不堅，痛乎諸子，命也自天，天不妄授，道必歸賢。身沒幽壤，何時可還？嗟爾將來，勤加精研，勿為流俗，富貴所牽。神道一成，升彼九天，壽同三光，何但億千。
李昉 《太平廣記》 卷七十六		(13) 建中元年，道茂請城奉天爲王者居。列象龜别，内分六街。德宗素神道茂言，遂命京尹嚴郢發衆數千，與六軍士雜往城之。時屬盛夏，而土功大起，人不知其故。

續表

作者/文獻	版本	用　　例
李昉 《太平廣記》 卷八十一	民國 景明 嘉靖 談愷 刻本	(14) 杰公嘗與諸儒語及方域云：東至扶桑，扶桑之蠶長七尺，圍七寸，色如金，四時不死。五月八日嘔黃絲，布於條枝，而不為繭。……女為臣妾官長，而居宮室。俗無書契，而信呪詛，直者無他，曲者立死。神道設教，人莫敢犯。……女皆殊麗，美而少壽，為人婭媵，未三十而死。有兔大如馬，毛潔白，長尺餘。有貂大如狼，毛純黑，亦長尺餘，服之禦寒。
李昉 《太平廣記》 卷八十四		(15) 自憲闈竟十年居相，由西蜀而入。代德裕執憲者，俄亦竄逐。唯再調南服，未嘗有前知之士，為德裕言之。豈禍患不可前告，神道所祕，莫得預聞乎？（出《窮愁志》。）
李昉 《太平廣記》 卷九十一		(16)《法度》：釋法度，黃龍人也。南齊初，遊于金陵。高士齊郡名僧紹，隱居琅琊之攝山，挹度清眞，待以師友。及亡，捨所居山為棲霞寺。先是有道士欲以寺地為觀，住者輒死。後為寺，猶多恐懼。自度居之，群妖皆息。經歲餘，忽聞人馬鼓角之聲，俄見一人投刺於度曰：靳尚。度命前之。尚形甚閒雅，羽衛亦衆。致敬畢，乃言：弟子主有此山，七百餘年矣。神道有法，物不得干。前後棲託，或非眞實。故死病繼之，亦其命也。法師道德所歸，謹捨以奉給，並願受五戒，永結來緣。……由是廟中薦獻菜飯而已。（出《歙州圖經》。）
李昉 《太平廣記》 卷一百一十三		(17) 貴人亦至云：知汝無他罪得還，甚善，力修功德，身福微，不辨生天，受報於此，輔佐府君，亦優游富貴，神道之美。吾家在宛，姓某名某，君還爲吾致意，尊奉法戒，勿犯偏禁，可具以所見示語之也。
李昉 《太平廣記》 卷一百七十		(18)《姚元崇》：姚元崇與張說同爲宰輔，頗懷疑阻，屢以事相侵，張銜之頗切。姚既病，誡諸子曰：張丞相與吾不叶，釁隙甚深。然其人少懷奢侈，尤好服翫。吾身歿之後，以吾嘗同寮，當來弔。汝其盛陳吾平生服翫，寶帶重器，羅列於帳前。若不顧，汝速計家事，舉族無類矣。目此，吾屬無所虞。便當錄其翫用，致於張公，仍以《神道碑》為請。既獲其文，登時便寫進，仍先礱石以待之，便令鐫刻。張丞相見事遲於我，數日之後，必當悔。若却徵碑文，以刊削爲辭，當引使視其鐫刻，仍告以聞上訖。姚既歿，張果至，目其翫服三四。姚氏諸孤悉如教誡。不數日，文成，敘述該詳，時爲極筆。其略曰：八柱承天，高明之位列；四時成歲，亭毒之功存。後數日，果使使取文本，以為詞未周密，欲重加刪改。姚氏諸子乃引使者示其碑，乃告以奏御。使者覆命，悔恨拊膺曰：死姚崇猶能算生張說。吾今日方知才之不及也遠矣。（出《明皇雜錄》。）

續表

作者/文獻	版本	用　　例
李昉《太平廣記》卷二百三十	民國景明嘉靖談愷刻本	(19) 婢曰：變形事人，非有害也。但逃匿幻惑，神道所惡，自當至死耳。度又謂曰：欲捨汝可乎？鸚鵡曰：辱公厚賜，豈敢忘德。然天鏡一照，不可逃形。但久為人形，羞復故體。願緘於匣，許盡醉而終。
李昉《太平廣記》卷二百八十		(20)《煬帝》：武德四年，東都平後，觀文殿寶廚新書八千許卷將載還京師。上官魏夢見煬帝，大叱云：何因輒將我書向京師。于時太府卿宋遵貴監運，東都調度，乃於陝州下書，著大船中，欲載往京師。於河值風覆沒，一卷無遺。上官魏又夢見帝，喜云：我已得書。帝平存之日，愛惜書史，雖積如山丘，然一字不許外出。及崩亡之後，神道猶懷愛悋。按：寶廚新書者，並大業所祕之書也。(出《大業拾遺》。)
李昉《太平廣記》卷二百九十七		(21) 景因命其從騎常掌事以贈之，遣隨蒨行。有事則令先報之，即爾所不知，當來告我，如是便別。掌事恒隨，遂如侍從者。……仍謂曰：成長史語我，有一事羞君不得道。既與君交，亦不能不告。鬼神道亦有食，然不能得飽，常苦飢。若得人食，便得一年飽。眾鬼多偷竊人食。我既貴重，不能偷之，從君請一食。
李昉《太平廣記》卷三百六		(22) 又問曰：趙玉何在？神曰：寄在鄭大夫塚內。兒乃立命於塚內取趙玉至，趙玉尋蘇。趙氏切勸兒恕神之罪，兒乃釋縛，命於部內為小將。乃辭其母，泣而言曰：我在神道，不當頻出迹於人間，不復來矣，母善自愛。又如風雨而去，邇後絕然不至矣。(出《奇事記》。)
李昉《太平廣記》卷三百一十二		(23) 此子大驚，呵責曰：神道無欺，我且無兒女，與汝為親情？神曰：我合聘得君妻，可速粧梳，少頃卽來迎娶。此子大怒，村人各散，以為舞者村人，醉言無識。少頃即天明，忽聞門外馬嘶鳴。此子大怪，欲出自叱之。乃見一胡神，紫衣多髯。身長丈餘，首出牆頭。喚曰：娘子可發去也。此子不知所以，其妻於室中僕倒而卒。(出《原化記》。)
李昉《太平廣記》卷三百二十一		(24) 鬼曰：君可詣之，我當自往。闓到家，主人出見，鬼以赤摽摽其頭，因回手，以小鈹刺其心。主人覺，鬼便出，謂闓曰：君有貴相，某為惜之，故虧法以相濟。然神道幽密，不可宣泄。闓後去，主人暴心痛，夜半便死。闓年六十，位至光祿大夫。(出《甄異録》。)
李昉《太平廣記》卷三百二十三		(25) 宋王胡者，長安人也。叔死數載，元嘉二十三年，忽形見還家。責胡以修謹有缺，家事不理，罰胡五杖。傍人及鄰里，並聞其語及杖聲，又見杖瘢，而不見其形。唯胡獨得親接。叔謂胡曰：吾不應死，神道須吾筭諸鬼錄。今大從吏兵，恐驚損鄉里，故不將進耳。

續表

作者/文獻	版本	用　　例
李昉《太平廣記》卷三百三十三	民國景明嘉靖談愷刻本	(26) 女則不直於主簿曰：吾恨舅不嫁，惟憐己女，不知有吾，故氣結死。今神道使吾嫁與市吏，故輒引與之同衾。既此邑已知，理須見嫁。後月一日，可合婚姻。惟舅不以胥吏見期，而違神道。請卽知聞，受其所聘，仍待以女壻禮。至月一日，當具飲食，吾迎楊郎。望伏所請焉。
李昉《太平廣記》卷三百三十七		(27) 又謂諸子曰：吾雖先婚汝母，然在地下殊不相見，不宜以汝母與吾合葬，可以竇氏同穴。若違吾言，神道是殛。言畢便出。奴等送至門外，見灩馳騎走，而從東轉西不復見。後日車騎至門，他人不之見，唯四婢者見之。便裝束竇，取所選衣服，與家人訣，遂各倒地死亡。(出《廣異記》。)
李昉《太平廣記》卷三百四十		(28) 老人曰：某家是孝，汝今避鬼，還投鬼家，何益也？凡孝有靈筵，神道交通，他則知汝所在。汝投吉人家，則可矣。又臨發時，脫汝所愛惜衣一事，剪去身，留領縫襟帶，餘處盡去之。縛一草人衣之，著宅之陰闇處，汝則易衣而潛去也。……其後婦人亦不來矣，至三月盡。如言潛之嘉興，自後無事。(出《通幽錄》。)
李昉《太平廣記》卷三百四十三		(29) 成禮訖，初三更，其妻告玉曰：此非人間，乃神道也。所言汾州，陰道汾州，非人間也。相者數子，無非冥官。妾與君宿緣，合爲夫婦，故得相遇。人神路殊，不可久住，君宜卽去。玉曰：人神旣殊，安得配屬？以爲夫婦，便合相從。何爲一夕而別也？……言訖遁去，不知所在焉。(出《玄怪錄》。)
李昉《太平廣記》卷三百四十六		(30) 因問丈人安在，曰：賢丈江夏寢疾，今夕方困。神道求人，非其親導，不可自已，適詣先歸耳。又曰：廁神每月六日例當出巡。此日人逢，必致災難。人見卽死，見人卽病。……貴人有難，當先奉白。不爾，不來黷也。泛祭之請，記無忘焉。(出《續玄怪錄》。)
李昉《太平廣記》卷三百九十三	民國景明嘉靖談愷刻本	(31) 唐貞元中，華亭縣界村堰典，妻與人私，又於隣家盜一手巾。隣知覺，至典家尋覓。典與妻共諱詬駡，此人冤憤，乃報曰：汝妻與他人私，又盜物。仍共諱駡，神道豈容汝乎？典曰：我妻的不姦私盜物，如汝所說，遣我一家爲天霹。
李昉《太平廣記》卷四百四十七		(32) 帝問何神，崔云：五岳神也。又聞兵馬聲，乃纏一狐墜砌下。無忌不勝憤恚，遂以長劒斫之。狐初不驚。崔云：此已通神，擊之無益，自取困耳。乃判云：肆行姦私，神道所殛，量決五下。狐便乞命。崔取東引桃枝決之，血流滿地。無忌不以為快，但恨杖少。……美人疾遂愈。(出《廣異記》。)

續表

作者/文獻	版本	用　　例
李昉《太平廣記》卷四百六十六	民國景明嘉靖談愷刻本	(33) 唐吏部侍郎韓文公愈，自刑部侍郎貶潮陽守。先是郡西有大湫，湫有鰐魚，約百餘尺。每一怒則湫水騰溢，林嶺如震。民之馬牛有濱其水者，輒吸而噬之，不瞬而盡為所害者，莫可勝計，民患之有年矣。……故工部郎中皇甫湜撰愈《神道碑敘》曰：刑部為潮陽守，云洞僚海彝，陶然皆化；鰐魚稻蟹，不暴民物。蓋謂此矣。(出《宣室志》。)
李昉《太平廣記》卷四百七十		(34) 又行五六日，復至一繁會處，青衫人云：此是潭州。其夕，領入曠野中，言曰：汝隨我行已久，得無困苦耶？今與汝別。因懷中取乾脯一挺與某，云：饑卽食之，可達家也。又曰：為我申意趙平原，無夭害生命。暴殄天物，神道所惡。再犯之，必無赦矣？平原自此終身不釣魚。(出《博物志》。)
李昉《太平廣記》卷四百九十一		(35) 嗟乎！余能辨二盜之姓名，小娥又能竟復父夫之讐寃，神道不昧，昭然可知。小娥厚貌深辭，聰敏端特，鍊指跛足，誓求眞如。爰自入道，衣無絮帛，齋無鹽酪；非律儀禪理，口無所言。後數日，告我歸牛頭山。
李昉《文苑英華》卷四十二	明刻本	(36) 我是以却馬於糞車，務仁於穡地，然後頌《大武》，歌《由庚》，協神道以廣運，致人文以化成。以左右萬物，以厚利羣生。則夫乾元貞，坤元亨，彝倫叙而太階平。豈不以其逺至邇安，有截無外，却兩階之干羽，頌五戎以冠帶，百神肹蠁以属福，二氣氤氲以交泰。
李昉《文苑英華》卷四十七		(37) 大君嚮明，神道設位；恢三皇之軌物，張五帝之經緯。居皇極以體尊，配昇平而作謚。上棟下宇，圖出震之垂功；崑崙辟雍，模大壯之成器。分五行以配德，合四時而導氣。審圓象以規天，揆方儀而法地；因節候之開闢，得四時之奥秘。
李昉《文苑英華》卷七十七		(38) 志士以是而興歎，詩人因此而取象。清廟之瑟，非我而莫聞；空桑之琴，非我而奚響。惟直是與，惟端是求。惡靡然以從俗，恥紛若以隨流。天心保貞，側媚見而用悔（疑）；神道助正，謇諤鑒而無憂。信乎去邪以受福，孰不履正而身修。間其色兮未嘉，素其質兮孰美。
李昉《文苑英華》卷八十四		(39) 未若祥開八卦，兆動四體。闡文教寧木鐸之足儔，贊貞明與日月而同啓。洎乎形貌既著，品物類分。榮萬化之茫昧，合一氣之絪緼。識用光於夏葉，繇每煥於羲文。此乃天理用彰，神道設教。故躍波而委質，殊以文而飾貌。觸綸誠怪於文鱗，隐霧徒嗟乎玄豹。此悠久也，可是則而是傚。

續表

作者/文獻	版本	用　例
李昉 《文苑英華》 卷一百四	明刻本	(40) 然能思無不踐，應倉舒刻舟之深淺。問無不知，表張重度骨之威儀。若乃均其神道，形其事業，聖人因之以平施，邊鄙賴之而不怯。豈欲決其差謬，明其有無，小人取之以作則，君子見之而交孚。則有王臣謇謇，宰我（疑）秩秩。洞鑒人才，神無隱質。諒兹衡之攸媲，故守之而勿失。儻陳平之見知，宰州縣之如一。
李昉 《文苑英華》 卷一百七		(41) 聞夫日中則昃，鼎折則傾；月容守缺而忌滿，神道福謙而害盈。聖人察兩曜之度，觀萬物之情。知務進者危於不止，擬貪取者敗於幾成。爰制座右，與人作程；開其可誡之跡，加以必覆之名。 (42) 昭明為神，神正直而已。其或歆夫諂祭，（闕）厄我生人，則神道喪矣。故明命鬼神，以為黔首。此神祠者，有吳公子諱季札，賢而能讓，信必由衷，聽樂彰於識微，掛劍表乎心許。故以生則君子敬而讓之，沒則國人思而像之，宜其精氣作神，盛德為祀。 (43) 維恒兮作鎮壬癸，善利萬物兮德配諸水。雄峰屹立而朝山邐迤，閃電雷、遊神鬼。其神靈兮福之所履，福善禍淫而正直如矢。(其一) 君恩覃兮流湯湯，汨神道、蕩鬼方。四瀆為公兮五岳王，山戎臣首而犬戎北亡。勒貞石以一固，浮大海之三桑。(其二) (44) 金紫光祿大夫左金吾衛將軍贈揚州大都督臧府君神道碑銘（并序） (45) 雖神道之無形，常慘然於前後。昔與君子，同秉國鈞。公得之為賢相，予失之為放臣。覩遺物之猶在，懷舊好而悲辛。思欲克己以復禮，永報德於仁人。
李昉 《文苑英華》 卷一百七十三		(46)《奉和同前應制》(張說（見集本))：文教資武功，郊畋閱邦政。不知仁育久，徒看禽獸盛。夜霰氛埃滅，朝日山川浄。綽仗飛走繁，抨弦筋角勁。帝射參神道，龍馳合人性。五豝連一發，百中皆先命。勇爵均萬夫，雄圖羅七聖。星為吉符老，雪作豐年慶。喜聽行獵詩，威神入軍令。
李昉 《文苑英華》 卷三百四十二		(47)《青石》(白居易)：青石出自藍田山，兼車運載來長安。工人磨琢欲何用，石不能言我代言。不願作人家墓前神道碣，墳土未乾名已滅。不願作官家道傍德政碑，不鐫實録鐫虛詞。願為顔氏叚氏碑，雕鏤太尉與太師。刻用（《集》作“此”）兩片堅貞質，狀彼二人忠烈姿。義心若石屹不轉，死節若石確不移。如觀奮擊朱泚日，似見叱訶希烈時。各於其上題名字（《集》作“謚”），一置高山一沉水。陵谷雖遷碣猶（《集》作“碑獨”）存，骨化為塵名不死。長使不忠不烈臣，觀碑改節慕為人。慕為人，勸事（一作“助”）君。

續表

作者/文獻	版本	用　　例
李昉 《文苑英華》 卷四百八十四	明刻本	(48) 況今懿綱被遐裔，至道冠生靈，和理日躋，同乎大順，非禮樂之化，其孰能至此乎？大崇德垂範，此同異之用也；教齊化密，此人俗之融也。至如武德之盛，武之業也；文德之盛，順之至也。神道設教，制四時於炎歷；德徽可崇，增五行於釁序。尊三德於清廟，表三容於盛禮。聖問昭闓，與天道以元亨；狂言鄙賤，仰天文而知愧。謹對。
李昉 《文苑英華》 卷五百		(49) 故德者，五行之義也；人者，兩儀之心也。人心動而悔悋生，德義形而陰陽謝。必乘金運，則殷不及於期；果歷木行，則周不及於數。龍鬬黿祆之發，人與事并；白魚丹雀之符，德將時應（一作"神契"）。神道設教，金土之運匪他；人文化成，狂聖之來自我。蕩蕩之德，何敢不通；翼翼之心，爰（疑作"奚"）施不可？天也人也，坦然克分；時乎命乎，昭文斯辨。臣優柔理道（一作"致理"），杳同河漢，或躍文江，懼深氷谷。謹對。
李昉 《文苑英華》 卷五百五十七		(50)《百寮賀冊太上皇后禮畢表》（柳宗元）：臣某等言：今月日，太上皇后冊禮云畢，率土臣妾，慶抃無窮。臣某等誠慶誠賀，頓首頓首。伏以太上皇后著嬪虞（《集》作"虞嬪"）之至德，嗣母周（《集》作"周母"）之徽音，表率六宮，明彰萬國。陛下克脩理本，以暢化源，神道知事地之方，人倫識尊親之大。豈為婦道（《集》作"順"）斯備，陰理（《集》作"禮"）用脩，足以播正始於王（集作"國"）風，致時雍於帝典。
李昉 《文苑英華》 卷五百六十二		(51)《賀祥雲見表》（張九齡）：臣某等言：伏見道門威儀司馬秀表稱，今月十日夜，陛下親臨同明殿道場，爲宗廟蒼生祈福，有祥雲見。伏以聖德以精至動天，天意以肹蠁符聖；其應（《集》作"成"）甚速，豈云玄遠（《集》作"其應豈遠"）？陛下孝（《集》作"聖"）敬之深，勤恤所至，靈心如答，神道何言？自表休期，以介景福，生人大賴，天下幸甚。 (52)《爲宰相賀平原郡鑄尊容鑪上有紫雲等瑞表》（孫逖）：臣等言：伏見太原尹北都留守檢校工部尚書薛兼訓奏，忻州七聖廟內尊容，奉敕移太原府紫微宮安置，昨正月二十九日啓告，其時有紫雲見，兼金奏之聲者。臣聞廟貌尊嚴，所以追孝，天地明察，則必垂祥。伏惟皇帝陛下全聖人之至德，合神道之設教，受天之命，嚴龔奉先。明發有懷，載感于文武；菲食致美，必誠於宗廟。
李昉 《文苑英華》 卷五百六十四		(53)《代皇太子賀石龜負圖表》（崔融）：臣某言：臣聞虞舜五帝也，夏禹三王也，應歷數則星昴告期，度水土則河精授象。故知至誠上感，無往而不通；神道曲成，有來而先見。伏惟天皇運斗極，平太階，漏德澤於海河，散皇明於日月。煙雲郁郁，鳥獸蹌蹌，百寶用而銀甕滿，五穀豐而丹甑出。化之遠及，陰陽不測之謂神；德之廣被，天地無名之曰道。

續表

作者/文獻	版本	用　例
李昉《文苑英華》卷五百六十四	明刻本	(54)《百寮賀瑞石表》：臣某等言：臣聞高明博臨，無遠不應；正直潛感，雖幽必通。伏惟皇太后陛下慶發曾沙，業隆大寶，以至明當宗社之寄，以至聖合乾坤之德。荷三葉之休光，承五形之歷紀，平秩庶政，大亨羣物。冠帶遐荒之域，天福日臨；閭閻富壽之氓，禮變樂和。……竊惟聖德奉天，通爲先後，神道助教，相因發明。 (55)又按《圖經》，貞觀九年，鳳凰集於此，故名嘉瑞鄉，其天寶山在此鄉界。伏以神道設教，變化無方；聖人爲心，感通必應。陛下仁霑動植，澤及生靈，故得地不藏寶，石變爲麪，既資人食，又濟邊廩。
李昉《文苑英華》卷五百六十六		(56)伏惟陛下威加四海，子育百靈（《集》作“蠻是”）。鬼神尚不敢欺（《集》作“違”），凶狡豈能逃罪？逆賊萬斬等天奪其魄，生自爲殃，仇須等謹奉廟謀，逺憑國討，短兵纔接，群逆銷亡。又云：反風廻煙，熛晴掩日，此乃天威潛運，神道密周，豈止人謀，仰由靈助。
李昉《文苑英華》卷五百七十九		(57)為李懷光讓起復表（按：《舊唐書》：李懷光以大歷十三年起復。獨孤及《神道碑》：大歷十二年卒。今《英華》以此二表為及所作，而本集亦無之，疑誤隨前人名氏。）
李昉《文苑英華》卷五百八十四		(58)伏願神道惡盈，罪人斯得，而今而後，方保餘生。就天地削平之功，貽策書不朽之美。是使懦夫增氣，獷俗刳心，方偃武以脩文，故蹔勞而永逸。
李昉《文苑英華》卷六百九		(59)臣久辭闕庭，從事邊塞，思一朝覲，如天無階。忽遂此行，神道所感，豈知中路，猶阻懇誠，揮涕慙對於三軍，結戀詎同於他日？臣所行意，實不謀身，一欲辯折讒（一作“戎”）間，兼欲敷陳國要，有不可形之翰墨，有不可傳之外人，表臣心切，唯天而已。
李昉《文苑英華》卷六百十三		(60)驅桃都之厲鬼，剿檀石之妖魁，不資舉網之勤，而長鯨已曝；無假合圍之費，而封豕先屠：有以知神道之難誣，有以見天心之不逺。
李昉《文苑英華》卷六百十七		(61)自文明草昧，天地屯蒙，三叔流言，四凶搆難。不設鈎距，無以應天順人；不峻（一作“知”）刑名，不能（《文類》作“無以”）摧姦禁（一作“息”）暴。故置神匭（一作“器”），開告端，曲直之影必呈，包藏之心盡露。神道助順（一作“直”），無罪不除；人心保能（《文粹》作“寧”），無妖不戮。以玆妙筭，窮造化之幽深；用此神謀，盡（一作“人”）天人之秘術。故能計不下席，聽不出闈，蒼生晏然，紫宸易主。

續表

作者/文獻	版本	用　　例
李昉 《文苑英華》 卷六百二十四		(62) 伏望依漢朝之故事，改魏、晉之頹綱，於乾陵之傍，更擇吉地，取生墓之法，別起一陵，既得從葬之儀，又成固本之業。臣伏以合葬者，緣人（一作“人緣”）私情；不合者，前循（一作“脩”）故事。若以神道有知，幽途自得通會；若以死者無知，合之復有何益！然而山川精氣，上為星象，若葬得其所，則神安後昌；若葬失其儀，則神危後損。所以先哲垂範，且立（一作“之”）《葬經》，欲使生人之道必安，死者之神永（一作“必”）泰。伏望少迴天眷，俯鑒（一作“覽”）臣言，行古昔之明規，制（一作“割”）私情之愛欲，使社稷長享，天下久安。凡在懷生，孰不慶幸！
李昉 《文苑英華》 卷六百三十六		(63)《賀祥雲見狀》(張九齡)：右：臣等伏見道門威儀司馬秀表稱，今月十日夜，陛下親臨同明殿道場，為宗社蒼生祈福，有祥雲見。伏惟聖德以精意（《集》作“至”）動天，天意以肸蠁符聖；其感甚速，豈云玄遠（《集》作“其應豈遠”）？陛下肅（《集》作“聖”）敬之深，勤恤所至，靈心如答，神道何言？自表休期，以介景福，生人大賴，天下幸甚。
李昉 《文苑英華》 卷六百七十六	明刻本	(64) 今天下蒼生，凡有八苦，陛下知之乎？官吏苛刻，一苦也。私債徵奪，二苦也。賦稅繁多，三苦也。所由乞斂，四苦也。替逃人差科，五苦也。冤不得理，屈不得伸，六苦也。凍無衣，飢無食，七苦也。病不得醫，死不得葬，八苦也。仍有五去：勢力侵奪，一去也。奸吏隱欺，二去也。破丁作兵，三去也。降（疑）為客，四去也。避役出家，五去也。……夫妻不相活，父子不相救。百姓有冤，訴於州縣。州縣不理，訴於宰相。宰相不理，訴於陛下。陛下不理，何以歸哉？伏見蠻寇欺侵，神道誑惑。我國家作亡命之渠魁，為逋逃之窟穴。徵兵五年，今日誅之，何見之晚也。
李昉 《文苑英華》 卷六百八十七		(65) 盧氏有諶翁祭法，又世以書聞，華恨未見，弟為廣訪求也。南祖分於何祖？帝師今有四房，誰各承後？弟為華具條流相報也。頃撰《軍器舅神道碑》，後其房族由來，意欲如軍器之志，廣外家之美，令萬代聞見，不復討譜牒也。
李昉 《文苑英華》 卷六百八十九		(66) 近蒙獎擢，倍勵駑庸，每以推賢進士為務，欲使公卿大夫稱職，豈陽鱎之或用，及鮮狐之可為？而悠悠之徒，未是（《張集》作“足”）矜察，嗷嗷之口，欲以中傷。上恃天聰，俯伏神道，既不得奉身而退，但知信心而前，然顧無隱匿（《文粹》作“慝”），亦死為明分矣。

續表

作者/文獻	版本	用　例
李昉《文苑英華》卷七百二	明刻本	(67) 素（素字《集》作“少時”）所著者，多散落人間。自志學至校書郎己（《文粹》作“以”）前八卷，并《常山公主誌文》《竇將軍神道碑》《崔河南生祠碑》《禮部李侍郎碑》《安定三孝論》《哀舊遊詩》《韓纫深避亂詩序》《祭王員外端、沈起居興宗、裴員外騰文》《別元旦詩》，并《楊騎曹集序》《王常山碑》，並因亂失之，名存而篇亡。 (68) 自監察御史已前十卷，號為《前集》。其後二十卷，頌、賦、詩、碑、表、敘、論、誌、記、讚、祭文凡一百四十四（《集》作“三”）篇，為《中集》。……辨卿大夫族姓，則《盧監察神道碑》；思舊，則《三賢論》；自叙，則《別相里造范倫序》；詮（《集》作“論”）佛教心要，而會（《集》作“合”）其異同，則《南泉真禪師、左溪郎禪師碑》。其餘雖比興（《集》作“波瀾”）萬變，而未始不根於道德（《集》作“典謨”）。 (69) 常州愛士，而肅最為所重，討論居多，故其為文之意，肅能言之。比葬，博陵崔貽孫又為《神道碑》，悉載行事，而痛其不登論道之位。崔公剛而好直，其詞不黨，君子謂之知言。
李昉《文苑英華》卷七百四		(70) 其文若干篇，閎茂博厚，菁華縝密，足以希前古而聳後學。記（《文粹》作“紀”）循吏政事，則《房栢鄉碣》《孫信州頌》；叙守臣勲烈，則《黎陽城碑》《劉幽求（《文粹》作“州”）神道碑》；……其他詩、賦、贊、論、銘、誄、序、記等，合為三十卷。
李昉《文苑英華》卷七百三十六		(71)《神龍歷序》（李嶠）：昔者龍負河圖，八卦列明時之象；龜呈洛字，九疇開協紀之文：青巖啓而六甲飛，黃壤堙而五行缺。故知乾筴逺，坤符靈，秘法効用，常邀乎聖期；研幾測深，必貫於神道：皇軒於是乎合而不死，帝皞於是乎推而致福。自重黎並命，叔仲分官，理八節而調四時，部三元而齊七政。權衡度律，在虞夏而兼脩；正朔陰陽，及殷周而備舉。既而王風版蕩，戰國縱橫，瞽史忘三家之言，疇人失二官之業：履端闕而歸餘壞，攝提差而孟陬珍。……盛矣美矣，無得而稱，紀次勒成，名曰《大唐神龍歷》云爾。
李昉《文苑英華》卷七百四十		(72) 唯再謫南服，未嘗有前知之士（士字《集》作“者”）為余言之，豈禍患不可前告（《集》作“移者”），神道所秘，莫得預聞乎？自古銜寃歿世者多矣，冥報之事，或有或無，遂使好亂樂禍者以神道為茫昧。……其達於理者，使心不亂，則精爽常存，不生不滅，自可以超然出世，升躋神明。其次精多魄強，則能為厲。冥報之事，或有或無，理在此也。
李昉《文苑英華》卷七百四十四		(73) 劉在京下，常寢疹（一作“疾”）。房公時臨扶風，聞之，通夕不寐，顧謂賓從曰：柄（《唐書》作“掟”，一作“挺”。）卿若不起，無復有神道。尚書劉公每有勝理，必詣與談，數（一作“終”）日忘返，退而嘆曰：聞劉公清言，見皇王之理矣。

續表

作者/文獻	版本	用　　例
李昉《文苑英華》卷七百五十二	明刻本	(74)《魏武帝論》(朱敬則)：皇漢失圖，網漏譏慝；賊臣承間，搖蕩宸居；宗廟焚燒，天子播越。……雖復名微眾寡，地小力窮，官渡受圍，濮陽戰屈。然天下精明之士，拓落之材，趨若百川之宗巨海，遊塵之集高嶽。故有荀彧、郭嘉、邢顒、程昱、賈詡、朱雲等，或斂風長感，或一見盡懷。然後覽英雄之心，騁熊羆之勇，挾天子以崇大順，扶幼主而顯至公。旌賁忠良，芟夷叛逆，神道輔德，百姓與能，武功赫然，霸業成矣。
李昉《文苑英華》卷七百六十三		(75) 如逝者之錫蘋蘩，亦猶生者之開茆土，寵章所及，誰謂非宜？且自古帝王，封建子弟，寄以維城之固，咸登列郡之榮，豈必有功於人，立事於代？生者曾無異議，逝者輒此奏停，雖存歿之迹不同，而君親之恩何別？此則輕重非當，情禮不（《會要》作“宜”）均，神道固是難誣，人情孰云其可？
李昉《文苑英華》卷七百六十四		(76) 臣竊聞識禮樂之情者能作，知禮樂之文者能述。述作之義，聖賢所重，禮樂之本（《文粹》作“制”），古今所崇。變而通之，所以久也。所謂變者，變其文也；所謂通者，通其情也。祭祀（《通典》作“禮”）之興，肇於太古，人所飲食，必先嚴獻。未有火化，茹毛飲血，則有毛血之薦；未有麴糵，汙樽杯飲，則有玄酒之奠。施及後王，禮物漸備，作為酒醴，伏（《會要》作“用”）其犧牲，以致馨香，以極豐潔，故有三牲八簋之盛，五齊九獻之殷。然以神道至（《文粹》作“尚”）玄，可存而不能（《文粹》《會要》作“可”）測也；祭禮至（《文粹》作“上”）敬，可備而不敢（《通典》作“可”）廢也。是以毛血腥爓（《文粹》作“血腥爓熟”），玄樽犧象，靡不畢登於明薦矣。 (77)《傳》曰“子雖齊聖，不先父食”，蓋言子為父屈也。景皇帝雖太祖也，其於獻、懿，則子孫也。當禘祫之時，獻祖宜居東嚮之位，景皇帝宜從昭穆之列，祖以孫尊，孫以祖屈，求之神道，豈遠人情？又常祭甚衆（《集》作“頻”），禘祫（《集》作“合祭”）甚寡，則是太祖所屈之祭至少，所伸之祭至多。比於伸孫之尊、廢祖之祭，不亦順乎？
李昉《文苑英華》卷七百七十		(78) 伏以昭陵因山，太宗所建，宮在上以便（《集》作“便於”）當時，自野火延燒行宮山下，亦已久矣。今若伐木縮版，程功就險，神道貴静，或非所宜，則與置陵之初，事體為異。况舊制既毁，新宮是脩，考於便地，可以經久，所謂宜且（一無“且”字）稱也。
李昉《文苑英華》卷七百七十九		(79) 我皇帝無思而感，自然玄同；僧玄侃等幸會而言，豈云素慮？非人事也，其（《集》作“非”）神道也，天固以（二本作“已”）儲祥（一作“祉”）以俟時，積分以差日，出入數代，多歷年所：疇人極力，不能課其詳；上林雜候，亦莫徵其失。

續表

作者/文獻	版本	用　例
李昉《文苑英華》卷七百八十	明刻本	(80)《聖應圖讚（并序）》：臣聞啟聖者天也，宣有以覺悟；受命者聖也，必有以明徵：故神不言而可知，時將至而先兆。當陛下龍潛於上黨也，或託類於雲物，或効靈於卜筮，天之意者丁寧垂象，唯恐後時。……《乾》之上體，時而九四，神道幽贊，聖期密邇，自後而占，何著明其若此？蓋天福海内，地降聖迹，以瑞非常之后，以决如神之策，至于再三，明必信耳。……龍之或躍，泉有何深？神亦成象，化為背禽。凌厲是獲，明命則忱。如彼從掾，焉能不沉？ (81) 昔吳起忍與母盟，陳湯忍匿父喪；起謀復楚覇而戮死，湯功釋漢耻而囚廢。神道昭昭，若何無報？九州之衆，誰非人子？踐霜露者，聞風永懷。士有感一諾一顧，猶或與之死生；嘉一草一木，猶或為之歌詠，而況百行之宗、終天之慼乎？
李昉《文苑英華》卷七百九十八		(82)《雅》有之曰：文武吉甫，萬邦為憲。樂成有焉。至若教行於無訟之前，慮辨於未萌之始，未萌而慮，則求煩不獲；無訟而教，則何用不臧？寬細瑕為大體，復故事為新政。小人畏法，君子夷心，無隱情於國家，無愧辭於神道，堂堂乎大雅之素也。
李昉《文苑英華》卷八百十五		(83) 又來歲己未夏五月九日，天子降中貴人以牲牢祀之，制祀光臨，衣冠列位，秩齊四瀆，禮視三公，亦為盛矣。其後西自關輔，東踰崤澠，南馳陝服，北走絳臺。馬屯雲，車流水，乞靈報德，可勝紀乎？《易》曰：聖人以神道設教，而天下服。此之謂也。
李昉《文苑英華》卷八百三十		(84) 既而誠達於神，感而遂契，徹夜俟命，焚其章畢（《集》作“草”），獨“神道許”三字在存於（二字《集》作“乎”）煨燼之中。翌日，長公主疾間，公固命左右勿敢言。
李昉《文苑英華》卷八百四十五		(85) 遵揚十聖，光被六虛，乘素履而保安貞，垂黃裳而獲元吉。故能貴而無位，履端於太極之初；高而無名，布政於皇王之首。千秋所不能易，百代所不能移，萬乘資以興衰，四海由其輕重。雖復質文交映，瞻禴祀而長存；金火遞遷，奉琴書而罔絶（一作“綱紀”）。蓋《易》曰：觀乎人文，以化成天下。又云：聖人以神道設教，而萬物服焉。
李昉《文苑英華》卷八百四十五		(86) 無道斯隱，捨之則藏。季孫大賚，敬叔揄揚。問官郯子，受樂師襄。神明叶賛，雅頌鏗鏘。紫麟遥集，丹鳥遂翔。生靈水火，家國舟航。功符日用，德叶天長。倐嗟崩嶽，奄歎摧梁。昧昧神道，悠悠彼蒼。

續表

作者/文獻	版本	用　　例
李昉《文苑英華》卷八百四十六	明刻本	(87)《柳州新修文宣王廟》（柳宗元）：仲尼之道，與王化遠邇。惟柳州古為南夷，椎髻卉裳，攻劫鬥暴，雖唐虞之仁不能柔，秦漢之勇不能威。……卜日之吉，虔告於王靈曰：昔者夫子嘗欲居九夷，其時門人猶有惑聖言，今夫子去代千有餘載，其教始行，至於是邦。人去其陋，而本於儒。孝父忠君，言及禮義。又況巍然炳然，臨而炙之乎！惟夫子以神道設教，我今罔敢知。欽若茲教，以寧其神。追思告誨，如在于前。苟神之在，曷敢不虔。居而無陋，罔貳昔言。申陳嚴祀，永永是尊。麗牲有碑，刻在廟門。
李昉《文苑英華》卷八百四十八		(88) 天命聖德，會昌神道。變億兆之視聽，復三五之規模。固以幽明贊協，荷（疑作“符”）瑞彪炳。千年靈蔡，著天性以効徵；三足神烏，感陽精而表質。春泉如醴，出自京師；秋露凝甘，遍於竹葦。……乃詔上開府、儀同三司、亳州刺史、武陵西元胄，改其故跡，營建祠堂。
李昉《文苑英華》卷八百五十一		(89)《梓州郪縣兜率寺浮圖碑》：若夫仙樓白玉，窈冥崑閬之墟；神闕黃金，寂寞蓬瀛之浦。斯則岡巒髣髴，稽鳳冊而空存；島嶼憑陵，艤龍舟而罕迨。至若按皇軒於夏籙，考璿構於殷圖，周王北洛之宮，秦帝南山之閣。西京故事，不聽雷霆；東國餘基，俛臨風雨。莫不陵遷谷變，共榛灌而丘墟；火絶烟沉，與雲雨而坱芥。其有攄坤（闕）之寶位，借神道之宜扶。占象緯而圖基，揆川原而宅址。蜂薑映月，還臨舍衛之城；鴈塔尋雲，即對嵴闍之嶺。成而不毀者，將斯之謂歟？兠率者，隋開皇中之所建也。
李昉《文苑英華》卷八百六十四		(90) 是以聖人神道設教。大哉神乎！若在其上，若在其下。……法從數起，從一刹那至一洛刹，從一洛刹至一俱祇，至一僧祇從一僧祇，至一高出從一高出，從一高出至不可轉，無邊無礙無鞅（一作“夫”）無極。重重（一本再疊“重重”字）成住壞，空空不相凌滅。其相去也，不亦遼乎！
李昉《文苑英華》卷八百六十五		(91) 五年，韋公薨。七年，博陵崔公以仁和政成，憫黙舊績，由是東林以遺公得請篆刻之盛，其成公志。故家府從事李肇為之文曰：多羅之教，神道不測，迦葉承之，布西域兮。毗尼之用，其法翼翼，優波受之，垂作則兮。阿曇之文，演暢宗極，苾芻龍象，甚奇特兮。三者之藏，傾如轤墨，王公大人，為之餙兮。韋公之績，崔公之德，及兹寶藏，何斢竕兮。崇崇彤（一作“二”）公，合發願力，傳之歷刼，千百億兮。鑪峯之北，靈壇之側，系之迦陁，金石刻兮。
李昉《文苑英華》卷八百七十一		(92) 回鶻者，本弱狄之裔也，或日玁狁，或日山戎，五帝所不能臣，三王所不能制，前史載之詳矣。……其在京師也，淫（《集》作“瑤”）祠雲構，甲第棊布，棟宇輪奐，衣冠縞素。交利者風偃，挾邪者景附。……既而桀驁無親，天命不祐，僭侈極欲，神道惡盈，本國荐饑，畜産耗半。

續表

作者/文獻	版本	用　　例
李昉 《文苑英華》 卷八百八十一		(93) 大夫家風行孝，具於貞元中《右相司徒榮陽鄭公餘慶神道碑文》。 (94) 三遷檢校金部郎中，司自陝以東水陸運會。其年失仲弟，哀踰於禮，遂嬰疾不起。其後寵章七告身，自司徒公冊贈太尉。至於初終密行，具於《舊相令太常趙郡李公絳神道碑文》。夫以鄭州之厚仁，懷州之器業，金部之忠孝，三良百行，施豈無集？
李昉 《文苑英華》 卷八百八十二		(95) 本道採訪使李希言辟為從事，奏授試崑山尉，浙東節度使薛兼訓請爲謀，奏授試右衛兵曹衆軍，並不就，事具今《東川節度禮部尚書楊嗣復府君神道碑》。元和至寶歷中，累追贈左散騎常侍。 (96) 夫碑之於神道者，懸空（疑作"窆"）所用；碑之於廟門者，麗牲所資。先祖無美而稱之，之爲（一作"謂"）誣；先祖有美而不稱之，之謂不明。古之人銘其功烈於鼎，今人銘其德善於碑。若然，則轉石他山，搜詞直筆，垂悠久於刊刻，託堅剛以居諸，皷音無窮，鍾慶不匱，盡在是已。
李昉 《文苑英華》 卷八百八十三	明刻本	(97) 太子少傅蘇環神道碑（盧藏用序，張說銘。） (98) 贈太尉裴行儉神道碑（張說） (99) 是故妻以夫榮，母以子貴，以尚書先贈方伯，申命上公，夫人舊封華陽，增號晉國。《詩》云"文武吉甫，萬邦之憲"，上公有焉；又曰"彼美孟姜，德音不忘"，小君有焉。《孝經》云"立身行道，以彰（《集》作'顯'）父母"，侍中有焉。合三德而為家，橫百代而濟美。信可以言時稱代，鏤石刊金者歟！神道前銘，薛令所撰，具有後命，俾余係述。 (100) 報德教忠，俱傳不杇。銘曰：天生亞聖，祚此王國。文綜九流，武參七德。柔遠服叛，窮西盡北。赫我皇靈，去其蝥賊。仁則不遠，智何不周？如山之峻，如川之流。術與神合，藝將道遊。書來懸帳，賊出登樓。司馬軍陣，官人綱紀。帝加常伯，國于聞喜。室有令妻，家成克子。社金傳世，桓圭守祀。神道（《集》作"爲"）上台，永介邦祉。
李昉 《文苑英華》 卷八百八十四		(101) 故開府儀同三司上柱國賜揚州刺史大都督梁國文真公姚崇神道碑（張說） (102) 有詔掌文之官，叙事盛德之老，銘功將以寵宗臣、揚英烈。（闕）乃灑恩仙翰，鏤澤豊珉，日月照臨於佳城，煙雲變態於神道。賓其文字，別爲群玉之山；禁其樵蘇，即表三司之墓。 (103) 右僕射太子少師唐璿神道碑（蘇頲） (104) 侍中兼吏部尚書裴光庭神道碑（張九齡）

續表

作者/文獻	版本	用　　例
李昉《文苑英華》卷八百八十五	明刻本	(105) 故相國杜鴻漸神道碑（元載）
李昉《文苑英華》卷八百八十六		(106) 紀縣開國男賜紫金魚袋贈太子太傅貞憲趙公神道碑銘（權德輿） (107) 在漢孝宣，厲精理道，則有魏相通故事，丙吉知大體，百職脩明，中興有聲。惟皇帝在位十四祀，得賢相成紀公趙氏。……二府之屬，或銘其德於壽堂，或狀其行於考功。有司稽實，謚曰貞憲。公之盛業，斯謂（中闕）。舉其始中終之畧，識于神道。 (108) 故朔方河中晉絳邠寧慶等州兵馬副元帥河中絳邠節度度支營田觀察處置等使元從奉天定難功臣開府儀同三司檢校司徒兼中書令河中尹上柱國咸寧郡王贈太師忠武渾公神道碑銘（前人） (109) 令弟輔國大將軍、右領軍衛將軍、武當郡王玘，與諸孤等推烝彝景鍾之義，因識（《集》作"職"）表以聞。有詔詞臣，刻石傳信，乃採其贊書侯表，作《神道銘》。 (110) 故宣武軍節度副大使知節度事管内支度營田汴宋亳潁等州觀察處置等使金紫光祿大夫檢校尚書左僕射同中書門下平章事西郡開國公贈太傅董公神道碑銘（前人）
李昉《文苑英華》卷八百八十七		(111) 故中書侍郎同中書門下平章事太子賓客贈戶部尚書齊成公神道碑（權德輿） (112) 左僕射賈躭神道碑（鄭餘慶）
李昉《文苑英華》卷八百八十八		(113) 故丞相尚書左僕射太尉王公神道碑（李宗閔） (114) 故丞相太子少師贈太尉牛公神道碑（李珏）
李昉《文苑英華》卷八百八十九		(115) 御史大夫贈右丞相程行諶神道碑（蘇頲） (116) 贈右僕射王光謙神道碑（權德輿） (117) 故朝散大夫檢校尚書吏部郎中兼御史中丞賜紫金魚袋清河縣開國男贈太師崔倕（《宰相世系表》作"倕"）神道碑
李昉《文苑英華》卷八百九十		(118) 周上柱國齊王憲神道碑（庾信） (119) 唐贈陳州刺史義陽王神道碑（張說）

續表

作者/文獻	版本	用　　例
李昉 《文苑英華》 卷八百九十一	明刻本	(120) 撥川郡王神道碑（張說） (121) 故定襄王郭英乂神道碑（元載） (122) 常山郡王田緒神道碑（丘降）
李昉 《文苑英華》 卷八百九十二		(123) 故四鎮北庭行軍兼涇原等州節度支度營田等使開府儀同三司檢校尚書右僕射使持節涇原諸軍事涇州刺史兼御史大夫上柱國南川郡王贈司空劉公神道碑（權德輿） (124) 武陵郡王馬公神道碑（熊執易） (125) 南平郡王高崇文神道碑（韋貫之） (126) 嗚呼！天不慭遺，奪我何速。公之冢嫡，以貫之常學斯文，謬掌書命，授以不刋，俾傳信詞。採遺烈於世家，無慙實録；奉孝思之誠託，有愧當仁。式表新阡，永昭神道。
李昉 《文苑英華》 卷八百九十三		(127) 唐紫微侍郎贈黄門監李乂神道碑（蘇頲） (128) 故光禄大夫右散騎常侍集賢院學士贈太子少保東海徐文公神道碑（張九齡）
李昉 《文苑英華》 卷八百九十四		(129) 故太子右庶子集賢院學士贈左散騎常侍王公神道碑（權德輿） (130) 興元元年春二月，太子右庶子王公艱貞歸全于京師新昌里。夏五月，王師震耀，祲沴銷散。天子以公忠義風節，可以聳勵人臣，追命左散騎常侍，且詔有司護葬如（《集》作“如葬”）禮。冬十一月，寧神于咸陽縣肺浮原先公之兆域。既葬十二歲，其孤仲周以德輿昔在羈丱，獲見於公，無容之敬嘗拜子（《集》作“于”字）牀下，乃泣狀代德，俾表識于神道云。 (131) 故鄜州伏陸縣令贈左散騎常侍王府君神道碑（前人） (132) 故中書舍人吴郡朱府君神道碑（李紓）
李昉 《文苑英華》 卷八百九十五		(133) 故中散大夫守尚書右僕射上柱國賜紫金魚袋贈太子太保姚公神道碑（權德輿） (134) 贈吏部尚書蕭公神道碑（張説） (135) 贈戶部尚書河東公楊君神道碑（前人）
李昉 《文苑英華》 卷八百九十六		(136) 贈禮部尚書褚公神道碑（蘇頲） (137) 刑部尚書韋抗神道碑（前人）

續表

作者/文獻	版本	用　　例
李昉 《文苑英華》 卷八百九十七	明刻本	(138) 兵部尚書王紹神道碑（李絳） (139) 故尚書工部員外郎贈禮部尚書王公神道碑（權德輿） (140) 以八月某甲子，祔於萬年縣鳳棲原，克纂先志，禮無違者。而又哀請父黨，篆兹祖德，永揭神道，用無愧辭（《集》作“愧蕪用辭”）。 (141) 故中散大夫殿中侍御史潤州司馬贈吏部尚書沛國武公神道碑（前人）
李昉 《文苑英華》 卷八百九十八		(142) 故吏部侍郎元公希聲神道碑（張説） (143) 故朝義郎守尚書吏部侍郎上柱國賜紫金魚袋贈司空奚公神道碑（劉禹錫） (144) 嶺南觀察推官贈尚書工部侍郎吳郡張公神道碑銘（白居易） (145) 嗣子通議大夫守尚書户部侍郎判度支上柱國賜紫金魚袋平叔，以長慶二年某月某日立《神道碑》，太原白居易文其碑云。 (146) 故湖州長城縣令贈戶部侍郎博陵崔府君神道碑（前人）
李昉 《文苑英華》 卷八百九十九		(147) 故睢陽太守贈秘書監李公神道碑（獨孤及） (148) 殿中監張公神道碑 (149) 少府監胡公神道碑（韓愈） (150) 司農卿劉公神道碑（蘇頲） (151) 故朝議大夫申王府司馬上柱國贈太常卿韋公神道碑（獨孤及）
李昉 《文苑英華》 卷九百		(152) 周太子太保步陸逞神道碑（庾信） (153) 唐贈太子少保劉知柔神道碑（李邕） (154) 唐贈太子太師崔公神道碑（李華）
李昉 《文苑英華》 卷九百一		(155) 太子少傅竇希瓛神道碑（李堪然） (156) 故光祿大夫檢校尚書右僕射兼右衛將軍南充郡王賜太子太保伊公神道碑（權德輿） (157) 初公來朝也，詔宥以侍御史領安州刺史，繇二千石入筦南北軍，教忠移孝，情禮盡在。宥以鄙夫與太保居同里閈，具以理命遺緘，辱徵其（《集》作“斯”）文，表諸神道，不敢誣也。 (158) 故太子少保贈尚書左僕射京兆韋府君神道碑（吕温）
李昉 《文苑英華》 卷九百二		(159) 太子賓客贈太子太師竇希球神道碑（裴耀卿） (160) 俾夫具臣以惟舊，直質無華者，書其實錄，盖取信於金石，不欺於聞見云爾。敘其詞曰：沔彼媯水，福祥伊始。坤道元亨，後族清理。靖公樹德，含章濟美。溫良淑人，（疑脱二字）退讓維何？溫良則那。就閑違劇，受少辭多。金玉（疑作人用“金人三緘其口”事）三緘，羔羊五紽。國人無怍，宗親以和。北闕元舅，東閤上客。吾邑百乘，吾門萬石。深保純素，退藏虚白。儀刑衣冠，光我墳籍。輔仁徒欺，過隙難追。

續表

作者/文獻	版本	用　　例
李昉 《文苑英華》 卷九百二	明刻本	朝野增慕，哀榮在斯。賻以國錢，尊為子師。興言渭陽，何痛如之？兆啓酆畢，行臨秦鎬。樹拱行楸，根陳宿草。歎息遺事，（闕）沉故老。勒銘豐珉，敢告神道。 （161）贈太子詹事王公神道碑（孫逖） （162）太子右庶子王公神道碑（前人）
李昉 《文苑英華》 卷九百三		（163）嗣子光祿少卿穀、前蜀郡兵曹參軍殷、句容尉毅，出言舉足，不墜孝慈。穀行備忠厚，辭無枝葉，朗而不華，直而容衆，有古人之情、君子之度。為大理正，負荷前猷。歷宰三縣，牧守一郡，人感懷之，刊石繼起。再蒞京邑，不求名聲，推心而理。盛德有後，曷其崇高？神道聰明，豈曠人欲？ （164）故滕王府諮議杜公神道碑（孫逖）
李昉 《文苑英華》 卷九百四		（165）周大將軍崔説（《周書》作“訦”）神道碑（庾信）
李昉 《文苑英華》 卷九百五		（166）周柱國大將軍拓拔儉神道碑（庾信） （167）周柱國大將軍紇于弘神道碑（前人） （168）周柱國大將軍大都督同州刺史爾綿（《姓氏書》爾為綿氏）永神道碑
李昉 《文苑英華》 卷九百六		（169）周車騎大將軍賀婁公神道碑（庾信） （170）唐左將軍魏哲神道碑（楊炯） （171）後周明威將軍梁公神道碑
李昉 《文苑英華》 卷九百七		（172）冠軍大將軍郭知運神道碑（張説） （173）右羽林將軍王公神道碑 （174）左羽林大將軍臧公神道碑（李邕）
李昉 《文苑英華》 卷九百八		（175）右武衛將軍柳公神道碑（郭訥） （176）左武衛將軍白公神道碑（于益） （177）雲麾將軍郭公神道碑（楊炎） （178）雲麾將軍李府君神道碑（前人）
李昉 《文苑英華》 卷九百九		（179）忠武將軍茹公神道碑（張賁然） （180）驃騎大將軍論公神道碑（吕元膺） （181）鎮軍大將軍王榮神道碑（戴少年）

續表

作者/文獻	版本	用　例
李昉《文苑英華》卷九百十	明刻本	(182) 唐左羽林軍大將軍史公神道碑（奚敬玄） (183) 唐上騎都尉髙君神道碑（楊炯） (184) 唐昭武校尉曹君神道碑（前人）
李昉《文苑英華》卷九百十一		(185) 周上柱國宿國公河州都督普屯威神道碑銘（并序）（庾信）
李昉《文苑英華》卷九百十二		(186) 瀘州都督王湛（《集》作"諶"）神道碑（楊炯）
李昉《文苑英華》卷九百十三		(187) 夏州都督太原王公神道碑（張説） (188) 贈太尉益州大都督王公神道碑（前人） (189) 贈廣州大都督馮府君神道碑 (190) 贈安州都督王仁忠神道碑（李邕）
李昉《文苑英華》卷九百十四		(191) 唐太原節度使韋湊神道碑 (192) 故通議大夫守户部尚書兼御史大夫持節朔方鎮西北庭興平陳鄭等州行營兵馬及河中節度都統處置使兼管内觀察使權知絳州刺史賜紫金魚袋贈揚州大都督府李公神道碑（權德輿）
李昉《文苑英華》卷九百十五		(193) 魏博節度使田公神道碑（裴抗） (194) 嶺南節度使韋公神道碑（蕭鄴） (195) 昭義軍節度使辛公神道碑（牛僧孺）
李昉《文苑英華》卷九百十六		(196) 邠寧慶等州節度觀察處置使朝散大夫檢校户部尚書兼御史大夫賜紫金魚袋贈右僕射史公神道碑（劉禹錫） (197) 義昌軍節度使渾公神道碑（路巖）
李昉《文苑英華》卷九百十七		(198) 故福建等州都團練觀察處置使福州刺史御史中丞贈左散騎常侍薛公神道碑（劉禹錫） (199) 故宣歙池等州都團練觀察處置使宣州刺史兼御史中丞贈左散騎常侍王公神道碑（前人） (200) 河西節度副大使鄯州都督安公神道碑（張説） (201) 四鎮節度副使右金吾大將軍楊公神道碑（楊炎）

續表

作者/文獻	版本	用　例
李昉 《文苑英華》 卷九百十八	明刻本	（202）東都留守韋虛心神道碑（孫逖） （203）東都留守顧公神道碑（杜黄裳（韋夏卿撰銘）） （204）已而神道欺而不福，物情喪其所賴，人之不辜，今也云亡。及喪之西歸，則人吏致哀，道路相屬，得人心如此，其旨可知。 （205）周柱國楚國公岐州刺史慕容公神道碑（庾信）
李昉 《文苑英華》 卷九百十九		（206）周兖州刺史廣饒公宇文公神道碑（前人） （207）唐恒州刺史建昌公王公神道碑（楊炯） （208）樹蕭蕭兮有風，雲慘慘兮無日。指丘陵兮一閉，與天地兮相畢。悲孝子兮純深，孰憂思兮可任？訴高天兮泣血，蹐厚地兮崩心。樹碑兮神道，無媿兮詞林。歷陽之都兮水没，圓嶠之海兮山沉。俾外孫兮幼婦，生白玉兮黄金。
李昉 《文苑英華》 卷九百二十		（209）後周青州刺史齊貞公宇文公神道碑（楊炯） （210）唐贈荊州刺史成公神道碑（前人） （211）唐維州刺史安侯神道碑（李至遠） （212）唐河州刺史冉府君神道碑（張説）
李昉 《文苑英華》 卷九百二十一		（213）贈丹州刺史先府君神道碑（張説） （214）故括州刺史贈工部尚書馮公神道碑 （215）豫州刺史魏叔瑜神道碑（前人） （216）常州刺史平貞眘神道碑（前人）
李昉 《文苑英華》 卷九百二十二		（217）贈涇州刺史牛公神道碑（張九齡） （218）長安縣尉贈隴州刺史王府君神道碑（李邕） （219）贈邠州刺史韋公神道碑（韓休） （220）壽州刺史郭公神道碑（苗晉卿）
李昉 《文苑英華》 卷九百二十三		（221）安州刺史杜公神道碑（楊炎） （222）泗州刺史李君神道碑（李軫） （223）御史中丞晉州刺史高公神道碑（盧虔）
李昉 《文苑英華》 卷九百二十四		（224）黔州刺史薛舒神道碑（韋建） （225）常州刺史獨孤及神道碑（崔祐甫） （226）房州刺史杜府君神道碑（劉大貞） （227）故朝議郎使節溫州諸軍事溫州刺史充静海軍使賜緋魚袋河東裴府君神道碑（權德輿）

續表

作者/文獻	版本	用　例
李昉 《文苑英華》 卷九百二十五	明刻本	(228) 周隴右總管長史贈太子少保（本傳及碑中止云“贈少保”）豆盧公神道碑（庾信） (229) 唐同州長史宇文公神道碑（楊炯） (230) 唐齊州長史裴府君神道碑（李迥秀）
李昉 《文苑英華》 卷九百二十六		(231) 揚州大都督長史王公神道碑（蘇頲） (232) 故果州長史李公神道碑（張九齡） (233) 桂州長史程府君神道碑（李邕） (234) 梓州司馬楊君神道碑（陳子昂） (235) 中散大夫行淄州司馬鄭府君神道碑（張説） (236) 隴州司馬楊公神道碑（前人）
李昉 《文苑英華》 卷九百二十七		(237) 故朝議大夫高平郡别駕權公神道碑（獨孤及） (238) 曹州别駕張公神道碑（《集》作“故通議大夫和州刺史吳興郡張公神道碑”）（白居易） (239) 嶺南節度判官宗公神道碑（豆盧詵）
李昉 《文苑英華》 卷九百二十八		(240) 趙州録事參軍贈齊州司馬陸公神道碑（張説）
李昉 《文苑英華》 卷九百二十九		(241) 益州温江縣令任君神道碑（楊炯） (242) 原州百泉縣令李君神道碑（前人）
李昉 《文苑英華》 卷九百三十		(243) 蜀州青城縣令達奚君神道碑（員半千） (244) 并州太原縣令路公神道碑（獨孤良弼） (245) 瀛州河間縣丞崔君神道碑（張説） (246) 故洛陽尉贈朝散大夫馬府君神道碑（前人）
李昉 《文苑英華》 卷九百三十一		(247) 內侍高君神道碑（張説） (248) 內給事諫議大夫韋公神道碑（于肅） (249) 內侍陳忠盛神道碑（裴士淹） (250) 內寺省內常寺孫常楷神道碑（于邵） (251) 內侍省內侍焦希望神道碑（吳通徵）
李昉 《文苑英華》 卷九百三十二		(252) 內侍護軍中尉彭獻忠神道碑（張仲素） (253) 內侍省監楚國公仇士良神道碑（鄭薰）

續表

<table>
<tr><th>作者/文獻</th><th>版本</th><th>用　　例</th></tr>
<tr><td>李昉
《文苑英華》
卷九百三十三</td><td rowspan="5">明刻本</td><td>（254）高安長公主神道碑（蘇頲）
（255）涼國長公主神道碑（前人）
（256）章懷太子良娣張氏神道碑（前人）
（257）郎國長公主神道碑（張説）
（258）延州豆盧使君萬泉縣主薛氏神道碑（前人）</td></tr>
<tr><td>李昉
《文苑英華》
卷九百三十四</td><td>（259）鄭國夫人神道碑（張説）
（260）潁川郡太夫人陳氏神道碑
（261）圣朝答高秩於驃骑，酬大封於虢略，岂非以辭第之懇忠，誠斷織之明訓？臣節立矣，君恩厚矣，子孝成矣，母慈著矣：備此四者，善孰加焉？抑神道祐心，而人倫興行。
（262）汾陽王妻霍國夫人王氏神道碑（楊綰）
（263）故義武軍節度度支營田易定等州觀察處置等使檢校司空同中書門下平章事贈太傅上谷郡王張公夫人鄧國夫人谷氏神道碑（權德輿）</td></tr>
<tr><td>李昉
《文苑英華》
卷九百四十五</td><td>（264）公幼好學，長善属文。俯取科第，如拾地芥。著《文集》三十卷，藏於家；纂《制詔》一百卷，行於代；尤工五言章句，詩家流稱之。嘗撰《先僕射府君神道碑》及《丞相文獻始興公廟碑》，由文得理，秉筆者許之。
（265）啓手足之夕，語其妻與侄曰：吾之幸也，壽過七十，官至二品，有名於世，無益於人，褒優之禮，宜自貶損。我歿，當斂以衣一襲，以車一乘，無用鹵薄葬，無以血食祭，無請太常謚，無建《神道碑》。但於墓前立一石，刻吾《醉吟先生傳》一本可矣。</td></tr>
<tr><td>李昉
《文苑英華》
卷九百四十七</td><td>（266）周大將軍上開府廣饒公鄭常（《墓誌》作“鄭常”，而九百十九卷《神道碑》作“宇文常”，盖其役賜也。）墓誌銘（前人）
（267）文皇帝霸迹初基，英雄輻輳。公拔劍轅門，潁川從我。洛城逆戰，壯於白馬之兵；河橋解圍，勇於烏林之策。……保定三年，授使持節、都督遷州諸軍事、遷州刺史。（九百十九卷《宇文常神道碑》作“羅州刺史”，今常《墓誌》作“遷州”。）</td></tr>
<tr><td>李昉
《文苑英華》
卷九百七十</td><td>（268）外王父贈祕書少監東平吳公神道表銘（梁肅）</td></tr>
</table>

續表

作者/文獻	版本	用　　例
李昉 《文苑英華》 卷九百七十一	明刻本	(269) 調露元年，詔公龍門鎮守，兼於夏州防捍。飲氷受命，倍道兼行，鞍甲成勞，晦明為疾。璽書降下（《集》作“問”），即日追還。中使接跡於家庭，尚藥綢繆於錫賚。人生詎幾？神道何知？仰觀於天，値三軍之星落；俯察於地，逢五將之山崩。詔書來北斗之門，圖像在南宮之壁。以三年秋七月，薨於紫桂宮右羽林軍之官第。
李昉 《文苑英華》 卷九百七十七		(270) 居数月，魏博節度使史憲誠拜章請（《集》作“謂”字）為故帥田季安樹《神道碑》，内官執請亦如前辭。上曰：魏北燕、趙，南控成臯，天下形勢（《集》作“勝”）地也。吾以師臣之辭，且慰安焉。居數月，陳許節度使王沛拜章乞為亡父樹《神道碑》，内官執請亦如前辭。上曰：許昌天下精兵處也，俗忠風厚，沛能撫之，吾視如臂。吾以師臣之辭，而彰其忠孝焉。
李昉 《文苑英華》 卷九百七十九		(271)《為吏部侍郎祭故人文》（張九齡）：維開元十年歲次壬戌二月癸酉朔十七日己丑，吏部侍郎某，謹以清酌脯醢之奠，致祭于故某公之靈。聞夫仁必壽考，所謂神道；善亦慶延，以為信然。今夫子之福，而聖謨之是僁：孝友純固，禮讓周旋，行所以直，業所以專，誠公才而天假，故官政以日宣。
李昉 《文苑英華》 卷九百八十三		(272) 每驤首於公朝，期盍簪於仁里？俄驚感疾，方俟有喜。志切乞身，恩深卧理。神道與善，胡然不起。寢門一哀，孰甚知己？素車莫遂，雪涕何已！樽酒簋貳，深誠在此。
李昉 《文苑英華》 卷九百九十		(273) 迴生乏祖洲之草，續斷無弱水之膠，陳屍重來而何望，楚魂一散而難招。嗚呼！神道甚微，天理難究。桂蠹蘭敗，龜年鶴壽。在長短而且然，於妍醜而何有？
李昉 《文苑英華》 卷九百九十五		(274)《祭匡山文》（白居易）：維元和十二年歲次丁酉朔二十一日辛巳，將仕郎江州司馬白居易，謹以清酌之奠，敢昭告于匡山神之靈。恭惟神道正直聰明，扶持匡廬，福利動植。 (275)《祭廬山文》（前人）：維元和十二年幾次丁酉二月辛酉朔二十五日乙酉，將仕郎江州司馬白居易，以香火酒脯，敢告于廬山遺愛寺四倚（《集》作“傍”）上下大小諸神。……今葺構既成，遵日（《集》作“息”）方始，爰以潔敬，薦兹馨香。不敢媚神，不敢攘福，但使疵癘不作，魑（《集》作“魑”）魅不逢，猛獸毒蟲，各安其所。苟人居之靜謐，則神道之光明。齋心露誠，庶幾有答。尚饗。

表二百四十三

作者/文獻	版本	用　　例
李覆言《續幽怪録》卷三	四部叢刊景南宋書棚本	(1) 成禮訖，初三更，其妻告玉曰：此非人間，乃神道也。所言汾州，陰道汾州，非人間也。相者數子，無非冥官。妾與君宿緣，合爲夫婦，故得相遇。人神路殊，不可久住，君宜即去。 (2) 因問丈人安在，曰：賢丈江夏寢，今夕方困。神道可求人，非其親人，須可自詣，適已先歸耳。

表二百四十四

作者/文獻	版本	用　　例
李綱《梁溪集》卷一百六十六	清文淵閣四庫全書本	(1) 紹興初，來寓長樂，遂得與公遊，從陪杖屨山林間，從容燕笑，情好甚篤，常竊歎其真。天下長者，臨其喪，哭之為慟。諸孤狀公行事，乞文於碑，以告神道。義不得辭，且係之以銘。

表二百四十五

作者/文獻	版本	用　　例
李光《讀易詳説》卷四	清文淵閣四庫全書本	(1) 觀天之神道，而四時不忒。聖人以神道設教，而天下服矣。神也者，妙萬物以為言者也。四時行焉，百物生焉，莫之為而為者。天何言哉？此天之神道也。聖人以此設教，則不見其治之之迹，故心既悦而誠服之。後世蓋有假天之神道，以誑惑百姓，遂謂《河圖》《洛書》疑亦神道設教者。若然，則上世帝王亦有時而欺天下耶。其説陋矣。

表二百四十六

作者/文獻	版本	用　　例
李過《西溪易説》卷五	清文淵閣四庫全書本	(1) 觀，盥而不薦，有孚顒若。《彖》曰：大觀在上，順而巽，中正以觀天下。觀，盥而不薦，有孚顒若，下觀而化也。觀天之神道，而四時不忒。聖人以神道設教，而天下服矣。 (2) 意誠于此，而民孚于彼，要之吾身自有本也。故曰：觀天之神道，而四時不忒。聖人以神道設教，而天下服。是則大觀之君所為也。

表二百四十七

作者/文獻	版本	用　　例
李衡 《周易義海撮要》 卷二	清文淵閣四庫全書本	(1)《彖》曰：大觀在上，順而巽，中正以觀天下。觀，盥而不薦，有孚顒若，下觀而化也。觀天之神道，而四時不忒。聖人以神道設教，而天下服矣。

表二百四十八

作者/文獻	版本	用　　例
李嘉謀 《先天道德經注解》 卷一	明正統道藏本	(1) 吾故無極無上眞妙。眞妙眞元，眞元不可元。眞妙眞神，眞神不可神。眞妙眞眞，眞眞不可眞。眞妙眞道，眞道不可道。眞妙極矣。此言體妙者，與元眞神道者不同，既得眞妙，則元爲妙元眞元不可元，神爲妙神眞神不可神，眞爲妙眞眞眞不可眞，道爲妙道眞道不可道。由元始而下，雖共此五名，而所得妙力，各有差殊，唯以妙極爲至。故曰：眞妙極矣。
李嘉謀 《先天道德經注解》 卷五		(2) 八卦既立，帝出乎震，齊乎巽，木氣極矣。……方其八用從横，帝自震出，周遊八方，元始之妙，散於萬物，故曰：象帝元遊，吾失元始。及元道周還，物至艮而成歲功，人自精而化爲神，乃復歸元始之道。三一，六元，五化，八變，神道眞一。三一爲乾，六元爲坤，乾奇坤耦，八卦始生。乃戴九履一，左三右七，二四爲肩，六八爲足，五居于中，縱横八變，不失十五，是謂五化，八變，神道眞一。

表二百四十九

作者/文獻	版本	用　　例
李俊甫 《莆陽比事》 卷六	清嘉慶宛委別藏本	(1) 陳居仁守武昌，郡民居室並臨江，歲有水患，乃築隄，名萬金。後水至，不復為災。(《神道碑》) (2) 上爲愕然，曰：卿可為仁者之勇。遂以浚知建康。敵兵渡河，俊卿受詔旨，措置浙西水軍，于是李寶始有膠西之捷。(《神道碑》) (3) 陳居仁家置義莊，給族黨之貧者及其孤甥從子。(《神道碑》)

表二百五十

作者/文獻	版本	用　　例
李流謙《澹齋集》卷十	清文淵閣四庫全書本	(1) 退而思之，疑卒不解，盖自有文章以來，未有若東坡先生者也。其人非特雄於翰墨，忠義之節，勁果之氣，横絕古今。觀其立朝尊君親上之心根于天性，然獨在神廟哲考時，其所為文章喜使此字，盖是時固諱之夂矣。……君上施之朝廷、垂之典策者，此何理哉？將盡數之。不能悉，試舉其槩。其作《趙清獻神道碑》云：州郡以酒食相饋餉，破家相屬也。

表二百五十一

作者/文獻	版本	用　　例
李杞《用易詳解》卷五	清文淵閣四庫全書本	(1)《彖》曰：大觀在上，順而巽，中正以觀天下。觀，盥而不薦，有孚顒若，下觀而化也。觀天之神道，而四時不忒。聖人以神道設教，而天下服矣。(2)《記》曰：修其教，不易其俗；齊其政，不易其宜。此省方觀民設教之象也。《彖》言"以神道設教"，而《象》言"以省方觀民"，何也？"神道設教"，則在我者欲其隱而无迹；"省方觀民"，則在人者欲其顯而可見。隱而无迹，則人不褻；顯而可見，則人不疑。二者，其並行而不相悖乎？

表二百五十二

作者/文獻	版本	用　　例
李石《方舟集》卷八	清文淵閣四庫全書本	(1) 是以《易》之蓍龜，知人之為鬼神也。請以卦爻象考之：曰上帝，曰神道設教，則神之槩也。曰鬼方，曰載鬼，曰伐鬼，則鬼之槩也。曰先王，曰祖考，曰廟，曰社稷，此天人之鬼神也。曰牛，曰牲，曰禴祭，曰薦，曰享，曰祀，此鬼神之食也。曰史巫，曰祭主，曰二簋，曰匕鬯，曰用茅，曰用圭，此鬼神之器也。(2)《彖》曰"聖人觀之"，《象》曰"神道"，而《繫辭》所稱"聖神"，猶曰"自晝"。《易》以來至文武，相為授受，以其聖聖神神妙易道於天下，所以為立言制法者。故曰：文王之意，夫子知之；夫子之意，孟子知之。

表二百五十三

作者/文獻	版本	用　　例
李廷忠《橘山四六》卷一	清文淵閣四庫全書本	(1) 張説《姚崇神道碑》：去思觀頌，來暮聞歌。

續表

作者/文獻	版本	用　　例
李廷忠《橘山四六》卷八	清文淵閣四庫全書本	(2) 韓退之《王仲舒神道碑》：天子曰：王某之文可思，最宜為誥，有古風，豈可久以吏事役之？復拜中書舍人。
李廷忠《橘山四六》卷十四		(3)《大戴禮》：其仁如天，其智如神道（闕一字）。
李廷忠《橘山四六》卷十七		(4)《司馬溫公神道碑》：公相，遼人戒其邊吏曰：中國相司馬矣，謹無生事開邊隙。

表二百五十四

作者/文獻	版本	用　　例
李心傳《建炎以來朝野雜記》甲集卷九	清武英殿聚珍版叢書本	(1)《渡江後賜墓碑額》：渡江後，大臣未有賜墓碑額者。紹興初，上始書韓文定神道曰"世濟厚德之碑"。其後得此賜者，亦不多。
李心傳《建炎以來繫年要録》卷四	清文淵閣四庫全書本	(2) 丁卯，謝克家以"大宋受命之寳"至濟州，王慟哭跪受，命汪伯彦司之。(《邵溥神道碑》云：金索大宋皇帝之寳，溥紿以隨葬，乃得全。今且附此，俟考碑以爲"大宋皇帝之寳"其文與史不同，蓋誤。)
李心傳《建炎以來繫年要録》卷三十二		(3) 浙西制置使韓世忠，與完顔宗弼相持於黄天蕩，而貝勒托雲圍揚州。朝廷恐守臣張績力不能支，許還屯京口，績不爲動，敵乃趨真州。績，金壇人也。時托雲軍於北，宗弼軍於南，(趙雄撰《世忠神道碑》云"烏珠軍於南，達蘭軍於北"，誤也。是時達蘭止在濰州，遣兵來援。張滙《節要》所記甚悉，今從之。) 世忠以海艦進泊金山下。
李心傳《建炎以來繫年要録》卷三十六		(4) 甲午，中散大夫、提舉亳州明道宫韓澡爲其父故觀文殿大學士忠彦請謚。上曰：呂頤浩嘗奏崇寧黨碑，視其姓名皆賢士大夫，真可惜也。上篆其神道曰"世濟厚德之碑"，謚文定。

續表

作者/文獻	版本	用　　例
李心傳《建炎以來繫年要録》卷七十一	清文淵閣四庫全書本	(5)《吳璘神道碑》云：三年，敵戰饒風時，王駐兵和尚原，敵欲道原下，王以兵迎擊，皆敗而走。遷榮州防禦使，知秦州。詳此，當是璘棄和尚原。
李心傳《建炎以來繫年要録》卷七十七		(6) 庚子，吏部員外郎呂聰問上故相吕大防所撰其祖公著《神道碑》，且言：臣猶記憶少時親見大防取索當時詔本、日歷、時政記以為案據，撰成此文。由是觀之，先皇與子之志，蓋已定於一年之前，豈容中間更有異議？其所以召臣祖輔嗣君，欲更草之意亦皆出於神宗皇帝之本心。後來臣祖與司馬光乃是推原美意，遵奉初詔，即非輙詆先帝，輕變舊章。當時若使更俟年歲，神宗皇帝當自更之，豈待元祐？臣竊聞聖詔欲改修二史，所繫之大者無出於此，或恐有遺闕，謹以投進。乞俟御覽畢，宜付三省、史館錄白，以爲案底。從之。
李心傳《建炎以來繫年要録》卷八十一		(7) 趙雄撰《世忠神道碑》：王自鎮江濟師，會朝廷遣魏良臣使金，至維揚，王置酒送別。盃一再行，流星庚牌沓至，良臣問故，王曰：有詔移屯守江，乃撤炊爨班師。良臣竊自喜，疾馳去。 (8) 食時，金人果徑趨城下，元密數之，有一百五十騎，乃以伏兵出，麾旂以招伏要路者，伏兵皆立幟以待，金人大驚，躊躇無路，遂向嶽廟走。元率兵追之。金人前遇兵，無所施其技，盡被擒，凡得一百四十八人，戰馬、器械皆爲元所得。(《世忠神道碑》：解元至高郵，敵敗去。)
李心傳《建炎以來繫年要録》卷一百十四		(9) 王曮撰《楊存中神道碑》云：酈瓊叛，拜王爲淮西制置使追之，瓊衆聞王至，相率去。瓊来歸曰：可舍吾父而從叛亡耶？瓊已渡淮，王遣人餽羊酒相勞苦。賊聞疑之，遂以瓊知拱州，分其軍。此事他書皆不見，更須詳考。
李心傳《建炎以來繫年要録》卷一百十七		(10) 王曮撰《沂中神道碑》云：馬步乏帥，詔兼領其職，王辭不許。 (11) 王曮撰《存中神道碑》云：烏珠再入犯，詔王以淮西宣撫使禦之，卽渡江取虹縣，復靈壁，下符離，撫定而還。其言簡畧如此，蓋諱之也。
李心傳《建炎以來繫年要録》卷一百三十九		(12) 王曮撰《沂中神道碑》云：烏珠復遣三十萬至濠梁，敵議欲擣山陽，窺廣陵，絶江而南。王慮深入難制，即以輕騎逆之，據其衝敵，抑不得展，遂乘勢擊之於州梁橋。敵勢崩壞，戰屢郤。王謂衆曰：吾士氣方張，眎此餘孽，猶幾上肉耳。 (13) 趙雄撰《世忠神道碑》云：敵別將數萬屯定遠，王遣成功以輕騎追之。

續表

作者/文獻	版本	用　例
李心傳《建炎以來繫年要録》卷一百三十九	清文淵閣四庫全書本	轉戰數日，烏珠市克敵弓以走，其衆大潰，遂奪鍾離。以諸書參考，烏珠此時不在濠州。又金人既破濠州，即焚掠而去，不待官軍收復也。碑之所云，皆非其實。
李心傳《建炎以來繫年要録》卷一百四十一		(14) 吴璘《復秦州日歷》不載，而熊克繫之去年九月，實甚誤也。以王曮所撰《吴璘神道碑》、趙甡之《遺史》、費士戣《蜀口用兵録》考之，皆在此年。克已於去年九月書之，而今年八月末又書秦、隴二州，蓋重疊差誤耳。
李心傳《建炎以來繫年要録》卷一百四十二		(15) 據趙雄撰《世忠神道碑》增入。碑在除樞密使之前，誤也。
李心傳《建炎以來繫年要録》卷一百五十		(16) 按：《日歷》：紹興六年七月，仲薿以上其父珏《神道碑》，復左中大夫奉祠。是時，趙鼎當國，秦檜未再相。不知何時再復元官，當考。
宋李心傳《建炎以來繫年要録》卷一百五十六		(17) 戊子，行營右護軍都統制吴璘，改充御前諸軍統制兼知興州。（璘改都統銜，諸書不載。王綸撰《神道碑》，言在此年。今因移郡，併書之。）
李心傳《建炎以來繫年要録》卷一百七十		(18) 己酉，詔《秦檜神道碑》以"决策元功，精忠全德"八字爲額。以熺言：臣父際遇聖主，獲依末光，眷禮如終，曠古未有。今合立《神道碑》，望特賜御題八字故也。
李心傳《建炎以來繫年要録》卷一百八十五		(19) 王曮撰《楊存中神道碑》云：王建言荊南、九江各置都統制。朝廷從之。
李心傳《建炎以來繫年要録》卷一百八十八		(20) 此以王曮所撰《存中神道碑》修入。碑詞不無緣飾，然以事考之，北敵寒盟，存中再起，而趙密遄罷則似以此故也。今但去其潤色之語，而以王十朋等所言載於其前，則事之的實自見矣。

續表

作者/文獻	版本	用　例
李心傳 《建炎以來 繫年要録》 卷一百九十四	清文 淵閣 四庫 全書 本	(21) 楊萬里撰《虞允文神道碑》云：十一月甲戌，公與義問至建康。是夜，有詔罷劉錡，以成閔代；召王權，以李顯忠代。 (22) 楊萬里撰《允文神道碑》稱：庚辰，公至京口。庚辰，十二日也。 (23) 楊萬里撰《虞允文神道碑》稱允文與楊存中、成閔謀閱舟師，而熊克《小歷》無閔姓名，當考。 (24) 楊萬里撰《虞允文神道碑》稱乙未夜弒亮，實差一日。
李心傳 《建炎以來 繫年要録》 卷一百九十五		(25) 王曮撰《存中神道碑》云：王與虞公以輕舟絶江，而敵騎奄至，方舉酒相屬，神觀屹然，敵不敢逼。
李心傳 《舊聞證誤》 卷二		(26) 李邦直撰《禹玉神道碑》亦云：治平中，議追尊濮王。公執用封期親尊屬故事，執政以為不然。公持之，卒不奪。其後諫官、御史爭論，久不決。帝以手詔裁定，多如其初。

表二百五十五

作者/文獻	版本	用　例
李攸 《宋朝事實》 卷三	清武 英殿 聚珍 版叢 書本	(1) 太宗皇帝御製太師魏國公尚書令真定王神道碑（案：《宋史》：趙普薨，贈尚書令，追封真定王。太宗撰《神道碑》，親御八分書以賜之。）

表二百五十六

作者/文獻	版本	用　例
李昭玘 《樂靜集》 卷二十九	清文 淵閣 四庫 全書 本	(1) 宋故益州路諸州軍水陸計度轉運使直史館護軍賜紫金魚袋贈尚書工部侍郎李公神道碑
李昭玘 《樂靜集》 卷三十		(2)《察推閆公行狀》：公姓閆氏，諱某，字某，濟州鉅野人。其先世，見於歐陽文忠公所撰贈兵部侍郎曾祖某之《神道碑》。

表二百五十七

作者/文獻	版本	用　　例
李埴 《宋十朝綱要》 卷十三	清鈔本	(1) 七月丁巳，以黃履及御史周秩、諫官張商英言，追奪司馬光、呂公著贈謚及所賜《神道碑額》，僘樓毀碑，乂追奪王巖叟贈官；貶呂大防、劉摯、蘇轍為散官，分司南京；梁燾提舉舒州靈仙觀，劉安世主管玉隆觀，並分貶諸州。
李埴 《宋十朝綱要》 卷十六		(2) 己未，詔範純仁謚之議、覆議官各罰金，毀《純仁神道碑》。
李埴 《宋十朝綱要》 卷二十四		(3) 十一月己酉，賜檜《神道碑額》曰"決策元功，精忠全德"。

表二百五十八

作者/文獻	版本	用　　例
李祖堯 《內簡尺牘編注》 宋孫仲蓋 內簡尺牘 卷三	清乾隆刻本	(1) 標表（東坡《趙清獻公神道碑》：宰相韓琦嘗稱趙公真人世標表，蓋以爲不可及原。） (2) 洗手奉職（昌黎《胡良公墓神道碑》：公爲監察御史，主餽給渭槁以東軍，洗手奉職，不以一錢假人。）
李祖堯 《內簡尺牘編注》 宋孫仲蓋 內簡尺牘 卷六		(3) 教條（韓文公《司徒許國公神道碑》：公之為治，嚴不為煩，止除害夲，不多教條，與人必信。）
李祖堯 《內簡尺牘編注》 宋孫仲蓋 內簡尺牘 卷九		(4) 畫像祠（東坡《司馬溫公神道碑》：畫像以祠公者，天下皆是也。本集載：與豐甫待制帖南遷，兩過宜春，州人追懷舊德，畫像祠公，比屋皆是，何止活千人矣。天定勝人，世世子孫用之，唯恐不盡。）

表二百五十九

作者/文獻	版本	用　　例
梁克家 《（淳熙） 三山志》 卷三	清文淵閣四庫全書本	(1) 懷賢里（《十國紀年》：葬夫人任氏于閩縣鳳池山，後忠懿王亦葬焉。今鳳池寺山也。唐同光四年，改葬永福山，則遵化里蓮華山也。後唐賜《神道碑》，張文寳撰。王氏在閩者無噍類，今惟甥劉氏歲時祀之。）

表二百六十

作者/文獻	版本	用　　例
廖剛 《高峰文集》 卷四	清文淵閣四庫全書本	(1) 龍墀稱慶，莫参禹玉之觀；冊府傳休，叨被羲圖之錫。恩榮猥及，懽懼交深。(中謝) 恭惟皇帝陛下，天德出寧，神道設教，萬邦無斁，庶政惟和。

表二百六十一

作者/文獻	版本	用　　例
林光朝 《艾軒集》 卷十	清文淵閣四庫全書本	(1)《神道碑》，少傅、觀文殿大學士致仕、益國公食邑一萬五千六百户、食實封五千八百户周必大撰并書。

表二百六十二

作者/文獻	版本	用　　例
林駉 《源流至論》 新箋决科 古今源流至論 卷之四（前集）	清文淵閣四庫全書本	(1) 蘇公買燈等疏，力論當時之弊，隱然有一唱三嘆之音。書《温公神道碑》，首言西方之兵寡。而黄河之流以復讖者，知其胷中有天下之體，可以超宇宙，排海岱，其自立氣節也。
林駉 《源流至論》 新箋决科 古今源流至論 卷之五（前集）		(2)《長编》：初，王欽若以城下之盟毀寇準，上自是常怏怏。欽若曰：陛下當為大功業，以鎮服四海。上曰：何得大功業？欽若曰：且禪是矣。然封禪當得天瑞。又曰：天瑞安可必得？盖有以力為之。陛下謂《河圖》《洛書》果有此乎？聖人以神道設數耳。上意未决。他日，杜鎬直宿。上曰：《河圖》《洛書》，果何事耶？鎬不測上旨，謾應曰：聖人以神道設教耳。其言偶與欽若同，上意遂决。

續表

作者/文獻	版本	用　　例
林駉 《源流至論》 新箋决科 古今源流至論 卷之二（後集）	清文淵閣四庫全書本	(3)《吕公著神道碑》：官制，三省並建，而中書獨爲取旨之地，門下、尚書奉行而已。公著曰：三省，均輔臣也。正如同舟共濟，當一心共力，以脩政事。乞事下二省者，自令執政同進呈，取旨而各行之，遂定爲令。 (4)《范仲淹神道碑》：吕公復相，公亦再起被用，於是二公歡然相約，（闕）力平賊。
林駉 《源流至論》 新箋决科 古今源流至論 卷之五（後集）		(5) 既而上再賜手詔，趣使條天下事。公退而條上數事上之。其詔天下興寧、堅土先德行不專文辭、革磨勘例遷以别能否、减任子之數而除監事、用農桑、考課、守宰等事，見神道即人遺率云。 (6) 明年秋，會公以事罷，而仲淹等亦相次皆去，事遂已。《神道碑》元轉表，殊以工部尚書知潁州。
林駉 《源流至論》 新箋决科 古今源流至論 卷之六（後集）		(7) 又《范仲淹神道碑》：自公坐吕公貶，羣士大夫各持二以曲直，吕公患之，凡直公者，皆指為朋黨，或坐竄逐。及吕公復相，公亦再起被用，於是二公歡然相約，戮力平賊。
林駉 《源流至論》 新箋决科 古今源流至論 卷之八（後集）		(8) 億萬維生，公手撫摩，非侈辭也。（蘇東坡《傳公神道碑》：北至燕然，南至于河。億萬維生，公手撫摩。） (9) 觧放勲為稱堯之道。（《伊川語録》：放勲非堯號，盖史稱堯之道也。謂三主而上，以神道談教，至堯方見於事功也。後人以“放勳”為“堯號”，故記《孟子》者，遂以“堯曰”為“放勳”非也。若以“堯號”為“放勳”，則臯陶當號“充迪”，禹自“文命”。下言“敷於四海”，有甚義理?）
林駉 《源流至論》 新箋决科 古今源流至論 卷之五（續集）		(10) 至如寇萊公之忠節，豈非數公之推轂納交者？與澶淵之役，親扶日轂，尺箠苔之。（蘇内翰作《寇公神道碑》：惟彼北戎，節彼萊公，尺箠笞之。）
林駉 《源流至論》 新箋决科 古今源流至論 卷之六（别集）		(11) 是必選法不更輕重，無欺如主質。（《神道碑》：王質判流内之曰：選法備具如權銓，選法未嘗更。）

表二百六十三

作者/文獻	版本	用　　例
林栗 《周易經傳集解》 臨觀 卷十	清文淵閣四庫全書本	(1) 觀，盥而不薦，有孚顒若。《彖》曰：大觀在上，順而巽，中正以觀天下。觀，盥而不薦，有孚顒若，下觀而化也。觀天之神道，而四時不忒。聖人以神道設教，而天下服矣。 (2) 中正既釋其義，又從而申明之曰：觀天之神道，而四時不忒。聖人以神道設教，而天下服矣。何謂也？曰：天者，人之所觀也。君者，民之所觀也。是以聖人觀於天，而天下觀於聖人也。天何言哉？四時行焉，百物生焉。天神道也，聖人體天，故亦以神道設教。脩己以安百姓，篤恭而天下平，蓋有不言而信者矣。神者何也？一之謂也。一者何也？誠之謂也。故曰：至誠如神。誠者，天之道也。誠則形，形則著，著則明，明則動，動則變，變則化，唯天下之至誠為能化，謂之神道不亦宜乎。子曰：知變化之道，其知神之所為乎！徒見四時之行，萬物之育，黎民之變，蠻貊之孚，而不知其所以致此者，天故是謂之神也。 (3) 風者巽也，地為坤也。風行地上，无所不徧，故先王以之廵守，省方觀民俗之好惡，而為之設教焉，猶風之行於地上也。然觀之《成卦》，以四陰而觀二陽，取“下觀而化”之義。孔子於《彖辭》言：以神道設教於九五之爻。 (4) 為人上者，言思可道，行思可樂，德義可尊，作事可法，容止可觀，進退可度，以臨其民。是以其民畏而愛之，則而象之。聖人之以神道設教，其斯而已矣。

表二百六十四

作者/文獻	版本	用　　例
林希逸 《鬳齋續集》 卷二十七	清文淵閣四庫全書本	(1) 衰謨高吸，乃馴神靈。(循天之神道也。)

表二百六十五

作者/文獻	版本	用　　例
淩萬頃 《（淳祐）玉峰志》 卷中	清黄氏士禮居鈔本	(1) 范成大，字至能。父雩，宣和進士，終祕書郎。成大登紹興進士第，歷官參知政事，贈太師，謚文穆。後居石湖，是爲石湖先生。……此餘見國史及《神道碑》《行狀》甚詳，有《石湖大全集》刊於郡。 (2) 衛涇，字清叔。祖闐，政和進士，終太學博士。……余見國史及《神道碑》《行狀》，有《後樂集》若干卷。

表二百六十六

作者/文獻	版本	用　例
留元剛《顏魯公年譜》	明嘉靖間銅活字顏魯公文集本	(1) 公年三十四，舉文詞秀逸科，元宗御勤政樓，策試上第。……按：本傳及《神道碑》：天寶初，以制策甲科，作尉醴泉。 (2) 公年五十二時，劉展將反，公豫飭戰備，李峘以為生事，非短公。……按：《離堆記》：以言事忤旨。本傳云：上皇遷西内，公率百官問起居，李輔國惡之。《行狀》《神道碑》又謂為御史中。然二事皆在公貶貳之時也。 (3) 公年七十。正月，三抗章，乞致仕，不允。……按：《家譜》：以十二年十二月，為吏部尚書充禮倭使。……今參之《行狀》《神道碑》《史傳》所載，先後進吏部當在今年，充使乃代宗晏駕之後也。 (4) 四月，希烈為牙將陳仙奇所殺，蔡州平。十一月，奉公喪歸，葬于萬年縣之鳳棲原。……《神道碑》：前書月日同舊傳，長又云貞元初遇害。希烈之誅，《新舊史》紀作今年四月。

表二百六十七

作者/文獻	版本	用　例
留正《皇宋中興兩朝聖政》卷八	清嘉慶宛委別藏本	(1) 甲午，中散大夫韓璪為其父忠彥請謚。上曰：吕頤浩嘗奏崇寧黨碑，視其姓名皆賢士大夫，眞可惜也。上篆其神道曰"世濟厚德之碑"，謚文定。
留正《皇宋中興兩朝聖政》卷十五	清嘉慶宛委別藏本	(2) 庚子，吏部員外郎吕聰問上故相吕大防所撰其祖公著《神道碑》，且言：臣猶記憶少時親見大防取索當時詔本、日歷、時政記以為案據，撰成此文。由是觀之，先皇與子之志，蓋已定於一年之前，豈容中間更有異議？其所以召臣祖輔嗣君，欲更革之意亦皆出於神宗皇帝之本心。

表二百六十八

作者/文獻	版本	用　例
劉安節《劉左史文集》卷二	清乾隆四十四年鈔本	(1) 自充實之美，進而至於光輝之大，則吾王為大矣。自光輝之大，進而至於化，則吾王為聖矣。自化之之聖，進而至於不可知之神，則吾王為神矣。夫進王於神道，雖非師氏之所能，而詔王以嫩為之開端者，實師氏之功也。

表二百六十九

作者/文獻	版本	用　　例
劉攽《彭城集》卷三十五	清武英殿聚珍版叢書本	(1) 梅堯臣聖俞與公親且舊，既卒，其家不能自存。公哀之，未有以助也。聖俞嘗欲書《程丞相神道碑》，病不果，公為成之。程氏喜，餉白金五百兩，公不發封，盡以賻梅氏。
劉攽《彭城集》卷三十六		(1) 神道碑・墓表 (2) 宋故中大夫守光禄卿分司西京上柱國河東郡開國侯食邑一千三百戶賜紫金魚袋薛公神道碑

表二百七十

作者/文獻	版本	用　　例
劉敞《春秋權衡》卷九	清通志堂經解本	(1) 天災可畏而不可知，為國家者見災而懼則足矣，何廢宗廟之祭乎？以謂當順天意，是推難測之神道而曠明白之人事也。若天道可畏，則莫若恭敬禮事以謝之矣。昔堯之時，大水九年。湯之時，大旱七年。若必廢祭以自責者，吾見荊棘生於宗廟矣。

表二百七十一

作者/文獻	版本	用　　例
劉過《龍洲集》卷九	清文淵閣四庫全書本	(1)《湖口阻風》：冒雪衝霜已十程，狂風乃敢厄吾行。無人說向江神道，莫待明年却世情。

表二百七十二

作者/文獻	版本	用　　例
劉克《詩說》卷十一	宋刻本	(1) 故曰：撓萬物者，莫疾乎風。拔木發屋，倏寒倏雨。觀之，《彖》所謂天之神道者也。

表二百七十三

作者/文獻	版本	用　例
劉克莊《後村集》卷五十	四部叢刊景舊鈔本	（1）恭惟皇帝陛下，天數在躬，神道設教。
劉克莊《後村集》卷八十九		（2）意者尚其以神道設教乎？君曰：非也。
劉克莊《後村集》卷一百		（3）益公親書艾軒神道碑後
劉克莊《後村集》卷一百四		（4）裕陵御製《韓魏公神道碑》，命次道書。次道乞如太宗皇帝書趙中令碑故事，上曰：太宗宸翰，子孫安敢倣傚？
劉克莊《後村集》卷一百十二		（5）孟珙家請賜《神道碑》，詔學士院撰述，久無下筆者，其家請不已。
劉克莊《後村集》卷一百四十一		（6）神道碑
劉克莊《後村集》卷一百四十二		（7）神道碑
劉克莊《後村集》卷一百四十三		（8）神道碑
劉克莊《後村集》卷一百四十四		（9）神道碑
劉克莊《後村集》卷一百四十五		（10）神道

續表

作者/文獻	版本	用　　例
劉克莊 《後村集》 卷一百四十六	四部叢刊景舊鈔本	（11）神道碑 （12）忠肅陳觀文神道碑
劉克莊 《後村集》 卷一百四十七		（13）神道碑

表二百七十四

作者/文獻	版本	用　　例
劉清之 《戒子通録》 卷四	清文淵閣四庫全書本	（1）流言謗議，有道所不免，況在闕薄，難用算防。接應之方，必出於已。或信不素積，嫌間所襲，或信不和物，尤怨所聚，有一于此，何處逃毁。苟能反悔在我，而無責於人，必有達鑒，昭其情遠，識迹其事。日省吾躬，月料吾志，寛默以居，潔静以期，神道必在，何恤人言。

表二百七十五

作者/文獻	版本	用　　例
劉恕 《通鑒外紀》 資治通鑒外紀 卷第四	四部叢刊景明本	（1）劉恕曰：古之長民者，興事動作必謀於衆，廢置遷徙悉因人心。愚者難與慮始，黔首信惑靈怪，故聖人設鬼神以懼之，為卜筮以斷之，以神道設教而天下服矣。泥者為之，捨弃人事，專信詭譎。以管仲之知，因齊衆以威諸侯可也，佗人則近於罔矣。葢明於天地之性，不可惑以神怪；知萬物之情，不可罔以非類也。

表二百七十六

作者/文獻	版本	用　　例
劉壎 《雲莊集》 卷二十	清文淵閣四庫全書本	（1）附録劉文簡公神道碑（真德秀）

表二百七十七

作者/文獻	版本	用　　例
劉宰《漫塘文集》卷九	民國嘉業堂叢書本	(1)《回平江守吳秘丞》(淵)：比辰，積潦初收，殘暑猶熾。恭惟奉寬大書，鎮股肱郡，仁聲流布，神道感通，台候動止萬福。(2)《回提刑吳秘丞》(前人)：比辰，甘霖薦至，苗稼勃興。恭惟英簜所臨，貪頑丕聳，民情悅懌，神道感通，台候動止萬福。
劉宰《漫塘文集》卷十		(3)《回袁知縣》(喬)：王春謹始，景物維新。恭惟感雨露之濡，驚日月之速。攀號罔極，神道宣靈。孝履文福某不肖，雖不及登先閣學侍郎之門，然名玷薦士籍中，則為門下士久矣。
劉宰《漫塘文集》卷十三		(4) 某惟民情欣豫，則神道感通。賢大夫施德於此，民舊矣。神之聽之，介以景福，盖有不占而知者。
劉宰《漫塘文集》卷二十一		(5) 王君不事苛擾，故役竟而人不知。杜君明述利害，故令行而民不病繼。自今不但神道感而宣靈，水之瀦泄有地設有旱乾，亦庶幾矣。
劉宰《漫塘文集》卷二十三		(6) 所謂社稷之祀，其鹵莽固宜。吾友羅君季能父之為新淦，獨異是方，其告至之始，門隘而車不得入，屋敝而席不得展，以位則四壇並列而無別，以地則四隣環堵而無餘。喟然曰：神道貴幽，而偪側若此可乎？(7) 昔人所謂神道感而宣靈，人心歡以致和。能父盖兩得之，是何可不書能父名？
劉宰《漫塘文集》卷二十七		(8) 夫羸老廢疾，婦人孺子所萃，其聲孔嘩，其氣甚惡，非神道所宜。
劉宰《漫塘文集》卷二十八		(9) 惟是神道貴幽而喧，祠宇貴潔而穢。來者貴敬，而容不肅。

表二百七十八

作者/文獻	版本	用　　例
劉摯《忠肅集》卷十一	清文淵閣四庫全書補配清文津閣四庫全書本	(1) 神道碑・墓誌銘 (2) 畢文簡神道碑 (3) 唐質肅神道碑

表二百七十九

作者/文獻	版本	用　　例
婁機 《漢隸字源》 卷一	清文淵閣四庫全書本	(1)《車騎將軍馮緄碑》：永康元年立，在渠州。《墨寶》作"達州"。與《馮煥神道闕》《馮煥殘碑碑陰》，《告馮煥詔》《馮緄墓》，雙排六玉，單排六玉。 (2)《交阯都尉沈君神道二》，在梁山軍。 (3)《幽州刺史馮煥神道》，永寧二年立，在渠州。 (4)《廣漢緜竹令王君神道》，建寧元年立，在涪州。 (5)《上庸長司馬孟臺神道》，在漢州。《復齋碑目》作"上庸長闕"，《墨寶》云"上庸長司馬君孟臺神道"。 (6)《高直闕》，在雅州。凡九字。漢故高君，諱直，字文玉。漢人題墓有云"神道"，有云"墓道"，有云"闕"，惟高頤及今碑第書姓名字。 (7)《章氏神道》，在均州。 (8) 征南將軍劉君神道 (9)《漢平楊府君叔神道》，在綿州。八字，字爲一紙，盖刻於石闕椽首。 (10) 太尉劉寬神道二 (11)《涪陵太守龐厷神道》，在緜州。 (12)《汝南上蔡令神道》，在閬州。蜀人謂之"汝南令闕"。 (13) 侍中楊文父神道
婁機 《漢隸字源》 卷六		(14)《交阯都尉沈君二神道》，沈字、左字、道字、豊字發筆皆長過三四寸許，令字、交字兩筆皆長，君字中筆亦長。 (15)《王稚子二闕》，漢字、故字、先字、靈字、侍字、河字、内字、縣字、玉字、子字、之字發筆皆長，史字、令字、兖字兩筆皆長，君字中筆獨長。《隸釋》謂《沈君神道》、馮煥《王稚子闕》皆八分書，張懷瓘所謂"作威投戟，騰氣揚波"者也。

表二百八十

作者/文獻	版本	用　　例
樓昉 《崇古文訣》 卷十三	清文淵閣四庫全書補配清文津閣四庫全書本	(1) 卜日之吉，虔告于王靈曰：昔者夫子嘗欲居九夷，其時門人猶有惑聖言，今夫子代千有餘載，其教始行，至于是邦。人去其陋，而本於儒。孝父忠君，言及禮義。又況巍然炳然，臨而炙之乎！惟夫子以神道設教，我今罔敢知。欽若兹教，以寧其神。追思告誨，如在于前。苟神之在，曷敢不虔。居而無陋，罔貳昔言。申陳嚴祀（一作"祠"），永永是尊。麗牲有碑，刻在廟門。

表二百八十一

作者/文獻	版本	用　例
樓鑰《范文正公年譜》	明正德十二年葉士美歐陽席刻本	(1) 太宗皇帝端拱二年己丑秋八月丁丑，公生於徐州節度掌書記官舍。(按：公《神道碑》及國史皆云年八十四，薨于皇祐四年也。) (2)《神道碑》云：公為將，務持重，不急近功小利。於延州築青澗城，墾營田，復承平、永平廢寨（屬羌），歸業者數萬户。 (3)《神道碑》云：於慶州城大順以據要害。又城細腰、胡盧，於是明珠、滅臧等大族，皆去賊為中國用。 (4)《神道碑》云：公待將吏，必使畏法而愛己。所得賜賚，皆以上意分賜諸将，使自為謝。
樓鑰《攻媿集》卷六十	清武英殿聚珍版叢書本	(5) 先君以淳熙九年十二月十七日，卒于仲兄嚴州郡治。以次年九月二十日，大葬庵之右。屋適在其前，雖不礙前山，而神道門起于谿次，不能相望，爲曲徑以入。 (6) 在田間築疊，尤費工力。幸及大事之前，粗畢工役。爲屋三十餘間，造石橋三所，材良工緻，庶幾可久。于是，始得神道坦平，墓與門直，列植樅檜，移置石獸等。平揖前山，氣象愈偉。少伸兄弟夙昔志願，皆祖考陰祐之賜，宗族相成之力也。祖塋松行，有干霄合抱之材，然侵耕者多，亦有枯瘁。稍正疆界，又補其闕，別爲屋數楹，于外以爲廥廩。
樓鑰《攻媿集》卷七十		(7) 書元章簡公神道碑後
樓鑰《攻媿集》卷七十一		(8) 蘇魏公為《章簡公神道碑》，言曾祖仔倡，又言祖德昭。武肅王稱制用以為相官。至右僕射兼侍中晉國公。
樓鑰《攻媿集》卷七十三		(9)《神道碑》云：台、越二城雖全，而外境皆殘破，惟明六邑秋毫無犯，為得其實矣。
樓鑰《攻媿集》卷七十四		(10) 南陽為元章簡公書《神道碑》，字體莊重，正如此《宣獻傳》言“筆法精妙”。上嘗取所書《千字文》及其家之墨迹，藏禁中，故敝紙渝墨，尚有典刑。潞公翰墨飛動，使人望而畏之。

續表

作者/文獻	版本	用　例
樓鑰 《攻媿集》 卷七十五	清武英殿聚珍版叢書本	(11) 然岐公在翰苑幾二十年，著述殆不止此。嘗問公之孫大監云：不惟有所遺逸，如《資治通鑑序》《韓魏公神道碑》皆曰御製，不敢編入家集中。鑰謹攷此軸所書太皇太后慈聖光獻也，皇太后宣仁聖烈也，皇后欽聖憲肅也。時熙寧三年，裕陵之盛際也。
樓鑰 《攻媿集》 卷七十六		(12) 讀此碑者，可以想見。大概受知祐陵，官至徽猷閣直學士。嘗守鄉郡，再任涉五載。其詳見于《神道碑銘》中。 (13) 清獻公以元豐二年春，加太子少保致仕。明年，次子景仁倅。永嘉，從公遊天台、雁蕩，吳越間榮之。……兹從萱堂之元孫晉獲見真蹟，以《神道碑》攷之，正三年庚申歲也。清獻父子定交寒士，萱堂以布衣與大臣為寮友，高風凜然俱可敬而仰哉。
樓鑰 《攻媿集》 卷九十三		(14) 神道碑 (15) 純誠厚德元老之碑（奉敕撰。案：標題一作“太師保寧軍節度使致仕魏國公謚文惠追封會稽郡王史公神道碑”，據篇中親灑宸翰云云，則此為當日原題。）
樓鑰 《攻媿集》 卷九十四		(16) 神道碑 (17) 少傅觀文殿大學士致仕益國公贈太師謚文忠周公神道碑
樓鑰 《攻媿集》 卷九十五		(18) 神道碑 (19) 簽書樞密院事贈資政殿大學士謚節愍王公神道碑 (20) 寶謨閣待制贈通議大夫陳公神道碑
樓鑰 《攻媿集》 卷九十六		(21) 神道碑 (22) 寶謨閣待制致仕特贈龍圖閣學士忠肅彭公神道碑 (23) 寶謨閣待制獻簡孫公神道碑
樓鑰 《攻媿集》 卷九十七		(24) 神道碑 (25) 資政殿大學士致仕贈特進婁公神道碑 (26) 集英殿修撰致仕贈光祿大夫曾公神道碑
樓鑰 《攻媿集》 卷九十八		(27) 神道碑 (28) 簽書樞密院事致仕贈資政殿學士正惠林公神道碑 (29) 中書舍人贈光祿大夫陳公神道碑 (30) 龍圖閣待制趙公神道碑

表二百八十二

作者/文獻	版本	用　　例
盧憲《（嘉定）鎮江志》卷七	清道光二十二年丹徒包氏刻本	(1) 銘曰：乾儀廣大，坤德幽元。三光四氣，五嶽百川。陰陽莫測，禍福難詮。不有神道，誰分化權。倬彼陳公，挺生隨國。忠作臣範，孝爲民則。力遏鯨波，手扶鼇極。生立淇勳，歿留遺德。狂童作梗，上將陳師。陰兵助順，戰卒乘時。元凶殞命，殘孽輸旗。恩頒上爵，詔立嚴祠。紺獸弩雲，飛暈礙日。帳卷靈座，門開廟室。凜凜英氣，堂堂偉質。鬚磔蝟毛，頭蹲虎骨。歌鐘雜沓，簫篋連延。酒有餘酹，香無斷煙。惟神是享，惟禱斯虔。安民護境，以永終天。
盧憲《（嘉定）鎮江志》卷十一		(2) 按《建康實録》及《隋志》，曲阿縣建陵隧口石麒麟起舞皆在大同十二年，與志異，又碑曰“太祖文皇帝之神道”，武帝父順之，仕齊爲領軍將軍，封臨湘侯。 (3) 唐戴叔倫墓，在縣南三里。翰林學士、右補闕梁肅撰《神道碑》。
盧憲《（嘉定）鎮江志》卷十六		(4) 唐沈岌為潤州司兵參軍。(《無為集·沈立神道碑》)

表二百八十三

作者/文獻	版本	用　　例
陸秀夫《宋左丞相陸公全書》卷七	清道光鹽瀆五柳堂刻本	(1) 昔者，聖人以神道設教，我國家褒賢獎貞，極隆至渥。要所以感人心，鼓舞羣動，非徒慰死者既往已也。

表二百八十四

作者/文獻	版本	用　　例
陸遊《入蜀記》卷一	景鈔宋本	(1) 余頃嘗至宋文帝陵，道路猶極廣，石柱承露盤及麒麟、辟邪之類皆在，柱上刻“太祖文皇帝之神道”八字。又至梁文帝陵。文帝，武帝父也，亦有二辟邪尚存。其一爲藤蔓所纏，若縶縛者，然陵已不可識矣。其旁有皇業寺，蓋史所謂皇基寺也，疑避唐諱所改。二陵皆在丹陽，距縣三十餘里。

續表

作者/文獻	版本	用　例
陸遊《家世舊聞》卷上	民國景明穴硯齋鈔本	（2）元祐中，李作乂為楚公言：蘇子瞻作《富公神道碑》，言爭歲幣用“獻”字甚力。某以當時國書考之，畢竟許他“納”字，則富公乃是不曾爭得。碑既不言許之，復以能拒虜請為富公之功，豈非誤乎？
陸遊《渭南文集》卷第四十三	四部叢刊景明活字本	（3）予頃嘗至宋文帝陵，道路猶極廣，石柱承露盤及麒麟、辟邪之類皆在，柱上刻“太祖文皇帝之神道”八字。又至梁文帝陵。文帝，武帝父也，亦有二辟邪尚存。一爲藤蔓所纏，若縶縛者，然陵已不可識矣。其旁有皇業寺，蓋史所謂皇基寺也，疑避唐諱所改。二陵皆在丹陽，距縣三十餘里。

表二百八十五

作者/文獻	版本	用　例
呂太古《道門通教必用集》卷五	明正統道藏本	（1）夫《道德經》者，無為之文，自然之化，落落太漠之表，巍巍象帝之先，二氣資之以立根，三光持之以成象，細無不入，大無不包，……昔老子之過函關，授八十一章而徑去。漢文之從河上，蓋千七百年而僅傳，窮乎無窮，極乎罔極，以宣道德之要，以為帝王之師。至如昇玄，演清淨之音，入眾妙門，而離諸染著，禳災列懺悔之品，度一切厄，而所履平安。黃帝著陰符之書，可以用師於萬倍。青羅傳星曜之呪，可以推運於五行。是皆抉（一決切）神道於幽微，闡玄宗之隱奧。誦之則聲參太極，研之則治化昇平，禍滅九陰，澤含萬宇。慶流宗社，坐對無疆之休；祲格神人，潛消難解之厄。再伸偈頌，以盡讚揚。先天立極浩難名，恍惚希夷值本根。天步永清旋日月，道樞不動轉乾坤。靈源直斷群迷徑，仙路宏開眾妙門。聖壽綿長皇極建，願言辰極與齊尊。
呂太古《道門通教必用集》卷八		（2）於是虛皇上帝乃命元始天王，刊之於玉章，編之於玉簡，藏之於寶匣，集之於瓊臺，初祕上元，末流下土，降鑒有道，乃錫斯文。伏羲受靈圖，軒轅受符扎，高辛受經誥，大禹受洛書。故神道設教，垂文起於茲矣。洎及混元降聖，歷為帝師，于時大道不行，人倫澆薄，故陳道德五千之旨，以示淳樸還返之源。其言也，大無不包，細無不入，理窮衆妙，義同虛無，內以理身，外以經國，研之則聲參太極，行之則治化昇平，為萬物之祖宗，作天地之根始。

表二百八十六

作者/文獻	版本	用　例
呂夏卿《唐書直筆》卷三	清武英殿聚珍版叢書本	(1) 謹按：李白《武昌令韓君去思碑》及李翺、皇甫湜文公《行狀》《神道碑》，則仲卿以銅陵尉補武昌令，徙鄱陽令，終校書郎。

表二百八十七

作者/文獻	版本	用　例
呂頤浩《忠穆集》卷七	清文淵閣四庫全書本	(1) 范文正公幼孤，隨其母嫁長山朱氏。既長，知其家世，感泣而去，去之京南，刻意苦學。富貴、貧賤、毀譽、歡戚，不動其心，而有志於天下。其立朝行已、忠言嘉謨見於歐陽永叔所撰《神道碑》，其平生踐履、進退出處具載國史。
呂頤浩《忠穆集》卷八		(2) 杜甫作《八哀詩》云：憶昔李公存，詞源有根柢。又云：干謁走其門，碑碣照四裔。今邕碑見於世者尚多。燕山府良鄉縣有邕所書《雲麾將軍李公神道碑》，筆勢豪放，尤可愛重。金人不學書，不知碑之存亡，可惜也。

表二百八十八

作者/文獻	版本	用　例
呂中《大事記講義》卷六	清文淵閣四庫全書本	(1) 貞觀十年以前，諫者何多？貞觀十年以後，諫者何少？方諫者之多，雖裴矩之佞變而為忠；及諫者之少，雖房元齡諫用兵之役，亦僅發於垂死之言。景德、祥符以後，王欽若唱“神道設教”之說，丁謂唱“大計有餘”之議，而天書降矣。當時，豈復有禹偁田錫之言哉？（景德以後，上溺於符端，故諛言易人。） (2) 十月，上如泰山行封禪禮。先是，御史趙湘請封禪。王欽若既以城下之盟毀寇準，因請封禪。又言：封禪當得天書。又言：天瑞，前代蓋有以人力為之。陛下謂《河圖》《洛書》果有此耶？聖人以神道設教耳。上曰：王旦得毋不可？欽若遂以上意喻旦，勉從之。遂召王旦於內，賜以尊酒，歸視，乃珠子也。旦自是不復持異。 (3) 封禪之議決于丁謂“大計有餘”之一言，天書之降成於欽若“神道設教”之一語，雖以王文正之碩德重望，不敢有異議。其後寇準之入居相府，亦以朱能之天書而入，當時極言其非者，惟孫奭一人而已。天何言哉？此真足以破人主之惑。真宗惑于天書，雖王旦、寇準不敢諫。當時力攻其非者，惟孫奭一人而已。

續表

作者/文獻	版本	用　　例
吕中 《大事記講義》 卷二十	清文淵閣四庫全書本	(4) 紹聖二年，常安民罷監察御史奏：京之奸臣足以惑衆，辨足以飾非，巧足以移奪人主之聽視，力足以傾倒天下之是非。又言：今大臣為紹述之説，其實皆借此名以報怨耳。商英在元祐時上吕公著詩求進，其言無取。近為諫官，則乞毀光、公著《神道碑》。周秩在元祐為太常博士，親定光謚為文正。近為正言，則論光、公著罪，乞斫棺鞭尸。

表二百八十九

作者/文獻	版本	用　　例
吕祖謙 《觀瀾集注》 甲集卷十六	清嘉慶宛委別藏本	(1) 昔吳起忍與母盟，陳湯忍匿父喪；起謀復楚霸而戮死，湯功釋漢恥而囚廢。神道昭昭，若何無報？九州之衆，誰非人子？踐霜露者，聞風永懷。士有感一諾一顧，猶或與之死生；嘉一草一木，猶或為之歌詠，而况百行之宗、終天之慼乎？
吕祖謙 《東萊集》 別集卷四	民國續金華叢書本	(2) 曾祖考妣居中，祖考妣居東，考妣居西。（以廣漢張氏祭儀参定温公祭儀云：考妣並位，皆南向西上。古者，祭於室中，故神座東向。自後漢以來，公私廟皆同堂異室，南向西上，所以立西上者，神道尚右故也。今以地勢不便，止從張氏儀。）
吕祖謙 《東萊集》 別集卷十二		(3)《易傳》：見天地之神，體神道而設教。（非見，則莫能體。）闚觀女貞，亦可醜也。（見之不能甚明，而能順從。在今學者已不易得，而夫子言亦可醜。蓋聖人望人之意深，待人之意厚。）
吕祖謙 《左氏博議》 卷二十三	清文淵閣四庫全書本	(4) 死姚崇可以筭生張説。（姚元崇將死，戒其子曰：疾果不救，則以吾平生好玩所寳置於張丞相。彼得之，當為吾作《神道碑》。）
吕祖謙 《宋文鑒》 皇朝文鑒 卷第十四	四部叢刊景宋刊本	(5) 優詔將州任，視政才旬時。田畯訴炎暵，坐虞多稼萎。雲將掉頭去，波臣涸轍危。行部殊未及，隨車杳難期。往慚神父化，徒令旱母嗤。……抑聞古人言，天鑒實無私。神道貴得一，何乃託邪師。遽俾送湫勺，撤役勤繭絲。申明恤刑詔，挺重捨輕疑。從此四三日，油霈洽封圻。又聞堯湯世，水旱軫君慈。存救自有術，斂散適所宜。元元無菜色，九載尚熙熙。周禮地官職，皇舞雖有祈。道經蒞天下，傷民誠弗爲。惟神稟聰正，遠鬼務肅祇。願守有常德，可戒興妖思。

續表

作者/文獻	版本	用　　例
吕祖謙 《宋文鑒》 皇朝文鑒 卷第五十八	四部叢刊景宋刊本	(6) 夫王者之孝，在乎得四海之歡心，胡為以不正無益之稱，使億兆之口指斥謗讟，致濮王之靈不安於上？臣料陛下仁孝，豈忍如斯。皆由左右之臣不能為陛下開明此理，在於神道不遠人情。故先聖謂：事死如事生，事亡如事存。
吕祖謙 《宋文鑒》 皇朝文鑒 卷第一百三十五		(7) 惟神道靈水府，雄據長江，濟物利人，載在祀典。然風波重阻，帆檣交會，物貨貿遷者，商人之利也。又如冒官敗墨侵漁，下民重裝以還者，貪吏之利也。
吕祖謙 《宋文鑒》 皇朝文鑒 卷第一百四十五		(8) 資政殿學士禮部侍郎范文正公神道碑銘（歐陽脩） (9) 太尉王文正公神道碑銘（歐陽脩）
吕祖謙 《宋文鑒》 皇朝文鑒 卷第一百四十六		(10) 神道碑銘 (11) 晏元獻公神道碑銘（歐陽脩） (12) 王武恭公神道碑銘（歐陽脩） (13) 馬正惠公神道碑銘（王安石） (14) 梅侍讀神道碑銘（王安石） (15) 曾子固神道碑銘（韓維）
吕祖謙 《宋文鑒》 皇朝文鑒 卷第一百四十七		(16) 神道碑 (17) 富鄭公神道碑銘（蘇軾）
吕祖謙 《宋文鑒》 皇朝文鑒 卷第一百四十八		(18) 神道碑 (19) 趙清獻公神道碑（蘇軾） (20) 趙康靖公神道碑銘（蘇軾代張文定公作）

表二百九十

作者/文獻	版本	用　　例
羅大經 《鶴林玉露》 卷十五	明刻本	(1)《胡忠簡碑》：周益公作《胡忠簡神道碑》云：武王一戎衣而天下定，義士猶或非之，孔子奚取焉，為萬世計也。蓋忠簡力詆和議，乞斬秦檜，而紹興終於和戎，故以忠簡比夷齊，以高宗比武王，可謂回護得體。

表二百九十一

作者/文獻	版本	用　　例
羅公升《宋貞士羅滄洲先生集》卷一	清鈔本	(1)《次韻槐姪送花》：塵欺雙鬢少，春寄一枝多。為報花神道，晴天載酒過。

表二百九十二

作者/文獻	版本	用　　例
羅泌《路史》卷九	清文淵閣四庫全書本	(1)利器，人之所大欲，而予奪者，天下之怨府也。……是故聖人乘理而制天下，必有以厭服之，然後小大罔敢不壹于正。在易之觀，神道設教；禮者，聖人之神道也。五之履顯，以中正而觀天下。以中正觀天下，故下觀而化之。然而上且觀其可樂之生，而有輆軩之志，是以觀盥而不觀薦。 (2)泰早乎，聖人之于易胡為，而小人之詳邪？小人無樽者也，其所以加乎爾者，特讼隙而已矣。苟動而中正，不顯其符，俾無隙之可讼，則天下之吝其庶矣。非觀之神道設教，以中正觀天下，疇克爾。夫有觀之位而不知變，又不能順巽中正以觀焉。以至于剝者，其惟有巢氏乎？豈惟有巢氏乎？
羅泌《路史》卷三十四		(3)嗟夫！焚事戎俗也。在昔三代，罪至惡逆，乃有焚尸，所以示凌遲而絶之人類也。……覺昏而夢靈，生寘而死神，造物之所以使人，謹其死也。《立》和《表》而為神道，陳玄輿而設。

表二百九十三

作者/文獻	版本	用　　例
羅願《爾雅翼》卷二十一	清文淵閣四庫全書本	(1)自士大夫卿以至諸侯，其德大者，其威宜遠；其德小者，其威宜近。故其張侯之法意，皆可以丈引度而設也。王者威行無外，而射力則有限焉。大射之際，又所以威冒天下，四方之諸侯必將有在庭者。……詳密而進，既善為頌，義取必中而又數在其中，此神道設教所以尊皇極者也。

表二百九十四

作者/文獻	版本	用　　例
馬令 《南唐書》 卷十三	清嘉慶墨海金壺本	(1) 初，嚴續請熙載撰其父可求《神道碑》，欲苟稱譽，遺珍貨巨萬，仍輟未勝衣歌妓姿色纖妙者歸焉。熙載受之，文既成，但敘其譜裔品秩而已。續慊之，封還熙載，熙載亦卻其贈，上寫一闋千泥金帶云：風柳搖搖無定枝，陽臺雲雨夢中歸。他年蓬島音塵斷，留取樽前舊舞衣。

表二百九十五

作者/文獻	版本	用　　例
毛居正 《增修互注禮部韻略》 卷二	清文淵閣四庫全書本	(1) 場（祭神道。一曰收禾圃。顏師古曰：築土為壇，除地為場。亦作"塲"。）

表二百九十六

作者/文獻	版本	用　　例
慕容彥逢 《摛文堂集》 卷十五	清文淵閣四庫全書補配清文津閣四庫全書本	(1) 故朝奉郎尚書職方員外通判德順軍兼管內勸農事輕車都尉賜緋魚袋累遷太子師梁公神道碑（并序）

表二百九十七

作者/文獻	版本	用　　例
倪思 《班馬異同》 卷二十二	清文淵閣四庫全書本	(1) 廣死軍（中）時，敢從驃騎將軍。廣死明年，李蔡以丞相坐侵孝景園（詔賜冢地陽陵，當得二十畝，蔡盜取三頃，頗賣得四十餘萬，又盜取神道外）壖地（一畝葬其中），當下（獄）吏治，蔡亦自殺，不對獄，國除。

表二百九十八

作者/文獻	版本	用　　例
歐陽德隆《增修校正押韻釋疑》卷二	清文淵閣四庫全書本	(1) 場（釋祭神道處，亦治穀地。）

表二百九十九

作者/文獻	版本	用　　例
歐陽守道《巽齋文集》卷八	清文淵閣四庫全書本	(1)《清溪劉武忠公詩集序》：百年來中原故家家長沙者頗多，予雅好四方之文獻。……坐甫定，則必敬問其先世，想喬木之所在，動黍離之遐思。往往酬接未竟，繼以悲歎。……公秦州人，其元孫坦示予以《神道碑》與公《清溪詩集》。《神道碑》，洪景盧撰。
歐陽守道《巽齋文集》卷十		(2) 予杜門日長，與人交多。慶元諸賢之後，嘗識趙丞相、吳侍郎、畏齋之孫各一人，與君而三丞相。《神道碑》《畏齋家集》《獻簡家集》皆三家諸孫手授，見其後人而思其先世，未嘗不慨然也。

表三百

作者/文獻	版本	用　　例
歐陽修《太常因革禮》卷十二	清廣雅書局叢書本	(1)《太常新禮》：景德四年十月十二日，詔曰：朕以歲臻豐楙，時格和平，蓋神道之垂休，致黎民之蒙福，宜申昭報，用達至誠，潔以牲牢，增重典禮。自今歲首，委太常寺開封府牛羊司以合用犧牲等令，擇純色殊養之。四郊壇壝，悉令嚴飾。中小祀用肉者，並加以羊一；未及古製者，增之御史臺定監祭御史二員，與禮官常行檢眂。 (2) 當時，陛下以孝思罔極，追感章懿不逮天下之養，而章獻嘗輔臨朝政，章惠久資保育，遂立奉慈廟以備四時孝享，故神主之前咸薦特體，登于俎食以備血食之薦。今既升祔真廟，而血食之薦不備，深所未安。熟薦雖具，牲體尚缺，安知神道不以血食為先也。且元德皇后升祔，入太宗皇帝室，不曾添牲，此蓋事近而迹殊。元德皇后在真宗朝升祔，國朝首創玆禮。
歐陽修《太常因革禮》卷三十		(3) 雖神道有殊，而至理可見，今並依郊壇圖為定。元氣廣大，則稱昊天；人之所尊，則稱上帝。其天皇大帝，即北辰耀魄寶也。自是星中之尊，有同上帝，若區而別之，其等自異。

續表

作者/文獻	版本	用　　例
歐陽修 《太常因革禮》 卷三十一	清廣雅書局叢書本	(4) 臣伏詳天聖二年南郊所考制度，皇帝南郊前自天安殿詣玉清昭應宮行禮，又迴復赴景靈宮行禮，又轉仗衛赴太廟齋宿行禮。竊以清道後行，尚防銜橛之變；執綏以侍，用調琴謍之和。事或煩并，禮亦差爽。而又案神道貴靜，既明而還，況復彌文倍于往古？若乃一日之内，數次展儀，萬歲之陟降為勞，百執之駿奔不暇。
歐陽修 《太常因革禮》 卷四十三		(5) 今參詳，若（闕四字）以為坎室。伏緣神道，貴在安靜，不欲施上。望還京日，先設次于太廟，次日依遵（闕一字）册置于神座之側。
歐陽修 《太常因革禮》 卷四十八		(6) 又西南為一階，曰神道。壇下四面爲兩壝，各二十五步。
歐陽修 《太常因革禮》 卷九十六		(7) 本朝自有制度即后諡所繫，不應盡取漢明惠之法，且神道貴靜，禮典從宜，恐不可輕變。
歐陽修 《歐陽文忠公集》 居士集 卷第二十	四部叢刊景元本	(8) 金部郎中贈兵部侍郎閻公神道碑銘（并序） (9) 太子太師致仕贈司空兼侍中文惠陳公神道碑銘（并序） (10) 資政殿學士戶部侍郎文正范公神道碑銘（并序）
歐陽修 《歐陽文忠公集》 居士集 卷第二十一		(11) 尚書戶部郎中贈右諫議大夫曾公神道碑銘（并序） (12) 尚書度支郎中天章閣待制王公神道碑銘（并序） (13) 袁州宜春縣令贈太師中書令兼尚書令冀國公程公神道碑銘（并序） (14) 鎮安軍節度使同中書門下平章事贈太師中書令程公神道碑銘（并序）
歐陽修 《歐陽文忠公集》 居士集 卷第二十二		(15) 太尉文正王公神道碑銘（并序） (16) 觀文殿大學士行兵部尚書西京留守贈司空兼侍中晏公神道碑銘（并序）
歐陽修 《歐陽文忠公集》 居士集 卷第二十三		(17) 贈刑部尚書余襄公神道碑銘（并序）

續表

作者/文獻	版本	用　　例
歐陽修 《歐陽文忠公集》 外集 卷第十一	四部叢刊景元本	(18) 衛尉卿祁公神道碑銘
歐陽修 《歐陽文忠公集》 外集 卷第二十二		(19)《牡丹記跋尾》：右蔡君謨之書，八分、散隸、正楷、行狎、大小草衆體皆精。其平生手書小簡、殘篇斷稾，時人得者甚多，惟不肯與人書石，而獨喜書余文也。若《陳文惠公神道碑銘》《薛将軍碣》《真州東園記》《杭州有美堂記》《相州晝錦堂記》，余家《集古録目序》，皆公之所書。最後又書此記，刻而自藏于其家。方走人於亳，以模本遺予，使者未復於閫，而凶訃已于亳矣，盖其絕筆於斯文也。
歐陽修 《歐陽文忠公集》 易童子問 卷第一		(20) 童子問曰：《觀》之《象》曰“先王以省方觀民設教”，何謂也？曰：聖人處乎人上而下觀於民，各因其方，順其俗而教之。民知各安其生而不知聖人所以順之者，此所謂神道設教也。
歐陽修 《歐陽文忠公集》 表奏書啓四六集 卷第五		(21) 代薛仲孺乞御篆神道碑狀 (22) 右臣輒瀝哀懇，上干睿聽。人子之志，蓋急於顯親；天心至仁，仰冀於從欲。伏念臣先臣奎早以孤直，遭逢盛明，自結主知，叅預國政。讜言忠節，著在朝延；遺德餘芳，宜刻金石。伏見兩府舊臣之家所立《神道碑》，多蒙聖恩賜以御書名額。臣今欲於先臣墓隧刻立碑名，欲望聖慈特賜御篆《神道碑額》。所冀神翰之光，照臨幽壤，不獨榮其後嗣，實以勸於事君。謹具狀陳乞以聞。
歐陽修 《歐陽文忠公集》 集古録跋尾 卷第二		(23)《後漢楊震碑》（歲月未詳）：右漢《楊震碑》，首題云“漢故太尉楊公神道碑銘”。文字殘缺，首尾不完，其可見而僅成文者云“聖漢龍興，神祇降祉，乃生于公”，又云“窮神知變，與聖同符，鴻漸衡（一作“于”）門，羣英雲集，又云“貽我三魚，以章懿德”，又云“大將軍辟舉茂材，除襄城令，遷荊州刺史、東萊、涿郡太守”，又云“司徒、太尉，立朝正色，恪勤竭忠”。
歐陽修 《歐陽文忠公集》 集古録跋尾 卷第四		(24) 宋文帝神道碑（歲月未詳） (25) 右《宋文帝神道碑》，云“太祖文皇帝之神道”，凡八大字而別無文辭，惟以此為表識爾。古人刻碑（一作“碑刻”），正當如此，而後世鐫刻功德、爵里、世纍，惟恐不詳。然自後漢以來，門生故吏多相與立碑頌德矣。

續表

作者/文獻	版本	用　　例
歐陽修 《歐陽文忠公集》 集古録跋尾 卷第四		余家《集古》所錄三代以來鐘鼎彝盤銘刻備有，至後漢以後始有碑文，欲求前漢時碑碣，卒不可得，是則冢墓碑自後漢以來始有也。此碑無文，疑非宋世立。蓋自漢以來，碑文務載世德，宋氏子孫未必能超然獨見，復古簡質。又南朝士人氣尚卑弱，字書工者率以纖勁清媚爲佳，未有偉然巨筆如此者，益疑後世所書。
歐陽修 《歐陽文忠公集》 集古録跋尾 卷第七	四部叢刊景元本	(26) 唐杜濟神道碑（大曆十二年） (27) 右《杜濟神道碑》，顏真卿撰并書。藝之至者，如庖丁之刀，輪扁之斲，無不中也。顏魯公之書，刻於石者多矣，而有精有粗，雖他人皆莫可及。然在其一家，自有優劣，余意傳模鐫刻之有工拙也。而此碑字畫遒勁，豈傳刻不失其真者皆若是歟。 (28) 唐顏勤禮神道碑（大曆十四年） (29) 右《顏勤禮神道碑》，顏真卿撰并書序。顏、温二家之盛，云思魯、大雅，在隋俱仕東宮；愍楚、彥博，同直内史省；遊秦、彥将，皆典秘閣。 (30) 唐王師乾神道碑（大曆十三年） (31) 右《王師乾神道碑》，張從申書。余初不甚以爲佳，但怪唐人多稱之，第錄此碑，以俟識者。前歲在亳社，因與秦玠郎中論書，玠學書於李西臺建中，而西臺之名重於當世。余因問玠，西臺學何人書？云學張從申也。問玠識從申書否？云未嘗見也。因以此碑示之，玠大驚曰：西臺未能至也。以此知世以鑒書爲難者，誠然也。
歐陽修 《歐陽文忠公集》 集古録跋尾 卷第八		(32) 唐鴈門王田氏神道碑（代宗時） (33) 唐于敻神道碑（元和中） (34) 右《于敻神道碑》，盧景亮撰。其文辭雖不甚雅，而書事能不沒其實。敻之為人，如其所書，蓋篤於信道者也。碑云“司馬遷儒之外五家，班固儒之外八流”，其語雖拙，蓋言其（《集》本作“敻”）學不駁雜也。
歐陽修 《歐陽文忠公集》 集古録跋尾 卷第九		(35) 唐崔能神道碑（長慶三年） (36) 右《崔能神道碑》，李宗閔撰，能弟從書。碑云“拜御史中丞，持節觀察黔中，仍賜紫衣金印”。按：唐世無賜金印者。官制古今（《集》本作“古今官制”）沿革不同，而其名號尚或相襲。自漢以來，有銀青、金紫之號。當時所謂青紫者，綬也，金銀者，乃其所佩印章爾，綬所以繫印者也。後世官不佩印，此名虛設矣。隋、唐以來，有隨身魚，而青紫爲服色，所謂金紫者，乃服紫衣而佩金魚爾。宗閔謂賜金印者，繆也。 (37) 唐李聽神道碑（開成五年，柳公權書。）

續表

作者/文獻	版本	用　例
歐陽修 《歐陽文忠公集》 集古録跋尾 卷第九	四部叢刊景元本	(38) 右《李聽神道碑》，李石撰。聽父子爲唐名將，其勲業昭彰，故以碑考傳，少所差異。而史家當著其大節，其微時所歷官多不書，於體宜然。惟其自安州刺史遷神武将軍，史不宜略而不書者，蓋闕也。(右集本) (39) 唐李石神道碑（會昌三年） (40) 唐王質神道碑（開成四年） (41) 右《王質神道碑》，唐太子賓客劉禹錫撰并書。質字華卿，王通之後也，開成中爲宣、歙、池等州觀察使。(右集本) (42) 唐孔府君神道碑（咸通十二年）
歐陽修 《歐陽文忠公集》 書簡 卷第一		(43) 某啓。近范純仁寺丞見過，得覩所製《奏議集序》，豈勝榮幸。文正遺忠獲存於不朽，亦勸善之道也。某亦爲其子迫令作《神道碑》，不獲辭。然惟范公道大材閎，非拙辭所能述。富公墓刻直筆不隱，所紀已詳，而群賢各有撰述，實難措手於其間。近自服除，雖勉牽課，百不述一二。
歐陽修 《歐陽文忠公集》 書簡 卷第二		(44) 某頓首。伏承台誨，欲使撰述先公《神道碑》，豈勝愧恐！某才識卑近，豈足以鋪列世德之清芬。然蒙顧有年，義不得辭。其如大懼不稱所使，以辱執事，是用進退惕然。餘當詣節下受教，舟船荷德無已。
歐陽修 《歐陽文忠公集》 書簡 卷第七		(45) 某啓。人至，辱書，承官下無恙，深慰深慰。所云進取之道，能具達其如此，夫復何患？諭及富公言《范文正公神道碑》事，當時在潁，已共詳定，如此爲允。述吕公事，於范公見德量包宇宙，忠義先國家。於吕公事各紀實，則萬世取信。非如兩仇相訟，各過其實，使後世不信，以爲偏辭也。大抵某之碑，無情之語平；富之誌，嫉惡之心勝。後世得此二文雖不同，以此推之，亦不足怪也。 (46)《與姚編禮》（闕，字子張。皇祐五年。)：某頓首。閑居絶無人使，又不欲頻煩郡中借人，所以久不作書上杜公，然哀苦中無限瞻依也。因請見，爲多道哀懇。希文得美謚，雖無墓誌，亦可。況是富公作，必不泯昧。脩亦續後爲他作《神道碑》，中懷亦自有千萬端事待要舒寫，極不憚作也。只是劣性剛褊，平生喫人一句言語不得，居喪犯禮，名教所重，況更有纖毫。譬如閑事，亦常不欲人擬議，況此乎！然而不失爲他紀述，只是遲着十五箇月爾。
歐陽修 《歐陽文忠公集》 附録 卷第二		(47) 墓誌銘・神道碑 (48) 神道碑（蘇文定公）

續表

<table>
<tr><th>作者/文獻</th><th>版本</th><th>用　　例</th></tr>
<tr><td>歐陽修
《歐陽文忠公集》
附録
卷第三</td><td>四部
叢刊
景元
本</td><td>（49）自保州之變，河北兵驕，小不可意則思亂，人情務在姑息。脩乞假將帥權（一有“事從鎮”二字）重，以消未萌。保塞之脅從者二千餘人，分隸河北，夏竦爲宣撫使（《事迹》《神道碑》並以爲富鄭公），曰是去禍而遺根也，欲以便宜誅之。</td></tr>
<tr><td>歐陽修
《集古録》
卷二</td><td rowspan="3">清文
淵閣
四庫
全書
本</td><td>（50）《後漢楊震碑》（歲月未詳）：右漢《楊震碑》，首題云“漢故太尉楊公神道碑銘”。文字殘缺，首尾不完，其可見而僅成文者云“聖漢龍興，神祇降祉，乃生于公”，又云“窮神知變，與聖同符，鴻漸衡（一作“于”）門，羣英云集”，又云“貽我三魚，以章懿德”，又云“大將軍辟舉茂材，除襄城令，遷荆州刺史、東萊、涿郡太守”，又云“司徒、太尉，立朝正色，恪勤竭忠”。</td></tr>
<tr><td>歐陽修
《集古録》
卷四</td><td>（51）宋文帝神道碑（歲月未詳）
（52）右《宋文帝神道碑》，云“太祖文皇帝之神道”，凡八大字而别無文辭，惟以此為表識爾。古人刻碑（一作“碑刻”），正當如此，而後世鐫刻功德、爵里、世系，惟恐不詳。然自後漢以來，門生故吏多相與立碑頌德矣。余家《集古》所錄三代以來鐘鼎彝盤銘刻備有，至後漢以後始有碑文，欲求前漢時碑碣，卒不可得，是則冢墓碑自後漢以來始有也。此碑無文，疑非宋世立。蓋自漢以來，碑文務載世德，宋氏子孫未必能超然獨見，復古簡質。又南朝士人氣尚卑弱，字書工者率以纖勁清媚為佳，未有偉然巨筆如此者，益疑後世所書。
（53）宋文帝神道碑（元第四百四十九）</td></tr>
<tr><td>歐陽修
《集古録》
卷七</td><td>（54）唐杜濟神道碑（大歷十二年）
（55）右《杜濟神道碑》，顔真卿撰并書。藝之至者，如庖丁之刀，輪扁之斲，無不中也。顔魯公之書，刻於石者多矣，而有精有粗，雖他人皆莫可及。然在其一家，自有優劣，余意傳模鐫刻之有工拙也。而此碑字畫遒勁，豈傳刻不失其真者皆若是歟。
（56）唐顔勤禮神道碑（大歷十四年）
（57）右《顔勤禮神道碑》，顔真卿撰并書序。顔、温二家之盛，云思魯、大雅，在隋俱仕東宫；愍楚、彦博，同直内史省；遊秦、彦将，皆典秘閣。
（58）唐王師乾神道碑（大歷十三年）
（59）右《王師乾神道碑》，張從申書。余初不甚以為佳，但怪唐人多稱之，第錄此碑，以俟識者。前歲在亳社，因與秦玠郎中論書，玠學書於李西臺建中，而西臺之名重於當世。余因問玠，西臺學何人書？云學張從申也。問玠識從申書否？云未嘗見也。因以此碑示之，玠大驚曰：西臺未能至也。以此知世以鑒書為難者，誠然也。
（60）杜濟神道碑（元第四百五）</td></tr>
</table>

續表

作者/文獻	版本	用　例
歐陽修 《集古録》 卷八	清文淵閣四庫全書本	(61) 唐鴈門王田氏神道碑（代宗時） (62) 唐于𩅰神道碑（元和中） (63) 右《于𩅰神道碑》，盧景亮撰。其文辭雖不甚雅，而書事能不沒其實。𩅰之為人，如其所書，蓋篤於信道者也。碑云“司馬遷儒之外五家，班固儒之外八流”，其語雖拙，蓋言其（《集》本作“𩅰”）學不駁雜也。 (64) 鴈門王田氏神道碑（元無卷第） (65) 于𩅰神道碑（元第九百六十八）
歐陽修 《集古録》 卷九		(66) 唐崔能神道碑（長慶三年） (67) 右《崔能神道碑》，李宗閔撰，能弟從書。碑云“拜御史中丞，持節觀察黔中，仍賜紫衣金印”。按：唐世無賜金印者。官制古今（《集》本作“古今官制”）沿革不同，而其名號尚或相襲。自漢以來，有銀青、金紫之號。當時所謂青紫者，綬也，金銀者，乃其所佩印章爾，綬所以繫印者也。後世官不佩印，此名虛設矣。隋、唐以來，有隨身魚，而青紫為服色，所謂金紫者，乃服紫衣而佩金魚爾。宗閔謂賜金印者，繆也。 (68) 唐李聽神道碑（開成五年，柳公權書。） (69) 右《李聽神道碑》，李石撰。聽父子為唐名將，其勳業昭彰，故以碑考傳，少所差異。而史家當著其大節，其徵時所歷官多不書，於體宜然。惟其自安州刺史遷神武将軍，史不宜略而不書者，蓋闕也。(右集本) (70) 唐李石神道碑（會昌三年） (71) 唐王質神道碑（開成四年） (72) 右《王質神道碑》，唐太子賓客劉禹錫撰并書。質字華卿，王通之後也，開成中為宣、歙、池等州觀察使。(右集本) (73) 唐孔府君神道碑（咸通十二年） (74) 崔能神道碑（元第八百八十三） (75) 李聽神道碑（元第七百一十七） (76) 李石神道碑（元第四百一十三） (77) 王質神道碑（元無卷第） (78) 孔府君神道碑（元第四百六十三）
歐陽修 《新五代史》 卷五十四	清乾隆武英殿刻本	(79) 明宗討王都，已破定州，自汴還洛，琪當率百官至上東門，而請至偃師奉迎。其奏章言“敗契丹之凶黨，破真定之逆城”，坐誤以定州為眞定，罰俸一月。霍彥威卒，詔琪撰《神道碑文》。彥威故梁將，而琪故梁相也，敘彥威在梁事不曰偽，為馮道所駁。琪為人重然諾，喜稱人善。少以文章知名，亦以此自負。

續表

作者/文獻	版本	用　　例
歐陽修《新唐書》卷十四	清乾隆武英殿刻本	(80) 前行二日，遣太尉告於廟。皇帝至行宮，即齋室。陵令以玉册進署。設御位於陵東南隅，西向，有岡麓之閡，則隨地之宜。又設位於寢宮之殿東陛之東南，西向。尊坫陳于堂戶東南。百官、行從、宗室、客使位神道左右，寢宮則分方序立大次前。
歐陽修《新唐書》卷六十		(81) 張楚金《翰苑》三十卷，王方慶《王氏神道銘》二十卷，徐堅《文府》二十卷。(開元中，詔張説括《文選》外文章，乃命堅與賀知章、趙冬曦分討。會詔促之，堅乃先集詩、賦二韻為《文府》上之，餘不能就而罷。)
歐陽修《新唐書》卷七十七		(82)《宣懿韋太后》(尚宮宋若昭)：穆宗宣懿皇后韋氏，失其先世。穆宗為太子，后得侍，生武宗。長慶時，冊為妃。武宗立，妃已亡，追冊為皇太后，上尊謚，又封后二女弟為夫人。有司奏：太后陵宜別制號。帝乃名所葬園曰福陵。既又問宰相：葬從光陵與但祔廟孰安？奏言：神道安於靜，光陵因山為固，且二十年，不可更穿。福陵崇築已有所，當遂就。臣等請奉主祔穆宗廟便。帝乃下詔：朕因誕日展禮于太皇太后，謂朕曰："天子之孝，莫大於承續。"今穆宗皇帝虛合享之位，而宣懿太后實生嗣君，當以祔廟。繇是奉后合食穆宗室。
歐陽修《新唐書》卷一百二十九		(83) 是時，太常議加宗廟籩豆，又欲增喪服，於是卿韋縚請坐增籩豆至十二；外祖服大功，舅小功，堂姨若舅、舅母袒免。沔曰：祭祀上矣，古者飲食必先嚴獻。未有火化，故有毛血之薦；未有麴糵，故有玄酒之奠。後王作為酒醴、犧牲以致馨香，故有三牲、八簋、五齊、九獻。神道主敬，可備而不敢廢也，雖曰備物，而節制存焉。鉶俎、籩豆、簠簋尊罍之實，皆周時饌，其用通宴饗賓客，而周公與毛血、玄酒同薦於先祖。晉盧諶家祭禮，所薦皆晉時常食，不純用古。此聖賢變文而通其情也。
歐陽修《新唐書》卷一百三十一		(84) 夷簡致位顯處，以直自閑，未嘗茍辭氣悅人。歷三鎮，家無產貲。病不迎醫，將終，戒毋厚葬，毋事浮屠，無碑神道，惟識墓則已。世謂行己能有終始者。
歐陽修《新唐書》卷一百九十五		(85) 謹按：興匹庶賤陋，循習淺下，性非文字所導，生與耨耒為業，而能鍾彼醇孝，超出古烈，天意神道，猶錫瑞物以表殊異。伏惟陛下有唐堯如神之德，宜加旌褒，合于上下。請表其里閭，刻石明白，宣延風美，觀示後祀，永永無極。

續表

作者/文獻	版本	用　　例
歐陽修《新唐書》卷二百	清乾隆武英殿刻本	(86) 景皇帝雖太祖，於獻、懿，子孫也。當禘祫，獻祖居東向位，景從昭若穆，是祖以孫尊，孫以祖屈，神道人情，其不相遠。又常祭衆，合祭寡，則太祖所屈少，而所伸多。與其伸孫尊，廢祖祭，不以順乎！
歐陽修《新唐書》卷二百二		(87) 中宗立，鄭普思以方技幸，擢秘書監。邕諫曰：陛下躬政曰淺，有九重之嚴，未聞道路橫議。今籍籍皆言普思馮詭惑，說妖祥，陛下不知，猥見驅使。孔子曰：《詩》三百，一言以蔽之，曰：思無邪。陛下誠以普思術可致長生，則爽鳩氏且因之永有天下，非陛下乃今可得；能致神人邪，秦、漢且因之永有天下，非陛下乃今可得；能致佛法邪，梁武帝且因之永有天下，非陛下乃今可得；能鬼道邪，墨翟、干寶且各獻其主，永有天下，非陛下乃今可得。自古堯、舜稱聖者，臣觀所以行，皆在人事，敦睦九族，平章百姓，不聞以鬼神道治天下，惟陛下省察。不納。
歐陽修《新唐書》卷二百四		(88) 后崩，將合葬乾陵，善思建言：尊者先葬，卑者不得入。今啓乾陵，是以卑動尊，術家所忌。且玄闕石門，冶金錮隙，非攻鑿不能開，神道幽静，多所驚黷。若別攻隧以入其中，即往昔葬時神位前定，更且有害。曩營乾陵，國有大難，易姓建國二十餘年，今又營之，難且復生。合葬非古也，況事有不安，豈足循據？漢世皇后別起陵墓，魏、晉始合葬。漢積祀四百，魏、晉祚率不長，亦其驗也。今若更擇吉地，附近乾陵，取從葬之義。使神有知，無所不通；若其無知，合亦何益？山川精氣，上馬列星。葬得其所，則神安而後嗣昌；失其宜，則神危而後嗣損。願割私愛，使社稷長久。中宗不納。
歐陽修《新唐書》卷二百二十四下		(89) 騈久囚拘，供億窘狹，群奴徹延和閣闌楯為薪，煮革帶以食。騈召幕府盧涚曰：予粗立功，比求清淨，非與此世爭利害，今而及此，神道何望邪？涕下不能已。帥鐸既敗，慮騈內應。
歐陽修《五代史記注》卷五上	清道光八年刻本	(90) 及安塞不利之後，時事多難，梁將氏叔琮、康懷英頻犯郊圻，土疆日蹙，城門之外，鞠爲戰塲，武皇憂形于色。帝因啟曰：夫盛衰有常理，禍福繫神道。家世三代，盡忠王室，勢窮力屈，無所愧心。物不極則不反，惡不極則不亡。今朱氏攻逼乘輿，窺伺神器，陷害良善，誣詐神祇。以臣觀之，殆其極矣。大人當遵養時晦，以待其衰，何事輕爲沮喪！
歐陽修《五代史記注》卷六中		(91) 八月丁酉朔，大理正路阮奏：切見春秋釋奠于文宣王，而武成王廟久曠時祭，請復常祀。從之。戊戌，中書奏：太子少傅李琪所撰進《霍彥威神道碑文》，不分真僞，是混功名，望令改撰。從之。

續表

<table>
<tr><th>作者/文獻</th><th>版本</th><th>用　　例</th></tr>
<tr><td>歐陽修
《五代史記注》
卷六下</td><td rowspan="8">清道光八年刻本</td><td>(92) 長興二年春正月庚申朔，帝御明堂殿受朝賀，仗衛如儀。乙丑，詔曰：故天策上將軍、守太師、尙書令、楚國王馬殷，品位俱高，封崇已極，無官可贈，宜賜謚及《神道碑文》，仍以王礼葬。</td></tr>
<tr><td>歐陽修
《五代史記注》
卷七</td><td>(93) 辛亥，以前定州節度使李德珫爲北京留守，充河東節度使。許王從益加檢校太保，前河中節度使、洋王從璋加檢校太傅。詔：藩侯帶平章事以上薨，許立《神道碑》，差官撰文。未帶平章事及刺史，準令式合立碑者，其文任自製撰，不在奏聞。</td></tr>
<tr><td>歐陽修
《五代史記注》
卷十下</td><td>(94) 六月癸酉朔，日有食之。兖州奏，捕蝗二萬斛，魏、博、宿三州蝗抱草而死。乙亥，潁州獻白鹿。戊寅，安州節度使楊信奏，亡父光遠，蒙賜《神道碑》，鐫勒畢，無故中斷。詔别令斵石鐫勒。</td></tr>
<tr><td>歐陽修
《五代史記注》
卷十二上</td><td>(95)《大周故銀青光祿大夫中書侍郎同中書門下平章事上柱國晉陽縣開國伯食邑三百户贈侍中景公神道碑銘》，翰林學士朝議郎尙書水部員外郎知制誥柱國賜緋魚袋臣扈載奉勑撰，翰林待詔朝議郎守司農寺丞臣孫崇望奉勑書。
(96) 銘以紀功，碑以誌行，千載之下，粲然可觀者，其惟神道之表乎！</td></tr>
<tr><td>歐陽修
《五代史記注》
卷二十五</td><td>(97) 史匡翰神道碑
(98)《功臣義成軍節度滑濮等州觀察處置管内河隄等使起復冠軍大將軍右金吾衛大將軍員外置同正員檢校司徒兼御史大夫駙馬都尉上贈太保史公神道碑銘》（并序），朝議郎尙書虞部員外郎知制誥臣陶穀奉勑撰，待詔朝散大夫太府卿賜紫金魚袋臣閻光遠奉勑書。</td></tr>
<tr><td>歐陽修
《五代史記注》
卷二十七</td><td>(99) 及高祖臨朝，崧爲樞密使，與桑維翰同列，維翰與專美亦有舊，乃協力以奏之，遂復朝序，位至九卿。專美曾使閩中，遇風水漂至兩浙，踰歲無恙而還，至是善終，人以爲神道福謙之所至也。</td></tr>
<tr><td>歐陽修
《五代史記注》
卷三十一</td><td>(100) 仁誨爲人端厚謙損，造次必由于禮。及居樞務，雖權位崇重，而能孜孜接物，無自矜之色。及終，故朝廷咸惜之。詔贈中書令，追封韓國公，謚曰忠正。既葬，命翰林學士陶穀撰《神道碑文》。官爲建立，表特恩也。</td></tr>
<tr><td>歐陽修
《五代史記注》
卷四十六</td><td>(101) 天復元年冬十二月辛巳，卒於鎮。贈太尉，歸葬於瑯邱，詔立《神道碑》。知温性麤獷，動罕由禮。每迎待王人，不改戎服，寡言笑，多縱左右排辱賓寮，他日知悞，亦無愧色。始與末帝嘗失意於杯盤間，以白刃相恐，及末帝卽位，知温憂甚，末帝乃封王爵以寧之也。</td></tr>
</table>

續表

<table>
<tr><th>作者/文獻</th><th>版本</th><th>用　例</th></tr>
<tr><td>歐陽修
《五代史記注》
卷五十四</td><td rowspan="4">清道光八年刻本</td><td>(102) 靜思本末，慶及存亡，葢自國恩，盡從家法，承訓誨之旨，關教化之源，在孝于家，在忠于國，口無不道之言，門無不義之貨。所願者下不欺於地，中不欺于人，上不欺于天，以三不欺爲素。賤如是，貴如是，長如是，老如是，事親、事君、事長、臨人之道，曠蒙天恕，累經難而獲多福，曾陷蕃而歸中華，非人之謀，是天之佑。六合之內有幸者，百歲之後有歸所。無以珠玉含，當以時服斂，以籧篨葬，及擇不食之地而葬焉，以不及于古人故。祭以特羊，戒殺生也，當以不害命之物祭。無立《神道碑》，以三代墳前不獲立碑故。無請謚號，以無德故。
(103) 明宗討王都，已破定州，自汴還洛，琪當率百官至上東門，而請至偃師奉迎。其奏章言“敗契丹之兇黨，破眞定之逆城”，坐誤以定州爲眞定，罰俸一月。霍彦威卒，詔琪撰《神道碑文》。彦威故梁將，而琪故梁相也，敘彦威在梁事不曰僞，爲馮道所駮。
(104) 天成末，明宗自汴州還洛，琪爲東都留司官班首，奏請至偃師奉迎。時琪奏中有“敗契丹之凶黨，破眞定之逆城”之言，詔曰：契丹卽爲凶黨，眞定不是逆城，李琪罰一月俸。又嘗奉勑撰《霍彦威神道碑文》。琪，梁之故相也，敘彦威仕梁歷任，不言其僞。中書奏曰：不分眞僞，是混功名，望令改撰。詔從之。多此類也。</td></tr>
<tr><td>歐陽修
《五代史記注》
卷六十中</td><td>(105) 懷賢里《十國紀年》：葬夫人伍氏於閩縣鳳池山，後忠懿王亦葬焉。今鳳池寺山也。唐同光三年，改葬永福山，卽遵化里蓮華山也。後唐賜《神道碑》，張文寶撰。
(106) 吳越武肅王墓，在臨安縣城北十三步。吳越文穆王墓，在龍山之南原，和凝撰《神道碑》。吳越忠獻王墓，在龍山之南原，太常卿張昭撰《神道碑》。</td></tr>
<tr><td>歐陽修
《五代史記注》
卷六十下</td><td>(107)《武信王神道碑》云：公旁帶一江，接壤吳蜀，舟車四達。又江陵以水爲險，陸抗之築大堰，建隆間高勉得之名，北海是也。</td></tr>
<tr><td>歐陽修
《五代史記注》
卷六十二中之上</td><td>(108) 熙載才高氣逸，無所卑屈，舉朝未嘗拜一人。初，嚴續請熙載撰其父可求《神道碑》，欲苟稱譽，遺珍貨巨萬，仍輟未勝衣歌妓姿色纖妙者歸焉。熙載受之，文旣成，但敘其譜裔品秩而已。續慊之，封還熙載，熙載亦卻其贈，上寫一闋于泥金帶云：風柳搖搖無定枝，陽臺雲雨夢中歸。他年蓬島音塵斷，留取樽前舊舞衣。</td></tr>
</table>

續表

作者/文獻	版本	用　例
歐陽修 《五代史記注》 卷六十二下之下		(109) 太平興國中，吳王李煜薨，太宗詔侍臣撰《吳王神道碑》。時有與徐鉉爭名而欲中傷之者，面奏曰：吳王事迹，莫若徐鉉爲詳。太宗未悟，遂詔鉉撰碑，鉉遽請對而泣曰：臣舊事李煜，陛下容臣存故主之義，乃敢奉詔。太宗始悟讒者之意，許之。故鉉為碑，但推言歷數有盡，天下有歸而已。
歐陽修 《五代史記注》 卷六十七上	清道光八年刻本	(110) 我國家集慶仙源，遊神道域，普天之下，靈迹甚多。然自兵革薦興，居址多毀，況兹幽邃，豈假脩營？卿考輯圖經，知列聖崇奉，親臨勝概，重葺仙居，仍選清慤之流，虔備焚脩之禮，冀承元貺，來祐昌期。豈惟觀好事之方，抑亦驗愛君之節。既陳章奏，披玩再三，嘉歎無已，想宜知悉。 (111) 鏐以長興三年三月二十八日薨，年八十一。制曰：故天下兵馬都元帥、尚父、吳越國王錢鏐，累朝元老，當代勳賢，位已極于人臣，名素高于簡册。贈典既無其官爵，易名宜示其優崇，宜令所司定謚，以王禮葬，仍賜《神道碑》。 (112) 粵以唐長興三年壬辰春季蓂凋十三莢，天下兵馬都元帥、尚父守、尚書令、吳越國王弃捐宫館。以是歲明宗皇帝降太常博士段顒，定謚議曰武肅。尚書工部侍郎楊凝式撰《神道碑文》，宣翰林待詔張季恭至吳越，書於刊石。後二年歲在敦牂，天下兵馬元帥嗣吳越王建廟貌於始封之越國，禮與境内，樂之罔極，孝思也。蓋聞神道設教，莫大於郊社嚴禋。明德維馨，無逾於祖考孝享。是以百代相襲，亦藉盛稱。報劬勞則天保是徵，展欽若則王假是訓。 (113) 明宗皇帝宣太常而定謚法，詔貳卿而撰誄文。鸞輅龍旂，贈禮優於鄧禹。梓宮黄屋，異數等於霍光。得謂盡始盡終，極榮極貴。享九九之仙壽，近帝位於一爻。感萬萬之人心，歆神道於千祀。有後如此，又何缺焉！
歐陽修 《五代史記注》 卷六十七下		(114) 是月，閩王曦稱大閩皇帝。八月辛亥，王薨于瑤臺院之綵雲堂，年五十五，在位十年。勅贈太師，謚曰文穆，仍詔宰相和凝撰《神道碑》。七年壬寅二月癸卯，葬于國城龍山之南原。 (115) 表畧曰：伏有懇誠，貯于肺腑，幸因入覲，輒敢上言，葢虞神道之害盈，必冀天時之從欲。臣近蒙賜劍履上殿，詔書不名，仍以本道召募卒徒，嘗營戈甲，特建國王之號，并增師律之嚴，皆所以假其寵名，誇于隣國。方今幅員無外，名數洞分，豈可冒居，自稱公議？合從省罷，以正等威。除本道軍甲器皿已曾奏納外，所有封吳越國王及天下兵馬大元帥職名，並乞解罷。凡頒詔命，悉願名呼，庶聖朝無虚授之恩，微臣免速亡之禍。

續表

作者/文獻	版本	用　　例
歐陽修 《五代史記注》 卷六十九	清道光八年刻本	(116) 按：陶穀《渤海王季興神道碑》及《渤海行狀》皆云十二月十五日卒，今從之。《五代史補》：高從誨，季興之庶子而處長，爲性寬厚，雖士人不如也。
歐陽修 《五代史記注》 卷七十		(117) 右諫議大夫楊夢申奉勅撰《大漢都統追封定王劉繼顒神道碑》云：天會十二年，今皇帝踐祚之初年也。

表三百零一

作者/文獻	版本	用　　例
潘自牧 《記纂淵海》 卷第二十六	清文淵閣四庫全書本	(1) 姚元崇與張說同爲宰相，張銜崇。崇病，戒諸子曰：張爲人好服玩。吾身没之後，汝具陳吾平生服玩，寶帶重噐，羅列於帳前。張若不顧，汝家事産，族無類矣。若顧此，吾属無虞，仍以《神道碑》爲請。既獲其文，登時録進，仍先礱石以待，至便鐫刻。張丞相見事常遲於我，數日之後，必當有悔。若徵碑文，以刋削爲辭，當引使視其鐫，仍告已具聞上。
潘自牧 《記纂淵海》 卷第四十三		(2) 湏臾慰蒲三農望，却歛神功寂似無。(韓魏公《喜雨》詩) 公之所能，我不能知。乘雲驭風，與汗漫期。(東坡撰《文定神道碑》) 子之心胷，蟠屈龍蛇。風雲变化，雨雹交加；包然揮斧，霹靂轟車。
潘自牧 《記纂淵海》 卷第五十六		(3) 不立異以爲高，不逆情以干譽。(歐文) 趙清獻公爲人和易，與人言，如恐傷之。(東坡 (闕) 公《神道碑》) 樂易向人無不可 (反子由文)，柏拍滿懷俱是春 (邵意夫)。
潘自牧 《記纂淵海》 卷第八十四		(4) (姚) 崇與張説同爲宰相，張銜崇。疾，戒諸子曰：張爲人好服玩。吾身没之後，汝具陳吾平生服玩寳帶重噐羅列於帳前。張若不顧，汝計家事産，族無類矣。若顧此，吾屬無虞，乃以《神道碑》為請。既獲其文，登持録進，仍先礱石以待，至便鐫刻。張丞相見事常遲於我，數曰之後，必當有悔。若徵碑文，以刊削爲辭，當引使視其鐫石，仍告以具文上。
潘自牧 《記纂淵海》 卷第九十七		(5) 韓魏公喜用知名士，或不識其面；既用之其人，亦不知所薦進也。(《行狀》) 富公使契丹。始受命，聞一女卒，再受命，聞一男生，皆不顧而行。得家書，不發而焚之。(《神道碑》) 孔道輔卒，客有謂公曰：此害公者也。公愀然曰：孔公以職言事，豈害我者！可惜朝廷亡一直臣。

續表

作者/文獻	版本	用　例
潘自牧《記纂淵海》卷第一百單九	清文淵閣四庫全書本	(6) 孔子曰：三人行，必有我師。故弟子不必不如師，師不必賢於弟子，聞道有先後，術業有專攻，如是而已。（韓文《師説》）漢氏已來，師道日微，然時猶有授經傳業者；及于今，則無聞矣。(《策問》)《文中子》：紹明王道，游其門皆天下俊傑。(劉禹錫撰《王贇神道碑》)
潘自牧《記纂淵海》卷第百一十一		(7) 東漢隱士王烈居祈縣，因號所居鄉爲君子鄉。(《韓文正公神道碑》)
潘自牧《記纂淵海》卷第百十二		(8) 陳堯（闕）爲樞密，堯咨爲節度使。父秦公尚無恙，每賔客至其家，髡叟及伯季侍立左右，坐客不安，求去。公曰：此兒子輩耳。天下以陳氏世家爲榮。(《神道碑》)
潘自牧《記纂淵海》卷第一百四十六		(9) 朕屈韓愈公為尹，宜令無參御史，不得為故常。(《韓愈神道碑》)
潘自牧《記纂淵海》卷第一百六十四		(10) 厥聲赫赫，滿華遍貊。(《韓愈神道碑》) 自始仕以至没世，未甞無聞焉。(林文)
潘自牧《記纂淵海》卷第一百六十五		(11) 神宗崩，公赴闕臨，衛士見公入，皆以手加額曰：此司馬相公也。民遮道呼曰：公无歸洛，留相天子，活百姓。所在數千人聚觀之。(《東坡集》《司馬温公神道碑》。互見爲也輕重。)
潘自牧《記纂淵海》卷之一百六十八		(12) 肆意文章，秋濤瑞錦。(皇甫湜）意語天出，(闕）(《韓愈神道碑》。互見論詩門。)
潘自牧《記纂淵海》卷第一百七十七		(13) 日月照臨於佳城，煙雲变態於神道。(《唐文粹》)

表三百零二

作者/文獻	版本	用　　例
彭百川 《太平治迹統類》 卷四	清文淵閣四庫全書本	(1)《真宗祥符》：景德四年十一月庚辰，中書以事聞，上拱輯不答。王欽若曰：非聖朝承平，豈能振舉？王欽若既以城下之盟毀寇準。上謂欽若曰：今將奈何？欽若度上厭兵，即謬曰：用兵取幽薊，乃可刷此恥也。上曰：河朔生靈，始得休息，吾忍復驅之死地？卿盍思其次。欽若曰：陛下苟不用兵，則當為大功業，可以鎮服四海，誇示戎狄也。上曰：何謂大功業？欽若曰：封禪是矣。然封禪當得天瑞稀世絶倫之事，乃可爾。既而又曰：天瑞安可必得？前代蓋有人力為之。若人主深信而崇奉焉，以明示天下，則與天瑞無異矣。陛下謂《河圖》《洛書》果有此乎？聖人以神道設教耳。上久之乃可，獨憚王旦，曰：王旦得無不可乎？欽若曰：臣請以聖意諭旦，宜無不可。乘間為旦言之，旦黽勉而從。然上意猶未決，莫適與籌之者。它日，晚幸秘閣，惟杜鎬方直宿。上驟問之曰：卿博達墳典，謂河出圖、洛出書，果何事耶？鎬老儒，不測上意，漫應曰：此聖人以神道設教耳。其言偶與欽若同。上由此意決，遂召王旦飲於内中，歡甚，賜以樽酒曰：此酒極佳，歸與妻孥共之。歸，發視，乃珠子也。旦自是不復持異，天書、封禪等事始作。
彭百川 《太平治迹統類》 卷十八		(2) 二年二月，詔左司諫朱光庭詣河北路，與監司一員徧視災荒，按累降指揮措置賑濟。有未盡、未便，並得從宜，事體稍重，即奏禀。仍訪本路，從來如何賑濟。今流俗多，如官吏奉法不虔，即按劾以聞。詔蘇軾撰《富弼神道碑》，以“顯忠尚德”為額，其子紹庭請也。
彭百川 《太平治迹統類》 卷二十四		(3) 行吕惠卿制詞則曰：忿建青苗，次行助役、均輸之政。自因商賈，手實之禍，下及雞豚。苟有蠹國而害民，率皆攘臂而稱首。行吕大防制詔則曰：民亦勞止，願聞休息之期。撰《司馬神道碑》則曰：其退如洛如屈之陂澤。凡此之類，播在人口者非一，當原其所犯，明正典刑。 (4) 商英又言乞重行劉摯等罪，又言王存、吕大防為公著《誌》《神道碑》，誣謗宗廟，乞並行法。御史周秩言司馬光視先帝如讎，謚曰文正，非所以勸後世，當正謚號之美惡，以懲后世。 (5) 詔司馬光、吕公著各追所贈官並謚，及追所賜《神道碑額》。王嵓叟所贈官亦同追奪，知隨州。吕大防降知黄州，劉摯知兖州，蘇轍知筠州，梁燾鄂州居住，劉安世南安軍居住。

續表

作者/文獻	版本	用　　例
彭白川 《太平治迹統類》 卷二十四	清文淵閣四庫全書本	(6) 張商英元祐時上吕公著詩求進，其言諛佞無恥，士大夫皆傳笑之。及為諫官，則上疏乞毀司馬光、吕公著《神道碑》。周秩在元祐間為太常博士，親定司馬光謚為文正。及近為言，則上疏論司馬光、吕公著，乞斲棺鞭尸。陛下察此輩之言，果出於公論乎？故凡勸陛下紹述先帝者，皆欲託先帝以行奸謀，謂他事難以惑陛下，若聞先帝，則易為感動，故欲快私讎、陷良善者，須假此以移陛下之意，不可不察。
彭百川 《太平治迹統類》 卷二十九		(7) 九月壬辰，入内府都知，延福宫使、武信軍留後王守忠為入内侍省都知。諫官韓絳言宦官兼判二省，國朝未有報。御史俞希孟乞令更不除前後省都知，不可。(一傳乞罷内省都知由《神道碑》，其實守忠為兩省都知如故。) 罷三司提舉司勾當公事官，從宰相陳執中所奏也。(康定元年十二月置)

表三百零三

作者/文獻	版本	用　　例
彭叔夏 《文苑英華辨證》 卷六	清武英殿聚珍版叢書本	(1) 按及《神道碑》，以大歷十二年四月十二九日卒。而《舊史》載“懷光，大歷十二年，以母憂去職。明年，方起復。”決非及所作。
彭叔夏 《文苑英華辨證》 卷十		(2) 凡《文苑》所編失作者年代先後，或叢雜不倫，今各釐正。如表疏、哀冊文、謚議、碑誌中，釋門、家廟、神道中，職官等卷是也。他皆倣此，覽者所宜詳也。凡詩、賦、雜文等多重出而頗有異同，蓋編《文苑》時非出一手故也。

表三百零四

作者/文獻	版本	用　　例
錢端禮 《諸史提要》 卷十	宋乾道紹興府學刻本	(1) 酒徒陳君之神道。(陳暄書曰：吾身没之後，題吾墓云“故酒徒陳君之神道”。若斯志意，豈避南征之不復，賈誼之慟哭哉？)

表三百零五

作者/文獻	版本	用　　例
錢時 《兩漢筆記》 卷八	清文淵閣四庫全書本	(1) 光武者出，豁達大度，一時豪傑翕然歸之，此即天命。祚漢者未艾，而光武為真主不疑矣。今而即位，猶有待於赤伏符，何耶？豈亦未能自信？須此而後信於人耶？《易》曰：聖人以神道設教。又曰：神而化之，使民宜之。凡利用出入，通變宜民，無非神道，非怪誕不根之謂也。後世妖妄之説，誣惑百端，往往記《河圖》《洛書》以自詭。嗚呼！《河圖》《洛書》正不如是也。愚為光武惜之。

表三百零六

作者/文獻	版本	用　　例
錢易 《南部新書》 卷六	清文淵閣四庫全書本	(1) 白傅，大中末，曾有諫官上疏請謚。上曰：何不取《醉吟先生墓表》看？卒不賜謚。從父弟敏中在相位，奏立《神道碑》。文即李義山之詞也。

表三百零七

作者/文獻	版本	用　　例
潛説友 《（咸淳）臨安志》 卷二十四	清文淵閣四庫全書本	(1) 仇山，在縣西一十五里一百六十步，高三十五丈，周回五里。舊有仇山廟，因名。又謂之白鹿山。耆老云：晉宋楊太守嚴昆（一作“晁”）葬於此山。嘗有白鹿夾墳左右，州刺史孔嚴以為異，表聞於朝，因以名山。墓前石柱刻云“故寧朔將軍嚴公神道”。(今不存。)
潛説友 《（咸淳）臨安志》 卷八十七		(2) 吳越文穆王墓，在龍山之南原。和凝撰《神道碑》。 (3) 吳越忠獻王墓，在龍山之南原太常鄉。張昭撰《神道碑》。

表三百零八

作者/文獻	版本	用　　例
任廣 《書敘指南》 卷十	清文淵閣四庫全書本	(1) 頌人才，曰東箭西杞（梁劉孝儀表），又曰南金東箭（唐中宗制），又曰水鏡之才（管輅）。頌人政，曰政譽平宣（陸景書）；政如神，曰如有神道(任昉)。

表三百零九

作者/文獻	版本	用例
阮逸 《皇祐新樂圖記》 卷下	清鈔本	(1) 自唐末五代，禮文殘缺，郊廟之祭皆無薦熟之儀。雖有孝子孝孫之情，不可得而見矣。皇上秩其墜典、達其孝心以先于天下，使大卜之人聳然知事親追遠之道。《易》曰：聖人以神道設教。其此之謂乎？

表三百一十

作者/文獻	版本	用例
阮閱 《詩話總龜》 增修詩話總龜 卷之十七	四部叢刊景明嘉靖本	(1) 嚴續僕射請韓熙載爲父撰《神道碑》，珎貨外仍輟一姬為潤筆。韓納其請。文既成，但敘譜系品秩及薨葬哀贈之典，略不道續事業。續緣之，封還，意其改竄。熙載亟以歌姬並珍贈還之。姬登車，書一絕於泥金雙帶云：風柳搖搖無定枝，陽臺雲雨夢中歸。他年蓬島音塵斷，留取樽前舊舞衣。
阮閱 《詩話總龜》 百家詩話總龜 後集卷之十六		(2) 韓愈自監察御史貶連州山陽令，所坐之因，傳記各異。《唐書》本傳謂上疏論宫市，德宗怒，故貶。李翺《行狀》謂爲倖臣所惡，故貶。皇甫湜作《神道碑》謂正元十九年礮中旱飢，公請寛民傜，專政者惡之，故貶。
阮閱 《詩話總龜》 百家詩話總龜 後集卷之三十四		(3)《宣室志》載威粹骨蓙国世與韓氏為仇，神人以帝命召公計事。愈曰：臣願從大王討之。未幾而愈卒，公《神道《墓誌》行状》俱不載，而止見扵小說者如此。豈東坡所謂“其生也有自来，其死也有所為”乎？

表三百一十一

作者/文獻	版本	用例
邵伯溫 《聞見前録》 卷二	清文淵閣四庫全書本	(1) 帝問文懿曰：卿何故能道朕心中事？公曰：臣少以庶子不齒於兄弟，不及養母，以此知陛下聖心中事。上為之流涕。先是晏元獻公撰《章懿太后神道碑》曰：五嶽崢嶸，崑山出玉；四溟浩渺，麗水生金。蓋以明肅太后為尊也。學士大夫嘉其善比，獨仁宗不悦。

續表

作者/文獻	版本	用　　例
邵伯溫《聞見前録》卷九	清文淵閣四庫全書本	(2) 是年五月，大星殞於公所居還政堂下，空中如甲馬聲。公登天光臺焚香再拜，知其將終也。異哉！公既薨，司馬溫公、范忠宣公弔之。公之子紹庭、紹京泣曰：先公有自封押章疏一通，殆遺表也。二公曰：當不啓封以聞。蘇内翰作公《神道碑》，謂"世莫知其所言者"是也。神宗聞訃震悼，出祭文，遣中使設祭，恩禮甚厚。政府方遣一奠而已。

表三百一十二

作者/文獻	版本	用　　例
邵博《聞見後録》卷十六	明津逮秘書本	(1) 程文簡公父元白，官止縣令，以文簡貴，贈太師，類無可書。歐陽公追作《神道碑》，至九百餘言，世以為難。韓忠獻公曾祖惟古無官，以忠獻貴，贈太保，益無可書。李邦直追作《神道碑》，至三百餘言，其文無一賸語，世尤以為難也。
邵博《聞見後録》卷二十一		(2) 范文正公尹天府，坐論吕申公降饒州；歐陽公為館職，以書責諫官不言，亦貶夷陵。未幾，申公亦罷。後歐陽公作《文正神道碑》云：吕公復相，公亦再起被用，于是二公驩然相約，共力國事。天下之人皆以此多之。 (3) 予見司馬文正公親書一帖：光年五六歲，弄青胡桃，女兄欲為脱其皮，不得。女兄去，一婢子以湯脱之。女兄復來，問脱胡桃皮者。光曰：自脱也。先公適見，訶之曰：小子何得謾語。光自是不敢謾語。後，公以誠學授劉器之曰：自不謾語入。東坡書公神道之石亦曰：論公之德，至于感人心，動天地，巍巍如此。而蔽以二言：曰誠，曰一云。
邵博《聞見後録》卷二十四		(4) 晁說之以道，其姓名忝列東坡先生薦賢中。崇寧初，又以應詔言事，編部黨者，三十暑寒不赦。淵聖帝元年起入西掖，典制命，獨以上輩舊學遇之，其初見帝之言，亦陳瑩中《尊堯》之意也。曰：臣竊以謂善觀聖帝明君成天下之業者，不觀其跡而觀其志。恭惟神宗皇帝，巍巍然之功在天下者，孰不覩矣。其末年所以為天下後世慮者，未易為單見淺聞道也。神宗皇帝即位之初，卻韓琦論新法之疏，至于再三。逮琦之薨，與兩宫震悼，躬製《神道碑》，念之不已，每對臣僚，稱琦為社稷之臣。

表三百一十三

作者/文獻	版本	用　　例
邵雍 《夢林玄解》 卷五	明崇禎刻本	(1) 習郁為侍中時，從光武幸黎丘，與光武通夢，見蘇嶺山神，光武嘉之。封郁襄陽侯，使立蘇嶺祠，刻二石鹿挾神道，百姓謂之鹿門山廟。
邵雍 《夢林玄解》 卷十二		(2) 夢紫粉，為爵位，為兵權，為印信，為符驗。夢臙脂，為彩色，為衣章，為姻緣，為情欲，為酒食。夢雄黃，為神道，為辭邪，為心膽，為精神，為藥餌，為火光，為金寶。
邵雍 《夢林玄解》 卷十五		(3) 先王以神道設教，而天下服。政教懈弛，有司失其傳，而亂將作。孔子適周，問禮于老子。曰：老子，其猶龍乎？老子西出關，授關尹。《道德經》：秦火之變，得其傳者鮮焉。天師張道陵出，而神教復興。三教皆自老子始。

表三百一十四

作者/文獻	版本	用　　例
沈該 《易小傳》 卷二下	民國吳興叢書本	(1) 莫知其然，天之神道也。聖人體天道之神以設教天下，鼓舞其化而莫測其用，是以仰觀而化也。天與聖人之神道无跡也，无跡而化是以小人服也，此觀之義也。 (2) 風行地上，有聲无形无跡也，所謂“以神道設教”也。下之觀上，由上所為而已。大觀在上，在者由也。欲天下承化，惟在正已。中正以觀天下。正已也，是以小人化君子也。
沈該 《易小傳》 卷六上		(3) 聖人以神道鼓動天下，亦不遽也。前以巽制之，後以巽申之，上以巽出之，下以巽行之，衆以巽從之，新新而不窮，承承而不已，則何衆不服？何事不行？是以隨風巽，君子以申命行事也。巽於象為風，何也？帝出乎震，齊乎巽。震，司春者也。巽，繼震而治者也。 (4) 王假有廟，懷其所散，明有所歸也。圜丘，觀神道也。方澤，觀物類也。宗廟，懷精氣也。精氣所聚為物，游魂所散為變，聖人知鬼神之情狀。為之宗廟，聚而享之，懷其所散，明有所歸也。

表三百一十五

作者/文獻	版本	用　　例
沈括 《長興集》 卷十四	四部叢刊三編景明翻宋刻本	(1)《慰祔廟表》：臣某言：伏承慈聖皇后祔廟禮畢者，方中永閟，世室追崇，聖念難居，普天同戚。臣某（中謝）伏惟皇帝陛下，自天鍾聖，嚴遠致隆，感虞事之既成，接神道之兹始。仰視穰桶，知孝德之德；忘聞其容聲，慨靈遊之如在。

表三百一十六

作者/文獻	版本	用　　例
施宿 《（嘉泰）會稽志》 卷十六	清文淵閣四庫全書本	(1) 丞相神道殘碑。《訪碑録》云：篆額三字，遺文一百九十字，顔書，在山陰縣。今皆不存，亦莫知丞相為何人。
施宿 《（嘉泰）會稽志》 卷二十	清文淵閣四庫全書本	(2) 其辭曰：道無不在，若存若亡。於惟上學，理妙羣方。用之日損，言則非常。儵焉靈化，羽變蜺裳。九重蕘（闕），三山璀璨。……啟基桐栢，厥號金庭。喬峯迴峭，擘漢分星。臨雲置墠，駕岳開櫺。澗塗蹇産，林圻蕙青。誰謂應遠，神道徵密。慶集宮闈，祥流罕畢。其久如地，其恒如日。壽同南山，與天無卒。史生變煉，外示無功。少君飛轉，密與神通。因資假力，輕舉騰空。庶憑嘉誘，永濟微躬。

表三百一十七

作者/文獻	版本	用　　例
史能之 《（咸淳）重修毗陵志》 卷二十六	明初刻本	(1) 吳刺史丹墓，在仁和卿北原。按：《長慶集》：刺史字眞存，階至中大夫，終饒州刺史。銘曰：漢中大夫，東方曼倩。夏矦湛高之，作《廟貌賛》。中大夫眞存先生，白樂天知之，作《神道銘》。嗚呼！二大夫異代而同符，其皆逺者乎？

表三百一十八

作者/文獻	版本	用　　例
史堯弼《蓮峰集》卷三	清文淵閣四庫全書本	(1) 噫！所不可知之事，闕之可也。所不能之事，置之可也。苟不能然而簧鼓邪説，妄指聖人之書以為偽妄，吁可痛也。幸承明問之，及欲論是書之義，則非止十稔之窮思，數萬之累辭，蓋聖人之神道妙用寓於其間，而實非區區場屋之文敢議也。 (2) 然而《周禮》獨載是書於太卜筮人之官，而純取以為卜筮，遂使聖人之神道以為後世淫巫瞽史、卜肆占市之設。先儒或以《周禮》為戰國之説不足怪者，且左氏好巫，其所載占筮最為詳悉。
史堯弼《蓮峰集》卷六	清文淵閣四庫全書本	(3) 堯未嘗一日而不言，言未嘗一日而不布于天下，而何待于嘵嘵然而告之哉？是以聖人不以言為教，而以不言為教，斂其神道妙用而默運之，以磅礴于天地之間而施及于四海之外，則其言布于天下者廣矣。是以内而精神之運、心術之動，無非堯之言也；外而禮樂之作、法度之備，無非堯之言也。
史堯弼《蓮峰集》卷七	清文淵閣四庫全書本	(4)《五帝其臣莫及論》：聖人以神道役天下，非特使天下可由而不可知，可知而不可議。……大者得其全而為君，小者得其偏而為臣，是以天下之偏者必聚而求合于大全之君以為之用，為其君者能廓吾大全之神道而黙然運動其中。故在上者得以優游無為而道常有餘，在下者謂之服勤而道常不足，此天下所以不勞而治也。故晁錯曰：五帝神聖，其臣莫及。……如五帝者以運其材智，使之常為我用而自以為當然，而不逃吾神道之中。……其妙用常存于不可見之間，能使亮功熙載之人可以為之用，不可以企而及，此神道之至也。……然腐儒曲學，不論五帝所以取天下，而區區陳晁錯之失，蓋亦疎矣。
史堯弼《蓮峰集》卷八	清文淵閣四庫全書本	(5) 設序開庠，式示神州之盛；移風易俗，是為王政之基。橋門外峙兮巍巍，辟水環流兮混混。一人由是以表正，萬俗於焉而草偃。言其治，由中而及外；語其聽，自近而及逺。致神道之無外，由儒宫之為本。式孚下土，罔踰於五學之庭，於變黎民不越乎？

表三百一十九

作者/文獻	版本	用　　例
釋淨源《肇論中吳集解》卷下	明刻本	(1) 斯乃希夷之境、太玄之鄉，而欲以有無題牓，標其方域，而語其神道者，不亦邈哉！ (2)《經》稱有餘涅槃、無餘涅槃者，蓋是返本之眞名、神道之妙稱者也。(身矢智滅，返本眞名。道洽德施，神道妙稱。) (3) 難序云：有餘無餘者（略牒具云，蓋是返本眞名、神道妙稱者），信是權寂致教之本意，(闕) 是如來隱顯之誠迹也。 (4) 此乃言象之所以形，是非之所以生，豈足以統夫幽極，而擬夫神道者乎？ (5) 衆庶止於妄想，太虛絕於靈照。豈可止於妄想，絕於靈照？標其神道，而語聖心者乎！(太虛非神道，妄想豈聖心？)

表三百二十

作者/文獻	版本	用　　例
釋契嵩《鐔津集》鐔津文集卷一	四部叢刊三編景明弘治本	(1) 制其外者，非以人道設教則不能果致也。感其內者，非以神道設教則不能必化也。故佛之為道也，先乎神而次乎人，蓋亦感內而制外之謂也。 (2) 吾嘗謂使天下皆如周氏之家，豈不為至德之世乎？夫先儒不甚推性命於世者，蓋以其幽奧非衆人之易及者也。未可以救民之弊，姑以禮義統乎人情而制之。若其性與神道，恐獨待乎賢者耳。
釋契嵩《鐔津集》鐔津文集卷二		(3) 聖人者聖人之聖者也，以非死生而示死示生，與人同然而莫覩其所以然，豈古神靈叡智、博大盛備之聖人乎？故其為教，有神道也，有人道也，有常德也，有奇德也。不可以一槩求，不以世道擬議，得在於心通，失在於迹較。 (4) 夫神也者妙也，事也者麤也。麤者唯人知之，妙者唯聖人知之。天下以彼我競，以儒佛之事相是非，而天下之知者儒佛之事，豈知其埏埴乎儒佛者耶？夫含靈者，溥天溥地，徧幽徧明，徧乎夷狄禽獸，非以神道彌綸。而古今殆有棄物，聖人重同靈懼遺物也，是故聖人以神道作。 (5) 善不脩則人道絶矣，性不明則神道滅矣。天地之徃徃者神也，萬物之靈族者人也。其神暗生，生者所以異也；其人失靈，族者所以衰也。聖人重人道，所以推善而益之也；聖人重神道，所以推性而嗣之也。 (6) 夫天下知以變化自然為乎神道者，是見其然而不見其所以然也。然者顯也，所以然者幽也。是故聖人推其所以然者，以盡神道之幽明也；推其遠而略其近者，以驗人道之囘果也。

續表

作者/文獻	版本	用　　例
釋契嵩 《鐔津集》 鐔津文集 卷七	四部叢刊三編景明弘治本	(7)《明分》：萬物有數大小有分，以數知變化之故，以分見天地之理，是故君子扵天道無所惑焉。……孰謂是四人主者聰明聖智度越扵庸人乎？天道大公也，人道大同也；同者同其死生也，公者公其與人相絕也。苟其公衆人而私一人，孰謂天乎？苟其同形生而獨不死，豈謂人乎？是故聖人皆罕語天道，盖不以天而惑人者也；甞正祭祀，盖不以人而瀆神道者也。
釋契嵩 《鐔津集》 鐔津文集 卷八		(8) 然《易》之始，固出扵《河圖》。《河圖》所見唯陰陽之數最為其本也，而君臣之法與其神物偕出矣。雖然而其吉凶治亂之效未著，乃資乎聖人者君天下而發之，故包犧氏出焉。示與神道適會，遂卦之而又爻之（之或作“義”），用其法以王天下。然其法非聖人作君不能張之，聖人非以是不能王之，故《易》與聖人而相須也。
釋契嵩 《鐔津集》 鐔津文集 卷十九		(9) 夫聖人之道，善而已矣；先王之法，治而已矣。佛以五戒勸世，豈欲其亂耶？佛以十善導人，豈欲其惡乎？《書》曰：為善不同，同歸于治。是豈不然哉？若其教人觧情妄捐身世，修潔乎神明，此乃吾佛大聖人之大觀，治其大患以神道設教者也。其為善抑又至矣深矣，廣大悉備矣，不可以世道輙較也。
釋契嵩 《輔教篇》 上	宋刻磧砂藏本	(10) 制其外者，非以人道設教則不能果致也。感其內者，非以神道設教則不能必化也。故佛之爲道也，先乎神而次乎人，蓋亦感內而制外之謂也。 (11) 吾嘗謂使天下皆如周氏之家，豈不爲至德之世乎？夫先儒不甚推性命于世者，蓋以其幽奥非衆人之易及者也。未可以救民之弊，姑以禮義統乎人情而制之。若其性與神道，恐獨待乎賢者耳。
釋契嵩 《輔教篇》 中		(12) 聖人者聖人之聖者也，以非死生而示死示生，與人同然而莫睹其所以然，豈古神靈叡智、博大盛備之聖人乎？故其爲教，有神道也，有人道也，有常德也。有竒德也，不可以一槩求，不以世道擬議，得在于心通，失在于迹較。 (13) 夫神也者妙也，事也者粗也。粗者唯人知之，妙者唯聖人知之。天下以彼我競，以儒佛之事相是非，而天下之知者儒佛之事，豈知其埏埴乎儒佛者耶？夫含靈者，溥天溥地，遍幽遍明，遍乎夷狄禽獸，非以神道彌綸。而古今殆有棄物，聖人重同靈懼遺物也，是故聖人以神道作。

續表

作者/文獻	版本	用　　例
釋契嵩《輔教篇》中	宋刻磧砂藏本	(14) 善不脩則人道絶矣，性不明則神道滅矣。天地之往往者神也，萬物之靈族者人也。其神暗生，生者所以异也；其人失靈，族者所以衰也。聖人重人道，所以推善而益之也；聖人重神道，所以推性而嗣之也。 (15) 夫天下知以變化自然爲乎神道者，是見其然而不見其所以然也。然者顯也，所以然者幽也。是故聖人推其所以然者，以盡神道之幽明也；推其遠而略其近者，以驗人道之因果也。

表三百二十一

作者/文獻	版本	用　　例
釋文瑩《玉壺清話》卷第六	清知不足齋叢書本	(1) 潛歸，公力疾冠帶出寢，涕泣受神語。聞牌底“大”字，公曰：我知之矣，此必秦王廷美也。然當時事曲不在我，渠自與盧多遜遣堂吏趙白交通，其事暴露，自速其害，豈當咎予？但願早逝，得面辨於幽獄，曲直自正。是夕，普卒。上感悼涕泗，自撰《神道碑》，八分御書賜之。
釋文瑩《湘山野録》卷上	明津逮秘書本	(2) 石参政中立在中書時，盛文肅度禁林當直，撰《張文節公知白神道碑》，進御罷，呈中書。石急問之：是誰撰？盛卒對曰：度撰。對訖方悟，滿堂大笑。 (3) 胥公孳孳於後進，故天聖、明道間得譽於時，若歐陽公等皆是。後雖貴顯，而眷盻亦衰。故學士王平甫撰《胥公神道碑》，畧云：諸孤幼甚，歸於潤州。公平日蒴擢相踵，而材勢大顯者無一人所助獨，宋鄭公卹其家甚厚。盖玆事也。 (4) 晏元獻公撰《章懿太后神道碑》，破題云：五嶽崢嶸，崑山出玉；四溟浩渺，麗水生金。盖言誕育聖躬，實繫懿后。
釋文瑩《湘山野録》卷下		(5) 續深赧之，強自激昂。以熙載有才名，固請撰其父《神道碑》，欲苟稱譽取信於人。以珍貨幾萬緡，仍輟未勝衣一歌鬟質冠洞房者，爲濡毫之贈，意其獲盼，必可深諷。熙載納贈愛姬，遂納其請，文既成，但敘譜裔品秩及薨葬褒贈之典而已，無點墨道及續之事業者。續嫌之，封還，尚冀其改竄。熙載亟以向所贈及歌姬悉還之，臨登車，止寫一闋於泥金雙帶，曰：風柳搖搖無定枝，陽臺雲雨夢中歸。他年蓬島音塵斷，留取樽前舊舞衣。

續表

作者/文獻	版本	用　　例
釋文瑩 《湘山野録》 卷下	明津逮秘書本	(6) 是年誕節，永興冦相國薦紫服以留之。時馬副樞知節請大年撰其父全又《神道碑》，潤筆一物不受，止求薦一師號。馬樞奏：臣以楊某爲先臣撰碑，況詞臣潤筆，國之常規，乞降聖旨，俾受臣所贈。眞宗召大年問之，因得以其事爲奏。
釋文瑩 《湘山野録》 續湘山野録	明津逮秘書本	(7)《韓忠獻公神道碑》，皇帝御製也，中云：薨前一夕，有大星殞於園中，櫪馬皆鳴。又云：公奉詔立皇子立皇太子，被顧命立英宗爲皇帝，立朕以承祖宗之序，可謂定策元勲之臣。后銘其碑曰：公行不歸，申文是悼。尚想公儀，淚落苑草。后御篆十字，塡金，以冠其額曰“兩朝顧命定策元勳之碑”。大哉！夫子之文章也，廣大明白，日星之照江海，不過此辭也。

表三百二十二

作者/文獻	版本	用　　例
釋贊寧 《宋高僧傳》 卷八	大正新修大藏經本	(1) 又未終前，有舒雁千余飛于寺西，侍人曰：此將何來？空中有聲云：爲師墓所，故從海出也。弟子惠操、惠特、等慈、玄寂，皆傳師之法，爲時所推。後李北海邕爲守括州，遂列覺行錄爲碑，號神道焉。覺唱道著明，修證悟入，慶州刺史魏靖都緝綴之，號《永嘉集》是也。
釋贊寧 《大宋僧史略》 卷中	大正新修大藏經本	(2) 内道場起於後魏，而得名在乎隋朝，何邪？煬帝以我為古，變革事多。改僧寺為道場，改道觀為方壇。若内中僧事，則謂之内道場也。今朝茲福等殿安佛像經藏，立刹聲鐘，呼為内寺是也。魏大武皇帝始光二年，立至神道場。神𪊲四年，勅州鎮悉立道場，蓋帝王生此日也。

表三百二十三

作者/文獻	版本	用　　例
釋志磐 《佛祖統紀》 卷八	大正新修大藏經本	(1) 四年，駙馬李遵勗奏師高行遺身，上嘉歎不已，特賜“法智大師”之號，宣旨住世演教。(郡守錢希白，題塔院云：内翰楊億爲樞使馬知節撰其父《神道碑》，不受潤筆，求奏薦四明師號，知節因奏之。上召問：億因言遺身事？上曰：但傳朕言，請師住世傳教。於是賜號“法智”。)

續表

作者/文獻	版本	用　　例
釋志磐《佛祖統紀》卷三十六	大正新修大藏經本	(2) 夫人能行一善則去一惡，去一惡則息一刑。一刑息於家，萬刑息於國。此明旨所謂坐致太平者也。故圖澄適趙，二石減暴；靈塔放光，苻犍損虐。神道助化，昭然可觀。至土木之功，雖若糜費，然植福報恩，不可頓絕。
釋志磐《佛祖統紀》卷四十一		(3) 孟簡復服之彼楊墨老氏之書，於理偏虛，非中道要切。釋氏之教則不然，大明善惡之異路，覈天下神道報應之微。
釋志磐《佛祖統紀》卷四十五		(4) 是年八月，有大星隕於庭。公晨起，與子山巘語如平時，忽趺坐而化。(蘇子瞻作《神道碑》，及見《普燈錄》。)
釋志磐《佛祖統紀》卷五十四		(5) 簡復報之曰：釋氏之教，大明善惡之異路，覈天下神道報應之微。爲廣其道，奈何韓君以愚人下俚翁嫗之情，見待之耶？(云云)

表三百二十四

作者/文獻	版本	用　　例
舒嶽祥《閬風集》卷三	清文淵閣四庫全書本	(1)《自用韻再賦海棠》：含羞滄海畔，移種蜀江干。對此花枝重，不應詩語寒。半開須與醉，足睡更來看。說與花神道，當筵莫放殘。

表三百二十五

作者/文獻	版本	用　　例
司馬光《易說》卷二	清武英殿聚珍版叢書本	(1)《彖》曰：大觀在上，順而巽，中正以觀天下。觀，盥而不薦，有孚顒若，下觀而化也。觀天之神道，而四時不忒。聖人以神道設教，而天下服矣。 (2) 君人者能隆内殺外，勤本畧末，德潔誠著，物皆信之，然後可以不為而成，不言而化。恭已南面，顒然而已。所謂神道設教而天下服也。

續表

作者/文獻	版本	用　　例
司馬光《類篇》卷三十九	清文淵閣四庫全書本	(3) 塲，場。(尸羊切。《方言》：蚍蜉犂鼠之塲謂之坻塲，一曰浮壤。或作場。場，又仲良切。《說文》：祭神道也。一曰田不耕。一曰治穀田也。文二。重音一。) (4) ⿰土長（仲良切。祭神道也。一曰田不耕。一曰治穀田也。) (5) 暘，⿰土長。(丑亮切。《說文》：不生也。或从長。又並直亮切。暘，又仲郎切。祭神道也。文二。重音二。)
司馬光《資治通鑒》卷第二百五	四部叢刊景宋刻本	(6) 自文明草昧，天地屯蒙，三叔流言，四凶妖難。不設鉤距，無以應天順人；不切刑名，不可摧姦息暴。故置神器，開告端，曲直之影必呈，包藏之心盡露。神道助直，無罪不除；蒼生晏然，紫宸易主。然而急趨無善迹，促柱少和聲，向時之妙策，乃當今之芻狗也。
司馬光《資治通鑒》卷第二百八		(7) 太后將合葬乾陵，給事中嚴善思上疏，以為：乾陵玄宮以石為門，鐵錮其縫，今啟其門，必須鐫鑿。神明之道，體尚幽玄，動衆加功，恐多驚黷。况合葬非古，漢時諸陵，皇后多不合葬，魏、晉已降，始有合者。望於乾陵之傍更擇吉地為陵，若神道有知，幽塗自當通會；若其無知，合之何益？不從。
司馬光《資治通鑒》卷第二百一十四		(8) 太子賓客崔沔議曰：祭祀之興，肇於太古。茹毛飲血，則有毛血之薦；未有麴糵，則有玄酒之奠。施及後王，禮物漸備；然以神道致敬，不敢廢也。籩豆簠簋樽罍之實，皆周人之時饌也，其用通於宴饗賓客，而周公制禮，與毛血玄酒，同薦鬼神。國家由禮立訓，因時制範。清廟時饗，禮饌必陳，用周制也。園寢上食，時膳具設，遵漢瀌也。職貢來祭，致遠物也。有新必薦，順時令也。苑囿之內，躬稼所收，蒐狩之時，親發所中，莫不薦而後食，盡誠敬也。若此至矣，復何加焉？但當申敕有司，無或簡怠，則鮮美肥濃，盡在是矣，不必加籩豆之數也。
司馬光《書儀》卷十	清雍正刻本	(9) 古者祭于室中，故神坐東向。自後漢以來，公私廟皆同堂異室，南向西上。所以西上者，神道向右故也。
司馬光《涑水記聞》卷三	清武英殿聚珍版叢書本	(10) 上思其才，復召為左正言，仍命宰相以"剛直不容物"戒之。加直昭文館，以父老，求外補，出知單州，遭父喪，起復。至道初，召為翰林學士，知通進司，多所封駁。孝章皇后崩，喪禮頗不備，禹偁上書論之，坐出知滁州，徙知揚州。(出宋次道所為《神道碑》。)

續表

作者/文獻	版本	用　　例
司馬光 《涑水記聞》 卷三	清武英殿聚珍版叢書本	(11) 王禹偁為諫官，上《禦戎十策》，大旨以為：外任人，内修德，則可以弭之。外則合兵勢以重將權，罷小臣詗邏邊事，行間諜以離其黨，遣趙保忠、折御卿率所部以張掎角，下詔感勵邊人，取燕、薊舊疆，蓋弔晉遺民，非貪其土地。内則省官以寬經費，抑文士以激武夫，信用大臣以資其謀，不貴虚名以戒無益，禁游惰以厚民力。端拱冬旱，禹偁上疏請節用、省役、薄賦、緩刑。(出《神道碑》。) (12) 真宗初即位，召王禹偁于揚州，復知制誥，修《太宗實録》。執政疑禹偁輕重其間，落職出知黄州。州境有二虎鬭，食其一，冬雷，羣雞夜鳴。禹偁上疏引《洪範傳》陳戒，且自劾。上以問司天官，對以守臣任其咎，上乃命知蘄州。尋詔還朝，禹偁已卒。（卒于咸平四年五月戊子。出宋次道所為《神道碑》。)
司馬光 《涑水記聞》 卷六		(13) 蘇子容曰：王冀公既以城下之盟短寇萊公于真宗，真宗曰：然則如何可以洗此恥？冀公曰：今國家欲以力服契丹，所未能也。契丹之性，畏天而信鬼神，今不若盛爲符瑞，引天命以自重，契丹聞之，庶幾不敢輕中國。上疑未決，因幸祕閣，見杜鎬，問之曰：卿博通典墳，所謂《河圖》《洛書》者，果有之乎？鎬曰：此蓋聖人神道設教耳。上遂決冀公之策，作天書等事。故世言符瑞之事始于冀公成于杜鎬云。晚年，王燒金以幻術寵貴，京師妖妄繁熾，遂有席帽精事，閭里驚擾，嚴刑禁之乃止。
司馬光 《法言集注》 纂圖分門類題五臣註揚子法言 卷第四	清文淵閣四庫全書本	(14) 神道不遠，潛心則是。 (15) 聖人如天，常存其神也。所以存神道，无不至。
司馬光 《資治通鑒考異》 卷第十九	四部叢刊景宋刻本	(16) 正一與王仲舒、劉伯芻、吕洞善。(《韓愈集》有《仲舒神道碑》云：諱弘中，字某。按：《實録》《新舊傳》皆名仲舒，字弘中。愈又作《燕喜亭記》，稱為王弘中。然則弘中必字也，碑文誤耳。《順宗實録》云：正買與王仲舒、劉伯芻、裴垍、常仲孺、吕洞相善，數遊止。今從《德宗實録》。)
司馬光 《資治通鑒考異》 卷第二十七		(17) 沈顏《行密神道碑》、殷文圭《行密墓誌》、游恭涯《墓誌》皆云：天祐三年丙寅，二月十三日丙申卒。薛居正《五代史・行密傳》亦云：天祐三年卒。行密之亡，嗣君幼弱，不由朝命承襲，或始死未敢發喪，赴以明年二月，疑沈顏等從而書之。

續表

作者/文獻	版本	用　例
司馬光《資治通鑒考異》卷第二十九	四部叢刊景宋刻本	(18)《唐明宗實錄》：天成三年十一月壬午，房知温奏高季興卒。《烈祖實錄》亦云：乾貞二年十一月，季興卒。蓋傳聞之誤。按：陶穀《季興神道碑》及《勃海行年記》皆云：十二月十五日卒。今從之。
司馬光《資治通鑒考異》卷第三十		(19)《劉繼顒神道碑》云：天會十二年，今皇帝踐祚之初年也。十七年，繼顒卒。
司馬光《溫國文正公文集》卷第五十七	四部叢刊景宋紹興本	(20) 爲文相公謝神道碑文表 (21) 臣某言：伏蒙聖恩，詔翰林學士承旨王某撰先臣某《神道碑文》。……臣荷析薪之業，紹作室之功，雖資性甚愚，曾無肖似，而義方未墜，少逭譴尤。
司馬光《溫國文正公文集》卷第六十五		(22) 然則觀其詩，其人之心可見矣。今之親没則畫像而事之。畫像，外貌也，豈若詩之見其中心哉！故樞密直學士贈太尉薛公以文學政事顯於真宗、仁宗之際，其所施設見於國史及宋宣獻公所爲《神道碑》。此不詳書。
司馬光《溫國文正公文集》卷第七十八		(23) 戶部侍郎周公神道碑
司馬光《溫國文正公文集》卷第七十九		(24) 熙寧中，始識公之曾孫偃師尉衎，因就求觀公之《遺文》。後十餘年，衎為武勝軍莭度推官、知沈丘縣事，以公《文集》及《墓銘》相示，且命光爲《神道碑》。其《墓銘》乃故叅知政事范公所爲也。

表三百二十六

作者/文獻	版本	用　例
宋敏求《長安志》卷四	清文淵閣四庫全書本	(1) 昭靈館（霍光營起三出闕，築神道，北臨昭靈，南出承恩。服虔曰：昭靈、承恩，皆館名。）

續表

作者/文獻	版本	用　　例
宋敏求《長安志》卷十四	清文淵閣四庫全書本	(2)《漢武帝故事》曰：帝見形，謂陵令薛平曰：吾雖失勢，猶為女君。奈何令吏卒上吾陵上磨刀劍乎？自今已後，可禁之。平頓首謝，因不見。往問陵旁，果有方石可以為礪，吏卒嘗盜磨刀劍。霍光欲斬之，張安世曰：神道茫昧，不宜為法。乃止。故阮公《詠懷詩》曰：失勢在須臾，帶劔上吾陵。
宋敏求《唐大詔令集》卷七十四	民國適園叢書刊明鈔本	(3)《命盧從愿等祭岳瀆敕》：敕：五岳視三公之位，四瀆當諸侯之秩，載于祀典，抑惟國章。方屬農功，頗增旱暵，虔誠徒積，神道未孚。用申靡愛之勤，冀通能潤之感。宜令工部尚書盧從愿祭東岳，河南尹張敬忠祭中岳，御史中丞兼戶部侍郎宇文融祭西岳及西海河瀆，太常少卿張九齡祭南岳及南海，黃門侍郎李暠祭北岳，右庶子何鸞祭東海，宗正卿鄭繇祭淮瀆，少詹事張晤祭江瀆，河南少尹李暈祭北海及濟瀆。且潤萬物者，莫先乎雨；動萬物者，莫先乎風。眷彼靈神，是稱師伯，雖有常祀，今更陳祈。宜令光祿卿孟溫祭風伯，左庶子吳兢祭雨師，各就壇壝，務加崇敬。但羞蘋藻，不假牲牢，應緣奠祭，尤宜精潔。
宋敏求《唐大詔令集》卷一百十三		(4)《禁天下寺觀停客制》：敕：釋教本以助化，道家先於理國，懲惡勸善，以齊死生，薰然慈仁，美利天下，所庇者大，所益者深，故歷代崇尚而弗易也。朕以元元烈祖，慶我昌運，西方聖人，福茲下土，常所盡敬，敢忘致誠。……應尊像有損壞處，仰隨事修補，其有諸神所居，載在祀典，靈跡昭著，福及生人者，如有毀廢，亦宜增葺。且王者以清淨統法，聖人以神道設教，精意所在，感而遂通。非徼福於朕躬，期降祥於黎獻，申明詔旨，用悉勞懷。

表三百二十七

作者/文獻	版本	用　　例
宋祁《景文集》卷三	清武英殿聚珍版叢書本	(1) 我功甚大，不求餞谷之名；我化既敷，不取嵎夷之照。用能義周萬物，明暨八埏。辭存乎卦象，昭乎天究。神道以臨，下爍洪暉。……觀豐則澤寖于無外，宣日則明被於羣下。因一卦之義焉，見聖人之道也。

續表

作者/文獻	版本	用　　例
宋祁《景文集》卷十	清武英殿聚珍版叢書本	(2)《同小姪珪璞溪上汎舟》（案：祁兄庠有子五人，三早卒，惟充國、均國一人見王珪所作《神道碑》。此名珪、璞，或係小字也。）：出郭曉雲霽，泛舟春日遲。詩懷隨物放，酒面任風吹。循岸煩鷗起，看山惜棹移。州人輕此樂，賴與汝曹期。
宋祁《景文集》卷三十		(3) 審刑院斷絶公案奏狀（案：祁知審刑院，據《神道碑》在慶歷四年。）
宋祁《景文集》卷四十八		(4)《治戒》：吾歿，稱家之有無以墓斂。用濯浣之鶴氅、裘紗、帽綫履，三日棺，三月葬，謹無為流俗陰陽拘忌也。棺用雜木，漆其四會三塗即止，使數十年足以厝吾骸、朽衣巾而已。吾之惎然蒿然皦皦有識者，還于造物，放之太虛，可腐敗者，合于黃壚，下付無窮，吾尚何患？掘冢深三丈，小為冢室，劣取容棺及明器，左置明水二盎，酒二缸；右置米麫二奩，朝服一稱，私服一稱，鞾履自副。左刻吾誌，右刻吾銘，（案：祁《神道碑》則云"右誌左銘"。）即掩壙，惟簡惟儉，無以金銅雜物置冢中。……吾生平語言無過人者，慎無妄編綴作集。
宋祁《景文集》卷五十七		(5) 楊太尉神道碑 (6) 范陽張公神道碑銘 (7) 尚書之墓，龍圖閣直學士天水趙師民為之誌。尚書之行，琅琊王彰次之狀。文裕以尚書品得碑神道，焯寵賁幽，乃礱綷石，屬予以辭。予官史官，不得讓。
宋祁《景文集》卷六十二		(8) 荆南府君行狀（案：范鎮撰《宋祁神道碑》：中丞名紳，乾封令名騈，霍邱令名耀，荆南推官名玘。）

表三百二十八

作者/文獻	版本	用　　例
宋庠《元憲集》卷十六	清武英殿聚珍版叢書本	(1)《國陽大報頌》：臣聞職乎覆載天地之化均，推乎功德祖宗之誼一。化之均者，其報等，故明察之祀曾是而並升；誼之一者，其孝同，故妥侑之主無嫌于交饗。此設教所以本神道，議禮所以沿人情者矣。
		(2)《東太一宫立夏祝文四首》：伏以天序乘離，風薰中律；瞻言靖館，夙駐奔精；祗率舊章，虔修孟祀；仰宫元之循度，鑒祝嘏以儲休。神道孔昭，民生永庇。

續表

作者/文獻	版本	用　例
宋庠 《元憲集》 卷三十六	清武英殿聚珍版叢書本	(3)《台州嘉祐院記》：建塔廟，散香華，奉經典。攝受妄迷而為功德，有為者為之。雖然，佛滅度二千年，世與法交相喪。濁劫下根，訹為愚冥。非廣示像法，無以震動而傾駭之，使趨善良。神道化時，叵得而已。沙門長吉，當玆世為功德者也。……至大筆不可文，言不能宣者，僕與師均寄歎而已。時慶曆二年八月中旬記。至五年，臺成，刻石。

表三百二十九

作者/文獻	版本	用　例
蘇泂 《泠然齋詩集》 卷六	清文淵閣四庫全書本	(1) 白日橋邊白字碑，康王神道定爲誰。路傍借問無人識，自滴村醪酹蘚龜。

表三百三十

作者/文獻	版本	用　例
蘇軾 《東坡志林》 卷四	明刻本	(1) 歐陽文忠公撰《范文正神道碑》，載章獻太后臨朝時，仁宗欲率百官朝太后，范公力爭乃罷。其後，某先君奉詔《太常因革禮》，求之故府，而朝正案牘具在。考其始末，無諫止之事，而有已行之明驗。
蘇軾 《東坡易傳》 卷二	明刻朱墨套印本	(2)《象》曰：大觀在上，順而巽，中正以觀天下。觀，盥而不薦，有孚顒若，下觀而化也。觀天之神道，而四時不忒。聖人以神道設教，而天下服矣。 (3) 无器而民趨，不言而物喻者，“觀”之道也。“聖人以神道設教”，則賞爵刑罰有設而不用者矣。寄之宗廟，則“盥而不薦”者也。盥者以誠，薦者以味。
蘇軾 《蘇文忠公全集》 東坡集 卷三十七	明成化本	(4) 神道碑 (5) 富鄭公神道碑一首

續表

作者/文獻	版本	用　例
蘇軾 《蘇文忠公全集》 東坡集 卷三十八		（6）神道碑一首 （7）趙清獻公神道碑一首
蘇軾 《蘇文忠公全集》 東坡集 卷三十九		（8）神道碑一首 （9）司馬溫公神道碑一首
蘇軾 《蘇文忠公全集》 東坡後集 卷十八		（10）神道碑 （11）趙康靖公神道碑一首（代張文定公作）
蘇軾 《蘇文忠公全集》 東坡內制集 卷三	明成化本	（12）《賜韓絳乞致仕不允詔》（元祐二年六月四日）：敕：元老在位，邦之榮華。徒以精神折衝，非以筋力為禮。游神道館，擁節家庭，於卿圖告老之安，而國有貪賢之美。勉自輔養，期於少留。
蘇軾 《蘇文忠公全集》 東坡奏議 卷九		（13）辭免撰趙瞻神道碑狀 （14）元祐六年七月日，翰林學士承旨左朝奉郎知制誥兼侍讀蘇軾狀奏。准勅，差撰《故中散大夫同知樞密院趙瞻神道碑》并書者。右臣平生不為人撰《行狀》《埋銘》《墓碑》，士大夫所共知。近日，撰《司馬光行狀》，蓋為光曾為亡母程氏撰《埋銘》。又為范鎮撰《墓誌》，蓋為鎮與先臣洵平生交契至深，不可不撰。及奉詔撰司馬光、富弼等《墓碑》，不敢固辭，然終非本意。……伏望聖慈別擇能者，特許亂免。謹録奏聞，伏候勅旨。
蘇軾 《蘇文忠公全集》 東坡續集 卷四		（15）某方病市人逐利，好刊某拙文，欲毀其板，矧欲更令人刊邪？當俟稍暇，盡取舊詩文，存其不甚惡者，為一集。……某近絶不作詩，盖有以，非面莫究。獨《神道碑》《墓誌》數篇耳。碑盖被旨作，而誌文以景仁丈世契不得辭。欲寫呈文，多無暇，聞都下已刋板，想即見之也。

續表

作者/文獻	版本	用　　例
蘇軾《補注東坡編年詩》卷六	清文淵閣四庫全書本	(16) 曾子固倅越（韓持國撰《曾子固神道碑》序，畧云：公嘉祐二年進士及第，為太平州司法參軍。嵗餘，召編修史館書籍。嘗為《英宗實録》檢討官，踰月罷出，通判越州。）
蘇軾《補注東坡編年詩》卷八		(17) 趙少師（《東都事畧》：趙槩，字叔平，應天虞城人。……張安道《樂全先生集》中《趙康靖神道碑》云：始，歐陽修躐公知制誥，人意其且不能平。及修坐累詔獄，公獨抗章言修無罪。上感悟，修以故得全。公既退老，修亦退居汝陰，往從之游，樂飲旬日云云。故東坡詩有"二公凜凜和非同，平日心親豈貌從"之句，蓋紀其實也。）
蘇軾《補注東坡編年詩》卷九		(18) 病翁（《富鄭公神道碑》：公名弼，字彦國，河南人。熙寧二年八月，以病辭位，出判河南，改汝州。公言：新法臣所不曉，不可以復治郡，願歸洛養病。許之。尋封鄭國公，致仕。六年閏六月，薨於洛陽私第。）
蘇軾《補注東坡編年詩》卷十七		(19) 趙 屼（按：《東都事畧・趙抃傳》後云：子屼，亦篤行君子。……後閲《清獻公神道碑》，公二子，長曰岏，終於潛令；次即屼。乃知《丹淵集》"屼"當作"岏"，景仁乃"岏"字也。）
蘇軾《補注東坡編年詩》卷十九		(20) 趙叟還印綬。(《（咸淳）臨安志》：熙寧十年五月，趙抃自知越州以資政殿大學士移知杭州。《清獻公神道碑》云：公年未七十，告老，不許，請之不已。元豐二年二月，加太子少保致仕。）
蘇軾《補注東坡編年詩》卷三十		(21) 清獻先生（《本集》《神道碑》：公諱抃，字閲道，衢之西安人。景祐元年進士。曾公亮以臺官薦，召為侍御史，號"鐵面御史"。後知成都。神宗即位，召知諫院。上謂曰：聞卿匹馬入蜀，以一琴一鶴自隨，為政簡易，亦稱是耶？……元豐二年，加太子少保致仕。退居於衢，東南高士多從之遊。卒，謚清獻。）
蘇軾《經進東坡文集事略》卷二十七	四部叢刊景宋本	(22)《賀韓丞相啓》（韓終，字子華。《神道碑》云：熙寧二年夏，羌人大入慶州境，殺掠數千。絳自請行，遂爲陝西宣撫使，治兵鄜延。） (23) 賀歐陽少師致仕啓（《倦遊錄》云：歐陽文忠公在蔡州屢乞致仕。門生蔡承（闕）曰：公德望為朝廷倚重，且未及引年，豈容遽去也？歐公荅曰：痛平生名節爲後生描畫盡，惟有早退，以全晚節，豈可更俟驅逐乎？《神道碑》云：公在亳，已六請致仕，比至蔡逾年，復清。熙寧四年，以觀文殿學七、太子少師致仕。）

續表

作者/文獻	版本	用　　例
蘇軾《經進東坡文集事略》卷三十六	四部叢刊景宋本	(24) 周景王之於穆后，蓋朞喪也。無服者未葬而樂，屠蒯譏之。朞喪者已葬而燕，叔向譏之。書之史冊，至今以為非。仁宗皇帝以宰相富弼母在殯，爲罷春燕。(《富公神道碑》云：至和六年，丁秦國太夫人憂，詔爲罷春晝。)傳之天下，至今以爲宜。
蘇軾《經進東坡文集事略》卷三十七		(25)《賜韓絳乞致仕不允詔》：元老在位，邦之榮華。徒以精神折衝，(《李尋傳》云：夫本彊則精神折衝，本弱則招殃致凶。)非以筋力爲禮。(《曲禮》：老者不以筋力爲禮。)游神道館，擁節家庭，於卿同告老之安，而國有貪賢之美。勉自輔養，期於少留。
蘇軾《經進東坡文集事略》卷五十五		(26) 司馬溫公神道碑
蘇軾《施注蘇詩》卷十	清文淵閣四庫全書本	(27) 三國魏陳思王植，字子建。善屬文。杜子美詩：文章曺植波瀾闊。王注：魏華，河南人。善書，其字如褚河南而用筆開闊。有《豆盧公神道碑》見於世。
蘇軾《施注蘇詩》卷十五		(28) 按：公作《清獻神道碑》云：為殿中侍御史，彈劾不避權倖，京師號"鐵面御史"。
蘇軾《施注蘇詩》卷二十七		(29) 公撰《清獻趙公神道碑》云：自成郡召還，上謂公：聞卿匹馬入蜀，以一琴一鶴自隨，為政簡易，亦稱是耶?
蘇軾《東坡詩集注》卷二十四	四部叢刊景宋本	(30) 次公魏華，郡人。善書，其字如褚河南而用筆開闊。有《豆盧公神道碑》見於世。

表三百三十一

作者/文獻	版本	用　　例
蘇頌 《蘇魏公集》 卷五十一	清文淵閣四庫全書補配清文津閣四庫全書本	(1) 翰林侍講學士正奉大夫尚書兵部侍郎兼秘書監上柱國江陵郡開國侯食邑一千三百户食實封二百户贈太子太師謚文莊楊公神道碑銘（并序） (2) 龍圖君每惟宣獻之志，以謂公之賜塋寄邇都門，安宅兹久，而神道弗表，非所以稱累朝寵飾之意。 (3) 龍圖閣直學士修國史宋公神道碑 (4) 鄭國太夫人，故太子太師江陵楊文莊公徽之之女。文莊無子，宣獻逮公繼主，其祭事歲時不絶。嘗欲勒碑神道，病革猶戒其子亟成之。
蘇頌 《蘇魏公集》 卷五十二		(5) 太子少保元章簡公神道碑 (6) 今資政殿學士龍舒王公銘公之德，納諸陰堂，舉是二者，可以傳不朽矣，而嗣子猶以為未也。曰：狀藏於官府，銘置於泉塗，見者葢寡。禮令有碑，揭於神道，可以聳來世之觀聽也。 (7) 錢起居神道碑
蘇頌 《蘇魏公集》 卷五十三		(8) 資政殿學士通議大夫孫公神道碑銘 (9) 謹案：禮令官終三品，立碑墓下。今龜螭具矣，敢緣平日之雅請文，揭於神道，使得終事死無憾矣。 (10) 皇城使李公神道碑銘
蘇頌 《蘇魏公集》 卷五十四		(11) 二樂陵郡公石公神道碑銘 (12) 祕書丞贈太師劉君神道碑 (13) 府君歿世三十年而葬，有故太常少卿任公粹為之狀，故參知政事元章簡公為誌。葬之二十有三年，又有今龍圖閣待制趙公君錫狀其逸事，以告史氏於時丞相鎮天平之二年，將勒銘神道，假文於嘗僚。 (14) 隴干姚將軍神道碑銘 (15) 然而丘墓未表，神道不嚴，非所以旌功烈而崇孝思，乃狀其閥閱，丐銘史氏。時予適與英州同使臨潰，每接緒談，必及先世，因得詳其本末，遂揭辭於螭石云。

表三百三十二

作者/文獻	版本	用　例
蘇象先《譚訓》卷一	四部叢刊三編景舊鈔本	(1) 王欽若定天書制度，禮儀蔚縟，時議譏之。初，天書未之降也，眞宗訪其事於宰相王文正，文正曰：聖人以神道設教，亦所以竹權也。上意遂定，或以文正為將順。議者以謂自太祖革命，雖規模宏遠而日不暇給，太祖功成治定而河東猶拒命，車書未一。眞宗之初，北虜有澶淵之役，人心未寧，或假天命以鎮拊之。所謂“神道設教”，非志於將順也。

表三百三十三

作者/文獻	版本	用　例
蘇轍《欒城集》欒城後集卷第二十三	四部叢刊景明嘉靖蜀藩活字本	(1) 歐陽文忠公神道碑一首（荅公子叔弼書附） (2)《荅歐陽叔弼學士書一首》：轍啟：令子承務見訪，蒙示手書，以先公《神道碑》未立，猥以見屬。轍與亡兄子瞻，俱出先公門下。亡兄平昔已許譔述，不幸奄至大故。此志不申，則轍今日不當復以“鄙陋不足以發明先公事業”爲辭矣。

表三百三十四

作者/文獻	版本	用　例
孫覿《鴻慶居士集》卷三十五	清文淵閣四庫全書本	(1) 宋故右中奉大夫致仕贈少師陳公神道碑

表三百三十五

作者/文獻	版本	用　例
孫逢吉《職官分紀》卷三	清文淵閣四庫全書本	(1) 棟梁之用。（如晦，隋大業中以常調預選，吏部侍郎高孝基深所器重，謂之曰：公有應變之才，當為棟梁之用。後如晦為相，以孝基有知人之鑒，為其樹《神道碑》以紀其德。） (2) 死姚崇能算生張說。（《明皇雜錄》：崇與張說同為宰輔，頗懷疑阻，屢以事相侵，張銜之頗切。崇既病，誡諸子曰：張丞相與吾不叶，釁隙甚深。然其為人稍懷奢侈，尤好服玩。吾身沒之後，以吾平生同寮，當來弔，汝具

續表

作者/文獻	版本	用　　例
孫逢吉 《職官分紀》 卷三	清文淵閣四庫全書本	陳吾平生服玩寶帶重器羅列於帳前。張若不顧，汝計家事，舉族無類矣。若顧此，吾屬無虞。當錄其玩用致公，仍以《神道碑》為請。既獲其文，即時錄進，仍先礱石以待，至便鐫刻。張丞相見事常遲於我，數日之後，必當有悔。若却徵碑文，以刋削為辭，當引使視其鐫石，仍告已具聞上。姚崇沒，張果至，目其服玩者三四。姚氏諸子悉如教誡。不數日，文成，敘述該詳，時謂極筆。其略曰：八柱承天，高明之位列；四時成歲，亭育之功成。後數日，果遣使取文本，以為辭未周密，欲重加删改。姚氏諸子乃引使者示其碑，仍告以奏御。使者復命，張悔恨拊膺曰：死姚崇能算生張說。吾今日方知才之不及遠矣。） （3）三遇異人。（德裕自言：三遇異人，非卜祝之流，皆有道者。故入禁苑，居相位，領節制。三者皆與之協，不差歲月。唯再謫南荒，未嘗有前知之士為予言之。豈禍患不可移者，神道所秘，莫得預聞?）

表三百三十六

作者/文獻	版本	用　　例
孫升 《孫公談圃》 卷上	宋百川學海本	（1）仁廟聖誕，乃李淑妃也，謚章懿太后，晏殊撰碑。甍時上幼，章獻養為己子，雖上亦不知也。及即位，章獻稱制，而楊太妃病革，上問疾，楊密語其事。上大慟，即見執政，欲行服，章獻難之，眾無敢言，獨呂夷簡不去，進曰：陛下萬歲後，獨不念劉氏乎？於是持心喪，然宮中稍有異説。章獻崩，即日遣人發李太后棺驗之，形色如生，鬓髮黟然，無少異，上于是存撫諸劉。晏殊撰《神道碑》不白其事，上不悦，後升祔二后赦文，孫抃當筆直言：為天下之母，育天下之君。上覽之感涕，孫遂參大政。

表三百三十七

作者/文獻	版本	用　　例
孫奕 《示兒編》 履齋示兒編 卷之七	元劉氏學禮堂刻本	（1）《春秋緯》乃云：河以通乾出天苞，洛以流坤吐地符。河龍啚發，洛龜書感。《河啚》有九篇，《洛書》有六篇。中人以上，中人以下，曰可與不可語上而已。（《語》六）……司馬迁儒之外五家，孟堅儒之外八流。（盧景亮撰《于𩓞神道碑》）或增或損，或因或革，紛籍籍，殆有不可勝言者矣。

續表

作者/文獻	版本	用　　例
孫奕《示兒編》履齋示兒編卷之十一	元劉氏學禮堂刻本	(2)《名諱》：生為名，死為（諱），從古而然。……古今名公鉅卿，為人撰軒、亭、堂、樓等記及生祠碑，則曰公名某；及撰《墓誌銘》《神道碑》與《列傳》，則曰公諱某。其別如此，世俗不審乎？

表三百三十八

作者/文獻	版本	用　　例
談鑰《（嘉泰）吳興志》卷一	民國吳興叢書本	(1) 乾寧二年，以錢鏐為鎮海、鎮東軍節度使兼領二浙。三年，賜軍號忠國，升節度，鎮使以授刺史李師悅，（《唐方鎮表》：文德元年，置忠國軍節度使，治湖州。《續圖經》云：據《師悅神道碑》，以為丙辰年當乾寧三年。）州於是始為節鎮。
談鑰《（嘉泰）吳興志》卷八		(2) 永寧倉，唐刺史李師悅增蘋洲土建名曰永寧，見《師悅神道碑》。後更今名，即省倉也。嘉祐七年，知州事鮑軻重修，見《舊圖經》。淳熙八年，知州事胡南逢重建，參議蕭德藻為記。
談鑰《（嘉泰）吳興志》卷十二		(3) 漢祠部郎錢敞墓（在長興縣雉山西南。彭祖四十五代孫墓柱題名“漢祠部郎錢府君之神道”。）
談鑰《（嘉泰）吳興志》卷十五		(4) 按：柳宗元《先侍御神道表》：父察躬，湖州德清令。世德孝廉。又曰：天寶，遇亂，奉德清君夫人隱王屋山。察躬為令時，當天寶年閒也。

表三百三十九

作者/文獻	版本	用　　例
唐仲友《悅齋文鈔》卷九	民國續金華叢書本	(1) 賢人而括囊，則人物失其性者多矣，非大觀之聖人神道設教以服之，何以慰斯民哉？君子常欲損上以益下，旅獒無逸是也；小人常欲剝下以媚上，榮夷公好利是也。剝下乃所以剝上，自足而辨，自辨而膚。小人之剝，勢必至此。君子知厚下安宅，則不至於剝矣。小人何自進其說，以剝君子哉？

續表

作者/文獻	版本	用　　例
唐仲友 《帝王經世圖譜》 卷二	清文淵閣四庫全書本	(2) 賢人而括囊，則人物失其性者多矣，非大觀之聖人神道設教以服之，何以慰斯民哉？剥，上以厚下安宅。君子常欲損上以益下，旅獒無逸是也；小人常欲剝下以媚上，榮夷公好利是也。剝下乃所以剝上，自足而辨，自辨而膚。小人之剝，勢必至此。君子知厚下安宅，則不至于剝矣。小人何自進其說，以剝君子哉？

表三百四十

作者/文獻	版本	用　　例
田況 《儒林公議》 卷下	明刻本	(1) 故相陳堯佐既終，家居于鄭。翰林學士李淑知鄭州，諸子納其父行實於淑，求《神道碑文》。淑怨堯佐素不薦引，雖納其潤賂，文有譏薄之意。陳子哀訴求為改削，終不從。

表三百四十一

作者/文獻	版本	用　　例
田錫 《咸平集》 卷二十三	民國宋人集本	(1) 伏惟皇帝陛下，神道如幾，文明以理，金玉必貞於王度，璣衡以奉於天時，宜乎？二儀萬靈，祥瑞交薦；五風十雨，稼穡屢豐。所以畣上帝之高明，思下民之勞苦，念其闕乏或貨以餘糧，卹其罪辜或省乎庶獄。尚疎法網，用滌恩波，取連山宥罪之文，行出綍眚災之令。

表三百四十二

作者/文獻	版本	用　　例
汪應辰 《文定集》 卷十	清文淵閣四庫全書補配清文津閣四庫全書本	(1) 跋李抱玉神道碑

續表

作者/文獻	版本	用　　例
汪應辰《石林燕語辨》卷之二	民國校刻儒學警悟本	(2) 神宗初，欲為《韓魏公神道碑》。王禹玉為學士，密詔禹玉具故事有無。禹玉以唐太宗作《魏徵碑》，高宗作《李勣碑》，明皇作《張説碑》，德宗作《段秀實碑》，及本朝太宗作《趙普碑》，仁宗作《李用和碑》六事以聞，於是御製碑賜魏公家。或云：即禹玉之辭也。
汪應辰《石林燕語辨》卷之五		(3) 歐陽文忠公初薦蘇明允，便欲朝廷不次用之。時富公、韓公當國，雖韓公亦以為當，然獨富公持之不可，曰“姑少待之”。故止得試銜初等官。明允不甚滿意，再除，方得編修《因革禮》。前輩慎重名器如此。元祐間，富紹庭欲從子瞻求為《富公神道碑》，久之不敢發。其後不得已而言，一請而諾，人亦以此多子瞻也。
汪應辰《石林燕語辨》卷之七		(4) 王德用自同知樞密院事，罷為武寧節度使。赴鎮，尋謫知隨州。此云“自樞密院使知隨州”，非也。止是不接賓客，亦無不見郡官，及不與家人語之理。《神道碑》云：舉止言色如平時。

表三百四十三

作者/文獻	版本	用　　例
汪藻《浮溪集》卷十七	清武英殿聚珍版叢書本	(1)《書陳文惠公逸事後》：文惠陳公相仁祖，每內批夜漏下不過十刻。忽夜分有御封至私第，公不啟封，來日袖至榻前屏奏曰：今中宮虛位，張貴妃有寵，恐姦人附會，請正母儀，非陛下本意，有不得已者。若誠此事，臣不敢啟封以示同列。仁祖首肯曰：姑置之。妃即追冊溫成后也。當時于墓刻《神道碑》不敢書。公薨百餘年，公之曾孫右中大夫、直秘閣兗始錄以示人。嗚呼！兹舉也，天下之治亂繫焉。文惠公不動聲色，開悟轉移于談笑之頃，一旦致其主于漢、唐君之上，使當時有秋毫容悦之心，其失可勝計哉？可謂仁人之言，而一言興邦矣。……紹興十年十二月，臣汪藻書。
汪藻《浮溪集》卷二十一		(2)《回提刑吳祕丞》：比辰，甘霖洊至，苗稼勃興。恭惟英簜所臨，貪頑丕聳，民情悦懌，神道感通，台候動止萬福。
汪藻《浮溪集》卷二十四		(3) 神道碑 (4) 尚書刑部侍郎贈端明殿學士程公神道碑

表三百四十四

作者/文獻	版本	用　　例
王安石《臨川集》臨川先生文集卷第四十五	四部叢刊景明嘉靖本	（1）伏以聖功輔世，巳大濟於艱虞；神道示人，用寵綏於祉福。敢因穀旦，祗奉靈科。冀大錫於壽祺，得永承於慈範。
王安石《臨川集》臨川先生文集卷第八十七		（2）神道碑 （3）贈司空兼侍中文元賈魏公神道碑 （4）檢校太尉贈侍中正惠馬公神道碑
王安石《臨川集》臨川先生文集卷第八十八		（5）神道碑 （6）護衛忠果功臣侍衛親軍步軍副都指揮使威塞軍節度新州管内觀察處置等使銀青光禄大夫檢校司空使持節新州刺史兼御史大夫上柱國始平郡開國公食邑二千一百戶食實封二百戶累贈太師中書令兼尚書令追封魯國公謚勤威馮公神道碑 （7）翰林侍讀學士知許州軍州事梅公神道碑 （8）司農卿分司南京陳公神道碑 （9）虞部郎中贈衛尉卿李公神道碑
王安石《臨川集》臨川先生文集卷第八十九		（10）神道碑 （11）故贈左屯衛大將軍李公神道碑銘（并序） （12）故淮南江淛荊湖南北等路制置茶鹽礬酒稅兼都大發運副使贈尚書工部侍郎蕭公神道碑 （13）尚書工部侍郎樞密直學士狄公神道碑 （14）尚書屯田員外郎贈刑部尚書李公神道碑 （15）贈禮部尚書安惠周公神道碑
王安石《王荊公文注》卷四	民國嘉業堂叢書本	（16）成當為《廬陵文集》《晏殊神道碑》：次子承裕，屯田員外郎。 （17）《晏殊神道碑》：公八子，第四子崇讓。
王安石《王荊公文注》卷五		（18）贈司空兼侍中文元賈魏公神道碑 （19）檢校太尉贈侍中正惠馬公神道碑 （20）贈太師中書令勤威馮公神道碑 （21）翰林侍讀學士知許州軍州事梅公神道碑 （22）司農卿分司南京陳公神道碑

續表

作者/文獻	版本	用　　例
王安石 《王荊公文注》 卷五	民國嘉業堂叢書本	（23）虞部郎中贈衛尉卿李公神道碑 （24）故贈左屯衛大將軍李公神道碑銘 （25）故淮南江淛荊湖南北等路制置茶鹽礬酒稅兼都大發運副使贈尚書工部侍郎蕭公神道碑 （26）尚書工部侍郎樞密直學士狄公神道碑
王安石 《王荊公文注》 卷六		（27）尚書屯田員外郎贈刑部尚書李公神道碑 （28）贈禮部尚書安惠周公神道碑 （29）《江鄰幾雜志》：富、范議建儲，（《長編》云：當云"文、富，嘉祐元年春，共議建儲，未與西府談也。"《長編》考異江氏《雜志》，誤以"文"為"范"。）王德用在密府，合掌加額云：置這一尊菩薩何地？永叔聞之，罵作"老衙官"，及為《神道碑》，頗溢美。 （30）王珪作德用《墓銘》，歐陽修作《神道碑》，並有是言，本傳蓋因之。《墓銘》指耶律防，而《神道碑》但稱契丹使者，豈修已覺其誤，故沒其姓名耶？ （31）曾敏行《獨醒雜志》：米元章評章伯益書：如宮女插花，嬪嬙對鏡，自有一般態度。繼其後者誰歟？又予藏伯益草蟲九便面，筆勢飛動，幾奪造化，後有孔毅甫、周元翁、米元章諸公題識。《金石萃編》：富鄭公撰韓魏公父國華《神道碑》，友直篆額。
王安石 《王荊公文注》 卷七		（32）（父諱保雍）《元豐類稿》有《神道碑》。
王安石 《王荊公文注》 卷八		（33）（君諱寬）李虛已弟虛舟之子，詳見前《神道碑》。 （34）（自臨潁縣君九封而為衛國夫人）《歐陽文忠公集》《程公琳中書令神道碑》：娶陳氏，封衛國夫人。
王安石 《王荊公詩注》 卷四十一	清文淵閣四庫全書本	（35）露積山禾（一作"成山"）百種收，漁梁亦自富鰕鰌。無羊説夢非真事，豈見元豐第二秋。（《楚茨》：我庾維億。毛氏曰：露積曰庾。《語》云：野有庾積。又退之韓《許公神道碑》：公私充塞，至於露積不垣。又《齊民要術》：百種，非上聲。）
王安石 《王荊公詩注》 卷五十		（36）密章贈襚連三組，畫翣喪車載一旌。（劉禹錫《為杜司徒謝追贈表》：紫書忽降於九重，密印加榮於厚夜。……又《王定神道碑銘》云：密印金貂，襚于墓門。《王崇術神道碑銘》云：没代流慶，密章下賁。《李國真神道碑銘》曰：煌煌密章，肅肅絲言。）

表三百四十五

作者/文獻	版本	用　　例
王安中 《初寮集》 卷八	清乾隆翰林院鈔本	（1）故贈昭化軍節度使楊應詢神道碑 （2）南陽伯梁公神道碑

表三百四十六

作者/文獻	版本	用　　例
王柏 《魯齋集》 卷十七	民國續金華叢書本	（1）是以宏模偉德之一端，恐秉史筆者之所欲。聞子孫沈淪無由，録送上官幸執事左右史事不敢不聞大父事，實見《朱文公文集》第八十九卷《神道碑銘》之內。

表三百四十七

作者/文獻	版本	用　　例
王稱 《東都事略》 卷二十六 列傳九	清文淵閣四庫全書本	（1）太宗聞訃震悼，謂近臣曰：趙普，國初元勲，事先帝，與朕最為舊故，能斷大事，盡忠國家，眞社稷之臣。聞其殂謝，悽愴之懷，不能已。因出涕，左右皆感慟。冊贈尚書令，封眞定郡王，謚曰忠獻。太宗撰《神道碑》，親八分書以賜之。遣右諫議大夫范杲攝鴻臚卿，護喪事。葬日，設鹵簿鼓吹如式，舉唐制也。
王稱 《東都事略》 卷四十六 列傳二十九		（2）景德初，置龍圖閣待制，首以鎬爲之。眞宗幸澶淵凱旋，遇懿德皇后忌日，疑軍中鼓吹，馳騎問鎬。鎬對曰：武王載木主伐紂，前歌後舞可據也。王欽若勸眞宗爲祥瑞，以鎮服四夷。眞宗疑焉，因問鎬：河出圖、洛出書，果何事？鎬遽對曰：此聖人以神道設教耳。眞宗意遂決。
王稱 《東都事略》 卷四十九 列傳三十二		（3）契丹受盟而歸，準每有自多之色，雖真宗亦以自得也。欽若深害之，一日，從容言於真宗曰：澶淵之役，準以陛下為投瓊與敵博耳。錢輸將盡，盡出之，謂之孤注。陛下，冦準之孤注也。且城下之盟，古人羞之，而陛下以為功乎？真宗愀然曰：為之奈何？欽若知真宗厭兵，即謬曰：陛下以兵取幽燕，乃可刷耻。真宗曰：河朔生靈，始免兵革之禍，吾安能為此？可思其次。欽若曰：惟有封禪泰山，可以鎮服四海，誇示夷狄。然自古封禪，當得天瑞希世絕倫之事，然後可為也。既而又曰：天瑞安可必得？前代葢有以人力為之者也。真宗久之，乃可。然王旦方為相，真宗曰：王旦得無不可乎？欽若

續表

作者/文獻	版本	用　　例
王稱 《東都事略》 卷四十九 列傳三十二	清文淵閣四庫全書本	曰：臣得以聖意諭之，宜無不可。欽若乘間為旦言之，旦黽勉而從。然真宗意猶未决也。它日，晚幸秘閣，惟杜鎬方直宿。真宗驟問之曰：古所謂河出圖、洛出書，果何事也？鎬曰：此聖人以神道設教耳。其言適與真宗意合，真宗遂意決。
王稱 《東都事略》 卷八十七下 列傳七十下		（4）紹聖初，章惇擅政，用周秩爲監察御史。秩，小人也。方光薨時，秩爲博士，議光謚爲文正。及是乃謂光改更弊法，爲盡廢先帝政事，於是追贈謚。及仆所賜《神道碑》，再貶清海軍節度副使，又追貶朱崖軍司户參軍。
王稱 《東都事略》 卷八十八 列傳七十一		（5）紹聖元年，章惇爲相，以翟思、張商英、周秩當言路，用其言削公著贈謚，毁所賜《神道碑》，再貶建武軍節度副使，又貶昌化軍司户參軍。
王稱 《東都事略》 卷一百 列傳八十三		（6）張商英在元祐時上吕公著詩求進，其言諛佞無耻。及為諫官，則上疏毁司馬光、吕公著《神道碑》。周秩在元祐間為太常博士，親定司馬光謚為文正。為言官，則上疏論司馬光、吕公著，至欲乞剖棺鞭尸。是豈士君子之所為哉？

表三百四十八

作者/文獻	版本	用　　例
王讜 《唐語林》 卷三	清惜陰軒叢書本	（1）大中末，諫官獻疏，請賜白居易謚。上曰：何不讀《醉吟先生墓表》？卒不賜謚。弟敏中在相，奏立《神道碑文》，使李商隱為之。
王讜 《唐語林》 卷五		（2）中宗正位後，有武當縣丞壽春周憬，慷慨有節義，乃與王駙馬同皎謀誅武三思。事發，同皎見害，憬逃於比干廟中刎死。臨死謂曰：比干，紂之忠臣也；儻神道有知，明我以忠見殺。 （3）《顏真卿集·和政公主神道碑》：《詩》美下嫁，《書》傳築館，貴其中禮，載籍稱焉。漢魏已還，寂寥罕嗣，以蕩陵德，則維其常。皇唐勃興，王道丕變：平陽起娘子之軍于司竹，襄城行匹庶之禮于宋公，常樂糺匡復之師于武后，皆前古之所未有。其或生知禮樂，周旋法度，躬行婦道，以懋大倫，克順天經，光昭懿烈，名言之所莫究，書記之所未聞，聚衆美于一身，鄰太虚而獨立者，其唯和政公主乎！

續表

作者/文獻	版本	用　例
王讜 《唐語林》 卷八	清惜陰軒叢書本	(4) 墓前碑碣，未詳所起。案：《儀禮》：廟中有碑，所以系牲，并視日景。《禮記》云：公室視豐碑，三家視桓楹。豐碑、桓楹，天子、諸侯葬時下棺之柱，其上有孔，以穿綍索，懸棺而下，取其安審，事畢即閉壙中。臣子或書君父勲閥于碑上，後又立之于隧口，故謂之《神道碑》，言神靈之道也。古碑上往往有孔，是貫綍之遺象。前後碑甚少，後漢蔡邕、崔瑗之徒，多為人立碑；魏晉之後，其流浸盛。碣亦碑之類也。

表三百四十九

作者/文獻	版本	用　例
王黼 《宣和博古圖》 卷十六	清文淵閣四庫全書本	(1)《周散季敦銘》(六十六字)：右通蓋高八寸四分，深四寸一分，口徑七寸三分，腹徑九寸一分，容六升七，合共重十有三斤二兩。兩耳有珥三足，蓋與器銘共六十六字。攷其銘，乃散季為王母叔姜作也。昔之人神祀饗之禮，其彝器食飲每通用之。既以人道事乎神，又以神道饗乎人。此家廟中，與夫平日燕居之器，皆得銘而用之，初無別也。

表三百五十

作者/文獻	版本	用　例
王珪 《華陽集》 卷八	清文淵閣四庫全書補配清文津閣四庫全書本	(1)《免撰高衛王康王碑潤筆劄子》：臣今日伏蒙使者，臨門奉傳聖詔，以臣撰進衛王高瓊、康王高繼勲《神道碑》，特賜臣銀絹各五百兩匹，金腰帶一條，衣一襲者。臣伏以賞予者，先王必視諸有勞而審出之。苟出而無名，謂之濫賞者，法之所禁也。 (2)《謝撰高衛王康王碑潤筆劄子》：臣近奉勑撰進衛王高瓊、康王高繼勲《神道碑》，特賜銀絹各五百兩疋，金腰帶一條，衣一襲。蒙降詔書，不許辭免者。伏念臣承學淺迂，逢辰希濶，典三朝之翰墨；偶被虚名，述二武之勲勞。莫追良筆，豈謂皇帝陛下愛欲加於外族，禮遂及於孤臣？賜出非常，已慙今日之受；恩無不報，自誓一身之捐。
王珪 《華陽集》 卷十二		(3) 内中慶瑞宮開啟奉安九宮貴神道場青詞

續表

作者/文獻	版本	用　　例
王珪 《華陽集》 卷三十六	清文淵閣四庫全書補配清文津閣四庫全書本	(4)《祖母陳氏特追封秦國夫人制》：勅：朕饗成於郊澤，究於下眷；言宰路之舊，永惟親廟之奉。蓋本天而事地，則神道通；因祖而及配，則人倫順。更飭閔典，以隆先慈。
王珪 《華陽集》 卷四十七		(5) 神道碑 (6) 國子博士致仕贈太師中書令兼尚書令追封成國公程公神道碑銘 (7) 夏文莊公竦神道碑銘 (8) 狄武襄公神道碑銘。
王珪 《華陽集》 卷四十八		(9) 神道碑 (10) 推誠保德翊戴功臣開府儀同三司太子太保致仕上柱國潁國公食邑八千四百户食實封二千一百户贈司空兼侍中龐公神道碑銘 (11) 推誠保德崇仁守正忠亮佐運翊戴功臣開府儀同三司守司空致仕上柱國鄭國公食邑一萬一千六百户贈太尉兼侍中宋元憲公神道碑銘
王珪 《華陽集》 卷四十九		(12) 神道碑 (13) 推忠保節翊戴功臣忠武軍節度許州管内觀察處置等使開府儀同三司檢校太尉使持節許州諸軍事行許州刺史兼御史大夫上柱國渤海郡開國公食邑八千七百户食實封三千户累贈太師尚書令兼中書令烈武高衞王神道碑銘 (14) 推忠保節忠亮翊戴功臣建雄軍節度晉州觀察處置等使金紫光祿大夫檢校司空使持節晉州諸軍事晉州刺史兼御史大夫上柱國渤海郡開國公食邑七千九百戶食實封一千六百戶累贈太師尚書令兼中書令穆武高康王神道碑銘

表三百五十一

作者/文獻	版本	用　　例
王楙 《野客叢書》 卷八	明刻本	(1)《僧孺徐昕佚事》：《南部新書》云：牛僧孺三貶至循州，本傳不言，漏略也。僕驗牛公《墓志》與夫《神道碑》，知《新書》所説信然。《墓誌》云：河南少尹呂述與李太尉書，言“劉稹破，報至，公出聲歎恨。”上見述書，自十月至十二月，公凡三貶至循州員外長史。《神道碑》亦云：素忌公者媒蘖公與劉從諫反，上怒，旬月三貶公至循州長史。
王楙 《野客叢書》 卷十五		(2)《富公奉使語》：《漫録》曰：東坡撰《富鄭公神道碑》，載公奉使語曰：北朝與中國通好，則人主專其利，而臣下無所獲。若用兵，則利歸臣下，而人主任其旣。故北朝諸臣爭勸用兵者，此皆其身謀，非國計也。

續表

作者/文獻	版本	用　　例
王楙 《野客叢書》 卷二十	明刻本	(3)《杜撰》：包彈對杜撰，為甚的。……《湘山野録》載，盛文肅公撰《文節神道碑》：石叅政中立急問曰：誰撰？盛卒曰：度撰。滿堂大笑。文肅在杜默之前，又知杜撰之說，其來久矣。
王楙 《野客叢書》 卷二十二		(4)《侯霸員半千宋璟》《嘉祐雜誌》所載三碑，僕嘗考焉。一、原甫得《漢延熹金鄉守長侯君碑》云：君諱成，防東人。其先出自周文之後，封於鄭，共伯賜氏曰侯，厥脩宣多以功佐國。……二、白水縣民得《員半千墓志》云：十八代祖凝，自宋入魏，本姓劉氏，彭城人，以其雅正似伍員，遂賜姓員。……三、邢臺村所得顏魯公撰《宋璟神道碑》云：公作《長松篇》《梅花賦》，蘇味道以為有王佐之才。
王楙 《野客叢書》 卷二十六		(5)《唐言金印》：歐公《集古錄》曰：《崔能神道碑》，李宗閔撰，有云"拜御史丞，持節觀察黔中，賜紫服金印"者。隋唐有隨身魚而青紫為服色，宗閔謂賜金印者，謬也。僕謂唐人言金印者甚多，不但宗閔而已。

表三百五十二

作者/文獻	版本	用　　例
王明清 《揮麈録》 揮麈後録餘話 卷之一	四部叢刊景宋鈔本	(1) 東坡先生公《神道碑》云"手封遺表，使其子上之"者也。徐敦《立國紀》，亦載其略。

表三百五十三

作者/文獻	版本	用　　例
王雱 《南華眞經新傳》 卷之十八	清文淵閣四庫全書本	(1) 是以莊子說劒而言：示之以虛、開這以利、後之以發、先之以至也。夫示之以虛者，所謂退處幽密也；開之以利者，所謂斡於萬化也；後之以發者，所謂力旋天地也；先之以至者，所謂威服海内也。故處幽密則百姓日用而不知，斡萬化則萬物贍足而衣被，旋天地則與造化冥運而生成，服海内則以神道設教而無方。此周寓爲天下國家之道於說劒，而趙文不悟其言也。

表三百五十四

作者/文獻	版本	用　　例
王闢之《澠水燕談録》卷第九	清知不足齋叢書本	(1) 仁宗天縱多能，尤精書學。凡宮殿門觀，多帝飛白題牓，勳賢神道，率賜篆螭首。王曾之碑曰“旌賢”，寇準曰“旌忠”，李迪曰“遺直”，晏殊曰“舊學”，丁度曰“崇儒”，王旦曰“全德元老”，文彦博父均曰“教忠積慶”，李用和曰“親賢”，范仲淹曰“褒賢”，曹利用曰“旌功”，呂夷簡曰“懷忠”，張士遜曰“舊德”，狄青曰“旌忠元勳”，其餘不可悉記。或云：初，王子融守河中，模唐明皇題裴耀卿碑額獻之，仁宗乃賜文正碑曰“旌賢”。大臣碑額賜篆，蓋始於此。其后英廟、神考，亦屢有賜者。

表三百五十五

作者/文獻	版本	用　　例
王溥《唐會要》卷六	清武英殿聚珍版叢書本	(1) 咸通十二年二月，葬衛國公主於少陵原。先是，詔百寮為挽歌詞，仍令駙馬韋保衡自撰公主《神道碑》，京兆尹薛能為外監護，供奉官楊復璟為内監護，儀注甚盛，上與郭淑妃御延興門哭送。
王溥《唐會要》卷十下		(2) 謹按：後魏王鈞《志》：北辰第二星，盛而常明者乃爲元星露寢，天帝常居，始由道奧而為變通之迹。又天皇大帝，其精耀魄寶，蓋萬神之秘圖，與河海之命紀皆稟焉。據元說，即昊天上帝也。天一掌八氣、九精之政令，以佐天極。徵明而有常，則陰陽序，大運興。太一掌十有六神之法度，以輔人極。徵明而得中，則神人和而王道昇平。又北斗有權、衡二星，天一、太一參居其間，所以財成天地，輔相神道也。若一概以列宿論之，實為淺近。
王溥《唐會要》卷十七		(3) 太子賓客崔沔議曰：竊聞識禮樂之情者能作，知禮樂之文者能述。述作之義，聖賢所重，禮樂之本，古今所崇。變而通之，所以久也。所謂變者，變其文也；所謂通者，通其情也。祭祀之典，肇於太古，人所飲食，必先嚴獻。未有火化，茹毛飲血，則有毛血之薦；未有麴蘗，汙樽抔飲，則有元酒之奠。施及後王，禮物漸備，作為酒醴，用其犧牲，以致馨香，以極豐潔，故有三牲八簋之盛，五齊九獻之殷。然神道至元，可存而不可測也；祭禮至敬，可備而不可廢也。是以毛血腥爓，元尊犧象，靡不畢登于明薦矣。然而薦貴於新，味不尚褻，雖則備物，猶存節制。

續表

作者/文獻	版本	用　　例
王溥《唐會要》卷十九	清武英殿聚珍版叢書本	(4) 太常博士段同泰議曰：伏據隱太子等，皆稟殊恩，式創陵寢。……隱太子等並特降絲綸，别營祠宇，義殊太廟，恩出當時。如逝者之錫蘩藻，亦猶生者之開茅土，寵章所及，誰謂非宜？且自古帝王，封建子孫，寄以維城之固，咸登列郡之榮，豈必有功于民，立事于世？生者曾無異議，逝者輒此奏停，雖存歿之跡不同，而君臣之恩何别？此則輕重非當，情禮宜均，神道固是難誣，人情孰云其可？ (5) 天寶元年四月，太子太師致仕蕭嵩，以私廟逼近曲江，因上表請移就他處。其詞曰：臣嵩言：昨日大將軍高力士奉口宣，俯令存問。以臣私廟逼近曲江，人物喧雜，非安神之所，許臣移轉，更就幽閒。又憐臣田園，知無手力，擬令將作，與臣營造。伏蒙殊渥，感戴交深。臣叨沐朝榮，獲崇私廟，禮尊祖考，粗奉烝嘗，而地接勝游，城連禁御。伏以神道靜謐，久議遷移，豈謂理會事宜，天從人願？聖情下逮，元獎曲成。……今日已令下手移拆訖，所令官作，豈敢當之？臣為衰老，自拙將攝，十數日來，加風氣發動，猶尚虛惙。未堪拜伏，不獲詣闕奉謝。
王溥《唐會要》卷二十		(6) 臣伏聞則天大聖皇后欲開乾陵合葬，然以則天皇后卑於天皇大帝，若欲開陵合葬，即是以卑動尊。事既違經，恐非安穩。臣又聞乾陵玄宮，其門以石閉塞，其石縫鑄鐵以固其中。今若開陵，其門必須鐫鑿。然以神明之道，體尚幽玄；今乃動衆加功，誠恐多所驚黷。又若别開門道，以入玄宮，即往者葬時神位先定，今更改作，為害益深。……伏望依漢朝之故事，改魏、晉之頹綱，于乾陵之傍，更擇吉地，取生墓之法，别起一陵，既得從葬之儀，又成固本之業。伏以合葬者，緣人私情；不合葬者，前修故事。若以神道有知，幽塗自得通會；若以死者無知，合之復有何益！然以山川精氣，上為星象，若葬得其所，則神安後昌；若葬失其宜，則神危後損。所以先哲垂範，具立《葬經》，欲使生人之道必安，死者之神永奉。伏望少迴天眷，俯覽臣言，行古昔之明規，割私情之愛欲，使社稷長享，天下永安。疏奏，百官詳議。尋有勑令，准遺詔以葬之。
王溥《唐會要》卷二十一		(7) 開成五年二月，祭穆宗妃韋氏，追謚爲宣懿太后。（武宗母也。時初嗣位，後追謚之。）初，武宗欲啟穆宗陵祔葬，中書門下奏曰：園寢已安，神道貴靜。光陵葬已二十餘載，福陵近又修崇。竊惟孝思，足彰嚴奉。今若載因合祔，須啟二陵，或慮聖陵不安，未合先旨。又以陰陽避忌，實有所疑。不移福陵，實合典禮。從之。乃詔就舊陵增築，仍依舊名曰福陵。

續表

作者/文獻	版本	用　　例
王溥《唐會要》卷二十一		(8) 開元二年，昭成皇后靖陵在洛陽，上令舅希瓘往樹碑。上曰：其文須取第一手。遂令魏知古宣旨，令中書侍郎蘇頲為碑文。頲因極言：帝王及后，禮無《神道碑》。近則天皇后崇尚家代，猶不敢稱碑，刻為《述聖紀》，且事不師古，動不合法。若靖陵獨建，即陛下祖宗之陵，皆須追建。上從其言而止。
王溥《唐會要》卷二十二		(9) 按：《郊特性》云：社祭土而主陰氣。《韓詩外傳》云：天子大社方五丈，諸侯半之。蓋以五是土數，故壇方五丈。其社主請准五數長五尺，准陰之二數，方二尺。剡其上以象物生，方其下以象地體。埋其半，以根在土中，而本末均也。則神道設教，法象有憑，其尺請用古尺。
王溥《唐會要》卷四十三	清武英殿聚珍版叢書本	(10) 夫災變應天，實繫人事，故日蝕修德，月蝕修刑。若乃雨暘或愆，則貌言為咎，雩禜之法，存乎禮典。今暫逢霖雨，即閉坊門，棄先聖之明訓，遵後來之淺術，時偶中之，安足神耶？蓋當屏翳收津，豐隆戢響之日也。豈有一坊一市，遂能感召皇靈；暫開暫閉，便欲發揮神道。必不然矣，何其謬哉！
王溥《唐會要》卷五十六		(11) 自文明草昧，天地屯蒙，二叔流言，四凶搆難。不設鉤距，無以應天順人；不峻刑名，不可摧奸息暴。故置神匭，以開告端，曲直之影必呈，包藏之心盡露。神道助直，無罪不除；人心保能，無妖不戮。以茲妙算，窮造化之幽深；用此神謀，入天人之秘術。故能計不下席，聽不出闈，蒼生晏然，紫宸易主。大哉偉哉，無得而稱也！
王溥《五代會要》卷九		(12) 應順元年三月，勅：令後藩侯，帶平章事已上薨謝者，差官撰《神道碑文》宣示。未帶平章事及刺史，準令式合立碑者，其文任自製撰，不在奏聞限。(以故忠武軍節度使孟鵠男道古上章乞立其父碑，故有是勅。)
王溥《五代會要》卷二十二		(13) 其年五月，尚書禮部侍郎、知貢舉竇儀奏：其進士請今後省卷限納五卷已上，于中須有詩、賦、論各有一卷，餘外雜文、歌篇，並許伺納，祇不得有神道碑、誌文之類。

表三百五十六

作者/文獻	版本	用　例
王欽若 《冊府元龜》 卷七	明刻初印本	(1) 丙寅，隴西公建成、司馬劉文靜屯永豐倉，以拒潼關。太宗以前軍數萬人自渭北狥三輔，所至皆下。高祖第三女柴氏從父弟神道舉義於司竹，至是以兵來會。
王欽若 《冊府元龜》 卷十六		(2) 哀帝太初元年，號曰"陳聖劉太平皇帝"。(陳，導也，言得神道。聖者，劉也。陳，舜後。王莽，陳之後。謬語以明莽當篡立而不知。) 後魏顯祖獻文帝，既禪位太子，於是群公奏曰：在昔三王之世，澹泊無事，故稱皇。是以漢高祖既稱皇帝，尊其父爲太上皇，明不統天下。今皇帝幼冲，萬機大政，猶宜陛下總之，謹上尊號太上皇帝。乃從之，國之大事咸以聞。
王欽若 《冊府元龜》 卷二十六		(3) 手詔報曰：爰自今春，時雨愆序，切憂農務，無忘寢興。陝雒兩郊，已聞流霔，而咸京近縣，尚未霑霈。憫禾黍以疚懷，仰雲漢而翹首。投龍致祭，親禱靈池。誓移咎於薄躬，庶垂祐於黎獻。神道昭著，鑒此虔誠，甘澤應期，嘉生遂性。亦是卿等同心燮理，勠力謀猷，上下咸和，致兹休應。豊年可望，慶慰良深，麟鳳飛翔，未爲瑞也。 (4) 侍中牛仙客中書令林甫上表賀曰：此城往緣無備，權屬吐蕃，天威所臨，復為我有。而犬戎自送其死，且或執迷，率彼兇徒，輙敢違逼。城中在昔，惟水爲虞，雖佇之則多，而汲之路斷。陛下每憂無物，必期靈祐，聖心有屬，神道玄通，遂使折石流泉，分巖瀉液。動天地而昭應，與造化而同功。三軍所資，一朝皆足。既使無渴乏之慮，益勵忠勇之心，剪滅寇戎，從此非遠。傍稽黄策，憁考禎休，以欣以躍，實倍嘗品。請宣示百寮，編諸册簡。 (5) 太祖令禱河伯祠曰：吾春辭伐罪，以救黎元，兇醜拒張，勞兵攻伐。神道禍淫，合伸冥助。風師無狀，不祐王師。明靈感通，速宜止絶。如無顯効，祠其危乎！奠訖而風止。
王欽若 《冊府元龜》 卷四十六		(6) 帝侍側，因啟曰：夫盛衰有常理，禍福繫神道。家世二代，盡忠王室，勢窮力屈，無所愧心。物不極則不返，惡不極則不亡。今朱氏攻逼乘輿，窺伺神器，陷害良善，誣詐神祇。以臣觀之，殆其極矣。大人當遵養時晦，以待其衰，何事輕爲沮喪！大祖釋然，因奉觴作樂而罷。
王欽若 《冊府元龜》 卷五十一		(7)《崇釋氏》：昔漢明帝兆夢於金人，楚王英爲蒲塞桑門之饌。繇是竺乾之教，被於中夏，其所述之旨。所謂三歸五戒十善業，四無量心，四無色定，以極人天之果；四諦十二因緣，六波羅蜜，以辯三乘之位；經律論，以紀三藏之名數。至于覺一切種智，證舞生法忍，此所以登圓寂而成佛道也。歷代帝王，或崇奉其事，營建塔廟，增嚴像設，翻譯梵文，廣度淨衆，蓋以茂植

續表

<table>
<tr><th>作者/文獻</th><th>版本</th><th>用　　例</th></tr>
<tr><td>王欽若
《冊府元龜》
卷五十一</td><td rowspan="5">明刻初印本</td><td>德本，樹立衆善，爲民祈福，敺之仁壽，斯亦大易神道設教之旨歟！漢武帝元狩中，遣嫖姚將軍霍去病討匈奴，至睪蘭，過居延，昆耶主將其衆五萬來降。獲其金人，帝以爲天神，列於甘泉宫。金人率長丈餘，不祭祀，但燒香禮拜而已。此則佛道流通之漸也。及開西域，遣張騫使大夏還，傳其旁有身毒國，一名天竺，始聞有浮屠之教。</td></tr>
<tr><td>王欽若
《冊府元龜》
卷五十三</td><td>(8) 自漢之世，崇其言於宫壼；孝武以降，混其術於神仙。或嚴祠於掖庭，或講議於斧扆，廣設壇醮，親受符籙，肹蠁報應，與時偕行。雖崇奉之至，亦未能清浄如此也。唐稱景胄，茂暢真氣，靈宇相望，黄冠交暎。尊其虚無之論，列於儒學之科，與夫大易神道，設教《洪範》，建用皇極，愛民治國之要，其歸一揆耳！
(9) 孝文，太和十五年秋，詔曰：夫至道無形，虚象爲主。自有漢以來，置立壇祠，先朝以其至順可歸，用立寺宇。昔京城之内，居舍尚希。今者里宅櫛比，人神猥凑，非所以祗崇至法，清敬神道。可移於都南桑乾之陰，岳山之陽，永置其所。給户五十，以供齋祀之用，仍名爲崇虚寺。可召諸州隱士，員滿九十人。</td></tr>
<tr><td>王欽若
《冊府元龜》
卷六十一</td><td>(10) 愍帝，應順元年三月，故忠武軍節度使孟鵠男遵古上言，乞立先臣《神道碑》。詔：今後藩侯，帶同平章事已上薨謝者，竝差官撰文宣賜。未帶相印及刺史，以令式合立碑者，其文任自製撰，不在奏聞。</td></tr>
<tr><td>王欽若
《冊府元龜》
卷一百八</td><td>(11) 今則在文班武班之前，居一品二品之上，端笏齊拜，禮實未聞。其押班宰相、押樓御史、通事舍人，竝請依天成三年以前禮例施行，無至差忒。殿中侍御史賈玄珪奏：是非旣畢，沿革不同，舉之則雖有舊規，考之則全無故實。且夫酌人心而致禮，依神道而設教，此乃經國之大端也。况通事舍有居贊導之職，押樓御史當糾察之司，一則示於紀綱，一則防於謬悮，所以静觀進退，詳視等威，實非抗禮于庭。所謂各司其局，俾令不拜，雅合其宜。</td></tr>
<tr><td>王欽若
《冊府元龜》
卷一百三十三</td><td>(12) 馬緫，元和中爲安南都護，以綏蠻功，就加金紫。文宗，太和元年十一月，勑：故太尉兼中書令李晟，勲業崇高，銘在鍾鼎，其《神道碑》宜令所司建立。</td></tr>
</table>

續表

作者/文獻	版本	用　　例
王欽若 《冊府元龜》 卷一百四十四	明刻初印本	(13) 十四年六月丁未，以夂旱，分命六卿祭山川。詔曰：五嶽視三公之位，四瀆當諸侯之秩，載于祀典，亦爲國章。方屬農功，頗增旱暵，虔誠徒積，神道未孚。用申靡愛之勤，兾通能潤之感。宜令工部尚書盧從愿祭東嶽，河南尹張敬忠祭中嶽，御史中丞兼户部侍郎宇文融祭西嶽及西海河瀆，太嘗少卿張九齡祭南嶽及南海，黄門侍郎李暠祭北嶽，右庶子何鸞祭東海，宗正少卿鄭繇祭淮瀆，少詹事張晤祭江瀆，河南少尹李暈祭北海及濟瀆。……但羞蘋藻，不假性勞，應緣奠祭，尤宜精潔。
王欽若 《冊府元龜》 卷一百四十五		(14) 又侍御史陳保極上疏：玄冬告謝，密雪未零，竊慮今夏，龍德啓圖，鑾旌赴闕，擁十萬衆，臨九重城，讋怖龍神，震驚方位，致瘥扎爲沴，風雨失時。請在京諸寺觀，置迎年消災資福，安土地龍神道場。優詔從之。
王欽若 《冊府元龜》 卷一百五十二		(15) 王誼爲郢國公，以恩禮稍薄，頗懷怨望。上柱國元諧亦頗失意，誼數與相往來，言論醜惡。胡僧告之，公卿奏誼大逆不道，罪當死。帝見誼，愴然曰：朕與公舊爲同學，甚相憐愍，將柰國法何？於是，下詔曰：誼，有周之世，早預人倫，朕共遊庠序，遂相親好。然性懷險薄，巫覡盈門，魁言怪語，稱神道聖。朕受命之初，深存誡約，口言悔過，心實不悛。乃說四天王神道，誼應受命，書載誼識，天有誼星，桃、鹿示岐州之下，歲在辰巳，興帝王之業。……於是，賜死於家。
王欽若 《冊府元龜》 卷一百七十八		(16) 二年正月，勑：故保邦崇德忠略康濟功臣天策上將軍開府儀同三司守太師尚書令上柱國楚王食邑一萬八千户食實封一千六百户馬殷，品位俱高，封崇已極，無官司贈，宜賜謚兼《神道碑文》，仍以王禮葬。
王欽若 《冊府元龜》 卷一百八十二		(17)《誕生》：夫天命所佑，運歷攸歸。有開必先，休應斯見。故其生也，必有禎符之。朕神靈之紀，以啓其祚焉，非獨乘五勝而起、繼三徵而王者有是徵也。至於居餘分之次，擅一方之地者，亦復嘉祥貴象，兆於厥初。斯蓋上稽靈心，雖殊於天序；下觀人事，亦異於嘗民。表神道之玄遠，成史氏而昭著者矣。
王欽若 《冊府元龜》 卷二百一十一		(18) 又辟其少子瓚爲節度判官，又請故宰相張濬爲《重榮神道碑》曰：帝頃自左馮來歸蒲坂，而重榮識在田之奇狀，有附翼之深期。劉宣威坐席之言，形于昔日；喬太尉英雄之許，感極兹辰。帝追思之，深故恩禮若是。
王欽若 《冊府元龜》 卷二百三十四		(19) 祚宗人張瓘時鎮抱罕，祚惡其彊，遣其將易揣張玲，率步騎萬三千以襲之。時張掖人王鸞頗知神道，言於祚曰：軍出不復還，凉國將有不利矣。祚大怒，以鸞妖言沮衆，斬之以狥，三軍及發。鸞臨刑曰：我死不二十日，軍必敗。後果爲瓘所敗。

續表

作者/文獻	版本	用　　例
王欽若 《冊府元龜》 卷二百七十五		(20) 自中興至和帝時，皇太子始封薨者，皆賻錢三千萬，布三萬疋。嗣王薨，賻錢千萬，布萬疋。是時，竇太后臨朝，竇憲兄弟擅權，太后及憲等東海王出也，故睦於焉而重於禮，加賻錢一億。詔濟南、東海二王皆會。大爲脩冢塋，開神道，平夷吏人冢墓以千數，作者萬餘人。
王欽若 《冊府元龜》 卷三百三十八		(21) 漢李蔡，爲丞相。坐詔賜冢地陽陵當得二十畝，蔡盜取二頃，頗賣得四十餘萬，又盜取神道外壖地一畝，葬其中（壖音人掾切），當下獄，自殺。
王欽若 《冊府元龜》 卷三百八十七		(22) 至長興二年，除平盧軍節度使，累官至開府儀同三司、撿較太師、兼中書令，封東平王，食邑五千户，食實封三百户。高祖天福元年十二月，卒於鎮。贈太尉，詔立《神道碑》。
王欽若 《冊府元龜》 卷四百五十九		(23) 宋璟，爲鳳閣舍人，當官正色，則天甚重之。長安中，張易之誣搆魏元忠有不順之言，引鳳閣舍人張說令證之。說將入於御前對覆，惶惑迫懼，璟謂曰：各義至重，神道難欺，必不可黨邪醜正，以求苟免。若緣犯顏流貶，芬芳多矣。說感其言。及入，遂保明元忠，竟得免死。
王欽若 《冊府元龜》 卷五百三十二	明刻初印本	(24) 自文明草昧，天地屯蒙，二叔流言，四凶搆難。不設鈎距，無以應天順人；不峻刑名，不可摧姦息暴。故置神匭，以開告端，曲直之影必呈，包藏之心盡露。神道助直，無罪不除；人心保能，無妖不戮。以茲妙筭，窮造化之幽深；用此神謀，入天人之秘術。故能計不下席，聽不出闈，蒼生晏然，紫宸易主。大哉偉哉，無得而稱也！ (25) 伏願陛下深思天變，杜絕其萌。以萬方爲念，不以聲色爲娛；以百姓爲憂，不以犬馬爲樂。蹔勞宵旰，用緝明良，豈不休哉！夫災變應天，實系人事，故日蝕修德，月蝕修刑。若乃雨暘或僭，則貌言之咎，雩禜之法，存乎禮典。今蹔逢霖雨，卽閉坊門，棄先聖之明訓，導後來之淺術，時偶中者，安足神邪？蓋當屏翳收津，豐隆戢轡之日也。豈有一坊一市，遂能感召皇靈；蹔閉蹔開，便欲發揮神道。必不然矣，何其謬哉！
王欽若 《冊府元龜》 卷五百三十三		(26) 四年八月，太子太傅李琪奉命撰《故青州節度使霍彥威神道碑》。初，琪仕梁至平章事，而私懷感遇之意。舊之工碑版者，奉勑撰碑，皆始敘君上獎功之道，承詔撰述之旨，每於立意皆稱臣。彥威仕梁位至方面，及茲敘其揚歷，必須指名幾任是僞，幾任是朝命。琪不欲指斥僞梁，所撰碑文，自初不稱臣。中書覆奏云：李琪所撰《霍彥威神道碑文》，既不分眞僞，是混功名。望令改撰。從之。

續表

作者/文獻	版本	用　　例
王欽若 《冊府元龜》 卷五百四十	明刻初印本	(27) 昔呂后臨朝，肆意無道。周昌相趙，三召其王而昌不遣，先徵昌入，後復召王。此繇漢制本寬，得使爲快。假令如今，吕后必謂昌巳友，夷其三族，則誰敢爲殺身成義者哉！此法宜改，可使經遠。又漢初廢趙王張敖，其臣貫高謀殺高祖，高祖不誅，以明神道。
王欽若 《冊府元龜》 卷五百四十二		(28) 世南上對事諫曰：臣聞古之聖帝明王所以薄葬者，非不欲崇高光顯，珍寶具物，以厚其親。然審而言之，高墳厚隴，珍物畢備，此適所以爲親之累，非曰孝也。是以深思遠慮，安於菲薄，以爲長久萬代之計，割其常情以定耳。昔漢成帝造延、昌二陵，制度甚厚，功費甚多。諫議大夫劉向上書，其言深切，皆合事理。其畧曰：孝文居霸陵，悽愴悲懷，顧謂群臣曰：嗟呼！以北山石爲槨，用紵絮斮陳漆其間，豈可動哉？張釋之進曰：使其中有可欲，雖錮南山猶有隙；使其中無可欲，雖無石槨，又何戚焉？夫死者無終極，而國家有廢興，釋之所言，爲無窮計也。孝文寤焉，遂以薄葬。又漢氏之法也，人君在位，三分天下貢賦，以一分入山陵。武帝歷年長久，比葬，陵中不復容物，霍光暗於大體，奢侈過度。其後至更始之敗，赤眉賊入長安，破茂陵取物，猶不能盡。無故聚斂百姓，爲盜之用，甚無謂也。魏文帝於首陽東爲壽陵，作《終制》，其畧曰：昔葬壽陵，因山爲體，無封樹，無立寢殿園色，爲棺槨足以藏骨，爲衣衾足以朽肉。吾營此不食之地，欲使易代之後，不知其處。無藏金銀銅鐵，一以瓦器。自古及今，未有不亡之國，無不掘之墓。喪亂以來，漢氏諸陵，無不發掘。至乃燒取玉匣金縷，骸骨並盡，乃不重痛哉？若違詔妄有變改，吾爲戮屍於地下，死而重死，不忠不孝，使魂而有知，將不福汝。以爲永制，藏之宗廟。魏文帝此制，可謂達於事矣。向使陛下德止如秦、漢之君，臣則緘口而已，不敢有言。伏見聖德高遠，堯、舜猶所不逮，而俯與秦、漢之君同爲奢泰，捨堯、舜、殷、周之節儉，此臣所以尤戚也。今爲丘隴如此，其內雖不藏珍寶，亦無益也。萬代之後，但見高墳大墓，豈謂無金玉耶？臣之愚計，以爲漢文霸陵，既因山勢，雖不起墳，自然高顯。今之所卜，地勢即平，不可不起，宜依《白虎通》所陳周制，爲三仞之墳，其方中制度，事皆減少。事竟之日，刻石於陵側，明立封大小高下之式。明器所須，皆以瓦木，合于禮文，一不得用金銀銅鐵。使萬代子孫，並皆遵奉，一通藏之宗廟，豈不美乎？且臣下除服三十六日，巳依霸陵，今爲墳隴，又以長陵爲法，恐非所宜。伏願深覽古今，爲久遠之慮，臣之赤心，唯願萬歲之後，神道長安，陛下孝名，揚於無窮矣。

續表

<table>
<tr><th>作者/文獻</th><th>版本</th><th>用　例</th></tr>
<tr><td>王欽若
《冊府元龜》
卷五百四十三</td><td rowspan="2">明刻初印本</td><td>(29) 自文明草昧，天地屯蒙，三叔流言，四凶搆難。不設鈎鉅，無以應天順人；不切刑名，不可摧姦息暴。故置神器，開告端，曲直之影必呈，包藏之心盡露。神道助直，無罪不除；人心保寧，無妖不戮。以茲妙筭，窮造化之幽深；用此神謀，入天人之秘術。故計不下席，聽不出門，蒼生宴然，紫宸易主。大哉偉哉，無得而稱也！</td></tr>
<tr><td>王欽若
《冊府元龜》
卷五百四十四</td><td>(30) 嚴善思爲給事中。神龍元年，中宗欲合葬則天皇后於乾陵，善思抗疏諫曰：謹按《天元房錄葬法》云：尊者先葬，卑者不合於後開入。臣伏聞則天大聖皇后欲開乾陵合葬，然以則天大聖卑於天皇大帝，若欲開陵合葬，即是以卑動尊。事既違經，恐非安穩。臣又聞乾陵玄宮，其門以石閉塞，其石縱隙，鑄鐵以固其中。今若開陵，其門必須鐫鑿。然明神之道，體尚幽玄；今乃動衆加功，誠恐多所驚黷。又若别開門道，以入玄宫，即徃者葬時神位先定，今更改葬，爲害益深。又以修築乾陵之後，國頻有難，遂至則天大聖皇后權總萬幾二十餘年，其難始定。今乃更加營作，伏恐還有難生。但合葬非古，著作《禮經》，緣情爲用，無足依准。況今事有不安，豈可復修斯制！臣又伏見漢時諸陵，皇后多不合葬；魏、晉已降，始有合者。然以西漢之積年，尚餘四百；魏、晉之後，祚皆不長。雖受命應期，有因天假，然以循機享德，亦在時文。但陵墓所安，必資聖地，後之裔嗣，用託靈根，神靈或有不安，後嗣固難長享。伏望依漢朝之故事，改魏、晉之頹綱，於乾陵之傍，更擇吉地，取生墓之法，别起一陵，既得從葬之儀，又成固本之業。夫以合葬者，緣人私情；不合葬者，前修故事。若以神道有知，幽途自得通會；若以死者無知，合之復有何益！然以山川精氣，上爲星象，若葬得其所，則神安後昌；若葬失其宜，則神危後損。所以前哲垂範，具立《葬經》，欲使生人之道克隆，死者之神永泰。伏望少迴天眷，俯鑒臣言，行古昔之明規，割私情之愛欲，使社稷長享，天下乂安。凡在懷生，孰不慶幸！疏奏，制令百官詳議。尋降勑言，則天遺命葬乾陵。
(31) 伏願勤思法官，少凝大化。宜以萬方爲念，不以聲色爲娱；以百姓爲憂，不以犬馬爲樂。暫勞宵旰，用緝明良，豈不伏哉！天下幸甚！臣聞三五之辟，不能免滔亢；太平之時，不能無小孽。供禦之道，存乎其人。若細微之怪，恬而不怪，及禍變成象，駭而圖之，猶水决而繕防，病困而求藥，雖復黽勉，亦何救哉！夫災變應天，實繫人事，故日蝕修德，月蝕修刑。若乃</td></tr>
</table>

續表

作者/文獻	版本	用　　例
王欽若《冊府元龜》卷五百四十四	明刻初印本	雨暘或愆，則貌言之咎，雩宗之法，存乎禮典。今暫逢霖雨，即閉坊門，棄先聖之明訓，尊後來之淺術，時偶中者，安足神邪？盖當屏翳收津，豐隆戢響之日也。豈有一坊一市，遂能感召皇天；暫開暫閉，便欲發揮神道。必不然矣，何其謬哉！
王欽若《冊府元龜》卷五百五十五		(32) 實既博採異同，遂混虛實，因作序以陳其志曰：雖考先志於載籍，收遺逸於當時，蓋非一耳一目之所親聞覩也，亦安敢謂無失實者哉。衛朔失國，二傳互其所聞，呂望事周，子長存其兩說。若此比類，往往有焉。從此觀之，聞見之難，繇來尚矣。夫書赴告之定辭，據國史之方策，猶尚若此；况仰述千載之前，記殊俗之表，綴片言於殘缺，訪行事於故老，將使事不二迹，言無異塗，然後爲信者，固亦前史之所病；然而國家不廢注記之官，學士不絶誦覽之業，豈不以其所失者小，所存者大乎。今之所集，設有承於前載者，則非余之罪也。若使采訪近世之事，苟有虛錯，願與先賢前儒，分其譏謗。及其著述，亦足以明神道之不誣也。 (33) 陛下今以晷度之失同之六沴，引其輕變方之重眚，求己篤於禹湯，憂勤逾乎日昃，將修大祀，以禮神祇。傳曰：外順天地時氣而祭其鬼神。然則神必有號，祀必有義。按：洪祀之文，惟神靈大畧而無所祭之名，稱舉國行祀而無貴賤之阻，有赤黍之盛而無牲醴之奠，儀法所用，缺畧非一。若率文而行，則舉義皆閡；有所施補，則不統其源。漢侍中盧植，時之達學，受法不究，則不敢厝心。誠以五行深遠，神道幽昧，控頤之求難以嘗思，錯綜之禮不可一數。誠非至精，孰能與此！
王欽若《冊府元龜》卷五百九十二		(34) 謹按：後魏王鈞《志》：北辰第二星，盛而嘗明者爲元星露寢，大帝嘗居，始由道奥而爲變通之迹。又天皇大帝，其精耀魄寶，蓋萬神之秘圖，河海之命紀皆稟焉。據兹說，即昊天上帝也。天一掌八氣、九精之政令，以佐天極。徵命而有嘗，則陰陽序，大運興。太一掌十者十有六神建法度，以輔人極。徵明而得中，則神人和而王道興。外又北斗有權、衡二星，天一、太一參居其間，所以財成天地，輔相神道也。若一槩以列宿論之，實爲淺近。
王欽若《冊府元龜》卷六百二十五		(35) 李信成爲太嘗，元狩五年，坐縱丞相侵神道，爲穎目。劉受（楚元王孫）爲宗正，元狩五年，坐聽請不具宗室耐，爲司冠。(受爲宗正，人有私請求者，受聽許之，故於宗室之中事有不具，而受獲罪。)

續表

作者/文獻	版本	用例
王欽若《冊府元龜》卷六百四十二		(36) 其進士請今後省卷限納五卷已上，於中須有詩、賦、論各一卷，餘外雜文、詞篇，並許同納，祇不得有神道碑、誌文之類。
王欽若《冊府元龜》卷六百八十一		(37)《感瑞》夫政平訟理，民無愁怨，至和浹洽，瑞物來格，斯盖肇自人心，契於神道者矣。自漢室而下，重牧守之任，循良間作，德襄宣洽，協氣斯兆，剌瑞薦降。至於服猛鷙之性，不爲物害；弭螟螣之災，無入郡境。
王欽若《冊府元龜》卷七百三十三		(38) 子服惠伯，魯大夫也。昭公七年，楚子成章華之臺，願與諸侯落之。薳啓疆來召魯昭公，公將往，夢襄公祖（祖祭神道）。梓慎曰：君不果行。襄公之適楚也，夢周公祖而行。今襄公實祖，君其不行。
王欽若《冊府元龜》卷七百六十二		(39) 周憬，壽春人。爲武當丞，與王同皎叶謀誅武三思。及事泄，遁於比干廟中，自刎而死。臨終謂左右曰：比干，古之忠臣也。儻神道聰明，應知周憬忠而死也。韋后亂朝，樹寵邪佞，武三思千上犯順，虐害忠臣，吾知其滅亡不久也！可懸吾頭於國門，觀其身首異門而出。
王欽若《冊府元龜》卷七百六十三	明刻初印本	(40) 周憬，壽春人。慷慨有節操。中宗神龍中，與光禄鄉王同皎客謀誅武三思。及事泄，遁於比干廟，乃自刎而死。臨終謂左右曰：比干，昔之忠臣也。儻神道聰明，應知我忠自殺。又曰：韋后亂朝，樹寵邪佞，武三思干上犯順，虐害忠良，吾知其滅亡不久也！可懸吾頭於國門，觀其身首異門而出。
王欽若《冊府元龜》卷七百七十		(41) 靜思本末，慶及存亡，盖自國恩，盡從家法，承訓誨之旨，闢教化之源，在孝於家，忠於國，口無不道之言，門無不義之發。所願者下不欺於地，中不欺於人，上不欺於天，以三不欺爲素。賤如是，貴如是，長如是，老如是，親事、君事、長師人之道，曠蒙天恕，累經難而獲多福，曾陷蕃而歸中華，非人之謀，是天之祐。六合之內有幸者，百歲之後有歸所。無以珠王含，當以時服斂，以蘧篨葬，及檡不食之地而葬焉，以不及於古人故。祭以特牛羊，殺生也，當以不害命之物祭。無立《神道碑》，以三代墳前不獲立碑故。無請謚號，以無德故。
王欽若《冊府元龜》卷八百一十六		(42) 流言謗議，有道所不免，况在闕薄，難用筭防。應物之方，必出於已。或信不素積，嫌間所襲，或性不和物，尤怨所聚，有一于此，何處逃毀。苟能反悔在我，而無責於人，必有（阙）鑒，昭共情遠，識迹其事。日省吾躬，月料吾志，寬嘿以居，潔靜以期，神道必在，何恤人言。

續表

作者/文獻	版本	用　　例
王欽若 《冊府元龜》 卷八百二十	明刻初印本	(43) 大業中，杜如晦預選，孝基曰：願保崇令德。今欲南就卑職，應爲須少祿俸爾。遂補塗楊尉。後如晦爲尚書右僕射，以孝基有知人之鑒，爲其樹《神道碑》以記其德。 (44) 安元信爲山北諸州團練使。清泰元年，領上黨，加簡較太尉，累加食邑三千户，實封二百户。進封至武威郡公。三年二月，以疾終於位，時年七十四。贈太師，葬於太原交城。……帝以元信宿望，命禮部定謚，表迹業也。仍賜建《神道碑》，使禮部郎中吕咸休爲其文。
王欽若 《冊府元龜》 卷八百七十六		(45) 左慈，字元放，廬江人。少有神道。嘗在司空曹操坐，操從容顧衆賓曰：今日高會，珍羞畧備，所少吴松江鱸魚爾。元放於下坐應曰：此可得也。因求銅盤貯水，以竹竿餌釣於盤中，須臾引一鱸魚出。操大拊掌笑，會者皆驚。操曰：一魚不周坐席，可更得乎？放乃更餌鉤沈之，須臾復引出，皆長三尺餘，生鮮可愛。操使目前膾之，周浹會者。操又謂曰：既已得魚，恨無蜀中生薑耳。放曰：亦可得也。操恐其近即所取，因曰：吾前遣人到蜀買錦，可過敕使者，增市二端。語頃，即得薑還，並獲操使報命。後操使蜀反，驗問增錦之狀及時日早晚，若符契焉。
王欽若 《冊府元龜》 卷八百七十八		(46) 後漢方望，平陵人。王莽末，隗囂據隴右，以望爲軍師。望說囂曰：足下欲承天順民，輔漢而今，起立者乃在南陽，王莽尚據長安，雖欲以漢爲名，其實無所受命，將何以見信於衆？宜急立高廟，稱臣奉祠，所謂“神道設教”，求助明神者也。且禮有損益，質文無嘗。削地開兆，茅茨土階，以致其肅敬。雖未備物，神明舍諸。囂從其言。
王欽若 《冊府元龜》 卷八百九十八		(47) 昔孔子亞聖，母墓毁而不修；梁鴻至賢，父亡席捲而葬。昔楊震、趙咨、盧植、張奂，皆當代英達，通識今古，咸有遺言，屬以薄葬。或濯衣時服，或單帛幅巾，知真魄去身，貴於速朽，子孫皆遵成命，迄今以爲美談。凡厚葬之家，例非明哲，或溺於流俗，不察幽明，咸以奢厚爲忠孝，以儉薄爲慳惜，至令亡者致戮尸暴骸之酷，存者陷不忠不孝之誚。可爲痛哉，可爲痛哉！死者無知，自同糞土，何煩厚葬，使傷素業。若也有知，神不在柩，復何用違君父之令，破衣食之資。吾身亡後，可殮以嘗服，四時衣服，各

續表

<table>
<tr><th>作者/文獻</th><th>版本</th><th>用　　例</th></tr>
<tr><td>王欽若
《冊府元龜》
卷八百九十八</td><td rowspan="6">明刻初印本</td><td>一副而已。吾性甚不愛冠衣，必不得將入棺墓，紫衣玉帶，足便於身，念爾等勿復違之。且神道惡奢，冥塗尚質，若違吾處分，使吾受戮於地下，於汝心安乎？念而思之。</td></tr>
<tr><td>王欽若
《冊府元龜》
卷九百七</td><td>（48）李夷簡，自布衣至將相，以直道著聞。將終不亂，深以違禮厚葬爲戒，謂浮屠法非先儒教。身歿之後，釋氏有爲功德，一皆止之。不許建《神道碑》，但誌墓而已。議者謂其立身行道，有始有卒。</td></tr>
<tr><td>王欽若
《冊府元龜》
卷九百一十四</td><td>（49）吾嘗譬酒之猶水，亦可以濟舟，亦可以覆舟，故江諮議有言：酒猶兵也。兵可千日而不用，不可一日而不備；酒可千日而不飲，不可一飲而不醉。美哉江公，可與共論酒矣！汝驚吾墮馬侍中之門，陷池武陵之第，徧布朝野，自言燋悚。丘也幸，苟有過，人必知之。吾生平所願，身没之後，題吾墓云“陳故酒徒陳君之神道”。若斯志意，豈避南征之不復，賈誼之慟哭者哉？何水曹眼不識盃鐺，吾口不離瓢杓。汝寧與何同日而醒，與吾同日而醉乎？政言其醒可及，其醉不可及也。速營糟丘，吾將老焉。爾無多言，非爾所及。</td></tr>
<tr><td>王欽若
《冊府元龜》
卷九百四十一</td><td>（50）《殃報》：殃咎之積，報應之來，蓋物理之昭然，亦神道之不爽。若乃無辜被禍，懷恥未雪，蓄怨攸重，居幽必報，斯乃寃氣之所結，營魂之不昧者矣。……《書》曰：作不善降之百殃。誠哉是言矣！</td></tr>
<tr><td>王欽若
《冊府元龜》
卷九百四十六</td><td>（51）漢霍光爲太司馬大將軍，既薨，夫人顯改光時所自造塋制而侈大之，（塋，墓域也。）起三山闕，築神道，北臨昭靈，南出承恩。（昭靈、承恩，皆館名也。）盛飾祠室，輦閣通屬永巷，而幽良人婢妾守之。（冢上作輦閣之道及永巷。）</td></tr>
<tr><td>王欽若
《冊府元龜》
卷九百八十一</td><td>（52）帝聞之，命左散騎嘗侍解琬使於河源，宰臣魏知古、姚崇、盧懷慎等致書報達延曰：承屯聚兵馬，初不知者，頗亦爲疑。但以彼國君臣，素敦信義，况立盟誓；又結婚姻，悠悠之談，復何足信？若見利忘義，破親負約，神道不遠，何以逃殃？自見來書，果符意揣，兩國和好，百姓安寧，永絶邊舊，豈非好事？所論分界，先有盟書。</td></tr>
</table>

表三百五十七

作者/文獻	版本	用　　例
王十朋 《梅溪集》 梅溪先生奏議 卷第五	四部叢刊景明正統刻本	(1) 然臣切謂陵寢所在，神靈是依，神道貴幽，理宜安靜。若頻歲脩造，不無震驚。故古不修墓，聖人非薄於其親，意謂寧親莫如寧神，是乃孝之大者。
王十朋 《梅溪集》 梅溪先生文集 卷第十三		(2) 有謂“欽用農用”之字，《洛書》本有也。又有謂“龜文”止二十字，餘皆禹增益次第之也。其説紛然不同，亦何所考據耶？或謂《河圖》《洛書》，本無有也，聖人以神道設教耳。其説爲如何？箕子之言曰：鯀陻洪水，汩陳其五行，帝乃震怒。
王十朋 《梅溪集》 梅溪先生後集 卷第八		(3)《觀文正像用贈傳神道士韻》：天然形貌寫何難，難淂靈臺上筆端。朋黨論興三出日，不知誰作正人看。

表三百五十八

作者/文獻	版本	用　　例
王庭珪 《盧溪集》 卷十八	清文淵閣四庫全書本	(1) 忠襄公大節震耀天下，而《行狀》未能詳。昔甄逢能標目其先人甄濟事，載之天下耳目，徹于天子，赫然驚人，然濟止能不汙賊而已。其事至微，史臣猶特書之。今文發以神道廟碑俱未立，欲徒步有請于朝，當得大手筆以張闡其事，故篇末激之。

表三百五十九

作者/文獻	版本	用　　例
霆震 《古文集成前集》 卷四	清文淵閣四庫全書補配清文津閣四庫全書本	(1) 某嘗學於先生者，先生之言曰：道《六經》而文未必《六經》者有之矣，道不《六經》而文必《六經》者無之。先生之文，其所自出，蓋淵矣乎，而某何足以知之？先生廬陵人，諱銓，字邦衡，澹庵其自號也。若其世系、歷官、行事，則丞相益國周公書于《神道碑》矣。慶元已未八月，門人楊某序。

表三百六十

<table>
<tr><th>作者/文獻</th><th>版本</th><th>用　例</th></tr>
<tr><td>王惟一
《銅人腧穴針灸圖經》
卷上</td><td rowspan="2">明刻本</td><td>(1) 神道一穴（在第五顀節下間，俛而取之。）</td></tr>
<tr><td>王惟一
《銅人腧穴針灸圖經》
卷中</td><td>(2) 背腧部中行，凡一十三穴：大顀、陶道、身柱、神道、靈臺、至陽、筋縮、脊中、懸樞、命門、陽關、腰腧、長强。
(3) 神道一穴，在第五顀節下間，俛而取之。</td></tr>
</table>

表三百六十一

<table>
<tr><th>作者/文獻</th><th>版本</th><th>用　例</th></tr>
<tr><td>王象之
《輿地碑記目》
卷一</td><td rowspan="2">清文淵閣四庫全書本</td><td>(1) 吴越武肅王神道碑（在臨安縣。楊凝式撰，長興二年立。）
(2) 梁太祖文皇帝神道碑（在丹徒縣之三城港文帝陵下。）
(3) 唐戴叔倫神道碑（在金壇縣南三里。梁肅為《神道碑》。）
(4) 僧元覺神道碑（在永嘉縣之淨光先天寺。元葬於是山，有括州刺史李邕所作《神道碑》。）
(5) 有唐贈歙州刺史葉公神道碑（李邕撰，韓擇木八分書。其石運自霅川，擊之鏗然有聲。在麗水縣北一百二里冲真觀中。）
(6) 唐禮部侍郎劉府君神道碑（裴度撰。今在欽賢亭。）
(7) 後漢溧陽侯史公神道碑（晉永和八年立，唐中和十四年重立。）
(8) 晉建安太守史公神道碑（景龍四年立。）
(9) 晉廬陵太守呂府君神道碑
(10) 王師乾神道碑（唐楊琯撰，張從紳書。碑以大歷十三年立。在句容縣。）</td></tr>
<tr><td>王象之
《輿地碑記目》
卷二</td><td>(11) 南平高武信王神道碑（王諱季興，葬于江陵縣龍山鄉。乹德六年，陶穀撰。）
(12) 南平高文獻王神道碑（王諱從誨，葬龍山。艾隸撰。）
(13) 南平高正懿王神道碑（王諱保融，葬龍山。陶穀撰。）
(14) 渤海高公神道碑（公諱保朂。陶穀撰。）
(15) 唐質肅公神道碑（劉贇撰。）</td></tr>
</table>

續表

作者/文獻	版本	用　例
王象之 《輿地碑記目》 卷三	清文淵閣四庫全書本	(16) 唐李刺史墓神道碑（刺史名鳳。在郡城東南隅。大歷中，為申州刺史。有神道存焉，字漫滅，不可讀。） (17) 後周席肅公神道（保定四年卒。碑今在府治。） (18) 隋韋氏神道（並漫滅。） (19) 余襄公神道碑（歐陽修撰文。）
王象之 《輿地碑記目》 卷四		(20) 李文定公神道碑（在報恩光孝禪寺。張方平撰文。） (21) 誓虎碑（在許雄山下。廣漢縣令神道，俗傳為誓虎碑。近碑仆，虎入城。縣官設祭，復立之，虎遂止。） (22) 崔能神道碑歐（歐陽公《集古録》：在長慶二年。） (23) 鮮于氏神道碑（一在二教院崖上，一在墓田，其文與書皆出顔魯公。又有《奨諭仲通碑》亦在墓田，非魯公之文，亦魯公之筆也。） (24) 汝南令神道碑闕（在閬中縣。郡守張晦辨云：於東面得隸字十有二，缺不可識有七。）
王象之 《輿地紀勝》 卷第二	清影宋鈔本	(25) 吳越文穆王墓（在錢塘縣界龍山之南原。和凝撰《神道碑》。） (26) 吳越忠獻王墓（在龍山之南原。蘇軾《表忠觀碑》云：錢氏墳廟，在錢塘者二十有六，此其著者也。張昭撰《神道碑》。） (27) 吳越武肅王神道碑（在臨安縣。楊凝式撰，長興二年立。）
王象之 《輿地紀勝》 卷第七		(28) 唐戴叔倫墓（在金壇縣南三里。梁肅為《神道碑》。） (29) 梁太祖文皇帝神道碑（在丹徒縣之三城港文帝陵下。） (30) 唐戴叔倫神道碑（在金壇县南三里。梁肅為《神道碑》。）
王象之 《輿地紀勝》 卷第十二		(31) 僧元覺神道碑（在永嘉縣之淨光先天寺。元奭于於是山，有括州刺史李邕所作《神道碑》。） (32) 有唐贈歙州刺史葉公神道碑（李邕撰，韓擇木八分書。其石運自霅川，擊之鏗然有聲。今在麗水縣北一百二里冲真觀中。）
王象之 《輿地紀勝》 卷第十七		(33) 唐禮部侍郎劉府君神道碑（非度撰。今在欽賢亭。） (34) 後漢溧陽侯史公神道碑（著永和八年立，唐正观十四年重立。） (35) 晉建安太守史公神道碑（景龙四年立。） (36) 晉庐陵太守呂府君神道碑 (37) 王師乾神道碑（唐楊琯撰，張从申書。碑以大歷十三年立。在句容县。）

續表

<table>
<tr><th>作者/文獻</th><th>版本</th><th>用　例</th></tr>
<tr><td>王象之
《輿地紀勝》
卷第十九</td><td rowspan="7">清影宋鈔本</td><td>（38）宣、潤國之奧壤。（劉夢得《宣州刺史王公神道碑》。）</td></tr>
<tr><td>王象之
《輿地紀勝》
卷第四十五</td><td>（39）路應求（元和中，為廬州刺史。後，韓愈為作《神道碑》及《同食館記》，稱平陽路君是也。）</td></tr>
<tr><td>王象之
《輿地紀勝》
卷第六十</td><td>（40）李亨伯（亨伯，字安正。換武為全州，年六十四，即上章乞骸骨。上俞斯請，里人榮之。鄒浩為之銘，王鞏為作《神道碑》，劉安世書其碑陰，曰：自嘉祐以來，引年而去。歐陽永叔之選政，以六十五；韓忠獻公誌其墓，以為近古無比；翰林學士范景仁之謝事，以六十三；馬文正公為之傳，稱其勇决，已為不及。李公掛冠之歲，方六十四。五十年間，耳目之所親記，僅得三人而已。事見漳州《清漳集》。）</td></tr>
<tr><td>王象之
《輿地紀勝》
卷第六十四</td><td>（41）楚水溶溶，荆山崇崇。（《高正懿王神道碑》，陶穀文。）
（42）南通五嶺，旁帶二江，東南接壤吳蜀，交據舟車四達。（《高武信王神道碑》）
（43）荆臺界吳蜀之要。（《高文獻王神道碑》）
（44）荊巫奧壤，横控南夏。（《高正懿王神道碑》，陶穀文。）
（45）巖巖楚山，中含秀氣。森森蜀江，南國之紀。（《高公保勗神道碑》）</td></tr>
<tr><td>王象之
《輿地紀勝》
卷第六十五</td><td>（46）南平高武信王神道碑（王諱季興，葬于江陵縣龍山鄉。乾德六年，陶穀撰。）
（47）南平高文獻王神道碑（王諱從誨，葬龍山。艾頴撰。）
（48）南平高正懿王神道碑（王諱梁融，葬龍山。陶穀撰。）
（49）渤海高公神道碑（公諱保勗。陶穀撰。）
（50）唐質肅公神道碑（劉贊撰。）
（51）江漢全封，鄢郢舊國，為中原之襟帶，作南國之紀綱。（《南平高王神道碑》）
（52）太尉之孫為太尉，所謂貽謀南平之子封南平，斯為具美。（《南平武信主神道碑》，陶穀撰。）</td></tr>
<tr><td>王象之
《輿地紀勝》
卷第七十七</td><td>（53）唐李聽（元和中，為安州刺史。見聽《神道碑》，李石撰文。自安州刺史遷神武將軍，《舊史》不書，歐陽公《集古録》以為史氏之闕。）</td></tr>
</table>

續表

作者/文獻	版本	用　　例
王象之《輿地紀勝》卷第八十	清影宋鈔本	(54) 李刺史墓（在軍城東南。刺史名鳳。唐大曆中，為申州刺史。有《神道碑》存。） (55) 唐李刺史墓神道碑（刺史名鳳。在軍城東南隅。大曆中，為申州刺史。有神道存焉，字漫滅，不可讀。）
王象之《輿地紀勝》卷第八十三		(56) 鹿門廟（《寰宇記》云：習鑿齒。《襄陽記》云：習郁為侍中時，從光武幸黎丘，與光武通夢，見蘇嶺山神，光武嘉之，拜大鴻臚。錄其前後功，封襄陽侯，徒立蘇之祠，刻二鹿夾祠神道，百姓謂鹿門廟。） (57) 張漢王廟（在鄧城鎮東南于家洲十七里。有《神道碑》，在襄陽。） (58) 後周席肅公神道（保定四年卒。碑今在府治。）
王象之《輿地紀勝》卷第八十五		(59) 隋韋氏神道（並漫滅。）
王象之《輿地紀勝》卷第九十		(60) 余襄公神道碑（歐陽脩撰。）
王象之《輿地紀勝》卷第九十四		(61) 東坡作《司馬溫公神道碑》云：公薨，封州父老相率致祭，且作佛事。公之至誠，無所不感，而封民獨見稱於坡公，亦足見其民之知義也。（《臨封志》）
王象之《輿地紀勝》卷第九十五		(62) 余靖（知英州。見歐陽修撰《神道碑》。）
王象之《輿地紀勝》卷第一百		(63) 洞究海俗，海夷陶然，遂生鮮魚稻蟹，不暴民物，掠賣之口，計庸免之，未相計值，輒與錢贖，及還著之赦令。轉刺史袁州，治袁州如潮。（《皇甫持正集・韓文公神道碑》云：公爲州刺史。洞撩海夷，陶然遂生云云。） (64) 韓愈（《傳》云：愈爲潮州刺史，問民疾苦，皆曰惡溪有鱷魚，食民畜產且盡，民以是窮。愈自往視之。令其屬秦濟以一羊一豚授溪水而祝之。是夕，暴風震電起溪中，數日水盡涸，西徙六十里，自是潮无鱷魚患。……又皇甫是撰《韓文公神道碑》：去愈貶潮州刺史。洞究海俗，海夷陶然，掠賣之口，計庸免之，未相真，輙与錢贖，及還著之赦令。）

續表

作者/文獻	版本	用　例
王象之《輿地紀勝》卷第一百十九	清影宋鈔本	(65) 李邕（字泰和，揚州江都人。唐元宗時，自陳州刺史左遷欽州遵化尉。撰刺史銀青《神道碑》。以討嶺城有功，遷澧州別駕。又《唐詩紀事》云：李邕為張說所惡，貶欽州。）
王象之《輿地紀勝》卷第一百二十二		(66) 趙抃（景德中，通判是邦。有一卒殺人當死，方繫獄，病疽未潰。公使醫療，得不死。會赦以免。公愛人之周，類如此。見眉山蘇公所作《神道碑》。）
王象之《輿地紀勝》卷第一百三十一		(67) 李亨伯（漳州人。登治平第，知上杭縣。有富家于訟分不決，公曰：若一母乎？曰：然。動客而告之曰：争相仇敵，由異姓婦故也。五子泣拜謝過，為兄弟如初。及為全州，年踰耳順，即上章乞骸骨。鄒浩為之銘，王章作《神道碑》，劉安世書其碑陰，曰：自嘉佑以來，引年而去者。）
王象之《輿地紀勝》卷第一百七十四		(68) 李文定公神道碑（在報恩光孝禪寺。張方平撰。） (69) 誓虎碑（在許雄山下。廣漢縣令神道，俗傳為誓虎碑。近碑仆，虎入城。縣官設祭，復立之，虎遂止。）
王象之《輿地紀勝》卷第一百七十六		(70) 崔能（長慶三年，李宗閔撰《崔能神道碑》，能從弟書碑云：御史中丞，持節觀察黔中，仍賜紫衣金印。） (71) 崔能神道碑（歐陽公《集古錄》：在長慶二年。）
王象之《輿地紀勝》卷第一百八十五		(72) 鮮于氏神道碑（一在二教院崖上，一在墓田，其文與書皆出顏魯公。又有《獎諭仲通碑》亦在墓田，非魯公之文，亦魯公之筆也。） (73) 汝南令神道闕（在閬中縣。郡守張晦辨云：於東面得隸字十有二，缺不可識有七。）

表三百六十二

作者/文獻	版本	用　例
王巖叟《忠獻韓魏王家傳》卷一	明正德九年張士隆刻本	(1) 魏國公夫人李氏，深人襄之女，晉相崧之猶子，追封魏國太夫人。皇考諱國華，諫議大夫，知泉州。召還，道病，卒於建陽驛。國史有傳。慶曆五年，葬安陽縣新安村。尹洙師魯誌於墓，丞相富弼為《神道碑》所載事業甚詳。

續表

作者/文獻	版本	用　　例
王巖叟《忠獻韓魏王家傳》卷十	明正德九年張士隆刻本	(2) 又有《安陽集類》五十卷，《祭儀》一卷，藏于家。……神宗乃親製《神道碑》以賜之，題碑額曰“兩朝顧命定策元勳之碑”。葬扵相州安陽縣豊安村祖塋之西北原。

表三百六十三

作者/文獻	版本	用　　例
王益之《西漢年紀》卷十四	清文淵閣四庫全書本	(1) 五年春三月甲午，丞相李蔡坐詔賜冢地陽陵當得二十畝，蔡盗取三頃，頗賣得四十餘萬，又盗神道外堧地一畝葬其中，當下吏，自殺。
王益之《歷代職源撮要》	民國適園叢書本	(2) 南宫眉目。(劉禹錫爲《奚陟神道碑》曰：吏部員外郎，在南宫爲眉目。)

表三百六十四

作者/文獻	版本	用　　例
王應麟《玉海》卷第十一	清文淵閣四庫全書本	(1) 可以校運算之暌合，辨分天之邪正，察四氣之盈虚，課六曆之疏密。金字銀書，爲銘曰：一暑一寒，有明有晦。神道無跡，天工罕代。乃置挈壺，是惟熙載。氣均衡石，晷正權概。擊刁舛次，聚水乖方。爰究爰度，時惟我皇。方壺外次，圓流内襲。洪殺殊等，高卑異級。靈虬承注，陰蟲吐噏。倏往忽來，鬼出神入。微若抽蘭，逝如激電。耳不輟音，眼無留眄。銅史司刻，金徒抱箭。合昏（權也）暮卷，蓂莢晨生。尚辨天意，猶測地情。況我神造，通幽洞靈。配皇等極，爲世作程。
王應麟《玉海》卷第三十一		(2) 至道三年六月，製《韓王趙普神道碑銘》，親八分書以賜之，并篆額，人謂“三絶”。皇祐二年六月，製《太師中令隴西郡王李用和神道碑》，仍篆曰“親賢之碑”。
王應麟《玉海》卷第五十		(3) 紹興中，丁維臯撰《百族譜》三卷，自皇朝司馬氏以下，百官族姓皆推源流疏派，别志名字、爵位，録《世譜》《家傳》及《行狀》《神道碑》之類，周必大爲序。

續表

作者/文獻	版本	用　　例
王應麟 《玉海》 卷第八十七	清文淵閣四庫全書本	(4) 十月辛未，詔明堂禮神玉，令少府監擇寬潔庫室奉藏。（九月四日，禮官曾神道尚右，禮神玉置位版之右。詔可。）
王應麟 《玉海》 卷第九十八		(5)《封禪》：袁宏曰：夫揖遜受終，必有至德於天下；征伐革命，則有大功於萬物。是故王者初基，則有封禪之事，以其成功告於神明者也。夫東方者，萬物之所始；山嶽者，靈氣之所宅。故求之物本，必於其始；取其所通，必於其宅。崇其壇場，則謂之封；明其代興，則謂之禪。然則封禪者，王者開務之大基也。德不周洽，不得擅議斯事；功不弘濟，不得髣髴斯禮。曠代一有，其道至高。故自黃帝、堯、舜至三代，各一得封禪，未有中修其禮者也。夫神道正一，其用不煩；天地易簡，其禮尚質。故籍用白茅，貴其誠素；器用陶匏，取其易從。然封禪之禮，簡易可也。若夫白雨玉牒，非天地之性也。《文中子》曰：封禪之費非古也，徒以誇天下，其秦漢之侈心乎？
王應麟 《困學紀聞》 卷十四	四部叢刊三編景元本	(6)《鄭薫傳》云：宦人用階請蔭子，薫却之不肯叙。亦庶幾有守矣。《文苑英華》有薫所撰《仇士良神道碑》云：孰稱全德，其仇公乎？其叙甘露之事，謂"克殲巨孽，乃建殊庸"，以"七松處士"而秉此筆，乃得佳傳於《新史》，豈作史者未之攷歟？

表三百六十五

作者/文獻	版本	用　　例
王禹偁 《小畜集》 王黄州小畜等 卷第七	四部叢刊景宋本配呂無黨鈔本	(1)《投廸殿院》：南面修文德，東吴納土疆。蒼生思撫育，丹詔擇循良。烏府官新轉，龍頭桂舊香。渡江驄馬瘦，重地繡衣長。綸閣材知屈，蘇臺俗必康。恩流一車雨，威凜栢臺霜。休假尋山寺，行春泊野塘。白公是前政，魯望有維桑。求瘼心雖切，頤神道豈妨。煎茶虎丘升，搗藥木蘭堂。……金臺雖載築，珠履未成行。始隗前言在，依劉後進光。免教青史上，徒美一燕王。
王禹偁 《小畜集》 王黄州小畜等 卷第十七		(2)《揚州建隆寺碑》：唐貞觀中，制以天下戰陣處為寺，且命虞世南、李百藥、岑文本之徒，刊勒碑銘，紀述功業，傳諸簡冊，燦然可觀。……銘曰：神道設教儒所崇，佛法度人釋之宗。王者草昧多屯蒙，乃有征伐揚武功。野必死战城必攻，出入矢石豈梯衝。殞首喪元爭效忠，聖人念爾心所恫。

續表

作者/文獻	版本	用　　例
王禹偁《小畜集》王黄州畜集卷第二十八	四部叢刊景宋本配呂無黨鈔本	(3) 右衛上將軍贈侍中宋公神道碑奉勑撰（并序） (4) 皇帝冕而躬耕之明年，端揆紀號之二祀，夏五月戊戌，上将軍邢國公薨，開寶皇后之父也，于後唐為外孫，于漢室為駙馬。上聞之震悼，有詔輟視朝一日，贈侍中，崇戚里也。嗣子銜恤上章，請刻石于神道。事下相府，俾西掖掌誥之臣考其實而文之。 (5) 前普州刺史康公預撰神道碑
王禹偁《小畜集》王黄州畜集卷第二十九		(6) 殿中丞贈太常少卿桑公神道碑銘（并序） (7) 按：《喪葬令》：五品已上立碑，螭首龜趺，高不得過九尺。又云：文武五品已上致仕官薨卒者，其吊祭賻物依見任。殿中丞品第五，太常少卿品第四。今雲中留後桑侯葬先少卿，樹碑于神道，用舊制也。

表三百六十六

作者/文獻	版本	用　　例
王與之《周禮訂義》卷六	清文淵閣四庫全書本	(1) 賈氏曰：內饔不掌外神，故云宗廟之祀。陳君舉曰：宗廟之割亨與王之食同掌，是供王之食者此官也，供宗廟之食亦此官也，以見王“以生道事親，不以神道遠親”意。
王與之《周禮訂義》卷五十七		(2) 鄭康成曰：訓道也，主教導四方之民。(鄭鍔曰：設教者，聖人神道教化密運，使民俗自移，無待于訓方氏之官。)
王與之《周禮訂義》卷五十八		(3) 易氏曰：納亨及祭，尚嚴也。朝覲會同，尚肅也。大喪之事，尚哀也。此前王之禮，所係為甚重。然明水火之奉與否者，朝覲會同。喪紀以人道言之，祭祀之禮以神道言之，各當於禮而已。

表三百六十七

作者/文獻	版本	用　　例
王昭禹《周禮詳解》卷二	清文淵閣四庫全書本	(1)《易》曰：在天成象。又曰：見乃謂之象。葢象見于天莫之為，而文生焉。聖人縣法示人，如天垂象，故亦謂之象。葢不事詔而天下治，其示人也；亦莫之為，而文見焉。又烏知其在人者，庸詎而非天耶？所謂聖人觀天之神道而設教者，謂是故也。

表三百六十八

作者/文獻	版本	用　例
王正德《餘師録》卷二	清文淵閣四庫全書本	（1）或曰：東坡作《富鄭公神道碑銘》，學《商頌》《溫公神道碑銘》，學《魯頌》。此論近之。 （2）蘇子由代兄作《趙閱道神道碑》云：臣當逮事，仁宗皇帝未嘗觀也，萬世無不見；未嘗爲也，萬世無不舉。
王正德《餘師録》卷四		（3）晏元獻公撰《章懿李太后神道碑》，破題云：五嶽崢嶸，崑山出玉；四溟浩渺，麗水生金。蓋言誕育聖躬，實繫懿后。奈仁宗夙以母儀事明肅劉太后，膺先帝擁佑之託，難爲直致，然論者則愛其善比也。

表三百六十九

作者/文獻	版本	用　例
王之道《相山集》卷三十	清文淵閣四庫全書補配清文津閣四庫全書本	（1）贈故太師王公神道碑

表三百七十

作者/文獻	版本	用　例
王執中《針灸資生經》卷一	清文淵閣四庫全書本	（1）神道，在五椎節下間，俛而取之。灸七七壯，止百壯。小兒風癇，瘈瘲，可灸七壯。
王執中《針灸資生經》卷三		（2）前谷、風池、神道（見頭痛）、百會，治痎瘧。 （3）商丘、神庭、上星、百會、完骨、風池、神道、掖門、前谷、光明、至陰、大杼，主痎瘧熱。
王執中《針灸資生經》卷四		（4）心俞、天井、神道（明上下同），治悲愁恍惚（千見悲愁），狂驚恍惚，灸足陽明。 （5）百會（見風癇）、神道（見頭痛）、天井（見風痺）、液門（見狂），治驚悸。 （6）神道（見頭痛）、幽門（見胸痛）、列缺、膏肓俞，治健忘（見勞瘵）。

續表

作者/文獻	版本	用　　例
王執中《針灸資生經》卷四	清文淵閣四庫全書本	（7）神道，治恍惚悲愁（見頭痛）。 （8）天井、心俞（明下同）、神道，主悲愁恍惚，悲傷不樂。 （9）瘈脉、神道、顱顖，治兒發癇瘈瘲（並見小兒瘈瘲）。
王執中《針灸資生經》卷五		（10）曲池、人迎、神道、章門、中府（明下同）、臨泣、天池、璇璣、府俞，主胷中滿。 （11）天牖、缺盆、神道、大杼、天突、水道、巨骨，主肩背痛。 （12）脾俞、小腸俞、膀胱俞、腰俞、神道、谷中、長強（明下同）、大杼、鬲闗、水分，主腰脊急強。
王執中《針灸資生經》卷六		（13）神道，治寒（明下作身）熱頭痛，進退痎瘧，恍惚悲愁（明同），健忘驚悸。
王執中《針灸資生經》卷七		（14）神道、關元，主身頭痛，進退往來。 （15）神道（見頭痛）、少海，治寒熱。

表三百七十一

作者/文獻	版本	用　　例
王銍《默記》卷上	清知不足齋叢書本	（1）故歐公作《神道碑》言：明年正月，疾作不能朝，飭太醫朝夕視，有司除道，將幸其家。公嘆曰：吾無狀，乃以疾病憂吾君。即奏：臣疾少間，行愈矣。乃止。

表三百七十二

作者/文獻	版本	用　　例
王質《雪山集》卷六	清文淵閣四庫全書本	（1）三代之前，有豢龍氏、御龍氏之官，其豢而御之也，無以異於常畜。彼其天機深而嗜慾淺，其於真氣未有所傷也，則見龍也，如見夫馬牛也。又奚能神道喪而人僞滋起，而後鞭策制焉。
王質《雪山集》卷七		（2）開者信居半，疑居半，咸曰：聖人之言，在世何其取用者多而收功者鮮也？今將於公乎驗之。……於是疑者皆信，信者皆堅，然後知神道非邈，聖賢非誣。

表三百七十三

作者/文獻	版本	用　　例
王宗傳 《童溪易傳》 童溪王先生易傳 卷之十	宋開禧刻本	(1)《彖》曰：大觀在上，順而巽，中正以觀天下。觀，盥而不薦，有孚顒若，下觀而化也。觀天之神道，而四時不忒。聖人以神道設教，而天下服矣。 (2) 天下之所觀者，聖人也；而聖人之所觀者，天也。聖人何取於天哉？以其不言之教，見於四時之自行而無有差忒，此所謂神道也。神，即誠也。躰於心而謂之誠，妙於物則謂之神，一物也。聖人之設教於人，舍天何觀焉？其能使下觀而化，則不言之教寓於始盥之時，此所謂神道也。其曰“天下服”者，非服聖人也，服夫神也。或曰：昔者夫子嘗欲無言。子貢曰：子如不言，則小子何述焉？子曰：天何言哉？四時行焉，百物生焉，天何言哉？夫何言之教，其在聖門如子貢者猶有所未悟，今而曰“聖人以神道設教而天下服”，何也？曰服有二，有知而服之者，有不知而服之者。民日迁善而不知為之者，此不知而服之者也；如七十子之服孔子也，此知而服之者也。

表三百七十四

作者/文獻	版本	用　　例
衛博 《定庵類稿》 卷一	清文淵閣四庫全書本	(1)《上殿劄子》：臣聞君天也，天以元氣祖群物，君以神道制萬方。盎焉而春，燠焉而夏，凜焉而秋，肅焉而冬，盤薄乎太虚之中，胚胎融液，不可測知，而萌者達，屈者信，潛者奮，生者遂，人徒知確然在上，若以不宰爲功，而不知天之所以祖群物者，以元氣之正也。經之為文，緯之爲武，威之爲刑，慶之為賞，奔走乎四海之内，動化鼓舞，不可測知，而大者畏，小者懷，亂者定，肆者束，人徒知巍然在上，若以不勞而治，而不知君之所以制萬方者，以神道之設也。惟元氣正，則茫然運；窅然化，所以爲天之高。惟神道設，則震動静專；參倅開闔，所以爲君之尊仰。

表三百七十五

作者/文獻	版本	用　　例
衛湜 《禮記集説》 卷九	清通志堂經解本	(1) 如卜戰，或曰可戰，或曰不可戰，此猶與也，故卜筮以定之，此先聖王所以神道設教也。

續表

<table>
<tr><th>作者/文獻</th><th>版本</th><th>用　　例</th></tr>
<tr><td>衛湜
《禮記集説》
卷二十</td><td rowspan="6">清通志堂經解本</td><td>(2) 嚴陵方氏曰：與神交之道，則心主乎敬。夫厭冠麻絰，居喪之禮也。至於葬，則以弁易冠、以葛易麻者，示敬故也。子游曰：飯於牖下，小斂於户内，大斂於阼，殯於客位，祖於庭，葬於墓，所以即遠也。比至於葬，則即遠之至矣，故以神道交之。</td></tr>
<tr><td>衛湜
《禮記集説》
卷四十</td><td>(3) 先薦寢廟者，所以重時物，且不敢以人之餘而奉神也。既曰寢，又曰廟，何也？盖王者之於祖禰，以人道事之則有寢，以神道事之則有廟。王者七廟，而《周官》隸僕止掌五寢者，以二祧將毁，先除其寢，去事有漸故也。祭，神道也；薦，人道也。</td></tr>
<tr><td>衛湜
《禮記集説》
卷四十六</td><td>(4) 嚴陵方氏曰：自乃命大史而下止言次諸侯之列，則知同姓之列亦次之；下言同姓之邦，則知諸侯為異姓之邦也。以神道言則曰犧牲，以人道言則曰芻豢。皇天、上帝、社稷，神道也，故以犧牲言之；寢廟，則人道而已，故以芻豢言之。山林名川之祀亦曰犧牲者，則以其迹為遠而賦，至於庶民者亦為遠故也。</td></tr>
<tr><td>衛湜
《禮記集説》
卷四十八</td><td>(5) 馬氏曰：大廟者，神之位也。神道有不安，人子之道虧矣。古者，宗廟火，三日哭。哭以謝其神，則諸侯旅見，與夫當祭之禮所以廢也。於其廢也，然後帥諸侯以救火。日者，陽之位也。陽主於明，故大明以照四方者，君道也；其有不明，則君德虧矣。</td></tr>
<tr><td>衛湜
《禮記集説》
卷五十五</td><td>(6) 昔先王之於鬼神，以神道事之則以五齊，以人道事之則以三酒。犧牲所以致其養，琴毖、鐘鼓所以致其樂，祝嘏所以致其文，此固足以降上神與先祖也。然上神、先祖之降在彼而天祜之承在我，在彼者以禮物之所備，在我者以禮教之所成，故必正君臣，篤父子，睦兄弟，齊上下，以至於夫婦有所也。
(7) 嚴陵方氏曰：上言：脩其祝嘏，未見其所以為號，故此言作其祝號。……故此又言：腥其俎，孰其殽，薦其血毛，燔炙焉，非特此而已。而又廣及於所設之越席，所冪之疏布，所衣之澣帛焉，蓋血所以告幽，毛所以告全。腥其俎則事之以神道，孰其殽則事之以人道。越席，則《郊特牲》所謂“蒲越稾鞂之尚”是矣；疏布，《禮器》所謂“犧尊疏布鼏”是矣；澣帛，則《祭統》所謂“以供純服”是矣。凡此所言，則合古今之異、質文之變也。</td></tr>
<tr><td>衛湜
《禮記集説》
卷五十七</td><td>(8) 嚴陵方氏曰：禮之始也則自天子出，禮之終也則與民由之。與民由之然後禮達而分定，故先王患禮之不達於下則必有以為之教者，然教必以祭祀為主者，以神道設之使民知畏敬故也。</td></tr>
</table>

續表

作者/文獻	版本	用　　例
衛湜 《禮記集說》 卷六十	清通志堂經解本	(9) 又案:《聘禮》:禮賓之幣,束帛乘馬。又致食以侑幣,則諸侯於聘賓唯用束帛乘馬,皆不用玉。今琥璜送爵,故知是天子酬諸侯,及諸侯自相酬也。鬼神單席,神道異人,不假多重,故單席也。諸侯視朝,謂日出視諸臣之朝也。
衛湜 《禮記集說》 卷六十一		(10) 長樂劉氏曰:天道無言,而四時行焉,百物生焉,是至教也。聖人無為,而五品克遜,萬邦以孚,是至德也。廟堂之上,以下言禮法盛行,人倫已厚,聖人無為也。唯以神道設教,夫婦酌行禮樂於上,俾民觀而化之,不曰德之至乎?
衛湜 《禮記集說》 卷六十二		(11) 夫人薦酒者,謂凡酒也。牲雖以天產為陽,然對酒言之,則養人之陰而已。君親割牲以養其陰,夫人薦酒以養其陽,亦陰陽相濟之義也。薦盎其義,亦若是而已。且制祭薦盎,朝事之時也;割牲薦酒,饋食之時也。朝事以神事之,故制祭以腥而薦以齊,蓋腥與齊神道故也。饋食以人事之,故割牲以孰而薦以酒,蓋孰與酒人道故也。然君以盎齊饋食而夫人用之於朝踐,君以酒獻尸而夫人用之於饋食者,蓋殺禮於君故也。
衛湜 《禮記集說》 卷六十三		(12) 孔氏曰:此一節論鼎俎籩豆所法陰陽之事。鼎俎以盛牲體,牲體動物,動物屬陽,故其數奇。籩豆兼有植物,植物屬陰,故其數偶。籩豆所充實之物皆是水土所生品類,非人所常食。神道與人異,故不敢用人之食味,神以多大為功,故貴多品。
衛湜 《禮記集說》 卷六十八		(13) 然言明水涚齊,則盎齊而下;涚用明水,而從其味之薄。此言醆酒涚于清,則盎齊而下,必從其味之厚者,何也?用明水所以反本,反本所以致神道;而用清酒所以趨時,趨時所以致人道也。
衛湜 《禮記集說》 卷一百十五		(14) 長樂劉氏曰:上《經》以祭,明人君為政之道。此《經》以祭,明人君為教之法。政也者,正其身而後正於人者也;教也者,行於己而人傚之者也。《易》曰:大觀在上,順而巽,中正以觀天下。觀,盥而不薦,有孚顒若,下觀而化也。觀天之神道,而四時不忒。聖人以神道設教,而天下服矣。 (15) 長樂陳氏曰:祭所以交神於無而寓理於有,致禮於幽而興物於明,故其為名則一而其為倫則十,此其以神道設教也。由其父子之倫,則有親疏之殺;由其貴賤之等,則有爵賞之施。由其親疏之殺,則有夫婦之別,而終之以長幼之序;由其爵賞之施,則有政事之均,而終之以上下之際。鬼神、父子、親疏、夫婦、長幼,五者皆內之倫也;君臣、貴賤、爵賞、政事、上下,五者皆外之倫也。內之倫,則主於仁;外之倫,則主於義。仁必推而達乎義,義必反而濟乎仁,此所以內外交著而後相成之美盡矣。

續表

作者/文獻	版本	用　　例
衛湜 《禮記集説》 卷一百十五	清通志堂經解本	(16) 長樂陳氏曰：人道則貴別，神道則貴親，故葬則同穴，而祭則同几也。同几所以依神，然此依神而已，而未至乎交也。故詔祝於室，所以交神於陰；而出乎祊，所以交明於陽。故曰：交神明之道。 (17) 嚴陵方氏曰：尸者，神之象；君者，人之主。廟門之外，以人道為尚；廟門之内，以神道為尚。凡迎之禮，必出門焉。君迎牲而不迎尸者，非重牲而輕尸也。為其有君臣之疑，所以別其嫌也。既曰嫌又曰疑，疑固未至於嫌，而嫌亦疑之所積也。
衛湜 《禮記集説》 卷一百二十九		(18) 嚴陵方氏曰：宗廟之禮，非特序死者之昭穆，亦所以序生者之昭穆焉。《王制》所謂"三昭三穆"者，即死者之昭穆也；《祭統》所謂"羣昭羣穆"者，即生者之昭穆也。敬其所尊者，尊其祖而敬之也；愛其所親者，親其禰而愛之也。事死如事生者，主人道言之也，《論語》所謂"祭如在"是也。事亡如事存者，主神道言之也，《論語》所謂"祭神如神在"是也。地雖載萬物，而萬物乃本乎天。地雖生萬物，而萬物乃始乎天。夫郊社之祭，皆所以報本反始，謂之事上帝，豈為過哉?
衛湜 《禮記集説》 卷一百三十七		(19) 神道至幽，故主言在人者以明之；君道至明，故主言在天者以神之，亦各有所當也。且神道至幽，人之於神不可瀆也，必有事焉，然後齊戒，故鬼神必言事而不可以言見。君道至明，臣之於君無適而非事也，必欲見之，乃擇日月，故君止言見而不必言事。雖然在朝之臣則皆見君矣，而此乃言擇者，先儒謂在邑竟是也。
衛湜 《禮記集説》 卷一百三十九		(20) 鬼者，神道所為；禮者，人道所尚。先宗廟之饗，而後人道之禮，則以神道威之；先肅其心，而後加節文也。賞以春夏，所以行吾仁；刑以秋冬，所以行吾義。先秋冬之義，而後春夏之仁，則是以刑罰威之；先齊其心，而後加旌命也。

表三百七十六

作者/文獻	版本	用　　例
魏了翁 《春秋左傳要義》 卷十六	清文淵閣四庫全書本	(1) 今删定以杜注云"石鷁，陰陽錯逆所為，非人所生"，則陰陽錯逆，自然有此，非由人事之失。故《釋例》云"或異而無感，或感而不可知"，如此之類是也。其《傳》云"亂則妖災生"，《洪範》曰"狂恒雨若"，此皆假之陰陽以為勸戒。神道助教，非實辭也。

續表

作者/文獻	版本	用　　例
魏了翁 《禮記要義》 卷二十	宋淳祐十二年刻本	(2) 云“尊神，不名，爲之造字”者，以字者，冠時所有，此兄去年已死，未得有字。雖云“某甫”，是死後祔時爲之造字，必造字者，以神道事之，不可觸名故也。
魏了翁 《鶴山全集》 重校鶴山先生大全文集卷之十七	四部叢刊景宋本	(3) 然古而好善，今疑其惡；古而欲安，今懼其亂。何也？古之人垂憲象魏，屬民讀法，其明白洞達，日星垂而河漢流也。登進而蔓之，敘情以閔之，其眞實惻隱，疾痛呼而家人謀也。夫上以明白洞達眞實惻隱示其下，而下不以情事其上，則非人類也。自後世而猜防日甚，塗其耳目也。而曰“以神道設教”，惡其議政也。
魏了翁 《鶴山全集》 重校鶴山先生大全文集卷之六十九		(4) 神道碑 (5) 顯謨閣直學士提舉西京嵩山崇福宮許公奕神道碑 (6) 參知政事資政殿學士致仕真公神道碑
魏了翁 《鶴山全集》 重校鶴山先生大全文集卷之七十三		(7) 安德軍節度使贈少保郡王趙公（希錧）神道碑
魏了翁 《鶴山全集》 重校鶴山先生大全文集卷之八十七		(8) 故參知政事兼同知樞密院事贈少保陳公神道碑
魏了翁 《鶴山全集》 重校鶴山先生大全文集卷之九十		(9) 嚴善思謂：尊者先葬，卑者難復於後開入。乞於乾陵之旁，更擇吉地，取生墓之法，別爲一陵。且云：神道有知，幽塗自得通會。
魏了翁 《周易要義》 卷三上	清文淵閣四庫全書本	(10)《二十一神道謂不以刑制使物如天使四時》：聖人以神道設教，而天下服矣。統說觀之為道，不以刑制使物，而以觀感化物者也。神則無形者也。不見天之使四時，而“四時不忒”，不見聖人使百姓，而百姓自服也。
魏了翁 《周易要義》 卷八		(11)《十六上交下交疏以道器釋》：“知幾其神乎”者，神道微妙，寂然不測。人若能豫知事之幾微，則能與其神道合會也。“君子上交不諂，下交不瀆”者，上謂道也，下謂器也。若聖人知幾窮理，冥於道，絶於器，故能上交不諂，下交不瀆。若於道不冥而有求焉，未能離於諂也；於器不絶而有交焉，未能免於瀆也。能无諂、瀆，知幾窮理者乎！

續表

作者/文獻	版本	用　　例
魏了翁 《古今考》 十四	清文淵閣四庫全書本	(12）古者天子以春秋祭泰一東南郊，用太牢，七日，（師古曰：每日以一太牢，凡七日祭也。）為壇開八通之鬼道。（《索隱》曰：司馬彪《續漢書・祭祀志》云：壇有八陛，通道以為門。又《三輔黃圖》曰：上帝壇八觚，神道八角，通三十步也。回曰：上帝壇，指太一也。）

表三百七十七

作者/文獻	版本	用　　例
魏齊賢 《五百家播芳大全文粹》 卷七上	清文淵閣四庫全書本	(1）《謝賜御篆碑額表》（王豐文）：臣某言：伏蒙聖慈，特降御筆，發明先臣某舊勞，特賜御篆《神道碑額》，及勑差官撰書碑文，添修碑樓并立石者，閔四朝之故老。前績久湮仰，八字之神毫。沉寃一洗恩，歸獨斷事協。公言墓隧生，光門閭復振。（中謝）竊以宣尼表延陵之墓，止獲素王之褒，明皇題懷慎之碑，顧匪聖君之作，猶事美於當代，而名傳於無窮。
魏齊賢 《五百家播芳大全文粹》 卷六十四		(2）張公《集引》、厚之《字說》皆未作。別後日紛紛，可厭！可厭！神膏方納上，餘勤勤自愛。……又欲作《孫公神道碑》，皆不可違。只告密之，勿令人知是某作，仍勿令以潤筆見道，乃敢聞命也。來書甚奇，真得衝習氣力也。

表三百七十八

作者/文獻	版本	用　　例
魏泰 《東軒筆録》 卷一	明刻本	(1）太祖、太宗下諸國，其偽命臣僚忠於所事者，無不面加獎激，以至棄瑕録用，故徐鉉、潘脊修輩皆承眷禮。至如衛融、張洎應答不遜，猶優假之，故雖疎遠冠讎，無不盡其忠力。太平興國中，吳王李煜薨，太宗詔侍臣撰《吳王神道碑》。時有與徐鉉争名而欲中傷之者，面奏曰：知吳王事迹，莫若徐鉉為詳。太宗未悟，遂詔鉉撰碑，鉉遽請對而泣曰：臣舊事李煜，陛下容臣存故主之義，乃敢奉詔。太宗始悟讒者之意，許之。故鉉之為碑，但推言歷數有盡，天命有歸而已。
魏泰 《東軒筆録》 卷三		(2）李淑在翰林，奉詔撰《陳文惠公神道碑》。李為人高亢，少許可與，文章尤尚奇澁。碑成，殊不稱文惠之功烈、文章，但云平生能為二韻小詩而已。文惠之子述古等懇乞改去“二韻”等字，答以已經進呈，不可刋削，述古極銜之。

續表

作者/文獻	版本	用　例
魏泰 《東軒筆録》 卷六	明刻本	(3) 韓魏公以病乞鄉郡，遂以使相侍中判相州，既而疾革。一夕，星隕於園中，櫪馬皆鳴。翊日，公薨。上為《神道碑》，具述其事。

表三百七十九

作者/文獻	版本	用　例
魏天應 《論學繩尺》 卷六	清文淵閣四庫全書補配	(1)《泰卦》：后以裁成天地之道。《謙卦》：天道虧盈而益謙。《臨卦》：大亨以正天之道也。《恒卦》：天地之道，常久而不已也。《觀卦》：觀天之神道，而四時不忒。
魏天應 《論學繩尺》 卷八	清文津閣四庫全書本	(2) 其出幽幽，其入冥冥，不以心術旨意明示天下。迎之不見其端，隨之不見其首。……彼固以為得聖人神道設教之妙。

表三百八十

作者/文獻	版本	用　例
文安禮 《柳先生年譜》	清光緒翻刻雍正刻韓文類譜本	(1) 按：子厚有《先侍御史府君神道表》云：曾伯祖諱奭，字子燕。 (2) 是年，登進士第。《集》有《先侍御史府君神道表》，云：貞元九年，宗元得進士第。上問有司曰：得無以朝士子冒進者乎？有司以聞。上曰：是故抗姦臣竇參者邪？吾知其不為子求舉矣。 (3) 正月丁卯，大赦，改元。有《賀改元赦表》《劒門銘》《嚴東川啓》《先侍御史府君神道表》《東明張先生墓誌》《陸文通先生墓表》《連州司馬凌君權厝誌》《哭連州凌司馬詩》。

表三百八十一

作者/文獻	版本	用　例
文天祥 《文山集》 文山先生全集 卷之十六	四部叢刊景明本	(1)《得風難》：予方爲七里廵船所驚，忽有聲如人哨，齒甚清麗。船稍立船頭拜且禱曰：神道來送！問：何神？曰：江河田相公也。即得順風送上。

續表

作者/文獻	版本	用　　例
文天祥 《文山集》 文山先生全集 卷之十六	四部叢刊景明本	(2) 京口渡江航（《送許八拾遺》），窮途仗神道（《送魏六丈》）。蕭條向水陸（《入衡州》），雲雨白浩浩（《送長孫侍御》）。

表三百八十二

作者/文獻	版本	用　　例
文同 《丹淵集》 卷三十九	四部叢刊景明汲古閣刊本	(1) 馬大年等以同爲姻家，來求銘伯龍之墓。爲之銘曰：學無不深，行無不淑。夭胡啬之，弗畀以祿。鸞羽鳳翼，歛不得張。有翾者微，高騫遠翔。神道難知，人理亦悖。吾於伯龍，一付茫昧。所不已者，郁然清芬。更千萬年，有信此文。

表三百八十三

作者/文獻	版本	用　　例
文彦博 《潞公集》 卷十二	明嘉靖五年刻本	(1) 觀文殿學士尚書左丞謚文莊高公神道碑

表三百八十四

作者/文獻	版本	用　　例
吳處厚 《青箱雜記》 卷一	明稗海本	(1) 世傳真宗任旦為相，常倚以決事。故歐陽少師撰旦《神道碑銘》曰：國有大事，事有大疑，匪卜匪筮，公為蓍龜。公雖荷真宗眷委之重，每慎密遠權以自防，故君臣之間，略無纖隙可窺。
吳處厚 《青箱雜記》 卷六		(2) 閩人謂子為囝，謂父為郎罷，故顧况有《哀囝》一篇曰：囝生閩方，閩吏得之，乃絶其陽。為臧為獲，致金滿屋。為髡為鉗，如視草木。天道無知，我罹其毒。神道無知，彼受其福。郎罷別囝，吾悔生汝。及汝既生，人勸不舉。不從人言，果獲是苦。囝別郎罷，心摧血下。隔地絶天，及至黃泉，不得在郎罷前。蓋唐世多取閩童為閹奴以進之，故况陳其苦以諷焉。

表三百八十五

作者/文獻	版本	用　　例
吳幵《優古堂詩話》	清讀畫齋叢書本	(1)《富鄭公之言出於元璹》：東坡撰《富鄭公神道碑》，載公奉使語曰：且北朝與中國通好，則人主專其利，而臣下無所獲。若用兵，則利歸臣下，而人主任其禍。故北朝諸臣，各勸用兵者，此皆其身謀，非國計也。又曰：契丹君臣，至今誦其語，守其約，不忍叛者，以其心曉然知通好用兵利害之所在也。予按唐鄭元璹謂頡利曰：漢與突厥，風俗各異。漢得突厥，既不能臣，突厥得漢，復何所用？且抄掠資財，皆入將士，在於可汗，一無所得。不如和好，國家必有重賚，幣帛皆入可汗，坐受利益。頡利納其言，即引還。乃知鄭公之言，皆出於元璹。

表三百八十六

作者/文獻	版本	用　　例
吳棫《韻補》卷一上	宋刻本	(1) 酬（常如切。報也。柳宗元《饒娥碑辭》：懿兹德女，家世不儒。奇行特出，神道莫酬。）
吳棫《韻補》卷五		(2) 邈（遠也。陸雲《城南堂皇被命詩》：聖敬遠躋，神道玄邈。思媚三靈，誕膺天篤。）

表三百八十七

作者/文獻	版本	用　　例
吳曾《能改齋漫録》卷二	清文淵閣四庫全書本	(1)《墓路稱神道》：葵者，墓路稱神道，自漢已然矣。《襄陽耆舊傳》云：習郁為侍中時，從光武幸黎丘，與帝通夢，見蘇山神，光武嘉之，拜大鴻臚。錄其前後功，封襄陽侯，使立蘇嶺祠，刻二石鹿挾神道，百姓謂之鹿門廟，或呼蘇嶺山為鹿門山。然歐公《集古錄跋尾》云：右《漢楊震碑》，首題云“故太尉楊公神道碑銘”。乃知立碑墓路而稱以神道，始漢無疑。
吳曾《能改齋漫録》卷四		(2)《崇政殿說書》：王荊公所作《賈魏公神道碑》云：景祐元年，積官至尚書都官員外郎，乃始置崇政殿說書，而以公為之。然予按傳簡公《佳話》云：太祖少親戎事，性好藝文。即位未幾，召山人郭無為於崇政殿講書。至今講官所領階銜，猶曰崇政殿說書云。據傳簡公所言，則崇政殿說書不始於仁宗景祐元年矣。豈中嘗罷之，而至是再建耶？

續表

作者/文獻	版本	用　例
吴曾《能改齋漫録》卷八	清文淵閣四庫全書本	(3)《富鄭公之言出於元璹》：東坡撰《富鄭公神道碑》，載公奉使語曰：且北朝與中國通好，則人主專其利，而臣下無所獲。若用兵，則利歸臣下，而人主任其禍。故北朝諸臣，各勸用兵者，此皆為其身謀，非國計也。又曰：契丹君臣，至今誦其語，守其約，不忍敗者，以其心曉然知通好用兵利害之所在也。予按唐鄭元璹謂頡利曰：漢與突厥，風俗各異。漢得突厥，既不能臣，突厥得漢，復何所用？且抄掠資財，皆入將士，在於可汗，一無所得。不如和好，國家必有重賚，幣帛皆入可汗，坐受利益。頡利納其言，即引還。乃知鄭公之言，皆出於元璹。
吴曾《能改齋漫録》卷十四		(4)《婁王之器過狄寇》：狄仁傑之為宰相，以婁師德之薦，而狄不知也；非武后告之，則幾於失人。寇萊公之為使相，以王文正之薦，而寇不知也；非真宗告之，則幾為深恨。由是言之，婁王之器，過乎狄寇矣。萊公事見《王公神道碑》。

表三百八十八

作者/文獻	版本	用　例
吴子良《林下偶談》卷一	清文淵閣四庫全書本	(1)《退之作墓銘》：曾子固曰：銘誌義近於史，而亦有與史異者。蓋史於善惡無不書，而銘特古之人有功績、材行、志義之美者，懼後世之不知，則必銘而見之。或存於廟，或置於墓，一也。……史稱劉乂者，持去退之金數斤，曰：此諛墓中人而得之者，不如與劉君爲壽。以退之剛直，不肯諛生人以取富貴，乃能諛墓中人而得金耶？獨其與王用作《神道碑》，所得鞍馬白玉帶，蓋表而後受。退之於此固未能免俗，然他無所見也。乂，小人，欲奪金而設辭耳。
吴子良《林下偶談》卷二		(2)《前輩不肯妄改已成文字》：前輩爲文，雖或爲流俗嗤點，然不肯輒輕改，蓋意趣規模已定，輕重抑揚已不苟，難於遷就投合也。歐公作《范文正公神道碑》，載吕、范交歡弭怨始末，范公之子堯夫不樂，欲删改，公不從。堯夫竟自删去一二處，公謂蘇明允曰：范公碑爲其子弟擅於石本移動，使人恨之。

表三百八十九

<table>
<tr><th>作者/文獻</th><th>版本</th><th>用　　例</th></tr>
<tr><td>夏竦
《文莊集》
卷九</td><td rowspan="3">清文淵閣四庫全書補配清文津閣四庫全書本</td><td>（1）《進王中正神道碑表》：臣某言：伏奉聖旨，令臣撰《贈鎮南軍節度使王中正神道碑》者，窬命開先，實異人之傑出。</td></tr>
<tr><td>夏竦
《文莊集》
卷十一</td><td>（2）《代人陳乞為父修神道碑表》：右臣輒瀝懇誠，仰干睿聽，退循僭易，俯積兢惶。伏念先臣贈某官某本以遭逢累塵事，任叨聖明之過聽，膺命數以斯隆，大化俄臨，昌辰難戀。荷皇慈之惻下，豐賻贈以飾終；顧荒隧之已封，而温珉之未勒；將周施於事實，必緊屬於時才。其《神道碑》欲望聖慈，特命某官修譔所冀。幽扃不昧，俯旌遊岱之魂；宰木增輝，永示漏泉之澤。苟俯從於哀懇，唯仰戴於宸私。激切周章，期於得請。</td></tr>
<tr><td>夏竦
《文莊集》
卷二十七</td><td>（3）昔有人云：百家之鄉，一人持戒，則十人淳謹，百人和睦。夫能行一善，則去一惡而息一刑。一刑息於家，則百刑措於國。以此觀之，則斯法之來，裨我之治，蓋亦多矣。上具大智慧，有大威德，神道以設教，文明以化人。</td></tr>
</table>

表三百九十

作者/文獻	版本	用　　例
夏元鼎 《陰符經講義》 卷四	明正統道藏本	（1）《雲峯自序》：動亂為業根，静定為藥鏡，此崔公之法言也。豈非以人之有生，四大假合，涕唾精津血氣液，无非陰邪？酒色名利貪嗔癡，无非紛擾？惟一藥鏡之静定能攝伏之。何謂藥？丹砂木精得金乃并是也。何謂鏡？靈明真覺、迴光返照是也。故聖人以神道設教，以日月為易。仙道以神明為宗，以日月為丹。釋氏之杖挑日月、宗性傳燈者，皆是物也。崔公之悲按物，善於托喻，故呂洞賓謂：因看崔公《入藥鏡》，令人心地轉分明。信為天人之師也。……并寄豫章靈源子胡季�，天台元漢子王和甫，皆學仙弟子也。夏元鼎序。

表三百九十一：

作者/文獻	版本	用　　例
項安世 《周易玩辭》 卷第四	清文淵閣四庫全書本	（1）齋明盥潔，无所陳布，而有孚顒若，已不可掩。蓋相觀而化，其神如此，故謂之神道也。

續表

作者/文獻	版本	用　　例
項安世《周易玩辭》卷第四	清文淵閣四庫全書本	(2)《神道》：神道者，形容觀字也。凡有言者，有事者，皆以迹治，未可以爲神也。觀則不言不動，相觀而自化，此以爲神也。不察者，以爲別有神道，是不達觀義也。天不言而四時自不忒，此天之神道也。聖人恭已无爲，而天下服其至教，此聖人之神道也。

表三百九十二

作者/文獻	版本	用　　例
謝枋得《文章軌範》卷四	清文淵閣四庫全書本	(1) 東坡平生作詩不經意，意思淺而味短，獨此詩與《司馬溫公神道碑》《表忠觀碑銘》三詩奇絶，皆刻意苦思之文也。
謝枋得《疊山集》卷十六	四部叢刊續編景明本	(2) 文節先生謝公神道碑（李源道）

表三百九十三

作者/文獻	版本	用　　例
謝良佐《上蔡語録》卷一	清文淵閣四庫全書本	(1) 觀，盥而不薦。潔其誠矣，何必薦也。此所以為神道設教。孔子不欲觀禘，自既灌而往者，此也。

表三百九十四

作者/文獻	版本	用　　例
謝維新《事類備要》前集卷十二	清文淵閣四庫全書本	(1) 事類刻玉。(神道廣大，妙本于陰陽；形器精微，義先于律吕。聖人觀四時之變，刻玉紀其盈虚，察五行之聲，鑄金均其清濁，所以遂八風而養九徳，和天樂而成政道。《晉志》。)
謝維新《事類備要》前集卷二十		(2) 陳公活饑。(陳文惠公堯佐知壽州，遭歲大飢，公自出米為糜以食餓者。吏民以公故，皆爭出米，其活數萬人。公曰：吾豈以是私惠耶？盖以令率人，不若身先而使其從之樂也。《神道碑》。)

續表

作者/文獻	版本	用　例
謝維新《事類備要》前集卷二十	清文淵閣四庫全書本	(3) 特寬鹽禁。(張忠定公詠知杭州，是時歲飢，民冒禁販鹽，捕獲者數百人，公悉寬其罰。官屬執言不可，公曰：錢塘十萬家，餓殍如此，若鹽禁益嚴，則聚而為盜，患益甚矣。俟秋成敢爾，當痛以法繩之，境内卒以无擾。《神道碑》。) (4) 區處得宜。(富公弼知鄆州，自鄆移青，會河朔大水，民流京東，擇所部豐稔者三州，勸民出粟，得十五萬斛，益以官廩，隨所在貯之。得公私廬舍十餘萬間，散處其人，以便薪水。山林河渡之利，有可取以為生者，聽流民取之，其主不得禁。凡活五十萬人，募而為兵者又萬餘人。上聞之，即拜禮部侍郎。公曰：救菑，守臣職也。……自公立法簡便，天下傳以為法。《神道碑》)
謝維新《事類備要》前集卷二十四		(5) 詩集郎罷囝。(囝，哀閩也。囝生閩方，閩吏得之，乃絶其陽。為臧為獲，致金滿屋。為髠為鉗，如視草木。天道無知，我罹其毒。神道無知，彼受其福。郎罷别囝，吾悔生汝。及汝既生，人勸不舉。不從人言，果獲是苦。囝别郎罷，心摧血下。隔地絶天，及至黄泉，不得在郎罷前。)
謝維新《事類備要》前集卷二十八		(6) 寡婦當家。(史孝章妻博陵崔氏僕射之喪，自没至葬，當門户，備祭祀，建碑表，皆崔氏之能。劉禹錫撰《史僕射神道碑》。)
謝維新《事類備要》前集卷三十九		(7) 各任已長。(歐陽公知開封府，所代者包孝肅公，以威嚴御下，名震都邑。公簡易循理，不求赫赫之譽。有以包公之政礪公者，公曰：凡人才，性不一。强其所短，勢必不逮。吾亦任吾所長耳。《神道碑》。)
謝維新《事類備要》前集卷四十三		(8) 獨步當世。(歐陽公之於文，天才有餘，豐約中度，雍容俯仰，不動聲色，而義理自勝。短章大論，施無不可。有欲效之，不詭則俗，不淫則陋，終不可及。是以獨步當世，求之古人，亦不可多得。《神道碑》。) (9) 炳炳烈烈。(《韓愈神道碑》：七歲屬文。悦古學，業孔子、孟軻，而後其文。秀人偉生，多從之游，俗遂化服，炳炳烈烈，為唐之章。皇甫湜作。)
謝維新《事類備要》前集卷五十二		(10) 就盤垂餌。(左慈，字元放，廬江人。少有神道。嘗在曹公坐，公曰：今日高會，珍羞畧備，所少者吳江鱸魚為膾耳。元放曰：此可得也。因求銅盤貯水，以竿餌釣釣於盤中，須臾引一鱸魚出。會者皆驚。)

續表

作者/文獻	版本	用　例
謝維新《事類備要》前集卷六十二	清文淵閣四庫全書本	(11) 伏願陛下深覽古今，為長久之慮。臣之赤心，惟願萬歲之後，神道常安，陛下名揚於宗廟耳。
謝維新《事類備要》前集卷六十七		(12) 神道。(墓門前開道，建石柱以為梁，乃謂之神道。《後漢中山王傳》：日月照臨於佳城，煙雲變態於神道。《文粹》。)
謝維新《事類備要》前集卷六十八		(13) 需張說文。(姚崇、張說同位宰輔。崇病，戒諸子曰：張相與吾相忌甚深，然其人稍奢侈。吾沒後，同僚當來弔，汝盛陳服玩竇器於帳前。若張不顧，舉族危矣。彼若寓目，當致此玩，以《神道碑》請得其文。即時録進，仍先礱石，使速鐫刻。張料事遲我，數日後，必追悔。姚沒，張果至，目其服玩者數四，諸子悉依教戒。碑文時謂梧筆，曰：八柱承天，高明之位列；四時成歲，亭毒之功存。後數日，果取其本，欲重刪改。諸子乃引使者視之，碑已攻畢。說悔恨曰：死姚崇猶筭生張說。《明皇雜錄》。) (14) 誌文體制。(前輩云：銘婦人墓，當詳於家世議行，取法於韓退之。退之所作，蓋出於碩人之詩，觀至銘元稹妻韋夫人墓可見矣。《魏志》：韓退之作墓誌多篇，篇各有體製，未嘗相襲。……韓《董晉行狀》尚稍長，權德輿作宰相，《神道碑》只一板許，歐、蘇便長了。《宋語録》。) (15) 不懷舊怨。(歐陽公初以希文事得罪於呂相，坐黨人遠貶三峽，淪落累年。比呂公罷相，公始被進擢。及後為範公作《神道碑》言西事，時呂公不懷奮怨，盛稱公之賢，屏釋私憾而共戮力於國家。希文子純仁，大以為不然。刻石則輙削去此一節，云：我父至死，未嘗鮮仇。……父子之性，相遠如此。) (16) 未幾，吕亦罷。後吕公再入，元昊方犯邊，乃以范為經略西事，公亦樂為之用。嘗奏記呂公云：相公有汾陽之心之德，某無臨淮之才之力。後歐陽公為《范公神道碑》，有"驩然相得，戮力平賊"之語。公之子堯夫不以為然，乃刋去之。歐公見之，甚不樂也。 (17) 得金以賻。(梅聖俞堯臣與劉公敞親且舊，既卒，其家不能自存，公哀之，未有以助也。聖俞嘗許書《程丞相神道碑》，病不果，劉公為成之。程氏喜，餉白金五百兩，公發封，盡以賻梅氏。《行狀》。)

續表

作者/文獻	版本	用　例
謝維新《事類備要》前集卷六十八	清文淵閣四庫全書本	(18) 不苟為文。（東坡《祭張文定文》云：軾於天下，未嘗銘墓，獨銘五人，皆盛德故。以文集者，今凡　篇。……《眉州小集》有元祐中奏藁云：臣近準勑差撰《故同知樞密院事趙瞻神道碑》并書者，臣平生為撰行狀、埋銘、墓碑，士大夫所共知。因近日撰《司馬光行狀》，蓋為光曾與臣云母撰碑銘；又為範鎮撰《墓誌》，蓋為範與先臣某平生交契至深，不可不撰。及奉詔撰司馬光、冨弼等墓碑，不可固辭，然終非本志，况臣老病廢學，文詞鄙陋，不稱人子所欲顯揚其親之意，伏望聖慈別擇能者，特許辭免。觀此一奏，可印公心。） (19) 因發巳意。（坡公作《温公神道碑》叙事甚畧，其作《冨公碑》，甚詳。……冨公在朝，不甚喜坡公。其子弟求為此文，恐未必得，而坡鋭然許之。自今觀之，盖坡公欲得此題目，以發明己意耳。其首論冨公使虜，豈苟然哉？盖坡公因熙寧、元豐間用得兵卒狼狽，故假此説以發明其議論耳。《朱語録》。）
謝維新《事類備要》後集卷十		(20) 兵不敢近。（本朝王德用，至道二年，五將討繼遷，從武康公出戰為先鋒，令其軍曰：亂行者斬！由是士卒無敢先後，雖武康公亦為安轡。追兵望其兵整，不敢近。武康曰：王氏有子矣。《神道碑》。）
謝維新《事類備要》後集卷十三		(21) 一柱承天。（姚崇與張説有隙。崇死，謂其子曰：我死，張説來弔爾，以我平日賓玩盡列于前。如説屬目，即舉以獻之，就問其求《神道碑》，纔得即模刻以示外。此人見遲，梢緩即悔。彼不顧，則吾族無噍類矣。子如其言。説來，果屬目，稱去後即以獻之，遂求所為文，説許之。故其碑曰：一柱承天，高明之位列；四時成歳，亭毒之功深。後説悔，來索，則碑已模刻矣。説嘆曰：死姚崇猶能筭生張説。後譖不行。《唐紀》。）
謝維新《事類備要》後集卷二十二		(22) 文名。（翰林所著撰拜免公王、將相、妃王曰制，賞賜恩宥曰赦書、曰德音，處分事曰勅、曰御札，五品以上曰詔，六品以下曰勅，批郡臣表曰批答，奨勲勞曰奨諭。賜外國書曰蕃書，醮曰青詞、窨詞，釋曰齊文，教坊致語曰白話，土木興建曰上梁文，宣賜曰口宣。此外有祝文、碑文、神道碑、樂章、詩頌、春帖子之類。撰述進入，遇有除拜，以雙日鎖院，隻日降麻。同上。）
		(23) 選法不欺。（《國朝・王質》：判吏部銓，號為稱職，而選法未嘗更易。人或問之，公曰：選法備具，如權衡，在執者不欺其輕重耳，何必易法。《神道碑》。）

續表

作者/文獻	版本	用　　例
謝維新《事類備要》後集卷二十七	清文淵閣四庫全書本	(24) 南宫眉目。(韋陟，字商衡。為吏部負外郎。是曹在南宫為眉目，在選士為司命。公執直筆，墨簿書，紛挐盤錯，一瞬而剖。劉禹錫撰《神道碑文》。)
謝維新《事類備要》後集卷二十八		(25) 王質方雅。(王質，字華卿。為戶部郎中。以方雅特立，除諫議大夫。劉禹錫為《神道碑》。)
謝維新《事類備要》後集卷二十九		(26) 相躡達官。(權德輿考試士，踵相躡為宰相達官。韓文公《權德輿神道碑》。) (27) 韋陟剖璞。(凡執文章權衡以揣量多士。披沙剖璞，由我而顯者落落然居多。推是風鑒，移于大冶，則範鎔之内無非祥金。劉禹錫為《韋陟神道碑》。)
謝維新《事類備要》後集卷三十三		(28) 典兵衛。(《淮南王神道碑》)
謝維新《事類備要》後集卷三十四		(29) 亞列。(屈居亞列，未副羣情。韓愈《胡公神道碑》。)
謝維新《事類備要》後集卷六十		(30) 居儀同上。(除特進，位次三公，居驃騎、儀同之上，非茂勲俊德，曷以處之?《李德裕集·神策劉公神道》。) (31) 俱授弓鉞。(公子公武，與公一時俱授弓鉞。韓愈為《韓弘許國公神道碑》。)
謝維新《事類備要》後集卷七十三		(32) 籍為兵。(出知泉州，政治寬簡。有盜剽海，朝廷遣將逐捕。公自以上命招懷之，多出降者，籍為兵。籍乃無警。《陳康伯神道碑》。) (33) 蜀人慶來。(上以張定公前治蜀，長於安集，復以公知益州。蜀人聞之，皆鼓舞相慶，如赤子久失父母而知復來鞠我也。《張忠定神道碑》。)
謝維新《事類備要》續集卷二		(34) 游觀常去。(蜀風尚侈，好遨樂。公從其俗，凡一歲之内，游觀之所與夫飲饌之品，皆著為常去。後人謹而從之則治，違之則人情不安。《張忠定神道碑》。) (35) 外夷起敬。(遼人、夏人遣使入朝，與옥使至彼中者，彼必問公起居，及為相遼人敕其邊吏曰：中國相司馬矣，慎毋生事開邊隙。《神道碑》。)

續表

作者/文獻	版本	用　　例
謝維新 《事類備要》 續集卷六	清文淵閣四庫全書本	(36) 不求恩澤。（王文正公旦以儉約率勵子弟，使在富貴不知為驕侈。兄子睦欲舉進士，公曰：吾嘗以太甚為懼，其可與寒士爭進？至其薨也，子素猶未官，遺表不求恩澤。《神道碑》。）
謝維新 《事類備要》 續集卷二十一		(37) 少有神道。（左慈，字元放，廬江人。少有神道。後曹操欲殺之，郤入壁中，霍然不知其所在。）
謝維新 《事類備要》 別集卷一		(38)《冥數有報論》：宣尼罕言性命，不語怪神，非謂無也，欲人嚴三綱之道，奉五常之教，修天爵以致人爵，不欲言富貴在於天命，福祿由於冥數。……秋暮，有邑子王生引鄴郡道士至，纔升賓階，未及命席，謂余曰：公當為西南節制，孟冬望舒前節符至矣。三者皆與言叶，不差歲月，自憲闈竟十年居相，由西蜀而入，代余執憲俄亦竄逐。唯再謫南服，未嘗有前知者，為余言之。豈禍患不可移者，神道所秘，莫得預聞？自古噤寃沒世者多矣。冥報之事，或有或無，遂使好亂樂禍者以神道為昧茫。余嘗論之，仁人上哲，必達生知命，如顏氏之子，犯而不校；釋門達摩，了空喻幻，必不思報矣；其下柔弱無心者，力不能報；所能報者，乃中人耳，悍強任氣如伯有、灌夫之流，亦在其臨歿之際，方寸不撓，魂魄不散，唯結念於此，是以能報。夫人之捨生也，如薪盡火滅，溘然則無能為矣。達於理者，使心不亂，則精爽常存，不生不滅，自可以超然出世，升躋神明。其次精多魄強，則能為厲。冥報之事，或有或無，理在此也。
謝維新 《事類備要》 外集卷五		(39) 柳宗元終南祠堂碑。（貞元十二年，夏洎秋不雨。穡人焦勞，嘉穀用虞。皇帝使中謁者禱于終南，申命京兆尹韓府君，祗飭祀事，考視祠制。以為棟宇不稱，宜有加飾。遂命盩厔令裴均，虔承聖謨，刱制祠堂。乃徵土工、木工、石工，備器執用，來會祠下。斬板榦，礱柱礎，陶瓴甓，築垣墉，恢度舊制，立三筵六尋。既興功，玄雲觸石，霈澤周被，植物擢茂，期于豐登。神道感而宣靈，人心勸而致和。喜氣充溢，抃蹈布野。……辭曰：皇帝垂德，制定統極，神道泰寧。祀典修飾，禳祈禜雩，皆有準程。顧惟終南，祠位庳陋，不稱顯名。……頌宣聖德，篆刻金石，永世飛聲。）
謝維新 《事類備要》 外集卷八		(40)《傳》曰“子雖齊聖，不先父食”，蓋言子為父屈也。景皇帝雖太祖也，其於獻、懿，則子孫也。當禘祫之時，獻祖宜居東向之位，景皇帝宜從昭穆之列，祖以孫尊，孫以祖屈，求之神道，豈遠人情？又常祭甚衆，合祭甚寡，則是太祖所屈之祭至少，所伸之祭至多。比於伸孫之尊，廢祖之祭，不亦順乎？事異殷周，禮從而變，非所失禮也。臣伏聞制禮作樂者，天子之職也。陛

續表

作者/文獻	版本	用　　例
謝維新 《事類備要》 外集卷八	清文淵閣四庫全書本	下以臣議有可采，粗合天心，斷而行之，是則為禮。如以為猶或可疑，乞召臣對，面陳得失，庶有發明。謹議。
謝維新 《事類備要》 外集卷十八		(41) 自文明草昧，天地屯蒙，二叔流言，四凶搆難。不設鈎距，無以應天順人；不切刑名，不可摧姦息暴。議置神器，開吉端，曲直之影必呈，包藏之心盡露。神道助直，無罪不除；人心保寧，無妖不戮。以兹妙筭，窮造化之幽深；用此神謀，入天人之秘術。故能計不下席，聽不出闈，蒼生晏然，紫宸易主。……伏願改法制，立章程，下恬愉之辭，流曠蕩之澤，斷萋菲之牙角，頓奸險之鋒芒，塞羅織之源，掃朋黨之迹，使天下蒼生坦然大悅，豈不樂哉！
謝維新 《事類備要》 外集卷二十二		(42) 偽印免死。(趙抃為武安軍推官。有偽造印者，吏皆以為當死。公獨曰：造在赦前，用在赦後。赦前不用，赦後有造，法者皆不死。遂以疑讞之，卒免死。一府皆服。蘇内翰撰《神道碑》。)
謝維新 《事類備要》 外集卷二十四		(43) 獄以屢空。(趙抃知虔州，地遠而民好訟，人謂公不樂。公欣然過家上冢而去。既至，遇吏民簡易，嚴而不苛。悉召諸縣令告之：為令當自任事，勿以事諉人，苟事辦而民悅，吾一無所問。令皆喜，爭盡力，處事為少，獄以屢空。《神道碑》。)
謝維新 《事類備要》 外集卷二十七		(44) 先一月辦。(趙槩知青州。賦税未入中限，敕縣不得輒催科。是歲，夏税先一月辦。《神道碑》。)
謝維新 《事類備要》 外集卷五十五		(45) 金陵火災。(時金陵多火災，居者不安。乖厓公廉知皆奸民所為，潛捕得之，乃命先折其脛，斬之以狥，火患遂息。《神道碑》。)

表三百九十五

作者/文獻	版本	用　　例
熊禾 《勿軒集》 卷二	清文淵閣四庫全書本	(1) 或問：顔、曾、思、孟所在學校，皆東坐西向，于義何居？曰：舊例循習已久，問之先輩，皆莫能通其義。或謂神道尊右，西廡乃迎送神之所，辟右者不敢當尊也，故獻官序立東廡之前而行禮，執事者升降必由東階，固其義也。然則今之十哲配享，兩廡從祀，皆左右列，則有所不通矣。向嘗見一野

續表

作者/文獻	版本	用　　例
熊禾 《勿軒集》 卷二	清文淵閣四庫全書本	史，載夫子廟庭，只有顔、孟配享，皆東西向。後因王安石配享，遂以顔、孟東坐西向。王安石介丁顔、孟之間，西坐東向。後來雖撤去王安石配位，而顔、孟坐次亦因而不改。竹林精舍初剏，但就中增入曾子、子思二神位，而先朝取其法行之，亦曾襲不暇改，至今宜改為東西向北上。神道尊右，在兖國公顔氏西一，郕國公曾氏東一，沂國公孔氏西二，鄒國公孟氏東二，周、程、張、朱五先生又以次列東西行，則合舊矣。然所謂舊制者，亦開元二十八年以後之制，亦非古也。
熊禾 《勿軒集》 卷四		（2）《重建文公神道門》：竊惟建之考亭，實惟東南闕里。文公墓在縣西北偏唐石九頓峯下，神道門在麻沙鎮西可一里許。累朝表章，雙表屹峙，過者莫不致恭焉。

表三百九十六

作者/文獻	版本	用　　例
熊節 《性理群書句解》 卷十二	清文淵閣四庫全書本	（1）天不言而四時行。（天本無言，四時順布。）聖人神道設教，而天下服。（聖人之道，神妙無迹，故推以化民，無為而民自化。）誠於此（此惟正心修身於上），動於彼（彼自感動變化於下），神之道歟！（此聖人神化之道也。）

表三百九十七

作者/文獻	版本	用　　例
徐度 《却掃編》 卷下	清文淵閣四庫全書本	（1）東坡初欲為《富韓公神道碑》，久之，未有意思。一日晝寢，夢偉丈夫，稱是寇萊公來訪，已共語久之。既即，下筆首敘景徳澶淵之功，以及慶歷議和，頃刻而就。以示張文潛，文潛曰：有一字未甚安，請試言之。葢碑之末，初曰公之勳在史官，徳在生民，天子虛己聽公，西戎、北狄視公進退以為輕重，然一趙濟能摇之。竊謂“能”不若“敢”也。東坡大以為然，即更定焉。

表三百九十八

作者/文獻	版本	用　例
徐積《節孝集》節孝先生文集卷一	明嘉靖四十四年刻本	(1)《魯恭王祠》(并序)：山陽太守蔡公祈雪於東海恭王廟，實得所祈，守乃為詩以答神貺。又謂某曰：子亦為王歌之，乃為東海恭王祠。詩曰：帝子非無賢，孰有恭王者。脱身辭漢儲，一芥視天下。勇故不失義，智故不失幾。身既脱諸險，德亦潛其輝。羣姦非無目，渾渾無罅窺。陰謀不得奮，佞舌不得施。以此終其身，萬世不可非。初王受漢封，奉詔實都魯。如何千載後，廟貌在東楚。豈非王之賜，生嘗及兹土。所以淮上人，世世作神宇。然而鬼神道，不可接形聲。所感唯以德，所通唯以誠。去年冬不雪，江淮非一城。人心誰無戚，蔡守最不寧。守乃欵王祠，俯伏祈於廷。……一禱輒已應，為賜良不輕。侯拜神之貺，民歌侯之明。

表三百九十九

作者/文獻	版本	用　例
徐夢莘《三朝北盟會編》卷七十五	清許涵度校刻本	(1)《劉公神道碑》曰：宋興百七十載，祖宗以仁厚忠恕廉恥待士大夫，自一命以上無復前世之戮辱，亦有致位通顯，終身安榮，率為子孫數世之利，固宜人人自重，知所報本。
徐夢莘《三朝北盟會編》卷八十二		(2)建炎二年秋，家屬流寓揚州，遂藁葬公於蜀岡。紹興十一年五月二十三日，遷葬公於湖州歸安縣廣德鄉卜村南黃龍塢少傅公塋之左，敕賜墳寺額曰“褒忠”。……所著詩文，經兵火多散失，有《文集》十卷。其《行狀》《墓誌》《神道碑》皆未就。

表四百

作者/文獻	版本	用　例
徐天麟《西漢會要》卷二十	清文淵閣四庫全書本	(1)李蔡以丞相坐詔賜冢地陽陵當得二十畝，蔡盗取三頃，頗賣得四十餘萬，又盗取神道外壖地一畝葬其中，當下獄，自殺。(《李廣傳》)

表四百零一

<table>
<tr><th>作者/文獻</th><th>版本</th><th>用　例</th></tr>
<tr><td>徐鉉
《徐公文集》
卷第十</td><td rowspan="4">四部叢刊景黄丕烈校宋本</td><td>(1) 粵若先王命祀，神道教人。前哲令德之流，九魁六宗之類，或以公族視秩，或以户邑奉祠。子晉之為帝賓，真階匪極。傅說之騎龍尾，景耀木融。……昔者昆閬窮游，尚紀白雲之什。燕然薄伐，亦陳元甲之銘。孰與冥貺昭彰，壽宮宏麗。水通懸圃，萃氣色於閶門。路接白楊，煥丹青於鑛野。此而莫述，後嗣何觀。
(2)《武烈帝廟碑銘》：臣聞昊穹凝命，玄化不宰。司契牧民之重，授以聖功。益謙輔德之明，顯諸神道。玉燭景風之瑞，所以報憂勤。天時地物之妖，所以警安逸。是以古之聖人，覩災而懼，因敗而成。撥亂反正之勲，偃武修文之業，延洪光大，皆有幽賛者焉。故禹奠九州，受蒼水繡衣之命。武師牧野，接五車兩騎之神。……下臣奉詔，謹勒銘云：玄功不宰，帝德無為。化機冥運，羣動交馳。必有神道，鑒而董之。董之伊何，帷帝之職。惚恍有象，陰陽不測。如岳降祥，配天輔德。保我蒸民，莫匪爾極。偉哉間傑，多藝多才。名馳八紘，位重三槐。祀典光啓，王封肇開。人思邵樹，俗畏軒臺。……奕奕新廟，崇崇百城。民罔疵癘，年斯順成。庭有備物，時殷頌聲。禍福何常，惟人所擇。棄信毀義，恃眾與力。上帝不蠲，明神是殛。勒石嚴祠，敢告萬國。</td></tr>
<tr><td>徐鉉
《徐公文集》
卷第十一</td><td>(3) 大唐故斥時啓運功臣清淮軍莭度壽州觀察處置等使特進檢校太傅使持莭都督壽州諸軍事壽州刺史御史大夫上柱國彭城威侯贈太尉劉公神道碑
(4) 唐故德勝軍節度使檢校太保同中書門下平章事扶風馬匡公神道碑銘</td></tr>
<tr><td>徐鉉
《徐公文集》
卷第二十三</td><td>(5)《張氏于集序》：觀夫賢人君子，稟清真之氣，應期運而出，故生而岐嶷，幼而敏恵，既成而貞國士之器，既立而為天下之用，康寧壽考，繁衍流祚，此其常也。若乃秀而不實，仁而不遇，前聖所以興歎，百代所以遺憾，斯則神道忽恍，萬化茫昧。自古乃爾，吾將奈何？嗚呼！張氏子秀而不實者也。</td></tr>
<tr><td>徐鉉
《徐公文集》
卷第二十七</td><td>(6) 大宋故天雄軍節度行軍司馬易府君神道碑（并序）
(7) 臨戎以恩信理，民以慈惠事。君全其莭，處身由其道，故垂此家法，推為慶門，是生孝子，以永世祀。美矣哉！鉉聞風而悅之，故勒銘于神道。
(8) 故唐大理司直鄂州漢陽令贈衛尉少卿樊公神道碑
(9) 雖神道恍惚，不可偹論，而忠誠報應，良足為勸，猶恐年世綿邈，流俗失傳，或見猱于越巫，將受訕於淫祀。嫡孫仁昭，願以事實勒于貞珶。</td></tr>
</table>

續表

<table>
<tr><th>作者/文獻</th><th>版本</th><th>用　　例</th></tr>
<tr><td>徐鉉
《徐公文集》
卷第二十八</td><td rowspan="2">四部叢刊景黄丕烈校宋本</td><td>(10)《洪州始豐山興玄觀記》：聖人之言，道無不在。若乃域中歸其大，萬物恃之生，鴻化玄造，無德而稱，已至于顯神道之教，挺方外之朝，反之于身，以固其本。……是用直書，以觀成績。淳化元年夏六月記。</td></tr>
<tr><td>徐鉉
《徐公文集》
卷第三十</td><td>(11)辭曰：於惟我宗，昭時顯庸。積德垂範，爰生我公。出孝入悌，夷心直躬。生能業官，沒不忘忠。是有慶靈，鍾于令子。不墜其訓，薨之以禮。謀卜謀筮，維桑維梓。神道永謐，流光不已。來者難誣，斯文用紀。</td></tr>
</table>

表四百零二

<table>
<tr><th>作者/文獻</th><th>版本</th><th>用　　例</th></tr>
<tr><td>徐自明
《宋宰輔編年録》
卷九</td><td rowspan="2">民國敬鄉樓叢書本</td><td>(1)明日，執政奏事延和殿，太皇太后泣曰：邦國不幸，司馬相薨，司空復逝。痛憫久之。上亦悲感。薨時，年七十二。贈太師申國公，謚正獻。上輟朝三日，乘輿臨奠，成服苑中。敕有司治喪事，御書神道“純誠厚德之碑”。</td></tr>
<tr><td>徐自明
《宋宰輔編年録》
卷十</td><td>(2)固自元祐三年四月，除門下侍郎。是年四月，以知樞密院事卒。再執政凡二年，車駕幸其第臨奠，輟視朝。贈開府儀同三司，賜《神道碑額》曰“純亮”。遺表恩澤例外，更特與三人差遣。
(3)七月，詔司馬光、呂公著追所贈并所賜謚誥及《神道碑額》，仍下逐處，倒碑磨毀。
(4)先是，元豐末，神宗嘗謂輔臣曰：明年建儲，當以司馬光、呂公著為師保。及公著薨，呂大防奉勑為公著神道一碑，乃首載神宗聖語。上又親題其額曰“純誠厚德之碑”。
(5)遂詔司馬光、呂公著各追所贈官并謚告，追所賜《神道碑》，仍下陝府、鄂州各差官許會本縣於逐官墳所拆去碑樓，及倒碑磨毀奉敕所撰碑文訖。奏時，紹聖元年五月也。
(6)然至是猶毀碑樓，磨《神道碑》，追賜額，俱勉從惇也。
(7)及呂大防、劉摯、蘇轍皆公著所引為國大姦，遂詔司馬光、呂公著各追官謚及所賜《神道碑》。
(8)惇又請發冢斲棺，上堅不許。及是竟從惇請，追贈官謚告并所賜《神道碑額》，蓋黽勉從之。
(9)崇寧元年十二月，三省同奉聖旨：范純仁不應謚忠宣，定議、覆議官罰銅十斤。其范純仁《神道碑》，令磨毀。
(10)二年七月，廣東運判范正國言乞給還父純仁御書“世濟忠直之碑”為《神道碑額》。詔依。</td></tr>
</table>

表四百零三

作者/文獻	版本	用　例
薛季宣《浪語集》卷十五	清文淵閣四庫全書補配清文津閣四庫全書本	(1)《以漕司命祈雨祝文》：某不敏，適時多艱。縣政不修，澤不下逮。積怨於民，獲罪於神。乃歲仲秋，亢陽不雨。黍稷薿薿，害於垂成。受命祈田，憂心靡見。神其降監，哀此下民。興雨祁祁，實函斯活。致天之罰，於令之身。神道聰明，祟朝其澤。 (2)《諸廟祈雨祝文》：某薄德，不知政務。治失其道，積怨於民。魃作亢陽，致天之罰。咎惟自作，民罪伊何？瘡痍未瘳，重之虐政。庶幾一稔，尚保室家。懔惟滂田，既淪於水。高原且固，望絶秋成。凡厥庶民，蘊蓄何有？奪之廪食，父母胡生。神道依人，毋靳膏沐。維時降監，雨彼稻粱。小吏有愆，不敢逃責。 (3)《祈晴祝文》仲秋之月，陽愆不雨。神降甘澤，浹日成霖。虐吏積寃，不能終始。神貺過陰之罰，黍稷將不潰於成。顧此民勞，又奪之食。神道正直，其賜哀憐。閉北吁嗟，庶幾晴霽。吏身之沴，毋累於民。
薛季宣《浪語集》卷二十七		(4)《河洛圖書辯》：《易·繫》：天垂象，見吉凶，聖人象之。河出圖，洛出書，聖人則之。其言盖有敘，觀之以理，無晦也。説者或謂《河圖》《洛書》本皆無有，聖人為此説者，以神道設教也。

表四百零四

作者/文獻	版本	用　例
薛居正《舊五代史》卷二十五	百衲本景印吴興劉氏嘉業堂刻本	(1) 莊宗卽位，追謚為昭烈皇帝，廟號懿祖。烈考國昌，本名赤心，唐朔州刺史。咸通中，討龐勛有功，入為金吾上將軍，賜姓李氏，名國昌，（案：代州有《唐故龍武軍統軍檢校司徒贈太保隴西李公神道碑》云：公諱國昌，字德興。）仍係鄭王房。
薛居正《舊五代史》卷二十七		(2) 及安塞不利之後，時事多難，梁將氏叔琮、康懷英頻犯郊圻，土疆日蹙，城門之外，鞠為戰場，武皇憂形于色。帝因啓曰：夫盛衰有常理，禍福繫神道。家世三代，盡忠王室，勢窮力屈，無所愧心。物不極則不反，惡不極則不亡。今朱氏攻逼乘輿，窺伺神器，陷害良善，誣詐神祇。以臣觀之，殆其極矣。大人當遵養時晦，以待其衰，何事輕為沮喪！太祖釋然，因奉觴作樂而罷。

續表

作者/文獻	版本	用　例
薛居正《舊五代史》卷四十	百衲本景印吴興劉氏嘉業堂刻本	(3) 八月丁酉朔，大理正路阮奏：切見春秋釋奠於文宣王，而武成王廟久曠時祭，請復常祀。從之。戊戌，中書奏：太子少傅李琪所撰進《霍彦威神道碑文》，不分真僞，是混功名，望令改撰。從之。琪，梁之故相，私懷感遇，敍彦威在梁歷任，不欲言僞梁故也。
薛居正《舊五代史》卷四十二		(4) 长興二年春正月庚申朔，帝御明堂殿受朝賀，仗衛如儀。乙丑，詔曰：故天策上將軍、守太師、尚書令、楚國王馬殷，品位俱高，對崇已極，無官可贈，宜賜謚及《神道碑文》，仍以王禮葬。
薛居正《舊五代史》卷四十五		(5) 辛亥，以前定州節度使李德琉為北京留守，充河東節度使。許王從益加檢校太保，前河中節度使、洋王從璋加檢校太傅。詔：藩侯帶平章事以上薨，許立《神道碑》，差官撰文。未帶平章事及刺史，準令式合立碑者，其文任自製撰，不在奏聞。
薛居正《舊五代史》卷四十九		(6) 莊宗女義寧公主，降宋廷浩。廷浩仕至房州刺史，晉初爲氾水關使，張從賓之叛，戰死。見《東都事略》及《宋史》。又王禹偁《小畜集》有《宋渥神道碑》云：母義寧公主，天福中，晉祖以嘗事莊宗，有舊君之禮，每貴主入見，聽其不拜。時兵戎方熾，經費不充，惟公主之家，賜予甚厚，盡而復取，亦無倦色。
薛居正《舊五代史》卷五十八		(7) 天成末，明宗自汴州還洛，琪爲東都留司官班首，奏請至偃師奉迎。時琪奏中有"敗契丹之凶黨，破眞定之逆城"之言，詔曰：契丹卽爲凶黨，眞定不是逆城，李琪罰一月俸。又嘗奉敕撰《霍彦威神道碑文》。琪，梁之故相也，敍彦威仕梁歷任，不言其僞。中書奏曰：不分眞僞，是混功名，望令改撰。詔從之。多此類也。
薛居正《舊五代史》卷九十一		(8) 長興中，節制汶陽。越二年，除平盧軍節度使，累官至開府儀同三司、檢校太師、兼中書令，封東平王，食邑五千戶，食實封三百戶。天福元年冬十二月辛巳，卒於鎮。贈太尉，歸葬於瑕丘，詔立《神道碑》。
薛居正《舊五代史》卷九十三		(9) 及高祖臨朝，崧為樞密使，與桑維翰同列，維翰與專美亦有舊，乃協力以奏之，遂復朝序，位至九卿。專美曾使閩中，遇風水漂至兩浙，踰歲無恙而還，至是善終，人以為神道福謙之所致也。(《永樂大典》卷一萬三百九十)

續表

作者/文獻	版本	用　例
薛居正《舊五代史》卷一百二	百衲本景印吴興劉氏嘉業堂刻本	(10) 六月癸酉朔，日有食之。兗州奏，捕蝗二萬斛，魏、博、宿三州蝗抱草而死。乙亥，潁州獻白鹿。戊寅，安州節度使楊信奏，亡父光遠，蒙賜《神道碑》，鐫勒畢，無故中斷。詔别令斵石鐫勒。己卯，滑、濮、澶、曹、兗、淄、青、齊、宿、懷、相、衛、博、陳等州奏蝗，分命中使致祭於所在川澤山林之神。開封府、滑、漕等 州蝗甚，遣使捕之。
薛居正《舊五代史》卷一百一十五		(11) 案:《通鑑》作顯德元年十一月，北漢主殂，遣使告於契丹。《考異》引王保衡《見聞要録》《劉繼顒神道碑》爲據，疑《薛史》作二年爲誤。今考《遼史·穆宗紀》，應曆五年十一月，漢主崇殂。應曆五年，即周廣順二年也，與《薛史》合，蓋《薛史》《遼史》皆以《實録》爲據也。
薛居正《舊五代史》卷一百一十八		(12) 癸巳，以左武衛上將軍武行德爲鄜州節度使，以右神武統軍宋延渥爲滑州節度使，（案:《小畜集·宋延渥神道碑》云:五月，授義成軍節度使。其制略曰:長驅下瀨之師，若涉無人之境。除凶戡難，爾既立夫殊庸；礪岳盟河，予豈忘于豐報。南燕舊邦，北關伊邇。河壖作翰，遙臨白馬之津；穰下統戎，即鎮臥龍之地。）以前同州留後王暉爲相州留後。
薛居正《舊五代史》卷一百二十三		(13) 仁誨爲人端厚謙損，造次必由于禮。及居樞務，雖權位崇重，而能孜孜接物，無自矜之色，及終，故朝廷咸惜之。詔贈中書令，追封韓國公，謚曰忠正。既葬，命翰林學士陶穀撰《神道碑文》，官爲建立，表特恩也。
薛居正《舊五代史》卷一百二十六		(14) 静思本末，慶及存亡，蓋自國恩，盡從家法，承訓誨之旨，關教化之源，在孝于家，在忠于國，口無不道之言，門無不義之貨。所願者下不欺于地，中不欺于人，上不欺于天，以三不欺爲素。賤如是，貴如是，長如是，老如是，事親、事君、事長、臨人之道，曠蒙天恕，累經難而獲多福，曾陷蕃而歸中華，非人之謀，是天之祐。六合之内有幸者，百歲之後有歸所。無以珠玉含，當以時服斂，以籧篨葬，及擇不食之地而葬焉，以不及于古人故。祭以特羊，戒殺生也，當以不害命之物祭。無立《神道碑》，以三代墳前不獲立碑故。無請謚號，以無德故。
薛居正《舊五代史》卷一百三十三		(15) 鏐以長興三年三月二十八日薨，年八十一。制曰:故天下兵馬都元帥、尚父、吴越國王錢鏐，累朝元老，當代勳賢，位已極於人臣，名素高於簡册。贈典既無其官爵，易名宜示其優崇，宜令所司定謚，以王禮葬，仍賜《神道碑》。

表四百零五

作者/文獻	版本	用　　例
薛尚功《歷代鐘鼎彝器款識》卷十四	清文淵閣四庫全書本	(1)《博古錄》云：考其名，乃散季為王母叔姜作也。昔之人神祀饗之禮，其彝器食飲每通用之，既以人道事乎神，又以神道享乎人。此家廟巾與夫平日燕居之器，皆得銘而用之，初無別也。

表四百零六

作者/文獻	版本	用　　例
楊簡《楊氏易傳》卷八	民國四明叢書本	(1)《象》曰：大觀在上，順而巽，中正以觀天下。觀，盥而不薦，有孚顒若，下觀而化也。觀天之神道，而四時不忒。聖人以神道設教，而天下服矣。 (2) 天道至神，唯其神，故四時之行無差忒，聖人即天道亦神道，無二神二道，故設教而天下自服。禮樂刑政皆聖人設教之具，可得而畧言也。聖人為是，父子君臣夫婦長幼朋友之禮，所以因人慈愛恭敬之心而順以導之，無敢小拂焉，無敢過焉，一循夫大中之性而左右之，使不失其所自有爾，而人之由之，冥符默契，自化自得自不知也，非以神道設教乎？聖人又因夫人心之不能樂，樂者，道心之神用也。人惟不自明，故昏故邪故致於淫，於是作為金石絲竹匏土革木，以六律六呂和平中正之音默感乎人之中正之心，自不知所以然而自化也，非以神道設教乎？比有長，閭有胥，族有師，黨有正，書其孝弟睦婣，書其德行道藝，以發其本有之道心，糾其過惡，刑罰其罪，尤又有以約其放逸之私欲，復其本有之道心。夫惟其所無也，故彊之而莫從，而道心也者，人之所有，今既有，以發之，又約而歸之，則復其本有，感其同然之機，殆又捷於影響矣，非神道乎？ (3) 先王隨方設教，不主一說，皆所以左右斯民，使無失其常性，一之于道德也。此又神道設教之詳者也。
楊簡《楊氏易傳》卷十		(4) 觀，《象》曰"聖人以神道設教，而天下服矣。"道化之神，誠有不可測識之妙。
楊簡《慈湖遺書》慈湖先生遺書卷之二		(5) 某偶當其職，任其事，不敢遜，乃起敬起恭，從容秉筆。而《書》曰：夫社謂夫土之有神也，稷謂夫百穀之生有神也。其祀事則二，其神道則一。

續表

作者/文獻	版本	用　例
楊簡 《慈湖遺書》 慈湖先生遺書 卷之二	民國四明叢書本	(6) 孔子曰：地載神氣，神氣風霆，風霆流形，庶物露生，無非教也。又曰：吾道一以貫之。皆所以明著至神之道，無不通貫也。惟神不形，惟神不名。天以是健行，地以是發生，人以是靈，百穀草木以是成，莫究厥始，莫究厥終。故夫無思無為，寂然不動，感而遂通，三才之所同也。變化云為，不疾而速，不行而至，三才之所同也。曰陰曰陽，舉不得而測，三才之所同也。道在邇，而求諸遠；事在易，而求諸難。人心誠實無他，本體清明，本用神明，剛健中正，純粹精一，乾元在斯，坤元在斯，有感有應，無不通矣。祀典修興，神道著矣。籩豆斯設，奠薦斯行。不可度思，矧可射思。
楊簡 《慈湖遺書》 慈湖先生遺書 卷之八		(7) 帝堯光宅天下之光，如日月之光，無思無為，寂然不動，而自足以默化天下之民，自足以默安天下之民。文王之不識不知，而德化自足以及廣者，此光也。《易》言"聖人以神道設教，而天下服"者，此光也。謂之神者，言乎其不可以智知，不可以力為也。然此非於聰明文思之外，復有所謂光也。堯之聰明文思，非出於人為，非由於造作，耳不蔽於聲而自聰，目不蔽於色而自明。聰自無所不聞，明自無所不見，使胸中微有意、有我，則外物必得以蔽之；惟其無意、無我，故虛故明，故不得而蔽，故無所不通。文者自此而發，有自然之文；思者以此而思，有自然之深智。如四時之錯行，如日月之代明，無思無為而光被四表，格於上下。
楊簡 《慈湖遺書》 慈湖先生遺書 卷之十		(8)《易》曰：聖人以神道設教，而天下服矣。以德施教，其妙如神，故曰神道。《禹謨》謂"后克艱，臣克艱，而政即乂，民即敏德"，亦神速矣。孔子又曰：政者，正也。子帥以正，孰敢不正？又曰：其身正，不令而行；其身不正，雖令不從。曰德，曰孝弟，曰神明，曰克艱，曰正，其名不同，其實一也。
楊簡 《慈湖遺書》 慈湖先生遺書 卷之十二		(9) 道心見諸事親謂之孝，見諸事長謂之弟，渾然神明，本無間隔，如日月之光，光于四海而非思非為，無所不通。引《詩》為證，所以無思不服者，以東西南北之心，同此道心，故默感而應也。有道則應，無道則離。《易》曰：聖人以神道設教，而天下服矣。以此道至，神無所不通故也。
楊簡 《慈湖遺書》 慈湖先生遺書 卷之十六		(10)《易》曰：聖人以神道設教，而天下服。又曰"聖人久於其道而天下化成"者，本德性而行之，無非正道。誠而無為，久而無違。默感天下，同然之性。故靡然化服，是之謂神，而非術也，非為也。
楊簡 《慈湖遺書》 慈湖先生遺書續集 卷之一		(11)《土地》：古曰中霤。州縣主社，家主中霤。某今家於此，依神而居。神無大小，道通為一。上下通天地，旁通萬物。神道如此，人亦如此。某敢不敬？修其在人，以敬事神。

續表

作者/文獻	版本	用　　例
楊簡 《先聖大訓》 卷二	明萬曆刻本	(12) 德之流行，速於置郵而傳命。德之感，人如神，故《易》曰：聖人以神道設教，而天下服矣。故先言諸侯萬物，後乃言百官。禮之所興，衆之所治也；禮之所廢，衆之所亂也。目巧之室，則有奧阼。
楊簡 《先聖大訓》 卷三		(13) 子曰：為政以德，譬如北辰，居其所而衆星拱之。又曰：德之流行，速於置郵而傳命。又曰：君子之德風，小人之德草，草上之風必偃。其《繫·易》曰：聖人以神道設教，而天下服。此心之神無所不通，其應也如響蓋三才，同此一道，舉天下之人，同此一心，此心即道，故曰道心。君由道心以行，而下民之道心靡不畢應矣。斯道之神自然若此，禮樂刑政所以行君心之德，使禮樂刑政具備，而君失其道，民亦不化，故聲色之可聞見，皆末也，道德為本。

表四百零七

作者/文獻	版本	用　　例
楊傑 《無為集》 卷十二	南宋刻本	(1) 故武信軍節度使諡康簡追封循國公神道碑 (2) 故右諫議大夫贈工部侍郎沈公神道碑
楊傑 《無為集》 卷十四		(3) 大丞相王荊公為撰《魯公神道碑》云：刻碑墓門，公實有子。蓋有自矣。侯之孝愛，出於天性，又其廉能，敢為謹厚，識慮明斷，皆可書也。

表四百零八

作者/文獻	版本	用　　例
楊侃 《兩漢博聞》 卷九	清文淵閣四庫全書本	(1)《神道》(《中山簡王傳》三十二)：中山簡王薨，詔大為修冢塋，開神道。注云：墓前開道，建石柱以為標，謂之神道。
楊侃 《兩漢博聞》 卷十		(2)《鹿門》(《龐公傳》七十三)：龐公攜妻子登鹿門山，因採藥不反。注云：《襄陽記》曰：建武中，襄陽侯習郁立神祠於山，刻二石鹿夾神道口，俗因謂之鹿門廟，遂名山也。

表四百零九

作者/文獻	版本	用　　例
楊時 《龜山集》 卷十一	清文淵閣四庫全書補配清文津閣四庫全書本	(1) 又云：古人所以交神而接人，其道一主於誠，初無二也。故曰：明則有禮樂，幽則有鬼神，幽明本一理，故所以感之者，亦以一理。聖人以神道設教，而天下服。所謂神道，誠意而已。誠意，天德也。
楊時 《龜山先生語録》 卷二	四部叢刊續編景宋本	(2) 又云：古人所以交神而接人，其道一主於誠，初無二也。故曰：明則有禮樂，幽則有鬼神，幽明本一理，故所以感之者，亦以一理。聖人以神道設教，而天下服。所謂神道，誠意而已。誠意，天德也。

表四百一十

作者/文獻	版本	用　　例
楊萬里 《誠齋易傳》 張先生校正 楊寶學易傳上經 卷六	宋刻本	(1)《彖》曰：大觀在上，順而巽，中正以觀天下。觀，盥而不薦，有孚顒若，下觀而化也。觀天之神道，而四時不忒。聖人以神道設教，而天下服矣。(教莫大於觀感，而政令為下，故曰“大觀”。孰能“大觀”？九五是也。何大乎九五？以“中正”也。九五之聖人，以剛陽之資，體中正之德，形於上，觀於下，而天下之不中者中，不止者正矣。孰不内順而外巽、心服而身化哉？何其神也。“觀天之神道”而法之耳。“天之神道”安在哉？“中正”而已。“四時不忒”，是天之“中正”也。運四時而無形者，莫如風，此天之神也，謂巽也。感天下而無形者，莫如誠，此聖人之神也，謂九五中實也。惟天下之至誠，為能立天下之“中正”。惟天下之“中正”，為能化天下之不中不正。故既曰“中正以觀天下”，又曰“有孚顒若”。“孚”，誠也。《中庸》曰：至誠如神。故曰：聖人以神道設教，而天下服。)

續表

作者/文獻	版本	用　例
楊萬里 《誠齋易傳》 張先生校正 楊寶學易傳下經 卷十七	四部叢刊景宋寫本	(2) 何大乎?《易》書之大業也。以言乎法象之大，則有《易》中之天地乾坤是也。以言乎變通之大，則有《易》中之四時震巽六子是也。以言乎著明之大，則有《易》中之日月坎離是也。以言乎崇高之大，則有《易》中之富貴日新之盛德富有之大業是也。以言乎利用之大，則有《易》中之聖人或神道而設教或順動而民服是也。以言乎深遠之大，則有《易》中之蓍龜某爻吉亨某爻征凶是也。
楊萬里 《誠齋集》 卷第八十二		(3) 先生之文，其所自出，蓋淵矣乎，而万里何足以知之? 先生廬陵人，諱銓，字邦衡，澹菴其自號也。若其世繫、歴官、行事，則丞相益國周公書于《神道碑》矣。
楊萬里 《誠齋集》 卷第九十八		(4) 過楊塘趙清獻神道題柱（衢州地）
楊萬里 《誠齋集》 卷第一百九		(5) 以榮以懼，以媿以感，示教當改為《神道碑》，即已登時剔改書丹矣。至如書史誤以勠為戮，亦棠是正。而文病之尤者，乃獨不揮匠石斲鼻之斤，不試醫王洗腸之方，豈姑摘其細以塞其求，靳其妙而不屑於教乎? 再作得一書，答虞氏兄弟。今納一本，不寧唯發仲尼之一莞，猶未絶望於竄定之誨。
楊萬里 《誠齋集》 卷第一百一十		(6) 如某修孝宗日曆，作張魏公、欽夫、李壽翁三傳是也。今某閑人，豈敢作私史以抵吏議乎?《墓銘》《神道碑》惟命。 (7) 前輩文集中，止有曰《墓誌》、曰《墓銘》、曰《表》、曰《神道碑》而已。今創名曰《瘞志》，此為何等文書乎? 恐傳笑文士而後無傳也。某今所陳者，丈丈如曰不可，則願別請儒宗文師一代大手筆者為之，某當再拜而避也。
楊萬里 《誠齋集》 卷第一百二十		(8) 宋故左丞相節度使雍國公贈太師謚忠肅虞公神道碑 (9) 宋故少師大觀文左丞相魯國王公神道碑
楊萬里 《誠齋集》 卷第一百二十一		(10) 宋故龍圖閣學士張公神道碑 (11) 故工部尚書煥章閣直學士朝議大夫贈通議大夫謝公神道碑

表四百一十一

作者/文獻	版本	用 例
楊億 《武夷新集》 卷一	明刻本	(1)《偶興》：芳蘭滋九畹，蕭蒿亦旁植。威鳳翔丹山，鴟梟猶接翼。雅琴歌南風，蛙鳴不容息。驪珠媚清川，魚目光激射。薰蕕豈同器，雲壤自懸隔。咄咄來逼人，蕘蕘止于棘。發跡由屠沽，操心希桀跖。天形固殘毀，吏曹嘗擯斥。很羊遠刀机，黠馬委銜策。心同溪壑險，惡比丘山積。天聽本聰明，神道尤正直。當用禦魑魅，豈令為鬼蜮。……君子益知命，視履如平昔。小人競革音，滅身在漏刻。堯民率可封，湯緒從此釋。永躋仁壽期，共造華胥域。
楊億 《武夷新集》 卷六		(2)《處州龍泉縣金沙塔院記》：金仙氏之教，有自來矣。天毒之國，實紀于《山經》；竺乾之師，嘗聞於柱史。西京名將，得休屠天祭之人；東漢諸王，為蒲塞桑門之饌。道之行也，源遠乎哉？……自像法西來，漸被諸夏，此方士庶，伝佛尤謹。毀形變服，競為苾蒭之飾；傾財破産，爭修浮屠之舍。……《易》所云“神道設教”者，其是之謂乎？ (3)《邠州靈應公廟記卅》（奉勅撰）：夫有天下者，徧祭拎百神；載祀典者，非止拎一族。……若邵伯之樹，畏之如共工之臺。天或降災，克銷愆伏之咎；人斯搆厲，能弭扎瘥之殃。百祥荐臻，一境是賴，盖社稷均享同崐巘之宗；亢倉歌舞，致誠比沅湘之祠。太一神道設教，是之謂乎？
楊億 《武夷新集》 卷八		(4) 宋故樞密副使正奉大夫行給事中上柱國廣平縣開國伯食邑八百戶食實封二伯戶賜紫金魚袋贈尚書吏部侍郎宋公神道碑銘 (5) 常所著述，遺札頗多，自掌命書，尤振時譽，累當大手筆之事，皆為士君子所伏。集二十卷，傳之子孫。諸弟等以繐帳猶懸，宿草将列，憂陵谷之或變，慮德音之不昭，謀建豐碑，以表神道。以某嘗學舊史，曽接生平，得以祖述世家，論次閥閱。叙太丘之德，諒無媿詞；非臧孫之言，敢期不朽。聊摭梗槩，以為之銘。 (6) 故信州玉山令府君神道表
楊億 《武夷新集》 卷二十		(7)《宣陽觀賽雨文》：近以愆伏之氣，沴于陰陽；旱暵之災，延于稼穡。某忝守兹土，不敢遑寧。雖天災流行，厥有冥數，而神道正直，享于至誠。……殞越顛沛，罔敢自安。洗心瀝肝，仰冀冥助。 (8)《代王氏祭故鄭國長公主文》：惟靈寶婺，淪輝銀潢，毓粹降靈，帝胄稟訓。公宮居循圖史之規，動叶珩璜之節。爰自降嬪啟兆，下嫁承榮，仁洽宗姻，禮均娣姒。天光燭耀，式諧鳴鳳之占；戚里懽怡，仰賴卿雲之蔭。不謂衰門薄祐，神道挻災。秦樓運迫於登仙，魯館哀纏於復魄。九轉之丹靡驗，百身之贖奚為。六親悲極於墜淵，九族痛深於崩角。今者俯臨先遠，奄及攢塗，池翣啟行，笳簫載路。望靈輀而，雪涕徒極，攀號酌清，酹以薦誠。尚希臨鑒。

表四百一十二

作者/文獻	版本	用　　例
楊仲良《宋通鑒長編紀事本末》卷十	清嘉慶宛委別藏本	(1) 普遷太子太保，正史、《實錄》《百官表》並不記。太宗所撰《神道碑》云：既靜妖氛，爰覃爵賞。普蓋從征晉陽，以功遷秩也。當在太平興國四年冬十月。《行狀》則云：三年郊祀，後遷太子太保。合從《行狀》。 (2) 己酉，上聞訃悲悼，謂近臣曰：普事先帝與朕，最為故舊，能斷大事。嚮與朕嘗不足眾人所知。朕君臨以來，每待以殊禮，普亦傾竭自效，盡忠國家，眞社稷臣也。聞其喪逝，悽愴之懷，不能自已。因出涕。左右皆感動。遣右諫議大夫范杲攝鴻臚卿，護喪事。葬日，設鹵簿、鼓吹如式。二女皆笄，普妻和氏言願使為尼。上再三諭之，不能奪，皆賜以名號。又親撰《神道碑》，書以賜焉。按：《神道碑》：普以七月十四日卒。十四日，乙巳也。己酉十八日，上始聞訃耳。
楊仲良《宋通鑒長編紀事本末》卷十七		(3) 眞宗景德四年十一月庚辰，殿中侍御史趙湘上言請封禪。中書以聞，上拱揖不共荅。王旦等曰：封禪之禮，曠廢已久，若非聖朝承平，豈能振舉？上曰：朕之不德，安能輕議？初，王欽若既以城下之盟毀寇準，上自是常怏怏。他日，問欽若曰：今將奈何？欽若度上厭兵，即繆曰：陛下以兵取幽薊，乃可刷此恥也。……上曰：何謂大功業？欽若曰：封禪是矣。然封禪當得天瑞希世絕倫之事，乃可為。既而又曰：天里安可必得？前代蓋有人力為之。若人主深信而崇奉焉，以明示天下，則與天無異也。陛下謂《河圖》《洛書》果有此乎？聖人以神道設教耳。……他日，晚幸祕閣，惟杜鎬方直宿。上驟問之曰：卿博達墳典，所謂河出圖、洛出書，果何事耶？鎬老儒，不測上旨，漫應曰：此聖人以神道設教耳。其言偶與欽若同，上由此意決，遂召王旦飲于內中，歡甚，賜以尊酒曰：此酒極佳，歸與妻孥共之。既歸，發視，乃珠子也。旦自是不復持異，天書、封禪等事始作。
楊仲良《宋通鑒長編紀事本末》卷二十一		(4) 范仲淹作《李士衡神道碑》亦云：為河北轉運使，建言：民乏泉貨，每春取絹直於豪戶，其息必倍。本道歲給諸軍帛七十萬疋，不足則市於民。請使民預受其直，則公私交濟。制從之。今行於諸道。
楊仲良《宋通鑒長編紀事本末》卷二十二		(5) 王欽若恨瓊附準，此據王珪所作《神道碑》。本傳云：宰相止上問疾。按：欽若此時未為宰相，傳誤矣。或當時史官陰為欽若諱也。

續表

<table>
<tr><th>作者/文獻</th><th>版本</th><th>用　例</th></tr>
<tr><td>楊仲良
《宋通鑒長編
紀事本末》
卷二十三</td><td rowspan="6">清嘉
慶宛
委別
藏本</td><td>(6) 歐陽修作《晏殊神道碑》云：丁謂、曹利用各欲獨見奏事，無敢决其議。殊建言：群臣奏事，太后者垂簾聽之，此無得見。議遂定。附傳、正傳俱無此，今亦下敢取。</td></tr>
<tr><td>楊仲良
《宋通鑒長編
紀事本末》
卷二十七</td><td>(7) 歐陽修作《晏殊神道碑》云：丁謂、曹利用各欲獨見奏事，無敢决其議。殊建言：群臣奏事，太后者垂簾聽之，此無得見。議遂定。附傳、正傳俱無此，今亦下敢取。
(8) 歐陽修作《仲淹神道碑》云：太后將以至日大會前殿，上率百官為壽，仲淹言之，其事遂已。按：仲淹奏入不報，上壽會慶殿未嘗已也。豈修謂止在便殿、不在前殿為聽仲淹之言乎？然供張便殿，實自王曾執奏，非由仲淹矣。修蓋誤，今不取。
(9) 富弼《墓誌》云：上悟，止存后號而已。恐當日刑去“參决”等語，未必緣仲淹奏疏，今且附見。“罷其冊命”，此據歐陽修《神道碑》。</td></tr>
<tr><td>楊仲良
《宋通鑒長編
紀事本末》
卷二十八</td><td>(10) 旦《遺行錄》及《神道碑》並稱“皇太子”。按：此時未達東宮，今稱“皇子”。《會要》亦稱“皇太子”，又以為祥符九年事，尤誤也。</td></tr>
<tr><td>楊仲良
《宋通鑒長編
紀事本末》
卷二十九</td><td>(11) 殊事取《神道碑》，正傳不取。奎《墓誌》云：太后為改他服，誤也。甲辰，以宰相吕夷簡為恭謝太廟籍田大禮使，張士遜為禮儀使，張耆為儀仗使，楊崇勳為鹵薄使，樞密副使夏竦為橋道頓遞使。</td></tr>
<tr><td>楊仲良
《宋通鑒長編
紀事本末》
卷三十六</td><td>(12) 論張書不可為樞密，據張唐英《政要》及歐陽修《神道碑》，史不載也。六年七月，賜樞密使張耆常樂坊第一區。</td></tr>
<tr><td>楊仲良
《宋通鑒長編
紀事本末》
卷三十七</td><td>(13) 諷請辨，據王珪所為籍《神道碑》，它書並無有也。諷知兗州，在景祐元年七月。</td></tr>
</table>

續表

作者/文獻	版本	用　　例
楊仲良《宋通鑒長編紀事本末》卷三十八	清嘉慶宛委別藏本	（14）正傳謂仲淹更張無漸，規模闊大，論者以為不可行。此當時之論，小人謗仲淹及弼，故云爾。李清臣、蒲宗孟因而著之，未可信也。……國史及仲淹《墓誌》《神道碑》皆不明言也。蘇轍《龍州别志》云：範文正公篤於忠亮，雖喜功名而不為朋黨。早歲排吕申公，勇於立事，其徒因之矯勵過眞，公亦不喜也。……申公問：何為亟去朝廷？文正言：欲經制西事耳。申公曰：經制西事，莫如在朝廷之便。文公為之愕然。故歐陽公為《文正神道碑》言“二公晚年欣然相得”，由比故也。後主不知，皆咎歐陽公。予見張公言，乃信之。
楊仲良《宋通鑒長編紀事本末》卷四十七		（15）蘇轍作修《神道碑》云：河決商胡，賈昌朝留守北京，欲開横壠故道，回河使東。有李仲昌者，欲導商胡入六塔河。詔兩府、臺諫集議。陳執中當國，主横壠議。執中罷去，而宰相復以仲昌之言為然。宰相，蓋指富弼也。今附此。
楊仲良《宋通鑒長編紀事本末》卷四十九		（16）按：保州兵亂乃八月初五日，始命富弼使河北，實以初五日受命，此時朝廷未知保州兵亂也。弼使河北，但欲修飾邊備，未行而保州亂作，朝廷就委弼措置，弼緣此遂行，實非始謀也。其後弼有《辨讒劄子》，却云因保州亂，堅乞得河北宣撫，蓋小誤。然事適同日，不妨便文。而範純仁《行狀》、蘇軾《神道碑》及《朱墨史》《附傳》並云弼因保州平賊出，則誤甚矣。今不取。
楊仲良《宋通鑒長編紀事本末》卷七十八		（17）十月戊午，詳定禮文所言：天道遠而難致，尊而難親。以其遠而難致也，故常以神道致之。以其尊而難親也，故常以人事親之。《易》曰“聖人亨以享上帝”，人道親之也。《禮》曰：郊血，神道致之也。本朝郊禮，薦熟之外，不設血，殊為闕禮。伏請南郊先薦血於座前，盛以槃；次薦腥，次薦熟，并北郊準此，仍先瘞以致神。從之。 （18）又言：古者墮祭，今無之，誠為闕典。伏請增修儀注，仍籍以白茅。從之。又言：祭祀之禮，神有尊卑，故禮有隆殺，德有大小，故物有厚薄，惟其稱而已。天神尊，故以神道接之；社稷、五祀卑，故以人道接之。以神道接之，則貴遠人之物，故郊天先薦血，次薦腥，次薦爓，次薦熟；以人道接之，則貴近人之物，故社稷、五祀先薦爓，次薦孰。至於群小祀，則又其卑者，故薦熟而已。

續表

作者/文獻	版本	用　　例
楊仲良《宋通鑒長編紀事本末》卷百單一	清嘉慶宛委別藏本	(19) 又言：呂大防、劉摯、蘇軾、蘇轍皆落職為知州，緣臣奏論大防等所為皆大奸惡。今朝廷但薄責而已，臣愚以為陛下必欲薄責之，則不當以臣所論事為罪名；若論其營私不法，則其罪不可勝數。且摯與轍譏斥不減於軾，大防又用軾之所謀所言得罪，輕於蘓軾，天下必以為非。詔司馬光、呂公著各追所贈官并謚告，及所賜《神道碑額》，仍下陜州、鄭州，各差官計會，本縣於逐官墳所拆去官修碑樓、磨毀奉勅所撰碑文訖。 (20) 右正言張商英言：文彥博背負國恩，伏請檢詳本末，推考是非。詔：臺諫之職，義當論列。然彥博年及耄期，四朝舊相，先帝待遇，恩禮至厚，宜加潤略，以優老臣。可特置不問。庚申，章惇等對曰：前日再謫吕大防、劉摯、蘓轍、梁燾、劉安世，并司馬光吕、公著謚告贈典，及仆《神道碑》。既榜朝廷，衆論以為寬。餘人連逮尚衆，陛下許其自新，一切不問，莫不欣悅，仰服聖德仁厚。惟其親黨之論，則不可知。
楊仲良《宋通鑒長編紀事本末》卷百單五		(21) 四月癸卯，監察御史郭知章言：吳安詩行蘇轍誥，重輕止徇於私情，褒貶不歸於公議。……行呂大防制詞則曰：民亦勞止，願聞休息之期。撰《司馬光神道碑》則曰：其退於洛，如屈原之在陂澤。凡此之類，播在人口者非一。當原其所犯，明正典刑，制曰云云。
楊仲良《宋通鑒長編紀事本末》卷百單六		(22) 安民又上言：今大臣為紹述之說者，其實皆假借此名以報復私怨，一時朋附之流從而和之，遂至已甚。張商英元祐時上呂公著詩求進，其言諛佞無耻，士大夫皆傳笑之。及近為諫官，則上疏乞毀司馬光、呂公著《神道碑》。周秩在元祐間為大常博士，親定司馬光謚號為文正。 (23) 論張商英：在元祐之時上呂公著詩求進，其言諛佞無耻，士大夫傳笑。近為諫官，則上疏乞毀司馬光、呂公著《神道碑》。
楊仲良《宋通鑒長編紀事本末》卷百二十一		(24) 十二月庚申，臣僚上言：臣聞謚以易名，所以昭其人美惡，而寵辱之宜，不可以忽也。夫慮國忘家之謂忠，美聞周達之謂宣。……有如司馬光之謚文正、呂公著之謚正獻，其類不一，顧於此時，皆當奪本議，各謚其惡，以訓萬世。詔：范純仁謚定議、覆議官各罰銅十斤，其《范純仁神道碑》如已鐫立，令潁昌府毀磨。

表四百一十三

作者/文獻	版本	用　　例
姚鉉 《唐文粹》 重校正唐文粹 卷第八	四部叢刊景元翻宋小字本	(1)《欹器賦》(并序)(李德裕)：癸丑歳，余時在中樞，丞相路公見遺欹器。……昔周道既平，既安且寧。赫赫公旦，配德阿衡。謂難守者成，難持者盈。始作玆器，告于神明。至仲尼憲文武之道，思周公之德。入太廟而觀器，見遺法而歎息。且曰：月滿而虧，日盈則昃。彼天道而常然，欲久盛而焉得。……顔既復而不遠，惠屢黜而何咎。知任重之力及，悟物盈之難久。雖神道之無形，常滲然於前後。昔與君子，同秉國鈞。公得之為賢相，余失之為放臣。覩遺物之猶在，懷舊好而悲辛。思欲克己以復禮，永報德於仁人。
姚鉉 《唐文粹》 重校正唐文粹 卷第十		(2)《送文舞出迎武舞入用舒和》：神道發生敷九稼，陰陽乘仁暢八埏。緯武經文陶景化，登祥薦祉啓豐年。
姚鉉 《唐文粹》 重校正唐文粹 卷第十一		(3)囝，衷閩也。(囝，音蹇。閩俗呼子爲囝，父爲郎罷。)囝生閩方，閩吏得之，乃絶其陽。爲臧爲獲，致金滿屋。爲髡爲鉗，如視草木。天道無知，我罹其毒。神道無知，彼受其福。郎罷別囝，吾悔生汝。及汝既生，人勸不舉。不從人言，果獲是苦。囝別郎罷，心摧血下。隔地絶天，及至黃泉，不得在郎罷前。
姚鉉 《唐文粹》 重校正唐文粹 卷第二十四		(4)《二孝贊》(并序)(李華)：靈武二孝，曰侯知道、程俱羅。目不覩朝廷之容，耳不聞韶夏之聲，足不登齊魯之境，所見戎馬旃裘，參於夷狄，而能生養以孝，没奉以哀，穿壙起墳，出於身力。……昔吳起忍與毋盟，陳湯忍匿父喪；起謀復楚霸而戮死，湯功釋漢恥而囚廢。神道昭昭，若何無報？九州之衆，誰非人子？踐霜露者，聞風永懷。……其文曰：厥初生人，有君有親。孝於親者爲子，忠於君者爲臣。……冬十一月，河冰塞津。吾將弔之，其路無因。寄誠斯文，揮涕河濱。
姚鉉 《唐文粹》 重校正唐文粹 卷第二十六之下		(5)《上山陵對事》(虞世南)：臣聞古之聖帝明王所以薄葬者，非不欲崇高光顯，珍寶具物，以厚其親。然審而言之，高墳厚隴，珍物畢備，此適所以為親之累，非曰孝也。是以深思遠慮，安於菲薄，以爲長久萬代之計，割其常情以定耳。昔漢成帝造延、昌二陵，制度甚厚，功費甚多，諫議大夫劉向上書，其言深切，皆合事理，其畧曰：孝文居霸陵，悽愴悲懷，顧謂群臣曰：嗟乎！以北山石爲槨，用紵絮斮陳漆其間，豈可動哉？張釋之進曰：使其中有可欲，雖錮南山猶有隙；使其中無可欲，雖無石槨，又何戚焉？夫死者無終極，而國家有廢興，釋之所言，爲無窮計也。孝文寤焉，遂以薄葬。又漢氏之法，人君在位，三分天下貢賦，以一分入山陵。武帝歴年長久，比葬，陵中不復容物，霍光暗於大體，奢侈過度。其後至更始之敗，赤眉賊入長安，

續表

作者/文獻	版本	用　例
姚鉉 《唐文粹》 重校正唐文粹 卷第二十六之下	四部叢刊景元翻宋小字本	破茂陵取物，猶不能盡。無故聚斂百姓，爲盜之用，甚無謂也。魏文帝於首陽東爲壽陵，作《終制》，其畧曰：昔堯葬壽陵，因山爲體，無封樹，無立寢殿園邑，爲棺槨足以藏骨，爲衣衾足以朽肉。吾營此不食之地，欲使易代之後，不知其處。無藏金銀銅鐵，一以瓦器。自古及今，未有不亡之國，無不掘之墓。喪亂以來，漢氏諸陵，無不發掘。至乃燒取玉匣金縷，骸骨并盡，乃不重痛哉？若違詔妄有變改，吾爲戮屍於地下，死而重死，不忠不孝，使魂而有知，將不福汝。以爲永制，藏之宗廟。魏文此制，可謂達於事矣。向使陛下德止如秦、漢之君臣，則緘口而已，不敢有言。伏見聖德高遠，堯、舜猶所不逮，而俯與秦、漢之君，同爲奢泰，捨堯、舜、殷、周之節儉，此臣所以尤感也。今爲丘隴如此，其內雖不藏珍寶，亦無益也。萬代之後，但見高墳大墓，豈謂無金玉也？臣之愚計，以爲漢文灞陵，既因山勢，雖不起墳，自然高廣。今之所卜，地勢即平，不可不起，宜依《白虎通》所陳周制，爲三仞之墳，其方中制度，事事減少。事畢之日，刻石於陵側，明丘封大小高下之式。盟器所須，皆以瓦木，合於禮文，一不得用金銀銅鐵。使萬代子孫，並皆遵奉，一通藏之宗廟，豈不美乎？且臣下除服用三十六日，已依灞陵，今爲墳隴，又以長陵爲法，非所宜也。伏願陛下深覽古今，爲長夂之慮，臣之赤心，唯願萬歲之後，神道常安，陛下孝名，揚於無窮耳。
姚鉉 《唐文粹》 重校正唐文粹 卷第二十八		（6）《諫除濫刑疏》（朱敬則）：臣聞李斯之相秦也，行申商之法，重刑名之家，杜私門，張公室，棄無用之費，損不急之官，惜日愛功，疾耕急戰，人繁國富，乃屠諸侯。此救弊之術也。……自文明草昧，天地屯蒙，二叔流言，四凶構難。不設鉤距，無以應天順人；不切刑名，不可摧姦息暴。故置神器，開吉端，曲直之影必呈，包藏之心盡露。神道助直，無罪不除；人心保寧，無妖不戮。以茲妙筭，窮造化之幽深；用此神謀，入天人之祕術。故能計不下席，聽不出闈，蒼生晏然，紫宸易主。……伏願改法制，立章程，下恬愉之辭，流曠蕩之澤，去萋菲之牙角，頓奸險之鋒芒，窒羅織之源，掃朋黨之蹟，使天下蒼生坦然大悅，豈不樂哉！則天甚善之。
姚鉉 《唐文粹》 重校正唐文粹 卷第三十七		（7）聖人以神道設教，俾民日用而不知，權之時義大矣哉。高宗知傅說之賢，欲委之代天，取於阜隸之徒，儀於百辟之上，慮群情弗恊，事難以濟，故稱夢得賢相，乃刻像而求之，商之中興，賴善權之主也。
姚鉉 《唐文粹》 重校正唐文粹 卷第三十八		（8）劉在京下，甞寢疾。房公時臨扶風，聞之，通夕不寐，顧謂賓從曰：挺卿日若不起，無復有神道。尚書劉公每有勝理，必詣與談，終日忘返，退而歎曰：聞劉公清言，見皇王之理矣。

續表

作者/文獻	版本	用　例
姚鉉《唐文粹》重校正唐文粹卷第三十九	四部叢刊景元翻宋小字本	(9)《傳》曰“子雖齊聖，不先父食”，蓋言子爲父屈也。景皇帝雖太祖也，其於獻、懿，則子孫也。當禘祫之時，獻祖宜居東向之位，景皇帝宜從昭穆之列，祖以孫尊，孫以祖屈，求之神道，豈遠人情？又常祭甚頻，合祭甚寡，則是太祖所屈之祭至少，所伸之祭至多。比伸孫之尊，廢祖之祭，不亦順乎？事異殷周，禮從而變，非所失禮也。 (10)《宗廟加邊豆議》（崔沔）：臣竊聞識禮樂之情者能作，知禮樂之文者能述。述作之義，聖賢所重，禮樂之制，古今所崇。變而通之，所以乆也。所謂變者，變其文也；所謂通者，通其情也。祭祀之興，肇於太古，人所飲食，必先嚴獻。未有火化，茹毛飲血，則有毛血之薦；未有麴糵，汙樽坏飲，則有玄酒之奠。施及後王，禮物漸備，作爲酒醴，伏其犧牲，以致馨香，以極豐絜，故有三牲八簋之盛，五齊九獻之殷。然以神道至敬，可備而不敢廢也。是以血腥爓熟，玄樽犧象，靡不畢登於明薦矣。 (11)《昭陵寢宫議》（權德輿）：臣聞古宗廟之制，前有廟，廟列昭穆；後有寢，寢陳衣冠。自秦漢巳來，始因陵立廟，有寢宫便殿，雖廟居陵旁，而無必在山上不在山下之定制。且禮文所貴，宜也稱也；祀事所資，敬也潔也。伏以昭陵因山，太宗所建，宫在山上，以便當時，自野火延燒行宫山下，亦巳乆矣。今若伐木縮板，程功就險，神道貴静，或非所宜，則與置陵之初，事體爲異。況舊制既毁，新宫是修，考於便地，可以經乆，所謂宜稱也。
姚鉉《唐文粹》重校正唐文粹卷第五十		(12）夫道莫先乎貞，政莫先乎淳；参造化以成萬物，莫先乎神；資帝王以富四海，莫先乎人。護神莫先乎君公，理人莫先乎師長。……神而聽之，頌斯作曰：五宿熒煌，風政休咎，上經乎乾綱，我君順之，祚乃乆兮。五宗盤薄，陰化成敗，下彰乎坤絡，我君欽之，福乃介兮。天平地成，神道助貞，人事以寧兮。皇極帝力，神道助直，人事以息兮。禎祥日新，既祠既禋，國力斯春兮。風雨時若，是耕是穫，家勤於作兮。至神通兮，昭冥恊和，至道默兮。勤斅頌歌，大恒如礪，明德惟峩。
姚鉉《唐文粹》重校正唐文粹卷第五十四		(13）夫受命之君，與佐命之臣，将欲敘天道，定人倫，則必幽贊明神，協成大勳。在黄帝氏方平蚩尤，時乃玄女啓符，風后行誅；然後迎日推筴，天下大治。在帝堯方憂水害，時乃洛出九疇，禹成九功；然後萬國底寧，黎民時雍；在漢祖方征秦項，時乃黄石授兵，留侯演成；然後紲嬰軹道，斬羽垓下。自昔玄圖元命，著在篆籀，皆片言隱辭，無益帝載。惟此三后，感及神書，文章昭明，大業用興。《易》稱：人謀鬼謀，百姓與能。又曰：神道設教，而天下服。蓋謂是矣。

續表

作者/文獻	版本	用　　例
姚鉉 《唐文粹》 重校正唐文粹 卷第五十五之下	四部叢刊景元翻宋小字本	(14) 唐和麗妃神道碑銘（并序）（張說） (15) 郎國長公主神道碑銘（并序）（張說） (16) 唐故東光縣主神道碑銘（并序）（李華）
姚鉉 《唐文粹》 重校正唐文粹 卷第五十六		(17) 玄宗御書故中書令梁國公姚文貞公神道碑銘（并序）（張說） (18) 子异、子弈，思綴遺美，以寘罔極。有詔掌文之官，敘事盛德之老，銘功将以寵宗臣、揚英烈。帝乃灑恩仙翰，鏤澤豐砥，日月臨照於佳城，煙雲變態於神道。賨其文字，别爲羣玉之山；禁其樵蘇，即表三司之墓。 (19) 唐故丞相尚書左僕射贈太尉太原王公神道碑銘（并序）（李宗閔） (20) 唐丞相太子少師贈太尉牛公神道碑銘（并序）（李珏） (21) 齊成公神道碑銘（并序）（權德輿）
姚鉉 《唐文粹》 重校正唐文粹 卷第五十七		(22) 唐太尉中書令西平王李公神道碑銘（并序）（斐度） (23) 唐故朔方河中晉絳邠寧慶等州兵馬副元帥河中絳邠節度營田觀察處置等使元從奉天定難功臣開府儀同三司檢校司徒兼中書令河中尹上柱國咸寧郡王贈太師忠武渾公神道碑銘（并序）（權德輿） (24) 令弟輔國大将軍、右領軍衛将軍、武當郡王玘，與諸孤等推烝彝景鍾之義，因識表以聞。有詔詞臣，刻石傳信，乃採其贇書侯表，作《神道銘》。 (25) 唐司徒兼侍中中書令許國公贈太尉韓公神道碑銘（并序）（韓愈） (26) 故四鎮北庭行營節度使扶風郡王贈司徒馬公神道碑銘（并序）（常衮） (27) 唐贈范陽大都督忠烈公李公神道碑銘（并序）（楊炎） (28) 隴右節度大使贈凉州都督郭公神道碑銘（并序）（張說） (29) 唐故邠寧慶等州節度觀察處置使朝散大夫檢校戸部尚書兼御史大夫賜紫金魚袋贈右僕射史公神道碑（劉禹錫）
姚鉉 《唐文粹》 重校正唐文粹 卷第五十八		(30) 唐尚書吏部侍郎贈司空奚公神道碑銘（并序）（劉禹錫） (31) 唐故常州刺史獨孤公神道碑銘（并序）（崔祐甫） (32) 故饒州刺史吳府君神道碑銘（并序）（白居易） (33) 仲弟湖州長史某，以予辱與其兄游，既爲同門生，又爲同舍郎，周知初終，託爲碑記。噫！先生之道，吾能引古以明之。銘曰：漢中大夫，東方曼倩。夏侯湛高之，作《廟貌贊》。唐中大夫眞存先生，白樂天知之，作《神道銘》。嗚呼！二大夫異代而同塗，其皆達者乎？ (34) 唐故通議大夫和州刺史吳郡張公神道碑銘（并序）

續表

作者/文獻	版本	用　例
姚鉉 《唐文粹》 重校正唐文粹 卷第五十九	四部叢刊景元翻宋小字本	(35) 迴鶻者，本北狄之裔也，或曰玁狁，或曰山戎，五帝所不能臣，三王所不能制，前史載之悉矣。暨薛延陀之敗也，酋帥吐迷度率衆款塞，太宗幸靈武納降，立迴鶻部落，置瀚海都督，因我封殖，遂雄北方。代宗之戡内難也，葉護以射雕之士，親扈戎旃，亦由羌髳率師以翼周，北貊梟騎以助漢，既滅大憝，乃疇厥功，特拜葉護司空，歲贈繒二萬匹。厥後飾宗女以配之，立宫室以居之。其在京師也，淫祠雲構，甲第棊布，棟宇輪奂，衣冠縞素，交利者風偃，挾邪者景附。其翎侯貴種，則被我文繢，带我金犀，悦和音，厭珍膳，蝎蠹上國，百有餘年。既而桀驁無親，天命不祐，僭侈極欲，神道惡盈，本國荐饑，畜産耗半。黠戛斯因利乘便，遂焚龍庭，墟落蕭條，陰燐青熒。
姚鉉 《唐文粹》 重校正唐文粹 卷第六十三		(36) 古之聖人，乘時迭用，贊神道，立人倫，所以爲理者也。理之爲極，故受之以無爲。昔之眞人，歸根去羨，探有物，入無窮，所以爲夊者也。 (37)《大易》云：神道設教。然則至人無迹，至化無名，萬緣盡空，一切不動。此皆善靈扶護，示相云爲，因感而來，無幽不兆。咸莫知其所以，豈我師之意乎？徒觀遂衆響臻，羣疑景附，惟分請益，波迴山積，有迷有達，或飢或渴。禪師發以希聲之音，現以隨緣之相，如振風之過衆竅，似膏雨而成百穀。至有求明義學，談説人天，三論飲其辯才，九部矜其理窟。及乎對詢眞賾，不覺神醉大巫，捨柢靡旗，廢講焚䟽，因而退密，專至攝心。
姚鉉 《唐文粹》 重校正唐文粹 卷第六十四		(38) 問曰：《周易》經歷三聖，皆合天旨神道。注之者以至虚而善應，則以道爲稱，以不思而玄覽，則以神爲名，達理者也。經云隱而顯，不言而喻，不疾而速，不行而至。後之通儒，有何疑也？
姚鉉 《唐文粹》 重校正唐文粹 卷第六十六		(39) 謹桉：興匹庶賤陋，循習淺下，性非文字所導，生與耒耨爲業，而能鍾彼醇孝，超出古烈，天意神道，猶錫瑞物，以表殊異。伏惟陛下有唐堯如天如神之德，冝加旌褒，合于上下。請表其里閭，刻石明白，宣延風美，觀示後祀，永永無極。臣昧死上請。
姚鉉 《唐文粹》 重校正唐文粹 卷第六十九		(40)《故吏部侍郎贈禮部尚書昌黎韓先生墓誌銘》（并序）（皇甫湜）：長慶四年八月，昌黎韓先生既以疾免吏部侍郎，書諭湜曰：死能令我躬所以不隨世磨滅者惟子，以爲囑。其年十二月丙子，遂薨。明年正月，其孤昶，使奉功緒之録，繼訃以至。三月癸酉，葬河南河陽，乃哭而敘銘其墓，其詳將揭之於《神道碑》云。先生韓愈，字退之，後魏安桓王茂六代孫。

續表

作者/文獻	版本	用　　例
姚鉉 《唐文粹》 重校正唐文粹 卷第七十二	四部叢刊景元翻宋小字本	(41) 至若教行於無訟之前，慮辨於未萌之始，未萌而慮，則求煩不獲；無訟而教，則何用不臧？寬細瑕爲人體，復故事爲新政。小人畏法，君子夷心，無隱情於國家，無愧辭於神道，堂堂乎大雅之素也。初，廳壁列先政之名，記而不敘。公以爲艱難之選，將俟後人，謂華嘗備屬僚，或知故實。授簡之恩至，屬辭之藝寡，無以允副非常之待，所報者直質而少文。天寶十四載六月十五日記。
姚鉉 《唐文粹》 重校正唐文粹 卷第七十九		(42)《答張九齡書》（姚崇）：忽辱箋翰，喜慰攸集。退惟自省，慚懼亦深，實智力之所不逮也，宜朝廷之所見責也。僕本凡近之才，素非經濟之具，叨承過聽，謬膺朝委。自少及長，從微至著，唯以直道爲業，匪以曲路期通。歷官三朝，年逾一紀，凡所稱薦，傑避嫌疑，實有祁奚之舉，非無許允之對。則天之世，已被流言，行之有恒，久而自辯。近蒙奬擢，倍勵駑庸，每以推賢進士爲務，欲使公卿大夫稱職，豈楊橋之或用，及解狐之可爲？而悠悠之徒，未足矜察，嗷嗷之口，欲以中傷。上恃天聰，俯仗神道，既不得奉身而退，但知信心而前，然顧無隱慝，亦死爲明矣。猥惟不敏，敬承厥休，時當座銘，永爲身寶。元崇頓首。
姚鉉 《唐文粹》 重校正唐文粹 卷第九十二		(43) 其文若干篇，閎茂博厚，菁華縝密，足以希前古而聳後學。紀循吏而述政事，則《房栢鄉碣》《孫信州頌》。敘守臣勳烈，則《黎陽城碑》《劉幽州神道碑》。表宗工賢人兆域，則李太師、梁郎中誌文。撰門中德善，則貞文孝父誌碣二銘。……其他詩賦贊論銘誄序記等，今為三十卷，如黃鐘玉磬，琮璧琬琰，奏於懸間，列在西序。其章者，雖漢庭諸公不能加也。 (44) 若夫明是非，探得失，乃作《西伯稱王議》。宗道德，矣功成，作《磻溪銘》《四皓贊》《釣臺碑》《圯橋碑》。……揔名實，樹遺風，作《常州獨孤公遺愛頌》《太常卿常山郡開國公崔公神道碑》。……大教之所由，佛日之未忘，蓋盡於此矣。若以神道設教，化源旁濟，作《泗州開元寺僧伽和尚塔銘》。言僧事，齊律儀，作《過海和尚碑銘》《幽公碑銘》。釋氏制作，無以抗敵，大法將滅，人鮮知之，唱和之者或寡矣。故公之文章，粹美深遠，無人能到，此事可以俟於知音，不可與薄俗者同世而論也。 (45) 公遇勝日，時復綴録以應其求。過是而往，不復著書。素所著者，多散落人間。自志學至校書郎以前八卷，并《舜山公主誌文》《竇將軍神道碑》《崔河南生祠碑》《禮部李侍郎碑》《安定三孝論》《哀舊遊詩》《韓幻深避亂詩序》《祭王端負外、沈起居興宗、裴負外騰文》《別元亘詩》，并《楊騎曹集序》《王常山碑》，並因亂失之，名存而篇亡。

續表

作者/文獻	版本	用　例
姚鉉 《唐文粹》 重校正唐文粹 卷第九十二	四部叢刊景元翻宋小字本	(46) 自監察御史以後迄至於今所述者，公長子羔字宗緒編而集之。斷自監察御史已前十卷，號爲《前集》。其後二十卷，頌賦、詩歌、碑表、序論、志記、讃、祭文，凡一百四十四篇，爲《中集》。……辨卿大夫族姓，則《盧監神道碑》；思舊，則《三賢論》；自敘，則《别相里造范倫序》；詮佛教心要而會其異同，則《南泉眞禪師、左溪朗禪師碑》。其餘雖比興萬變，而未始不根於道德，故覽公之文，知公之質，不俟覿容貌、聽詞氣，而後覩其行。若使束帶立於史臣之位且備獻替，足以潤色王度，正一代之訓典。天而病之，國不幸也！

表四百一十四

作者/文獻	版本	用　例
葉釐 《愛日齋叢抄》 卷五	清守山閣叢書本	(1) 張文昌《祭韓吏部》詩：公疾浸日加，孺人視藥湯。以為姬妾，則云：乃出二侍女，合彈琵琶箏。已有侍女矣，以為妻，則皇甫湜撰《神道碑》云：夫人高平郡。此不稱夫人，退之曾云：已呼孺人戞鳴瑟。

表四百一十五

作者/文獻	版本	用　例
葉夢得 《避暑録話》 卷上	明津逮秘書本	(1) 歐文忠作《范文正神道碑》，累年未成。范丞相兄弟數趣之，文忠以書報曰：此文極難作。敵兵尚强，須字字與之對壘。葢是時呂申公客尚衆也。余嘗于范氏家見此帖。其後碑載初為西帥時，與申公釋憾事，曰：二公懽然，相約平賊。
葉夢得 《石林燕語》 卷第二	明正德楊武刻本	(2) 神宗初，欲爲《韓魏公神道碑》。王禹王爲學士，密詔（闕）玉具故事有無。禹王以唐太宗作《魏徵碑》，高宗作《李勣碑》，明皇作《張說碑》，德宗作《投秀實碑》，及本朝太宗作《趙普碑》，仁宗作《李（闕）和碑》六事以聞，於是御製碑賜魏公家。(闕）云：即禹玉之辭也。

續表

作者/文獻	版本	用　　例
葉夢得 《石林燕語》 卷第七	明正德楊武刻本	(3) 歐陽文忠作《王魏公神道碑》，略載此語，而《國史》本傳不書。余嘗親其家，家子第言之。 (4) 元祐間，富紹庭欲從子瞻求為《富公神道碑》，久之不敢發。其後不得已而言，一請而諾，人亦以此多子瞻也。
葉夢得 《石林燕語》 卷第十		(5) 王禹玉作《龐穎公神道碑》，其家送潤筆金帛外，參以古書、名畫三十種，杜荀鶴及第時試卷亦是一種。

表四百一十六

作者/文獻	版本	用　　例
葉適 《水心集》 水心先生文集 卷七前集	四部叢刊景明刻黑口本	(1)《懷遠堂》：祖後昔尊御，忠邪初混茫。詖行揚於庭，直詞招自旁。盡鋤新法穢，遠拯疲民康。白頭失路者，冠服煇以煌。尤工抑外家，減官卑輪箱。……凜懷南狩日，駭潰非一方。當由后請命，所以再隆昌。蔓俊雖草莽，象賢本虞唐。不應女堯舜，早已墜簪裳。勸翁善眠食，神道分否臧。會須詔飛下，洗沐朝建章。
葉適 《水心集》 水心先生文集 卷十九前集		(2) 京西運判方公神道碑
葉適 《習學記言》 序目卷第四	清文淵閣四庫全書本	(3) 一陰一陽之謂道。繼之者善也，成之者性也，仁者見之謂之仁，智者見之謂之智，百姓日用而不知，故君子之道鮮矣。後世以是爲微言之極也。一陰一陽，氤氳渺微，至難明也。善爲之繼，而綜統之機難執，性所以成，而歸全之本易離，仁智皆道之偏也。雖然，聖人之於道，蓋難乎言，其言之者有矣，曰“天道下濟而光明”“天道虧盈而益謙”；曰“剛浸而長，說而順，剛中而應，大亨以正，天道也”；又曰“觀天之神道，而四時不忒”；又曰“天地之道，恒久而不已也”。夫天與人不相接，而其好惡消長，如影響符契之相答然，此其所以有貴於聖人之言道也。道者，陽而不陰之謂也。一陰一陽非所以謂道也。
葉適 《習學記言》 序目卷第八		(4) 且生生而死死，人道相續；冥冥而昭昭，神道常存。烏有待人死之氣而後爲神，待人死之魄而後爲鬼者乎？骨肉爲土，氣爲昭明，使神道之狹果如此，豈足以流通於無窮乎？

表四百一十七

作者/文獻	版本	用　　例
葉廷珪《海録碎事》卷十三上	清文淵閣四庫全書本	(1) 鬼神道釋部
葉廷珪《海録碎事》卷二十一	清文淵閣四庫全書本	(2) 神道：後漢中山簡王藐，詔大為修冢塋，開神道。注云：墓前開道。

表四百一十八

作者/文獻	版本	用　　例
佚名《附釋文互注禮部韻略》下平聲第二	四部叢刊續編景宋本	(1) 場（釋云：祭神道處。一曰治穀田。《詩》：九月築場圃。）
佚名《宣和書譜》卷九	清文淵閣四庫全書本	(2) 唐吳通玄，海州人。……通玄不獨以詞章照映士林，而字畫固自不凡，至德宗每有撰述，非得通玄筆卒不滿意。其詞翰之妙，為時器重如此。故當時名臣碑刻，往往得其書則誇以為榮。至於文稿斷幅殘紙，人爭傳之。今御府所藏行書三：《魚朝恩神道碑稿》上下，《度人經》（不完）。
佚名《三國文類》卷一	清文淵閣四庫全書補配清文津閣四庫全書本	(3)《作壽陵戒儉葬詔》（表首陽山東為壽陵，作《終制》曰）：禮，國君即位為椑，存不忘亡也。昔堯葬穀林，通樹之，禹葬會稽，農不易畝，故葬於山林，則合乎山林。封樹之制，非上古也，吾無取焉。壽陵因山為體，無為封樹，無立寢殿，造園邑，通神道。夫葬也者，藏也，欲人之不得見也。骨無痛痒之知，冢非棲神之宅，禮不墓祭，欲存亡之不黷也，為棺槨足以朽骨，衣衾足以朽肉而已。故吾營此丘墟不食之地，欲使易代之後不知其處。無施葦炭，無藏金銀銅鐵，一以瓦器，合古塗車、芻靈之義。棺但漆際會三過，飯含無以珠玉，無施珠襦玉匣，諸愚俗所為也。
佚名《宋文選》卷三十二	清文淵閣四庫全書本	(4) 方今天德清明，聖學淵懿；九州萬務，無一不理。大業巍巍，神道蕩蕩；百姓皞皞，不識不知。號令雷奔，政教風靡；雖天雖神，不能違也。

續表

作者/文獻	版本	用　　例
佚名 《度人上品妙經》 卷二十	明正統道藏本	(5) 元始玉精，光停碧儲。泛乎杳冥，神道以敷。太空莽莽，萬真開圖。上浮下沉，東卷西舒。流彩九門，景賁三途。太上神公，威極有無。……中有元始，貌奪雌嬰。披服青袍，攢帶月明。頭建神光，足乘五靈。碧霞凝空，神風八沖。轂神幽鳴，空歌有聲。是為靈寶赤書，九天真文。保制劫運，我道永存。……中有神王，碧落空歌。道玄云章，辭參高真。
佚名 《度人上品妙經》 卷四十四		(6) 元洞青華，氣結碧霞。曲扶神桑，紫文雲芽。本神為生，生道爲春。化物之祖，洞神之尊。洞神陰火，制煉陽魂。人物遇之，即成仙真。……善集成福，積惡成災。災福之肇，皆心所生。道體無形，道心無為。無形無為，福災何媒。洞神道君，至慈運悲。回災就福，護生不遺。……自然成真，真中有神。扶桑碧宮，洞神道君。萬氣之祖，長生大君。首建青霞，身御綿紳。……普受開度，洞神生身。身以道生，上聞諸天。諸天之上，永滅災因。中有空洞，謠歌之章。三真靈篇，辭參高真。 (7) 第一洞神道君禳災致福天市順度之音 (8) 第二洞神道君禳災致福太微空洞之章 (9) 第三洞神道君禳災致福紫微伏魔之歌 (10) 此三真太上洞神道君，分化法身，遊行太空，禳災萬福之音，音參洞章。誦之百徧，名度南宮。誦之千徧，魔王保迎。萬徧道備，飛昇太空。過度三界，位登仙公。有聞靈音，魔王敬形敕制，地祇侍衛送迎，拔出地戶五苦八難，七祖升遷，永離鬼官。災咎無留，命福駢臻。是謂無量，普度無窮。有秘上天文，諸天共所崇。泄慢墮地獄，禍及七祖翁。
佚名 《度人上品妙經》 卷六十		(11) 道言：昔於始青天中，碧落空歌，大浮黎土，受元始度人煉氣變仙，超神上清之品。元始天尊當說是經，周迴十過，以召十方。始當詣座，天真大神，上聖高尊，妙行真人，十方鍊氣變仙，生神道君。

續表

作者/文獻	版本	用　　例
佚名 《錦繡萬花谷》 卷九	清文淵閣四庫全書本	(12) 晏元獻撰《章懿神道碑》曰：五嶽峥嶸，崑山出玉；四溟浩渺，麗水生金。士大夫嘉其善比，獨仁宗不悦。至孫文懿公撰《升祔李太后赦》曰：章懿太后丕擁慶善，實生眇躬，顧復之恩深，保綏之念重。……嗟乎！為天下之母，育天下之君，不逮乎九重之承顔，不及乎四海之致養，念言至此，追慕增結。
佚名 《錦繡萬花谷》 卷十		(13) 士夫相慶：至和二年，拜富鄭公為集賢相，與文彦博並命。宣制之日，士大夫相慶。上遣小黄門密於百官班中，聽其議論。黄門具奏，上大悦，謂侍臣曰：古之求相者，或得夢卜。今朕用二相，人情如此，豈不賢於夢卜哉？(《神道碑》)
佚名 《錦繡萬花谷》 卷十一		(14) 鐵面御史曾公亮，以臺官薦，趙清獻公為殿中侍御史。彈劾不避權倖，京師號“鐵面御史”。(《神道碑》) (15) 著撰文名：翰林所著撰拜免公王、將相、妃主曰制，賞賜恩宥曰赦書、曰德音，處分事曰敕、曰御札，五品已上曰詔，六品以下曰敕，批羣臣表曰批荅，獎勳勞曰獎諭。賜外國書曰蕃書，醮曰青詞、曰密詞，釋曰齊文，教坊致語曰白話，土木興建曰上梁文，宣賜曰口宣。此外有祝文、碑銘、神道碑、樂章、詩頌、春帖子之類。撰訖進入，故事遇有除拜，以雙日鎖院，隻日降麻。故學士以雙日至。又《談苑》，大號令曰御札，餘皆同。 (16) 不試知制誥：故事，知制誥，先試其文辭，仁宗以陳堯佐文學天下所知，不復命試。自國朝以来，不試制誥者，惟楊億、陳堯佐二人而已。(《神道碑》)
佚名 《錦繡萬花谷》 卷十三		(17) 邵伯温曰：公使虜，功甚偉，每不以為功。至活饑民，每自言曰：過於作中書二十四考。(《神道碑》)
佚名 《錦繡萬花谷》 卷十四		(18) 是時，明肅太后聽政，欲加罰。陳堯佐為樞密副使，力爭之，以謂罪詰則奸人得計而沮能吏，詰由是獲免。(陳《神道碑》)
佚名 《錦繡萬花谷》 卷十五		(19)《寬財論》：天禧三年，李士衡為三司使，罷陝西市木，募民送木京師，如入粟法，如售鹽及米綱，任民私市，以足數民大便。真宗以《寬財論》賜之。仁宗即位，士衡求罷，上與太后垂簾，諭曰：先帝常稱卿知錢穀利害，以比劉晏，宜安其位。(《神道碑》)

續表

作者/文獻	版本	用　例
佚名 《錦繡萬花谷》 卷二十	清文淵閣四庫全書本	(20) 獨步當世：歐陽公之於文，天材有餘，豐約中度，雍容俯仰，不動聲色，而義理自勝。短章大論，施無不可。輒欲效之，不詭則俗，不淫則陋，終不可及。是以獨步當世，求之古人，亦不可多得。(《神道碑》)
佚名 《錦繡萬花谷》 卷二十六		(21) 神道：墓門前開道，建石柱以為梁，乃謂之神道。(《後漢·中山王傳》)
佚名 《錦繡萬花谷》 卷三十六		(22) 戮鱷魚：陳堯佐文惠公謫官，潮州惡溪，有鱷魚食人，公命捕得，鳴鼓于市，以文告而戮之，鱷患屏息。(《神道》)
佚名 《錦繡萬花谷》 後集卷九		(23) 八柱承天：張説撰《姚崇神道碑》云：八柱承天，高明之位列；四時成歲，亭毒之功成。(《明皇雜記》)
佚名 《錦繡萬花谷》 後集卷十一		(24) 吏事第一：裴遵度遷吏部負外郎，專判南曹。天寶中，海內無事，九流輻湊會府，每歲吏部選人，動盈萬。遵度敏識強，精覈文簿，詳而不滯，時稱吏事第一，由是大知名。南宫為眉目，奚陟閲簿書，紛拏盤錯，一瞬而判。劉禹錫為陟《神道碑》云：吏部負外郎，是曹在南宫為眉目。
佚名 《錦繡萬花谷》 續集卷三十二		(25) 少有神道：左慈，少有神道。後曹操欲殺之，郤入壁中，霍然不知所在。(並《後漢史》)
佚名 《宋朝大詔令集》 卷一百三十七	清鈔本	(26)《奉神述》(太中祥符四年六月乙巳)：朕還衡汾壤，舍爵太室，鴻儀畢舉，慶賜大行。歷代之文，靡有不講；百神之祭，靡有不崇。……雖云命歷仰制於天心，然而政令下屬於神道。經典之所載，史氏之所傳，或加其珪弊，或禁其樵採，或增其奉邑，或尊其名稱，罔不寅畏則嘉應昭格，怠惰則咎徵咸作。暨乎琅函之閟籍，金簡之隱書，並著微言，具存妙迹。
佚名 《宋朝大詔令集》 卷一百四十八		(27)《令有司豢養犧牲詔》(景德四年九月乙巳)：朕以歲臻豊懋，時格和平，蓋神道之垂休，致黎民之蒙福。宜申昭報，用達至誠。潔以牲牢，增乎典禮。勉從振舉，庶盡嚴恭。自今祠祭犧牲，歲初委有司擇純色別養豢之，令太常寺提舉在條不得捶打，並依舊典。

續表

作者/文獻	版本	用　　例
佚名 《宋朝大詔令集》 卷一百五十九		(28)《羅京西驛路出永安詔》(大中祥符二年二月戊戌)：昨議從京西驛路出永安縣。且水安陵邑也。如開從之，則秦蜀行旅、戍夷入貢，悉由於此，神道貴靜，非所宜也，其亟罷之。
佚名 《宋朝大詔令集》 卷一百七十九		(29)《天下有名在地志功及生民宮觀陵廟並加崇飾詔》(大中祥符元年十二月癸卯)：朕以列聖儲休，千歲接統，登封降禪，既精享於二儀，崇德報功，亦望秩於群祀。然率濱之内，邃古以來，惟神道之聰明，暨人倫之賢哲。期臻福祐，用罄欽崇。應天下有名在地志，功及生民，宮觀陵廟，並加崇飾。
佚名 《玉堂大法》 卷十七	明正統道藏本	(30) 玄冥内司神道追魂使薛(彥)
佚名 《玉堂大法》 卷二十		(31) 師曰：天生萬物，惟人最靈。亦其品不一，有貴有賤，有賢有愚，有冨有貧，有壽有夭，盖來處不一。何謂也？六道之中，惟人最靈。六道中出，為人應從。天道中來，其人不毒，心常慈惠。神道中來，其人陰害，多慧聰明。人道中來，知禮不犯，常循正理。其餘惡道，如地獄、餓鬼、畜生，則盲、聾、喑、啞、下賤、貧窮、頑狠、不法，故也。
佚名 《歷代名賢確論》 卷十四	清文淵閣四庫全書本	(32) 非曰：劌之問洎嚴公之對，皆庶乎知戰之本矣。而曰夫“神求優裕於饗”“不優，神不福也。”是大不可。方鬭二國之存亡，以決民命，不務乎實，而神道焉是問，則事幾殆矣。既問公之言獄也，則率然曰“可以一戰”，亦問略之尤公也。苟公之德可懷諸侯，而不事乎戰則已耳；既至于戰矣，徒以斷獄為戰之具，則吾未之信也。
佚名 《歷代名賢確論》 卷四十		(33)《易》稱：人謀鬼謀，百姓與能。又曰：神道設教，而天下服。蓋謂是矣。凡志不定則事不成，謀不從則業不廣。留侯不遭黄石，無以定其志；高祖不獲留侯，無以廣其業。人神參并，漢道乃行。不然，何道降聖賢，君臣遇合，上得天統，下為帝師，如此其盛也？
佚名 《銅人針灸經》 卷四		(34) 神道一穴，督脉氣所發。在第五椎節下間，俛而取之。主寒熱頭痛、進退往來，痎瘧，恍惚、悲愁。

續表

作者/文獻	版本	用　例
佚名 《翰苑新書集》 前集卷三	清文淵閣四庫全書本	(35) 八柱承天，四時成歲。(《明皇雜說》：張説撰《姚崇神道碑》曰：八柱承天，高明之位列；四時成歲，亭毒之功成。)
佚名 《翰苑新書集》 前集卷十		(36) 撰著文名。(翰林所著撰拜免王公、將相、妃主曰制，賞賜恩宥曰赦書、曰德音，處分事曰勅、曰御札，五品以上曰詔，六品以下曰勅，批羣臣表曰批答，獎勲勞曰獎諭。賜外國書曰蕃書，醮曰青詞、密詞，釋曰齊文，教坊致語曰白話，土木興建曰上梁文，宣賜曰日宣。此外有祝文、碑文、神道碑、樂章、詩頌、春帖子之類。撰述進入，遇有除拜，以雙日鎖院，隻日降麻。)
佚名 《翰苑新書集》 前集卷十五		(37) 南宮眉目。(劉禹錫為韋陟字商衡《神道碑》云：為吏部員外郎，是曹在南宮為眉目，在選士為司命。公執直筆，閱簿書，紛挐盤錯，一瞬而剖。) (38) 吏無以欺。(韓文《王仲舒弘中神道碑》：在考功，吏部提約明，故吏無以欺。)
佚名 《翰苑新書集》 前集卷十六		(39) 方雅特立。(劉禹錫為王質字華卿《神道碑》云：為戶部郎中，以方雅特立，除諫議大夫。)
佚名 《翰苑新書集》 前集卷十七		(40) 羣書精語，鎔範之内無非祥金。(劉禹錫為《韋陟神道碑》云：凡執文章權衡以揣量多士。披沙剖璞，由我而顯者落落然居多。推是風鑒，移于大冶，則鎔範之内無非祥金。)
佚名 《翰苑新書集》 前集卷三十一		(41) 掌天驥之閑。(《李文鋭集・左神策劉公神道碑》云：飛龍掌天驥之閑。)
佚名 《翰苑新書集》 前集卷三十六		(42) 茂勲俊德。(《李德裕集・神策劉公神道碑》云：除特進，位次三公，居驃騎、儀同之上，非茂勲俊德，曷以處之?) (43) 父子俱授弓鉞。(韓愈為《韓弘許國公神道碑》曰：公子公武，與公一時俱授弓鉞。)

續表

作者/文獻	版本	用　　例
佚名《翰苑新書集》前集卷五十三	清文淵閣四庫全書本	(44) 蜀民慶復來。(《張忠定公神道碑》：上以公前治蜀，長於安集，復以公知益州。蜀民聞之，皆鼓舞相慶，如赤子乆失父母而知復來鞠我也。) (45) 著游觀法以戒侈。(《張忠定神道碑》：蜀風尚侈，好遨樂。公從其俗，凡一歲之内，游觀之所與夫飲饌之品，皆著為常法。後人謹而從之則治，違之則人情不安。) (46) 籍降盜為兵。(《陳魯國文正公康伯神道碑》：出知泉州，政治寛簡。有盜剽海，朝廷遣將逐捕。公自以上命招懷之，多出降者，籍以為兵。乃無警。)
佚名《翰苑新書集》前集卷六十七		(47) 厥聲赫赫。(《韓愈神道碑》：厥聲赫赫，滿華遍貊。)
佚名《翰苑新書集》前集卷六十八		(48) 皇朝事實，獨步當世。(《神道碑》：歐陽公之於文，天才有餘，豐約中度，雍容俯仰，不動聲色，而義理自勝。短章大論，施無不可。有欲效之，不詭則俗，不淫則陋，終不可及。是以獨步當世，求之古人，亦不可多得。)
佚名《翰苑新書集》後集上卷四		(49) 崑山玉。(《聞見錄》：章獻太后垂簾。李宸妃薨，章獻祕之，欲宫人禮治喪。時宰相吕夷簡力爭，章獻太后亦俛從其説。後仁宗尊宸妃為太后，謚號章懿。仁宗于洪福寺，易梓宫，后玉色如生，冠服如皇后。時晏元獻撰《章懿神道碑》曰：五岳崢嶸，崑山出玉；四溟浩渺，麗水生金。士大夫嘉其善。)
佚名《翰苑新書集》後集上卷十七		(50) 死者被澤。(同上。紹聖間，張商英為諫官上疏乞毀司馬光、呂公著《神道碑》。及為言官，則上疏論司馬光、呂公著，乞斲棺鞭尸。至元符三年，徽宗即位。曾肇上言：陛下即位，廢逐皆還生者蒙恩惠既厚，惟是游魂枯骴尚未被澤，乞出自宸衷，明詔敘復。乃詔元臣故老，尚維貶中愍澤之頒，豈容獨後？故太子少保文彦博、司馬光等三十餘人，並還其官。)
佚名《翰苑新書集》翰苑新書後集上卷十九		(51) 皇朝新事，顯忠尚德。(《治跡統類》：元祐間，詔賜《富弼神道碑》，以“顯忠尚德”為額，以其子紹廷請故也。)

續表

作者/文獻	版本	用　　例
佚名《靈寶玉鑒》卷一	明正統道藏本	(52) 道君敘其神道變化，冠之經首。叮嚀學者篤信力行，於經之後，此譯之二也。
佚名《靈寶玉鑒》卷三		(53) 臣仰啓，元陽慈父扶桑大帝，木公尊神道君，願降莫炁，流煥神庭。
佚名《靈寶玉鑒》卷四		(54) 神道旛符
佚名《靈寶玉鑒》卷九		(55) 神道功曹符
佚名《靈寶玉鑒》卷十七		(56) 天道功曹，地道功曹，神道功曹，人道功曹，鬼道功曹，業道功曹。
佚名《靈寶玉鑒》卷三十一		(57) 神道通光普濟天尊
佚名《靈寶玉鑒》卷三十三		(58) 神道符（丑文梵炁） (59) 呪曰：功成利萬物，妙化應諸天。舍符攝召汝，神道合自然。急急如律令。
佚名《靈寶玉鑒》卷三十八		(60) 臣仰啓，元陽慈父扶桑丹林大帝，木公尊神道君，願降眞炁，流煥神庭，冶鍊陰魂，返生易質。
佚名《寶刻類編》卷二	清粵雅堂叢書本	(61) 張河神道碑（李璿撰，武德八年立。太原。） (62) 房元齡神道碑（齊） (63) 王珪神道碑（顏師古撰，貞觀十三年。鳳翔。） (64) 于志寧神道碑（令狐德棻撰，男立政書，乾封元年十一月立。耀。） (65) 贈太常卿韋鎮神道碑（獨孤及撰，寶應二年立。京兆。） (66) 鮮于氏神道碑（撰并書，大歷二年正月立。同上。） (67) 顏公神道碑（姪撰并書，大歷中立。洛。） (68) 立晉建安太守史憲神道碑（從孫薿撰，從孫處權正書，景龍四年二月立。昇。）

續表

<table>
<tr><th>作者/文獻</th><th>版本</th><th>用　例</th></tr>
<tr><td>佚名
《寶刻類編》
卷三</td><td rowspan="6">清粤雅堂叢書本</td><td>（69）宋公神道碑（孫逖撰，八分書，天寶四年立。汝。）</td></tr>
<tr><td>佚名
《寶刻類編》
卷四</td><td>（70）崔能神道碑（李宗閔撰，弟從書，篆額，長慶三年立。洛。）
（71）河中節度使薛平神道碑（李宗閔撰，太和六年立。同上。）
（72）宣武軍節度使王公神道碑（裴休文，丁居晦篆額。開封。）
（73）贈太師王起神道碑（李田撰，書，篆額，大中元年四月立。耀。）
（74）李石神道碑（李德裕撰，大中中立。碑文殘缺。孟。）</td></tr>
<tr><td>佚名
《寶刻類編》
卷五</td><td>（75）祕書監盧虔神道碑（歸登撰，元和五年。河中。）
（76）贈祕書監虞俊神道碑（從孫項撰，元和五年立。河中。）
（77）崔能神道碑（李宗閔撰，弟從書，胡証篆額，長慶三年。洛。）
（78）高瑀神道碑（裴度撰，太和八年立。孟。）
（79）廣成先生劉元靖神道碑》，蕭鄴撰，分書，大中五年。潭。）
（80）宣武軍節度使王公神道碑（裴度文，柳公權書，篆額，開成元年。洛。）
（81）李宏繹神道碑（開成四年立。洛。）</td></tr>
<tr><td>佚名
《寶刻類編》
卷六</td><td>（82）張仁憲神道碑（李儉撰，陵八分書并篆額，大中二年立。霸。）
（83）太子太師裴休神道碑（裴處晦撰，咸通八年立。懷。）
（84）薛從神道碑（從孫缺撰，希言篆額，澤書，咸通十一年。河中。）
（85）袁滋神道碑（庾承宣撰，咸通十三年立。陝。）</td></tr>
<tr><td>佚名
《寶刻類編》
卷七</td><td>（86）尚父吳越國王謚武肅神道碑（楊凝式撰，恭允行書，在微篆額，長興五年立。杭。）
（87）唐公神道碑（張格撰，玢書，途篆額，永平四年立。）
（88）魏王神道碑（庾傳素撰，書并篆額，乾德五年立。同上。）
（89）宋王神道碑（韓保昇撰，譚顗篆額，廣政十四年立。同上。）
（90）宋王神道碑（注：見上。）</td></tr>
</table>

表四百一十九

作者/文獻	版本	用　　例
易祓 《周易總義》 卷六	清文淵閣四庫全書本	（1）《象》曰：大觀在上，順而巽，中正以觀天下。觀，盥而不薦，有孚顒若，下觀而化也。觀天之神道，而四時不忒。聖人以神道設教，而天下服矣。 （2）不言而信，不令而威。雲行雨施而天下平，上下皆不期其然而自孚之，所以謂之神道，是非于神道之外而別有所謂觀也。故曰：觀天之神道，而四時不忒。聖人以神道設教，而天下服矣。
易祓 《周官總義》 卷十二		（3）春夏之發生，長養主乎動，曰雞，曰鳥，曰犧，曰象，非取其有動意乎？秋冬之肅殺，斂藏主乎静，曰斝，曰黃，曰著，曰壺，非取其有靜意乎？四時間祭為非常之禮，始以人道求之，則主乎動；終以神道事之，則主乎靜。曰虎，曰蜼，則用以祼；曰泰，曰山，則用以獻。非始出於動，而終復於靜。 （4）以脩視涚，則凡酒為味。以涚視縮，則盎齊為清。以縮視鬱，則醴齊為淳。蓋宗廟之中，始以神道求之，終以人道事之。愈近則愈親，故爾大喪存奠彝，大旅亦如之。
易祓 《周官總義》 卷十三		（5）上春，釁寶鎮寶器，以神道敬之也。以祖廟守藏之官而使之沃盥執燭，致敬於神也。季冬建丑之月，乃除舊布新之時，陳玉禮神以貞來歲之媺惡，敬神之命也。寶鎮寶器藏於祖廟，奚以遷為有，故而遷因以奉之，雖遷勿失也。
易祓 《周官總義》 卷二十一		（6）大司寇以刑官，前王禮也。尊天子之威儀，一臣下之志慮而已。納亨及祭，尚其嚴也。朝覲會同，尚其肅也。大喪，尚其哀也。此前王之禮，所係為甚重。然明水火之奉與否者，朝覲會同喪紀則以人道言之，祭祀之禮則以神道言之，各當於禮而已矣。

表四百二十

作者/文獻	版本	用　　例
尹洙 《河南集》 河南先生文集 卷十二	四部叢刊景春岑閣鈔本	（1）協謀同德佐理功臣樞密使金紫光祿大夫行尚書吏部侍郎檢校太傅中書門下平章事上柱國太原郡開國公食邑四千一百戶食實封一千四百戶贈太保中書令文康王公神道碑銘（并序） （2）理官前在西部，有中人建議：廣旁陵屋居僦之，取利以薦園寢。公上言：神道尚靜。今亟有興作牟細利為家人煩褻之薦，非所以奉祖宗意。

表四百二十一

作者/文獻	版本	用例
尤袤《遂初堂書目》	清海山仙館叢書本	（1）孫溫靖告并神道 （2）劉元城家傳神道碑

表四百二十二

作者/文獻	版本	用例
余靖《武溪集》卷十九	清文淵閣四庫全書本	（1）其孤諮等既已礱石，樹碑神道之表，以靖嘗從征南，復謁銘以志幽遂。銘曰：天生哲人，康濟斯民。不有屯難，何展經論。……山丁出將，天下稱賢。功名不朽，億萬斯年。
余靖《武溪集》卷二十		（2）宋故朝散大夫守工部尚書充集賢院學士前知廣州軍州事兼管內勸農市舶使提點銀銅場公事充廣南東路兵馬都鈐轄兼本路經略安撫使柱國始興郡開國公食邑二千六百户食實封二百戸賜紫金魚袋贈刑部尚書余襄公神道碑銘（并序）

表四百二十三

作者/文獻	版本	用例
俞德鄰《佩韋齋輯聞》卷二	清學海類編本	（1）秦檜為相，怙權恃援，沮復讎之議，誅殺勲舊，誣陷忠良。死之日，詔譔《神道碑》，士大夫無肯執筆者。然其子孫迄宋之亾，仕者不絶，或疑造物報施之誤。至閲《四朝聞見録》，遂以為檜息兵和戎，生民賴以休息，時有"太平翕翕"之號，恐造物以此佑之。
俞德隣《佩韋齋集》卷十八	天禄琳琅叢書景元本	（2）秦檜為相，怙權恃援，沮復仇之議，誅殺勲舊，誣陷忠良。死之日，詔譔《神道碑》，士大夫無肯執筆者。然其子孫迄宋之亡，仕者不絶，或疑造物報施之誤。至閲《四朝聞見録》，遂以為檜息兵和戎，生民賴以休息，時有"太平翕翕"之號，恐造物以此佑之。

表四百二十四

作者/文獻	版本	用例
俞琰《周易集説》卷十六	清文淵閣四庫全書本	（1）大觀在上，順而巽，中正以觀天下。觀，盥而不薦，有孚顒若，下觀而化也。觀天之神道，而四時不忒。聖人以神道設教，而天下服矣。

續表

作者/文獻	版本	用　　例
俞琰 《周易集説》 卷十六	清文淵閣四庫全書本	（2）然服此之謂神道設教也。《象》以祭祀言，故聖人曲暢神道之義。神道，天道也。天道不言而化，無為而成，如雨行於地，春則東，夏則南，秋則西，冬則朔，自然而然，莫測其所以然，是為神道。聖人仰觀乎天，以天之神道設教，初不求天下之服，而天下自皆心悅而誠服，如舜恭己正南面而天下自治，文王不大聲以色而萬邦作孚。自然之感，固如是也。

表四百二十五

作者/文獻	版本	用　　例
袁樞 《通鑒紀事本末》 卷第三十	四部叢刊景宋刻大字本	（1）自文明草昧，天地屯蒙，三叔流言，四凶稱難。不設鉤距，無以應天順人；不切刑名，不可摧姦息暴。故置神器，開告端，曲直之影必呈，包藏之心盡露。神道助直，無罪不除；蒼生晏然，紫宸易主。然而急趨無善迹，促柱少和聲，向時之妙策，乃當今之芻狗也。伏願覽秦、漢之得失，考時事之合宜，審糟粕之可遺，覺蘧廬之須毀，去萋菲之牙角，頓姦險之鋒芒，窒羅織之原，掃朋黨之迹，使天下蒼生坦然大悅，豈不樂哉！

表四百二十六

作者/文獻	版本	用　　例
岳珂 《愧郯録》 卷第一	四部叢刊續編景宋本	（1）至和二年十一月，史館修撰吕公綽奏：真宗五后莊皆爲章承旨，丁度以爲神道貴靜，乞不改。既而公綽復言，遂於郊禮前，上謚册，此正故事之明證。

表四百二十七

作者/文獻	版本	用　　例
曾豐 《緣督集》 卷十	明萬曆十一年詹事講刻本	（1）理者造談已多，蓋其所養而成矣。藉其死，未免為神與人為福而已矣，其屑為禍人之事耶？夫死生數也，公豈不知儀之死數？與慢期會特，與侯善慮久，而慕者忘，敬者怠，祠且不保。用神道設教，意張而大之爾。

表四百二十八

作者/文獻	版本	用　　例
曾公亮《武經總要》後集卷二十	清文淵閣四庫全書本	(1)《神道出軍》：《神樞經》曰：出軍有神道之法：陽歲用大吉，陰歲用小吉，加歲建之辰，天上丙壬下為天道，天上甲庚下為人道，天上乙辛下為兵道，天上丁癸下為鬼道。出軍乘天道，上吉；人道，次吉；兵道，見血；鬼道，疾病。假令太歲在寅，陽辰以大吉加寅，天上甲寅臨地下，乙辛為天道；天上丙壬臨地下，坤巽為人道；天上丁癸臨地下，坤艮為鬼道。他皆倣此。月中神道即用大、小吉加月建，同此例推之。

表四百二十九

作者/文獻	版本	用　　例
曾鞏《元豐類稿》卷十五	四部叢刊景元本	(1) 先生方用於主上，日入謀議天下，日夜待為相，其無意於鞏乎？故附所作通論雜文一編，先祖述文一卷以獻。先祖困以歿，其行事非先生傳之不顯，願假辭刻之《神道碑》，敢自撫州傭仆夫往伺於門下。伏惟不罪其愚而許之，以永賚其子孫，則幸甚幸甚。
曾鞏《元豐類稿》卷三十二	四部叢刊景元本	(2) 本院亦合如此施行，參詳類次，作一併申請，具下項：一，文臣少卿監以上，武臣正刺史以上，或雖官品未至，而事業勳績可書，及丘園之士，曾經朝廷獎遇，凡在先朝薨卒者，例合於實錄內立傳。……合立傳者，並令供給《行狀》《神道碑》《墓誌》等，仰本家親屬限日近修寫，疾速附遞繳納，赴實錄院。
曾鞏《元豐類稿》卷四十七	四部叢刊景元本	(3) 太子賓客致仕陳公神道碑銘 (4) 祕書少監贈吏部尚書陳公神道碑銘 (5) 刑部郎中張府君神道碑”
曾鞏《隆平集》卷五	清文淵閣四庫全書本	(6) 就第十年，方卒，年八十六。贈太師、中書令，謚文懿，賜御《神道碑額》曰“舊德之碑”。 (7) 雖少富貴奉養若寒士，當世賢士大夫如范仲淹、歐陽修、孔道輔輩皆出其門。其為文章贍麗，應用無窮。尤工風雅，才有餘思。……有《文集》二百四十卷，又有《臨川集》《二州集》《二府集》，又取梁陳至唐人文章為一集。既葬，御篆其《神道碑》云。（劉云：王介甫不得專臨川矣。）

續表

作者/文獻	版本	用　　例
曾鞏《隆平集》卷八	清文淵閣四庫全書本	(8) 五年，罷為資政殿學士，知邠州。以疾請知鄧州，加給事中。……疾甚，請潁州，未至，卒，年六十四。贈兵部尚書，謚文正。子：純佑、純仁、純禮、純粹。御篆其《神道碑》額曰"褒賢"。 (9) 舊制，監司及藩鎮辭見皆賜對。仁宗初即位，止令附奏。度言：附奏非所以防壅蔽也。又作《王鳳論》諷章獻太后，以檢外戚。天聖間，太史上言：永昌陵有白氣，當徙陵以厭之。度奏：神道貴靜，陵寢大事，不可用術者言輕議改。易事乃止。

表四百三十

作者/文獻	版本	用　　例
曾慥《類説》卷四	清文淵閣四庫全書本	(1) 魏野獻詩：王文公旦，相真宗近二十年。處士魏野獻詩：太平宰相年年出，君在中書十四秋。西祀東封俱已畢，可能來伴赤松遊。歐陽公撰旦《神道碑銘》曰：國有大事，事有大疑，匪卜匪筮，公為蓍龜。真宗常倚旦決事故也。
曾慥《類説》卷十五		(2) 自傳天賜謚：白傅，大中末，有奏疏請賜謚。上曰：何不取《醉吟先生墓表》耶？卒不賜謚。弟敏中奏立《神道碑》，李義山文也。
曾慥《類説》卷十六		(3) 死姚崇算生張説：姚崇、張説同位宰輔。崇病，戒諸子曰：張相與吾釁隙甚深，然其人稍奢侈。吾沒後，同僚當來弔，汝盛陳服玩寶器於帳前。若不顧，舉族危矣。彼若寓目，當致此玩，以《神道碑》為請。得其文，即時錄進，仍先礱石，使速鐫刻。張常見事遲，若數日後必追悔。
曾慥《類説》卷十八		(4) 廣撰：石中立在中書，盛度撰《張文公神道碑》，石急問曰：是誰撰？盛卒對曰：度撰。滿堂大咲。

表四百三十一

作者/文獻	版本	用　　例
曾肇《曲阜集》卷四	清文淵閣四庫全書本	(1) 神道碑（楊時（龜山）） (2)《像贊》：秉仁厚之天資，發剛大之正氣。立朝而容貌端嚴，不假借人以辭色言語。所謂前輩風流，真得大臣之體。噫！仰見公之儀形，其斯以為知言之君子而令人興起也耶。寶祐四年二月上戊，後學小生陳宗禮得拜公之遺像於世孫曾君有富家，并讀楊龜山先生所作《神道碑》而有感焉。因撮其要言，以為公賛云。

表四百三十二

作者/文獻	版本	用　　例
翟耆年《籀史》	清守山閣叢書本	(1) 太平興國中，李煜薨，詔侍臣撰煜《神道碑》。有與鉉争名欲中傷者，奏曰：知吳王事，莫若徐鉉為詳。遂詔鉉撰，鉉請對而泣曰：臣舊事李煜，陛下容臣存故主之義，乃敢奉詔。太宗始悟讒者之意，許之。

表四百三十三

作者/文獻	版本	用　　例
張邦基《墨莊漫録》卷第六	四部叢刊三編景明鈔本	(1) 蔡丞相確持正，嘗有治命遺訓云：吾沒之後，歛以平日閑居之服，棺但足以周衣衾，作壙不得過楚公，塋特制。棺前設一坐，陳瓦器，以衣衾巾履數事及筆硯置右左。自初歛至於祖載襄塟，悉從簡質，稱吾平生。毋煩公家，毋干恩典，毋受賻遺，毋求人作《埋銘》《神道碑》二處，但刻石云"宋清源蔡某墓"，而紀塟之歲月於其旁可矣。
張邦基《墨莊漫録》卷第八		(2) 三云：公自言學道三十年，所得者平生無怨惡爾。公初以范希文事得罪于呂相，坐黨人逺貶三峡，流落累年。北呂公罷相，公始被進擢。後為范公作《神道碑》言西事，呂公擢用希文，盛稱二人之賢能，釋私憾而共力於國家。
張邦基《墨莊漫録》卷第十		(3) 然明逺向所懺之罪，今反不復能記，豈昔偶萌之於心，不自引悔，而神道已録以為非耶？抑他生所為，不復自省，而幽冥記人功過，誅賞有時，而宴安人之苟為，得以自将，則跬步之間，不可以為恐懼耶？至和三年八月，明逺歸莆田，以故人訪予，且出所授経，具道其事，予歆記之。

表四百三十四

作者/文獻	版本	用　　例
張敦頤《六朝事迹編類》卷下	明古今逸史本	(1) 梁吳平忠侯墓：《南史》：梁吳平忠侯蕭景，字子照，謚曰忠。墓在花林之北，有石麒麟二、石柱一，題云"梁故侍中中撫將軍開府儀同三司吳平忠侯蕭公之神道"。今去城三十五里。 (2) 梁始興王墓：《南史》：梁始興王蕭憺，謚曰忠武。墓在清風鄉黄城村，有石麒麟四，及《神道碑》，云"梁故侍中司徒驃騎將軍始興忠武之碑"。今去城三十七里。

續表

作者/文獻	版本	用　例
張敦頤《六朝事迹編類》卷下	明古今逸史本	(3) 梁安成王墓：《南史》：梁安成王蕭秀，字彦達，謚曰康。墓在甘家巷，有石麒麟二、石柱一，及《神道碑》二，題云“梁故散騎常侍司空安成康王之神道”。 (4) 梁臨川王墓：《南史》：梁臨川王蕭宏，字宣達，謚曰靖惠。墓在北城鄉，右石柱碑二，題云“梁故史黄鉞侍中大將軍揚州牧臨川靖惠王之神道”。去城三十里。 (5) 梁建安侯墓：《南史》：梁建安侯蕭正立，謚曰敏。墓在淳化鎮西宋野石柱塘，有石柱二，題云“梁故侍中左衛將軍建安敏侯之神道”。去城三十五里。 (6) 南唐張懿公墓：公名君詠，字德之。有《神道碑》，題云“大唐順天翊運功臣特進守太子太傅上柱國清河郡開國張懿公神道”。去府城十里，在石頭城後。 (7) 南唐李順公墓：公名金全，字德鏐。有《神道碑》，題云“唐故開府儀同三司檢校太尉兼侍中贈中書令李順公神道”。在城西金陵鄉七里鋪。 (8)《梁臨川靖惠王神道》，在北城鄉。 (9)《梁侍中吳平忠侯蕭公神道》，在清風鄉花林村。 (10)《梁建安敏侯神道》，在鳳城鄉淳化鎮西。 (11)《南唐李順公神道碑》，高越書。在石頭城北。 (12)《南唐張懿公神道碑》，朱銑書。在石頭城後。

表四百三十五

作者/文獻	版本	用　例
張方平《樂全集》樂全先生文集卷第二十五	宋刻本	(1)《奏陳執中碑文》：臣奉勑撰《故相陳執中神道碑銘》，今已繕寫，上進執中。器資毅重，有大臣風節。陛下察舉，再登元宰，直清公正，始終不渝。薨謝之日，恩禮隆至。昨者有司定謚，甚駭天下聽聞。臣聞古爲謚法，節以一惠，蓋君子成人之美，不成人之惡。責人之備，於義巳甚。若又揜其所長，而專揚其短，則是朝廷之内，士無行義之全；君臣之際，恩無始終之篤。
張方平《樂全集》樂全先生文集卷第二十六		(2) 詔會蕃漢諸鎮之兵十八將進討，又二年方殄兇逆，由是天下騷敝，跨接五代，遂爲異域。故太祖皇帝棄之，不欲勤中國以事荒徼，列之外蕃，使隔限諸蠻，此天機神筭長轡遠御之術也。逮今百餘年，故無島夷之患。此時竊發窮兇極毒，逆天理，黷神道，自古蠻夷猾夏，寇賊姦宄，未有如是之暴害也。

表四百三十六

作者/文獻	版本	用　　例
張虙《月令解》卷二	清文淵閣四庫全書本	(1) 先薦寢廟，所以重時物且不敢以人之餘奉神也。王者之於祖禰，以人道事之則有寢，以神道事之則有廟。《月令》：凡薦新之類，皆曰寢廟。意者，廟則四時有常祭，寢則以時物薦新，言寢廟與單言廟不同。

表四百三十七

作者/文獻	版本	用　　例
張根《吳園周易解》卷二	清武英殿聚珍版叢書本	(1) 觀天之神道，而四時不忒。聖人以神道設教，而天下服矣。 (2) 所謂神道者，何哉？誠而已矣。故曰：天地為大矣，不誠不能化萬物；聖人為智矣，不誠不能化萬民。

表四百三十八

作者/文獻	版本	用　　例
張淏《雲谷雜記》卷四	清武英殿聚珍版叢書本	(1)《能改齋漫錄》：葬者，墓路稱神道，自漢已然。引《襄陽老舊傳》“光武立蘇嶺祠，刻二石鹿夾神道”，《楊震碑》首題“太尉楊公神道碑銘”爲證。予按：《漢書·高惠文功臣表》云：戚圉侯季信成坐爲太常丞縱丞相侵神道，爲隸臣。又《霍光傳》：光薨，光夫人侈大其塋制。起三出坎，築神道。此二事皆在前，當以爲據。蓋不始于後漢，但《表》所謂神道，疑宗廟之路也。

表四百三十九

作者/文獻	版本	用　　例
張洎《賈氏譚録》	清守山閣叢書本	(1) 白傅，太宗末，(案：《唐語林》作“大中末”。此作“太宗”，誤。) 曾有諫官獻疏請賜謚。上曰：何不取《醉吟先生墓表》耶？卒不賜謚。弟敏中在相位，奏立《神道碑》，其文即李義山之詞也。

表四百四十

作者/文獻	版本	用　　例
張君房《雲笈七籤》卷之六	四部叢刊景明正統道藏本	(1) 甲部第一又云：誦吾書，災害不起，此古賢聖所以候得失之文也。又云：書有三等：一曰神道書，二曰覈事文，三曰浮華記。神道書者，精一不離，實守本根，與陰陽合，與神同門。覈事文者，覈事異同，疑誤不失。浮華記者，離本已遠，錯亂不可常用，時時可記，故名浮華記也。
張君房《雲笈七籤》卷之七		(2)《道門大論》曰：一者陰陽初分，有三元五德八會之氣，以成飛天之書，後撰為八龍雲篆明光之章。陸先生解三才，謂之三元。三元既立，五行咸具。……三元者：一曰混洞太無元，高上玉皇之氣；二曰赤混太無元，無上玉虛之氣；三曰冥寂玄通元，無上玉虛之氣。五德者，即三元所有。三五會即陰陽和。陰有少陰、太陰，陽有少陽、太陽，就和中之和，為五德也。篆者，撰也。撰集雲書，謂之雲篆。此即三元八會之文。八龍雲篆之章，皆是天書，三元八會之例是也。雲篆明光，則五符五勝之例是也。八會本文，凡一千一百九字。其篇真文，合六百六十八字。是三才之元才，生立天地，開化人、神、萬物之由。故云有天道、地道、神道、人道，此之謂也。
張君房《雲笈七籤》卷之八		(3) 第四章：上皇先生紫晨君曰：太冥在九天之上，謂冥氣運而絕乎九玄，惟讀《大洞玉經》者可以交接其間也。故謂洞景寄以神道耳。又玉清天中有綺合臺，下有萬津之海，其水波湧，如連嶽焉。
張君房《雲笈七籤》卷之十		(4) 夫得道者，但能已得。夫人耳目，聽有聲之聲，見有形之形，不能聽視無形無聲也。所以者何？神赤。赤者陽，陽者離，離為日，為目，但能見前，不能見後，亦不能見頭上。日者天目也，但能照天內，不能照天外也，亦不能照覆冥之中。是以得神道上天者，但能以天耳。夫道耳目所聽視，無前無後，無覆冥，無障蔽，洞徹見無數天下事，能聽無聲之聲，能見無形之形。夫作仙道者，當故持天耳目聽視，乃能有所見。假令不故持天耳目聽視，但獨見目前事。所以者何？仙人持骨肉去故。
張君房《雲笈七籤》卷之十二		(5) 神廬之中當修治。(教子去鼻中毛，神道徃来，則為廬宅。晝夜綿綿，無休息也。) (6) 肝氣周還終無端。(肝為青龍，出從吾左肺；為白虎，住在右。神道恍惚，無有端緒。)

續表

作者/文獻	版本	用　例
張君房 《雲笈七籤》 卷之十四	四部叢刊景明正統道藏本	(7)《黄庭遁甲緣身經》：道言：昔於蘂珠宫中，聽黄庭妙義、《大道琴心靈篇》内固變化之道。人之受生，分靈道氣，含和陰陽。逐戀聲色，為滋味所惑，為奢淫所誘，亡失正念，虚度壯年。焉知動静出處，當依教修習，履歷妙行，以輔養其神，則身安静，萬災不干，邪魔不撓。存念善道，遠離惡道，往來出入，當呼今日日神姓名字云：某送我去來。如是呼之，乃行其道，直日神與人同行神道，衆惡不干，能却百鬼，不逢惡毒。
張君房 《雲笈七籤》 卷之十七		(8) 老君曰：内觀之道，静神定心，亂想不起，邪妄不侵，周身及物，閉目思尋，表裏虚寂，神道微深，外觀萬境，内察一心，了然明静，静亂俱息，念念相係，深根寧極，湛然常住，窈冥難測，憂患永消，是非莫識。
張君房 《雲笈七籤》 卷之十八		(9) 常以夜半時，甲子、丙子、戊子、庚子、壬子日，呼之曰：北極君玄谷道母，某甲願欲得金液醴泉可飲食者。因瞑目念腎間有白氣，中有神龜，龜上有玄女，女右有司命，左有司録，見之呼曰：司命司録，六丁玉女，削去某甲死籍，著玉曆生録，皆當言長生。故曰：能知三神字，可以還命延年。此三神者，乃天地神道君三元君字也，人之先也。常念勿忘也，三元天之貴神是也。
張君房 《雲笈七籤》 卷之五十六		(10) 夫修無爲入真道者，先須保道氣於體中，息元氣於藏内，然後輔之以藥物，助之以百行，則能内愈萬病，外安萬神，内氣歸元，外邪自却。却災害於外，神道德於内，内外相濟，保守身命，豈不善乎？
張君房 《雲笈七籤》 卷之六十四		(11) 元真曰：予當受《玉皇寳籙》《太陽元精經》。然知其靈化至明，是真神道，而終未達其性。太陽元精以何因緣至太一君，易名龍虎？玄女曰：以吾法位，足辨道源。龍，木德也；虎，金精也。丹砂生木，鉛華出金，金華之德，帝知之矣！子何言哉？
張君房 《雲笈七籤》 卷之六十九		(12) 余自神道設教，啓於玄慈，愍在俗之賢明，而述爲七篇二章。此篇本從《大洞寳經》中《仙君九品幽章隱文鍊眞妙訣》所出，禁文甚重，非賢莫傳，豈頑愚悖戾行尸穢質之徒見聞耳，深可忌之哉！恐泄上古仙聖之眞妙也。

續表

作者/文獻	版本	用　例
張君房《雲笈七籤》卷之七十一	四部叢刊景明正統道藏本	(13)《太清丹經要訣》(并序)：余歷觀逺古方書，僉云：身生羽翼、飛行輕舉者，莫不皆因服丹。每詠言斯事，未嘗不切慕於心。但恨神道懸邈，雲跡踈絶，徒望青天，莫知昇舉。始驗還丹伏火之術，玉醴金液之方，淡乎難窺，杳焉靡測，自非陰德，何能感之？是以五靈三使之藥，九光七曜之丹，如此之方，其道差近。……然人之志，所重者性命，其危春露，其脆秋霜，俯仰之間，相顧如失。榮華貧賤，誠爲不住之容；憂悲娱樂，並是難留之事。以此而言，深可歎矣！……相知之士，通覽名人，有所不同，心之取證，故列爲三篇耳。處士孫思邈撰。
張君房《雲笈七籤》卷之七十二		(14) 夫室者，非凡室也，謂三清神室也。經云：三清者，太清、上清、玉清之宫室也。謂紫微宫、紫霞宫、紫晨宫。三宫者，三丹田也。上中下三品也。三品者，小還、中還、大還。三丹立三宫，宫中各三神，三三成九，宫生三九，為大九轉之室。小九轉之田，中九轉之宫，乃神道所居。眞人出入，居遊之門户，覩視之牕牖也，皆有八卦大神營衛，扶持聖道，制惡興善之境也。
張君房《雲笈七籤》卷之七十三		(15) 余憶昔年迷謬，徒歷山川，一事不為，虚棄財貨。忽然指悟，如醉醒焉。目前可致煙霄，足知大道不逺。盖人祕易為難，恐愚者侮之容易，即天官減筭，神道奪壽。
張君房《雲笈七籤》卷之八十一		(16) 天道惡盈，神道託靈。知心惟微，達理至静。積習有常，自成廣大，貞一會道之謂也。
張君房《雲笈七籤》卷之九十九		(17) 嘗因暇日，竊覽《三清經》云：夫修鍊之士，當須入靜三關，淘鍊神氣，補續年命。大静三百日，中静二百日，小静一百日。愚雖不敏，情頗激切，神道扶持，遂發至懇。且試以小静。即開成三年戊午歲起，正月一日，閉户自修，不交人事，尅期百日，方出静堂。雖五穀併絶，而五氣長修，幸免瘦羸，不知飢渴。未逾月而神光照目，百靈集耳，精爽不昧，此三者皆應，則知仙経祕典，言不虚設也。人不修，即不知。既不知，則信彼前。後學咸謂神仙之教，盡爲誑誕之辭。今古相蒙，未始有極。小兆忝爲前得者，故發言爲詞，以正將來之惑。
張君房《雲笈七籤》卷之一百三		(18) 宋眞宗御製《翊聖保德眞君傳序》：蓋聞天心降顧，邦家所以會昌；靈命丕昭，神道所以協贊。考載籍之攸記，固今古而同符。矧復吾宗，在于戰國，基緒方始，精感寔繁。或山祇而見形，或帝所而協夢，其來已久，斯謂不誣。乃有接三統而開基，將隆景業，冠百神而儲佑，茂顯明徵。奠條梅之名區，號龜玉之奥主，見之於翊聖保德眞君矣。

表四百四十一

作者/文獻	版本	用　　例
張浚 《紫巖易傳》 卷二	清文淵閣四庫全書本	(1)《象》曰：大觀在上，順而巽，中正以觀天下。觀，盥而不薦，有孚顒若，下觀而化也。觀天之神道，而四時不忒。聖人以神道設教，而天下服矣。 (2) 觀天之神道，而四時不忒。聖人以神道設教，而天下服矣。神者，何誠也？天以誠運，而四時不失。其序曰：天之神道，聖人仰觀諸天以躬行，其至誠有教存乎其間，本之仁義，著之禮樂，施之刑政，皆教也。聖人之教，自身達之天下；斯民從化，莫知所從其道。如神曰：聖人以神道設教。《詩》云：自西自東，自南自北，無思不服。神道，格應之功也。
張浚 《紫巖易傳》 卷七		(3) 陽一爲乾，陰二爲坤，一二既肇，千萬斯起。至精至變至神之理，實藏于是。夫三百八十四爻，皆乾坤之策所生也。易道爲是，著明天下，故乾坤成列，易立乎其中焉。乾坤毁則无以見易，何也？乾坤亦有毁乎？蓋曰使聖人不立乾坤之名，則易之神道莫爲而顯，而乾坤之用不復變通，生成之化亦將鬱而弗彰矣。易者，道也。乾坤者，器也。道形而上，神則妙之；器形而下，體則著之。道之與器，本不相離散，而在天地萬物之間者，其理莫不皆然。化而裁之，以歸諸中，吉凶自是而定，爻之所以變也。

表四百四十二

作者/文獻	版本	用　　例
張禮 《遊城南記》	民國景明寶顏堂秘笈本	(1) 續注曰：撫定後府南趙牛里皓陽觀主李可貞、喬志朴相過，語余觀西北有二大碑，云是郭氏墓碑，他日往觀，其一《壽州刺史郭敬之神道碑》。敬之，字敬之，子儀父也，以子儀貴，贈太保徐國公，碑額御題，韓國公苗晉卿撰序，蕭華書。其一郭氏所尚《昇平公主墓碑》，書撰姓名失傳。

表四百四十三

作者/文獻	版本	用　　例
張師正 《括異志》 卷一	宋鈔本	(1)《司馬待制》：故天章閣待制司馬公池，乾興中以職官知光山縣。秩滿，考績於吏部。時章聖臨御，一夕，夢引對於便殿，仰視黼座，狀甚幼沖。既覺，竊語交親，以謂改官之期方遠。銓司既質成課，將取旨，會真宗不豫，神文以皇太子監國，引見資善堂。仰視睿姿，一如所夢。（事見龐相國所撰《司馬公神道碑》。）

表四百四十四

作者/文獻	版本	用　　例
張守 《毗陵集》 卷十三	清文淵閣四庫全書補配清文津閣四庫全書本	（1）神道碑 （2）宋故贈太子少師劉公神道碑

表四百四十五

作者/文獻	版本	用　　例
張文伯 《九經疑難》 卷二	明祁氏澹生堂鈔本	（1）聖人有用必藏，何也？无跡也。衍皆用也，成天下之務者也。虛皆藏也，藏其成務之機也。民可使由之，不可使知之，其神道設教乎？是以虛一也。大戎一乎，有為之母也，在時為造化之母，在人為経綸之母。夫天地之造化，聖賢之経綸，无本可乎？有大矣。既用也，非藏可乎？是有跡也。

表四百四十六

作者/文獻	版本	用　　例
張詠 《乖崖集》 乖崖先生文集 卷第八	清文淵閣四庫全書本	（1）大宋贈監門衛將軍上官公神道碑銘
張詠 《乖崖集》 乖崖先生文集 卷第十二		（2）故樞密直學士禮部尚書贈左僕射張公神道碑銘（韓琦） （3）一日，具書來告曰：堯夫之曾祖，昔事太宗、真宗朝，勤勞內外，有大名於天下。而自葬距今，歷年久矣，墓碑之刻，闕然未立。請書其實，以表神道，固祖烈之益光也。

表四百四十七

作者/文獻	版本	用　例
張有《復古編》編上	四部叢刊三編景宋鈔本	(1) 塲（塲，祭神道也。一曰治穀田。从土，昜。別作場，非。直良切。）
張有《復古編》編下		(2) 埸塲（埸，从土，易。羊益切。疆也。塲，从土，昜。直良切。祭神道也。）

表四百四十八

作者/文獻	版本	用　例
張元幹《蘆川歸來集》卷十	清文淵閣四庫全書本	(1) 先祖塋兆在仙宗觀東，有林氏子奭其親，遽遣匠石于神道華表之前，青龍左臂之上，取可以為柱為礎者，枚數至二百有奇，輦于山南新阡旁者殆過半。

表四百四十九

作者/文獻	版本	用　例
張載《張子語録》下	四部叢刊景宋本	(1) “私淑艾者”，自修使人觀已以化也。如顏子大率私艾也，“以能問於不能，以多問於寡，有若無，實若虛”，但修此以教人。顏子嘗以已德未成而不用，隱而未見，行而未成故也。至於聖人神道設教，正已而物正，皆是私淑艾，作於此，化於彼，如祭祀之類。

表四百五十

作者/文獻	版本	用　例
張鎡《仕學規范》卷十二	宋刻本	(1) 予見司馬文正公親書一帖：光年五六歲，弄青胡桃，女兄欲為脱其皮，不得。女兄去，一婢子以湯脱之。女兄復來，問脱胡桃皮者。光曰：自脱也。先公適見，訶之曰：小子何得謾語。光自是不敢謾語。後，公以誠學授劉器之曰：自不謾語入。東坡書公神道之石亦曰：論公之德，至於感人心，動天地，巍巍如此。而蔽以二言：曰誠，曰一云。

表四百五十一

作者/文獻	版本	用　例
章定《名賢氏族言行類稿》卷三十五	清文淵閣四庫全書本	(1) 李夷簡，字易之，鄭惠王四世孫。擢進士第，中拔萃科。致位顯處，以直道聞。歷三鎮，家無資産。病不迎醫，將終，戒毋厚葬，毋事浮屠，毋碑神道。世謂行已有終始。
章定《名賢氏族言行類稿》卷三十七		(2) 王欽若勸真宗為祥瑞，以鎮服四裔，真宗疑焉。因問鎬：河出圖、洛出書，果何事？鎬遽對曰：此聖人以神道設教耳。真宗意遂決。議者謂祥瑞事，啓自欽若而成於鎬云。
章定《名賢氏族言行類稿》卷三十九		(3) 左慈，字元放，廬江人。少有神道。後曹操欲殺之，郤入壁中，霍然不知所在。
章定《名賢氏族言行類稿》卷五十四		(4) 方光薨，時秩為博士，議光謚為文正。及是，乃謂光改更槳法，為盡廢先帝政事。於是，追贈謚及仆所賜《神道碑》，再貶清海軍節度副使，又追貶朱崖軍司戸參軍。

表四百五十二

作者/文獻	版本	用　例
章如愚《山堂考索》前集卷八	清文淵閣四庫全書本	(1)《緯書易》曰：河出圖，洛出書。然則聖人之受命也，必因積德累業，豐功厚利，誠著天地，澤被生人，萬物之所歸往，神明之所福享，則有天命之應。蓋龜龍銜負，出於河、洛，以紀易代之徵，其理幽昧，究極神道。先王恐其惑人，祕而不傳。説者又云：孔子既叙《六經》，以明天人之道，知後世不能稽同其意，故別立緯及讖以遺來世。其書出於前漢，有《河圖》九篇，《洛書》六篇，云自黄帝至周文王所受本文。又別有三十篇，云自初起至于孔子，九聖之所增演，以廣其意。又有《七經緯》三十六篇，並云孔子所演，并前合爲八十一篇。而又有《尚書》《中候》《洛罪級》《五行傳》《詩》《推度災》《紀歷樞》《合神霧》《孝經》《句命決》《援神契》《雜讖》等書。

續表

作者/文獻	版本	用　　例
章如愚 《山堂考索》 前集卷三十	清文淵閣四庫全書本	(2) 若乃藏主未順，宜以改之，盖夾室者子孫廟之偏室，非廟之正也。議者謂神道尚右，失其旨矣。然則僖祖之主，必有所歸。按：《周禮・守祧》：掌守先公、先王之廟祧。廟則有司修除之，祧則守祧黝堊之。所謂廟者，后稷、文、武諸廟也；祧者，所藏先公、先王之遷主也。先公遷主，藏于後稷之廟。……乞倣此例，築別廟以藏之，大祭之歲，祀於其室。太廟則一依舊制，虛東向之位。郊配之禮，仍舊無改，事之宜而情之順也。
章如愚 《山堂考索》 別集卷四		(3) 放勳作堯號，盖史稱堯之道。謂三皇而上，以神道設教，不言而化，至堯方見於事功也。後人以“放勳”為“堯號”，故記《孟子》者，遂以“堯曰”為“放勳曰”。若以“堯號”“放勳”，則皐陶當號“允廸”，禹曰“文命”。下言“敷于四海”，有甚義理？（伊川）

表四百五十三

作者/文獻	版本	用　　例
趙抃 《清獻集》 赵清獻公文集 卷第十	明汪旦嘉靖四十一年刻本	(1) 按：本傳、《神道碑》：公時為参知政事。王介甫用事，公屢并其不便。韓魏公上疏極論青首法，上語執政，令罷之。時介甫察居求去，公曰：新法皆安玉所建，不若俟其出。

表四百五十四

作者/文獻	版本	用　　例
趙蕃 《淳熙稿》 卷十六	清武英殿聚珍版叢書本	(1)《過湖》：杯珓吉難同，開船得轉風。無云仗神道，人厄匪天窮。

表四百五十五

作者/文獻	版本	用　　例
趙明誠《金石録》卷第一	四部叢刊續編景舊鈔本	(1) 第一百八漢廣漢縣令王君神道（建寧元年十月）
趙明誠《金石録》卷第二		(2) 第二百二十四漢蜀郡太守任君神道 (3) 第二百二十五漢蜀郡屬國都尉王君神道 (4) 第二百七十八魏太保任公神道
趙明誠《金石録》卷第十六		(5) 漢廣漢縣令王君神道 (6) 右《漢廣漢縣令王君神道》，建寧元年十月造。"縣令"字作"苓"。漢人淳質，文字相近者多假借用之。如"縣令"字，人所常用，而尚假借，何邪?
趙明誠《金石録》卷第十七		(7)《漢郭禧後碑》：右《漢郭禧後碑》，殘缺尤甚，其畧可辨者，云"惟光和二年夏五月甲寅，太中大夫故太尉郭公薨"，又云"公之胤子故五原太守"。餘不復成文，而其額題"漢故太尉郭公神道"，字畫尚完云。
趙明誠《金石録》卷第十九		(8)《漢馮使君墓闕銘》：右《漢馮使君墓闕銘》，云"故尚書侍郎河南京令豫州刺史馮使君神道"。 (9)《漢逢府君墓石柱篆文》：右《漢逢府君墓石柱篆文》，云"漢故博士趙傳逢府君神道"。 (10)《漢蜀郡太守任君神道》：右《漢蜀郡太守任君神道》九字，字畫壯偉，然不著名字、鄉里、歲月，莫詳其為何人也。 (11)《漢蜀郡屬國都尉王君神道》：右《漢王君神道》在南陽，云"漢故蜀郡属國都尉王君神道"。

表四百五十六

作者/文獻	版本	用　　例
趙汝楳《周易輯聞》卷二	清文淵閣四庫全書本	(1) 大觀在上，順而巽，中正以觀天下。觀，盥而不薦，有孚顒若，下觀而化也。觀天之神道，而四時不忒。聖人以神道設教，而天下服矣。 (2)《彖》主祭祀，為言，故聖人因曲暢神道之義。子曰：鬼神之為德，其盛矣乎？視之而弗見，聽之而弗聞，體物而不可遺。使天下之人齊明盛服，以承祭祀。洋洋乎，如在其上，如在其左右。此神道也。天以神道運陰陽，而四時不忒。聖人觀之，以神道設教，是以不言而信，不怒而威，而天下服矣。古者設教寓於庠序學校之間，自小學而大學，品節甚詳，不躐等，不陵節，粲乎明且備也。今乃以神道言，夫神無蹟也，亦奚取於无蹟者。曰：風无蹟，故草无不偃；教无蹟，故民无不從。有蹟之教，可以淑君子；无蹟之教，可以化小人。人惟有受教之質，而後人吾教術之中。
趙汝楳《周易輯聞》卷四		(3) 二氣不能无陰，生人不能皆君子。小人之道，始于遇，盛于否，極于剝。今二陰矣，其運方来，其氣甚鋭。及是而遯，以至否之，不亂羣也。觀之神道設教，剥之順而止之。於消息盈虚之際，處得其道，則可反而為復。

表四百五十七

作者/文獻	版本	用　例
趙汝騰《庸齋集》卷六	清文淵閣四庫全書本	（1）資政許樞密神道碑

表四百五十八

作者/文獻	版本	用　例
趙汝愚《諸臣奏議》卷二	宋淳祐刻元明遞修本	（1）凡有司之事，一切付之。陛下但優游巖廊，以神道設教，此堯舜之舉也。《易》曰：火在天上，大有；君子以遏惡揚善，順天休命。惟陛下不以臣言為迂闊，少賜留意，則天下幸甚。
趙汝愚《諸臣奏議》卷四十一		（2）《五行志》曰：簡宗廟，廢祭祀，水不潤下。水者北方，萬物終藏之地。神道居陰，尚乎安静，虔恭廟祭，所以昭孝道也。
趙汝愚《諸臣奏議》卷四十二		（3）《書》又曰：天視自我民視，天聽自我民聽。又曰：天聰明，自我民聰明；天明畏，自我民明威。夫天本無心，無耳目，亦無喜怒愛威。作《書》者，假視聽聰明以為之說，故《易》曰"聖人以神道設教"者是也。
趙汝愚《諸臣奏議》卷七十五		（4）大抵臣下有災，為官者須是罷權位，減俸祿，退就閒散之地，即災患稍息矣。無祿者須是謹身省事，杜門不出，畏懼官方條法，即刑禍亦輕矣。惟帝王所具之福與天地等，然亦不能無災。若有災，眚動於天下及宗廟社稷，尤須恐懼修省，上畏天命，小心翼翼，兢兢業業，求民間疾苦，罷宫禁奢侈，以至減珍膳，撤聲色，身衣素服，不御正殿，此乃帝王迴避災譴之道也。苟或以天子自尊，傲忽天命，但極已欲，不卹人事，謂神道至幽而不足信，謂天災難考而不足憂，積累凶災，直至成禍，而天不降祐，人不歸心，則大事去矣。
趙汝愚《諸臣奏議》卷八十七		（5）唐神龍初，議云：既立七廟，須崇始祖。而張齊賢云：始祖即太祖，太祖之外，更無始祖。此前儒講之熟矣。大抵契、稷不以功德為祖，無必然之論；特起之君自為一代之祖，無不可之理。若乃藏主未順，宜必改定，蓋夾室者子孫廟之正也。或者謂神道尚右，失其旨矣。然則僖祖之主，必有所歸。按：《周禮・守祧》：掌守先公、先王之廟祧。其廟則有司修除之，其祧則守祧黝堊之。所謂廟者，後稷、文、武諸廟也；祧者，所藏先公、先王之遷王也。先公遷主，藏於後稷之廟。僖祖猶周之先公也，宜有藏主之祧。雖無始封遠祖，上為之主，而先主之祧不可以闕。臣等參詳，乞畧倣此制，築別廟以藏之，大祭之歲，祀於其室。太廟則依舊制，虛東向之位。郊配之禮，仍舊無改，事之宜而情之順也。

續表

作者/文獻	版本	用　例
趙汝愚《諸臣奏議》卷九十	宋淳祐刻元明遞修本	(6) 臣料陛下仁孝，豈忍如斯。皆由左右之臣不能為陛下開明此理，在於神道不遠人情。故先聖謂：事死如事生，事亡如事存。設如仁皇在位，濮王在藩，陛下既為冢嗣，復以親稱濮王，則仁皇豈不震怒？濮王豈不惻懼？是則君臣兄弟立致釁隙，其視陛下當如何也？神靈如在，亦豈不然？
趙汝愚《諸臣奏議》卷一百十九		(7) 臣竊惟今大臣為紹述之說者，其實皆假借此名以報復私恩，一時朋附之流從而和之，遂至已甚。張商英元祐時上吕公著詩求進，其言諛佞無恥，士大夫皆傳笑之。及近為諫官，則上疏乞毀司馬光、吕公著《神道碑》。周秩在元祐間為太常博士，親定司馬光謚為文正。及近為言官，則上疏論司馬光、吕公著，乞斵棺鞭尸。陛下察此輩之言，果出公論乎？朝廷凡事不用元祐例，至王珪家蔭孫五人，皆珪身後所生，乃引元祐例許奏薦。近日講復官制，職事官不帶職，寄禄官不帶左右，至於權尚書、侍郎，獨以林希、李琮之故，不復改易。如此等事，谓之公心，可乎？

表四百五十九

作者/文獻	版本	用　例
趙善璙《自警編》卷之四	清文淵閣四庫全書本	(1) 歐陽文忠公自云：學道三十年，所得者平心無怨惡爾。公初以范文正公事得罪於于相，坐黨人遠貶三峽，流落累年。比吕公罷相，公始被進擢。及後為范公作《神道碑》言西事，時吕公擢用希文，盛稱公之賢，能釋私憾而共力於國家。希文子純仁，大以為不然。刻石則輒削去此一節，云：我父至死，未嘗解仇。公嘆曰：我亦得罪於吕丞相者，唯其言公，取信於後世也。吾嘗聞范公平生自言“無怨惡於一人”，兼其《與吕公解仇書》，見在范集中。豈有父自言“無怨惡於一人”，而其子不使解仇於地下？父子之性，相遠如此。

表四百六十

作者/文獻	版本	用　例
趙彥肅《復齋易說》卷二	清通志堂經解本	(1) 大觀在上，順而巽，中正以觀天下。“大觀在上”，統謂二陽。“中正以觀天下”，獨舉九五。聖人以神道設教，而天下服矣。至神之道，不外中正。子思得之，以述《中庸》，本諸此也。
趙彥肅《復齋易說》卷三		(2) 水以流為尚，險以去為通，心以運用為神。天險，不可升也。地險，山川丘陵也。王公設險，以守其國。以不可升為天險，聖人取象，精妙如此。神道設教而天下服，體天險也。

表四百六十一

作者/文獻	版本	用　　例
趙以夫 《易通》 卷二	清文淵閣四庫全書本	(1)《彖》曰：大觀在上，順而巽，中正以觀天下。觀，盥而不薦，有孚顒若，下觀而化也。觀天之神道，而四時不忒。聖人以神道設教，而天下服矣。 (2) 天之神道，風之所為也。聖人之神道設教，命之所為也。教命行乎四方，猶風之行乎四時也。風應候而至，則四時不忒。教命當於人心，則天下服矣。

表四百六十二

作者/文獻	版本	用　　例
趙與時 《賓退録》 卷七	宋刻本	(1) 陸放翁《感事詩》云：陋巷何須歎一瓢，朱門能守亦寥寥。衲衣先世曾調鼎，野褐家聲本珥貂。若悟死生均露電，未應富貴勝漁樵。千年迴首俱陳迹，不向杯中何處消。……然其先世告身及相君《神道碑》摹本故在。周文忠序《槐庭濟美總集》有云：粤自周衰，賢者之類棄，功臣之世絶。

表四百六十三

作者/文獻	版本	用　　例
眞德秀 《續文章正宗》 卷三	清文淵閣四庫全書本	(1) 太尉文正王公神道碑銘（并序）（歐陽修） (2) 觀文殿大學士司空兼侍中晏公神道碑銘（并序） (3) 資政殿學士文正范公神道碑銘（并序） (4)《范文正公神道碑》：自公坐吕公貶，羣士大夫各持二公曲直，吕公患之，凡直公者，皆指為黨，或坐竄逐。及吕公復相，公亦再起被用，於是二公驩然相約，勠力平賊。天下之士皆以此多二公，然朋黨之論遂起而不能止。 (5) 太師中書令程公神道碑銘（并序） (6) 文元賈魏公神道碑（王安石）
眞德秀 《續文章正宗》 卷四		(7) 富鄭公神道碑（蘇軾） (8) 趙清獻公神道碑
眞德秀 《續文章正宗》 卷五		(9) 司馬溫公神道碑（蘇軾） (10) 趙康靖公神道碑（代張文宋公作）

續表

作者/文獻	版本	用　例
眞德秀 《續文章正宗》 卷六	清文淵閣四庫全書本	（11）歐陽文忠公神道碑（蘇軾）
眞德秀 《續文章正宗》 卷八		（12）司農卿分司陳公神道碑 （13）虞部贈衛尉卿李公神道碑
眞德秀 《續文章正宗》 卷十		（14）武恭王公神道碑銘（并序）（歐陽修） （15）正惠馬公神道碑（王安石）
眞德秀 《文章正宗》 卷十一		（16）《傳》曰“子雖齊聖，不先父食”，蓋言子為父屈也。景皇帝雖大祖也，其於獻、懿，則子孫也。當禘祫之時，獻祖宜居東向之位，景皇帝宜從昭穆之列，祖以孫尊，孫以祖屈，求之神道，豈遠人情？又常祭甚衆，合祭甚寡，則是太祖所屈之祭至少，所伸之祭至多。此於伸孫之尊，廢祖之祭，不亦順乎？
眞德秀 《文章正宗》 卷十五		（17）且古之言“葬者，藏也”。“壤樹之”，而君子以為譏。況廬而居者，其足尚之哉？聖人有制度，有法令，過則為辟。故立大中者不尚異，教人者欲其誠，是故惡夫飾且偽也。過制而不除喪，宜廬於庭；而矯於墓者，大中之罪人也。況又出怪物，詭神道，以奸大法，而因以為利乎？夫偽孝以奸利，誠仁者不忍擿過，恐傷於教也。
眞德秀 《文章正宗》 卷二十		（18）贈太尉許國公神道碑銘
眞德秀 《文章正宗》 卷二十一上		（19）公所至，輒先求人利害廢置所宜。（利，或作“之”。李云：古本無“利”字。《神道碑》“周知俗之病”，亦無“利”字。）
眞德秀 《西山文集》 西山先生 真文忠公文集 卷第四十一	四部業刊景明正德刊本	（20）神道碑 （21）劉文簡公神道碑 （22）故資政殿學士李公神道碑
眞德秀 《讀書記》 卷三十	清文淵閣四庫全書本	（23）又《神道碑》云：公遺命喪葬，無不如禮。俗習夷狄，畫寫浮圖，日以七數之，及拘陰陽，所謂吉凶，一無汙我。

續表

作者/文獻	版本	用　　例
眞德秀《讀書記》卷四十	清文淵閣四庫全書本	(24) 於是人主之侈肆迷謬者，謂已玄聖與天神接，或聆其語言，或覩其儀觀，或受其詔告符契，則又大興土木，崇飾棟宇，偶而事之，周遍四海，謂以神道設教，而愚黔首莫不因方士簧鼓譸張，侈其心意而至此也。

表四百六十四

作者/文獻	版本	用　　例
鄭伯謙《太平經國之書》卷五	清通志堂經解本	(1) 凡賓客之禮，則一以神道行之，相朝於寢廟，相見於阼階。几設而不倚，酒盈而不飲（見昭公五年），肉乾而不食。樂之有相，宗廟則然，而賓客亦如之；徹之有歌，大祭祀則然，而大享亦如之。大羹鉶羹致美味而彼此無異，用鹽鹽形鹽致多品而幽明無異。儀享之用祼而實客亦有祼，胙之用俎而賓客亦有俎，無非以神道為用焉。謂不如是，則必至於褻；不慢不褻，不敢以易心處之。凡衣服器用之類，牲膳醬羞之品，備羹致美之享，贊祼酌獻之儀，典之大宗伯而散之三百六十官者，無一事之不同焉。故先王之與賓客並言於典瑞，大享之與祭祀並言於大司樂，以至春祀、夏禴、秋嘗、冬烝，即其朝覲、宗遇之儀也。

表四百六十五

作者/文獻	版本	用　　例
鄭剛中《北山集》卷十五	清文淵閣四庫全書補配清文津閣四庫全書本	(1) 左中奉大夫致仕符公神道碑 (2) 越庚申，行中以黄州童使君之狀，為公丐《神道碑》矣。讀其狀，蓋己未十二月辛酉，以疾終於家。

續表

作者/文獻	版本	用　例
鄭剛中《周易窺餘》卷五	清文淵閣四庫全書本	(3)《彖》曰：大觀在上，順而巽，中正以觀天下。觀，盥而不薦，有孚顒若，下觀而化也。觀天之神道，而四時不忒。聖人以神道設教，而天下服矣。(4) 先儒觀作平去兩聲讀，然卦自有兩義也。以此示彼為觀，如“大觀在上”，以觀天下之類是已。自此瞻彼為觀，如“下觀而化”，觀天神道之是已。上示之下觀之，觀之義也。
鄭剛中《周易窺餘》卷六		(5) 離為目，所以觀天觀人者皆離也。離為火，以神道設教化成天下者亦離也。

表四百六十六

作者/文獻	版本	用　例
鄭虎臣《吳都文粹》卷六	清文淵閣四庫全書補配清文津閣四庫全書本	(1) 范仲淹，字希文。事具歐陽文忠公所撰《神道碑》及《國史傳》，其畧云：皇祐四年五月甲子，資政殿學士、尚書戶部侍郎、汝南文正公薨於徐州。五代之際，世家蘇州。生二歲而孤，母再適長山朱氏，仍其姓，始名説。既長，知其世家，感泣去，之南都。入學五年，大通《六經》，為文章，論説必本仁義。

表四百六十七

作者/文獻	版本	用　例
鄭居中《政和五禮新儀》卷二百十六	清文淵閣四庫全書本	(1) 靈車就引，神道紆廻，惟以荒蓼，無任梗絶。
鄭居中《政和五禮新儀》卷二百十九		(2) 靈車就引，神道紆廻，惟以荒蓼，無任梗絶。

表四百六十八

作者/文獻	版本	用　例
鄭克《折獄龜鑒》卷二	清嘉慶墨海金壺本	(1) 按：士之察獄，苟疑其寃，雖囚無寃詞，亦不可遽決。王晦叔丞相知潞州時，有殺人獄已具，晦叔察情非是，而面訊之。其人自謂不獲眞殺人者無免理，終不自明。僚屬皆言無足疑。固留不决，而密以物色捕殺人者，得之。作《辨獄記》，以戒理官。(見尹洙龍圖所撰《神道碑》。) 此其終不自明，與僧云“無可言者”類矣。而皆不敢遽决，卒能獲賊釋寃，豈非盡心矜謹之效歟! (2) 張保雍刑部爲湖北轉運時，鄂州置場，市民炭。常時，吏先印入抄文爲足，而實尚留民家未入，比漕發，乃直取載之。州將挾情，使稅官按劾，坐盜當死者十八人。保雍自荊南單船六日夜入鄂州，直其寃，笞守吏數人而已。(見曾鞏舍人所撰《神道碑》。)
鄭克《折獄龜鑒》卷三		(3) 舊不著出處，蓋唐人小說所載也。以正史考之，率皆不合。《唐書・宗室傳》言：淮安王神道，隋大業末在長安，會高祖兵興，吏逮捕，亡命入鄠南山。襄邑王神符，爲衛文昇所囚，京師平，封安吉郡公。 (4) 張保雍刑部爲湖北轉運使時，漢陽俚民販茶，知軍駱與京誣其捍巡檢，二十人法當死，百餘人當從坐。保雍親往慮之，遂明其誣。首得不死，從者皆貫。(見曾鞏舍人所撰《神道碑》。)
鄭克《折獄龜鑒》卷五		(5) 周沆侍郎，嘗知渤海縣。濱州大吏恃府勢，築室障民居，害其出入。民訴縣以十數，前令莫敢直。沆立表撤室，收吏抵罪。豪猾惕息。(見司馬光丞相所撰《神道碑》。) (6) 張保雍刑部，知漢州。四卒夜叩府，告禁兵兩營變。佐吏駭懼。保雍徐出，械四卒掠之，趣作誣狀，狗兩營。至明，鞫得實，乃四卒與伍中謀，幸授己甲，因卽以判。遂及同謀者九人棄之市。(見曾鞏舍人所撰《神道碑》。) (7) 按：保雍所以察其爲姦者，軍若已變，則告者何獨四卒? 軍若未變，則何用夜叩府告? 其械而掠之，趣作誣狀者，蓋慮軍情因此不安，欲徇兩營也。此不惟善察姦，抑亦善處事矣。王晦叔丞相，知益州。有卒夜告其軍將亂。晦叔覆狀，立辨其僞，而斬之。與此事頗相類，故附著焉。(見尹洙龍圖所撰《神道碑》。) (8) 按：征戰之際，卒有功者雖補爲將校，亦當留軍前，豈可發歸本營? 顒得宣撫司移文，固已疑之矣。其卒至而色動，其有姦灼然。是以即付所司，且搜其家也。亦可謂善察姦矣。賈昌朝丞相，判大名府。時妖人王則，謀舉大名反河南北，使其黨挾書妄言，冀得近而爲變。昌朝察其有姦，考問具服。於是則惶恐，獨嬰貝州以反。即遣將馳兵，操攻具往。(見王安石丞相所撰《神道碑》。) 夫言之異者，必有姦也。收捕考問，而得其情，姦何能爲? 此與顒事略相似也。

續表

<table>
<tr><th>作者/文獻</th><th>版本</th><th>用　　例</th></tr>
<tr><td>鄭克
《折獄龜鑒》
卷八</td><td>清嘉慶墨海金壺本</td><td>(9) 周沆侍郎，嘗爲河東轉運使。自慶歷以來，河東行鐵錢，民多盜鑄，吏以峻法繩之，抵罪者日繁，終不能禁。沆乃命高估鐵價，盜鑄者無利，不禁自息。（見司馬丞相所撰《神道碑》。）
(10) 李士衡觀察，初釋褐，爲京兆鄠縣主簿。府知其才，俾權獄掾。咸陽縣有民殺人，具獄以送府，父子五人，其爲從者皆服加功之罪。士衡告於尹曰：彼殺人者止一人耳，餘四人掩其骸，可坐以加功、寘之重辟乎？尹喜從其議，曰：四人者，非子之明，則寃於地下矣。（見范仲淹參政所撰《神道碑》。）
(11) 陳巽賓客，初爲常州團練推官。盜有棄財走者，巽以爲不應死，通判不肯用其言，巽力爭而讞之，盜卒得不死。（見曾鞏舍人所撰《神道碑》。）</td></tr>
</table>

表四百六十九

<table>
<tr><th>作者/文獻</th><th>版本</th><th>用　　例</th></tr>
<tr><td>鄭樵
《通志》
卷七</td><td rowspan="3">清文淵閣四庫全書本</td><td>(1) 冬十月甲子，表首陽山東為壽陵，作《終制》曰：禮，國君即位為椑，存不忘亡也。昔堯葬穀林，通樹之，禹葬會稽，農不易畝，故葬於山林，則合乎山林。封樹之制，非上古也，吾無取焉。壽陵因山為體，無為封樹，無立寢殿，造園邑，通神道。夫葬也者，藏也，欲人之不得見也。骨無痛痒之知，冢非棲神之宅，禮不墓祭，欲存亡之不黷也，為棺槨足以朽骨，衣衾足以朽肉而已。故吾營此邱墟不食之地，欲使易代之後不知其處。無施葦炭，無藏金銀銅鐵，一以瓦器，合古塗車、芻靈之義。棺但漆際會三過，飯含無以珠玉，無施珠襦玉匣，諸愚俗所為也。季孫以璵璠斂，孔子歷級而救之，譬之暴骸中原。宋公厚葬，君子謂華元、樂莒不臣，以為棄君於惡。漢文帝之不發，霸陵無求也；光武之掘，原陵封樹也。霸陵之完，功在釋之；原陵之掘，罪在明帝。是釋之忠以利君，明帝愛以害親也。</td></tr>
<tr><td>鄭樵
《通志》
卷七十</td><td>(2) 朝賢神道碑（三十卷）
(3) 王氏神道碑（二十卷）</td></tr>
<tr><td>鄭樵
《通志》
卷七十三</td><td>(4) 廣漢縣令王君神道（建寧元年。未詳。）
(5) 蜀郡太守任君神道（未詳）
(6) 蜀郡屬國都尉任君神道
(7) 魏太保任公神道（未詳）
(8) 宋文帝神道碑（潤州）
(9) 顏君神道碑（西京）
(10) 丞相神道斷碑陰（越州）</td></tr>
</table>

續表

作者/文獻	版本	用　　例
鄭樵 《通志》 卷七十五	清文淵閣四庫全書本	(11) 商陸曰蓫薚，曰募根，曰夜呼，曰馬尾，曰莧陸，曰章陸，曰章柳根，曰蕾，曰葍。詩云"言采其葍"，《爾雅》云"葍蕾"，又云"蓫薚、馬尾"，皆此也。或言《爾雅》"拜商藋"，亦為此耳。根如人形者，有神道家以為脯，謂之鹿脯。
鄭樵 《通志》 卷七十九上		(12) 立五十二年，永元二年薨。自中興至和帝時，皇子始封薨者，皆賻錢三千萬，布萬疋。嗣王薨，賻錢千萬，布三萬疋。是時，竇太后臨朝，竇憲兄弟擅權，太后及憲等東海出也，故睦於焉而重於禮，加賻錢一億。詔濟南、東海二王皆會。大為脩冢塋，開神道，平夷吏民冢墓以千數，作者萬餘人。發恒山、鉅鹿、涿郡柏黄腸雜木，三郡不能備，復調餘州郡工徒及送致者數千人。凡徵發摇動六州十八郡，制度餘國莫及。子夷王憲嗣。
鄭樵 《通志》 卷九十八上		(13) 廣三子，曰當戶、椒、敢，皆為郎。上與韓嫣戲，嫣少不遜，當戶擊嫣，嫣走，於是上以為能。當戶蚤死，乃拜椒為代郡太守，皆先廣死。廣死軍中時，敢從驃騎将軍。廣死明年，李蔡以丞相坐詔賜冢地陽陵當得二十畝，蔡盜取三頃，頗賣得四十餘萬，又盜取神道外壖地一畝葬其中，當下獄，自殺。
鄭樵 《通志》 卷一百		(14) 禹既嗣為博陸侯，太夫人顯改光時所自造塋制而侈大之。起三出闕，築神道，北臨昭靈，南出承恩（皆館名），盛飾祠室，輦閣通屬永巷，而幽良人婢妾守之。
鄭樵 《通志》 卷一百四		(15) 囂既立，遣使聘請平陵人方望，以為軍師。望至，說囂曰：足下欲承天順民，輔漢而起，今立者乃在南陽，王莽尚據長安，雖欲以漢為名，其實無所受命，將何以見信於衆乎？宜急立高廟，稱臣奉祠，所謂"神道設教"，求助人神者也。且禮有損益，質文無常。削地開兆，茅茨土階，以致其肅敬。雖未備物，神明其舍諸。囂從其言，遂立廟邑東，祀高祖、太宗、世宗。囂等皆稱臣執事，史奉璧而告。祝畢，有司穿坎于庭，牽馬操刀，奉盤錯鍉，遂割牲而盟。
鄭樵 《通志》 卷一百二十九下		(16) 今之所集，設有承於前載者，則非余之罪也。若使采訪近世之事，苟有虛錯，願與先賢前儒，分其譏謗。及其著述，亦足以明神道之不誣也。羣言百家，不可勝覽；耳目所受，不可勝載。今粗取足以演八畧之旨，成其微説而已。幸将來好事之士，録其根體，有以游心，寓目，而無尤焉。 (17) 陛下今以晷度之失同之六沴，引其輕變方之重眚，求己篤於禹湯，憂勤踰乎日昃，將修大祀，以禮神祇。《傳》曰：外順天地時氣而祭其鬼神。然則神必有號，祀必有義。按：洪祀之文，惟神靈大畧而無所祭之名，稱舉國行祀而無貴賤之阻，有赤黍之盛而無牲體之奠，儀法所用，闕畧非一。若率文而行，則舉義皆閡；有所施補，則不統其源。漢侍中盧植，時之達學，受法不究，則不敢厝心。誠以五行深遠，神道幽昧，探賾之求難以常思，錯綜之理不可一數。臣非至精，孰能與此！

續表

作者/文獻	版本	用　　例
鄭樵 《通志》 卷一百四十五	清文淵閣四庫全書本	(18) 吾既寂漠當世，朽病殘年，產不異於顏、原，名未動於卿相。若不日飲醇酒，復欲安歸？汝以飲酒為非，吾以不飲酒為過。……吾常譬酒之猶水，亦可以濟舟，亦可以覆舟，故江諮議有言：酒猶兵也。兵可千日而不用，不可一日而不備；酒可千日而不飲，不可一飲而不醉。……吾生平所願，身沒之後，題吾墓云"陳故酒徒陳君之神道"。若斯志意，豈避南征之不復，賈誼之慟哭者哉？何水曹眼不識盃鐺，吾口不離瓢杓。汝寧與何同日而醒，與吾同日而醉乎？政言其醒可及，其醉不可及也。速營糟邱，吾將老焉。爾無多言，非爾所及。
鄭樵 《通志》 卷一百五十八		(19) 高祖聞之，璽書勞武曰：公年尊德重，弼諧朕躬。比以陰陽僭序，時雨不降，命公求祈，止言廟所。不謂公不憚危險，遂乃遠陟高峯。但神道聰明，無幽不燭，感公至誠，甘澤斯應。聞之嘉賞，無忘於懷。今賜公雜綵百疋，公其善思嘉猷，匡朕不逮。念坐而論道之義，勿復更煩筋力也。
鄭樵 《通志》 卷一百八十一		(20) 左慈，字元放，廬江人也。少有神道。嘗在司空曹操坐，操從容顧衆賓曰：今日高會，珍羞略備，所少吳松江鱸魚。慈於下座應曰：此可得也。因求銅盤貯水，以竹竿餌釣於槃中，須臾引一鱸魚出。操拊手大笑，會者皆驚。操曰：一魚不周座席，可更得乎？慈更餌鉤沈之，須臾復引出，皆長三尺餘，生鮮可愛。操使自前鱠之，周浹會者。操又謂曰：既已得魚，恨無蜀中生薑耳。慈曰：亦可得也。操恐其近取，因曰：吾前遣人到蜀買錦，可過敕使者，增市二端。語頃，即得薑還，并獲操使報命。後操使蜀反，驗問增錦之狀及時日早晚，若符契焉。
鄭樵 《通志》 卷一百八十六		(21) 祚宗人張瓘時鎮枹罕，祚惡其彊，遣其將易揣、張玲率步騎萬三千以襲之。時張掖人王鸞頗知神道，言於祚曰：軍出不復還，涼國將有不利矣。祚大怒，以鸞訞言沮衆，斬之以徇，三軍乃發。

表四百七十

作者/文獻	版本	用　　例
鄭汝諧 《易翼傳》 上經	清通志堂經解本	(1)《彖》曰：大觀在上，順而巽，中正以觀天下。觀，盥而不薦，有孚顒若，下觀而化也。觀天之神道，而四時不忒。聖人以神道設教，而天下服矣。

表四百七十一

作者/文獻	版本	用　　例
鄭所南 《太極祭鍊內法》 卷上	明正統道藏本	(1) 召魂：如前具法位姓名，發至誠心，奉太上命，廣遍攝召往古來今，無盡十方，一切五道、神道、人道、畜生道、餓鬼道、地獄道，盡虛空界，積夜寒鄉，沉魂滯魄等衆，承兹道力，來赴靈壇，祇領善功，克獲超度。 (2) 我今奉請盡虛空界，三界諸天，天人天侶，惟是諸天上邇仙境，願垂慈悲，普同證明，或有淪墜，普同祭鍊。我今奉請盡虛空界，一切无量神道等衆，普天之下山川神明，治世鬼神，正神土神，社稷城隍，里域土地，五通仙人，冥官鬼神，五道將軍，丘墓土神；一切鬼神官僚曹屬，如是鬼神，无量无邊，願發慈心，證明祭鍊。
鄭所南 《太極祭鍊內法》 卷中		(3) 存想眾魂享祭之處，即無街巷、屋宇、坑坎、堆阜，並是無邊光明、潔白、曠野世界。若有街巷、屋宇等，皆惡業也。如祭鬼神，呼其名者，則可來；不呼名者，則不可來。如薦有姓氏亡者，仍默召之。世之祭鍊，所攝人道之鬼亦不詳盡，所述科儀亦皆差別。或入天仙道，或入魔道，併為六道，皆非。《靈寶經》云：其欲轉五道。新註引《老君經》，說五道：一神道，二人道，三禽獸道，四餓鬼道，五泥犂道。泥犂，即地獄也。是以道家冥界有五道將軍，惟是佛家言六道，道家言五道。

表四百七十二

作者/文獻	版本	用　　例
周必大 《文忠集》 卷二十九	清文淵閣四庫全書本	(1) 行狀・神道碑 (2) 左朝議大夫充敷文閣待制致仕郴公約神道碑（紹興三十二年） (3) 興國太守贈太保王公綯神道碑 (4) 權太常少卿贈銀青光祿大夫滕公庾神道碑（淳熙六年）
周必大 《文忠集》 卷三十		(5) 樞密使贈金紫光祿大夫汪公澈神道碑（紹興二年十一月） (6) 資政殿學士贈通奉大夫胡忠簡公神道碑（紹興三年）
周必大 《文忠集》 卷四十六		(7) 題顏魯公書撰杜濟神道碑 (8) 右顏魯公書撰《杜濟神道碑》，沉着端重，真可入木八分。 (9) 跋六一先生跋杜濟神道碑 (10) 右六一先生跋《杜濟神道碑》，蓋《集古》第四百五卷也。今吉水縣鄉貢進士曾三異有此碑而未殘缺，其文可讀。得非嘉祐以前舊本歟？慶元丙辰，周某為皇諸孫彥法題。
周必大 《文忠集》 卷四十六		(11) 至于隋唐間，多以字行，則歐陽文忠公跋《顏勤禮神道碑》，論之矣。友人曾无愧持此，相示為題。其後慶元丙辰正月癸夘，平園老叟周某題。

續表

作者/文獻	版本	用　　例
周必大《文忠集》卷四十七	清文淵閣四庫全書本	（12）題裴晉公撰李西平神道碑 （13）右裴晉公撰《李西平神道碑》，以校江、浙、閩《唐文粹》本，大率傳寫脱謬，且經改易，不暇徧舉，姑言其甚者："乾元初，立功武都，邦人咸服，具以狀聞"，而諸本盡作"具狀以聞"，何俗弱也；"乘墉壑如通道"，殆有二義，當謂士卒賈勇升高陟險，如履平；不然以"而"爲"如"，猶《春秋》書"星隕如雨"也；今衆本直改作"而通道"，或添一字爲"軌道"，于是下句"硩梟鏡而清宫"亦添一禁字。
周必大《文忠集》卷五十一	清文淵閣四庫全書本	（14）東坡書富文忠公神道碑
周必大《文忠集》卷六十一	清文淵閣四庫全書本	（15）神道碑一 （16）龍圖閣學士左通奉大夫致仕贈少師謚忠簡張公（闡）神道碑（紹熙五年） （17）資政殿大學士贈銀青光祿大夫范公（成大）神道碑（慶元元年）
周必大《文忠集》卷六十二	清文淵閣四庫全書本	（18）神道碑二 （19）中散大夫賜紫金魚袋周公（樞）神道碑（慶元二年） （20）中大夫贈特進蔡公（仲）神道碑（紹興二年） （21）龍圖閣學士宣奉大夫贈特進程公（大昌）神道碑（廣元三年）
周必大《文忠集》卷六十三	清文淵閣四庫全書本	（22）神道碑三 （23）朝散郎充集英殿脩撰林公（光朝）神道碑（慶元三年） （24）資政殿大學士毗陵侯贈太保周簡惠公神道碑（慶元四年） （25）中大夫秘閣修撰賜紫金魚袋趙君（善俊）神道碑（慶元五年）
周必大《文忠集》卷六十四	清文淵閣四庫全書本	（26）神道碑四 （27）文華閣直學士贈金紫光祿大夫陳公（居仁）神道碑（慶元五年） （28）予常愛唐中書舍人王仲舒，為政有古風，守峽、婺、蘇三州。晚帥江西，有治理效。韓文公既誌其墓，又為《神道碑》。 （29）資政殿大學士左大中大夫參知政事贈太師張忠定公（燾）神道碑
周必大《文忠集》卷六十五	清文淵閣四庫全書本	（30）神道碑五 （31）敷文閣待制贈少師張公（邵）神道碑（慶元五年夏） （32）淮西帥高君（夔）神道碑（慶元六年） （33）吏部尚書鄭公（丙）神道碑（慶元六年）

續表

作者/文獻	版本	用　　例
周必大 《文忠集》 卷六十六	清文淵閣四庫全書本	(34) 神道碑六 (35) 敷文閣直學士陳公（良翰）神道碑（嘉泰元年） (36) 敷文閣學士李文簡公（燾）神道碑（嘉泰元年）
周必大 《文忠集》 卷六十七		(37) 神道碑七 (38) 敷文閣學士宣奉大夫贈特進汪公（大猷）神道碑（嘉泰元年）
周必大 《文忠集》 卷六十八		(39) 神道碑八 (40) 丞相洪文惠公（適）神道碑（嘉泰元年） (41) 左中奉大夫敷文閣待制特進林公（保）神道碑（嘉泰二年二月） (42) 朝議大夫工部尚書贈通議大夫謝諤神道碑（嘉泰二年）
周必大 《文忠集》 卷六十九		(43) 神道碑九 (44) 寶文閣學士通奉大夫贈少師梁公（汝嘉）神道碑（嘉泰三年） (45) 史館吏部贈通議大夫朱公（松）神道碑（嘉泰三年） (46) 資政殿學士中大夫叅知政事贈太師李文敏公（邴）神道碑（嘉泰元年） (47) 今公諸孫，惟季子之子訦在典州持節。學世其家，以公神道未碑，遠使來請。
周必大 《文忠集》 卷七十		(48) 神道碑十 (49) 同知樞密院事贈太師洪文安公（遵）神道碑（嘉泰三年） (50) 和州防禦使贈少師趙公（伯驌）神道碑（嘉泰四年） (51) 武泰軍節度使贈太尉鄭公（興裔）神道碑（嘉泰四年）
周必大 《文忠集》 卷一百二十二		(52)《乾道八年辭免書吴璘碑奏狀》：右臣伏準尚書省劄子，备奉聖旨，差臣書《吴璘神道碑》者。臣竊以書雖一藝，亦惟素習，乃工臣之不能衆所共悉。倘或強其所短，勒之豐碑，深恐上無以稱陛下追寵舊勳之心，下無以慰吴挺顯揚其親之意。願回前命，别付能者。謹録奏聞，伏候勑旨。（正月七日，奉聖旨，不允。）
周必大 《文忠集》 卷一百二十三		(53) 辭免書韓世忠神道碑劄子 (54) 右臣準尚書省劄子，備奉聖旨，差臣書《韓世忠神道碑文》者。臣仰惟陛下親御翰墨，大書世忠碑額，非特寵綏，韓氏亦将丕勸勳，故譬之龍蟠鳳翥，昭回於天，豈容春蚓秋蛇，附見其下？伏望聖慈特賜追寢，别擇能書者而命之。臣不勝幸願，謹録奏聞，伏候勑旨。（四月三日，三省同奉聖旨，不允。）

續表

作者/文獻	版本	用　　例
周必大《文忠集》卷一百二十三	清文淵閣四庫全書本	(55) 繳書神道碑劄子 (56) 臣先奉聖旨，差臣書《韓世忠神道碑》，今已寫成一軸，謹以進呈，惟是字畫非工，無以仰副陛下追褒勳舊之意。宸深震懼，伏取進止。(八月二十三日，奉聖旨降付本家。) (57)《辭免潤筆劄子》：臣今月二十九日，得户部侍郎韓彦古劄子，以臣先奉聖旨，書其父《韓忠武王世忠神道碑文》。送到金噐二百両，充潤筆。
周必大《文忠集》卷一百六十五		(58) 辛丑，早行二三里，過趙清獻公神道，不果入。至溪邊，僅得小舟，爭濟者紛然。既渡溪，地勢平衍，山遠而秀，非嚴陵可比也。
周必大《文忠集》卷一百六十七		(59) 壬戌，早發，天禧。行十里，田間有南唐追封慶王廟。王，李姓，松名，字弘茂。《神道碑》，韓熙載奉勅撰。午飯後，至株陵鎮，謁嶽廟，有道士止之。晚，宿方虛，訪陳特立秀才。 (60) 甲申，晴。宜興人謂克時夏雨，甲申而致，九年之水，故甚畏之。早，同仲寧及地理僧淨如過丁墅卜地，去寺約二十里。飯於吳寺丞庵。回至懷相塢，入吳秀才庵，少休，天氣驟熱。將至善權，由傅公神道繞寺後訪二洞，約行里餘，度小嶺，乃至焉。 (61) 長老名無礙，而集中不書。堂上及僧堂皆畫水，活勢不減彌陀院者。頃之，出廣化門里許，觀武平墓，庵中有歐陽公所撰《神道碑》。
周必大《文忠集》卷一百六十八		(62) 八月朔乙未，早至前知觀應若谷，房賞秋香。又訪道士李繼彭觀，中有仁廟時賜《度人經》一藏，今漸散失。歸至香山少休，遂入莊僖簡公神道，長松夾路，殆五六里。
周必大《文忠集》卷一百七十九		(63)《韓退之傳》識潮州逐鱷事，而李翱《行狀》、皇甫湜《神道碑》《墓誌銘》皆不書。
周必大《文忠集》卷一百八十一		(64) 予作《梁汝嘉神道碑》，其子季秘以玉石硯為潤筆，背刻篆字，乃瑋講道齋所用，字曰公炤。
周必大《文忠集》卷一百八十八		(65) 是時，吕氏子弟顯用於朝者多，而於吕、范列傳並無一言及此，却於《孫威敏傳》中備載。詆吕之疏，他傳多有之。只如歐公上書攻吕，不應遣富文忠公使金。(詳見東坡所作《神道碑》，書今不傳。) (66)《太和卓宰洵》(慶元六年)：某拜啟霜寒，恭惟政成，俟代尊候，萬福冰霜。《神道碑》久已相諾，只候從者入城面納。

表四百七十三

作者/文獻	版本	用　　例
周孚 《蠹齋鉛刀編》 卷二十六	清文淵閣四庫全書補配清文津閣四庫全書本	(1)《太上皇帝慶七十開啓疏》：帝齡黙畀，式開祚聖之祥；明詔誕頒，許效祝釐之敬。仰憑仙釋之力，少伸臣子之心。伏願媲北辰之常中，等南極之遐算，凝神道妙，探賾物先。自七十二君以来，始逢盛世，宜萬八千歲之永，共享殊休。
周孚 《蠹齋鉛刀編》 卷二十八		(2) 宋故保信軍節度使侍衛親軍馬軍都虞候解公神道碑銘

表四百七十四

作者/文獻	版本	用　　例
周煇 《清波雜志》 卷第一		(1) 又讀《通鑒》，唐武德五年，突厥犯邊，鄭元璹詣頡利，說之曰：唐與突厥，風俗不同，突厥雖得唐地，不能居也。今虜掠所得，皆入國人，於可汗何有？不如旋師，復修和好，可無跋涉之勞，坐受金幣。又皆入可汗府庫，孰與棄昆仲積年之歡，而結子孫無窮之怨乎？頡利悅，引兵還。開元六年，吐蕃求和，忠王友皇甫惟明求奏事，從容言和親之利，明皇未然。惟明力言，邊境有事，則將吏得以因緣盜匿官物、妄述功狀，以取勳爵，此皆姦臣之利，非國家之福。乃許其和。蓋皆祖述嚴安之言也。後東坡載其說於《鄭公神道碑》之首。
周煇 《清波雜志》 卷第九	四部叢刊續編景宋本	(2) 事有礙於理，亦恐所傳或致訛舛。富鄭公薨，司馬温公、范忠宣來弔哭。公之子紹庭泣曰：先公有自封押章疏一通，殆遺表也。二公曰：當不啓封以聞。既曰遺表，自有常式，恐難以元封押進御。封可也，押可乎？東坡作公《神道碑》，止云：手封遺表，使其子上之，世莫知所以言者。袖中諫草朝天去，歐陽公固嘗議之。
周煇 《清波雜志》 卷第十一		(3) 太師蔡京等奏乞率百僚，稱慶明庭。奉御筆依奏。繼降詔曰：朕嗣承丕基，夙夜祗若，惟道是憲，惟上帝是承。涓選休辰，恭修祀事，備物盡志，咸秩無文。荷帝博臨，如在其上。旌旗輦輅，冠服儀仗，見於雲際，萬衆咸睹。惟天人之感通，有形聲之相接。靈承對越，敢不祗欽！可以其日爲天應節，用端命于上帝，以昭答於神休。咨爾萬邦，其體至意。時政和三年也。煇自省事，即見丈人行談此事，頗略，兹得其詳，因書以示欲知者。先人云：所書亦有潤色，在當時已多有議之者。豈亦出神道設教乎？

表四百七十五

作者/文獻	版本	用例
周麟之《海陵集》卷二十三	清文淵閣四庫全書本	(1) 張循王神道碑 (2) 宋故安民靖難功臣太師静江寧武靖海軍節度使清河郡王食邑一萬五千七百户食實封六千六百户致仕追封循王謚忠烈張俊神道碑 (3) 葛文康公神道碑

表四百七十六

作者/文獻	版本	用例
周密《武林舊事》卷之五	民國景明寶顔堂秘笈本	(1) 吴益王墳寺：舊以下竺為墳寺，後以古刹，遂别建於此。高宗嘗臨幸。吴太后手書《金剛經》，有楊太后跋，及高宗御書《心經》，並刻石藏下竺靈山塔下。《益王神道碑》，蔣燦書，甚佳。墓前二石馬，琢刻如生。舊傳夜輒馳驟，其鞦轡光瑩如玉，至今苔蘚不侵。寺有宜對亭、雙珠亭、萬玉軒。湖山至此極幽邃矣。
周密《齊東野語》卷一	明正德刻本	(2)《蜜章密章》：密章二字，見《晉書》山濤等傳，然其義殊不能深曉，自唐以來，文士多用之。……然劉禹錫為《杜司徒謝追贈表》云：紫書忽降於九重，密印加榮於後夜。《李國長神道碑》云：煌煌密章，肅肅終言。《王崇述神道碑》云：没代流慶，密章下賁。宋祁《孫奭謚議》云：密章加等，昭飾下泉。又《祭文》云：恤恩告第，蹶書密章。密字乃竝從山，莫知其義為孰是。豈古字可通用乎？或他别有所出也。
周密《浩然齋雅談》卷上	清武英殿聚珍版叢書本	(3) 蘇仲虎侍郎藏東坡所書《富文忠神道碑》眞跡，前後諸名人題跋極多，獨周文忠為之壓卷云：富文忠之使遼，所謂“肅肅王命，仲山甫將之。”蘇文忠之翰墨，所謂“吉甫作誦，穆如清風”也。
周密《浩然齋雅談》卷中	清武英殿聚珍版叢書本	(4) 王仁裕過關中，望春明門，乃蜀後主被誅之地，乃作詩哭之曰：九天冥漠信沈沈，重過春明淚滿襟。齊女叫時魂已斷，杜鵑啼處血尤深。霸圖傾覆人全去，寒骨飄零草亂侵。何事不如陳叔寶？朱門流水自相臨。徐鉉歸朝後，乞為故主李煜作《墓碑》，朝廷從之。（案：翟耆年《籀史》：太平興國中，詔侍臣撰《李煜神道碑》，有欲中傷徐鉉者奏曰：吳王事莫若徐鉉為詳。遂詔鉉撰，鉉乞存故主之義云云。非鉉乞撰，此所記殊誤，謹附訂于此。）

表四百七十七

作者/文獻	版本	用　　例
周守中《養生類纂》卷六	明成化刻本	(1) 去鼻中毛，神道往來，則為廬宅。晝夜綿綿，無休息也。

表四百七十八

作者/文獻	版本	用　　例
周應合《（景定）建康志》卷十七	清文淵閣四庫全書本	(1)《唐史》：嶷撰《史憲神道碑》云：坏山右轉，洮水前臨。"坏"字乃為"岯"，今從之。
周應合《（景定）建康志》卷三十三		(2) 禮部侍郎劉府君神道碑（裴度撰）
周應合《（景定）建康志》卷三十七		(3)《斷碑》：百尺豐碑立路南，盡停車馬試來看。不知神道是誰墓，為問康王何代官。初謂流傳須永永，安知磨滅已漫漫。姓名不足標青史，休把將來礎石觀。
周應合《（景定）建康志》卷四十三		(4) 考證：崇為司空驃騎將軍，青、冀二州刺史。贈溧陽侯，使持節徐、兗二州刺史。有《神道碑》在墓所，晉永和八年立。 (5) 史嶷撰《神道碑》云：伊昔有熊，道德資始。名列五帝，澤流千祀。文捨伯邑，武興太史。官有世功，春秋所紀。衛尉疇嗣，孝成以康。將軍樹績，光武其昌。……言式其墓，岯山之路。如斧載形，廣輪為度。委欝松櫝，蒼茫草露。萬古同心，千春麗曙。猗歟雲仍。世豈乏賢？不忘其本，願述其先。陸家茂德，潘氏流泉。（少一字）聲懿（缺），日月俱懸。（唐景龍四年，所作其碑，字多磨滅。） (6) 考證：《南史》：梁始興王蕭憺，謚曰忠武。墓在清風鄉黄城村，有石麒麟四，及《神道碑》，云"梁故侍中司徒驃騎將軍始興忠武王之碑"。 (7) 考證：《南史》：梁安成王蕭秀，字彦達，謚曰康。墓在清風鄉甘家巷，有石麒麟二，石柱一，《神道碑》二，題云"梁故散騎常侍司空安成康王之神道"。 (8) 考證：《南史》：臨川王蕭宏，字宣達，謚曰靖惠。其墓在北城鄉，有石柱碑二，題云"梁故使黄鉞侍中大將軍揚州牧臨川靖惠王之神道"。

續表

作者/文獻	版本	用　例
周應合《（景定）建康志》卷四十三	清文淵閣四庫全書本	(9) 考證：《南史》：梁吴平忠侯蕭景，字子照，謚曰忠。墓在清風鄉花林村之北，有石麒麟二，石柱一，題云"梁故侍中中撫將軍開府儀同三司吴平忠侯蕭公之神道"。 (10) 考證：《南史》：建安侯蕭正立，謚曰敏。其墓在淳化鎮西宋野石柱塘，有石柱二，題云"梁故侍中左衛將軍建安敏侯之神道"。 (11) 考證：公名金全，字德鏐。有《神道碑》，題云"唐故開府儀同三司檢校太尉兼侍中贈中書令李順公神道"。 (12) 考證：公名君詠，字德之。有《神道碑》，題云"大唐順天翼運功臣特進守太子太傅上柱國清河郡開國公張懿公神道"。 (13) 少保威定王墓，在上元縣鍾山之原。傅雱撰《神道碑》。

表四百七十九

作者/文獻	版本	用　例
周紫芝《太倉稊米集》卷六十	清文淵閣四庫全書補配清文津閣四庫全書本	(1) 嗚呼！建炎之亂，賊焰所至，玉石俱焚。菩薩以方盡之像，成於絲縷之微，獨能示現變異於千百大火，藥使凶人勇夫猶加欽畏。因知世間不可思議神道，佛不妄説而一切衆生聞此殊勝皆大歡喜。况得斯像，寶藏於家，如雷氏者乎？

表四百八十

作者/文獻	版本	用　例
朱弁《曲洧舊聞》卷第二	清知不足齋叢書本	(1) 本朝談經術，始於王軫大卿著《五朝春秋》行於世。其《經術傳》，賈文元作。文元，其家壻也。荊公作《神道碑》，略云此一事。介甫經術，實文元發之，而世莫有知者。當時在館閣談經術，雖王公大人莫敢與爭鋒，惟劉原父兄弟不肎少屈。東坡祭原父文特載其事，有"大言滔天、詭論滅世"之語。祭文，宣和以來始得傳於世。 (2) 子弟於暇日以問公，公曰：當吾使北時，元勳宿將皆老死久矣。後來將不知兵，兵不習戰，徒以聘問絡繹，恃以無恐。雖曲不在我，若與之較，則彼包藏禍心，多歷年所事，未可知。忍恥增幣，非吾意也。吾家兄弟嘗論之，惜乎東坡作《神道碑》日，不知此一段事也。

續表

作者/文獻	版本	用　例
朱弁《曲洧舊聞》卷第三	清知不足齋叢書本	(3) 東坡作《溫公神道碑》，來訪其從兄補之無咎於昭德第。坐未定，自言：吾今日了此文，副本人未見也。啜茶罷，東坡琅然舉其文一徧，其間有蜀音不分明者，無咎略審其字，時之道從照壁後已聽得矣。東坡去，無咎方欲舉示族人，而之道已高聲誦，無一字遺者。無咎初似不樂，久之，曰：十二郎，眞吾家千里駒也。

表四百八十一

作者/文獻	版本	用　例
朱長文《墨池編》卷三	清文淵閣四庫全書本	(1) 唐鄭餘慶，字展業，滎陽人。少砥礪，行已完潔。德宗、憲宗皆命以相。嘗觀其為樊澤書《神道碑》，遒熟可喜。憲宗時能書者幾希，如餘慶者已為精筆矣。年七十五卒，贈太保。
朱長文《墨池編》卷五		(2) 唐杜濟神道碑（大歷十二年） (3) 右《杜濟神道碑》，顏真卿撰并書。藝之至者，如庖丁之刃，輪扁之斵，無不中也。顏魯公之書，刻於石者多矣，而有精有粗，雖他人皆莫可及。然在其一家，自有優劣，余意傳模鐫刻之有工拙也。而此碑字畫遒勁，豈傳刻不失其真者皆若是歟。碑已殘缺，銓次不能成文，第録其字法爾。嘉祐八年中元假日書。
朱長文《墨池編》卷六		(4) 後漢太尉楊君震神道碑（云：聖漢龍興，神祇降祉，乃生于公。又云：司徒、太尉，立朝正色，恪勤竭忠。） (5) 晉大中大夫包府君神道碑 (6) 宋文帝神道碑 (7) 唐玄素神道碑（子義憒撰并書。） (8) 唐錢塘尹顏君神道碑（姪真卿撰并書。） (9) 唐臧懷恪神道碑（顏真卿撰并書。） (10) 唐韋斌神道碑（王維撰，猶子允書。） (11) 唐乙速孤神道碑（載初元年） (12) 唐王師乾神道碑（大歷十三年，張從申書。） (13) 唐夔州長史顏勤禮神道碑（大歷十四年，曾孫真卿撰并書。在萬年。） (14) 唐于夐神道碑（元和中，盧景亮撰。） (15) 唐鴈門王田承嗣神道碑（裴抗書。） (16) 唐王質神道碑（開城四年，劉禹錫撰并書。在永寧。）

續表

作者/文獻	版本	用　　例
朱長文《墨池編》卷六	清文淵閣四庫全書本	（17）唐李石神道碑（會昌三年，柳公權書。在河陰漢祖廟內。） （18）唐孔府君神道碑（咸通十三年，鄭絪撰，柳知微書。） （19）元郑文肃公神道碑（多爾濟巴勒奉敕書。） （20）梧州知府张公神道碑（文徵明書。在南昌。）
朱長文《易經解》	明崇禎四年刻本	（21）《彖》曰：大觀在上，順而巽，中正以觀天下。觀，盥而不薦，有孚顒若，下觀而化也。觀天之神道，而四時不忒。聖人以神道設教，而天下服矣。 （22）九五，陽剛在上，四陰所觀。故曰：大觀其德，順而不假作爲，巽而不露形迹，渾然在中，不偏不倚，所以能觀示天下。下觀而化，即旡言靡争之意。不見天之行四時，而四時不忒。不見聖人之令天下，而天下服。神道設教，猶言聖人設教皆神道耳。

表四百八十二

作者/文獻	版本	用　　例
朱鑒《朱文公易説》晦菴先生朱文公易説卷之四	清文淵閣四庫全書本	（1）盥，非灌之義。盥本謂薦，是欲蓄其誠意以觀示民，使民觀感而化之之義。“有孚顒若”，便是那下觀而化，却不是説人君身上事。“聖人以神道設教”，是聖人不犯手做底，即是“盥而不薦”之義。“順而巽，中正以觀天下”，謂以此觀未之也。“觀我”是自觀，如“視履考祥”底語勢；“觀其”亦是自觀，却從別人説。《易》中“其”字不説別人，只是自家，如“乘其墉”之類。（《㬋淵録》）
朱鑒《朱文公易説》晦菴先生朱文公易説卷之七	清文淵閣四庫全書本	（2）“觀天之神道”，只是自然運行底道理，四時自然不忒。“聖人神道”，亦是説它有教人自然觀感處。
朱鑒《朱文公易説》晦菴先生朱文公易説卷之十四	清文淵閣四庫全書本	（3）鄭仲履問：“巽以行權”，恐是神道？先生曰：不須如此説。巽只是柔順，低心下意底意義。人至行權處，不少巽順，如何行得？此八卦各有所主，皆是處憂患之道。（襲盖卿録。）

表四百八十三

作者/文獻	版本	用　　例
朱勝非《紺珠集》卷二	清文淵閣四庫全書本	(1) 筭生張說：姚崇與說同相，屢以事相侵。崇病，戒諸子：以《神道碑》請於說。既獲其文，登時録進，仍速鐫刻。諸子如戒。後數日，果使取碑，欲重刪定，諸子告以奏御。張咤曰：死姚崇能筭生張說。
朱勝非《紺珠集》卷十		(2) 元珠閣《火經》論：洞庭君幸元珠閣，與太陽道士論《火經》。吾龍君也，以水為神道，士以火為靈用，各異也。

表四百八十四

作者/文獻	版本	用　　例
朱熹《周易本義》周易彖上傳第一	宋咸淳刻本	(1) 大觀在上，順而巽，中正以觀天下。（以卦體、卦德釋卦名義。）觀，盥而不薦，有孚顒若，下觀而化也。（釋卦辭。）觀天之神道，而四時不忒。聖人以神道設教，而天下服矣。（極言觀之道也。四時不忒，天之所以為觀也。神道設教，聖人之所以為觀也。）
朱熹《晦菴集》晦菴先生朱文公文集卷第五十七	四部叢刊景明嘉靖本	(2) 一之卜以三月半葬併改葬前妣，祔于先塋，以前妣與其先丈合爲一封土，而以繼妣少間數步，又別爲一封土，與朋友議以神道尊右，而欲二妣皆列於先塋之左，不審是否然？程子《葬穴圖》又以昭居左而穆居右，而《廟制》亦左昭右穆，此意何也？
朱熹《晦菴集》晦菴先生朱文公文集卷第七十一		(3) 李本云：公自言學道三十年，所得者平心無怨惡爾。初以范希文事得罪于呂公，坐黨人逺貶三峽，流落累年。比呂公罷相，公始被進擢。及後爲范公作《神道碑》言西事，時呂公擢用希文，盛稱二公之賢，能釋私憾而共力於國家。希文子純仁，大以爲不然。刻石時輙削去此一節，云：我父至死，未嘗解仇。公歎曰：我亦得罪於呂丞相者，惟其言公，所以信於後世也。吾嘗聞范公平生自言"無怨惡於一人"，兼其《與呂公解仇書》，見在賫集中。豈有父自言"無怨惡於一人"，而其子不使解仇於地下乎？父子之性，相逺如此。
朱熹《晦菴集》晦菴先生朱文公文集卷第八十七		(4)《又祭劉共父樞密文》：年月日具位，朱熹謹遣男埜門人林夂（中略），具酒肴之奠，敬奉熹所撰次《先正少傅公神道碑銘》草藁，告于近故留守觀文樞密彭城劉公靈几之前，曰：在昔歳秋，公病欲絶。自力爲書，來告永訣。上言國家，讎耻未雪。冢骨易枯，此恨難滅。次念遺阡，豐碑未揭。謂我銘之，以永前烈。下及諸孤，羈貫在列。謂我教之，它靡顧謁。字畫方嚴，詞氣凜冽。是豈死人，而有斯說。三復悲號，心膂貫徹。聞公是日，三簡并折。拜疏千言，忠憤是洩。我雖不武，實仰奇節。生既人英，死當鬼傑。……老淚如傾，逺寄清血。嗚呼哀哉！尚饗。

續表

<table>
<tr><th>作者/文獻</th><th>版本</th><th>用　　例</th></tr>
<tr><td>朱熹
《晦菴集》
晦菴先生
朱文公文集
卷第八十八</td><td rowspan="3">四部
叢刊
景明
嘉靖
本</td><td>（5）少傅劉公神道碑
（6）龍圖閣直學士吳公神道碑
（7）觀文殿學士劉公神道碑</td></tr>
<tr><td>朱熹
《晦菴集》
晦菴先生
朱文公文集
卷第八十九</td><td>（8）右文殿修撰張公神道碑
（9）直秘閣贈朝議大夫范公神道碑
（10）朝議大夫致仕贈光祿大夫黃公神道碑
（11）中奉大夫直煥章閣王公神道碑銘</td></tr>
<tr><td>朱熹
《晦菴集》
晦菴先生
朱文公文集
卷第九十七</td><td>（12）嗚呼，此豈其讖耶？不肖子熹追慕攀號，無所逮及。竊惟納銘幽堂，具著聲烈，以告萬世。蓋自近古以來未之有改，而公贈官通議大夫正第四品準格，又當立碑。螭首龜趺，其崇九尺，刻辭頌美，以表于神道。用敢追述其平生論議行實之大者，如右以請于當世立言之君子，伏惟幸垂聽而擇焉。</td></tr>
<tr><td>朱熹
《五朝名臣
言行録》
卷第二</td><td>四部
叢刊
景宋
本</td><td>（13）公與人寡言笑，其語雖簡，而能以理屈人，默然終日，莫能窺其際。及奏事上前，群臣異同，公徐一言以定。今上爲皇太子，太子諭德見公，稱太子學書有法。公曰：諭德之職，止於是耶？（歐公撰《神道碑》。）
（14）趙德明言民飢，求糧百萬斛。大臣皆曰：德明新納誓而敢違，請以詔書責之。眞宗以問公，公請勑有司具粟百萬於京師，詔德明來取，眞宗大喜。德明得詔書，慙且拜曰：朝廷有人！（《神道碑》）
（15）大中祥符中，天下大蝗，眞宗使人於野得死蝗以示大臣。明日，他宰相有袖死蝗以進者，曰：蝗實死矣，請示於朝，率百官賀。公獨以爲不可。後數日，方奏事，飛蝗蔽天，眞宗顧公曰：使百官方賀，而蝗如此，豈不爲天下笑邪？（《神道碑》）
（16）宦者劉承規以忠謹得幸，病且死，求爲節度使。眞宗以語公曰：承規待此以瞑目。公執以爲不可，曰：他日將有求爲樞密使者，奈何？至今內臣官不過留後。（《神道碑》）
（17）公任事久，人有謗公於上者，公輒引咎，未嘗自辨；至人有過失，雖人主盛怒，可辨者辯之，必得而後已。……眞宗曰：此事已發，何可免？公曰：臣爲宰相，執國法，豈可自爲之，幸於不發而以罪人？眞宗意解。公至中書，</td></tr>
</table>

續表

作者/文獻	版本	用　　例
朱熹《五朝名臣言行録》卷第二	四部叢刊景宋本	悉焚所得書。既而眞宗悔，復馳取之，公曰：臣已焚之矣。由是獲免者衆。(《神道碑》) (18) 是時，契丹初請盟，趙德明亦納誓約，願守河西故地，二邊兵罷不用，眞宗遂欲以無事治天下。公以謂宋興三世，祖宗之法具在，故其爲相，務行故事，謹所改作。進退能否，賞罰必當。眞宗久而益信之，所言無不聽也。雖他宰相大臣有所請，必曰：王旦以謂如何？事無大小，非公所言不决。公在相位十餘年，外無夷狄之虞，兵革不用，海内富庶，群工百司各得其職。故天下至今稱爲賢相。(《神道碑》) (19) 公於用人，不以名譽，必求其實。苟賢且才矣，必久其官，衆以爲宜某職然後遷。其所薦引，人未嘗知。……初遣使者召之，不知其所止，眞宗命至中書問王旦，然後人知行簡，公所薦也。公自知制誥至爲相，薦士尢多。其後公薨，史官修《眞宗實録》，得内出奏章，乃知朝廷之士，多公所薦者。(《神道碑》) (20) 以病求罷，入見滋福殿。眞宗曰：朕方以大事託卿，而卿病如此。因命皇太子拜公。公言皇太子盛德，必任陛下事，因薦可爲大臣者十餘人。其後不至宰相者，李及、凌策二人而已，然亦皆爲名臣。(《神道碑》) (21) 公事寡嫂謹，與其弟旭友悌尢篤，任以家事，一無所問，而務以儉約率勵子弟，使在富貴不知爲驕侈。兄子睦欲舉進士，公曰：吾嘗以太盛爲懼，其可與寒士爭進？至其薨也，子素猶未官，遺表不求恩澤。(《神道碑》) (22) 契丹既受盟而歸，寇公每有自多之色，雖上亦以自得也。王欽若深患之，一日，從容言於上曰：此《春秋》城下之盟也，諸侯猶且耻之，而陛下以爲功，臣竊不取。眞宗愀然不樂，曰：爲之奈何？欽若度上厭兵，即謬曰：陛下以兵取幽燕，乃可刷耻。上曰：河朔生靈，始免兵革之禍，吾安能爲此？可思其次。欽若曰：唯有封禪太山，可以鎮服四海，誇示夷狄。然自古封禪，當得天瑞希世絕倫之事，然後可爲也。既而又曰：天里安可必得？前代蓋有以人力爲之者，惟人主深信而崇奉之，以明示天下，則與天瑞無異矣。上久之，乃可。然王旦方爲相，上心憚之，曰：王旦得無不可乎？欽若曰：臣得以聖意喻旦，宜無不可。乘間爲旦言之，旦黽勉而從。然上意猶未决，莫適與籌之者。它日，晚幸祕閣，唯杜鎬方直宿。上驟問之曰：古所謂河出圖、洛出書，果何事耶？鎬老儒，不測上旨，漫應之曰：此聖人以神道設教耳。其言適與上意會，上由此意决。遂召王旦飲酒於内中，歡甚，賜以樽酒，曰：此酒極佳，歸與妻孥共之。既歸發之，乃珠子也。由是天書、封禪等事，旦不復異議。

續表

作者/文獻	版本	用　　例
朱熹《五朝名臣言行録》卷第二	四部叢刊景宋本	(23) 歐陽公撰公《神道碑銘》曰：烈烈魏公，相我眞宗。眞廟翼翼，魏公配食。公相眞宗，不言以躬。時有大事，事有大疑。匪卜匪筮，公爲蓍龜。公在相位，終日如默。問其夷狄，包褁兵革。問其卿士，百工以職。問其庶民，耕織衣食。相有賞罰，功當罪明，相所黜升，惟否惟能。執其權衡，萬物之平。孰不事君，胡能必信？孰不爲相，其誰有終？公薨于位，太尉之崇。天子孝思，來薦清廟。侑我聖考，惟時元老。天子念功，報公之隆。春秋從享，萬祀無窮。作爲詩歌，以諗廟工。
朱熹《五朝名臣言行録》卷第三	四部叢刊景宋本	(24) 公少倜儻，有大志，尚氣節，重然諾，爲學必本仁義。不喜浮靡。太平興國四年秋，與忠愍冦公同赴大名舉，議將首薦公。公以同郡張覃素有文行，即率冦公上書，請以覃爲冠。一府欽歎，遂如公言，士論多之。（韓魏公撰《神道碑》） (25) 公在銀臺時，張永德爲并代帥，小校犯法，杖之而死。有詔按罪。公封還詔書，曰：永德方被邊寄，若責一小校，遂摧辱之，臣恐帥體輕而小人慢上矣。不納。既而果有營卒脅刺其大校者，上始寤公言，面加慰勞。（《神道碑》） (26) 一日，繼恩械賊數十人，請公行法。公詢之，悉皆前所自首者，復縱之。繼恩恚而問公，公曰：前日李順脅民爲賊，今日僕化賊爲民，不亦可乎？公度繼恩日横，不能改，亟以狀聞，願選忠實可倚者與繼恩共事。……順之餘黨，公撫安于内，正擒討于外，再閱月而兩川平。（《神道碑》） (27) 今人得所掠，氣驕，敢逼吾城，乃送死耳。請出兵，比至方井，當遇賊，破之必矣。正即受教，及行，公爲出送于郊，激其盡力。正至方井，果遇賊，一戰斬旰首，餘黨盡平。衆益服公料敵制勝，人所不及。（《神道碑》） (28) 蜀風尚侈，好遨樂。公從其俗，凡一歲之内，游觀之所與夫飲饌之品，皆著爲常法。後人謹而從之則治，違之則人情不安，輒以累罷去。（《神道碑》） (29) 公有清鑒，善臧否人物，凢所薦辟，皆方廉恬退之士。甞曰：彼好奔競者，將自得之，何假吾舉！（《神道碑》） (30) 公文章雄健，有氣骨，稱其爲人。甞爲《聲賦》，梁公周翰覽而歎曰：二百年來不見此作矣！（《神道碑》） (31) 益不貢士者幾二十年，學校頽替。公察郡人張及、李畋、張逵者，皆有學行，爲鄉里所服，遂延奬加禮，敦勉就舉。後三人悉登科，歷美官。於是兩川學者知勸，文風日振。（《神道碑》）

續表

作者/文獻	版本	用　　例
朱熹 《五朝名臣言行録》 卷第三	四部叢刊景宋本	(32) 公知杭州事，時歲飢，民冒禁販鹽，捕獲者數百人，公悉寬其罰。官屬執言不可，公曰：錢塘十萬家，餓殍如此，若鹽禁益嚴，則聚而爲盜，患益甚矣。俟秋成敢爾，當痛以法繩之，境内卒以無擾。(《神道碑》) (33) 公在杭，有富民病將死，子方三歲，乃命其婿主其貲，而與婿遺書曰：他日欲分財，即以十之三與子，而以七與婿。子時長立，果以財爲訟。婿持其遺書詣府，請如元約。公閲之，以酒酹地，曰：汝之婦翁，智人也。時以子幼，故以此屬汝，不然，子死汝手矣。乃命以其財三與婿，而子與其七。皆泣謝而去，服公明斷。(《神道碑》) (34) 公知民信己，易嚴以寬，凡一令之下，人情無不慰愜，蜀部復大治。轉運使黄觀以政迹聞，賜詔加獎，就改吏部侍郎。命謝濤巡撫于蜀，上遣濤諭公曰：得卿在蜀，朕不復有西顧之憂。因詔公與濤議鑄景德大鐵錢于嘉、邛州，一當小鐵錢十、銅錢一，于今便之。(《神道碑》) (35) 時金陵多火災，居者不安。公廉知皆奸民所爲，潛捕得之，乃命先折其脛，斬之以徇，火患遂絶。(《神道碑》) (36) 公早學劍，遂精其術，兩河間人無敵者。生平勇於爲義，遇人艱急，苟情有可哀，必極力以濟，無所顧惜。(《神道碑》) (37) 公之當官，凡所施設，動有遠識，始時人或不能測，其後卒有大利，民感無窮。至自奉養，逮于服玩之具，則寡薄儉陋，雖寒士不若也。公退闢静室，焚香燕坐，聚書萬卷，往往手自校正。旁無聲色之好。(《神道碑》) (38) 公天賦正直，濟以剛果，始終挺然，無所屈撓。自力學筮仕，則有澤及天下之心，而以富貴爲薄。逸人傅霖，高蹈之士，與公素善。公嘗與夜會劇談，時諸鄰多病瘧者，一夕頓愈。嘗訪三峯陳先生，摶一見公，厚遇之，顧謂弟子曰：此人於名利澹然無情，達必爲公卿，不達則爲帝王師。其爲高人推重如此。(《神道碑》) (39) 太平興國三年，領兵戍秦州。清水姦人李飛雄乘驛稱詔捕公及秦隴巡檢劉文裕等將，繫之秦州。劫獄囚，盗庫兵以反。公辨其詐，與文裕執飛雄治殺之。(王荆公撰《神道碑》。) (40) 雍熙二年，監博州兵馬時，劉延讓敗於君子驛，而契丹歸矣。公方料丁壯，集芻粮，繕城治械如冦至。吏民初不悅其生事也，已而契丹果至，度不可攻，乃去。(《神道碑》) (41) 知定遠軍。時議發河南十三州之民轉饟，河北公告轉運使樊知古：此軍聚兵少而積粟多，簸其腐，尚可得十七。知古用此，得粟五十萬斛，以罷河南之役。事聞朝廷，太宗嘉之。(《神道碑》)

續表

作者/文獻	版本	用　例
朱熹《五朝名臣言行録》卷第三	四部叢刊景宋本	(42) 李順之亂，公討平劍州。召還，至三泉，而復以公與王繼恩討賊。繼恩怒公抗直，使守彭州，盡收其軍，而與之羸卒三百。賊率其衆至，號十萬。公力戰一日，亡其卒太半。乃夜獨出，招救兵復入，賊以敗去。(《神道碑》) (43) 蜀卒劉旰聚党數千人爲亂，所攻數州，至輒取之。公以卒三百，追至蜀州，與戰，旰走邛州。而招安使上官正召公歸成都計事，公爲正畫曰：賊破邛州，必乘勝薄我，我軍雖倍，未易敵也，不如迎其獘急擊，破之必矣。遂行。次方井，與正合，殺旰等無噍類。(《神道碑》) (44) 知秦州，諸羌質子有三十年不釋者，公悉歸之，諸羌德公，訖公去無一人犯塞。(《神道碑》) (45) 知成都府，有告騎士謀爲變者，所引以千數，公捕殺其首七人，而置其餘無所問。自乾德後，歲漕蜀物，以富人爲送吏，多坐漂失籍其家。公奏擇三班使臣及三司軍大將代之，而課其漕事爲賞罰，至今便之。(《神道碑》) (46) 知延州，至郡，羌方以兵覘邊。會上元，開門張燈，視以無爲，而羌卒不能爲寇。(《神道碑》) (47) 又移知鎮州，會契丹入邊。自澶以北，城郭皆晝閉。詔使過，公輒留之，而募人間行送詔，皆得其報以聞。又以便宜使所至，受諸漕輓給邊之物，故契丹欲虜掠，無所得。車駕次澶州，大將王超提卒數十萬，逗留不赴。公屢趣之，乃出師，猶辭以中渡無橋。至則公先巳度材，一夕而橋就。上聞，手詔褒之，且知公果可以屬大事也。(《神道碑》) (48) 祥符元年，東封泰山，以爲行宫都總管。自此行幸，必以公為都總管，許以專殺。公部分明，約束，審出入肅然，而未嘗輒戮一人。(《神道碑》) (49) 邊將言契丹近塞，大臣議皆請發兵以備，公獨議使邊將移書問狀，從之。契丹解去。(《神道碑》) (50) 除樞密副使。當是時，契丹巳盟，大臣方言符瑞，而公每不然之，獨常從容極言“天下雖安，不可忘戰去兵”之意。及它爭議甚衆，眞宗多以公言爲是。(《神道碑》) (51) 公少忼慨，以武力智謀自喜，又能好書，賓友儒者，所與善必一時豪傑。有集二十卷，其文長於議論。(《神道碑》) (52) 自始仕以至登用，遇事謇謇，未嘗有所顧憚。王冀公、丁晉公用事，每廷議得其不直，輒面詆之。眞宗初或甚忤，然終以此知公，而天下至今稱其正直。(《神道碑》)

續表

作者/文獻	版本	用　　例
朱熹《五朝名臣言行録》卷第四	四部叢刊景宋本	(53) 吳越入朝，公以選知台州。既至，言：錢氏所上圖籍，皆張侈賦數。願一用舊籍，以輯新民。詔從之。(劉莘老撰《神道碑》。) (54) 端拱中，詔王府官各上所爲文。帝問近臣曰：文，吾既知之，其行孰優？皆以公對。帝喜曰：是也。以本官知制誥，召爲翰林學士。大臣以張洎言，帝曰：洎視士安詞藪踐歷固不減，但履行遠在其下耳。(《神道碑》) (55) 公知開封府，近臣有怙勢爲不法，彊買民家定婚子者。公請對白其横，奪還之。(《神道碑》) (56) 未幾，夏州趙德明亦欵塞内附。二方既定，中外略安。量時制法，次第施行。如摧酤母得增額，平反已决死罪録爲勞，訟不干已者坐以重，至今不易。復置賢良方正、直言極諫等科，以廣取士。每對必爲帝言，崇儉息民，近忠直，遠諛佞，是爲政要，故當時天下無事，號至治云。(《神道碑》) (57) 後王文正公爲相，嘗面奏曰：陛下前稱畢士安清畏如古人，在位聞之無不感歎，且士安仕至輔相而四海無田園邸第，没未終喪，家用已屈。今其妻有貸於臣家，其不員陛下所知滋可見矣。是固宜有以周之，然當出上恩，非臣敢爲私惠時也。帝聞歎息，賜白金五千兩。(《神道碑》) (58) 禹偁，濟州白屋子，嘗以事至公官舍，陰識其非常童，留之教以學。後遂登科，進用更在公前。及公繼知制誥，其命乃禹偁詞也。……公猶厚資其行云。(《神道碑》) (59) 公名準，字平仲，華州下邽人。……天禧元年，復入相。三年，罷爲太子太傅，降太常卿，知相州，徙安州，貶道州司馬。乾興元年，再貶雷州司戶糸軍。天聖元年，徙衡州司馬。未行而薨，年六十三。後十餘年，贈中書令，賜謚，詔翰林學士孫抃撰《神道碑》，御篆其首曰“旌忠”云。 (60) 太平興國四年，從征太原。太宗引兵自幽州還，聞虜兵盛，至留王夜作《引龍直》樂于御營。遲明王度車駕已遠，潰圍轉戰。以出至行在所，而六班卒不至。太宗欲誅六班，王曰：陛下晨夕兼行令，不蚤下主將之罪也。今衛士皆以材勇選，從下太原有功，未賞盡誅之，可虡帝怒。遂釋。(王禹玉撰《神道碑》。) (61) 管軍負闕，王兼領二司，王乃言曰：臣老矣，如有負薪之憂，誰爲可任者？先朝自殿前而下，各置副都指揮使及都虞候，常有十人職近事親易以第進，又使士卒預識其威名緩急，臨戎上下得以附習此軍制之大要也。上從之。(《神道碑》)

續表

作者/文獻	版本	用　　例
朱熹《五朝名臣言行録》卷第四		（62）王下馬自扶輦擁衆渡河，既而請帝御北城觀兵，漢軍望黄蓋皆仰呼萬歲，而虜人亦大呼，聲聞數十里，其種酋皆駭視失色。有頃，弩伏發射，契丹貴將撻覽死，遂奉書請盟。師還，賜燕于行宫，而李繼隆、石保吉、魏咸信酒酣爭功。王曰：天子神武，一舉而折敵，公等何功之與也？繼隆等愧甚。（《神道碑》） （63）王被疾，从不出，輒有遺陳粒殿下者，中貴人得之，以聞人賜精米一斛。王嘆曰：安有是邪？遂以疾辭典軍。（《神道碑》） （64）王素爲寇準所知，而王欽若以南廵之議恨準。準罷相，欽若知樞密院。王疾甚，眞宗趣駕欲臨問，欽若乃言：天子問疾，所以寵勳臣，今瓊無破敵之功，不可往。帝乃止。（《神道碑》） （65）眞宗嘗問卿子幾人，曰：臣子十有四人。臣誠愚不肖，然未嘗不教以知書。於是，賜諸經史於其家。每戒諸子母曲事要埶以蕲進身，若吾奮節行間至秉旄鉞，豈因人力哉？又嘗與諸子論蔚昭敏、李斌之爲人，諸子曰：此衆之所非也。王曰：吾常與此二人者，言其忠質一心，無銖髮敢欺朝廷。衆之所非，吾之所取也。（《神道碑》）
朱熹《五朝名臣言行録》卷第六	四部叢刊景宋本	（66）既而許公自濵罷，擢提點兩浙刑獄，未幾爲侍從。及丁晋公敗，沂公引爲執政，卒與沂公並相。沂公從容道文正語，二公皆嗟嘆，以爲非所及。其後張公安道得其事於許公，故於《許公神道碑》略叙一二。（《龍川志》） （67）公爲人剛毅篤實，好古博學。嘗以言事，貶通判潮州。其所言，蓋大臣所難言者。（歐陽公撰《神道碑》。） （68）潮之惡溪，有鱷魚食人不可近。公命捕得，鳴皷于市，以文告而戮之，鱷患屏息。（《神道碑》） （69）知壽州，遭歲大飢，公自出米爲糜以食餓者。吏民以公故，皆爭出米，其活數萬人。公曰：吾豈以是爲私惠邪？蓋以令率人，不若身先而使其從之樂也。（《神道碑》） （70）錢塘江堤，以竹籠石，而潮嚙之，不數歲輒壞而復理。公嘆曰：堤以捍患而反病民！乃議易以薪土。言者以爲非便，而丁晋公主之以黜公，公争不已，乃徙公京西。而籠石爲堤，數歲功不就，民力大困。卒用公議，堤乃成。（《神道碑》） （71）河東地寒而民貧，奏除石炭税，減官冶鐵課歲數十萬以便民，曰：轉運，征利之官也。利有夲末，下有餘則上足，吾豈爲俗吏哉！（《神道碑》） （72）太行山當河北、河東兩路之界，公以謂晋自前世爲險國，常先叛而後服者，恃此也。其在河東，鑿澤州路，後徙河北，鑿懷州路，而太行之險通。行者得公以爲利，公曰：吾豈爲今日利哉！（《神道碑》）

續表

作者/文獻	版本	用　　例
朱熹《五朝名臣言行録》卷第六	四部叢刊景宋本	(73) 河決壞滑州，公躬自暴露，晝夜督促葪爲木龍，以巨木駢齒浮水上下。殺其暴，堤乃成，又爲長堤以護其外。滑人曰：不可使後人忘我陳公。因號其堤爲陳公堤。(《神道碑》) (74) 開封府治京師，公以謂治煩之術，任威以擊強，盡察以防姦，譬於激水而欲其澄也。故公爲政，一以誠信。每歲正月，夜放燈，則悉籍惡少年禁錮之。公召諭曰：尹以惡人待汝，汝安得爲善？吾以善人待汝，汝忍爲惡耶？因盡縱之，凡五夜，無一人犯法者。(《神道碑》) (75) 太常博士陳詁知祥符縣，縣吏惡其明察，欲中以事，而詁公廉，事不可得，乃欲以奇動京師。自録事以下，空一縣皆逃去，京師果喧言詁政苛暴。是時章獻明肅太后猶聽政，怒詁，欲加以罪。公爲樞密副使，力争之，以謂罪詁則姦人得計而沮能吏，詁由是獲免。(《神道碑》) (76) 公十典大州，六爲轉運使，常以方嚴肅下，使人知畏而重犯法，至其過失，則多保佑之，故未嘗按黜一下吏。(《神道碑》) (77) 故事，知制誥者先試其文辭，天子以公文學天下所知，不復命試。自國朝以來，不試知制誥者，唯楊億及公二人而已。(《神道碑》) (78) 公居官，不妄進取。爲太常丞者十三年不遷，爲起居郎者七年不遷。自議錢塘堤爲丁晉公所絀，後晉公益用事，專威福。故人子弟以公久于外，多勉以進取，公曰：唯久然後見吾守。如是十五年。今天子即位，晉公事敗投海外，公乃見召用。(《神道碑》) (79) 公初作相，以唐劉蕡所對策進曰：天下治亂，自朝廷始，朝廷賞罰，自近始。凡蕡之所究言者，皆當今之弊。臣所欲言，而陛下之所宜行也。天子嘉納之。(《神道碑》) (80) 公居家，以儉約爲法，雖已貴，常使其子弟親執賤事。曰：孔子固多能鄙事。臨卒，口占數十言，自誌其墓。(《神道碑》) (81) 公父，秦國公省華三子。長曰堯叟，爲樞密使、同中書門下平章事。季曰堯咨，爲武信軍節度使。皆舉進士第一人及第。三子已貴，秦公尚無恙，每賓客至其家，公及伯、季侍立左右，坐客踧踖不安，求去，秦公笑曰：此兒子輩爾。故天下皆以秦公教子爲法，而以陳氏世家爲榮。(《神道碑》) (82) 公既佐佑東宫，眞宗所以諮訪，多以方寸小紙細書問之。由是衆與機密，凡所對，必以其藁進，示不洩。其後悉閲眞宗閤中遺書，得公所進藁類，爲八十卷，藏之禁中，人莫之見也。(《神道碑》)

續表

作者/文獻	版本	用　　例
朱熹《五朝名臣言行録》卷第六	四部叢刊景宋本	(83) 眞宗遺詔章獻明肅太后權聽軍國事。宰相丁謂，樞密使曹利用，各欲獨見奏事，無敢決其議者。公建言：群臣奏事太后者，垂簾聽之，皆毋得見。議遂定。(《神道碑》) (84) 公留守南京，大興學校，以教諸生。自五代以來，天下學廢，興自公始。(《神道碑》) (85) 太后謁太廟，有請服衮冕者，太后以問公，公以《周官》后服對。(《神道碑》) (86) 自公復召用，而趙元昊反，師出陝西，天下獘於兵。公數建利害，請罷監軍，無以陣圖授諸將，使得應敵爲攻守，及制財用，爲出入之要，皆有法。天子悉爲施行，自宫禁先，以率天下，而財賦之職，悉歸有司，卒能以謀。臣元昊，使聽約束，乃還其王號。(《神道碑》) (87) 公爲人剛簡，遇人必以誠，雖處冨貴如寒士，罇酒相對歡如也，得一善稱之如已出。當世知名之士，如范仲淹、孔道輔等，皆出其門。及爲相，益務進賢材。當公居相府時，范仲淹、韓琦、冨弼皆進用，至於臺閣多一時之賢。天子既厭西兵，閔天下困獘，奮然有意，遂欲因群材以更治數，詔大臣條天下事。方施行，而小人權倖皆不便。明年秋，會公以事罷，而仲淹等相次亦皆去，事遂已。(《神道碑》) (88) 公自少篤學，至其病亟，猶手不釋卷。其爲政敏，而務以簡便其民。其於家嚴，子弟之見有時，事寡姊孝謹，未甞爲子弟求恩澤。其在陳州，上問宰相曰：晏殊居外，未甞有所請，其亦有所欲邪？宰相以告公，公自爲表，問起居而已。故其薨也，天子尢哀悼之。(《神道碑》) (89) 爲左正言，會郭皇后廢，以諫官伏閤，爭不可得，坐罰金。(王禹玉撰《神道碑》。) (90) 它日，烖異數見，宰相唯能開觀寺，爲民祈福。公謂烖異之來，所以戒政事。此豈所以應天變哉？奏罷之。(《神道碑》) (91) 先是趙元昊反，劉平、石元孫皆輕敵失軍。因詔中書兼管樞密院機事，時緣邊諸帥官重者，互領陝西四路，以故號令頗不一。又兵多分屯堡障，公言宜使大帥收重兵，内地它帥自當一道，緩急有警，則分兵四出以援之。其議久不決，後卒如公計。(《神道碑》) (92) 帝召二府，天章閣觀書出詔，目問天下利病事，宰相倉猝莫敢對。公時叅知政事，獨進曰：臣等皆待罪二府，固已總萬事而共謀之。不當下同諸生對策，願至中書條上。既退，草數千言奏之。後皆施用。(《神道碑》)

續表

作者/文獻	版本	用　　例
朱熹《五朝名臣言行録》卷第六	四部叢刊景宋本	(93) 初，公言比有近幸之人，多緣内降得横恩，宜因大祀之後，斥絶以新聖政。於是帝别爲手詔，與赦書同降。(《神道碑》) (94) 公間言祖宗收方鎮之權，嘗欲畿甸蓄禁兵四十萬。今所蓄不精，且多外補戍，更非彊本之埶。又武臣用恩幸者，多得仕邊要，而孤寒者常在東南，至老無恩澤。公乃作科條，均其所入官，而恩幸者滋不説。(《神道碑》) (95) 公爲三司使，不恱苟利，不貪近功。時議者患民税多目，吏得爲姦，欲除其名而合爲一。公以謂合而没其名，一時之便，後有興利之臣必復增之，是重困民也。議者莫能奪。其於出入尤謹，禁中時有所取，未嘗肯予。宦官怒，言陛下雖有欲，物在程琳何可得！公曰：臣所以爲陛下惜爾。天子以爲然。(《神道碑》) (96) 公在延州，夏人數百驅畜産至界上請降，言契丹兵至衙頭矣，國且亂，願自歸。公曰：契丹兵至元昊帳下，當舉國取之，豈容有來降者？吾聞夏人方捕叛族，此其是乎？不然，誘我也。拒而不受。已而夏人果以兵數萬臨界上，公戒諸堡寨無得出兵，夏人以爲有備，引去，自此不復窺邊。(《神道碑》)
朱熹《五朝名臣言行録》卷第七		(97) 公生二歲而孤，母夫人貧無依，再適長山朱氏。既長，知其世家，感泣去，之南都。入學舍，掃一室，晝夜講誦，其起居飲食，人所不堪，而公自刻益苦。居五年，大通《六經》之旨，爲文章，論説必本於仁義。(歐陽公撰《神道碑》。) (98) 又《神道碑》云：當太后臨朝時，以至日大會前殿，上將率百官爲壽，有司已具。公上疏言天子無北面，且開後世弱人主以强母后之漸，其事遂已。 (99) 又上書請還政，天子不報。出通判河中府。及太后崩，召拜右司諫時，言事者希旨，多求太后時事，欲深治之。公獨以謂太后受託先帝，保佑聖躬，宜掩其小故以全大德。初，太后有遺命，立楊太妃代爲太后。公諫曰：太后，母號也，自古無代立者。繇是罷其册命。(《神道碑》) (100) 郭皇后廢，率諫官、御史伏閤爭，不能得，貶知睦州，又徙蘇州。歲餘，即拜天章閣待制，召還，益論時政闕失，而大臣權倖多忌惡之。居數月，以公知開封府。素號難治，公治有聲。事日益簡，暇則益取古今治亂安危爲上開説，又爲《百官圖》以獻，曰：任人各以其材而百職脩，堯、舜之治不過此也。因指其遷進遲速次序曰：如此而可以爲公，可以爲私，亦不可以不察。由是吕丞相怒，至交論上前，公求對，辨語切，坐落職，知饒州。(《神道碑》)

續表

作者/文獻	版本	用　　例
朱熹《五朝名臣言行録》卷第七	四部叢刊景宋本	(101) 居邊二歲，士勇邊實，恩信大洽，乃决策謀取橫山，復靈武，而元昊數遣使稱臣請和，上亦召公歸矣。(《神道碑》) (102) 初，西人藉爲鄉兵者數萬，既而黥以爲軍，唯公所部，但刺其手，公去兵罷，獨得復爲民。其於兩路，既得熟羌爲用，使以守邊，因徙屯兵就食内地，而紓西人饋輓之勞。其所設施，去而人德之，與守其法不敢變者，至今尤多。(《神道碑》) (103) 自公坐吕公貶，群士大夫各持二公曲直，吕公患之，凡直公者，皆指爲黨，或坐竄逐。及吕公復相，公亦再起被用，於是二公驩然相約勠力平賊。天下之士皆以此多二公，然朋黨之論遂起而不能止。上既賢公可大用，故卒置群議而用之。(《神道碑》) (104) 又《龍川志》云：范文正公篤於忠亮，雖喜功名，而不爲朋黨。早歲排吕申公，勇於立事，其徒因之矯厲過直，公亦不喜也。自饒州還朝，出領西事，恐申公不爲之地，無以成功，乃爲書自咎，解仇而去。故歐陽公爲《文正神道碑》，言“二公晚年歡然相得”，由此故也。後生不知，皆咎歐陽公，予見張公言，乃信之。 (105) 會邊奏有警，公即請行，乃以公爲河東、陝西宣撫使。至則上書願復守邊，即拜資政殿學士、知邠州，兼陝西四路安撫使。其知政事，纔一歲而罷，有司悉奏罷公前所施行而復其故。言者遂以危事中之，賴上察其忠，不聽。是時，夏人已稱臣，公因以疾請鄧州。(《神道碑》) (106) 公少有大節，其於富貴、貧賤、毀譽、歡戚，不一動其心，而慨然有志於天下，常自誦曰：士當先天下之憂而憂，後天下之樂而樂也。其事上遇人，一以自信，不擇利害爲趨捨。其有所爲，必盡其力，曰：爲之自我者當如是。其成與否，有不在我者，雖聖賢不能，必吾豈苟哉！(《神道碑》) (107) 公爲人外和内剛，樂善汎愛。喪其母時尚貧，終身非賓客食不重肉，臨財好施，意豁如也。及退而視其私，妻子僅給衣食。其爲政，所至民多立祠畫像；其行已臨事，自山林處士、里閭田野之人，外至夷狄，莫不知其名字，而樂道其事者甚衆。(《神道碑》)
朱熹《五朝名臣言行録》卷第八		(108) 至和三年，以災異，詔中外咸言得失。公密疏曰：太子天下本，今陛下春秋固方盛，然太子不豫建，使四方無所係心。願擇宗室之宜爲嗣者，蚤决之。羣情既安，則大異可塞矣。臣歷位將相，忍先犬馬，無以報，雖冒萬死而不悔也。(王禹玉撰《神道碑》。)

續表

作者/文獻	版本	用例
朱熹《五朝名臣言行録》卷第八	四部叢刊景宋本	(109) 公坐是罷節度使，復爲觀文殿大學士、知青州。於是，司馬光上書曰：擅議築堡，臣光實陳之。今戡等輕出，亡師傷國威，重罪在臣光。公聞亦上奏，自咎皆不報。(《神道碑》) (110) 又城橋子谷，築招安、豐林、新寨、大郎堡，皆扼賊要害，使不能闚邊。上欲召見公，會寇薄平凉，因命圖形以進，繇是天下知公名。(王禹玉撰《神道碑》。) (111) 公入邕州，獲金貝巨萬，畜數千，悉分戲下。賊所俘脅，皆慰遣之。斂積尸，爲京觀于城北。尸有衣金龍之衣者，又得金龍楯於其傍，或言：智高已死亂兵中。當亟作奏者，公曰：安知其非詐？寧失智高，敢欺朝廷耶？(《神道碑》) (112) 初，青之至邕也，會瘴霧昏塞，或謂賊流毒水中，飲者多死。忽一夕，泉湧于郊，汲之甘洌，遂濟其衆。(《神道碑》) (113) 至道二年，遣五將討繼遷，公從武康公出鐵門，爲先鋒，殺獲甚眾。軍至烏白池，諸將失期，不得進，公告其父曰：歸師過險，争必亂。乃以兵前守隘，令其軍曰：亂行者斬！由是士卒無敢先後，雖武康公亦爲之按轡。追兵望其軍整，不敢近。武康公嘆曰：王氏有子矣。(歐陽公撰《神道碑》。) (114) 邢、洺盜出入二州間，歷年，吏不能捕。公以氊車載勇士爲婦人服，盛飾誘之邯鄲道中，賊黨争前邀劫，遂皆就擒，由是知名。(《神道碑》) (115) 章獻太后臨朝，有詔補一軍吏。公曰：補吏，軍政也。敢挾詔書以干吾軍！亟請罷之。太后固欲與之，公不奉詔，乃止。及太后上仙，有司請衛士坐甲，公以爲故事無爲太后喪坐甲，又不奉詔。於是天子以公可任大事。(《神道碑》) (116) 公善撫士，狀貌雄偉動人，雖裹兒、巷婦，外至夷狄，皆知其名氏。御史中丞孔道輔等因事以爲言，乃罷樞密。出鎮，又貶官，知隨州。士皆爲之懼，公舉止言色如平時，惟不接賓客而已。久之，道輔卒，客有謂公曰：此害公者也。公愀然曰：孔公以職言事，豈害我者？可惜朝廷亡一直臣。於是言者終身以爲媿，而士大夫服公爲有量。(《神道碑》) (117) 契丹聚兵幽、涿，遣使者有所求，自河以北皆警，乃拜公保静軍節度使、知澶州。契丹使者過澶州，見公，喜曰：聞公名久矣，乃得見於此耶。公爲言已衰老，中國多賢士大夫，因指坐客，歷陳其世家，使者竦聽。(《神道碑》)

續表

作者/文獻	版本	用　例
朱熹《五朝名臣言行録》卷第八	四部叢刊景宋本	(118) 公在定州，契丹使人覘其軍，或勸公執而戮之，公曰：吾軍整而和，使覘者得吾實以歸，是屈人兵以不戰也。明日大閲於郊，公執桴皷誓師，號令簡明，進退坐作，肅然無聲，乃下令曰：具糗糧，聽皷聲，視吾旗所嚮！契丹聞之震恐。會復議，和解，徙知陳州。道過京師，天子遣中貴人問公欲見否，謝曰：備邊無功，幸得蒙恩徙内地，不敢見。(《神道碑》) (119) 自寶元、慶曆之間，元昊叛河西，兵久無功，士大夫爭進計策，多所改作。公笑曰：奈何紛紛？兵法不如是也。使士知畏愛，而怯者勇，勇者不驕。以吾可勝，因敵而勝之爾，豈多言哉！其在樞密，亦嘗自請臨邊，不許，凡大謀議，必以諮之。其在外，則遣中貴人詔問，其言多見施用。(《神道碑》) (120) 皇祐六年，復爲樞密使。是歲，契丹使者來，公與之射。使者曰：天子以公典樞密，而用冨公爲相，得人矣。語聞，上喜，賜公御弓一，矢五十。公善射，至老不衰，常侍上射，辭曰：幸得備位大臣，舉止爲天下所視，臣老矣，恐不能勝弓矢。上再三諭之，乃手二矢再拜，一發中之，遂將釋，復位，上固勉之，再發又中，由是左右皆驩呼，賜以襲衣、金帶。(《神道碑》)
朱熹《五朝名臣言行録》卷第九		(121) 公爲人質重剛勁，而言語恂恂，不見喜怒。自少博學強記，至於歷代史記、雜家、小説、陰陽、律曆外，暨浮屠、老子之書，無所不通。(歐陽公撰《神道碑》。) (122) 慶曆四年，元昊納誓請和，將加封冊；而契丹以兵臨境上，遣使言爲中國討賊，且告師期，請止毋與和。朝廷患之：欲聽，重絕夏人而兵不得息；不聽，生事北邊。議未決。公獨以謂中國厭兵久矣，此契丹之所幸，一日使吾息兵養勇，非其利也，故用此以撓我爾，是不可聽。朝廷雖是公言，猶留夏冊不遣，而假公諫議大夫以報。公從十餘騎馳出居庸䦨，見虜於九十九泉，從容坐帳中辯檑，往復數十，卒屈其議，取其要領而還。朝廷遂發夏冊，臣元昊。西師既解嚴，而北邊亦無事。(《神道碑》) (123) 既而宣撫使狄青會公兵，敗賊於歸仁，智高走入海，邕州平。公請復終喪，不許。諸將班師，以智高尚在，請留公廣西，委以後事。遷給事中，諫官、御史列疏言功多而賞薄，再遷尚書工部侍郎。公留廣西逾年，撫緝完復，嶺海肅然。又遣人入特磨，襲取智高母及其弟一人。獻于京師，斬之。(《神道碑》)

續表

作者/文獻	版本	用　例
朱熹《五朝名臣言行録》卷第九	四部叢刊景宋本	(124) 嘉祐五年，交趾冦邕州，殺五巡檢。驛召公以爲廣西體量安撫使，悉發荊湖兵以從。公至，則移檄交趾，召其臣費嘉祐詰責之。嘉祐惶恐，對曰：種落犯邊，罪當死，願留取首惡以獻。即械五人送欽州，斬于界上。(《神道碑》) (125) 通判蘇州，州守黄宗旦負材自喜，頗以新進少公。議事則曰：少年乃與丈人爭事？公曰：受命佐君，事有當爭，職也。宗旦雖屢屈折，而政常得無失，稍德公助已，爲之加禮。宗旦得盜鑄錢百餘人以託公，公曰：事發無跡，何從得之？曰：吾以術鉤出之。公愀然曰：仁者之政，以術鉤人寘之死，而又喜乎？宗旦慚服，悉緩出其獄，始大稱公曰君子也。（歐公撰《神道碑》。) (126) 徙廬州。盜有殺其徒而并其財者，獲之，寘于法。大理駁曰：法當原。公以謂盜殺其徒而自首者原之，所以疑壞其黨而開其自新。若殺而不首，既獲而亦原，則公行爲盜，而第殺一人，既得兼其財，又可以贖罪，不獲則肆爲盜，獲則引以自原，如此，盜不可止，非法意。疏三上，不能爭。公歎曰：吾不勝法吏矣。乃上書自劾，請不坐佐吏。公坐貶監靈仙宫。其後議者更定不首之罪，卒用公言爲是。(《神道碑》) (127) 遷荊湖北路轉運使。當用兵西方急於財用之時，獨不進羡餘，其賦斂近寬平，治以常法。故他路不勝其獘，而荊湖之人自若。(《神道碑》) (128) 權知荊南府，民有訟婚者，訴曰：貧無貲，故後期。問其用幾何，以俸錢與之，使婚。獲盜竊人衣者，曰：迫於飢寒而爲之。公爲之哀憐，取衣衣之，遣去。荊人比公爲子産。(《神道碑》) (129) 判吏部流内銓，號爲稱職，而於選法未甞有所更易。人或問之，公曰：選法具備，如權衡，在執者不欺其輕重耳，何必屢更其法。(《神道碑》) (130) 范仲淹以言事貶饒州，方治黨人甚急，公獨扶病率子弟餞于東門，留連數日。大臣有以讓公曰：長者亦為此乎！何苦自陷朋黨？公徐對曰：范公天下賢者，顧質何敢望之！然若得爲黨人，公之賜質厚矣。聞者爲公縮頸。其爲待制之明年，出守于陝。又明年，小人連興大獄，坐貶廢者十餘人，皆公素所賢者。聞之悲憤歎息，或終日不食，因數劇飲大醉。公既素病，益以酒，遂卒。(《神道碑》)
朱熹《三朝名臣言行録》卷第一		(131) 熙寧六年，復請相。八年，薨，年六十八。贈尚書令，配饗英宗廟庭。上親製《神道碑》以賜之，題碑額曰“两朝顾命定策元勳之碑”。

續表

作者/文獻	版本	用　例
朱熹 《三朝名臣 言行録》 卷第一	四部 叢刊 景宋 本	(132) 又《遺事》云：公云：臨事若慮得，是劄定脚做。更不移，成敗則任它，方可成務。如琦孤忠，每賴神道相助，幸而多有成耳。
朱熹 《三朝名臣 言行録》 卷第二		(133) 郭后廢，范仲淹爭之，貶知睦州。公上言：朝廷一舉而獲二過，縱不能復后，宜還仲淹，以來忠言。(蘇内翰撰《神道碑》。) (134) 寶元初，趙元昊反。公時通判鄆州，陳八事，且言：元昊遣使求割地邀金帛，使者部從儀物如契丹，而詞甚倨，此必元昊腹心謀臣自請行者。宜出其不意，斬之都市。又言：夏守贇庸人，平時猶不當用，而況艱難之際，可爲樞密乎！議者以爲有宰相器。(《神道碑》) (135) 擢知諫院。康定元年，日食正旦。公言請罷燕徹樂，雖虜使在舘，亦宜就賜飲食而已。執政以爲不可。公曰：萬一北虜行之，爲朝廷羞。後使虜，還者云“虜中罷燕”，如公言。仁宗深悔之。初，宰相惡聞忠言，下令禁越職言事。公因論日食，以爲應天變莫若通下情，遂除其禁。(《神道碑》) (136) 元昊寇鄜延，殺二萬人，延帥范雍、鈐轄盧守懃閉門不救，中貴人黄德和引兵先走，劉平、石元孫戰死，而雍、守懃歸罪於通判、都監，竄之嶺南，德和誣奏平降賊，詔以兵圍守其家。公言：平自環慶引兵來援，以姦臣不救，故敗，竟罵賊不食而死，宜卹其家。守懃、德和皆中官，怙勢誣人，冀以自免，宜竟其獄。樞密院奏方用兵，獄不可遂。公言：大臣附下罔上，獄不可不竟。時守懃養子爲御藥，亦奏罷之，德和竟坐腰斬。(《神道碑》) (137) 延州民二十人詣闕告急，上召問，具得諸將敗亡狀。執政惡之，命遠郡禁民擅赴闕者。公言：此非陛下意，宰相惡上知四方有敗耳。民有急，不得訴之朝，則西走元昊，北走契丹矣。(《神道碑》) (138) 夏守贇爲陕西都緫管，又以宦者王守忠爲都鈐轄。公言：用守贇已爲天下笑，而守忠鈐轄乃與唐中官監軍無異，且守懃、德和覆車之轍，可復蹈乎？詔罷守忠。(《神道碑》) (139) 公曰：此宰相避事耳，非畏奪權也。會西夏首領二人來降，補借奉職，羈置荆湖。公言：二人之降，其家已族矣，當厚賞以勸來者。上命以所言送中書。公見宰相，論之，宰相初不知也。公嘆曰：此豈小事而宰相不知耶？更極論之，上從公言，乃以宰相兼樞密使。(《神道碑》) (140) 公奏曰：臣既以死拒之，虜氣折矣，可勿復許，虜無能爲也。上從之，增幣二十萬，而契丹平。契丹君臣至今誦其語，守其約不忍敗者，以其心曉然，知通好用兵利害之所在也。(《神道碑》)

續表

作者/文獻	版本	用　　例
朱熹 《三朝名臣言行録》 卷第二	四部叢刊景宋本	(141) 初，公糾察在京刑獄。時有用僞牒爲僧者，事覺，乃堂吏爲之。開封，按餘人而不及吏。公白執政，請以吏付獄。執政指其坐曰：公即居此，無爲近名。公正色不受其言，曰：必得吏乃止。執政滋不悅，故薦公使契丹，欲因事罪之。歐陽脩上書引顔真卿使李希烈事留公，不報。使還，除吏部郎中、樞密直學士，懇辭不受。始受命，聞一女卒，再受命，聞一男生，皆不顧而行。得家書，不發而焚之，曰：徒亂人意。尋遷翰林學士。公見上力辭，曰：增歲幣，非臣夲志也，特以朝廷方討元昊，未暇與虜角，故不敢以死爭耳！（《神道碑》） (142) 公既以社稷爲任，而仁宗責成於公與仲淹，數以手詔督公等條具其事。又開天章閣召公等坐，且給筆札，使書其所欲爲者，遣中使二人更往督之，且命仲淹主西事，公主北事。公遂與仲淹各上當世之務十餘條。又自上河北安邊十三策，大略以進賢、退不肖、止僥倖、去宿弊爲夲，欲漸易諸路監司之不才者，使澄汰所部吏。於是小人始不悅矣。（《神道碑》） (143) 元昊本與契丹約，相左右以困中國，今契丹背約，結好於我，獨獲重幣，元昊有怨言，故虜築威塞州以備之。呆兒屢殺威塞人，虜疑元昊使之，故爲是役，安能合而寇我哉！或請調發爲備。公曰：虜雖不來，猶欲以虚聲困我。若調發，正墮其計。臣請任之。上乃止，虜卒不動。公謂契丹異日作難，必於河朔。既上十三策，又請守一郡行其事。（《神道碑》） (144) 公曰：救災，守臣職也。辭不受。前此救災者，皆聚民城郭中煑粥食之，飢民聚爲疾疫，反相蹈籍死，或待次數日不食，得粥皆僵仆，名爲救之而實殺之。自公立法，簡便周至，天下傳以爲法，至于今，不知所活者幾千萬人矣。（《神道碑》） (145) 王則據貝州反，齊州禁兵欲屠城以應之，或詣公告之。公以齊非所部，恐事泄變生。時中貴人張從訓銜命至青，公度從訓可使，即以事付從訓，使馳至郡，發吏卒取之，無得脱者。且自劾擅遣中使罪，仁宗嘉之。（《神道碑》） (146) 至和二年，召拜集賢相，與文彦博並命。宣制之日，士大夫相慶於朝，仁宗密覘知之。謂侍臣歐陽脩曰：古之求相者，或得於夢卜。今朕用二相，人情如此，豈不賢於夢卜也哉！脩頓首稱賀。（《神道碑》） (147) 仁宗弗豫，大臣不得見，中外憂恐。文彦博與公等直入問疾，内侍止之，不可。因以監視禳禱爲名，乞留宿内殿，事皆禀白而後行，禁中肅然。（《神道碑》）

續表

作者/文獻	版本	用　　例
朱熹《三朝名臣言行録》卷第二	四部叢刊景宋本	(148）公之爲相，守格法，行故事，而附以公議，無心於其間，故百官任職，天下無事。以所在民力困弊，賦役不均，遣使分道相視裁減，謂之寬邮民力。又弛茶禁，以通商賈，省刑獄，天下便之。(《神道碑》) (149）六年，丁秦國太夫人憂，詔爲罷春燕故事。執政遇丧皆起復，公以謂金革變禮，不可用於平世。仁宗待公而爲政，五遣使起之，卒不從命，天下稱焉。(《神道碑》) (150）踰年，懇辭機務。章二十上，以使相判河陽。復五上章，辭使相，且言：眞宗以前不輕以此授人，仁宗即位之初，執政欲自爲地，故開此例。終仁宗之世，宰相樞密使罷者皆除使相，至不稱職，有罪者亦然，天下非之。今陛下初即位，願立法自臣始。不從。(《神道碑》) (151）公既至，未見。有於上前言災異皆天數非人事得失所致者。公聞之，歎曰：人君所畏惟天，若不畏天，何事不可爲者？去亂亡無幾矣。此必姦臣欲進邪説，故先導上以無所畏，使輔拂諫諍之臣無所復施其力，此治亂之機也。吾不可以不速救。即上書數千言，雜引《春秋》《洪範》及古今傳記、人情物理，以明其决不然者。(《神道碑》) (152）公又上疏，願益畏天戒，逺姦佞，近忠良。上親荅詔曰：義忠言親，理正文直。苟非意在愛君，志存王室，何以臻此。敢不置之枕席，銘諸肺腑，終老是戒。更願公不替今日之志，則天災不難弭，太平可立俟也。公既上疏謝，復申戒不已，且云願陛下待群臣不以同異爲喜怒，不以喜怒爲用捨。(《神道碑》) (153）公在亳州，時方行青苗息錢法。公以謂法行則財聚於上，人散於下，且富民不願請，願請者皆貧民，後不可復得，故持之不行。而提舉常平倉趙濟劾公以大臣格新法，除左僕射，判汝州。公言：新法臣所不曉，不可以復治郡，願歸洛養疾。許之。(《神道碑》) (154）公雖居家，而朝廷有大利害，知無不言。交趾叛，詔郭逵等討之。公言：海嶠嶮逺，不可以責其必進，願詔逵等擇利進退，以全王師。契丹來爭河東地界，上手詔問公。公言：熙河諸郡，皆不足守，而河東地界，决不可許。(《神道碑》) (155）故叅知政事王堯臣之子同老上言：至和三年，仁宗弗豫，其父堯臣甞與文彦博、劉沆及公同决大策，乞立儲嗣，仁宗許之。會翊日有瘳，故緩其事，人無復知者。以其父堯臣所撰詔草上之。上以問彦博，彦博言與同老合。上嘉公等勲績如此，而終不自言，下詔以公爲司徒。(《神道碑》)

續表

作者/文獻	版本	用　例
朱熹《三朝名臣言行録》卷第二	四部叢刊景宋本	(156) 其為宰相及判河陽，最後請老家居。凡三上章，皆言：天子無職事，惟辨君子小人而進退之，此天子之職也。君子與小人並處，其勢必不勝。君子不勝，則奉身而退，樂道無悶。小人不勝，則交結（御名）扇，千岐萬轍，必勝而後已。小人復勝，必遂肆毒於善良，無所不爲，求天下不亂，不可得也。(《神道碑》) (157) 平生所薦甚衆，尤知名者十餘人，如王質與其弟素、余靖、張瓌、石介、孫復、吴奎、韓維、陳襄、王鼎、張昷之、杜杞、陳希亮之流，皆有聞於世，世以爲知人。(《神道碑》) (158) 蘇内翰作公《神道碑》，謂"世莫知其所言者"是也。神宗聞訃，震悼，出祭文，遣中使設祭，恩禮甚厚。政府方遣一奠而已。(《聞見録》) (159) 蘇内翰軾作公《神道碑銘》曰：五代八姓，十有二君。四十四年，如絲之棼。以人爲嬉，以殺爲憘。兵交兩河，腥聞于天。上帝厭之，命我祖宗。畀爾爐锤，往銷其鋒。孰謂民遠？我聞其呻。寧爾小忍，無殘我民。六聖受命，維一其心。敕其後人，帝命是承。勿劓刵人，矧敢好兵。百三十年，諱兵與刑。惟彼北戎，謂帝我驕。帝聞其言，折其萌芽。篤生萊公，尺棰笞之。既服既馴，則擾綏之。堂堂韓公，與萊相望。再聘于燕，北方以寧。景德元年，始盟契丹。公生是歲，天命則然。公之在母，秦國寤驚。旌旗鶴鴈，降格其庭。云有天赦，已而生公。天欲赦民，公啓其衷。北至燕然，南至于河。億萬維生，公手撫摩。水潦荐飢，散流而東。五十萬人，仰哺于公。公之在内，自泉流瀕。其在四方，自葉流根。百官維人，百度惟正。相我三宗，重華恊明。帝謂公來，隕星其堂。有墳其丘，公豈是藏。維嶽降神，今歸不留。臣軾作頌，以配崧高。 (160) 公生四歲而孤．母韓國太夫人守節自誓，親教公讀書。家貧，至以荻畫地學書。公敏悟過人，所覽輒能誦。比成人，將舉進士，爲一時偶儷之文，已絕出倫輩。翰林學士胥公時在漢陽，見而奇之曰：子必有名於世。館之門下。公從之京師，兩試國子監，一試禮部，皆第一人。遂中甲科，補西京留守推官。始從尹師魯遊，爲古文議論當世，事迭相師友，與梅聖俞遊，爲歌詩相倡和，遂以文章名冠天下。留守王文康公知其賢，還朝薦之。(蘇黄門撰《神道碑》。) (161) 初，范公之貶饒州，公與尹師魯、余安道皆以直范公見逐，目之黨人。自是朋黨之論起，久而益熾。公乃爲《朋黨論》以進，言君子以同道爲朋，小人以同利爲朋，人君但當退小人之僞朋，用君子之真朋，其言懇惻詳盡。……故事，知制誥必試。上知公之文，有旨不試。與近世楊文公、陳文

續表

作者/文獻	版本	用　例
朱熹《三朝名臣言行録》卷第二	四部叢刊景宋本	惠公比，逮公三人而已。嘗因奏事論及人物，上目公曰：如歐陽脩，何處得來？蓋欲大用而不果也。（《神道碑》） (162) 大臣有言河東芻糧不足，請廢麟州，徙治合河津，或請廢其五寨。命公往視利害，公曰：麟州，天嶮不可廢也。……又言：忻、代州，岢嵐火山軍並邊民田，廢不得耕，號爲禁地，而虜常盜耕之。若募民計口出丁爲兵，量入租粟以耕，歲可得數百萬斛。不然，它日且盡爲虜有。議下，太原帥臣以爲不便，持之，久乃從。凡河東賦斂過重民所不堪，奏罷者十數事。（《神道碑》） (163) 公奏置御河催綱司，以督糧餉，邊州賴之。又置磁、相州都作院，以繕一路戎器。河北方小治，而二府諸公，相繼以黨議罷去。公慨然上書論之，用事者益怒。會公之外甥女張，嫁公族人晟，以失行繫獄。言事者乘此，欲并中公，遂起詔獄，窮治張貲産。上使中官監劾之，卒辨其誣，猶降官知滁州事。（《神道碑》） (164) 至和初，判吏部流内銓。小人恐公且大用，僞爲公奏，乞澄汰宦官。宦官聞之果怒。陰以事中公，遂出公知同州。而言者多謂公無罪，上亦悟，留刊脩《唐書》。俄入翰林爲學士。自滁州之貶，至是十二年矣，上臨御既久，遍閲天下士，群臣未有以大稱上意。上思富公、韓公之賢，復召寘二府，時慶曆舊人，惟二公與公三人，皆在朝廷。士大夫知上有致治之意，翕然相慶。（《神道碑》） (165) 公權知貢舉。是時，進士爲文以詭異相高，文體大壞。公患之，所取率以詞義近古爲貴，比以嶮怪知名者黜去殆盡。榜出，怨謗紛然，久之乃服。然文章自是變而復古。（《神道碑》） (166) 三年，加龍圖閣學士，權知開封府事，所代包孝肅公，以威嚴御下，名震都邑。公簡易循理，不求赫赫之譽。有以包公之政勵公者，公曰：凡人材，性不一。用其所長，事無不舉；強其所短，勢必不逮。吾亦任吾所長耳。聞者稱善。（《神道碑》） (167) 六塔狹小，不能容受大河。以全河注之，濱、棣、德、博必被其患，不若因水所趨，增治隄防，疏其下流，浚之入海，則河無决溢散漫之憂，數十年之利也。陳恭公當國，主横壠之議。恭公罷去，而宰相復以仲昌之言爲然，行之而敗，河北被害者凡數千里。（《神道碑》） (168) 狄武襄公爲樞密使，奮自軍伍，多戰功，軍中服其威名。上不豫，諸軍訛言籍籍。公言：武臣掌機密而得軍情，不惟於國不便，鮮不以爲身害。請出之外藩，以保其終始。狄公遂罷知陳州。（《神道碑》）

續表

作者/文獻	版本	用　例
朱熹《三朝名臣言行録》卷第二	四部叢刊景宋本	(169) 公在兵府，與曾魯公考天下兵數及三路屯戍多少、地里遠近，更爲圖籍。凡邊防久闕屯戍者，必加蒐補。其在政府，凡兵民、官吏、財利之要，中書所當知者，集爲總目，遇事不復求之有司。時冨公以母憂去位，公與韓公同心輔政。每議事心所未可，必力爭。韓公亦開懷不疑，故嘉祐之政，世多以爲得。(《神道碑》) (170) 又《神道碑》云：及宮車晏駕，皇子嗣位，海內泰然，有盤石之固。然後天下詠歌仁宗之聖與諸公之賢，而向之黨議，消釋無餘，至於小人，亦摩滅不見矣。 (171) 英宗即位之初，以疾未親政，慈聖光獻太后臨朝。公與諸公往來二宮，彌縫其間，卒復明辟。(《神道碑》) (172) 樞密使嘗闕人，公當次補，韓公、曾公議將進擬，不以告公。公覺其意，謂二公曰：今天子諒陰，母后垂簾，而二三大臣自相位置，何以示天下？二公大服而止。其後張康節公去位，英宗復將用公，公又力辭不拜。公再辭重位，諸公不喻其意而服其難。(《神道碑》) (173) 知青州。時諸縣散青苗錢，公乞令民止納本錢，以示不爲利，罷提舉管句官，聽民以願請，不報。《（神道碑》) (174) 公在亳，已六請致仕。比至蔡，逾年，復請。四年，以觀文殿學士、太子少師致仕。公年未及謝事，天下益以高公。公昔守潁上，樂其風土，因卜居焉。及歸而居室未完，處之怡然，不以爲意。(《神道碑》) (175) 公初以范希文事得罪于呂相，坐黨人遠貶三峽，流落累年。比呂公罷相，公始被進擢。及後為范公作《神道碑》言西事，時呂公擢用希文，盛稱公之賢，能釋私憾而共力於國家。希文子純仁大以爲不然。刻石則輒削去此一節，云：我父至死，未嘗解仇。公嘆曰：我亦得罪於呂丞相者，唯其言公，取信於後世也。吾嘗聞范公平生自言“無怨惡於一人”，兼其《與呂公解仇書》，見在范集中。豈有父自言“無怨惡於一人”，而其子不使解仇於地下？父子之性，相遠如此。 (176) 公之於文，天材有餘，豐約中度，雍容俯仰，不大聲色而義理自勝，短章大論，施無不可。有欲効之，不詭則俗，不淫則陋，終不可及。是以獨步當世，求之古人，亦不可多得。(《神道碑》) (177) 鄭公嘗有遺訓，戒（御名）用死刑。韓國以語公，公終身行之，以謂漢法惟殺人者死，今法多雜犯死罪，故死罪非殺人者，多所平反，蓋鄭公意也。(《神道碑》)

續表

作者/文獻	版本	用　　例
朱熹 《三朝名臣 言行録》 卷第三	四部 叢刊 景宋 本	(178) 公七歲而孤，篤學自力。年十七舉進士。當時文人劉筠、戚綸、黄宗旦皆稱其文詞必顯於時，而其器識宏遠，則皆自以爲不及。(蘇内翰撰《神道碑》。) (179) 天聖五年，擢進士第三人，授將作監丞，通判海州。歸見父老故人，幅巾徒步，人人至其家。(《神道碑》) (180) 出知洪州，屬吏有鄭陶、饒奭者，挾持郡事，肆爲不法，前守莫能制。州有歸化兵，皆故盜賊配流已而選充者。奭與郡人胡順之共造飛語以動公，曰：歸化兵得廩米陳惡，有怨言，不更給善米，且有變。公笑不荅。會歸化卒有自容州戍所逃還犯夜者，公即斬以徇，收陶下獄，得其姦贜，具奏徙奭歙州，一郡股栗。(《神道碑》) (181) 知青州。賦税未入中限，勑縣不得輒催科。是歲，夏税先一月辦。(《神道碑》) (182) 公矍然，即請郡以便親。宰相謂：旦夕爲學士，可少待也。公不聽，遂除蘇州。(《神道碑》) (183) 姦人冷清詐稱皇子，遷之江南。曰：清言不妄不可遷，若詐亦不可不誅。詔公與包拯雜治之，得其實，乃誅清。(《神道碑》) (184) 以太子少師致仕。居睢陽十五年，猶以讀書著文憂國愛君爲事。集古今諫諍爲《諫林》一百二十卷，奏之。上甚喜，賜詔曰：士大夫請老而去者，皆以聲迹不至朝廷爲高。得卿所奏書，知有志愛君之士，雖退休山林，未嘗一日忘也。當置坐右，以時省閲。(《神道碑》) (185) 公既老，脩亦退居汝陰，公自睢陽往從之游，樂飲旬日。蘇舜欽爲進奏院，以群飲得罪。公言預會者，皆一時名人，若舉而棄之，失士大夫望，非朝廷福。嘗舉張誥以贜敗竄海上，公坐貶六年，而憐誥終不衰，間使人至海上勞問賙給之。代馮浩爲鄆州，吏舉桉浩侵用公使錢三十萬，當以浩職田租償官。公曰：浩，吾同年也，且知其貧，不可。以已俸償之。公所爲大略如此。至於敦尚義舊，葬死養孤，蓋不可勝數。(《神道碑》)
朱熹 《三朝名臣 言行録》 後録卷第四		(186) 梅堯臣聖俞與公親且舊，既卒，其家不能自存，公哀之，未有以助也。聖俞嘗欲書《程丞相神道碑》，病不果，公爲成之。程氏喜，餉白金五百兩，公不發封，盡以賻梅氏。

續表

作者/文獻	版本	用　　例
朱熹《三朝名臣言行録》後録卷第五	四部叢刊景宋本	(187) 公爲岳州沅江令。州民李氏有高貲，爲上下所漁擾，或者不厭，因告其祠鬼用人。……公考閱實非殺人者，守又奏以爲未畫。詔遣御史方偕移劾澧州，卒用公所具獄不能變。州史皆坐罪去，偕以活死者。得官，公終不自言也。(劉忠肅公撰《神道碑》。) (188) 公爲作區晝，預居其物，每使至親坐驛門，給之一以法令從事，應復還而毀失者，移文取其償，故過者皆戢上下便之。塘水歲浸邑田十一村，而塘實中人主之，州縣畏其執不敢拒。公募民自高陽起堤亘十餘里蔽之，其患遂息。(《神道碑》 (189) 爲殿中侍御史裏行。内侍督作龍鳳車于啓聖院，公言：此太宗神御所在，爲後宫輿服，故喧瀆其中。又飾金玉，過制皆非，是詔罷之。(《神道碑》) (190) 公怡然南去，絶口不爲人道。當此之時，天下士大夫識與不識，聞風歎慕，聳然有立志，往往作爲文章，以頌詠其美。自是言事，官以畏嘿爲恥，而大臣亦知所鑒戒云。(《神道碑》) (191) 改殿中侍御史、知復州。未至，召充言事。御史特遣内侍齎告勑就，賜令乘驛赴朝。公至，不以一語自明。帝曰：知卿被謫以來，未甞以私書至京師，可謂不易所守矣。公頓首謝退。就職言事，無所避如前。(《墓誌》《神道碑》) (192) 出知楊州，徙江東轉運使。御史吴中復請還公言路，時潞國文公再當國，亦言：唐介頃爲御史，所言皆中臣病，而責太重，願如中復言召之。(《神道碑》) (193) 爲河東轉運使。戎人盗耕，河西經略使令築堡限之，而麟州守將輕出，按視賊奄至，與戰而沒，朝廷罷易帥臣。公攝事，即絶其互市，盛兵境上，戎人懼，乃來請議事，平多如公冊。(《神道碑》) (194) 國朝祖陵在保州，自楊懷敏廣塘水，稍稍侵近，議賜錢改卜。公言遷夂安之神以其地與水，非尊祖之道。兖國公主夜開皇城門入禁中，請重責守者，以嚴宫省。(《神道碑》) (195) 時御史中丞劾宰相未報，乃自去官，號不出，宰相亦待罪。公與諫官御史連請辨其曲直，於是罷御史中丞。公亦求外，補得知荆南，而門下封還制書，謂公不宜處外，乃留復知諫院。言新除樞密副使陳升之與内侍通姻，不可大任。屢疏，卒罷之。而公亦去，知洪州。翰林學士胡宿等七人，上書懇留，不報。(《神道碑》)

續表

作者/文獻	版本	用　例
朱熹《三朝名臣言行録》後録卷第五	四部叢刊景宋本	(196) 治平元年，召爲御史中丞。英宗面諭曰：卿在先朝有直聲，今出自朕選，非繇左右言也。公言：先帝在位四十餘年，天下安樂，唯仁治而已。願恢聖度，廣恩德，則爲善繼，四海蒙福矣。(《墓誌》《神道碑》) (197) 知太原府。河東經略使至，則首戒邊將毋生事。初，代州岢嵐軍虜數擾邊，公遣兵撤其所築境上堡柵，又移文諭以利害，嚴守以待之，遂不復敢動。其後寇大順城，環慶路移檄，出兵牽制。公曰：守邊之策，莫如自重，奈何以小侵？故使鄰道勞費，非至計也。以事上聞，詔以諭西帥。(《神道碑》) (198) 公雖居外，意未嘗不在朝廷，於是濮王園廟之議，起言者多得罪。公憂形于色，密疏請還臺諫官之謫者。(《神道碑》) (199) 召拜三司使。有司議增官屋僦直，公以謂京師狃于恩，不喜擾。唐稅間架，可以爲鑒。恐所得不當所損，奏卒罷之。(《神道碑》) (200) 拜叅知政事。公自以進繇直道，感槩知遇益致，所以事君之義，純誠盡公，多所獻替，用人明言其才否，不立恩，不避怨。與同列論政事，反復再三，未嘗阿屈。於祖宗法有所更，近臣有所進退，尢極其（御名）。雖在帝前，必究切辨析要，是非之歸，未嘗反顧。帝以是益敬信之，而天下翕然想望其風采。(《神道碑》) (201) 公端勁之質出於天資，立朝風格凛然，遇事立斷。初無留思，而邃於學問。待人恂恂有禮，自奉簡約，未嘗問家有無。將終，屬其子以脩身持門户而已。(《神道碑》) (202) 公爲武安軍推官。有僞造印者，吏皆以爲當死。公獨曰：造在赦前，而用在赦後。赦前不用，赦後不造，法皆不死。遂以疑讞之，卒免死。一府皆服。(蘇内翰撰《神道碑》。) (203) 以母越國太夫人喪，廬于墓，三年不宿于家。縣榜其所居里爲孝弟，處士孫處爲作《孝子傳》。(《神道碑》) (204) 通判泗州。泗守昏不事事，監司欲罷遣之，公獨左右其政，而晦其所以然，使若權不已出者。守得以善罷。(《神道碑》) (205) 曾公亮爲翰林學士，未識公，而以臺官薦，召爲殿中侍御史。彈劾不避權幸，京師號公“鐵面御史”。其言常欲朝廷別白君子小人。以謂小人雖小過，當力排而絶之，後乃無患；君子不幸而有詿誤，當保持愛惜，以成就其德。故言事雖切，而人不厭。(《神道碑》) (206) 温成皇后方葬，始命叅知政事劉沆監護其役，及沆爲相而領事如故。公論其當罷，以全國體。復言宰相陳執中不學無術，且多過失。章十二上，執中卒罷去。(《神道碑》)

續表

作者/文獻	版本	用　例
朱熹 《三朝名臣言行録》 後録卷第五	四部叢刊景宋本	(207) 先是吕溱出守徐，蔡襄守泉，吴奎守壽，韓絳守河陽。已而歐陽脩乞蔡，賈黯乞荆南。公即上言：近日正人賢士，紛紛引去，憂國之士，爲之寒心，侍從之賢，如脩輩無幾。今皆欲請郡者，以正色立朝，不能諂事權要，傷之者衆矣。脩等由此不去，一時名臣賴之以安。(《神道碑》) (208) 知睦州。睦歲爲杭市羊，公爲移文却之。民籍有茶稅，而無茶地，公爲奏蠲之，民至今稱焉。(《神道碑》) (209) 西蜀地遠而民弱，吏恣爲不法，州郡以酒食相饋餉，衙前治厨傳，破家相屬也。公身帥以儉，不從者請以違制坐之，蜀風爲之一變。窮城小邑，民或生而不識使者，公行部，無所不至，父老驚喜相慰，姦吏亦竦。(《神道碑》) (210) 宋庠爲樞密使，選用武臣，多不如舊法。公陳其不可。陳升之除樞密副使，公與唐介、吕誨、范師道同言升之交結宦官，進不以道，章二十餘，上不省，即居家待罪。詔強起之，乃乞補外，二人皆相次去位，公與言者亦罷。(《神道碑》) (211) 公得虔州，地遠而民好訟，人謂公不樂。公欣然過家上冢而去。既至，遇吏民簡易，嚴而不苛，悉召諸縣令告之，爲令當自任事，勿以事諉郡苟事，辦而民悦，吾一無所問。令皆喜，爭盡力，虔事爲少，獄以屢空。改修鹽法，踈鑿贛石，民賴其利。虔當二廣之衝，行者常自虔易舟而北。公間取餘材，造舟得百艘，移二廣諸郡，曰：仕宦之家，有父兄没而不能歸者，皆移文以遣，當具舟載之。至者既悉授以舟，復量給公使物，歸者相繼於道。(《神道碑》) (212) 賈昌朝以使相判大名府。公欲按視府庫，昌朝遣其屬來告，曰：前此，監司未有按視吾事者，公雖欲舉職，恐事有不應例，奈何？公曰：捨大名，則列郡不服矣。即往視之，昌朝不說也。前此有詔，募義勇，過期不足者徒二年，州郡不時辦，官吏當坐者八百餘人。公旨督其事，奏言：河朔頻歲豐熟，故募不如數，請寬其罪，以俟農隙。從之。坐者得免，而募亦隨足。昌朝乃愧服曰：名不虚得矣。(《神道碑》) (213) 神宗即位，召知諫院。故事，近臣自成都還，將大用，必更省府，不爲諫官。大臣爲言。上曰：用趙抃爲諫官，賴其言爾。苟欲用之，何傷！及謝，上謂公：聞卿匹馬入蜀，以一琴一龜自隨，爲政簡易，亦稱是耶？公知上意將用其言。即上疏論吕誨、傅堯俞、范純仁、吕大防、趙瞻、趙鼎、馬默皆骨鯁敢言，久謫不復，無以慰搢紳之望。上納其說。郭逵除簽書樞密院事，公議不允。公力言之，即罷。(《神道碑》)

續表

作者/文獻	版本	用　例
朱熹《三朝名臣言行録》後録卷第五	四部叢刊景宋本	(214) 會王安石用事，議論不協，既而司馬光詞樞密副使，臺諫侍從，多以言事求去。公言：朝廷事有輕重，體有大小，財利於事爲輕，而民心得失爲重，青苗使者於體爲小，而禁近耳目之臣用捨爲大，今不罷財利而輕失民心，不罷青苗使者，而輕棄禁近耳目，去重而取輕，失大而得小，非宗廟社稷之福，臣恐天下自此不安矣。言入，即求去。(《神道碑》) (215) 公素號寬厚，杭之無賴子弟以此逆公，皆駢聚爲惡。公知其意，擇重犯者率黥配他州，惡黨相率遁去。未幾，徙青州。因其俗朴厚，臨以清淨。時山東旱蝗，自淄齊來，及境遇風，退飛墮水而盡。(《神道碑》) (216) 至蜀，默爲經略，而燕勞暇如他日，兵民晏然。一日，坐堂上，有卒長在堂下。公好諭之曰：吾與汝，年相若也，吾以一身入蜀，爲天子撫一方，汝亦宜清（御名）畏戢以帥衆，比戍還，得餘貲，持歸爲室家計可也。人知公有善意，轉相告語，莫敢復爲非者。(《神道碑》) (217) 劍州民李孝忠集衆二百餘人，私造符牒，度人爲僧。或以謀逆告，獄具。公不畀法吏，以意決之，處孝忠以私造符牒，餘皆得不死。喧傳京師，謂公脫逆黨。朝廷取具獄閱之，卒無以易也。……公使喻之，曰：人不可用，三牲可也。使至，已縶婢引弓，將射心取血。聞公命，讙呼以聽。事訖，不殺一人。(《神道碑》) (218) 吴越大饑，民死者過半，公盡所以救荒之術，發廩勸分，而以家貲先之，民樂從焉。生者得食，病者得藥，死者得藏。下令脩城，使民食其力。故越人雖饑而不怨。復徙治杭。旱與越等，其民尢病。既而朝廷議，欲築其城。公曰：民未可勞也。罷之。(《神道碑》) (219) 公平生不治産業，嫁兄弟之女以十數，皆如已女。……公爲人，和易溫厚，周旋曲密，謹繩墨，蹈規矩，與人言，如恐傷之。平生不畜聲伎，晚歲習爲養氣安心之術，翛然有高舉意。將薨，晨起如平時，子屼侍側，公與之訣，詞色不亂，安坐而終。不知者以爲無意於世也。然至論朝廷事，分別邪正，慨然不可奪。宰相韓琦嘗稱趙公眞世人標表，蓋以爲不可及也。(《神道碑》) (220) 公爲吏，誠心愛人，所至崇學校，禮師儒，民有可與與之，獄有可出出之。治虔與成都，尢爲世稱道。要之，以惠利爲本。然至於治杭，誅鋤強惡，姦民屏迹不敢犯。蓋其學道清心，遇物而應，有過人者矣。(《神道碑》)

續表

作者/文獻	版本	用　　例
朱熹 《三朝名臣言行録》 後録卷第七	四部叢刊景宋本	(221) 遼人、夏人遣使入朝，與吾使至虜中者，虜必問公起居，及爲相遼人敕其邊吏曰：中國相司馬矣，(御名) 毋生事，開邊釁。(《神道碑》) (222) 公薨，京師之民罷市而往弔，鬻衣以致奠，巷哭以過車者，蓋以千萬數。上命户部侍郎趙瞻、内侍省押班馮宗道，護其喪歸葬。瞻等還，言民哭公哀甚，如哭其私親。四方來會葬者，蓋數萬人。而嶺南封州父老相率致祭，且作佛事以薦公者，其詞尤哀。炷香於手頂以送公葬者，凡百餘人，而畫像以祠公者，天下皆是也。(《神道碑》) (223) 蘇内翰軾作公《神道碑銘》曰：於皇上帝，子惠我民。孰堪顧天，惟聖與仁。聖子受命，如堯之初。神母詔之，匪亟匪徐。聖神無心，孰左右之。民自擇相，我興授之。其相惟何，太師溫公。公來自西，一馬二童。萬人環之，如渴赴泉。孰不見公，莫如我先。二聖忘巳，惟公是式。公亦無我，惟民是度。民曰樂哉，既相司馬。爾賈于途，我耕于野。士曰時哉，既用君實。我後子先，時不可失。公如麟凰，不鷙不搏。羽毛畢朝，雄狡率服。爲政一年，疾病半之。功則多矣，百年之思。知公于異，識公于微。匪公之思，神考是懷。天子萬年，四夷來同。薦于清廟，神考之功。
朱熹 《三朝名臣言行録》 卷第八		(224) 先是上清宫火壽星殿獨存，因以爲壽星觀。至此十有九年，詔建神御殿於觀中，將自禁中迎真宗繪像奉安。公言：都城中，真宗巳有三神御，而營建不巳，非祀無豐暱之義。不報。(吕汲公撰《神道碑》。) (225) 英宗初親政，公言：陛下以宗藩選繼大統，奉母后當極子道，雖居深宫之中，不以造次廢禮，則中外瞻仰，天下幸甚。上嘉納之。(《神道碑》) (226) 公於講讀尤精，衆謂語約而義明，可以爲當世之冠。英宗嘗對執政稱其善。與司馬光同侍經筵，光退，語人曰：每聞晦叔講，便覺巳語煩。(《神道碑》) (227) 執政建議追崇濮安懿王，或欲稱皇伯考，公曰：真宗以太祖爲皇伯考，豈可加於濮王耶？及詔下稱親，公言：於仁宗有兩考之嫌，班濮王諱。於天下公獨以謂當避於上前，不當與七廟同諱。(《神道碑》) (228) 御史臺官吕誨等六人，以言事罷。公言：陛下即位以來，納諫之風未形於天下，而誨等以言事去，非所以風示四方。爭之不能得，乞補外任。上曰：學士朕所重，未可去朝廷？公復懇請家居者百餘日。上遣内侍，敦諭就職，曰：宜徐徐勸誘，勿太迫也。公起就職數月，又乞補外三年，出知蔡州。(《神道碑》)

續表

作者/文獻	版本	用　例
朱熹《三朝名臣言行録》卷第八	四部叢刊景宋本	(229) 御史中丞司馬光，以言事罷。公封還其誥曰：光以言舉職而賜罷，則有責者不得盡其言。……公又言：誥不由封駁而出，則封駁之職，因臣而廢。乞正臣之罪，以正紀綱。上手批公奏，因邇英講，獨留公以諭旨。公請不已，竟罷封駁事。(《神道碑》) (230) 顔淵問爲邦，孔子以遠佞人爲戒。蓋佞人唯恐不合於君，則其勢易親；正人唯恐不合於義，則其勢易疏。唯先格王正厥事，蓋未有事正而世不治者，唯陛下勉行之而勉終之。(《神道碑》) (231) 禮官欲用唐故事，以五月朔御大慶殿受朝，遂上尊號。公以五月朔會朝，與人君尊號，皆非古典。言曰：陛下方越漢、唐，追復三代，何必於陰長之月爲非禮之會，受無益之名！上從之。遂竟神宗朝，不受尊號。(《神道碑》) (232) 二年，疵吝積於心，每不自勝。一詣長者，即廢然而反。夫所謂德人之容使人之意也消，吾於晦叔見之矣。又謂人：晦叔爲相，吾輩可以言仕矣。後安石秉政，公爲中丞，安石冀其助已。公既以公議，極論其過失，由此怨公，至以險語中傷，而公不屈也。(《神道碑》) (233) 吕公著應詔上疏曰：陛下臨朝願治，爲日已久，而左右前後，莫敢正言。使陛下有欲治之心，而無致治之實，此任事之臣負陛下也。夫士之賢、不肖，素定。今則不然，前日所舉，以爲至賢；而後日逐之，以爲至不肖。其於人才既反覆而不常，則於政事亦乖戾而不審矣。古之爲政，初不信民者有之，鄭之子産是也。一年而鄭人怨之，三年而鄭人歌之。陛下垂拱仰成，七年于兹矣。輿人之誦，亦未異於七年之前也。陛下獨不察乎？(《神道碑》) (234) 上臨御久，羣臣進説，罕能出上意。至聞公言，儼然加敬信。(《神道碑》) (235) 臣待罪講讀，謹條上十議，以裨聰明。一曰畏天，二曰愛民，三曰修身，四曰講學，五曰任賢，六曰納諫，七曰薄斂，八曰省刑，九曰去奢，十曰無逸。居月餘，除執政，遂倚以爲相。(《神道碑》) (236) 陛下既深知其獘，誠得中正之士，使講求天下之利害，上下恊力而爲之，宜不難矣。又曰：唐德宗拒諫，幾至覆國。今兩省諫官未備，三院御史主察者不許言事，恐未合先帝本意。後卒施行。(《神道碑》) (237) 帝問司馬光，光對曰：若令彦愽乙太師平章軍國重事，亦足尊老成矣。又言：宜為右相者，莫如吕公著。帝皆聽之。又詔：彦愽一月兩赴經筵，六日一入朝，因至都堂與輔臣議事；如遇有軍國機要，即不限時日，並令入預參决。(《神道碑》)

續表

作者/文獻	版本	用　例
朱熹《三朝名臣言行録》卷第八	四部叢刊景宋本	(238) 官制：三省並建而中書獨爲取旨之地，門下、尚書奉行而已。公曰：三省均輔臣也，正如同舟共濟，當一心並力以修政事。……遂定爲令。(《神道碑》) (239) 初，執政三五日一集都堂，長官專决，同列多不與議。及公秉政，非有故日聚都堂，遂爲故事。(《神道碑》) (240) 公始與司馬光輔政，於是共推本先帝之意，蓋欲鞭笞四夷以彊中國，阜蕃邦財以佐其費。有司奉行，失其本旨，先帝固甞患之矣。……司馬光既卧疾于家，公與數人者同救其弊。太皇太后爲去其異議者，然後定。(《神道碑》) (241) 草制之夕，上御閤殿，見學士蘇軾，曰：吕僕射以疾求去，不欲煩以事，故以三公留之。……一月三至經筵，三日一朝，非朝日不至都堂，其出也不以時，蓋異禮也。(《神道碑》) (242) 吕公著之于人材，其言不欺，如權衡之於稱物；其於用人，無遠邇疏密，一以至公待之。雖有舊怨，亦不以屑意，其論事處物，不以徇已爲悦，從衆爲難。雖澹於世利，而勇於愛民；簡於應接，而周於慮世。上前議政事，盡誠去飾，慱取衆人之善，至其所當守，毅然不可回奪也。(《神道碑》)
朱熹《三朝名臣言行録》卷第十		(243) 宣祖神御，温成園陵，皆寓奉先寺。仁宗將幸奉先，或謂因欲臨后園。公預以所聞，諫旦日飭駕。使諭公曰：朕欲酌神御，非詣后園也。(李邦直撰《神道碑》。) (244) 召爲翰林學士。仁宗甞遣使祈嗣茅山，公當草祝詞。公因上疏言：祈嗣顧禱祠，何益？夫女御閉於深宫者衆，宦人養子絶人之世者多，非所以順天地致螽斯之福於上也。書奏仁宗，即日出宫人數百。詔有司裁定宦人養子令。(《神道碑》) (245) 孫沔、吕溱等守藩犯法，從官聮章請貰其罪。公曰：法自貴者始，更相救援，則公道廢矣。遂并劾之。宫人或納賂，請降度牒、紫方袍。歲時内宴，至有與伶官私笑語者，公密發其事，上亟爲逐典掌劉氏及它不謹者十餘人。(《神道碑》) (246) 公一不辨，以身任其責。罷相，知鄧州。其後，既収兵，羌人亦卷廬帳，驅畜産遁去。客食河外餓死者衆，數年終不能復，而使大酋數叩保安軍，求通使，並塞皆空無賊火。上於是知公爲有功，復召爲相。(《神道碑》) (247) 公再拜曰：臣言不用辱相位，請從此辭。上愕曰：兹小事，何用耶？公奏曰：小事弗伸，况大事乎！上爲罷佐。遣使持手詔諭公，使就位，公乃起。後數月，固稱疾，乃拜觀文殿大學士禮部尚書、知許州。(《神道碑》)

續表

作者/文獻	版本	用　　例
朱熹《三朝名臣言行録》卷第十	四部叢刊景宋本	(248) 公撫養孤貧，雖旁宗踈屬，皆仰嫁娶衣食。周門生故吏之不能自存者，俸禄無所餘。(《神道碑》)
朱熹《通鑒綱目》卷四下	清文淵閣四庫全書本	(249) 按：堧地，神道之地也。《黄圖》云：陽陵闕門西出，神道四通。茂陵神道廣四十三丈。《正義》曰：《漢書》云：詔賜冢地陽陵當得二十畆，李蔡盗取三頃，又盗取神道外堧地一畆。
朱熹《通鑒綱目》卷四十三下		(250) 太子賓客崔沔曰：祭祀之興，肇於太古。茹毛飲血，則有毛血之薦；未有麴蘖，則有玄酒之奠。施及後王，禮物漸備；然以神道致敬，不敢廢也。國家清廟禮饌，用周制也。園寢上食，遵漢法也。職貢来祭，致遠物也。有新必薦，順時令也。躬稼所收，蒐狩所獲，薦而後食，盡誠敬也。若此至矣，復何加焉？
朱熹《論孟精義》論語精義卷二上		(251) 謝曰：此皆因論禘而立文，禘嘗之義大矣。其昭穆之序，籩豆簠簋之列，非唯孔子知之，或人亦知之也。其問於夫子者，盖求所謂交鬼神之道。交鬼神之道，豈止禘而已。郊社之義，從可知也。鬼神之情狀，聖人以為知不可也，以為不知亦不可也。……此告之，以交鬼神之道也。知其説，則知鬼神之情狀矣。知鬼神之情狀，則能以神道設教而天下服矣。
朱熹《論孟精義》論語精義卷四下		(252) 范曰：君道天地也，民譬則物也。天無為而萬物不知所以生，君無為而民亦不知所以治，至於“羣黎百姓，徧為爾德”而止矣。《易》曰：聖人以神道設教，而天下服矣。又曰：神而化之，使民宜之。皆可使由之，不可使知之事也。
朱熹《論孟精義》論語精義卷九上		(253) 横渠曰：天道四時行，百物生，無非至教；聖人之動，無非至德，夫何言哉！又曰：天不言而四時行，聖人神道設教而天下服。誠於此，動於彼，神之道與！
朱熹《論孟精義》孟子精義卷十三		(254) 顔子常以己德未成而不用，隱而未見，行而未成故也。至于聖人神道設教，正己而物正，皆是私淑艾，作于此，化于彼，如祭祀之類。
朱熹《儀禮經傳通解》卷十一		(255) 餕餘不祭。父不祭子，夫不祭妻。(餕子，閏反。今按：《禮》：君賜腥，則熟而薦之。以為榮。若賜熟食，則恐是餕餘，故不以祭妻。子雖卑於已，然既沒則以神道接之，故亦不以祭也。)

續表

作者/文獻	版本	用　　例
朱熹 《雜學辨》	清文淵閣四庫全書本	(256)《呂氏大學解》：吕氏之先，與二程夫子遊，故其家學最為近正。然未能不惑於浮屠、老子之説，故其末流不能無出入之弊。(按：《正獻公神道碑》載：公進讀，上語及釋、老虛寂之旨。公曰：堯、舜雖知此，乃以知人、安民為急，此其所差之端也。堯、舜之道，精粗本末，一以貫之，其所知者，似與釋、老不相似也。以為所知在此，而所急在彼，是二本也。本原如此，則其末流之弊，豈可勝道哉！）今論其一二以補其闕，蓋其他説之近正者，則君子猶有取焉。
朱熹 《四書或問》 論語或問 卷第三		(257）謝氏專以交神明之道言之，似非此章答問之本意，蓋或人之問未應及此，而指掌云者又何以見其爲交神明之道哉？其曰“知鬼神之情狀”，則能“以神道設教而天下服”者，其失益遠矣。

表四百八十五

作者/文獻	版本	用　　例
朱翌 《猗覺寮雜記》 卷上	清知不足齋叢書本	(1)《唐新史》：以退之自監察御史，極論宫市，德宗怒，貶陽山令。皇甫湜爲退之《神道碑》云：貞元十九年，關中旱饑，人死相枕籍，吏刻取息。先生列言天下根本，民急如是，請寛民徭、免田租之弊。專政者惡之，斥爲陽山令。

表四百八十六

作者/文獻	版本	用　　例
朱震 《漢上易傳》 卷二	四部叢刊續編景宋刻本配汲古閣景宋鈔本	(1)《彖》曰：大觀在上，順而巽，中正以觀天下。觀，盥而不薦，有孚顒若，下觀而化也。觀天之神道，而四時不忒。聖人以神道設教，而天下服矣。 (2）孰為此者？一也。聖人觀天設教，亦一而已矣。一則誠，誠則明，明則變，變則化。不假強聒，人自服從，亦豈知所謂一哉？惟天下至誠，為能化。故曰：觀天之神道，而四時不忒。聖人以神道設教，而天下服。
朱震 《漢上易傳》 卷九		(3）天或謂之帝，言主宰也。推而上，謂之上帝。……九五，天之神道。聖人以神道設教，同象君子通言之也。

表四百八十七

作者/文獻	版本	用　　例
祝穆 《事文類聚》 前集卷五	清文淵閣四庫全書本	(1) 凡活五十萬人，募而為兵者又萬餘人。上聞之，即拜禮部侍郎。公曰：救灾，守臣職也。辭不受。前此，救灾者，皆聚民城郭中，煑粥食之。聚為疾疫，或待次數日不食，得粥皆僵仆，名為救之，而實殺之。自公立法簡便，天下傳記，聞以為法。(《神道碑》) (2)《為糜賑饑》：陳文惠公堯佐知壽州，遭歲大饑，公自出米為糜以食餓者。吏民以公故，皆争出米，其活數萬人。公曰：吾豈以是私恵耶？葢以令率人，不若身先而使其從之樂也。(《神道碑》)
祝穆 《事文類聚》 前集卷十二		(3)《爆竹行》(范至能)：歲朝爆竹傳自昔，吳儂改用前五日。食殘豆粥掃罷塵，截筒五尺煨以薪。節間汗流火力透，健僕取將仍疾走。兒童却退避其鋒，當堦擊地雷霆吼。一聲兩聲百鬼驚，三聲四聲鬼巢傾。十聲百聲神道寧，八方上下皆和平。却拾焦頭疊床底，猶有餘威可驅癘。屏除藥裹添酒杯，晝日嬉遊夜濃睡。
祝穆 《事文類聚》 前集卷十三		(4) 夫道莫先乎真，政莫先乎淳；参造化以成萬物，莫先乎神；資皇王以富四海，莫先乎人。護神莫先乎君公，正人莫先乎師長。……神而聽之，頌斯作曰：五宿熒煌，風政休咎，上經乎乾綱，我君順之，祚乃久兮。五宗盤薄，陰化成敗，下彰乎坤絡，我君欽之，福乃介兮。天平地成，神道助貞，人事以寧兮。皇極帝力，神道助直，人事以息兮。禎祥日新，既祠既禋，國力斯春兮。風雨時若，是耕是穫，家勤乃作兮。至神通兮，昭冥叶和，至道默兮。勤揚頌歌，大恒如礪，明德惟峩。
祝穆 《事文類聚》 前集卷三十七		(5) 坐上釣鱸：左慈，字元放，廬江人。少有神道。甞在曹公坐，公曰：今日高會，珍羞畧備，所少者吳江鱸魚為鱠耳。元放曰：此可得也。因求銅盤貯水，以竿餌釣釣於盤中，須曳引一鱸魚出。會者皆驚。(《古今文集》)
祝穆 《事文類聚》 前集卷五十		(6) 喪亂以來，漢氏諸陵無不發掘，及至燒取玉柙金鏤，骸骨并盡，乃不重痛哉！若違詔妄有變改，吾為戮尸於地下，死而重死，不忠不孝，使魂而有知，將不福汝。以為永制，藏之宗廟。魏文之制，可謂達於制矣。伏願陛下深覽古今，為長久之慮，臣之赤心，惟願萬歲之後，神道常安，陛下名揚於宗廟耳。書奏不報。 (7)《豐陵行》(韓愈) 羽衛煌煌一百里，曉出都門葬天子。羣臣雜沓馳後先，宮官穰穰來不已。是時新秋七月初，金神按節炎氣除。清風飄飄輕雨灑，偃蹇旂旆卷以舒。踰梁下坂笳鼓咽，嵽嵲遂走玄宮虛。哭聲訇天百鳥噪，幽坎晝閉空靈輿。皇帝孝心深且遠，資送禮備無羸餘。設官置衛鎖嬪妓，供養朝夕象平居。臣聞神道尚清淨，三代舊制存諸書。墓藏廟器不可亂，欲言非職知何如。

續表

<table>
<tr><th>作者/文獻</th><th>版本</th><th>用　　例</th></tr>
<tr><td>祝穆
《事文類聚》
前集卷五十五</td><td rowspan="3">清文淵閣四庫全書本</td><td>(8)《又祭劉恭文樞密文》(朱元晦)：謹遣男埜，畧具酒肴之奠，敬奉某所撰次《先正少傅公神道碑銘》草藁，告於近故留守觀文樞密彭城劉公靈几之前，曰：在昔歲秋，公病欲絶。自力為書，來告永訣。上言國家，讎恥未雪。冢骨易枯，此恨難滅。次念遺阡，豐碑未揭。謂我銘之，以永前烈。下及諸孤，羈貫在列。謂我教之，它靡顧謁。字畫方嚴，詞氣凜冽。是豈死人，而有斯說。三復悲號，心膂貫徹。聞公是日，三簡並折。拜疏千言，忠憤是洩。我雖不武，實仰奇節。生既人英，死當鬼傑。</td></tr>
<tr><td>祝穆
《事文類聚》
前集卷五十八</td><td>(9) 墓門前開道，建石柱以為梁，乃謂之神道。(《後漢・中山王傳》)</td></tr>
<tr><td>祝穆
《事文類聚》
前集卷六十</td><td>(10)《誌文長短》：韓文千變萬化，無心變；歐陽有心變。《杜祁公墓誌》一件未了，又說一件。韓《董晉行狀》尚稍長，權德輿作宰相，《神道碑》只一板許，歐、蘇便長了。(《朱語録》)
(11)《筭生張說》：姚崇、張說同位宰輔。崇病，戒諸子曰：張相與吾釁隙甚深，然其人稍奢侈。吾歿後，同僚當來弔，汝盛陳服玩寶器於帳前。若張不顧，舉族危矣。彼若寓目，當致此玩，以《神道碑》請得其文。即時録進，仍先礱石，使速鐫刻。張料事遲我，數日後，必追悔。姚沒，張果至，目其服玩者數四，諸子悉依教戒。碑文時說極筆，曰：八柱承天，高明之位列；四時成歲，亭毒之功存。後數日，果取文本，欲重删改。諸子乃引使者視之碑，已攻畢。說悔恨曰：死姚崇猶筭生張說。(《明皇雜錄》)
(12)《不懷舊怨》：歐陽公初以希文事得罪於吕相，坐黨人遠貶三峽，流落累年。比吕公罷相，公始被進擢。及後為范公作《神道碑》言西事，時吕公擢用希文，盛稱公之賢，能釋私憾而共戮力於國家。希文子純仁，大以為不然。刻石則輒削去此一節，云：我父至死，未嘗解仇。公嘆曰：我亦得罪於吕丞相者，惟其言公，取信於後世也。
(13) 未幾，吕亦罷。後吕公再入，元昊方犯邊，乃以范為經畧西事。公亦樂為之用，嘗奏記吕公云：相公有汾陽之心之德，某無臨淮之才之力。後歐陽公為《范公神道碑》，有"驩然相得，戮力平賊"之語。公之子堯夫不以為然，乃刋去之。歐公聞之，甚不樂也。范公平日胷襟豁達，毅然以天下國家為己任。既為吕公而出，豈復更有匿怨之意？况公嘗自謂"平生無怨惡於一人"，此言尤可驗。忠宣固是賢者，其規模廣狹，與迺翁不能無間。(《朱語録》)</td></tr>
</table>

續表

作者/文獻	版本	用　例
祝穆《事文類聚》前集卷六十	清文淵閣四庫全書本	(14)《獨銘五人》：東坡《祭張文定文公》云：軾於天下，未嘗銘墓。獨銘五人，皆盛德故。以文集考之，凡七篇。若富鄭公、司馬溫公、趙清獻公、范蜀公並張公，坡所自作。此外趙康靜、滕元發二誌，乃代張公者，故不列於五人之數。《眉州小集》有元祐中奏藁云：臣近準勅差撰《故同知樞密院事趙瞻神道碑》并書者，臣平生不為人撰行狀、埋銘、墓碑，士大夫所共知。只因近日撰《司馬光行狀》，葢為光曾與臣亡母撰埋銘；又為范鎮撰墓誌，葢為鎮與先臣某平生交契至深，不可不撰。及奉詔撰司馬光、富弼等墓碑，不可固辭，然終非本志，况臣老疾廢學，文詞鄙陋，不稱人子所欲顯揚其親之意，伏望聖慈別擇能者，特許辭免。觀此一奏，可印公心。而杭本《奏議》十五卷中不載。(《容齋隨筆》) (15)《因發已意》：坡公作《溫公神道碑》叙事甚畧，其作《富公碑》甚詳。温公是他已為《行狀》，若富公則異是。富公在朝，不甚喜坡公。其子弟求為此文，恐未必得，而坡鋭然許之。自今觀之，葢坡公欲得此題目，以發明己意耳。其首論富公使虜，豈苟然哉？葢坡公因熙寧、元豐間用得兵來狼狽，故假此說以發明其議論耳。(《朱語録》) (16)《得金以賻》：梅聖俞堯臣與劉公敞親且舊，既卒，其家不能自存，公哀之，未有以助也。聖俞嘗欲書《程丞相神道碑》，病不果，劉公為成之。程氏喜，餉白金五百兩，公發封，盡以賻梅氏。(《古今文集》) (17)《文字潤筆》：作文受謝，自晉以來有之，至唐始盛。《李邕傳》：邕尤長碑頌，中朝衣冠及天下寺觀，多齎持金帛，往求其文。前後所製，凡數百首，受納饋遺，亦至鉅萬。時議以為自古鬻文獲財，未有如邕者。故杜詩云：干謁滿其門，碑版照四裔。豐屋珊瑚鈎，麒麟織成罽。……至宋此風猶存，唯蘇東坡於天下未嘗銘墓，獨銘五人，皆盛德故，謂富韓公、司馬公、趙清獻公、范蜀公、張文定公也。此外趙康靖公、滕元發二銘，乃代文定所為者。在翰林日，詔撰《同知樞密院趙瞻神道碑》，亦辭不作。曾子開與彭器資為執友，彭之亡，曾公作銘，彭之子以金帶縑帛為謝。卻之至再，曰：此文本以盡朋友之義，若以貨見投，非足下所以事父執之道也。彭子皇懼而止。此帖今藏其家。(《容齋隨筆》)
祝穆《事文類聚》後集卷四		(18)《囝詩》(顧况)：囝，哀閩也。囝生閩方，閩吏得之，乃絶其陽。為臧為獲，致金滿屋。為髡為鉗，如視草木。天道無知，我罹其毒。神道無知，彼受其福。郎罷別囝，吾悔生汝。及汝既生，人勸不舉。不從人言，果獲是苦。囝別郎罷，心摧血下。隔地絶天，及至黄泉，不得在郎罷前。

續表

作者/文獻	版本	用　　例
祝穆《事文類聚》後集卷九	清文淵閣四庫全書本	(19)《不與寒士爭進》：王文正公旦以儉約率勵子弟，使在富貴不知為驕侈。兄子睦欲舉進士，公曰：吾嘗以太盛為懼，其可復與寒士爭進？至其薨也，子素猶未官，遺表不求恩澤。(《神道碑》)
祝穆《事文類聚》續集卷五		(20) 予客自南鄙，觀蕝於魯，覩斯而眙曰：嗟乎！詩人之興，感物而作。故奚斯頌僖，歌其路寢，而功績存乎辭，德音昭乎聲。物以賦顯，事以頌宣，匪賦匪頌，將何述焉？遂作賦曰：粤若稽古帝漢，祖宗濬哲文明。殷五代之純熙，紹伊唐之炎精。荷天衢以元亨，廓宇宙而作京。敷皇極以創業，叶神道而大寧。於是百姓昭明，九族敦序，乃命孝孫，俾侯于魯。錫介圭以作瑞，宅附庸而開宇。乃立靈光之秘殿，配紫微而為輔。承明堂於少陽，昭列顯於奎之分野。
祝穆《事文類聚》續集卷十五		(21)《將老糟丘》：陳暄嗜酒，兄子秀致書於暄友，冀以諷諫。暄聞，與秀書曰：吾有此好已五十餘年。汝以飲酒為非，吾以不飲為過。昔周伯仁渡江唯三日醒，吾不以為少；鄭康成一飲三百盃，吾不以為多。又曰：江諮議有言：酒猶兵也。兵可千日而不用，不可一日而不備；酒可千日而不飲，不可一飲而不醉。美哉江公，可與共論酒矣！吾生平所願，身没之後，題吾墓曰"陳故酒徒陳君之神道"。……速營糟丘，吾將老焉。
祝穆《事文類聚》續集卷十八		(22)《奸民縱火》：時金陵多火災，居者不安。乖崖公廉知皆奸民所為，潛捕得之，乃命先折其脛，斬之以徇，火患遂息。(《神道碑》)
祝穆《事文類聚》別集卷五		(23) 或送東坡所作《溫公神道碑》，先生曰：坡公此文，說得却似山摧石裂。道夫問：不知既說"誠"，何故又說"一"？曰：這便是他看道理不破處。頃之，直卿至，復問：若說"誠之"，則說"一"，亦不妨否？曰：不用恁他說，蓋誠則自能一。 (24) 東坡《趙清獻公神道碑》說仁宗處，其文氣象不好。"第一流人物"等句，南豐必不說。(《朱語録》) (25)《杜撰》：石中立在中書，盛度撰《張文節公知白神道碑》。石急問曰：是誰撰？盛卒對曰：度撰。滿堂大笑。(《湘山野録》)
祝穆《事文類聚》別集卷二十二		(26)《先天下憂》：范文正公少有大節，其於富貴、貧賤、毁譽、歡戚，曾不一動其心，慨然有志於天下，嘗自誦曰：士當先天下之憂而憂，後天下之樂而樂。(《神道碑》) (27)《憂過在位》：吕獻可病卧洛陽，猶旦夕憤歎，以天下事為憂，過於在位任其責者矣。(《神道碑》)

續表

作者/文獻	版本	用　　例
祝穆 《事文類聚》 新集卷一	清文淵閣四庫全書本	(28) 三者皆與言叶，不差歲月。自憲闈竟十年居相，由西蜀而入，代余執憲俄亦竄逐。唯再謫南服，未嘗有前知者為余言之，豈禍患不可移者，神道所秘，莫得預聞？自古銜寃殁世者多矣，冥報之事，或有或無，遂使好亂樂禍者以神道為茫昧。余嘗論之，仁人上哲，必達生知命，如顏氏之子，犯而不校；釋門達摩，了空喻幻，必不思報矣；其下柔弱無心者，力不能報；所能報者，乃中人耳，悍強任氣如伯有、灌夫之流，亦在其臨殁之際，方寸不撓，魂魄不散，唯結念於此，是以能報。夫人之捨生也，如薪盡火滅，溘然則無能為矣。其達於理者，使心不亂，則精爽常存，不生不滅，自可以超然出世，升躋神明。其次精多魄強，則能為厲。冥報之事，或有或無，理在此也。
祝穆 《事文類聚》 新集卷三		(29)（謝國策制）諸侯勳德之盛，則就加特進以寵之。（李光顧除特進制）位次三公，居驃騎、儀同之上，非茂勳俊德，曷以處之？（《李德裕集·神策劉公神道》）朝位特見。（劉阮特進制）特進崇班，自共冠諸侯之上。（馮延已制）大見信用。巍巍特進，仍踐其位。赫赫三事，躬佩其華。
祝穆 《事文類聚》 新集卷六		(30)《一柱承天》：姚崇與張說有隙。崇死，謂其子曰：我死，張說來弔，爾以我平日寶玩盡列於前。如說屬目，即舉以獻之，就問其求《神道碑》，纔得即模刻以示外。此人見遲，稍緩即悔。彼不顧，則吾族無噍類矣。子如其言。說來，果屬目，稱去後即以獻之，遂求所為文。說許之，故其碑曰：一柱承天，高明之位列；四時成歲，亭毒之功深。後說悔，來索，則碑已模刻矣。說嘆曰：死姚崇猶能筭生張說。後譖，不行。（《唐紀》）
祝穆 《事文類聚》 新集卷十一		(31)《吏無以欺》：王仲舒，字弘中。在考功，吏部提約明悉，故吏無以欺。（《韓文正公神道碑》）
祝穆 《事文類聚》 新集卷十二		(32)《王質方雅》：唐王質為户部郎中，以方雅特立，除諫議大夫。（劉禹錫為《神道碑》）

續表

作者/文獻	版本	用　　例
祝穆《事文類聚》新集卷十八	清文淵閣四庫全書本	(33) 至若教行於無訟之前，憲因於未萌之始，未萌而慮，則求煩不獲；無訟而教，則何用不臧？寬細瑕為大體，復故事為新政。小人畏法，君子夷心，無隱情於國家，無愧辭於神道，堂堂乎大雅之素也。初，廳壁列先政之名，記而不叙。公以為艱難之選，將俟後人，謂華嘗備屬寮，或知故實。授柬之恩，至屬詞之藝寡，無以允副非常之待，所報者直質而少文。天寶十四載六月十五日記。
祝穆《事文類聚》新集卷二十		(34)《隻日降麻》：翰林所著撰拜免公王、將相、妃王曰制，賞賜恩宥曰赦書、曰德音，處分事曰敕、曰御札，五品以上曰詔，六品以下曰敕，批羣臣表曰批答，奬勲勞曰奬諭。賜外國書曰蕃書，醮曰青詞、密詞，釋曰齊文，教坊致語曰白話，土木興建曰上梁文，宣賜曰口宣。此外有祝文、碑文、神道碑、樂章、詩頌、春帖子之類。撰述進入，遇有除拜，以雙日鎖院，隻日降麻。(《翰林志》)
祝穆《事文類聚》外集卷十		(35)《蜀人相慶》：上以張定公前治蜀，長於安集，復以公知益州。蜀人聞之，皆鼓舞相慶，如赤子久失父母而知復来鞠我也。(《張忠定神道碑》)
祝穆《方輿勝覽》卷十三		(36) 皇朝李亨伯。(郡人，仕至全州守。王鞏作《神道碑》，劉安世書其碑陰曰：自嘉祐以來，引年而去者如歐陽永叔以六十五、范景仁以六十三，公掛冠方六十四耳。目之所覩者，三人而已。)
祝穆《方輿勝覽》卷二十七		(37) 南通五嶺。(《高武信王神道碑》云云：旁帶一江，接壤呉蜀，舟車四達。)
祝穆《方輿勝覽》卷三十五		(38) 封川風俗，其民知義。(《臨封志》云云：蘇子瞻作《司馬溫公神道碑》云云：公薨，封州父老相率致祭，且作佛事。公之至誠，無所不感，而封之民獨見稱於坡公，亦足以見風俗之知義也。)

續表

作者/文獻	版本	用　　例
祝穆 《方輿勝覽》 卷三十六	清文淵閣四庫全書本	(39) 夷獠遂生。(皇甫持正《韓文公神道碑》: 洞獠海夷, 陶然遂生; 鱷魚稻蟹, 不暴天物。) (40) 鱷溪。(舊名惡溪。……周洪道云: 韓退之逐鱷事, 李翺《行狀》及皇甫湜《神道碑》皆不載, 豈以鱷近恠, 故刪去乎?)
祝穆 《方輿勝覽》 卷三十八	清文淵閣四庫全書本	(41) 卜日之吉, 虔告于王靈曰: 昔者夫子嘗欲居九夷, 其時門人猶有惑聖言, 今夫子代千有餘載, 其教始行, 至于是邦。人去其陋, 而卒于儒。孝父忠君, 言及禮義。又況巍然炳然, 臨而炙之乎! 惟夫子以神道設教, 我今罔敢知。欽若茲教, 以寧其神。追思昔誨, 如在于前。苟神之在, 曷敢不虔。居而無陋, 罔貳昔言。申陳嚴祀, 永永是尊。麗牲有碑, 刻在廟門。

表四百八十八

作者/文獻	版本	用　　例
祖無擇 《龍學文集》 卷九	清文淵閣四庫全書本	(1) 書并神道碑銘墓表 (2)《與張朗中書》: 月日, 范陽祖無擇, 謹致書于郎中。執事無擇中間嘗奉面命, 俾譔《先正侍郎神道碑文》。……無擇才學短淺, 固不能發明往行, 然屢被見託, 不可無辭, 以慰孝思。其碑今已撰成, 謹令繕寫寄獻, 文字荒謬, 深懼不稱, 伏惟尊明, 詳擇不宣。 (3)《宋故贈尚書工部侍郎清河張君神道碑銘》: 寶元元年冬十一月庚戌, 天子有事于南郊。還, 乃賞公卿, 行慶賜。自公以下, 位于朝者, 其父母、祖父母既歿, 咸有贈官, 例也。……自有位于朝, 乃贈為衛尉卿。今天子以圜丘之祀, 均釐臣庶, 又贈至尚書工部侍郎。按: 令當斵石為碑, 表諸神道。願得文章, 以系以銘。
祖無擇 《龍學文集》 卷十四	清文淵閣四庫全書本	(4)《狀元紫微始末》: 公諱士衡, 字平叔, 侍郎第四子。……文簡薨, 恩及外族, 例加一官, 特授起居舍人。晏殊行制詞有告存焉, 録之於後。天禧四年八月, 除知制誥。乾興元年七月, 出知吉州。任滿歸京。天聖中, 奏勑撰《向文簡神道碑銘》。卒, 享年三十六。

續表

作者/文獻	版本	用　　例
祖無擇《龍學文集》卷十五	清文淵閣四庫全書本	(5) 大宋故推忠協謀守正佐理功臣開府儀同三司行尚書左僕射兼門下侍郎同中書門下平章事充玉清昭應宫使昭文館大學士監修國史上柱國河内郡開國公食邑一萬二千七百户食實封五千一百户贈太師謚曰文簡向公神道碑銘

金　朝

表四百八十九

作者/文獻	版本	用　例
董解元《西廂記》卷二	明嘉靖刻本	(1)(般涉調)《沁園春》：鐵戟侵空，綉旗暎日，遍滿四郊。捧一員驍將，陣前立馬，披烏油鎧甲，紅錦征袍。鼻偃唇軒，眉麄眼大，擔一柄截頭古錠刀。如神道，更胸高脚闊，膀大臂腰。
董解元《西廂記》卷七		(2)(南吕宫)《一枝花纏》：這畜生腸肚惡，全不合神道。着言厮間諜、忒奸狡，道：張珙新来，受了別人家捉。本萌着一片心，待解破這同心，子脚裡他家做俏。

表四百九十

作者/文獻	版本	用　例
高守元《冲虛至德眞經四解》卷四	明正統道藏本	(1)不知斯齊國幾千萬里（斯，離也。齊，中也），蓋非舟車足力之所及，神遊而已。舟車足力，形之所資者耳。神道恍惚，不行而至者也。
高守元《冲虛至德眞經四解》卷五		(2)盧曰：夫生於陵而安於陵，生於水而安於水，習則爲常。故曰：始乎故也，長乎性也。習其故，安其性，忽然神會，以成其命，得之不自知也。故《易》曰：窮理盡性，以至於命。命者，契乎神道也。
高守元《冲虛至德眞經四解》卷七		(3)周穆王（夫稟生受有謂之形，俛卭變異謂之化。神之所交謂之夢，形之所接謂之覺。原其極也，同歸虛僞。何者？生質根滯，百年乃終；化情枝淺，視瞬而滅。神道恍惚，若存若亡；形理顯著，若誠苦實。故洞監知生滅之理均，覺夢之塗一；雖萬變交凍，未闗神慮。愚惑者以顯昧為成驗遲速而致疑，故竊然而自私，以形骸為真宅。孰識生化之本，歸之於無物哉？）
高守元《冲虛至德眞經四解》卷十二		(4)盧曰：夫神道之含萬物也，故不窮；陰陽之含天地也，故無極。天地萬物之外，我所不知以辯之，非謂都不知也。

續表

作者/文獻	版本	用　　例
高守元《冲虚至德眞經四解》卷十三	明正統道藏本	(5) 政和：形失其平爲疾，性失其平亦爲疾。治形之疾，藥石攻之；治性之疾，則有道術存焉。志氣之帥也，氣體之充也。志主謀慮，氣主果斷，一失其平，强弱相反。故志强而氣弱者，足於謀而寡於斷；志弱而氣強者，少於慮而傷於專。心者，五官之主也。……聖人以神道妙天下，舉平與陂通而爲一，何以異於是？

表四百九十一

作者/文獻	版本	用　　例
韓道昭《五音集韻》卷五	清文淵閣四庫全書本	(1) 塲暘（祭神道處。又治穀地也。）

表四百九十二

作者/文獻	版本	用　　例
丘處機《磻溪集》卷二	金刻本	(1)《題艾山》：一朶黑雲寒，亭亭杳靄門。天垂滄海闊，地鎮白雲閑。五嶽名準隱，三神道可攀。時觀觸石心，甘露沃塵寰。

表四百九十三

作者/文獻	版本	用　　例
王寂《遼東行部志》	清光緒丁氏竹書堂鈔本	(1) 東坡忠厚，不妄許可，如歐陽永書作《韓魏公德威堂記》，范仲淹作《狄梁公神道碑》，皆公子書，自餘非文章議論有火過人者，未嘗容易作一字。今陳公所記施食放生事，坡公特為之書者，意可知矣。 (2) 丁未，登紫霞山，觀宇文叔通撰《劉司空神道碑》。劉公名宏，字子孝，唐燕王仁恭之七世孫也。仕遼，任懿州寍昌軍節度使。收國初，以闔境歸附本朝，懿之生齒數萬，無跨履之丧，公之力也。古人謂“活千人者必封”，如公又豈止活千人而已。則劉氏之昌也，無疑矣。

表四百九十四

作者/文獻	版本	用　　例
王朋壽 《類林雜説》 卷七	民國嘉業堂叢書本	(1) 贊曰：神道至隱，感而遂通。順則福應，逆斯禍鍾。善言出口，千里初同。凶德萌心，一家相攻。事親思孝，入仕思忠。竚看獲報，餘慶無窮。 (2) 陳暄（《南史》：陳暄，回山人。學不師受，文才俊逸。尤嗜酒，無節操，徧歷王公門，沈湎讙譊，過差非度。其兄子秀常憂之，致書於暄友人何胥，冀以諷諫。暄聞之，與秀書略曰：吾既寂寞當世，朽病殘年，產不異於顔原，名求動於卿相。若不日飲醇酒，復欲安歸？汝驚吾墮馬侍中之門，陷池武陵之第，徧布朝野，自言焦陳。𤣥也幸，苟有過，人必知之。吾生平所願，身没之後，題吾墓曰"陳故酒徒陳君之神道"。何水曹眼不識盃鐺，吾目不離瓢杓。汝寧與何同日而醒，與吾同日而醉乎？政言其醒可及，其醉不可及也。速營糟丘，吾將老焉。爾無多言，非爾所及也。）

表四百九十五

作者/文獻	版本	用　　例
佚名 《地理新書》 卷二	金刻本	(1)《照幽記》：荆自案者，貴也。後有從者，專也。尊貴相揖，神道安也。故曰：居地不朝揖，子孫常獨（闕）。草森不過尺，官禄不盈石。
佚名 《地理新書》 卷九		(2) 説曰：墓而不墳，所以反本也。三代以降，始有墳之飾，斯孝子思之所也。禮有升降貴賤之度，俾存歿之道各得所宜。長安神龍之際，有黄州僧泓者，能通鬼神之意，而以事參之。僕嘗聞有言，猶記其要。墓欲深而狹。深者，取其出；狹者，取其固。故平地之下，一丈二尺為土界，又一丈二尺為水界，各有龍守之。土龍六年而一暴，水龍十二年為一暴。當其隧者，神道不安。故深二十八四尺之下，可致窀穸。……鑄鉄為牛豕之狀，可以禦二龍乎？潤而潔，能知百神，寘之墓内，以助神道。僧泓之説如此，皆前賢所未達也。
佚名 《地理新書》 卷十二		(3) 功曹為蒿里，傳送為黄泉。從蒿里，入黄泉，神道吉。 (4) 神后加丁為第一道，大吉加坤為第二道，功曹加庚為第三道，可豈喪庭也。太衝加辛為第四道，天剛加乾為第五道，太一加壬為第六道，勝光加癸為第七道，小吉加艮為第八道，傳送加甲為第九道，置冢穴也。故曰：開功曹，閉傳送，從高里，入黄泉。是以開三閉九，神道備矣。

續表

<table>
<tr><th>作者/文獻</th><th>版本</th><th>用　　例</th></tr>
<tr><td>佚名
《地理新書》
卷十二</td><td rowspan="2">金刻本</td><td>(5) 凡行喪事，遠凶近吉。故以神后加癸為第一道，大吉加艮為第二道，功曹加甲為三道，安喪庭。太衝加乙為第四道，天剛加巽為第五道，太一加丙為第六道，勝光加丁為第七道，小吉加坤為第八道，傳送加庚為第九道，置冢穴。故曰：開功曹，閉傳送，從蒿里，入黃泉。是以開三閉九，神道備矣。
(6) 神后加辛為第一道，大吉加乾為第二道，功曹加壬為三道，安喪庭。太衝加癸為第四道，天剛加艮為第五道，大一加甲為第六道，勝光加乙為第七道，小吉加巽為第八道，傳送加丙為第九道，置冢穴。故曰：開功曹，閉傳送，從蒿里，入黃泉。是以開三閉九，神道備矣。
(7) 神后加乙為第一道，大吉加巽為第二道，功曹加丙為三道，故以功曹下置喪庭。大衝加丁為第四道，天剛加坤為第五道，太一加庚為第太道，勝光加辛為第七道，小吉加乾為第八道，傳送加壬為第九道，置冢穴。故曰：開功曹，閉傳送，從蒿里，入黃泉。是以開三閉九，神道備矣。
(8)《開三閉九法》：凡柩出入，皆合神道。神道必致功曹，向傳送，從蒿里，入黃泉。大吉若乘傳送，向功曹，從黃泉，入蒿里。此即乖戾，不合吉道，故有開三閉九之路。每以神后下為第一道，大吉下為第二道，功曹下為第三道，可以置喪庭也。太衝下為第四道，天剛下為第五道，太一下為第六道，勝光下為第七道，小吉下為第八道，傳送下為第九道，可以置冢穴也。</td></tr>
<tr><td>佚名
《地理新書》
卷十四</td><td>(9)《四折曲路立成圖法》：凡六甲冢法與八卦冢法，四折之路、向背之徑不同（背音倍）。凡四折曲路者，死者之神道也（神明道路）。……一折見之曰麒麟引道，二折見之曰鳳凰躍途，三折見之曰玉堂廻車。甲子冢為伏吟冢，甲午冢為反吟冢，皆不合開三閉九之道。……至於門陌亦不合，所以逆取神道，角出斜入，乘四獸路。
(10) 凡諸侯有土之君合坐，地分中甲庚丙壬穴位；其卿大夫與士庶已下合坐，人分中甲庚丙壬穴位。須用此尊卑次序，否則神道不寧。</td></tr>
</table>

表四百九十六

作者/文獻	版本	用　　例
元好問 《遺山集》 遺山先生文集 卷第十六	四部叢刊景明弘治本	(1) 平章政事壽國張文貞公神道碑 (2) 故相壽國張公之孫好退謂某言：先大父之薨，叅知政事高公子約爲《神道碑》。碑石巳具，遭貞祐之亂，不克立。好退南渡二十年，乃還鄉里。思卒前事，而高公之文於時事有嫌，不敢復議。惟我先人以書生起家，仕宧至宰相，身存踐履之實，國有經綸之業。雖流風未逺，而人代旣遷，微良史則墜簡巳亡，懷舊俗則髙年垂盡。瞻言丘壠，旌紀寂寥。好退無所似肖，不能奉揚徽烈，負釁蒙累，無以自處。誠得吾子辱以第二碑賜之，則瞑目為無憾矣！敢百拜為請。 (3) 沁州刺史李君神道碑

續表

作者/文獻	版本	用　例
元好問 《遺山集》 遺山先生文集 卷第十七	四部叢刊景明弘治本	(4) 朝散大夫同知東平府事胡公神道碑
元好問 《遺山集》 遺山先生文集 卷第十八		(5) 內相文獻楊公神道碑銘 (6) 嘉議大夫陝西東路轉運使剛敏王公神道碑銘 (7) 通奉大夫禮部尚書趙公神道碑 (8) 後公歿十有二年，孤子贇偕夫人孫氏，扶護北歸，以二月丙申，祔於永平縣某鄉里先塋之次，禮也。諸孤以王內翰百一所譔《誌銘》見示，且以《神道碑銘》為請。好問甫從官學，即聞高誼。南宫獻賦，誤為楊浚所賞；桓府叅軍，重辱褚裒之問。輙叙東國人倫之舊，以寓西州華屋之感。恨知之者未盡，推之者未至，何媿辞之有焉？
元好問 《遺山集》 遺山先生文集 卷第十九		(9) 內翰馮公神道碑銘 (10) 國子祭酒權刑部尚書內翰馮君神道碑銘
元好問 《遺山集》 遺山先生文集 卷第二十		(11) 資善大夫吏部尚書張公神道碑銘（并引） (12) 歲乙巳二月十有九日甲申，葬我吏部尚書張公於輔岩縣將相鄉新安里東南原之新塋，禮也。孤子知剛，涕泗謂某言：先公之葬，永年王磐狀其行，東明王鶚誌其墓，既卒事矣，神道有碑，碑當有銘，州里大夫士屬筆於子，敢百拜以請！ (13) 通奉大夫鈞州刺史行尚書省叅議張君神道碑銘（并引） (14) 壬子冬十月，翔、浚奉京東行省負外郎王君禧伯所譔家傳，以《神道碑銘》爲請，三請益堅；某不得以不敏辭，乃爲論次之。君向多可稱，弗著；著所以活万人者。 (15) 資善大夫集慶軍節度使蒲察公神道碑銘（并引） (16) 資善大夫武寧軍節度使夾谷公神道碑銘 (17) 將葬，五路万户郝丑和尚，以《行狀》来請，曰：吾子仕在省寺，宜知武寧之詳。先鋒與我結弟昆之義，公之葬，猶葬吾父也。幸辱以《神道碑》賜之！予素善郝侯，義不可辭，乃用所以知公者，著之篇，而系之以銘。
元好問 《遺山集》 遺山先生文集 卷第二十三		(18) 故河南路課税所長官兼廉訪使楊公神道之碑

續表

<table>
<tr><th>作者/文獻</th><th>版本</th><th>用　例</th></tr>
<tr><td>元好問
《遺山集》
遺山先生文集
卷第二十六</td><td rowspan="4">四部
叢刊
景明
弘治
本</td><td>（19）東平行臺嚴公神道碑
（20）古之所謂愛如父母，敬如神明者，於公見之。子男七人：長忠貞，金紫光禄大夫，前公卒；次忠濟，襲公職；次忠嗣、忠範、忠傑、忠裕、忠祐。姪一人忠輔。女七人。孫一人，忠貞之子朗。既葬之三月，孤子忠濟等狀公之行，以《神道碑》爲請。敢以智愚之所共知者，論次之而系之以銘。</td></tr>
<tr><td>元好問
《遺山集》
遺山先生文集
卷第二十七</td><td>（21）龍虎衛上將軍術虎公神道碑
（22）公既躭嗜書史，故親授三子者學，夜參半猶課誦不已。三子服教，悉能自樹立，有聞於時。某歲，仲坦舉公柩北歸，卜葬於輝州蘇門比之某原。枉道過好問新興，授公行事之狀，涕泗百拜，以《神道碑銘》爲請。仲坦從好問游，有昆弟之義，義不可辭，乃爲件右之。
（23）恒州刺史馬君神道碑
（24）輔國上將軍京兆府推官康公神道碑銘
（25）瑭以癸卯十月十有二日，奉公之柩，葬於林慮縣三陽里東南原，禮也。既卒事，以公事状来謂某言：劉内翰極之誌先府君墓，已納之壙中矣。神道有碑，碑當有銘，敢質之以爲請。某於瑭爲同年生，義不得辭，乃爲之銘，并叙其平生如此。
（26）尚書右丞耶律公神道碑（從《元文類》補。）
（27）癸卯秋八月，中令君使謂好問言：先公《神道碑》，泰和末，先夫人教授禁中，章宗以魏搏霄所撰《墓銘》為未盡，欲喬轉運宇爲之而不及也。今屬筆於子，幸而論次之，以俟百世之下。</td></tr>
<tr><td>元好問
《遺山集》
遺山先生文集
卷第二十八</td><td>（28）大丞相劉氏先塋神道碑
（29）臨淄縣令完顔公神道碑</td></tr>
<tr><td>元好問
《遺山集》
遺山先生文集
卷第二十九</td><td>（30）千戶喬公神道碑銘
（31）古人北面降虜者，今真見之。嘗以時俗侈靡相尚，中歲以來，尤尚純素，出入會計見之朱墨者，率無浮費之妄。然人以緩急來赴者，必重為賙給，負責則徃徃折券以貸之。識者謂公孝以安親、忠以立節、義以扞難、仁以濟物，視履考祥，必當敦龐耆艾，五福具偹。今禄不酧庸、壽不符德者乃如此！天之報量施，可易量邪？孤子某等以某年月日，祔公於東王里之先塋。以僕辱在葭莩之末，以《神道碑》為請，乃為件右之。
（32）千戶趙侯神道碑銘</td></tr>
</table>

續表

作者/文獻	版本	用　　例
元好問《遺山集》遺山先生文集卷第二十九	四部叢刊景明弘治本	(33) 孤子復亨等，以某年十二月庚寅朔，舉侯之柩，葬於保義里之先塋，礼也。既已事，以予嘗得幸于其先人，辱以《神道碑》為請。予往客平陽者六年。歲戊戌七月，以叔父之命將就養于太原，侯留連鄭重，數月不能別。軍行河平，予與之偕。分道新鄉，置酒行營中；夜参半，把燭相視，不覺流涕之覆面也！明日使人留語云：欲與吾子別而情所不忍，唯有毋相忘而已！於是疾馳而去不反顧。嗚呼！此意其可忘哉！乃為之碑而系之以銘。
元好問《遺山集》遺山先生文集卷第三十		(34) 濮州刺史畢侯神道碑銘
元好問《遺山集》遺山先生文集卷第三十五		(35) 貞祐丧亂之後，蕩然無紀綱文章，蚩蚩之民，靡所趣向：為之教者，獨是家而已。今河朔之人，什二為所陷沒。無淵靜之習，無禪定之業，所謂舉桑門以自例者，則兼有之。望宣、政之季，厭而去之之事，且不可見，况附于黃、老家數，以為列僊者，其可得乎？嗚呼！先哲王之道、中邦之正，掃地之日久矣！是家何為者，乃人敬而家事之？殆攻刼爭奪之際，天以神道設教、以弭勇闘嗜殺者之心耶？抑三綱五常將遂湮滅，顛倒錯亂、人與物胥而為一也？不然，則盛衰消長、有數存焉于其間，亦難于為言也已！
元好問《中州集》中州壬集第九	四部叢刊景光刊本	(36) 雷希顏爲作《神道碑》云：黃覇爲良吏稱首。及爲丞相，與張敞論列功名；大滅王允，當漢祀之衰；計誅董卓，近古社稷臣。然不赦凉州人，旋致傕汜之禍。蕭俛之清介，崔植之論議，皆足爲唐名臣。而俛議銷兵植餓，朱克融輩不畀一官，遂再亂河朔。彼或量不足，或才略有所窮，權不足以濟事，智不足以知時故也。
元好問《續夷堅志》卷四	清刻本	(37)《張先生座右銘》：張先生弥學，東阿人，平章政事壽國文貞公良輔之父。《神道碑》載其事。內《座右銘》云：欲求聰明，先當積學；欲求子孫，先當積孝。以為名言。
元好問《元遺山詩集箋注》卷一	清道光二年南潯瑞松堂蔣氏刻本	(38) 阿京（《秋澗集·渾源劉氏世德碑》：從益，字雲卿。雷淵誌墓，趙秉文銘神道。蓬門，其自號也，蓋取南山誡子詩“元自蓬蒿出門户，莫教門户出蘿蒿”之句。）
元好問《元遺山詩集箋注》卷四		(39) 智仲可《月下彈琴圖》（《續夷堅志·難澤神變》云：智仲可説。元明善《廉公神道碑》云：薦智仲可参綜府事。題所居堂曰“止”。公退，即與諸儒講處事立身大義，焚香鼓琴，夜分乃息。）

續表

<table>
<tr><th>作者/文獻</th><th>版本</th><th>用　例</th></tr>
<tr><td>元好問
《元遺山詩集箋注》
卷九</td><td rowspan="2">清道光二年南潯瑞松堂蔣氏刻本</td><td>（40）姚隧《楊公神道碑》：公以正大乙酉生。童而讀書，記識強敏，日駿千言。時艱，從中大夫逃亂而東，其居于汴、于歸德、于天平。雖間關險阻，未嘗怠弛其業。</td></tr>
<tr><td>元好問
《元遺山詩集箋注》
卷十</td><td>（41）《喬千戶挽詩》（本集二十九卷《神道碑》：公諱惟忠，字孝先。丙午年五月二十七日，終于正寢。《靜修遺詩・千戶喬侯挽詩》：拱木秋聲尚凜然，平生鄉國媿幽燕。千家聚落郎山砦，四海牢籠勑勒天。龍虎風雲空一夢，關河形勢記當年。重侯累將應須念，創立艱難亦可憐。）
（42）《過皋州寄聶侯》（《地志》：河東北路平定州樂平縣，興定四年升為泉州。《名臣事略》注引《四賢堂記》云：初，聶侯珪以土豪歸國，師平定者最久。……《觀妙齋金石考》：李治有《平定等州大總帥聶公神道碑》，大德二年立。）</td></tr>
</table>

本書為內蒙古工業大學範景武主持完成的國家社會科學基金（西部）項目《中國帝陵神道文化研究》（項目批准號為：13XZJ013）的最終成果。

第二卷

神道文獻整理與帝陵神道研究

範景武　編著

中国社会科学出版社

元　朝

表四百九十七

作者/文獻	版本	用　　例
保八《周易原旨》卷二	清文淵閣四庫全書本	(1)《彖》曰：大觀在上，順而巽，中正以觀天下。觀，盥而不薦，有孚顒若，下觀而化也。觀天之神道，而四時不忒。聖人以神道設教，而天下服矣。《象》曰：風行地上，觀。先王以省方觀民設教。

表四百九十八

作者/文獻	版本	用　　例
曹伯啓《曹文貞詩集》後録	清文淵閣四庫全書本	(1)大元故資善大夫陝西行御史臺中丞贈體忠守憲功臣資政大夫河南江北等處行中書左丞上護軍追封魯郡公謚文貞曹公神道碑銘（并序）

表四百九十九

作者/文獻	版本	用　　例
長谷眞逸《農田餘話》卷下	明寶顔堂秘笈本	(1)廉文正公希冩，字善甫，其父本北庭人。從回鶻主歸于元，官至司徒。生文正時，適拜廉訪使，遂以官爲姓。見元明善所作《神道碑》。

表五百

作者/文獻	版本	用　　例
陳澔《雲莊禮記集説》卷一	清文淵閣四庫全書本	(1)如建都邑，某地可都，某地亦可都，此嫌疑也。如戰，或曰可戰，或曰不可戰，此猶與也。卜筮以決之定之，此先聖王以神道設教也。有疑而筮，既筮而不信；諏日而卜，既卜而弗踐，是為不誠。不誠之人，不能得之於人，況可得於鬼神乎？

續表

作者/文獻	版本	用　　例
陳澔《雲莊禮記集説》卷九	清文淵閣四庫全書本	(2) 子曰：大人之器威敬。天子無筮，諸侯有守筮。天子道以筮，諸侯非其國不以筮。卜宅寢室，天子不卜處大廟。（龜筴之為器，聖人所以寓神道之教，故言大人之器也。以其威敬而不敢玩褻，故大事則用，小事則否。天子無筮，惟用卜也。）

表五百零一

作者/文獻	版本	用　　例
陳基《夷白齋稿》卷十五	四部叢刊三編景明鈔本	(1) 太常宜有謚，國史宜有傳，神道宜有碑。季境瑰瑋，克肖人方。慶公有子，則其所以為公不朽計者，宜在斯行也。基不佞，敢以此私扵季境，亦庶幾贈言之遺意云尔。
陳基《夷白齋稿》卷二十五		(2) 諸子而以田若干畝在蕭山者為墓廬，祭祀百事之需，前経筵撿討豫章鄒君魯望實為之記，而公賦有常歲用不旦。凡冢舍、祭器、壞樹、神道碑碣，所宜有之屬用皆闕如。
陳基《夷白齋稿》外集		(3) 繼自今兹為子孫者，如文英之不忘其本處里閈者，如幹勒之雅尚古道居風紀者，如李君之知所勸相為有司者，如郭君、董君之克恭所事，則萬安之松楸將人人為之封殖，益久而不廢，尚何斧斤耒耜之患乎幾！公父子，世濟忠直，太史有傳，神道有碑，家乘有載，兹不敢以瀆書，書其復塋歲月，以為方來告云。是歲，丁亥十月丙子記。

表五百零二

作者/文獻	版本	用　　例
陳桱《通鑒續編》卷五	清文淵閣四庫全書本	(1)（戊申）大中祥符元年（契丹統和二十六年）春正月，有天書見于承天門之鴟尾。大赦，改元。（帝深以澶州城下之盟為辱，居常怏怏不樂。王欽若度帝厭兵，因謬進曰：陛下以兵取幽薊，乃可滌恥。帝曰：河朔生靈，始免兵革，朕安能為此？可思其次。欽若曰：惟有封禪泰山，可以鎮服四海，誇示外國。

續表

作者/文獻	版本	用　　例
陳桱 《通鑒續編》 卷五	清文淵閣四庫全書本	然自古封禪，當得天瑞希世絕倫之事，然後可爾。既而又曰：天瑞安可必得？前代蓋有以人力為之者，惟人主深信而崇奉之，以明示天下，則與天瑞無異也。帝沈思曰：王旦得無不可乎？欽若曰：臣喻以聖意，宜無不可。欽若乘間為旦言，旦黽勉而從之。帝尚尤豫，莫與籌之者。會幸秘閣，驟問杜鎬曰：古所謂河出圖、洛出書，果何事耶？鎬老儒，不測上旨，漫應之曰：此聖人以神道設教耳。帝由此意決，遂召王旦飲，歡甚，賜以尊酒，曰：此酒極佳，歸與妻孥共之。既歸發封，皆美珠也。旦悟帝旨，自是不敢有異議，而封禪之事成矣。）

表五百零三

作者/文獻	版本	用　　例
陳旅 《安雅堂集》 卷六	清文淵閣四庫全書補配清文津閣四庫全書本	（1）公諱泰亨，字子通，晉寧人。晚歲，自號“康莊老人”。其官簿行事，具翰林侍講學士富珠哩公所撰《神道碑》云。
陳旅 《安雅堂集》 卷十一		（2）至順壬申六月二十日，又葵訾氏與寧都君于康惠公之兆。元坦孤苦之餘，早夜以思，兢兢焉唯恐墜先緒也。至元再元之四年，以祖蔭授従仕郎，饒州路餘干州判官。乃以康惠公歷官行事之槩，告于朝，得加美爵令謚。又謁當代名人著《神道碑銘》，以為是足以賁顯幽而庶幾為人後者之道也。既又痛其父有志樹立，而享年不永，將泯焉，無聞于世。遂以狀來，徵其墓石之銘。

表五百零四

作者/文獻	版本	用　　例
陳應潤 《周易爻變易緼》 卷四	清文淵閣四庫全書本	（1）《彖》曰：大觀在上，順而巽，中正以觀天下。觀，盥而不薦，有孚顒若，下觀而化也。觀天之神道，而四時不忒，聖人以神道設教，而天下服矣。（大觀、觀、盥，皆去聲。） （2）五居尊位，以剛中之德為下所觀，故曰“大觀在上”。“順而巽”，上巽而下坤也。“中正以觀天下”，人君以中正之德而觀天下。聖人唯恐天下之未易化也，故“以神道設教”使羣下觀上。祭祀之時，君之事天敬神，如此嚴肅敬畏，孚信顒若，欲使下民觀感而化也。“觀天之神道，而四時不忒”者，又當順天道，奉天時，而四時不失其序。“聖人以神道設教，而服天下”者，以此。

表五百零五

作者/文獻	版本	用　　例
陳致虛 《金丹大要》 上陽子金丹 大要妙用 卷之五	明正 統道 藏本	(1)《黄庭經》：天迴紫抱黄，入丹田幽室内，明照陽門。又云：呼吸元氣以求仙。魏師吕《先天大學書》曰：聖人能，返一氣，而歸根復命，與元神道合，生生無窮，總括萬象，謂之得一，強名曰丹，非法術也。是乾道變化，陰陽不測，太極無上至真之妙，包含性命之宗，謂之金液歸真形神俱妙之道，至簡至易，一得永得，得其口訣，雖至愚小人立躋聖位。要之，所謂神仙者，以能殺陰而迴陽，抱神以致仙也。

表五百零六

作者/文獻	版本	用　　例
程鉅夫 《雪樓集》 卷四	清文淵閣四庫全書補配清文津閣四庫全書本	(1) 佛法本空，實慈仁而利物；神道設教，大變化以無方。某山某禪師，自唐會昌以來，有“小釋迦”之號。因緣出現，知幾刼之修來；願力宏深，致二神之獻宅。
程鉅夫 《雪樓集》 卷五		(2) 拂林忠獻王神道碑
程鉅夫 《雪樓集》 卷六		(3) 林國武宣公神道碑
程鉅夫 《雪樓集》 卷七		(4) 武都忠簡王神道碑 (5) 凉國敏慧公神道碑 (6) 信都常忠懿王神道碑 (7) 明年春正月，集賢大學士典瑞卿曹勛帥卿佐僚吏即臣某家傳詔為王《神道碑文》。臣謹奉詔，按其家所述，及考之國史，敘次於右。惟太保之純恪恭慎，太傅之憂國忘身，王之孝友忠敏，出參入陪，勤勞帝室，其所積蓋已深且厚矣。宜乎！貴列三能，王封異姓。子孫咸建大邦，上承殊眷，湛恩景命，被于五世。開國以來，羣臣臻此亦鮮矣。
程鉅夫 《雪樓集》 卷八		(8) 梁國何文正公神道碑 (9) 秦國昭宣公神道碑

續表

作者/文獻	版本	用　　例
程鉅夫《雪樓集》卷九	清文淵閣四庫全書補配清文津閣四庫全書本	（10）秦國文靖公神道碑
程鉅夫《雪樓集》卷十三		（11）明年三月壬子，丞相身率僚佐，共建勑賜《神道碑》於墓。右寓公鄉老及四方來觀者萬數，莫不咨嗟嘆息，曰：非盛德之後，能若是乎？改作祠堂三楹，秦國公李孟為榜曰“致嚴壙”。未有銘，集賢侍講學士趙孟頫銘之。墓前有表，參知政事賈鈞書之。墓南二丈有石刻，御史中丞郝天挺之字曰“楊氏先塋”。塋前石人獸如制。又南去二百五十尺，華表雙高，國子祭酒劉賡題其衡額曰“梁國公神道”。有碣路，左書曰“大司徒梁國公墳”，則鄂國公史弼書也。
程鉅夫《雪樓集》卷十八		（12）大元河東郡公布都公神道碑銘
程鉅夫《雪樓集》卷十九		（13）趙國公田府君神道碑銘 （14）魏郡伯申公神道碑 （15）彭城郡獻穆侯劉府君神道碑銘
程鉅夫《雪樓集》卷二十		（16）彭城郡劉文靖公神道碑銘 （17）元都水監羅府君神道碑銘 （18）海北海南道宣慰使馬府君神道碑 （19）故同知處州路總管府事袁府君神道碑銘
程鉅夫《雪樓集》卷二十一		（20）資德大夫湖廣等處行中書省右丞燕公神道碑銘 （21）延祐改元夏，子琦以萍鄉知州秩滿赴調京師，以狀來請，曰：不幸先公棄諸孤十有三年矣，而神道之文未之有也。知先公莫若先生，敢請。唯公以通材贍智、識時審變，簡知世祖，起自羈旅，致位疑丞，雖久寄藩維，無歲不召。而公於當世之務，奮然以為己任，大者陛陳，小者驛聞，未嘗不稱善，可謂千載一時者矣。

表五百零七

作者/文獻	版本	用　　例
戴表元《剡源集》卷四	四部叢刊景明本	（1）惟佛氏之道，非儒者所敢知。然其大歸王扵慈悲救苦，又時時出奇示幻，要皆使人除去妄想而不趨惡，爲合扵神道設教之說而僉事。

續表

作者/文獻	版本	用　　例
戴表元 《剡源集》 卷六	四部叢刊景明本	(2) 夫由曩之創則重勞，由今之繼則倍善，誠盍亟圖之以傳信勸遠，爰相與斵石來請文。余惟神道設教，所從來久矣。而是觀韜蔵俛仰扵百有餘年之間，名字若存若亡，主者自仇君後且十七易，及今始適遇其時而興，又適得其人而盛，是殆非苟然者。
戴表元 《剡源集》 卷七		(3)《天原發微序》：古之言天道者，必兼人事。自義和來，絕地通天以前，書傳之所睹記不可考也。由是而有歷象，有律呂，有龜策，有祠祭，磔禳盟詛之類，其法與仁義道德紀綱制度之說，通行扵世。至其緒聞餘論，春秋之季猶人人能道之。先儒有云：《河圖》《洛書》聖人以神道設教。通經者病其固，豈天人所以然之故？在當時小人之所易喻，而後世搢紳先生以為深遠而難言耶。天之未喪斯文，而仲尼出。仲尼曰：天何言㦲？四時行焉，百物生焉。至㦲！其自為言乎？再傳而子思，子明之曰：天命之謂性，率性之謂道，脩道之謂教。

表五百零八

作者/文獻	版本	用　　例
戴良 《九靈山房集》 卷二	四部叢刊景明正統本	(1)《題赤松山清風樓》：仙家十二樓，恒在瀛海間。豈意逐飄風，飛颺到玆山。翔簷出林表，飛陛躡雲端。珎舘高與齊，金洞遥相連。何年赤松子，揭此清風顔。每來恣登覽，幾為增慨歎。陰陽無停晷，江漢有奔瀾。荕徃速飛箭，時侵逾激絃。巳難駐衰厯，何用羡華年。容鬢坐自凋，齒骨徒空堅。澡真能脫屣，煉液鮮騰天。凢心倘可除，神道尚堪傳。便將棄囂俗，終徃訪靈仙。飛身此樓上，千齡猶未還。

表五百零九

作者/文獻	版本	用　　例
鄧文原 《巴西集》 卷上	清文淵閣四庫全書本	(1) 故榮禄大夫平章政事鞏國武惠公神道碑銘
鄧文原 《巴西集》 卷下		(2) 皇元贈隴西郡李公神道碑銘 (3) 皇元贈亞中大夫淮東淮西道同知宣慰司事輕車都尉廬江郡侯王公神道碑

表五百一十

作者/文獻	版本	用　　例
董眞卿《周易會通》周易經傳集程朱解附録纂註卷第五	清文淵閣四庫全書本	(1) 觀天之神道，而四時不忒。聖人以神道設教，而天下服矣。(《音訓》：忒，陸吐得反。"神道設教"，今本有"以"字。陸氏曰：一本作"以神道設教"。晁氏曰：當無"以"字。) (2) 集解（程子曰：天道至神，故曰"神道"。觀天之運行，四時無有差忒，則見其神妙。聖人見天道之神，躰神道以設教，故天下莫不服也。夫天道至神，故運行四時、化育萬物無有差忒。至神之道莫可名言，唯聖人嘿契，躰其妙用，設爲政教，故天下之人涵泳其德而不知其功，鼓舞其化而莫測其用，自然仰觀而戴服，故曰：以神道設教，而天下服矣。朱子曰：極言觀之道也。"四時不忒"，夫之所以爲觀也。"神道設教"，聖人之所以爲觀也。) (3) 附録）朱子語：盥本謂薦，而不薦是欲蓄其誠意以觀示民，使民觀感而化之之義。"有孚顒若"，便是那下觀而化，却不是說人君身上事。"聖人以神道設教"，是聖人不犯手（闕）底，即是"盥而不薦"之義。"順而巽，中正以觀天下"，謂以此觀示之也。(淵)"觀天之神道"，只是自然運行底道理，四時自然運行底道理，四時自然不忒。"聖人神道"，亦是說他有教人自然觀感處。(《易說》) (4) 纂註（……二陽居五上爲天，有天神道之象。互艮爲冬春之交，巽爲春夏之交，咋爲夏秋之交，坤伏乾爲秋冬之交。又有四時不忒之象。九五以陽剛中正之，聖人以神道而施風教。四陰皆以柔順巽入，聽從於下。又有天下服之象焉。夫子嘗曰：居則觀其象而玩其辭。)
董眞卿《周易會通》周易經傳集程朱解附録纂註卷十二		(5) 集解（程子曰：顯明於道而見其功用之神，故可與應對萬變，可賛祐於神道矣，謂合德也。人爲順理以成功，乃賛天地之化育也。)
董眞卿《周易會通》周易經傳集程朱解附録纂註卷十三		(6) 鄭仲履問："巽以行權"，恐是神道？曰：不須如此說。巽只是柔順，低心下意底意義。人至行權處，不少巽順，如何行得？

表五百一十一

作者/文獻	版本	用　　例
傅若金《詩法正論》	明刻本	(1) 夫碑文惟韓公寂高，每碑行文言，人人面目，首尾各有所自決，不可再行蹈襲。《神道碑》碣於外，行文稍加詳備。埋文壙記寂宜嚴謹，銘字從金，喻為金玉，一字不可泛用。善為文者，宜如古詩雅頌之作。行實之作，當取其人平生忠孝大節，其餘小善寸長，書法宜略。為人立言作傳之法亦然。

表五百一十二

作者/文獻	版本	用　　例
高則誠《蔡伯喈琵琶記》卷下	清康熙十三年陸貽典鈔本	(1)(白)鬼神之道，雖則難明；處應之理，不可不信。奴家昨日，獨自在山築墳，正睡間，忽夢中有神人，自稱當山土地，帶領陰兵，與奴家助力；却又祝付，教奴家改换衣裝，去往長安尋取丈夫。待覺來，果然墳塋並已完備，分明是神道護持。正是能可信其有，不可信其無。今則二親既已葬了，只得改换衣裝，將着琵琶做行頭，沿街上彈幾隻勸行孝的曲兒，教化將去。

表五百一十三

作者/文獻	版本	用　　例
貢師泰《玩齋集》卷七	明嘉靖刻本	(1)嗚呼！聖人之所以為教，學者之所以為學，忠與孝也。忠孝，原於心而通於神明。臣之事君子之事，父亦惟盡其所得，為以求無愧於已而已矣。是故行不侔於神明，不足以為忠孝。然則是祠得邇於郡學者，獨非聖人神道設教之遺意乎？

表五百一十四

作者/文獻	版本	用　　例
關漢卿《裴度還帶》	明脈望館鈔校本	(1)(正末云)近之不遜，遠之又怨。(唱)受不明物呵，不合神道。(正末云)不義而富且貴，於我如浮雲。(唱)取不義財呵，枉物難消。

表五百一十五

作者/文獻	版本	用　　例
郝經《陵川集》卷六	清文淵閣四庫全書本	(1)《和郭主薄二首》(勉馬德璘、孔進)：周公待昧旦，大禹惜寸陰。聖學如弗及，神道開靈襟。嗟爾氣質成，變化更張琴。力奪造化幾，炳烺異昔今。尊德始好問，卓出衆所欽。去就審且精，取予酌與斟。繫風捕幽景，扣寂求至音。……二子久事余，旦旦提耳訣。慎勿自棄捐，舍此無歲月。

續表

作者/文獻	版本	用　　例
郝經 《陵川集》 卷二十二	清文淵閣四庫全書本	(2)《文說送孟駕之》：或者嘗曰：彼作文不工，彼工於作文。愚竊聽而惑之，蓋文可順而不可作也。天地有真實正大之理，變而順；有通明純粹不已之文，是其所以文之，非嬌揉造鑿而然也。唯其變，是以有文；唯其順，是以不已，皆自然也。故陰陽得以文乎天，剛柔得以文乎地，仁義得以文乎人，羽毛鱗介苞葉根荄得以文乎物，清濁高下得以文乎聲，升降舒綴得以文乎節，麗縟華采得以文乎色，禮樂射御書數得以文乎藝，德刑殿最號律得以文乎政，城聚都鄙廬井得以文乎居，華蟲藻火山龍黼黻得以文乎服。易其無有，利其興革，化而新之，至至終終，為神道之極致，亦得其本然之理而已，焉有作為之贅哉？
郝經 《陵川集》 卷二十三		(3) 夫道之大，兼天下之名而不自以為名。一物一事，自有一道，自為一名。分而言之，皆事物之名也。合而言之，皆道之名也。……於是曰易道、神道、天道、地道、人道，皆以道為名，而道之名自若也。
郝經 《陵川集》 卷三十三		(4) 繫之詩，載揚公之所以聖，以侑神。云：渢渢乎大哉，齊之風乎！表東海者，其太公乎？顯與西土，而國之東乎。不顯惟德，祗稱其功乎。敬勝乎怠，神道之充乎。心存不忘，堯、舜之中乎。乃武乃文，聖德之同乎。於乎不能忘，三代之隆乎。
郝經 《陵川集》 卷三十五		(5) 左副元帥祁陽賈侯神道碑銘（并序） (6) 故易州等處軍民總管何侯神道碑銘（有序）
郝經 《續後漢書》 卷六十六上上		(7) 漢興以來，自天子、三公九卿、將相、郡國守相、師儒、博士、太學諸生、處士、烈女、義夫節婦，凡異政茂行，皆著文刻石。麗牲之碑，則漸為宗廟、神廟、家廟等制；縣棺之碑，則漸為神道、墓表、墓誌等制。其碑猶存古制，鑿孔其端。東漢之季，其文益盛。故漢碑多見陽嘉、元嘉之間。（原注：陽嘉，順帝年。元嘉，桓帝年。） (8) 墓碑，墓前之道、神遊之道也，碑於是則謂之神道碑。古之葬者，墓而不墳，因留縣棺之石，表其墓之所在，謂不可弗識也。其後既封為墳，仍立石為表，王與諸侯遂為石闕，而楚謂之窒。皇漢以來，王公大臣亦有闕，仍立石表、石儀、天祿、辟邪之類，謂之墳皇。其勒文於表者，謂之墓表。表著也，著其人之事也。勒文墓側，不當神道，制小文約，謂之墓銘。銘名也，著其人之名也。其制又小，其文又約，謂之墓碣。碣揭也，揭揚其行也。勒文於石，納之壙中，謂之墓誌，又謂之墓誌銘，志其人之事於墓中也。皆有序，有事，有詩，碑之制也。

續表

作者/文獻	版本	用　例
郝經《續後漢書》卷七十二中	清文淵閣四庫全書本	(9) 季龍言：世有軍事，則雞雉先鳴，其道何由？復有他占，惟在雞雉而已？畧言：貴人有事，其應在天，在天則日月星辰也。兵動民憂，其應在物，在物則山林鳥獸也。夫雞者兑之畜，金者兵之精，雉者離之鳥，獸者武之神，故太白揚輝則雞鳴，熒惑流行則雉驚，各感數而動。又兵之神道，布在六甲，六甲推移，其占無常。是以晉柩牛呴，果有西軍；鴻嘉石鼓，鳴則有兵，不專近在於雞雉也。
郝經《續後漢書》卷八十三下		(10) 掃去根塵、祛屏業障而衹有已，則楊、朱之為我也。舍已為物，以父母為寄寓，見在未來，更尋前身，則墨、翟之二本也。指遊魂為變，為輪回，則神道滯而不化。
郝經《續後漢書》卷八十四上上		(11) 中宮紫微垣，又曰紫宮。(原注：《春秋元命包》：宮之為言宣也，宣氣立精為神。又曰：紫之為言此也，宮中也，天神運動、陰陽開闔，皆在此中也。中者，北極當天之中。微者，神道微妙也。故中宮謂之紫微，南宮謂之太微，東宮謂之少微。)
郝經《續後漢書》卷八十四中上		(12) 星明則神道彰，君臣和，龜筮協從。闇徙，則反是。
郝經《續後漢書》卷八十七中下		(13) 魏曹丕黃初三年，乃自作《終制》曰：禮，國君即位為椑，存不忘亡也。昔堯葬穀林，通樹之，禹葬會稽，農不易畝，故葬於山林，則合乎山陵。封樹之制，非上古也，吾無取焉。壽陵因山以為體，無為封樹，無立寢殿，造園邑，通神道。夫葬也者，藏也，欲人之不得見也。骨無痛痒之知，冢非棲神之宅，禮不墓祭，欲存亡之不黷也，為棺槨足以朽骨，衣服足以朽肉而已。故吾營此丘墟不食之地，欲使易代之後不知其處。無施葦炭，無藏金銀銅鐵，一以瓦器，合古塗車、芻靈之義。

表五百一十六

作者/文獻	版本	用　例
洪焱祖《杏庭摘稿》	清文淵閣四庫全書本	(1)《讀名臣言行録有感二首》：太平宰相十分賢，惜也天書一髮愆。只為尊珠曾受賜，嬋娟不與駐長年。強將神道釋河圖，倉卒還憐杜鎬愚。恠底歐公全不信，分明立教矯祥符。

表五百一十七

作者/文獻	版本	用　　例
胡炳文 《周易本義通釋》 卷十一	清文淵閣四庫全書本	(1) 通曰：盥而不薦，與神武而不殺，朱子皆以為是聖人不犯手做底。蓋盥則必薦，不薦是喻聖人致其清潔而不輕自用；武則必殺，不殺是喻聖人得其理而不假其物。故彼謂之神武，而此下文別以神道言之。 (2) 觀天之神道，而四時不忒。聖人以神道設教，而天下服矣。 (3) 極言觀之道也。四時不忒，天之所以為觀也。神道設教，聖人之所以為觀也。
胡炳文 《雲峰集》 卷二		(4)《鄉賢祠記》：歙婺源為子朱子闕里，亦既有專祠矣，州學鄉賢祠復並杞二程夫子者何？孔子之先宋人，孟子魯公族，河南實吾新安黃墩忠狀公後也。……謹按：程叔子撰《明道純公行狀》：河南之程，出自中山博野。又按：歐陽公撰《程文簡公父冀國西元白神道碑銘》：中山博野之程，出自靈洗。文簡公，諱琳，與太中公諱珦為兄弟。如此，則新安為河南所出何疑哉？

表五百一十八

作者/文獻	版本	用　　例
胡三省 《通鑑釋文辨誤》 卷八	清文淵閣四庫全書本	(1) 余按：范曄《後漢書》：倭國在韓國東南大海中，依山島而居。其地大較在會稽東冶之東，與朱崖、儋耳相近。漢桓、靈間，倭國大亂，更相攻伐，歷年無主。有一女子名卑彌呼，事鬼神道，能以妖惑衆，於是共立為王。當時因謂之女王國。

表五百一十九

作者/文獻	版本	用　　例
胡一桂 《易本義附録纂疏》 周易彖上傳 第一	清文淵閣四庫全書本	(1) 觀天之神道，而四時不忒。聖人以神道設教，而天下服矣。(極言觀之道也。四時不忒，天之所以爲觀也。神道設教，聖人之所以爲觀也。) (2) 附録（“觀天之神道”，只是自然運行底道理，四時自然不忒。“聖人以神道”，亦是說他有教人自然觀感處。淵總論《彖辭》：盥，非灌之義。盥本爲薦，而不薦是欲畜其誠意以觀示民，使民觀感而化之義。“有孚顒若”，便是那下觀而化，却不是說人君身上事。“聖人以神道設教”，是聖人不犯手做底，即是“盥而不薦”之義。“順而巽，中正以觀天下”，謂以此觀示之也。

續表

作者/文獻	版本	用　例
胡一桂《周易本義啓蒙翼傳》下篇	元刻本	(2) 神道（觀天之神道。)
胡一桂《雙湖先生文集》卷二	清康熙刻本	(3)《萬八公建天井山記》：天井山在大好山水州西南百八十里，與閬峯接壟，而黄山三十六峯支脈也。……神豈眷戀是哉？壇且夫所計，而况於記乎？道存遽指心而謂予曰：壇者其所寓，而吾方寸中乃非壇之壇也。此之呼吸語默，卽彼之陰陽動靜；此之喜怒慘舒，卽彼之驚遠懼邇。無往而非此心之妙用，又况神道設教、無爲而爲？凡水旱疾疫，必禱必應。……至大辛亥宗人胡一桂是爲記。

表五百二十

作者/文獻	版本	用　例
胡震《周易衍義》卷五	清文淵閣四庫全書本	(1)《彖》曰：大觀在上，順而巽，中正以觀天下。觀，盥而不薦，有孚顒若，下觀而化也。觀天之神道，而四時不忒。聖人以神道設教，而天下服矣。 (2) 觀之為義，聖人以德望而示人者也。然聖人雖有以示人，而所以示民者不在於粗迹，猶祭祀之際，見其盥潔之誠，不見其薦獻之物，正所謂上以神道設教，則下以誠心從教也。夫天生烝民，有物有則。民之秉彜，好是懿德。上天之載，無聲無臭。聲色化民，是為末務。聖人以神道設教，想其未嘗示慶賞以為觀也。不賞而民自勸，未嘗示威怒以為觀；不怒而民威於鈇鉞，未嘗示足恭以為觀。篤恭而天下平，如祭祀之際，有誠敬之可仰，無物象之可見，未施信而民信，未施敬而民敬。惟見天下遷善遠罪，不知王化之所由；出作入息，不知帝力之有在有乎，則人心咸信也。 (3) 又曰：觀天之神道，而四時不忒。聖人以神道設教，而天下服矣。此所以發明卦辭也。天下之所以觀者，聖人也。聖人所觀者，天也。聖人何取於天哉？以其不言之教，見於四時之自行，而无有差忒，此所謂神道也。神，即誠也。體於心而謂之誠，妙於物則謂之神，一物也。聖人設教於人，舍天何觀焉？其能使天下觀而化，則不言之教寓於始盥之時，此所謂神道也。 (4) 聖人變陰陽消長之例，取以上示下、以下觀上之義，此固欲以神道立教，潛消默制，使盛長之陰柔皆化而為陽剛，君子而不自知也。不然，四陰盛剝，道教愈微，而小人愈彰矣。此又益信易道之扶陽而抑陰也。

表五百二十一

作者/文獻	版本	用　　例
胡祇遹 《紫山大全集》 卷十一	清文淵閣四庫全書補配清文津閣四庫全書本	(1) 金亡兵荒中，世譜不存。嗣子某既為先君節使元帥公序銘神道之碑，高曾而下暨伯叔祖父譜忘事業，不及見聞，莫能論撰，無文以旌紀，哀慕罔及，故細列世系刻之碑陰，使為子為孫者有所考焉。
胡祇遹 《紫山大全集》 卷十二		(2)《寄王彦才總管書》：某頓首再拜。復劉伯常來辱書問，備審文履安佳，感慰先相公《神道碑》，再對《行狀》，以補完伯叔考之事業。欲附見於碑者，孰與王文論議？恐無此例。莫若另作《王氏世系圖》一通，刻之碑陰，如是則一一具見，雖多亦無碍也。謹作數語，同碑文、墓誌、行狀併付。
胡祇遹 《紫山大全集》 卷十五		(3) 至元癸未夏，授奉訓大夫，僉山東東西道提刑按察司事。公剛正廉介，見可而進，知難而退，發身以吏，成身以儒，不十年而揚歷中外，為賢大夫。今才甫踰強仕，前途豈易量也。歷任在官政績，俟千歲後，神道一一具載，茲故弗言。當銘曰：人生兩岐，勞力勞智。不農工商，舍士奚事。秦漢之交，取人無藝。一時豪傑，隨世所貴。如蕭如曹，咸隱于吏。業則刀筆，志則仁義。霍氏一門，祖孫三世。世守其業，蕭曹之志。偉歟奉訓，剛正嚴厲。許身古人，脫畧時輩。詩書箕裘，糞土財利。入仕十年，揚歷中外。在清流中，又作涇渭。御史臨民，親愛而畏。永言孝思，罔敢失墜。高門之言，炎炎奕奕。吉卜先塋，大碑深隧。種德增光，有隆無替。 (4) 大元故懷遠大將軍彰德路達嚕噶齊揚珠台公神道碑銘 (5) 大元故懷遠大將軍懷孟路達嚕噶齊兼諸軍鄂勒蒙古公神道碑 (6) 既葬之七年，其子淖海等狀公之德政，以《神道碑》來請銘。嗚呼！歷觀古今之為政者，貪者必殘而廉者必仁，如形聲影響之必然。蓋貪則不足，不足則凡可以力取者，雖以一已害天下不顧也。廉則不苟得，不苟得則雖一介之輕，不義則不取也。
胡祇遹 《紫山大全集》 卷十六		(7) 舒穆嚕氏神道碑 (8) 公薨五十有五年，公之嫡曾孫良輔狀公之平生，以神道之石來徵言，謹序而銘之。 (9) 故磁州安撫使李公神道碑銘 (10) 王晉卿父王隱士神道碑 (11) 衛輝提領長官蕭公神道碑 (12) 以至元七年某月日，安厝於塾西北原豐安里。又八年，以公之《神道碑》來請銘。 (13) 德興燕京太原人匠達嚕噶齊王公神道碑 (14) 舒穆嚕某神道碑

續表

<table>
<tr><th>作者/文獻</th><th>版本</th><th>用　　例</th></tr>
<tr><td>胡祗遹
《紫山大全集》
卷十六</td><td rowspan="2">清文淵閣四庫全書補配清文津閣四庫全書本</td><td>（15）故鎮國上將軍總管砲水手軍匠元帥府清州張侯神道碑銘
（16）丁夘二月，以疾卒於大都之行館。……君佐以某年某月某日，遷葬於鎮定縣之某村，從吉卜也。既葬，以《神道碑》來請銘。
（17）大元故元帥左都監曲周縣令杜公神道碑銘
（18）一旦臨民，專務撫養，齊家教子，不積貨財。此人之所尤難者，洺水簿林慮徐巽狀公之平生也。如是總判，公奉狀以《神道碑》來請銘。
（19）同知石州事高公神道碑
（20）大元故順天路總管府權府事王公神道碑
（21）自汝為我力成之，宏既承命持侍衛親軍萬戶府從事安陽王可與之狀，來以《神道碑》請銘。</td></tr>
<tr><td>胡祗遹
《紫山大全集》
卷十七</td><td>（22）大元故明威將軍同簽書東川行樞密院事王公神道碑銘
（23）然則由人品巨細而知門第之興衰，視履考祥而知福澤可久不可久。以王氏一門觀之，豈非明效大驗歟？某年某月某日，祔葬於先塋。神道有碑，子宏以狀來請銘。
（24）蕭千戶神道碑銘
（25）承直郎江西等處榷茶都轉運司副使李公神道碑
（26）德新持里人杜亮紀公生平之狀，以《神道碑銘》并序來徵言，謹序而銘之。
（27）故大名路徵收課稅所長官耶律公神道碑
（28）公甍之某年，既葬，神道有石，泰亨紀公事業來求銘。
（29）大元故奉訓大夫知宿州事張公神道碑銘</td></tr>
</table>

表五百二十二

作者/文獻	版本	用　　例
滑壽 《十四經發揮》 卷中	明鈔本	（1）《督脈經穴歌》：督脈部中行。二十七穴始長強，腰俞陽関命門當。懸樞脊中走筋縮，至陽靈臺神道長。 （2）自屏翳兩起，歷長強穴，並脊裏而上行，循腰腧、陽関、命門、懸樞、脊中、筋縮，至陽靈臺、神道、身柱，過風門；循陶道、大椎、瘂門，至風府，入腦；循腦戶、強間、後頂、上巔，至百會、前頂、顖會、上星、神府；循額至鼻柱，經素窌、水溝、兑端，至斷交而終焉。 （3）神道，在第五椎節下間。

表五百二十三

作者/文獻	版本	用　　例
黄超然 《周易通義》 上經卷一	明鈔本	(1) 觀天之神道，而四時不忒。聖人以神道設教，而天下服矣。(極言觀義。神非虛無也，乃天地間寔有此理而不可誣者。但以其无形迹、聲臭之可言，而謂之神耳。天道至神，故能綱蘺四時之運。聖人用天之神道而設教，如嚴郊廟、順剛柔、立蓍龟、謹時日、正服色之類，……凡《易》言服者，皆謂柔之爻也。)

表五百二十四

作者/文獻	版本	用　　例
黄溍 《金華黄 先生文集》 卷十一	元鈔本	(1) 溍竊觀自古帝王有天下，運祚之綿長，必取以仁義，守以仁義。我世祖皇帝承靈山之付囑，以不殺而定天下于一攝一切，世界歸一。世界取之既有其道，所以守之者不特厖恩濊澤，周浹乎黎庶。又以神道設教，使含生之類莫不泳游於覺海之中，而安養休息於天日覆照之下。
黄溍 《金華黄 先生文集》 卷十四		(2) 溍歷觀古循吏，居官可紀，所去見思。至於尸而祝之者，由其利澤在人也深，故人之報之也厚，未有無所為而為之者。廣朗方外人，非素有德於公，顧能拳拳，致其尊慕之誠如此，亦何所為而為之耶？葢公之行孚于鄉所居而化，有以啓其秉彜好德之心焉爾。溍既書其立祠之歲月，竊懼後世拜公像而欲知公之為人者，無所於考也。惟公墓有誌，神道有銘，庸敢掇取大略而并記之。
黄溍 《金華黄 先生文集》 卷十八		(3) 公嘗為郡學正，終更因不復出。晚以遺逸徵，詣京師，編摩史舘，供奉詞林，尋以博士教國子。居歲餘，輒自引去。詔起公提舉陝西儒學，訖不就。後用御史君貴，以有今贈. 其年壽、卒葬與言行之詳，壙有誌，神道有碑，茲不贅述焉。
黄溍 《金華黄 先生文集》 卷二十四		(4) 神道碑 (5) 中書右丞相贈孚道志仁清忠一徳功臣太師開府儀同三司上柱國追封鄆王謚文忠神道碑 (6) 至正八年春正月五日，皇帝御興聖宮便殿，中書省臣以故右丞相鄆文忠王神道之碑未建奏請，勑臣溍為之文以賜其家俾刻焉。 (7) 宣徽使太保定國忠亮公神道碑 (8) 故榮祿大夫、宣徽使荅失蠻，以延祐四年九月五日，薨于位，享年六十。越三日，葬于京城東杜樹辛莊。其明年，制贈推誠弍力守正功臣、太保、金紫

續表

作者/文獻	版本	用　例
黃溍《金華黃先生文集》卷二十四	元鈔本	光祿大夫、上柱國，追封㝠國公，謚忠亮。又六年，史臣禮部尚書曹元用始奉勑撰次公行業以為神道之碑。 （9）遼陽等處行中書省左丞亦輦真公神道碑 （10）故遼陽行省左丞亦輦真，以至正七年冬十月二十有二日，薨于位，年五十有二。訃聞，天子為之嗟悼不已。知樞密院臣老章亦輦真之弟，適宿衛禁中，上弔慰之。詒有司護送其喪還葬，遂以八年春三月二十有四日，葬于真㝠欒城先塋之次，而神道之碑，久未有銘。 （11）宣徽使太保定國忠亮公神道第二碑 （12）至正八年夏四月九日，臣溍承詔撰《故宣徽使太保㝠國忠亮公神道碑銘》。
黃溍《金華黃先生文集》卷二十五		（13）神道碑 （14）廣東道都轉運鹽使贈推誠守忠全節功臣資德大夫河南江北等處行中書省右丞上護軍追封高昌郡公謚忠愍。合剌普華公神道碑 （15）資善大夫河西隴北道肅政廉訪使凱烈公神道碑 （16）至正十年四月癸卯，知經筵事資政院使臣孛爾直班侍上于興聖殿東便殿以經筵舊臣故河西隴北道肅政廉訪使拔實神道之碑未建，奏請勑翰林侍講學士臣溍為之銘。 （17）胡廣等處行中書省平章故事贈推恩效力定遠功臣光祿大夫大司徒柱國追贈文國公謚武宣劉公神道碑 （18）朝列大夫僉通政院事贈榮祿大夫河南江北等處行中書省平章政事柱國追封魯國公札剌爾公神道碑 （19）今上皇帝，至正元年，詔贈故朝列大夫僉通政院事別里哥帖穆爾為資善大夫河南江北等處行中書省右丞上護軍，追封魯郡公。……十年四月十九日，上復用臣雅普化奏命翰林侍講學士臣溍銘其神道之碑，別敕治書侍御史臣期頤篆其額，以賜臣朵爾直班使書而刻焉。
黃溍《金華黃先生文集》卷二十六		（20）神道碑 （21）資德大夫陝西諸道行御史御史中丞董公神道碑 （22）御史中丞贈推誠濟美功臣榮祿大夫河南江北等處行中書省平章政事柱國追封奭國父謚忠肅董公神道碑 （23）至正八年春某月，制贈故御史中丞董公守簡，推誠位治濟美功臣、榮祿大夫、河南江北等處行中書省平章政事、柱國，追封奭國公，謚忠肅。中書宰臣既奉制，付外施行。夏四月丙子，復奏請并賜以神道之碑。上可其奏，勑翰林直學士臣溍為之銘。河南江北行中書省左丞臣守誠、禮部尚書臣期頤書篆以賜焉，臣溍頓首受命而退。

續表

作者/文獻	版本	用 例
黃溍《金華黃先生文集》卷二十六	元鈔本	(24) 至正六年夏四月，大駕時巡上京，公扈從至幄殿，上解御服以賜，命居大都留臺。五月庚子，以疾薨于位，享年五十有五。臨終告其子鎧曰：我在中書時，皇上賜以先清獻公神道之碑，而久未及刻，我死，汝亟為之。言訖而逝。訃聞，上為之震悼。賻以鈔二萬五千緡，仍令有司護視其歸葬，遂以六月癸酉，葬藁城九門之東高里先塋。 (25) 集賢大學士榮祿大夫史公神道碑 (26) 翰林侍講學士中奉大夫知制誥同脩國史同知經筵事追封豫章郡公謚文安揭公神道碑 (27) 至正七年夏四月辛卯，皇帝時巡上京。秋七月丙戌，御慈仁殿。文學侍從之臣咸就列，以備顧問，當宁憫焉。興念舊人，以故翰林侍講學士揭傒斯神道之碑未立，俾同知樞密院事臣世傑班傳詔于學士承旨臣岳柱，命直學士臣溍為之文，仍勑河南江北等處行中書省左丞臣守誠、禮部尚書臣期頤書篆以賜焉。 (28) 嶺北湖南道肅政廉訪使贈中奉大夫江浙等處行中書省叅知政事護軍追封南陽郡公謚之肅鄧公神道碑銘
黃溍《金華黃先生文集》卷二十七		(29) 神道碑 (30) 御史中丞贈資政大夫中書右丞上護軍追封平陽郡公謚文靖徐公神道碑 (31) 沿海上副萬戶石抹公神道碑 (32) 嘉議大夫禮部尚書致仕于公神道碑 (33) 嘉議大夫婺州路總管兼管內勸農事揑右解公神道碑 (34) 然竊觀古之君子，蘊蓄經綸之業而不克大施，後之人必有起而成其志、享其祿位者。公則有子矣，揑古思縁斯文之雅，故以狀來屬溍銘公神道之碑，謹序而銘之。 (35) 銀青榮祿大夫大司徒陳公神道碑 (36) 泰定二年六月十八日，銀青榮祿大夫、大司徒陳公薨于京師阜財坊寓舍，權厝于城西之某所。公嗣子達，甫三歲，留婺之蘭溪故居。後二十有六年，是為至正十一年，達始克返柩，卜某月某日，襄大事于蘭溪某鄉某山之原。爰以狀授溍，俾勒銘神道之碑。 (37) 特進上卿玄教大宗師崇文宏道元德廣化真人總攝江淮荊襄等處道教事知集賢院道教事夏公神道碑

續表

作者/文獻	版本	用　　例
黃溍《金華黃先生文集》卷三十	元鈔本	(38) 公歿已五十年，今叅政公天爵始奉國子司業楊俊民之狀以授溍，曰：自吾高祖暨吾祖、吾父墓隧，咸有石章以紀德業。吾父《神道碑銘》，則中書叅知政事許公有壬承詔撰述也。惟吾曾祖之墓，未有以識之。兹用伐石為表，幸爲我書而刻諸。
黃溍《金華黃先生文集》卷三十二		(39) 五人相繼下世已久，今天子以鄧公先朝舊臣用臣僚奏，特賜以神道之碑銘。而溍以門生忝彼上旨，與聞論撰，兹又執筆而銘公。一時之人物，至是凋落盡矣，何能無感愴於斯文也哉！
黃溍《金華黃先生文集》卷四十三		(40) 至正元年，上復特勑玄制為王《神道碑銘》，俾翰林學士承旨巙巙中書左丞許有壬書篆以賜其家。於是距王之薨已十有六年矣，君子是以知王父子積累也。 (41) 今倣昔人家傳之法，采輯《行狀》《神道碑》，撰次如右。庶幾，百世之下有所鑒觀而思濟其美焉。

表五百二十五

作者/文獻	版本	用　　例
揭傒斯《文安集》揭文安公全集卷之六	四部叢刊景舊鈔本	(1)《申命三十九代天師張嗣成制》：朕惟老聃度函谷関，未始忘於天下；留侯從赤松子，豈果棄於人間？式啟聖人神道設教之門，遂任天子為民請福之寄。主其法者，代有功焉。不遠而朝，宜新厥命。
揭傒斯《文安集》揭文安公全集卷之十二		(2) 大元勅賜正奉大夫江南湖北道肅政廉訪使董公神道碑 (3) 元統元年十有一月，月幾望，奎章閣承制學士臣沙剌班召臣傒斯至學士院，傳詔命臣撰《故正奉大夫江南湖北道肅政廉訪使董公神道碑》，別勅新南臺治書侍御史臣巙巙書其文，翰林學士承旨臣師敬篆其額。

表五百二十六

作者/文獻	版本	用　　例
解蒙《易精蘊大義》卷三	清文淵閣四庫全書本	(1) 觀天之神道，而四時不忒。聖人以神道設教，而天下服矣。天道行而萬物順，聖德修而萬民化。故其功用之妙，不見其迹，而莫知其然也。

續表

作者/文獻	版本	用　　例
解蒙 《易精蘊大義》 卷三	清文淵閣四庫全書本	(2) 先儒曰：大觀在上以位言，順巽中正以德言，有位有德，故足以觀天下。然其爲觀之道，不以刑罰使物，而以觀感化物也。蓋天下之所觀者，聖人也；聖人之所觀者，天也。聖人何取于天哉？以其不言之教，見于四時，而自行无差忒，所謂神道也。神，即誠也。體之于心謂之誠，妙之于物謂之神。聖人之設教于人，舍天何觀哉？其能使天下觀而化，則不言之教寓于始盥之時，此所以爲神道也。天以神道行四時，故生物而不見其生之迹；聖人體天之神道而設教，故化民而不見其化之迹。 (3) 抑嘗論之，觀之爲道，可以神求而不可以迹索，故在象則爲風行地上，風无形也；在祭則爲盥而不薦，盥无物也；在聖人則爲神道設教，神无方也。蓋存于精神心術之微，而形于軌儀聽唱之下，莫非自然之妙也。
解蒙 《易精蘊大義》 卷十		(4) 神化宜民，謂制作精妙如神化，使民利用出入，不知其所以然者。蓋時異則世異，于是乎有變。惟聖人能通其變，則民不困于事，是不倦也。故雖聖人神道設教，在乎宜民；宜民，則非有高遠難行之事矣。

表五百二十七

作者/文獻	版本	用　　例
孔齊 《靜齋至正直記》 卷一	清毛氏鈔本	(1)《歐陽寵遇》：溧陽教授天台林夢正，嘗爲僧數十年而復還俗，頗能詩文，游京師二十年，始得是職。一日，出示《許魯齋神道碑》版本，乃歐陽玄奉勅撰者。夢正時在京，聞奉旨翰林有德行者為文，近臣以虞、揭諸公奏，再奉旨特以歐陽玄文不妄作，有德行，且明經學，當筆。于是，傳旨命玄撰。可見歐陽公為人，得遇聖恩所眷，亦平昔公議如此。雖延祐諸賢及天歷名士，未能為之，直待歐陽公了此，可擬前宋文忠公也。

表五百二十八

作者/文獻	版本	用　　例
李道純 《中和集》 卷四	明正統道藏本	(1)《玄理歌》（二首）：至道雖然無處所，也憑師匠傳規矩。屯蒙取象配朝昏，複姤假名稱子午。進火無中煉大丹，安爐定裏求真土。身心意定共三家，鉛汞銀砂同一祖。……若于息上做工夫，爲佛爲仙不勞力。息緣達本禪之機，息心明理儒之極。息氣凝神道之玄，三息相須無不克。說與知堂田皎蟾，究竟自心爲軌則。

表五百二十九

作者/文獻	版本	用例
李道謙《甘水仙源録》卷三	明正統道藏本	(1) 自四海横潰，華禮蕩滅，污俗所染，又豈特於借鋤德色，取箒誶語，八佾舞庭，召王所狩者乎？及風化所過，暴者仁，奪者讓，泰者抑，上下怗然，此於綱常之助，其功豈易量哉。僕悼夫昧大體而妄自分製者，故并及之。銘曰：叔世運厄坤軸旋，皇綱解紐兵方連。鼎中生靈若小鮮，磨牙萬喙垂飢涎。天生至人蓋汝憐，神道設教畀已專。重陽發源亦有傳，得自無始先天先。……青山不礙行雲煙，死而不亡壽更延。他山有琰實可鐫，光騰億劫無歲年。千谿萬壑分嬋娟，明月依舊縣青天。
李道謙《甘水仙源録》卷五		(2) 沖和真人潘公神道之碑（翰林侍講學士少中大夫知制誥兼修國史徒（闕）撰）
李道謙《甘水仙源録》卷九		(3) 吾拏舟而來，本行化北遊，茲焉不格，安往而施其道哉？遂稅駕河上，建此道場以為神道設教之本。於是玄風一扇，比屋回心，貪殘狠戾，化而柔良，津人跂俗悔過受教於門者，肩相摩而踵相接矣。兇焰燎原，樸殺心於已熾；慈航登岸，夷天險爲坦途。由是而觀，非好生至德浹於人心者，其能若是哉。

表五百三十

作者/文獻	版本	用例
李簡《學易記》卷二	清文淵閣四庫全書本	(1)《彖》曰：大觀（去聲）在上，順而巽，中正以觀（去聲）天下。觀（去聲），盥而不薦，有孚顒若，下觀而化也。觀天之神道，而四時不忒。聖人以神道設教，而天下服矣。 (2) 白雲曰：大觀在上，以巽順之德居中正之位，初未嘗有心於示人也。其誠明之著，睟然見於面，盎於背，施於四體，有不可揜者焉。觀之者，至於不期化而自化，是之謂神道。神道之謂大觀，且觀之天則天亦无所示也。特，四時不忒而已。因四時不忒而萬物自生自化，故知四時不忒，是謂天之神道。由人言之，亦曰天之大觀也。聖人大觀，其道同天，則下觀而化也宜矣。曰設教者，天无教，聖人主教。雖以不教教之，亦曰設教可也。帝、堯之則天，孔子之欲无言，皆是道也。 (3) 雷氏曰：順者，以順動也。巽者，以風教入於人心，非威刑以率之也。中者，如極之建而民取中。正者，如表之立而民取正。人君以此而示天下，天下觀而化之矣。在上而中正者，九五也。陰陽不測之謂神。天何言哉？四時行焉，

續表

作者/文獻	版本	用　　例
李簡《學易記》卷二	清文淵閣四庫全書本	百物生焉，莫非自然，此天之神道也。聖人觀天之神道以設教，不怒而威，不言而信，天下之民不知所以然而心自服也。
李簡《學易記》卷八		（4）白雲曰：時異則事異，於是乎有變。唯聖人能通其變，則民不困於事，是以不倦於有行也。故雖聖人神道設教，不過宜斯民而已。

表五百三十一

作者/文獻	版本	用　　例
李衎《竹譜》卷八	清文淵閣四庫全書本	（1）怪力亂神，孔子所不語。神道設教，聖人亦不廢。考之《竹類》，蓋有變幻非常、奇奇怪怪、不可以理喻者，故作《神異品》。

表五百三十二

作者/文獻	版本	用　　例
李庭《寓庵集》卷七	清宣統刻藕香零拾本	（1）墓表・神道碑・雜著 （2）大元故宣差萬戶奧屯公神道碑銘

表五百三十三

作者/文獻	版本	用　　例
李文蔚《蔣神靈應》	民國孤本元明雜劇本	（1）（淨扮廟官上）（云）官清司吏瘦，神靈廟主肥。有人來燒紙，則搶大公鷄。小官廟官的便是。我這神道千靈萬聖，求風得雨，求雨可刮風。今日掃的廟宇乾淨，看有甚麼人來？

表五百三十四

作者/文獻	版本	用　　例
李冶 《敬齋古今黈》 卷三	清海山仙館叢書本	(1) 若然，則次舍乃更易分，中星乃更易見，弧、建之類，皆可以為列宿，而列宿之度數，亦必不至於多寡之懸絶也。然而聖人不為是截然易曉之術，而反立參糅難明之數，何者？蓋其妙達無方，以神道設教，奇耦錯綜，中有深意，於其測望之時，畧取其易見者而強名之，以詔後世耳。
李冶 《敬齋古今黈》 卷八		(2)《王德用神道碑》，歐公所撰，康、邦、烦、人、衞、議皆同押。又《晏元獻碑》，氏、裔、洛、學、詔、後皆同押。歐公去今纔百餘年，其文律寬簡，猶有古人風氣。今世作文，稍涉此等，便有譏議，乃知律度益嚴而其骨格益以弱也。

表五百三十五

作者/文獻	版本	用　　例
梁寅 《周易參義》 周易彖上傳 卷一	清通志堂經解本	(1) 大觀在上，順而巽，中正以觀天下。觀，盥而不薦，有孚顒若，下觀而化也。觀天之神道，而四時不忒，聖人以神道設教，而天下服矣。 (2) 此極言觀道之自然也。《卦辭》但言聖人之為觀，而此以天道言之者，蓋聖化自然之妙非天道不足以為喻也。《卦辭》本言聖誠之化，而此又言神道者，蓋誠者言其所存，神者言其妙用，惟其誠之極，是以神之至也。
梁寅 《周易參義》 周易繫辭下傳 卷六		(3) 聖人於是通其變，而使民自不倦，則變通之道即隨時之義也。民之安於其習，則憚於有為矣。聖人於是以神道設教，而使民自宜之，則神化之術即無為之治也。然徒知變通而不知神化，不能以變通也；徒知神化而不知變通，不能以神化也。

表五百三十六

作者/文獻	版本	用　　例
劉秉忠 《藏春集》 卷六	明刻本	(1) 神道碑銘 (2)《故光禄大夫太保贈太傅儀同三司文真劉公神道碑銘并序》，翰林學士嘉議大夫知制誥兼修國史王磐奉勅撰，昭文館大學士正議大夫姚樞奉勅書，國信使所參議官高翿篆額。 (3) 天文、星緯、卜筮、算數，皆有成書；詩章、樂府，又皆膾炙人口。其多能，又如此。至於嘉言正論，達之於啓沃之際者，未能盡録，俟後之紀于神道云。

表五百三十七

作者/文獻	版本	用　　例
劉大彬 《茅山志》 錄金石第十一篇 下卷十三	元刻本配明刻本	(1) 華陽洞天，自三茅君以神道設教，瑞人神士不可梯楼者，代有其人。歷考其間，惟隱居陶真人立館以處高弟，所以啓佑其後人者為最盛。今之崇禧觀，隱居曲林館也。唐貞觀間，太宗以昇真王真人有潛藩之舊，且嘗師事隱居，遂建太平觀以居之，賜田与山，贍其學者，飡錢餔粟用給，所轄宮觀十有二家。政和三年，始分田以給之，使自養其弟子，具載山志。

表五百三十八

作者/文獻	版本	用　　例
劉將孫 《養吾齋集》 卷二十九	清文淵閣四庫全書本	(1) 唐珪神道碑銘

表五百三十九

作者/文獻	版本	用　　例
劉敏中 《中菴集》 卷四	清鈔本	(1) 勑賜資德大夫中書右丞商議福建等處行中書省事贈榮祿大夫司空景義公不阿里神道碑銘 (2) 故行中書省參議裴公神道碑銘
劉敏中 《中菴集》 卷六		(3) 勑賜推忠保德佐運功臣太傅開府儀同三司上柱國韓國公謚忠獻李公神道碑銘 (4) 勑賜贈榮祿大夫大司徒柱國梁國文惠公王公神道碑銘 (5) 勑賜鎮國上將軍福建道宣慰使兼鎮守建德萬戶贈榮祿大夫平章柱國溫國公謚恭惠珊竹公神道碑銘 (6) 勑賜輔國上將軍大宗正府也可扎魯花赤贈榮祿大夫平章政事溫國公謚懿靖珊竹公神道碑銘 (7) 贈奉政大夫驍騎尉大同縣子蕭公神道碑銘
劉敏中 《中菴集》 卷七		(8) 昭文館大學士資善大夫司農郭公神道碑銘 (9) 奉訓大夫淮東淮西都轉運副使潘公神道碑銘 (10) 贈嘉議大夫工部尚書上輕車都尉隴西郡侯董公神道碑銘

表五百四十

作者/文獻	版本	用　　例
劉祁《歸潛志》卷四	清武英殿聚珍版叢書本	(1) 又案：元好問《楊文獻神道碑》亦稱：二月，復為禮部尚書，兼侍讀。明年，復知益政院。四年，知禮部貢舉，以攷試勞心遘疾，明年八月之七日，卒。不云"以翰林學士終"。其為翰林學士，則在正大元年。本傳與《神道碑》所謂"復為禮部尚書"者，正由翰林學士復任禮部耳，與此《志》所云"終于翰林學士"異。 (2) 案：元好問《禮部尚書趙公神道碑》：思文以貞祐三年，達汴梁，特授太府丞。興定二年，陞同知西安軍節度使、並行六部郎中事。四年，始內除右司諫、兼侍御史。是思文初達汴梁，未嘗即為侍御史，與此《志》所云"奔詣南京行宮，擢侍御史"詳畧互異。又《神道碑》：貞祐五年，由侍御史出知虢州軍事、虢州刺史。六年五月，召為吏部郎中、翰林院修撰。元光改元，陞同知南京路轉運使。正大元年，移同知中京留守事。四年正月，改同知開封府事。五年，始為汝州防禦使，與此《志》"擢侍御史，出為汝州防禦使"亦詳略迥異。
劉祁《歸潛志》卷五		(3) 案：《金史》本傳：改同知集慶軍節度使，即上章乞骸骨。元好問《內翰馮公神道碑》及《中州集傳》《大金國志》，均與本傳同。 (4) 少頃，有敕放朝，士大夫服其知體。右見李致美作子通《神道碑》。子通，卒清州防禦使。
劉祁《歸潛志》卷十		(5) 屏山之歿，雷希顏誌其墓，趙閑閑表焉。余先子之歿，亦雷誌其墓，趙閑閑表焉。(案：王惲《秋澗集・渾源劉氏世德碑》亦云"趙翰林秉文勒銘神道"，而《滏水集》但有《故葉令劉君遺愛碑》及《祭劉雲卿文》，而無所謂《墓表》，或《滏水集》有所遺歟?)

表五百四十一

作者/文獻	版本	用　　例
劉詵《桂隱文集》卷一	清鈔本	(1) 余惟知事之設醮，使民無疵癘；買田經壇，復使民恒有肅心。雖若神道設教，而其用心厚矣。士君子為善，固不計天之出遊與否，而天道福善則不可誣。共保是田，以永是壇，則善之道也。
劉詵《桂隱詩集》卷四	清文淵閣四庫全書本	(2)《謁蕭定基墓二首》(至元甲申，余客九岡。暇日，從蕭瑞叔諸友過滏塘，謁侍御史蕭定基墓，讀王荊公所為《神道碑》。至順辛未八月六日，重過其下，則碑字多為樵牧所傷，圮剝不完。俯仰四十八年，感慨係之。)：故舍江邊短麥畦，少年屐屐幾徘徊。當時良友今安在，滿眼秋風我獨來。（故舍，所葬地名。）赤嶺虧剜白水奔，江濤高處復為田。古人不見文童在，皓首看碑意惘然。

表五百四十二

作者/文獻	版本	用　　例
劉唐卿《降桑椹》	民國孤本元明雜劇本	(1)（衆神隨下）（正末醒科）（唱）呀！原來是一枕南柯夢已覺。恰纔那空中神道，與小生夢裏相交，細說根苗，着我歡展眉梢。小生這些時躭着憂，懷着悶，受煎熬，恰纔呵聽說罷，喜孜孜開懷抱。

表五百四十三

作者/文獻	版本	用　　例
劉壎《水雲村稿》卷十一	清文淵閣四庫全書本	(1) 昔歐陽公作《范文正公神道碑》及《尹師魯墓誌》，竝招物議。王荊公銘《錢公輔母夫人》亦然。彼二公皆大賢名筆也，猶所不免，況僕乎？儻招浮議，惟在高明。察之歐公有曰：此文所以慰吾亡友耳，豈恤小子輩哉！不宣。
劉壎《隱居通議》卷十七	清海山仙館叢書本	(2) 按：《密國曾公神道碑》載：公以大中祥符五年五月丁亥，卒於官，是真宗朝也。此序云“密國實銘居士之墓”，則居士之卒，當在大中祥符以前矣。
劉壎《隱居通議》卷十八	清海山仙館叢書本	(3)《平園文體》：《後村跋》，周益公親書。《艾軒林公光朝神道碑》後曰：平園晚作益自摩厲，然散語終是洗滌詞科氣習不盡，惟《艾軒誌銘》極簡嚴，有古意。然予反覆熟玩，其文平順典雅則有之，謂之簡古則未也。

表五百四十四

作者/文獻	版本	用　　例
劉一清《錢塘遺事》卷九	清光緒刻武林掌故叢編本	(1) 十五日巳時，賈相自會同館後門出殯，諸官出麗正門。燕京大興總管府排辦神道、綵亭中餘座、鼓鈸幡盖之類，送至洞神觀側殯焉。

表五百四十五

作者/文獻	版本	用　　例
劉因 《靜修先生文集》 卷之三	四部叢刊景元本	（1）胷中無全山，横側變峯嶺。不及靈椿秋，遂謂長春景。只見柏參天，豈知根獨冷。井蛙見自小，夏蟲年不永。天人互償貸，千年如響影。廓哉神道遠，瞬息苦馳騁。平生遂游心，觀物有深靜。
劉因 《靜修先生文集》 卷之十六		（2）大元故正議大夫禮部尚書王公神道碑銘 （3）明年薨，問疾，給葬。故事，畢舉，既葬，詹事張九思曰：公從事東宫三十餘年，小心愼黙，無少玷闕，而其辭受、去就之間，風義凜然，有可激勵後世者，不可不書。其神道宜有碑，碑宜得劉某銘。其孤鵬，持集賢直學士趙孟頫所撰《行狀》來請。公予所知資孝友，爲人誠實，樂易讀書，務躬行，不徒事章句。其居家教子，撫孤嫠恤宗族，秩然有序，銘固無愧。

表五百四十六

作者/文獻	版本	用　　例
劉岳申 《申齋集》 卷八	清文淵閣四庫全書本	（1）大元開府儀同三司行中書省左丞夏公神道碑銘 （2）大元宣武將軍韶州路達嚕噶齊阿布格察喇公神道碑

表五百四十七

作者/文獻	版本	用　　例
柳貫 《待制集》 柳待制文集 卷之九	四部叢刊景元本	（1）詩曰：若古罨民，有庠有序。……惟二李公，前承後引。異世相望，肆不隕問。惠我秳民，知遂之近。式訓程之，視公繩準。顯允盧侯，軄是南伯。起孝起敬，民用飲食。僚有王君，婉其諸畫。載新泮宫，崇崇仡仡。神道設教，天維顯用。民罔敢知，惟日康共。春則侯相，輿則成誦。矢詩颺之，聲于有衆。
柳貫 《待制集》 柳待制文集 卷之十五		（2）辭曰：西長山之嵲峩兮，峴峯屹乎東峙。……骨肉陰于野土兮，氣蒸蒸而發揚。為昭明之焄蒿兮，一機籥之翕張。引列星之燦爛兮，播卉木之敷芳。此百物之精兮，亦反陰而為陽。稽其實之本虛兮，固神道之維常。愴予懷之耿耿兮，薦圭臭而合蕭光。有牲盈俎兮，有酤盈觴。巫巴以屢舞兮，被雲衣其章章。神晏娭則錫之羨兮，歲胥樂于金穰。沴消兵寢兮，黄耇無央。民獲承祀兮，豢豕與羊。殫寸誠而歸美兮，薦帝祉之靈長。緜太岳之遺休兮，尚奕其世彌昌。柳貫撰。
柳貫 《待制集》 柳待制文集 卷之十九		（3）《跋范文公正八帖・三哥節推手簡》：歐陽公撰公《神道碑》言：五代之際，世家蘇州。而富鄭公誌公墓，敘公之先始居河内，後徙長安。公此帖乃云：或聞祖先元是藍田人。藍田在長安西，則五代以上譜亡久矣。

表五百四十八

作者/文獻	版本	用　　例
龍仁夫《周易集傳》卷七	清文淵閣四庫全書本	(1) 觀天之神道，而四時不忒。聖人以神道設教，而天下服矣。（朱子曰：極言觀之道也。程子曰：天道至神，運行四時、化育萬物尤有差忒。至神之道莫可名言，聖人黙契，體其妙用，設為政教，故天下人人涵泳其德而不知其功，鼓舞其化而莫測其用，自然仰觀而戴服，故曰：天下服矣。）

表五百四十九

作者/文獻	版本	用　　例
駱天驤《類編長安志》卷三	明鈔本	(1) 昭靈館：霍光塋，起三出闕，築神道，北臨昭靈，南出承恩。館：服虔曰：昭靈、承恩，皆館名。
駱天驤《類編長安志》卷五		(2) 段烈士廟：《三輔會要》：烈士段秀實廟，在臨潼縣斜口鎮南道西廟西三里。是墓德宗御製《神道碑》，太子誦書丹，碑尚存。
駱天驤《類編長安志》卷八		(3) 漢武帝茂陵：在興平縣東北一十七里。《關中記》曰：漢諸陵皆高一十二丈，方一百二十步。唯茂陵高一十四丈，方百四十步。徙民置縣凡七，長陵、茂陵萬戶，五陵各五千戶。《漢武故事》曰：帝見形，謂陵令薛平曰：吾雖失勢，猶為女君。奈何令吏卒上吾陵上磨刀劍乎？自今已後，可禁之。平頓首謝，因不見。推問陵旁，果有方石可以為礪，吏卒嘗盜磨刀劍。霍光欲斬之，張安世曰：神道芒昧，不宜為法。乃止。故阮公《詠懷詩》曰：失勢在須臾，帶劍上吾陵。 (4) 唐西平王李晟墓，在高陵縣東南一十里。墓前有柳公權正書《神道碑》。
駱天驤《類編長安志》卷十		(5)《漢太尉楊震碑》：隸書，不著書撰人名，首題“漢太尉楊公神道碑銘”。震，安帝時，位元至太尉。文字殘缺，首尾不完，僅成文者云：聖漢龍興，神祇降祉，乃生子公。又云：司徒、太尉，立朝正色，恪勤竭忠。餘文雖多，不復成文。碑在閿鄉。公弘農，華陰人也。 (6)《唐西平郡王李晟神道碑》：司馬平章事裴度撰，庫部郎中翰林侍書柳公權書。晟，字良器，隴西人。位至太尉中書令西平郡王。文宗初，諸子請爲《神道碑》，度等奉勑書撰，以大和三年立，在高陵縣渭橋鎮。 (7)《唐贈太尉段秀實神道碑》：德宗御製，皇太子誦書。秀實，字成。公官至司農卿，封張掖郡王。死于朱泚之難。贈太尉，謚曰忠烈。碑以貞元元年四月立，在臨潼縣斜口鎮之西南姚村。墓前見存。

續表

作者/文獻	版本	用　例
駱天驤 《類編長安志》 卷十	明鈔本	(8)《唐井府君神道碑》：在藍田縣西咽壺泉，柳公權書。 (9)《大元中書丞相胡公神道碑》：中奉大夫參知政事商挺撰并書。 (10)《大元嘉議大夫提點司天臺張公神道碑》：前進士雲中孟攀鱗撰，司天臺判駱天驤書。 (11)《大元中順大夫西蜀四川道提刑按察副使宋鑑山先生神道碑》：翰林承旨知制誥兼修國史閻復撰，集賢學士劉愻書，秘書陽桓篆額。 (12)《大元故資政大夫中書左丞贈光祿大夫中書右丞忠宣公神道碑》：太子諭德李謙撰，翰林侍讀學士奉政大夫知制誥同修國史高凝書丹並篆額。

表五百五十

作者/文獻	版本	用　例
馬端臨 《文獻通考》 卷三十	清浙江書局本	(1) 其年五月，尚書禮部侍郎、知貢舉竇儀奏：其進士請今後省卷限納五卷以上，於中雖有詩、賦、論各一卷，餘外雜文、歌篇，並許同納，秖不得有神道碑、誌文之類。其帖經對義，並須實考通三已上為合格，將來卻覆試，候考試終場，其不及人以文藝優劣定為五等：取文字乖舛、詞理紕繆最甚者為第五等，殿五舉；其次者為第四等，殿三舉；以次稍優者為第三等、第二等、第一等，並許次年赴舉。
馬端臨 《文獻通考》 卷五十四		(2) 吳氏《能改齋漫錄》曰：王荊公所作《賈魏公神道碑》云：景祐元年，積官至尚書都官員外郎。乃始置崇政殿說書，而以公為之。然予按《傳簡公佳話》云：太祖少親戎事，性好藝文。卽位未幾，召山人郭無為於崇政殿講書。至今講官所領階銜，猶曰崇政殿說書云。據傳簡公所言，則崇政殿說書不始於仁宗景祐元年矣。豈中嘗罷之，而至是再建邪？
馬端臨 《文獻通考》 卷六十九		(3)《黃圖》載元始儀：上帝壇圓八觚，徑五丈，高九尺。茅營去壇十步，竹宮徑三百步，土營徑五百步。神靈壇各於其方面三丈，去茅營二十步，廣坐十五步。合祀神靈以璧琮。用辟神道以通，廣各三十步。……神道四通，廣各十步。宮內道廣各二丈，有闕。……凡地宗后土宮壇營，方二里，周八里。營再重，道四通。常以歲之孟春正月上辛若丁，親郊祭天南郊，以地配，望秩山川，徧於群神。天地位皆南鄉，同席，地差在東，共牢而食。太祖高皇帝、高后配於壇上，西鄉，后在北，亦同席共牢而食。日冬至，使有司奉祭天神於南郊，高皇帝配，而望群陽。夏至，使有司奉祭地祇於北郊，高皇后配，而望群陰。天地用牲二，燔燎瘞薶用牲一，先祖、先妣用牲一。天以牲左，地以牲右，皆用黍稷及樂。

續表

作者/文獻	版本	用　　例
馬端臨《文獻通考》卷八十		（4）謹按：後魏王均《志》：北辰第二星，盛而常明者，元星露寢，大帝常居，始出道奧而為變通之跡。又大皇大帝，其精耀魄寶，蓋萬神之秘圖，與河海之令紀皆稟焉。據元說，即昊天上帝也。天一掌八氣、九精之政，以佐天極，徵明而有常，則陰陽序而大運興。泰一掌十有六神之法度，以輔人極，徵明而得中，則神人和而王道平。又北斗有權、衡二星，天一、泰一參居其間，所以財成天地，輔相神道也。若一槩以列宿論之，實為淺近。
馬端臨《文獻通考》卷八十二		（5）按：《韓詩外傳》云：天子太社方五丈，諸侯半之。蓋以土是五數，故壇方五丈。其社主請准五數，長五尺；准陰之二數，方二尺。剡其上以象物生，方其下以象地體，埋其半以根在土中而本末均也，則神道設教，法象有憑。其尺請用古尺。
馬端臨《文獻通考》卷八十四	清浙江書局本	（6）袁宏曰：夫揖讓受終，必有至德於天下；征伐革命，則有大功於萬物。是故王者初基，有封禪之事，蓋以其成功告於神明者也。夫東方者，萬物之所始；山嶽者，靈氣之宅。故求之物本，必於其始；取其所通，必於所宅。崇其壇場，則謂之封；明其代興，則謂之禪。然則封禪者，王者開務之大禮也。德不周洽，不得輒議斯事；功不弘濟，不得髣髴斯禮。曠代一有，其道至高。自黃帝、堯、舜至於三代，各一得封禪，未有中修其禮者也。雖繼體之君，時有功德，此蓋率復舊業，增修其前政，不得仰齊造國，同符改物者也。夫神道貞一，其用不煩；天地易簡，其禮尚質。故藉用白茅，貴其誠素；器用陶匏，取其易從。然則封禪之禮，簡易可也。若夫石函、玉牒，非天地之性也。 （7）先是，殿中侍御史趙湘請封禪，上拱揖不答。王旦等曰：封禪之禮，曠廢已久，若非盛世承平，豈能振舉？初，王欽若既以城下之盟毀寇準，上自是常怏怏。他日，問欽若曰：今將柰何？欽若度上厭兵，即謬曰：陛下以兵取幽薊，乃可刷此恥也。上令思其次，欽若因請封禪，以鎮服四海，誇示夷狄。又言：封禪當得天瑞。又言：天瑞蓋有以人力為之。陛不謂《河圖》《洛書》果有之平？聖人以神道設教耳。上曰：王旦得無不可？欽若遂以上意諭旦，旦黽勉而從。
馬端臨《文獻通考》卷八十五		（8）古之一夫，施功力於田里者，生蒙其利，沒享其祭。後世一切反此。古者，上農夫食九人，後世農能食九口者，不千一也；下農夫食五人，後世具父母妻子養者，不百一也。有爲浮屠氏者詭言於民曰：汝知竭力耕耘而不自粒者乎？是前生不種福也。汝知燕居甲第坐守王侯之奉者乎？品其材智道德，非有

續表

作者/文獻	版本	用　　例
馬端臨《文獻通考》卷八十五	清浙江書局本	逾乎人，是前生種福德也。故敬我者貴，施我者富，前生所作，今獲其報，今世所作，後亦如之，猶影響也。是以設爲天宫、淨土、地獄、惡趣以誘懼之，時出怪神、夢兆以證信之，而先王神道設教之意替矣。仰觀三代里田蜡祭之時，其民恬寧愉樂，和睦無怨，故鬼神享馨香之薦，交歸其德，不為妖厲，豈不盛矣乎！
馬端臨《文獻通考》卷九十四		(9) 工部侍郎兼太常少卿王普言：謹案《春秋公羊》說，曰：主藏廟室西辟中，以備火災。《左氏》說，曰：主祏於宗廟，言廟有祏室，以藏神主。漢儀藏主於西牆壁埳中，去地六尺一寸，蓋埳卽祏室也，非特備災，亦神道尚幽之義。然則古者廟必有主，主必有祏。
馬端臨《文獻通考》卷九十五		(10) 太常博士段同泰議曰：自古帝王，封建子弟，寄以維城之固，咸登列郡之榮，豈必有功於人，立事於代？生者曾無異議，逝者輒此奏停，雖存沒之迹不同，而君親之恩何別？此則輕重非當，情禮不均，神道固是難誣，人情孰云其可？
馬端臨《文獻通考》卷九十六		(11) 嚴陵方氏曰：既曰寢，又曰廟，何也？蓋王者之於祖禰，以人道事之則有寢，以神道事之則有廟。天子七廟，而《周官》隸僕止掌五寢者，以二祧將毁，先除其寢，事有漸故也。祭，神道也；薦，人道也。
馬端臨《文獻通考》卷九十七		(12) 太子賓客崔沔議曰：祭禮之興，肇於太古，人所飲食，必先嚴獻。未有火化，茹毛飲血，則有毛血之薦；未有麴糵，汙樽杯飲，則有元酒之奠。施及後王，禮物漸備，作為酒醴，伏其犧牲，以致馨香，以極豐潔。故有三牲八簋之盛，五齊九獻之殷。然以神道至元，可存而不能測也。祭禮至敬，可備而不可廢也。是以毛血腥爓，元罇犧象，靡不畢登於明薦矣。然而薦貴於新，味不尚褻，雖則備物，猶存節制。
馬端臨《文獻通考》卷一百一		(13)《傳》曰“子雖齊聖，不先父食”，蓋言子為父屈也。景皇帝雖太祖也，其於獻、懿，則子孫也。當禘祫之時，獻祖宜居東向之位，景皇帝宜從昭穆之列，祖以孫尊，孫以祖屈，求之神道，豈遠人情？又常祭甚眾，合祭甚寡，則是太祖所屈之祭至少，所伸之祭至多。比於伸孫之尊，廢祖之祭，不亦順乎？
馬端臨《文獻通考》卷一百三		(14)《朱子語録》：問：祭先賢先聖，如何？曰：有功德在人，人自當報之。古人祀五人帝，只是如此。後世有箇新生底神道，緣眾人心邪向他，他便盛。如狄仁傑只留泰伯、伍子胥廟。壞了許多廟。其鬼亦不能為害，緣是他見得無這物事了。

續表

作者/文獻	版本	用　　例
馬端臨 《文獻通考》 卷一百二十三	清浙江書局本	(15) 惟周公旦、大公望相嗣王發，建功於牧野。及終，將葬，乃制謚，法遂敘謚法。謚者，行之迹；號者，功之表（古者有大功，則賜之善號以為稱也）；車服者，位之章也。是以大行受大名，細行受小名。行出於已，名生於人（名，是謚號）。壹民無為曰神（以至無為神道設教），一德不懈曰簡（一不委曲），靖民則法曰皇（靖，定），平易不訾曰簡（無用訾侮），德象天地曰帝（同於天地），……敬祀享禮曰聖（既敬於祀能通神道），……除殘去虐曰湯，亂而不損為靈（貪亂直亡，而神靈之曲也）。
馬端臨 《文獻通考》 卷一百二十四		(16) 二世曰：先帝後宮非有子者，出焉不宜。皆令從死，死者甚眾。葬既已下，或言工匠為機，藏皆知之，藏重卽泄。大事畢，已藏，閉中羨，(《正義》曰：音延，下同。謂冢中神道。) 下外羨閉，盡閉工匠藏者，無復出者。
馬端臨 《文獻通考》 卷一百二十五		(17) 帝自作《終制》曰：禮，國君即位為椑，存不忘亡也。昔堯葬谷林，通樹之，禹葬會稽，農不易畝，(《呂氏春秋》：堯葬於谷林，通樹之；舜葬於紀，布廛不變其肆；禹葬會稽，不變人徒。) 故葬於山林，則合乎山林。封樹之制，非上古也，吾無取焉。壽陵因山為體，無為封樹，無立寢殿，造園邑，通神道。夫葬也者，藏也，欲使人之不得見也。骨無痛痒之知，冢非棲神之宅，禮不墓祭，欲存亡之不黷也，為棺槨足以朽骨，衣衾足以朽肉而已。故吾營此邱墟不食之地，欲使易代之後不知其處。無施葦炭，無藏金銀銅鐵，一以瓦器，合古塗車、芻靈之義。 (18) 武后崩，將合葬乾陵，給事中嚴善思建言：尊者先葬，卑者不得入。今啓乾陵，是以卑動尊，術家所忌。且元闕石門，冶金錮隙，非攻鑿不能開，神道幽靜，多所驚瀆。若別攻隧以入其中，卽往昔葬時神位前定，更且有害。曩營乾陵，因有大難，易姓建國二十餘年，今又營之，難且復生。合葬非古也，況事有不安，豈足循據？漢世皇后別起陵墓，魏、晉始合葬。漢積祀四百，魏、晉祚卒不長，亦其驗也。今若更擇吉地，附近乾陵，取從葬之義，使神有知，無所不通；若其無知，合亦何益？山川精氣，上為列星。葬得其所，則神安而後嗣昌；失其宜，則神危而後嗣損。願割私愛，使社稷久長。中宗不納。 (19) 設御位於陵東南隅，西向，有岡麓之閡，則隨地之宜。又設位於寢宮之殿東陛之東南，西向。罇坫陳於堂戶東南。百官、行從、宗室、客使位神道左右，寢宮則分方序立大次前。其日，未明五刻，陳黃麾大仗於陵寢。三刻，行事官及宗室親五等、諸親三等以上并客使之當陪者就位。

續表

作者/文獻	版本	用　　例
馬端臨《文獻通考》卷一百二十六	清浙江書局本	(20) 唐制，前一日，陵令以玉冊進御親書，近臣奉出，陵令受之。今請酌中造竹冊四副，祝畢焚之。又舊設百官位於陵所，從祝官及皇親、并客使分於神道左右。貞觀中，并陪列於司馬門內。今望準舊儀施行。
馬端臨《文獻通考》卷一百二十九		(21) 武帝曰：筆笏蓋以記事受言，舞不受言，何事簪筆？豈有身服朝衣而足綦宴屨（綦音忌）？於是去筆。乃定郊禋、宗廟及三朝之雅樂，以武舞為《大壯舞》，取《易》云"大者壯也""正大而天地之情可見"也。以文舞為《大觀舞》，取"大觀在上""觀天之神道，而四時不忒"也。
馬端臨《文獻通考》卷一百六十六		(22) 自文明草昧，天地屯蒙，三叔流言，四凶搆難。不設鉤距，無以應天順人；不切刑名，不可摧姦息暴。故置神器，開告端，曲直之影必呈，包藏之心盡露。神道助直，無罪不除；蒼生晏然，紫宸易主。然而急趨無善迹，促柱少和聲，向時之妙策，乃當今之芻狗也。伏願覽秦、漢之得失，考時事之合宜，審糟粕之可遺，覺蘧廬之須毀，去萋菲之牙角，頓奸險之鋒芒，窒羅織之原，掃朋黨之迹，使天下蒼生坦然大悅，豈不樂哉！
馬端臨《文獻通考》卷一百八十一		(23) 按：《正獻公神道碑》載：公進讀，上語及釋、老虛寂之旨，公曰：堯、舜雖知此，乃以知人安民為急，此其所差之端也。堯、舜之道，精粗本末，一以貫之，其所知者，似與釋、老不相似也。以為所知在此，而所急在彼，是二本也。本原如此，則其末流之弊，豈可勝道哉。
馬端臨《文獻通考》卷一百八十八		(24)《隋・藝文志》:《易》曰：河出圖，洛出書。然則聖人之受命也，必因積德累業，豐功厚利，誠著天地，澤被生人，萬物之所歸往，神明之所福饗，則有天命之應。蓋龜龍銜負，出於河、洛，以紀易代之證，其理幽昧，究極神道。先王恐其惑人，祕而不傳。
馬端臨《文獻通考》卷一百九十七		(25) 陳瑩中謂安石既罷相，悔其執政曰無善狀，乃撰此，歸過於上，掠美於己，且歷詆平生不悅者，欲以欺後世，於是著《尊堯集》及《日錄不合神道論》等十數書。
馬端臨《文獻通考》卷二百十六		(26)《玉壺清話》十卷：鼂氏曰：皇朝僧文瑩元豐中撰。自序云：瑩收國初至熙寧中文集數千卷，其間神道、墓誌、行狀、實錄、奏議之類，輯其事成一家言。玉壺者，其隱居之潭也。

續表

作者/文獻	版本	用　　例
馬端臨《文獻通考》卷二百三十一	清浙江書局本	(27) 張九齡《曲江集》二十卷：鼂氏曰：張九齡子壽也，曲江人。……陳氏曰：曲江本有元祐中郡人鄧開序，自言得其文於公十世孫蒼梧守唐輔而刊之。卷末《行狀》《神道碑》《謚議》，蜀本無之。
馬端臨《文獻通考》卷二百三十八		(28)《雲龕草堂後集》二十六卷：陳氏曰：參政鉅野李邴漢老撰。明受之變，以兵部侍郎直學士院，叱責兇渠，朝廷賴焉。既復辟，首擢執政。周益公作《神道碑》，言前、後集一百卷，今惟後集，蓋皆南渡後所作也，朱文公為之序。漢老，樂靜右史之姪，五世祖濤，五代時宰相。石晉之亂，弟澣在翰林，陷於虜。及邴立節於建炎，而弟鄴守會稽，亦隨金人北去，世以為異。
馬端臨《文獻通考》卷二百六十七		(29) 容齋洪氏《隨筆》曰：漢自武帝以後，丞相無爵者乃封侯，其次雖御史大夫，亦不以爵封為閒。唯太常一卿，必以見侯居之，而職典宗廟園陵，動輒得咎，由元狩以降，以罪廢斥者二十人。意武帝陰欲損侯國，故使居是官以困之爾。表中所載：鄺侯蕭壽成，坐犧牲瘦；蓼侯孔臧，坐衣冠道橋壞；鄲侯周仲居，坐不收赤側錢；繩侯周平，坐不繕園屋；睢陵侯張昌，坐乏祠；陽平侯杜相，坐擅役鄭舞人；廣阿侯任越人，坐廟酒酸；江鄒侯靳石，坐離宮道橋苦惡；戚侯李信成，坐縱丞相侵神道；俞侯樂賁，坐雍犧牲不如令；山陽侯張當居，坐擇博士弟子不以實；成安侯韓延年，坐留外國文書；新時侯趙弟，坐鞫獄不實；牧邱侯石德，坐廟牲瘦；當塗侯魏不害，坐孝文廟風發瓦；轑侯江德，坐廟郎夜飲失火；蒲侯蘇昌，坐泄官書；弋陽侯任宮，坐人盜茂陵園物；建平侯杜緩，坐盜賊多。自鄺侯至牧邱十四侯，皆奪國，武帝時也。自當塗至建平五侯，但免官，昭、宣時也。
馬端臨《文獻通考》卷三百二十四		(30) 建武中元二年，倭奴國奉貢朝賀，使人自稱大夫，倭國之極南界也。光武賜以印綬。安帝永初元年，倭國王帥升等獻生口百六十人，願請見。桓、靈閒，倭國大亂，更相攻殺，歷年無主。有一女子名曰卑彌呼，年長不嫁，事鬼神道，能以妖惑眾，於是共立為王。侍婢于人，少有見者，唯有男子一人給飲食，傳辭語。居處宮室樓觀城柵，皆持兵守衛。法俗嚴峻。自女王國東度海千餘里至拘奴國，雖皆倭種，而不屬女王。

表五百五十一

作者/文獻	版本	用　　例
馬祖常 《石田文集》 卷十一	元至元五年揚州路儒學刻本	（1）皇元勅贈翰林學士杜文獻公神道碑 （2）翰林學士元文敏公神道碑 （3）集賢直學士貢公文靖公神道碑銘 （4）大元贈中奉大夫行中書省叅知政事張公神道碑
馬祖常 《石田文集》 卷十二		（5）致仕禮部尚書邢公神道碑銘 （6）僉燕南河北道肅政廉訪司事趙公神道碑 （7）勅賜贈叅知政事胡魏公神道碑
馬祖常 《石田文集》 卷十三		（8）朝請大夫禮部郎中王君神道碑 （9）故禮部尚書馬公神道碑銘 （10）勅賜大司徒薊國忠簡公神道碑 （11）於是臺臣以聞，有詔贈公銀青榮祿大夫、太保、上柱國，追封薊國公，謚忠簡。夫人呼圖克華，贈薊國夫人。仍命具公行壽（壽一作“治”）善勞，世族官治（治一作“階”），樹文於碑，刻之神道，以假寵。

表五百五十二

作者/文獻	版本	用　　例
納新 《河朔訪古記》 卷上	清武英殿聚珍版叢書本	（1）公出入將相幾五十年，柱石四朝，儀表百辟，古之社稷臣也。其保障河北，戰三峰山，掊金擣宋，皆建奇功。嘗同伯顏淮安忠武王統大軍至鄂渚，以疾召還。明年，薨于位，即十二年二月七日也，享年七十有二。贈太尉，謚忠武，葬真定縣太保庄。《墓碑》，翰林學士徒單公履撰；《神道碑》，則翰林承旨王磐撰，皆勅賜文也。
納新 《河朔訪古記》 卷中		（2）安陽縣西北五十里水治村，魏國韓諫議墓在焉。諫議，丞相忠獻公父也。神道之碑，則樞密使富弼撰，翰林承旨王珪書。碑首題曰“宋故太中大夫行右諫議大夫南陽郡開國男贈開府儀同三司太師中書令兼尚書令魏國公韓公神道碑”。
納新 《河朔訪古記》 卷下		（3）宋參知政事范文正公仲淹墓，在洛陽縣南七十里神陰鄉彭婆店東北萬安山下。其子，丞相忠宣公堯夫以下皆祔塋兆內。文正公之碑，則歐陽文忠公撰文，賜曰“懷賢之碑”。《忠宣公神道碑》，則曾文昭公肇撰文，賜曰“世濟忠直之碑”。墓東則守墳哀賢寺，寺有范氏復祖墳碑一通，天台陳基之文也。

表五百五十三

作者/文獻	版本	用　　例
歐陽玄 《圭齋文集》 卷之九	四部叢刊景明成化本	（1）神道碑 （2）元中書左丞集賢大學士國子祭酒贈正學垂憲佐理功臣大傅開府儀同三司上柱國追封魏國公謚文正許先生神道碑 （3）先生既沒之三十三年為皇慶二年，仁宗皇帝詔暨宋九儒從祀宣聖廟庭，明斯道之阨自傳矣。又二十三年為元統三年，今上皇帝勑賜臣玄文其神道之碑，以賜其子師敬使刻之。 （4）元翰林學士承旨榮祿大夫知制誥兼脩國中贈江淛等處行中書省平章政事魏國趙文敏公神道碑 （5）元故翰林學士中奉大夫知制誥同脩國史貫公神道碑 （6）公薨廿又五年，其子阿思蘭海涯展省于燕顧公神道未銘，願屬筆焉，其忍銘乎？ （7）元故奎章閣侍書學士翰林侍講學士通奉大夫虞雍公神道碑 （8）王家世北庭，阿里海涯其小字也。及貴，以小字行。其世系之詳，見《故翰林學士承旨姚文公燧神道碑銘》。
歐陽玄 《圭齋文集》 卷之十六		（9）元勑賜翰林直學士亞中大夫輕車都尉追封渤海郡侯歐陽公神道碑銘（有序） （10）復起為翰林學士，以疾未行。有勑譔《故相和寧忠獻王脫脫神道碑》。 （11）九年，夏遣使賜白金五十兩，內醞二尊。勑譔《故相冀寧忠宣王帖木達實神道碑文》。

表五百五十四

作者/文獻	版本	用　　例
潘昂霄 《金石例》 卷一	清文淵閣四庫全書本	（1）又《釋名》云：碑，被也。葬時所設。臣子追述君父之功，以書其上。徐曰：劉熙言“起於懸棺之碑”者，蓋今《神道碑》也。《初學記》：碑，悲也，所以悲往事。今人墓隧宮室之事，通謂之碑矣。 （2）《事祖廣記》云：古之葬有豐碑以窆。秦漢以來，死有功業、生有德政者皆碑之，稍改用石，因總謂之碑。晉宋之世，始又有《神道碑》，天子及諸侯皆有之。（其刻文止曰：某帝或某官神道之碑。今世尚有《宋文帝神道碑》，墨本也。其初由立之于葬兆之東南，地理家言以東南為神道，故以名碑爾。案：後漢中山簡王薨，詔為之修冢塋，開神道。註云：墓前開道，建石柱以為標，謂之神道。是則神道之名，在漢已有之也。晉宋之後，易以碑刻云。）

續表

<table>
<tr><th>作者/文獻</th><th>版本</th><th>用　例</th></tr>
<tr><td>潘昂霄
《金石例》
卷一</td><td rowspan="2">清文淵閣四庫全書本</td><td>(3) 三品以上《神道碑》，碑於墓隧道之左，面南，立螭首龜趺，有依品從合得尺寸。(見《儀制》。今更欲檢之，此未盡也。)
(4)《古今碑石同異》：漢碑有銘辭，亦有無者，今亦然。(謂《神道碑》并《墓碣》，有銘辭者，有無銘辭者，今《碑碣》亦然也。)</td></tr>
<tr><td>潘昂霄
《金石例》
卷二</td><td>(5) 神道碑之始。(《事祖廣記》云：晉宋之世，始又有《神道碑》，天子及諸侯皆有之，其刻文止曰：某帝或某官神道之碑。今世尚有《宋文帝神道碑》，墨本也。其初猶立之於葬兆之東南，地理家言以東南為神道，若神靈出遊道之意，故以名碑爾。唐李夷簡臨終，敕無碑神道。)
(6) 神道碑式
(7) 唐銀青光祿大夫守右散騎常侍致仕上柱國襄陽郡王平陽路公神道碑銘(韓退之)
(8) 唐故河東節度觀察使滎陽鄭公神道碑文
(9) 唐故中散大夫少府監胡良公墓神道碑
(10) 唐故江南西道觀察使贈左散騎常侍太原王公神道碑
(11) 司徒兼侍中中書令贈太尉許國公神道碑銘
(12) 潮州長城縣令崔孚神道碑（白樂天）
(13) 平章政事壽國張公神道碑（元遺山）
(14) 沁州刺史李君神道碑
(15) 內相文獻楊公神道碑
(16) 轉運使王公神道碑
(17) 朝散大夫胡公神道碑
(18) 禮部尚書趙公神道碑
(19) 內翰馮公神道碑
(20) 國子祭酒馮公神道碑銘
(21) 東平行臺嚴公神道碑
(22) 朮虎公神道碑
(23) 刺史馬公神道碑銘
(24) 康公神道碑銘
(25) 劉氏先塋神道碑
(26) 完顏公神道碑
(27) 畢侯神道碑銘
(28) 千戶趙君神道碑</td></tr>
</table>

續表

作者/文獻	版本	用　　例
潘昂霄《金石例》卷二	清文淵閣四庫全書本	(29)《先塋先德昭先等碑之始》：蒼崖先生曰：先塋、先德、昭先等碑，例似與《神道碑》《墓誌碑》不同。（先塋、先德、昭先等碑，創業于國朝已前，唐、宋、金皆無之。所書三代并妻子，例似與神道、墓誌不同也。） (30) 大丞相劉氏先塋神道碑
潘昂霄《金石例》卷五		(31) 先侍御史府君神道表 (32) 嗚呼！宗元不謹先君之教，以陷大禍，幸而緩于死。既不克成先君之寵贈，又無以寧太夫人之飲食，天殛薦酷，名在刑書。不得手開玄堂以奉安祔，罪惡益大，世無所容。尚顧嗣續，不敢即死。支綴氣息，以嚴邦刑。大懼祭祀之無主，以忝盛德。敢用特牲，昭告神道，號叫萬里，以畢其辭云。 (33)《論行狀語録》：《朱子語録》云：韓文千變萬化，無心變；歐陽有心變。《杜祁公墓誌》一件未了，又説一件。韓《董晉行狀》尚稍長，權德輿作宰相，《神道碑》只一板許，歐、蘇便長了。 (34) 歐陽永叔陳文惠公神道碑
潘昂霄《金石例》卷六		(35) 銀青光祿大夫贈工部尚書太原王公神道碑（二十七卷） (36) 河南觀察使中大夫洪州刺史中丞贈常侍太原王公神道碑銘（三十一卷） (37) 司徒侍中中書令贈太尉許國韓公神道碑銘（三十三卷） (38) 銀青光祿大夫襄陽郡王平陽路公神道碑銘（二十六卷） (39) 河東觀蔡鄭公神道碑文（二十六卷） (40) 中散大夫少府監胡良公墓神道碑（三十卷） (41) 司徒兼侍中中書令贈太尉許國韓公神道碑銘（三十二卷） (42) 銀青光祿大夫贈工部尚書太原郡公王公神道碑（二十七卷） (43) 河東節度觀察使滎陽鄭公神道碑（二十六卷） (44) 江南西道觀察使贈左散騎常侍太原王公神道碑（三十一卷） (45) 中散大夫少府監胡良公墓神道碑（三十卷）
潘昂霄《金石例》卷七		(46) 父宰臣，用進士，卒官平陽冀氏令，贈潭州大都督。（《中散大夫少府監胡公神道碑》） (47) 莊憲皇太后之弟，今天子之舅，太師之子，太尉之孫，司徒之曾孫。（《銀青光祿大夫太原王公神道碑》） (48) 大父諱秀，武后時，以文材徵爲麟臺正字。父宰臣，用進士，卒官平陽冀氏令，贈潭州大都督。（《中散大夫少府監胡良公神道碑》）

續表

作者/文獻	版本	用　　例
潘昂霄《金石例》卷七	清文淵閣四庫全書本	(49) 大王父玄暕，歷御史屬三院，止尚書郎；生景肅，守三郡，終傅凉王；生政，襄、鄧等州防禦使，鄂州採訪使，贈吏部尚書。公尚書之弟某子。(《江南西道觀察使太原王公神道碑》) (50) 公之父曰海，為人魁偉沉塞，以武勇游仕許、汴之間，寡言自可，不與人交，衆推以為鉅人長者。官至游擊將軍，贈太師。娶鄉邑劉氏女，生公，是為齊國太夫人。夫人之兄曰司徒玄佐，有功建中、貞元之間，為宣武軍帥，有汴、宋、亳、潁四州之地，兵士十萬人。(《許國公韓宏神道碑》) (51) 夫人河南胡氏，號太原郡夫人。(《工部尚書太原郡公神道碑》) (52) 奉先，夫人天水趙氏祔。(《中散大夫少府監胡公神道碑》) (53) 楚國夫人翟氏祔。(《許國公韓宏神道碑》) (54) 有子六人，女子一人。(《銀青光祿大夫太原郡王公神道碑》) (55) 始娶范陽盧氏女，生仁本、仁約、仁載，皆有文行。二季舉進士，皆早死，仁本為後子獨存。後娶趙郡李氏，生三女。二夫人凡三男五女。(《河東節度鄭公神道碑》) (56) 子男二人：長曰肅元，某官；次曰公武，某官。肅元早死。公之將薨，公武暴病先卒，公哀傷之，月餘遂薨。無子，以公武子孫紹宗為主後。(《許國公韓宏神道碑》)
潘昂霄《金石例》卷八		(57) 在鎮三年，以疾乞歸。復拜司徒中書令，病不能朝。以長慶二年十二月三日，薨于永崇里第，年五十八。天子為之罷朝三日，贈太尉。(《許國公韓宏神道碑》)

表五百五十五

作者/文獻	版本	用　　例
蒲道源《閑居叢稿》順齊先生閑叢藁卷之二十五	元至正刻本	(1) 皇元太原郡侯王公神道碑銘 (2) 至元十七年五月十七日，終于正寢，享壽八十有三。葬於新塋，立表以誌。惟伯父諱字，子孫世次，則具見於《考君神道碑》，兹不重出。

表五百五十六

作者/文獻	版本	用　　例
任士林《松鄉集》卷一	清文淵閣四庫全書本	(1) 又：明年三月，殿成崇修，而神靈集整沐而視聽尊。玉垣沉沉，羽衛秩秩。景福攸降，嶽峙川行。夫惟玄武，稟剛正之姿，負忠孝之烈，有象在大，有靈在人，固不待祠事而尊，像須而嚴。然而人心掩著之故多，矯舉之辭侈，神道設教，容得弛乎？夫然則登庭之事，拱極之民，叩齒而神存，覩容而心惕；折回邪於未萌，援正直於弗植。遷善遠罪，民不踰德，固非所以昭刑政之助乎？乃為詩，以永敬事。 (2) 夫上虞在丹山赤水之西北。太極感祥，寶經斯授。劉樊之老樹猶存，伯陽之九井未竭。劉郭二翁，游戲道鄉，恢張玄教，即富貴之地，化清淨之居，卒使其子若孫拓成觀事，以昭示神道之教，使民知遷善遠罪之歸，庸非有道者乎？凝妙狀本末，請予文，不得辭。
任士林《松鄉集》卷二		(3) 夫人身游溟涬之初，沐被自然之化，故出玄入妙，宜多老氏之徒，而萬目睽睽，遊轂日殆山林之士，往而不返，顧將安所歸乎？是故廓清淨之學，以求無為；嚴神道之教，以示修省。天真與游，恒性允保，亦世教之所不得無，而道院之所由成也。陳君公舉提舉江浙儒學，以無隅狀來，俾記其事，不敢辭。 (4) 夫國家以祈天永命為嚴事，以神道設教為丕圖，況威神福德所以環拱中天，上翊北極，為國重鎮，為民鉅依，昭事敢不虔乎！
任士林《松鄉集》卷三		(5) 嗚呼！天地設位，聖人成能神道之教。苟可以上裨爕理，朝廷每優假焉。凡師之功，宜在史氏，顧余乃得銘墓。上師實知余銘，固不得辭也。

表五百五十七

作者/文獻	版本	用　　例
薩都拉《薩天錫詩集》	四部叢刊景明弘治本	(1)《和張仲舉清溪夜行》：溪上人家溪樹青，溪行野客思冥冥。月光蕩水游魚出，屐齒穿花宿鳥醒。蔓草古陵神道沒，風檑夜火鬼祠靈。後庭遺曲依然在，商女孤歌不忍聽。

表五百五十八

作者/文獻	版本	用　　例
施耐庵 《水滸傳》 李卓吾先生 批評忠義水滸傳 卷之八	明容與堂刻本	(1) 但見：緋羅繳壁，紫綬卓圍。當頭額掛朱紅，四下簾垂斑竹。官僚守正，戒石上刻御製四行；令史謹嚴，漆牌中書低聲二字。提轄官能掌機密，客帳司專管牌單。吏兵沉重，節級嚴威。執藤條祇候立堦前，持大杖離班分左右。龐眉獄卒挈沉枷，顯耀猙獰；豎目押牢提鐵鎖，施逞猛勇。戶婚詞訟，斷時有似玉衡明；聞毆相爭，判斷恰好金鏡照。雖然一郡宰臣官，果是四方民父母。直使囚從冰上立，盡教人向鏡中行。說不盡許多威儀，似塑就一堂神道。
施耐庵 《水滸傳》 李卓吾先生 批評忠義水滸傳 卷之四十二		(2) 趙能把土兵衣服解脫了，領出廟門去。有幾箇在前面的土兵説道：我説這神道最靈，你們只管在裏面纏障，引的小鬼發作起來！我們只去守住了村口等他，須不吃他飛了去。趙能、趙得道：説得是。只消村口四下里守定。衆人都望村口去了。
施耐庵 《水滸傳》 李卓吾先生 批評忠義水滸傳 卷之七十三		(6) 李逵道：你真箇要我捉鬼，着人引我去你女兒房裡去。太公道：便是神道如今在房中，磚石亂打出來，誰人敢去?

表五百五十九

作者/文獻	版本	用　　例
史九敬 《莊周夢》	民國孤本元明雜劇本	(1)（下）（生云）不知甚麼神道，把四箇仙女捉將去了? 我在這裡，好悶人也。李府尹不知幾時回來，怎生是好? 只索寧奈則箇。(下)

表五百六十

作者/文獻	版本	用　　例
釋覺岸 《釋氏稽古略》 卷三	大正新修大藏經本	(1) 神又降祝曰：神道業障，多有苦惱，自聽法來，身鱗甲內，已息細蟲噉苦，願為我請師，更講大品，師復為講之，神降祝謝。(《高僧傳》)

表五百六十一

作者/文獻	版本	用　　例
釋念常《佛祖通載》卷六	大正新修大藏經本	(1) 尚書令充，僕射褚翌、諸葛恢，尚書馮懷、戴廣等奏曰：世祖武皇帝以盛明革命，肅祖明皇帝聰聖玄覽。豈于時沙門不易屈膝？顧以不變其修善之法，所以通天下之志也。臣等謂宜遵承先帝故事，於義為長。氷固謂應盡敬，下制曰：夫萬方殊俗，神道難辯，有自來矣。達觀旁通，誠當無怪，況跪拜之禮，何必尚然？當後原先王所以尚之之意，豈直好此屈折而坐遘盤辟哉？良有以也。既其有以，將何以易之？然則名禮之設，其無情乎？且今果有佛耶？無佛耶？有則其道固弘，無則義將安取？縱其信然，將是方外之事；方外之事，豈方內所體？而當矯形體，違常度，易禮典，棄名教，是吾所甚疑也。 (2) 充等重抗表曰：臣等暗短，不足以讚揚聖旨，宣暢大義。伏省明詔，震懼屏營，輒共尋詳，有佛無佛，固非臣等所能定。然攷其遺文，鑽其旨要，王戒之禁，實助王化，賤昭昭之名行，貴冥冥之潛操，行德在於忘身，抱一心之精妙。且興自漢世，迄至于今，雖法有隆衰而弊無妖妄，神道經久未有其比也。夫議有損也，況必有益。臣之愚誠，實願塵露之微增潤岱岳，區區之況上裨皇極。
釋念常《佛祖通載》卷七		(3) 答曰：夫幽宗曠邈，神道精微，可以理尋，難以事詰。既涉乎教，則以因時為檢。雖應世之具，優劣萬差。至於典成，在用感即民心，而通其分。分至，則心其智之所不知，而不關其外者也。若然，則非體極者之所不兼，兼之者不可並御耳。是以古之語大道者，五變而形名可舉，九變而賞罰可言。此但方內之階差，而猶不可頓設。況其外者乎？
釋念常《佛祖通載》卷八		(4) 竊味此言，有契至理。何則？百家之鄉，千人持五戒，則千人淳謹。千室之邑，百人修十善，則百人和睦。傳此風教以周寰區，編戶億千則仁人百萬。夫能行一善則去一惡，去一惡則息一刑。一刑息於家，萬刑息於國。此明詔所謂坐致太平者是也。故圖澄適趙，二石減暴；靈塔放光，符健損虐。神道助化，昭然可觀；謨之請制，不謂全非。但傷蠹道俗，本在無行僧尼，然而情為難分，去取未易耳。
釋念常《佛祖通載》卷二十		(5) 貞佑喪亂之後，蕩然無紀綱文章，蚩蚩之民靡所趣向，為之教者，獨是家而已。……嗚呼！先哲王之道、中邦之政，掃地之日外矣。是家何為者？乃人敬而家事之。殆攻劫爭奪之際，天以神道設教，以弭勇鬪嗜殺者之心耶？抑三綱五常將遂堙沒，顛倒錯亂，人與物胥而為一也？不然，則盛衰消長有數存為于其間，亦難于為言也已。

續表

作者/文獻	版本	用　　例
釋念常 《佛祖通載》 卷二十一	大正新修大藏經本	(6) 是年八月，故光祿大夫太保贈太傅儀同三司文貞劉公薨，翰林學士嘉議大夫知制誥兼修國史王磐奉勅譔《神道碑銘》(并序)。其文曰：耕莘非求進之地，而伊尹阿衡；釣渭非巧宦之途，太公同載。漢張良志從赤松，而高祖得之以輔成帝業；唐李泌幼好仙術，而肅宗用之以佐定中興。蓋天下之士，惟自重者可與有為，而輕進者必非令器。是以古之明王，取士不以悅媚易親者為可佳，而以閒遠高潔難致者為可貴。聖天子之用太保劉公，其審是道歟!
釋念常 《佛祖通載》 卷二十二		(7) 勅賜《乞台薩里神道碑》，趙子昂為文。其略曰：太祖皇帝，既受天命略定西北諸國，回鶻最彊最先附，遂詔其主亦都護第五子，與諸皇子約為兄弟，寵異冠諸國。自是有一才一藝者，畢效於朝。至元大德間，在位之臣非有攻城戰野之功，斬將搴旗之勇，而道包儒釋、學際天人，寄天子之腹心，繫生民之休戚者，惟趙國文定公而已。

表五百六十二

作者/文獻	版本	用　　例
釋文才 《肇論新疏》 卷下	大正新修大藏經本	(1)《經》稱“有餘涅槃、無餘涅槃”者，蓋是返本之眞名，神道之妙稱者也。請試陳（布張）之：返本無餘之名，神道有餘之號；謂隱現難測曰神，往來所遊曰道。 (2) 然則有無雖殊，俱未免于有也。此乃言象之所以形（興），是非之所以生（起），豈足以統夫幽極，而擬夫神道者乎! (3) 不有者，不若（似）有心之有；不無者，不若無心之無。義如下釋，何者?（徵）有心則衆庶是也，無心則太虛是也。衆庶止於妄想，太虛絶於靈照，豈可止於妄想，絕於靈照，標其神道，而語聖心者哉?

表五百六十三

作者/文獻	版本	用　　例
釋行秀 《從容庵録》 卷二	大正新修大藏經本	(1) 唐武宗好仙，沙汰僧尼二十六萬五百人，會昌五年八月下旬，勒令歸俗。帝服方士丹藥，性加躁急，喜怒不常。至六年三月初，纔及半年，以丹毒死。宣宗卽位，佛寺復增三倍之多。以神道爲論，不假武宗小廢，何致宣宗大興?善神權巧之方，斷非凡下可及。若以衲僧見處，法門本無興廢，善神豈有去來?

表五百六十四

作者/文獻	版本	用　　例
釋圓至《牧潛集》卷三碑記	清武林往哲遺著本	(1)《建昌州淨社院中興眾塔記》：吾之法死而葬其身者，禮有三：有葬諸天人龍鬼之宮者，則其德之所成而願之所欲，故其身已死，猶能以堅凝不燼之體遺其後，使為善者有所慕而興，此至人大士神道垂教者所為也。有葬諸鳥獸魚鼈之腹者，所以潔有已之惑而成其仁，此厲行之士遺身棄累者所為也。有葬諸棺槨窀穸者，其意蓋曰是載我以適道者也，於其壞而無以報，吾則以瘞，此篤本之士中道而行者所為也。

表五百六十五

作者/文獻	版本	用　　例
宋褧《燕石集》卷三	清文淵閣四庫全書補配清文津閣四庫全書本	(1)《趙存誠除曲江縣尹將上枉道還長沙為乃父平遠公焚黄》：曲江大夫故家子，白髮蕭騷辭帝里。官居嶺表不即上，路指湘中有餘喜。乃翁勲業聞紫庭，手捧芝書新易名。祥光一夕照宰木，芳衔千古榮佳城。椎牛上冢歡聲重，石獸無情亦飛動。莫怨神道少豐碑，聞說新除好祖奉。(踈齋已志墓，《神道碑》未有。)
宋褧《燕石集》卷十四		(2) 贈鳳翔知府牛公神道碑銘（有序） (3) 上世皆葬高陵。以某年月日改卜長安縣金光門小郭村之原，以鳳翔府君爲新兆。初祖方將謁大人碩儒文濳德劖諸石，樹之神道，以彰於世，未遂而先父歿矣。 (4) 奉元路總管致仕牛公神道碑銘（有序） (5) 公生以某年。元統二年正月六日，卒於長安通義坊居第，享年七十一歲。其年二月十二日，葬長安縣金光門小郭村之原鳳翔府君之穆。至元二年冬，景衡以事狀走京師，介肅乞銘其神道。 (7) 奉元路總管致仕文公神道碑（是篇絶筆）

表五百六十六

作者/文獻	版本	用　　例
宋禧《庸庵集》卷三	清文淵閣四庫全書本	(1)《挽汪太守二十韻》：五馬人生貴，三衢滅貢奇。……同輩公無愧，純臣世不疑。當書班固筆，已撰蔡邕碑。舊治三遺愛，凡民百爾思。桐鄉知負土，蒿里望歸旗。有子恩情切，逢人涕泗垂。孝思難奪志，哀挽謾修辭。山郭迎棺久，江船上瀨遲。秋風鳴驛樹，朝露泣園葵。華表今聞鶴，佳城舊卜龜。幽明俱已盡，魂魄更何之。神道停飛盖，仙遊看奕棋。洞天雖可樂，官舍肯相遺。

表五百六十七

作者/文獻	版本	用　　例
蘇天爵 《元文類》 國朝文類 卷二十一	四部叢刊景元至正本	(1) 上閔其病重，煩以政事，拜翰林學士承旨，仍以蔡國侍經筵，朝有大政則就焉。有間，使來告集曰：先王之廟在亳州者，庭皆有麗牲之石。我忠武及忠毅之勲德，則既具刻而銘之矣。惟獻武之廟，我以忝與國事，不暇私顧，其家顧未有刻焉。因以王之《墓誌》《神道碑》《家傳》授集，曰：刻文，敢以屬子，集辭不獲。則對曰：昔嘗忝爲太史屬，固嘗知公家世勲德，及進講内殿，又執經以從公後者三年矣。雖不敏，敢不第而書之。
蘇天爵 《元文類》 國朝文類 卷三十		(2) 許文正公衡生乎戎馬搶攘之間，學於文獻散逸之後，一旦得其書而尊信之，凡所以處己致君者，無一不取於此，而朱子之書遂衣被海内，其功詎可量哉？……中統建元以來，政術與時高下，獨成均之教彝倫，大農之興稼穡，曆象之授人時，凡出於公之所爲者，皆隱然而有不可變者。詩云：樂只君子，邦家之基。其公之謂乎？凡公歷官、行事、歲月，具見《神道碑》。《文集》輙掇其關，於國家治教之大者而表之如此云。
蘇天爵 《元文類》 國朝文類 卷三十五		(3) 是故其將祭也，必先齊焉。思其居處、笑語、所耆，若將見之，及祭而後奉主以出。炳膋灌鬯，求之以形氣者微矣；有尸有祝，求之以神明者著矣。既祭則藏之，言不可褻也。一之以神道則已疏，一之以人道則近於不知。故曰：生，事之以禮；死，葬之以禮，祭之以禮。而孝子之道備矣，先王之制禮可攷也。
蘇天爵 《元文類》 國朝文類 卷五十五		(4) 嗚呼！學可以範世，行可以礪俗而已。是哉！夫人賈也。以燧平昔善，公録河南北道勸農副使。苟宗道埋辭，求銘神道。每一讀之一拉淚，擲筆數年，終不能敘其事。 (5) 幸公銘，俾諸孤刻之墓神道，是不沒吾師矣。
蘇天爵 《元文類》 國朝文類 卷五十七		(6) 神道碑 (7) 故金尚書右丞耶律公神道碑（元好問） (8) 癸卯秋八月，中令君使謂好問言：先公《神道碑》，泰和末，先夫人教授禁中，章宗以魏摶霄所撰《墓銘》爲未盡，欲喬轉運宇爲之而不及也。今屬筆於子，幸而論次之，以俟百世之下。 (9) 中書令耶律公神道碑（宋子貞）
蘇天爵 《元文類》 國朝文類 卷五十八		(10) 神道碑 (11) 中書右丞相史公神道碑（王磐） (12) 中書左丞張公神道碑（李謙） (13) 翰林侍讀學士郝公神道碑（盧摯）

續表

作者/文獻	版本	用　例
蘇天爵 《元文類》 國朝文類 卷五十九	四部叢刊景元至正本	（14）神道碑 （15）湖廣行省左丞相神道碑（姚燧） （16）後公薨十四年，今正奉輔國以神道未碑出公，凡受制書與御筆及公平生行實，請燧曰徵是爲銘。嗚呼，兄弟爭與昭揚先德，於其子職責巳塞矣！ （17）平章政事忙兀公神道碑（姚燧） （18）平章政事徐國公神道碑（姚燧）
蘇天爵 《元文類》 國朝文類 卷六十		（19）神道碑 （20）領太史院事楊公神道碑（姚燧） （21）中書左丞姚文獻公神道碑（姚燧）
蘇天爵 《元文類》 國朝文類 卷六十一		（22）神道碑 （23）參知政事賈公神道碑（姚燧） （24）僉書樞密院事董公神道碑（姚燧）
蘇天爵 《元文類》 國朝文類 卷六十二		（25）神道碑 （26）平章政事史公神道碑（姚燧） （27）便宜副總帥汪公神道碑（姚燧） （28）興元行省夾谷公神道碑（姚燧）
蘇天爵 《元文類》 國朝文類 卷六十三		（29）神道碑 （30）真定新軍萬戶張公神道碑（姚燧） （31）潁州萬戶邸公神道碑（姚燧） （32）同知廣東宣慰司事王公神道碑（姚燧） （33）戍守鄧州千戶楊公神道碑（姚燧） （34）積是勞勤，位躋三品，力有可至數，所得爲伐石人獸，樹列神道。又悼公平生與國立家之多艱也，不銘之碑，無以白悠久。自襄走鄧，託筆子燧。嗚呼！臣之事君，猶子事父。雖出蘇武告李陵之言，而千載以爲得，然事父敬身，事君致身，道固有不悖並行者。
蘇天爵 《元文類》 國朝文類 卷六十四		（35）神道碑 （36）鄧州長官趙公神道碑（姚燧） （37）山南廉訪副使馮公神道碑（姚燧） （38）浙西廉訪副使潘公神道碑（姚燧） （39）故宋太常少卿陳公神道碑（姚燧） （40）故提舉太原監使司徐君神道碑（姚燧）

續表

作者/文獻	版本	用　　例
蘇天爵 《元文類》 國朝文類 卷六十五	四部叢刊景元至正本	(41) 神道碑 (42) 平章政事廉文正王神道碑（元明善） (43) 丞相淮安忠武王曰：廉公，宰相中眞宰相，男子中眞男子。可謂名言。然勳隆帝室，澤被生民，用舍合道，安危一節，大人之事備矣。臣再拜稽首，銘墓神道。其辭曰：天祐大君，嶽降大臣。君臣協慶，弘濟斯民。烈烈世祖，如日亭午。照臨萬國，暉光草土。惟恒陽王，帝命肅將。如雲龍從，膏澤滂滂。左右聖皇，大開明堂。四朝寧侯，奏功效良。手援群溺，措之安康。 (44) 河南行省左丞相高公神道碑（元明善） (45) 延祐三年三月，制贈推忠效順佐理功臣、太師、開府儀同三司、上柱國，追封梁國公，謚武定。夫人某氏，子某某官。集賢學士李某，奉勑命臣明善爲公撰次《墓神道碑文》。臣惟高梁公始提孤軍爲國出死力，百戰以成功名，何其壯哉！由一校拜官至丞相，贈太師，封大國，賜上謚，國家之於功臣亦云厚矣。 (46) 槀城令董府君神道碑（元明善） (47) 集賢直學士文君神道碑（元明善）
蘇天爵 《元文類》 國朝文類 卷六十六		(48) 神道碑 (49) 福建廉訪副使仇公神道碑（趙孟頫） (50) 御史中丞楊公神道碑（虞集） (51) 泰定改元，詔書以御史中丞朶而只爲鐵木迭兒所構害，命昭雪之。三年某月日，特贈思順佐理功臣、金紫光祿大夫、司徒、上柱國、夏國公，謚曰襄愍。明年某月，御史臺奏用其子武備庫提點不華，僉河東山西道肅政廉訪司事。不華既拜命，乃泣而言曰：惟先臣之死於是七年矣，陛下幸昭雪而贈邺之，固已釋冤憤，感恩德於地下。臣雖萬死懼，無以報稱，顧於法得立碑神道。願載其事於貞石，以昭陛下之明聖。敢昧死請。 (52) 翰林承旨劉公神道碑（虞集） (53) 間爲上言之，上以爲感，制詔臣集著文，以載其行事，而刻諸神道之碑。謹按：公諱賡，字熙載，世爲威州洺水人。 (54) 故知昭州秦公神道碑（虞集） (55) 得歐陽氏所著傳，始末甚具。以上送官昭州，以子貴，贈某官。夫人封某郡君。於法得立碑神道，故來請銘。

續表

作者/文獻	版本	用　例
蘇天爵《元文類》國朝文類卷六十七	四部叢刊景元至正本	（56）神道碑 （57）河東廉訪使程公神道碑（王思廉） （58）故宋文節先生謝公神道碑（李源道） （59）廣平路總管邢公神道碑（馬祖常） （60）禮部尚書馬公神道碑（馬祖常） （61）翰林學士元公神道碑（馬祖常）
蘇天爵《元文類》國朝文類卷六十八	四部叢刊景元至正本	（62）神道碑 （63）平章政事致仕尚公神道碑（孛木魯翀） （64）大都路都總管姚公神道碑（孛术魯翀） （65）偘以公行實徵銘神道之碑，不獲終辭，因采其本末而次第之。 （66）參知政事王公神道碑（孛术魯翀）
蘇天爵《元文類》國朝文類卷七十	四部叢刊景元至正本	（67）九月十三日夜，疾革，洗沐而坐，召文忠等曰：吾以先人死事，恨不爲國死邊，今至此命也。願董氏世有男，能騎馬者，勉報國，吾死瞑目！言畢，就枕薨。上聞，痛悼之良久。命文忠護喪，葬藁城。令所過有司，以禮弔祭。制贈金紫光祿大夫、平章政事，謚曰忠獻。敕翰林待制李謙誌其墓，翰林學士承旨王磐撰《神道碑》。公忠實似其父，人主益信之。
蘇天爵《滋溪文稿》卷四	民國適園叢書本	（68）皇元贈儀同三司太保趙襄穆公神道碑陰記
蘇天爵《滋溪文稿》卷七	民國適園叢書本	（69）元故翰林侍讀學士贈陝西行省叅政知事呂文穆公神道碑銘（奉勑撰） （70）大元贈中順大夫兵部侍郎靳公神道碑銘（奉勑撰） （71）右丞相耶律文正公神道碑銘（有序）
蘇大爵《滋溪文稿》卷八	民國適園叢書本	（72）元故中奉大夫江浙行中書省參知政事追封南陽郡公謚文靖富珠哩公神道碑銘（並序）
蘇天爵《滋溪文稿》卷九	民國適園叢書本	（73）元故太史院使贈翰林學士齊文懿公神道碑銘

續表

<table>
<tr><th>作者/文獻</th><th>版本</th><th>用　例</th></tr>
<tr><td>蘇天爵
《滋溪文稿》
卷十</td><td rowspan="5">民國適園叢書本</td><td>(74) 元故少中大夫江西湖東道肅政廉訪使趙忠敏公神道碑銘
(75)《元故御史中丞曹文貞公祠堂碑銘》(有序)：贈體忠守憲功臣、河南行省左丞、魯郡曹文貞公，諱伯啟，既葬碭山，其令尹謀諸耆老曰：公家是邑，仕皇朝，清規重德，師表一世，天下慕其風采。矧吾邑人，詎能忘乎！衆是其言，相率為祠於博化里，奉公像而祀之。遣人至維揚，請曰：昔者公薨，天子勑儒臣刻銘神道。今祠宇既作，繫牲有石，願摭公遺事序而詩之，重為吾邑人勸，是所望也。
(76) 故集賢大學士光祿大夫李文簡公神道碑
(77) 公既葬之三十九年，當至順壬申，基撰公行事，徵銘神道之碑，基之言曰：昔者先公被遇世祖，列官三品，德業著聞。基也幼孤而弗克知，幸其一二可考知者，誠懼歲久又泯泯也。然而古之君子其言行豈能盡傳於世，惟其大節不誣，則固史氏所宜書也。夫銘誌之作，義近於史，盍銘其所可知，則其未盡知者可推而知矣。天爵受其言，退而述之以銘。</td></tr>
<tr><td>蘇天爵
《滋溪文稿》
卷十一</td><td>(78) 元故贈推誠効節秉義佐理功臣光祿大夫河南行省平章政事追封魏國公謚文貞高公神道碑銘(有序)
(79) 公昔按白雲宗獄，先君以戶曹掾從行，屢蒙薦擢，進長行省幕府，遂以公為知己。公薨，諸子以神道銘見屬，故天爵不敢以蕪陋辭，蓋庶幾先君報德之萬一也。
(80) 故少中大夫同僉樞密院事郭敬簡侯神道碑銘(并序)
(81) 至正七年，公之孫鏞乃克伐石，樹碑神道，復以銘文見屬，於是上距公薨三十有九年。蓋先子嘗侍公於樞府，天爵與元珪故往來。今鏞是請，及見郭氏凡三世矣，故弗庸辭。
(82) 皇元贈集賢直學士趙惠肅侯神道碑銘</td></tr>
<tr><td>蘇天爵
《滋溪文稿》
卷十二</td><td>(83) 元故奉元路總管致仕工部尚書韓公神道碑銘(并序)
(84) 元故陝西諸道行御史臺治書侍御史贈集賢直學士韓公神道碑銘(幷序)
(85) 元故朝列大夫開州尹董公神道碑銘(并序)</td></tr>
<tr><td>蘇天爵
《滋溪文稿》
卷十三</td><td>(86) 元故翰林直學士贈國子祭酒謚文安謝公神道碑銘(并序)</td></tr>
<tr><td>蘇天爵
《滋溪文稿》
卷十五</td><td>(87) 元故奉議大夫國子司業贈翰林直學士追封范陽郡侯輝和爾公神道碑銘
(88) 故奉政大夫遼陽行省郎中黃公神道碑銘
(89) 皇元贈太傅開府儀同三司康靖邢公神道碑</td></tr>
</table>

續表

作者/文獻	版本	用　　例
蘇天爵《滋溪文稿》卷十六	民國適園叢書本	(90) 元故贈亞中大夫東平路總管李府君神道碑 (91) 亞中大夫、彰德路總管李侯來請曰：伯敬早承先訓，粗有樹立。踐敭中外，官第三品。朝夕恒以不克顯親揚名爲懼。今聖澤汪濊，贈典光華。先考府君既錫寵章，焚黄告於墓次。然神道之石猶有未刻，惟執事幸賜之銘，則府君孝德懿行，庶可以垂示於後世矣。
蘇天爵《滋溪文稿》卷十七		(92) 元故通議大夫徽州路總管兼管内勸農事朱公神道碑 (93) 嗚呼，昔者江淮内附之初，法制未立，居官者或肆貪暴，以虐其下，而公父子唯務施德布政，惠活其人，其胷中所存，豈不出於尋常萬萬哉！宜其子孫蕃衍，衣冠相繼，爲海内聞家。天爵按部淮東，道定適爲憲史，以公《神道碑銘》爲請。故采其治行，序而銘之。 (94) 元故大中大夫大名路總管王公神道碑銘 (95) 吏民懷思不忘，屬國子司業潘迪頌公遺愛於石。仁來請曰：先子治行，魏人已述之，而神道之碑獨未有刻。吾爲子孫者，稱揚先世之美，庸敢緩乎！ (96) 元故亞中大夫河南府路總管韓公神道碑銘（并序） (97) 復號至元之二年三月壬申，亞中大夫、河南府路總管、兼本路諸軍奥魯總管、管内勸農事、知河防事韓公，以疾終於洛陽官舍，享年五十有二。是歲五月戊申，載其喪歸。七月己酉，葬宛平縣高麗莊之原。又十有一年，諸孤以太常博士金華胡助之壯，請銘公神道之碑。 (98) 元故正議大夫僉宣徽院事周侯神道碑銘
蘇天爵《滋溪文稿》卷二十		(99) 皇元贈通議大夫翰林直學士上輕車都尉榮陽郡侯鄭公神道碑銘（并序）
蘇天爵《元名臣事略》卷二	清文淵閣四庫全書本	(100) 先是，聞吐蕃有貯甘露寶函石室藏山穴者，凡再使求之，皆為大蛇奇獸所懼莫敢，最後遣公至，無所見，竟與俱歸。(牧庵姚公撰《神道碑》。) (101) 勸進之初，諸侯王議未一，惟一王塔察耳嘗有書，帝忘其誰在也，顧左右問，公曰：臣所有之。書出而決。(《神道碑》) (102) 至元改元，參議中書省事，發言唯以當可事宜為心，不憚伯相而阿其所志。人有小疵必白帝前，眾畏其口。(《神道碑》) (103) 詔故平章合丹、丞相史忠武公來蒞師，宋遣人饋鹽茗襄陽，乃築長圍，起萬山，包百丈、楚山，盡鹿門，以絕之。又城峴首，開省其上。兵興事劇星火，公專入奏，能日馳八百里。(《神道碑》)

續表

作者/文獻	版本	用　例
蘇天爵《元名臣事略》卷二	清文淵閣四庫全書本	(104）宋遣都統張貴、張順，將舟師從上游送袍甲犒師，自萬山接戰二十里，斬順，殺溺過所當，貴獨以餘眾入。後水暴漲，慮貴乘出，下令軍中，舟置燈篝，岸積薪櫝。貴果結戰艦為陣宵遁，盡燃燈薪，戰四十餘里，斬之櫃門關。(《神道碑》) (105）九年，公請以西域炮攻樊城，拔而屠之，無噍類遺。襄陽甚慘，移攻具臨之，且曉守帥呂文煥：君以孤軍御我數年，今鳥飛路絕。帝實嘉能忠而主信，降必尊官重賜，以勸方來，終不仇汝，置死所也。文煥感而出降，詔公偕以入觀。(《神道碑》) (106）故太傅伯顏與忠武時皆以左丞相，贈太保阿朮以平章，與公及故平章文煥以參政行省，將大軍發襄陽，將至郢，忠武疾還。(《神道碑》) (107）鄂守臣張晏然、王該、王勝以城下。遂徇州民衣冠闔會，仍其服行，鄉郭帖然，無有奪菜秉者，民爭德吾元仁政義聲，恨服化晚。檄下漢陽、壽昌、信陽、德安。(《神道碑》) (108）公幼聰穎而辯，長躬農耕，喟然曰：大丈夫當立功國家，何至與細民勤力畎畝？釋耒去，求讀國書，一月而盡其蘊師學，甚（下闕）。除宋苛法，衣衾惸嫠。詔以世傑窮而來歸。棄江陵市，禖孫徵至京師死，猶沒入其妻子。還公于鄂。(《神道碑》) (109）初，公下江陵，驛聞，大讌三日，曉近臣曰：巴延東兵，阿爾哈雅孤軍戍鄂，朕嘗深憂。或荊、蜀連兵，順流而東，人心未牢，必翻城為內應，根本斯蹶，孰謂吾北庭人能覆全荊。江浙聞之，肝膽落矣，而吳東兵可無後虞。即封江陵民千家。(《神道碑》) (110）語諸將曰：國家為制，城拔必屠。是州生齒繁夥，口數百萬，悉魚肉之，非帝諭巴延“以曹彬不殺”者也。其屈法生之。發倉以賑餓人。傳檄柳、全、道、桂陽、永、衡、武岡、寶慶，江西袁，連，皆下之。(《神道碑》) (111）傳檄下柳、鬱林、橫、邕、廉、象、潯、藤、梧、貴、昭、融、賓、宜、賀、化、高、容、欽、雷為州二十，廣肇慶、德慶、封為州三，特磨農士貴、南丹牧莫大秀皆請內屬。乃閘全之湘水三十六所，以通遂舟。承制以萬戶史格行宣慰於靖江。(《神道碑》) (112）公還潭。宋餘孽益、衛兩王改元海中，爵以啗人，規復其舊，全、永諸州，與潭屬縣之民文才喻、周隆、張虎、羅飛之倫，大或集衆數萬，小亦千數，在在為羣，與江之北黃、蘄相煽以動，皆削平之。(《神道碑》)

續表

作者/文獻	版本	用　　例
蘇天爵《元名臣事略》卷二	清文淵閣四庫全書本	(113) 聞偽王陷南恩，公還襲走之，降方經畧。會偽衛王死崖山，乃還。復諭降八沓，以其酋龍文貌入覲，置宣慰司。從鎮南王伐交趾，其君蹈海去，得文毅、昭國兩王以歸。(《神道碑》) (114) 今列其由省幕戎麾，與所受降，登宰相者有二：蒙古岱、阿嘍罕，……叅政十三：賈文備、鄭也可、何漳、張鼎、樊楫、朱國保、張榮實、囊嘉岱、烏爾博、羅哈哈爾、高達、馬應龍、雲從龍，都元帥、宣慰使、總管，萬夫、千夫之長，又什伯。是觀出其門者衆多，又足徵公善推勞人也。(《神道碑》)
蘇天爵《元名臣事略》卷四		(115) 其敬以孝，猶子事父，唯恐斯須仁義之言不聞，道德光輝不接也。太傳異之，易其國言博果密者為時用，字用，固已見於世矣。他日誦説餘力，纂記為帙，上起唐、虞，下逮遼、金，帝王名謚，統系歲年，在位久近，皆能闇誦。帝嘗試之，立應無滯。(牧菴姚公撰《神道碑》。) (116) 舉國學生驛致上都，歷官中書，慎密練達，擢少利用監。出燕南河北道提刑按察使，尋真為使。或訟靜之守臣盜官帑廪，靜隷河東山西道，彼自有使，刺不遣，俾公即按，歸報合吉，賜白金千兩鈔五千貫。(《神道碑》) (117) 二十年，宣政使僧格方見隆寵，茶漕盧世榮阿以進言：臣能使天下賦入倍其舊十。帝以問公，對曰：漢、唐聚斂之臣如桑弘羊、劉晏，世主初亦賞其納忠，及後富國病民，怨歸於上而始加誅，雖足少謝天下而亦貽譏千古。臣願陛下無納其謀。帝勿善之，以世榮為中書右丞，俾公參議省事。公辭以疾，世榮纔一年敗誅帝前。公曰：朕甚負愧于卿。(《神道碑》) (118) 河東山西道憲使貸母錢天府，約歲輸羊為角如千千、馬為蹄如千百，至則悉賦所部州縣而抑其估，為民所訟，勑公鞠於大同。入境，歲荒，發廪而始治獄，得其不法百餘事，罪當死，服辭皆具，邇臣與有私者，為之解脱，顧譏公以問獄行，不俟報可而擅發廪，率代違制，帝曰：出使之臣，身見歲惡，須請而發，民殍死矣！何罪？唯移囚至京師。公節陳款辭，百無一遺，制人覆問：使搒掠汝乎？對以"未嘗"，曰：未嘗，則汝受其辜何枉！遂尸之市。(《神道碑》) (119) 戰將某有功北陲，求欽察之奴人者，皆良為兵，隸己麾下，制可，乃多取編氓入籍。中書遣僉行省臣王國用覈之，為所釐正什七。彼遂譏其專行，不奉詔。帝怒斬之，刑曹受成命矣，公入陳：勑惟以欽察之奴人者出而為兵，未聞以編氓隷欽察。或西域、河西諸人例此，雜取編氓以益其軍，則天下之戶耗矣。國用之忠宜旌，何事而誅？譬解數四而免。(《神道碑》)

續表

作者/文獻	版本	用　例
蘇天爵《元名臣事略》卷四	清文淵閣四庫全書本	(120) 北京地大震，陷城郭，壓死人民不可紀極。勑遣一國人平章振卹之，即其地，娶三妻歸。公入言：既失上遣大臣救災之旨，且觖民望。其人庭辨不服，至以詈婦人言者相加，公曰：汝妾事盜殺臣之子，又為盜殺臣制服，孰為非夫，孰為非夫！其人汗愧噎默莫對，會太官將牛舉皆趨出，帝顧謂左右曰：若人平時似不能言，及其辨事，吐詞鋒出，人有不及嬰者。(《神道碑》) (121) 二十四年，僧格憤中書殺世榮，奏立尚書省，盡統中書六曹，誣殺參政楊居寬、郭佑，中外為之不寒而凜。大為勾考，無遺利矣。……帝還自上都，輦其弟伊埒薩巴，謂曰：而兄必以某日來迎。果以其日公立道周，見其孱瘠，曰：卿躭苦于書致者，顧當國臣。問祿幾何，對以滿病告者率不給。帝曰：其父童丱事朕，恪勤至死。是又朕所教育，貧不能家，何以告為，其盡以給。且厚賜之。(《神道碑》) (122) 二十八年，僧格伏誅。帝畋漷北，召至行殿，廢是省，還六曹中書，欲用為丞相，公辭：丞相惟國人宜為。……帝嘗譽曰：佳兒，我將賚汝，如斯人者宜為。乃以為中書丞相，拜公平章政事。恩眷日隆，大政疑令，動見諮諏。引右丞何榮祖同平章，屏棄凶邪，崇拔善良，飭為吏者皆親經術，一蠲苛虣之法，人心熙洽，以為復見中統、至元初治。(《神道碑》) (123) 帝召問公，奏曰：是事誠有，彼何為不陳省臺？上都留司何與而知此？必告者得罪其司，為此誣言，緩其事耳。設廉副受財，罪止其身，天下憲司，何與而盡去之。帝意乃釋。(《神道碑》) (124) 中書平章敏誅爾丹請復立尚書省，專領戶、工、刑三部，召公至上都議，公詰曰：阿哈瑪特嘗以領部分中書戶、工敗，為制國用使又敗，為尚書省又敗，則併歸中書，終以奸賦狼戾，以取誅籍。後僧格立尚書省，盡奪六部，其威虐貪墨益極，亦就梟夷。既廢復置，將效尤兩人耶！制是之。(《神道碑》) (125) 達喇哈求徵考中書錢穀逋懸，省臣請入止之，公曰：無庸，急則宸衷必疑，有所覆護，宜聽其為。若曹小人，旋踵而敗。未旬月，果以賄誅。(《神道碑》) (126) 或請征海國流球與加包銀江南，公曰：吾元疆理天下，四表之間，橫目窮髮，何所不臣，何資魚鰕之國，始廣土眾民哉。……至憲廟定制，戶率賦銀四兩，中統唯聽如數八寶鈔，輕其舊之半。今江之南履畝而稅，輸酒醋課及他鄉里門徭水馬驛遞，又增包銀，則重斂矣，民將不堪。為之止。(《神道碑》)

續表

作者/文獻	版本	用　例
蘇天爵《元名臣事略》卷四	清文淵閣四庫全書本	(127) 三十一年，帝不豫。故事，非國人元勲子孫已極貴者，不入侍。惟公嘗藥，以及彌留，無頃刻不在側，有少故出，猶必求之。其後格天發引，成廟繼極，其為升祔太室，請謚南郊，皆公領之上。以先朝舊臣，猷為倚毗，禮遇益優，詔令修行，法制因革，皆出其手。(《神道碑》) (128) 大德二年，加行御史中丞。乃力新風紀，推擇士子有令望者，皆置廉使。……有密臣取人玉帶，惟奏入贓廢棄終身，令史輕之，則曉曰：大臣貪墨，古人唯曰"簠簋不飭"，蓋不忍著惡，非苟私之，所以勵廉恥也。今而曰輕，將與小夫賤隸同辱乎，非"刑不上大夫"，古人制律之本也。人多其平恕。(《神道碑》) (129) 四年，徽仁裕聖太后崩，公因過哀，所苦增劇，上使其弟實達爾圖偕尚醫視之，知其無及，但附奏謝而已。乃申顧視，索酒滿引數觴以薨。天子震悼，遠近士夫，撫几伏筵哭失聲，曰：縫掖方以扶掖聖道，仰如喬嶽，不謂今也無依。徃矣！哲輔亡矣！朝固有位其相矣，非吾黨矣，行矣！將誰尚矣！都城之民為之罷市。(《神道碑》) (130) 公自為相，左右兩朝，位至軍國，顯融極矣，被服唯儒生。公退未嘗廢書，自號靜得，得君而不恃，得人而不滿，居高位自卑若不足。天下視其身進退，為廟堂重輕者十年。(《神道碑》) (131) 公生六歲而孤，母夫人蒲察君，介介自持，動以禮節，親戚不敢干以非義，教子讀書，天質粹美，不勤外傅，六經二氏，悉涉源委。以故聰明開益日多，才畧兼人，恒以匡君經國自期。(牧庵姚公撰《神道碑》。) (132) 至元十有八年，入見，帝賜之問，而竒其對進，侍帷幄，時詢民情，細微敷告無隱。(《神道碑》) (133) 一諸侯王稱兵東北，帝自將征，入其地矣，軍中夜驚，公出撫遏，人識其言，喧嘩一寂。跳梁既平，為奏兵餘之民，艱窶剝膚，不賑恤之，將不生活，賴賜穀帛牛馬脫寒飢者，亡慮數十萬人。(《神道碑》) (134) 擢利用監，古武庫也，匪簡在帝心者，不以付之。(《神道碑》) (135) 二十有三年，詔求逸遺于江之南，且省其俗。時相方急治賦，鬻民學田，官有其直，令既行矣，公則止還諸學，用為完廟養賢之須。歸以事聞，制甚嘉可。(《神道碑》) (136) 江浙平章，夙有怨于臺，乘其憑怒，自傍激之，謂湖北廉使，功臣諸孫，盜燒鈔八百定，堂帖二十下，容姦數年，賦終未入，花案帝前，示曰：稽是可見悮。裂卷為兩，縫留半印，公曰：縫用印者，以杜罔欺。汝為宰相，持半印案以訟人，餘半烏在。其人言塞。帝顧罵而起，臺辯始釋。(《神道碑》)

續表

作者/文獻	版本	用　　例
蘇天爵 《元名臣事略》 卷四	清文淵閣四庫全書本	(137) 拜平章政事，行省福建，賜為兩金五十、銀五千。令行禁止，民便安之。……吾安忍被汝反名，而加誅夷，寡人之妻，孤人之子，獨人父母，而利其財。悉縱歸之。他柵聞者，相率以出。其渠歐徇，日浸南犇，大兵隨之，偷生塢中，其黨縛致于軍，血鋒刃者纔是一馘。自是，方三千里枹鼓不鳴，正席其堂晝諾而已。(《神道碑》) (138) 帝不豫，公歸京師，嘗藥晨夕，俄然賔天，與諸侯王大臣，定策禁中，遣使逆成宗龍庭，入踐天位。(《神道碑》) (139) 大德之元，拜江南諸道行御史大夫。一日，召其都事賈鈞謂曰：明詔責使肅清宣明風俗教化，而刀筆流為御史者，肆為苛虐，惟急徵贓，以多為功，至迫子證父、妻證夫、弟證兄、奴告其主，敗風教者。我實行之，汝宜以是出訓其屬。帝聞之，以為得職風紀大體，微意栢臺。(《神道碑》) (140) 七年，改浙省平章政事，其治如臺，門無私謁。以轉粟京師多資東南，居天下什六七，而松江填淤歲久，富民利之，當水出全築為圍田，以故瀰漫浸灌，沮洳曠遠，民不可稻。公發卒數萬浚決，後乃堤之，導水入海，使復其故。凡身董役，經時而成，民得良田若干萬頃，至今賴之。(《神道碑》) (141) 九年，召入平章中書，賛右丞相，專力一心，燮和庶政，希致隆平。纔一寒暑，責異己相曰：帝不豫，而乃阿中專決，吾誠不忍汝見敗國以喪元也。遂疾不出，以十月八日薨。立朝之士，在野之民，齎咨咸曰：古人有言"昊天不弔""殲我良人"。矧鉅臣哉！盖棺之日，稽其家，褚緡不滿二百，而債券積多至十萬。大臣清貧無公比倫，足昭炳白樂施為仁不富之實。既貴顯矣，妣夫人杖之，受不敢逃，其孝又何如也。(《神道碑》)
蘇天爵 《元名臣事略》 卷五		(142) 公以明昌元年六月二十日生，文獻公通術數，尤邃於太玄，私謂所親曰：此子吾家千里駒也，他日必成偉器，且當為異國用。因取左氏之"楚雖有材，晉實用之"，以為名字。(平章宋公撰《神道碑》。) (143) 公生三歲而孤，母夫人楊氏誨育備至，稍長知力學，十七，書無所不讀，為文有作者氣。(《神道碑》) (144) 金制，宰相子得試補省掾，公不欲就，章宗特勅就試，則中甲科，考滿授同知開州事。貞祐甲戌，宣宗南渡，丞相完顏承暉留守燕京，行尚書省事，表公為左右司員外郎。明年，京城不守，遂屬國朝。(《神道碑》)

續表

作者/文獻	版本	用　例
蘇天爵《元名臣事略》卷五	清文淵閣四庫全書本	(145) 太祖素有併吞天下之志，嘗訪遼宗室近族，至是徵詣行在。入見，上謂公曰：遼與金為世讎，吾與汝已報之矣。公曰：臣祖父以來，皆嘗北面事之，既為臣子，豈敢復懷二心，讎君父耶！上重其言，處之左右，以備諮訪。(《神道碑》) (146) 已夘夏六月，大軍征西，禡旗之際，雨雪三尺，上惡之，公曰：此克敵之象也。(《神道碑》) (147) 是歲冬，大雷，上問公，公曰：蘇勒坦當死中野。已而果然。蘇勒坦，回鶻王稱也。(《神道碑》) (148) 國初未有歷學，而回鶻人奏五月望夕月蝕，公言不蝕，及期果不蝕。明年，公奏十月望夜月蝕，回鶻人言不蝕，其夜月蝕八分。上大異之，曰：汝於天上事尚無不知，況人間事乎！(《神道碑》) (149) 壬午夏五月，長星見西方，上以問公，公曰：女直國當易主矣。逾年而金主死。于是每將出征，必令公預卜吉凶，上亦用羊髀骨以符之。(《神道碑》) (150) 行次東印度國鐵門關，侍衛者見一獸，鹿形馬尾，綠色而獨角，能為人言：汝軍宜早廻。上怪而問公，公曰：此獸名角端，日行一萬八千里，解四夷語，是惡殺之象，葢上天遣之以告陛下。願承天心，宥此數國人命，實陛下無疆之福。即日下詔班師。(《神道碑》) (151) 丙戌冬十一月，靈武下，諸將爭掠子女財幣，公獨取書數部、大黃兩駞而已。既而軍士病疫，唯得大黃可愈，所活幾萬人。(《神道碑》) (152) 燕京多盜，至駕車行刼，有司不能禁。時睿宗監國，命中使偕公馳傳往至。分捕得之，皆勢家子，其家人輩行賂求免，中使惑之，欲為覆奏，公執以為不可，曰：信安咫尺未下，若不懲戒，恐致大亂。遂刑一十六人，京城帖然。(《神道碑》) (153) 己丑，太宗即位，公定冊立儀禮，皇族尊長，皆令就班列拜。尊長之有拜禮，葢自此始。諸國來朝者，多以冒禁應死，公言：陛下新即位，願無汚白道子。從之。葢國俗尚白，以白為吉故也。(《神道碑》) (154) 時天下新定，未有號令，所在長吏，皆得自專生殺，少有忤意，則刀鋸隨之，至有全室被戮繈褓不遺者，而彼州此郡，動輒興兵相收。公首以為言，皆禁絶之。(《神道碑》) (155) 自太祖西征之後，倉廩府庫無斗粟尺帛，而中使別迭等僉言：雖得漢人亦無所用，不若盡去之，使草木暢茂，以為牧地。公即前曰：夫以天下之廣，四海之富，何求而不得，但不為耳，何名無用哉！……因時時進說周、孔之教，且謂“天下雖得之馬上，不可以馬上治”，上深以為然。國朝之用文臣，葢自公發之。(《神道碑》)

續表

作者/文獻	版本	用　例
蘇天爵《元名臣事略》卷五	清文淵閣四庫全書本	(156) 先是，諸路長吏兼領軍民錢穀，往往恃其富強，肆為不法。公奏：長吏專理民事，萬戶府總軍政，課稅所掌錢穀，各不相統攝。遂為定制，權貴不能平。……公曰：自立朝廷以來，每事皆我為之，諸公何與焉？若果獲罪，我自當之。上察其誣，怒逐來使。……今方有事于南邦，他日治之亦未晚也。(《神道碑》) (157) 辛夘秋，上至雲中，諸路所貢課額銀幣，及倉廩物斛文簿，具陳于前，悉符元奏之數。上曰：卿不離朕左右，何使錢幣流入如此，不審南國復有卿比者否？公曰：賢于臣者甚多，以臣不才，故留於燕。上即日授中書省印，俾領其事，事無巨細，一以委之。(《神道碑》) (158) 宣德路長官、太傅托噶，失陷官糧萬餘石，恃其勲舊，密奏求免。上問：中書知否？對曰：不知。上叱出，使白中書省償之。仍勅：今後凡事先白中書，然後奏聞。(《神道碑》) (159) 中貴克斯布哈撥奏戶一萬，以為採鍊金銀、栽種蒲萄等戶，公言：太祖有㫖，山後百姓與本朝人無異，兵武所出，緩急得用。不若將河南殘弱貸而不誅，可充此役，且以實山後之地。上曰：卿言是也。又奏：諸路民戶今已疲乏，令土居蒙古、回鶻、河西人等，與所在居民，一體應輸賦役。皆施行之。(《神道碑》) (160) 壬辰春，車駕至河南，詔陝、洛、秦、虢等州山林洞穴逃匿之人，若迎軍來降，與免殺戮。或謂：此輩急則來附，緩則復資敵耳。公奏：給旗數百面，悉令散歸已降之郡，其活不可勝數。(《神道碑》) (161) 國制，凡敵人拒命，矢石一發，則殺無赦。……公馳入奏曰：將士暴露凡數十年，所爭者土地人民耳。得地無民，將焉用之！上疑而未决。復奏曰：凡弓矢、甲仗、金玉等匠，及官民富貴之家，皆聚此城中，殺之則一無所得，是徒勞也。上始然之，詔除完顏氏一族外，餘皆原免。時避兵在汴者，戶一百四十七萬。仍奏選工匠、儒、釋、道、醫、卜之流，散居河北，官為給贍。其後攻取淮、漢諸城，因為定例。(《神道碑》) (162) 初汴京未下，奏遣使入城，索取孔子五十一代孫元措，襲封衍聖公，令收拾散亡禮樂人等。及取名儒梁涉等數輩，於燕京置編修所、平陽置經籍所，以開乆治。(《神道碑》) (163) 時河南初破，被俘虜者不可勝計，及聞大軍北還，逃去者十八九。有詔：停留逃民及資給飲食者皆死，無問城郭保社，一家犯禁，餘並連坐。由是百姓惶駭，雖父子兄弟，一經俘虜，不敢正視，逃民無所得食，踣死道路者，踵相躡也。公從容進説曰：十餘年間，存撫百姓，以其有用故也。若勝負未分，

續表

作者/文獻	版本	用　例
蘇天爵《元名臣事略》卷五	清文淵閣四庫全書本	慮涉攜貳；今敵國已破，去將安往？豈有因一俘囚，罪數百人者乎！上悟，詔停其禁。(《神道碑》) (164) 金國既亡，唯秦、鞏等二十餘州連歲不下，公奏：吾人之得罪逃入金國者，皆萃於此，其所以力戰者，蓋懼死耳。若許以不殺，不攻而自下矣。詔下，皆開門出降，期月之間，山外悉平。(《神道碑》) (165) 甲午，詔括戶口，以大臣呼圖克領之。……朝臣共欲以丁為戶，公獨以為不可。皆曰：我朝及西域諸國，莫不以丁為戶，豈可捨大朝之法，而從亡國政耶！公曰：自古有中原者，未嘗以丁為戶。若果行之，可輸一年之賦，隨即逃散矣。卒從公議。時諸王大臣及諸將校所得戶口，往往寄留諸郡，幾居天下之半，公因奏括戶口，皆籍為編民。(《神道碑》) (166) 己未，朝議以回鶻人征南，漢人征西，以為得計。公極言其不可，曰：漢地、西域相去數萬里，比至敵境，人馬疲乏，不堪為用。況水土異宜，必生疾疫。不若各就本土征進，似為兩便。爭論十餘日，其議遂寢。(《神道碑》) (167) 丙申秋七月，忽圖克以戶口來上，議割分諸州郡分賜諸王貴族，以為湯沐邑。……是歲，始定天下賦稅，每二戶出絲一斤，以供官用；五戶出絲一斤，以與所賜之家。上田每畮稅三升半，中田三升，下田二升半；水田畮五升。商稅三十分之一。鹽每銀一兩四十斤。已上以為永額，朝臣皆謂太輕，公曰：將來必有以利進者，則已為重矣。(《神道碑》) (168) 國初，盜賊充斥，商賈不能行，則下令，凡有失盜去處，周歲不獲賊，令本路民戶代償其物，前後積累動以萬計。……公請于上，悉以官銀代還，凡以七十萬定。仍奏定，今後不以歲月近遠，子本相侔，更不生息，遂為定制。(《神道碑》) (169) 侍臣托歡奏選室女，勑中書省發詔行之，公持之不下。上怒，召問其故，公曰：向所刷二十八人，尚在燕京，足備後宮使令。而托歡傳旨，又欲徧行選刷，臣恐重擾百姓，欲覆奏陛下耳。上良久曰：可。遂罷之。又欲於漢地拘刷牝馬，公言：漢地所有，布絲、五穀耳，非産馬之地，若今日行之，後必為例，是徒擾天下也。乃從其請。(《神道碑》) (170) 丁酉，汰三教僧道，試經通者，給牒受戒，許居寺觀，儒人中選者，則復其家。公初言：僧道中避役者多，合行選試。至是始行之。(《神道碑》) (171) 時，諸王貴戚皆得自起驛馬，而使臣猥多，馬悉乏，則豪奪民馬以乘之，城郭道路騷動。所至則需索百端，供饋稍緩，輒被箠撻，館人不能堪。公奏給牌劄，及定飲食分例，其獘始革。(《神道碑》)

續表

作者/文獻	版本	用　例
蘇天爵《元名臣事略》卷五	清文淵閣四庫全書本	(172) 戊戌，天下大旱蝗，上問公以禦之之術，公曰：今年租賦，乞權行倚閣。上曰：恐國用不足。公曰：倉庫見在可支十年。許之。國初籍天下戶，得一百四萬，至是逃亡者十四五，而賦仍舊，天下病之。公奏除逃民三十五萬，民賴以安。(《神道碑》) (173) 燕京呼圖克扎木，陰結權貴，以銀五十萬兩撲買天下差發；涉獵發丁者，以銀二十五萬兩撲買天下係官廊房地基、水利、豬鷄；劉廷玉者，以銀五萬兩撲買燕京酒課；又有回鶻以銀一百萬兩撲買天下鹽課。……嘗曰：興一利不若除一害，生一事不若減一事。人必為班超之言蓋平平耳，千古之下，自有定論。(《神道碑》) (174) 公自庚寅年定課稅所額，每歲銀一萬定，及河南既下，戶口滋息，增二萬二千定，而回鶻溫都爾哈瑪爾撲買課稅，增至四萬四千定，公曰：雖取四十四萬亦可得，不過嚴設法禁，陰奪民利耳。民窮為盜，非國之福。……公反復爭論，力不能奪，乃太息曰：撲買之利既興，必有躡跡而篡其後者，民之窮困，將自此始矣！(《神道碑》) (175) 公正色立朝，不為少屈，欲以身徇天下，每陳國家利病，生民休戚，辭色懇切，上曰：汝又欲為百姓哭耶！(《神道碑》) (176) 上素嗜酒，晚年尤甚，公數諫不聽，乃持酒槽之金口曰：此鐵為酒所蝕，尚致如此，況人之五臟，有不損耶！上悅，賜以金帛，仍勑左右進酒三鍾而止。(《神道碑》) (177) 溫都爾哈瑪爾方以貨取朝政，執政者亦皆阿附，唯憚公沮其事，則以銀五萬兩賂公，公不受，事有不便於民者，輒中止之。時后已稱制，則以御寶空紙付溫都爾哈瑪爾，令從意書填，公奏曰：天下，先帝之天下，典章號令，自先帝出。必欲如此，臣不敢奉詔。……公曰：軍國之事，先帝悉委老臣，令史何與焉！事若合理，自是遵行；若不合理，死且不避，況斷手乎！后以公先朝勳舊，曲敬憚焉。(《神道碑》) (178) 公天資英邁，迥出人表，雖案牘滿前，左酬右答，咸適其當。平居不妄言笑，及一被接納，則和氣溫溫，令人不能忘。素不嗜酒，間與賓僚宴集，終日端坐。平生不治生産，及其薨也，人有譖之者曰：公為相二十年，天下供奉皆入私門。后使衛士視之，庫藏惟名琴數十張，古今書畫、金石遺文數千卷而已。篤于好學，不舍晝夜。嘗誡其諸子曰：公務雖多，晝則屬官，夜則屬私，亦可學也。(《神道碑》)

續表

作者/文獻	版本	用　例
蘇天爵 《元名臣事略》 卷五	清文淵閣四庫全書本	(179) 國家承大亂之後，天綱絕，人理滅，所謂更造夫婦，肇有父子者，信有之矣。加以南北之政，每每相戾，其出入用事者，又皆諸國之人，言語之不通，趣向之不同，當是之時，而公以一書生，孤立于廟堂之上，而欲行其所學，戛戛乎其難哉。幸賴明天子在上，諫行言聽，故奮袂直前，力行而不顧。然而其見於設施者，十不能二三，而天下之人，固已均受其賜矣。若此時非公，則人之類又不知其何如耳。（《神道碑》） (180) 金末，公以孤童子事太宗，自知讀書，有膽畧，太宗器之。弱冠，銜命使西域三十餘國，宣暢威靈，儗布條要，俾皆籍戶屬吏，數年而歸，帝乃有大用意。（郝文忠公撰《神道碑》。） (181) 庫春太子伐宋，命公于軍前行中書省，克宋棗陽、光化等軍，光、隋、郢、復等州，及襄陽、德安府，得名士數十人。收集伊、洛諸書載送燕都，立周子祠，建太極書院，俾師儒趙復等訓授，公遂知性理學，慨然欲以道濟天下。（《神道碑》） (182) 耶律楚材罷，遂以公為中書令。太宗崩，太后稱制，公以一相負任天下。（《神道碑》） (183) 定宗即位，平陽道斷事官色辰橫恣不法，詔公宣慰，公按誅之。出一府僚屬，莫不健其決。（《神道碑》） (184) 金亡，恒山公武仙潰于鄧州，其餘黨散入太原、真定間，據大明川，用金開興年號，衆至數萬，出沒刼掠數千里，詔會諸道兵討之，不克。公仗節開諭，降其渠帥，其黨悉平。（《神道碑》） (185) 憲宗即位，上乙太弟鎮金蓮川，開府承制封拜，奏公為河南道經畧使。初滅金，以監河橋萬戶劉福為河南道總管，盡有金源故地。福貪鄙殘酷，害虐遺民二十餘年。公至，召福聽約束，福稱疾不至。公命設大挺于坐，復召之，使謂福曰：爾不奉詔，吾以軍法行事。福以數千人擁衛見公，公即握大挺擊踣之，數日福死。百姓鼓舞稱快，河南大治。（《神道碑》） (186) 遷陝右四川宣撫使，以諸軍帥橫侈病民，郭千戶者尤甚，殺人之夫而奪其妻，其子告公，馘之以徇，關中肅然。公語人曰：某非好殺，國家紀綱不立，致此輩賊虐良民，無所控告。不去不仁，何以為仁乎！（《神道碑》） (187) 歲己未，上總統東師，奏公為江淮京湖南北等路宣撫使，俾建行臺，以先啟行，宣佈恩信，蒙古、漢師並聽制節。師還，薨于蔡州。公出入柄用者三十年，天下畏其勇而懷其仁。（《神道碑》） (188) 皇元誕膺天命，奄奠區夏，經畧海外，既一再傳，始究內治。用公為相，與天下休息。乃恢張規模，維繫綱紀，誅鉏兇渠，愛養黎獻，整頓衣冠，收藏典籍，斯民得以迓續遺命，吾道賴以不忘，天下復見中國之治，緊公力焉。（《神道碑》）

續表

作者/文獻	版本	用例
蘇天爵 《元名臣事略》 卷六	清文淵閣四庫全書本	(189) 越三年，猶安堵如故，而戰攻不弛，謂其衆曰：宗祀已矣，吾何愛一死！千萬人之命懸于吾手，平居享高爵厚禄，死其分也，餘者奚罪。……旦詣行帳，寵之以章服，職仍故。即日南征，鳩士馬截嘉陵，蹴大安，未幾凱旋，疊承奬賚。(楊文憲公撰《神道碑》。) (190) 丙申，備前鋒進次大安南，田、楊諸蠻結陣來拒，公麾輕騎五百撓之，衆亂，首尾不相顧，潰圍。……黎明，軍合，殪其主將。王嘉歎之，賜名馬、佩刀，公退語所部曰：吾已撤彼之藩籬，行寢其堂奥矣。(《神道碑》) (191) 丁酉春，變（下闕）武信城，燈（下闕），全獲府庫，遂蹂資、普。(《神道碑》) (192) 戊戌，軍葭萌之南，（下闕）依山為柵，公選數百騎奪山而入，多所俘殺，得其輜重。乘勝赴資州，壁山間識公旌旗，驚怖奔逸，抄嘉定、峨嵋以歸。(《神道碑》) (193) 己亥秋，俾隸塔海公節制。道險霖雨阻潦，攀木緣磴，破開州。……天大暑，乃罷。秋覲，帝數其功，賜金符，公拜謝曰：實陛下威德所致，臣何預焉。上樂其知禮，首肯者再四。(《神道碑》) (194) 辛丑，蜀帥陳隆之自稱百萬，衆馳書索戰。十月五日，公畧地成都，傅城而陣，彼屢戰屢却，堅壁不出，公曉以禍福。……五日，公領精鋭五百，擣漢州，州兵三千出戰，城閉盡陷。三日，軍薄城；又三日，克之。露布以聞，王擊節嘆賞，仍賜田顯錢物。(《神道碑》) (195) 癸卯春，公且疾，忽被召，即戒首途。既見，賜虎符，擢便宜總帥，手札付秦、鞏、定西、金、蘭、洮、會、環、隴、慶陽、平凉、順德、鎮戎、原、階、成、岷、疊、西資等二十餘州，事無鉅細，惟公決裁。以憂深責重，疾再作，竟不起。(《神道碑》) (196) 憫新民未輯，刑清役寡，縱所不免，猶度力緩期，不至急暴，上下相安，不聞告訐。或有牽連，議縱寬釋，同屬異主者，多盡力購聚之。每事先立規程，而後處之。以及訟庭驛舍，則静若隆平時。休沐對客，命觴雅歌投壺而已。燕居逸遊，若不勝衣，遇敵先登，搴旗斬將，勇壓三軍，雖古名將無以加矣。(《神道碑》) (197) 公初警悟，畧知讀書。及長，志節豪宕，不治生産，為人美儀觀，喜交結，好施與，落魄里社間。屢以事被繫，俠少輩愛慕之，多為出死力，以故得脱去。(遺山元公撰《神道碑》。)

續表

作者/文獻	版本	用　　例
蘇天爵 《元名臣事略》 卷六	清文淵閣四庫全書本	(198) 癸酉秋，國兵破中夏，已而北歸，東平行臺調民為兵，以公為眾所伏，署百夫長。……公出督租，比還而長清陷，尋以兵復之。有譖丁行臺者，謂公與宋有謀，行臺疑公，以兵圍之，公挈老幼壁青岩，依益都主將以避之。宋因以公為濟南治中，分兵四出，所至無不下，於是太行之東，皆公所節制矣。(《神道碑》) (199) 庚辰三月，河南軍攻彰德，守將單仲力不支，數求公救，公請於主將，主將逗留不行，公獨以兵赴之，比至而仲被擒。……其年，進攻曹、濮、單三州，皆下之。(《神道碑》) (200) 偏將李信留鎮青崖，嘗有罪懼誅，乘公出征叛降於宋，公兄及夫人杜氏皆遇害。辛巳，公以兵復青崖，擒信，誅之。進攻東平，守將和立剛棄城走，公入居之。(《神道碑》) (201) 公知勢之迫，即連趣博囉罕軍而與之合，戰始交，宋兵崩潰，乃擒義斌。不一月，先所失部分盡復之。是冬，郡王岱遜取彰德；明年，取濮、東平；又明年，太師攻益都，凡公之功所在，皆為諸道之冠。(《神道碑》) (202) 庚寅四月，朝於牛心之帳殿，天子賜之坐，宴享終日，錫公虎符，寵以不名，又數數目公，顧謂侍臣言：若嚴公者，真福人矣。(《神道碑》) (203) 甲午，朝於和林城，授東路行軍萬戶，偏裨賜金符者八人。初，公之所統有全魏十分、齊之三、魯之九，及是，畫境之制行，公之地，於魏則別為大名，又別名彰德，齊與魯則復以德、兗、濟、鄆歸於我。(《神道碑》) (204) 丁酉九月，詔命公毋出征伐。當是時，公以百城長東諸侯者十五年矣。……公帑所積，盡於交聘燕享祭祀賓客之奉，而未嘗私貯之。辟置俊良，汰逐貪墨，顧指所及，竭蹶奉命，不三四年，由武城而南，新泰而西，行於野則知其為樂歲，出於塗則知其為善俗，觀於俗則知其為太平官府，而公之心力亦以盡矣。上亦雅知公不便鞭馬，念其功而憫其勞，優邺如此。(《神道碑》) (205) 公病風痺久，人有勸迎良醫者，笑曰：人豈不死耶？得無疾痛以沒足矣。(《神道碑》) (206) 公既握兵柄，顓生殺，時年已長，經涉世故，乃更折節自厲，間亦延致儒士，道古今成敗，至前人良法美意，所以仁民愛物者，輒欣然慕之。故雖起行伍間，嚴厲不可犯，至於仁心為質者，亦要其終而後見也。(《神道碑》) (207) 是冬，大饑，(下闕) 北渡者多饑死，又藏亡法嚴，犯者保社皆坐，逋亡無所於託，僵尸蔽野。公命作糜粥，盛置道旁，人得恣食之，所生者不知幾何人矣。(《神道碑》)

續表

作者/文獻	版本	用　　例
蘇天爵 《元名臣事略》 卷六	清文淵閣四庫全書本	(208) 初，公之部曲有亡歸益都者數十人，益都兵皆獲之，人以為必殺，公一切不問。王義深，義斌之別將，聞義斌敗，將奔河南，凡公族屬之在東平者，皆為所害，河南破，公獲義深妻子，厚為賙恤之，送還鄉里，終不以舊事為嫌。其行人之所難能又如此。(《神道碑》) (209) 東州既為樂土，四外之人託公以為命者，相踵也。公為之合散亾，業單貧，舉喪葬，助婚嫁，多求而不靳，屢至而不厭，骨肉之賜，盖有不勝書者。故聞公之訃，遠近悲悼，野哭巷祭，旬月不能罷。古所為愛如父母，敬如神明者，於公見之。(《神道碑》) (210) 帝王之興，天將舉全所覆者而升之，時則有魁偉宏傑之士，為之倡大義，建大事，一六合之同異，定羣心之去就。初貞祐南渡，豪傑乘亂而起，四方之人無所歸命，公據上流，握勁兵，威望之著，隱若敵國，人心之所以為楚為漢者，皆倚之以為重。至是，曉然知天命所在，莫敢有異志。國家亦藉之，以成包舉之勢，非天使之倡大義，建大事，以應興王之迹，其能若是乎！(《神道碑》) (211) 興定初，道潤為其副賈瑀所害，瑀不自安，遣使者以好辭告公曰：吾得除道潤，以君正直不以兵力黨惡人故也。……事聞，遷中京留守，兼知大興府事，時戊寅夏五月也，公年二十九。(王文忠公撰《神道碑》。) (212) 隣境帥布薩彰格者，素與公不相能，既而為麾下所殺，公聞之曰：彼雖有過，然長上也。奈何擅殺之！卒窮其主名，斬首以聞。(《神道碑》) (213) 公氣貌雄毅，御軍嚴整，號令所入，將士凜然，恩信素厚，賞罰分明，旌旄所指，士爭先死，敵莫敢反顧。故所向有功。(《神道碑》) (214) 軍興以來，貧人或有所假貸，勢家出子錢要利，如羊生羔，歲輒倍之，往往賣田宅、鬻妻子不能償。公與真定史候奏乞民用子錢，至倍而止，不得展轉滋息，朝廷從之。(《神道碑》) (215) 公性喜宴客，每閒暇，輒與士大夫談論，終日不倦。歲時贍給，或隨其器能任使之。(《神道碑》)
蘇天爵 《元名臣事略》 卷七		(216) 公風骨秀異，志氣英爽不羈。家貧，年十七為邢臺節度使府令史，以養其親。一日，因案牘事有不愜意，投筆歎曰：吾家奕世衣冠，今乃汨沒為刀筆吏乎！即棄去，隱於武安山。天寧禪師聞之，遣其徒招致為僧，以公知書工翰墨，命掌書記。……謁上于潛邸，一見應對稱吉，自是屢承顧問。及征雲南還，公遂見留。(王文忠公撰《神道碑》。)

續表

作者/文獻	版本	用　例
蘇天爵《元名臣事略》卷七	清文淵閣四庫全書本	(217) 録事公卒，訃音至，公懇求奔喪，上賜黄金百兩，仍遣使送至邢州。公持服營葬事，服除，被召後還和林。公獻書陳時事所宜者數十條，率皆尊主庇民之事，上嘉納之。(《神道碑》) (218) 上神武善斷，每臨陣，前無堅敵，而中心仁愛，公常贊之，以天地以好生為德，佛氏以慈悲濟物為心，方便救護，所全活者不可勝計。(《神道碑》) (219) 至元元年，翰林承旨王鶚奏言：書記秉忠，效忠藩邸，積有歲年，參帷幄之密謀，定社稷之大計，忠勤勞績，宜被褒崇。今聖明御極，萬物惟新，秉忠猶以野服散號守其初心，深所未安，宜與正其衣冠，崇以顯秩。上覽奏，即日會有司備禮冊，授公光禄大夫，位太保，參領中書省事，賜第于奉光坊，給少府宫籍監戶甚衆。公齋居蔬食，終日澹然，與平昔略不少異。(《神道碑》) (220) 十一年，扈從至上都，居南屏山精舍，儼然端坐，無疾而薨。訃聞，上嗟悼不已，謂羣臣曰：秉忠事朕三十餘年，小心慎密，不避險艱，事有可否，言無隱情。又其陰陽術數之精，占事知來，若合符契，惟朕知之，他人不得與聞也。(《神道碑》) (221) 公自幼好學，至老不衰，通曉音律，精算數，善推步，仰觀占候，六壬遁甲，易經象數，邵氏皇極之書，靡不周知。初，丁太夫人憂，毀瘠骨立，衣一敝裘三歲不易。及録事公卒，雖身從天竺之教，而服食貶損，容貌衰戚，與循禮典而執通喪者無少異也。(《神道碑》) (222) 國家列聖相承，咸以武功戡定禍亂，豐功偉績之臣，不為不多。若夫輔佐聖天子，開文明之治，立太平之基，光守成之業者，實維公為稱首。上在潛邸，士之所以涉遠道冒風霜而至者，往往有所陳訴祈請，惟公獨無所求。閒燕之際，每承顧問，輒推薦南州人物可備器使者，宜見録用，由是弓旌之招，蒲輪所迓，耆儒碩德，奇才異能之士，茅拔茹連，至無虚月。逮今三十年間，敭歷朝省，班布郡縣，贊維新之化，成治安之功者，皆公平昔推薦之餘也。(《神道碑》) (223) 三年春，李璮陰結宋人，以益都叛，率軍據濟南，上命親王哈必赤總諸道兵討之。……初，公將行，上臨軒授詔，責公以專征之任，俾諸將皆聽節度。公自始至還，未嘗以詔旨示人，其謙退慎密如此。入見，上慰勞，公悉歸功諸將，若無一毫出於已者。(王文忠公撰《神道碑》。) (224) 八年，授開府儀同三司、平章軍國重事，仍令丞相安圖諭公曰：中書省、尚書省、御史臺，或一月或一旬，遇有大事，卿可商量，小事不必煩卿也。(《神道碑》)

續表

作者/文獻	版本	用　　例
蘇天爵《元名臣事略》卷七	清文淵閣四庫全書本	(225) 瀘州降將劉整囚我叛人數百，軍吏請誅以戒，王曰：力屈而降，豈其心哉！奏而免之。導整入覲，手書宰臣，使整有所觀感，恩浹其心，當得死力。(清河元公撰《神道碑》。) (226) 詔括京兆諸郡馬、牛，以濟河西，王奏曰：闗中兵亂，凋瘵已極，歲賦不充，尚堪此役！奏入，特復二年，馬、牛免括。其年，自春涉夏大旱，王步禱終南，其夕大雨。(《神道碑》) (227) 上諭王曰：吏弛法而貪，民廢業而逃，工不給用，財不贍費，先朝嘗以戚矣。自相卿等，朕無此戚。王對曰：陛下聖猶堯、舜，臣等未能以臯、契之道，贊輔治化，以致雍熙，慙對天顔。今日小康，未足多也。上因論及魏徵，王曰：忠臣良臣，何代無之，顧人主用與不用耳。(《神道碑》) (228) 言者訟史丞相子姪布列中外，威權太盛，久將難制。詔王罷丞相政事，待鞫，王奏曰：知天澤深者，陛下也。粤自潛藩，多經任使，將兵牧民，悉著治效，以其可屬大任，因使丞茲相位。小人一旦有言，陛下察其心跡，果有跋扈不臣者乎？今日信臣，故臣得預此旨，他日一人訟臣，臣亦入疑矣。臣等承乏政府，上之疑信若是，何敢自保。天澤既罷，亦當罷臣。上曰：卿姑去。明日，召王曰：昨思之，天澤無對訟者。(《神道碑》) (229) 有訟西川帥奇徹罪者，上勑中書急發使誅之。明日，王覆奏，上怒曰：尚爾遲回！對曰：奇徹大帥，以一人之言被誅，西川必駭，逮之至此，與論者庭對，暴其罪於天下可也。上曰：其遣能者按問。既而卒無一實，奇徹得免。(《神道碑》) (230) 王奏議上前，讜論具陳，無少回惜。上曰：汝昔事朕王邸，猶或容受，為天子臣，乃爾木強邪？王對曰：王府事輕，為天子論天下事，一或面從，天下將受其害，非不自愛也。(《神道碑》) (231) 方士請鍊大丹，勑中書給其所需，王奏曰：前世人主，多為方士誑惑。堯、舜得壽，不假於大丹也。上曰：然。卻之。(《神道碑》) (232) 上嘗問：希憲居家何為？左右以讀書對，上曰：讀書固朕所教，讀之不肯見用，何多讀為。阿哈瑪特曰：日與妻孥燕樂爾。上色變曰：希憲清貧，何從燕設。(《神道碑》) (233) 王疾大作，上遣醫三人診視，或言須砂糖作飲良，時最艱得。王弟某求諸阿哈瑪特，與之二斤，且致密意，王推箸在地，曰：使此物果能活人，吾終不以姦人所遺愈疾也。上聞，特賜三斤。(《神道碑》)

續表

作者/文獻	版本	用　　例
蘇天爵《元名臣事略》卷七	清文淵閣四庫全書本	(234) 先是，以嗣國王特訥克行省鎮遼霫東，人有言其不便者。十一年，奏王疾稍愈，上命公往，將行，肩輿入辭，賜坐，上曰：昔我先朝，卿先事知微，每啟朕以帝道，及鄂渚班師，屢述天命，朕心不忘。丞相，卿實宜為，顧自退托爾。遼霫戶不數萬，政以諸王、國婿分地所在，居者行者，聯絡旁午，明者見往知來，察微燭著，塔齊爾諸王，素知卿能，命卿往者，識朕此意。(《神道碑》) (235) 王至北京，問民所苦，皆曰：有西域人，自稱駙馬，營於城外，繫富貴，誣其祖父嘗貸子錢，執之使償，無所於訴。旦日，持牒告王，王即遣吏逮駙馬者，其人怒，乘馬而來，直入省堂，徑坐榻上，王令曳下跪，而詰之曰：制無私獄，汝何人，敢爾繫民？其械繫之。哀禱請命，國王亦為之言，稱寬待對，一夕拔營遁去。(《神道碑》) (236) 達勒達使者傳旨，國王立聽，王坐自如，曰：大臣無為王起者。使者還語其王，王曰：彼朝廷大臣，無違禮也。詔國王歸國，王獨行省事。(《神道碑》) (237) 朝廷發寶鈔市馬六千五百，王遣市東州，盡所發鈔得羨馬千三百。王曰：上之，則類自衒。其以馬依元直予他郡，駝郡馬不入慮，害及其民。終不忍分彼此也。(《神道碑》) (238) 長公主及國壻入朝，縱獵郊原，發民牛車，載其所獲，徵求需索，其費至鈔萬五千貫。王譏公主，從者怨食不及，王曰：我天子宰相，非汝庖者。國婿怒起，王隨之曰：主壻縱獵原禽，非國務也。費民財不貲，我且馳奏矣。國婿愕然，入語公主，公主出飲王酒，曰：從者償民，我不知也。請出鈔如數饋民，幸公止使者。自後貴人過者，皆不敢縱。(《神道碑》) (239) 王師渡江，急召王朝會。右丞阿爾哈雅下江陵，圖其地形上之，請曰：荊州西距梁、益，南控交、廣，據江淮上游，誠為要地，非朝廷重臣開大名府以鎮之，未足以綏新附徠遠人。……王對曰：臣每懼識度淺薄，不能仰荷重寄，何敢辭疾。……力請不受新賜。詔荊湖行省承制官三品以下，刻印板授，奏入制出。(《神道碑》) (240) 王顧民粗安，乃曰：風教不可後也。遂大興學，旦日親至校官講授，以倡他郡。徹官屋以復竹林書院，與書萬四千卷，學者日盛。(《神道碑》) (241) 王政化大行，聲及四遠，思播田、楊二氏負固不下，重慶趙定應堅守恥降，皆遣使納款，王謂主使曰：歸語而主，速歸所隸，以全民命，我已馳奏天子，詔安爾土矣。奏上，上曰：國家不用兵得地，未之見也。希憲坐致數千里之堅城勁士，其仁政為何如也。賓慶、武岡、益陽、安化、善化、寧鄉諸城，籍編民冒圍納款，王移文其省，使安全之。(《神道碑》)

續表

作者/文獻	版本	用　　例
蘇天爵《元名臣事略》卷七	清文淵閣四庫全書本	(242) 鎮遠溪洞蠻酋，以其樂工四十餘人，重譯而至，曰：願奏土風於天子之庭。王曰：而輩獨無妻子乎？驅迫而來，豈其心哉！且天子仁聖，不重夷音。皆泣拜而回。(《神道碑》) (243) 闊識得江陵人私書，不敢發封，樞密臣發之上前，中語曰：歸附之初，人無生意。大元皇帝命廉相出鎮荊湖，豈惟人漸德化，草木昆蟲咸被澤矣。上嘆曰：希憲不嗜殺人，故能致此。(《神道碑》) (244) 時王疾，士民羣走僧寺道館，為王祈福，語及，必額手叩齒祝曰：願我公永長我人。(《神道碑》) (245) 王疾日劇，上聞，即命尚醫馳視。十四年春，僉樞密院事董文忠奏曰：江陵熱濕，奈希憲沉屙何？上即召還。荊南人聞王且去，皆號泣隨之，擁所乘車不得行，王慰諭再四，乃拜哭而別。大者繪像建祠，小者書版瞻禮。王囊橐蕭然，琴書自隨。(《神道碑》) (246) 詔徵名醫王仲明于揚州，未見行意，士大夫責之曰：君術固妙，其能已億兆人之疾乎？蒼生懸望廉公復相久矣，能起廉公，是惠及天下也。仲明乃至，進其良劑，能杖而起。上喜召入曰：聞卿比得良醫，日俟痊復。王對曰：醫持善藥治臣沉疾，苟能戒謹，誠如聖諭。稍或肆惰，終將不療。蓋以醫諫也。(《神道碑》) (247) 會議立門下省，上曰：首官何稱？曰：侍中。曰：侍中非希憲不可。遣近臣諭旨曰：鞍馬之任，不以勞卿，乘軒論道，時至治所，必須執奏，肩輿以入。王附奏曰：臣疾何恤，輸忠效力，生平深願。時皇太子方聽政，遣人諭王曰：上命領門下省，勿難羣小，吾為公除之。阿哈瑪特不利而止。(《神道碑》) (248) 時營繕東宮，工部官請曰：牡丹名品，惟相公家，乞移植數本，太子知出公家矣。王曰：若出特命，園雖先業，一無所靳。我早事聖主，備位宰相，未嘗曲丐恩幸，方爾病退，顧以花求媚耶！請者愧止。(《神道碑》) (249) 十六年春，詔復入中書，王稱疾篤。皇太子遣侍臣問疾，因叩治道，王曰：君天下者二道，用君子則治，用小人則亂。臣病雖劇，俟之於天。所甚憂者，大奸專柄，羣邪蟻附，誤國害民，病之大者。殿下宜開聖意，急為屏除。不然，日以沉痼，不可藥矣。語聞，深嘉重之。(《神道碑》) (250) 王嘗戒子恂、恪曰：丈夫見義勇為，禍福安可逆必。又曰：宰相須有力量，未有無力量能為賢相者。天下事苟無牽制，三代可復也。又曰：稷、契、臯、夔、伊、傅、周、召便為不及，是自棄也。又曰：汝讀狄梁公傳否？梁公有大節，乃為不肖子所墜，汝輩當深以為警。(《神道碑》)

續表

作者/文獻	版本	用　例
蘇天爵《元名臣事略》卷七	清文淵閣四庫全書本	(251）十七年十一月十九日夜，大星殞于正寢之後樂堂，其光燭地，久之方滅，是夕，王薨。士大夫走哭相弔，天下知之者無不嗟傷，咸曰：良相逝矣，蒼生何望！上每追思之，曰：當諸王大會議決大事，惟廉希憲能也。(《神道碑》)
		(252）丞相淮安忠武王曰：廉公，宰相中真宰相，男子中真男子。可謂名言。(《神道碑》)
		(253）公幼聰敏，讀書善記誦，自入小學，與太保劉公同研席，年相若，志相得。其後太保祝髮為僧，侍世祖於潛邸，薦公才可用。歲丁未，驛召北上，入見，召對稱旨，擢置侍從之列，命司王府教令牋奏，日見信任。(野齋李公撰《神道碑》。)
		(254）邢初分隸勳臣二千戶為食邑，歲遣人更迭監收，類皆不知撫治，加之頻歲軍興，郡當驛傳衝要，徵求需索，民不堪命。會郡人赴潛王府，公與太保後實先容，合辭言於世祖曰：今民生困獘，莫邢為甚，捄焚拯溺，宜不可後。盍擇人往治，要其成效，俾四方諸侯，取法於我，則天下均受賜矣。……於是世祖益重儒士，任之以政，蓋自公發之。(《神道碑》)
		(255）辛亥，憲宗踐阼，世祖以太弟日侍宸扆，所言率賜俞允，公暨太保數條具特所當先治，為世祖言，皆奏可施行之。是後大駕所臨，若大理，若漢、鄂，公皆扈行。(《神道碑》)
		(256）世祖即位，首拜中書左丞，與平章王文統共政，建立綱紀，講明利病，以安國便民為務。詔令一出，天下有太平之望。……文統以為：上新即位，國家經費不貲，且索無積儲，何所供億？公曰：百姓足，君孰與不足！俟時和歲豐，取之未晚也。竟蠲常賦什之四，商酒稅額什之二。下車宣布德意，百姓歡欣鼓舞，思見德化之盛。(《神道碑》)
		(257）二年春，入朝，還居政府。始立左右部，分司綜務，鉅細畢舉，公之力居多。(《神道碑》)
		(258）三年，阿哈瑪特領中書左右部，總司財賦，每事欲專奏聞，不關白省府，詔廷臣議之。公昌言曰：分制財用，古有是理，不關預中書，無是理也。且財賦一事耳，中書不敢言，天子將親蒞之乎？世祖曰：仲謙言是也。阿哈瑪特語遂塞。(《神道碑》)
		(259）至元改元秋，詔公行省事中興。羌俗素鄙野，事無統紀，公求蜀士為人僕隸者，得五六人，咸為申理而出之，俾通明吏教以案牘，旬月之間，樞機品式，粗若可觀，羌人始遣子弟讀書，土俗為之一變。又疏唐來、漢延二渠之流，田千萬餘頃，民至今賴之。(《神道碑》)

續表

作者/文獻	版本	用　例
蘇天爵《元名臣事略》卷七	清文淵閣四庫全書本	(260) 三年，還朝。諸勢家告，言有戶數千，當役屬為私奴，朝議久不能決。公言：奴與良，法當以乙未戶帳為斷，若已籍為奴，或奴之而未占籍者，歸勢家可也。自餘皆國家良民，必無為奴之理。其議遂定，至今守以為法。(《神道碑》) (261) 五年春，淄川妖人曰胡王者，作亂惑衆，逮繫百餘人。事聞，世祖命中書省議，公謂：愚民無知，為所誑誘，殺首惡三數人足矣。丞相安圖是其言，命公與斷事官布哈湴决于濟南。既至，尸三人於市，餘並釋去，人以為死而復生。(《神道碑》) (262) 七年，拜大司農卿。立諸道勸農司，巡行勸課，敦本業，抑游末，設庠序，崇孝弟。不數年，功効昭著，野無曠土，種植之利遍天下。……已而分布省、寺、臺、閣，往往蔚為時望，達於從政，皆出公始終左右之力。(《神道碑》) (263) 阿哈瑪特當國，榷民鐵鑄為農器，厚其直以配民，剏立宣慰司行戶部於東平、大名，不與民事，惟印楮幣，諸路轉運司怙勢作威，害民干政，莫敢誰何。公屢于世祖前極論其害，詔從公言，皆罷之。彼怒其沮已，數欲中傷，賴世祖眷知有素，計不得行。(《神道碑》) (264) 十三年，拜御史中丞。時阿哈瑪特威權日熾，恣為不法，慮臺憲發其奸，奏罷諸道提刑按察司，以撼內臺。居數日，公奏復之。(《神道碑》) (265) 十四年，拜昭文館大學士，領太史院事。初，世祖以大明歷歲久寖差，詔魯齋許公、太史令王恂、同知太史院事郭守敬測驗改正，命公董其事。歷成，賜名曰授時，頒行天下。(《神道碑》) (266) 十九年，拜樞密副使。首議肅兵政，祛冗員，選練將士，而優恤其家。曾未及施，而一疾不起。(《神道碑》) (267) 初，大理之役，我師至其城下，國主高祥拒命，殺我信使，一日遁去，世祖怒，欲屠之。……既入宋境，諸將分道兼進，各遣儒士相其役，禁戢軍士，毋肆殺戮，毋焚燒廬舍，所獲生口，悉縱遣之。其後混一之功，卒本於"不可嗜殺"等語，信乎仁人之言，其利溥哉。(《神道碑》) (268) 公為人謙恭篤實，外和內剛。其好賢樂善，出於天性，人有寸美，必極口稱道。遭際以來，每以薦達士類為己任。或曰：人心不同，豈能盡識，一不當，得無累乎？公曰：人才何嘗累己，第患鑒裁未明，有遺才耳。且人臣以薦賢為職，豈得避纖芥之嫌，而負國蔽善乎。……晚歲篤於義理之學，摳衣魯齋，求是非之，有自得之趣，無他嗜好，惟聚書數萬卷而已。身居貴寵，自奉若寒士，門無閽隸，客至，倒屣出迎，惟恐不及，人以是多之。(《神道碑》)

續表

作者/文獻	版本	用　例
蘇天爵 《元名臣事略》 卷七	清文淵閣四庫全書本	(269) 世祖始居潛邸，招集天下英俊，訪問治道，一時賢士大夫，雲合輻輳，爭進所聞。迨中統、至元之間，布列臺閣，分任岳牧，蔚為一代名臣者，不可勝紀。至其愛君憂國，忠勤匪懈，好善疾惡，始終不撓；若時政之臧否，生民之利病，知之無不言，言之無不盡，曾不以用舍進退累其心者，公一人而已。(《神道碑》)
蘇天爵 《元名臣事略》 卷八		(270) 公嘗同太保劉公、左丞姚公等侍上前，詢及治道，公言：君有過舉，為臣者當直言匡正，不可詭隨，都俞吁咈，此隆古所尚。今則不然，君曰可臣亦以為可，君曰否臣亦以為否，莫敢少異，非嘉政也。……諸公出，咸揖公賀曰：非公誠結主知，安得感寤至此。(《神道碑》) (271) 公年八十，諸僚友致賀禮，符寶董公以聞，上恭默瞻仰，拱手於天曰：此輩賢士，安得請於上帝，減去數年，留朕左右，同治天下。顧不偉歟，今老矣，良可惜也！悵然久之。(《神道碑》) (272) 公自稚弱篤於孝敬，長力於學，晝則經紀其家，嚮晦則讀書，夜分不輟，妣夫人恐傷躭苦，每止之，乃塞窓，不使見燭，就枕必盡三鼓。……一日，賓會，錄事名召公，內翰怒曰：公茂負王佐之畧，豈可若是易之！先祖曰：同僚呼兒輩，宜然。猶竟席不樂。其為前輩見推如此。(牧菴撰《神道碑》。) (273) 壬辰，許城被圍，州版公軍資庫使，與副夜直，四鼓聞窓外嘆曰：人獻東門。……公聞太宗詔學士十八人，即長春宮教之，俾楊中書惟中監督，則往依焉。中書少公六年，兄稱之，與偕入覲。時龍庭無漢人士夫，帝喜其來，具重之。(《神道碑》) (274) 乙未，詔二太子南征，俾公從楊中書即軍中求儒、道、釋、醫、卜。……公遂以“徒死無益，汝存，則子孫或可傳緒百世，保吾而北無它也。”遂還，盡出程、朱二子性理之書付公。江漢至燕，學徒從者百人，北方經學自兹始。(《神道碑》) (275) 歲辛丑，賜金符。以郎中伊囉勒齊行臺於燕，時惟事貨賂，天下諸侯競以掊克入媚，以公幕長必分及之，乃一切拒絕。遂攜家來輝，墾荒雲門，糞田數百畝，脩二水輪，誅茅為堂，城中置私廟，奉祠四世。中堂龕魯司寇容，傍垂周、兩程、張、邵、司馬六君子像，讀書其間。衣冠莊肅，以道學自鳴。……時先師許文正公在魏，出入經、傳、子、史，泛濫釋、老，下至醫、卜、筮、兵刑、貨殖、水利、算數，靡所不究。……歲庚戌，文正公盡室來輝，相依以居。(《神道碑》)

續表

作者/文獻	版本	用　例
蘇天爵《元名臣事略》卷八	清文淵閣四庫全書本	(276) 上在潛邸，遣故平章趙璧來徵。既至，上大喜，自客過之，時召與語，隨問而言，久之詢及治道。公見上聰明神聖，才不世出，虛己受言，可大有為，乃盡其平生所學，為書數千百言。首以二帝三王為學之本，為治之敘，與治國平天下之大經，彙為八目，曰修身、力學、尊賢、親親、畏天、愛民、好善、遠佞。……上奇其才，由是動必見詢。且使授太子經，日以三綱五常、先哲格言薰陶德性。(《神道碑》) (277) 公策：太祖承天大命，兵取天下，功未及竟而遽陟遐。太宗平金，遣二太子總大軍南伐，降唐、鄧、均、德安四城，拔棗陽、光化，留軍戍邊，襄、樊、壽、泗繼亦來歸。……陝西，則移隴右汪義武王戍利州，劉忠惠公哈瑪爾於成都，割河東解之鹽池歸陝西，置從宜所，中糧興元，猶懼不繼，置行部秦州，順嘉陵漕漁關、污池，轉粟入利。(《神道碑》) (278) 大封同姓，勑上於南京、關中自擇其一。公曰：南京，河流無常，土薄水淺，潟鹵生之，不若關中厥土上上，古名天府陸海。上願有關中。帝曰：是地戶寡，河南懷、孟地狹民夥，可取自益。遂兼有河內。(《神道碑》) (279) 壬子夏，入覲，受命征大理。……明日早行，上據鞍呼曰：汝昨所言曹彬不殺者，吾能為之，吾能為之！公馬上賀曰：聖人之心，仁明如此，生民有幸，國之福也。明年，大師及城，飭公盡裂槖帛為幟，書止殺之令，分號街陌。由是其民父子完保，軍士無一人敢取一錢直者。(《神道碑》) (280) 上駐六盤，公疾，居關中，教使勸農，身至八州諸縣，諭上重農之旨。凡今關中桑成列者，皆所訓植。(《神道碑》) (281) 丙辰，公入見。或讒王府得中土心，帝遣阿勒達爾大為鉤考，置局關中，推集經畧宣撫官吏，下及征商無遺，羅以百四十二條，曰：俟終局日，入此罪者惟劉、史兩萬戶以聞，餘悉不請以誅。上聞不樂。公曰：帝君也兄也，吾弟且臣，事難與校，遠將受禍。未若盡是邸妃主以行，為久居謀，疑將自釋。上遣使以來覲告，時帝在河西，不信，曰是心異矣，曰來詐也。……勑罷關西鉤考，廢行部安撫、經畧、宣撫、都漕諸司。(《神道碑》) (282) 帝即大位，立十道宣撫使，諸侯惟嚴忠濟為強橫難制，乃以公為東平。至治郡，置勸農、檢察二人以監之，推物力以均賦役，罷鐵官。(《神道碑》) (283) 二年，拜太子太師，公曰：皇太子未立，安可先有太師？還制中書。(《神道碑》)

續表

作者/文獻	版本	用　例
蘇天爵《元名臣事略》卷八	清文淵閣四庫全書本	(284) 改大司農，公奏：在太宗世，詔孔子五十一代孫元措仍襲封衍聖公，卒，其子與族爭求為嗣，訟及潛藩，帝時曰：第往力學，俟有成德達才，我則官之。又聞曲阜有太常雅樂，命東平守臣輦其歌工、舞郎與樂色、俎豆、祭服至日月山，帝親臨觀，飭東平守臣，員闕充補，無輟肄習。臣宣撫東平，常閔先聖大賢之後，詩書不通，文理不究，與凡庶等，版洛士楊庸選孔、顏、孟三族諸孫俊秀者，授之經而學夫禮。盍其授庸教官，以成國家育才待聘風動四方之美。又詳議王鏞練習故實，宜令提舉禮樂，庶其歲久不致崩壞。皆從之。(《神道碑》) (285) 詔赴中書議事，謀定朝格，且勉諭曰：姚某辭避台司，朕甚嘉焉。省中庶務，須賴一二老成同心圖贊，仰與左三部尚書劉肅，往盡乃心，其尚無隱。條成，與丞相史忠武公奏之，帝深嘉納。(《神道碑》) (286) 李璮召其質子彥簡竊歸，反有跡矣。帝問：卿料如何？對曰：使璮乘吾北征之釁，留後兵寡，瀕海擣雁，門困居庸，惶駭人心，為上策；與宋連和，負固持久，令數擾邊，使吾疲於奔救，為中策；如出兵濟南，藉山東諸侯應援，此成擒耳。帝曰：若是，賊將何出？對曰：出下策。(《神道碑》) (287) 三年，平章王文統伏誅，西域之人為所排抑者，伏闕羣言：回回雖時盜國錢物，未若秀才敢為反逆。帝曰：在昔潛藩，商訂天下人物，亦及文統，姚公茂言：此人學術不純，以游說於諸侯，他日必反。……公又奏：方踐阼之初，非良弼同事關中，恐後事會，寧身負矯擅誅東、西川兩帥之罪，以寬陛下西顧之憂，推是為心，忠純皎然，安得與文統蓄異志者比。帝赦，出之。(《神道碑》) (288) 四年，拜中書左丞。至元之元，出省臣三，罷世侯，置牧守，遷轉河東、山西、河南、山東官吏，公行省河南、山西，明年而歸。(《神道碑》) (289) 或言中書政事大壞，帝怒，大臣罪有入不測者。公上言：太祖開創，跨越前古，施治未遑。自後數朝，官盛刑濫，民困財殫。……今陛下於基業為守成，於治道為創始。正宜息聖心，荅天心，結民心，睦親族以固本，建儲副以重祚，定大臣以當國，開經筵以格心，修邊備以防虞，蓄糧餉以待歉，立學校以育才，勸農桑以厚生，是可以光先德，成帝治，遺子孫，流遠譽。……遠近臣民，不勝戰懼，惟恐大本一廢，遠業難成，為陛下之後憂，國家之重害。帝乃釋。(《神道碑》)

續表

作者/文獻	版本	用　　例
蘇天爵 《元名臣事略》 卷八	清文淵閣四庫全書本	(290）明年，公又言：由陛下降不殺虜之詔，巴延濟江，兵不踰時，西起蜀、川，東薄海隅，降城三十，戶踰百萬，自古平南，未有若此之神捷者。……是一宋未亡，復生一宋。又南方官府，以情破法，鞭背文面，或盛竹絡投諸江中。又鹽酒酤榷自漢代，以後因之不廢，今方新附，若復徵之，人必離散。制曰：鞭背黥面，及諸濫刑，宜急除之，榷酤後議。(《神道碑》) (291）十三年，拜翰林學士承旨。宋平，凡其侍從之臣，以士子入見者，必令見公，詢其學行而官之。(《神道碑》) (292）十四年，上以自九月不雨至於三月，問可以惠利斯民者，公曰：縻穀之多，無若醪醴麴蘗，京師列肆百數，日釀有多至三百石者，月已耗穀萬石，百肆計之，不可勝算矣；與祈神賽社，費以不貲，宜悉禁絶。從之。(《神道碑》) (293）公天質含弘而仁恕，恭敏而勤儉。理生惟務本實，不事末作。未嘗疑人欺已，有負其德，亦不留意胷中。憂患之來，不見言色。有來即謀，必反覆忠告，惟恐吾言之不盡。及秉筆中書，或咎公獨遺門牆故人，對曰：用人威權，當出天子。果若賢才，焉避不聞。其瑣尾者，烏敢藉權樹親寘市私恩乎！(《神道碑》)
蘇天爵 《元名臣事略》 卷十		(294）是時，天下略定，庶事草創，率斂之繁，營屯之擾，法度未立，民不安生。公謂：十羊九牧，民窮而無告。乃倣前代設觀察采訪之比，分三道按刷文檢，均科賦稅，糾舉官吏，公居中主其事。於是初立程式，與為期會，黜私奬勤，視其後者而鞭之，吏民始知有官府之政，撫治之道焉。東平一道二十餘萬戶，生口不啻百萬，所以安居暇食，得享有生之樂者，公之功也。(尚書李公撰《神道碑》。) (295）己未夏，上南伐，遣使聘至濮，虚已以問，公對曰：本朝威武有餘，仁恩未洽。天下之民噭噭失依，所以拒命者，特畏死爾。若投降者不殺，脅從者勿治，則宋之百城，馳檄而下，太平之業，可指日而待也。上善其言，禮遇甚厚。(《神道碑》)
蘇天爵 《元名臣事略》 卷十一		(296）十七年，西南夷羅施鬼國既降復叛，詔雲南、湖南、四川合兵三萬人誅之。……若公之言動，出乎身加乎民，發乎邇見乎遠，彼西南之人被生死骨肉之賜者，無慮億萬計，其為忠信篤敬，不既大矣乎！(野齋李公撰《神道碑》。)

續表

作者/文獻	版本	用　　例
蘇天爵 《元名臣事略》 卷十一	清文淵閣四庫全書本	(297）公天性孝悌，事太夫人，深愛和氣，愉色婉容，自幼至貴，能養志順色，未嘗少失推意。……居官清慎，非義一毫不取。羅施鬼國之入附也，有以受賄數譖於朝者，上曰：是人朕所素知，雖一羊不妄受，寧有是事！（《神道碑》） (298）初，權臣阿哈瑪特與公偕侍潛邸，及當國用事，公未始一至其門，彼常卑恭求好，拒之愈力，其所守類此。（《神道碑》） (299）十六年，李梓發盜據南安，公慮他將徃則為暴，堅其不下，請身徃平，纔從兵千，營於城北，為檄推誠招懷。……公曰：都昌與吾南康只限彭蠡，此寇不馘，將亂南康。……其徒駭散，復其民居。後有列巨室姓名百數來上，云與賊連，公曰：大憝誅矣，延求何為！免之。（《神道碑》） (300）十七年，詔再征日本，賦江浙、江西、湖廣三省再造海艦。公極言如是將亂江南，欲身任入聞，陳其過舉，他相以為不可廢閣詔令，異同之間公薨於豫章，而始成戰艦，遣宣慰某者總致於軍東征，丞相憤失軍興，將以是日斬使。忽詔下，既江西海艦後期，罷兵。君子謂公薨猶利國，猶古尸諫云。（《神道碑》） (301）盜賊附起，禍譬而賞勸，德綏而威撻，徐革其面而法其心，俾方內數千里之氓，一喙同辭，稱其仁人。求能推守大帝諭忠武王以曹彬取南唐不殺之訓者，無其亞匹。（《神道碑》）
蘇天爵 《元名臣事略》 卷十三		(302）公以正大辛酉生，童而讀書，記識強敏，日數千言。……年二十四，始得《朱子集註章句四經》《太極圖》《小學》《近思録》諸書，誦其言而惟其意，嘆曰：人倫日用之常，天道性命之妙，皆萃此書。今入德有其門矣，進道有其途矣，吾何獨不可及前修踵武哉。窮理以致其知，反躬以踐其實，動靜云為一于持敬。行之以剛健，居之以悠久，日就月將，俟其成功於潛齊之下，自任益重，前習盡變，不事浮末矣。(牧庵姚公撰《神道碑》。) (303）歲甲寅，司徒許文正公，奉潛藩教來秦，公徃見之，際其道德之光，聞其仁義之言，於傾盖頃歸心服曰：世烏有斯人之倫。敬事猶師，而司徒友之亦至，分庭而行，抗席而坐。一遇講貫，動窮日夕，而所造益深，平居訒于為言。喪中大夫，絶口水漿五日，喪葬用牲，盡祛桑門惑世之法，為具不足，稱貸益之，棺槨皆黃腸，衣衾必縟，蔬衰餐粥，悲憂為疾，杖始能起。司徒會葬歸，語學者曰：小子志之，曠時墜典，夫夫特立而獨能行之。……三輔士夫，知由禮制自致其親者，皆本之公。（《神道碑》）

續表

作者/文獻	版本	用　例
蘇天爵 《元名臣事略》 卷十三	清文淵閣四庫全書本	（304）先是，宣撫司、行省欲以掌書記共議事祿之，皆不能屈。至元七年，詔司徒由國子祭酒拜中書左丞，始與右丞相安童共政，日譽公賢，丞相以聞。……時以日者待詔公車，百十為輩，獨以命公，盖以其道德素著，可交神明者，其言頗秘。（《神道碑》） （305）侍讀徒單公履請設士之科，詔先少師文獻公、司徒竇文正公與公雜議，公上奏曰：三代以德行六藝，賓興賢能。漢舉孝廉，兼策經術。魏、晉尚文辭，而經術猶未之遺。隋煬始專賦詩，唐因之，使自投牒，貢舉之法遂廢，雖有明經，止于記誦。宋神宗始試經義，亦令典矣，哲宗復賦詩，遼、金循習。將救斯弊，惟知明詔嘗曰：士不治經學孔、孟之道，日為賦詩空文。斯言足立萬世治安之本。……奏入，上善之。丞相每咨世務，倚以自毗，會其北征，公遂請畢男婚而歸。（《神道碑》） （306）徵士蕭𣂏誌其墓曰：朱文公集周、程夫子之大成，其學盛于江左，北方之士聞而知者，固有其人，求能究聖賢精微之蘊，篤志于學，真知實踐，主乎敬義，表裹一致，以躬行心得之餘，私淑諸人，繼前修而開後覺，粹然一出乎正者，惟司徒暨公。嗚呼！誠知德不易之言哉。（《神道碑》）

表五百六十八

作者/文獻	版本	用　例
陶宗儀 《書史會要》 卷七	清文淵閣四庫全書本	（1）鄧文原，字善之。……嘗自題其齋居之室曰"素履"，人遂稱"素履先生"。豐姿凝粹，内嚴外恕。為文精深典雅，詩簡古而麗正。行草書早法二王，後法李北海。虞文靖云：大德、延祐間，漁陽、吳興、巴西，翰墨擅一代。黄文獻奉敕撰公《神道碑》云：工於筆札，與趙魏公齊名。 （2）多爾濟巴勒，蒙古人。官中政院使目，嘗奉敕書《鄧文肅神道碑》。
陶宗儀 《古刻叢鈔》	清知不足齋叢書本	（3）於戲（闕四字）著則。（其二）積善於家，肅穆清華。（其二）克儉克勤，榮祿（闕一字）親。（其三）四從歷（闕一字），一門承蔭。（其四）天道何昧，降斯災害。（其五）神道胡欺，遘此禍（闕一字）。（其六）冀（闕一字）眉壽，皇天不祐（其七）。……壽堂伾敞，遵其經禮。（十一）一（闕兩字）土，（闕 一字）刻（闕一字）古。（十二） （4）《康王神道碑》，字長五寸許。 （5）君諱中立，字（闕兩字），其先范陽人，晉司空華十五世孫。高祖紹宗，皇邵州武岡令，贈宜春郡太守。博學工書，著《蓬山事苑》卅卷行於世，蔽許公為之製集序，韋侍郎述撰《神道碑》。

續表

作者/文獻	版本	用　例
陶宗儀《南村輟耕録》卷之九	四部叢刊三編景元本	(6)《尚書敘》《毛詩敘》，古今作序大格樣。《書序》首言畫卦書契之始，次言皇墳帝典三代之書，及夫子定書之由，又次言秦亡漢興求書之事。《詩序》首言六義之始，次言変風変雅之作，又次言二南王化之自。《碑文》惟韓公最高，每碑行文言道，人人殊面目，首尾決不再行蹈襲。《神道碑》揭於外，行文稍可加詳。
陶宗儀《南村輟耕録》卷之二十五		(7) 打畧拴搐：《星象名》《果子名》《草名》《軍器名》《神道名》《燈火名》《衣裳名》《鐵器名》《書集名》《鄀令名》《虀菜名》《縣道名》《州府名》《相樸名》《法器名》《樂人名》，草名》《軍名》《門名》《魚名》《菩薩名》。
陶宗儀《草莽私乘》	清初鈔本	(8) 是故其將祭也，必先齊焉。思其居處、笑語、所耆，若將見之，及祭而後奉主以出。焫膋灌鬯，求之以形氣者微矣；有尸有祝，求之以神明者著矣。既祭則藏之，言不可褻也。一之以神道則已踈，一之以人道則近於不知。故曰：生，事之以禮；死，葬之以禮，祭之以禮。而孝子之道備矣，先王之制禮可考也。

表五百六十九

作者/文獻	版本	用　例
同恕《榘庵集》卷三	清文淵閣四庫全書補配清文津閣四庫全書本	(1) 自正議大夫、上都留守、開平府尹，進資德大夫，兼虎賁親軍都指揮使，獨任餘二十年，豈無他勲貴？從欲以治、克當上心者，太師一人，遂登宰席。榮祿大夫、中書右丞、光祿大夫、平章政事，榮歸老也。積行累功，為國寶臣；顯親揚名，為家孝子。神道之碑，王封之銘。班馬所述，皆出上命。揚休當世、昭訓後來者，日星垂而江河流，是宜有廟，以奉烝嘗。如古諸侯之制，非夸也。
同恕《榘庵集》卷六		(2) 贈嘉議大夫禮部尚書郭公神道碑銘 (3) 侯惟奔走南北，不獲致孝。松楸為歲已久，乃懇告來歸。一日，持其先大夫嘉議公《行狀》，造某所拜請曰：鵬翼不肖，掌賴先訓，叨位三品，恒念無以報罔極。國家鴻恩，追榮祖考，既已致論，告於墓下矣。神道之碑，亦法所許，願先生銘之，以信來者。 (4) 少中大夫嘉定路總管趙公神道碑銘

續表

作者/文獻	版本	用　　例
同恕 《榘庵集》 卷七	清文淵閣四庫全書補配清文津閣四庫全書本	(5) 延祐改元，轉奉議大夫、甘肅等處行中書省理問所官，平章榮禄公賢而禮之，由儲偫會議陝省且為宣惠，樹碑神道。三年正月十有四日，以疾卒清和里第之正寢，年纔四十五矣。遠近弔者，皆哭失聲。
同恕 《榘庵集》 卷十五		(6) 元故太子左贊善贈翰林直學士亞中大夫同文貞公神道碑銘（并序）（集賢直學士朝請大夫兼國子祭酒富珠哩翀撰） (7) 明年春，英宗繼統，以疾歸。致和元年夏六月，拜集賢侍讀學士，使召以年且疾辭。至順二年春二月廿有一日，終正寢，享年七十有八。三月九日，葬咸寧縣洪固鄉三趙村之原兆序之穆。夏四月，其子毅以家載謁翀秦川傳邸，徵銘神道之碑。

表五百七十

作者/文獻	版本	用　　例
脱脱 《宋史》 卷八	清乾隆武英殿刻本	(1) 宋自太宗幽州之敗，惡言兵矣。契丹其主稱天，其后稱地，一歲祭天不知其幾，獵而手接飛鴈，鴇自投地，皆稱為天賜，祭告而誇耀之。意者宋之諸臣，因知契丹之習，又見其君有厭兵之意，遂進神道設教之言，欲假是以動敵人之聽聞，庶幾足以潛消其窺覦之志歟？然不思修本以制敵，又效尤焉，計亦末矣。仁宗以天書殉葬山陵，嗚呼賢哉！
脱脱 《宋史》 卷三十一		(2) 十一月乙巳朔，追封檜申王，謚忠獻，賜《神道碑》，額為“決策元功，精忠全德”。
脱脱 《宋史》 卷一百二十三		(3) 景德三年，真宗將朝諸陵，以宰臣王旦為朝拜諸陵大禮使。太常禮院言：朝陵故事，合排小駕鹵簿。唐太宗朝獻陵，宿設黃麾仗，周衛陵寢。今請周設黃麾仗。又唐制：前一日，陵令以玉冊進御親書，近臣奉出，陵令受之。今請造竹冊四副，祝畢焚之。其百官位舊設陵所，從祝官及皇親、客使分於神道左右，貞觀中並陪列司馬門内。今望準舊儀施行。
脱脱 《宋史》 卷二百五十六		(4) 上聞之震悼。謂近臣曰：普事先帝，與朕故舊，能斷大事，嚮與朕嘗有不足，衆所知也。朕君臨以來，每優禮之，普亦傾竭自效，盡忠國家，真社稷臣也，朕甚惜之。因出涕，左右感動。廢朝五日，為出次發哀。贈尚書令，追封真定王，賜謚忠獻。上撰《神道碑銘》，親八分書以賜之。遣右諫議大夫范杲攝鴻臚卿，護喪事。賻絹布各五百匹，米麪各五百石。葬日，有司設鹵簿鼓吹如式。

續表

作者/文獻	版本	用　　例
脫脫 《宋史》 卷二百六十二	清乾隆武英殿刻本	(5) 濤弟澣，字日新。幼聰敏，慕王、楊、盧、駱為文章。後唐長興初，吳越王錢鏐卒，詔兵部侍郎楊凝式撰《神道碑》，令澣代草，凡萬餘言，文彩遒麗，時輩稱之。
脫脫 《宋史》 卷二百六十三		(6) 劉溫叟知貢舉，所取士有覆落者，加儀禮部侍郎，權知貢舉。儀上言：請依晉天福五年制，廢明經、童子科。進士省卷令納五軸以上，不得有神道碑、誌之類。帖經對義，有三通為合格，却復晝試。其落第者，分為五等：以詞理紕繆之甚者為第五等，殿五舉；其次為第四等，殿三舉；以次稍可者為第三、第二、第一等，並許次年赴舉。其學究，請併《周易》《尚書》為一科，各對墨義三十道；《毛詩》依舊為一科，亦對墨義六十道。
脫脫 《宋史》 卷二百八十一		(7) 在雷州逾年。既卒，衡州之命乃至，遂歸葬西京。道出荊南公安，縣人皆設祭哭於路，折竹植地，挂紙錢，逾月視之，枯竹盡生筍。眾因為立廟，歲時享之。無子，以從子隨為嗣。準歿後十一年，復太子太傅，贈中書令、萊國公，後又賜謚曰忠愍。皇祐四年，詔翰林學士孫抃撰《神道碑》，帝為篆其首曰“旌忠”。
脫脫 《宋史》 卷二百八十二		(8) 契丹既受盟，寇準以為功，有自得之色，真宗亦自得也。王欽若惎準，欲傾之，從容言曰：此《春秋》城下之盟也，諸侯猶恥之，而陛下以為功，臣竊不取。……欽若曰：唯有封禪泰山，可以鎮服四海，誇示外國。然自古封禪，當得天瑞希世絕倫之事，然後可爾。既而又曰：天瑞安可必得？前代蓋有以人力為之者，惟人主深信而崇之，以明示天下，則與天瑞無異也。……會幸祕閣，驟問杜鎬曰：古所謂河出圖、洛出書，果何事耶？鎬老儒，不測其旨，漫應之曰：此聖人以神道設教爾。帝繇此意決，遂召旦飲，歡甚，賜以尊酒，曰：此酒極佳，歸與妻孥共之。既歸發之，皆珠也。由是凡天書、封禪等事，旦不復異議。
脫脫 《宋史》 卷二百八十九		(9) 子遵甫，官至北作坊副使。嘉祐八年，遵甫女正位皇后，神宗即位，冊皇太后。累贈繼勳太師、尚書令兼中書令，追封康王，謚穆武。熙寧九年，帝詔宰相王珪為《神道碑》，御篆碑首曰“克勤敏功鍾慶之碑”。遵甫亦贈太師、尚書令兼中書令，追封楚王。
脫脫 《宋史》 卷二百九十		(10) 後其家請居鄧州，帝惻然許之，命其子內殿崇班淵監本州稅。明道二年，追復節度兼侍中，後贈太傅，還諸子官，賜謚襄悼，命學士趙槩作《神道碑》，帝為篆其額曰“旌功之碑”，詔歸所沒舊產。

續表

作者/文獻	版本	用　例
脫脫 《宋史》 卷二百九十二	清乾隆武英殿刻本	(11) 舊制，監司及藩鎮辭謁皆賜對。仁宗初即位，止令附中書、樞密奏之，度言：附奏非所以防壅蔽也。又嘗獻《王鳳論》於章獻太后，以戒外戚。歷三司磨勘司、京西轉運使。司天言永昌陵有白氣，請增築以厭之，有詔按視。度奏：神道貴靜，不可輕繕治。乃止。入知制誥，遷翰林學士，糾察在京刑獄，判太常禮院兼羣牧使。
脫脫 《宋史》 卷三百三十四		(12) 永能家世州將，所領多故部曲，拊之有恩惠，遇敵則身先之。下有傷者，載以己副馬，故能得士死力。遠近喜言其事，稱之曰"老高"。及死，邊人無不痛惜。嘗過其遠祖唐綏州刺史思祥淘沙川廟，得畫像及《神道碑》上之，詔即所在賜田三十頃，以奉祭祀。
脫脫 《宋史》 卷三百三十六		(13) 康為人廉潔，口不言財。初，光立《神道碑》，帝遣使賜白金二千兩，康以費皆官給，辭不受。不聽。遣家吏如京師納之，乃止。
脫脫 《宋史》 卷三百四十六		(14) 又言：今大臣為紹述之說，皆借此名以報復私怨，朋附之流，遂從而和之。張商英在元祐時上呂公著詩求進，諛佞無恥，近乞毀司馬光及公著《神道碑》。周秩為博士，親定光謚為文正，近乃乞斲棺鞭尸。陛下察此輩之言，果出於公論乎？章疏前後至數十百上，度終不能回，遂丐外，帝慰勉而已。
脫脫 《宋史》 卷三百七十二		(15) 二十六年，試中書舍人。高宗躬親政事，收攬威柄，召諸賢於散地，詔命填委，多綸所草。綸奏守臣裕民事，乞毋拘五條，從之。兼侍講。上喜讀《春秋左氏傳》，綸進講，與上意合。嘗同講讀官薦興化軍鄭樵學行，召對命官，且給筆札，錄其所著史。兼直學士院，遷工部侍郎，仍兼直院。撰《吳玠神道碑》，稱上旨，賜宸翰褒寵。
脫脫 《宋史》 卷四百六十四		(16) 初，未有居第，詔寓館芳林園，用和固辭，又假以惠寧坊之官第。病革，帝入見臥內，擢其次子珣為閤門使，賜所居第，並日給官舍僦錢五千。既卒，帝哭之慟，贈太師、中書令、隴西郡王，輟朝五日，制服禁中，謚恭僖，帝撰《神道碑》，書曰"親賢之碑"。其妻卒，亦輟朝成服。
脫脫 《宋史》 卷四百八十		(17) 四月，會陳洪進納土，俶上言曰：臣伏有懇誠，貯於肺腑，幸因入覲，輒敢上聞。蓋虞神道之害盈，必冀天慈之從欲。臣近蒙朝廷賜以劍履上殿，詔書不名，仍以本道領募卒徒，嘗營戈甲，特建國王之號，俾增師律之嚴，皆所以假其寵名，託於鄰敵。方今幅員無外，名數洞分，豈可冒居，自罹公議？合從省罷，以正等威。除本道軍士、器甲臣已曾奏納外，其所封吳越國王及天下兵馬大元帥職名，望皆許解罷。凡頒詔命，願復名呼，庶聖朝無虛授之恩，微臣免疾顛之禍。優詔不許。

表五百七十一

作者/文獻	版本	用　　例
王逢 《梧溪集》 卷第三	清知不足齋叢書本	(1)《黄道婆詞》(有序)：黄道婆，松之烏涇人。少淪落厓州。元貞間，始遇海舶以歸。躬紡木棉花，織厓州被自給。教他姓婦，不少倦。未幾，被更烏涇，名天下，仰食者千餘家。及卒，鄉長者趙如珪，爲立祠香火菴，後兵燬。至正壬寅，張君守中遷祠于其祖都水公神道南隙地，俾復祀享。且徵逢詩，傳將來。
王逢 《梧溪集》 卷第四下		(2)《題謝伯理同知義山卷》：范公有義田，謝倅有義山。溪清土沃厚什，伍其冢，横雲間。旁分畛域共神道，金銀無氣應長好。松根月冷鬼燈花，松上風吹女蘿草。禁煙時節爭祭掃，多是遭兵去鄉保。散牲一任野鴉銜，焚帛還將心事禱。舊魂既妥忻往回，新骨未掩母悲哀。子孫繩繩世種德，盡買九峯爲夜臺。
王逢 《梧溪集》 卷第六		(3)《謁浙東慰副使致仕任公及其子台州判官墓》(有後序)：殘陽燠青苔，檜夾神道古。眷惟任公塋，穹碑幾風雨。龍江餘衣帶，駝阜猶偃釜。荒寒螿尊垤，慘淡蛟徙戶。舊封四名邦，包絡吳水府。不有疏導跡，未巳昏墊苦。右軍社稷器，世仰法書祖。公也白（公）鄭（渾）才，游戲追顧虎。台州我姻婭，晚節託元圃。祔隴面北辰，霜至亦宿莽。愴怳來軒車，頭顱整章甫。

表五百七十二

作者/文獻	版本	用　　例
王申子 《大易緝説》 卷五	清文淵閣四庫全書本	(1) 觀，盥而不薦，有孚顒若，下觀而化也。觀天之神道，而四時不忒。聖人以神道設教，而天下服矣。

表五百七十三

作者/文獻	版本	用　　例
王旭 《蘭軒集》 卷十六	清文淵閣四庫全書補配清文津閣四庫全書本	(1) 故宣差水軍總管宋公神道碑

表五百七十四

作者/文獻	版本	用　　例
王元恭《（至正）四明續志》卷四	明刻本	（1）太師楚國樓公异墓，在奉化州北十五里。延康殿學士黄裳撰《神道碑》。
王元恭《（至正）四明續志》卷七		（2）起嘉爾紘，歆範尒象。犧簠簋爵，坫礼罍孔。自門徂堂，煥煥翼翼。棊弁深衣，藏脩游息。神道設教，日用下知。鼓微逢逢，經訓昭垂。如淤重淵，如履薄湲。視再書紳，忠信篤敬。

表五百七十五

作者/文獻	版本	用　　例
王惲《秋澗集》秋澗先生大全文集卷第十七	四部叢刊景明弘治本	（1）奉誄大丞相忠武史公（贈太尉勑撰《神道碑》，翰林學士王磐文。）
王惲《秋澗集》秋澗先生大全文集卷第三十六		（2）予讀西漢書，騫自建元中使西域，通烏孫而卒，塚今在漢中。此安淂騫之墓幾？是乃欒史所辯。汲縣東北三十里，有岡曰慱望，上有石墳，洎二石表，云張騫塚，非也。乃“故原武典農高府君之神道”，呼為石柱國者是也。 （3）先賢因之以神道設教，明夫聖道溥慱，無所徃而不在，彌六合而滿坑谷也。
王惲《秋澗集》秋澗先生大全文集卷第三十七		（4）一日，來丐文於予，將紀其興建本末，洎信助者之名氏，永昭于後，因畧為論述之。嗚呼！古人以神道設教，今也作新祠宇為事，理雖殊而勢有固然者。自禮義亡而世教不明，於下一鄉之士，秉彝心而私淑人者，不爾則弗克悟，陋民而儆薄俗，是則後人之意也歟？
王惲《秋澗集》秋澗先生大全文集卷第四十三		（5）靜應張公以神道設教，躰含清虚，用周慈憫，爲國家祈天永命，爲黎庶祓除不祥，由是祈禳祭醮，自爲一家之學。傳授科式，符籙具在也。
王惲《秋澗集》秋澗先生大全文集卷四十四		（6）自得：誌者，發其心扵内，故納諸壙印以告化者。碑者，表其德扵外，故植諸神道以鑒來者。又曰：誌者，紀其心之跡也。碣者，揭其事之著也。

續表

作者/文獻	版本	用　　例
王惲 《秋澗集》 秋澗先生大全文集卷第四十七	四部叢刊景明弘治本	(7) 師爲人英偉，眉目踈秀，豐下，美鬚髯。三歲識字，六歲能書，棲心教法，儼然注蕭門二葉之望。金正隆間，始祖一悟真人以神道設教，上動人主，所在翕然從風。 (8) 江左不肖，忝居戎右，用是其表，見神道者未即樹立，以慰下泉霜露之愴，不遑寧處。今將託立，言君子圖其不朽焉。敢再拜以事狀爲囑，遂勉爲次第之。
王惲 《秋澗集》 秋澗先生大全文集卷第四十八		(9) 二年春，有星隕於庭。俄薄疾，以三月廿日薨，享年五十有八。上聞震悼，奠祭賻賵有加，贈太師、衛國公。葬昌平縣五華山之陽，敕集賢大學士張礪銘其神道。公事親孝、奉上忠，出入行陳三十年，大小百餘戰，勳業烜赫，身都將相，備極人臣之貴，而謙撝自牧，退然若無能為者，宜其以功名終。 (10) 三子仲曰公謹，龍虎衛上將軍、靜江軍莭度使。四子孟曰興祥，賢而多材，仕金海陵、世宗兩朝，以德望門地，致仕途顯赫，官至開府儀同三司、左宣徽使、太子少傅、申國公，封鉅鹿郡王。葬良鄉回城劉李里蔡家凹，迄今以“趙大王墳”目之，翰林待制趙攄所撰《神道碑》在焉。
王惲 《秋澗集》 秋澗先生大全文集卷第五十一		(11) 大元故大各路宣差李公神道碑銘（并序） (12) 既襄事之三年，嗣侯教化，百拜以墓碑來請曰：我祖捐舘已來，將二紀于茲。曾是表峙，神道無顯刻，以昭裔昧。 (13) 大元國故衛輝路監郡塔必公神道碑銘（并序）
王惲 《秋澗集》 秋澗先生大全文集卷第五十二		(14) 大元故鄭州宣課長官盧公神道碑銘（并序） (15) 金故朝請大夫泌陽縣令趙公神道碑銘（并序）
王惲 《秋澗集》 秋澗先生大全文集卷第五十四		(16) 大元故中奉大夫浙東道宣慰使陳公神道碑銘（并序） (17) 大元故真定路兵馬都總管史公神道碑銘（并序） (18)《資德大夫中書右丞益津郝氏世德碑銘》(有序)：至元十七年，中奉大夫衆知政事禎進拜資德大夫、中書左丞，被二品命服，中外具瞻越，郝氏惟煒公乃顧宗屬言曰：自惟踈薄，烏能致此？茲盖我祖考，勤勞紫積，篤祜餘澤，集于後人，乃克有濟。今新壠幸建，麗牲有石，惟是大書顯刻，表飭神道。庶幾，報明靈昭裔昧而傳永世。

續表

<table>
<tr><th>作者/文獻</th><th>版本</th><th>用　例</th></tr>
<tr><td>王惲
《秋澗集》
秋澗先生大全
文集卷第五十五</td><td rowspan="4">四部叢刊景明弘治本</td><td>(19) 庶窀穸之下慰，將寸心之少安，孰無子孫，焜燿聯翩。念得之而能竭力，讓春官之孝賢，刻吾銘而表神道，永以爲郭氏無窮之傳。
(20) 大元故中順大夫徽州路總管兼管内勸農事王公神道碑銘（并序）</td></tr>
<tr><td>王惲
《秋澗集》
秋澗先生大全
文集卷第五十六</td><td>(21)《大元朝列大夫秘書監丞汴梁申氏光德碑銘》（並序）：大德改號歲之六月，越二日癸巳，秘書監丞申君敬先，詣太史王某再拜而請曰：惟申氏遠有世緒逮，我先人學紹，醫傳心存道，濟惠及一方。雖遭罹世故，譜諜墜逸，然自高曾而下，班班可考，而墓隧無銘，神道闕表。</td></tr>
<tr><td>王惲
《秋澗集》
秋澗先生大全
文集卷第五十七</td><td>(22) 大元故鬱西軍儲大使呂公神道碑銘
(23) 澍既長樞幕秩中通貴，一日與弟淵謀曰：今粗有所立，猥荷析薪，可不知其所自邪！惟我先人大志不遂，賫恨下泉。妣貞幹，内事克，隆遺緒，潛德遺淑，大懼墜佚，有求銘太史揭石神道，賁松檟而垂示不朽，融管彤而發越幽光。罔極之恩，庶幾昭報，廼以不腆之文來請。
(24) 大元故昭勇大將軍北京路總管兼本路諸軍奥魯總管王公神道碑銘（并序）
(25) 公既葬之十載，嗣子居仁念潛德遺懿，恐遂湮沒。聞不肖，乆忝太史屢銘，當代名公貴人乃件右事狀，請碑其神道。</td></tr>
<tr><td>王惲
《秋澗集》
秋澗先生大全
文集卷第五十八</td><td>(26) 釋褐右拾遺，轉知天城、陽曲、懷仁三縣，擢大理正，遷平陽府判官、安東節度副使，兩貳大理寺，出刺石州，累官中大夫。年六十三卒於位，翰林學士張景仁碑其神道。公性淳厚，見義固執，待物誠，好誘掖後進。三爲理官，議獄主恕，不屈於權貴，故多平反。尤長於治民，興利除害，若嗜慾然。施設有條理，簡便可持乆，所去見思，圖形奉事。素愛渾源山水幽勝，買田家焉，晚號南山翁。
(27) 久之，選令葉縣，至則鋤強剔蠹，豪族惡黨禁不敢少肆。請免逋租三萬石，致流民自歸者口數千。大起孔子廟，既樹教本，集諸生肄習其中，風化大行，考課爲河南最。未幾，召入翰林爲應奉，不踰月而卒，得年四十有四。雷御史淵誌其墓，趙翰林秉文勒銘神道，皆稱其器識明敏，剛直敢言，學可以輔政教，材足以濟時艱，賫志以歿，士論惜焉，葉民至廟而祀之。
(28) 大元故廣威將軍屯田萬戶聶公神道碑銘
(29) 大元故正議大夫浙西道宣慰使行工部尚書孫公神道碑銘（并序）</td></tr>
</table>

續表

作者/文獻	版本	用　　例
王惲 《秋澗集》 秋澗先生大全文集卷第五十九	四部叢刊景明弘治本	(30)《文通先生墓表》：先生諱天鐸，字振長。……進士太原劉冲邑、大夫李瑞僉曰：先生卷德丘園，學貫三極，其行與業爲國人所矜式，可謂敏學先物、達夫世用者也。遂相與據法而謚，表其封曰“文通先生之墓”。……識者謂先生之志之學，盖有驗於後矣。是用昭揭神道，永示來裔。
王惲 《秋澗集》 秋澗先生大全文集卷第六十		(31) 大元國故尚書省左右司員外郎韓公神道碣銘（并序） (32) 丁巳夏，先帥薨。君實主其丧，縗杖瘠立，躬起塋壠，棺衾儀物，既易可觀。會者大說，復樹豐碑，昭德神道，其例新仟有光焉。
王惲 《秋澗集》 秋澗先生大全文集卷第六十一		(33) 天眷間，太一始祖真人以神道設教，遠迩嚮風，受籙爲門徒者，歲無慮千數。君舉族清修，信禮爲尢，至香火之奉，雖寒暑風雨，不爽厥德。已而君內子閻以嗣事爲禱，真人篆丹符令吞之，且曰：汝家積善夂，當産異人。既誕師，果有竒表，真人目之曰：他日輔興吾教者，此兒也。
王惲 《秋澗集》 秋澗先生大全文集卷第七十一		(34) 漢晉巳來，高古氣骨，不肖徃年，道出襄國。讀《宋文貞神道碑》，見其筆畫一一涵篆隸古意，迺知其言爲有徵。後之學者，苟志於古，舍兩漢，孰宗匠哉? (35)《題魯公書臧氏碑後》：魯公書三原臧氏二碑。所謂紀宗者，作“擘窠大字”，體端整而頗瀟散，如羽林壘壁，横天作陣，勢相戛摩，與衆星爭光而色正，芒寒之氣爲有間耳。其懷恪神道，銛鋒勁畫，望之凜然，挺植戈戟，一一較之，不無利鈍。惜乎！出秀岩臨摹，使千金駿足；困伏皂櫪間，其超逸絶塵之想，索寞無光。惜哉！乃知太師忠義之氣，發於筆端者，諒非積學而後能也。至元乙亥秋七月朔，得此帖於參政李公。
王惲 《秋澗集》 秋澗先生大全文集附録		(36) 大元故翰林學士中奉大夫知制誥同修國史贈學士承旨資善大夫追封太原郡公謚文定王公神道碑銘（并序） (37) 明年春正月丙午，焚黄祭告，寵賁松檟，越王氏有煒。是用追述先公立身行道、致茲顯揚者，敢昭告于神道。

表五百七十六

作者/文獻	版本	用　　例
危素 《危學士全集》 卷四序	清乾隆二十三年刻本	(1) 凡公自製之文見于集中者，可以互見，宜不必載。其與人論辨勝負，一時之言，亦復删去。祭文、輓詩、行狀、謚議、神道碑并附見焉。

續表

作者/文獻	版本	用　　例
危素 《危學士全集》 卷十一	清乾隆二十三年刻本	（2）《大元故文獻黃公神道碑》：至正十七年閏月丙午，翰林侍講學士、中奉大夫、知制浩、同修國史、同知經（阙）事、金華黃公，年八十有一，薨于家。是月已未，其孤梓與門人劉涓、王禕、朱世濂、傅藻等葬于所居義烏縣東北三里崇德鄉東埜之原。明年，以翰林國史院縱修官、同郡宋濂之狀至京師，屬臨川危素銘其神道之碑。

表五百七十七

作者/文獻	版本	用　　例
魏初 《青崖集》 卷三	清文淵閣四庫全書本	（1）然而能敬恭神明，不靳已財，若殿若臺，咸出雅志，即今瞻望廟貌，使人有焄蒿悽愴之心者，皆公之所自出也。廟多古銘刻，非公持護，則破裂若井樁者有之矣。僕不佞，辱公平生知待。公今亡矣！他日，紀太常，銘神道，當必有任其責者。僕特因故舊，尚因是臺，以道其梗槩，用嗣永久。
魏初 《青崖集》 卷五		（2）神道碑 （3）總押七路兵馬邸公神道碑銘 （4）故總管王公神道碑銘 （5）故水軍千戶郝公神道碑銘 （6）故征行都元帥五路萬戶梁公神道碑銘

表五百七十八

作者/文獻	版本	用　　例
吳澄 《易纂言外翼》 卷一	元刻本	（1）宋祥符間，王欽若蠱惑真宗，欲以人力僞作天書，真宗頗入其言，一旦忽問老儒杜鎬曰：古所謂河出圖、洛出書，果何事邪？鎬對曰：聖人以神道設教爾。
吳澄 《禮記纂言》 卷十四上	清文淵閣四庫全書本	（2）方氏曰：與神交之道，主乎敬。夫厭冠麻絰，居喪之禮也。至於葬，則以神道交之。故以弁易冠，以葛易麻，示敬故也。

續表

作者/文獻	版本	用　例
吳澄《禮記纂言》卷二十二	清文淵閣四庫全書本	(3) 周氏曰：醴齊與泛齊，濁故縮之，所謂縮酌用茅也。縮之則差清，差清則明，是以謂之明酌也。盎齊至沈齊，少清無待于縮以茅，唯涚之而已，所謂醆酒涚于清者也。汁獻之味，薄于醆酒，故以醆酒涚之。其猶醆酒之味，薄于清酒，而以清酒涚之也。……何也？用明水所以反本，反本所以致神道；而用清酒所以趨時，趨時所以致人道也。
吳澄《禮記纂言》卷二十四		(4) 陳氏曰：人道則貴別，神道則貴親，故葬則同穴，而祭則同几也。然此依神而已，未至乎交也。故詔祝於室，所以交神於陰；而出乎祊，所以交明於陽。方氏曰：主陰陽之道言之則曰鬼神，主幽顯之分言之則曰神明，其實一也。 (5) 周氏曰：以君而迎尸，則嫌於以君而迎神。方氏曰：尸者，神之象；君者，人之主。廟門之外，以人道為尚；廟門之內，以神道為尚。凡迎之禮，必出門焉。君迎牲而不迎尸者，非重牲而輕尸也；為其有君臣之疑，所以別其嫌也。既曰嫌又曰疑，疑固未至於嫌，而嫌亦疑之所積也。
吳澄《禮記纂言》卷二十六		(6) "鬼神單席"者，神道異人，不假多重，故單席也。特，猶獨也。旅，衆也。大夫則君人揖之，士則不問多少，共一揖之也。
吳澄《禮記纂言》卷三十二		(7)《周官》言：祭祀前期十日，帥執事而卜日。遂戒，則事鬼神者，非不擇日月。而此於鬼神言齊戒、於君言日月者，蓋齊戒在人，日月在天。神道至幽，故主言在人者以明之；君道至明，故主言在天者以神之，亦各有所當也。且神道至幽，人之於神不可瀆也。必有事焉，然後齊戒，故鬼神必言事，而不可以言見。君道至明，臣之於君無適而非事也。必欲見之，乃擇日月，故君止言見，而不必言事。
吳澄《吳文正集》卷二十四		(8) 公之長子榮祿大夫、江西等處行中書省平章政事世安，長孫翰林直學士、中議大夫屺，澄所識也。因閱公《行狀》《神道碑》載公之忠武、勤勞夥矣，而澄數奉教於中州諸老。 (9)《趙國董正獻公家傳後序》：上天命皇元一四海，多生碩才以擬其用，河北史、董二家最著。董氏由龍虎衛上將軍俊始歸國，竭忠力戰而死。……謂正獻公《行狀》《墓誌》《神道碑》事蹟有缺遺，囑其客修成家傳，纂述該悉。夫論撰稱揚其先祖之美，勒在烝彝嘗鼎以明示後世，此古昔孝子孝孫之心，記禮者嘉之，參政之心同乎是心也。嗚呼！為人臣下，克忠於君；為人子孫，克孝於親。忠孝之行萃董氏一門，其世美之久而彌彰也有以哉！

續表

作者/文獻	版本	用　　例
吴澄《吴文正集》卷三十九	清文淵閣四庫全書本	(10) 天之昌董氏，豈徒然哉!《論語》次孝弟為本，章於開卷之首，其言曰"本立而道生"。董氏三世父子兄弟，忠於君，惠於民，和於鄉，遠近交游，内外親戚無所不用其厚，概自孝於其親始。公昔為侍衛指揮使，居忠獻。公喪，故參政商公書《神道碑》。因書"立本"二字，名董氏之堂，其後公更作新堂，昭揭所扁，示子孫以無忘。
吴澄《吴文正集》卷五十七		(11) 王仲淹有云：太極合德，神道並行。吾於夫子，受罔極之恩。然則人人當知所報也，而報之有其道。
吴澄《吴文正集》卷六十二		(12) 題秦國忠穆公行狀墓銘神道碑後 (13) 以公所受制命及《行狀》《墓誌銘》《神道碑》，萃成一編，鋟木以傳。夫公之行事，國史載之矣，而郡侯又顯揚之。若是者，將俾遐陬，遠民咸知公之盛德大業也。
吴澄《吴文正集》卷六十四		(14) 神道碑 (15) 元贈中奉大夫吏部尚書護軍清河郡元孝靖公神道碑 (16) 大元榮祿大夫宣政使領延慶使贈推誠佐理功臣太師開府儀同三司上柱國齊國文忠公神道碑 (17) 元榮祿大夫平章政事趙國董忠宣公神道碑 (18) 故光祿大夫江南諸道行御史臺大夫贈銀青榮祿大夫江浙等處行中書省左丞相上柱國魯國元獻公神道碑
吴澄《吴文正集》卷六十七		(19) 三十一年，成宗即位，加資善大夫、知制誥兼修國史。大德元年，進資德大夫，致仕。六月戊申，以疾薨于里第，年七十四。八月甲午，葬藁城西北高里先塋之左。五年，翰林閻學士復以大都路儒學虞教授集所述行狀撰公《神道碑》。其後蒙恩特贈銀青榮祿大夫、少保，封壽國公，謚忠穆；又加贈宣猷佐理功臣，改封趙國公。 (20)《神道碑》曰：公天資仁孝，歲時事祖禰如事生，事兄忠獻公如事父。訓飭子弟嚴而有禮，與人交侃侃和易。好賢樂善，不啻饑渴。蒞官以寬大為務，不事細故。
吴澄《吴文正集》卷六十九		(21) 初以忠顯校尉、佩銀符，繼以昭信校尉、佩金符。進廣威將軍、定遠大將軍，以至昭勇將軍，佩三珠虎符。公之卒，有《行狀》，有《墓誌》，有《神道碑》。歿後二十四年，贈宣忠秉義功臣、資善大夫、湖廣等處行中書省左丞、上護軍，追封齊郡公，謚武定。
吴澄《吴文正集》卷七十		(22) 予覽公之《墓誌銘》《神道碑》，載公事蹟備矣。今撮其大凡，而表國恩之隆。公先幾欵附，智也；向敵莫禦，勇也；竭力為國，忠也；念親還家，孝也。一身而兼智勇忠孝之美，四允矣。當代之英賢乎！天嗇其身前之壽，而豐其身後之榮。

續表

作者/文獻	版本	用　　例
吳澄《易纂言》卷三	清文淵閣四庫全書本	(24) 觀天之神道，而四時不忒。聖人以神道設教，而天下服矣。(廣觀義上文所言感應之速者，觀道之神也，因言天道之神。神者，妙不可測之謂；服者，從而化也。人觀天道之神，莫知其然，而四時代謝，終古如一，无少差忒。觀道亦然。常人以言設教，則有聲音；以身設教，則有形迹。聖人之道，如天之妙不可測，以之設教，非有聲音，非有形迹，不設而設，不教之教，天下一觀感之餘，其應捷如影響，莫不從而化焉。……篤恭而天下平，如上天之无聲无臭，而萬邦皆作孚。此其所以為神道與!)

表五百七十九

作者/文獻	版本	用　　例
吳萊《淵穎集》卷十二	四部叢刊景元至正本	(1) 應劭仲遠又蹠：其文頗類甘石諸人所為託之者也，蓋古昔聖人之論陰陽五行者尚矣。幽賛乎神道，發揮乎天理，是豈無其故乎？特未嘗膠扵多忌之學，欲肆其一定之説也。

表五百八十

作者/文獻	版本	用　　例
吳師道《敬鄉録》卷四	清文淵閣四庫全書本	(2) 某於是勇於自决，謹繕錄《家傳》八卷，鄉風拜手，以浼於執事者。倘不擯拒為一肆筆，勒為銘文，使永表於神道，則死者不死，而某亦得與人子齒矣。其為德可以淺深計耶？輕瀆嚴重，伏希震越。

表五百八十一

作者/文獻	版本	用　　例
西方子《明堂灸經》卷四	清文淵閣四庫全書本	(1) 神道，在第五椎節下間，俛而取之。灸三壯。主腰脊急強，痎瘧恍惚，悲愁健忘，驚悸。主寒熱頭疼，進退往來，熱喘目痛，視物無明。

表五百八十二

作者/文獻	版本	用　　例
蕭𣂏 《勤齋集》 卷三	清文淵閣四庫全書本	（1）神道碑銘 （2）元故特授大司徒贈太師開府儀同三司上柱國冀國公推誠宣力保德翊戴功臣謚忠宣石公神道碑銘

表五百八十三

作者/文獻	版本	用　　例
熊忠 《古今韻會舉要》 卷二	清文淵閣四庫全書本	（1）又《釋名》云：碑，被也。葬時所設。臣子追述君父之功，以書其上。徐曰：劉熙言"起於懸棺之碑"者，葢今《神道碑》也。《初學記》：碑，悲也，所以悲往事。今人墓隧宮室之事，通謂之碑矣。
熊忠 《古今韻會舉要》 卷八		（2）場（《説文》：祭神道也。從土昜聲。……師古曰：築土為壇，除地為場。一曰山田不雜者。一曰治榖田也。）
熊忠 《古今韻會舉要》 卷十四		（3）道（杜皓切，徵濁音。《説文》：所行道也。一達謂之道。……徐曰：道者，蹈也，人所蹈也。左道者，衺僻之徑。直道者，必循之途。於文，辵首為道。辵者，乍行乍止也。首，始也。又《廣韻》：理也，衆妙皆道也。《增韻》；三才萬物共由者也。又秦漢之制，縣管蠻夷曰道，無蠻夷曰縣。又墓路曰神道。《後中山簡王傳》：修冢塋，開神道。注：墓前開道，建石柱以為標，謂之神道。又州名。漢屬零陵郡，唐營州，改道州。又號韻。歐陽氏曰：此道德之道，如《周禮·大司樂》"興道諷誦言語"。音導，在去聲。又《文紀》：道民之路。《論語》：道之以政。道千乘之國。並音導。）

表五百八十四

作者/文獻	版本	用　　例
徐碩 《（至元）嘉禾志》 卷二十三	清文淵閣四庫全書本	（1）按：《毗奈耶律》云：西域佛堂曰"揵陀"。俱胝，此云"香室"，未有堂殿之稱也。然佛之闡化，或居天上，或在人間，四衆歸依，人天畢集。有稱普光明殿者，有稱善法堂者，蓋神道變化，梵譯所傳，豈名象可得而擬議哉？

表五百八十五

作者/文獻	版本	用　例
許衡《魯齋遺書》卷十二	清文淵閣四庫全書本	(1) 先生既沒三十三年為皇慶二年，仁宗詔與宋九儒從祀宣聖廟庭，明斯道之所自傳矣。又二十三年為元統三年，順帝命翰林直學士歐陽玄文其神道之碑，遂勑賜故中書左丞、集賢大學士、國子祭酒、贈正學垂憲、佐運功臣、太傅、開府儀同三司、封魏國文正公。
許衡《魯齋遺書》卷十三		(2) 神道碑（祭酒歐陽玄撰。） (3) 先生既沒三十三年為皇慶二年，仁宗皇帝詔與宋九儒從祀宣聖廟庭，明斯道之所自傳矣。又二十三年為元統三年，今上皇帝勑制臣玄，文其神道之碑，（缺）敬使刻之。
許衡《魯齋遺書》卷十四		(4) 竊惟文正公道德功業，萬世尊仰，歐陽公所撰《神道碑》至矣，茲無以贅為也。獨近世儒者謂公華人也廼臣于元，非春秋內夏外夷之義，有害名教。搢紳之士，間有惑於其說者。瑭嘗著論，辨之大略，以為中夏夷狄之名，不係其地與其類，惟其道而已矣。故春秋之法，中國而用夷禮則夷之，夷而進於中國則中國之，無容心焉。舜生於東夷，文王生於西夷，公劉、古公之儔皆生於戎狄，後世稱聖賢焉，豈問其地與其類哉？元之君，雖未可與古聖賢竝論，然敬天勤民，用賢圖治，蓋亦駸駸乎中國之道矣。夷狄之俗，以攻伐殺戮為賢，其為生民之害大矣。苟有可以轉移其俗，使生民不至於魚肉糜爛者，仁人君子尚當盡心焉。 (5) 許文正公，元大儒也。泝其淵源所自，實上接考亭之統；究其利澤及人，則實有用夏變夷之功。歐陽公所撰《神道碑》詳矣。公祠凡三：一在河內縣儒學之側；一在縣東北李封村公墳墓，子孫在焉；一在景賢村公別墅也。

表五百八十六

作者/文獻	版本	用　例
許有壬《至正集》卷四十一	清文淵閣四庫全書補配清文津閣四庫全書本	(1) 余幼讀書江南，既服役，狂走中外，雖兩歸鄉里，而憂患荒迷，世故縈繞，望西山如天上，不得至也。……明日，拜魏國忠獻韓公父諫議公墳，讀富鄭公撰《神道碑銘》。碑亭皆完，石極大而美。陰有樹，形若水墨畫，大塚皆甓甃。兵荒中僧紀奮身捍蔽，卒賴其力。宅兆形勢，風水家圖為式。憑高周覽，高下隱顯，與圖不異也。顧豐安魏公兆域，寺燬於兵，僧徒解散，豪右伐木，野人盜甓，殘毀幾盡，則紀之功可念也。昔魏公以大功德為宋社稷臣。

續表

作者/文獻	版本	用　例
許有壬《至正集》卷四十三	清文淵閣四庫全書補配清文津閣四庫全書本	(2) 世徒知道統之有在，而不知所以羽翼夫道統者，又有在焉。至大庚戌，集賢大學士姚公燧作《祠堂記》，猶以未升從祀天靳築室為言。……元統乙亥，皇上勅翰林學士歐陽玄為《神道碑》，與夫制誥、贊誄、記銘推明道統之所在者至矣。
許有壬《至正集》卷四十五		(3) 勅賜推誠宣力定遠佐運功臣太師開府儀同三司上柱國曹南忠宣王神道碑銘（并序）
許有壬《至正集》卷四十六		(4) 勅賜故資德大夫御史中丞贈攄忠宣憲協正功臣河南行省右丞上護軍魏郡馬文貞公神道碑銘（并序） (5) 勅賜贈中奉大夫河南江北等處行中書省參知政事護軍追封渤海郡公吳公神道碑銘
許有壬《至正集》卷四十七		(6) 勅賜故中憲大夫嶺北等處行中書省左右司郎中贈集賢直學士亞中大夫輕車都尉追封真定郡侯蘇公神道碑銘
許有壬《至正集》卷四十八		(7) 劉平章神道碑
許有壬《至正集》卷四十九		(8) 大元贈光祿大夫江浙等處行中書省平章政事柱國追封趙國公阿勒坦哈雅公神道碑銘
許有壬《至正集》卷五十		(9) 故奉直大夫僉河北河南道肅政廉訪司事贈朝列大夫秘書少監騎都尉高陽郡伯韓公神道碑銘（并序） (10) 故朝列大夫同知京畿都漕運司事王公神道碑銘（并序）
許有壬《至正集》卷五十一		(11) 贈中大夫僉太常禮儀院事輕車都尉追封樂安郡侯謚惠肅孫公神道碑銘（并序） (12) 故僉書江西等處行樞密院事贈樞密副使護軍雲中郡成毅公神道碑銘（并序） (13) 贈嘉議大夫濟南路總管上輕車都尉追封博郡侯鄂通公神道碑（并序）
許有壬《至正集》卷五十二		(14) 故通奉大夫湖廣等處行中書省叅知政事鄭公神道碑銘（并序） (15) 故征南千戶蕭公神道碑銘（并序）

續表

作者/文獻	版本	用　　例
許有壬 《至正集》 卷五十六	清文淵閣四庫全書補配清文津閣四庫全書本	（16）贈僉太常禮儀院事孟格圖公神道碑銘 （17）故資善大夫輔義公陳公神道碑銘
許有壬 《至正集》 卷五十七		（18）贈通議大夫大都路都總管上輕車都尉清河郡侯謚莊惠張公神道碑銘 （19）故通議大夫江西等處榷茶都轉運使萬公神道碑銘 （20）公蒙古準台民人，小字萬嘉律，長因為名，國俗也。既華學友，字以國卿。其家廣平，蓋曾大父天造初隸右部分戍地也。……父孟格圖，右衛親軍百戶達嚕噶齊、佩銀符，陞福州新軍千戶達嚕噶齊、佩金符，贈亞中大夫、僉太常禮儀院事、輕車都尉、范陽郡侯。配欽察氏，追封范陽郡夫人。德善履歷，具《神道碑》。
許有壬 《至正集》 卷六十一		（21）元故中順大夫同知吉州路總管府事李公神道碑銘 （22）故浙西道宣慰司都事贈嘉議大夫禮部尚書上輕車都尉南陽郡侯鄧公神道碑銘 （23）故奉政大夫淮西江北道肅政廉訪使贈嘉議大夫禮部尚書上輕車都尉追封恒山郡公謚正肅布延公神道碑銘
許有壬 《至正集》 卷六十三		（24）自神仙好樓居之說行，遂有作崇臺傑觀以俟之者。嵩呼之聞，巨跡之見，真若可以形聲相接，而像設濫觴於此矣。其始也，施之羣祀；其卒也，於上帝亦冠裳而宮室之矣。聖人以神道設教，上智昭昭，無幽不通；下愚蚩蚩，既顯而蒙。孰為民彝？孰為帝衷？可使由之而不能使之知也。
許有壬 《至正集》 卷六十九		（25）有壬叨冒逾分，皆我先公身不自享。餘澤之所被，而履危涉險，幸不至辱先者。又嚴訓之有素，而芘佑之有自也。得請南歸，拜掃洹阡，刻銘神道。江夏家廟，奉守有嚴，惟是瓈江，實我先公廬墓之地。士之承教而興起者，恢拓祠宇，以祀先聖，以闡學校。
許有壬 《圭塘小稿》 卷六		（26）世徒知道統之有在，而不知所以羽翼夫道統者，又有在焉。至大庚戌，集賢大學士姚公燧作《祠堂記》，猶以未升從祀天靳築室為言。……元統乙亥，皇上勑翰林學士歐陽玄為《神道碑》，與夫制誥、贊誄、記銘推明道統之所在者至矣。
許有壬 《圭塘小稿》 卷九		（27）勑賜推誠宣力定遠佐運功臣太師開府儀同三司上柱國曹南忠宣王神道碑銘（并序）

續表

作者/文獻	版本	用　　例
許有壬 《圭塘小稿》 卷九	清文淵閣四庫全書補配清文津閣四庫全書本	(28) 自神仙好樓居之說行，遂有作崇臺傑觀以候之者。嵩呼之聞，巨跡之見，真若可以形聲相接，而像設濫觴於此矣。其始也，施之羣祀；其卒也，於上帝亦冠裳而宮室之矣。聖人以神道設教，上智昭昭，無幽不通；下愚蚩蚩，既顓而蒙。孰為民彝？孰為帝衷？可使由之而不能使之知也。
許有壬 《圭塘小稿》 卷十		(29) 勑賜故資德大夫御史中丞贈攄忠宣憲協正功臣河南行省右丞上護軍魏郡馬文貞公神道碑銘（并序） (30) 元故右丞相克呼神道碑銘（并序） (31) 大元故贈光祿大夫江浙等處行中書省平章政事柱國追封趙國公阿都哈雅公神道碑銘（并序） (32) 故通議大夫江西等處榷茶都轉運使萬公神道碑銘（并序） (33) 公蒙古人卓特氏，小字萬嘉閭，長因為名，國俗也。既華學友，字以國卿。其家廣平，蓋曾大父天造初顯右部分成地也。……父孟克圖，右衛親軍百戶達嚕噶齊、佩銀符，陞福州新軍千戶達嚕噶齊、佩金符，贈亞中大夫、僉太常禮儀院事、輕車都尉、范陽郡侯。配欽察氏，追封范陽郡夫人。德善履歷，具《神道碑》。

表五百八十七

作者/文獻	版本	用　　例
楊奐 《還山遺稿》 卷上	民國適園叢書本	(1) 總帥汪義武王世顯神道碑

表五百八十八

作者/文獻	版本	用　　例
楊譓 《（至正）崑山郡志》 卷一	元至正元年修清宣統元年本	(1) 宋郟朝散墓，在郡郭韓涇北官路東，今夷爲民居．神道路、石柱具存，冢上露石碣云“三十朝散之墓”。按：當是升卿冢。今謂其地曰“大夫墳”。又有二壠，在賈堽門北。

表五百八十九

作者/文獻	版本	用　例
楊維楨《麗則遺音》卷三	清文淵閣四庫全書本	(1)《太公璜》：客有游乎東海之疆、謂水之陽。考申呂之封裔兮，見大風之泱泱。夫惟老漁之人兮，蹇齵齒而番叟逝。辟地於危邦兮，紛獨守此姱節。歲月不我與兮，哀朕時之不當。……傾一見於大蒐兮，神合而道同。躋後載而西歸兮，登師臣於三事。爾無靦色兮，我無貳志。人無間言兮，總百寮於極位。錫公袞之被服兮，鮮朝歌之鼓刀。邁洗耳之廢義兮，配審象之神交。……讖梁而夢鄧兮，紛卜鬼而稽疑。彼夢臧之曠議兮，又恍惘其奚知。雖其神道之託兮，不既治道之賊也。
楊維楨《東維子文集》卷之十	四部叢刊景舊鈔本	(2)《雪廬集序》：宋南渡後，大夫無文章，乃得於高安上人圓至者。方嚴陵有是言也。始于恠其言之自薄，及取至文覽之，則於江子、参寥輩誠有過之者，其脩辭有古作者法，吾中國聖人與西方聖人，有合不合者，二之則不是，一之亦不然，則必推極初之母者言也。……其曰：佛以神道設教，以輔國君治本，使民徭化，不俟刑驅。且贊今天子以西天佛子爲帝者師，所以崇其治本者耳。善乎新之言佛道，道之返其初於母也。其勉人必以問學思辯，以行其道，而振其教，則其文非穿空鑿幻務資口吻於人我者也。
楊維楨《東維子文集》卷之二十四		(3) 神道碑 (4) 元故中奉大夫浙東慰楊公神道碑

表五百九十

作者/文獻	版本	用　例
姚燧《牧庵集》卷一	清武英殿聚珍版叢書本	(1)《劉秉忠贈趙國文正公制》：運際風雲，不可謂生時之無益；名垂宇宙，斯克黨沒世而不忘。……至元之贈，進保爲傳；大德之謚，以正易眞。在先朝之恤，雖曰已隆；自今日而思，猶答未盡。何功臣未見後，復太師之未加，豈朕待爲于爾？其告於戲，非登朝霞以棲；其魄從往，聖陟降于帝庭，則抱明月而遊乎？方訪裔孫，徘徊於神道。章追刻密，恩重書棺。
姚燧《牧庵集》卷二		(2)《楊福贈壽國武莊公制》：所貴乎死，丈夫橫尸于戰場；其凜若生，太史納書于幽隧。人臣斯得天寵，何加具官某方？……爰加美號，思期昭白于廣庭；式慰門靈，制許焚黃于神道。

續表

作者/文獻	版本	用　　例
姚燧 《牧庵集》 卷十三	清武英殿聚珍版叢書本	(3) 神道碑 (4) 宋太常少卿陳公神道碑 (5) 皇元高昌忠惠王神道碑銘（并序） (6) 湖廣行省左丞相神道碑 (7) 今正奉輔國以神道未碑，出公凡受制書與御筆及公平生行實，請燧曰徵是爲銘。嗚呼！兄弟爭與昭揚先德，於其子職責巳塞矣。
姚燧 《牧庵集》 卷十四		(8) 神道碑 (9) 平章政事蒙古公神道碑 (10) 平章政事徐國公神道碑
姚燧 《牧庵集》 卷十五		(11) 神道碑 (12) 中書左丞姚文獻公神道碑 (13) 董文忠神道碑
姚燧 《牧庵集》 卷十六		(14) 神道碑 (15) 平章政事史公神道碑 (16) 榮祿大夫福建等處行中書省平章政事大司農史公神道碑 (17) 便宜副總帥汪公神道碑 (18) 興元行省瓜爾佳公神道碑
姚燧 《牧庵集》 卷十七		(19) 神道碑 (20) 潁州萬戶邸公神道碑 (21) 袁公神道碑 (22) 光祿大夫平章政事商議陝西等處行中書省事贈恭勤竭力功臣儀同三司太保封雍國公謚忠貞賀公神道碑 (23) 百夫長贈中大夫上輕車都尉曹南郡侯坤都岱公神道碑 (24) 南京兵馬使贈正議大夫上輕車都尉陳留郡侯布色君神道碑
姚燧 《牧庵集》 卷十八		(25) 神道碑 (26) 領太史院事楊公神道碑 (27) 鄧州長官趙公神道碑 (28) 提舉太原鹽使司徐君神道碑 (29) 戍守鄧州千戶楊公神道碑 (30) 積是勞勩，位踐三品，力有可至數，所得爲伐石人獸，樹列神道。又悼公平生與國立家之多艱也，不銘之碑，無以白悠久。自襄走鄧，託筆于燧。嗚呼！臣之事君，猶子事父。

續表

<table>
<tr><th>作者/文獻</th><th>版本</th><th>用　　例</th></tr>
<tr><td>姚燧
《牧庵集》
卷十九</td><td rowspan="6">清武英殿聚珍版叢書本</td><td>（31）神道碑
（32）參知政事賈公神道碑
（33）資德大夫雲南行中書省右丞贈秉忠執德威遠功臣開府儀同三司太師上柱國魏國公謚忠節李公神道碑
（34）侍衛親軍都指揮使李公神道碑
（35）後裕垂茫昧，其來匪言而告：有碑載銘，左是神道。</td></tr>
<tr><td>姚燧
《牧庵集》
卷二十</td><td>（36）神道碑
（37）資善大夫同知行宣政院事張公神道碑
（38）少中大夫敘州等處諸部蠻夷宣撫使張公神道碑
（39）山南廉訪副使馮公神道碑
（40）中書右三部郎中馮公神道碑</td></tr>
<tr><td>姚燧
《牧庵集》
卷二十一</td><td>（41）神道碑
（42）懷遠大將軍招撫使王公神道碑
（43）鞏昌路同知總管府事李公神道碑
（44）少中大夫靜江路總管王公神道碑
（45）平涼府長官元帥兼征行元帥王公神道碑</td></tr>
<tr><td>姚燧
《牧庵集》
卷二十二</td><td>（46）神道碑
（47）榮祿大夫江淮等處行中書省平章政事游公神道碑
（28）金故昭勇大將軍行都統萬戶事榮公神道碑
（49）浙西廉訪副使潘公神道碑</td></tr>
<tr><td>姚燧
《牧庵集》
卷二十三</td><td>（50）神道碑
（51）眞定新軍萬戶張公神道碑
（52）故從仕郎眞州路總管府經歷呂君神道碑銘（并序）
（53）皇元故懷遠大將軍同知廣東道宣慰司事王公神道碑銘（并序）
（54）有元故少中大夫淮安路總管兼府尹兼管內勸農事高公神道碑</td></tr>
<tr><td>姚燧
《牧庵集》
卷二十四</td><td>（55）神道碑
（56）武略將軍知弘州程公神道碑
（57）譚公神道碑
（58）轉運鹽使曹公神道碑
（59）少中大夫孫公神道碑
（60）勸農使陳公夫人李君神道碑</td></tr>
</table>

續表

作者/文獻	版本	用　　例
姚燧 《牧庵集》 卷二十五	清武英殿聚珍版叢書本	(61) 神道碣 (62) 孫府君神道碣 (63) 少中大夫、前同知荊湖北道宣慰使、今福建行省郎中孫顯，自福州使人持其考廬川事狀六千里，走書京師，謁銘神道。 (64) 奉訓大夫知龍陽州孝子梁公神道碣 (65) 武畧將軍知秦州史君神道碣 (66) 太倉監趙君神道碣
姚燧 《牧庵集》 卷二十六		(67) 嗚呼！學可以範世，行可以礪俗而已。是哉！夫人賈也。以燧平昔善，公録河南北道勸農副使。苟宗道理辭，求銘神道。每一讀之一抆淚，擲筆數年，終不能敘其事。
姚燧 《牧庵集》 卷二十八		(68) 曾孫墉、杲、埍、墀、均、圯，女曾孫五人，合是七世，凡四十四人。求燧銘公神道。燧思古人揭之石者，上惟其統，下惟其緒，率不旁及宗從。

表五百九十一

作者/文獻	版本	用　　例
佚名 《元典章》 刑部卷十四	元刻本	(1)（僞造佛經）元貞二年二月，中書省咨：準河南行省咨：峽州路遠安縣太平山無量寺僧人袁普昭，首號無礙祖師，僞造論世秘密經文，虛謬凶險，刊板印散，扇惑人心。……普昭小名的和尚根腳裹造僞經來，首木頭雕首自己的形僞，用金粧首，正面兒座首，左右立首神道。那經裹更有犯上的難說的大言語。
佚名 《氏族大全》 卷五	清文淵閣四庫全書本	(2) 公姿貌英特，圖繪傳天下，人謂如高山大岳，望之氣象雄傑。蓄泄雲雨，藏匿寶怪。或問伊川曰：魏公可學否？曰：魏公是間氣。英宗朝封魏國公。薨，神宗親製《神道碑》賜之，題曰“兩朝顧命定策元勲之碑”。謚忠獻。徽宗朝追封魏王。
佚名 《氏族大全》 卷六		(3)《救時之相》：姚崇，字元之。唐開元中，以十事要説天子，翌日拜相。崇嘗問齊澣曰：余為相，何如？晋晏對曰：公可謂救時之相。贊云：崇善應變以成天下之務，璟善守法以持天下之正。張説撰《神道碑》云：八柱承天，高明之位列；四時成歲，亭毒之功存。封梁國公，謚文獻。三子：彝、弈、异，皆至卿位。

續表

作者/文獻	版本	用　　例
佚名 《氏族大全》 卷八	清文淵閣四庫全書本	(4)《獻頌》：王褒，字子淵，蜀人。益州刺史王襄令作《中和》《樂職》《宣布》詩，因奏褒有軼材。上徵之。既至，作《聖土得賢臣頌》。上令往益州，祠“金馬碧雞”之神道，病卒。宣帝朝為諫大夫。
佚名 《氏族大全》 卷十五		(5)《銅盤引魚》：左慈，字元放。少有神道。嘗在曹操坐，操使求松江鱸魚。慈以銅盤貯水，以竿餌釣於盤中，須臾引一鱸魚出。他日，操欲收殺之，卻入壁中，霍然不知所在。(《方術傳》)
佚名 《氏族大全》 卷十九		(6)《野水横舟》：寇準，字平仲。八歲，吟《華山詩》云：只有天在上，更無山與齊。其師謂準父曰：賢郎怎不作宰相！……宋真宗朝，大拜决策，成“澶淵之功”。……後喪還，過公安，民皆迎祭，斬竹插地以掛紙錢，後生笋成林，邦人號“相公竹”。仁宗朝，贈中書令，封萊公，謚忠愍。詔學士孫抃撰《神道碑》，御篆其首曰“旌忠之碑”。
佚名 《宋史全文》 卷四		(7)呂中曰：以真宗繼太祖、太宗之後，兵未至多，吏未至冗，僧牒未鬻，而緇黄亦未熾也，而王禹偁言之。貽謀之初，冗官之負未多，小人之迹未萌，而王齊言之。當時私賞未至於及小人，私罰未至於施君子，聲色游逸之事何有也？而刁衎言之。豈憂治危明，職當然耶？景德、祥符以後，王欽若唱神道設教之説，丁謂唱大計有餘之議，而天書降矣。當時豈復有禹偁、田錫之言哉？
佚名 《宋史全文》 卷五		(8)十一月，殿中侍御史趙湘請封禪，上拱揖不答。王旦等曰：封禪之禮曠廢已久，若非聖朝承平，豈能振舉？初，王欽若既以城下之盟毁寇準，上自是常怏怏。他日，問欽若曰：今將奈何？欽若度上厭兵，即繆曰：陛下以兵取幽薊，乃可刷此恥也。上曰：盍思其次。欽若曰：當為大功業，鎮服四海，誇示戎狄也。上曰：何謂大功業？欽若曰：封禪是矣。然封禪當得天瑞，天瑞安可必得？前代蓋有以人力為之。陛下言：《河圖》《洛書》果有此乎？聖人以神道設教耳。上曰：王旦得無不可乎？欽若曰：臣請以聖意諭旦。旦僶俛而從。上他日晚幸秘閣，惟杜鎬方直宿。上問曰：所謂《河圖》《洛書》，果何事耶？鎬不測上旨，漫應曰：此聖人以神道設教耳。上由此意決，遂召王旦飲於内殿，歡甚，賜以尊酒。既歸，發視，乃珠子也。旦自是不復持異，天書、封禪等事始作。 (9)《龜鑑》曰：謬哉！神道設教之言。何其敢於自欺如是耶？若呼萬歲者三，若有景光者十二，武帝之惑於文成、五利，青史載之，至今為天下笑。且天無言，安得有書？今之詐又甚於文成、五利矣。

續表

<table>
<tr><th>作者/文獻</th><th>版本</th><th>用　例</th></tr>
<tr><td>佚名
《宋史全文》
卷六</td><td rowspan="6">清文淵閣四庫全書本</td><td>(10) 呂中曰：至是李文靖之言驗矣。封禪之議，決於丁謂“會計有餘”之一言，天書之降，成於欽若“神道設教”之一語，雖以王文正之碩德重望，不敢有異議。其後冦準之入居相府，亦以朱能天書而入。當時極言其非者，惟孫奭一人而已。</td></tr>
<tr><td>佚名
《宋史全文》
卷十三中</td><td>(11) 二月，詔左司諫朱光庭乘傳詣河北路，與監司一員徧視災荒，按累降指揮措置賑濟。詔賜《富弼神道碑》以“顯忠尚德”為額，仍命翰林學士蘇軾撰文。</td></tr>
<tr><td>佚名
《宋史全文》
卷十三下</td><td>(12) 初，章惇請責純仁，上曰：純仁持議公平，非黨也，但不肯為朕留耳。惇曰：不肯留即黨也。上勉從惇請。三省言：前後臣僚上言，論列元祐以來司馬光等罪惡未正典刑，及呂大防等罪大罰輕。詔司馬光、呂公著各追所贈官並謚告，及追所賜《神道碑額》，仍下陝西、鄭州，各於逐官墳所拆去官修碑樓，及倒碑，磨毀奉敕所撰碑文訖，奏王巖叟所贈官亦行追奪。</td></tr>
<tr><td>佚名
《宋史全文》
卷十七下</td><td>(13) 甲午，中散大夫韓璪為其父忠彥請謚，上曰：呂頤浩嘗奏：崇寧黨碑，視其姓名，皆賢士大夫，真可惜也。上篆其神道曰“世濟厚德之碑”，謚文定。</td></tr>
<tr><td>佚名
《宋史全文》
卷十九上</td><td>(14) 庚子，吏部員外郎呂聰問上故相呂大防所撰其祖公著《神道碑》，且言：臣猶記憶少時親見大防取索當時詔本、日歷、時政記以為案據，撰成此文。由是觀之，先皇與子之志，蓋已定於一年之前，豈容中間更有異議？其所以召臣祖輔嗣君，欲更革之意亦皆出於神宗皇帝之本心。</td></tr>
<tr><td>佚名
《宋史全文》
卷二十二上</td><td>(15) 十一月己巳朔，詔秦檜追封申王。戊申，左承事郎趙汾特降二官。己酉，詔《秦檜神道碑》以“決策元功精忠全德”八字為額。壬子，魏良臣參知政事。</td></tr>
<tr><td>佚名
《居家必用
事類全集》
乙集</td><td>明刻本</td><td>(16) 漢并州刺史周舉嘗作文辨之，久而難變也。俚儒又緣開元拜掃之儀，於是日野祭，尤違典訓，亦數百年矣。今之清明日為春薦，四時薦饗並寢。若子孫得路歸守丘墓，則在家薦饗畢，請神道灑掃展省。</td></tr>
<tr><td>佚名
《清微元降大法》
卷二十五</td><td>明正统道藏本</td><td>(17) 雷神往來，欻如飛電，世茹氛臭，難久停膠。召至疾遣，毋事虛文。附體開光，降將報指。昭一水封臂，攝亡墜幡。其鬼不神，其事不應，皆術法也。可以神道設教，知道者不為也。</td></tr>
</table>

續表

作者/文獻	版本	用　　例
佚名《梨園按試樂府新聲》卷下	四部叢刊三編景元刻本	(18)（朝天曲）儘教，儘教，從他烈火燒了祆，廟藍橋一任水迢迢。鍬撅斷陽臺道，謝舘秦樓，畨成書閣，修文詞攻武略。把錦套頭放着，將磨杆兒撇卻，教有力的姨夫鬧。紫袍，戰袍，送了些活神道。不比農夫有下梢，不識長安道。耕種鋤鉋，無煩無惱，臥東窗日影高。芭棚下飯飽，麥場上醉倒，快活煞村田樂!
佚名《古今雜劇》	元刻本	(19)（綿荅絮）但行处，人間私語，天聞若雷。一時報應，更不差遲。專設着未說先知舉意司，又差着千里眼去聽呵順風耳。那謗神道言詞，子是這老丑生不三思。 (20)（粉蝶兒）今得一個下又云玟，不爭隨順了妖嬈，閎着心不合神道。一會家怨氣難消，吃的來醉薰。道情理難饒，受哥恩殺身難報。 (21)（憶王孫）鹿兒鱿撲撲撞胷脯，火魂似烘烘燒肺腹。莫不是腥臊臭氣把神道觸？我轉思慮，這病少半兒巨風效半是雨。 (22)（村里迓古）這廝好損人安已，不合神道！錢物又不多，要時分明好要。怎生下得，交哥哥身夭！更做道，錢心重，情分少，枉辱末殺分金管鮑。 (23)（金盞兒）上陣處三綹美須飄，將九尺虎軀搖。五百個保關西，簇捧定個活神道。敵軍見了，諕得七魄散五魂消。你每多披取幾副甲，剩穿取幾層袍，您的呵敢蕩番那千里馬，迎住那三停刀! (24)（后庭花）您予道關公公見小，您須知曹公心亮高。一個生意爭天下，一個封金謁故交。上的霸時橋，曹操伎不含神道，把軍兵先暗了。 (25)（賺煞尾）无路酒年中敬，送行禮月中托。没乱杀姪兒共嫂嫂。曹孟得心效去做小，哥着漢雲長善与人交。万声叫，得与杀許褚張遼。那神道須追風騎，輊輪動偃月刀。 (26)（衮秀求）他終前有半點兒言，莛前帶二分酒。那漢酒性操不中調閗，你是必桂口兒則休提着那荊州。完爭開杀人眼，輕舒開捉将手。那神道恒将臥蚕眉坡，登時敢五蘊山列火難收！若是他玉山低趄，你則頻斟酒；若是他宝劍離匣，你則準備着頭！枉送了八十座軍州！ (27)（外末上）吾是病灵，這位是丑，這位是速報司。俺三位神灵，定是孝子，是五逆之人。今有王外瞞心昧已，不合神道，惡禍生神。云隍奉吾神令，教那急脚李去，半夜後王員外鬼神珠玉人抱去。明日午時，去在那火池裏燒死，却把孝子張屠的喜孫兒，虛空裹着扮人凡人，先送与他母親。休交人一得是凡人。(下)

續表

作者/文獻	版本	用　例
佚名 《古今雜劇》	元刻本	(28)(外旦上，開）老身是王員外的母親，有孩兒。吾兒每年三月二十八日，去大安神州做一遭買賣。有人未說，不皃孫子神玉顆。我想王員外買賣上多有不合神道，折我這孫子。好去張婆問个信去。(下) (29)(呆古朶）作這做經商的那一个合神道，甚的是善上人交！往當一好有貪財，今日却除根剪早。因甚散不把穹民済，便是梅罪把神靈告。則是問天博換一个兒，却拍望養養防備。 (30)(衮秀求）錢呵！有你的不讀書便（闕)，没你的不違法便下的。你敢的世間事都顛倒，将我這不雇後的呆漢般調。有你的不唱喏便唱一，没你的不高傲便高傲。人是你鵶青神道，有你没你的我便人着。 (31)(二煞）奠榼夢斷陰風冽，《薤露》哥殘慘日斜。他從來正性不隨邪，凜凜的英魂，神道般剛明猛烈。豈可似餒鬼慕饕餮，刃冒今明显化？我便問是邪非邪！ (32)(三煞）看文案時爭着眼不識一字，受閑節一処腆一脯且是四行。那廝則是箇黑神道化做他通紅蟒。得了錢呵，敢不問韓元帥放了鍾離末；不与鈔呵，敢時着孔夫子幽囚煞公治長。 (33)(混江竜）想昨朝那一火強盜，又被那賍心錢買轉我這管紫双毫。我減一筆當所責股，我添一筆交他為縱的該敲。憑着我抝曲作直取狀筆，勝如那致命畐才杀人刀，官來接會，物西錢東，思多共少，日久天長，咱俺做令史的那一个敢合神道！伴當每指山賣磨，百姓每畫地為牢。
佚名 《衣襖車》	民國孤本元明雜劇本	(34)(尾聲）鶴隨鸞鳳飛還遠，人伴賢良志轉高。那將軍施躁暴，這將軍是勇躍。奪了扛車，取了衣襖。昝先鋒着箭鑿，史牙恰則一刀。這狹青恰似活神道，他輕輪着那三尖兩刃鋼刀，把些箇敗殘軍落荒他可都赶去了。
佚名 《群書通要》 甲集卷一	清嘉慶宛委別藏本	(35)(太極合德)《文中子・王道篇》：子遊孔子之廟。出而歌曰：大哉乎。君君臣臣，父父子子，兄兄弟弟，夫夫婦婦！天子之力也，其與太極合德，神道並行乎？
佚名 《群書通要》 丁集卷七		(36)(將老糟邱）陳暄嗜酒，兄子秀致書於暄友，兾以諷諫。暄聞，與秀書曰：吾有此好已五十餘年。汝以飲酒為非，吾以不飲為過。昔周伯仁渡江，惟三日醒，吾不以為少；鄭康成一飲三百杯，吾不以為多。吾生平所願，身沒之後，題吾墓曰“陳故酒徒陳君之神道”。又云：何水部眼不識盃鐺，吾不離瓢杓，汝寧與何同日而醒，與吾同日而醉乎？速營糟邱，吾將老焉。

續表

作者/文獻	版本	用　　例
佚名 《群書通要》 戊集卷三	清嘉慶宛委別藏本	(37)（一柱承天）姚崇與張說有隙。崇死，謂其子曰：我死，張說來弔爾，以我平日寶玩盡列于前。如說屬目，即舉以獻之，就問其求《神道碑》，纔得即模刻以示外。此人見遲，稍緩即悔。彼不顧，則吾族無噍類矣。子如其言。說來，果屬目。說去，即以獻之，遂求所為文。故其碑曰：一柱承天，高明之位列；四時成歲，亭毒之功深。後說悔，來索，則碑已模刻矣。
佚名 《群書通要》 戊集卷五		(38)（南宮眉目）韋陟，字商衡。為吏部員外郎。是曹在南宮為眉目，在選士為司命。公執直筆，閱簿書，紛拏盤錯，一瞬而剖。(《神道碑》)
佚名 《群書通要》 己集卷四		(39)（杜撰）石中立在中書，盛度撰《張文節公知白神道碑》。石急問曰：是誰撰？盛卒對曰：度撰。滿堂大笑。(《湘公野錄》)

表五百九十二

作者/文獻	版本	用　　例
陰時夫 《韻府群玉》 卷二上	清文淵閣四庫全書本	(1) 悔作碑。(姚崇病，戒諸子曰：張説與吾隙深，然其人奢侈。吾歿，當來弔，汝盛陳寶玩。張不顧，舉族危矣。若寓目，當致此玩，以《神道碑》請，得即録進，仍先礱石速鐫。張料事遲，後必悔。諸子如言。張碑文曰：八柱擎天，高明之位列；四時成歲，亭毒之功存。數日，果取本，刪改。引使者視之碑，已工畢。説悔曰：死姚崇猶算生張説。)
陰時夫 《韻府群玉》 卷十一		(2) 度撰。(盛度撰《張知白神道碑》。石中立急問曰：是誰撰？盛卒對曰：是度撰。滿堂大笑。(《湘山野錄》)) (3) 冢塋神道。(修冢塋，開神道。《後中山簡王傳》：墓前開道，建石柱以為標也。)
陰時夫 《韻府群玉》 卷十五		(4) 堅悍。(《胡少府神道碑》：年幾八十，堅悍不衰。(韓))

表五百九十三

作者/文獻	版本	用　　例
俞希魯《（至順）鎮江志》卷八	清嘉慶宛委別藏本	(1) 粤以大唐先天二年太歲癸丑三月戊寅，甫功畢。夫寂然不動，感而遂通，極乎幽贊之情，招乎福謙之佑。無方無體，至變至精，顯道而列晬，興物而崇清廟。事通元妙，光麗自然，屏翰千載，舟航萬古。式揚粹烈，爰作銘云：帝王興起，必有藩捍。匪獨也周，亦聞於漢。於穆懿戚，挺茲植幹。拯溺救焚，夷凶靜難。功成不處，德盛無鄰。威動夏日，德侔陽春。德盛伊何，輔主惠民。功成伊何，沒代留神。神道設教，聖人所服。得一永符，樂天招福。不行而至，不疾而速。利用靡窮，聰明難瀆。欲達吾信，詞陳史祝。 (2)《漢書》：高帝族弟，漢興爲將軍，有功封爲荊王，王於此地，與黥布戰薨，人爲立廟。歴吳、晉、宋、齊、梁、陳，俗皆享祀。……吳郡孫處元撰碑，披文相質，窮理盡性。稽諸典故，備通神道。時秋八月工畢，皇帝安七廟，殛四凶，天下太平，域中無事。文瑾修身潔已，常主奠祭，歲月躬親，不懈其事。 (3) 其一，唐武進縣主簿趙晉用《賽雨紀石文》。（文曰：昭明爲神，神正直而已。其或歆夫諂祭，阨我生人，則神道喪矣。故明命鬼神，以爲黔首。此神祠者，有吳公子諱季札，賢而能讓，信必由衷，聽樂彰於識微，挂劒表乎心許。故以生則君子敬而尚之，沒則國人思而像之，宜其精氣作神，盛德爲祀。） (4) 復委縣尉杜君範，以闢蕩地，王君不事苛擾，故役竟而人不知。杜君明達利害，故令行而民不病。繼自今不但神道感而宣靈，水之瀦泄有地，設有旱乾亦庶幾矣。
俞希魯《（至順）鎮江志》卷十二		(5) 梁建陵，在縣東北二十五里三城，武帝父文帝及張后所葬。（文帝，諱順之，字文緯。齊封臨湘縣侯，卒謚懿。后諱尚柔，宋泰始七年殂，合葬晉陵武進縣東城里山。武帝踐阼，尊考日文皇帝，妣曰獻皇后，陵日建陵。大同十年，武帝駕幸蘭陵，有紫雲蔭覆陵上，食頃乃散。帝望陵流涕，所霑草皆變色。陵旁有枯泉，至是流水香潔。舊有兩碑，其一在陵門，題云“太祖文皇帝之神道”。字晝反正相對，今皆不存，惟兩石龜存焉。） (6) 修撰陳東墓，在上德鄉桐村。（初，東以言事死闕下。高宗悔之，修理其祀事，每歲寒食，郡爲上冢或給錢付，縣官致祭，集其子孫宗族胙飲，甚厚。景定中，大資馬光祖過丹陽，即墓建祠，自題云“有宋修撰陳公神道，彌甥馬光祖書”。光祖母葉氏，括蒼潘甥也。初，東女適潘好謙，好謙之孫妻葉氏，生光祖也。）

續表

作者/文獻	版本	用　　例
俞希魯 《（至順）鎮江志》 卷二十一	清嘉慶宛委别藏本	（7）建陵石麟。（梁武帝父順之，仕齊爲領軍將軍，封臨湘侯。武帝即位，追尊爲文皇帝，廟號太祖，陵曰“建陵”，碑口“太祖文皇帝之神道碑”。武帝大同中，作石麒麟，乃置於此墓。至歐陽修《集古目錄》，乃以此碑爲《宋文帝神道碑》。然宋文帝長甯陵，自在蔣山，特其八字與文帝廟號俱同爾。二陵見於姚思廉《齊書》及沈約《宋書・建康實録》明甚。）

表五百九十四

作者/文獻	版本	用　　例
虞集 《道園學古録》 卷之十三	四部叢刊景明景泰翻元小字本	（1）賀丞相神道碑 （2）至順三年七月辛卯，皇帝清暑上都洪禧殿之西亭，有詔賜《故丞相上都留守秦國賀惠愍公神道碑》，而命臣某製刻文。 （3）趙文惠公神道碑 （4）故中奉大夫、湖南道宣慰使趙公，既贈通奉大夫、湖廣等處行中書省参知政事、護軍，追封天水郡公，謚文惠。其子彌寛詣太史，請述《神道碑銘》。 （5）兩浙運使智公神道碑 （6）《福州總管劉候墓碑》：泰定丙寅三月甲子，福州總管劉侯，因其子浙江行省鎮撫輿之上事京師也。使以其間，來告曰：元亨，以祖父之緒，屬當戎行，遭時承平，四方無大征戦，不得備效用，然嘗將指歷至西南諸邊，幸不辱命。粵自荒服，俾守茲郡，粗息肩於奔走，以洒濯其瘴癘。始克，自思曰：先君之葬三十年矣，而神道之碑未立，蓋未遑也，其敢曰將有待也。誠懼先世之德，久欝而弗彰，將無辭於子孫後世，請篆其事於石，庶不朽焉。
虞集 《道園學古録》 卷之十四		（7）上閔其病重，煩以政事，拜翰林學士承旨，仍以蔡國侍經筵，朝有大政則就焉。有間，使來告某曰：先王之廟在亳州者，庭皆有麗牲之石。我忠武及忠毅之勳德，則既具刻而銘之矣。惟獻武之廟，我以忝預國事，不暇私顧，其家故未有刻焉。因以王之《墓誌》《神道碑》《家傳》授某，曰：刻文，敢以屬子。其辭不獲，則對曰：昔嘗忝爲太史屬，固嘗知公家世勳德，及進講内殿，又執經以從公後者三年矣。雖不敏，敢次第而書之。 （8）知昭州秦公神道碑 （9）於法得立《碑神道》，故來請銘。銘曰：明主在上，則有直臣。憂國奮義，蹈禍亡身。公以從子，泣血愼德。豈曰避仇，實瘴蠹賊。陰消陽明，君子

續表

作者/文獻	版本	用　　例
虞集《道園學古録》卷之十四	四部叢刊景明景泰翻元小字本	于征。名公具言，猶保幽貞。愛民之仁，拯物之智。天不與年，百未一試。通道不回，古人所難。父子相望，風節厲完。乃睠後人，並立朝著。爲國材賢，綽有令譽。維洛泱泱，潤覃柏松。過者式之，遺直之官。 (10) 集爲國子師時，天爵爲生，以鄉學尤見親，故爲之表而銘之。銘曰：蘇氏始封出司寇，秦從武節遠莫究。趙郡相望接遙冑，去之百代世職復。司刑郎吏儼冠綬，歸視高塋廣以袤。斧形馬鬣莽回伏，子後父食孫祖侑。繼宗聯支有疏茂，體魄下寧氣來就。有别蜀洵譜維舊，祖尊親著族用收。法之著銘表神道，世世子孫可長守。
虞集《道園學古録》卷之十五		(11)《桐鄉阡碑》：故贈某官封馬公某以大德五年守光州，有惠政。後官閩中，以皇慶二年卒。……其子祖常奉喪北歸，至於光葬焉，表之曰桐鄉阡云。某與祖常嘗在太史，故屬某識之。按：公家世、歷官、行事、月日，已具《神道碑》。此獨著其係光者，以示光之人焉。 (12) 馬氏之塋，始在郡西南陽城里。今葬屯川者，自公始。後幾年爲泰定二年，立碑神道。賈某始來，求爲銘。銘曰：神麐之陽，滏流洋洋。有燁馬宗，世爲之望。望之儗儗，有梓有杞。桓桓勸農，侃侃御史。爰暨中書，中外踐更。宜秉國均，以究其成。善止弗蹶，亦未期耋。有緌瓊纓，臨滏以潔。軒軒乘車，沒齒走趍。孰不懷鄉，有其幾餘思。表令德勒，辭比事匪。孫子是遺，用憲國士。
虞集《道園學古録》卷之十六		(13) 御史中丞楊襄愍公神道碑 (14) 明年月，御史臺奏用其子武備庫提點不華，僉河東山西道肅政廉訪司事。不華既拜命，乃泣而言曰：惟先臣之死於是七年矣，陛下幸昭雪而贈卹之，固已釋冤憤，感德於地下。臣雖萬死懼，無以報稱，顧於法得立碑神道。願載其事於貞石，以昭陛下之明聖。 (15) 大宗正府也可札魯火赤高昌王神道碑 (16) 古者，大臣有勲勞於其國，則範金爲鼎彝而著之以銘。近古以來，凡頌德紀功者，於廟則有麗牲之石，於墓則有下窆之碑，因而刻文焉。於是推而樹表，神道則有趺首，丈尺之異以别等衰，知禮者未之有改也。我國家六合混一，人文具興，王公大人之家，率是而行之，其盛大有加於昔者矣。……先人之歿已二十五年，今葬諸城西三十里之田村者，法得樹碑神道。凡十有四年而未及刻者，非敢緩也。

續表

作者/文獻	版本	用　　例
虞集 《道園學古録》 卷之十七	四部叢刊景明景泰翻元小字本	(17）徽政院使張忠獻公神道碑 (18）上愛其能，而思其父之忠也。賜之神道之碑，而命臣某著文以刻之。謹按：公諱九思，字子有，姓張氏，其先大都宛平縣邑鄉人。曾祖贈資善大夫、中書右丞、清河郡公，謚安恭。 (19）臣集奉詔，紀實爲銘。詩曰：猗歟魯公，盛德有容。起事裕皇，夙夜匪躬。……南原有封，亦長松栢。松栢丸（丸），垂三十年。有子孔嘉，克象其賢。珮玉垂紳，入侍天子。左有鼎彝，右有圖史。天子曰嘻，爾惟舊人。宮中府中，懷爾先臣。神道有石，可載功德。廼命太史，著文以刻。盧川沄（沄），西山峨峨。山夷川湮，兹銘不磨。 (20）宣徽院使賈公神道碑 (21）翰林學士承旨劉公神道碑 (22）間爲上言之，上以爲感，制詔臣某著文，以載其行事，而刻諸神道之碑。謹按：公諱賡，字熙載，世爲洺水人。五世祖逸，以郡吏治獄，有陰德。 (23）高魯公神道碑 (24）至順二年春，有詔特加贈故中奉大夫、河南等處宣慰使、推誠協亮功臣、太傅、開府儀同三司、上柱國、魯國公，謚莊僖。而御史中丞趙公世安又傳勑太史臣某製文，以刻諸神道之碑。
虞集 《道園學古録》 卷之二十二		(25）臣集敢不拜手稽首，奉詔著銘以遺之。其詞曰：有吳世家，於赫畨君。相是有歸，克焕其群。江南之東，惟番惟大。洪源盛流，彭蠡其匯。大納有容，保和以沖。含生所資，神明來宮。額額千里，中城聽治。民之來享，出入多制。神道尚幽，人道尚明。別而理之，新宮乃成。既還既好，歲夂而弊。東門有田，萬神攸萃。自堂徂基，棟宇言言。靈之洋洋，來享來安。顧瞻故鄉，孰非吾土。隨感有見，寧滞方所。相方度新，在我曾孫。曾孫孫子，思著思存。道家之宮，以祀上帝。則具是依，曷其有替。文惠之褒，人無異辭。有煒裳衣，天子錫之。神之格思，食爾舊德。勿私尔邦，惠我四國。史臣脩詞，麗牲有碑。百神敬共，明詔在兹。
虞集 《道園學古録》 卷之二十四		(26）於法當樹表于其神道之碑。臣集受詔。謹按：撥徹，蒙古札剌兒台氏太祖皇帝。初起朔方，豪桀之士雲起響應而從之。爲之腹心爪牙者，必皆有深智遠識，有勇而善謀，是以東征西伐，無不如志。以成萬世之業者，天為之生材，而聖神善用之故也。

續表

作者/文獻	版本	用　例
虞集 《道園學古録》 卷之三十三	四部叢刊景明景泰翻元小字本	(27) 公孫既不以集之不肖，早嘗望公於下風，俾執筆書公遺事與神道。此編之成，又使集附註其説，使得而讀之者，庶有所發焉。廉使忠厚而簡易，清愼而剛介，所至爲治，不事苛文，有法外意，是以風操之所感發者，非庸俗固陋之所知也。
虞集 《道園學古録》 卷之四十一		(28) 元故累贈集賢直學士亜中大夫追封魏郡侯張公神道碑銘（有序） (29) 宜春太守張熙祖告於前太史虞集曰：昔先君棄孤子，於延祐已未十一月二十七日，年六十有八。……明年二月壬申，葬諸信州路貴溪縣長山之里，其鄉也。子爲我志而銘之，既納諸幽矣。……勲爲輕車都尉，階三品，於法當樹表於神道。子爲我序而文之，以刻諸石。
虞集 《道園學古録》 卷之四十二		(30) 通議大夫簽河南江北等處行中書省事贈正議大夫吏部尚書上輕車都尉追封潁川郡侯謚文肅陳公神道碑 (31) 正議大夫江南湖北道肅政廉訪使特贈宣忠効力翊戴功臣大司徒金紫光祿大夫上柱國夏國公謚襄敏楊公神道碑 (32) 集往年待罪國史，嘗奉詔書中丞遺事于其神道之石。 (33) 朝列大夫僉燕南河北道肅政廉訪司事贈中議大夫禮部侍郎上騎都尉追封天水郡伯趙公神道碑

表五百九十五

作者/文獻	版本	用　例
元明善 《清河集》 卷五	清光緒刻藕香零拾本	(1) 揚州總管王君結，余友也。駟過其家中山，授余崔助教詠狀曰：此結師也。幸公銘，俾諸孤刻之墓神道，是不没吾師矣。 (2) 平章政事廉文正王神道碑 (3) 丞相淮安忠武王曰：廉公，宰相中真宰相，男子中真男子。可謂名言。然勳隆帝室，澤被生民，用舍合道，安危一節，大人之事備矣。臣再拜稽首，銘墓神道。其辭曰：天祐大君，嶽降大臣。君臣協慶，弘濟斯民。烈烈世祖，如日亭午。照臨萬國，暉光草土。惟恆陽王，帝命肅將。如雲龍從，膏澤滂滂。左右聖皇，大開明堂。四朝寧侯，奏功效良。手援羣溺，措之安康。……慕者儀之，肆其齊而。(《文類》六十五)

續表

作者/文獻	版本	用　　例
元明善 《清河集》 卷六	清光緒刻藕香零拾本	(4) 魏國忠懿公神道碑 (5) 赫赫之三世加爵諡，墓神道當有石刻。 (6) 河南行省左丞相高公神道碑 (7) 延祐三年三月，制贈推忠效順佐理功臣、太師、開府儀同三司，上柱國，追封梁國公，謚武定。夫人某氏，子某某官。集賢學士李某奉勑命臣明善爲公撰次《墓神道碑文》。 (8) 稾城令董府君神道碑 (9) 集賢直學士文君神道碑
元明善 《清河集》 卷七		(10) 九月十三日夜，疾革，洗沐而坐，召文忠等曰：吾以先人死事，恨不爲國死邊，今至此命也。願董氏世有男，能騎馬者，勉報國，吾死瞑目！言畢，就枕薨。上聞，痛悼之良久。命文忠護喪，葬藁城。令所過有司，以禮弔祭。制贈金紫光祿大夫、平章政事，謚曰忠獻。敕翰林待制李謙誌其墓，翰林學士承旨王磐撰《神道碑》。公忠實似其父，人主益信之。

表五百九十六

作者/文獻	版本	用　　例
袁桷 《（延祐）四明志》 卷五	清文淵閣四庫全書本	(1) 紹定二年，薨于賜第。贈中書令，追封衛王，謚忠獻。在相位二十六年，其行事見《宋史》及《羣賢奏議》。理宗特御製《神道碑額》曰“公忠翊運定策元勲之碑”。
袁桷 《清容居士集》 卷第二十五	四部叢刊景元本	(2) 象設弗嚴，其何以肅衆？神道設教，其會通之道也。
袁桷 《清容居士集》 卷第二十六		(3) 神道碑銘 (4) 武義將軍梁公神道碑 (5) 桷亦待罪集賢。相與言公遺事，御史則曰：子實知吾先公為詳，且神道之碑未樹，子宜為銘。 (6) 資德大夫紹慶珍州南平沿邊宣慰使播州安撫使侍衛親軍都指揮使上護軍追贈推忠效順功臣銀青榮祿大夫平章政事柱國封播國公謚忠宣楊公神道碑銘

續表

作者/文獻	版本	用　　例
袁桷 《清容居士集》 卷第二十六	四部叢刊景元本	（7）漳州路同知朝列大夫贈汴梁路同知騎都尉開封郡伯馬公神道碑銘 （8）武略將軍裕州知州李公神道碑銘 （9）奉政大夫同知東昌路總管府事蔡公神道碑銘
袁桷 《清容居士集》 卷第二十七		（10）神道碑銘 （11）朝列大夫同僉太常禮儀院事白公神道碑銘 （12）贈翰林學士嘉議大夫馬公神道碑銘 （13）翰林學士承旨榮祿大夫遙授平章政事贈光祿大夫大司徒上柱國永國公謚文康閻公神道碑銘 （14）周瑞州神道碑銘 （15）有元故贈中憲大夫中書吏部侍郎騎都尉陳留郡伯郭公神道碑銘
袁桷 《清容居士集》 卷第四十一		（16）一、纂修史傳，必當先以實録小傳附入九朝史傳，仍附《行狀》《墓誌》《神道碑》以備去取。

表五百九十七

作者/文獻	版本	用　　例
曾貫 《易學變通》 卷三	清文淵閣四庫全書本	（1）或問：諸卦《彖傳》未有言天地聖人之神道，獨于"觀"言之，何也？曰：神本于方，非可以象求。然天地聖人之為觀者，其迹也；而所以觀者，神也。因其觀而得其所以觀，此聖人所以獨于此而著乎神道也。

表五百九十八

作者/文獻	版本	用　　例
張鉉 《（至大）金陵新志》 卷五上	清文淵閣四庫全書本	（1）大岯山，一名大巫山，一名浮山，在州東北四十五里洮湖中，週三百五十步，高八丈。（與宜興、金壇二縣接界，山形孤秀，顒顒居水中，望之若浮。周處《風土記》云"洮湖有大坏山"，《唐地理志》云"溧陽有湖山"，皆指此也。唐史嶷撰《史憲神道碑》云：岯山右轉，洮水前臨。坏字，乃為岯，今從之。坏、岯二字，土人皆音浮，字書未見。陶隱居《尋山志》云"石孤聳以獨絶岸，垂天而似浮"，謂此山也。）

續表

作者/文獻	版本	用　　例
張鉉《（至大）金陵新志》卷十一上	清文淵閣四庫全書本	(2) 裴度撰《神道碑》：公諱太真，字仲適，族彭城。晉永嘉末，衣冠南渡，遂為金陵人。
張鉉《（至大）金陵新志》卷十二下		(3) 始興忠武王墓（王名憺，墓在上元縣清風鄉黃城村，去城三十里，有石麒麟四及《神道碑》。） (4) 安成康王墓（王名秀，字彥達，墓在清風鄉甘家巷，去城三十八里，有石麒麟二、石柱一、《神道碑》二。） (5) 張懿公墓（名居詠，在上元縣金陵鄉石頭城後，去城一十里，碑題云“大唐順天翼運功臣特進贈守太子太傅上柱國清河郡開國公張懿公神道”。） (6) 史司空碑（《漢司空驃騎將軍溧陽侯史公神道碑》，晉永和八年立。唐貞觀十四年，十八代孫仲謨題云：隋末大亂，避地（闕）越碑再立云。） (7) 呂尚書碑（《晉故尚書起部郎廬陵太守呂府君之神道碑》，見呂滸墓。） (8) 靖惠王碑（《梁臨川靖惠王神道碑》，在上元縣化城鄉。） (9) 吳平侯碑（《梁侍中吳平忠侯蕭公神道碑》，在上元縣花林村。） (10) 建安侯碑（《梁建安敏侯神道碑》，在淳化鎮西。） (11) 史府君碑刻（《梁故假節散騎常侍袞州刺史建昌縣開國侯史府君之神道碑文》，石柱刻字。見墓。） (12) 白水橋碑（《慶元志》：城東北十五里，白水橋東，路南田中有碑，半折仆地，字皆磨滅，惟題可辨云“康王神道之碑”，餘不可考。歷陽張祈，字晉彥，過其下有詩云：出郭悠悠信馬蹄，荒烟衰草不勝悲。江南舊事無人記，時有龜趺載斷碑。詩刻在半山寺。） (13) 禮部侍郎劉府君神道碑（裴度撰。在本廟中，後移置欽賢亭。朱翌有《讀碑詩》。） (14) 晉史建安碑（《晉故建安太守山陰縣侯史公神道碑》，景龍四年，從孫宣義郎嶷撰。）
張鉉《（至大）金陵新志》卷十四下		(15) 後三十餘年，吳下休休庵一老僧病死，遺篋繫梁上，封識甚嚴，衆發視之，惟鐵衣實劍各一，其文字有劉師勇名。相傳師勇自常州馳至臨安，又轉徙至厓山，宋亡乃晦跡浮圖氏云。（以上見馮去非所作《神道碑》，師勇事見《陳炤小傳》。）

表五百九十九

作者/文獻	版本	用　　例
張養浩 《歸田類稿》 卷十	清文淵閣四庫全書本	（1）神道碑 （2）資德大夫中書右丞議樞密院事陳公神道碑銘 （3）贈中順大夫河中府知府上騎都尉潁川郡伯陳公神道碑銘（有序） （4）越明年夏五月，走書友人張養浩曰：孤惟德罪大家。君捐館時，縻身於官，其襲斂祖奠皆弗之。及重惟先君，平日位不滿德，而惟德又斂仕，弗克盡養。苟沒焉，不為表其素行金石，則惟德殆不能人天地間矣。敢百拜，以《神道碑銘》。 （5）故翰林學士資善大夫知制誥同修國史贈某官謚文敏元公神道碑銘 （6）山東都轉運鹽使劉公神道碑銘（有序）
張養浩 《歸田類稿》 卷十一		（7）今先兄以品以秩，又當有碑神道，惟是三世數十年闕焉。未舉之典，幸先生有以哀而完之，則死者、生者均無憾於幽顯矣。

表六百

作者/文獻	版本	用　　例
張之翰 《西巖集》 卷十五	清文淵閣四庫全書本	（1）彥實，名賁，故行六部尚書諱某之第三子。其家世、事業，見於內翰李章軒先生所作《神道碑》，茲不復云。
張之翰 《西巖集》 卷十九		（2）大元故榮祿大夫中書平章政事趙公神道碑銘

表六百零一

作者/文獻	版本	用　　例
趙采 《周易程朱傳義折衷》 卷十一	清文淵閣四庫全書本	（1）《彖》曰：大觀在上，順而巽，中正以觀天下。觀，盥而不薦，有孚顒若，下觀而化也。觀天之神道，而四時不忒。聖人以神道設教，而天下服矣。

續表

作者/文獻	版本	用　　例
趙采 《周易程朱傳義折衷》 卷十一	清文淵閣四庫全書本	(2) 程子曰：五居尊位，以剛養中正之德為天下觀，其德甚大，故曰“大觀在上”。下坤而上巽，是能順而巽也。五居中正以巽順中正之德，為觀于天下也。為觀之道嚴敬如始盥之時，則下民至誠瞻仰而從化也。不薦，謂不使誠意少散也。天道至神，故曰“神道”。觀天之運行，四時无有差忒，則見其神妙。聖人見天道之神，體神道以設教，故天下莫不服也。夫天道至神，故運行四時、化育萬物无有差忒。至神之道莫可名言，唯聖人默契，體其妙用，設為政教，故天下之人涵泳其德而不知其功，鼓舞其化而莫測其用，自然仰觀而戴服，故曰：以神道設教，而天下服矣。……“有孚顒若”，便是那下觀而化，却不是説在人君身上。“觀天之神道”“聖人以神道”，此因感道而舉天以並聖人也。“天之神道”，只是自然運行，四時自然不忒。“聖人神道”，亦只是使人自然觀感而化。……至于“天與聖人之神道”，則无聲无臭，其所以感化。雖天與聖人，亦不知其所以然。

表六百零二

作者/文獻	版本	用　　例
趙道一 《歷世眞仙體道通鑒》 卷八	明正統道藏本	(1) 老君復謂曰：審欲神仙，當先服還丹金液。汝不服還丹金液，虚自苦爾，為寒溫風濕，鬼氣所擊，司命不能救也，可不勉哉。努力作丹，早自防衛，勿示愚人，令訕毁神道，益子之過。嗟乎，行尸雖富有萬物，貴爲王侯，不滿百年，成土一簣，甚可哀也。合作神丹，勞苦須臾，一成便仙，與天相畢，恣心所欲，樂可央乎。
趙道一 《歷世眞仙體道通鑒》 卷四十三		(2) 道士李守微者，不知何許人。常遊蜀，善養氣不食，行疾如風，好飲酒，談論多滑稽，不拘小節，人常輕侮之。……與祠部韓嶼友善，嶼贈詩云：一定童顏老歲華，貧寒遊歷貴人家。煉成正氣功應大，養得元神道不差。烏曳鶴毛乾氉毲，筇攜杖瘦似槎牙。如何篤隱不歸去，落盡蟠桃幾處花。

表六百零三

作者/文獻	版本	用　　例
趙孟頫 《松雪齋集》 松雪齋文集 卷七	四部叢刊景元本	(1) 大元勑賜故榮祿大夫中書平章政事守司徒集賢院使領太史院事贈推忠佐理翊亮功臣大師開府儀同三司上柱國追封趙國公謚文定全公神道碑銘

表六百零四

作者/文獻	版本	用　　例
趙汸《東山存稿》卷三	清文淵閣四庫全書補配清文津閣四庫全書本	(1) 虞宅得歐陽公為《神道碑》，計已徹尊覽，但所據《行狀》，未經刪改，謹皆繕寫上呈，伏惟閣下必有不刊之論，可慰老先生於九原也。劉靜修先生墓表、曹學士誌銘，偏州晚學皆不得見。方欲謀重拜門下，以畢其所欲求教者，秋暑尚隆，未敢輙易參謁。伏惟為國為民，善自寵珍，以副善類之望。謹奉手狀，不宣。
趙汸《周易文詮》卷一	清文淵閣四庫全書本	(2) 觀天之神道，而四時不忒。聖人以神道設教，而天下服矣。

表六百零五

作者/文獻	版本	用　　例
鄭德輝《三戰呂布》	明脈望館鈔校本	(1)（孫堅云）你是張飛？開了吊窓着他飛，可又飛不的！我認的你，你是涿州范陽人氏，你賣网為生，爛頭巾廚子出身，我曾問你買了副血臟喫來。……（孫堅云）神道許了三牲，還不曾賽哩！

表六百零六

作者/文獻	版本	用　　例
鄭杓《衍極》卷之四	清十萬卷樓叢書本	(1) 子敬又言：於會稽山見一異人，披雲而下，左手持經，右手執筆，以遺獻之。獻之受而問曰：君何姓字，復何游處，筆瀍奚施？荅曰：吾家外為宅，不變為姓，常定為字，其筆跡豈殊吾體邪？聖人以神道設教，不若是之欺誕也。

表六百零七

作者/文獻	版本	用　　例
鄭元祐《僑吳集》卷十一	清文淵閣四庫全書本	(1) 某既追惟先德，自高、曾以來，粗撫其概，勒之豐碑。又念其伯、叔、父，亦不可泯泯，乞附見焉。……(原闕二字) 字惠夫，其行實、神道有文，茲不贅。

表六百零八

作者/文獻	版本	用　　例
周南瑞《天下同文集》卷三十八	清文淵閣四庫全書補配清文津閣四庫全書本	(1) 聖元故光祿大夫中書左丞相神道碑銘 (姚燧) (2) 子德希後公薨十四年，今正奉輔國以神道未碑，出公凡受制書與御筆及其平生行實，請某曰徵是為銘。嗚呼！兄弟爭與昭揚先德，於其子職責已塞矣。嘗讀望諸君書：善作者不必善成，善始者不必善終。
周南瑞《天下同文集》卷四十		(3) 元故翰林侍讀學士國信使郝公神道碑銘 (盧摯)

表六百零九

作者/文獻	版本	用　　例
朱禮《漢唐事箋》後集卷一	清嘉慶宛委別藏本	(1) 牛僧孺前後作鎮，皆佩相印。(本傳：德宗時，遷中書侍郎，數求去位。……又《文粹》《神道碑》：前後作鎮，皆佩相印。) 刻之銘誌，書之史策，以為美談，豈知其為當世弊政哉？

明　朝

表六百一十

作者/文獻	版本	用　　例
安世鳳 《墨林快事》 卷八	清鈔本	（1）司馬神道碑

表六百一十一

作者/文獻	版本	用　　例
白雲霽 《道藏目録詳注》 卷四	清文淵閣四庫全書本	（1）《道門科儀大全集》（卷六十八之八十七）：道士修眞謝罪儀、謝罪十方懺儀、上清昇化仙度遷神道場儀、東嶽濟度拜章大醮儀、三時懺方儀、靈寶崇神大醮等儀。

表六百一十二

作者/文獻	版本	用　　例
抱甕老人 《今古奇觀》 卷三	清初刊本	（1）問著眾人道：你們今日為何賽神？眾人道：我們遭了屈官司，幸賴官府明白，斷明瞭這公事。（闕）日許下神道願心，今者特來拜償。
抱甕老人 《今古奇觀》 卷八		（2）須臾間，又見里老鄉民共百有十人，連名具呈前事，具說秋公平日惜花行徑，並非妖人；張委設謀陷害，神道報應。前後事情，細細分剖。
抱甕老人 《今古奇觀》 卷十八		（3）店主醒來，想道：這夢甚是唬唬。說甚麽蕭狀元，難道便是在間壁處館的那個蕭秀才？我想恁般一個寒酸措大，如何便得做狀元？心下疑惑，却又道：除了那個姓蕭的，却又不曾與道第二個姓蕭的識熟。凡人不可貌相，水不可斗量。況是神道的語，寧可信其有，不可信其無。 （4）張氏與春郎夫妻，各各戴了重孝相送。當下埋棺封土已畢，各立一個《神道碑》：一書“宋故襄陽刺史安卿裴公之墓”。一書“宋故錢塘長尹克讓李公之墓”。只見松柏參差，山水環繞，宛然兩個佳城。劉元普曾設三牲禮儀，親自舉哀拜奠。

續表

作者/文獻	版本	用　例
抱甕老人《今古奇觀》卷三十六	清初刊本	(5) 原來是一所古廟。旁邊鬼卒十餘個各持兵仗夾立，中間坐著一位神道，面濶尺餘，鬚髯滿頷，日光如炬，肩背搖動，像個活的一般。眞珠姬心慌，不免下拜。神道開口大言道：你休得驚怕！我與汝有夙緣，故使神力攝你至此。眞珠姬見神道說出話來，愈覺驚怕，放聲啼哭起來。……眞珠姬早已天旋地轉，不知人事，倒在地下。神道走下座來，笑道：著了手也！旁邊鬼卒多攢將攏來，同神道各卸了裝束，除了面具。原來個個多是活人，乃一夥劇賊妝成的。
抱甕老人《今古奇觀》卷三十七		(6) 船家買起三牲，祭獻神道。因見官人出手冠冕，不好怠慢，另外又買幾般可口的東西，兩瓶三白泉酒，安排一桌盛餚，送入艙中。俊臣就教暖起酒來，夫妻對酌。

表六百一十三

作者/文獻	版本	用　例
畢恭《(嘉靖)遼東志》卷二	明嘉靖刻本	(1) 甘陵馬中锡（工部侍郎）：廣寧城南有隙地，平衍不頗，舊為鎮守內臣蔬圃。前太監岑章來鎮遼東，下車之再明年爲正德戊辰，以馬寔邊鎮重務，始割其地三分之一爲廟，以祀馬神。……又前券大門一，以通神道。旁小門二，以達廣陌。其西偏復割廟地三分之一，區別以墻，闢門通廟，居道流以守之。
畢恭《(嘉靖)遼東志》卷六		(2) 畢恭：以謙，前屯常人。有文武才，由百戶保陞流官指揮僉事。圖上方畧，開設邊堡牆壕烽堠，至今賴焉。……所著有《遼城吟稿》。以疾卒。上遣官諭祭，翰林學士廬陵陳循爲制《神道碑》。

表六百一十四

作者/文獻	版本	用　例
畢木《黃髮翁全集》卷二	清嘉慶刻本	(1)《感幽又題》：翠柏森森不忍看，夜臺寂寂苦幽寒。空堂仿彿音容在，神道長號欲見難。

表六百一十五

作者/文獻	版本	用　例
畢自嚴《餉撫疏草》卷一	明天啓刻本	(1) 雖曰：神道遠，人道邇。然因人情之祈嚮以卜神休，則威靈固已昭彰，而因神休之洊被以祟祀典，則封號自宜崇飭矣。
畢自嚴《石隱園藏稿》卷五	清文淵閣四庫全書補配清文津閣四庫全書本	(2) 初，官軍屢衄，賊持妖法，常自詑曰：若欲勝吾，除是天兵。……又嘗見是時有撰《李忠文公神道碑》，則移其事于李公。夫李公繼先君撫津者也，徵發之事既未與聞，景武之捷纔履任一日耳。李公序先君《撫津疏草》，亦載其事。初，未嘗自居也。

表六百一十六

作者/文獻	版本	用　例
蔡懋昭《(隆慶)趙州志》卷四	明隆慶刻本	(1) 嘉議大夫、南京兵部左侍郎王公，詔發跡郡庠邑爲桑梓，歷諫垣藩撫事，持大體，忠清直諒，宣力荊襄，討平孟密。見學士李東陽所撰《神道碑》。
蔡懋昭《(隆慶)趙州志》卷七		(2) 真宗幸澶州，擇可使契丹者。樞密使王繼英薦利用，遂授閣門祗候、崇儀副使，奉書詣契丹軍。耶律隆緒議索關南地，利用拒之。契丹度不可屈，和議遂定，奉約書以歸。……命學士趙槩作《神道碑》，仁宗爲篆其額曰"旌功之碑"。
蔡懋昭《(隆慶)趙州志》卷九		(3) 吾寧晉大學士曹文忠公鼐墓，在邑東南洨水之陰。嫡孫世官京師，祠墓傾圮，過者惻然。予既為修葺，立《神道碑》，復致祭田，以供祀事。 (4) (禮部尚書王和墓) 在贊皇縣西南三十里土門村，有《神道碑》存。其左即父太原郡伯王禮墓，亦有碑。

表六百一十七

作者/文獻	版本	用　例
蔡清《四書蒙引》卷四	清文淵閣四庫全書本	(1) 堂事、室事，皆父昭在左，子穆在右，則古之神道尚左，章章然矣。自漢明帝，乃有尚右之説。唐、宋以來，皆為同堂異室，以西為上之制。然古者室事，始祖東向，則左昭右穆、以次而東者，不得不以西為上。後世南面之位既非東向之制，而其位次尚循乎以西為上之轍，則廢昭穆之禮矣。

續表

作者/文獻	版本	用　　例
蔡清 《虛齋集》 卷二	清文淵閣四庫全書補配清文津閣四庫全書本	(2)《寄周黄門書》：南都別後，執事之風，神道履常，聳然目睫中。清自抵家，忽忽六七載，匆匆僅如數日，其中憂故孔多，百不如意，分內可知，不欲縷縷。既而得覩執事扵《壬戌登科録》，繼聞兩縣卓異政蹟，雖音問兩闊，而中情相愛如春矣。
蔡清 《易經蒙引》 卷三下	清文淵閣四庫全書本	(3) 平庵項氏曰：此但以“盥而不薦”，象恭己無為耳。愚謂“恭己”二字則說得，“無為”二字難通。無為者，聖人德盛而民自化，不待有所為，非不輕自用意也，無為豈可用心乎？雖堯舜亦不能自期於無為。……至於神道設教而天下服，則是觀之極致，聖人之能事，是則所謂無為者。 (4) 愚按：以不薦為聖人事，亦只是泛論之辭，雲峯恐不如此認，故下文又云“故彼謂之神武”，而此下文別以神道言之。 (5) 雖聖人之神道設教，亦只是“盥而不薦”道理，但此不專指聖人，故下文“神道設教”處，本義以為極言也。 (6) 觀天之神道，而四時不忒。聖人以神道設教，而天下服矣。 (7)“觀天之神道”，此數字虛說。下言“四時不忒”，正是“天之神道”處，故曰天之所以為觀也。須看“觀”之一字，天之神安可得而觀於四時之不忒焉，觀之可以見天之神道矣。 (8) 聖人以天之神道設教，其不顯之德，篤恭之妙，與夫“上天之載，無聲無臭”者同一機，但見天下自皆“不識不知，順帝之則”，而無不服者矣。此兩個“神道”字，當別其所異，又當會其所同，今人大抵皆知其異而不知其為同也。 (9)“四時不忒”，乃“天之神道”處，故曰“觀天之神道”，不然無可觀處也。言其無思無為，但一氣之行，時溫而春，時燠而夏，時凉而秋，時寒而冬，氣序流行，毫髪不爽，天之神道何如哉！ (10)“四時不忒”，正是“天之神道”處，聖人之所以為觀者，亦如是焉，則所謂“神道設教”只是“盥而不薦”“有孚顒若”之自然而神妙者耳，天下服矣。此不可把與“四時不忒”對看，“四時不忒”正與“聖人之神道設教”相對。 (11)“觀天之神道”是不犯手做的，“聖人以神道設教”亦是不犯手做的。 (12)“天下服”，亦即是“下觀而化”之極致處，神道之應也。此與“為政以德”章指畧同。 (13)《正蒙・天道篇第三》曰：天不言而四時行，聖人神道設教而天下服。誠於此，動於彼，神之道歟！

續表

作者/文獻	版本	用　　例
蔡清 《易經蒙引》 卷三下	清文淵閣四庫全書本	(14) 天不言而四時行，聖人神道設教而天下服。誠於此，動於彼，神之道歟！風行地上，觀。先王以省方觀民設教。
蔡清 《蔡文莊公集》 卷二	清乾隆七年刻本	(15)《寄周黄門書》：南都別後，執事之風，神道履常，聳然目睫中。清自抵家，忽忽六七載，匆匆僅如數日，其中憂故孔多，百不如意，分内可知，不欲縷縷。既而得覩執事於《壬戌登科録》，繼聞兩縣卓異政績，雖音問兩闊，而中情相愛如春矣。

表六百一十八

作者/文獻	版本	用　　例
蔡獻臣 《清白堂稿》 卷十三	明崇禎刻本	(1) 神道碑 (2) 明通政使致仕贈右都御史考吾林公神道碑 (3) 明中大夫太僕寺卿純吾鄧公神道碑

表六百一十九

作者/文獻	版本	用　　例
曹金 《(萬曆)開封府志》 卷十	明萬曆十三年刻本	(1) 萬曆十一年，藩臬謂廟門神道西，民舍高聳，乃於東建文昌閣，下祀十賢，與西相峙云。
曹金 《(萬曆)開封府志》 卷三十四		(2)(闕兩字) 康神道 (闕一字) 銘 (3) 歐陽修神道碑銘 (4) 富弼神道碑銘 (5) 蘇轍神道碑銘 (6) 大學士楊士奇神道碑

表六百二十

作者/文獻	版本	用　　例
曹學佺 《蜀中廣記》 卷十九	清文淵閣四庫全書本	(1)《碑目》云：許雄山有古廣漢縣令《神道碑》，俗呼為誓虎碑。偶碑仆，遂有虎入城。縣官設祭，復竪碑，虎害乃止。 (2)《碑目》云：《漢故孝廉柳莊敏碑》，在州廨内，字迹銷譌。《唐黔南節度使趙國珍德政碑》，上元二年立，在州南隔江。《崔能神道碑》，《集古録》以為長慶二年立，在州治。

續表

作者/文獻	版本	用　　例
曹學佺《蜀中廣記》卷二十四	清文淵閣四庫全書本	(3)《古碑》云:《汝南令神道闕》,在閬中縣,未著人代。郡守張晦辨云:於東面得隸字十有二,缺不可識有七。 (4)《輿地紀勝》云:《新政縣大歷碑》,在江岍之次,顏魯公書。碑傍有佛、老、孔子像,像傍又有二小記,皆大歷中物。按:此所謂三教院也。《碑目》云:鮮于氏兩《神道碑》,一在三教院厓上,一在墓田,其文與書皆出顏魯公。又有《獎諭仲通碑》亦在墓田。
曹學佺《蜀中廣記》卷二十七		(5)又云:右《漢馮使君墓闕銘》云"故尚書侍郎河南京令豫州刺史馮使君神道碑"。按:《後漢書》:馮緄父煥,安帝時為幽州刺史。
曹學佺《蜀中廣記》卷四十六		(6)又言:張商英在元祐時上呂公著詩求進,近乃乞毀司馬光與公著《神道碑》。周秩為博士,親定光謚為文正,近乃乞斵其棺。陛下察此輩之言,果出於公論乎?
曹學佺《蜀中廣記》卷七十四		(7)《洞仙傳》云:徐道季者,少住鵠鳴山。後遇真人謂曰:夫學道,當巾天青,詠大歷,跕雙白,徊二赤。此五神道之秘事,其語隱也。《大歷》者,《三皇文》是矣。道季乃修行,而得道焉。
曹學佺《蜀中廣記》卷九十八		(8)《李公敏集》:李誼伯,字公敏,緜州人。皇祐五年進士。幼孝,謹長,通《六經》。歷威、卭、果、漢四郡守,贈金紫光祿大夫。有詩賦三十卷,雜文二十卷。……。政績見《神道碑銘》。
曹學佺《周易可説》卷二	明崇禎刻本	(9)《彖》曰:大觀在上,順而巽,中正以觀天下。觀,盥而不薦,有孚顒若,下觀而化也。觀天之神道,而四時不忒。聖人以神道設教,而天下服矣。 (10)大君為世所瞻仰,唯中與正而已。九五:"大觀在上",其位尊;"順而巽",其德備;而"中正以觀天下",其教立。觀道,誠莫有踰此者,乃猶有本原之地焉。其"盥而不薦,有孚顒若"者乎?篤恭不顯之盛,默運於建中表正之处,則凡觀感于下者,孰不儀刑之而又孰知其所以然,是大順大化之極,神道之感通也。不觀之天乎?"觀天之神道",於穆不已;而四時之行,各以序;而推遷其化,有足徵如此。聖人以不顯之神設中正之教,雖不欺于服民心,而斯民遵道遵路,順帝之則,罔有不服者矣。可見神道服民,其服尤神本原之地。誠有不可不加意者,故文王係其辭曰"盥而不薦,有孚顒若"也。亦神矣哉! (11)通章專重"神道設教"一句。教者何?中正是也。神道者何?"盥而不薦,有孚顒若"是也。 (12)若其涵養本原全在"盥而不薦,有孚顒若"上,此卽是神道,天與聖人之所共也。天之神道,卽天何言哉?四時行而百物生之意。聖人之神道,卽篤恭不顯;而天下平服,卽如七十子之服孔子也。 (13)聖人之心,至誠如神。信不以聲,敬不以色,淵淵默默立民之極,蕩蕩穆穆順帝之則。神矣哉!其堯舜之盛際乎?"觀天之神道",孰觀之?聖人觀

續表

作者/文獻	版本	用　　例
曹學佺《周易可説》卷二	明崇禎刻本	之也。聖人觀天之道，无聲无臭，耳不可聞，思不可測，而春夏秋冬各循其序，天不知也，四時不知也，使之然而不得不然也。"聖人以神道設教"，以天之神道也。天不言而化，聖人之教何待聲色政令哉？ (14) 此政見"聖人神道設教"處，若非神道必執已，自是不知所謂省方觀民之事矣。 (15) 極而言之，"天地之大德曰生"，便是天之神道；"好生之德"，便是聖人神道。 (16) 聖人"觀乎天文，以察時變"，則知歲功之時自然而然，而脩政和民不外是矣；"觀乎人文，以化成天下"，則知治功之成亦自然而然，而神道設教不外是矣。賁之爲道，豈非至大而无外者哉？
曹學佺《周易可説》卷四		(17) 享帝則人知尊尊，不敢以下而犯上；立廟則人知親親，不敢背死而忘生。此"聖人神道設教"之大端也。在涣時，爲尤切。
曹學佺《周易可説》卷五		(18) 古之聰明睿知神武而不殺者夫？是以明于天之道，而察于民之故，知陰陽之靈秘，假神物以洩其精，而百姓之顓蒙，須神物以前其用，是興卜筮以以啓其民，使得先車以考占焉。且復以此齋戒，湛乎其衷，肅乎其志，而神明其德，益以培其神，知之本体焉。是聖人之所爲神道設教者，而神物果安所自哉？是故闔戶則謂之坤矣，闢戶則謂之乾矣，一闔一闢則謂之變矣，往來不窮則謂之通矣。乾坤變通，物由此生。 (19) 按：聖人只有象之立，卦之設，辭之繫，變通之示而已矣。曷云：鼓之舞之以盡神。鼓，鼓動也。舞，舞蹈也。鼓動而舞蹈，誰使之而誰知之？聖人固无是法也。象昭于卦詞，利顯于變通，中間君含一種躍然趨避之意，在此種意思民咸用之，而不知誰之所爲之謂神。然其所爲鼓舞者，非一人之能也，一世之能也。一時由之，千萬世由之。而聖人之所以神道設教者，與天下萬世俱無窮盡也，故曰：鼓之舞之以盡神。
曹學佺《周易可説》卷六		(20) 一説：夫知彰者衆矣，惟君子于微而知其彰；知剛者衆矣，惟君子于柔而知其剛。噫！萬夫望之，以爲進退之候也。《孔疏》曰：凡物之體，從微以至彰，知幾之人，既知其始，又知其終，是合于神道。

續表

作者/文獻	版本	用　　例
曹學佺《周易可説》卷七	明崇禎刻本	(21) 居上臨下曰臨，有與之之義，然與所以應其求。自下觀上曰觀，有求之之義，然求所以視其與。此臨民者，在教思容保之無窮；而爲民所觀者，不可不神道以設教也。
曹學佺《石倉歷代詩選》卷三十四	清文淵閣四庫全書補配清文津閣四庫全書本	(22)《薦玄德公廟》：神道本無已，成化亦自然。君居寥天上，德在玉華泉。真遊踐王豫，永日遲雲仙。表微在營道，明祀將祈年。靈山俯新邑，松上生彩煙。豈知穆天子，遠去瑤池邊。
曹學佺《石倉歷代詩選》卷一百四		(23)《經羊角哀墓作》：祇召出江國，路傍旌古墳。伯桃葬角哀，墓近荊將軍。神道不相得，稱兵解其紛。幽明信難知，勝負理莫分。長呼遂刎頸，此節古未聞。兩賢結情愛，骨肉何足云。遲迴駐征騎，不覺空林曛。
曹學佺《石倉歷代詩選》卷一百九十三		(24)《讀范文正公神道碑有感佚事（陳傳良）》：武候不可致，立德造其廬。公在衰絰中，乃上時政書。維時君臣定，事與草味殊。……誰令羣疑亡，韓富及有為。惜哉公不見，功名止西捶。
曹學佺《石倉歷代詩選》卷四百十五		(25)《早春》：泰運輪迴屬化工，青郊迎氣走村童。雪花江上猶含北，風信梅邊已向東。勞酒預占年事外，暢懷新識鳥聲中。頭顱記取芒神道，一任春來我亦翁。

表六百二十一

作者/文獻	版本	用　　例
曹于汴《仰節堂集》卷五	清文淵閣四庫全書本	(1) 余祖之家安邑，厥初不可考。……自勝國時，七世祖諱天祥，方有可稽。六世祖諱本道，高祖諱端，曾祖諱玘，祖諱司民，配祖妣孺人賀氏。……考卒於萬歷之六年，敬庵張先生誌生歿行實於墓，慕岡馮先生記神道之碑。

表六百二十二

作者/文獻	版本	用　　例
查應光 《靳史》 卷十	明天啓刻本	(1) 姚崇與張說同爲宰輔，各懷疑阻，張銜之頗切。崇病，戒諸子曰：張丞相與吾不協，釁隙甚深。然其人素懷奢侈，尤好服玩。吾身没之後，當來弔，汝具陳吾平生服玩寶帶重器羅列帳前。張若不顧，汝家族無類矣。若顧此，當錄玩用致之，仍以《神道碑》爲請。既獲其文，登時錄進，先礱石以待，至便鐫刻。張丞相見事常遲于我，數日之後，必當有悔。若徵碑文，以刊削爲辭，當引視鐫石，仍告以聞上。崇没，張果至，目其服玩者三四。崇家悉如崇戒。不數日，文成，敘述該詳，時為極筆。數日，果遣使取文本，以為辭未周密，欲加册改。姚氏諸子引使者示其碑，乃告以奏御。使者覆命，張悔恨撫膺曰：死姚崇猶能筭生張說。(《何氏語林》)
查應光 《靳史》 卷十七		(2) 杜默為詩多不合律，故當時言事不合格者爲“杜撰”。盛度嘗爲人撰《神道碑》。石中立急問曰：誰撰？盛卒曰：度撰。
查應光 《靳史》 卷二十九		(3) 潁州有姚尚書墓，其《神道碑》穹窿博厚，四面均焉。其規制，頗類顔魯公所書《茅山碑》者。國初，州人侍郎某者營壽域，欲割碑三分之一以刻墓表。畏州守難之，乃曲意懇之。州守曰：吾聞姚尚書子孫微矣，墓有主者，況其碑甚厚，便割三分之二有何不可！

表六百二十三

作者/文獻	版本	用　　例
查志隆 《岱史》 卷六	明萬曆刻本	(1) 朕聞一區宇而恢德教，安品物而致升平，此邦家之大業也；考茂典而薦至誠，登喬嶽而答純錫，此王者之昭事也。……太宗至仁應道神功聖德文武大明廣孝皇帝，洪基載紹，景貺誕膺。如日之升，燭于率土；如天之廣，覆于群生；人文化成，神道設教；尊賢尚德，下武後刑。金石之音，明靈是格；玉帛之禮，蠻貊來同。書軌畢臻，典儀無闕。上玄降鑒，虞舜之溫恭；庶民不知，唐堯之扵變。重熙之盛，冠絶千古先；增高之文，已頒乎成命。逡廵其事，謙莫大焉。 (2)《歷代儒臣封禪論》：漢司馬虎曰：自上皇以來，封泰山者，至周七十二代。易姓則改封者，著一代之始，明不相襲也。繼世之王巡狩，則有修封以祭而已。自秦始皇、孝武帝封泰山，本因好仙、信方士之言，及造石檢即封之

續表

<table>
<tr><th>作者/文獻</th><th>版本</th><th>用　　例</th></tr>
<tr><td>查志隆
《岱史》
卷六</td><td rowspan="3">明萬曆刻本</td><td>事也。天道質誠，約而不費，故牲用犢，器用陶匏，殆將無事於檢封之間，而欒難攻之石也。夏少康、周宣王，由廢復興，不聞改封。光武欲因孝武故封，而梁松固爭，以為必改。乃當天意既封之後，未有能福，而松卒被誅死。雖罪由身作，盖亦誣神之咎也。且帝王所以能大著于後者，實在其德加於人，不聞其在封矣。崔靈恩曰：自周以前，封者皆封土為壇，至秦皇、漢武，始用石檢。袁宏曰：夫揖讓受終，必有至德拎天下；征伐受命，必有大功拎萬物。是故王者初基，則有封禪之事，盖以其成功告于神明者也。夫東方者，萬物之所始；山嶽者，靈氣之所宅。故求之物本，必拎其始；取其所通，必拎所宅。崇其壇墣，則謂之封；明其代興，則謂之禪。然則封禪者，王者開務之大禮也。德不周洽，不得輒議斯事；功不弘濟，不得髣髴斯禮。曠代一有，其道王高。自黃帝、尭、舜，至于三代，各一得封禪，未有中修其禮者也。雖繼體之君，時有功德，此盖率復舊業，增修其前政，不得仰齊造國、同符改物者也。夫神道真一，其用不煩；天地易簡，其禮尚質。故籍用白茅，貴其誠素；噐用陶匏，取其易從。然則封禪之禮，簡易可也。若夫石函玉牒，非天地之性也。</td></tr>
<tr><td>查志隆
《岱史》
卷七</td><td>（3）方今兵革偃戢，華夷會同，歲獲順成，物無疪癘。率由丕應，冥助永圖，固當稽彼前聞，進其尊稱。謂乎唐虞曰帝，商周曰王。夫商周之王爵，人臣而有素；唐虞之帝奉，神道而何疑！……至乎哉！聲動睿辭，無私廣大，坦然明白之理，沛然利澤之德，曲成司牧，俾臻富壽，有以見聖人之情矣。遂誌勒石，徧立拎五嶽廟庭，從近臣之議也。</td></tr>
<tr><td>查志隆
《岱史》
卷九</td><td>（4）《尹龍記畧》：昭真祠，在泰山絶頂，世傳謂天仙玉女碧霞元君之祠。聖天子御極十有五年，命太監陳喜來修祀事。明年，詔修是祠，即故址增餙之。祠殿為聞者五，以奉元君；左右廻廊各三間，則護從之神居焉。神道有門，鍾皷有樓。恐其淩空壁立，易為風雨所剝蝕，故陶土為甎，治鐵為瓦，務為堅確，黝堊丹漆，金碧交輝，視昔有加焉。
（5）《李欽重情酆都廥記》：岱宗南麓有廟日酆都，其神為北陰酆都大帝，配以冥府十王，其東為曜靈五間王，而左右十司曹官列焉。……其為神道設教之意，顧有復善拎此者哉？廟創始拎太監李僮，時弘治十四年也。……岱岳拎方為東，拎時為春，興致雲雨，發育萬物，而北陰酆都之府所司者，秋殺之權也。</td></tr>
</table>

續表

作者/文獻	版本	用　　例
查志隆 《岱史》 卷十	明萬曆刻本	(6)《巡按御史毛在委官安神祝文》：維年月日，致祭拎至聖先師孔子曰：猗維聖師，天縱其生。貞元萃其氣，光嶽儲其精，然嶽莫崇拎岱，故其儲精也不偶，而聖莫崇拎聖師，故其取精也獨宏。……盖岱宗雖峻極，得聖師而益嶸崢。聖師之神道，雖無乎不在，而拎生平勝覽，詎不益朗？其神情是用跡。夫登臨之地，崇祠而奉主，時舉釋菜之禮，俎豆而粢盛，豈惟高山仰止之思？興起千百世如一日，行見齊魯一變之化，不越衽席，而漸摩平斯土斯氓，則今茲所為嚴事，尢不勝其悃誠也。

表六百二十四

作者/文獻	版本	用　　例
晁瑮 《晁氏寶文堂書目》	明鈔本	(1) 陶恭介公神道碑

表六百二十五

作者/文獻	版本	用　　例
陳邦俊 《廣諧史》 卷八	明萬曆四十三年沈應魁刻本	(1) 世有朱明神者，每見必駕蒼龍，馳赤羽，紅光閃爍，氣燄轟烈，出入於扶桑細柳之間，匪慫匪息。……於麟鬬而蝕，見其智。於龍山之燭，見其明。於夸父之化，杖騏驥之追，見其敏。暄而為春，炎而為夏，秋則為暴，冬則為寒，以見其序。……至若金鑾觀墨土之飾，蘇威蝕昏之鏡，東島夜光之蚪，皆借其餘光，未可與神道者也。

表六百二十六

作者/文獻	版本	用　　例
陳誠 《陳竹山先生文集》 內篇卷二	清雍正七年刻本	(1)《哈密火州城》（即古高昌之地）：高昌舊治月氏西，城郭蕭條市肆稀。遺跡尚存唐制度，居民爭覩漢官儀。梵宮零落留金像，神道荒涼臥石碑。征馬不知風土異，隔花猶自向人嘶。

表六百二十七

作者/文獻	版本	用　　例
陳道 《(弘治) 八閩通志》 卷十一	明弘治刻本	(1) 南谷（在縣東南水南保，有古澗疊巘之勝。宋鄒應龍歸休，日遨遊其間。理宗御書“南谷”二字賜之。有南谷亭、應龍《神道碑》在焉。)
陳道 《(弘治) 八閩通志》 卷六十八		(2) 李亨伯（字安正，龍溪人。……年踰六十，即掛冠歸。王鞏作《神道碑》，劉安世書其碑陰曰：自嘉祐以來，引年而去者如歐陽永叔以六十五。范景仁以六十三，公掛冠方六十四耳。目之所覩者，三人而已。)
陳道 《(弘治) 八閩通志》 卷七十九		(3) 懷安縣東越王餘善塚王審知墓（在蓮華山。初葬懷賢里鳳池山，後改葬今所。賜《神道碑》，張文寶撰文。上二墓，在府城東北寧碁里。) (4) 劉珙墓（在府城西豐樂里新歷之原。朱文公撰《神道碑》。) (5) 永安縣陳世卿墓（在縣北二十七都。世卿仕宋為秘書少監，夫人羅氏祔葬焉。世卿墓，曾鞏撰《神道碑》。羅氏墓，王安石撰《碑銘》。) (6) 黃中美墓（在銅青山下。朱文公撰《神道碑銘》。) (7) 劉爚墓（在三都樵屯之桂林原。爚，建（闕）人，卒葬于此。真德秀撰《神道碑》。)
陳道 《(弘治) 八閩通志》 卷八十六		(8) 王安石所作《陳執方神道碑》云：興化多進士，就鄉舉者常八九百人，而學舍弊小，無文籍，公至則新而大之，為之講書，而國子之所有者皆具。時慶曆中也。

表六百二十八

作者/文獻	版本	用　　例
陳第 《世善堂藏書目録》 卷下	清知不足齋叢書本	(1) 宋廣平神道碑 (2) 李太尉神道碑
陳第 《尚書疏衍》 卷四	清文淵閣四庫全書本	(3) 國治聽人，國亂聽神，此常理也。蓋國亂則法令不明，賞罰不中矣，無所措其手足矣。無所控訴，惟求之神。神道日盛、人道日衰時，則瞽史巫覡又妄言禍福於其間，民志昏惑不能自決，將謂是非曲直官不足憑，而利害死生惟神足恃，由是山川土石之妖，草木禽獸之怪，亦乘釁而入，人鬼混淆，陰陽雜糅，是之謂地天通也。邪道既盛，釁孽自作，氷雹水旱，山川崩竭之變，無時無之，是之謂上帝降格也。

表六百二十九

作者/文獻	版本	用　　例
陳棐 《(嘉靖)廣平府志》 卷八	明嘉靖刻本	(1) 冉耕墓（在府西五十里瓜井村。知府秦民悅題“鄆公冉伯牛墓”。碑曰：《廣平郡舊志》暨《大明一統志》俱載：鄆公冉伯牛墓，在永年劉營社。歲久湮沒，不知所在。民悅叨守郡令父老咨訪，探尋得之於社之地名“瓜井村”。於是培塚以土，周繚以垣。植松栢，竪祠堂。墓前及神道俱立碑碣題識，蓋欲垂示以永久，俾邦之人士有所瞻仰興起也。) (2) 唐宋慶禮慶賓墓（在邯鄲縣西二十五里岩嵛村。……有顔魯公真卿所撰《神道碑》，竝碑記尚存。然則《舊志》之誤，豈非璟封廣平郡公，而又以慶禮兄弟爲同姓之故歟!) (3) 翰林學士元公明善墓（在清河縣西南王家原西三里。御史中丞馬祖常撰《神道碑》曰：有元古文之宗，曰“翰林學士清河元公”。以至治二年壬戌二月七日，薨于位，葬而墓碑未刻。) (4) 元翰林學士王磐墓（在府北孫陳社。大學士張晏撰《神道碑銘》曰：皇元神武定中原，奎文六合清乾坤。惟公首暢斯文源，詞臣輩出公之門。臣手比漢司馬遷，雄懷象魯公仲連。……辯論孔林廟所資，一官俸祿堪爲之。朝廷因重孔子祠，加封廟號王人師。學校風化知所先，主善須許心拳拳。……竪石願遷還祖塋，誰之言者青鳥子。) (5) 元昭文舘大學士何榮祖墓（在府西三十里周村社。翰林學士劉賡撰《神道碑》曰：嗚呼！公以名德雅望，加之以經濟之學，逮事四朝，七在相位，中執法殆居其半。……故至元、大德之間，時和歲豐，邊鄙不聞，朝廷廓然無事，公之力居多。性理之學，于《中庸》大有所得。有詩數十篇，以見志。晚年，尤邃于《易》。聰山，其自號也。) (6) 元中書右丞吳鼎墓（在府城西五十里石碑社。國子司業姚登孫撰《神道碑銘》曰：懿有吳氏，從國南徙。家繇忠起，公奮羈孤。身爲通儒，偕貢上都。遂糸中書，不棘不徐。……公有象賢，受福于天。丞弼憲憲，公國之建。於赫褒顯，洺水洋洋。恒麓蒼蒼，百世其昌。恒麓青青，洺水所經。勒碑刻銘，有世其德。子孫千億，視我銘刻。) (7) 元忠簡吳元珪墓（在永年縣。翰林學士鄧文原撰《神道碑銘》曰：唐虞雍熙，稷契夔龍。代不惜才，生申甫同。我公似之，亢身亢宗。逢辰佐運，風雲其從。天樞之府，以勵勲庸。入幕振迅，借箸從容。……魂兮來歸，陽城之封。伐石刻辭，以表幽宮。) (8) 元松江知府張君之翰墓（在邯鄲縣東十五里劉村之南。學士李謙撰《神道碑銘》，銘曰：學爲通儒，才應時須。事至物來，應酬有餘。早際休明，著鞭仕塗。乘御史驄，登使者車。……繄天生材，意誠何如。曾未究施，胡遽然與，胡遽然與吁!)

續表

<table>
<tr><th>作者/文獻</th><th>版本</th><th>用　　例</th></tr>
<tr><td>陳棐
《(嘉靖)
廣平府志》
卷八</td><td rowspan="2">明嘉靖刻本</td><td>(9) 元趙國公文貞劉公賡墓（在威縣棲鸞鄉公孫寨，與祖肅墓同塋。學士虞集撰《神道碑銘》曰：自古在昔，國尚老成。有典有則，是程是經。百年之間，群賢竝興。蔚乎其文，克乎其能。）
(10) 明工部尚書胡公瓚墓（在府城西北十二里張固村。大學士北海翟鑾撰《神道碑》曰：公諱瓚，姓胡氏，字伯珩，別號紫山，廣平府之永年縣人也。）
(11) 惟其素而人不忍欺，逾數月因疾竟不起，時成化三年六月十日。訃聞，朝廷遣官諭祭，歸其喪，造墳安葬。謚曰恭靖。於是子瑜拜求《神道碑銘》。嗚呼！余言奚足以重公哉？公之重者，固有實行受知於列聖，而旌異之寵、賚燕之厚、遷擢之隆而延譽於人，非一日矣！</td></tr>
<tr><td>陳棐
《(嘉靖)
廣平府志》
卷十二</td><td>(12)（元）王磐（字文炳，廣平永年人。金人遷汴，乃舉家南渡河，居汝之魯山。從麻九疇學士郾城，大肆力於經史百氏，文辭宏放，浩無涯涘。……其筆力雄偉，直言正諫，槩類此焉。《元史傳》弁《神道碑》。）
(13) 何榮祖（字繼先，太原人，徙家廣平。中統間，入掾中書，已有公輔之望。……榮祖身至大官，而僦第以居，飲器用青瓷杯。中宮聞之，賜以上尊及金銀鈔貫，俾署器買宅，以旌其廉。所著書，有《大畜》十集，《學易記》《載道集》《觀物外篇》等書。自號聰山云。《元史傳》弁《神道碑》。）
(14) 吳鼎（子國器，世燕人，徙家廣平之臨洺。時元主求天下通書算學者，閭郡推公以聞，遂參謀漢地公事，多所全宥。……朝廷將大用之，而公以疾卒於官。追封壽國公，謚恭惠。……《元史傳》弁《神道碑》。）
(15) 吳元珪（鼎之子。治賦理民，素閑庭訓。……皇慶間，欲行檢田之法，珪復陳其害，固爭不能止，遂移疾去。……後致仕歸田，卒贈光祿大夫、柱國，追封趙國公，謚忠簡。《元史傳》弁《神道碑》。）
(16) 竇默（字子聲，廣平肥鄉人。元兵伐金，喪亂奔走。……又遇名醫李浩，授以銅人針灸法。默由是以醫濟學，毅然有立志。渡淮，遇謝憲子，授以伊洛性理之書，學益進。隱於大名，與姚樞、徐衡講習。繼還肥鄉，以經術教授知名。……《元史傳》弁《神道碑》。）
(17) 元明善（字復初，清河人。天資絕，出讀書，過目輒記，諸經皆有師法，尤深於《春秋》。弱冠游吳中，已名能古文章。游江淮間，浙東使者薦之，辟建康、安豐二學正。……馬祖常撰碑，稱其蔚乎華敷，鏘乎古聲，為一代之文宗焉。《元史傳》弁《神道碑》。）
(18) 劉賡（字熙載，洺水人。幼有文名，師事翰林學士王磐。至元十三年初，授國史院編修、監察御史。時崔中丞好盛氣待人，特加敬焉。……後數年，詔學士虞集撰碑，稱其論文則淳厚不浮，論治則平易不紊，充以老成為國蔡著云。《元史傳》弁《神道碑》。）</td></tr>
</table>

表六百三十

作者/文獻	版本	用　　例
陳鎬《闕里志》卷九	明嘉靖刻本	(1) 惟夫子以神道設教，有天下國家者咸取以為法，歷代崇奉；未有若國家尊尚之至邇者，衍聖公請依前代故事，起圍墻，四隅建樓，倣王公之制。奎章閣以聞，天子允焉。 (2) 楊雄曰：天之道不在仲尼乎？王文中子曰：大哉乎。君看臣（闕），父父子子，兄兄弟弟，夫夫婦婦！夫子之力也，其與太極人德，神道並行乎？ (3) 公委舉事，公往督工，重修葺之。先是版築孔林圍墻千百餘堵，手植神道檜柘數百餘株，今又重修帝王駐蹕之亭，創造聖祖享祀之殿。
陳鎬《闕里志》卷十三		(4) 元贈中議大夫襲封衍聖公孔公神道碑 (5) 故襲封衍聖公贈中奉大夫河南江北等處行中書省參知政事護軍追封魯郡公謚文肅孔公神道碑 (6) 克（闕）以江浙行省左右丞汪公澤民守兖州時所述《行狀》，屬林廟學正夏以忠來俾素論撰先德，篆銘神道之碑。素不敢以固陋辭，則序而為之銘。 (7) 國朝故襲封衍聖公國子祭酒孔公神道碑 (8) 故資善大夫襲封衍聖公孔公神道碑 (9) 五十七世孫襲封衍聖公神道碑銘 (10) 贈承事郎曲阜縣知縣孔君神道碑銘 (11) 故襲封衍聖公孔公神道碑 (12) 神道之碑宜有銘，而以請（闕）。 (13) 雨露潤之，欝其蔥芊。神道有碑，負以龜趾。刻詩勒銘，焜燿無已。 (14)《贈襲封衍聖公孔君神道碑：君諱承慶，姓孔氏，宣聖六十代孫，以嫡派世家曲阜縣之闕里。自其父彥縉、祖公鑒、曾祖訥以上，俱以宣聖恩襲封衍聖公，配皆夫人。景泰六年，君之父卒。訃聞于朝。君雖冢嗣，而先五年卒矣。詔：即日驛召其長子弘緒至京，襲為衍聖公。時冠帶秩視一品，并贈君襲封衍聖公，配王氏封太夫人，亦自弘緒推恩也。既而弘緒痛惟先德，無以表示後世，乃奉工科左給事中同郡孫昱所狀君平生，永書于《神道碑》。
陳鎬《闕里志》卷十五		(15) 于時諸生，左圖右史。東序西序，鱗次以齒。晉明晝接，文思安安。兩班組綬，咫尺天顏。乾曜光被，徽猷秩秩。六黌絃誦，平康皇極。宸諭春溫，如綍如綸。茂時對物，元氣氤氳。帝藻星光，如圭如璋。神道設教，令聞顒（闕）。臣聞諸書，虞歌允諧。元首明哉，股肱良哉。……曰儼東陽，歌頌洋洋。臣拜稽首，以告萬方。

表六百三十一

作者/文獻	版本	用　　例
陳洪謨《(嘉靖)常德府志》卷十	明嘉靖刻本	(1) 贈兵部右侍郎陳（闕）墓（諱鏞），府北七里高坪。贈淑人鏞孫氏祔。吏部尚書湛甘泉若水題其《神道碑銘》曰：地承天施，萬物資也。陽倡陰隨，家道宜也。官理之移，內化基也。燕翼之規，孫謀貽也。勒文墓碑，永為子後人之稽。

表六百三十二

作者/文獻	版本	用　　例
陳際泰《已吾集》卷四序四	清順治李來泰刻本	(1)《程子易贅序》：易之為教，其始末蓋可思而得矣。……一生二，二生四，四生八，八八生六十四，而卦具觀其進退當否？而象爻之辭之吉凶，具以人事當之，得失之理存焉。以神道接之，告詔之情昭焉。如是而已。以通神明之德，以類萬物之情，蓋推而及之，獎而隆之，而皆有也。主象主理分為兩家，而要理在象中，孔子以理解易者也。

表六百三十三

作者/文獻	版本	用　　例
陳繼儒《陳眉公集》卷九	明萬曆四十三年刻本	(1) 予惟公事蹟載在《宋史》，若歐陽公《神道碑》、考亭《名臣錄》，不啻詳矣。
陳繼儒《陳眉公集》卷十		(2) 嗚呼！三代以上，聖人多百姓少，即王者懸法不用，而又何籍於佛法？三代以後，井田樹畜廢而民輕去其鄉，宗法廢而族無以相統，黨正族師之職廢而比伍閭族無所聯，吉凶緩急無所賴，則不得不投佛教以求生路，而其徒遂至於日盛一日。非其徒之日盛一日，以百姓日多一日也。聖人少百姓多，雖天地且不能人爲之區處，而家爲之經畫，故以衣冠文物之子弟，使儒家任之；以鰥寡孤獨之子弟，使佛家任之。道家又以“長生延年”之説，歆動乎其間，以收佛氏之剩餘，而窮漢依託以就活者不少。佛家分儒家之勞，道家又分佛家之勞，盖天地之苦心，而聖人之神道設教，無以加矣。是故窮土木飾金玉以佞佛非也，毀坊寺誅沙彌以滅佛亦非也。以儒辟禪非也，以禪論儒亦非也。但曰佛門者，朝廷之養濟院也。……由此觀之，佛自佛，儒自儒。彼而爲我亦不能，我而爲彼亦不易。其所同者，不過借“西方”眼前之粗跡，以博區區之窮活計耳！

續表

作者/文獻	版本	用　例
陳繼儒《陳眉公集》卷十五	明萬曆四十三年刻本	(3) 余曰：國制，三品以上爲《神道碑》，其次爲表。婦無表，表自君婦始。

表六百三十四

作者/文獻	版本	用　例
陳建《皇明通紀法傳全録》卷一	明崇禎九年刻本	(1) 高汝栻曰：觀沛公斬蛇，神毋夜昊，赦英謂沛公假老嫗為之。……假神道以聳動人心，府兵家秘密之術，若田單守即墨而天神下降，陳勝首禍而魚腹戲丹，類可槩見。太祖祭神龍，從兆鑿而出，則龍豈可假者哉？有翼升騰，有日共見。國家將興，必有禎祥；眞命之主，符兆于此。固自不誣。
陳建《皇明通紀法傳全録》卷八		(2) 上謂羣臣曰：朕起自徒步，大將軍爲朕股肱心膂，戮力行陣，東征西討，削平羣醜，克濟大勳。今邊胡未殄，朕方倚重爲萬里長城之寄，而太陰屢犯上將，不意遽殞其身，天何奪吾將之速？狀夜來竟夕不寐，欷歔流涕，思盡心國家爲社稷之重，安行復有斯人？乃欲有以報之，無所用其情耳，乃著其勳烈（闕）于金石，使後世知斯人爲國之元勳也。遂親製《神道碑》，稱其平昔。命配享太廟，塑像祭于功臣廟，位皆第一。
陳建《皇明通紀法傳全録》卷二十一		(3) 古之名將知此法者，惟太公望、孫武子、韓信、諸葛孔明、李靖諸人而已。吳起以下，莫能知之。其名曰天、地、風、雲、龍、虎、鳥、蛇八陣者，則諸葛孔明也。一大陣之中固有八陣，而小八陣之中各有八陣，大陣則法伏羲八卦，小陣文王六十四卦，所謂陣間乎陣、隊間乎隊者也。若夫造遁甲有九星、開八門、用三奇者，則又黄帝命風后爲之也。葢聖人以神道設教，以神其術，使人莫知其所以然也。大將居于玄武之位，而北嶽則常山蛇也，故曰“常山蛇陣”。
陳建《皇明通紀集要》卷八	明崇禎刻本	(4) 今邊胡未殄，方倚重爲萬里長城之寄，而太陰累犯上將，不意遽殞其命，天何奪吾將之速？朕夜來竟夕不寐，欷歔流涕，思盡心國家爲社稷之重，安得復有斯人？乃欲有以報之，無所用其情耳，但著其勳烈宣千金石，使後世知斯人爲國之元勳也。遂親製《神道碑》，稱其平昔言簡慮精，當提兵之時，令出不二，諸將敬若神明。所至攻城不屠，與人不戲。凡受命而出，及成功而旋，每不自矜。

續表

作者/文獻	版本	用　　例
陳建《學蔀通辨》續編卷下	明嘉靖刻本	（5）神字有三義：有鬼神造化之神，有在人精神之神，有汎言神妙之神。如《易》說“神以知來”“以神道設教”“陰陽不測之謂神”“神無方而易無體”，皆是說鬼神造化之神。孟子說“所存者神”“聖而不可知之之謂神”，此是說神妙之神。《易》說“至精至神”“精義入神”，亦只是說神妙，皆非指人心之精神也。“未聞以神”，為聖人之本也。惟莊、列之流，然後說神全者。聖人之道說“心之精神是謂聖”，其所指與《易》《孟子》自殊，何得混淆推援，借儒飾佛？

表六百三十五

作者/文獻	版本	用　　例
陳繹《金罍子》上篇卷十六	明萬曆三十四年陳昱刻本	（1）嘗請於裴，須精兵千人，間道以入蔡，必擒賊。未及行，而愬已自文城夜入，得元濟。三軍之士，咸爲公恨。見公《行狀》《神道碑》及《舊史》云：然則使愬師稍緩夜半之功，且出一書生矣。
陳繹《金罍子》上篇卷十九		（2）宋狄棐，起家甲科，致位侍從，卓然以清節自砥厲，蓋名士也。王荊公銘公神道，亦謂其淳厚蔫實，未嘗妄言笑。然史稱有狄國賓者，仁傑之後，分仁傑告身與棐，棐奏錄國賓一官，自稱仁傑十四世孫。棐乃不知邁迹自身矣。
陳繹《金罍子》上篇卷二十		（3）雖宋人拘留使臣，尚當爲之反覆開諭，明其爲權臣之罪，勸之以成湯待葛之道，庶幾其有及人之功，得以少掩其輔夷之罪，而許子乃不及此則少宽矣！豈亦未見《圭齋集》所著公《神道碑》耶？
陳繹《金罍子》中篇卷二		（4）《傳》曰：與尊者爲一體，不敢服其私親也。宋范文正公蚤孤，母夫人謝改適長山朱氏，因挈公育子其家。……而歐陽文忠公著公《神道碑》，獨不書“公丁母夫人憂”一節。
陳繹《金罍子》中篇卷十一		（5）檜墓，在建康，近錢塘。姜正郎云：墓上豐碑屹立，不鐫一字。蓋當士大夫鄙其爲人，蕪畏物議，莫敢作《神道碑》。及孟珙滅金回，屯軍於檜墓所，令軍士糞溺墓上，人謂之“穢冢”。

表六百三十六

作者/文獻	版本	用　　例
陳九德《皇明名臣經濟録》卷十二	明嘉靖二十八年刻本	(1)《漢晋春秋》所載：章帝元和二年，幸魯祀孔子，帝升廟，西面再拜。《開元禮》亦謂“先聖東向，先師南向，三獻官皆西向”是猶未失古之意也。今襲開元二十七年之制，遷神於南，而行禮者北面，則非神道尚右之義矣。

表六百三十七

作者/文獻	版本	用　　例
陳全之《蓬窗日録》卷四	明嘉靖四十四年刻本	(1)《祀典議》：太子賓客崔沔議曰：祭祀之興，肇於太古。茹毛飲血，則有毛血之薦；未有麴蘗，則有玄酒之奠。施及後王，禮物漸備，然以神道致敬，不敢廢也。籩豆、簠簋、樽罍之實，皆周人之時饌也，其用通於宴饗賓客。而周公制范。與毛血玄酒同薦鬼神。國家由禮立訓，因時制范。清廟時饗，禮饌畢陳，用周制也。園陵上食，時膳具設，遵漢法也。職貢來祭，致遠物也。有新必薦，順時令也。苑囿之內，躬稼所收，蒐狩之時，親發所中，莫不薦而後食，盡誠敬也。若此至矣，復何加焉！但當申敕有司，無或簡怠，則鮮美肥濃，盡在是矣，不必加籩豆之數也。

表六百三十八

作者/文獻	版本	用　　例
陳仁錫《無夢園遺集》卷二	明崇禎八年刻本	(1)《列聖垂訓後序》：神道設教昉於易，在帝左右昭於詩。作善降之百祥，作惡降之百殃。炳於《書》《春秋》，去古未遠。左氏多詳禍福，動作威儀以定命；執玉高卑，視蔭早暮以占年算。後世乃云：義理不足開人，故借禍福懼之謬哉？此言民至靈至神，惟秦愚黔首，使昏然無知，以聽從於上。柰何效秦智？倘窺上所借益肆，矯誣禍福之報輕，而義禮之權孤，其可乎哉？
陳仁錫《無夢園遺集》卷四		(2) 肇始紹興，自予垂髫所見臺長持節，及剖符以來皆停旆于此，豈神道設教歟！

續表

<table>
<tr><th>作者/文獻</th><th>版本</th><th>用　　例</th></tr>
<tr><td>陳仁錫
《無夢園遺集》
卷七</td><td rowspan="4">明崇禎六年刻本</td><td>(3)《壽都綱東禪仰峯八十序》：西方有聖人焉，不可見。得見佛弟子，好善者斯可矣。善無他，恒是恒。無他、盈虛、有無、泰約之間，不起一浪心，不鶩一浪語，是儒不必誇益代修詞立誠者，是釋不必詭超凡慈悲度人者，是西方聖人以空化執智化也，以福利化欲仁化也，以緣業化妄術化也，以神道化愚刧化也。要之，不善惡乎化，不恒惡乎善。</td></tr>
<tr><td>陳仁錫
《無夢園初集》
內集上</td><td>(4) 掌以夫燧取明火于日，以鑒取明水于月，以共祭祀之明齍明燭共明水。與鬼神合其吉凶。子曰：氣也者，神之盛也。魄也者，鬼之盛也。合鬼與神，教之至也。按：歸土而謂之鬼，何盛之有？然其氣發揚于上，爲昭明，焄蒿悽愴，此百物之精也，神之著也。造物，豈借既屈之氣爲方伸之氣哉？生死皆有精華，乾坤總能攝受。夫易廣矣大矣！夫然後有報氣之祭，有報魄之祭。神道設教，則民莫敢不用情。</td></tr>
<tr><td>陳仁錫
《無夢園初集》
馬集三</td><td>(5) 天文時變，人文化成，明乎有天文自有人文也。觀天之神道，聖人以神道設教，明乎有天之神道自有聖人之神道也。</td></tr>
<tr><td>陳仁錫
《無夢園初集》
駐集一</td><td>(6)《致身錄》：公家不傳，藏之茅山。道士手授焦弱侯，弱侯垂老，爲出此書以傳信於史牘。公書自永樂後，不紀號紀年，不稱君而稱師，師之號大矣哉！天降下民，作君作師，故曰：觀我生，觀其生；處死地，固生荄。以大觀順巽生，以中正觀天下生，以神道設教生，致死能生，師綂接召綂先生，大有筆力。
(7)《重修天妃宮記》：聖人以神道設教，而天下服矣。秦攻匈奴，致負海之粟，輸北河之倉，率以三十鍾致一石。未收海工之利意者，海神不為使也。
(8)《重建悟石軒記》：生公講經處有點頭石者，或曰異僧竺道生。聚石爲徒，石皆首肯。我心匪石，不可轉也。有匪石之心，介於石矣；有介於石之人，擲其藏不終日矣。夫聚石爲徒而無聚徒之名，石皆首肯而無贊頌之迹，神道設教固亦有之。余則異，於是勸富翁無藏金，文士無藏彩，武士無藏勇，俠士無藏膽，韻人無藏趣，酒人無藏量，此造物之無盡藏也。顧野王不云乎？兹山高不槩雲，深無藏影。果若而言，首肯者不獨石也。</td></tr>
</table>

表六百三十九

作者/文獻	版本	用　　例
陳汝錡《甘露園短書》卷六	明萬曆刻清康熙重修本	(1) 又云：北朝既以得地為榮，南朝必以失地為辱。又云：南朝公主出嫁，齎送不過十萬緡，豈若歲幣無窮之利哉？鄭公記其事為《使北語錄》，蘓文忠復記其事於《神道碑》。後之論者，亦謂通好息兵。仁人之言，其利溥。

表六百四十

作者/文獻	版本	用　　例
陳師《禪寄筆談》卷五	明萬曆二十一年自刻本	(1) 台州城中委巷有興善廟，神頗顯應，有趙小一者游其中，遇商人携囊金息肩廡下。入夜，小一殺商人，取其金，祝神曰：神道切莫說。方下拜，神語曰：我到不說，只怕你自說。
陳師《禪寄筆談》卷七		(2) 瑞安高世則墓有穹碑一通，呉中太湖石所礱，碑陰鋸文朗朗而欹。宣德間，永嘉黄少保淮葬父，鋸其半爲《神道碑》，鋸且盡，高之裔孫某曰：相公取之薄矣。黄問故，高曰：恐後人欲鋸耳。黄默然。 (3) 潁川有姚尚書墓，其《神道碑》穹窿豐厚，四面均焉。其規制，類顔魯公所書《神道碑》。國初，州人侍郎某者營壽域，欲割三分之一以刻墓表。畏州守阻難，乃曲意懇之。……嗟乎！近世士大夫謀人墳墓、占人土田者，豈少犹？ (4) 古稱用兵如神，蓋神者豈專人力哉？神道設教，假陰以助陽，事理有之。如占驗則有雲日風角，方位則有開閉生死，符呪則有驅丁使甲。諸家之說，一一有驗。

表六百四十一

作者/文獻	版本	用　　例
陳士元《名疑》卷三	清文淵閣四庫全書本	(1) 唐房元齡，名字不一。《舊唐書》本傳云：房喬元，字齡。《新唐書》列傳云：房元齡，字喬。而《宰相世系表》又云：元齡，字喬松。趙明誠《金石録》有褚遂良所書《神道碑》，名字與《新唐書》列傳同。又有于志寧撰房碑，名字與民系表同。
陳士元《夢占逸旨》卷一	清藝海珠塵本	(2) 夫兆倚龜而徵，易賴蓍而顯。蓍龜外物也，聖人設教利用，猶足以通乎神明，稽乎大疑。(《易大傳》曰：聖人以神道設教。又曰：利用出入，民咸用之，謂之神。又曰：以通神明之德。《尚書・洪範》曰：汝則有大疑，謀及卜筮。)

表六百四十二

作者/文獻	版本	用　例
陳舜仁《(萬曆)應天府志》卷二十二	明萬曆刻增修本	(1) 明年二月卒，年五十四。贈中山王，謚武寧。賜葬，上親為《神道碑文》，言達言簡慮精，當提兵時，令出不二，諸將敬若神明。受命而出，功成而旋，不自矜伐。至於封姑蘇府庫，置胡宮美人、財寶無所取，婦女無所愛，忠志無疵，昭明乎日月。 (2) 開平王常遇春墓，在鐘山之陰。(遇春，懷遠人。初，從劉聚知矣。……卒，年四十。上震悼，親為文以祭，稱開拓之功，遇春十居七八。追封開平王，謚忠武。賜葬，詔宋濂撰《神道碑文》。)

表六百四十三

作者/文獻	版本	用　例
陳天定《古今小品》卷二	清道光九年刻本	(1)《論方技鄭普思疏》(李邕)：陛下躬政日淺，有九重之嚴，未聞道路橫議。今籍籍皆言普思馮詭惑，詭妖祥，陛下不知，猥見驅使。孔子曰：《詩》三百，一言以蔽之，曰：思無邪。陛下誠以普思術可致長生，則爽鳩氏且因之永有天下，非陛下乃今可得；能致神人耶，秦、漢且因之永有天下，非陛下乃今可得；能致佛法耶，梁武帝且因之永有天下，非陛下乃今可得；能鬼道耶，墨翟、于寶且各獻其主，永有天下，非陛下乃今可得。自古堯、舜稱聖者，臣觀所以行，皆在人事，敦睦九族，平章百姓，不聞以鬼神道治天下，惟陛下省察。
陳天定《古今小品》卷三		(2)《與兄子秀書》(陳暄)：旦見汝書與孝典，陳吾飲酒過差。……吾常譬酒之猶水，亦可以濟舟，亦可以覆舟，故江諮議有言：酒猶兵也。兵可千日而不用，不可一日而不備；酒可千日而不飲，不可一飲而不醉。美哉江公，可與共論酒矣！汝驚吾墮馬侍中之門，陷地武陵之第，徧布朝野，自言焦悚。丘也幸，苟有過，人必知之。吾生平所願，身没之後，題吾墓云"陳故酒徒陳君之神道"。若斯志意，豈避南征之不復，賈誼之慟哭者哉？何水曹眼不識盃鐺，吾口不離瓢杓。汝寧與何同日而醒，與吾同日而醉乎？政言其醒可及，其醉不可及也。速營糟邱，吾將老焉。爾無多言，非爾所及。
陳天定《古今小品》卷六		(3)《祭廬山文》(白居易)：維元和十二年歲次丁酉二月二十五日乙酉，將仕郎守江州司馬白居易，以香火酒脯，告于廬山遺愛寺四旁上下大小諸神。居易夙聞匡廬，天下神秀，幸因佐宦，得造茲山，又聞永遠、宗雷，同居於是，道俗並處，古之遺風，而遺愛西偏，鄭氏舊隱。三寺長老，招予此居，創新堂宇，疏舊泉沼，或來或往，棲遲其間，不惟耽翫水石，以樂野性，亦欲擺去煩惱，漸歸空門。儻秩滿以來，得以自遂，餘生終老，願託於斯。今葺構既成，遊息方始，爰以潔敬，薦茲馨香。不敢媚神，不敢禳福，但使疫癘不作，魑魅不逢，猛獸毒蟲，各安其所。苟人居之靜謐，則神道之光明。齋心露成，庶幾有答。

表六百四十四

作者/文獻	版本	用　例
陳暐《吳中金石新編》卷六	清文淵閣四庫全書本	(1) 若今之塔，蘇文忠公曾施銅龜以藏舍利於中，想即八萬四千之一也。我國家神道設教，仁壽躋民，而亦妙嚴實乘，無乃象教之功，易感蠢愚之善心也哉!

表六百四十五

作者/文獻	版本	用　例
陳錫《易原》卷三	明萬曆刻本	(1)《彖》曰：大觀在上，順而巽，中正以觀天下。觀，盥而不薦，有孚顒若，下觀而化也。觀天之神道，而四時不忒。聖人以神道設教，而天下服矣。 (2) 神道設教，信如四時，其誠心可推而置也。 (3)《彖》以民觀為義，《象》以君觀為義。故曰：風行地上。省方者，因坤地也。觀民者，因衆陰也。設教者，因神道也。 (4) 九五在上，聖人設教矣。其振作改革，必有神道寓於其間，小人未足知，而君子宜有以黙識之也。初乃位下，勢遠而性蒙焉。

表六百四十六

作者/文獻	版本	用　例
陳獻章《白沙子》卷之二	部叢刊三編景明嘉靖刻本	(1)《与陶方伯》：比聞在師中能坐馬矣，幸甚，幸甚! 周二來得書人情世態，相見多不合，奈何處之? 交游中，有不勸人進者乎? 某獨不然。是以退爲進也，非高明莫能亮之。承問改題“諸墓石”可否，書法與銘旌畧同，所以存其名。不當云“某府君忠烈公”，則書其自得於先朝者至顯矣。後來恩典所加，宜列諸《神道碑》，不必改題也。李世卿久在館中，恐要知，不多及。
陳獻章《白沙子》卷之七		(2)《謁諸墓》：宿草荒墳秪自悲，百年心事欲奚爲。券堂有鼠能穿地，神道無人可假碑。數口仍憂開歲給，一錢未領到官支，赤泥淺土嗟何及，早晚牀金盡一揮。

表六百四十七

作者/文獻	版本	用　例
陳許廷《春秋左傳典略》卷五	明崇禎刻本	(1) 幽陰之惡，非法令所得繩也。其人尊貴，非刑章所能加也。聖人因天地之變，自然之妖，章其事以大震穢行之人。神道助教，此故爲深。

表六百四十八

<table>
<tr><th>作者/文獻</th><th>版本</th><th>用　　例</th></tr>
<tr><td>陳循
《芳洲文集》
卷二</td><td rowspan="3">明萬曆二十一年刻後印本</td><td>(1) 大易神道設教之旨，孔子慱施濟衆之仁者矣，何其盛哉！況乎京師四方所仰，佛氏衆妙所宗，則所以崇獎光大其教者，尤不可以少廢。此我祖宗所為功業，超乎古今德化，被於遠邇，致治臻熙皡之盛，享國得長久之安，而非近代所可及者，是豈為無補哉?</td></tr>
<tr><td>陳循
《芳洲文集》
卷六</td><td>(2) 公先世與其平生始終，具於元翰林侍講學士盧公摯所譔神道之碑，此著所以祠公之大槩云。
(3) 不貸寺成之日，棲佛有殿，居僧有舍，士卒有所恃以不懼於用武，邊境有所依以不廢於祝國。雖然其肇，盖有由焉。古者，聖人以神道設教，故民宜之。今士卒於用武，所恃不能外於佛者，以其知向佛之真，足以為其福也。</td></tr>
<tr><td>陳循
《芳洲文集》
卷七</td><td>(4) 故推誠宣忠翊運武臣特進榮祿大夫柱國會昌伯追封會昌侯謚康靖孫公神道碑銘
(5) 景泰三年九月七日，推誠宣忠、翊運武臣特進榮祿大夫、柱國、會昌伯孫公，以壽終。訃聞，上為之哀悼，輟視朝一日。……既塟，其子繼宗五人伏闕泣而言曰：先臣仰荷國恩，生榮死哀。臣等雖萬死，懼無以報稱，願於法得立碑神道，載其事於貞石，以昭聖明篤厚之道。
(6) 故奉天翊衛推誠宣力武臣特進榮祿大夫柱國昌平侯追封潁國公謚武襄楊公神道碑銘
(7) 至於修飭邊防，經畫歲計，訓練士馬，振起荒頽，與夫建立廟學以教兵戍子弟，賑恤孤寡以酬士棄死亡，尤為有仁禮之政焉。公之塟也，其子俊傑具其平生請書，刻石立於神道，以垂無窮。公於余有同朝之雅，又以列侯偕侍經筵，余不能辭，故為書而銘之。
(8) 贈榮祿大夫太子太保兼吏部尚書翰林學士王公暨配一品夫人彭氏神道碑銘
(9) 太子少師兼禮部左侍郎翰林院學士贈太子太保禮部尚書謚文通王君神道碑銘
(10) 景泰二年冬十二月，詔禮部左侍郎王君一寧兼翰林院學士，預事于文淵閣。明年四月，會選東宮官，屬復進太子少師仍兼舊職，食少師侍郎俸。方君之入也，余竊自慶得所助，孰計至未歲，竟以得疾而卒。嗚呼！其為可慟寧不尤在茲乎？既卒，其子奉事行來請書，將歸刻神道之碑。余不能辭。
(11) 兵部尚書侯公神道碑銘</td></tr>
</table>

續表

作者/文獻	版本	用　例
陳循《芳洲文集》卷七	明萬曆二十一年刻後印本	(12) 是歲十一月朔，公柩還自普定，以十二月十二日葬，塋在其鄉五門山前先塋之側。公生子惟一男曰爵，正統丁卯鄉貢進士。既葬公之明年，詣闕謝恩。朝廷以公累有軍功，特官爵為錦衣衛，世襲正千戶。爵以余與公有同朝之雅，乃奉澤州學正吳騆所狀公之事行，來乞銘于神道之碑。 (13) 都察院右副都御史鄧公神道碑銘 (14) 故太子太保兼兵部尚書贈特進光祿大夫左柱國太師謚忠襄儀公神道碑銘 (15) 景泰五年七月，上澣太子太保兼兵部尚書儀公有疾。事聞，詔遣中貴人携醫藥，命日奏安否。比疾革，復遣齎手勑論問曰：聞卿臥疾以來，朕為惻然，念卿舊德，豈可一日不在左右！……既而其子將奉柩歸襄事，乃齎太常卿許道中所述公之事行，來請為立神道之碑。 (16) 贈資政大夫太子少保兼都察院右副都御史羅公神道碑銘 (17) 孫男十有三人：長濂，正統九月鄉貢進士，補太學生。其次淮、海、沂、淳、溫、渭、濱、濡、洪、汪、洄、潞。淮，甲戌進士，刑部山西清吏司主事。渭，景泰四年鄉貢進士，補太學生。……既求太子太保、吏部尚書王公為誌銘公之墓，而以神道之碑請為文刻詛上。
陳循《芳洲文集續編》卷四	明萬曆四十六年陳以躍刻本	(18) 贈昭勇將軍錦衣衛親軍指揮使司指揮使吳公神道碑銘 (19) 又明年，皇太后念先德之劬勞，痛酬報之未效，旦夕追惟，不勝哀感。皇上孝心純篤，務承親志，乃命進贈公為昭勇將軍錦衣衛親軍指揮使司指揮使。詔臣某書其平生德善，刻石立于神道。蓋上以表慈闈報恩之誠，而下以著吳公積善之慶，於無窮也。

表六百四十九

作者/文獻	版本	用　例
陳耀文《天中記》卷三	清文淵閣四庫全書本	(1) 閉北門：神龍元年七月，洛水漲，壞廬舍。宋務先疏曰：雨暘或愆，則貌言為咎，雩禜之法，存乎禮典。今暫逢霖雨，即閉坊門。豈有一坊一市，遂能感召靈星；暫閉暫開，便欲發揮神道哉？至今巷議街言，共呼坊門為宰相，謂能節宣風雨，燮理陰陽。夫如是，則赫赫師尹，便為虛設；悠悠蒼生，復何所望？唐休璟以霖雨為害，咎在主司，上表解任，冀移陰咎之徵，復免夜行之責。(《舊唐・五行志》)

續表

作者/文獻	版本	用　　例
陳耀文《天中記》卷十七	清文淵閣四庫全書本	(2) 刺血濡章：駙馬都尉鄭潜曜，睿皇之外孫，尚明皇第十二女臨晋長公主，母即代國長公主也。開元中，母寢疾，曜刺血濡奏章，請以身代。及焚章，獨"神道許"三字不化。
陳耀文《天中記》卷二十三		(3) 惜書：武德四年，東都平後，觀文殿寶廚新書八千許卷將載還京師。上官魏夢見煬帝，大叱云：何因輒將我書向京師。于時太府卿宋遵貴監運，東都調度，乃於陝州下書，著大船中，欲載往京師。於河值風覆没，一卷無遺。上官魏又夢見帝，喜云：我已得書。帝平存之日，愛惜書史，雖積如山丘，然一字不許外出。及崩亡之後，神道猶懷愛悋。按：寶廚新書者，並大業所祕之書也。(《大業拾遺》)
陳耀文《天中記》卷二十五		(4) 一遍誦賦：宋璟，廣平人。七歲能屬文，一遍誦《鵩鳥賦》。八九歲時，嘗夢大鳥銜書，吐口中而吞咽之，遂乘而直上。倏忽驚寤，猶若下在智間，自後藻思日深，靈襟益爽。(顔真卿撰《神道碑》。)
陳耀文《天中記》卷二十七		(5) 死能筭生：姚元崇與張説同為宰輔，頗懷疑阻，屢以事相侵，張銜之頗切。姚既病，誡諸子曰：張丞相與吾不叶，舋隙甚深。然其人少懷奢侈，尤好服翫。吾身歿之後，以吾嘗同寮，當來弔，汝其盛陳吾平生服翫寶帶重器羅列於帳前。若不顧，汝速計家事，舉族無類矣。目此，吾屬無所虞。便當録其翫用致於張公，仍以《神道碑》為請。既獲其文，登時便寫進，仍先礱石以待之，便令鐫刻。張丞相見事遲於我，數日之後，必當悔。若却徵碑文，以刋削為辭，當引使視其鐫刻，仍告以聞上訖。……姚氏諸子乃引使者示其碑，乃告以奏御。使者復命，悔恨拊膺曰：死姚崇猶能算生張説。吾今日方知才之不及也。(《明皇雜錄》) (6) 三賢：李華，字遐叔。兄事元德秀，而友蕭潁士、劉迅。作《三賢論》曰：元之志行，當以道紀天下；劉之志行，當以《六經》諧人心；蕭之志行，當以中古易今世。及於夫子之門，則達者其流也。……房公時臨扶風，聞之，通夕不寐，顧謂賓從曰：柄卿若不起，無復有神道。尚書劉宴每有勝理，必詣與談，數日忘返，退而嘆曰：聞（劉公）清言，見皇王之理矣。
陳耀文《天中記》卷三十一		(7) 南宮眉目：韋陟，字商衡。為吏部員外郎。是曹在南宮為眉目，在選士為司命。公執直筆，閲簿書，紛拏盤錯，一瞬而剖。(劉禹錫撰《神道碑》。)

續表

作者/文獻	版本	用　例
陳耀文 《天中記》 卷三十三	清文淵閣四庫全書本	(8) 與帝通夢：習郁為侍中時，從光武幸黎丘，與帝通夢，見蘇山神，光武嘉之，拜大鴻臚。錄其前後功，封襄陽侯，使立蘇嶺祠，刻二鹿石俠神道，百姓謂之鹿門廟，或呼蘇嶺山為鹿門山。(《襄陽耆舊傳》)
陳耀文 《天中記》 卷四十四		(9) 昔周伯仁度江唯三日醒，吾不以為少；鄭康成一飲三百盃，吾不以為多。然洪醉之後，有得有失。成廝養之志，是其得也；使次公之狂，是其失也。吾常譬酒之猶水，亦可以濟舟，亦可以覆舟，故江諮議有言：酒猶兵也。兵可千日而不用，不可一日而不備；酒可千日而不飲，不可一飲而不醉。美哉江公，可與共論酒矣！何水部眼不識盃鐺，吾口不離瓢杓。汝寧與何同日而醉，與吾同日而醉乎？速營糟丘，吾將老焉。身沒之後，題吾墓曰"陳故酒徒陳君之神道"。(上)
陳耀文 《天中記》 卷四十九		(10) 買錦增市：左慈，字元放，廬江人。少有神道。常在魏武帝坐，帝曰：恨無蜀中生薑耳。元放曰：亦可得也。因曰：吾前遣人到蜀買錦，可過勅使者，增市二端。須臾，只得薑還，并獲使報。(《神仙傳》)

表六百五十

作者/文獻	版本	用　例
陳懿典 《陳學士先生初集》 卷十四	明萬曆刻本	(1) 安人聞而喜甚，謂以我數畆甌脫爲大人百世藏，足慰地下矣。癸卯，乃葬錢淑人。乙巳，而方伯公捐舘，遺橐僅圖書。安人歎我翁一世清白，没而益顯，相與稱貸，以畢喪葬。蓋自比部公坶而饋養之洗溾，神道之經營，皆安人代為子；又為兩子婚娶，則代爲父；時引古先敦誨，則又代爲師。

表六百五十一

作者/文獻	版本	用　例
陳禹謨 《駢志》 卷四	清文淵閣四庫全書本	(1) 顏真卿撰《神道碑》：宋璟，廣平人。七歲能屬文，一遍誦《鵩鳥賦》。八九歲時，嘗夢一大鳥銜書，吐口中而吞咽之，遂乘而直上。倏忽驚寤，猶若下在胷之間，自後而藻思日深，靈襟益爽。
陳禹謨 《駢志》 卷十		(2)《後漢書》：左慈，字元放。少有神道。嘗在司空曹操坐，操從容顧衆賓曰：今日高會，珍羞畧備，少吳松江鱸魚耳。

表六百五十二

作者/文獻	版本	用　　例
陳元素 《古今名將傳》 卷九	明天啓刻本	(1) 李嗣業，字嗣業，京兆高陵人。長七尺，膂力絕眾。開元中，從安西都護來曜討十姓蘇祿，先登捕虜，累功爲昭武校尉。……嗣業提步卒陞山，頹石四面以擊賊，又立大旗先走險，諸將從之。虜不虞軍至，因大潰，投崖谷死者十七八。鼓而驅至勃律，擒其主，平之。虜號爲“神道大將”。
陳元素 《古今名將傳》 卷十五		(2) 愈爲人沈毅詳敏，其事上最勤，愼有所委，不憚危苦，功成不矜，敬禮賢士大夫。上心重之，命朱夢炎爲製《神道碑》。
陳元素 《古今名將傳》 卷十六		(3) 永樂二年，賑濟蘇、湖。十六年，來朝北京，寓慶壽寺。病，車駕再臨視。卒，贈少師榮國公，謚恭靖。上爲文《神道碑》。洪熙元年，侑享成祖廟庭。嘉靖九年，移祀大興隆寺，罷侑享。

表六百五十三

作者/文獻	版本	用　　例
陳子龍 《安雅堂稿》 卷四	明末刻本	(1) 當其可信，幾於無言不酬。而匹夫匹婦之寃，雖杜伯之射，伯有之驚，亦無以過。繇此而觀，神道何遠之有?
陳子龍 《安雅堂稿》 卷十五		(2) 明中奉大夫山東布政使司右布政使七澤張公神道碑銘
陳子龍 《明經世文編》 卷十一	明崇禎平露堂刻本	(3) 陛下天資至高，合于道微。百家神怪，誕妄恍惚，臣知陛下洞燭之矣。然猶不免欲以愚弄天下，若所謂以神道設教者，臣謂不必然也。一統之輿圖已定矣，一時之人心已服矣，一切之奸雄已慴矣。天無變災，民無患害。聖躬康寧，聖子神孫繼繼繩繩，所謂得眞符者矣。何必興師以取寶為名，諭衆以神仙為徵應，謂某所有某仙某神孚佐國家者哉。
陳子龍 《明經世文編》 卷二百三		(4) 太宗定都北京，即武王都鎬，知武王周公之志未嘗不同，則知太祖太宗之心未始異矣。况太祖末年，嘗有改都之議，則知一旹定鼎金陵，未稱貽謀之遠。迨太宗定都燕京，內制六合，外控諸邊，形勢遠過關中，固萬世帝王之業，我太祖在天之靈，豈不居歟？况聖子神孫，既親奉祀事于此，則祖宗神靈自當陟降于此。斯固人情，亦乃神道。古人立主依神，立廟依主，而子孫之身又祖宗所依。今日正當定專如此，使宗廟社稷專主于此，本支百世根本于此。祈天永命，保民出治，罔不于此。

續表

作者/文獻	版本	用　例
陳子龍 《明經世文編》 卷二百四十二	明崇禎平露堂刻本	(5) 詩人有言：天保定爾，受天百祿。降以遐福，維日不足。維皇建極，萬方攸同。焞焞大業，久而益崇。天佑我人，俾皇億壽。垂祚儿圍，小大咸受。觀民設教，神道佐興。以禜以祈，褆福繩繩。載以清淨，民自不忒。中心無為，抱一以式。
陳子龍 《明經世文編》 卷三百四十三		(6) 一崇祀典，照得海運肇行；舟泛大海，所畏者惟蛟龍風雨。考之五行：蛟乙木也，而寄在辰；風巽木也，而寄在巳。二者性皆畏金。此五行相尅厭勝之術，如先臣劉基輩未嘗不講也。况是類是禡，文著於詩，夫舉大事動大衆，而又安可無神道設教以壯人心？

表六百五十四

作者/文獻	版本	用　例
陳子壯 《昭代經濟言》 卷一	清嶺南遺書本	(1)《天說下》(全)：或曰：天災流行，陰陽舛訛，天以之警於人與？曰：否。天以氣為質，氣失其平則變。是故風雨、雷電、晦明、寒暑者，天之喘汗、呼噓、動息、啟閉、收發也。氣行而通，則陰陽和，律呂正，萬物並育，五位時若，天之得其常也。……雖天亦無如之，何也？惟聖人有神道焉。神道先知，防於未形，不待其幾之發也。堯之水九載，湯之旱七載，天下之民不知其災。朱均不才，為氣所勝，則舉舜禹以當之。桀紂反道，自絕於天，則率天下以伐之。元氣之不汩，聖人為之也。……有善醫者，舉而行之，元氣復矣。作《天説》。

表六百五十五

作者/文獻	版本	用　例
陳祖念 《易用》 卷二	清文淵閣四庫全書本	(1) 大觀在上不在下，即觀國之光也。卦德順而巽，卦體九五以中正示天下，皆所以風之也。故下相觀而化焉，夫相觀而化神道也。天之神道不可見，而見於四時之不忒。聖人以相觀而化者，設教則不待督責，號令而天下服矣。尚賓志之所尚，欲為王家之賓也。觀民，民君所治，意謂民之善否？而君之得失徵矣。志未平，謂為天下所瞻仰。未能安意肆志，侈然自放也。

表六百五十六

作者/文獻	版本	用　　例
程敏政《明文衡》皇明文衡卷之六	四部叢刊景明本	(1) 漸次時雍，至於比屋可封不難矣。陛下不可視爲迂濶，而不切當今之急務也。陛下天資至高，合於道微。百家神怪，誕妄恍惚，(臣) 知陛下洞矚之矣。然猶不免欲以愚弄天下，若所謂以神道設教者，(臣) 謂不必然也。一統之輿圖已定矣，一時之人心已服矣，一切之奸雄已慴矣。天無變災，民無患害。聖躬康寧，聖子神孫繼繼繩繩，所謂得眞符者矣。何必興師以取寶爲名，論衆以神仙爲徵應，謂有所謂某仙某神孚佑國家者哉。
程敏政《明文衡》皇明文衡卷之九	四部叢刊景明本	(2)《孔子廟堂議》(宋濂)：世之言禮者，咸取法於孔子，然則爲廟以祀之，其可不稽於古之禮乎？不以古之禮祀孔子，是褻祀也。褻祀不敬，不敬則無福。奈何今之人與古異也？古者將祭，主人朝服，即位於阼階東，西面。……《漢晋春秋》所載：章帝元和二年，幸魯祠孔子，帝升廟，西面再拜。《開元禮》亦謂“先聖東向，先師南向，三獻官皆西向”，是猶未失古之意也。今襲開元二十七年之制，遷神於南面，而行禮者北面，則非神道尚右之義矣。……今因開元八年之制，摶土而肖像焉，失神而明之之義矣。
程敏政《明文衡》皇明文衡卷之十二	四部叢刊景明本	(3)《天說下》：或曰：天災流行，陰陽舛訛，天以之警於人與？曰：否。天以氣爲質，氣失其平則變，是故風雨、雷電、晦明、寒暑者，天之喘吁、呼嘘、動息、啓閉、收發也。氣行而通，則陰陽和，律呂正，萬物竝育，五位時若，天之得其常也。……雖天亦無如之，何也？惟聖人有神道焉。神道先知，防於未形，不待其幾之發也。堯之水九載，湯之旱七載，天下之民不知其災。朱均不才，爲氣所勝，則舉舜禹以當之。桀紂反道，自絶于天，則率天下以伐之。元氣之不汨，聖人為之也。 (4)《雷說上》：有夫耕于野，震以死。或曰：畏哉！是獲罪于天，天戮之矣。劉子曰：噫，誣哉！何觀天之局也！一夫有罪，天將自戮之乎？天生民而立之牧，付之以生殺之權，而又自震以討焉。惡用是司牧者爲也？曰：天鑒于民，有隱慝焉，人罰弗能及也。而震以威之，微顯闡幽，神道也。曰：惡，是何言也？古帝制刑以爲天下均，故執刑如執權，因罪之輕重而前郤之，又不敢專，而聽于天，曰天討也。 (5) 於是乎，假《魯史》以修經，撥亂世反之正，以明百王之大法，而“絶筆於獲麟”之一語，《左氏》所謂“因所感而起，故所以爲終”者是矣。而後世之論，咸謂麟出爲聖經之應。比之馬出河、龜出洛而圖書顯，《簫韶》奏而鳳凰儀，是蓋欲以神道設教爾。

續表

<table>
<tr><th>作者/文獻</th><th>版本</th><th>用　例</th></tr>
<tr><td>程敏政
《明文衡》
皇明文衡
卷之五十四</td><td rowspan="4">四部叢刊景明本</td><td>(6) 由大者而論之，繫乎盛衰者莫大乎國都，殽函河渭無異也。秦帝之亡，漢帝之昌，隋據之而促，唐據之而長，果在於善地乎？帝王之尊，家天下役海內。使地善而可興，竭智以營陵廟，奚求而不致。而亡國敗主相屬，則果不在乎此也審矣。古之卜宅兆云者，以神道定民志耳，非視岡阜之向背逆順臆度目斷，如世之葬師之爲也。</td></tr>
<tr><td>程敏政
《明文衡》
皇明文衡
卷之五十六</td><td>(7) 碑：按：《儀禮・士婚禮》：入門當碑揖。又《禮記・祭義》云：牲入麗于碑。賈氏注云：宮廟皆有碑，以識日影，以知早晚。《說文注》又云：古宗廟立碑繫牲，後人因於上紀功德。是則宮室之碑，所以識日影，而宗廟則以繫牲也。秦漢以來，始謂刻石曰碑，其蓋始於李斯嶧山之刻耳。《文選》載郭有道等墓碑，而王簡栖《頭陀寺碑》亦厠其間。至《文鑑》，則凡祠廟等碑與神道墓碑，各爲一類。今亦依其例云。
(8) 墓碑・墓碣・墓表・墓誌・墓記・埋銘：按：《檀弓》曰：季康子之母死，公肩假曰：公室視豐碑。注云：豐碑，以木為之，形如石碑，樹於槨前後，穿中為鹿盧，繞之綍，用以下棺。《事祖廣記》曰：古者，葬有豐碑以窆。秦漢以來，死有功業，則刻于上，稍改用石。晉、宋間，始有《神道碑》之稱，蓋地理家以東南爲神道，因立碑其地而名耳。又按：墓碣，近世五品以下所用，文與碑同。墓表，則有官無官皆可，其辭則多敘其學行德履。墓誌，則直述世系、歲月、名字、爵里，用防陵谷遷改。埋名、墓記，與墓誌同，而墓記則無銘辭耳。古今作者，惟昌黎最高。行文叙事，面目首尾，不再蹈襲。凡碑碣表於外者，文則稍詳；誌銘埋於壙者，文則嚴謹。其書法則唯書其學行大節，小善寸長，則皆弗錄。觀其所作，可見近世至有將墓誌亦刻墓前，斯失之矣。大抵碑銘所以論列德善功烈，雖銘之義稱美弗稱惡，以盡其孝子慈孫之心；然無其美而稱者謂之誣，有其美而弗稱者謂之蔽。誣與蔽，君子弗由也。
(9) 子瞻作君實《神道碑》，贊美其誠，蓋自覺誠之未如君實者也。</td></tr>
<tr><td>程敏政
《明文衡》
皇明文衡
卷之六十二</td><td>(10) 夫公當定謚于奉常，立傳於國史，而勒銘於神道。然《行狀》夂未克為，於是楨來以為請，誼不得辭，謹為攟摭其平生大凡而其書之。</td></tr>
<tr><td>程敏政
《明文衡》
皇明文衡
卷之六十四</td><td>(11) 王甍，敕葬鍾山之陰。神道有銘，而又有家庙碑。今董張二公之又具存王平生嘉言徽行，此有不重述者，可考見焉。</td></tr>
</table>

續表

作者/文獻	版本	用　　例
程敏政 《明文衡》 皇明文衡 卷之六十八	四部叢刊景明本	(12) 神道碑 (13) 御製中山徐武寧工神道碑 (14) 既葬，朕恐歲月幽遐，磨述偉績，朕待親筆生前張我武威、偃兵息民、混一區夏、奠安人神之勞，以示子孫，耿光萬世。勒諸堅石，樹當神道。歌曰：景命昌兮天彰，錫我英俊兮忠良。幽韜祕略兮神機，默溫溫兮兼剛。秉旄鉞而徂征兮既出，幡幢繚繞兮雄氣軒昂。戰騎靈兮踣疾，旌旗烈烈兮前行。六軍濟濟兮甲冑，礪矛燦爛兮精鋥。舍之兮周廬星列，屬橐兮比比懸傍。四斗聲聲頻兮令密，山川妖魅兮奚藏。彎弧力勁兮躲欃槍，幾披星月兮秋霜。奮忠海內兮孰前當，摧堅撫順兮我武惟揚。
程敏政 《明文衡》 皇明文衡 卷之六十九		(15) 神道碑 (16) 大明追封揚王神道碑銘（有序）（宋濂） (17) 楊王墳，在盱眙縣西南八十里太平鄉津里鎮牧羊山西北。洪武元年，設祠祭署，以王親陳氏爲奉祀。設墳戶一百一十戶，供祭祀灑掃。王姓陳氏，先世維揚人，徙盱眙，年九十九卒。皇帝既追崇祖宗四代帝號，建立太廟。復念皇太后之所自出，追封外王父爲楊王，外王母爲楊王夫人。建祠於太廟之東，歲遣重臣致祭。近有言王墓在盱眙如故，上聞之，悲喜交集，即詔內臣及圜丘署令往祭而修治之，寘灑掃之户凡三護視塋域，且命詞臣撰文以樹諸神道。 (18) 大明勑賜銀青榮祿大夫上柱國中書平章軍國重事兼太子少保鄂國常公贈翊運推誠宣德靖遠功臣開府儀同三司上柱國太保中書右丞相追封開平王謚忠武神道碑銘（有序） (19) 大明勑賜榮祿大夫同知大都督府事兼太子右率府使贈推忠翊運宣力懷遠功臣光祿大夫湖廣等處行中書省平章政事柱國追封蘄國公謚武義康公神道碑銘（有序）
程敏政 《明文衡》 皇明文衡 卷之七十		(20) 神道碑 (21) 巢國華武莊公神道碑（宋濂） (22) 公一子景春蚤世，竟無嗣續。其配澧國夫人蔣氏先薨，至是與公合塟焉。既塟，禮部以聞帝若曰，其今國子司業宋濂製為碑銘，樹諸神道。 (23) 明故資善大夫御史中丞兼太子賛善大夫章公神道碑銘 (24) 私竊以爲生我者父母，知我之志者唯公而已。不知公何爲棄予而遽死矣乎？有善孰予，相孰知我瑕疵而攻之乎？神道之銘，公之子特以爲屬，肝腸百裂，其何能綴緝言辭乎？相知之深者不爲之，則鋪張君子之休美，不識當屬之誰乎？因拉淚而序之。

續表

作者/文獻	版本	用　　例
程敏政 《明文衡》 皇明文衡 卷之七十一	四部叢刊景明本	（25）神道碑 （26）元故嘉議大夫禮部尚書致仕贈資善大夫江浙等處行中書省左丞上護軍追封譙國郡公謚文節汪先生神道碑銘（宋濂） （27）元國子祭酒孔公神道碑 （28）大明故中順大夫禮部侍郎曾公神道碑銘（有序）
程敏政 《明文衡》 皇明文衡 卷之七十二		（29）神道碑 （30）安定侯程忠愍公神道碑（朱善） （31）初，皇帝念癸卯歲南昌暨康郎山前後死節之臣，追爵故萬户程國勝安定伯，與梁國公趙德勝、濟陽郡公丁普郎等一體廟祀。久之，又定元功配享仁祖淳皇帝廟庭，諸外有廟食者亦皆賜謚加勳，遣使者致祭。有未備禮以葬者，官為給之，仍敕史臣勒玏於神道之碑。 （32）爲人臣者，乃序其事而繫之以銘。銘曰：魏巍我皇，天錫神武。龍興江淮，以復平土。南征北伐，拯世之屯。貔虎之臣，疏附駿奔。……壙有衣冠，公始蓋棺。英魂儼然，玉帶貂蟬。墓有享堂，公在中寢。四時烝嘗，來食來飲。富陽之山，欝欝松楸。成公之志，奠此高丘。神道有碑，龜趺螭首。史臣勒銘，永詔厥後。 （33）大明敕賜開國輔運推誠宣力武臣征西左副將軍濟寧侯追封滕國公謚襄靖顧公神道碑（劉崧） （34）既葬，其孤敬泣而請于朝曰：惟先臣事上二十餘年，不幸蚤終。顧神道之石，銘文未勒，敢援故事以請，于以見聖朝眷待之厚，且以慰先臣於地下也。於是禮曹以爲言，詔可其請，命禮部侍郎臣崧爲之銘。臣崧職在討論，不敢以蕪漏辭，謹狀次以書之，且系之銘曰：聖人受命，萬物咸覩。乘時佐運，各奮其武。矯矯襄靖，生于帝鄉。……公歸未期，遂以訃告。沿邊驚呼，當寧嗟悼。襄靖有謚，勝國有封。茅土新疏，沛豐舊庸。闡績著銘，爰勒神道。榮光自天，天子有詔。 （35）大明敕賜開國輔運推誠宣力武臣征南副將軍靖侯追封海國公謚襄毅吳公神道碑銘 （36）洪武十一年戊午，前征南副將軍靖海侯吳禎奉詔出，定遼。是秋，以疾聞，上遣醫馳驛視之，弗能愈，遂輿疾還京。車駕幸其第，問勞有加。明年乙未五月，疾革，以其月二十有六日薨。訃聞，上為之震悼，輟朝二日。詔贈特進光祿大夫、左柱國，追封海國公，謚襄毅。仍賜窆鐘山之陰，俾官給其事。葬之日，車駕臨奠，加贈賻焉。又明年庚申，上追念其勞，爰敕儒臣禮部侍郎臣崧撰文，刻諸神道之碑，以昭不朽。

續表

作者/文獻	版本	用　　例
程敏政 《明文衡》 皇明文衡 卷之七十二	四部叢刊景明本	(37) 铭曰：赫赫景命，大明當天，帝業所基，公侯出焉。桓桓吳公，有仡其勇，顧瞻在廷，玉立山聳。元政不綱，帝憫下民，爰揮天戈，掃除妖氛。……方召元老，曹周世庸，氣應德符，千載一逢。維天祐賢，公宜永福，何疾之嬰，遽此不淑。儀曹考行，贈謚有光，鐘山佳城，天設地藏。神道之左，有石嶷嶷，儒臣作銘，昭示無極。
程敏政 《明文衡》 皇明文衡 卷之七十三	四部叢刊景明本	(38) 神道碑 (39) 大明勑賜故開國輔運推誠宣力武臣特進榮祿大夫右柱國衛國公追封寧河王謚武順鄧公神道碑（朱夢炎） (40) 大明開國輔運推誠宣力武臣榮祿大夫柱國同知大都督府事江陰侯追封江國公謚襄烈吳公神道碑銘（吳伯宗） (41) 皇明開國輔運推誠宣力武臣榮祿大夫柱國西平侯追封黔寧主謚昭請沐公神道碑（王景） (42) 銘曰：聖皇啓運，受命自天。王氣浮淮，有開必先。暨暨將臣，天挺神武。鼓盪風雲，闔闢寰宇。五神闡珎，挺生異人。依光日月，下上星辰。風雲景從，發迹海邦。遂荒其區，遂搤其吭。沈沈樞府，我寵居之。秩秩皇猷，我儀圖之。載敷恩澤，西涉渭源。……推尊王爵，上及三世。澤逮漏泉，無幽不屆。子孫繩繩，世有封爵。允忠允孝，以永天祿。觀山之原，神道有門。刻銘貞石，以勒殊勳。
程敏政 《明文衡》 皇明文衡 卷之七十四	四部叢刊景明本	(43) 神道碑 (44) 勑贈開國輔運推誠宣力武臣榮祿大夫柱國同知大都督府事陸安侯許國襄簡王公神道碑銘（有序）（劉三吾） (45) 勑贈開國輔運推誠宣力武臣榮祿大夫柱國同知大都督府事鞏昌侯追封陝國公謚宣武郭公神道碑 (46) 大明左柱國信國公贈東甌王謚襄武神道碑銘（方希古）
程敏政 《明文衡》 皇明文衡 卷之七十五	四部叢刊景明本	(47) 神道碑 (48) 湘獻王神道碑文（解縉） (49) 自古帝王受命，拯溺亨屯，必有追崇盛典，褒嘉旌異，顯微闡幽，昭示來世。若成湯之吊龍逢，武王式商容之閭，封比干之墓，銅盤勒銘燭于千古。……惟我太祖高皇帝第十一子湘王，純孝秉哲，遇害於苫塊之間，窮苦沉抑。皇帝嗟悼無已，詢咨群言褒謚曰獻，治其祠墳。詔翰林院學士臣縉曰：湘獻王懿德文武，嬰兹荼毒，朕將昭顯之爾。其爲文，樹石神道，永示無極。臣縉仰惟皇上，因心篤慶比於成湯周武，弔龍逢、封比于之事，戚疏等差，忠厚有加，不敢以菲薄辭。拜手稽首，叙次爲文。

續表

<table>
<tr><th>作者/文獻</th><th>版本</th><th>用　例</th></tr>
<tr><td>程敏政
《明文衡》
皇明文衡
卷之七十五</td><td rowspan="3">四部叢刊景明本</td><td>(50) 追封奉天靖難推誠宣力武臣特進榮祿大夫右柱國榮國公加封河南王謚忠武張公神道碑銘（楊士奇）
(51) 余陪太師公在史舘經筵久，以余永樂、洪熙從臣實聞二聖所嘗論王者，屬銘神道之碑，敬叙而銘之。銘曰：文皇奉天，中興邦國。桓桓忠武，奮起羽翼。帷幄密勿，長策深畫。……決志敵愾，遑恤厥躬。精誠貫日，勁氣吐虹。聊城之鏖，髮怒上衝。先軫戰旗，千載一忠。王勞在國，王績在史。王嗣象賢，益閎以偉。帶礪山河，廷有明誓。清廟陟配，逾千萬祀。
(52) 奉天靖難推誠宣力武臣特進榮祿大夫右柱國太子太傅成國公追封東平王謚武烈朱公神道碑銘
(53) 永樂初，某侍講禁林，凡軍國事預陪廷議，恒與王接知之有素，至是太保公屬書神道之碑，敬敘而爲銘。銘曰：明聖之興，天實命之。必有名世，輔翼攸資。文皇大聖，奉藩恭恪。天將啓之，內難奄作。有不得已，義旗載揚。彬彬文武，風雲奮興。……端肅之行，寬仁之度。南交弗靖，奉命徂征。師未出疆，大星墮營。天不慭遺，堂柱遽仆。帝聞衋傷，卹與隆厚。忠存社稷，勳載簡編。偉哉嗣興，顯顯象賢。河山有誓，追崇有詔。皇明萬年，永配清廟。</td></tr>
<tr><td>程敏政
《明文衡》
皇明文衡
卷之七十六</td><td>(54) 神道碑
(55) 故文淵閣大學士兼左春坊大學士贈榮祿大夫少師禮部尚書謚文穆胡公神道碑銘（楊士奇）
(56) 少保戶部尚書贈特進光祿大夫太師謚忠靖夏公神道碑銘
(57) 奉天靖難推誠宣力武臣特進榮祿大夫柱國太保陽武侯追封鄞國公謚忠武薛公神道碑銘</td></tr>
<tr><td>程敏政
《明文衡》
皇明文衡
卷之七十七</td><td>(58) 神道碑
(59) 奉天翊衛推誠宣力武臣特進榮祿大夫柱國追封平江侯謚恭襄陳公神道碑銘（楊士奇）
(60) 公葬以薨之明年三月，墓在江寧縣大山之原。余與公同朝三十餘年，相知且好，於是儀以狀求著神道之碑，故按狀敘而銘之。銘曰：繄公挺出何桓桓，武兼勇智追前聞。材藝夙試卓寡倫，峩之三品承考勳。（闕）溪獠峒獫猲群，負嶮弗擾獰且趍。……雲章龍彩天垂文，南賦北貢艱以辛。踰淮歷濟底天津，疏堙鑿堅劬且勤。坦行如砥戚者忻，猗嗟公篤孝與仁。厥施諸時績弗泯，愛國亦有嘉謨陳。功載冊府被後昆，大江之陽歸有墳。太史銘之昭不刊。</td></tr>
</table>

續表

作者/文獻	版本	用　例
程敏政 《明文衡》 皇明文衡 卷之七十七	四部叢刊景明本	（61）封榮祿大夫少保戶部尚書兼武英殿大學士黃公神道碑銘 （62）贈驃騎將軍左軍都督府都督僉事王公神道碑銘 （63）開國輔運推誠宣力武臣柱國武定侯贈營國公謚威襄郭公神道碑銘（楊榮） （64）玹以神道之石未立，無以昭示永久，來請文。予閲其家傳，考定其大者，次第之而系之銘曰：天啓皇明，淮甸龍飛。乘時應運，風雲一機。大祖受命，汛掃餘孽。群力桓桓，皷勇就列。東征西伐，北南以平。斷出神聖，功愶衆能。展也郭公，有文有武。翊輔眞主，實天畀付。……匪幸所致，惟公之忠。忠在朝廷，載之信史。亦有孝思，永錫爾類。在昔汾陽，著勲有唐。公實似之，于今益彰。我作銘詩，勒功墓道。百世斯承，有赫其耀。 （65）太子太師郭公神道碑 （66）故光祿大夫柱國少師兵部尚書兼華蓋殿大學士贈特進光祿大夫左柱國太師謚文貞楊公神道碑（楊溥） （67）正統九年三月甲子，光祿大夫、柱國、少師、兵部尚書兼華葢殿大學士楊公卒。公在疾時，自為墓誌。及卒，其子秫號泣請余爲《神道碑文》。神道有碑，制也。墓有銘，古道也。義不可辭，乃序而銘之。 （68）公立心制行，有自撰《墓誌》，有《東里傳》，有《小傳》。溥自出仕，與公交游，在舘閣議事，彼此不能無。可否退而歡如也？存亡之感，曷有窮已。玆用撮其槩，書之神道，爲之銘曰：斯文遭際，千載亨期。以翼君德，以福羣黎。越稽徃古，異世同規。皇明啓運，大統重熙。純佑有命，挺生瓌奇。左右密勿，四紀于玆。玉成耆德，以臣以師。中流砥柱，羣疑筮龜。天不憖遺，吁其孔悲。
程敏政 《明文衡》 皇明文衡 卷之七十八		（69）神道碑 （70）兵部尚書贈榮祿大夫少保兼尚書鄺公神道碑（王直） （71）禮部右侍郎謚文肅錢公神道碑 （72）初，公之歸卽欲爲安樂窩，得地于其里洲背山而營焉。至是鳳躍以其親戚高僉憲所述《行狀》請於予曰：先考文行，公知之且交最乆。神道之碑，非公孰宜爲？予老且病，不得辭，乃勉副其意。詩曰：洲背之山，有崔者墳。是誰所營，武肅令孫。惟此令孫，克勤帝載。由唐而興，日廣且大。歸于有宋，以德以仁。……山靈來瞻，風卷雲舒。植木有本，疆水有源。公之本源，人其式旃。公每來歸，子孫翼翼。誦詩讀書，有永無斁。惟公世家，海内所聞。政事文章，亦煥其羣。我與爲友，式篤于義。九十而終，尚利後嗣。公官三品，神道有碑。我作銘詩，百世之詒。

續表

作者/文獻	版本	用　例
程敏政 《明文衡》 皇明文衡 卷之七十八	四部叢刊景明本	(73) 奉天靖難推誠宣力武臣特進榮祿大夫柱國太保寧陽侯追封濬國公謚武靖陳公神道碑銘（李賢） (74) 恭順侯追封凉國公謚忠壯吳公神道碑銘 (75) 禮部尚書致仕贈大保謚忠安胡公神道碑銘 (76) 吏部尚書致仕贈太保謚文端王公神道碑銘 (77) 乃以公所爲《墓誌》示賢，請銘其神道。賢從公遊最久，公未嘗待以屬吏。又引之同升平生之知未有過於公者，謹次第其事而系之以銘。銘曰：國之明昌，繄彼才賢。……惟學之昌，惟譽之芳。遂秉鈞衡，不倚不忒。百司庶府，位稱其德。位稱其德，又我烝民。列聖汝嘉，保傅師臣。公之旋歸，既祿且壽。國藉蓍龜，士仰山斗。公之云亡，軫我聖衷。節惠二名，錫命三公。有美京榮，無然愧怍。銘在豐碑，元老之墓。
程敏政 《明文衡》 皇明文衡 卷之七十九		(78) 神道碑 (79) 榮祿大夫太子太保吏部尚書贈時進光祿大夫太保謚忠肅王公神道碑（彭時） (80) 大宗伯姚公狀公行詳且實矣。公子竚欲刻石置于神道，請予文之。……銘曰：有美王氏，世居于灤。積善秉義，隱處是安。避兵鹽山，遂定厥家。再傳而顯，揭德振華。……惟公惟廉，惟勤惟眞。公以接物，繩直準平。廉以律己，玉潔水清。勤以涖事，夜寐夙興。愼以存心，晨惕夕兢。祗事五朝，始終若一。爲國元老，爲士矜式。官躋一品，壽逾八旬。推今較古，如公幾人。公今往矣，疇不嗟悼。匪私于公，惟德是好。渤海故郡，高墳峩峩。於乎忠肅，千載不磨。 (81) 姚文敏公神道碑 (82) 璧扶柩南還，以卒之明年閏六月二十五日，塟于邑金牛山之原。立石神道，來徵予文。予以疾固辭，而請益堅顧。予與公同朝久，相知爲最深。自公之逝，予悼惜尢至，豈可終無一言，以副孝子之心哉？乃爲采摭誌狀，序次如右，繫之銘曰：山川間氣生名賢，才高意廣氣浩然。讀書下筆文湧泉，科名屢占多士先。拜官禁近拱御筵，羽儀燦爛孤鳳騫。……翻然長往不少延，六十甲子纔周天。四海蒼生嗟棄捐，百身莫贖有淚漣。我皇聞訃誠哀憐，贈官賜謚恩禮全。英靈歸塟桐江堧，金牛山色開雲煙。隧碑巍峩澤且堅，神龜贔屭螭盤旋。焯德有辭可細鐫，芳名耿耿百世傳。 (83) 侍郎葉文莊公神道碑

續表

作者/文獻	版本	用　　例
程敏政 《明文衡》 皇明文衡 卷之八十	四部叢刊景明本	(84) 後五年甲辰，上卽吳王位，追封公東丘郡侯。又十六年，其子僉水軍左衛指揮司事煒泣曰：先公没，今二十年，無文銘于神道。竊恐忠烈不白於後世，敢請惟公勳業始卒，宜載國史。余嘗待罪太史氏，不敢以耄辭。 (85) 公厚重，深中有容，寡言笑，聞人詆毁如不知。與人交有禮，雖貴顯，恒若貧賤時。平生好薦賢，先後所引若翰林學士劉君獻、待制黄君昪等七十餘人，至通顯者甚欣鄢。……奉勑書《徽政院使禿滿達兒神道碑》。其從子以白金五十兩爲公壽，公却之曰：國體當爾？
程敏政 《明文衡》 皇明文衡 卷之八十五	四部叢刊景明本	(86) 其父忠肅，在元時，敭歷中外四十餘年，五持憲節，逮事七朝，豐功盛德，所以燾後衍慶《神道碑》紀之悉矣。先生濡染家教，動以矩矱，雅性遲重，不妄言笑，齒貴胄舘以來所師宗工碩儒，月開日益，卓然有成。
程敏政 《明文衡》 皇明文衡 卷之八十七	四部叢刊景明本	(87) 太子少保、禮部尚書兼武英殿大學士金公，以宣德六年十二月十六日卒。訃聞，上嗟悼甚至。贈榮禄大夫、少保，謚文靖。命禮部尚書胡濙賜祭，又命自喪至祥禫皆遣官祭，敕有司治喪葬百需，所以褒寵之厚且備矣。公諱善，字幼孜，以字行。其先世，見余所作其考雪崖先生神道之碑。
程敏政 《明文衡》 皇明文衡 卷之九十二	四部叢刊景明本	(88) 乃若既貴且富而孜孜問學，施德於人而不自以爲恩人，或負之而亦不以爲恨，他人未易能也，在公何難焉？出入兩宫，待遇之隆，賜予之渥，他人不可致也，何足爲公榮？雖其字畫一代不數人，亦公餘事耳．以故不備述而獨書其鬱於國者，表諸神道。其辭不殺，蓋以公言不用於當時爲可惜，公行無愧於先祖爲可貴。庶有國者以懲，而事君者以勸云。系以辭曰：火之初爇，未至烈烈。升斗之水，沃可以滅。及其燎原，煙焰漲天。雖竭江河，烏能捄旃。國步方艱，不用公言。國步孔棘，乃召公還。有策莫施，還也何裨。不榮以祿，乃分之宜。國破城亡，誓欲捐軀。不獲直遂，天歟人歟。死雖不果，義則無愧。世其家者，庶其在是。
程敏政 《新安文獻志》 卷八	清文淵閣四庫全書本	(89) 前書諭使求光禄丈《神道碑文》，今得范内翰祖禹許撰此公文章德望，世所稱許可託也。已送《行狀》，去數月間可得，得即求的人附去也。 (90) 右，伊川先生親筆書一紙本出程氏，而淪于師出鄭氏舊矣。書稱光禄丈，不知為何人。考《范太史集》，止有樞密趙公瞻《神道碑》一篇，其贈官為銀青光祿大夫，豈指瞻邪？

續表

<table>
<tr><th>作者/文獻</th><th>版本</th><th>用　例</th></tr>
<tr><td>程敏政
《新安文獻志》
卷三十五</td><td rowspan="8">清文淵閣四庫全書本</td><td>（91）三國魏明帝青龍三年，張掖柳谷口水溢涌，寶石負圖，狀象靈龜，立於川西，有石馬七及鳳凰、麒麟、白虎、犧牛、璜玦、八卦、列宿、孛彗之象，又有文曰“大討曹”。書班天下，以為嘉瑞。唐氏論曰：《河圖》《洛書》，歐陽永叔攻之甚力。今觀此圖，與圖書亦何以異？惜乎！時無伏羲、神禹，故莫能通其義，而陋者以為魏晉之符。彼魏晉何足道，安知其非八卦九疇之數也？造化之所為，猶有不幸，况於人乎？先儒有不信河圖之書者，又以為神道設教亦愚已哉？</td></tr>
<tr><td>程敏政
《新安文獻志》
卷四十五</td><td>（92）自晉壬午至今戊戌，一千三百三十七年，晉新安賢太守神道始復歸於程氏。噫嘻，豈不偉哉！</td></tr>
<tr><td>程敏政
《新安文獻志》
卷六十二上</td><td>（93）唐桂府長史程（文英）神道碑（李邕）
（94）宋宜春縣令追封冀國程公（元白）神道碑（歐陽修）</td></tr>
<tr><td>程敏政
《新安文獻志》
卷六十三</td><td>（95）宋史館吏部贈通議大夫朱公（松）神道碑（周必大）</td></tr>
<tr><td>程敏政
《新安文獻志》
卷六十四</td><td>（96）宋故左承議郎守尚書刑部侍郎贈端明殿學士左朝議大夫程公（振）神道碑（汪藻）</td></tr>
<tr><td>程敏政
《新安文獻志》
卷六十五</td><td>（97）宋故左武大夫開州團練使充池州駐劄御前諸軍統制休寧縣開國伯食邑九百戶贈協忠大夫累贈太尉程公（全）神道碑（程易）</td></tr>
<tr><td>程敏政
《新安文獻志》
卷六十六</td><td>（98）元故嘉議大夫禮部尚書致仕贈資善大夫江浙等處行中書省左丞上護軍追封譙郡公謚文節汪先生（澤民）神道碑（宋濂）</td></tr>
<tr><td>程敏政
《新安文獻志》
卷六十七</td><td>（99）大明故帳前管軍上萬戶追封安定伯贈開國輔運推誠宣力武臣榮祿大夫柱國加封安定侯謚忠愍程公（國勝）神道碑銘（朱善）
（100）初，皇帝念癸卯歲南昌暨康郎山前後死節之臣，追爵故萬户程國勝安定伯，與梁國公趙德勝、濟陽郡公丁普郎等一體廟祀。久之，又定元功配享仁祖淳皇帝廟庭，諸外有廟食者亦皆賜謚加勲，遣使者致祭。有未備禮以塟者，官為給之，仍敕史臣勒功於神道之碑。</td></tr>
</table>

續表

作者/文獻	版本	用例
程敏政《新安文獻志》卷六十七	清文淵閣四庫全書本	(101) 為人臣者，乃序其事而繫之以銘。銘曰：巍巍我皇，天錫神武。龍興江淮，以復中十。南征北伐，拯世之屯。貔虎之臣，蹠附駿奔。有偉桯公，萬夫之勇。世忠之孫，不震不竦。……壙有衣冠，公始盖棺。英魂儼然，玉帶貂蟬。墓有享堂，公在中寢。四時烝嘗，來食來飲。富陽之山，鬱鬱松楸。成公之志，奠此高丘。神道有碑，龜趺螭首。史臣勒銘，永詔厥後。
程敏政《新安文獻志》卷六十八	清文淵閣四庫全書本	(102) 不肖子熹追慕攀號，無所逮及。竊惟納銘幽堂，具著聲烈，以告萬世，蓋自近古以來，未之有改。而公贈官通議大夫，正第四品。準格，又當立碑，螭首龜趺，其崇九尺，刻辭頌美，以表于神道。用敢追述其平生、論議，行實之大者，如右以請于當世立言之君子，伏惟幸垂聽而擇焉。 (103) 宋故龍圖閣學士宣奉大夫致仕新安郡開國公食邑二千一百戶食實封一百戶贈特進程公（大昌）神道碑（周必大）
程敏政《新安文獻志》卷七十三	清文淵閣四庫全書本	(104) 宋故中大夫龍圖閣待制致仕丹陽縣開國子食邑六百戶贈光祿大夫少師洪公（中孚）神道碑（劉岑）
程敏政《新安文獻志》卷七十五	清文淵閣四庫全書本	(105) 大元勑賜故翰林學士承旨贈光祿大夫大司徒柱國追封楚國公謚文憲程公（鉅夫）神道碑銘（危素） (106) 延祐五年七月丙子，翰林學士、承旨光祿大夫、知制誥、兼修國史程公，薨于建昌里第。泰定二年，贈光禄大夫、大司徒、柱國，追封楚國公，謚文憲。至正十九年四月甲子，丞相太平以公事世祖皇帝盡臣道，宜賜《神道碑銘》，有旨命臣素撰文，臣雍書丹，臣伯琦篆額。 (107) 臣素昔備官史館，論著公事。今乃顯被明命，非直發公之潛德，亦使天下後世知我世，祖得人之盛。嗚呼懿哉，謹拜手稽首而為之銘。銘曰：混一之盛，若稽至元。大帝御極，俊乂飛騫。諤諤程公，蚤起南服。宿衛禁廷，眷遇彌篤。……侃侃正色，功在四朝。贈謚之典，式勸臣僚。可封之鄉，大磐之墓。子孫來瞻，春雨霜露。樹碑神道，制命廷臣。金石不朽，永昭皇仁。
程敏政《新安文獻志》卷八十	清文淵閣四庫全書本	(108) 吏部侍郎魏公（瓘）神道碑（代李尚書作）（黃廷堅）
程敏政《新安文獻志》卷九十二下	清文淵閣四庫全書本	(109) 贈嘉議大夫都察院右副都御史程公（順道）神道碑（楊溥）

續表

作者/文獻	版本	用　　例
程敏政《新安文獻志》卷九十六下	清文淵閣四庫全書本	(110) 便宜副總帥汪忠讓公（忠臣）神道碑（姚燧）
程敏政《新安文獻志》卷九十七		(111) 奉天靖難推誠宣力武臣、特進榮祿大夫柱國中軍都督府左都督武安侯追封漳國公謚忠毅鄭公神道碑銘（楊榮） (112) 宣德甲寅二月乙丑，奉天靖難推誠宣力武臣、特進榮祿大夫、柱國、中軍都督府左都督、武安侯鄭公，薨于大同。訃聞，上嗟悼，輟視朝二日。遣官致祭，賜棺及賻，命有司營葬，追封漳國公，謚忠毅。某年某月某日，歸葬北京之西山婺里。其子能既襲侯爵，遂具公平生之槩来求《神道碑銘》。予嘗叨總史職，不獲有辭，乃為序次之。 (113) 奉天翊衛推誠宣力武臣特進榮祿大夫柱國定西侯追封涇國公謚武勇蔣公（貴）神道碑（錢溥）
程敏政《篁墩集》卷三十九	明正德二年刻本	(114)《書伊川先生真蹟後》：右，伊川先生親筆書一紙本出程氏，而淪于師山鄭氏舊矣。書稱光祿丈，不知為何人。考《范太史集》，止有樞密徐公贈《神道碑》一篇，其贈官為銀青光祿大夫，豈指贍邪？ (115)《書先祖行狀後》：敏政少從學於安成先生彭文憲公，時未有所知。……成化庚寅，先祖獲尚書，贈典法，當立碑神道。敏政因告於先生，請易墓文為碑銘，先生許之。
程敏政《篁墩集》卷四十二		(116) 楊金吾以狀，來乞予銘其墓與神道之石。予固辭不獲，則為之次第如右，而法多互見者，不能盡書也。銘曰：五軍洸洸，督中外兵。在帝之右，開府于京。孰克當之，維方與虎。匪勳之多，孰與為武。矍鑠張公，環衛之英。……出入卅年，有勞在國。命典煇煌，庶無愧色。西山之麓，松柏丸丸。中有賜塋，惟公所安。螭首龜趺，豐碑載道。詞臣勒文，千載是考。
程敏政《篁墩集》卷四十四		(117) 越明年六月，疾益甚，入疏請罷所典兵，詔不允。七月十四日，以卒。聞，上嗟悼，輟視朝。遣中貴人賻寶楮二萬緡，追封涼國公，謚敏毅。命有司治棺槨，營葬域。詔初喪及禫皆諭祭，為祭凡十有五，皇太子諸王亦各遣祭。於是公子驥等將奉公以是歲九月六日，葬都城西泥井里先塋。以訓導仇潼之狀，請走序而銘之。序曰：公諱琬，字重器，故奉天翊衛推誠宣力武臣、特進榮禄大夫、柱國、定西侯、追封涇國公、謚武勇之孫也。其先世，具見武勇公神道之碑。

續表

作者/文獻	版本	用　例
程敏政 《篁墩集》 卷四十七	明正德二年刻本	(118) 大中大夫資治少尹南京太僕卿張公神道碑銘 (119) 南京太僕卿張公，以弘治六年八月十四日卒于官。……禮部得旨，遣官祭其家，命有司營葬悉如令。瓊以是歲九月十七日，奉柩葬青苑留村先塋。以公位九卿秩三品，法得樹碑神道。爰奉狀，以請銘。予與公同年友也，義不忍辭，序而銘之。
程敏政 《篁墩集》 卷四十八		(120) 中奉大夫江西等處承宣佈政使司右布政使致仕秦公神道碑銘
程敏政 《篁墩集》 卷五十一		(121) 嗚呼！遷主易服之文，遂獲愆于禮度；昭德傳後之託，幸無憾于私心。謹以潔牲粢盛醴齊，薦其常事，并奉刻完郵典《碑文》一通、《神道碑》一通、《祠堂記》一通。
程敏政 《篁墩集》 卷七十三		(122)《道中》：山郊回望永安城（程），白石黄沙舊路平。樹老空山無落葉（李），泉通幽磵有餘聲。明樓突兀中天見（程），神道逶迤上界行。下馬紅門分徑入（李），四陵雲氣正縱橫（程）。

表六百五十七

作者/文獻	版本	用　例
程明善 《嘯餘譜》 北曲譜 卷三	明萬曆刻本	(1)《淨瓶兒》（前人）：（那先生）兩隻手搖山岳（韻六字句），一對眼瞅邪妖（叶六字句）。劍揮星斗（四字句），智捲江濤（叶四字句）。難學（叶二字句）惡像貌（叶三字句），伏虎，降龍，德行高（叶七字句）。（他是箇）活神道（叶三字句），跨蒼龍曾把曾把玉皇朝（叶十字句）。

表六百五十八

作者/文獻	版本	用　例
程汝繼 《周易疏義》 卷一	明崇禎八年姚學心等刻本	(1) 釋《卦辭》：觀天之神道，而四時不忒。聖人以神道設教，而天下服矣。極言觀之道也。四時不忒，天之所以爲觀也。神道設教，聖人之所以爲觀也。

表六百五十九

作者/文獻	版本	用　　例
程宗舜《洪範淺解》卷十	明嘉靖刻本	(1) 此言圖書之數，乃天之神道設教。聖人因之以撫世酬物，後世不知而為《五行傳》《太玄潛虛》，豈足以語書者？蓋天地人物之生，惟太極之理氣而已。理為萬物之本，則雖不假於數，其何損於理乎？其何益於理乎？然天示之圖書，而聖作易範者，何也？蓋太極之理所以命乎天地人物者也。

表六百六十

<table>
<tr><th>作者/文獻</th><th>版本</th><th>用　　例</th></tr>
<tr><td>崔銑《讀易餘言》卷一</td><td rowspan="5">清文淵閣四庫全書本</td><td>(1) 下之觀者，敬為大。敬之著者，祭為大。盥者，祭之始。薦者，祭之終。但觀於方盥之始，不待觀於正薦之際，而穆穆之容、肅肅之度，下已孚信而仰之矣，謂其感應之神速也。聖人神道設教者，敬而已。先儒謂盥致誠而薦則散，仁人孝子，豈其然哉？</td></tr>
<tr><td>崔銑《洹詞》卷七</td><td>(2) 少保兼太子太傅都察院左都御史贈太傅謚襄敏王公神道碑</td></tr>
<tr><td>崔銑《洹詞》卷十</td><td>(3) 南京工部尚書崔公神道碑</td></tr>
<tr><td>崔銑《洹詞》卷十一</td><td>(4) 光祿大夫柱國太子太保工部尚書贈太保謚恭敏李公神道碑
(5)《漫記》(九條)：五月十日，上告事九廟。臣銑當陪祀，先以子刻入候。是日，頭痛體倦，又雨甚寒。……祭歸，康適矣。《易》曰：盥而不薦，有孚顒若。聖人以神道設教。此之謂也。</td></tr>
<tr><td>崔銑《洹詞》卷十二</td><td>(6) 贈光祿大夫太子太保禮部尚書兼翰林院學士嚴公神道碑
(7) 都察院右副都御史朱君神道碑</td></tr>
<tr><td>崔銑《(嘉靖)彰德府志》卷一</td><td>明嘉靖刻本</td><td>(8)(韓諫議墓) 在水冶。忠獻公父也，其先世俱在焉。有《富鄭公神道碑》，墳皆甓甃，完者尚多。許圭塘曰：兵荒中，守墳寺僧紀公奮身捍蔽，卒賴其力。宅兆形勢，風水家圖以為式，天地間罕見者。</td></tr>
</table>

表六百六十一

作者/文獻	版本	用　　例
戴君恩 《剩言》 卷十七	明刻本	(1) 或者反復思之，以為此事上世帝王亦有行之者，且杜鎬所對“聖人神道設教”，又似有理，故不得已而聽之，夫豈以美珠故哉?《綱目》書玉清昭應宮使王旦卒，書異端之銜醜之也，無乃太苛刻乎?《春秋》雖責備賢者，恐書法亦不然。

表六百六十二

作者/文獻	版本	用　　例
戴銑 《朱子實紀》 卷十一	明正德八年鮑德刻本	(1)《重建文公神道門疏》(熊禾)：竊惟建之考亭，寔惟東西闕里。文公墓，在縣西北偏唐石九頓峯下。神道門，在麻沙鎮西可一里許。累朝表章，雙表屹峙，過者莫不致恭焉。

表六百六十三

作者/文獻	版本	用　　例
澹圃主人 《大唐秦王詞話》 卷四	明刊本	(1) 那先生昂昂然站住了脚，任軍士搜檢。别沒東西，止搜出一軸画來。展開一看，唬得衆軍士合掌不及，問：先生！這一尊是甚麽神道?先生說：這是鄧天君尊神之像！目今世亂兵荒，他專管為軍的人，至靈至聖！你衆位如有錢帛，隨意多寡送些與我，把列位的姓名，寫立文疏，進城尋所潔淨寺院，捧誦消災滅罪經卷，却將衆位尊名，都懺悔一遍，保佑衆人在刀劒叢中永無災禍！

表六百六十四

作者/文獻	版本	用　　例
鄧夢文 《八卦餘生》 卷六	清乾隆文會堂刻本	(1)《象》曰：至臨无咎，位當也。(逼近于澤，則有傾墜之患。故以咎言位當者位所當然，是故均是人也。而有一人立于上以臨之，若難得於衆人而不知位所當然，故聖人制上下之分，安然行之而不以為異，亦惟其當而已矣。故曰：天尊地卑，君臣定矣。卑高以陳，貴賤位矣。玆聖人所以效法于天地，而以神道設教也歟?)

續表

作者/文獻	版本	用　　例
鄧夢文《八卦餘生》卷六	清乾隆文會堂刻本	(2) 觀天之神道，而四時不忒。聖人以神道設教，而天下服矣。(言觀則極于大，觀之至也。神道設教，非假神道以愚民。聖人體天地之神道，為一切制作，皆非人思慮所及，神而明之。寒暑晝夜，風雨露雷，日月星辰，陰陽五行，無非教也。自然而然，莫知其所以然而然。盡人性，盡物性，參天也。) (3) 剛柔分，動而明，因雷電合而章。而思及于獄，所謂以神道設教也。
鄧夢文《八卦餘生》卷十七	清乾隆文會堂刻本	(4) 顯道神德行，是故可與酬酢，可與祐神矣。(因策而成卦，卦立而義生，而易道於是始顯也。得吉凶之占，而識進退之宜，為其所當為，不為其所不當為。權衡有定，變化無方，而德行於是斯神可與酧酢，而天下無不可處之事可與佑神，而助神道裁成之所不及，蓋福善禍淫者神也。兆吉凶之象，使人懼不善而遷善者易也。人知禍福之司在神，祈神之佑之，亦知善惡之司在易，祐神而可使不淫罰者乎?)

表六百六十五

作者/文獻	版本	用　　例
鄧元錫《皇明書》卷十五	明萬曆刻本	(1) 陛下天資至高，暗合道妙。百家神怪，誕妄恍惚，臣固知洞矚之矣。然猶不免欲以愚弄天下，若所謂以神道設教者，臣謂不必然也。一統之輿圖已定矣，一時之人心已服矣，一切之奸雄已懼矣。天無變災，民無患害。聖躬康寧，聖子神孫繼繼繩繩，固所謂得真符者矣。何必興師以取寶爲名，動衆以神仙爲效，而謂有某神某僊享祐國家也哉。
鄧元錫《皇明書》卷三十三	明萬曆刻本	(2) 十八年春二月薨，年五十四。上慟悼，罷朝。追封中山王，謚武寧。賜葬鍾山，上親製《神道碑文》。稱王言簡慮精，當提兵時，令出不二，諸將敬若神明。攻城不屠戮，受命而出，功成而還，一不自矜。伐至封姑蘇府庫，克燕京，財寶無所取，婦女無所愛，可謂忠赤無疵，光昭日月者也。

表六百六十六

作者/文獻	版本	用　　例
丁紹軾《丁文遠集》卷九	明天啓刻本	(1) 噫嘻！此我公造士無窮之心也，父母之愛子也。教之義方，導之師傅，群之友朋，足矣！猶無日不籲之天，祈之神，以冀其默佑。儻有疴痛，即師巫不憚褁金求之，蓋愛子之無窮也。長民者，視諸生猶子，苟其有益，何所不用神道設教，又何靳焉？故茲役也，或置之後，或改之前，基拓而厚，制恢而高，僕僕不憚煩勞，皆以寄其愛于無已也。

表六百六十七

作者/文獻	版本	用　　例
東魯古狂生 《醉醒石》 第十一回	清覆刻本	(1) 魏推官道：我去武昌，往回不過十餘日。上人可爲我一問是甚緣故。這一問，魏推官還在疑信之間。不料這老僧果向伽藍前鬼混，道：你是一寺之主，寺之興廢，全靠於你。你怎失報了貴人，以致觸惧魏推官。他若發惱，便為闔寺之害。如今要你還不報之故，你快快報來。說了又說，念了又念，就像泥神道有耳朵的。只爲：胸中利害紛紜擾，出口言詞不厭頻。
東魯古狂生 《醉醒石》 第十三回		(2) 卜少泉感他情，又得他贈，還怕他手毒，竟把來做神道供奉，不敢怠慢。後來也因這主錢營運，漸漸充足。只是董文甫，得了瓊瓊這主錢，回鄉做家，捧妻抱子，却不顧他含寃緘怨。及至一靈不泯，依人來尋，得他之物也享不成。獲此倘來物，經營且自腴。也思青樓上，眉黛不能舒。

表六百六十八

作者/文獻	版本	用　　例
董其昌 《容臺集》 文集卷五	明崇禎三年董庭刻本	(1)《知命俟命立命說》(館課)：古之以神道設教者，若《易象》，若《箕疇》，其於吉凶福極之故詳哉言之矣。乃一切委之於理，而不聞有命之說，何也？皆爲立命者也。然立命之道，非可槩語；而吉凶福極之應，又有条錯不齊；而莫可究詰其繇來者，則世之人以爲命竟不可信，理竟不可憑；而各竭其私智巧力，以為趨避之計。
董其昌 《容臺集》 文集卷七		(2) 建極之謂皇，斂福之謂皇，斂而能錫之之謂皇，錫而能嚮之之謂皇。錫者，以爲惠也。嚮者，以爲令也。夫五福者，則天之神道也。藏於無端，運於象先，迎之不來，攬之不得。
董其昌 《容臺集》 文集卷九		(3) 神道碑 (4) 贈光祿大夫太子太保西泉王公暨配高夫人神道碑 (5) 天子以慶陵告成，下詔褒美司空敦事者。於是今大司馬王公晉光祿大夫、太子太保，貤恩再世。而公之考西泉王公，加贈如子官。母贈夫人，稱一品夫人。葢異數云：祖制，文臣三品以上者，得樹《神道碑》於墓前。

表六百六十九

作者/文獻	版本	用　例
董斯張《廣博物志》卷之五	清文淵閣四庫全書本	(1) 華陽中玉碣文，在童初府西向。一云四面，其文曰：解帶被褐，尋生理活，養存三赤，洞我玉文。領理八老，二十四眞，不眼內視，微氣綿綿。把録太素，玄之又玄，神道在今，子來乃臻。
董斯張《廣博物志》卷之七		(2) 商湯始造明旌，伊尹始造墓宮，周公始爲華表，周宣王始置石鼓、石人、猊、虎、羊、馬，秦始皇始作壙屋，晋武帝始置《神道碑》(《物原》)，秦始皇始上墳。
董斯張《廣博物志》卷之十四		(3) 習郁爲侍中時，從光武幸黎丘，與帝通夢，見蘇山神，光武嘉之，拜大鴻臚。録其前後功，封襄陽侯，使立蘇內设嶺祠，刻二石鹿俠神道，百姓謂之鹿門廟，或呼蘇嶺山爲鹿門山。(《襄陽耆舊傳》)
董斯張《廣博物志》卷之二十二		(4) 蓋聞玄枵之野，鬼方難測；朱鳥之舍，神道莫知。而緹幔曉披，即辯黄鍾之氣；靈臺夕望，便知玉井之色。復以談乎天者，雖絕名言之外；存乎我者，還居稱謂之中。余幼學星文，多歷歲稔。海中之書，略皆尋究；巫咸之說，偏得研求。雖紫微迢遞，如觀掌握；青龍顯晦，易乎窺覽。羨門五將，亟經玩習；韓終六王，常所寶愛。至如周王白雉之筮，殷人飛燕之卜。蓍名聚雪，非關地極之山；卦有密雲，能擁西郊之氣。爻通七聖，世經三古。山陽王氏，直解談玄；河東郭生，纔能射覆。兼而兩之，竊自許矣。(梁元帝《洞林序》。)
董斯張《廣博物志》卷之三十二		(5) 漢武帝崩後，忽見形・謂陵令薛平曰：我雖失勢，猶爲汝君。奈何令吏卒止吾陵磨劍乎？因不見。推陵旁，果有方石可以爲礪，吏卒常盜磨刀劍。霍光欲斬之，張安世曰：神道茫昧，不宜爲法。故阮公《詠懷詩》曰：失世在須臾，帶劒上吾丘。(《漢武故事》)
董斯張《廣博物志》卷之三十八		(6) 王欲令我得着衣者，爲我作衣，先施沙門及明經者。王求沙門又不能得，可施五戒賢者。賢者咒願云：願令金床女得福無量，得着王衣。王問女曰：女是何神？答曰：我勝于人，小不及天，故在鬼神道中，捨此命後，當生第一天上。

續表

作者/文獻	版本	用　例
董斯張《廣博物志》卷之三十九	清文淵閣四庫全書本	（7）度又謂曰：汝本老狸，變形爲人，豈不害人也？婢曰：變形事人，非有害也。但逃匿幻惑，神道所惡，自當至死耳。
董斯張《（崇禎）吳興備志》卷四		（8）顏真卿轉湖州刺史。政尚清靜，長孤養老，徹冗浚湟，式廉明，進賢碩，特責大指而已。郡人悅之，立碑頌德。（令狐峘《魯公神道碑》。） （9）公移刺湖州。其最患人者，荻塘湖水瀦淤逼塞，不能負舟，公濬之百餘里。（元稹《薛公神道碑》。）
董斯張《（崇禎）吳興備志》卷五		（10）趙伯驌，字希遠，太祖七世孫。以父任補承節郎，監湖州商稅，歷浙西提刑。蘇湖缺守，皆公兼攝，晝夜服勤，庭無留訟，潔已裕民，財用贍足。吳興學生犯法，公命教授笞以學規，其愛惜士類如此。或得盜賊囊橐，治不少恕。特轉和州防禦使。伯驌博洽蘊藉，長于歌詩，自號"無隱居士"。（周必大《趙公神道碑》。） （11）趙粹中，密州諸城人。歷吏部侍郎。嘗論王安石奸邪，當罷從祀。後知池州，有善政。乾道六年，移知湖州，挽留者繫道不絕。（樓攻媿《趙公神道碑》。） （12）希蒼，伯驌孫。見周必大《神道碑》。
董斯張《（崇禎）吳興備志》卷六		（13）裴懷儉，河東人。歷湖州治中。（張說《崔君神道碑》。） （14）馮昭泰，字遇聖，長樂人。歷湖州長史。東瀑不回，聚蚊交訕，貶為饒州司馬。遷括州刺史，贈工部尚書。（張說《馮公神道碑》。） （15）建炎元年，以張燾通判常州，改湖州，賜緋衣銀魚。二年，詔頒巡社，法於東南，聽民自備器械，結隊伍。燾上不便者十六事，卒罷之。（周必大《張忠定公神道碑》。） （16）周大年，濟南人。廸功郎，湖州司李叅軍。（周必大《周樞神道碑》。）
董斯張《（崇禎）吳興備志》卷七		（17）去如始至，所下文移無一紙遺於民間。（樓攻媿《林正惠公神道碑》《永康縣志》。） （18）秦鉅，武康縣丞。（見樓攻媿《史浩神道碑》。） （19）吳曦，廸功郎，主湖州武康簿。（周益公《林保神道碑》。）

續表

作者/文獻	版本	用　　例
董斯張《(崇禎)吳興備志》卷十一	清文淵閣四庫全書本	(20) 隆興元年，敵移書取海泗唐鄧，且邀歲幣。左正言：鄭丙持不可。俄以土之鑒、龍人淵徃議。丙與侍御史周操復言：四郡固不當議。若歸陵寢，乃予歲幣。聘使未應，出境。上命罷使。(周必大《鄭丙神道碑》。) (21) 紹興九年，有詔侍從兩省薦西北人材，御史周葵同給事中劉一止薦吕廣問，參政李光客也。(周必大《簡惠公神道》。)
董斯張《(崇禎)吳興備志》卷十二		(22) 紹興四年，鄭丙以正奉大夫致仕。時史丞相浩、沈詹事樞、右司郎中周頡與丙皆同年進士，退休于二浙，詩筒倡酬，人競傳之。(周必大《鄭丙神道碑》。) (23) 少蘇，復呼問，辨愈力，曰：臣與僧格故無仇，所以力數其罪不顧身者，為國家耳。苟畏上怒而不言，則禍亂何極！既而大臣有助其言者，上悟，遂誅僧格。後，薩里論及斯事，嘆曰：使我有萬世名者，子昂之力也。(《函史》參歐陽玄《神道碑》。) (24) 元世祖蒇事南郊，他學士撰祝冊有云：章亥復生，不足以步有元之幅員。又云：謹以太祖聖武皇帝正東南之位。公曰：天子父事天子，誇疆里于其父，不可。且公不為禮乎？禮，太祖東向居中，子孫在左者南向，故稱昭；在右者北向，故稱穆。若南郊之位，上帝南面，太祖自宜西向。……公曰：帝光天之下，出虞書，何謂不祥？各書所擬進，後竟用光天。(歐陽玄《神道碑》。)
董斯張《(崇禎)吳興備志》卷十八		(25) 趙奕，舉茂才。(《趙文敏神道碑》) (26) 趙雍，以孟頫廕授海州知州。(《文敏公神道碑》)
董斯張《(崇禎)吳興備志》卷十九		(27) 按：宋濂《開平王神道碑》云：師攻湖州時，偽丞相張士信，悉發國中兵為援，屯於舊館，出我師之背。王統奇兵，由大錢港入，結營東阡，復出敵背，則大錢港亦州之要害地。 (28) 丙午秋天，興右翼副元帥吳楨從大將軍達率馬步走師由港口取湖州，公勒奇兵出舊館扼之，戰以大捷。(劉崧《吳襄毅神道碑》。) (29) 辛丑歲，常遇春從上，破江州。冬十有一月，張士誠冦長興。命遇春往援，士誠兵敗，俘殺五千餘人。(宋濂《開平王神道碑》。) (30) 永樂二十一年，陽武侯薛祿奉命討捕湖州叛冦。(楊士奇《薛公神道碑》。)

續表

作者/文獻	版本	用　　例
董斯張 《(崇禎)吳興備志》 卷二十	清文淵閣四庫全書本	(31) 孝宗時，湖州安吉夏租繭絲之征，既輸細絲，又輸細綾，又輸細絹。御史謝諤，請蠲其一。從之。(楊誠齋《謝昌國神道碑》。)
董斯張 《(崇禎)吳興備志》 卷二十四		(32)《故光祿大夫右散騎常侍集賢院學士贈太子少保東海徐文公神道碑》，張九齡撰。(《曲江集》) (33)《尚書禮部侍郎致仕贈大中大夫衛公膚敏神道碑》(烏程戴塢)，汪藻撰。(《浮溪集》) (34)《元故中奉大夫嶺北湖南道肅政廉訪使鄧公神道碑》(在德清千秋鄉百寮山)，吳澄撰。
董斯張 《吳興藝文補》 卷三	明崇禎六年刻本	(35) 若夫倒置之族，矇矇徒生。兵風既至，忽然潜征。神道雖昧，鬼法尤明。徘徊中陰，徂彼鐵城。霄絶望舒，晝無曜靈。身造笮萼之檻，足蹈炎炭之庭。刀岳霜鋌以積刃，劍林翹鋒而肅精。陶銅汪洋以海涌，巨鑊波沸而雷鳴。閻王領閱，卒傍執釵。三扐一奮，百千累羅。鳩鳩利嘴，煌煌火車。鋭釘欃槍，狡狗凝牙。媱徒燋于幻柱，饑囚枯于塵沙。資輕妙之靈質，益痛戮之易加。永煩寃以彌劫，安斯酷之可過。三六峻罔，弗可列縷。千條殊劇，萬端異苦。
董斯張 《吳興藝文補》 卷四		(36) 夫神道寘默，宣尼固已絶言；心數理妙，柱史又所未詭。非聖智不周近情，難用語遠故也。是以先代玄儒，談遺宿業；後世通辯，亦淪滯來身。非夫天下之極慮，何得而詳焉？
董斯張 《吳興藝文補》 卷六		(37) 某位某甲稽首和南，十方三世一切諸佛，十方三世一切尊法，十方三世一切賢聖，見前大德僧皇帝某菩薩。睿哲聰明，廣淵齊聖。心若虛空，照窮般若。發弘大誓，荷負衆生。神道會昌，膺兹景業。百王既季，運屬艱難。五岳維塵，六軍日動。劬勞在念，有切皇心。既而深悟苦空，極言無我。
董斯張 《吳興藝文補》 卷八		(38) 開元十五年正月，集賢學士徐堅請假往京兆葬其妻岑氏，問兆域之制于張說。說曰：墓而不墳，所以反本也。三代以降，始有墳之飾，斯孝子永思之所也。禮有升降貴賤之度，俾存殁之道各得其宜。長安神龍之際，有黃州僧泓者，能通鬼神之意，而以事參之。僕常聞其言，猶記其要。墓欲深而狹。深者，取其幽；狹者，取其固。平地之下一丈二尺爲土界，又一丈二尺爲水界，各有龍守之。土龍六年而一暴，水龍十二年而一暴。當其隧者，神道不安。……鑄鐵爲牛豕之狀像，可以禦二龍。玉潤而潔，能和百神，寘之墓内，以助神道。僧泓之說如此。

續表

作者/文獻	版本	用　　例
董斯張《吴興藝文補》卷八	明崇禎六年刻本	(39) 故光禄大夫右散騎常侍集賢院學士贈太子少保東海徐文公神道碑（張九齡）
董斯張《吴興藝文補》卷十一		(40) 故中散大夫守尚書右僕射上柱國賜紫金魚袋贈太子太保姚公神道碑（權德輿）
董斯張《吴興藝文補》卷十二		(41) 昭義軍節度使辛公神道碑畧（牛僧孺）
董斯張《吴興藝文補》卷十九		(42) 宋故龍圖閣學士宣奉大夫致仕新安郡開國公食邑二千一百户食實封一百户贈特進程公（大昌）神道碑（周必大）
董斯張《吴興藝文補》卷二十三		(43) 故参知政事兼同知樞密院事贈少保陳公神道碑（魏了翁）
董斯張《吴興藝文補》卷二十六		(44) 趙文敏公神道碑銘（碑繁不録）（歐陽玄）
董斯張《吴興藝文補》卷二十七		(45) 鄧公神道碑（黄溍）
董斯張《吴興藝文補》卷二十八		(46) 参知政事護軍追封江夏郡公謚文獻黄公神道碑（危素） (47) 至正十七年閏月丙午，翰林侍講學士、中奉大夫、知制誥同修國史、同知經筵事金華黄公，年八十有一，薨于家。是月己未，其孤梓與門人劉涓、王褘等葬於所居義烏縣東北三里崇德鄉東埜之原。明年，以門人、翰林國史院編修官、同邑宋濂之狀至京師，臨川危素銘其神道之碑。素宦學京師，辱公爲知己。
董斯張《吴興藝文補》卷二十九		(48) 自顧於道，無聞溺志汗漫；無根之域，不足上承明訓。方將刻厲，剔去陳腐，以振華英，而九原不可作矣。俯仰今古，能無感乎？姑誦所聞，以書於篇端。若先生所以擅一代之盛者，則不待序而後見也。先生諱溍，字晋卿，姓黄氏，婺之義烏人。其官序行業，具見臨川危公所撰《神道碑銘》，兹不著。

續表

<table>
<tr><th>作者/文獻</th><th>版本</th><th>用　　例</th></tr>
<tr><td>董斯張
《吴興藝文補》
卷三十一</td><td rowspan="2">明崇禎六年刻本</td><td>(49)《重修胡安定先生墓記》(劉麟)：湖州郡城南何山之陽，宋安定胡先生之墓在焉。……十二月，厥工告成。侍御謂余記其事，時郡學教諭鄢君賁來，鄢之言曰：胡先生崛起景祐、慶曆間，歿而墓於斯。歷元逮今，總數百年，固擲爲茂草，廼有侍御惕然振新。羣公庶正，罔不奉德。於是筮日召徒，乃芟乃剔，乃啓乃闢，蕪穢既治。神道正直，遂崇爾封，亦崇爾墉，封碑大碣，屹然在中，豈數之窮而會其逢耶？吾聞古者或墓而不墳，防之始葬猶然。今侍御之舉，不已厚乎？不已厚乎？</td></tr>
<tr><td>董斯張
《吴興藝文補》
卷六十七</td><td>(50)《問泉途賦）（并序）（李德裕)：問泉途，思沈侯也（沈候傳師也）。余與沈侯同侍禁林，俱守藩翰，出入光寵，垂二十年。君性樂山水，尤好線竹，良辰美景，不廢賞心，常歎人世險限，多言可畏，固未得盡其所懷也。……今則逝矣，前榮可傷。于是託意宵夢，久而乃寐。問冥昧千故人，求神道之髣髴。或曰：生特在于行樂，死何用于虚謚。或言：惟令名之不泯，非苦節而安致。……有明龍而害正，有儀尚之蔽忠。苟不罹于此患，固無傷于道窮。</td></tr>
</table>

表六百七十

作者/文獻	版本	用　　例
董應舉 《崇相集》 卷十四	明崇禎刻本	(1) 明太子少保禮部尚書兼翰林院學士謚文簡翁公神道碑

表六百七十一

<table>
<tr><th>作者/文獻</th><th>版本</th><th>用　　例</th></tr>
<tr><td>董裕
《董司寇文集》
卷八</td><td rowspan="2">清雍正十三年宸翰閣刻少保公全集本</td><td>(1) 明故昭義將軍臨安衛指揮使王君神道碑</td></tr>
<tr><td>董裕
《董司寇文集》
卷十二</td><td>(2)《本源考》：董氏胙土授氏自豢龍董父始，稽諸載籍可考也。漢大中大夫江都相仲舒居廣川，稱醇儒，子孫皆以學至大官，仲舒從祀尼庭，封廣川伯。……然韓昌黎撰晉公神道謂，晉公居河中萬歲里。注昌黎者亦謂：晉公爲仲舒裔孫。</td></tr>
</table>

表六百七十二

作者/文獻	版本	用　　例
都穆《金薤琳琅》卷十	清文淵閣四庫全書本	(1) 唐故右武衛將軍贈工部尚書上柱國上蔡縣開國侯臧公神道碑銘（并序）
都穆《金薤琳琅》卷十三		(2) 皇帝兆出震之靈，稟樞電之精，開日月之明，審正氣之貞。潛德而隱，凝玄姑射之側。感而遂通，應迹廟堂之上。乘龍之夢，夙符於神道。斷鼇之心，早發於靈鑒。蘊風雲於藏用，納宇宙於胸懷。濡足授手，救焚是急。
都穆《金薤琳琅》卷十四		(3) 唐故太尉兼中書令西平郡王贈太師李公神道碑銘（并序）
都穆《金薤琳琅》卷十六		(4) 唐開府儀同三司行尚書右丞相上柱國贈太尉廣平文貞公宋公神道碑銘（并序） (5) 自田曹至于尚書，皆實浮於名，而位不充量，事見許公蘓頲所撰《神道碑》。公七歲能屬文，一遍誦《鵬鳥賦》。丁尚書府君憂，水漿絶口者五日。八九歲時，嘗夢大鳥啣書，吐公口中而咽之，遂乘而直上。倐忽驚寤，猶若下在胸間，自後藻思日新，襟靈益爽。 (6) 唐故太尉文貞宋公神道碑側記 (7)《宋公神道碑》獨完好，惟碑側記缺八字。碑去官道二里餘，世罕知者，以故久不顯于世。致君因謁墓下，始得之。且歎舊史不載，新書闕遺，乃刻顏公體大書字畫，别刻于石，庶久其傳。邢惟襄國舊都，丘塚纍然，類皆湮滅于無聞。獨公之墓高不踰丈，豐碑尚存，豈特忠義足以垂名于不朽。世亦以顏魯公為賢，而此碑尤為可貴也。
都穆《金薤琳琅》卷十七		(8)《遊濟瀆記》：軹縣西北數十里，濟水出焉。稽乎舊章，可得而道。自河浮綠甲，帝命元夷，疏靈川澮而正乾綱，鏟陵巒而通委輸，所謂四瀆資我，而成彼三川者。……然後以諸侯之禮，禮而祼之。至於下人，日用蘋藻，吉凶悔吝，則以情言。且神道無方，豈存於此？而物類相召，或有憑焉。……紅晶落而天下陰，青靄凝而眾山暮。留賞無厭，歸情坐忘，中途載懷，歷歷在眼。庶記豪翰，光昭厥美云。
都穆《金薤琳琅》卷二十		(9) 其年秋七月才生明，遘疾而殁，教義者隱而傷焉。與會稽賀知章、陳郡殷踐猷、吴郡陸象先、上谷冦泚、河南源光俗、博陵崔璩友善，事具陸據所譔《神道碑》。

表六百七十三

<table>
<tr><th>作者/文獻</th><th>版本</th><th>用　　例</th></tr>
<tr><td>杜應芳
《補續全蜀藝文志》
卷三十九</td><td rowspan="2">明萬曆刻本</td><td>（1）宋特進左丞相贈太傅忠肅虞公神道碑銘（虞懷忠）</td></tr>
<tr><td>杜應芳
《補續全蜀藝文志》
卷五十五</td><td>（2）碑首石瓦、桷斗拱、四獸，乘負作力，刻畫工奇，面刻“故上庯長司馬孟臺神道”十一字，八分書。
（3）古賢鄉有宋資政殿學士左中大夫致仕鄱陽郡開國公張燾所撰《贈少師右中大夫李觀神道碑文》，井書。</td></tr>
</table>

表六百七十四

作者/文獻	版本	用　　例
樊深 《（嘉靖）河間府志》 卷三	明嘉靖刻本	（1）神道碑 （2）邊永墓（邊哥莊左。成化二十三年，奉勑修。有大學士劉珝《墓表》、萬安《神道碑》。嘉靖十五年閏十二月，奉詔編墳戸，除稅糧。） （3）邊鏞墓（在永墓東。弘治十四年，奉勑修。有大學士李東陽《墓表》、劉健《神道碑》。編户、除糧如制。） （4）李棨墓（在北郭莊前。嘉靖六年，奉勑修。有大學士楊廷和《墓表》、梁儲《神道碑》。編户、除糧如制。） （5）鄭宗仁墓（在東梁。嘉靖二年，奉勑修。有序翁《墓表》、太學士石珤《神道碑》。編戶、除糧如制。） （6）邊憲墓（在鏞墓東。嘉靖七年，奉勑修。有大學士賈詠《墓表》、費宏《神道碑》。編户、除糧如制。）

表六百七十五

作者/文獻	版本	用　　例
范鳳翼 《范勛卿詩文集》 文集卷六	明崇禎刻本	（1）然愚懵之所皈依，視境地之所變現，故幽讚虛求，莫能扶頹，而縫絶神道設教，必先攝外以信心。所以長者布祇陀之金營精舍至千三百區，穆王築通天之臺居化人于千仞之上，始悟性體之觸發，端賴象教之莊嚴。

表六百七十六

作者/文獻	版本	用　　例
范景文 《戰守全書》 卷十八	明崇禎刻本	(1) 急移之吉：有鳥千萬從敵上來，逆過我軍而去，我軍先進而後必退。鳥從彼軍來，飛而漸高，敵人兵鋭，勿與攻戰吉。眾鳥圍賊之城，急攻，賊必破。慈烏入營長，軍敗，賞犒士卒，警備之吉。急有羣鳥來，逆過軍營，其軍必敗。營多鳥集，將軍宜施恩急賞，士卒欲謀將軍。羣鵲所向，隨鵲攻之勝，天之所引，神道相應。羣鳥鳴軍，欲過千里，去人難廻。羣鴉集聚城營，流血，城破，可以取之，在我軍急宜優恤賞賜。

表六百七十七

作者/文獻	版本	用　　例
方逢時 《大隱樓集》 卷十五	清乾隆四十二年滋元堂刻本	(1) 拂其性，舍其長，自困之道也。曰：何以言之？曰：夷衆不習版築，扳升之人不樂，供役為之不已，交相為怨，非自困乎？而况於失天時，違地利，吾未見其能有成也。曰：奉佛誦經，如之何？曰：戒殺止貪，佛教大旨。虜人信之，其變俗之一機乎？因而利導之，其神道設教之一端歟！

表六百零七十八

作者/文獻	版本	用　　例
方豪 《棠陵文集》 卷四	清康熙十二年方元啓刻本	(1)《續宋文貞公神道碑記》：豪初至沙河，聞有宋文貞公墓，墓有顔魯公書碑。而未及謁，先取其碑觀之，中自註缺，字豐畫肉，疑非顔書。乃約寮友以九日謁之，因求其故。前六日，豪自郡返至食膳鋪，取道獨先往焉。其碑果宋人范致君書，碑則有述而不及榻。故凡得是碑者，槩以爲真顔書不復辨也。徘徊眺瞻，則草棘之叢見一斷碑，乃魯公所書《神道碑銘》。左側之記，則致君翻刻者。碑未斷時，高可丈許，廣可四尺許，厚可尺許。……欲謀續之，而以上脩下短爲難。估出其趺而歸。自此切切然，若上官督責者。

表六百七十九

作者/文獻	版本	用　　例
方弘靜 《千一録》 卷四	明萬曆刻本	(1) 聖人以神道設教，義至精矣。知鬼神之情狀，誠之不可掩也。故萃渙之辭皆曰：假有廟，不可度思，矧可射思？此所以設教也。葛伯不祀則征之，慢神者必虐民，宜其亡矣。然又曰：淫祀無福，敬而遠之，不欲瀆也。此所以設教也。道君之亡，乃與葛伯同軌矣。

續表

作者/文獻	版本	用　　例
方弘靜《千　録》卷二十四	明萬曆刻本	(2) 漢世皇后別起陵墓，魏、晋始合葬。談者以爲其祚短長之驗，謂泄氣也。其言固非經，然合葬非古，不必泥可也。譜傳如《顔魯公神道碑》，例人或數字而已。其不溢美也，足法哉!

表六百八十

作者/文獻	版本	用　　例
方鵬《崑山人物志》卷九	明嘉靖刻本	(1) 趙壁，其先淮陽人。宋觀文殿學士，謚康靖，槩之十世孫也。壁以經明行修，授崑山州儒學正，遂家焉。壁四世孫、國學生浩，家藏《趙氏世系圖》，并康靖告身，及張方平、蘇子瞻所撰康靖父子《神道碑文》，葉文莊公題其後。

表六百八十一

作者/文獻	版本	用　　例
方孝孺《遜志齋集》卷之一	四部叢刊景明本	(1) 由大者而論之，繫乎盛衰者莫大乎國都，殽函河渭無異也。秦帝之亡，漢帝之昌，隋據之而促，唐據之而長，果在於善地乎? 帝王之尊，家天下而役海内。使地善而可興，竭智以營陵廟，奚求而不致。而亡國敗主相屬，則果不在乎此也審矣。古之卜宅兆云者，以神道定民志耳，非視岡阜之向背逆順臆度目斷，如世之葬師之爲也。葬師祖晋郭璞書。……吾今以告吾族人，葬卜吉凶而勿泥葬師之說。
方孝孺《遜志齋集》卷之九		(2) 髹几玉杖，法古制之多儀；奎畫雲章，錫佳名以怡老，朝署誇其榮幸，縉紳嘆此遭逢。惟漢顯宗，稱能養老，迨宋仁廟，亦克尊賢。然桓榮設几杖於太常，而不聞有宸翰之賜；晏殊題舊學於神道，而不見有几杖之頒。在於昔賢，猶難兼乎具美；愧兹老朽，乃得荷乎鴻私。此於聖德之增光，豈獨臣門之多幸? 自今持杖以戒噎，則當思四海或有饑餒之民；凭几以安身，則當念一物或有失所之嘆。
方孝孺《遜志齋集》卷之二十二		(3) 大明故開國輔運推誠宣力武臣特進光祿大夫左都督左柱國議軍國事信國公追謚襄武封東甌王神道碑銘

表六百八十二

作者/文獻	版本	用　例
方有執《傷寒論條辨》卷七	清文淵閣四庫全書本	(1) 夫道不外乎陰陽，萬物生於陽氣至而死于陰令行者，造化之樞機，固如是也。人亦化中之一物，焉能外陰陽而逃其生死乎？聖賢為道之先覺，故闡明生死，神道以設教。衆人囿於道，昧而不能察，故但醉生夢死於形器之中，而不可與言神聖工巧之妙矣。學者誠能致竭心思以盡力乎此，則脈道之精微雖千緒萬端，大要此其推也。
方有執《傷寒論條辨》卷十		(2) 問醫務曰：醫務莫要於務實。實謂何？不虛是也。實有諸己，實見得病真，實用得藥對，切切實實，平平正正，做將去一毫不虛假，實不期神而實自神，實不求妙而實自妙。乃若指天說地，稱神道妙者，是猶畫道然耳。……曰：醫，醫人也。

表六百八十三

作者/文獻	版本	用　例
方瑜《（嘉靖）南寧府志》卷十	明嘉靖四十三年刻本	(1) 歲甲子竣工，屬余為記。余惟使君高材敏識，庭無滯案，經略封寰之隙，時時操觚染翰。坐亭中，攄幽暢之懷，權翕張之度，醒然神道，滿腔春意。其所為覆澤斯土者，匪專狷象，假合云爾，命之心遠，良恊化機。遠而靡志，邇而罔泄，斯心應迹昭矣，獨亭乎哉！

表六百八十四

作者/文獻	版本	用　例
費宏《費文憲公摘稿》卷十	明嘉靖刻本	(1) 明故資政大夫都察院左都御史邊公神道碑銘
費宏《費文憲公摘稿》卷十九		(2) 光祿大夫柱國少傅兼太子太傅戶部尚書謹身殿大學士贈太傅謚文正木齋謝公神道碑銘 (3) 孝宗敬皇帝臨御十有八年，敬天法祖，任賢使能，中國乂安，四海賓服。其繼體守成，治化之美，上媲聖祖，駕軼帝王。……嗚呼，休哉！公且卒，謂其子中書舍人正、太常少卿兼侍讀丕曰：神道之碑，必屬費君。盖舘閣舊人，惟費君尚在，其知予之詳，亦莫費君若也。 (4) 明故資德大夫正治上卿南京刑部尚書致仕贈太子少保吳公神道碑銘 (5) 明故光祿大夫柱國太子太保戶部尚書贈特進光祿大夫太傅謚忠定韓公神道碑銘 (6) 明故鎮國將軍遼東副總兵韓公神道碑銘

表六百八十五

<table>
<tr><th>作者/文獻</th><th>版本</th><th>用　　例</th></tr>
<tr><td>費元祿
《甲秀園集》
卷三十六</td><td rowspan="2">明萬曆刻本</td><td>（1）楚人善紛繫鬼神而神道設教，令三老、子弟、婦孺駿奔對越，以功則帝子精衛也，以德則雲中君湘夫人也，以慧則曹娥孝女也，以普化廣嗣則普陀玉女元君也。</td></tr>
<tr><td>費元祿
《甲秀園集》
卷四十六</td><td>（2）鬼神：儒者不通神理久矣。《易》曰“陰陽不測之謂神”，所以成變化而行鬼神。知變化之道者，其知神之所為乎！人心靈明俱屬神理，聖人默識性靈陟降左右，所謂“通乎晝夜而知，神無方而《易》無體”也。聖人不作，性學失傳，神理閡隔。秦漢以來，第以禱祠祭醮事神，神亦遠矣。儒者斯未能信，既以其形骸血肉者為身，又以其精神思慮者為理，甫及空虛靈妙之談，輒復棄去，豈聖人神道設教之旨耶？孟子曰：聖不可知之謂神。便見得吾身通天地萬物，無非神理。</td></tr>
</table>

表六百八十六

作者/文獻	版本	用　　例
豐坊 《書訣》	民國四明叢書本	（1）左僕射平章事王播神道碑 （2）中楷左僕射沂國王文正公神道碑 （3）太師侍中衛王韓忠獻公神道碑 （4）參知政事楚國范文正公神道碑 （5）太子少師祁國杜正獻公神道碑 （6）左僕射韓國富文忠公神道碑 （7）中楷右僕射張文定公神道碑 （8）御史中丞贈司空太尉孔忠憲公神道碑 （9）右僕射贈太尉中書令李文靖公神道碑 （10）工部尚書樞密直學士張忠定公神道碑 （11）魏文敏公神道碑

表六百八十七

作者/文獻	版本	用　　例
馮從吾 《元儒考略》 卷一	清光緒知服齋叢書本	（1）燧後為名儒，其學得於奂者為多。元好問撰《神道碑》，稱為關西夫子。江漢趙復序其集，稱其志其學粹然一出於正。即其文可以得其為人，其見重如此。

續表

作者/文獻	版本	用　例
馮從吾《元儒考略》卷二	清光緒知服齋叢書本	(2) 學士姚燧譔《神道碑銘》曰：維天生賢，匪使自有。俾拯烝民，為責已厚。公于明命，實肩實負。乾乾其行，艮艮其守。師古喪祭，如禮不苟。三綱之淪，我條自手。推得其類，無倦誨誘。學者宗之，西土山斗。
馮從吾《少墟集》卷十九	清文淵閣四庫全書本	(3) 初，翰林學士姚燧早孤，育于世父樞。樞督教甚急，先生馳書止之曰：燧，令器也，長自有分，何以急為！乃以子妻之。燧後為名儒，其學得于先生者為多。元好問譔《神道碑》，稱為關西夫子。江漢趙復序其集，稱其志其學粹然一出于正。即其文可以得其為人，其見重如此。 (4) 學士姚燧譔《神道碑銘》曰：維天生賢，匪使自有。俾拯烝民，為責已厚。公于明命，實肩實負。乾乾其行，艮艮其守。師古喪祭，如禮不苟。三綱之淪，我條自手。推得其類，無倦誨誘。學者宗之，西土山斗。
馮從吾《關學編》卷三	清嘉慶七年增修本	(5) 初，翰林學士姚燧早孤，育於世父樞。樞督教甚亟，先生馳書止之曰：燧，令器也，長自有分，何以亟爲！乃以子妻之。燧後爲名儒，其學得於先生者爲多。元好問譔《神道碑》，稱爲關西夫子。江漢趙復序其集，稱其志其學粹然一出於正。即其文可以得其爲人，其見重如此。 (6) 學士姚燧譔《神道碑銘》曰：維天生賢，匪使自有。俾拯烝民，為責已厚。公于明命，實肩實負。乾乾其行，艮艮其守。師古喪祭，如禮不苟。三綱之淪，我條自手。推得其類，無倦誨誘。學者宗之，西土山斗。

表六百八十八

作者/文獻	版本	用　例
馮復京《六家詩名物疏》卷四十一	清文淵閣四庫全書本	(1)《禮》曰：尸必以孫，孫則使人抱之。此大夫士之禮與喪禮，始喪而奠，則無尸，以人道事之也。既葬而祭，則有尸，以神道事之也。祭祀同几，則一尸。

表六百八十九

作者/文獻	版本	用　　例
馮夢龍《警世通言》卷十一	明天啓四年刻本	(1) 金陵是南京地面，御史衙門號爲豸府。我如今不要往儀眞，徑到南都御史衙門告狀，或者有伸冤之日。天明起來，拜了神道，討其一筊，“若該往南京，乞賜聖筶”，擲下果然是個聖筊。
馮夢龍《警世通言》卷十三		(2) 王興連連叩頭稟道：小人的妻子，去年在岳廟燒香，走到速報司前，那神道出現，與他一幅紙。……包爺將紙寫出，仔細推詳了一會，叫：王興，我且問你，那神道把這一幅紙與你的老婆，可再有甚麼言語分付？王興道：那神道只叫與他申冤。包爺大怒，喝道：胡說！做了神道，有甚冤沒處申得，偏你的婆娘會替他申冤？他到來央你！這等無稽之言，却哄誰來！
馮夢龍《警世通言》卷十五		(3) 矯公曉得他是蹺蹊古怪的人，只得依允。果然盪熱了酒，煑爛了狗肉。張皮雀到門。主人迎入堂中，告以相請之意。堂中香火燈燭，擺得齊整，供養着一堂神道，衆道士已起過香頭了。 (4) 睡至四更，夢見神道伸隻靴脚踢他起來道：銀子有了，陳大壽將來放在廚櫃頂上葫蘆内了。张陰捕夢中驚覺，慌忙爬起來，向廚櫃頂上摸個遍，那里有什麼葫蘆。難道神道也作弄人？還是我自己心神恍惚之故？須臾之間，又睡去了。夢裏又聽得神道說：金子在葫蘆裏面，如何不取？……張陰捕走近前把他扯到旁邊說夢中神道，如此如此：一連兩次，甚是奇異，特來報你，你可查縣中有這陳大壽的名字否？……張陰捕道：我是眞夢，除是神道哄我。
馮夢龍《警世通言》卷二十一		(5) 公子也不謙讓，纔等門開，一脚跨進。那女子躲在神道背後唬做一團。公子近前，放下齊眉短棒，看那女子，果然生得標致：眉掃春山，眸橫秋水。含愁含恨，猶如西子捧心；欲泣欲啼，宛似楊妃剪髮。琵琶聲不響，是個未出塞的明妃；胡笳調若成，分明強和番的蔡女。天生一種風流態，便是丹青畫不眞。
馮夢龍《警世通言》卷二十五		(6) 桂生說與渾家，莫非這老鼠是神道現靈？孫大嫂道：鳥瘦毛長，人貧就智短了。常聽人說金蛇是金，白鼠是銀，卻沒有神道變鼠的話，或者樹下窖得有錢財，皇天可憐，見我夫妻貧苦，故教白鼠出現，也不見得。
馮夢龍《警世通言》卷二十七		(7) 魏公與服生備說夜來裴道着鬼之事：怎生是好？服生說道：本廟華光菩薩最靈感，原在廟裏被精了。我們備些福物，做道疏文燒了，神道正必勝邪，或可救得。服生與同會李林等說了。這些會友，個個愛惜魏生，爭出分子，備辦福物、香燭、紙馬、酒菓，擺列在神道面前，與魏公拜獻，就把疏文宣讀：惟神正氣攝乎山川，善惡不爽；威靈布於寰宇，禍福無私。

續表

作者/文獻	版本	用　例
馮夢龍 《警世通言》 卷二十七	明天啓四年刻本	(8) 魏公驚異，就神帳中看神道袍袖，果然裂開。往後園碧桃樹下，掘起浮土，見一龜板，約有三尺之長，猶帶血肉。魏公取歸，煎膏入酒，與魏生喫，一日三服。比及膏完，病已全愈。於是父子往華光廟祭賽，與神道換袍。
馮夢龍 《警世通言》 卷三十六		(9) 太守焦躁道：我能行天心正法，此必是鬼，見我害怕，故不敢則聲。向前招起帳幔，打一看時，可煞作怪，那神道塑像都不見了。這神道是個作怪的物事，被樂太守來看，故不敢出來。 (10) 知縣揭起帳幔，看神道怎生結束：戴頂簇金蛾帽子，着百花戰袍，繫藍田碧玉帶，抹綠繡花靴。臉子是一個骷髏，去骷髏眼里生出兩隻手來，左手提着方天戟，右手結印。 (11) 再理卽時備馬往廟拈香，見神道形容怪異，眼裏伸出兩隻手來。問廟祝春秋祭賽何物，覆道：春賽祭七歲花男，秋賽祭一童女，背綁那將軍柱上，剖腹取心供養。 (12) 大尹嚇得戰做一團，只得將此事奏知道君皇帝。降了三個聖旨：第一開卦府問官追官勒停；第二趙知縣認了母子，仍舊補官；第三廣州一境不許供養神道。
馮夢龍 《古今小説》 卷十	明天許齋刻本	(13) 善述立住脚頭看時，又見一個過路的老者，拄了一根竹杖，也來閒看，問着眾人道：你們今日為甚賽神？眾人道：我們遭了屈官司，幸賴官府明白，斷明了這公事。向日許下神道願心，今日特來拜償。
馮夢龍 《古今小説》 卷十三		(14) 真人曰：我不信有神道喫人之事，若果有此事，我自願承當，死而無怨。眾人商量道：他自不信，不干我事，左右是一條性命。便依了真人言語，把綁縛那人解放了。
馮夢龍 《古今小説》 卷二十一		(15) 這臨安里中有座山，名石鏡山。山有圓石，其光如鏡，照見人形。錢婆留每日同衆小兒在山邊游戲，石鏡中照見錢婆留頭帶冕旒，身穿蟒衣玉帶。衆小兒都吃一驚，齊說神道出現。偏是婆留全不駭懼，對小兒說道：這鏡中神道就是我，你們見我都該下拜。……次日，婆留再到石鏡邊游戲，眾小兒不見了神道，不肯下拜了，婆留心生一計。
馮夢龍 《古今小説》 卷三十九		(16) 那神人舒左腳踢我下馬，想是神道怪我燒毀其廟，所以為禍也。明早引大隊到來，白日裏攻打，看他如何？汪世雄道：父親還不知道，錢四二恐防累及，已有異心，不知與眾人如何商議了，他先洋洋而去。

續表

作者/文獻	版本	用　　例
馮夢龍《醒世恒言》卷四	明天啓葉敬池刊本	(17) 大尹大驚，不信有此異事。須臾間，又見里老鄉民，共有百十人，連名具呈前事：訴說秋公平日惜花行善，並非妖人；張委設謀陷害，神道報應，前後事情，細細分剖。
馮夢龍《醒世恒言》卷十三		(18) 太尉夫人不勝之喜，又設酒起病。太尉夫人對韓夫人說道：果然是神道有靈，勝如服藥萬倍。却是不可昧心，負了所許之物。 (19) 韓夫人再三禱告已畢，正待收拾回房，只聽得萬花深處，一聲響喨，見一尊神道，立在夫人面前。但見：龍眉鳳目，皓齒鮮唇，飄飄有出塵之姿，冉冉有驚人之貌。 (20) 韓夫人吃驚且喜。驚的是天神降臨，未知是禍是福；喜的是神道歡容笑口，又見他說出話來。便向前端端正正道個萬福，啓朱唇，露玉齒，告道：既蒙尊神下降，請到房中，容氏兒展敬。 (21) 二郎神微微笑道：此亦何難。只恐夫人立志不堅。姻緣分定，自然千里相逢。說畢起身，跨上檻窗，一聲響喨，神道去了。 (22) 每到晚來，精神炫耀，喜氣生春。神道來時，三盃已過，上床雲雨，至曉便去，非止一日。 (23) 夫人房內聲聲稱是尊神，小人也仔細想來，府中牆垣又高，防閑又密，就有歹人，插翅也飛不進。或者眞個是神道也未見得。……二人領命去了。太尉轉身對夫人一一說知：雖然如此，只是我眼見為眞。我明晚須親自去打探一番，便看神道怎生模樣。 (24) 分付已畢，太尉便同一人過去，揑脚揑手，輕輕走到韓夫人窗前，向窗眼內把眼一張，果然是房中坐看一尊神道，與二人說不差。 (25) 比至黃昏，有人來報：神道來了。法官披衣仗劍，昂然而入，直至韓夫人房前，大踏步進去，大喝一聲：你是何妖邪！却敢淫污天眷！不要走，吃吾一劍！ (26) 當下一彈，弓中王法官額角上，流出鮮血來，霍地望後便倒，寶劍丟在一邊。眾人慌忙向前扶起，往前廳去了。那神道也跨上檻窗，一聲響喨，早已不見。當時却是怎地結果？ (27) 却說養娘先去，以服事為名，挨挨擦擦，漸近神道身邊。正與韓夫人交盃換盞，不隄防他偷了彈弓，藏過一壁廂。 (28) 却說潘道士掀開簾子，縱目一觀，見那神道安坐在上。大喝一聲，舞起棍來，匹頭匹腦，一徑打去。 (29) 我想起來，既是楊知縣捨與二郎神，只怕眞個是神道一時風流興發也不見得。怎生地討個證據回復大尹？冉貴道：觀察不說，我也曉得不干任一郎事，也不干蔡太師、楊知縣事。

續表

作者/文獻	版本	用　　例
馮夢龍 《醒世恒言》 卷十三		(30) 若說二郎神所為，難道神道做這等虧心行當不成？一定是廟中左近妖人所為。還到廟前廟後，打探些風聲出來。 (31) 歇了擔兒，拈了香，低低祝告道：神明鑒察，早早保佑冉貴捉了楊府做不是的，也替神道洗清了是非。 (32) 老漢道：勸你吃虧些罷！那雌兒不是好惹的。他是二郎廟裏廟官孫神通的親表子。那孫神通一身妖法，好不利害！這舊靴一定是神道替下來，孫神通把與表子換些錢買菓兒吃的。 (33) 王觀察忙問道：你這靴那裏來的？冉貴不慌不忙，數一數二，細細分剖出來：我說不干神道之事，眼見得是孫神通做下的不是！便不須疑！
馮夢龍 《醒世恒言》 卷二十七		(34) 焦榕道：看這模樣，必是觸犯了神道的，被喪煞打了。如今幸喜已到家裏，還好。只是占了甥女臥房，不當穩便。就今夜殯過，省得他們害怕。
馮夢龍 《醒世恒言》 卷三十一	明天 啓葉 敬池 刊本	(35) 員外起來洗漱罷，去家堂神道前燒了香，向堂前請見媽媽，把昨夜事說了一遍，道：三月二十八日，却如何上得東峯岱岳，與爹爹答還心願？ (36) 只見黃巾力士走至面前，暴雷也似聲個喏：告我師，炳靈公相見。唬得員外神魂蕩漾，口中不語，心下思量：炳靈公是東岳神道，如何來這里相見？ (37) 員外領法旨，潛身去屏風後立地看時，見十數個黃巾力士，隨着一個神道入來，但見：眉單眼細，貌美神清。身披紅錦袞龍袍，腰繫藍田白玉帶。裹簇金帽子，着側面絲鞋。
馮夢龍 《醒世恒言》 卷三十七		(38) 不知我師可容許我弟子否？老君讚道：善哉，善哉！汝既有此心，待金像鑄成之日，吾當顯示神道，挈汝昇天，未為晚也。正是：十年一覺揚州夢，贏得人間敗子名。
馮夢龍 《醒世恒言》 卷三十九		(39) 正中間一座神廚，內供養着一尊女神，珠冠瓔珞，繡袍彩帔，手內抱着一個孩子，旁邊又站四五個男女。這神道便是做子孫娘娘。 (40) 汪大尹在轎上一路沉吟道：看這淨室，週迴嚴密，不像個有情弊的。但一塊泥塑木雕的神道，怎地如此靈感？莫不有甚邪神，托名誑惑？ (41) 汪大尹喝道：你這班賊驢！焉敢假托神道，哄誘愚民，姦淫良善！如今有何理說？佛顯心生一計，教衆僧徐徐跪下，稟道：本寺僧眾盡守清規，止有此四人，貪淫奸惡，屢訓不悛。正欲合詞呈治，今幸老爺察出，罪實該死，其餘實是無干，望老爺超拔！

續表

作者/文獻	版本	用　　例
馮夢龍《古今譚概》閨誡部卷十九	明刻本	(42) 麻胡止啼，石虔斷瘧，李陽止妬，卽此便是活神道。
馮夢龍《古今譚概》譎知部卷二十一	明刻本	(43) 以舍利取人，卽有借舍利以取之者。以幻術愚人，卽有托幻術以愚之者。以神道困人，卽有詭神道以困之者。無奸不破，無僞不窮。信哉！
馮夢龍《古今譚概》儇弄部卷二十二	明刻本	(44) 石學士善謔：石中立，字表臣。在中書時，盛度禁林當直，撰《張文節公神道碑》，進御罷，呈中書。石卒問曰：是誰撰？盛不覺對曰：度撰。滿堂大笑。
馮夢龍《古今譚概》微詞部卷三十	明刻本	(45) 割碑：潁川有姚尚書墓，其《神道碑》穹窿高厚，四面均焉。國初，州人侍郎某者，欲割三分之一以刻墓表，告之州守。守曰：何不割三分之二？或問其故。守曰：吾欲使後人割侍郎碑者，猶得中分耳。侍郎聞之，慚悔。
馮夢龍《智囊補》明智部遠猶卷二	明積秀堂刻本	(46) 李晟之屯渭橋也，熒惑守歲，久乃退，府中皆賀曰：熒惑退，國家之利，速用兵者昌。晟曰：天子暴露，人臣當力死勤難，安知天道邪？……夫惟五緯盈縮不常，晟懼復守歲，則吾軍不戰自屈矣！皆曰：非所及也！田單欲以神道疑敵（見《兵智部》），李晟不欲以天道疑軍。
馮夢龍《智囊補》術智部億中六	明積秀堂刻本	(47) 姚崇：姚崇與張説同為相，而相銜頗深。崇病，戒諸子曰：張丞相與吾不協。然其人素侈，尤好服玩。吾身沒後，當來弔，汝具陳吾生平服玩寶帶重器羅列帳前。張若不顧，汝曹無類矣。若顧此，便錄致之，仍以《神道碑》為請。既獲其文，即時錄進，先礱石以待，至便鐫刻進御。張丞相見事當遲于我，數日後，必悔。若徵碑文，當告以上聞，且引視鐫石。崇沒，説果至，目其服玩者三四。崇家悉如崇戒。及文成，叙致該詳，時謂極筆。數日，果遣使取本，以為辭未周密，欲加删改。姚氏諸子引使者視碑，仍告以奏御。使者復，説大悔恨，撫膺曰：死姚崇能算生張說。
馮夢龍《智囊補》上智部權奇卷十八	明積秀堂刻本	(48) 狄青：南俗尚鬼。狄青襄征儂智高時，大兵始出桂林之南，因祝曰：勝負無以為據。乃取百錢自持之，與神約：果大捷，則投此錢盡錢面。……曰：俟凱旋，當謝神取錢。其後平邕州還師，如言取錢，幕府士大夫共視，乃兩面錢也。桂林路險，士心惶惑，故假神道以堅之。
馮夢龍《智囊補》上智部小慧卷二十八	明積秀堂刻本	(49) 陳五：京師閭閻多信女巫。有武人陳五者，厭其家崇信之篤，莫能治。一日含青李於腮，紿家人瘡腫痛甚，不食而臥者竟日。其妻憂甚，召女巫治之。巫降，謂五所患是名疔瘡，以其素不敬神，神不與救。……以舍利取人，即有借舍利以取之者。以神道困人，即有詭神道以困之者。無奸不破，無僞不窮。信哉！

表六百九十

作者/文獻	版本	用　　例
馮琦 《宗伯集》 卷七十	明萬曆刻本	(1) 嗚呼，傷哉！先君所涖之地，皆有惠政處。鄉黨無間言，未老而掛冠。垂没而易簀、出處死生之際，似亦有足紀者。伏塊草行略，且書且泣。惟老師純孝錫類，俯賜採擇，而以片言銘諸神道之石。
馮琦 《經濟類編》 卷三		(2) 臣命違千載之運，身生四百之外，恨不得役力聖明之鑒，寓目風塵之會，揮戈前隊，待罪下軍。抽鋒咸陽之關，提鉞項籍之領。痛心自悼，不知所裁。行役之臣，牽制朝憲。雖懷彷徨，王事靡盬。肅將言邁，實銜罔極。臣聞遊魂變化，神道無方，雖聖靈登遐，降陟在天，連光五精，流輝太一。
馮琦 《經濟類編》 卷五		(3) 觀曹公明鋭權畧，神變不窮，兵折而意不衰，在危而聽不惑，臨事决機，舉無遺悔，近古以來，未之有也。……然后覽英雄之心，騁熊羆之勇，挾天子以崇大順，扶幼主以顯至公。旌賁忠良，芟夷叛逆，神道輔德，百姓與能，武功赫然，霸業成矣。若乃獲魏种而宥之，高祖之封雍齒也；降張繡而不怨，光武之全朱鮪也。
馮琦 《經濟類編》 卷二十七	清文淵閣四庫全書本	(4) 今天下蒼生，凡有八苦，陛下知之乎？官吏苛刻，一苦也。私債徵奪，二苦也。賦稅繁多，三苦也。所由乞斂，四苦也。替逃人差科，五苦也。冤不得理，屈不得伸，六苦也。凍無衣，饑無食，七苦也。病不得醫，死不得葬，八苦也。……陛下不理，何以歸哉？伏見蠻寇欺侵，神道誰惑。我國家作亡命之渠魁，為逋逃之窟穴。徵兵五年，今日誅之，何見之晚也。
馮琦 《經濟類編》 卷三十九		(5) 宋真宗自聞王欽若言，深以澶州之盟為辱，常怏怏不樂。欽若度帝厭兵，因謬進曰：陛下以兵取幽薊，乃可滌此恥。帝曰：河朔生靈，始免兵革，朕安忍為此？可思其次。欽若曰：惟封禪可以鎮服四海，誇示外國。然自古封禪，當得天瑞希世絶倫之事，乃可爾。既而又曰：天瑞安可必得？前代蓋有以人力為之者，惟人主深信而崇奉之，以明示天下，則與天瑞無異也。陛下謂《河圖》《洛書》果有耶？聖人以神道設教耳。帝沈思久之，曰：王旦得無不可乎？欽若曰：臣喻以聖意，宜無不可。欽若乃乘間為旦言，旦黽勉從之。帝尚猶豫，會幸祕閣，驟問直學士杜鎬曰：古所謂河出圖、洛出書，果何事耶？鎬老儒，不測上旨，漫應之曰：此聖人以神道設教耳。帝意已決，遂召旦飲，歡甚，賜以尊酒，曰：歸與妻孥共之。既歸，發封，則皆美珠也。旦悟帝旨，自是不敢有異議。

續表

作者/文獻	版本	用　　例
馮琦《經濟類編》卷四十	清文淵閣四庫全書本	(6) 臣愚以為貢禹上書，匡衡奏記，理異于此，事匪其倫。何者？上述祖宗，遠論壇墠，往復于商周之際，徘徊于遷毀之間。……且自古帝王，建封子弟，寄以維城之固，咸登列郡之榮，豈必有功于人、立事於代？生者曾無異議，逝者輒此奏停，雖存殁之迹不同，而君親之恩何別？此則輕重非當，情禮不均。神道固是難誣，人情孰云其可？ (7) 崔沔《宗廟加籩豆議》：臣竊聞識禮樂之情者能作，知禮樂之文者能述，述作之義，聖賢所重，禮樂之制，古今所崇。變而通之，所以久也。所謂變者，變其文也；所謂通者，通其情也。祭祀之興，肇於太古，人所飲食，必先嚴獻。未有火化，茹毛飲血，則有毛血之薦；未有麴蘗，污樽坏飲，則有玄酒之奠。施及後王，禮物漸備，作為酒醴，伏其犠牲，以致馨香，以極豐潔，故有三牲八簋之盛，五齊九獻之殷。然以神道至敬，可備而不敢廢也。 (8)《傳》曰“子雖齊聖，不先父食”，蓋言子為父屈也。景皇帝雖太祖也，其於獻、懿，則子孫也。當禘祫之時，獻祖宜居東嚮之位，景皇帝宜從昭穆之列，祖以孫尊，孫以祖屈，求之神道，豈遠人情？又常祭甚頻，合祭甚寡，則是太祖所屈之祭至少，所伸之祭至多。比于伸孫之尊，廢祖之祭，不亦順乎？事異殷周，禮從而變，非所失禮也。臣伏以制禮作樂者，天子之職也。
馮琦《經濟類編》卷四十一	清文淵閣四庫全書本	(9) 陛下今以晷度之失同之六沴，引其輕變方之重眚，求己篤於禹湯，憂勤踰乎日昃，將大祀，以禮神祇。《傳》曰：外順天地時氣而祭其鬼神。……漢侍中盧植，時之達學，受法不究，則不敢厝心。誠以五行深遠，神道幽昧，探頤之求難以常思，錯綜之理不可一數。臣非至精，孰能與此！
馮琦《經濟類編》卷四十五	清文淵閣四庫全書本	(10) 武太后將合葬乾陵，給事中嚴善思上疏，以為：乾陵玄宮以石為門，鐵錮其縫，今啟其門，必須鐫鑿。神明之道，體尚幽玄，動衆加功，恐多驚黷。況合葬非古，漢時諸陵，皇后多不合葬，魏、晉已降，始有合者。望於乾陵之傍更擇吉地為陵，若神道有知，幽塗自當通會；若其無知，合之何益？不從。 (11) 接皇漢之末緒，值王途之多違。佇重淵以育鱗，撫慶雲而遐飛。運神道以載徳，乘靈風而扇威。摧羣雄而電擊，舉勍敵其如遺。指八極以遠畧，必翦焉而後綏。釐三才之闕典，啟天地之禁闈。舉修網之絶紀，紐大音之解徽。掃雲物以貞觀，要萬途而來歸。丕大德以宏覆，援日月而齊輝。濟元功于九有，固舉世之所推。

續表

<table>
<tr><th>作者/文獻</th><th>版本</th><th>用　例</th></tr>
<tr><td>馮琦
《經濟類編》
卷七十一</td><td rowspan="3">清文淵閣四庫全書本</td><td>(12) 自文明草昧，天地屯蒙，二叔流言，四凶構難。不設鉤距，無以應天順人；不切刑名，不可摧姦息暴。故置神器，開告端，曲直之影必呈，包藏之心盡露。神道助直，無罪不除；人心保寧，無妖不戮。</td></tr>
<tr><td>馮琦
《經濟類編》
卷七十二</td><td>(13) 右補闕新鄭朱敬則以太后本任威刑以禁異議，今既革命，衆心已定，宜省刑尚寬，乃上疏，以為：李斯相秦，用刻薄變詐以屠諸侯，不知易之以寬和，卒至土崩，此不知變之禍也。漢高祖定天下，陸賈、叔孫通說之以禮義，傳世十二，此知變之善也。自文明草昧，天地屯蒙，三叔流言，四凶構難。不設鉤距，無以應天順人；不切刑名，不可摧姦息暴。故置神器，開告端，曲直之影必呈，包藏之心盡露。神道助直，無罪不除；蒼生晏然，紫宸易主。然而急趨無善迹，促柱少和聲，向時之妙策，乃當今之芻狗也。</td></tr>
<tr><td>馮琦
《經濟類編》
卷九十一</td><td>(14) 又言：今大臣為紹述之說，皆借此名以報復私怨，朋附之流，遂從而和之。張商英在元祐時上呂公著詩求進，諛佞無恥，近乞毀司馬光及公著《神道碑》。周秩為博士，親定光謚為文正，近乃乞斲棺鞭尸。陛下察此輩之言，果出於公論乎？章疏前後至數十百上，度終不能回，遂丐外，帝慰勉而已。</td></tr>
<tr><td>馮琦
《宋史紀事本末》
卷四</td><td>明萬曆刻本</td><td>(15) 大中祥符元年春正月乙丑，有天書見於承天門。大赦，改元。帝自聞王欽若言，深以澶淵之盟為辱，嘗怏怏不樂。欽若度帝厭兵，因謬進曰：陛下以兵取幽薊，乃可滌此耻。帝曰：河朔生靈，始免兵革，朕安忍為此？可思其次。欽若曰：惟封禪可以鎮服四海，誇示外國。然自古封禪，當得天瑞希世絕倫之事，乃可爾。既而又曰：天瑞安可必得？前代蓋有以人力為之者，惟人主深信而崇奉之，以明示天下，則與天瑞無異也。陛下謂《河圖》《洛書》果有耶？聖人以神道設教耳。帝沈思久之，曰：王旦得無不可乎？欽若曰：臣喻以聖意，宜無不可。欽若乃乘間為旦言，旦黽勉從之。帝尚猶豫，會幸祕閣，驟問直學士杜鎬曰：古所謂河出圖、洛出書，果何事耶？鎬老儒，不測上旨，漫應之曰：此聖人以神道設教爾。帝意遂決，遂召旦飲，歡甚，賜以尊酒，曰：歸與妻孥共之。既歸，發封，則皆美珠也。旦悟帝旨，自是不敢有異議。
(16) 史臣曰：眞宗英晤之主。其初踐位，相臣李沆屢言其聰明，必多作為，數奏災異以杜其侈心，蓋有所見也。……宋自太宗幽州之敗，惡言兵矣。契丹其主稱天，其后稱地，一歲祭天不知其幾，獵而手接飛雁，鴇自投地，皆</td></tr>
</table>

續表

作者/文獻	版本	用　　例
馮琦 《宋史紀事本末》 卷四	明萬曆刻本	稱為天賜，祭告而誇耀之。意者宋之諸臣，因知契丹之習，又見其君有厭兵之意，遂進神道設教之言，欲假是以動敵人之聽聞，庶幾足以潛消其窺覦之志歟？然不思修本以制敵，又效尤焉，計亦末矣。仁宗以天書殉葬山陵，嗚呼賢哉！
馮琦 《宋史紀事本末》 卷十		（17）又言：今大臣爲紹述之說，皆借此名以報復私怨，朋附之流，遂從而和之。張商英在元祐時上呂公著詩求進，諛佞無恥，近乞毀司馬光、呂公著《神道碑》。周秩爲博士，親定光謚爲文正，近乃乞斲棺鞭尸。陛下察此輩之言，果出於公論乎？章疏前後至數十百上，度終不能回，遂乞外，帝慰勉而已。

表六百九十一

作者/文獻	版本	用　　例
馮時化 《酒史》 卷上	民國景明寶顏堂秘笈本	（1）陳暄，北陳人。嗜酒，兄子秀致書暄友，冀以諷諫。暄聞，與秀書曰：吾有此好已五十餘年。汝以飲酒爲非，吾以不飲酒爲過。昔周伯仁度江唯三日醒，吾不以爲少；鄭康成一飲三百杯，吾不以爲多。又曰：江諮議有言：酒猶兵也。兵可千日而不用，不可一日而不備；酒可千日而不飲，不可一飲而不醉。美哉江公，可與共論酒矣！吾生平所頭，身沒之後，題吾墓曰“陳故酒徒陳君之神道”。

表六百九十二

作者/文獻	版本	用　　例
馮世雍 《呂梁洪志》	明金聲玉振集本	（1）赞曰：巍巍關尉，血食洪梁。炳炳趙文，漕事用光。費政以惠，君子祀之。神道不忒，庶民庇之。

表六百九十三

作者/文獻	版本	用　　例
馮惟訥 《(嘉靖) 青州府志》 卷十一	明嘉靖刻本	（1）吳太尉墓（在縣馬耳山東麓。碑額云“前密州節度使吳公神道”。按：太尉，秦官，未詳爲誰。）

續表

作者/文獻	版本	用　　例
馮惟訥《(嘉靖)青州府志》卷十八	明嘉靖刻本	(2) 唯先我民兮神無私，亶貞宰之兮陟元后。會五帝兮一堂，合兩曜兮齊光。蹌八風兮戾止，辟四止兮賛襄。誰隱兮弗照，誰疚兮弗彰。緬神道兮昭只，固淑慝兮攸行。
馮惟訥《古詩紀》卷三十三	清文淵閣四庫全書本	(3)《從幸洛水餞王公歸國詩》：聖主應期運，至德敷彜倫。神道垂大教，玄化被無垠。欽若崇古制，建侯屏四隣。皇輿廻羽盖，高會洛水濵。臨川講妙藝，縱酒釣潛鱗。八音以迭奏，蘭羞備時珍。古人亦有言，為國不患貧。與蒙廟庭施，幸得厠大鈞。羣僚荷恩澤，朱顔感獻春。賦詩盡下情，至感暢人神。長流無舍逝，白日入西津。奉辭慕華輦，侍衛路無因。馳情繫帷幄，乃心戀軌塵。
馮惟訥《古詩紀》卷三十六		(4) 頹綱既振，品物咸秩。神道見素，遺華反質。辰晷重光，協風應律。函夏無塵，海外有謐。 (5) 惟常思庸，大興光廸。聖敬逺躋，神道玄邈。思媚三靈，誕膺天篤。嘉命既辱，王人言告。
馮惟訥《古詩紀》卷六十二		(6)《白雲》：探靈喜觧骨，測化善騰天。情高不戀俗，厭世樂尋仙。錬金宿明館，屑玉止瑤淵。鳳歌出林闕，龍駕戾蓬山。凌崖采三露，攀鴻戲五煙。昭昭景臨霞，湯湯風媚泉。命娥雙月際，要媛兩星間。飛虹眺卷河，汎霧弄輕絃。笛聲謝廣寘，神道不復傳。一逐白雲去，千齡猶未旋。
馮惟訥《古詩紀》卷一百七		(7)《大觀舞歌》：（大觀者，取《易・彖》曰"大觀在上""觀天之神道，而四時不忒"也。）皇矣帝烈，大哉興聖。奄有四方，受天明命。居上不怠，臨下惟敬。舉無僭則，動無失正。物從其本，人遂其性。昭播九功，肅齊八柄。寛以惠下，德以爲政。三趾晨儀，重輪夕映。棧壑忘阻，梯山匪夐。如日有恒，與天無竟。載陳金石，式流舞詠。《咸》《英》《韶》《夏》，於兹比盛。
馮惟訥《古詩紀》卷一百二十一		(8)《高明樂》（皇帝奠爵訖，奏《高明樂》《覆燾》之舞）：自天子之，會昌神道。丘陵肅事（《北郊》云"方澤祗事"），克光天保。九閡洞開，百靈環列。八尊呈備，五聲投節。 (9)《皇夏樂》（進熱皇帝入門）：齋居嚴殿，夙駕層闈。車輅垂彩訟，旒衮騰輝。聳誠載仰，翹心有慕。洞洞自形，斤斤表步。閟宫有邃，神道依稀。孝心緬邈，爰屬爰依。
馮惟訥《古詩紀》卷一百三十九		(10)《飲福酒歌》（郊丘廟社同用）：神道正直，祀事有融。肅雍備禮，莊敬在躬。羞燔已具，奠酹將終。降祥惟永，受福無窮。

續表

作者/文獻	版本	用　例
馮惟訥 《古詩紀》 卷一百五十三	清文淵閣四庫全書本	(11) 帶劍上吾丘:《漢武故事》曰:漢武帝崩後，忽見形，謂陵令薛平曰:我雖失勢，猶為汝君。奈何令吏卒上吾陵磨劍乎?因不見。推陵芻，果有方石可以為礪，吏卒常盜磨刀劍。霍光欲斬之，張安世曰:神道茫昧，不宜為法。故阮公《詠懷詩》曰:失勢在須臾，帶劍上吾丘。(《丹鉛餘錄》)

表六百九十四

作者/文獻	版本	用　例
傅梅 《嵩書》 卷三	明萬曆刻本	(1) 又按:唐韋行儉《廟記》云:元魏徙廟於嶽之東南，若謂元魏以前廟在別所者。今廟正南神道數十步，有古石門，隸書銘詞雖泐，尚可讀，內有“聖朝肅齊衆庶所尊”等語。銘後刻云:元初五年四月，陽城長左馮翊萬年，呂常始造作此石門。 (2) 中嶽廟石闕(在廟正南，神道百步許。漢安帝元初五年，陽城縣令呂常所建。)

表六百九十五

作者/文獻	版本	用　例
傅遜 《左傳屬事》 春秋左傳屬事 卷之六	清文淵閣四庫全書本	(1)《魯問》:魯君會師之期而婉言之。魯懼聽命，祖祭神道。

表六百九十六

作者/文獻	版本	用　例
高棅 《唐詩品彙》 卷三十五	清文淵閣四庫全書本	(1)《豐陵行》:羽衛煌煌壹百里，曉出都門葬天子。羣臣雜沓馳後先，宮官穰穰來不已。是時新秋七月初，金神按節炎氣除。清風飄飄輕雨灑，偃蹇旂旆卷以舒。逾梁下坂笳鼓咽，嵽嵲遂走玄宮閭。哭聲訇天百鳥噪，幽坎晝閉空靈輿。皇帝孝心深且遠，資送禮備無羸餘。設官置衛鎖嬪妓，供養朝夕象平居。臣聞神道尚清浄，三代舊制存諸書。墓藏廟祭不可亂，欲言非職知何如。(韓仲韶云:顺宗以元和元年七月葬豐陵。)

表六百九十七

作者/文獻	版本	用　　例
高拱 《高文襄公集》 卷二十七	明萬曆刻本	(1) 吁！武王信其克君也已，雖然武王得民匪專此也。葢其敬義交脩，而《洪範》丹書復相翊贊所以端本原者，固自有在所謂神道設教而天下服者也。

表六百九十八

作者/文獻	版本	用　　例
高濂 《遵生八牋》 雅尚齋遵生八牋 卷之十四	明萬曆刻本	(1)《宋齊梁陈碑帖》:《宋文帝神道碑》《齊倪桂金庭觀碑》《齊南陽寺隸書碑》《梁茅君碑》(張澤書)、《梁陶弘景瘞鶴銘》《劉靈正隋淚碑》。
高濂 《玉簪記》 卷下	明汲古閣刊本	(2)(丑辦香案科，淨念)：上香上香，奉請家堂。山神土地，司命竈王。今日祝獻，伏爲潘郎。病不脫體，著枕狼當。身上發寒發熱，口裏要茶要湯。自從今日禳解，叫他早脫災殃。神道，你若肯依我說，家家主薦，殺猪殺羊。你若不聽我說，我叫你廟中無燭無香。

表六百九十九

作者/文獻	版本	用　　例
高攀龍 《周易易簡説》 卷一	清文淵閣四庫全書本	(1)《彖》曰：大觀在上，順而巽，中正以觀天下。觀，盥而不薦，有孚顒若，下觀而化也。觀天之神道，而四時不忒。聖人以神道設教，而天下服矣。 (2) 九五，卦主也。故曰：大觀在上，順而巽，中正以觀天下。“盥而不薦”之時，其象何如?“有孚顒若”而已，此所以“下觀而化也”。神道者，可默契而不可名言，故於穆而四時行，篤恭而天下平，觀天之神道盡矣。

表七百

作者/文獻	版本	用　　例
高叔嗣 《蘇門集》 卷之五	明刻本	(1) 先生以其誠敬之心事神，故“下觀而化”。故《傳》曰：聖人以神道設教，而天下服矣。今夫官名之設、內外之辨、崇卑之度、多寡之數，成周致治之具也。

表七百零一

<table>
<tr><th>作者/文獻</th><th>版本</th><th>用　　例</th></tr>
<tr><td>高武
《針灸聚英》
卷一</td><td rowspan="3">明嘉靖刻本</td><td>(1)《督脈經穴》：督脈者，起於下極之腧。……自屏翳而起，歷長強穴，並脊裏而上行。循腰腧、陽關、命門、懸樞、脊中、筋縮、至陽、陵臺、神道、身柱，過風門。循陶道、大椎、瘂門，至風府入腦。循腦戶、強間、後頂、上巔，至百會、前頂、顖會、上星、神庭。循額至鼻柱，經素髎、水溝、兌端，至齦交而終焉。
(2) 先儒謂心曰靈臺，經謂心者君主之官，神明出焉，豈主病同手少陰神門，而鍼刺淺深，艾壯多寡，同至陽、神道歟？
(3) 神道，五椎節下間，俛取之。</td></tr>
<tr><td>高武
《針灸聚英》
卷二</td><td>(4) 身熱進退頭痛，取神道、關元、懸顱。(已上出《鍼經》。)</td></tr>
<tr><td>高武
《針灸聚英》
卷四</td><td>(5) 督脉背中行，二十七穴始長强，腰俞陽關命門當，懸樞脊中走筋束，至陽靈臺神道長，身柱陶道大椎俞，瘂門風府腦户俱，强間後頂百會前，前頂顖會上星圓，神廷素髎水溝裏，兊端齦交斯已矣。
(6) 二之七節如是椎，大椎第一節上是，二椎節下陶道知，身柱第三椎節下，神道第五不須疑，靈臺第六至陽七。
(7) 歲熱時行，陶道復求中俞理；風癇常發，神道須還心俞寧。
(8) 《禁鍼穴歌》：禁針穴道要先明，腦戶顖會及神庭。絡却玉枕角孫穴，(闕) 顱承泣隨承靈。神道靈臺膻中忌，水分神闕并會陰。橫骨氣冲手五里，箕門承筋并青靈。更加臂上三陽絡，二十二穴不可鍼。孕婦不宜鍼合谷，三陰交内亦通論。石門鍼灸應須忌，女子終身無姙娠。外有雲門并鳩尾，缺盆客主人莫深。肩井深時人悶倒，三里急補人還平。</td></tr>
</table>

表七百零二

作者/文獻	版本	用　　例
葛昕 《集玉山房稿》 卷四	清文淵閣四庫全書補配清文津閣四庫全書本	(1)《贈高士孔劍峯祈真有感叙》：夫神亦難言乎哉？記者謂"夫子不語神"，然《繫易》稱"陰陽不測"，删《詩》表其"格思，不可度思"。他日，極贊其德之盛。又曰：聖人以神道設教，而天下服。曷嘗不語，盖未易為，凡民道耳。

續表

<table>
<tr><th>作者/文獻</th><th>版本</th><th>用　　例</th></tr>
<tr><td>葛昕
《集玉山房稿》
卷六</td><td rowspan="3">清文淵閣四庫全書補配清文津閣四庫全書本</td><td>(2) 今又得蘇之呉生應祈手《集古法帖》，鐫申王二相公新補《墓表》《神道碑》，俾薄海内外莫不悉公之古心素履，以為後昆之盛，蓋咸食其報，方且未艾也。
(3) 君又愬其親文，貳守子惟書《神道碑》，踰浹月而各鐫成。</td></tr>
<tr><td>葛昕
《集玉山房稿》
卷九</td><td>(4) 先公誌表叙事多引而不發者，得殷老伯傳生平特立孤行，獲藉以闡，向猶不知脱草於門下也。玆續拜《神道碑銘》，人争傳誦，皆以為無論詞章典重不可及，即叙事㥁悉，文章家應咸退舍焉。</td></tr>
<tr><td>葛昕
《集玉山房稿》
卷十</td><td>(5) 惟我祖妣棄子孫養于今有日矣！塗殯在堂，荏苒歲月。雖以上待開壙之命，下待堪輿之卜，然而烏鳥私情，如生欲事，實不忍忘顧復之恩，而遽爾永别厝之郊原也。然幽明世隔，神道尚静，况天使既已賁臨，承宣諭命禮祭，而穆卜塟期。大夫士庶罔不恊吉，敢不肅遵明命，用襄大典。嗚呼！祖妣生與我祖同老，殁與我祖同室，此大義也。</td></tr>
</table>

表七百零三

<table>
<tr><th>作者/文獻</th><th>版本</th><th>用　　例</th></tr>
<tr><td>葛寅亮
《金陵梵剎志》
卷十</td><td rowspan="3">明萬曆刻天啓印本</td><td>(1) 前臣曰：夫神道茫昧，求諸不一，或尚血腥之祀，或歆蘊藻之誠。設教隨時，貴其爲善，其誠無忒，何往不通？若祭享理無，則四代之風爲爽；神明實有，三世之道爲弘。語其無，不待牲牷之潔；據其有，宜存去殺之仁。……而以面爲牲，於義未達，方之紋錦，將不矛盾乎？</td></tr>
<tr><td>葛寅亮
《金陵梵剎志》
卷十七</td><td>(2)《雞鳴寺施食臺記》（明釋道果）：粤稽雞鳴山，在六朝時爲北郊之岡，岡下有坑塹，凡誅戮者皆置之，俗呼爲萬人坑。國朝築城禁，則岡塹皆在城内矣。我聖祖高皇帝觀其山勢秀麗，乃建十王、功臣等廟及雞鳴寺于岡之陽，以爲祀神演法之所。……於是思以神道治之，遂勅使迎取西畨有道僧。</td></tr>
<tr><td>葛寅亮
《金陵梵剎志》
卷二十一</td><td>(3) 僧衆百餘，常隨稟學，時或有惰者，遁乃著《座右銘》以勗之，曰：懃之懃之，至道非彌。奚爲淹滯，弱喪神奇。茫茫三界，耽耽長羈。煩勞外湊，冥心内馳。徇赴欽渇，緬邈忘疲。人生一世，涓若露垂。我身非我，云云誰施。達人懷德，知安必危。寂寥清舉，濯累禪池。謹守明禁，雅玩玄規。綏心神道，抗志無爲。寥朗三蔽，融冶六疵。空洞五陰，虚豁四肢。非指喻指，绝而莫離。玅覺既陳，又玄其知。婉轉平任，與物推移。過此以往，勿思勿議。</td></tr>
</table>

續表

作者/文獻	版本	用　　例
葛寅亮 《金陵梵刹志》 卷三十一	明萬曆刻天啓印本	(4)《御製聖母印施藏經序》（萬歷年月日）：朕聞儒術之外，釋氏有作以虚無爲宗旨，以濟度爲妙用，其真詮密微，其法派閎演。……夫一心生萬法，萬法歸一心，諸佛心印人人具足，勸善覺迷諸苦解脱，一覺一善皆資勝因。是以聞其風者億兆爲之翕習，慕其教者賢愚靡不歸依，則知刑賞所及權衡制之，刑賞所不及善法牖之。盖生成之表，別有陶冶矣。先師素王亦云：聖人神道以設教，善世而博化，諦觀象教詎不信然？
葛寅亮 《金陵梵刹志》 卷四十八		(5）以泰始六年，初講十誦於震澤，闡揚事相，咫尺神道，高談出雲漢，精義入無間，八萬威儀，怡然理暢，五部章句，涣爾同波。由是後進知宗，先達改觀，暉光令問，於斯藉甚。法師應不擇方，行有餘力，清言終日，而事在其中，立樓雲於具區，營延祚於建業，令不待嚴，房櫳肅靜，役不加迅，棟宇駢羅。自方等來儀，變梵爲漢，鴻才鉅學，連軸比肩，法華維摩之宗。
葛寅亮 《四書湖南講》 中庸湖南講	明崇禎刻本	(6）在常情看來，上帝只是一尊神道。若天命，則與性相通之。 (7）然則道家三清九幽、釋氏三賢十聖之説，皆信歟？曰：此亦《中庸》費隱之理，而非怪也。人道有至誠至聖，有帝王之師乂，有善信美大、智愚賢不肖之等，則鬼神道中豈無德合大始、稱人天師？及統轄百神而稱帝王者，其次則亦智賢高下之等也，皆所謂誠之不可揜也。

表七百零四

作者/文獻	版本	用　　例
耿定向 《耿天臺先生文集》 卷十九	明萬曆二十六年劉元卿刻本	(1）竊讀《曇陽遺教》中常揭“淡”之一字，此大道之真詮也。願兩先生只此尊信奉持，則神化性命之極致，通貫無餘矣。據聞所顯神異踪跡，世侈譚之，不知乃曇陽萬不得已苦心處，所謂神道顯教耳，第於此微生羡慕，則去道遠矣。

表七百零五

作者/文獻	版本	用　　例
貢修齡 《斗酒堂集》 卷十	明末刻本	(1)《毛遂神道》（在薛東關)：莫笑關東道，踦嶇舊石橋。尚餘豪士氣，堪折楚王驕。

表七百零六

作者/文獻	版本	用　　例
顧璘 《顧璘詩文全集》 憑幾集 卷二	清文淵閣四庫全書補配清文津閣四庫全書本	(1)《登飛山》：渠陽衆山内，飛山鬱岧嶤。平嶂蟠近郭，孤峯插層霄。仰攀萬丈梯，弱袂飛狂飈。股栗不能定，地軸如動揺。雲房妥明神，百靈儼相傳。風雷在左右，倏忽應招邀。豐凶非所遺，祈報争喧嘵。苗夷伏石陛，犪牲時獻膋。磴邊數小樹，野火不敢燒。誰云俗尚鬼，實以威靈昭。神道可設教，勿謂同昏妖。
顧璘 《顧璘詩文全集》 息園存稿文 卷六		(2) 明資政大夫南京都察院右都御史張公神道碑

表七百零七

作者/文獻	版本	用　　例
顧夢圭 《疣贅録》 卷一	清雍正七年顧懷劬刻本	(1) 觀道貴於有孚，故成帝善修容儀，臨朝淵默，竟無補於治也。神道設教，即有孚之感化，無形迹無聲臭耳。故曰：惟天下至誠，爲能化。
顧夢圭 《疣贅録》 續録卷下		(2) 因閲時濟，所自敘曰：譜牒之修，惟在辨親疎，别尊卑，俾後世有所考究，非欲借貴顯以誇於世也。……然觀古人若柳柳州者，於其《先君神道石表陰作先友記》曰：先君所與友，天下善士舉集焉。蓋欲因交游之善，以彰其親之善，匪徒誇貴顯云耳。

表七百零八

作者/文獻	版本	用　　例
顧夢麟 《詩經説約》 卷十四	明崇禎織簾居刻本	(1) 夫以昭昭大明，炤臨下土，忽爾殲亾，俾晝作夜，其為怪異，莫斯之甚，故有伐鼓用幣之儀，貶膳去樂之數，皆所以重天變，警人君者也。而天道深遠，有時而驗，或亦人之禍釁，偶與相逢，故聖人得因其變常，假為勸戒，使智達之士，識先聖之深情，中下之主，信妖祥以自懼。但神道可以助教，而不可以為教。神之則惑衆，去之則害宜，故其言若有若無，其事若信若不信，期於大通而已矣。
顧夢麟 《詩經説約》 卷二十五		(2) 方慤曰：王者之於祖禰，以人道事之則有寢，以神道事之則有廟。祭，神道；薦，人道也。

表七百零九

作者/文獻	版本	用　　例
顧起元《客座贅語》卷六	明萬曆四十六年自刻本	(1) 于忠肅公神道碑 (2) 倪文毅公草于公《神道碑》，末云：惟公諱與先考同，未敢以私故闕而不書。蓋公之所關者大也，臨文悚然。
顧起元《說略》卷六	清文淵閣四庫全書本	(3) 学士所著撰拜免公主、將相、妃主曰制，賞賜恩宥曰赦書、曰德音，處分事曰勑、曰御札，五品以上曰詔，六品以下曰勑，批羣臣表曰批答，獎勳勞曰獎諭。賜外國書曰蕃書，醮曰青詞、曰密詞，釋曰齊文，教坊致語曰白話，土木興建曰上梁文，宣賜曰口宣。此外有祝文、碑銘、神道碑、樂章、詩頌、春帖子之類。撰訖進入，故事遇有除拜，以雙日鎖院，隻日降麻。 (4) 起復者，喪制未終，勉其任用，所謂奪情起復者也。如歐公《晏元獻神道碑》：明年，遷著作佐郎，丁父憂，去官，已而眞宗思之，即其家起復，爲淮南發運使。及史嵩之喪父，經營起復是也。今人不考，例以服闋爲起復，誤矣。宋制：鈐衘上亦帶書，如“起復左僕射中書門下平章事臣趙普”是也。
顧起元《說略》卷九		(5) 宋璟，七歲能屬文。八九歲，夢大鳥銜書，吐口中而吞之，藻思日深。見顔眞卿撰《神道碑》。
顧起元《說略》卷十三		(6)《梁臨川靖惠王神道碑》，在北城鄉。 (7)《梁侍中吳平忠侯蕭公神道碑》，在清風鄉花林村。 (8)《梁建安敏侯神道碑》，在鳳城鄉淳化鎮西。
顧起元《說略》卷十四		(9) 南唐《李順公神道碑》，高越書；南唐《張懿公神道碑》，朱銑書，俱在石頭城北。
顧起元《說略》卷二十		(10)《李廣傳》：丞相李蔡得賜冢地，盜取三頃，賣之，又盜取神道壖地一畝葬其中。世之言神道者，始此。又霍光塋起三上闕，築神道，言神行之道也。
顧起元《遯園漫稿》己未	明刻本	(11) 亞中大夫資治尹陝西等處承宣佈政使司右参政顯齋劉公神道碑

表七百一十

作者/文獻	版本	用例
顧清《東江家藏集》卷二十八	清文淵閣四庫全書本	(1) 公官八座，階一品，以禮始終，朝廷哀卹有典，葬宜有誌，神道宜有碑。應塤等将乞言于當世君子，請録公行事為狀，備采擇焉。
顧清《東江家藏集》卷二十九		(2) 都察院右副都御史張公神道碑 (3) 左軍都督府都督僉事張公神道碑
顧清《(正德)松江府志》卷十五	明正德七年刊本	(4) 正統十一年，璚官紀善，還守制，載瞻廟須，歷義及久，風銷雨泐，朽敗莫可支，乃慨念先志，以起廢爲日有，合里中好義者施財庀工。至景德二年，重葢殿宇，易舉更以板，增置兩廊各三間，東隱構室傍居以主其席。……三越月，殿廊繪塑，重門繚垣，煥然一新。外立龜蛇眞境坊，砌甎爲街，梵石爲橋，以通神道。
顧清《(正德)松江府志》卷十七		(5) 贈左軍都督府左都督、追封宣城伯衛炳墓，在府城內北禪寺右，南陽李賢撰《神道碑》。 (6) 封都察院右副都御史張瓊墓，在城南龜蛇廟側。(《神道碑》) (7) 鑾自寧夏復命于朝，將歸，襄大事。以狀來請文，刻諸神道。予與鑾爲同年友，仰公德譽已久，而以未及一接爲恨，於其請不可辭也，乃序次其事而系以銘。

表七百一十一

作者/文獻	版本	用例
顧應祥《靜虛齋惜陰録》卷十一	明刻本	(1) 孔子塑像，不知起於何時，議者咸謂中國無塑像，塑像起於釋老。予往年過長沙，謁嶽麓書院，見孔子與顏、曾、思、孟像，俱如跪狀，盖古之坐也。……今襲開元二十七年之制，遷神於南面，而行禮者北面，非神道尚右之義。又謂：古者造木主以棲神。今因開元八年之制，摶土肖像，失神而明之之義。……古者尚右，故廟皆東向，不特神道尚右也。……古人之禮，古之人道也。今人之禮，今之人道也。若必欲復古，置籩豆簠簋於地而祭之，人以爲不敬矣。予又以爲國學乃天子臨幸之地，以先師像巍然坐于上，似乎非宜，若在外郡縣用像，亦無妨有廟貌，則使人瞻之而起敬矣。(右論《孔子塑像》。)

表七百一十二

作者/文獻	版本	用　　例
管律 《(嘉靖)寧夏新志》 卷二	明嘉靖刻本	(1) 昔吳起忍與母盟，陳湯忍匿父喪；起謀復楚覇而戮死，湯功釋漢耻而囚廢。神道昭昭，若何無報？九州之衆，誰非人子？踐霜露者，聞風永懷。士有感一諾一顧，猶或與之死生；嘉一草一木，猶或爲之歌詠，而况百行之宗、終天之慼乎？華奉使朔陲，欲親往弔焉，屬河吉他交絶渡，願言不果。憑軾隔川，寄聲二孝，同爲贊一章，敢旌善人，以附惇史。

表七百一十三

作者/文獻	版本	用　　例
歸有光 《震川集》 震川先生集 卷七	四部叢刊景清康熙本	(1)《上宋明府書》：竊惟明府莅任以來，布以公平之政，杜請謁之私，此明府行古人之道也。……今先世之塋，為姦民窟穴，樹木已盡斬刈，垣表已盡平夷；神道壅絶，祭享無塗；窀穸之旁，穿方殆遍；壙埌之表，灰埃蓬勃。……有莫大之責，負不孝之名，不可一日自立于世。此所以食不甘味，臥不安寢者也。……又念宗門零落，而諸父兄尚守殘經，服儒衣冠，三世之丘隴，坐視毀傷，曾不泚然？俛仰天地，亦何顔乎？惟明府哀念焉。

表七百一十四

作者/文獻	版本	用　　例
郭孔建 《垂楊館集》 卷十一	清光緒七年郭子仁刻本	(1)《與劉君義》：别足下時，淚淫淫沾裳，人言丈夫輕離别，此語殊非情。弟自再北以來，有腸欲斷之感，惟可向足下道，亦恃足下憐我最深，能舍然而去哉？令先公忠魂未冷，直聲尚燥，老父爲邑人，豈忘景仰《神道碑》？一聞命，當脱草第。老父年逾五十，精神不逮於前，時暫不能强之，俟其卧山樊圖以報命耳。舟人歸肅，此奉寄挾瓖，匆匆百未抒一。回首顧華，相思愁予。

表七百一十五

作者/文獻	版本	用　　例
郭良翰 《問奇類林》 卷五	明萬曆三十七年黄吉士等刻增修本	(1) 宋王素為諫官，言人材難得，無事之時，當為朝廷愛惜。程明道為御史，告君曰：使臣拾遺補過則可，若搜索臣下短長以沽直名，臣不能也。我朝陳尚書壽，性孤特，不矯訐，在諫垣指陳時政得失無隱，然嘗曰：吾父戒弗作刑官，刑官枉人，言官枉人尤甚，顧可輕耶？故公雖敢言而不搜士大夫之短長，以沽直名。蘇子瞻為《司馬温公神道碑》，言上即位之三年，人人自重，耻言人過。觀此，則古人之非訐為直明矣。

續表

作者/文獻	版本	用　　例
郭良翰 《問奇類林》 卷十六	明萬曆三十七年黃吉士等刻增修本	(2) 白居易《修香山寺記》，曰：予與元微之，定交於生死之間。微之將薨，以墓誌文見託，既而元氏之老，收其臧獲、輿馬、綾帛，洎銀鞍、玉帶之物，價當六七十萬，為謝文之贄。……宋朝此風猶存，唯蘇坡公於天下未嘗銘墓，獨銘五人，皆盛德，蓋謂富鄭公、司馬溫公、趙清獻公、范蜀公、張文定公也。此外趙康靖公、滕元發二銘，迺代文定所為者。在翰林日，詔撰《同知樞密院趙瞻神道碑》，亦辭不作。
郭良翰 《問奇類林》 卷二十		(3)《漫錄》曰：東坡撰《富鄭公神道碑》載，公奉使語曰：北虜與中國通好，則人主專其利，而臣下無所獲。若用兵，則利歸臣下，而人主任其旤。故北朝諸臣爭勸用兵者，此皆為身謀，非國計也。 (4) 尚父呼蒼兕以濟牧野之師，田單禮天神以堅即墨之守，是皆以神道設教者也。 (5) 姚崇，字元之。雅高氣節，誅二張，與有力以十事說，玄宗拜相。臨卒，戒諸子曰：張說與吾隙深。然其人奢侈，吾没，當來吊，汝盛陳寶玩。張不顧，舉族危矣。若寓目，即饋張。以《神道碑》請得，即錄進，仍先礱石，速鐫。張料事遲，後必悔。諸子如其言。張碑文曰：八柱擎天，高明之位列；四時成歲，亭毒之功存。
郭良翰 《問奇類林》 卷二十四		(6) 成化，杭州棘鄉夏某，陰謀深險。隣有園池頗勝，心欲竊之，廼自撰文為碑，密沉於池。久之，爭訴於官，夏謂某年余家有碑，以紀庭館之勝，中世荒蕪此碑，已落於池中，可驗。竭池得碑，讀之。儼然夏氏物也，卒歸之，隣竟坐誣。……潁川有姚尚書墓，《神道碑》四面穹窿，博厚、規制頗類顏魯公所書《茅山碑》。
郭良翰 《問奇類林》 卷二十七		(7) 武帝崩後，忽見形，謂陵令薛平曰：我雖失勢，猶為汝君。奈何令吏卒上吾陵磨劍乎？因不見。乃遣吏，按陵旁，果有方石可以為礪，吏卒常盜磨刀劍。霍光欲斬之，張安世曰：神道茫昧，不宜為法。武帝雄心壯氣，不泯滅如此。
郭良翰 《問奇類林》 卷二十七		(8) 檜墓，在建康，非錢塘。姜正郎云：墓上豐碑屹立，不鐫一字。蓋當士大夫鄙其為人，兼畏物議，莫敢作《神道碑》。……及孟珙滅金回，屯軍於檜墓所，令軍士糞溺墓上，人謂之“穢塚”。
郭良翰 《問奇類林》 卷三十		(9) 宋狄棐，起家科名，致位侍從，卓然清節自砥厲，蓋名士也。王荊公銘公神道，亦謂其淳厚篤實，未嘗妄言笑。

續表

作者/文獻	版本	用　　例
郭良翰《明謚紀彙編》卷二十五	清文淵閣四庫全書本	(10) 恭順侯吳堉，按正史，謚武壯。《臣謚類鈔》《謚法考》《謚法通考》俱作“忠壯”。考李文達公所作《神道碑》亦同，恐正史之誤。南寧伯毛勝，按正史，謚莊毅。閣籍具存。《臣謚類鈔》《謚法通考》誤作“忠壯”。

表七百一十六

作者/文獻	版本	用　　例
郭璞《郭文簡公文集》卷二	清康熙十三年思齊軒刻增修本	(1) 明贈資善大夫禮部尚書謚忠節許公神道碑銘 (2) 曾元繁衍繩繩，似續天之報施于公者，葢未艾哉。墓在固始城南杜家岡之原。始葬迨今，歲歷五紀。冢孫郁謀文諸神道之石，以銘屬朴且曰：兹先君南岡公之志也。 (3) 明贈光祿大夫柱國少師兼太子太師吏部尚書中極殿大學士高公神道碑 (4) 朴自為諸生誦公之文，即知仰公之德。後與都憲公同舉進士厚善，服官翰林與少師公僚友，周旋者二紀餘，晚同入贊機務，聞公行業家世頗詳。兹屬朴文諸神道之石，謹舉其槩而繫之以詞。

表七百一十七

作者/文獻	版本	用　　例
郭勛《雍熙樂府》卷之一	四部叢刊續編景明嘉靖刻本	(1)（刮地風）四隅起征，鼙震天表。勒不住戦馬跑哮，都是那六丁六甲活神道，一箇箇勇烈英豪，按不住怒氣冲霄，也不索逢山開道，遇水疊橋。 (2)（節節高）做的箇損人安已，不合神道！
郭勛《雍熙樂府》卷之九		(3)（三煞）奠楹夢斷陰風冽，《薤露》歌殘慘日斜。他從來正性不隨邪，凜凜的英魂，神道剛明猛烈。豈可餓鬼暮饕餮，向白日分明顯化？我更問是邪非邪！
郭勛《雍熙樂府》卷之十四		(4)（逍遥樂）六韜三畧，也則是制勝量敵，却做了幽期密約。陣馬咆哮，比販茶船煞是粗豪，將俺這軟弱蘇卿禁害倒。統領着雅青神道，衝開蜂媒蝶使，烘散燕子鶯兒，折散鳳友鸞交。

續表

作者/文獻	版本	用　例
郭勛《雍熙樂府》卷之十五	四部叢刊續編景明嘉靖刻本	(5)(浄瓶兒)那先生一双手摇山岳，一對眼瞅邪妖。劍揮星斗，胸捲江濤。難學則他那悪像兒，伏虎降龍，德行高。恰似箇活神道，他也曾跨蒼龍把玉皇朝。
郭勛《雍熙樂府》卷之十八		(6)袖鴨般錦袍，猩血般戦袍，送了些呆神道。農家自古有下稍，不識長安道。淺種深耕，無甚煩惱，臥東囱日影高。芭棚下飯飽，麥塲上醉倒，快活殺村田樂!

表七百一十八

作者/文獻	版本	用　例
郭正域《合併黃離草》卷十二	明萬曆刻本	(1)《郭中丞封君册子》：閶天白日看鴻冥，神道幽篁晝不扃。為善人稱通德里，傳家兒像太黴星。君恩已許窺三象，天語曾誇手一經。只道汾陽多事業，不知世業在丹青。
郭正域《合併黃離草》卷十八		(2)滔滔江漢，南國之紀。人世代謝，往來今古。我是以志山川、志勝蹟，而詩文無取焉。設險以守國，利涉以表政，公堂以臨民，黌序以育才。我是以志城池、志津梁、志公署、志學校，而坊額、園林、高臺、曲池無取焉。神道設教，敬而遠之。俎豆之事，則常聞之。我是以志秩祀，而淫鬼巫覡日以繁夥無取焉。
郭正域《合併黃離草》卷十九		(3)嗚呼！朝與之比肩，而暮為之屈膝，廉耻掃地盡矣。及讀《李琪傳》，在唐明宗時，詔琪為霍彦威撰《神道碑文》。彦威故梁将，而琪故梁相也，琪撰梁事不曰偽朝，馮道即駁之。嗚呼！道之義氣風采，乃如此乎？事唐而即偽梁，事晋而又偽唐，仕漢仕周而又偽晋與漢矣。
郭正域《合併黃離草》卷二十二		(4)《詩》曰：聖人立教，神道表則，皇覺傳心，妙有無色。巍巍名刹，表于城南，地埒舍衛，花結優曇。……我皇神聖，上奉母慈，命瞻象教，樹之豐碑。曰仁者心，曰壽者相，勑曰仁壽，增輝法蔵。功德無邊，性源有悟，濟以慈航，登之覺路。旃檀爲海，日月爲燈，同躋極樂，超此上乘。皇仁浩蕩，博濟無涯，亦如佛日，普照恒沙。茫茫海宇，太平在宥，臣民稽首，天子萬壽。奉我聖母，而壽而昌，臣某作詩，以識不忘。 (5)《壇廟寺觀》：前史謂楚俗尚鬼而好巫，今載在祀典則有司存其他民間之所。燃楮而爇膋者，較宇内猶為簡樸。至唐宋之故廬，則有其廢也，莫之舉矣。夫神道設教，将以愚民，民亦自神也。輪廻果報之説，其禁悍戢暴也。捷于五刑，深于五教矣，亦自不可發戕?
郭正域《皇明典禮志》卷十	明萬曆四十一年劉汝康刻本	(6)祝西向跪，昭告曰：謹用吉辰，奉歸幽宅，靈車就引，神道紆廻，惟以荒寥，無任哽絶。

表七百一十九

作者/文獻	版本	用　　例
郭之奇《宛在堂文集》卷二十九	明崇禎刻本	(1) 故為政之首，莫首賦役，賦役理而邑稱有民矣。而後問所以長是民者則次之曰職制，問所以涖是民者則次之口位署。然而民未知教，政無以行，于是乎為神道之教則次之曰祠祀，為庠序之教則次之曰學較，夫民而至於知教則政止矣。

表七百二十

作者/文獻	版本	用　　例
郭子章《六語》讖語卷三	明萬曆刻本	(1)（劉勰《雕龍・正緯篇》曰）夫神道闡幽，天命微顯，馬龍出而大《易》興，神龜見而《洪範》燿，故《繫辭》稱“河出圖，洛出書，聖人則之”，斯之謂也。……聖訓宜廣，神教宜約，而今緯多於經，神理更繁，其僞二矣。……若乃羲農軒皞之源，山瀆鍾律之要，白魚赤烏之符，黃金紫玉之瑞，事豐奇偉，辭富膏腴，無益經典而有助文章。是以後來辭人，採摭英華。平子恐其迷學，奏令禁絕；仲豫惜其雜真，未許煨燔。前代配經，故詳論焉。
郭子章《豫章詩話》卷五	清刻本	(2) 陞仕不二二年，奉使卒於贛州道中耳。然元敏公爲作《神道碑》，謂其生也無慊，而死又無憾。銘亦云：翼翼子服，如不見克。昔也天民，無戾天德；今也帝臣，允由帝則。彼不達人，小中闚瞰。嘗試大觀，萬物皆暫。存者奚哀，逝者奚憾。似與挽者之意弗同。
郭子章《聖門人物志》卷八	明萬曆二十二年趙彦刻本	(3) 他如《原性》《原道》《師説》等數十篇，皆奧衍閎深，與孟軻、楊雄相表裏而佐佑《六經》云。長慶四年卒，贈禮部尚書，謚曰文。墓在孟縣北，皇甫湜作《神道碑》。宋元豐七年，詔從祀，追封昌黎伯。今祀稱先儒。贊曰：倡始斯文，不膠於物。馳鶩揚馬，并包莊屈。富澤孔周，觝排老佛。因文見道，斗山蔚蔚。

表七百二十一

作者/文獻	版本	用　　例
過庭訓《本朝分省人物考》卷十四	明天啓刻本	(1) 十七年，召還。至冬疾作，上遣使馳召名醫視之，及禱於神祇，弗瘳。明年二月薨，年五十四。上慟悼，罷朝，親為文祭之。追封中山王，謚武寧，賜葬鍾山之陰。親製《神道碑》既備其功，又稱其平昔言簡慮精，當提兵之時，令出不二，諸將敬若神明。所至攻城不屠，與人不戲。凡受命而出，及功成而旋，每不自矜。

續表

作者/文獻	版本	用　　例
過庭訓 《本朝分省人物考》 卷十四	明天啓刻本	(2) 越明日，詔中書定議，贈翊運推誠宣德靖遠功臣、開府儀同三司、上柱國、太保、中書右丞相，追封開平王，諡曰忠武。八月朔日，柩至龍江，上親製文躬往祭之。祭畢，慟哭而還。命擇地於鍾山草堂之原，營墓建祠。既葬，上念其功不置，乃召儒臣撰為《神道碑文》。配享太廟，肖像祭於功臣廟，位皆第二。 (3) 十年四月，愈與副將軍分兵馬，併力齊入，覆其巢穴，追至崑崙山，斬首不可勝計。上嘉其功，使自河州召還，行至壽春，以疾薨，年四十一。訃聞，上哭之哀。追封寧河王，謚武順。柩至三山門，車駕臨奠，且親視其葬地。勑有司營墓，召朱夢炎撰為《神道碑》，以昭其烈。又配享太廟，肖像祭於功臣廟。愈器量宏偉，謙恭慎密，臨大敵而不懼，有大功而不矜；禮賢下士，寬惠愛人，事母致孝，撫弟致愛。恵撫廣德、徽饒等處，至今猶懷其德云。
過庭訓 《本朝分省人物考》 卷五十四		(4) 時長陵神道橋圮，巨璫請改建，計費十萬，餘金中多謀自潤。閣臣以陵寢大事，未敢可否，第擬旨禮、工二部相度。舉工大司空引物料、工匠為己任，而以經始屬之，則急率衆量基而潛授，指于擇日臺官。明日，臺官報曰：年月不利，興造須二三年後乃可。
過庭訓 《本朝分省人物考》 卷六十三		(5) 既拜命，日稽古典，惟直惟清，上嘉之。以其文學雅正，勑撰滕國公顧時、海國公吳禎《神道碑》及撰甲國公鄧鎮襲封誥。宋學士景濂嘗觀其文，嘆曰：此司馬遷之文，求之今世，未有過之者。

表七百二十二

作者/文獻	版本	用　　例
韓邦奇 《苑洛集》 卷三	清文淵閣四庫全書補配清文津閣四庫全書本	(1)《重脩城隍廟記》：我太祖高皇帝誕膺天命，為百神主。……唐李陽氷一為《縉雲城隍廟碑》，其文不過三數行，然亦非制也。我高皇帝始著之令典，徧祀於天下聖謨，幽潛神道設教之心，度越百王矣。吾邑城隍廟，成化中祥符，李公英增拓之；弘治中，南陽藴公槩重新之；嘉靖初，澤州郜公相再新之。二十年來，朽蠹剝落，日就頹圮，今劉公始加脩復。夫有司之職，治民事神，二者而已。……劉公諱尚義，晉之汾州人。以名進士拜監察御史。謫判秦州，稍遷至今職。其先大父諱志，嘗丞朝邑，亦以廉著云。

續表

作者/文獻	版本	用　例
韓邦奇《苑洛志樂》卷二十	清文淵閣四庫全書本	(2) 乃定郊禋、宗廟及三朝之雅樂，以舞為《大壯舞》，取《易》云“大者壯也”“正大而天地之情可見”也。以文舞為《大觀舞》，取“大觀在上”“觀天之神道，而四時不忒”也。

表七百二十三

作者/文獻	版本	用　例
韓洽《寄菴詩存》卷二	清道光二十年刻本	(1) 嗚呼吾祖信有神，驚懼愚頑如日杲。邇年吾族衰替極，春露秋霜缺瞻掃。空餘石馬夜嘶風，宰木騣騣不自保。先靈怨恫垂譴告，孫曾能免憂心擣。或云顛木却重生，似兆將來當再造。旁枝支庶榦大宗，宗子或能繩祖考。春秋俎豆無愆期，勿使先塋委荒草。行看老榦發新枝，佳氣蔥蘢護神道。

表七百二十四

作者/文獻	版本	用　例
郝錦《九公山房易問》卷上	清初刻本	(1) 問：觀天之神道，而四時不忒。聖人以神道設教，而天下服矣。曰：却是從“盥而不薦”上生出神道來。若曰：觀天之神道，而四時不忒。四時，觀天而化也。“聖人神道設教，而天下服”“盥而不薦，有孚顒若”也，蓋天道不言而時行物生，聖人篤恭而天下平。天道，其神矣乎？聖人體天設教，其神矣乎？總是自然觀感的道理，不犯手做的意思。

表七百二十五

作者/文獻	版本	用　例
郝敬《周易正解》卷七	明郝氏九經解本	(1)《彖》曰：大觀在上，順而巽，中正以觀天下。觀，盥而不薦，有孚顒若，下觀而化也。觀天之神道，而四時不忒。聖人以神道設教，而天下服矣。 (2) 觀天之神道，而四時无差忒，天无爲也，大觀而已。聖人法天，以神道設教，民日遷善而不知，聖人无爲也，亦大觀而已。

續表

作者/文獻	版本	用例
郝敬《周易正解》卷十八	明郝氏九經解本	(3) 聖人全體神道，神不可見而摹爲易，易又不可見而聖人卽易。聖人所以卽易者，知也。知卽神也，易神而已，神知而已。在天地，神卽是知；在聖人，知卽是神。
郝敬《禮記通解》卷一	明九部經解本	(4) 三卜不吉則止，不可重筮；三筮不吉則止，不可重卜也。筴策同蓍草，爲籌也。卜筮之設，非倚鬼神而忽人謀，聖人謀已定矣。聖人所信者，衆人所疑；法令所不能行者，借鬼神以定之。此聖人神道設教之權，故曰：所以使民，非爲已也；所以使畏法令，非畏鬼神也；所以決民之嫌疑、定民之猶豫，非聖人嫌疑猶豫，待卜筮決定之也。
郝敬《禮記通解》卷四		(5) 殷人既作主，并重亦綴而懸于廟；周人既作主，則徹重而埋于廟門外。始死至葬，猶以人道事之，有奠無祭器，用素哀主質也。既葬反虞，則以神道事之，卒祔練祥皆用祭器，祭主敬盡禮也。 (6) 未虞，以前人道饋，食奠而已。至虞，以神道奉祭，易奠也。虞，安也。安，神也。禮士三虞，大夫五虞，諸侯七虞。虞而後卒哭，卒哭而始祔。虞用柔日，靜以安也；祔用剛日，動以遷也。
郝敬《禮記通解》卷八		(7) 按：此節原于《易》。聖人神道，退藏之旨，即存神過化之意。然有意而爲，反溺于黄老陰符牢籠之術。毫釐千里，不可不察。議論不必醇粹而有精意，所謂禮之運也。 (8) 上節廣禮之用，此節言聖人運禮之權，蓋禮不止祭祀，而惟以神道設教則易達。天帝最尊，唯天子郊天，所以定天位、明有尊也。祀后土于國，所以表列成物之利也。
郝敬《禮記通解》卷十一		(9) 君在不佩玉，朝則結佩。謂尋常在君側，或有所執事奔走，非行禮之會，鄭謂世子之禮拘也。不佩玉，不敢比德，且使行無聲也。左結佩，結玉佩也。右設佩，設事佩，不結也。如觿燧之類，所以供役右設便也。居則設佩，謂平居則左右俱設，齋戒則屈其佩向上而結之，神道主靜也。

續表

作者/文獻	版本	用　　例
郝敬《禮記通解》卷十六	明九部經解本	(10) 百官君子乃致濟濟漆漆之容，而慌惚之交可漸舒矣。蓋方薦腥薦爓之始，貴誠尚質，重神道也。 (11) 教，卽《易》所謂“神道設教”之教。天地所以變化庶類，聖人所以發揮道德，于斯爲至。 (12) 尸謖，獻畢，尸起也。謖之言速也，神道不疾而速也。
郝敬《周禮完解》卷五		(13) 几居右，神道尚右也。
郝敬《儀禮節解》卷二		(14) 用鴈用為贄也，主人女父也，筵設神席也。戶西，謂禰廟室戶之西。以西為上，神道尊右也。
郝敬《儀禮節解》卷四		(15) 左手執之，右手絕而祭之，神道貴右也。既祭，上其左手，舉肺嚌之，人道貴左也。
郝敬《儀禮節解》卷十四		(16) 几置席右，神道尚右。 (17) 神道尚西，殊于未葬前鼎設于阼也。
郝敬《儀禮節解》卷十六		(18) 尚饗！問之辭，史西面，神道尚右也。 (19) 設几于筵右，几以安神，神道尚右。

表七百二十六

作者/文獻	版本	用　　例
何景明《雍大記》卷十三	明嘉靖刻本	(1) 李固墓，在城固縣西三十里。墓後有石刻，題曰“漢忠臣太尉李公神道”。

續表

作者/文獻	版本	用　例
何景明 《雍大記》 卷二十八	明嘉靖刻本	(2) 泰定乙丑，朝廷珍念老成，遂有集賢學士、國子祭酒之命。其在成均，講明教誘，終日忘倦。卒年七十三。詳編脩趙晉所撰《神道碑》。子四人：僖、偉、侁、仔。僖，至伏羌縣尹。
何景明 《雍大記》 卷三十一		(3)《終南山祠堂碑》（并序）：貞元十二年，夏洎秋不雨。穡人焦勞，嘉穀用虞。皇帝使中謁者禱於終南，申命京兆尹韓府君臯，祗飾祀事，考視祠制。以為棟宇不稱，宜有加飾。遂盩厔令裴均，虔承聖謨，創制祠堂。乃徵上工、木工、石工，備器執用，來會祠下。斬板幹，礱柱礎，陶瓴甓，築垣墉，恢度舊制，立三簷六尋。既興工，玄雲觸石，濡澤周被，植物擢茂，期于豐登。神道感而宣靈，人心歡而致和。嘉氣充溢，抃蹈布野。……粢盛無虞，儲峙用充，厥猷茂哉！遂相與東向蹈舞，拜手稽首，願頌帝力，且宣神德，永著終古。詞曰：皇帝垂德，制定統極，神道泰寧。祀典修飾，禳祈禜雩，皆有准程。顧惟終南，祀位卑陋，不稱顯名。爰降制詔，充大厥宇，啟寤誠明。昭感神衷，道宜天休，獲此利貞。篤灾愆陽，化為豐穰，實我粢盛。人賴蓄給，皷腹而歌，以樂其主。巍巍靈山，興利產材，作固鎬京。擁其嘉休，眷佑於人，永宅厥靈。奕奕新廟，整頓端莊，神位密清。後祀承則，潔心勤禮，道暢純精。邑吏嗇夫，鮐背鯢齒，願垂表經。宣頌聖德，篆刻金石，永世飛聲。

表七百二十七

作者/文獻	版本	用　例
何楷 《古周易訂詁》 卷三	清文淵閣四庫全書本	(1)《彖傳》曰：大觀在上，順而巽，中正以觀天下。觀，盥而不薦，有孚顒若，下觀而化也。觀天之神道，而四時不忒。聖人以神道設教，而天下服矣。 (2)“中正以觀天下”指九五，言五居中正之位，以觀天下之情態，即《象傳》之所謂觀民者已包神道設教意。 (3) 然所謂“中正以觀天下”，其作用果安在哉？蓋將觀天之神道以設教，巽風運于上，天有神道之象。觀者，聖人觀之也。 (4) 五為天位，下坤民象，神道設教之旨如此。後世如王欽若、杜鎬妄引以誤主，其罪不可勝誅矣。舊解維玄維嘿為天之神道，不顯其刑為聖之神道，都與卦義无涉。 (5) 歐陽永叔云：聖人處乎人上而下觀于民，各因其方、順其俗而教之。民知各安其生而不知聖人所以順之者，此所謂神道設教也。或曰：順民，先王之所難與？曰：後王之不戾民者鮮矣。

續表

作者/文獻	版本	用　　例
何楷 《古周易訂詁》 卷六	清文淵閣四庫全書本	(6) 王汝中云：夫萬物本乎天，人本乎祖。知天則人思尊，尊不敢以下而犯上；知祖則人思親，親不忍倍死而忘生。聖人神道設教之大端，治渙之道也。
何楷 《古周易訂詁》 卷七		(7) 大觀在上，順而巽，中正以觀天下。觀，盥而不薦，有孚顒若，下觀而化也。觀天之神道，而四時不忒，聖人以（陸德明本无"以"字）神道設教，而天下服矣。
何楷 《古周易訂詁》 卷十一		(8) 朱子云："顯諸仁"似隱而費，"藏諸用"似費而隱。一顯一藏，循環无端；一出一入，變化莫測。……鼓萬物而不與聖人同憂，以見其莫之鼓而鼓也。侯果云：聖人成務，不能无心，故有憂。神道鼓物，寂然无情，故无憂。
何楷 《詩經世本古義》 卷之十		(9) 夫神以既醉而言歸，則賓醉之當出可知矣。故於客醉而出奏之，以神道尊人致敬之。

表七百二十八

作者/文獻	版本	用　　例
何良俊 《四友齋叢說》 卷二十三	明萬曆七年張仲頤刻本	(1) 山谷之文，只是蘊藉有理趣，但小文章甚佳。若較之蘇長公、司馬文正公《行狀》及《司馬公神道碑》《富鄭公神道碑》《醉白堂記》諸作，規模宏大，法度嚴整，山谷遂瞠乎其後矣。
何良俊 《語林》 卷十三	清文淵閣四庫全書本	(2) 張易之誣魏元忠有不順之言，引張說令證之。說皇惑迫懼，宋璟曰：名義至重，神道難欺。必不可黨邪陷正，以求苟免。若緣犯顏流貶，芬芳多矣。或至不測，吾必叩閤救子，與子同死。子須努力，萬代瞻仰，在此舉也。
何良俊 《語林》 卷二十五		(3) 吾常譬酒之猶水，可以濟舟，亦可以覆舟，故江諮議有言：酒猶兵也。兵可千日而不用，不可一日而不備；酒可千日而不飲，不可一飲而不醉。美哉江公，可與論酒矣！汝驚吾墮車侍中之門，陷地武陵之第，遍匝朝野，自言憔悴。丘也幸，苟有過，人必知之。吾平生所願，身没之後，題吾墓云"陳故酒徒陳君之神道"。若斯志意，豈避南征之不復，賈誼之慟哭者哉？何水曹眼不識盃鐺，吾口不離瓢杓。汝寧與何同日而醒，與吾同日而醉乎？政言其醒可及，其醉不可及也。

續表

作者/文獻	版本	用　　例
何良俊《語林》卷二十六	清文淵閣四庫全書本	(4) 南唐嚴續位高寡學，為時所鄙。嘗請韓熙載撰其父《神道碑》。
何良俊《語林》卷二十九	清文淵閣四庫全書本	(5) 姚崇與張説同為宰輔，各懷疑阻，張銜之頗切。崇病，戒諸子曰：張丞相與吾不協，釁隙甚深。然其人素懷奢侈，尤好服玩。吾身沒之後，當來弔，汝具陳吾平生服玩寶帶重器羅列帳前。張若不顧，汝家族無類矣。若顧此，當録玩用致之，仍以《神道碑》為請。既獲其文，登時録進，先礱石以待，至便鐫刻。……不數日文成，敘致該詳，時謂極筆。（其略曰：八柱承天，高明之位列；四時成歲，亭育之功全。）……姚氏諸子引使者示其碑，仍告以奏御。使者復命，張悔恨撫膺曰：死姚崇猶能筭生張説。吾今日方知才之不及遠矣。 (6) 蘇子容曰：王冀公（欽若）既以城下之盟短寇萊公于真宗，真宗曰：然則如何可以洗此耻？冀公曰：今國家欲以力服契丹，所未能也。戎狄之性，畏天而信鬼神，今不若盛為符瑞，引天命以自重，契丹聞之，庶幾不敢輕中國。上疑未決，因幸秘閣，見杜鎬，問之曰：卿博達《墳》《典》，所謂《河圖》《洛書》者，果有之乎？鎬曰：此蓋聖人神道設教耳。上遂決用冀公之策，作天書等事。故世言符瑞之事，始於冀公，成於杜鎬。

表七百二十九

作者/文獻	版本	用　　例
何喬新《椒邱文集》卷十四	清文淵閣四庫全書本	(1) 我少時聞從兄吉哥言，景福伯父作壽藏正在先祖塋後，則墓前之土寔嘉議府君之塚也。先兄以歲月不利，竟未及改。喬新近立《嘉議府君神道碑》於景福君墓前稍西土塚之上，蓋承父兄之志也。
何喬新《椒邱文集》卷十八	清文淵閣四庫全書本	(2) 跋韓國華神道碑 (3) 右《宋諫議大夫韓國華神道碑》，富弼彥國撰，王珪禹玉書。國華，魏國公、忠獻公之父，而富、王二公嘗與忠獻公同居政府，其文與書皆可傳也。 (4)《書金榮襄公碑陰》：太子太保兼户部尚書、追封沐陽伯、謚榮襄淮陽金公，先公之同年友也。自初仕為監察御史，晚歲同以宮保兼六卿，相得甚歡，先公每稱公為一代偉人。公之薨，少保兼太子太傅芳洲陳先生為撰《神道碑》，其家久未刻，蓋有所忌也，至今三十有八年矣。

續表

作者/文獻	版本	用　　例
何喬新《椒邱文集》卷二十九	清文淵閣四庫全書本	（5）神道碑 （6）故榮祿大夫刑部尚書謚康僖陸公神道碑 （7）太子少保都察院右都御史贈榮祿大夫太子太保朱公神道碑 （8）資政大夫刑部左侍郎曾公神道碑 （9）弘治四年春正月十有五日，刑部左侍郎曾公以疾卒於家吉安府。以聞，聖天子嗟悼。特命江西布政司參議李魁諭祭，工部主事張瑺營葬，費皆官給。時公致仕，十有八年矣。公之子夔，奉翰林侍講劉君景光所述公《行狀》，請予銘其神道之碑。 （10）中憲大夫都察院左僉都御史高公神道碑
何喬新《椒邱文集》卷三十		（11）又曰：吾生平所友皆天下名士，惟太宰王廷貴、司寇何廷秀、少宰劉紹和，相知最深。我死，可請廷貴為《神道碑》，廷秀為《墓誌銘》，紹和為《傳》，庶幾傳後不誣。
何喬新《椒邱文集》外集		（12）刑部尚書贈太子少傅謚文肅何公神道碑

表七百三十

作者/文獻	版本	用　　例
何喬遠《名山藏》卷三十三	明崇禎刻本	（1）陛下尊為天子，誠宜祭獻皇帝天子禮。百官陪祀，奉常導引，備禮極樂，皆不可缺。臣等請於瓦城之東、皇城之內，擇地立禰廟，前殿後寢，籩豆牲腯，歌章樂舞，一如天子儀。前開神道，從闕左門進，不與太廟同門。四孟歲暮，以次日祭，親盡之期，一如孝廟，亦所以避二宗、尊列聖也。
何喬遠《名山藏》卷五十六		（2）召宋濂曰：朕東朝高麗，西內土蕃，北部沙漠，南來交占，開拓之勳，遇春十居八。其撰《神道碑》，表遇春墓。
何喬遠《名山藏》卷一百四		（3）惺吉堅茂，西僧也。南京雞鳴山，在六朝時為北郊之岡，岡下有坑塹，凡誅戮者皆寘之，俗呼萬人坑。明興，築都城，包坑城內矣。……於是思以神道治之，遂勑使迎耶西番有道僧，而惺吉堅茂與七僧俱來。選日結壇場，具大石鉢盂三，貯蓄淨水、菜、飯三物，諸僧登壇作法，忽感天雨寶花之異。壇場上下黑氣充塞，聚散開合，宛若趨向之狀。供事人役氣翳其身，惟露頂額耳。似此者七晝夜，始滅。太祖嘉其神妙，構西番殿，飾黃金居之。……越數年，還國。
何喬遠《名山藏》卷一百七		（4）其年，王卒會同館。上輟朝三日，賻贈有加。工部具棺槨、明器，葬德安門外，樹碑神道。

表七百三十一

作者/文獻	版本	用　　例
何慶元 《何長人集》 蘧來室存稿文類	明萬曆刻本	(1) 夫其矍然而色變也者，良心之始動也。其心悖而魂搖也者，良心之大動也。乘其動而鼓舞之，故教易行而民可與，興行古明王之教天下也。詎不纖悉備具，然亦閉其一，而開其一。開者令其游焉而不厭，閉者令其遊焉而不知，故曰"神道設教"。
何慶元 《何長人集》 蘧來室近稿文類		(2) 民賴神以有生，無媿神乃無媿此生。今金碧煇煌，衆觀易矣；暮鼓晨鐘，邪夢醒矣。生不忝而福不回，自天佑之，其有既耶？余願諸善信平而心和，而德以訓飭；而子孫毋第捐貲德色，而倖福冥冥也。庶無負文皇神道設教至意，而威靈永托，與玆山霄壤同堅哉？

表七百三十二

作者/文獻	版本	用　　例
何鏜 《古今遊名山記》 卷九	明嘉靖四十四年廬陵吳炳刻本	(1) 殿前諸峰不可盡名，其對峙而起逼几案者呼蠟燭峰，其下跪者、揖者、拜且舞者、羅而立者、執戟而衛者、搢笏而侍者，冉冉而下，如羣仙之擁絳節者源源而來，如諸侯之棒玉帛者皆作朝謁狀，蓋天造地設以副我文皇神道設教之盛心耳。

表七百三十三

作者/文獻	版本	用　　例
何瑭 《柏齋集》 卷七	清文淵閣四庫全書補配清文津閣四庫全書本	(1)《復許文正公祀田記》：許文正公，元大儒也。泝其淵源所自，實上接考亭之統；究其利澤及人，則實有用夏變夷之功。歐陽公所撰《神道碑》詳矣。公祠凡三：一在河内縣儒學之側；一在縣東北李封村公墳墓，子孫在焉；一在景賢村公別墅也。

續表

作者/文獻	版本	用　　例
何瑭《柏齋集》卷八	清文淵閣四庫全書補配清文津閣四庫全書本	(2) 予嘗觀乎其廟，則冠履肅然，侍衛森整，大抵如守土之臣，以故百姓皆謂府州縣官所以理民之是非賞罰于明，城隍之神所以理民之善惡禍福于幽。故民之祈福禳禍與寃抑之不得伸、曖昧之不得白者，官不能理則以訴于神，不待召而自來，不加刑而自畏，蓋官有所不能制者。噫！聖人以神道設教，城隍之祀以像，是或一道也。

表七百三十四

作者/文獻	版本	用　　例
何偉然《十六名家小品》諸名家小品卷二	明崇禎六年陸雲龍刻本	(1) 時從子游者吳生某，善擇地，從其卜。某年月日，葬公會稽日鑄嶺二十里，為兆嶺之神道路山，遂因某來托銘。銘曰：人亦有言：筐筆必貪，幕秧鮮廉，質諸賞君，其殆不然。人亦有言：官廉實拙，歸費實詘，孰知賞君，貲甲於邑。由斯以觀廉，何負於吏哉？
何偉然《十六名家小品》陳明卿先生小品卷二		(2)《重建悟石軒記》：生公講經處有點頭石者，或曰異僧竺道生。聚石為徒，石皆首肯。我心匪石，不可轉也。有匪石之心，介於石矣。有介於石之人，擲其藏不終日矣。夫聚石為徒，而無聚徒之名，石皆首肯；而無贊頌之迹，神道設教，固亦有之。余則異，於是勸富貧無藏金，文士無藏彩，武士無藏勇，俠士無藏膽，韻人無藏趣，酒人無藏量，此造物之無盡藏也。願野玉不云乎？兹山高不槩雲，深無藏影，果若而言首肯者，不獨石也。

表七百三十五

作者/文獻	版本	用　　例
賀復徵《文章辨體彙選》卷十二	清文淵閣四庫全書補配清文津閣四庫全書本	(1)《魏文帝薄葬制》：禮，國君即位為椑，存不忘亡也。昔堯葬穀林，通樹之，禹舜會稽，農不易畝，故葬於山林，則合乎山林。封樹之制，非上古也，吾無取焉。壽陵因山為體，無為封樹，無立寢殿，造園邑，通神道。夫葬也者，藏也，欲人之不得見也。骨無痛癢之知，冢非棲神之宅，禮不墓祭，欲存亡之不黷也，為棺槨足以朽骨，衣食足以朽肉而已。……宋公厚葬，君子謂華元、樂莒不臣，以為棄君於惡。漢文帝之不發，霸陵無求也；光武之掘，原陵封樹也。……自古及今，未有不亡之國，亦無不掘之墓也。

續表

作者/文獻	版本	用　　例
賀復徵《文章辨體彙選》卷三十二	文淵閣四庫全書補配清文津閣四庫全書本	(2)《祭廬山文》(白居易):維元和十二年歲次丁酉二月二十五日乙酉,將仕郎守江州司馬白居易,以香火酒脯,告於廬山遺愛寺四旁上下大小諸神。居易夙聞匡廬,天下神秀,幸因佐宦,得造兹山,又聞永遠、宗雷,同居於是,道俗並處,古之遺風,而遺愛西偏,鄭氏舊隱。……不敢媚神,不敢禳福,但使疫癘不作,魑魅不逢,猛獸毒蟲,各安其所。苟人居之靜謐,則神道之光明。齋心露誠,庶幾有荅。尚饗。
賀復徵《文章辨體彙選》卷九十八		(3) 自文明草昧,天地屯蒙,二叔流言,四凶搆難。不設鉤距,無以應天順人;不切刑名,不可摧姦息暴。故置神嚚,開告端,曲直之影必呈,包藏之心盡露。神道助直,無罪不除;人心保寧,無妖不戮。
賀復徵《文章辨體彙選》卷九十九		(4)《論方技鄭普思疏》(唐李邕):陛下躬政日淺,有九重之嚴,未聞道路横議。今籍籍皆言普思馮詭惑,說妖祥,陛下不知,猥見驅使。孔子曰:《詩》三百,一言以蔽之,曰:思無邪。陛下誠以普思術可致長生,則爽鳩氏且因之永有天下,非陛下乃今可得;能致神人邪,秦、漢且因之永有天下,非陛下乃今可得;能致佛法耶,梁武帝且因之永有天下,非陛下乃今可得;能鬼道耶,墨翟、干寶且各獻其主,永有天下,非陛下乃今可得。自古堯、舜稱聖者,臣觀所以行,皆在人事,敦睦九族,平章百姓,不聞以鬼神道治天下,惟陛下省察。
賀復徵《文章辨體彙選》卷一百四十三		(5) 漸次時雍,至於比屋可封不難矣。陛下不可視為迂濶,而不切當今之急務也。陛下天資至高,合於道徵。百家神怪,誕妄恍惚,臣知陛下洞矚之矣。然猶不免欲以愚弄天下,若所謂以神道設教者,臣謂不必然也。一統之輿圖已定矣,一時之人心已服矣,一切之奸雄已慴矣。天無變災,民無患害。聖躬康寧,聖子神孫繼繼繩繩,所謂得真符者矣。何必興師以取寶為名,諭衆以神仙為徵應,謂有所謂某神某仙孚佐國家者哉。
賀復徵《文章辨體彙選》卷一百五十一		(6)《宋廟加籩豆議》(唐崔沔):臣竊聞識禮樂之情者能作,達禮樂之文者能述,述作之義,聖賢所重;禮樂之制,古今所崇。變而通之,所以久也。所謂變者,變其文也;所謂通者,通其情也。祭祀之典,肇於太古,人所飲食,必先嚴獻。未有火化,茹毛飲血,則有毛血之薦;未有麴糵,汙樽抔飲,則有玄酒之奠。施及後王,禮物漸備,作為酒醴,伏其犧牲,以致馨香,以極豐潔,故有三牲八簋之盛,五齊九獻之殷。然以神道至玄,可存而不能測也;祭禮至敬,可備而不敢廢也。是以血腥爓熟,玄樽犧象,靡不畢登於明薦矣。

續表

作者/文獻	版本	用　　例
賀復徵《文章辨體彙選》卷一百五十一	清文淵閣四庫全書補配清文津閣四庫全書本	(7)《傳》曰"子雖齊聖，不先父食"，蓋言子為父屈也。景皇帝雖太祖也，其於獻、懿，則子孫也。當禘祫之時，獻祖宜居東嚮之位，景皇帝宜從昭穆之列，祖以孫尊，孫以祖屈，求之神道，豈遠人情？又常祭甚衆，合祭甚寡，則是太祖所屈之祭至少，所伸之祭至多。比於伸孫之尊，廢祖之祭，不亦順乎？事異殷周，禮從而變，非所失禮也。臣伏以制禮作樂者，天子之職也。陛下以臣議為有可采，粗合天心，斷而行之，是則為禮。
賀復徵《文章辨體彙選》卷一百五十七		(8)《宋武帝謚議》（顏延之）以為：聖哲同風，功美殊稱。蓋出乎道者無方，故刑於物者不一。伏惟道塞人神，信通期運，愛敬所稟，因心則遠，英粹之照，正性自天。……斥堠之所未羈，亭徼之所不譯。莫不飭誠請罪，欵塞來賓，故能灑掃中嶽，致廟九鼎，神道會昌，寶命既集，損之而益，益身愈光。既而儀形帝載，揖讓天歷，改玉乎文祖，班瑞乎神宗。貫革寢機，文武措笏。故宸居兩楹，坐一八表，國訓成均之學，家沾撫辜之仁。大美配天，必終之以儉德。道固萬葉，猶申之以話言。允所謂教思無窮，樹之長世，取高上代，顧邈前王矣。
賀復徵《文章辨體彙選》卷二百十五		(9)《與兄子秀書》（陳陳暄）：旦見汝書與孝典，陳吾飲酒過差。……吾常譬酒之猶水，亦可以濟舟，亦可以覆舟，故江諮議有言：酒猶兵也。兵可千日而不用，不可一日而不備；酒可千日而不飲，不可一飲而不醉。美哉江公，可與共論酒矣！汝驚吾墮馬侍中之門，陷地武陵之第，徧布朝野，自言焦悚。丘也幸，苟有過，人必知之。吾生平所願，身没之後，題吾墓云"陳故酒徒陳君之神道"。……速營糟丘，吾将老馬。爾無多言，非爾所及。
賀復徵《文章辨體彙選》卷三百五十二		(10)公生自華宗，世務簡隔，至於軍國遠圖，刑政大典，既道在廊廟，則理擅民宗；若乃明練庶務，鑒達治體，懸然天得，不謀成心，求之載籍，翰牘所未紀，訊之遺老，耳目所不接。至若文案自環，主者百數，皆深文為吏，積習成姦，蓄筆削之刑，懷輕重之意；公乘理照物，動必研幾。當時嗟服，若有神道，豈非希世之儁民，瑚璉之宏器。
賀復徵《文章辨體彙選》卷四百二十六		(11)今襲開元二十七年之制，遷神於南面，而行禮者北面，則非神道尚右之義矣。古者造木主以棲神，天子、諸侯之廟皆有主，卿大夫士雖無之。大夫束帛以依神，士結茅為菆，無有像設之事。

續表

作者/文獻	版本	用　　例
賀復徵 《文章辨體彙選》 卷四百二十九	清文淵閣四庫全書補配清文津閣四庫全書本	(12) 雖天，亦無如之何也，惟聖人有神道焉。神道先知，防於未形，不待其幾之發也。堯之水九載，湯之旱七載，天下之民不知其災。朱均不才，爲氣所勝，則舉舜禹以當之。桀紂反道，自絶於天，則率天下以伐之。元氣之不汩，聖人爲之也。
賀復徵 《文章辨體彙選》 卷四百四十五		(13)《逸民箴》(陸雲)：余昔為《逸民賦》，大將軍掾何道彥，大府之俊才也。作《反逸民賦》，盛稱官人以美，寵祿之華靡，偉名位之大寶，斐然其可觀也。夫名者實之賓，位者物之寄。窮高有必顛之忝，溢美有大惡之尤，可不慎哉。故為《逸民箴》，以戒反正焉。……是故名利之災，至人攸恪。謂予未信，無寧監於桑霍。天明既畏，神道無親。善在求己，慶由積仁。無念爾本，聿修厥淳。執盈如虛，乃反天真。逸民司正，敢告官人。
賀復徵 《文章辨體彙選》 卷四百四十八		(14)《新刻漏銘》(梁陸倕)：一暑一寒，有明有晦。神道無跡，天工罕代。乃置挈壺，是惟熙載。氣均衡石，晷正權槩。世道交喪，禮術銷亡。……唯精唯一，可法可象。月不知來，日無藏往。分似符契，至猶影響。合昏暮卷，蓂莢辰生。尚辨天意，猶測地情。况我神造，通幽洞靈。配皇等極，為世作程。
賀復徵 《文章辨體彙選》 卷四百六十四		(15) 昔吳起忍與母盟，陳湯忍匿父喪；起謀復楚霸而戮死，湯功釋漢恥而囚廢。神道昭昭，若何無報？九州之衆，誰非人子？踐霜露者，聞風永懷。士有感一諾一顧，猶或與之死生；嘉一草一木，猶或為之歌詠，而况百行之宗、終天之慼乎？華奉使朔陲，欲親往弔焉，屬河凌絶渡，願言不果。憑軾隔川，寄聲二孝，因為贊一章，敢旌善人，以附惇史。
賀復徵 《文章辨體彙選》 卷四百七十六		(16) 帝王之尊，家天下役海內。使地善而可興，竭智以營陵廟，奚求而不致。而亡國敗主相屬，則果不在乎此也審矣。古之卜宅兆云者，以神道定民志耳，非視岡阜之向背逆順臆度日斷，如世之葬師之為也。
賀復徵 《文章辨體彙選》 卷五百十五		(17) 復下詔曰：宣成侯光宿衛忠正，勤勞國家，善及後世，其封光兄孫中郎將雲為冠陽侯。禹既嗣為博陸侯，太夫人顯改光時所自造塋制而侈大之。起三出闕，築神道，北臨昭靈，南出承恩，盛飾祠室，輦閣通屬永巷，而幽良人婢妾守之。

續表

作者/文獻	版本	用　　例
賀復徵《文章辨體彙選》卷五百五十五	清文淵閣四庫全書補配清文津閣四庫全書本	(18) 調露元年，詔公龍門鎮守，兼於夏州防捍。飲氷受命，倍道兼行，鞍甲成勞，晦明為疾。璽書降下，即日追還。中使接跡於家庭，尚藥綢繆於錫賚。人生詎幾？神道何知？仰觀於天，值三軍之星落；俯察於地，逢五將之山崩。詔書來北斗之門，圖像在南宮之壁。以三年秋七月，薨于紫桂宮右羽林軍之官第。
賀復徵《文章辨體彙選》卷五百六十五		(19) 夫公為給事時，孚號朝列，奮擊權臣。既為都御史，董帥三軍，鞭驅虜衆，是有社稷之功矣。而於是也，何有？乃博采州郡志及讀公《神道碑》，益知公嚴毅堅直，政務酌於民心，廉境內豪右而訖其法，尤嫉貪墨吏，曰是民賊也。
賀復徵《文章辨體彙選》卷六百四十四		(20)《柳州文宣王新修廟碑》(柳宗元)：仲尼之道，與王化遠邇。惟柳州古為南夷，椎髻卉裳，攻劫鬬暴，雖唐虞之仁不能柔，秦漢之勇不能威。至于有國，始循法度，置吏奉貢，咸若采衛，冠帶憲令，進用文事。……人去其陋，而本於儒。孝父忠君，言及禮義。又况巍然炳然，臨而炙之乎！惟夫子以神道設教，我今罔敢知。欽若兹教，以寧其神。追思告誨，如在于前。苟神之在，曷敢不虔。居而無陋，罔貳昔言。申陳嚴祀，永永是尊。麗牲有碑，刻在廟門。
賀復徵《文章辨體彙選》卷六百四十六		(21) 銘石靈館，以旌厥心。其辭曰：道無不在，若存若亡。於惟上學，理妙羣方。用之日損，言則非常。……帝明紹歷，惟皇纂位。屬心鼎湖，脫屣神器。降命凡底，仰祈靈祕。瞻彼高山，興言覆簣。啓基桐栢，厥號金庭。喬峯迥峭，擘漢分星。臨雲置墠，駕岳開櫺。礀塗蹇産，林麓葱菁。誰謂應遠，神道微密。慶集宮闈，祥流罕畢。其久如地，其恒如日。壽同南山，與天無卒。欒生變煉，外示無功。少君飛轉，密與神通。因資假力，輕舉騰空。庶憑嘉誘，永濟微窮。
賀復徵《文章辨體彙選》卷六百四十七		(22)《終南山祠堂碑（并序）》(柳宗元)：貞元十二年，夏洎秋不雨。穡人焦勞，嘉穀用虞。皇帝使中謁者禱於終南，申命京兆尹韓府君臯，祇飭祀事，考視祠制。……既興工，玄雲觸石，濡澤周被，植物擢茂，期於豐登。神道感而宣靈，人心歡而致和。嘉氣充溢，抃蹈布野。……辭曰：皇帝垂德，制定統極，神道泰寧。祀典脩飾，禳祈禜雩，皆有準程。顧惟終南，祠位庳陋，不稱顯名。……弈弈新廟，整頓端莊，神位密清。後祀承則，潔心勤禮，導暢純精。邑吏嗇夫，鮐背鯢齒，願垂表經。頌宣聖德，篆刻堅石，永世飛聲。

續表

作者/文獻	版本	用　　例
賀復徵《文章辨體彙選》卷六百五十九	清文淵閣四庫全書補配清文津閣四庫全書本	(23) 遵揚十聖，光被六虛，乘素履而保安貞，垂黃裳而獲元吉。故能貴而元位，履端於太極之初；高而无民，布政於皇王之首。千秋所不能易，百代所不能移，萬乘資以興衰，四海由其輕重。雖復質文交映，瞻禴祀而常存；金火遞遷，奉琴書而罔絶。《易》曰：觀乎人文，以化成天下。又云：聖人以神道設教，而萬物服焉。豈古之聰明睿知，神武而不殺者夫！ (24) 小人狂簡，不知所以裁之；夫子之文章，今可得言也。詞曰：西崐玉闕，南海金堂。惟惚惟恍，一陰一陽。……古之君子，昔者明王。道叶公旦，神交帝唐。攝官從事，服冕端章。示之以德，臨之以莊。澤如春雨，威若秋霜。男女斯別，尊卑克彰。……神明叶贊，雅頌鏗鏘。紫鱗遥集，丹烏遂翔。生靈水火，家國舟航。功符日用，德叶天長。倏嗟崩嶽，奄嘆摧梁。昧昧神道，悠悠彼蒼。書開懷宅，讖識登床。與代輕重，因時弛張。……山栖烏鳥，水宿鴛鴦。蜀門荷戟，江津濫觴。落星高堰，明月回塘。丹碑不朽，清廟無疆。
賀復徵《文章辨體彙選》卷六百六十二		(25) 金木之年，必有疫癘。雖神道茫昧，而天夭流行矣。君饑渴則與士分甘，吉凶則與民同患。
賀復徵《文章辨體彙選》卷六百六十五		(26) 吳訥曰：按《檀弓》曰：季康子之母死，公肩假曰：公室視豐碑。注云：豐碑以木為之，形如石碑，樹於槨前後，穿中為鹿盧繞之綍，用以下棺。《事祖廣記》云：古者，葬有豐碑以窆。秦漢以來，死有功業，則刻於上，稍改用石。晉、宋間，始稱《神道碑》，蓋地理家以東南為神道，碑立其地而名之耳。徐師曾曰：葬者，既為誌以藏諸幽，又為碑碣表以揭於外。其為體有文，有銘，又或有敘。而其銘或謂之辭，或謂之系，或謂之頌。要之，皆銘也。文與誌大略相似，而稍加詳焉，故亦有正、變二體。其或曰碑，或曰碑文，或曰墓碑，或曰神道碑，或曰神道碑文，或曰墓神道碑，或曰神道碑銘，或曰神道碑銘并序，或曰碑頌，皆別題也。……若夫銘之為體，雖不能如誌銘之備，而大略亦相通焉。此不復著。
賀復徵《文章辨體彙選》卷六百六十六		(27) 雲麾將軍李府君神道碑（楊炎） (28) 四鎮節度副使右金吾大將軍楊公神道碑（楊炎）

續表

作者/文獻	版本	用　例
賀復徵《文章辨體彙選》卷六百六十七	清文淵閣四庫全書補配清文津閣四庫全書本	(29) 唐故江南西道觀察使中大夫洪州刺史兼御史中丞上柱國賜紫金魚袋贈左散騎常侍太原王公神道碑銘（韓愈） (30) 唐故河東節度觀察使滎陽鄭公神道碑（韓愈）
賀復徵《文章辨體彙選》卷六百六十八		(31) 唐故中散大夫少府監胡良公墓神道碑（唐韓愈） (32) 唐銀青光祿大夫守左散騎常侍致仕上柱國襄陽郡王平陽路公神道碑（韓愈） (33) 贈太尉許國公神道碑銘（韓愈）
賀復徵《文章辨體彙選》卷六百六十九		(34) 故四鎮北庭行營節度使扶風郡王贈司徒馬公神道碑（唐常衮） (35) 故宣歙池等州都團練觀察處置使宣州刺史兼御史中丞贈左散騎常侍王公神道碑（劉禹錫） (36) 故福建等州都團練觀察處置使薛公神道碑（劉禹錫）
賀復徵《文章辨體彙選》卷六百七十		(37) 韓文公神道碑（唐黃甫湜）
賀復徵《文章辨體彙選》卷六百七十一		(38) 太尉文正王公神道碑銘（宋歐陽脩） (39) 太子太師致仕贈司空兼侍中文惠陳公神道碑銘（歐陽脩） (40) 資政殿學士戶部侍郎文正范公神道碑銘（歐陽脩） (41) 鎮安軍節度使同中書門下平章事贈太師中書令程公神道碑銘（歐陽脩）
賀復徵《文章辨體彙選》卷六百七十二		(42) 觀文殿大學士行兵部尚書西京留守贈司空兼侍中晏公神道碑銘（宋歐陽脩） (43) 贈刑部尚書余襄公神道碑銘（歐陽脩） (44) 尚書度支郎中天章閣待制王公神道碑銘（歐陽脩）
賀復徵《文章辨體彙選》卷六百七十三		(45) 司馬溫公神道碑（宋蘇軾） (46) 富鄭公神道碑（蘇軾）

續表

作者/文獻	版本	用　　例
賀復徵 《文章辨體彙選》 卷六百七十四	清文淵閣四庫全書補配清文津閣四庫全書本	(47) 贈司空兼侍中文元賈魏公神道碑（宋王安石） (48) 檢校太尉贈侍中正惠馬公神道碑（王安石） (49) 虞部郎中贈衛尉卿李公神道碑（王安石）
賀復徵 《文章辨體彙選》 卷六百七十五		(50) 福建廉訪副使仇公神道碑（元趙孟頫） (51) 廣平路總管邢公神道碑（馬祖常） (52) 故知昭州秦公神道碑（虞集） (53) 惟秦氏先世行事，卓然可稱。國家修《經世大典》，訪問遺軼，而從龍嘗夢其先人，問從王父事已報史官否，得歐陽氏所著傳，始末甚具。以上送官，昭州以子貴，贈某官夫人，封某郡君。以法得立碑神道，故來請銘。
賀復徵 《文章辨體彙選》 卷六百七十六		(54) 大明勅賜銀青榮祿大夫上柱國中書平章軍國重事兼太子少保鄂國常公贈翊運推誠宣德靖遠功臣開府儀同三司上柱國太保中書右丞相追封開平王謚忠武神道碑銘（明宋濂） (55) 賊怒，碎公首，縛於舟檣，衆射之，公至死罵賊不少變。已而賊犯龍江，上命諸將力戰，賊敗遁去。後五年甲辰，上即吳王位，追封公東丘郡侯。又十六年，其子僉水軍左衛指揮司事煒泣曰：先公歾，今二十年，無文銘于神道。竊恐忠烈不白于後世，敢請。 (56) 勅賜開國輔運推誠宣力武臣榮祿大夫柱國淮安侯華君神道碑銘（宋濂） (57) 臣濂奉勅撰神道之碑，稽諸天理之正，察乎人心之公，不敢用昔人誌墓常法，特取春秋直筆褒貶之義，勒文穹碑，以為千萬世人臣之勸戒云。 (58) 故中順大夫禮部侍郎曽公神道碑銘（宋濂）
賀復徵 《文章辨體彙選》 卷六百七十七		(59) 刑部尚書謚惠安彭公神道碑（明林俊）
賀復徵 《文章辨體彙選》 卷六百七十八		(60) 特進光祿大夫左柱國少師兼太子太師吏部尚書華蓋殿大學士贈太保楊文忠公神道碑（明趙貞吉）

續表

<table>
<tr><th>作者/文獻</th><th>版本</th><th>用　　例</th></tr>
<tr><td>賀復徵
《文章辨體彙選》
卷六百八十</td><td rowspan="6">清文淵閣四庫全書補配清文津閣四庫全書本</td><td>(61)《饒娥婢》(唐柳宗元)：饒娥，饒人，饒姓娥名，世漁鄱水。娥為室女，淵懿靖專。雖小家，未嘗出游。……縣人鄉人會錢具儀，葬娥鄱水西横道上。追思不足，相與作石，以詔後世。其辭曰：生德無類，氣靈而伏。嗟茲孝娥，惟行之周。……娥之至德，實與為儔。恒人有言，惟教是圖。懿兹德女，家世不儒。奇行特出，神道莫酬。窮哀罔泄，終古以留。鄉人好禮，爰立兹丘。建銘當道，過者下車。
(62)翰林侍讀學士梅公神道碑(宋王安石)</td></tr>
<tr><td>賀復徵
《文章辨體彙選》
卷六百八十一</td><td>(63)《褚先生伯玉碑》(梁孔稚珪)：夫河洛摛寶，神道之功既傳；岱華吐秘，仙靈之跡可覩。蓋事詳於玉牒，理煥於金符，雖冥默殊源，顯晦異軌，測心觀古，可得而言焉。是以子晉笙歌，馭鳳於天漢；王喬雲舉，控鶴於玄都。……銘曰：關西升妙，洛右飛英。鳳吹金闕，簫鼓玉京。絶封萬古，乃既先生。先生浩浩，唯神其道。泉石依情，烟霞入抱。秘影窮岫，孤栖幽草。心圖上玄，志通大造。</td></tr>
<tr><td>賀復徵
《文章辨體彙選》
卷六百八十一</td><td>(64)《常山公主碑》(溫子昇)：啟泰微之層構，闢閶闔之重扉，據天下以為家，苞率土而光宅。然則崑山西峙，爰有夜光；漢水東流，是生明月。公主稟靈宸極，資和天地，芬芳有性，溫潤成質。自然秘遠，若上元之隔絳河；直置清高，類姮娥之依桂樹。令淑之至，比光明於宵燭；幽閒之盛，匹穠華於桃李。……奄辭身世，從宓妃於伊洛；遽捐館舍，追帝子於瀟湘。銘曰：龍轡莫援，日車遂往。奄離形神，忽歸丘壤。祖歌薤露，出奏巫山。永厝中野，終掩窮泉。蕭瑟神道，荒涼墓田。松檟徒列，琬琰空傳。</td></tr>
<tr><td>賀復徵
《文章辨體彙選》
卷六百八十二</td><td>(65)周大將軍崔説神道碑(庾信)</td></tr>
<tr><td>賀復徵
《文章辨體彙選》
卷六百八十三</td><td>(66)玄宗御書故中書令梁國公姚文貞公神道碑銘(唐張說)
(67)開元九年九月，寢疾薨於東都慈惠里。皇上悼焉，國人慕焉，撫牀輟舂，曾未云比。制贈揚州大都督，謚曰文貞，禮也。十年二月，葬于萬安山之南原。在疾也，王人賜膳，御醫視藥；于薨也，中使弔臨，羽儀哀送。君臣之義，厚莫重焉。帝乃灑恩仙翰，鏤澤豐珉，日月照臨于佳城，雲烟變態于神道。賁其文字，别為羣玉之山；禁其樵蘇，即表三司之墓。</td></tr>
</table>

續表

作者/文獻	版本	用　例
賀復徵 《文章辨體彙選》 卷六百八十三	清文淵閣四庫全書補配清文津閣四庫全書本	(68) 隴西節度大使贈涼州都督郭公神道碑銘（張說） (69) 撥川郡王神道碑（張說） (70) 右羽林將軍王公神道碑（張說） (71) 郞國長公主神道碑銘（張說） (72) 鄭國夫人神道碑（張說） (73) 延州豆盧使君萬泉縣主薛氏神道碑（張說）
賀復徵 《文章辨體彙選》 卷六百八十四		(74) 唐右將軍魏哲神道碑（唐楊烱） (75) 唐恒州刺史建昌公王公神道碑（楊烱） (76) 益州溫江縣令任君神道碑（楊烱） (77) 唐贈范陽大都督忠烈公李公神道碑（楊炎） (78) 雲麾將軍郭公神道碑（楊炎）
賀復徵 《文章辨體彙選》 卷六百八十五		(79) 唐故德儀贈淑妃皇甫氏神道碑銘（杜甫） (80) 唐故常州刺史獨孤公神道碑銘（崔佑甫）
賀復徵 《文章辨體彙選》 卷六百八十六		(81) 徐師曾曰：按:《墓表》自東漢始，安帝元初元年立《謁者景君墓表》。其文體與碑碣同，以其樹於神道，故又稱《神道表》。其為文有正體，有變體，又有阡表，并附於末，則遡流而窮源也。蓋阡，墓道也。
賀復徵 《文章辨體彙選》 卷六百八十八		(82) 伯衡曰：惟君子所貴，大節為先。公所樹立，豈不偉哉！乃若既貴且富而孜孜問學，施德於人而不自以為恩人，或負之而亦不以為恨，他人所未易能者，在公何難焉？出入兩宮，待遇之隆，賜予之渥，他人不可致者，何足為公榮？雖其字畫一代不數人，亦公餘事。以故不備述而獨書其關於國者，表諸神道。其辭不殺，盖以公言不用於當時為可惜，公行無愧於先祖為可貴也。
賀復徵 《文章辨體彙選》 卷七百二		(83) 啓手足之夕，語其妻與姪曰：吾之幸也，壽過七十，官至二品，有名於世，無益於人，褒優之禮，宜自貶損。我歿，當斂以衣一襲，送以車一乘，無用鹵簿葬，無以血食祭，無請太常謚，無建《神道碑》。但於墓前立一石，刻吾《醉吟先生傳》一本可矣。語訖命筆，自銘其墓云：樂天樂天，生天地中，七十有五年。其生也浮雲然，其死也委蛻然。來何因，去何緣。吾性不動，吾形屢遷。已焉已焉，吾安往而不可，又何足厭戀乎其間？

續表

作者/文獻	版本	用　　例
賀復徵 《文章辨體彙選》 卷七百三十七	清文淵閣四庫全書補配清文津閣四庫全書本	(84) 穆穆天子，昭明有融。乃命三人，禮憲是崇。賜以歸賻，榮以贈終。冠蓋南徂，映族輝邦。日薄南陸，辰次天漢。龜筴恊貞，靈域載判。明器既庀，神道已羨。縣象未登，明星有爛。軒車微動，執紼同贊。永棄高厦，黃壚是館。寧彼昏昧，荒此輝粲。幽房長鍵，修夜靡旦。翼翼輕蓋，翩翩丹旐。龍章舒藻，旟旐有輝。輴輪轇結，玄駟徘徊。人誰弗思，靡思匪哀。援扎心楚，投翰餘悲。嗚呼哀哉！
賀復徵 《文章辨體彙選》 卷七百四十四		(85) 接皇漢之末緒，值王塗之多違。佇重淵以育麟，撫慶雲而遐飛。運神道以載德，乘靈風而扇威。摧羣雄而電擊，舉勍敵其如遺。指八極以遠畧，必翦焉而後綏。釐三才之闕典，啟天地之禁闈。舉修網之絕紀，紐大音之解徽。掃雲物以貞觀，要萬塗而來歸。丕大德以宏覆，援日月而齊暉。濟元功於九有，固舉世之所推。
賀復徵 《文章辨體彙選》 卷七百五十六		(86)《為竇氏小師祭璿和尚文》（李白）：年月日，某謹以齋蔬之奠，敢昭告於和尚之靈。伏惟和尚，降靈自天，依化游世。角立獨出，嶷然生知。鳳凰開九苞之翼，豫章横萬頃之陂。始傳燈而納照，因落髮以從師。邁龍象以蹴踏，為天人之羽儀。紹釋風於西域，迴佛日於東維。若大塊之噫氣，鼓和風而一吹。……某蚤承訓誨，偏荷恩慈。忝飡風於法侶，旋落蔭於禪枝。號無輟響，泣有餘悲。手撰茗藥，精誠嚴思。冀神道之昭格，庶明靈而饗之。

表七百三十六

作者/文獻	版本	用　　例
洪鼐 《讀易索隱》 卷二	明嘉靖二十六年順裕堂刻本	(1) 大亨以正，為臨之道，亦猶中正巽順，為觀之道也。臨者，政以治之；觀者，教以化之。為政在于得人，為教在于躬行。中正而應，得人也。神道設教，躬行也。 (2) 觀：文王《係觀》只曰：盥而不薦，有孚顒若。夫子《彖傳》則曰：順而巽，中正以觀天下。又曰：聖人以神道設教，而天下服。《大象》：聖人以省方觀民設教。中正是指九五。周公曰：觀我生，君子无咎。夫子曰：觀我生，觀民也。三聖之言，散出若是，果貫而一者乎？乃岐而二者乎？予曰：文王卽體以明用，周、孔因用以見體，然必體立而後用有以行。夫子所謂中正，蓋兼體用，若神道則體，而設教則用也。以神道設教，正順而巽也。或者以神道為設教之出扵神妙乃作為，不用出不幾於老氏之我無為而民自化乎？……故夫子謂之神道，張子謂一故神也。

續表

作者/文獻	版本	用　　例
洪鼐《讀易索隱》卷二	明嘉靖二十六年順裕堂刻本	(3)《彖傳》：盥而不薦，中正之體也。順而巽，中正之用也。即大本達道也。……此即篤恭而天下平也，即聖人之神道設教也。……文王即體以見用，夫子因用以見體。文王盥而不薦，只是主敬存誠之意；夫子推其極，謂天與聖人之神道，亦不外是清明在躬，志氣如神。非神道乎？《中庸》曰：至誠如神。《孟子》曰：所存者神。又曰：聖而不可知。凡此皆神道也。維天之命，於穆不已。此天之神道也。四時不忒，此天之所以為觀也。於乎不顯，文王之德之純，聖人之神道也。設教，聖人之所以為觀也。天與聖人一，中正而已矣。神道以体言，即無聲無臭，丕顯無德也。四時不忒與設教以用言，即生長收藏各順其序，喜怒予奪各中其節也。……因其固有而導之，天下不見其教。所謂民日遷善而不知為之者，是謂神道設教也。天向一中分造化，人從心上起經綸。一與心，神道也。造化經綸，四時不忒，設教也。

表七百三十七

作者/文獻	版本	用　　例
洪楩《清平山堂話本》	明嘉靖刻本	(1) 正荒之間，老僕言道：向日吳興弁山神道曾許救難，何不禱之？蕭相曰：江南至此，路隔數千，神安能救吾耶？僕曰：主當喚之。令衆軍皆呼西楚霸王名號，以寬衆心。蕭相下令：一齊交三軍稱霸王名號，自然神佑其力。

表七百三十八

作者/文獻	版本	用　　例
胡廣《禮記人全》卷一	清文淵閣四庫全書本	(1) 如建都邑，某地可都，某地亦可都，此嫌疑也。如戰，或曰可戰，或曰不可戰，此猶與也。卜筮以決之定之，此先聖王以神道設教也。有疑而筮，既筮而不信；諏日而卜，既卜而弗踐，是為不誠。不誠之人，不能得之於人，況可得於鬼神乎？
胡廣《禮記大全》卷四		(2) 嚴陵方氏曰：與神交之道，則心主乎敬。失厭冠麻絰，居喪之禮也。至於葬，則以弁易冠、以葛易麻者，示敬故也。子游曰：飯於牖下，小斂於户内，大斂於阼，殯於客位，祖於庭，葬於墓，所以即遠也。比至於葬，則即遠之至矣，故以神道交之。

續表

作者/文獻	版本	用　　例
胡廣 《禮記大全》 卷七	清文淵閣四庫全書本	(3) 馬氏曰：大廟者，神之位也。神道有不安，人子之道虧矣。古者，宗廟火，三日哭。哭以謝其神，諸侯旅見之禮所以廢也。於其廢也，然後帥諸侯以救火。日者，陽之位也。陽主於明，君道也；其有不明，則君德虧矣。
胡廣 《禮記大全》 卷九		(4) 昔先王之於鬼神，以神道事之則以反齊，以人道事之則以三酒，犧牲所以致其養，琴瑟、鐘鼓所以致其樂，祝嘏所以致其文，此固足以降上神與先祖也。然上神、先祖之降在彼而天祜之承在我，在彼者以禮物之所備，在我者以禮教之所成，故必正君臣，篤父子，睦兄弟，齊上下，以至於夫婦有所也。 (5) 嚴陵方氏曰：血所以告幽，毛所以告全。腥其俎，則事之以神道；孰其殽，則事之以人道。越席，則《郊特牲》所謂蒲越藁鞂之尚是矣。 (6) 嚴陵方氏曰：禮之始也則自天子出，禮之終也則與民由之。與民由之然後禮達而分定，故先王患禮之不達於下則必有以為之教者，然教必以祭祀為主者，以神道設之使民知畏敬故也。天則遠人而尊，故祭帝於郊；地則近人而親，故祀社於國。定天位則天下達於尊卑之禮矣，列地利則天下達於施報之禮矣。
胡廣 《禮記大全》 卷十		(7) 薦盎其義，亦若是而已。且制祭薦盎，朝事之時也；割牲薦酒，饋食之時也。朝事以神事之，故制祭以腥而薦以齊，蓋腥與齊神道故也。饋食以事人之，故割牲以孰而薦以酒，蓋孰與酒人道故也。
胡廣 《禮記大全》 卷二十六		(8) 嚴陵方氏曰：《玉藻》言“將適公所，宿齊戒”，則見君者非不齊戒。《周官》言“祭祀前期十日，帥執事而卜日，遂戒”，則事鬼神者非不擇日月。而此於鬼神言齊戒、於君言日月者，蓋齊戒在人，日月在天。神道至幽，故主言在人者以明之；君道至明，故主言在天者以神之，亦各有所當也。 (9) 龜筴之為器，聖人所以寓神道之教，故言大人之器也。以其威敬而不敢玩褻，故大事則用，小事則否，天子無筮，惟用卜也。
胡廣 《性理大全書》 卷五		(10) 上天之載，有感必通；聖人之為，得為而為之也。天不言而四時行，聖人神道設教而天下服。誠於此，動於彼，神之道與！
胡廣 《性理大全書》 卷十九		(11) 司馬温温公曰：所以西上者，神道尚右故也。

續表

<table>
<tr><th>作者/文獻</th><th>版本</th><th>用　　例</th></tr>
<tr><td>胡廣
《性理大全書》
卷二十八</td><td rowspan="4">清文淵閣四庫全書本</td><td>（12）問：祭先賢先聖，如何？曰：有功德在人，人自當報之。古人祀五人帝，只是如此。後世有個新生底神道，緣衆人心邪向他，他便盛。如狄仁傑只留吳泰、伯伍子胥廟。壞了許多廟，其鬼亦不能為害，緣是他見得無這物事了。</td></tr>
<tr><td>胡廣
《性理大全書》
卷五十六</td><td>（13）韓千變萬化，無心變；歐有心變。《杜祁公墓誌》説一件未了，又説一件。韓《董晋行状》尚稍長，權德輿作宰相，《神道碑》只一板許，歐、蘇便長了。
（14）東坡《歐陽公文集序》只恁地文章儘好。但要説道理，便看不得，首尾皆不相應。起頭甚麽様大，未後却説詩賦似李白，記事似司馬遷。統領商榮以《温公神道碑》為餉。因命吏約楊道夫同視，且曰：坡公此文，説得來恰似山摧石裂。道夫問：不知既説“誠”，何故又説“一”？曰：這便是他看道理不破處。
（15）南豊《范貫之奏議序》，氣脉渾厚，説得仁宗好。東坡《趙清獻神道碑》説仁宗處，其文氣象不好。</td></tr>
<tr><td>胡廣
《性理大全書》
卷六十四</td><td>（16）朱子曰：范文正，傑出之才。近得周益公書，論呂范解仇事。曰：初，范公在朝，大臣多忌之。及為開封府，又爲《百官圖》以獻。因指其遷進遲速次序曰，某為超遷，某為左遷，如是而爲公，如是而爲私，意頗在吕相。吕不樂，由是落職，出知饒州。未幾，吕亦罷相。後吕公再入，元昊方犯邊，乃以公經畧西事，公亦樂為之用。嘗奏記吕公云：相公有汾陽之才之德，仲淹無臨淮之才之力。後歐陽公為《范公神道碑》，有“懽然相得，戮力平賊”之語，正謂是也。</td></tr>
<tr><td>胡廣
《周易大全》
卷八</td><td>（17）雲峰胡氏曰：盥而不薦，與神武而不殺，朱子皆以為是聖人不犯手做底。葢盥則必薦，不薦是喻聖人致其潔清而不輕自用；武則必殺，不殺是喻聖人得其理而不假其物。故彼謂之神武，而此下文別以神道言之。
（18）觀天之神道，而四時不忒。聖人以神道設教，而天下服矣。《傳》：天道至神，故曰“神道”。觀天之運行，四時无有差忒，則見其神妙。聖人見天道之神，體神道以設教，故天下莫不服也。夫天道至神，故運行四時、化育萬物无有差忒。至神之道莫可名言，唯聖人黙契，體其妙用，設為政教，故天下之人涵泳其德而不知其功，鼓舞其化而莫測其用，自然仰觀而戴服，故曰：以神道設教，而天下服矣。</td></tr>
</table>

續表

作者/文獻	版本	用　例
胡廣 《周易大全》 卷八	清文淵閣四庫全書本	(19)《本義》：極言觀之道也。四時不忒，天之所以為觀也。神道設教，聖人之所以為觀也。(朱子曰：盥本為薦，而不薦是欲蓄其誠意以觀示民，使民觀感而化之義。"有孚顒若"，便是那下觀而化，却不是説人君身上事。"聖人以神道設教"，是聖人不犯手做底，即是"盥而不薦"之義。"順而巽，中正以觀天下"，謂以此觀示之也。又曰："觀天之神道"只是自然運行底道理，四時自然不忒。聖人神道，亦是説他有教人自然觀感處。) (20) 不設而設，不教而教，天下一觀感之餘，其應捷如影響，莫不從而化焉。應其所感，亦如四時之應乎？天而无有差忒也。蓋所存甚神，故所過卽篤恭而天下平，如上天之无聲无臭而萬邦皆作孚。此其所以為神道與？
胡廣 《周易大全》 卷二十二		(21) 顯明於道而見其功用之神，故可與應對萬變，可贊祐於神道矣，謂合德也。人唯順理以成功，乃贊天地之化育也。
胡廣 《周易大全》 卷二十三		(22) 問：巽以行權。曰：權之用，便是如此。見得道理精熟後，於物之精微委曲處无處不入，所以説"巽以行權"。又問：恐是神道？
胡廣 《胡文穆公文集》 卷十九	清乾隆十五年刻本	(23) 其二，《大唐故伊西庭節度使開府儀同三司刑部尚書寧塞郡王李公神道碑》，攝支度判官兼掌書記朝散大夫虔王友朱震述。

表七百三十九

作者/文獻	版本	用　例
胡漢 《(萬曆) 郴州志》 卷十二	明萬曆刻本	(1) 大夫神道設教之意微矣，余固謂大夫之治神寓治民也。

表七百四十

<table>
<tr><th>作者/文獻</th><th>版本</th><th>用　　例</th></tr>
<tr><td>胡經
《胡子易演》
卷十五</td><td>明鈔本</td><td>（1）昔者，先王合天下之渙，必先於享。帝立廟，何居？萬物本乎天，人本乎祖。知天則人思尊，尊不敢以下而犯上；知祖則人思親，親不忍倍死而忘生，聖人神道設教之大端也。</td></tr>
</table>

表七百四十一

<table>
<tr><th>作者/文獻</th><th>版本</th><th>用　　例</th></tr>
<tr><td>胡居仁
《易像鈔》
卷十五</td><td rowspan="4">清文淵閣四庫全書本</td><td>（1）巽地而上升為順德之高大，下觀為神道之設教。雖若具有精義，但惟就卦發揮，別无撰造，此所以為易簡理得之聖學。</td></tr>
<tr><td>胡居仁
《易像鈔》
卷十七</td><td>（2）聖人以神道，百姓與鬼謀。強而一之者，混苐以鬼神分邪正直，是不通之論耳，可一筆抹殺也。</td></tr>
<tr><td>胡居仁
《易像鈔》
卷十八</td><td>（3）四時默運為神道，宇宙交流是太和。噓古吸今惟一息，莫教一息到偏頗。</td></tr>
<tr><td>胡居仁
《居業錄》
卷八</td><td>（4）下者已信而瞻仰之，以見觀感之神速，故下文言“神道設教”也。“奏格無言，時靡有爭”“篤恭而天下平”“無為而治”，皆此義也。</td></tr>
</table>

表七百四十二

<table>
<tr><th>作者/文獻</th><th>版本</th><th>用　　例</th></tr>
<tr><td>胡謐
《（成化）
山西通志》
卷之五</td><td rowspan="2">民國二十二年景鈔明成化十一年刻本</td><td>（1）郭尚書墓，在榆次縣東十里原戈村。後魏吏部尚書。名祚。有《神道碑》存焉。
（2）祁丞相墓，在榆次縣東南三十里祁村。北齊時人。有《神道碑》存焉。
（3）裴御史墓，在萬泉縣北二里。縣人，名瑾。有碑，剝落，額云“命官故右補闕裴公神道碑”。</td></tr>
<tr><td>胡謐
《（成化）
山西通志》
卷之九</td><td>（4）呂流，西河人。累官山北遼東道廉訪使，卒封河東郡侯，謚簡肅。事見虞集撰《神道碑》。</td></tr>
</table>

續表

作者/文獻	版本	用　　例
胡謐《(成化)山西通志》卷之十一		(5) 宋眞宗《汾陰二聖配饗銘》：朕緬觀舊史，曆覽前王，莫不事天明，事地察。以明察之志，格天地之休。在乎祗畏於神靈，嚴恭於祭祀。誠明昭感，墜典由是咸修；祉福來同，蒸民以之交泰。乃知蕭薌之焉，方嶽之巡，禮莫大於茲，文其何以闕。……其俗富庶，接秦雍之郊；其民忠淳，被虞夏之教。地形詭異，神道依憑，中斷於流，揭成高阜。
胡謐《(成化)山西通志》卷之十三		(6) 吾夫子贊天地之化育，增日月之光輝，示帝王之軌範。神道之妙，功甫之極，無可踰者，褰冕何加焉？有天下國家者，當如是也。 (7) 於戲！遣之大原出于天，非聖賢無以傳。故當元精鍾會之機，天必生其人，以為是遺寄使之心傳心授，以神道設教開天常而立人紀也。
胡謐《(成化)山西通志》卷之十四	民國二十二年景鈔明成化十一年刻本	(8) 嗚呼！古人以神道設教，今也以作新祠宇，為事理雖殊而摯有固然者。自禮義亡而世教不明，於下一鄉之士東彝心而私。淑人者不爾則弗克悟，陋民而儆簿俗，是則後人之意也歟！然神也者，聰明正直，福善禍滛乃其職耳。 (9) 若非我后事天，明南地察，神道設教，孝治天下，師無為之化，施不測之功，行前王不行之恩，成近代難成之事。化字區行，澤滲地中。興夫漢武帝起通天之臺，惟求羽化；陳後主造迎春之閣，止事荒遊。商擢聖功，何啻九牛毛之遠矣！ (10) 㦐侈汰祠止二堂，不高不廣。堂外築臺以護祠，基臺下為庭，周而垣之。入垣有門登，面南向明也，門面東受生氣也。臺陛三達，中為神道，而左右登悉太守郝公之意，匠人從而成之也。 (11) 廟成之明年，飛蝗蔽天，過則赤地。既禱於神，蝗輒飛去。歲乃大熟，人皆以為感應之驗，可併記之，以彰靈顯。於戲，幽明之際遠矣！惟以其類可感，故古之祭者，必思其所嗜好。蓋神之為神，惟正直，故其所好亦惟正直。彼能致神道之宣靈，移荒沴為豐穰，是必其心之正直，與政之馨香有以感召耳。若專委之於作廟，豈人敬神、神恤民之直理耶？
胡謐《(成化)山西通志》卷之十五		(12) 元兵馬袁公神道碑（姚燧）（元陝西廉訪副使） (13) 工部右侍郎喬公神道碑銘（彭時） (14) 張簡獻公神道碑銘（張行簡）（金翰林侍讀學士） (15) 故提舉太原監使司徐君神道碑（姚燧） (16) 馮尚書神道碑（元好問） (17) 嗚呼！輔生十有四歲而孤。又三十年，而失所恃。明年，合葬於祖塋之平壠原。又十七年，而輔由吏部授中奉大夫湖廣等處行中書省參知政事。未幾，輔除陝西諸道行御史臺侍御史。乃得遇家，拜平原表神道焉。惟我叚氏居晉，世以學行。

續表

作者/文獻	版本	用　例
胡謐《（成化）山西通志》卷之十五	民國二十二年景鈔明成化十一年刻本	（18）大都路都總管謚忠肅姚公神道碑（孛术魯翀） （19）天曆己巳，侃以公行實徵銘神道之碑。不獲終辭，因采其本末而次第之。 （20）重立司馬溫公神道碑記（王廷直）（見金名宦） （21）司馬温公於有宋熙豐間，致君澤民，成人行已，文章政事，豐功碩德，炳炳烺烺，著於天下，燦於萬圖，見於當年，昭於後世，前賢述之備矣，固不待廷直言而後知也。公薨於元祐之初，歸祔先壠。神道一碑，奉詔撰寫者實學士院承旨眉山蘇公也。 （22）已而詢之，僧曰：其碑摸刻，將何所立乎？圓珍稽首作禮，面公之墳焚香，正色誓而告廷直曰：當出私帑，於墳院法堂之復特設一堂，中設公像，周圍置朱龕以立之，一以報温公之思遇，一以報祖師之傳法，一以報信友協助之賜，一以報縣令勸成之力。專置巨碑，號曰“温公神道碑堂”，乃圓眞之用心也。廷直壯其志，喜其言，乃命筆而直書之，以垂不朽。 （23）元封河東郡公何公神道碑（歐陽玄）（元侍讀學士） （24）至元五年歲己卯，侍御史何公約自河東憲擢臺端。一日，奉先君子這封河東郡公行實，謁于太史氏歐陽玄，請紀其生平，以銘神道之石。玄辭不獲，謹叙而銘之。 （25）裴參政神道碑（蕭㪺）（元固子祭酒） （26）故贈左屯衛大將軍李公神道碑銘并序（王安石） （27）元廉訪使謚靖宣陳公神道碑（趙孟頫）（元翰林学士承旨） （28）薛文清公神道碑（李賢）（南陽人。今少保兼學士。） （29）予惟吾道正豚實由近世周、程、張未有以倡明之也，至於我朝，乃始表章諸儒之言，頒行天下。由是，天下士習一歸於正。嗚呼盛哉！然今之君子，能欣悅愛慕而篤信之者，未有過於薛公也。今也云亡，可勝悼耶？乃按其徒前國子監丞閻禹錫狀，為公《神道碑銘》。公諱瑄，字德温，世為山西河津人。 （30）狄式袁公神道碑銘（王珪）（宋翰林學士） （31）兵部尚書侯公神道碑（王直）（泰和人。景泰間，吏部尚書。） （32）予與君同朝夕，相好為最深，於是爵來請予文，刻諸神道，以示久遠。誼不可辭也，乃序其事之大者而繫以銘。 （33）李文簡公神道碑銘（許安仁）

續表

作者/文獻	版本	用　例
胡謐《（成化）山西通志》卷之十五	民國二十二年景鈔明成化十一年刻本	（34）元中書右丞謚忠毅鄭公神道碑（王磐） （35）贈戶部左侍郎原公神道碑銘（楊鼎）（咸寧人。今户部尚書。） （36）又廿有六年為成化壬辰，公奉太淑人柩合窆其考之竁，而以其配宋淑人祔葬其兆左若干步。有司奉詔營廷合三世凡六墓共為一塋域，繚以周垣，中樹累贈封誥、勑諭祭文諸碑，左右樹其祖考、考兩《神道碑》，而北食神之堂與夫石人、獸、望柱悉構列如制，巋然一佳城也。 （37）此風水之說，所以不足深信，而司馬程氏各為著說以闢之也。吾於原氏先塋，益有足徵矣。故為記之，以告其後之人俾知所自，而且警夫世之溺風水之說者。若乃原氏累世德善之詳，則有當代諸鉅公所著《神道碑文》，在兹不贅。
胡謐《（成化）山西通志》卷之十六		（38）《辭湯王廟》（張之才）（見宋名官）：一官來此四經春，不負蒼天不負民。神道有靈應信我，去時猶似到時貧。
胡謐《（成化）山西通志》卷之十七		（39）王尚書神道碑 （40）留元帥神道碑 （41）大將軍史公神道碑 （42）李謙亨祖考神道碑 （43）陳莊敏公神道碑 （44）石尚書神道碑銘

表七百四十三

作者/文獻	版本	用　例
胡侍《胡蒙溪集》文集卷二	明嘉靖刻本	（1）意者非分之譽，鬼亦靦顏；無情之辭，後將奚信。而作者無愧色，受者無遜心，觀者無異論，有識之士所深憎也。盖近代史編，惟憑碑志，碑志烏有，史編子虛矣。……碑表之等，倬有王章；夫孺之銜，並須廷授。乃今賈豎販夫，咸冒君子之號；乘田筦庫，輒樹神道之碑。
胡侍《胡蒙溪集》文集卷三		（2）昭勇將軍都指揮僉事盛君神道碑（并序）

表七百四十四

作者/文獻	版本	用　　例
胡維霖 《胡維霖集》 墨池浪語詩譜 卷一	明崇禎刻本	(1) 昔嚚塵蝸角，忽現金碧琉璃。駕虹霓於鵲橋，遊彼化城，歡然合掌；渡迷津於彼岸，恍歷苦海，無不回頭。說將起來，便證正果；放得下處，結多善緣。俗子販夫，萬家盡耀光明燭；長街短巷，一切都化給孤園。此我朝借禪林以神道設教，而用梵音為木鐸警世者也。
胡維霖 《胡維霖集》 長嘯山房彙稿 卷二		(2) 資政大夫都察院左都御史贈太子太保謚簡肅洪溪衷公神道碑 (3) 明贈光祿卿四川按察司副使台晉駱公神道碑 (4) 自惠安駱老師始龍文之雄焰，與馬革之忠魂於昭日月，豈不偉然一代名臣哉？世兄奎曙謂（維霖）受知最奇，以師行實并蘇老師誌銘寄來，復以表《神道碑》見屬。（霖）抆淚讀之，不敢辭不文，謹詮次其大者。 (5) 通議大夫都察院右副都御史總督河道謚端簡朱公神道碑
胡維霖 《胡維霖集》 長嘯山房彙稿 卷二序		(6) 然上智不無人心，下愚亦有道心。惟語及禍福響應，善者始持福以令終，惡者亦轉禍以為福。此孔子作《春秋》而繫之。以天見公論之是非，國家之袞鉞所不能震，聖人始不得不以神道設教。蓋天之鑒人有赫故有人之君子，而天之小人亦有人之小人，而天之君子謂暗室屋漏而天入焉。
胡維霖 《胡維霖集》 白雲洞彙稿 卷一		(7) 答謝大宗伯鄭方水作先通議神道碑
胡維霖 《胡維霖集》 白雲洞彙稿 卷四		(8)《答熊壇石大司馬》：弟，筠人也。於黃檗山中，種竹數千株，五年成林。因製琅玕清簟，冰玉掌扇，聊佐高風。弟嘗謂元氣釀于靜極，人之靜躁，文之淳漓，國之升降，係焉翁臺息深深而神穆穆。……先通議苦行，見于諸傳、誌銘及《神道碑》中。

表七百四十五

作者/文獻	版本	用　　例
胡我琨 《錢通》 卷二十五	清文淵閣四庫全書本	(1) 人有五去而無一歸，人有八苦而無一樂，國有八破而無一成，官有八入而無一出，凡有三十餘條，上古已來，未之有也。天下百姓，哀號于道路，逃竄于山澤。夫妻不相活，父子不相救。百姓有寃，訴于州縣。州縣不理，訴于宰相。宰相不理，訴于陛下。陛下不理，何以歸哉？伏見蠻寇欺侵，神道誑惑。我國家作亡命之渠魁，為逋逃之窟穴。徵兵五年，今日誅之，何見之晚也。

表七百四十六

作者/文獻	版本	用　　例
胡忻《欲焚草》卷一	清康熙四十二年胡恒升刻本	(1) 日食正陽，廟享之朔未巳也。而雷火擊焚長陵樓碑矣，毛虫殘食陵麓松柏矣，山水衝毀神道橋梁樹株矣，霪雨漂壞官私廬舍殺人傷稼矣，種種怪異駭目驚心皇矣，上帝所為仁愛我皇上者至矣盡矣。我皇上仰體天心，誓修實政，諸臣亦仰體皇上之心，各疏實政。……夫上欲實修而下以實請，盖兩相投也。

表七百四十七

作者/文獻	版本	用　　例
胡儼《頤庵文選》卷上	清文淵閣四庫全書本	(1) 故資政大夫禮部尚書鄭公神道碑銘 (2) 宣聖五十七世孫襲封衍聖公神道碑銘

表七百四十八

作者/文獻	版本	用　　例
胡應麟《少室山房筆叢》乙部藝林學山八	明萬曆刻本	(1) 又文公《昌黎傳》注引皇甫湜所撰《神道碑》云：遺命喪葬，無不如禮。俗習夷狄，畫寫浮圖，日以七數之，及拘陰陽，所謂吉凶，一無汙我云云。今按：此事可見公之平生謹守禮法，排斥異教，自信之篤，至死不變。可以為後世法，而譜不載，不以為然也。

表七百四十九

作者/文獻	版本	用　　例
胡纘宗《鳥鼠山人小集》卷十六	明嘉靖刻本	(1) 上偶問：今年狀元何人？中官以胡廣人對，盖謂溥也。《祭鶴山書院土木之神》：惟神司土，惟神司工，推茲地故為宋了翁則第。惟神室宜幽，惟神道宜明，惟出入匪宜，惟大中丞吳公是度是興。惟幽是闢，惟明是遷，惟百工作事，惟神是祐。惟不日落成，惟神是相。惟吉日經始，惟良辰圖終，惟神是妥。敢告。

表七百五十

作者/文獻	版本	用　　例
皇甫録《明紀略》	民國景元明善本叢書十種歷代小史本	(1) 館閣誤聞，遽以廣為第一。永樂甲申會元楊相，《水東日記》作劉子欽，狀元曽棨。丙戌會元鄭文興，吉安題名録作朱縉，狀元林環。己丑會元陳璲，是永樂七年試畢，上幸北京，至九年辛卯廷試，狀元蕭時中，見王直撰《錢文肅神道碑》。壬辰會元林誌，而狀元亦擬之。

表七百五十一

作者/文獻	版本	用　　例
黄道周《易象正》卷三	清文淵閣四庫全書本	(1)《多方》曰：惟逸惟頗，大逺王命。故觀於人道之所終，則知神道之所始者矣。君子為地不敢為山，為澤不敢為天，虧益變流，安知何求？及其究也，以辨上下定民志。
黄道周《易象正》卷四		(2)《彖》曰：大觀在上，順而巽，中正以觀天下。觀，盥而不薦，有孚顒若，下觀而化也。觀天之神道，而四時不忒。聖人以神道設教，而天下服矣。 (3)《正》曰：七世之廟，可以觀德。萬夫之長，可以觀政。觀而渙，何醜之乎？曰：渙而觀，則丈夫也；觀而渙，則女子也。王假有廟，何闕之乎？君子有其名惡不適於用，有其法惡不適於事。先王設教，以率小人，不以喻君子。夫入廟而睹禮樂，以謂是神道者，亦管闚之智也。故十煇之師，執管以測星辰；八能之士，登臺以書雲物。君子或爲之，大人不爲也。故觀之渙，君子所不貴也。 (3) 所謂甘臨，是耶？非耶？抑所謂遺詔短喪，非所謂訓耶？抑當丁亥之歲，臨觀半交，七國并反，朝廷爲誅鼂錯，謝諸侯，尚未可得耶？抑廢薄后，太子榮寵，梁王刺殺袁盎，爲明主盛德累耶？武帝立未七年，輙遣方士求異方，彼所謂神道設教者耶？抑猶是多欲而義施之耶？
黄道周《易象正》卷八		(4)《正》曰：升而謙位，高而下人，善世而不伐，益流福好之所歸也。《詩》曰：雖無旨酒，雖無嘉殽，雖無德與女，晏嬰、季孫行父、趙衰、范燮皆用之矣。故禴者，神明之所繇通也。孚而用禴，衆志以格，神道以得，三讓而升堂，百拜而受享，夫豈為福日免咎而已。故致讓存位非德之至者也，孚禴則庶乎可也。

表七百五十二

作者/文獻	版本	用　　例
黃鳳翔《田亭草》卷十二	明萬曆四十年刻本	（1）先是公治壙於邑鐵灶山之原。效劉忠宣公故事，自為《壙志》，遣其子喬棟等業，已遵治，命（闕），公所爲誌藏諸幽矣！頃復貽黃生書曰：先恭肅公勉自挹損，不欲徼身，後榮名此。生平夙志也，顧不肖孤輩，遏佚前人之光，弗一表著不孝之罪，其奚所逃。茲將丐名世大筆，勒銘于神道之碑，以詔來許願，足下狀之，黃生不敢辭狀。
黃鳳翔《田亭草》卷十三		（2）嘗語侍御君曰：天道忌完，神道忌彰，人道忌露，物道忌華。君子蓄之以爲發，守之以爲通，明也。而晦居之才也，而拙用之裕也，而約出之天神人物之道所由以貞也。

表七百五十三

作者/文獻	版本	用　　例
黃光昇《昭代典則》卷七	明萬曆二十八年周日校萬卷樓刻本	（1）古者主人西向，几筵在西也。漢章帝幸魯祠孔子，帝西面再拜。《開元禮》"先聖東向，先師南向，三獻官西向"，猶古意也。今襲開元二十七年之制，遷神南面，非神道尚右之義矣。
黃光昇《昭代典則》卷十二		（2）倫上表稱謝，畧云：桓榮設几杖於太常，而不聞有宸翰之賜；晏殊題舊學於神道，而不見有几杖之頒。自今將杖以戒噎，則當思四海或有飢餒之民；憑几以安身，則當念一物或有失所之嘆。上甚嘉之。
黃光昇《昭代典則》卷十六		（3）古之名將知此法者，惟太公望、孫武子、韓信、諸葛孔明、李靖諸人而已。吴起以下，莫能知也。其名之曰天、地、風、雲、龍、虎、鳥、蛇八陣者，則諸葛孔明也。一大陣之中固有八陣，而小八陣之中各有八陣，大陣則法伏希八卦，小陣則法文王六十四卦，所謂陣間乎陣、隊間乎隊者也。若夫造楯甲有九星、開八門、用三奇者，則又黃帝命風后爲之也。盖聖人以神道設教，使人莫知其所以然也。

表七百五十四

作者/文獻	版本	用　　例
黃洪憲《碧山學士集》卷一	明萬曆刻本	（1）雖儒者多排擯不載，要以神道設教，啓牖顓蒙，其説不可廢也。蓋天下禍福之柄，不司于明則司于幽。明者，人治之是，故爵于朝，戮于市。 （2）故《書》曰：天道福善禍淫而降災降祥，率歸本于上帝胡然而天也。帝也不過緣神道以設教，而使人勸善懲惡，同歸于忠孝而已。

續表

作者/文獻	版本	用　　例
黃洪憲 《碧山學士集》 卷一	明萬曆刻本	(3) 予知公之志，將以文昌之化化民。俾嚮善者，奮寘頑者，懼以佐其政之所不逮，夫亦神道設教意乎？推此志也，雖與星精爭烈可也。
黃洪憲 《碧山學士集》 卷五		(4) 明中憲大夫南京都察院右僉都御史蕭公神道碑 (5) 明誥贈通議大夫吏部左侍郎兼東閣大學士石溪王公神道碑銘（代作） (6) 明特進光祿大夫柱國太保兼太子太傅掌錦衣衛事後軍都督府左都督朱公神道碑（代）
黃洪憲 《碧山學士集》 卷二十		(7) 今財不徵賦，調役不煩閭左，而又廟都邑仍故址地，便工省其事之勞逸，難易何如耶？且聖人因神道以設教，彼愚民無知，嘗玩法于昭昭。至其稱禨祥，陳說寘報，未有不惕，然懼者是禮神亦以治民也。

表七百五十五

作者/文獻	版本	用　　例
黃淮 《歷代名臣奏議》 卷三	清文淵閣四庫全書本	(1) 上曰：卿言無非仁義忠孝，可爲萬世臣子之法，朕常念之。衛博上奏曰：臣聞君天也，天以元氣祖羣物，君以神道制萬方。盎焉而春，燠焉而夏，潔焉而秋，肅焉而冬，盤薄乎太虛之中，胚胎融液，不可測知。而萌者達，屈者信，潛者奮，生者遂，人徒知確然在上，若以不宰爲功，而不知天之所以祖羣物者，以元氣之正也。經之爲文，緯之爲武，威之爲刑，慶之爲賞，奔走乎四海之内，動化鼓舞，不可測知。而大者畏，小者懷，亂者定，肆者束，人徒知巍然在上，若以不勞而治，而不知君之所以制萬方者，以神道之設也。惟元氣正，則茫然運；窅然化，所以爲天之高。惟神道設，則震動靜專；參伻開闔，所以爲君之尊仰。
黃淮 《歷代名臣奏議》 卷五		(2) 世祖時，趙天麟上策曰：臣聞放之彌六合，卷之退藏於密者，心之體也；範圍天地而不過，曲成萬物而不遺者，心之用也。此兩者，其實體用而已矣。體以統用，則神道設教而天下咸服；用以達體，則行其無事而真源自淨。含之若虛，啟之有餘，內外周圓，上下如一。二皇大之而道徹終古，五帝性之而德垂後世，三王身之而仁流萬邦，五霸假之而功加一時。何以言之？蓋四端如四時之相用，五常符五行之不忒，混而為一，謂之太極，暢而示微，謂之無極。非無極，不足以知神人之圓靈；非太極，不足以見聖人之大致。太極即無極也，聖人即神人也。性無不善，人無不同，雖凡愚不能無道心。道心惟微，故聖人貫天下之道。氣稟所拘，物慾所移，雖神聖不能無人心。人心惟危，故聖人崇天下之教。

續表

作者/文獻	版本	用　　例
黃淮《歷代名臣奏議》卷十七	清文淵閣四庫全書本	(3) 太子賓客崔沔上《宗庙加籩豆議》曰：臣竊聞識禮樂之情者能作，達禮樂之文者能述，述作之義，聖賢所重；禮樂之制，古今所崇。變而通之，所以久也。所謂變者，變其文也；所謂通者，通其情也。祭祀之興，肇於太古，人所飲食，必先嚴獻。未有火化，茹毛飲血，則有毛血之薦；未有麴櫱，汚樽抔飲，則有玄酒之奠。施及後王，禮物漸備，作為酒醴，伏其犧牲，以致馨香，以極豐潔，故有三牲八簋之盛，五齊九獻之殷。然以神道至敬，可備而不敢廢也。是以血腥爓熟，玄樽犧象，靡不畢登於明薦矣。 (4)《傳》曰"子雖齊聖，不先父食"，盖言子為父屈也。景皇帝雖太祖也，其於獻、懿，則子孫也。當禘祫之時，獻祖宜居東向之位，景皇帝宜從昭穆之列，祖以孫尊，孫以祖屈，求之神道，豈遠人情？又常祭甚眾，合祭甚寡，則是太祖所屈之祭至少，所伸之祭至多。比於伸孫之尊，廢祖之祭，不亦順乎？
黃淮《歷代名臣奏議》卷二十		(5) 唐神龍初，議云：既立七廟，須崇始祖。而張齊賢云：始祖即太祖，太祖之外，更無始祖。此前儒講之熟矣。大抵契、稷不以功德為祖，無必然之論；特起之君自為一代之祖，無不可之理。若乃藏主未順，宜必改定，蓋夾室者子孫廟之正也。或者謂神道尚右，失其旨矣。然則僖祖之主，必有所歸。
黃淮《歷代名臣奏議》卷三十五		(6) 陛下身先恭儉，以訓於上。小大之臣，畏法遵繩，以守於下。民以是化，政以是淳，國富兵強，可以制挺以撻戎狄之兵矣。凡有司之事，一切付之。陛下但優游巖廊，以神道設教，此堯舜之舉也。《易》曰：火在天上，大有；君子以遏惡揚善，順天休命。惟陛下不以臣言為迂闊，少賜留意，則天下幸甚。
黃淮《歷代名臣奏議》卷九十八		(7) 然古而好善，今疑其惡；古而欲安，今懼其亂。何也？古之人垂憲象魏，屬民讀法，其明白洞達，日星垂而河漢流也。登進而籲之，叙情以閔之，以真實惻隱示其下，而下不以情事其上，則非人類也。自後世而猜防日甚，塗其耳目也。而曰"以神道設教"，惡其議政也。
黃淮《歷代名臣奏議》卷一百十四		(8) 哲宗時，太學正葛勝仲《進養士圖籍劄子》曰：臣竊以三代之盛，班治顯設之方，尤備於成周，而周之隆教養作成之法，獨推於文武。文王之詩曰：不顯亦臨，無射亦保。故其效至於多士以寧。武王之詩曰：豐水有芑，武王豈不仕？故其效至於無思不服。雖聖人以神道設教，其精神心術之妙不可推測，意者殆將以作人籲俊為長久無窮之計，非特謀用於一時以康庶事而已。
黃淮《歷代名臣奏議》卷一百二十		(9) 臣料陛下仁孝，豈忍如斯。皆由左右之臣不能為陛下開明此理，在於神道不遠人情。故先聖謂：事死如事生，事亡如事存。設如仁皇在位，濮王居藩，陛下既為冢嗣，復以親稱濮王，則仁皇豈不震怒？濮王豈不側懼？是必君臣兄弟立致釁隙，其視陛下當如何也？

續表

<table>
<tr><th>作者/文獻</th><th>版本</th><th>用　　例</th></tr>
<tr><td>黃淮
《歷代名臣奏議》
卷一百二十四</td><td rowspan="4">清文淵閣四庫全書本</td><td>（10）事竟之日，刻石於陵側，明丘封大小高下之式。明器所須，皆以瓦木，合於文帝，不得用金銀銅鐵。使萬代子孫，並皆遵奉，一通藏之宗廟，豈不美乎？且臣下除服用三十六日，已依霸陵，今為隴，又以長陵為法，非所宜也。伏願陛下深覽古今，為長久之慮。臣之赤心，唯願萬歲之後，神道常安，陛下孝名，揚於無窮耳。
（11）臣聞古宗廟之制，前有廟，廟列昭穆；後有寢，寢陳衣冠。自秦漢已來，始因陵立廟，有寢宮便殿，雖廟居陵傍，而無必在山上不在山下之定制。且禮文所貴，宜也稱也；祀事所資，敬也潔也。伏以昭陵因山，太宗所建，宮在山上，以便當時，自野火延燒行宮山下，亦已久矣。今若伐木縮板，程功就險，神道貴靜，或非所宜，則與置陵之初，事體為異。況舊制既毀，新宮是修，考於便地，可以經久，所謂宜稱也。
（12）武宗會昌中，李德裕上奏曰：奉宣，“宣懿皇太后祔光陵同玄宮，及不移福陵只祔廟，何者為便，商量奏来”者。右，臣等伏以園寢已安，神道貴靜，光陵因山久固，僅二十年，福陵近又修崇，足彰嚴奉。今若再因合祔，須啓二陵，或慮聖靈不安，未合先旨。又以陰陽避忌，亦有所疑，不移福陵，實合禮意。伏以照臨在天，光靈未遠。合食清廟，於禮無違，足以申陛下大孝之心，表先後昭配之德，既遵舊典，尤愜眾情。臣等商量，祔太廟不移福陵，實為允便。臣等不任感切之至。</td></tr>
<tr><td>黃淮
《歷代名臣奏議》
卷一百二十五</td><td>（13）然臣竊謂陵寢所在，神靈是依，神道貴幽，理宜安靜。若頻歲修造，不無震驚。故古不修墓，聖人非薄於其親，意謂寧親莫如寧神，是乃孝之大者。今殯宮棟宇已固，器用已備，松栢已茂，陛下崇奉之心亦可謂至矣。
（14）謹按：後魏《五均志》：大辰第二星，盛而常明者，為天皇露寢，大帝常居，始由道奧而陳變通之迹。又天皇大帝，其精耀魄寶，蓋萬神之秘圖，與河洛之命紀皆稟焉。此則上帝是星之明據也。天一掌八氣、九精之政令，以佐天極，微明而有常，則陰陽序而大運興。太一掌十有六神之法度，以輔人極，微明而得中，則神人和而王道平。又北斗有權、衡二星，天一、太一參居其間，所以財成天工，輔相神道也。若一槩以列宿論之，實為乖謬。</td></tr>
<tr><td>黃淮
《歷代名臣奏議》
卷一百四十一</td><td>（15）所謂奸憸者，忽取其正直；所謂詆欺者，忽以為忠信。如上天寒暑陰晴之變，非臣下常情所可測度。後并韓﨑並用，皆大合於公議，天下謂之“韓范”。神考為韓琦作《神道碑》，實載其美。</td></tr>
<tr><td>黃淮
《歷代名臣奏議》
卷一百五十五</td><td>（16）紹聖二年，監察御史常安民論大臣唱紹述之說，上奏曰：臣竊惟今大臣為紹述之說者，皆借此名以報復私恩，一時朋附之流從而和之，遂至已甚。張商英在元祐時上呂公著詩求進，其言諛佞無恥，士大夫皆傳笑之。及近為諫官，則上疏乞毀司馬光、吕公公著《神道碑》。周秩在元祐間為太常博士，親定司馬光謚為文正。及近為正言，則上疏論司馬光、呂公著，乞斲棺鞭尸。</td></tr>
</table>

續表

作者/文獻	版本	用　　例
黄淮 《歷代名臣奏議》 卷一百七十四	清文淵閣四庫全書本	(17) 中宗立，鄭普思以方技幸，擢秘書監。邕諫曰：陛下躬政日淺，有九重之嚴，未聞道路横議。今籍籍皆言普思馮詭惑，説妖祥，陛下不知，猥見驅使。孔子曰：《詩》三百，一言以蔽之，曰：思無邪。陛下誠以普思術可致長生，則爽鳩氏且因之永有天下，非陛下乃今可得；能致神人邪，秦、漢且因之永有天下，非陛下乃今可得；能致佛法邪，梁武帝且因之永有天下，非陛下乃今可得；能鬼道邪，墨翟、干寶且各獻其主，永有天下，非陛下乃今可得。自古堯、舜稱聖者，臣觀所以行，皆在人事，敦睦九族，平章百姓，不聞以鬼神道治天下，惟陛下省察。
黄淮 《歷代名臣奏議》 卷二百二		(18) 儻陛下察臣肝膽，知臣精誠，以臣此言可以聽採，則乞俯迴聖覽，特示寬恩，僧孺等准往例與官，裴垍等依舊職獎用，使内外人意，歡然再安。若以臣此言理非允當，以臣覆策事涉乖宜，則臣等見在四人，亦宜各加黜責，豈可六人同事，唯罪兩人？雖聖造優容，且過朝夕，在臣懼惕，豈可苟安，敢不自陳，以待罪戾？臣今職為學士，官是拾遺，日草詔書，月請諫紙，臣若默默，惜身不言，豈惟上辜聖恩，實亦下負神道。所以密緘手疏，潛吐血誠，苟合天心，雖死無恨。無任憂懼激切之至。
黄淮 《歷代名臣奏議》 卷二百八十四		(19) 張方平上言曰：臣奉勅撰《故相陳執中神道碑銘》，今已繕寫，上進執中。器資毅重，有大臣風節。陛下察舉，再登元宰，直清公正，始終不渝。薨謝之日，恩禮隆至。昨者有司定謚，甚駭天下聽聞。臣聞古為謚法，節以一惠，蓋君子成人之美，不成人之惡。責人之備，於義已甚。
黄淮 《歷代名臣奏議》 卷二百九十六		(20) 及漢初興，上稽舊章，合符重規，徙齊諸田，楚昭、屈、景、燕、趙、韓、魏之後，以稍弱六國强宗。邑里無管利之家，野澤無兼并之民，萬里之統，海内賴安。後輒因衰麤之痛，脅以送終之義，故遂相率而陪園陵，無反顧之心。追即往法，政皆神道設教，强幹弱枝，本支百世之要也。是皆以永享康寧之福，無怵惕之憂，繼嗣承業，恭已而治，蓋此助也。 (21) 孔子曰：曾謂泰山不如林放乎！天地明察，降禍見灾，乃其理也。又問者，有司正以冬至之後，奏開恭陵神道。陛下至孝，不忍距逆，或發塚移尸。《月令》：仲冬，土事無作，慎無發蓋，及起大衆，以固而閉。地氣上泄，是謂發天地之房。諸蟄則死，民必疾疫，又隨以喪。厲氣未息，恐其殆此二年，欲使知過改悔。《五行傳》曰：六沴作見，若時共禦，帝用不差，神則不怒，萬福乃降，用章于下。臣愚以為可使公卿處議，所以陳術改過，取媚神祇，自求多福也。

續表

作者/文獻	版本	用　　例
黃淮 《歷代名臣奏議》 卷二百九十七	清文淵閣四庫全書本	(22)《傳》曰：外順天地時氣而祭其鬼神。然則神必有號，祀必有義。按：洪祀之文，惟神靈大畧而無所祭之名，稱舉國行祀而無貴賤之阻，有赤黍之盛而無牲醴之奠，儀法所用，闕畧非一。若率文而行，則舉義皆閡；有所施補，則不統其源。漢侍中盧植，時之達學，受法不究，則不敢厝心。誠以五行深遠，神道幽昧，探賾之求難以常思，錯綜之理不可一數。臣非至精，孰能與此！
黃淮 《歷代名臣奏議》 卷三百一		(23)《五行志》曰：簡宗廟，廢祭祀，水不潤下。水者北方，萬物終藏之地。神道居陰，尚乎安靜，虔恭廟祭，所以昭孝道也。廼者濮安懿王一事，始議或將與仁廟比崇，終罷追封，不及燕王之例，禮失中而孝不足，是亦幾乎慢也。
黃淮 《歷代名臣奏議》 卷三百二		(24)《書》又曰：天視自我民視，天聽自我民聽。又曰：天聰明，自我民聰明；天明畏，自我民明威。夫天本無心，無耳目，亦無喜怒愛威。作《書》者假視聽聰明以爲之説，故《易》曰"聖人以神道設教"者是也。
黃淮 《歷代名臣奏議》 卷三百四十四		(25) 臣思之至深，以謂陛下神道設教。紀綱既正，天下大定。燕居而高拱，百工安職，四民樂業矣。

表七百五十六

作者/文獻	版本	用　　例
黃景昉 《國史唯疑》 卷六	清康熙三十年鈔本	(1)《議禮》：諸公多慱學潔行，盛氣雄辭。張、霍尤甚，似從精靈神道中來。
黃景昉 《國史唯疑》 卷十		(2)《傳》：郭臨没，麥城隍神約期交代。又有云：被武昌、漢陽二城隍追攝甚苦者，要郭如此氣槩，自合從精靈神道中來。

表七百五十七

作者/文獻	版本	用　　例
黃克纘 《數馬集》 卷二十五	清刻本	(1) 通議大夫詹事府詹事兼翰林院侍讀學士經筵日講官和宇劉先生神道碑 (2) 嘉議大夫太僕寺卿玉溪王先生神道碑

表七百五十八

作者/文獻	版本	用　例
黄汝亨《廉史傳》	明萬曆刻本	(1) 夷簡致位顯處，以直自閑，未嘗苟辭氣悦人。歷三鎮，家無産貲。病不迎醫，將終，戒毋厚葬，毋事浮屠，毋碑神道。世謂行已能有終始焉。
黄汝亨《古奏議》	明萬曆二十九年吴德聚刻本	(2)《韓愈禘祫議》(韓愈)：右今月十六日勅旨，宜令百僚議，限五日內聞奏者。……今輒先舉眾議之非，然後申明其說。一曰：獻、懿廟主，宜永藏之夾室。……二曰：獻、懿廟主，宜毁之瘞之。……三曰：獻、懿廟主，宜各遷於其陵所。……四曰：獻、懿廟主，宜附於興聖廟而不禘祫。……五曰：獻、懿二祖，宜別立廟於京師。……此五說者，皆所不可。故臣博采前聞，求其折中。以為殷祖玄王、周祖後稷，太祖之上皆自為帝。又其代數已遠，不復祭之，故太祖得正東向之位，子孫從昭穆之列。《禮》所稱者，蓋以紀一時之宜，非傳於後代之法也。《傳》曰"子雖齊聖，不先父食"，蓋言子爲父屈也。景皇帝雖太祖也，其於獻、懿，則子孫也。當禘祫之時，獻祖宜居東向之位，景皇帝宜從昭穆之列，祖以孫尊，孫以祖屈，求之神道，豈遠人情？又常祭甚眾，合祭甚寡，則是太祖所屬之祭至少，所伸之祭至多。比於伸孫之尊，廢祖之祭，不亦順乎？事異殷周，禮從而變，非所失禮也。
黄汝亨《寓林集》卷二	明天啓四年刻本	(3) 寓生曰：子不語怪神，謂神道遠怪非常也。季路問"事鬼神"，曰"未能事人"。問"死"，曰"未知生"。然則知人之爲神，生之爲死，則知怪之爲常而常非恠也。
黄汝亨《寓林集》卷四		(4) 吳公之意，如此而已矣。此所謂不言之化，無意之意。上古畫衣冠而民不犯，聖人神道設教而天下服，想固然耳。夫豈必搏斷之爲威，而張絃更轍之爲理乎？ (5) 仲尼好學而上生知，劉劭志人物而貴聰明，非知與聰明之去學問行事也。天而攝人者通也，人而持天者艱也。繇斯以觀神道雅化，固非人之所得幾也。 (6) 聞侯未嘗鞶詹以歛縱智，以舒市名，而急上知矯情而獵下譽也。其朗如鑑，其發如機，其止如匣劍，其行如建瓴之水。三年而化，有成其神道之爲乎？
黄汝亨《寓林集》卷七		(7) 入乎道則醇，入乎才情則雅，入乎詞藻聲華則麗，而駁而他日之人品功業徵是矣。故曰：下之所習，上之所觀也。《易》亦有之：風行地上曰觀，而其行乎水曰渙。觀，以觀其所渙者也。故先王以省方觀民設教，神道設教而天下服矣。

續表

作者/文獻	版本	用　　例
黄汝亨《寓林集》卷十六	明天啓四年刻本	（8）神道碑 （9）明吏部尚書贈太子太保光禄大夫清簡孫公神道碑 （10）昔蘇軾奉詔碑司馬光神道，以端明殿學士范鎮爲之銘，遂不復詳而特論其大槩。小子汝亨亦竊附斯義，又以大僕兄弟之交辱公知僭表公墓，以寫西州之慟，以質天下後世，或無媿焉。
黄汝亨《寓林集》卷十七		（11）錢唐邑諸生沈思相、遂昌教諭平湖陸欽正、楚藩經歷趙志竣、邑諸生盧元復、崇明令沈涞、京衛經歷一即汝亨，將以萬曆己酉月日，遵翁存日所卜，合趙淑人窆於西山石人塢先公神道之次。謹列如左。
黄汝亨《寓林集》卷三十二		（12）然神道遠矣，何知觀覽吉凶？人慾罔然，誰者破除慳吝？見在之因不植，後來之果蔑聞。所冀道中，韻士區內。善男仰忠義孝友而景行高山，瞻正直聰明以依心玄鑑，栽種于文章之府，培根于陰隲之田。思神安則己亦安，念夢覺而覺亦覺。

表七百五十九

作者/文獻	版本	用　　例
黄文焕《楚辭聽直》	明崇禎十六年刻清順治十四年增修本	（1）《九章》亦曰：五帝折中，六神嚮服。可謂皆楚人之事神，非原之欲質於神乎？可謂皆巫之事神，非原自事乎？以原之言神，而專謂借事神以比事君，亦非也。原不得於君，故設言求庇於神。其如神之，亦不我顧，不我庇，何哉？因神道慘，葢賦意居多、比意居少焉。

表七百六十

作者/文獻	版本	用　　例
黄學海《筠齋漫録》卷一	明萬曆三十年刻本	（1）古之名將知此法者，惟太公望、孫武子、韓信、諸葛孔明、李靖諸人而已。吴起以下，莫餂如也。其名之曰天、地、風、雲、龍、乕、鳥、獸八陣者，則諸葛孔明也。一大陣之中固有八陣，而小八陣之中亦各有八陣，大陣則法伏羲八卦，小陣則法文王六十四卦，所謂陣間乎陣、隊間乎隊者。若夫造遁甲有九星、開八門、用三奇者，則又黄帝命風后為之也。盖聖人以神道設教，使人莫知其所以然也。

表七百六十一

作者/文獻	版本	用　　例
黃訓 《名臣經濟録》 卷一	清文淵閣四庫全書本	(1) 漸次時雍，至於比屋可封不難矣。陛下不可視為迂濶，而不切當今之急務也。陛下天資至高，合于道微。百家神怪，誕妄恍惚，臣知陛下洞矚之矣。然猶不免欲以愚弄天下，若所謂以神道設教者，臣謂不必然也。一統之輿圖已定矣，一時之人心已服矣，一切之奸雄已慴矣。天無變災，民無患害。聖躬康寧，聖子神孫繼繼繩繩，所謂得真符者矣。何必興師以取寶為名，諭衆以神仙為徵應，謂有所謂某仙某神孚佑國家者哉。
黃訓 《名臣經濟録》 卷二		(2) 胡榮神道碑錄（李賢） (3) 上覽之，初疑其詐諼，曰：豈應有是？反覆詰難，衆為公危。公詞色不少挫。既捕賢等至，上親問狀，得其邪謀本末及所造僞詔，立誅以正、射成及内侍養子。陞公遼海衛千户，後賢等皆伏誅。召還，又陞懷遠將軍、錦衣衛指揮同知。有喜戒其同官事，必闔白勿諼。(《都督僉事王瑜神道碑》)
黃訓 《名臣經濟録》 卷三十		(4)《漢晉春秋》所載：章帝元和二年，幸魯祀孔子，帝升廟，西面再拜。《開元禮》亦謂“先聖東向，先師南向，三獻官皆西向”，是猶未失古之意也。今襲開元二十七年之制，遷神于南面，而行禮者于北面，則非神道尚右之義矣。

表七百六十二

作者/文獻	版本	用　　例
黃煜 《碧血録》 卷下	清知不足齋叢書本	(1) 然則先生前後已兩伏闕，而梅付祭酒作《李忠毅公神道碑》，書其後而佚其前。微此跋其事，不幾失傳歟！

表七百六十三

作者/文獻	版本	用　　例
黃元吉 《净明忠孝全書》 卷四	明正統道藏本	(1) 或問：前云陰是陽之影，果爾陰中有主宰之神也無？先生曰：陽有陽之至神，太陽上帝是也。陰有陰之至神，太陰皇君是也。烏得而無主宰聖人，尊陽貴陰，蓋以此義。又曰：但是人身之影，亦有神道。《書》言：人影益炬，可數至九。數九影之神，亦各有名。古者有相人影濃淡，知貴賤壽夭，有艾炎人影療病者。又如蠱蜮之類，皆射人影而肆毒者，烏得無神。

續表

作者/文獻	版本	用　　例
黃元吉 《净明忠孝全書》 卷四	明正統道藏本	(2) 或問：世傳都仙真君役鬼工鑄鐵柱之說，有之乎？先生曰：神道設教，普化下根，其實只是地之精華融结成形。其出现也有應驗，有時節。當時都仙道果圓成，天地之氣無不應驗。此柱非假鎔鑄，自然出现，以鎮壓一境耳。

表七百六十四

作者/文獻	版本	用　　例
黃正憲 《易象管窺》 卷五	明刻本	(1)《象》曰：大觀在上，順而巽，中正以觀天下。觀，盥而不薦，有孚顒若，下觀而化也。觀天之神道，而四時不忒。聖人以神道設教，而天下服矣。 (2) 孔子曰“予欲無言”，便是神道設教處。 (3) 五以陽剛中正，神道設教，光華徧于國中。六四，大臣切近其光者也。當此之時，大觀在上，下觀而化。
黃正憲 《易象管窺》 卷十三	明刻本	(4) 形而上者謂之道，形而下者謂之器。以形下者索形上者，何以得其似擬諸形容，象其物宜？尚象也。神道設教，莫大乎蓍龜。《係辭》“斷吉凶”，尚占也。 (5) 伏羲畫卦之意，本開物成務。以神道設教，而貽天下萬世之利者也。但自八卦立象命名之外，無一餘詞，故曰：書不盡言，言不盡意。然有象斯有意，雖不言而曰利曰神，已含蓄于八卦象中矣，所謂立象以盡意也。

表七百六十五

作者/文獻	版本	用　　例
黃佐 《翰林記》 卷十一	清文淵閣四庫全書本	(1) 愚按：國初，勳戚大臣《神道碑銘》，多出本院儒臣奉勑撰述，其後不過私家謁請而已。至于《應制詩文》，雖内閣罕聞焉，盖故事寢廢久矣。
黃佐 《翰林記》 卷十九	清文淵閣四庫全書本	(2) 文定撰文貞《神道碑》則曰：溥自出仕，與公交游，在館閣議事，彼此不能無可否，退而歡如也。抑庵自內閣為禮部侍郎，出文貞意，文敏盏嘗甚惜之。然抑庵為文貞作本傳，極其稱揚。

續表

作者/文獻	版本	用　　例
黄佐 《南廱志》 第十四	民國景明嘉靖二十三年刻增修本	(3) 黄帝、堯、舜三代之樂，循歷數之先後者也。地示次於天神，山川次於四望，先祖次於先妣，故以六律、六同、六舞分而序之，每奏一律、歌一同、舞一樂，以饗人鬼，以祭地示，以祀天神。故曰：圜丘尚祀，觀神道也；方澤貴祭，察物類也；宗廟用享，懷精氣也。
黄佐 《南廱志》 卷二十一	民國景明嘉靖二十三年刻增修本	(4)《漢晉春秋》所載：草帝元和二年，幸魯祀孔子，帝升廟，西面再拜。《開元禮》亦謂“先聖東向，先師南面，三獻官皆西向”，是猶未失古之意也。今襲開元二十七年之制，遷神於南面，而行禮者北而，則非神道尚右之義矣。
黄佐 《革除遺事》 卷六	明鈔本	(5) 仁宗臨御，嘉念舊勞，陞刑部尚書，奉命代祀周文、武、成、康陵及秦愍王墓。既還，言關中民瘼，深見嘉納。賜誥命，追贈二代。宣德初，改行在工部尚書。凡有興作重役，悉委之。死年七十。與黄福、楊士奇輩相莫逆，其死也，士奇爲之撰《神道碑銘》，稱其坦夷闓敏，有長者風焉。
黄佐 《庸言》 卷四	明嘉靖刻本	(6) 祭祀大饗，有三始焉。降神謂之歆，陳饌謂之薦，皆作樂以致之。既乃禮之，以玉而祼謂之獻。夫天者，綂元氣焉。事天以烟為歆神之始，以血為陳饌之始，盖尊而遠之也，故以祀禮接焉。祀者，觀神道也。地者，綂元形焉。事地以埋為歆神之始，以血為陳饌之始，盖近而察之也，故以祭禮接焉。祭者，察物類也。人者，綂元識焉。事宗廟以灌為歆神之始，以腥為陳饌之始，盖引而敬之也，故以饗禮接焉。饗者，懷精気也。
黄佐 《庸言》 卷六	明嘉靖刻本	(7)《文中子》曰：祀者，觀神道。祭者，察物類。饗者，懷精氣。聖人以此接三才之奧，得其義矣。世誤分之：漢人聲類相避，唐人犢為變數，宋人各為始終。見於注蹝史志者，可考也，然猶信之也。

表七百六十六

作者/文獻	版本	用　　例
季本 《説理會編》 卷十	明刻本	(1) 良心在人無有死時，此天命之本體。聖人作《易》，開之以吉凶悔吝，使人自復其本心而已矣。吉凶悔吝者，心之四德也。爲善則吉，吉者心之安處也。爲惡則凶，凶者心之不安處也。自凶而趨吉則悔，悔者心有所悟而必欲改也。目吉而向凶則吝，吝者心有所羞而不欲爲也。此皆天命自動而不待於外求者，此心一覺，豈復（闕）蹈禍幾邪！古之聰明睿智，神武不殺，而吉凶與民同患如此。此所以為神道設教歟！

續表

作者/文獻	版本	用　　例
季本《説理會編》卷十五	明刻本	（2）此聖人所以為神道設教也。後世不知《易》之為教，欲開人心而執其象占，立爲斷例，則不過以卜筮推測利害之粗迹耳。
季本《易學四同》卷三	明嘉靖刻本	(3 風行地上，周及庶物，爲巡歷周覽之象。省方者，巡省四方也。觀民者，以德為民之觀也。設教者，德教施於民也。德則化神，即神道設教之意。 （4）觀天之神道，而四時不忒。聖人以神道設教，而天下服矣。 （5）无爲而化曰神。天之神道，天德之无爲者也。天以此道觀示，而四時不忒之化自成，所以爲神也。聖人以德為教，即天所觀之神道也。天下服，則民化矣。
季本《易學四同》卷五		（6）此章備釋《彖辭》《爻辭》及“吉凶悔吝无咎”之通例，以見聖人神道設教，使人自復於善之仁也。 （7）神覺於幾先，故曰知來。知泯於无迹，故曰藏往。武，威武也。不怒而威，大畏民志，此神道自然之應，故曰神武。古之聰明睿知，神武不殺，謂聖之至者，指伏羲也。此一節言聖人能體易道之深，故无爲而民自化也。
季本《易學四同》卷六		（8）剛柔之變乃天命之所不能已者，故覺悟之幾動而吉凶悔吝生，蓋四者之占皆人心獨知之處，不假外求而聖人以此開物，所以爲神道設教也。

表七百六十七

作者/文獻	版本	用　　例
江天一《江止庵遺集》卷二	清康熙刻本	（1）《重建唐越國汪公神道坊記》：汪公以奇勳著大業之末，武德中受唐封爵爲越國公，後葬吾鄉雲嵐山。墓廟勅祀，奕葉不衰。前有神道坊，傾圮廢弛幾數十年。支派廣延，近有名國儒者、文芳者言念明德，身先集貲費數百金，重建而新之。
江天一《江止庵遺集》卷七		（2）顧貲糧尚缺，勢必借助於衆力。居者有香火之愿，行者有道路之安，合新安之人皆當發大願力，以觀其成，豈僅尋常利益而已！余故喜山僧，此舉實有俾於君國之防，而亦不失古者神道設教之遺意焉。

表七百六十八

作者/文獻	版本	用　　例
江用世 《史評小品》 卷一	明末刻本	(1) 于是黃帝爲之神道設教，緣夢寐以昭事應，使風后、力牧之名著，而兵法之用顯是，豈黃帝得已哉？蓋欲平治萬世之天下，不得不出此耳！則黃帝一夢，即非熊之夢。帝賚良弼之夢，夢之至靈者也。
江用世 《史評小品》 卷十六		(2)《神道碑》叙云：八柱承天，高明之位定；四時成象，亭毒之功存。畫爲九州禹也，堯享鴻名；播時百穀契也，舜稱至德。繇此言之，知人則哲，非賢罔乂。致君堯舜，何代無人？有唐元宰曰梁文貞公者，位爲帝之四輔，才爲國之六翮，言爲代之軌物，行爲人之師表：蓋維嶽降神，應時間出者也。
江用世 《史評小品》 卷二十		(3) 賛曰：眞宗英悟之主。其初踐位，相臣李沆慮其聰明，必多作為，數奏災異以杜其侈心，蓋有所見也。及澶洲既盟，封禪事作，祥瑞沓臻，天書屢降，導迎奠安，一國君臣如病狂然，吁，可怪也。他日脩《遼史》，見契丹故俗而後推求《宋史》之微言焉。宋自太宗幽州之敗，惡言兵矣。契丹其主稱天，其后稱地，一歲祭天不知其幾，獵而手接飛鴈，鴇自投地，皆稱爲天賜，祭告而誇耀之。意者宋之諸臣，因知契丹之習，又見其君有厭兵之意，遂進神道設教之言，欲假是以動敵人之聽聞，庶幾足以潛消其窺覦之志歟？然不思修本以制敵，又效尤焉，計亦末矣。仁宗以天書殉葬山陵，嗚呼賢哉！

表七百六十九

作者/文獻	版本	用　　例
姜寶 《周易傳義補疑》 卷三	明萬曆十四年刻本	(1) 觀天之神道（莫知其然），而四時不忒。（四時代謝，終古如一。）聖人以神道設教（非有聲有迹），而天下服矣。 (2)《本義》：極言觀之道也。四時不忒，天之所以爲觀也。神道設教，聖人之所以爲觀也。

表七百七十

作者/文獻	版本	用　　例
姜南 《蓉塘詩話》 卷十七	明嘉靖二十二年張國鎮刻本	(1) 穢冢：秦檜墓，在建康。墓上豐碑矻立，不鐫一字。蓋當時士大夫鄙其爲人，兼畏物議，故不敢作《神道碑》。及孟珙滅金回，屯軍於檜墓所，令軍士糞溺墓上，人謂之“穢冢”。

表七百七十一

作者/文獻	版本	用　　例
蔣臣《無他技堂遺稿》卷十四	清康熙四十九年刻本	(1) 是故神道設教，不以窮鄉下里爲非。天光所照臨，隨其心力而崇祀焉，其亦未始不可也。

表七百七十二

作者/文獻	版本	用　　例
蔣德璟《蔣氏藿經》卷九	明萬曆刻本	(1) 右判：楊烱《右将軍魏哲神道碑》：陳兵玉塞，按節金微。學常山之虵，擬麗譙之藿。

表七百七十三

作者/文獻	版本	用　　例
蔣一葵《堯山堂外紀》卷四	明刻本	(1) 武帝崩後，忽見形，謂陵令薛平曰：我雖失勢，猶為汝君。柰何令吏卒上吾陵磨劍乎？因不見。推陵旁，果有方石可為礪，吏卒常盗磨刀劍。霍光欲斬之，張安世曰：神道茫昧，不宜為法。故阮公《詠懷詩》曰：失勢在湏臾，帶劍上吾丘。
蔣一葵《堯山堂外紀》卷四十一		(2) 嚴續僕射位髙寡學，為時所鄙。甞請韓熈載為其父撰《神道碑》，珎貨外仍輟一姬潤筆。韓納其請。文旣成，但敘譜系品秩及薨塟哀贈之典，畧不道續事業。續嫌之，封還，意其改竄。熈載亟以歌姬并珎贈還之。姬登車，書一絶於泥金雙帶云：風柳摇摇無定枝，陽臺雲雨夢中歸。他年蓬島音塵斷，留取尊前舊舞衣。
蔣一葵《堯山堂外紀》卷四十五		(3) 杜默爲詩多不合律，故當時言事不合格者爲“杜撰”。盛度甞爲人撰《神道碑》。石中立急問曰：誰撰？盛卒曰：度撰。滿堂大笑。
蔣一葵《堯山堂外紀》卷五十八		(4) 秦檜（字會之，江寧人，故其墓在建康。墓上豊碑矻立，不鐫一字。盖當時士大夫鄙其為人，兼畏物議，故不敢作《神道碑》。及孟珙滅金回，屯軍於檜墓所，令軍士糞溺墓上，人謂之“穢冢”。）

續表

作者/文獻	版本	用　例
蔣一葵《八朝偶雋》卷二	明木石居刻本	(5) 姚崇與張説同相，頗懷疑阻，張銜之。崇病，戒諸子曰：張與吾釁隙甚深。然為人奢侈，好服玩。吾没後，當來吊，汝具陳吾平生服玩寶帶重器致之，仍以《神道碑》為請。既獲文，卽時鐫刻。張見事遲，數日後，必悔。欲索回刪正，當引使者視石告云，且已聞于上矣。崇没，張果至，目其玩器者三四。諸子悉如崇戒。不數日文成，敘足該詳，時謂極筆。署曰：八柱承天，高明之位列；四時成序，亭育之功全。後果悔，遣使取本，以辭未周密為辭，將加刪改。姚諸子舌以云云。使者復命，張大恨撫膺曰：死姚崇能算生張說。

表七百七十四

作者/文獻	版本	用　例
焦竑《焦氏澹園續集》卷十一	明萬曆三十九年朱汝鰲刻本	(1) 神道碑 (2) 資德大夫都察院右都御史兼兵部左侍郎贈兵部尚書冲菴顧公暨配淑人李氏神道碑
焦竑《焦氏澹園集》卷二十六	明萬曆三十四年刻本	(3) 神道碑 (4) 資政大夫刑部尚書劉公神道碑
焦竑《焦氏澹園集》卷二十八		(5) 龍湖人聞公高誼，爭納履、奉巵酒爲壽，又爭獻金幣，乞公赫蹏則盡以散之。峨眉青神道間寠人，其不欲近利，類如此。
焦竑《易筌》卷二	明萬曆刻本	(6)《象》曰：大觀在上，順而巽，中正以觀天下。觀，盥而不薦，有孚顒若，下觀而化也。觀天之神道，而四時不忒。聖人以神道設教，而天下服矣。
焦竑《易筌》卷五		(7) 孔疏曰：凡物之體，從柔以至剛；凡事之理，從微以至彰。知幾之人，既知其始，又知其終，是合于神道，故為萬夫所瞻望也。
焦竑《玉堂叢語》卷三	明萬曆四十六年徐象橒曼山館刻本	(8) 王端毅於弘治之初柄政銓府，如鉅鹿耿公、華亭張公、襄城李公、莆田彭公、盱眙何公、錢塘倪公，才猷風節，維國之楨，皆豐芑數世之培植，海內所慕望者。公皆引而置之政事之地，宣謀猷，輸忠赤，同寅協恭，以毘弘治之治。君明臣良，至今天下追思遐詠而不能已。忠諫久廢如王徽、黃仲昭、賀欽，迂直如周瑛、祁順，並皆薦用。裁抑僥倖，褒崇名節，無敢以私干者。（《神道碑》）

續表

作者/文獻	版本	用　例
焦竑《玉堂叢語》卷七	明萬曆四十六年徐象橒曼山館刻本	(9) 瑞安高氏墓有有穹碑一通，吳中太湖石所礱，碑陰鋸紋朗朗而欹。聞宣德間，永嘉黃少保淮葬父，鋸其半為《神道碑》，鋸且盡，高之裔孫某曰：相公取之薄矣。黃問故，高曰：恐後人復欲鋸耳。黃默然。
焦竑《老子翼》卷三	民國金陵叢書本	(10) 吕注：聖人抱樸以治天下，故大制不割，則其取天下常以無事而已。取之也者，得天下之心，使之不去者也。則將欲取天下而為之者，非所以取天下也。非所取而取之，吾是以見其不得也。形而上者謂之道，形而下者謂之器。天下之為器，神器也，唯神道可以御神器。神無思也，無為也，而為之，則御之非其道矣，故不可為也。為者所以求成而適足以敗之，執者所以求得而適足以失之也。
焦竑《老子翼》卷七		(11) 自三代之餘，六雄競逐。秦居閏位，漢雜霸道，魏氏則虐深華夏，有晉則化成夷狄。降斯以後，粹駁不分。帝迹皇風，寂寥千載。天命聖德，會昌神道。變億兆之視聽，復三五之規模。固以幽明贊協，符瑞彪炳。
焦竑《熙朝名臣實録》卷三	明末刻本	(12) 愈爲人沈毅詳敏，其事上最恭慎，有所委不憚危苦，功成不矜，敬禮賢士大夫。上心重之，命朱夢炎爲製《神道碑》。
焦竑《熙朝名臣實録》卷六		(13) 倫上表謝，略曰：桓榮設几杖於太常，不聞宸翰之賜；晏殊題舊學于神道，未見几杖之頒。
焦竑《熙朝名臣實録》卷九		(14) 永樂二年，賑濟蘇、湖。十六年，來朝北京，寓慶壽寺。病，車駕再臨視。卒，贈少師榮國公，謚恭靖。上爲文《神道碑》。洪熙元年，侑享祖廟庭。嘉靖九年，移祀大興隆式，龍侑享。 (15) 御製推忠報國協謀宣力文臣特進榮禄大夫上柱國榮國公姚廣孝神道碑
焦竑《熙朝名臣實録》卷十		(16) 陛下天資至高，令於道微。百家神恠，誕妄恍惚，無不洞矚其謬。然猶不免欲以愚弄天下，若所謂以神道設教者，臣謂不必然也。

續表

<table>
<tr><th>作者/文獻</th><th>版本</th><th>用　　例</th></tr>
<tr><td>焦竑
《國朝獻徵録》
卷一</td><td rowspan="4">明萬曆四十四年徐象橒曼山館刻本</td><td>（17）明周藩宗正鎮國中尉西亭公神道碑（張一桂）
（18）大明南渭莊順王神道碑（呂調陽）
（19）南渭王自岷府分封永州，迄莊順王，蓋四傳矣，世以孝友雍睦聞於藩國。桂林史氏呂調陽往典館局，得稽其故實。有桂林於永州，猶堂戶然，其知頗悉云。王之薨也，調陽方讀禮廬次，其輔國將軍定炪具事狀，遣儀賓張大訓詣桂林，請銘神道之碑。</td></tr>
<tr><td>焦竑
《國朝獻徵録》
卷二</td><td>（20）益莊王神道碑銘（張時徹）
（21）靖江安肅王神道碑銘（蔣冕）
（22）冕嘗讀兩漢書，見其所列同姓諸侯王數百，而大雅不群有若河間獻王德，為善最樂有若東平獻王蒼，僅一二見。……此冕於（闕）靖江安肅王之薨，其嗣王來請銘王神道之碑，不能無嘅言者也。</td></tr>
<tr><td>焦竑
《國朝獻徵録》
卷三</td><td>（23）贈楊王陳公神道碑（宋濂）
（24）皇帝恭膺大寶，式展孝思。既追崇祖宗四代帝號，建立太廟。復念皇太后之所自出，追封外王父為楊王，外王母為楊王夫人。建祠於太廟之東，歲時遣重臣致祭。近有來自淮陰者，言王墓在盱眙如故，上聞之悲喜文集，即詔内臣及圓丘署令往祭而修治之，置灑掃之戶凡三，護視塋域，且命詞臣撰文以樹諸神道。
（25）特進榮祿大夫柱國會昌伯太傅安國公謚恭憲孫公神道碑（李賢）
（26）公，聖烈慈壽皇太后之父也。距薨已八年，而夫人董氏卒。訃聞，宮庭哀悼，上輟視朝一日。凡白金寶鏹布帛之類，祭葬之禮，率異常例。既襄事，復命臣賢為撰合葬《神道碑銘》，用昭公與夫人善行千來世。
（27）太保會昌侯孫公神道碑（毛澄撰。）
（28）追封慶雲侯周公神道碑銘
（29）贈特進榮祿大夫柱國昌化伯邵公神道碑（嚴嵩）
（30）既命工曹往董其役，又賜諭祭一十四壇，給供祀田八頃建祠墓，下賜額曰“發祥”，表以石坊中，為勅命碑亭，繚以石垣，湖山抱揖，寔據佳勝。而臣嵩承命撰文，樹諸神道。</td></tr>
<tr><td>焦竑
《國朝獻徵録》
卷四</td><td>（31）特進光祿大夫柱國太傅兼太子太傅駙馬都尉掌宗人府事京山侯左柱國謚榮恭崔公神道碑（嚴嵩）</td></tr>
</table>

續表

作者/文獻	版本	用　　例
焦竑《國朝獻徵録》卷五	明萬曆四十四年徐象橒曼山館刻本	(32) 特進光祿人夫左柱國太傅中書右丞相征虜大将軍魏國公贈中山王謚武寧徐公達神道碑（御製） (33) 王平昔言簡慮精，當提兵之時，命出不二，諸將敬若神明。所至之處，攻城不屠，與人不戲。凡受命而出，及功成而旋，每不自矜。至於封姑蘇之府庫，置胡公之美人、財寶無所取，婦女無所愛，忠志無疵，昭明乎日月。既薨，朕恐歲月幽遣，磨迷偉績，朕特親筆。生前張我武威、偃兵息民、混一區夏，奠安人神之勞，以示子孫，耿光萬世。勒諸堅石，樹當神道。歌曰：景命昌兮天彰，錫我英俊兮忠良。幽韜秘略兮神機，默溫溫兮兼剛。秉旄鉞而征征兮既出，幡幢繚繞兮雄氣軒昂。戰騎靈兮蹄疾，旌旌烈烈兮前行。六軍濟濟兮甲胄，（闕）矛燦爛兮精鋥。舍之兮周廬星列，屬橐兮比比懸傍。刁十聲頻兮令密，山川妖勉兮奚藏。彎弧力勁兮射欃槍，幾拔星月兮秋霜。奮忠海内兮孰前，當摧堅撫順兮我武惟揚。 (34) 上謂群臣曰：朕起自徒步，大將軍為朕股肱心膂，戮力行陣，東征西討，削平群醜，克濟大勳。今邊胡未殄，朕方倚任為萬里長城之寄，而太陰屢犯，上將不意遽殞其命，天何奪吾將之速？朕夜來竟夕不寐，欷歔流涕，思盡心報國家為社稷之重，安得復有斯人？乃欲有以報之，無所用其情耳，但著其勳烈宣于金石，永垂不朽，使後世知斯人為國之元勳也。遂親製《神道碑》，既備其功，又稱其平昔言簡慮精，當提兵之時，令出不二，諸將敬若神明。所至攻城不屠，與人不戲。凡受命而出，及功成而旋，每不自矜。 (35) 黔國公贈定遠王謚忠敬沐晟神道碑（楊士奇） (36) 襲封黔國公謚榮康沐公斌神道碑（吳節） (37) 成國公贈東平王謚武烈朱公能神道碑（楊士奇） (38) 成國公贈平陰王謚武愍朱公勇神道碑（李賢） (39) 成國公贈太師謚莊簡朱儀神道碑 (40) 成國公贈太傅謚恭僖朱輔神道碑（徐階） (41) 今太傅公追論疇昔，為之惻然。太傅兄弟因屬予銘公神道之碑，予不得辭。 (42) 成國公追封定襄王謚恭靖朱希忠神道碑（張居正） (43) 鄂國公常遇春神道碑（宋濂） (44) 曹國公岐陽武靖王李文忠神道碑（董倫）

續表

<table>
<tr><th>作者/文獻</th><th>版本</th><th>用　　例</th></tr>
<tr><td>焦竑
《國朝獻徵録》
卷五</td><td rowspan="5">明萬曆四十四年徐象橒曼山館刻本</td><td>（45）洪武十有七年春三月，開國輔運推誠宣力武臣、特進榮祿大夫、右柱國、大都督府左都督、曹國公、同知軍國事李公，薨於第。皇上輟視朝三日。親製文，遣使致祭，追封岐陽王，謚武靖，賜葬地於鍾山之陰。越三年秋，有司奏：王神道碑石已具而未有刻辭。
（46）衛國公贈寧河王謚武順鄧愈神道碑（朱夢炎）
（47）信國公追謚襄武封東甌王湯和神道碑（方孝孺）</td></tr>
<tr><td>焦竑
《國朝獻徵録》
卷六</td><td>（48）蘄國公謚武義康茂才神道碑銘
（49）御製推忠報國協謀宣力文臣特進榮祿大夫上柱國公姚廣孝神道碑</td></tr>
<tr><td>焦竑
《國朝獻徵録》
卷七</td><td>（50）武定侯郭公英神道碑銘（楊榮）
（51）鎮遠侯贈夏國公謚武毅顧成神道碑（楊士奇）
（52）鎮遠侯謚襄恪顧溥神道碑（李東陽）
（53）永康侯追封蔡國公謚忠烈徐忠神道銘（楊士奇）
（54）寧陽侯贈濬國公謚武靖陳懋神道碑（李賢）
（55）西寧侯宋晟神道碑銘（楊士奇）
（56）陽武侯追封鄞國公謚忠武薛祿神道碑銘（楊士奇）
（57）恭順侯贈凉國公謚忠壯吳瑾神道碑（李賢）
（58）定西侯贈涇國公謚武勇蔣貴神道碑（錢溥）</td></tr>
<tr><td>焦竑
《國朝獻徵録》
卷八</td><td>（59）鞏昌侯贈陝國公謚宣武郭子興神道碑（劉三吾　）
（60）江陰侯贈江國公謚襄烈吳良神道碑（吳伯宗）
（61）靖海侯謚襄毅吳禎神道碑（劉崧）
（62）訃聞，上為之震悼，輟朝二日。詔贈特進光祿大夫、柱國，追封海國公，謚襄毅，仍賜窆鍾山之陰。俾官給其事。葬之日，車駕臨奠，加贈賻焉。又明年庚申，上追念其勞，爰勑儒臣禮部侍郎臣崧撰文，刻諸神道之碑，以昭不朽。
（63）後五年甲辰，上即吳王位，追封公東丘郡侯。又十六年，其子僉水軍左衛指揮司事煒泣曰：先公歿，今二十年，無文銘於神道。</td></tr>
<tr><td>焦竑
《國朝獻徵録》
卷九</td><td>（64）故應城伯追封翼城侯孫公巖神道碑銘（揚榮）
（65）平江伯追封乎江侯謚恭襄陳公瑄神道碑銘（楊士奇）
（66）廣寧伯追封廣寧侯謚忠戸劉公榮神道碑銘（揚榮）
（67）武進伯朱公榮神道碑銘（羅亨信）</td></tr>
</table>

續表

作者/文獻	版本	用　　例
焦竑《國朝獻徵録》卷九	明萬曆四十四年徐象橒曼山館刻本	(68) 奉天翊衛推誠守正文臣特進光祿大夫柱國兵部尚書靖遠伯追封靖遠侯謚忠毅王公驥神道碑銘（李賢） (69) 南和伯進封侯謚忠襄方公瑛神道碑（李賢） (70) 南寧伯贈南寧侯謚莊毅毛公勝神道碑（李賢） (71) 東寧伯贈東寧侯謚襄敏焦公禮神道碑（李賢）
焦竑《國朝獻徵録》卷十		(72) 昌平伯進侯追封潁國公謚武襄楊公洪神道碑銘（陳循） (73) 與夫建立廟學以教兵戎子弟，賑恤孤寡以酬士卒死亡，尤為德政之大方。公之葬也，其子俊傑具其平生，請書刻石，立於神道，以垂無窮。 (74) 縉雲伯胡公深神道碑（宋濂）
焦竑《國朝獻徵録》卷十二		(75) 文淵閣大學士兼左春坊大學士贈榮祿大大少師禮部尚書謚文穆胡公廣神道碑銘（楊士奇）
焦竑《國朝獻徵録》卷十三		(76) 贈學士禮部尚書馬公愉神道碑銘 (77) 工部尚書謹身殿大學士兼東閣太學士致仕高公穀神道碑銘（李賢） (78) 文淵閣大學士謚文憲彭公時神道碑銘（商輅） (79) 成化乙未三月日，少保吏部尚書兼文淵閣大學士彭公卒。訃聞，上悼惜不已，輟朝一日。贈特進光祿大夫、柱國、太師，謚文憲。賻鈔萬貫。命有司給棺槨，營葬事，吏部官諭祭。官其子顧以尚寶司丞俾護喪歸。終制，頤奉從叔侍讀學士彦實所具狀，以公《神道碑銘》來請。 (80) 太子少師兼禮部左侍郎翰林院學士直內閣贈太子太保禮部尚書謚文通王君一寧神道碑銘（陳循） (81) 景泰二年冬十二月，詔禮部左侍郎王君一寧兼翰林院學士，預事于文淵閣。明年四月，會選東宫官屬，復進太子少師，仍兼舊職，食少師侍郎俸。方君之入也，余竊自慶得所助，孰計至未半歲，竟以得疾而卒。嗚呼！其為可慟寧不尤在兹乎？既卒，其子奉事行來請書，將歸刻神道之碑。 (82) 通議大夫禮部左侍郎兼翰林院學士直內閣薛公瑄神道碑銘（李賢） (83) 直內閣翰林院學士奉政大夫贈禮部左侍郎謚文懿呂公原神道碑銘（李賢） (84) 嘉議大夫禮部左侍郎兼翰林院學士贈禮部尚書謚文安劉公定之神道碑（彭時）

續表

作者/文獻	版本	用　例
焦竑《國朝獻徵録》卷十四	明萬曆四十四年徐象橒曼山館刻本	(85) 光祿大夫柱國太子太保戶部尚書兼謹身殿大學士贈太保謚文和劉公珝神道碑銘（徐溥） (86) 特進光祿大夫柱國少師兼太子太師吏部尚書華蓋殿大學士贈太師謚文穆劉公吉神道碑（徐溥） (87) 光祿大夫柱國少傅兼太子太傅戶部尚書謹身殿大學士贈太傅謚文正謝公遷神道碑（費宏） (88) 孝宗敬皇帝臨御十有八年，敬天法祖，任賢使能，中國乂安，四夷賓服。其繼體守成之美，上媲聖祖，駕軼帝王。一時輔臣則有若太師脢菴劉文靖公、西涯李文正公、太傅木齊謝文正公。至與孝廟為終始，明良相值，於斯為盛。……公且卒，謂其子中書舍人正、太常少卿兼侍讀丕曰：神道之碑，必屬費君。蓋館閣舊人，惟費君尚在，其知予之詳，亦莫費君若也。
焦竑《國朝獻徵録》卷十五		(89) 太保文肅劉公忠神道碑（許讚） (90) 明故光祿大夫柱國少保兼太子太保吏部尚書謹身殿大學士贈太保謚文簡毛公紀神道碑（嚴嵩） (91) 資善大夫禮部尚書兼文淵閣大學士贈太子太保謚榮襄袁公宗皐神道碑（温仁和）
焦竑《國朝獻徵録》卷十六		(92) 光祿大夫柱國少保兼太子太保吏部尚書武英殿大學士贈太保謚文襄方公獻夫神道碑銘（吕本） (93) 今上御極之十三年，有輔臣方公者，以得謝歸十年而卒。……一日，過予曰：孤幸得備員先生隣郡，而先公《神道碑文》久虛，願以請也。 (94) 光祿大夫柱國少保兼太子太傅禮部尚書武英殿大學士贈太保謚文康顧公鼎臣神道碑（嚴嵩） (95) 光祿大夫柱國少傅兼太子太傅吏部尚書文淵閣大學士贈少師謚文簡許公讚神道碑 (96) 榮祿大夫太子太保禮部尚書兼東閣大學士贈少保謚文簡張公璧神道碑（嚴嵩）
焦竑《國朝獻徵録》卷十七		(97) 公初持父喪歸，自崑山輒行營高敞地，旁可樹松檟萬、列石像生、竪穹碑、為神道者，人莫之信也。 (98) 特進光祿大夫左柱國少師兼太子太師吏部尚書中極殿大學士贈太師謚文定申公時行神道碑（焦竑）

續表

<table>
<tr><th>作者/文獻</th><th>版本</th><th>用　　例</th></tr>
<tr><td>焦竑
《國朝獻徵録》
卷十八</td><td rowspan="4">明萬曆四十四年徐象橒曼山館刻本</td><td>(99) 資善大夫禮部尚書兼翰林院學士掌詹事府事贈太子太保謚文定吳公寬神道碑（王鏊）
(100) 嘉議大夫吏部左侍郎兼翰林院學士掌詹事府事東白張西元禎神道碑（王鏊）
(101) 中順大夫詹事府少詹事贈禮部左侍郎謚文恭劉公鉉神道碑（李賢）
(102) 少詹葵陽黃公洪憲神道碑（王錫爵）</td></tr>
<tr><td>焦竑
《國朝獻徵録》
卷二十</td><td>(103) 朝廷設科取士，三場。四書、經義、論、詔、誥、表、判、策，三吾多所刊定。因著《學業啟蒙》，嘗被旨考正《周禮纂》《書傳會選》及諸功臣《神道碑銘》，多命三吾為之。
(104) 太常寺卿兼翰林院侍讀學士吳先生節神道碑銘（周洪謨）</td></tr>
<tr><td>焦竑
《國朝獻徵録》
卷二十二</td><td>(105) 嘉議大夫大理寺卿鶴坡朱公奎神道碑（林瀚）</td></tr>
<tr><td>焦竑
《國朝獻徵録》
卷二十四</td><td>(106) 吏部尚書致仕贈太保謚文端王公直神道碑銘（李賢）
(107) 王翱被賞賚金玉束帶、錦繡衣服、銀幣玩器等物，歲無虛月。屢召與近臣同游西苑、南城。及扈從獵近郊，燕賜優渥。一時擢用廷臣，惟公言是聽，有出他人薦者，亦必待公而决。每召見便殿，訪問從容，呼以“老王”而不名，其見敬禮如此。(《神道碑》)
(108) 榮祿大夫太子太保吏部尚書贈太保謚文恪耿公裕神道碑（徐溥）
(109) 王端毅於弘治之初柄政銓府，如鉅鹿耿公、華亭張公、襄城李公、莆田彭公、盱眙何公、太原周公、錢唐倪公，才猷風節，維國之楨，皆豐芑數世之培植，海內所慕望者。公皆引而置之政事之地，宣謀猷，輸忠赤，同寅協恭，以毘弘治之治。君明臣良，至今天下追思遐詠而不能已。忠諫久廢如王徽、黃仲昭、賀欽，迂直如周瑛、祁順，並皆薦用。裁抑僥倖，褒崇名節，無敢以私干者。(《神道碑》)
(110) 光祿大夫柱國太子太傅吏部尚書兼都察院左都御史致仕進階特進榮祿大夫贈太保屠公滽神道碑銘（李東陽）
(111) 贈少保兼太子太保吏部尚書謚恭襄前少師王公瓊神道碑銘（霍韜）
(112) 都御史彭澤以哈密叛黜，都御史范鏞擅用贓黜，官握兵符逮問。彭澤先效河、淮、川，蜀之大勳，與議惜焉。哈密叛釁，不得不黜，法也。范鏞擅用軍職，罪在無將。御史高公韶極詆公，公任吏部，遷公韶秩。乃曰：公賊善類，誣三也。……公薨，公子朝立委撰《神道碑銘》，且曰：知公心跡，惟韜為悉也，乃著其略。</td></tr>
</table>

續表

作者/文獻	版本	用　　例
焦竑 《國朝獻徵録》 卷二十五	明萬曆四十四年徐象橒曼山館刻本	（113）光祿大夫柱國少師兼太子太師吏部尚書贈太傅謚襄毅楊公博神道碑銘（徐階）
焦竑 《國朝獻徵録》 卷二十六		（114）通議大夫吏部左侍郎謚文莊葉公盛神道碑（彭時） （115）吏部右侍郎訒齋余公祐神道碑（張岳） （116）通議大夫吏部右侍郎贈工部尚書謚恭簡歐陽公鐸神道碑（王世貞） （117）工部尚書歐陽恭簡公之墓，故事三品，得樹石神道，蓋三十年而未有舉也。 （118）嘉議大夫吏部右侍郎兼翰林院侍讀學士贈禮部尚書盛公訥神道碑（王家屏）
焦竑 《國朝獻徵録》 卷二十七		（119）資政大夫南京吏部尚書豐城黄公宗載神道碑（王直） （120）先考之葬，朝廷寵終之禮厚矣。於例得樹碑神道，而未有文，敢以請。予少於公而辱交已久，誼不可辭。 （121）明故南京吏部尚書致仕贈太子少保楊公守阯神道碑銘（李東陽）
焦竑 《國朝獻徵録》 卷二十八		（122）尚書郁公新神道碑（解縉） （123）贈湯陽伯謚忠襄郭公資神道碑（楊榮） （124）資善大夫戶部尚書素軒古公朴神道碑（楊士奇） （125）宣德三年二月十八日，户部尚書古公卒。訃聞，上命進士康琰賜祭，命有司給舟歸其喪，且營葬事。既畢，其子本奉禮部尚書蔚公所述事狀，走北京，介少保夏公，求書神道之碑。 （126）榮祿大夫户部尚書隆慶李公衍神道碑（徐溥）
焦竑 《國朝獻徵録》 卷二十九		（127）資政大夫户部尚書致仕贈太子少保謚莊簡鄒公文盛神道碑（張璧） （128）資政大夫户部尚書贈太子少保樵村賈公廕春神道碑（潘恩）
焦竑 《國朝獻徵録》 卷三十		（129）戶部右侍郎南陽焦公宏神道碑（王直） （130）正議大夫資治尹戶部左侍郎李公暹神道碑（楊溥） （131）正議大夫資治尹户部左侍郎吳公原神道碑（李東陽） （132）通議大夫戶部右侍郎斗菴韓公鼎神道碑（靳貴） （133）封都察院右僉都御史前戶部郎中邊公永神道碑（李傑） （134）成化二十年三月二十日，封都察院右僉都御史、前戶部郎中任丘邊公，卒於家。上特遣官諭祭，兼營葬。畢，其子右僉都御史鏞奉兵部尚書涞水張公所狀事行，以《神道碑文》為請。

續表

作者/文獻	版本	用　例
焦竑 《國朝獻徵録》 卷三十一	明萬曆四十四年徐象橒曼山館刻本	（135）資德大夫正治上卿南京户部尚書張公鳳神道碑銘（李賢） （136）資政大夫南京戶部尚書虹縣陳公塈神道碑（王僎） （137）資政大夫南京戶部尚書致仕梁公璟神道碑（李東陽） （138）資善大夫南京户部尚書致仕王公佐神道碑銘（楊一清） （139）資政大夫南京戶部尚書華泉邊公貢神道碑（李廷相）
焦竑 《國朝獻徵録》 卷三十二		（140）通議大夫南京戶部左侍郎全淑馬公諒神道碑（王僎）
焦竑 《國朝獻徵録》 卷三十三		（141）資政大夫禮部尚書鄭公賜神道碑銘（胡儼） （142）禮部尚書致仕贈太保謚忠安胡公濙神道碑銘（李賢） （143）資德大夫正治上卿太子少保禮部尚書贈太子太保謚康靖鄒公幹神道碑（徐溥） （144）資德大夫正治上卿太子少保禮部尚書謚文安周公洪謨神道碑（徐溥） （145）光禄大夫太子太保禮部尚書贈太保謚文檇周公經神道碑（李東陽）
焦竑 《國朝獻徵録》 卷三十四		（146）資善大夫禮部尚書兼翰林院學士贈太子少保謚文莊歐陽公神道碑（徐階） （147）資政大夫太子少保禮部尚書兼翰林院學士贈太子太保謚文定陸公神道碑（孫鑛） （148）資政大夫正治上卿禮部尚書贈太子少保謚文恭履庵萬公士和神道碑銘（許國）
焦竑 《國朝獻徵録》 卷三十五		（149）中順大夫禮部侍郎曾公魯神道碑銘（宋濂） （150）十三年春，徵拜禮部侍郎。既拜命，日稽古典，惟直惟清，上嘉之。以其文學雅正，敕撰滕國公顧時、海國公吳禎《神道碑》及撰申國公鄧鎮襲封誥詞。宋學士景濂嘗觀其文，嘆曰：此司馬遷之文，求之今世，蓋未有過之者。 （151）嘉議大夫禮部右侍郎謚文肅錢公習禮神道碑（王直） （152）通議大夫禮部右侍郎安成李公紹神道碑（彭時） （153）贈都察院右都御史禮部左侍郎致齋黃公宗明神道碑（霍韜）

續表

作者/文獻	版本	用　　例
焦竑 《國朝獻徵録》 卷三十六	明萬曆四十四年徐象橒曼山館刻本	(154) 資善大夫南京禮部尚書贈太子少保謚文莊邵公寶神道碑銘（楊一清） (155) 資德大夫正治上卿南京禮部尚書肖泉林公庭機神道碑銘（許孚遠） (156) 長陵神道橋圮，巨璫請改建，計費十萬，餘金中多謀自潤。閣臣以陵寢大事，未敢可否，第擬旨禮、工二部相度。舉工大司空引物料、工匠為己事，而以經始屬公。公唯唯。率衆量基，群璫色喜，計得矣。
焦竑 《國朝獻徵録》 卷三十八		(157) 兵部尚書澤州侯公璡神道碑（王直） (158) 上為嗟悼再三，輟視朝一日。賜賻鈔萬緡，贈特進光禄大夫、左柱、國太師，謚忠襄。命有司治葬祭，仍召其長子海赴京，擢授錦衣衛百戸。既而其子將奉柩歸襄事，乃來請為銘神道之碑。
焦竑 《國朝獻徵録》 卷三十九		(159) 資德大夫正治上卿太子少保兵部尚書東渚陳公經神道碑（嚴嵩）
焦竑 《國朝獻徵録》 卷四十		(160) 兵部侍郎胡公子昭神道碑（薛甲） (161) 兵部左侍郎李公震神道碑銘（商輅） (162) 兵部左侍郎贈工部尚書角山詹公榮神道碑銘（葉向高）
焦竑 《國朝獻徵録》 卷四十一		(163) 兵部左侍郎贈南京工部尚書許公孚遠神道碑（孫鑛）
焦竑 《國朝獻徵録》 卷四十二		(164) 榮禄大夫南京兵部尚書薛公遠神道碑（王鏊） (165) 資德大夫正治上卿南京兵部尚書參贊機務太子少傅致仕涇川張公瀫神道碑銘（楊廷和） (166) 光禄大夫柱國太子太保南京兵部尚書贈（闕）保謚恭介陶公琰神道碑（李時） (167) 光禄大夫太子太保南京兵部尚書贈少保謚端敏秦公金神道碑（嚴嵩） (168) 資政大夫南京兵部尚書贈太子少保謚恭簡屠公楷神道碑銘（徐養正）
焦竑 《國朝獻徵録》 卷四十三		(169) 贈太子少保南京參贊機務兵部尚書月溪陰公武卿神道碑銘 (170) 嘉議大夫南京兵部右侍郎黎公福神道碑（王鏊） (171) 通議大夫南京兵部右侍郎王公倬神道碑（王鏊） (172) 正議大夫資治尹南京兵部左侍郎贈工部尚書婺源潘公旦神道碑（嚴嵩） (173) 通議大夫南京兵部右侍郎羽泉劉公歲神道碑銘（王世貞）

續表

作者/文獻	版本	用　　例
焦竑 《國朝獻徵録》 卷四十四	明萬曆四十四年徐象橒曼山館刻本	（174）資善大夫刑部尚書建昌親公源神道碑（王直） （175）榮祿大夫刑部尚書謚康僖陸公瑜神道碑（何喬新） （176）資善大夫刑部尚書謚恭毅王公槩神道碑銘（商輅） （177）資善大夫太子少保刑部尚書彭惠安公韶神道碑（林俊）
焦竑 《國朝獻徵録》 卷四十五		（178）資政大夫刑部尚書劉公自強神道碑（澹園集） （179）太子少保刑部尚書鳳洲王公世貞神道碑（王錫爵）
焦竑 《國朝獻徵録》 卷四十六		（180）資政大夫刑部左侍郎曾公翬神道碑（何喬新） （181）通議大夫刑部右侍郎太平林公神道碑（長洲吳寬） （182）通議大夫刑部右侍郎魏君紳神道碑銘（李東陽） （183）東瀛王公敞神道碑銘（黄綰） （184）通議大夫刑部右侍郎雪臺劉公節神道碑（黄佐）
焦竑 《國朝獻徵録》 卷四十七		（185）通議大夫刑部右侍郎環浦鄭公世威神道碑（葉向高）
焦竑 《國朝獻徵録》 卷四十八		（186）資德大夫正治上卿南京刑部尚書麗水薛公希璉神道碑（彭時） （187）南京刑部尚書陳公道神道碑（劉健） （188）資德大夫正治上卿南京刑部尚書贈太子少保立齊吳公洪神道碑（費宏）
焦竑 《國朝獻徵録》 卷四十九		（189）嘉議大夫南京刑部右侍郎周玉巖公廣神道碑（吕柟）
焦竑 《國朝獻徵録》 卷五十		（190）榮祿大夫少師工部尚書贈茌平伯謚榮襄吳公中神道碑（楊士奇） （191）榮祿大夫太子少保工部尚書劉公璋神道碑（林俊） （192）工部尚書贈太子太保謚恭靖蔣公瑤神道碑（慎蒙）
焦竑 《國朝獻徵録》 卷五十一		（193）工部右侍郎贈尚書瑞石江公曉神道碑銘（吕本） （194）嘉議大夫工部左侍郎贈都察院右都御史沈公節甫神道碑（曾朝節）

續表

作者/文獻	版本	用　例
焦竑《國朝獻徵録》卷五十二	明萬曆四十四年徐象橒曼山館刻本	(195) 資善大夫南京工部尚書常熟程公宗神道碑（徐溥） (196) 資善大夫南京工部尚書蠡吾馮公貫神道碑（徐溥） (197) 資善大夫南京工部尚書蕭公禎神道碑（吳寬） (198) 資善大夫南京工部尚書崔公文奎神道碑（崔銑） (199) 南京工部尚書胡公瓚神道碑（翟鑾） (200) 資政大夫太子太保南京工部尚書龍潭葉公夢熊神道碑（王弘誨）
焦竑《國朝獻徵録》卷五十三		(201) 南京工部右侍郎徐公恪神道碑（李東陽） (202) 嘉議大夫南京工部右侍郎全公元立神道碑（申時行） (203) 正議大夫資治尹南京工部右侍郎新城方公廉神道碑（汪道昆）
焦竑《國朝獻徵録》卷五十四		(204) 資善大夫御史中丞章公溢神道碑銘（宋濂） (205) 資善大夫都察院右都御史熊公槩神道碑銘（楊榮） (206) 太子少保都察院右都御史贈榮祿大夫太子太保朱公英神道碑（劉珝） (207) 資德大夫正治土卿都察院左都御史贈太子少保謚簡肅張公敷華神道碑銘（李東陽） (208) 資善大夫都察院右都御史贈工部尚書王公鼎神道碑銘（楊廷和） (209) 都察院左都御史西軒陳公金神道碑（蔣冕） (210) 資政大夫都察院左都御史桂巖邊公憲神道碑（費宏） (211) 資政大夫都察院左都御史贈太子少保吏部尚書謚莊靖宋公景神道碑（嚴嵩） (212) 於是，公子鄉進士介慶謂嵩於公同鄉，又同弘治乙丑進士，請書神道之碑。 (213) 太子少保都察院左都御史贈太子太保葛端肅公守禮神道碑銘（干慎行）
焦竑《國朝獻徵録》卷五十五		(214) 都察院右副都御史鄧公棨神道碑（陳循） (215) 都察院左副都御史謚恭靖賈公銓神道碑銘
焦竑《國朝獻徵録》卷五十七		(216) 兵部尚書兼都察院右副都御史贈太子太保謚襄毅潘公鑒神道碑（朱木）（嚴嵩） (217) 經略朝鮮薊遼保定山東等處軍務兵部左侍郎都察院右都御史桐岡宋公應昌神道碑銘（王錫爵） (218) 萬曆丙午，前經略朝鮮桐岡宋公卒。長子守一伏闕，上書白父寃，詔復故官。次子守敬乞予神道文，志公不朽。

續表

作者/文獻	版本	用　例
焦竑《國朝獻徵録》卷五十八	明萬曆四十四年徐象橒曼山館刻本	(219) 咨德大夫都察院左都御史贈太子少保謚襄敏鄧公廷瓚神道碑銘（總督）（吳寬） (220) 資政大夫都察院右都御史贈太子太保都察院左都御史史公琳神道碑（總督）（李東陽） (221) 正議大夫資治尹兵部左侍郎兼都察院右副都御史贈工部尚書潘公旦神道碑（總督）（嚴嵩） (222) 副都御史吳公琛神道碑銘（總督）（王倎）
焦竑《國朝獻徵録》卷五十九		(223) 通議大夫都察院右副都御史白公圻神道碑（督儲）（王鏊） (224) 資德大夫都察院右都御史李公蕙神道碑銘（漕運）（吳寬） (225) 副都御史徐公英神道碑（漕運）（周洪謨） (226) 中憲大夫都察院左僉都御史李公綱神道碑（漕運）（劉珝） (227) 右副都御史明山先生連公鑛神道碑（河道）（郭鎜） (228) 中憲大夫都察院左僉都御史高公明神道碑（捕盜）（何喬新）
焦竑《國朝獻徵録》卷六十		(229) 通議大夫戶部左侍郎贈都察院右都御史西洲唐公冑神道碑（山東）（王弘誨） (230) 都察院右副都御史畢公亨神道碑（丘濬） (231) 通議大夫都察院右副都御史李公浩神道碑銘（丘濬） (232) 都察院右副都御史張公誥神道碑銘（顧清）
焦竑《國朝獻徵録》卷六十一		(233) 都察院右副都御史錢公宏神道碑（童承叙）
焦竑《國朝獻徵録》卷六十三		(234) 僉都御史恭惠楊公信民神道碑（廣東）（丘濬） (235) 立神道門，開淤塞路，構堂六楹，追蹤表思、碧澗之制，以嚴先生之祀，君子以為有裨風教云。 (236) 中憲大夫都察院左僉都御史張公綱神道碑（順天）（劉珝） (237) 中憲大夫都察院右僉都御史西樓謝公綬神道碑（于慎行） (238) 都察院右僉都御史阜南陸公樹德神道碑（山東）（王世貞） (239) 訃聞，而以太僕故秩請詔予祭，復予弃法得樹碑神道。
焦竑《國朝獻徵録》卷六十四		(240) 南京都察院左副都御史謚文恪吳公訥神道碑（錢溥） (241) 通議大夫資治尹南京都察院右副都御史羅公箎神道碑（彭華） (242) 嘉議大夫南京都察院右副都御史趙公載神道碑（嚴嵩） (243) 南京都察院右僉都御史張公楷神道碑（李賢）

續表

作者/文獻	版本	用　例
焦竑《國朝獻徵録》卷六十七	明萬曆四十四年徐象橒曼山館刻本	（244）掌通政司事工部尚書贈太子少保鄭公紳神道碑（孫陞）
焦竑《國朝獻徵録》卷七十		（245）南京太常寺卿愧齋陳先生音神道碑（倪岳）
焦竑《國朝獻徵録》卷七十一		（246）光禄寺卿陳公煥神道碑（嚴嵩） （247）南京光禄寺卿陸公淞神道碑（羅欽順）
焦竑《國朝獻徵録》卷七十二		（248）太僕寺卿吳公裕神道碑（吳寬） （249）太僕寺卿沙溪孫公緒神道碑（王崇慶） （250）太僕寺卿繼山王公鑒神道碑（王弘誨） （251）南京太僕寺卿張公謙神道碑（程敏政） （252）南京太僕寺卿胡公鐸神道碑（龔用卿）
焦竑《國朝獻徵録》卷七十三		（253）通議大夫禮部右侍郎管國子監祭酒事贈禮部尚書謚文肅謝公鐸神道碑（李果陽）
焦竑《國朝獻徵録》卷七十九		（254）合所纂撰，凡千餘卷，總而題曰《神道大編》。夫編，曷為神也。
焦竑《國朝獻徵録》卷八十四		（255）淛江按察司副使陶公成神道碑（丘濬）
焦竑《國朝獻徵録》卷八十五		（256）嘉興府教授贈南京刑部尚書戴公啅神道碑（李東陽）
焦竑《國朝獻徵録》卷八十六		（257）江西左布政使陳公策神道碑（邵賓）

續表

作者/文獻	版本	用　例
焦竑《國朝獻徵録》卷八十八	明萬曆四十四年徐象橒曼山館刻本	(258) 湖廣布政使司左布政使劉公喬神道碑（李東陽）
焦竑《國朝獻徵録》卷九十		(259) 福建布政使司左布政使華公昶神道碑（邵實）
焦竑《國朝獻徵録》卷九十二		(260) 公乃列上禦虜方略於督府，其略曰：愛養民力以破虜計，收用不逞以散虜與，出搗巢穴以速虜歸，設伏出奇以挫虜鋒，重懸賞格以購虜首，許貢給賞以薄虜毒，耀兵防秋以奪虜氣，神道設教以惑虜見，先聲虛喝以搖虜心。
焦竑《國朝獻徵録》卷九十七		(261) 中奉大夫山西布政使司右布政使謝公佑神道碑銘
焦竑《國朝獻徵録》卷九十九		(262) 廣東左布政使謝公廸神道碑（劉龍） (263) 廣東左布政使謝公石厓，既葬之明年，伯兄少傳公木齋先生自越中走，介以書抵龍曰：吾弟布政不禄，雖已襄事，神道尚未有碑，於制為闕，敢以世好屬之子。
焦竑《國朝獻徵録》卷一百		(264) 肇慶府知府贈禮部侍郎王公泰神道碑（楊溥） (265) 世自漢以來，有道之士有碑，有位之士有碑，用紀德善、勳業、聲名，為世昭監。故肇慶府知府王公以子官加贈通議大夫禮部左侍郎有道，宜位有紀述，表之神道。
焦竑《國朝獻徵録》卷一百一		(266) 廣西右布政使伍公希淵神道碑（李東陽）
焦竑《國朝獻徵録》卷一百二		(267) 雲南布政使陳公善神道碑（許孚遠）
焦竑《國朝獻徵録》卷一百三		(268) 貴州布政使司左布政使張公吉神道碑（楊廉） (269) 正德戊寅九月甲寅，貴州左布政使張公，卒於里第。其千僎以是年冬十二月乙酉，既奉襄大事，復自為狀，并以書抵南京屬廉，揭諸神道之碑。 (270) 貴州布政使司右參政羅公安神道碑（何孟春） (271) 貴州按察使涂公謙神道碑（劉定之）

續表

作者/文獻	版本	用　例
焦竑《國朝獻徵録》卷一百四	明萬曆四十四年徐象橒曼山館刻本	(272) 運使趙公可與神道碑（李本）
焦竑《國朝獻徵録》卷一百六		(273) 征西前將軍右軍都督府右都督杭公雄神道碑（馬汝驥）
焦竑《國朝獻徵録》卷一百七		(274) 後軍都督府都督同知贈涇國公謚襄敏陳公亨神道碑（金幼孜） (275) 都督同知陳公翼神道碑 (276) 同知中軍都督府事贈左都督張公欽神道碑（程敏政） (277) 中軍都督府都督同知韓公志神道碑（楊守陳） (278) 廣西副總兵右軍署都督同知張君祐神道碑（湛若水）
焦竑《國朝獻徵録》卷一百八		(279) 前軍都督僉事謝公彦神道碑（李景隆） (280) 左軍都督府都督僉事王公瑜神道碑（楊士奇） (281) 驃騎將軍左軍都督府都督僉事許公亨神道碑（楊榮） (282) 左軍都督府都督僉事前掛印克總兵官張公安神道碑 (283) 南京前軍都督府都督僉事劉公壐神道碑（楊麒）
焦竑《國朝獻徵録》卷一百九		(284) 榮禄大夫後軍都督府右都督掌錦衣衛事贈太子太保陳公寅神道碑
焦竑《國朝獻徵録》卷一百十		(285) 山東都指揮僉事贈武靖伯趙公本神道碑（彭時） (286) 侯班師入覲，既即執喪如禮，將奉太夫人之柩還葬鳳陽先塋，乃述公夫人德善并家世，屬子文之，刻石神道，以昭示無窮。 (287) 遼東副總兵韓公斌神道碑（費宏）
焦竑《國朝獻徵録》卷一百十七		(288) 司禮監太監兼督東厰黃公錦神道碑（徐階）
焦竑《國朝獻徵録》卷一百十八		(289) 戊午春，宇初奉公冠劍權厝南山先墓之次。至十有二月某日，卜宅兆而瘞之。宇初恐遺德未能大白於世，與群弟輯為成書，使張致和即金華山中，請銘神道之碑。濂幸辱與公游，義不可辭。

續表

作者/文獻	版本	用　　例
焦竑《國朝獻徵録》卷一百十八	明萬曆四十四年徐象橒曼山館刻本	(290) 清微妙濟守静修眞凝玄衍範志默秉誠致一眞人禮部尚書贈少師謚文康榮靖邵公元節神道碑（夏言） (291) 尚書邵公卒，訃達行在，聖天子降手詔，贈以少師，贈謚曰文康榮靖。閲三月，詔輔臣撰公《神道碑文》俾刻之墓。臣言謹執筆叙述，稽首頓首，以聞曰：公諱元節，别號雪崖，“太和子”，上所賜號也。
焦竑《皇明人物要考》卷四	明萬曆三衢舒承溪刻本	(292) 泰和王直銘其墓詩曰：洲背之山，有崔者墳。是誰所營，武肅令孫。公之遊此，旌旆于子。山靈來瞻，風卷雲舒。植木有本，釃水有原。公之本源，人其式旃。公每來歸，子孫翼翼。誦詩讀書，有永無斁。惟公世家，海内所聞。政事文章，亦焕其群。我與爲友，式篤于義。(闕) 十而終，尚利後嗣。公官三品，神道有碑。我作是詩，(闕) 世之詒。
焦竑《國史經籍志》卷五集類	明徐象橒刻本	(293) 朝賢神道碑三十卷，類碑三十八卷。 (294) 王氏神道碑二十卷。(唐《王方慶集》)

表七百七十五

作者/文獻	版本	用　　例
焦源溥《逆旅集》卷十四	清道光十九年宏道書院刻本	(1) 今夫不忠不孝不義之徒，有憲章之所不能禁，父母之所不能制，師友之所不能勸，而一瞻眞宰之象不覺神悚，而覔怖者雖一時之善念，而一念以及念念，一善以及萬善，卽子輿氏所謂平旦之氣擴而充之爲忠臣，爲孝子，爲義士，默轉潛移，令人莫覺其然而然者。神道之設教，象道之設教也。象道之教，不分知愚，皆能曉也。其補益於聖天子六事之諭，豈戔戔哉！
焦源溥《逆旅集》卷十五		(2) 後來説夢説鬼，亦神道設教。黙結前思，深哉意耳。文成自战，比之《居園池記》，不及其奥澁；比之《東方朔傳》，頗類其譎宕。第人苦不自知，文章是自的美耳。

表七百七十六

作者/文獻	版本	用　　例
揭重熙《揭蒿菴先生集》詩集卷二	清乾隆刻本	(1) 金川歌舞玉笥欹，(靖難師從，金川門入。) 緋劍苴冠激曙曦。(景清衣緋、孝孺被衰，皆以振新朝人紀。) 漠漠連魂依野老，(建义君詩曰：野老吞聲哭未休。) 星星帶髮尚鴟彜。寥天浩氣供頻馭，舊國飛烏揀一枝。跡往悲新醒未歇，文皇正用練公時。(文皇嘗曰：練子寧尚在，吾猶用之，意謂神道翼教，正所以用練公耳。)

表七百七十七

作者/文獻	版本	用　　例
解縉《文毅集》卷一	清文淵閣四庫全書本	(1) 陛下天資至高，悉合於道。凡百家神怪，誕妄恍惚，臣知陛下洞燭之矣。然猶不免欲以愚弄天下，若所謂以神道設教者，臣謂不必然也。一統之輿圖已定矣，一時之人心已服矣，一切之奸雄已慴矣。天無變災，民無患害。聖躬康寧，聖子聖孫繼繼繩繩，所謂得真符者矣。何必興師以取寶為名，諭衆以神仙為徵，謂有某仙某神孚佐國家者哉。
解縉《文毅集》卷八		(2) 讀王荊公所為《蕭定基神道碑銘》，亦以乾貞為南唐年號，較然謬誤抑又何耶。
解縉《文毅集》卷十一		(3) 然則宋之為宋，比之漢唐有光；遼金之為遼金，比之元魏而猶歉。譬之鳧雀短長，其天素定，恐非人力所得而繼續增損也。臣愚所謂稽先哲之成法者，此也。前清河公作《淮安王神道碑》言：宋承中華之運，世祖皇帝紹運撫圖，正獻公脩世大典。
解縉《文毅集》卷十四		(4) 資善大夫户部尚書郁公神道碑 (5) 公嘗托予銘墓，而神道之碑亦不可無刻詞也。乃序而係之，詩曰：泰運肇開賢彙生，巨細咸植勳業成。有舊布衣位六卿，寬裕強敏豈惟承。有善不伐貴不盈，人道不惡天所矜。有崇斯阡其永寧。 (6) 中議大夫吉安路總管劉明道神道碑 (7) 吉安忠義之士，固多有之。若起齊民興義兵，保其全節，子孫庇賴之，鄉人追思之，題其墓曰“元中議大夫吉安路總管劉公神道碑”。惟於明道，見之明道。 (8) 通溥屬之與簡之外孫麗振舒，求刻辭於神道之碑。公墓在淳塘之原。其辭曰：似漢諸侯世業儒，歷千百歲膏澤腴。桓桓吉州少也孤，力學行義忠

續表

作者/文獻	版本	用　　例
解縉 《文穀集》 卷十四	清文淵閣四庫全書本	孝俱。手捧日月天一隅，志通金石死不渝。慶流後昆善譽孚，峩峩高墳世楷模。 (9) 知思明府黄公神道碑
解縉 《文穀集》 卷十六		(10) 近歲，常遣人尋訪，公墓在今河南錫州新鄭縣思賢鄉巍然獨存，但蘇子由所為《神道碑》中經焚燒，稍剝落耳。 (11)《跋蕭定基神道碑》：右荊國王公所為《蕭公神道碑》一通，樹立墓次，巋屹猶存。今屬吉水縣中鵠鄉，故舍之原，碑為端明學士蔡君謨書，以御史之行，荊公之文，端明之書，動人耳目。

表七百七十八

作者/文獻	版本	用　　例
金賁亨 《學易記》 卷二	明嘉靖刻本	(1) 所謂神道，即其無為而化者與？ (2) 楊龜山項平庵盥而不薦之說，胡雲峯大壯觀之說，童觀闚觀之說，徐進齋下觀而化之說，二為三四所蔽之說，吴臨川神道設教之說，楊誠齋三五觀我生之說，丘建安徽諸庶民之說，俱善。

表七百七十九

作者/文獻	版本	用　　例
金聲 《燕詒閣集》 卷四	明末刻本	(1) 詢老伯母、令姪、令嫂，俱康寧無恙，是用欣慰。洪司理從未識面，不知其為人何如？徐九一年兄《神道碑》，已促之再四，但不知其何故稽延耳。

表七百八十

作者/文獻	版本	用　　例
金實 《覺非齋文集》 卷十三	明成化元年唐瑜刻本	(1) 祥復走京師，求當代名賢為之紀述，將樍石于神道，追納于幽，以昭不朽。詞林縉紳知公之深者，追傷悲悼，著之声什。

續表

作者/文獻	版本	用　　例
金實 《覺非齋文集》 卷二十六	明成化元年唐瑜刻本	(2) 左氏所謂所感而起，故所以為終者是矣。而後世之論，咸謂麟出為聖經之應，比之馬出河、龜出洛而圖書顕，簫韶奏而鳳凰儀，是盖欲以神道設教爾。……好事者以示予，因為著其説。

表七百八十一

作者/文獻	版本	用　　例
金瑤 《金栗齋文集》 卷一	明萬曆刻本	(1) 案：諸條不惟刀筆之鋭，而獨奸之智，得情之衰，宛然可掬。其木隸之設，雖非時王之制，然能行之以威，持之以信，使斯民視之如人隸，而有憚心則不役而令行，不敲朴叫囂而事集，是亦聖人神道設教之一義，使其由是而之焉。

表七百八十二

作者/文獻	版本	用　　例
金幼孜 《金文靖集》 卷九	清文淵閣四庫全書本	(1) 明故榮禄大夫後軍都督府同知陳公贈奉天靖難推誠宣力武臣特進榮禄大夫右柱國追封涇國公謚襄敏神道碑銘 (2) 太保公以公之神道未有刻詞，乃以公事行，命其子勳衛昭來請銘，遂為之。銘曰：烈烈陳公，虎臣之傑。昔事太祖，佐興皇業。從征四方，如霆如雷。無敵不破，無堅不摧。洎任邊閫，勞勤益至。綏輯降附，宣昭德意。威馳沙漠，風塵肅清。勲在盟府，忠著朝廷。繼事太宗，内難是靖。……斯實公仁，格彼穹旻。昭兹錫類，以大厥聞。峩峩豐碑，用揚勲德。與國始終，永世無極。 (3) 故都御史兼詹事府詹事致仕向公神道碑銘

表七百八十三

作者/文獻	版本	用　　例
瞿九思 《萬曆武功録》 卷七	明萬曆刻本	(1) 於是以白馬一匹、扇馬三千匹、白橐駝七頭獻皇帝陛下，願遺我白叚一疋、麒麟蟒龍九疋。我若得白叚，卽以爲袍掛大神道，它悉以自服。

表七百八十四

作者/文獻	版本	用　　例
康海《(正德)武功縣志》卷一	清文淵閣四庫全書本	(1) 蘇許公墓，在縣西南博村。其《神道碑》，在新寨西道南博。游師雄墓，在縣西北八里。碑為耕者没之地，華表存焉。
康海《對山集》卷二十七	明萬曆十年潘允哲刻本	(2) 元學士王輝墓，夷滅幾盡。公求得之，遂建祠宇，取舊《神道碑文》刻置之。凡有志於善者，又孰不曰千載之下，我能有王公，我且不死矣！
康海《對山集》卷三十五		(3) 然有求知公德於千百世之下者，其或可考於兹云爾。辭曰：惟馬孟父，世篤其慶。爰值其祥，廼克有生。是惟封公，惟馬之光。桓桓高苑，建此有宅。克綏關輔，俾壽而昌。孫子以強，姓右宗亢。服此令名，故墓（累）而崇。根培而茂，德之不爽。音之不戕，母謂奚當。嗣於按察，其光益長。萬夫之望，樂遊之阡。永惟公嘉，玄堂閟閟。神道充廣，南山是瞻。從以孫子，胡不萬年。

表七百八十五

作者/文獻	版本	用　　例
亢思謙《慎修堂集》卷四	明萬曆刻本	(1) 庖羲氏肇其畫，文王周公繫其詞，豈惟著天地陰陽之變已哉？神道設教，思以通志而成務耳。故剛柔摩盪極其數，以定天下之象；比物辨類本其象，以斷天下之疑焉。
亢思謙《慎修堂集》卷十二		(2)《易》之《咸》曰：天地感而萬物化生，聖人感人心而天下和平。《觀》曰：觀天之神道，而四時不忒。聖人以神道設教，而天下服矣。
亢思謙《慎修堂集》卷十四		(3)《賀正旦表》(嘉靖二十七年)：玉律祥開，四始協熙和之運；璿璣政順，三陽成交泰之功。景福介抡一人，乾始資乎萬物，神民胥慶，海宇騰懽。恭惟皇上極建中和，神疑清穆，恩覃九有，裁成收位育之功德。兹三無闔闢，兼陰陽之妙。體元居正，四靈至而百禄攸同；養素含真，七政齊而三辰順度。設神道之教，精誠克對乎高玄；溥大賚之仁，曠蕩恒先乎煢獨。金甌鞏固，寔惟有道之長；玉燭調和，方衍無疆之慶。欽崇天道，敬授人時。惟兹陽長之辰，快覩維新之眷。……廣運兹乾，行抡有永。

表七百八十六

作者/文獻	版本	用　　例
柯潛 《竹巖集》 卷十二	清雍正十一年柯潮刻本	(1) 既又周行諸郡，過興化僊遊之楓亭，見道傍有巨碑，刻云“宋端明殿學士蔡忠惠公神道”。
柯潛 《竹巖集》 卷十五		(2) 刑部右侍郎李公神道碑銘

表七百八十七

作者/文獻	版本	用　　例
柯維騏 《宋史新編》 卷六十九	明嘉靖四十三年杜晴江刻本	(1) 先是，普遣人詣上清太平宮致禱，神爲降語曰：趙普，宋朝忠臣，夂被病，亦有寃累耳。是夕卒。上聞之震悼。謂近臣曰：普眞社稷臣也。贈尚書令，追封眞定王，謚忠獻。上撰《神道碑銘》，親八分書賜之。
柯維騏 《宋史新編》 卷八十一		(2) 既卒，衢州之命乃至，歸葬西京。道出京南公安，縣人皆設祭哭於路，折竹植地，挂紙錢，逾月視之，枯竹盡生筍。衆因爲立廟，祀之。無子，以從子隨爲嗣。後復太子太傅，贈中書令、萊國公，賜謚忠愍。皇祐四年，詔撰《神道碑》，篆圖旌忠。 (3) 會幸秘閣，驟問杜鎬曰：古所謂河出圖、洛出書，果何事耶？鎬老儒，不測帝意，對曰：此聖人以神道設教爾。帝繇此意决，遂召旦飲，歡甚，賜以尊酒，曰：此酒極佳，歸與妻拏共之。既歸發之，皆珠也。由是凡封禪事，旦不復異議。
柯維騏 《宋史新編》 卷八十九		(4) 子遵甫，官至北作坊副使。嘉佑八年，遵甫女正位皇后，神宗即位，册皇太后。累贈繼勛太師、尚書令兼中書令，追封康王，謚穆武。又詔宰相王珪爲《神道碑》，御篆碑首曰“克勤敏功鍾慶之碑”。遵甫，追封楚王，贈官如繼勳云。 (5) 明道二年，追復節度兼侍中，後贈太傅，還諸子官，謚襄悼。命學士趙槩作《神道碑》，帝爲篆曰“旌功之碑”，詔歸所没産。利用性悍梗少通，力裁僥倖，顧其親舊亦有因緣以進者，故及於禍。然在朝廷，忠藎有守，始終不爲屈，死非其罪，天下寃之。

續表

作者/文獻	版本	用　　例
柯維騏 《宋史新編》 卷一百十二	明嘉靖四十三年杜晴江刻本	(6) 康自居父喪，居廬疏食，寢於地，遂得腹疾，至是不能朝謁。賜優告。疾且殆，猶具疏所當言者以待，曰：得一見天子極言而死無恨。年四十一卒。贈右諫議大夫。康制行淳備，口不言財。光立《神道碑》，帝賜白金二千兩，康力辭所得，遺恩悉以與族人云。
柯維騏 《宋史新編》 卷一百九十		(7) 四月，會陳洪進納土，俶上言曰：臣伏有懇誠，貯於肺腑，幸因入覲，輒敢上聞。蓋虞神道之害盈，必冀天慈之從欲。

表七百八十八

作者/文獻	版本	用　　例
孔貞時 《在魯齋文集》 卷三	明崇禎刻本	(1) 孔史氏曰：神之時義大矣哉！神福民於幽者也。……邑大夫率民事神因以事神者，治民以民之神事我者，代神治民，濡沫卵翼，不遺餘力，而神格而降之庥可知也。此所謂神道設教者也，神之時義大矣哉！

表七百八十九

作者/文獻	版本	用　　例
來知德 《周易集注》 卷五	清文淵閣四庫全書本	(1)《彖》曰：大觀在上，順而巽，中正以觀天下。觀，盥而不薦，有孚顒若，下觀而化也。觀天之神道，而四時不忒。聖人以神道設教，而天下服矣。（"觀"皆去聲，惟"下觀而化"平聲。） (2)"下觀而化"，故人信而仰之，所以"有孚顒若"者此也。"盥而不薦"者，神感也。"有孚顒若"者，神應也。此觀之所以神也。故以天道聖人之神道極言而贊之。"神"者，妙不可測，莫知其然之謂。"天之神道"非有聲色，而四時代謝無少差忒；"聖人神道設教"亦非有聲色，而民自服從。觀之神一而已矣。

表七百九十

作者/文獻	版本	用　　例
藍章 《勞山遺稿》	清雍正刻本	(1) 公生以正統丁卯六月六日，卒以正德辛巳三月九日，葬於某山之原。以某年某月某日，公之子愔泣曰：先公神道有碑，制也。墓有銘，古道也。

表七百九十一

作者/文獻	版本	用　　例
郎瑛《七修續稿》修續稿奇謔類	明刻本	(1)《碑樓》：徐武寧王之墓，在鐘山皇陵之右，《神道碑》乃我太祖之筆也。碑因高大，為樓以居，石磴以上，登者即時必病，人莫敢焉。予嘗聞之，昨友李見石之子登之，果然。豈非太祖在天之靈不容人之在上耶。
郎瑛《七修類稿》卷十九		(2)《名諱壽堂》：生稱名，死稱諱，自古而然。故古今名公作亭堂等記，則曰公名某；作志名《神道碑》，則曰公諱某。今人不察，於是凡遇人則請問曰尊諱，答人者曰諱某。又稱人之母曰壽堂，以謂崇敬，殊不知丘墓祭祀之處乃壽堂也。
郎瑛《七修類稿》卷二十		(3)《碧落碑》：絳州興龍宮有碧落石像，背刻其篆文，世傳爲《碧落碑》也。……重以凝神道域，抗志澄源；淮館儀山，參鴻寶之靈術；（闕）壇敷教，暢微言之盛範；儒玄兼洞，真俗兩該；德冠母儀，事高嬪則。……右《碧落碑》，又有無缺字者，則恐近時翻刻，筆法不逮古遠矣。
郎瑛《七修類稿》卷二十五		(4)《換淮西碑事不同》：韓文公《平淮西碑》，當時謂事不實，命斫去之，敕段文昌別撰。《舊史》《文公傳》《行狀》《神道碑》，及《新史》《吳元濟傳》，皆謂李訴妻唐安公主女也。碑辭多歸裴度功，而愬特以入蔡居第一，故其妻出入禁中。訴碑不實，遂斫去別撰。
郎瑛《七修類稿》卷四十三		(5)《忠靖二事》：本朝尚書夏公元吉，湖廣湘陰人也，曆仕四朝，秩列六卿，功業不可枚舉，具載于國史矣。……聞公純粹天成，寬而有制，成人才，厚風俗多矣。故楊文定序其文集曰：議大政。務從寬大處，僚屬取長略短。楊文貞作《神道碑》曰：卒之日，自朝臣以至走卒，莫不流涕云。
郎瑛《七修類稿》卷四十七		(6)《宋後道服》：宋高宗之母韋後，今仁和學生員韋朝恩，乃其裔也。有譜像于家，方面豐頤，鳳目龍顙，衣冠乃道人者也，上有國忌二行。……又云：今皋亭山神道路乃後之墓處。予考史，則雲：攢之永佑陵之西。意此神道路或家廟耳。

表七百九十二

作者/文獻	版本	用　　例
樂韶鳳《洪武正韻》卷五	清文淵閣四庫全書本	(1) 場（祭神道。一曰收禾圃。顔師古曰：築土為壇，除地為場。亦作塲。）

表七百九十三

作者/文獻	版本	用　　例
樂天大笑生《解慍編》卷六	明道遥道人刻本	(1)《天王地王》：巨商遊妓，不及一年萬貫蕩盡，被逐無所歸。因欲自縊，妓恐人命負累，約言再接他客，量分酒食給之。已而後（客至），妓如前約。後客問曰：爾家每頓送酒食進裹面，與何人用？妓曰：我家有一神道，名爲天王，每日如此祭他。……爾只有五千貫，若用盡時，只做得地王耳。

表七百九十四

作者/文獻	版本	用　　例
雷禮《國朝列卿紀》卷一	明萬曆徐鑑刻本	(1) 今邊胡未殄，朕方倚任爲萬里長城之寄，而太陰屢犯，上將不意遽殞其命，天何奪吾良將之速？朕夜來竟夕不寐，欷歔流涕，思盡心國家爲社稷之重，安得復有斯人？乃欲有以報之，無所用其憧耳，但著其勳烈宣於金石，永垂不朽，使後世知斯人爲國之元勳也。遂親製《神道碑》，既備其功，又稱其平昔言簡慮精，當提兵之時，令出不二，諸將敬若神明。所至攻城不屠，與人不戲。凡受命而出，及功成而旋，每不自矜。
雷禮《國朝列卿紀》卷二		(2) 既葬，上念其功不置，且曰：朕東撫高麗，西抵土蕃，北際沙漠，南來交趾、占城，莫不稽首奉命。計其開拓之功，以十分而言，遇春居其七八。豈可無述以示永久？乃召儒臣撰爲《神道碑文》，配享太廟，肖像祭於功臣廟，位皆第二。生榮死哀，可謂至矣。
雷禮《國朝列卿紀》卷二十三		(3) 十三年春，徵拜禮部侍郎，賜之誥有學通古今之褒。既拜命，日稽古典，惟直惟清，上嘉之。以其文學雅正，勑撰滕國公顧時、海國公吴禎《神道碑》及撰申國公鄧鎮襲封誥。宋學士景濂嘗觀其文，嘆曰：此司馬遷之文，求之今世，蓋未過之者。
雷禮《國朝列卿紀》卷三十		(4) 尹直撰公《神道碑》曰：正統之末，社稷非景帝未知如何，一時安攘之功卓矣。所不韙者，易儲一事耳。
雷禮《國朝列卿紀》卷四十三		(5) 十三年春，革中書省，徵拜禮部侍郎，賜之誥有學通古今之褒。既拜命，日稽古典，惟直惟清，上嘉之。以其文學雅正，勑撰滕國公顧時、海國公吴禎《神道碑》及撰申國公鄧鎮襲封誥詞。宋學士景濂嘗觀其文，歎曰：此司馬遷之文，求之今世，蓋未有過之者。

續表

作者/文獻	版本	用　　例
雷禮《國朝列卿紀》卷五十七	明萬曆徐鑑刻本	(6）大學士李賢撰《神道碑》云：公天性孝友親終，追思不忘。遇亡日，悲痛如初。喪時事，三兄恭而盡禮。常修耿氏家業，以昭先德。平生慕司馬温公爲人，敦尚古道，恥同流俗，奉身節儉，無他嗜好。公退居家，惟焚香讀书而已。
雷禮《國朝列卿紀》卷六十二		(7）花椒木何用？曰：造琵琶。予曰：上不好音樂。楠棗木何用？曰：刻神道。予曰：上不好鬼神。三人語塞。
雷禮《國朝列卿紀》卷六十九		(8）既葬，上念其功不已，召朱夢炎諭之曰：僉事朕二十二年，東征西討，勤勞甚至，歷鎮八州，有功無過爾。其備撰爲《神道碑》，以昭耿烈於無窮。又配享太廟，肖像祭於功臣廟，崇報之典至矣。
雷禮《國朝列卿紀》卷一百		(9）《菽園雜記》云：户書夏忠靖公原吉，長沙人。德量寬厚，喜怒不形。永樂間，常以治水至崑山，寓千墩某寺，所居不設儀從。鄉民數人入寺遊觀，公方坐室中觀書，不意其爲夏公，即雜坐其傍。既而他之，問僧云：尚書何在？僧云：室中觀書者是也。……楊東里作公《神道碑》，記隸污織金賜衣，吏碎所愛硯，皆無怒意。謂其有王子明、韓稚圭之度，非過稱也。
雷禮《鐔墟堂摘稿》卷十五	明刻本	(10）《少司冦玉巖周公墓表》：吾師玉巖周公，扵嘉靖辛卯八月二十六日，卒于留都官舍。越癸巳八月二十六日，塟于新塘之原，在崑城東西陬三十里蔚遲村南。少宗伯高陵吕公撰《神道碑》，備詳公學行節槩，永垂不朽。獨念某為公門生，欲展墓以成禮，無繇也。
雷禮《鐔墟堂摘稿》卷十六		(11）書非正不讀，言非正不發，其本諸性情，措之事業，皆為實學。所著述有若干卷，藏于家。餘慶等扶柩南還，將以卒之某年某月某日，葬公于某山之原。屬某狀行，用求當代文章。宗公銘潛德於幽宮，彰世代于神道。
雷禮《皇明大政紀》卷十二	明萬曆刻本	(12）古之名將知此法者，惟太公望、孫武子、韓信、諸葛孔明、李靖諸人而已。吴起以下，莫能知也。其名之曰天、地、風、雲、龍、虎、鳥、蛇八陣者，則諸葛孔明也。一大陣之中固有八陣，而小八陣之中亦各有八陣，大陣則法伏羲八卦，小陣則法文王六十四卦，所謂陣間乎陣、隊間乎隊者也。若夫造遁甲有九星、開八門、用三奇者，則又黄帝命風后爲之也。盖聖人以神道設教，使人莫知其所以然也。大將居于玄武之位，而北嶽則常山蛇也，故曰“常山蛇陣”。

表七百九十五

作者/文獻	版本	用　　例
黎民表《瑤石山人稿》卷一	清文淵閣四庫全書補配清文津閣四庫全書本	(1)《釋志賦》：余遘辰之連蹇兮，志菀結而不平。獨超舉以遠游兮，困敦之歲。余北征越谿谷之嶃岩兮，汎皇流之凌兢。既廓處而去親昵兮，乂羇旅而無友生。……亂曰：結精遠遊獨羈羈兮，覽古鏡則悵多違兮，抑志忍尤自保持兮，淪神道域其庶幾兮？ (2)《巫山高》：巫山高不極，遠望何芊芊。靈林構鬱律，神宇閟冲玄。曳雲翳白日，興雨蒙層巔。平瞻景夷館，俯瞰雲夢田。芳春展遊豫，弭節此山前。精靈爾何感，魂夢屢徂遷。晨鷄奏天色，環珮聲鏘然。空山曠延佇，掩涕方來旋。人神道終異，歡愛難久延。荒淫古有戒，兹樂誠已偏。惟有高唐賦，千載凌雲烟。

表七百九十六

作者/文獻	版本	用　　例
李昌祺《覓燈因話》卷一	清刊本	(1) 思玄子曰：天道甚邇，呼吸相應，有藉靈于神，有假手于人，皆天也。人力不及，始濟以神，尤見天意之諄焉。若夫賞罰可能，毀譽所加，則盡付之，人不欲以神道示怪矣。人見藉神者少，以爲有及有不及，遂生妄心，是誣道也。
李昌祺《剪燈餘話》卷二	明正德六年楊氏清江堂刻本	(2) 留宿月餘，不啻膠漆。一夕，麗人語韶曰：妾死時，僞漢方盛，主寵復深。故王匣珠襦，殯送極一時之富貴；幽宮神道，墳塋備一品之威儀。是致五體依然，三魂不昧。

表七百九十七

作者/文獻	版本	用　　例
李長祥《天問閣文集》卷二	民國求恕齋叢書本	(1) 奉政大夫太僕寺卿宜興史公神道碑 (2) 子之貴者曰夏隆，崇禎丙子舉人，癸未進士，官江西南昌府推官，今不仕。以某年月日改葬公於某所，將立碑神道，求銘於余。 (3) 故朝列大夫尚寶司卿溧陽史公神道碑 (4) 溧陽尚寶司卿史公，以崇禎十六年某月日卒，乙酉某月日葬某縣之某鄉某里。自葬以至今之某年，凡幾十幾年，蓋久矣。神道未有碑，舊史官李長祥在毘陵，公之子某來請焉。

表七百九十八

作者/文獻	版本	用　例
李東陽《懷麓堂集》卷二十八	清文淵閣四庫全書本	(1)《定興王墓瑞芝詩序》：太傅兼太子太師英國張公，既葬其先定興忠烈王于城西南連三岡之原。越四十年，今皇上紀元弘治，禮部尚書丘公撰王勳績為《平定交南錄》，勒石墓祠。乃有靈芝産于神道，爛如朶雲，紫英黄跗，狀極奇偉，流播邇遠，蔚為殊觀，咸謂盛美。不可無述，賦而和者前後凡若干篇。
李東陽《懷麓堂集》卷三十三		(2) 又前有戟門為扉六，其東為神廚，西為神庫。又於大門之外為堂，曰聚德。又南為方橋三，中為神道，左右為通衢。經始于弘治已酉之冬，暨庚戌之秋而成。其始則材石山積，工徒魚貫，旁午交錯，莫知所定。既其成也，金碧髹堊，崝嶸絢爛，離立交映，蔚為巨觀者，殆不知其所繇致也。
李東陽《懷麓堂集》卷四十三		(3) 公卒，已有銘，銘頗略。崇文復述行實請為狀，以干大人先生銘諸神道，以昭不朽。
李東陽《懷麓堂集》卷四十五		(4) 明故萬全都司都指揮同知致仕封榮禄大夫柱國後軍都督府都督同知劉公神道碑銘 (5) 既又遣使具書，奉吏科左給事中王君上古狀，介千戶徐時鳴請予銘，刻于神道之石。 (6) 明故通議大夫南京工部右侍郎黄公神道碑銘
李東陽《懷麓堂集》卷五十六		(7)《復畏吾村舊塋志感十首》：舊壠蕭條二畝秋，眼中無地著松楸。比隣價許千金直，老我心餘一念休。未愛林居添野意，直開神道想靈遊。幽堂手澤依稀在，細認蒼苔幾涕流。
李東陽《懷麓堂集》卷六十二		(8)《章恭毅公年譜序》：贈南京禮部尚書章公恭毅之卒也，既有狀，有誌，有神道之碑、哀輓之詩。其子忲應為南京給事中時，嘗自為《年譜》一帙，以屬於予，請為序。
李東陽《懷麓堂集》卷六十七		(9) 入其門，為池，為橋，為綽楔，其中為重門，則有誥命諭祭之碑，及神道之碑、饗祭之堂，培築堅厚，締構閎壯，而工製甚精。
李東陽《懷麓堂集》卷七十三		(10) 愚不敢議擬前賢，乃取張南軒所撰《諸葛武侯祠堂記》、蘇文忠《進陸宣公奏議表》及《司馬溫公神道碑》、温公撰《韓魏公祠記》、魏公撰《范文正奏議集序》，摘其要語，各録於像之左方。

續表

<table>
<tr><th>作者/文獻</th><th>版本</th><th>用　　例</th></tr>
<tr><td>李東陽
《懷麓堂集》
卷七十五</td><td rowspan="3">清文淵閣四庫全書本</td><td>(11) 市其旁近地百有餘畝，可以周築垣墉，通行神道。昭穆可序，遷合有期。平生鬱抑之懷一旦而遂，感激之至轉成悲傷。是用告諸墓前，上慰靈爽，俯仰今昔，哀何可言！
(12) 嗚呼！我志君子公行，我知神道之銘，匪我其誰？所謂“上為天下慟，而下以哭吾私”者，吾嘗聞之矣。豈但慨晨星之落落，傷宿草之離離，惜往日之不再，歎人生之有涯而已耶？</td></tr>
<tr><td>李東陽
《懷麓堂集》
卷七十八</td><td>(13) 明故正議大夫資治尹户部左侍郎吳公神道碑銘
(14) 予既往弔哭，從其子之請。按翰林黄編修瀾狀，敘事著銘，俾刻於神道之石。銘曰：吳出泰伯，族散南紀。由江逮湖，東際於海。漳稱名邦，有地高塏。實生偉人，出佐天子。為名進士，為中給事。薦升大僚，以長卿寺。載遷户曹，式贊邦計。勳庸被褒，封及祖禰。惟祖及禰，世積仁累。溢為巨流，有決其匯。曷徵厥源，如彼漳水。公澤不匱，式續式似。有來後人，公德是視。
(15) 明故贈通議大夫都察院右副都御史徐公神道碑銘
(16) 明故嘉議大夫南京太常寺卿陳公神道碑銘
(17) 越五年，其子華赴試北上，泣且告曰：神道石尚未銘。吾父於先生，盍有託焉。予泫然感之，乃按通政鄭公廷綱狀，為敘及銘。
(18) 明故陝西三原縣儒學教諭致仕贈光禄大夫柱國太子太保禮部尚書兼武英殿大學士劉公神道碑銘
(19) 少傅劉公，嘗出所述先公家傳，且道父德之詳，謂東陽曰：吾先公之葬久矣！神道之石尚未銘，所以告子者非徒言也。
(20) 明故贈通議大夫都察院右副都御史何公神道碑銘
(21) 明故資政大夫南京禮部尚書致仕贈太子少保童公神道碑銘
(22) 天順癸未，公分考禮部，東陽與今太子少保吏部尚書倪公皆在選。公之卒，倪公實為銘墓，且經理其家。東陽遂且劣，無所於助，乃按通政叅議憂君崇文狀，撮公事行之大，刻諸神道，拜系以銘。
(23) 明故贈通政大夫南京刑部尚書戴公神道碑銘
(24) 西澗戴公之葬也，侍郎楊文懿公為誌；厥配吳氏，學士柯竹喦先生誌焉；尚書王文肅公合而為之表。後數年，公以子珊貴，累贈南京刑部尚書，吳累贈夫人秩二品，制得為碑神道。
(25) 明故資政大夫南京戸部尚書致仕梁公神道碑銘</td></tr>
<tr><td>李東陽
《懷麓堂集》
卷七十九</td><td>(26) 明故贈光祿大夫柱國少傅兼太子太傅禮部尚書武英殿大學士謝公神道碑銘</td></tr>
</table>

續表

作者/文獻	版本	用　例
李東陽《懷麓堂集》卷七十九	清文淵閣四庫全書本	(27) 越六年乙丑，今天子嗣位。於喬以輔導功進今官，及恭上兩宮尊號，又獲以其官加贈祖為光禄大夫、柱國少傅兼太子太傅、禮部尚書、武英殿大學士，祖妣為一品夫人，制得樹碑神道。 (28) 公自作祖世，苟有濟，豈必在我？贈官賜秩，視祖如父，計功報直，亦固其所。發潛闡幽，於義斯可刻銘神道，以耀終古。 (29) 明故兵部尚書致仕進階光禄大夫贈太子太保謚襄毅項公神道碑銘 (30) 明故贈光禄大夫柱國太子太保刑部尚書閔公神道碑銘 (31) 弘治癸亥，始贈今官階光禄大夫、勳柱國，妣為一品夫人，暨其曾祖考妣皆然。公念父德久弗白，兹假寵於朝，制得建碑神道，則以同年友請予銘。 (32) 明故贈通議大夫南京禮部右侍郎馬公神道碑銘 (33) 侍郎君追慕先德，久有待於今日者，謂予為翰林舊寮特述事狀，請銘於神道之石，乃為銘。 (34) 明故贈通議大夫都察院右副都御史畢公神道碑銘 (35) 都憲君以予同朝久，嘗接公風範。昭又予禮部所舉，乃奉吾友左副都御史楊君應寧狀，請銘公神道。 (36) 明故資政大夫都察院右都御史贈太子太保左都御史史公神道碑銘
李東陽《懷麓堂集》卷八十		(37) 明故嘉議大夫南京都察院左副都御史陳君玉汝神道碑銘 (38) 玉汝謂予為知己，以文字友甚習故，鎡以治命，走京師，迄銘神道。予悲而銘之。 (39) 廣西右布政使伍公卒於家，其子湖廣右布政使符具書寓公從子進士箕，上京師，介翰林，庶起士張鰲山請予銘神道之石。 (40) 明故湖廣布政使司左布政使劉公神道碑銘 (41) 明故贈光禄大夫柱國太子太保吏部尚書兼武英殿大學士焦公神道碑銘 (42) 吾友少傅焦公孟陽，始入內閣，加太子太保、吏部尚書、武英殿大學士，特賜誥命，封三代，獲贈曾祖全德。公如其官，又為光禄大夫、柱國。如其階勳，欲樹碑神道，以昭潛德。 (43) 明故光禄大夫柱國太子太傅吏部尚書致仕贈特進左柱國太師謚端毅王公神道碑銘 (44) 公姓徐氏，諱恪，字公肅，蘇之常熟人。祖德賢，考納，皆贈都察院右副都御史。子四：綖先卒，次綰，次緝、縚。綰上京，請銘刻於神道之石。

續表

作者/文獻	版本	用例
李東陽《懷麓堂集》卷八十一	清文淵閣四庫全書本	(45) 明故陝西寧州知州贈光祿大夫柱國少傅兼太子太傅吏部尚書劉公神道碑銘 (46) 明故資善大夫太子少保吏部尚書致仕贈太子太保許公神道碑銘 (47) 明故通議大夫禮部右侍郎管國子監祭酒事致仕贈禮部尚書謚文肅謝公神道碑銘 (48) 吾友方石先生謝公，卒且葬。既閲歲，予始得銘神道之石，非忍為慢重之也。 (49) 明故光祿大夫太子太保禮部尚書致仕贈特進右柱國太保謚文端周公神道碑銘 (50) 予與公同官久，比以孟曾請銘神道。因撮其行業之大，而于户部獨詳焉。墓銘山少傅新都楊公者，尤備可互見也。

表七百九十九

作者/文獻	版本	用例
李光元《市南子》詩文卷五	明崇禎刻本	(1) 若神道設教，天下不知愛而知畏。有不習事之官，材能不中，要會用明經得掌故，優游秩祿之奉。千石百石之吏，職命不修，姦事暴露，爵奪里居，為世簡棄。

表八百

作者/文獻	版本	用例
李開先《李中麓閑居集》文卷八	明刻本	(1) 有巨冦聚眾，難平撫。按自相計議，非孫推不可使，遂以甘言勵之，毅然而往，覆其巢穴，執其魁渠以歸。已而後悔且懼，無非好功名之心驅之耳。以風飛雷厲之才，而了積牘民，有居不再，食行不鮮，檜之稱用神道設教之術，以决疑獄民。
李開先《李中麓閑居集》文卷十一		(2) 或曰：玉皇本漁陽張姓，借白雀之助，竊騎天翁白龍，振策登天。翁乘餘龍，追之不及。既到玄宫，便杜門易百官，封雀為上卿。以是獨得尊貴，廟而塑之何益？予曰：言涉不經，存而勿論。神道設教，使由不可使知。天下名山大川，非得廟宇充斥，乃奸窟盜藪耳。問者悟曰：長治福民，又有資乎此。

表八百零一

作者/文獻	版本	用　例
李樂 《見聞雜紀》 卷七	明萬曆刻清補修本	(1)《新淦縣新修城隍廟記》：古先聖人神道設教，明有禮樂以維民生，幽有鬼神以司民命，寘顯雖殊而其佑世安民，理則一也。是故禦災捍患，悉載於祀典；坊庸表畷，咸列於八腊。 (2) 璉竊惟城隍衛民而設者也，其神則惠民而立者也。列代崇祀則以其有功於民，國家肇稱則命以鑒察司民，是廟其神者凡以為乎民也，不致力於民而能致敬於神者惑也。侯之盡心民事，一芥不私，百廢具修，節民之費、葺神之宮，遂得夫聖人神道設教之旨，仰體乎皇祖重民制祀之心。

表八百零二

作者/文獻	版本	用　例
李濂 《汴京遺蹟志》 卷八	清文淵閣四庫全書本	(1) 祐後創居第於曹門外，手植三槐於庭曰：吾雖不為趙普，後世子孫必有登三公者。已而魏公，果為太保。歐陽文忠作《王魏公神道碑》，畧載此語，而《國史》本傳不書。
李濂 《汴京遺蹟志》 卷九	清文淵閣四庫全書本	(2) 歐陽脩撰《王文正公神道碑》：至和二年七月乙未，樞密直學士、右諫議大夫王素奏事殿中。 (3) 祥符以後，凡天書禮文、宮觀典冊、祭祀巡幸、祥瑞頌聲之事，王文正公旦實為參政宰相，無一不預。……歐陽公作《神道碑》，悉隱而不書，盖不可書也。 (4) 明年三月壬子，丞相身率僚佐共建勑賜《神道碑》于墓右。寓公鄉老及四方來觀者萬數，莫不咨嗟歎息曰：非盛德之後，能若是乎？改作祠堂三楹，秦國公李孟為榜曰"致嚴"。壙未有銘，集賢侍講學士趙孟頫銘之。墓前有表，參知政事賈鈞書之。墓南二丈有石門，刻御史中丞郝天挺之字曰"楊氏先塋"。塋前石人獸如制。又南去二百五十尺，華表雙高，國子祭酒劉賡題其衡顏曰"梁國公神道"。有碣路，左書曰"大司徒梁國公墳"，則鄂國公史弼書也。
李濂 《汴京遺蹟志》 卷十七	清文淵閣四庫全書本	(5) 神道碑銘 (6) 馬正惠公神道碑銘（王安石）
李濂 《嵩渚文集》 卷九	明嘉靖刻本	(7)《白憲僉》（棟）：古人重擇里，太原徙輝邑。師許道有宗，罝業挺然立。秋霜明豸冠，臯臺凛操執。請看隧道碑，學行兩難及。（牧菴撰棟《神道碑》，稱其學可範世，行可勵俗。）

續表

作者/文獻	版本	用　　例
李濂《嵩渚文集》卷二十三	明嘉靖刻本	(8)《輝縣謁姚文獻公祠》(有公之姪牧菴先生燧所撰《神道碑》)：文獻高風百世師，共城今始拜遺祠。道傳河内同升日，化洽中州變俗時。洛水徙家甘闃寂，雲門墾畝此棲遲。一言止殺生民頼，駐馬徐看牧老碑。
李濂《嵩渚文集》卷五十一		(9) 濂辱師生之託，既紀其事而又系之以詩，俾邑之人歌侯之德於無窮，亦猶魯人之頌也。詩曰：奕奕廟宫，聖靈攸妥。淪爲水區，棟欹甍墮。潦積庭除，鼃鳴道左。疇其築之，令曰在我。潭潭痒序，髦士攸廬。沮洳湫陋，其何以居。弦誦無所，齋舍乃潴。疇其營之，令曰在予。……庖湢廩庫，神道周垣。罔不完好，厥功可言。孟秋落成，祗告先聖。令拜稽首，翼翼其敬。頼聖之靈，數月工竟。興學育才，惟天子命。……廟學改觀，下不知費。麗牲有碑，鐫文紀事。小子作詩，風告同志。
李濂《嵩渚文集》卷七十二		(10) 余曩嘗讀《元史・列傳》暨牧菴所撰公《神道碑》、圭塘所撰《雪齋書院記》，而深慕之。茲詢諸舜臣，咸茫然不知也。
李濂《嵩渚文集》卷八十二		(11) 公曰：斯郡為安定先生教化之地，而墓在境内，吾不可不往謁之。至則封鬣荒凉，樵牧擾擾。乃考定侵界，而封樹之，禁樵采者弗得入，故有表思堂、碧澗菴。乃祀先生之所亦皆廢，乃又捐俸為倡，而僚佐以下洎郡中士大夫皆樂爲之助。立神道門，開淤塞路，構堂六楹，追蹤表思、碧澗之制，以嚴先生之祀。
李濂《嵩渚文集》卷九十二		(12)《左傳》曰“光可以鑑”，通鑑之鑑是也。《書》曰“人無于水監”“厥監惟不遠”，即此政監是也。《詩》曰“我心匪鑒，殷鑒不遠”，《周禮》曰“鑒取明水”，申鑒之鑒是也。由是觀之，則鑑、監、鑒三字，是一意也。……然欲作序文，必須先知夏公履歷，始可下筆，或素記其世系、遺事之詳，或别有碑銘、神道、傳、表可參看者，或更有平生、著述。在政監之外者，如有之，乞示一覽。

表八百零三

作者/文獻	版本	用　　例
李流芳《檀園集》卷八	清文淵閣四庫全書本	(1) 予告之曰：方今賢侯，在上有鄴令投巫之明，故能回一國之狂酲，而使之敦本節儉，豈徒人哉？神亦聽之矣。夫神道之禍淫福善，固常在遠近之間，不可以不畏也。吾聞昔之賽神者，科斂若干，乾没若干；今之新祠宇者，科斂若干，乾没若干，盖有之矣。吾且知之，而况於神乎？

表八百零四

作者/文獻	版本	用　　例
李默《群玉樓稿》卷七	明萬曆元年李培刻本	(1) 予竊傷公流離憂憤，老且死。有如生言，顧不令隱泯堙欝，無以彰扵後世邪！悲乎？是集板逸者十之三四。予亟言于郡丞徐君補刻之，并收本傳《神道碑銘》，使究公平生，以詔宣之人士云爾。
李默《孤樹裒談》卷三	明刻本	(2) 公遂密言十弊，指斥五府六部都察院，章留中不下。所書似不同。若楊文定公撰《神道碑》，則又畧之矣，覽者詳之。
李默《孤樹裒談》卷四		(3) 然《金文靖公墓誌》又云：賜大臣五人銀畐，書文並同。前按楊文定公《于文貞神道碑》載，公當時被賜銀章一，其文同前。
李默《孤樹裒談》卷五		(4) 庐陵公就卧内候之，公不及他，惟以手作丈尺状，曰：主上尚尔，老相公出，于心安乎？庐陵公改容謝焉。后來而公作《神道碑》，畧述其詳，蓋紀實也。
李默《孤樹裒談》卷六		(5) 越二載，英庙登寳位，今上還正儲位。首録公忠出之獄，嘉歎良深，遂陞禮部右侍郎。出太和直所拱立齋《恭毅章公神道碑》。
李默《(嘉靖)寧國府志》卷九	明嘉靖刻本	(6) 天台陳紀得公《神道碑銘》於宋太史景濂先生文集中，於是謀諸知府。凃觀欲爲治墳、建祠、勒銘于石，慰荅忠魂，以爲天下萬世。臣子觀遂具顛末以請，余嘉其義而許之。紀乃經營琢石，陶甓甃，營域，壘墳墓，勒宋太史所爲碑銘于石，竪之神道。

表八百零五

作者/文獻	版本	用　　例
李攀龍《滄溟集》卷二十三	清文淵閣四庫全書補配清文津閣四庫全書本	(1) 神道碑 (2) 明封文林郎山東道監察御史馬公神道碑

表八百零八六

作者/文獻	版本	用　　例
李日華 《味水軒日記》 卷六	民國嘉業堂叢書本	(1) 右《韓熙載夜宴圖》，仇實父筆也。按：熙載事絕不足道，顧其意欲自汙不肯作亡國相，有出於長卿犢鼻之上者。昔嚴續僕射爲其父可求索熙載作《神道碑》，以千金雙環爲贈，熙載不肯作諛詞，重不之苦欲博潤，立卻其婢題一絕於泥金帶曰：風柳搖搖無定枝，陽臺雲雨夢中歸。他年蓬島音塵絶，留取樽前舊舞衣。

表八百零七

作者/文獻	版本	用　　例
李紹文 《皇明世説新語》 卷四	明萬曆刻本	(1) 潁川有姚尚書墓，其《神道碑》穹窿高厚，四面均焉。國初，州人侍郎某者，欲割三分之一以刻墓表，告之州守。守曰：何不割三分之二？或問其故。守曰：吾欲使後人割侍郎碑者，猶得中分耳。侍卽問之，慙悔。

表八百零八

作者/文獻	版本	用　　例
李時勉 《古廉文集》 卷八	清文淵閣四庫全書本	(1) 夫其功在國家，德被生民，見於今《少師楊先生神道碑》，玆不著也。
李時勉 《古廉文集》 卷十		(2)《故禮部右侍郎吾公神道碑》：正統六年秋八月二十一日，禮部右侍郎吾公，以官終於南京。訃聞，天子遣官賜祭，命有司治墳塋，歸其柩，葬於衢之開化鍾山之原。明年，公從子珊走京師，泣告於予曰：先從父既葬，而神道之碑未刻，敢以是為請。予辱與公同年，不可固辭，謹按狀而序次之。

表八百零九

作者/文獻	版本	用　　例
李栻 《困學纂言》 卷四	明萬曆刻本	(1) 邵伯溫曰：子見司馬文正公親書一帖：光年五六歲，弄青胡桃，女兄欲為脫其皮，不得。女兄去，一婢子以湯脫之。女兄復來，問脫胡桃皮者。光曰：自脫也。先公適見，訶之曰：小子何得謾語！光自是不敢謾語。後，公以誠學授劉器之曰：自不謾語入。東坡書公神道之碑亦曰：論公之德，至於感人心，動天地，巍巍如此。而蔽之以二言：曰誠，曰一云。

表八百一十

作者/文獻	版本	用　　例
李廷寶《(嘉靖)清苑縣志》卷六	明嘉靖刻本	(1) 四川道監察御史宋璉記畧曰：正德八年春三月十有六日，余同邑人大宗伯傅北潭先生，命其弟璋等詣先塋焚乃祖乃父，贈吏部右侍郎誥黄及刻石，竪之神道，盖荣君之恩而顯揚父祖之德也。 (2) 都督田禮墓，在田蒿社，有少卿彭時《墓表》、大學士李賢《神道碑》。

表八百一十一

作者/文獻	版本	用　　例
李廷機《宋賢事彙》卷下	明刻本	(1) 歐陽公初以范文正事，得罪於吕相夷簡，遠貶三峡，流落累年。後為文正作《神道碑》，盛稱吕能釋私憾，用希文而共力於國家。純仁刻石，削去此一節，云：我公至死，未嘗解讎。公歎曰：我亦得罪於吕丞相者，惟其言公，取信於後世耳。
李廷機《李文節集》	明末刻本	(2) 余爲講官，一日，司禮首璫求余序其詩。余直以遠嫌辭之意，其不悦也。……其姪請《神道碑》，余撰與之。

表八百一十二

作者/文獻	版本	用　　例
李賢《古穰集》卷六	清文淵閣四庫全書補配清文津閣四庫全書本	(1) 洎觀楊文貞公所撰《神道碑》，乃知其平生履歷之實，景慕之餘，慨然於心，思欲為詩，以自附於杜子《八哀》之義，顧多事而未能也。古君乃以此見屬，其又何辭？然輓詩非古也，其意則出於古矣。
李賢《古穰集》卷七		(2) 成國朱公嘗詣予告曰：先母棄世，得縉紳大夫輓詩甚富，幸先生為序其首。予惟公之父平陰武愍王及母夫人《神道碑銘》，皆予之所撰也。
李賢《古穰集》卷十		(3) 神道碑銘 (4) 特進榮禄大夫右柱國太保成國公追封平陰王謚武愍神道碑銘 (5) 天順改元，上復登大寶，重念昔者死事之臣，下詔追封平陰王，謚武愍。命有司治墳於武烈王墓側，以爪髪衣冠瘞焉。仍遣官諭祭，立碑神道，命臣賢撰文以賜之。 (6) 奉天靖難推誠宣力武臣特進榮禄大夫柱國太保寧陽侯追封濬國公謚武靖陳公神道碑銘

續表

作者/文獻	版本	用　　例
李賢 《古穰集》 卷十	清文淵閣四庫全書補配清文津閣四庫全書本	(7) 奉天靖難推誠宣力武臣特進榮祿大夫柱國豐城侯追封茂國公謚剛毅李公神道碑銘 (8) 推誠宣忠翊運武臣特進榮祿大夫柱國會昌伯累贈奉天佐理推誠宣力武臣特進光祿大夫右柱國太傅安國公謚恭憲孫公夫人董氏合墳神道碑銘 (9) 公，聖烈慈壽皇太后之父也，距薨已八年而夫人董氏卒。訃聞，宫庭哀悼，上輟視朝一日。凡白金寶鏹布帛之類、祭葵之禮，率異常例。既襄事，復命臣賢為撰合葬《神道碑銘》，用昭公與夫人善行於來世。 (10) 恭順侯追封涼國公謚忠壯吳公神道碑銘
李賢 《古穰集》 卷十一		(11) 神道碑銘 (12) 奉天翊衛推誠守正文臣特進光祿大夫柱國兵部尚書靖遠伯追封靖遠侯謚忠毅王公神道碑銘 (13) 奉天翊衛推誠宣力武臣特進榮祿大夫柱國南和侯謚忠襄方公神道碑銘 (14) 奉天翊衛宣力武臣特進榮祿大夫柱國南寧伯追封南寧侯謚莊毅毛公神道碑銘 (15) 奉天翊衛宣力武臣特進榮祿大夫柱國東寧伯追封東寧侯謚襄毅焦公神道碑銘 (16) 特進榮祿大夫征南將軍右軍都督府右都督沐公神道碑銘 (17) 己卯冬十月，瓚走書至京師曰：先兄不幸早亡，法得樹碑神道，敢請文以信天下後世。
李賢 《古穰集》 卷十二		(18) 神道碑銘 (19) 吏部尚書致仕贈太保謚文端王公神道碑銘 (20) 積等卜以天順七年正月六日，葬于邑之信實鄉高坪之原。乃以公所為墓誌示賢，請銘其神道。賢從公遊最久，公未嘗待以屬吏，又引之同升，平生之知未有過於公者，謹次第其事而系之以銘。銘曰：國之明昌，繄彼才賢。……公之云亡，軫我聖衷。節惠二名，錫命三公。有美哀榮，無然愧怍。銘在豐碑，元老之墓。 (21) 禮部尚書致仕贈太保謚忠安胡公神道碑銘 (22) 工部尚書謹身殿大學士兼東閣大學士致仕高公神道碑銘 (23) 資政大夫都察院左都御史贈少保謚莊愍寇公神道碑銘 (24) 資政大夫户部尚書謚恭定年公神道碑銘

續表

作者/文獻	版本	用　例
李賢《古穰集》卷十二	清文淵閣四庫全書補配清文津閣四庫全書本	(25) 天順庚辰，户部尚書缺人，皇上以年公富可當其任。有惡其執法者沮之，乃屬吏部改議。上曰：掌國計者，正用執法之人。卒用公。命下，朝紳皆悦，已而在任。公勤慎密，士望益重。一旦以疾卒，無有不悼惜者。其子請銘其神道之碑。 (26) 翰林院學士奉政大夫贈禮部左侍郎謚文懿呂公神道碑銘
李賢《古穰集》卷十三		(27) 神道碑銘 (28) 通議大夫禮部左侍郎兼翰林院學士薛公神道碑銘 (29) 公致仕去矣，有道者之難遇也。如此公之沒也，四方之士聞之莫不嘆悼。朝廷得訃，遣官諭祭其家，復令有司營葬事。禥乃以公門人國子監丞閻禹錫之狀，來請銘其神道之碑。 (30) 資德大夫正治上卿南京户部尚書張公神道碑銘 (31) 資善大夫南京刑部尚書耿公神道碑銘 (32) 卜葬於先塋之次。裕詣京師，持鄉人左都御史軒公狀，乞予為《神道碑》。予亦鄉人也，不可辭，則序而銘之。銘曰：麟之祥蹄，鳳之瑞蹠。實難其逢，云誰不惜。有若斯世，挺生偉人。玉立清脩，如鳳如麟。有偉耿公，鉅鹿之胄。一時英賢，鮮出公右。……社稷是安，既安乃悦。繄公之衷，士類所宗。譽流無窮，惟公之終。 (33) 中憲大夫南京都察院右僉都御史張公神道碑銘 (34) 中順大夫詹事府少詹事劉公神道碑銘
李賢《古穰集》卷十八		(35) 二年春，公得疾，上即命御醫往療，屢遣中貴入視公，賚與頻繁。已而疾愈劇，公復力疾上疏曰：臣年命乖蹇，藥不奏功，旦夕待盡，惟聖明為宗社生民計，選賢任能以圖至治，臣即瞑目地下矣，他一無所請。……公儀貌雄偉，負氣剛直，以智略雄人，視古之名將不多讓也。其勛績行實之大者將刻銘神道，而此特列其槩，置玄堂云。
李賢《明統一志》卷六	清文淵閣四庫全書本	(36) 徐達墓（在鍾山西。達，本朝功臣，中山武寧王。有御製《神道碑》。） (37) 常遇春墓（在鍾山西。遇春，本朝功臣，開平忠武王。編脩官宋濂撰《神道碑》。） (38) 李文忠墓（在鍾山西。文忠，本朝功臣，岐陽王。春坊大學士董倫撰《神道碑》。） (39) 沐英墓（在府南四十里。英，本朝功臣，黔寧王。學士王景撰《神道碑》。）

續表

<table>
<tr><th>作者/文獻</th><th>版本</th><th>用　例</th></tr>
<tr><td>李賢
《明一統志》
卷六</td><td rowspan="7">清文淵閣四庫全書本</td><td>(40) 俞通海墓（在聚寶門外。通海，夲朝功臣，虢國公。學士陶安撰《神道碑》。）
(41) 唐茂才墓（在神策門外。茂才，本朝功臣，蕲國公。編修官宋濂撰《神道碑》。）
(42) 吳良墓（在鍾山西。良，夲朝江國公。翰林檢討吳伯宗撰《神道碑》。）
(43) 顧時墓（在鍾山西。時，夲朝滕國公。以上二墓，俱禮部侍郎劉崧撰《神道碑》。）
(44) 郭子興墓（在聚寶山西。子興，夲朝陝國公。以上二墓，俱學士劉三吾撰《神道碑》。）</td></tr>
<tr><td>李賢
《明一統志》
卷七</td><td>(45) 楊王墳（在盱眙縣西南八十里太平鄉。王姓陳，縣人，本朝外戚。洪武三年，修學士宋濂撰《神道碑》。）</td></tr>
<tr><td>李賢
《明一統志》
卷八</td><td>(46) 韓世忠墓（在靈巖山西麓。世忠，宋功臣，封蘄王。孝宗御題《神道碑》云"中興佐命定國元勲之碑"。）</td></tr>
<tr><td>李賢
《明一統志》
卷十一</td><td>(47) 戴叔倫墓（在金壇縣南三里三洞鄉。梁肅作《神道碑》。）</td></tr>
<tr><td>李賢
《明一統志》
卷十四</td><td>(48) 路應求（元和中，廬州刺史。韓愈為作《神道碑》及《同食館記》。）
(49) 胡珦（舒州刺史。歲大熟，麥一莖數穗，閭里歌頌之。後卒，韓愈作《神道碑銘》云"坊舒之政，于兹有蕲"，蓋嘉之也。）</td></tr>
<tr><td>李賢
《明一統志》
卷十六</td><td>(50) 滕子京墓（在青陽縣東北五里金龜原。子京，宋人。墓有《神道碑》。）</td></tr>
<tr><td>明李賢
《明一統志》
卷二十一</td><td>(51) 張之才（紹聖初，知陽城。清謹愛民，名聞當世。及去任，《辭湯廟詩》云：一官來此四經春，不愧蒼天不愧民。神道有靈應信我，去時猶似到時貧。邑人刻石頌之。）</td></tr>
</table>

續表

<table>
<tr><th>作者/文獻</th><th>版本</th><th>用　例</th></tr>
<tr><td>李賢
《明一統志》
卷二十七</td><td rowspan="8">清文淵閣四庫全書本</td><td>（52）趙槩墓（在宋城天巡鄉。蘇軾《神道碑銘》。）</td></tr>
<tr><td>李賢
《明一統志》
卷二十八</td><td>（53）韓愈墓（在孟縣北。愈，唐名儒。皇甫湜作《神道碑》。）
（54）郝經墓（在孟縣西許村。經，元翰林學士。盧摯作《神道碑》。）</td></tr>
<tr><td>李賢
《明一統志》
卷三十三</td><td>（55）李夷簡（鄭惠王四世孫。世居京兆，累官御史大夫。出為淮南節度，以清直自閑。歷三鎮，家無餘貲。臨終，戒以母厚葬，母事浮屠，母碑神道。）</td></tr>
<tr><td>李賢
《明一統志》
卷三十九</td><td>（56）婁機墓（在府城南五十里。機，宋参政。有樓鑰所譔《神道碑》。）</td></tr>
<tr><td>李賢
《明一統志》
卷四十八</td><td>（57）路應（溫州刺史。督民築堤于樂成、横陽界中，二邑由是得上田，除水害。韓愈為撰《神道碑銘》云“于虔洎溫，厥緒既作”，以褒其功也。）</td></tr>
<tr><td>李賢
《明一統志》
卷六十</td><td>（58）鹿門廟（在鹿門山。漢習郁以侍中，從光武幸犁丘，與光武俱夢見蘇嶺山神。後，光武封郁襄陽侯，使立蘇山神祠，刻二石鹿夾祠前神道，百姓謂之鹿門廟。）</td></tr>
<tr><td>李賢
《明一統志》
卷七十九</td><td>（59）余靖墓（在府城西四十里。歐陽脩作《神道碑》。）</td></tr>
<tr><td>李賢
《明一統志》
卷八十二</td><td>（60）交阯道士（萬州城南，有道士，年九十九，自言交阯人。因渡海船壞，結庵于此。養一雞，大如倒掛。子日置枕中，啼即夢覺。……僧惠洪見之，戲曰：公小人國中引神道也。）</td></tr>
</table>

表八百一十三

作者/文獻	版本	用　　例
李詡《戒菴老人漫筆》卷三	明萬曆刻本	(1) 洪武十九年，御製《中山武寧王神道碑文》，後有跋云：臣惟古功臣之薨，壙有志，墓道有碑，禮也。然自唐以來，皆命詞臣為之。惟我聖王，芟夷羣雄，混一區宇，雖股肱爪牙非止一人，而中山武寧實元勳之首，南收吳越，北定中原，東平齊魯，西入關陝，大抵皆王之功。今其薨也，聖上以王豐功偉績始終本末，非詞臣所能周知。故親筆之刻置墓道。自古人君禮報功臣，未有若斯之盛者也。
李詡《戒菴老人漫筆》卷八		(2) 風水之說，先王所不道，而周公作《洛書》，稱兩卜澗瀍之水。《家語》：堅土之人剛，弱土之人柔，墟土之人大，沙土之人細，息土之人美，秏土之人醜。《呂氏春秋》：輕水秃瘻，重水尰躄，甘水好美，辛水疽痤，苦水尪傴。《任子》：木氣人勇，金氣人剛，火氣人強而燥，土氣人智而寬，水氣人急而賊。以此觀之，未有不鍾於水土者，而富貴貧賤不與焉。至魏管輅，始置格盤、擇葬地。晋郭景純謂“人之死，本骸乘氣，遺體受蔭”。乃著《葬經》及《陰陽雜撰》，以生人之利鈍，由地理之美惡，若執券探懷。遂使末世滋蔓，雖士大夫間，以此搆穽，或地未獲，暴露終年，惑亦甚矣。他若僧泓告張燕公，土龍水龍各深一丈二尺，可設窀穸。四維謂之折壁，中項謂之中焦。置玉以助神道，鑄牛豕以禦二龍之類，益不可曉。嗚呼！瓦棺、堲周、漆椑、柳翣，三王制也。驪山玄室，下錮三泉，今安在哉？

表八百一十四

作者/文獻	版本	用　　例
李豫亨《推篷寤語》卷九	明隆慶五年李氏思敬堂刻本	(1) 兵家之術，有占驗，有方位，有符呪。雲日風角，此占驗也。開生閉死，此方位也。驅丁使甲，此符呪也。大抵兵家神道設教，多有驅使鬼神之法，亦自不可缺者。……母曰：我堂堂之陣焉，則固而陋矣。

表八百一十五

作者/文獻	版本	用　　例
李之藻《頖宫禮樂疏》卷一	清文淵閣四庫全書本	(1)《漢晉春秋》所載：章帝元和二年，幸魯祀孔子，帝升廟，西面再拜。《開元禮》亦謂“先聖東向，先師南面，三獻官皆西向”，是猶未失古之意也。今襲開元二十七年之制，遷神於南面，而行禮者北面，則非神道尚右之義矣。

續表

作者/文獻	版本	用　　例
李之藻 《頖宫禮樂疏》 卷二	清文淵閣四庫全書本	(2) 自尊孔子為王之後，始改從南面而配位則西向，獻官序立東廡前而行禮，執事者升降必由東階，以神道尚右，西乃迎送神之所，避右不敢當尊故也。
李之藻 《頖宫禮樂疏》 卷三	清文淵閣四庫全書本	(3) 戒者，禁止其外事。齊者，整齊其内心。凡戒，是沐浴更衣，别於乾浄房舍宿歇。不飲酒，不食葱韭薤蒜，不問疾，不弔喪，不聽樂，不理刑名，不與妻妾同處，此便是戒。凡齋，是専一其心，十分謹慎，不思别事。才舉意時，便想着合祭那箇神道模樣，如在虚空，如在頭上，如在面上。如此思想，謹慎使其心至誠，此便是齋。 (4)《周禮》：酒正掌酒之政令，以式灋授酒材。辨五齊之名：一曰泛齊，二曰醴齊，三曰盎齊，四曰緹齊，五曰沈齊。辨三酒之物：一曰事酒，二曰昔酒，三曰清酒。《郊特牲》曰：先王之薦，可食也而不可耆也。所以交於神明者，不可同於所安褻之甚也。《禮器》曰：醴酒之用，玄酒之尚。……《禮運》：玄酒在室，醴醆在户，粢醍在堂，澄酒在下。《坊記》：醴醆在室，醍酒在堂，澄酒在下。《禮器》：罍尊在阼，犧尊在西。君西酌犧象，夫人東酌罍尊。君親制祭，夫人薦盎。君親割牲，夫人薦酒。祫備五齊，禘備四齊，時祭備二齊，朝用醴齊，饋用盎齊，諸臣自酢用凡酒，而五齊三酒之用於是乎備矣。釋奠之禮：唐以犧尊實醍齊，象尊實盎齊，山罍實酒，皆設於堂上，混而無别。宋以泛齊、醴齊設堂上，則以神道處孔子也；以盎、醍、沈三酒設堂下，則以人道處羣弟子及諸儒也。元因之。

表八百一十六

作者/文獻	版本	用　　例
李贄 《焚書》 卷三	明刻本	(1) 故又戒之曰：務民之義，敬鬼神而遠之。夫有鬼神而後有人，故鬼神不可以不敬；事人卽所以事鬼，故人道不可以不務。則凡數而瀆，求而媚，皆非敬之之道也。夫神道遠，人道邇。
李贄 《九正易因》	明末毛氏汲古閣刻本	(2)《彖》曰：大觀在上，順而巽，中正以觀天下。觀，盥而不薦，有孚顒若，下觀而化也。觀天之神道，而四時不忒。聖人以神道設教，而天下服矣。 (3) 天何言哉？而四時行焉。觀者，自以爲神，而何教之可設？何化之可服？无教可設，故曰"神道設教"；无化可服，故曰"神道而天下服"。今觀觀者，方盥手于未見賓之前，不待其禮薦也。而下觀者，自化于有孚之顒若，儼然

續表

作者/文獻	版本	用　　例
李贄《九正易因》	明末毛氏汲古閣刻本	如大賓之見矣。然則九五眞神道哉？觀九五者眞同觀于天哉？……故必合四陰之所觀，然後知九五眞神道也。 (4) 坡公解曰：无器而民趨，不言而物喻者，“觀”之道也。聖人以神道設教，則賞爵刑罰有設而不用者矣。
李贄《李溫陵集》卷八	明刻本	(5) 故又戒之曰：務民之義，敬鬼神而遠之。夫有鬼神而後有人，故鬼神不可以不敬；事人即所以事鬼，故人道不可以不務。則凡數而瀆，求而媚，皆非敬之之道也。夫神道遠，人道邇。
李贄《藏書》名臣傳卷六	明萬曆二十七年焦竑刻本	(6) 未幾，出普爲河陽節度。太平興國初入朝，遷太子太保。……上召問普，普言願備樞軸以察奸變，退又上書，自陳預聞太祖、昭憲皇太后顧託爲之事。太宗感悟，卽召見慰諭。拜司徒兼侍中，并以子承煦爲六宅使。淳化三年卒，年七十一，謚忠獻。上撰《神道碑銘》，親八分書以賜之。
李贄《藏書》名臣傳卷十八		(7) 夫岐王陛下愛弟，張說輔臣，而密乘車出入王家，恐爲所誤，故憂之。于是出說相州。及崇病，戒諸子曰：張丞相與吾不協。然其人素奢侈，好服玩。吾歿後，當來弔，汝具陳吾平生服玩寶帶重器。張若顧，卽錄致之，仍以《神道碑》爲請。
李贄《續藏書》卷三	明萬曆三十九年王惟儼刻本	(8) 愈為人沈毅詳敏，其事上最恭慎，有所委不憚危苦，功成不矜，敬禮賢士大夫。上心重之，命朱夢炎為製《神道碑》。
李贄《續藏書》卷六		(9) 倫上表謝，略曰：桓榮設几杖於太常，不聞宸翰之賜；晏殊題舊學于神道，未見几杖之頒。自今將杖以戒噎，則當思四海或有饑餒之民；憑几以安身，則當念一物或有顛連之嘆。
李贄《續藏書》卷九		(10) 永樂二年，賑濟蘇、湖。十六年，來朝北京，寓慶壽寺。病，車駕再臨視。卒，贈少師、榮國公，謚恭靖。上為文《神道碑》。 (11) 御製推忠報國協謀宣力文臣特進榮祿大夫上柱國榮國公姚廣孝神道碑
李贄《續藏書》卷十		(12) 陛下天資至高，合於道微。百家神怪，誕妄恍惚，無不洞矚其謬。然猶不免欲以愚弄天下，若所謂以神道設教者，臣謂不必然也。
李贄《初潭集》卷十七		(13) 南唐嚴續嘗請韓熙載撰其父《神道碑》，以珍貨幾萬緡，仍輟一歌鬟質冠洞房者，為濡筆之贈。韓納其請。文成，但叙譜裔品秩。續慊之，封還，冀其改竄。熙戴直以向所贈及歌姬還之。臨登車，寫一闋於泥金雙帶。

續表

作者/文獻	版本	用　　例
李贄 《初潭集》 卷二十八	明萬曆刻本	(14) 姚崇張說同為宰相，不相能。崇病，誡其子曰：張丞相為人奢侈，好服玩。吾没後，汝具陳平生服玩實帶重器於前。張若顧，即錄致之，仍以《神道碑》為請。既獲其文，登時錄進，先礱石以待，至便鐫刻。張丞相見事常遲，數日之後，必當有悔。若復來徵文，當引視鐫石，告以聞上可也。崇没，張來吊，如之。崇家悉如崇誡。不數日文成，敘致該詳，時謂極筆。卻後數日，果遣取本，以文未周密為辭。姚氏子引示石碑，告以奏御。使者復，張歎曰：死姚崇能算生張說。吾今日乃知才之不及遠矣。

表八百一十七

作者/文獻	版本	用　　例
栗祁 《(萬曆) 湖州府志》 卷四	明萬曆刻本	(1) 伊洛關閩之學興而師道之盛，蓋庶乎先生之功，比之江湖可謂濫觴於初者矣。先生教于湖而葬于湖，其初擇墓者，弗審及於佛舍。比元初，佛教盛，而僧徒用相者言：其墓不利于寺，乃踣墓表、神道，冀以滅迹。

表八百一十八

作者/文獻	版本	用　　例
梁辰魚 《浣紗記》 卷下	明汲古閣刊本	(1)（衆）稟上二位老爺，遠遠望見胥門城上一個神道，目如熛火，頭若車輪，鬚髮四張，光射數里，不敢前去。（生末）待我去看。呀！果然是一個神道，好駭人也。

表八百一十九

作者/文獻	版本	用　　例
梁儲 《鬱洲遺稿》 卷六	清文淵閣四庫全書補配清文津閣四庫全書本	(1) 龍虎將軍上護軍左軍都督府都督僉事前掛印充總兵官致仕張公神道碑 (2) 正德戊寅二月甲子，公既卒於大同致政之私第。其子副總兵協同鎮守大同都指揮同知輗、大同左衛右所正千户軏，將以（闕）年（闕）月甲子，葬公於郡城窑子岡祖塋之次，而託其親友都督朱君周具《行狀》，請紀績於神道之碑。 (3) 福建參政馮公神道碑

表八百二十

作者/文獻	版本	用　　例
梁夢龍 《海運新考》 卷下	明萬曆刻本	(1) 一崇祀典，照得海運肇行；舟泛大海，所畏者惟蛟龍風濤爾。考之五行：蛟乙木也，而寄在辰；風巽木也，而寄在巳。二者性皆畏金。此五行相剋厭勝之術，如先臣劉基輩未嘗不講也。况是類是禡，文著於詩，夫舉大事動大眾，而又安可無神道設教以壯人心？

表八百二十一

作者/文獻	版本	用　　例
廖道南 《殿閣詞林記》 卷五	清文淵閣四庫全書本	(1) 倪文僖公撰《神道碑》曰：江東有木梗與章，根蟠厚地摩青蒼。匠石睥睨喜欲狂，萬牛必致歸明堂。輪囷磅礴登巖廊，巍然屹立時之望。風雨侵陵蠹且傷，用之未久嗟淪亡。廖道南曰：夫太上立德，其次立功，其次立言。史稱闇恭謹近於有德者，而議論亹亹又何能言也？豈所謂三者無一於是耶？
廖道南 《楚紀》 卷十	明嘉靖二十五年何城李桂刻本	(2) 刑部尚書林俊撰《神道碑》曰：粵古在昔，嶽降星精。邃猷方格，坐廟以行。黃髮詢茲，底裹子契。如水如魚，于斯允儷。良臣惟聖，商賓惟賢。于是獻替，一日三宣。風時海馴，遺天斯泣。悠悠蒼天，斯曰何日。泰山昂昂，岳俯一方。公化在東，公神在旁。
廖道南 《楚紀》 卷十三		(3) 史南曰：曷貴乎？關廉之勇也。孟軻有言：北宮黝之勇不如孟施舍，孟施舍之勇不如曾參。何也？勇以血氣，不若勇以義理也。血勇之勇，在外者也；義理之勇，在內者也。在內者，天也；在外者，人也。天者，神道也；人者，鬼道也。
廖道南 《楚紀》 卷十四		(4) 史南曰：臣聞諸先大夫云：軾典國計，先大夫為屬曹；儼還蒲塋，先大夫攜入謁，故知二王之事為詳。及鄒莊簡公語其幽履，費文昭公銘其神道，有足徵也。
廖道南 《楚紀》 卷二十四		(5) 惟恭于時諸生，左圖右史。東序西序，鱗次以齒。晉明晝接，文思安安。兩班組綬，咫尺天顏。乾文光被，徽猷秩秩。六贇絃誦，平康皇極。宸諭春温，如綍如綸。對時育物，元氣氤氳。帝藻星光，如珪如璋。神道設教，令皇顒昂。

續表

<table>
<tr><th>作者/文獻</th><th>版本</th><th>用　　例</th></tr>
<tr><td>廖道南
《楚紀》
卷四十九</td><td rowspan="6">明嘉靖二十五年何城李桂刻本</td><td>(6) 皇祐四年，詔翰林學士孫抃撰《神道碑》，帝為篆其首曰“旌忠”。
(7) 歐陽修撰《神道碑銘》曰：烈烈魏公，相我眞宗。眞廟翼翼，魏公配食。公相眞宗，不言以躬。時有大事，事有大疑。匪小匪筮，公為蓍龜。公在相位，終日如默。問其夷狄，包裹兵革。問其鄉士，百官以職。問其庶民，耕織衣食。相有賞罰，功當罪明。相有黜升，惟否惟能。執其權衡，萬物之平。孰不事君，胡能必信？孰不為相，其誰有終？天子念功，報公之隆。</td></tr>
<tr><td>廖道南
《楚紀》
卷五十</td><td>(8) 大學士李東陽撰《神道碑銘》曰：巖巖華嶽，雄鎭秦封。靈秀攸萃，為人中雄。端居廟堂，進退不辟。高舉長步，其言不迫。奮翼而起，排雲厲空。紛彼羽族，瞠其下風。群疑糾紛，中有定括。南山可移，三軍可奪。用我則出，舍我則還。外若可移，其中浩然。秉彝在躬，弗梏弗失。其所餘者，以還造物。</td></tr>
<tr><td>廖道南
《楚紀》
卷五十三</td><td>(9) 蘇子由銘神道曰：於穆仁宗，有臣文忠。自險而夷，保其初終。惟古君臣，終之實難。匪不用賢，有孽其間。公奮自南，聲被四方。允文且忠，有偉其光。上實開之，下實泥之。三起三僨，誰實使之。僨而復全，惟天子明。克明克忠，乃卒有成。逮歲嘉祐，君臣一德。左右天造，民用飲食。舜禹相授，不改舊服。白髮蒼顏，翼然在廷。功成而歸，維公本心。彼其何如，言恐不深。潁水之濱，甲第朱門。新鄭之墟，茂木高墳。野人指之，文忠之遺。忠臣不危，仁祖之思。
(10) 韓維撰《神道銘》，詞曰：猗嗟子固，文與質生。不勤其師，幼則大成。學富行茂，其蓄弸弸。發為文章，一世大驚。哲人既萎，邪說嘷吠。公不聽瑩，徑前無閡。……公殿海服，有命來覲。帝曰汝賢，毋遠王室。其代予言，汝且輔弼。五聖大典，唯公紬繹。百官正名，唯公訓敕。忠言嘉謀，入則造膝。公用不既，公至不卒。偉望廣譽，如星如日。石可磷兮，公名不沒。</td></tr>
<tr><td>廖道南
《楚紀》
卷五十六</td><td>(11)《甲辰上御天壽行宮恭和一首》：薜蘿晝鎖寢園幽，神道衣（闕）日夕遊。天子明禋諸帝格，紫雲長繞御香浮。</td></tr>
<tr><td>廖道南
《楚紀》
卷六十</td><td>(12) 臣道南恭和《聖製大報歌》四章，其一曰：於穆天運惟神道兮，黃鍾潛應于玄冬。惟聖作則肇禋圜丘兮，明馨昭格于昊穹。萬靈斐亹而胥協兮，冒乾宇其澄霽。三垣繚繞于重玄兮，躋泰階之昌隆。爰奠蒼璧兮，祗承帝座。載薦明水兮，允鑒皇衷。紹鴻典于泰始兮，保駿惠以克終。於穆天運惟丕丕基兮，於萬斯年闡休烈其光崇。</td></tr>
</table>

表八百二十二

作者/文獻	版本	用　　例
林弼 《登州集》 卷十九	清文淵閣四庫全書本	(1) 將以是年十二月日，葬某里某山之原。惟公以忠勇之資，際風雲之會，佐成大業，為國勳臣。雖年僅中壽，然生榮死哀，名昭史冊，可無憾矣。其詳當載《神道碑》，姑叙其畧以納諸壙云。 (2) 惟公弱冠從軍，東征西討，無役不預，亦古名將之倫也。功在簡冊，垂於無窮，姑叙其槩以納諸壙，詳則具于《神道碑》云。
林弼 《登州集》 卷二十一		(3) 神道碑 (4) 故開國輔運推誠宣力武臣榮祿大夫柱國東平侯加封鄆國公謚義安韓公神道碑 (5) 是年四月初七日，歸葬于睢縣北崗保杏岡（闕）之祖塋。詔有司給喪葬之具。及葬，上親製宸翰為祭文，躬臨奠焉。復勑臣弼製為碑銘，立諸神道。

表八百二十三

作者/文獻	版本	用　　例
林大輅 《愧瘖集》 卷二十	明嘉靖林敦履刻本	(1) 明光祿大夫太子太保工部尚書贈少保謚康懿小泉林公神道碑

表八百二十四

作者/文獻	版本	用　　例
林俊 《見素續集》 卷十	清文淵閣四庫全書本	(1) 明贈通議大夫都察院右副都御史樂軒姚公神道碑 (2) 嘉靖紀元，贈禮部主事姚公樂軒以尊號恩，再贈都察院右副都御史。於是子工部侍郎君謨謂俊曰：先大夫邑東尚原之葬，二十有八年。承諸顯幽，亦十年於此矣。意者，其皆有待也。著令秩三品，得立神道之碑。請易如令，姚於斯考世焉。 (3) 公葬某月某日，《遺懿狀》《神道碑》詳焉。銘曰：閩越和會，降兹偉人。秘以弗有，儲精萃神。……坤靈洞燭，有閟玄堂。公德在人，公裔之昌。

續表

作者/文獻	版本	用　　例
林俊 《見素集》 卷十二	清文淵閣四庫全書補配清文津閣四庫全書本	(4) 道至聖人而止，聖人至孔子而盛，為報亦密矣。皇與帝與王，尊也。尊則分嚴，故祀簡。孔子，萬世之師，親也。親則情至，而祀盡。天下易之渙，王假有廟。觀，盥而不薦，有孚顒若。妥靈於廟，假神道設教於夫子也。
林俊 《見素集》 卷十七		(5) 明通議大夫都察院右副都御史林公豫齋神道碑
林俊 《見素集》 卷十八		(6) 明資政大夫刑部尚書贈太子少傅謚文肅椒丘何公神道碑
林俊 《見素集》 卷十九		(7) 明資善大夫太子少保刑部尚書彭惠安公神道碑 (8) 明進榮祿大夫太子少保工部尚書劉公神道碑 (9) 光祿大夫太子太保兵部尚書劉忠宣公神道碑銘 (10) 神道之文，祖修之請，抑公之欲也。公清約如知白，先憂如希文。公望如彥國，能慮大事如子明。
林俊 《見素集》 卷二十		(11) 弘治辛亥九月六日，南京兵部右侍郎趙州王公卒。事聞，上賜塋祭，閣老李公賔之為《神道碑》。

表八百二十五

作者/文獻	版本	用　　例
林希元 《易經存疑》 卷四	清文淵閣四庫全書本	(1) 觀天之神道，而四時不忒。聖人以神道設教，而天下服矣。 (2) 天之所以為觀者，不外春夏秋冬之四時而已。四時各循其序而不忒，而其所以不忒者，在人有不可得而測焉，是則天之神道也。故曰：觀天之神道，而四時不忒。四時不忒，即天道之神也。設教為觀也，神道不可測也。凡以言設教則有聲音，以事設教則有形迹，皆得而則也，非神道也。聖人設教，誠於此，動於彼，不以言，不以事，無聲音，無形迹，不可測其端倪，窺其朕兆，亦猶天道之神不可測也。故曰：神道設教。蓋其不顯之德，篤恭之妙，與上天之載、無聲無臭者同一機；其動靜之妙，丕變之機，有非人所能測識者，是則所謂神道設教之實也。 (3) 天下服是神道設教之效，不與四時不忒對。《蒙引》曰：即是下觀而化之極至處。

續表

作者/文獻	版本	用　　例
林希元《林次崖文集》卷十	清乾隆十八年陳臚聲詒燕堂刻本	(4)《瑤山周氏祠堂記》：人之死也，形歸於土，魂返室堂。聖人因其形之歸也，爲之宅兆而安厝之；因其魂之返也，爲之宗廟而鬼享之。則死而勿壞，亡而若存，是人之終也，天地之心也，聖人裁成輔相之業也。是故久而不葬，主喪不除，重其事也。昭穆、貴賤、降殺，以兩嚴其制也，是五經之所重，百王之所同也。然形葬於土墓，事漸踈；魂返於宗廟，事漸密。其故何也？三月而葬，歸主於廟，則人道終而神道始矣。孝子不得以人道事其親，而以神道事其親，故墓事踈而廟事密也。是故孝莫大於嚴親，嚴親莫大於廟祀，庶人無廟祭於寢，至宋始有祠堂之祭。……乃述其規爲制度、興作、歲月，與其人姓名勒之於石。

表八百二十六

作者/文獻	版本	用　　例
凌迪知《萬姓統譜》卷十一	清文淵閣四庫全書本	(1) 胡珦（字潤博，舒州刺史。歲大熟，麥一莖數穗，閭里歌頌之。後卒，韓愈作《神道碑銘》云“坊舒之政，于兹有靳”，盖嘉之也。）
凌迪知《萬姓統譜》卷十八		(2) 陳暄（義興國山人。學不師受，文才俊逸。尤嗜酒，無撿。其兄子秀，常憂之。暄與秀書曰：吾寂寞當世，朽病殘年，若不日飲醇酒，復欲安歸？汝以飲酒為非，吾以不飲酒為過。吾生平所願，身没之後，題吾墓云“陳故酒徒陳君之神道”。若斯志意，豈避南征之不復，賈誼之慟哭者哉？）
凌迪知《萬姓統譜》卷四十二		(3) 王褒（字子淵，蜀人。益州刺史王襄令作《中和》《樂職》《宣布》詩，因奏褒有軼材。上徵之。既至，作《聖主得賢臣頌》。上令往益州，祠“金馬碧鷄”之神道，病卒。宣帝朝為諫大夫。）
凌迪知《萬姓統譜》卷七十一		(4) 李夷簡（字易之，鄭惠王四世孫。世居京兆，累官御史大夫。出為淮南節度，以清直自閒。歷二鎮，家無餘貲。臨終，戒以毋厚葬，毋事浮屠，毋碑神道。）
凌迪知《萬姓統譜》卷九十五		(5) 路應求（元和中，廬州刺史。韓愈為作《神道碑》及《同食舘記》。）

表八百二十七

作者/文獻	版本	用　　例
凌濛初 《拍案驚奇》 卷十九	明崇禎尚友堂刻本	（1）申蘭道：多承二弟厚意。如此大魚，也是罕物！我輩托神道福佑多年，我意欲將此魚此酒再加些鷄肉果品之類，賽一賽神，以謝覆庇，然後我們同散福受飲方是；不然只一昧也不好下酒。……申春道：此人果是能事，怪道大哥出外，放得家裏下，元來有這樣得力人在這裏。衆人都贊嘆一番。申蘭叫謝保把福物擺在一個養家神道前了。
凌濛初 《拍案驚奇》 卷二十		（2）心下疑惑，却又道：除了那個姓蕭的，却又不曾與第二個姓蕭的識熟。凡人不可貌相，海水不可鬥量。况是神道的言語，寧可信其有，不可信其無。 （3）劉元普便自聚起匠役人工，在莊廳上擡取一對靈柩，到墳塋上來。張氏與春郎夫妻，各各帶了重孝相送。當下埋棺封土已畢，各立一個《神道碑》：一書“宋故襄陽刺史安卿裴公之墓”，一書“宋故錢塘縣尹克讓李公之墓”。
凌濛初 《拍案驚奇》 卷三十九		（4）話説男巫女覡，自古有之，漢時謂之“下神”，唐世呼爲“見鬼人”。盡能役使鬼神，曉得人家禍福休咎，令人趨避，頗有靈驗。……口裏説漢話，便道神道來了。……正經人聽了，渾身麻木忍笑不住的；鄉里人信是活靈活現的神道，匾匾的信伏，不知天下曾有那不會講官話的神道麽！又還一件可恨處：見人家有病來求他，他先前只説：救不得！直到拜求懇切了，口裏説了許多牛羊豬狗的願心來，要這家脱衣典當，殺生害命，還恐怕神道不肯救，啼啼哭哭的。及至病已犯拙，燒獻無效，再不怨悵他、疑心他，只説不曾盡得心，神道不喜歡，見得如此，越燒獻得緊了。 （5）到得明日，遠近多傳道新太保降神，來觀看的甚衆。夏巫登場，正在捏神搗鬼，妝憨打痴之際，範春元手中捏著一把物事來問道：你猜得我掌中何物，便是真神道。 （6）正在爭辨之時，沈暉一交跌倒，口流涎沫，登時暈去。内中有同來的，奔告他家裏。妻子多來看視，見了這個光景，分明認是得罪神道了，拜著廟巫討饒。 （7）妻子道：你適才却怎麽來？沈暉大笑道：我見這些人信他，故意做這個光景耍他一耍，有甚麽神道來？廟巫一場沒趣，私下走出廟去躲了。合廟之人盡皆散去，從此也再弄不興了。 （8）縣令先告城隍道：齷齪妖徒，哄騙愚民，誣妄神道，今日請爲神明除之。

續表

作者/文獻	版本	用　例
凌濛初《拍案驚奇》卷四十	明崇禎尚友堂刻本	(9) 隆慶庚午年元旦未曉，起身梳洗，將往神祠中禱祈，途問遇一群人喝道而來。心裏疑道：山中安得有此？伫立在旁細看，只見鼓吹前導，馬上簇擁著一件東西。落後貴人到，乃一金甲神也。一鳴明知是陰間神道，迎上前來拜問道：尊神前驅所迎何物？
凌濛初《二刻拍案驚奇》卷二		(10) 到了是日，合鄉村男婦兒童，無不畢赴，同觀社火。你道如何叫得社火？凡一應吹簫打鼓、踢球放彈、勾攔傀儡、五花爨弄，諸般戲具，盡皆施呈，卻像獻來與神道觀玩的意思，其實只是人扶人興，大家笑耍取樂而已。
凌濛初《二刻拍案驚奇》卷五		(11) 元來是一所古廟。旁邊鬼卒十餘個各持兵杖夾立，中間坐著一位神道，面闊尺餘，須髯滿頦，目光如炬，肩臂搖動，像個活的一般。真珠姬心慌，不免下拜。神道開口大言道：你休得驚怕！我與汝有夙緣，故使神力攝你至此。真珠姬見神道說出話來，愈加驚怕，放聲啼哭起來。……神道說：快取壓驚酒來。旁邊又一鬼卒斟著一杯熱酒，向真珠姬口邊奉來。……神道走下座來，笑道：著了手也！旁邊鬼卒多攢將攏來，同神道各卸了裝束，除下面具。元來個個多是活人，乃一夥劇賊裝成的。
凌濛初《二刻拍案驚奇》卷二十		(12) 功父自此力行善事，敬信神佛。後來年至八十餘，複見前日公吏，執著一紙文書前來，請功父交代。仍舊卒徒數百人簇擁來迎，一如前日夢裏江上所見光景。功父沐浴衣冠，無疾而終，自然入冥路爲神道矣。
凌濛初《二刻拍案驚奇》卷三十		(13) 喘息未定，只見一個人慌慌忙忙走將進來，將手在案前香爐裏亂塞。塞罷，對著神道聲喏道：望菩薩遮蓋遮蓋，所罰之咒，不要作準。……我與你此間神道面前罰個咒。罰得咒出，便不是你。先來那個人便對著神道，口裏念誦道：我若偷了銀子，如何如何。
凌濛初《二刻拍案驚奇》卷三十四		(14) 太尉道：適間所言，還是何神怪？法師道：依他說來，是五通神道，見此獨居無伴，作怪求食的。今與小符一紙貼在房中，再將些三牲酒果安一安神，自然平穩無事。
凌濛初《二刻拍案驚奇》卷三十六		(15) 沈一是個乖覺的人，見了光景想道：世間那有一樣打扮的五個貴人？況他容止飄然，多有仙氣，只這用了無數的酒，決不是凡人了，必是五通神道無疑。

續表

<table>
<tr><th>作者/文獻</th><th>版本</th><th>用　　例</th></tr>
<tr><td>凌濛初
《二刻拍案驚奇》
卷三十六</td><td rowspan="2">明崇禎尚友堂刻本</td><td>(16) 沈一道：不妨，且將神道昨夜所賜來看看，盡勾受用哩！
(17) 妻子問其緣故，乃說：昨夜遇著五通神道，求他賞賜金銀，他與我這一布囊。誰知多是自家屋裏東西，叫個小鬼來搬去的。
(18) 傳聞開去，做了笑話。沈一好些時不敢出來見人。只因一念貪癡，妄想非分之得，故受神道侮弄如此。可見世上不是自家東西，不要欺心貪他的。</td></tr>
<tr><td>凌濛初
《二刻拍案驚奇》
卷三十九</td><td>(19) 其母村居，偶然走路遇著天雨，走到一所枯廟中避著，卻是草鞋三郎廟。其母坐久，雨尚不住，昏昏睡去。夢見神道與他交感，歸來有妊。</td></tr>
</table>

表八百二十八

作者/文獻	版本	用　　例
凌義渠 《凌忠介集》 卷六	清文淵閣四庫全書本	(1) 竊者居平恒誦竺乾書，而不欲溺情於施捨，曰吾不以佛故佞也。性不侮闇室，而未嘗惑志于巫覡，曰吾不以神道先也。

表八百二十九

作者/文獻	版本	用　　例
劉昌 《中州名賢文表》 卷六	清文淵閣四庫全書本	(1) 大元敕賜故中書左丞集賢大學士國子祭酒贈正學垂憲佐運功臣太傅開府儀同三司追封魏國文正公許先生神道碑 (2) 先生既歿之三十三年為皇慶二年，仁宗皇帝詔暨宋九儒從祀宣聖廟庭，明斯道之所自傳矣。又二十三年為元統三年，今上皇帝敕詞臣玄文其神道之碑，以賜其子師敬使刻之。 (3)《許文正公神道碑銘》，歐陽文公作。碑高丈四五，廣六尺，厚及廣之半，四面皆刻文，幾五千言。以世祖之明、文正公之賢，而得歐陽文公大手筆以發之，此皆曠世所甚難者。蓋君聖或不得乎臣，臣之賢或不遇遇矣。 (4)《遺書》六卷，大德十年，安成尹蘇顯忠刻梓。當時已謂殘編斷簡，多所失遺，况昌所得者乃録本，尤多缺誤，故重加訂定為五卷，復以《制詞》《神道碑》為《附録》一卷。

續表

<table>
<tr><th>作者/文獻</th><th>版本</th><th>用　例</th></tr>
<tr><td>劉昌
《中州名賢文表》
卷十</td><td rowspan="5">清文淵閣四庫全書本</td><td>(5) 嗚呼，學可以範世，行可以礪俗而已。是哉！夫人賈也。以燧平昔善，公録河南北道勸農副使。苟宗道埋辭，求銘神道。每一讀之一拉淚，擲筆數年，終不能敘其事。
(6) 領太史院事楊公神道碑</td></tr>
<tr><td>劉昌
《中州名賢文表》
卷十一</td><td>(7) 神道碑
(8) 湖廣行省左丞相神道碑
(9) 子德希餘幼後公薨十四年，今正奉輔國以神道未碑，出公凡受制書與御筆及公平生行實，請燧曰徵是為銘。嗚呼！兄弟爭與昭揚先德，於其子職責已塞矣。嘗讀望諸君書：善作者不必善成，善始者不必善終。
(10) 平章政事蒙古公神道碑
(11) 平章政事徐國公神道碑</td></tr>
<tr><td>劉昌
《中州名賢文表》
卷十二</td><td>(12) 神道碑
(13) 中書左丞姚文獻公神道碑
(14) 參知政事賈公神道碑
(15) 僉書樞密院事董公神道碑</td></tr>
<tr><td>劉昌
《中州名賢文表》
卷十三</td><td>(16) 神道碑
(17) 平章政事史公神道碑
(18) 便宜副總帥汪公神道碑
(19) 興元行省爪爾佳公神道碑
(20) 真定新軍萬户張公神道碑
(21) 穎州萬户邸公神道碑</td></tr>
<tr><td>劉昌
《中州名賢文表》
卷十四</td><td>(22) 神道碑
(23) 同知廣東宣慰司事王公神道碑
(24) 戍守鄧州千户楊公神道碑
(25) 積是勞勛，位踐三品，力有可至數，所得爲伐石人獸，樹列神道。又悼公平生與國立家之多艱也，不銘之碑，無以白悠久。自襄走鄧，託筆於燧。嗚呼！臣之事君，猶子事父。
(26) 鄧州長官趙公神道碑
(27) 山南廉訪副使馮公神道碑</td></tr>
</table>

續表

作者/文獻	版本	用　　例
劉昌 《中州名賢文表》 卷十四	清文淵閣四庫全書本	（28）浙西廉訪副使潘公神道碑 （29）故宋太常少卿陳公神道碑 （30）故提舉太原監使司徐君神道碑 （31）輝縣有百泉焉，即《詩》所云“泉源”是也。泉上有湧金亭，蘇文忠公所題。昌至輝，課士畢，乃過百泉，尋蘇門山孫登游嘯處，見穹碑道側。趨讀之，則《姚文獻公神道碑銘》，公之姪文公燧譔。
劉昌 《中州名賢文表》 卷十八		（32）翰林學士元文敏公神道碑 （33）集賢直學士貢文靖公神道碑銘 （34）大元贈中奉大夫行中書省參知政事張公神道碑 （35）敕賜贈參知政事胡魏公神道碑 （36）故禮部尚書馬公神道碑銘
劉昌 《中州名賢文表》 卷十九		（37）敕賜大司徒薊國忠簡公神道碑 （38）於是臺臣以聞，有詔贈公銀青榮祿大夫、太保、上柱國，追封薊國公，謚忠簡。夫人呼塔噶，贈薊國夫人。仍命具公行壽，善勞世族，官治樹，文於碑，刻之神道以假寵。 （39）敕賜故資德大夫御史中丞贈攄忠宣憲協正功臣河南行省右丞上護軍魏郡馬文貞公神道碑 （40）馬中丞墓，在光州西南五十里。碑石，趙孟頫書，不知何人譔。闊可五六尺，厚二尺餘，高可丈四五。已斷裂，加剝蝕，不可讀。墓前二三百武亦有碑，埋土中，首微出土，上令從者發視之，乃“故御史中丞贈攄忠宣憲協正功臣河南行省右丞上護軍魏郡公謚文貞馬公神道”三十三字，皆隸書。 （41）昌前至光州，課士之暇，過兵部侍郎霍公宅。公爲醴薦禮飲昌，昌因詢馬中丞遺事。公曰：吾宅故中丞公石田莊也。中丞葬後，子孫徙居關中，不聞以儒，頗多習武，間有為武官者亦不甚知名。……踰年，至張德，始得徐文忠公所譔《中丞公神道碑》，并附焉。
劉昌 《中州名賢文表》 卷二十一		（42）敕賜推誠宣力定遠佐運功臣太師開府儀同三司上柱國曹南忠宣王神道碑銘（并序）
劉昌 《中州名賢文表》 卷二十二		（43）聖人以神道設教。上智昭昭，無幽不通；下愚蚩蚩，既顯而蒙。孰為民彝，孰為帝衷，可使由之而不能使之知也。 （44）元故右丞相克哷公神道碑銘（并序） （45）大元故贈光祿大夫江浙等處行中書省平章政事柱國追封趙國公阿勒坦哈雅公神道碑（并序）

續表

作者/文獻	版本	用　　例
劉昌 《中州名賢文表》 卷二十二	清文淵閣四庫全書本	(46) 有元贈中奉大夫湖廣等處行中書省粂知政事護軍追封魯郡公許公神道碑銘（有序） (47) 安陽公居政府之五年，一日得請於朝，既釋機務，將歸省其先塋於洹水之陽，以顯考魯公《行狀》命其友歐陽玄文諸神道之石。 (48) 狀公行者為今南臺侍御史濟南張公起巖，志公壙者為今御史中丞浚儀馬公祖常，至玄為《神道碑》，三人皆安陽公同年進士。嗚呼！斯亦他貴臣家所難而魯公有焉。 (49) 昌欲謁安陽公墓，以事不果，從吏云：墓有公《神道碑》，高丈二尺餘，四面各可四尺，皆有字，趙文敏公書也。
劉昌 《中州名賢文表》 卷二十六		(50) 大元故大名路宣差李公神道碑銘（并序） (51) 今子孫繩繩，承世爵而繼禄次，豈非陰積致然耶？既襄事之三年，嗣侯嘉琿百拜，以墓碑來請曰：我祖捐館以來，將二紀於兹。曾是表峙，神道無顯刻以昭裔昧。 (52) 大元故鄭州宣課長官盧公神道碑銘（并序） (53) 大元故中奉大夫浙東道宣慰使陳公神道碑銘（并序） (54) 大元故中順大夫徽州路總管兼管內勸農事王公神道碑銘（并序） (56) 金故朝請大夫泌陽縣令趙公神道碑銘
劉昌 《中州名賢文表》 卷二十七		(57) 釋褐右拾遺，轉知天城、陽曲、懷仁三縣，擢大理正，遷平陽府判官、安東節度副使，兩貳大理寺，出刺石州，累官中大夫。年六十三，卒於位，翰林學士張景仁碑其神道。公性淳厚，見義固執，待物誠，好誘掖後進。三爲理官，議獄主恕，不屈於權貴，故多平反。尤長於治民，興利除害，若嗜欲然。施設有條理，簡便可持久，所去見思，圖形奉事。素愛渾源山水幽勝，買田家焉，晚號南山翁。 (58) 大起孔子廟，既樹教本，集諸生肄習其中；風化大行，考課爲河南最。未幾，詔入翰林爲應奉，不踰月而卒，得年四十有四。雷御史淵誌其墓，趙翰林秉文勒銘神道，皆稱其器識明敏，剛直敢言，學可以輔政教，材足以濟時艱。齎志以歿，士論惜焉，葉民至廟而祀之。
劉昌 《中州名賢文表》 卷二十八		(59) 昔張長史作書，多先觀古鐘鼎、科斗文字，遂楷法妙天下。……讀《宋文貞神道碑》，見其筆畫一一涵篆穎古意，乃知其言爲有徵後之學者。苟志於古，舍兩漢，孰宗匠哉？

續表

作者/文獻	版本	用　　例
劉昌 《中州名賢文表》 卷二十八	清文淵閣四庫全書本	(60) 所謂糾宗者，作擘窠大字，體端整而頗瀟散，如羽林壘壁，橫天作陣，勢相戛摩，與衆星爭光而色正，芒寒之氣爲有間耳。其懷恪神道，銛鋒勁畫，望之凜然，挺植戈戟，一一較之，不無利鈍。 (61) 大元故翰林學士中奉大夫知制誥同修國史贈學士承旨資善大夫追封太原郡公謚文定王公神道碑銘 (62) 皇慶壬子歲，朝廷推恩舊學，贈先考中奉，府君翰林學士承旨、資善大夫，追封太原郡公，謚文定。先妣推氏，追封太原郡夫人。眷恤隆渥，上及二代。明年春正月丙午，焚黄祭告，寵賁松櫝，越王氏有煒。是用追述先公立身行道、致兹顯揚者，敢昭告於神道。
劉昌 《中州名賢文表》 卷二十九		(63) 平章政事致仕尚公神道碑 (64) 大都路都總管姚公神道碑 (65) 以夏四月某日，葬稷山西北嘉禾里。泰定三年，以子侃請制贈正奉大夫、河南江北行中書參知政事、護軍，追封平陽郡公，謚忠肅。天歷己巳，侃以公行實，徵銘神道之碑。 (66) 參知政事王公神道碑
劉昌 《中州名賢文表》 卷三十		(67) 皇元故武略將軍濟南冠州萬戶府千夫長監黙勒齊公神道碑銘

表八百三十

作者/文獻	版本	用　　例
劉城 《嶧桐詩集》 卷五	清光緒十九年養雲山莊刻本	(1)《斷碑歌》：殷家片石在泥滓，刓殘財剩尺有咫。洗滌推移拂拭看，色如青銅薄如紙。脆處膚攖無寸完，蝕久文埋餘半字。憶昔將軍既葬時，墓門始閉議豐碑。穹隆定斷南山骨，瑩潤須求碧玉姿。駄曳應回萬牛首，琢磨已役千人治。靈龜高座盤螭走，蝌蚪古篆寫鴻辭。上言勛業多夸誠，下紀官閥無參差。王家告身既載錄，撰人姓氏亦貽垂。作者高官大手筆，鐫者巧匠名工師。當時赫奕表神道，幾世嵯峨指路馗。後來雲耳漸凋落，牧童晝熳牛礪角。風雨先教白屋摧，烏鳶直向丹書啄。倒傍山隈已歷年，散入鄰墻人不覺。棄餘徒使子孫憎，寒不可衣饑不嚼。誰家華表又千雲，蔡謁雄文四達聞。城南好田直自請，冢中枯骨何足雲。螺書扁刻日卓午，斷碑請看故將軍。

表八百三十一

作者/文獻	版本	用　　例
劉春 《東川劉文簡公集》 卷十九	明嘉靖三十三年刻本	(1) 明故通議大夫都察院右副都御史張公神道碑銘 (2)(上闕) 日，葦郡城南。謂余同年友也，屬銘《神道碑》。 (3) 立言者，誌於墓石、表於神道者採擇焉。

表八百三十二

作者/文獻	版本	用　　例
《劉忠宣公遺集》 附錄文 卷一	清光緒元年劉乙燃刻本	(1) 忠宣公神道碑（林俊） (2) 神道之文，祖修之請，抑公之欲也。公清約如知白，先憂如希文。公望如彥國，能處大事如子明。忠結主知，望實孚於中外。問安否於裔夷，其仕其止其世可知也。

表八百三十三

作者/文獻	版本	用　　例
劉侗 《帝京景物略》 卷一	明崇禎刻本	(1) 今一像一主，主題：推忠報國協謀宣力文臣、特進榮祿大夫、上柱國、榮國公姚廣孝。像精峭，滿月面，目炯炯，露頂，袈裟趺坐，有題偈，署獨庵老人自題。獨菴，少師號也。少師釋名道衍，字斯道，吳之相城里人。葬房山縣東北四十里，地名聖岡塔。成祖御製《神道碑》。蓋少師生不冠而髡，不受賜第而寺處，葬不墓而塔，故享不侑廟而亦寺矣。
劉侗 《帝京景物略》 卷三		(2) 後祠日加廣，香火自鄒魯齊秦以至晉冀，而祠在北京者，稱泰山頂上天仙聖母。麥莊橋北，曰西頂；草橋，曰中頂；東直門外，曰東頂；安定門外，曰北頂。盛則莫弘仁橋，若豈其地氣耶！夫億萬姓所皈禮，以俗教神道焉，君相有司不禁也。

續表

作者/文獻	版本	用　　例
劉侗《帝京景物略》卷五	明崇禎刻本	(3) 同安池顯方《萬壽寺鐘》：洪鐘金質五行備，象蹲螭盤蒲牢恚。原爲晨昏喚夢人，但有聲聞無字義。文皇轉輪大願力，上承祖位扶佛日。華嚴法門深似海，鑄鐘中邊如鐫刻。經之所餘補諸咒，端楷分明非篆籀。萬靈呵護不輕鳴，忽然鯨吼震宇宙。先皇神武偃征戰，所過羣黎日遷善。盡洗黃塵懺宿愆，神道設教開方便。字畫無相化音聲，欽哉一聲一部經。胡爲八萬四千塔，阿育猶須神鬼成。

表八百三十四

作者/文獻	版本	用　　例
劉基《誠意伯文集》太師誠意伯劉文成公集卷之七	四部叢刊景明本	(1)《天說下》：或曰：天災流行，陰陽舛訛，天以之警於人與？曰：否。天以氣為質，氣失其平則变。是故風雨、雷電、晦明、寒暑者，天之喘汗、呼噓、動息、啓閉、收發也。……惟聖人有神道焉。神道先知，防於未形，不待其幾之發也。尭之水九載，湯之旱七載，天下之民不知其災。朱均不才，為氣所勝，則舉舜禹以當之。桀紂反道，自絶于天，則率天下以伐之。元氣之不汨，聖人為之也。 (2)《雷說上》：有夫耕于野，震以死。或曰：畏哉！是獲罪于天，天戮之矣。劉子曰：噫，誣哉！何觀天之局也！一夫有罪，天将自戮之乎？天生民而立之牧，付之以生殺之權，而又自震以討焉。悪用是司牧者為也？曰：天鑒于民，有隐慝焉，人罰弗能及也，而震以威之，微显闡幽，神道也。曰：悪，是何言也？古帝制刑以為天下均，故執刑如執權，因罪之輕重而前知之，又不敢專，而聽于天，曰天討也。

表八百三十五

作者/文獻	版本	用　　例
劉璣《正蒙會稿》卷一	明正德十五年刻後印本	(1) 天不言而四時行，聖人神道設教而天下服。誠於此，動於彼，神之道與！ (2) 上天之載，於穆不已。初不言也，而四時自爾錯行之不窮焉。聖人在上，神道設教。若無為也，而萬民自爾仰觀之而化焉。是何也？盖聖人篤恭淵默，一感於此，即動於彼，捷於桴鼓，莫或使之，神之道也。

續表

作者/文獻	版本	用　例
劉璣《正蒙會稿》卷一	明正德十五年刻後印本	(3) 問：聖人神道設教。曰：此即《易·彖》“觀天之神道，而四時不忒。聖人以神道設教，而天下服”之義。蓋天道至神，神者妙不可測之謂。常人以言設教則有聲音，以身設教則有形迹。聖人默契天道，體其妙用，以之設教，非有聲音，非有形迹，不設而設，不教而教。故天下之人涵泳共德而不知其功，鼓舞其化而莫測其用，自然捷如影響莫不從而化焉。亦如四時之應乎天而無有差忒，大抵誠於此，動於彼也。

表八百三十六

作者/文獻	版本	用　例
劉績《管子補注》卷一	清文淵閣四庫全書本	(1) 一年之計，莫如樹穀；十年之計，莫如樹木；終身之計，莫如樹人。一樹一獲者，穀也；一樹十獲者，木也；一樹百獲者，人也。（人有百年之壽，雖使無百年，子孫亦有嗣之而報德者，故曰百穫也。）我苟種之，如神用之，（一種百穫，近識者莫能測其由，故曰如神用也。）舉事如神，唯王之門。（王者，貴神道設教也。）凡牧民者，使士無邪行，女無淫事。士無邪行，教也。女無淫事，訓也。教訓成俗，而刑罰省，數也。
劉績《管子補注》卷九		(2) 桓公曰：寡人聞仲父之言此三者，聞命矣，不敢擅也，將薦之先君。（不敢專擅，自發此命，將進之宗廟，告先君而後行，所謂“以神道設教”者也。）
劉績《霏雪録》	明弘治刻本	(3) 起復者，喪制未終，勉其任用，所謂奪情起復者也。如歐公《晏元獻神道碑》：明年，遷著作佐郎，丁父憂，去官，已而真宗思之，即其家起復，命淮南發運使。及史嵩之喪父，經營起復是也。 (4) 前輩所譔《神道碑文》，書事蹟只書元年二年三年，累去不再書某年某甲子。或事在本年春夏秋冬，則書某年春夏秋冬。如此書則易見。不書某年某甲子，亦為書甲子有改移故也。 (5) 古人文字有同書一事而辭不相襲者，如韓文公貶陽山令，李翺作《行狀》則曰：出守連州陽山令。政有惠於下，及公去，百姓多以公之姓以命其子。皇甫持正《神道碑》則曰：行為連州陽山令，陽山民至今多以先生氏字呼其子孫。

表八百三十七

作者/文獻	版本	用　　例
劉節《(嘉靖)南安府志》卷九	明嘉靖刻本	(1) 南京吏部尚書湛若水撰《神道碑》曰：贈通議大夫右、副都御史劉公原芳德華者，廣東合浦縣訓導。贈奉政大夫四川按察僉事，加贈通議大夫、都察院右副都御史，曰滋之父。發解省元，舉名進士，由兵部尚書郡四川提督學校僉事副使、左布政使、總督、巡撫、都御史、刑部右侍郎，曰節之祖也。公生洪武五年七月十五日，卒成化丙戌正月九日。後六十五年，以孫節貴，封如其官，得立神道之碑。……故前以開之，後以twohundred之，于德華公之光為有徵矣。宜碑而銘之于神道，以昭示來裔。 (2) 吏部尚書羅欽順譔《神道碑》曰：刑部右侍郎大庾劉公介夫，既謝事家居，念其先君子梅谷先生才名懿行分所當傳，亦既荷國寵靈，塋封載飭，例得樹碑神道，宜有銘刻，以垂示久遠。

表八百三十八

作者/文獻	版本	用　　例
劉康祉《識匡齋全集》卷十一	清順治刻本	(1) 自楚共之臣始也，行成于後世而名易于論定，身既僵而骨載其芳穢，骨既朽而子孫載其瑕瑜，直加之而後莫敢改，橫被之而目不為瞑，神道設教于斯焉。

表八百三十九

作者/文獻	版本	用　　例
劉麟《清惠集》卷七	清文淵閣四庫全書補配清文津閣四庫全書本	(1)《重修胡安定先生墓記》：湖州郡城南何氏之陽，宋安定先生之墓在焉。……胡先生崛起景祐、慶歷間，歿而墓於斯。歷元逮今，總數百年，固掬為茂草，廼有侍御惕然振新。羣公庶正，罔不奉德，於是筮日召徒，乃芟乃剔，乃啟乃闢。蕪穢既治，神道正直，遂崇爾封，亦崇爾墉。封碑大碣，屹然在中，豈數之窮而會其逢耶？吾聞古者墓而不墳，防之始葬猶然。今侍御之舉，不已厚乎？

表八百四十

作者/文獻	版本	用　　例
劉魯生《(嘉靖)曲沃縣志》卷四	明嘉靖刻本	(1) 左武衛大將軍史公神道碑銘（宋學士王居正撰。） (2) 元贈隴西郡侯李公祖考妣神道碑銘（元參政孛術魯翀撰。）

表八百四十一

作者/文獻	版本	用　　例
劉瑞《五清集》卷十四	明刻本	(1)《太宰許公榮哀集序》：太子太保吏部尚書許公告終之八禩，榮哀集成，葢公之子尚寶丞誥僉事讚之所纂次者也，舉以授瑞序焉。集爲卷二，其例有四，言乎其褒錫也。爲勅，爲誥，爲勅諭，爲追贈誥，爲諭祭之文，言乎其頌禱也。爲序，爲詩，爲詞，言乎其紀述也。爲狀，爲誌銘，爲表，爲神道碑，爲傳，言乎其哀輓也。爲祭文，爲輓詩，合以榮哀稱焉。於乎，盛矣哉！
劉瑞《五清集》卷十五		(2) 南京都察院右都御史贈刑部尚書熊公神道碑銘 (3) 湖廣巡撫副都御史秦公金上言：公清德雅望，晚困權姦，不及大用而卒。卒之日，遺言"無乞葬祭等恩"，皆今世所難者。惟陛下哀舊臣，褒恤加厚，於是贈公尚書，謚某。蔭其孫，入國子監。朝野聞之，翕然曰：皆是也。故事，神道當碑。

表八百四十二

作者/文獻	版本	用　　例
劉若愚《酌中志》卷七	清海山仙館叢書本	(1) 三十三年，以掌東廠兼司禮監印，預卜葬地於香山慈感庵側，建一石塔於冢上曰"太極鎮山塔"，豎一石坊於墓道前曰"勅葬中使神道"六字，有石門，顏其上曰"還一仙洞"。
劉若愚《酌中志》卷十七		(2) 十三年秋，殿復供安聖像如前，蓋體祖宗以來神道設教之意也。

表八百四十三

作者/文獻	版本	用　　例
劉三吾 《坦齋文集》 卷上	明萬曆六年賈緣刻本	(1)（大明）勅贈開國輔運推誠宣力武臣榮祿大夫柱國安陸矦追封黔國公謚威毅吳公神道碑銘（有序） (2) 勅贈開國輔運推誠宣力武臣榮祿大夫柱國同知大都督府事蛩昌侯追封陝西公謚宣武郭公神道碑銘（并序） (3) 勅賜開國輔運推誠宣力武臣階榮祿大夫勳僉大都督府事柱國爵定遠侯王弼食祿二千石追封三代神道碑銘（并序） (4)（大明）勅贈開國輔運推誠宣力武臣榮祿大夫柱國秦王左相兼陝西行中書省右丞長興侯耿炳文追封三代神道碑銘（并序） (5) 念爾子爾孫，克有今日，皆由祖宗樹德其前。乃追贈其光金四錠，白金四十錠，鈔一千定，文段表裏三十匹。安富厥家，榮享有廟，神道有碑。 (6) 勅賜開國輔運推誠宣力武臣榮祿大夫柱國同知大都督府事陸安侯許國襄簡王公神道碑銘（有序）
劉三吾 《坦齋文集》 卷下		(7) 其父忠肅，在元時，敭歷中外四十餘年，五持憲郎，速事七朝，豐功盛德，所以熹後《衍慶神道碑》紀之悉矣。

表八百四十四

作者/文獻	版本	用　　例
劉忠 《野亭劉公遺稿》 卷七	明崇禎刻本	(1) 定國宅恭覩太祖御製神道碑

表八百四十五

作者/文獻	版本	用　　例
劉宗周 《論語學案》 卷九	清文淵閣四庫全書本	(1) 子曰：黙而識之，何有於我？聖人固自以為有言之病道也。故慨然歎曰：欲無言，盖將學進於忘言，而以神道設教也。

表八百四十六

作者/文獻	版本	用　　例
柳瑛《(成化)中都志》卷四	明弘治刻本	(1) 祁革先墓，在譙縣湯陰鄉。革父，贈衛尉卿。所葬也，歐陽文忠公撰《神道碑》。
柳瑛《(成化)中都志》卷五	明弘治刻本	(2) 有疾，朝廷遣使召四方名醫治之，及禱于山川城隍之神。薨，年五十四。追封中山王，謚武寧。賜塟鍾山之西，御製《神道碑文》。塑像，歲時祭于功臣廟。 (3) 郭英，興递也。……英甚撫士卒，人多用命。大小百餘戰，刀箭瘢徧體若刻，而英毅之氣瀕老不衰。居家善事親，尤喜觀書。卒，年六十九。追封營國公，謚威襄。塟南京聚寶山西。國初，析臨睢縣，四（闕）置鳳陽縣，故《神道碑》云臨淮人。
柳瑛《(成化)中都志》卷六	明弘治刻本	(4) 丁謂用事以公為冠，萊公黨逐之。以户部侍郎知青州。仁宗朝還，爲禮部侍郎。留守南京，將復用，以病，知潁州，徙汝州。卒，贈禮部尚書，謚安惠。王荊公撰《神道碑》。公工書，善爲文，有《集》二十卷。 (5) 焉知節，字子元，幽州人。……真宗朝，除潁州防禦使，累官宣徽南院使、知樞密院事、檢校太尉。卒，贈侍中，謚正惠。其在朝廷蹇蹇無所憚，嘗言天下雖安，不可忘戰去兵，帝以其言為是。有《集》二十卷。王荊公為撰《神道碑》。 (6) 王德用，字元輔。其先真定人，徙鄭州。皇祐二年，除集慶軍節度使，封冀國公。至和元年，爲樞密使。契丹使曰：南朝以公使樞密而相富公，可謂得人矣。改封魯國公。卒，贈太尉中書令，謚武恭。王荆公撰《神道碑》。
柳瑛《(成化)中都志》卷七	明弘治刻本	(7) 謹按：興町庶賤陋，循習淺下，性非文字所導，生與耨耒爲業，而能鍾彼醇孝，超出古列，天意神道，猶錫瑞物，以表殊異。伏惟陛下有唐堯如天如神之德，宜加旌褒，合于上下，請表其閭，刻石明白，宣延風美，觀示後祀，永永無極。
柳瑛《（成化）中都志》卷九	明弘治刻本	(8) 御製大明開國輔運推誠宣历武臣特進光祿大夫左柱國太傅中書左丞相征虜大將軍魏國公追封中山武寧王神道碑文

續表

作者/文獻	版本	用　例
柳瑛《(成化)中都志》卷九	明弘治刻本	(9) 王平昔言簡慮精，當提兵之時，令出不二，諸將敬若神明。所至之處，攻城不屠，與人不戲。凡受命而出，及功成而旋，每不自矜。……既薨，朕恐歲月悠遐，磨迷偉績，朕特親筆。生前張我武威、偃兵息民、混一區夏，奠安人神之勞，以示子孫，耿光萬世。勒諸堅石，樹當神道。歌曰：景命昌兮天彰，錫我英俊兮忠良。幽韜祕畧兮神機，默温温兮兼剛。秉旄鉞而徂征兮既出，幡幢繚繞兮雄氣軒昂。戰騎靈兮蹄疾，旌旗烈烈兮前行。六軍濟濟兮甲冑，礪矛燦爛兮精鋥。舍之兮周廬星列，属櫜兮比比懸傍。刁斗四門聲聲頻兮令密，山川妖魅兮奚藏。彎弧力勁兮躲攪槍，幾披星月兮秋霜。奮忠海內兮孰前，當摧堅撫順兮我武惟揚。 (10) 追封楊王神道碑銘（翰林學士知制誥兼脩國史宋濂撰。） (11) 皇帝恭膺大寳，式展孝思。既追崇祖宗四代尊號，建立太廟。復念皇妣之所自出，追封皇外祖考爲楊王皇外，祖妣為揚王夫人。建祠於太廟之東，歲時致祭。頃有自淮陰來者，言王墓在盱眙如故，上聞之悲喜交集，即詔內臣及禮官往祭而脩理之，置守塋者若干户，復命詞臣撰文，立諸神道。 (12) 黔寧（諸集中無王《神道碑》，而朱紼所狀行實太繁，難以備録，故録其廟碑云。）（僉都御史程本立撰。） (13) 大明勑賜故開國輔運推誠宣力武臣特進榮禄大夫右柱國衛國公追封寧河王謚武順鄧公神道碑 (14) 大明敕賜銀青榮禄大夫上柱國中書平章軍國重事兼太子少保鄂國常公贈翊運推誠宣德靖遠功臣開府儀同三司上柱國太保中書右丞相追封開平王謚忠武神道碑銘（有序）（翰林學士承旨宋濂撰。） (15) 大明敕賜開國輔運推誠宣力武臣特進榮禄大夫右柱國大都督府左都督曹國公同知軍國事李公追封岐陽王謚武靖神道碑銘（有序）（奉議大夫左春坊大學士董倫譔。） (16) 洪武十有七年春三月，開國輔運推誠宣力武臣、特進榮禄大夫、右柱國、大都督府左都督、曹國公、同知軍國事李公，薨于第。皇上輟視朝二日。親製文，遣使致祭。追封岐陽王，謚武靖，賜塋地于鍾山之陰。越三年秋，有司奏王神道碑石已具，而未有刻辭。 (17) 大明開國輔運推誠宣力武臣榮禄大夫柱國同知大都督府事江陰侯追封江國公謚襄烈吳公神道碑銘（翰林院檢討吳伯宗撰。） (18) 大明勑賜開國輔運推誠宣力武臣征南副將軍靖海侯追封海國公謚襄毅吳公神道碑銘（嘉議大夫禮部侍郎劉崧譔。）

續表

作者/文獻	版本	用　　例
柳瑛《(成化)中都志》卷九	明弘治刻本	(19) 又明年庚申，上追念其勞，爰敕儒臣禮部侍郎臣崧撰文，刻諸神道之碑，以昭不朽。 (20) 惟公以驍勇之才，際興王之會，鐘英淮甸，立勳遼海，致位公侯而不矜不伐，盡瘁所事，真古之名將哉！是宜銘。銘曰：赫赫景命，大明當天，帝業所基，公侯出焉，桓桓吳公，有仡其勇，顧瞻在廷，玉立山聳。元政不綱，帝憫下民，爰揮天戈，掃除妖氛。……儀曹考行，贈謚有光，鍾山佳城，天設地藏。神道之左，有石嶷嶷，儒臣作銘，昭示無極。 (21) 大明敕賜開國輔運推誠宣力武臣征西左副將軍濟寧侯追封滕國公謚襄靖顧公神道碑（嘉議大夫禮部侍郎劉崧撰。） (22) 既葬，其孤敬泣而請于朝曰：惟先臣事上二十餘年，不幸蚤終。顧神道之石，銘文未勒。……臣崧職在討論，不敢以蕪陋辭，謹狀次而書之，且系以銘曰：聖人受命，萬物咸覩。乘時佐運，各奮其武。矯矯襄靖，生于帝鄉。帝猶龍飛，雲從之翔。自淮渡江，首定建業。公時左右，執俘獻捷。領兵東向，遂夷月城。……公歸未期，遽以訃告。沿邊驚呼，當宁嗟悼。襄靖有謚，滕國有封。茅土新疏，沛豊舊庸。闡績著銘，爰勒神道。榮光自天，天子有詔。
柳瑛《(成化)中都志》卷十		(23) 開國輔運推誠宣力武臣柱國武定侯贈營國公謚威襄郭公神道碑銘（少師楊榮撰。） (24) 若公勳業之隆，子孫之盛，方之汾陽，夫豈多讓！皆由公存心一本於仁，故積累之厚愈遠愈隆焉。嗚呼，偉哉！玹以神道之石未立，無以昭示永久，來請文。 (25) 又十六年，其子僉水軍左衛指揮使司事煒泣曰：先公歿，今二十年，無文銘于神道。竊恐忠烈不白於世，敢請。惟公勳業始卒，宜載國史。余嘗待罪太史氏，不敢以耄辭。 (26) 大明故推誠輔運宣忠效力武臣柱國後軍都督府左都督西寧侯宋公神道碑銘（少師楊士奇撰。） (27) 明故特進榮祿大夫右柱國太保成國公追封平陰王謚武愍朱公神道碑（吏部尚書兼翰林院學士李賢譔。） (28) 明故應城伯追封翼城侯孫公神道碑銘（少師楊榮譔。） (29) 明故驃騎將軍左軍都督僉事許公神道碑銘（少師楊榮譔。） (30) 大明驃騎將軍前軍都督府僉都督事謝公神道碑銘（曹國公李景隆撰。） (31) 大明贈驃騎將軍致仕僉都督浣仁追封二代神道碑（翰林學士劉三吾譔。）

表八百四十七

作者/文獻	版本	用　　例
婁堅 《吳歈小草》 卷六	清康熙刻本	(1) 大生元不宰，四序遞相仍。似奉無言詔，還爲神道徵。雷霆驅澍雨，風雪沍層氷。明主憑威福，須令有勸懲。

表八百四十八

作者/文獻	版本	用　　例
盧之頤 《痎瘧論疏》	清當歸草堂叢書本	(1) 如先項背痛者，先刺風池、風府、大杼、神道間出血。……如先手臂痛者，先刺手少陰、陽明十指間出血。

表八百四十九

作者/文獻	版本	用　　例
魯鐸 《魯文恪公文集》 卷二	明隆慶元年方梁刻本	(1)《同方沙河豪謁宋廣平墓次韻》：方沙河得顏魯公所製《宋文貞碑》於神道地中，碑已中斷。正德丁丑九月十三日，合萬夫之力，起立而續之，遂完好如故。予得告，南歸是日，適至從官道，取路謁焉。……桑棗沙村小徑荒，同尋古墓近斜陽。……夜深更和登臨句，殘燭淋漓向筆牀。

表八百五十

作者/文獻	版本	用　　例
陸楫 《古今説海》 睦仁蒨傳説淵 四十三	清文淵閣四庫全書本	(1) 時大業初，江陵岑之象為邯鄲令。子文本，年未弱冠。之象請仁蒨於家教文本，仁蒨以此事告文本。仍謂曰：成長史語我，有一事羞君不得道。既與君交，亦不能不告。鬼神道亦有食，然不能得飽，常苦饑。若得人食，便得一年飽。
陸楫 《古今説海》 柳參軍傳説淵 五十一		(2) 成禮訖，初三更，妻告玉曰：此非人間，乃神道也。所言汾州，陰道汾州，非人間也。相者數子，無非冥官。妾與君宿緣，合為夫婦，故得相遇。人神路殊，不可久住，君宜即去。

續表

作者/文獻	版本	用　　例
陸楫 《古今說海》 林靈素傳說淵 六十三	清文淵閣四庫全書本	(3) 凡喪家有靈筵，神道交通，他則知汝所在。汝投吉人家，則可矣。
陸楫 《古今說海》 霏雪録說略 三十		(4) 起復者，喪制未終，勉其任用，所謂奪情起復者也。如歐公《晏元獻神道碑》：明年，遷著作佐郎，丁父憂，去官，已而眞宗思之，即其家起復，為淮南發運使。及史嵩之喪父，經營起復是也。今人不考，例以服闋爲起復，誤矣。宋制：銜上亦帶書，如“起復左僕射中書門下平章事臣趙普”是也。
陸楫 《古今說海》 損齋備忘録說纂 二十		(5) 近觀楊少傅榮所撰《武定侯神道碑》，又知侯自少事高廟四十餘年，小心謹慎，未嘗有過。
陸楫 《古今說海》 靖難功臣録說纂 二十二		(6) 上撫掌歡曰：爾言深合吾心。遂行至靈璧，敵盛兵迎戰。王先登陷陣，大敗之。生擒其副總兵陳暉、平安，參將馬溥、徐真等三千餘人，獲馬二萬。敵衆死者尸蔽原野，降者數十萬人，悉縱遣之。進克泗州，渡淮，敗盛庸兵，遂克盱眙，下揚州。從上渡江，入京師。後封成國公，追封東平武烈王。(見楊士奇撰《神道碑》。) (7) 王言兵貴神速，先事者勝。請往駐白溝河，以逸待勞，可必勝也。……上以數千騎遶出陣，後敵圍上數匝，上已衝擊而出，王不知上所在，突入敵陣，大戰，連殺百數十人，王亦被創而歿，十二月二十六日云。後以都督同知再追封為河間忠武王。(見楊士奇撰《神道碑》。) (8) 公語將佐曰：彼衆我寡，若城守不出，是示弱也，不若及其始至而擊之，彼必敗亡。乃率敢死士數百犯其鋒，而城上亦合勢大呼，安衆大潰，自是無復來攻者。後封應城伯。(楊榮撰《神道碑》。) (9) 陳賢以護衛指揮僉事攻奪九門，從克雄縣、鄭州。其年冬，陞北平都司僉事。……陳瑄，字彥純，合肥人。以都督率兵具舟迎濟。上正大統，録功封平江伯。(見楊士奇撰《神道碑》。)

表八百五十一

作者/文獻	版本	用　　例
陸簡《龍皋文稿》卷十八	明嘉靖元年楊鑨刻本	(1) 自是徑左而行廻岡，複磴縈紆里許，築垣四周闢門，通道題曰“慧麓新阡”，別先壠也。門之外循磵東行，前止大陌，爰立望石，表公神道。餘若齋沭，有所凝思。有亭，翁仲儼列，竹樹森茂。凡人事之可為者，承事仍殫私費以濟焉。嗟乎！擇地而葬，其來尚矣。

表八百五十二

作者/文獻	版本	用　　例
陸容《菽園雜記》卷五	清文淵閣四庫全書本	(1) 城隍之在祀典，古無之。後世以高城深池，捍外衛內，必有神主之，始有祠事。惑於理者，衣冠而肖之，加以爵號，前代因襲，其來夂矣。洪武元年，各處城隍神，皆有監察司民之封，府曰公，州曰侯，縣曰伯，且有制詞。蓋其時皇祖尚未有定見。三年，乃正祀典，詔：天下城隍神主，止稱某府城隍之神、某州城隍之神、某縣城隍之神。前時爵號，一切革去。未幾，又令各處城隍廟內屏去間雜神道。城隍神舊有泥塑像在正中者，以水浸之。泥在正中壁上，卻畫雲山圖。神像在兩廊者，泥在兩廊壁上。此令一行，千古之陋習爲之一新。
陸容《菽園雜記》卷七		(2) 户部尚書夏忠靖公原吉，長沙人。德量寬厚，喜怒不形。永樂間，嘗以治水至崑山，寓千墩禅寺，所居不設儀從。鄉民數人入寺遊觀，公方坐室中觀書，不意其為夏公也，雜作其旁。既而它之，問僧云：尚書何在？僧云：室中觀書者是也。……楊東里作公《神道碑》，記隷污織金賜衣，吏碎所愛硯，皆無怒意。謂其有王子明、韓稚圭之度，非過稱也。
陸容《菽園雜記》卷十五		(3) 古人詩集中有哀輓哭悼之作，大率施於交親之厚，或企慕之深，而其情不能已者，不待人之請也。今仕者有父母之喪，輒徧求輓詩為冊，士大夫亦勉強以副其意，舉世同然也。……蓋卿大夫之喪，有當為《神道碑》者，有當為《墓表》者，如內閣大臣三人，一人請為《神道碑》，一人請為《葬誌》，餘一人恐其以為遺己也，則以輓詩序為請，皆有重幣入贄，且以為後會張本。既有詩序，則不能無詩，於是而徧求詩章以成之。

表八百五十三

作者/文獻	版本	用　　例
陸深 《儼山集》 卷十	清文淵閣四庫全書補配清文津閣四庫全書本	(1)《 侯祭》: 神道如弦春月寒，女城西畔第三壇。樓臺始信中天起，星斗翻從下界看。五色龍蛇摇羽蓋，九重烟霧藹椒蘭。君王合在清齋殿，共聽鐘聲夜向闌。
陸深 《儼山集》 卷九十七		(2) 得汝所撰《筠松府君行實》，文字亦可觀，但欠世次事蹟詳贍，遂留俟吾兒到京，商量要求得《神道碑》，文字須慎之。

表八百五十四

作者/文獻	版本	用　　例
陸時雍 《唐詩鏡》 卷三十一	清文淵閣四庫全書本	(1)《奉和聖制登朝元閣》: 六合紆玄覽，重軒啟上清。石林飛棟出，霞頂太階平。拂曙鑾輿上，晞陽瑞雪晴。翠微回日馭，丹巘駐天行。御氣升銀漢，垂衣俯錦城。山通玉苑迴，河抱紫關明。感物乾文動，凝神道化成。周王陟喬岳，列辟讓英聲。
陸時雍 《唐詩鏡》 卷三十九		(2)《豐陵行》: 羽衛煌煌一百里，曉出都門葬天子。羣臣雜沓馳後先，宮官穰穰來不已。是時新秋七月初，金神按節炎氣除。清風飄飄輕雨灑，偃蹇旂旆卷以舒。逾梁下坂笳鼓咽，嵽嵲遂走玄宮閭。哭聲訇天百鳥噪，幽坎晝閉空靈輿。皇帝孝心深且遠，資送禮備無羸餘。設官置衛鎖嬪妓，供養朝夕象平居。臣聞神道尚清淨，三代舊制存諸書。墓藏廟祭不可亂，欲言非職知何如。

表八百五十五

作者/文獻	版本	用　　例
陸釴 《(嘉靖) 山東通志》 卷五	明嘉靖刻本	(1) 太宗至仁應道神功聖德文武大明廣孝皇帝，洪基載紹，景貺誕膺。如日之升，燭干率土；如天之廣，覆于群生。人文化成，神道設教；尊賢尚德，下武後刑。金石之音，明靈是格；玉帛之禮，蠻貊來同。

續表

作者/文獻	版本	用　　例
陸釴《(嘉靖)山東通志》卷九		(2)（高陵縣屬琅邪郡）戚侯李必（以騎都尉從擊項籍，破齊攻燕擊韓。侯一千五百户。傳長瑕信成坐為太常縱丞相侵神道壖，不敬，國除。)
陸釴《(嘉靖)山東通志》卷十六		(3）充民居數舍，造廨宇以處之。遷兵民之廬，以通神道；歸學宮舊地，以闊規制。起東西四齋計二十間，建左右兩廡各十五間，補祭器之未完，增樂器之未備。增明倫後堂，以便諳讀；塑聖賢諸像，以稱瞻仰。
陸釴《(嘉靖)山東通志》卷十九	明嘉靖刻本	(4）張養浩墓（在府城西北十里雲莊。養浩，元御史中丞，謚文忠。又章丘縣東南十五里亦有墓。今按：《元史》：養浩，其先章丘人，後徙濟南。今府城之北十里雲莊，即其所居。生既家於濟南，隱於雲莊，則其墓在此無疑矣。有學士張起巖撰《神道碑》。) (5）朱和墓（在德平縣東南二十里。箕山鄉和德州等處行省，有翰林學士劉賡撰《神道碑》。) (6）史惟良墓（在鄆城縣南三里。惟良，集賢大學士。有侍講學士黃溍撰《神道碑》。) (7）王旦墓（在莘縣東北二里。今扳《一統志》及《縣志》所載，俱同乂。按：歐陽公《神道碑》云：公大名莘人，葬于開封府開封縣新里鄉大邊材。則此墓或未是。)
陸釴《(嘉靖)山東通志》卷二十		(8）昭真祠在泰山絕頂，世傳謂天仙玉女碧霞元君之祠。聖天子御極十有五年，命太監陳喜來修祀事。明年，詔修是祠，即故址增飾之。祠殿為間者五，以奉元君左右；迴廊各三間，則護從之神居焉。神道有門，鍾鼓有樓。
陸釴《(嘉靖)山東通志》卷三十七		(9）（漢）王延壽《魯靈光殿賦（并序）》：魯靈光殿者，蓋景帝程姬之子恭王餘之所立也。……然其規矩制度，上應星宿，亦所以永安也。……遂作賦曰：粵若稽古帝漢，祖宗濬哲欽明。殷五代之純熙，紹伊唐之炎精。荷天衢以元亨，廓宇宙而作京。敷皇極以創業，恊神道而太寧。於是百姓昭明，九族敦序。乃命孝孫，俾侯于魯。錫介珪以作瑞，宅附庸而開宇。乃立靈光之秘殿，配紫微而為輔。承明堂之少陽，昭列顯於奎之分野。

續表

作者/文獻	版本	用　例
陸釴《(嘉靖)山東通志》卷三十七	明嘉靖刻本	(10)《宓子賤神道碑》：吾友吏茲邑，亦嘗懷宓公。安知夢寐間，忽與精靈通。一見興永歎，再來激深衷。賓從何逶迤，二十四老翁。於焉見層碑，突兀長林東。作者無愧色，行人感遺風。坐令高岸盡，獨對秋山空。片石勿謂輕，斯言固難窮。龍盤色絲外，鵲顧偃波中。形勝駐群目，堅貞指蒼穹。我非王仲宣，去矣徒發蒙。
陸釴《(嘉靖)山東通志》卷三十八		(11) 昔者聞韶而鳳來，附石而獸舞，言其善懸，豈復殊塗。罷萊蕪之鐵觀，實龜陰之曠土。繈負相屬，菑畬盡開。至于邈想古賢，緬懷神道，增文憲昭烈之稱謂，伸仁聖炳靈之封崇。……下自諸生，咸膺其進爵；上暨先正，肇荷其追封。好賢之心周於百世，尊儒之道形於萬方，豈止序門人以陪祠，蠲齊甿而給役也。 (12) 戴逵《顏子贊》：神道天絕，理非語象。不有伊人，誰憐誰仰？際盡一時，照無二朗。契彼玄迹，寘若影響。 (13)《漢晉春杖》所載：章帝元和二年，幸魯祠孔子，帝升廟，西面再拜。《開元禮》亦謂"先聖東向，先師南向，三獻官皆西向"，是猶未失古之意也。今襲開元二十七年之制，遷神於南面，而行禮者北面，則非神道尚右之義矣。

表八百五十六

作者/文獻	版本	用　例
陸應陽《廣輿記》卷一	清康熙刻本	(1) 姚少師墓（房山。葬釋道衍，名過岡塔。明成祖有御製《神道碑》。）
陸應陽《廣輿記》卷四		(2) 張之才（知陽城，清謹愛民。及去任，《辭湯廟詩》云：一官來此四經春，不愧蒼天不愧民。神道有靈應信我，去時猶似到時貧。）
陸應陽《廣輿記》卷五		(3)（五代）韓熙載（字叔言，濰人。官中書令。多蓄妓妾，以歌舞自娛，謂僧德明曰：吾為此欲，避入相耳。僧問故曰：中原擾亂，一旦真主出，棄甲不暇，吾可作千古咲端。……嚴續嘗請熙載撰其父《神道碑》，以珍貨麗鬟為潤筆。文成，但叙譜裔品秩，畧不道續事業。）

續表

作者/文獻	版本	用　例
陸應陽 《廣輿記》 卷七	清康熙刻本	(4) 姚崇（字元之，陝人。……臨卒，戒諸子曰：張説與吾隙深。……以《神道碑》請得，即錄進，仍先礲石，速鐫。張料事遲，後必悔。諸子如其言。張碑文曰：八柱擎天，高明之位列；四時成歲，亭毒之功存。數日，果索稿删改。碑已立，張悔曰：死姚崇猶能算生張說。）

表八百五十七

作者/文獻	版本	用　例
逯中立 《周易札記》 卷一	清文淵閣四庫全書本	(1) 觀："盥而不薦，有孚顒若""君子篤恭而天下平""與天載之，無聲無臭"一也，聖人之神道也。省方觀民，聖人之以神道設教也。吕涇野曰："盥而不薦"者，聖人之體；"省方觀民"者，聖人之用。

表八百五十八

作者/文獻	版本	用　例
吕邦燿 《續宋宰輔編年録》 卷十一	鈔本	(1) 人自後世而猜防日甚，塗其耳目也。而曰"神道設教"，惡其議政也；而曰"不可使知之"，夫民至愚而神决無可罔之理。

表八百五十九

作者/文獻	版本	用　例
吕坤 《去僞齋文集》 卷六	清康熙三十三年吕慎多刻本	(1)《南禮辨》：國朝尚左，天下皆尚左。或曰：南人尚右，非也。南人並行偶坐，何嘗尚右哉？唯是作揖一事，讓人於右，居己於左，曰行南禮，南人亦不自察其所從來耳。葢宗廟、朝廷之禮，尊南而者也，非以尊我也。……或曰：古人尚右，今人尚左，孰是？曰：古人是天道自中極而左旋，起向右也。地道自西北而東南，高在石也。神道坐西東向，尊在右也。……論理勢，則重右爲是耳。
吕坤 《去僞齋文集》 卷八		(2) 正穴之北，止許一樹，防穿壙也。凡塟者入塋門，皆自分石下神道，尊祖也；皆先登思臺，首祖設奠而後入墓，告至也。塟東班者自西人道上，塟西班者自東人道上，俱過思臺，喪禮有進而無退也。紙明器皆焚於神道東西，示不敢專也。

續表

作者/文獻	版本	用　例
呂坤《去僞齋文集》卷八	清康熙三十三年呂慎多刻本	(3) 子孫雖極貴，非賜塋及穴，盡不得別塋，示從祖也。雖有大功膺褒贈，不得勒碑於神道之中，賢與貴不敵尊也。
呂坤《去僞齋文集》卷十		(4)《祈雨祭元君文》：維神道凝，沆瀣體合。佊寘法宫，上接九天。潛孚密遠，雲風下環。千岫驅使，須臾頃者。……無任精心，注盼之至。
呂坤《續小兒語》	清藝海珠塵本	(5) 天公不要房住，神道不少衣穿，強似將佛塑畫，(求福免禍心切，只是諂賂神明。大家都說行善，不知此心為神乎？為己乎？行善乎？行利乎?) 不如救些貧難。

表八百六十

作者/文獻	版本	用　例
呂柟《涇野子内篇》卷之七	清文淵閣四庫全書本	(1) 鼓之舞之之謂神，或風或雨，不可測度，而百物自生。如使民日遷善，不知誰爲之者，是聖人以神道設教也。吾儒當法天學聖，則廣大配天地，方能鼓舞萬民。
呂柟《四書因問》卷一		(2) 曰：聖人神道設教，而天下服，以神言似涉於幽了。曰：自吾心之所有者，推之以及人，而人自無不化，何神如之?
呂柟《涇野先生禮問》卷二	明涇野先生五經說本	(3) 左祝跪告曰：孤子具官柟謹用告辰，祗奉封公及母安人，往即幽宅，將舁靈車，神道紆迴，惟以荒蓼，無任哽絕。
呂柟《涇野先生尚書說要》卷四		(4) 介問：禹因《洛書》而敘《九疇》，《洛書》何以有是疇也？曰：此聖人以神道設教也。
呂柟《周易說翼》卷一		(5) 詔問：神道云何？曰：中正而誠耳，天與聖人一也。是故中正而有孚顒若，即神可格矣，天下有不服乎?

表八百六十一

作者/文獻	版本	用　　例
呂楠 《涇野先生文集》 卷十九	明萬曆刻本	(1) 後依崇崗，兩山夾峙，脩江襟帶其前。扵是遵制爲域，周垣百堵，建亭其中。祇奉皇言，乃作堂三楹，春秋奠祀。在亭之南，其左則《神道碑》，少傳大學士邃庵楊公所譔者也。
呂楠 《涇野先生文集》 卷三十六		(2) 嘉議大夫南京刑部右侍郎周玉巖公神道碑

表八百六十二

作者/文獻	版本	用　　例
呂維祺 《孝經大全》 卷十一	清康熙刻本	(1) 慈湖楊氏曰：無思不服者，以東西南北之心同此道心，故默感而應也。有道則應，無道則離。《易》曰：聖人以神道設教，而天下服矣。以此道至神，無所不通故也。

表八百六十三

作者/文獻	版本	用　　例
羅貫中 《平妖傳》 第一回	明墨憨齋本	(1) 那揭諦名為龍樹王菩薩，劉諫議平時供養這尊神道，極其志誠，所以今日特來救護，斬妖絕患。詩曰：人生切莫畜獼猴，野性奔馳不可收；莫說燈花成怪異，尋常可耐是淫偷。
羅貫中 《平妖傳》 第六回		(2) 看看天曉，只見墓前荊棘中橫着一片破石，石上鐫着大唐則天皇后神道字樣。婆子道：原來夢中所遊，乃天后幽宮，他吩咐許多言語，一一記得，此事甚奇，我且看這十六個字有何應驗?
羅貫中 《平妖傳》 第十回		(3) 蛋子和尚看見廟宇傾頹，房屋敝壞，道士也衣衫襤褸，因問道：這神廟香火可盛麼? 道士道：神道極靈，香火也不絕的。 (4) 蛋子和尚飲酒中間，問起道：既然神道又靈，香火又盛，為甚廟宇恁般狼狽? 道士嘆口氣道：雖然如此，在小道却有損無益。 (5) 他戴了幞頭，神道也是勢利他的。雖說威靈顯赫，只在小百姓上做工夫。撞着做官的全無報應。

續表

作者/文獻	版本	用　　例
羅貫中《平妖傳》第十四回	明墨憨齋本	(6) 張鸞道：奇哉！又是甚麼神道過往？捻下定風訣，定睛而看。須臾，風頭過處，雲開月朗。只聽得一聲響亮，半空裏墜下一個女子。有詩為證：情知天上無人住，那得佳人墜九霄。陣陣晴風迷道眼，若非月怪即花妖。
羅貫中《平妖傳》第十五回		(7) 媚兒捧了茶盤，妖妖嬈嬈的走出後堂，恰待向前獻與皇太子，忽見皇太子背後閃出一尊神道。
羅貫中《平妖傳》第十七回		(8) 張鸞道：但憑尊命。只是一件，隨分空閒公館，貧道暫歇一宵。若到城隍廟去，恐煩神道接見，彼此不安。
羅貫中《平妖傳》第十八回		(9) 就是炮杖上的藥線，也沒這樣傳遞得快。更兼刮起大風，風隨火勢，火趁風威，必必剝剝只顧燒着。員外跌脚叫苦，呼神道，喚祖宗。
羅貫中《平妖傳》第二十回		(10) 胡員外道：好蹊蹺，這錢來得不明。媽媽說：莫胡說，我不怕！這是當方神道不忍見我們三口兒受苦，救濟我們。又把這一貫錢安在我家。
羅貫中《平妖傳》第三十八回		(11) 文彥博道：你何以知吾為貴人也。那人道：凡大貴人所至，地方神道必先時替他驅逐野鬼妖魅之屬，是以知之。某係娘娘屬吏，故容留居此耳。

表八百六十四

作者/文獻	版本	用　　例
羅洪先《念菴文集》卷十八	清文淵閣四庫全書本	(1)《玄潭雪浪閣上梁文》：隔三千之弱水，空望雲霞；擁十二之重樓，忽開雪浪。景非幻現，業已緣成。恭惟旌陽真人，立不易方，生而஺契。守專一氣道，超無始之先；憂切羣蒙，患有生之後。謂洪水猛獸，實鄒軻之痛心，而沉玉負薪，乃漢皇之遺烈。教緣神道，身代天工。
羅洪先《念菴文集》卷二十二		(2)《安慶弔余忠宣公墓》：淮南兵甲正紛紜，不為酬恩始立勲。城上女牆頻易主，池邊神道獨憐君。一身自許生無負，數口還從死有聞。此後觀風求國士，不知誰屬似將軍。

表八百六十五

作者/文獻	版本	用　　例
羅懋登《西洋記》卷二	明萬曆二十五年刊本	(1) 碧峰道：你既是遊遍了四瀆，看見個甚麽神道來麽？飛噢道：看見江瀆之上，一個廣源順濟王，楚屈原大夫的是；河瀆之上，一個靈源弘濟王，漢陳平的是；淮瀆之上，一個長源永濟王，唐裴説的是；濟瀆之上，一個清源博濟王，楚作大夫的是。 (2) 長老道：那三房都住在那裏？土地道：第三房住在羅浮山上，第二房住在峨眉山上，大房裏住在五臺山上。長老一直探實了他的底兒，方才吩咐這些神道各回本位。 (3) 這個廟裏雖有幾個神道，他看見長老金光萬道，曉得他不是個巧主兒，都也各自去了。長老進了廟門，坐在他供案之上。 (4) 風過處，刮將一位神道進來了。這位神道怎麽樣打扮？只見他戴的漢巾，披的綠錦，玉帶横腰，青龍刀凜凜。……長老道：請回本位，不敢有勞。這一位神道去了。 (5) 風過處，又刮將許多神道進來了。長老道：來者何神？各通名姓。只見這些神道各人自通名姓，原來一個是日游神，一個是夜游神，一個是增福神，一個是掠福神，一個是糾察神，一個是虚空過往神，又有五個是五方揭諦神。長老道：諸神各回本位，不必相勞。這些神道各自散了。 (6) 風過處，又刮將一位神道來也。這位神道又怎麽打扮？只見他頭戴的皂襆頭，身穿的大紅袍，腰系的黄金帶，手拿的象牙笏板當張刀。且自生得眉清目秀，齒白唇紅，傅粉的臉，三分的髭髯。 (7) 這話兒還不曾説得了，只見眼面前又有一個神道，也頭戴的皂襆頭，也身穿的大紅袍，也腰系的黄金帶，也手裏拿的象牙笏板當張刀。高聲説道：少説些哩！城隍説道：怎麽少説些？那神説道：你説天下城隍都姓紀，海外城隍都姓紀哩！ (8) 長老道：難憑你兩家硬證。你們説姓紀的，説出一個姓紀的緣由來；説不姓紀的，也説出一個不姓紀的緣由來。却不知溧水縣的城隍果真是姓紀，果真是不姓紀；不知這個城隍説出個甚麽姓紀的緣由來，又不知那一位神道説出個甚麽不姓紀的緣由來，且聽下回分解。
羅懋登《西洋記》卷三		(9) 那一位神道説道：溧水縣城隍不姓紀。長老道：難憑你兩家硬證。你們説天下城隍都姓紀的，説出一個都姓紀的緣由來；你們説溧水縣城隍不姓紀的，説出一個不姓紀的緣由來。 (10) 長老道：你們是何神道？那些矮老兒説道：小神都是當境土地之神。

續表

<table>
<tr><th>作者/文獻</th><th>版本</th><th>用　　例</th></tr>
<tr><td>羅懋登
《西洋記》
卷四</td><td rowspan="8">明萬曆二十五年刊本</td><td>(11) 長老道：這是個白龍江有名的神道。尚書道：是個甚麽有名的神道？長老道：倒也不曾詳考他，不知天師曉得麽？</td></tr>
<tr><td>羅懋登
《西洋記》
卷六</td><td>(12) 王尚書道：原來這個羊角大仙就是紫氣真人。長老道：便是。王爺道：却是個有名神道，故此猖狂。</td></tr>
<tr><td>羅懋登
《西洋記》
卷九</td><td>(13) 借過一片浮雲來，遮住了牧童的俗眼，撚一個訣，喝上一聲，說道：孽畜在那裏？只見水裏頭撲地一聲響，跳將一個青萋萋的神道出來，約有十丈多高，神頭鬼臉，撐眉露眼。</td></tr>
<tr><td>羅懋登
《西洋記》
卷十</td><td>(14) 國師道：貧僧爲著紅蓮宮主坐在鉢盂底下，好悶人也。這個鉢盂蓋著火母，是個有名神道，老爺只是這等略略的提破些。</td></tr>
<tr><td>羅懋登
《西洋記》
卷十一</td><td>(15) 只見正東之上走出一個三丈四尺的神道，光頭光腦，藍面藍嘴，朝著道長行個禮，說道：法師呼喚小神，有些甚麽事故？道長道：你是何神？
(16) 只見正南上走出一個三丈四尺長的神道，紅頭紅腦，尖面尖嘴，朝著道長行個禮，說道：法師呼喚小神，有何使令？
(17) 只見正西上走出一個三丈四尺長的神道，毛頭毛腦，白面白嘴，朝著道長行個禮，說道：法師呼喚小神，何方使令？
(18) 只見正北上走出一個三丈四尺長的神道，長頭長腦，皂臉皂嘴，朝著道長行個禮，說道：法師呼喚小神，何方使令？</td></tr>
<tr><td>羅懋登
《西洋記》
卷十二</td><td>(19) 佛爺道：那打頭踏的是青龍、朱雀、玄武、白虎四個神道。玉皇道：却不是他怎的！佛爺爺道：既是他們四個神道，敢這等無禮！</td></tr>
<tr><td>羅懋登
《西洋記》
卷十三</td><td>(20) 一會兒，四個神道一字兒跪著磕頭，稟說道：適承天師老爺呼喚，有何使令？天師道：你們都是甚麽神祇？……道猶未了，又有四個神道一字兒跪著磕個頭，稟說道：適承天師老爺呼喚，不知有何使令？天師道：你們是甚麽神祇？</td></tr>
<tr><td>羅懋登
《西洋記》
卷十六</td><td>(21) 國師道：這原本是個大鵬金翅鳥，因他發下了誓願，要吃盡了世上的衆生，故此佛爺收回他去，救拔衆生。……他在佛門中做神道，就叫做大力王菩薩。
(22) 城隍原是個神道，我們是個人，怎麽也過去塗得他的鬼嘴？卻又沉思了一會，眉頭一蹙，計上心來。</td></tr>
</table>

續表

作者/文獻	版本	用　　例
羅懋登《西洋記》卷十八	明萬曆二十五年刊本	(23) 判官道：你原先同伴之時，還有四個神道，也劈做兩半個，他們偏不告狀，偏你們兩個會告狀！
羅懋登《西洋記》卷十九		(24) 假施秀才就弄上一個神道，說道：這都是這些公牌錯悞了老相公的公事，小的怎麼右臂上沒有黑痣？老相公不肯准信之時，乞龍眼親自相驗。
羅懋登《西洋記》卷二十		(25) 須臾之頃，旗牌官報說道：船頭下一道紅光燭天而起，紅光裏面閃出三位神道。畢竟不知是個甚麼神道？且聽下回分解。 (26) 却說旗牌官報道：船頭下一道紅光燭天而起，紅光裏面涌出三位神道，都是朱衣象簡，偉貌豐髯，口口聲聲叫說道山呼、山呼，萬歲、萬歲，小的們不知是個甚麼神道，特來稟告元帥老爺得知。三寶老爺原來擡出聖旨牌去，只指望鬼怪妖魔不來作吵，那曉得又驚動了這等一班有名神道。……只見三位神道朱衣象簡，偉貌豐髯，聲聲叫道：萬歲！萬歲！天師問道：三神朝謁，願通姓名。……道猶未了，船頭下又是一道紅光燭天而起，紅光裏面閃出一位神道，又是朱衣象簡，偉貌豐髯，口口聲聲道：山呼萬歲！天師道：來者何神？早通名姓。 (27) 道猶未了，船頭下又是一道紅光燭天而起，紅光裏面閃出一位神道，龐眉皎髮，美鬚髯，面如童少，博帶峨冠，連聲道：萬歲！萬歲！萬萬歲！天師道：來者何神？早通名姓。 (28) 去猶未了，只見船頭下一道紅光燭天而起，紅光裏面又閃出一位神道，濃眉虬髯，面如黑漆，紗帽圓領，皂靴角帶，連聲叫道：萬歲！萬歲！萬萬歲！天師道：來者何神？早通名姓。 (29) 去猶未了，船頭下又是一道紅光燭天而起，紅光裏面閃出一位神道，金盔金甲，耀眼爭光。兼且人物長大，聲響如雷，連聲叫道：萬歲！萬歲！萬萬歲！天師道：來者何神？早通名姓。 (30) 道猶未了，船頭上一道黑烟燭天而起。老爺道：黑烟起處，又是個甚麼神道麼？天師道：多謝元帥老爺照顧，今日中間擡出聖旨牌去，接待了這一日江河上有名神道。今番却又不是個神道，却又有些確氣哩！老爺道：怎見得不是個神道？天師道：先前的神道，都是紅光赤焰，瑞氣祥烟，并沒有些黑氣，今番黑氣沖天，一定是個妖魔鬼怪也。 (31) 天師道：既是這等有名有姓的神道，怎麼變幻搬鬥？宗一道：無以自見，借物栖神。

表八百六十六

作者/文獻	版本	用　　例
羅明祖《羅紋山全集》卷一	明末古處齋刻本	(1) 至于從官幸臣，眥陳郎位，布于太微，所以示等威之漸；宗正宦者，斗斛帛度，列于天市，所以正義利之辨。立綱陳紀，神道設教，非若歷代之畿甸，殊建而官制異名也。

表八百六十七

作者/文獻	版本	用　　例
羅玘《圭峰集》卷二十二	清文淵閣四庫全書補配清文津閣四庫全書本	(1) 宛一婦人聲呼曰：一有學之士病在孤舟灘上，無一神道救之者，我來送他一陣好風。

表八百六十八

作者/文獻	版本	用　　例
羅欽順《整菴存稿》卷十四	清文淵閣四庫全書本	(1) 有以事君，吾志樂矣。年踰大耋，聰明康健，金緋在躬，人詫其榮，而秉謙執虛，未嘗自滿。雖後進晚生必與為禮，人無遠近親疎皆知其為君子長者，而推為鄉之達尊。未病前二月，先祖神道碑亭初畢工，即從子姪肩輿而往。周覽畢，喜動眉宇曰：了吾此念。
羅欽順《困知記》三續	明萬曆刻本	(2)《彖傳》"神道設教"一言，近世諸儒多錯會了，其所見率與杜鎬無異。夫惇典、庸禮、命德、討罪，無非"神道設教"之事，不可以他求也。蓋一陰一陽之謂道，陰（闕一字）不測之謂神。神道云者，合體用而一名之爾。天（闕一字）間只是此理，故曰：觀天之神道，而四時不忒。聖人以神道設教，而天下服矣。
羅欽順《困知記》續補		(3) 平生微言細行，動顧準繩。家庭子弟當有能記之者，其世系之詳具載於先祖考及先考神道之碑，茲不複出。

表八百六十九

作者/文獻	版本	用　　例
羅虞臣《羅司勛集》文集卷八下	清康熙五十年羅氏刻本	(1)《祠堂章》(以下出《宗儀篇》)：或問：廟制與神位之設，古今之義如何？曰：《儀禮》載東房西室之圖，古士大夫廟制也。……然今之堂，猶古之堂也。古之主位乎室，今之主位乎堂；古之主東向，今之主南向；位乎室者宜以奧爲尊，位乎堂者宜以扆爲尊，蓋堂室之別而古今之異宜也。然《家禮》祠堂神位，高曾祖考自西而東。宋儒曰：所以西上者，神道尚右也。

表八百七十

作者/文獻	版本	用　　例
駱問禮《續羊棗集》卷一	清高承梃鈔本	(1) 尚左：古人尚右，獨我朝尚左。洪武初年，猶以右丞相為尊也。後人不得此意，往往錯誤。曾見幾大家列祖先神主，皆以西為尊。詢之，云：此《朱文公家禮》，神道尚右也。不知文公之禮，固非我朝之禮矣。
駱問禮《萬一樓集》卷三十八	清嘉慶活字本	(2) 顧神有常理，而人無常情。惟無常情也，故正直者或未必盡穀；而惟有常理也，則終有不能不穀者；而情與理相為貞勝，則正直之為世用方紛然不容端倪，又在正直君子執其綱維與神道相表裏，然後直道常伸而世常熙泰。
駱問禮《萬一樓集》卷四十八		(3) 尚左：古人尚右，獨我朝尚左。洪武初年，猶以右丞相為尊也。後人不得此意，往往錯誤。曾見幾大家列祖先神主，皆以西為尊。詢之，云：此《朱文公家禮》，神道尚右也。不知文公之禮，固非我朝之禮矣。

表八百七十一

作者/文獻	版本	用　　例
馬理《周易贊義》卷二	明嘉靖三十五年鄭絅刻本	(1)《彖》曰：大觀在上，順而巽，中正以觀天下。觀，盥而不薦，有孚顒若，下觀而化也。觀天之神道，而四時不忒。聖人以神道設教，而天下服矣。(2) 觀道有二：有大觀以示下者，有下觀而化丁上者。天下仰望之時，大觀在上。順巽無聲色之形，篤恭如上天之載，建中以立極，正身以端本，以示法則于天下。此大觀之道，譬之郊廟設，而神道存其篤恭之德，未易以形容之也。……譬之郊廟之中，不令而肅，不戒而毋敢慢矣。豈惟人哉？天有神道，貞觀于上，於穆而不可測也。而四時不忒，聖人有神道設教于上，篤恭而不可測也。而天下咸服，皆大觀在上。下觀而化，觀之道也。

表八百七十二

作者/文獻	版本	用　　例
馬麟 《續纂淮關統志》 卷十二	清乾隆刻嘉慶光緒間遞修本	(1) 葉淇墓，明太子太保户部尚書墓，在移風閘西岸。有《神道碑》、祠宇。

表八百七十三

作者/文獻	版本	用　　例
馬文煒 《(萬曆)安丘縣志》 卷十一	明萬曆刻本	(1) 予嘗讀白氏諷諫青石代言歌，曰"不願作人家墓前神道碑、德政碣"，言不旋踵而名滅也。

表八百七十四

作者/文獻	版本	用　　例
毛伯温 《毛襄懋文集》 卷五	清乾隆三十七年毛仲愈等刻毛襄懋先生集本	(1) 石江所撰先父《神道碑稿》，前已瀆，今想錄完，幸卑寄以慰惓切，嗣息喜報，千萬早示。
毛伯温 《毛襄懋文集》 卷七		(2) 神道碑類 (3) 都察院右都御史贈刑部尚書周康惠公神道碑 (4) 嘉靖丁亥，應天巡撫右都御史周公以疾卒於官。又明年，子詢奉命卜葬於之原。惟著令神道有碑，廼以長沙龍湖張公狀來請文。 (5) 嘉議大夫南京兵部右侍郎王公神道碑

表八百七十五

作者/文獻	版本	用　　例
毛晉 《六十種曲》 雙珠記上	明末毛氏汲古閣刻本	(1)（香羅帶）神靈在旻天，陰垂鑒憐。良人受冤將喪元。自知罪重，怎求全也？丈夫既死，奴家義不獨生，故于丈夫未死之前，先來求個自盡。初志定，此身捐。伏祈神道明彰報應嚴雷電，務須曲直分明也。稽顙皈依在九泉。

續表

作者/文獻	版本	用例
毛晉《六十種曲》雙珠記上	明末毛氏汲古閣刻本	(2)(好姐姐)空中果有聖賢，猛可地威靈宣現，雲霄旋轉，推移路一千。又聽得神道呵將言勸，欲救夫危何自殄，急往京尋術士袁。 (3)(前腔)想伊必是大仙，休咎事曾經明辨。論避凶趨吉，惟人當自先。神道分付，急往京都。既是這等，事不宜遲。……神道又說明日就有親人相見。……誠心怨氣動神明，和靄慈雲護眇生。大抵乾坤都一照，免教人在暗中行。 (4)(哭相思)骨肉曩時輕折散，相逢又倍添悽愴。……(旦)因丈夫要我改嫁，乃往太和山真武廟前投淵求死，不料神明救護到此。神道說明日就有親人相見，果遇婆婆。其言既驗，丈夫料必不死。(老旦)那裏見得?(旦)神道分付，欲全夫命，急往京都，尋問袁天綱，自有好處。 (5)(江頭金桂)歎弱息時當晻曖，赴荊湖補闕戎，驀遇奸豪淩侮。潛謀陰中，肆無情，虛構訟。……奴家因見丈夫將死，乃往太和山上投淵自盡。感謝真武救護，移送千里。神道分付，欲全夫命，急往京都，指稱老先生的姓字。(外)稱我姓字，說些甚麼?(旦) (6)(梧葉兒)(末)你好不知理。……(踢介)就是你也該拜一拜神道，祈(闕)於路(闕)好走。你不信神佛見得如此。……(生)告訴神道，也要你管! (7)(前腔)周羽聽取，且寬心不須痛悲，他年後定享榮貴。終有日光耀門閭，汝妻必產貴孩兒，這段寃讐必報取。……(生又看哭介)周兄，你只管看這神道怎麼，有什麼話，可對我說。
毛晉《六十種曲》焚香記下		(8)(前腔)你眼巴巴指望夫榮妻貴，誰想他呵!……寧可信其有，不可信其無。我與你且把他扶在殿後空房中，看守一兩日，禱告神道，尋個醫人救他一救。倘有再生之日，也未可知。
毛晉《六十種曲》荊釵記上		(9)(沁園春)才子王生，佳人錢氏，賢孝溫良；以荊釵爲聘，配爲夫婦。春闈催試，折散鸞凰。……幸神道匡扶，撈救，同赴瓜期往異鄉。吉安會，義夫節婦，千古永傳揚。
毛晉《六十種曲》浣紗記下		(10)(眾)稟上二位老爺：遠遠望見胥門城上一個神道，目如熛火，頭若車輪，鬚髮四張，光射數里，不敢前去。(生末)待我去看。呀!果然是一個神道，好駭人也。

續表

作者/文獻	版本	用　例
毛晉《六十種曲》幽閨記上	明末毛氏汲古閣刻本	(11)(六麼令)(外、末、淨、丑上)官司遍榜，捕捉陀滿興福惡黨，正身拿住受官賞。……(淨)不見甚麼，只見一個神道，坐在那裏。……(衆推科)果然有個神道在此。(淨)列位哥哥，我和你在神道面前許下一個願心，保佑你我早拿得陀滿興福，你道如何?(眾)好，好。
毛晉《六十種曲》玉簪記下		(12)(水底鱼儿)(净上)算命通神，書符最有靈。人家來問我，開口要禳星。……〔丑辦香案科，淨念)上香上香，奉請家堂。山神土地，司命竈王。今日祝獻，伏爲潘郎。病不脫體，著枕狼當。身上發寒發熱，口裏要茶要湯。自從今日禳解，叫他早脫災殃。神道，你若肯依我說，家家主薦，殺豬殺羊。你若不聽我說，我叫你廟中無燭無香。只看今朝以後，若強便強。算来不得就好，也須打點些棺裳。
毛晉《六十種曲》紫釵記下		(13)(前腔)冠兒正歪，人道小仙才。这龜兒俊哉，前去打光来。((尼惱科)光頭盡你打。……(尼惱科)呸!你西王母有了東王公，又搭上個周穆王老頭兒，這等做神道不識羞，拜他怎的?) (14)(老旦酒保上)遊人醉殺牡丹時，立誓無賒掛酒旗。一門十千教滿腹，十分一盞即開眉。……凡有吃寡酒的，吃案酒的，兌酒去的，包酒來的，咱都不誤主顧，正是有物任教攜酒去，無人不道看花來。遠遠一個活神道來也!
毛晉《六十種曲》南柯記上		(15)(千秋歲)展弓刀，便有翅飛難道。看紛紛驚彈飛炮，地網天牢。地網天牢，索撞著掘海爬山神道。接着的剿，踏着的搗。骑和步，横叉直钞。
毛晉《六十種曲》投梭記下		(16)(本宮賺)社鼓齊敲，中元節屆鄉村鬧。……(老者)我們都是廬山下鄉民。我這廬山有個伊尼廟，廟中有個伊尼大王，不知是何神道?最是靈顯。 (17)(水紅花)嬌兒心戀那窮胎，意如騃，娘言不睬。……(小丑)說道滿船人一個不到也要作惱，神道是拗得他的! (18)(漁父第一)忽聞得隔林禽語，望煙雲遠遮山嶼。……不知是何神道，且到正殿上去看。 (19)(刮地風)無數金錢牲醴貯，香煙散滿庭宇。且看是何神道，這般齊整祭他?……(生)在下從建康來，偶然阻風，在此閑步。請問列位，擺下的許多祭品，祭何神道?(衆)你不見殿上高高坐的最靈顯哩!(生)這神道姓甚名誰?……(衆)那裏闖這閒人來?神道不怕的，敢是活得不耐煩討死哩!客官好好趁早出去，天色昏黑下來，大王將到了。

續表

作者/文獻	版本	用　　例
毛晉 《六十種曲》 繡襦記上	明末毛氏汲古閣刻本	(20)（五供養）（旦）琴調瑟弄，母命傳呼，速應相從。……（貼）鄭姐夫，你與我女兒相知歲久，沒有孕嗣。此間竹林院神道甚靈，你可傜些牲禮，與我女兒同去祈求。倘得一男半女，則我女兒終身有望。
毛晉 《六十種曲》 蕉帕記下		(21)（雁過南樓）（生）女娘何須浪猜，女娘何須浪猜，（我將人卷一試如何?）這神通彈指中埋。……（（生）你要召什麽神道?（旦）我要請）馬趙溫關四大元帥。
毛晉 《六十種曲》 紫簫記下		(22)（夜遊朝）名勝翩聯西北去，時難駐離思愁餘。……（十郎）老節度釣渭飛熊，伏波躍馬，終當奏凱還朝，只是暫别驚心，相爲耿耿耳！石子英，仗君威靈，恢復隴西。先君神道，伏乞除掃。
毛晉 《六十種曲》 玉玦記下		(23)（哭虔婆）（淨）尋花問柳，輕塵飛溜。文君非偶，顔淵不壽。（小旦）無聊莫傍鬼門愁，有言直向龍宫奏。（淨問丑介）鬼使，這傍邊坐的是何神道?（丑）是陽官王商狀元。
毛晉 《六十種曲》 灌園記下		(24)（四邊靜）三軍傾耳聽吾道，須知用兵巧。座上有神師，城中下飛鳥。（合）神道設教，兵行詭道。
毛晉 《六十種曲》 白兔記上		(25)（内介）爲何又不來?道人，我家養家神道在那裏。（内介）請他出來。（馬鳴，王鬼判上介）神道自古敬如父母，使如奴僕。……若還不聽我說，我教你不要慌，暫辭神道去。迎取會首來。（生上） (26)（小引）（淨上）廟官來，廟官來，打點香爐蠟燭台。但辦志誠心，何勞神不靈?但辦志誠意，何勞神不至?……（外）休得胡說，快請神道。……（淨又通誠介）上八定，下八定，中八定，三八二十四定。臺子歪邪，扛得端正。香煙蓬蓬，神道空中。 (27)（前腔）（旦）三娘本嬌媚，三娘本嬌媚，父母多年紀。生長村莊勤紡績，攻針指。願降慈祥，父母雙全喜。……（外）神道靈異，把我祭物，金龍爪去了。 (28)（前腔）三牲不見來，三牲不見來，幾案上空空的。酒果又全無，又沒些香和紙。馬鳴王粗眉毛，大眼睛，落腮胡，有些不歡喜。……（老旦）神道親臨下降。……（淨）我家神道是泥塑木雕，那得五爪金龍?……你這神道。一隻雞也管不得，怎麼管一方一境?還不進去。（神道下。淨）且住，這樣悔氣，待我叫喊一叫。

續表

作者/文獻	版本	用　例
毛晉《六十種曲》香囊記下	明末毛氏汲古閣刻本	(29)（淨）小道啓請：洞中玄虛，太極無極。中山神咒，元始玉文。按行五嶽，八海知聞。凶穢消蕩，道氣常存。上開八門，飛天法輪。仙道鬼道，生門死門。神道釋道，景門休門。人道業道，開門杜門。……母親崔氏，鞠育之恩。室家邵氏，結髪之恩。兄弟九思，手足之恩。早來聚會，仰乞洪恩。至心皈敬，禮星君九。天應元雷，聲普化天。尊請大人上香。

表八百七十六

作者/文獻	版本	用　例
茅坤《唐宋八大家文鈔》卷九	清文淵閣四庫全書本	(1)《傳》曰“子雖齊聖，不先父食”，蓋言子為父屈也。景皇帝雖太祖也，其於獻、懿，則子孫也。當禘祫之時，獻祖宜居東向之位，景皇帝宜從昭穆之列，祖以孫尊，孫以祖屈，求之神道，豈逺人情？又常祭甚衆，合祭甚寡，則是太祖所屈之祭至少，所伸之祭至多。比於伸孫之尊，廢祖之祭，不亦順乎？事異殷周，禮從而變，非所失禮也。
茅坤《唐宋八大家文鈔》卷十一		(2) 唐銀青光祿大夫守左散騎常侍致仕上柱國襄陽郡王平陽路公神道碑
茅坤《唐宋八大家文鈔》卷十二		(3) 滎陽鄭公神道碑 (4) 太原王公神道碑銘 (5) 贈太尉許國公神道碑銘 (6) 唐故中散大夫少府監胡良公墓神道碑
茅坤《唐宋八大家文鈔》卷二十		(7) 聖人有制度，有法令，過則為辟。故立大中者不尚異，教人者欲其誠，是故惡夫飾且偽也。過制而不除喪，宜廬於庭；而矯於墓者，大中之罪人也。況又出怪物，詭神道，以奸大法，而因以為利乎？夫偽孝以奸利，誠仁者不忍擿過，恐傷於教也。
茅坤《唐宋八大家文鈔》卷二十七		(8)《柳州文宣王新修廟碑》：仲尼之道，與王化遠邇。惟柳州古為南夷，椎髻卉裳，攻劫鬥暴，雖唐虞之仁不能柔，秦漢之勇不能威。至於有國，始循法度，置吏奉貢，咸若采衛，冠帶憲令，進用文事。學者道堯、舜、孔子，如取諸左右，執經書，引仁義，旋辟唯諾。中州之士，時或病焉。然後知唐之德大以遐，孔氏之道尊而明。……卜日之吉，虔告於王靈曰：昔者夫子嘗欲居九夷，其時門人猶有惑聖言，今夫子代千有餘載，其教始行，至於是邦。人去其陋，而本於儒。孝父忠君，言及禮義。又況巍然炳然，臨而炙之乎！惟

續表

作者/文獻	版本	用　　例
茅坤 《唐宋八大家文鈔》 卷二十七	清文淵閣四庫全書本	夫子以神道設教，我今罔敢知。欽若茲教，以寧其神。追思告誨，如在於前。毋神之在，曷敢不虔。居而無陋，罔貳昔言。申陳嚴祀，永永是尊。麗牲有碑，刻在廟門。
茅坤 《唐宋八大家文鈔》 卷五十		（9）忠武軍節度使同中書門下平章事武恭王公神道碑銘 （10）太尉文正王公神道碑銘 （11）鎮安軍節度使同中書門下平章事贈太師中書令程公神道碑銘 （12）太子太師致仕贈司空兼侍中文惠陳公神道碑銘
茅坤 《唐宋八大家文鈔》 卷五十一		（13）觀文殿大學士行兵部尚書西京留守贈司空兼侍中晏公神道碑銘 （14）資政殿學士戶部侍郎文正范公神道碑銘 （15）贈刑部尚書余襄公神道碑銘 （16）尚書度支郎中天章閣待制王公神道碑銘 （17）尚書户部郎中贈右諫議大夫曾公神道碑銘 （18）金部郎中贈兵部侍郎閻公神道碑銘（并序）
茅坤 《唐宋八大家文鈔》 卷五十二		（19）唐荊川曰：此與《神道碑》二文相比，其書不書互見。
茅坤 《唐宋八大家文鈔》 卷七十六		（20）明宗討王都，已破定州，自汴還洛，琪當率百官至上東門，而請至偃師奉迎。其奏章言“敗契丹之凶黨，破真定之逆城”，坐誤以定州為真定，罰俸一月。霍彥威卒，招琪撰《神道碑文》。彥威故梁將，而琪故梁相也，敘彥威在梁事不曰偽，為馮道所駁。
茅坤 《唐宋八大家文鈔》 卷九十一		（21）翰林侍讀學士知許州軍州事梅公神道碑 （22）司農卿分司南京陳公神道碑 （23）虞部郎中贈衛尉卿李公神道碑
茅坤 《唐宋八大家文鈔》 卷一百四十二		（24）司馬溫公神道碑 （25）間按：蘇氏兄弟議論文章，自西漢以來當為天仙。獨於敘事處，不得太史公法門。余故於兩公所為諸《神道碑》《行狀》等文不多錄。

續表

作者/文獻	版本	用　例
茅坤 《茅鹿門文集》 卷四	明萬曆刻本	(26) 像讃之托，敢不自効！使去且急，而潯陽先生所許爲《神道碑文》，或約廣德楊使君取之。然僕別當遣使過吊并繕稿以獻，似未晚也。
茅坤 《茅鹿門文集》 卷二十一		(27) 雲南按察使司副使毅齋楊公神道碑 (28) 公累官雲南按察使司副使，致其仕以歸，没且葬夂之。公之族子應初來貳我烏程，稱公之葬廬陵昭塘里。督學使鄒公善嘗銘其墓，獨闕《神道碑》，且謂制三品始獲碑神道，而公繇副使歸也。
茅坤 《茅鹿門文集》 卷三十一		(29) 予讀《唐書》及《五代史》，別有録，今特録其文集之，行於世間。附《唐書》《五代史》小論而已，而他遺者固多也。首上皇帝書疏六首，次劄子并狀五十三首，次書啓二十二首，次書二十五首，次論三十六首，次序三十一首、傳二首，次記二十五首，次神道碑銘、墓誌銘四十七首，次墓表、祭文、行狀三十三首，次頌、賦、他雜著一十首，釐三十二卷。

表八百七十七

作者/文獻	版本	用　例
茅元儀 《暇老齋雜記》 卷十三	清光緒李文田家鈔本	(1) 今士大夫三品以上方立《神道碑》，宋時令甲則五品以上皆得立矣。
茅元儀 《暇老齋雜記》 卷十七		(2) 高皇帝致陳友諒深入而破之，此最險最奇，然誘之者康茂才也。嘗疑康與友諒雖有舊，然虎鬪之特，何得輕信老隷之言，自取廢隕？友諒亦人傑也，應不至此。然國史、野紀俱算言，所以按《康公神道碑》。
茅元儀 《暇老齋雜記》 卷三十二		(3) 如此，則萊公之功，當歸神矣。何怪乎？異日，真宗崇奉天書哉。即其崇奉天書，亦必為人所惑。因前徵而酷信之，未必以神道設教，如史所紀欽若之計也。雖然吾又疑之賜王文正珠而成天書，則誣也，非惑也。我且疑平水王之説，亦神道設教之一端也。
茅元儀 《石民四十集》 卷二十八	明崇禎刻本	(4) 特進榮禄大夫山東防海總兵官右軍都督府右都督扶輿張公神道碑

續表

作者/文獻	版本	用　例
茅元儀 《石民四十集》 卷四十三	明崇禎刻本	(5) 旌旗：茅子曰：旌旗，所以威目也。故大將所司在乎旗鼓，要在于一耳目而已。故練士者，先明旗之别而要束之。……首以中軍之儀列，所以重主將也。次以八卦丁甲辰宿，所以便倉卒立八門也。次以清道之排次，所以序行伍也。次以將領之認旗，所以一士目也。合四者而旗之法備矣，而要其大旨以五方定地分，以五色定五方，以禽獸定方位，以神道愚士目，如是而已。
茅元儀 《武備志》 卷九十九	明天啓刻本	(6) 旌旗：茅子曰：旌旗，所以威目也。故大將所司在乎旗鼓，要在于一耳目而已。故練士者，先明旗之别而要束之。……首以中軍之儀列，所以重主將也。次以八卦丁甲辰宿，所以便倉卒立八門也。次以清道之排次，所以序行伍也。次以將領之認旗，所以一士目也。合四者而旗之法備矣，而要其大㫖以五方定分，以五色定五方，以禽獸定方位，以神道愚士目，如是而已。

表八百七十八

作者/文獻	版本	用　例
梅鼎祚 《古樂苑》 卷三	明萬曆刻本	(1)《高明樂》（皇帝奠爵訖，奏《高明樂》《覆幬》之舞辭。）：自天子之，會昌神道。丘陵肅事，克光天保。九關洞開，百靈環列。八尊呈備，五聲投節。 (2)《高明樂》：自天子之，會昌神道。方澤祇事，克光天保。九關洞開，百靈環列。八尊呈備，五聲投節。
梅鼎祚 《古樂苑》 卷五		(3)《皇夏樂》（進熟，皇帝入北門，奏詣東陛，升殿並奏《皇夏》，辭同。）：齊居嚴殿，夙駕層闈。車輅垂彩，旒衮騰輝。聳誠載仰，翹心有慕。洞洞自形，斤斤表步。閟宫有邃，神道依稀。孝心緬邈，爰屬爰依。 (4)《飲福酒歌》（郊丘、社、廟同。）神道正直，祀事有融。肅雍備禮，莊敬在躬。羞燔巳具，奠酹將終。降祥惟永，受福無窮。
梅鼎祚 《古樂苑》 卷二十七		(5)《大觀舞歌》（《隋書·樂志》曰:《大觀舞》取《易·彖》曰“大觀在上”“觀天之神道，而四時不忒”也。）：皇矣帝烈，大哉興聖。奄有四方，受天明命。居上不怠，臨下惟敬。舉無僭則，動無失正。物從其本，人遂其性。昭播九功，肅齊八柄。寛以惠下，德以為政。三趾晨儀，重輪夕映。棧壑忘阻，梯山匪夐。如曰有恆，與天無竟。載陳金石，式流舞詠。咸英韶夏，於茲比盛。(一曲四言)

續表

作者/文獻	版本	用　例
梅鼎祚《古樂苑》卷三十四	明萬曆刻本	(6)《采薪者歌》:(《晉書》曰：籍嘗於蘇門山遇孫登，與商畧終古及栖神道氣之術，登皆不應，籍因長嘯而退。至半嶺，聞有聲若鸞鳳之音，響乎巖谷，乃登之嘯也。遂歸著《大人先生傳》。)
梅鼎祚《鹿裘石室集》卷二十七	明天啓三年玄白堂刻本	(7) 聖人神道以設教，賢者因俗而爲功，固未可與淺機陿識者道也。
梅鼎祚《鹿裘石室集》卷二十九		(8)《記》凡如干卷，首以禪、玄，經以節、義，要以皈從；若忠若孝，則君臣父子之道備矣。《外編》非是《記》本指，即条女士之目，摭彤管之遺，弗貴也。其命名受於鳩摩，其取義假諸《女史》。葢因權顯實，即衆生兼攝；緣機逗藥，庶諸苦易瘳。故談言可以解紛，無關莊論；神道繇之設教，旁贊聖謨。觀者毋堇以錄煙花於南部，誌狎遊於北里而已。
梅鼎祚《鹿裘石室集》卷四十		(9) 凡四年如一日，而祈祝以百計，筵篿芭舞幾傾其橐之什三。其後有女侍言孺人嘗七刲股以進，始知以四年延者，固有所潛格之。夫孰謂神道遠哉?
梅鼎祚《鹿裘石室集》卷四十二		(10)《蘇州府虎丘巖岩寺重修千佛閣募緑疏》(代申相公)：竊自瑞應恒星，始表稀有之竇象；化敷震旦，常轉不二之金輪。移飛鷲以成峯，望崇甍之鳥跂；會羣龍而開藏，瞻豐碣之扶螭。葢世尊方便廣行，集衆資共修勝業。聖人神道設教，假佛力用暢王風，利益最弘，流通已久。
梅鼎祚《東漢文紀》卷七	清文淵閣四庫全書本	(11) 臣聞先王無二道，明聖用而治同也。……古今通道，傳其法於有根。……及漢初興，上稽舊章，合符重規，徙齊諸田，楚昭、屈、景、燕、趙、韓、魏之後，以稍弱六國強宗。邑里無營利之家，野澤無兼併之民，萬里一統，海內賴安。後輒因喪祖之痛，脅以送終之義，故遂相率而陪園陵，無反顧之心。追觀往法，政皆神道設教，強幹弱枝，本支百世之要也。
梅鼎祚《東漢文紀》卷十三		(12)《上安帝論疫災疏》(延光四年，京都大疫。衡明年上封事。)：臣竊見京師為害兼所及，民多病死，死有滅户。人人恐懼，朝廷燋心，以為至憂。臣官在於考變禳災，思任防救，未知所由，夙夜征營。臣聞國之大事在祀，祀莫大於郊天奉祖。……孔子曰：曾謂泰山不如林放乎！天地明察，降禍見災，乃其理也。又間者，有司正以冬至之後，奏開恭陵神道。陛下至孝，不忍距逆，或發冢移尸。

續表

<table>
<tr><th>作者/文獻</th><th>版本</th><th>用　　例</th></tr>
<tr><td>梅鼎祚
《東漢文紀》
卷二十七</td><td rowspan="7">清文淵閣四庫全書本</td><td>(13)《張公神碑》(鄭郴)：惟和平元幸正月（闕二字），朝歌長鄭郴造（中闕）張公建（中闕）良（中闕）之山，運置綦陽，刋鑿涿摩，立左右闕，表神道（中闕），豎碑廟堂之前。到五月（闕二字）乃成。長（闕二字）之，銘勒神懿光秘後昆。</td></tr>
<tr><td>梅鼎祚
《東漢文紀》
卷三十二</td><td>(14) 漢故太尉楊公神道碑銘</td></tr>
<tr><td>梅鼎祚
《後周文紀》
卷一</td><td>(15) 近行路傳公以部內縣令有罪，遂自杖三十，用肅群下。吾昔聞王臣謇謇，匪躬之故，葢謂憂公忘私，知無不為而已。未有如公刻身罰巳以訓羣僚者也。聞之嘉歎。(庾信撰《拓拔儉神道碑》云：太祖時為大丞相與書云：此之美事，耳目之所未經。歎尚無極，故遣專使。《北史》末云：聞之嘉歎良久，不可言。)
(16) 公年尊德重，弼諧朕躬。比以陰陽愆序，時雨不降，命公求祈，止言廟所。不謂公不憚危險，遂乃遠陟高峰。但神道聰明，無幽不燭，感公至誠，甘澤斯應。聞之嘉賞，無忘于懷。今賜公雜綵百疋，公其善思嘉猷，匡朕不逮。念坐而論道之義，勿復更煩筋力也。</td></tr>
<tr><td>梅鼎祚
《後周文紀》
卷五</td><td>(17) 周上柱國齊王憲神道碑
(18) 周太子少保步陸逞神道碑
(19) 周大將軍崔説神道碑（説，《周書》作“訦”。)
(20) 周大將軍司馬裔神道碑
(21) 周柱國大將軍拓拔儉神道碑</td></tr>
<tr><td>梅鼎祚
《後周文紀》
卷六</td><td>(22) 周柱國大將軍紇干弘神道碑
(23) 周柱國大將軍大都督同州刺史尒綿永神道碑
(24) 周車騎大將軍賀婁公神道碑
(25) 周上柱國宿國公河州都督普屯威神道碑
(26) 周柱國楚國公岐州刺史慕容公神道碑
(27) 周兖州刺史廣饒公宇文公神道碑
(28) 周隴右總管長史贈太子少保豆盧公神道碑（本傳及碑中，止云“贈少保”。)</td></tr>
<tr><td>梅鼎祚
《後周文紀》
卷七</td><td>(29) 周大將軍上開府廣饒公鄭常墓誌銘（《墓誌》作“鄭常”。九百十九卷《神道碑》作“宇文常”，葢其後賜也。)</td></tr>
</table>

續表

作者/文獻	版本	用　例
梅鼎祚 《後周文紀》 卷七	清文淵閣四庫全書本	(30) 以今年歸葬于滎陽之山，詔贈某官，禮也。嗟陵谷之貿遷，懼徽猷之永遠，地久天長，敢鐫貞石。銘曰：荊、河惟豫，洛食之本。水繞滎波，山斜陸渾。德星猶照，祥風未遠。……悲風夜烈，苦露晨凝。蘭芬菊茂，終古相成。（遷州，《神道碑》作“羅州”。）
梅鼎祚 《南齊文紀》 卷六		(31)《祭孫叔敖文》：謹以醴羞，祭楚令尹孫君之靈。眇眇千載，悠悠舒荆。理無不通，事隔者形。尚想清塵，承風效誠。超超夫子，淡矣道情。自心伊貴，人爵靡嬰。芳風如篪，清響如塤。景矣行役，言戾豫方。側聞夫子，記憒睢陽。靈封積墓，丘塋榛荒。幽幽神道，為有為亡。徘徊永念，悽矣其傷。 (32)《褚先生伯玉碑》：夫河洛摛寶，神道之功既傳；岱華吐秘，仙靈之跡可覩。蓋事詳于玉牒，理煥于金符，雖冥默難源，顯晦異軌，測心觀古，可得而言焉。……銘曰：關西升妙，洛右飛英。鳳吹金闕，簫歌玉京。絶封萬古，乃既先生。先生浩浩，唯神其道。泉石依情，煙霞入抱。秘影窮岫，孤栖幽草。心圖上玄，志通大造。
梅鼎祚 《隋文紀》 卷一		(33) 誼，有周之世，早豫人倫，朕共遊庠序，遂相親好。……乃說四天王神道，誼應受命，書有誼讖，天有誼星，桃、鹿二川，岐州之下，歲在辰巳，興帝王之業。密令卜問，伺殿省之災。又說其身是明王，信用左道，所在詿誤，自言相表，當王不疑。此而赦之，將或為亂，禁暴除惡，宜伏國刑。
梅鼎祚 《隋文紀》 卷八		(34) 度又謂曰：汝本老狸，變形為人，豈不害人也？婢曰：變形事人，非有害也。但逃匿幻惑，神道所惡，自當至死耳。
梅鼎祚 《釋文紀》 卷三		(35)《庾冰代成帝沙門不應盡敬詔》（冰字季堅，潁川鄢陵人。車騎將軍，領江州。）夫萬方殊俗，神道難辨，有自來矣。達觀傍通，誠當無怪。況跪拜之禮，何必尚然。當復原先王所以尚之之意，豈直好此屈折而坐遘槃辟哉？固不然矣。因父子之敬，建君臣之序。制法度，崇禮秩，豈徒然哉？良有以矣。既其有以，將何以易之？然則名禮之設，其無情乎？且今果有佛邪？將無佛邪？有佛邪，其道固弘；無佛邪，義將何取？繼其信然，將是方外之事。方外之事，豈方內所以體。而當矯形骸，違常務，易禮典，棄名教，是吾所甚疑也。……諸君並國器也。悟言則當測幽微，論治則當重國典。苟其不然，吾將何述焉。

續表

作者/文獻	版本	用　　例
梅鼎祚 《釋文紀》 卷三	清文淵閣四庫全書本	(36)《沙門不應盡敬表》：尚書令冠軍撫軍都鄉侯臣充，散騎常侍左僕射長平伯臣翊，散騎常侍右僕射建安伯臣恢，尚書關中侯臣懷守，尚書昌安子臣廣等言，詔書如右，臣等闇短，不足以讚揚聖旨，宣暢大義，伏省明詔震懼屏營。輒共尋詳，有佛無佛，固非臣等所能定也。然尋其遺文，鑽其要旨，五戒之禁，實助王化。賤昭昭之名行，賫冥冥之潛操，行德在於忘身，抱一心之清妙，且興自漢世，迄于今日，雖法有隆衰，而弊無妖妄，神道經久，未有其比也。 (37)《泥洹經》曰：五道無安，唯無為快。……然則契心神道，固宜期之通理，務存遠大，虛中正已，而無希外助。不可接以卑瀆，要以情求：此乃厝懷之關鍵，學者所宜思也。……悟因乎教，則功由神道；欣感發中，必形於事；亦由詠歌不足，係以手舞。然則奉而尊之，蓋理所不必須，而情所不能廢。宜縱已深體教旨，忘懷欣想，將以已引物，自周乎衆，所以固新涉之志，而令寄懷有擬。
梅鼎祚 《釋文紀》 卷四		(38)《與僚屬沙汰僧衆教》（玄輔政教，僚屬逺與玄書。因廣立條制，玄從之。）夫神道茫昧，聖人之所不言，然惟其制作所弘，如將可見。佛所賫無為，慇懃在於絶欲，而比者陵遲，遂失斯道，京師競其奢淫，榮觀紛於朝市，天府以之傾匱，名器為之穢黷，……其所以傷治害政，塵滓佛教，固已彼此俱弊，實汚風軌矣。便可嚴下在此諸沙門，有能伸述經誥，暢說義理者，或禁行修整，奉戒無窮，恒為阿練若者，或山居養志，不營流俗者，皆足以宣寄大化，亦所以示物以道，弘訓作範，幸兼内外，其有違於此者，皆悉罷道。……唯盧山道德所居，不在搜簡之例。 (39)難曰：外國之君，非所應喻。佛教之興，亦其旨可知。豈不以六夷驕強，非常教所化？故大設靈奇，使其畏服。答曰：夫神道設教，誠難以言辨，意以為大設靈奇，示以報應，此最影響之實理，佛教之根要。今若謂三世為虛誕，罪福為畏懼，則釋迦之所明，殆將無寄矣。 (40)《卞嗣之袁恪之答桓玄啓》（嗣之，字敬祖，濟陰宛句人。恪之，字元祖，陳郡陽夏人。見《袁氏譜》。）：十二月三日，侍中臣卞嗣之、給事黄門侍中臣袁恪之言，詔書如右，神道寘昧，聖詔幽遠，陛下所弘者，大爰逮道人奉佛者耳。率土之民，莫非王臣，而以向化法服，便抗禮萬乘之主？愚情所未安。拜起之禮，豈虧其道，尊卑大倫，不宜都廢。若許其名教之外，闕其拜敬之儀者，請一斷引見，啓可紀識。謹啓。
梅鼎祚 《釋文紀》 卷五		(41)《釋疑論》：安處子問玄明先生曰：蓋聞積善之家，必有餘慶；積不善之家，必有餘殃。……然則積善積惡之談，蓋施於勸教耳！何以言之？夫人生而靜，天之性也；感物而動，性之欲也。性欲既開，流宕莫檢，聖人之救

續表

作者/文獻	版本	用　例
梅鼎祚《釋文紀》卷五		其弊，因神道以設教，故理妙而化敷，順推遷而抑引，故功玄而事適。 (42) 難曰：勸教之設，必傍實而動，直為訓之方，不可以一塗而盡。僕豈謂聖人為教，反真空設耶？答曰：夫善惡生於天理，是非由乎人心，因天理以施教，順人心以成務。故幽懷體仁者，挹玄風而載悅，肆情出轍者，顧名教而內掬，功玄物表，日用而忘其惠，理蘊冥寂，譸之不見其宗，非違虛教以眩於世也。是以前論云，因神道以設教，故理妙而化敷，順推遷而抑引，故功玄而事適者也。 (43) 若夫倒置之族，曚曚徒生。兵風既至，忽然潛征。神道雖昧，鬼法尤明。徘徊中陰，徂彼鐵城。宵絕望舒，晝無曜靈。身造笮葶之檻，足蹈炎炭之庭。……婬徒燋於幻柱，饑囚枯於塵沙。資輕妙之靈質，益痛戮之易加。永煩寃以彌劫，安斯酷之可過。三六峻綱，弗可裂縷。千條殊劇，萬端異苦。靡喘息而不經，俄聿來而忘宇。
梅鼎祚《釋文紀》卷六	清文淵閣四庫全書本	(44) 先哲既逝，來聖未至，進退狼跋，咨嗟涕洟。故作章句，伸已丹赤。冀諸神道，照我顒顒，必枉靈趾，燭謬正闕也。
梅鼎祚《釋文紀》卷七		(45)《阿彌陀佛像讚》（并序）：夫六合之外，非典籍所模；神道詭世，豈意者所測？故曰：人之所知，不若其所不知。每在常，輒欲以所不能見，而斷所未能了。故令井蛙有坎宅之矜，馮夷有秋水之伐，故其寘矣。……詠言不足，遂復係以微頌，其詞曰：王猷外釐，神道內綏。皇矣正覺，實兼宗師。泰定軫曜，黃中秀姿。恬智交泯，三達玄夷。……孕景中葩，結靈幽芳。類諸風化，妙兼於長。萬軌一變，同規坐忘。 (46)《座右銘》（遁于沃州小嶺，立寺行道。僧眾百食餘，時或有惰者，乃著《座右銘》以勗之。）：懃之懃之，至道非彌。奚為淹滯，弱喪神奇。茫茫三界，眇眇長羈。……謹守明禁，雅翫玄規。綏心神道，抗志無為。寥朗三蔽，融冶六疵。空洞五陰，虛豁四肢。非指喻指，絕而莫離。妙覺既陳，又玄其知。宛轉平任，與物推移。過此以往，勿議勿思。敦之覺父，志在嬰兒。
梅鼎祚《釋文紀》卷八		(47)《體極不兼應第四》：問曰：曆觀前史，上皇已來，在位居宗者，未始異其原本。……答曰：夫幽宗曠邈，神道精微，可以理尋，難以事詰。既涉乎教，則以因時為撿。雖應世之見，優劣萬差。至於曲成在用，感即民心而通其分。……此但方內之階差，而猶不可頓設，況其外者乎？請復推而廣之，以遠其旨。……固不得同年而語其優劣，亦已明矣。

續表

作者/文獻	版本	用　例
梅鼎祚《釋文紀》卷八	清文淵閣四庫全書本	(48)《形盡神不滅第五》：問曰：論旨以化盡為至極，故造極者，必違化而求宗。求宗不由於順化，是以引歷代君王，使同之佛教，令體極之至，以權君統，此雅論之所托，自必於大通者也。求之實當，理則不然。何者？……答曰：夫神者何耶？精極而爲靈者也。……論者不尋無方生死之説，而惑聚散於一化；不思神道有妙物之靈，而謂精麤同盡，不亦悲乎？ (49)《佛影銘》（并序）（遠聞天竺有佛影，是佛昔化毒龍所留之影，在北天竺月氏國那竭呵城南，古仙人石室中。會有西域道士，敘其光相，乃于匡盧背山臨流，營築龕室，妙算畫工，淡彩圖寫，色疑積空，望似煙霧，暉相炳曖，若隱而顯。因著銘曰）：夫滯于近習，不達希世之聞。撫常永日，罕懷事外之感。是使塵想制於玄襟，天羅網其神慮。……爾乃恩沾九澤之惠，三復無緣之慈，妙尋法身之應，以神不言之化。……然後驗神道無方，觸像而寄，百慮所會，非一時之感。於是悟徹其誠，應深其信。將援同契，發其真趣，故與夫隨喜之賢，圖而銘焉。
梅鼎祚《釋文紀》卷十		(50)《論》曰：涅盤非有，亦復非無。言語道斷，心行處滅。尋夫經論之作，豈虛構哉？果有其所以不有，則不可得而有；有其所以不無，則不可得而無也。……然則有無絶於内，稱謂淪於外，視聽之所不暨，四空之所昬昧，恬焉而夷，怕焉而泰，九流於是乎交歸，衆聖於是乎冥會，斯乃希夷之境、太玄之鄉，而欲以有無題牓，標其方域，而語其神道者，不亦邈哉！ (51)《覈體第二》：有名曰：夫名號不虛生，稱謂不自起。《經》稱有餘涅槃、無餘涅槃者，葢是返本之真名，神道之妙稱者也。……子徒知遠推至人於有無之表，高韻絕唱於形名之外，而論旨竟莫知所歸幽途，故自蘊而未顯，靜思幽尋，寄懷無所，豈所謂朗大明於冥室，奏玄響於無聞者哉？ (52)《經》曰：真諦何耶？涅盤道是。俗諦何耶？有無法是。何則？有者有於無，無者無於有。有無所以稱有，無有所以稱無。然則有生於無，無生於有，離有無無，離無無有，有無相生，具有高下相傾，有高必有下，有下必有高矣。然則有無雖殊，俱未免於有也。此乃言象之所以形，是非之所以生，豈足以統夫幽極，而擬夫神道者乎？是以論稱出有無者，良以有無之數，止乎六境之内。 (53)《動寂第十五》：無名曰：《經》稱：聖人無為而無所不為。……《道行》云：心亦不有亦不無。不有者，不若有心之有；不無者，不若無心之無。何者？有心則衆庶是也，無心則太虛是也。衆庶止於妄想，太虛絶於靈照。豈

續表

作者/文獻	版本	用　　例
梅鼎祚《釋文紀》卷十	清文淵閣四庫全書本	可止於妄想，絶於靈照，標其神道而語聖心者乎？是以聖心不有，不可謂之無；聖心不無，不可謂之有。不有，故心想都滅；不無，故理無不契。理無不契，故萬德斯弘；心想都滅，故功成非我。所以應化無方，未嘗有為；寂然不動，未嘗不為。
梅鼎祚《釋文紀》卷十二	清文淵閣四庫全書本	(54) 答曰：子責其始，有是言矣。非理無始終，玄極無涯，既生既化，罪福往復，自然所生耳。所謂聰明，誠由耳目。耳目之本，非聰明也。……神道玄遠，至理無言，髣髴其宗，相與為悟。而自末徵本，動失其統，所以守此一觀，庶階其峯。 (55)《和范光禄祇洹像讚三首》(并序)：范侯遠送像讚，命余同作。神道希微，願言所屬。輒總三首，期之道場。《佛讚》：惟此大覺，因心則靈。垢盡智照，數極慧明。三達非我，一援羣生。理阻心行，道絶形聲。《菩薩讚》：若人仰宗，發性遺慮。以定養慧，和理斯附。爰初四等，終然十住。涉求至矣，在外皆去。《緣覺聲聞合讚》：厭苦情多，兼物志少。如彼化城，權可得寶。誘以涅槃，救爾生老。肇元三車，翻乘一道。 (56)《與諸道人辨宗論》：同遊諸道人，並業心神道，求解言外。余枕疾務寡，頗多暇日，聊伸由來之意，庶定求宗之悟。釋氏之論，聖道雖遠，積學能至，累盡鑒生，不應漸悟。孔氏之論，聖道既妙，雖顔殆庶，體無鑒周，理歸一極。有新論道士，以為寂鑒微妙，不容階級，積學無限，何為自絶？今去釋氏之漸悟，而取其能至；去孔氏之殆庶，而取其一極。一極異漸悟，能至非殆庶。故理之所去，雖合各取，然其離孔、釋遠矣。余謂二談救物之言，道家之唱，得意之說。敢以折中自許，竊謂新論為然，聊答下意，遲有所悟。 (57) 法勗問：敬覽清論，明宗極雖微，而一悟頓了。雖欣新剖，竊有所疑。夫明達者，以體理絶欲，悠悠者以迷惑嬰累。絶欲本乎見理，嬰累由於乖宗。何以言之？……勗再問：案論孔、釋，其道既同，救物之假，亦不容異。而神道之域，雖顔也，孔子所不誨；實相之妙，雖愚也，釋氏所必教。然則二聖建言，何乖背之甚哉？再答：二教不同者，隨方應物，所化地異也。
梅鼎祚《釋文紀》卷十三	清文淵閣四庫全書本	(58) 夫神道助教，有自來矣。雷霆所擊，暑雨恒事，及展廟遇震，而書為隱慝。桀、紂之朝，寃死者不可稱紀。而周宣、晉景，獨以深刑受祟。檢報應之數，既有不符；徵古今之例，秖更增惑。而經文載之，以彰勸戒。

續表

作者/文獻	版本	用　例
梅鼎祚《釋文紀》卷十四	清文淵閣四庫全書本	(59) 佛乘理居當，而救物以法，不蹈法則理無横濟，豈佛無實乎？譬之扁鵲，救疾以藥，而不信不服，疾之不瘳，豈鵲不妙乎？魯陽、耿恭、逺祖九江，所以能迴日、飛泉、蝨虎避德者，皆以烈誠動乎神道。神道之感，即佛之感也。若在秦、趙，必不陷於難矣。則夫陷者，皆已無誠，何由致感於佛，而融治起、籍哉！ (60) 夫人事之動，必貫神道。物無妄然，要當有故而然矣。若使幽實之報不如向論，則六十萬命，何理以坑乎？既以報坑，必以報不坑矣。今戰國之人，眇若安期，幽若四皓，龍顔而帝，列地而君，英聲茂實，不可稱數，同在羿之彀中，獨何然乎？豈不各是前報之所應乎？既見福成於往行，則今行無負於後身，明矣。見世殊品，既宿命所甄。則身後所當，獨何容濫？ (61) 夫人理飄紛，存沒若幻，籠以百年命之，孩老無不盡矣。……若使迴身中荒，升岳遐覽，妙觀天宇澄肅之曠，日月照洞之竒，寧無列聖威靈尊嚴乎其中，而唯唯人羣，忽忽世務而已哉？固将懷逺以開神道之想，感寂以昭明靈之應矣。 (62) 昔仲尼修《五經》於魯，以化天下，及其眇邈太、蒙之顛，而天下與魯俱小。豈非神合於八遐，故超於一世哉？然則《五經》之作，盖於俄頃之間，應其所小者耳。……漢、魏、晉、宋，咸有瑞命，知視聽之表，神道炳焉。有神理必有妙極，得一以靈，非佛而何夫神也者？依方玄應，不應不預存，從實致化，何患不盡，豈須詭物而後訓乎？然則其法之實，其教之信，不容疑矣。 (63) 夫風經炎則暄，吹林必涼。清水激濁，澄石必明。神用得喪，亦存所託。今不信佛法，非分之必然，盖處意則然。誠試避心世物，移映清微，則佛理可明，事皆信矣。可不妙處其意乎？資此明信已往，終將克王神道。百世先業，皆可幽明永濟，孝之大矣。衆生沾仁，慈之至矣。凝神獨妙，道之極矣。洞朗無硋，明之盡矣。發軫常人之心，首路得轍，縱可多歷劫數，終必逕集玄極。
梅鼎祚《釋文紀》卷十五		(64)《庭誥二章》：達見同善，通辯異科，一曰言道，二曰論心，三曰校理。言道者本之於天，論心者議之於人，校理者取之於物。從而別之，由塗參陳，要而會之，終致可一。若夫玄神之經，窮明之說，義兼三端，至無二極。……物有不然，事無不弊，衡石日陳，猶患差忒，況神道不形，固衆端之所假，未能體神，而不疑神無者。

續表

作者/文獻	版本	用　例
梅鼎祚《釋文紀》卷十五	清文淵閣四庫全書本	(65)《若耶山敬法師誄》(并序)：夫待物而遊，致用生外，道來自我，懷抱以歡。……卓彼羅什，三界特秀，真俗冠冕，神道領袖。若人對響，承車即轍，沙漠纖寒，長風負雪。投袂冰霜，攬裾暮節。誰斯問津，悠焉在哲。莊衿老帶，孔思周懷，百時如一，京載獨開。匈地既滿，顧惟糟魄。移此無生，淒居樹席。妙入環中，道出形上。
梅鼎祚《釋文紀》卷十六		(66)沙門竺道爽敢告太山東嶽神府及都錄使者，蓋元玄創判，二儀始分，上置璇璣，則助之以三光，下設后土，則鎮之以五嶽，陰陽布化於八主，萬物誕生於其中。……神道自然，崇正不偽，因天之福，順地之載，敦朴方直，澹然玄淨。……此乃靈翔之妙節，清虛之神道。若神不正者，則干於萬物，因時託響，傳惑於俗，沮成散朴，激動人心，傾材極殺，斷截眾命，枉害中年，殄其骨肉，精神離迸，痛傷元氣。東嶽之神，豈此之謂也。
梅鼎祚《釋文紀》卷十九		(67)正曰：佛經之宗，根明極教，而三世無得，俗證覺道，非可事顯。然精深所會，定慧有徵於內；緣感所應，因果無妄於外。夫釋迦發窮源之眞唱，以明神道之所通也。故其練精研照，非養正之功；徽善階極，異殆庶自崖。道濟在亡形，而所貴非全生，生生不貴，存存何功？忘功而功著，寂滅而道常，出於無始，入乎無終，靡應非身，塵劫非遐，此其所以為教也。 (68)周剡山茨歸書少子曰：周顒頓首，懋制來班，承復峻其門，則參子無踞，誠不待獎。敬尋同本，有測高心。雖神道所歸，吾知其主，然自釋之外，儒綱為弘；過此而能與仲尼相若者，黃老實雄也。其教流漸，非無邪弊，素樸之本，義有可崇。……夂欲此中微舉條裁，幸因雅趣，試共極言，且略如左，遲聞深況。 (69)自極教應世與俗而差，神道救物稱感成異。玄圃巳東，號曰太一；罽賓以西，字為正學。東國明殃，慶於百年；西域辯休，咎於三世。希無之與修空，其揆一也。……案：三乘名教，皆以生盡照息，去有入空，以此為道，不得取像於形器也。今無量義亦以無相為本，若所證實異，豈曰無相；若入照必同，寧曰有漸。非漸而雲漸，密筌之虛教耳。如來亦云：空拳誑小兒，以此度眾生。微文接粗，漸說或允；忘象得意，頓義為長。聊舉大較，談者擇焉。
梅鼎祚《釋文紀》卷二十		(70)夫神道冥默，宣尼固已絕言；心數理妙，柱史又所未說，非聖智不周近情難用語遠故也。……云斷則迷其性常，云常則惑其用斷。因用疑本，謂在本可滅。因本疑用，謂在用弗移。莫能精求，互起偏執，乃使天然覺性。

續表

作者/文獻	版本	用　　例
梅鼎祚《釋文紀》卷二十三	清文淵閣四庫全書本	(71)《難神滅論》(并序)：内兄范子縝著《神滅論》，以明無佛。自謂辯摧衆口，日服千人。予意猶有惑焉，聊欲薄其稽疑，詢其未悟。論至今，所持者形神，所誦者精理。若乃《春秋》孝享，為之宗廟，則以為聖人神道設教，立禮防愚。杜伯關弓，伯有被介，復謂天地之間，自有怪物，非人死為鬼。……又，予雖明有佛，而體佛不與俗同爾。兼陳本意，系之論左焉。
梅鼎祚《釋文紀》卷二十四		(72)《丹陽亟蕭眕素答》：辱告：并伏見勑答臣下審《神滅論》。性與天道，稱謂理絶；曠劫多幸，猥班妙訓。接足頂受，歡敬載懷。竊謂神道寂寞，法海難邊。是以智積麻葦而未測，識了色塵而猶昧。豈其庸末，所能激仰？然自慧雲東漸，寶舟南濟，歲序綿長，法音流逺，明君良宰，雖世能宗服，至於躬挹玄源，親體妙極者，竟未聞焉。是使兩諦、八解，獨闕皇言；九部、三藏，偏蕪國學。嗚呼！可為歎息者也。
梅鼎祚《釋文紀》卷二十五		(73)《武帝勑答》：勑云：記序始得看，今勑繕寫流布。序曰：含靈萬品，既非記牒所窮；物物稟生，豈伊積塵能計。……推極神道，原本心靈。感之所召，跨無邊而咫尺；緣之所乖，面法城而不覩。及像教云末，經紀東流，熱坂艱長，寒山峻阻。横書左字，累萬方通；翦葉成文，重譯未曉。……然神化應感，參差互見。
梅鼎祚《釋文紀》卷二十六		(74)《齊安樂寺律師智稱法師碑》：法師諱智稱，河東聞喜人也，俗姓裴氏。……以泰始六年，初講十誦於震澤，闡揚事相，咫尺神道，高談出雲漢，精義八無間，八萬威儀，怡然理暢，五部章句，渙爾同波。由是後進知宗，先達改觀，暉光令問，於斯藉甚。……自方等來儀，變梵為漢，鴻才鉅學，連軸比肩，法華維摩之宗。
梅鼎祚《釋文紀》卷二十七		(75)《滅惑論》曰：夫棲形稟識，理定前業，入道居俗，事繫因果。是以釋迦出世，化洽天人，御國統家，並證道跡，未聞世界普同出家，良由緣感不二，故名教有二，縉紳沙門，所以殊也。……若乃不跪父母，道尊故也；父母禮之，尊道故也。禮新冠見母，其母拜之，喜其備德，故屈尊禮卑也。介冑之士，見君不拜，重其秉武，故尊不加也。緇弁輕冠，本無神道，介冑凶器，非有至德。然事應加恭，則以母拜子；勢宜停敬，則臣不跪君。禮典世教，周孔所制，論其變通，不由一軌。況佛道之尊，標出三界，神教妙本，羣致玄宗。以此加人，實尊冠冑。冠冑及禮，古今不疑，佛道加敬，將欲何怪？

續表

作者/文獻	版本	用　例
梅鼎祚《釋文紀》卷二十八	清文淵閣四庫全書本	(76) 前臣曰：夫神道茫昧，求諸不一，或尚血腥之祀，或歆蘊藻之誠。設教隨時，貴其為善，其誠無忒，何往不通？若祭享理無，則四代之風為爽；神明實有，三世之道為弘。語其無，不待牲牷之潔；據其有，宜存去殺之仁。周文禴祭，由來尚矣。苟有明德，神其吐諸？而以麫為牲，於義未達，方之紋錦，將不矛盾乎？
梅鼎祚《釋文紀》卷三十一		(77)《羣臣請陳武帝懺文》：某位某甲稽首和南，十方三世一切諸佛，十方三世一切尊法，十方三世一切賢聖，見前大德僧皇帝某菩薩。睿哲聰明，廣淵齊聖。心若虛空，照窮般若。發弘大誓，荷負衆生。神道會昌，膺茲景業。百王既季，運屬艱難。五嶽維塵，六軍日動。劬勞在念，有切皇心。既而深悟苦空，極信無我。寶臺華柱，本非實録。賊城樓櫓，苦具茲多。遂坐道場，靜居禪室。堅固善本，具足檀那。 (78)《夾科肇論序》：慧達率愚，通序長安釋僧肇法師所作宗本物不遷等四論，但末代弘經，允屬四依，菩薩爰傳茲土，抑亦其例。……夫神道不形，心敏難繪，既文拘而義遠，故眾端之所詭，肇之卜意，豈徒然哉？良有以也。
梅鼎祚《釋文紀》卷四十一		(79)《福田論》：昔在東晉，太尉桓玄議令沙門敬於王者。廬山遠法師，高名碩德，傷智幢之欲折，悼戒寶之將沈，乃作《沙門不敬王者論》。設敬之儀，當時遂寢。……嘗試言之，受父母之遺，稟乾坤之分，可以存乎氣，可以立乎形。至若己之神道，必是我之心業，未曾感之於乾坤，得之于父母，……濁之則為凡，澄之則為聖，神道細幽，理固難詳矣。神之最高，謂之大覺。思議所不得，名相孰能窮？真身本無遷謝，生盲自不瞻覩，託想追於舊蹤，傾心玩於遺法。
梅鼎祚《宋文紀》卷四	清文淵閣四庫全書補配清文津閣四庫全書本	(80) 東宮典書姓何者相識，數去來，師解神語，東宮典書具道神語，東宮典書答云：我識巴陵間一左右，當為汝向道。數日，東宮典書復來語師云：我已為汝語巴陵左右，道因達巴陵，巴陵具知，云莫聲但聽。又頃者史官奏天文占候，頗云休若應挾異端。神道芒昧，乃不可全信，然前後相准，略亦不無髣髴。
梅鼎祚《宋文紀》卷十一		(81)《武帝謚議》以為：聖哲同風，功美殊稱。蓋出乎道者無方，故形于物者不一。伏惟道塞人神，信通期運，愛敬所稟，因心則遠，英粹之照，正性自天。體苞潛躍，慮周卷舒。……莫不飾誠請罪，欵塞來賓，故能洒掃中嶽，致廟九山，神道會昌，寶命既集，損之而益，後身愈先。既而儀刑帝載，揖讓天歷，改玉乎文祖，班瑞于神宗。貫革寢機，文武播笏。……大美配天，必終之以儉德。道固萬葉，猶申之以話言。允所謂教思無窮，樹之長世，取高上代，顧邈前王矣。

續表

作者/文獻	版本	用　例
梅鼎祚《宋文紀》卷十一	清文淵閣四庫全書補配清文津閣四庫全書本	(82) 流言謗議，有道所不免，况在闕薄，難用筭防。接應之方，言必出己。或信不素積，嫌間所襲，或性不和物，尤怨所聚，有一于此，何處逃毀。苟能反悔在我，而無責於人，必有達鑒，昭其情遠，識迹其事。日省吾躬，月料吾志，寬默以居，潔靜以期，神道必在，何恤人言。喭曰：富則盛，貧則病矣。
梅鼎祚《西晉文紀》卷四	清文淵閣四庫全書本	(83) 惟帝與后，契闊在昔。比翼白屋，雙飛紫閣。悼后傷后，早即窀穸。言斯既及，涕泗隕落。追惟我后，寔聰實哲。通於性命，達於儉節。送終之禮，比素上世。襚無珍寶，唅無明月。潛輝梓宮，永背昭晰。臣妾哀號，同此斷絶。庭宇遏寂，幽室增陰。空設帷帳，虛置衣衾。人亦有言，神道難尋。悠悠精爽，豈浮豈沈。豐奠日陳，冀魂之臨。孰云元后，不聞其音。
梅鼎祚《西晉文紀》卷十		(84)《五祀議》(《太平御覽》)：禮大記云：室中央中霤，謂四霤之中也。祭於漏井，葢失之矣。七祀之文，皆云祀行而無井，祭竈而不祭井，於事則闕。夫設祀者，非唯報功而已，亦神道設教，使民慎之幽明也。臣以為帝之都城，宜祭一門，正宮一門，正室一戶，井、竈、中霤，亦各擇其一正者祭之。
梅鼎祚《西晉文紀》卷十五		(85) 接皇漢之末緒，值王塗之多違。佇重淵以育鱗，撫慶雲而遐飛。運神道以載德，乘靈風而扇威。摧羣雄而電擊，舉勍敵其如遺。指八極以遠略，必翦焉而後綏。釐三才之闕典，啟天地之禁闈。舉修網之絶紀，紐大音之解徽。掃雲物以貞觀，要萬塗而來歸。丕大德以宏覆，援日月而齊暉。濟元功於九有，固舉世之所推。
梅鼎祚《西晉文紀》卷十六		(86) 余昔為《逸民賦》，大將軍掾何道彥，大府之俊才也。作《反逸民賦》，盛稱官人之美，寵祿之華靡，偉名位之大寶，斐然其可觀也。……夫豈無不休，而好是沖漠。是故名利之蓄，至人攸恪。謂予未信，無寧監于桑霍。天明既畏，神道無親。善在求己，慶由積仁。無念爾本，聿修厥淳。執盈如虛，乃反天真。逸民司正，敢告官人。 (87) 臣聞遊魂變化，神道無方，雖聖靈登遐，降陟在天，連光五精，流輝太一。或冀神輿降觀，薄狩五服。時邁玉輅，言巡茲邑。是以下臣仰瞻紫宮，俯要恍惚，愚情振蕩，靡審所如，不勝延頸紫微，結心閶闔之情。謹住水濱，拜章陳愚。臣雲誠惶誠恐，頓首頓首，死罪死罪！稽首以聞。

續表

作者/文獻	版本	用　例
梅鼎祚《西晉文紀》卷十六	清文淵閣四庫全書本	(88) 乃作頌曰：悠悠聖緒，上帝是臨。……赫矣二公，應期載育。明明邵侯，允哲允謀。叡心昭德，叔問宣猷。如日之升，如川之至。炎精既頽，黄揮曷焕。光宅海邦，大造江漢。王于出征，二公斯難。長驅致屆，九有有判。咸黜凶醜，區域寧晏。天禄未終，大命有集。卜食東夏，元龜既襲。聿來故宫，作蕃舊邑。公徒斯振，帝旅凱入。於變時雍，神道經始。肅肅九命，永言徽止。……二后重規，世有哲人。肅雍碩響，萬載是振。 (89) 嗚呼哀哉！穆穆天子，昭明有融。乃命王人，禮憲是崇。賜以歸賻，榮以贈終。冠蓋南徂，映族輝邦。日薄南陸，辰次天漢。龜筴協貞，靈域載判。明器既庀，神道已羡。……人誰弗思，靡思匪哀。援札心楚，投翰餘悲。嗚呼哀哉！ (90) 伏惟殿下明德光劭，天資秀朗。方當光演文武，允迪皇猷，如復垂精古今之奥，仰覽千載之籍，則神道叡知，無物不照。且師友文學，朝選於衆，以德來教，雖豐禄崇禮，已隆其人。而先王之道，未簡聖聽。在位累載，官廢其職。每聽其言，亦懷慷慨。臣以可於良日就講經學，先闡大道，永播芳風。愚臣區區，敢獻瞽言。
梅鼎祚《陳文紀》卷七		(91)《與兄子秀書》(暄酗酒，無節操。偏歷王公門，沉湎喧嘵，過差非度。秀憂之，致書於暄友人何胥，冀以諷諫。暄聞之，與秀書。)：旦見汝書與孝典，陳吾飲酒過差。…………吾生平所願，身没之後，題吾墓云"陳故酒徒陳君之神道"。若斯志意，豈避南征之不復，賈誼之慟哭者哉？何水曹眼不識杯鐺，吾口不離瓢杓。汝寧與何同日而醒，與吾同日而醉乎？正言其醒可及，其醉不可及也。遠誉糟丘，吾將老焉。爾無多言，非爾所及。(《南史》)
梅鼎祚《梁文紀》卷四	清文淵閣四庫全書補配清文津閣四庫全書本	(92)《洞林序》：葢聞玄枵之野，鬼方難測；朱鳥之舍，神道莫知。而緹幔曉披，即辨黄鍾之氣；靈臺夕望，便知玉井之色。復以談乎天者，雖絶名言之外；存乎我者，還居稱謂之中。……至如周王白雉之筮，殷人飛鸛之卜。蓍名聚雪，非關地極之山；卦有密雲，能擁西郊之氣。爻通七聖，世經三古。山陽王氏，真解談玄；河東郭生，纔能射覆。兼而兩之，竊自許矣。
梅鼎祚《梁文紀》卷六		(93) 公生自華宗，世務簡隔，至於軍國遠圖，刑政大典，既道在廊廟，則理擅民宗；若乃明練庶務，鑒達治體，懸然天得，不謀成心，求之載籍，翰牘所未紀，訊之遺老，耳目所不接。……公乘理照物，動必研幾，當時嗟服，若有神道，豈非希世之儁民，璉瑚之宏器。昉行無異能，得奉名節，迄將一紀，一言之譽，東陵侔於西山，一盼之榮，鄭璞踰於周寶，士感知己，懷此何極，出入禮闈，朝夕舊館，瞻棟宇而興慕，撫身名而悼恩。

續表

作者/文獻	版本	用　　例
梅鼎祚 《梁文紀》 卷十一	清文淵閣四庫全書補配清文津閣四庫全書本	(94) 昔嘉量微物，盤盂小器，猶且昭德記功，載在銘典。況入神之制，與造化合符；成物之能，與坤元等契。勲倍楹席，事百巾机。寧可使多謝曾水，有陋昆吾，金字不傳，銀書未勒者哉？乃詔小臣，為其銘曰：一暑一寒，有明有晦。神道無跡，天工罕代。乃置挈壺，是惟熙載。氣均石衡，晷正權槩。世道交喪，禮術銷亡。遽還水火，爭倒衣裳。……合昏暮卷，蓂莢晨生。尚辨天意，猶測地情。況我神造，通幽洞靈。配皇等極，為世作程。

表八百七十九

作者/文獻	版本	用　　例
梅之煥 《梅中丞遺稿》 卷六	清順治衛貞元刻本	(1)《蕭太史碑》云：借他彼岸作我周行，固知苟可濟人利物，則神道設教是乃仁術。

表八百八十

作者/文獻	版本	用　　例
夢覺道人 《二刻拍案惊奇》 卷三	明末刻本	(1) 大家哄了一聲，道：真神道！那花子才知道認爺都是假的。倒被那光棍先拿去二十多匹尺頭，其餘都不曾賺得去。 (2) 這廟中神道是一個女子，生前姑、嫂同行避難，借宿商人船中。夜間蚊子多，其嫂就宿在商人帳中，其姑不肯。
夢覺道人 《三刻拍案惊奇》 卷七		(3) 穎如道：這不（闕四字）宜，止得你知、我知，哄神道而已！

表八百八十一

作者/文獻	版本	用　　例
孟稱舜《柳枝集》	明崇禎刻古今名劇合選本	(1)（淨）大人，這淮河神靈，比別處神靈不同。祭禮要三牲，金銀錢紙燒了神符，若歡喜方可開船；若不歡喜，狂風亂起，浪滚波翻，那一個敢開。請問大人，不知可曾祭過神道不曾？ (2)（孛老上云）歡來不似今朝，喜來那逢今日。……自從探俺兄弟回來，見一個女孩兒，乃是張天覺大人的小姐。他父親往江州歇馬去，來到這淮河渡，不信排岸司之言，不曾祭獻神道，便開了船。 (3)（外）你這風和尚，聒殺人。誰聽你的話，怎生又在這里撞見你來，你莫不是個風神道麼？（末）
孟稱舜《酹江集》		(4) 供卓上有一個珓兒，我試問神道。咱小生張鎬，流落在潞州長子縣張家庄，教着幾個村學。……小生若是能勾為官，便與三個上上大吉；若是不能勾為官，便與三個下下不合神道。 (5)（滚繡球）將碑珓兒咒愿了，香爐上度子幾遭。（做擲珓科）（元來是個下下不合神道。）（三科）可怎生一擲一個不合神道？ (6)（三煞）奠榼夢斷陰風冽，薤露歌殘慘日斜。他從來正性不隨邪，凜凜英雄，神道般剛明猛烈。 (7)（呆骨朵）（正末）則俺這經商的那一個曾合神道，甚的是善與人交。則為我好賄貪財，今折乏的我來除根剪草。我今日箇散錢呵把窮民濟，今日可便悔罪把神靈告。 (8)（一半兒）恰便是小鹿兒撲撲地撞我胸脯，火塊似烘烘燒我肺腑。……若不是腥臊臭穢把你這神道觸？……多敢是一半兒因風一半兒雨。

表八百八十二

作者/文獻	版本	用　　例
孟思《孟龍川文集》卷八	明萬曆十七年金繼震刻本	(1)《贈寶堂金上人序》：如是我聞，西方聖人以神道設教，法海東流徧周沙界，一切比丘於諸佛國土無不充滿，迨我聖明統一萬邦，道場衆會隨在咸集，與一切衆生同育海涵。
孟思《孟龍川文集》卷十五		(2) 盡閱漢唐宋封禪遺跡稍有可稽，而七十二代之君求如管仲之說，窅不可得已，乃三休而陟其巔，觀玉女池焉。池之南為顯靈應濟碧霞宫，宫建於元以前，莫知其始。明興敬神恤民，神道設教，世加崇奉。

表八百八十三

作者/文獻	版本	用　　例
妙聲 《東皋録》 卷中	清文淵閣四庫全書本	(1)《福壽院記》：佛以性為宗，以神道設教而化成天下，惟其無為也，而後能大有為。……故其宮廬門垣之制，林園壇幢之奉，惟其力之所能而莫之禁，理固然也，以其有為也。故隨世起滅，廢興相尋於無窮，以其無為也。

表八百八十四

作者/文獻	版本	用　　例
閔文振 《涉異志》	明萬曆刻紀録彙編本	(1)《天妃拯疫》：侍郎南城羅文肅公玘為秀才時，成化乙巳由入粟至陝西，還至謝埠，舟中大疫，公亦被病。……宛然一媍人呼曰：此中有一有學之士病在孤旅灘上，如何無一神道救護？我來送他一陣好風。 (2)《興善廟》：台州城中委巷有興善廟，神頗顯，有趙小一者游其中，遇商人携囊金息肩廡下。入夜，小一殺商人，取其金，祝神曰：神道切莫說。方拜下，神語曰：我到不說，只怕你自家說。

表八百八十五

作者/文獻	版本	用　　例
莫如忠 《崇蘭館集》 卷十四	明萬曆十四年刻本	(1) 古師行而禡，田狩則祭於纛。今觀侯祠宇所在而歲時閱武，則有事焉。夫非神道設教之意與?
莫如忠 《崇蘭館集》 卷十七		(2) 讀律者揚言曰：恭惟國家，憲章先王，明刑弼教，期恊于中，爰用古禮，屬民讀律。……言訖，斂律降席復位。（位在堂下，衆賔之列。）賔主復坐，酒三行止。此禮俗相交之遺意，以神道設教聯屬其民而訓之者也。
莫如忠 《崇蘭館集》 卷十八		(3) 宗伯平泉陸公有地數武於城北郊，遂之墟度神所，止施建行宮，以便香火。雖緣神道設教之義，寔爲生靈祈福銷祲，衍鴻庥於世世也。

表八百八十六

作者/文獻	版本	用　　例
莫震 《石湖志》 卷五	明刻本	(1) 詩曰：歲朝爆竹傳自昔，吳儂正用前五日。食殘荳粥掃罷塵，截筒五尺煨以薪。節間汗流火力透，健僕取将仍疾走。兒童卻退避其鋒，當堦擊地雷霆吼。一聲兩聲百鬼驚，三聲四聲鬼巢傾。十聲百聲神道寧，八方上下皆和平。却拾焦頭疊床底，猶有餘威可驅癘。屏除藥裹添酒盃，晝日嬉遊夜濃睡。

表八百八十七

作者/文獻	版本	用　　例
倪謙 《倪文僖集》 卷二十六	清武林往哲遺著本	(1) 神道碑 (2) 明故奉天翊衛宣力武臣特進榮禄大夫柱國武強伯楊公神道碑 (3) 兹來京師，奉太守公所述行實，請予為銘，將勒石樹於神道。 (4) 公亦永邁甘棠之思，廣存遺愛。勒銘神道，式著徽猷。青史有録，兹焉是求。

表八百八十八

作者/文獻	版本	用　　例
倪岳 《青溪漫稿》 卷二十一	清武林往哲遺著本	(1) 神道碑 (2) 大明故少保兼兵部尚書贈特進光禄大夫柱國太傅謚肅愍于公神道碑 (3) 大明故嘉議大夫禮部右侍郎費公廷言神道碑 (4) 嘉議大夫南京太常寺卿愧齋陳先生神道碑 (5) 弘治甲寅六月二十有六日，南京太常寺卿莆田陳先生，以疾卒於長安西街之第。……詔工部營墳以塟，復賜祭於其家。舉拜恩將歸，乃遵先生治命，奉南京鄭通政廷綱所述事狀，乞文於碑，樹之神道。 (6) 大明故平羌將軍後軍都督府右都督謚僖周公神道碑 (7) 工部營墳以葵，賜之謚曰武僖。近代將臣，鮮有及者，蓋異數也。……予在天順間，侍親于宣，嘗及識公且知其為人，乃奉宣人王少卿遜之所述狀，來請予文勒石神道，以昭示久遠。 (8) 大明昭武將軍上輕車都尉南京錦衣衛掌衛事都指揮僉事丁公神道碑 (9) 大明故太子少保禮部尚書兼翰林學士贈資政大夫太子少傅謚文思彭公神道碑 (10) 弘治丙辰十月六日，太子少保，禮部尚書兼翰林學士彭公，以疾卒於家。訃聞，上悼惜。詔禮官，賜祭者四。冬，官營墳以塟，仍加贈資政大夫、太子少傅，賜謚文思。適公弟彥恭以工部侍郎改左副都御史巡撫南畿，乃以公門人禮部侍郎掌國學事林公亨大所述事狀，俾予撰次為《神道碑》，將以立石墓次。

表八百八十九

作者/文獻	版本	用　　例
歐大任 《歐虞部集十五種》 文集卷十	清刻本	(1) 隆慶庚午，昭皇帝召起公爲南少司徒總督。留儲未幾，寢疾卒。賜諭祭，詔司空遣使視葬事。……塋之左五里爲東行通衢，建神道小坊；塋之右十餘里爲近州大路，樹《神道碑》于亭。祭田環遶塋祠外，計百二十畝，歲入租穀，供祭之餘以備修葺。

表八百九十

作者/文獻	版本	用　　例
潘士藻 《讀易述》 卷四	清文淵閣四庫全書本	(1)《象》曰：大觀在上，順而巽，中正以觀天下。觀，盥而不薦，有孚顒若，下觀而化也。觀天之神道，而四時不忒。聖人以神道設教，而天下服矣。 (2) 曰中正，曰神道設教，純是示示以意。曰化，曰服，純是仰仰以意。化者，潛運默移之謂。服者，心安意肯之謂。……故曰"聖人以神道設教"，猶言聖人設教皆神道耳。 (3) 歐陽永叔曰：聖人處乎人上而下觀於民，各因其方、順其俗而教之。民知各安其生而不知聖人所以順之者，此所謂神道設教也。 (4) 齋明盥潔，无所陳布，而有孚顒若，已不可掩，盍相觀而化，其神如此，故謂之神道也。 (5) 觀乎天文，可以察時變，而聖人之脩政和民以天文也。觀乎人文，可以化成天下，而聖人之神道設教以人文也，乃聖人用賁之道也。化謂舊者變新，成謂久而成俗。
潘士藻 《讀易述》 卷九		(6)《孔疏》：史謂祝史，巫謂巫覡，並是接事鬼神之人也。紛若者，盛多之貌。人有威勢，易為行恭；神道无形，易生怠慢。用史巫紛若，誠意之肫懇。用之于神祇，不行之于威勢，所以得中也。
潘士藻 《讀易述》 卷十二		(7) 彭山曰：神覺於幾先，故曰知來。知泯於无迹，故曰藏往。武，威武也。不怒而威，大畏民志，此神道自然之應，故曰神武。《孔疏》：蓍定數於始，于卦為來；卦成象於終，于蓍為往。以蓍望卦，則是知卦象將來之事；以卦望蓍，則是聚蓍象往去之事。 (8) 所畏者，惟在鬼神。且如蠻夷氐羌，雖無君臣之序，亦有决疑之卜。或以金石，或以艸木，國不同俗。然皆各信其神，以知來事。而况于百姓乎？故聖人因其明而通之以卜筮，先使齋戒以神明其德。……趨吉避凶，身安用利，此聖人所以為神道設教也。

續表

作者/文獻	版本	用　　例
潘士藻《讀易述》卷十二	清文淵閣四庫全書本	(9) 章氏曰：一陰一陽之謂道，陰陽不測之謂神。陰陽即乾坤也，神道豈難知哉？闔戶之謂坤，闢戶之謂乾。一闔一闢之謂變，往來不窮之謂通。吾人往來變通，莫非乾坤之神道也？人特不察耳。
潘士藻《讀易述》卷十三		(10) 彭山曰：剛柔之變，乃天命之所不容已者，故覺悟之幾動而吉凶悔吝生。蓋四者之占皆人心獨知之處，而聖人以此開物，所以為神道設教也。 (11) 孔氏曰：凡物之體，從柔以至剛；凡事之理，從微以至彰。知幾之人，既知其始，又知其終，是合于神道。

表八百九十一

作者/文獻	版本	用　　例
潘庭楠《(嘉靖)鄧州志》卷八	明嘉靖刻本	(1) 趙長官墓（州東南四十里，元鄧州長官趙祥塟此。見《汝寧人物志》有《姚文正神道碑》，今廢。） (2) 李少保墓（文達公父昇。在城西南三里。有禮部尚書陳文撰公《神道碑》，畧云：公，景泰元年，封郎中。五年，封侍郎。天順二年，封尚書學士，封少保尚書兼大學士。五授誥命，四詣闕謝恩。本朝大臣之父累受榮封至此者，惟公一人而已。） (3) 兵部尚書彭時撰《神道碑銘》，見《文集》。(給事中韓鼎詩)
潘庭楠《(嘉靖)鄧州志》卷十三		(4) 斯固聖人神道設教之幾，亦陰陽表裏通一無間之道也。

表八百九十二

作者/文獻	版本	用　　例
彭大翼《山堂肆考》卷三十	清文淵閣四庫全書本	(1) 建康穢塚：秦檜墓，在建康。墓上豐碑屹立，不鐫一字。蓋當時士夫鄙其為人，兼畏物議，故不敢立《神道碑》。及孟珙滅金回，屯軍于檜墓所，令軍士糞溺墳上，人謂之“穢塚”。

續表

作者/文獻	版本	用　　例
彭大翼《山堂肆考》卷三十一	清文淵閣四庫全書本	(2)《唐戴叔碑》：唐戴叔倫，字幼公，潤州人。貞元進士，為撫州刺史，遷邕管經畧使。墓在金壇縣南三洞鄉。梁肅為作《神道碑》。 (3) 富鄭公神道碑 (4)《朱子語録》：東坡作《温公神道碑》，敘事甚略。其作富公碑甚詳，蓋富公在朝，不喜東坡。其子弟求為此文，恐未必得，而東坡鋭然許之，蓋欲得此題目以發己意耳。
彭大翼《山堂肆考》卷四十三		(5) 承天：《唐紀》：姚崇與張説有隙。崇將死，謂其子曰：我死，張説來弔爾，以我平日寶玩盡列於前。如説屬目，即舉以獻之，就問其求《神道碑》。纔得其文，登時録進，仍模刻以示外。此人見事遲，數日之後，必當有悔。若徵碑文，當引使視其鐫石，仍告已具聞於上。……不數日文成，其略曰：一柱承天，高明之位列；四時成歲，亭毒之功全。
彭大翼《山堂肆考》卷四十七		(6) 唐劉禹錫撰《韋公神道碑》：韋陟，字商衡。為吏部員外郎。是曹在南宫為眉目，在選士為司命。公執直筆，閲簿書，紛挐盤錯，一瞬而剖。 (7) 王質方雅：唐劉禹錫撰《神道碑》：王質，字華卿。為户部郎中。以方雅特立，除諫議大夫。
彭大翼《山堂肆考》卷五十六		(8) 麻綸：唐李肇翰林故事，制用白麻紙，詔用白藤紙，書用黄麻紙。……拜免公王、將相、妃主曰制，賞賜恩宥曰赦書、曰德音，處分事曰勅、曰御札，五品以上曰誥，六品以下曰勅批，羣臣表曰批答，奬勲勞曰奬諭。賜外國書曰蕃書，醮曰青詞、密詞，釋曰齋文，教坊致語曰白話，土木興建曰上梁文，宣賜曰口宣。此外有祝文、碑文、神道碑、樂章、詩、頌、春帖子之類。撰述進入，遇有除拜，以雙日鎖院，隻日降麻。
彭大翼《山堂肆考》卷七十七		(9) 不愧蒼天：宋張之才，紹聖初知山西澤州陽城縣，清謹愛民，名聞當世。及去任，《辭湯廟詩》云：一官來此四經春，不愧蒼天不愧民。神道有靈應信我，去時猶似到時貧。
彭大翼《山堂肆考》卷九十四		(10) 猥配駔儈：《漁隱叢話》：趙明誠，清獻公抃之子。妻清照，號易安居士，濟南李格非之女。明誠卒，再適非類，未幾，反目。有《啟》與綦處厚云：猥以桑榆之晚景，配兹駔儈之下材。傳者無不笑之。有《漱玉集》三卷行世。……及觀東坡所撰《清獻公神道碑》，其二子曰屼、曰岏，並無所謂明誠者。

續表

作者/文獻	版本	用　例
彭大翼《山堂肆考》卷九十九	清文淵閣四庫全書	(11) 熙載濡筆：南唐嚴續嘗請韓熙載撰其父可求《神道碑》，以珍貨幾萬緡，仍輟未勝衣一歌鬟質冠洞房者，為濡筆之贈。韓納其請。文既成，但叙譜裔品秩，略不道續事業。續封還，尚冀改竄。熙載不許，直以所贈及歌姬悉還之。臨登車，止寫一闋于泥金雙帶而去，詩云：風柳摇摇無定枝，陽臺雲雨夢中歸。他年蓬島音塵斷，留取尊前舊舞衣。
彭大翼《山堂肆考》卷一百二十六		(12) 無有艱難辛苦之態：老泉云：歐陽之文，紆徐委備，往復萬折，而條達流暢，無所間斷；氣盡語極，急言竭論，而容與閒易，無有艱難辛苦之態。又《神道碑》：歐公于文，天才有餘，豐約中度，雍容俯仰，不動聲色而義理自勝，短章大論，無施不可。有欲效之，不詭則俗，不淫則陋，終不可及。是以獨步當世，求之古人，亦不可多得。
彭大翼《山堂肆考》卷一百五十四		(13) 能當門户：劉禹錫撰《史僕射神道碑》：僕射史孝章妻博陵崔氏，自僕射沒，以迄於塟，其當門户，備祭祀，建碑表，皆崔氏之能也。
彭大翼《山堂肆考》卷一百五十六		(14) 日月照臨：東漢《中山王傳》：日月照臨于佳城，烟雲變態于神道。按：墓門前開道，建石柱以為梁，謂之神道。
彭大翼《山堂肆考》卷一百六十五		(15) 龍守：唐《世說》：開元十五年正月，集賢學士徐堅請假往京兆葬其妻岑氏，問兆域之制于張說。說曰：墓而不墳，所以反本也。三代以降，始有墳之飾，斯孝子永思之所也。禮有貴賤升降之度，俾存歿之道各得其宜。長安神龍之際，有黄州僧泓者，能通鬼神之意，而以事条之。僕嘗聞其言，猶記其要。墓欲深而狹。深者，取其幽；狹者，取其固。平地之下一丈二尺為土界，又一丈二尺為水界，各有龍守之。土龍六年而一暴，水龍十一年而一暴。當其隧者，神道不安。……鑄鐵為牛豕之狀，可以禦二龍。玉潤而潔，能和百神，置之墓内，以助神道。僧泓之說如此，皆前賢所未達也。……置其墓中，其後終吉。後優詔褒贈，寵及其子。開府王同晈以外戚之貴，墳墓踰制，祕服明器，羅列十里。墳土未乾，家毀子死。殷鑒不遠，子其擇焉。
彭大翼《山堂肆考》卷一百九十一		(16) 陳暄糟丘：《南史》：陳暄文才俊逸，而沉湎過度。兄子秀致書於暄友，冀以諷諫。暄聞，與秀書曰：吾有此好已五十餘年。汝以飲酒為非，吾不以飲酒為過。昔周伯仁渡江唯三日醒，吾不以為少；鄭康成一飲三百盃，吾不以為多。又江諮議有言：酒猶兵也。兵可千日而不用，不可一日而不備；酒可千日而不飲，不可一飲而不醉。美哉江公，可與共論酒矣！吾平生所願，身歿之後，題吾墓曰“陳故酒徒陳君之神道”。又曰：何水部眼不識盃鐺，吾手不離瓢杓。汝寧與何同日而醒，不與吾同日而醉乎？速營糟丘，吾將老焉。

表八百九十三

作者/文獻	版本	用　　例
彭韶 《彭惠安集》 卷五	清文淵閣四庫全書補配清文津閣四庫全書本	(1)《興化府重脩城隍廟碑》：城隍廟，何祀一郡所司保障之神？蓋后土氏類也。……地方升降，盛衰之機，大約因人而致其類，是夫興化府城隍歷代有碑。國初，因之號神為監察，使民由之而不知，蓋藉其威靈，陰翊王化，是猶神道設教之意也。 (2) 陳康懿公尚書神道碑 (3) 然陳相居天子左右，公留南都十餘年，故言論風烈，彰微不同，時則爾矣。天叙以予知公，請銘神道之碑，乃序其大者銘之。其他榮遇、世系，有《墓誌》在。

表八百九十四

作者/文獻	版本	用　　例
戚繼光 《止止堂集》 横槊稿中	清光緒十四年山東書局刻本	(1) 宜尊以謚，故從古而稱壯繆公云。夫名正則典嚴，在於軍禮尤重。余幸邊民既敬祀，則知方而可以事親長矣。敢告繼將軍者，因俎豆之禮而正名以定分明，所以祀公者不獨以神靈能禍福人而奔走之。如（以下原缺）祝史之所詔也，則以之卽戎庶，其神道設教之意哉？

表八百九十五

作者/文獻	版本	用　　例
祁承爜 《牧津》 卷十二	明天啓四年刻本	(1) 卓茂，元帝時學於長安，事博士江生，習《詩》《禮》及曆算，究極師法，稱爲通儒。……茂曰：遺之而受，何故言邪？人曰：竊聞賢明之君，使人不畏吏，吏不取人。今我畏吏，是以遺之，吏既卒受，故來言耳。茂曰：汝爲敝人矣。凡人所以貴於禽獸者，以有仁愛，知相敬事也。今隣里長老尚致饋遺，此乃神道所以相親，况吏與民乎？吏顧不當乘威力强請求耳。凡人之生，羣居雜處，故有經紀禮儀以相交接。

續表

作者/文獻	版本	用　例
祁承爜《澹生堂藏書目》	清宋氏漫堂鈔本	(2) 魯文恪神道碑（一册）（已上俱人物）

表八百九十六

作者/文獻	版本	用　例
祁光宗《關中陵墓志》	清鈔本	(1) 唐郭敬之墓：敬之，汾陽王子儀父也。……《遊城南記》云：《神道碑》為苗晉卿撰。今不存。 (2) 漢景帝陽陵：《史記》注《黄圖》云：陽陵闕門四出，神道四通。其地在涇渭間，去高陵西南三十里。《漢書注》：陵東有王后陵。 (3) 唐臧懷恪墓：墓在三原縣北原上。……然亦以顔魯公為撰書《神道碑》，所謂附青雲之士，聲施後世也。 (4) 漢霍光墓：霍光，在昭宣間有社稷功。卒葬茂陵東南，禮儀、器物皆如乘輿。發三河卒穿復土，起冢。夫人顯更侈大之。起三出闕，築神道，北臨昭靈，南出承恩。今獨墓存。 (5) 唐王忠嗣墓：《唐書》：忠嗣，鄭縣人。……《神道碑》，元載撰，王縉書。有縣令韋之湝西。 (6) 唐李光弼、李光進墓：光弼，寸位幾與汾陽齊，封臨淮王，謚武穆。墓在富平縣西北三十里。《墓碑》《神道碑》，顔真卿書。祠旁即光進墓，兩冢相望焉。 (7) 唐桑道茂墓：道茂有神術，嘗謂奉天有天子氣。後德宗果幸奉天，道茂隨行。死葬乾州南門外，有《神道碑》存。 (8) 唐蘇頲墓：許公冢，在武功縣西南十五里新寨南。有公《神道碑》，張説譔。公家名賢輩出，獨公遺丘在焉，他壟莫可辯也。 (9) 漢李蔡先墓：在陽陵前，《高陵志》謂為李廣。今按：《史記》《漢書》：廣從弟蔡為丞相詔賜冢地陽陵當得二十畝，蔡盜取三頃，頗賣得鉅萬，又盜取神道外壖地一畝，葬其中，下獄，自殺。 (10) 唐段行琛墓：行琛，太尉秀實父也。墓在縣西北七十里鳳翔。少尹張增書《神道碑》，字畫類顔魯公。今存。

表八百九十七

作者/文獻	版本	用　　例
錢穀《吳都文粹續集》卷八	清文淵閣四庫全書補配清文津閣四庫全書本	(1)《爆竹行》：歲朝爆竹傳自昔，吳儂正用前五日。食殘豆粥掃罷塵，截筒五尺熯以薪。節間汗流火力透，健僕取將仍疾走。肥兒却立避其鋒，當街擊地雷霆吼。一聲兩聲百鬼驚，三聲四聲鬼巢傾。十聲百聲神道寧，八方上下皆和平。却拾焦頭疊牀底，猶有餘威可驅厲。屏除藥裹添酒盃，晝日嬉遊夜濃睡。
錢穀《吳都文粹續集》卷二十九		(2)《重脩報恩寺塔記》（陳琦）：吳城之大刹，最古而名著者，惟報恩賢者講寺焉。……若今之塔，蘓文忠公曾施銅龜以藏舍利於中，想八萬四千之一也。我國家神道設教，仁壽躋民，而亦妙嚴寶乘，乃無象教之功，以感蠢愚之善心也哉！兹塔之偉麗，觀者起敬，可以住持佛法，鞏固皇圖，為東南塔院之冠冕矣。
錢穀《吳都文粹續集》卷三十七		(3) 唐通議大夫和州刺史吳郡張公神道碑銘（白居易） (4) 唐贈尚書工部侍郎吳郡張公神道碑銘（并序） (5) 有唐嶺南觀察推官、試大理評事吳郡張公，大歷三年十一月八日，終于伊川別墅。五年八月七日，葬于伊闕縣中李原，春秋五十五。……嗣子通議大夫、守尚書户部侍郎、判度支、上柱國、賜紫金魚袋平叔，以長慶二年某月某日立《神道碑》，太原白居易文其碑云。
錢穀《吳都文粹續集》卷三十八		(6) 范文正公仲淹神道碑（歐陽修） (7) 韓蕲王墓，在靈巖山西。紹興二十一年，王薨。太上極優渥，勅使徐伸護葬，縣令執役，御題神道云"中興佐命定國元勳之碑"。
錢穀《吳都文粹續集》卷四十三		(8) 太子少保資善大夫南京吏部尚書致仕贈太子太保謚文端吳公神道碑（羅欽順）
錢穀《吳都文粹續集》卷四十四		(9) 明正議大夫吏部左侍郎謚文莊葉公神道碑銘（彭時）

續表

作者/文獻	版本	用　　例
錢穀 《吳都文粹續集》 卷五十一	清文淵閣四庫全書補配清文津閣四庫全書本	(10)《美曹太守毀淫祠》：神邪妖邪我不知，相版五色錯褋施。墻隅小廟瓦數片，吳下人家家有之。家人有病問卦師，師云汝病神所爲。殺豬烹羊陳祭品，謳歌賛嘆上酒巵。……焉肯嗜汝酒與犧，祭者得生不祭死。神道所好何偏私，且彼為神既尊貴。……我願吳人常奉令，自此崇正無復疑。祖先為祭祭勿薄，五祀當祭祭勿遲。遂成美俗載郡志，當與賢守名同垂。
錢穀 《吳都文粹續集》 補遺卷上		(11) 尚書鬱公神道碑銘 (12) 公嘗託予銘其墓，而神道之碑亦不可無刻也。乃叙而係之，詩曰：泰運肇開賢彙生，巨細咸植勲業成，有奮布衣位六卿，寬裕強敏豈惟承，有善不伐貴不盈，人道不惡天所矜，有崇斯阡其永寧。

表八百九十八

作者/文獻	版本	用　　例
錢士升 《賜餘堂集》 卷五	清乾隆四年錢佳刻本	(1) 夫熟知一代人才，天不勝生，人主不勝用也。人主不勝用，天亦不勝供也。特在知其可用不可用，而不負天生才之意爾。崔與之謂天生人才足供一代之用，而要在辨君子小人。請申論之，嘗觀天之生物矣。號物之數有萬，莫不各具一用，而四靈為尤。龍用之以躍淵，麟用之以瑞世，鳳用之以儀庭，龜用之以神道設教。
錢士升 《賜餘堂集》 卷八		(2) 禮部尚書兼翰林院學士文介孫公神道碑銘 (3) 資德大夫正治上卿都察院左都御史贈太子少保兵部尚書謚忠憲高公神道碑銘
錢士升 《周易揆》 卷三	明末賜餘堂刻本	(4)《象》曰：大觀在上，順而巽，中正以觀天下。觀，盥而不薦，有孚顒若，下觀而化也。觀天之神道，而四時不忒。聖人以神道設教，而天下服矣。 (5)"盥而不薦"，神感也。"有孚顒若"，神應也。神感、神應之謂觀也。"觀天之神道"，"觀"字緊承"下觀而化"來，於穆而四時行，篤恭而天下平。君道、夫道，一神而已。惟所存者神，故所過者化。 (6)"設教"即大觀風運，无形之神道也。"天下服"即下觀四時，自行之順令也。
錢士升 《周易揆》 卷十		(7) 不與聖人同憂者，侯果云：聖人成務，不能无心，故有憂。神道鼓物，寂然无情，故无憂。

表八百九十九

作者/文獻	版本	用　例
錢希言《劍莢》卷四	明陳訏謨翠幄草堂刻本	(1) 上陵磨劒：漢武帝崩後，見形，謂陵令薛平曰：吾雖失勢，猶爲汝君。奈何令吏卒上吾隧磨刀劒乎？自今已後，可禁之。平頓首謝，因不見。推問陵旁，果有方石可以爲礪，吏卒常盗磨刀劒。霍光欲斬之，張安世曰：神道茫昧，不宜爲法。乃止。故阮公《詠懷詩》曰：失勢在須臾，帶劒上吾丘。(《漢武故事》《水經註》)
錢希言《劍莢》卷十二		(2) 祚宗人張瓘時鎮枹罕，祚惡其強，遣別將易揣、張玲率步騎萬三千以襲之。又廣徵兵三千餘，道入擊南山諸種夷。時張掖人王鸞頗知神道，言于祚曰：軍不可行，出必不還，涼國將有大變！并陳祚三不道。祚大怒，叱鸞爲妖言沮衆，斬之以狥，三軍乃發。
錢希言《劍莢》卷二十三		(3) 劒盟：石乞将盟，屈盧扳剑而属之。盧曰：《詩》有之矣！莫莫葛藟，施子條枚，愷悌君子，求福不囬。今子覆國求福于盧，可乎？且知命之士，見利不動，臨死不恐。爲人臣者，時生則生，時死則死。死故上知天命，下知神道，其有可刼乎？子胡不推之？乞乃內其劒也。(《渚宮舊事》)

表九百

作者/文獻	版本	用　例
錢一本《範衍》卷三	明萬曆刻本	(1) 司政刑者，固宜以厚爲道，如于公所爲教化卽在其中，如于公之爲祠，禁清于六，居安于四。神道之教卽在其中，不以司徒而若未嘗不備具耳。
錢一本《像象管見》卷二上	清文淵閣四庫全書本	(2)《彖》曰：大觀在上，順而巽，中正以觀天下。觀，盥而不薦，有孚顒若，下觀而化也。觀天之神道，而四時不忒。聖人以神道設教，而天下服矣。 (3)“有孚顒若”，言觀盥已有孚，已顒若，不待觀薦而後孚後若。感應神速，《彖》故謂之“下觀而化”，謂之“神道之服”。以觀象原與天道合，其神巽風運于上天，有神道之象。……(按：神道設教之旨，義如觀卦。後世乃有如王欽若、杜鎬引以誤宋眞，其罪不可勝誅矣。) (4) 然能使初二无小人之咎，有女貞之利。下觀之化，神道之服，亦无以加此已。 (5) 觀于五上之剛不言消，以巽為東南之氣，故極言神道服民之化。謂臨進則泰，與其貞吉；觀進則剝，僅止无咎。

續表

作者/文獻	版本	用　例
錢一本《像象管見》卷五	清文淵閣四庫全書本	(6) 子曰：知變化之道者，其知神之所為。聖人立象以盡意，因數而以神道設天下之教，能知神之所為一。

表九百零一

作者/文獻	版本	用　例
喬中和《説易》卷三	明崇禎十年喬鉢刻躋新堂集本	(1)《傳》曰：大觀在上，順而巽，中正以觀天下。觀，盥而不薦，有孚顒若，下觀而化也。觀天之神道，而四時不忒。聖人以神道設教，而天下服矣。 (2) 盥在手而神自格，道在我而民自服。“大觀在上”“下觀而化”，比其象也，神道也。“神道設教”，天與聖人一而已。
喬中和《説易》卷八		(3) 承上言通志定業斷疑者，總是奉天為民，聖人以神道設教。
喬中和《説易》卷九		(4) 然數有必然，因往知來，則來亦往也，故不曰逆知而曰逆數。《易》以神道設教，重知來也。

表九百零二

作者/文獻	版本	用　例
秦夔《五峰遺稿》卷二十四	明嘉靖元年刻本	(1) 中奉大夫江西等處承宣布政使司右布政使致仕秦公神道碑銘

表九百零三

作者/文獻	版本	用　例
青心才人《金雲翹傳》卷二	清康熙刊本	(1) 遠看象一幅關聖帝君，細看却是兩道白眉。這神道叫做白眉神，凡是娼妓人家，供養他爲香火。 (2) 將日用的馬子，預先洗刷乾淨，到此日請獻過神道，將沙盆放入馬子里過除夕。

表九百零四

作者/文獻	版本	用　　例
丘濬 《平定交南録》	清説郛邊事叢集本	(1) 予因叅考《交趾郡志》所載露布榜文，及胡文穆公奉勑作《平安南碑》，楊文貞公撰東平武烈王及定遠忠敬王《神道碑》，附以所聞，以為此錄云。
丘濬 《大學衍義補》 卷五十五	清文淵閣四庫全書本	(2) 臣按：先儒有言，禮之始也則自天子出，禮之終也則與民由之。與民由之然後禮達而分定，故先王患禮之不達於下則必有以為之教者，然教必以祭祀為主者，以神道設之使民知畏敬故也。由是觀之，則聖人制為祭祀之禮者非但以致吾之誠、報神之德而已也，而實因之以設民之教，使咸安其分，盡其職以報乎上焉。
丘濬 《大學衍義補》 卷五十八	清文淵閣四庫全書本	(3) 方慤曰：既曰寢，又曰廟，何也？蓋王者之於祖禰，以人道事之則有寢，以神道事之則有廟。祭，神道也；薦，人道也。 (4) 昔先王之於鬼神，以神道事之則以五齋，以人道事之則以三酒，犧牲所以致其養，琴瑟、鐘鼓所以致其樂，祝嘏所以致其文，此固所以降上神與先祖也。然上神、先祖之降在彼而天祐之承在我，在彼者以禮物之所備，在我者以禮教之所成，故必正君臣，篤父子，睦兄弟，齊上下，以至於夫婦有所也。
丘濬 《大學衍義補》 卷五十九		(5) 方慤曰：血所以告幽，毛所以告全。腥其俎則事之以神道；孰其殽，則事之以人道。 (6) 逌其死也，其體䰟之歸於地者，為宅兆以藏之；其䰟氣之在乎天者，為廟祏以棲之。其洋洋乎在廟祏者，則固事之以生矣；其累累然在丘壠者，安忍以死視之哉？但為之制不可盡備，宜視歲享而殺，一事之以神道而兼用吉凶之禮，庶乎得古人起禮之義。
丘濬 《大學衍義補》 卷六十一		(7) 國初，承前代之舊，洪武元年皆加以封爵，府曰公，州曰侯，縣曰伯。三年，詔革去封號，止稱某府、某州、某縣城隍之神。是年六月二十一日，又降旨各處城隍廟，屏去閒雜神道。
丘濬 《大學衍義補》 卷六十二		(8) 臣按：徽宗之世崇尚神怪之事，顧於神祠乃加毀壞，其時雖非而所行則是也。朱熹謂後世有箇生的神道，人心邪向他，他便盛。如狄仁傑只留泰伯、伍子胥廟。壞了許多廟，其鬼亦不能為害，這是他見得無這物事了。
丘濬 《大學衍義補》 卷六十六		(9) 漢帝幸魯祠，帝升廟，西面再拜。《唐開元禮》亦謂“先聖東向，先師南向，三獻官皆西向”，猶有古意。自尊孔子為王之後始改從南面而配位則西向。獻官序立東廡之前，而行禮執事者升降必由東階，以神道尚右，西乃迎送神之所，避右不敢當尊故也。

續表

作者/文獻	版本	用　　例
丘濬《大學衍義補》卷六十七	清文淵閣四庫全書本	(10)《觀》之《象》曰：觀，盥而不薦，有孚顒若，下觀而化也。觀天之神道，而四時不忒。聖人以神道設教，而天下服矣。 (11) 程頤曰：為觀之道嚴敬如始盥之時，則下民至誠瞻仰而從化也。不薦，謂不使誠意少散也。天道至神，故曰"神道"。觀天之運行，四時無有差忒，則見其神妙。聖人見天道之神，體神道以設教，故天下莫不服也。夫天道至神，故運行四時、化育萬物無有差忒。至神之道莫可名言，惟聖人默契，體其妙用，設為政教，故天下之人涵泳其德而不知其功，鼓舞其化而莫測其用，自然仰觀而戴服，故曰：以神道設教，而天下服矣。 (12) 朱熹曰："觀天之神道"，只是自然運行道理，四時自然不忒，聖人神道亦是說有教人自然觀感處。 (13) 臣按：聖人觀天之神道以設教，謂如天之春而夏而秋而冬，當煖而煖，當寒而寒，無一時之差忒，不見其有所作為，自然而然，所謂神也。聖人體之以設為政教，故下人觀之如見春而知其必煖，見冬而知其必寒，其煖其寒皆其所自然，下民觀視而感之於心，不待有所設施措注自然化服，所謂以神道設教也。如此，非謂別有一種玄妙幻化之術也，後世俗儒不知此義，乃以《河圖》《洛書》為神道設教，謂聖人畫卦演疇皆以人力為之，而假託神明以為幻化之術，遂啓時君矯誣妄誕之端。吁，經旨一言之差，流禍至於如此，不可戒哉，可不戒哉！
丘濬《大學衍義補》卷九十二		(14) 臣按：天之道不言而信，其於人也有一氣感通之理，故其於人君也恒仁愛之而有告戒之道焉。然其所以告之者，豈諄諄命之哉？垂象以示之而已。象之循度則有吉之兆，象之失度則有凶之形，聖人者心與天通，目覩乎天所見之象，心悟夫天所示之意，因天之象而象之，非特以之脩於身敏德而遷善，繇是而形之天下國家，使之趨吉而避凶、去惡而從善，無非因天之象以神道而設教者也。
丘濬《大學衍義補》卷一百五十七		(15)《觀》之《象》曰：大觀在上，順而巽，中正以觀天下。觀，盥而不薦，有孚顒若，下觀而化也。觀天之神道，而四時不忒。聖人以神道設教，而天下服矣。 (16) 程頤曰：五居尊位，以剛陽中正之德為下所觀，其德甚大，故曰"大觀在上"。下坤而上巽，是能順而巽也。五居中正，以巽順中正之德為觀於天下也。為觀之道嚴敬如始盥之時，則下民至誠瞻仰而從化也。不薦，謂不使誠意少散也。天道至神，故曰"神道"。觀天之運行，四時无有差忒，則見其神妙。聖人見天道之神，體神道以設教，故天下莫不服也。夫天道至神，故運行四時、化育萬物无有差忒. 至神之道莫可名言，惟聖人默契，體其妙用，設為政教，故天下之人涵泳其德而不知其功，鼓舞其化而莫測其用，自然仰觀而戴服，故曰：以神道設教，而天下服矣。

續表

作者/文獻	版本	用　　例
丘濬 《大學衍義補》 卷一百五十七	清文淵閣四庫全書本	(17) 臣按：《易》所謂“以神道設教而天下服”，蓋以聖人之政教必體天道之妙用，而施之於民亦如天之運行四時，无有差忒，神而而莫可名言爾。後世虛誕之君、諛佞之臣，故為怪誕虛幻之事，託鬼神以眩惑愚民，而謂之曰此聖人以神道設教也，乃至假《河圖》《洛書》以文其姦。嗚呼！臣之誕將以求富貴，雖欺誑其君而不顧也；君之誕將以求福壽，雖矯誣天帝而不忌也。吁，君固不可欺也，天其可誣乎？

表九百零五

作者/文獻	版本	用　　例
邱濬 《瓊臺會稿》 卷二十	清文淵閣四庫全書補配清文津閣四庫全書本	(1) 予因叅考《交趾郡志》所載露布榜文，及胡文穆公奉勑作《平安南碑》，楊文貞公撰東平武烈王及定遠忠敬王《神道碑》，附以所聞，以為此録云。
邱濬 《瓊臺會稿》 卷二十四		(2) 神道碑 (3) 明故進階榮禄大夫兵部尚書致仕王公神道碑銘 (4) 明故瓊州府知府加贈資政大夫禮部尚書兼文淵閣大學士徐公神道碑銘 (5) 先生謂濬曰：某之先祖曽守貴郡，吾子及見之，知先祖治行之詳，今世無過子者。先祖《神道碑文》久缺，非有怠也，政有待於今日爾。某幸與子同年登進士，又同官，神道之銘非子孰屬！ (6) 都察院左僉都御史恭惠楊公神道碑銘 (7) 都察院右副都御史魯公神道碑銘 (8) 浙江按察司副使陶公神道碑 (9) 嗚呼！居廟堂之近則憂其民，處江湖之遠則憂其君。走嘗即是，以贊公真。高平公後，疇克繼之。惟公有之，是以似之。久辱公知，曷以為報。尚竭心思，紀公神道。寓此香帛，數十里程。侑以斯文，以表平生。尚饗。

表九百零六

作者/文獻	版本	用　　例
任弘烈 《(康熙) 泰安州志》 卷四	民國二十五年本	(1)《真宗御制序銘》：朕聞一區宇而恢德教，安品物而致升平，此邦家之大業也。考茂典而薦至誠，登喬嶽而答純錫，此王者之昭事也。……太宗至仁應道神功聖德文武大明廣孝皇帝，洪基載紹，景貺誕膺。如日之升，燭於率土；如天之廣，覆於羣生。人文化成，神道設教；尊賢尚德，下武後刑。……

續表

作者/文獻	版本	用　例
任弘烈《(康熙)泰安州志》卷四	民國二十五年本	上玄降鑒，虞舜之溫恭；庶民不知，唐堯之於變。重熙之盛，冠絕于古先；增高之文，已頒乎成命。逡巡其事，謙莫大焉。……銘曰：節彼岱嶽，巋然東方，庶物伊始，玄感其章。……藏封石累，刻字山嵋，蒸民永泰，繁祉常垂。

表九百零七

作者/文獻	版本	用　例
阮大鋮《春燈謎》卷上	明末刊本	(1) 只是我這老爺，也忒没些行止！水上神道原是叫得應的，怎麽起身時豬羊也捨不得祭？一路神福都沒有，故此從開船來到這裡，不知打了多少格蹬，只怕還要弄出些大事來。
阮大鋮《春燈謎》卷下		(2) 我想，看燈時月色好好的，怎麽一陣風雨起來，大家失散了？想是黃陵廟神道怪奴家不合女扮男粧去兒戲他，故此顯靈顯聖敢則是。 (3) 今是十五夜，我們都是受過神道保覆的，去酧還香愿。 (4) 好個哇哇！取名叫紫夫保。罷！我這神道，是紫姑娘娘的丈夫，故此取名叫紫夫保。 (5) 元來，這神道這樣靈的！不免將豆盧哥哥送我的盤纏取出幾錢來，不去抽籤、問筊，單求他扶一鑾，問我前程事怎麽樣？ (6)（呀）比墓門神道碑還大！（怎不見）標掛紙錢花？那顆寒食梨花何處發，也沒個博士題榻。

表九百零八

作者/文獻	版本	用　例
商輅《通鑒綱目續編》卷三	清文淵閣四庫全書本	(1)（戊申）大中祥符元年正月，有天書見于承天門，大赦，改元。（帝自聞王欽若言，深以澶川之盟為辱，常怏怏不樂。欽若度帝厭兵，因謬進曰：陛下以兵取幽薊，乃可滌此耻。帝曰：河朔生靈，始免兵革，朕安忍為此？可思其次。欽若曰：惟封禪可以鎮服四海，誇示外國。然自古封禪，當得天瑞希世絶倫之事，乃可爾。既而又曰：天瑞安可必得？前代蓋有以人力為之者，惟人主深信而崇奉之，以明示天下，則與天瑞無異也。陛下謂《河圖》《洛書》果有耶？聖人以神道設教耳。……帝尚猶豫，會幸秘閣，驟問直學士杜鎬曰：古所謂河出圖、洛出書，果何事耶？鎬老儒，不測上旨，漫應之曰：

續表

作者/文獻	版本	用　　例
商輅《通鑒綱目續編》卷三	清文淵閣四庫全書本	此聖人以神道設教爾。帝意已決，遂召旦飲，歡甚，賜以樽酒，曰：歸與妻孥共之。既歸，發封，則皆美珠也。旦悟帝旨，自是不敢有異議。） （2）先是宰相王旦等率文武百官、諸軍將校、官吏、藩夷、僧道、耆壽二萬四千三百餘人，凡五上表，請帝封禪。……呂中曰：李沆之言，至是驗矣。封禪之議決于丁謂"大計有餘"之一言，天書之降成於欽若"神道設教"之一語，雖以王旦之碩德重望，不敢異議。防準之入，亦以天書，當時極言其非者，惟孫奭一人而已。
商輅《通鑒綱目續編》卷八		（3）又言：今大臣為紹述之說，皆借此名以報復私怨，朋附之流，遂從而和之。張商英在元祐時上呂公著詩求進，諛佞無耻，近乃乞毀司馬光及公著《神道碑》。周秩為博士，親定光謚為文正，近乃乞斲棺鞭尸。陛下察此輩之言，果出於公論乎？
商輅《通鑒綱目續編》卷二十		（4）發明（所貴乎立國者，以其有先後措施之節也。蒙古初事草創，中土未得盡入版圖。干戈未息，不思勵精圖治，撫綏勞來，遽以納摩爲國師，豈欲效先王以神道設教之意耶？是其先不急之務，舍本求末以資冥福，曾何足語于治天下之道哉？蒙古習俗，固然無足怪者，然既據有華夏，當以民生吏治爲先。顧乃崇尚虛無，又使之佩帶金符，省視民瘼，開後來干政之漸，此舉實作之俑也。故特書之，以著其非。）

表九百零九

作者/文獻	版本	用　　例
邵寶《簡端録》卷一	清文淵閣四庫全書本	（1）聖人之神道設教，觀乎天而得之。一陰一陽之謂道，陰陽不測之謂神。天之所以為天也，天何言哉？四時行焉，百物生焉。聖人垂衣裳而天下治，盖取諸乾坤，聖人之所以為神也。右《觀・彖傳》"觀天之神道"之簡。

續表

作者/文獻	版本	用　　例
邵寶 《容春堂集》 後集卷七	清文淵閣四庫全書本	(2)《神道碑銘》（一首），《墓碑銘》（一首），《墓表》（六首），《傳》（九首）。 (3) 明故通奉大夫廣西左布政使麗公神道碑銘 (4) 明年丁丑，其子櫟將卜某月某日葬公邑西芝山之原。以國典當碑于神道，乃手録公世系、歷履為狀，託其姻友王生宗元來請銘。
邵寶 《容春堂集》 續集卷五		(5)《山中感事》（二首）：羽人鍊將巇忠賢，神道猶能四百年。到此術應隨數盡，秪留清洌在山泉。當時本藉忠賢重，却為忠賢覺厲誣。舊廟已空新廟静，睢陽回首隔江蕪。
邵寶 《容春堂集》 續集卷九		(6) 兹營太淑人壽藏成，謹以再蒙誥詞，刻之豐碑，樹于神道，與兹山永永無極。臣不佞，敢拜手稽首，識于下方。 (7) 歲己卯冬，立石墓下，以表神道。追念先德，泫然流涕。於是乎，書張山、惠山之支峯也。其勢南出，至是而旋焉。 (8)《傳》曰：魂氣，無不之也。於彼乎祖，於此乎配。密邇周旋，將自今乎？神道之門，題以府君，而碣之題亦先焉，達太淑人之志也。 (9) 再請先考贈都御史府君神道碑銘於少師石齋楊公事狀 (10) 近託秦亞卿乘間申請，承猶記憶，用是敢致下忱。倘蒙終念，惠以《神道碑銘》，永為泉壤之光，不勝感幸之至。
邵寶 《容春堂集》 續集卷十		(11) 初曰雲闕，二曰神道。其三爲屋，其四爲柵。
邵寶 《容春堂集》 續集卷十四		(12) 通奉大夫福建布政使司左布政使華公神道碑銘 (13) 正德辛巳冬十二月十二日，福建左布政使華公，以疾卒於家。……又明年，嘉靖癸未春正月十又一日，其子琢、琭等葬公於分龍之新阡。惟著令神道有碑，乃以公諸孫進士子宣所為狀，請文於寶。 (14) 江西左布政使致仕陳公神道碑銘 (15) 公既致江西政歸之五月，以疾終于正寢。其子金等先嘗為公卜壽藏于邑揚名鄉漆塘山之原，遂以其年十二月某日葬焉。惟著令神道有碑，則以狀來請文。
邵寶 《容春堂集》 續集卷十六		(16) 仲姬氏王，吾從弟國臣之妻也。……有舉進士為州二守者，而神道衰矣，蓋族望於沙頭者二百年。

表九百一十

作者/文獻	版本	用　　例
邵經邦《弘簡録》卷十五	清康熙刻本	(1) 明年元會，贈太師，謚文貞，御製《神道碑文》。生平持大體，熟氣節，重然許，於君臣朋友大義甚篤。三秉大政，述作多出其手，所撰文必使視草。導帝尊尚經術，開舘置學士，脩太宗之政。善用人長，多引後進知名士，以左右王化，粉澤典章，成一王之法，卒為開元宗臣。
邵經邦《弘簡録》卷二十二		(2) 其致位顯處，以直自閑，未嘗苟辭氣以悅人。更歷三鎮，家無產貲。病不迎醫，將終，戒毋厚葬，毋事浮屠，毋立《神道碑》，惟識墓側而已。
邵經邦《弘簡録》卷五十二		(3) 中宗時，嘗言鄭普思：陛下誠以其術可致長生，服神鬼，成佛道，則古者爽鳩氏、秦皇、漢武、梁武，永有天下，而墨翟、于寶各獻其主，非陛下今日可得。自古堯、舜稱聖，皆在人事，平章敦睦，不聞以鬼神道治天下。
邵經邦《弘簡録》卷之六十		(4) 神龍中，遷給事中。后崩，將合葬乾陵，建言：尊者先葬，卑者不得入。今啓乾陵，是以卑動尊，術家所忌。神道貴靜，多所驚黷。矧曩營乾陵，國有大難，易姓二十餘年，方始稍定，今又營之，難將復生。且合葬非古，漢世皇后別起陵墓，積祀四百，魏、晉始合葬。
邵經邦《弘簡録》卷八十三		(5) 明宗破定州、王都，自汴還洛，琪當率百官至上東門，而請至偃師奉迎。又誤以定州爲眞定。奉詔撰《霍彦威神道碑文》，叙彦威在梁事不曰僞，爲馮道所駁，皆坐罰俸。
邵經邦《弘簡録》卷九十		(6) 夏五月丁巳，熒惑入斗。諫官彭汝霖追論元祐黨人罪狀，命曾布具姓名以進。復貶司馬光以下四十四人，削奪官爵，子孫並不許官京師。惟韓維、孫固神考潛邸舊僚，得免。毀范純仁等《神道碑》。
邵經邦《弘簡録》卷九十九		(7) 上聞，震悼出涕。稱其能斷大事，傾竭自效，盡忠國家，真社稷臣，蓋指光美德昭事也。爲出次發哀，廢朝五日。贈尚書令，追封真定王，謚忠獻。御撰《神道碑銘》，親書以賜。
邵經邦《弘簡録》卷一百		(8) 皇祐四年，帝感李柬之言其保護之功，詔孫抃撰《神道碑》，御篆其首曰“旌忠”。 (9) 元昊攻延州，廸願守邊，帝壯其意。除彰信軍節度使、知天雄軍，徙青州。請老，以太子太傅致仕。……贈司空兼侍中，謚文定。帝爲篆神道曰“遺直之碑”，改所葬鄧侯鄉爲遺直鄉。

續表

<table>
<tr><th>作者/文獻</th><th>版本</th><th>用　　例</th></tr>
<tr><td>邵經邦
《弘簡録》
卷一百一</td><td rowspan="5">清康熙刻本</td><td>(10) 自東封後，每有大禮，輒奉天書以行，恒悒悒不樂。臨終，戒諸子謂：我别無過，惟不諫此一事，欲自黜罰。慎毋厚葬，令削髪披緇以斂。楊億以爲不可，乃止……乾興初，配享真宗廟庭。仁宗篆神道曰“全德元老之碑”。
(11) 議者言其在朝忠藎有守，始終不屈，死非其罪，天下寃之。明道二年，追復故官，後贈太傅，謚襄悼。命學士趙槩作《神道碑》，帝爲篆額曰“旌功之碑”。</td></tr>
<tr><td>邵經邦
《弘簡録》
卷一百二</td><td>(12) 皇祐中，仁宗篆神道曰“旌賢之碑”，改鄉曰“旌賢鄉”。大臣賜碑篆始此。
(13) 上章請老，拜太傅，封鄧國公致仕。宰相得謝，自此始也。……就第凡十年，薨，年八十六。上臨奠，贈太師、中書令，謚文懿，御篆神道曰“舊德之碑”。
(14) 二年正月丁亥，薨。帝臨奠，以不及視爲恨，罷朝。贈司空兼侍中，謚元獻，篆其神道曰“舊學之碑”。</td></tr>
<tr><td>邵經邦
《弘簡録》
卷一百三</td><td>(15) 累階開府儀同三司，勲上柱國，以司空致仕。薨，年七十一。贈太尉兼侍中，謚元獻。帝爲篆《神道碑》曰“忠規德範”。
(16) 杜門深居，謝絶賓客。曰：我無私黨，豈不陋哉？請謚榮靈。後改恭襄，詔謚曰恭。帝篆《神道碑》曰“褒忠之碑”。
(17) 狄青亦因御史言，罷知陳州，沆言：御史謀去將相，削陛下爪牙，至欲如何？昇等論辨不已，罷沆爲觀文殿大學士、工部尚書、知應天府，徙陳州。卒，年六十六。贈左僕射兼侍中。仁宗賜以挽詩，爲篆神道曰“思賢之碑”。
(18) 歲餘還京，以太保致仕。元豐元年，薨，年八十。帝臨哭，輟朝。贈太師、中書令，謚宣靖，配享英宗廟庭。神宗篆神道曰“兩朝顧命定策亞勲之碑”。</td></tr>
<tr><td>邵經邦
《弘簡録》
卷一百四</td><td>(19) 皇祐四年五月，卒，年六十四。上深痛悼。贈兵部尚書，謚文正，御題神道曰“褒賢之碑”。</td></tr>
<tr><td>邵經邦
《弘簡録》
卷一百六</td><td>(20) 建中靖國元旦，卒，年七十五。賻金給葬，贈開府儀同三司，謚忠宣，御書神道曰“世濟忠直之碑”。</td></tr>
</table>

續表

作者/文獻	版本	用　　例
邵經邦《弘簡録》卷一百十一	清康熙刻本	(21) 嘉泰二年，復少傅。四年，薨，年七十九。贈太師，諡文忠，御題神道曰“忠文耆德之碑”。
邵經邦《弘簡録》卷一百二十七		(22) 王欽若僞造天書，帝尚猶豫，會幸秘閣，驟問曰：古者謂河出圖、洛出書，果何事耶？鎬老儒，不測其旨，漫應曰：此聖人以神道設教爾。 (23) 舊制，監司及藩鎮辭謁皆賜對。仁宗初，止令附中書、樞密奏之，度言：非所以防壅蔽。又獻《王鳳論》於太后，以戒外戚。歷三司磨勘司、京西轉運使。永昌陵有白氣，司天請（闕）築以厭之，詔度按視。奏神道貴静，不可輕繕，乃止。
邵經邦《弘簡録》卷一百三十四		(24) 高宗親政，詔命填委，多綸所草。奏守臣裕民事五條，兼侍讀。進講《春秋左氏》，合上意。兼直學士院，遷工部侍郎。撰《吳玠神道碑》。
邵經邦《弘簡録》卷一百四十七		(25) 紹聖初，拜監察御史．首言：今日之患，莫大於士不知耻。如張商英先上呂公著詩求進，近乞毁光、公著《神道碑》。周秩爲博士，親定司馬光諡爲文正，近乃乞斲棺鞭尸。陛下察此輩之言，果出於公論乎？
邵經邦《弘簡録》卷一百九十七		(26) 病革，又幸臥内，賜以居第，并日給官舍僦錢五千。既卒，復哭之慟，贈太師、中書令、隴西郡王，輟朝五日，制服禁中，諡恭僖，親撰《神道碑》曰“親賢之碑”。 (27) 復授建雄軍節度使、知滑州。會河水暴溢，齧堤岸，躬自督役，水乃殺，滑人德之。卒，年七十八。……在蜀有威名，號“神將”。後奉太后恩，累贈太師、尚書令兼中書令，追封康王，諡穆武。神宗詔宰相王珪爲《神道碑》，御篆碑首曰“克勤敏功鍾慶之碑”。
邵經邦《弘簡録》卷二百十一		(28) 李澣，字日新。家世載《宋史》。自幼聰敏，摹唐四傑爲文。嘗代侍郎楊凝式撰《吳越王錢鏐神道碑》，文彩遒麗，時輩稱之。
邵經邦《弘藝録》卷一	清康熙刻本邵遠平刻本	(29)《載黄琮》：載黄琮，聘蒼玉。安筐筐，禽豕鹿。神道設教，天下服。天下服，非稷黍禋祀。通精誠主，如影隨形，枹應鼓天心。人道信，有所信，有所願。自今天，以高地，以深赦，小過集衆心。

表九百一十一

<table>
<tr><th>作者/文獻</th><th>版本</th><th>用　　例</th></tr>
<tr><td>申時行
《大明會典》
卷九十九</td><td rowspan="2">明萬曆內府刻本</td><td>（1）祝詣靈座前，西向跪，昭告曰：孤子某（母則云哀子）謹用吉辰，奉歸幽宅，靈車就引，神道紆廻，惟以荒寥，無任哽絕。</td></tr>
<tr><td>申時行
《大明會典》
卷二百三</td><td>（2）神廚，宰牲亭，碑亭。（長陵神功聖德碑，在神道正南，近紅門。各陵碑，俱就近安設。）神道，石橋，石像生十八對。（統于長陵神道，各陵無。）
（3）十五年，重修長陵等七陵，始用石砌神道。其石像生等項，各護以石臺興都顯陵。</td></tr>
<tr><td>申時行
《賜閑堂集》
卷十九</td><td rowspan="3">明萬曆刻本</td><td>（4）神道碑
（5）光祿大夫柱國少傅兼太子太師吏部尚書武英殿大學士贈太保謚文端陳公神道碑銘
（6）光祿大夫柱國少保兼太子太保兵部尚書贈太保謚襄毅王公神道碑銘
（7）贈吏部左侍郎兼東閣大學士王公神道碑銘
（8）嘉議大夫南京工部右侍郎全公神道碑銘
（9）資善大夫南京都察院右都御史玉陽沈公神道碑銘
（10）贈光祿大夫柱國少傅兼太子太傅禮部尚書建極殿大學士許公合葬神道碑銘</td></tr>
<tr><td>申時行
《賜閑堂集》
卷二十</td><td>（11）神道碑
（12）光祿大夫柱國少師兼太子太師吏部尚書中極殿大學士贈太師謚文毅張公神道碑銘
（13）贈光祿大夫太子太保禮部尚書兼武英殿大學士王公神道碑銘
（14）已又惟念明天子所以優獎元臣，惠恤其先人甚厚，而令謀貽燕大孝顯揚，皆當世盛事，不可以無紀。乃又摭公事行，為《神道碑》。
（15）貴州布政司參議贈戶部左侍郎王公神道碑銘
（16）資政大夫南京工部尚書贈太子少保曹公神道碑銘
（17）贈光祿大夫太子太保兵部尚書兼都察院右副都御史邢公合葬神道碑銘
（18）贈通議大夫禮部右侍郎兼翰林院侍讀學士黄公神道碑銘
（19）武清侯贈太傅安國公謚恭簡李公神道碑銘</td></tr>
<tr><td>申時行
《賜閑堂集》
卷二十一</td><td>（20）神道碑
（21）資德大夫正治上卿禮部尚書贈太子少保謚文恭萬公神道碑銘
（22）都察院右都御史兼兵部左侍郎贈兵部尚書王公神道碑銘</td></tr>
</table>

續表

作者/文獻	版本	用　　例
申時行 《賜閑堂集》 卷二十一	明萬曆刻本	(23) 通議大夫吏部左侍郎兼翰林院侍讀學士掌詹事府事贈禮部尚書謚文恪周公神道碑銘 (24) 光祿大夫柱國少師兼太子太師吏部尚書中極殿大學士贈太師謚文定李公神道碑銘
申時行 《賜閑堂集》 卷二十二		(25) 公生正德丙子，卒萬曆庚辰，年六十有五。墓在某山之陽，葬以某年月日。公之純德懿行，其詳在志狀及《神道碑》。
申時行 《賜閑堂集》 卷三十五		(26) 竊聞天心助順，善則降之以祥；神道福謙，損故受之以益。

表九百一十二

作者/文獻	版本	用　　例
沈長卿 《沈氏日旦》 卷五	明崇禎刻本	(1) 輪廻之說，相沿久矣。說者曰：孔明再世爲韋臯，翼德再世爲岳飛，獨雲長永以神道顕不入輪廻中，得非天台智者引之入三摩地耶？愚有疑焉。
沈長卿 《沈氏弋說》 卷六	明萬曆刻本	(2) 賢不肖相遠：南唐嚴續嘗延韓熙載撰其父《神道碑》，以珍貨幾萬緍，併一歌鬟質冠洞房者，爲濡筆之贈。韓文既成，但叙譜裔品秩，畧不道其事業。續封還，尚兾改竄。

表九百一十三

作者/文獻	版本	用　　例
沈朝宣 《(嘉靖) 仁和縣志》 卷十一	清光緒刻武林掌故叢編本	(1) 竇極觀，舊名玄元菴，在觀橋西北茶場巷。元延祐五年，道士張無爲創建，既又有汪月海、蔡原眞重開，拓之殿宇一新，以接往來雲水道士。逮至我朝，有眞人周思得者，蚤佩玄符，夙乎神道，驅雷策電，馭風翔雲。
沈朝宣 《(嘉靖) 仁和縣志》 卷十四		(2)《易》以神道設教，居官臨政，果能繼其明以照察其爲政不難？己子威有取於斯乎？居官臨政，事至物來，轇轕紛拏，況乎此職事？

表九百一十四

作者/文獻	版本	用　　例
沈朝陽《通鑒紀事本末前編》卷二	明萬曆四十五年唐世濟刻本	（1）先儒謂商人尚神，愚初疑之。及觀《湯誥》《盤庚》之文，然後知聖人以神道設教，非如末世及夷教之妄誕也。行妄誕而能成事者，未之有也。

表九百一十五

作者/文獻	版本	用　　例
沈德符《萬曆野獲編》補遺卷二	清道光七年姚氏刻同治八年補修本	（1）吳良贈上柱國，見吳伯宗所撰《神道碑》。廣孝贈上柱國，見文皇御製《神道碑》。

表九百一十六

作者/文獻	版本	用　　例
沈國元《皇明從信録》卷八	明末刻本	（1）上謂羣臣曰：朕起自徒步，大將軍為朕股肱心膂，戮力行陣，東征西討，削平群醜，克濟大勲。今邊胡未殄，方倚任爲萬里長城之寄，而太陰累犯，上將不意遽殞其命，天何奪吾將之速？朕夜來竟夕不寐，欷歔流涕，思盡心國家爲社稷之重，安得復有斯人？乃欲有以報之，無所用其情耳，但著其勛烈宣于金石，使後世知斯人爲國之元勲也。遂親製《神道碑》，稱其平昔言簡慮精，當提兵之時，令出不二，諸將敬若神明。所至攻城不屠，與人不戲。凡受命而出，及成功而旋，每不自矜。至于封姑蘇之府庫，置胡宮之美人、財寳無所取，婦女無所愛，忠志無疵，昭胡乎日月。命配享太廟，塑像祀于功臣廟，位皆第一。
沈國元《皇明從信録》卷二十		（2）古之名將知此法者，惟太公望、孫武子、韓信、諸葛孔明、李靖諸人而已。吳起以下，莫能知之。其名曰天、地、風、雲、龍、虎、鳥、蛇八陣者，則諸葛孔明也。一大陣之中固有八陣，而小八陣之中各有八陣，大陣則法伏羲八卦，小陣則法文王六十四卦，所謂陣間乎陣、隊間乎隊者也。若夫造楯甲有九星、開八門、用三奇者，則又黃帝命風后爲之也。葢聖人以神道設教，以神其術，使人莫知其所以然也。大將居于玄武之位，而北嶽則常山蛇也，故曰“常山蛇陣”。

續表

作者/文獻	版本	用　　例
沈國元 《皇明從信録》 卷二十	明末刻本	(3) 何喬新撰《朱英神道碑》云：葉與中巡撫兩廣，合兵剿賊，屬廣東叅議朱公英督察奸弊。叅將范信以兵會剿大藤峽，徇利擄掠。馳至横廉間，誣宋泰永平等鄉居民皆賊黨，屠戮殆盡。

表九百一十七

作者/文獻	版本	用　　例
沈鯉 《亦玉堂稿》 卷十	清文淵閣四庫全書本	(1) 明光禄大夫柱國少傅兼太子太傅吏部尚書建極殿大學士贈太傅謚文懿趙公神道碑銘 (2) 明贈資政大夫兵部尚書故慶府右長史棘亭王公神道碑銘 (3) 明封奉直大夫户部雲南清吏司員外郎次泉李公神道碑銘 (4) 封户部員外郎次泉李公者，今總漕都察院右副都御史道甫父也。公葬踰十有四年，而道甫至今官法得樹石神道，乃自淮上緘書來徵言。

表九百一十八

作者/文獻	版本	用　　例
沈鍊 《青霞集》 卷三	清文淵閣四庫全書補配清文津閣四庫全書本	(1)《化糧施粥勸論文》：竊以天地功深，惟仁義可以感格；君親德厚，非忠孝不能報酬。……若民生既以不安，在身家豈能相保？一行搶奪，便有殺傷，貧以愈貧，富難獨富。只今殘臘已極，荒年欲到來秋，尚饒半載，若不預先救護，必知久後難為。幸朝廷下令以招徠，許富民出粟而旌獎，功借一時者有數，保安四境者無窮。豐年算本利，而還償通融，何害神道？計功程而福祐陰隲最多，且當轉告官司，具呈闕下，或給有名之祿，或免應得之差。人心既公，天理必報；鄉黨稱善，碑碣題名。化盜賊為良民，解干戈於不鬪。太平早卜，禍亂潛銷，誠濟世之良圖，救民之上策也。

表九百一十九

作者/文獻	版本	用　　例
沈梅 《(嘉靖)銅陵縣志》 卷一	明嘉靖刻本	(1) 胡都御史墓（在銅精山。奉敕營造。耋副都御史胡本惠，有學士謝一夔《神道碑》。）

續表

作者/文獻	版本	用　　例
沈梅 《(嘉靖) 銅陵縣志》 卷八	明嘉靖刻本	(2) 都御史胡公神道碑（謝一夔學士） (3) 先期以監察御史池陽張廷瑞狀詣予，泣拜請曰：先人之沒，朝廷恩賚之禮厚矣。然官至二品，於法得立碑神道。敢請文刻之貞石，用垂不朽。

表九百二十

作者/文獻	版本	用　　例
沈泰 《盛明雜劇二集》 卷二十九	民國十四年董氏誦芬室刻本	(1)（丑）師父，銅錢說要他何用？天地間那一件東西，好得他過？古往今來，自天子以至於庶人，壹是皆以銅錢為本。有本有利，那一個不要他？且無論活人，便是死去的鬼，便是做了神道，也是要他的。
沈泰 《盛明雜劇二集》 卷三十		(2)（雜）相公坐穩，休得傷悲！驚動江中神道。（生）呀！長江一衣帶，金山一拳石。試問往來船，誰是傷心客？你看！
沈泰 《盛明雜劇初集》 卷十二	民國七年誦芬室刻本	(3)（雜先下）（淨）秀才，你也該去了。講不了的話，我日後與神道稍封信來罷。

表九百二十一

作者/文獻	版本	用　　例
沈堯中 《沈氏學弢》 卷六	明萬曆刻本	(1) 魏文帝自作《終制》曰：禮，國君卽位爲椑，存不忘亡也。昔堯葬穀林，通樹之，禹葬曾稽，農不易畝，故葬於山林，則合乎山林。封樹之制，非上古也，吾無取焉。壽陵因山爲體，無爲封樹，無立寢殿，造園邑，通神道。夫葬也者，藏也，欲人之不得見也。骨無痛癢之知，冢非棲神之宅，禮不墓祭，欲存亡之不黷也，爲棺槨足以朽骨，衣衾足以朽肉而已。故吾營此丘墟不食之地，欲使易代之後不知其處。無施葦炭，無藏金銀銅鐵，一以瓦器，合古塗車、芻靈之義。棺但漆際會三過，飯含無以珠玉，無施珠襦玉匣，諸愚俗所爲也。

續表

作者/文獻	版本	用　　例
沈堯中 《沈氏學弢》 卷十四	明萬曆刻本	（2）碑：按：《儀禮・士婚禮》：入門當碑揖。又《禮記・祭義》云：牲入廟門，麗于碑。賈氏注云：宮廟皆有碑，以識日影，以知早晚。《說文注》又云：古宗廟立碑繫牲，後人因於上紀功德。是則宮室之碑，所以識日影，而宗廟則以繫牲也。秦漢以來，始謂刻石曰碑，其盖始於李斯嶧山之刻耳。蕭梁《文選》載郭有道等墓碑，而王簡栖《頭陀寺碑》亦厠其間。至《唐文粹》《宋文鑑》，則凡祠廟等碑與神道墓碑，各爲一類。 （3）墓文：按：《擅弓》曰：季康子之母死，公肩假曰：公室視豐碑。注云：豐碑，以木爲之，形如石碑，樹於槨前後，穿中爲鹿盧，繞之綍，用以下棺。《事祖廣記》曰：古者，葬有豐碑以窆。秦漢以來，死有功業，則刻于上，稍改用石。晉、宋間，始有《神道碑》之稱，盖地理家以東南爲神道，因立碑其地而名耳。又按：墓碣，近世五品以下所用，文與碑同。墓表，則有官無官皆可，其辭則叙學行德履。墓誌，則直述世系、歲月、名字、爵里，用防陵谷遷改。埋銘、墓記，則墓誌異名，但無銘辭耳。古今作者，惟昌黎最高。行文叙事，面目首尾，不再蹈襲。凡碑碣表於外者，文則稍詳；誌銘埋於壙者，文則嚴謹。其書法則唯書其學行大節，小善寸長，則皆弗錄。近世至有將墓誌亦刻墓前，期失之矣。大抵碑銘所以論列德善功烈，雖銘之美弗稱惡，盡其孝子慈孫之心；然無其美而稱者謂之誣，有其美而弗稱者謂之蔽。誣與蔽，君子弗由也。

表九百二十二

作者/文獻	版本	用　　例
沈一貫 《易學》 卷三	明萬曆刻本	（1）觀，盥而不薦，下觀而化也。觀天之神道，而四時不忒。聖人以神道設教，而天下服矣。 （2）既曰設教，又曰神道，是遵何道耶？不倚“禮樂刑政”以為用，而“目擊道存”不容聲矣。 （3）四陰皆觀人者也，二陽乃為觀者也。觀人與為觀者，皆戒聖人之為人謀，不問君子小人皆忠也。抑觀之為辭，皆以自治論治，故云神道，云顒若，而於君子小人處最密觀象玩辭者盡心焉。
沈一貫 《喙鳴詩文集》 文集卷十七	明刻本	（4）南京禮部右侍郎贈禮部尚書謚文敏後渠崔公神道碑銘 （5）資德大夫正治上卿太子少保刑部尚書前兵部尚書兼都察院右都御史掌院事贈太子太保謚端肅麟陽趙公神道碑

續表

作者/文獻	版本	用例
沈一貫 《喙鳴詩文集》 文集卷十七	明刻本	(6) 禮部尚書兼東閣大學士贈少保謚文端對南王公暨配李淑人神道碑銘 (7) 資善大夫工部尚書兼都察院右副都御史晋川劉公神道碑 (8) 資政大夫禮部尚書兼翰林院學士贈太子少保琢菴馮公神道碑 (9) 奉政大夫雲南按察司僉事致仕累封資政大夫都察院右都御史兼兵部右侍郎贈兵部尚書兼都察院右副都御史文塘賽公神道碑 (10) 葬居數年，理菴公再開府薊遼、晉大司馬貤贈公，而屬余題其神道之碑。夫世至嘉靖，未嘗一太溷矣。 (11) 邵武府知府封中憲大夫都察院右僉都御史越湖邵公神道碑 (12) 行人司行人累贈禮部尚書兼翰林院學士芹泉馮公暨配封太安人累贈夫人蔣氏神道碑銘 (13) 歲壬寅，皇太子正位東朝，上徽號慈寧宫。於是芹泉公、仰芹公皆贈大宗伯，而大宗伯將奉寵貤賁丘隴，謁余為芹泉公暨夫人《神道碑》。 (14) 封通議大夫兵部右侍郎兼都察院右僉都御史贈少保兵部尚書湖西李公暨配封淑人贈一品夫人吳氏神道碑銘 (15) 中憲大夫山東按察司副使雲浦黄公神道碑

表九百二十三

作者/文獻	版本	用例
沈周 《客座新聞》 卷六	清鈔本	(1) 公薨時，當盛暑。其子翰林檢討時陽等曰：吾死後，汝殯吾，當掘地及泉，以荊箔為垛，置吾屍于上，俟壙成壙築，然後棺殮而葬。甫成，公之屍顔如生，體尚香軟，而吳人謂神道云。

表九百二十四

作者/文獻	版本	用例
盛儀 《(嘉靖) 惟揚志》 卷七	明嘉靖刻本	(1) 高尚書墓（在江都西二十里。贈太子少保、南京户部尚書。高銓葬，大學士李東陽有《神道碑》。） (2) 高文義墓（興化北一十五里新莊。大學士高穀葬，大學士李賢有《神道碑》。）

續表

作者/文獻	版本	用　例
盛儀 《(嘉靖)惟揚志》 卷二十二	明嘉靖刻本	(3) 大中祥符中，帝深以澶淵之盟爲辱。王欽若諛之曰：惟有封禪，可以滌恥。然當得天端而後可，前代亦有以人力爲之者。帝猶豫，以問鎬曰：古謂河出圖、洛出書，果何事耶？鎬未喻帝旨，應曰：此聖人以神道設教耳。

表九百二十五

作者/文獻	版本	用　例
施沛 《南京都察院志》 卷三十七	明天啓刻本	(1) 上臨奠，為視葬地，歎曰：愈事朕二十二年，歷鎮八州，有功無過。命朱夢炎為文，刻《神道碑》。愈器量宏偉，沉毅簡重，謙恭慎密，孝友純備。臨敵不懼，有功不矜；禮賢下士，寬厚愛人。襄陽人思之，至今稱衛國公云。

表九百二十六

作者/文獻	版本	用　例
釋大壑 《南屏淨慈寺志》 卷六	明萬曆刻清康熙增修本	(1)《御制聖母印施佛藏經序》曰：朕聞儒術之外，釋氏有作以虚無爲宗旨，以濟度爲妙用，其真詮密徵，其法泒派閎演。貞觀而後，代譯歲增，兼總羣言苞裹八極，貝葉有所不盡，龍藏有所難窮。……先師素王亦云，聖人神道以設教，善世而愽化，諦觀象教詎不信然？……如是功德一切善言之讚歎，一切善氣之導凝我聖母延齡，如天永永我國家保泰降福穰穰矣。於乎盛哉大覺之教，宜其超九流而處尊，偕三五以傳遠也。
釋大聞 《釋鑒稽古略續集》 集一	大正新修大藏經本	(2) 天臺佛隴修禪寺釋可，號宜行。博綜台宗，精修止觀。聽雨偈曰：簷前滴滴甚分明，迷處衆生聽作聲。我亦年來多逐物，春宵一枕夢難成。己酉至大二年，勅賜佛國普安禪師塔銘，奎章閣虞集撰（略見世祖丁卯）《勅賜乞台薩里神道碑》，翰林趙子昂為文云。(《通載》)
釋大聞 《釋鑒稽古略續集》 集二	大正新修大藏經本	(3) 乙丑，洪武十八年二月，魏國公徐達卒，年五十四。追封中山王，謚武寧，賜葬鍾山之陰。上親為祭文，親製《神道碑》，記享大廟。勅建鷄鳴寺，造浮圖五級。祠賓公，歲遣官祭祀。

表九百二十七

作者/文獻	版本	用　　例
釋德清《憨山老人夢遊集》卷十序	清順治十七年毛褒等刻本	（1）孔子曰：君子有三畏：畏天命，畏大人，畏聖人之言。畏之爲言懼也。卜荅，鬼神吉凶之先見，善惡之昭明，天命也。君父，大人也。經，聖人之言也。《易》尊卜荅，《春秋》尊君父，皆聖人之言也。《易》治之於未萌，《春秋》治之於既亂。《易》言神道之吉凶，以懼之於幽。《春秋》言人道之賞罰，以懼之於顯。二者相須，如衣之有表裏，如木之有根株，豈有異哉？
釋德清《憨山老人夢遊集》卷十二記		（2）今孫公之治兹邑，不三年而化成。摩民以義，導蒙以漸，因吏以權。置學田，建梅閣，造橋梁，築新城，皆捐俸廪爲之。至若修南山佛刹，則皆亡夫人之簪珥奩具，盡捨以作莊嚴，將資淨土，以修冥福。是皆神道設教，卽吏見心，爲苦海之慈航，長夜之慧炬也。
釋德清《憨山老人夢遊集》卷四十		（3）三十年壬寅，予年五十七。是年，重修祖殿，培後龍，改路徑。以屠肆爲十方旦過寮，闢神道，移僧居，拓禪堂，創立規制。

表九百二十八

作者/文獻	版本	用　　例
釋心泰《佛法金湯編》卷三	明萬曆二十八年釋如惺刻本	（1）夫百家之鄉，十人持五戒，則十人淳謹。千室之邑，百人修十善，則百人和睦。人能行一善則去一惡，去一惡則息一刑。一刑息扵家，萬刑息扵國。此明旨所謂坐致太平者也。故圖澄適趙，二石減暴；靈塔放光，苻犍損虐。神道助化，昭然可觀。
釋心泰《佛法金湯編》卷五		（2）江總：総，字総持，蒨之孫。少孤，依外氏。故杜詩云：江総外家養。仕陳為尚書。嘗撰《陳群臣請武帝懺文》，畧曰：皇帝菩薩。睿哲聰明，廣淵齊聖。心若虛空，照窮般若。發弘大誓，荷負眾生。神道會昌，膺兹景業。百王既季，運屬艱難。五岳維塵，六軍日動。劬勞在念，有切皇心。既而深悟苦空，極信無我。……遂坐道場，靜居禪室。堅固善本，具足檀那。……百辟翹首，縉紳並列。慊慊丹愚，敢以死請。（《弘明集》） （3）文成：文成，諱濬，景穆晃長子，太武孫。興安元年，群臣勸請興復釋教，乃下詔曰：夫為帝王者，必祇奉明靈，顯彰神道。其能惠著生民，濟益群品，雖在往古，猶序風烈。況釋迦如來功濟大千，惠流塵境。尋生死者歎其達觀，覽文義者貴其妙門。助王政之禁律，益仁智之善性，排撥群邪，開演

續表

作者/文獻	版本	用　例
釋心泰《佛法金湯編》卷五	明萬曆二十八年釋如惺刻本	正法。故前代以來，莫不崇尚，亦我國家常所尊事。世祖太武，德澤遐被。沙門道士，往往成林。
釋心泰《佛法金湯編》卷七		（4）太宗：帝諱世民，高祖次子。貞觀元年正月，詔在京德行沙門，並各於當寺，行道七日，齋供所須，有司准給。二年，詔畧曰：神道設教，慈悲為先，玄化潛通，亭育資始。朕恭膺大寶，撫愛黎元，矜愍之心，觸類而長。是用旁求冥貺，幽贊明靈，所冀九功，惟叙五福。斯應宜為普天億兆，仰祈加祐。可於京城及天下諸州寺觀，僧道等七日七夜轉經行道。（《辨正錄》）
釋心泰《佛法金湯編》卷九		（5）孟簡：簡字幾道，元和中為尚書。素好佛。……彼楊墨老氏之書，其所述作於理偏虛，非中道要切。釋氏之教則不然，大明積惡之根源，覈天下神道報應之微細，皎然言善惡之異路。為廣其道，奈何韓君以愚人下俚翁嫗之情見待之耶？然其法行於世，使人人自畏惡修善，豈不大助教化之防與？（附見《韓文公集》。）
釋心泰《佛法金湯編》卷十二		（6）元豐初，告老，退居衢州，常與山僧野老遊。七年八月，有大星隕於庭。公與子屼語如乎時，忽趺坐而化。（《神道碑》并《普燈》。）

表九百二十九

作者/文獻	版本	用　例
釋智旭《周易禪解》卷三	清初刻本及釋通瑞刻本	（1）《彖》曰：大觀在上，順而巽，中正以觀天下。觀，盥而不薦，有孚顒若，下觀而化也。觀天之神道，而四時不忒。聖人以神道設教，而天下服矣。 （2）陽剛在上，示天下以中正之德。順而不逆，巽而不舛，故如祭之盥手未薦物時。孚誠積于中，而形于外，不言而人自喻之也。聖而不可知之之謂神，天何言哉？四時行焉。不可測知，故名神道。聖人設爲綱常禮樂之教，民皆由之，而莫知其所以然，獨非神道乎哉？神者，誠也。誠者，孚也。孚者，人之心也。人心本順、本巽、本中、本正，以心印心，所以不假薦物而自服矣。 （3）佛法釋，大觀者，絕待妙觀也；在上者，高超九界也；順者，不與性相違也；巽者，徧于九界一切諸法也；中者，不墮生死涅槃二邊也正者，雙照

續表

作者/文獻	版本	用　　例
釋智旭 《周易禪解》 卷三	清初刻本及釋通瑞刻本	二諦，无減缺也；以觀天下者，十界所朝宗也。世法則臣民爲下，佛法則九界爲下，觀心則一切助道法門等爲下。天之神道即是性德，性德具有常樂我淨四德而不忒。以神道設教，即爲稱性圓教，故十界同歸服也。
釋智旭 《周易禪解》 卷八		(4) 此蓍草之數，及揲蓍之法，乃全事表理，全數表法，示百姓以與知與能之事，正所謂神道設教，化度无疆者矣！謂之大乘，不亦宜乎？若不以惟心識觀融之，屈我羲文周孔四大聖人多矣。

表九百三十

作者/文獻	版本	用　　例
師機 《陽秋館集》 卷六	清乾隆四年修獻堂刻本	(1)《兗州遭道至曲阜謁文廟及聖墓衍聖公命酒即席賦詩》：闕里何名勝，宮墻狹百堵。提撕下土人，警動登封主。手澤留枯莖，碑文類石鼓。明禋漢業隆，神道魯共沮。鏞磬縣宮楹，春秋陳簠簋。和風掀鐸音，白日輝瓊宇。辰拱儼師模，雲仍繩祖武。……溥博信如天，精華真在魯。人疑蓬島中，身入文昌府。遊聖難為言，寸懷終莫吐。

表九百三十一

作者/文獻	版本	用　　例
宋端儀 《立齋閑録》 卷一	明鈔本	(1) 王姓陳氏，先世維揚人，徙盱眙，年九十九卒。皇帝既追崇祖宗四代帝號，建立太廟。復念皇太后之所自出，追封外王父爲楊王，外王母爲楊王夫人。建祠於太廟之東，歲遣重臣致祭。近有言王墓在盱眙者，詔內臣及圓丘署令往祭而修治之，設洒掃戶三，護視塋域，命詞臣宋濂撰文樹諸神道。 (2) 今上皇帝遣使以束帛召，公乃幡然而起，與清田劉基、麗水葉琛、金華宋濂同召至建業。入見，上問勞曰：我爲天下屈四先生耳。(宋濂所攬《章中丞溢神道碑文》。)
宋端儀 《立齋閑録》 卷二		(3)《謝表》：嘉議大夫、禮部侍郎兼翰林院學士臣董倫，伏以七月十三日自手詔賜臣御書“怡老堂”三大字及髹几、玉鳩杖各一者，臣誠惶誠恐，稽首頓

續表

作者/文獻	版本	用　　例
宋端儀《立齋閑録》卷二	明鈔本	首伏言：聖慈軫念，特降殊恩，閭里傳觀。欣逢盛典，誠千齡之奇遇，豈一己之私榮。……然桓荣設几杖於太常，而不聞宸翰之賜；晏殊題舊𡿨於神道，而不見有几杖之頒。在於昔賢，猶難兼乎其美；愧茲老朽，乃得叨乎鴻私。此於聖德之增光，豈獨臣門之多幸？自今將杖以戒噎，則當思四海或有飢餒之民；凭几以安身，則當念一物或有失所之歎。至於瞻心畫之優禮，永誓教子孫以继忠。嘉謀嘉猷，敢不以時而入告？聖名聖壽，願祝與天而長存。臣無瞻天仰聖，荷德感恩之至，謹奉表陳謝以聞。
宋端儀《立齋閑録》卷三	明鈔本	（4）黄福，字如錫，平度州昌邑人。……伍年正月卒。成化三年五月內，贈太保，謚忠宣。（楊士奇撰《神道碑》。） （5）太宗皇帝初臨御，治齊、黄離間之罪。奉景隆於上前并指公爲奸臣。厲声言：臣罪應死，但目為奸則非。上知其正直，不問。（《神道碑》。） （6）上撫掌嘆曰：尔言深合吾心。遂行。至靈璧，敵勝兵迎戰。王先登陷陣，大敗之，生擒其副總兵陳暉、平安，条将馬溥、徐真，及都指揮三千餘人，獲馬二萬。敵衆死者尸蔽原野，降者數十萬人，悉縱遣之。進克泗州。渡淮，敗盛庸兵，又克盱眙。下揚州，從上渡江入京師。（楊士奇撰能《神道碑》。能封成國公，追封東平武烈王。） （7）上以數千騎繞出陣後，敵圍數匝，上已衝擊而出，王不知上所在，突入敵陣大戰，連殺百數十人，王亦被創而歿，十二月二十五日云。（楊士奇撰玉《神道碑》。玉以都司同知再追封而為河間忠武王。） （8）公語将佐曰：彼衆我寡，若城守不出，自示弱也。不若及其始至而擊之，彼必敗亡。乃率敢死士數百犯其鋒，而城上亦合勢大呼，安衆大潰。自是，無復來攻者。（楊少師榮所撰《應城伯孫公神道碑》。） （9）太宗皇帝初自北藩靖內難，至江上，都督陳公瑄具舟迎濟。上正大統，録功封平江伯。（瑄，字彦純，合肥人。見楊士奇所撰瑄《神道碑》。） （10）立誅以正、射成及內侍養子，陞瑜遼海衛千戶。後賢等皆伏誅。瑜詔還，又陞錦衣衛指揮同知。曆事仁宗、宣宗、英宗，官至左府都督僉事。（楊士奇撰《王瑜神道碑》。）
宋端儀《立齋閑録》卷四	明鈔本	（11）越二載，英廟復登寶位。今上還正儲宮，首録公忠，出之獄，嘉嘆良深，遂陞禮部右侍郎。（出太和尹直所撰《恭毅章公神道碑》。）

表九百三十二

作者/文獻	版本	用　　例
宋濂 《宋景濂未刻集》 卷下	清文淵閣四庫全書本	(1) 元故榮祿大夫陝西等處行中書省平章政事咯喇公神道碑銘（代黃侍講） (2) 至正元年五月二十有八日，故榮祿大夫、陝西等處行中書省平章政事咯喇公，以疾薨于京師之私第，享年五十有一。某月日，其子某即奉柩葬于宛平縣東安先塋之次。後十有六年，始奉門生楊廸所為狀，不遠五千里，俾某勒銘於神道之碑。 (3) 元故朝列大夫同知婺州路總管府事致仕趙侯神道碑銘（有序）
宋濂 《元史》 卷一百二十四	清乾隆武英殿刻本	(4) 泰定初，贈鎖咬兒哈的迷失資德大夫、御史中丞、上護軍，追封永平郡公，諡貞愍。賜其妻子鈔五百貫、良田千畝，仍詔樹碑神道。
宋濂 《宋學士文集》 卷第二	四部叢刊景明正德本	(5) 大明勑賜銀青榮祿大夫上柱國中書平章軍國重事兼太子少保鄂國常公贈翊運推誠宣德靖遠功臣開府儀同三司上柱國太保中書右丞相追封開平王諡忠武神道碑銘（有序） (6) 大明追崇楊王神道碑銘 (7) 皇帝恭膺大寶，式展孝思。既追崇祖宗四代帝號，建立太廟。復念皇太后之所自出，追封外王父爲楊王，外王母爲楊王夫人。建祠扵太廟之東，歲時遣重臣致祭。近有來自淮陰者，言王墓在盱眙如故，上聞之悲喜交集，即詔内臣及圜丘署令往祭而修治之，置洒掃之户凡三，護視塋域，且命詞臣撰文，以樹諸神道。 (8) 大明勑賜榮祿大夫同知大都督府事兼太子右率府使贈推忠翊運宣力懷遠功臣光祿大夫湖廣等處行中書省平章政事柱國追封蘄國公諡武義康公神道碑銘（有序） (9) 大明故資善大夫御史中丞兼太子賛善大夫章公神道碑銘 (10) 私竊以謂生我者父母，知我之至者唯公而巳。不知公何爲去予而遽死矣乎？有善孰予，相孰知我瑕疵而攻之乎？神道之銘，公之子特以爲屬，肝膓百裂，其何能綴緝言辭乎？
宋濂 《宋學士文集》 卷第三	四部叢刊景明正德本	(11) 大明故王府参軍追封缙雲郡伯胡公神道碑銘 (12) 大明勑賜開國輔運推誠宣力武臣榮祿大夫柱國廣德侯加贈特進榮祿大夫右柱國進封巢國公諡武莊華公神道碑銘 (13) 公一子景春蚤世，竟無嗣續。其配澧國夫人蔣氏先葬，至是與公合葬焉。既葬，禮部以聞帝若曰，其令國子司業宋濂製為碑銘，樹諸神道。

續表

作者/文獻	版本	用　例
宋濂 《宋學士文集》 卷第三	四部叢刊景明正德本	(14) 元故嘉義大夫禮部尚書致仕贈資善大夫江浙等處行中書左丞上護軍追封譙國郡公謚文節汪先生神道碑銘
宋濂 《宋學士文集》 卷第五		(15) 人亦有言，天監匪私。我直彼曲，孰不周知。以順討逆，云胡不夷。昔兵始交，毒霧蒙絡。今敵既平，上下清廓。神道助順，理甚昭灼。奏凱而旋，既歌且謠。歌聲委蛇，間以短簫。
宋濂 《宋學士文集》 卷第十一		(16) 大明勑賜故懷遠大將軍僉江南等處行樞密院事贈榮祿大夫江西等處行中書省平章政事上柱國追封梁國公趙公神道碑銘（有序）
宋濂 《宋學士文集》 卷第十七		(17) 大明故中順大夫禮部侍即曾公神道碑銘（有序）
宋濂 《宋學士文集》 卷第十八		(18) 今弊陋至是，非所以靈承帝意。予先捐俸為倡，爾二三君子，幸相與圖之。穹殿邃廊，虔奉明禋，靈星之門，神道所繇，其役為寂殷，吳江葛德潤，爾其葺之。論堂有嚴，兩廡相嚮，挾以六齋，以通于前門，吳江甯璇，汝其脩之。亭騈采芹，下臨康衢，来游来歌，多士攸宜，崑山張庸，爾其整之。
宋濂 《宋學士文集》 卷第二十六		(19) 勑賜開國輔運推誠宣力武臣榮祿大夫柱國淮安侯華君神道碑銘 (20) 臣濂奉勑撰神道之碑，稽諸天理之正，察乎人心之公，不敢用昔人誌墓常法，特取《春秋》直筆褒貶之義，勒文穹碑，以為千萬世人臣之勸戒云。
宋濂 《宋學士文集》 卷第四十		(21) 故資善大夫廣西等處行中書省左丞方公神道碑銘
宋濂 《宋學士文集》 卷第四十六		(22) 胡府君神道碑 (23)（上闕）毛公神道碑
宋濂 《宋學士文集》 卷第五十三		(24) 然神道貴清靜，恐細泯之或瀆也。 (25) 然神道貴清靜，恐細泯之或瀆也。

續表

作者/文獻	版本	用　　例
宋濂 《宋學士文集》 卷第五十五	四部叢刊景明正德本	（26）四十二代天師正一嗣教護國闡祖通誠崇道弘德大真人張公神道碑銘（有序） （27）初恐遺德未能太白于世，與群弟子輯為成書，使張致和即金華山中，請銘神道之碑。
宋濂 《宋學士文集》 卷第五十九		（28）公命歸之官，奉敕書《徽政院使禿滿達兒神道碑》。其從子以白金五十兩為壽，公却之。
宋濂 《宋學士文集》 卷第六十三		（29）又十六年，其子僉水軍左衛指揮司事煒泣曰：先公歿，今二十年，無文銘于神道。竊恐忠烈不白於後世，敢請。惟公勳業始卒，宜載國史。
宋濂 《宋學士文集》 卷第六十八		（30）元故國子祭酒孔公神道碑

表九百三十三

作者/文獻	版本	用　　例
宋懋澄 《九籥集》 文集卷一	明萬曆刻本	（1）明晨，北行約十里，至紅門。從神道西趨，過嶺北幾二十里，至九龍池，觀五色魚，皆徑尺。遊行偃蹇，眼中若無人形，豈亦知所恃耶？ （2）漏三鼓，微服觀祭，蒞事至焚綾畢。肅出，從神道趨，月中屢過石橋，若夢。又火光夾道，如從星辰。度約三十里，至紅門，抵昌平，宿已四鼓矣。

表九百三十四

作者/文獻	版本	用　　例
宋訥 《西隱集》 卷五	清文淵閣四庫全書本	（1）皇帝嘉賚，命臣訥為文，以記于石。臣竊惟明則有禮樂，幽則有鬼神。鬼神無常享，享於克誠而已。皇上受命於天，奄有萬邦，建都立極，以撫兆民。政化通而致理，神道感而翊恭，百制具舉，萬靈景從。迺建鴻謨，爰作新廟，俾有憑託，以丕昭明。靈佑於我有衆，神無徃而不之，來格來寧，其在玆乎？微臣稽首，願頌帝力，以昭神貺。
宋訥 《西隱集》 卷七		（2）襲封衍聖公神道碑

表九百三十五

作者/文獻	版本	用　　例
蘇伯衡 《蘇平仲集》 蘇平仲文集 卷六	四部叢刊景明正統本	(1) 四年，徵有道浮屠十人，就蔣山太平興國寺丕建廣薦福會。後六年，命天界住山宗泐取經西竺。又五年，詔郡縣咸立僧司，以糾其徒佛法之見。尊奉至此，振古所未聞也。盖西方聖人以神道設教，大率使人去妄而即真，因境以生悟。其誓願之廣大，慈悲之深重，欲高深廣袤之區，生成動桓之類，莫不拔迷途脫苦海，而泳游於慈雲慧日之中。此與中國聖人博施濟衆，一視同仁。
蘇伯衡 《蘇平仲集》 蘇平仲文集 卷十二		(2)《金華衛指揮副使王公墓碑》：明威將軍、金華衛指揮副使王公，既沒之六年，其夫人遣其故吏袁仁，致言于伯衡曰：惟吾夫以忠事上，以恭承兄，以材勇自見，奮身行伍，列職環衛。雖天不假年，而勞烈則多矣。聖天子是用憫恤遺孤，錫之土田，恩眷之隆，班於勲舊，使無文守鑱之神道，奚以焯勸訓嗣。先生太史也，敢属筆焉。
蘇伯衡 《蘇平仲集》 蘇平仲文集 卷十三		(3) 出入兩宮，待遇之隆，賜子之渥，他人不可致也，何足爲公榮？雖其字畫一代不數人，亦公餘事耳。以故不備述而獨書其関於國者，表諸神道。其辭不殺，盖以公言不用於當時爲可借，公行無愧於先祖爲可貴。庶有國者以懲，而事君者以勸云。

表九百三十六

作者/文獻	版本	用　　例
孫承恩 《文簡集》 卷四十九	清文淵閣四庫全書本	(1) 神道碑 (2) 中憲大夫都察院左僉都御史黃岩劉公神道碑

表九百三十七

作者/文獻	版本	用　　例
孫承宗 《高陽集》 卷五	清初刻嘉慶補修本	(1) 靈侯祠：《志》云：周厲王三諫官也。廢而客吴，復而按究。宋碑云“苑墻”，有祠榜曰“吴客三將軍”。……至祥符，從空而下，則樞密欽若神道設教耳。……《志》題“靈廟遺忠”，盖有遺直之思云。

表九百三十八

<table>
<tr><th>作者/文獻</th><th>版本</th><th>用　例</th></tr>
<tr><td>孫從龍
《易意參疑》
卷二</td><td rowspan="5">明萬曆五年書林翁時化刻本</td><td>(1) 日月之晷刻，不過四時之氣候，不正是天地順動處。观天之神道，而四時不。《本義》云：四時不，天之所以為观也。
(2) 聖人以神道設教，而天下服矣。《本義》云：神道設教，聖人之所以為观也。</td></tr>
<tr><td>孫從龍
《易意參疑》
卷三</td><td>(3) 觀天之神道，而四時不忒。聖人以神道設教，而天下服矣。此極言觀之道，以見聖人之為觀，與天道之為观一也。“观天之神道”“观”字與“观水有術”“观”字同。天之神道，不可見於四時不忒。观之可見，天之神道矣。試以天道观之，太虛无形，於穆无朕，而道維其神也。但見四時流行而不忒，其序四時之行，莫非天理發見流行之實？故观天道之神于四時之不忒，而天之所以為观者可見矣。若夫聖人之為观，則以天之神道設教，其不顯之德、薦恭之玅，直與上天之載、无聲无臭者同。一机而彰軌，立極于天下。所謂中正示人而設施教法，一如天之四時運行而不忒也。由是天下之被其教者，自皆不識不知順帝之則而无不服矣，是天以四時為观而四時之運也。維其神，聖人以設教為观，而教道之立也。亦維其神，是聖人之观與天道之观一也。所謂“盥而不薦，有孚顒若”者，其“神道設教”之妙乎？所謂“下观而化”者，其天下服之之效乎？故言观道而極于天道，聖人之極致則无餘蘊矣。“天下服”，不可與“四時不忒”對看。
(4) 所謂“神道設教而天下服”，君德之尽善者也。居此位、得此占者，自反其德，誠能“盥而不薦，有孚顒若”。</td></tr>
<tr><td>孫從龍
《易意參疑》
卷四</td><td>(5) 聖人心同天地，无一念之不和，无一念之不平，故其至誠默運，神道感孚，有以激發天下之心。以吾心之和而感天下之心之和，以吾心之平而感天下之心之平，如尽巳之性而尽人之性，以一人之情而通千萬人之情，皆所謂感也。</td></tr>
<tr><td>孫從龍
《易意參疑》
卷八</td><td>(6) 作外者利用以出，作內者利用以入，而民咸用之，此則百姓自然之能事。有莫知其所以然者，聖人不有其功，天下不知其自其斯以為神乎？夫法立於聖人神道以設教也。天下囿於圣人之神而利用出入，則其用亦歸于神矣。</td></tr>
<tr><td>孫從龍
《易意參疑》
卷十</td><td>(7) 蓍之既生，天地神明之德，殆寄之以妙其用乎？聖人幽以賛化，育而生蓍。故明以前民用而制筮，斯所謂神道設教歟？</td></tr>
</table>

表九百三十九

作者/文獻	版本	用　　例
孫高亮 《于少保萃忠傳》 卷五	明天啓刊本	（1）八陣之中又藏八陣，八陣之中又藏小八陣，所謂陣間𢀖陣、隊間𢀖隊。若夫造遁甲有九星、開八門、用三奇者，則軒轅命風后爲之也。盖聖人以神道設教，以神其術，使人莫知其所以然也。

表九百四十

作者/文獻	版本	用　　例
孫繼皐 《宗伯集》 卷七	清文淵閣四庫全書本	（1）山西太原府代州繁峙縣知縣累贈光祿大夫太子太保禮部尚書兼文淵閣大學士馬公神道碑銘 （2）當成化間，繁峙令同州馬公卒，官其葬也，在某州之某原。……又七年，為萬歷戊寅，文莊公入相，今上再贈光禄大夫、太子太保、尚書、大學士。嘻！寵矣。法得樹石神道，而未有舉也。 （3）累封通議大夫、山東按察使、司按察使例晉從二品服色頤菴袁公神道碑 （4）累封通議大夫、山東按察使、晉從二品服色頤菴袁公卒且葬，厥子湖廣布政使一驥大治冢域，以謂公官封高得視京卿三品以上，例闢神道，伐石樹碑，而手所自為狀，謁余使文焉。 （5）呂相公告改神道祭文（代）

表九百四十一

作者/文獻	版本	用　　例
孫瑴 《古微書》 卷十三	清文淵閣四庫全書本	（1）《博物志》曰：昔西夏仁而去兵，城郭不修，武士無位，唐伐之，西夏以亡。昔玄都賢鬼神道，廢人事之，謀臣不用，龜筴是從，忠臣無祿，神巫用國。榆烱氏之君孤而無使，曲沃進伐以亡。昔有巢氏有臣而貴任之，專國主斷，已而奪之。臣怒而生變，有巢以亡。昔者清陽强力，貴美女，不治國，商伐之，有洛以亡。此葢《史記》解之略也。

表九百四十二

作者/文獻	版本	用　例
孫鑛 《書畫跋跋》 卷二下	清乾隆五年刻本	(1) 宋文貞碑側記（王氏跋一。《宋文貞公神道碑側記》，顔魯公撰書，石刻，沙河。二公剛勁大節相埒，書亦稱是，真足三絶。第其筆，以取勢為主。） (2) 柳書西平王碑（王氏跋一。《西平忠武王神道碑》，裴晉公文，柳常侍書，石刻。在高陵縣。墓所苔蘚剝蝕，字畫僅存，然要之含蓄於元秘也。至於料吐番背盟事，文中絶不載，豈有所諱耶?）
孫鑛 《書畫跋跋》 卷三		(3) 周東村韓熙載夜宴圖（王氏跋一。韓熙載《夜宴圖》，乃李主遣國手顧閎中於熙載第偷寫得者，曲盡其縱狎跌宕之態。……昔嚴續僕射為其文可求索熙載《神道碑》，以千金雙鬟為贐，熙載不肯作諛辭，重相苦欲刪潤，立卻其婢，題一絶於泥金帶上云。
孫鑛 《居業次編》 卷四	明萬曆四十年呂胤筠刻本	(4) 累贈光祿大夫太子太保户部尚書武英殿大學士靜菴沈公神道碑 (5) 顯位無代而闕，然莫歸其德或病。夫揣鋭而致，疑於虧盈之無徵，尊榮奚足侈哉? 相君名一貫，神道在祖考處。 (6) 明故資政大夫太子少保禮部尚書兼翰林陶學士贈太子太保謚文定陸公神道碑 (7) 明故兵部左侍郎贈南京工部尚書許公神道碑

表九百四十三

作者/文獻	版本	用　例
孫能傳 《剡溪漫筆》 卷五	明萬曆四十一年孫能正刻本	(1) 人事：韓文公撰《王用神道碑》，用男送馬匹、鞍銜及白玉腰帶，朝廷令公受領，集中有《謝許受王用男人事物狀》。後撰《平淮西碑》，韓弘寄絹五百匹充人事。又有《奏韓弘人事物狀》。今餉人物曰人事，蓋亦古語。
孫能傳 《剡溪漫筆》 卷六		(2) 恭順侯吴瑾，國史謚武壯，《臣謚類鈔》《謚法考》《謚法通考》俱作“忠壯”。考李文達公所作《神道碑》亦同，恐國史之誤。
孫能傳 《内閣藏書目録》 卷一	清遲雲樓鈔本	(3) 御製《中山武寧王神道碑文》（一冊全），太祖高皇帝製。

續表

作者/文獻	版本	用　　例
孫能傳《内閣藏書目録》卷四	清遲雲樓鈔本	(4)《李府君神道碑》(一冊全)，唐李邕筆府君即《雲麾將軍碑》。
孫能傳《内閣藏書目録》卷七		(5)《王清獻神道碑》(一冊全)，清獻，元省叅知王都中也。碑文，歐陽玄撰。

表九百四十四

作者/文獻	版本	用　　例
孫慎行《玄晏齋集》玄晏齋文抄卷三	明崇禎刻本	(1) 吾前有記者，再一記《神物圖》為道家，一記《四靈拱雉》為儒家，是記《華嚴法界圖》為佛家，三教為之一備。……皇道無為，帝道無心，王道無私，聖道無欲，神道無形，至道無事。心猿蛟龍抱之，意馬虎豹捧之。
孫慎行《玄晏齋集》玄晏齋困思抄卷一		(2)《詩》《書》中，往往說在天之天。此神道設教，意如小民無知則惕之以王法，人不足畏則儆之以天威。故曰：天子受命於天，士受命于君。若知天，君子只盡吾心之天便是在天之天。更無兩事，是所以為俟命立命。

表九百四十五

作者/文獻	版本	用　　例
孫緒《沙溪集》卷十六	清文淵閣四庫全書本	(1)《大易》休咎，寓彌綸之道于策筮之中。《洪範》庶徵，建皇極之中於兆象之外。故在《易》非中正惕厲不足以得吉，在《範》非肅乂睿哲不足以得福，即天以驗人，神道以設教，此聖人之書也。

表九百四十六

作者/文獻	版本	用　　例
孫旬《皇明疏鈔》卷四十三	明萬曆自刻本	(1) 一祟祀典，照得海運肇行；舟泛大海，所畏者惟蛟龍風雨。考之五行：蛟乙木也，而寄在辰；風巽木也，而寄在巳。二者性皆畏金。此五行相剋厭勝之術，如先臣劉基輩未嘗不講也。況是類是禡，文著扵詩，夫舉大事動大眾，而又安可無神道設教以壯人心？

表九百四十七

作者/文獻	版本	用　　例
孫一奎《醫旨緒餘》卷下	明萬曆刻本	(1) 督脈：督之爲言都也，行背部之中行，爲陽脈之都綱，奇經八脈之一也。督脈者，起于下極之腧，並于脊裹，上至風府，入腦上巔，循額至鼻柱，屬陽脈之海也。……自屏翳而起，歷長強穴，並脊裹而上行，循腰腧、陽關、命門、懸樞、脊中、筋縮，至陽陵、靈台、神道、身柱；過風門，循陶道、大椎、瘂門，至風府入腦；循腦户、強間、後頂上巔，至百會、前頂、顖會、上星、神庭；循額至鼻柱，經素髎、水溝、兑端，至齗交而終焉。

表九百四十八

作者/文獻	版本	用　　例
譚大初《（嘉靖）南雄府志》上卷	明嘉靖刻本	(1) 唐張文獻公墓（在縣南一百里清化鄉。銀青无祥御史大夫上柱國徐浩《神道碑》。）

表九百四十九

作者/文獻	版本	用　　例
湯賓尹《睡庵稿》文集卷二十四	明萬曆刻本	(1)《募造觀音閣三義祠》：槩觀神道中，流行廣博者。惟有觀世音，與彼關大聖。一切國土內，軍民男婦等。唱聞二聖號，無不合頂禮。所以者何故，我嘗靜思惟。觀世音菩薩，大慈而大悲。其道主於仁，關王大聖者。……凡我諸仁人，凡我諸義士。唱聞二聖號，俱發菩提心。或銀錢米糧，或布楮磚瓦。多寡不具論，涓滴俱歸海。隨心力所便，共成仁義事。

表九百五十

作者/文獻	版本	用　　例
湯日昭《（萬曆）溫州府志》卷四	明萬曆刻本	(1) 馮魯公祠（在德政鄉夾嶼。神名守信，字中孚，宋滑洲白馬縣人。宋眞宗朝捍邊禦契丹，及（闕）河決有功，累進太師、中書令，追封魯國公，謚勤威。王安石爲撰《神道碑》。孫成爲岳飛裨將，扈駕至溫，遂居夾嶼。守李芾建祠祀焉。）

續表

作者/文獻	版本	用　　例
湯日昭《(萬曆)溫州府志》卷九	明萬曆刻本	(2) 韓昌黎爲撰《神道碑》：韋庸，武宗會昌中，自泉州刺史移知溫州，每以利民爲念。州西北水入江，庸築堤堰浦口，鑿湖十里溉田，水不爲害，民德之，稱其湖曰“會昌湖”，堤曰“韋公堤”。
湯日昭《(萬曆)溫州府志》卷十三		(3) 李邕作《神道碑》云：無證無脩，小離此心而得佛；或默或語，未嘗有法以示人。
湯日昭《(萬曆)溫州府志》卷十五		(4) 或混纫作，或雜眞贋，詭題蔑佚，延彌遐陬，輸耀掩污，理合釐別，故今裒次，斷自梅潭丁亥之後。總五十一卷，即先生燕坐之齋，以爲集名。若成書，各自爲編，而世系、歷官具見于《神道碑》《墓志銘》《行狀》云。

表九百五十一

作者/文獻	版本	用　　例
湯顯祖《虞初志》卷五	明弦歌精舍如隱草堂刻本	(1) 嗟乎！余能辯二盜之姓名，小娥又能竟復父夫之讎寃，神道不昧，昭然可知。小娥厚貌深辭，聰敏端特，鍊指跛足，誓求眞如。爰自入道，衣無絮帛，齋無鹽酪；非律儀禪理，口無所言。
湯顯祖《虞初志》卷七		(2) 度又謂曰：汝本老狸，變形爲人，豈不害人也？婢曰：變形事人，非有害也。但逃匿幻惑，神道所惡，自當至死耳。
湯顯祖《玉茗堂全集》詩集卷二	明天啓刻本	(3)《王宇泰索周雲淵遺書檢寄》：周生亦玄史，專門在窺天。知星苦無覆，靈龜常不全。自解周髀術，相遺神道編。謂余夙深慧，拮顧忘食眠。余乏熛霄眼，仍愁風露年。罷筴等亡羊，懷書猶在筌。何因遇王子，精思入雲淵。絕學從所好，傾箱爲致船。玄文今已矣，妙者庶當傳。
湯顯祖《玉茗堂全集》尺牘卷四		(4)《與馬公子長卿》：弟兩拜吾師於長安，後在南都致問而已，弟子之敬闕焉。……當吾世為吾師而不知其人，可能免於駑鈍之誅乎？勉從諸大筆，後為《神道碑》，亦不知弟子能傳其師否也？然因師以傳弟子之幸，弟未死終當一掃墓下，唱其寸心耳。

表九百五十二

作者/文獻	版本	用　　例
唐鶴徵《皇明輔世編》卷一	明崇禎十五年陳睿謨刻本	(1) 陛下天資至高，合於道妙。百家神怪，誕妄恍惚，臣知陛下洞矚之矣。然猶不免欲以愚弄天下，若所謂以神道設教者，臣謂必不然也。一統之興啚已定矣，一時之人心已服矣，一切之奸雄已慴矣。天無變災，民無患害。聖躬康寧，聖子神孫繼繼繩繩，所謂得真符者矣。何必興師以取寶爲名，諭衆以神仙爲徵應，謂有所謂某仙某神孚佑國家者哉。

表九百五十三

作者/文獻	版本	用　　例
唐錦《(正德)大名府志》卷九	明正德刻本	(1)（金）防禦使李國棟墓，在縣東一里。學士王譖為撰《神道碑》。
唐錦《(正德)大名府志》卷十		(2) 唐太師南陽王羅公神道碑記（公桑億（唐御史大夫）） (3) 元大名監郡昔李公神道碑 (4) 今子孫绳繩，成世而維祿次，宣非陰積致然耶？既襄事，粲政教化百拜，以墓碑爲請曰：我祖捐舘已來，踰二紀矣。曾是表峙，神道無顯刻以貽裔昧。 (5) 其父忠肅，在元時，敭歷中外四十餘年，五持憲節，逮事七朝，豊功盛德，所以燾後衍慶《神道碑》紀之悉矣。
唐錦《龍江夢餘録》卷二	明弘治十七年郭經刻本	(6) 古之所謂碑者，乃葬祭之時植一大木，所用以繞紼麗牲耳，不可為文章之名也。後世易之以石，已失古制。孫何嘗著論辨之？然有名公鉅儒為人作碑文，而往往直書其首曰某公《神道碑》，是皆考索不精，恐不免見咲於孫公矣。
唐錦《龍江夢餘録》卷三		(7) 蔡君謨書法絶倫，衆體皆倫，極為坡公所推重。平生不與人書石，唯歐公文則樂書之，若《陳文惠神道碑》《薛將軍碣》《東園記》《牡丹記》《有美堂記》《晝錦堂記》《集古録序》，皆君謨所書。近見《晝錦堂記》墨本，方整古雅，真奇筆也。

表九百五十四

作者/文獻	版本	用　例
唐龍《漁石集》卷一	明嘉靖刻本	(1) 詢于父老，猶夫子大夫之言，子弟相率以告，與父老無以異也。夫公爲給事時，孚號同列，奮擊權臣。既爲都御史，董帥三軍，鞭驅虜衆，是有社稷之功矣。而於是也，何有？乃博采州郡志及讀公《神道碑》，益知公嚴毅堅直，政務酌于民心，廉境内豪右而訖其法，尤嫉貪墨吏，曰是民賊也。

表九百五十五

作者/文獻	版本	用　例
唐順之《右編》卷二	明萬曆刻本	(1) 伏見蠻冦欺侵，神道誑惑。我國家作亡命之渠魁，爲逋逃之窟穴。徵兵五年，今日誅之，何見之晚也。
唐順之《右編》卷三		(2) 陛下身先恭儉，以訓於上。小大之臣，畏法遵繩，以守於下。民以是化，政以是淳，國富兵彊，可以制挺以撻戎狄之兵矣。凡有司之事，一切付之。陛下但優游巖廊，以神道設教，此堯舜之舉也。
唐順之《右編》卷三十四		(3) 景皇帝雖太祖，於獻、懿，子孫也。當禘祫，獻祖居東向位，景從昭若穆，是祖以孫尊，孫以祖屈，神道人情，其不相遠。又常祭衆，合祭寡，則太祖所屈少而所伸多。與其伸孫尊，廢祖祭，不以順乎？ (4)《傳》曰“子雖齊聖，不先父食”，蓋言子爲父屈也。景皇帝雖太祖也，其於獻、懿，則子孫也。當禘祫之時，獻祖宜居東向之位，景皇帝宜從昭穆之列，祖以孫尊，孫以祖屈，求之神道，豈遠人情？又常祭甚衆，合祭甚寡，則是太祖所屈之祭至少，所伸之祭至多。比於伸孫之尊，廢祖之祭，不亦順乎？事異殷周，禮從而變，非失禮也。
唐順之《右編》卷三十九		(5) 自文明草昧，天地屯蒙，二叔流言，四凶搆難。不設鉤距，無以應天順人；不切刑名，不可摧姦息暴。故置神器，開告端，曲直之影必呈，包藏之心盡露。神道助直，無罪不除；人心保寧，無妖不戮。以兹妙筭，窮造化之幽深；用此神謀，入天人之秘術，故能計不下席，聽不出闈，蒼生晏然，紫宸易主。大哉偉哉，無得而稱也！

續表

作者/文獻	版本	用　例
唐順之《文編》卷七	清文淵閣四庫全書本	(6)《傳》曰“子雖齊聖，不先父食”，蓋言子為父屈也。景皇帝雖太祖也，其於獻、懿，則子孫也。當禘祫之時，獻祖宜居東向之位，景皇帝宜從昭穆之列，祖以孫尊，孫以祖屈，求之神道，豈遂人情？又常祭甚衆，合祭甚寡，則是太祖所屈之祭至少，所伸之祭至多。比於伸孫之尊，廢祖之祭，不亦順乎？事異殷周，禮從而變，非失禮也。
唐順之《文編》卷四十七		(7)聖人有制度，有法令，過則為辟。故立大中者不尚異，教人者欲其誠，是故惡夫飾且偽也。故制而不除喪，宜廬於庭；而矯於墓者，大中之罪人也。況又出怪物，詭神道，以奸大法，而因以為利乎？夫偽孝以奸利，誠仁者不忍擿過，恐傷於教也。
唐順之《文編》卷五十八		(8)唐故江南西道觀察使中大夫洪州刺史兼御史中丞上柱國賜紫金魚袋贈左散騎常侍太原王公神道碑銘（韓愈） (9)唐故河東節度觀察使滎陽鄭公神道碑（韓愈） (10)唐故中散大夫少府監胡良公墓神道碑（韓愈） (11)唐銀青光祿大夫守左散騎常侍致仕上柱國襄陽郡王平陽路公神道碑（韓愈） (12)贈太尉許國公神道碑銘（韓愈） (13)太尉文正王公神道碑銘（歐陽修） (14)太子太師致仕贈司空兼侍中文惠陳公神道碑銘（并序）（歐陽修） (15)資政殿學士户部侍郎文正范公神道碑（并序）（歐陽修） (16)鎮安軍節度使同中書門下平章事贈太師中書令程公神道碑銘（并序）（歐陽修） (17)觀文殿大學士行兵部尚書西京留守贈司空兼侍中晏公神道碑銘（并序）（歐陽修） (18)贈刑部尚書余襄公神道碑銘（并序）（歐陽修 (19)尚書度支郎中天章閣待制王公神道碑（并序）（歐陽修） (20)司馬溫公神道碑（蘇軾）
唐順之《文編》卷五十九		(21)《柳州文宣王新修廟碑》（柳宗元）：仲尼之道，與王化遠邇。惟柳州古為南夷，椎髻卉裳，攻劫鬭暴，雖唐虞之仁不能柔，秦漢之勇不能威。至于有國，始循法度，置吏奉貢，咸若采衛，冠帶憲令，進用文事。學者道堯、舜、孔子，如取諸左右，執經書，引仁義，旋辟唯諾。中州之士，時或病焉。然後知唐之德大以遐，孔氏之道尊而明。元和十年八月，州之廟屋壞，幾毀神

續表

作者/文獻	版本	用　　例
唐順之 《文编》 卷五十九	清文淵閣四庫全書本	位。刺史柳宗元始至，大懼不任，以墜教基。丁未奠薦法齊時事，禮不克施。乃合初、亞、終獻三官衣布，洎于羸財，取土木金石，徵工僦功，完舊益新。十月乙丑，王宮正室成。乃安神棲，乃正法庭，祗會羣吏。卜日之吉，虔告于王靈曰：昔者夫子嘗欲居九夷，其時門人猶有惑聖言，今夫子代千有餘載，其教始行，至于是邦。人去其陋，而本於儒。孝父忠君，言及禮義。又况巍然炳然，臨而炙之乎！惟夫子以神道設教，我今罔敢知。欽若兹教，以寧其神。追思告誨，如在于前。苟神之在，曷敢不虔。居而無陋，罔貳昔言。申陳嚴祀，永永是尊。麗牲有碑，刻在廟門。 (22)《饒娥婢》(柳宗元)：饒娥，饒人，饒姓娥名，世漁鄱水。娥為室女，淵懿靖專，雖小家，未嘗出游。……縣人鄉人會錢具儀，葵娥鄱水西橫道上。追思不足，相與作石，以治後世。其辭曰：生德無類，氣靈而伏。嗟兹孝娥，惟行之周。……娥之至德，實與為儔。恒人有言，惟教是圖。懿兹德女，家世不儒。奇行特出，神道莫酬。窮哀罔泄，終古以留。鄉人好禮，爰立兹丘。建銘當道，過者下車。
唐順之 《荊川稗編》 新刊唐荊川先生稗编 卷之二十五	明萬曆九年刻本	(23)景皇帝雖太祖，於獻、懿，子孫也。當禘祫，獻祖居東向位，景從昭若穆，是祖以孫尊，孫以祖屈，神道人情，俱不相遠。又常祭衆，合祭寡，則太祖所屈少而所伸多。與其伸孫尊，廢祖祭，不以順乎?
唐順之 《荊川稗編》 新刊唐荊川先生稗编 卷之二十八		(24)《漢晉春秋》所載：章帝元和二年，幸魯祀孔子，帝升廟，西面再拜。《開元禮》亦謂“先聖東向，先師南向，三獻官皆西向”，是猶未失古之意也。今襲開元二十七年之制，遷神於南面，而行禮者北面，則非神道尚左之義矣。
唐順之 《荊川稗編》 新刊唐荊川先生稗编 卷之三十二		(25)帝王之尊，家天下而役海內。使地善而可興，竭智以營陵廟，奚求而不致。而亡國敗主相屬，則果不在乎此也審矣。古之卜宅兆云者，以神道定民志耳，非視岡阜之向背逆順臆度目斷，如世之葬師之爲也。
唐順之 《荊川稗編》 新刊唐荊川先生稗编 卷之五十		(26)《泰階六符經》者，本黄帝有熊氏，世不傳。當漢建元之間，東方朔始陳其說，欲以觀天表之變、定上心之侈者。應劭仲遠又疏其文，頗類甘石諸人所爲託之者也，蓋古昔聖人之論陰陽五行者尚矣。幽贊乎神道，發揮乎天理，是豈無其故乎? 特未嘗膠於多忌之學，欲肆其一定之說也。

續表

作者/文獻	版本	用　　例
唐順之《荊川稗編》新刊唐荊川先生稗編卷之五十八	明萬曆九年刻本	(27)(曰):信斯言也，易重卜筮，先聖王何以使人敬鬼神，定吉凶也。且齋明盛服以承祭祀，而洋洋如在，又何物使之乎。曰：此皆聖人神道以設教耳，其欲天下有報本反始之心，故赫其靈于祭享。
唐順之《荊川稗編》新刊唐荊川先生稗編卷之六十一	明萬曆九年刻本	(28)《易》曰：河出圖，洛出書。然則聖人之受命也，必因積德累業，豐功厚利，誠著天地，澤被生人，萬物之所歸徃，神明之所福饗，則有天命之應。葢龜龍銜負，出於河、洛，以紀易代之證，其理幽昧，究極神道。先王恐其惑人，祕而不傳。
唐順之《荊川稗編》新刊唐荊川先生稗編卷之七十	明萬曆九年刻本	(29)賛曰：逷矣西湖，天之外區。土物琛麗，人性淫虗。不率華禮，莫有典書。若微神道，何恤何拘。
唐順之《荊川稗編》新刊唐荊川先生稗編卷之七十五	明萬曆九年刻本	(30)碑：按：《儀禮・士婚禮》：入門當碑揖。又《禮記・祭義》云：牲入廟門，麗于碑。賈氏注云：宮廟皆有碑，以識日影，以知早晚。《說文注》又云：古宗廟立碑繫牲，後人因於上紀功德。是則宮室之碑，所以識日影，而宗廟則以繫牲也。秦漢以來，始謂刻石曰碑，其葢始於李斯嶧山之刻耳。蕭梁《文選》載郭有道等墓碑，而王簡栖《頭陀寺碑》亦厠其間。至《唐文粹》《宋文鑑》，則凡祠廟等碑與神道墓碑，各爲一類。 (31)墓文：按：《擅弓》曰：季康子之母死，公肩假曰：公室視豐碑。注云：豐碑，以木爲之，形如石碑，樹於槨前後，穿中爲鹿盧，繞之紼，用以下棺。《事祖廣記》曰：古者，葬有豐碑以窆。秦漢以來，死有功業，則刻于上，稍改用石。晉、宋間，始有《神道碑》之稱，蓋地理家以東南爲神道，因立碑其地而名耳。又按：墓碣，近世五品以下所用，文與碑同。墓表，則有官無官皆可，其辭則叙學行德履。墓誌，則直述世系、歲月、名字、爵里，用防陵谷遷改。埋銘、墓記，則墓誌異名，但無銘辭耳。古今作者，惟昌黎最高。行文叙事，面目首尾，不再蹈襲。凡碑碣表於外者，文則稍詳；誌銘埋於壙者，文則嚴謹。其書法則唯書其學行大節，小善寸長，則皆弗錄。近世至有將墓誌亦刻墓前，斯失之矣。大抵碑銘所以論列德善功烈，雖銘之義稱美弗稱惡，以盡其孝子慈孫之心；然無其美而稱者謂之誣，有其美而弗稱得謂之蔽。誣與蔽，君子弗由也。
唐順之《荊川稗編》新刊唐荊川先生稗編卷之七十六	明萬曆九年刻本	(32)碑文惟韓公最高，每碑行文言，人人殊面目，首尾决不再行蹈襲。《神道碑》揭於外，行文稍可加詳。埋文壙記最宜謹嚴，銘字從金，一字不汎用。善爲文者，宜如古詩雅頌之作。

續表

作者/文獻	版本	用　　例
唐順之《荊川稗編》新刊唐荊川先生稗編卷之七十七	明萬曆九年刻本	(33) 統領商榮以《溫公神道碑》爲餉。因命吏約楊道夫同視，且曰：坡公此文，說得來恰似山摧石裂。道夫問：不知既說“誠”，何故又說“一”？曰：這便是他看道理不破處。 (34) 南豐范貫之奏議序，氣脉渾厚，說得仁宗好。東坡《趙清獻公神道碑》說仁宗處，其文氣象不好。“第一流人”等句，南豐不說。子由挽南豐詩，甚服之。
唐順之《荊川稗編》新刊唐荊川先生稗編卷之九十五		(35)《論奪列侯國》(洪邁)：漢自武帝以後，丞相無爵者乃封侯，其次雖御史大夫，亦不以爵封爲間。唯太常一卿，必以見侯居之，而職典宗廟園陵，動輒得咎，由元狩以降，以罪廢斥者二十人。……戚侯李信成，坐縱丞相侵神道；俞侯欒賁，坐雍特犧牲不如今；山陽侯張當居，坐擇博士弟子不以實；成安侯韓延年，坐留外國文書；新𨛫時侯趙弟，坐鞠獄不實；牧丘侯石德，坐廟牲瘦；當塗侯魏不害，坐孝文廟風發瓦；轑侯江德，坐廟郎夜飲失火；蒲侯蘇昌，坐泄官書；弋陽侯任宮，坐人盜茂陵園物；建平侯杜緩，坐盜賊多。白鄿侯至牧丘十四侯，皆奪國，武帝時也。自當塗至建平五侯，但免官，昭、宣時也。……司徒、太常犇走道路，太常禁止不解，蓋循習漢事雲。
唐順之《荊川稗編》新刊唐荊川先生稗編卷之一百		(36) 藝術之興，由來尚矣。先王以是決猶豫，定吉凶，審存亡，省禍福。曰仁與智，藏往知來；幽贊冥符，弼成人事；既興利而除害，亦威衆以立權，所謂“神道設教”，率由於此。

表九百五十六

作者/文獻	版本	用　　例
唐寅《唐伯虎先生集》外編續刻卷十	明萬曆刻本	(1) 凡有中區，靡有寧止。旌陽君生於其時，修精一之道以達天地之神靈，遂誅龍蛇以安江流，馘魅魑以定民生，鑄鐵柱以鎖地脈。玄功告成，神道昭契，乘風上征，合瑞紫宮。以續黃帝神禹之傳，而延民物之命，而績懋著，惠澤迄今。

表九百五十七

作者/文獻	版本	用　　例
唐胄《(正德)瓊臺志》卷三十三	明正德刻本	(1) 宣德癸丑秋卒，巷哭家祭。柩還送者填海濱，目送其舟至不見，乃去。作木主，同王伯貞祔祭扵東坡祠。成化初，始爲二賢專祠。弘治初，以孫溥貴贈禮部尚書兼文淵閣大學士。(據《舊志》及丘濬撰《神道碑》、吳寬撰《傳》、李東陽《二賢祠記》。)

表九百五十八

<table>
<tr><th>作者/文獻</th><th>版本</th><th>用　　例</th></tr>
<tr><td>陶望齡
《歇菴集》
卷八</td><td rowspan="2">明萬曆刻本</td><td>(1) 聖母洪慈天子神道之教，集衆信羣力而成焉。以法爲界，以道爲世，以世主妙嚴爲金湯，守以十方四衆，堅以大行之山、大願之海，沙界有壞，是固巋然而存矣。</td></tr>
<tr><td>陶望齡
《歇菴集》
卷十八</td><td>(2) 神道碑
(3) 陝西布政使拙齋蕭公神道碑</td></tr>
<tr><td>陶望齡
《陶文簡公集》
卷六</td><td rowspan="2">明天啓七年陶履中刻本</td><td>(4) 聖母洪慈天子神道之教，集衆信群力而成焉。以法為界，以道為世，以世主妙嚴為金湯，守以十方四衆，堅以大行之山、大願之海，沙界有壞，是固巋然而存矣。</td></tr>
<tr><td>陶望齡
《陶文簡公集》
卷九</td><td>(5) 神道碑
(6) 陝西布政使拙齋蕭公神道碑</td></tr>
</table>

表九百五十九

<table>
<tr><th>作者/文獻</th><th>版本</th><th>用　　例</th></tr>
<tr><td>田汝成
《田叔禾小集》
卷二</td><td rowspan="2">明嘉靖四十二年田藝蘅刻本</td><td>(1) 世殆有神物護持者，猶之虎豹梟鷴之生育字微於林藪也。其不可盡驅而殄者，天也。故神道雖殛惡，然非逢機構會不敢輕舉。雖堯朝，亦有四兇焉。</td></tr>
<tr><td>田汝成
《田叔禾小集》
卷八</td><td>(2) 宋咸淳間，蕭蘭芳者，其父爲吉州刺史，卒葬此洲，因家焉。已而，蘭芳以神道顯於鄉曲，奉爲水神。</td></tr>
</table>

表九百六十

<table>
<tr><th>作者/文獻</th><th>版本</th><th>用　　例</th></tr>
<tr><td>田藝蘅
《詩女史》
卷九</td><td>明嘉靖三十六年刻本</td><td>(1) 韓僕射姬：韓僕射續請韓熙載撰父《神道碑》，珍貨外仍奉一歌姬為潤筆。文成，但敘譜裔品秩及薨葬哀贈而已。續封還，意其改竄。熙載以歌姬、珍貨還之。姬因題詩於泥金雙帶云：風柳搖搖無定枝，陽臺雲雨夢中歸。他年蓬島音塵斷，留取尊前舊舞衣。</td></tr>
</table>

續表

作者/文獻	版本	用　　例
田藝蘅《留青日札》卷二十三	明萬曆重刻本	(2) 葬鐵牛：牛留守開墓，得古穴玉靶劍一具、玉簪一枚、鐵牛二頭。《唐書新語》載僧泓告張説有云：墓欲深而狹，深者取其固。平地之下一丈二尺爲土界，又一丈二尺為水界，各有龍守之。土龍六年而一暴，水龍十二年而一暴，當其墜者，神道不安。故深二丈四尺之下，可以設窀穸。……不置瓴甋瓷瓦，以其近于火。不置黃金，以其久而為怪。不置朱丹、雄黃、礬石，以其氣燥而烈，使墳上草木枯而不潤。不置羽毛，以其近于屍。鑄鐵為牛豕象，可以禦二龍。玉潤而潔，能和百神。置之墓，以助神道。
田藝蘅《留青日札》卷三十七		(3) 隆慶元年五月十三日，奉旨一郡縣境內之人曾授內外文武官職、有功績顯著者及丘園之士、曾遇優獎者，今雖亡歿，應有《行狀》《神道碑》《墓志》《壙志》等文。及曾有所上章奏之類，抄錄類進，以憑去取。不許將庸常之人，徇情虛飾妄報。

表九百六十一

作者/文獻	版本	用　　例
涂山《明政統宗》卷三	明萬曆刻本	(1) 大抵生封侯者，歿必贈公。茲止侯禮，以示薄罰，仍命宋濂撰《神道碑銘》。濂不用誌墓常法，特取《春秋》褒貶之義，歷述其過，以為人臣之戒云。
涂山《明政統宗》卷四		(2) 上謂群臣曰：朕起自徒步，大將軍爲股肱心膂，康征西封，削平群醜，克濟大勲。今邊胡未殄，方倚為長城之寄，而太陰累犯，上將不意遽殞其命，天何奪吾將之速？朕夜來竟夕不寐，欷歔流涕，思盡心國家為社稷之重，安得復有斯人？遂親製《神道碑》，歷敘其平昔行事。命配享太廟，塑像祀于功臣廟，位皆第一。祖考三代，皆封王爵。
涂山《明政統宗》卷六		(3) 倫上表稱謝，略云：桓榮設几杖于太常，而不聞有宸翰之賜；晏殊題舊學于神道，而不見有几杖之頒。自今將杖以戒噎，則當思四海或有饑餒之民；憑几以安身，則當念一物或多失所之嘆。上深嘉之。
涂山《明政統宗》卷十二		(4) 若夫造遁甲有九星、開八門、用三奇者，則又黃帝命風后為之也。葢聖人以神道設教，以神其術，使人莫知其所以然也。

續表

作者/文獻	版本	用　　例
涂山 《明政統宗》 卷二十一	明萬曆刻本	(5) 夫地道尚靜，神道尚幽，故我太祖定鼎于南而鳳陽之陵猶故，太宗遷都于比而鍾山之陵猶故。矧今顯陵之在安陸，仙潭巃嵸于其北，漢江襟帶于其南，神龜蜿蜒于其東，赤馬渟泫于其西，蓋乾坤擣奇，翼軫儲祥，固無庸于改遷者。聖心獨斷，持命罷議，真有見矣。
涂山 《明政統宗》 卷二十二		(6) 冬十月，命議世廟禮路。(禮鄙初議世廟，出入忝與太廟同門，宜由闕左門入，別開神路。何淵言從闕左門入，則經太廟之後折北而南，復折而東，乃達于世廟。神道迂逆，宜與廟街同門。國制"左祖右社"，語社則稷在其中，語祖則禰在其中。社稷異神，尚得合祭同門。獻皇帝與祖宗本同一氣，乃不得同門耶?)
涂山 《明政統宗》 卷二十四		(7) 詔修諸陵。(先是上亍行言面諭大學士李時，禮部尚書憂言言武定侯郭勛，曰：七陵多有傾壞，併工修飭。長陵神道宜用石砌，庶圖堅久。其石像等項，宜各護以石臺。所有修建事，宜部議以問。)

表九百六十二

作者/文獻	版本	用　　例
屠隆 《栖眞館集》 卷十七	明萬曆十八年刻本	(1) 自其無始結習，使之亦良繇不畏神理。罔信輪囬，取報應因果之說，而一切掃撘破滅之謂，人事章顯，神道眇茫。眼前受用，實際有據，向後果報，虛幻無憑。且圖服前，何知向後? 衆生入此迷網，結寃積業，永無解脫。
屠隆 《栖眞館集》 卷二十一		(2) 弢先氏曰：理無極，出而爲太極。無極無物，萬物生焉。無極之妙，妙有光霱。上帝者，無極之有光霱者也。光霱苞含，莫可端倪。無自含有，有自含無，有惣歸無，無不害有。當其無也，何一物之可名當其有也? 何一物之不屬? 故絳霄紫府，玉樓金闕；清微大赤，欝蕭彌羅；天官僊卿，諸曹列史；千祗萬霱，統屬分職；生物宣教，無非實有；遠而畢爥，多而兼舉；瑣而靡漏，繁而彌整，是帝之神道也。
屠隆 《栖眞館集》 卷二十二		(3) 若神奇譎恠誠有之，即上帝萬霱，如來上真，北酆東嶽，人天脩羅，神道鬼趣，其咸有也必矣。夫其身作之而身受之，庸將焉逃乎? 是余之所爲津津不已者也。

續表

作者/文獻	版本	用　　例
屠隆 《白榆集》 文集卷十七	明萬曆龔堯惠刻本	（4）神道碑銘 （5）資政大夫都察院左都御史進階榮祿大夫贈太子少保謚恭定笠江潘公神道碑 （6）明故光祿大夫柱國少傅兼太子太傅吏部尚書建極殿大學士贈太保謚文簡豫所吕公神道碑
屠隆 《考槃餘事》 卷一	明陳眉公訂正秘笈本	（7）宋文帝神道碑

表九百六十三

作者/文獻	版本	用　　例
屠叔方 《建文朝野彙編》 卷十九	明萬曆刻本	（1）倫上表謝，略云：桓榮設几杖于太常，不聞宸翰之賜；晏殊題舊學于神道，未見几杖之頒。自今將杖以戒噎，則當思四海或有飢餒之民；憑几以安身，則當念一物或有顛連之歎。或曰：此孝孺代筆也。

表九百六十四

作者/文獻	版本	用　　例
萬表 《皇明經濟文録》 卷二	明嘉靖刻本	（1）胡濙神道碑錄（李賢）
萬表 《皇明經濟文録》 卷三十		（2）予因參考《交阯郡志》所載露布榜于，及胡文穆公奉敕作《安南碑》，楊文貞公譔東平武烈王及定遠忠敬王《神道碑》，附以所聞，以爲此録云。

表九百六十五

作者/文獻	版本	用　　例
萬國欽《萬二愚先生遺集》卷二	明萬曆萬尚烈刻本	(1) 吾又見公在任時，勸學興禮，先教化而後誅罰，木鐸以警有衆，會講以廸多士，宗正以軌家法，則玆舉也。其神道之教歟？有善於此，登公之堂，見公之象，有不忻然，悦者否矣。有不善於此，登公之堂，見公之象，有不赧然，愧者否矣。

表九百六十六

作者/文獻	版本	用　　例
萬民英《星學大成》卷八	清文淵閣四庫全書本	(1) 神道煞星守華蓋，痼疾孤一世。

表九百六十七

作者/文獻	版本	用　　例
萬全《萬氏家傳育嬰》卷一	清乾隆萬密齋刻本	(1)《孕元立本章》云：《易》曰：大哉乾元，萬物資始；至哉坤元，萬物資生！有生之初，雖陽予之，正育而充，必陰之主。因形移易，日改月化，無非神道之代終也。

表九百六十八

作者/文獻	版本	用　　例
汪道昆《太函集》卷四十三	明萬曆刻本	(1) 其曰：全人信乎？其什全矣。于時里胥、黨正、博士、諸生上其狀所部，所部以聞。太宰議贈，大宗伯議祭，大司空議塋。請命而下有司，諸孤日幾幾望之以襄大事，則以墓門之石謁政府、神道之碑謁王長。公不佞草狀既成，就尚書質當否，尚書長太息曰：實錄也。辭無溢美，公足以當之。
汪道昆《太函集》卷六十五		(2) 揆之《禮經》，宜在《祀典》，且人倫有五，君、臣、兄弟、朋友參焉，王以爲人臣則盡忠，爲人弟則盡弟，與朋友交則盡信，三善皆得，吾無間然。涇爲文獻，舊邦，令以神道設教。……苟求其故，吾將以不語語之。

續表

作者/文獻	版本	用　　例
汪道昆《太函集》卷六十六	明萬曆刻本	(3) 神道碑二首 (4) 明故正議大夫資治尹南京工部右侍郎新城方公神道碑 (5) 明故中憲大夫陜西按察司副使贈通議大夫禮部左侍郎兼翰林院侍讀學士中巖李公神道碑 (6) 少宗伯行且上程書譽命，上延祖禰異。日者不佞，將爲《神道碑》矣。
汪道昆《太函集》卷九十八		(7) 廖中丞公：承示降王欲興淨土，此古今稀有事也。公所謂神道設教，有味其言乎？于時計，將息肩西陲，得代有日矣！
汪道昆《太函集》卷一百		(8) 許大司成：無祿先慈，即世不孝。昆弟無能闡幽，兹藉寵靈，幸霑邺命。凡諸二三質行，得抵名公干手澤，勒諸神道之碑。
汪道昆《太函集》卷一百三		(9) 公旦夕上程書譽命，逮于三代。王父無論《墓表》，直當作《神道碑》矣。

表九百六十九

作者/文獻	版本	用　　例
汪機《針灸問對》卷下	清文淵閣四庫全書本	(1) 椎是骨接高處真，陷中無骨穴可尋。上之七椎用法折，每節一寸四分列。總計七椎數之的，九寸八分分七節。折量自有靈樞經，請君詳看骨度篇。大椎第一節上安，二椎陶道身柱三。神道靈臺至陽穴，第五六七椎下列。筋縮第九椎下住，脊中接脊十一二。懸樞命門十三四，陽關十六椎下次。……此下乃為下七節，寄分俱在下椎截。 (2)《禁針穴歌》：禁針穴道要先明，腦户顖會及神庭。絡却玉枕角孫穴，顱顖承泣隨承靈。神道靈臺膻中忌，水分神闕并會陰。横骨氣衝手五里，箕門承筋并青靈。更加臂上三陽絡，二十二穴不可針。孕婦不宜針合谷，三陰交内亦同倫。石門針灸應須忌，女子終身無姙娠。外有雲門并鳩尾，缺盆客主人莫深。肩井針時令悶倒，三里急補命還平。

表九百七十

作者/文獻	版本	用　　例
汪砢玉《珊瑚網》卷二十	清文淵閣四庫全書本	（1）栝蒼太守李邕書葉有道先生神道碑
汪砢玉《珊瑚網》卷二十二		（2）唐彭王傳徐浩書張九齡《司徒告》，真蹟。在其孫曲江人嶺南縣令張仲容處。某官於桂林，借留半月，仍以覆裹，欲為重背，仲惜其印縫古紙不許。九齡《神道碑》亦浩書。
汪砢玉《珊瑚網》卷二十三		（3）吳中近有高手，贋為舊帖，以堅簾厚麄竹紙，皆特抄也。作夾紗搨法，以草烟末香烟薰之，火氣逼脆本質，用和糊若古帖嗅味，全無一毫新狀，入手多不能破。其智巧精采，反能奪目，鑒賞當具神道觀法。
汪砢玉《珊瑚網》卷二十四		（4）魯公東西林題名，宋開府神道，永州磨崖諸奇書，楊少師洛中十一碑，懷素《自敘》草書千餘字當集為一，它日可為跋尾。禪家云：法不孤起，仗境方生。懸想而書，不得一二，又臂痛才能用筆三四分耳。
汪砢玉《古今鹺略》補卷三	清鈔本	（5）朱文公為《中奉大夫直煥章閣王公與正神道碑》，有云：閩上四川官鬻塩，以給歲費，始皆為民病，後屢改法。 （6）紫陽又為《右文殿脩撰張公敬夫神道碑》，中云：公知靜江府，經畧安撫廣南西路。廣西去朝廷絶遠，諸州土曠民貧，常賦入不支出。

表九百七十一

作者/文獻	版本	用　　例
汪舜民《（弘治）徽州府志》卷五	明弘治刻本	（1）忠烈廟（在縣東七里登源。以祀唐越國汪公華，猶承舊額扁曰“忠顯廟”。公之故宅遺址在焉。在隋起義時所築，故城及井亦在。故烏聊山既有專祠，而此復立廟。廟後有公父母墓，上有巨木，大十圍。郡守袁甫爲書《神道牌》。）
汪舜民《（弘治）徽州府志》卷八		（2）胡壽安（字克仁，黟六都人。由監生授河南信陽知縣，以清慎勤儉自持，衣韠雖弊，不恤吏畏，民懷以憂。去官，爲詩辭城隍云：一官到此幾經春，不愧蒼天不負民。神道有靈應識我，去時還似到時貧。）
汪舜民《（弘治）徽州府志》卷九		（3）（國朝）程國勝（休寧陪郭人。……洪武十年，加贈開國輔運推誠宣力武臣、榮祿大夫、柱國，仍封安定侯，謚忠愍。遣官致祭，有未備禮以莖者，官爲給之，仍勑史臣勒功于《神道碑》。）

表九百七十二

作者/文獻	版本	用　　例
汪應蛟《汪子中詮》卷五	明萬曆汪元照等刻本	(1)《洛書》未嘗不可畫卦，卦備於《易》矣，天地鬼神之秘洩矣。故大禹因書作疇，明天與人志氣相通。皇法天中正立極於以敘彝倫，而錫福斯世不必如《易》之緣數立象，其爲神道設教一也。

表九百七十三

作者/文獻	版本	用　　例
汪應軫《青湖先生文集》卷一	清同治十一年廣州刻本	(1) 昔程頤《代彭思永論濮王典禮》，有曰“在於神道，不遠人情”，故先聖謂“事死如事生，事亡如事存”。

表九百七十四

作者/文獻	版本	用　　例
王僎《思軒文集》卷一	明弘治刻本	(1)《可溪風木圖記》：可溪在莆城南一舍許，溪上有山曰“後充”，山之麓有墓隧焉，曰“贈兵部尚書陳公神道”者，今太宰時英公二親之丘壟也。
王僎《思軒文集》卷十三		(2) 資政大夫南京户部尚書陳公神道碑銘 (3) 其同年友南京吏部尚書崔公，既經紀其喪，復述公履歷以授鵠，俾持以乞文扵予，将立碑神道。 (4) 吏部右侍郎兼詹事府丞贈禮部尚書謚文懿楊公神道碑銘 (5) 又曰：吾所交皆文章鉅公，然知我深者惟冢宰王廷貴、司寇何廷秀、少宰劉紹和。我死，可求廷貴作《神道碑》，廷秀作《墓誌》，紹和作《傳》。 (6) 通議大夫都察院右副都御史楊公神道碑銘 (7) 都察院右副都御史無錫楊公，以成化十年四月二十七日，卒于河南之行臺，壽五十有九。訃聞，上命驛舟歸其櫬，禮部諭祭，工部營葬。公之子紳卜以是年十二月丙申，奉柩葬神護鄉長腰嶺新阡，乃具事狀請銘其神道之碑。 (8) 通議大夫南京户部左侍郎致仕馬公神道碑銘 (9) 嘉議大夫都察院右副都御史吳公神道碑銘

續表

作者/文獻	版本	用　　例
王僎 《思軒文集》 卷十三	明弘治刻本	(10) 成化乙未八月二十五日，總督兩廣軍務、兼理巡撫都察院右副都御史、繁昌吳公終，春秋五十有一。上悼惜之，命有司葬祭如制。公之子約以又明年丁酉正月某日，葬公于邑汪冲山之原。……約感激上眷，追念先烈，期有以表彰之，遂奉其鄉人威遠知縣宣達狀，以神道之碑來請。 (11) 榮祿大夫右軍都督府都督同知沐公神道碑銘 (12) 雲南副總兵、都督同知沐公之終也，上為輟視朝。首命雲南布政司致祭者，四給粟布，賻贈有加。柩至南京，復命禮部諭祭，工部營葬。葬有日，公子誠具事狀，請予題銘神道。

表九百七十五

<table>
<tr><th>作者/文獻</th><th>版本</th><th>用　　例</th></tr>
<tr><td>王鏊
《(正德)
姑蘇志》
卷二十四</td><td rowspan="2">清文淵閣四庫全書本</td><td>(1) 十二年，曹守鳳建嘉會聽。學門外，為師生迎候之所。十七年，林守世遠以朱長文有功於學，遷入安定祠。今學制前臨通衢，衢南皆平郊。……為神道，道左右有碑亭二：一宋濂修學記，一舊廟學圖。</td></tr>
<tr><td>王鏊
《(正德)
姑蘇志》
卷三十四</td><td>(2) 梁朝公主墓，在乘鯉坊，即傳法尼寺後，大土丘也。(相傳梁武帝女出降郡人孫瑒。寺，其故宅也。尚祀之，稱為妙嚴公主寺。西路百步許，河濵有石馬，號石馬匯，即其神道。)
(3) 禮部尚書蔣堂墓，在橫山魯塢堯峯寺傍。(至和元年葬，門人邵必誌，胡宿撰《神道碑》。)
(4) 蘄國韓忠武王世忠墓，在靈巖山西。(紹興二十一年，王薨。賻祭極優渥，敕使徐伸護葬，縣令執役。御題神道云“中興佐命定國元勳之碑”。)
(5) 魏文靖公了翁墓，在高景山金盆塢。(嘉熙元年葬，直寶章閣史繩祖撰《神道碑》。)
(6) 元王清獻公都中墓，在金井塢。(歐陽玄撰《神道碑》。)
(7) 詹事府少詹事王朝用墓，在洞庭東山。朝廷因其子鏊貴，遣官營葬。(《神道碑》：維王氏，世居吳之太湖東洞庭山。曾祖諱廷寶，祖諱伯莫，考諱惟道，皆有隱德。……遷與濟之為同年，以道誼相友善者三十年，于兹聞公行事頗詳。兹濟之以公《神道碑》見屬，遂不辭而為之。)</td></tr>
</table>

續表

作者/文獻	版本	用　　例
王鏊 《(正德) 姑蘇志》 卷三十九	清文淵閣四庫全書本	(8) 康懷珪，宋初，任平江軍節度推官。(見王禹偁作《神道碑》。)
王鏊 《震澤集》 卷二十一		(9) 伊王神道碑 (10) 榮禄大夫南京兵部尚書薛公神道碑 (11) 嘉議大夫南京兵部右侍郎黎公神道碑
王鏊 《震澤集》 卷二十二		(12 資善大夫禮部尚書兼翰林院學士贈太子太保謚文定呉公神道碑 (13) 嘉議大夫吏部左侍郎兼翰林院學士張公神道碑
王鏊 《震澤集》 卷二十三		(14) 通議大夫都察院右副都御史白公神道碑 (15) 資善大夫户部尚書贈太子太保顧公神道碑文 (16) 通議大夫南京兵部右侍郎王公神道碑

表九百七十六

作者/文獻	版本	用　　例
王崇 《(嘉靖) 池州府志》 卷一	明嘉靖刻本	(1) 侍郎孫仁墓（在城西南一百里上溪留佳山。弘治元年，朝命工部進士歐證監造，有周洪謨《神道碑》。) (2) 銅陵（本朝）都御史胡本惠墓（在縣南六里銅精山。成化十八年，朝命工部進七劉煥監造，有學士謝一夔《神道碑》。)

表九百七十七

作者/文獻	版本	用　　例
王鴻 《薛文清公行實録》 卷一	明刻本	(1) 薛文清公神道碑（李賢） (2) 予惟吾道正脉實由近世周、程、張、朱有以倡明之也，至於我朝，乃始表章諸儒之言，頒行天下。由是天下士習一歸於正。嗚呼盛哉！然今之君子，能欣悦愛慕而篤信之者，未有過於薛公也。今也云亡，可勝悼耶？乃按其徒前國子監丞閻禹錫狀，爲公《神道碑銘》。

表九百七十八

作者/文獻	版本	用　　例
王褘《王忠文公集》卷九	清文淵閣四庫全書補配清文津閣四庫全書本	(1) 又按：《武帝故事》：帝嘗見形，謂陵令薛平曰：吾雖失勢，猶爲汝君。奈何令吏卒上吾陵上磨刀劍乎？自今以後，其禁之。平頓首謝，即不見。推問陵傍，果有方石可以爲礪，吏卒每盜磨刀劍。霍光欲斬之，張安世以爲：神道茫昧，不宜爲法。
王褘《王忠文公集》卷二十二		(2) 夫公當定謚於奉常，立傳於國史，而勒銘於神道。
王褘《大事記續編》卷六十一	清文淵閣四庫全書本	(3) 方崧卿云：李翺所作《行狀》但云“為幸臣所惡”，皇甫湜《神道碑》亦止云“闔中旱饑，專政者惡之”，則非為宮市明矣。
王褘《大事記續編》卷六十四		(4) 裴度《崔羣神道碑》云：幽朔興亂，發武寧勁卒五千俾王智興，由沂州刺史爲公之二將以北征，逮帥将反。……連表不報，盖舊史兩傳互見，而《神道碑》則脩言之也。
王褘《大事記續編》卷六十五		(5) 解題曰：按裴度撰絳《神道碑》，益部爲蠻冦掠，有詔發兵赴救。

表九百七十九

作者/文獻	版本	用　　例
王家彥《王忠端公文集》卷十	清順治十六年刻本	(1) 明德而助順，鋤逆以人道，揆之神道，冝可信也。

表九百八十

作者/文獻	版本	用　　例
王漸逵《讀易記》卷上	明刻本	(1) 得天之神道，即是於穆不已。聖人以神道設教，即是運此心之神。孔子曰：民可使由之，不可使知之。孟子曰：聖人既竭心思焉，繼之以不忍人之政，而仁覆天下矣。

表九百八十一

作者/文獻	版本	用　　例
王九思《渼陂集》卷十五	明嘉靖刻崇禎補修本	(1) 予曰：塋域大乎？誥贈之碑，享祀之堂，儀列之器石，神道之碑，將次第豎也。姑述此以表于墓，告諸行道者。
王九思《渼陂集》續集卷中		(2) 明故通議大夫南京禮部右侍郎紫崖馬公神道之碑 (3) 明翰林院修撰儒林郎康公神道之碑 (4) 公卒之明年辛丑十月某日，合葬尚安人於城南緜坊祖塋。其世行誌銘表傳，群公名筆燦然備矣！乃以神道之碑委予。

表九百八十二

作者/文獻	版本	用　　例
王立道《具茨集》文集卷一	清文淵閣四庫全書補配清文津閣四庫全書本	(1)《擬上天帝尊號表》：嘉靖十七年月日，嗣天子臣御名，誠惶誠恐，稽首頓首。上言：太極分兩儀，無名為始；乾元資萬物，大德曰生。日月星辰，仰光華於千古；風霆雨露，運神道於九重。斯百王所同尊，實一代之崇典，頃因圜丘報本之祭，益廣明堂宗祀之儀。惟昭事之誠，逺稽諸聖；而尊稱之建，宜酌於今。茲敬改。上曰：皇天上帝，薦之寶冊，用協禮文。欽鴻號之維新，百神咸若。儼玄居之，如在萬世。孔安得一，以清永綏。降格惟天爲大，莫罄名言。有土有民，成命夙膺於靈眷；我將我享，寅威徼錫於休徵。臣無任瞻荷感戴之至，謹奉表以聞。又：嘉靖十七年月日，嗣天子臣御名，稽首百拜。上言：伏以圜丘之祭，大報本以事天；明堂之儀，嚴宗祀以饗帝。綜百王之彝憲，成一代之崇規，對越無形，駿奔有主。誠通陟降，諒黍稷之非馨；道契幽明，冀祝史之無愧。臣承祧主鬯，甫及於百七十年之時；制度考文，爰采於三五六經之籍。仰惟名號，未協禮文。敬定尊稱，恭陳瑞冊。伏惟皇天上帝，神道無為，先三才而立極；乾行至健，鼓萬物以流形。明明溥照臨之仁，蕩蕩垂悠久之化。由大德是以不德，惟難名則非常名。祗奉精禋，聿修昭事，萬邦咸若。欽嘉號之，維新億載。孔安凜宸，居之如在。伏願尊親允格，至和常溢於兩間；孫子攸宜，明命永綿於百世。臣無任瞻荷感戴之至，謹奉表以聞。臣稽首百拜，謹言。
王立道《具茨集》文集卷二		(2) 吾夫子與太極合一，與神道並行。夫是以道在天地而教化無窮，是夫子之德固不世之德，而夫子之功固不世之功。彼所謂言者，特其可見者耳。……夫子曰：唯天為大，唯堯則之。吾亦曰：唯天為大，唯仲尼則之。謹論。

續表

作者/文獻	版本	用　　例
王立道《具茨集》文集卷二	清文淵閣四庫全書補配清文津閣四庫全書本	(3) 地莫大於水，水之為物也。有匯者、流者、旋者、伏者、混者、湍者、緩者、茫無涯者、弱不勝芥者，其流一也，其弗之搏激也，無弗東也。合天地而觀之，天地又一也，陰陽之所為也。天運神道，地載神氣，天地皆神，故能生我，故能生物。物與我俱得天地之神，然則我又與物一也，物又與物一也。且子聞夫堯舜之聖、桀跖之惡乎？夫人而能為堯舜也，桀跖之不為堯舜也，習也。

表九百八十三

作者/文獻	版本	用　　例
王臬《遲菴先生集》文集卷五	明刻本	(1)《謝晴告城隍文》：比以淫雨妨農，控禱祠下，荷蒙不鄙，即賜昭答。入廟而陰雲解駁，詰朝而天宇開晴，是豈微忱之可格？實惟神道之宣靈。庶自今以往，遂康食以脫斯民於溝壑。惟冬之將盡，尚期降瑞雪，以永殄乎蝨螟。使老守謝事，而歸賴神之惠，亦庶幾可免於後日之譏評也。尚饗。

表九百八十四

作者/文獻	版本	用　　例
王圻《續文獻通考》卷五十七	明萬曆三十年松江府刻本	(1) 四年，國子司業宋濂上《孔子廟堂議》曰：世之言禮者，咸取法於孔子，不以古之禮祀孔子，褻祀也。褻祀不敬，不敬則無福。柰何今之人與古異也？古者主人西面，几筵在西也。漢章帝幸魯祠孔子，帝西面再拜。《開元禮》"先聖東向，先師南向，三獻官西向"，猶古意也。今襲開元二十七年之制，遷神南面，非神道尚右之義矣。
王圻《續文獻通考》卷一百五		(2) 至南為石門三洞以達大祀門，內為內壇。外周垣九里三十步，石門大洞南為通道三，中曰神道，左曰御道，右曰王道。道之兩旁稍低，為從官之道。
王圻《續文獻通考》卷一百十五		(3) 已而，中都守臣上言：公葬地在下縣盱眙，宜崇華表，兼建廟祠。太祖曰：朕固聞之。命中書省建廟盱眙，墓次樹《神道碑》，令儒臣宋濂撰文，仍設祠祭署及灑掃戶五家。

續表

作者/文獻	版本	用　　例
王圻《續文獻通考》卷一百八十六	明萬曆三十年松江府刻本	(4)《劉寬神道碑》釋文，漢隸，太字，不用點，獨高頤及此二碑有之。
王圻《續文獻通考》卷二百四十		(5) 陛下謂《河圖》《洛書》果有耶？聖人以神道設教耳。帝沉思久之，曰：王旦得無不可乎？欽若曰：臣諭以聖意，宜無不可。欽若乃乘間為旦言，旦黽勉從之。帝尚猶豫，會幸秘閣，驟問直學士杜鎬曰：古所謂河出圖、洛出書，果何事耶？鎬老儒，不測上旨，漫應之曰：此聖人以神道設教耳。帝意遂決，即召旦飲，懽甚，賜以尊酒，曰：此酒極佳，歸與妻孥共飲之。既歸，發封，則皆美珠也。旦悟，自是不敢復有異議，而封禪之事成矣。及得天書，群臣入賀於崇政殿，賜宴，帝與輔臣皆蔬食，遣官告宗廟天地社稷，大赦，改元。

表九百八十五

作者/文獻	版本	用　　例
王齊《(嘉靖)雄乘》卷上	明嘉靖刻本	(1) 殷圭墓，在東南三十里。(有(元)中書省員外朱徽《神道碑》。) (2) 董志墓，在東南三十里。(有(元)秘書監賀(闕)《神道碑》。) (3) 劉觀墓，在西南三里。(易水之濵。有羅汝敬《神道碑》。)
王齊《(嘉靖)雄乘》卷下		(4) 又歷二任，陞朝列大夫。不侮矜寡，不畏豪強。威振京華，發摘有功。將大用志，以疾告歸。……未及半載，政聲四達，人咸以良有司目之。(《神道碑》)

表九百八十六

作者/文獻	版本	用　　例
王三聘《事物考》卷一	明嘉靖四十二年刻本	(1)《神道碑》：後漢中山簡王焉，詔修塚塋，開神道。注云：墓前開道，建石柱以為標，謂之神道。是神道之名，在漢已有之也。晉宋之世，始有《神道碑》，天子及諸侯皆有之，其刻文止曰：某帝或某官神道之碑。其初立于葬兆東南，地理家東南為神道，故以名碑爾。

表九百八十七

作者/文獻	版本	用　　例
王紳 《繼志齋集》 卷二	清文淵閣四庫全書本	(1)《和高學士賀慶成詩二十韻》：鳳懋啟文運，天心眷皇明。聖人嗣宸極，君子揚王庭。深仁被八埏，至德浹羣生。民情盡敷洽，穹厚垂休徵。稽文舉殷禮，遍秩及百靈。胞翟且顒若，小大懷至誠。瑟彼瓚實鬯，宓矣黍在盛。綴兆萬舞舉，抑按蕭韶鳴。濛鴻感肸蠁，葳蕤絢光晶。灌注既下格，焄蒿隨上升。維時夜初午，斗柄中天橫。令儀雝且肅，睿情悦以寧。孰謂神道遠，孚假如應聲。雲軿倏迴馭，鑾輿亦旋旌。駿奔百辟走，慶成列千卿。祥烟擁仙仗，天香靄餘馨。侃侃玉堂仙，當代稱才能。顯相秉明德，有事斯為榮。倡酬紀盛典，撝抑如不勝。蕪詞謾貂續，願言祝皇齡。

表九百八十八

作者/文獻	版本	用　　例
王慎中 《遵巖集》 卷六	清文淵閣四庫全書本	(1)《奉祈於朝天門迎詞》：漢主齋居太乙壇，方春修祀表祈年。祥虯扶籙交仙葆，青鳥啣書近法筵。尚璽親承蒼玉案，羽師跪授紫泥編。長奉光天神道教，登釐無謝福為田。

表九百八十九

作者/文獻	版本	用　　例
王士騏 《皇明馭倭録》 附畧卷一	明萬曆刻本	(1) 建武中元二年，倭奴國奉貢朝賀，使人自稱大夫，倭國之極南界也。光武賜以印綬。安帝永初元年，倭國王帥升等獻生口百六十人，願請見。桓、靈間，倭國大亂，更相攻殺，歷年無主。有一女子名曰卑彌呼，年長不嫁，事鬼神道，能以妖惑衆，於是共立爲王。侍婢千人，少有見者，唯有男子一人給飲食，傳辭語。居處宮室樓觀城柵，皆持兵守衛。法倍嚴峻。

表九百九十

作者/文獻	版本	用　　例
王士性 《五岳遊草》 卷六	清康熙刻本	(1) 至宮庭之廣，土木之麗，神之顕于前代亡論，其在今日可謂用物之宏也矣。《志》云：聚南五省之財，用人二十一萬，作之十四年而成，大哉我文皇之烈乎。非神道設教，餘山安望其儔匹耶？

續表

作者/文獻	版本	用　　例
王士性《廣志繹》卷四	清康熙十五年刻本	(2) 補陀大士道場，亦防汛之地。在海岸孤絶，與候濤山隔，旦晚兩潮。近日香火頓興，飛樓傑閣，巋然勝地。春時進香人以巨萬計，捨貲如山，一步一拜，即婦女亦多渡海而往者。俗傳洋裏蓮花、洞中燈火與魚籃、鸚鳥倏忽雲端，雖不可盡信，然就近日龍二守之譫語，要不可謂無鬼物其間，是亦神道顯化，難以常理測。

表九百九十一

作者/文獻	版本	用　　例
王世貞《弇州山人四部續稿》卷二十	清文淵閣四庫全書本	(1) 嘉則長卿復以五言絶句二十首博和，有如《樂府》者，有如《詠史》者，漫為倚答，當更許我事，不許我情也。仰山師云：神道則不無佛法，須還老夫在一笑。
王世貞《弇州山人四部續稿》卷三十九		(2) 徃年，大司空朱公、潘公治河，告玄圭錫，則公請大將軍戚公。封薊山之陽，以擬崆峒，則公請太傅朱忠僖公。樹其碑於兄定襄恭靖王之神道，則公請已。
王世貞《弇州山人四部續稿》卷四十三		(3) 已卯秋，仁仲乞余志先生《神道碑》。明年夏四月，仁仲陸走二千里報謁。余《草堂》己坐定，出所著前後詩若干卷。讀之，卞之璧，隋之珠，庶幾其澤也。沅之芷，澧之蘭，庶幾其芬且潔也。九疑之嶺，三湘之浸，庶幾其磊落森汗也。
王世貞《弇州山人四部續稿》卷五十五		(4)（中闕）通諭祭文九通録成帙，而故太師徐文貞公撰《神道碑》，太保呂文懿公調陽撰《表》，前太師張公居正撰《誌銘》，太師張文毅公四維撰《行狀》，與諸所司覆請之疏悉附焉。
王世貞《弇州山人四部續稿》卷七十三		(5) 始廟成而神道狹，其傍本中室也。
王世貞《弇州山人四部續稿》卷一百十六		(6) 用昭始為吏部選人，得左軍都督府都事。朞月而以恭敏公憂歸，用昭自恨不及. 見慟哭嘔血斗餘，毀瘠骨立，行求得余於里中俾志神道之石。 (7) 昔韓退之表馬少監之墓，而致慨於北平王三世之徂謝。余文故不能如退之，然不一紀而志恭敏公之神道。今又志用昭之窆，其感視退之又何如也?

續表

作者/文獻	版本	用　　例
王世貞 《弇州山人四部續稿》 卷一百二十九		（8）神道碑 （9）光祿大夫太子太保吏部尚書武英殿大學士贈少保謚文靖嚴公神道碑 （10）資政大夫户部尚書鍾陽馬公神道碑 （11）通議大夫南京刑部右侍郎何公神道碑 （12）公歿之二年而葬，葬而當有天子之命。有司未及請，而公職三品，例得樹神道之石。
王世貞 《弇州山人四部續稿》 卷一百三十		（13）神道碑 （14）通奉大夫都察院右副都御史贈兵部左侍郎張公神道碑銘 （15）中大夫太僕寺卿東白顧公神道碑 （16）正議大夫順天府尹晝溪姚公神道碑 （17）封通議大夫兵部右侍郎汪公神道碑 （18）司馬謂世貞寔尾公車以文事，見幸委之，追志神道之石。
王世貞 《弇州山人四部續稿》 卷一百三十一	清文淵閣四庫全書本	（19）神道碑 （20）明正議大夫資治尹南京兵部右侍郎進階中奉大夫南溪丁公神道碑 （21）丁公之葬也，少司寇萬公虞愷狀之，而大司空李公遷志且銘之矣。公於職三品，以恩再進至二品，例當樹神道之石，繫之辭而缺焉。 （22）通議大夫都察院右副都御史陳公神道碑 （23）嘉議大夫南京兵部右侍郎贈都察院右都御史觀海顧公神道碑
王世貞 《弇州山人四部續稿》 卷一百三十二		（24）神道碑 （25）資善大夫南京刑部尚書盤峯李公神道碑 （26）公之薨，上為輟朝。治葬，再賜祭，恩禮甚至。然士大夫猶以崇贈易名之典未霈為公惜，而其子太學生一鶴獨曰：未敢數厪上恩也，必得天下之能不朽吾先公者。行求得世貞俾志神道之石，而手創其行事累數萬言以請。 （27）資善大夫南京禮部尚書立菴李公神道碑 （28）大宗伯李公之卒也，以成化末而上既為之中牢祀且治葬鰲溪之陽矣。故事，三品以上，得樹碑神道，紀其功行。
王世貞 《弇州山人四部續稿》 卷一百三十三		（29）神道碑 （30）巡撫山東都察院右僉都御史前中大夫太僕寺卿阜南陸公神道碑 （31）中丞於秩為第四品，其卒也，法當僅得祭，而故嘗卿太僕領中大夫誥中大夫三品下，於是兩臺以中丞訃聞。而以太僕故秩請詔予祭，復予葬，法得樹

續表

<table>
<tr><th>作者/文獻</th><th>版本</th><th>用　　例</th></tr>
<tr><td>王世貞
《弇州山人
四部續稿》
卷一百三十三</td><td rowspan="5">清文淵閣四庫全書本</td><td>碑神道。
(32) 刑部主事累贈通議大夫吏部右侍郎胥峯陸公神道碑
(33) 傷哉！以地下之靈獲邀，惠於故太師徐文貞公，志而銘之矣。令甲三品京朝官，神道當有碑而闕焉。
(34) 贈通議大夫刑部左侍郎耿公神道碑
(35) 不能有所侈大計，獨考令甲，當有七尺之碑，樹之神道。意者，藉吾子之一言乎？不然，何以光昭上之寵靈，而發王父之潛德？
(36) 累贈資政大夫南京禮部尚書隨庵楊公神道碑
(37) 然遺安公猶棄我於公車，太夫人則棄我童時，安能使我無悲？子若之何？余告之曰：禮，女子雖貴，不得樹碑神道，吾為之附志之可也。</td></tr>
<tr><td>王世貞
《弇州山人
四部續稿》
卷一百三十四</td><td>(38) 神道碑
(39) 中憲大夫廣西提刑按察副使累贈資政大夫都察院右都御史兼兵部右侍郎鼇江吳公神道碑
(40) 累贈資政大夫南京禮部尚書石溪姜公神道碑
(41) 武畧將軍以都指揮體統行事贈通議大夫南京都察院右副都御史屏巖石公神道碑
(42) 中丞既拜命，將援禮立七尺麗牲之石於神道，而屬世貞銘之。</td></tr>
<tr><td>王世貞
《弇州山人
四部續稿》
卷一百三十五</td><td>(43) 貞曰：余先君與妣之有隱德也，故志之矣，而未悉也。今者有麗牲之石於新塋，不敢以當神道，而援東京之例以干吾子，其惠一言而勒之。</td></tr>
<tr><td>王世貞
《弇州山人
四部續稿》
卷一百七十七</td><td>(44) 弟為先君子《神道碑》求元老，《傳》求潁翁，却不揣奉懇為我破例，賜一賜葬記。蓋此事之顛末，非尊兄不能詳悉，亦非椽筆不能發揮，豈惟令逝者不朽，存者子子孫孫奕世之光也？</td></tr>
<tr><td>王世貞
《弇州山人
四部續稿》
卷一百七十九</td><td>(45) 近屬家幹於弇園叢篠間，築一靜室，頗遠塵囂。歸後杜門息交，且圖安樂。唯三兒子累遘儉歲，公私逋負叢積。亡弟集已完，欲於後卷刻兄誌銘，幸即留神先君子《神道碑》，亦望從臾元老，蓋礱石以待久矣。</td></tr>
</table>

續表

作者/文獻	版本	用　例
王世貞《弇州山人四部續稿》卷一百八十	清文淵閣四庫全書本	(46) 前得大教，以《先宗伯公神道碑》見委。兹得承手書，賜督方杜門請告勉爾。應命，不知可災石否？
王世貞《弇州山人四部續稿》卷一百八十三		(47) 其風猷材氣，足以籠蓋一世。晚節，退處講學證道，威鳳儀鴻，誠人中傑也。三品卿佐，例當得樹碑神道。
王世貞《弇州山人四部續稿》卷一百九十三		(48) 自謂此生無可仰報，而使者至將致大教，果以神道一碑見委。司馬公三品大臣，天子賜塟，而此獨闕焉。
王世貞《弇州山人四部續稿》卷一百九十七		(49) 蒙許以先子《神道碑》，嵗底可完，不勝踊躍。謹録後沐恩典，贈官祭葬緣由，并子女之詳呈覽。
王世貞《弇州山人四部續稿》卷一百九十九		(50) 申相公為先君子《神道碑》，纖悉不遺，而文特精雅，有大力必傳之作也。亡弟更得尊公一誌銘，區區亦可以死矣。
王世貞《弇州山人四部續稿》卷二百一		(51) 大司空李公之子，以司空事見屬為《神道碑》。
王世貞《弇州山人四部續稿》卷二百五		(52) 苐誌銘既出伯玉，而《神道碑》復自維南宫洗一小巫夾二大巫間，神氣當立索矣。 (53) 已悉許君不作銘辭，似是墓表體。三品大臣，賜祭塟，當有《神道碑》。 (54) 向者辱委先中丞公《神道碑》，草次塞白。在公不忝太丘，而僕則有愧中郎多矣。

續表

作者/文獻	版本	用　　例
王世貞《弇州四部稿》卷一		（55）既闡教於神道，曷疑功乎？惟重苟神貺之昭荅，何痌乎民力之侈用？
王世貞《弇州四部稿》卷九十一		（56）少司馬卒，余為之銘神道之陽，而今又忍銘君之陰耶？然銘少司馬而無媿色於國，銘君而無媿色於鄉，則可許也。
王世貞《弇州四部稿》卷九十六	明萬曆刻本	（57）神道碑三首 （58）通議大夫南京兵部右侍郎羽泉劉公神道碑銘 （59）詹以公三品，例得樹碑神道。謁太常卿袁公洪愈之狀，而問余銘。袁公稱公淳篤夷坦，有隱德至行，其語當不妄。 （60）明通議大夫吏部右侍郎贈工部尚書謚恭簡歐陽公神道碑 （61）於是翰林臣致謚，太宗伯致祭，太宰致贈，大司空致水衡金錢以葬，而公始有歸，曰"工部尚書歐陽恭簡公之墓"。故事，三品得樹石神道，蓋三十年而未有舉也。 （62）明故贈通議大夫兵部右侍郎汪公神道碑 （63）又二十有四年而為隆慶之六年，義烏令為兵部右侍郎。得封公與良彬如其官，以明年萬歷之改元，葬公塘山之壤。於是汪公至三品，法得樹石神道。
王世貞《弇州四部稿》卷一百五		（64）獨以為神，與某俱寄此圜土之責。神責其幽，而吾責其明。神責其久，而吾責其暫。吾𧡪神道不相干，為責一爾。
王世貞《弇州四部稿》卷一百三十五		（65）《宋文貞公神道碑側記》，顏魯公撰書，石刻，沙河。二公剛勁大節相埒，書亦稱是，真足三絕。第其筆，以取勢為主。
王世貞《弇州四部稿》卷一百三十六		（66）《西平忠武王神道碑》，裴晉公文，柳常侍書，石刻，在高陵縣。墓所苔蘚剝蝕，字畫僅存耳，然要之含蓄於玄秘也。
王世貞《弇州四部稿》卷一百三十八		（67）韓熙載《夜宴圖》，乃李主遣國手顧宏中於熙載第偷寫得者，曲盡其縱狎跌宕之態。……昔嚴續僕射為其父可求索熙載《神道碑》，以千金雙鬟為贐，熙載不肯作諛辭，重相苦欲刪潤，立卻其婢，題一絶泥金帶曰：風柳搖搖無定枝，陽臺雲雨夢中歸。他年蓬島音塵斷，留取樽前舊舞衣。

續表

<table>
<tr><th>作者/文獻</th><th>版本</th><th>用　例</th></tr>
<tr><td>王世貞
《弇州四部稿》
卷一百六十三</td><td rowspan="4">明萬曆刻本</td><td>(68) 每讀《楞嚴經》云：貪明為罪，遇精為形，名魑魅鬼。和銷報盡，生於世間，多為應類。酬足為人，叅合文類。貪成為罪，遇明為形，名役使鬼。明滅報盡，生於世間，多為休徵。酬足為人，叅合明類。不免一自哂吾儕，豈亦貪明貪成之報耶？然據佛氏言，則帝釋天福盡，尚墮五通；僊見身有盡，一應神道。俱屬修羅閻羅主者，亦是業報固無恠也。</td></tr>
<tr><td>王世貞
《弇州四部稿》
卷一百七十四</td><td>(69) 又《北夢瑣言》：梓潼縣張蜑子神，乃五丁拔蛇之所也。或云：雋州張生所養蛇，其神甚靈。僞蜀王建太子名元膺，聰明博達，騎射絕倫。牙齒常露。蛇眼黑色，凶惡鄙褻，通夜不寐，竟以作逆誅。誅之夕，梓潼廟神，亟為神蜑子所責，言：我在川，今始方歸，何以致廟宇荒穢如是耶？審爾，則釋氏所謂神道為業障，殆非虛矣。</td></tr>
<tr><td>王世貞
《弇州四部稿》
卷一百七十八</td><td>(70) 于曹國公李文忠獨書卒，而曹公䘏典至優厚，其《神道碑》為董倫撰，云：十六年冬十有二月，王有疾。明年春，疾轉亟，東宮臨視。明日，上親幸其第，撫悼良久，翌日而薨。偶見一野史云：文忠多招納士人門下，上聞而弗善也。
(71) 因秘不發喪，予初駭其言無所經見，後考御製《神道碑》，記其門閥子女甚詳，獨不言娶某氏。</td></tr>
<tr><td>王世貞
《弇州四部稿》
卷一百八十</td><td>(72) 史官敘傳固以簡嚴為體，然至楊文定之作文貞《神道碑》，此甚不可曉。
(73) 楊文貞撰《夏忠靖神道碑》，謂太宗將親征，公忤旨，罷官。
(74)《黃忠宣公神道碑》：公鎮交阯曰：考士中妣王氏卒於家，公奪情，不許守制，皆不之及。
(75) 費文憲公作《謝文正公神道碑》，內云：公抵京，勑進户部尚書、謹身殿大學士。初，宏以衰病將乞休，曾具疏舉公自代，宏去而邃庵楊公又以公薦，意若虛元佐以遜公者，天下皆相慶。</td></tr>
<tr><td>王世貞
《弇州史料》
前集卷十一</td><td rowspan="2">明萬曆四十二年刻本</td><td>(76) 按：張司禮佐初加歲米四十八石，其後復加祿十有七，皆十有二石，當為二百四十二石，麥司禮福至三百七十石，黃司禮錦至五百石，皆在嘉靖間。具《神道碑》，其他可以類推矣。</td></tr>
<tr><td>王世貞
《弇州史料》
後集卷十三</td><td>(77) 中丞於秩為第四品，其卒也，法當僅得祭，而故嘗卿太僕領中大夫誥中大夫三品下，於是兩臺以中丞訃聞。而以太僕故秩請詔予祭，復予葬，法得樹碑神道。</td></tr>
</table>

續表

作者/文獻	版本	用　　例
王世貞 《弇州史料》 後集卷四十七	明萬曆四十二年刻本	(78) 公世子：令典：親王子曰“世子”，禮服視郡王；郡王子曰“長子”，禮服視鎮國將軍。公、侯子應襲者，授勳衛及帶刀舍人，不當言世子也。惟湯信公和子鯇已為前軍都督僉事，二品矣，卒而贈世子。又高帝御撰《中山王神道碑》曰：世子，輝祖襲。想國初之制如此，但不知品秩何如。
王世貞 《弇州史料》 後集卷五十五		(79) 御製神道碑
王世貞 《弇州史料》 後集卷六十一		(80) 於曹國公李文忠獨書卒，而曹公卹典至優厚，其《神道碑》為董倫撰，云：十六年冬十有二月，王有疾。明年春，疾轉亟，東宮臨視。明日，上親幸其第，撫悼良久，翌日而薨。偶見一野史云：文忠多招納士人門下，上聞而弗善也。
王世貞 《弇州史料》 後集卷六十二		(81) 因秘不發喪，予初駭其言無所經見，後孜御製《神道碑》，記其門閥子女甚詳，獨不言娶某氏。
王世貞 《弇州史料》 後集卷六十九		(82) 馮宋公為右副将軍，鄧衛公為左副副将軍，湯信公為右副副将軍，見《實錄》甚明，而鄧、湯二公《神道碑》俱稱副将軍，盖不解副副将軍為何語也。 (83) 史官敘傳固以簡嚴為體，然至楊文定之作文貞《神道碑》，此甚不可曉。 (84) 於是得監察御史鄧眞，畀入奏。眾皆股栗，免冠請罪。詔諸司即日悛改，怙終者不赦。……若文定《神道碑》，(闕二字) 既事盡削之。 (85) 楊文貞撰《夏忠靖神道碑》，謂太宗將親征，公忤旨，罷官。 (86)《黄忠宣公神道碑》：按公鎮交阯曰：考士中妣王氏卒於家，公奪情，不許守制，皆不之及。 (87)《陸康僖公瑜神道碑》，乃盱江何文肅撰。
王世貞 《弇州史料》 後集卷七十		(88) 費文憲公作《謝文正公神道碑》，内云：公抵京，勑進户部尚書、謹身殿大學士。初，宏以衰病将乞休，曾具疏舉公自代，宏去而邃菴楊公又以公薦，意若虚元佐以遜公者，天下皆相慶。 (89) 嘗見張學士袞、文待詔徵明作《朱恭靖公希周神道碑》《墓志銘》，俱稱贈太子少保。竊以公之名德，贈止東宮三少，稍為不稱。 (90) 嚴文靖公行實是其家所草，以乞余銘神道者，第敘公行事甚略，獨吏部一職小有所發揮而已。

續表

作者/文獻	版本	用　　例
王世貞《明朝通紀會纂》卷一	清初刻本	(91)（乙丑）十八年，太傅魏國公徐達卒。達忠勇無比，每征悉出，其功至于封姑蘇之府庫，置元宮之美人、珠寶無所取，婦女無所幸，尤將德之最優者。上慟悼不已，親為《神道碑》。追封中山王，謚武寧，賜塟鍾山之陰。
王世貞《弇山堂別集》卷六	清文淵閣四庫全書本	(92)公世子：令典：親王子曰“世子”，禮服視郡王；郡王子曰“長子”，禮服視鎮國將軍。公、侯子應襲者，授勳衛及帶刀舍人，不當言世子也。惟湯信公和子軏已為前軍都督僉事，二品矣，卒而贈世子。又高帝御撰《中山王神道碑》曰：世子，輝祖襲。想國初之制如此，但不知品秩何如。
王世貞《弇山堂別集》卷十一		(93)御製神道碑
王世貞《弇山堂別集》卷二十		(94)于曹國公李文忠獨書卒，而曹公郵典至優厚，其《神道碑》為董倫撰，云：十六年冬十有二月，王有疾。明年春，疾轉亟，東宮臨視。明日，上親幸其第，撫悼良久，翌日而薨。偶見一野史云：文忠多招納士人門下，上聞而弗善也。
王世貞《弇山堂別集》卷二十一		(95)因秘不發喪，予初駭其言無所經見，後攷御製《神道碑》，記其門閥子女甚詳，獨不言娶某氏。
王世貞《弇山堂別集》卷二十八		(96)馮宋公為右副將軍，鄧衛公為左副副將軍，湯信公為右副副將軍，見《實錄》甚明，而鄧、湯二公《神道碑》俱稱副將軍，盖不解副副將軍為何語也。 (97)史官叙傳固以簡嚴為體，然至楊文定之作文貞《神道碑》，此甚不可曉。 (98)於是得監察御史鄧真，俾入奏。衆皆股栗，免冠請罪。詔諸司即日悛改，怙終者不赦。……若文定《神道碑》，併上疏事盡削之。 (99)楊文貞撰《夏忠靖神道碑》，謂太宗將親征，公忤旨，罷官。 (100)《黃忠宣公神道碑》：按公鎮交阯日：考士中妣王氏卒於家，公奪情，不許守制，皆不之及。 (101)《陸康僖公瑜神道碑》，乃盱江何文肅撰。
王世貞《弇山堂別集》卷三十		(102)費文憲公作《謝文正公神道碑》，內云：公扺京，敕進户部尚書、謹身殿大學士。初，宏以衰病將乞休，曾具疏舉公自代，宏去而邃菴楊公又以公薦，意若虛元佐以遜公者，天下皆相慶。

續表

<table>
<tr><th>作者/文獻</th><th>版本</th><th>用　　例</th></tr>
<tr><td>王世貞
《弇山堂別集》
卷三十</td><td rowspan="2">清文淵閣四庫全書本</td><td>(103) 嘗見張學士衮、文待詔徵明作《朱恭靖公希周神道碑》《墓誌銘》，俱稱贈太子少保。竊以公之名德，贈止東宮三少，稍為不稱。
(104) 嚴文靖公行實是其家所草，以乞余銘神道者，第敘公行事甚略，獨吏部一職小有所發揮而已。</td></tr>
<tr><td>王世貞
《弇山堂別集》
卷九十</td><td>(105) 按：張司禮佐初加歲米四十八石，其後復加祿十有七，皆十有二石，當為二百四十二石，麥司禮福至三百七十石，黃司禮錦至五百石，皆在嘉靖間。具《神道碑》，其他可以類推矣。</td></tr>
</table>

表九百九十二

<table>
<tr><th>作者/文獻</th><th>版本</th><th>用　　例</th></tr>
<tr><td>王恕
《王端毅公文集》
卷一</td><td>明嘉靖三十一年喬世寧刻本</td><td>(1) 通判天台陳紀得公《神道碑銘》於宋太史景濂先生文集中，於是謀諸知府涂觀，欲為之治墳、建祠、勒銘于石，慰荅忠魂，以為天下萬世臣子勸。遂具顛末以請，余嘉其義而許之。紀乃經之營之琢石，陶甓甃，塋域壘墳墓，勒宋太史所為碑銘于石，豎之神道。</td></tr>
</table>

表九百九十三

<table>
<tr><th>作者/文獻</th><th>版本</th><th>用　　例</th></tr>
<tr><td>王思任
《謔菴文飯小品》
卷四</td><td rowspan="2">清順治刻本</td><td>(1) 從望海石，履仙人橋，窺捨身崖，有大人先生以《孝經》作法律巨書於石。死之人愚而挺，勸之人古而迂，年年無禁者，何似神道設教，見夢於元君之易從乎？
(2) 又惟帝是呼是籲，匪惟尊之而又親之，此其故何也？曰：神道持世，亦有運在此。亦旁教之，跛論也。</td></tr>
<tr><td>王思任
《謔菴文飯小品》
卷五</td><td>(3)《徐文長逸稿叙》：文章之託生，與人無異。有從天而下者，有從星辰嶽瀆而降者，有仙佛度世者，有神道轉輪者，有龍鬼精怪投胎吐氣者。天之文，大而近；星辰岳瀆之文，奥而尊；仙佛之文，旨而導；神道之文，肅而準；龍鬼精怪之文，奇而幻。吾以《五經》窺之，《易》如天，《書》如星辰岳瀆，《詩》《禮》如仙佛，《春秋》如神道，而龍鬼精怪之文跳樑侁侁，每見於諸子百家，蓋此數族實出一治。雖帶乾坤之駁氣，而原奪乾坤之間氣，正未易材也。</td></tr>
</table>

表九百九十四

作者/文獻	版本	用　例
王璲《青城山人集》卷五	清文淵閣四庫全書補配清文津閣四庫全書本	(1)《五溪放棹為嚴明威賦》：昔聞五溪險，今見五溪平。繐帳迎風卷，樓船帶月行。烟花蜀相廟，露草伏波營。已竭忠臣節，仍全孝子情。白雲悲望切，黃壤喜沾榮。古栢森神道，堅珉勒墓城。此中方眷戀，奬寵促還程。

表九百九十五

作者/文獻	版本	用　例
王廷陳《夢澤集》卷十二	清文淵閣四庫全書本	(1) 秘竒：張老神於數，然於世無遇也。問於夢澤子，夢澤子曰：天道忌彰，神道忌明，人道忌露，物道忌華，乘而除之，其道彌光。故實者或侈其衷矣，浮者或悋其慧矣，仡者或邅其履矣，劣者或淫其祉矣，闇者或相其行矣，覺者或違其覩矣。此六者數之為也，乘除之道也。故天道貴微，神道貴妙，人道貴襲，物道貴質。存也闔其門，發也諱其端，運也藏其輪，竟也化其積。夫天神人物之道畢於數矣，知而違之有不值其忌者乎？……是故君子冲以為體，直以為用，邃以為宅，默以為章，恍惚以為象，希夷以為形。以索以存，不苟示人，百福其凝，夫子信之矣。

表九百九十六

文獻	版本	用　例
王廷相《愼言》卷七	明嘉靖刻本	(1) 聖王神道設教，所以輔政也。其弊也，瀆於鬼神而淫於感應。《禮》曰：剛毅犯人妨於政，鬼神過節妨於政。言失鬼神之中也。後世之鬼神褻而不敬，惑而誣，皆妨政教也夫！
王廷相《愼言》卷十		(2) 君有邪心不務格而正之，君有僻政不務諫而反之，乃假不可知者而恐懼之，是捨本而務末也。夂而無應，將自喪其術，何善之能趍，幾於佛氏之愚人矣。是故聖人通於性命之本，立於中正之塗，雖以神道設教也，尊天地而不瀆，敬鬼神而遠之，守經正物，不飾妖誕，則風俗同而百家息矣。
王廷相《愼言》卷十二		(3) 五行舉其體用示民用也，非五行家之說也。五事示人君當修德也，入政國有所事示當舉也。五紀示民時當授也，皇極君當建極爲民之則也。三德示君當以經權馭臣也，稽疑神道設教也，其所由來遠矣。庶微示君德當驗之天也，五福六極示民之休戚由君政之臧否也。

續表

<table>
<tr><th>文獻</th><th>版本</th><th>用　　例</th></tr>
<tr><td>王廷相
《王氏家藏集》
卷二十八</td><td rowspan="5">明嘉靖刻清順治十二年修補本</td><td>（4）不中者，人不傳之矣；中者，必傳之以為神。然則假五行而奇中者，何以異此？大抵神道設教，古聖人卜筮之微意也。</td></tr>
<tr><td>王廷相
《王氏家藏集》
卷三十三</td><td>（5）《漢儒河圖洛書辯》：《傳》曰：《河圖》《洛書》，相爲經緯；《八封》《九章》，相爲表裏。何如？曰：此漢儒附會《易・擊》之論也。謂之《圖》者，如圖象然也；謂之《書》者，如文書然也。孔安國曰：《河圖》者，伏羲王天下時，龍馬出河，背上有旋毛如星點，伏羲遂則其文，以畫《八卦》。《洛書》者，禹治水時，神龜出洛，背上之坼文如字畫，禹遂因而第之，以成《九類》。故《易・繫》曰：河出圖，洛出書，聖人則之。自今論之，當洪荒之時，未有書契，聖人見此奇異之物，遂因而則效之，以畫《八卦》。《河圖》之旋毛，今亦不見的，為何如以龜文言之，誠與卦畫相類？伏羲作卦固本於聖神之智，而猶必則於此者，意以《八卦》之畫，出於天地所示自然之文，其實聖人神道設教之義也。漢儒不達乎此，乃以伏羲畫卦為本於《河圖》之文；大禹衍疇，為則於《洛書》之數，遂有相為經緯、表裏之說。</td></tr>
<tr><td>王廷相
《王氏家藏集》
卷三十五</td><td>（6）《家禮》：祠廟神位，何以高曾祖考自西而東？曰：神道尚右，漢儒之臆說也，非古昔之禮制如此矣。
（7）古者昭穆各自為廟，故四時之祭各伸其尊。及其祫祭於太祖之廟，太祖正位東向，太祖之下祧主存主以世而序，以西為上。坐北面南為昭，坐南面北為穆，統於始祖而左右，布列禮之。變義也，今也。制非古室，祭非合祖，徒爾以西為上，於義安在？况生時所處，燕寘客，奉親長，訓子姓，莫不於中堂焉，取正而居之。沒乃偏於室之一隅而祭之，又豈事死如事生之義哉？徒泥夫古人神道尚右之說，而不達夫因時制宜之義，皆信古不通之過也。今士庶之家，宜遵本朝集禮圖制為準，高祖曾祖分中，祖在高東，考在曾西，各為龕室，隔別其位庶，於今之祠廟事體不至乖爽，而家禮不必深泥，亦無不可者矣。</td></tr>
<tr><td>王廷相
《王氏家藏集》
卷三十七</td><td>（8）君驕臣諂，政僻刑滛，小人進而賢哲抑。雖鳳儀麟游，景星慶雲，不足以救其危亡之禍。何也？天道遠而難知，祥異有無，不足憑也。人事近而易見，治亂之形，由政致也。聖人之贊化育，裁成輔相，乃其實事，謂能感格天地，亦神道設教之義乎？</td></tr>
</table>

表九百九十七

作者/文獻	版本	用　　例
王維楨 《槐野先生存笥稿》 卷七	明萬曆三十四年黃陛王九叙刻本	(1) 於是諸賀客相與大異之，以爲太恭人言神道，乃其指與宦道通焉。太恭人固燭乎萬物之情而識其故，不宜以閨閤之流品觀也。

表九百九十八

作者/文獻	版本	用　　例
王煒 《鴻逸堂稿》 卷二	清初刻本	(1) 視兼山之止於位，吾則法之以用思。視風之至山漸被，吾則優遊以成吾德，從容以善其俗。視雷動澤隨之象歸妹，吾則知其終敝而示人以男女之正。視雷電盛大之勢，吾則法之以折獄致刑。視山上火之不處，吾則法之以明慎用刑而不留獄。視風行相繼無所不入，吾則法之以申命於行事之先。視雨澤之相附，吾則法之以朋友講習。視風行水上之披散，吾則見先王之神道設教以治渙。……視水火之相濟，吾則因其時之盛而惕於思患預防。視水木之異居，吾則法之以慎於群分類聚。此孔子之用《易》也。

表九百九十九

<table>
<tr><th>作者/文獻</th><th>版本</th><th>用　　例</th></tr>
<tr><td>王錫爵
《王文肅公文集》
卷五</td><td rowspan="2">明萬曆刻本</td><td>(1) 陶文僖公神道碑
(2) 太子少保禮部尚書太室徐公神道碑
(3) 戶部左侍郎見峰王公神道碑
(4) 少詹葵陽黃公神道碑</td></tr>
<tr><td>王錫爵
《王文肅公文集》
卷六</td><td>(5) 馬文莊公神道碑銘
(6) 竊考《覽古記》，惟大臣德業顯盛者得立《神道碑》。然則先生家承孝友，世載清白，此特先生德業之餘碑，故可略也。</td></tr>
</table>

續表

作者/文獻	版本	用　　例
王錫爵《王文肅公文集》卷六	明萬曆刻本	(7) 張恭懿公神道碑銘 (8) 翁襄敏公神道碑 (9) 禮部尚書遠峰汪公神道碑 (10) 太子少保刑部尚書鳳洲王公神道碑 (11) 經略朝鮮薊遼保定山東等處軍務兵部左侍郎都察院右都御史桐岡宋公神道碑 (12) 萬曆丙午，前經略朝鮮桐岡宋公卒。長子守一伏闕上書白父寃，詔復故官。次子守敬乞予神道文，志公不朽。
王錫爵《王文肅公文集》卷七		(13) 萬曆丙戌十二月二十九日，吏部左侍郎兼翰林院侍讀學士、掌詹事府事儆庵周公卒于邸。……贈邺以官，謚以人，朝廷敘功旌賢之典備矣。乃故事大臣表墓之文，其稱為《神道碑》。
王錫爵《王文肅公文集》卷十七		(14) 鄭範溪摠督：虜王新勑已發行。犬羊之性，原不恬衣冠。我直以虛名欵之，而彼亦以虛名縻我。……來教簡之一字，關擄盡在其中。老酋刀有此身後奇徵，大方廣佛，隨緣化度，何常之與有第？黠胡自古常好稱天以自神，神道設教尤帝王禦夷之上策耳。
王錫爵《王文肅公文集》卷五十五		(15) 光祿大夫少保兼太子太保吏部尚書建極殿大學士贈太保謚文肅荊石王公神道碑

表一千

作者/文獻	版本	用　　例
王演疇《古學齋文集》卷二	明萬曆四十七年刻本	(1) 余嘗伏讀聖製厲文，凡里中善惡惟厲是察，而禍福之報隨之，則事神固所以治民耳！高皇帝神道設教，聖謨洋洋，豈徒如商俗尚鬼，欲民聽於杳冥不可知之鄉助？

表一千零一

作者/文獻	版本	用　例
王一槐《玉唾壺》卷下	明鈔本	(1)《淮西碑事考》：退之《平淮西碑》，當旹謂事不實，命剷去之，勑段文昌別撰。《舊史·文公傳》《行狀》《神道碑》《新史·吳元濟傳》，皆謂李愬妻唐安公主女也。辭歸多裴度功，而愬特以入蔡居第一，故其妻出入禁中，訴碑不實，遂斵去別撰。

表一千零二

作者/文獻	版本	用　例
王彝《王常宗集》卷一	清文淵閣四庫全書本	(1)《蘇州重修孔子廟學碑》：蒲圻魏公守姑蘇之明年，鋤暴樹良，無令弗肅，上下洽和，百廢具興。惟孔子廟學弗治，楝楹傾欹，丹堊翳昧，若不支旦暮者。公顧瞻良久，愀然弗寧，乃登僚宰縣令丞曁尚義之士咸集乎庭，喟然嘆曰：皇帝以神武定四海，即大興文治，詔以明經六藝之科頒示郡邑，使選弟子負講肄明體適用之學，將以人文化成天下。今弊陋至是，非所以靈承帝意。余先捐俸為倡爾二三君子，幸相與圖之。穹殿邃廊，虔恭奉明禋，靈星門、神道廳繇其役為寂殷，吴江葛德潤，爾其葺之。

表一千零三

作者/文獻	版本	用　例
王罃《群書類編故事》卷一	清嘉慶宛委別藏本	(1) 區處流民：富公弼知鄆州，自鄆移青，會河朔大水，民流京東，擇所部豐稔者三州，勸民出粟，得十五萬斛，益以官廩，隨所在貯之。……上聞之，即拜禮部侍郎。公曰：救菑，守臣職也。辭不受。前此，救災者皆聚民城郭中，煑粥食之。致為疾疫，或待次數日不食，得粥皆僵仆，名為救之，而實殺之。自公立法簡便，天下傳以為法。(《神道碑》)
王罃《群書類編故事》卷十三		(2) 坐上釣鱸：左慈，字元旅，廬江人。少有神道。嘗在曹公坐，公曰：今日高會，殄羞略備，所少者吳江鱸魚為鱠耳。元旅曰：此可得也。因求銅盤貯水，以竿餌鈞釣於盤中，須史引一鱸魚出。會者皆驚。

表一千零四

作者/文獻	版本	用　例
王應電《周禮傳》卷三上	清文淵閣四庫全書本	(1) 蒲粗蒻細，故以蒲為筵，青白赤黑相次畫之為繢。莞席重設，與蒲筵而為三彫几，疑即書彫玉几。神道尚右，故右設之。

表一千零五

作者/文獻	版本	用　　例
王在晉 《歷代山陵考》 卷上	清借月山房彙鈔本	(1) 文穆王墓（錢塘縣龍山之南原。和凝撰《神道碑》。） (2) 忠獻王墓（錢塘縣龍山之南原。太常卿張昭撰《神道碑》。）
王在晉 《歷代山陵考》 卷下		(3) 漢武帝崩後，見形，謂陵令薛平曰：吾雖失勢，猶為汝君。奈何令吏卒上吾陵磨刀劍乎？自今以後，可禁之。平頓首謝，因不見。推問陵旁，果有方石可以為礪，吏卒常盜磨刀劍。霍光欲斬之，張安世曰：神道茫昧，不宜為法。乃止。故阮公《詠懷詩》曰：失勢在須臾，帶劍上吾邱。(《漢武故事》)
王在晉 《海防纂要》 卷十二	明萬曆刻本	(4) 且《易》有之"聖人以神道設教"。夫幽顯殊途，而感孚則一。耿恭拜井而井涌，孔明祭風而風應，卒以解城中之圍，奏江上之捷，非特感格乎神明，而亦以鼓舞乎衆志，機則然也。司寄者，其尚審之哉？
王在晉 《越鐫》 卷十五	明萬曆三十九年刻本	(5)《簡書》出金馬門，爲時幾何？而藻鑑高懸，青選集瀛州之彥。聖人以神道設教，而天下服，則于台臺有焉。

表一千零六

作者/文獻	版本	用　　例
王兆雲 《皇明詞林人物考》 卷八	明萬曆刻本	(1) 李子升：李公遷，字子升，別號蟠峰，豫章人也。由進士官至南京刑部尚書。宦績甚著，詳弇州先生《神道碑》中。

表一千零七

作者/文獻	版本	用　　例
王直 《抑菴文集》 卷七	清文淵閣四庫全書補配清文津閣四庫全書本	(1) 資善大夫刑部尚書魏公神道碑 (2) 銘曰：侃侃魏公，有美在中。乘時而升，事我太宗。始為御史，職是憲紀。爰副外臺，表表愈偉。方伯之尊，遺愛實存。遂陞秋官，人用不寃。皇撫萬邦，威制夷狄。公往行邊，師武臣力。雒雒邊城，隆隆軍聲。萬里塞垣，纖塵不驚。公既勞兵，簡在天子。以疾而休，是謂知止。邦家之光，閭里之榮。溘然上征，為風為霆。甘泉之山，神道有石。揭德振華，以示亡極。

續表

作者/文獻	版本	用　例
王直《抑菴文集》卷七	清文淵閣四庫全書補配清文津閣四庫全書本	(3) 南京吏部尚書黃公神道碑 (4) 明年十二月廿一日，葬于其鄉梨樹岡之原。葬已，其子儒凱来謝恩闕下，詣予拜且泣曰：先考之葬，朝廷寵終之禮厚矣。於令得樹碑神道，而未有文，敢以請。 (5) 姑序次其大者，俾刻諸神道而系以銘。銘曰：在太祖世，經術取士。公乃奮興，以克有位。於皇太宗，復舉用公。揚于外臺，以肅庶工。出入中外，有勞有烈。人望謂何，邦家之傑。……祇事列聖，殆五十年。殊錫寵褒，帝制在焉。達尊者三，公則兼備。哀榮始終，莫與為比。梨樹之原，峩峩新阡。刻此銘詞，百世之傳。 (6) 大明追封會昌伯孫公神道碑 (7) 忠惟公及太夫人之德，實福慶之本。今荷聖仁賜顯爵，得立碑神道，而無文以昭示久遠。恐泯泯或忘，乃來請文刻諸石，故為序次之而系以詩。曰：惟天明明，善類實彰。鄒平大宗，奕世有光。公之淳懿，篤於為善。持之以誠，久而不倦。……易曰餘慶，書云降祥。何千百年，愈久彌昌。横山之原，神道有石。刻此銘詩，以告無斁。 (8) 資善大夫兵部尚書侯公神道碑 (9) 予與公同朝久，相好為最深，於是爵來請予文，刻諸神道，以示久遠。……銘曰：侯氏之先，世為儒家。自君祖考，弗耀其華。君早嗜學，科乃峻擢。歷位而陞，膺此殊渥。……大山峩峩，靈秀所鍾。蔚然新宫，公在其中。勒銘穹碑，負以龜趾。詒後不忘，庶其在此。 (10) 兵部尚書贈榮禄大夫少保兼尚書鄺公神道碑 (11) 贈少保兼太子太傅工部尚書東閣大學士高公神道碑 (12) 故驃騎將軍都指揮使徐公神道碑 (13) 恭既葬公衣冠於縣某村之原，而慮其功德不顯於世，乃因鴻臚卿楊思敬請於予曰：先人効勞國家，歷官三品，加贈至二品，受恩厚矣。於法得立碑神道，敢請文以刻焉。 (14) 故通奉大夫户部右侍郎焦公神道碑 (15) 子鈍卜某年某月某日，奉葬于某山之原，而翰林編脩劉定之所述《行狀》來請曰：先人之葬，朝廷寵終之禮厚矣。然官至二品，於法得立碑神道，敢請文以刻焉。 (16) 嗚呼，惜哉！君之葬以某年某月某日，其墓在牛路山之原。當樹碑神道，故予為次第其事而系以銘詩。銘曰：猗嗟廖君，有學有文。才超乎當世，行配乎古人。不六十年，而歸諸氓。刻辭垂休，愈久彌新。

續表

作者/文獻	版本	用　　例
王直《抑菴文集》卷十三	清文淵閣四庫全書補配清文津閣四庫全書本	(17) 孔子所謂大臣以道事君者，公之謂也。公有傳在國史，有碑在神道，載其德業之盛，足以垂久遠。
王直《抑菴文後集》卷二十四	清文淵閣四庫全書本	(18) 衍聖公孔公神道碑 (19) 昔時，弘緒歸，將奉葬于祖林先考墓次，謂神道之碑宜有銘，而以請於予。……銘曰：文教之興，大聖以生。天實相之，復有孫曾。自周以來，綿綿其胄。暨公之世，五十又九。於昭聖神，煥乎文章。日月有恒，道德之光。維我皇明，實賴于治。疏爵襲封，列聖之制。位秩之高，章服之華。厚德殊恩，乃錫乃加。公之俁俁，克念舊武。胡不百年，以篤斯祜。魯林之原，封樹在焉。雨露潤之，鬱其蔥芊。神道有碑，負以龜趾。刻我銘詩，焜燿無已。 (20) 贈户部尚書王公神道碑 (21) 今又蒙恩，考加贈户部尚書，妣亦進為夫人。按令四品以上得立碑神道，先考妣皆進秩二品矣。若不能樹碑以昭德述美，則為不孝。 (22)《洪範》五福，以德為之本。觀公與夫人皆享高壽，膺爵秩之！崇子孫之多且賢，又如此可以見其德之厚矣。樹碑神道，以昭示方來。……銘曰：海豐之隅，有墓渠渠。誰其居之，維公尚書。尚書之先，忠厚世繼。迨于有元，遂躋膴仕。慶澤所鍾，實篤生公。學為儒師，髦俊攸從。孝親之至，備物盡禮。……同藏于斯，既固既安。利爾子孫，碩大且蕃。穹碑峩峩，峙列墓隨。刻此銘章，以詔來世。 (23) 兵部侍郎鄭公神道碑 (24) 布政使揭君神道碑 (25) 按：官二品者，於法得立碑神道。惟公之德必載之文字，刻之貞石，庶幾可以不朽。……銘曰：天之生賢，俾為世用。德則有恒，忠義實重。惟時搶攘，民弗寧居。不有宏才，誰闡厥謨。侃侃揭君，仗順而興。眾心樂從，霧滃雲蒸。師律有嚴，人各用命。寇非不多，我以竒勝。……君雖不延，所存者長。寵命自天，丕顯其光。子孫繩繩，膺受帝祉。德之不亡，曷其有已。縣南之原，靈秀萃焉。過者必式，方伯之阡。穹碑峩峩，樹之神道。刻此銘詩，太史所造。

續表

作者/文獻	版本	用　例
王直 《抑菴文後集》 卷二十四	清文淵閣四庫全書本	(26) 刑部右侍郎段公神道碑 (27) 嘉議大夫、刑部右侍郎毘陵段公之卒也，葬于武進祖塋之次。其孤實宏安寧與其賓客親戚謀曰：先人不幸棄諸孤，而蒙賴於朝廷者甚厚，既為治墳以葬矣。其垂光侈美有錫奠之章，褒德垂功有銘墓之辭，足以賁飾於地下。然列官三品，得樹碑神道。 (28) 贈左副都御史冦公神道碑 (29) 惟吾祖考，實有令德，以啟佑後人。茲幸蒙天子寵命，列官于朝，追榮二代皆三品，恩至厚矣，於法得立碑神道。 (30) 禮部尚書蕭公神道碑 (31) 至是，景自京奉柩歸，凡知公皆弔哭盡哀。以明年正月十一日，奉葬於五十都石頭山之原乙山辛向，時，予致仕，老病不能文。公之家乃以《神道碑》為請，謂有世好不可辭，乃勉述其事為銘俾刻焉。 (32) 副都御史林公神道碑 (33) 今幸蒙大恩，贈官三品，得樹碑神道。 (34) 樹碑神道而併著之，豈非宜哉？惜予文之鄙，不足以稱孝子令孫顯親之意也。銘曰：林氏之先，實為名宗。詩書相傳，駿聲渢渢。……刻銘墓碑，百世之光。 (35) 刑部尚書劉公神道碑 (36) 吾弟之葬，神道當有銘。先生幸與交好，敢以請。予曰：尚書德業偉矣，豈待予文而顯哉？ (37) 贈禮部侍郎謚文介劉公神道碑 (38) 節以公遺命，奉柩歸，某年某月某日葬其里朱家磡之原，而來告予曰：先人之葬，朝廷寵終之禮厚矣。既請前禮部侍郎錢公銘其墓，而神道之碑未有銘。……予老且病，文不足以揚盛美，然不可辭也。乃述其事而系以銘，俾刻諸神道。銘曰：劉氏之先，儒以顯名。德誼文章，有永其承。維公繼之，益篤自奮。夙夜靡寧，學乃大進。聖主好賢，盛治以興。…朱家之磡，峩峩新阡。伊孰為營，寵命自天。我作銘詩，刻之貞石。後千百年，傳示無斁。 (39) 參政羅君神道碑 (40) 侍郎龍君神道碑 (41) 予與龍氏世交好，今俊則孫壻也詣予，拜且泣曰：先考之葬，宜有銘勒諸神道，以傳信後世，而銘之莫宜公者，願矜而與之。予念親好，豈可辭？銘曰：龍氏之先，實以儒名。科第入官，適駿有聲。傳至于今，其聞益大。儀曹天官，盛美世載。典選司封，各奮乃庸。小大之才，必盡其公。遭遇聖明，

續表

作者/文獻	版本	用　　例
王直 《抑菴文後集》 卷二十四	清文淵閣四庫全書本	乃荷峻陟。惟少司空，式稱其職。天不憖遺，孰竟厥功。青山鬱盤，閟此幽宮。神道有銘，刻之貞石。後千百年，垂示無極。 （42）參政孫公神道碑 （43）贈工部右侍郎周公神道碑 （44）正統三年，君來朝，則告直曰：先祖荷國寵靈，追爵第三品，於法刻碑神道，以昭懿德。 （45）銘曰：於穆宣宗，臏是南邦。乃擇良臣，俾奮於庸。良臣維何，有周之胤。惠綏撫摩，民用大振。帝曰休茲，祖考之遺。何以寵之，好爵是宜。錦誥煌煌，闡帝之制。鳳彩龍章，天廻日麗。……松楸在原，雨露既濡。鬱鬱蒼蒼，系德之符。刻文垂休，神道有石。彌百千年，過者必式。 （46）禮部右侍郎諡文肅錢公神道碑 （47）至是，鳳躍以其親戚高僉憲所述《行狀》，請於予曰：先考文行，公知之且交最乆，神道之碑，非公孰宜為？予老且病，不得辭，乃勉副其意。詩曰：洲背之山，有崔者墳。是誰所營，武肅令孫。惟此令孫，克勤帝載。由唐而興，日廣且大。歸於有宋，以德以仁。衣冠相傳，有土有民。天胙忠孝，賢者相繼。……我與為友，式篤於義。九十而終，尚利後嗣。公官三品，神道有碑。我作銘詩，百世之詒。

表一千零八

作者/文獻	版本	用　　例
王志長 《周禮注疏刪翼》 卷三	清文淵閣四庫全書本	（1）是以先王於賓客之禮，一以神道行之。相朝於寢廟，相見於阼階，几設而不倚，酒盈而不飲，肉乾而不食。樂之有相，宗廟則然，而賓客亦如之；徹之有歌，大祭祀則然，大享亦如之。大羹、鉶羹致美味而彼此無異，用鹽鹽、形鹽致多品而幽明無異，儀享之用祼而賓客亦有祼，胙之用俎而賓客亦有俎，無非以神道為用焉。
王志長 《周禮注疏刪翼》 卷十一		（2）國裳舒氏曰：自太卜至此七官，并下文馮相保章吳氏，皆移屬天官。芬謂卜筮者所以交於神明，而聖人神道設教之事，其屬宗伯無疑，唯馮相保章似與典禮無與！然太史之職，有大師抱天時，與大師同車之文，則此二官葢太史之屬也。

續表

作者/文獻	版本	用　　例
王志長 《周禮注疏刪翼》 卷十二	清文淵閣四庫全書本	(3) 王上事天明，下事地察，中事其先，無怨恫於鬼神，而後能以邦國寧故建禮，以佐王建保邦國也。嗚呼！不本於神道而能制禮樂者，末矣。不本於禮樂而能以和於神人，安定其國家，未之有也。 (4) 仲輿郝氏曰：一几居右，神道尚右也。
王志長 《周禮注疏刪翼》 卷十五		(5) 愚按：盟詛，非聖王所恃也。聖人作瀆通乎後世以為防，苟其德未足以臻乎不言之信，則援神明以佐其不逮，以杜天下誕詐之風，此亦聖人神道設教之所不廢也。
王志長 《周禮注疏刪翼》 卷二十一		(6) 嚴陵方氏曰：王者之於祖禰，以人道事之則有寢，以神道事之則有廟。祭，神道也；薦，人道也。

表一千零九

作者/文獻	版本	用　　例
王志堅 《四六法海》 卷九	清文淵閣四庫全書補配清文津閣四庫全書本	(1) 公秉理照物，動必研幾，當時嗟服，若有神道，豈非希世之儁民，瑚璉之宏器。昉行無異操，才無異能，得奉名節，迄將一紀，一言之譽，東陵侔於西山，一盼之榮，鄭璞踰於周寶，士感知巳，懷此何極，出入禮闈，朝夕舊館，瞻棟宇而興慕，撫身名而悼恩。 (2)《神龍歷序》(李嶠)：昔者龍負河圖，八卦列明時之象；龜呈洛字，九疇開叶紀之文：青巖啟而六甲飛，黃壤堙而五行缺。故知乾策遂，坤符靈，秘法效用，常邀乎聖期；研幾測深，必貫於神道：皇軒於是乎合而不死，帝皞於是乎推而致福。……建元髙而不競，沿木火而無譏，興百代之闕文，復千齡之大統：匪我昌運，疇能離此?
王志堅 《四六法海》 卷十		(3)《夸飾篇》(劉勰)：夫形而上者謂之道，形而下者謂之器。神道難摹，精言不能追其極；形器易寫，壯辭可得喻其真：才非短長，理自難易耳。故自天地以降，豫入聲貌，文辭所被，夸飾恒存。雖《詩》《書》雅言，風格訓世，事必宜廣，文亦過焉。……然飾窮其要，則心聲鋒起；誇過其理，則名實兩乖。若能酌《詩》《書》之曠旨，翦揚馬之甚泰，使夸而有節，飾而不誣，亦可謂之懿也。

續表

作者/文獻	版本	用　　例
王志堅《四六法海》卷十一	清文淵閣四庫全書補配清文津閣四庫全書本	(4) 無曰在上，日鑒非遠。銘石靈館，以旌厥心。其辭曰：道無不在，若存若亡。於惟上學，理妙羣方。用之日損，言則非常。儵焉靈化，羽衣霓裳。九重嶢屼，三山璀瑑。……誰謂應遠，神道微密。慶集宮闈，祥流罕畢。其久如地，其恒如日。壽同南山，與天無卒。更生變煉，外示無功。少君飛轉，密與神通。因資假力，輕舉騰空。庶憑嘉誘，永濟微躬。 (5) 周上柱國齊王憲神道碑（庾信） (6) 唐恒州刺史建昌公王公神道碑（楊炯） (7) 魏武皇讀而稱妙，非所望焉；夏侯湛見而陋之，固其宜也。銘曰：厥初兮后稷，導生人兮知稼穡。降及兮文王，精翼日兮衣青光。……指邱陵兮一閉，與天地兮相比畢。悲孝子兮純深，孰憂思兮可任？訴高天兮泣血，踏厚地兮崩心。樹碑兮神道，無媿兮詞林。歷陽之都兮水没，圓嶠之海兮山沉。俾外孫兮幼婦，生白玉兮黃金。 (8) 唐故中書令梁國公姚文貞公神道碑銘（張説） (9) 君子曰：忠不忘親，仁也；哀不違事，義也；讓功辭邑，禮也；濟代全名，智也。仁以長人，義以和下，禮以安上，智以周身。宜其光輔四帝，軒冕三紀，池臺琴築，優游暮齒，傳爵士於祚盾，保禄位於終始矣！……帝乃灑恩仙翰，鏤澤豐碑，日月臨照於佳城，烟雲變態於神道。賨其文字，别為羣玉之山；禁其樵蘇，即表三司之墓。 (10)《小説》載：姚崇與張説有隙。崇病，戒諸子：吾沒後，張必來弔，汝具陳吾生平服玩。張若不顧，汝家族無類矣。若顧，當録致之，仍以《神道碑》為請。既獲其文，登時録進，先礱石以待，至便鐫刻。……使者復命，張悔恨曰：死姚崇能筭生張説。吾今日方知才之不及遠矣。 (11) 冠軍大將軍郭知運神道碑（張説） (12) 撥川郡王神道碑（張説） (13) 故太子少保贈尚書左僕射京兆韋府君神道碑（呂溫） (14) 回鶻者，本北狄之裔也，或曰玁狁，或曰山戎，五帝所不能臣，三王所不能制，前史載之詳矣。暨薛延陀之敗也，酋帥吐迷度率衆款塞，太宗幸靈武納降，立回鶻部落，置瀚海都督，因我封殖，遂雄北方。代宗之戡内難也，葉護以射雕之士，親扈戎旌，亦由羌髳率師以翼周，北貊梟騎以助漢，既殄大憝，乃疇厥庸，特拜葉護司空，歲賜繒二萬匹。厥後飾宗女以配之，立宮室以居之。其在京師也，瑤祠雲構，甲第棊布，棟宇輪奐，衣冠縞素，交利者風偃，挾邪者景附。其翎侯貴種，則被我文繢，帶我金犀，悦和音，厭珍膳，蝎蠹上國，百有餘年。既而桀驁無親，天命不祐，僭侈極欲，神道惡盈，

續表

作者/文獻	版本	用　　例
王志堅《四六法海》卷十一	清文淵閣四庫全書補配清文津閣四庫全書本	本國荐饑，畜産耗半。黠戛斯因利乘便，遂焚龍庭，墟落蕭條，陰燐青熒。 （15）《東軒筆記》云：吳王李煜薨，太宗詔侍臣撰《神道碑》。有與徐鉉爭名者，曰：知吳王事，莫若徐鉉。太宗詔鉉撰碑，鉉泣請曰：臣舊事李煜，陛下容臣存故主之義，乃敢奉詔。太宗許之。鉉為碑，但推言歷數有盡，天下有歸而已。其警句云：東隣遘禍，南箕扇疑。投杼致慈親之惑，乞火無里婦之談。始勞因壘之師，終後塗山之會。太宗覽讀稱善。
王志堅《四六法海》卷十二		（16）昔嘉量微物，盤盂小器，猶其昭德記功，載在銘典。况入神之制，與造化合符；成物之能，與坤元等契。勳倍楹席，事百巾機。寧可使多謝曽氷，有陋昆吾，金字不傳，銀書未勒者哉？乃詔小臣，為其銘曰：一暑一寒，有明有晦。神道無蹟，天工罕代。乃置挈壺，是惟熙載。氣均衡石，晷正權概。世道交喪，禮術銷亡。……銅史司刻，金徒抱箭。履薄非兢，臨深罔戰。授受靡僭，登降弗爽。惟精惟一，可法可象。月不逅來，日無藏往。分以符契，至猶影響。合昏暮卷，蓂莢晨生。尚辨天意，猶測地情。况我神造，通幽洞靈。配皇等極，為世作程。

表一千零一十

作者/文獻	版本	用　　例
王志慶《古儷府》卷二	清文淵閣四庫全書本	（1）李軫泗州刺史李君神道碑 （2）唐李嶠《神龍歷序》：昔者龍負河圖，八卦列明時之象；龜呈洛字，九疇開叶紀之文：青巖啟而六甲飛，黄壤堙而五行缺。故知乾筴遂，坤符靈，秘法効用，常邀乎聖期；研幾測深，必貫于神道：皇軒于是乎合而不死，帝皥于是乎推而致福。……三辰九野，各析景而分躔；二象七衡，孰當期而合度？建元高而不競，沿木火而無譏，興百代之闕文，復千齡之大統：匪我昌運，疇能釐此？
王志慶《古儷府》卷三		（3）蘇頲高安長公主神道碑 （4）蘇頲凉國長公主神道碑
王志慶《古儷府》卷四		（5）呂溫故太子少保韋君神道碑 （6）周庾信周柱國大將軍佘綿永神道碑 （7）唐楊炯瀘州都督王湛神道碑

續表

作者/文獻	版本	用　例
王志慶《古儷府》卷四	清文淵閣四庫全書本	(8) 張說夏州都督王公神道碑銘 (9) 楊炯唐恒州刺史建昌公工公神道碑 (10) 楊炯益州溫江縣令任君神道碑 (11) 又原州百泉縣令李君神道碑 (12) 周庾信上柱國齊王憲神道碑 (13) 唐楊炯上騎都尉高君神道碑 (14) 權德輿贈太師崔倕神道碑
王志慶《古儷府》卷五	清文淵閣四庫全書本	(15) 唐王維右豹韜衛長史任君神道碑 (16) 又柱國大將軍紇干弘神道碑 (17) 唐楊炯原州百泉縣令李君神道碑 (18) 唐楊炯恒州刺史建昌公王公神道碑 (19) 周庾信上柱國齊王憲神道碑 (20) 員半千蜀州青城縣令達奚君神道碑 (21) 楊炯唐恒州刺史建昌公王公神道碑 (22) 又柱國大將軍拓拔儉神道碑 (23) 蘇頲御史大夫贈右丞相程行謀神道碑 (24) 唐王維臨汝太守贈秘書監韋公神道碑（并序） (25) 張九齡故光祿大夫右散騎常侍徐文公神道碑 (26) 唐張說延州豆盧使君萬泉縣主薛氏神道碑 (27) 又裴太尉母夫人神道碑
王志慶《古儷府》卷六	清文淵閣四庫全書本	(28) 蘇頲贈禮部尚書褚公神道碑 (29) 周庾信余綿永神道碑 (30) 唐楊炯後周明威將軍梁公神道碑 (31) 唐楊炯後周青州刺史宇文公神道碑
王志慶《古儷府》卷七	清文淵閣四庫全書本	(32) 周庾信拓拔儉神道碑 (33) 周庾信婁慈神道碑
王志慶《古儷府》卷十	清文淵閣四庫全書本	(34) 周庾信大將軍崔說神道碑 (35) 又柱國大將軍紇干弘神道碑 (36) 又車騎大將軍賀婁慈神道碑

續表

作者/文獻	版本	用　　例
王志慶 《古儷府》 卷十	清文淵閣四庫全書本	（37）又上柱國齊王憲神道碑 （38）唐張説撥川郡王神道碑 （39）又冠軍大將軍郭知運神道碑 （40）又贈太尉裴行儉神道碑 （41）楊炯唐昭武校尉曹君神道碑 （42）又唐右將軍魏哲神道碑 （43）周庾信上柱國齊王憲神道碑 （44）唐張説河州刺史冉君神道碑

表一千零一十一

作者/文獻	版本	用　　例
王穉登 《奕史》	清鈔本	（1）問：顧思言三十三者，而勝神頭王，信乎？曰：一説日本王也。奕至三十三着而决勝，所謂“通神道”者也。其猶在“坐照”上乎！思言于品不登第一，而考之史，古未有神頭國，而日本王由來不入朝，將無好事者為此勢，以附會其説乎？未可必可也。

表一千零一十二

作者/文獻	版本	用　　例
王宗沐 《宋元資治通鑒》 卷六	明吳中珩刻本	（1）帝自聞王欽若言，深以澶州之盟爲辱，常怏怏不樂。欽若度帝厭兵，因謬進曰：陛下以兵取幽薊，乃可滌此恥。帝曰：河朔生靈始免兵革，朕安忍爲此？可思其次。欽若曰：惟封禪可以鎮服四海，誇示外國。然自古封禪，當得天瑞希世絶倫之事，乃可爾。既而又曰：天瑞安可必得？前代蓋有以人力爲之者，惟人主深信而崇奉之，以明示天下，則與天瑞無異也。陛下謂《河圖》《洛書》果有耶？聖人以神道設教耳。……帝尚猶豫，會幸秘閣，驟問直學士杜鎬曰：古所謂河出圖、洛出書，果何事耶？鎬老儒，不測上旨，漫應之曰：此聖人以神道設教爾。帝意遂決，遂召旦飲，歡甚，賜以尊酒，曰：歸與妻孥共之。既歸發封，則皆美珠也。旦悟帝旨，自是不敢有異議。

續表

作者/文獻	版本	用　　例
王宗沐《宋元資治通鑒》卷十九	明吳中珩刻本	(2) 又言：今大臣爲紹述之說，皆借此名以報復私怨，朋附之流，遂從而和之。張商英在元祐時上呂公著詩求進，諛佞無恥，近乃乞毀司馬光及公著《神道碑》。周秩爲博士，親定光謚爲文正，近乃乞斲棺鞭尸。陛下察此輩之言，果出於公論乎？

表一千零一十三

作者/文獻	版本	用　　例
王祖嫡《師竹堂集》卷九	明天啓刻本	(1) 夫所謂神君云者，匪摘伏鉤鉅之謂。福善禍淫，惟神之司。君與民期行是篇，大都為善去惡，不負主上惠養。小民德意非不盡人事，而藉口神道設教以愚其民者也。
王祖嫡《師竹堂集》卷十七		(2 又于右安門外置園地三頃，建普同寶塔，生有養，歿有歸，可謂大德同天，神道設教者矣。
王祖嫡《師竹堂集》卷二十八		(3) 聖人拎時未嘗不順，而拎神未嘗有要也。司馬法李靖之論，吾直取其豫，取其辨，用以保治云爾。若夫王者之師、仁者之勇，與夫聖人奉天時行神道設教之妙，彼惡足以知之。

表一千零一十四

作者/文獻	版本	用　　例
魏驥《南齋先生魏文靖公摘稿》卷五	明弘治刻本	(1) 子車，字叔輿，以《春秋》應進士科，登鄉薦。上春官不利，入太學，膺推擇，累官至兵部尚書，階資善大夫。歷事五朝，幾五十年。其文章政事凡為人之所稱道，如少保禮部尚書揚文公所著《神道碑》是也。
魏驥《南齋先生魏文靖公摘稿》卷七		(2) 故中憲大夫南京大理寺左少卿呂公神道碑

表一千零一十五

作者/文獻	版本	用　　例
魏津 《(弘治)偃師縣志》 卷三	明弘治鈔本	(1) 唐贈太師崔公神道碑（劉禹錫）

表一千零一十六

作者/文獻	版本	用　　例
魏濬 《易義古象通》 卷三	清文淵閣四庫全書本	(1)《象》曰：大觀在上，順而巽，中正以觀天下。觀，盥而不薦，有孚顒若，下觀而化也。觀天之神道，而四時不忒。聖人以神道設教，而天下服矣。 (2) 觀神道也，故取象於祭神，無聲無臭，與人感應，只是精氣之通。上之觀下，下之上觀。細思之，欲摸索其處而不可得，動於聲臭之表而莫知其然，此便是神道與天不言而四時行同一功用，是謂不疾而速，不行而至。 (3) 聖人從空中做出全非勉強湊合，民之由者亦自不識不知，故曰“神道”。若別求神道，則將以愚民，非以明民，非觀義也。觀者，明明德於天下明之也，非愚之也。

表一千零一十七

作者/文獻	版本	用　　例
溫純 《溫恭毅集》 卷九	清文淵閣四庫全書本	(1) 高皇帝疇以神而為德於天下，微神疇以高皇帝而為德于吾縣。余然後知高皇帝神道設教，又知神之格不可射令，其民奉二百年遺令如一日至今也。

表一千零一十八

作者/文獻	版本	用　　例
溫璜 《溫寶忠先生遺稿》 卷三	清順治貞石堂刻本	(1) 明故資政大夫南京工部尚書贈太子少保泰垣沈公神道碑（代）

表一千零一十九

作者/文獻	版本	用　　例
文秉《烈皇小識》卷二	清鈔明季野史彙編前編本	(1) 三月，商雒兵備劉應遇率毛兵至漢中，合川兵擊賊。賊奔漢陰，應遇追斬五百餘人，誅其渠魁十餘人，餘悉北走，漢南盜平。八月，賊復犯耀州，參政洪承疇合官兵鄉勇共萬餘人，擊賊于雲陽，敗之。夜來，賊乘雷雨掠淳化，入神道嶺。此流賊之始也。
文秉《先撥志始》卷下	清寫刻本	(2) 附胡監鄉親厚善，誇魏祖神道通靈。

表一千零二十

作者/文獻	版本	用　　例
文德翼《求是堂文集》卷十	明末刻本	(1) 神道設教，雖陋封禪之文；王言如絲，豈崇讖緯之學？原仗嶽神呵護，絕類上聖之岣嶁；近為山鬼揶揄，頓忘列眞之湯沐。巋然古殿，僅剩靈光。孑爾殘僧，尚餘虒獸。 (2) 茲者灌井浪生，空醞桑落之酒；庾樓月墮，莫辨木蘭之洲。名嶽降靈，節度多追申甫；神道設教，良材每出豫章。上華祝於朔庭，近連攀嶺；留嵩呼於南紀，遠接栢梁。有此崇修，應爲廣募。
文德翼《求是堂文集》卷十三	明末刻本	(3)《德馨庵碑記》：蓋聞古之名將，將略自神乎？乃聽於神，城制可規也。以護祠為名，士氣可作也。以金錢為卜，人卒神之，陋者不督，遂以神道設教，將以愚民，求其髣髴，卒亦亾有，是謂傳春秋以來史所志者盡睽車乎？

表一千零二十一

作者/文獻	版本	用　　例
文震亨《長物志》卷五	清粵雅堂叢書本	(1) 宋、齊、梁、陳帖則宋文帝神道碑，齊倪桂金庭觀碑，齊南陽寺隸書碑，梁茅君碑，瘞鶴銘，劉靈正墜淚碑。

表一千零二十二

<table>
<tr><th>作者/文獻</th><th>版本</th><th>用　　例</th></tr>
<tr><td>文徵明
《甫田集》
卷二</td><td rowspan="2">清文淵閣四庫全書本</td><td>(1)《左神道中》：玉虛靈府千年秘，恣討知君眼境新。平日登高推短賦，西來濟勝有輕身。湖山四面天開寺，橘柚千家土著民。他日菟裘如有意，願攜書冊作比鄰。</td></tr>
<tr><td>文徵明
《甫田集》
卷三十五</td><td>(2) 神道碑一首
(3) 明故資善大夫太子少保南京工部尚書山陰何公神道碑
(4) 龍章炳煥於藏丘者，再乃即墓次建二亭，刻制詞其中。益樹松櫝，植神道，垣護扃鐍，式嚴以固。從而栖神之室，享祀之堂，守塚之舍，以次告成，而墓之制至是始備。</td></tr>
</table>

表一千零二十三

<table>
<tr><th>作者/文獻</th><th>版本</th><th>用　　例</th></tr>
<tr><td>吳道南
《吳文恪公文集》
卷十五</td><td rowspan="3">明崇禎吳之京刻本</td><td>(1) 嘗聞機泯則神定，神泯則天定。夫上天下地，往古來今，唯是機為用，神為主，何至於神而以泯為也？蓋聖神功化，有後天之妙用；聖德淵微，有先天之玄旨。故虛生神道集，虛神且屬生，安得不泯？道以虛集始，乃同天世之學。</td></tr>
<tr><td>吳道南
《吳文恪公文集》
卷十六</td><td>(2) 明太子少保刑部尚書擴菴董公神道碑</td></tr>
<tr><td>吳道南
《吳文恪公文集》
卷十八</td><td>(3) 太師申文定先生，生嘉靖乙未歲八月十有六日，卒萬曆甲寅歲七月十有九日，享年八十。訃聞，上為震悼綴朝。郵典有加，近世閣臣罕與儷。明年，厥孤某某以《墓表》來屬。不肖何能以表先生哉？謹于《誌銘》《神道碑》中，撮其大者表之。
(4) 又稱夫人平生無廉繊之患，其徵應良不偶。然已生子二，長和中即工部君，娶高氏，繼娶司氏。……詳載《誌銘》《神道碑》中。</td></tr>
</table>

表一千零二十四

作者/文獻	版本	用　　例
吳桂森 《周易像象述》 卷三	清文淵閣四庫全書本	(1)《彖》曰：大觀（去）在上，順而巽，中正以觀天下。觀（去，上同），盥而不薦，有孚顒若，下觀（平，下同）而化也。觀天之神道，而四時不忒。聖人以神道設教，而天下服矣。（或謂：有孚顒若，在下之人，信而仰之也。） (2) 這都是神之所為。自然而化，全不假一毫人力。故天有神道，只是个四時不忒。春有和風，夏有薰風，秋有金風，冬有寒風，自然天之化，无日不流行。聖人以天之神道設教，只是个中正自然。聖人之化，亦无日不流行，而天下服矣。天地之道，貞觀者也。四時不忒，天之貞，故天道无為而化成。中正以觀天下，聖人之貞，故聖人亦无為而化成。所謂神道，无為而已矣。 (3) 設教，非另有設施以立教。《書》曰：彰善癉惡，樹之風聲。只是省方一到，風化便已到。王者仍是无事天下，自靡然鼓動矣。此之謂“神道設教”。 (4) 進則觀已之生，可以為一世之觀法，如“大觀在上”否？退則觀已之生，可以觀見上之中正，以順承君子之生氣否？如此審擇，方合得聖人設教之神道。

表一千零二十五

<table>
<tr><th>作者/文獻</th><th>版本</th><th>用　　例</th></tr>
<tr><td>吳國倫
《甔甀洞稿》
卷四十三</td><td rowspan="4">明萬曆刻本</td><td>(1) 若公負文武，才見用明主，適國家有三大難，而公獨毅然肩之。所至功成，所去尸祝，語在朱司空所爲《神道碑》，何壯也！視世之雕蟲者，雖多亦奚以爲？</td></tr>
<tr><td>吳國倫
《甔甀洞稿》
續稿文部
卷一</td><td>(2) 明吏部考功員外郎敬甫穆公神道碑
(3) 予心高之盖二十餘年，而敬甫又嘗采錄明詩謬及予，不可謂不相知也。曁下世之明年，其子太學生光胤馳書三千餘里，以大司馬拱辰石公所為狀來，屬予為作《神道碑》。</td></tr>
<tr><td>吳國倫
《甔甀洞稿》
續稿文部
卷八</td><td>(4) 夫制命在君非常數，被命在臣亦非常遇。故書勞勸能，則予不愛爵；感恩報禮，則仕不愛忠。由一命以至九命，由受職以至圭瓚，秬鬯皆寵德之施，而神道之教也。豈臣子所得私覬而槩膺之者哉？</td></tr>
<tr><td>吳國倫
《甔甀洞稿》
續稿文部
卷十一</td><td>(5) 夫聖人以神道設教，良吏以神道興民，非怪異其說示人疑也。天壤之間，實有是理，而惟通幽明之故者知之。禹以治水稱神，豈獨其智神乎？
(6) 今田公才本神授，而玄帝又北方水神，其以香資遺公治隄彌水患，安知非神力乎？即功在禹下，而神道殆不可誣矣。</td></tr>
</table>

表一千零二十六

作者/文獻	版本	用　　例
吳國仕 《造命宗鏡集》 卷十	明崇禎三年吳氏搜玄齋刻本	（1）出軍神道

表一千零二十七

作者/文獻	版本	用　　例
吳節 《吳竹坡先生文集》 卷三	清雍正三年吳琦刻本	（1）成化改元，紹興陳公（某）來守是邦，諮於通判吳高請給公帑。鳩工啓土，首建神道坊於大江之涘，以迎來者。次建高樓於本塋享堂之陽，以崇神。樓高四尋，濶五楹深，稱之天官。葉公盛爲大書其額曰“景忠樓”，著景仰忠賢之意也。
吳節 《吳竹坡先生文集》 卷五		（2）每當清明寒食之天，兄弟奉酒奠拜掃于太父神道前。其神道爲牛形，自原道祖母葬是山，太父以孫祔祖墓下。 （3）贈通議大夫觀凱公同貞節淑人墓門神道碑銘記（翰林學士陳文） （4）今（節）因壽母之殁而與父合葬，得並碑銘于神道，亦永叔之心歟？文義不敢辭，故代之以言而系之以銘。

表一千零二十八

作者/文獻	版本	用　　例
吳寬 《家藏集》 匏翁家藏集 卷第七十七	四部叢刊景明正德本	（1）神道碑銘七首 （2）通議大夫刑部右侍郎林公神道碑銘 （3）明故資善大夫南京工部尚書蕭公神道碑銘 （4）今都察院左都御史戴公、工部右侍郎張公，皆爲公同年知友。弼往告曰：先人於法得樹碑神道。 （5）明故太中大夫資治少尹山西等處承宣布政使司右參政致仕祝公神道碑銘 （6）明故亞中大夫太僕寺卿吳公神道碑銘

續表

作者/文獻	版本	用　　例
吴寬 《家藏集》 匏翁家藏集 卷第七十七	四部叢刊景明正德本	(7) 亞中大夫、太僕寺卿吴公，以疾卒于官。上聞訃，遣官諭祭，命有司造墳，安葬如制。兵部給舟，載其柩，還其鄉。友太理寺丞吴君道夫以其子斯可等尚幼，爲經紀其喪，且謂公官三品，既荷朝廷邺典之厚，於制亦得樹碑神道，刻文以示久遠。 (8) 明故資德大夫都察院右都御史李公神道碑銘 (9) 今翰林學士南昌張公知公尤深者，既爲銘納于墓中矣。此復最其事行爲《神道碑銘》，銘曰：古燕建國，既越百年。國之供億，寔浩且繁。河渠再鑿，以浮以沿。漕舟畢集，開府督焉。有美李公，召自方嶽。入總留務，京儲是度。帝知其才，漕事有託。兼付列郡，俾究民瘼。……孰知九原，公即繼踵。才不盡施，而志亦賚。士夫之論，小人之思。思公之惠，曷止萬口。自山之西，及山之右。昔在韓滉，有聲于唐。公盡其才，亦尚可方。惟其不亾，託此以揚。 (10) 明故通議大夫都察院右副都御史陳公神道碑銘 (11) 宋復持狀來，請銘于神道之碑，葢道亨與予皆爲公同年，義皆不得而辭者。 (12) 明故資德大夫都察院左都御史贈太子少保謚襄敏鄧公神道碑銘 (13) 念公之没無後，具狀率夔來請銘于神道之碑。

表一千零二十九

作者/文獻	版本	用　　例
吴崑 《黃帝内經素問吴注》 黃帝内經素問第十五卷	明萬曆刻本	(1) 大椎以下至尻尾及傍十五穴。（謂大椎、陶道、身柱、神道、靈臺、至陽、筋縮、脊中、懸樞、命門、陽關、腰俞、長強十三穴。又會陽在兩傍各一，共十五穴。）
吴崑 《針方六集》 卷一	明萬曆程標刻本	(2) 神道一穴，在第五椎下間，俛而取之。《針經》：刺入五分，留五呼，灸三壯。一方灸七壯，累至百壯。 (3) 督脈經穴分寸歌（歌内增神聰四穴，亦太醫所傳，累用神良，今並存之。）：齦交唇内齦縫間，兑端正在唇中央。水溝鼻下溝中索，素髎宜向鼻端詳。……神道第五無足疑，靈臺第六至陽七。筋縮第九椎下司，脊中在脊十一椎，懸樞命門十三四，陽關十六椎下看。二十一椎腰俞条，其下長強趺地取。痔疾主之効不難。

續表

作者/文獻	版本	用　例
吴崑 《針方六集》 卷五	明萬曆程標刻本	(4) 神道一穴，主傷寒發熱，頭痛，往來，痎瘧，恍惚，悲愁健忘，驚悸。
吴崑 《針方六集》 卷六		(5) 歲熱時行，陶道復求中膂理；風癇常發，神道須還心俞寧。濕寒濕熱下髎定，厥寒厥熱湧泉清。寒慄惡寒，二間踈通陰郄暗；煩心嘔吐，幽門閉徹王堂明。

表一千零三十

作者/文獻	版本	用　例
吴亮 《萬曆疏鈔》 卷三十三	明萬曆三十七年刻本	(1) 首陵異變，孽火燒樓，妖蟲蝕樹，近且陰雨連綿，諸陵之神道橋梁衝潰漂淪，又見告矣。 (2) 夫民心即天意也，祖德卽民瘼也。故皇上力能以礦稅而傾民之家室，夫且以雷火而燬祖陵之明樓；皇上力能以礦稅而吸民之脂膏，天且以妖蟲而蝕祖陵之松栢；皇上力能以礦稅而轉民於溝壑，天且以霪雨而決祖陵之神道橋梁。夫人雖至昧，未有不念祖宗者；人雖至微，未有不顧墳墓者。

表一千零三十一

作者/文獻	版本	用　例
吴訥 《文章辨體》 卷六	明天順刻本	(1)《舒和》：神道發生敷九稼，陰極乘仁暢八埏。緯武經文隆景化，登祥薦祉啓豐年。
吴訥 《文章辨體》 卷二十四		(2)《宗廟加籩豆議》（唐崔沔）：臣竊聞識禮樂之情者能作，知禮樂之文者能述，述作之義，聖賢所重，禮樂之制，古今所崇。變而通之，所以久也。所謂變者，變其文也；所謂通者，通其情也。祭祀之興，肇於太古，人所飲食，必先嚴獻。未有火化，茹毛飲血，則有毛血之薦；未有麴蘖，汙樽抔飲，則有玄酒之奠。施及後王，禮物漸備，作為酒醴，伏其犧牲，以致馨香，以極豐絜，故有三牲八簋之盛，五齊九獻之殷。然以神道至玄，可存而不可測也；祭禮主敬，可備而不敢廢也。是以血腥爛熟，玄樽犧象，靡不畢登於明薦矣。

續表

作者/文獻	版本	用　　例
吳訥 《文章辨體》 卷二十四	明天順刻本	(3) 當禘祫之時，獻祖宜居東向之位，景皇帝宜從昭穆之列，祖以孫尊，孫以祖屈，求之神道，豈遠人情？又常祭甚衆，合祭甚寡，則是太祖所屈之祭至少。所伸之祭不多，比於伸孫之尊，廢祖之祭，不亦順乎？事異殷周，禮從而變，非所失禮也。
吳訥 《文章辨體》 卷四十八		(4) 范文正公神道碑銘（宋歐陽永叔） (5) 梅侍讀神道碑銘（王介甫） (6) 司馬溫公神道碑（蘇子瞻） (7) 開平忠武王神道殫銘（有序）（洪武宋景濂） (8) 故中順大夫禮部侍郎曾公神道碑銘（有序）

表一千零三十二

作者/文獻	版本	用　　例
吳士奇 《緑滋館稿》 卷三	明萬曆刻本	(1) 武徒爲之悚然曰：嘻，千載疑之，而一朝决之也。……毆文忠撰簡文《神道碑》，本中山慱野于忠壯。

表一千零三十三

作者/文獻	版本	用　　例
吳之鯨 《武林梵志》 卷五	清文淵閣四庫全書本	(1) 理宗《觀音像贊》：神道至妙兮，隱顯莫測。功德無邊兮，感應甚速。時和歲豐兮，祐我生民。兵寢刑措兮，康此王國。

表一千零三十四

作者/文獻	版本	用　例
伍守陽《仙佛合宗語録》	清光緒重刊道藏輯要本	（1）還丹者，機有將動之元精，用還返之法，化炁成丹。丹成，則以之養神入定，内觀照之化陽神。内觀照者，觀照此炁還之丹也。若未得還丹，内無所觀照，强欲觀照，乃無着落，必墮空亡死境。故曰：恐出陰神。陰神者，死而性靈之鬼也。投舍者，此身形氣已死，不能存住此性。故又投胎生身為居舍。迷眞道者，迷失長生不死之陽神道。 （2）《楞嚴經》云：其心不殺，則不隨其生死相續。殺心不除，塵不可出。如不斷殺，必落神道。當知是食肉人，皆大羅刹鬼。

表一千零三十五

作者/文獻	版本	用　例
夏浚《月川類草》卷一	清鈔本	（1）《中庸》謂“有事宗廟，設其裳衣”，盖主實臨之也。自漢作原廟，月以衣冠出遊。自時厥後，遂以衣冠代主，而神道遠矣。國初定鼎金陵，建廟立主矣。
夏浚《月川類草》卷四		（2）所謂寬一分之賜，亦所屑為者也。乃苦修陵事，則當直言神道尚幽。方不修墓，比在所緩，會部疏亟上，遂有成命不果。今即後來，財用不足，觀之固正坐計之弗悉耳。

表一千零三十六

作者/文獻	版本	用　例
夏良勝《（正德）建昌府志》卷十一	明正德刻本	（1）（元）翰林學士程鉅夫墓。（在四十四都繞堆。學士危素撰《神道碑銘》曰：混一之盛，若稽至元。大帝御極，俊乂飛騫。諤諤程公，蚤起南服。宿衛禁廷，眷遇彌篤。有煒令譽，館閣廻翔。敷陳時政，用戒色桑。……偘偘正色，功在四朝。贈謚之典，式勸臣僚。可封之鄉，大磐之墓。子孫來瞻，春雨霜露。樹碑神道，制命廷臣。金石不朽，永昭皇仁。） （2）贈布政使揭叔元墓。（在文會裏。王直題其《墓銘》曰：天之生賢，俾爲世用。德則有恒，忠義寔重。惟時搶攘，民弗寧居。不有宏才，誰闢厥謨。侃侃揭公，仗順而興。衆心樂從，霧滃雲蒸。……公雖不延，所存者長。寵命自天，丕顯其光。子孫繩繩，膺受帝祉。德之不亡，曷其有已。縣南之原，靈秀萃焉。過者必式，方伯之阡。穹碑峩峩，樹之神道。刻此銘詩，太史所造。）

續表

<table>
<tr><th>作者/文獻</th><th>版本</th><th>用　例</th></tr>
<tr><td>夏良勝
《(正德)
建昌府志》
卷十三</td><td rowspan="3">明正德刻本</td><td>(3) 官至三品，而家無百金之積，産無一畝之增，古所謂居官廉，雖大臣無厚蓄者，公真其人矣。(謝方石題《神道碑》。)</td></tr>
<tr><td>夏良勝
《(正德)
建昌府志》
卷十六</td><td>(4) 諫議大夫魏庠知蘇州，恃舊恩，多不法，吏莫敢近。公劾其狀以聞，太宗驚曰：是敢治魏庠，可畏！卒爲公罷庠。(《神道碑》)</td></tr>
<tr><td>夏良勝
《(正德)
建昌府志》
卷十九</td><td>(5) 忽聞呼“天妃至”，目遂開，覺舟之篛篷壓，若篘足之垂而蹈者。宛一婦人聲呼曰：一有學之士病在孤舟灘上，無一神道救之者，我來送它一陣好風。</td></tr>
<tr><td>夏良勝
《東洲初稿》
卷一</td><td rowspan="2">清文淵閣四庫全書補配清文津閣四庫全書本</td><td>(6) 近神道交蔭，松栢夾植，而序及門。門三甕，不時闢，至者必下馬，從垣左耳門以入，更不敢就道避尊也。</td></tr>
<tr><td>夏良勝
《東洲初稿》
卷八</td><td>(7) 雲竇流泉吸不乾，挽將洗我恨應難。門前有束生何忝，囊裏無金死更安。神道千年留望柱，穹碑萬口識休官。報恩莫罄身輸國，拭淚含悲強一餐。</td></tr>
<tr><td>夏良勝
《中庸衍義》
卷二</td><td rowspan="2">清文淵閣四庫全書本</td><td>(8) 臣良勝曰：尊居人主，富貴已極，無求不得，無欲不遂，惟有不死之説，足以動之。若神仙鬼神道佛，無有形影，功效弗彰，能遠之者，猶或疑貳。至於丹砂服食，旦夕著效，自非至達，鮮不溺之。故先世惑於方士，何止百十？</td></tr>
<tr><td>夏良勝
《中庸衍義》
卷三</td><td>(9)《觀・彖》曰：觀天之神道，而四時不忒。聖人以神道設教，而天下服矣。
(10) 程頤曰：天道至神，故運行四時、化育萬物無有差忒。至神之道莫可名言，惟聖人默契，體其妙用，設為政教，故天下之人涵泳其德而不知其功，鼓舞其化而莫測其用，自然仰觀而戴服，故曰：以神道設教，而天下服矣。</td></tr>
</table>

續表

作者/文獻	版本	用　例
夏良勝《中庸衍義》卷四	清文淵閣四庫全書本	(11) 臣良勝曰：公孫子曲學阿世，其人無足取也。然其和德之言，漢廷公卿所不能道者，是不可以人廢也。或者謂其嘉禾朱草之説，亦起武帝喜致祥瑞之心，與倪寬以中和建極成封禪之詔，杜鎬以神道設教遂天書之誣，均一託經術以阿世云爾。噫！君子所以惡居下流也。 (12) 吕中曰：至是，李文靖之言驗矣。封禪之議決于丁謂“定計有餘”之一言，天書之降成於欽若“神道設教”之一語，雖以王文正之碩德重望，不敢有異議。其後寇準之再相，亦以朱能之天書入，當時極言其非者，惟孫奭一人而已。天何言哉？此足以破人主之惑。
夏良勝《中庸衍義》卷五		(13) 聖祖親製《中山武寧王徐達神道碑》曰：王平昔言簡慮精，提兵之時，令出不二，諸將敬若神明。所至之處，攻城不屠，與人不戲。凡受命而出，及功成而旋，每不自矜。至於封姑蘇之府，置胡宫之美人、財寶無所取，婦女無所愛，忠志無疵，昭明乎日月。
夏良勝《中庸衍義》卷十四		(14)《傳》曰“子雖齊聖，不先父食”，蓋言子為父屈也。景皇帝雖太祖也，其於獻、懿，則子孫也。當禘祫之時，獻祖宜居東向之尊，景皇帝宜從昭穆之列，祖以孫尊，孫以祖屈，求之神道，豈遠人情？又常祭甚衆，合祭甚寡，則是太祖所屈之祭至少，所伸之祭至多。比於伸孫之尊，廢祖之祭，不亦順乎？

表一千零三十七

作者/文獻	版本	用　例
夏樹芳《詞林海錯》卷十	明萬曆刻本	(1) 蜜章：《癸辛雜志》云：密章二字，見《晉書》山濤等傳。自唐以來，文士多用之。近世若洪舜俞行《喬行簡贈祖母制》，亦云：欲報食飴之德，可稽制蜜之章。蜜字皆從蟲。劉禹錫《謝追贈表》云：紫書忽降於九重，蜜印加榮於後夜。《李國長神道碑》云：煌煌蜜章，肅肅終言。《王崇術神道碑》雲：没代流慶，蜜章下賁。宋祁縣《孫奭謚議》云：蜜章加等，昭飾下泉。乃竝從山，豈古字可通用耶？

表一千零三十八

作者/文獻	版本	用　例
夏言 《夏桂洲文集》 卷十一	明崇禎十一年吳一璘刻本	(1) 再照修飭七陵一節，臣等伏覩長陵等七陵，除康陵營建未遠，其諸陵委各間有損脱，宜加修飭。及臣勛等昨於行宫，面奉聖諭：長陵神道宜用石砌，庶圖堅久。其石像等項，宜各護以石臺。 (2) 我太祖肇都南京即周公都洛，太宗定都北京即武王都鎬，知武王、周公之志未嘗不同，則知太祖、太宗之心未始異矣。况太祖末年，嘗有改都之議，則知一時定鼎金陵，未稱貽謀之遠。迨太宗定都燕京，内制六合，外控諸邊，形勢遠過關中，固萬世帝王之業，我太祖在天之靈，豈不居歆？况聖子神孫既親奉祀事于此，則祖宗神靈自當陟降于此。斯固人情，亦乃神道。古人立主依神，立廟依主，而子孫之身又祖宗所依。今日正當定專如此，使宗廟社稷專主於此，本支百世根本於此，祈天（闕三字）民出治罔不於此。……此臣等所謂不徒定一代宗廟之禮，而且以定萬世帝王之業者也。
夏言 《夏桂洲文集》 卷十六		(3)《奉勒撰修建真人府記》：钦惟皇上以神圣文武诞膺景命，道合上玄，孝通神明，以恭默源万化，以仁寿域羣生，陶以太和，躋之至顺，無爲協帝，好生洽民，治世之德極夫盛矣。萬幾之暇，猶復適意。玄宗究觀元化，思以神道設教，感通天人，於是遵文祖列聖之遺矩，即大德顯靈宫建昊極尊明殿於彌羅閣之艮隅，賜名曰“嘉慶”。 (4) 壙誌·神道碑 (5) 戶部尚書鄧公神道碑 (6) 贈資政大夫兵部尚書兼都察院右都御史菊菴毛公神道碑 (7) 鎮守雲南總兵官征南將軍太子太傅黔國公贈特進光祿大夫左柱國太師謚敏靖沐公神道碑 (8) 朝輔遣使，奉公柩歸塟于南都之鍾山。及走使具狀，詣余請公《神道碑》。 (9) 篤菴薨，上軫念。朝輔幼，命卽鎮襲封。比以安南功，加太子太保。予又皆見之。自余辱交王岡公，篤菴以父執視。余不忘世好，神道之碑，子惡忍辭耶？
夏言 《南宫奏稿》 卷三	清文淵閣四庫全書本	(10) 周令四時，必薦新於寢廟。葢事死如事生，不敢以人之餘奉神。此時祭之外，行薦禮也。先哲方懿以為以人道事之故有寢，以神道事之故有廟。今之奉先殿，進薦品物，即其制也。

表一千零三十九

<table>
<tr><th>作者/文獻</th><th>版本</th><th>用　例</th></tr>
<tr><td>項篤壽
《今獻備遺》
卷一</td><td rowspan="2">清文淵閣四庫全書本</td><td>（1）五年，北征還，復命守邊，歲鎮北平。十七年，太陰數犯上將，太祖心惡之。召達還京師，明年薨。追封中山王，謚武寧。賜塟鍾山之陰，太祖親為製《神道碑文》。命配享太廟，塑像功臣廟，位皆第一。</td></tr>
<tr><td>項篤壽
《今獻備遺》
卷五</td><td>（2）劉崧，字子高，江西泰和人也。初名楚，国初，更名崧。……政有聲績，徵拜禮部侍郎。嘗奉勑撰勲臣《神道碑銘》及《封誥》，宋濂見其文，嘆曰：此今之司馬子長也。</td></tr>
</table>

表一千零四十

作者/文獻	版本	用　例
項元汴 《蕉窗九録》	清學海類編本	（1）宋文帝神道碑

表一千零四十一

<table>
<tr><th>作者/文獻</th><th>版本</th><th>用　例</th></tr>
<tr><td>笑笑生
《金瓶梅》
卷七</td><td rowspan="3">明萬曆刻本</td><td>（1）伯爵道：你這小淫婦，道你調子曰兒罵我，我没的說，只是一味白鬼，把你媽那褲帶子也扯斷了。繇他到明日不與你箇功德，你也不怕不把將軍為神道。</td></tr>
<tr><td>笑笑生
《金瓶梅》
卷八</td><td>（2）婦人聽了微笑說道：他宅裡神道相似的幾房娘子，他肯要俺這醜貨兒?</td></tr>
<tr><td>笑笑生
《金瓶梅》
卷十九</td><td>（3）緋羅繳壁，紫綬卓圍。當廳額掛茜羅，四下簾垂翡翠。勘官守正，戒石上刻御製四行；人從謹廉，鹿角旁插令旗兩面。軍牢沉重，僚椽威儀。執大棍授事立堦前，挾文書廳旁聽發放。雖然一路帥臣，果是滿堂神道。</td></tr>
</table>

表一千零四十二

作者/文獻	版本	用　　例
謝純 《(嘉靖)建寧府志》 卷二十	明嘉靖刻本	(1)宋慈墓(淳祐十二年,敕葬樂田里之昌茂,特贈朝議大夫、直焕章閣,御書神道門以旌。) (2)朱文公神道,事方就緒。方代去,巡按御史白賁既至,遂踵成之。 (3)忠顯公劉韐墓(在五夫里開善寺後左拱辰山。韐未第時,肄業拱辰。既終,子子羽遂塋韐于此。神道碑額"旌忠褒節"四字,盖御書也。)
謝純 《漕運通志》 卷十	明嘉靖七年楊宏刻本	(4)《平江侯恭襄陳公神道碑銘》,楊少師士奇撰。 (5)公葬以薨之明年三月,墓在江寧縣太山之原。余與公同朝三十餘年,相知且好,於是子儀孫豫以狀求著神道之碑,故按狀叙而銘之。銘曰:緊公挺出何桓桓,武兼勇智追前聞。……功載册府被後昆,大江之陽巋有墳。太史銘之昭不刊。

表一千零四十三

作者/文獻	版本	用　　例
謝庭桂 《(嘉靖)隆慶志》 卷七	明嘉靖刻本	(1)李衍,字文盛,本州東南隅人。由進士累官至户部尚書。直言正色,不畏權奸。為侍郎時,奉命救荒陝西,措置有方,活人甚衆,至今人猶感慕之。行蹟見《藝文·神道碑》。
謝庭桂 《(嘉靖)隆慶志》 卷八		(2)李尚書衍墓(在州城東北五里。公弘治七年卒,朝廷遣官諭祭,營墓域以葬。吏部尚書東海徐溥譔《神道碑》,紀其蹟。俱見《藝文》。)
謝庭桂 《(嘉靖)隆慶志》 卷十		(3)户部尚書李公神道碑銘(徐溥,東海人。吏部尚書。)

表一千零四十四

作者/文獻	版本	用　例
謝肇淛《五雜組》卷五	明萬曆四十四年潘膺祉如韋館刻本	(1) 至於刳破腹背，斷截腸胃，抽割積聚，湔洗疾穢，如有神道設教，則吾不敢知。若猶技也，竊恐理之所無。龐安常以爲史之妄者，良不虚也已。
謝肇淛《五雜組》卷十		(2) 按：孔林十里中，雲木參天，上無鳥巢，無鴉聲，下無荊棘、蒺藜、刺人之草。聖人生前不語怪，乃身後著靈異若此，豈亦以神道設教耶？抑或有地靈呵護之也！
謝肇淛《五雜組》卷十五		(3) 唐以前，崇奉朱虚候劉章，家祠户禱，若今之關王云。然自壯繆興而朱虚之神又安之也。今世所崇奉正神，尚有觀音大士、真武上帝、碧霞元君。三者與關壯繆香火相埒，遐陬荒穀，無不屍而祝之者。凡婦人女子，語以周公、孔夫子，或未必知，而敬信四神，無敢有心非巷議者，行且與天地俱悠久矣。豈神佛之中亦有遭遇而行世者耶？抑神道設教或相禪而興也？
謝肇淛《北河紀》卷八	清文淵閣四庫全書本	(4) 猶然以神道設教，矧於今日軍國之輸十九，仰給東南四百萬石。余皇銜尾貫魚，咽喉涓涓，一衣帶水耳。

表一千零四十五

作者/文獻	版本	用　例
邢雲路《古今律曆考》卷二十	清文淵閣四庫全書本	(1) 漢歷誤推以元旦之日食加於前之窮歲，以正月之二日謬為元旦之三朝日食而不知為大變，且除夕於履端，行朝祭大典於朔二。此之所關，豈細欲神道人道能休㤟乎？百工庶績能釐熙乎？

表一千零四十六

作者/文獻	版本	用　例
熊過《周易象旨決録》卷二	清文淵閣四庫全書本	(1) 觀天之神道，而四時不忒。聖人以神道設教，而天下服矣。 (2) 陸曰：一本作“以神道設教”。晁曰：當無“以”字。《象》曰：風行地上，觀。先王以省方觀民設教。

表一千零四十七

作者/文獻	版本	用　例
熊明遇《文直行書詩文》文選卷一	清順治十七年熊人霖刻本	(1) 惟晉旌陽令許公，含陰召陽，宗淨明忠孝，以立學修身，艾民保國，神道設教。
熊明遇《文直行書詩文》文選卷十六		(2) 朕惟自古以儒道治天下，而儒道之外，復有釋教，相翼並行。朕以冲昧嗣承大統，迄今三十有七禩。天下和平，臣民樂業，仰思天眷祖德洪庇，良由大公同善之因。况國初建置僧錄司，職掌厥事。蓋仁慈清浄，其功德不殊，神道設教，于化誘為易。祖宗睿謨，意深遠矣。
熊明遇《文直行書詩文》文選卷十七		(3) 五行之官治而世，乃川乂公奠安茲土。神道設教，申盟作誓，俾不忠不孝之徒與天吳罔象咸消于淨明之域，功不在禹下。夫功施于民，則祀之。
熊明遇《格致草》	函宇通本	(4)《易》曰：天地設位，而易行乎其中矣。又曰：觀天之神道，而四時不忒。又曰：澤火革，君子以治曆明時。

表一千零四十八

作者/文獻	版本	用　例
徐昌治《昭代芳摹》卷十	明崇禎九年徐氏知問齋刻本	(1) 倫上表稱謝，略云：桓榮設几杖於太常，而不聞有宸翰之賜；晏殊題舊學於神道，而不見有几杖之頒。自今將杖以戒喧，則當思四海或有饑餒之民；憑几以安身，則當念一物或有失所之嘆。 (2) 中山徐武寧王，名達，鳳陽人。幼倜儻沉雄，有智略。年二十三，從上起兵。上即皇帝位，加中書右丞相。……上爲《神道碑文》。王言簡慮精，當提兵時，令出不二，諸將若神明。受命而出，功成而旋，不自矜伐。至於封姑蘇府庫，置胡宮美人、財寶無所取，婦女無所愛，可謂忠志無疵，昭光天日者。侑享太廟，肖像功臣廟，位皆第一。 (3) 召還，至壽春卒。謚武順，侑享太廟。柩至三山門，上臨奠，為視塋地，歎曰：愈事朕二十二年，歷鎮八州，有功無過。命朱夢炎為文，刻《神道碑》。王器量宏偉，沉毅簡重，謙恭慎密，孝友統備。臨敵不懼，有功不矜；禮賢下士，寬惠愛人。

表一千零四十九

作者/文獻	版本	用　　例
徐復祚《花當閣叢談》卷四	清借月山房彙鈔本	(1) 邨老曰：甚矣！大痴之善詼諧也，然寔足以警世。聞潁川有《姚尚書神道碑》，規制弘鉅，頗類顔魯公所書《茅山碑》者。國初，州人侍郎某者，欲割三分之一鍥墓表。畏州守難之，懇祈百端。州守曰：姚尚書子孫微矣，莫有主者，便割三分之二無不可！侍郎喜過望。或問守曰：侍郎割尚書之碑，子不能禁，又從而過許之，何也？守曰：吾意欲使後人割侍郎之碑，猶得中分耳。

表一千零五十

作者/文獻	版本	用　　例
徐紘《明名臣琬琰録》卷一	清文淵閣四庫全書本	(1) 太祖高皇帝御製中山武寧王神道碑 (2) 王平昔言簡慮精，當提兵之時，令出不二，諸將敬若神明。所至之處，攻城不屠，與人不戲。凡受命而出，及功成而旋，每不自矜。……勒諸堅石，樹當神道。歌曰：景命昌兮天彰，錫我英俊兮忠良。幽韜秘略兮神機，黙溫溫兮兼剛。秉旄鉞而徂征兮既出，幡幢繚繞兮雄氣軒昂。戰騎靈兮蹄疾，旌旗烈烈兮前行。……奮志海内兮孰前，當摧堅撫順兮我武惟揚。 (3) 鄂國常公開平忠武王神道碑銘（宋濂）
徐紘《明名臣琬琰録》卷二		(4) 曹國李公岐陽武靖王神道碑銘（有序）（董倫） (5) 洪武十有七年春三月，開國輔運推誠宣力武臣、特進榮祿大夫、右柱國、大都督府左都督、曹國公、同知軍國事李公，薨於第。皇上輟視朝三日，親製文。遣使致祭，追封岐陽王，謚武靖，賜塟地於鍾山之陰。越三年秋，有司奏：王神道碑石已具，而未有刻辭。明日，詔臣倫為文，撰次王之勛德，以寵其子孫於無窮。 (6) 衛國鄧公寧河武順王神道碑（朱夢炎） (7) 信國湯公東甌襄武王神道碑銘（方希直）
徐紘《明名臣琬琰録》卷三		(8) 安陸侯黔國威毅吳公神道碑銘（有序）（劉三吾） (9) 鞏昌侯陝國宣武郭公神道碑銘（有序）（劉三吾） (10) 定遠侯王弼追封三代神道碑銘（有序）（劉三吾）

續表

作者/文獻	版本	用　　例
徐紘 《明名臣琬琰録》 卷四	清文淵閣四庫全書本	(11) 長興侯耿炳文追封三代神道碑銘（并序）(劉三吾) (12) 皇上有天下以來，玉音日所敷訓，文武臣庶惟忠與孝，是勵是懋。……念爾子爾孫，克有今日，皆由祖宗樹德其前，乃追贈其先金四錠、白金四十錠、鈔一千錠、文段表裏三十疋，安富厥家。榮享有廟，神道有碑，備物肖像有翁仲羊馬，於是賜號長興侯。 (13) 宋國公馮勝追封三代神道碑銘（并序）(劉三吾) (14) 陸安侯許國襄簡王公神道碑銘（有序）(劉三吾)
徐紘 《明名臣琬琰録》 卷五		(15) 汪國襄烈吳公神道碑銘（吳伯宗） (16) 海國襄毅吳公神道碑銘（劉崧） (17) 又明年庚申，上追念其勞，爰敕儒臣禮部侍郎臣崧撰文，刻諸神道之碑，以昭不朽。 (18) 銘曰：赫赫景命，大明當天，帝業所基，公侯出焉。桓桓吳公，有仡其勇，顧瞻在廷，玉立山聳。元政不綱，帝憫下民，爰揮天戈，掃除妖氛。始克滁和，旋拔採石，飛渡大江，曾不終日。……方召元老，曹周世庸，氣應德符，千載一逢。維天佑賢，公宜永福，何疾之嬰，遽此不淑。儀曹考行，贈謚有光，鍾山佳城，天設地藏。神道之左，有石巃嵸，儒臣作銘，昭示無極。 (19) 滕國襄靖顧公神道碑（劉崧） (20) 既葬，其孤敬泣而請於朝曰：惟先臣事上二十餘年，不幸蚤終。顧神道之石，銘文未勒，敢援故事以請，於以見聖朝眷待之厚，且以慰先臣於地下也。 (21) 臣崧職在討論，不敢以蕪陋辭，謹狀次而書之，且系之銘曰：聖人受命，萬物咸覩。乘時佐運，各奮其武。矯矯靖襄，生於帝鄉。帝猶龍飛，雲從之翔。自淮渡江，首定建業。公時左右，執俘獻捷。……公歸未期，遽以訃告。沿邊驚呼，當宁嗟悼。襄靖有謚，滕國有封。茅土新疏，沛豐舊庸。闡績著銘，爰勒神道。榮光自天，天子有詔。 (22) 營國威襄郭公神道碑銘（楊榮） (23) 玹以神道之石未立，無以昭示永久，來請文。予閲其家傳，考定其大者，次第之而系之銘曰：天啟皇明，淮甸龍飛。乘時應運，風雲一機。太祖受命，汛掃餘孽。羣力桓桓，鼓勇就列。……忠在朝廷，載之信史。亦有孝思，永錫爾類。在昔汾陽，著勲有唐。公實似之，於今益彰。我作銘詩，勒功墓道。百世斯承，有赫其耀。 (24) 都督僉事謝公神道碑銘（李景隆）

續表

<table>
<tr><th>作者/文獻</th><th>版本</th><th>用　　例</th></tr>
<tr><td>徐紘
《明名臣琬琰録》
卷六</td><td rowspan="5">清文淵閣四庫全書本</td><td>(25) 蘄國武義康公神道碑銘（有序）（宋濂）
(26) 縉雲伯胡公神道碑銘（宋濂）
(27) 御史中丞章公神道碑銘（宋濂）
(28) 嗚呼！是為吾友龍泉章公之墓。初予未識公時，輒稔聞其名。及公應聘而起，同赴於南京，同館於青溪，同出入禁署，以備顧問，如是者四三年。私竊以為生我者父母，知我之志者唯公而已。不知公何為棄予而遽死矣乎？有善孰予，相孰知我瑕疵而攻之乎？神道之碑，公之子特以為屬，肝腸百裂，其何能綴緝言辭乎？相知之深者不為之，則鋪張君子之休美，不識當屬之誰乎？因抆淚而叙之。</td></tr>
<tr><td>徐紘
《明名臣琬琰録》
卷七</td><td>(29) 禮部侍郎曾公神道碑銘（有序）（宋濂）</td></tr>
<tr><td>徐紘
《明名臣琬琰録》
卷九</td><td>(30) 其父忠肅，在元時、敭歴中外四十餘年，五持憲節，逮事七朝，豐功盛德，所以熹後衍慶《神道碑》紀之悉矣。
(31) 戸部尚書郁公神道碑銘（解縉）
(32) 公娶嚴氏，尤善理家。公於家事不以為言，而井然有條無不舉。公生至正丙戌正月十四日，年六十。……公嘗托予銘其墓，而神道之碑亦不可不刻也。乃序而銘之，詩曰：泰運肇開賢彙生，巨細咸具勳業成，有奮布衣位六卿，寛欲强敏豈惟承，有善不伐責已盈，人道不惡天所矜，有崇斯阡其永寧。
(33) 朝廷設科取士，三塲。四書、經義、論、詔、誥、表、判、策，三吾多所刊定。因著《學業啟蒙》，嘗被旨考正《周禮纂》《書傳會選》及諸功臣《神道碑銘》，多命三吾為之。</td></tr>
<tr><td>徐紘
《明名臣琬琰録》
卷十二</td><td>(34) 十三年春，徵拜禮部侍郎。既拜命，日稽古典，惟寅惟清，上嘉之。以其文學雅正，勑撰滕國公顧時、海國公吳禎《神道碑》及撰申國公鄧鎮襲封誥詞。宋學士景濂嘗觀其文，嘆曰：此司馬遷之文，求之今世，蓋未有過之者。</td></tr>
<tr><td>徐紘
《明名臣琬琰録》
卷十三</td><td>(35) 肇慶府知府贈禮部侍郎王公神道碑（楊溥）
(36) 世自漢以來，有道之士有碑，有位之士有碑，用紀德善、勲業、聲名，為世昭監。故肇慶府知府王公以子官加贈通議大夫、禮部左侍郎，有道有位，宜紀述公之神道。
(37) 越五年，原中有泉出，乃以壬戌十月某日改葬雲亭鄉之聶家山。直屬余《神道碑文》，余以不敏辭。</td></tr>
</table>

續表

作者/文獻	版本	用　例
徐紘《明名臣琬琰録》卷十四	清文淵閣四庫全書本	(38) 河間忠武王張公神道碑銘（楊士奇） (39) 余陪太師公在史館經筵久，以余永樂、洪熙從臣，實聞二聖所嘗論王者，應銘神道之碑，乃叙而銘之。銘曰：文皇奉天，中興邦國。桓桓忠武，奮起羽翼。帷幄密勿，長策深畫。上契淵衷，魚水之得。……聊城之鏖，髮怒上冲。先軫戰箕，千載一忠。王勞在國，王績在史。王嗣象賢，益閎以偉。帶礪山河，廷有明誓。清廟陟享，逾千萬祀。 (40) 成國朱公東平武烈王神道碑銘（楊士奇） (41) 永樂初，某侍講禁林，凡軍國事預陪廷議，恒與王接知之有素，至是太保公屬書神道之碑，敬叙而為銘。銘曰：明聖之興，天實命之。必有名世，輔翼攸資。文皇大聖，奉藩恭恪。天將啟之，内難奄作。……南交弗靖，奉命徂征。師未出疆，大星墮營。天不慭遺，堂柱遽仆。帝聞盡傷，卹與隆厚。忠存社稷，勲載簡編。偉哉嗣興，顯顯象賢。河山有誓，追崇有詔。皇明萬年，永配清廟。 (42) 定西侯涇國武勇蔣公神道碑（錢文通） (43) 翼城侯孫公神道碑銘（楊榮）
徐紘《明名臣琬琰録》卷十五		(44) 户部尚書陳公神道碑銘（王僎） (45) 其同年友南京吏部尚書崔公，既經紀其喪，復述公履歷以授鵠，俾持以乞文於予，將立碑神道。
徐紘《明名臣琬琰録》卷十六		(46) 鎮遠侯夏國武毅顧公神道碑銘（楊士奇） (47) 至是，興祖具事狀屬士奇，書神道之石。士奇永樂、洪熙中，官翰林，日侍二聖，實聞公事。故不辭，敬次第書之而係以銘曰：大明奉天，肇迹淮土。公奮從龍，來歸皇祖。金戈鐵馬，桓桓四征。鏟暴鋤強，疇之敢攖。……公身在外，心存廷陛。匭函有陳，皆國大計。當宁聖明，嘉公忠言。寵賚華褒，誕自天降。國有老成，謂宜百歲。曷不慭遺，營星奄墜。雄蓋萬夫，智名勇功。公福簡簡，哀榮始終。慶澤之貽，綿綿來嗣。篤念先祖，祇于世世。 (48) 陽武侯鄞國忠武公神道碑銘（楊士奇） (49) 永康侯蔡國忠烈徐公神道碑銘（楊士奇） (50) 安奉國子祭酒貝公泰所述事狀，求文刻神道之碑。士奇與公同朝十有餘年，後同侍監國相，厚知公之行加詳，故為序而銘之。銘曰：桓桓徐公，為時虎臣。襲家之勲，奮武以振。天啟聖明，義旗爰舉。提誠來從，股肱之輔。……肅肅小心，溫恭靖嘉。歸焉老成，為國之華。維孝維忠，在公允蹈。

續表

作者/文獻	版本	用　　例
徐紘 《明名臣琬琰録》 卷十六		宜貴宜富，曷不耆耄。都門之南，聿崇起墳。過者下車，視茲刻文。 (51) 平江侯恭襄陳公神道碑銘（楊士奇） (52) 余與公同朝三十餘年，相知且好，於是儀以狀求著神道之碑，故按狀叙而銘之。銘曰：繄公挺出何桓桓，武兼勇智追前聞。材藝夙試卓寡倫，峨冠三品承考勳。蠻貉獠洞獫猲羣，負險弗憂寧且趦。公奮掃刮迅扳塵，前滌舊俗寧邊民。……踰淮歷濟底天津，疏湮鑿堅劬且勤。坦行如砥戚者忻，猗嗟公篤孝與仁。厥施諸時績弗泯，愛國亦有嘉謨陳。功載冊府被後昆，大江之陽巋有墳。太史銘之昭不泯。
徐紘 《明名臣琬琰録》 卷十七	清文淵閣四庫全書本	(53) 西寧侯宋公神道碑銘（楊士奇） (54) 涇國襄敏陳公神道碑銘（金幼孜） (55) 太保公之神道未有刻詞，乃以公事行，命其子勳衛昭來請銘，遂為之銘曰：烈烈陳公，虎臣之傑。昔事太祖，佐興皇業。從征四方，如霆如雷。無敵不破，無堅不摧。……惟公有子，惟國有臣。為國楨幹，本公之仁。公仁何以，不妄殺戮。不事俘擄，不寶金玉。斯實公仁，格彼穹旻。昭茲錫類，以大厥聞。峩峩豐碑，用揚勲德。與國始終，永世無極。 (56) 寧陽侯濬國武靖陳公神道碑銘（李賢） (57) 漳國忠毅鄭公神道碑銘（楊榮） (58) 宣德甲寅二月乙丑，奉天靖難推誠宣力武臣、特進榮禄大夫、柱國、中軍都督府左都督、武安侯鄭公，薨于大同。訃聞，上嗟悼，輟視朝三日。遣官致祭，賜棺及賻，命有司營葬，追封漳國，謚忠毅。某年某月某日，歸塟北京之西山婺里。其子能既襲侯爵，遂具公平生之槩，來求《神道碑銘》。 (59) 武進伯朱公神道碑銘（羅亨信） (60) 洪熙元年乙巳秋七月三十日，征敵前將軍總兵官武進伯朱公，以疾卒于遼東之鎮所。……十月九日，賜地塟于宛平縣京西鄉盧溝橋之西原。……於是泣持彖謀户部右侍郎沈君仲威所具事狀，謁予撰其神道之碑。
徐紘 《明名臣琬琰録》 卷十八		(61) 少師工部尚書追封莊平伯榮襄吴公神道碑銘（楊士奇） (62) 少保户部尚書黄公神道碑銘（楊士奇）
徐紘 《明名臣琬琰録》 卷十九		(63) 大學士文穆胡公神道碑銘（楊士奇） (64) 少保忠靖夏公神道碑銘（楊士奇） (65) 户部尚書古公神道碑銘（楊士奇） (66) 宣德三年二月十八日，户部尚書古公卒。訃聞，上遣進士康琰賜祭，命有

續表

作者/文獻	版本	用　　例
徐紘 《明名臣琬琰録》 卷十九	清文淵閣四庫全書本	司給舟歸其喪，且營葬事。既葬，其子本奉禮部尚書蔚公所述事狀，走北京，介少保夏公，求書神道之碑。 （67）黔國沐公定遠忠敬王神道碑銘（楊士奇） （68）沐氏，鳳陽定遠人。其先所自具前翰林學士王景所著黔寧昭靖王神道之碑。 （69）至是，王之子以事狀求余書神道之碑，謹按狀叙而銘之。銘曰：天啓皇明，于淮之右。配天與地，篤生帝后。二聖至仁，作民父母。心存萬方，包含徧覆。……奉國忘家，志如堅金。寸棘未剪，躬不寧處。過自偏裨，於躬引咎。終於王事，德善孔多。顯顯華褒，千歲弗磨。沐世子孫，奕奕象賢。篤忠與孝，永光其傳。
徐紘 《明名臣琬琰録》 卷二十		（70）都御史向公神道碑銘（金幼孜） （71）刑部尚書趙公神道碑銘（楊榮） （72）右都御史王公神道碑銘（楊榮）
徐紘 《明名臣琬琰録》 卷二十一		（73）兵部尚書許公神道碑銘（楊榮）
明徐紘 《明名臣琬琰録》 卷二十二		（74）刑部尚書魏公神道碑（王直） （75）予最知公，不可辭。乃為序，述其事而系以銘：侃侃魏公，有美在中。乘時而升，事我太宗。始為御史，職是憲紀。爰副外臺，來表俞美。……伊維邊城，隆隆軍聲。萬里塞垣，纖塵不驚。公既勞只，簡在天子。以疾而休，是謂知止。邦家之光，閭里之榮。溘然上征，為風為霆。甘泉之山，神道有石。揭德振華，以示亡極。
徐紘 《明名臣琬琰録》 卷二十三		（76）吏部尚書黃公神道碑（王直） （77）明年十二月二十一日，葬于其鄉梨樹岡之原。葬已，其子儒剴來謝恩闕下，詣予拜且泣曰：先考之葬，朝廷寵終之禮厚矣。于今得樹碑神道，而未有文，敢以請。予少於公而辱交久，誼不可辭。 （78）公既孝于親，尤篤於二兄。仲氏宗曼有孫孤承裔，貧苦不能自立，公命其子文凱、儒凱收養之。……姑序次其大者，俾刻諸神道而系以銘。銘曰：在太祖世，經術取士。公乃奮興，以克有位。於皇太宗，復舉用公。揚于外

續表

作者/文獻	版本	用　　例
徐紘《明名臣琬琰録》卷二十三	清文淵閣四庫全書本	臺，以肅庶工。出入中外，有勞有烈。人望謂何，邦家之傑。……祗事列聖，殆五十年。殊錫寵褒，帝制在焉。達尊者三，公則兼備。哀榮始終，莫與為比。梨樹之原，峩峩新阡。刻此銘詞，百世之傳。
徐紘《明名臣琬琰録》卷二十四	清文淵閣四庫全書本	(79) 禮部尚書忠安胡公神道碑銘（李賢）

表一千零五十一

作者/文獻	版本	用　　例
徐階《世經堂集》卷十九	明萬曆間徐氏刻本	(1) 明故贈光禄大夫太子太保吏部尚書安貞熊公神道碑銘 (2) 冢宰以制得樹碑公之神道，徵文於階。 (3) 贈通議大夫吏部侍郎巖溪歐陽公神道碑銘 (4) 仲律將以（闕）年（闕）月（闕）日，葬公某處。與其兄以公遺命，來請銘神道之碑。 (5) 明故太子太傅贈太傅謚恭僖成國朱公神道碑銘 (6) 明故太子少保禮部尚書兼翰林院學士文莊歐陽公神道碑銘 (7) 餘慶等十以丙辰某月某日，葬公於某山之原。奉公高第弟子工部侍郎雷公狀，請予銘其神道之碑。 (8) 然則銘公而因以抒死生之感，予固不得辭也夫！銘曰：大江之西多名臣，文章事业垂声均。以学发闻自公身，曰孔有軌吾所循。先於治已推之人，寂感順應虚乃神。公學以心非脗唇，深造實踐功力純。……道誰尼之弗盡伸，星斗晦翳江漢堙。無能起公百感臻，我涕一日三沾巾。推本學術刻貞珉，千載神道瞻嶙峋。公則逝矣光流新，以此塞悲悲孰倫。嗚呼！以此塞悲悲孰倫。 (9) 明故資德大夫正治上卿參贊機務南京兵部尚書贈太子少保克齋李公神道碑銘 (10) 資德大夫、正治上卿、參贊機務、南京兵部尚書克齋李公，既卒之六年，其子刑部主事材奉兵侍兩溪萬公狀，與其兄進士栻書，請予銘神道之碑。 (11) 明故南京國子監祭酒贈禮部右侍郎謚文莊鄒公神道碑銘 (12) 銘曰：維古明道，必資於言。洙泗以降，其言曰繁。道以言明，亦以言

續表

作者/文獻	版本	用　　例
徐階 《世經堂集》 卷十九	明萬曆間徐氏刻本	晦。玄虛眇微，皆道之累。昔在紹興，發明良知。格物慎獨，惟以致知。聽謬傳訛，異說則起。……士乃恍然，如客得歸。持循據守，道以不違。猗嗟正學，紹興始倡。幾晦而明，惟公是仗。公於斯道，其功實弘。乃其緒餘，世已競稱。我揭斯銘，公之神道。後有作者，尚其來儆。
徐階 《世經堂集》 卷二十一		（13）《祈雨告社稷文》（代南原邦伯作）：某奉職無狀，上干天和。雨弗時行，三農告病。惟某有罪，民則何辜？是用齋沐，虔告于神。惟神道本，承天德，專育物，無曰某之。故惟民是矜，賚我甘霖，介兹百穀，民之率育，亦惟神休。敢告。

表一千零五十二

作者/文獻	版本	用　　例
徐溥 《謙齋文録》 卷四	清文淵閣四庫全書補配清文津閣四庫全書本	（1）故南京禮部尚書謚文僖黎公神道碑銘 （2）弘治辛亥，南京禮部尚書黎公，以疾乞致仕，詔可。……四月十八日，竟以疾卒，享年七十。訃至，命有司諭祭及營葬事，謚文僖。其孤民表詣闕謝恩。他日，奉公門人李學士賓之狀，拜請《神道碑銘》。 （3）故南京吏部尚書進階榮祿大夫致仕贈太子太保謚文肅王公神道碑銘 （4）矧公之文學政事，卓然為一代聞人，而耆年高爵，殊恩盛典，其在朝廷、在天下所關甚重，是不可無所紀述，以昭不朽。而公之子沂以《神道碑銘》來請，乃按福建布政使陳君朝用狀，次第書之。 （5）故封奉直大夫刑部員外郎錢公神道碑銘 （6）嘉議大夫都察院右副都御史唐公神道碑銘 （7）故南京兵部尚書致仕進階榮祿大夫薛公神道碑銘 （8）通奉大夫工部左侍郎杜公神道碑銘 （9）弘治甲寅二月六日，工部左侍郎致仕杜公卒。……公之子源等卜某年某月某日，葬公于昌黎縣某之原。以予為公之同年，乃以《神道碑銘》來請。 （10）故資德大夫正治上卿太子少保禮部尚書贈太子太保謚康靖鄒公神道碑銘 （11）以卒之明年某月某日，葬于餘杭山之原。煜奉南京大理寺卿致仕夏公之狀，來乞銘其神道之碑。為之銘曰：餘杭有鄒，來自檇李。山川清奇，乃鍾厥美。惟文敏公，廟食邑中。仁皇眷念，公為孤童。……畢公去周，厥德愈懋。公既遊矣，賢名則留。恩澤所及，賁于高丘。再世易名，為時令族。祠

續表

作者/文獻	版本	用　例
徐溥 《謙齋文録》 卷四	清文淵閣四庫全書補配清文津閣四庫全書本	墳相望，過者必肅。樹碑神道，松陰峩峩。爰勒茲銘，永永不磨。 (12) 資善大夫南京戸部尚書致仕潘公神道碑銘 (13) 儉走京師，奉翰林江侍讀瀾所著狀，請予銘刻諸神道，以告來世。予與公同朝，知公之賢舊矣，乃為銘。銘曰：有偉潘公，廣顙豐頰。身居廟堂，表表人傑。為內臺佐，為卿曹長。敭歴兩京，國計是掌。……公實善處，功名之會。人皆不足，我乃有餘。其未盡者，歸于太初。穹碑峩峩，瞻彼神道。我銘公德，來者是告。 (14) 户部尚書李公神道碑銘 (15) 故太子少保禮部尚書謚文安周公神道碑銘 (16) 予與公舊為僚友，相好且久，以公卒之明年某月某日，葬某山之原。其子持禮部尚書耿公之狀，泣拜請銘于神道之碑，義不得辭也。銘曰：公昔翱翔，來自西蜀。甲科高躋，朝士屬目。詞林春坊，出入仕禄。惟仕既優，而學則篤。……遺被後學，有疑已辨。惟公論議，老而不倦。載在國史，後當有傳。巍巍蜀山，白石嶙峋。有司相役，築茲高墳。孰云公亡，邮典維殷。乃闢神道，樹之堅珉。百世而下，考于茲文。 (17) 故推誠宣力翊運武臣特進光禄大夫柱國壽寧侯贈太保昌國公謚莊肅張公神道碑銘 (18) 葬有期，鶴齡等奉李學士賓之狀，請銘其神道之碑。惟外戚見于史書者，在漢有表，唐宋以來有傳，如公之遭際聖明，躬享其盛，生榮死哀，又非前代之可及，可無銘以昭之？銘曰：天佑皇家，聖神在位。早正中宮，流虹合瑞。篤生儲副，實惟元良。國本既固，皇圖益昌。……賜謚易名，加封大國。豈厚于公，惟以報德。公雖逝矣，子孫克承。爵位相傳，誓文可徵。都城之西，既得吉卜。賜葬於斯，垂庥嗣續。墓有神道，樹之豐碑。百世之下，考之銘詩。 (19) 故正議大夫資治尹兵部左侍郎吕公神道碑銘 (20) 時正奉狀，請銘于神道之左，故叙而銘之。銘曰：公昔乘驄向東洛，晚歲提兵駐河朔。山川盤紆地包絡，譎謀窺覦進還却。行能運籌坐方略，入為貳卿兵竟握。中制無論北門鑰，資深地中當峻擢。竟以是終魂何邈，九原茫茫不可作。終始哀榮兩無怍，王畿之内州有郭。公歸賜葬猶寵渥，我銘在玆石不剥。後千百年光有焯。 (21) 右副都御史錢塘李公神道碑銘 (22) 公生宣德九年十月十二日，卒于弘治五年三月二十一日，以明年某月某日，葬某山之原。……及卒，諭祭營葬，皆如邮典。命其子世蕃為太學生，

續表

作者/文獻	版本	用　　例
徐溥 《謙齋文録》 卷四	清文淵閣四庫全書補配清文津閣四庫全書本	奉南京大理寺卿致仕夏公狀，以《神道碑銘》泣請于予。……銘曰：公生于杭，起自弱冠。甲科先登，翱翔雲漢。爰自郎署，出守大州。循良之政，卓爾惟優。……乃伐山石，載此銘詞。百世之下，可考于斯。 (23) 故奉天翊運推誠宣力佐理武臣特進光祿大夫右柱國太師兼太子太師保國朱公追封宣平王謚武毅神道碑銘 (24) 銘曰：朱有伯爵，肇自撫寧。惟王之才，克肖克承。內握戎機，外總軍旅。運謀奮力，莫我敢侮。著功效績，餘四十年。人曰王才，帝曰汝賢。……宣平有封，武毅有謚。聖恩孔彰，昭于世世。家有譜乘，國有鼎彝。神道有石，銘章在兹。紛紛武家，如此蓋寡。王名不窮，以俟來者。 (25) 故南京守備掌南京中軍都督府事太子太傅成國公贈特進光祿大夫右柱國太師謚莊簡朱公神道碑銘 (26) 公卒之某年十一月十一日，葬于昌平縣北澤山，賜地二頃為公墓。子輔奉外舅隆平侯張狀，介郭都督請銘刻于神道，以垂不朽。予舊與公同朝，近與學士同事，聞公行實為詳，乃敘而銘之。銘曰：翼翼舊都，王業根本。留司巖巖，秩重分閫。有美成公，出於將門。平陰之子，東平之孫。……桓桓二王，賜葬兹壤。公靈在傍，足慰俯仰。刻銘立石，著德紀功。太史有文，公名無窮。 (27) 故特進光祿大夫柱國少師兼太子太師吏部尚書華蓋殿大學士致仕贈太師謚文穆劉公神道碑銘 (28) 于是，公訃至，上為輟朝一日。遣官諭祭及營葬，誥贈太師，謚文穆。卜以卒之明年二月二十五日，葬于程委社。韋以予與公同在館閣且久，持黃侍講珣之狀，請銘于神道，不能辭也。銘曰：赫赫皇明，奄有九有。文德誕敷，十紀之久。列聖在位，亦惟輔臣。……有疏乞歸，恩典不替。策杖懸車，博陵故第。既解機務，心亦安舒。宜躋高壽，何病弗除。天子曰吁，兹惟耆老。卹典亟行，達于隧道。屹然貞石，爰刻兹文。歲久地夷，以識公墳。 (29) 故資德大夫南京工部尚書程公神道碑銘 (30) 弘治己酉，南京工部尚書程公致仕還家後三年十月八日，以疾卒，享年六十七。公，蘇之常熟人也。于是守臣以公訃聞，事下禮部謂當遣官祭，葬如卹典。上允之，乃以卒之明年某月某日葬于虞山之麓。其子惠特求予製《神道碑銘》。辭不獲，乃按少詹事吳君狀書之。 (31) 故資德大夫南京工部尚書馮公神道碑銘 (32) 故嘉議大夫都察院右副都御史謝公神道碑銘

續表

作者/文獻	版本	用　　例
徐溥《謙齋文録》卷四	清文淵閣四庫全書補配清文津閣四庫全書本	(33) 都察院右副都御史謝公，卒于家。上遣官諭祭，命有司營葬，皆如制。其子鄉貢進士廷柱奔喪，歸自京師，以予與公同舉進士，奉羅編修紀狀，請銘于神道之石。 (34) 故通議大夫兵部左侍郎兼都察院左僉都御史贈兵部尚書李公神道碑銘 (35) 昆奉春坊張中允天瑞狀，請予銘神道之石。予雅厚公，知其賢悉矣，乃為銘。銘曰：揚翹振華，北方之英兮。飽山飫川，南國之靈兮。績學詞林，其業乃成兮。執法中臺，益爹厥名兮。內陟棘寺，佐國之平兮。外巡邊徼，屹為干城兮。兵曹蘙蘙，尊居貳卿兮。文事武備，二美是并兮。台階鼎軸，不日其升兮。天不憖遺，一疾而傾兮。帝命賢勞，邺死若生兮。返葬故原，有鬱新塋兮。刻石玄堂，以慰幽冥兮。垂聲著功，俟彼汗青兮。

表一千零五十三

作者/文獻	版本	用　　例
徐三重《採芹録》卷二	清文淵閣四庫全書本	(1) 至嘉靖間，肅皇帝稽古法先，始毅然詔天下，文廟盡撤塑像，易以木主，數百年陋妄敝事一旦盡革。遵典章以光大祀，明神道以崇聖靈，乃宇宙不易之定論、定制。神聖復起，必無能別有異議者。

表一千零五十四

作者/文獻	版本	用　　例
徐師曾《今文周易演義》卷三	明隆慶二年董漢策刻本	(1) 觀天之神道，而四時不忒。聖人以神道設教，而天下服矣。（觀，平聲。） (2) 服者，從其教也。上天之載，无聲无臭，乃天之神道也。即此觀之，則見四時之序；運行有常，而神道有可徵之迹。建中表正，不大聲色，聖人之神道也。惟其如是，是以天下之人默順帝則，而神道有无為之功。蓋其所以為觀者，莫非天理流行、妙道精義之發，故其神化至於如此，此觀道之所以為大也。然所謂“神道設教”者，不過“盥而不薦，首孚顒若”之自然，而天下之服，亦即“下觀而化”之極致，故又極而言之，實非有兩事也。 (3) 陳氏曰：神道設教，道之以德也；觀民設教，齊之以禮也。有孚顒若則觀之體立，觀民設教則觀之用行矣。

表一千零五十五

作者/文獻	版本	用　　例
徐渭 《徐文長文集》 卷五	明刻本	(1)《對明篇》：四明山，高萬丈。南爲姚邑面前屏，北即新昌後門障。新昌有客身姓吕，要與此山約爲主。……此時山靈失主人，自騎青虎尋復尋。肉眼那知神道至，主人自識交親臨。揭來筆端自有神，横開醉眼雙作嗔。……君今幸不爲樊鹿，亦似蛟蟠不得申。蓮花之峯亦佳麗，君胡中道相捐棄。邀我題詩對四明，我自貪君百壺旨。只恐蓮花嗔，四明喜，我亦付之一醉矣。
徐渭 《徐文長逸稿》 卷二十二	明天啓三年張維城刻本	(2)《賞無極墓志銘》：無極君，諱某，字某，其先金陵人。……志與從予游者吳生某，善擇地，從其卜，某年月日葬公會稽日鑄嶺二十里，爲兆嶺之神道路山，遂因某來托銘。銘曰：人亦有言：筐篚必貪，幕秩鮮廉，質諸賞君，其殆不然。人亦有言：官廉實拙，歸費實詘，孰知賞君，貲甲於邑。由斯以觀廉，何負於吏哉?

表一千零五十六

作者/文獻	版本	用　　例
徐問 《讀書札記》 卷八	清文淵閣四庫全書本	(1) 司馬溫公曰：神道尚右，以西為上。廟主自西而列，朱子以為亦不是古禮，盖因天子太廟正西位而宗之。

表一千零五十七

作者/文獻	版本	用　　例
徐咸 《皇明名臣言行録》 前集卷一	明嘉靖刻本	(1) 二年春，入關中，天下大定。王歸，封魏國公。五年，命沿邊輯守，歲鎮于燕。十八年卒，年五十四。追封中山王，謚武寧。上親製《神道碑》，稱王平昔言簡慮精，提兵之時，令出不二，諸將敬若神明。所至之處，攻城不屠，與人不戲。凡受命而出，及功成而旋，每不自矜。至于封姑蘇之府庫，置胡宮之美人、財寶無所取，娼女無所愛，忠志無疵，昭明乎日月云。(《名臣錄》)

續表

<table>
<tr><th>作者/文獻</th><th>版本</th><th>用　例</th></tr>
<tr><td>徐咸
《皇明名臣言行録》
前集卷一</td><td rowspan="4">明嘉靖刻本</td><td>（2）王賦性剛毅，膂力絶人。年二十三，為羣盜劉聚所得。王察聚終不能有成。聞太祖駐兵和州，棄聚來歸。（宋濂撰《神道碑》。）
（3）王嘗師金華范祖幹、胡翰，講明性理之學。其處身處家，一循禮度淮謹。及出為詩辭，皆偉壯可觀；至音樂華靡事，泊如也。（並董倫撰《神道碑》。）
（4）王器字宏偉，沉毅剛重，謙恭縝密，而奉公守法，臨大敵而不懼，有大功而不矜；又能禮賢下士，寬惠愛人。廣德、宣州、徽、嚴、饒、撫、南昌、襄陽八州之民，至今猶懷其德，不獨將畧之雄，兼有君子之行。（並朱夢炎撰《神道碑》。）
（5）王沉毅質直，勇而善斷。……有語及兵法者，輒笑曰：臨陣决機，在智識敏達，何以泥古為哉？家蓄媵妾百餘，晚年皆資遣。寧家得賞賜，多惠鄉閭父老及孤貧無告者。貴極公宰，歸田里，見故交遺民，驩如也。（並方希古撰《神道碑》。）
（6）時公卿多置田産，公獨不治。上問之，對曰：臣一布衣，荷陛下寵靈，叨有封爵，子孫衣食餘饒，安敢增益，俾生侈心？上善之，嗟嘆良久，曰：廷臣若某之忠誠朴實，諸人不及也。公勳業之隆、子孫之盛、富貴壽考、始終令節世為罕儷，人以比之郭汾陽云。（並楊文敏公撰《神道碑》。）</td></tr>
<tr><td>徐咸
《皇明名臣言行録》
前集卷二</td><td>（7）處州之糧，其舊額一萬三千石有奇，後以軍興加徵至十倍，民不堪命。公言之丞相，丞相入奏，上曰：吾勞處民久矣！詔從其舊。（並宋濂撰《神道碑》。）
（8）公自喪母，悲戚過度，及營宅兆，親負土石，而感疾益深。臨終，親友何濇來候曰：當收歛此心，毋有所執滯。公曰：吾久已知之。（並《神道碑》。）</td></tr>
<tr><td>徐咸
《皇明名臣言行録》
前集卷三</td><td>（9）永樂初，蘇松諸郡大水，命公往治，發浙西民兵十數萬，疏决壅滯，自松江東北以達于海，水患乃息。又撫綏其飢民，奏發應三十餘萬石賑之，民賴以濟。（並文貞公撰《神道碑》。）</td></tr>
<tr><td>徐咸
《皇明名臣言行録》
前集卷四</td><td>（10）公自知學，手不釋卷。十二、三，通舉子業，鄉人請為子弟師。嘗有儒生過館下，棲棲然攜書數冊。公詢之，聞其毋老無所養，乃分其徒之半與之，俾得束脩奉毋。（楊溥撰《神道碑》。）</td></tr>
</table>

續表

作者/文獻	版本	用　　例
徐咸《皇明名臣言行録》前集卷四	明嘉靖刻本	(11) 英廟嗣位，特命入内閣，倚任甚重。時與少師楊文貞公、少傅楊文敏公同事者，言自古聖賢之君，未有不由學而能致治者。先帝在御時，切諭臣等此事。上肇登寶位，必明堯舜禹湯文武之道，以興唐虞三代之治，望早開經筵，以進聖學。當豫擇講官，必得學問貫通、言行端正、老成重厚達大體者數人，以供其職。及選左右隨侍之人，用輔養本源，皆見嘉納。(曹鼐撰《神道碑》。)
徐咸《皇明名臣言行録》前集卷五		(12) 公以新造之邦，新附之民，政令條畫，靡間纖鉅，悉盡心焉，於是交人益戴公如父。時中朝士夫夫以遷謫至者，咸見溫恤，或有疾病，躳造視之。扳其賢者，與之共事，及以教導其民，而悉加禮焉。中官馬騏怙恩肆虐，公數裁抑之。騏誣奏公有異志，上深照其妄曰：此君子不容于小人。寢其奏。公居交趾二十年。仁宗登極，召公還，交人扶老攜幼送公，皆號泣不忍別。(並楊東里撰《神道碑》。) (13) 擢禮科給事中。凡事務存大體，有清譽。正統改元之明年，大臣言兩淮鹺政之弊，推公為鹽運司同知。公巡行諸鹽塲，盡革宿弊，復條奏數事，遂著為令。……從之。乃進陞鹽運使，廉名大著。嘗坐水傍，一童子曰：水清不如使君之清。(李賢撰《神道碑》。) (14) 朝廷下有司買羊角以充燈費，上疏曰：昔宋神宗買浙燈，而蘇軾輒諫止之。今買羊角製燈，無乃類是?《書》曰：不矜細行，終累大德。遂止。(並《神道碑》。) (15) 公天性孝友，親終，追思不為。遇亡日，悲痛如初。喪時奉身節儉，無它嗜好。公退居家，惟焚香讀書而已。交人不泛關節，不至其門，確權貴亦敬憚不敢犯。凡論是非，確然不撓，未嘗詭隨。於邪正之辨，尤嚴坐是；與衆寡合，累遭讒困。賴上知其所存，卒保全之。(《神道碑》)
徐咸《皇明名臣言行録》前集卷六		(16) 公學博行莊，仕宦四十年，風裁言然，見重于士大夫。威行惠施，近悦達懷，服仁蹈義，至老不衰。(並王直撰《神道碑》。) (17) 公生有異質，甫七歲，僧蘭古春奇之，曰：此它日敉時宰相也。(倪岳撰《神道碑》。) (18) 公袍袖為裂，吏部尚書王直執公手曰：今日正賴公等，若某百輩何能為? 公辤謝，不敢當。(並《神道碑》。)

續表

作者/文獻	版本	用　　例
徐咸《皇明名臣言行録》前集卷七	明嘉靖刻本	(19) 海溢，坍没隄岸，起揚之海門，歷通、泰，北至鹽城，凡八百里，奉命以四十萬卒脩之。航海者，莫知停泊處。公於太倉，築高丘二十丈，延亘十里為表識，衆便之，稱“寶山”。上親製文樹碑焉。(楊士奇撰《神道碑》。) (20) 公擢吏科給事中。糾正違失，務存大體。陞陝西叅政，廵歷郡邑，察民隱，革奸弊，興學勸農，尤嫉贓吏。陞河南右布政使，饑民流聚南陽、陳州諸處，無慮數十萬，剽掠居民，公撫輯之，皆願為編氓。(李賢撰《神道碑》。) (21) 公為人剛正，言不輕發，廉靜寡慾，遇事敢爲臨，利害不少變，氣節才識，世不易得。(並《神道碑》。)
徐咸《皇明名臣言行録》前集卷八		(22) 宣宗為皇太子，慎選宮寮，首陞公右春坊右庶子，仍兼侍讀學士。凡經筵講義及文武羣臣誥勑皆以屬公，又兼記注；至於聖政聖訓之當書者皆錄之，以備纂述。(李賢撰《神道碑》。) (23) 正統己巳秋，北狄犯邊，車駕欲視征，公獨以為不可，率廷臣上疏止之。不獲，特命公留守京師。(《神道碑》) (24) 公方面脩髯，器守宰偉，望之若神仙中人。天性嚴重，寡言笑，居家儼然；及至接人，和氣可掬；學富才敏，詩文精緻，四方求者接踵；屢典春，闈文衡，得人最盛。在翰林三十餘年，恭勤不怠如一日。及位冢宰，益加謙慎。時方面官罷廷臣，薦舉專屬吏部。公亦留意人才，委任部屬。凡御史出巡歸者，必令報其高下，以備扳用。自是四方多號得人，奔競之風為之一息。(《神道碑》)
徐咸《皇明名臣言行録》前集卷九		(25) 母齊氏，夢一紫衣人謁見，已而生公。年十二，作詩賦，監司奇之。已而從魏、范二先生，講周程張朱諸書，嘆曰：此道學正脈也。遂焚其所賦詩，專心於是，至忘寢食。(李賢撰《神道碑》。) (26) 公為學，貴踐履，一言一動，於理有違，便自身心不安。凡辭受取與，必揆諸義，一毫不苟。晚年玩心高明，黙契其妙，有不言而悟者矣。其出處大節，光明峻潔，於富貴利達泊如也。接人無大小衆寡，一以誠待之。其言平易簡切，不為穿鑿奇僻之說。(並《神道碑》。)
徐咸《皇明名臣言行録》前集卷十		(27) 公 (闕) 懷坦夷，操履謙謹，與人語，色溫氣和，惟恐傷之。……所陳三疏，皆援古證今，事理明辨，文氣壯偉。居内閣，再進密疏，皆國家大計之事。……公據几筆不停揮，昨刻成七言四句詩百首以進。其敏速如此。(彭時無《神道碑》。)

續表

作者/文獻	版本	用　　例
徐咸 《皇明名臣言行録》 前集卷十	明嘉靖刻本	(28) 遂作致知、力行、持敬三銘，題千牖以自勵。（王文肅公撰《神道碑》。） (29) 公天性孝友，與人交，篤於信義。居常退遜，體若不勝衣，言若不出諸口。至商確義理論事，是非曲直，則侃侃剛直，視義所在，勇往奮發，雖壯夫不逮也。蚤歲嘗作《五經》《四書》私抄，而《詩》《書》二經尤為精到。至其家庭授受而用以取科者，則專門易學。（並《神道碑》。） (30) 公在刑部，年未五十，地望已駸駸出諸公右，人方冀其大用而遽没也。圖籍之外，囊槖蕭然。官至三品，而家無百金之積，産無一畞之增，古所謂居官廉，雖大臣無厚蓄者，公眞其人矣。（謝鐸題《神道碑》後。） (31) 公貌莊重，對妻子無惰容，見小吏必束帶。……至蘇，且易從祀諸賢塑像爲木主。先時，歲迎春于東郊，百戲前導，觀者塞途。公悉屏不用該有，而爲合禮。（吳文定公撰《神道碑》。）
徐咸 《皇明名臣言行録》 前集卷十一		(32) 已巳之變，景皇帝監國，御午門。六部并科道官交章劾王振誤國之罪。帝曰：卿等言是，朝廷自有處置。言甫畢，百官皆趨進跪，慟哭不起，颺言曰：聖駕留虜庭，皆專權擅政所致，若不速斷，何以慰安人心？錦衣衛指揮馬順喝逐百官。公奮臂捽順髮，嚙其面，曰：順平昔倚振為惡，禍延生靈，今日至此，尚不知警，真姦黨也。律有姦黨之條，罪在不赦。百官聞公言，爭以手足捶苑順。衆猶哭未退。帝起入宮，令太監金英問所欲言。咸曰：內官王毛二人者，皆振黨，請置諸法。遂從門隙出二人，衆又捶死之。百官乃再拜而退。（丘濬撰《神道碑》） (33) 一时大臣詞氣慷慨、才識高邁，未有出公右者。識者謂公可屬大事如周勃，善應變成務如姚崇，世以爲知言。（彭時撰《神道碑》。） (34) 公言：今日之事，邊關為急。往者獨石、馬營不棄，則六師何以陷土木？紫荊、白羊不破，則虜騎何以薄都城？急宜固守宣府、居庸為便。已而河南陳州流民扇動，命公往視。公即兼程以進，除貪虐，賑饑寒，民相安輯。（彭時撰《神道碑》。） (35) 公溫雅簡重，崇道誼尚，名節言動，思跂古人。居家惇孝友，蒞官清慎勤。恪設施不苟，與僚友論事不激不隨。其取人先行檢而後才藝，終不及人之過惡所寓，門無雜客。公退，手不釋卷，考古辨疑，殆忘寢食，而於世俗聲色財利之好，澹然不以經心。惜乎！大用未究而卒。（並《神道碑》。）

續表

<table>
<tr><th>作者/文獻</th><th>版本</th><th>用　　例</th></tr>
<tr><td>徐咸
《皇明名臣言行録》
前集卷十二</td><td rowspan="4">明嘉靖刻本</td><td>(36) 召拜兵部尚書，加太子太保。時巡邊大臣附巨璫，請舉兵征建州內附女直，下兵部議。公以為禦戎宐先守備，建州邊衛，祖宗時羈縻而已，不深治也。……公抗言：人甚危之亾，幾彼相繼敗去。公卒，無它。（劉鴻撰《神道碑》。）
(37) 公為人好善惡惡，出于天性。與人不苟合，人多憚其方嚴。居官三十餘年，其忠孝大節，議論風采，雖庸人孺子皆知其名。（並黎淳撰《神道碑》。）</td></tr>
<tr><td>徐咸
《皇明名臣言行録》
後集卷一</td><td>(38) 景泰初，為儀制郎中。適國家多故，公首請增會試取士額，次言太平十六事，累數千言，俱准議行。北虜也先索使通好，公言宐暫結往來之盟，以待天時人事之至。車駕欲幸大隆福寺，公言以萬乘之尊，臨異端之地，傳之後世，誠非美事。又因災異，請下詔求致災之由。上示撤樂減膳之敬，下推捐俸救民之仁，節濫賜之費，罷補官之俸，慎差遣之擾，備義倉，汰僧徒，諸事皆極剴切。（尹直撰《神道碑》。）
(39) 公為廣東搜察副使。按部高州，諜報賊擕男媍數百流刼村落。部將請發於公曰：流賊無擕家，理慎無婪殺。及訊其俘，限律舉京，被掠者盡撫之。（李文正公《神道碑》。）
(40) 公廷辨，慷慨不少屈。僅坐落職，以去久之。陷公者，次第皆敗。上洞察公枉，復兵部尚書致仕。（並《神道碑》。）
(41) 慈懿皇太后崩，詔議塟禮。公與彭文憲公力言祔塟祔廟，所以禮先皇篤夫媍之懿，昭今上全母子之情，斷不可有異議。至率廷臣伏闕泣請，上為感動，卒從之。（並謝遷撰《神道碑》。）</td></tr>
<tr><td>徐咸
《皇明名臣言行録》
後集卷二</td><td>(42) 及劉千斤輩作亂，公亦會王師平之。大帥欲縱兵搜山，公不可，下令曰：擅殺者斬。復榜示流民，諭使復業。民為建生祠，繪像事之。（並李東陽撰《神道碑》。）
(43) 又用砲石擊賊，一發五百餘步，每人馬死者數十，賊傳以爲神云。（並彭文憲公撰《神道碑》。）</td></tr>
<tr><td>徐咸
《皇明名臣言行録》
後集卷三</td><td>(44) 公守荊、襄。丙戌春，石和尚劉千斤僭逆，荊、襄震驚。公度房陵險要，自率數十騎往據之。調集民兵，不滿千人。賊四千餘衆突至，圍攻之。主帥逗遛不援，公多張旗舉火，晝夜不息，歷四旬餘。間以死士出城五六里舉火礮，賊以爲援兵至，驚潰走，乘潰追斬六十級。陞都指揮同知。（《神道碑》）</td></tr>
</table>

續表

作者/文獻	版本	用　　例
徐咸《皇明名臣言行録》後集卷三	明嘉靖刻本	(45) 公鎮湖、廣，榜示禁條，剗易舊弊。詔詢軍民機務，公條陳八事，曰：繕城隍，廣儲蓄，省徭役，立賞罰，選能官，禁竄户，練將才，慎守備。……因言慎專任以利民情，實倉儲以備兵荒，修兵衛以圖無患，禁科罰以省財用，朝廷嘉納，悉見施行。(世亘撰《神道碑》。) (46) 公自為州縣至大官，處事求濟，待人不疑，雅量廓如，莫窺其際。至所設施，動中機宜，其中明炳，人亦莫能及也。(並《神道碑》。)
徐咸《皇明名臣言行録》後集卷四	明嘉靖刻本	(47) 公少穎異，年十二，《通鑑》道無遺病。陳子桱《續長編》書法卒，曹彬、包拯不書官，呂文煥降元不書叛，張世傑溺海不書死節。……時然後出言，動必以儒賢為準，其學以窮理為先，博物洽聞為輔，正心脩身而措之家國天下為期。自公之隙，目存心寄，盡在書。有異種，輒從假錄，藏書至三萬卷，忘其疲與其身之既老。(林俊撰《神道碑》。) (48) 國朝父子尚書，何為盛？識者儗之，范之文正、忠宣。弘治初，與王端毅三數公稱大老。嘗兩得疾，敬皇帝命醫診視，遣中官賜酒米蔬殽。雖祿世二品已即貧，而義利界畛截不可犯平生氣節。友彭惠安、文學友丘文莊以為知已，而聲色澹然。(《神道碑》)
徐咸《皇明名臣言行録》後集卷五	明嘉靖刻本	(49) 陞四川按察副使。所至平寃滯，黜奸蠹，敦風俗，恤民隱，廉而不激，明而不苛。蜀人畏而懷之，至今數賢廉訪，必首稱焉。(林俊撰《神道碑》。) (50) 孝廟初，臣僚交薦王端毅公及公數老人，望當顯用端毅起為吏部尚書，公為刑部侍郎，奉詔巡視浙西。……事竣，還朝，倣鄭俠《流民圖》，圖竄戶窮苦狀以進。進吏部左侍郎。與端毅莊凝重静，人不敢干以私。(《神道碑》) (51) 弘治己酉，擢禮部右侍郎。每議政涖事，必傳經義。若卻西域貢獅，毀黃村尼，幸為先朝盛德事，皆公與左侍郎兒文毅公贊成之。(李文正公撰《神道碑》。) (52) 自為小官，已志世用。日侍莊懿公，習聞天下事。久置清散，兩薦為內閣，不果人。具為尚書，簡仕屬吏，親為裁决，剸繁應變，畧無稽滯，而秉正執法，不為權勢所撓，尤人所甚難者。(並《神道碑》。) (53) 吏部侍郎再缺，諸大臣以公名偕彭公鳳儀、張公時敏薦，雖未調而望之者日愈不厭。公體貌嚴重，不躁語戲笑，沉靜自守，厚倫睦族，以舊居讓弟。女弟貧，割俸金給之。立義塾，擇族子弟，為師歲出束脩為之助。讀書尚理，致尤精詩，格不苟製，所著有《定軒集》。(並李文正公撰《神道碑》。)

續表

作者/文獻	版本	用　　例
徐咸 《皇明名臣言行録》 後集卷五	明嘉靖刻本	(54) 又召爲副總裁，改太常寺卿兼翰林院學士，仍侍經筵日講，并侍東宫講讀。未幾，命掌詹事府，又掌内閣誥勑。上疏勸經筵講《太極圖》以及《西銘》諸性理書，東宫講《孝經》《小學》。孝宗欣然嘉納，亟索《太極圖》以觀，曰：天生斯人以開朕也。且將大用，竟不果。(並王薒撰《神道碑》。) (55) 昧者弗察，紛然和之，亦不復究其初之何如也？一公之身，胡前譽之多，後尼之深耶，其亦命也已矣。然公之名在天下，固不得而掩也。(《神道碑》)
徐咸 《皇明名臣言行録》 後集卷七	明嘉靖刻本	(56) 公父洪爲監察御史，預土木之難。景泰初，以死事恩陰公爲國子生。公少負氣節，七歲時，里社有竹木之祟，公指揮群兒斬伐殆盡。既受廕，益勤問學，登進士，簡入翰林，為庶吉士。成化改元，授兵部主事，累遷郎中。多忤時賢，或令邏者，捃摭無所得。(李文正公撰《神道碑》。) (57) 公風采凝重，辨義利若黑白。事有不可，不曲爲遷就，進退得失未嘗一動其心。遺命所屬，猶謂不以悖貨為子孫累，蓋至死不亂也。(並《神道碑》。) (58) 公為編修時，嘗奉旨校勘《通鑑綱目》。上疏言：神宗喜《通鑒》，理宗好《綱目》，而不能推之政治。因勸求賢講學，以史冊質經傳，窮理義，則大本立而萬目自隨矣！(李文正公撰《神道碑》。) (59) 擢監察御史。出鎮甘肅、山東，風裁卓卓。都御史陳鉞附大監汪直啓釁遼東，為御史強珍所劾，公亦率諸御史論之。珍被建謫戍，公與凡劾鉞者皆奪俸三月。(李文正公撰《神道碑》。)
徐咸 《皇明名臣言行録》 後集卷八	明嘉靖刻本	(60) 公之學根極理性，以伊洛為師，書非正不讀，發為文章，務闡明義理。羽翼風教，刊落華藻，而悉歸于純厚。作舉子業，亦以理為主。不逐時，好門生，受業學，多知近裏。其主考鄉試，同考會試，廷試讀卷，皆以是為的，故所得多名士。(楊一清撰《神道碑》。) (61) 抵京，勑進戶部尚書、謹身殿大學士。初，宋以衰病將乞休，曾具疏舉公自代，宏去而邃菴楊公又以公薦，意若虚元佐以遜公者，天下皆相慶。公復入，而賢邃庵之能讓。及公至京，而邃庵以官視公爲尊，不肯處公之下，乃竟違初志，輿論頗少邃庵。然公盛德，不與之較也。(費宏撰《神道碑》。)

續表

作者/文獻	版本	用　例
徐咸 《皇明名臣言行録》 後集卷九	明嘉靖刻本	（62）公為諸生時，年未弱冠，與兄户部尚書東滹公俱有文學名，少師李文正公每曰：諸後進可託以柄斯文者，其石氏季方乎！（楊文襄公撰《神道碑》。） （63）知許州。能以禮讓為國，所舉動多風化中事。作新廟學，諭諸生義利公私之辨及忠孝大節，聞者感動，皆知慎其所自立。次教之讀書，為文矩則許之，文風蔚然改觀。正潁考叔祠墓，改魏文帝廟以祀漢愍帝，祀范忠宣公于襄城，裴晉公于郾城。毁龍骨，杖妖巫，尤急民事，船課農種。倣朱文公社倉，立積散法，行計口澆田法，為備荒計。釐正糧籍，民至于今稱便。徵爲戶部員外郎。尚書周文端公、劉忠宣公，甚器重之。（楊一清撰《神道碑》。） （64）公復劾總鎮潘忠違法二十餘事，遂交搆之，逮繫詔獄。考掠無所得，乃以枉道過家罪焉。重枷暴之，必處以死。……瑾誅，起公雲南憲副。（並林希元撰《神道碑》。）
徐咸 《皇明名臣言行録》 後集卷十		（65）弘治間，雲南晝晦五日，朝命考察雲賨官員。公疏：致災之由，係朝廷而不係雲賨，在大臣而不在小臣。因條奏時政數千言，孝皇忻覽，帖置座右。（胡世寧撰《神道碑》。） （66）公弘治五年，舉于鄉。舉于鄉者，有司給其道里費，人百金。公以浙右歲飢，獨受五十金而行。明年，舉進士歸。進士得坊其門時，須關謁鎮守中賨人，公重折節棄之去。（許相卿撰《神道碑》。）
徐咸 《皇明名臣言行録》 續集卷二		（67）三年，凡漕河里步遠近、閘座丈尺、漕舟材木之費，考稽畫一，著《漕志》，繼治漕者。按志以稽，不爽毫髪，服公精練云。（並霍文敏公撰《神道碑》。）
徐咸 《皇明名臣言行録》 續集卷三		（68）公神克于貌，臨事敢言，人信其剛直。然仁厚儉約，有長者風。博究經史，曆數兵法皆精。其學詩文，少騁莊騷，後一歸于義理。所著書有《餘冬序錄》云十五卷、《聞日分義》百卷，皆討論今古，參訂是非，為學者矜式。所居有泉，以燕來去時消長，故學者稱“燕泉先生”。（並顧璘撰《神道碑》。）
徐咸 《皇明名臣言行録》 續集卷四		（69）公居家二十餘年，不嬰外事，與人交和而有情，遇事侃侃不避。為詩文，根于理而詞旨深遠。嘗注明道《定性書》、顏子《克復解》，以明正學。（《神道碑》）

表一千零五十八

作者/文獻	版本	用　　例
徐象梅《兩浙名賢録》卷十一	明天啓刻本	(1) 會陳洪進納土，假上言曰：臣伏有懇誠，貯於肺腑，幸因入覲，輒敢上聞。盖虞神道之害盈，必異天慈之從欲。近蒙朝廷賜以劒履上殿，詔書不名，仍以本道領募卒徒，嘗營戈甲，特建國王之號，俾增師律之嚴，皆所以假其寵名，託於隣敵。方今幅員無外，名數洞分，豈可冒居，自罹公議？合從省罷，以正等威。
徐象梅《兩浙名賢録》卷十三		(2) 按：《唐書》以崇為陝人。及讀張燕公所作《神道碑》，始詳載其世系。云：自吳興徙陝，自陝徙洛，則為吳興人審矣。兩浙相業，獨吳興寥寥。今得此賢，覺六邑俱重。
徐象梅《兩浙名賢録》卷十四		(3) 上曰：善悉罷市，議毋開端。徐邳水溢，飢民輕為邪。上用本言，命漕河二水御史併力疏濬，發徐淮倉糧四萬石，兩淮餘塩銀五萬兩，遣刑部侍郎吳鵬出賑之，水乃就道，而飢民安。堵天壽山水為患，衝嚙諸陵神道。上遣本視之，特旨問狀。
徐象梅《兩浙名賢録》卷二十四		(4) 古之名將知此法者，惟太公望、孫武子、韓信、諸葛孔明、李靖諸人而已。吳起以下，莫能知也。其名之曰天、地、風、雲、龍、虎、鳥、蛇八陣者，則諸葛孔明也。一大陣之中固有八陣，小八陣之中又各有八陣，大陣則法伏羲八卦，小陣則法文王六十四卦，所謂陣間乎陣、隊間乎隊者也。若夫造遁甲有九星、開八門、用三奇者，則又黄帝命風后為之也。盖聖人以神道設教，以神其術，使人莫知其所以然耳。大將居於玄武之位，而北嶽則常山蛇也，故曰"常山蛇陣"。

表一千零五十九

作者/文獻	版本	用　　例
徐學聚《國朝典彙》卷七	明天啓四年徐與參刻本	(1) 武定侯郭勳等曰：景陵規制獨小，又多損壞，其於我宣宗功德之大，殊爲帶稱。當重建宮殿，增崇基搆，以隆追報。又明日，謁裕陵、茂陵、泰陵、康陵。又明日，駕發詣西山，謁恭讓章皇后、景皇帝陵。還御行宮，又召郭勛及輔臣李時等諭之曰：七陵多有損壞，當并功修飭。長陵神道宜用石甃，其石像等項宜各護以石臺。
徐學聚《國朝典彙》卷十二		(2) 四年正月，詔工部改建楊王廟于盱眙之墓所、徐王廟于宿州之墓所，墓次樹《神道碑》，令儒臣宋濂撰文，仍設祠祭署及灑掃五家。

續表

作者/文獻	版本	用　　例
徐學聚《國朝典彙》卷三十一	明天啓四年徐與參刻本	(3) 喪至龍江，上爲文，往祭曰：朕開拓之功，遇春十居七八。宋濂爲《神道碑文》，侑享太廟。遇春廉慎不矜，有功無過，運籌失勝，不學而能。……時在上前，屢有直諫。 (4) 七年，淮安侯華雲龍卒。雲龍，安豐人。年二十，謁上于臨濠，命爲帳前小校。從攻金陵，定中原，取元都，所至有功，積官進爵。……故事，生封侯者，没必贈公。兹止侯禮，以示薄罰。仍命宋濂撰《神道碑銘》。 (5) 召還，至壽春卒，年四十一。贈寧河王，謚武順，侑享太廟。柩至三山門，上臨奠爲視葬地，歎曰：愈事朕二十二年，歷鎮八州，有功無過。命朱夢炎爲文，刻《神道碑》。愈器量宏偉，沈毅簡重，謙恭慎密，孝友純備。臨敵不懼，有功不矜；禮賢下士，寬惠愛人。
徐學聚《國朝典彙》卷一百三		(6) 倫上表稱謝，略云：桓榮設几杖於太常，而不聞有宸翰之賜；晏殊題舊學于神道，而不見有几杖之頒。自今將杖以戒噎，則當思四海或有饑餒之民；憑几以安身，則當念一物或有失所之歎。上甚嘉之。
徐學聚《國朝典彙》卷一百二十一		(7) 五月，司業宋濂上《孔子廟堂議》曰：世之言禮者，咸取法於孔子，不以古之禮祀孔子，褻祀也。褻祀不敬，不敬則無福。奈何今之人與古異也？古者主人西向，几筵在西也。漢章帝幸魯祠九子，帝西向再拜。《開元禮》"先聖東向，先師南向，三獻官西向"，猶古意也。今襲開元二十七年之制，遷神南面，非神道尚右之義矣。……今因開元八年之制，摶土而肖像焉，失神而明之之義矣。
徐學聚《國朝典彙》卷一百三十五		(8) 元節雖玄教，然於國有功，其建醮祈天，稱朕之意，而諸所福國利民者甚厚。其加贈元節官少師，謚文康榮靜。與祭十壇，遣内監、錦衣衛官各一員護襯還，命有司視塟事。已而啟南復請命於墓及《神道碑文》，上允之，命大學士夏言、吏部尚書許讚而之撰。
徐學聚《國朝典彙》卷一百五十		(9) 古之名將知此法者，惟太公望、孫武子、韓信、諸葛孔明、李靖諸人而已。吳起以下，莫能知也。其名之曰天、地、風、雲、龍、虎、鳥、蛇八陣者，則諸葛孔明也。一大陣之中固有八陣，而小八陣之中亦各有八陣，大陣則法伏羲八卦，小陣則法文王六十四卦，所謂陣間乎陣、隊間乎隊者也。若夫造遁甲有九星、開八門、用三奇者，則又黄帝命風后爲之也。蓋聖人以神道設教，使人莫知其所以然也。夫將居於玄武之位，而北獄則當山蛇也，故曰"常山蛇陣"。

表一千零六十

作者/文獻	版本	用　　例
徐一夔 《明集禮》 卷三十三	清文淵閣四庫全書本	(1) 臣以不才，猥當重寄，力排苟且之議，上贊聖明之心，不敢偷安廟堂，遂乞親臨疆埸。陛下初猶未許，微臣亟請是行，睿旨丁寧，寵光照耀。臣中心自誓，畢命無憾，若不成事，必當死綏。伏賴神道惡盈，罪人斯得，而今而後，方保餘生，就天地削平之功，貽策書不朽之美，足使懦夫增氣，獷俗刳心，方偃武以脩文，故蹔勞而永逸。
徐一夔 《明集禮》 卷三十七		(2) 祝詣靈座前，西向跪，昭告曰：孤子某（母則云哀子）謹用吉辰，奉歸幽宅，靈車就引，神道紆廻，惟以荒寥，無任哽絶。
徐一夔 《明集禮》 卷五十一		(3) 神道降祥和庶品，靈心載德厚羣生。水土既調三極泰，文武畢備九區平。

表一千零六十一

作者/文獻	版本	用　　例
徐應秋 《玉芝堂談薈》 卷三	清文淵閣四庫全書本	(1) 高皇帝諭祭羣臣，多出御筆。嘉靖中，上為少保禮部尚書席書、太子太保兵部尚書李承勲，皆親御翰墨、作祭文、御製《神道碑》者。
徐應秋 《玉芝堂談薈》 卷四		(2) 陳元方七歲，能折父友，過中不来。王戎七歲，知樹在道旁多子，必是苦李。愍懷太子七歲，知暮夜倉卒，宜備非常，毋令火光照見人主。王褒、王筠、謝莊俱七歲，能屬文。宋璟七歲，能屬文，一遍即記《鵩鳥賦》。見《神道碑》。
徐應秋 《玉芝堂談薈》 卷十五		(3) 又惺吉堅茂，西僧也。南京雞鳴山，在六朝時為北郊之岡，岡下有坑塹，凡諸戮者皆寘之，俗呼萬人坑。明興，築都城，包坑城内矣。太祖建十王、功臣等廟及雞鳴寺于岡之陽，以為祀神演法之所。……一日，事聞太祖，服儒服幸廣業堂試其事，則妖怪寂然，駕回復作。于是，思以神道治之，遂勑使迎取西番有道僧，而惺吉堅茂與七僧俱來。選日結壇埸，具大石鉢盂三，貯蓄净水、菜、飯三物，諸僧登壇作法，忽感天雨寶花之異。壇埸上下黑氣充塞，聚散開合，宛若趨向之狀。供事人役氣翳其身，惟露頂額耳。似此者七晝夜，始滅。太祖嘉其神妙，搆西番殿，飾黄金居之。……越數年，還國。

表一千零六十二

作者/文獻	版本	用　　例
徐元太《喻林》卷八十二	清文淵閣四庫全書本	(1) 澄波千畝，不能變其清濁；高牆百仞，無以測其汙隆。(《文苑英華·庾信·職官二十七·刺史一》《神道碑》。)
徐元太《喻林》卷一百四		(2) 蜂目已奔，狼心遂革。(《文苑英華·庾信·職官二十七·刺史一》《神道碑》。)

表一千零六十三

作者/文獻	版本	用　　例
徐允祿《思勉齋集》卷一	清順治刻本	(1) 是故堯定閏法，舜齊七政，能以晷影躔度之法規天，而終不以時日支干之説規人，豈聖人則有所靳於後世哉？蓋天體之四遊可憑，而神道之主張難測也。
徐允祿《思勉齋集》卷二		(2) 夫古今難明之旨，則莫知天命矣。天而天耳，其形其氣其作用，吾了然知其如此爲天也。人而人耳，其形其氣其作用，吾了然知其如此爲人也。而或者牽而合之，比而精求之，曰：兩者之間，有命存焉。天主其賦，人主其稟。賦者，若陶，若鑄，若火傳，若贏祝。稟者，若取，若攜，若奉遺體，若受簡書。始，吾聞之有怪焉，則以爲古者聖人神道設教，姑爲是不可稽之語，以鎮人心而懾天下耳。
徐允祿《思勉齋集》卷九		(3) 若慕古人於都試，遂拔置第一。已復擯於學，使者又力請於學。使者得成諸生，爲諸生幾二十年，以爭孔廟神道事，直而伉，幾得禍。
徐允祿《思勉齋集》卷十		(4) 自允祿而上，我祖宗之可考而知者，遡至十世祖道瑞公而止。據南陽李文達公譔我六世祖橘軒贈公《神道碑》曰：公姓徐，諱宗，字茂宗，世爲蘇州嘉定人。 (5) 公沒于成化辛卯年。天子爲遣官諭祭，淳安商文毅公譔《墓誌銘》，江右彭文憲公譔《神道碑》。 (6) 公沒于弘治丙辰年。長洲吳文定公譔《神道碑》，譔《墓誌銘》者今未考。 (7) 今《吳文定公神道碑》中所載：公四子，季子灌尚幼者是也。

表一千零六十四

作者/文獻	版本	用　　例
徐中行 《天目集》 卷十五	明刻本	（1）明故通議大夫通政使汪公神道碑
徐中行 《天目集》 卷二十一		（2）敬美方與公同官，遂得經紀其喪，定其後嗣。元美亦已周護其家，爲撰《神道碑文》。伯玉銘其墓石，謂余宜作《誄詞》旌之。

表一千零六十五

作者/文獻	版本	用　　例
徐渤 《筆精》 卷七	清文淵閣四庫全書本	（1）李益：柳子厚為其父作《神道碑》，碑陰載其先友六十七人，凡天下善士舉集焉。知名者僅二十人，其中能詩者李益一人而已。唐以詩程士，為官者未必人人知詩也。六十七人僅得一李益，不亦難乎！
徐渤 《鼇峰集》 卷八	明天啓五年南居益刻本	（2）《溫陵道》：驅車遠出溫陵道，道上離離半烟草。誰家古塚壓高墳，種得白楊千樹老。停車試問塚中人，盡是生前登要津。爭謀吉地營窀穸，伐石開山厚葬身。游魂一旦歸窴漠，螻蟻呼群穿石槨。髑髏僵卧渾不知，神道猶書舊官爵。山鬼飛燐哭似歌，紙錢烏鳶啣作窠。平時烜赫豈足道，死後荒凉當若何。城中甲第開瓊牖，綠野平泉盈十畝。無數朱門住子孫，此處誰知居更久。始信浮生石火微，不勞翁仲立斜暉。劉伶荷鍤元堪學，莫笑王孫裸葬非。
徐渤 《鼇峰集》 卷十一		（3）《雲霄里吳侍郎墓觀李文正神道碑》：松楸青欝欝，御葬侍郎墳。名德三朝重，功勲四海聞。野禽秋叫月，石馬夜嘶雲。絕代長沙筆，曾刊幼婦文。

表一千零六十六

作者/文獻	版本	用　　例
許國 《許文穆公集》 卷五	明萬曆許立言等刻本	（1）公初持父喪歸自崑山輒行營高敞地，旁可樹松檟萬、列石像生、豎穹碑、爲神道者，人莫之信也。

表一千零六十七

作者/文獻	版本	用　　例
許相卿《革朝志》卷十	明刻本	(1)《李友直傳》：李友直，字居正，直隸清苑人。……仁宗即位，嘉念舊勞，陞友直工部尚書，命代祀周文、武、成、康陵及秦愍王墓。既還，言關中民瘼，深見嘉納。賜誥命，贈三代曆仕。熙宣間，凡興作重役，悉以委之。與黃福、楊士奇相莫逆。死年七十。士奇撰《神道碑銘》，稱其坦夷闓敏，有長者風云。
許相卿《雲村集》卷十一	清文淵閣四庫全書本	(2) 明少保兵部尚書胡端敏公神道碑銘

表一千零六十八

作者/文獻	版本	用　　例
許仲琳《封神演義》卷三	明末刊本	(1) 李靖在馬上問曰：這山乃翠屏山，爲何男女紛紛，絡繹不絕？軍政官對曰：半年前有一神道在此感應顯聖，千請千靈，萬請萬應，祈福福至，禳患患除，故此驚動四方男女進香。
許仲琳《封神演義》卷八		(2) 子牙曰：你乃栢鑑，聽吾玉虛法牒，隨往西岐山去候用。把手一放，五雷響亮，振開迷關，速超神道。栢鑑現身拜謝。子牙大喜，隨駕土遁往西岐山來。 (3) 此乃是四聖，也是封神榜上之數。頭一位姓王名魔，二位姓楊名森，三位姓高名友乾，四位姓李名興霸；是靈霄殿四將。看官：大抵神道原是神仙做，只因根行淺薄，不能成正果朝元，故成神道。
許仲琳《封神演義》卷十五		(4) 通天教主曰：吾三教共議封神，其中有忠臣義士上榜者，有不成仙道而成神道者，各有深淺厚薄，彼此緣分，故神有尊卑，死有先後。吾教下也有許多，此是天數，非同小可；況有彌封，只至死後方知端的。 (5) 只見一位道人，生的十分兇惡。怎見得：魚尾冠，金嵌成；大紅服，雲暗生。面如藍靛獠牙冒，赤髮紅鬚古怪形。絲縧飄火焰，麻鞋若水晶。蓬萊島內修仙體，自在逍遙得至清。位在監齋成神道，一氣仙名舊有聲。
許仲琳《封神演義》卷十六		(6) 元始曰：賢弟爲何設此惡陣？這是何說？當時在你碧遊宮共議“封神榜”，當面彌封，立有三等：根行深者，成其仙道；根行稍次，成其神道；根行淺薄，成其人道，仍隨輪回之刼。此乃天地之生化也。

表一千零六十九

作者/文獻	版本	用　　例
許自昌 《樗齋漫録》 卷一	明萬曆刻本	(1) 他若僧泓告張燕公，土龍水龍各深一丈二尺，可設窀穸。四維謂之折壁，中項謂之中焦。置玉以助神道，鑄牛豕以禦二龍之類，益不可曉。
許自昌 《樗齋漫録》 卷二		(2) 碑文惟韓公最高，每碑行文言道，人人殊面目，首尾决不再行蹈襲。《神道碑》揭於外，行文稍可加詳。埋文壙記最宜謹嚴，銘字從金，一字不汎用。善為文者，宜如古詩雅頌之作。行實之作，當取其人平生忠孝大節，其餘小善寸長，書法宜畧。為人立傳之法亦然。

表一千零七十

作者/文獻	版本	用　　例
薛岡 《天爵堂文集》 卷七	明崇禎刻本	(1) 崇卑廣狹，無改于舊壯過之，而凡元人及國初諸名公碑文隆然豎四壁間，其繚堂之前以垣而門，其垣之左闔、墓前神道門弗由，而路其門之外蓋守形家說而稍為，又作匪敢變易我先公之成法也，是役也。 (2) 壬午，雨止于陜。癸未，始及靈寶。靈寶，舊函谷青牛之所。度于此，為尹喜著《五千言》。鄉人許氏諸大老《神道碑》，紛豎道左。……于城東尋黄帝鑄鼎故址，于城中尋王濬故里鼎址，有穴如井，稱九龍窟，通黄河、太行。

表一千零七十一

作者/文獻	版本	用　　例
薛甲 《藝文類稿》 卷一	明隆慶刻本	(1) 此聖人仰觀俯察，遠求近取，而於兩儀、四象、八卦、中虛之理，固已超然默會於其心矣。偶因獸文而得龍馬之圖，遂從而則之。龍馬之數，神道也。此聖人以神道設教也，雖無圖獨不爲之畫乎？
薛甲 《藝文類稿》 卷十		(2) 明兵部右侍郎胡公神道碑文

表一千零七十二

作者/文獻	版本	用　　例
薛論道《林石逸興》卷二	明萬曆刻本	(1) 軟膿包氣豪，矮漢子位高，惡少年活神道。爺羹娘飦小兒耷，廣有些鴉青鈔。銀鑄氷山，金垂犗釣，今日車明朝轎。村頭腦紈䋆，瘦身軀緑袍，說起來教人咲。
薛論道《林石逸興》卷四		(2) 夜夜是良宵，越聰明越撞着。烟花不怕来時俏，一箇綑着，一箇吊着。虔婆賽過活神道，剪和燒，虗疼假熱，多少巧籠牢。

表一千零七十三

作者/文獻	版本	用　　例
薛瑄《讀書録附續録》讀書續録卷五	清文淵閣四庫全書本	(1)《中庸或問》曰：格物之功正在即事即物而各求其理。天之神道而四時不忒，元亨利貞是也。聖人以神道設教而天下服，仁義禮智是也。神明之德，在天為元亨利貞，在人為仁義禮智。

表一千零七十四

作者/文獻	版本	用　　例
薛應旂《憲章録》卷四	明萬曆二年刻本	(1) 壬戌，淮安侯華雲龍卒。雲龍，安豐人。年二十，謁上于臨濠，命爲帳前小校。從攻金陵，定中原，取元都，所至有功，積官進爵。……故事，生封侯者，没必贈公。兹止侯禮，以示薄罰。仍命宋濂撰《神道碑銘》。
薛應旂《憲章録》卷十二		(2) 倫上表稱謝，畧曰：桓榮設几杖於太常，而不聞有宸翰之賜；晏殊題舊學於神道，而不見有几杖之頒。自今將杖以戒噎，則當思四海或有饑餒之民；憑几以安身，則當念一物或有失所之嘆。
薛應旂《憲章録》卷二十七		(3) 古之名將知此法者，惟太公望、孫武子、韓信、諸葛孔明、李靖諸人而已。吳起以下，莫能知也。其名之曰天、地、風、雲、龍、虎、鳥、蛇八陣者，則諸葛孔明也。一大陣之中固有八陣，而小八陣之中亦各有八陣，大陣則法伏羲八卦，小陣則法文王六十四卦，所謂陣間乎陣、隊間乎隊者也。若夫造遁甲有九星、開八門、用三奇者，則又黃帝命風后爲之也。盖聖人以神道設教，使人莫知其所以然也。大將居于玄武之位，而北嶽則常山蛇也，故曰“常山蛇陣”。

續表

作者/文獻	版本	用　例
薛應旂《方山先生文録》卷七	明嘉靖東吳書林刻本	(4)《易》曰：河出圖、洛出書，聖人則之。仲尼繫《易》之辭也，其實聖人神道設教之義也。

表一千零七十五

作者/文獻	版本	用　例
鄢懋卿《易經正義》卷一	明嘉靖四十年吳初泉刻本	(1) 時乘六龍，以御天。與前不同，此處就承上說下來言，乾道備於六爻，而聖人有以體之，是時乘六龍也。吾見天道之妙，隱然在於聖人運用之下，所以神化宜民者此也，所以神道設教者亦此也。
鄢懋卿《易經正義》卷二	明嘉靖四十年吳初泉刻本	(2) 天之神道，當空說四時不忒，便是神道。聖人以神道，以天之神道設教也。不顯之德、篤恭之妙，與上天之載、無聲無臭者同一機也。神道設教，與四時不忒對看玩，本義自見。

表一千零七十六

作者/文獻	版本	用　例
嚴嵩《(正德)袁州府志》卷六	明正德刻本	(1) 張栻（字敬夫，號南軒。按：《綱目》：乾道八年，栻罷左司員外郎兼侍講，出知袁州。《神道碑》《一統志》，皆云知袁州。……考《神道碑》，晦菴先生所作，其間有云：淳熙改元，公家居累年矣。）
嚴嵩《南宫奏議》卷一	明嘉靖二十四年刻本	(2) 諸臣之見，猶以文皇帝繼體，首君祀天，享帝獨少一配，似有未安。欲望聖明，裁酌而行。夫天與帝二名，而實一義。然微有少異者，天以全體言穹窿徧覆，冲漠難名，故以壇祭示至尊也；帝以神道言肸蠁陟降，洋乎如在，故以屋祭示可親也。
嚴嵩《鈐山堂集》卷二十一	明嘉靖二十四年刻增修本	(3)《嬰童百問序》：《嬰童百問》十卷，今柱國、少保、太宰許公疏進于朝制下，禮部爰加校正，鍥諸梓以傳云：原夫醫之道，三墳五典，厥惟濫觴。《素問》《靈樞》繇斯論著，祕啓造化，德濟含靈，法天德以好生，本神道而設教。

續表

作者/文獻	版本	用　　例
嚴嵩 《鈐山堂集》 卷二十六	明嘉靖二十四年刻增修本	(4) 嵩以孤藐裔孫，頃奉先考，託體于茲，柰何事涉家衆，修治弗時？垣甓缺隳，榛莽蓬蔚，每一造謁怛焉。剳中兹者，荷蒙聖恩，追贈先考，吏部尚書法得樹碑神道。於是涓吉命工芟掃蕪穢，甃飾新甓。特築崇塋，以萃凝神秀；恭列碑表，以侈揚天休。
嚴嵩 《鈐山堂集》 卷二十八		(5) 神道碑銘・墓誌銘 (6) 明故光禄大夫太子太保南京兵部尚書贈少保謚端敏秦公神道碑銘 (7) 嘉靖甲辰正月廿有一日，尚書鳳山公薨于第。訃聞，上震悼，輟視朝一日。下所司議，祭塟如例。既乃贈少保，賜謚端敏，制得樹碑神道。
嚴嵩 《鈐山堂集》 卷三十二		(8) 雨露之恩，覃被幽壤，山川草木俱有榮耀焉。葢今臣寮父母授封者，例得祭葬。至於上逮其祖，郵典追賜，則前無此比也。……惟增拓規制，修飭壞欽，視塋後水所衝囓之處，實以厚土，周廻繚以崇垣，中闢神道，樹誥錫之碑，前作拜享之堂，凡所建造一准典制。 (9) 先君殁後五十年，以嵩入内閣，累贈至光禄大夫、柱國、少傅兼太子太傅、吏部尚書、謹身殿大學士。初任禮部時，先君贈太子太保，得學士張甬川先生爲撰神道之銘。
嚴嵩 《鈐山堂集》 卷三十四		(10) 神道碑 (11) 明故光禄大夫柱國少保兼太子太保吏部尚書謹身殿大學士贈太保謚文簡毛公神道碑 (12) 明故光禄大夫柱國少保兼太子太保禮部尚書武英殿大學士贈太保謚文靖賈公神道碑 (13) 公之嗣孫中書舍人暚，以墓道之文爲請。昔在弘治乙丑，公同考禮闈，嵩實蒙選録。既官詞林，歷監部暨入内閣，皆公所踐歷之地。典刑在望，風槩如存，樹石勒文，以表諸神道，非嵩則誰宜爲？ (14) 明故光禄大夫柱國少保兼太子太傅禮部尚書武英殿大學士贈太保謚文康顧公神道碑 (15) 履方等以年月日葬公于震澤潭山之原。未幾，履方亦卒。於是，謙亨以神道之文，來請於予。 (16) 大學士石門先生翟公神道碑 (17) 故少傅兼太子太傅、禮部尚書、謹身殿大學士翟公，以嘉靖丙午月日卒于家。明年月日，公子進士汝儉、汝孝、錦衣千戶汝敬等奉柩葬于都城崇文門外樓子莊祖塋之次，而屬嵩書諸神道之石。

續表

<table>
<tr><th>作者/文獻</th><th>版本</th><th>用　　例</th></tr>
<tr><td>嚴嵩
《鈐山堂集》
卷三十四</td><td rowspan="3">明嘉靖二十四年刻增修本</td><td>(18) 明故榮祿大夫太子太保禮部尚書兼東閣大學士贈少保謚文簡張公神道碑
(19) 嘉靖乙巳八月十九日，太子太保、禮部尚書、東閣大學士南郡張公，卒于位。訃聞，上深軫悼。命禮卿諭祭，工曹營葬，遣行人護喪歸其鄉。贈少保，賜謚文簡。嗚呼，公可謂始終榮遇者矣！公疾革，遺言吏部侍以龍湖張公爲狀，少傅許公爲銘，而屬嵩書諸神道之石。
(20) 光祿大夫柱國少傅兼太子太傅吏部尚書文淵閣大學士贈少師謚文簡許公神道碑</td></tr>
<tr><td>嚴嵩
《鈐山堂集》
卷三十五</td><td>(21) 神道碑
(22) 明故吏部尚書致仕贈太子太保謚文莊羅公神道碑
(23) 光祿大夫柱國少傅兼太子太傅吏部尚書文淵閣大學士贈少師謚文簡許公神道碑
(24) 惟昔乙丑歲，公分校禮闈。予時在諸生，後翰林有遊從之雅，禮曹有寮寀之誼，孝元以神道之文爲屬。嗚呼，可無辭乎？銘曰：尚書六卿，率屬分治。司徒地官，以掌邦計。衆選於才，軼登大吏。能陟惟艱，矧乃相繼。……逸步斯淹，長川永逝。帝命有隆，褒郵旅至。城東之塋，壤樹以制。豐碑峩峩，螭首雙峙。述行紀詞，用詔來祼。
(25) 明故通議大夫詹事府詹事兼翰林院學士贈禮部右侍郎謚文裕陸公神道碑
(26) 明故資善大夫太子賓客南京兵部尚書贈太子太保謚文定張公神道碑
(27) 以丁未正月六日，葬公鄞縣雲龍溪之金文山。嗣子子中來請文，以刻諸神道。余與公同舉進士，同被選入中秘。公年少於余，而器度温粹，造詣純篤，予邈不能及也。
(28) 光祿大夫太子太保吏部尚書贈少保謚文襄唐公神道碑</td></tr>
<tr><td>嚴嵩
《鈐山堂集》
卷三十六</td><td>(29) 神道碑・附墓誌銘
(30) 大明追封奉天翊運推誠宣力武臣特進榮祿大夫昌化伯邵公神道碑
(31) 既命工曹往董其役，又賜諭祭一十四壇，給供祀田八頃建祠墓，下賜額曰“發祥”，表以石坊中，爲勑命碑亭，繚以石垣，湖山抱揖，寔擄佳勝。而臣嵩承命撰文，樹諸神道。
(32) 大明贈特進榮祿大夫太傅兼太子太傅成國公謚榮康朱公神道碑
(33) 明故特進光祿大夫柱國太傅兼太子太傅駙馬都尉京山侯贈左柱國謚榮恭崔公神道碑</td></tr>
</table>

續表

<table>
<tr><th>作者/文獻</th><th>版本</th><th>用　　例</th></tr>
<tr><td>嚴嵩
《鈐山堂集》
卷三十六</td><td rowspan="3">明嘉靖二十四年刻增修本</td><td>（34）明故榮祿大夫後軍都督府右都督掌錦衣衛事贈太子太保陳公神道碑
（35）明故光祿大夫柱國少保兼太子太保兵部尚書贈太保謚恭襄張公神道碑</td></tr>
<tr><td>嚴嵩
《鈐山堂集》
卷三十七</td><td>（36）神道碑
（37）明故兵部尚書兼都察院右副都御史贈太子太保謚襄毅潘公神道碑
（38）溫等以年月日葬公于（闕）山之原，而詣予請銘其神道。予往交于潘氏諸公，而司馬公希周又同年同僚，實以書來請，故銘不得辭。銘曰：奕奕潘公，寔望新安。譬彼喬木，碩大以繁。維三司馬，乘時蔚起。同本殊榦，爲材匪異。。……乃頒綸命，晉位司空。寵賚駢蕃，以旌厥功。惟計在國，不爽錙銖。惟志在民，利安是圖。內直外方，肅肅其度。秉執有確，不茹不吐。大受方隆，遽弗慭遺。庸告後人，文刻在碑。
（39）明故資政大夫都察院左都御史贈太子少保吏部尚書謚莊靖宋公神道碑
（40）於是，公次子、鄉進士介慶奉柩歸豫章而葬。謂嵩於公同鄉，又同弘治乙丑進士，請書神道之碑。
（41）明故吏部右侍郎王公神道碑
（42）往予承乏，吏部以侍郎掌部事時，公為驗封郎中，特越常序奏改公為文選，予以此忤用事者。至是，纫康以神道之文爲請曰：知先人者莫如公。然則非余誰宜銘？銘曰：世每遷誘襲利惛，見所可赴若湍奔。往往競取以爭喧，有篤君子視浮雲。避遠聲利耳不聞，退然雅志樂丘樊。玩心高明究典墳，卓爾大雅寔不群。成均銓署楊令芬，貪者可廉薄使敦。翩兮謝世遺垢氛，有考其不在斯文。
（43）明故通議大夫兵部左侍郎陶公神道碑
（44）師善請書諸神道之石，予重有感，焉能不爲之辭？銘曰：惟聖有言，仁必以世。明運洽隆，曰在弘治。出議盈庭，藹藹多士。顯允陶公，惇良茂達。……遂陟貳卿，司馬之職。仍建臺纛，百粵是即。既什而亨，物望所歸。薦荷皇眷，還之夏闈。懸車乞身，以佚以息。弗究厥施，論者為惜。邦失老成，士懷遺直。勒辭豐碑，觀示無極。
（45）明故嘉議大夫南京都察院右副都御史趙公神道碑
（46）於是，少傅松臯翁屬嵩書諸神道之石。</td></tr>
<tr><td>嚴嵩
《鈐山堂集》
卷三十八</td><td>（47）明故少保兼太子太保禮部尚書翰林院學士贈光祿大夫謚文通費公神道碑
（48）明故正議大夫資治尹兵部左侍郎兼都察院右副都御史贈工部尚書潘公神道碑</td></tr>
</table>

續表

作者/文獻	版本	用　　例
嚴嵩《鈐山堂集》卷三十八	明嘉靖二十四年刻增修本	(49) 明故資德大大正治上卿太子少保兵部尚書陳公神道碑 (50) 明封資政大夫兵部尚書翁公神道碑 (51) 嘉靖己酉秋八月七日，封資政大夫、兵部尚書梅齋翁公，卒于家。再越月，訃至京師。兵部尚書萬達，公嗣子也。……予往吊，則泣拜曰：萬達不孝，縻于官守，不獲躬視含斂，罪莫可贖。惟是神道之文，所以不朽我先人者惟公是祈焉。 (52) 贈通議大夫南京兵部右侍郎顧翁神道碑 (53) 明大中大夫光祿寺卿致仕西愚陳公神道碑 (54) 明故資政大夫兵部尚書贈太子少保東厓翁公神道碑銘 (55) 夫有强毅閎達之士，出則經營四方，隨試而效；歸則悠然自適於丘壑之間，若無與世。故者此其志，有不羣所養，有不可涯涘者矣。……奄忽而逝，曾不少待。嗟夫，天之生才何其難，而奪之何其易耶！東厓翁公之殁也，其弟國子生萬程使來告哀，而以神道之文為請。

表一千零七十七

作者/文獻	版本	用　　例
嚴衍《資治通鑒補》卷七	清光緒二年盛氏思補樓活字印本	(1) 令匠作機弩，有穿近者輒射之。以水銀為百川江河大海，機相灌輸，上具天文，下具地理。以人魚膏為燭，度不滅者久之。後宫無子者，皆令從死。葬既已下，或言工匠為機，藏皆知之，藏重即泄。大事畢，已藏，閉中羡，下外羡門（羡，冢中神道也）（羡，音延），盡閉工匠藏者，無復出者。
嚴衍《資治通鑒補》卷二十四		(2) 既而光夫人顯改光時所自造塋制而侈大之。起三出闕，築神道，北臨昭靈，南出承恩。
嚴衍《資治通鑒補》卷六十六		(3)《附錄》：操既築臺，大宴群僚於臺上，廬江左慈亦與焉。慈有神道。操從容謂曰：今日高會，珍羞略備，所少松江鱸魚耳。
嚴衍《資治通鑒補》卷一百七十六		(4) 吾生平所願，没身之後，題吾墓云“陳故酒徒陳君之神道”。若斯志意，豈避南征之不復，賈誼之慟哭者哉？何水曹眼不識盃鐺，吾口不（闕）瓢杆。汝寗與何同日而醒，與吾同日而醉乎？正言其醒可及，其醉不可及也。速管槽邱，吾將老焉。爾無多言，非爾所及。

續表

作者/文獻	版本	用　　例
嚴衍《資治通鑒補》卷一百九十三	清光緒二年盛氏思補樓活字印本	(5) 如晦，字克明。少英爽，喜書，以風流自命，內負大節，臨機輒斷。隋吏部侍郎高孝基深器重之。後既拜相封公，每思孝基有知人之鑒，為樹《神道碑》以紀其德。及薨，上每得佳物，輒思如晦，遣使賜其家。久之，語及如晦，必流涕，謂房元齡曰：公與如晦同佐朕，今獨見公，不見如晦矣！
嚴衍《資治通鑒補》卷二百五		(6) 自文明草昧，天地屯蒙，（太后稱帝之初，改元文明。（補注）《易》：屯卦辭"天造草昧"。）三叔流言，四凶構難。（三叔，指韓、霍諸王；四凶，指徐敬業等。）不設鉤距，無以應天順人；不切刑名，不可摧姦息暴。故置神器，開告端，（謂鑄匭以開告密之門也。）曲直之影必呈，包藏之心盡露。神道助直，無罪不除；蒼生晏然，紫宸易主。
嚴衍《資治通鑒補》卷二百八		(7) 太后將合葬乾陵，給事中嚴善思上疏曰：謹桉《葬法》云：尊者先葬，卑者不合於後開入。則天卑於天皇大帝，今欲開陵合葬，即是以卑動尊，於法非宜。且聞乾陵元宮以石為門，鐵錮其縫，今啟其門，必須鐫鑿。神明之道，體尚幽元，動衆加功，恐多驚黷。況合葬非古，漢時諸陵，皇后多不合葬；魏、晉以降，始有合者。望於乾陵之傍更擇吉地為陵，若神道有知，幽塗自當通會；若其無知，合之何益？不從。
嚴衍《資治通鑒補》卷二百十二		(8) 及病亟，戒諸子曰：張丞相與吾釁隙甚深。然其人素奢侈，尤好服玩。吾死，當必來弔，汝具陳吾平生玩好寶帶重器羅列帳前。張若不顧，汝家族無類矣。若顧，當即錄致之，仍以《神道碑》為請。既獲其文，登時錄，呈上覽，豫礱石，至使鐫刻。張丞相見事常遲，數日後，必當有悔。若徵碑文，以刊削為辭，便當引視鐫石，仍告以聞上。
嚴衍《資治通鑒補》卷二百一十四		(9) 施及後王，禮物漸備，作為酒醴犧牲，以致馨香，以極豐潔，故有三牲、八簋、五齊、九獻。以神道致敬，不敢廢也。
嚴衍《資治通鑒補》卷二百三十六		(10)《考異》曰：《韓愈集》有仲舒《神道碑》云：王宏中，字某。……愈又作《燕喜亭記》，稱為王宏中。然則宏中必字也，碑文誤耳。
嚴衍《資治通鑒補》卷二百六十五		(11) 沈顏《行密神道碑》、殷文圭《行密墓誌》、游恭《渥墓誌》皆云：天祐三年丙寅，二月丙申卒。薛居正《五代史・行密傳》亦云：天祐三年卒。行密之亡，嗣君幼弱，不由朝命承襲，或始死未敢發喪，赴以明年二月，疑顏等從而書之。

續表

作者/文獻	版本	用　　例
嚴衍 《資治通鑒補》 卷二百七十六	清光緒二年盛氏思補樓活字印本	（12）《考異》曰：《唐明宗實錄》：天成三年十一月壬午，房知溫奏高季興卒。《烈祖實錄》亦云：乾貞二年十一月，季興卒。蓋傳聞之誤。案：陶穀《季興神道碑》及《勃海行年記》皆云：十二月十五日卒。今從之。
嚴衍 《資治通鑒補》 卷二百九十二		（13）又云：鈞丙戌年，二十九承位，年四十三卒。右諫議大夫楊夢申奉敕撰《大漢都統追封定王劉繼顒神道碑》云：天會十二年，今皇帝踐阼之初年也。十七年，繼顒卒。末題：廣運元年，歲次甲戌，九月丙午朔。

表一千零七十八

作者/文獻	版本	用　　例
楊繼洲 《針灸大成》 卷一	明萬曆趙文炳刻本	（1）先項背痛者，先刺之。（風池、風府、大杼、神道。）
楊繼洲 《針灸大成》 卷二		（2）督脉行乎背部中，兑端接兮齗交從。素髎在面兮，水溝疏通；神庭入髮兮，上星瞳朦。顖會現兮前頂，百會儼兮尊崇。後頂輔兮強間逢，腦户閉兮風府空。啞門通於大椎兮，陶道夷坦；身柱縹於神道兮，靈臺穹窿。至陽立下，筋縮脊中。接脊懸樞，命門重重。歆陽關兮舞腰俞，願長強兮壽無窮。（凡二十七穴）
楊繼洲 《針灸大成》 卷四		（3）《禁針穴歌》：腦户顖會及神庭，王枕絡却到承靈。顱息角孫承泣穴，神道靈臺膻中明。水分神闕會陰上，横骨氣衝針莫行。箕門承筋手五里，三陽絡穴到青靈。孕婦不宜針合谷，三陰交内亦通論。石門針灸應須忌，女子終身孕不成。外有雲門并鳩尾，缺盆主客深暈生。肩井深時亦暈倒，急補三里人還平。刺中五臟胆皆死，衝陽血出投幽冥。海泉顴髎乳頭上，脊間中髓傴僂形。手魚腹陷陰股内，膝臏筋會及腎經。腋股之下各三寸，目眶關節皆通評。
楊繼洲 《針灸大成》 卷七		（4）《督脉經穴歌》：督脈中行二十七，長強腰俞陽關密。命門懸樞接脊中，筋縮至陽靈臺逸。神道身柱陶道長，大推平肩二十一。啞門風府腦戸深，強問後頂百會率。前頂顯會上星圓，神庭素髎水溝窟。兑端開口唇中央，齗交唇内任督畢。（二十七穴） （5）神道：五椎下，俛而取之。 （6）神道：主背上怯怯乏氣。

續表

作者/文獻	版本	用　　例
楊繼淵《針灸大成》卷八	明萬曆趙文炳刻本	(7) 身熱頭痛，汗不出：曲泉、神道、關元、懸顱。(已上見《針經》。)

表一千零七十九

作者/文獻	版本	用　　例
楊爵《周易辨録》卷一	清文淵閣四庫全書本	(1) 聖人之德，首出庶物，以神道設教於上，猶乾道變化也。萬國咸寧，猶萬物各正性命而保合太和也。元亨者，顯諸仁也。利貞者，藏諸用也。聖人過化存神，上下與天地同流者也。故配合而迭言之，兩乾相繼，天行健之象也。君子法天行健之象，而以自強不息焉。
楊爵《周易辨録》卷二		(2) 以是誠敬之德觀天下，則不言而信，不怒而威。有孚顒若，下觀而化，所謂篤恭而天下平也。天之道，陰陽而已。陰陽不測，則神道也。天惟神道以為觀，故四時不忒。聖人過化存神，上下與天地同流。民日遷善而不知為之者，則以神道設教而天下服矣。 (3) 故曰：有孚顒若，下觀而化也。天之神道，上天之載，无聲无臭也。而四時之不忒，聖人以神道設教，則所過者化，所存者神，上下與天地同流矣。 (4) 卦之觀，讀去聲，表率之義。爻之觀，讀平聲，觀瞻之義。九五為大觀在上，所謂神道設教者也。

表一千零八十

作者/文獻	版本	用　　例
楊廉《楊文恪公文集》卷十八	明刻本	(1) 按：《清正公神道碑》，後村劉克莊撰。以簡爲公五世祖，則簡之前復有四世，今不可考矣，故斷自簡爲一世云。

續表

作者/文獻	版本	用　　例
楊廉 《楊文恪公文集》 卷五十六	明刻本	(2) 公列其事干東白張學士碑于神道，人謂公能不忘其先。嘗以古者重宗子法，程子言扵《遺書》，朱子寓扵《家禮》，今宗法不立扵收族之道，不無踈略，且以其身爲大宗子，因立大宗堂，此其扵家也。
楊廉 《楊文恪公文集》 卷五十九		(3) 資善大夫吏部尚書古淡李公神道碑 (4) 公臨終戒子孫，勿乞恩葬祭，擾鄉里槩等遵治命。合葬於羅夫人之兆，凡若干年矣。至是，屬廉書其神道之碑。廉故人子，且素辱公愛，不容以固陋辭，乃為銘曰：維公豪氣何崒嵂，貴相分明有奇骨。彤庭北面簪白筆，釋褐即膺清要秩。……魏巍貴壽孰可必，一代名臣告終訖。文岡之山氣芴鬱，千古同藏耆協吉。
楊廉 《楊文恪公文集》 卷六十		(5) 知府復齋湯君神道碑
楊廉 《楊文恪公文集》 卷六十一		(6) 中奉大夫貴州布政使司左布政使古城張公神道碑 (7) 正德戊寅九月甲寅，貴州左布政使張公，卒于里第。其子僎以是年冬十二月乙酉，既奉襄大事，復自爲狀，并以書抵南京，屬廉揭諸神道之碑。竊謂此學自宋儒大明之後，浸至于今，中間或顯或晦，然顯之日恒少而晦之日恒多。有志於斯道者，可勝嘆耶。 (8) 嘉議大夫都察院右副都御史五城董公神道碑 (9) 予交公于大學，及進士為同年，不可謂知之不深。一日，鍊捧公門人蕭御史瑞所為狀，請書神道之碑。誼不容辭，乃叙而系以詞曰：世俗之學，游談無根，公之胷中，溶貫典墳。至於為文，率尚浮夸，質而不俚，公自成家。……堂堂乎公，如軾與轍，有學有政，有功有烈。中書甘考，亟活飢民，鈞保之惠，於公亦云。八座在前，胡為不待，即其所立，足告千載。 (10) 参議君一日謂予墀先君即中先妣宜人，幽堂有銘，神道有碣，皆名公手筆，獨未有為之表者，乃出同寅陸君溥所爲狀，謬以相屬。
楊廉 《楊文恪公文集》 卷六十二		(11) 嗚呼！公學得之家庭，用世之才雖未盡展，其居此官，盡此職，惟知正已，不爲詭隨，較之庸庸保祿毀方瓦合得車之多者，豈直大有徑庭而已哉？是宜揭之神道，以爲世勸焉。

表一千零八十一

作者/文獻	版本	用　　例
楊榮 《文敏集》 卷十七	清文淵閣四庫全書本	（1）神道碑銘 （2）開國輔運推誠宣力武臣柱國武定侯贈營國公謚威襄郭公神道碑銘 （3）嗚呼偉哉！玹以神道之石未立，無以昭示永久，來請文。予閲其家傳，考定其大者，次第之而系之銘曰：天啟皇明，淮甸龍飛。乘時應運，風雲一機。太祖受命，汛掃餘孽，羣力桓桓，皷勇就列。東征西伐，北南以平。斷出神聖，功恊衆能。……匪幸所致，惟公之忠。忠在朝廷，載之信史。亦有孝思，永錫爾類。在昔汾陽，著勲有唐。公實似之，于今益彰。我作銘詞，勒公墓道。百世斯承，有赫其耀。 （4）故奉天靖難推誠宣力武臣特進榮祿大夫柱國中軍都督府左都督武安侯追封漳國公謚忠毅鄭公神道碑銘 （5）宣德甲寅二月乙丑，奉天靖難推誠宣力武臣、特進榮祿大夫、柱國、中軍都督府左都督、武安侯鄭公，薨于大同。訃聞，上嗟悼，輟視朝二日。遣官致祭，賜棺及賻，命有司營葬。追封漳國公，謚忠毅。某年某月某日，歸葬北京之西山婺里。其子能既襲侯爵，遂具公平生之槩，來求《神道碑銘》。 （6）故奉天翊衛宣力武臣特進榮祿大夫柱國廣寧伯追封廣寧侯謚忠武劉公神道碑銘 （7）故應城伯追封翼城侯孫公神道碑銘 （8）贈湯陰伯謚忠襄郭公神道碑銘 （9）故資善大夫太子少保禮部尚書兼武英殿大學士贈榮祿大夫少保謚文靖金公神道碑銘
楊榮 《文敏集》 卷十八		（10）神道碑銘 （11）故資善大夫兵部尚書兼太子賓客張公神道碑銘 （12）故資善大夫兵部尚書許公神道碑銘 （13）故資善大夫都察院右都御史熊公神道碑銘 （14）嗚呼！公賦性淳實，內剛而外和，居家則孝友篤至，涖官則寬猛適宜。及總憲紀，益存寬厚，不事苛刻。至於論議施設，待人接物，綽有大臣之體，是宜勒碑神道，以昭後世。銘曰：猗歟熊氏，肇邇南昌。繼遷吉水，家聲益張。維公之生，天資挺秀。夙擢巍科，才華實茂。……命總憲臺，綱紀秩秩。南北二京，並樹勳績。公尚未耄，遽爾云亡。帝用嗟悼，復錫寵光。命官賜祭，為營葬事。恩榮始終，人罕能儷。新阡矗矗，神道有碑。刻茲銘詩，千載永垂。

續表

作者/文獻	版本	用　　例
楊榮《文敏集》卷十八	清文淵閣四庫全書本	(15) 故榮禄大夫少師兼吏部尚書贈特進光禄大夫太師謚忠定蹇公神道碑銘 (16) 故榮禄大夫太子太保兼禮部尚書吕公神道碑銘 (17) 故資政大夫都察院右都御史王公神道碑銘 (18) 故資政大夫刑部尚書趙公神道碑銘 (19) 故驃騎將軍左軍都督府都督僉事許公神道碑銘 (20) 故驃騎將軍左軍都督府都督僉事衛公神道碑銘

表一千零八十二

作者/文獻	版本	用　　例
楊慎《升菴集》卷七	清文淵閣四庫全書補配清文津閣四庫全書本	(1) 兵部尚書兼都察院右都御史東泉姚公神道碑銘
楊慎《升菴集》卷四十二	清文淵閣四庫全書補配清文津閣四庫全書本	(2) 武丁嘗遯于荒野而後即位，彼在民間已知說之賢矣，一旦欲舉而加之臣民之上，人未必帖然以聽也，故徵之於夢焉。是聖人之神道設教也，是所謂民可使由而不可使知也。且又商之俗質而信鬼，因民之所信而導之，是賢人所以成務之幾也。 (3) 仲尼曰：默，女無言！夫文王盡之也，而又何論刺焉！彼直以循斯須也。禹錫之言，蓋本莊子。彼以武丁文王之用說與望，猶田單之妄用一男子為軍師，類乎聖人之神道設教，以幾成務而不使民知，恐不如是也。其所云夢賚者，實帝感其恭默之誠而賚之也。其性情治者其夢寐不亂，乃可以孔子夢周公同觀，而非叔孫之踐妖、漢文之啟倖矣。鄭文夢鹿而得真鹿，心誠於得鹿者，非天理之公也，而尚可以得，况誠於求賢而有不得者乎？ (4) 上陵磨劒：漢武帝崩後，忽見形，謂陵令薛平曰：我雖失勢，猶為汝君。柰何令吏卒上吾陵磨劍乎？因不見。推陵旁，果有方石可以為礪，吏卒常盜磨刀劒。霍光欲斬之，張安世曰：神道茫昧，不宜為法。故阮公《詠懷詩》曰：失勢在須臾，帶劒上吾丘。(《漢武故事》)
楊慎《丹鉛總録》	清文淵閣四庫全書本	(5) 武丁嘗遯于荒野而後即位，彼在民間已知說之賢矣，一旦欲舉而加之臣民之上，人未必帖然以聽也，故徵之於夢焉。是聖人之神道設教也，是所謂民可使由而不可使知也。且又商之俗質而信鬼，因民之所信而導之，是聖人所以成務之幾也。

續表

作者/文獻	版本	用　　例
楊慎《丹鉛總録》卷十	清文淵閣四庫全書本	(6) 仲尼曰：默，女無言！夫文王盡之也，而又何論刺焉！彼直以循斯須也。禹錫之言，葢本荘子。彼以武丁文王之用説與望，猶田單之妄用一男子為軍師，類乎聖人之神道設教，以幾成務而不使民知，恐不如是也。其所云夢賚者，實帝感其恭默之誠而賚之也。其性情治者其夢寐不亂，乃可以孔子夢周公同觀，而非叔孫之踐妖、漢文之啓倖矣。鄭人夢鹿而得真鹿，心誠於得鹿也。心誠於得鹿者，非天理之公也，而尚可以得，況誠於求賢而有不得者乎？
楊慎《丹鉛總録》卷二十四		(7) 漢武帝崩後，忽見形，謂陵令薛平曰：我雖失勢，猶為汝君。奈何令吏卒上吾陵磨劍乎？因不見。乃遣吏按陵旁，果有方石可以為礪，吏卒常盜磨刀劍。霍光欲斬之，張安世曰：神道茫昧，不宜為法。故阮公《詠懷詩》曰：失勢在須臾，帶劍上吾丘。(《漢武故事》)

表一千零八十三

作者/文獻	版本	用　　例
楊士奇《文淵閣書目》卷一	清文淵閣四庫全書本	(1) 御製徐武寧神道碑一部一冊
楊士奇《文淵閣書目》卷三		(2) 李府君神道碑一部一冊 (3) 王清獻神道碑一部一冊 (4) 張循王神道碑一部一冊
楊士奇《東里集》東里續集卷十三	清文淵閣四庫全書補配清文津閣四庫全書本	(5)《吴氏世譜序》：余嘗閲《宋史》，見龍圖直學士仙居吳公芾，凡所立身事君治民，一由君子之道，而以剛直不容於時，心嚮慕之。又閲朱文公所為公神道之碑，視史加詳，於是慕之加切焉。盖君子之仕也，皆欲推其所學施諸致君澤民，然而得遂所志者何其少也？
楊士奇《東里集》東里續集卷二十一		(6) 宋楊忠毅公神道碑
楊士奇《東里集》東里續集卷二十二		(7)《吳虞二先生像後》：元道學大儒出吾江右者，吳文正公、虞文靖公皆在臨川。先曾祖吟窓先生，延祐鄉試，寔文正門生，而於文靖交游。今二公《文集》具可考見，而《家集》載先祖金洲先生兄弟問學，皆登二公之門。士竒聞諸長者先世嘗藏二公畫像，皆有親筆自贊。兵亂失之，士竒獨見往來

續表

作者/文獻	版本	用　　例
楊士奇《東里集》東里續集卷二十二	清文淵閣四庫全書補配清文津閣四庫全書本	簡牘數幅耳。比得此二像於程南雲《敬表》為一卷，遂於《文集》中考贊辭書之，併録《行狀》《神道碑》於後，以藏於家，將使後之人瞻其像，知其道，而致力於學也。
楊士奇《東里集》東里續集卷二十四		(8) 神道碑 (9) 贈資善大夫太子太傅兼謹身殿大學士楊公神道碑銘 (10) 永寧衛指揮僉事追封隆平侯張公神道碑銘 (11) 公春秋八十有餘，念朝廷之寵恩，考妣之德善，皆當永示後之人。俾勿忘，於是屬士奇書之神道麗牲之石。 (12) 贈驃騎將軍左軍都督府都督僉事王公神道碑銘 (13) 封榮祿大夫少保戶部尚書兼武英殿大學士黃公神道碑銘 (14) 贈資善大夫都察院右都御史熊公神道碑銘 (15) 於是，槩使棐來言於士奇曰：先公之沒也，胡文穆公銘其墓矣。今承制命之榮，於法得立神道之碑。非先生知先公之深，莫宜為文。
楊士奇《東里集》東里續集卷二十五		(16) 神道碑 (17) 追封奉天靖難推誠宣力武臣特進榮祿大夫右柱國榮國公加封河間王謚忠武張公神道碑銘 (18) 余陪太師公在史舘經筵久，以余永樂、洪熙從臣實聞二聖所嘗論王者，屬銘神道之碑，敬叙而銘之。銘曰：文皇奉天，中興邦國。桓桓忠武，奮起羽翼。帷幄密勿，長策深晝。上契淵衷，魚水之得。……决志敵愾，違恤厥躬。精誠貫日，勁氣吐虹。聊城之鏖，髪怒上衛。先軫戰旗，千載一忠。王勞在國，王績在史。王嗣象賢，益閎以偉。帶礪山河，廷有明誓。清廟陟配，逾千萬祀。 (19) 奉天靖難推誠宣力武臣特進榮祿大夫右柱國太子太傅成國公追封東平王謚武烈朱公神道碑銘 (20) 永樂初，某侍講禁林，凡軍國事預陪廷議，恒與王接知之有素，至是太保公屬書神道之碑，敬叙而為銘。銘曰：明聖之興，天實命之。必有名世，輔翼攸資。文皇大聖，奉藩恭恪。天將啓之，内難奄作。……南交弗靖，奉命徂征。師未出疆，大星墮營。天不慭遺，堂柱遽仆。帝聞衋傷，卹典隆厚。忠存社稷，勳載簡編。偉哉嗣興，顯顯象賢。河山有誓，追崇有詔。皇明萬年，永配清廟。 (21) 贈資善大夫刑部尚書魏公神道碑銘
楊士奇《東里集》東里續集卷二十六		(22) 神道碑 (23) 戶部尚書古公神道碑銘

續表

<table>
<tr><th>作者/文獻</th><th>版本</th><th>用　　例</th></tr>
<tr><td>楊士奇
《東里集》
東里續集
卷二十六</td><td rowspan="2">清文淵閣四庫全書補配清文津閣四庫全書本</td><td>(24) 宣德三年二月十八日，戶部尚書古公卒。訃聞，上遣進士康琰賜祭，命有司給舟歸其喪，且營葬事。既葬，其子本奉禮部尚書蔚公所述事狀，走北京，介少保夏公，求書神道之碑。
(25) 榮襄吳公神道碑銘
(26) 顯忠輔運推誠宣力武臣特進榮祿大夫右柱國太傅黔國公追封定遠王謚忠敬沐公神道碑銘
(27) 正統四年三月十八日，黔國公沐公薨於雲南之楚雄。……沐氏，鳳陽定遠人。其先所自具前翰林學士王景所著黔寧昭靖王神道之碑。
(28) 至是，王之子以事狀，求余書神道之碑。謹按狀，叙而銘之。銘曰：天啟皇明，於淮之右。配天與地，篤生帝后。二聖至仁，作民父母。心存萬方，包含徧覆。……祇事五朝，鞠躬小心。奉國忘家，志如堅金。寸棘未剪，躬不寧處。過自偏裨，於躬引咎。終於王事，德善孔多。顯顯華褒，千歲弗磨。沐世子孫，奕奕象賢。篤忠與考，永光其傳。
(29) 奉天翊運推誠宣力武臣特進榮祿大夫柱國鎮遠侯追封夏國公謚武毅顧公神道碑銘
(30) 至是，興祖具事狀，屬士竒書公神道之石。士竒，永樂、洪熙中，官翰林，日侍二聖，實聞公事，故不辭，敬次第書之，而係以銘曰：大明奉天，肇跡淮土。公奮從龍，來歸皇祖。金戈鐵馬，桓桓四征。鏟暴鋤彊，疇之敢嬰。……當宁聖明，嘉公忠言。寵賚華褒，誕降自天。國有老成，謂宜百歲。曷不憖遺，營星奄墜。雄蓋萬夫，智名勇功。公福簡簡，哀榮始終。慶澤之貽，綿綿來嗣。篤念先祖，祇於世世。</td></tr>
<tr><td>楊士奇
《東里集》
東里續集
卷二十七</td><td>(31) 神道碑・墓碑銘
(32) 工部尚書李公神道碑銘
(33) 諸子將捧匶歸，厝清苑先事。昉奉吏部尚書郭公所述事狀，詣予請文於神道之碑。余嘗銘其先塋矣，然與公同事四朝，雅相好相知，故不辭，為叙而銘之。銘曰：遥遥隴西李所自，來徙清苑屬元季。豐穰之鄉柳莊里，土剛水清毓和粹。繇曾大考暨祖禰，積仁累厚襲休祉。式生居正用奮起，攄厥純誠奉藩邸。……執信秉仁處當義，恤窮矜鰥急施濟。量度恢豁內昭晰，有詭罔之弗校計。恭事四聖誠一致，七十全歸行靡愧。必有紀述垂後世，故鄉之墳歸率制。疇其銘者太史氏。
(34) 光祿大夫少保户部尚書黄公神道碑銘</td></tr>
</table>

續表

作者/文獻	版本	用　　例
楊士奇《東里集》東里續集卷四十四	清文淵閣四庫全書補配清文津閣四庫全書本	(35) 謹譔《神龜賦》一首，上進。賦曰：帝秉德之純孝兮，原到性於天賦。初統承於大寶兮，肆宏整於皇度。……皇考昔肇迹兮，諒順天而應人。薄四海之内外兮，大一統而為君。奄六龍其上賓兮，渺翠華之無方。懿聖德與神功兮，配天地之博閎。帝将揭以永示兮，齊日月而同明。表神道之廣大兮，求樂石之堅貞。……又将錫類於萬億兮，世克君而克承。
楊士奇《東里集》東里續集卷五十三		(36) 墳前不作享堂，勿築墻垣，亦勿如鄉里用甎石作盤合樣，以貽後患。只是以土崇厚築之，但遇雨水傾塌，隨即加築，築須十分堅實。墳前勿建《神道碑》，勿立石人石獸，只立一望石，遵遺命所題。近墳置少田土，以備祭掃。此皆不可違命。
楊士奇《東里文集》卷十二	清文淵閣四庫全書本	(37) 神道碑 (38) 故推誠輔運宣忠効力武臣柱國後軍都督府左都督西寧侯宋公神道碑銘 (39) 故懷遠将軍成都右衛指揮同知贈平江伯陳公神道碑銘 (40) 故文淵閣大學士兼左春坊大學士贈榮禄大夫少師禮部尚書謚文穆胡公神道碑銘 (41) 少保户部尚書贈特進光禄大夫太師謚忠靖夏公神道碑銘 (42) 奉天靖難推誠宣力武臣特進光禄大夫柱國太保陽武侯追封鄆國公謚忠武薛公神道碑銘
楊士奇《東里文集》卷十三		(43) 神道碑 (44) 奉天靖難推誠宣力武臣特進榮禄大夫柱國前軍都督府左都督永康侯追封蔡國公謚忠烈徐公神道碑 (45) 安奉國子祭酒具公泰所述事狀，求文刻神道之碑。士竒與公同朝十有餘年，後同侍監國相，厚知公之行加詳，故為序而銘之。銘曰：桓桓徐公，為時虎臣。襲家之勳，奮武以振。天啟聖明，義旗爰舉。挺誠來從，股肱之輔。……鑾輿北狩，聖儲監國。峙武以衛，孰優公德。肅肅小心，溫恭靖嘉。歸焉老成，為國之華。維孝維忠，在公允蹈。宜貴宜富，昌不耆耄。都門之南，聿崇起墳。過者下車，眎兹刻文。 (46) 贈資善大夫都察院右都御史兼詹事府詹事向公神道碑銘 (47) 奉天翊衛推誠宣力武臣特進榮禄大夫柱國追封平江侯謚恭襄陳公神道碑銘 (48) 公葬以薨之明年三月，墓在江寧縣大山之原。余與公同朝三十餘年，相知且好，扵是儀以狀求著神道之碑，故按狀叙而銘之。銘曰：繄公挺出何桓桓，

續表

作者/文獻	版本	用　　例
楊士奇 《東里文集》 卷十三	清文淵閣四庫全書本	武兼勇智追前聞。材藝夙試卓寡倫，峩冠三品承考勳。蠻谿獠峒獫猲羣，負嶮弗擾獰且趍。公奮掃刮迅掁塵，湔滌腥穢寧邊民。……坦行如砥戚者忻，猗嗟公篤孝與仁。厥施諸時績弗泯，愛國亦有嘉謨陳。功載冊府被後昆，大江之陽巋有墳。太史銘之昭不刊。 （49）故驃騎將軍左軍都督府都督僉事王公神道碑銘
楊士奇 《東里文集》 卷二十		（50）公諱善，字幼孜，以字行其先世。見余所作其考雪崖先生神道之碑。

表一千零八十四

作者/文獻	版本	用　　例
楊守陳 《楊文懿公文集》 卷二十五	明弘治十二年楊茂仁刻本	（1）公卒之歲某月某日，葬于其邑楊記村先兆之旁，以沈劉二恭人祔。其鄉人李通政和狀其行，而駙馬奉以徵余銘其神道之碑。余不克辭。銘曰：世德之家，積而不發。際時純熙，涌不可遏。如彼蕢土，爲山爲陵。氣維春矣，草木怒生。……最其勳庸，亦昌且大。壽胡不遐，僅止于艾。墓道有石，螭首龜趾。載公之徽，曁其世美。其世之美，惟國之休。不顯亦世，陳錫哉周。
楊守陳 《楊文懿公文集》 卷二十六		（2）大明都察院右僉都御史汪公神道碑
楊守陳 《楊文懿公文集》 卷二十七		（3）明故南京太常寺少卿鄭公神道碑
楊守陳 《楊文懿公文集》 卷二十八		（4）神道碑 （5）成化二十一年三月廿又一日，榮祿大夫、中軍都督府都督同知致仕韓公，卒于家，壽八十有一。……以訃聞，命有司諭祭營葬，給麻布齋糧如例。廣既拜謝。卜以是歲某月某日，葬之邳州岠山之東之原。乃以金知府銑所撰狀，謁余泣拜，請銘其神道之碑。

表一千零八十五

作者/文獻	版本	用　　例
楊守阯《碧川文選》卷三	民國四明叢書本	(1) 今公之從子司務君，偕公之嗣孫仁，會萃縉紳士夫所爲公之輓詩，而先之以《行狀》《墓銘》《神道碑》總爲一冊，屬予爲之序。
楊守阯《碧川文選》卷四		(2) 及公既没，公之季子廣德、知州昌齡，復益以公被薦之章、諭祭之文、神道之碑，與《墓誌銘》之類重加編次，分爲若干卷，其文增於前，其名襲其舊，因以序見屬。
楊守阯《碧川文選》卷七		(3) 鏡川楊氏先塋神道碑銘 (4) 栖芸、梅讀、見素，官至三品，例得立《神道碑》。守阯已撰梅讀碑文，從兄司空謂曰：塋域既同，神道無二，盍共爲一碑乎？ (5) 初，熙正之葬無《墓誌》，文懿公有識葬之文具載始末。栖蕓自撰《墓銘》，文懿亦爲作《小傳》。梅讀則太子少師大學士蕭公鎡銘之，見素則太子少保尚書大學士商公輅銘之，韋庵則大理卿夏公時正銘之。春容大篇，足垂不朽，然皆藏之墓中。今欲列于神道，小子狂簡，不能具述，掛一漏萬，不能免乎？不明不仁之咎，強顏書之而系以銘曰：靈宗初諜自有周，宣王支庶封楊侯。楊侯苗裔遍九州，鏡川一派儒家流。……父子弟兄膺寵褒，婦姑娣姒咸承休。九原會聚含笑不，我心感愴增悲憂。抆淚書銘金石鏤，上侈君恩圖報酬，下貽嗣胤垂千秋。
楊守阯《碧川文選》卷八		(6) 大明南京大理寺卿夏公神道碑銘 (7) 昔蘇少公作《歐陽公神道碑》，謂某之不敏，以父兄故，不敢復辭。 (8) 大明故驃騎將軍錦衣衛掌衛事都指揮使朱公神道碑銘 (9) 予與公同朝，往還甚久。今其子以侍御田景賢所爲狀，及少宗伯倪舜咨所爲誌，詣予請文於《神道碑》。義不得辭，乃爲論次之而系以銘曰：於惟朱氏，興自儀衛。積伐累勳，爲千夫帥。公承武階，亦有文事。受知孤卿，以其子妻。……六遷其官，二品之貴。寵隆不驕，權盛不肆。保其初終，哀榮兼至。彼何人斯，作威逞勢。曾不旋踵，或顛以躓。求如公者，百無一二。神道有碑，我銘以識。以永公休，亦以厲世。 (10) 贈資政大夫太子少保兵部尚書兼東閣大學士謝公神道碑銘 (11) 朝廷封贈其父如其官，母爲夫人，亦既光顯矣。茲當立碑神道，宜得當代名筆。有若范公者書其事，以益顯其親也。 (12) 公治命，俾求同年太宰晉陵王公作《神道碑》并文集序。因語及是詩，王公命守阯書之，且曰：吾年友絶筆之詩，覽之可傷，然不可不藏。

表一千零八十六

作者/文獻	版本	用　　例
楊嗣昌 《楊文弱先生集》 卷五十六	清初刻本	(1) 語曰：人道邇，神道遠。嗟乎！其然乎？
楊嗣昌 《楊文弱先生集》 卷五十七		(2) 盧崑石先生神道碑銘

表一千零八十七

作者/文獻	版本	用　　例
姚廣孝 《逃虛子集》 詩集補遺	清鈔本	(1) 御製推忠報國恊謀宣力文臣特進榮祿大夫上柱國榮國公姚廣孝神道碑

表一千零八十八

作者/文獻	版本	用　　例
姚際隆 《卜筮全書》 卷十	明刻本	(1) 刑不善終。(鬼帶刑爻，必非善終之鬼。辰是牆壁壓死鬼，午是湯火燒盪鬼，酉是刀箭所傷鬼，亥是投河落水鬼。寅或虎噬，巳或蛇傷，戌或犬咬，丑或牛觸。旺則爲神道，劉郡王猛將之神。)

表一千零八十九

作者/文獻	版本	用　　例
姚夔 《姚文敏公遺稿》 卷八	明弘治姚璽刻本	(1) 大明追封慶雲侯周公神道碑銘 (2) 皇上篤念聖母之恩，尊養備極。又推聖母之恩以及于公，何其仁孝之至哉！……以是年八月望日，遷公及夫人柩合葬焉，禮也。壽復以神道文屬予。仰惟大宮盛德，覆被下臣，敢於所出而愛一言乎？ (3) 吾於周公之獲福慶，雖未究于生前而乃裕于百世，非其德之足徵而能致是哉？是用大書，俾刻諸石，樹之神道，以著周氏積德衍慶之休，以昭皇明隆孝褒崇之典。垂示將來，永光穹壤。

表一千零九十

作者/文獻	版本	用　　例
姚旅 《露書》 卷十三	明天啓刻本	(1) 朱梓令天柱元旦謁神道，有一豬隨之廟中。

表一千零九十一

作者/文獻	版本	用　　例
姚綬 《穀庵集選》 卷八	明嘉靖刻本	(1) 龍章輝煌于穹碑，綽楔煒燁于神道。祭享有亭，庖湢有舍。

表一千零九十二

作者/文獻	版本	用　　例
姚舜牧 《性理指歸》 卷七	明萬曆刻清順治重修本	(1) 天不言而四時行，聖人神道設教而天下服。誠於此，動於彼，神之道與!
姚舜牧 《性理指歸》 卷二十四		(2) 後呂公再入，元昊方犯邊，乃以公經略西事，公亦樂爲之用。嘗奏記呂公云：相公有汾陽之心之德，仲淹無臨淮之才之力。後歐陽公爲《范公神道碑》，有“懽然相得，戮力平賊”之語。

表一千零九十三

作者/文獻	版本	用　　例
姚堂 《潤州先賢録》 忠節卷二	明天順七年刻本	(1) 當今洪武三十四年，公之同里劉僕辰來守兹郡，治民禮神，報政稱寂。凡所以樹立名教者，知無不爲。率僚佐，召父老，揖拜墳下，汛掃薦奠，覩祠宇之傾移，考碑碣之湮沒。問之遺民，民不忘求之去僧。僧復來，推詳按寔，復其山林，伐石重表神道，種樹加護封域。移文于朝，貽書于家，俾其子孫。 (2) 侯之景仰先哲，表章先烈，可謂達思孝之本、知政治之原矣。嗚呼！公之謀國用武，死於忠憤，而葬江上。岳武穆知遇於公，將兵敵愾，死於仇嫉，而葬江南。……夫人道尚明，神道尚幽。三公謀國復封疆，不能同列于中外，不得同信其志，後乃共衛社稷於没身，以終宋室三百年之運。嗚呼！何莫非天也？亦何莫非人也？

表一千零九十四

作者/文獻	版本	用　例
姚希孟 《棘門集》 卷一	明清閟全集本	（1）神道碑 （2）太子太保工部尚書謚恭定馮先生神道碑 （3）嘉議大夫南京工部右侍郎閒適葉公神道碑 （4）原任直隸靈壽縣知縣累贈通議大夫都察院右副都御史東山曹公暨配旌表節婦累贈淑人常氏神道碑 （5）今以兵部右侍郎，召念兩尊人墓木拱矣。礲石于神道，而屬詞史氏。史氏既讀其狀與誌與表，與夫瞽宗之誦、綸綍之音，愾然三嘆，有感於出處死生之際焉。
姚希孟 《文遠集》 卷二		（6）答曹撫臺求神道碑
姚希孟 《文遠集》 卷十六		（7）此後，死之責不敢妄自菲劣，願以《墓誌銘》屬文起家舅，而不肖任《神道碑》，固以仰酬尊委亦以答知己於地下也。

表一千零九十五

作者/文獻	版本	用　例
葉春及 《石洞集》 卷八	清文淵閣四庫全書補配清文津閣四庫全書本	（1）《置節度守冢》：縣南十里盤龍山下，有唐武威軍節度使王潮之墓。鄉縉紳黃森為職，言潮墓被發，不知何年。……職往睇之，頹壟生荊棘，神道營農圃。享廟之石，村氓負而為厠。華表摧折，半出地上。此雍門所以悽愴於孟嘗也。
葉春及 《石洞集》 卷十三		（2）夷僧闌入近郊鞦招提，奉天主以左道惑民，為隖夷中詗曾莫誰何？逐之，咸秩無文。而以神道設教，伯夷之績也。
葉春及 《石洞集》 卷十五		（3）夫人為善則氣常伸，伸則若神助之；為不善則氣常詘，詘則若神挫之。人之所為與神之所為相參合，非通於神人之故。何足語此？君子神道設教。故其教行黃公祠，文昌以興儒廟，漢壽以振武，蓋神之也。 （4）子曰：玄武，北方之宿，其象龜，龜有甲，能禦侮，故兵家殿之。聞諸行間，彷佛玄帝金支翠旗自天而降，則士氣百倍，所鄉必捷。神道設教，兵之上計也。二公皆善用兵者，有以哉。

表一千零九十六

作者/文獻	版本	用　　例
葉良佩《周易義叢》卷五	明嘉靖刻本	(1) 盥而不薦，有孚顒若，此之謂聖人以神道設教也。何謂神道設教?《詩》曰：奏假无言。又曰：不顯惟德。《記》曰：不動而敬。此聖人之所以爲盡性也，其所存者神矣。有孚者，恂慄也。顒若者，威儀也。 (2) 觀天之神道，而四時不忒。聖人以神道設教，而天下服矣。 (3) 極言觀之道也。四時不忒，天之所以爲觀也。神道設教，聖人之所以為觀也。(《本義》) (4) 天道至神，故曰“神道”。觀天之運行，四時无有差忒，則見其神妙。聖人見天道之神，體神道以設教，故天下莫不服也。夫天道至神，故運行四時、化育萬物无有差忒。至神之道莫有名言，唯聖人默契，體其妙用，設爲政教，故天下之人涵泳其德而不知其功，鼓舞其化而莫測其用，自然仰觀而戴服，故曰：以神道設教，而天下服矣。(伊川) (5) 測曰：觀，下觀而化，取法於天之神道也。
葉良佩《周易義叢》卷十一		(6) 史謂祝史，巫謂巫覡。紛若者，盛多之貌。人有威勢，易爲行恭；神道无形，多生怠慢。若能用居中之德，行至卑之道，用之於神祇，不行之於威勢，則能致之於盛多之吉，而无咎過也。(《正義》)

表一千零九十七

作者/文獻	版本	用　　例
葉山《八白易傳》卷四	清文淵閣四庫全書本	(1) 上九：自天祐之，吉无不利。何也?葉子曰：履信思乎順。人道備矣，天與而人歸；神道全矣，履端于始，而舉正于終。人與其成，而天防其敗，不亦美乎?

表一千零九十八

作者/文獻	版本	用　　例
葉盛《涇東小稿》卷七	明弘治刻本	(1) 贈資政大夫兵部尚書兼翰林院學士商公神道碑銘 (2) 於是，輅自為狀，以屬於盛，欲書其神道之碑。 (3) 公之歿，今南京吏部尚書崔公治其後事計，既來北京。楊公造文為奠，已復為執筆書其神道之碑，且以《埋銘》見屬於余。盖楊公固莫逆，崔公舊寮，而余則忝遊從之末者也。

續表

<table>
<tr><th>作者/文獻</th><th>版本</th><th>用　　例</th></tr>
<tr><td>葉盛
《菉竹堂稿》
卷五</td><td>清初鈔本</td><td>(4) 按：姚文公所為《潘公神道碑》，記公以太保劉公薦，累官至江南浙西道肅政廉訪副使。早及游魯齋先生許文正之门，与文公有同門之雅，而斯文詳考平生履歷，盖不一書，固非祠龍一事而已。</td></tr>
<tr><td>葉盛
《水東日記》
卷七</td><td rowspan="4">清康熙刻本</td><td>(5) 歐陽公撰《范文正神道碑》，富韓公以差叙官次為言，公以為：此碑直叙事繫天下國家之大者耳，後人固不於此求范公官次也。嘗聞沈簡庵先生為人作草書，於古詩文或悮漏字，間請先生足之，先生曰：若須全文，則書坊固有印本矣。亦得此意。
(6) 廬陵公就卧内候之，公不及他，惟以手作丈尺狀，曰：主上尚爾，老相公遠出，於心安乎？廬陵公改容謝焉。後來為公作《神道碑》，畧述其事，蓋紀實也。公在南京帥府叅賛機務，襄城伯中坐，公旁坐，旦視事，皆襄城處分，公不出一語，蓋陰相之則多矣。</td></tr>
<tr><td>葉盛
《水東日記》
卷八</td><td>(7)《楊文貞公傳》，王抑庵尚書作。公嘗三致書適確書削，再致潤筆，且求其親書，俾子孫寶藏。《王忠毅公行狀》亦公無恙時口授指畫為之，假王鹽山名。至如其臨終，於神道碑、墓銘、書旐、題主之類，某出何人，某出何人，皆公所自定。豈豪傑之士，固亦不忘身後之名歟？然亦可見前輩於死生之際，其不苟如此。</td></tr>
<tr><td>葉盛
《水東日記》
卷十二</td><td>(8)《楊文貞公墓誌》則云：一時廷臣狎恩多縱忌，公伉直發其私，適太學闕祭酒，衆共舉公，實欲疎之，上不聽。公遂密言上獘，指斥五府六部都察院，章留中不下。所書似不同。若楊文定公譔《神道碑》，則又畧之矣，覽者詳之。</td></tr>
<tr><td>葉盛
《水東日記》
卷十九</td><td>(9)《宋文鑑》上中下凡一百五十卷，朝奉郎行秘書省著作佐郎兼國史院編修官兼權禮部郎官臣呂祖謙奉聖旨銓次。曰賦、曰律賦、曰四言古詩、曰樂府歌行（附雜言）、曰五言古詩、曰七言古詩、曰五言律詩、曰七言律詩、曰五言絶句、曰六言絶句、曰七言絶句、曰雜體、曰騷（如騷者亦附）、曰詔、曰勅、曰赦文、曰冊、曰御禮、曰批荅、曰制、曰誥、曰奏疏、曰表、曰牋、曰箴、曰銘、曰頌、曰贊、曰碑文、曰記、曰序、曰論、曰義、曰策、曰議、曰説、曰戒、曰制策、曰説書、曰經義、曰書、曰啓、曰策問、曰雜著、曰對問、曰移文、曰連珠、曰琴操、曰上梁文、曰書判、曰題跋、曰樂語、曰哀辭誄附、曰祭文、曰謚議、曰行狀、曰墓誌、曰墓表、曰神道碑銘、曰傳、曰露布。</td></tr>
</table>

續表

作者/文獻	版本	用例
葉盛 《水東日記》 卷二十五	清康熙刻本	(10) 陞仕不二三年，奉使，卒於贛州道中耳。然元文敏公為作《神道碑》，謂其生也無慊，而死又無憾，銘亦云：翼翼子服，如不見克。昔也天民，無戾天德；今也帝臣，允由帝則。彼不達人，小中闚瞰。嘗試大觀，萬物皆暫。存者奚哀，逝者奚憾。 (11) 蘇天爵為右司都事時，所類元詩文，名曰《國朝文類》，凡七十卷，以古賦、騷、辭、樂章、四言詩、五言古詩、樂府歌行、七言古詩、雜言、雜體、五言律詩、七言律詩、五言絶句、七言絶句、詔、赦、冊文、制、表、奏議、箋、箴、銘、頌、贊、碑文、記、序、書、説、題跋、雜著、策問、啓、上梁文、祝文、祭文、哀辭、謚議、行狀、墓誌銘、墓碣、墓表、神道碑、傳為敘。元統中，監察御史南鄭王理序之。 (12) 故事，起冢象鐵山、積石山以旌殊功。冢為三山之狀，主山與西山迤邐相屬，而東北者勢若斷絶，別為二山，疑其一象積石，一象鐵山也。其高五十五尺，東西七十五步，周圍一百五十四步，《神道碑》座元無鼇制，規模皆削於英公，未詳其然。……有犨峰高下崔嵬之狀。《神道碑》高二丈二尺，廣五尺八寸五分。鼇座甚偉。乃儀鳳三年高宗御製御書云。
葉盛 《水東日記》 卷二十七		(13) 姚文公燧撰《宋太常少卿陳希亮神道碑》，其署云：大德戊戌，燧舟遊湖湘，而陳公元凱方持憲節使湖之南，既求追撰《姚夫人李氏埋銘》，為粗叙陳、姚同為有虞遺裔矣。
葉盛 《水東日記》 卷三十一		(14) 前人所作墓文碑志序，稱述子婦者甚少，詳書其子之行實生卒，及婦家之世出，以及縣男女之名者加少也。圭齋之于圭塘家獨然，豈亦變例歟？又其叙祖考官諱亦皆異，而孫婦讓封于祖姑，此亦有元時制，而于是碑有考。況斯銘隔句變韻，語險辭嚴，尤奇也，是以具録之。有《元贈中奉大夫湖廣等處行中書省參知政事護軍追封魯郡公許公神道碑銘》（有序）。 (15) 安陽公居政府之五年，一日得請于朝，既釋機務，將歸省其先塋于洹水之陽，以顯考魯公《行狀》命其友歐陽玄文諸神道之石。 (16) 狀公行者，為今南臺侍御史濟南張公起巖；志公壙者，為今御史中丞浚儀馬公祖常；至玄為《神道碑》，三人皆安陽公同年進士。嗚呼！斯亦他貴臣家所難，而魯公有焉。
葉盛 《水東日記》 卷三十七		(17) 又問：某欲改葬前妣，祔于先塋，以前妣與其先文合為一封土，而以繼妣少間步數，又別為一封土，與朋友議以神道尊右，而欲二妣皆列于先塋之左，不審是否然？程子《葬穴圖》又以昭居左而穆居右，而《廟制》亦左昭右穆，此意何也？

表一千零九十九

作者/文獻	版本	用　　例
葉向高 《蒼霞餘草》 卷八	明萬曆刻本	（1）明國子監祭酒兌陽劉公偕配楊孺人合葬神道碑 （2）明嘉議大夫應天府府尹明自劉公神道碑
葉向高 《蒼霞續草》 卷十四		（3）光祿大夫少保兼太子太保吏部尚書建極殿大學士贈太保謚文肅荊石王公神道碑 （4）光祿大夫柱國太子太保左都御史贈少保亦齋溫公偕配贈一品夫人李氏楊氏宋氏神道碑 （5）少傅兼太子太保兵部尚書贈太師謚長垣李公神道碑 （6）公二子：士龍、士皋。家世、生平，詳具志中。銘曰：於鑠沈氏家淮陽，卜居檇李世始昌。偉人特起植綱常，封書朝上夕褁創。問關萬里投炎荒，九死重來荷聖皇。……尊羹正美鱸魚香，蒿萊不剪待求羊。徵書蚤晚下閶闔，胡爲厭世遊羲皇。山頹木壞朝野傷，賜兆窿窿鍾吉祥。豐碑矗立神道傍，千秋正氣凌穹蒼。 （7）戶部尚書起都察院右都御史總督倉塲贈太子少保濠濱張公神道碑 （8）中憲大夫都察院右僉都御史衛宇孫公神道碑 （9）嘉議大夫應天府府尹雍野李公神道碑 （10）工部左侍郎贈工部尚書王公神道碑 （11）光祿大夫柱國少保兼太子太保禮部尚書贈太保謚龍江沈公神道碑
葉向高 《蒼霞草》 卷七		（12）三年有成，是在今日。自此而進之，則神道之教，中正以觀天下。
葉向高 《蒼霞草》 卷十		（13）吾儒干祿莫徑乎？是何神之爲？要以神道設教，輔于皇極。今觀化書所紀，梓潼變現，一以忠孝爲本，累刼積修，始超三界。所以攝誘羣生、靈應禍福者，曷嘗不惟徑德言行是視苟焉而已哉？
葉向高 《蒼霞草》 卷十三		（14）通議大夫刑部右侍郎環浦鄭公神道碑 （15）通議大夫刑部右侍郎可齋游公神道碑 （16）南京工部尚書簡庵陳公神道碑銘 （17）贈通議大夫南京通政使澤塘楊公偕配宋淑人神道碑 （18）贈福建布政司右布政使益庵徐公神道碑銘
葉向高 《蒼霞草》 卷十六		（19）兵部左侍郎食從一品俸贈工部尚書角山詹公神道碑銘

表一千一百

作者/文獻	版本	用　　例
佚名 《兵》 卷六	清光緒三十年本	(1) 託（七則）：自玄女授書，黃帝師之以殄蚩尤，而神道設教，兵家遂尊用爲奇計矣。奇則不泥常，而出于非常。非常者，常人之所駭而走也。《小說》載：孔明五出祈山，令關興結束扮天蓬神像，手執七星皂旛，步行軍前，典午氏詫其作怪。蓋赤壁鏖兵時，孔明嘗披髮跣足，祭風于南屏山上。自古英雄慣作此伎倆矣，寧獨隆中龍哉？考得。
佚名 《永樂大典戲文三種》 戲	鈔本	(2)（白）奴家幼失恃怙，又没弟兄。遠親房族更無一人，諸姊妹又絕一箇。祖無世業，全没衣裝。白日三飡，勤苦村庄機織；黄昏一覺，彎跧古廟荒蕪。天色又寒，雪兒欲下。一盞明燈照神道，買油骨自少三文。 (3)（淨）胡亂早瀉酒。（末）合着口。（丑）亞爹早請神，我要肉喫！（末）不亏了口。（末）我那神道威！（淨）睜眼作威。 (4)（丑）神道不喫肥个。（淨唱）肥个我不嫌，精个我最忺。從頭至脚板，件件味都甜。（末）我个神道靈。（淨）可知道靈！ (5)（末白）教誰來撐住你？（淨）着了鞋，頂禮神道萬福！（生）凡事仰賴婆婆主盟，周全我夫妻兩口。 (6)（臨江仙）一堂神道你須知，我門非別底，底你不是男兒！ (7)（淨做神出唱）（五方神）庇一方，為神道，鎮焦燥。要好空口休禱告，非酒非肉莫抛照。 (8)（亭前柳）張叶自到京都，及第也没音書。阿須得問神道，已成虛。 (9)（旦）既為官，怕迤逞見人疏。神道念它孤，平昔未慣出路。今日裏辭廟去，望相扶。 (10)（合）款款回歸古廟，只得靠着神道。 (11)（丑）夫人，你看一堂神道塑得精神。
佚名 《靈飛經》	明正統道藏本	(12) 上清瓊宫靈飛六甲玉女六十人，諱字并左右上符，太極九部上皇太極眞人受之於玉晨大道君。左右靈飛六甲符，一名玉精眞訣，一名景中之道，一名白羽黑翮隱遊上經，靈飛六甲神道也。六甲之神時乘六龍，以宴慶雲，眄看六合，迴降服符者寢房也。
佚名 《草廬經略》 卷三	清粵雅堂叢書本	(13) 假托鬼神：大敵在前，勢且莫支，吾三軍怯弱疑沮。此而欲令其奮，非可得之賞者，計必依附神道，以陰鼓其鋭氣。正人事也，未有廢人事而不脩，信鬼神爲可恃，可愚如王凝之與宋靖康之君臣也。

續表

作者/文獻	版本	用　例
佚名《宅寳經》	明萬曆吴勉學刻本	(14) 順陽日出行者，去處通達，争訟有理，不逢盗賊，求財稱意，好人相逢，出遇酒食。此日出行大吉。堂房日出行者，神道不在宅中，求財稱意，好人相逢。此日用之大吉。
佚名《秘閣元龜政要》卷五	明鈔本	(15) 帝念其功不置，嘗曰：朕東撫高麗，西抵吐蕃，北際沙漠，南連交阯、占城，莫不稽首奉命，計其開拓之功，遇春十居七八。又為命儒臣撰《神道碑》，以示久遠。配享太廟及功臣廟，位皆第二。
佚名《秘閣元龜政要》卷十三	明鈔本	(16) 帝復謂群臣曰：朕自徒步起兵，大將軍為朕股肱心膂，戮力行陣，東征西討，削平群醜，克濟大勳。今邊胡未殄，朕方倚任為萬里長城之寄，而太陰屢犯，上將不意遽絶其命，天何奪吾良將之速？朕夜來竟夕不寢，欷戲流涕，思盡心為國家社稷之重，安得復有斯人？乃欲有以報之，無所用其情耳。但著其勲列，宣于金石，永垂不朽，使後世知斯人為國之元勳也。遂親制《神道碑》，備述其功，又稱其言簡慮精，提兵之時，令出不二，諸將敬若神明。所至城攻不屠，與人不戲。受命而師，功咸而旋，每不自衿。至於封姑蘇之府庫，置胡人之美人、財寳無所取，婦女無所愛，忠志無私，昭明日月。配享太廟及功臣廟，位皆第一。 (17) 志，臨準人。追封許國公，謚襄簡。賜葬鍾山之陰，命學士劉三吾撰《神道碑》，所需葬俱依例給與。志嘗附陳寧事發，為有司所論，以死宥而不究。
佚名《秘閣元龜政要》卷十五	明鈔本	(18) 賜宋國公馮勝、江夏侯周德興鈔錠，令建先塋《神道碑》。 (19) 馮勝、周德興、謝成、王弼、張溫、郭英、吴高、張翼、李新、仇正、趙庸，賜鈔二千錠，令建先塋《神道碑》。
佚名《(洪武)無錫縣志》卷三下	清文淵閣四庫全書本	(20) 宋太師張循王墓，在縣西三十五里布政鄉塘灣山即青山也。……紹熙元年，詔配饗高宗皇帝廟。高宗御書忠烈張循王神道路碑額，兵部侍郎周麟之奉勑撰文，吏部尚書賀允中奉勑書墓。墓左建華藏寺，以奉王祀。

續表

作者/文獻	版本	用　　例
佚名 《夢學全書》 卷二	明書林熊建山刻本	(21)《夢佛道鬼神篇第四》：見夫子賜座有財，天神降者主居凶。得神仙者主大吉，見仙聖來家吉利。見太上言有仙分，老君真人道士吉。仙聖到家福德至，仙人講話憂外家。……祭祀神道大吉利，鬼魔者主大富貴。輿鬼閆勝吉敗凶，與鬼閆者延壽吉。二鬼肚中出病痊，妖怪鬼魔大吉利。有祠祭者大福祿，燒香禮拜大吉利。身受戒行得孝子，家中祭祀者大吉。師僧教人誦經吉，自身齋戒大喜吉。人祭奠檻前主死，道士女冠吉事連。僧尼誦經主夏悶，女妮授道術大吉。
佚名 《六朝詩集》 陸士龍集 卷一	明嘉靖刻本	(22) 有皇晉之霸后，資濬哲之叡聖，崇文德於緝熙，濟武功而保定，應天鑒之昭華，荷帝祐之休命。步玉衡以觀八方，在旋璣而齊七政。芒芒神道，化治崇深。仰戾天飛，俯洞淵沉。振南箕以鼓物，冒慶雲而崇蔭，（闕）天維以籠世，廓宇宙而宅心。濟博施之厚德，鏗希聲之大音。
佚名 《六朝詩集》 陸士龍集 卷二		(23) 其四：頹綱既振，品物咸秩。神道見素，遺華反質。辰晷重光，協風應律。函夏無塵，海外有謐。 (24) 其三：惟常思庸，大興光廸。聖敬遠躋，神道玄邈。思媚三靈，誕膺天篤。嘉命既孱，王人言告。
佚名 《六朝詩集》 鮑氏集 卷五		(25)《白雲》：探靈喜解骨，測化善騰天。情高不戀俗，厭世樂尋仙。鍊金宿明館，屑玉止瑤淵。鳳歌出林闕，龍駕淚蓬山。凌崖采三露，攀鴻戲五煙。昭昭景臨霞，湯湯風媚泉。命娥雙月際，要媛兩星間。飛虹眺卷河，汎霧弄輕絃。笛聲謝廣賓，神道不復傳。一逐白雲去，千齡猶未旋。
佚名 《玄門大義》	明正統道藏本	(26) 八會本文凡一千一百九字。其《五篇眞文》合六百六十八字，是三才之元根，生天立地，開化人神，萬物所由。故云有天道、地道、神道、人道，此之謂也。 (27) 无所不通，大而論之，略有五事：一者思神存眞，二者心齋坐忘，三者步虛飛空，四者餐吸元氣，五者導引三光。此皆心氣相使，而神道冥通。
佚名 《四馬投唐》	民國孤本元明雜劇本	(28)（山神領鬼力上）（云）休說空中無神道，霹靂雷聲那裡來。小聖乃邢公山山神是也。 (29)（做擲杯珓兒科）（李密云）嗨，披鱗的蛐蟮，帶甲的泥鰍。無禮！與我三箇下下不合神道。量你箇泥神，有何當緊處?
佚名 《桃園結義》		(30)（屠户云）看了他身凜凜，貌堂堂，恰似箇活神道一般。

續表

作者/文獻	版本	用　　例
佚名 《韜略世法存》 新編武侯兵 要箋註評林 卷上	明崇 禎刻 本	(31) 禦敵：大用兵之道，何者爲先？蓋禦敵爲先。要識其機，貴在神道，不貴巧遅，敵若有隙而趨其危，使敵望風而奔，惟恐走之不急。凡可擊之道，其義有十：一曰敵人往來新至，行列未定，可急擊之。二曰敵軍方食，未曾設備，可急擊之。三曰敵人見利奔走，可急擊之。四曰敵人新至，不知地利，可急擊之。五曰敵人涉長道，後行未息，人疾馬困，可急擊之。六曰敵人涉水半渡，可急擊之。七曰敵人行險道，路狹窄，可急擊之。八曰敵人陣内旌旗亂動，可急擊之。九曰敵人陣數動移，可急擊之。十曰將離士卒，可急擊之。……故曰：見可而進，知難而退也。 (32) 逐惡第二：天軍國之弊，有五害焉。一曰結黨相連，毀譖賢良；二曰侈其衣服，異其冠帶；三曰虚誇妖説，詭言神道；四曰尋察是非，私以動衆；五曰伺候得失，陰結敵人。此所謂滑奸悖德之人，可遠而不可親也。(與《六韜》"六賊七害"相類。)
佚名 《下西洋》	民國 孤本 元明 雜劇 本	(33)(淨扮廟官上)(云) 我做廟官，世不愁終朝。每日上船遊，若還有人來祭祀三牲，先搶大羊頭。小道是這江口上天妃宫裹廟官是也。這座廟是宋朝以來建立的祠堂，我這天妃娘娘好生靈聖，但是往來人等過海登船必須先祭了俺神道，平風靜浪。若不祭了俺神道，打頭風就來，那箇敢開船。 (34)(曹銓云) 大人，今奉聖人的命，同三保太監下西洋和番去。今來到這江口天妃廟中，今日三保大人設祭，先要祭祀了神道，然後開船。可早來到也？俺進廟中去來。
佚名 《齊天大聖》		(35)(中吕粉蝶兒) 你看這殺氣衝霄，統着這惡噷噷勢威神道，掌着這碧油幢黄鉞白旄，冷寒侵，陰風起，黑雲籠罩，擺列着劍戟鎗刀，冷颼颼日光衝耀。
佚名 《金陵玄觀志》 卷十三	明刻 本	(36) 明年己巳五月，告厥成功，皇帝嘉賚，命臣訥爲文，以記于石。臣竊惟明則有禮樂，幽則有鬼神。鬼神無常享，享於克誠而已。皇上受命于天，奄有萬邦，建都立極，以撫兆民。政化通而致理，神道感而翊恭，百制具舉，萬靈景從。廼建鴻謨，爰作新廟，俾有憑託，以丕昭明。靈敷佑於我有衆，神無往而不之，來格來寧，其在茲乎？微臣稽首，願頌帝力，以昭神貺。

表一千一百零一

作者/文獻	版本	用　　例
尹守衡 《皇明史竊》 卷十五	明崇禎刻本	(1) 越明年二月薨，年五十四。上哭之慟，賜葬鍾山之陰，卹典一如開平王。上親製《神道碑文》，贈中山王，謚武寧。侑饗太廟，位第一，追王三代。
尹守衡 《皇明史竊》 卷十八		(2) 師還至壽春，以疾薨，年四十一。賜葬西山，贈寧河王，謚武順，侑享太廟。上臨泣曰：愈事朕二十二年，東征西討，勤勞備至，歷鎮八州，有功無過。命朱夢炎爲文，刻《神道碑》。
尹守衡 《皇明史竊》 卷四十		(3) 其年三月，自知其將逝也。先以其期詔諸門人，上臨問後事。對曰：出家人復何所戀？卒七日，異香不散。上為卜地西山，礱石建塔。而火之，心舌與牙堅固不壞，得舍利皆五色。……上為文《神道碑》。

表一千一百零二

作者/文獻	版本	用　　例
于慎行 《穀城山館文集》 卷十二	明萬曆于緯刻本	(1)《刻太上感應篇敘》：或問：太上感應之編，有所本乎？曰：此道家者流，本老氏慈儉之訓而託焉者也，然亦聖人神道設教之指也。王者之法，執實以御虛；聖人之教，徵虛以佐實。王者之法曰：爲善必賞，賞一人而天下勸；爲惡必罰，罰一人而天下懲。此執實以御虛也，其道必之於人。聖人之教曰：作善降祥，作惡降殃，不在其身，在其子孫。此徵虛以佐實也，其道必之於天。 (2) 然有愚夫愚婦於此歆之以爵賞，未必恭也。聞異世之福田則忍性而脩惕之以刑書，未必悛也。聞冥司之業報則竦志而改，何也？昭然可見者，有時而不讐；黝然罔稽者，無之而可遁也。此聖人神道設教之指也。
于慎行 《穀城山館文集》 卷二十五		(3) 明故太子少保都察院左都御史贈太子太保葛端肅公神道碑銘 (4) 葛端肅公卒於萬曆戊寅，敕葬鬲津之里，少師蒲坂張公爲之誌。越十有七年甲午，夫人王氏告終，啟公之窆合焉，而太宰海豐楊公爲之誌。埏封有日矣，冢孫尚寶君昕復立石神道之左，使弟皓奉書請銘，禮也。 (5) 明誥贈通議大夫都察院右副都御史前盩厔知縣介菴王公神道碑銘 (6) 以余所聞，惟太康王氏爲中州望族，宗法甚修。私竊慕之，無繇覩也。而同年竹溪中丞大父介菴公受錫於朝，將勒成於神道。走使徵銘，因得論其世焉。 (7) 明故誥封中憲大夫都察院右僉都御史前鞏昌府通判節齋魏公合葬神道碑銘

續表

作者/文獻	版本	用　例
干慎行《穀城山館文集》卷二十五	明萬曆于緯刻本	(8) 封御史中丞魏公，以某年月日葬於邑東南之新阡。宗伯臨朐馮公誌其坎，司徒長樂謝公表其封，其言信衆相徵也。伯子中丞君復遣子奉書，求碑諸其神道。
于慎行《穀城山館文集》卷二十七		(9) 始公之薨，少保婁東王公業誌其墓，少傅四明沈公且爲銘神道之碑。
于慎行《穀城山館文集》卷三十二		(10) 雖歲時廟祏敬奉烝嘗，而霜露荆榛久闕灑掃，猶恐紀年踰遠表識無存，追遠之心曷云寧處，是用敬諏穀旦奉樹碑題，並列華表門坊以肅神道。庶使樵采可禁，瞻謁有依，以妥神棲於無斁。伏冀尊靈右享默垂擁祐，俾我子孫百億永荷熾昌之祉，亦其衍祖烈於無替。
于慎行《穀城山館文集》卷四十		(11) 元太史郭守敬，獨秉玄幾，凌駕往哲；仰眺九垠，旁羅四極；登臺升庫，遂創新儀。察七政之盈虛，則指掌殆盡；課六歷之疎密，則累黍無乖。通幽洞靈，合符造化；永世貽則，浹乎于兹。殆天啟其衷、顯兹神道者，與昔或公著賦，虛握靈蛇之珠；郭璞遺圖，空握東序之寶。

表一千一百零三

作者/文獻	版本	用　例
余承勛《(嘉靖)馬湖府志》卷五	明嘉靖刻本	(1) 戡乱除残，不假兵車之谓仁，不忝王命之謂義，不計利害之謂勇，不虧大節之謂忠。惟王兼之四者，能用以寡服衆，丕under國威。德莫貴於服人心，功莫難於夷大憝。事業著於漢史，神道行於西南。生也為名臣，歿也專世祀。由是觀之，則其封爲大王，祀爲貴神，不亦宜乎？(《教論》，李文淵撰。) (2) 右文曲加豆上俎豆之事，物曲有品謂之威秩，聖人神道設教而天下服之義也。古者神人一，諸侯、大夫、貢士皆以禮賓之。主人盥而獻賓，賓盥而獻主人，其薦弟子設之而已。盖用祀禮之半而下已浮其初，盖以神道治之矣。 (3)《學田碑記》：明興府馬湖郡，建學立師，合所隷四司之秀而育之府焉，神道以一民也。

表一千一百零四

作者/文獻	版本	用　　例
余繼登 《淡然軒集》 卷五	清文淵閣四庫全書補配清文津閣四庫全書本	(1)《梓文昌戒言小引》：易彔伯君選梓《文昌化書》於晉中，以訓晉人。予觀九十七化中，有似有者，有似無者；似有者可信，似無者可疑。夫欲化民成俗而使觀者謂有謂無，半疑半信，非所以示訓也。若曰姑為是，神道設教，以感動愚氓偕之大道，則何若取其事之所必有、理之所可信者，明白告詔，令人憬然覺悟而曠然一變其俗哉！暇因採其中五章，俾臨令常君付之剞劂。予與常君曽從臾李彔幕創建文昌祠於吾鎮之南，復為是梓布之，亦以吾地士風澆漓，俗尚薄惡，仰愧神言，俯多鬼責，蘄緣是以牖之也。於戲！人各有心，心各有主。予與君聊盡其心耳，是非從違則各在其人，吾輩安能知之？

表一千一百零五

作者/文獻	版本	用　　例
余寅 《同姓名録》 卷四	清文淵閣四庫全書本	(1) 唐王質，龍門後裔。為宣歙州觀察使，是有劉賔客《神道碑》。

表一千一百零六

作者/文獻	版本	用　　例
余有丁 《余文敏公文集》 卷十	明萬曆刻本	(1) 封光禄大夫柱國少師兼太子太師吏部尚書中極殿大學士嵋川張公神道碑 (2) 於是，屬水部郎余君寅為狀。走太倉，乞中丞王公世貞為志銘。又謂：故事，三品得樹石神道。則又走長安，手二公所為狀銘謁余。盖公壽八十，凡冠而學十年，學而仕三十年，仕而歸二十五年。其勞勩在朝廷，其行誼在閭里；在朝朝重，在里里重。

表一千一百零七

作者/文獻	版本	用　　例
余之禎 《(萬曆) 吉安府志》 卷十二	明萬曆十三年刻本	(1)(尚書聶豹墓)在五都仙女堂。少師徐階撰《神道碑》。
余之禎 《(萬曆) 吉安府志》 卷十九		(2)張達,字時達,泰和人。天順甲申進士,授工部主事。曾諫興佛塔,卒寢其事。出漕運呂梁,適歲饑,徐淮民相食,冒謗發倉賑之,活民數千。進鴻臚光祿寺卿,陞工部右侍郎,卒于官。達為人簡靜,稱長者。整菴先生為作《神道碑》。
余之禎 《(萬曆) 吉安府志》 卷三十三		(3)陛下天資至高,合於道微。百家神恠,誕妄恍惚,臣知陛下洞燭之矣。然猶不免欲以愚弄天下,若所謂以神道設教者,臣謂不必然也。一統之輿啚已定矣,一時之人心已服矣,一切之奸雄已慴矣。天無變災,民無患害。聖躬康寧,聖子聖孫繼繼繩繩,所謂得其符者矣。何必興師以取寶為名,諭衆以神仙為徵應,謂某所某仙某神孚佑國家者哉?

表一千一百零八

作者/文獻	版本	用　　例
俞汝楫 《禮部志稿》 卷三十三	清文淵閣四庫全書本	(1)祝詣靈座前,西向跪,昭告曰:孤子某(母則云哀子)謹用吉辰,奉歸幽宅,靈車就引,神道紆迴,惟以荒蓼,無任哽絶。
俞汝楫 《禮部志稿》 卷四十五		(2)一、今臣庶祠堂之制,悉本《家禮》,高、曾、祖、考四代設主,俱自西而東。考之神道,古無其說。惟我太祖高皇帝太廟之制,允合先王左昭右穆之義。宜令一品至九品止立一廟,但以高卑廣狹為殺,神主則高祖居左,曾祖居右,祖居次左,考居次右,於禮為當。
俞汝楫 《禮部志稿》 卷八十二		(3)外周垣九里三十步,石門南為甬道三,中曰神道,左曰御道,右曰王道。道之兩傍稍低,為從官之道。齋宮在外垣內西南,東向。
俞汝楫 《禮部志稿》 卷九十二		(4)《邺渤泥國王》:永樂六年,渤泥國王麻那惹加那來朝,以疾卒於會同舘。上輟朝三日,遣官祭之,賻以繒帛。東宮暨親王各遣祭,命工部具棺槨、明器,葬於安德門外,樹碑神道。求西夷人之隸籍中國者守之,立祠於墓,命有司歲於春秋用少牢祭之。仍賜勅撫慰其子。

表一千一百零九

作者/文獻	版本	用　　例
虞淳熙 《虞德園先生集》 文集卷九	明末刻本	（1）果若誕伯之談，是何處死與立孤二難間？又推德於夫子，古今彤管無雙，匪獨虞初齊諧傳奇也。揭三綱者，用設神道之教，意在斯乎？意在斯乎？
虞淳熙 《虞德園先生集》 文集卷二十五		（2）有能立解即百劑，猶神道兄於此術。損歟？益歟？里中有陳生辟五谷，併辟五牲。
虞淳熙 《虞德園先生集》 詩集卷四		（3）《長陵》：百戰犂庭日，千秋閉室年。風吹猛士淚，塵滿羯胡天。茅馬馳神道，人魚泣下泉。仙歌兼梵曲，齊向望陵傳。
虞淳熙 《虞德園先生集》 詩集卷八		（4）其二十：駿馬偷從神道馳，山園那得有人知。新來抔土黃金價，橡嶺工徒買一犁。

表一千一百一十

作者/文獻	版本	用　　例
袁華 《耕學齋詩集》 卷一	清文淵閣四庫全書本	（1）《招鶴辭》（有序）：玉山顧君仲瑛，哭母於吴興之商谿，歸葬綽墩先壠，念母九泉不可復作，乃築亭於神道之左，遂仿蕪僊耽故實，扁曰“招鶴”。汝陽袁華爲製《招鶴辭》三章，俾歌以招之。庶幾，化鶴一歸，少慰終天之戚云。
袁華 《耕學齋詩集》 卷三		（2）《嘉樹軒分韻得報字》：艤舟綽山陽，重湖水澄浩。百年植嘉樹，森列若旌纛。眄兹亂心曲，觸景起哀悼。酌泉薦蘋蘩，再拜酹神道。嗟哉撫育恩，罔極何以報。顧瞻白雲飛，回翔復高蹈。散策日未昏，微懷寄幽討。
袁華 《玉山紀遊》		（3）又陳基：陸公原上瑞雲菴，古屋殘僧見兩三。荒墳宿草泣秋露，大谷深山生晝嵐。蕭條松梓迷神道，寂寞香花奉佛龕。西風何以薦秋菊，一勺寒泉清且甘。

表一千一百一十一

作者/文獻	版本	用　　例
袁於令《隋史遺文》卷四	明崇禎刊本	(1) 神龕直盡天花板，高有丈餘。里邊塑了一尊神道，卻是立身，帶一頂荷葉簷粉青色的范陽氈笠，著皂布海衫蓋土黃罩甲，熟皮鞓帶，挂牙牌、解手刀，穿黃麂皮的戰靴，向前豎一面紅牌，楷書六個大金字：恩公瓊五生位。
袁於令《隋史遺文》卷十一		(2) 齊國神師豈是神，故將神道誑愚人。火牛一出全齊複，何必叨叨問假真。人心只有利害可動，說個有神兵相助，自然鼓舞。

表一千一百一十二

作者/文獻	版本	用　　例
臧懋循《元曲選》相國寺公孫合汗衫雜劇	明萬曆刻本	(1)（邦老云）我那徐州東嶽廟至靈至聖，有個玉杯珓兒，擲個上上大吉，便是小廝兒；擲個中平，便是個女兒；擲個不合神道，便是鬼胎。 (2)（旦兒云）母親不知，因為我懷胎十八個月不分娩，陳虎對張孝友說，他那徐州東嶽廟至靈感，有箇玉杯珓兒。擲箇上上大吉，便是個小廝兒；擲個中平，便是個女兒；擲個不合神道，便是鬼胎。 (3)（見正末云）員外，我則道他兩口兒，爲什麼跟將陳虎去，如今媳婦兒身邊的喜事，陳虎與張孝友孩兒說道，他那裏徐州東嶽廟至靈感，有個玉杯珓兒。若是擲箇上上大吉，便是小廝兒；擲個中平，便是女兒；若是擲個不合神道，便是鬼胎。
臧懋循《元曲選》臨江驛瀟湘秋夜雨雜劇		(4)（淨云）大人，這淮河神靈，比別處神靈不同。祭禮要三牲，金銀錢紙燒了神符，若歡喜方可開船；若不歡喜，狂風亂起，浪滾波翻，那一個敢開。請問大人，不知可曾祭過神道不曾？ (5)（孛老上云）歡來不似今朝，喜來那逢今日。……自從探俺兄弟回來，見一個女孩兒，乃是張天覺人人的小姐。他父親往江州歇馬去，來到這淮河渡，不信排岸司之言，不曾祭獻神道，便開了船。
臧懋循《元曲選》龐居士誤放來生債雜劇		(6)（外扮曾信實上，詩云）中和正直領天臺，此日親蒙聖勑差。誰言空闊無神道，霹靂雷聲那裏來？小聖乃上界增福神是也。

續表

作者/文獻	版本	用　　例
臧懋循 《元曲選》 硃砂擔滴水 浮漚記雜劇	明萬曆刻本	(7)（太尉詩云）未曾燒下紙錢灰，人心纔動我先知。只言正直爲神道，那個陽間是正直。吾神乃東嶽殿前太尉是也。 (8)（邦老殺正末下科，云）一個小後生，倒使了我一身汗。……一不做二不休，他說道家中有個花朵兒好媳婦，我拚的直到他家去，所算了他父親，怕那婦人不隨順我。神道，我鐵旛竿須不怕你，隨你去做證見來。 (9)（孛老云）我不曾見你這等神道。 (10)（做行科，云）這所在是東嶽太尉廟。……太尉爺爺，你是個掌生死的活神道，須與我屈死的王文用做主咱。
臧懋循 《元曲選》 半夜雷轟薦 福碑雜劇		(11)（云）供卓上有一個珓兒，我試問神道咱。小生張鎬，流落在潞州長子縣張家庄，教着幾個村學。……小生若是能勾爲官，便與三個上上大吉；若是不能勾爲官，便與我三個下下不合神道。(唱) (12)（做擲珓科，云）元來是個下下不合神道。 (13)（三科）（唱）可怎生一擲一個不合神道？和這塊臭芹泥也折貴攀高。遮莫是角木蛟、氐土貉，大古裏是今秋水落。你下下下，滲了我大段田苗。
臧懋循 《元曲選》 呂洞賓三醉 岳陽樓雜劇		(14)（云）小二哥，你供養的是一尊甚麽神道？（酒保云）這是初造酒的杜康。我供養着他，這酒客日日常滿。
臧懋循 《元曲選》 說鱄諸伍 員吹簫雜劇		(15)（里正云）無路子，今年賽牛王社，我做社頭，每年家迎送神道呵，有那別處來的一條大漢，拏着管簫，知他吹些什麽，好歹要吃得醉飽了纔去，被他打攪的慌。
臧懋循 《元曲選》 黑旋風雙 獻功雜劇		(16)（云）你這個神道是甚麽神道？ (17)（牢子云）你爲甚麽也跪着神道，要我説誓來？
臧懋循 《元曲選》 邯鄲道省悟 黃粱夢雜劇		(18)（浄瓶兒）那先生両隻手摇山岳，一對眼瞧邪妖。劍揮星斗，胸捲江濤。難學恶相貎，伏的虎，降的龍，德行高。他則是箇活神道，跨蒼鸞曾把玉皇朝。
臧懋循 《元曲選》 死生交范 張雞黍雜劇		(19)（三煞）奠楹夢斷陰風冽，薤露歌殘慘日斜。他從來正性不隨邪，凜凜英雄，神道般剛明猛烈。

續表

作者/文獻	版本	用　　例
臧懋循《元曲選》桃花女破法嫁周公雜劇	明萬曆刻本	(20)（彭大云）他又帶上一頂花冠，層層都是神道，粧的似天帝一般，方纔出門。
臧懋循《元曲選》崔府君斷寃家債主雜劇		(21)（閻神引鬼力上，詩云）蕩蕩威靈聖勑差，休將閒事惱心懷。空中若是無神道，霹靂雷聲那裏來？吾神乃十地閻君是也。
臧懋循《元曲選》花間四友東坡夢雜劇		(22)（四友做怕科，云）學士大人，風起，神道來也。
臧懋循《元曲選》張孔目智勘魔合羅雜劇		(23)（唱）莫不是腥臊臭穢把你這神道觸？
臧懋循《元曲選》玎玎璫璫盆兒鬼雜劇		(24)（做踏開門，淨慌躲床下）（正末拿住搽旦科）（搽旦叫云）神道，他躲在床底下哩。 (25)（搽旦云）神道，這殺人事是盆礶趙做下的，並不干我事。 (26)（搽旦做叫科，云）盆礶趙，快出來，神道要和你説話哩。 (27)（叫三次科，云）神道，盆礶趙害怕，只是不肯出來。 (28)（淨云）你說是甚麽神道？等我好香燈花果祭賽你波。 (29)（搽旦云）那神道去了，喒打開窨看咱。
臧懋循《元曲選》薩眞人夜斷碧桃花雜劇		(30)（淨扮判官持文案上，詩云）親奉皇天聖勑差，死生文簿手常擡。空中若説無神道，霹靂雷聲那裏來？小聖乃陰府掌生死的判官是也。上仙呼喚，須索見來。
臧懋循《元曲選》包待制智賺生金閣雜劇		(31)（婁青云）您孩兒便依着爺的言語，對城隍神道祝禱了。他兩個耳朵是泥塑的，怕不聽見？

表一千一百一十三

作者/文獻	版本	用　　例
曾朝節 《易測》 卷四	明萬曆刻本	(1)《彖》曰：大觀在上，順而巽，中正以觀天下。觀，盥而不薦，有孚顒若，下觀而化也。觀天之神道，而四時不忒。聖人以神道設教，而天下服矣。 (2) 盥而不薦，有孚顒若，此即聖人之神道。聖人之神道，即天之神道。天之神道，陰陽不則，四時運行，自無差忒。聖人設為禮樂刑政，以示天下之趨，以囿天下扵教。然設教若有迹，神道無迹。有迹者，莫非无迹者之所運用，故為神道設教而天下服。服其教者，服扵神道之教也。《彖辭》專論聖人之神化。

表一千一百一十四

作者/文獻	版本	用　　例
曾異 《紡授堂集》 文集卷六	明崇禎刻本	(1)《羅山法海寺勸化普度疏》：竊聞胞民與物，儒治明而釋治幽。歎骷黠髏，緇利他而黃利自。蓋設教神道，敬遠必判乎陰陽而博施，佛門接引不分乎人鬼。是以大士甘未成佛，欲湏度盡衆生，卽聖人內溝之恥；地藏誓不歸西，必待獄空鬼府，廣王者掩骼之仁。

表一千一百一十五

作者/文獻	版本	用　　例
詹景鳳 《古今寓言》 卷五	明萬曆九年陳世竄刻本	(1) 理數之在天下，不以無象而隱，不以有象而累。神道設教，非聖人意也，勢也。

表一千一百一十六

作者/文獻	版本	用　　例
湛若水 《湛甘泉先生文集》 卷十一	清康熙二十黃楷刻本	(1) 齊龍問：《朱文公家禮》四代位次，自西以次而列？齊龍揆諸心，殊見未安，有以爲神道尚右。竊謂神人一理，夫奚所尚不同，且尚右者旣次列於西，則人道尚左者當次列於東。此不免相爲背戾，不知當如何列，然後爲協也？

續表

作者/文獻	版本	用　　例
湛若水《湛甘泉先生文集》卷十一	清康熙二十黃楷刻本	(2) 此文公之誤也。人道尚左，則神道亦皆尚左，人神一理也。尚右之說無所據，後世俗儒之偏見耳。宋以右相爲尊，亦踵此誤也。葢古人祭祀，既行於堂，謂之陽厭；又行於室，謂之陰厭。陰厭於室，室西南隅爲奧，始祖居之，東向，則羣廟之主以祖爲尊。故自西而東，文王誤以爲定位，非也。
湛若水《楊子折衷》卷三	明嘉靖葛澗刻本	(3) 帝堯光宅天下之光如日月之光，無思無爲，寂然不動，而自足以默化天下之民，自足以默安天下之民。文王之不識不知，而德化自足以及廣者，此光也。《易》言"聖人以神道設教，而天下服"者，此光也。謂之神者，言乎其不可以智知，不可以力爲也。然此非於聰明文思之外，復有所謂光也。
湛若水《格物通》卷四十七	清文淵閣四庫全書本	(4) 臣若水通曰：唐太宗不可謂無志於教化者矣。惜乎！魏徵之徒知教化之可興，而不知興教化之有本，是以貞觀之治不能如三代之時雍也。夫形之不端，影將何正？立身刑家，多欲慚德，尚能以教而化人哉？《易》曰：聖人以神道設教，而天下服。知神道者，而後可以語治化矣。

表一千一百一十七

作者/文獻	版本	用　　例
張邦紀《張文懿公遺集》卷七	明崇禎十七年刻本	(1)《重修泰山靈應宮碑記》：嘗聞玄祉之萃，基於默翼；感契之符，司於自然。聖人神道設教，非神之自為朕兆也。人心原具一神明，惺然而不昧者，其即赫然而不可欺者乎？愀然而不安者，其即森然而顯為報者乎？快然而心口相孚，坦然而衾影無媿者，其即景星慶雲之光，昭和風甘雨之滲漉者乎？自天子以人至於庶人，無不備蒸嘗之禮。第禮制於貴而時或溢于賤，豈其事神之心有篤於貴也？
張邦紀《張文懿公遺集》卷八		(2) 翁歸而蕭然，數椽以身親耕作者半，以身享耕作者半，意若有所留也。葢翁之平生倜儻，躬接物，咸醇粹，無瑕玼。其見於官，蹟著於鄉，評者業殫陳於余、馮二宗伯《墓表》及《神道碑》中，予不具論。

表一千一百一十八

作者/文獻	版本	用　　例
張邦奇 《張邦奇集》 覲光樓集 卷五	明刻本	(1) 今致愬於玄穹，應不旋踵真。聖人之神道，惟治世之鴻禎。感通雖係於須臾，而孚格實存乎乎素者也。
張邦奇 《張邦奇集》 靡悔軒集 卷四		(2) 公墓在中條黄河之南涯當嵩華之間，大學士李文正公既銘諸神道，而南于墓若干步爲關洛衝途，過者率延佇瞻望，不能去。 (3) 神道碑銘（六首） (4) 明贈光祿大夫太子太保禮部尚書兼翰林院學士嚴公神道碑銘 (5) 越三年爲嘉靖癸巳，遇皇太子生，詔贈資政大夫、南京吏部尚書。迨今晋贈一品，表皆未之及。茲以制得樹碑神道，願吾子嗣書之。 (6) 明故管錦衣衛事驃騎將軍後軍都督府都督僉事贈榮祿大夫都督同知陸公神道碑銘 (7) 其年十月二日，炳葬公都城東六里屯先塋之次。奉少司空蓉東吴公狀，授予曰：先公之墓，大司徒蒲汀李公實爲銘，炳茲以制將碑于神道。 (8) 太淑人卒，憲副王公臬狀其行，湛將以甲辰（闕）月（闕）日，啓窆東村，奉太淑人合葬焉。念贈秩三品，制得樹碑神道。 (9) 明故中順大夫福建按察司副使封通議大夫都察院右副都御史陸公神道碑銘 (10) 公卒之歲九月九日，偕淑人合葬于桃源鄉。太子少保漁石唐公攄陳憲副半湖先生所為狀銘公墓，鈳等以公封秩三品，制得樹碑神道，馳書京師，屬予以文。 (11) 明故吏部文選司郎中致仕贈通議大夫詹事府詹事兼翰林院侍講學士黄公神道碑銘 (12) 公之葬在台之委羽山之陽，厥考文毅公墓左，國子祭酒謝文肅公既爲銘。今天子踐阼，公子綰與議大禮被知遇。嘉靖丁亥，大典成，推恩贈公詹事府詹事兼翰林院侍講學士，制得樹碑神道。 (13) 明故昭勇將軍定海衛指揮使李君神道碑銘 (14) 卜嘉靖辛卯十一月二十二日葬，謂予聯姻句容。雅知君奉定海儒學曾教諭樞所爲狀，請予銘，將碑於神道，以昭不朽。
張邦奇 《張邦奇集》 環碧堂集 卷一		(15) 二十一日，奉吉安來拜。手教之辱，且蒙不鄙，委以先公《神道碑銘》錫之。

表一千一百一十九

作者/文獻	版本	用　　例
張采《知畏堂詩文存》文存卷十	清康熙刻本	(1) 師立人道以明治，在上在下，十彼十此，自物之神也。神立神道以幽治，人道治而民可使由，幽道治而不可使知。故曰：孝弟之至，通乎神明。

表一千一百二十

作者/文獻	版本	用　　例
張昶《吳中人物志》卷五	明隆慶張鳳翼張燕翼刻本	(1) 師邕，字睦之。累官監察御史。事詳韋夏卿《神道碑》。
張昶《吳中人物志》卷十		(2) 楊偰，字子寬，和王之子。仕至工部侍郎。卒贈少師，謚惠懿。有別業在洞庭，故嘗寓焉。具詳扵洪邁所撰《神道碑》。
張昶《吳中人物志》卷十三		(3) 馮大有，文簡公族孫。寓家吳門，專畫蓮荷，精巧入格。趙伯驌，字希逺。千里弟嘗畫姑蘇天慶觀樣，進呈孝宗。仕至觀察使。卒葬吳縣觀音山，周益公為《神道碑》。

表一千一百二十一

作者/文獻	版本	用　　例
張朝瑞《皇明貢舉考》卷三	明萬曆刻本	(1) 觀天之神道，天下服矣。
張朝瑞《皇明貢舉考》卷七		(2) 觀天之神道，天下服矣。(刊)

表一千一百二十二

作者/文獻	版本	用　　例
張丑《清河書畫舫》卷六下	清文淵閣四庫全書本	(1) 李建中（附林逋）：右《王師乾神道碑》，張從申書。余初不甚以為佳，但怪唐人多稱之，第録此碑，以俟識者。前歲在亳社，因與秦玠郎中論書，玠學書于李西臺建中，而西臺之名重於當世。余因問玠，西臺學何人書？云學張從申也。問玠識從申書否？云未嘗見也。因以此碑示之，玠大驚曰：西臺未能至也。以此知世以鑒書為難者，誠然也。從申所書碑，今絶不行於世，惟余《集録》有之者，《吳季子碑陰記》《崔圓頌德碑》并此纔三爾。熙寧三年十月二十七日書。(《集古録》)
張丑《清河書畫舫》卷九下		(2) 唐彭王傅徐浩書張九齡《司徒告》，真蹟。在其孫曲江人嶺南縣令張仲容處。某官于桂林，借留半月，仍以覆裹，欲為重背，仲惜其印縫古紙不許。九齡《神道碑》亦浩書。

表一千一百二十三

作者/文獻	版本	用　　例
張次仲《待軒詩記》卷八	清文淵閣四庫全書本	(1)《周禮・羊人》曰：積其羊牲，謂積柴祭天，則用羊實柴也。先柴而後獻，故“維羊”在“維牛”之上。將者，奉羊以供柴也。享者，獻牛以供祀也。右，即左右之右。朱克升謂明堂之位，帝居中。文王居西南，主皆西坐東向，東左西右，神道尚右。饌在左而神在右，其右即如在之意也。 (2) 方慤曰：王者于祖，以人道事之有寢，以神道事之有廟。祭，神道；薦，人道也。
張次仲《周易玩辭困學記》卷五		(3)《彖》曰：大觀在上，順而巽，中正以觀天下。觀，盥而不薦，有孚顒若，下觀而化也。觀（讀）天之神道，而四時不忒。聖人以神道設教，而天下服矣。 (4) 上下貴賤有次有則，此非觀天下者乎？而神則在主者不薦之時，可見上之示人，下之仰上，惟此中正。若謂神道設教，而事涉瑰奇理太玄妙，非聖人所以為觀於天下也。 (5) 天之神道，上觀字去聲，宜少讀。下兩句，正發明觀字之義。輔嗣曰：觀之為道，不以形制使物，而以觀感化物者也。神則無形者也，不見天之使四時而四時不忒，不見聖人使百姓而百姓自服。 (6) 聖王所以示天下者，不過耕食鑿飲日用平常之事而已。故曰“中正以觀天下”，即此便是“神道設教”。

續表

作者/文獻	版本	用　例
張次仲《周易玩辭困學記》卷五	清文淵閣四庫全書本	(7) 九五曰：觀我生。何為我生？我之所從生，即中正而已。不求為聖人，為神人，但求為君子；不求有譽，但求无咎。无咎者，寡過之謂。聖人神道設教，不過使民寡過，此中正之道也。 (8) 象申之曰：觀我生，觀民也。匹夫不獲，時予之辜。舍民，更有何我？舍民生，更有何生？上九至此，猶志未平。君相之間，望道未見。視民如傷之意，盤結于胸，此正不薦之孚，下觀而化者也。不然，所謂孚者，何物也哉？宋杜鎬謾舉神道設教，荅真宗河洛之問，遂啟天書之誕。經學不明，誤人國家至此。（私記） (9)《易簡錄》曰：陽在下而成，臨在上而成。觀，可見撐天柱地，皆二陽也。陽者，生生之理。生，便是天之神道。好生之德，便是聖人之神道。

表一千一百二十四

作者/文獻	版本	用　例
張大復《梅花草堂集》卷一	明崇禎刻本	(1)《崑山縣城隍廟志序》：國有史，郡縣有志，家有譜牒。此世運升降之紀，而人事得失之端也。玄宮梵刹，厥有肝膈者，亦時有之。然不無附會牵合，緣飾一家。言之不文，行之不遠，君子譏焉。高皇帝開拓區宇，建城濬隍，設之神道，置之師徒，與郡縣長吏等谈天廢興賢不肖，與運終始，其事不可以不志胡？
張大復《梅花草堂集》卷七		(2)《南朝金乙總管告文》：陽回初九，夢感神徵。翠弁朱衣，彷彿居歆。盱視而翔，我心怦怦。惟神道廣，如日如星。惟杞憂天，爲曝爲芹。測海以蠡，我念則真。神識其大，豈私照臨。瓣香稽首，鑒此德馨。
張大復《梅花草堂集》卷十四		(3)《崑山縣重修城隍廟疏》：蓋聞先王理幽以治明，聖人神道而設教。故曰：知其說者之於天下也，其如示諸斯乎？

表一千一百二十五

作者/文獻	版本	用　例
張鳳翼《夢占類考》卷十	明萬曆十三年信陽王氏刻本	(1) 蘇山：習郁爲侍中時，從光武幸黎丘，與帝通夢，見蘇山神，光武嘉之。使立蘇嶺祠，刻二石鹿挾神道，百姓謂之鹿門山。（《襄陽耆舊傳》）

續表

作者/文獻	版本	用　　例
張鳳翼《處審堂集》後集卷五	明萬曆刻本	(2) 而《舊史》本傳又云：富弼爲宣撫使，恐後生變，將同日誅之。得公言，悟而止。而《神道碑》亦以爲富公及韓魏公作志，獨畧此。何參差如此？
張鳳翼《處審堂集》後集卷六		(3)《明大中大夫湖廣布政使司左叅政劉公阡碑》：大叅劉公之歿也，其子殫心力襄事歷七年而始得地于穹窿之墟，卜以萬曆甲辰十一月八日葬公，乃手其所自著狀，相率而謁予曰：不肖乾明等爲先大夫窀穸，計亦良苦矣。然不足以報罔極，惟琢堅紀美，庶幾不朽。今不敢僭碑于神道，而欲媲阡于南陽，惟勒碑之言是望。
張鳳翼《譚輅》卷中		(4) 侍郎嚴續以寡學，為時所鄙。嘗以珎貨歌姬請韓熙載撰其父《神道碑》。熙載第叙其譜裔品秩，不及事業。續銜之，封還，乞改。熙載留其稿，悉以所贈還之。此後，若歐陽永叔不改《尹師魯銘》，而謂文慰亡友，豈恤世之無識者？

表一千一百二十六

作者/文獻	版本	用　　例
張袞《(嘉靖)江陰縣志》卷四	明嘉靖刻本	(1)《爆竹行》(范至能)：歲朝爆竹傳自昔，吳儂政用前五日。食殘豆粥掃罷塵，截筒五尺煨以薪。節間汗流火力透，健僕取將仍疾走。兒童卻退避其鋒，當堦擊地雷霆吼。一聲兩聲百鬼驚，五聲六聲鬼巢傾。十聲連百神道寧，八方上下皆和平。卻拾焦頭疊牀底，猶有餘威可驅癘。屏除藥裹添酒杯，晝日嬉游夜濃睡。

表一千一百二十七

作者/文獻	版本	用　　例
張國維《張忠敏公遺集》卷五	清咸豐刻本	(1) 八陣本一而分爲八也，亦何止八而已乎？一大陣之中固有八陣，而分八陣之中亦各有八陣，蓋大陣則法伏羲八卦，小陣則法文王六十四卦，所謂陣間乎陣、隊間乎隊者也。若夫造遁甲有九星、用三奇者，亦皆黃帝命風后爲之。蓋聖人神道設教，以妙用其術，使人莫測其所以然也。

表一千一百二十八

作者/文獻	版本	用　例
張瀚 《皇明疏議輯略》 卷十九	明嘉靖刻本	(1)《漢晋春秋》所載：章帝元和二年，幸魯祀孔子，帝升廟，西面再拜。《開元禮》亦謂"先聖東向，先師南向，三獻官皆西向"，是猶未失古之意也。今襲開元二十七年之制，遷神於南面，而行禮者北面，則非神道尚右之義矣。

表一千一百二十九

作者/文獻	版本	用　例
張恒 《明志稿》 卷一	明刻本	(1) 且易稽實以待虛，立常以御變，至易而知險，至簡而知阻，易貢而貞夫一，情言而合以誠，將使筮者趨吉而避凶，亦令惡者去邪而歸正。此聖人與民同患之本心，而神道設教之大典也。

表一千一百三十

作者/文獻	版本	用　例
張吉 《古城集》 補遺	清文淵閣四庫全書本	(1)《題吴氏累葉傳芳卷》(并辭)：古者人臣克樹勲庸，流德美於時，則紀諸太常；銘於鐘鼎，所以昭物軌、崇報章也。後世此制既廢，幸而禮數之所齒及，貨力之所能為，没則侈之以神道之碑、墓間之碣，雖無取於貞明大烹之義，猶使人得以考見而不磨也。

表一千一百三十一

作者/文獻	版本	用　例
張介賓 《類經》 卷七	清文淵閣四庫全書本	(1) 大椎以下至尻尾及傍十五穴。(謂大椎、陶道、身柱、神道、靈臺、至陽、筋縮、中樞、脊中、懸樞、命門、陽關、腰俞、長強、會陽也。)
張介賓 《類經》 卷十六		(2) 先項背痛者，先刺之。(在項者，風池、風府主之。在背者，大杼、神道主之。風府、神道俱督脉穴，風池足少陽穴，大杼足太陽穴。)

表一千一百三十二

作者/文獻	版本	用　例
張鏡心 《易經增注》 卷三	清刻本	(1)《彖》曰：大觀在上，順而巽，中正以觀天下。觀，盥而不薦，有孚禺若，下觀而化也。觀天之神道，而四時不忒。聖人以神道設教，而天下服矣。 (2) 大觀在上，順而巽，中正立極以觀天下。一神所被，下觀而化也。故曰：觀天之神道。天於穆不言而四時行，君子篤恭不大聲色而天下平。坡公曰“无器而民趨，不言而物喻”者，“觀”之道也。聖人以神道設教，則爵賞刑罰有設而不用者矣。 (3) 九五，一卦之主，天下所尊仰。《彖》所謂“中正以觀天下”者，“觀我生”自正也。如顧諟明命，恭己凝神，自見性命，敬之至也。端拱穆，清齋莊，中正以觀天下。神道之教，禺若之孚，莫盛於斯矣。

表一千一百三十三

作者/文獻	版本	用　例
張居正 《四書集注闡微直解》 論語卷七	清八旗經正書院刻本	(1) 謝氏曰：聖人語常而不語怪，語德而不語力，語治而不語亂，語人而不語神道。
張居正 《張太岳先生文集》 卷十二	明萬曆四十年唐國達刻本	(2) 臣聞聖王先成民而後致力於神，亦有爲民而徼福於神者，故禦災捍患，《祭法》所載，何可忍諸？且聖人以神道設教，岱居東方，其德曰生。往牒所稱觸石生雲，膏雨天下，生也。冥運陰隲，赫如雷霆，使人弗罹于天憲，亦生也。 (3) 猶且資佛力以拔迷途，摽化城以崇皈仰，要使苦海諸有悉度，無漏之舟，閻浮衆生，咸證菩提之果，斯又聖人所以神道設教微意也。 (4) 臣竊惟聖人之治天下，齊一幽明，兼綜道法，其粲然者，在古先帝王垂成憲，著章程于世矣。乃有不言而信，不令而行，以慈陰妙雲覆涅槃海，饒益羣生，則大雄氏其人也。其教以空為宗，以慈爲用，以一性圓明、空不空爲如來（闕）。即其説不可知，然以神力總持法界，滂漉沉淪，闡幽理，資明功，亦神道設教者所不廢也。 (5) 特進光禄大夫柱國太師兼太子太師成國公追封定襄王謚恭靖朱公神道碑 (6) 特進光禄大夫柱國太保兼太子大傅掌錦衣衛事後軍都督府左都督贈太傅謚忠僖朱公神道碑

續表

作者/文獻	版本	用　　例
張居正《張太岳先生文集》卷十四	明萬曆四十年唐國達刻本	(7) 皇在九五，神道設教。得一惟貞，同玄體妙。
張居正《張太岳先生文集》卷十八		(8) 若言建皇極，敬五事，兼三德，用八政，則誠萬世治天下之大經大法也。大抵神道設教，用以誘導愚俗，陰翊皇度。聖人所不廢智者，唯心知其意而毋泥其説，則可謂明也已矣。

表一千一百三十四

作者/文獻	版本	用　　例
張可述《(嘉靖)洪雅縣志》卷五	明嘉靖刻本	(1) 熙寧中，始識公之曾孫偃師尉衍，因就求觀公之遺文。後十餘年，衍為武勝軍節度推官，知沈丘縣事，以公文集及墓銘相示，且命光為《神道碑》。其墓銘，乃故叅知政事范公所為也。

表一千一百三十五

作者/文獻	版本	用　　例
張聯元《天臺山全志》卷十一	清康熙刻本	(1) 無日在上，日鑒非遠，銘石靈館，以旌厥心。其辭曰：道無不在，若存若忘。於惟上學，理妙羣方。用之日損，言則非常。儵焉靈化，羽變蛻裳。九重嶤屼，三山璀璨。日爲車馬，芝成宮觀。虹旍拂月，龍輈漸漢。萬春方華，千齡始旦。……誰謂應遠，神道微密。慶集宮闈，祥流罕畢。其久如地，其恒如日。壽同南山，與天無卒。便生變練，外示無功。少君飛轉，密與神通。因資假力，輕與騰空。庶憑嘉誘，永濟微躬。

表一千一百三十六

作者/文獻	版本	用　　例
張良知《(嘉靖)許州志》卷八	明嘉靖刻本	(1) 元提刑使盧祥父子墓（在扳陵店北。今神道斷碑，但不可讀。）

表一千一百三十七

作者/文獻	版本	用　　例
張祿 《詞林摘艷》 卷七	明嘉靖刻本	(1)《逍遥樂》：六韜三畧，也則是制勝量敵，却做了幽期密約。陣馬咆哮，比販茶舡煞是麄豪，將俺這軟弱蘇卿禁害倒。統領着鴉青神道，衝開蜂媒蝶使，烘散燕子鶯兒，折散鳳友鸞交。
張祿 《詞林摘艷》 卷八		(2)《三煞》：奠榲夢斷陰風冽，《薤露》歌殘慘日斜。他從來正性不隨邪，凜凜的英魂，神道（般）剛明猛烈。豈可似餒鬼碁饕餮，向白日分明顯（化者)？我更問是邪非邪！
張祿 《詞林摘艷》 卷九		(3)《刮地风》：四隅起征，鼙震天表。勒不住戰馬跑哮，都是那六丁六甲活神道，一箇箇勇烈英豪，按不住怒氣冲霄，也不索逢山開道，遇水疊橋。逢着山，遇着嶺，平躧平削。總監軍掠陣角，則將那戰皷催敲，暗埋伏，四面軍圍遶，恰便似兵山般鐵桶牢。

表一千一百三十八

作者/文獻	版本	用　　例
張懋修 《墨卿談乘》 卷四	明刻本	(1)《漢武故事》曰：帝崩，後見，陵令薛平曰：我雖失勢，猶為爾君。奈何令史卒上吾陵磨劍乎？今可禁也。平頓首曰：謹受命。漢臣推問陵旁，果有方石是吏卒盗磨處。霍光欲斬之，張安世曰：神道茫昧，不宜為法。
張懋修 《墨卿談乘》 卷八		(1)《囝郎罷》：囝生閩方，閩吏得之，乃絶其陽。為臧為獲，致金滿屋。為髡為鉗，如視草木。天道無知，我羅其毒。神道無知，彼受其福。郎罷別囝，吾悔生汝。囝別郎罷，心催血下。隔地絶天，及至黄泉，不得在郎罷前。此願況《哀閩詩》也。

表一千一百三十九

作者/文獻	版本	用　　例
張鳴鳳 《桂故》 卷五	清文淵閣四庫全書本	(1) 曾宏正，臨江新淦人。以直祕閣為轉運判官。諸山多其詩，又以父忠節公三聘《神道碑》，刻之龍隱。後臨川羅愚亦以其父點所得御書，并其遺像於龍隱刻焉。

續表

作者/文獻	版本	用　　例
張鳴鳳《桂勝》卷七	清鈔本	(2) 至若曾之神道，羅之御書，並勒巖阿，用垂不朽，固孝子慈孫之心。然水朩非其墓道，林壑異夫先祠，况衆遊之所歸，豈一姓之獨侈?
張鳴鳳《桂勝》卷十四		(3) 唐張九齡《祭舜廟文》：維某月朔日，中散大夫、使持節都督桂州諸軍事、守桂州刺史兼當管經略使、嶺南道按察使、攝御史中丞、借紫金魚袋上柱國、曲江縣開國男張某，敢昭告於大舜之靈：惟神以大孝而崇德，以大聖而奮庸，以至公而有天下，以至均而一海內。枝不以荒服之外，不以黃屋之尊，巡狩而來，殂落於此。倦勤之造，永結於黎庶；惠懷之仁，長存於壽宮。戴祀之遥，靈威如在。今聖朝紹興至道，憨茲遠人，爰遣使臣，按理邊俗。惟神幽鑒，願表微誠：若私僻為謀，公忠有替，明鑒是殛，俾無遂圖；如悉心在公，惟力是視，當福而不福，為善者懼矣。今至止之日，輒詣陳誠，伏惟神道聰明，亮斯欽到，願俯垂冥祐，俾輸力明時。尚饗。

表一千一百四十

作者/文獻	版本	用　　例
張鼐《寶日堂初集》卷十三	明崇禎二年刻本	(1) 令朱將軍逞海上，其毒豈在完者下? 仁義公託於符呪，令奸雄魄喪亂，萌塞絕。神道設教，厥功顧不偉哉。
張鼐《寶日堂初集》卷十四		(2)（闕）智養，神道無踰。此夫不聞惜陰之指，則稽古之志不怵也。不喻節性之樂，則廣廈之勤不開也。
張鼐《寶日堂初集》卷十五		(3) 少傅長垣李公神道碑 (4) 誥進階昭毅將軍上輕車都尉原任薊松參將彭公神道碑
張鼐《寶日堂初集》卷二十二		(5) 令朱將軍逞海上，其毒豈在完者下? 仁義公託於符呪，令奸雄魄喪亂，萌塞絕。神道設教，厥功顧不偉哉。

表一千一百四十一

作者/文獻	版本	用　例
張寧 《方洲集》 卷二	清文淵閣四庫全書本	(1) 天順四年正月初九日，大祀天地。初八日，法駕臨郊。百職肅雍，周道無啓行之擾；四門清穆，明堂輯至止之儀。天意監觀，人心瞻仰，豈期各官忘其戒謹，安於故常？馳騎直前，至天門而不下；肩輿逕造，臨神道而弗趨。罔思聖明之具臨，不顧神靈之如在。放縱者，固其所也；謹厚者，亦復為之。是豈不知魯大夫循墻而走之恭，乃獨不推蘧伯玉至闕而止之義？怠心既勝，敬意何存？罪已昭彰，法難容恕。
張寧 《方洲集》 卷二十三		(2) 榮祿大夫都督同知陳公神道碑銘 (3) 公墓故有碑文，敘述弗彰，不足以垂遠。文既得美，石將易刻於神道。以御史趙璡所撰公狀，致書幣來京求銘。寧交文三十年，有同親之義。 (4) 昭勇將軍浙江都指揮僉事陳公神道碑

表一千一百四十二

作者/文獻	版本	用　例
張溥 《漢魏六朝 一百三家集》 卷十四	清文淵閣四庫全書本	(1)《大疫上疏》：臣竊見京師為害兼所及，民多病死，死有滅户。人人恐懼，朝廷燋心，以為至憂。臣官在於考變禳災，思任防救，未知所由，夙夜征營。臣聞國之大事在祀，祀莫大於郊天奉祖。……孔子曰：曾謂泰山不如林放乎！天地明察，降禍見災，乃其理也。又聞者，有司正以冬至之後，奏開恭陵神道。陛下至孝，不忍距逆，或發冢移尸。
張溥 《漢魏六朝 一百三家集》 卷二十四		(2)《終制》：禮，國君即位為椑，存不忘亡也。昔堯塟穀林，通樹之，禹塟會稽，農不易畝，故葬於山林，則合乎山林。封樹之制，非上古也，吾無取焉。壽陵因山為體，無為封樹，無立寢殿，造園邑，通神道。夫葬也者，藏也，欲人之不得見也。骨無痛癢之知，冢非棲神之宅，禮不墓祭，欲存亡之不黷也，為棺槨足以朽骨，衣衾足以朽肉而已。故吾營此丘墟不食之地，欲使易代之後不知其處。無施葦炭，無藏金銀銅鐵，一以瓦器，合古塗車、芻靈之義。棺但漆際會三過，飯含無以珠玉，無施珠襦玉匣，諸愚俗所為也。季孫以璵璠斂，孔子歷級而救之，譬之暴骸中原。宋公厚葬，君子謂華元、樂莒不臣，以為棄君於惡。漢文帝之不發，霸陵無求也；光武之掘，原陵封樹也。霸陵之完，功在釋之；原陵之掘，罪在明帝。是釋之忠以利君，明帝愛以害親也。忠臣孝子，宜思仲尼、丘明、釋之之言，鑒華元、樂莒、明帝之戒，存于所以安君定親，使魂靈萬載無危，斯則賢聖之忠孝矣。自古及今，未有不亡之國，亦無不掘之墓也。喪亂以來，漢氏諸陵無不發掘，至乃燒取

續表

作者/文獻	版本	用　例
張溥《漢魏六朝一百三家集》卷二十四	清文淵閣四庫全書本	玉匣金縷，骸骨並盡，是焚如之刑，豈不重痛哉！禍由乎厚葬封樹。桑、霍為我戒，不亦明乎？其皇后及貴人以下，不隨工之國者，有終沒皆葬澗西，前又以表其處矣。蓋舜葬蒼梧，二妃不從，延陵葬子，遠在嬴、博，魂而有靈，無不之也，一澗之閑，不足為遠。若違今詔，妄有所變改造施，吾為戮尸地下，戮而重戮，死而重死。臣子為蔑死君父，不忠不孝，使死者有知，將不福汝。其以此詔藏之宗廟，副在尚書、秘書、三府。
張溥《漢魏六朝一百三家集》卷三十四	清文淵閣四庫全書本	(3) 漢武帝崩後，忽見形，謂陵令薛平曰：我雖失勢，猶為汝君。奈何令吏卒上吾陵磨劍乎？因不見。推陵旁，果有方石可以為礪，吏卒嘗盜磨刀劍。霍光欲斬之，張安世曰：神道茫昧，不宜為法。故阮公《詠懷詩》曰：失勢在須臾，帶劍上吾丘。
張溥《漢魏六朝一百三家集》卷三十九	清文淵閣四庫全書本	(4)《五祀議》：禮大記云：室中央中霤，謂四霤之中也。祭于漏井，蓋失之矣。七祀之文，皆云祀行而無井，祭竈而不祭井，於事則闕。夫設祀者，非唯報功而已，亦神道設教，使民慎之幽明也。臣以為帝之都城，宜祭一門，正宮一門，正室一户，井、竈、中霤亦各擇其一正者祭之。
張溥《漢魏六朝一百三家集》卷四十八	清文淵閣四庫全書本	(5)《吊魏武帝文》：元康八年，機始以台郎出補著作，游乎秘閣，而見魏武帝遺令，氣然歎息，傷懷者久之。客曰：夫始終者，萬物之大歸；死生者，性命之區域。是以臨喪殯而後悲，覩陳根而絶哭。……接皇漢之末緒，值王塗之多違。佇重淵以育鱗，撫慶雲而遐飛。運神道以載德，乘靈風而扇威。摧羣雄而電擊，舉勍敵其如遺。指八極以遠畧，必翦焉而後綏。釐三才之闕典，啓天地之禁闈。……既睎古以遺累，信簡禮而薄葬。彼裘紱於何有，貽塵謗於後王。嗟大戀之所存，故雖哲而不忘。覽遺籍以慷慨，獻兹文而淒傷。
張溥《漢魏六朝一百三家集》卷五十	清文淵閣四庫全書本	(6)《南征賦》（有序）泰安二年秋八月，奸臣羊玄之皇甫商敢行稱亂，凌逼乘輿，天子蒙塵于外。……有皇晉之覇后，資濬哲之叡聖，崇文德於緝熙，濟武功而保定，應天鑒之昭華，荷帝祐之休命。步玉衡以觀八方，在璇璣而齊七政。芒芒神道，化洽崇深。仰戾天飛，俯洞淵沈。……嚴鼓隱而重戒，景燧暐而星羅，烈蒙陰而仰假，曜憑陽而登遐，若扶桑之振華葉，皓天之散朝霞，超燭龍之絕景，豈比象於百華。 (7) 臣雲言：臣前啓可與師友文學觀書論道，今又天時清適，正是講誦之日。臣聞崇山之高，不厭其峻；滄海之量，無限於廣。是以周公一日萬事，猶復旁

續表

作者/文獻	版本	用　例
張溥《漢魏六朝一百三家集》卷五十	清文淵閣四庫全書本	觀百篇；孔子假期玩年，至於韋編三絶。由是言之，雖聖之弘，亦不能不求之於學也。伏惟殿下明德光劭，天資秀朗，方當光演文武，允迪皇猷。如復垂精古今之奥，仰覽千載之籍，則神道叡知，無物不照。且師友文學，朝選於衆，以德來教，雖豐禄崇禮，已隆其人。而先王之道，未簡聖聽，在位累載，官廢其職。每聽其言，亦懷慷慨。臣以可於良日就講經學，先闡大道，永播芳風。愚臣區區，敢獻瞽言。 (8) 臣命違千載之運，身生四百之外，恨不得役力聖明之鑒，寓目風塵之會，揮戈前隊，待罪下軍。抽鋒咸陽之關，提鉞項籍之領。痛心自悼，不知所裁。行役之臣，牽制朝憲。雖懷彷徨，王事靡盬。肅将言邁，實銜罔極。臣聞遊魂變化，神道無方，雖聖靈登遐，降陟在天，連光五精，流輝太一。或冀神輿降觀，薄狩五服。時邁玉輅，言巡兹邑。 (9)《祖考頌》：雲之世族，承黄虞之苗緒，裔靈根之遺芳，用能枝播千條，穎振萬葉。繁衍固於三代，饗祀存乎百世，豈非皇慶之積祐，神明之殷祥者哉！在周之衰，有嬀之後，将育于姜，而貞龜發鳴鳳之兆，周史表觀國之繇，故能光宇營丘，奄有東海，支庶蕃廡，而肩祚昌大矣。……公徒斯肩振，帝旅凱入。於變時雍，神道經始。肅肅九命，永言徽止。……肅雍碩響，萬載是振。 (10)《逸民箴》：余昔為《逸民賦》，大將軍掾何道彦，大府之俊才也。作《反逸民賦》，盛稱官人之美，寵禄之華靡，偉名位之大寶，斐然其可觀也。夫名者實之賓，位者物之寄，窮高有必顛之吝，溢美有大惡之尤，可不慎哉。故為《逸民箴》，以戒反正焉。……自古在昔，逸民有作，相彼宇宙，方之委帛。夫豈無不休，而好是沖漠。是故名利之災，至人攸恪。謂予未信，無寧監于桑霍。天明既畏，神道無親。善在求已，慶由積仁。無念爾本，聿修厥淳。執盈如虚，乃反天真。逸民司正，敢告官人。 (11) 嗚呼哀哉！穆穆天子，昭明有融。乃命王人，禮憲是崇。賜以歸賻，榮以贈終。冠蓋南徂，映族輝邦。日薄南陸，辰次天漢。龜筮協貞，靈域載判。明器既庀，神道已羡。縣象未登，明星有爛。軒車微動，執紼同贊。永棄高廈，黄壚是館。寧彼昏昧，荒此輝粲。幽房長鍵，修夜靡旦。翼翼輕蓋，翩翩丹旐。龍章舒藻，旗旐有輝。輴輪轇結，玄駟徘徊。人誰弗思，靡思匪哀。援扎心楚，投翰餘悲。嗚呼哀哉！
張溥《漢魏六朝一百三家集》卷五十一		(12) 頹綱既振，品物咸秩。神道見素，遺華反質。辰晷重光，協風應律。函夏無塵，海外有謐。 (13) 惟帝思庸，大興光迪。聖敬遂躋，神道玄邈。思媚三靈，誕膺天篤。嘉命既辱，王人言告。

續表

作者/文獻	版本	用　　例
張溥《漢魏六朝一百三家集》卷六十五	清文淵閣四庫全書本	(14)《辨宗論》(問答附)：同遊諸道人，竝業心神道，求解言外。余枕疾務寡，頗多暇日，聊中繇來之意，庶定求宗之悟。釋氏之論，聖道雖遠，積學能至，累盡鑒生，不應漸悟。孔氏之論，聖道既妙，雖顏殆庶，體無鑒周，理歸一極。有新論道士，以為寂鑒微妙，不容階級，積學無限，何為自絶？今去釋氏之漸悟，而取其能至；去孔氏之殆庶，而取其一極。一極異漸悟，能至非殆庶。故理之所去，雖合各取，然其離孔、釋矣。余謂二談救物之言，道家之唱，得意之說。敢以折中自許，竊謂新論為然，聊答下意，遲有所悟。 (15) 朂再問：案論孔、釋，其道既同，救物之假，亦不容異。而神道之域，雖顏也，孔子所不誨；實相之妙，雖愚也，釋氏所必教。然則二聖建言，何乖背之甚哉？ (16)《和范光祿祇洹像讚三首》：范侯遠送像讚，命余同作。神道希微，願言所屬。輒總三首，期之道場。
張溥《漢魏六朝一百三家集》卷六十七		(17) 流言謗議，有道所不免，況在闕薄，難用算防。接應之方，言必出己。或信不素積，嫌間所襲，或性不和物，尤怨所聚，有一于此，何處逃毀。苟能反悔在我，而無責於人，必有達鑒，昭其情遠，識迹其事。日省吾躬，月料吾志，寛嘿以居，潔静以期，神道必在，何恤人言。 (18) 達見同善，通辯異科，一曰言道，二曰論心，三曰校理。言道者本之於天，論心者議之於人，校理者取之於物。……物有不然，事無不弊，衡石日陳，猶患差忒，況神道不形，固衆端之所假，未能體神，而不疑神無者。以為靈性密微，可以積理知，洪變欻怳，可以大順待。照若鏡天，肅若窺淵，能以理順為人者，可與言有神矣。若乃罔其真而眚其弊，是未加心照耳。 (19)《宋武帝謚議》以為：聖哲同風，功美殊稱。葢出乎道者無方，故刑於物者不一。伏惟道塞人神，信通期運，愛敬所稟，因心則遠，英粹之照，正性自天。體苞潛躍，慮周卷舒。……莫不飾誠請罪，欵塞來賓，故能洒掃中嶽，致廟九山。神道會昌，賓命既集，損之而益，後身愈先。既而儀形帝載，揖讓天歷，改玉乎文祖，班瑞於神宗。貫革寢機，文武揺笏。故宸居兩楹，坐一八表，國訓成均之學，家沾撫辜之仁。大美配天，必終之以儉德。道固萬葉，猶申之以話言。允所謂教思無窮，樹之長世，取高上代，顧邈前王矣。
張溥《漢魏六朝一百三家集》卷六十九		(20)《白雲》：探靈喜解骨，測化善騰天。情高不戀俗，厭世樂尋仙。鍊金宿明館，屑玉止瑤淵。鳳歌出林闕，龍駕戾蓬山。凌崖采三露，攀鴻戲五烟。昭昭景臨霞，湯湯風媚泉。命娥雙月際，要媛兩星間。飛虹眺卷河，汎霧弄輕絃。笛聲謝廣賓，神道不復傳。一逐白雲去，千齡猶未旋。

續表

<table>
<tr><th>作者/文獻</th><th>版本</th><th>用　　例</th></tr>
<tr><td>張溥
《漢魏六朝
一百三家集》
卷七十八</td><td rowspan="4">清文淵閣四庫全書本</td><td>(21) 周剡山茨歸書少子曰：周顒頓首，懋製來班，承復峻其門，則參子無踞，誠不待獎。敬尋同本，有測高心。雖神道所歸，吾知其主，然自釋之外，儒綱為弘；過此而能與仲尼相若者，黃老實雄也。其教流漸，非無邪弊；素樸之本，義有可崇。吾取捨舊懷，粗有涇渭，與奪之際，不至朱紫，但蓄積懷抱，未及厝言耳。途軌乖順，不可謬同異之聞，文宜有歸。辨來旨，謂致本則同，似非吾所謂同，時殊風異，又非吾所謂異也。</td></tr>
<tr><td>張溥
《漢魏六朝
一百三家集》
卷七十九</td><td>(22)《玄館碑》：夫“朋白娩兎而侶青鳥，啟銀函而講金字”者，有道存焉。故能大叩玄宗，鬱為物範，則天地正六合，照日月而導蒼生。神道無門，陰陽不測。是故赤松家石室之下，神農行弟子之敬，廣成在崆峒之上，軒轅稟順風之禮，洛浦笙飛之秀，闢山駕鳳之英。凡此之儔，希世間出，皆雍容以沐咸池，或瀟灑而開閶闔。
(23)《褚先生伯玉碑》：夫河洛摛寶，神道之功既傳；岱華吐秘，仙靈之迹可覩。蓋事詳於玉牒，理煥於金符。雖冥默殊源，顯晦異軌，測心觀古，可得而言焉。是以子晉笙歌，馭鳳於天海；王喬雲舉，控鶴於玄都。……銘曰：闢西升妙，洛右飛英。鳳吹金闕，簫歌玉京。絕封萬古，乃既先生。先生浩浩，唯神其道。泉石依情，烟霞入抱。秘影窮岫，孤棲幽草。心圖上玄，志通大造。</td></tr>
<tr><td>張溥
《漢魏六朝
一百三家集》
卷八十四</td><td>(24)《洞林序》：蓋聞玄枵之野，鬼方難測；朱鳥之舍，神道莫知。而緹幔曉披，既辯黃鍾之氣；靈臺夕望，便知玉井之色。復以談乎天者，雖絕名言之外；存乎我者，還居稱謂之中。余幼學星文，多歷歲稔。海中之書，畧皆尋究；巫咸之說，偏得研求。雖紫微迢遰，如觀掌握；青龍顯晦，易乎窺覽。羨門五將，亟經玩習；韓終六王，常所寶愛。至如周王白雉之筮，殷人飛燕之卜。蓍名聚雪，非關地極之山；卦有密雲，能擁西郊之氣。爻通七聖，世經三古。山陽王氏，直解談玄；河東郭生，纔能射覆。兼而兩之，竊自許矣。</td></tr>
<tr><td>張溥
《漢魏六朝
一百三家集》
卷八十七</td><td>(25) 白毫所照，遍刹土於恒沙；七步降踐，纏龍堆而攸被。推極神道，原本心靈。感之所召，跨無邊而咫尺；緣之所乖，面法城而不覩。
(26) 無曰在上，日鑒非遠。銘石靈館，以旌厥心。其辭曰：道無不在，若存若亡。於惟上學，理妙羣方。用之日損，言則非常。儵焉靈化，羽衣霓裳。九重嶢屼，三山璀璨。日為車馬，芝成宮觀。……誰謂應遠，神道微密。慶集宮闈，祥流罕畢。其久如地，其恒如日。壽同南山，與天無卒。更生變煉，外示無功。少君飛轉，密與神通。因資假力，輕舉騰空。庶覬嘉誘，永濟微躬。</td></tr>
</table>

續表

作者/文獻	版本	用　例
張溥《漢魏六朝一百三家集》卷八十七		(27) 遠昔尋先師，奉侍曆載。雖啟蒙慈訓，托志玄籍。每想奇聞，以篤其誠。遇西域沙門，輒餐游方之說。故知有佛影，而傳者尚未曉然。及在此山，值罽賓禪師，南國律學道士。與昔聞既同，並是其人遊歷所經，因其詳問，乃多先徵。然後驗神道無方，觸像而寄，百慮所會，非一時之感。於是悟徹其誠，應深其信。將援同契，發其真趣，故與夫隨喜之賢，圖而銘焉。
張溥《漢魏六朝一百三家集》卷八十八		(28)《大觀舞歌》：（大觀者，取《易·彖》曰"大觀在上""觀天之神道，而四時不忒"也。）皇矣帝烈，大哉興聖。奄有四方，受天明命。居上不怠，臨下惟敬。舉無譽則，動無失正。物從其本，人遂其姓。昭播九功，肅齊八柄。寬以惠下，德以為政。三趾晨儀，重輪夕映。棧壑忘阻，梯山匪敻。如日有恒，與天無竟。載陳金石，式流舞詠。《咸》《英》《韶》《夏》，於兹比盛。
張溥《漢魏六朝一百三家集》卷九十一	清文淵閣四庫全書本	(29) 公生自華宗，世務簡隔，至於軍國遠圖，刑政大典，既道在廊廟，則理擅民宗；若乃明練庶務，鑒達治體，懸然天得，不謀成心，求之載籍，翰牘所未紀，訊之遺老，耳目所不接。至若文案自環，主者百數，皆深文為吏，積習成奸，畜筆削之刑，懷輕重之意；公乘理照物，動必研幾。當時嗟服，若有神道，豈非希世之儁民，瑚璉之宏器。
張溥《漢魏六朝一百三家集》卷九十三		(30)《漏刻銘》：夫自天觀象，昏旦之刻未分；治曆明時，盈縮之度無准。挈壺命氏，遠哉義用；揆景測辰，徵宫戒井。守以水火，分兹日夜。且今之官漏，出自會稽，漏水違方，導流乖則，六日無辨，五夜不分。……乃詔小臣為其銘曰：一寒一暑，有明有晦；神道無跡，天工罕代。乃置挈壺，是惟熙載；氣均衡石，晷正權槩。……合昏暮卷，蓂莢晨生；尚辨天意，猶測地情。況我神造，通幽洞靈；配皇等極，為世作程。
張溥《漢魏六朝一百三家集》卷一百五		(31)《羣臣請陳武帝懺文》：某位某甲稽首和南：十方三世一切諸佛，十方三世一切尊法，十方三世一切賢聖，見前大德僧皇帝某菩薩。睿哲聰明，廣淵齊聖。心若虚空，照窮般若。發弘大誓，荷負衆生。神道會昌，膺兹景業。百王既季，運屬艱難。五嶽維塵，六軍日動。劬勞在念，有切皇心。……伏願十方三寶，見前大德僧，以慈悲力，用無礙心，坐道放光，顯揚宣說。歡喜和合，超然降許。

續表

<table>
<tr><th>作者/文獻</th><th>版本</th><th>用　　例</th></tr>
<tr><td>張溥
《漢魏六朝
一百三家集》
卷一百八</td><td rowspan="4">清文淵閣四庫全書本</td><td>(32)《常山公主碑》：啟泰微之層構，闢閶闔之重扉，據天下以為家，苞率土而光宅。然則崑山西峙，爰有夜光；漢水東流，是生明月。公主稟靈宸極，資和天地，芬芳有性，溫潤成質。……奄辭身世，從宓妃於伊洛；遽捐館舍，追帝子於瀟湘。銘曰：龍轡莫援，日車遂往。奄離形神，忽歸丘壤。祖歌薤露，出奏巫山。永厝中埜，終掩窮泉。蕭瑟神道，荒凉墓田！松檟徒列，琬琰空傳。</td></tr>
<tr><td>張溥
《漢魏六朝
一百三家集》
卷一百十一</td><td>(33) 神道碑
(34) 周上柱國齊王憲神道碑
(35) 周太子太保步陸逞神道碑
(36) 周大將軍司馬裔神道碑
(37) 周柱國大將軍長孫儉神道碑
(38) 周柱國大將軍紇干弘神道碑
(39) 周大將軍崔訦神道碑
(40) 周車騎將軍賀婁公神道碑
(41) 周上柱國宿國公河州都督辛威神道碑
(42) 周兖州刺史廣饒公鄭常神道碑
(43) 周隴右總管長史贈少保豆盧公神道碑
(44) 周柱國大將軍大都督同州刺史段永神道碑
(45) 周柱國楚國公岐州刺史慕容寧神道碑
(46)《神道碑》作“羅州刺史”，今《墓誌》作“遷州”。</td></tr>
<tr><td>張溥
《漢魏六朝
一百三家集》
卷一百十七</td><td>(47)《飲福酒歌》（郊丘、廟、社同用）：神道正直，祀事有融。肅雍備禮，莊敬在躬。羞燔已具，奠酹將終。降祥惟永，受福無窮。</td></tr>
<tr><td>張溥
《漢魏六朝
一百三家集》
卷一百十八</td><td>(48) 自三代之餘，六雄競逐。秦居閏位，漢雜霸道，魏氏則虐深華夏，有晉則化成戎狄。降斯以後，粹駁不分。帝迹皇風，寂寥千載。天命聖德，會昌神道。變億兆之視聽，復三五之規模。固以幽明贊協，符瑞彪炳。</td></tr>
</table>

表一千一百四十三

作者/文獻	版本	用　　例
張瑞圖《白毫菴》內篇卷一	明崇禎刻本	(1)《司馬季主》：東帝賣卜人，神道設至教。與臣言依忠，與子言依孝。賢者隨所居，於世必有造。汙行藏潔衷，卑處廼高蹈。嗟哉二大夫，何知長者道。

表一千一百四十四

作者/文獻	版本	用　　例
張時徹《芝園集》定集卷四十	明嘉靖刻本	(1) 益莊王神道碑銘
張時徹《芝園集》定集卷四十一		(2) 明開國翊運守正文臣資善大夫贈太師謚文成護軍誠意伯劉公神道碑銘
張時徹《芝園集》定集卷四十二		(3) 自夏徂冬，朝出暮歸，出不待炊，袖粺餌以行。凡神道、祠宇、碑亭、壠木，俱巋然為一邑巨觀。已乃傾囊走使者，乞文諸鉅公，以章先德為幽，光錄以傳。饘粥三年，哀毀骨立，即尊長強之酒肉不御也。
張時徹《芝園集》定集卷五十一		(4) 說者謂契丹以天自況，每事稱天賜以威衆，而宋之君臣遂假神道設教之言以制敵人，審如是也。
張時徹《芝園集》外集卷二十		(5) 瑞安高世則墓有穹碑一通，吳中太湖石也。宣德間，永嘉黃少保淮墊父，鋸其半為《神道碑》，鋸且盡，高有裔孫曰：相公取之薄矣。黃問故，高曰：恐後人復欲鋸耳。黃默然。

表一千一百四十五

作者/文獻	版本	用　　例
張適《張子宜詩文集》卷五	清王氏十萬卷樓鈔本	(1) 公之功業，赫然在人耳目。扵國史有傳，神道有碑。

表一千一百四十六

作者/文獻	版本	用　　例
張四維 《條麓堂集》 卷六	明萬曆二十三年張泰徵刻本	(1) 恭維皇上合德重玄，凝神太素。昭事上帝，誠不替於時幾；懷保小民，心每存于稼穡。察虞璣之七政而敬授人時，錫禹範之九疇而懋建皇極。爰致天心之克享，益昭神道之幽通。
張四維 《條麓堂集》 卷十五		(2) 於是當機而發之，隨樞而運之。翕張神鬼，使敵人乖其所之；出入死生，使三軍不得其慮。要在靖罔，折衝而立於不可敗。此将心之獨覺、神道之妙用，不可預言者也。
張四維 《條麓堂集》 卷二十四		(3) 萬曆三年，門正安齋王君鄉揁貲，市廟後民居一所為地若干丈，遂充拓廟址，撤舊制而一新之。中為神殿，宏敞精麗。右廂為屋三楹以妥賓客，左廂則守僧居之，楹與右廂等繚以磚垣。中神道為正，門作便門于右，諸徃來者由之。工始于三月十有九日，越五月二十七日告竣事，而廟貌奕奕改觀矣。
張四維 《條麓堂集》 卷二十五		(4) 誥封通議大夫南京兵部右侍郎槐莊杜公神道碑 (5) 特進光祿大夫柱國少師兼太子太師吏部尚書建極殿大學士贈太師謚文貞存齋徐公神道碑 (6) 公子太常卿璠、尚寶卿琨、少卿瑛，諸孫南京鴻臚卿元春等，徵余為文，碑于公之神道。
張四維 《條麓堂集》 卷二十八		(7) 銘曰：韓系自周，氏于大邦。代析而蕃，有育淮江。矯矯人雄，荷戈從龍。奠是世勛，于河之東。錫衎載烈，惟德之揭。修軛經涂，中道而絶。婉婉淑人，失心皦日。抱哺其嬰，茹荼若蜜。能言而教，任冠而室。嘗禴有承，我心斯畢。既孚而羽，横翔天路。神道可徵，中闔作度。立孤寔難，矧亢其宗。我銘玄宅，侈于管彤。
張四維 《條麓堂集》 卷三十四		(8) 張文毅公神道碑

表一千一百四十七

作者/文獻	版本	用　　例
張宿 《何心隱先生爨桐集》 二卷	明天啓五年刻本	(1) 嗚呼哀哉，仲尼之身之家，本欲妙有象有形於無聲無臭，以神道設教乎！伏羲堯舜之徒，而反不著於楊墨之不息。楊其仙之流也，墨其禪之流也，不楊不墨而有子莫者，儒之流也。嗚呼哀哉，仲尼之身之家，不惟不著於群流之不息，而尤不著於君子之絜矩也。矩之絜者，恐所惡之逾矩而不敢逾焉者也。君子之身之家，未成之用功也。

表一千一百四十八

作者/文獻	版本	用　例
張鎰 《國史紀聞》 卷之八	明天啟刻本	(1) 古之名將知此法者，惟太公望、孫武子、韓信、諸葛孔明、李靖諸人而已。吳起以下，莫能知之也。其名之曰天、地、風、雲、龍、虎、鳥、蛇八陣者，則諸葛孔明也。一大陣之中固有八陣，而小八陣之中又各有八陣，大陣則法伏羲八卦，小陣則法文王六十四卦，所謂陣間乎陣、隊間乎隊者也。若夫造遁甲有九星、開八門、用三奇者，則又黃帝命風后爲之也。蓋聖人以神道設教，使人莫知其所以然也。大將居于玄武之位，而北嶽則常山蛇也，故曰“常山蛇陣”。

表一千一百四十九

作者/文獻	版本	用　例
張獻翼 《讀易紀聞》 卷二	清文淵閣四庫全書本	(1) 盥而不薦，與神武不殺同。盥則必薦，不薦是喻不輕自用；武則必殺，不殺是喻不假其物，故謂之神武。神道當盥，酌必躬之。初不以萬物易一誠，及薦獻多品之後，乃以一誠託萬物。以誠託物，誠始衰矣。

表一千一百五十

作者/文獻	版本	用　例
張旭 《梅巖小稿》 卷十一	明正德元年刻本	(1)《觀眉山兩蘇先生神道碑》（在郊縣薛店）：西蜀中州地隔天，謾從今日想當年。三蘇已奪眉山秀，二子難孤薛店緣。伯仲祠堂雙守牧，乾坤丘壠一山川。老泉也有衣冠瘞，莫把歸心托杜通鵑。

表一千一百五十一

作者/文獻	版本	用　例
張萱 《西園聞見録》 卷四	民國哈佛燕京學社印本	(1) 至如曾子固作譜，而與《史記》諸書皆不合。王安石作《蕭世基神道碑》，以“乾貞”爲南唐年號。二公尚如此，故知《國史》易而《家譜》猶難也。 (2) 因望祭悲號，削榛蔓，披砂礫，肆蒐不得，乃禱于空，跪泣連數日。天忽大雨三日夜，雨止滌土，去三尺餘，露斷碣數尺，題曰“宋丞相范忠宣公

續表

作者/文獻	版本	用　例
張萱《西園聞見録》卷四	民國哈佛燕京學社印本	之墓”。公大驚喜，亟白于守禦分閫官，敕戍卒還。公始案圖譜，加封樹，作墉屋，辨止界，正神道，植望獸，以表之。勒石記事訖，又爲外舍屬褒賢寺僧居守，又遣族中支族一人往協相僧以居，然後立壠之職，始與祀事並盡。
張萱《西園聞見録》卷九		(3) 余文敏公有丁為諸生時，持父喪歸，自崑山輒行營高敞地，旁可樹松檟萬株、列古像、竪穹碑、為神道者，人莫之信也。
張萱《西園聞見録》卷十五		(4) 長陵神道橋圮，巨璫請改建，計費十萬，餘金中多謀自潤。閣臣以陵寢大事，未敢可否，第擬旨禮、工二部相度。舉工大司空引物料、工匠為己事，而以經始屬公。公唯唯。率衆量基，群璫色喜，計得矣。
張萱《西園聞見録》卷二十三		(5) 董其昌曰：古之以神道設教者，若《易象》，若《箕疇》，其于吉凶禍福之故詳哉言之矣。乃一切委之于理，而不聞有命之說，何也？皆為立命者也。
張萱《西園聞見録》卷二十五		(6) 楊公嘗三致書商確筆削，復再致潤筆，且求其親筆書，俾子孫寶藏。《王忠毅公行杖》亦公無恙時口授指畫為之，假王鹽山名。至於臨終，神道碑、銘旐、題主之類，某出何人，某出何人，皆公所自定。豈豪傑之士，固亦不忘身後之名歟？然亦可見前輩於生死之際，其不苟如此。
張萱《西園聞見録》卷三十八		(7) 夫舉大事、動大衆，而又安可無神道設教以壯人心？謹於海口建立海神廟，以鐵鑄而以雞釁，每歲船將發則禱之。
張萱《西園聞見録》卷六十		(8) 古之名將知此法者，惟太公望、孫武子、韓信、諸葛孔明、李靖諸人而已。吳起以下，莫能知之也。其名之曰天、地、風、雲、龍、虎、鳥、蛇八陣者，則諸葛孔明也。一大陣之中固有八陣，小八陣之中又各有八陣，大陣則法伏羲八卦，小陣則法文王六十四卦，所謂陣間乎陣、隊間乎隊者也。若夫造遁甲有九星、開八門、用三奇者，則又黃帝命風后為之也。蓋聖人以神道設教以神其術，使人莫知其所以然也。大將居于玄武之位，而北嶽則常山蛇也，故曰“常山蛇陣”。
張萱《西園聞見録》卷七十四		(9) 李元薦曰：兵家之術，有占驗，有方位，有符呪。雲日風用，此占驗也。開生閉死，此方位也。驅丁使甲，此符呪也。大抵兵家神道設教，多有驅使鬼神之法，亦自不可缺者。如今之演禽奇門，最稱神應。

續表

作者/文獻	版本	用　　例
張萱 《西園聞見録》 卷九十七	民國 哈佛 燕京 學社 印本	(10) 公曰：斯郡爲安定過化之地，而墓在境內，吾不可不往謁之。至則封鬛荒涼，樵牧擾擾。乃考定侵界，而封樹之，禁樵採者弗得入，故有表思堂、碧澗菴。乃祀先生之所亦皆廢，乃又捐俸為倡，而僚佐以下洎郡中士大夫皆樂為之助。立神道門，開于塞路，搆堂六楹，追蹤表思、碧澗之制，以嚴先生之祀。君子以爲風教云。
張萱 《西園聞見録》 卷一百四		(11) 由大者而論之，係乎盛衰者莫大于國都，殽函河渭無異也。秦皇之亡，漢帝之昌，隋據之促，唐據之長，果在于善地乎？帝王之尊，家天下而役海內。使地善而可興，竭智以營陵廟，奚求而不致。而亡國敗主相屬，則果不在乎此也審矣。古之卜宅兆云者，以神道定民志耳，升視罔阜之向背逆順臆度目斷，如世之葬師之為也。 (12) 他若僧泓告張燕公，土龍水龍各深一丈二尺，可設窀穸。四維謂之折壁，中頃謂之中焦。置玉以助神道，鑄牛豕以禦二龍之類，益不可曉。
張萱 《西園聞見録》 卷一百六		(13) 若是建皇極，殿五事，兼三德，用八政，則誠萬世治天下之大經大法也。大抵神道設教，用以誘導愚陰，以翊皇度。聖人所不廢智者，唯心知其意而無泥其說，則可謂明也已矣。 (14) 楊一範，字九疇，鄞縣人，文懿公之祖也。永樂中，有巫稱龍神道，禍福如響，家趨戶迎，官不能禁。公作文，令人讀以諭之，弗止。躬往見巫，捽其首，痛毆之，巫匍匐于地，洒然以醒。時擁巫羅拜者數百人，皆驚散去。
張萱 《西園聞見録》 卷一百七		(15) 張公時徹曰：瑞安高世則墓有穹碑一道，吳中太湖石也。宣德間，永嘉黃少保淮葬父，鋸其半爲《神道碑》，鋸且盡，高有裔孫曰：相公取之薄矣。黃問故，高曰：恐後人復欲鋸耳。黃默然。

表一千一百五十二

作者/文獻	版本	用　　例
張以寧 《翠屏集》 翠屏詩集 卷之二	鈔明 成化 刻本	(1)《過辛稼軒神道弔以詩》：長嘯秋雲白日陰，太行天黨氣蕭森。英雄已盡中原淚，臣主元無北渡心。年晚陰符仙蠹化，夜寒雄劒老龍吟。青山萬折東流去，春暮鵑啼宰樹林。 (2) 予少年磊隗負氣，誦稼軒辛先生鬱孤臺舊賦《菩薩蠻》，甞慨然流涕。歲庚辰，過鉛山先生神道前有詩云云，見《南歸紀行藁》。

表一千一百五十三

作者/文獻	版本	用　例
張宇初《峴泉集》卷二	清文淵閣四庫全書本	(1)《龍虎山志序》：道之潛於至微，而顯於至著也。天地之大，陰陽周始，而理著焉。事物之衆，盛衰循環，而文著焉。此其至微之機，潛於至著之間，人不可得而見矣。殆夫歷千百載之下，而不泯絶者而後知也。道之謂虚無玄默者，原夫天也。……而柔弱謙退之言，有足以拯周衰之弊，而範世軌俗，焉得以幽玄視之。且神道設教，豈將誣後世以取惑哉。
張宇初《峴泉集》卷四		(2)《三清殿上梁文》：伏以三境神洲，珠黍現虚無之上界；五陵福地，宗壇開龍虎之名山。昨逢塵劫之推移，復覩龍虎之壯觀。帝恩罔極，道化無方。……斯神道之設教，而風霆以流形。焕然繡柱雕甍，凌空耀日。偉矣彩楹綺户，擁霧迴風。高明合景於始青，空洞混真於大赤。 (3)《靈寶鍊度普說》：伏聞洞真妙戒，靈寶玉符，上保國祚於萬年，下超苦爽於浩劫，威禁至重，神力難思。……若三光並明，五岳分峙，雷霆之威，霜露之教，無洪纖巨細，皆有生知之全，無一物不具此太極也。神道設教，度世化人者，惟此而已。故曰：天地之道，其為物不二。在孔孟曰仁義，在釋迦曰圓覺，在莊列曰虚无，在荀揚曰權衡，在班馬曰文辭。流而為千工百藝，不離寸心，特殊途同歸，萬殊一本也。
張宇初《道門十規》	明正統道藏本	(4)伏聞聖人以神道設教，太上以虚無爲宗，其廣演宏敷，自歷劫以來，愈彰愈著，原其本也，雖有道、經、師三寶之分，而始自太上授道德五千言於關令尹，其所謂無為不爭之旨。始殷三代之初，則廣成子蒙黄帝問道於崆峒，等而上之，道所由立，出乎太上一也。修諸已而合夫内聖外王之道者，則有關、文、莊、列諸子之遺言；治諸世而驗夫清靜無為之化者，則有蓋公、曹叅二公之善政。迨我祖天師立教於東漢，葛仙公、許旌陽演派於吴晋，曰教則有正一、全眞之分，曰法則有清微、靈寳、雷霆之目，非究源以求流，必忩本以逐末。

表一千一百五十四

作者/文獻	版本	用　例
張元忭《(萬曆)紹興府志》卷十八	明萬曆刻本	(1)會稽學，宋崇寧中建，在縣南一里竹園坊，久漸爲民所侵。明天順八年，知府彭誼以城中隙地易還之，仍出俸餘爲遷徙費。弘治五年，知縣陳堯弼又通神道，自欞星門南抵馬梧橋。嘉靖中，知府洪珠、知縣王教復買旁地拓之，教諭宅有緑竹堂。

續表

<table>
<tr><th>作者/文獻</th><th>版本</th><th>用　　例</th></tr>
<tr><td>張元忭
《(萬曆)
紹興府志》
卷十九</td><td rowspan="2">明萬
曆刻
本</td><td>(2) 神道幽遠，而並舉之，何也?《易》不云乎"聖人以神道設教"，事神亦所以爲民也。
(3) 會昌五年，天下廟庭，例行停廢，惟此廟宇，獨與重存。後佛教重興，一切仍舊，民間祈求，應若答響，可謂奉天之令，安國之禧，咸叶庶民。乃爲賛曰：神道性兮杳冥，人神應兮有靈。稟一生兮丈夫，欽萬古兮留名。威光震兮赫奕，劒氣上兮衝星。仰如在兮享祀，感神理兮精誠。爇香火兮不絕，永表載兮典經。</td></tr>
<tr><td>張元忭
《(萬曆)
紹興府志》
卷二十二</td><td>(4) 齊孔稚圭《褚先生碑》：河洛摛寶，神道之功可傳；嵩華吐秘，仙靈之迹可覩。蓋事詳於玉牒，理煥於金符。雖冥然難源，顯晦異軌，測心觀古，可得而言焉。……銘曰：關西升妙，洛右飛英。鳳吹金闕，簫歌玉京。絕封萬古，乃既先生。先生浩浩，唯神其道。泉石依情，煙霞入抱。秘影窮岫，孤栖幽中。心圖上玄，志通大道。
(5) 無曰在上，日鑒非遠。銘石靈館，以旌厥心。其辭曰：道無不在，若存若亡。於惟上學，理妙羣方。用之日損，言則非常。儵焉靈化，羽衣霓裳。九重嶢屼，三山璀璨。日為車馬，芝成宮觀。……誰謂應遠，神道微密。慶集宮闈，祥流罕畢。其久如地，其恆如日。壽同南山，與天無卒。更生變煉，外示無功。少君飛轉，密與神通。摺資假力，輕舉騰空。庶憑嘉誘，永濟微躬。</td></tr>
<tr><td>張元忭
《(萬曆)
會稽縣志》
卷四</td><td>明萬
曆刊
本</td><td>(6) 學地(學内地橫濶四十五丈，後橫濶三十三丈六尺。北抵官河，南抵官路，縱長四十三丈六尺。村口櫺星門外地，自建學以來廹官街。至弘治五年，知縣陳堯弼始通前神道，自櫺星門南抵馬梧橋河，縱長四十三丈五尺，橫濶三丈四尺，其後日為居民所侵。正德以來，僅存地二丈六尺。嘉靖九年，知府洪珠、教諭陳驥鬻學舊田，併捐俸買拓近櫺星門前神道，兩旁地縱長左十二丈五尺，右九丈九尺，橫廣合舊凡二十二丈一尺。又買馬梧橋河之旁，橫廣二丈六尺。嘉靖十四年間，知縣王教又買拓前神道，兩旁地各橫廣三丈，縱長三十一丈，計地二畝三分三毫。合舊神道，凡橫廣八丈六尺，縱長三十一丈。嘉靖戊申，科之得學地，凡三十畆四分六釐二毫。)</td></tr>
</table>

續表

作者/文獻	版本	用例
張元忭《(萬曆)會稽縣志》卷八	明萬曆刊本	(7) 橋亭湖，蔣家池，韓家塘、李家塘、許家塘、神道路塘，葉家潭碶、仙公石碶、長潭碶、若耶溪碶、木橋碶、泉井潭碶、長灘碶。
張元忭《(萬曆)會稽縣志》卷十三		(8) 其詩曰：邈戠東南，萬山之藪。孰殿茲土，相其溫厚。先民有言，山嶽配天。體坤之載，道合靜專。崒茲會稽，列巘環向。欝葱禹穴，蔽虧秦望。譬彼江海，百谷是王。禮隆昭示，嘉荐苾芳。奕奕新廟，塗曁丹艧。盪昏即明，闢隘從廓。物既和止，神亦宴娭。靈斿肸飭，賁然耒思。永其休嘉，錫此南土。豈惟南土，九有伊祐。惟皇縱聖，惟臣弼諧。神道大寧，兆民久懷。詩詠岡陵，式揚壽祉。儒臣作銘，賛干天子。

表一千一百五十五

作者/文獻	版本	用例
張元蒙《讀易纂》卷二	明萬曆王世貞刻本	(1)《彖》曰：大觀在上，順而巽，中正以觀天下。觀，盥而不薦，有孚顒若，下觀而化也。觀天之神道，而四時不忒。聖人以神道設教，而天下服矣。 (2) 下之觀者，敬為大。敬之著者，祭為大。盥者，祭之始。薦者，祭之終。但觀拎方盥之始，不待觀拎正薦之祭。而穆穆之容，肅肅之變，下已孚信而仰之矣，謂其感應之神速也。聖人神道說教者，敬而已。先儒謂盥致誠，而薦則散。仁人孝子，豈其然戠?

表一千一百五十六

作者/文獻	版本	用例
張元諭《篷底浮談》卷十	明隆慶四年董原道刻本	(1) 孔穎達謂：人有威勢，易為行恭；神道无形，多生怠慢。

表一千一百五十七

作者/文獻	版本	用　　例
張嶽《小山類稿》卷十六	清文淵閣四庫全書補配清文津閣四庫全書本	（1）神道碑 （2）嘉議大夫吏部右侍郎認齋余公神道碑銘

表一千一百五十八

作者/文獻	版本	用　　例
張振淵《周易説統》卷三	明萬曆四十三年石鏡山房刻本	（1）觀者，顯也。不薦顒若，不顯也。顯而不顯者，神道也。有孚具於盥，顒若寓於不薦，揔是蔦恭不顯意。 （2）我何意於觀民？民何意扵观我？神道設教，我與天下共遊順巽之中，以默成中正之化。觀道也，即天道也，故謂之神。 （3）胡雲峰曰：盥而不薦，與神武而不殺同，朱子皆以為是聖人不犯手做底。蓋盥則必薦，不薦是喻聖人致其潔清而不輕自用；武則必殺，不殺是喻聖人得其理而不假其物。故彼謂之神武，而此下文別以神道方之。 （4）觀天之神道，而四時不忒。聖人以神道設教，而天下服矣。 （5）神無可象，故借天道以形其妙。四時不忒，正是天之神道處，即此便見中正之則。神道設教，教之所在即是神所為，中正以觀天下是也。下觀而化，故曰服。彥陵氏曰：天之神道無可觀，觀其四時不忒者而已。此之謂貞觀，其體藏於無聲無臭。聖人之神道無可觀，觀其中正以觀天下者而已。此之謂大觀，其機妙於不識不知。 （6）神道設教，猶言聖人設教皆神道耳。蓋以教顯神，非以神為教。 （7）按：《記》曰：脩其政不易其俗，齊其教不易其宜。即此便是聖人之設教處，然要歸扵使民中正而已。此與上文“神道設教”語正相發。 （8）彥陵氏曰：此二爻正見“神道設教”之妙。自上及下，由外及內，無人不陶鑄於中正之內。
張振淵《周易説統》卷八		（9）王龍溪曰：萬物本乎天，人本乎祖。知天則人思尊，思尊不敢以下而犯上。知祖則人思親，思親不敢背死而忘生。聖人神道設教之大端，治渙之道也。

續表

作者/文獻	版本	用　　例
張振淵《周易説統》卷十	明萬曆四十三年石鏡山房刻本	(10) 以言乎利用之大，則有《易》中之聖人或神道而設教或順動而民服是也。以言乎深遠之大，則有《易》中之蓍龜某爻吉亨其爻征凶是也。
張振淵《周易説統》卷十一		(11)（附別解）孔穎達曰：凡物之體，從柔以至剛，勺事之理，從微以至彰，知幾之人，既知其始，又知其未，是合於神道。

表一千一百五十九

作者/文獻	版本	用　　例
張正常《漢天師世家》卷三	明萬曆續道藏本	(1) 元順帝制曰：老時度函谷關，未始忘於天下，留侯從赤松子，豈果棄於人間？式開聖人神道設教之門，遂任天子為民請福之寄，世傳法者，代有功焉。不遠而朝，宜新厥命。特授翊元崇德正一教主嗣漢三十九代天師太玄輔化體仁應道大眞人，主領三山符籙，掌江南道教。

表一千一百六十

作者/文獻	版本	用　　例
張自烈《正字通》卷七	清康熙二十四年清畏堂刻本	(1) 又《釋名》：碑，被也。葬時所設。臣子追述君父之功，以書其上。徐曰：劉熙言“起于懸棺之碑”者，蓋今“神道碑”也。
張自烈《正字通》卷八		(2) 韓愈《許國公神道碑銘》：上之宅憂，公讓大宰；養安蒲坂，萬邦絶等。
張自烈《正字通》卷十		(3) 又秦漢之制，縣管蠻夷曰道，無蠻夷曰縣。又神道，漢《中山簡王傳》：修冢塋，開神道。註：墓前開道，建右柱以爲標。 (4) 由此説推之，凡天道、地道、人道、神道設教、議道，自已與治同道之類。 (5) 陸雲《城南堂皂被命詩》：聖敬遠躋，神道玄邈。思媚三靈，誕膺天篤。 (6) 柳宗元《饒娥碑辭》：懿兹德女，家世不儒。奇行特出，神道莫疇。
張自烈《正字通》卷十二		(7) 朱熹《吳公神道碑銘》：思樂魚水，有龜有魚。天邑嚴嚴，貴彊屏氣。
張自烈《芑山詩文集》卷十五	清初刻本	(8) 澳涊官京，師以世誼。自爲宗伯公撰《神道碑》，手眎先生。

表一千一百六十一

作者/文獻	版本	用　例
章潢《(萬曆)新修南昌府志》卷十八	明萬曆十六年刻本	(1) 袁抗，字正之，南昌人。父處仁，以孝行聞于鄉。……封岐国公，致仕。卒，謚恭。上命張方平撰《神道碑》，御書其額曰“褒忠之碑”云。
章潢《(萬曆)新修南昌府志》卷二十二		(2) 右都御史向寶墓，詳金幼孜《神道碑》。
章潢《周易象義》卷二	明鈔本	(3)《彖》曰：大觀在上，順而巽，中正以觀天下。觀，盥而不薦，有孚顒若，下觀而化也。觀天之神道，而四時不忒。聖人以神道設教，而天下服矣。 (4) 觀天之神道，而無聲無臭，四時不忒，天之觀也。聖人神道設教，不大聲色而天下心服，非聖人之觀乎？ (5) 然則觀天與聖人之神道而神感神應，可默識矣，故曰“至誠如神”。 (6) 神道設教，豈有他哉？即《係辭》所謂“户之闔闢變通”。見象形器，制而用之謂之法；利用出入，民咸用之謂之神。聖人以此教民，民日用之而不知耳。
章潢《圖書編》卷六	清文淵閣四庫全書本	(7)《易》之有占，所以知來者也，故曰“極數知來之謂占”，又曰“占事知來”。知來之占全在幾上，而幾之可驗者，吉凶悔吝而已。為善則吉，吉者心之安處也。為不善則凶，凶者心之不安處也。自凶而趨吉則悔，悔者心有所悟而必欲改也。自吉而向凶則吝，吝者心有所羞而不欲為也。……聖人以神道設教，特借此以示人，欲其知本心之明不從外得也。 (8) 趨吉避凶，安身利用，此聖人所以為神道設教也。
章潢《圖書編》卷七十一		(9)《督脈楊海之經步穴歌》：齗交唇内斷縫鄉，兊端正在唇中央。水溝鼻下溝内索，索膠宜向鼻端詳。頭形北高西南下，先以前後髮際量。……第三椎節下神道，第五靈臺無足疑，……長強趺地須詳取，此穴針之去痔根。
章潢《圖書編》卷七十五		(10) 正以非幾則其動已顯，不微則𢦏已彰，又安足以窺有無動静微顯之神道哉？雖然知幾其神矣，夫何事于極深而研幾也？

續表

作者/文獻	版本	用　例
章潢 《圖書編》 卷九十四	清文淵閣四庫全書本	(11) 寧缺禘嘗之義，盖其酌今古，通幽明，絶地天，和上下。時因而因，或沿於七代；時革而革，可考於三王。殷殷乎？秩秩乎？撫世宜民，神道設教，不可以有加矣。
章潢 《圖書編》 卷九十九		(12) 寧缺禘嘗之義，盖其酌今古，通幽明，絶地天，和上下，時因而因，或沿於七代，時革而革，可考於三殷。秩秩乎？撫世宜民，神道設教，不可以有加矣。
章潢 《圖書編》 卷一百四		(13) 檽星門（中為神道。入謁先師者由左，出由右。以石為柱，以水為門。上半如窻，檽下全用板。）
章潢 《圖書編》 卷一百十一		(14) 俗曰土地，古曰中霤。州縣主社，家主中霤。某今家於此，依神而居。神無大小，道通為一。上下通天地，旁通萬物。神道如此，人亦如此。
章潢 《圖書編》 卷一百十八		(15) 古之名將知此法者，惟太公望、孫武子、韓信、諸葛孔明、李靖諸人而已。吳起以下，莫能知也。其名之曰天、地、風、雲、龍、虎、鳥、蛇八陣者，則諸葛孔明也。一大陣之中固有八陣，而小八陣之中又各有八陣，大陣則法伏羲八卦，小陣則法文王六十四卦，所謂陣間乎陣、隊間乎隊者也。若夫造遁甲有九星、開八門、用三奇者，則自黃帝命風后為之也。葢聖人神道設教以神其術，使人莫知其所以然也。大將居以玄武之位，而北嶽則常山蛇也，故曰“常山蛇陣”。
章潢 《圖書編》 卷一百二十六		(16) 聖人（《乾五·文言》：聖人作，萬物覩。《乾上·文言》：其惟聖人乎？《豫象》：聖人以順動。《觀象》：聖人以神道設教。《頤象》：聖人養賢以及萬民。《咸象》：聖人感人心，而天下和平。《恒象》：聖人久于其道，而天下化成。《鼎象》：聖人亨以享上帝，大烹以養聖賢。） (17) 神道（觀天之神道。） (18) 教（《觀象》：聖人以神道設教，而天下服。《臨·大象》：教思无窮。《觀·大象》：觀民設教。《坎·大象》：習教事。）

表一千一百六十二

作者/文獻	版本	用　　例
趙崡 《石墨鐫華》 卷七	清知不足齋叢書本	(1) 德彧死，葬南山，墓曰“孫真人神道碑”。

表一千一百六十三

作者/文獻	版本	用　　例
趙均 《金石林時地考》 卷下	清粵雅堂叢書本	(1) 劉寬神道碑 (2) 司馬溫公神道碑（蘇軾奉勅撰并書，玉冊官臣王磻奉旨摹刻。夏縣。） (3) 上庸長司馬孟臺神道碑（南漢州德陽縣。）

表一千一百六十四

作者/文獻	版本	用　　例
趙南星 《學庸正説》 卷下	清文淵閣四庫全書本	(1) 己與敬而相忘，不自知其敬也；人與己而相忘，亦不見其敬也，恭之篤也。如此君子，亦垂拱南面耳。無思無為，而天下自服於神道之教。耕食鑿飲，出作入息，優游於天地之覆載，徜徉於鳶魚之飛躍，天下之平也。
趙南星 《趙忠毅公詩文集》 卷十二	明崇禎十一年范景文等刻本	(2) 聖人以神道設教，神人亦以聖道設教，無非欲人爲善而已。其告先公者，以先公之敬神好善，可與言也。余所聞見古今之人，強有力者橫行天地之間，舉世莫能當也。 (3) 彼之所以敢于爲惡者，不敬神之故也。是以爲神者，亦欲人之敬神也。猶爲君者，欲人之敬君也。爲親者，欲人之敬親也。人皆不敬神，不敬君，不敬親，則人類絕矣，而天地毀矣。故曰：聖人以神道設教，神人亦以聖道設教，神之與人本一體也。
趙南星 《趙忠毅公詩文集》 卷十五		(4) 邑令劉公曰：神道尚靜，請公地易之。壇多遺骸，公悉瘞他所。

表一千一百六十五

作者/文獻	版本	用　例
趙琦美《趙氏鐵網珊瑚》卷五	清文淵閣四庫全書本	(1) 夫近者，(闕) 季道盛雅以清獻《神道碑》見屬。既而傳旨下諭，不敢以病僁控。辭已繕寫，付季德。
趙琦美《趙氏鐵網珊瑚》卷九		(2)《瓊林薛真人誄文》：開府神德君以神道設教，三數百輩。往而有聞者，惟閩之陳文學，近古所謂博大真人哉！文學供奉時，落魄不覊，以詩、酒自汙。歿久，始贈真人號。朝學士、大夫，述德表行未已也。
趙琦美《趙氏鐵網珊瑚》卷十五		(3) 朝游洞庭山，暮游洞庭水。七十二峯高入雲，聯綿如雲青未已。竹葉吹下寰瀛圖，銀濤雪浪瀛洲如。林屋道人夜吹笛，飛思怳與神仙俱。黃公先塋林屋上，兩山勢擁青絲幛。婁東久客胡不歸，春江幾隔桃花漲。人生誰保百年身，北邙丘土東華塵。畫圖張坐心萬里，朝朝暮暮湖之濵。鬱鬱佳城間，大樹已合抱。子孫讀書光禰考，一丈豐碑屹神道。

表一千一百六十六

作者/文獻	版本	用　例
趙世卿《司農奏議》卷九	明崇禎七年趙濬初刻本	(1)《灾異請罷礦税疏》：題爲生民，縻爛已極。天心示警，特嚴謹循。職掌率屬，申懇亟行。切要實政，以光聖治，以信聖言事。竊惟國家之治，行百善政，不如舉其要；革百弊政，不如去其尤。况乎異常災變？於以轉異爲祥，尤關盛衰理亂之機，毫不可苟頃者。首陵異變，孽火燒樓，妖蟲蝕樹，近且陰雨連綿，諸陵之神道橋梁衝潰漂淪，又見告矣。 (2) 皇上力能以礦税而傾民之家室，天且以雷火而燬祖陵之明樓；皇上力能以礦税而吸民之脂膏，天且以妖蟲而蝕祖陵之松栢；皇上力能以礦税而轉民於溝壑，天且以霪雨而决祖陵之神道橋梁。夫人雖至昧，未有不念祖宗者；人雖至儆，未有不顧墳墓者。故兆不在他，而獨及于皇上最所傷心之地，此非小異也。

表一千一百六十七

作者/文獻	版本	用　例
趙維寰 《雪廬焚餘稿》 焚餘續草 卷二	明崇 禎刻 本	（1）南雍：南太學，在雞鳴山之東南隅。相傳其地在六朝時有坑壍，凡誅僇罪人皆納於此，俗呼萬人坑。高皇帝建學後，餘魂滯魄，往往結爲黑氣，人有觸之者卽昏迷僕仆。事聞，高帝疑之。一夕，儒服微行，宿廣業堂。覘焉，寂無聞。及出，而妖復作，於是思以神道治之。遂勑迎西僧，得惺吉堅藏等七僧，詣城闕結壇場，與太學之六堂對。諸僧登壇作法，廣施濟度，感天雨寶花之異，而黑氣忽自太學出，充塞壇場，倏聚倏散，時開時合，供事人役身皆爲氣所翳，惟頂額兀然。似此者七晝夜，而妖氣始滅。此見釋道果《施食臺記》。

表一千一百六十八

作者/文獻	版本	用　例
趙志 《趙文懿公文集》 卷三	明崇 禎趙 世溥 刻本	（1）兵部尚書襄敏譚公神道碑（代總督凌洋山作。）

表一千一百六十九

作者/文獻	版本	用　例
正勉 《古今禪藻集》 卷一	清文 淵閣 四庫 全書 補配 清文 津閣 四庫 全書 本	（1）《阿彌陀佛像讚》（并序）：夫六合之外，非典籍所模；神道詭世，豈意者所測？故曰：人之所知，不若其所不知。每在常，輒欲以所不能見，而斷所未能了。故令井蛙有坎宅之矜，馮夷有秋水之伐，故其冥矣。……詠言不足，遂復係以微頌，其詞曰：王猷外釐，神道内綏。皇矣正覺，實兼宗師。泰定軫曜，黄中秀姿。恬智交泯，三達玄夷。……葳蕤消散，靈飈掃英。瓊林諧響，八音文成。珉瑤沈粲，芙蕖晞陽。流澄其潔，蘂播其香。潛爽冥萃，載哲來翔。孕景中葩，結靈幽芳。類諸風化，妙兼于長。邁軌一變，同規坐忘。 （2）慧遠《萬佛影銘》（并序）：夫滯于近習，不達希世之聞。撫常永日，罕懷事外之感。……遠昔尋先師，奉侍歷載。雖啟蒙慈訓，託志玄籍。每想奇聞，以篤其誠。遇西域沙門，輒餐遊方之說。故知有佛影，而傳者尚未曉然。及在此山，值罽賓禪師，南國律學道士。與昔聞既同，並是其人遊歷所經，因其詳問，乃多有先徵。然後驗神道無方，觸像而寄，百慮所會，非一時之感。於是悟徹其誠，應深其信。將援同契，發其真趣，故與夫隨喜之賢，圖而銘焉。

表一千一百七十

作者/文獻	版本	用　　例
鄭紀《東園文集》卷六	清文淵閣四庫全書補配清文津閣四庫全書本	(1) 後為享堂五間，皆石為柱，後接墓階，前臨露臺，扁曰“終慕”，為子孫歲時祭享敘立之位。前為儀門，横列七間。前有覆亭，亭之前鑿沼通橋，旁植荔樹。又前為外門，牌樓扁曰“鄭林”，郡守岳公季方來哭松菴時書也。又前則神道，祭田、享堂兩旁直出皆為從屋，高則書樓，低則庫房。庖湢之所，從屋兩旁。

表一千一百七十一

作者/文獻	版本	用　　例
鄭麟趾《高麗史》世家卷八	明景泰二年朝鮮活字本	(1) 於戲！飛龍在運，白馬伸猷。寵錫彤弓，位冠於五侯九伯；榮調玉鉉，權崇於四輔三公。矧乃居先人賜履之邦，襲伯氏揚旍之寄。弼翊可以希於善善，拊循可以慕於優優。宜樹芳猷，別凝茂績。應福謙於神道，契助順於天心。敬戒於兹，長守富貴。
鄭麟趾《高麗史》世家卷十六		(2) 八月甲戌，幸王輪寺。癸巳，遣崔梓如金賀天清節。乙未，幸西京。壬子，命置呵吒波拘神道場于弘慶院，般若道場于選軍廳。
鄭麟趾《高麗史》列傳卷十七		(3) 方慶忠直信厚，器宇弘大，不拘小節，嚴毅寡言，待子姪必以禮。……然當國日久，又受金符，為都元帥，權傾一國，田園遍州郡，麾下將士號内廂，日擁其門，附勢假威者横行中外而不之禁；又第其征倭軍功，爵賞頗不均，人多觖望；又以外甥趙文簡娶車信女，人譏其希寵。遺命歸葬安東，時用事者惡之，遂沮禮葬，後王悔之。……謚忠烈，命立《神道碑》。

表一千一百七十二

作者/文獻	版本	用　　例
鄭明選《鄭侯升集》卷二十一	明萬曆三十一年鄭文震刻本	(1) 亞中大夫福建參政石岐吳公神道碑記

表一千一百七十三

作者/文獻	版本	用　　例
鄭慶雲 《(嘉靖) 延平府志》 地理志 卷四	明嘉 靖刻 本	(1) 羅明墓（在府城南寶雲山之麓。弘治三年，朝廷遣官督有司營葺，學士張元禎製《神道碑》。） (2) 劉璋墓（在府城龍山之麓馬坑橋西。弘治年，朝廷遣官督有司營治，都御史莆田林俊撰《神道碑》。） (3) 將樂十楊時墓（在西山。……成化六年，邑庠生余廉白于都御史滕昭檄分巡，憲副何喬新命工修築，復建神道坊及享亭。） (4) 永安一陳世卿墓（在縣北二十七都。世卿仕宋爲秘書少監，夫人羅氏祔葬焉。世卿墓，曾鞏撰《神道碑》。羅氏墓，王安石撰《碑銘》。）

表一千一百七十四

作者/文獻	版本	用　　例
鄭全望 《瘴瘧指南》 卷上	清同 治元 年汲 古軒 刻本	(1) 五推下，神道穴也。

表一千一百七十五

作者/文獻	版本	用　　例
鄭汝璧 《皇明功臣封爵考》 卷一	明萬 曆刻 本	(1) 明年二月卒，年五十四。贈中山王，謚武寧。上為《神道碑文》。王言簡慮精，當提兵時，令出不二，諸將敬若神明。受命而出，功成而旋，不自矜伐。至於封姑蘇府庫，置胡宮美人、財寶無所耴，婦女無所愛，可謂忠志無疵，昭光天日者也。侑享太廟，肖像功臣廟，位皆第一。 (2) 贈翊運推誠宣德靖遠功臣、開府儀同三司、上柱國、太保、中書右丞相、開平王，謚忠武。喪至龍江，上為文，往祭，曰：朕開拓之功，遇春十居七八。召宋濂為《神道碑文》，侑享大廟。王謙慎不矜，有功無過，運籌決勝，不學而能。 (3) 召還，至壽春卒，年四十一。贈盜河王，謚武順，侑享太廟。柩至三山門，上臨奠，為視葬地，歎曰：愈事朕二十二年，歷鎮八州，有功無過。命朱夢炎為文，刻《神道碑》。王器量宏偉，沉毅簡重，謙恭慎密，孝友純備。臨敵不懼，有功不矜；禮賢下士，寬惠愛人。

續表

作者/文獻	版本	用　例
鄭汝璧《皇明功臣封爵考》卷八	明萬曆刻本	(4) 永樂二年，賑濟蘇、湖。十六年，來朝北京，寓慶壽寺。病，車駕再臨視。卒，贈少師，贈榮國公，謚恭靖。上為製《神道碑》。洪熙元年，侑享成祖廟庭。嘉靖九年，罷侑享，移祀大興隆寺。

表一千一百七十六

作者/文獻	版本	用　例
鄭善夫《少谷集》卷十	清文淵閣四庫全書補配清文津閣四庫全書本	(1)《夜遊虎丘記》：自大石歸方子興未竟，余病且問復登虎丘。日入戒行，月入告至。時暮雲未歸，夜月不生，山川之境，陵谷之態，闇闇然若韜其靈秀而不售也。廼挾奚奴，曳輕裾，秉燭前導，列為火城. 轉於中亭，踞千人石，藉草而坐，取憨泉而飲。尋至劍池，取闔閭神道不獲. 又以燈取石崖上古今人陳迹。……世之高興者，有如吾二人哉？噫！吾之高興，而感亦大也。……吾與方子踪跡，盍未定也。後吾游者，亦或有以感吾感。正德七年春三月二日記。

表一千一百七十七

作者/文獻	版本	用　例
鄭文康《平橋稿》卷六	清文淵閣四庫全書補配清文津閣四庫全書本	(1) 贈資善大夫工部尚書王公神道碑陰記 (2) 君子有死為幸、不死為不幸者，豈直老死牖下，然後為幸哉？今朝廷贈死褒生，上以發九原之馨香，下以感百世之豪傑，使後之人過神道之下，知為有明忠臣義婦之墓，凜然毛髮森豎，俯伏致敬，不敢褻視。謂之幸乎？不幸乎？

表一千一百七十八

<table>
<tr><th>作者/文獻</th><th>版本</th><th>用　　例</th></tr>
<tr><td>鄭曉
《今言》
卷一</td><td>明嘉靖四十五年項篤壽刻本</td><td>（1）《于肅愍公神道碑》，倪文毅公作。倪公弟阜，于公孫婿也。碑文以虜入寇京城為景泰元年，以上皇還京為辛未年。辛未，景泰二年也。</td></tr>
<tr><td>鄭曉
《端簡鄭公文集》
卷六</td><td>明萬曆二十八年鄭心材刻本</td><td>（2）正議大夫工部右侍郎兼都察院右副都御史贈工部尚書石涇陸公神道碑銘
（3）公請於翁，訪名師，博求之，果得吉壤於某鄉。蓍且卜之習吉，乃某年月日啓恭人藏加杉棺，陳命服，碑刻制詞，開神道，移葬焉。公初葬母，庶人禮也，張都水嘗為銘。今三承寵制，葬以大夫，烏可無銘。銘曰：后施命誥，咨予秩宗。嗟爾母氏，陰禮是庸。無非無儀，既肅既雍。弗偕夫壽，而逮子封。予三錫命，言慰爾恫。既褒爾孝，亦勸爾忠。惟忠惟孝，天監爾衷。乃獲吉壤，隱隱隆隆。經之營之，奠此玄宮。螽爾子孫，維羆維熊。丸丸松柏，山回水縈。銘詞不磨，徽音無窮。</td></tr>
<tr><td>鄭曉
《吾學編》
同姓諸王傳
卷三</td><td rowspan="3">明隆慶元年鄭履淳刻本</td><td>（4）伏惟宋元之交，華綱塗地，戎貫滔天，神胄攸鍾，乾靈未殞。淳皇后之有父，乃皇上之有母也，豈偶然之故哉？臣等昧死奏。上曰：朕固聞之。立命中書省爲朕外王父揚王廟盱眙，墓次置灑埽戶三家，設祠祭署，有司歲仲春秋祀。召儒臣宋濂爲文《神道碑》。</td></tr>
<tr><td>鄭曉
《吾學編》
名臣記
卷一</td><td>（5）明年二月卒，年五十四。贈中山王，謚武寧。上為《神道碑文》。王言簡慮精，當提兵時，令出不二，諸將敬若神明。受命而出，功成而旋，不自矜伐。至於封姑蘇府庫，置胡宮美人、財寶無所取，婦女無所愛，可謂忠志無疵，昭光天日者也。侑享太廟，肖像功臣廟，位皆第一。
（6）喪至龍江，上爲文往祭，曰：朕開拓之功，遇春十居七八。召宋濂爲《神道碑文》，侑享太廟。王謙慎不矜，有功無過，運籌決勝，不學而能。
（7）召還，至壽春卒，年四十一。贈寧河王，謚武順，侑享太廟。柩至三山門，上臨奠，為視葬地，歎曰：愈事朕二十二年，歷鎮八州，有功無過。命朱夢炎爲文，刻《神道碑》。王器量宏偉，沉毅簡重，謙恭慎密，孝友純備。臨敵不懼，有功不矜；禮賢下士，寬惠愛人。</td></tr>
<tr><td>鄭曉
《吾學編》
名臣記
卷八</td><td>（8）陛下天資至高，合於道微。百家神怪，誕妄恍惚，無不洞矚其謬。然猶不免欲以愚弄天下，若所謂以神道設教者，臣謂不必然也。</td></tr>
</table>

續表

作者/文獻	版本	用　　例
鄭曉《吾學編》名臣記卷十	明隆慶元年鄭履淳刻本	(9) 永樂二年，賑濟蘇、湖。十六年，來朝北京，寓慶壽寺。病，車駕再臨視。卒，贈少師，贈榮國公，謚恭靖。上爲文《神道碑》。洪熙元年，侑享成祖廟庭。嘉靖九年，移祀大興隆寺，罷侑享。
鄭曉《吾學編》建文遜國臣記卷七		(10) 倫上表謝，略曰：桓榮設几杖於太常，不聞宸翰之賜；晏殊題舊學於神道，未見几杖之頒。自今將杖以戒噎，則當思四海或有飢餒之民；憑几以安身，則當念一物或有顛連之嘆。或曰：此孝孺代筆也。
鄭曉《吾學編》皇明三禮述卷下		(11) 漢章帝幸魯祠孔子，帝西面再拜。《開元禮》"先聖東向，先師南向，三獻官西向"，猶古意也。今襲開元二十七年之制，遷神南面，非神道尚右之義矣。
鄭曉《澹泉筆述》卷二	清鈔本	(12)《于肅愍公（謙）神道碑》，倪文毅公（岳）作。倪公弟阜，于公孫婿也。碑文以（闕）入寇京城爲景泰元年，以上皇還京爲辛未年。辛未，景泰二年也。

表一千一百七十九

作者/文獻	版本	用　　例
鄭元勳《媚幽閣文娛二集》卷五	明崇禎刻本	(1) 參知梅巖蔡先生神道碑（黃遣川） (2) 贈太僕寺卿周公神道碑銘（錢謙益）
鄭元勳《媚幽閣文娛二集》卷八		(3) 以神道設教，牙慧不落柳州。
鄭元勳《媚幽閣文娛二集》卷九		(4) 公託於符咒，令舡雄魄喪亂，萌塞絕。神道設教，厥功顧不偉哉！

表一千一百八十

作者/文獻	版本	用　　例
鄭嶽 《莆陽文獻列傳》 卷十一	明萬曆刻本	(1) 夫《經》非空言之謂也，尊非徒敬之謂也。彼明《經》而利青紫者，固陋矣。其有業《春秋》者，曲學阿世。習《論語》者，附王傾漢。學《周官》者，而以聚斂貽中原之禍。他如神道設教，飲食宴樂，三年無改拎父之道之説，以文姦罔上皆《經》之賊也。其拎尊也，何有諸君於文會之頃？相與切磋，亦有警拎斯乎？毋亦以空言視《經》也，不以徒敬为尊也。
鄭嶽 《莆陽文獻列傳》 卷十二		(2)《興化府重修城隍廟碑》（前人）：城隍廟何祀一郡所司保障之神，蓋后土氏類也。今凡官寺皆立后土祠郡，若邑皆建城隍廟，其義一而已矣。人庇乎神，神倚拎人。人之所行，不負幽冥，則默與神符，吉無不利，自有得福之道焉。苟孽自己作，獲罪無禱，則冥冥之中似主判者之我棄矣，非為人敬幔而故施愛憎驚動以禍福也。地方升降盛衰之機，大約因人而致其類。是夫興化府城隍歷代有廟，國初因之號神為監察，使民由之而不知，蓋籍其威靈，陰翊王化，是猶神道設教之意也。後止稱城隍之神，詔頒示天下，蓋正名定號，以一民聽，是乃敬事無諂之戒也。
鄭嶽 《莆陽文獻列傳》		(3) 方峻，字景通。廷範之後有名衡者，與其弟彬始居白杜。峻，衡之子也。天聖八年進士，為建安薄。景祐初，試秘書郎，福州左司理。嘉祐中，請老，分司南京。居于家，榜所居曰“植德堂”。堂之南曰“小隱”，聚徒講學。甞拎所居東北鑿井，既及泉，峻禱曰：願子孫居官清白如此水。初，峻官潤州，識程珦。及卒，珦之子頤既為狀其行，又托范祖禹為撰《神道碑》。 (4) 五容，字南圭。皇祐五年甲科，歷守惠州。蘇東坡謫惠，日相與倡和。東坡甞為點勘《六經》，及書峻《神道碑額》。

表一千一百八十一

作者/文獻	版本	用　　例
鄭眞 《滎陽外史集》 卷三十五	清文淵閣四庫全書補配清文津閣四庫全書本	(1)《跋張從申玄靜先生碑》：唐去晉不遠，以書名家者無慮千百，自非有絶人之學者莫克厠於其間。張従申所書，李陽氷多為之篆，稱為二絶。今世士大夫多不喜之，何古今好尚之不同歟？《玄靜先生碑》，含蓄筆意，略無一毫妍覆之態，所謂不同乎今而合乎古者也。昔李西臺建中亦以書知名，其弟子秦玠甞語歐陽公，以其學従中書。及歐公出，従申所書《王師乾神道碑》，則玠大驚，以為西臺未能至也。以是知學書者固難，而評書者尤難。然則従申之書，其可妄議乎哉？

續表

<table>
<tr><th>作者/文獻</th><th>版本</th><th>用　　例</th></tr>
<tr><td>鄭眞
《滎陽外史集》
卷三十六</td><td rowspan="6">清文淵閣四庫全書補配清文津閣四庫全書本</td><td>（2）跋蘇長公書撰司馬溫公神道碑
（3）跋李西平王神道碑</td></tr>
<tr><td>鄭眞
《滎陽外史集》
卷三十七</td><td>（4）《録史衛王遺事》：按：理宗著《衛王神道碑銘》論其平生之功，張端義《奏疏》論其平生之功，本諸人子孝愛之情。平生之過，即諸士夫是非之正。功過不相掩，而其為人大略可覩矣。予生也晚，不及親見當時之事，而於端義《奏疏》莫知其實。然既不為之辨明，亦不敢為之隱諱，而尤不敢藉是以為褒貶也。</td></tr>
<tr><td>鄭眞
《滎陽外史集》
卷四十二</td><td>（5）夫昔明道先生程公歿，其弟伊川狀其行，表其墓者文潞公也。東坡先生蘇公歿，其弟黄門狀其行，署其廟之神道者近者虞文靖公，傳之《宋史》者歐陽文公也。真之兄弟，不敢竊比古人，然彜倫之重，萬代一日也。况先生之問學行誼，果有志于先烈者哉？則夫華表之辭，勒之金石，以光昭泉壤者，不有文潞公、虞文靖、歐陽文公其人乎？謹録平生大槩及生歿歲月，告諸當代立言者。</td></tr>
<tr><td>鄭眞
《滎陽外史集》
卷四十五</td><td>（6）宋故光禄大夫建安郡開國朱公神道碑銘</td></tr>
<tr><td>鄭眞
《滎陽外史集》
卷九十</td><td>（7）《題栁公權玄秘塔銘》：栁公權八法，得顔太師之傳，其在陝右若《李西平王神道碑》之深古雅健，《玄祕塔銘》之遒勁嚴密，皆書法之傑然者。予居中都凡十年，《西平王碑》僅一見，求之莫致。《玄祕塔銘》則往往得之，間留一二本論著，其後以為家藏。</td></tr>
<tr><td>鄭眞
《滎陽外史集》
卷九十四</td><td>（8）《夜宿谷神道院為吳道紀子璵稱壽宴罷作詩以謝併貽同志諸君子》：星滿銀河月上弦，玉溪光泛水中天。遨遊如在珠璣窟，燕樂還勤錦綺筵。希有年華兼福壽，風流文物總神仙。樽餘更許明朝醉，踏踏空歌夜不眠。</td></tr>
</table>

表一千一百八十二

作者/文獻	版本	用　　例
鄭之珍《目連救母勸善戲文》卷上	明萬曆十年高石山房刻本	(1)（淨小）儒釋道，湏知通混成。（外）（聖人以神道設教，豈非三教混成之意乎？盖儒也、釋也、道也，名雖不同而皆所以成乎已；猶之日也、月也、星也，明雖不一而皆所以麗乎天。）
鄭之珍《目連救母勸善戲文》卷中		(2)（粉蝶兒）（小）孝子在窮途，天遣小神相護。（積土成山風雨興，積水成淵蛟龙生。積善成德神明見，神明專渡有緣人。白猿承娘娘令旨，護送孝子前往西天。已曾扮作道人，渡他過了寒氷池、火焰山矣。今又將到爛沙河。孝子，孝子焉知道士原是猿精，只為你孝心上感乎天心，故神道陰扶乎人道。呵！今來到此，便是沙河。這兩邊边石壁参天，一道爛沙滚水，欲將石山推倒，填了沙河，柰有和尚作怪，難以成功。不免將我烏龍鋼掾，把這石壁錐下一边，填了沙河，看他如何?）
鄭之珍《目連救母勸善戲文》卷下		(3)（丑）神道昭昭，日月光並。乾坤包含萬象，柰天機秘藏。 (4)（淨）李生在世，以為无鬼，曾有此言？（外）豈不聞韓愈不信佛，作《佛骨表》矣。後來，湘子乃度彼藍関之厄。阮瞻不信鬼，作《无鬼論》矣。即有真鬼，因与之爭論不窮，况仁人享帝，孝子享親。子今為烈烏，可誣也。我神道雖是土木衣冠，全不思量你世上讀書之人也有衣冠土木。（淨）怎見是衣冠土木？（外）具元宰之衣冠而不能爕理陰陽，具元帥之衣冠而不能捍禦夷狄，具諫臣之衣冠而不能繩愆糾謬，具憲臺之衣冠而不能振揚風紀，具有司之衣冠而不能莭用愛人，具使臣之衣冠而不能仗義死莭。這些為官者都是衣冠的土木，何為只誡神道是個土木的衣冠?（淨）大王數語，令人毛骨悚然，小生願安承教。

表一千一百八十三

作者/文獻	版本	用　　例
鄭仲夔《玉麈新譚》雋區卷六	明刻本	(1) 己巳歲余，邑徐貢士子以應試求籤，不吉，怒撻土神。越數日，忽發狂疾而死。……又庚午秋，有徐比部侄在報恩寺求筶，戲以筶擲伽藍，歸而疾作。……二事皆鑿鑿在人耳目，誰云神道遠也。

表一千一百八十四

作者/文獻	版本	用　　例
鍾崇文 《(隆慶) 岳州府志》 卷九	明隆 慶刻 本	(1) 鄧襄敏公墓（縣南六十里新城岡。弘治十四年，勅塋祭。有尚書吳寬《神道碑》。）

表一千一百八十五

作者/文獻	版本	用　　例
鍾惺 《唐詩歸》 卷二十	明刻 本	(1)《又觀打魚》：蒼江漁子清晨集，設網提綱萬魚急。……東津觀魚已再來，主人罷鱠還傾杯。日暮蛟龍改窟穴，（譚云奇想。然殺機所感，真有此事。）山根鱣鮪隨雲雷。（鍾云七字。白日欲晦，神道設教，使人畏而不敢殺矣。）干戈兵革鬬未已，鳳凰麒麟安在哉。吾徒胡爲縱此樂，暴殄天物聖所哀。
鍾惺 《唐詩歸》 卷二十六		(2)《囝一章》：囝，哀閩也。(囝，音蹇。閩俗呼子爲囝，父爲郎罷。) 囝生閩方，閩吏得之，乃絕其陽。爲臧爲獲，致金滿屋。爲髡爲鉗，如視草木。天道無知，我罹其毒。神道無知，彼受其福。……隔地絶天，及至黄泉，不得在郎罷前。

表一千一百八十六

作者/文獻	版本	用　　例
周復俊 《涇林雜紀》 續紀卷三	明刻 本	(1) 朱玉峯，曾祖国，秘書郎，諱應得。将建墓于蘇陽抱山，掘地得石碑，乃鬱林太守陸公神道。
周復俊 《全蜀藝文志》 卷三十五	清文 淵閣 四庫 全書 本	(2) 道揚十聖，光被六虚，乘素履而保安貞，垂黄裳而獲元吉。故能貴而無位，履端于太極之初；高而無名，布政于皇王之首。千秋所不能易，百代所不能移，萬乘資以興衰，四海由其輕重。雖復質文交映，膽禴祀而長存；金火遞遷，奉琴書而罔絶。盖《易》曰：觀乎人文，以化成天下。又云：聖人觀神道設教，而萬物伏焉。豈古之聰明睿知，神武而不殺者夫！
周復俊 《全蜀藝文志》 卷三十六		(3) 粹中嘗讀《易》之《觀》曰：觀，盥而不薦，有孚顒若。且“盥而不薦”者，為化之誠也。“有孚顒若”，下觀而化之誠也。是以為《彖辭》，則曰：聖人以神道設教，而天下服。為《爻辭》，則曰：觀國之光，利用賓于王。於戲！公之化于夔，誠既至矣。

續表

作者/文獻	版本	用　　例
周復俊《全蜀藝文志》卷三十七	清文淵閣四庫全書本	(4) 會衡山劉侍御瀫持節按蜀。過修，故悅之。既至蜀，以告予，謂予魏公鄉後學也。屬為文，刻于《神道碑》下；復檄下廣漢，訪其遺胄。予惟賢人君子之用于天下，不患無才而患學術之不足，不患無學而患所學之不正。
周復俊《全蜀藝文志》卷四十六		(5)《梓州郪縣兜率寺浮圖碑》：若夫仙樓白玉，窈寘昆閬之墟；神闕黃金，寂寞蓬瀛之浦。斯則岡巒髣髴，稽鳳冊而空存；島嶼憑陵，艤龍舟而罕逮。至若按皇軒於夏籙，考璿構於殷圖，周王北洛之宮，秦帝南山之閣。西京故事，下聽雷霆；東國餘基，俛臨雲雨。莫不陵遷谷變，共榛灌而丘墟；火絶煙沉，與風雲而坱莽。其有據坤輿之寶位，借神道之冥扶。占象緯而圖基，揆川原而宅址。蜂臺暎月，還臨舍衛之城；鴈塔尋雲，即對耆闍之嶺。成而不毀者，將斯之謂歟？
周復俊《全蜀藝文志》卷五十二		(6) 李文定公神道碑（在報恩光孝禪寺，張方平撰。） (7) 誓虎碑（在許雄山下。廣漢縣令神道，俗傳為誓虎碑。近碑仆，虎入城。縣令設祭，復立之，虎遂止。） (8) 崔能神道碑（歐陽公《集古錄》：在長慶二年。） (9) 鮮于氏神道碑（一在二教院崖上，一在墓田. 其文與書皆出顔魯公。又有《獎諭仲通碑》，亦在墓田，非魯公之文，亦魯公之筆也。） (10) 汝南令神道闕（在閬中縣。郡守張晦辨云：於東西得隸字十有二，缺不可識有七。）
周復俊《全蜀藝文志》卷五十九		(11) 右《漢馮使君基闕銘》云“故尚書侍郎河南京令豫州刺史馮使君神道”。按《後漢書》，馮緄父煥，安帝時為幽州刺史。而緄碑亦云“幽州君之元子”。此字在宕渠緄墓前雙石闕上，知其為煥闕也。

表一千一百八十七

作者/文獻	版本	用　　例
周洪謨《疑辨録》卷上	明嘉靖刻本	(1) 古者廟制：南向，始祖之廟；居北，群昭群穆之廟；以次而南，廟各有室，凡主在室中，皆東向。天子之祭，室廟有堂事，有室事。堂事者，設始祖南面之位於堂上，辟昭在東，群穆在西，所謂朝踐之禮也。室事者，設始祖東面之位於室中，群昭在北，群穆在南，所謂饋食之禮也。堂事、室事雖有不同，而父為昭居左、子爲穆居右者未嘗不同，則是古者神道尚左，非尚右

續表

作者/文獻	版本	用　　例
周洪謨《疑辨録》卷上	明嘉靖刻本	也。自漢明帝謙貶，自抑不立寢廟，藏主於光烈皇后更衣別室。章帝亦遵故事，其後公私之廟皆爲同堂異室。以西爲上之制，下歷魏晉以及唐宋，莫不皆然。 （2）古者，神道尚左，不尚右。 （3）先儒神道尚右之言，蓋本諸地道尊右之說。夫神道尚右者，果尚右而賤左乎？地道尊右者，果尊右而卑左乎？必不然也。蓋左為陽，右為陰。以皇天與后土言，則天道為陽而當左，地道爲陰而當右。以宗廟與社稷言，則宗廟為陽而當左，社稷為陰而當右。獨以宗廟言，則父尊而當左，子卑而當右。獨以社稷言，則社尊而當左，稷卑而當右。自漢哀帝建乎中，王莽會群臣，議天地合祭，位皆南向。天在西，地在東，共牢而食。世祖建武中，爲圓壇中，又爲重壇，天地位其上，皆南向，西上是惑於神道尚右之說。天道之當左者及居乎右，地道之當右者反居乎左，以至百神之祀盖莫不然。故社稷北向則西爲左而東爲右，乃使社居右而稷居左；宗廟南向則昭爲左而穆爲右，乃使父在右而子在左。歷唐及宋，率承故事惟我。
周洪謨《疑辨録》卷中		（4）先儒惑於神道尚右之説，故以右爲尊。然而，古者父昭居左，子穆居右，則尚左非尚右也。 （5）程子以動言，朱子以静言，當以朱子之說為是。蓋仲秋以後、仲春以前，雷藏於澤之時也。……殊不知神道尚静，其動則奮於天，其静則潛於地。故《傳》謂兖州之雷，夏澤有雷神，龍身而人頬，鼓其腹則雷，是亦雷藏於澤之一證也。

表一千一百八十八

作者/文獻	版本	用　　例
周清原《西湖二集》卷四	明崇禎刊本	（1）只因太早，遂假寐于桌上，恍惚之間，見一個神道下降。這神道怎生模樣、怎生打扮？龍眉鳳目，秀色長髯，面如傅粉，唇若塗朱。頭上戴軟翅唐巾，身上穿五彩嵌金衮龍衣，腰横八寶白玉帶，脚踹五雲飛鳳履。左有天聾，右有地啞，騎白騾子。那尊神道是九天開化文昌梓潼禄帝。
周清原《西湖二集》卷十三		（2）正要出廟門，只見廟上坐的那尊神道就像活的一般，眼睛都動。趙小乙大驚，渾身打個寒噤不住，即忙下拜道：今日之事，只有神道得知，萬望神道莫說。禱祝已畢，只聽得神道開口說話道：我倒不說，只怕你自說。趙小乙慌張而出。

續表

<table>
<tr><th>作者/文獻</th><th>版本</th><th>用　例</th></tr>
<tr><td>周清原
《西湖二集》
卷十三</td><td rowspan="4">明崇禎刊本</td><td>(3) 趙小乙道：雖然多年沒香火，這尊神道却異常靈驗。
(4) 妻子道：你怎生如此？王立假意道：冒了寒。只得勉強支吾，與他一同飲酒。待這婦人走上床睡了，急急將符來粘在額上，就地起一陣狂風，風過處顯出一尊神道，却是伏虎趙玄壇，手執鋼鞭，驅這婦人起來。</td></tr>
<tr><td>周清原
《西湖二集》
卷十五</td><td>(5) 不要說世上人怕他，連那鬼神也都怕他這張嘴，凡庵觀苑寺之中，那些泥塑木雕的神道，他若略說一二句，准准應其所言：若是說好，便就靈通感應，香火繁盛起來；若說不好，便就無靈無感，香燭冰冷，連鬼也通沒得上門來了。
(6) 方才寫得這兩句，還未完下文，忽然背後一尊神道奪住他手中這支筆，大聲喝道：汝把下文這兩句做得好便罷，若做得不好，我便擊死汝矣。羅江東回轉頭來一看，就是黑臉鬍子張大帝。這一尊神道，身長數丈，威風凜凜，電目岩岩。
(7) 寫完，那尊神道方才放手而去。自此之後，廟中香火更盛。後來走到烏江項王廟內，見項王相貌猙獰，手中執劍而坐，怒氣不消，猶似昔日與漢王爭天下之勢。羅江東服他是個好漢，題一首詩于壁上道：英雄立廟楚江濱，叱吒風雲若有神。對劍不須更惆悵，漢家今已屬他人！
(8) 門前排幾對白象青猊，兩傍列千百天丁力士。當殿中坐著一尊活神道，事事無差；丹墀下伏著許多橫死鬼，緣緣有錯。日游神，夜游神，時時刻刻來報正心邪心、善心噁心；速報司，轉輪司，慌慌忙忙去推天道地道、人道鬼道。</td></tr>
<tr><td>周清原
《西湖二集》
卷十六</td><td>(9) 黃羅帳內，中間坐著一尊神道，眉清目秀，三綹髭須，帶紫金冠，束紅抹額，穿紅錦袍，系白玉帶，開口道：吾乃氤氳大使是也，主天下婚姻簿籍。</td></tr>
<tr><td>周清原
《西湖二集》
卷二十九</td><td>(10) 話說宋太祖朝，這位神道姓祖，單諱一個“域”字，字真夫，曾爲殿前統制官，先前原是閩人，後來徙于明州奉化之松溪。這真夫生將出來便聰明智慧，正直無私。長大成人，一心忠孝大節，好讀古書。後來漸學武藝，有百步穿楊之妙，十八般件件精通，遂有文武經濟之才。
(11) 怎知那祖小官是天生的一尊活神道，鐵石心腸，那裏曉得“邪淫”二字，雖然年紀後生，却倒象陳最良說的“六十來歲并不曾曉得傷個春”。
(12) 高宗夢中點頭許他道：朕明日便當加封官爵。那尊神道叩謝而去。次日，高宗感其功德，向領海舟張公裕道其神異，遂敕封爲“文惠侯”，賜廟額爲“景佑廟”。</td></tr>
</table>

續表

作者/文獻	版本	用　　例
周清原 《西湖二集》 卷二十九	明崇禎刊本	(13) 至我洪武爺登基，以爲凡神之封爵宜命于天，非人所敢與，海內諸神一概都用本色稱呼。遂詔禮部易祖統制爲“故義士祖公之神”。看官，你道這位神道可不與金龍四大王一樣麼!
周清原 《西湖二集》 卷三十三		(14) 小子單說這一件事，可見折獄之難，不知古來冤枉了多少！看官，你道浙江城隍爺爺姓甚名誰？這尊神道原是廣東南海人，姓周，單諱一個“新”字，初舉鄉薦，爲御史彈劾敢言，貴戚畏懼，與宋朝包拯是一樣之人。 (15) 那包拯生平再不好笑，人以其笑比之黄河清，又道：關節不到，有閻羅包老。所以人稱之爲“閻羅包老”。我朝這尊活神道人都稱他爲“冷面寒鐵周公”。 (16) 不說這尊活神道來做官，且說浙江金華府有個冤枉的人系于獄中，這人名王可久，家中頗有田產。 (17) 王可久一句也辯不得，被問成泛海之罪，下在獄中，就要暗暗安排死他。幸而天可憐見，這尊活神道來，已知這件冤枉之事，急捉這一干人犯來審。 (18) 李立見了周爺，不打自招承，果系謀死。追出原銀，已用去一半，問成死罪；徽客尸首著親屬埋葬。有詩爲證：二鵲感恩知報冤，急來堂上亂鳴喧。若無此位靈神道，誰洗千年怨鬼魂？

表一千一百八十九

作者/文獻	版本	用　　例
周汝登 《王門宗旨》 卷十二	明萬曆刻本	(1) “盥而不薦，有孚顒若”，乃形容觀注氣象，故曰“觀天之神道”“聖人以神道設教”，即是以此觀出教化也。西方不思議三觀，乃觀中頓法，二十五輪，乃觀中漸法。若無觀行，智慧終不廣大，只成弄精魂。然蓮池所舉察念之說，亦不可忽。不察則觀無從入，皆良工苦心也。以吾儒之學例之，察即誠意，觀即正心。所謂正者，只在意根上體當，無有一毫固必之私，非有二也。
周汝登 《王門宗旨》 卷十四		(2) 陽明先師生千百年之後，首倡良知之說以覺天下，上遡濂洛以達於鄒魯，千聖之絕學也。良知無知而無不知，人知良知之為知，而不知無知之所以為知也。神道設教，人知神之為神，而不知不神之所以為神也。

表一千一百九十

作者/文獻	版本	用　　例
周聖楷 《楚寶》 卷三	明崇禎十四年刻本	(1) 陸文量曰：夏忠靖公嘗以治水至昆山，寓千墩禪寺，所居不設儀從。鄉民數人入寺遊觀，公方坐室中觀書，不意其爲夏公也，雜坐其旁。既而它之，問僧云：尚書何在？僧云：室中觀書者是也。民懼，乃奔去。公好食爓豬肝，一日膳夫供具，公飯盡而肝如故，怪之。已而分食，乃知入鹽過多，鹹不可食也。人服其量。楊東里作公《神道碑》，記隸污織金賜衣，吏碎所愛硯，皆無怒意。謂其有王子明、韓稚圭之度，非過稱也。
周聖楷 《楚寶》 卷十六		(2) 中宗立，鄭普思以方找幸，擢秘書監。邕諫曰：陛下躬政日淺，有九重之嚴，未聞道路橫議。今籍籍皆言普思馮詭惑，說妖祥，陛下不知，猥見驅使。孔子曰：《詩》三百，一言以蔽之，曰：思無邪。陛下誠以普思術可致長生，則爽鳩氏且因之永有天下，非陛下乃今可得；能致神人邪，秦、漢且因之永有天下，非陛下乃今可得；能致佛法邪，梁武帝且因之永有天下，非陛下乃今可得；能鬼道邪，墨翟、子竇且各獻其主，永有天下，非陛下乃今可得。自古堯、舜稱聖者，臣觀所以行，皆在人事，敦睦九族，平章百姓，不聞以鬼神道治天下，惟陛下省察。不納。
周聖楷 《楚寶》 卷二十八		(3)《鹿門山考》：聖楷按：鹿門山，在襄陽縣東三十里，舊名蘇嶺。《襄陽耆舊傳》曰：習郁爲侍中時，從光武幸黎丘，與帝通夢，見蘇山神，光武嘉之，拜大鴻臚。錄其前後功，封襄陽侯，使立蘇嶺祠，刻二石鹿夾神道，百姓謂之鹿門，或呼蘇嶺山爲鹿門山。後遂相仍云。
周聖楷 《楚寶》 卷三十二		(4) 范曄論曰：安、順以後，風威稍薄，寇攘寖橫，緣隙而生，剽人盜邑者不闕時月，假署皇王者蓋以十數。或托驗神道，或矯妄冕服。然其雄渠魁長，未有聞焉，猶以壘盈四郊，奔命首尾。若夫數將者，竝宣力勤慮，以勞定功，而景風之賞未甄，膚受之言互及。以此而推，政道難乎以免。

表一千一百九十一

作者/文獻	版本	用　　例
周瑛 《翠渠摘稿》 卷五	清文淵閣四庫全書補配清文津閣四庫全書本	(1)《辭祠山文》：神道孔幽，可揆以理。維山維岳，維神之體。民罔有知，誣神實多。踵僞襲訛，神莫之何。小子不敏，起為神辯。神不我怒，禎祥屢見。維神正直，玆焉可知。民膠舊習，未釋厥疑。今辭于神，尚有後祝。毋享非祀，毋降淫福。

表一千一百九十二

作者/文獻	版本	用　　例
周用 《周恭肅公集》 卷十三	明嘉靖二十八年刻本	（1）明故大中大夫四川布政司右參政吳君神道碑銘

表一千一百九十三

作者/文獻	版本	用　　例
周之夔 《棄草文集》 卷六	明崇禎木犀館刻本	（1）光祿大夫太子太保禮部尚書文淵閣大學士鑑湖孫公神道碑（代）

表一千一百九十四

作者/文獻	版本	用　　例
朱長春 《朱太復文集》 卷二十四	明萬曆刻本	（1）昔上古結繩而治，虞帝乃有繪采、象刑、耴震，耀萬民之觀而觸以化之，所為神道與法遠矣。故曰：法制已然，德化未然。
朱長春 《朱太復文集》 卷三十九		（2）諺曰：離鄉長價，出不如聚，在文亦然。因想當時，高足傳經之風，不據高官，大都亦難傾動人士，故寂居時夜，蓋數數走江外，與諸君神道矣。
朱長春 《朱太復文集》 卷四十五		（3）今日優詔里居，朝廷尊老之義，臺下居功之節，固千古美事。讀瓠子之詩，恐不免諸公憂負薪，且河伯有神道舍，多議遠識之士，盡抱其魚之歎，未為孟浪也。
朱長春 《管子榷》 卷一	明萬曆四十年張維樞刻本	（4）我苟種之，如神用之，（一種百穫，近識者莫能測其由，故曰如神用也。）舉事如神，唯王之門。（王者，貴神道設教也。）
朱長春 《管子榷》 卷十二		（5）（通）喪葬以厚死，內之鬼神也。陵谿以謹祭，外之鬼种也。唯神道之設，足以約衆；唯吉凶之用，最以靡財。此治幽者也。

續表

作者/文獻	版本	用　　例
朱長春《管子榷》卷十三	明萬曆四十年張維樞刻本	(6)（演）古之言道術，無有不本于心。心，神乎？微乎？道之舍，人之元，天地之委命也。以神而縮形役形者神不居，以神而養神煩神者道不載，故一無而神道備矣。
朱長春《管子榷》卷十四		(7) 于是，《歲時風土》《田家五行》《四民月令》，紛紛作于下以自救也。其至則《陰符》《火記》《規中》《衛生歌》《起居法》，則聖人神道之設，精之可以采眞，粗之亦不失書年。

表一千一百九十五

作者/文獻	版本	用　　例
朱存理《珊瑚木難》卷七	民國適園叢書本	(1)《瓊林薛真人誄文》：開府神德君以神道設教，三數百輩。往而有聞者，惟閩之陳文學，近古所謂博大真人哉！文學供奉時，落魄不羈，以詩、酒自汙。歿久，始贈真人號。朝學、士大夫，述德誄行未已也。
朱存理《珊瑚木難》卷八		(2) 夫近者，承季道雅盛以清獻《神道碑》見屬。既而傳旨下諭，不敢以病憊控。辭已繕寫，付季德。

表一千一百九十六

作者/文獻	版本	用　　例
朱棣《神僧傳》卷三	大正新修大藏經本	(1)《法度》：釋法度，黄龍人也。南齊初，遊于金陵。高士齊郡名僧紹，隱居瑯邪之攝山，挹度清眞，待以師友。及亡，捨所居山為棲霞寺。先是有道士欲以寺地為觀，住者輒死。後為寺，猶多恐動。自度居之，群妖皆息。經歲餘，忽聞人馬鼓角之聲，俄見一人投刺於度曰：靳尚。度命前之。尚形甚都雅，羽衛亦眾。致敬畢，乃言：弟子王有此山，七百餘年矣。神道有法，物不得于。前後棲託，或非眞直。故死病繼之，亦其命也。法師道德所歸，謹捨以奉給，并願受五戒，永結來緣。

表一千一百九十七

作者/文獻	版本	用　　例
朱國楨《朱文肅公集》	清鈔本	(1) 然下筆實難繪天測海，未容草草而天裂海枯。驚悸垂死之餘，淚有餘，思不屬。荏苒年餘，則《錢宮詹神道碑銘》已出，乃矍然摘而書之，美不勝書。別有全刻，不可不讀，姑為之銘。銘曰：千古學術自有真，諸儒講席多平分。吾道南矣梁谿濆，東林書院天下聞。顧公開壇從如雲，高公領袖同其群。程子訂定掃紛紜，陰霾積久見朝昕。從教蛙鼓喧復殷，獨衍孔脈精且勤。剖判神理窮無垠，繭絲牛毛何足云。興起善類德所熏，立言垂世比典墳。振肅綱紀滌世氛，閔不加察口露齦。于我何有等飛蝨，超然箕尾謝魔軍。入水不溺皃欣欣，雩香池影氣壹壺。生死如一見真君，曰忠曰憲表清芬，我增一字則曰文。 (2) 史氏曰：吾讀《易節》之上六，而沉思不能置果。曰苦曰凶，遂畏難將避去，不復顧則節，何以稱焉？已一夕恍然曰：此為龍德居潛道者言也。曰亢曰苦，則一身且不能濟，何以及天下？乃若神道，則忠臣烈婦必致命，遂志而復可，而後可完守以光日月。蓋中心安之甘之，嗜如飴而蹈若赴者。余既作傳復申其説，以俟夫善并司風教者採焉。 (3) 新宇溫公暨配沈淑人神道碑
朱國禎《湧幢小品》卷六	明天啓二年刻本	(4)《陵像》：孝陵神道，可十餘里，循山而下，稍稍紆曲。石像十八對，皆有臺，想孝慈皇后葬時，都已製成。天壽山神道，長亦如之，徑直，有上下龍鳳橋各一。蓋水自塞外南注，折而東，穿過神道，局面寬廣完美，真大地也。石像，宣德中始製。世宗時，神道始石砌諸像，并護以石臺。蓋文皇雖營壽陵，葬仁孝皇后，而具時屢出塞逐虜，重以南征，軍興勞費不可言；又建兩宫，改築三殿，其時物力大匱，無暇及此裝飾工程也。 (5)《墓記銘》：文正書院祀希文而下，世遴一人統司之，曰主奉。第十三世孫從規，易建石表，又以文正、忠宣而下，累世宅兆在洛者，久缺封掃，請於官求自往省。至萬安山尹樊里省奠，封掃如儀。自魏公祔葬諸冢，遺封故存，獨忠宣之兆越五里，至則無所見，問知爲屯成所平久矣。因望祭悲號，削蓁蔓，披砂礫，肆蒐不得，乃禱於空，跽泣連數日。天忽大雨二日夜，雨止滌土，去深三尺餘，露斷碣數尺，題曰“宋丞相范忠宣公之墓”。大驚喜，亟白於守禦分閫官。始按圖譜，加封樹，作墉屋，辨址界，正神道，植望獸，以表之。勒石記事。

續表

作者/文獻	版本	用 例
朱國禎《湧幢小品》卷二十	明天啓二年刻本	(6)《關雲長》：目古忠義雄勇士，不得志，冤死、兵死者何限，獨雲長之神最靈最久，思之不得其解，姑妄揣之。聖人繼天立極，每每神道設教，聖人不生，則神自設教。雲長必明神轉世，姑托此幻軀，著姓名，結兄弟，馳騁干戈擾攘之場，聳動人耳目，著之史冊中。俄然兵解以去，而神乃愈烈。要知氣運薄，故寥寥二千年間，聖人不生，生亦扼于有位。于是有神焉，出沒隱見其間，以待聖人之生，以補聖化之所不足。我太祖則大聖人出世矣，猶謂佛教暗助王化，而俗傳雲長為伽藍神，理誠有之，不可得而擬議也。

表一千一百九十八

作者/文獻	版本	用 例
朱明鎬《史糾》卷四	清文淵閣四庫全書本	(1) 及閱《文苑英華》，乃為仇士良作《神道碑》。至目之為全德，獎之為殊勳，深以甘露之事，快為除凶之舉。七松處士，寧復有心肝耶?

表一千一百九十九

作者/文獻	版本	用 例
朱睦㮮《萬卷堂書目》卷二	清光緒至民國間觀古堂書目叢刊本	(1)《掖垣八鑑》(一册),《河南名賢録》(二册),《楊文敏集譜》(四册),《諭葬榮僖顧公》(二册),《忠義集》(一册),《薛文清行實》(一册),《劉宣公言行錄》(一册),《洛陽温氏族譜》《誥封左参議李公行述》(一册),《四烈傳》(一册),《劉文成神道碑》(一册),《寶應朱氏世譜》(四册),《明司馬喻公榮哀錄略》(一册),《殷太師忠烈錄》(四册),《皇明臣謚類抄》《許忠節公》(二册)。
朱睦㮮《五經稽疑》卷二	清文淵閣四庫全書本	(2) 程正叔曰：放勳非堯號，葢史稱堯之道也。謂三皇而上，以神道設教，不言而化，至堯方見於事功也。後人以“放勳”為“堯號”，故記《孟子》者，遂以“堯”為“放勳”也。

表一千二百

作者/文獻	版本	用　例
朱荃宰《文通》卷一	明天啓刻本	(1) 劉彦和曰：夫神道闡幽，天命微顯，馬龍出而《大易》興，神龜見而《洪範》燿。故《繫辭》稱“河出圖，洛出書，聖人則之”，斯之謂也。
朱荃宰《文通》卷十七		(2) 又縉紳壽耈，乃可君公；才士雅人，方堪別號。碑表之等，倬有王章；夫孺之銜，並須廷授。乃今賈竪販夫，咸冒君子之號；乘田筦庫，輒樹神道之碑。
朱荃宰《文通》卷十八		(3)《墓表》：墓表自東漢始，安帝元初元年立《謁者景君墓表》，厥後因之。其文體與碑碣同，有官無官皆可用，非若碑碣之有等級限制也。以其樹于神道，故又稱神道。其爲文有正有變，又取阡表、殯表、靈表，以其遡流而窮源也。蓋阡，墓道也；殯者，未葬之稱；靈者，始死之稱；自靈而殯，自殯而墓，自墓而阡也。近世用墓表，故以墓表括之。 (4)《墓碑文》：古者葬有豐碑，以木爲之，樹于槨之前後，穿其中爲鹿盧而貫綷以窆者也。《檀弓》所載“公室視豐碑”是已。漢以來，始刻死者功業于其上，稍改用石，則劉勰所謂“自廟而徂墳”者也。晉、宋間，始稱《神道碑》，蓋堪輿家以東南爲神道，碑立其地因名焉。唐碑制，龜趺螭首，五品以上官用之。而近世高廣各有等差，則制之密也。蓋葬者既爲誌以藏諸幽，又爲碑碣表以揭於外，皆孝子慈孫不忍蔽先德之心也。其爲體有文，有銘，又或有序。而其銘或謂之辭，或謂之頌。要之，皆銘也。文與誌大略相似，而稍加詳焉，故亦有正、變二體。其或曰碑，或曰碑文，或曰墓碑，或曰神道碑，或曰神道碑文，或曰墓神道碑，或曰神道碑銘，或曰神道碑銘并序，或曰碑頌，皆別題也。至於釋老之葬，亦得立碑以僭擬乎品官，豈歷代相沿崇尚異教而莫之禁歟？故或直曰碑，或曰碑銘，或曰塔碑銘并序，或曰碑銘并序，亦別題也。 (5) 神道碑 (6)《事祖廣記》云：晉宋之世，始有《神道碑》，天子及諸侯皆有之，其刻文正曰：某帝某官神道之碑。今世尚有《宋文帝神道碑》，晜本也。其初猶立之於塋兆之東南，地理家言以東南爲神道，若神靈往來出遊之意。亦有稱碑銘者。唐呂夷簡臨敕無碑神道，故以碑名耳。
朱荃宰《文通》卷二十二		(7)《夸飾》：形而上者謂之道，形而下者謂之器。神道難摹，精言不能追其極；形器易寫，壯辭可得喻其真；才非短長，理自難易耳。故自天地以降，豫入聲貌，文辭所被，夸飾恒存。雖《詩》《書》雅言，風格訓世，事必宜廣，文亦過焉。是以言峻則嵩高極天，論狹則河不容舠，說多則子孫千億，稱

續表

作者/文獻	版本	用　　例
朱荃宰 《文通》 卷二十二	明天啓刻本	少則民靡孑遺；襄陵舉滔天之目，倒戈立漂杵之論；辭雖已甚，其義無害也。且夫鴞音之醜，豈有泮林而變好？荼味之苦，寧以周原而成飴？並意深褒讚，故義成矯飾。大聖所錄，以垂憲章，孟軻云"說詩者不以文害辭，不以辭害意"也。

表一千二百零一

作者/文獻	版本	用　　例
朱橚 《普濟方》 卷四十三	清文淵閣四庫全書本	（1）夫三焦者，一名三關也。上焦名三管反射，中焦名霍亂，下焦名走哺。合而為一，有名無形，主五臟六腑，往還神道，周身貫體，可聞不可見，和利精氣，决通水道，息氣脾胃之間，不可不知也。
朱橚 《普濟方》 卷一百八十九		（2）以刺羊血熱飲之，即差，一方新羊血，慎勿刺羊取血，神道不祐，當無差也。
朱橚 《普濟方》 卷二百六十九		（3）《呪法》：太上老君禁神，三呼三吸，以取其真。東方青帝木中精，南方赤帝朱雀行，西方白帝白虎身，北方黑帝乘船行，中央黃帝黃龍聲。吾有其禁知天神，蓋不自發身歸誠，日南施，禁火精，日北旋，禁五帝動，經吾三禁，莫敢不來。神道神名，鬼道鬼字，蟲道蟲名，魅道魅字，偷名賊字。高山騰蛇，下山騰蛇，高山之崎，下山之峻，或在天上，或在人間，河伯將軍，五道修羅，十二神將，登明君、天魁君、傳送君、小吉君、勝光君、太乙君、天崗君、大衝君、功曹君、大吉君、神后君，速送速送，汝名不得久停，急急如律令。
朱橚 《普濟方》 卷四百十		（4）《名刺禁忌論》：凡用灸刺，當先別其所宜。有偏宜刺者，若天柱、素體、禾髎、肩真、乳中、周榮、腹衰、中衝、陰陵泉、條口、犢鼻、髀關、申脈、中門、承扶等三十一穴是也。有偏宜灸者，若絡却、玉枕、承靈、角孫、神道、膏肓、會陰、橫骨、青冷淵等一十六穴是也。
朱橚 《普濟方》 卷四百十三		（5）神道（在五椎節下間，督脈氣所發，仰而取之，灸三壯。主身熱頭痛、進退往而、瘖虛、恍惚、悲愁也。）
朱橚 《普濟方》 卷四百十四		（6）神道一穴，在五椎莭下間陷中，俛而取之。灸七七壯，止百壯。

續表

作者/文獻	版本	用　　例
朱橚 《普濟方》 卷四百十八	清文淵閣四庫全書本	(7) 治身熱頭痛、進退往來，穴：神道、關元。 (8) 治寒熱，穴：神道、少海。 (9) 治痎瘧，穴：前谷、風池、神道。 (10) 治痎瘧熱，穴：商丘、神庭、上皇、百會、完骨、風池、神道、液門、光明、至陰、大杼。
朱橚 《普濟方》 卷四百十九		(11) 治寒熱、頭痛、進退、痎瘧、恍惚、悲愁、健忘、驚悸，穴：神道。
朱橚 《普濟方》 卷四百二十		(12) 治健忘，穴：神道、幽門、列缺、膏肓腧。 (13) 治悲愁恍惚，穴：心腧、天井、神道。 (14) 治驚悸，穴：百會、神道、天井、液門。 (15) 治恍惚悲愁，穴：神道。 (16) 主悲愁恍惚、悲傷不樂，穴：天井、心腧、神道。 (17) 主大風默默不知所痛、悲傷不樂，又療驚悸悲傷，穴：曲池、人迎、神道、章門、中府、臨泣、天池、璇璣、腧府。
朱橚 《普濟方》 卷四百二十一		(18) 治肩背痛，穴：天牖、缺盆、神道、大杼、天突、水道、巨骨。 (19) 治忽然氣滯腰痛不可俛仰，刺足太陽絡神道二穴，次針足厥陰經行間二穴。 (20) 治腰脊急強，穴：脾腧、小腸腧、膀胱腧、腰腧、神道、脊中、長強、大杼、膈關、水分。
朱橚 《普濟方》 卷四百二十四		(21) 治小兒發癎瘈瘲，穴：瘈脈、神道、顱顖。

表一千二百零二

作者/文獻	版本	用　　例
朱瞻基 《五倫書》 卷二	明正統十二年內府刻本	(1) 大觀在上，順而巽，中正以觀天下。觀，盥而不薦，有孚顒若，下觀而化也。觀天之神道，而四時不忒。聖人以神道設教，而天下服矣。

表一千二百零三

作者/文獻	版本	用　　例
朱之瑜 《舜水先生文集》 卷五	日本正德二年刻本	(1) 前所云石柱，恐此間難得，故止云一丈伍尺。然出土止九尺一丈，上頂仍須以堅材接之。若《神道碑》，則立於入山路口之左，碑製短小，碑亭僅蔽風雨足矣。下亦有不用贔屭作跗者，四柱可也。
朱之瑜 《舜水先生文集》 卷九		(2) 又曰：天挺人豪，敏求好古。仁義禮智，道咸粹於厥躬；弟友子臣，德自敦夫庸行。允文允武，亶聰亶明，誕生乎龍章韶樂之地，篤行夫詩書名教之文。卓爾獨知，不藉乎離奇蟠木之先容；毅然特立，遑惜夫父兄百官之不足。庭翔烏雀，設神道於安平；臺築黃金，啓哲人於燕路。
朱之瑜 《舜水先生文集》 卷二十五		(3) 張說《故梁國公姚文貞公神道碑》。

表一千二百零四

作者/文獻	版本	用　　例
祝世祿 《環碧齋尺牘》 卷二	明萬曆刻本	(1) 校勘定更，乞一擲示。政不在多，只此便足。當足下《神道碑》，足下可以死矣，可以不死矣。

表一千二百零五

作者/文獻	版本	用　　例
祝允明 《懷星堂集》 卷十二	清文淵閣四庫全書本	(1) 然則帝意果安在乎？雖蕩蕩惟大，靡校錙銖，而吉凶影響，夫亦胡鞫。且下民之拯救者，至難且久；上天之仁佑者，極易而速。以至易之變化，易至難之民勞；以至速之神道，易至久之人力。以一亭毒之功用，解四海之困窮，繇人情以揆裁，必見所從違矣。

續表

作者/文獻	版本	用　　例
祝允明《懷星堂集》卷十六	清文淵閣四庫全書本	(2) 因望祭悲號，削蓁蔓，披砂礫，肆蒐不得，乃禱于空，跽泣連數日。天忽大雨三日夜，雨止滌土，去深三尺餘，露斷碣數尺，題曰"宋丞相范忠宣公之墓"。公大驚喜，亟白于守禦分閫官，勑戍卒還。公始案圖譜，加封樹，作墉屋，辨止界，正神道，植望獸，以表之。

表一千二百零六

作者/文獻	版本	用　　例
卓明卿《卓氏藻林》卷六	明萬曆八年刻本	(1) 神道設教（觀卦也。聖人以神道設教，天下服矣。）

表一千二百零七

作者/文獻	版本	用　　例
宗臣《宗子相集》卷十二	清文淵閣四庫全書本	(1) 嗟乎！夫神道貴嚴，嚴斯畏，畏斯感，堂中謁，堂中走，何畏何感哉？於是下令度材，鳩工新其堂，又鑰其堂。而移其重楹于堂之南，別闢一道，以通守宇者出入。兩廡諸鬼神，率新其土木，而金碧之。於是展謁者率于楹下，仰視堂上，若有神者在焉。博徒市豎，既不得羣嬉堂上；即覩其旁，又皆矯然怒目如視。其人輒心悚色動，閉目反走，斯其於神道至嚴矣。 (2) 夫匹夫匹婦，其畏人畏神者，紛紛一情也，顧其畏人以貌而其畏神以心。……豈非在神者有所不可測，在人者猶有所可入乎？即其不可測，趨善避惡以不詭于禮樂，則神道者固所以濟人道之所不及也。

表一千二百零八

作者/文獻	版本	用　　例
鄒迪光《始青閣稿》卷十五	明天啓刻本	(1) 又云：當建寺時，欲取入寺，墮地復上，腰間損折，因有血痕。夫羅漢神道變化，既能飛上，何至墮損？石筋斑駁，有似於血，豈眞血哉？

表一千二百零九

作者/文獻	版本	用　　例
鄒智 《立齋遺文》 卷之五	明天啓刻本	(1)《海行遭風次獻臣韻》（己酉年冬作）：今夕知何夕，浮生又網羅。真成抱空月，無計障頽波。粗比堯夫幸，終慚叔子多。窮途仗神道，聊復對君歌。

表一千二百一十

作者/文獻	版本	用　　例
左光斗 《左忠毅公集》 卷五	清康熙刻本	(1) 明都察院左僉都御史贈太子少保都察院右副都御史謚忠毅左公神道碑

本書為內蒙古工業大學範景武主持完成的國家社會科學基金（西部）項目《中國帝陵神道文化研究》（項目批准號為：13XZJ013）的最終成果。

第三卷

神道文獻整理與帝陵神道研究

範景武 編著

中国社会科学出版社

清 朝

表一千二百一十一

作者/文獻	版本	用 例
佚名 《太上老君内觀經》	民國景印明正統本	(1) 老君曰：内觀之道，靜神定心。亂想不起，邪妄不侵。固身及物，閉目思尋。表裏虛寂，神道微深。外藏萬境，内察一心。了然明靜，靜亂俱息。念念相系，深根寧極。湛然常住，杳冥難測。憂患永消，是非莫識。
佚名 《太上老君虛無自然本起經》	民國景印明萬曆本	(2) 夫得道者，但能已得。夫人耳目，聽有聲之聲，見有形之形，不能聽視無形無聲也。所以者何？神赤。赤者陽，陽者离，离為日，為目，但能見前，不能見後，亦不能見頭上。日者天目也，但能照天内，不能照天外也，亦不能照覆冥之中。是以得神道上天者，但能以天耳。
佚名 《弘陽悟道明心經》下	明刻本	(3) 城裏面，東撥門那位老祖，西撥門住的是那位神靈，南撥門住的是那位神道，北撥門住的是那位龍兵，中撥門住的是那家宗祖。

表一千二百一十二

作者/文獻	版本	用 例
阿桂 《蘭州紀略》 卷十五	清文淵閣四庫全書本	(1) 今請設兵二千名，應添兵五百九十三名，至緊要營堡，如河州鎮屬之循化、起台、保安、臨洮……寧夏鎮屬之花馬池、同心城、靈州、橫城，西安鎮屬之潼關、神道嶺、慶陽、紅德、長武、邠州、西安城守……固原提屬之靖遠、下馬關、蘆塘、西安州、永安堡、八營堡、洮岷、鞏昌、秦州、平涼、階州、文縣、西固、岷州、舊洮、蘭州城守、紅城、苦水各等處。 (2) 潼關協請設兵六百五名，應添兵一百六十名。神道嶺營請設兵一百五十名，應添兵十二名。興安城守營請設兵三百二名，應添兵一百十二名。 (3) 西安添鎮仍設中左右三營外，其提督原管之西安城守、潼關協、神道嶺、商州、金鎖關、富平、西鳳、宜君各營，應歸西安鎮統轄。 (4) 現經臣等議，請設立將軍標，其提督原管西安城守一營，近在同城，應即歸將軍管轄，其潼關協、神道嶺、商州、金鎖關、富平、西鳳、宜君各營，及慶陽協屬之邠州、長武二營，應仍歸固原提督統轄，以符舊制而重責成。

表一千二百一十三

作者/文獻	版本	用　　例
艾衲居士《豆棚閑話》	清康熙翰海樓刊本	(1) 你道甚麽妖魔鬼怪在彼作如此的凶險惡孽？我悄悄在那左近飯店輕輕訪問。那裏人都要過渡，懼怕他的，不敢明白顯易說出他的來頭。只有一個老人家在那裏處蒙館的，說道：這個神道其來久矣。 (2) 那頑民獸類也先打聽得來的神道乃是玉皇駕前第一位尊神，號爲齊物主，證世金仙。專司下界國祚興衰，生人福祿修短，并清算人世一切未完冤債等事。 (3) 孔明道：有理。尋個僻靜去處方好。兩個捱查了半日，剛得一個冷落的廟宇。兩個走進廟裏，放了拐兒，朝著神道連唱數喏，相率坐下。 (4) 衆白賞道：請哈神道做個社主。 (5) 齋長道：天體輕清，時時運行，豈容一物？物既不容，安得容神道居之？晝在上者，夜必隨時序而漸轉于下；夜在下者，晝必隨時序而漸轉于上。若有玉皇等神果在天宮，必因時刻運轉。難道神道也隨著倒轉來不成？

表一千二百一十四

作者/文獻	版本	用　　例
百一居士《壺天録》卷上	清光緒申報館叢書本	(1) 周君曰：人非父母之喪，誰肯服此凶具？卽以情論，亦尚有以酬之。况彼九齡之子，明係汝鄭家血脈乎？彼有子能延宗祀，汝不若渠而終出汝下者，以其出身不正耳？况彼之所得者，遠不及汝乎？乃息結去。神道設教，聖王不廢周君，欲使婦女無疑，故假此以服之。
百一居士《壺天録》卷下		(2) 天道遠，神道邇，亦鑒觀乎？人之賢否，以爲勸懲耳。故凡名世賢臣，無不得神助者。 (3) 嗟乎！生爲聖人，歿爲明神，此理之常也。至以生人而攝以神道之事，則其人之聰明正直更可知矣。 (4) 噫！神道設教，聖王不廢，乃竟有顯應。若是者，失而旋得，夫復何求？主人固善于周旋矣，殆亦感悟其心之一道歟？ (5) 禦灾捍患，神道應然，所以血食一方，功德在民也。 (6) 世人崇祀神道，所以求保佑也。乃有神像，亦未能自保者，如杭州一事可異焉。 (7) 象教起於西域，流於中土，由漢、唐而降，崇奉甚虔，蓋亦神道設教之意也。自泰西之教盛行，又以崇奉土偶爲妄，究之奉祀神祇，亦未見其正大也。至於阿非利加一洲，奉祀之神則更詭異矣。 (8) 葉遂南歸，抵湖郡，秀復入夢曰：湖郡亦不可居，擇業被兵燹之地託焉。十年後，卽事平矣。妾生不蠱人，蒙帝鑒證入，神道不能復來矣。葉乃挈眷至滬上，居于歇浦之東，遂無虞。

表一千二百一十五

作者/文獻	版本	用　　例
包世臣《小倦遊閣集》卷三	清小倦遊閣鈔本	(1) 欽亮天工，幽明一致，保甲湮廢，吏不事事，以致人道淪絕，欲鬼不神，其可得乎？是故神道設教非誣民也。
包世臣《藝舟雙楫》卷七上	清道光安吳四種本	(2) 皇誥授榮祿大夫户部左侍郎提督江蘇學政周公神道碑

表一千二百一十六

作者/文獻	版本	用　　例
包儀《易原就正》卷四	清文淵閣四庫全書本	(1)《彖》曰：大觀在上，順而巽，中正以觀天下。觀，盥而不薦，有孚顒若，下觀而化也。觀天之神道，而四時不忒。聖人以神道設教，而天下服矣。 (2) 卦名：觀，其義何也？卦體：以九居五，而在四陰之上。陽大陰小，以小觀大，非大觀在上耶。卦德：內順以柔勝，而外巽以行權。況九五之既中且正，以為觀於天下乎？此其所以名觀也。可以知其致潔，而誠中形外者，有不下觀而化者耶？由是而極言之，觀不以迹而以神也。四時不忒，天之神道為之也；設教而天下服，聖人之神道為之也，皆所以為觀也。故君子過化必本於存神，以神道設教聖人渾然一天矣。

表一千二百一十七

作者/文獻	版本	用　　例
鮑作雨《周易擇言》卷二	清同治三年南堤項傳梅刻本	(1) 觀天之神道，而四時不忒。聖人以神道設教，而天下服矣。(《釋文》：神道設教，一本作“以神道設教”。) (2) 極言大觀之義。四時不忒，是天以神妙不測之道示人也。聖人不顯篤恭，亦以天之神妙不測者教人，則不動而敬，不言而信，而天下無不服矣。神道是至誠之道，妙極自然。觀者自然感動，所以爲大觀，天人一也。虞翻曰：忒，差也。 (3) 觀民設教，顯示之範。神道設教，隱誘其衷。

表一千二百一十八

作者/文獻	版本	用　　例
畢沅 《續資治通鑒》 卷十	清嘉慶六年遞刻本	(1) 太子太保趙普奉朝請累年，盧多遜益毁之，鬱鬱不得志。（考異：李燾曰：普遷太子太保，史、《實録》《百官表》並不記。太宗所撰《神道碑》云：既静妖氛，爰覃爵賞。蓋普從征晉陽，以功遷秩也。當在太平興國四年冬十月。《行狀》則云：三年郊祀後，遷太子太保。今從《行狀》。）
畢沅 《續資治通鑒》 卷十四		(2) 近制，宰相子起家卽授水部員外郎，加朝散階；吕蒙正固讓，止授六品京官，自是為例。（考異：趙普戒子弟語，據太宗御製《趙普神道碑》，酌書之。又富弼撰《吕蒙正神道碑》云：長子從簡以蒙正懇辭，授將作監丞。今從《長編》。）
畢沅 《續資治通鑒》 卷十六		(3) 乙巳，太師趙普卒。乙酉，帝聞訃悲悼，謂近臣曰：普事先帝與朕，最為故舊。向與朕嘗有不足，衆人所知；朕君臨以來，每待以殊禮，普亦傾竭自效，真社稷臣也。……葬日，設鹵簿鼓吹如式。贈尚書令，追封真定王，謚忠獻。帝撰《神道碑》，親八分書以賜焉。
畢沅 《續資治通鑒》 卷十八		(4) 繼恩既分兵四出，詠計軍食可支二歲，乃奏罷陝西運糧。帝喜曰：此人何事不能了，朕無慮矣！（考異：韓琦作詠《神道碑》云：王繼恩縱軍士剽奪民財，詠召繼恩用事吏，面數其過，將斬之，吏股栗求活，詠赦之，因令勸繼恩分屯，繼恩卽自分兵屯鄰州，當還京師者遣之。……且琦載詠在蜀事中，或先後失其序，今不取。）
畢沅 《續資治通鑒》 卷二十七		(5) 初，王欽若既以城下之盟毁寇準，帝自是常怏怏。他日，問欽若曰：今將奈何？欽若度帝厭兵，即繆曰：陛下以兵取幽薊，乃可刷此恥也。帝曰：河朔生靈，始得休息，吾不忍復驅之死地？卿盍思其次。欽若曰：陛下苟不用兵，則當爲大功業，庶可以鎮服四海，誇示戎狄也。帝曰：何為大功業？欽若曰：封禪是矣。然封禪當得天瑞乃可。既而又曰：天瑞安可必得？前代蓋有以人力爲之者。陛下謂《河圖》《洛書》果有此乎？聖人以神道設教耳。帝久之，乃可，然心憚王旦，曰：王旦得無不可乎？欽若曰：臣請以聖意諭旦，宜無不可。乘間爲旦言之，旦僶俛而從。然帝意猶未決。他日，晚幸秘閣，惟杜鎬方直宿。帝驟問之曰：卿博達墳典，所謂河出圖、洛出書，果何事耶？鎬老儒，不測帝旨，漫應曰：此聖人以神道設教耳。

續表

<table>
<tr><th>作者/文獻</th><th>版本</th><th>用　例</th></tr>
<tr><td>畢沅
《續資治通鑒》
卷三十八</td><td rowspan="5">清嘉慶六年遞刻本</td><td>（6）秘閣校理范仲淹疏言：天子有事親之道，無為臣之禮；有南面之位，無北面之儀。若奉親於內而行家人禮可也。今顧與百官同列，虧君體，損主威，不可為後世法。疏入，不報；又疏請太后還政，亦不報，遂乞補外。尋出為河中府同判。（考異：《六一居士集》《范文正神道碑》謂太后將“以至日大會前殿，上率百官上壽”，因仲淹言而事遂已。……碑文俱誤，今從《長編》。）</td></tr>
<tr><td>畢沅
《續資治通鑒》
卷四十一</td><td>（7）當時，於墓刻《神道碑》，不敢書。公薨百餘日，公之曾孫直祕閣兗始錄以示人。自古妃匹之愛，父不能得之子，君不能得之臣，所謂難言骨肉之間者也。</td></tr>
<tr><td>畢沅
《續資治通鑒》
卷四十四</td><td>（8）弼曰：勝負未可知，就使其勝，所亡士馬，群臣當之歟，抑人主當之歟？若通好不絕，歲幣盡歸人主，群臣何利焉！遼主大悟，首肯者久之。（考異：《東坡集》載《富弼神道碑》載弼對遼主之言曰：北朝忘章聖皇帝之大德乎？澶淵之役，苟從諸將言，北兵無得脫者云云。《東都事略》及《宋史》，大率據《神道碑》。然澶淵之役，宋人以歲幣請和，今乃云“縱其歸以為德”，恐不足以服遼人。）</td></tr>
<tr><td>畢沅
《續資治通鑒》
卷五十</td><td>（9）知慶州孫沔亦言伐喪非中國體，帝納其言，遂趣有司行冊禮。然議者頗惜其失機會。（考異：李燾曰：程琳本傳云：朝廷既行冊禮，夏人方圍慶陽，琳止詔使於鄜曰：夷狄貪此，可紓慶陽之難。……按：附傳及歐陽修《墓銘》《神道碑》，亦不載此事。）
（10）前此救災者，皆聚民城郭中，煑粥食之，飢民聚為疾疫及相蹈籍死，或待哺數日，不得粥而仆，名為救而實殺之。弼所立法，簡便周至，天下傳以為式。（考異：杜大圭《名臣集》載《富弼墓志》《神道碑》云：弼先以救災加禮侍，辭不受。又以捕齊兵再加禮侍，亦不受。考其事迹，蓋顛倒也。）</td></tr>
<tr><td>畢沅
《續資治通鑒》
卷五十一</td><td>（11）丙申，幸彰信節度使兼侍中李用和第問疾，入見於臥內，擢其次子珣為閤門使，以所居第賜之，并日給官舍僦錢五千。用和緣帝舅，起民間，位將相，而能闔門謝客，推遠權勢。帝以章懿太后不逮養，故寵外家逾等。及卒，臨奠，哭之慟，贈太師、中書令、隴西郡王，特輟視朝五日，制服苑中，謚恭僖。御撰《神道碑》，仍篆曰“親賢之碑”。</td></tr>
</table>

續表

作者/文獻	版本	用　　例
畢沅《續資治通鑒》卷五十二	清嘉慶六年遞刻本	(12) 庚子，詔：自今張堯佐別有遷改，檢會此劄子進呈執奏。仍詔：除宣徽使，自今不得過二員。乙巳，馮道曾孫舜卿上道官誥二十通，乞錄用。帝謂輔臣曰：道相四朝，而偷生苟祿，無可旌之節；所上官誥，其給還之。是月，汴河絕流。九月，癸丑，賜李繼隆《神道碑額》曰“顯功”。
畢沅《續資治通鑒》卷五十九		(13) 翰林學士、禮部侍郎、知制誥、史館修撰歐陽修，樞密直學士、右諫議大夫陳旭，御史中丞趙槩，並為樞密副使，仍以槩為禮部侍郎。詔：自今臣僚之家，毋得陳乞御篆《神道碑額》。
畢沅《續資治通鑒》卷八十		(14) 二月，丙戌，遼發粟賑中京饑。丁亥，遣左司諫朱光庭乘傳詣河北路，與監司一員徧視災荒，措置賑濟。辛卯，賜《富弼神道碑》，以“顯忠尚德”為額，仍命翰林學士蘇軾撰文。
畢沅《續資治通鑒》卷八十三		(15) 元豐末，神宗嘗謂輔臣曰：明年建儲，當以司馬光、呂公著為師保。及公著卒，呂大防奉敕撰《神道碑》，首載神宗語，帝又親題其額。及章惇、蔡卞欲起史禍，先于《日曆》《時政記》，刪去“以司馬光、呂公著為師保”語，又請發光、公著冢，斲棺暴尸。
畢沅《續資治通鑒》卷八十四		(16) 又言：今大臣為紹述之說者，皆借以報復私怨，一時朋附之流，從而和之，遂至已甚。張商英在元祐時，上呂公著詩求進，其言諛佞無恥；及為諫官，則上疏毀司馬光、呂公著《神道碑》。周秩在元祐間為太常博士，親定司馬光謚文正；為言官，則上疏論司馬光、呂公著，至欲剖棺鞭尸。是豈士君子之所為哉!
畢沅《續資治通鑒》卷八十八		(17) 庚申，臣僚上言范純仁謚忠宣未當，詔：定議、覆議官各罰銅，其《神道碑》令潁昌府毀磨。
畢沅《續資治通鑒》卷一百七		(18) 時托雲軍于北，宗弼軍于南（考異：趙雄撰世忠《神道碑》云：烏珠，舊作“兀朮”。軍于南達蘭，舊作“撻懶”，“軍于北”誤也……），世忠以海艦進泊金山下。

續表

作者/文獻	版本	用　　例
畢沅《續資治通鑑》卷一百三十	清嘉慶六年遞刻本	(19) 冬，十月，丁巳，金主獵於良鄉，封料石岡神為靈應王。金主自言曩時嘗過此祠，持杯珓禱曰：使吾有天命，當得吉卜。投之，吉。又禱曰：果如所卜，他日當有報，否則毁爾祠。投之，又吉，故封之。金主託言神道，欲掩其弑逆也。戊午，還京。
畢沅《續資治通鑑》卷一百六十三		(20) 二月，壬辰朔，雪。蒙古武仙聞彭義斌復山東州縣，乃叛蒙古，殺河北西路都元師史天倪。(考異：武仙害史天兒，在太祖即位之二十年。姚燧《牧菴集》撰《史公神道碑》，誤作十年。)
畢沅《續資治通鑑》卷一百七十七		(21) 九月，壬申朔，蒙古立翰林國史院。辛巳，蒙古國主至自上都。建寧府學教授謝枋得考試宣城及建康，摘賈似道政事為問，極言權姦擅國，天心怒，地氛變，民心離，人才壞，國有亡證。漕使陸景思上其藁於似道，於是左司諫舒有開劾枋得校文發策，怨望騰謗，大不敬。乙未，謫居興國軍。(考異：《元文類》載李源道《文節先生謝公神道碑》云：至元初，長星竟天踰月，我師壓江上。先生憤賈竊政，發策十問，然其時元師未嘗即壓江上也。今從《宋史》本傳。)
畢沅《續資治通鑑》卷一百八十二		(22) 已而去，賣卜建陽市中，有來卜者，惟取米、履，委以錢，率謝不取。其後人稍稍識之，多延至家，使為子弟論學。(考異：李源道《文節先生神道碑》云：易服負母走閩中，隱於卜。信守將悉捕公妻子弟姪，送建康獄。夫人李氏有容德，有廉帥者欲妻之。一夕，自經死。……《宋史》未及詳書耳。)
畢沅《續資治通鑑》卷一百九十一		(23) 十四曰崇教化以厚風俗。國家以四教為本，曰仁以養之，義以取之，禮以安之，信以行之；而前執政者，曾不務此，專以威虐肆心，督責為令，取辦一時，流毒四海。……惟四者本立，而天下悚然有忠厚廉恥之心，所謂父子有親，君臣有義，不曰風恬俗美，將安歸乎！書奏，帝嘉納，授翰林學士。(考異：《秋澗集》附《王文定神道碑》，上萬言書，為目十六，其十五曰減行院，以一調遣；其十六曰絕交貢，以示曠度。今從《中州文表》，略存其條，陳者十四事。又《神道碑》云：二十八年，朝廷以耆宿來徵。……今訂正。)

續表

作者/文獻	版本	用　例
畢沅 《續資治通鑒》 卷一百九十五	清嘉慶六年遞刻本	(24) 是月，平陽地震不止，已修民屋復壞。皇后召平章政事阿錫葉（舊作“愛”，辭今改。）問曰：災異如此，殆下民所致耶？阿錫葉曰：天地示警，民何與焉！御史中丞何瑋疏言地震咎在大臣，於是右丞洪君祥等俱罷。（考異：何瑋疏論地震，《元史本紀》及《何瑋傳》俱不載，惟《何瑋神道碑》載之。錢辛楣以為當在大德八年。）
畢沅 《續資治通鑒》 卷二百		(25) 多爾濟顧二人唾之曰：汝等嘗得備風憲，乃為是犬彘事耶？坐者皆慚，俯首。即起入奏，未幾，稱旨執多爾濟，載詣國門之外，與蕭拜珠俱見殺。是日，風沙晦冥，都人恟懼，道路相視以目。（考異：虞集撰《楊公神道碑》云：太后為之驚悔。集奉敕撰文，故不免有所回護。其時坐多爾濟以誣罔大臣罪名，故冤久不白，非既殺而旋悔也。）
畢沅 《續資治通鑒》 卷二百三		(26) 是月，中書平章政事致仕尚文卒，年九十二。追封齊國公，謚正獻。文為劉秉忠所薦，受知世祖，歷事五朝。才識弘遠，嘗曰：天下無難事，第恐處之失其要耳。累召，必勇退。家居，縉紳造之，隨其器量大小，必使受益。聞者稱之。（考異：尚文之卒，《元史本傳》不繫月。今從當珠哩翀所撰《神道碑》。）
畢沅 《續資治通鑒》 卷二百十一		(27) 桑節為人，公廉明決，在軍中，能與將士同甘苦，以忠義感激人心，故能以少擊眾，得人死力云。（考異：桑節之死，《元史本傳》無月日，宋濂為撰《神道碑》云九月二十九日，《元史續編》並載在十一月。今以《神道碑》正之。）
畢沅 《續資治通鑒》 卷二百十七		(28)《明史》不為韓成立傳，而附見其子觀傳中，則成實以戰死。今以朱善所撰《程國勝神道碑》，酌書之。
畢沅 《關中勝蹟圖志》 卷八	清文淵閣四庫全書本	(29) 苗晉卿《郭敬之神道碑》：天寶三載，終於京師，葬京兆少陵原。 (30) 裴度《李忠武王神道碑》：公以貞元九年薨，葬於高陵奉正原。 (31) 于志寧墓：《神道碑》：麟德二年，薨於東都安衆里之私第。乾封元年十一月，葬於雍州三原縣萬壽鄉清池里。 (32) 臧懷恪墓：《通志》：在三原縣。顏真卿《神道碑》：開元十二年二月，薨於鄯城官舍。冬十月，遷於京兆府三原縣北原。（謹按：顏真卿《臧懷恪神道碑》，今在墓上，旁為懷恪子希晏墓。） (33) 王忠嗣墓：《渭南縣志》：在縣東南廣鄉原北麓。（謹按：《王忠嗣神道碑》，元載撰，王縉書。今移置縣西郭門外。）

續表

作者/文獻	版本	用　　例
畢沅 《關中勝蹟圖志》 卷二十二	清文淵閣四庫全書本	(34) 李固墓：《通志》：在城固縣西三十里。《一統志》：有石碣題曰“漢忠臣太尉李公神道”。
畢沅 《關中勝蹟圖志》 卷二十三		(35) 南川水，在宜川縣城東縣冊。源出神道嶺，至縣境付曲村合丹陽水。流逕縣之東北二門，與仕望、銀川二水合。
畢沅 《關中勝蹟圖志》 卷二十六		(36) 蘇頲墓：《通志》：在武功縣西南十五里新寨南。有《神道碑》，張說撰。
畢沅 《中州金石記》 卷一	清經訓堂叢書本	(37) 嵩山太室神道石闕銘（元初五年四月立。隸書。在登封中嶽廟南。） (38) 少室神道石闕銘（篆書。在登封縣西四十里邢家鋪。） (39) 額文云“少室神道之闕”六字，三行。下二層：上層畫走馬人，下層畫兩螭龍。……三月三日，郡陽城縣興治神道。 (40) 闕中層文云“（闕）開母朝興（闕）神道”。
畢沅 《中州金石記》 卷二		(41) 正道，官至鄂州刺史。葬在洛陽許家營。開元間，李邕爲書《神道碑》。 (42)《宰相世系表》：正道，鄂州刺史。今洛陽許家營有《鄂州刺史盧府君神道碑》，云：除洛州新安宰，以犯諱更滎陽。 (43)《光祿少卿姚彝神道碑》，開元五年四月立，崔沔撰，徐嶠之正書。在洛陽許家營。 (44)《中大夫上柱國鄂州刺史盧府君神道碑》，天寶元年二月立，李邕撰并行書。在洛陽許家營。
畢沅 《中州金石記》 卷三		(45)《裴遵慶神道碑》，大歷十一年二月立，楊綰撰，盧曉隸書并篆額。在洛陽。 (46)《彭王傅徐浩神道碑》，貞元十五年十一月立，張式撰，子峴正書并篆額。在偃師學宮。 (47) 考《文苑英華》，牛僧孺撰《昭義軍節度使辛公神道碑》云：祕，字常之。元和皇帝初元年，高選刺史公出爲湖州云云。 (48)《右僕射高元裕神道碑》，大中七年十月立，蕭鄴撰，柳公權正書篆額。在洛陽。 (49)《葛從周神道碑》，貞明二年十一月立，張璉撰，行書。

續表

作者/文獻	版本	用　例
畢沅《中州金石記》卷四	清經訓堂叢書本	(50)《石保吉神道碑》，大中祥符四年十一月立，李宗諤撰，白憲行書并篆額。在洛陽石碑室。 (51)《石保興神道碑》，大中祥符四年十二月立，楊億撰，尹熙古行書并篆額。在洛陽石碑室。 (52) 歐陽修爲堯佐《神道碑》云：明道二年，知永興軍。又云：累官戶部侍郎。景祐四年，召拜同中書門下平章事。 (53)《范仲淹神道碑》，至和三年二月立，歐陽修撰，王洙隸書。在洛陽。 (54)《韓國華神道碑》，嘉祐八年十一月立，富弼撰，王珪正書。在安陽木冶鎮。 (55) 歐陽修撰有《太子太師致仕贈司空兼侍中文惠陳公神道碑銘》，紀歲治平丙午，蓋三年也。
畢沅《中州金石記》卷五		(56)《少中大夫御史程震神道碑》，中統四年七月立，元好問撰，李微正書，李冶題額。在偃師。 (57)《許熙載神道碑》，至元四年八月立，歐陽元撰，趙孟頫正書并篆額。在彰德府城西北。 (58) 文稱：東坡墓，在鈞臺鄉上瑞里。又云：至順間，禮部行文下郟縣，于墓之東南十里薛店，樹石以表之曰“眉山兩蘇先生神道”。
畢沅《關中金石記》卷二	清乾隆經訓堂刻本	(59) 信本楷正，名高千古，其隸書如《房彥謙神道》，今已失傳，藉此碑存，猶足見其遺範。然又爲後人所剷壞，殊屬可惜。 (60)《昭仁寺碑》：貞觀四年十月立，朱子奢撰文，正書篆額，無姓名。在長武。此碑不載書人，宋張重威謂是虞世南書。今案筆蹟，與《李衛公神道》同，疑是王知敬書。 (61) 淄川公李孝同神道碑 (62) 晉州刺史順義公神道碑 (63) 許公蘇瓌神道碑

續表

作者/文獻	版本	用　　例
畢沅 《關中金石記》 卷三	清乾隆經訓堂刻本	（64）祁國昭宣公王仁皎神道碑 （65）贈秦州都督李昭公神道碑 （66）考道力以開元十年坐姜皎事，配流雷州，葢後一年始立此碑。是時，詔百官不得與卜祝之人往來，而猶有人爲伊父立碑者，何耶？謙光即書韋維神道之人。 （67）涼國長公主神道碑 （68）鄎國長公主神道碑 （69）金仙長公主神道碑 （70）初，公之未渡河也，謂判官穆寧、張澹曰：賊勢既爾，若委命待擒，必爲所快心。今計經赴行，在公以爲何如？寧、澹與諸將然之，遂行。朝廷除公爲憲部尚書。令狐峘《神道碑》曰：時前殿中侍御史沈震、鹽山尉穆寧、武邑丞李銑、清河主簿張澹，各抒器能，叅贊成務。 （71）贈工部尚書臧懷恪神道碑 （72）魯孝公子彄，字子臧。他書不見，惟《春秋左氏傳》、孔潁達《正義》言之，是承杜預《公子譜》舊説耳。今碑亦云。又《文苑英華》載李邕《左羽林大將軍臧公神道碑文》云：其先派于后稷，演于周公，洎魯孝公子臧，因而氏焉。 （73）臨淮武穆王李光弼神道碑 （74）贈太子賓客白道生神道碑 （75）金吾衛將軍臧希晏神道碑 （76）兵部尚書王忠嗣神道碑 （77）高力士神道碑 （78）贈揚州大都督段行琛神道碑
畢沅 《關中金石記》 卷四		（79）魯公官階：《唐書》本傳載魯公遷轉官爵多誤，今以《行狀》《神道碑銘》及《家譜》《年譜》與本傳互考，附載於後。 （80）令狐峘《神道碑銘》云：進士出身，尋判入高等，授秘書省校書郎。 （81）西平王李晟神道碑 （82）贈吏部尚書馮宿神道碑 （83）折勅史嗣祚神道碑

續表

<table>
<tr><th>作者/文獻</th><th>版本</th><th>用　　例</th></tr>
<tr><td>畢沅
《關中金石記》
卷六</td><td>清乾隆經訓堂刻本</td><td>(84) 李英公神道碑陰記
(85) 李衛公神道碑陰記
(86) 折武恭公克行神道
(87) 折武恭公神道碑之陰
(88) 楊從義神道碑
(89) 哲宗御書“忠清粹德之碑額”，紹定三年三月立，田克悉上石隸題額。在略陽。額係元祐戊辰哲宗於崇慶殿篆書，蓋《司馬光神道碑》首也。</td></tr>
<tr><td>畢沅
《山左金石志》
卷十二</td><td rowspan="3">清嘉慶刻本</td><td>(90) 大唐贈歙州刺史葉公神道碑（并序）
(91) 大唐贈東平郡大守章仇府君神道之碑（篆額，四行，徑四寸。）
(92) 大唐贈東平郡太守章仇府君神道之碑</td></tr>
<tr><td>畢沅
《山左金石志》
卷十三</td><td>(93) 高憲神道功德碑
(94) 維唐咸通十二年歲次辛卯八月乙亥朔十六日庚寅，渤海郡孤子高憲建《神道功德碑記》。
(95) 贈左散騎常侍韓國昌神道碑
(96) 唐贈左散騎常侍汝南韓公神道碑
(97) 贈太尉韓允忠神道碑
(98) 楚公持重（下闕）公又曰：雖（下闕）衆，兵家所慎；而杖順討逆，神道必從。況豸不觸邪，與羊無別，較然之理又何疑哉！</td></tr>
<tr><td>畢沅
《山左金石志》
卷十四</td><td>(99) 登州刺史淳于公神道碑
(100) 唐故登州刺史淳于公神道碑（額三行字，徑二寸四分。）
(101) 志乘於唐、宋，宦蹟率皆從畧，無可稽考。惟僕射官銜，五代時猶有用之者，因坿于《淳于公神道碑》後。
(102) 中書侍郎平章事景範神道碑
(103) 大周故銀青光祿大夫中書侍郎同中（闕）平章事上柱國晉陽縣開國伯食邑三百户贈侍中景公神道碑銘（并序）
(104) 銘以紀功，碑以誌行，千載之下，粲然可觀者，其惟神道之表乎！
(105) 贈太常卿顔公神道碑
(106) 右碑篆額題“大周贈太常卿顔公神道碑銘”，四行字，徑三寸。文約四十一行，漶漫已極，存者祇數十字。</td></tr>
</table>

續表

作者/文獻	版本	用　　例
畢沅《山左金石志》卷十五	清嘉慶刻本	(107)《登泰山謝天書述二聖功德銘》(御撰御書并篆額)：朕聞一區宇而恢德教，安品物而致昇平，此邦家之大業也；考茂典而薦至誠，登喬嶽而荅純錫，此王者之昭事也。……恭惟太祖啟運立極英武聖文神德元功大孝皇帝，積慶自始，受命無疆，歷試于艱難，終陟于元后。威靈震疊，元澤汪翔；無往不賓，有來斯應。濟民於塗炭，登物於春臺。俾乂萬邦，成湯之甚盛；咸宜九德，文王之有聲。啟運于前，垂裕於後。太宗至仁應道神功聖德文武大明廣孝皇帝，洪基載紹，景貺誕膺。如日之昇，燭于率土；如天之廣，覆于群生。人文化成，神道設教；尊賢尚德，下武後刑。……勒銘山阿，用垂永世。銘曰：節彼岱嶽，巋然東方。庶物伊始，玄感其章。藏封石累，刻字山嵋。蒸民永泰，繁祉常垂。 (108) 稽神道而設教，感民生之歸厚。 (109) 至於邈想古賢，緬懷神道，增文憲、昭烈之稱謂，伸仁聖、炳靈之封崇。以爲列上清而監觀者真仙，故加保生、廣生之號；育良材而利用者疊嶂，故修靈巖、廣禪之祠。惠洽於人，雖小不捨，新玉女之像是也；福流於物，雖大必營，創會真之宮是也。 (110) 方今兵革偃戢，華夷會同，歲獲順成，物無疵癘。率由丕應，冥助永圖，固當稽彼前聞，進其尊稱。謂乎唐虞曰帝，商周曰王。夫商周之王爵，人臣而有素；唐虞之帝奉，神道而何疑！況其容衛等威，冠裳制度，極徽數以宿備，宜明黷以相符，(闕) 成之，禮無違者。願 (闕) 景佑，普及含生。
畢沅《山左金石志》卷十六		(111) 尚書祝惟岳神道碑 (112)(闕) 銀青光祿大夫 (闕) 神道碑
畢沅《山左金石志》卷十七		(113) 羅公神道碑 (114) 宋故贈金紫光祿大夫羅公神道碑
畢沅《山左金石志》卷十九		(115) 故奉國上將軍郭建神道碑 (116) 大金故奉國上將軍郭公神道碑銘 (額七行字，徑三寸二分。) (117) 大金故奉國上將軍臨潢路兵馬都總管判 (闕) 郡開國侯食邑一千户食實封壹伯户致仕郭公神道碑

續表

作者/文獻	版本	用　　例
畢沅 《山左金石志》 卷二十	清嘉慶刻本	(118) 節度副使張公神道碑 (119) 大金故朝散大夫鎮西軍節度副使張公神道碑（并序） (120)《食貨志》：明昌三年九月，勑置常平倉之地，令州府官提舉之，縣官兼董其事。此碑稱防禦以棣州設上防禦職與州官等，故亦稱《兼提舉胡景崧神道碑銘》。舊制，文資官例提舉學校。（《遺山集》）玠提舉學校，緣舊制也。
畢沅 《山左金石志》 卷二十一		(121) 濟南路叅議段徽神道碑 (122) 右碑額題“故濟南路叅議段公神道碑銘”，三行字，徑三寸。文三十行字，徑九分。 (123) 鎮國上將軍張侯神道碑 (124) 萬户孟德神道碑 (125) 右碑額題“濟南孟公神道之碑”，二行字，徑三寸。文三十五行字，徑七分。 (126) 左丞相忙兀臺公光昭先祖神道碑
畢沅 《山左金石志》 卷二十二		(127) 楊文郁，《元史》不爲立傳，惟李謙所撰《神道碑》云：文郁，字從周，濟陽人。大德間，累官至翰林學士。爲文有根據，不崇華藻。著有《林下集》。此碑文體書格皆相稱也。 (128) 進義張公神道碑 (129) 右碑祗存半截，下層失拓。額題“進義張公神道碑銘”，二行字，徑四寸。文二十四行字，徑一寸。劉敏中撰，曹質丹并篆額。 (130) 鎮撫張仁神道碑 (131) 右碑祗存上半。額題“鎮撫張公神道碑記”，二行字，徑三寸。陽文，文二十五行字，徑八分。李吉撰，張巨淵書并篆額。 (132) 膠州知州董公神道碑 (133) 故膠州知州董公神道之碑，益都路石匠都提領盧鑄，（闕）徐樹、張德珍、楊成同刊。 (134) 兀林答公神道碑

續表

作者/文獻	版本	用　　例
畢沅 《山左金石志》 卷二十三	清嘉慶刻本	（135）萬户劉侯神道碑 （136）賀公神道碑殘石 （137）太師泰安武穆王神道碑 （138）大元太師泰安武穆王神道之碑銘（額三行字，徑六寸。“大元”二字，横列於首。） （139）大元太師泰安武穆王神道碑銘（姚燧撰。） （140）贈京兆郡侯杜公神道碑 （141）右碑額題“大元贈京兆郡侯杜公神道碑”，三行字，徑三寸五分。文二十五行字，徑一寸。張士觀撰，劉賡書并篆額。 （142）贈禮部尚書晁公神道碑 （143）贈奉訓大夫王慶神道碑 （144）右碑額題“大元贈（闕）大夫知（闕）公神道（闕）”，三行字，徑二寸八分。文三十行字，徑八分。李僊撰，（闕）世榮篆额，朱泰亨書丹。 （145）武略將軍總管達魯花赤先塋神道碑
畢沅 《山左金石志》 卷二十四		（146）楊僖，史無傳，惟李謙撰《楊文安公神道碑》載子男三人，次曰僖，疑卽其人。 （147）平陰縣子龔秀神道碑銘 （148）知高唐州致仕邱楫神道碑 （149）五十三代衍聖公孔治神道碑 （150）右碑額題“大元故中議大夫襲封衍聖公神道碑銘”，四行字，徑三寸。文二十七行字，徑八分。蔡文淵撰，李庭實書，楊僖篆。 （151）京兆郡侯宋公神道碑 （152）提舉劉公神道碑 （153）濟南郡公張宓神道碑 （154）大元封濟南郡宣懿公張公神道碑銘額（三行字，徑四寸五分。） （155）大元故中奉大夫山東東西道宣慰使贈江浙等處行中書省參知政事護軍追封濟南郡公謚宣懿張公神道碑銘 （156）大元有名臣，故山東宣慰使、贈江浙行省參政、封濟南郡公張公，卒于至正四年四月八日，享壽六十有六。越八年，當至正十二年，其子元輔以神道之石未示顯刻，持公《行狀》《墓誌》《謚議》，頓首求文於國鳳。鳳生也後，嘗與先兄御史君拜公於府第，竊聽其言論，覿其丰采，不敢以蕪陋辭。

表一千二百一十九

作者/文獻	版本	用　　例
邊廷英 《周易通義》 卷六	清嘉慶刻本	(1) 觀天之神道，而四時不忒。聖人以神道設教，而天下服矣。此以天與聖人之事，證言觀民之心，所以貴于虛靜也。神道者，無心而自然之道也。

表一千二百二十

作者/文獻	版本	用　　例
卞斌 《周易通解》 卷一	清嘉慶刻本	(1) 觀天之神道，而四時不忒。聖人以神道設教，而天下服矣。（上九為神道。巽爲立秋，艮爲立冬，四時順序，故不忒也。秋冬嚴肅之氣，聖人法神道以設教。嚴肅而尊神，故殷人率民事神尊而不親民，皆殷肅以服於上矣。）

表一千二百二十一

作者/文獻	版本	用　　例
卞永譽 《式古堂書畫彙考》 卷一	清文淵閣四庫全書本	(1)《魯公東西林題名》《宋開府神道》《永州磨崖諸奇書》《楊少師洛中十一碑》《懷素自敘》草書千餘字當集為一，它日可為跋尾。禪家云：法不孤起，仗境方生。懸想而書，不得一二，又臂痛才能用筆三四分耳。
卞永譽 《式古堂書畫彙考》 卷四		(2) 吳通玄行書《魚朝恩神道碑藁》上下，《度人經》。(不完) (3) 唐彭王傅徐浩書張九齡《司徒告》，真蹟。在其孫曲江人嶺南縣令張仲容處。某官於桂林，借留半月，仍以覆裹，欲為重背，仲惜其印縫古紙不許。九齡《神道碑》亦浩書。
卞永譽 《式古堂書畫彙考》 卷十八		(4) 夫近者，季道盛雅以清獻《神道碑》見屬。既而傳旨下諭，不敢以病憊控。辭已繕寫，付季德。
卞永譽 《式古堂書畫彙考》 卷十九		(5)《瓊林薛眞人誄文》：開府神德君以神道設教，三數百輩。往而有聞者，惟閩之陳文學，近古所謂博大眞人哉！文學供奉時，落魄不羈，以詩、酒自汙。歿久，始贈真人號。朝學士、大夫，述德（原闕）行未已也。

續表

作者/文獻	版本	用　　例
卞永譽《式古堂書畫彙考》卷五十二	清文淵閣四庫全書本	(6) 朝遊洞庭山，暮遊洞庭水。七十二峰高入雲，聯綿如雲青未已。竹葉吹下寰瀛圖，銀濤雪浪瀛洲如。林屋道人夜吹笛，飛思怳與神仙俱。黄公先塋林屋上，兩山勢擁青絲幛。婁東久客胡不歸，春江幾隔桃花漲。人生誰保百年身，北邙丘土東華塵。畫圖張坐心萬里，朝朝暮暮湖之濱。鬱鬱佳城間，大樹已合抱。子孫讀書光禰考，一丈豐碑屹神道。

表一千二百二十二

作者/文獻	版本	用　　例
斌良《抱沖齋詩集》卷九句	清光緒五年崇福湖南刻本	(1) 落落孤懸曙後星，巋然江左仰儀型。（孫淵如、吴穀人兩先生，相繼歸道山。江南壇坫，惟公獨存。）湖山眞繪常留愛，（先生治杭，郡民曾刻圖像于秦淮海祠，以志去思。）金石高文許乞銘。（先公《神道碑》，擬求椽筆。）孔李通家交有素，應劉同調眼原青。蠻花犵鳥棠陰在，話到前徽掣淚聽。（先生出先公門下，政蹟知之最稔。酒間談次，不覺愴然。）

表一千二百二十三

作者/文獻	版本	用　　例
蔡德晋《禮經本義》卷二	清文淵閣四庫全書本	(1) 主人筵于户西，西上，右几。（主人，女父也。筵，設神席也。户西室，户之西即户牖間也。西上者，席有首尾，其首在西，神道尊右也。几，漆几也。右几，席南面，几在席西端也。） (2) 席于廟奧，東面，右几。席于北方，南面。（廟奧東面，舅席也。右几，則席南上也。凡設几，例在席之上端。北方，南面，姑席也。蓋以西為上，神道尚右也。）
蔡德晋《禮經本義》卷十六		(3) 史曰：諾！西面于門西，抽下韇，左執筮，右兼執韇以擊筮，遂述命曰：假爾泰筮有常。孝孫某，來日丁亥，用薦歲事于皇祖伯某，以某妃配某氏。尚饗！乃釋韇立筮。卦者在左坐，卦以木。卒筮，乃書卦于木，示主人，乃退占。（史西面，神道尚右也。下韇，韇底也。擊，扣也。初，右手抽上韇出策；今，左手執策，右手抽下韇兼執。蓋以扣策將問吉凶，故叩之以動其神，遂述主人之命以告之也。特牲不述命，此述命，禮盛也。假，借也。泰者，尊上之稱。有常，言其吉凶，常可憑信也。） (4) 司宫筵于奥，祝設几于筵上，右之。（筵于奥，布神席也。設几席上，所以安神。右之者，神道尚右也。）

表一千二百二十四

作者/文獻	版本	用　　例
蔡上翔 《王荊公年譜考略》 卷首一	清嘉慶九年刻本	(1) 荊國文公，古詩十三卷，律詩二十一卷，挽詞一卷，集句歌曲二卷，四言詩、古賦、樂章、銘讚一卷，書疏一卷，奏狀一卷，劄子四卷，內制四卷，外制七卷，表六卷，論議九卷，雜著一卷，書七卷，啟三卷，記二卷，序一卷，祭文、哀詞二卷，神道碑三卷，行狀、墓表一卷，墓誌十卷。舊閩浙蘇吳俱有刻，公梓里臨川顧缺無傳。

表一千二百二十五

作者/文獻	版本	用　　例
蔡世遠 《二希堂文集》 卷九	清文淵閣四庫全書本	(1) 刑部右侍郎涇陽王公神道碑

表一千二百二十六

作者/文獻	版本	用　　例
蔡新 《緝齋文集》 卷首	清乾隆刻本	(1) 八政者，治世之大端布於人也。稽疑者，神道所設教謀之天也。蓋王道之原，明則有禮樂，幽則有鬼神。惟明有禮樂，故聖人不敢矜無為之治，而食貨、賓師、命官分職之事從斯而起，所謂建諸天地而不悖者也。惟幽有鬼神，故聖人不敢矜睿思之智，而蓍龜卜筮、三兆、五占之法從斯而立，所謂質諸鬼神而無疑者也。
蔡新 《緝齋文集》 附錄上		(2) 高宗遯荒野，已知傅說之賢。一旦欲舉而加諸臣民之上，恐未必帖服衆心，故假之於夢。商俗尚鬼，以神道設教，理或然也。

表一千二百二十七

作者/文獻	版本	用　　例
曹亮武 《南耕詞》 卷二	清康熙刻本	(1)《踏莎行・花徑成》：架與門齊，藤依墻峭。模糊倦眼須花照。帶經時荷雨中鋤，行吟每側風前帽。底事如癡，無端失笑。凴闌說與花神道。世間花癖是儂邪，好教春意枝頭鬧。

表一千二百二十八

作者/文獻	版本	用　例
曹掄彬《（乾隆）雅州府志》卷九	清乾隆四年刊本	（1）阮南池（萬歷初，任雅州千戶調。平楊應龍，旌贈軍功，有《武德將軍神道碑》於雅城西五里。）
曹掄彬《（乾隆）雅州府志》卷十四		（2）《修隆興庵碑記》（竹永齡）：古皇先生，西方夫子也，於中夏明教無所與。然所謂清淨法身，則即天命之性也；圓滿報身，即率性之道也；千百億身，即修道之教也。……夫六經三史皆經世之書，士君子誦讀而佩服之。若愚夫愚婦，未免杆格而不相入。孔子曰“民可使由之，不可使知之”，職是故也。況天下賢智之人恒多，中庸之人恒少，惕之以佛子天堂地獄之論，勵之以佛菩薩圓覺之因，返叔季偷薄之俗，漸還性命倫理之大，是佛子之教，亦可以驅之，而佐吾道之窮也。且一方有控扼之地，風水所關。欲建樓閣遊玩之所，以崢嶸其勢，久必頽廢，不若神道設教，建世尊龍像於其間，反可以垂世而不替，則佛寺菴觀又可借之，以培補地脈之不及也。
曹掄彬《（乾隆）雅州府志》卷十五		（3）《修張侯廟碑記》（竹朗裔）：從來，天爵與人爵不異，神道與人道同揆。若天工弼亮，自流芳於兩間；即一節著名，亦傳奇於千古。生而為英，歿而為靈，盖其精神凝聚與天地山川，相為固結而不可泯者，在在然矣。蘆邑東北二十里，有張侯廟焉。相傳侯原籍江西撫州府，南宋由進士為御史，謫守蘆邑。……予曰：進士侍御，入爵也；而今神矣，則天爵也。遭謫盡職，人道也；而今也祠之，則神道也。秉忠直以事君，不遇故去，聊乘下邑之車。盡惠愛以宜民，偶焉身亡，遂成香火之地。天耶？大耶？神耶？其爵其道，豈有異耶？敬記之。

表一千二百二十九

作者/文獻	版本	用　例
曹庭棟《宋百家詩存》卷十六	清文淵閣四庫全書本	（1）《花石詩十一章》（并序）：臣聞功足以利一國者，當享一國之樂；德足以被四海者，當受四海之奉。恭惟皇帝陛下，至仁之所眇，神道之所化，覃乎無外，不可量數。如一元默運，萬物自春。豈特宜民宜人，使由其道，雖鳥獸魚鼈，莫不咸若是，其所享宜如何哉！雖移嵩嶽以爲山，决江海以爲沼，竭東風之所披拂者以爲臺榭之觀，且不足以奉聖德之萬一。區區官吏，輒以根莖之細，塊石之微，挽舟而來，動數千里。竊竊然自謂其神刓鬼劃，冠絶古今，若真足以報國者。以臣觀之，是特以一方之物奉天子，曾不以天下之物奉天子也。

續表

作者/文獻	版本	用　　例
曹庭棟 《宋百家詩存》 卷四十	清文淵閣四庫全書本	(2)《次韻槐姪送花》：塵欺雙鬢少，春寄一枝多。為報花神道，晴天載酒過。

表一千二百三十

作者/文獻	版本	用　　例
曹寅 《全唐詩》 卷十二	清文淵閣四庫全書本	(1)《舒和》：神道發生敷九稼，陰極乘仁暢八埏。緯武經文隆景化，登祥薦祉啓豐年。
曹寅 《全唐詩》 卷四十七		(2)《酬周判官巡至始興會改秘書少監見貽之作兼呈耿廣州》：惟昔遷樂土，迨今已重世。陰慶荷先德，素風慚後裔。唯益梓桑恭，豈稟山川麗。于時初自勉，揆己無兼濟。……履險甘所受，勞賢愿相曳。攬轡但荒服，循陔便私第。嘉慶始獲申，恩華復相繼。無庸我先舉，同事君猶滯。當推奉使績，且結拜親契。更延懷安旨，曾是慮危際。善謀雖若茲，至理焉可替。所仗有神道，況承明主惠。
曹寅 《全唐詩》 卷八十六		(3)《奉和聖制義成校獵喜雪應制》：文教資武功，郊畋閱邦政。不知仁育久，徒看禽獸盛。夜霰氛埃滅，朝日山川淨。綽仗飛走繁，抨絃筋角勁。帝射參神道，龍馳合人性。五豝連一發，百中皆先命。勇爵均萬夫，雄圖羅七聖。星為吉符老，雪作豐年慶。喜聽行獵詩，威神入軍令。
曹寅 《全唐詩》 卷一百三十六		(4)《薦玄德公廟》：神道本無已，成化亦自然。君居寥天上，德在玉華泉。眞遊踐王（一作“玉”）豫，永日遲雲仙。表微在營道，明祀將祈年。靈山俯新邑，松上生彩煙。豈知穆天子，遠去瑤池邊。
曹寅 《全唐詩》 卷二百二十三		(5)《奉送魏六丈佑少府之交廣》：賢豪贊經綸，功成空名（一作“名空”）垂。子孫不振耀（一作“没不振”），歷代皆有之。鄭公四葉孫，長大常苦飢。眾中見毛骨，猶是麒麟兒。……南游炎海甸，浩蕩從此辭。窮途仗神道，世亂輕土宜。解帆歲云暮，可與春風歸。出入朱門家，華屋刻蛟螭。玉食亞王者，樂張游子悲。……錯揮鐵如意，莫避珊瑚枝。始兼（一作“無”）逸邁興，終慎賓主儀。戎馬闇天宇，嗚呼生別離。

續表

作者/文獻	版本	用　　例
曹寅 《全唐詩》 卷二百六十四	清文淵閣四庫全書本	(6)《囝一章》：囝，哀閩也。（囝，音蹇。閩俗呼子為囝，父為郎罷。）囝生閩方，閩吏得之，乃絶其陽。為臧為獲，致金滿屋。為髠為鉗，如視草木。天道無知，我罹其毒。神道無知，彼受其福。郎罷別囝，吾悔生汝。及汝既生，人勸不舉。不從人言，果獲是苦。囝別郎罷，心摧血下。隔地絶天，及至黃泉，不得在郎罷前。
曹寅 《全唐詩》 卷三百三十六		(7)《舊史》言公自監察御史上章數千言，極論宮市，德宗怒，貶陽山令。《新史》亦云上疏論宮市。今詩自序其得罪之由，大抵言京師旱饑，未嘗力言宮市。惟皇甫湜《神道碑》云：關中旱饑，先生力言天下根本。專政者惡之，出為陽山令。湜當時從公遊者，知公之不以論宮市出，審矣。
曹寅 《全唐詩》 卷三百三十九		(8)《豐陵行》（順宗陵也，在富平縣東北二十里）：羽衛煌煌一百里，曉出都門葬天子。群臣雜沓馳後先，宮官穰穰來不已。是時新秋七月初，金神按節炎氣除。清風飄飄輕雨灑，偃蹇旗旆卷以舒。逾梁下坂笳鼓咽，嵲嵲遂走玄宮閭。哭聲訇天百鳥噪，幽坎晝閉空靈輿。皇帝孝心深且遠，資送禮備無羸餘。設官置衛鎖嬪妓，供養朝夕象平居。臣聞神道尚清淨，三代舊制存諸書。墓藏廟祭不可亂，欲言非職知何如。
曹寅 《全唐詩》 卷四百二十七		(9)《青石·激忠烈也》：青石出自藍田山，兼車運載來長安。工人磨琢欲何用，石不能言我代言。不願作人家墓前神道碣，墳土未乾名已滅。不願作官家道旁德政碑，不鐫實録鐫虛辭。願為顏氏段氏（一作"段氏顏氏"）碑，雕鏤太尉與太師。刻此（一作"用"）兩片堅貞質，狀彼二人忠烈姿。義心如石屹不轉，死節如石（一作"名流"）確不移。如觀奮擊朱泚日，似見叱訶希烈時。各於其上題名謚（一作"字"），一置高山一沉水。陵谷雖遷碑（一作"碣"）獨（一作"猶"）存，骨化爲塵名不死。長使不忠不烈臣，觀碑改節慕爲人。慕爲人，勸事君。
曹寅 《全唐詩》 卷四百二十八		(10)濟水澄而潔，河水渾而黃。交流列四瀆，清濁不相傷。太公戰牧野，伯夷餓首陽。同時號賢聖，進退不相妨。謂天不愛民，胡爲生稻粱。謂天果愛民，胡爲生豺狼。謂神福善人，孔聖竟棲遑。謂神禍淫人，暴秦終霸王。顏回與黃憲，何辜早夭亡。蝮蛇與鴆鳥，何得壽延長。物理不可測，神道亦難量。舉頭仰問天，天色但蒼蒼。唯當多種黍，日醉手中觴。
曹寅 《全唐詩》 卷八百		(11)嚴續姬：南唐僕射嚴續請韓熙載撰父《神道碑》，奉一歌妓潤筆。文成，但敍譜系品秩。續乞改竄，熙載還其所贈，姬因題詩泥金雙帶而去。詩一首。《贈別》：風柳搖搖無定枝，陽臺雲雨夢中歸。他年蓬島音塵絕，留取尊前舊舞衣。

續表

作者/文獻	版本	用　　例
曹寅 《全唐詩》 卷八百五十三	清文淵閣四庫全書本	(12)《經羊角哀墓作》：祇召出江國，路傍旌古墳。伯桃葬角哀，墓近荊將軍。神道不相得，稱兵解其紛。幽明信難知，勝負理莫分。長呼遂刎頸，此節古未聞。兩賢結情愛，骨肉何足云。感子初併糧，我心正氛氳。遲迴駐征騎，不覺空林曛。
曹寅 《全唐詩》 卷八百五十八		(13) 不負三光不負人，不欺神道不欺貧。有人問我修行法，只種心田養此身。

表一千二百三十一

作者/文獻	版本	用　　例
曹元弼 《禮經校釋》 卷十一	清光緒刻後印本	(1)《祭法》曰：日月星辰，民所瞻仰也。山林、川谷、邱陵，民所取財用也。是萬民所共見，故爲方明象之所，以使人觸目警心，罔或渝僭。聖人以神道設教，而天下服矣。胡說非是。
曹元弼 《禮經學》 解紛第五上	清宣統元年刻本	(2)《祭法》曰：日月星辰，民所瞻仰也。山林、川谷、丘陵，民所取財用也。是萬民所共見，故爲方明象之所，以使人觸目警心，罔或渝僭。聖人以神道設教，而天下服矣。胡說非是。

表一千二百三十二

作者/文獻	版本	用　　例
查繼佐 《罪惟録》 帝紀卷之一	四部叢刊三編景手稿本	(1) 二月，雨雹。求直言，録軍國重事。太傅、右丞相、魏國公徐達卒。帝慟悼，罷朝，親為文祭之。追贈中山王，謚武寧，賜葬鍾山之陰。《神道碑》稱：王言簡慮精，令出不二，成功不矜。忠志無疵，昭乎日月。侑享太廟，肖像功臣廟，位皆第一。
查繼佐 《罪惟録》 志卷之八		(2) 又言：遷神南向，非神道尚右之本義。以薰薌代炳蕭，以秉燭代庭燎，殊不合古，且不宜。

續表

作者/文獻	版本	用　例
查繼佐《罪惟録》列傳卷之四	四部叢刊三編景手稿本	(3) 上曰：吾固聞之矣。立命中書省改立揚王廟於盱眙，墓次置灑掃户三家，設祠祭署，有司歲以仲春秋祀。宋濂為文，碑神道。 (4) 於是書等請於甎城之東、皇城之內，擇地立禰廟。前殿後寢，籩豆牲腯，歌章樂舞，一如天子儀。前開神道，從闕左門進，不與太廟同門。
查繼佐《罪惟録》列傳卷之八上		(5) 上聞訃，哭之慟，輟朝三日。歎曰：愈事朕二十二年，歷鎮八州，有功無過。命朱夢炎為《神道碑》，葬事皆官給。追封寧河王，謚武順，侑享太廟。
查繼佐《罪惟録》列傳卷之十		(6) 璫用事以門户追論，憲成奪官，并奪誥命。及魏敗，復官。贈吏部侍郎，謚端文。趙高邑南星為《神道碑》，鄒吉水元標誌其墓，高忠憲攀龍狀其行。有曰：自朱文公以来，盖四百餘年一大折衷也。
查繼佐《罪惟録》列傳卷之十三中		(7) 嘉靖中，以神道而釋，諫臣徃徃不一而足。
查繼佐《罪惟録》列傳卷之十三下		(8) 三十二年，江南灾，税監刘成請暫減米税。上猶未乆，世卿復争也。不很時，祖陵異災，孽火燒樓，妖虫飲樹，雨潰神道，梁橋不一。
查繼佐《罪惟録》列傳卷之十六		(9) 六年，入朝北京時，廣孝年八十有四矣。自號獨庵老人，或曰逃虗子。三月，預知逝期。……袛端坐而寂，七日異香不散。上為卜地西山，礱石建塔。而火之，心舌與齒，堅固不壞，得舍利皆五色。為御製《神道碑》。
查繼佐《罪惟録》列傳卷之二十		(10) 陛下天資至高，合扵道微。百家神怪，誕妄恍惚，無不洞燭其謬。然猶不免以愚弄天下，若所謂以神道設教者，臣謂不必然也。
查繼佐《罪惟録》列傳卷之二十六		(11) 西番以僧為治，因俗淂封，不沼之治也。職官猶存二氏，其猶神道設教之微意歟？
查繼佐《罪惟録》列傳卷之三十六		(12) 是年，王卒會同舘。上輟朝三日，賻贈有加。工部具棺槨、明器，瘞德安門外，樹碑神道。

表一千二百三十三

作者/文獻	版本	用　　例
查揆《篔穀詩文鈔》卷八	清道光刻本	(1) 王三子：昇、茂、森。宋文憲《神道碑》同史，失森名，蓋闕也。
查揆《篔穀詩文鈔》卷十一		(2) 太子太保文淵閣大學士孫文靖公神道碑銘
查揆《篔穀詩文鈔》卷十二		(3) 阮招勇將軍暨光祿大夫昭穆神道碑

表一千二百三十四

作者/文獻	版本	用　　例
查慎行《得樹樓雜鈔》卷六	民國適園叢書本	(1)《耶律公神道碑》云：泰定四年六月，翰林學士承旨、知制誥兼修國史耶律公薨於私第。七月丙午，葬昌平縣玉泉之東甕山之陽。
查慎行《得樹樓雜鈔》卷十		(2) 子厚自作其父《侍御（名鎮）府君神道表》，碑陰記先友六十七人，族兄弟族子咸列焉。考之於傳，卓然知名者有二十餘人。
查慎行《周易玩辭集解》卷三	清文淵閣四庫全書本	(3) 胡敬齋謂："盥而不薦"，不可以辭害意。盥則必薦，蓋言"盥而不薦"之時，在下者已信而瞻仰之，以見觀感之神速，故下文言"神道設教"云云。 (4)《彖》曰：大觀在上，順而巽，中正以觀天下。觀，盥而不薦，有孚顒若，下觀而化也。觀天之神道，而四時不忒。聖人以神道設教，而天下服矣。 (5) 中正以為觀，而後成其大也。聖人用此道為觀，于上盡誠盡敬，不大聲以色，而在下者自觀而化。夫子就卦辭推出一層説，不足申釋上文。"神"字即從上，"化"字看出觀乃天之神道，只是四時不忒。聖人以之設教，只中正以服天下，便是聖人之神道。以教顯神，非以神為教也。"觀"字句，不連"天之神道"讀。

續表

作者/文獻	版本	用　例
查慎行《敬業堂詩集》卷一	四部叢刊景清康熙本	(6)《登金陵報恩寺墖二十四韻》：不盡興亡恨，浮圖試一登。孤高真得勢，陡起絶無憑。法轉風輪翅，光摇火樹燈。地維標寶刹，天闕界金繩。碧落開千里，丹梯轉百層。規模他日壯，感慨至今仍。禍自歸藩啓，兵從靖難稱。比戈殘骨肉，問罪假疑丞。……原廟衣冠冷，豐宮獻卜增。侈心崇梵竺，神道託高曾。世往疑經刼，人來乍得朋（同登者六人）。雲煙爭變幻，日月幾升絙。絶頂盤旋上，虚窗偪仄凭。近身棲怖鴿，側背躡飛鵬。勝境才何有，高歌氣或騰。鍾山青入望，相對故崚嶒。
查慎行《敬業堂詩集》卷十五		(7)《洪武御碑歌》：昇仙臺前白玉碑，柱石拏攫龍之而。鴻文載在御制集，初不假手詞臣爲。我來摩挲一再讀，顛者蹤跡大可疑。憶昔元人失其鹿，群雄角逐爭驅馳。……英君往往謀略秘，計大不許尋常窺。亦如田單破燕騎，神道設教尊軍師。……留侯自伴赤松去，穀城空立黄石祠。天池之山高巍巍，竹林仙馭杳莫追。鶴歸倘記石華表，世代已逐滄桑移。百年雨露在山澤，惟有松栢參天枝。
查慎行《敬業堂詩集》卷四十二		(8) 蓬萊重入望，風引去如飛。指水言猶在，登山力已微。憑誰留玉帶，幸自脱朝衣。(余《遊金山》詩有“終脱朝衫披野衲”句) 爲報江神道，無田我亦歸。(“爲謝江神豈得已，有田不歸如江水”，蘇東坡《登金山》句也。)

表一千二百三十五

作者/文獻	版本	用　例
查祥《兩浙海塘通志》卷首	清乾隆刻本	(1) 雍正二年八月十五日，欽奉上諭：朕思天地之間，惟此五行之理，人得之以生全，物得之以長養，而主宰五行者，不外夫陰陽。陰陽者，即鬼神之謂也。孔子言“鬼神之德，體物而不可遺”，豈神道設教哉？蓋以鬼神之事，即天地之理，故不可以偶忽也。凡小而邱陵，大而川嶽，莫不有神焉主之，故當敬信而尊事，况海爲四瀆之歸宿乎？
查祥《兩浙海塘通志》卷二十		(2) 若夫神道之説，昔人不廢，惟在立誠以動之，無感不應。奉訓大夫、杭州路判官張仲儀：海寧潮溢田畝，廬舍多遭陷沒。仲儀憂之，以特牲禱於海神曰：民非田不食，非廬無以居，神忍化民爲魚鼈宫邪？即爲魚鼈宫，神將何依？吾恐神不自寧也。

表一千二百三十六

作者/文獻	版本	用　　例
陳焯 《宋元詩會》 卷五	清文淵閣四庫全書本	(1)《赴郡之初尋屬愆亢有司舉舊典取湫水徵巫覡以致禱而涉旬靡應農事方急遣罷去越翊日乃雨》：優詔將州任，視政纔旬時。田畯訴炎暵，坐虞多稼萎。雲將掉頭去，波臣涸轍悲。行部殊未及，隨車杳難期。……神道貴得一，何乃託邪師。遽俾送湫勺，撤役勤繭絲。申明恤刑詔，撻重捨輕疑。從此四五日，油霈洽封圻。周官地官職，皇舞雖有祈。道經涖天下，傷民誠弗為。惟神稟聰正，逺鬼務肅秖。願守有常惪，可戒興妖思。
陳焯 《宋元詩會》 卷四十四		(2)《讀范文正公神道碑有感佚事》：武侯不可致，蜀主造其廬。公在衰絰中，乃上時政書。維時君臣定，事與草昧殊。出處千載同，豈必名迹如。行伍拔大將，寒饑得名儒。推轂天下士，百年用其餘。生平慕河汾，未許王魏俱。殷勤八司馬，意獨何區區。自古朋黨論，消復莽無期。誰令羣疑亾，韓富及有為。惜哉公不見，功名止西陲。

表一千二百三十七

作者/文獻	版本	用　　例
陳澹然 《權制》 卷二	清光緒二十六年徐崇立刻本	(1) 高宗御撰《平準部碑》云：其口奉佛，其心乃如夜叉、羅刹之食人，其所奉刺麻類以淫殺爲事，與青海一轍。西藏亦云國，初尊達賴，不臣，非眞信其教也。葢以蒙古地數萬里，未可以周、孔治之。故假神道以設教，使崇信其法，殺其獷悍之氣耳。

表一千二百三十八

作者/文獻	版本	用　　例
陳法 《易箋》 卷二	清文淵閣四庫全書本	(1) 大觀在上，順而巽，中正以觀天下。觀，盥而不薦，有孚顒若，下觀而化也。觀天之神道，而四時不忒。聖人以神道設教，而天下服矣。 (2) 天无言而時行物生，天之神道也。聖人不言動而民敬信，聖人之神道也。以聲色化民，形也。至德之感孚，神也。故曰：聖人以神道設教，而天下服。

表一千二百三十九

作者/文獻	版本	用　　例
陳澧 《東塾集》 卷五	清光緒十八年菊坡精舍刻本	(1) 體仁閣大學士贈太保翁文端公神道碑銘 (2) 公子前任安徽巡撫同書、兵部武選司員外郎同爵、右春坊右贊善同龢，以公將歸葬，奉《行述》《年譜》，寓書於公。門下士陳澧爲《神道碑銘》。 (3) 誥贈光禄大夫建威將軍張公神道碑銘 (4) 記名提督廣西右江鎮總兵官張公神道碑銘 (5) 公以光緒四年某月某日，葬其鄉大潛山陽華城寺之西原。李相國爲之誌，足以傳矣！制府友于之誼有餘哀焉。又命澧銘神道之碑。 (6) 誥封光禄大夫四川岳池縣知縣何公神道碑銘 (7) 四川岳池縣知縣、誥封光禄大夫、江蘇巡撫香山何公，卒於里第。長子璟，官兩江總督，聞計歸葬公於城東大嶺頭之原。屬豐爲公銘神道之碑。
陳澧 《東塾集》 卷六		(8) 誥贈光禄大夫候選知州馮君神道碑銘 (9) 馮君神道碑銘 (10) 光緒四年，江蘇蘇松太道馮君出塞，求父柩歸，卒於塗。……嗚呼！此二百餘年未有之曠典也。……事在《光禄神道碑》。

表一千二百四十

作者/文獻	版本	用　　例
陳逢衡 《竹書紀年集證》 卷二十二	清嘉慶裛露軒刻本	(1) 庾信《周齊王憲神道碑》云：囚箕子于塞庫。

表一千二百四十一

作者/文獻	版本	用　　例
陳恭尹 《獨漉堂詩文集》 文集續編奏疏	清道光五年陳量平刻本	(1)《金紫閣重修記》：一鄉一國之間，必有鎮山靈地，以為下民祈禱之所。若桑林尼丘，自三代已然，而尤盛於今日。往往其地之善否，繫一鄉之禍福。蓋神道設教，而復兼於青烏家言：衆志之所同，即神明之所憑依也。吾鄉金紫峰聳秀拔出，爲一鄉之望，其爲禱祀所歸久矣。

表一千二百四十二

作者/文獻	版本	用　例
陳沆 《近思録補注》 卷九	清稿本	(1) 江氏曰：朱子排祖先位以西為上，蓋謂神道尚右也。然古人祫祭，尸在室則以東向為尊，南向昭而北向穆。尸在堂則以南向為尊，亦左昭而右穆。令人祭皆在堂，宜以最尊者居中南向，餘則左右對排，似理得而心安。蓋今人習于東上，若以尊者居西，反若不安也。

表一千二百四十三

作者/文獻	版本	用　例
陳和志 《（乾隆）震澤縣志》 卷三十	清光緒重刊本	(1) 唐元和五年，蘇州刺史王仲舒始隄松江爲路。（按：此本韓愈所撰《神道碑》。）

表一千二百四十四

作者/文獻	版本	用　例
陳鶴 《明紀》 卷五	清同治十年江蘇書局刻本	(1) 陛下天資至高，合於道微。神怪誕妄，臣知陛下洞矚之矣。然猶不免所謂神道設教者，臣謂不必然也。一統之輿圖已定矣，一時之人心已服矣，一切之姦雄已慴矣。天無變災，民無患害。聖躬康寧，聖子聖孫繼繼繩繩，所謂得眞符者矣。何必興師以取寶爲名，諭眾以神仙為徵應也哉。
陳鶴 《明紀》 卷八		(2) 冬十月，楊榮以父喪起復，麻那惹加那卒於會同館。帝哀悼，輟朝三日，遣官致祭。有司具棺槨、明器，葬之安德門外石子岡，樹碑神道。建祠墓側，祀以少牢，謚曰恭順。

表一千二百四十五

作者/文獻	版本	用　例
陳弘謀 《五種遺規》 養正遺規 卷下	清乾隆培遠堂刻匯印本	(1) 天公不要房住，神道不少衣穿。強似將佛塑畫，（求福免禍心切，只是諂賂神明。大家都説行善，不知此心爲神乎？爲己乎？行善乎？行利乎？）不如救些貧難。（這却是善事，又不肯爲。彼善事上官忘情民瘼者，何以異此。）

續表

作者/文獻	版本	用　　例
陳弘謀《五種遺規》訓俗遺規卷四	清乾隆培遠堂刻匯印本	(2) 名公巨卿，邱墓内有墓誌，外有豐碑，再有華表人獸，以及神道碑亭。至士庶之家，雖限於分，而誌石墓碑不在禁例。稍有力者，内誌以石，或記事功，或止勒亡者生庚，故葬年月，山向四至大概，附埋塚内。上樹碑一通，不必過於高大，嫌於僭也。碑面照有無封贈職銜，據實開刻（考妣）某某之墓，旁書子某孫某敬立。碑陰仍將父母生庚，故葬年月，并所葬坐山朝向，及墳地四至丈尺，墓田畝數，明白刊刻，庶可以示久遠，以防侵佔。葬遠鄉者，尤不可不急講也。

表一千二百四十六

作者/文獻	版本	用　　例
陳弘緒《江城名蹟》卷二	清文淵閣四庫全書本	(1) 仁宗命張方平撰《神道碑》，御書其額曰“褒忠”。可謂明良遇合，極一時之盛，而延之抗志物表，終老不出，要不礙其並傳也。

表一千二百四十七

作者/文獻	版本	用　　例
陳鴻墀《全唐文紀事》卷一	清同治十二年方功惠廣州刻本	(1) 開元二年，昭成皇后靖陵在洛陽，上令舅希瓘往樹碑。上曰：其文須取第一手。遂令魏知古宣旨，令中書侍郎蘇頲為碑文。頲因極言：帝王及后，禮無《神道碑》。近則天皇后崇尚家代，猶不敢稱碑，刻為《述聖紀》。且事不師古，動不合法。若靖陵獨建，即陛下祖宗之陵，皆須追建。上從其言而止。(《唐會要》) (2) 今後藩侯帶同平章事已上薨謝者，並差官撰文宣賜。未帶相印及刺史以令式合立碑者，其文任自製撰，不在奏聞。（後唐閔帝《立藩鎮神道碑詔》《冊府元龜》。)
陳鴻墀《全唐文紀事》卷二		(3) 神宗初，欲爲《韓魏公神道碑》。王禹玉爲學士，密詔禹玉具故事有無。禹玉以唐太宗作《魏徵碑》，高宗作《李勣碑》，明皇作《張說碑》，德宗作《段秀實碑》及本朝太宗作《趙普碑》，仁宗作《李用和碑》六事以聞，於是御製碑賜魏公家。(《石林燕語》) (4)《朱子語錄》云：韓文千變萬化，無心變；歐陽有心變。《杜祁公墓誌》一件未了，又說一件。韓《董晉行狀》尚稍長，權德輿作宰相，《神道碑》只一板許，歐、蘇便長了。(《例金石》)

續表

作者/文獻	版本	用　　例
陳鴻墀《全唐文紀事》卷三	清同治十二年方功惠廣州刻本	(5) 凡《墓誌銘》，書法有例，其大要十有三事焉：曰諱，曰字，曰姓氏，曰鄉邑，曰族出，曰行治，曰履歷，曰卒日，曰壽年，曰妻，曰子，曰葬日，曰葬地，其序如此，如韓文《集賢校理石君誌銘》是也。……其他雖次序或有先後，要不越此十餘事而已，此正例也。其有例所有而不書，例所無而書之者，又其變例，各以其故也。今取韓文所載《墓誌銘》，錄其目而舉其例於各題之下，《神道碑銘》並舉之。又於李文公、柳河東二家之文拔其尤，以附於後，用廣韓文之例焉。(《墓銘舉例》) (6) 婦人從夫，故誌合葬者，其題只書某官某公誌銘或墓表，未有書暨配某氏也。張說為《蕭灌神道碑》云“南城侯之夫婦同刻碑銘”，其題“贈吏部尚書蕭公神道碑”，其妻韋氏書事實於內，題則不列。楊炯爲《王義章神道碑》“其子師本陪葬”，亦不別為標題。自唐至元，皆無夫婦同列者。(《書合葬例》《金石要例》。) (7) 楊炯為《成知禮神道碑》。其碑銘之後有系曰“若《楚辭》亦自一體”。婦人妃主亦稱《神道碑》，如張說“和麗妃、息國長公主、李華東光縣主楊縮、郭汾陽夫人”是也。(《金石要例》)
陳鴻墀《全唐文紀事》卷五		(8)《文貞公神道碑》，太宗之文。時徵將薨，太宗嘗夢見，及覺，左右奏徵卒。故曰：俄於髣髴，忽覩形儀。復曰：高宗昔日得賢相於夢中，朕今此宵失良臣於覺後。(《摭言》)
陳鴻墀《全唐文紀事》卷六		(9) 張說既致仕，在家修養，乃乘間往景山之陽，於先塋建立碑表。玄宗仍賜御書額以寵之。其文曰：嗚呼，積善之墓。與宣父延陵季子墓誌同體也。朝野以為榮。及說薨，玄宗親製《神道碑》，其略云云。(《大唐新語》)
陳鴻墀《全唐文紀事》卷八		(10) 右，今日品官唐國珍到臣宅，奉宣進止：緣臣與王用撰《神道碑文》，令臣領受用男沼所與臣馬一匹，并鞍銜及白玉腰帶一條者。臣才識淺薄，詞藝荒蕪，所撰碑文不能備盡事跡。聖恩弘獎，特令中使宣諭，並令臣受領人事物等。承命震悚，再欣再躍，無任榮忭之至，謹附伏陳謝以聞。謹狀。(《謝許受王用男人事務狀》《昌黎文集》。)
陳鴻墀《全唐文紀事》卷十三		(11) 應順元年三月，敕令：後藩侯帶平章事已上薨謝者，差官撰《神道碑文》。宣示：未帶平章事及刺史准令式合立碑者，其文任自製撰，不在奏聞限。(以故忠武軍節度使孟鵠男道古上章，乞立其父碑，故有是敕。)(《五代會要》)

續表

作者/文獻	版本	用　　例
陳鴻墀《全唐文紀事》卷十五	清同治十二年方功惠廣州刻本	(12) 其進士請今後省卷限納五卷已上，於中須有詩、賦、論各一卷，餘外雜文、謌篇，並許同納，祇不得有神道碑、誌文之類。其不及第人，以文藝優劣定為五等：取文字乖舛、詞理紕繆最甚者為第五等，殿五舉；其次者為第四等，殿三舉；以次稍優者為第三、第二、第一等。諸科舉人所對策問，或不應問目詞理乖錯者，並當駁落。其諸科舉人，請第一場十否者殿五舉，第二場三場十否者殿三舉，其三場內有九否者並殿一舉。其進士及諸科所殿舉數，並於所試卷子上朱書封送中書門下，請行指揮。及罪發解試官監官等，其監官試官如受取解人情禮財物，請今後並准枉法贓論。又進士以德行為基，文章為業，苟容欺詐，何稱科名。近年場中，多有詐偽。託他人之述作，竊自己之聲光。用此面欺，將為身計。宜加條約，以誡輕浮。今後如有倩人述作文字應舉者，許人告言，送本處色役，永不得仕進。（《寶儀條陳貢舉事例奏》《冊府元龜》。）
陳鴻墀《全唐文紀事》卷十六		(13) 右真蹟用一尺高絹，書多渴筆。詞云：正大廈者，柱石之力；匡帝業者，輔相之功。生則保其雄名，歿猶稱其盛德。今在其孫曲江人嶺南縣令張仲容處。某官於桂林，借留半月，仍以覆裹，欲為重背，仲惜其印縫古紙不許。九齡《神道碑》亦浩書。（唐彭王傅徐浩書張九齡《司徒告》《海岳題跋》。） (14) 公精義入神，洞究奧賾。初睿宗踐祚，冥感祥符，覿元期於化元，啟成命於幽教，人所以佇非常之運，天所以歸億兆之心。玄宗時在東宮，表公所言，請編史冊。時應令賦詩，御批札云：畢公之任，諒藉伊人。思入風雅，靈通神鬼。天子宗東行河隄，陟格獸之場，開濯龍之沼，停鑾上苑，留宴天泉，酒酣樂過，公獻賦以諷，於是有采章之錫。（楊炎《安州刺史杜公神道碑》《文苑英華》。） (15) 天王使中使來歸我公之賵，贈潞州大都督。詔曰：狐裘濯冠，勤固無歇，閉閤留牘，盡瘁有終。謂公有古人之風，故貺公以古人之節。《傳》曰：知臣莫若於君。豈虛也哉？（盧虔《晉州刺史高公神道碑》。） (16) 上嘗命畫工寫貌圖於凌煙閣，手制曰：所謂傳神，國之故事，自武德至是，宰輔一百八十七人，登丞相左右揆。（許孟容《文獻公裴公神道碑銘序》。） (17) 高承簡罷鄭滑節度使，滑人叩闕，乞為承簡樹《德政碑》。內官進曰：翰林故事，職由掌詔學士。上曰：承簡功臣胤也，治吾咽喉地，克有善政，罷而請紀，入人深矣。吾以師臣之辭，且寵異焉。居數月，魏博節度使史憲誠拜章為故帥田季安樹《神道碑》，內官執請亦如前辭。上曰：魏北燕趙，南控成臯，天下形勝地也。吾以師臣之辭，且慰安焉。居數月，陳許節度使王沛拜章乞為亡父樹《神道碑》，內官執請如前辭。上曰：許昌天下精兵處也，俗忠風厚，沛能撫之，吾視如臂。吾以師臣之辭，而彰其忠孝焉。是三者，皆御札命公，令刻其辭，恩禮親重，無與為比。（《贈吏部尚書崔公行狀》《樊川文集》。）

續表

作者/文獻	版本	用　　例
陳鴻墀 《全唐文紀事》 卷十七	清同治十二年方功惠廣州刻本	(18) 詔贈中書令，追封韓國公，諡忠正。既葬，命翰林學士陶穀撰《神道碑文》，官為建立，表特恩也。(《舊五代史・奠仁誨傳》。)
陳鴻墀 《全唐文紀事》 卷二十一		(19) 寶應中，有司議方中復土之制。時西鄙日聳，歲饑人流，公以王者追孝，恤禮宜儉褐衣上疏，詞指約明。君子曰：此劉更生諫昌陵之言也。(《貞憲趙公神道碑銘序》《權文公集》。) (20) 擢拜右拾遺。久次歷右補闕，發文石，封皁囊，諷議十年，彌縫百度。大曆中，中宫憫冊既卜壽原，陳古義以上達，疏近郊之非便。即日詔可，下其章於宰司，特超五階，被以命服。執事内詔以上賀，近臣修職而競勸，服薦紳者誦之，執簡記者書之。(《姚公神道碑銘序》《權文公集》。)
陳鴻墀 《全唐文紀事》 卷二十四		(21) 初玄宗省書廢朝，問故流悼，偉其心而大其節，哀其沒而念其忠。褒贈開府儀同三司安北大都護，俾給事中倪若水乘驛弔祭，命許國公蘇頲爲之文以致意焉。(元載《清源公王府君神道碑銘序》。) (22) 君諱允臧，字季寧，京兆長安人。遷殿中侍御史，眞卿表謝，肅宗批答曰：卿昆季連擢，才聲並振，俱守寒松之操，允執後彫之心。久冒艱危，大知難奪，委以憲臺之長，克申白簡之威。厥弟之遷，亦爲官擇，宜相勸勉，各樹能名。當代榮之。(《上柱國顔君神道碑銘》《顔魯公集》。) (23) 天授元年，糊名考試，判入高等。以親累授衢州參軍，與盈川令楊炯、信安尉桓彦範相得甚歡。又選授洛州溫縣、永昌二尉，每選皆判入高科。侍郎蘇味道以所試示介衆曰：選人中乃有如此書判！嗟歎久之。與會稽賀知章、陳郡殷踐猷、吴郡陸象先、上谷寇泚、河南源光裕、博陵崔璩友善，事具陸據所撰《神道碑》。
陳鴻墀 《全唐文紀事》 卷二十六		(24) 吏部侍郎韓昌黎公愈，自刑部侍郎貶潮陽守。先是郡西有大湫，中有鱷魚，長者百尺，民患之有年矣。及愈刺郡，即命庭掾，以牢醴陳於湫之傍，且祝曰：汝水族也，無爲生人患。是夕，郡西有暴風雷，巨鱷亦隨而徙焉。故工部郎中皇甫湜撰愈《神道碑序》曰：刑部爲潮陽守，云“峒獠海夷，陶然自化；鱷魚稻蟹，不暴民物”。蓋謂此也。(《宣室志》) (25) 時穆宗詔撰《故成德軍節度使王士眞神道碑》，對曰：臣器褊狹，此不能強。王承宗先朝阻命，事無可觀，如臣秉筆，不能溢美。或撰進之後，例行貺遺。臣若公然阻絶，則違陛下撫納之宜；僶俛受之，則非微臣平生之志。臣不願爲之秉筆。帝嘉而免之。(《唐書・蕭俛傳》)

續表

作者/文獻	版本	用　　例
陳鴻墀《全唐文紀事》卷二十七	清同治十二年方功惠廣州刻本	(26) 中丞田良邱爲哥舒翰行軍司馬，既敗，猶自振矜，因誦表云：翰北行師，未當挫衂，蓋緣運數潛迫，人神同棄，職之人故，匪翰之由。衆皆默然，君獨抗聲叱之曰：公何得尚爲賊說徵祥乎？峘等因欲毆擊魏仲犀與之同罪，遜詞引去，不敢枝梧一座皆壯之。(《上柱國金鄉縣開國男顔府君神道碑銘》《顔魯公集》。)
陳鴻墀《全唐文紀事》卷二十八		(27) 偶讀《司空表聖集・太子太師盧知猷神道碑》，見其仕於僖、昭，更歷榮級，至尚書右僕射，以一品致仕，可以歸矣。然由間關跋履，從昭宗播遷，自華幸洛，天祐二年九月乃終，享年八十有六，其得沒於牖下，亦云幸也。 (28) 太平興國中，吴王李煜薨，太宗詔侍臣撰《吴王神道碑》。時有與徐鉉爭名而欲中傷之者，面奏曰：知吴王事迹，莫若徐鉉爲詳。太宗未悟，遂詔鉉撰碑，鉉遽請對而泣曰：臣舊事李煜，陛下容臣存故主之義，乃敢奉詔。太宗始悟讒者之意，許之。故鉉之爲碑，但推言曆數有盡，天命有歸而已。其警句云：東鄰遘禍，南箕扇疑。投杼致慈親之惑，乞火無里婦之談。始勞固壘之師，終復塗山之會。又有偃王仁義之比，太宗覽讀稱歎。《江南録》乃鉉與湯悅奉詔撰，故有鄰國信書之句。東鄰謂錢俶也。(《東軒筆録》)
陳鴻墀《全唐文紀事》卷二十九		(29) 及羯胡亂常，犬戎逆命，玄宗追嘆曰：自公歿後，不復聞忠讜言。發中使至韶州弔祭。其先見之明，有如此者。學究精義，文參微旨，或有興託，或存諷諫，後之作者所宗仰焉。上表論事，事多樞密，入皆削藁，人莫得知。(徐浩《中書令張公神道碑》。)
陳鴻墀《全唐文紀事》卷三十		(30) 公七歲能屬文，一遍誦《鵩鳥賦》。丁尚書認君憂，水漿絕口者五日。八九歲時，嘗夢大鳥銜書，吐公口中，公吞之，遂乘而直上。倏忽驚寤，猶若下在胸間，自後藻思日新，襟懷益爽。年十六七時，或讀《易》曠時不精，公遲而覽之，自亥及寅，精義必究。明年進士高第，補上黨尉，轉王屋主簿。相國蘇味道爲侍御史出使，精擇判官，奏公爲介。公作《長松篇》以自興，《梅花賦》以激時，蘇深賞嘆之，曰：眞王佐才也！(《廣平文貞公宋公神道碑》《顔魯公集》。)

續表

作者/文獻	版本	用　　例
陳鴻墀《全唐文紀事》卷三十一	清同治十二年方功惠廣州刻本	(31) 姚元崇與張說同爲宰輔，頗懷疑阻，屢以事相侵，張銜之頗切。既既病，誡諸子曰：張丞相與吾不協，釁隙甚深。然其人少懷奢侈，尤好服玩。吾身歿之後，以吾嘗同官，當來弔，汝其盛陳吾平生服玩寶帶重器羅列於帳前。若不一顧，汝速計家事，舉族無類矣。若目此，則吾屬無所慮。便當錄其玩用，致於張公，仍以《神道碑》爲請。既獲其文，登時便寫進御，仍先礱石以待之，便令鐫刻。張丞相見事遲於我，數日之後，必當悔。若却徵碑文，以刊削爲辭，當引使視其鐫刻，仍告以聞上訖。姚既歿，張果至，目其玩服三四，姚氏諸孤悉如教誡。不數日文成，敍述該詳，時為極筆。其略曰：八柱承天，高明之位列；四時成歲，亭毒之功存。後數日，果使使取文本，以爲詞未周密，欲重加刪改。姚氏諸子乃引使者視其碑，乃告以奏御。使者復命，悔恨拊膺，曰：死姚崇猶能算生張說。吾今日方知才之不及也遠矣。（《明皇雜錄》）
陳鴻墀《全唐文紀事》卷三十二		(32) 靈武二孝曰侯知道、程俱羅，目不覩朝廷之容，耳不聞韶夏之聲，足不登齊魯之境，所見戎馬旃裘，參於夷狄，而能生養以孝，歿奉以哀，穿壙起墳。出於身力，鄉人助之者哭，而反之廬於塚次號泣。無節侯氏七年矣，程氏三年矣。……昔吳起忍與母盟，陳湯忍匿父喪；起謀復楚霸而戮死，湯功釋漢恥而囚廢。神道昭昭，若何無報？九州之衆，誰非人子？踐霜露者，聞風永懷。士有感一諾一顧，猶或與之死生；嘉一草一木，猶或爲之歌詠，而況百行之宗、終天之感乎？……憑軾隔川，寄聲二孝，因爲贊一章，敢旌善人，以附惇史。（李華《二孝讃序》《李遐叔文集》。） (33) 至德中，時有邊警，從師出征。公少有奇志，思越拘攣以自奮，乃作《伐鯨鯢賦》以獻。既上聞，果器之。（《贈太師崔公神道碑》《劉賓客文集》。）
陳鴻墀《全唐文紀事》卷三十四		(34) 君諱希銑，字南金。嘗撰《自古以來清白吏圖》四卷，仍自爲序贊，以見其志。宰相黃門侍郎韋承慶、中書舍人馬吉甫等美而同述焉，盛行於世。（《上柱國汲郡開國公康使君神道碑銘》《顔魯公集》。） (35) 無請太常謚，無建《神道碑》。但於墓前立一石，刻吾《醉吟先生傳》一本可矣。語訖命筆，自銘其墓云。（《醉吟先生墓誌銘序》《全唐文》卷六百七十九。）

續表

作者/文獻	版本	用　　例
陳鴻墀《全唐文紀事》卷三十六	清同治十二年方功惠廣州刻本	(36)《體道》：右《于敻神道碑》，盧景亮撰。其文辭雖不甚雅，而書事能不沒其實。敻之爲人，如其所書，蓋篤於信道者也。碑云“司馬遷儒之外五家，班固儒之外八流”，其語雖拙，蓋言其學不駁雜也。然則非徒貶去釋老而已，自儒術之外，餘皆不學爾。碑又云：其弟可封好釋氏，敻每非之。敻，于頔父也。然可封之後不大顯，而敻之後甚盛，以此見釋氏之教信嚮者未必獲福，毀貶者未必有禍也。碑言“敻篤於孝悌，守節安貧，不可動以勢利”，其所履如此，足以興其後世矣。(《唐于敻神道碑》《集古錄》。)
陳鴻墀《全唐文紀事》卷三十八		(37) 公諱濟，字應物，京兆杜陵人。夫人京兆韋氏曰：平仲，生五子四女。而公即世，夫人晝哭茹毒，星言割哀。仍自爲祭文以抒意，其略曰：周旋吳蜀，備歷艱危。不陷寇難，賴君攜持。一朝孤立，更復何依？魚失水而鱗悴，樹無根而葉萎。詞理精婉，才情懇到，聞者傷愍焉。(《劍南東川節度使杜公神道碑銘》《顏魯公集》。)
陳鴻墀《全唐文紀事》卷三十九		(38) 如晦以高孝基有知人之鑒，爲其樹《神道碑》以紀其德。(《唐書・杜如晦傳》) (39) 劉昚虛，盛唐詩人之傑。李華作《三賢論》，論昚虛與元德秀、蕭穎士曰：劉名儒在京下，常寢疾，太尉房公時臨扶風，聞之通夕不寐，謂賓從曰：挺卿日若不起，無復有神道。尚書劉公每詣與談，歎曰：聞劉公淸言，見皇王之理矣。……新舊《唐書》皆不爲昚虛立傳，與韋蘇州同一憾事。(昚虛，字挺卿，今亦無知者。)(《漁洋詩話》。)
陳鴻墀《全唐文紀事》卷四十三		(40)(鴻墀) 謹案：愈陽山之貶，《寄贈三學士》詩敘述甚詳，而皇甫湜作愈《神道碑》亦云“因疏關中旱饑，專政者惡之”，則其非為論宮市明矣。……故《寄三學士》詩云：前日遇恩赦，私心喜還憂。果然又羈縶，不得歸鋤耰。蓋是時叔文之党尚熾也。 (41) 白傅，太宗末(案：《唐語林》作“大中末”。此作“太宗”，誤)，曾有諫官獻疏，請賜謚。上曰：何不取醉吟先生墓表耶？卒不賜謚。弟敏中在相位，奏立《神道碑》。其文即李義山之詞也。(《賈氏譚錄》)

續表

作者/文獻	版本	用　　例
陳鴻墀《全唐文紀事》卷四十五	清同治十二年方功惠廣州刻本	(42) 又嘗慕《太史公自敍》，著《紀》一篇，詞不矜大，而事皆明備。(《忠武渾公神道碑銘序》《權文公集》。)
陳鴻墀《全唐文紀事》卷五十四		(43) 嚴僕射續以位高寡學，為時所鄙。又江文蔚嘗作《蟹賦》譏續，略曰：外視多足，中無寸腸。又有"口裹雌黄，每失途於相沫；胸中戈甲，嘗聚衆以横行"之句。續深赧之，強自激昂。以熙載有才名，固請撰其父《神道碑》，欲苟稱譽取信於人。以珍貨幾萬緡，仍輟未勝衣一歌鬟質冠洞房者，為濡毫之贈，意其獲盼，必可深諷。熙載納贈受姬，遂諾其請，文既成，但敍譜裔品秩及薨葬褒贈之典而已，無點墨道及續之事業者。續慊之，封還，尚冀其改竄。熙載亟以向所贈及歌姝悉還之。(《湘山野錄》) (44) 及京師失守，翠輦西巡，成都築受眷之宫，靈武奉繼（闕一字）之制，傳召公詣行在所，拜中書舍人、集賢殿學士。時鑾輿未復，鶴詔急宣，尤資倚馬之能，多類奮鞭之速。……上奇其才。(張式《東海徐公神道碑銘》。)
陳鴻墀《全唐文紀事》卷五十六		(45) 廣德二年春三月二十有二日制曰：故濠州刺史上柱國顏元孫，懿道淳茂，宏材特達，傳經成業，聚學為文。清白著於家風，問望光於銓選。久膺揚歷，爰寄藩條，政有其方，績宣其用。未登大任，遽迫流年。九原不作，郡邑存其遺愛；二子象賢，艱難立其名節。忠能徇國，孝在榮親，贈以儒官，揚其盛烈，可贈祕書監。……不朽者名，斯為極矣！(《贈祕書監顏君神道碑》《顏魯公集》。)
陳鴻墀《全唐文紀事》卷五十九		(46) 凡為國家定謚，皆字（闕一字）善貶惡，不吐不茹，時人偉其文而與其直。拜比部郎中。爲持權者所忌，會韓文公愈以京師迎佛骨，上疏切諫，忌公者因上之怒也，誣公實為之，出刺歙州。遷兵部郎中、知制誥。時問罪河朔，書命疊委，公應用神速，不能自休，詞理典奥，文采焕逸，大几六百餘章，為染翰者程準。(王起《贈吏部尚書馮公神道碑銘序》。) (47) 楊夢申能文章，尤長於碑記。十七年，奉勑撰《定王神道碑文》。文不加點而有則，朝士多稱賞之。(《十國春秋》)
陳鴻墀《全唐文紀事》卷六十		(48) 獨孤及撰《張鎬神道碑》云：一命左拾遺，二命右補闕，三命侍御史，四命諫議大夫，五命中書侍郎平章事。起家二年秉國鈞，自古未有。(《卓異記》)

續表

作者/文獻	版本	用　　例
陳鴻墀《全唐文紀事》卷六十二	清同治十二年方功惠廣州刻本	(49) 初，選部舊制，每歲孟冬以書判選多士。至開元十八年，乃擇公廉無私、工於文者，考校甲乙丙丁科，以辨論其品。是歲，公受詔與徐安貞、王敬從、吳鞏、裴朏、李宙、張烜等十學士參焉。凡所升獎，皆當時才彥。考判之目，由此始也。(《高平郡別駕權公神道碑銘序》《毘陵集》。)
陳鴻墀《全唐文紀事》卷六十四		(50) 嚴續請撰其父可求《神道碑》，遺珍貨巨萬。文既成，但敍其譜裔品秩而已。續慊之，封還熙載，熙載便却其贈。宋齊邱自署碑碣，輒求熙載書之，熙載以楮塞鼻。曰：文穢，何堪也。然性喜提獎後進，見文有可采者，手自繕寫，仍為播其聲名。(《十國春秋》) (51) 沈顔，字可鑄。知制誥，翰林學士。嘗撰《太祖神道碑》，時人推為鉅手。順義中卒。顔少有詞藻，琴弈皆臻神境。時人為之語曰"下水船"，言為文精速，無不載也。性閒澹，不樂世利。常疾當世文章浮靡，倣古著書百篇曰《聱書》，凡十卷。自序曰"孟軻以後千餘年，儒者咸未有聞焉。天厭其極，付在鄙子"。其誇誕如此……(《十國春秋》)
陳鴻墀《全唐文紀事》卷六十五		(52)《鄭薰傳》云：宦人用階請蔭子，薰卻之不肯敍，亦庶幾有守矣！《文苑英華》有薰所撰《仇士良神道碑》云：孰稱全德？其仇公乎！其敍甘露之事謂：克殲巨孽，乃建殊庸。
陳鴻墀《全唐文紀事》卷六十八		(53) 凡所論著，皆研幾析理，宏雅夷遠。《洪州文宣王廟碑》《張蕭盧三相國碑誌》，本聖人教化之蹟，推大政著明之道，固其性術講貫，而發舒乎斯文。《文集》二十卷，中論體要，盡在是矣。(《齊成公神道碑銘序》《權文公集》。) (54) 公與河南元德秀、天水閻仲璵同歲中正鵠，其後冠惠文，趨建禮，憲章奏議，與名聲俱，當時士君子猶以未充量為歎。其文峻清，不汨於波流者，還一齋記惠上人碣銘，微妙虛空，深入無際。嘗與故太師顔魯公暨柳郎中芳、陸員外據、殷永寧寅為莫逆之交，陸嘗言王之莊、柳之辯、殷之介皆希代鴻寶，知言者以為實錄。(《王公神道碑銘序》《權文公集》。)
陳鴻墀《全唐文紀事》卷七十		(55) 嘗撰《先僕射府君神道碑》及《丞相文獻始興公廟碑》，由文得禮，秉筆者許之。文獻始興公九齡，卽公之伯祖，開元中以儒學詩賦獨步一時，及輔弼明皇帝，號為賢相。餘慶濟美，宜在於公。公沿其業，襲其文，而不嗣其位，惜哉！(《范陽張公墓誌銘序》《白氏長慶集》。)

續表

作者/文獻	版本	用　　例
陳鴻墀《全唐文紀事》卷七十五	清同治十二年方功惠廣州刻本	(56) 又百官薨卒定謚之際，綜覈名實，皆居其當。與嚴河南郢酬答呂荊州諢諡議，博而正，當時韙之，行於代。（崔祐甫《故常州刺史獨孤公神道碑銘序》。）
陳鴻墀《全唐文紀事》卷七十八		(57) 中書奏：太子少保李琪所撰進《霍彥威神道碑文》，不分真僞，是混功名，望令改撰。詔從之。琪，梁之故相，私懷感遇，敘彥威在梁歷任，不欲言僞梁故也。（《舊五代史》《唐明宗紀》。） (58) 李琪，字台秀。與其兄珽皆以文章知名。唐亡，事梁太祖為翰林學士。梁兵征伐四方，所下詔書，皆琪所為，下筆輒得太祖意。……其奏章言"敗契丹之凶黨，破真定之逆城"，坐誤以定州為真定，罰俸一月。霍彥威卒，詔琪撰《神道碑文》。彥威故梁將，而琪故梁相也，敘彥威在梁事不曰僞，為馮道所駁。（《新五代史》本傳）
陳鴻墀《全唐文紀事》卷八十		(59)《唐書》云：進司徒。吐蕃入寇，帝次陝，群盜徧南山五谷間。抱玉討平之，卽詔抱玉權鳳翔、隴右節度，抱玉懇讓司徒，故以左僕射同中書門下平章事，河西、隴右副元帥。又讓僕射，故還為兵部尚書。蓋《碑》則司徒、僕射並命，而抱玉併辭之；《唐書》則先辭司徒，故以左僕射同平章事，而又辭僕射也。（《跋李抱玉神道碑》《文定集》。）
陳鴻墀《全唐文紀事》卷八十一		(60)《科斗書後記》：樊曰：上元辛丑，特進試鴻臚卿兼御史中丞田神功平劉展於淮西，雲卿為《平淮碑》，又為《丞相贈太子太師崔圓廟碑銘》，二碑並載姚鉉《文粹》。李太白《武昌宰韓君去思碑》云：雲卿文章冠世。皇甫持正公《神道碑》云：先叔父雲卿，當肅代朝，獨為文章官。……觀此，則公所云，蓋可見矣。（《五百家注音辨昌黎先生文集》） (61) 韓文公自御史貶陽山，新舊二《唐史》，皆以為坐論宮市事。按公《赴江陵塗中詩》，自敘此事甚詳，云：是年京師旱，田畝少所收。……皇甫湜作公《神道碑》云：關中旱饑，人死相枕藉。吏刻取恩，先生列言天下根本。民急如是，請寬民徭而免田租，專政者惡之，遂貶。然則不因論宮市明甚。……《資治通鑑》亦僅言耆以策干愈，愈為白度，為書遺之耳。（《容齋隨筆》）
陳鴻墀《全唐文紀事》卷八十五		(62) 所謂顔魯公撰《宋璟神道碑》云：公作《長松篇》《梅花賦》，蘇味道以為有王佐之才。上嘗賜鍾乳，使醫持歸鍊之。

續表

作者/文獻	版本	用　　例
陳鴻墀《全唐文紀事》卷八十七	清同治十二年方功惠廣州刻本	(63) 孱孫顔，出進上官歷臺省，除洛陽令，移典杭州，入大理少卿，拜御史中丞，出虢州刺史。嘗歎大道久隱，澆漓時極，今於正經揭道字為志，於子史揭道字為翼，成五十卷行於代，建《軒轅皇帝鑄鼎原碑銘》聞於朝。(王顔《追樹十八代祖晉司空太原王公神道碑銘》。) (64) 周洪道云：韓退之逐鱷事，李翺《行狀》及皇甫湜《神道碑》皆不載，豈以鱷近怪，故刪去乎？(《方輿勝覽》) (65) 密章二字，見《晉書》山濤等傳，然其義殊不能深曉。自唐以來，文士多用之。近世若洪舜俞行《喬行簡贈祖母制》，亦云：欲報食飴之德，可稽制蜜之章。……《李國長神道碑》云：煌煌密章，肅肅綸言。《王崇述神道碑》云：沒代流慶，密章下賁。宋祁《孫奭謚議》云：密章加等，昭飾下泉。又《祭文》云：恤恩告第，䟽書密章。……(《齊東野語》)
陳鴻墀《全唐文紀事》卷八十八		(66) 按及《神道碑》，以大曆十二年四月二十九日卒。
陳鴻墀《全唐文紀事》卷九十一		(67)《南部新書》云：牛僧孺三貶至循州，本傳不言，漏略也。僕驗牛公《墓志》與夫《神道碑》，知《新書》所說信然。……《神道碑》亦云：素忌公者媒櫱公與劉從諫反，上怒，旬月三貶公至循州長史。……有功能全仁恕於雷震之朝，史氏甚見嘉美，而昕事亦然，沒而不載，可謂得於其兄，失於其弟也。(《野客叢書》) (68) 代州柏林寺東，晉王李克用墓，斷碑二。其一曰"唐故左龍武軍統軍檢校司徒贈太保隴西李公神道之碑"。……其一曰"唐故使持節代州諸軍事代州刺史李公神道之碑"。
陳鴻墀《全唐文紀事》卷九十二		(69) 右裴晉公撰《李西平神道碑》，以較江浙閩《唐文粹》本，大率傳寫膠謬，且經改易，不能偏舉。……按：《周禮・秋官》"硩簇氏掌覆夭鳥之巢"，鄭氏讀如擿，碑蓋用此"硩"字，而諸本盡改為"磔"，尤更淺陋。古書日壞，俗本日多，此予所以撫卷三歎也。(《題裴晉公撰李益公題跋西平神道碑》) (70)《西平忠武王神道碑》，裴晉公文，柳常侍書石刻。在高陵縣。墓所苔蘚剝蝕，字畫僅存耳。然要之，含蓄於玄祕也。
陳鴻墀《全唐文紀事》卷九十二		(71) 韓文公，父仲卿。謹案：李白，武昌令。韓君《去思碑》及李翺、皇甫湜文公《行狀》《神道碑》，則仲卿以銅陵尉補武昌令，徙鄱陽令，終校書郎。本傳云"無名位"，謬矣。(《唐書直筆》)

續表

作者/文獻	版本	用　　例
陳鴻墀《全唐文紀事》卷九十四	清同治十二年方功惠廣州刻本	(72) 凡《文苑》所編失作者、年代先後，或叢雜不倫，今各釐正，如表疏、哀冊文、謚議、碑誌中，釋門、家廟、神道、中職官等卷是也。他皆倣此，覽者所宜詳也。(《文苑英華辨證》)
陳鴻墀《全唐文紀事》卷九十七		(73) 公有子七人，長子頲，字子廷，歷給事中、中書舍人、修文館學士、太常少卿，嘗掌綸誥，與公聯侍紫墀，接機黃閣，前後之拜，近古未有。(盧藏用《太子少傅蘇瓌神道碑》《文苑英華》。) (74) 初公侍祠清廟，有髦士之宜，而先考偃師贈蒲州長史。自祖考三葉，塋無碑記。公諮諸通儒，而追建銘碣。幽趙之士，以為美談。(張說《常州刺史平君神道碑》《張燕公集》。)
陳鴻墀《全唐文紀事》卷一百		(75)《誌異一》：唐眭仁蒨者，少事經學，不信鬼神。後徙家向縣，於路見一人，如天官，乘好馬，從五千餘騎。後數見之常如此，經十年，凡數十相見。蒨即拜之，問：公何人耶？答曰：吾是鬼耳。……鬼神道亦有食，然不能得飽。……貞觀十六年，文官賜射於玄武門。文本自語人云爾。(《法苑珠林》)
陳鴻墀《全唐文紀事》卷一百八		(76)《曲江集》二十卷，唐宰相曲江張九齡子壽撰。曲江本有元祐中郡人鄧開序，自言得其文於公十世孫蒼梧守唐輔而刊之。於末附以中書舍人樊子彥所撰《行狀》、會稽公徐浩所撰《神道碑》及太常博士鄭宗珍《議謚文獻狀》，蜀本無之。(《直齋書錄解題》) (77)《李北海集》六卷、《附錄》一卷，唐李邕撰。事蹟具《唐書》本傳。邕文集本七十卷，《宋志》已不著錄。此本為明無錫曹荃所刊。前有荃序，稱紹和徵君刻唐人集，初得《北海集》，而余論之。不言為何人所編。大抵皆采摭《文苑英華》諸書，裒而成帙，非原本矣。史稱邕長於碑頌，前後所制凡數百首。今惟賦五首，詩四首，表十四首，疏、狀各一首，碑文八首，銘、記各一首，神道碑五首，墓誌銘一首。蓋已十不存一。
陳鴻墀《全唐文紀事》卷一百九		(78) 真卿大節，炳著史冊。而文章典博莊重，亦稱其為人。集中《廟享議》等篇，說禮尤為精審。特收拾於散佚之餘，即元剛所編亦不免闕略。今考其遺文之見於石刻者，往往為元剛所未收。謹詳加搜輯，得《殷府君夫人顏氏碑銘》一首，《尉遲迥廟碑銘》一首，《太尉宋文貞公神道碑側記》一首，《贈秘書少監顏君廟碑碑側記》《碑額陰記》各一首，《竹山連句》詩一首、《奉使蔡州》詩一首，皆有碑帖現存。

續表

作者/文獻	版本	用　　例
陳鴻墀《全唐文紀事》卷一百十	清同治十二年方功惠廣州刻本	(79) 今觀所校，考據史傳，訂正訓詁，刪繁補闕，較原本實為精密。如《別知賦》之"一旦為仇"，證以《爾雅》。《元和聖德詩》之"麻列"，證以李白《夢遊天姥》詩。《城南聯句》之"疆畛"，證以《周禮》鄭注。《梁國公主輓歌》之"厭翟"，證以《毛詩鄭箋》。《師說》之句讀，證以《經典釋文》。《送韓侍御序》之"所治"，證以魏文帝《與吳質書》。《祭李使君文》之"驚透"，證以揚雄《方言》《左思賦》。《烏氏廟碑》之"立議"，證以《漢書》顏註。《太原郡公神道碑》之"耆事"，證以王安石文。……皆援據精確。(《欽定四庫全書提要》)
陳鴻墀《全唐文紀事》卷一百十四		(80) 常州諱及，有遺文三百篇，安定梁肅編為上下帙，分二十卷，作為後序。常州愛士，而肅最爲所重，討論居多，故其為文之意，肅能言之。比葬，博陵崔貽孫又為《神道碑》，悉載行事，而痛其不登論道之位。 (81) 初間關隱約於河朔之間，年殆知天命，甫與計偕至京師，洎博學宏詞，直言極諫，凡三登甲科，名動天下。其文若干篇，閎茂博厚，菁華縝密，足以希前古而聳後學。記循吏政事，則《房柏卿碣》《孫信州頌》；叙守臣勳烈，則《黎陽城碑》《劉幽州神道碑》；表宗工賢人兆域，則李太師、梁郎中《誌文》；撰門中德善，則貞文孝文《誌》《碣》二銘；攄誌氣以申感慨，則《與李都統及二從事書》；纂桑門心法，則《大覺禪師碑》；推人情以陳聖德，則《請復尊號表》……故能度越倫類，有盛名於代。 (82) 敍曰：皇甫士安志好閑放，不榮軒冕，導情適志，作《高士傳》，讚記遺韻，風猷尚在。而公早從釋氏，義理生知，結意為文，志在於此，言談語笑，常所切劘，心在一乘，故敍釋氏最為精博，與皇甫士安之所素尚，亦相放焉，則今天台大師元浩之門弟子也。……總名實，樹遺風，作《常州獨孤公遺愛頌》《太常卿常山郡開國公崔公神道碑》。惡戎醜，思康濟，作《兵箴》。敍宗系，思祖德，作《述初賦》。病流濫，悅故居，作《過舊園賦》。明大道，宗有德，作《受命寶賦》。……若以神道設教，化源旁濟，作《泗州開元寺僧伽和尚塔銘》。言僧事，齊律儀，作《過海和尚塔銘》《幽公碑銘》。釋氏製作，無以抗敵，大法將滅，人鮮知之，唱和之者或寡矣。
陳鴻墀《全唐文紀事》卷一百十五		(83) 少時所著書，多散落人間。自志學至校書郎已前八卷，并《常山公主誌文》《竇將軍神道碑》《崔河南生祠碑》《禮部李侍郎碑》《安定三孝論》《哀舊遊詩》《韓幼深避亂詩序》《祭王員外端、沈起居興宗、裴員外騰文》《別元亘詩》，并《楊騎曹集序》《王常山碑》，並因亂失之，名存而篇亡。……辨卿大夫之族姓，則《盧監察神道碑》；自敍，則《別相里造范倫序》；詮佛教心要而合其異同，則《南泉真禪師、左溪朗禪師碑》。其餘雖波瀾萬變，而未始不根於典謨。

續表

作者/文獻	版本	用　　例
陳鴻墀《全唐文紀事》卷一百十五	清同治十二年方功惠廣州刻本	(84) 其中陳王業，則《無疆頌》；議世道，則《卜原論》《質文論》；主文而譎諫，則《言鑿》《含元殿賦》；敦禮教，則《哀節婦賦》《靈武二孝讚》《與外孫女二孩書》；表賢達盛德，則《元魯山碣》《房太尉頌德銘》《崔賓客集序》《平原張公頌》《梁國李公傳》《德先生誄》《權著作墓表》《李夫人傳》《盧夫人頌》；一死一生之間，抒其交情，則《祭蕭功曹、劉評事、張博士文》；吟詠情性，達於事變，則《詠古詩》；辨卿大夫族姓，則《盧監察神道碑》；思舊，則《三賢論》；自敍，則《別相里造范倫序》；詮佛教心要而會其異同，則《南泉真禪師、左溪朗禪師碑》。其餘雖比興萬變，而未始不根於道德。
陳鴻墀《全唐文紀事》卷一百十九		(85) 凡載書之傳信者，贊書之加命者，詔策之封崇者，愍策之褒厚者，其詞必溫，其道必直，洪而不放，纖而不繁，實根作者之心，無愧前人之色。(李紓《朱府》《文苑英華》《君神道碑》。) (86) 既而以為天子平大難。發大號，且致太平。人罷兵戎，農去耒耜，宜以時興太學，勸耦耕，作《三老五更議》《籍田書》，齋沐以獻。……作《晉文公三罪議》《守邊論》，議事確直，勢不能容。為鄂岳沔都團練判官。元戎大攘狡虜，增地進律，作《夏口破虜頌》。(《先侍御史府》《柳河東集》《君神道表》。)

表一千二百四十八

作者/文獻	版本	用　　例
陳瑚《確庵文稿》卷十五	清康熙毛氏汲古閣刻本	(1) 是故割烹食牛之誣則辨之，焚廩浚井則不必辨也。必詹詹焉，謂其惡矣，而闢之不已甚乎？周文學廷召輩里之賢者也。傷侯廟之圮墊，而謀更新之，乃徵序于予，予嘉其意。蓋亦將以神道設教，而有志于風勵人倫者也，其可謂能尊且信矣。故不辭而書吾之說，以告焉。 (2) 積善餘慶，積不善餘殃。未嘗不以死生禍福之說，動天下之人之心，而生其懼思也。後之儒者則不然，曰：善，我所當為，非必有所慕而為之；惡，我所當去，非必有所畏而不為。其義精矣。然去古人神道設教，百姓日用而不知之意，則有間矣。今日建閣，諸君其亦有意乎？為善去惡，而欲以死生禍福之說，生其懼思者也。予故從其請，而為之說。

表一千二百四十九

作者/文獻	版本	用　　例
陳黄中《東莊遺集》卷三	清乾隆大樹齋刻本	(1) 數十年來，太恭人之微行，備聞於其内外兄弟間，即條件繫書有不能盡者，惟念太恭人德修闔閾，而母儀淑懿，至上徹帝，聰親灑宸，章用褒壺，範以是表諸神道，大書深刻於麗牲之石。

表一千二百五十

作者/文獻	版本	用　　例
陳錦《補勤詩存》卷二十四	清光緒三年橘蔭軒刻光緒十年增修本	(1)《題王小谷求眞圖》(畫桃柳流水)：海日倒掛珊瑚枝，金風亂拂哀桐絲。嫣紅穉綠華桃李，蓬蓬流水春如綺。㚖指旃檀十笏居，此中有人喚不起。天而言者風與雷，神而言者蓍與龜。安得聲暗燭瞑叩，蓬萊叫天不應良。可哀！聖人設教以神道，大造無言言亦好。借問大造言者誰，代天行化僊所為。叵耐無徵人弗信，力求聽覩妖魔趁。空谷傳聲如有聞，劃沙成字尋泥印。有時片念通幽冥，漏痕釵股何瓏玲。五更山鬼書丁丁，譬彼卦繇詩讖奇。且靈十洲三島不，可即玉宇瓊樓恣。奇闢本來耳目所，不經琅嬛萬卷天。
陳錦《勤餘文牘》卷三	清光緒四年刻本	(2) 謁廟畢，與同人出西偏觀德門，即今稱西華門者。……中爲神道，次文津橋，次坊曰萬古長春。左右神路碑皆有亭，次石獅二，次聖林坊，次頭門，門内列木四。出界道以牆，牆竟有高臺洞門，蓋林之外牆南界也。
陳錦《勤餘文牘》卷六		(3) 重修孔林享殿神道碑
陳錦《勤餘文牘》續編卷二		(4) 陳子昂作祖父墓誌，柳子厚爲父表神道，方正學爲父作行狀，皆自署其諱。

表一千二百五十一

作者/文獻	版本	用　　例
陳康祺《郎潛紀聞二筆》卷七		(1)（見前卷）頃觀山陽魯一同《通甫類稿·安徽巡撫蔣公神道碑》，復得安徽失陷之詳。碑云：當日陷敗，由於壽春鎮之去。自古以孤城當賊衝，未有不為犄角之勢而能禦敵者。壽春鎮，公之手足，而皖省之肢體也。制府既奪公之手足，而斷皖省之肢體矣。……公有深遠之慮，抑於統帥，孤立無援，而全局去矣。
陳康祺《郎潛紀聞二筆》卷九		(2) 尹文端督兩江時，常一月間兼攝將軍、提督、巡撫、河漕、鹽政、上下兩江學政，九印彪列，簿書填委，而公判決恢然，猶與諸生論文課詩，見袁枚所作公《神道碑》。 (3) 世多傳孫文定少年嘗報仇殺人，事迹未著，幾視公為朱家、郭解一流人矣。康祺按：陳兆崙所撰公《神道碑銘》，稱公伯兄楨淦無故為人所戕，公父不勝忿，手刃其仇，吏持之亟。公未弱冠，奔走呼籲，一晝夜行三百里，叩大府自承，代父罪，事竟得解。讀此，知公之孝弟過人、知勇兼備，非貿然以血氣自雄者。
陳康祺《郎潛紀聞二筆》卷十	清光緒刻本	(4) 嘉慶二十五年七月，滿相托文定公津、漢相大庾戴公均元，扈灤陽圍。甫駐蹕，聖躬驟有疾，不豫，變出倉猝，從官多皇遽失措。……文定壞金鎖，發盒得寶書，遂相偕奉宣宗即大位，率文武隨瑞邸行禮，乃發喪，中外晏然，服二相之鎮定。（敬按：是則本包世臣《大庾神道碑》，與《實錄》所紀稍異。）
陳康祺《郎潛紀聞二筆》卷十二		(5) 會稽姚尚書平定臺灣，袁枚作公《神道碑》，謂大功為施琅所攘，謝山、鹿洲亦云然。
陳康祺《郎潛紀聞》卷一		(6) 吁！朋奸害正，摧我屏藩；滄海鯨波，滔滔靡底。聖君賢相之靈，當亦在天齎恨矣。（余初入京，聞老輩言是事，猶以為未確，不敢遽筆也。……頃見孫方伯衣言所撰《張文毅芾神道碑銘》，首云：子丑之間，海鯨波山，有臣一個，奮回其瀾。……則情事昭然矣。文毅與文恪同鄉，故銘辭借爲緣起，古文家原有此例。）
陳康祺《郎潛紀聞》卷十一		(7) 故事：內務府有營造，率資經費於工部，而府員冒濫支銷，以為習慣，工部莫敢誰何也。會重築郊壇馳道，公庀材數工，核減府員所估之什九，而事集。內務府諸郎，羣聚而謀所以去之，故有是讁。見《鮚埼亭集·仁和趙公神道碑》。

續表

作者/文獻	版本	用　　例
陳康祺《壬癸藏札記》卷四	清光緒刻本	(8) 國初平海寇鄭氏一役，袁隨園撰《姚公啟聖神道碑》，謂發蹤指示，姚實首功，而提督施琅攘之。頃讀沈尚書《歸愚文鈔》，則姚督部之功，又多出於漳浦黄太常。……太常總藩湖南時，適武昌夏逢龍亂，已陷四府，廷議出京軍，上曰：湖南有黄性震在，彼佐平數十年海氛，何愁幺麽跳梁輩。時撫臣亦擬請兵，太常第主靜鎮。未幾，逢龍果誅死。然則太常亦人豪矣。（按：太常以道士自鄭氏來降，復入臺，以計間劉國軒於克塽，鄭氏由是失勢。見全吉士《姚公神道碑》，蓋亦唐魏文貞之流亞云。）
陳康祺《壬癸藏札記》卷八		(9) 吳孝廉重光，江都人。乾隆間，令山西之陽曲。時大興朱文正公方任布政使司，吳善屬文，公不以俗吏待之，時招至署，論文賦詩。吳爲公搜金石古蹟，訪脩晉祠，樹碑石，極謹。……見《雕菰樓集・書朱文正公神道碑後記》。康祺謂是舉足見文正之廉正，吳君之樸誠，而彼此磊落光明，又絶無避嫌遠謗之見，爲上官、爲屬吏者，均可法也。且公以一藩司述職，而行囊僅壓二百金，並可見當時吏道之醇，中外大僚，蓋莫不敦尚名節也。

表一千二百五十二

作者/文獻	版本	用　　例
陳澧《（光緒）香山縣志》卷六	清光緒刻本	(1) 風雲雷雨山川壇，在南門外東林山下，周圍二十八丈，明成化間知縣朱顯建，年久壇圮。嘉靖二十六年，知縣鄧遷重建石壇，設香案，圍牆各十三丈有奇。南爲神道，東南爲門樓，又東爲省牲所。 (2) 伍瑞隆《重建大欖天妃廟碑記》：竗於人之謂神，故神道以近人而尊。蓋敬而遠之，知者之説也。

表一千二百五十三

作者/文獻	版本	用　　例
陳立《公羊義疏》五	清皇清經解續編本	(1) 然日月之食，於算可推而知，則是雖數自當然，而云為異者，人君者，位貴居尊，恐其志移心易，聖人假之靈神，作為鑒戒耳。夫以昭昭大明，照臨於下土，忽爾殲亡，俾晝作夜，其為怪異，莫斯之甚，故有伐鼓用幣之儀，貶膳去樂之數，皆所以重天變，警人君者也。而天道深遠，有時而驗，或亦人之禍釁，偶與相逢，故聖人得因其變常，假為勸戒，使知達之主識，先聖之深情，中下之主，信妖祥以自懼。但神道可以助教，而不可以為教。神之則惑衆，去之則害宜，故其言若有若無，其事若信若不信，以期於大通而已。

續表

作者/文獻	版本	用　例
陳立 《公羊義疏》 三十二	清皇清經解續編本	(2)《說文・雨部》：震，劈歷振物者。《春秋傳》曰：震夷伯之廟。段注：引此者，以為劈歷震物之證也。《史記》：殷武乙暴雷震死，神道設教之至㬎者也。

表一千二百五十四

作者/文獻	版本	用　例
陳懋侯 《知非齋易注》 卷一	清光緒十四年陳懋侯刻本	(1)《彖》曰：大觀在上，順而巽，中正以觀天下。觀，盥而不薦，有孚顒若，下觀而化也。觀天之神道，而四時不忒。聖人以神道設教，而天下服矣。 (2) 以九居五，陽明于上，故曰"大觀在上"。內坤外巽，故曰"順而巽"。五中九正，位乎天位，以君觀民，故曰"中正以觀天下"。孚乃化邦，故曰"下觀而化"。神道，謂陰陽變化之道。觀天之道，以察時變，故曰"觀天之神道，而四時不忒。"觀神之道，以化成天下，故曰"聖人以神道設教，而天下服矣。"《象》曰：風行地上，觀。先王以省方觀民設教。風行地上，天之神道省方觀民設教，聖人之神道也。
陳懋侯 《知非齋易釋》 卷上		(3)《易》之爲書，有天道焉，有地道焉，有人道焉，有神道焉。《彖傳》多言天地人，亦有兼及鬼神者。所謂大人，與天地合其德，與日月合其明，與四時合其序，與鬼神合其吉凶也。
陳懋侯 《知非齋易釋》 卷中		(4) 天之道，九五也。天之神道，陰陽變化之道也。 (5) 盥而不薦，有孚顒若，聖人以神道設教也。

表一千二百五十五

作者/文獻	版本	用　例
陳夢雷 《周易淺述》 卷三	清文淵閣四庫全書本	(1) 觀天之神道，而四時不忒。聖人以神道設教，而天下服矣。 (2) 神者，无形與聲，而妙不可測。天運自然，四時不忒。天之所以為觀，神道也。聖人亦不俟號令政教之煩，使天下自服。聖人之所以為觀，以天之神道設教也。不薦之孚，聖人之神道也。

續表

作者/文獻	版本	用　　例
陳夢雷 《松鶴山房詩文集》 文集卷九	清康熙銅活字印本	(3)《祠祀志序》：古帝王先成民而後致力於神，故有勤事定國之勞則祀之，能禦災捍患則祀之，典綦重矣。國家膺天明命，百神受職，常祀之。外禮有兼隆固，無非崇德報功之意歟？若夫紺宫碧宇，郡邑相望，斯亦福善禍淫，神道設教之所不廢也。作《祠祀志》，得一道人曰：語氣抑揚，輕重自見，識高筆妙。 (4)《蓋平縣祠祀志序》：民人社稷，邑宰是司，歲時常祀，國典攸隆，守土者所宜兢兢也。自二氏之教既廣，梵宫道宇，邑里相望，然使氓俗，惕于福善、禍淫之説，倘亦神道設教所不廢歟？作《祠祀志》。
陳夢雷 《松鶴山房詩文集》 文集卷十五		(5) 得一道人曰：絶大議論，在此發洩。知此意，則神道設教何害？黄叔威曰：疏義廣闊，語有根柢，起落純乎大家。

表一千二百五十六

作者/文獻	版本	用　　例
陳銘珪 《長春道教源流》 卷二	民國東莞陳氏刻聚德堂叢書本	(1) 行省石抹公（此石抹咸得不也。《元史·石抹明安傳》：丙子，明安以疾卒於燕城。長子咸得不，襲職爲燕京行省。……考《元文類》、宋子貞《耶律公神道碑》，作“咸得不”，與《石抹明安傳》合。咸得不與耶律楚材不協，並見《元史》及《神道碑》。） (2) 田鎮海（元許有壬《右丞相怯烈公神道碑》：丞相名鎮海，系出怯烈氏或曰本田姓，至朔方始氏怯烈。或曰實怯烈族，時同名者三，因主屯田，故加田，别之。） (3) 太師移剌國公（移剌即耶律，見前註。錢大昕跋此記，謂太師移剌國公即阿海。……據《元史·耶律楚材傳》及宋子貞《神道碑》，當時楚材實從征西域。） (4) 元帥夾谷公（此夾谷龍古帶也。姚燧《興元行省夾谷公神道碑》云：壬申，夾谷常哥來降，詔守威寧，擢爲萬户招討使。丙子卒。子龍古帶嗣萬户金符，生十四年矣。） (5) 酥醪洞主曰：元宋子貞《耶律神道碑》稱：太祖行次東印度國鐵門關，角端見。上以問公，公曰：是惡殺之象。遂即日班師。

續表

作者/文獻	版本	用　　例
陳銘珪《長春道教源流》卷三	民國東莞陳氏刻聚德堂叢書本	(6) 姚燧《姚文獻神道碑》云：父庚懿公，錄事判官於許。壬辰，許城被圍，州版公軍資庫使，與副夜直，四鼓聞牕外歎曰：人獻東門。出索之無得，副曰：吾嘗遭兵河朔，鬼物云然，宜挾吾家。乃相與歸。
陳銘珪《長春道教源流》卷四		(7)《唐書・回紇傳》云：回紇，其先匈奴也。部落凡十五種，散處磧北。所稱十五種，有白霫，疑此即《蒙韃備錄》之白達達，係借回紇舊名而言。元許有壬《丁文苑哀辭》云：山北置大寧，古白霫地。孛木魯翀《姚公神道碑》云：公長憲遼東，其境域烏桓白霫故地也。蓋在今直隸盛京北邊外。 (8) 師遣其徒劉若水，於其地起純陽上宮，往居之，因號“九峯老人”。化為若水，復為築臺，志之曰“九峯老人誦經臺”。(元徒單公《履冲和真人潘公神道碑》)
陳銘珪《長春道教源流》卷八		(9) 嗚呼，先哲王之道，中邦之政，掃地之日外矣。是家何為者乃人敬而家事之？殆攻劫爭奪之際，天以神道設教，以弭勇鬬嗜殺者之心耶？抑三綱五常將遂湮滅顛倒錯亂，人與物胥而為一也？不然，則盛衰相長有數存焉於其間，亦難於為言也。 (10) 考宋子貞《文正神道碑》云：丙戌，靈武下。公獨取書數部、大黃兩駝。睿宗監國，命公馳傳往燕治盜。

表一千二百五十七

作者/文獻	版本	用　　例
陳念祖《醫學三字經》卷四	清嘉慶九年南雅堂刻本	(1) 肝説：肝木臟，魂所藏也。肝者幹也，以其體狀有枝幹也。又位於東方，而主生氣。時醫昧其理，反云肝無補法，宜凉宜伐。只泥木尅土之一説，而不知後天八卦配《河圖》之象，三八為木居東，即後天震巽之位，巽上坤下則為觀。《易》曰：觀天之神道，而四時不忒。上坤下震則為復。《易》曰：復，其見天地之心乎，為義大矣哉！(其合筋也，開竅其榮，爪也於目。)

表一千二百五十八

作者/文獻	版本	用　　例
陳其元《庸閑齋筆記》卷四	清同治十三年刻本	(1) 盪寇營水師參將戴兆熊，字夢熊，湖南人。……詢其何以群居于此，衆答言：凡力戰死綏者，忠勇之報，大率為神。我等雖得神道，而以平時侵用勇糧，故須聽勘校，羈滯之苦，所不勝言。趙蘇後，每舉以戒統領等官。兆熊緣此故，與士卒同甘苦，不敢有所私云。

續表

作者/文獻	版本	用　　例
陳其元 《庸閒齋筆記》 卷十一	清同治十三年刻本	(2) 扶鸞本干例禁，然亦可佐政治所不及，所謂神道設教也。青浦新涇鎮有劉猛將廟，每當報賽出會之時，四鄉土地神皆舁其像來會，鄉民聚至數萬，諠譁雜沓，不可禁止。

表一千二百五十九

作者/文獻	版本	用　　例
陳慶鏞 《籀經堂類稿》 卷十五	清光緒九年刻本	(1) 此本亦然，如“因知”因字、“向之”二字、“古人云”云字、“悲夫”夫字及“文”字，改筆與《魏始平公造像記》《梁吳平侯神道石柱》絕相似。
陳慶鏞 《籀經堂類稿》 卷十六		(2)《黃滔集》：蘊為水部員外郎。林俊《祭蘊文》云“唐忠臣邵州刺史”，故世稱蘊為邵州。其遺文有《上宰相書》三、《諭橫海將士》一、《泉山銘》一、《睦州刺史府君神道碑文》一、《宗譜序》一、《續慶圖》一、《答顏太守詩》一、《過秦松嶺詩》一。惟三書見《唐書》及《唐文粹》，其餘皆散在地處。
陳慶鏞 《籀經堂類稿》 卷二十一		(3) 神道碑文·墓表·墓闕銘·墓碣銘 (4) 皇誥授光祿大夫經筵講官吏部尚書管理順天府府尹事務追贈太子太保實應文定朱公神道碑文（代季侍郎芝昌） (5) 前事郵狀來京，屬門下士芝昌為文，而神道之左，伏念公以文學受知睿廟。 (6) 皇振威將軍安徽壽春鎮總兵加提督銜銳勇巴圖魯甯河剛節王公神道碑文 (7) 越明年四月，公之喪至甯河，葬於盧臺之西董家莊之原。其孤遺价來京師，乞銘於晉江陳慶鏞，以神道之左，且將託是以獻史館。 (8) 子孫世世不絕，而未得其人以紀之。……公冑系里居，涖官行政，勞烈實蹟，以書於碑，而神道之左，其辭曰：惟許氏，其先太岳之後，封于許。
陳慶鏞 《籀經堂類稿》 卷二十四		(9)《易》曰：聖人以神道設教，而天下服矣。古來化民成俗，道齊之以政刑德禮，而復設教於神者，誠以人道邇，神道遠。邇者民易狎，遠則民畏而敬之，意非明民將以愚民。 (10) 然摩鳩羅什楞伽涅槃諸經，其旨大都勸人為善，厤代存之，則亦神道設教之一端也。 (11) 昔為金碧，今為黃土。微特邦人之恥，抑亦士大夫之羞，所願與薦紳之倫，削之版之，落而成之。俾異日設緜蕞習，典禮祝嘏如故，祈年禱雨如故，飲射讀灋如故，是神道也，易道也，聖人之道也。

表一千二百六十

作者/文獻	版本	用　　例
陳世英《丹霞山志》卷八	清雍正刻本	(1) 天下諸菩薩神道，皆當誠敬奉事禮拜，不忘香火，永遠者也，而又何擇焉？雖然儒釋道分爲三教，而人之跂嚮好尚，亦各有所宗。余獨感義高千古，威振華彝，如關帝君者。

表一千二百六十一

作者/文獻	版本	用　　例
陳壽祺《左海文集》卷六	清刻本	(1) 然陸渭南為《詹朝奉墓表》，以父子共爲一碑，而舉公所為石。元懿公熙載及子文定公中立《神道碑銘》，為比謂後世尚有考焉。然則公之文榘範，百世可知矣。讀公集者，孰不肅然願師法也。
陳壽祺《左海文集》卷七		(2)《林邵州遺集跋》：《林邵州藴遺文》，康熙間鐫本。《上宰相書》三、《諭橫海將士》一、《泉山銘》一、《睦州刺史府君神道碑文》一、《宗譜序》一、《續慶圖》一、《答顏太守詩》一、《過秦松嶺詩》一，凡文、詩十篇，惟三書見《唐書》《唐文粹》，而互有不同。
陳壽祺《左海文集》卷八		(3) 從以先賢之傳道而祀鄉學者，明蔡文莊公、張襄惠公、次崖林氏、紫峯陳氏、紫溪蘇氏、慕蓼王氏、素菴林氏、國朝李文貞公凡八君子，位左右，眉曰“先覺祠”。又謹遷諸長吏位於後堂左室，而就故所設文昌位。文昌主理文緒，賞功善，學者多祀之。蓋神道設教之義，且重規制。
陳壽祺《左海文集》卷九		(4) 皇清誥授光禄大夫經筵講官太子大傅體仁閣大學士管理工部兼翰林院掌院學士贈太傅大興朱文正公神道碑文（代） (5) 嘉慶十有一年冬十有二月甲戌朔越五日戊寅，大學士大興朱公薨，春秋七十有六。天子震悼，賜襚賜賻，追贈太傅，祀賢良祠，賜謚文正。……戊戌，葬我文正公於西山吕郫之阡，與陳夫人同兆，禮也。公之孤錫經既敬立賜碑於墓，遂致書公門下士某請表神道。 (6) 大清建威將軍浙江提督總兵官追封三等壯烈伯忠毅李公神道碑文

表一千二百六十二

作者/文獻	版本	用　　例
陳壽熊《陳氏易説》卷一	清光緒二十一年刻本	(1) 上天道陽能變陰，陰陽不測之謂神。初三變以觀天之神道，而爻之象四時者皆不忒。五爲聖人，上變五有孚，以神化之道設教，而天下之未化者皆化而服。蓋聖人之神道，不外有孚顒若，《中庸》所謂為恭而天下平也。 (2) 上卽五之神道，所以設教者也。若猶未變，則道未神，卽我生平君子之道未全，故尤必自觀其生平果全乎？君子而後无咎。

表一千二百六十三

作者/文獻	版本	用　　例
陳樹鏞《漢官答問》卷五	清光緒二十五年刻端溪叢書本	(1) 六月，出入屬車間，出國界，臨諸侯喪，後葬過律，買塞外禁物，入上林盜鹿，為太常不繕園屋。闌出入關，為太常酒酸，為太常行幸離宮道橋苦惡。行馳道中，挾詔書，奪公主馬，為太常縱丞相侵神道。

表一千二百六十四

作者/文獻	版本	用　　例
陳田《明詩紀事》乙籤卷四	清陳氏聽詩齋刻本	(1) 是秋九月十七日，病卒於澤州公廨，合之忠誠伯茹瑺所撰《嚴公神道碑》無異。初不聞奉長陵密詔，往雲南訪建文帝也。《吾學編》《遜國表忠紀》等書不知何所據，信呑金爲實，列尚書為後死忠臣之首。
陳田《明詩紀事》丁籤卷七		(2) 田按：文簡家門鼎盛。予嘗過靈寶，見路旁《神道碑》林立，皆許氏也。

表一千二百六十五

作者/文獻	版本	用　　例
陳廷敬《御選唐詩》卷二	清文淵閣四庫全書本	(1)《辨宗論》：同遊諸道人，並業心神道，求解言外。 (2) 題鹿門山。(《襄陽記》：鹿門山，舊名蘇嶺山。建武中，襄陽侯習郁立神祠於山，刻二石鹿夾神道口，俗因謂之鹿門廟，遂以廟名山。《一統志》：鹿門山，在襄陽府東南三十里。漢龐德公、唐孟浩然，俱隱居於此。)
陳廷敬《御選唐詩》卷八		(3) 夜歸鹿門歌。(《一統志》：鹿門山，在襄陽府城東南三十里。《襄陽記》：鹿門山，舊名蘇嶺山。建武中，襄陽侯習郁立神祠於山，刻二石鹿夾神道口，俗因謂之鹿門廟，遂以廟名山也。《唐書・文藝傳》：孟浩然，襄州襄陽人。隱鹿門山。年四十，乃遊京師。)

續表

作者/文獻	版本	用　　例
陳廷敬 《御選唐詩》 卷九	清文淵閣四庫全書本	(4) 太原鄭尚書遠寄新詩，走筆酬贈，因代書賀。（韓愈《滎陽鄭公神道碑》：公諱儋。貞元十六年，詔授司馬節，節度河東軍，除其官為工部尚書、太原尹兼御史大夫、北都留守。） (5) 韓愈《滎陽鄭公神道碑》：為太常博士，遷起居郎、尚書司封、吏部二郎中。 (6) 楊炯《梁公神道碑》：行承芝詔，坐啟茅封。 (7) 韓愈《滎陽鄭公神道碑》：別自號白雲翁。 (8) 楊炯《建昌公神道碑》：豐貂兮左珥，介士兮前驅。
陳廷敬 《午亭文編》 卷四十七		(9) 神道碑・墓碑・墓表・祭文 (10) 贈通議大夫通政使司通政使張公神道碑銘 (11) 五月，王師渡江，園人以兵，故窆公於其園後山。其後依山屬壙，樹松栢，闢神道，以表墳妥靈。今又揭以龜趺螭頭之石，葢公實葬於斯矣。

表一千二百六十六

作者/文獻	版本	用　　例
陳文述 《頤道堂集》 詩選卷十三	清嘉慶十二年刻道光增修本	(1) 謚議久勞秦博士，碑文未勒蔡中郎。（全謝山《太史集》中有公《神道碑文》。）
陳文述 《頤道堂集》 詩選卷十四		(2)《同李子謙別駕李葛峯朱南臺兩大令訪沈忠節公祠墓於山塘詩以記事》：山塘紅樹晚煙昏，訪墓人來弔夕曛。蘄國夫妻餘破廟，卞家父子賸孤墳。滃洲故壘埋秋草，瀛海新祠隔暮雲。擬勒豐碑表忠節，東明太史有遺文。（將勒《全謝山太史神道碑文》於墓。）
陳文述 《頤道堂集》 詩選卷二十		(3)《又尋南澗》：南澗發源五雲山水出嶺，西合上竺兩山支澗；經靈隱房小橋合流，過五雲山路小廟橋，又合觀音井水；經時橋，出金佛橋，過天巖房橋，東合楊梅隝支澗；出琮老橋，東合中竺永清隝支澗；北出中竺寺橋，東合下竺神道隝支澗；北過下竺寺橋，東合月桂峯支澗；過慈雲北澗，出飛來峯，至龍迹橋會北澗。

續表

作者/文獻	版本	用　　例
陳文述《頤道堂集》文鈔卷三	清嘉慶十二年刻道光增修本	(4)《沈忠節公祠祔祀記》：沈忠節公栗主結銜，余既爲議以明之，復爲論其應祔者。正龕祔祀者一，曰忠節公嗣子元泰，與公同殉節金陵者也。東一龕祔祀者爲主四、爲人十有一，曰幕下贊畫、職方主事沈啓元，曰麾下總兵蔡德，曰遊擊蔡耀、戴啓、施榮、劉金城、朱斌、林樹，曰守備畢從義、陳邦定，皆從公殉節金陵。見全祖望所撰公《神道碑》，得諸公後人編修文鎬所言者也。西一龕爲主四，曰公友沈茂之，以《海運書》授公同入京師者也；曰幕下諸生黄銘丹，公同邑人，先從史閣部於揚州，繼從公於淮，奉公命至崇募水師，聞公入舟山蹈海以死者也；曰部下義士七百人（《神道碑》曰六百人、《邑志》曰七百人）詢之，故老實六百有餘，書七百舉成數，善善從長也。死難者統曰殉節，遵《欽定勝朝殉節諸臣錄》，例也。《殉節錄》所未載，亦祔祀者。 (5) 然則，宜人不列于祀，微特忠節之心恫焉，卽張氏亦有所不安也。或曰：宜人既辭家入道矣。祔祀可乎？曰：宜人之避世以國變也，且忠節命祔祀宜也。故復爲此文以申明之，或以毁門捽主之事。"神道設教"語，恐近誣。余則以爲《六經》諸史所載，異聞多矣。 (6) 書沈忠節公神道碑後 (7) 清沅之思，奉祀得請與否未可知。余因書《神道碑》後，爲發其端于北。若請以元暉之後，爲公奉祀，而祠墓之事，克始終之，則更仁至義盡，而予之所厚望也夫。
陳文述《頤道堂集》文鈔卷七	清嘉慶十二年刻道光增修本	(8) 唐太常丞溫佶神道碑書後 (9) 此《唐溫大雅四世孫溫佶神道碑》，牛僧孺撰文，裴潾書丹者也。
陳文述《頤道堂集》文鈔卷十	清嘉慶十二年刻道光增修本	(10) 既云將候定伯功成，別營陵寢徙之，而士誠踞蘇州者十二年，何以不營改葬？後雖加封護國洞元仙妃，命饒介之撰文，周伯琦書篆，刻石神道，祠而卜之，而不言改葬，不可信者十四也。 (11) 士誠驚怛，厚營殮葬。加封護國洞元仙妃，命饒介之撰文，周伯琦書篆，刻石神道，祠而卜之。姬見夢於劉曰：國家舉事，不協天心，不圖修德，以塞天譴，來歲此日難爲計矣。

表一千二百六十七

作者/文獻	版本	用　　例
陳衍《元詩紀事》卷二	清光緒本	(1) 趙衍（《元史》：耶律希亮，楚材之孫。師事北平趙衍。案：《元文類》、宋子貞《中書令耶律公神道碑》稱"進士趙衍"。）

續表

作者/文獻	版本	用　　例
陳衍 《元詩紀事》 卷四	清光緒本	(2) 吳澄，字幼清，撫州崇仁人。宋末，領鄉薦。至元二十三年，徵至京師，以母老辭歸。後官至翰林學士，謚文正。有《草廬集》。(揭傒斯撰《神道碑》：皇元受命，天降真儒。北有許衡，南有吳澄。)
陳衍 《元詩紀事》 卷六		(3) 危素撰《神道碑》：延祐元年，貢舉法行，縣長吏強起就試，作《太極賦》，傳於世。 (4) 危素撰《神道碑》：至順二年，用馬文貞公之薦，召為應奉翰林文字、同知制誥。扈從至開平，作《紀行詩》十有二篇，世盛傳之。
陳衍 《石遺室文集》 卷二		(5) 司馬氏《通鑑》，首以教人，謂明季國朝諸儒，若黃氏宗羲、王氏夫之、顧氏炎武、胡氏渭、顧氏祖禹、顧氏棟高所箸書，皆裨實用。為文章，開朗詳盡不屑屑；為含蓄，吞吐以取姿態。嘗作《張文達公之萬神道碑》，中述豫軍戰事數千言，翔實地形以究東西捻就殲之勢，見者皆以為非公莫為也。

表一千二百六十八

作者/文獻	版本	用　　例
陳用光 《太乙舟文集》 卷八	清道光二十三年孝友堂刻本	(1) 資政大夫前湖南巡撫李公神道碑銘（并序） (2) 公子冏以《神道碑文》屬用光，曷敢以不文辭。公所著有《寫十四經堂詩集》十二卷、《樂府詞》各一卷，又《奏疏》二十卷，皆藏于家。公家世子姓詳《墓誌》，茲不具。

表一千二百六十九

作者/文獻	版本	用　　例
陳元龍 《格致鏡原》 卷九	清文淵閣四庫全書本	(1)《後漢·中山王傳》：墓門前開道，建石柱為梁，乃謂之神道。 (2) 歐陽修《集古録》：後漢以後，始有碑文，欲求前漢時碑碣，不可得。是則冢墓碑，自後漢以來始有也。《物原》：晉武帝始置《神道碑》。《禮·祭儀》：麗於碑。註：君牽牲入廟門，繫著中庭碑也。李綽《尚書故實》：古碑皆有圓空（音孔）。蓋碑者，悲也。本墟墓間物，每一墓有四焉。初葬穿繩於空以下棺，乃古懸窆之禮。《禮》曰：公室視豐碑，三家視桓楹。人因就紀其德，由是遂有碑表。數十年前，有樹《德政碑》，亦設圓空，不知根本，甚矣。後有悟之者，遂改焉。

續表

作者/文獻	版本	用　例
陳元龍《格致鏡原》卷九	清文淵閣四庫全書本	(3)《後漢書》：方者為碑，圓者為碣。《研北雜志》：北碑刻深，謂之溝道。《唐六典》：五品以上立碑，螭首龜趺，趺上高不過九尺。七品以上立碑，圭首方趺，趺上不過四尺。若隱淪道素，孝義著聞，雖不仕亦立碣。《金石例》：三品以上《神道碑》，五品以下不銘碑，謂之墓碣。《明會典》：五品以上許用碑，六品以下許用碣，庶人止用壙誌。公侯及一品碑螭首龜趺，二品碑蓋用麒麟，三品碑蓋用天祿、辟邪竝龜趺，四品以下竝圓首方趺，高低各有尺寸。
陳元龍《歷代賦彙》卷十九		(4) 既闡教於神道，曷疑功乎惟重。苟神貺之，昭答何痾乎？民力之侈用。
陳元龍《歷代賦彙》卷四十五		(5)《乾為金賦》(宋范仲淹)：大哉乾陽，稟乎至剛。統於天而不息，取諸金而可方。外著元亨，想有英而可覩；中含變化，知從革之靡常。原夫聖人之作《易》也，八卦成文，百代為憲。索隱而神道可極，取形而物形可遁。立夫乾也，所以體乎高明；為彼金焉，所以尚乎剛健。觀其爻繫斯著，擬議有倫。此則端四德而成象，彼則列五行而效珍。非同體於煥耀，實比德於貞純。畫而成三，三品之容可翫；統而用九，九牧之貢斯陳。況乎運太始之樞，履至陽之位。冠三才而中正，秉一氣而純粹。萬物自我而資始，四時自我而下施。其動也直，誰觀躍動之姿；其靜也專，更想藏山之義。……故我后法乾元而尊，致王度之式如也。
陳元龍《歷代賦彙》卷五十五		(6)《龍馬圖賦》(元魯貞)：遡太初以玄覽兮，蘄太昊之遺則。當風氣之始開兮，為天地以立極。揭人文而昭著兮，開萬世之太平。休光格於上下兮，叶神道於太寧。何淵默之潛通兮，致上帝之降精。帝乃不愛其道兮，肇錫之以嘉徵。 (7)《神龜負圖出河賦》(唐裴度)：茫茫積流，祚聖有作。動上天之密命，假靈龜以潛躍。蓋欲以慶遙源，敷景鑠。寫物象之精秘，化人文之樸略。豈不以河之德兮靈長，龜之壽兮會昌。載徵符先呈於古帝，稱大寶後遺於寧王。故將出也，感天地，動陰陽。浮九折之澄碧，散五色之榮光。然後蹈箭流而泳花浪，露玄甲而明繡裳。初若沉圓璧而未没，稍似泛孤鳧而欲翔。既而降芳蓮，蹈清沚。五老游而共覩，列聖過而每喜。出朝日如耀其寶圖，伏靈壇狀陳其鏤篋。布爻象之紜紛，蘊天地之終始。負謀謨之畫，將化洪荒；當授受之時，豈思綠水。非臆對之可述，諒鉤深而有致。所以出河宗，作天瑞。馮夷倚浪以相送，神魚鼓舞而旋避。於戲！冥數窅然，自我而傳。外骨明賁，中心善泉。將後天而思永，豈為贊而居前。至如魚託素以達情，鳳銜詔而展禮。未若祥開八卦，兆動四體。闡文教寧木鐸之足儔，贊貞明與日月而同啟。洎乎形貌既著，品物類分。榮萬化之茫昧，合一氣之絪緼。識用光於夏葉，繇每煥於羲文。此乃天理用彰，神道設教。故躍波而委質，殊以文而飾貌。觸綸誠怪於文鱗，隱霧徒嗟乎玄豹。此悠久也，可是則而是效。

續表

作者/文獻	版本	用　例
陳元龍《歷代賦彙》卷六十五	清文淵閣四庫全書本	(8)《南征賦》(有序)(晉陸雲):太安二年秋八月,姦臣羊元之、皇甫商敢行稱亂。大將軍數命羣后,同恤社稷,乃身統三軍,以謀國難。……有皇晉之霸后,資濬哲之叡聖。崇文德於緝熙,濟武功而保定,應天鑒之昭華,荷帝祐之休命。步玉衡以觀八方,在璇璣而齊七政。芒芒神道,化洽崇深。仰戾天飛,俯洞淵沉。振南箕以鼓物,冒慶雲而崇蔭。恢天維以籠世,廓宇宙而宅心。……嚴鼓隱而重戒,景燧曄而星羅。烈蒙陰而仰假,曜憑陽而登遐。若扶桑之振華葉,皓天之散朝霞。超燭龍之絕景,豈比象於百華。 (9)《偃伯靈臺賦》(以"時成泰和,伯義悠久"為韻)(有序)(唐褚寔):偃伯師節也。國家武成止戈,文致皇極,小宗伯樂之廣有命賦。國家執道紀,酌天和,敷皇極以協德,作武成而止戈。由是天子居穆清之中,念康濟之策,乃訊元老,禮鴻碩,恢至道以垂裕,義靈臺以偃伯。……我是以却馬於糞車,務仁於穡地,然後誦《大武》,歌《由庚》,協神道以廣運,致人文以化成。以左右萬物,以厚利羣生。則夫乾元貞,坤元亨,彝倫叙而太階平。……尚矣哉!茂祉之彰,玄德之厚,真神明之所福,宜配天地而長久。偃師節於靈臺之上,返淳風於混元之首,諒遊聖而難知,徒扣虛而責有。
陳元龍《歷代賦彙》卷七十三		(10)《魯靈光殿賦》(有序)(漢王延壽):魯靈光殿者,蓋景帝程姬之子恭王餘之所立也。……物以賦顯,事以頌宣,匪賦匪頌,將何述焉?遂作賦曰:粵若稽古帝漢,祖宗濬哲欽明。殷五代之純熙,紹伊唐之炎精。荷天衢以元亨,廓宇宙而作京。敷皇極以創業,協神道而太寧。於是百姓昭明,九族敦序,乃命孝孫,俾侯於魯。錫介珪以作瑞,宅附庸而開宇。乃立靈光之秘殿,配紫微而為輔。承明堂於少陽,昭列顯於奎之分野。……苟可貴其若斯,孰亦有云而不珍?亂曰:彤彤靈宮,巋嶵穹崇,紛庬鴻兮。崱屴嶬𡾋,岑崟崱嶷,駢巃嵸兮。連拳偃蹇,崙菌踡嵼,傍欹傾兮。歇欻幽藹,雲覆霮䨴,洞杳冥兮。葱翠紫蔚,礧碨瑰瑋,含光晷兮。窮奇極妙,棟宇已來,未之有兮。神之營之,瑞我漢室,永不朽兮。
陳元龍《歷代賦彙》卷七十四		(11)《總章右个賦》(以"氣變銅渾,灰移玉管"為韻)(唐蕭昕):大君嚮明,神道設位;恢三皇之軌物,張五帝之經緯。居皇極以體尊,配昇平而作謚。上棟下宇,圖出震之垂功;崑崙辟雍,模大壯之成器。分五行以配德,合四時而導氣。審圓象以規天,揆方儀而法地;因節候之開闔,得四時之奧祕。……既嘗稻以薦犬,亦趨刑而斷獄;明大閱以講威,訓羣騶而撫俗。別有粉署承風,金門獻款;念無媒以贈策,謬談天於窺管。

續表

<table>
<tr><th>作者/文獻</th><th>版本</th><th>用　　例</th></tr>
<tr><td>陳元龍
《歷代賦彙》
卷八十五</td><td rowspan="3">清文淵閣四庫全書本</td><td>(12)《衡賦》（以“儀止泰一，無淺觀業”為韻）（唐闕名）：搜聖人之垂象，伊茲衡之可觀。材徑挺以繩直，星連綿而珠攢。……然能思無不踐，應倉舒刻舟之深淺。問無不知，表張重度骨之威儀。若乃均其神道，形其事業，聖人因之以平施，邊鄙賴之而不怯。豈欲決其差謬，明其有無，小人取之以作則，君子見之而交孚。則有王臣謇謇，宰職秩秩。洞鑒人才，神無隱質。諒茲衡之攸媲，故守之而勿失。儻陳平之見知，宰州縣之如一。
(13)《敧器賦》（以“君子用之誡盈”為韻）（唐張鼎）：聞夫日中則昃，鼎折則傾；月容守缺而忌滿，神道福謙而害盈。聖人察兩曜之度，觀萬物之情。知務進者危於不止，擬貪取者敗於幾成。爰制座右，與人作程；開其可誡之迹，加以必覆之名。然而不增不減，能正能平；考低昂而必應，亦有效於權衡。……嗟乎！福兮福所伏，禍兮福所倚，既禍福之無門，信吉凶之由己。且丧道則貪邪，貪邪至於丧生；知足則不辱，不辱在於知止。苟欲圖安以遠害，又宜去彼而取此，則知敧器之器大哉，吾將以為教始。
(14)《敧器賦》（并序）（李德裕）：癸丑歲，余時在中樞，丞相路公見遺敧器。……詞曰：昔周道砥平，既安且寧。赫赫公旦，配德阿衡。謂難守者成，難持者盈。始作茲器，告於神明。至仲尼憲文武之道，思周公之德。入太廟而觀器，覩遺法而歎息。……雖神道之無形，常慘然於前後。昔與君子，同秉國鈞。公得之為賢相，予失之為放臣。覩遺物之猶在，懷舊好而悲辛。欲克己以復禮，永報德於仁人。</td></tr>
<tr><td>陳元龍
《歷代賦彙》
卷九十四</td><td>(15)《朱絲繩賦》（唐庾承宣）：絲之為體兮，柔以順德。絲之為用兮，施之則直。從其性而不改，成其音而罔忒。故君子體直以為象，履中而立身。豈委曲而取媚，將勁挺而維新。……天心保貞，側媚見而用侮；神道助正，謇諤鑒而無憂。信乎去邪以受福，孰不履正而身修。問其色兮未嘉，素其質兮孰美。……道在斯而為得，文舍此而何之。古所以嗟是非而莫分，怨邪正之難考。多將任情而媚俗，鮮能率性而行道。何不鑒朱繩而獨異，與羣類而且殊。其美雖偶，其道則孤。儻斯言而是當，又可得而已乎。</td></tr>
<tr><td>陳元龍
《歷代賦彙》
卷九十六</td><td>(16)《太公璜賦》（元楊維楨）：客有浮乎東海之疆，渭水之陽。考申、呂之封裔兮，見大風之泱泱。……自師文而傅武兮，洎幼冲之左翼。勒景襄之殊勳兮，銘昆吾之偉績。首營邱之報功兮，兼五侯之封域。信神物之開先兮，協蓍蔡而罔忒。嗟神魚之久化兮，吾固莫質其是非。吾獨悲夫符命之興兮，襲劉秀之偽辭。讖梁而夢鄧兮，紛卜鬼而稽疑。彼夢臧之曠議兮，又恍惘其奚知。雖其神道之託兮，不既治道之賊也。……誶曰：蒼姬受命兮，呂佐生；玉璜示兆兮，吾何憑；取人以身兮，聖有經。放勳示法兮，揚仄陋而明明。</td></tr>
</table>

續表

作者/文獻	版本	用　　例
陳元龍《歷代賦彙》卷一百十五	清文淵閣四庫全書本	(17) 謝徂來之杵臼，避商雒之薪蒸，聘中山之醉守，屏藍邑之聾丞。基厚力憑，實博聲宏，神道設教，人謀與能。牽小景之絲蘿，邃永年之茯苓，擅諸方之尊宿，號大父之高曾。其間彌谷彌川，亦輜亦軿，競橫披以攫攘，率樛蓋而開扃。等鉅細之成列，類攀援之不勝，吾乃今知十八公之為靈也。
陳元龍《歷代賦彙》外集卷二		(18)《洗心賦》(唐司馬承禎)：嘗甄道以謀己，考往哲之所經，資忠孝與仁義，保存歿之令名。……徇人情之所取，必神道之我棄，理無往而下復，思挺然以釋累。洿可以洗，濁可以澄。俾疏墮之情廢，則精勤之思興，代甘芳以淳淡，易浮蕩以虛凝。合抱生於毫末，履霜至於堅氷，孰謂希夷之無物，吾必知恍忽之可憑也。……所以齊天地之悠遠，叶日月之昭明。哀衆人淪胥以徂謝，吾方獨務於長生。
陳元龍《歷代賦彙》外集卷六		(19)《思還淳賦》(唐吳均)：伊太素之玄風，迨羲軒而浸隱。雖樸散以成器，曁唐虞而未泯。淳化日以淪亡，及殷周而殆盡。……當是時也，太上有命，爰徵萬靈，敕司姦以糾慝，遣執法以詳刑。五帝合符，三官同征，乃命天將，總天丁；伐天鼓，揚天旌；揮金鐺，擲火鈴；使烈缺，激迅霆；出昭曠，入杳冥；捕無影，搜無聲；獲妖師，殲氛兵；正太階，掃欃搶。盪遺袄於千載，流惠澤於八紘，班師下土，歸功上清。然後人倫可以順化，神道可以永貞，變訛僻之俗，為雍熙之甿。佇淳風之克復，吾乃鼓腹擊壤於巖珂，吟詠柏皇與驪連大庭而已矣！
陳元龍《歷代賦彙》補遺卷五		(20) 紛彼靈圉，赩若金仙，苾芻羽衣，列館邠壇。蓋以百千秉神道以設教，歷清微而叩上玄。
陳元龍《歷代賦彙》補遺卷二十		(21) 揖金天之少皞兮，覿南陸之祝融。猗蒼龍與玄武兮，共遨遊乎青空。隘天地之為籠兮，欻出籠而觀外。悟有形之為樊兮，奄跳樊而縱旆。於是回旃反轡，擊節而歌，曰：流覽六虛兮渾無端，涉躐澒濛兮顥氣攢，朅來蕩蕩兮霄際看。遺世兮返混沌，抱元兮揚巨瀾。此之謂神道，此之謂大觀。

表一千二百七十

作者/文獻	版本	用　　例
陳鱣《續唐書》卷四十三	清道光四年士鄉堂刻本	(1) 明宗討王都，已破定州，自汴還洛，琪嘗率百官自上東門，而請至偃師奉迎。其奏章言“敗契丹之兇黨，破眞定之逆城”，坐誤以定州爲眞定，罰俸一月。霍彦威卒，詔琪譔《神道碑文》。彦威故梁將，而琪故梁相也，敘彦威在梁事不日僞，爲馮道所駁。
陳鱣《續唐書》卷四十六		(2) 舊史及新修《史記》，敘承業官爵多略。今從其《神道碑》，加詳焉。

表一千二百七十一

作者/文獻	版本	用　　例
陳兆崙《紫竹山房詩文集》文集卷十六	清嘉慶刻本	(1) 太子太保光禄大夫兵部尚書總督河南河東河道提督軍務謚愨敬張公神道碑銘

表一千二百七十二

作者/文獻	版本	用　　例
陳忠倚《清經世文三編》卷七十一	清光緒石印本	(1) 或又曰：亞非各國之地，何以不能自守，為人所得？是無他，蓋因不善養民之故耳。試觀水旱之災，民以餓死；擄掠之患，民以殺死。……雖間以天主耶穌、神道設教，然開闢不得不然，所以泰西大國得地之事，關係匪淺，即此十四年中已可概見，故不得不縷述其故，俾今之官商士庶留心時事，不致終身於睡夢之中。

表一千二百七十三

作者/文獻	版本	用　　例
陳梓《刪後文集》卷十一	清嘉慶二十年胡氏敬義堂刻本	(1) 蔡氏曰：周洪謨先生著《朱子家禮・祠堂圖說》曰：古者廟皆南向而各有室，神主在室則皆東向，先王之祭宗廟，有堂室焉，有室事焉。設始祖之位於堂上，昭東穆西，左右相向，以次而南，此堂事也。設始祖東向之位於室中，昭南穆北，左右相向，以次而東，此室事也。堂事、室事皆父昭在左，子穆在右，則古之神道尚左明矣。自漢明帝，乃有尚右之說。唐、宋以來，皆爲同堂異室，以西為上之制。然古者室事，始祖東向，則左昭右穆，以次而東者不得不以西爲上。後世南面之位既非東向之制，而其位次尚循乎以西爲上之轍，則廢昭穆之禮。校考據二說，則《家禮》以西爲上之制，誠非定論。然古制未能遽復，而士庶之家分有所不得爲不得已，即因同堂異室之制，而别爲昭左右穆之序，以不失祔於祖父之意。蓋四龕分列，則亦昭常在左，穆常在右，而外有以不失其序。四龕異室，則亦昭不見穆，穆不見昭，而内有以各全其尊。惟當祭而會於一室，則南向，並列似多室碍。竊倣古時祫之制，而以高祖南向。當太祖之東向，曾及祖禰則左右相對，以次而南。如高爲昭，則曾之上無昭，而特設位於禰之西。高爲穆，則禰之下無穆，而特設位於曾之東。既不失尊卑之序，而亦不紊乎昭穆之次矣。因本或問之意，各以臆見爲圖於左，以質世之知禮者。

續表

作者/文獻	版本	用　　例
陳梓 《刪後詩存》 卷十	清嘉慶二十年胡氏敬義堂刻本	(2)《讀史七言中截寄雪漁三十首》(存十一首)：變雅一生偏憤激，離騷兩地各沉吟。披襟久擬承君淚，剖脇何時納我心。……神道鬼謀饒變相，生前來世嚇愚兒。東牕事發寃曾雪，中土波沉悔總遲。

表一千二百七十四

作者/文獻	版本	用　　例
陳作霖 《可園文存》 卷十三	清宣統元年刻增修本	(1) 春官，晉宗伯之銜。神道重奎文之麗，典彰謚法，賚及後昆。為天子師，允稱江南大老；志聖人學，無慚史傳儒林矣。

表一千二百七十五

作者/文獻	版本	用　　例
陳祚明 《采菽堂古詩選》 卷十一	清刻本	(1) 頽綱既振，品物咸秩。神道見素，遺革反質。辰晷重光，協風應律。函夏無塵，海外有謐。

表一千二百七十六

作者/文獻	版本	用　　例
成本璞 《九經今義》 卷一	清末長沙刻本	(1) 觀天之神道，而四時不忒。聖人以神道設教，而天下服矣。此聖人救世之微權也。今耶穌天主各教，皆設爲天堂地獄、福田利益之説，聳動愚氓，使之改過遷善，尊賢愛人，以發明性中之公理，與釋氏意同而派異，過之遠矣。其立教之本旨，亦不悖於聖人也。乃世必極口詆之，橫生謗語，激成禍亂，其亦未熟察彼教之宗旨也。

表一千二百七十七

作者/文獻	版本	用　例
成瓘《（道光）濟南府志》卷十八	清道光二十年刻本	（1）風神廟，在水官廟東。嘉慶六年創建，有欽頒靈孚巽順匾額，加封“宣仁昭泰風伯之神”。以春秋仲月致祭，禮以少牢，儀同龍神廟。祝文：惟年月日某官某謹致祭於勅封“宣仁昭泰風伯之神”，曰：惟神道。
成瓘《（道光）濟南府志》卷四十八	清道光二十年刻本	（2）按：宋氏墓道碑，今尚屹立，然字剝落，不可識，唯首書“元奉政大夫揚州路總管贈正中大夫河南隴北道肅政廉訪使僉太常禮儀院事追封京兆郡侯宋公神道碑”。末行已半缺，僅存“至正元年及河南隴北道肅政廉訪使男紹明同弟紹清立石”。 （3）李國鳳，濟南人。至正十年舉鄉試第一。十一年舉禮部第一。次趙麟時，號鳳麟，榜廷試第三甲第三。其歷官可考者，十四年為翰林國史院編修官，十八年由治書侍御史同中書參知政事、普顏不花經略，二十四年為中書參知政事，二十六年為左丞史。不為立傳，而所撰《張宓神道碑》及《移濟寧路治記》，條達有法度。元好問、馬祖常數人外，不能過也。
成瓘《（道光）濟南府志》卷四十九	清道光二十年刻本	（4）宏以舉人肄業國子監，故不稱舉人而稱貢生，非誤也。其温州同知，不知即初任否？洛陽劉健作其子文《神道碑》有云：公之先考贈太保，公同知余郡。 （5）三十二年，蘇、松稅監劉成以水災請暫停米稅。帝以歲額六萬，米稅居半，不當盡停，令以四萬為額。世卿上言：鄉者既免米稅，旋復再征，已失大信於天下。今成欲免稅額之半，而陛下不盡從，豈惻隱一念，貂璫尚存，而陛下反漠然不動心乎？不報。其夏，雷火燬祖陵明樓，妖蟲蝕樹，又大雨壞神道橋梁。帝下詔諮實政。
成瓘《（道光）濟南府志》卷五十六	清道光二十年刻本	（6）趙廷樞，字環中，號石菴。郡庠廩生。老困場屋，日誦《周易》不輟。盛暑，終日端坐，衣不見體。精書法，工詩古文詞，善甄别人材，遇貧不能從師者引至家塾，給予膏火，終能有成。及卒，鄉人感其德，共立《神道碑》，題曰“經明行修環中夫子之墓”。
成瓘《（道光）濟南府志》卷五十七	清道光二十年刻本	（7）閆氏，吏部尚書尹同仁側室，事同仁甚謹。同仁卒，閆年二十三，慟哭幾絕，自斷髮納於棺，送葬城南八里山，宿墓上三日。返與側室孔氏入靈寢，墐戸持齋三年。既而出家為尼，名道宗，端坐誦佛經四十餘年。弟子某為記其事，附刻同仁《神道碑》。（據《閆氏祔葬碑》。）

續表

作者/文獻	版本	用　例
成瓘 《（道光）濟南府志》 卷六十三	清道光二十年刻本	(8) 元御史中丞張養浩墓。舊《志》云：在府城西北十里雲莊五柳牐南。有學士張起巖《神道碑》。 (9) 元廣威將軍段徽墓。有張泰亨《神道碑》。 (10) 明都督僉事衛青墓。《縣志》云：在縣西北五里藥山西麓。有李賢《神道碑銘》。 (11) 明都督僉事李貴墓。《縣志》云：在桿石橋外。有許彬《神道碑銘》。 (12) 總兵陳有功墓。《縣志》云：在趵突泉西南二里壩北。有自述行實刻於《神道碑陰》。 (13) 五代周中書侍郎平章事景範墓。《通志》云：在縣西南五里印臺山。範仕後周，為中書門下侍郎。有翰林學士扈載奉敕撰《神道碑》，可據。 (14) 元萬戶侯孟德墓。《縣志》云：在城南二十里。至元閒，勑建。有張元方《神道碑》，見《金石》。 (15) 元安遠大將軍劉淵墓。《縣志》云：在縣西南二十里鄭家樓後。有《神道碑》，係延祐年閒淵子劉無晦立石，杜質撰文。 (16) 元昭勇將軍張立墓。《縣志》云：在縣東北三十五里羅屯莊西。有《神道碑》。 (17) 明大學士殷士儋墓。《通志》云：在縣東北。《縣志》云：歷城人。萬歷初入相，謚文莊。墓在長清鳳凰山之陽。有《諭祭碑》二、《神道碑》二，許國撰其享堂，周壁勒公所著二千字文。 (18) 元德州行省參政朱和墓。《通志》云：在縣東南二十里箕山鄉鬲侯祐之後。……《縣志》云：在縣西十五里基山。有翰林學士劉賡撰《神道碑》。
成瓘 《（道光）濟南府志》 卷六十六		(19)《長白山新會院碑記》（後周進士戰孚遠（穎之））：我太祖皇帝造邦之三載，察烝黎之利病，繫牧宰之不藏。……邑內舊有女子號和孃者，本依神道，其實妖巫。雖求福不回，君子匪從於蠱眩；而婦言是用，小人盡信於譸張。暨殞厥躬，共營斯廟。中堂崒峩於烟際，廻廊繚繞而霞暎。度其費，則千金之重；計其役，則萬功之多。當始創迨今，蓋數百載矣。常有狡徒思利，先倡為宗。惑其從俗之民，教以事神之道，故淄齊德棣之眾，春夏秋冬之期，相率而來，唯恐居後。闐咽如市，喧騰若雷。莫不碩以犧牲，醇其醪醴，或縑緗盈於筐篚，或纂組制其裳衣，咸用薦神，以祈降福。巫覡瞋目而銜齒，妄為倚狀之言；俳優擊掌以揚桴，曲盡詼諧之體。爐烟結而如霧，酒杯瀝而成池。人百拜以忘疲，神三獻而未已。或曰：農桑不息，慮神之所殃。或曰：廢舉有成，賴神之攸護。既禱且謝，剖膂披心。浸以為風，相沿莫革。

續表

作者/文獻	版本	用　　例
成瓘 《（道光） 濟南府志》 卷六十七	清道光二十年刻本	(20) 當今，自京都以及郡邑，崇祀城隍以衛民也。新城城隍廟，在邑治東，其來舊矣。……侯乃颺言曰：堤之成也，雨之時也，非人所能為也。神實相焉，功不可誣。……或謂：侯祈雨而雨，祈晴而晴，神道幽遠，能如是乎？予曰：侯履任以來，若理冤獄，若清賦役、治侵漁，若處補礦税，若煮粥救荒、施藥濟貧，若修理壇壝衙祠，德政種種，難以枚舉，凡以為民也。夫民，神之依也。神，民之庇也。為民所以事神也，侯之感格者素矣。如使德政不修，廟貌徒飭，神其居歆而應感哉？必不然矣。
成瓘 《（道光） 濟南府志》 卷六十八		(21) 成化乙未春，三山閩人王君陞奉命典教茲邑，顧瞻祠宇，榱桷頹敝，廊廡廹隘，喟然謂諸生曰：仲尼之道宏肆尊顯，神道設教大賚我生人。今殿庭庳陋，椽棟毁墜，曾不及浮圖外説之克壯厥居。
成瓘 《（道光） 濟南府志》 卷七十二		(22)《景範神道碑》在鄒平縣相公山，五代周翰林學士扈載撰，翰林待詔孫崇望書，顯德三年立。（同上）

表一千二百七十八

作者/文獻	版本	用　　例
成文昭 《薑觴詩集》 卷一	清康熙刻增修本	(1)《拜左忠毅公墓道》：有朋二百八十載，神熹之際難具論。泰運中否遘陽九，乾綱陵替風塵昏。……山高水清西山瘦，長松亂棘蒼雲屯。閩海偉人譜公節（《神道碑》爲黄石齋先生作），殘碑三尺纏藤根。……烏尾畢逮冷荒隧，青林白月來忠魂。

表一千二百七十九

作者/文獻	版本	用　　例
程川 《朱子五經語類》 卷十八	清文淵閣四庫全書本	(1) 盥，非灌之義。盥本謂薦而不薦，是欲蓄其誠意以觀示民，使民觀感而化之義。“有孚顒若”，便是那下觀而化，却不是説人君身上事。“聖人以神道設教”，是聖人不犯手做底，即是“盥而不薦”之義。“順而巽，中正以觀天下”，謂以此觀示之也。 (2) 觀天之神道，只是自然運行底道理，四時自然不忒。聖人神道，亦是説他有教人自然觀感處。

續表

<table>
<tr><th>作者/文獻</th><th>版本</th><th>用　例</th></tr>
<tr><td>程川
《朱子五經語類》
卷三十七</td><td rowspan="2">清文淵閣四庫全書本</td><td>(3) 鄭仲履問:“巽以行權”,恐是神道?曰:不須如此說。巽只是孝順,低心下意底氣象。人至行權處,不少巽順,如何行得?此外八卦各有所主,皆是處憂患之道。</td></tr>
<tr><td>程川
《朱子五經語類》
卷七十八</td><td>(4) 焄蒿是鬼神精氣交感處,注家一處說升騰。悽愴則漢武《郊祀記》所謂“其風肅然”!或問:今人聚數百人去祭廟,必有些影響,是如何?曰:衆心輻湊處,這些便熱。又問:“郊焉而天神假,廟焉而人鬼享”,如何?曰:古時祭祀都是正,無許多邪誕。古人只臨時為壇以祭,此心發處,則彼以氣感,纔了便散。今人不合做許多神像只兀兀在這裏坐,又有許多夫妻子母之屬。如今神道必有一名,謂之“張太保”“李太保”,甚可笑!</td></tr>
</table>

表一千二百八十

<table>
<tr><th>作者/文獻</th><th>版本</th><th>用　例</th></tr>
<tr><td>程恩澤
《程侍郎遺集》
卷八</td><td>清粵雅堂叢書本</td><td>(1) 河南按察使嚴公神道碑銘
(2) 戴尚書神道碑
(3) 道光十年六月二十八日,署工部左侍郎、前四川總督戴公,薨於京邸。……其年秋,公之喪至鎮江。其嗣君郎中於義寓書於恩澤,屬撰《神道碑》。恩澤於公有世誼,且辱公知好甚久,不敢以不文辭。
(4) 贈長蘆鹽運使伍公神道碑銘
(5) 户部福建司郎中鶴臯祁公神道碑銘
(6) 道光十有四年八月某日,劉太夫人合塋。封閣學,屬恩澤為《神道碑銘》於墓道東南。
(7) 光祿寺卿興縣康公神道碑銘
(8) 道光十有四年四月二十五日,前湖南巡撫康公薨。越明年,其孤兆奎以武進李兆洛所為《行狀》,乞余銘神道之碑。余故知公者,故剟其大要,以顯焯之。</td></tr>
</table>

表一千二百八十一

作者/文獻	版本	用　　例
程光裕《李文襄公年譜》	清康熙刻本	(1) 伏惟節屆中元，悲懨律蘭盆之會；月逢大慶，慈光燃蓮筏之燈。俯悼國殤，仰資佛力。……如已超生法界，固知四大皆空；倘猶滯迹冥途，聊擬九蓮是度。聖人神道以設教，總期有裨群生；大士面燃而導迷，惟願同歸極樂。滿城花雨，銷兵氣以接慈雲；一縷旃檀，證菩提而登淨土。

表一千二百八十二

作者/文獻	版本	用　　例
程瑞祊《槐江詩鈔》卷四	清乾隆二年刻本	(1) 巖巖泰岱居東方，聿新廟貌何煌煌。神道設教尚裝塑，誰工脫活來帝鄉。天下名手劉正奉，學有淵源最擅長。位高羅致豈易得，神力驅策撲且僵。俯首鞠躬如有訴，願造聖像爲祈禳。精誠感格只一息，危疴立起安以康。神摹手追出匠巧，鬚眉奕奕超凡常。博換自矜絶世藝，點點睛頰上分微茫。狰獰顧盼擁鬼卒，神采特地生輝光。六街九衢歎觀止，歲時享祀爭趨蹌。我來帝里快瞻仰，升階傴僂進瓣香。父老爲言半疑信，稗官無乃同荒唐。宇宙茫茫多怪事，試與齊諧共較量。

表一千二百八十三

作者/文獻	版本	用　　例
程廷祚《易通》周易正解卷二	清乾隆十二年道寧堂刻本	(1)《傳》曰：大觀在上，順而巽，中正以觀天下。觀，盥而不薦，有孚顒若，下觀而化也。觀天之神道，而四時不忒。聖人以神道設教，而天下服矣。(2) 夫大觀在上，而觀而化者在下。百姓至愚而至神者也，聖人亦示之以神道而已矣。觀天之神道，而四時不忒，不言而信者天也。聖人以神道設教，而天下服，不怒而威者神也。神道者，天德之中正也。
程廷祚《大易擇言》卷十一	清文淵閣四庫全書本	(3)《彖》曰：大觀在上，順而巽，中正以觀天下。觀，盥而不薦，有孚顒若，下觀而化也。觀天之神道，而四時不忒。聖人以神道設教，而天下服矣。(4) 伊川程子曰：五居尊位，以剛陽中正之德為天下觀，其德甚大，故曰“大觀在上”。天道至神，故曰“神道”。觀天之運行，四時无有差忒，則見其神妙。唯聖人默契，體其妙用，設為政教，故天下之人涵泳其德而不知其功，鼓舞其化而莫測其用，自然仰觀而戴服，故曰：以神道設教，而天下服矣。

續表

作者/文獻	版本	用　　例
程廷祚《大易擇言》卷十一	清文淵閣四庫全書本	(5) 龜山楊氏曰：古人所以交神而接人，其道一主于誠。故曰：明則有禮樂，幽則有鬼神，幽明本无二理，故所以感之者一。聖人以神道設教。所謂“神道”，誠意而已。誠意，天德也。 (6) 紫陽朱子曰：極言觀之道也。四時不忒，天之所以為觀也。神道設教，聖人之所以為觀也。又曰：聖人以神道設教，即是“盥而不薦”之義。 (7)（通論）平菴項氏曰：神道者，形容觀字也。凡有言有事者，皆以迹治未可以為神也。觀則不言不動，相觀而自化，此所以為神也。不察者，以為別有神道，是不達觀義也。天不言而四時自不忒，此天之神道也。聖人恭已无為而天下服其至教，此聖人之神道也。《記》曰：天道至教，聖人至德。味此二言，可以知觀道之神矣。
程廷祚《大易擇言》卷三十四		(8)（正義）侯氏（行果）曰：亹亹，勉也。夫幽隱深遠之情，吉凶未兆之事，物皆勉勉然願知之，然不能也。及蓍成卦，龜成兆也。雖神道之幽密，未來之吉凶，坐可觀也。是蓍龜成天下之勉勉也。

表一千二百八十四

作者/文獻	版本	用　　例
程哲《蓉槎蠡説》卷二	清康熙五十年程氏七略書堂刻本	(1) 古人有功德者，没則鑄器以銘，中郎《朱公叔鼎銘》是也。杜子夏始勒文埋冢側，爰有墓銘。因之勒石加蓋，埋壙前三尺，防陵谷遷變。《廣記》：古豐碑以窆，秦漢乃書姓名爵里於上，改用石。晉宋始稱《神道碑》，葬家以東南為神道。墓碣五品以下，墓表士庶通用。又有阡表，阡者墓道也。路南北曰阡。霍光塋起三幽闕，築神道，此墓路神道。戚國侯李信成，坐侵神道爲隸臣，乃宗廟神道也。

表一千二百八十五

作者/文獻	版本	用　　例
池生春《伊川先生年譜》卷一	清咸豐五年刻程子年譜本	(1) 臣料陛下仁孝，豈忍如斯。皆由左右之臣不能為陛下開明此理，在於神道不遠人情。故先聖謂：事死如事生，事亡如事存。設如仁皇在位，濮王居藩，陛下既為蒙嗣，復以親稱濮王，則仁皇豈不震怒？濮王豈不側懼？是則君臣兄弟立致釁隙，其視陛下當如何也？神靈如在，亦豈不然？

表一千二百八十六

作者/文獻	版本	用　　例
褚人穫《堅瓠集》三集卷二	清康熙刻本	(1)《舊舞衣》：嚴續乞韓熙載撰父《神道碑》，珍贈外輟一姬爲潤筆。文成，但叙譜系品秩葬贈之典。續封還，求其改竄。熙載竟以原贈吐之。姬登車，書一絶於泥金雙帶云：風柳揺揺無定枝，陽臺雲雨夢中歸。他年蓬島音塵斷，留取尊前舊舞衣。熙載笑，不爲動。
褚人穫《堅瓠集》七集卷一	清康熙刻本	(2) 觀東坡《清獻公神道碑》載：二子曰岏、曰屺，並無明誠。葉文莊盛《水東日記》：明誠，趙挺之子。曹以寧故《讕言長語》：易安，趙梃之子德夫之內。《堯山堂》：抃謚清獻，挺之亦謚清憲，故有此誤傳。挺之附媚蔡京，致位權要，或有此失節之婦。若爲清獻子婦，豈宜以桑榆晚景，再適非類，爲天下笑耶?
褚人穫《堅瓠集》餘集卷三	清康熙刻本	(3) 偶閱顔魯公作光弼《神道碑》曰“每臨陣，當貯伏突于韡中，義不受辱”。乃知“伏突”刀名也。
褚人穫《隋唐演義》卷二	清四雪草堂刊本	(4) 李靖醒來，記得明白，想道：據此看來，我無天子之分，只好做個輔佐眞主之人了。那神道所言，後來自有應驗。自此息了圖王奪霸的念頭，只好安心待時。正是：今日且須安蠖屈，他年自必奮鵬搏。
褚人穫《隋唐演義》卷四	清四雪草堂刊本	(5) 見東邊新起一座門樓，懸紅牌書金字，寫“報德祠”三字，伯當道：我們看報什麼德的? 四人齊進，見三間殿宇，居中一座神籠，高有丈餘。里邊塑了一尊神道，却是立身，戴一項荷葉簷粉青色的范陽氈笠，着皂布海衫，蓋上黄罩甲，熟皮鋌帶，掛牙牌解刀，穿黄鹿皮的戰靴。向前豎一面紅牌，楷書六個大金字：恩公瓊五生位。
褚人穫《隋唐演義》卷二十	清四雪草堂刊本	(6) 恍惚之間，見屋宇邊紅光閃閃，紅光中現出一尊神道，怎生模樣? 赤面美髯，蠶眉鳳眼。身長約一丈，披一領錦繡綠羅抱。腰大可十圍，束一條玲瓏白玉帶。神威凛凛，法貌堂堂。疑是大漢壽亭侯，宛如三界伏魔帝。 (7) 那神道繞着火爐走了一轉，忽然不見。上皇驚醒，急起身看時，只見藥鐺已傾翻，爐中炭火已盡熄，大為駭異。次日張說入見，告以夜來之事，且命更為覓藥。張說再拜稱賀，因進言道：此乃神護龍種也! 臣原說龍種不宜輕墮，只恐重違殿下之意，故欲決之於天命。

表一千二百八十七

作者/文獻	版本	用　　例
儲大文《存硯樓文集》卷十二	清文淵閣四庫全書本	(1) 凡少府、孝廉、諫議、太尉、參軍南興真定，吏部醫聖左武山陰文解之神道，庸得不歲時，謹護而益封樹之，其力蘄復墓者義也，而推園側古墓而歸之者亦義也。
儲大文《存硯樓文集》卷十五		(2) 光祿大夫兵部尚書范公神道碑 (3) 楊子雲曰：注諸旒旍。曹子建曰：表之素旗。䕶幽壙而覈之為誌為銘，闢神道而揭之為碣為碑，其易名也。
儲大文《存硯樓二集》卷三		(4) 扈蹕而南，轉戰至常州道卒。賜墓於永勝西里之徐司徒巷，詔東平呂僕射頤浩碑其神道，子孫爰家焉。 (5)《陳公年譜》，予嘗受而讀焉。其事覈，其時備，其綱舉，其體肅。嗚呼！可謂本《孝經》之志，而擴《春秋》之義者矣。昔宋范文正公，其子堯夫氏未克譔譜，裁芟《神道碑》。
儲大文《存硯樓二集》卷十四		(6) 贈光祿大夫兵刑兩部尚書署理直隸總督唐公神道碑 (7) 昔漢陽内閣學士張公嘗狀公行，予爰文其神道之麗牲碑，而系之以銘曰：顯允唐公，百僚之則。銓宰澍右，祖訓是式。屯曹廼陟，左掖廼升。臚句廼掌，罶轄廼膺。棘寺廼佽，冏寺廼試。宗正廼倅，宗伯廼貳。帝曰俞哉，南臺汝諧。帝曰俞哉，畿輔汝諧。廼晉司馬，載枋邦政。廼兼司寇，載典邦禁。再涖畿輔，載綏兆民。墓道載懷，二聖克明。
儲大文《存硯樓二集》卷十五		(8) 又十有八年，而曙荄以侍讀，遷奉常督山西學政。塋域神道，㓗典聿宜。爰考次公《行狀》暨予鄉漢瞻張君譔傳，謹表於墓，以竢當世宗工傑士之碑神道者。 (9) 又曰：夫貴妻尊，匪爵而寵。今先生學範雅，宗董劉，神道刊碑，尚宜少竢。而過墓前者，或滋習味。至興鄭鄉楊塚之嘅，此亦吾黨之責也。
儲大文《存硯樓二集》卷二十三		(10) 廣孝，釋名道衍，字斯道，蘇州長洲之相城里人。葬房山縣東北四十里聖岡塔。成祖御製《神道碑》。 (11) 今欲習俗可通，古禮無失，以葬日奠靈之祭爲初虞，以三日煖墓之祭爲再虞，以匝月省墓之祭爲三虞。倘或哀，雖有餘力，殊不贍。焚楮可以代容衛，設茗可以代遣車。……尚獲遇諸神道橋公墓畔過者，特感於隻雞；董相陵邊行者，永傳於下馬。聿参前代，式示後昆。

表一千二百八十八

作者/文獻	版本	用　　例
崔國因 《出使美日秘國日記》 卷十一	清光緒二十年本	(1) 二十七日，晴，遊華盛頓第宅。乘小輪船約半時辰到岸，上小嶺，高數十丈，至華盛頓墓。有屋一所，自鐵欄外瞻之，白石棺二，停土面，蓋夫婦二人也。屋外左右有《神道碑》。又前行不半里，至其第，局面甚小，鄉居蓋如是也。

表一千二百八十九

作者/文獻	版本	用　　例
崔冕 《素吟集》 卷五	清康熙刻本	(1)《拜湯陵二首》：生未逢神武，千秋後拜陵。草茅臣分賤，忠孝悃堪憑。栢密邀羣鳥，宮頽賴衆僧（陵傍有桐宮寺）。寂寥南北地，遥戴怨天崩。神道交爪蔓，秋原步屧深。野花寒結子，塚木老空心。禁厲時王號，碑殘老衲尋。聲靈三十業，都付暮雲沉。

表一千二百九十

作者/文獻	版本	用　　例
戴長庚 《律話》 下卷	清道光十三年吾愛書屋刻本	(1) 角起角收之音，祇有第一章第一句。寅年正月庚寅日，打圓之音用之餘，未見此句承上文呼先生之名，而慰之日若先生庚寅之降，為陰陽之正氣，合天地之正中，貫古今而不朽矣。古人《神道碑》《墓誌》等文，歷叙其人生平遭際坎坷之後，另出已意作為銘。贊必用好語，以慰其人。千篇一律，無能出其範圍者理當。

表一千二百九十一

作者/文獻	版本	用　　例
戴笠 《懷陵流寇始終録》 卷二	清初述古堂鈔本	(1) 是月，陝西巡撫劉廣生奏：秦山一帶綿亘七百里，為延綏賊入西安之路，如耀州之神木嶺、參天嶺、柳林鎮、白水、宜君，間之苜蓿溝、黃龍山、三水之石門川、韓城之神道嶺、龍門渡麻嶺，而涇陽、三原、淳化、武功、鄠縣之間，所在宜防。
戴笠 《懷陵流寇始終録》 卷三		(2) 甲午，王左掛等復犯耀州，督糧道洪承疇合官兵、鄉勇萬餘人，列十二營圍之于雲陽，夜乘雷雨潰圍，走韓城之神道嶺，追斬二百餘級。

表一千二百九十二

作者/文獻	版本	用　例
戴震《（乾隆）汾州府志》卷二十三	清乾隆三十六年刻本	（1）明長清縣知縣田耔墓，在汾陽縣南一里斜敘口之原。明登州府知府嚴泰墓，在府城西關。萬歷十三年，知州白夏爲立《神道碑》。 （2）周卿士尹吉甫墓，俗傳在平遥縣東門外北路。明萬歷二十五年，知縣周知度始於墓前立石，題曰"周卿士尹吉甫神道"。 （3）元征行都元帥五路萬戶梁瑛墓，在平遥縣梁官村。《神道碑文》，嘉議大夫御史丞行御史臺事魏初撰，集賢侍讀學士奉議大夫李倜書丹，中奉大夫、中書省參知政事杜思敬篆額。延祐元年重九月日，少中大夫西蜀四川道肅政訪司男天翔立石。 （4）元中少大夫西蜀四川道肅政廉訪使梁天翔墓，在平遥縣梁官村。《神道碑銘》，奉政大夫監察御史亳郡李元道撰，集賢學士資德大夫吳興趙孟頫書丹，翰林侍讀學士中奉大夫知制誥兼修國史清河元明善篆額。延祐二年七月初十日，前僉廣東廉訪司事授朝列大夫信州路總管府治中長男梁時中、承事郎大名路清河縣尹次男梁時正、承事郎秦州成紀縣尹次男梁時義、中顯校尉僉制東海右道肅政廉訪司事次男梁時仁等建。
戴震《（乾隆）汾州府志》卷二十八		（5）狄武襄公神道碑銘（宋翰林學士王珪奉詔撰。）
戴震《（乾隆）汾州府志》卷二十九		（6）延安兵馬總管袁公神道碑銘并序（元按察副使姚燧撰。） （7）征行都元帥五路萬戶梁公神道碑（元魏初撰。） （8）少中大夫西蜀四川道肅政廉訪司使梁公神道碑銘并序（元監察御史李元道撰。） （9）呂簡肅公神道碑銘（元虞集）
戴震《（乾隆）汾州府志》卷三十二		（10）狄武襄公神道碑跋（曹學閔） （11）《宋故推誠保德守正翊戴功臣護國軍節度管內觀察處置等使特進檢校太尉同中書門下平章事行河中尹判陳州軍州事兼管內隄堰橋道勸農使上柱國天水郡開國公食邑七千七百戶食實封貳阡一百户贈中書令兼尚書令謚武襄狄公神道碑》，翰林學士朝散大夫尚書禮部郎中知制誥充史舘修撰判昭文舘知審官院提舉集禧觀公事上騎都尉長安縣開國伯食邑八百户賜紫金魚袋王珪奉勑撰。

表一千二百九十三

作者/文獻	版本	用　　例
鄧廷羅 《兵鏡備考》 卷六	清康熙刻本	(1) 偶樵氏曰：神道設教，善用兵者不廢，究之多以人道爲本也。

表一千二百九十四

作者/文獻	版本	用　　例
鄧顯鶴 《沅湘耆舊集前編》 卷三十四	清道光二十四年鄧氏小九華山樓刻本	(1) 依乘寒不得，憎暑不得，仍堅卽墨之壁壘，養淩煙之股肱，豎剛骨而益勁，植卓勲而勿矜。謝徂徠之杵臼，邂商雒之薪蒸，聘中山之醉守，屏藍邑之聾丞。基厚力憑，實博聲宏，神道設教，人謀與能。牽小景之絲蘿，邃永年之茯苓，擅諸方之尊宿，號大父之高曾。其間彌谷彌川，亦輜亦軿，競横披以攖攘，率樛蓋而開扃。等鉅細之成列，類攀援之不勝，吾乃今知十八公之爲靈也。如冕修容，如領振膺，如杼壓機，如斛舉升，如觚有稜，如几有憑。
鄧顯鶴 《南村草堂文鈔》 卷二	清咸豐元年刻本	(2) 又敬錄《四庫全書總目》《四庫簡明目錄》《元史本傳》《行狀》《家傳》《像贊》《先世神道碑銘》，與夫方志選本各傳，及宋彭序跋於前為首卷，其續刻諸序跋則附錄於後為末卷，題曰“瀏陽紹文堂原本”，示不昧所自也。 (3)《圭齋文集補遺序》：是集刊成，從友人處復得江西新刻本，有增入各體詩文二十一篇。中多碑版大文，皆拙刻所未有，亟為補錄，以類附各卷之末，通為《補遺目錄》如右。而拙刻所增之《鑒湖歌》《道州路重修濂溪書院記》《金華宋氏石刻世系記》《周此山集序》《浦陽人物記序》《河平碑記》《補許先生神道碑銘》《方安人墓道碑銘》，凡八篇，亦江西本所無，以是歎先生《文集》散佚雖多，其精氣長存天壤。
鄧顯鶴 《南村草堂文鈔》 卷十一		(4) 顧其所謂問者，將問之天乎？天不言也。問之山乎？山無語也。問之民乎？民不知而徒工怨咨也。將於何問之？夫亦曰：有司之者而已。司之者誰？昔先王之治天下也，先成民而後致力於神。又曰：先王以神道設教，夫所謂致力設教者，豈求之不可知之域，索之無何有之鄉也哉？……其造福吾官民，豈有既哉？則謂先王成民而致力於神，與以神道設教之旨胥於是乎在焉，亦無不可也。

續表

作者/文獻	版本	用　　例
鄧顯鶴《南村草堂文鈔》卷十二	清咸豐元年刻本	(5) 誥授資政大夫、工部左侍郎崇祀鄉賢韓公神道碑銘 (6) 道光十一年六月癸卯，資政大夫工部左侍郎韓公，以疾終於家。其年十月丁未，公子湛等奉公匱葬於長壽韓家嶺千子墳，而神道之左，禮宜銘。 (7) 誥授奉政大夫湖南武岡州知州鳳皇聽直隸同知前翰林院庶吉士咸寧許先生神道碑銘 (8) 誥贈朝議大夫福建道監察御史翰林院編修貴州正安州吏目敕祀名宦嘉善徐君神道碑銘
鄧顯鶴《沅湘耆舊集》卷一百七十八	清道光二十三年鄧氏南邨艸堂刻本	(9)《賣詩翁》（有序）：賣詩翁，余鄉奇逸士也。姓楊，名興樹，號荃圃，晚號山樵。不求祿仕，不矜小節，縱情詩酒，閒類於廢者，人皆以顛呼之。年六十，日事大。竊嘗挾其小詩以賣，價甚廉，里兒爭買之，遂自號曰"賣詩翁"。著有《山樵外史》，一名《載鬼一車》，皆荒怪不經之事。然規戒褒貶於神道設教之意，似有寓焉。

表一千二百九十五

作者/文獻	版本	用　　例
鄧繹《藻川堂譚藝》比興篇	清刻本	(1) 明鏡得花而與影爲二，琉璃得日而與影爲三，江湖之波得月而千百其影，或動於天，或動於物，其動於物猶動於天也。蓋偶失之，偶得之。文章之妙，必有待於所感，所感而悲則悲，樂則樂。清濁、高下、疾徐、必與之肖，其動於外者天也，其根於內者亦天也。知本者明，得源者清，學道而後文章者，與之終身而不厭焉。默然無營而待物之至者，其感也。神道之至者，不可以書，言喻也。而其喻者已至矣，則亦有至焉者矣。斯之謂文化。

表一千二百九十六

作者/文獻	版本	用　　例
鄧志謨《古事苑定本》卷六	清康熙蘭雪堂刻本	(1)《世説》：唐姚崇與張説同爲宰輔，各懷疑阻，張銜之。崇病，戒諸子曰：張與吾有隙。然其人奢侈，尤好服玩。吾没後，來吊，汝盛陳吾平生服玩。彼若寓口，悉賫送之，遂以《神道碑》請。稿成，即刊刻。張料事遲，後必有悔。諸子如其教。其碑文畧曰：八柱承天，高明之位列；四時成歲，亭毒之功全。时谓极笔。後果求稿，改之。姚氏諸子引使者視其碑，仍告以奏御。使者復命，张悔恨膺曰：死姚崇能算生張說。吾今日方知才之不及遠矣。

續表

作者/文獻	版本	用　　例
鄧志謨《古事苑定本》卷十一	清康熙蘭雪堂刻本	(2) 陸羽，號甫里。生性愛茶，著有《茶經》。王濛，亦酷愛茶。濛疾，語家人曰：吾將死矣，可題其神道曰“晉茶仙之墓”。

表一千二百九十七

作者/文獻	版本	用　　例
刁包《易酌》卷四	清文淵閣四庫全書本	(1) 觀，盥而不薦，有孚顒若，下觀而化也。下觀而化，觀其中正之德。巽而順之，而不知誰之為之也。觀天之神道，而四時不忒。聖人以神道設教，而天下服矣。 (2) 天道至神，故曰“神道”。溫凉寒燠，歷終古代謝如一，故曰“四時不忒”。觀四時運行，无有差忒，而天之神道見矣。聖人以天之神道為教，張弛闔闢一符，造化之自然也。《傳》曰：至神之道莫可名言，惟聖人默契，體其妙用，設為政教，故天下之人涵泳其德而不知其功，鼓舞其化而莫測其用，自然仰觀而戴服。其义大矣。《本義》曰：極言觀之道也。四時不忒，天之所以為觀也。神道設教，聖人之所以為觀也。其義精矣。
刁包《用六集》卷十記		(3) 聖人以神道設教，而萬民服，殆謂是歟？今夫人朝廷之慶賞具在，未必知慕也；史冊之華袞具在，未必知慕也。 (4) 聖母，司生者也。閻君，司死者也。使司生者，但生君子而無小人，但生忠臣義士而無亂臣賊子，則古今之天下有治而無亂矣，而不然也。使司死者，但死小人而壽君子，但死亂臣賊子而壽忠臣義士，則古今之天下無亂而有治矣，而不然也。請舉其最者言之，如顏回死而盜跖生，諸葛亮死而司馬懿生，岳飛死而秦檜生，生其所必當死，死其所必當生，事之不平未有甚於此者也。然則，神道亦僭乎？曰：否。神，奉天者也。 (5) 此昭昭之天理也。理定矣，神烏得而違之。究之，理奪數，數不能奪理。積善餘慶，積惡餘殃，自古迄今，可屈指數。諸君特偶然者爾，豈以是爽福善禍淫之常理哉？是故天堂地獄之說，儒者所不道，然可以助慶賞刑威暨華袞斧鉞所不及是舉也。雖鄉之人爲之，而有合乎神道設教之意。吾故表而出之，以告四方之來謁者。

表一千二百九十八

作者/文獻	版本	用　例
丁寶銓《傅青主先生年譜》	清宣統三年丁氏刻霜紅龕集本	(1) 蔚州魏公象樞（徐乾學，刑部尚書，謚果敏。《魏公神道碑》：公諱象樞，字環溪，又號庸齋。丙戌開科，公中進士。官至都察院左都御史、刑部尚書。致仕後四年丁卯七月晦，卒於家，壽七十一。）

表一千二百九十九

作者/文獻	版本	用　例
丁丙《善本書室藏書志》卷八	清光緒刻本	(1)《少保于公奏議》十卷（明嘉靖刊本），明于謙撰。是帙首冠肅愍畫像、諭祭文、誥命、祠祭文、行狀、神道碑。《奏議》則分北伐類二、南征類二、雜行類六。
丁丙《善本書室藏書志》卷九		(2) 自建隆、乾德之肇造，暨建炎、紹興之中天，因時輩出，豐功偉烈，焜耀方四。雖埋光鏟采，位不稱其德者，亦各有紀於時，欲求之記事之書，則灝灝噩噩，未易單究。雜出於野史見聞者，其事又裂而不全，不足以觀其人之出處本末。好事者因集神道、誌銘、家傳之弘者爲一編，以便後學之有志於前言往行者。
丁丙《善本書室藏書志》卷二十五		(3) 取《英華》《文粹》所載者，照目寫入。又第二卷《聞砧》以下十五首，宋本所無，按陳解元書棚本增入。又顧千里跋云：《衡州集》前五卷係吴方山舊鈔本，後五卷從正嘉時舊鈔本補全。篇目次第，與馮已蒼本悉同，且第六、第七兩卷獨全，中如《韋武神道碑》。
丁丙《善本書室藏書志》卷二十六		(4) 前有范仲淹《田司徒墓誌銘》、司馬光《田司徒神道碑陰》、蘇軾《田表聖奏議序》，後附太平五年十月十日嗣子《朝請大夫尚書吏部郎中兼侍御史知雜事上柱國京兆縣開國男食邑三百户賜金魚袋錫譔述先君贈工部郎中墓碣》。

續表

作者/文獻	版本	用　　例
丁丙 《善本書室藏書志》 卷二十六	清光緒刻本	(5) 舊本得之通城楊君津家，凡十卷，今爲十二卷。會稡訂正，屬之尉曹孫君惟寅，而使學生存中參焉。外有韓魏公所作《神道碑》、内翰王公《送公宰崇陽序》、李巽巖撰《祠堂記》、項平庵《北峰亭記》，此其文皆知公之深者，爰並錄之。 (6)《乖崖先生文集》十二卷、《附録》一卷（鳴野山房鈔本）：此書，趙希弁《讀書附志》載《集》十卷。陳振孫《書錄解題》作十二卷，此與陳氏《書錄》卷數合。前有天台郭森《鄉序附錄》、韓琦《神道碑銘》及序《廟記》等篇。 (7) 自宋迄明，書幾湮失。瓊臺邱濬仲深得於祕閣，手自錄之。星奔歸里，韶郡太守蘇韡、同知方興、通判徐暐，請留刻郡齋。濬序於前，韡書於後，時在成化九年。並附歐陽修撰公《神道碑銘》於末。 (8) 王字稚圭，天聖五年進士第二人，定策三朝，功在國史。神宗御製《神道碑》有云：薨前一夕，有大星殞於園中，櫪馬皆鳴。又云：公奉詔立皇子，被顧命立英宗爲皇帝，可謂定策元勛之臣矣。 (9) 及明成化七年，三衢郡守馬嵬閻澤於署後得舊刻黖昧，更校譌補遺，附以本傳、神道碑、雜文刊爲此本。
丁丙 《善本書室藏書志》 卷二十七		(10)《宋史》有傳：子固師事歐陽永叔，早著文名。其文慓鷙奔放，雄渾瓌偉，頗似劉向，而藐韓愈以下也。韓持國爲《神道碑》，稱《類稿》五十卷、《續》四十卷、《外集》十卷，散逸之餘惟五十卷存。
丁丙 《善本書室藏書志》 卷三十		(11) 李壁撰《行狀》，樓鑰撰《神道碑》，又撰"忠孝耆德之碑"。 (12)《書錄解題》云：三山本五十卷。此爲嘉定壬申博士徐鳳鋟版於永嘉郡齋，屬公門人曹叔遠爲前後序，附錄樓鑰《神道碑》、蔡幼學《行狀》、葉適《墓銘》及《遺文》數首。 (13) 卷四爲省軒先生應劉象贊、小傳，草堂先生勉之象贊、小傳、墓表，恒軒先生懋象贊、小傳、行狀、神道碑。 (14) 卷五爲文簡墓圖、祠堂圖、祭文、神道碑。 (15) 此則制誥、劄子、奏狀、雜文凡六十餘篇，及經筵進、故事若干條，詩詞三篇。前冠樓[?]原序，後綴周益公所撰《神道碑》。
丁丙 《善本書室藏書志》 卷三十一		(16) 其中忠齋之"留"誤"劉"，《蔡氏宗譜序》末署"至元十五年廣信後學謝某某謹序"，又第四卷列傳、行實、神道碑、祭文之後，又爲啟、劄、表、疏，編次無敘，且有依託之文，校訂似未盡善。

續表

<table>
<tr><th>作者/文獻</th><th>版本</th><th>用　例</th></tr>
<tr><td>丁丙
《善本書室藏書志》
卷三十三</td><td rowspan="3">清光緒刻本</td><td>(17) 門人危素著《年譜》一卷、《道學基統》一卷、《外集》本四卷。今闕其一，止三卷。有學生譚觀一跋後，附神道碑、行狀、本傳。
(18) 歐陽圭齋作《神道碑》，述姚牧庵公作《祠堂記》謂五百年必有名世者出，惟公足以當之云云。
(19) 世京之子程滀、程潛續刊，至洪武二十六年而成。江陵熊釗序之，附錄年譜、行狀、神道碑、記贊、詩詞、書後、祭文爲一卷。
(20)《曹公神道碑銘并序》及像贊、祭文、哀詞等作，皆錄自元槧本者。較之閣本，諸序全闕者有間矣。
(21)《貢文靖雲林集》十卷（萬卷樓鈔本），元宣城貢奎者，明八世孫靖國刊。此本析爲十卷，附錄《天遊亭記》《嵇法師碑》二篇，乃三世孫蘭所增也。餘列馬祖常撰《神道碑銘》、李龕撰《行狀》、虞集撰《游長春宮詩序》、吳澄《題文稿後》。
(22)《馬石門文集》十五卷（十萬卷樓吵本），元馬祖常撰。祖常所居爲石田山房，故以名集。前有王守誠、陳旅、蘇天爵三敘而無牒文與李東陽序，後有張頤跋及虞集撰《桐鄉阡碑》、許有壬撰《故資德大夫御史中丞贈攄忠宣憲協正功臣河南行省右丞上護軍魏郡馬文貞公神道碑銘》。</td></tr>
<tr><td>丁丙
《善本書室藏書志》
卷三十四</td><td>(23)《圭齋文集》十五卷、《附錄》一卷（舊鈔本，振綺堂藏書）。此書開卷亦題：宗孫銘鏞編集，安成後學劉釪校正爾行。前有金華宋濂序，附錄張起巖撰《神道碑銘》、危素撰《行狀》。
(24) 至正戊戌，新安程文先後爲序，祕書少監揭汯撰《神道碑銘》。</td></tr>
<tr><td>丁丙
《善本書室藏書志》
卷三十六</td><td>(25) 宏治癸丑，知新淦縣事盧淵補鋟其全，復爲之序，首載畫像贊、敕諭、誥命、御祭文、神道碑。又《外集》一卷，今不存。
(26) 宏治癸丑，謙子岳阜輩哀成是集，屬長沙李東陽爲序。岳識後，前爲文僖小像，湻安商輅、關西楊鼎並有贊，若萬安所撰《神道碑》、劉珝所撰《墓誌銘》。
(27) 此本目錄後有夾行，注云：文毅倪公《青谿漫稿》:《詩文》七十八卷，《講章》《奏議》二十一卷。南畿提學莆田黃公，刊行二十四卷。此本凡《賦詩》《詩餘》《致語》九卷，《經筵》《講章》一卷，《奏議》四卷，《頌表》《贊》《箴銘》一卷，《記》一卷，《序》三卷，《書說》《題跋》《策問》一卷，《碑》及《神道碑》一卷，《墓表》《志銘》二卷，《傳》《哀辭》《誄》《祭文》一卷。
(28)《呂文懿公全集》十二卷（嘉靖刊本，抱經樓藏書），後學王洪編輯，曾孫科校刊，明呂原撰。原字逢吉，秀水人。正統壬戌，賜進士第二。除翰林編修，歷右春坊大學士，轉通政司右參議，仍入爲翰林院學士。以母喪歸，卒年四十五。贈禮部右侍郎，謚文懿。南陽李賢撰《神道碑》，程篁墩撰《遺事》，豐城雷古和輯《行實》。</td></tr>
</table>

續表

<table>
<tr><th>作者/文獻</th><th>版本</th><th>用　　例</th></tr>
<tr><td>丁丙
《善本書室藏書志》
卷三十七</td><td rowspan="3">清光緒刻本</td><td>(29) 蓋文裕嗣子在中、在素、在宏編刊也。卷一至三《賦》，……卷四十五、四十六《圖經》，卷四十七《碑》，卷四十八《神道碑》，卷四十九之五十一《墓表》，卷五十二之五十五《墓表》《誄》，卷五十六、五十七《傳》，卷五十八《行狀》，卷五十九、六十《祭文》。文裕著書二十二種，多至二百六十餘卷，宜乎《別集》之富也。
(30) 又《近稿》十二卷。一、二爲《詩》，三爲《疏》，四、五、六、七爲《序》，八爲《碑記》，九爲《傳說篇》《贊》《銘》《跋》，十、十一、十二爲《神道碑》《墓表》《行狀》。</td></tr>
<tr><td>丁丙
《善本書室藏書志》
卷三十八</td><td>(31) 前有祖謙奉旨銓次《劄子》及《謝賜銀絹除直祕閣表》，又周必大奉敕《序》。……《題跋》二卷，《樂語》一卷，《祭文》《謚議》三卷，《行狀》三卷，《墓誌》六卷，《墓表》《神道碑》四卷，《傳》《露布》二卷。</td></tr>
<tr><td>丁丙
《善本書室藏書志》
卷三十九</td><td>(32) 前有敏政《自序》，為類三十有八首代言，乃奉敕撰。擬之文，次賦，次騷，次樂府，次琴操，次表箋，次奏議，次論，次說，次解，次辨，次原，次箴，次銘，次頌，次贊，次七，次簡問，次問對，次書，次記，次序，次題跋，次雜著，次傳，次行狀，次碑，次神道碑，次墓碣，次墓志，次墓表，次哀誄，次祭文，次字說。悉題作者姓名，從《玉臺新詠》例也。
(33)《蒼崖先生金石例》十卷（元至正重刊本，吳長公廬召弓藏書），鄱陽楊本編輯校正，廬陵王思明重校正，元潘昂霄撰。昂霄，號蒼崖，濟南人。官至翰林院侍讀學士，謚文僖。是書一卷至五卷述銘志之始，於品級、塋墓、羊虎、德政、神道、家廟、賜碑之制，一一詳考。六卷至八卷述唐韓愈所撰碑誌，以爲括例，於家世、宗族、職名、妻子、死葬日月之類，標列其文，以爲程式。九卷雜論文體。十卷則史院凡例也。</td></tr>
<tr><td>丁丙
《松夢寮詩稿》
卷六</td><td>清光緒二十五年丁立中刻本</td><td>(34)《林轎兒墳歌呈蔡秋圃丈》：積慶山高秋風哀，山頭冢有林家埋。林家先世託業苦，赬肩赤足充輿儓。擡輿幸遇劉誠意，乞相區區埋骨地。青田垂憫指點之，地脈綿綿傳後裔。……曾幾何時翁仲移，券臺易主碑趺碎。或被豪家勢族侵，墓門神道渺難尋。孝陵尚種瓢兒菜，百姓尋常況到今。我之高祖塋相近，近耳廬江新令聞。讀罷靈城精義編，還參蔡氏發微論。</td></tr>
</table>

表一千三百

作者/文獻	版本	用　　例
丁仁 《八千卷樓書目》 卷十一	民國本	（1）《神道大編歷宗通議》十八卷（明周述學撰，明抄本。） （2）《神道大編歷宗算會》十五卷（明周述學撰，明抄本。） （3）《神道大編象宗華天五星》九卷（明周述學撰，明抄本。）

表一千三百零一

作者/文獻	版本	用　　例
丁晏 《左傳杜解集正》 卷七	民國適園叢書本	（1）《士虞禮》古文曰：祝命佐食墮祭。《士虞禮》注：下祭曰墮。墮之猶言墮下也。齊魯之閒謂祭爲墮。此墮幣者謂不將遷廟主，但以幣主命載于齋車以行。及反，藏諸廟兩階閒，有神道焉。猶尸之墮祭，故云墮幣，杜預之鄙說也。
丁晏 《頤志齋感舊詩》	民國四年羅氏雪堂叢刻本	（2）宗伯薨後，神道石獸，君鳩工爲之。風誼若此，不爲陸氏荒莊矣。

表一千三百零二

作者/文獻	版本	用　　例
丁耀亢 《天史》 卷十一	明崇禎刻本	（1）吾業儒者也，執於理數而已。天帝之説，先王神道設教，明民愚民焉耳。子亦何執焉？

表一千三百零三

作者/文獻	版本	用　　例
丁裕彦 《周易述傳》 卷二	清道光家塾刻本	（1）觀天之神道，而四時不忒。聖人以神道設教，而天下服矣。

續表

作者/文獻	版本	用　　例
丁裕彦《周易述傳》卷二	清道光家塾刻本	(2) 此贊觀道之善也。天地之間，何非以觀示之象，令人觀看者哉？卦二陽，在天位象天。立天之道，曰陰與陽。天以純陽之氣，居天位之中，其上之陽至於空虚無際，是天道所以有陰陽而動爲流行之跡，以觀示天下者也。其流行之跡爲天之道，而流行之跡不可測爲天之神道。觀天之神道，不知其流行之際，何以爲寒氣之往卽暑氣之來？適應其節侯，正合其中氣，但見日之秉於陽者北移，月之秉於陰者南移，雷雨電雹及時而至，霜雪冰霰已隱其跡，其道之行於暑者何及時而如斯之神也？又不知其流行之際，何以爲暑氣之往卽寒氣之來？適應其節候，正合其中氣，但見日之秉於陽者南移，月之秉於陰者北移，霜雪冰霰及時而侵，雷雨電雹又稀其跡，其道之行於寒者何及時而如斯之神也？於是神道御乎陰陽寒暑之氣，爲四時之行。神於氣之乍動爲溫爲春生之時，而動極必暑又夏長之時也。神於氣之乍靜爲凉爲秋收之時，而靜極必寒又冬藏之時也。天之神道，直御四時之不忒矣。此天所以觀示天下爲天下，所觀看者如此，然天之神道不特行於天也。凡所統馭者，皆神道之所在也。聖人亦生於天之神道者也，聖人以一已所得於天之神道，卽人人所得於天之神道，人不能自盡其神道。聖人因以一已之神道而設教，以啟其自有之神道也。以天之神道凝於氣質爲倫理之自具者，而動以達其情，則父子、君臣、夫婦、長幼、朋友間，一動之頃卽倫理各宜其行以設爲教焉。天下一覩其教之行，卽不自知其何以有親、有義、有别、有序、有信，動於情之，不能自已感而遂通其神，有急於向往者，乃神道設教，實有以動作天下之心志而覺，舍此别無可趨也。又以天之神道凝於氣質爲倫理之自具者，而靜以存其性，則父子、君臣、夫婦、長幼、朋友間，一靜之際卽倫理各宜其守以設爲教焉。天下一覩其教之守，卽不自知其何以有親、有義、有别、有序、有信，靜之於不容失寂，然不動其神，有不可以撼移者，乃神道設教，實有以靜存天下之心志而覺，舍此别無可守也。更卽天之神道靜於人心之陰，卽以神道之在陰者制禮以設教焉。禮由陰作者也，禮出於陰，陰一定不移，將天理之序悉爲一定不移之則。凡儀文之適中，率履之必正，無不御以循序之神，遂使天下肅肅於禮，不自覺其何以進退周旋之節，而神往於循序之際，極其深也。又以天之神道動於人心之陽，卽神道之在陽者作樂以設教焉。樂由陽來者也，樂出於陽，陽大宣和會，將太和之氣悉爲大宣和會之懿。凡律吕之適中，聲音之必正，無不舒以倡和之神，遂使天下欣欣於樂，不自覺其何以舞蹈歌詠之適，而神恬於吹噓之際，極其深也。凡皆聖人以神道大同於天

續表

作者/文獻	版本	用　　例
丁裕彦 《周易述傳》 卷二	清道光家塾刻本	人之際，設以爲教，與天下相通以神，天下受教之後，始知不有聖人教我，我何以知天人之深也。此聖人所以神道設教，而天下服矣。聖人又不僅以一已之神道設教，又以天之神道散見於天地之間，而各具一神道者亦以之設教焉。天下之神道，皆出於天之神道也。天之神道，在天爲天神，在地爲地祇。散見於上者，爲日月、星辰、風雲、雷雨、霜雪之神；散見於地者，爲山嶽、河海、邱陵、溝壑、原隰之神；散見於人鬼者，爲自古聖賢之英靈、自昔祖考之靈爽。如在其上，如在其左右，焄蒿悽愴，𣋠乎見聞，皆神道之所在也，要皆天之神道所散殊也，人亦天之神道所散殊也。聖人以此神道之相通者設以爲教，示以盥而不薦之敬，以至誠感神，以至孝奉先，固以人道而通神道，求神道之所以應人道，此人心所以納於神道之中，而自不佚其心志也。聖人以此神道設教，天下所以心服也。又以通乎神道者，而爲祈福免禍，亦非妄求也。求天之流行有自然之運，爲至神之道所由施也。其施也，因材而篤也。栽者培之，傾者覆之。作善降之百祥，作不善降之百殃，依人而行。凡神所施於人者，皆人所自爲也。人順於何理，即有順於何理之歸宿，而其中適如其順，於何理之分際以爲福，何其神也！人違於何理，即有違於何理之結果，而其中適如其違，於何理之分際以爲禍，何其神也！神道與人道，並行而一者也。明者皆知其自致，暗者皆疑爲神應，此神道設教所以並行於幽明之際者一也。聖人因天下之民皆欲求福免禍，遂以人之通於天地鬼神者，教以求福免禍之實際也。要之，聖人萬民皆天地陰陽、呼吸之氣所生，即以陰陽、呼吸之氣相與感應者爲神道之所在，而設之以教天下也。自神道設教以來，天下莫不尊神之福善禍淫而心服也。人心之服，亦人心自有之理，適如其願也。此神道設教之所爲至善，亦大觀在上而下觀而化之義也。 （3）案：《唐書・食貨志》云：疏句城湖、愛敬陂。權德輿《杜亞神道碑》云：釃二浸於蜀岡之西。是以勾城湖、愛敬陂爲二處。

表一千三百零四

作者/文獻	版本	用　　例
董誥 《軍器則例》 卷十七	清嘉慶内府刻本	（1）一神道嶺營

續表

作者/文獻	版本	用　例
董誥 《全唐文》 卷九	清嘉慶內府刻本	(2)《舍舊宅造興聖寺詔》：丹陵啟聖，華渚降祥，叶德神居，克隆鴻業。朕丕承大寶，奄宅域中，遠藉郊禋之慶，仰惟樞電之祉。思園之禮既宏，撫鏡之情徒切，而永懷慈訓，欲報無從，靜言因果，思憑冥福。通義宮皇家舊宅，制度宏敞，以崇神祠，敬增靈祐，宜捨爲尼寺，仍以興聖爲名。庶神道無方，微伸凱風之思，主者施行。 (3)《令諸州寺觀轉經行道詔》：神道設教，慈惠爲先，元化潛通，亭育資始。朕恭膺大寶，撫愛黎元，矜愍之心，觸類而長。是用旁求冥貺，幽贊明靈，所冀九功惟敘，五福斯應。比嚴霜早降，秋實不登，靜言寡薄，無忘惭惕。今百穀滋茂，萬實將成，猶恐風雨失時，字養無寄。敢藉聖明，介茲多祉，宜爲普天億兆，仰祈嘉祐。可於京城及天下諸州寺觀，僧尼道士等七日七夜轉經行道。每年正月七月，例皆準此。
董誥 《全唐文》 卷十一		(4)《大唐紀功頌》(并序)：若夫元功攸宰，丕業光於帝先；神用斯沖，峻道輝於象外。至於炯誡千祀，昭訓百王，則有彫金揚不朽之基，鏤玉啟無疆之迹。而阪泉師律，旌德之範未章；疇野兵鈐，銘徽之典猶闕。……天工是代，紫庭無享覲之賓；神道克恭，元冕乏郊禋之辟。故以鄒瀛眇眇，同結向隅之悲；亥跡茫茫，共軫推溝之怨。妖精紊象，寶庫延災。萃綠林者煙霏，屯黑山者霧合。戰龍于野，則亂起干戈；飛鴻在陸，則害生戎馬。……乃爲頌曰：乾綱肇絕，神鼎初飛。妖凌三季，兵纏九圍。元功孰纂，神器無歸。瞻烏逐孌，即鹿乘機。……泗水詞班，濟陽紀蔡，式傳經略，敢竭虛昧。坤紐方輿，乾張圓蓋，騰實萬古，飛英百代。 (5)《諭普光寺僧眾令》：蓋聞正法没於西域，像教被於東華，古往今來，多歷年所。而難陀迦葉，馬鳴龍樹，既同瓶瀉有若燈傳，故得妙旨微言，垂文見意。……皇帝以神道設教，利益羣生，故普建仁祠，紹隆正覺，卜茲勝地，立此伽藍。請赤縣之名僧，徵帝城之上首。……其德行也如彼，其學業也如此，今請爲普光寺主，仍知本寺事。法師比者逡巡靜退，不肯降重，殷勤苦請，方始克從。但菩薩之家，體尚和合，若得無諍三昧，自然永離十纏，亦願合寺諸師，共宏此意。其迎請之禮，任依僧法。
董誥 《全唐文》 卷二十九		(6)《遣官祭五嶽四瀆風伯雨師詔》：五嶽視三公之位，四瀆當諸侯之秩，載於祀典，亦爲國章。方屬農功，頗增旱暵，虔誠徒積，神道未孚。……且潤萬物者，莫先乎雨，動萬物者，莫先乎風。眷彼靈神，是稱師伯，雖有常祀，今更陳祈。宜令光祿卿孟溫祭風伯，左庶子吳兢祭雨師，各就壇壝，務加崇敬。但羞蘋藻，不假牲牢，應緣奠祭，尤宜精潔。

續表

作者/文獻	版本	用　例
董誥 《全唐文》 卷三十	清嘉慶内府刻本	(7)《答裴光庭賀雨手詔》：爰自今春，時雨愆序，切憂農務，無忘寢興。陝雒兩郊，已聞流霔，而咸京近縣，尚未霑霈。憫禾黍以疚懷，仰雲漢而翹首。投龍致祭，親禱靈池，誓移咎於薄躬，庶垂祐於黎獻。神道昭著，鑒此虔誠，甘澤應期，嘉生遂性。亦是卿等同心燮理，勠力謀猷，上下咸和，致兹休應。豐年可望，慶慰良深，麟鳳飛翔，未爲瑞也。
董誥 《全唐文》 卷四十一		(8)《故金紫光祿大夫鴻臚卿越國公景龍觀主贈越州都督葉尊師碑銘》（并序）：朕聞軒轅三皇之盛者尊廣成，唐堯五帝之盛者師尹壽。夫以聖人之道，教聖人之才，守之七日，又守之九日，朝徹而後能見。獨是道也，入水不濡，蹈火不爇，嘯叱風雨，鞭笞魔魅，無方而後能進；獨是神也，神則惟變，道亦旁通，苟得其人，抑所謂神道設教者也。……訓寓言而無愧，可披文而相質。銘曰：忽然勃然，莫不出焉。油然瀏然，莫不入焉。百昌之源，萬化之泉。……不忘舊情，紀諸事迹。仙山海畔，碑石依然。
董誥 《全唐文》 卷九十一		(9)《答錢鏐奏重修天柱觀勅》：省所奏進重修建天柱觀圖一面，事具悉。我國家襲慶仙源，遊神道域，普天之下，靈跡甚多。然自兵革薦興，基址多毀，況兹幽邃，豈暇修營。卿考一境圖經，知列聖崇奉，親臨勝概，重葺仙居。仍選精慤之流，虔備焚修之禮，冀承元貺，來佑昌期，豈惟觀好事之方，抑亦驗愛君之節。既陳章奏，披翫再三，嘉歎無已，想宜知悉。冬寒，卿比平安好。遣書，指不多及。
董誥 《全唐文》 卷九十八		(10)《大福先寺浮圖碑》：朕聞圓蓋上騰，元氣創乾坤之始；方輿下辟，太極分造分之初。象帝膺期，彈壓陰陽之表；風皇馭曆，牢籠宇宙之先。……于闐香像，盡寫龍龕，舍利全身，咸昇鴈塔。經綸畢備，制度咸修，既欣冥力之資，理藉神功之助。巍如地踊，邈若天開，齊壯觀於鐵圍，得規模於梓匠。靈機不測，發揮宇宙之精；神道無方，盤薄陰陽之氣。當願莊嚴聖扆，奉翊尊容，七淨澄神，三明啟慮。
董誥 《全唐文》 卷一百		(11) 太子少傅竇希瑊神道碑
董誥 《全唐文》 卷一百七		(12)《賜太師尚書令馬殷謚法詔》：故天策上將軍守太師尚書令楚國王馬殷，品位俱高，封崇已極，無官可贈，宜賜謚及《神道碑文》，仍以王禮葬。

續表

作者/文獻	版本	用　　例
董誥 《全唐文》 卷一百十三	清嘉慶内府刻本	(13)《立藩鎮神道碑詔》：今後藩侯帶同平章事已上薨謝者，並差官撰文宣賜。未帶相印及刺史以令式合立碑者，其文任自製撰，不在奏聞。
董誥 《全唐文》 卷一百三十		(14) 奉光化二年十一月二十七日詔旨：勅錢鏐：省所奏進重修建天柱觀圖一面，事具悉。我國家襲慶仙源，遊神道域，普天之下，靈跡甚多。然自兵革薦興，基址多毀，況茲幽邃，豈暇修營。卿考一境圖經，知列聖崇奉，親臨勝槩，重葺仙居。仍選精慤之流，虔備焚修之禮，冀承元貺，來祐昌期，豈惟觀好事之方，抑亦驗愛君之節。既陳章奏，披翫再三，嘉歎無已，想宜知悉。冬寒，卿比平安好。遣書，指不多及。
董誥 《全唐文》 卷一百三十四		(15)《上緝古算經表》：臣孝通言：臣聞九疇載敘，紀法著於彝倫；六藝成功，數術參於造化。夫爲君上者，司牧黔首，布神道而設教，采能事而經綸。盡性窮源，莫重於算。昔周公制禮，有九數之名，竊尋九數，即九章是也。其理幽而微，其形祕而約，重勺聊用測海，寸木可以量天，非宇宙之至精，其孰能與於此者？漢代張蒼，刪補殘缺，校其條目，頗與古術不同。……臣晝思夜想，臨書浩歎，恐一旦瞑目，將來莫覩。遂於平地之餘，續狹斜之法，凡二十術，名曰《緝古》。請訪能算之人，考論得失，如有排其一字，臣欲謝以千金。輕用陳聞，伏深戰悚。謹言。
董誥 《全唐文》 卷一百三十五		(16)《昭仁寺碑銘》(并序)：大哉乾元，寒暑違而在歲；赫矣上聖，禪代乘而為道。斯則淳源既往，弧矢開戡翦之利；天下爲公，揖讓盛皇王之業。……我皇帝受之皇帝，兆出震之靈，稟樞電之精，開日月之明，審正氣之貞。潛德而隱，凝元姑射之側；感而遂通，應迹廟堂之上。乘龍之夢，夙符於神道；斷鼇之心，早發於靈鑒。……慧識常湛，皇基載昌。僧祇可算，恒沙易量。悠哉天曆，永配無疆。
董誥 《全唐文》 卷一百三十八		(17)《上山陵封事》：臣聞古之聖帝明王所以薄葬者，非不欲崇高光顯珍寶，具物以厚其親，然審而言之，高墳厚隴，珍物畢備，此適所以爲親之累，非曰孝也。是以深思遠慮，安於菲薄，以爲長久萬代之計，割其常情，以定之耳。……魏文帝於首陽東爲壽陵，作終制，其略曰：昔堯葬壽陵，因山爲體，無封無樹，無立寢殿園邑，爲棺槨足以藏骨，爲衣衾足以朽肉。吾營此不食之地，欲使易代之後，不知其處。無藏金銀銅鐵，一以瓦器。自古及今，未有不亡之國，無有不發之墓。喪亂以來，漢氏諸陵，無不發掘。……臣之愚計，以爲漢之霸陵，既因山勢，雖不起墳，自然高顯。今之所卜，地勢即平，不可不起。……伏願深覽古今，爲長久之慮。臣之赤心，唯願萬歲之後，神道常安，陛下之孝名，揚於無窮耳。

續表

作者/文獻	版本	用　例
董誥 《全唐文》 卷一百四十三		(18)《隋故益州總管府司馬裴君碑銘》(并序)：粤惟上德，希世挺生，存則道照於人倫，没則名飛於史策。宜其計功伐，鏤鐘鼎，永貽長世，昭示後昆。君諱鏡民，字君倩，河東聞喜人也。……其銘曰：靈河遠派，大畤流光。美哉地德，鬱矣（闕一字）芳。……開皇在辰，萬象咸鏡。靈開尺（闕一字），典屬軍政。列宿上膺，中和俯咏。永懷神道，斯人斯命。層梁毁構，靖樹（闕一字）風。彫戈紀（闕一字），鼐鼎銘功。柏庭永閟，泉路斯窮。九京不作，萬古書忠。明（闕一字）重世，分茅錫社。仰嗣丕基，式宏良冶。絶雲使翼，追風頹赭。以（闕四字）留（下闕）。
董誥 《全唐文》 卷一百四十四		(19)《唐故太子少保上柱國潁川定公碑》：(闕三十四字)之功至如，三傑贊泗水之基，十臣崇鎬宮之業。……永徽五年，詔贈太子太保。……牆仞難踰，遠方日月；芬芳可習，近譬芝蘭。家行著於鄉閭，美譽滿於簪紱。積善餘慶，人物邁於三（闕一字）；庭訓有方，世德光於萬石。……所以勒徽烈於豐碑，樹華表於神道。乃爲銘曰：（闕一字）精握圖，赤（闕一字）表震。翦商功立，開（闕二字）盛。……舟遷巨壑，水淺蓬萊。勒兹琬壁，長旌夜臺。
董誥 《全唐文》 卷一百五十三	清嘉慶內府刻本	(20)《大唐故禮部尚書張府君碑》：（闕）燕於（阙一字）下（阙）……刊鐘鏤鼎，功伐攸傳，思撰芳猷，樹之神道，俾清埃之不絶，與皎日而長懸。其詞曰：（闕）九輔，祥鈞叶贊。互顯題楨，各隆棟幹。……望表時髦，德華朝秀，（闕）芝（闕二字）赤松馳（闕一字）方（闕）切三友哀纏九族，（其九）恩隆詔葬，澤被幽埏，兆培畢（闕三字）原阡，（闕）。
董誥 《全唐文》 卷一百六十四		(21)《天行健賦》(以天德以陽故能行健為韻)：大哉乾元，神不可測。其內也剛，其外也直。直所以保合太和，剛所以運行不息，故王者奉之而垂化，君子體之而進德者也。……大道非物，豈容媧后之功？小說惑人，豈容秦宓之論？皇家恩流品物，禮達上元。垂文明晝一之令，秉神武不殺之權。推之蕩蕩，守之虔虔。信所謂神道設教，剛健而法天者歟！
董誥 《全唐文》 卷一百六十五		(22) 蜀州青城縣令達奚君神道碑 (23)《大唐宗聖觀主銀青光祿大夫天水尹尊師碑》：聞夫真人者，出巨殼，歷倚杵，騎蜚廉，從敦圉，臣雷公，妾宓妃。……有感必通，凡是效驗，君臣同悉，勑書往復，日月更回。神道昭彰，歲時交積者，不可具載，並傳於帝居。一二要者，略舉其目。……弟子侯少微等，追思龍漢，遠慕龜巖，冀德音與天地同久，神道共陰陽齊化。昭茈鶱林，冥滋柏樹，俾斯貞石，文若三光。其詞曰：去矣大仙，悠哉上元。玉谷白芝之座，金闕紫蘭之前。既嘯景於瓊札，固交歡於碧泉。……今以向上曩前果，何時來下降宿緣？當乘道之氣，應傳道之味。必使氤氳六合中，自然昌揚萬劫通。稽首寧歌步，願得乘九素。天下同此心，非獨鶱之林。

續表

作者/文獻	版本	用　　例
董誥 《全唐文》 卷一百七十	清嘉慶内府刻本	(24)《請除濫刑疏》：臣聞李斯之相秦也，行申商之法，重刑名之家，杜私門，彊公室，棄無用之費，捐不急之官。惜日愛功，疾耕急戰，人繁國富，遂屠諸侯，此救弊之術也。……曲直之影必呈，包藏之心盡露。神道助順，無罪不除；人心保寧，無妖不戮。以茲妙算，窮造化之幽深；用此神謀，盡天人之秘術，故能計不下席，聽不出闈，蒼生晏然，紫宸易主。……伏願改法制，立章程，下恬愉之詞，流曠蕩之澤，去萋斐之牙角，頓姦險之鋒鋩，杜告密之源，絶羅織之跡。使天下黎民，坦然大悅，豈不樂哉？ (25)《魏武帝論》：皇漢失圖，綱漏讒慝；賊臣承間，搖盪宸居；宗廟焚燒，天子播越。於是九州幅裂，四海横流，釋位勤王，天下雲集。……然後覽英雄之心，騁熊羆之勇，挾天子以崇大順，扶幼主而顯至公。旌賁忠良，芟夷叛逆，神道輔德，百姓與能，武功赫然，霸業成矣。若乃獲魏种而有之，高祖之封雍齒也；降張繡而不怨，光武之全朱鮪也。……且夫度德而處，量力而行，劉備豈薄先王之舊居，輕齊魯之故俗？若泰伯之適吳越，孔子之入九夷哉！蓋不得已也。是知才雄者地廣，國大者兵強。地既由才，才寧可易也？
董誥 《全唐文》 卷一百七十八		(26)《九成宫頌》(并序)：臣聞在天垂曜，璇宫列乾象之墟；在地班形，珠闕鎮坤靈之野。洎夫三精斡運，即寥廓而爲宫；九聖旋游，遍洪荒而可宅。……乾坤徑復，載遵赤縣之封；曦望環周，未出黄圖之域。故夫含吐萬物，至功也；制乎八表，大業也；一陰一陽，神道也；乃文乃武，聖圖也。……雖元機妙鍵，已寂兆於忘言；而詠德陳功，請追聲於匪頌。其詞曰：九門浩蕩，三山超忽。帝坐金房，仙成玉闕。浮丹麗紫，棲霞冠月。真匠難徵，虛談易越。(其一)……合宫垂訓，靈臺韻雅。功映寰中，頌流天下。皇圖已泰，鴻筆難假。帝有力焉，惡非能者。(其二十四)
董誥 《全唐文》 卷一百八十三		(27)《益州夫子廟碑》：述夫帝車南指，遁七曜於中階；華蓋西臨，藏五雲於太甲。雖復星辰蕩越，三元之軌躅可尋；雷雨沸騰，六氣之經綸有序。……蓋《易》曰：觀乎人文，以化成天下。又云：聖人以神道設教，而萬物服焉。豈古之聰明睿智神武而不殺者夫？……撫聲名而永悼，瞻棟宇而長懷。嗚呼哀哉！敢為銘曰：五帝既没，三王不歸。天地震動，陰陽亂飛。山崩海竭，月缺星圍。禮樂無主，宗禋遂微。(其一)……泛泛寰中，悠悠天下。徇名則眾，知音蓋寡。碝石參瓊，迷風亂雅。仲尼既没，夫何爲者。(其十)

續表

作者/文獻	版本	用　　例
董誥 《全唐文》 卷一百八十四	清嘉慶内府刻本	(28)《梓州郪縣兜率寺浮圖碑》：若夫仙樓白玉，窈冥昆閬之墟；神闕黄金，寂寞蓬瀛之浦。斯則罔巒髣髴，稽鳳冊而空存；島嶼憑陵，艤龍舟而罕迨。……西京故事，下聽雷霆；東國餘基，俛臨風雨。莫不陵遷谷變，共榛灌而邱墟；火絕烟沈，與風雲而坱莽。其有據坤靈之寶位，借神道之冥扶。占象緯而圖基，揆川原而宅址。……謹聞命張，乃作銘云：二象成紀，三才定位。開剖太虚，導引元氣。紛紛化跡，飆飆聖致。行傑趣約，歸同棄異。……曠望原陸，周流江汜。桃李春風，芙蓉秋水。煙霞四面，關山千里。他鄉寓目，兹焉復幾？
董誥 《全唐文》 卷一百八十九		(29)《社主制度議》：社主制度長短，在禮無文。且天子親征，又載社主。謂之社事，則社之神主，可載而行。今詳議，以爲主既可載，明非過重。按《郊特牲》云：社祭土而主陰氣。《韓詩外傳》云：天子大社方五丈，諸侯半之。蓋以五是土數，故壇方五丈。其社主請准五數長五尺，准陰之二數，方二尺。剡其上以象物生，方其下以象地體。埋其半，以根在土中，而本末均也。則神道設教，法象有憑，其尺請用古尺。
董誥 《全唐文》 卷一百九十二		(30)《遂州長江縣先聖孔子廟堂碑》：法象莫大於天地，變通莫大乎四時。懸象著明，莫大乎日月；備物致用，莫大乎聖人。夫子諱某，字仲尼，魯國鄒人也。……小人狂簡，不知所以裁之；夫子文章，今可得而言也。詞曰：西崑玉闕，南海金堂。惟惚惟恍，一陰一陽。三辰赫赫，九土茫茫。太極天帝，神州地皇。……倏嗟崩嶽，奄歎摧梁。昧昧神道，悠悠彼蒼。書開壞宅，讖識登牀。與代輕重，因時弛張。……蜀門荷戟，江津濫觴。落星高堰，明月回塘。丹碑不朽，清廟無疆。
董誥 《全唐文》 卷一百九十三		(31) 唐同州長史宇文公神道碑 (32)《唐恒州刺史建昌公王公神道碑》：王氏之先烈，代爲佐命。秦之霸也，則王離滅楚國而三將連衡；漢之興也，則王陵誅項籍而五侯同拜。……魏武皇讀而稱妙，非所望焉；夏侯湛見而陋之，固其宜也。銘曰：厥初兮後稷，導生人兮知稼穡。降及兮文王，精翼日兮衣青光。平東遷兮郏鄏，晉上賓兮帝鄉。……循洛橋兮南渡，從國門兮右出。樹蕭蕭兮有風，雲慘慘兮無日。指邱陵兮一閉，與天地兮相畢。悲孝子兮純深，孰憂思兮可任？訴高天兮泣血，踏厚地兮崩心。樹碑兮神道，無愧兮詞林。歷陽之都兮水没，圓嶠之海兮山沈。俾外孫兮幼婦，生白玉兮黄金。 (33) 瀘川都督王湛神道碑 (34) 後周青州刺史齊貞公宇文公神道碑

續表

<table>
<tr><th>作者/文獻</th><th>版本</th><th>用　　例</th></tr>
<tr><td>董誥
《全唐文》
卷一百九十四</td><td rowspan="6">清嘉慶内府刻本</td><td>（35）唐贈荊州刺史成公神道碑
（36）唐上騎都尉高君神道碑
（37）唐昭武校尉曹君神道碑
（38）益州溫江縣令任君神道碑
（39）原州百泉縣令李君神道碑
（40）唐右將軍魏哲神道碑</td></tr>
<tr><td>董誥
《全唐文》
卷一百九十五</td><td>（41）大周明威將軍梁公神道碑</td></tr>
<tr><td>董誥
《全唐文》
卷一百九十六</td><td>（42）《左武衛將軍成安子崔獻行狀》：祖宏壽，隋獲嘉縣開國侯。父萬善，皇朝左監門將軍持節隆州諸軍事守隆州刺史上護軍成安縣開國男，謚曰信。某郡某縣崔獻，年六十七。……璽書降問，即日追還。中使接跡於家庭，尚藥綢繆於錫賚。人生詎幾？神道何知？仰觀於天，值三軍之星落；俯察於地，逢五將之山崩。……珠襦玉匣，禮備於喪終；筮短龜長，事從於先見。易名之道，蓋取之於舊儀；累德之文，敢希之於執事。謹狀。</td></tr>
<tr><td>董誥
《全唐文》
卷二百四</td><td>（43）《議沙門不應拜俗狀》：竊以紫氣騰眞，元牝之風西被；白虹沈化，涅槃之蘊東流。轡羽驪霞，影玉京而凝衆妙；津慈照寂，啓金園而融至道。義觀空有，理洞希夷，袪濟塵蒙，熏滌因累，神道禪教，茲焉有徵。亘躅業已遵從，流弊議資懲革。……夫鏡非常之理，必藉非常之照，天鑒元覽，體睿甄微，探象外之遺宗，極寰中之幽致；雖則暫駭常聽，抑亦終冥大道。謹議。</td></tr>
<tr><td>董誥
《全唐文》
卷二百五</td><td>（44）《議沙門不應拜俗狀》：竊惟君臣契重，忠孝之義本隆；父子恩深，愛敬之情攸切。存日用之理，荷生成之大，受其蔭者豈有忘其德？餐其惠者寧有闕其禮？斯固在三隆訓，盡一垂範，乃理叶神衷，義符聖詔。然而域内之法，與老釋殊制；方外之軌，共堯孔異轍。筌蹄不能喻，性相兩忘；小大所不拘，天地齊一。不以色養爲孝，不以棄親爲疑。神道經久，此而莫止，尋其要旨，亦有助化。……今若尊其道而毁其法，要其福而屈其身，是使鳴錫趨劍佩之容，捧鑪端簪笏之理，緇衣並列，敬弛雙行。斯則袈裟忸金翅之威，盞盂慚呪龍之術，其爲教也，安所施乎？遜等預忝芻蕘，言非可擇，輒申愚管，伏深戰懼。謹議。</td></tr>
</table>

續表

作者/文獻	版本	用　　例
董誥 《全唐文》 卷二百六	清嘉慶內府刻本	(45)《答張九齡書》：忽辱牋翰，喜慰攸集。退惟自省，慚懼亦深，實智力之所不逮也，宜朝廷之所見責也。僕本凡近之才，素非經濟之具，叨承過聽，謬膺朝委。……近蒙獎擢，倍勵駑庸，每以推賢進士爲務，欲使公卿大夫稱職，豈楊橋之或用，及解狐之可爲？而悠悠之徒，未足矜察；嗷嗷之口，欲以中傷。上恃天聰，俯仗神道，既不得奉身而退，但知信心而前，然顧無隱慝，亦死爲分明矣。猥惟不敏，敬承厥休，持當座銘，永爲身寶。元崇頓首。 (46)《遺令誡子孫文》：古人云：富貴者，人之怨也。貴則神忌其滿，人惡其上；富則鬼瞰其室，虜利其財。自開闢已來，書籍所載德薄任重，而能壽考無咎者，未之有也。……吾性甚不愛冠衣，必不得將入棺墓，紫衣玉帶，足便於身，念爾等勿復違之。且神道惡奢，冥途尚質，若違吾處分，使吾受戮於地下，於汝心安乎？念而思之。今之佛經，羅什所譯，姚興執本，與什對翻。姚興造浮屠於永貴里，傾竭府庫，廣事莊嚴，而興命不得延，國亦隨滅。……敬尋老君之說，亦無過齋之文，抑同僧例，失之彌遠。汝等勿拘鄙俗，輒屈於家。汝等身没之後，亦教子孫，依吾此法。
董誥 《全唐文》 卷二百七		(47)《造大道天尊像記》：有唐五十三祀，龍集敦牂，哀子李訓、誼、撰，諶銜恤在疚，寘懷靡所，永言報德，思樹良因，敬立大道天尊及侍眞像。……重以凝神道域，抗志澄源。淮館儀仙，参鴻寶之靈術；楚壇敷教，暢微言之盛範。儒元兼洞，眞俗兩該，德冠母儀，事高嬪則。豈圖昊天不惠，積善無徵，咎罰奄鍾，荼蓼俄集。……音儀日遠，風烈空傳，叩心感慕，終天何及！
董誥 《全唐文》 卷二百八		(48)《對歷數策》：問：元黽效祉，鼎命昭夏王之祚；赤烏呈祥，金德總商君之業。白魚躍而周道隆，丹雀來而秦德霸。殷因夏禮，損益可知，秦盛周衰，天人何昧？若水滅火起，殷周之運匪人；若桀暴紂昏，廢興之期自我。……神道設教，金土之運匪他；人文化成，狂聖之來是我。蕩蕩之德，何敢不通？翼翼之心，奚施不可？天也人也，坦然克分；時乎命乎，昭文斯辨。臣優柔理道，杳同河漢，或躍文江，懼深冰谷。謹對。
董誥 《全唐文》 卷二百九		(49)《爲建安王賀契賊表》：臣某言：今月日，得遼東都督高仇須等月日破逆賊契丹孫萬斬等一十一陣露布，并捉得生口一百人送至軍前事，三軍慶快，不勝踴躍。臣聞天之所棄，雖暴必亾；人之共讐，在遠彌戮。况凶羯遺醜，未及犬羊，固作孽以招誅，自辜恩而取滅。伏惟陛下威加四海，子育百蠻，鬼神尚不敢違，凶狡豈能逃罪？逆賊萬斬等天奪其魄，生自爲殃，仇須等謹奉廟謀，遠憑國計，短兵纔接，羣逆銷亾，返風迴烟，薰睛掩目，此乃天威潛運，神道密周，豈止人謀，抑由靈助。……預喜承恩，思勝慶賀，無任抃快之至。

續表

作者/文獻	版本	用　例
董誥 《全唐文》 卷二百十八	清嘉慶内府刻本	（50）《代皇太子賀石龜負圖表》：臣某言：臣聞虞舜五帝也，夏禹三王也，應歷數則星昴告期，度水土則河精授象。故知至誠上感，無往而不通；神道曲成，有來而先見。伏惟天皇運斗極，平太階，漏德澤於海河，散皇明於日月。煙雲郁郁，鳥獸蹌蹌，百寶用而銀甕滿，五穀豐而丹甑出。化之遠及，陰陽不測之謂神；德之廣被，天地無名之曰道。嵩高維嶽，洛陽下都，此焉符理之所，古則仙靈之地。伏見洛州牧相王所奏，嵩山下頂封禪壇側，掘得石龜負圖篆文一百六十字者，臣亟聞其言矣。……臣才謝元良，忝當儲貳，三靈眷命，預聞東序之圖；萬國歡心，願奉南山之壽。無任悦豫之至，謹遣某官奉表稱慶以聞，臣某誠歡誠喜云云。
董誥 《全唐文》 卷二百二十一		（51）《月重輪》：皇帝臨潞州，景龍元年七月十有四日，夜月重輪。頌曰：維帝潛德，受天眷命。月之重輪，示我金鏡。璧彩内澈，環規外映。君心用明，神道協慶。
董誥 《全唐文》 卷二百二十七		（52）《潁川郡太夫人陳氏碑》：潁川郡太夫人者，諱某字某，雷州大首領陳元之女，羅州大首領楊曆之妻，驃騎大將軍兼左驍騎大將軍虢國公思勖之母也。……臣節立矣，君恩厚矣，子孝成矣，母慈著矣：備此四者，善孰加焉？抑神道祐心，而人倫興行。詩曰：母氏聖善。又曰：宜爾子孫。……蒸蒸至意，有足感人；悾悾信言，固無媿色。銘曰：陳公舜後，楊侯周裔。去國何人？南遷幾世？鄜淥嶂表，珠崖海際。……龍首山前，前臨灞川。招魂五嶺，合葬三泉。山山邱墓，樹樹風烟。孝碑不滅，慈墳永傳。
董誥 《全唐文》 卷二百二十八		（53）唐故夏州都督太原王公神道碑 （54）《贈太尉裴公神道碑》：星辰懸象，所以殷時布氣，然而行不言之道者，天也；文武用才，所以勤官定國，然而致無爲之理者，帝也。……神道前銘，薛令所撰，且有後命，俾余係述。馬遷世家，益孟堅之一傳；劉寬表墓，並伯喈之兩碑。報德教忠，俱傳不朽。銘曰：天生亞聖，祚此王國。文綜九流，武參七德。柔遠服叛，窮西盡北。赫我皇靈，去其蝥賊。仁則不遠，智何不周？如山之峻，如川之流。術與神合，藝將道遊。書來懸帳，賦出登樓。司馬軍陣，官人綱紀。帝加常伯，國于聞喜。室有令妻，家成克子。社金傳世，桓圭守祀。神爲上台，永介邦祉。 （55）大唐中散大夫行淄州司馬鄭府君神道碑 （56）河州刺史冉府君神道碑

續表

<table>
<tr><th>作者/文獻</th><th>版本</th><th>用　例</th></tr>
<tr><td>董誥
《全唐文》
卷二百二十九</td><td rowspan="5">清嘉慶内府刻本</td><td>（57）贈戸部尚書河東公楊君神道碑
（58）右羽林大將軍王公神道碑（奉勅撰。）
（59）贈吏部尚書蕭公神道碑
（60）故括州刺史贈工部尚書馮公神道碑
（61）唐故瀛州河閒縣丞崔君神道碑
（62）延州豆盧使君萬泉縣主薛氏神道碑
（63）贈太州刺史楊公神道碑
（64）常州刺史平君神道碑</td></tr>
<tr><td>董誥
《全唐文》
卷二百三十</td><td>（65）贈陳州刺史義陽王神道碑
（66）贈太尉益州大都督王公神道碑（奉勅撰。）
（67）唐故贈齊州司馬陸公神道碑
（68）《故開府儀同三司上柱國贈揚州刺史大都督梁國公姚文貞公神道碑》（奉勅撰）：敘曰：八柱承天，高明之位定；四時成歲，亭育之功存。晝爲九州禹也，堯享鴻名；播時百穀棄也，舜稱至德。……子异、子弈，思綴遺美，以寘罔極，有詔掌文之官敘事，盛德之老銘功，將以寵宗臣，揚英烈。帝乃洒恩仙翰，鏤澤豐砥，日月臨照於佳城，烟雲變態於神道。寶其文字，别爲羣玉之山；禁其樵蘇，即表三司之墓。銘曰：源深自虞，派别從吳。避地魯陝，居家洛都。神明遠契，嶽瀆冥符。翊聖斯偶，生賢不孤。仁將勇濟，孝與忠俱。……有道之德，其何以踰？延陵之墓，空此嗚呼。存没終始，遐哉邈乎。
（69）鄭國夫人神道碑（奉勅撰。）
（70）郎國長公主神道碑銘
（71）河西節度副大使鄯州都督安公神道碑銘（并序）
（72）贈廣州大都督馮府君神道碑銘</td></tr>
<tr><td>董誥
《全唐文》
卷二百三十一</td><td>（73）和麗妃神道碑銘（奉勅撰。）</td></tr>
<tr><td>董誥
《全唐文》
卷二百三十七</td><td>（74）《報吐番宰相坌達延書》：承屯聚兵馬，初不知者，頗亦爲疑。但以彼國君臣，素敦信義，況立盟誓，又結婚姻，悠悠之談，復何足信？若見利忘義，破親負約，神道不遠，何以逃殃？自見來書，果符意揣，兩國和好，百姓安寧，永絶邊釁，豈非好事？所論分界，先有盟書，今奉勅令左散騎常侍解琬往河源，與公平章。解琬國之重臣，素有德行，言無二諾，衆所共推。昔嘗充使西安，備諳彼之境土，今遣將命，實惟命焉。</td></tr>
<tr><td>董誥
《全唐文》
卷二百三十八</td><td>（75）太子少傅蘇瓌神道碑</td></tr>
</table>

續表

作者/文獻	版本	用　　例
董誥 《全唐文》 卷二百四十三	清嘉慶内府刻本	(76)《爲百寮賀瑞石表》：臣某等言：臣聞高明博臨，無遠不應；正直潛感，雖幽必通。伏惟皇太后陛下慶發曾沙，業隆大寶，以至明當宗社之寄，以至聖合乾坤之德。……竊惟聖德奉天，遞爲先後，神道助教，相因發明。陛下對越昭升，欽若扶揖，允塞人祇之望，實當天地之心：所以幽贊嘉兆，傍通景貺。且人稱同泰，縣實永安，姓氏將國號元符，土地與石文明應，表裏潛會，樞機冥發，明宴坐之逾昌，驗皇基之永泰：則自然之無朕，不測之謂神。……臣等遇偶休明，榮參簪笏，千年旦暮，邀逢累聖之期；百辟歌謳，喜屬三靈之慶。無任鳥藻踴躍之至，謹奉表詣闕陳賀以聞。 (77)《爲武承嗣等賀賊平後新殿成上禮食表》：臣承嗣等言：伏見逆賊盡滅，未誅先斃，叛奚部落，不守自降。或貫盈而亡，或懾懼而伏，行從除殄，不勝慶快。……雖大聖之德，恒存於好生；而冥祇之心，有切於除害。驅桃都之厲鬼，剿檀石之妖魅，不資舉網之勤，而長鯨已曝；無假合圍之費，而封豕先屠：有以知神道之難誣，有以見天心之不遠。……芻豢非珍，遂同野人之獻。旋顧單菲，追增悚怍，謹隨表進奉以聞，臣承嗣等誠歡誠喜頓首頓首。
董誥 《全唐文》 卷二百四十七		(78)《神龍歷序》：昔者龍負河圖，八卦列明時之象；龜呈洛字，九疇開叶紀之文：青巖啟而六甲飛，黄壤堙而五行缺。故知乾筴遠，坤符靈，秘法効用，常邀乎聖期；研幾測深，必貫於神道：皇軒於是乎合而不死，帝皡於是乎推而致福。自重黎並命，叔仲分官，理八節而調四時，部三元而齊七政。權衡度律，在虞夏而兼修；正朔陰陽，及殷周而備舉。……參幽明而制術，邁古今而垂範。玉儀既正，金鏡逾明，知聖祉之無疆，識懷生之永泰。元符允合，可以觀天地之心；能事畢甄，可以爲帝王之式。盛矣美矣，無得而稱，紀次勒成，名曰《大唐神龍歷》云爾。 (79) 章懷太子良娣張氏神道碑 (80) 司農鄉劉公神道碑 (81) 右僕射太子少師唐璿神道碑 (82) 高安長公主神道碑
董誥 《全唐文》 卷二百五十八		(83) 唐紫微侍郎贈黄門監李乂神道碑 (84) 贈禮部尚書褚公神道碑 (85) 涼國長公主神道碑 (86) 御史大夫贈右丞相程行謀神道碑 (87) 刑部尚書韋抗神道碑 (88) 揚州大都督長史王公神道碑

續表

作者/文獻	版本	用　　例
董誥 《全唐文》 卷二百六十	清嘉慶内府刻本	(89)《衛州共城縣百門陂碑序》：昔者結而爲山嶽，融而爲江海。炎上作苦，實表陽九之德；潤下作鹹，克明陰八之数。上泄雨露，純陽流沛之道也；下疏川瀆，凝陰潤物之理也。……或時獨雲鬱起，密雨晦飛，又以啟晴，應時獲霽。豈不以至誠允切，神道遥徵，故得歲阜人和，風行草偃，休詠盈於道路，美聲逸於都鄙。雖復江陵滅焰，緱氏祈日，何以加也？其廟有二，古碑篆隸，磨滅不可復覩。……僉以爲百門之利，千載無易，增修舊烈，不亦可乎！猶恐歲光忽變，靈跡無紀，式刊翠炎，將表鴻休。
董誥 《全唐文》 卷二百六十四		(90) 大唐贈歙州刺史葉公神道碑 (91) 贈安州都督王仁忠神道碑 (92) 長安縣尉贈隴州刺史王府君神道碑 (93) 唐贈太子少保劉知柔神道碑
董誥 《全唐文》 卷二百六十五		(94) 中大夫上柱國鄂州刺史盧府君神道碑 (95) 逸人竇居士神道碑 (96) 桂府長史程府君神道碑 (97) 唐故雲麾將軍右武衛大將軍贈秦州都督彭國公謚曰昭公李府君神道碑(并序) (98) 左羽林大將軍臧公神道碑
董誥 《全唐文》 卷二百六十六		(99)《重修順佑王廟碑》：夫視之不見，聽之不聞，理邃杳冥，事歸寥廓：神之體也。陰陽授質，天地表形，妙萬物而見情，滋百寶而見性：神之用也。……事通元妙，光麗自然，屏翰千載，舟航萬古。式揚粹烈，爰作銘云：帝王興起，必有藩捍。非獨也周，亦聞於漢。於穆懿戚，挺兹楨幹。拯溺救焚，夷凶靜難。功成不處，德盛無鄰。威同夏日，德侔陽春。德盛伊何，輔主惠民。功成伊何，没代留神。神道設教，聖人所服。得一永符，樂天招福。不行而至，不疾而速。利用靡窮，聰明難瀆。欲達吾信，詞陳史祝。

續表

作者/文獻	版本	用　　例
董誥 《全唐文》 卷二百六十六	清嘉慶内府刻本	(100)《論則天不宜合葬乾陵表》：臣謹按《大元房錄葬法》云：尊者先葬，卑者不合於後開入。臣聞葬則天太后卑於天皇大帝，今欲開乾陵合葬，即是以卑動尊，事既不經，恐不安穩。臣又聞乾陵元闕其門，以石閉塞，其石縫隙，鑄鐵以固其中，今若開陵，必須鐫鑿。以神明之道，體尚幽元，今乃動眾加功，誠恐多所驚黷。又若別開門道，以入元宫，即往者葬時，神位先定，今更改作，爲害益深。又以修築乾陵之後，國頻有難，遂至則天太后權總萬機二十餘年，其難始定。今乃更加營作，伏恐還有難生。但合葬非古，著在《禮經》，緣情爲用，固無定準。況今事有不安，豈可復循斯制？伏見漢時諸陵，皇后多不合葬；魏晉已降，始有合者。然以兩漢積年，向餘四百；魏晉之後，祚皆不長。雖受命應期，有因天假，然以循機享德，亦在天時。但陵墓所安，必須勝地，後之允嗣，用託靈根，或有不安，後嗣固難長享。伏望依漢朝之故事，改魏晉之頹綱，於乾陵之傍，更擇吉地，取生墓之法，別起一陵，既得從葬之儀，又成固本之業。臣伏以合葬者人緣私情，不合者前循故事。若以神道有知，幽途自得通會；若以死者無知，合之復有何益？然以山川精氣，上爲星象，若葬得其所，則神安後昌；若葬失其儀，則神危後損。所以先哲垂範，具之《葬經》，欲使生人之道必安，死者之神永泰。伏望少迴天眷，俯鑒臣言，行古昔之明規，制私情之愛欲。使社稷長享，天下乂安，凡在懷生，孰不慶幸？
董誥 《全唐文》 卷二百六十七		(101) 金仙長公主神道碑銘（并序）
董誥 《全唐文》 卷二百六十八		(102)《洛水漲應詔上直言疏》：臣聞自昔后王，樂聞過罔不興，拒忠諫罔不亂。何者？樂聞過則下情通。下情通則政無闕，此其所以興也；拒忠諫則羣議壅，羣議壅則主孤立，此其所以亂也。……今暫逢霖雨，即閉坊門，棄先聖之明訓，遵後來之淺術，時偶中之，安足神邪？蓋當屏翳收津，豐隆戢響之日也。豈有一坊一市，遂能感召星靈；暫閉暫開，便欲發揮神道？必不然矣，何其謬哉！……伏願欽祖宗之丕烈，惕王業之艱難，遠佞人，親有德，乳保之愛，妃主之家，以時接見，無令媟瀆。凡此數者，當今急務，唯陛下留神採納，永保康寧。

續表

作者/文獻	版本	用　　例
董誥 《全唐文》 卷二百七十三	清嘉慶内府刻本	(103)《加籩豆增服紀議》：伏准今月十八日恩赦節文，宗廟致享，務在豐潔，禮經沿革，必本人情：籩豆之薦，或未能備物；服制之紀，或有所未通者。……祭祀之興，肇於太古，人所飲食，必先嚴獻。未有火化，茹毛飲血，則有毛血之薦；未有麴蘖，汙罇抔飲，則有元酒之奠。施及後王，禮物漸備，作爲酒醴，伏其犠牲，以致馨香，以極豐潔，故有三牲八簋之盛，五齊九獻之殷。然以神道至元，可存而不可測也；祭禮主敬，可備而不敢廢也。是以血腥爛熟，元樽犠象，靡不畢登於明薦矣。然而薦貴於新，味不尚褻，雖則備物，猶存節制。……陛下運稽古之思，發獨斷之明，至開元八年，特降別敕，一依古禮事符故實，人知向方，式固宗盟，社稷之福。更圖異議，竊所未詳，願守八年明旨，以爲萬代成法。 (104) 朝議大夫光祿少卿虢縣開國子吳興姚府君神道碑
董誥 《全唐文》 卷二百七十六		(105)《晉山陰侯史府君神道碑》：若夫天定位，地成形，三光揺造化之基，九土運陰陽之氣；出乎《震》，見乎《離》，建官凝體國之理，多士鬱經邦之化。則有祥開白虎，感驟帝而挺生；跡煥蒼龍，應馳王而傑出。聖人神道而設教，賢哲思皇以熙績。總天下之順，是資舟楫之用；康天下之務，多仗股肱之力。故能經綸大造，裁成於品彙之先；左右中州，制宰於神明之表：求之振古，何代無其人哉！……銘曰：伊昔有熊，道德資始。……猗歟云允，世豈乏賢？不忘其本，願述其先。陸家茂德，潘氏流泉。家聲懿範，日月俱懸。
董誥 《全唐文》 卷二百七十九		(106)《謝移家廟疏》：臣嵩言：昨日大將軍高力士奉口宣，俯令存問，以臣私廟逼近曲江，人物喧雜，非安神之所，許臣移轉，更就幽閑；又憐臣田園，知無手力，擬令將作，與臣營造。伏蒙殊渥，感對交深。臣叨沐朝榮，獲崇私廟，禮尊祖考，粗奉烝嘗，而地接勝游，城連禁御。伏以神道静謐，久議移遷，豈謂理會事宜，天從人願，聖情下逮，元獎曲成。遂使澤及幽明，慶沾存歿，邱山易負，恩惠難勝。今日已令下手移拆訖，所令官作，豈敢當之？臣爲衰老，自拙將攝，十數日來，加風氣發動，猶尚虚惙，未堪拜伏，不獲詣闕奉謝。

續表

作者/文獻	版本	用　　例
董誥 《全唐文》 卷二百八十二	清嘉慶內府刻本	（107）唐齊州長史裴府君神道碑
董誥 《全唐文》 卷二百八十三		（108）《開元正勸握乾符頌》（并序）：臣伏見景寅制書，以《開元曆握乾符》垂示天下，幸甚。……我皇帝無思而感，自然元同；僧元偘等幸會而言，豈云素慮？非人事也，非神道也，天固已儲祥以俟時，積分以差日，出入數代，多歷年所：疇人極力，不能課其祥；上林雜候，亦莫徵其失。則明天意，以徯聖期：期數未臻，乃藏於密；聖證將至，如應如響。……微臣荷寵靈，揚休命，則臣子之忠，在於盡美；而惟天之大，終莫能名。不勝區區，敢獻頌曰：於皇惟后，受命於天。時來于今，兆是厥先。既定乃日，允叶斯年。赫赫光明，應於上元。
董誥 《全唐文》 卷二百八十四		（109）《敕清夷軍使虞靈章書》：敕清夷軍使虞靈章：窮寇傷殘，寄命無所，猶以遺噍，敢犯塞垣。卿義勇過人，臨難無苟，親當矢石，逐此犬羊，略有梟夷，足申威武，邊寄盡節，朕甚嘉之。仍聞鋒鏑既交，在卿亦有所損，神道助順，應不爲災。今將藥物，可以時療，所有將士用命，即具狀以聞。其不幸陣亾，固將滚悼惜，亦宜追卹，當有加贈。夏末甚熱，卿及將士已下並平安好，遣書指不多及。
董誥 《全唐文》 卷二百八十五		（110）《敕松漠都督泥禮書》：敕松漠都督右金吾衛大將軍泥禮：得張守珪表，知卿等破賊。且突厥此來也，其心毒害，又甚輕敵，人事之與神道，可得不有傷殘？卿之忠誠，加以義勇，以順討逆，自然必勝。朕所懸爵秩，惟賞有功，況卿赤心，復加戎捷。然狂賊自遠投於死地，今其傷敗，必更有謀，可須防之，重不可失。烏知義在彼，宜與臨事籌之，若須邀截，亦與之計會。秋氣漸涼，卿及衙官首領百姓並平安好，遣書指不多及。 （111）《敕幽州節度張守珪書》：敕幽州節度副大使張守珪：張奉高下，叛奚自取殲滅，此等惡積，天將絕種。故遽誘其衷，叛亾相繼，及師徒追下，皆就誅夷，一二年間，凶黨必盡：亦由卿指揮得所，動不失宜，明於兵權，暗合神道，故能致此也。……機謀未豫，何以除惡？永久爲患，將若之何？委卿良圖，用息邊甲。彼軍少馬，已敕朔方，想卿早知之，宜差人受領。秋氣漸冷，卿及將士已下並平安好，遣書指不多及。

續表

作者/文獻	版本	用　　例
董誥 《全唐文》 卷二百八十八	清嘉慶内府刻本	(112)《薛王有疾上憂變容發請宣付史館狀》：右：臣等伏見邠王守禮等表并答制，以薛王業有疾，聖情軫慮，宿夕之間，容發遂變；又尋繹致倦，假寢通神，因獲異方，頓解危惙。誠陛下友愛之至，冠於皇王，急難之情，達於神道。所以諸王陳請，願書竹帛，然猶讓此歸美，推而不居。聖德謙沖，固難名於廣大；臣子之志，敢忘義於昭宣？況臣等近侍軒墀，倍百恒品，望以邠王等狀宣付史館，謹錄狀奏聞，伏聽敕旨。
董誥 《全唐文》 卷二百八十九		(113)《賀祥雲見狀》：右：臣等伏見道門威儀司馬秀表稱，今月十日夜，陛下親臨同明殿道場，爲宗廟蒼生祈福，有祥雲見。伏惟聖德以精至動天，天意以肸蠁符聖：其感甚速，其應豈遠？陛下聖敬之深，勤恤所至，靈心如答，神道何言？自表休期，以介景福，生人大賴，天下幸甚。臣等忝居近侍，倍百恒情，謹奉狀陳賀以聞，伏望宣示史館。
董誥 《全唐文》 卷二百九十一		(114)《聖應圖贊》（并序）：臣聞啟聖者天也，宣有以覺悟；受命者聖也，必有以明徵：故神不言而可知，時將至而先兆。……又以潞水之泓深，山鹿之捷走，馳騎是獲，厲流不濡，非力所能，以明或躍。《乾》之上體，時在九四，神道幽贊，聖期密邇，自後而占，何著明其若此？蓋天福海內，地降聖跡，以瑞非常之后，以決如神之策，至於再三，明必信耳。……事來自久，命常維新，臣不勝至願，謹爲《聖應圖》，遂獻贊曰：龍之或躍，泉有何深？神亦成象，化爲背禽。淩厲是獲，明命則忱。如彼從掾，焉能不沈？ (115) 大唐故光祿大夫右散騎常侍集賢院學士贈太子少保東海徐文公神道碑銘（并序）
董誥 《全唐文》 卷二百九十二		(116)《故河南少尹竇府君墓碑銘》（并序）：序曰：正其身，君子所以慎德；敏於行，吉人所以寡辭：或道之，或處之，是亦正命。……公以孝友爲體，一變而迪忠信；以明恕爲用，再變而致循良：故所行無擇，所事無巧，有恆其德，終且溫溫；不伐其功，昭然赫赫。所以遺愛固結，必在何武之去；稱誦斯深，惟恐子產之死。已而神道欺而不福，物情喪其所賴，人之不幸，今也云亾！……銘曰：緜緜瓜瓞，少康遺烈，靈則長兮。莫莫葛藟，王孫承祀，世其昌兮。而我實續，如金如玉，載錫光兮。……有美有度，曷不允祚，今則亾兮。我著名節，俾無泯滅，惠無疆兮。

續表

作者/文獻	版本	用　　例
董誥 《全唐文》 卷二百九十三	清嘉慶內府刻本	(117)《祭舜廟文》：維某月朔日，中散大夫使持節都督桂州諸軍事守桂州刺史兼當管經略使嶺南道按察使攝御史中丞佩紫金魚袋上柱國曲江縣開國男張某，敢昭告於大舜之靈：惟神以大孝而崇德，以大聖而奮庸，以至公而有天下，以至均而一海內，故不以荒服之外，不以黃屋之尊，巡守而來，殂落於此。倦勤之造，永結於黎庶；惠懷之尊，長存於壽宮；載祀雖遐，威靈如在。今聖朝紹興至道，愍茲遠人，爰遣使臣，按理邊俗，惟神幽鑒，願表微誠：若私僻爲謀，公忠有替，明鑒是殛，俾無遠圖；如悉心在公，惟力是視，當福而不福，爲善者懼矣。今至止之日，輒詣陳誠，伏惟神道聰明，亮斯欽畏，願俯垂冥祐，俾輸力明時。尚饗。 (118)《爲吏部侍郎祭故人文》：維開元十年歲次壬戌二月癸酉朔十七日己丑，吏部侍郎某，謹以清酌脯醢之奠，敬祭故某公之靈：聞夫仁必壽考，所謂神道；善亦慶延，以爲信然。今夫子之不福，而聖謩之是愆：孝友純固，禮讓周旋，行所以直，業所以專，誠公才而天假，故官政以日宣。……正司空之掃第，屬荊州之罷市，歘交臂而相失，殷痛心其何已？今卜兆有日，祖載在庭，颭然象設，寞爾音形。驅白馬而何見？瞻素車之已扃。德音不忩，應甘棠之勿翦；交情乃見，伊黍稷之非馨。嗚呼哀哉！尚饗。
董誥 《全唐文》 卷二百九十五		(119) 贈邠州刺史韋公神道碑
董誥 《全唐文》 卷二百九十七		(120)《太子賓客贈太子太師竇希球神道碑》：聖上本元元之化，以身而觀國；酌堯舜之道，睦親而逮疎：羽儀成而正體尊，肺腑寧而元首豫。生人之始，內教權輿，文明在運，外戚先理，膺上仁而踐元舅，享多福而執謙光者，其惟冀靖公乎。……廼俾夫具臣惟舊，直質無華者，書其實錄，蓋取信於金石，不欺於聞見雲爾。敘其詞曰：沔彼嬀水，福祥伊始。坤道元亨，後族清理。靖公樹德，含章濟美。……吾邑百乘，吾門萬石。滚保純素，退藏虛白。儀刑衣冠，光我墳籍。輔仁徒欺，過隙難追。朝野增慕，哀榮在斯。賻以國錢，尊爲子師。興言渭陽，何痛如之？兆啟酆畢，行臨秦鎬。樹拱行楸，根陳宿草。歎息遺事，湮沈故老。勒銘豐珉，敢告神道。

續表

作者/文獻	版本	用　　例
董誥 《全唐文》 卷二百九十九	清嘉慶内府刻本	(121)《北嶽廟碑》（并序）：有國者殷薦於天地，望秩於山川，故災（闕）不生矣；有家者嚴敬於鬼神，克諧於禮樂，故休祐斯應矣。……夫道莫先乎貞，政莫先乎淳；參造化以成萬物，莫先乎神；資帝王以富四海，莫先乎人。護神莫先乎君公，理人莫先乎師長。……歌以發言，言以彰德，事可追於風雅，詞無隱於聞見。神而聽之，頌斯作曰：五宿熒煌，風政休咎，上經乎乾綱，我君順之，祚乃久兮。五宗盤薄，陰化成敗，下彰乎坤絡，我君欽之，福乃介兮。天平地成，神道助貞，人事以寧兮。皇極帝力，神道助直，人事以息兮。禎祥日新，既祠既禋，國萬斯春兮。風雨時若，是耕是穫，家勤於作兮。至誠通兮，昭冥協和，至道默兮。對揚頌歌，大恆如礪，明德惟義。
董誥 《全唐文》 卷三百		(122)《章仇兼瓊奏吐蕃安戎城得泉賀表》：此城往緣無備，權屬吐蕃，天威所臨，復爲我有。而犬戎自送其死，且或執迷，率彼凶徒，輒敢圍逼。城中在昔，惟水爲虞，雖佇之則多，而汲之路斷。陛下每憂無物，必期靈祐，聖心有屬，神道元通，遂使拆石流泉，分巖瀉液，動天地而昭應，與造化而同功。三軍所資，一朝皆足，既使無渴乏之慮，益勵忠勇之心，翦滅寇戎，從此非遠。傍稽典策，博考禎休，以欣以躍，實倍常品，請宣示百僚，編諸冊簡。
董誥 《全唐文》 卷三百一		(123)《應文辭雅麗科對策》（并问）：問：朕聞至道雖微，不言而化，皇天陰騭，相叶其彝。……故感發於內，樂由衷以致和；情見乎表，禮自外以爲異。雖清濁之資，考性則殊；而教化之端，在理斯一。況今懿綱被遐裔，至道冠生靈，和理日躋，同乎大順，非禮樂之化，其孰能至此乎！夫崇德垂範，此同異之用也；教齊化密，此人俗之融也。至如武德之盛，武之業也；文德之盛，順之至也。神道設教，制四時於炎曆；德徽可崇，增五行於橫序。尊三德於清廟，表二容於盛禮。聖問昭闡，與天道以元亨；狂言鄙賤，仰天文而知愧。謹對。
董誥 《全唐文》 卷三百二		(124) 贈東平郡太守章仇府君神道之碑

續表

作者/文獻	版本	用　　例
董誥《全唐文》卷三百三	清嘉慶内府刻本	(125)《駁陳貞節廢隱太子等四廟議》：議曰：古先哲王，作範貽訓，不背時而立矩，必隨俗而裁規。由是因人以設教，從宜而制禮。苟反經以合禮，膠柱以調弦。……神道固是難誣，人情孰云其可？又奏狀云“合樂登歌，有同列帝”者。隱太子等廟比來裸享，皆稟舊章，牲止少牢，舞纔六佾，進無季氏之僭，退用諸侯之禮。恭惟故實，未爲乖謬，自茲以降，斷亦可知。又據匡衡議思戾太子後園親未盡，謹檢隱太子是皇帝曾伯祖，本服緦麻；章懷是伯父，本服周年；懿德、節愍咸是堂昆，本服大功。親並未盡，廟不合廢。……臣愚以爲置之則綏族，廢之則收恩；綏族則廟存，收恩則享絕。事關聖慮，奏定爲宜。謹議。
董誥《全唐文》卷三百四		(126)《大唐蘄州龍興寺故法現大禪師碑銘》：古之聖人，乘時迭用，贊神道，立人倫，所以爲理者也。理之爲極，故受之以無爲。昔之真人，歸根去羨，探有物，入無窮，所以爲久者也。久幾乎息，故受之以實際。於是大雄有作，大覺無邊，常樂常往，不生不滅。……夫其異應，不可思議，乃菩提之示現者矣。《大易》云：神道設教。然則至人無迹，至化無名，萬緣盡空，一切不動。……其詞曰：皇矣能仁，宏宣妙覺。彼上人者，是爲禪族。繼體前聖，傳燈後學。舟梁愛河，掎拔情嶽。肇允光相，翻飛度門。偈傳心極，神授名尊。……未究深海，旋驚尺波。變異潛惑，悲憂斷絶。皆發大怖，遍身見血。深入靜思，義開形閉。當知恒住，敢告非滅。
董誥《全唐文》卷三百十一		(127)《爲宰相賀武威郡石化爲麪表》：臣等伏見王倕奏，武威郡番禾縣嘉瑞鄉天寶山周回五六里，石化爲麪，在近村閭及諸郡部落，自今載正月以來取食，甘美益人。……伏以神道設教，變化無方；聖人爲心，感通必應。陛下仁霑動植，澤及生靈，故得地不藏寶，石變爲麪，既資人食，又濟邊廩。成熟自因於道氣，艱難不待於農功。豈來辫之足方，何雨粟之能喻？況山符聖號，用彰於萬壽；鄉表瑞石，允迪於前烈。殊祥叶應，景福攸臻。臣等忝侍軒墀，倍溪慶悦。無任抃躍之至，謹奉表陳賀以聞。
董誥《全唐文》卷三百十二		(128) 故滕王府諮議杜公神道碑

續表

<table>
<tr><th>作者/文獻</th><th>版本</th><th>用　　例</th></tr>
<tr><td>董誥
《全唐文》
卷三百十三</td><td rowspan="4">清嘉慶内府刻本</td><td>(129) 贈太子詹事王公神道碑
(130) 太子右庶子王公神道碑
(131) 東都留守韋虚心神道碑</td></tr>
<tr><td>董誥
《全唐文》
卷三百十五</td><td>(132)《與表弟盧復書》：八月八日，外兄李華敬簡盧十五弟則之處：秋風漸高，路出泗上，將詣職役，如所料乎？往返勞止，當與時俱暢也。華疹疾無聊，賢姊與諸君尋常耳，福卿漸減，弟勿憂之。……五姓之中，盧爲峻茂，根源上古，歷世著明，降及聖唐，仁賢不絶。外家陵替稍久，弟其勉之。盧氏有諶翁祭法，又世以書聞，華恨未見，弟爲廣訪求也。南祖分於何祖？帝師今有四房，誰各承後？弟爲華具條流相報也。頃撰《軍器舅神道碑》，後其房族由來，意欲如軍器之志，廣外家之美，令萬代聞見，不復討譜牒也。華質性鈍弱，而慕汲黯、卜式之直，晚歲思夫子互鄉之見。……弟正直太過，不能容納時人，以是相箴，努力無忽！近有鄭五書信否？四姊處得消息無？匆匆不次，華敬簡。</td></tr>
<tr><td>董誥
《全唐文》
卷三百十六</td><td>(133)《御史大夫廳廳壁記》：君以文明照臨百官，官糾其邪，職在邦憲，由京師而端下國，王化所系，不唯威刑。御史大夫其任也，用舍決於天心，得失震於人聽，舉直錯枉，果而不撓，則公卿屏氣，道路生風，率其屬以正於朝，瞻我衣冠，不仁者遠。苟異於是，爲君子羞。政之雄雌，與德輕重，故名公在位，天下仰賴焉。……小人畏法，君子夷心，無隱情於國家，無愧辭於神道，堂堂乎大雅之素也。初，廳壁列先政之名，記而不敘。公以爲艱難之還，將俟後人，謂華嘗備屬僚，或知故實。授簡之恩至，屬詞之藝寡，無以允副非常之待，所報者直質而少文。天寶十四載六月十五日記。</td></tr>
<tr><td>董誥
《全唐文》
卷三百十七</td><td>(134)《三賢論》：或曰：吾讀古人之書，而求古人之賢未獲，嗟夫！遐叔謂曰：無世無賢人，其或世教不至，淪於風波，雖賢不能自辯，況察者未之究乎？……劉在京下，嘗寢疾。房公時臨扶風，聞之，通夕不寐，顧謂賓從曰：挺卿（集本作“柄卿”，《英華》亦作“柄卿”。注云：《唐書》作“捷”，一作“挺”。）若不起，無復有神道。……今復求斯人，有之無之？是必有之，而察之未克也。三賢不登尊位，不享下壽，居易委順，賢人之達也；不蒙其教，生人之病也。予知三賢也滨，故言之不怍云。</td></tr>
</table>

續表

作者/文獻	版本	用　　例
董誥《全唐文》卷三百十七	清嘉慶內府刻本	(135)《二孝贊》(并序)：靈武二孝，曰侯知道、程俱羅。日不覩朝廷之容，耳不聞韶夏之聲，足不登齊魯之境，所見戎馬旃裘，參於夷狄，而能生養以孝，歿奉以哀，穿壙起墳，出於身力。……昔吳起忍與母盟，陳湯忍匿父喪；起謀復楚霸而戮死，湯功釋漢恥而囚廢。神道昭昭，若何無報？九州之衆，誰非人子？踐霜露者，聞風永懷。士有感一諾一顧，猶或與之死生；嘉一草一木，猶或爲之歌詠，而況百行之宗、終天之感乎？……其文曰：厥初生人，有君有親。孝於親者爲子，忠於君者爲臣。……顧後絶配，瞻前無鄰。冬十一月，浮冰塞津。吾將唁之，其路無因。寄誠斯文，揮涕河濱。
董誥《全唐文》卷三百十八	清嘉慶內府刻本	(136)《慶王府司馬徐府君碑》：君諱堅，字倫，名與宗人同，故以字稱。東海郯人也。象德所自，如山積高；佐人施澤，如水鍾下。三代以降，仁賢不絶。……盛德有後，曷其崇高？神道聰明，豈曠人欲？君從父弟惲，御史中丞陳留太守河南採訪清廉有威，所向霽肅。大理歿而有中丞，中丞歿而有光祿，徐氏之興，將在裔乎？爰族幽兆，與天地極。是文也，華無媿詞。銘曰：三命益恭，慶祚猶鍾。矧我大理，全人門宗。……推心無方，我德用大。建世何居？松門已藹。永言孝思，光祿有之。式播芳烈，爲將來師。 (137) 唐贈太子少師崔公神道碑
董誥《全唐文》卷三百十九	清嘉慶內府刻本	(138) 唐故東光縣主神道碑銘（并序）
董誥《全唐文》卷三百二十六	清嘉慶內府刻本	(139) 故右豹韜衛長史賜丹州刺史任君神道碑 (140) 大唐故臨汝郡太守贈祕書監京兆韋公神道碑銘
董誥《全唐文》卷三百二十八	清嘉慶內府刻本	(141)《大唐故嶲州都督贈幽州都督吏部尚書謚文獻姚府君碑銘》(并序)：夫應順相成，君臣有待，豈不以參庸作輔（闕二字）、移屯？象闕不可以不臨，山川不可以不守。……初景龍年，以時宰先人，特旨追贈幽州都督。而神道貴靜，元宅不移，重廣冥域，因成象制。天子於是乎昭寵大臣，追崇舊烈，又制贈吏部尚書，謚曰文獻公。……銘曰：氏原德先，裔裔綿綿。曷時無雋？曷位無賢？重象曜質，紛紛秩秩。潔齊相亨，休復於吉。……政閑誰黷，時修物育。陟遐未窮，歸冥不復。慈告式明，卜宅離塋。東畢西賁，幽封大成。尊尊孝子，昭發家聲。

續表

作者/文獻	版本	用　　例
董誥 《全唐文》 卷三百二十九	清嘉慶内府刻本	(142)《北嶽廟碑》：夫清明著象，廣大成形，聖人則之，作紀資始。列於五嶽，視以三公，率由典常，靡不紫燎。維厥恆岫，實爲首稱。……幽贊設教，神道有憑。登臨極目，如指諸掌。其陰則常嵠廣武，林胡樓煩；其陽則燕趙殷衛，面河溯雒。……今之故事，牧守是遵，敬遠之規，載在王府。……詞曰：巍巍巨鎮，幽都是託。上接蒼昊，傍分寥廓。併吞冀野，枕倚沙漠。華夷險界，隔閡斯作。(其一)……小子何讓，敢忘景慕。紀功書實，恢我王度。(其十)
董誥 《全唐文》 卷三百三十一		(143) 汾陽王妻霍國夫人王氏神道碑
董誥 《全唐文》 卷三百三十八		(144) 唐故太尉廣平文貞公宋公神道碑側記
董誥 《全唐文》 卷三百三十九		(145)《東莞臧氏糺宗碑銘》：德有三，孝弟稱其至；常有五，仁道原其終。故興化所自，則曰侯其在矣；死喪相恤，疇能亦莫吾聞。……少師生三子，曰右武衛將軍贈幽州大都督（闕三字）懷慶、冠軍左羽林大將軍兼營府都督御史中丞充平盧節度採訪兩蕃使懷亮、河源軍使安北都護右領軍將軍上柱國上蔡縣開國侯累贈太常卿魏州刺史工部尚書懷恪。皆行冠人倫，才兼文武，並時迭將，爲國虎臣，朔漠之間，峻風斯在。其功庸志業，各具《三原縣先塋神道碑》。 (146)《晉侍中右光禄大夫本州大中正西平靖侯顔公大宗碑》：公諱含，字宏都，琅琊臨沂人。……元宗讚之曰：孔子亞聖，魯國稱賢。翰墨之妙，莫之與先。累至滁、沂、濠三州刺史，贈秘書監。……惟貞，字叔堅，有德行詞學，尤善草隸。屢登甲科，太子文學薛王友，累贈太子少保，事具陸據《神道碑》。
董誥 《全唐文》 卷三百四十		(147)《唐故通議大夫行薛王友柱國贈秘書少監國子祭酒太子少保顔君碑銘》：昔孔悝有彝鼎之銘，陸機有祠堂之頌，皆所以發揮祖德，敷演家聲。故君子之觀其銘也，既美其所稱，又美其所爲。無而稱之，是誣也；有而不述，豈仁乎？論而撰之，敢不祗懼！君諱惟貞，字叔堅。……其年七月才生明，遘疾而殁，教義者隱而傷焉。與會稽賀知章、陳郡殷踐猷、吴郡陸象先、上谷寇泚、河南源光裕、博陵崔璩友善，事具陸據所撰《神道碑》。……

續表

作者/文獻	版本	用　　例
董誥 《全唐文》 卷三百四十一		(148)《祕書省著作郎夔州都督長史上護軍顔公神道碑》：君諱勤禮，字敬，琅琊臨沂人。高祖諱見遠，齊御史中丞。梁武帝受禪，不食数日，一慟而絶，事見《梁》《齊》《周書》。……七子：昭甫，晉王曹王侍讀，贈華州刺史，事具眞卿所撰《神道碑》。敬仲，吏部郎中，事具劉子元《神道碑》。……惟貞，頻以書判入高等，歷畿赤尉丞、太子文學、薛王友、贈國子祭酒、太子少保，德業具陸據《神道碑》。 (149) 朝議大夫守華州刺史上柱國贈祕書監顔君神道碑銘 (150) 正議大夫行國子司業上柱國金鄉縣開國男顔府君神道碑銘 (151) 左衛率府兵曹參軍賜紫金魚袋顔君神道碑銘 (152) 朝請大夫行江陵少尹兼侍御史荊南行軍司馬上柱國顔君神道碑銘 (153) 攝常山郡太守衛尉卿兼御史中丞贈太子太保謚忠節京兆顔公神道碑銘 (154) 河南府參軍贈祕書丞郭君神道碑銘
董誥 《全唐文》 卷三百四十二	清嘉慶内府刻本	(155) 唐故右武衛將軍贈工部尚書上柱國上蔡縣開國侯臧公神道碑銘 (156) 唐故開府儀同三司太尉兼侍中河南副元帥都督河南淮南淮西荊南山南東道五節度行營事東都留守上柱國贈太保臨淮武穆王李公神道碑銘 (157) 金紫光祿大夫守太子太傅兼宗正卿贈司空上柱國隴西郡開國公李公神道碑銘 (158) 特進行左金吾衛大將軍上柱國清河郡開國公贈開府儀同三司兼夏州都督康公神道碑銘
董誥 《全唐文》 卷三百四十三		(159)《有唐開府儀同三司行尚書右丞相上柱國贈太尉廣平文貞公宋公神道碑銘》：於戲！逆鱗劘上，匡救之義湀；守死不回，人臣之致极。况乎文包風雅，道濟生靈，建一言而天下倚平，含九德而三光式序。……自田曹至於尚書，皆實浮於名，而位不充量，事見許公蘇頲所撰《神道碑》。……其辭曰：天命元鳥，降而生商。湯孫之緒，微子分疆。詞招正則，尉翼文皇。吏部黄門，紛綸耿光。忠賢世出，信史相望。篤生丞相，祚我有唐。……孝孫翼翼，論譔靡忘。豐碑堅碣，萬古訾相。 (160) 朝議大夫贈梁州都督上柱國徐府君神道碑銘 (161) 中散大夫京兆尹漢陽郡太守贈太子少保鮮于公神道碑銘 (162) 遊擊將軍左領軍衛大將軍兼商州刺史武關防禦使上柱國歐陽使君神道碑銘

續表

作者/文獻	版本	用　例
董誥 《全唐文》 卷三百四十四	清嘉慶内府刻本	(163) 銀青光祿大夫海濮饒房睦台六州刺史上柱國汲郡開國公康使君神道碑銘 (164) 京兆尹御史中丞梓遂杭三州刺史劍南東川節度使杜公神道碑銘 (165) 和政公主神道碑 (166) 杭州錢塘縣丞殷府君夫人顔君神道碣銘
董誥 《全唐文》 卷三百四十五		(167)《遊濟瀆記》：軹縣西北數十里，濟水出焉。稽乎舊章，可得而道。自河浮綠甲，帝命元夷，疏畎澮而正乾綱，鏟陵巒而通委輸，所謂四瀆資我，而成彼三川者。……且神道無方，豈存於此？而物類相召，或有憑焉。瀊溜潛通，動植滋液。高樹直上，百尺無枝；虛篁下清，四時一色。意隔人世，空聞鳥聲。陽浦先春，草心方變；皷岸猶冷，苔生未穠。紅晶落而天下陰，青靄凝而眾山暮。留賞無厭，歸情坐忘，中途載懷，歷歷在眼。庶記豪翰，光昭厥美云。
董誥 《全唐文》 卷三百五十		(168)《爲竇氏小師祭璿和尚文》：年月日，某謹以齋蔬之奠，敢昭告於和尚之靈：伏惟和尚降靈自天，依化遊世，角立獨出，嶷然生知。鳳凰開九苞之翼，豫章橫萬頃之陂。始傳燈而納照，因落髮以從師，邁龍象以蹴踏，爲天人之羽儀。紹釋風於西域，廻佛日於東維。若大塊之噫氣，鼓和風而一吹，熱惱清灑，道芽榮滋。走吳楚以宗仰，將掃地而歸之。嗚呼！來無所從，去復何適？水還火歸，蕭散本宅，寶舟輟棹，禪月掩魄。痛一往而無蹤，愴雙林之變白。某早乘訓誨，偏倚恩慈，忝餐風於法侶，旋落蔭於禪枝。號無輟響，泣有餘悲。手撰茗藥，精誠嚴思，冀神道之昭格，庶明靈而饗之。
董誥 《全唐文》 卷三百五十一		(169) 右武衛將軍柳公神道碑
董誥 《全唐文》 卷三百五十三		(170) 壽州刺史郭公神道碑

續表

<table>
<tr><th>作者/文獻</th><th>版本</th><th>用　例</th></tr>
<tr><td>董誥
《全唐文》
卷三百五十五</td><td rowspan="3">清嘉慶内府刻本</td><td>(171)《總章右个賦》(以“氣變銅渾，灰移玉管”爲韻)：大君嚮明，神道設位；恢三皇之軌物，張五帝之經緯。居皇極以體尊，配昇乎而作諡。上棟下宇，圖出震之垂功；崑崙辟雍，模大壯之成器。分五行以配德，合四時而導氣。審圓象以規天，揆方儀而法地；因節候之開闔，得陰陽之奧秘。……既嘗稻以薦犬，亦趨刑而斷獄；明大閲以講威，訓羣騶而撫俗。別有粉署承風，金門獻款；念無媒以贈策，謬談天於窺管。
(172) 唐銀青光禄大夫嶺南五府節度經畧採訪處置等使攝御史中丞賜紫金魚袋殿中監南康縣開國伯贈揚州大都督長史張公神道碑</td></tr>
<tr><td>董誥
《全唐文》
卷三百六十</td><td>(173) 唐故德儀贈淑妃皇甫氏神道碑</td></tr>
<tr><td>董誥
《全唐文》
卷三百六十四</td><td>(174)《賽雨紀石文》：昭明爲神，神正直而已。其或歆夫諂祭，阨我生人，則神道喪矣。故明命鬼神，以爲黔首。此神祠者，有吳公子諱季札，賢而能讓，信必由衷，聽樂彰於識微，掛劍表乎心許。故以生則君子敬而讓之，沒則國人思而像之，宜其精氣作神，盛德爲祀。……布常始於人和，爲政先於農祀，瞻彼雲漢，有事山川。南畝徒勤，西郊莫潤，駿奔執豆，殷薦明神。……實勞跛倚，其吐馨香，不有君子，安能輯事？乃相與斫豐石，揚神休。是歲大唐天寶五載季夏六月壬午三日甲申記。
(175)《攲器賦》(以“君子用之誡盈”爲韻)：聞夫日中則昃，鼎折則傾；月容守缺而忌滿，神道福謙而害盈。聖人察兩曜之度，覩萬物之情。知務進者危於不止，擬貪取者敗於幾成。爰制座右，與人作程；開其可誡之跡，加以必覆之名。然而不增不減，能正能平；考低昂而必應，亦有效於權衡。……且喪道則貪邪，貪邪至於喪生；知足則不辱，不辱在於知止。苟欲圖安以遠害，又宜去彼而取此，則知攲器之器大哉，吾將以爲教始。
(176)《大唐博陵郡北嶽恒山封安天王銘》(并序)：遁甲開山，以方色受土，水行作鎮，元枵司野，截巨壑以波委，指平陸而海清。……燕山有石，碩儒有文，既述且刊，超變陵谷。銘曰：維恒兮作鎮壬癸，善利萬物兮德配諸水。雄峯屹立而朝山邐迤，閃電雷、愬神鬼。其神靈兮福之所履，福善禍淫而正直如矢。(其一) 君恩覃兮流湯湯，汨神道、蕩鬼方。四瀆爲公兮五嶽王，山戎臣首而犬戎北亡。勒貞石以一固，浮大海之三桑。(其二)
(177) 金紫光禄大夫左金吾衛將軍贈揚州大都督臧府君神道碑銘（并序）</td></tr>
</table>

續表

作者/文獻	版本	用　　例
董誥 《全唐文》 卷三百六十九	清嘉慶内府刻本	(178) 故定襄王郭英乂神道碑 (179) 故相國杜鴻漸神道碑 (180) 朔方河東河西隴右節度使御史大夫贈兵部尚書太子太師清源公王府君神道碑銘（并序）
董誥 《全唐文》 卷三百七十一		(181) 左武衛將軍白公神道碑 (182) 内給事諫議大夫韋公神道碑 (183) 泗州刺史李君神道碑
董誥 《全唐文》 卷三百七十五		(184) 黔州刺史薛舒神道碑
董誥 《全唐文》 卷三百八十八		(185)《檢校尚書吏部員外郎趙郡李公中集序》：志非言不形，言非文不彰，是三者相爲用，亦猶涉川者假舟楫而後濟。……少時所著者，多散落人間。自志學至校書郎已前八卷，并《常山公主誌文》《竇將軍神道碑》《崔河南生祠碑》《禮部李侍郎碑》《安定三孝論》《哀舊遊詩》《韓幼深避亂詩序》《祭王員外端、沈起居興宗、裴員外騰文》《別元旦詩》，并《楊騎曹集序》《王常山碑》，並因亂失之，名存而篇亡。……一死一生之間，抒其交情，則《祭蕭功曹、劉平事、張評事文》；吟詠情性達於事變，則《詠古詩》；思舊，則《三賢論》；辨卿大夫之族姓，則《盧監察神道碑》；自敘，則《別相里造范倫序》；詮佛教心要而合其異同，則《南泉真禪師、左溪朗禪師碑》。
董誥 《全唐文》 卷三百九十		(186) 唐故睢陽太守贈秘書監李公神道碑銘（并序） (187) 唐故朝議大夫申王府司馬上柱國贈太常卿韋公神道碑銘（并序） (188) 唐故朝議大夫高平郡別駕權公神道碑銘（并序）
董誥 《全唐文》 卷三百九十五		(189) 房州刺史杜府君神道碑 (190) 故中書舍人吳郡朱府君神道碑

續表

作者/文獻	版本	用　例
董誥 《全唐文》 卷四百三	清嘉慶内府刻本	(191)《大唐故雲麾將軍左監門衛將軍上柱國彭城縣開國公劉府君墓誌銘》(并序)：君諱元尚，字元尚，彭城人也。出自軒皇之後，繼乎光武之允，長源遠派，(闕一字）裔於公焉。……克誠克信，有度有章，有展飾終，記之金石。銘曰：帝軒之允，光武傳家。盈門金紫，寵幄榮華。夫盛必衰，有會克離。聖人既則，神道何爲？物慮推遷，迹存不朽。勒石題銘，同天地久。
董誥 《全唐文》 卷四百四		(192)《權論》：大哉！鼓天下之動，成天下之務，反於常而致治，違於道而合利，非權其孰能與於此乎？夫權者，適一時之變，非悠久之用，然則適變於一時，利在於悠久者也。聖人知道德有不可爲之時，禮義有不可施之時，刑名有不可威之時，由是濟之以權也。……聖人以神道設教，俾民日用而不知，權之時義大矣哉。高宗知傅說之賢，欲委之代天，取於阜隸之徒，儀於百辟之上，慮羣情弗協，事難以濟，故稱夢得賢相，乃刻像而求之，商之中興，賴善權之主也。文王知太公之賢，欲擢居輔弼，搜於屠釣之間，致於三公之上，庶士靡靡，恐未適從，故稱天遺我師，乃出畋而獲之，周之永年，賴善權之君也。……自五帝既降，舍機權而能治天下者，未之有也。
董誥 《全唐文》 卷四百九		(193）故常州刺史獨孤公神道碑銘（并序） (194）内侍陳忠盛神道碑
董誥 《全唐文》 卷四百十		(195)《禁天下寺觀停客制》：勑：釋教本以助化，道家先於理國，懲惡勸善，以齊死生，薰然慈仁，美利天下，所庇者大，所益者深，故歷代崇尚而弗易也。朕以元元烈祖，慶我昌運，西方聖人，福茲下土，常所盡敬，敢忘致誠。且至眞之體，尚於精潔，流俗所尊，不宜褻慢。如聞天下寺觀，多被軍士及官吏諸客居止，狎而黷之，曾不畏忌。緇黃屏竄，堂居毁撤，寢處於眾設之門，庖廚於廊無之下。……且王者以清淨統法，聖人以神道設教，精意所在，感而遂通。非徼福於朕躬，期降祥於黎庶，申明詔旨，用悉勞懷。

續表

作者/文獻	版本	用　　例
董誥 《全唐文》 卷四百十五	清嘉慶內府刻本	(196)《中書門下賀磁原紫雲見表》：臣等言：伏見太原尹北都留守檢校工部尚書薛兼訓奏，忻州七聖廟內尊容，奉勅移太原府紫微宮安置，昨正月二十九日啟告，其時有紫雲見，兼金奏之聲者。臣聞廟貌尊嚴，所以追孝，天地明察，則必垂祥。伏惟皇帝陛下全聖人之至德，合神道之設教，受天之命，嚴龔奉先。明發有懷，載感於文武；菲食致美，必誠於宗廟。序五位而禮順，刑四海而化光，茲以聖靈在天，緬慕增惕，是有象設，不忘哀矜。……雖周室之既受多祉，漢朝之屢獲嘉應，未有祖禰丕祐，天人合符，若斯之盛也。臣無裨政事，但慶鴻休，不勝抃躍之至。謹奉表陳賀以聞。
董誥 《全唐文》 卷四百二十		(197)《贈婕妤董氏墓誌銘》：惟唐至德元年歲在癸卯十二月二日，美人河內董氏終於闕鄉縣之另館，春秋一十有八。……天道如何？泉扃已矣。聖上顧懷淑慎，言念恩情，悲遽夭於先春，歎長歸於永夜。追加班女之秩，式慰衛兒之魂。以某年月日，葬於某原，禮也。乃命侍臣，紀於貞石。銘曰：二九之年，麗容嫣然。春風轉蕙，秋水開蓮。浣紗選貌，納袂求賢。承恩玉殿，侍宴瓊筵。光陰不借，神道何偏。椒房愛促，蒿里悲纏。婕妤寵贈，女史芳傳。丹鳳城外，黑龍水邊。嗚呼此地，永閉神仙。
董誥 《全唐文》 卷四百二十二		(198) 安州刺史杜公神道碑 (199) 雲麾將軍郭公神道碑 (200) 四鎮節度副使右金吾大將軍楊公神道碑 (201) 雲麾將軍李府君神道碑 (202) 唐贈范陽大都督忠烈公李公神道碑銘（并序）
董誥 《全唐文》 卷四百二十五		(203)《爲劍南西川崔僕射再請入朝表》：臣某言：去冬臣知衙事官姚悟回，伏奉手詔，許臣入朝。……臣久辭闕庭，從事邊塞，思一朝覲，如天無階。忽遂此行，神道所感，豈知中路，猶阻懇誠，揮涕慚對於三軍，結戀詎同於他日？臣所行意，實不謀身，一欲辯折讒閒，兼欲敷陳國要，有不可形之翰墨，有不可傳之外人，表臣心切，唯天而已。……豈臣獨夫之幸，實充萬人之幸。無任懇迫屏營之至！謹附監軍使孟游仙奉表陳請以聞。

續表

作者/文獻	版本	用　例
董誥 《全唐文》 卷四百二十九	清嘉慶内府刻本	(204) 内侍省内常侍孫常楷神道碑
董誥 《全唐文》 卷四百三十五		(205) 唐維州刺史安侯神道碑
董誥 《全唐文》 卷四百三十八		(206) 東都留守顧公神道碑銘
董誥 《全唐文》 卷四百三十九		(207) 嶺南節度判官宗公神道碑
董誥 《全唐文》 卷四百四十		(208) 唐尚書右丞相中書令張公神道碑
董誥 《全唐文》 卷四百四十三		(209) 同朔方節度副使金紫光禄大夫試太常卿兼慈州刺史王府君神道碑 (210)《獨孤常州集序》:《傳》曰：物生而後有象，象而後有滋，滋而後有數。……常州愛士，而肅最爲所重，討論居多，故其爲文之意，肅能言之。比葦博陵崔貽孫又爲《神道碑》，悉載行事，而痛其不登論道之位。崔公剛而好直，其詞不黨，君子謂之知言。昔班孟堅美漢得人之盛，曰文章則司馬遷、相如，又曰劉向、王褒以文章顯，是則四君子者，有漢之文雄歟？……孰與常州發論措詞，皆王霸大略，孝悌之至，達於神明，善與人交，久而敬之，當官正色，不畏強御，加之以仁惠愛物，吏民敬畏，而文又如是乎？其餘則二君既言之矣。今亶録崔氏之作，綴於篇末云爾。
董誥 《全唐文》 卷四百四十四		(211) 御史中丞晉州刺史高公神道碑 (212) 魏博節度使田公神道碑
董誥 《全唐文》 卷四百四十五		(213) 段府君神道碑銘 (214) 大唐故銀青光禄大夫彭王傅上柱國會稽郡開國公贈太子少師東海徐公神道碑銘

續表

作者/文獻	版本	用　例
董誥 《全唐文》 卷四百四十六	清嘉慶内府刻本	(215)《唐寶應靈慶池神廟記》：天有五星，辰居基一；地有五材，水爲之首。既作鹹以正味，亦凝質而成鹽。則横目之人，生齒之歲，罔不資焉，而後食矣。鹽之爲用大矣哉！寶應靈慶池者，《山海經》所謂鹽販之澤也。……《易》曰：聖人以神道設教，而天下服。此之謂也。遂遷公殿中侍御史，京東和糴使逮於斯任，豈惟執憲簡頒鹽政，必將秉造化應鼎之和羹，人皆望焉，神所勞矣。濯客自東鄙，觀藝而來，美精誠之動天，多築護之盡力，輒採聞見，題於樂石。庶丕績不朽，與池始終。時建中二年秋八月記。
董誥 《全唐文》 卷四百五十二		(216) 唐故同州河西縣丞贈虢州刺史太常卿天水趙公神道碑（并序）
董誥 《全唐文》 卷四百七十八		(217) 東都留守顧公神道碑 (218) 左僕射賈耽神道碑
董誥 《全唐文》 卷四百七十九		(219) 驃騎大將軍論公神道碑銘（并序） (220) 唐故侍中尚書右僕射贈司空文獻公裴公神道碑銘（并序）
董誥 《全唐文》 卷四百八十		(221)《唐右補闕梁肅文集序》：敘曰：皇甫士安志好閑放，不榮軒冕，導情適志，作《高士傳》，贊記遺韻，風猷尚在。……總名實，樹遺風，作《常州獨孤公遺愛頌》《太常卿常山郡開國公崔公神道碑》。惡戎醜，思康濟，作《兵箴》。敘宗系，思祖德，作《述初賦》。病流濫，悦故居，作《過舊園賦》。明大道，宗有德，作《受命寶賦》。……若以神道設教，化源旁濟，作《泗州開元寺僧伽和尚塔銘》。言僧事，齊律儀，作《過海和尚塔銘》《幽公碑銘》。釋氏製作，無以抗敵，大法將滅，人鮮知之，唱和之者或寡矣。……公遺孤歿後而生，今巳成立，則友朋之知臧孫之後，存於此也。
董誥 《全唐文》 卷四百八十一		(222) 内侍省内侍焦希望神道碑

續表

作者/文獻	版本	用　　例
董誥 《全唐文》 卷四百八十八	清嘉慶内府刻本	(223)《昭陵寢宮議》:(右。奉進止:寢宮在山上，置來多年，曾野火燒爇，摧毁略盡，其宮尋移在瑶臺寺左側。……又爲改移舊制，恐所見未周，宜令中書門下及百寮同商量可否？聞奏。）朝議郎守尚書司勳郎中知制誥雲騎尉賜緋魚袋臣權德輿議曰：臣聞古宗廟之制，前有廟，廟列昭穆；後有寢，寢陳衣冠。自秦漢已來，始因陵立廟，有寢宮便殿，雖廟居陵旁，而無必在山上不在山下之定制。且禮文所貴，宜也稱也；祀事所資，敬也潔也。伏以昭陵因山，太宗所建，宮在山上，以便當時，自野火延燒行宮山下，亦已久矣。今若伐木縮板，程功就險，神道貴靜，或非所宜，則與置陵之初，事體爲異。況舊制既毁，新宮是修，考於便地，可以經久，所謂宜稱也。……今列聖寢宮，有在山下者矣，然則致敬來格之義，豈以山上山下爲遠近耶？臣愚以爲但在柏城之内，則不云遠。陛下精誠愼重，詢及庶僚，徒獻所聞，伏增戰越。謹議。
董誥 《全唐文》 卷四百八十九		(224)《比部郎中崔君元翰集序》:《易・賁》之《彖》曰：觀乎人文，以化成天下。故闕里之四教，門人之四科，未有遺文者。荀況、孟軻，修道著書，本於仁義，經術之枝派也。……記循吏政事，則《房柏鄉碣》《孫信州頌》。敘守臣勳烈，則《黎陽城碑》《劉幽求神道碑》。表宗工賢人兆域，則李太師、梁郎中誌文。撰門中德善，則貞文孝文誌碣二銘。攄志氣以申感概，則與李都統及三從事書。纂桑門心法，則《大覺禪師碑》。推人情以陳聖德，則《請復尊號表》。鋪陳理道，則有制策。藻潤王度，則有詔誥。嚮所敘《詩》《書》《説命》《駉頌》而下，君皆索其粹精，故能度越倫類，有聲名於代。……君之孤某，既除喪，泣捧遺文，見咨序引，故如其篇第，直書以冠之云爾。
董誥 《全唐文》 卷四百九十七		(225) 唐故東都留守東都汝州防禦使銀青光禄大夫檢校吏部尚書判東都尚書省事兼御史大夫上柱國扶風縣開國伯贈太子少傅杜公神道碑銘（并序） (226) 唐故劍南東川節度副大使知節度事管内支度營田觀察處置等使正議大夫持節梓州諸軍事守梓州刺史兼御史大夫護軍賜紫金魚袋贈禮部尚書盧公神道碑銘（并序）

續表

作者/文獻	版本	用　　例
董誥 《全唐文》 卷四百九十七	清嘉慶内府刻本	(227)《唐故劍南東川節度副大使知節度事管内支度營田觀察處置静戎軍等使光禄大夫檢校尚書左僕射使持節梓州諸軍事兼梓州刺史御史大夫鄭國公贈司空嚴公神道碑銘（并序）》：昔周以淑旂錫韓侯，奄受北國。晉以黼冕命士會，乃將中軍。惟鄭國嚴公諱礪字元明，再總方任，實顓兵柄，采飾昭融，與功化俱。……以德輿嘗志太師之墓，亦草興州之詔，耳目事實，其詞不誣，是焉篆刻，以表神道。銘曰：地中有水，利用行師。於惟鄭公，藩屏清時。蜀川横潰，人用怪駭。公披肺肝，請埽蜂蠆。賦車誓衆，沐浴齋戒。吉語日聞，嘉猷是賴。以犒以饋，閒關感慨。如飛如翰，煇燿宏大。既理漢中，乃遷梓潼。武以貞師，文以撫封。八旒七章，既長宗公。乃倚乃伏，如何不淑。樹檟蒼蒼，墓門肅肅。立兹介石，永表陵谷。 (228)《唐故光禄大夫檢校尚書右僕射兼右衛上將軍南充郡王贈太子太保伊公神道碑銘》（并序）：昔伊尹相湯，伊陟相太戊，咸有一德，格于上帝。……有以鄙夫與太保同居里閈，且以理命遺緘，辱徵斯文，表諸神道，不敢誣也。銘曰：在殷保衡，負鼎而相。惟唐南充，推轂爲將。泔溪之刑，嶺表乃平。蠻水之捷，漢南以清。蔡兇滔天，曹邸鼓行。公率武旅，迅如風霆。蘄春安陸，連下劇地。專城建牙，宏大名器。交修威懷，較著功利。介圭會朝，脱躧師帥。南宫端右，武候緹騎。沐浴休明，保完富貴。歲降婁兮月大吕，一氣散兮無處所。繫甲車兮馬鬣封，九原夕兮閟音容。楬此介石，厥聲無窮。
董誥 《全唐文》 卷四百九十八		(229)《唐故江南西道都團練觀察處置等使中散大夫使持節都督洪州諸軍事守洪州刺史兼御史中丞騎都尉賜紫金魚袋贈左散騎常侍崔公神道碑銘》（并序）：博陵崔公諱某字某，仕至御史中丞洪州刺史江西都團練觀察使。元和七年冬十一月某甲子，啟手足於郡舍，享年五十五。……推理行第一，神道繆盩，遭罹戕害，他日以君之勤，贈太子少師。……衰疾不文，直詞傳信。銘曰：矯矯少師，莅湖之南，播遺懿兮。抑抑常侍，在江之西，施美利兮。仍代元侯，寬明輯柔，政樂易兮。此物此志，四封茂遂，古循吏兮。……有涯必盡，流此淑聞，斯可貴兮。刻飾豐碑，崔嵬龜螭，永爲識兮。 (230) 唐故成德軍節度營田副使正議大夫趙州别駕贈壽州都督河閒尹府君神道碑銘（并序） (231) 唐故右神策護軍中尉右街功德使開府儀同三司守右武衛大將軍知内侍省事上柱國樂安縣開國公内侍省少監致仕贈揚州大都督府孫公神道碑銘（并序）

續表

作者/文獻	版本	用　例
董誥 《全唐文》 卷四百九十八	清嘉慶内府刻本	(232)《故正議大夫守門下侍郎同中書門下平章事成紀縣開國男賜紫金魚袋贈太子太傅貞憲趙公神道碑銘》(并序)：在漢孝宣，厲精理道，則有魏相通故事，丙吉知大體，百職修明，中興有聲，惟皇帝在位十四祀，得賢相成紀公趙氏。……二府之屬，或銘其德於壽堂，或狀其行於考功，有司稽實，謚曰貞憲。公之盛業，斯謂不朽。又舉其始中終之畧，識於神道。……以德輿叨居宰士，嘗辱深知。職奉贊書，備詳盛烈，俾刻金石，聞於無窮。銘曰：晉有成宣，代稱忠勲。先正常伯，匪躬事君。纘復於公，爲時獻臣。德不逾閑，心不違仁。貞其所履，以翼天子。大猷是經，中立不倚。乃賦明命，宜躋遐紀。吾道方伸，修塗遽已。緜原蒼蒼，宰樹成行。令名章章，樂石在旁。噫嘻太傅之風！永代不忘。 (233)《故朔方河中晉降邠寧慶等州兵馬副元帥河中絳邠節度度支營田觀察處置等使元從奉天定難功臣開府儀同三司檢校司徒兼中書令河中尹上柱國咸寧郡王贈太師忠武渾公神道碑銘》(并序)：天地訢合，以生萬物，共成歲功也，則有肅殺震曜之助焉。……令弟輔國大將軍右領軍衛將軍武當郡王玘，與諸孤等推烝彝景鐘之義，因識表以聞，有詔詞臣，刻石傳信，乃採其贊書侯表，作《神道碑》。銘曰：北戴斗極，陰方尚武。……北平釋位，公實撫封。胥命長春，克成厥功。開壁勞軍，靡有不公。以律則臧，在和而克。時惟太師，有嚴有翼。乃敷仁澤，乃布條職。時惟太師，有功有德。三公二府，是躋是陟。襚印易名，以尊以飾。材官介士，鹵簿悽惻。大隧鮮原，終南之北。萬邦作憲，永代是式。追琢馨香，與唐無極。
董誥 《全唐文》 卷四百九十九	清嘉慶内府刻本	(234) 唐故宣武軍節度副大使知節度事管内支度營田汴宋亳潁等州觀察處置等使金紫光祿大夫檢校尚書左僕射同中書門下平章事隴西郡開國公贈太傅董公神道碑銘(并序) (235) 唐故中書侍郎同中書門下平章事太子賓客贈户部尚書齊成公神道碑銘(並序) (236) 唐故楚州淮陰縣令贈尚書右僕射王府君神道碑銘(并序) (237) 唐故四鎮北庭行軍兼涇原等州節度支度營田等使開府儀同三司檢校尚書右僕射使持節涇原諸軍事涇州刺史兼御史大夫上柱國南川郡王贈司空劉公神道碑銘(并序)

續表

作者/文獻	版本	用　　例
董誥 《全唐文》 卷五百	清嘉慶内府刻本	(238) 尚書度支郎中贈尚書左僕射正平節公裴公神道碑銘（并序） (239)《故太子右庶子集賢院學士贈左散騎常侍王公神道碑銘》（并序）：興元元年春二月，太子右庶子王公覲貞歸全於京師新昌里。夏五月，王師震耀，祲沴銷散。天子以公忠義風節，可以聳勵人臣，追命左散騎常侍，且詔有司護葬加禮。冬十一月，寧神於咸陽縣胏浮原先公之兆域。既葬十二歲，其孤仲周，以德輿昔在羈丱，獲見於公，無容之敬，嘗拜於牀下，乃泣狀代德，俾表識於神道云。……銘曰：大玉孚尹，慶霄絪緼。有卓王公，清方直溫。考績中臺，吏理有倫。密侍右掖，化成人文。時或屈伸，道無緇磷。別殿清近，東朝顯尊。……家法憑厚，慶叢後昆。纂敘德輝，敬而不諼。岡連夏屋，木拱秦原。傳信貞珉，令聲無垠。 (240) 故鄜州伏陸縣令贈左散騎常侍王府君神道碑銘（并序） (241) 故中散大夫守尚書右僕射上柱國賜紫金魚袋贈太子太保姚公神道碑銘（并序） (242)《故尚書工部員外郎贈禮部尚書王公神道碑銘》（并序）：今皇帝始初清明，永貞紀號，追命故工部員外郎王公爲華州刺史。改元元和之明年，再命爲禮部尚書。裕蠱之風訓，漏泉之慶澤，父所以教忠於子，臣所以移孝於君，人道之極，盡於是矣。公諱端，字某，太原人。……以八月某甲子，祔於萬年縣鳳棲原，克纂先志，禮無違者。而又哀請父黨，篆兹祖德，永楬神道，用愧蕪辭。銘曰：懿懿王君，黄中有文。清時發身，舒翼卿雲。執憲平明，含香馝馚。慶靈下鍾，復大其門。追錫儀曹，徽章顯尊。鳳棲古原，龜筴不諼。泣祔雙魂，禮成孝孫。刻銘斯碑，君子之墳。 (243) 故中散大夫殿中侍御史潤州司馬贈吏部尚書沛國武公神道碑銘（并序）
董誥 《全唐文》 卷五百一		(244) 唐故通議大夫守户部尚書兼御史大夫持節充朔方鎮西北庭興平陳鄭等州行營兵馬及河中節度都統處置使兼管内觀察使權知絳州刺史賜紫金魚袋贈揚州大都督府李公神道碑銘（并序） (245) 唐故朝議郎使持節溫州諸軍事溫州刺史充静海軍使賜緋魚袋河東裴府君神道碑銘（并序） (246) 唐故義武軍節度支度營田易定等州觀察處置等使檢校司空同中書門下平章事贈太傅上谷郡王張公夫人鄧國夫人谷氏神道碑銘（幷序）

續表

作者/文獻	版本	用　　例
董誥 《全唐文》 卷五百九	清嘉慶内府刻本	(247)《祭盧華州文》：維貞元十六年歲次庚辰四月己巳朔越八口景了，從表弟朝議郎守中書舍人雲騎尉賜緋魚袋權德輿，謹遣使以清酌時羞之奠，敬祭於故華州刺史御史大夫盧六兄之靈。詩謂君子，溫其如玉。書稱正人，既富方穀。明靈比德，清議所屬。未極全才，如何不淑。追憶曩歲，鍾陵嘉招。……一違晤語，九變涼溫。日夕音徽，切劘討論。發函亹亹，如見吾子。或忠言以規過，亦善謔而溢美。冀登柄用，以永介祉。每驤首於公朝，期盍簪於仁里？俄驚感疾，方俟有喜。志切乞身，恩深卧理。神道與善，胡然不起。寢門一哀，孰甚知已？素車莫遂，雪涕何已！樽酒簋貳，深誠在此。尚饗。
董誥 《全唐文》 卷五百十		(248)唐故靈泉寺元林禪師神道碑（并序）
董誥 《全唐文》 卷五百二十		(249)《圯橋石表銘》（并序）：臨淮之下邳，有古圯橋，蓋漢少傅留文成侯張良受神人黄石公兵書之地。初，留侯醜秦，高帝在豐。龍虎不起，風雲未會。……《易》稱：人謀鬼謀，百姓與能。又曰：神道設教，而天下服。蓋謂是矣。凡志不定則事不成，謀不從則業不廣。留侯不遭黄石，無以定其志；高祖不獲留侯，無以廣其業。人神參并，漢道乃行。不然，何通降聖賢，君臣遇合，上得天統，中爲帝師，如此其盛也？大歷七年，予旅遊次墮履之地，於是鑽石勒銘，揚於邳圻。庶恃力違天儌功妄作之輩，於以敬戒之爾。銘曰：陰陽之精，不測日神。厥有黄石，假形為人。……人神莫從，動罔弗凶。有開必先，惟德乃同。宜究兹道，順於家邦。作為紀銘，永鑒無窮。
董誥 《全唐文》 卷五百二十二		(250)外王父贈祕書少監東平呂公神道表銘
董誥 《全唐文》 卷五百二十六		(251)唐故贈太保張公神道碑

續表

作者/文獻	版本	用　　例
董誥 《全唐文》 卷五百三十	清嘉慶内府刻本	(252)《廣陵白沙大雲寺碑》：地輪依水，水輪依火，火輪依風，風輪依虚空，虚空無所依，佛體也。……海惠盡焉，曾不得失夫少分，或以其言河漢，詎知我生一，一生陰陽也，不測之外，更有神速之如此乎？是以聖人神道設教，大哉，神乎！若在其上，若在其下，羣玉藏書之府。比夫現量《春秋》敘二百餘年，方彼曠劫百千萬億那因他，其數畧也。法從數起，從一剎那至一洛剎，從一洛剎至一俱祇，從一俱祇至一僧祇，從一僧祇至一高出，從一高出至不可轉，無邊無碍無央無極。重重成住壞，空空不相凌滅。其相去也，不亦遼乎！……不论前後，此瞿曇所以赞佛法也。文曰：佛日之曙兮，照乎東方。大雄說法兮，海印發光。獨立三界兮，横吞八荒。江沙漫漫兮，寺壓其陽。撼谷斡波兮，氣盤中央。
董誥 《全唐文》 卷五百三十一		(253)《南平郡王高崇文神道碑》：唯聖奉天刑，奮神武，振起隆平之運者，非得臣無以成其業；唯賢抱英畧，任艱難，垂鴻不朽之績者，非偶聖無以展其材：故欲理之主興，則佐命之臣出。天人之際，厥有明祇，應期感發，若合符契。……採遺烈於世家，無慙實錄；奉孝思之誠託，有愧當仁。式表新阡，永昭神道。銘曰：幽朔之都，浸遼鎮碣。氣象盤鬱，英靈峻發。克生南平，挺爲人傑。幼秉忠壯，蹈兹武節。……任重道遠，時行運窮。舟移巨壑，日下高舂。摧藏壯氣，惻愴遺忠。縟禮歸厚，明思有融。哀哀令嗣，克孝惟終。篆記樂石，昭明世功。奮乎千載，式是英風。
董誥 《全唐文》 卷五百三十七		(254)《神龜負圖出河賦》（以“作瑞前王，始啟文教”爲韻）：茫茫積流，祚聖有作。動上天之密命，假靈龜以潛躍。蓋欲以慶遥源，敷景鑠。寫物象之精秘，化人文之樸略。豈不以河之德兮靈長，龜之壽兮會昌。載徵符先呈於古帝，稱大寶後遺於寧王。故將出也，感天地，動陰陽。……未若祥開八卦，兆動四體。闡文教寧木鐸之足儔，贊貞明與日月而同啟。洎乎形貌既著，品物類分。榮萬化之茫昧，合一氣之絪緼。識用光於夏葉，繇每焕於羲文。此乃天理用彰，神道設教。故躍波而委質，殊以文而飾貌。觸綸誠怪於文鰩，隱霧徒嗟乎元豹。此悠久也，可是則而是效。
董誥 《全唐文》 卷五百三十八		(255) 唐故太尉兼中書令西平郡王贈太師李公神道碑銘（并序） (256) 劉府君神道碑銘（并序）

續表

作者/文獻	版本	用　　例
董誥 《全唐文》 卷五百四十三	清嘉慶内府刻本	(257) 太唐故朔方靈鹽等軍州節度副大使知節度事管内支度營田觀察處置押蕃落等使銀青光祿大夫檢校刑部尚書兼靈州大都督府長史御史大夫安定郡王贈尚書左僕射李公神道碑銘（并序）
董誥 《全唐文》 卷五百四十五		(258) 追樹十八代祖晉司空太原王公神道碑銘
董誥 《全唐文》 卷五百四十九		(259) 故檢校左散騎常侍兼右金吾衛大將軍贈工部尚書王用神道碑文 (260)《謝許受王用男人事物狀》：某官某乙。右，今日品官唐國珍到臣宅，奉宣進止，緣臣與王用撰《神道碑文》，令臣領受用男沼所與臣馬一匹并鞍銜及白玉腰帶一條者。臣才識淺薄，詞藝荒蕪，所撰碑文，不能備盡事跡。聖恩宏奬，特令中使宣諭，並令臣受領人事物等。承命震悚，再欣再躍，無任榮忭之至。謹附狀陳謝以聞。謹狀。
董誥 《全唐文》 卷五百五十		(261)《禘祫議》：右，今月十六日敕旨，宜令百寮議，限五日内聞奏者。將仕郎守國子監四門博士臣韓愈謹獻議曰：伏以陛下追孝祖宗，肅敬祀事，凡在擬議，不敢自專，聿求厥中，延訪羣下。然而禮文繁漫，所執各殊，自建中之初，迄至今歲，屢經禘祫，未合適從。臣生遭聖明，涵泳恩澤，雖賤不及議，而志切效忠。今輒先舉眾議之非，然後申明其說。……《傳》曰“子雖齊聖，不先父食”，蓋言子爲父屈也。景皇帝雖太祖也，其於獻、懿，則子孫也。當禘祫之時，獻祖宜居東向之位，景皇帝宜從昭穆之列，祖以孫尊，孫以祖屈，求之神道，豈遠人情？又常祭甚眾，合祭甚寡，則是太祖所屈之祭至少，所伸之祭至多。比於伸孫之尊，廢祖之祭，不亦順乎？事異殷周，禮從而變，非所失禮也。臣伏以制禮作樂者，天子之職也。陛下以臣議有可采，粗合天心，斷而行之，是則爲禮。如以爲猶或可疑，乞召臣對，面陳得失，庶有發明。謹議。
董誥 《全唐文》 卷五百六十一		(262) 銀青光祿人夫檢校左散騎常侍兼右金吾衛大將軍贈工部尚書太原郡公王公神道碑

續表

作者/文獻	版本	用　例
董誥 《全唐文》 卷五百六十二	清嘉慶内府刻本	(263) 唐故中散大夫少府監胡良公墓神道碑 (264) 河東節度觀察使滎陽鄭公神道碑文 (265) 銀青光祿大夫守左散騎常侍致仕上柱國襄陽郡王平陽路公神道碑銘 (266) 司徒兼侍中中書令許國公贈太尉韓公神道碑銘
董誥 《全唐文》 卷五百七十		(267)《禮部賀太上皇后冊畢賀表》：臣某等言：今月日太上皇后冊禮云畢，率士臣妾，慶忭無窮。臣某等誠慶誠賀，頓首頓首。伏以太上皇后著虞嬪之至德，嗣周母之徽音，表率六宮，明彰萬國。陛下克修理本，以暢化源，神道之事地之方，人倫識尊親之大。豈惟婦順斯備，陰禮用修，足以播正始於王風，致時雍於帝典。臣某等謬塵榮位，獲覩盛儀，踊躍之誠，倍萬恆品。
董誥 《全唐文》 卷五百七十四		(268)《與呂恭論墓中石書》：宗无白：元生至，得弟書，甚善，諸所稱道具之。元生又持部中廬父墓者所得石書，模其文示余，曰若將聞於上，余故恐而疑焉。……過制而不除喪，宜廬於庭；而矯於墓者，大中之罪人也。況又出怪物，詭神道，以奸大法，而因以爲利乎？夫僞孝以奸利，誠仁者不忍擿過，恐傷於敎也。然使僞可爲而利可冒，則教益壞。若然者，勿與知焉可也，伏而不出之可也。……夫以淮濟之清，有玷焉若秋毫，固不爲病；然萬一離婁子眇然睨之，不若無之者之快也。想默已其事，毋出所置書，幸甚。宗元白。
董誥 《全唐文》 卷五百八十四		(269)《壽州安豐縣孝門銘》（并序）：壽州刺史臣承思言：九月丁亥，安豐縣令臣某上所部編户甿李興，父被惡疾，歲月就亟，興自刃股肉，假託饋獻。……謹桉：興甿庶賤陋，循習淺下，性非文字所導，生與耨耒爲業，而能鍾彼醇孝，超出古列，天意神道，猶錫瑞物，以表殊異。伏惟陛下有唐堯如天如神之德，宜加旌褒，合於上下，請表其里閭，刻石明白，宣延風美，覲示後祀，永永無極。臣昧死上請。制曰“可”。銘云：懿厥孝思，茲惟淑靈。稟承粹和，篤守天經。泣待羸疚，默禱隱冥。引刃自嚮，殘肌敗形。……上動帝心，旁達明神。神錫秘祉，三秀靈泉。帝命薦加，亦表其門。統合上下，交贊天人。建此碑號，億齡揚芬。

續表

作者/文獻	版本	用　例
董誥 《全唐文》 卷五百八十七	清嘉慶内府刻本	(270)《柳州新修文宣王廟碑》：仲尼之道，與王化遠邇。惟柳州古爲南夷，椎髻卉裳，攻劫鬭暴，雖唐虞之仁不能柔，秦漢之勇不能威。至於有唐，始循法度，置吏奉貢，咸若采衛，冠帶憲令，進用文事。學者道堯舜孔子，如取諸左右，執經書，引仁義，旋辟唯諾。中州之士，時或病焉。然後知唐之德大以遐，孔氏之道尊而明。……又況巍然炳然，臨而炙之乎！惟夫子以神道設教，我今罔敢知。欽若兹教，以寧其神。追思告誨，如在於前。苟神之在，曷敢不虔。居而無陋，罔貳昔言。申陳嚴祀，永永是尊。麗牲有碑，刻在廟門。 (271)《終南山祠堂碑》（并序）：貞元十二年，夏洎秋不雨。穡人焦勞，嘉穀用虞。皇帝使中謁者禱於終南，申命京兆尹韓府君，祇飭祀事，考視祠制。……斬板榦，礱柱礎，陶瓴甓，築垣墉，恢度舊制，立三筵六尋。既興功，元雲觸石，霈澤周被，植物擢茂，期於豐登。神道感而宣靈，人心歡而致和。……辭曰：皇帝垂德，制定統極，神道泰寧。祀典修飾，禳祈禜雩，皆有準程。顧惟終南，祠位庳陋，不稱顯名。爰降制詔，充大厥宇，啟寤誠明。昭感神衷，道宜天休，獲此利貞。篤災愆陽，化爲豐穰，實我粢盛。人賴蓄給，鼓腹而歌，以樂其生。巍巍靈山，興利產材，作固鎬京。擁其嘉休，眷佑於人，永宅厥靈。奕奕新廟，整頓端莊，神位密清。後禮承則，潔心勤禮，導暢純精。邑吏嗇夫，鮐背鯢齒，願垂表經。頌宣聖德，篆刻金石，永世飛聲。 (272)《饒娥碑》（并序）：饒娥，饒人，饒姓娥名，世漁鄱水。……其辭曰：生德無類，氣靈而休。嗟兹孝娥，惟行之周。淵懿含貞，好靖不游。纖葛絺紵，克供以修。蒸蒸在家，其父世漁。飲酒不節，死乎風濤。匍匐來哭，號天以呼。顔目耳鼻，膏血交流。三日頓踣，氣竭形枯。父屍既出，孝質已殂。黿鼉鼃黽，有蛟洎魚。充流溢岸，旁出仰浮。見怪形異，適與我謀。鄱民哀號，或以頌歌。齊女色憂，傷槐罷誅。趙姬完父，操棹爰謳。肉刑不施，漢美淳于。烈烈曹娥，水死上虞。娥之至德，實與爲儔。恆人有言，惟教是圖。懿兹德女，家世不儒。奇行特出，神道莫酬。窮哀罔泄，終古以畱。鄉人好禮，爰立兹邱。建銘當道，過者下車。

續表

作者/文獻	版本	用　　例
董誥 《全唐文》 卷五百八十八	清嘉慶內府刻本	(273)《先侍御史府君神道表》：嗚呼！先君之墓，仲父殿中君誌焉。孤宗元不敢稱道先德，然而無以昭於外者，用敢悉取仲父之所陳而繫其辭，刻茲石表。……嗚呼！宗元不謹先君之教，以陷大禍，幸而緩於死。既不克成先君之寵贈，又無以寧太夫人之飲食，天殛薦酷，名在刑書。不得手開元堂以奉安祔，罪惡益大，世無所容。尚顧嗣續，不敢即死。支綴氣息，以嚴邦刑。大懼祭祀之無主，以忝盛德。敢用特牲，昭告神道，號叫萬里，以畢其辭云。
董誥 《全唐文》 卷五百九十		(274)《叔妣吳郡陸氏夫人誌文》：夫人諱則，字內儀，姓陸氏，家于吳郡，蓋江左上族。……稟命不淑，享年三十有五，貞元十二年十一月己亥，終於長安太平里第。……哀哉！蓋衰門薄祐，神道不相，顧仲父違背於歲首，而夫人捐棄於是日。遺孤眇藐，未克承紹，凡我族屬，其痛巨乎！遂以其年十二月十三日庚午，合祔於少陵原之墓。恭惟仲父之諱字，夫人之爵齒，備於版文，今不書，懼再告也。
董誥 《全唐文》 卷六百九		(275) 唐故朝議郎守尚書吏部侍郎上柱國賜紫金魚袋贈司空奚公神道碑 (276) 唐故邠寧慶等州節度觀察處置使朝散大夫檢校戶部尚書兼御史大夫賜紫金魚袋贈右僕射史公神道碑 (277) 唐故福建等州都團練觀察處置使福州刺史兼御史中丞贈左散騎常侍薛公神道碑 (278) 唐故宣歙池等州都團練觀察處置使宣州刺史兼御史中丞贈左散騎常侍王公神道碑 (279) 唐故監察御史贈尚書右僕射王公神道碑
董誥 《全唐文》 卷六百十		(280) 故朝散大夫檢校尚書吏部郎中兼御史中丞賜紫金魚袋清河縣開國男贈太師崔公神道碑 (281)《祭興元李司空文》：維大和四年月日，禮部郎中集賢殿直學士劉禹錫，謹以清酌之奠，敬祭於故相國山南西道節度使贈司空李公之靈：嗚呼！龜靈而刳，龍知而醢。古今同之，天不可呼。公之挺生，德與位并。如瞻日月，豈贊其明。何以致之，姑話平生。追懷周旋，彌四十年。……時耶命耶，不慮不圖。物理神道，安知有無。嗚呼痛哉！元天甚高，上訴何時。長夜無曉，斯焉永歸。風凄日昏，鼓咽簫悲。沈埋玉樹，誰不霑衣。平生故人，零落已稀。委化而盡，然猶怨咨。如何國禎，有此遭罹。挺災賦命，孰主張之。有肴在筵，有酒盈巵。神其來歆，已矣長辭。尚饗。

續表

作者/文獻	版本	用　　例
董誥 《全唐文》 卷六百十三	清嘉慶内府刻本	(282) 左拾遺内供奉贈使持節舒州諸軍事舒州（闕四字）竇府君神道碑
董誥 《全唐文》 卷六百十五		(283)《朱絲繩賦》：絲之爲體兮，柔以順德。絲之爲用兮，施之則直。從其性而不改，成其音而罔忒。故君子體直以爲象，履中而立身。……天心保貞，側媚見而用侮；神道助正，謇諤鑒而無憂。信乎去邪以受福，孰不履正而身修。間其色兮未嘉，素其質兮孰美。信挺挺而直繩是若，固奕奕而渥丹無比。欲衆之好我，染之而匪他；知代之惡邪，直之而有以。非矯其俗，將遷其時。寧三思而有贊，諒一向而無疑。道在斯而爲得，文舍此而何之。古所以嗟是非而莫分，怨邪正之難考。多將任情而媚俗，鮮能率性而行道。何不鑒朱繩而獨異，與羣類而且殊。其美雖偶，其道則孤。儻斯言而是當，又可得而已乎。 (284) 常山郡王田緒神道碑
董誥 《全唐文》 卷六百二十		(285) 并州太原縣令路公神道碑 (286) 忠武將軍茹公神道碑
董誥 《全唐文》 卷六百二十三		(287) 武陵郡王馬公神道碑
董誥 《全唐文》 卷六百二十四		(288)《爲裴相公謝淮西節度使表》：臣度言：伏奉去年七月二十五日制書，除臣門下侍郎同中書門下平章事充淮西節度、觀察、處置等使蔡州刺史并淮西宣慰、處置等使。……伏賴神道惡盈，罪人斯得，而今而後，方保餘生，就天地削平之功，貽策書不朽之美，足使懦夫增氣，獷俗刳心，方偃武以修文，故蹔勞而永逸。臣謹敷揚帝澤，宣布國章，滌其瑕疵，衣以襦袴。俾斯汙俗咸若，新邦底寧。但以才乏折衝，任兼中外，摩頂至踵，諒無非其渥恩，知臣者君，庶不辱於元鑒，無任感激忻喜之至。其承薦人自代，具於別狀。

續表

作者/文獻	版本	用　　例
董誥 《全唐文》 卷六百二十四	清嘉慶内府刻本	(289)《天平軍節度使殷公家廟碑》：能樹休勳，著茂功，豐人爵，列天秩，焜耀當代，恢張其門者，幾何人哉。……本道采訪使李希言辟爲從事，奏授試崑山尉，浙東節度使薛兼訓請爲謀，奏授試右衛兵曹參軍，並不就，事具今《東川節度禮部尚書楊嗣復府君神道碑》。……不然，何陳郡公之麗鴻魁梧，磊砢昭彰若此。……夫碑之於神道者，懸窆所用；碑之於廟門者，麗牲所資。先祖無美而稱之，之爲近誣；先祖有美而不稱之，之謂不明。古之人銘其功烈於鼎，今人銘其德善於碑。若然，則轉石他山，搜詞直筆，垂悠久於刊刻，託堅剛以居諸，鼓音無窮，鍾慶不匱，盡在是已。其銘曰：帝里西偏，天街右方。三室兩廂，克建斯堂，於惟浸昌。云誰經之，鄆侯殷君；云誰處之，祖烈宗文，藹然清芬。……否道既傾，復迷非遠。奉承如在，欽若報本，飛章瀝懇。秉鉞有虔，干城嶷然。永懷悽愴，長薦吉蠲，於斯萬年。
董誥 《全唐文》 卷六百三十		(290) 故太子少保贈尚書左僕射京兆韋府君神道碑 (291) 唐故金紫光禄大夫檢校兵部尚書使持節都督秦州諸軍事兼秦州刺史御史大夫充保義軍節度隴西經略軍等使上柱國彭城郡開國公食邑二千户贈尚書右僕射中山劉公神道碑銘
董誥 《全唐文》 卷六百三十二		(292) 河東節度使太原尹贈太尉李光顔神道碑
董誥 《全唐文》 卷六百三十八		(293) 唐故特進左領軍衛上將軍兼御史大夫平原郡王贈司空柏公神道碑 (294) 唐故横海軍節度齊棣滄景等州觀察處置等使金紫光禄大夫檢校兵部尚書使持節齊州諸軍事兼齊州刺史御史大夫上柱國貝郡開國公食邑二千户贈左僕射傅公神道碑
董誥 《全唐文》 卷六百四十三		(295) 銀青光禄大夫檢校禮部尚書使持節梓州諸軍事兼梓州刺史御史大夫充劍南東川節度副大使知節度事管内觀察處置静戎軍等使上柱國長樂縣開國公食邑一千五百户贈吏部尚書馮公神道碑銘（并序）
董誥 《全唐文》 卷六百四十四		(296) 内侍護軍中尉彭獻忠神道碑
董誥 《全唐文》 卷六百四十六		(297) 兵部尚書王紹神道碑

續表

作者/文獻	版本	用　　例
董誥 《全唐文》 卷六百五十四	清嘉慶内府刻本	(298) 唐故越州刺史兼御史中丞浙江東道觀察等使贈左散騎常侍河東薛公神道碑文銘
董誥 《全唐文》 卷六百七十八		(299) 唐故湖州長城縣令贈戸部侍郎博陵崔府君神道碑銘（并序） (300)《故饒州刺史吳府君神道碑銘》（并序）：汨市朝，溺妻子，非達也；困山林，擯血屬，亦非達也；若有人與羣動處一代間，彼爲彼，我爲我，不自潔，不自污，不巢許，不伊呂，水其心，雲其身，浮沈消息，無往而不自得者，非達人乎？吾友吳君，從事於斯矣。……履仕途二十七年，享壽命八十二歲，無室家累，無子孫憂。屈伸寵辱，委順而已，未嘗一日戚戚其心，至於歸全反眞。故予所謂達人之徒歟，信矣！仲弟湖州長史某，以予辱與其兄遊，既爲同門生，又爲同舍郎，周知初終，託爲碑記。噫！先生之道，吾能引古以明之。銘曰：漢中大夫東方曼倩，夏侯湛高之，作廟貌讚；唐中大夫眞存先生，白樂天知之，作神道銘。嗚呼二大夫，異代而同途，其皆達者乎？ (301) 唐故通議大夫和州刺史吳郡張公神道碑銘（并序） (302)《唐贈尚書工部侍郎吳郡張公神道碑銘》（并序）：有唐嶺南觀察推官試大理評事吳郡張公，大歴三年十一月八日，終於伊川別墅。五年八月七日，葬於伊闕縣中李原，春秋五十五。……嗣子通議大夫守尚書户部侍郎判度支上柱國賜紫金魚袋平叔，以長慶二年某月某日立《神道碑》，太原白居易文其碑云。
董誥 《全唐文》 卷六百七十九		(303)《醉吟先生墓誌銘》（并序）：先生姓白，名居易，字樂天，其先太原人也，秦將武安君起之後。……啟手足之夕，語其妻與侄曰：吾之幸也，壽過七十，官至二品，有名於世，無益於人，褒優之禮，宜自貶損。我歿，當斂以衣一襲，以車一乘，無用鹵薄葬，無以血食祭，無請太常謚，無建《神道碑》。但於墓前立一石，刻吾《醉吟先生傳》一本可矣。語訖命筆，自銘其墓云：樂天樂天，生天地中，七十有五年。……來何因，去何緣。吾性不動，吾行屢遷。已焉已焉，吾安往而不可，又何足厭戀乎其間？ (304)《唐故銀青光祿大夫秘書監曲江縣開國伯贈禮部尚書范陽張公墓誌銘》（并序）：公諱仲方，字靖之。其先范陽人，晉司空茂先之後。永嘉南遷，始徙居於韶之曲江縣，後嗣因家焉。……公幼好學，長善屬文，俯取科第，如拾地芥。著《文集》三十卷，藏於家；纂制詔一百卷，行於代；尤工五言章句，詩家流稱之；嘗譔《先僕射府君神道碑》及《丞相文獻始興公廟碑》，由文得禮，秉筆者許之。……式序且銘，勒於墓石。銘曰：在唐張氏，世爲儒宗。文獻既歿，鬱生我公。……賓於望苑，寵在蓬山。凡所踐歴，皆有可觀。終然允臧，已矣歸全。嗚呼！洛郊北阡，邙阜西原。佳城一閉，陵谷推遷。所不泯者，令名藹然。

續表

作者/文獻	版本	用　　例
董誥 《全唐文》 卷六百八十一	清嘉慶内府刻本	(305)《祭廬山文》：維元和十二年歲次丁酉二月二十五日乙酉，將仕郎守江州司馬白居易，以香火酒脯，告於廬山遺愛寺四旁上下大小諸神。居易夙聞匡廬，天下神秀，幸因佐宦，得造茲山，又聞永遠、宗雷，同居於是，道俗並處，古之遺風，而遺愛西偏，鄭氏舊隱。……今葺構既成，遊息方始，爰以潔敬，薦茲馨香。不敢媚神，不敢禳福，但使疫癘不作，魑魅不逢，猛獸毒蟲，各安其所。苟人居之靜謐，則神道之光明。齋心露誠，庶幾有答。尚饗。
董誥 《全唐文》 卷六百八十二		(306)《崔相國羣家廟碑》：憲宗元和十四年，詔右相中書侍郎平章事清河郡公立家廟於長安崇業里，廟三室。粵五月二十二日，天子命以羊一、豕一助奠，太常出博士一人相禮儀，即日加贈烈考金部公尚書左僕射，極顯親之榮錫，教忠也。……大夫家風行孝，具於貞元中右相司徒滎陽鄭公餘慶神道碑文。……其後寵章七告身，自司徒公冊贈太尉。至於初終密行，具於舊相今太常趙郡李公絳神道碑文。……猶以丕烈耿光，未克篆籀，泣奉家老狀，請隴西牛僧孺傳而誄之。銘曰：昭昭成廟，櫨松桷柏。斵之磨之，謹古不飾。二門耽耽，瞻東應南。……既祭則禮，以敬如存。牲牢具肥，祝史贊神。宗婦宗工，整整平平。祉祚之傳，若火移薪，於萬斯年，爰有記云。 (307) 昭義軍節度使辛公神道碑
董誥 《全唐文》 卷六百八十四		(308)《荊南節度使江陵尹裴公重修玉泉關廟記》：玉泉寺覆船山，東去當陽三十里，疊障迴擁，飛泉迤邐，信途人之淨界，域中之絕景也。寺西北三百步，有蜀將軍都督荊州事關公遺廟存焉。將軍姓關名羽，河東解梁人，公族功績，詳於國史。……荊南節度工部尚書江陵尹裴均曰：政成事舉，典從禮順，以爲神道之教，依人而行，禳彼妖昏，祐我蒸庶，而祠廟墮毀，廞懸斷絕，豈守宰牧人之意也耶？……唯曩時禪坐之樹，今則延袤數十圍，夫神明扶持，不凋不衰，胡可度思。初營建之日，白龜出其新橋，若有所感。寺僧咸見，亦爲異也。尚書以小子曾忝下介，多聞故實，見命紀事。文豈足徵，其增創制度，則列於碑石。貞元十八年記。
董誥 《全唐文》 卷六百八十七		(309) 韓愈神道碑 (310)《韓文公墓誌銘》(并序)：長慶四年八月，昌黎韓先生既以疾免吏部侍郎，書諭湜曰：死能令我躬所以不隨世磨滅者惟子，以爲囑。……明年正月，其孤昶，使奉功緒之錄，繼訃以至。三月癸酉，葬河南河陽，乃哭而敘銘其墓，其詳將揭之於《神道碑》云。……銘曰：惟天有道，在我先生。萬頸胥延，坐廟坐行。……惟聖有文，乖微歲千。先生起之，焯役於前。……有如先生，而合亙年。按我章書，經紀大環。……噫嘻永歸，奈知之悲。

續表

<table>
<tr><th>作者/文獻</th><th>版本</th><th>用　　例</th></tr>
<tr><td>董誥
《全唐文》
卷六百九十六</td><td rowspan="2">清嘉慶内府刻本</td><td>(311)《攲器賦》(并序)：癸丑歲，余時在中樞，丞相路公見遺攲器。贈以古人之物，永懷君子之心，嘗欲報以詞賦，屬力小(一作“少”)任重，朝夕踞，固未暇於體物。……詞曰：昔周道砥平，既安且寧。赫赫公旦，配德阿衡。謂難守者成，難持者盈。始作玆器，告於神明。至仲尼憲文武之道，思周公之德。……其過也如彼薄蝕，其更也浸發輝光。得其道者，居則念於豐蔀，動乃思於謙受。顔既復而不遠，惠屢黜而何咎。知任重之必及，悟物盈之難久。雖神道之無形，常參然於前後。昔與君子，同秉國鈞。公得之爲賢相，余失之爲放臣。覩遺物之猶在，懷舊好而悲辛。思欲克己以復禮，永報德於仁人。
(312)《問泉途賦》(并序)：問泉途，思沈侯也(原注：沈使傳師也)。余與沈侯同侍禁林，俱守藩翰，出入光寵，垂二十年。……今則逝矣，前榮可傷。於是託意宵夢，久而乃寐。問冥昧於故人，求神道之髣髴。或曰：生特在於行樂，死何用於虚謚。或言：唯令名之不泯，非苦節而安致。彼終古之茫茫，竟斯言之誰是。又曰：君有瑶席，尚可陳兮。君有清香，尚可焚兮。昔之豔姬，復得見兮。昔之哀歌，復得聞兮。……獨讒人没於泉下，不得同於物化。懷君子之素風，方俟命於昊穹。無乃困武叔而見宏石，迫無極而値充躬。有明寵而害正，有儀尚之蔽忠。苟不罹於此患，固無傷於道窮。</td></tr>
<tr><td>董誥
《全唐文》
卷七百六</td><td>(313)《宣懿皇后祔陵廟狀》：奉宣，“宣懿皇太后祔光陵同元宫，及不移福陵只祔廟，何者爲便，商量奏來”者。右，臣等伏以園寢已安，神道貴靜，光陵因山久固，僅二十年，福陵近又修崇，足彰嚴奉。今若再因合祔，須啟二陵，或慮聖靈不安，未合先旨。又以陰陽避忌，亦有所疑，不移福陵，實合禮意。伏以照臨在天，光靈未遠。合食清廟，于禮無違，足以申陛下大孝之心，表先后昭配之德，既遵舊典，尤愜衆情。臣等商量，祔太廟不移福陵，實爲允便。臣等不任感切之至。
(314)《論九宫貴神合是大祠狀》：右，既經兩朝親祀，必是祈請有徵。伏以自太和以來，水旱愆候，陛下常憂稼穡，每念蒸人，臣等所以上副聖心，以修墜禮。伏見太和三年禮官、御史等狀，或言縱司水旱兵荒，品秩不過列宿，今者五星悉是從祀，日月猶在中祀；又云太一、天一，此九神於天地猶子男也。……天一掌八氣九精之政令，以佐天極，微明而有常，則陰陽序而大運興；太一掌十有六神之法度，以輔人極，微明而得中，則神人和而王道平。又北斗有衡、權二星，天一、太一參居其間，所以財成天工，輔相神道也。若一槩以列宿論之，實爲乖謬。……以劉向博通，尚難改作，况臣等學不究于天人，禮尤懵於祀典，妄爲參酌，恐未得中。伏望更令太常卿與禮宫詳定，庶獲明據。</td></tr>
</table>

續表

作者/文獻	版本	用　　例
董誥 《全唐文》 卷七百七	清嘉慶内府刻本	(315)《異域歸忠傳序》：會昌二年四月甲申，回鶻大將勒嗢沒斯率其國特勒、宰相、尚書、將軍凡十二人，大首領三十七人，騎士二千一百六十八人內附。……迺集秦漢以來至聖朝，去絶域歸中國，以名節自著，功業保忠者三十人，勒成上下兩卷。其不自獻款，無迹可稱者，今並不載。臣又聞爲善者天報之以福，爲不善者天報之以殃，神道昭晰，應如影響。嗢沒斯方欲保大節，成大勲，宜乎佩服斯文，以爲鑒戒。臣備位台鉉，獲奉睿謀，受詔序事，冠于篇首。
董誥 《全唐文》 卷七百十		(316)《冥數有報論》：宣尼罕言性命，不語怪神，非謂無也，欲人嚴三綱之道，奉五常之教，修天爵以致人爵，不欲言富貴在於天命，福祿由於冥數。……唯再謫南服，未嘗有前知者爲余言之，豈禍患不可移者，神道所秘，莫得預聞乎？自古銜寃歿世者多矣，冥報之事，或有或無，遂使好亂樂禍者以神道爲茫昧。余嘗論之，仁人上哲，必達生知命，如顏氏之子，犯而不校；釋門達摩，了空喻幻，必不思報矣；其下柔弱無心者，力不能報；所能者，乃中人耳，悍強任氣如伯有、灌夫之流，亦其在臨歿之際，方寸不撓，魂魄不散，唯結念於此，是以能報。夫人之捨生也，如薪盡火滅，溘然則無能爲矣。其達於理者，使心不亂，則精爽常存，不生不滅，自可以超然出世，升躋神明。其次精多魄強，則能為厲。冥報之事，或有或無，理在此也。
董誥 《全唐文》 卷七百十一		(317) 唐故左神策軍護軍中尉兼左街功德使知內侍省事劉公神道碑銘 (318) 唐故開府儀同三司行右領軍衛上將軍致仕上柱國扶風馬公神道碑銘 (319)《幽州紀聖功碑銘》(并序)：幽州盧龍軍帥檢校尚書右僕射張公仲武，往年修獻捷之禮，今歲有銘勲之請。……回鶻者，本北狄之裔也，或曰獯狁，或曰山戎，五帝所不能臣，三王所不能制，前史載之詳矣。暨薛延陁之敗也，酋帥吐迷度率眾款塞，太宗幸靈武納降，立回鶻部落，置瀚海都督，因我封殖，遂雄北方。……厥後飾宗女以配之，立宮室以居之。……既而桀驁無親，天命不佑，僭侈極欲，神道惡盈，本國薦饑，畜產耗半。黠戛斯蹙因利乘便，遂焚龍庭，區落蕭條，陰燐青熒。……銘曰：太和之初，赤氣宵興。開成之末，彤雲暮凝。異鳥南來，胡滅之征。北夷飆掃，厥國土崩。……萬里昆夷，九譯而通。蠻夷既同，天子之功。儒臣纂美，刊石垂鴻。
董誥 《全唐文》 卷七百十四		(320) 故丞相尚書左僕射贈太尉太原王公神道碑銘（并序） (321) 輔國大將軍行左神策軍將軍知軍事檢校右散騎常侍兼御史大夫義陽郡王食實封二百戶贈越州都督刑部尚書苻公神道碑銘（并序）

續表

作者/文獻	版本	用　　例
董誥 《全唐文》 卷七百十五	清嘉慶內府刻本	(322)《興福寺內道場供奉大德大義禪師碑銘》：應身無數，天竺降其一；禪祖有六，聖唐得其三。在高祖時，有道信葉昌運；在太宗時，有宏忍示元珠；在高宗時，有惠能筌月指。……順宗皇帝之在儲闈，問安之餘，棲神道域。嘗問尸剎禪師，經言大地普衆生，見性成佛道。答曰：佛猶如水中月，可見不可取。後因問大師，曰：佛性非見。必見水中月，何不攫取？順宗然之。復問何者是佛性，答曰：不離殿下所問。默契元關，一言遂合。後入內神龍寺法會羣僧，有湛然法師者，登座云：佛道遐險，經刦無量，南鄙之人，欺紿後學。大師曰：彼自迷性，盲者可咎白日耶？順宗顧謂諸王曰：彼不諭至道。……銘曰：峻頂方額，蓮目秀眉。望焉溫溫，即焉熙熙。示爲法器，載爲德儀。我與五蘊，不即不離。……花房百億，一土一佛。澄波千川，一水一月。月體其二，波影千別。吾師於斯，善行無轍。
董誥 《全唐文》 卷七百二十		(323) 故丞相太子少師贈太尉牛公神道碑銘（并序） (324) 鎮國大將軍王榮神道碑
董誥 《全唐文》 卷七百二十一		(325)《東林寺經藏碑銘》（并序）：釋迦者流有十二部經。由儒之《詩》《書》《易》《禮》《樂》《春秋》，皆立言垂教之本，儒無文字，則天下久已大壞。三藏之說不行，西方聖人之教幾乎息矣。……故家府從事李肇爲之文曰：多羅之教，神道不測，迦葉承之，布西域兮。毗尼之用，其法翼翼，優波受之，垂作則兮。阿曇之文，演暢宗極，苾蒭龍象，甚奇特兮。三者之藏，傾如轎墨，王公大人，爲之飾兮。韋公之績，崔公之德，及茲寶藏，何尌芳兮。崇崇彤公，合發願力，傳之歷劫，千百億兮。爐峰之北，靈壇之側，繫之迦陁，金石刻兮。
董誥 《全唐文》 卷七百二十五		(326)《謝小娥傳》：小娥姓謝氏，豫章人，估客女也。……嗟乎！余明辨二盜之姓名，小娥又能竟父夫之讐冤，神道不昧，昭然可知。小娥厚貌深辭，聰敏端樸，鍊指跛足，誓求眞如。……君子曰：誓志不舍，復父夫之讐，節也。傭保雜處，不知女人，貞也。女子之行，唯貞與節，能終始全之者如小娥，足以儆天下逆道亂常之心，足以勸天下貞夫孝婦之節。余備詳前事，發明隱文，暗與冥會，符於人心。知善不錄，非《春秋》之義也，故作傳以旌美之。
董誥 《全唐文》 卷七百三十		(327) 忠武軍監軍使寧遠將軍守內常侍員外置同正員賜紫金魚袋上柱國贈雲麾將軍左監門衛將軍朱公神道碑（并序）

續表

作者/文獻	版本	用　例
董誥《全唐文》卷七百三十九	清嘉慶内府刻本	(328)《述靈響詞序》:《道德經》云：視之不見，聽之不聞，搏之不得。詳乎老君之旨趣，蓋諭以眾庶之俗民，非修生之道民也。……余慕道年久，修持没功，夙夜自思，如負芒棘。嘗因暇日，竊覽《三靜經》云：夫修煉之士，當須入三靜關，陶鍊神氣，補續年命。大靜三百日，中靜二百日，小靜一百日。愚雖不敏，情頗激切，神道扶持，遂發至懇，且試小靜。……人不修即不知，既不知，則信彼前後學，咸謂神仙之教，盡爲誑誕之辭。今古相蒙，未始有極。小兆忝爲前得者，故發言爲詞，以正將來之惑。因捌五篇，篇之四句，貽諸同好，用紀元深。
董誥《全唐文》卷七百四十七		(329）唐左羽林軍大將軍史公神道碑
董誥《全唐文》卷七百五十六		(330)《唐故銀青光祿大夫檢校禮部尚書御史大夫充浙江西道都團練觀察處置等使上柱國清河郡開國公食邑二千户贈吏部尚書崔公行狀》：公曾祖綜，皇任醴泉縣令。祖佶，皇任太子中允，贈右散騎常侍。……居數月，魏博節度使史憲誠拜章爲故帥田季安樹《神道碑》，内官執請亦如前辭。上曰：魏北燕、趙，南控成皋，天下形勝地也。吾以師臣之辭，且慰安焉。居數月，陳許節度使王沛拜章乞爲亡父樹《神道碑》，内官執請亦如前辭。……嗚呼！公之德行材器，眞哲人君子，没而不朽者也。易名定謚，爲國常典，敢書先烈，達於執事，附於史氏云爾。謹狀。
董誥《全唐文》卷七百五十七		(331）唐雲居寺故寺主律大德神道碑銘（并序）
董誥《全唐文》卷七百六十四		(332）大唐故吏部尚書贈尚書右僕射渤海高公神道碑 (333）嶺南節度使韋公神道碑
董誥《全唐文》卷七百七十三		(334)《爲滎陽公上集賢韋相公狀》：某行役以今月二十八日達潭州訖。囊裝簡薄，賓御單輕。但承霖雨之功，免值風波之阻。計塗非遠，到任有期。方積懼于貪叨，豈暇懷于啟處。當道適臨遐徼，奉遠宸居。輒亦導以簡書，頒之詔旨。省迎新之費，謀即舊而安。雖務先聲，實行素志。其于脂膏有戒，冰蘗自規。不唯稟以廟謀，固欲誓于神道。冀傾駑蹇，用副恩憐，苟渝斯言，是不能享。伏惟終賜恩察，俯揚征棹，仰望台庭，敢階開閤之賓，唯羨吐茵之吏。下情無任結戀感激之至。

續表

作者/文獻	版本	用　　例
董誥 《全唐文》 卷七百八十二	清嘉慶内府刻本	(335)《祭張書記文》：維會昌元年，歲次辛酉，四月辛丑朔，二十日庚申，隴西公、滎陽鄭某、隴西李某、安定張某、昌黎韓某、樊南李某，謹以清酌之奠，敬祭於故朔方書記張五審禮之靈。……梁多文士，漢有賢王。猶市駿骨，肯驚夜光。長裾既曳，健筆誰當。職高蓮幕，官帶芸香。青袍如草，白簡如霜。……嗚呼！神道甚微，天理難究。桂蠹蘭敗，龜年鶴壽。在長短而且然，於妍醜而何有？……吁嗓不聞，精靈何處？鬱憤徒極，含辭莫敘。冀有鑒於酸嘶，庶無乖於酣飫。
董誥 《全唐文》 卷七百九十		(336) 内侍省監楚國公仇士良神道碑
董誥 《全唐文》 卷七百九十一		(337)《漳州三平大師碑銘》(并序)：得菩提一乘，嗣達摩正統，志其修證，俾人知方。則有大師法名義中，俗姓楊氏。……問曰：《周易》經歷三聖，皆合天旨神道。注之者以至虚而善應，則以道爲稱，以不思而元覽，則以神爲名，達理者也。……今亾矣夫，強擬諸形容，因爲銘曰：觀跡知證，語默明焉。觀證知教，權實形焉。體用如一，曷以言宣。太素浩然，吾師亦然。觀其定容，見其正性。不閡外塵，朗然内淨。智圓則神，理通則聖。師能得之，隨順無競。吾之行止，師何以知。得性之分，識時之機。達心大師，邈不可追。
董誥 《全唐文》 卷七百九十二		(338) 義昌軍節度使渾公神道碑
董誥 《全唐文》 卷八百四		(339)《直諫書》：救國賤臣前翰林院學士劉允章謹冒死上諫皇帝陛下。臣聞太直者必孤，太清者必死。……天下百姓，哀號于道路，逃竄于山澤。夫妻不相活，父子不相救。百姓有寃，訴于州縣。州縣不理，訴于宰相。宰相不理，訴于陛下。陛下不理，何以歸哉？伏見蠻寇欺侵，神道誑惑。我國家作亡命之渠魁，爲逋逃之窟穴。徵兵五年，今日誅之，何見之晚也。……儻陛下覽臣愚見，知臣愚忠，則理亂斯須，存亡瞬息，太平之日，昭然目前。必也陛下不以萬國爲心，不以百姓爲本，臣當幸歸滄海，葬江魚之腹，不忍見國難危，臣之願畢矣。臣懇擗不勝痛切感懼之至。
董誥 《全唐文》 卷八百五		(340) 唐贈左散騎常侍汝南韓公神道碑

續表

作者/文獻	版本	用　　例
董誥 《全唐文》 卷八百九	清嘉慶内府刻本	(341) 故太子太師致仕盧公神道碑
董誥 《全唐文》 卷八百十三		(342)《贈太尉韓允忠神道碑》：天高地厚，覆載之道成。君聖臣賢，教化之功普。……楚公持重（下闕），公又曰：雖（下闕）衆兵家所慎，而杖順討逆，神道必從。况豸不觸邪，與羊無别。較然之理，又何疑哉？楚公雖聽機謀，尚懷猶豫。……銘曰：元聖乘運，英賢膺期。生爲邦傑，出作帝師。赫赫韓子，徽猷早振。得姓於周，筮仕於晉。……松楸已列，體魄宜安。西眺崇山，崇山言言。南臨大河，大河渾渾。山河永固，基業長存。 (343) 唐太師南陽王羅公神道碑
董誥 《全唐文》 卷八百十五		(344)《武烈公廟碑記》：圖蓋亭亭，配乎上者，星辰之與日月。方輿蕩蕩，列於下者，山嶽之與江河。合生民而是謂三才，資品類而均爲萬象。至聰曰聖，不測者神。……銘曰：乾儀廣大，坤德幽元。三光四氣，五嶽百川。陰陽莫測，禍福難詮。不有神道，誰分化權。倬彼陳公，挺生隋國。忠作臣範，孝爲民則。力遏鯨波，手扶鼇極。生立洪勲，殁留遺德。狂童作梗，上將陳師。陰兵助順，戰卒乘時。元兇殞命，殘孽輸旗。恩頒上爵，詔立嚴祠。紺獸拏雲，飛翬礙日。帳卷靈座，門開廟室。凜凜英氣，堂堂偉質。鬚磔蝟毛，頭蹲虎骨。歌鐘雜沓，簫篋連延。酒有餘酹，香無斷煙。惟神是享，惟禱斯虔。安民護境，以永終天。
董誥 《全唐文》 卷八百三十		(345)《衡賦》(以“儀止泰一，無淺觀業”爲韻)：搜聖人之垂象，伊茲衡之可觀。材徑挺以繩直，星連綿而珠攢。……四方正而域中平，七政齊而天下泰。動而無欲，任之故絶私。益而無方，行之固不害。然能思無不踐，應倉舒刻舟之深淺。問無不知，表張重度骨之威儀。若乃均其神道，形其事業，聖人因之以平施，邊鄙賴之而不怯。豈欲決其差謬，明其有無，小人取之以作則，君子見之而交孚。則有王臣謇謇，宰職秩秩。洞鑒人才，神無隱質。諒茲衡之攸媲，故守之而勿失。倘陳平之見知，宰州縣之如一。
董誥 《全唐文》 卷八百三十八		(346) 贈太尉葛從周神道碑

續表

作者/文獻	版本	用　　例
董誥 《全唐文》 卷八百五十二	清嘉慶內府刻本	(347)《請置資福道場疏》：元冬告謝，密雪未零。竊慮今夏龍德啓圖，鑾旌赴闕。擁十萬衆，臨九重城。讋怖龍神，震驚方位。致瘥札為沴，風雨失時。請在京諸寺觀置迎年消災資福安土地龍神道場。
董誥 《全唐文》 卷八百五十三		(348)《請押班宰相宜列班奏》：是非既異，沿革不同。舉之則雖有舊規，考之則全無故實。且夫酌人心而致禮，依神道而設教，此乃經國之大端也。況通事舍人居贊導之職，押樓御史當糾察之司，一則示於紀綱，一則防於謬誤。所以靜觀進退，詳視等威。實非抗禮於庭，所謂各司其局。俾令不拜，雅合其宜。伏以宰相押班，率千官而設拜。起居內殿，統百辟以致詞。儀刑文武之班，表式鵷鷺之列。不得比贊導之職，詎可同糾察之司。統冠羣寮，所宜列拜。臣位居憲府，迹厠同班。言或庶其得中，罪難逃於多上。
董誥 《全唐文》 卷八百五十七		(349)《長樂老自敍》：余世家宗族，本始平、長樂二郡。歷代之名實，具載國史家牒。余先自燕亡歸晉，事莊宗、明宗、閔帝、清泰帝，又事晉高祖皇帝、少帝。契丹據汴京，爲戎二主所制。……以籧篨葬，及擇不食之地而葬焉。以不及於古人，故祭以特羊。戒殺生也，當以不害命之物祭。無立《神道碑》，以三代墳前不獲立碑故。無請諡號，以無德故。……時開一卷，時飲一盃，食味別聲被色，老安於當代耶。老而自樂，何樂如之。時乾祐三年朱明月，長樂老序云。
董誥 《全唐文》 卷八百六十		(350)《銀青光祿大夫中書侍郎同中書門下平章事上柱國晉陽縣開國伯食邑三百户贈侍中景公神道碑銘》(并序)：帝軒轅乘土德之運，其臣曰奢龍、祝融，能辨方域，以制區夏。帝嬀氏禪陶唐之基，其臣曰伯夷、后夔，能典禮樂，以和人神。上古佐命之道，(闕五字)焉。三政嗣興，圖史寖盛。……銘以紀功，碑以誌行。千載之下，燦然可觀者，其惟神道之表乎？……其詞曰：長山滄滄，淄水湯湯。哲人之生，逢時會昌。哲人之逝，魂遊舊鄉。……山有頹阪，水有高岸。人何世而弗新，善有名兮獨遠。猗歟公兮，時用丕顯。(其三)
董誥 《全唐文》 卷八百六十二		(351)《條陳貢舉事例奏》：伏以朝廷設科，比來取藝，州府貢士，祇合薦能。爰因近年，頗隳舊制。其舉子之弊也，多是纔謀習業，便切千名。周儀未詳，赴三禮之舉。……除依舊格勑施行外，其明經童子。請卻依晉天福五年勑停罷，任改就別科赴舉。其進士請今後省卷限納五卷已上，於中須有詩、賦、論各一卷，餘外雜文、謌篇，並許同納，祇不得有神道碑、誌文之類。……臣欲請將來考試及第進士，先具姓名雜文申送中書，奏覆訖下當司，與諸科一齊放榜。

續表

作者/文獻	版本	用　　例
董誥《全唐文》卷八百八十三		(352)《冊贈武烈帝碑》：臣聞昊穹凝命，元化不宰。司契牧民之重，授以聖功。益謙輔德之明，顯諸神道。玉燭景風之瑞，所以報憂勤。天時地物之妖，所以警安逸。是以古之聖人，覩災而懼，因敗而成。撥亂反正之勲，偃武修文之業，延洪光大，皆有幽贊者焉。故禹奠九州，受蒼水繡衣之命。武師牧野，接五車兩騎之神。……類委土以爲師，樹豐碑而紀事。下臣奉詔，謹泐銘云：元功不宰，帝德無爲。化機冥運，羣動交馳。必有神道，鑒而董之。董之伊何，惟帝之職。……民罔疵癘，年斯順成。庭有備物，時殷頌聲。禍福何常，惟人所擇。棄信毀義，恃衆與力。上帝不蠲，明神是殛。勒石嚴祠，敢告萬國。
董誥《全唐文》卷八百八十四	清嘉慶内府刻本	(353)《蔣莊武帝新廟碑銘》：臣聞南正司天，授宗祝史巫之職；春官掌禮，詔犧牲玉帛之儀；皆所以別類人神，統和上下。……粤若先王命祀，神道教人。前哲令德之流，九魁六宗之類，或以公侯視秩，或以戶邑奉祠。子晉之爲帝賓，真階匪極。傅説之騎龍尾，景耀未融。斯皆地勢本高，升聞易達。詎有權輕五校，壤狹一同，而能比鏡軒台，分光堯日。……七十二家，配泥金於此地。其銘曰：茫茫元造，萬物資始。一經神怪，一緯人理。先聖則之，以著綱紀。仰觀府察，上天下地。……謝傅長逝，王公不作。獨我莊武，先紆睿畧。魯墳無棘，遼城有鶴。刻此苕華，永傳嵩霍。 (354) 大唐故匡時啟運功臣清淮軍節度壽州觀察處置等使特進檢校太傅使持節都督壽州諸軍事壽州刺史御史大夫上柱國彭城威侯贈太尉劉公神道碑
董誥《全唐文》卷八百八十五		(355) 唐故德勝軍節度使檢校太保同中書門下平章事扶風馬匡公神道碑銘
董誥《全唐文》卷八百九十七		(356) 吳公約神道碑
董誥《全唐文》卷八百九十八		(357)《吳越國武肅王廟碑銘》：粤以唐長興三載壬辰春季蓂凋十三莢，天下兵馬都元帥尚父守尚書令吳越國王棄捐宮館。以是歲明宗皇帝降太常博士段容，定謚議曰武肅，詔尚書工部侍郎楊凝式撰《神道碑文》，宣翰林待詔張季恭至吳越，書於刊石。後二年歲在敦牂，天下兵馬都元帥嗣吳越王建廟貌於始封之越國，禮與境内，樂之罔極，孝思也。蓋聞神道設教，莫大於郊社嚴禋；明德惟馨，無逾於祖考孝享。是以百代相襲，六籍盛稱。報劬勞則天保是徵，展欽若則王假是訓。又况建除難靖亂之業，揚武烈之威名，振剛德義氣之風，成肅恭之懿號。……所希編述，用答恩知。追感先王，恭為銘曰：崧高嶙峋，是生哲人。上天師子，出澤麒麟。……於穆祠宮，煥焉陰府。五齊恒馨，六佾常舞。……令子懿孫，光今顯古。

續表

作者/文獻	版本	用　　例
董誥 《全唐文》 卷九百四	清嘉慶内府刻本	(358)《般若燈論序》:《般若燈論》者，一名《中論》，本有五百偈，龍樹菩薩之所作也。借燈爲名者，無分別智有寂照之功也。舉中標目者，鑑亡緣觀等離二邊也。……我皇帝神道邁於羲農，陶鑄侔於造化。包六合而貫三才，攝四生而宏十善。崇本息末，無爲太平；守母存子，不言而治。偏復留心釋典，遐想至真。以爲聖教東流，年淹數百，而億象所負，闕者猶多，希聞未聞，勞於寤寐。……此土先有《中論》四卷本偈，大同賓頭盧伽爲其注解。晦其部執，學者昧焉。此論既興，可爲明鏡。庶悟元君子，詳而味之也。
董誥 《全唐文》 卷九百五		(359)《福田論》：昔在東晉，太尉桓玄議令沙門敬於王者。廬山遠法師，高名碩德，傷智幢之欲折，悼戒寶之將沈，乃作《沙門不敬王者論》，設敬之儀，當時遂寢。然以緝詞隱密，援例杳深。後學披覽，難見文意。聊因暇日，輒復申敘，更號《福田論》。……嘗試言之：受父母之遺，稟乾坤之分，可以存乎氣，可以立乎形；至若己之神道，必是我之心業，未曾感之於乾坤，得之於父母，識含胎藏，彌亘虛空，意帶熏種，漫盈世界。去而復生，如火焰之連出；來而更逝，若水波之續轉。根之莫見其始，究之豈覩其終？濁之則爲凡，澄之則爲聖。神道細幽，理固難詳矣。……客曰：有旨者斯論也！蒙告善道，請從退歸。
董誥 《全唐文》 卷九百七		(360)《大唐西域記贊》：大矣哉法王之應世也！靈化潛運，神道虛通，盡形識於沙界，絕起謝於塵劫。……我大唐臨訓天下，作孚海外，考聖人之遺則，正先王之舊典。闡茲像教，鬱爲大訓，道不虛行，宏在明叟德。遂使三乘奧義，鬱於千載之下；十方遺靈，閟於萬里之外。神道無方，聖教有寄，待緣斯顯，其言信矣。……然佛以神道接物，靈化垂訓，故曰神道洞元，則理絕人區，靈化幽顯，則事出天外。是以諸佛降祥之域，先聖流美之墟，畧舉遺靈，麤申記注。境路盤紆，疆埸迴互，行次即書，不在編比。……至德燾覆，殊俗來王，淳風遐扇，幽荒無外，庶斯地志，補闕山經，頒左史之書事，備職方之遍舉。
董誥 《全唐文》 卷九百二十		(361)《盂蘭盆經疏序》：始於混沌，塞乎天地，通人神，貫貴賤，儒釋皆宗之，其惟孝道矣！應孝子之懇誠，救二親之苦厄，酬昊天恩德，其惟盂蘭盆之教焉。宗密罪釁，早年喪親，每履雪霜之悲，永懷風樹之恨。竊以終身墳壠，卒世烝嘗，雖展孝思，不資神道。遂搜索聖賢之教，虔求追薦之方，得此法門，實為妙行。年年僧自咨白四事，供養三尊。宗密依之修崇，已歷多載，兼講其詺，用示未開。今因歸鄉，依日開設，（闕一字）俗耆艾，悲喜遵行，異口同音，請製新疏。心在松柏，豈慢鄉閭，式允來情，發揮要道。

續表

作者/文獻	版本	用　例
董誥 《全唐文》 卷九百二十五	清嘉慶内府刻本	(362)《思還淳賦》：伊太素之玄風，迨羲軒而浸隱，雖樸散以成器，暨唐虞而未泯。淳化日以淪亡，及殷周而殆盡，唯挺生之尼父，覩澆漓而致憫，乃修詩書制禮樂以救崩隤，將驅末駕以旋軫。……五帝合符，三皇同征，乃命天將，總天丁；伐天鼓，揚天旌；揮金鑔，擲火鈴；使列缺，激迅霆；出昭曠，入杳冥；捕無影，搜無聲；獲妖師，殲氛兵；正太階，埽欃槍。盪遺祆於千載，流惠澤於八紘，班師下土，功歸上清。然後人倫可以順化，神道可以永貞，變訛僻之俗，爲雍熙之甿。佇淳風之克復，吾乃鼓腹擊壤於巖垌，吟詠柏皇與驪連大庭而已矣！ (363)《洗心賦》：嘗甄道以謀己，考往哲之所經，資忠孝興仁義，保存歿之令名。伊周功格於皇天，孔墨道濟於生靈，始崇崇於可久，終寂寂而何成？……狗人情之所取，必神道之我棄，理無往而不復，思挺然以釋累。洿可以洗，濁可以澄。俾疏墮之情廢，則精勤之思興，代甘芳以淳淡，易浮蕩以虚凝。合抱生於毫末，履霜至於堅冰，孰謂希夷之無物，吾必知怳惚之可憑也。乃復拂衣長林，從其夙尚，近宗仙經，遠稟眞匠。機已忘而氣正，戰復勝而神王，庶斯道之有恒，喜勿藥於无妄。夫造物者結虚而爲實，致道者反麤而至精。所以齊天地之悠遠，叶日月之昭明，哀眾人淪胥以徂謝，吾方獨務於長生。
董誥 《全唐文》 卷九百三十		(364)《宣示解泰邊垂謝恩表》：臣某伏奉聖旨，宣示東北面軍前所奏，得鳳翔出歸官健王彦釗等分析賊中事宜，并有謠言"泰邊垂，曲子待來年"者。……聖心協順，即同時雨之師，神道言祥，先陳徯后之詠。成功克敵，翹足可期，即當蕩定三秦，統臨萬國，瑤圖寶歷，地久天長。臣獲奉天慈，躬聆吉語，輒陳淺見，千冼宸嚴，不任之至。
董誥 《全唐文》 卷九百三丨六		(365)《青城令莫庭乂爲副使修夲命周天醮詞》：伏聞道化宣行，元功覆載，陰陽不測，亭育無私。由是五帝三皇，御六儀而統物；天官水府，司八會以持綱。南宮明錄善之科，北極總繩非之品，吉凶罪福，咸繫靈曹。……又恐三命五行，或逢衰厄，明星暗曜，或值照臨，神道至幽，常情靡達，非聞至聖，難滌深瑕。是敢依詣靈山，修崇大醮，遍天地陰陽之府，周星辰日月之宮，瀝懇披心，祈恩悔過。伏願靈光迴鑒，除已往之愆違；惠澤下臨，息將來之災否。允垂嘉祐，永介福祥，延壽紀於丹篇，落罪名於黑籍，以康川境，永保羣生。不任。

續表

作者/文獻	版本	用　　例
董誥 《全唐文》 卷九百三十九		(366)《李仇中丞夲命醮詞》：伏以二氣陶融，三元生化，裁成品物，亭育羣方，受命稟形，上繫天府。至於壽算遐促，祿祚短長，立身有罪福之因，行運有吉凶之數，天司地簡，主宰無私。臣伏恐三命五行，或逢災咎，九星七曜，或值照臨，陰陽有刑剋之期，祿算有凶衰之會。又恐積生所犯，冤債未除，積世所行，過九旋結，常情罔測，神道難知，非託醮祈，無由解釋。輒因本命之日，虔備香燈，仰元象以披心，對星壇而瀝懇。敢希至聖，俯鑒丹誠，三官落罪簡之文，五帝削災妨之籍。臣宿瑕蕩滌，積釁銷平，輟死北宮，上生南極，天曹增祿，司命延年，眷屬和寧，公私清泰。即荷眾聖之恩。不任。
董誥 《全唐文》 卷九百四十	清嘉慶内府刻本	(367)《周庠員外塡本命醮詞》：伏以天鑒孔明，有感斯應，神道正直，無祈不通。每垂拯護之仁，以副禱祈之願，祛災流貺，猶響應聲，竊佩斯言，常虔片志。每因元命，得備焚修，式勵深誠，實荷明祐。但慮塵機未息，過咎易盈，宦路所拘，悔尤難逭。因星辰臨照，值年運衰危，但懼災躔，敢思福會。自從軍鄰部，寓跡外封，一駐戎軒，兩周天序，既闕奏陳之禮，必招逋慢之愆。本俟凱還，併申醮謝，今則方當劚壘，未議櫜弓，久曠香燈，不遑寧處。是用馳心靈觀，遐叩至眞，備三醮之物儀，同一壇之關告。伏惟元聖，俯鑒丹誠，解厄消災，延生保命，宿瑕蕩滌，往咎蠲平，克覩成功，永臻多福。不任。
董誥 《全唐文》 卷九百四十一		(368)《靜遠軍司空承肇本命醮詞》：伏以至道生成，元功陶鑄，陰陽主宰，品彙區分，稟質誕形，仰資神化。……或五行三命，有刑剋之期；九曜列星，有照臨之數。或宿仇未釋，或往債未祛，神道難明，常情靡測，因成災滯，悔謝無由。輒於本命之辰，虔申醮酌，依天眞科格，拜伏大章。伏惟高聖感通，眞靈鑒護，察其丹懇，降以元恩。災厄銷平，壽涯延益，潛增祿祚，廣赦罪愆。解已往之恩讎，錫將來之福祐。誓傾忠孝，永奉君親。不任。 (369)《眾修南斗醮詞》：伏以大道凝眞，元功化育，清濁之源既異，陰陽之位亦殊。南斗上宮，實司生籍，上惟邦國，徧洎人倫，壽紀短長，祿祚豐薄，咸歸主宰，無間纖微。……又恐宿曜行年，九宮三命，或逢災厄，或遇刑衝。神道難知，凡情罔測，須資香火，用罄禱祈，敢以吉辰，虔申大醮。伏願流光下燭，元鑒俯臨，察丹切之心，降麗洪之福。祛災度厄，增祿延年；削罪目於陰曹，上生名於陽籍；公私和暢，眷屬康宜，存歿沾恩，幽明蒙祐。不任。

續表

作者/文獻	版本	用　　例
董誥 《全唐文》 卷九百五十六	清嘉慶内府刻本	(370）褚實《偃伯靈臺賦》（以“時成泰和，伯義悠久”為韻）：偃伯師節也。國家武成止戈，文致皇極，小宗伯樂之廣有命賦。……我是以却馬於糞車，務仁於穡地，然後頌《大武》，歌《由庚》，協神道以廣運，致人文以化成。以在宥萬物，以厚利羣生。則夫乾元貞，坤元亨，彝倫敘而太階平。豈不以其遠至邇安，有截無外，却兩階之干羽，頒五戎以冠帶，百神肸蠁以薦福，二氣氤氳以交泰。……偃師節於靈臺之上，返淳風於混元之首，諒遊聖而難知，徒叩虛而責有。
董誥 《全唐文》 卷九百五十九		(371）渤海郡孤子高憲建神道功德碑記
董誥 《全唐文》 卷九百八十七		(372）《重修順祐王廟記》：州城西北墉上神祠，案孫處元《潤州圖經》云，本漢荊王之廟也。《漢書》：高帝族兄，漢興爲將軍，有功封爲荊王，王於此地，與黥布戰薨，人爲立廟。歷吳、晉、宋、齊、梁、陳，俗皆享祀。……稽諸典故，備通神道。時秋八月工畢，皇帝安七廟，殛四凶，天下太平，域中無事。文瑾潔身修己，常主奠祭，歲月躬親，不懈其事。楚詞云：靈偃蹇兮姣服，芳菲菲兮滿堂。五音兮繁會，君欣欣兮樂康。豈虛也！恐陵谷遷貿，蘭菊有渝，敬草故實而爲之記。 (373）《利濟侯廟記》：原夫太極肇分，三才定位。佐圓方之化育，乃自神祇；保區宇之昌寧，率由英傑。是知神人一致，幽顯殊途。……時有明州天童寺僧曇德禪師，道高康惠，德重圖澄。感太白之星精，下爲童子；登招提之果位，即造諸天。禪師聞神血食生人，由是大垂慈力，俾歸正覺。徑造靈祠，禪定身心，結跏趺坐，顯靈通萬狀，變見無方。……會昌五年，天下廟庭，例行停廢，惟此廟宇，獨與重存。後佛教重興，一切仍舊，民間祈求，應若答響，可謂奉天之令，安國之禧，咸叶庶民。乃爲贊曰：神道性兮杳冥，人神應兮有靈。稟一生兮丈夫，欽萬古兮留名。威光震兮赫奕，劍氣上兮衝星。仰如在兮享祀，感神理兮精誠。爇香火兮不絶，永表載兮典經。
董誥 《全唐文》 卷九百九十一		(374）《唐故特進莒國公唐府君碑》：（闕五字）位，哲後膺千載之（闕一字）惟嶽（闕一字）神，賢臣承五百之運。……考行瑀，毛州司馬，封莒國夫人。維皇唐開元廿（闕十六字）日，曾孫將軍（闕五字）大將軍、雲麾將軍（闕五十一字）記事（闕四字）皇（闕九字）公神道碑。

續表

作者/文獻	版本	用　　例
董誥 《全唐文》 卷九百九十二	清嘉慶內府刻本	(375)《紀國先妃陸氏碑》:(闕二十七字)少女之迴風;(闕一字)敵靈泉,覩常儀之浴月。蓄淳精於洛館,則仙媛呈姿;浮淑氣於巫臺,則神妃降彩。……靈液手歃,固韞異於遐年;神道會昌,復摛英於聖代。妃諱(闕),字(闕),河南洛陽人也。……銘曰:(闕二十三字)繁門(闕一字)黄閣路(闕一字)朱(闕一字)錫類有徵,象賢無墜,上庸登鉉,(闕一字)陵傳瑞。……峰高霧(闕二十六字)留歎藏舟之難固,庶貽範於穹壤,敬刊石於泉路。
董誥 《全唐文》 卷九百九十三		(376)《唐故慈州刺史光禄卿鄭公碑》:……公諱曾,字景参,滎陽開封人也。……化俾有程,人胥用寧。謂我晉域,聿來(闕八字)有翼。(闕十一字)福二子(闕二字)皇恩贈寵,神道榮哀。上延海署,下感泉臺。(闕八字)令(闕七字)。 (377)唐太原節度使韋湊神道碑 (378)唐故開府儀同三司贈揚州大都督高公神道碑 (379)贈太保張公神道碑陰
董誥 《全唐文》 卷九百九十五		(380)《唐故朗州武陵縣令博陵瞿府君墓誌銘》:府君諱令圭,其先本博陵越人也。……銘曰:於戲(闕)著則。(其一)積善於家,肅穆清華。(其二)克勤克昌,榮禄(闕)視。(其三)四從歷(闕),一門承蔭。(其四)天道何昧,降斯災害。(其五)神道胡欺,遘其禍。(其六)冀(闕)眉壽,皇天不佑。(其七)庭闈蕭索,(闕)蒼。(其十)
董誥 《皇清文穎續編》 卷四十八	清嘉慶武英殿刻本	(381)太廟清廟,世室明堂,名異地同,大射、大饗、大祀行其中。以神道之清靜,天子之尊崇,混神人而無異,宮毋乃迂且侗乎?

表一千三百零五

作者/文獻	版本	用　　例
董沛 《六一山房詩集》 詩續集卷	清同治十三年刻增修本	(1)《偶作》:積氣為天,高高無門。下視萬寓,蠛蠓緣褌。杯水堂坳,群蟻洪潦。謂有報施,神道設教。(二)政令無常,旱澇斯變。嗟哉愚民,為吏受譴。闖獻大劫,天降殺星。流血赭野,雷霆不驚。(三)緯書談天,崇奉五帝。佛家卑之,諸天旁侍。西人曰噫,天主獨尊。一倚一伏,斯理互根。

續表

作者/文獻	版本	用　　例
董沛 《正誼堂文集》 卷十三	清乾隆刻本	(2) 其徵驗於事狀者不同，其利賴於公私者無不同。下祈之，上報之，斯秩宗掌之，必執一偏之論，而議其無稽，是未窺聖王神道設教之精意也。 (3)《明史》本楊陸榮之説，謂魯王爲成功所沈，全氏《張公神道碑》則云"薨於臺灣"，皆誤。時成功已先卒，王亦未嘗入臺也。 (4)《神道碑》云"寄公獄中"，亦誤。公與總督書云"羈留旅邸"，其非獄舍明甚。陳景鐘《清波小志補》則云"送居蕭寺"，亦非獄也。
董沛 《正誼堂文集》 卷十四		(5) 提督湖北學政光禄寺卿贈侍郎世襲騎都尉謚文介馮公神道碑銘 (6) 咸豐二年十二月乙卯，粵寇陷武昌。提督、湖北學政、光禄寺卿仁和馮公，死之明年正月。事聞，詔贈侍郎。予世職。命武昌及杭州並建專祠，特恩賜謚文介。其年四月，喪歸。十年十月，始克葬於本貫龍踞隖之原。寇禍猶亟，墓石未具。越二十年，公子學澧需次豫章乃屬其友董沛爲神道之銘，不敢以例辭。 (7) 武顯將軍前蘇松總兵官李公神道碑銘 (8) 資政大夫前雲南布政使蕭公神道碑銘 (9) 公大喜，亟分其半以饋之。公歿後，舉債數萬，盡斥其衣服、器用，不足以償宿負。子孫食貧，至無一隴之產。然士大夫之知公者，則猶唏嘘感喟於靡既也。嗚呼，難已！銘曰：始仕則通，而躓於中；始境則豐，而困於終。公處憂患，而不匱其忠；公好施濟，而不恤其窮。山高水長，奠厥幽宫。罩然者，碑磨且礱。銘此神道，光熊熊。
董沛 《正誼堂文集》 卷十八		(10)《季父慰堂先生墓表》：同治己巳，沛葬先公於界牌橋。以神道尚右，次其左爲叔父墓，又次爲季父墓，皆東嚮。光緒乙酉，歸自西江。明年，立碣表之。季父慰堂先生，諱岱，字穎耕，鄞縣人也。

表一千三百零六

作者/文獻	版本	用　　例
董天工 《武夷山志》 卷十六	清乾隆刻本	(1) 他如在睦、在杭、在虔、在河北，政皆以惠利爲本，後以大學士加太子少保致仕。卒贈太子少師，謚清獻。……蕕文忠撰《神道碑》所載甚詳，著有《清獻集》。 (2) 王師愈，字與正，一字齊賢，金華人。以進士除金部郎中兼崇正殿説書，累官兩浙提點刑獄。上章丐閑，提舉冲佑觀。卒，朱文公撰《神道碑》，稱其孝。

表一千三百零七

作者/文獻	版本	用　　例
杜濬《變雅堂遺集》文集卷二	清光緒二十年黄岡沈氏刻本	(1) 夫風俗之訛，必有權宜之學術以召之意。數百年以前之聖人，必有以神道設教者，其流弊至此耳。

表一千三百零八

作者/文獻	版本	用　　例
杜文瀾《古謡諺》卷三十四	清咸豐刻本	(1) 大哉乎。君君臣臣，父父子子，兄兄弟弟，夫夫婦婦！夫子之力也，其與太極合德，神道並行乎？

表一千三百零九

作者/文獻	版本	用　　例
杜詔《唐詩叩彈集》卷一	清康熙四十三年采山亭刻本	(1)《青石・激忠烈也》：青石出自藍田山（庭味按：今陝西西安府藍田縣七盤山，藍關之險路也。唐屬京兆，即秦域也），兼車運載來長安。工人磨琢欲何用，石不能言我代言。不願作人家墓前神道碣，墳土未乾名已滅。不願作官家道旁德政碑，不鐫實錄鐫虚辭。願為顔氏段氏碑，雕鏤太尉與太師。（庭珠按：段秀實謀誅朱泚，不克死之，贈太尉。顔眞卿官太師，為李希烈所殺。）刻此兩片堅貞質，狀彼二人忠烈姿。義心如石屹不轉，死節如石確不移。如觀奮擊朱泚日，似見叱訶希烈時。各於其上題名謚，一置高山一沉水。陵谷雖遷碑獨存，骨化為塵名不死。長使不忠不烈臣，觀碑改節慕為人。慕為人，勸事君。 (2)《隸續・跋劉寬神道》云：漢碑太字皆不加點，獨高頤及此碑有之。 (3) 庾信《崔沈神道碑》：諸侯地裂，邊將星亡。輕車騎士，玄甲黄腸。

表一千三百一十

作者/文獻	版本	用　例
端方《陶齋臧石記》卷三	清宣統元年石印本	(1) 眞病，還洛陽，薨。銘詞亦衹有頌詞，無哀詞，故知碑雖卒後所立，要是《頌德碑》，非《神道碑》也。（張德容《金石聚》。） (2) 桉：《後漢書・百官志》：每郡皆置諸曹掾史。有功曹史，主選署功勞。有五官掾，署功曹及諸曹事。《漢郙縣碑》：有五官掾，功平史。《少室神道闕銘》：有五官掾陰林。
端方《陶齋臧石記》卷四		(3) 安丘長王君墓神道（石高一尺二寸五分，廣一尺六寸八分。） (4) 晉故安丘長城陽王君墓神道（四行篆書。） (5) 晉故巴郡察孝騎都尉枳楊府君之神道 (6) 右《晉巴郡察孝騎都尉枳楊府君神道》，拓本高一尺二寸，廣一尺三寸。前人未有箸錄，近湖州姚彥侍方伯由川入楚，於川東民家以千錢得之。今在方伯處。 (7) 右闕題“晉故巴郡察孝騎都尉枳楊府君神道”。按：《晉書・地理志》：枳屬巴郡。
端方《陶齋臧石記》卷二十		(8) 楊炯《大周明威將軍梁公（待賓）神道碑》：父贊，隋左千牛備身驪山府上騎柱國。
端方《陶齋臧石記》卷二十二		(9) 考《張燕公集》有《内侍高君神道碑》，則云：内侍高延福者，將軍力士之嗣父也。 (10)《碑》云：遷窆于京兆府白鹿原之西隅。燕公撰《神道碑》，作“長樂原”。 (11) 生父馮君，亦見《張燕公集》有《贈潘州刺史馮君神道碑》云：公諱君衡（《文苑英華》無“君”字），字正平。
端方《陶齋臧石記》卷二十七		(12)《大唐故奉義郎行京兆府涇陽縣主簿王府君墓誌銘》（并序），中大夫恩王府司馬賜紫金魚袋嗣澤王潤撰并書。公諱郊，字文秀，琅耶臨沂人也。……今春季月，遂赴所住，宿庚不瘳，漸嬰羸瘵，千驥萬瘵，神道何依。以其年八月九日，終于萬年縣興寧里永穆觀之北院，享年五十七。……銘曰：天不藏寶，必降賢良。公貞有度，雅淑無量。將永保於圄祿，何忽變為代傷。嗚呼！郊原寂寂，松柏蒼蒼。嗟白日之晝短，痛泉臺之夜長。（石刻） (13) 延賞墓，在偃師。此當是《壙志》。又尚有《神道碑》，分書斷缺，僅存三百餘字。

續表

作者/文獻	版本	用　　例
端方 《陶齋臧石記》 卷二十八	清宣統元年石印本	(14) 兒女四人，孤幼。鴈行泣血，白鳥祥至。風樹不停，神道昭感。天之明察海壛，撫視摧慟。惜蓂莫之早落，興言異室；唴挂月之先（闕），哀悼痛傷。
端方 《陶齋臧石記》 卷三十一		(15)《長安志》：洪固鄉在萬年縣南一十五里，管邨四十八。畢中丞沅注引路巖撰《渾侃神道碑》有胄貴里，歐陽詹撰《左驍衛將軍馬實墓誌》有延信里司馬村，而不及此《誌》之北韋村，可据此以補《長安志》之古村名也。
端方 《陶齋臧石記》 卷三十五		(16) 諸哀顧余文彩，泣請神道，旌誌幽隧，庶同（闕）公，佳城見白日之義也。銘曰：古楚王孫，分苗郁郁。夫人繼芳，其德令淑。常珎未年，奄歸何速。官庾南陲，脩山北麓。馬鬣封茲，千秋拱木。 (17) 迄今未改者，邨名凡二十九，其十三曰戎墅，當即戎氏所居遺址。宋王象之《輿地碑記目》《建庚府碑記》：《唐禮部侍郎劉君神道碑》，裴度撰。今在。飲賢亭，在溧水縣界。溧水與句容接壤，亭與鄉或相因而得名。
端方 《陶齋臧石記》 卷三十九		(18) 李倜書諱列名表，末與唐徐浩《神道碑》、張叔平題諱同例，即後人填諱所昉也。
端方 《壬寅銷夏録》	稿本	(19)《皇清誥授中憲大夫宗人府府丞曹公神道碑》：宗人府府丞汾陽曹公學閔之葬，禮部侍卽朱公珪既為銘其藏，而公子錫齡、祝齡復遺書，請予文其麗牲之石。 (20) 既而讀石君所作《墓誌》、辛楣所作《神道碑》，慨想生平，宛如對晤，不勝山陽鄰笛之悲。惟是慕堂立身之本末，二君言之雖詳，其文均篤實，無愧詞，足信天下而傳後世。 (21)《顏魯公集》《藏懷恪神道碑》：子希愔，劍南討擊副使。使職之名甚多，志不備載，多見諸傳中。

表一千三百一十一

作者/文獻	版本	用　　例
段復昌 《周易補注》 卷十四	清光緒船山書院刻本	(1) 大觀在上，(蜀才曰：此本乾卦。柔小浸長，剛大在上，其德可觀，故曰“大觀在上”也。) 順而巽，中正以觀天下。(虞翻曰：謂陽息臨二，直方大。臨音，大也。在觀上，故稱“大觀”。順，坤也。中正謂五。五以天神道觀示天下，咸服其化，賓于王庭。) 觀，盥而不薦，有孚顒若，下觀而化也。觀天之神道，而四時不忒。(虞翻曰：忒，差也。神道謂五。臨，震兑爲春秋，三上易位，坎冬離夏，日月象正。故“四時不忒”。) 聖人神道設教，而天下服矣。(一本作“以神道”)

續表

作者/文獻	版本	用　　例
段復昌《周易補注》卷三十一	清光緒船山書院刻本	(2) 鼓萬物而不與聖人同憂，（侯果曰：聖人成務，不能无心，故有憂。神道鼓物，寂然无情，故无憂也。）盛德大業至矣哉！
段復昌《周易補注》卷三十二		(3) 侯果曰：亹亹，勉也。夫幽隱深遠之情，吉凶未兆之事，物皆勉勉願知之，然不能也。及蓍成卦，龜成兆也。雖神道之幽密，未然之吉凶，坐可觀也。是蓍龜成天下勉勉之聖也。
段復昌《周易補注》卷三十三		(4) 精義入神，以致用也。（姚信曰：陽稱精，陰爲義。入在初也。陰陽在初，深不可測，故謂之"神"。變爲姤復，故曰"致用"也。干寶曰：能精義理之微，以得未然之事，是以涉于神道，而逆禍福也。）

表一千三百一十二

作者/文獻	版本	用　　例
段汝霖《楚南苗志》卷五	清乾隆二十三年刻本	(1) 夫苗俗敬神畏鬼，謂法可倖逃，而神不可欺，鬼不可避，則神道設教，其先務也。

表一千三百一十三

作者/文獻	版本	用　　例
段玉裁《説文解字注》卷一篇上	清嘉慶二十年經韻樓刻本	(1) 觀乎天文，以察時變。（見《周易・賁・彖傳》）示，神事也。（言天縣象箸明以示人，聖人因以神道設教。）
段玉裁《説文解字注》卷十一篇下		(2)《春秋傳》曰：震夷伯之廟。（左氏僖十五年經、傳皆有之。必引此者，以爲劈歷震物之證也。《史記》：殷武乙暴雷震死，神道設教之至㬎者也。）
段玉裁《説文解字注》卷十三篇下		(3) 師古曰：築土爲壇，除地爲場。按：墠即場也，爲場而後壇之，壇之前又必除地爲場，以爲祭神道，故壇場必連言之。 (4) 祭神道也。（"也"，《廣韵》作"處"。《玉篇》引《國語》：屏攝之位曰壇（今訛"場"），壇之所除地曰場。）

續表

作者/文獻	版本	用　　例
段玉裁 《經韵樓集》 卷九	清嘉慶十九年刻本	（5）中憲大夫雲南分巡迤南兵備道龔公神道碑銘 （6）以嘉慶七年十月甲寅，奉公柩與陳恭人合窆於施家村之原。以公與余交四十年，知公最深，請爲神道之辭，余不敢辭也。

表一千三百一十四

作者/文獻	版本	用　　例
鄂爾泰 《（雍正）雲南通志》 卷七	清文淵閣四庫全書本	（1）智永《真草千字文》三本、褚河南《聖教序》四本、蘇靈芝《憫忠寺碑》三本、歐陽率更《九成宫帖》一本、歐陽率更《皇甫君碑》二本、顔魯公《多寶塔碑銘》三本、柳誠懸《馮公神道碑》二本、柳誠懸《元秘塔碑》三本、李北海《雲麾將軍碑》三本、懷惲《隆闡大師碑》三本、裴休《圭峯禪師碑》三本。（以上共墨帖三十本，布政使陳弘謀置存五華書院。）
鄂爾泰 《（雍正）雲南通志》 卷二十六		（2）宋丁連然君墓（在江川縣北三十里北山。上覆臣石，有耕者坐於上，石忽動；耕者驚異，啓視之，上勒“丁連然君神道”。按：《宋史》：太宗時，有交王丁連然来朝，疑即其人。）
鄂爾泰 《（雍正）雲南通志》 卷二十九之九		（3）定遠王神道碑（大學士楊士奇。廬陵。）

表一千三百一十五

作者/文獻	版本	用　　例
鄂容安 《鄂文端公年譜》	清鈔本	（1）劉洪度事，雖屬不經，乃理氣必有之事，應借此爲立祠，以表其忠，亦可以神道設教頑夷。欽此。觀此一條，仰見君臣一德。凡年歲之豐凶，官民之休咎，無不息息闗心，宛如一廷面語，可想見盛世休風也。

表一千三百一十六

作者/文獻	版本	用　　例
法坤宏 《春秋取義測》 卷五	清鈔本	(1) 乙卯晦，震夷伯之廟。地震，不言震地，天為之。震夷伯之廟，人致之也。《傳》云：于是展氏有隱慝焉。夷伯之廟，大夫之宗廟，《春秋》筆之，示神道之教。

表一千三百一十七

作者/文獻	版本	用　　例
法式善 《槐廳載筆》 卷十二	清嘉慶刻本	(1) 大主考沈公近思，閱其卷曰：此文甚佳，取中有餘，君何必神道設教耶？衆房考不敢言。及榜發，見此卷已在榜中，各譁然，笑告張曰：我輩弄君。張正色曰：此非我爲君等所弄，乃君等爲鬼神所弄耳。(《新齊諧》)
法式善 《明李文正公年譜》 卷一	清嘉慶九年蒙古法式善詩龕京師刻本	(2)《懷麓堂集》《資政大夫南京禮部尚書致仕贈太子少保章公神道碑》：公姓章氏，諱軒，字士昂。天順癸未，公分考禮部，東陽與今太子少保、吏部尚書倪公皆在選。 (3) 是年，有《嘉議大夫南京都察院左副都御史陳君玉汝神道碑銘》。
法式善 《明李文正公年譜》 卷二		(4)《懷麓堂集》：三月二十六日，進講《孟子》。八月十六日、二十六日，九月十一日、十四日，俱進講。作《南京太常寺卿陳公音神道碑銘》。 (5)《懷麓堂集》：宏治九年四月初七日，進講《孟子》。四月十六日、四月二十三日，五月二十二日，八月十三日，十月初八日，俱進講。作《户部左侍郎吳公原道神道碑銘》。
法式善 《陶廬雜録》 卷四	清嘉慶二十二年陳預刻本	(6) 元濟南潘昂霄，字景梁。《金石例》十卷，鄱陽傅貴全序略云：一卷至五卷則述銘志之始，而於貴賤、品級、塋墓、羊虎、德政、神道、家廟、賜碑之制度必辨焉。六卷至八卷則述唐韓文括例，而於家世、宗族、職名、妻子、死葬日月之筆削特詳焉。九卷則先正格言，十卷則史院凡例、制度，筆削又可以概見焉。 (7) 明長洲王行，字止仲。《墓銘舉例》四卷，其自序云：凡《墓誌銘》書法有例，其大要十有三事焉。曰諱，曰字，曰姓氏，曰鄉邑，曰族出，曰行治，曰履歷，曰卒日，曰壽年，曰妻，日子，曰葵日，曰葵地，其序如此，如韓文《集賢校理石君墓誌銘》是也；其曰姓氏，曰鄉邑，曰族出，曰諱，曰字，曰行治，曰履歷，曰卒日，曰壽年，曰葬日，曰葵地，口妻，口了，其序如此，如韓文《故中散大大河南尹杜君墓誌銘》是也。其他雖序次或有先後，要不越此十餘事而已，此正例也。其有例所有而不書，例所無而書之者，又其變例，各以其故也。今取韓文所載《墓誌銘》，錄其目而舉其例於各題之下，《神道碑銘》亦舉之。

表一千三百一十八

作者/文獻	版本	用　　例
樊增祥 《樊山續集》 卷十	清光緒二十八年西安臬署刻本	(1)《伯熙遂於是夜化去再賦》：寢門一哭異幽明，眞悔乘春到玉京。兜率宫中仙是佛，樵陽籍裏弟先兄。天教趁我來時去，坡忍逢君死日生。脫屣妻孥并富貴，臥牀所託是碑銘。（君甫病，卽屬余譔《神道碑》。）

表一千三百一十九

作者/文獻	版本	用　　例
范邦甸 《天一閣書目》 卷二之一	清嘉慶文選樓刻本	(1)《名臣碑傳琬炎集》，上二十七卷，中五十五卷，下二十五卷（紅絲闌鈔本），宋眉州進士杜大珪編。紹興甲寅暮春，序云：自建隆、乾德之肇造，暨建炎、紹興之中天，豐功偉烈，焜燿方册。求之記事之書，未易殫究。雜出於野史見聞者，其事又裂而不全，未足以觀其人之出處本末。因集神道、誌銘、家傳之類著爲一編，以便後學之有志於前言往行者。
范邦甸 《天一閣書目》 卷四之一		(2)《邊華泉集》八卷（刊本），明南京戶部尚書歷城邊貢著，郡人劉天民彙次，門人閻在邦校勘。卷末附《神道碑》，濮陽李廷相撰。公諱貢，字廷實，別號華泉。
范邦甸 《天一閣書目》 卷四之二		(3)《語錄》舊傳有三卷，今采摭傳記，僅爲一卷以附焉。《遺事》所載未備，輒以所聞增廣。又于石刻中增收詩八篇。好事者有爲公《年譜》，亦加刪次，別爲一卷。舊本得之通城楊君津家，凡十卷，今爲十二卷。其會萃訂證，寔屬之尉曹孫君惟寅，而使學生存中參焉。外有韓魏公所作《神道碑》、內翰王公《送公宰崇陽序》、李巽巖《祠堂記》、項平庵《北峯亭記》，其文皆知公之深者，爰並錄之。 (4) 若成書，則有《讀書譜》二卷、《春秋後傳》十二卷、《左氏章旨》三十卷、《周禮進說》三卷、《進讀藝祖皇帝實錄》一卷。未脫稿，則有《詩訓義》《周漢以來兵制》《皇朝六事記》《皇朝百官公卿拜罷譜》《皇朝財賦兵防秩官志稿》，別自爲編，附志其目。先生名傅良，字君舉，世系、歷官具見于《神道碑》《墓誌銘》《行狀》云。 (5)《臨川吳文正公集》四十二卷（刊本），元吳澄撰。卷首載《元史・列傳》，揭傒斯撰《神道碑》，暨《年譜》《行狀》《明宣德十年從祀孔廟議》。

表一千三百二十

<table>
<tr><th>作者/文獻</th><th>版本</th><th>用　　例</th></tr>
<tr><td>范爾梅
《孟子札記》
卷二</td><td rowspan="2">清讀書小記本</td><td>(1)“夫君子所過者化”節：聖人以神道設教，而天下服。</td></tr>
<tr><td>范爾梅
《中庸札記》</td><td>(2)“不顯惟德”節：至此則過化存神之妙，不可思議。聖人以神道設教，而天下服矣。</td></tr>
</table>

表一千三百二十一

<table>
<tr><th>作者/文獻</th><th>版本</th><th>用　　例</th></tr>
<tr><td>方苞
《儀禮析疑》
卷十二</td><td rowspan="3">清文淵閣四庫全書本</td><td>(1)小斂奠無席，以尸未入棺，不忍以神道事之也。</td></tr>
<tr><td>方苞
《儀禮析疑》
卷十四</td><td>(2)大親不文，故就養無方，無所用拜。未葬親之，魄體尚在，宫中不忍父母而賓客之也。至迎精而反，則形已潛藏，以神道事之。</td></tr>
<tr><td>方苞
《儀禮析疑》
卷十五</td><td>(3)主人與尸相見於門外，何也？尸主，人子行也。在門外，乃可以神道接入其門，則宜兼家人之禮，故尸入而主人遂退也。</td></tr>
<tr><td>方苞
《望溪集》
文集卷十三</td><td rowspan="2">清咸豐元年戴鈞衡刻本</td><td>(4)禮部尚書陳公神道碑
(5)理藩院員外郎贈資政大夫席公神道碑
(6)贈右副都御史趙公神道碑</td></tr>
<tr><td>方苞
《望溪集》
文集卷十八</td><td>(7)吳會之人尚文藻，重聲氣，士大夫之終，鮮不具狀、誌、家傳。自開史館，牽引傳致，旬月無虚，重人多爲之言。……欲特立一傳無由，摭拾成章。故凡事之相連相類者，以附諸大傳之後，無可附則惟據《實録》所載。散見於諸志，此所謂不可如何者也。乾隆六年，余將告歸任邱，李法孟以其高祖少師公《神道碑》《墓表》乞爲傳。
(8)有合葬其父母及前母者，以位次問先生曰：神道尚右，而程朱所言皆尚左。朱子葬其妻，存東畔一位，則尚左明矣。若三柩同葬，依古禮則父當中，前母右，繼母左；如尊左則父當中，而左右易位。若父與前母既葬，父左則新祔者次於右，父右則新祔者次於左。</td></tr>
</table>

續表

作者/文獻	版本	用　例
方苞《望溪集》外文補遺卷一	清文淵閣四庫全書本	(9) 嘯咏於林泉者，凡七年，内外完好，身名泰然。自公而外，蓋未之多見也。公，桐城人，諱英，字夢敦。其歿也，距今八年矣。世系、歷官、學行之詳，具載前諸公《誌銘》及《神道碑》，故不復云某地某人述。
方苞《四書文》啟禎文卷六		(10)《鬼神之為德》（一章）（黃淳耀）：《中庸》合顯微以明道，而本其說於誠焉。夫鬼神者，先王所以設教而微顯合焉者也。鬼神無往而不寓，則天下無徃而非誠。與今夫道之妙，費隱盡之矣。費隱之說，顯微盡之矣。微之根極於喜怒哀樂之原，顯之條貫於三重九經之大，其為精氣通行而義理昭著也。豈顧問哉？雖然此析顯微而言之也。合顯微而言之，則莫如鬼神。昔者夫子常繫《易》明神道矣，常定禮詳祭義矣。一旦覽天地之精微，究百王之制作，喟然歎焉。
方苞《四書文》國朝文卷五		(11) 示賢者以反本之學，盡其可知者而已。葢事人之道盡而神在其中，生之理得而死在其中。子之教，子路者。切哉！昔者先王嘗制禮明神道矣，作《易》言生死矣，亦曰幽明一理也，始終一氣也。然不求之昭昭，而徒索之寘寘，舍其彝倫行習之恒，而從事扵渺不可知之域，烏可訓也。吾不知天下何為而有鬼神，又何為而有死也。
方苞《四書文》國朝文卷八		(12) 有常棲者，即有常依衮冕、鷩冕，衣之設不同而如在其上者則同。有常御者，即有常品膏香、膏腥，食之薦不同而庶或饗之者則同。盖自感於霜降露濡以來，即思其居處，思其用御，思其衣服飲食，凡慮事具物，靡不虛中治之，乃可致誠敬以交於神朋也。已由是，即以神道而治乎人也，則有宗廟之禮。上治祖禰祔太廟者，昭北而穆南；下治子孫列阼階者，前昭而後穆。 (13) 夫春秋因時而祭，而廟也、器也、衣也、食也，則亦志事之所在也。修之、陳之、設之、薦之，豈非繼述之所寓哉？今夫人之於親一堂聚處，有以娛其性也，有以被其體也，有以適其口也，而况於有天下者乎？而况不得已而思以致之於祭乎？雖然其以春秋者，何也？盖養則以人道事之，祭則以神道事之。人則親，一日不見則嫌於疎；神則尊，一時數見則鄰於褻。迎來送往，因其變也。而此心之愴然者，彌甚焉。生之理，接於明；死之理，格於幽。明則近，近則不必以時，期而雖瀆不厭；幽則遠，遠則將必以時，至而雖曠不忘。
方苞《周官集注》卷五		(14) 大喪，存奠彝。大旅，亦如之。……天地至尊不祼，此得用彝者，亦奠之而已。……虞而立尸，始以神道事焉。魄體尚在殯，故不忍遽以神道求之。

續表

作者/文獻	版本	用　例
方苞《周官集注》卷六	清文淵閣四庫全書本	(15)《周官》于候、禳、禱、祠之事甚詳，蓋人心冥頑，惟遇疾病烖危，窮而反本，易警發其善心。故聖人以神道設教，使恐懼修省，以思救政，則所益多矣。
方苞《禮記析疑》卷一		(16) 卜筮者，先聖王之所以使民信時日、敬鬼神、畏法令也。古者立法施令，必降命於社稷、宗廟、山川，五祀正祭之。後而祭之時日，必决於卜筮。故民知敬鬼神、信時日，則益知法令之可畏。三者合而為一，其義乃著；離之，則畏法令與卜筮全無交涉。《易》曰“聖人以神道設教”，亦謂此類耳。
方苞《禮記析疑》卷十二		(17) 獻者，生人飲食之道也。天地至廣大，灌且不用，不敢以神道求之也，乃設尸而以生人飲食之道獻焉。
方苞《禮記析疑》卷二十六		(18)《陳氏集說》：生則形體異，死則精氣無間，故不設女尸而同几。陳氏謂“人道貴別，神道貴親”，皆非也。
方苞《周官析疑》卷十九	清康熙雍正乾隆遞修本	(19) 大喪，存奠彝。存與諸子職存、游倅之存同，蓋存而不用也。虞而立尸，始以神道事焉。魄體在殯，不忍遽以神道求之。故凡奠皆陳尊而存彝，以不祼也。
方苞《周官析疑》卷二十三		(20)《周官》於候、禳、禱、祠之事甚詳，蓋人心冥頑，惟遇疾病烖危，窮而反本，易警發其善心。故聖人以神道設教，使恐懼修省，以思救政，則所益多矣。

表一千三百二十二

作者/文獻	版本	用　例
方東樹《考槃集文録》卷二	清光緒二十年刻本	(1) 先生跋顔魯公《廟享議》曰：當時，韓公亦上此議，與顔公意同。有云“求之神道，豈遠人情”？朱子極推之曰：禮學精溦，得孝子慈孫報本反始之本意。葢議禮精密，上有以當乎先王之心，而下足爲後世大儒之所敬歎。

表一千三百二十三

作者/文獻	版本	用 例
方都秦《梅溪文集》卷五	清乾隆十五年方汝翼刻本	(1) 及見古觀蒼涼，上雨旁風，阤陊欲墜，神何以棲？然又念古者先成民而後致力于神。余治皖未朞，民務未舉，而遽崇神道，非所以爲治也。

表一千三百二十四

作者/文獻	版本	用 例
方濬師《蕉軒隨録》卷五	清同治十一年刻本	(1) 昔張商英作《元祐嘉禾頌》《司馬文正祭文》《上呂公著詩》求進，移書蘇穎濱求入臺，多諛詞，有“老僧欲住烏寺，呵佛罵祖”語，後乃乞撲司馬公、呂公《神道碑》。嗚呼！朝野小人，此物此志也。

表一千三百二十五

作者/文獻	版本	用 例
方濬頤《二知軒詩鈔》卷十一	清同治五年刻本	(1)《跳茅山・好巫覡也》：跳茅山，醫勿用。召鬼神，驚愚蠢。紅燈閃閃夜吹角，病魔潛逃思捉搦。除卻緑郎驅弗去，禳祈亦擅專門學。……茅山正一本殊派，能為群蠻起尫瘵。執戈揚盾禮近儺，以刀斫臂顯靈怪。神道設教古有之，不須更向耶穌拜。
方濬頤《二知軒詩鈔》卷十三		(2)《龍祠禱雨用東坡和李邦直沂山祈雨有感韻》：冥漠竟可通，彼蒼若有耳。三春旱象成，去夏日無幾。……連朝懊惱風賊雨，西樵千疊紅霞堆。空堂梵唄雜鯨吼，神道設教民信否？荷蓑戴笠休辭慵，居然炎海起伏龍。今年逢閏節尚早，滂沱一雨興田工。兆民根本在年穀，調和元氣長官責。天人感應洵不誣，成湯六事猶自劾。
方濬頤《二知軒文存》卷四		(3) 嗟乎！駢自謂：予羸立功，比求清淨，非與此世爭利害，今而及此，神道何望耶？夫背叛之徒，乃欲長生；文學之儒，轉而嗜殺。天道好還，故假手於九華山方士，以離其黨而降之殃也。

續表

<table>
<tr><th>作者/文獻</th><th>版本</th><th>用　例</th></tr>
<tr><td>方濬頤《二知軒文存》卷十一</td><td rowspan="3">清同治五年刻本</td><td>（4）陳子昂志父墓：五世祖太樂生高祖方慶，方慶生曾祖湯，湯生祖通，通生皇考辯。柳州父神道表：六代祖度，五代祖旦，高祖楷。蘇子美父誌亦然。</td></tr>
<tr><td>方濬頤《二知軒文存》卷十九</td><td>（5）今年又增百數十首。同年中爲星衢作《神道碑》，爲雪帆景、唐子福作《墓誌銘》，爲薌泉作《傳》。其他論說，以讀史、讀子爲最多。</td></tr>
<tr><td>方濬頤《二知軒文存》卷三十三</td><td>（6）廣東巡撫調署廣西巡撫李公神道碑</td></tr>
</table>

表一千三百二十六

<table>
<tr><th>作者/文獻</th><th>版本</th><th>用　例</th></tr>
<tr><td>方履籛《萬善花室文稿》卷四</td><td>清畿輔叢書本</td><td>（1）都御史安徽巡撫兼提督軍務康公神道碑</td></tr>
<tr><td>方履籛《金石萃編補正》卷二</td><td>清光緒二十年石印本</td><td>（2）唐故侍中尚書右僕射贈司空文獻公裴公神道碑銘（并序）
（3）錢忠懿王神道碑
（4）（闕）國崇文耀武宣德守道中正功臣武勝軍節度使開府儀同三司守太師尚書令兼中書令使持節鄧州諸軍事行鄧州刺史上柱國鄧玉食邑（闕）萬七千戶食實封（闕）萬六千九百戶賜劍履上殿書詔不名追封秦國王謚曰忠懿神道碑銘（并序）
（5）噫！神道（闕）昧，昭感之績，信未可誣。奭不佞辱見，請文其事。讓不䕶已，因敢聊序其大略云爾。
（6）中書門下牒，旌賢崇梵院。右諫議大夫、天章閣待制、勾當三班院王子融奏：臣亡兄曾於鄭州新鄭縣安葬，墳側脩到僧院，已奉勅賜号崇梵院。欲乞依呂夷簡等墳所僧院例，每年撥放剃度行者，并臣亡兄曾《神道碑》。昨蒙。</td></tr>
</table>

表一千三百二十七

作者/文獻	版本	用　　例
方文 《嵞山集》 續集北游草	清康熙二十八年王槩刻本	(1)《分水廟》：汶水同源出，中流兩道分。天心成漕（去聲）運，神道勒奎文（廟中有永樂三年御製祭文）。小艇北來客，輕颿南去雲。榜人歌且舞，從此息勞筋。

表一千三百二十八

作者/文獻	版本	用　　例
方孝標 《光啓堂文集》	清刻本	(1) 又安問：其地之爲釋乎？老乎？儒乎？盤庚曰：乃祖乃父丕乃告我高后曰"作丕刑于朕孫!"是聖賢亦未嘗不言神道也。
方孝標 《鈍齋詩選》 卷一	清鈔本	(2) 神道久不設，天下故無人。師道久不立，天下故無臣。致中裁萬物，乾坤以為經。孔子易堯舜，豈止唐虞仁。惟惜子輿後，傳者失其真。倘非濂雒氏，至今猶荆榛。往者不可作，當時何儀刑。
方孝標 《鈍齋詩選》 卷十八		(3)《土人新朱公祠數日落成觀祭賦此》：舊廟檀施結搆新，靈衣社酒照青春。愚氓力足簪紳愧，野祭情偏俎豆真。難叩君門寛井里，願将神道攝風塵。嘗來旅客舒憑吊，豈獨要章念古人。

表一千三百二十九

作者/文獻	版本	用　　例
方以智 《東西均》	清初鈔本	(1) 愚故以天地信自然之公，以自心信東西之同。同自生異，異歸於同，即異即同，是知大同。專者雖不肯同，而全者不可不以同世爲任。或虛其實，或實其虛，虛實有無之不二，猶陰陽之本不二也，皆以不失其初而已，皆以不爲生累而已。原始反終，即三世也。神道設權，迦延典主，最能輔教。……孔子複生，必以老子之龍予佛；佛入中國，必喜讀孔子之書，此吾之所信也。
方以智 《通雅》 卷二十三	清文淵閣四庫全書本	(2) 劉禹錫為《韋陟神道碑》云：是曹在南宮為眉目，在選士為司命。

表一千三百三十

作者/文獻	版本	用　　例
方中履 《古今釋疑》 卷六	清康熙十八年楊霖刻本	(1)《傳》曰“子雖齊聖，不先父食”，蓋言子為父屈也。景皇帝雖太祖，其於獻、懿，則子孫也。當禘祫之時，獻祖宜居東向之位，景皇帝宜從昭穆之列，祖以孫尊，孫以祖屈，求之神道，豈遠人情？又常祭甚衆，合祭甚寡，則是太祖所屈之祭至少，所伸之祭至多。此於伸孫之尊，廢祖之祭，不亦順乎？
方中履 《古今釋疑》 卷八		(2)《漢晉春秋》所載：章帝元和二年，幸魯祀孔子，帝升廟，西面再拜。《開元禮》亦謂“先聖東向，先師南向，三獻官皆西向”，是猶未失古之意也。今襲開元二十七年之制，遷神於南面，而行禮者北面，則非神道尚右之義矣。 (3) 自開元二十七年尊孔子為王之後，始改從南面而配位則西向，獻官序立東廡前行禮，執事者升降必由東階，以神道向右，西南為送神之所，避右不敢當尊故也。 (4) 履按：東向雖古禮，然禮時為大，固有宜於今，而不必合於古者。如太祖禘祫之位，唐、宋皆重東向，今則重南面矣。考宋儒《家禮》，祠堂神主皆列於北，其位次猶從西而東，而朱子復定有從東而西之圖，是何必拘拘神道尚右之說乎？

表一千三百三十一

作者/文獻	版本	用　　例
費經虞 《雅倫》 卷十九	清康熙四十九年刻本	(1) 劉彥和云：夫形而上者謂之道，形而下者謂之器。神道難摹，精言不能追其極；形器易寫，壯辭可得喻其眞；才非短長，理自難易耳。故自天地以降，豫入聲貌，文辭所被，夸飾恒恒存。雖《詩》《書》雅言，風俗訓世，事必宜廣，文亦過焉。

表一千三百三十二

文獻	版本	用　　例
馮班 《鈍吟雜録》 卷四	清借月山房彙鈔本	(1)《表忠觀碑》《司馬溫公行狀》，古今大文也，其次則《富鄭公神道碑》《張安道墓誌》。

表一千三百三十三

<table>
<tr><th>作者/文獻</th><th>版本</th><th>用　　例</th></tr>
<tr><td>馮登府《論語異文考證》卷七</td><td>清道光十四年廣東學海堂刻本</td><td>(1) 葉公釋文作業，此唐人避太宗諱所書。唐《姚彝神道碑》，曾搆蕃于夏業；唐《封寺壇碑》，宏猷超于方業，皆足證也。《公羊傳》成十五年，注引問政，下有“于孔子”三字。</td></tr>
<tr><td>馮登府《閩中金石志》卷二</td><td rowspan="3">民國希古樓刻本</td><td>(2) 問曰：《周易》經歷三聖，皆合天旨神道。注之者以至虛而善應，則以道爲稱，以不思而玄覽，則以神爲名，達理者也。經云：隱而顯，不言而喻，不疾而速，不行而至。後之通儒，有何疑也？異日又訪之，適有刑獄，因語及，師曰：孝之至也，無所不善，有其跡乃匹夫之命節，法之至也，莫得而私，一其政則國之彝典。其於適道適權又如此。言訖頷之，不復更言。今亡矣夫，彊擬諸形容，因爲銘曰：觀跡知證，語默明焉。觀證知教，權實形焉。體用如一，曷以言宣。大数浩然，吾師亦然。觀其定容，見其正性。不閲外塵，朗然内淨。智圓則神，理通則聖。師能得之，隨順無競。吾之行止，師何以知。得性之分，識時之機。達心大師，邈不可追。
(3) 江夏黃璞（第三行顶格起，下同。）爲《名士傳》以伸之，又爲《神道碑》以明之。吁，今將葬矣，合作誌銘，以備陵遷。夫誌者識也。但書其爵里宅兆，鐫之於石，藏之於幽（第四行），識之於後，故其詞不縷矣。</td></tr>
<tr><td>馮登府《閩中金石志》卷五</td><td>(4) 瑯琊郡王王審知神道碑（後唐同光四年）
(5)《三山志》引《十國紀年》云：葬夫人任氏於閩縣鳳池寺。後忠懿王，亦葬焉。後唐同光四年，改葬永福山，則遵化里蓮花山也。墓前有《神道碑》，後唐張文寶撰文，正書。今佚。
(6) 長興三年，改葬於蓮花山。有後唐所賜《神道碑》，張文蔚撰文。</td></tr>
<tr><td>馮登府《閩中金石志》卷九</td><td>(7) 宋故朝議大夫致仕贈光祿大夫黃公神道碑銘</td></tr>
</table>

續表

作者/文獻	版本	用　　例
馮登府《閬中金石志》卷十一	民國希古樓刻本	(8)《林艾軒神道碑》，少傅、觀文殿大學士致仕、益國公周必大撰并書。 (9) 周必大書《艾軒神道碑》。平原晚作益自磨礪，散文終是洗滌詞科氣習未盡，惟《艾軒志》極簡嚴，有古意。
馮登府《閬中金石志》卷十二		(10) 李道源撰《神道碑》：至元二十六年八月，子定之奉柩還廣信。明年九月，葬其鄉之玉亭龔原，門人誄而題之曰：文節先生謝公墓。
馮登府《閬中金石志》卷十四		(11)《張方平神道碑》，在南安壺公山上。按：方平，字安道，宋城人。以太子少師致仕。贈司空，謚文定。嘗薦蘇軾爲諫官。

表一千三百三十四

作者/文獻	版本	用　　例
馮桂芬《（同治）蘇州府志》卷三	清光緒九年刊本	(1)《爆竹行》：歲朝爆竹傳自昔，吳儂政用前五日。食殘豆粥埽罷塵，截筒五尺煨以薪。節間汗流火力透，健僕取將仍疾走。兒童卻立避其鋒，當階擊地雷霆吼。一聲兩聲百鬼驚，三聲四聲鬼巢傾。十聲百聲神道寧，八方上下皆和平。卻拾焦頭疊牀底，猶有餘威可驅癘。屏除藥裹添酒杯，晝日嬉游夜濃睡。
馮桂芬《（同治）蘇州府志》卷三		(2) 又有游手好閒之徒，或假神道生辰，或稱祈安保歲，賽會慶祝，雜扮故事，兒女溷淆，舉國狂騖，為首科歛乾沒。或因酗飲聚博，致生事端。
馮桂芬《（同治）蘇州府志》卷二十四		(3) 義莊之設，宗法之變，而合乎古者也。在宋皇祐初，范文正公實創斯舉，錢公輔記之，載於《宋史》及《東都事略》，而歐陽公作《神道碑》，不著其事者偶遺之爾。
馮桂芬《（同治）蘇州府志》卷二十六		(4)《易》曰：觀乎天文，以察時變。《詩》曰：倬彼雲漢，為章于天。聖人神道設教之義明矣。

續表

作者/文獻	版本	用　　例
馮桂芬《（同治）蘇州府志》卷三十六	清光緒九年刊本	(5) 予惟先王以神道設教，故大報答陽，美報答陰。又有從郊祭而廣之者，如六宗大雩是也。有從社祭而廣之者，如山川、林谷、邱陵、表畷、防庸之類皆是也。
馮桂芬《（同治）蘇州府志》卷三十八		(6)《國朝吳映奎新陽縣城隍廟碑記》：城隍之神，著於令甲久矣。凡郡守、貳邑、令佐，必先瞻廟，而後視篆。有事山川，則奉其主以合食於壇；有事於厲，則位其主於中統群祀焉。國家理明陟幽，惟欲神人合德，以為民福，是即古帝王神道設教之至意也。
馮桂芬《（同治）蘇州府志》卷四十一		(7)《國朝薩載龍母神道碑記》：古者聖王先成民，而後致民力於神。然民為神主，民仗神依，一切旱乾水溢必禱於神，以為民請命，故凡能禦大災，能捍大患，均得祀焉。
馮桂芬《（同治）蘇州府志》卷四十五		(8) 乾隆初元，前大同守瑶始表麗水之阡。七年，積義莊，新增田，所入餘儲，闢治神道。
馮桂芬《（同治）蘇州府志》卷四十九		(9) 禮部侍郎蔣堂墓（在横山魯隖堯峰寺旁。至和元年葬，門人邵必志、胡宿撰《神道碑》。） (10) 韓忠武王世忠墓（在靈巖山西麓。《盧志》：紹興二十一年十月葬，敕使徐伸護其事，吳長洲二縣令奔走供役。孝宗御題神道云“中興佐命定國元勳之碑”，敕趙雄為文。） (11) 妙嚴公主墓（在乘鯉坊。《盧志》：在縣治西北，即妙嚴尼寺後大士邱也。相傳梁武帝之女出降郡人孫瑒，此寺即其故宅。迄今尚祀，故位於佛殿題為“妙嚴公主”。西去路直如矢，可百許步，河濱有一石馬，號石馬匯，云故神道。） (12) 魏文靖公了翁墓（在高景山金盆隖。嘉熙元年葬，史繩祖撰《神道碑》。子承奉郎嘉惠，孫元南陵縣主簿華發，曾孫起福州錄事英、吉安路儒學教授賢，及以下諸孫悉祔。） (13) 王清獻公都中墓（在陽山金井隖。歐陽元撰《神道碑》。《盧志》：屬吳縣。）

續表

作者/文獻	版本	用　例
馮桂芬《（同治）蘇州府志》卷五十	清光緒九年刊本	(14) 太常寺卿夏㫤墓（在南黃圩薦嚴寺東。商輅銘，彭時撰《神道碑》。） (15) 葉文莊公盛墓（在縣西南溢瀆村問圩。商輅銘，彭時撰《神道碑》。）
馮桂芬《（同治）蘇州府志》卷六十九		(16) 閻象，鉅野人。太平興國間，吳越新附，以禁兵千人屬象安撫，遂知蘇州。以齊魯之人，悉能知越風俗而揉以善政，恩涵澤濡，民以蘇息。政成召還，改濟晉黃棣青等州卒。（歐陽修《金部郎中閻公神道碑》。）
馮桂芬《（同治）蘇州府志》卷七十六		(17) 公少有大節，於富貴、貧賤、毀譽、歡戚，不一動其心，而慨然有志於天下，嘗曰：先天下之憂而憂，後天下之樂而樂。其事上遇人，一以自信，不擇利害為趨舍。（自其“於富貴”至“趨舍”一段，參用歐陽修《神道碑》。） (18) 以母在時方貧，後雖貴，非賓客不重肉。妻子衣食，僅能自充。而好施與，置義莊里中，以贍族人。汎愛樂善，士多出其門，雖里巷之人，皆能道其名字。死之日，四方聞者，皆為歎息。為政尚忠厚，所至有恩。諸蕃質子，縱其出入，無一人逃者。蕃酋來見，召之臥內，徹衛與語。（自“諸蕃”至“與語”一段，參用《神道碑》。）
馮桂芬《（同治）蘇州府志》卷七十九		(19) 郁新，字銘本，從父徙臨淮。（《乾隆志》曰：《明史》：字敦本，臨淮人。今從解縉所撰《墓誌銘》《神道碑》。）
馮桂芬《（同治）蘇州府志》卷八十六		(20) 初疏上陞畿兵部右侍郎，總督三省軍務。會賊已平而止，尋遷南京兵部侍郎，以疾乞歸卒。（王世貞《神道碑》。）
馮桂芬《（同治）蘇州府志》卷八十九		(21) 道光朝，視學福建，修考亭書院，建朱子墓堂，諸儒之裔皆加甄拔。……所著《詩文集》四十二卷、《讀書記》四卷，並行於世。（國史、《臣工列傳》、羅惇衍撰《墓志》、潘祖蔭撰《神道碑》合纂。）

續表

作者/文獻	版本	用　　例
馮桂芬《（同治）蘇州府志》卷一百	清光緒九年刊本	(22) 侃墓地為土豪所侵，翼大治具會族人，誓返侵地。訟之官三年，始得直甃。神道立墓門，列樹松柏。費不貲，皆獨任之。(《徐陶璋傳》)
馮桂芬《（同治）蘇州府志》卷一百四十一		(23) 韓蘄王墓神道碑（趙雄撰，周必大正書，淳熙四年二月。在靈巖山麓。）
馮桂芬《（同治）蘇州府志》卷一百四十二		(24) 太常卿夏杲諭塋神道碑（彭時撰，商輅銘。在薦嚴寺東。） (25) 陳莊靖公神道碑（王錫爵撰。在桃源澗。據《言志》增。）
馮桂芬《（同治）蘇州府志》卷一百四十七		(26) 范文正第十世孫從規，以文正、忠宣而下，累世宅兆在洛者，久缺封掃，請於官求自往省。至萬安山尹樊里省奠，封掃如儀。自魏公祔葬諸冢，遺封故存，獨忠宣之兆越五里，至則無所見，問知為屯戍所平久矣。因望祭悲號，削蓁蔓，披砂礫，肆搜不得，乃禱於空，跽泣連數日。天忽大雨三日夜，雨止滌土，去深三尺餘，露斷碣數尺，題曰“宋丞相范忠宣公之墓”。大驚喜，急白於守禦分閫官。始按圖譜，加封樹，作墉屋，辨址界，正神道，植望獸，以表之。勒石紀事。(《湧幢小品》)
馮桂芬《顯志堂稿》卷一	清光緒二年馮氏校邠廬刻本	(27) 儒者不談果報，而天人感應之理具載於經。《易》言“餘慶餘殃”，《古文尚書》言“降祥降殃”，《春秋》一書於福善禍淫之義尤深切著明。釋氏入中國，創爲輪迴報應之説，神象前雜作剉燒舂磨諸慘狀。噫，可謂誕矣！而傳之數千百年不廢者，豈以其於聖人神道設教之意，猶未大背邪？將所謂精氣爲物，游魂爲變，知鬼神之情狀者非邪？《感應篇圖説》所從來已遠，今槎溪周氏縮摹付梓，其好善之心不可没也。 (28) 嘗讀《易》，至觀之《彖辭》曰“聖人以神道設教，而天下服”，竊以爲天降下民，作之君，作之師。教也者，君師之責也。 (29)《覺世眞經》一卷，則帝設教之書也。體裁與《太上感應篇》《文昌陰隲文》同而自帝出之，則提撕警覺人人心也尤深，殆亦師嚴道尊之理然耶。然則所謂“神道設教，而天下服”者，近世益大驗而帝尤其彰明較著者也。

續表

作者/文獻	版本	用　　例
馮桂芬《顯志堂稿》卷七	清光緒二年馮氏校邠廬刻本	(30) 贈太子太保武英殿大學士華陽卓公神道碑銘 (31) 榮祿大夫贈太常寺卿鹽運使銜福建興泉永兵備道會嵇秦公神道碑銘 (32) 公子曾熙，以七年三月葬公平水鄉游龍坂之原。朱夫人祔，禮也。越五年，以《行狀》來請，刻銘於神道。

表一千三百三十五

作者/文獻	版本	用　　例
馮經《周易略解》卷二	清嶺南遺書本	(1) 觀天之神道，而四時不忒。聖人以神道設教，而天下服矣。天不言而時行，變化之道，神之所為也。聖人在上，亦不言而民化，有莫知爲之者，蓋教以神而服以誠也。 (2)《象》曰：風行地上，觀。先王以省方觀民設教。風有神道，四時不忒。先王神道設教，亦時巡以省方觀民。
馮經《周易略解》卷七	清嶺南遺書本	(3) 内卽上文在其中，外卽上文生乎動。功業亦必趣時，故見乎變。聖人之情，吉凶與民同患。見乎所繫之辭，亦如天地日月、神道設教也。
馮經《周易略解》卷八	清嶺南遺書本	(4) 帝出乎震，齊乎巽，相見乎離，致役乎坤，說言乎兑，戰乎乾，勞乎坎，成言乎艮。此合下節為一章，言“觀天之神道，而四時不忒”也。

表一千三百三十六

作者/文獻	版本	用　　例
馮雲鵷《聖門十六子書》顏子書卷七	清道光刻本	(1) 四十五代文鐸，贈太常卿、平原郡節度副使。李闡撰《神道碑》。

表一千三百三十七

作者/文獻	版本	用　例
馮志沂《微尚齋詩集續集》卷一	清同治九年刻本	(1)《戲贈善相人孫小雲大令》：孫君作吏行猶儒，勸人以善言姝姝。偶策未來每奇中，恐是昔時唐舉徒。顧我不讀子卿書，請質所惑聊軒渠。尼山萬古無匹亞，何物陽虎同眉鬚。……正如君平在卜肆，欲以慈孝端時趨。神道設教古則有，先生志大計已迂。我有前知非矯誣，百歲風燈不須臾。先生與我俱黃壚。

表一千三百三十八

作者/文獻	版本	用　例
傅恒《通鑒輯覽》卷七十二	清文淵閣四庫全書本	(1) 帝命煜故臣徐鉉撰《神道碑》，鉉泣請曰：陛下容臣存故主之義，乃敢奉詔。帝許之。鉉撰碑，但推言歷數有盡，天命有歸而已。
傅恒《通鑒輯覽》卷七十三		(2) 陛下謂《河圖》《洛書》果有邪？聖人以神道設教耳。帝沈思久之，曰：王旦得無不可乎？欽若曰：臣喻以聖意，宜無不可。欽若乃乘間為旦言，旦黽勉従之。帝尚猶豫，會幸秘閣，驟問直學士杜鎬曰：古所謂河出圖，洛出書，果何事邪？鎬老儒，不測上旨，漫應之曰：此聖人以神道設教爾。帝意遂決。
傅恒《通鑒輯覽》卷七十九		(3) 張商英在元祐時，上呂公著詩求進，諛佞無恥，近乃乞毀司馬光及呂公著《神道碑》。周秩為博士，親定光謚為文正，近乃乞斲棺鞭尸。陛下察此輩之言，果出于公論乎？

表一千三百三十九

作者/文獻	版本	用　例
傅山《霜紅龕集》卷十八	清宣統三年丁氏刻本	(1) 平定州城東有《皇清首聘名臣日葵張公神道碑》。相傳張公應聘中途，忽曰：何以見青主？乃止。臨終託作墓言，先生使以“首聘名臣”題其碣。今觀《辭聘疏》，此說或是訛傳霑記。

表一千三百四十

作者/文獻	版本	用　　例
傅維鱗 《明書》 卷五十	清畿輔叢書本	(1) 明太祖敬共神明，博考典常，釐正祀事，大者如二邱始分而終合四廟，先異而後同，創制明堂，尊崇廟寢，偉哉！酌古今通幽，涉絕地天通，洽神人志，因革損益，神道設教之禮不可有加，而訓辭諄復本於克誠猗歟？
傅維鱗 《明書》 卷六十二		(2) 在西漢，章帝幸魯祠孔子，帝西面再拜。《開元禮》"先聖東向，先師南向，三獻官西向"，猶古意。今襲後制，遷神南面，非神道尚古之義。
傅維鱗 《明書》 卷七十五		(3) 御製徐武甯神道碑 (4) 李府君神道碑 (5) 張純王神道碑 (6) 王清獻神道碑
傅維鱗 《明書》 卷八十四		(7)《陵寢》：祖陵在泗州，皇陵在鳳陽，孝陵在南京，顯陵在承天，而天壽山皇陵在京城北。各陵有寶城，惟長陵最大，徑一百一丈八尺，而餘相地之宜，深廣不一。有明樓，有祾恩殿重簷九間，左右配殿各十五間；皆有神庫、神廚、牲亭、碑亭、神道、石橋及翁仲異獸。前紅門又有時源殿，為車駕更衣之所；有感思殿，為駐蹕之所。而承天於嘉靖中建元祐寶殿，後曰降祥殿，後曰三洞閣，左宣法殿，右衍真殿；前爲元祐門，又前為儲祉門，又建慶源殿，皆屬顯陵。
傅維鱗 《明書》 卷一百十八		(8) 備上表謝，略曰：桓榮設几杖於太常，不聞宸翰之賜；晏殊題舊學於神道，未見几杖之頒。自今將杖以戒噎，則當思四海或有饑餒之民；憑几以安身，則常念一物或有顛連之歎。 (9) 陛下天資至高，合於道微。百家神怪，誕妄恍惚，無不洞矚其謬。然猶不免欲以愚弄天下，若所謂以神道設教者，臣謂不必然也。所謂傳國寶者，臣考按前史，焚燬久矣。
傅維鱗 《明書》 卷一百五十三		(10) 涫皇后之有父，乃皇上之有母也，豈偶然之故哉？臣等昧死奏。上曰：朕固聞之。立命中書省為朕外王父揚王廟盱眙，墓次置灑埽戶三十家，設祠祭署，有司歲仲春秋祀。召儒臣宋濂為文，鐫《神道碑》。
傅維鱗 《明書》 卷一百六十		(11) 元節精心玄教，於國有功，建醮祈天，稱朕之意，而諸所福國利民者甚厚。贈少師，謚文康榮靜。與祭十壇，遣內監、錦衣衛官員各一員護櫬還，命有司視葬事，已而啓南復請命於墓及《神道碑文》，上命夏言、許讚為之撰文。

表一千三百四十一

作者/文獻	版本	用　例
傅以漸《易經通注》卷三	清文淵閣四庫全書本	(1) 觀天之神道，而四時不忒。聖人以神道設教，而天下服矣。中正即上之神，化即下之神，而皆聖人之真誠鼓盪以出。天有神道，四時各循其序。聖與天契，設為政教，天下若其化，卒莫測其功。觀道至此，猗歟盛矣！
傅以漸《易經通注》卷六		(2)《象》曰：風行水上，渙。先王以享于帝，立廟。萬物本乎天，人本乎祖。知天則人思尊，不敢以下而犯上；知祖則人思親，不敢背死而忘生。此神道設教之大端也。

表一千三百四十二

作者/文獻	版本	用　例
傅澤洪《行水金鑒》卷一百八	清文淵閣四庫全書本	(1)《明英宗實録》：楊士奇作瑄《神道碑》，言公疏清江浦，引水由管家湖入鴨陳口達淮，以免淮河風濤之患。
傅澤洪《行水金鑒》卷一百九		(2) 陸瑜為山東右布政，河決張秋，朝命僉都御史徐有貞塞之，委公督其役。時工匠集者數萬，為設方畧，編荆為筐，實以土石沈而築之，水患遂息。尋轉左。(何喬新撰《刑部尚書康僖陸公神道碑》。)
傅澤洪《行水金鑒》卷一百十一		(3) 成化十七年，既塞河南決口，又自揚州鑿河四十里以泄積潦。蠲災賑饑，伐材為屋，以居流民。比還，民遮道留之。(王鏊撰《兵部尚書薛公神道碑》：公名遠，以工部侍郎治河。)
傅澤洪《行水金鑒》卷一百十二		(4) 弘治庚申，高郵諸湖堤久且壞，總督漕運張公敷華為深溝數道以緩湖水。寶應地多平陊，公趣令築隄，隄成而水至。(李東陽撰《都察院左都御史簡肅張公神道碑》：公名敷華，字公實，安福人。天順甲申進士。)
傅澤洪《行水金鑒》卷一百十六		(5) 公始至淮，實漲水殘傷之後。蕭徐邳宿匯為巨川，百姓轉死劫掠者，不可勝數。公奏：蠲夏稅秋糧，發粟振饑，使民應募河工。水落田出，則示有司給牛種，勸樹畜，而淮徐之間稍休息矣。去之日，疾作於途，卒於家。(郭鎜作《連公神道碑》。)

表一千三百四十三

作者/文獻	版本	用　　例
高廷珍 《東林書院志》 卷二十二	清雍正刻本	(1) 姚現聞撰先生《神道碑》云：庚戌春，希孟過錫山，謁高忠憲。聞有事于東林，偕馬世奇兄弟往觀焉。 (2) 黃石齋撰《神道碑》云：在鄉五載，日惟市一蔬。既秉銓歸，四壁蕭然，人稱之曰“氷條先生”。

表一千三百四十四

作者/文獻	版本	用　　例
葛士濬 《清經世文續編》 卷五十二	清光緒石印本	(1) 竊惟崇德報功，神道所以談教；禦災捍患，禮經列於明禋。
葛士濬 《清經世文續編》 卷一百十六		(2) 每賽一次，中國亦必費數十萬金，誠不如自行賽會以導華人之先路而開富國之基。誠能就南方之賽會迎神、北方之廟集趕墟，變通其法，令百工商賈各行各業，自賽其物産，下至家用什物亦羅列於會場，兼行交易。舉紳董為之經理，而不必託諸神道設教，效僧尼之簧鼓，墮巫覡之荒唐。

表一千三百四十五

作者/文獻	版本	用　　例
宮夢仁 《讀書紀數略》 卷二十五	清文淵閣四庫全書本	(1) 至道二絶：御製《趙普神道碑銘》，親為八分書併篆額。
宮夢仁 《讀書紀數略》 卷四十三		(2) 八門（上開八門，飛天法輪。）：生門（仙道）、休門（釋道）、景門（神道）、開門（人道）、死門（鬼道）、杜門（業道）、傷門（地獄道）、驚門（畜生道）。

表一千三百四十六

作者/文獻	版本	用　　例
龔景瀚《澹靜齋詩文鈔》文鈔卷三	清道光二十年恩錫堂刻澹靜齋全集本	(1)《中衛風神廟碑記》：風雲雷雨之祀，不屋而壇，所以達大氣也。……三代以降，人事詳而天事畧矣。其誠不能以上格，則不得不引而近之神也。而事以人使民生其敬畏之心，以致其如在之誠，是亦神道設教之義也。
龔景瀚《澹靜齋詩文鈔》文鈔卷四		(2)《誥授驍騎將軍四川永甯協副將前肅州鎮總兵李公家傳》：公諱述泌，字鄴儒，乾州訓導凌雪公子也。性至孝，幼歲，母張太夫人卒，哭泣如成人。長而奇偉，膂力過人。應童子試，不售。隸固原營爲騎士，匄升斗以養。鎮綏將軍潘公育龍善其騎射，拔補提標把總。遷陝西神道嶺千總，調赴固原。角斧傷人，論抵繫獄。

表一千三百四十七

作者/文獻	版本	用　　例
龔自珍《定盦全集》文集卷上	清光緒二十三年萬本書堂刻本	(1) 資政大夫禮部侍郎武進莊公神道碑銘
龔自珍《定盦全集》續集卷四		(2)《武顯將軍福建海壇鎮總兵官丁公神道碑銘》：乾隆中，國家修大刑於閩島之外，福康安公、海蘭察公先後成大功以去，光於祀典。……以嘉慶二十一年十月初二日，奉公暨陳太夫人合葬於松江細林山祖塋之側。越九年，神道之文未具，鍾傑等以公捍大患而世莫聞，願文章之士發其光，則與載於官書者異日出入必互見。故來乞書於碑。銘曰：告下車者曰：是百戰百勝者丁將軍之墓。再告下車者曰：是百戰百克而無炳炳於時者。三告下車者曰：是將軍之孫鐘傑、鐘琪泣述功烈，有畫於其心，是為史之别子龔氏之言，用卒告闡烈之君子。今年實道光五年。 (3)《贈太子太師兵部尚書兩廣總督謚敏肅涿州盧公神道碑銘》（代阮中堂）：道光十五年季秋九月，兵部尚書、兩廣總督、一等輕車都尉涿州盧公，卒於位。……公諱坤，字靜之，卒年六十有四。配氏某，先公卒。阮元乃銘公之神道。銘曰：涿郡之盧，熠自東漢，時惟范陽。代有偉者，允文允武，大熾於唐。汴宋以降，盧少替夷，俟公而光。……天不俟公，不蘇東南，公也暴亡。凡公所蒞，聖清所覆，禹跡芒芒。我書公勞，十不六七，塞滿九閫。後有式者，天祿辟邪，鬐鬣飛揚。

表一千三百四十八

作者/文獻	版本	用　　例
谷應泰《明史紀事本末》卷五十一	清文淵閣四庫全書本	(1) 洪武初，司業宋濂上《孔子廟堂議》，畧曰：世之言禮者，皆出於孔子。不以禮祀孔子，褻祀也。古者，主人西向，几筵在西也。漢章帝幸魯祠孔子，帝西向再拜。《開元禮》“先聖東向，先師南向，三獻官西向”，猶古意也。今襲開元二十七年之制，遷神南面，非神道尚右之意矣。……今因開元八年之制，摶土而肖像焉，失神而明之之義矣。
谷應泰《明史紀事本末》卷七十五		(2) 四月甲午，固原賊犯耀州，督糧叅政洪承疇合官兵鄉勇萬餘人，圍賊于雲陽，幾覆之，賊乘夜雷雨，潰圍走淳化，入神道嶺。

表一千三百四十九

作者/文獻	版本	用　　例
顧棟高《温國文正公年譜》卷八	民國劉氏求恕齋叢書本	(1) 遼人聞之，敕其邊吏曰：中國相司馬矣，慎無生事開邊隙。(《神道碑》)
顧棟高《温國文正公年譜》卷後		(2) 元祐二年丁卯正月辛酉，葬公于陝西陝州之夏縣涑水鄉。元祐三年戊辰，上敕翰林學士蘇軾撰《神道碑文》。(文繁不錄) (3)《宋史本傳》：公立《神道碑》，帝遣使賜白金二千兩，康以費皆官給，辭不受。不聽。遣家吏如京師納之，乃止。 (4) 秋七月，奪公及呂公著贈謚時，黃履、張商英、上官均、來之邵等交章論司馬光等變更先朝之法，畔道逆理。詔光及公著各追所贈官并謚告，及追所賜《神道碑額》，仍下陝西、鄭州各于逐官墳所拆去官修碑樓，及倒碑磨毀奉敕所撰碑文訖。……監察御史常安民上言：張商英在元祐時，上呂公著詩求進，諛佞無恥，近乃乞毀司馬光、呂公著《神道碑》。周秩爲博士，親定光謚爲文正，近乃乞斲棺鞭尸。陛下察此輩之言，果出于公論乎？ (5) 公曾姪孫作曰：不若横碑作小段而模立之，則龜杏不損，後之人知其異焉。因斲碑而爲四，額一，跋一，共六石。僧法洪率闔邑僧院，咸出貲助之。圓眞又出私帑，于墳院法堂之後，設堂以祀公，置碑石焉，號曰“温公神道碑堂”。(見《通志》。) (6) 明天啟二年壬戌，錢謙益得公石碑于長安肆中，有“記司馬文正公神道碑後”。《記》曰：天啟壬戌，得《司馬文正公神道碑》刻于長安肆中。紙敝墨渝，深加寶重，而又竊怪其不甚行于世也。

表一千三百五十

作者/文獻	版本	用　　例
顧復 《平生壯觀》 卷四	清鈔本	(1) 歐陽玄（號圭齋，自稱平心老人）:《札》與季野作《清獻公神道碑文》。

表一千三百五十一

<table>
<tr><th>作者/文獻</th><th>版本</th><th>用　　例</th></tr>
<tr><td>顧廣圻
《思適齋集》
卷五</td><td rowspan="2">清道光二十九年徐渭仁刻本</td><td>(1) 安得不顯示靈異拯度，橫枉如此耶? 未足以神道設教。依託附會，致疑也。</td></tr>
<tr><td>顧廣圻
《思適齋集》
卷十六</td><td>(2) 跋任令則神道碑
(3) 予既不能爲讀碑之難，不得已爲讀志之易，亦覺使我了了。……蓋善應山卽所謂元林神道西北隅，距靈泉寺不遠，碑中詔許還山指斯山也。
(4) 右《唐故太常丞贈諫議大夫溫府君神道碑》，牛僧孺譔，裴潾書，篆額人姓名闕失末署。大和七年歲次（中缺）日戊午建。</td></tr>
</table>

表一千三百五十二

作者/文獻	版本	用　　例
顧廣譽 《學詩詳説》 卷十九	清光緒三年刻本	(1) 神道可以助教，不可以爲教。

表一千三百五十三

作者/文獻	版本	用　　例
顧景星 《白茅堂集》 卷二十五	清康熙刻本	(1)《客言夜行見神鞫虎遂記其事》（二首）：幽冥神道理或有，拷虎為虎神理負。生人負理神自知，三五猫兒巡撿汝。東家寡媪昨失豨，西家少婦無伏雌。躐籬伐屋騁牙爪，瞜瞜白晝行通逵。天生萬物各有命，餵肉飼芻皆分定。貪殘念汝亦天生，每尾捉來一百棍。韅鼻麲地旌豎尾，四劍插斷腰豸豸。黃昬出草天明歸，脫卻毛衣為道士。生靈入口天曹知，誰堪恣噬任爾為。酒樓上梯血在脜，天符鎖取歸幽司。神燈照鞭撲磡下，明日林間毛血灑。犢豚放野兒暮樵，前邨鼓聲作春社。

續表

作者/文獻	版本	用　　例
顧景星 《白茅堂集》 卷三十三	清康熙刻本	(2) 王禹玉作《龎潁公神道碑》，龎家酬以杜荀鶴試卷。
顧景星 《白茅堂集》 卷四十		(3)《祭守備朱公文》：蔬茗、香燭、楮錢致祭於清故蘄州衛守備朱公之柩前，而言曰：傷心哉！公乎？世無皦然之明，何取湛然之清？相與揚泥附塗兮，宜公之死而不樂其生。問公何以死，而猝然氣結；問公何以致死，而性直如繩。白璧之琢磨兮，點乎蠅醜；淵游夫清泠兮，而終受制于蝘蜓。傲然委命兮，視不可含；越期俟歛兮，切齒穿齦；須知神道兮，增公一位；遂令世界兮，少此一人。傷心哉！公乎？尚饗。

表一千三百五十四

作者/文獻	版本	用　　例
顧堃 《覺非盦筆記》 卷四	清光緒八年刻本	(1) 石刻有《漢故博士趙傳逢府君神道逢童子碑》，其篆文皆从"夆"。予謂漢儒尚借"逢"爲"逢"，則恐諸"逢"當讀爲"鼉鼓逢逢"之"逢"爾。

表一千三百五十五

作者/文獻	版本	用　　例
顧汧 《鳳池園詩文集》 卷八	清康熙刻本	(1) 光禄大夫工部右侍郎祁公神道碑

表一千三百五十六

作者/文獻	版本	用　　例
顧師軾《吳梅村先生年譜》卷二	清光緒三年太倉吳氏重刻光緒印本	(1) 福建道監察御史贈太僕寺卿謚忠毅李公神道碑銘
顧師軾《吳梅村先生年譜》卷四		(2) 十六年乙亥，五十一歲。六月，鄭（成功）陷鎮江。七月，犯江寗，復犯崇明。春游石公山，秋遊虞山。《少保大學士王文通公神道碑銘》《太僕寺少卿席寗侯墓誌銘》《謝天童孝廉墓誌銘》。 (3)《贈蘇郡副守涪陵陳三石》《贈松郡司李内江王擔四》《贈彭郡丞益甫》《敕贈大中大夫盧公神道碑銘》。

表一千三百五十七

作者/文獻	版本	用　　例
顧嗣立《元詩選》初集卷三十五	清文淵閣四庫全書本	(1)《和張仲舉清溪夜行》：溪上人家溪樹青，溪行野客思冥冥。月光蕩水遊魚出，屐齒穿沙（一作"花"）宿鴈（一作"鳥"）醒。蔓草古陵神道没，楓林夜火鬼祠靈。後庭遺曲依然在，商女能歌不忍聽。
顧嗣立《元詩選》二集卷七		(2)《蘆花被》（并序）：（僕過梁山泊，有漁翁織蘆花為被。僕尚其清，欲易之以綢者。翁曰：君尚吾清，願以詩輸之。遂賦，果却綢。）採得蘆花不涴塵，翠蓑聊復藉為裀。西風刮夢秋無際，夜月生香雪滿身。毛骨已隨天地老，聲名不讓古今貧。青綾莫為鴛鴦妒，欸乃聲中別有春。（歐陽玄撰《貫雲石神道碑》云：雲石嘗過梁山濼，見漁父織蘆花絮為被，愛之，以綢易被。漁父見其貴易賤，異其為人。陽曰：君欲吾被，當更賦詩。公援筆立成，竟持被徃。詩傳人間，號蘆花道人。公至錢唐，因以自號。）
顧嗣立《元詩選》三集卷九		(3)《謝見心上人》（并序）：（至正乙巳秋八月，訪見心禪師于定水。出翰林歐、虞諸公徃來詩文，皆當代傑作也，歎賞久之。因語及同年鼎實監州將挈家赴任，客死于鄞，貧不能喪。見心買山以葬，使其存歿皆有所託。感其高義，因成一律以謝。）名山登覽意舒徐，不覺留連七日餘。童僕飽餐香積飯，主賔閒閱翰林書。買山葬友開神道，度子為僧奉母居。方外高風敦薄俗，同年感激更何如？
顧嗣立《元詩選》三集卷十		(4) 宋濂《神道碑》載子男五人，其二則禮與完。國珍病亟時，授官以慰之者；其三曰本則、安則。未知此五人者，孰為明敏者也。

表一千三百五十八

作者/文獻	版本	用　　例
顧文彬 《過雲樓書畫記》 卷二	清文淵閣四庫全書本	(1)《虞文靖眞書劉垓神道碑銘墨蹟卷》，烏絲闌眞書百七十九行，行八字，首署“大元故奉國上將軍行中書省參知政事廣東道宣慰使都元帥劉公神道碑銘”，翰林待制、儒林郎兼國史院編修官虞集撰并書。
顧文彬 《過雲樓書畫記》 卷六		(2)是冬十二月十二日，諸子奉公及李碩人柩合葬，而以側室徐、姚、沈諸碩人祔焉。(公及李碩人《墓誌銘》，李霨撰。《神道碑》，宋德宜撰。徐碩人《墓誌銘》，汪琬撰。姚碩人《墓誌銘》，黄與堅撰。沈碩人《墓誌銘》，熊賜履撰。時九子生母徐碩人尚在焉。)

表一千三百五十九

作者/文獻	版本	用　　例
顧炎武 《音學五書》 易音 卷二	清文淵閣四庫全書本	(1)觀：觀天之神道，而四時不忒（二十五德）。聖人以神道設教，而天下服（蒲北反）矣。
顧炎武 《音學五書》 卷一		(2)今蒲城縣有《鄎國長公主神道碑銘》，張説作，玄宗御書。有曰：皇皇睿宗，一變萬邦。挺生淑媛，慈和孝恭。清矑如神，娥眉無雙。邸第立官，湯沐建封。 (3)《隋書・于仲文傳》：明斷無雙有于公。唐張説《鄎國長公主神道碑銘》見上。 (4)石刻有《漢故博士趙傳逄府君神道逄童子碑》，其篆文皆从“夆”。《魏元平碑》有“逄牧”，《孔宙碑陰》有“逄祈”，此有“逄信”，亦不書作“逢”。予謂漢儒尚借“鼇”為“逄”，則恐諸“逄”當讀為“鼉鼓逄逄”之“逄”爾。
顧炎武 《音學五書》 唐韻正 卷九		(5)春秋以前未有名官府為寺者，其言寺皆閹寺也。以此見《説文》亦有不可盡信者也。……唐時，此音未泯。故韓愈《許國公神道碑銘》有曰：上之宅憂，公讓太宰；養安蒲坂，萬邦絶等。

續表

作者/文獻	版本	用　　例
顧炎武 《音學五書》 唐韻正 卷十四	清文淵閣四庫全書本	(6) 豫：《彖傳》：天地以順動，故日月不過，而四時不忒。聖人以順動，則刑罰清而民服。觀：《彖傳》：觀天之神道，而四時不忒。聖人以神道設教，而天下服矣。
顧炎武 《音學五書》 唐韻正 卷十五		(7) 晉陸機《遂志賦》：簫綢繆於豐沛，故攀龍而先躍。陳頓委於楚魏，亦凌霄以自濯。伍被刑而伏劍，魏和戎而擁樂。彼殊塗而竝致，此同川而偏溺。禍無景而易逢，福有時而難學。唐張説《和麗妃神道碑銘》：帝妃佐后，實掌陰教。八月選才，千金聘貌。禮獻絲繭，詩修澣濯。婦政可尊，嬪風胥效。
顧炎武 《音學五書》 唐韻正 卷十九		(8) 晉陸雲《王羊二公詩》：惟常思庸，大興光迪。聖敬逺躋，神道玄邈。思媚三靈，誕膺天篤。嘉命既辱，王人言告。
顧炎武 《天下郡國利病書》	稿本	(9) 按：經國之制，築土為城，鑿塹為隍，以其設險，固國有神道焉。故自唐宋以來，相因致祭，然本以義起，非古典也。 (10) 洪武五年夏四月，鄧愈、沐英等征西番，分兵爲三路，并力齊入番部，抵川藏，覆其巢。西至昆侖山，斬首八千級，俘男女一萬名口，馬五千，牛羊十三萬，番人震懾。願求内附，附封其酋僧爲法王佛子，隨俗以神道設教，後更馭以茶馬，畨遂受羈。
顧炎武 《日知録之餘》 卷三	清宣統二年吳中刻本	(11) 城隍神：《鳳陽縣誌》：洪武元年，各處城隍，皆有監察司民之封侯，府曰公，州曰侯，縣曰伯，且有制詞。蓋其時皇祖尚未有定見。三年，乃正祀典，詔天下城隍神主，止稱某府神、城隍之神、某州城隍之神、某縣城隍之神。前時爵號，一切革去。未幾，又令各處城隍廟内屏去閒雜神道。城隍神舊有泥塑像在正中者，以水浸之。……習俗之難移，愚夫之難曉，遂使皇祖明訓，託之空言，可罪也哉！
顧炎武 《金石文字記》 卷一	清文淵閣四庫全書本	(12)《嵩山太室神道石闕銘》，八分書。元初五年四月。今在登封縣中嶽廟南百餘步。 (13) 其文曰：(闕) 開母廟 (闕) 神道闕。時太守 (闕) 朱寵、丞零陵泉陵薛政、五官椽陰林、户曹史夏效、監椽陳修長西河圜陽馮寶、丞漢陽冀秘俊、廷椽趙穆、户曹史張詩、將作椽嚴壽伍左福。(已上題名) (14)《少室神道石闕銘》，篆書。今在登封縣西十里邢家舖西，距少室山尚十餘里，當是漢時廟在其地。 (15) 三月三日，郡陽城縣興治神道。

續表

作者/文獻	版本	用　　例
顧炎武《金石文字記》卷二	清文淵閣四庫全書本	(16) 敬德，名恭。考許敬宗所作《神道碑》及本傳，竝無鎮幽州事，亦不當列於宮官之下也。
顧炎武《金石文字記》卷三		(17)《明徵君碑》，高宗御撰，高正臣書。上元三年四月。今在上元縣棲霞寺。唐有兩上元，此云景子者，高宗號也。《舊唐書·明崇儼傳》：累遷正諫大夫，特令入閣供奉。崇儼每因謁見，輒假以神道，頗陳時政得失，帝深加允納。 (18) 按：《舊唐書·蘇頲傳》：玄宗欲於靖陵建碑，頲諫曰：自古帝王及后，無《神道碑》。若靖陵特建，則祖宗之陵皆須追造。玄宗乃止。《韋湊傳》，語亦同。靖陵者，玄宗母昭成后竇氏之葬也。然則唐之高祖、太宗皆無碑矣！順陵之有碑，蓋武后剏為之，而乾陵之有碑，則中宗踵為之乎？
顧炎武《金石文字記》卷四		(19)《竇居士神道碑》，李邕撰，段清雲行書。天寶六載。今在咸陽縣。
顧炎武《金石文字記》卷五		(20)《晉王墓二殘碑》，正書。朱彝尊跋曰：代州柏林寺東晉王李克用墓斷碑二。其一曰"唐故左龍武軍統軍檢校司徒贈太保隴西李公神道之碑"。文曰：公諱國昌，字德興，今為隴西沙陀人。偉姿容，善騎射，蓋克用之父朱邪赤心也。其一曰"唐故使持節代州諸軍事代州刺史李公神道之碑"。文曰：公即太保之次子也。
顧炎武《肇域志》卷四	清鈔本	(21)《陵墓山陵考》：吳大帝陵，在鐘山南八里，舊名孫陵亭。晉十一陵，俱上元縣境內，惟安帝起墳，餘皆不可辨。宋武帝葬初寧陵，文帝葬長寧陵，俱在蔣山。孝武帝葬景寧陵，在上元縣南岩山之陽。陳高祖萬安陵，在府城東二十五里，名陵里。《上元志》：吳大帝陵，在鐘山陽，今名孫陵，岡上有步夫人墩，墩側即冢地。晉元帝建平陵、明帝武平陵、成帝興平陵、哀帝安平陵，並在雞鳴山，皆不起墳。穆帝永平陵，在幕府山西。唐帝崇平陵、孝武帝隆平陵、安帝休平陵、恭帝坤平陵，並在鍾山。宋武帝初寧陵，在鍾山。文帝長寧陵，與初寧近。明帝高寧陵，在幕府山陽。陳高祖萬安陵，在城東三十五里，舊名陵里，又曰天子林。古彭城驛側，石獸尚存，今呼石馬衝。文帝永慶陵，在陵山南、雁門山北。中山徐武寧王墓，在鍾山西即古草堂寺基，有御製《神道碑》。開平常忠武王墓、岐陽李武靖王墓，在鍾山陰。蘄國公康茂才墓，在幕府山。江國公吳良墓、海國公吳禎墓、滕國公顧時墓、許國公王志墓，並在鍾山陰。

續表

<table>
<tr><th>作者/文獻</th><th>版本</th><th>用　例</th></tr>
<tr><td>顧炎武
《肇域志》
卷十</td><td rowspan="6">清鈔本</td><td>(22) 大同十年，武帝幸蘭陵，謁建陵，有紫雲覆陵上，食頃乃散。帝望陵流涕，所沾草皆變色，陵旁有枯泉，至是流水香潔。碑二，某一在陵門，題曰“太祖文皇帝之神道”，字畫反正相對。今陵所一碑，巋然高聳，乃八分書，甚有古意。</td></tr>
<tr><td>顧炎武
《肇域志》
卷十三</td><td>(23) 吳越文穆王墓，在龍山之南原。和凝撰《神道碑》。忠獻王墓，在龍山之南原。太常卿張昭撰《神道碑》。
(24) 春時進香人以巨萬計，捨貲如山，一步一拜，即婦女亦多渡海而往者。俗傳洋裏蓮花、洞中燈火與魚籃、鸚鳥倏忽雲端，雖不可盡信，然就近日龍二守之囈語，要不可謂無鬼物其間，是亦神道顯化，難以常理測。</td></tr>
<tr><td>顧炎武
《肇域志》
卷三十一</td><td>(25) 又曰：鹿門山，舊名蘇嶺山。建武中，襄陽侯習郁立神祠於山，刻二石鹿夾神道口，俗因謂之鹿門廟，遂以廟名山也。</td></tr>
<tr><td>顧炎武
《肇域志》
卷三十四</td><td>(26) 渭河，在州南四十里，東流至朝邑，入黄河。渭田，在沙苑南，渭河北，宇文泰戰地。羌白鎮西有《唐鄭國公王仁政墓神道碑》，張說撰文，明皇御書。
(27)《三輔故事》曰：桂宫在未央宫北，周匝十餘里，中有光明殿，走狗臺，土山復道，横北度，從宫中西上城，至建章神道臺。</td></tr>
<tr><td>顧炎武
《肇域志》
卷三十七</td><td>(28)《長安志》《雍大記》又載：後魏孝武帝陵，在富平東南二十五里。今陵在渭南縣廣原，此訛傳耳。學宫内有《唐臨淮郡王李光弼神道碑》，顏眞卿撰文。其書行草，姓名剥落，不知何人。《唐輔國大將軍義陽郡王苻璘神道碑》，柳公權書。</td></tr>
<tr><td>顧炎武
《肇域志》
卷三十九</td><td>(29) 岐陽城，在縣西北十五里，即周太王舊國。有《神道碑》，在柳店鋪西。</td></tr>
<tr><td>顧炎武
《亭林詩文集》
卷之四</td><td>四部叢刊景清康熙本</td><td>(30) 張說《隴右節度大使郭知運神道碑銘》：河曲廻兵，臨洮舊防。手握金節，魂沈玉帳。千里送喪，三軍悽愴。</td></tr>
</table>

續表

作者/文獻	版本	用　例
顧炎武 《亭林詩文集》 卷之五	四部叢刊景清康熙本	(31)《聖慈天慶宫記》：泰山之西南麓有宋天書觀，大中祥符年間建。後廢爲碧霞元君之宫，前一殿奉元君。萬歷中，尊孝定皇太后爲九蓮菩薩，構一殿於元君之後奉之。崇禎中，尊孝純皇太后爲智上菩薩，復構一殿於後奉之。乃更名曰聖慈天慶宫，而按察使左佩玹爲之碑。宫成於十七年之三月，神京淪喪，即此月也。竊惟經傳之言曰：爲之宗廟，以鬼享之。又曰：爲天子父，尊之至也。孔子論政必也正名。昔自明太祖皇帝之有天下也，命嶽瀆神祇竝革前代之封，正其稱號。而及其末世，至以天子之母，太后之尊若不足重，而必假西域胡神之號以爲崇，豈非所謂國將亡而聽於神者耶？然自國破以後，宗廟山陵之所在，樵夫牧豎且或過而慢焉，而此二殿獨以託於泰山之麓，元君之宫，焚香上謁者無敢不合掌跪拜，使正名之曰皇太后，固未必其能使天下之人虔恭敬畏之若此。是固大聖人之神道設教，使民由之而不知者乎？其與宋之託天書以夸契丹者，相去遠矣。以其事爲國史之所不及載，故序而論之，俾後之人有以覽焉。
顧炎武 《日知録》 卷十五	清乾隆刻本	(32) 韓退之《豐陵行》曰：臣聞神道尚清静，三代舊制存諸書。墓藏廟祭不可亂，欲言非職知何如。蓋深非之也，若明代之制，無車馬，無宫人，不起居，不進奉，亦庶幾得禮之中者與？古人于墓之禮，但有奔喪、去國二事。
顧炎武 《日知録》 卷二十三		(33) 韓文公作《王仲舒神道碑文》云：王氏皆王者之後，在太原者為姬姓，春秋時，王子成父敗狄有功，因賜氏。此語卻有斟酌。 (34) 韓退之《辯諱》本為二名嫌名立論，而其中治天下之“治”卻犯正諱。蓋元和之元，高宗已祧，故其潮州上表，曰“朝廷治平日久”，曰“政治少懈”，曰“巍巍治功”，曰“君臣相戒，以致至治。”舉張行素曰“文學治行眾所推”，《平淮西碑》曰“大開明堂，坐以治之。”《韓弘神道碑銘》曰“無有外事，朝廷之治。”惟《諱辯》篇中似不當用。 (35) 石晉《相里金神道碑》，“民”“珉”二字皆缺末筆。南漢劉岩尊其父謙為代祖聖武皇帝，猶以“代”字易“世”。
顧炎武 《日知録》 卷二十四		(36) 人臣稱太漸。《列子》：季梁得疾，七日大漸。齊王儉《褚淵碑文》：景命不永，大漸彌留。任昉《竟陵王子良行狀》：大漸彌留，話言盈耳。沈約《安陸王緬碑文》：遺疾彌留，欻焉大漸。隋《鷹揚郎將義城子梁羅墓誌》：大漸之期，春秋六十有一。唐王紹宗為其兄玄宗臨終口授銘：吾六兄同人見疾，大漸惟幾。盧藏用《蘇許公環神道碑文》：大漸之始，遺令遵行。

續表

作者/文獻	版本	用　　例
顧炎武《日知録》卷三十	清乾隆刻本	(37)《南齊書・李安民傳》：大守到郡，必須把以軛下牛。安民奉佛法，不與神牛，著屐上聽事，又於廳上八關齋，俄而牛死，安民亦卒，世以神為祟。……而梓潼二郎、三官、純陽之類以後出，而反受世人之崇奉。關壯繆之祠至遍于天下，封為帝君。豈鬼神之道亦與地為代謝合乎？應助言：平帝時，天地大宗已下及諸小神凡千七百所，今營寓夷泯，宰器闕亡，蓋物盛則衰，自然之道，天其或者欲反本也。而《水經注》引吳猛語廬山神之言，謂神道之事亦有換轉。昔夫子答宰我黃帝之問，謂生而民得其利百年，死而民畏其神百年，廣而民用其教百年，故曰黃帝三百年。烈山氏之子曰柱，食于稷，湯遷之而祀棄。以帝王神聖且然，則其他人鬼之屬又可知矣。
顧炎武《昌平山水記》卷上	清遂初堂刻本	(38) 大石橋正北二里有石橋五空，又二里至長陵殿門神道，自嘉靖十五年世宗謁陵，始命以石甃，今稍殘缺。自大紅門以内，蒼松翠栢無慮數十萬株，今翦伐盡矣。
顧炎武《顧亭林先生詩箋注》卷一	清光緒二十三年徐氏味静齋刻本	(39) 庾信《齊王憲神道碑》：斗建麾兵，天離轉戰。 (40) 全祖望《鮚埼亭集》《先生神道表》：於是先生方應崑山令揚永言之辟，與嘉定諸生吳其沆及歸莊共起兵。
顧炎武《顧亭林先生詩箋注》卷三		(41) 全祖望《鮚埼亭集》《先生神道表》：次年，閩中使至，以職方郎召，欲與族父延安推官咸正赴之，念太夫人未葬，不果。先生有《顧氏譜系考》。
顧炎武《顧亭林先生詩箋注》卷四		(42)《鮚埼亭集》《先生神道表》：幾與吳勝兆之禍，更欲赴海上，道梗不前。 (43) 山下蘄王宋時墓，屹然穹碑鎮山路。(《蘇州府志》：韓蘄王墓，在靈巖山西麓。紹興二十一年十月葬，敕使徐伸護其事，吳長洲二縣令奔走供役。孝宗御題《神道碑》云"中興佐命定國元勳之碑"。) (44) 全祖望《先生神道表》：每念馬伏波、田疇皆從塞上立業。欲往代北。

續表

作者/文獻	版本	用　　例
顧炎武《顧亭林先生詩箋注》卷六	清光緒二十三年徐氏味静齋刻本	(45) 其外有穹碑，巍然當御路。文自成祖為，千年繫明祚。(《明史・志禮十四・謁祭陵廟》：有聖蹟碑亭。諸陵碑俱設門外，率無字。長陵迤南有總神道，有石橋，有石像人物十八對，擎天柱四，石望柱二。長陵有《神功聖德碑》。) (46)《江甯府志》：《開平忠武王常遇春神道碑》，宋濂撰。在鍾山。 (47)《鮚埼亭集》《神道表》：先生橋居神烈山下，徧游沿江一带，以觀舊都畿輔之勝。 (48) 又王洙《范文正公神道碑》：慨然有志於天下，常自誦曰：士當先天下之憂而憂，後天下之樂而樂也。其事上遇人，一以自信。 (49)《鮚埼亭集》《先生神道表》。曲周路舍人澤溥者，故相文貞公振飛子也，僑居洞庭之東山，識兵備使者，乃為愬之，始得移訊松江而事解。於是先生浩然有去志。 (50)《易・同人卦》《程傳》：以中正之道相應，乃君子之正道也。《先生神道表》：獄口急，有為先生求救於某公者，某欲先生自稱門下而後許之，其人知先生必不可，而懼失某公之援也，乃自書一刺與之，先生聞之，急索刺還，不得，列揭於通衢以自白。某公亦笑曰：甯人之卞也！
顧炎武《顧亭林先生詩箋注》卷七		(51) 全祖望《先生神道表》：於書無所不窺，尤留心經世之學。其時四國多虞，太息天下乏材以至敗壞。自崇禎己卯後，歷覽《二十一史》《十三朝實錄》、天下圖經、前輩文編說部，以至公移邸抄之類，有關於民生之利害者隨錄之。旁推互證，務質之今日之可行，而不為泥古之空言，曰《天下郡國利病書》。
顧炎武《顧亭林先生詩箋注》卷八		(52) 全祖望《先生神道表》：凡先生之游，以二馬二騾載書自隨。所至扼塞，即呼老兵退卒，詢其曲折；或與平日所聞不合，則即坊肆中發書而對勘之。或經行平原大野，無足留意，則於鞍上默誦諸經注；於有遺忘，則於坊肆中發書熟復之。
顧炎武《顧亭林先生詩箋注》卷九		(53)《娚炯高君神道碑》：三光不墜。 (54) 金祖望《先生神道表》曰：是還往河北諸邊塞者幾十年。丁巳，六謁思陵，始卜居陝之華陰。初先生徧觀四方，其心耿耿未下。

續表

<table>
<tr><th>作者/文獻</th><th>版本</th><th>用　　例</th></tr>
<tr><td>顧炎武
《顧亭林先生詩箋注》
卷十</td><td rowspan="5">清光緒二十三年徐氏味静齋刻本</td><td>(55)《鮚埼亭集》《先生神道表》：戊戌，徧游北都諸畿，出山海關，歸至昌平，謁長陵以下。次年再謁。又念江南山水有未盡者，復歸，六謁孝陵。東游至會稽。次年，復北謁思陵。
(56)（徐譜）《神道表》云：訝謁長陵。念江南山水有未盡者，復歸，六謁孝陵。</td></tr>
<tr><td>顧炎武
《顧亭林先生詩箋注》
卷十三</td><td>(57)《文苑・張九皋神道碑》：餘慶遺芳，襲於令嗣矣。</td></tr>
<tr><td>顧炎武
《顧亭林先生詩箋注》
卷十五</td><td>(58) 華山有地堪作屋，相與結伴除荆榛。（《先生神道表》：思卜居陜之華陰。謂：秦人慕經學，重處士，持清議，實他邦所少。）</td></tr>
<tr><td>顧炎武
《顧亭林先生詩箋注》
卷十六</td><td>(59)《神道表》：諸公争欲致之，先生預令門人之在京者辭曰：刀繩具在，無速我死！
(60) 潘耒重刻古本《廣韻》序云：先師顧亭林先生深明音學，實始表章此書神道。衮先生最精韻學，能據遺經以正六朝、唐人之失，據唐人以正宋人之失。欲追復三代以來之音，分部正袟，而究其所以不同，以知古今音學之變，其自吳才老而下廓如也，則曰《音學五書》。
(61) 全祖望《神道表》云：立從孫洪慎以承其祀。</td></tr>
<tr><td>顧炎武
《顧亭林先生詩箋注》
卷十七</td><td>(62) 先生《金石文字記》有《嵩山太室神道石闕銘》云：在登封縣中岳廟南百餘步。又有《少室神道石闕銘》云：在登封縣西十里邢家鋪西，距少室山尚十餘里。
(63)《先生神道表》：乙未春出關，觀伊洛，歷嵩少，曰五嶽游其四矣。
(64) 全祖望《先生神道表》：其幽隱莫發，數十年靡訴之衷，曾不得快然一吐，而使後起少年，推以多聞博學，其辱已甚，安得不掉首故鄉，甘於客死！噫，可痛也！斯言也，其足以表先生之墓矣夫。其銘曰：先生兀兀，佐王之學。雲雷經綸，以屯被縛。渺然高風，廖天一鶴。重泉拜母，庶無愧怍。</td></tr>
</table>

表一千三百六十

作者/文獻	版本	用　　例
顧有孝 《明文英華》 卷十	清康熙傳萬堂刻本	(1) 王景撰《黔寧神道碑》云：王薨之明年，塑像功臣廟，勑太常，祀以大牢。令二十年位次已宅，則黔寧之塑像何以待其薨之明年耶? (2) 黃宗羲《天津巡撫馮留仙神道碑》云：公諱元颺，字言仲，别號留仙，慈谿人。崇禎戊辰進士。由禮部郎備兵蘇松時，烏程以事訐錢侍郎謙益，方得於上。

表一千三百六十一

作者/文獻	版本	用　　例
顧于觀 《澥陸詩鈔》 卷五	清乾隆四年汪頎刻本	(1)《讀司馬温公神道碑》：誠至物胥應，君民戎夏間。仰公似冬日，行我入春山。信任孚三德，精靈動八蠻。當其謝樞蜜，居洛意何閑。

表一千三百六十二

作者/文獻	版本	用　　例
顧宗泰 《月滿樓詩文集》 悼亡集古今體	清嘉慶八年刻本	(1) 白髮新添客緒悲，扇疑千古怨南箕。西風黃菊誰揮淚，片石空留東海碑。(《翰府名談》《後主詩》：鬓從今日新添白，菊是去年依舊黃。《通鑑》：煜卒，詔侍臣撰《神道碑》。有與徐鉉爭名欲中傷之者，奏曰：知李煜事迹，莫若徐鉉。帝未悟，遂詔鉉，鉉請對而泣曰：臣舊侍李煜，陛下容臣存故主之義，乃敢奉詔。帝始悟讓者之意，許之。故鉉之爲碑，但推言歷數有盡，天命有歸而已。)

表一千三百六十三

作者/文獻	版本	用　　例
官獻瑶 《石溪讀周官》 卷三	清道光二十五年刊本	(1) 以祠，春享先王；以禴，夏享先王；以嘗，秋享先王：以烝，冬享先王。(以神道事先，則有薦腥之禮；以人道事先，則有薦熟之禮。宗廟之祭，備此二大節而隆殺，由之以分，故先舉之。而以四時之祭，明之言其所以享先王者，即以肆獻祼享之、以饋食享之也。)

表一千三百六十四

<table>
<tr><th>作者/文獻</th><th>版本</th><th>用　　例</th></tr>
<tr><td>官修
《蒙古源流》
卷二</td><td rowspan="6">清文淵閣四庫全書本</td><td>(1) 我乃持行菩提心之人，不能制服鬼怪。若不先將本地鬼怪、土神滅除，何能安建廟宇？欲降此等，惟烏迪雅納國之巴特瑪繖、巴斡師驅遣。世界中神道、羅刹、八部、精靈、鬼怪無異奴隸，乃深通密咒得道之至人。師若肯來，則鬼怪可以滅除。</td></tr>
<tr><td>官修
《清通典》
卷四十一</td><td>(2) 大學士等奏言：郊祀前一日，皇上先期莅齋宮，乘步輦入自西天門，由齋宮南御禮轎至神道西降輿，步入琉璃左門，詣皇穹宇上香。
(3) 祀日，皇上自齋宮乘步輦，行至神道西階下幄次相對處降輦，升階，由櫺星左門步入。
(4) 祀日，皇上自齋宮乘輦，至東北甬道適中處，御禮轎至南磚城門外神道西降輿，由左門步入，就幄次。</td></tr>
<tr><td>官修
《清通典》
卷七十二</td><td>(5) 潼關協副將一人（駐劄潼關廳），中軍都司一人，千總二人，把總四人，兵六百一名。神道嶺遊擊一人（駐劄韓城縣），千總一人，把總一人，兵一百四十九名。</td></tr>
<tr><td>官修
《清通典》
卷九十八</td><td>(6) 禮部議覆：蘇祿國東王巴都噶叭哈答殁，謚恭定，長子都馬含歸國襲封。次子安都祿，三子溫哈喇，留居守塋，其子孫以祖名分為安、溫二姓。今該國陳詞懇切，應如所請。飭查王墓所有神道享亭、牌坊，修理整飭，於安、溫二姓中各遴一人給頂戴。永為例。</td></tr>
<tr><td>官修
《題畫詩》
卷五十四</td><td>(7)《觀文正像用贈傳神道士韻》（宋王十朋）：天然形貌寫何難，難得靈臺上筆端。朋黨論興三黜日，不知誰作正人看。</td></tr>
<tr><td>官修
《清文獻通考》
卷九十三</td><td>(8) 考之《唐開元禮》，先期升主陳設，省視復收。朕思因省視而陳設神主，有違神道靜穆之義，未協寅恭嚴事之誠，應於躬省皇穹宇、皇祇室、皇乾殿，上香行禮。分獻官詣配殿行禮，肅將悃忱以伸對越。但事屬剏舉，着大學士會同該部，詳悉定議。并躬詣壇位後親視籩豆之處，具儀以聞。尋遵旨，具儀奏上，舉行如儀。（詳見《儀注》。）</td></tr>
</table>

續表

<table>
<tr><th>作者/文獻</th><th>版本</th><th>用　例</th></tr>
<tr><td>官修
《清文獻通考》
卷九十四</td><td rowspan="6">清文淵閣四庫全書本</td><td>(9) 辨行禮位：第一成午堦上為讀祝、受福胙皇帝拜位。第二成黃幄次為皇帝行禮拜位，北向。……左翼東階西上，右翼西階東上。庭中夾神道，東西為分獻官拜位。……第三成階下記注官四人，立於神道之西。
(10) 乾隆三十七年，遵旨議准郊天。《儀注》：冬至前一日，皇上先期莅齋宮，乘步輦入自西天門，由齋宮南御禮轎至神道西降輿，步入琉璃左門，詣皇穹宇上香。……祀日，皇上自齋宮乘步輦，行至神道西階下幄次相對處降輦，升階，由櫺星左門步入。
(11) 祀日，有司先設幄次於祈年門東間。皇上自齋宮乘輦，至東北甬道適中處，御禮轎由新設門入，至南磚城門外神道西降輿，由磚城左門步入，就幄次。</td></tr>
<tr><td>官修
《清文獻通考》
卷九十五</td><td>(12) 辨行禮位：第一成子階上為讀祝、受福胙皇帝拜位。第二成黃幄次為皇帝行禮拜位，南向。……左翼東位西上，右翼西位東上。庭中夾神道，東西為分獻官拜位。</td></tr>
<tr><td>官修
《清文獻通考》
卷一百二十二</td><td>(13) 大门外奉祀房二十間，石橋二，石坊一，擎天柱二，神道碑一。</td></tr>
<tr><td>官修
《清文獻通考》
卷一百五十一</td><td>(14) 先是三月乙巳，禮部奏言：臣等欽奉上諭，詳察題主禮儀。今考《禮書》，既葬，藏明器，下誌石，復土堅築，乃題主奉神主升車反室。蓋未葬之前，事以生禮；既葬之後，奉以神道。</td></tr>
<tr><td>官修
《清文獻通考》
卷一百五十二</td><td>(15) 東西廡各五間，左右燎爐各一。前為隆恩門五間三門，繚以朱垣。門外東西廂各五間，守護官軍班房左右各三間。前為《神道碑》，備鐫尊謚、廟號，覆以亭，皆繪五采飾金。亭前石橋三，橋左右下馬石牌各二，宰牲亭、神厨、神庫、井亭皆繪采。橋南神路正中龍鳳門門外兩旁班房各三門，文臣、武士及麒麟、獅、象、馬、駝等石象左右序列。前為望柱二，又前石橋一。橋前《聖德神功碑》，覆以崇樓擎天柱，前後各二。神道前為大紅門門三，繪采。</td></tr>
<tr><td>官修
《清文獻通考》
卷一百五十五</td><td>(16) 公主、皇子、福晉謁陵儀：是日，啟陵寢門，公主、福晉至下輿處下輿，本陵女官二人導引，由神道西進隆恩門右門，至陵寢門外，虛中位，於右旁行六肅三跪三叩禮。</td></tr>
</table>

續表

作者/文獻	版本	用　　例
官修《清文獻通考》卷一百八十八	清文淵閣四庫全書本	(17) 潼關協副將一人（駐劄華陰縣，兼轄神道嶺、商州城守、金鎖關、長武、邠州、關山六營），中軍都司一人，千總二人，把總四人，兵六百七十一名，兼轄神道嶺營遊擊一人。 (18) 十二年，設神道嶺營遊擊以下將領四人，兵二百七十名。設鎮海營遊擊以下將領六人，兵六百三十名。 (19) 四十七年，裁潼關營參將，復設潼關協副將，改原屬西鳳協之。神道嶺遊擊以下將領四人，兵二百七十名。……又改原屬神道嶺之金鎖關營都司、把總各一人，兵二百五十二名，歸商州城守營兼轄。 (20) 移神道嶺營把總一人、甘肅提標中營把總一人、河州鎮標左營把總一人、馬營墩把總一人，俱改為烏嚕木齊右營把總。
官修《大清會典則例》卷八十五		(21) 二十六日，禮部奏稱：欽奉上諭，詳考題主禮儀。今按《禮書》，既葬，藏明器，下誌石，復土堅築，乃題主奉神主升車反室。蓋未葬之前，事以生禮；既葬之後，奉以神道。
官修《大清會典則例》卷九十四		(22) 蘇祿國遠隔重洋，久未通貢。從前該國王墳墓，本朝額設春秋二祭，久載山東祀典。至雍正五年，該國王奉表進貢。今復奏請伊祖東王墳墓以及子孫在德州地方，懇請整理賞給。應令山東巡撫，轉飭該地方官，清釐墓址，並神道、享亭、牌坊等項，估計修葺，準其支用錢糧，造册報銷。仍令伊孫安汝奇、温崇楷立為族長，看守墳墓。至該國王請復給子孫月糧薪帛之處，久經停止，不必更給。
官修《大清會典則例》卷一百十二		(23) 潼關協副將一人，（駐劄華陰縣，兼轄神道嶺、商州城守、金鎖關三營。）中軍都司一人，千總二人，把總四人，兵七百十有七名。神道嶺游擊一人（駐劄韓城縣），千總一人，把總二人，兵二百五十五名。
官修《大清會典則例》卷一百三十七		(24) 一神道碑亭：昭西陵，廣二丈七尺，縱如之，檐高丈七尺。內碑高一丈八尺五寸，廣六尺三寸，厚二尺八寸。龍趺，長一丈五尺五寸，高五尺二寸。孝陵、景陵、泰陵同，孝賢皇后陵寢同（碑不鐫字）。 (25) 一石橋：孝陵，七洞、五洞橋各一，三洞橋三，均在龍鳳門以內，陵寢門內外平橋各一。孝東陵，三洞橋一，在隆恩門前。景陵三洞橋三，在神道碑亭前。泰陵，大紅門前五洞橋一，龍鳳門外七洞橋一，平橋一，神道碑亭前三洞橋三。孝賢皇后陵寢，望柱前五洞橋一，碑亭前一洞橋一，大門前三洞橋三，陵寢門外一洞橋三。

續表

作者/文獻	版本	用　例
官修 《大清會典則例》 卷一百三十七	清文淵閣四庫全書本	(26) 一下馬石牌：昭西陵，高一丈三尺六寸，廣三尺四寸，厚一尺四寸。在神道碑亭前，東西相距五十丈。孝陵，紅門外石坊前東西各一，神道碑亭前東西各一，高廣厚同上。景陵，與昭西陵同。泰陵，大紅門前二，神道碑亭前二。孝賢皇后陵寢，神道碑亭前東西各一，高廣厚同。 (27) 一神道：孝陵，自大紅門達龍鳳門，越一洞橋、七洞橋、五洞橋至神道碑，中為孝陵，東為孝東陵。 (28) 泰陵，自大紅門越七洞橋，達龍鳳門，經三洞橋，至神道碑，為泰陵。
官修 《清通志》 卷三十六		(29) 考之《唐開元禮》，先期升主陳設，省視復收。朕思因省視而陳設神主，有違神道靜穆之義，未協寅恭嚴事之忱，應躬詣皇穹宇、皇祇室、皇乾殿，上香行禮。分獻官詣配殿行禮，肅將悃忱以申對越。著大學士會同該部，詳悉定議。
官修 《唐宋詩醇》 卷二十		(30)《青石・激忠烈也》：青石出自藍田山，兼車運載來長安。工人磨琢欲何用，石不能言我代言。不願作人家墓前神道碣，墳土未乾名已滅。不願作官家道傍德政碑，不鐫實錄鐫虛辭。願為叚氏顔氏碑，雕鏤太尉與太師。刻此兩片堅貞質，狀彼二人忠烈姿。義心如石屹不轉，死節如石確不移。如觀奮擊朱泚日，似見叱呵希烈時。各於其上題名謚，一置高山一沉水。陵谷雖遷碑獨存，骨化為塵名不死。長使不忠不烈臣，觀碑改節慕為人。慕為人，勸事君。
官修 《唐宋詩醇》 卷二十八		(31) 方崧卿曰：公陽山之貶，《寄三學士》詩叙述其詳，而《行狀》但云"為幸臣所惡，出宰陽山"，《神道碑》亦只云"因疏關中旱饑，專政者惡之"，則其非為論宫市明矣。
官修 《八旗通志》 卷一百七十六		(32) 上命移荆州兵一千，以雲貴總督鄂善率赴西安，旋諭鄂善移兵守延安，哈占復奏留之。時同州遊擊李師膺倡叛，殺韓城知縣翟世琪，脅神道嶺營卒，聯結蒲城土賊陷延安。 (33) 又言：慶陽協所轄之潼関、商州、神道嶺、金鎖関四營，距慶陽道遠，應歸固原鎮統轄。
官修 《八旗通志》 卷一百九十八		(34) 費雅達，漢軍正白旗人。由鑾儀衛整儀尉，累遷潼關副將。康熙十四年，陝西提督王輔臣叛，應逆藩吳三桂，附賊日衆。費雅達遵旨，招撫郃陽縣神道嶺偽把總雷成金等四百餘名。得旨嘉奨時，漢中尚未恢復。

續表

作者/文獻	版本	用　　例
官修《八旗通志》卷二百三	清文淵閣四庫全書本	（35）又以陝西神道嶺地當險要，宜於潼關各營撥兵五百分駐附近諸處，以資援勦。俱下部議行。十三年三月，引年乞休。上念其宣力多年，勤謹夙著，命加太子太保，以原官致仕。康熙元年七月，卒。賜祭葬如例，以其弟俊襲爵。
官修《八旗通志》卷二百三十六		（36）仰見大公至《墓誌》《墓表》《神道碑》，蔡邕稱平生所作惟《郭有道碑》無愧色，則其他有愧，可知韓愈號剛正不阿。
官修《天禄琳琅書目》卷一		（37）歐陽修《文正王公神道碑銘》：咸平四年，以工部侍郎參知政事，再遷刑部侍郎。景德二年，始遷尚書左丞。
官修《天禄琳琅書目》卷三		（38）又考宋周必大《洪文惠公神道碑銘》載适孫十人，伋奉議郎荆湖南路提舉茶鹽司幹辦公事，未載其知宣州。蓋必大為其祖适作碑銘時，尚在伋守郡前耳。
官修《天禄琳琅書目》卷十		（39）《歐陽先生文粹》（二函十二冊），宋歐陽修著。《文粹》二十卷，《遺粹》十卷。前宋蘇軾《序》，次《宋史本傳》，次蘇轍撰《神道碑》，次韓琦撰《墓誌銘》，次蘇軾、王安石《祭文忠公文》。《文粹》後有宋陳亮《序》。 （40）《南豐先生元豐類藁》（一函八冊），宋曾鞏著。五十卷，附《行狀》《碑銘》一卷。前宋王震《序》。……《宋史本傳》與韓維所作《神道碑》，及今《西江志》所載又稱有《續藁》四十卷。
官修《韻府拾遺》卷四上		（41）鵬垂（庾信《齊王憲神道碑》：中峰岳斷，半海鵬垂。）
官修《韻府拾遺》卷五		（42）滇機（庾信《周太子太保步陸逞神道碑銘》：山連日觀，水枕滇機。當春沙起，開陽柱飛。）
官修《韻府拾遺》卷十六		（43）實肩（姚燧《楊公神道碑銘》：公於明命，實肩實負。乾乾其行，艮艮其守。）
官修《韻府拾遺》卷二十		（44）三禾（楊炯《王公神道碑》：三禾在殿，將拜鄭弘。兩雁隨車，坐悲虞國。）

續表

作者/文獻	版本	用　　例
官修《韻府拾遺》卷三十	清文淵閣四庫全書本	(45) 桂巖（潘徽《韻纂序》：前臨竹沼，却倚桂巖。郭訥將軍《柳公神道碑》：或參桂巖之文雅，或握蘭騎之兵權。）
官修《韻府拾遺》卷三十三		(46) 珠在蚌（杜甫《皇甫妃神道碑》：明珠在蚌，水月鮮白。）
官修《韻府拾遺》卷三十六		(47) 補藻終佇（楊炯《梁公神道碑》：欲昇鴻漸之姿，終佇鶴鳴之問。）
官修《韻府拾遺》卷五十八		(48) 間染（韓愈《許國公神道碑銘》：飛謀鈎謪，以間染我。） (49) 中忝（權德輿《齊成公神道碑》：以德輿夙承湖海之舊，中忝垣掖之屬。）
官修《韻府拾遺》卷七十四		(50) 漢功冠（王安石《蕭公神道碑銘》：蕭氏食酇，漢功之冠。）
官修《韻府拾遺》卷七十六		(51) 補藻睍眴（韓愈《司徒兼侍中中書令贈太尉許國公神道碑銘》：察其嚬呻，與其睍眴。）
官修《韻府拾遺》卷七十七		(52) 左慈釣（《神仙傳》：左慈，少有神道。嘗在曹公座，因銅盤貯水，以竿餌釣千盤中，引一鱸魚出。）
官修《韻府拾遺》卷九十		(53) 無菊（庾信《周柱國大將軍紇干弘神道碑銘》：餘丹有井，澆泉無菊。）
官修《韻府拾遺》卷一百上		(54) 甘澤（《周書·達奚武傳》：高祖勞武曰：比以陰陽愆序，時雨不降，命公求祈。但神道聰明，無幽不燭，感公至誠，甘澤斯應。）
官修《韻府拾遺》卷一百下		(55) 釁隙（《世說補》：姚崇與張說同為宰輔，各懷疑沮。崇病，戒諸子曰：張丞相與吾釁隙甚深。吾没後，來弔，仍以《神道碑》為請。既獲其文，登時録進。）

續表

作者/文獻	版本	用　例
官修《韻府拾遺》卷一百下	清文淵閣四庫全書本	(56) 補藻亘掖（權德輿《齊成公神道碑》：以德輿夙承湖海之舊，中忝亘掖之屬。）
官修《秘殿珠林》卷九		(57) 又劉致跋云：佛滅度後，眾生剛狠自用，莫肯信入。故諸賢聖皆隱不見，惟以像遺世，提引後學，此以神道設教也。
官修《秘殿珠林》卷十五		(58) 此《宋廣平神道碑側記》，用筆挺勁處，又放和緩兼之，真不可及。 (59) 載覽其言，有謂以不忠不孝、不仁不義為惡行，以除邪輔正、救護羣品為善道，深契天道福善禍淫之理，前聖神道設教之意。

表一千三百六十五

作者/文獻	版本	用　例
管同《因寄軒文集》二集卷三	清道光十三年管氏刻本	(1) 吾師於當代公卿，不爲過譽。作《江上攀轅圖記》，但美孫文靖厚於故交；作《王文端神道碑》，數十年宰相一事不書。

表一千三百六十六

作者/文獻	版本	用　例
桂馥《説文解字義證》卷五	清同治刻本	(1)《幽通賦》：尚越其幾。曹大家云：庶幾于神道之幾微。《思元賦》：尚前良之遺風兮。舊注：尚庶幾也。《論衡・别通篇》：孔子之門，講習《五經》。《五經》皆習，庶幾之才也。《吳志・張昭傳》：几在庶幾之流，無不造門。《晉書・王羲之傳》：得漸庶幾。

續表

作者/文獻	版本	用　　例
桂馥 《説文解字義證》 卷四十四	清同治刻本	（2）場，祭神道也。一曰田不耕。一曰治穀田也。從土，昜聲。（直良切。祭神道也者。《史記・文帝紀》：其廣增諸祀壇場。）

表一千三百六十七

作者/文獻	版本	用　　例
郭崑燾 《雲卧山莊詩集》 卷五	清光緒十一年郭氏岵瞻堂刻本	（1）《平反》：平反甯故入，周内轉成寃。誰執盈庭咎，翻推獨坐尊。人心眞莫測，神道亦難論。深夜衣冠會，街衢有笑言。

表一千三百六十八

作者/文獻	版本	用　　例
郭麐 《靈芬館詩話》 卷八	清嘉慶二十一年刻二十三年增修本	（1）余既爲尚書作神道之文，近園復以其兩兄銘幽見屬。循念舊事，泫然記之。

表一千三百六十九

作者/文獻	版本	用　　例
郭尚先 《郭大理遺稿》 卷四	清道光二十五年刻本	（1）修田彭公神道碑

續表

作者/文獻	版本	用　　例
郭尚先 《郭大理遺稿》 卷六	清道光二十五年刻本	(2) 俄而，子晉將賓，維摩示病。三醫技盡，七壯方訛。坦坦天高，莫窺神道。

表一千三百七十

作者/文獻	版本	用　　例
郭嵩燾 《禮記質疑》 卷四	清光緒刻本	(1) 據《儀禮》之文，既葬而虞，以神道事之，而徹朝夕奠矣。喪祭止於虞，卒哭而用，吉祭矣。必無饋食於寢之事，後世誠意不逮於古，而文或過之。 (2) 嵩燾案：《曲禮》：虞而立尸，有几筵。故曰：以虞易奠。虞之名祭，蓋以神道事之，而不復名奠。殷練而祔，則是既葬而仍不廢朝夕奠也。
郭嵩燾 《禮記質疑》 卷八		(3) 嵩燾案：視學養老，命有司祭先師、先聖，先儒多疑之。據《月令》：孟春，命樂正入學習舞。仲春，命樂正習舞，釋菜，天子親往視之。又命樂正入學習樂。季春，大合樂，天子親往視之。季秋，命樂正入學習吹。季冬，大合吹，天子再視學。而習舞、釋菜、習樂、習吹皆掌之樂正，蓋周立四學。瞽宗，殷學也，亦謂之西學。《大學》：正祭於瞽宗，取神道尚右之義。
郭嵩燾 《禮記質疑》 卷九		(4)《特牲禮》：尊於戶東，元酒在西。《少牢禮》：司宮尊兩甒於房戶之閒，甒有元酒。……蓋神道尚右。 (5) 聖人示人以孝敬，而有祭享；引而近之，使人反其所自始。故曰：聖人以神道設教，而天下服矣。 (6) 嵩燾案：蓍龜、祭祀二，昔禮之大端。聖人重之，非專言卜筮之用。聖人以神道設教，蓍龜以決人事之歟？祭祀以昭人心之信，薦其牲幣，致其精誠，而制度等差於以辨焉。
郭嵩燾 《禮記質疑》 卷十一		(7)《特牲饋食禮》：祝迎尸於門外，尸入門左。《少牢饋食禮》：祝出迎尸廟門外，尸入門左。升自西階，主人升自阼階。神道尚右，故尸次在廟門外西。索祭於祊，亦必自門西。 (8) 嵩燾案：《祭義》：建設朝事，燔燎羶薌，見以蕭光，以報氣也。此云焫蕭，正與《祭義》合，蓋朝事也。《祭禮》：朝踐薦腥，猶神道也。饋事薦熟，乃始事以人道求陰、求陽、求神也。

續表

作者/文獻	版本	用　　例
郭嵩燾 《養知書屋集》 文集卷十九	清光緒十八年刻本	(9)《傳》曰“爲仁由己”，公無愧焉。公學行、功業具見《國史本傳》及合淝李公所譔《神道碑》，不復論著。著其生平志節，關繫天下之大者，揭於公之墓，而繫以劉公之銘。 (10) 胡文忠公神道碑銘
郭嵩燾 《養知書屋集》 文集卷二十		(11) 廣西布政使江公神道碑銘 (12) 總兵李輔朝次子順燾，葬邑東鄉侯家寨，十有八年矣。其子孝樸來請曰：先公之葬，羅舍人文實志其墓，而《神道碑》至今未立，於禮有闕焉。 (13) 贈太子少保席公神道碑銘 (14) 郭武壯公神道碑銘 (15) 誥授建威將軍王公神道碑銘 (16) 誥封光祿大夫劉府君神道碑銘 (17) 誥授榮祿大夫蕭公神道碑銘 (18) 誥授光祿大夫劉勇介公神道碑銘

表一千三百七十一

作者/文獻	版本	用　　例
郭元釪 《全金詩》 卷一	清文淵閣四庫全書本	(1) 附元好問《平章政事壽國張文貞公神道碑》。故相壽國張公之孫好退為某言：先大父之卒，參知政事高公子約為《神道碑》。碑石已具，遭貞祐之事，不克立。
郭元釪 《全金詩》 卷二		(2) 雷希顏為作《神道碑》云：黄霸為良吏稱首。及為丞相，與張敞論列功名，大減王允。
郭元釪 《全金詩》 卷十八		(3) 附元好問《楊文獻公神道碑》。自孔子考四科，及中人下上之次，故孟軻氏於樂正子，亦有二之中、四之下之說。蓋人之品不齊，而論人之目亦不一，有一鄉之士，有一國之士，有天下之士，有一代之士。分限所在，不能以強人，而人亦不能躐等而取之也。

表一千三百七十二

作者/文獻	版本	用　例
杭世駿《道古堂全集》文集卷二十一	清乾隆四十一年刻光緒十四年汪曾唯修本	(1) 錢氏云：古人合葬，題不書婦人，口暨配某者，空同以後，不典之辭也。梨洲黄氏亦云：婦人從夫，故誌合葬者，其題只書某官某公志銘或墓表，未有書暨配某氏也。引張説爲蕭灌、楊炯爲王義重兩《神道碑》爲證，且曰：自唐至元，皆無夫婦同列者。 (2) 吾鄉沈端恪公，葢嘗五娶皆已前殁，神道之碑亦鄙人所撰，若皆列則額隘而不可篆，其皆削而不列亦事勢然也。
杭世駿《道古堂全集》文集卷三十二		(3) 舊史曰：公身後傳公者，有桐城相國之《墓志》、高安相國之《神道碑》，而《行狀》則公門人費元衡所撰也，皆未上之史館。
杭世駿《道古堂全集》文集卷三十九		(4) 資政大夫都察院左都御史贈禮部尚書太子少傅謚端恪沈公神道碑銘 (5) 通奉大夫工部右侍郎喬公神道碑銘
杭世駿《續禮記集説》卷六	清光緒三十年浙江書局刻本	(6) 方氏苞曰：古者立法施令必降命於社稷、宗廟、山川，五祀正祭之。後而祭之時日，必決于卜筮。故民知敬鬼神信時日，則益知法令之可畏。三者合而爲一，其義乃著；離之，則畏法令與卜筮全無交涉。《易》曰"聖人以神道設教"，亦謂此類耳。
杭世駿《續禮記集説》卷十四		(7) 任氏啟運曰：死者有知，將有舍生以殉死者，而民之情又易薄；謂死者無知，又將有亡而不祀者。此三代時所以隨時補救而示民異道也。曾子則謂：人之于親，愛則以人道事之，敬則以神道事之。古之用明器，亦以神道敬之耳。若以爲無知是直死其親也，古之人豈有是乎？
杭世駿《續禮記集説》卷十六		(8) 萬氏斯大曰：按《王制》，周人弁而祭，殷人冔而祭。祭，交神之事，吉禮也。……曰"與神交之道"，何也？親始死有尸，既殯有柩，葬則尸柩，俱歸于無。迎精而反，祭之宗廟，以鬼享之，親而神之。自此而始服祭服之弁，而以神道事其親，故曰"與神交之道"也。
杭世駿《續禮記集説》卷三十一		(9) 竊意未歛則尸在，尸在則以生禮待之，直告於尸。……既殯則告於殯，乃以神道待之也。

續表

作者/文獻	版本	用　　例
杭世駿《續禮記集説》卷四十二	清光緒三十年浙江書局刻本	(10) 郝氏敬曰：禮不止祭，而神道設教則易達。然而主之者，君心也。
杭世駿《續禮記集説》卷四十六		(11) 方氏苞曰：郊血，大饗腥。疏謂祭天七獻，有尸而後有獻。獻者，生人飲食之道也。天地至廣大，灌且不用，不敢以神道求之也。
杭世駿《續禮記集説》卷八十二		(12) 方氏苞曰：《陳氏集説》"生則形體異，死則精氣無間"，故不設女尸而同几。陳氏謂"人道貴别，神道貴親"，皆非也。
杭世駿《續禮記集説》卷九十一		(13) 徐氏師曾曰：龜筮者，聖人所以寓神道之教者也。故其爲器可畏敬，而不可褻玩焉。古者大事卜，小事筮。唯天子至尊，則大小事皆用卜，而不用筮。諸侯有守國之筮，則大小事皆用筮，而不用卜。然天子亦有用筮時，如巡守、征伐，出在途，有事則筮，明殺於在内也。諸侯亦有不用筮時，蓋守筮用於本國。若在他國，則不筮，不欲人疑其吉凶之問也。 (14) 姜氏兆錫曰：大人之器，謂龜筮也。以其主神道之教，而爲王侯之守器，故稱大人之器。此所以威敬，而不敢褻也。天子無筮，重守龜也；諸侯則有，守筮矣。
杭世駿《訂訛類編》卷一	民國嘉業堂叢書本	(15) 起復不是服闋：《説略》云：起復者，喪制未終，勉其任用，所謂奪情起復者也。如歐公《晏元獻神道碑》：明年，遷著作佐郎，丁父憂，去官，已而眞宗思之，即其家起復，爲淮南發運使。及史嵩之喪父，經營起復是也。今人不考，例以服闋爲起復，誤矣。
杭世駿《訂訛類編》卷五		(16) 按：《氏族大全》亦以明誠爲清獻子。觀東坡《清獻公神道碑》載二子曰岏、曰屺，並無明誠。
杭世駿《訂訛類編》續補卷下		(17) 蜜章：《言鯖》：蜜章二字，見《晉書·山濤傳》。唐、宋以來，文字多用之。劉禹錫《爲杜司徒追贈表》云：紫書忽降於九天，重蜜加榮於後夜。《李國長神道碑》：煌煌蜜章，孫奭謚議。蜜章加等，增飾下泉。

表一千三百七十三

作者/文獻	版本	用　　例
郝懿行《禮記箋》郊特牲第十一	清光緒八年東路廳署刻郝氏遺書本	(1) 方氏苞曰：疏謂祭天七獻，有尸而後有獻。獻者，生人飲食之道也。天地至廣大，灌且不用，不敢以神道求之也。乃設尸而以生人飲食之道獻焉，可乎？
郝懿行《曬書堂集》文集卷七	清光緒十年東路廳署刻本	(2) 韓文公作《王仲舒神道碑文》云：王氏皆王者之後，在太原者為姬姓，春秋時，王子成父敗狄有功，因賜氏。此語卻有斟酌。
郝懿行《曬書堂集》文集卷八	清光緒十年東路廳署刻本	(3)《祠廟興廢論》：方今祠廟之盛徧天下，世之求福田利益者必曰於某廟某神，其修功德者亦曰建某廟某神。民無貴賤、長幼、男女，咸奔走而香火之，至老不衰，而寒鄉僻壤神祠傾頹、風雨弗蔽、塑像暴露於外見者，又未嘗過而問，夫鬼神之説微矣。聖人存而勿論，後世民義不明，神道日近，秦漢以來漸有廟而祀之者矣。天地間，有司知覺之鬼神，人心是也；有司禍福之鬼神，氣化是也。
郝懿行《易説》卷三	清光緒八年東路廳署刻郝氏遺書本	(4) 大觀在上，順而巽，中正以觀天下。觀，盥而不薦，有孚顒若，下觀而化也。觀天之神道，而四時不忒。聖人以神道設教，而天下服矣。 (5) 大，謂陽也。五以剛陽在上，爲下所觀，故曰“大觀在上”。順以宅心，巽以制事。五居中正以巽順中正之德，爲觀於天下。下觀而化，謂在下觀視其德而化之。神道，謂微妙不測之道。聖同天，故皆以神道言四時運行無有差忒。天道之神潛孚默化，鼓舞不測聖道之神，故曰：聖人以神道設教，而天下服。
郝懿行《證俗文》卷六	清光緒東路廳署刻本	(6) 蜜章：《言鯖》云：蜜章二字，見《晉書・山濤傳》。唐、宋以來，文士多用之。劉禹錫《爲杜司徒追贈表》云：紫書忽降於九天，重蜜加榮於後夜。《李國長神道碑》云：煌煌蜜章，孫奭謚議。云：蜜章加等，增飾下泉。

續表

作者/文獻	版本	用　　例
郝懿行《爾雅義疏》卷中之一	清同治五年郝氏家刻本	(7) 路場者，《説文》云：道，所行道也。路，道也。場，祭神道也。……《詩》云：有夷之行即有夷之道也。本以行道為行，因而道亦為行也。

表一千三百七十四

作者/文獻	版本	用　　例
浩歌子《螢窗異草》初編卷二	清光緒申報館叢書本	(1) 外史氏曰：張仙本花蕊夫人捏造者。史載夫人自入宋宮，每思後主不置，故繪像以祀之。嗣因藝祖詢及，乃詭詞以對，非實有是神也。則夫畫工之靈，由筆而入，似無足爲神羞。抑安知非後主之風流與丹青合而爲祟耶？鄉人一炬，總足解醒。隨園老人曰：以雋筆破俗情，幾令世間假神道無處生活。

表一千三百七十五

作者/文獻	版本	用　　例
何焯《義門先生集》卷八跋	清道光三十年姑蘇刻本	(1) 予曾在白下見東坡《表忠觀》《司馬溫公神道碑》小字夲然剝蝕漫漶，筆意不復可尋。此碑殆寺僧特加護惜，又地稍僻獨得完好耶。
何焯《義門讀書記》第四卷		(2) 唐銀青光禄大夫襄陽郡王平陽路公神道碑 (3) 滎陽鄭公神道碑 (4) 贈工部尚書太原郡公神道碑文 (5) 贈太尉許國公神道碑銘
何焯《義門讀書記》第一卷		(6) 先侍御史府君神道表

續表

作者/文獻	版本	用　例
何焯《義門讀書記》下卷	清道光三十年姑蘇刻本	(7) 武恭王公神道碑銘 (8) 太尉文止王公神道碑銘 (9) 贈太師中書令程公神道碑銘 (10) 贈司空兼侍中晏公神道碑銘 (11) 資政殿學士户部侍郎文正范公神道碑銘 (12) 贈刑部尚書余襄公神道碑銘 (13) 尚書度支郎中天章閣待制王公神道碑銘 (14) 尚書戸部郎中贈右諫議大夫曾公神道碑銘 (15)《北海郡君王氏墓誌銘》：女子又早亡故，不得不寫虛景，于是娶其女弟以為繼室。言繼室，則非夫人。歐公似讀《左傳》，不熟蘇文忠《富公神道碑》，亦誤。
何焯《義門讀書記》第五卷		(16)《太子賓客致仕陳公神道碑銘》，迺論具公胄出位序行治之實。 (17) 秘書少監贈吏部尚書陳公神道碑銘 (18) 刑部即中張府君神道碑 (19)《神道碑》：鼓腹而嬉。擢齊州。

表一千三百七十六

作者/文獻	版本	用　例
何其傑《周易經典證略》卷三	清光緒十二年刻景袁齋叢書本	(1) 聖人以神道設教，而天下服矣。《禮記・祭義》曰：宰我曰：吾聞鬼神之名，不知其所謂。子曰：氣也者，神之盛也。魄也者，鬼之盛也。合鬼礜神，教之至也。又曰：因物之精，制爲之極，明命鬼神，以爲黔首，則百官以畏，萬民以服。

表一千三百七十七

作者/文獻	版本	用　例
何絜《晴江閣集》卷二十六	清康熙刻增修本	(1) 或曰：有道之世，其鬼不靈。方今天下有道，進士死于法，其眞能靈焉？否耶？或曰：昔唐柳宗元以法貶柳州，死得爲羅池神。進士死得爲土神，是未可測也。或又曰：神道設教，理固有然歟？是三說者，皆不悖于聽。余獨深惟“神道設教”一言，于兹祠良有合也。

表一千三百七十八

作者/文獻	版本	用　　例
何秋濤《校正元聖武親征録》	清光緒小漚巢刻本	(1) 繆案："大進道"為"史進道"之誤。進道，乘直之弟。天倪士從父，從木華黎攻廣甯府，均見進道《神道碑》。 (2) 邵戒山曰：《姚牧菴集》載《姚樞神道碑》云：上遣趙璧驛至彰德，璧恐樞避去，獨至輝以過客見審其爲。樞始致，見徵意。樞恐使者誤徵，不敢應璧，曰：君非棄牙老瓦赤隱此者乎？曰：然。乃偕往彰德受命。

表一千三百七十九

作者/文獻	版本	用　　例
何紹基《（光緒）重修安徽通志》卷三十六	清光緒四年刻本	(1) 廬州府：府城之建，莫詳所始。漢獻帝時，揚州刺史劉馥造合肥空城，建立州治。梁天建中，韋叡攻合肥，堰肥水潰城，城遂廢。隋開皇五年，改築土城於今之治，南名金斗城。唐代宗時，廬州刺史路應求（按：韓昌黎《神道碑》作"路應"）始加甓焉。
何紹基《（光緒）重修安徽通志》卷四十九		(2) 同食館，在府南城上。《輿地紀勝》：唐元和中，刺史路應求建。引《左傳》"楚人出師，自廬以往，賑廩同食"，因以為名。後又改名建德館。陳鴻、韓愈皆有記。（按：路應為路嗣恭之子，韓愈曾為之作《神道碑》。……韓亦未有《同食館記》也。）
何紹基《（光緒）重修安徽通志》卷五十四		(3) 成化丙午，厥孫養誌訟於官，同知劉誠覈責之。為封其域，未幾，誠遷去通判。天臺陳紀得公《神道碑》於宋太史景濂先生文集中，誤諸知府涂觀欲為治墳建祠，勒銘於石，慰答忠魂，以為天下萬世臣子（闕）。遂（闕）以請，余嘉其義而許之。紀乃經營作石，修塋域，勒宋太史所為碑銘，豎之神道。造石橋於其前，復於郡城南三里許，市地建祠。巡按御史江右孫弁出公帑五千金，以助成之。首事於癸卯春，訖工於是年冬。馳書請余為記。
何紹基《（光緒）重修安徽通志》卷五十九		(4) 學士貢奎墓，在宣城縣東北石馬山。（《神道碑》，馬祖常奉敕譔。） (5) 郎中湯希閔墓，在石埭縣西金堂沖。（《神道碑》，畢鏘譔。）

續表

作者/文獻	版本	用　　例
何紹基《（光緒）重修安徽通志》卷六十	清光緒四年刻本	(6) 廣德侯華高墓，在含山縣七都。(《神道碑》，宋景濂譔。)
何紹基《（光緒）重修安徽通志》卷八十九		(7) 乾隆十三年，知縣韓文成詳請勸修明倫堂，擴舊制於金馬門外，增建木坊前額、萬世文明後額。太和元氣，河砌磵岸，防神道傾塌，與風水有助。北鄉紳士修尊經閣，南鄉紳士修荊山奎星閣。
何紹基《（光緒）重修安徽通志》卷一百三十七		(8) 元和二年，李錡反，應發鄉兵救湖、常二州，以故錡不能拔。（韓愈《路公神道碑》。《唐書·路嗣恭傳》增修。)
何紹基《（光緒）重修安徽通志》卷一百三十八		(9) 譚尚忠，字因夏，江西南豐人。乾隆十六年進士，由主事洊擢安徽巡撫。清儉如寒士，以忤和珅降福建按察使。再遷雲南巡撫，入為侍郎，卒。高宗稱：為正人，可任事。(《姚鼐文集》。《神道碑》新增。)
何紹基《（光緒）重修安徽通志》卷一百三十九		(10) 康紹鏞，字蘭皋，山西興縣人。……二十四年，調廣東。道光元年，入署禮部左侍郎。歷廣西、湖南巡撫，入為光祿寺卿致仕。十四年，卒。(《程恩澤遺集》。《神道碑》以下新修。) (11) 又請祀安慶省城忠義祠。(《懷甯縣志》。按：江忠烈事蹟別詳。左宗棠、郭嵩燾撰《行狀》，曾國藩撰《神道碑銘》，李元度撰《事略》，徐子苓撰《廬州戰守記》。)
何紹基《（光緒）重修安徽通志》卷一百四十一		(12) 胡珦，字潤博，宗城人。貞元中，刺舒州。歲大熟，麥一莖數穗，閭里歌舞之。考功以聞。(韓愈《胡良公神道碑》。)

續表

作者/文獻	版本	用　　例
何紹基《（光緒）重修安徽通志》卷一百四十六	清光緒四年刻本	(13) 陳堯佐，字希元，閬州人。嘗知壽州。歲饑，出俸米為糜粥食餓者，吏人悉獻米至，振數萬人。徙廬州，以方嚴束下，使人知畏。而重犯法至其過失，多保佑之。(《宋史本傳》。歐陽修《陳公神道碑》增修。)
何紹基《（光緒）重修安徽通志》卷一百四十七		(14) 曾致堯，字正臣，南豐人。知壽州。州近京師，諸豪大商結權貴，號為難治。致堯居歲餘，斂手不敢犯，人亦莫見其以何術而然也。既去，壽人遮留，以一騎二卒逃去，過他州，猶有追之者。(歐陽修《曾公神道碑》。)
何紹基《（光緒）重修安徽通志》卷二百二十六		(15) 汪澥，字仲容，旌德人。少從胡瑗學《易》，又學於王安石。安石著《三經義傳》，澥與其議。熙甯，太學成，分錄學政。……澥自布衣至大司成，官以儒名者三十年。著有《詩》《書》《孟子解義》二十卷、《文集》二十卷、《樂章》一卷、《詔誥》三卷。子伯虎，朝散大夫，知興化軍。澥以子恩，累贈少保。(《宋史本傳》，汪藻所撰《神道碑》。)
何紹基《（光緒）重修安徽通志》卷三百四十九		(16) 考功薛蕙常曰：上帝固曰天，吾心亦天也；鬼神固曰神，吾心亦神也。小人妄意神道為茫昧，故肆其惡而無忌憚，謂天為弗知，而吾心已知矣；謂神為可欺，而吾心已不可欺矣。《書》曰：天聰明，自我民聰明。民之聰明，即天之聰明也。不然，億兆至衆，天將竭聰明以伺之，不亦勞乎？(《江南通志》)
何紹基《東洲草堂文鈔》卷三	清光緒刻本	(17) 閏三月得地，四月卜葬。余居墓側，造壙垣，立饗堂。恭勒御祭文暨御賜碑文，立於饗堂之前楹：儀徵阮相國師所撰《神道碑銘》立於内楹，置墓田，種樹，至歲底而事畢。
何紹基《東洲草堂文鈔》卷十七		(18)《贈奉直大夫王君墓誌銘》(代)：君姓王氏，諱槐康，字以和。系出唐王公仲舒。始為左拾遺，與陽城合遏裴延齡為相。後為江南西道觀察使，遂家宣城。昌黎銘其神道，所稱志儒之本、達士之經者也。 (19) 贈光祿大夫劉公神道碑銘（并敘）

續表

作者/文獻	版本	用　例
何紹基《東洲草堂文鈔》卷十八	清光緒刻本	(20) 伏惟公少失怙恃，孤陋困苦，種學立名，遭逢知遇，位業崇茂，孝友敦篤之性，刻厲敬慎之學，文章根柢潤澤之遠。立朝四十年，忠勤精白，嘉謨碩義，始終眷倚之。盛著於論，賜祭文、碑文，載在《國史列傳》。及儀徵相國阮公所為《神道碑銘》，略具於紹基等所撰行述，兹不敢敘錄，恐挂漏為罪。
何紹基《東洲草堂詩鈔》卷十一		(21) 閏三月得地，四月卜葬。余居墓側，造墳垣，立享堂。恭勒御祭文暨御賜碑文，立於享堂之前楹：儀徵阮相國師所撰《神道碑銘》立於内楹，置墓田，種樹，至歲底而事畢。
何紹基《東洲草堂詩鈔》卷十六		(22)《高君碑》：上年，偕張蘭臺太守、王介堂大令，至孝廉橋，訪高君頤墓闕及碑。……誰期古福蜀游健，石刻摩挲看鬢絲。年前雅州校士罷，尋碑廣野張王隨。田閒先見雙闕峙，貫方悉著高君子。字畫完缺乃偶然，豈宜分屬君昆季。……西川東京石八九，石闕神道字如斗。惟有高樊兩豐碑，文章爾雅書律厚。樊碑建亭在蘆山，欲往尋看阻重阜。高碑獲庇堂宇滚，文獻護持賢令守。秋風獨過孝廉橋，墓闕相望鬱岧嶤。景賢堂上觀碑久，古意江山未寂寥。

表一千三百八十

作者/文獻	版本	用　例
何志高《易經本意》卷三	清道光十八年刻西夏經義本	(1) 觀天之神道，而四時不忒。聖人以神道設教，而天下服矣。《象》曰：風行地上，觀。先王以省方觀民設教。（“觀民”之“觀”，如字。）風行地上，經歷周覽之象。先王巡省四方，以觀民俗而設政教以為觀焉。

表一千三百八十一

作者/文獻	版本	用　　例
和瑛 《易簡齋詩鈔》 卷四	清道光刻本	(1)《續紀遊行》(有序)：前詩《紀遊》，起乾隆丙午，止嘉已未，葢行十萬餘里。自庚申至葵酉，閱十四載，又歷四萬餘里。……冷癡符作風雅軿，茗柯蓬鬔騖時流。放眼鵾鵬九萬里，蒙莊快著逍遙遊。憶子白鳳年更酉，擯影瑤池一回首。太液秋風刷羽鮮，嬉娛尚及鵞鷺友。……天通神道眞不朽，摩挲楷檜盤古根。覆餗折足桑榆晚，聖主憐才勤策蹇。車書隨我作歸裝，撫膺尚覺雲程遠。灤陽村塢咽晨雞，似怯秋霜不敢啼。三藏川前宿賓雁，天風吹送玉門西。瀚海茫茫彌天際，解利西南告初筮。不須三疊譜陽關，定知雙陸無休勢。

表一千三百八十二

作者/文獻	版本	用　　例
賀長齡 《耐菴詩文存》 文存卷一	清咸豐十年刻本	(1) 夫以神道事之，則尊而不親；以師道事之，則敬而兼愛。今者，藏書樓之建，毋亦冀入斯廟者，讀其書，論其世，雖相去數千載，猶然執經請業於一堂，而毋徒鐘磬聲容登降拜跪之爲觀，美乎？若然，則古昔勸學親師之遺意，猶可得而尋也。
賀長齡 《耐菴詩文存》 文存卷四		(2) 嘉善徐君神道碑銘書後
賀長齡 《清經世文編》 卷四	清光緒十二年思補樓重校本	(3) 上天之仁愛，斯人至矣。風雨露雷，無非至教。昊天曰明，昊天曰旦，豈涉於矯誣之謂哉？神道炳靈，格於穹壤。有是傳而義警於遒人之鐸，兆顯於卜史之繇，故曰“順天心”也。
賀長齡 《清經世文編》 卷五		(4) 所銘五人，皆盛德故，若富鄭公、司馬温公、趙清獻公、范蜀公、張文定公也。此外趙康靖公、滕元發二銘，亦代文定所為者。在翰林，詔撰《趙瞻神道碑》，亦辭不作。 (5) 李治曰：文章有不當為者五，苟作一也，徇物二也，欺心三也，蠹俗四也，不可示子孫五也。噫！是道也。自漢伯喈以來，已不免慚德矣。信州鄭文恪一書，離奇瑰異，子所心醉，然其病亦在德政序《神道碑》布滿集中，不擇人而文之，遂不擇人而周孔之。作者人品，以此減價，甚為可惜。吾於是嘆東鄉之識高於世人遠甚也。

續表

作者/文獻	版本	用　例
賀長齡《清經世文編》卷二十二	清光緒十二年思補樓重校本	(6) 朝廷廟祀之神，無一不當敬禮，而城隍神尤為本境之主。……然當敬者，不獨城隍神也。凡地方土神為闔境尊信者，其先必有功德於民，始能血食勿替。或以非祀典所載，不為之禮，此尤不可。蓋庸人婦穉，多不畏官法而畏神誅，且畏土神甚於畏廟祀之神。神不自靈，靈於事神者之心，即其畏神之一念，官為擴而充之，俾知遷善改過，詎非神道設教之意乎？(敬神以信民。)
賀長齡《清經世文編》卷四十五		(7) 蝗最易滋息，二十日即生，生即交，交即復生。秋冬遺種於地，不值雪則明年復起，故為害最烈。小民無知，驚為神鬼，不敢撲滅，故即以神道曉之。雖曰權道，實至理也。
賀長齡《清經世文編》卷五十五		(8) 夫明有禮樂，幽有鬼神。苟可以庇民利國者揆之，聖人神道設教之意列之，祀典固所不廢。雖古今事殊，其誼一也。
賀長齡《清經世文編》卷六十二		(9) 七七之說，見於《北史》，再見於《北齊書・孫靈暉傳》。萬季野曰：究不知始於何王之世。三見於李文公所作《楊垂去佛齋記》，及皇甫持正所作《韓公神道碑銘》，則儒者斥之之言也。
賀長齡《清經世文編》卷六十三		(10) 古人之銘，廟與墓兼用之，而誌則專用之於幽室。南豐所《寄歐陽舍人書》，乃謝其撰先大夫墓碑銘而作。碑銘非幽室所用，故其書雖嚐因銘及誌，而所云"或納於廟，或存於墓"者，固不論誌而但論銘也。衛孔悝之《鼎銘》、晉魏顆之《景鍾銘》，銘之於彝器；韓文公之《烏氏廟碑銘》《袁氏先廟碑》，顏魯公之《家廟碑》，銘之於碑石，是皆所以納於廟者也，於墓誌無與。其存於墓者，埋諸壙中則有若葬銘、埋文、墓誌銘、墓甎文、墳記、壙記之屬，立諸神道則有若墓表、碑文、墓碣銘、神道碑、阡表之屬，其名兩不相假，未有墓誌而立石壙外者。……故碑碣與表，葬後可刊，而誌銘必先期而作。其有葬期迫而不及攻石者，則書石以誌。既葬刊文，即不復追納之於壙，若昌黎誌李元賓墓之類是也。其立石在祠堂若丙舍，蓋亦有之。今奉委所作墓銘，距葬時實遠，幽室不得用，其文但宜施於表碣，顯刻墓前，不當名之為誌，刊藏丙舍。唐之《葬令》：凡五品以上為碑，龜趺螭首；降五品為碣，方趺圓首。是碑與碣異製也。《明制》：三品以上神道碣，四品以下墓表。黃黎洲謂：自有墓表，更無墓碣。知墓表亦方趺而圓首，是碣與表同製也。……然考本朝律，處士不禁其用表，碑與碣，惟品官得立，與《唐令》不殊，則刊石故有定製，而名號亦不得僭亂。今之所刊，但用碣制，而定名墓表焉其可也。

續表

作者/文獻	版本	用　　例
賀長齡《清經世文編》卷六十六	清光緒十二年思補樓重校本	(11) 朱子言：神依於人，宜就宅中立廟。……廟中列主，唐宋皆以西為上。温公謂神道尚右，而朱子以為亦非古禮。《明制》：許庶人祭三代，以曾祖居中，左祖石禰。品官家廟，得祀四世，左右並列而同一向。 (12) 雖曰昭常在昭，穆常在穆，然皆自南廟而遷於北廟，且祫祭于太廟之時，必合群廟之主於太廟而共祀，其畢也又還其主於群廟，此其為數徙也大矣。今在同堂異室之中，閲數十年而一遷其位，雖有忽左忽右之嫌，而無乖神道清靜之義，似既不分昭穆，則其小者固可略矣。而至無後之主，惟以可祔高祖以下者祔祀可也。往者祇謁孔陵，見於叢冢之外別為壇，以祀無後之鬼。雖以義起，亦公侯之家可行此耳。 (13) 今以中左為高，中右為曾高，左為祖曾，右為考。廟有定而高曾祖考無定，則遷毀之際，右者忽左，左者忽右，數徙無常，恐非神道尚清静之意。今但自左而右，取古人漸而即遠之義，庶幾人鬼皆得其安。雖仍宋儒之議，其所以斷然不從，今俗則亦鄙人之以義起者也。
賀長齡《清經世文編》卷六十七		(14) 又況右主左主長短之度，見於《穀梁傳疏》，知神道尚右實自周代已然，何得謂古無此說？考之《明史》，成化中，祭酒周洪謨實創此議。今閣下特舉本朝大祫之儀見示，是亦未免為洪謨之論所惑。
賀長齡《清經世文編》卷七十七		(15) 李靖之六花十二陣，杜氏詳載之，非出於八陣而何？若夫八門、九宫、三奇，此聖人所以神道設教。《漢藝文志》《兵法》四種，本有陰陽家假鬼神以為用者，然而天時不如地利，地利不如人和，不明握奇，人事已失矣。何暇及他？世人專以八門、九星、三奇言握奇，此其愈神而愈晦也夫！
賀長齡《清經世文編》卷八十		(16) 又凡人世所求，年命五欲，誦呪皆得。呪聲靈故，符佛口故。以上之事，天竺神僧生於拉撒，視為固然，即蒙古道高喇嘛尚能近似。而此震旦耳根非劣，耳識非殊，雖有高僧，不臻神悟，故撰《象教志》，專以推尊因明門中聲明一門，而非讚歎夫食肉衣黄，墮邪師見也。聖人神道設教，因地制宜。此亦國家控馭撫綏之一大端也，故録之。
賀長齡《清經世文編》卷九十		(17) 王荆公為陳良器作《神道碑》云：知江州，日歲饑，有盜刈禾而傷其主者，當死。公曰：古之荒政，所以恤民者至矣，然尚緩刑，況今哉！即奏貸其死。

表一千三百八十三

作者/文獻	版本	用　　例
賀貽孫 《易觸》 卷二	清咸豐刻水田居全集本	(1) 夫無所待而孚，則神而化矣，故《傳》曰“下觀而化”，曰“聖人以神道設教”。蓋至誠如神，神而化之，非聖人以之設教，而若聖人以之設教也。 (2) 觀天之神道，而四時不忒。聖人以神道設教，而天下服矣。 (3) 四時運行，莫知其端，故曰“神道”。聖人體天立教，涵泳其德而相泯其周，鼓舞其化而相忘其故，是亦神道也。 (4) 觸曰：风行地上，不疾而速，无不觀也。省方觀民而设之教。修其政不易其俗，齊其教不一其宜。如風之行吹萬不同而聽其自取，此神道也。

表一千三百八十四

作者/文獻	版本	用　　例
洪鈞 《元史譯文證補》 西域補傳上	清光緒刻本	(1) 十九年甲申，帝至東印度國，角端見，班師。(案：太祖未渡印度河，何由至東？……蓋本於宋子貞所作《神道碑》，極以歸美文正，然非實錄也。)

表一千三百八十五

作者/文獻	版本	用　　例
洪亮吉 《卷施閣集》 文甲集卷九	清光緒四年授經堂刻本	(1) 敕授登仕郎晉贈武德騎尉卹授雲騎尉世職湖北呂堰驛巡檢王君神道表
洪亮吉 《春秋左傳詁》 五		(2)《說文》：畺，界也。……或从彊土。……《楊統碑》云“疆易不爭”，《張公神道碑》云“畺界家靜”，《呂君碑》云“慎守畺易”，蓋用此文。

表一千三百八十六

作者/文獻	版本	用　　例
洪頤煊《平津讀碑記》卷一	清嘉慶二十一年刻本	(1) 嵩山太室神道石闕銘（元初五年四月） (2) 嵩山少室神道石闕銘（延光二年三月） (3) 右《少室神道石闕銘》，在登封縣西十里邢家舖。碑額“少室神道之闕”六字，陰文篆書。 (4) 右《少室東闕題名》，在《少室神道石闕銘》之東。 (5) 右《開母廟石闕銘》，在開封縣北十里崇福觀東。……太守朱寵以下題名共十一人，與《少室神道石闕》同者八人。
洪頤煊《平津讀碑記》卷二		(6) 驃騎將軍韓府君神道闕 (7) 右《驃騎將軍韓府君神道闕》，在洛陽縣。近年，始出于古井中。文云：(闕) 故散騎常侍驃騎將軍南陽堵陽韓府君墓神道。兩旁字已半泐，第一字不可辨。 (8) 吳平忠侯蕭景神道闕 (9) 右《吳平忠侯蕭景神道闕》，在上元縣清風鄉。文云：梁故侍中中撫將軍開府儀同三司吳平忠侯蕭公之神道。此反手書在石闕上。
洪頤煊《平津讀碑記》卷六		(10) 右《鄂州刺史盧正道碑》，在洛陽縣許家營。正道，爲洛州滎陽縣令。識法師等爲立清德碑，已見前，此則《神道碑》也。 (11) 逸人竇居士神道碑（天寶六載二月） (12) 右《逸人竇居士神道碑》，在三原縣。
洪頤煊《平津讀碑記》卷七		(13) 右《錢塘縣丞殷府君夫人顔氏碑》，在河南府玉虚觀。碑稱：夫人爲秦王記室思魯之曾孫，曹王侍讀昭甫之女，秘書監元孫太子少保惟貞之姊，以合狐峘所撰《顔魯公神道碑》。
洪頤煊《平津讀碑記》續記		(14) 臨淮王李光弼神道碑（廣德二年十一月） (15) 右《臨淮王李光弼神道碑》，在富平縣。顔眞卿撰，張少悌書。碑字多殘泐，以《魯公集》所載碑文補之，尙可讀。
洪頤煊《平津讀碑記》再續		(16) 右《隴西縣君牛氏像龕銘》，在洛陽縣龍門。……今銘，前禮部員外郎張九齡，文字尙可辨。《新唐書・張九齡傳》：元宗卽位，未郊見，九齡建言。俄遷左補闕，改司勳員外郎。九齡《神道碑》作“禮部司勳二員外郎”，則此銘當作於開元初年。

續表

作者/文獻	版本	用　例
洪頤煊《平津讀碑記》三續卷下	清嘉慶二十一年刻本	(17) 令狐峘撰《真卿神道碑》：公加河北採訪招討使。前殿中侍御史沈震、鹽山尉穆寍、武邑尉李誂、清河主簿張澹、清池尉賈載，各抒器能，糸贊戎務。此記同謁之穆寍、張澹、王延昌三人，皆其舊時僚屬也。 (18) 贈工部尚書張維岳神道碑（貞元八年三月） (19) 右《贈工部尚書張維岳神道碑》，在高陵縣。
洪頤煊《經典集林》班固漢武故事下	清問經堂叢書本	(20) 歲餘，又見形，謂陵令薛平曰：吾雖失勢，猶為汝君。柰何令吏卒上吾陵磨刀劍乎？自今以後，可禁之。平頓首謝，因不見。推問陵旁，果有方石可以為礪，吏卒常盜磨刀劍。霍光欲斬之，張安世曰：神道茫昧，不宜為法。乃止。(水經・渭水注》《北堂書鈔》一百六十、《太平御覽》八十八。)
洪頤煊《台州札紀》卷二	清鈔本	(21) 蘇亶：《舊唐書・蘇瓌傳》：父亶，貞觀中，台州刺史。……張説撰《蘇瓌神道碑》：烈考，沁、台二州刺史。諱某，不言其名。《新唐書・宰相世系表》：瓌父亶，台州刺史。宜從之。 (22)《顏真卿文集》有《銀青光祿大夫汲郡開國公康希銑神道碑》稱：公自饒州，入為國子司業。以言事貶房州，轉睦州，遷台州。所至之邦，必聞美政。開元初入計至京，抗表請致仕，元宗不許。仍留三年，請歸鄉，敕書褒美，賜衣一襲，并雜綵等，仍給傳驛至本州。
洪頤煊《台州札紀》卷五		(23) 吳明可園林：吳明可芾，故嘗卜居其鄉石井之西，負山臨湖，蒔花竹，築亭館其間，延袤數里，榜曰“湖山”。清曠窈窕，甲於東南。以直龍圖閣學士致仕。又作“景疏”“希白”之堂，而自號曰“湖山居士”。日與賓客浮舟倚杖，徜徉其間，酌酒賦詩，竟日不倦。如是者十有四年。見朱子所撰《神道碑》。
洪頤煊《台州札紀》卷十二		(24)《洪武實錄》載谷真質子曰闕、曰元，後與其子明完、明則俱降。完小臣名亞闕，闕即完也。宋濂《神道碑》載子男五人，其二則禮與完。谷真病亟時，授官以慰之者；其三曰才則、安則。未知此五人者，孰為明敏者也。

續表

作者/文獻	版本	用　　例
洪頤煊《讀書叢録》卷十九	清道光二年富文齋刻本	(25) 李必：戚圉侯季必。師古曰：《灌嬰傳》云"李必"，今此表作"季"。表、傳不同，當有誤。頤煊案：《水經·河水注》引作"李必"。表：曾孫信成，元狩五年，坐爲太常縱丞相侵神道，爲隸臣。

表一千三百八十七

作者/文獻	版本	用　　例
胡承珙《求是堂文集》卷二	清道光十七年刻本	(1)《有司徹》：不儐尸之禮，賓長獻尸，戸西北面答拜。蓋廟祭於室中，主人多西面者，緣神位東向，餘人則多以北面為敬。此嘉禮室中之事，當與廟異。壻席雖在奥，斷無以神道事之之禮。
胡承珙《求是堂文集》卷五		(2) 唐王府君神道碑跋 (3) 此碑，歐、趙諸家皆未箸録，王少司寇《金石萃編》載其額有"王府君神道碑"字樣。
胡承諸《繹志》卷三	清道光十七年顧氏謏聞書屋刻本	(4) 枉道以扶弱，猶枉道以助強，皆私心爾。矯誣正理而譽人以善，猶矯誣正理而毁人以惡也，皆違道爾。因摧折而意氣有加，猶摧折而素履盡失也，皆信道不篤爾。以柔巽卑屈事人而得所欲，與悦人之柔巽卑屈事我而恣所取也，皆患得患失爾。聖人性其所性，神道在躬；以物與物，其應無窮；內無所係，外無所牽。故止乎當止之處，不措於非所；行於當行之汨，不失於後時。
胡承諸《繹志》卷九		(5) 先王以禮養人，上以美政，下以美俗，所由揖讓而天下治也。自是而降，淫祀興焉。人主不本神道設教，而惟福之求；士大夫不知絕地天通，而惟鬼之諂。君如漢宣，仍修武帝故事；方士進用祕祝，更興賢如臧。文仲猶且失禮，宗廟惑溺非族，而況夏父弗綦之屬乎？凡祭之禮，大祀患其不衷，小祀患其不節。天地宗廟，參考不詳，以意為進退，則所失更大。 (6) 秦皇漢武，信道不篤，以為不死之奇術必存乎封禪。于是因方士為主人而作石檢玉函，以侈大其事，既非升中告成之旨，又失神道尚靜之義。且古禮靡稽，率以己意施用，復恐見譏通儒，恆祕其事，使無從議之甚矣，所失非一端也。 (7) 袁宏之論，謂聖人暫用神道，以一衆志。若卜筮吉凶者，是常用人道，以經綸致治。若考績亮工者，是圖緯之書所言，奇怪妄異。不惟非人道，亦非神道也。

續表

作者/文獻	版本	用　例
胡承諾《繹志》卷十	清道光十七年顧氏謏聞書屋刻本	(8) 假神道以喻衆志，人不以為怪；設詭詞以安眾心，人不以為誕。愚士卒之耳目而用之，不以為欺；激士卒之怒而用之，不以為紿，皆匿形藏聲之道也。

表一千三百八十八

作者/文獻	版本	用　例
胡方《周易本義注》卷二	清嶺南遺書本	(1) 觀天之神道，而四時不忒。聖人以神道設教，而天下服矣。 (2) 謂"觀天之神道"者，一觀之而即見，即四時不忒是矣。

表一千三百八十九

作者/文獻	版本	用　例
胡鳳丹《退補齋詩文存》卷二	清同治十二年退補齋鄂州刻本	(1)《日損齋筆記序》:《日損齋筆記》一卷，吾郡黄文獻公撰。其書初無詮次，公里人劉氏剛依類重編，析為三門，首《辨經》，次《辨史》，又次《雜辨》。《辨經》六則，《辨史》十六則，《雜辨》十三則，共三十有五則，而以公《神道碑》及定謚等文坿焉。公文章原本經術，為有元一代鉅手。

表一千三百九十

作者/文獻	版本	用　例
胡培翬《儀禮正義》卷三	清木犀香館刻本	(1) 吳氏廷華云：戶，室戶也。室南鄉，牖在西，戶在東，户西即牖之東，蓋堂之中也。賓曰東上，此曰西上，陰陽之義也。注云：右設几者，几，神所憑也。人道東上而左几，此神道取地道尊右之義。西，右也。云：席有首尾者，上其首也。西上，神道也。

續表

作者/文獻	版本	用　例
胡培翬《儀禮正義》卷十八	清木犀香館刻本	(2) 褚氏云：君薨，則廟皆無主。故不受於廟，而於殯宮。云：又不神之者，筵几所以依神。若設之，是以神道待之矣。
胡培翬《儀禮正義》卷二十七		(3) 凡士虞特牲祭，皆用兩籩兩豆。小斂一籩一豆，是不具又無巾。此籩豆具而有巾，是以神道事之，故云神之也。
胡培翬《儀禮正義》卷三十二		(4) 方氏苞云：自斂奠至遣奠，主人惟哭踊，至是而後拜，何也？子事父母之禮，莫詳于內，則未嘗有拜，即世子問寢視膳，亦無拜禮，蓋拜者君臣、朋友饗燕之禮也。未葬親之魄，體尚在宮中，不忍父母而賓客之也。至迎精而反，則以神道事之。故尸未入而陰厭，為主人祭拜之始。
胡培翬《儀禮正義》卷三十四		(5) 褚氏寅亮云：先儒皆以三卜，不吉則止，不祭，故《春秋》有免牲之文。其廢祭也，順鬼神之意也，且可思鬼神所以不歆之故而恐懼修省也。若如橫渠之說，則筮為虛文，恐未然。今案：褚氏之說，似得經旨，恐懼修省。一層尤於聖人神道設教之義，有合然揆諸仁人孝子之心。廢祭，究有所不安，則張子之言亦自可從耳。
胡培翬《儀禮正義》卷三十七		(6) 賈疏云：大夫官多，故使兩官供其事。注云：布陳神坐也者，神位在奧，故以筵于奧為布陳神坐也。設几于筵上，所以安神右之，神道尚右也。
胡培翬《儀禮正義》卷三十九		(7)《正義》曰：《義疏》云：上篇正祭以神道事尸於室，故用祝與佐食皆室事也。此篇儐尸以賓禮接尸於堂，故不用祝與佐食而別立侑輔尸皆堂事也。

表一千三百九十一

作者/文獻	版本	用　例
胡聘之《山右石刻叢編》卷四	清光緒二十七年刻本	(1)《隋故益州總管府司馬裴君碑銘》(并序)：粤惟上德，希世挺生，存則道照扵人倫，沒則名飛扵史策。宜其計功伐，鏤鐘鼎，永貽長世，昭示後昆。君諱鏡民，字君倩，河東聞喜人也。……神道（闕四字）結構，農夫輟耕而野祭，機婦捐珠而巷（闕一字）。西蜀父老，至于今思之。……其銘曰：靈（闕一字）遠派，大（闕一字）流光。美哉地德，鬱矣（闕一字）芳。……永懷神道，斯人斯（闕一字）。……以（下闕）。

續表

作者/文獻	版本	用　　例
胡聘之《山右石刻叢編》卷五	清光緒二十七年刻本	(2) 國家受而埊之明命，契神道之財成；徵曆數而坐嚴廊，用元亨而登寓縣。淳和作化，不忘軒項之年；揖讓為尊，自得唐虞之代。
胡聘之《山右石刻叢編》卷六		(3) 桉：《聞喜縣志》補《金石》，明皇命張九齡撰《裴光庭神道碑》。……惟宋次道誤記所上爲《裴耀卿碑》，趙明誠駁之是矣，而趙亦誤以此爲即光庭《神道碑》，殊不知此乃與張九齡使撰碑之勅。舊志稱“光庭碑半在裴柏祠”，蓋未嘗詳檢文義，遂妄指爲神道之斷碑耳。
胡聘之《山右石刻叢編》卷七		(4) 趙叡沖碑（碑連額高五尺八寸五分，廣二尺六寸五分。十九行，行四十二字，分書。額題“唐贈太常卿天水趙公神道碑”十二字，篆書。今在虞鄉縣。） (5) 唐故同州河西縣丞贈虢州刺史太常卿天水趙公神道碑（并序） (6) 唐故開府儀同三司檢校尚書右僕射兼御史大夫相州刺史昭義節度使平陽郡王贈太保薛公神道碑銘（并序）
胡聘之《山右石刻叢編》卷八		(7) 追樹十八代祖晉司空河東太守猗氏侯太原王公神道碑（并序） (8) 唐故侍中尚書右僕射贈司空文獻公裴公神道碑銘（并序） (9) 大唐故朔方靈鹽等軍（州）節度副大使知節度事管內支度營田觀察處（置押）蕃落等使銀青光禄大夫撿校刑部尚書兼靈州（闕）都督府長（闕）史大夫）安乞郡（王（闕）尚）書左僕射李公神道碑銘（并序）
胡聘之《山右石刻叢編》卷九		(10) 唐故河東節度觀察處置等使開府儀同三司守司徒兼侍中太原尹北都留守贈太尉李公神道碑（并序） (11) 重以凝神道域，抗志澄源，淮館儀仙，参鴻寶之靈術；楚壇敷教，暢微言之盛範。 (12) 唐上騎都尉相里公（諱）瑞神道之碑
胡聘之《山右石刻叢編》卷十		(13)（闕）（功臣義）成軍節度（滑濮）等（州觀察）處置管內河（隄）等使起復（冠）軍大将軍右金（吾）衛大将軍負外置同正負检校司徒兼御史大夫駙馬都尉（上闕）贈）太保史公神道碑銘（并序） (14) 今從《資治通鑑考異》，以《劉繼禺神道碑》爲正。

續表

作者/文獻	版本	用　例
胡聘之《山右石刻叢編》卷十一	清光緒二十七年刻本	(15) 我后事天明，事地察，神道設教，孝治天下。布無為之化，施不測之功；行前王不行之恩，成近代難成之事。化孚區外，澤滲地中。與夫漢武帝起通天之臺，惟求羽化；陳後主造迎春之閣，止事荒遊。商攉。
胡聘之《山右石刻叢編》卷十二		(16)《汾陰二聖配饗銘》，御製御書並篆額。朕紬覿舊史，歷覽前王，莫不事天明，事地察。……脽上者，汾水之曲，巨河之濱，故魏之國都，舊晉之疆土。其俗富庶，接秦壅之郊；其民忠湻，被虞夏之教。地形詭異，神道依憑，中斷洪流，揭成高阜。俯聯修壤，崛起而崔嵬；下望平臯，斗絶而盤欝。故得傳於簡冊，降厥禎祺。漢武採方（聖諱）之仪，视泰畤之制，因兹吉土，祀乎坤元。絳光燭壇，始彰厥應；黄雲復鼎，復啓其祥。是以百穀蕃滋，本枝茂盛。綿載禩而雖久，瞻兆域而尚存。唐玄（宗）回輿於洛師，省方於巢野，視靈場之未泯，思多稼之能祈。潔粢豐盛，親享者再至；景風甘雨，大有者累年。斯又精意感通，珍符丕顯。既琬琰之斯刻，亦棟宇之云興。國家眷命俯臨，丕基肇建。
胡聘之《山右石刻叢編》卷十三		(17) 宋故翊衛功臣侍衛親軍步軍都虞侯涇原儀渭州鎮戎軍駐泊馬步軍副都部署金紫光祿大夫檢校太子賓客使持節端州諸軍事端州刺史充本州防禦使兼御史大夫騎都尉樂安郡開國侯食邑一千八百户食實封二百户孫公神道碑銘（并序） (18) 又為親題神道之碑首，所以褒寵之極厚，其歸葵西河之二年也。 (19) 桉：《金石記》云：狄青墓《神道碑》右側爲《磨崖記序碑》，嘉祐五年，通判汾州謝景初撰。蓋武襄平儂氏蠻時，余靖以經略安撫使在行，即桂林之磨崖，刻石記功。 (20) 宋故推城保德守正翊戴功臣護國軍節度管内觀察處置（節度使）特進檢校太尉同中書門下平章事行河中尹判陳州軍州事兼管内堤堰橋道勸農使上柱國天水郡開國公食邑七千七百戸食實封貳阡壹伯戸贈中書令兼尚書令謚武襄狄公神道碑銘（并序）
胡聘之《山右石刻叢編》卷十四		(21) 李心傳《朝野雜記》、神宗《祭狄青文》、中丞滕達道所作《汾陽縣志》：狄武襄墓《神道碑》左側有熙甯元年神宗御祭文。碑凡兩層，上列祭文，下方記遣使祭墓事。

續表

作者/文獻	版本	用　　例
胡聘之《山右石刻叢編》卷十五	清光緒二十七年刻本	(22) 宋故正議大夫守尚書左僕射兼門下侍郎上柱國河內郡開國公食邑四千一百户食實封壹阡伍伯户贈太師追封温國公謚文正司馬公神道碑 (23) 碑末，玉册官王磻刊，卽刻《司馬文正公神道碑》之人。碑見《寰宇訪碑録》。
胡聘之《山右石刻叢編》卷十六		(24) 宋故銀青光禄大夫檢校太子賔客使持節保州諸軍事保州剌史兼御史大夫騎都尉渤海縣開國伯食邑九百户贈定武軍節度使高公神道碑銘（并序）
胡聘之《山右石刻叢編》卷十九		(25) 作通名，又見金王庭直重立宋《司馬溫公神道碑》。 (26) 重立温公神道碑記 (27) 重立司馬温公神道碑記 (28) 司馬温公於有宋熙豐間，致君澤民，成人行已，文章政事，豐功碩德，炳炳烺烺，著於天下，燦於萬国，见於当年，昭於后世，前贤述之備矣，固不待庭直言而後知也。公薨於元祐之初，歸祔先壠，神道一碑，奉詔撰寫者，實學士院承旨眉山蘇公也。 (29) 庭直曰：當出私帑於墳院法堂之後特創一堂，中設公像，周圍置朱龕以立之，一以報温公之恩遇，一以報祖師之傳法，一以報信友協助之賜，一以報縣令勸成之力。專署巨牌，號曰“温公神道碑堂”，乃圓珍之用心也。庭直壯其志，喜其言，乃命筆而直書之，以垂不朽。 (30) 金皇統中，忽生杏樹一株於碑座龜趺之側，虯枝蟠屈，周映交護。邑令王庭直謁墓下驚歎，因得斷碑於深土，分爲四石，並其額跋共成六石，摹刻嵌壁間。僧圓珍出私帑，建神道碑堂。（卽《記》所言守墳僧圓珍出私帑特建一堂，號曰“溫公神道碑堂”。） (31) 舊《夏縣志》：知縣高奎論溫公在夏子孫，金時猶有存者。王庭直《重立溫公神道碑記》可見元季，不知所終，蓋以司馬相積德事狀言夏無人也。
胡聘之《山右石刻叢編》卷二十六		(32) 王磐《史公神道碑》：杠，天澤第四子。《碑》《傳》只具杠資德大夫、湖廣行中書省右丞，而不及山西道提刑事。 (33) 絳陽軍節度使靳公神道碑 (34) 吳信碑（碑連額高五尺八寸，廣一尺八寸。二十六行，行五十七字，正書。額題“吳公神道之碑”六字，篆書。今在榮河縣東北四十里薛稽莊。）

續表

作者/文獻	版本	用例
胡聘之《山右石刻叢編》卷二十七	清光緒二十七年刻本	(35)《元文類》有姚燧《便宜副總帥江公神道碑》，内列其家世，達官甚夥，第無江淮行中書省之銜。 (36)《奉議大夫僉河東山西道肅政廉訪司事李鼎沁陽公神道碑》：公諱豐。子四：思明、思忠、思敬、思問。 (37）袁湘碑（碑連額高七尺五寸五分，廣三尺一寸三分。三十二行，行六十五字。額題“大元故延安路兵馬總管袁公神道碑”十五字，均正書。今在臨縣白汶里。) (38）大元故延安路兵馬總管袁公神道碑銘（并序） (39）故左副元帥權四州都元帥宣授征行千戶周侯神道碑 (40）至元丙戌，余任四川憲司。侯婿（憲）倅，梁奉議持經歷王承事所具侯行實之（狀再四）而請曰：婦（兄）仲和與君有一日之雅，《周（侯）神道碑銘》關中前已（見許矣），願無讓。庶（塞見）許之命，余惟仲和傾蓋如故，其請銘之（憀），固不可忘。况奉議梁公有同僚之分，以義言之，又不可辭，因系之以銘。銘曰：姬姓之先，後稷公劉。大王遷歧，肇造曰周。本支綿綿，延篤其美。公侯子孫，必復其始。河東周侯，世居於忻。以儒起家，以（武立）勲。（惠）及于人，義形于色。推亡固存，度德量力。贊翊我朝，幾四十年。（未老致）仕，沈幾物先。遺勲餘澤，流及後（裔）。曰子曰孫，復能自勵。定襄西原，高樹（豐）碑。（精爽）在此，厥聞四馳。 (41)《平遙縣志·西蜀四川道肅政廉訪使梁公神道碑》：公諱天翔，字飛卿。以文階起，至元十三年，同知郢州。僉嶺南廣西道按察司事，改奉議大夫、西蜀四川道提刑按察副使，授浙東海右道提刑按察副使。 (42）居敬，見《永濟縣志》、蕭𣂏《裴参政神道碑》。
胡聘之《山右石刻叢編》卷二十八		(43）又《元文類·姚文獻神道碑》：至元之元，罷世侯，置牧守，是皆繼元初州縣官之證。蓋先因招懷新附，故權宜置此，其後諸臣屢言而遂罷之。 (44）大元故平定等州大總帥聶公神道碑銘（并序） (45）神道之碑，猶未樹立。竊懼歲月滋久，聲實俱泯。 (46）有元故絳陽軍節度使勒公神道碑銘 (47）院子一所，南至河南小道，北至迎神道，西至神地東北道，東至郝社長楊社長，計地九畝。

續表

作者/文獻	版本	用　　例
胡聘之《山右石刻叢編》卷二十九	清光緒二十七年刻本	(48) 大元武略將軍遼州知州劉公神道碑 (49) 校：《山西通志·金石記》：碑爲國子司業同知衢州路總管王構撰，遼州軍資都監耶律質書，知州張厚題額。碑前標目爲“大元武略將軍遼州知州劉公神道碑”。 (50)《通志·金石記》：《謝天吉神道碑》，大德麻革撰。碑爲中統時撰，至是年始立者。《元文類》、姚燧《故宋太常少卿陳公神道碑》：大德戊戌，燧舟游湖湘，而陳公元凱方持節使湖之南。
胡聘之《山右石刻叢編》卷三十		(51) 貞珉一旦身先朝露，則將何以昭後世而驗來者乎？且何以見先人於地下也？拎兹惴焉。謹録樂安侯神道舊刻，及所聞知一二事。拎先君者，求擇筆焉。
胡聘之《山右石刻叢編》卷三十一		(52) 梁瑛碑（碑連額高七尺二寸，廣二尺五寸六分。二十七行，行六十二字，正書。額題“故征行都元帥五路萬戶梁公神道碑銘”十六字，篆書。今在平遥縣梁官村。） (53) 故征行都元帥五路萬戶梁公神道碑銘 (54) 梁天翔碑（碑連額高六尺六寸七分，廣二尺八寸六分。二十九行，行六十四字，正書。額題“元故四川廉訪使梁公神道碑”十二字，篆書。今在平遥縣梁官村。） (55) 元故少中大夫西蜀四川道肅政廉訪使梁公神道碑銘（并序）
胡聘之《山右石刻叢編》卷三十四		(56) 按：《事狀》并《王翰林碑銘》《元文類》、孛魯翀《大都總管姚公神道碑》云：天歷己巳，子侃以公行實徵銘神道之碑。今稷山元統碑，本《忠肅姚公神道碑》云：至順元年五月丁卯，詔命國史臣集譔《姚忠肅公神道碑》。 (57) 故通奉大夫參知政事大興府尹贈正奉大夫河南江北等處行中書省參知政事護軍追封平陽郡公謚忠肅姚公神道碑（并序） (58) 至順元年五月丁卯，有詔命國史臣集譔《姚忠肅公神道碑》。 (59) 校：《元文類》有孛术魯翀《大都路總管姚公神道碑》，與此略同。

續表

作者/文獻	版本	用　例
胡聘之 《山右石刻叢編》 卷三十五	清光緒二十七年刻本	(60)《陵川縣志》：李廷實，追封隴西郡侯。《神道碑》：子庭實，以順德教授，入掾選國子助教、翰林應奉修撰知制誥。歷國子監丞，拜監察御史，尋爲國子司業，階朝請大夫。以中憲大夫出貳濟南，未終更辭。以禮部尚書、嘉議大夫致仕。末題：至元三年冬十二月立。
胡聘之 《山右石刻叢編》 卷三十六		(61) 大元勅賜故禮部尚書贈中奉大夫河南江北等處行中書省叅知政事護軍追封河東郡公（闕）公神道碑銘（有序） (62) 臣玄製其先孝河東公神道之碑。以賜，玄拜手稽首，言曰：人生於三，君尊父親、服勞幹蠱、望之終身者，父也。 (63) 臣元製其先考河東公神道之碑。此元撰碑時，爲翰林講學之證。 (64) 碧公餘政暇，憶前賢樽酒。笑談怜野逸，（闕二字）神道遽。
胡聘之 《山右石刻叢編》 卷三十七		(65) 大元故鎮國上將軍河南淮北蒙古軍都萬戶府副都萬戶贈輔國上將軍樞密副使護軍追封雲中郡公謚襄懋忽神公神道碑銘（并序） (66) 塔察兒（一名“倴盞”。校：《元史·列傳》云：伯祖父博爾忽。校：孛术魯翀撰《襄懋公神道碑》云：高祖博魯温諾延，曾祖塔察兒。是博魯温諾延即博爾忽爲塔察兒父，非伯祖。……《元史·列傳》：孛术魯翀撰《襄懋公神道碑》。） (67) 木土各兒（一作“土木各兒”。丞相，太子伴讀。姚璲《姚文獻公神道碑》。） (68) 伯里閣不花（一作“别里哥不花”。副都萬户、江西道元帥。追封增陽郡公，謚襄懋。《神道碑》，又見《景福院記》。） (69) 塔察兒子孫家居聞喜，《襄懋公神道碑》在縣東鎮。 (70) 旨歸解梁，為先子河東郡公建《神道碑》事，竟留且累月。
胡聘之 《山右石刻叢編》 卷三十八		(71) 元故御史（闕三字）資政大夫中書右丞上護軍追封平陽郡公謚文靖徐公神道碑銘（并序） (72) 本《德舉碑》，今無碑。本《元文類》，姚燧《故提舉太原鹽使司徐君神道碑》即《德舉碑》也。 (73) 此《馮延登行蹟碣》，長沙韓復生撰。延登，《金史》有《傳》，《元遺山集》有《神道碑》，事蹟詳略互異。……部使者舉廉能，轉甯盭令。（《神道碑》同）……《神道碑》云：大安元年秋七月，霜害稼，民無所於糴，官爲發粟賑貧，君躬自區處，全活不勝計。……明年，召爲吏部郎中兼翰林修撰，俄知登聞鼓院。（《神道碑》同）比《傳》爲詳。

續表

作者/文獻	版本	用　　例
胡聘之 《山右石刻叢編》 卷三十八	清光緒二十七年刻本	（74）未幾，遷國子祭酒。借翰林承旨、充國信使。（《神道碑》同）亦比《傳》爲詳。至敘元帝，命招鳳翔帥，不屈，被囚豐州。及金亡，死井中，則《傳》與《碣》《神道碑》均同。在豐州，習《周易》。（《神道碑》亦紀之。）《碣》後又附馮公之女妙眞抗節不辱，足補《金史》之闕。《神道碑》云：二女：長嫁盱眙元帥府經歷官张慥，即此妙眞之夫。
胡聘之 《山右石刻叢編》 卷三十九		（75）今王之（闕一字）陵，永永無慮。恒饗歆祀，復依佛（闕一字）。威光（闕二字），神道其與。匹夫匹婦，以吝俗情。

表一千三百九十二

作者/文獻	版本	用　　例
胡虔 《柿葉軒筆記》	民國峭帆樓叢書本	（1）陳子昂誌父墓，柳子厚表父神道，皆以高祖之父為第五代。

表一千三百九十三

作者/文獻	版本	用　　例
胡世安 《大易則通》 卷九	清順治十五年朱之俊刻本	（1）臨全體，肖震剛健，内振本，坤順以全乎乾之用，故卦辭同乎乾，而《象傳》明以天之道。觀全體，肖艮剛健，上屹立，乾體以貞乎坤之用，故卦象盥薦取艮手，顒若取乾首，有孚取坤腹，而《象傳》亦明以天之神道。

表一千三百九十四

作者/文獻	版本	用　　例
胡天游 《石笥山房集》 文集卷四	清咸豐二年刻本	(1)《為海甯相國作陳太保碑》：兩廣總督陳公，卒于位。事聞，天子悼惜，詔所祭葬如制，贈三世皆如其官，謚以文肅而祀之賢良之祠。明年夏五月，公子某等窆公浯谿山陰。既封，來京師求文刻石以表于神道。惟公顯于在官，誠于奉國；其贊翼在內，而宣猷任事之績尢在于外。……其大者書于史官，而褒紀勒美之辭，宐具豐碑以示永久。予之所以銘公也。
胡天游 《石笥山房集》 詩集卷七		(2) 白首青山終一隔，滄波丹旐恨俱移。敢辭垂老仍羈賤，淚溼生金續蔡碑。(作公《神道碑銘》。)

表一千三百九十五

作者/文獻	版本	用　　例
胡渭 《洪範正論》 卷一	清乾隆刻本	(1)《東都事畧・杜鎬傳》：王欽若勸真宗為祥瑞以鎮服四夷，真宗疑焉。因問鎬：河出圖，洛出書，果何事？鎬遽對曰：此不過以神道設教耳。其言與欽若闇合，真宗意遂决。是猶曹丕簒漢而以為舜禹之事，當亦如此也。鎬之言，不惟成君之惡，且大得罪於聖人矣。
胡渭 《易圖明辨》 卷一	清守山閣叢書本	(2)《東都事略・杜鎬傳》：王欽若勸眞宗爲祥瑞以鎮服四夷，眞宗疑焉。因問鎬：河出圖，洛出書，果何事？鎬遽對曰：此聖人以神道設教耳。眞宗意遂決。是猶曹丕簒漢而以爲舜禹之事，當亦如此也。鎬之言，不惟成君之惡，且大得罪於聖人矣。

表一千三百九十六

作者/文獻	版本	用　　例
胡文炳 《折獄龜鑒補》 卷一	清光緒蘭石齋刻本	(1) 蓋此山本郡丞祖墓，老諸生知其失契，意圖騙占，遂妄興訟。歷任太守皆意郡丞爲望族，未免欺壓老諸生，咸有左袒之意。而孰知腐儒叵測，以樸陋文其訐詐。向非公以神道設教，黑白何由昭晰耶？
胡文炳 《折獄龜鑒補》 卷二		(2)《孝淫难判》：如是我聞：縣吏李懋華，嘗以事詣張家口，於居庸關外夜失道，暫憩山畔神祠，俄燈光晃耀，遥見車騎雜遝，將至祠門，意是神靈，伏匿廡下。見數貴官並入祠，坐左側似是城隍，中四五座則不識何神。數吏抱簿陳案上，一一撿視，竊聽其語，則勘驗一郡善惡也。一神曰：某婦事親無失禮，然文至而情不至；某婦亦能得姑舅歡，然退與其夫有怨言。一神曰：風俗日偷，神道亦與人爲善，陰律孝婦延一紀，此二婦减半可也。

表一千三百九十七

作者/文獻	版本	用　　例
胡文學《適可軒文集》	清康熙十二年李文胤刻本	(1) 先生晚年，每侵晨對天東向拜，嘗言：今人持一瓣香，入道宫梵刹，望土木叩首，豈有所知？若朝日夕月，卽神道之有形者也，吾拜之足矣。
胡文學《甬上耆舊詩》卷九	清文淵閣四庫全書本	(2)《武當山》：高天絳節徃來通，海上三山未許同。地軸半空縣北斗，山根千里接中嵩。峯頭蠟照黄金屋，爐内香浮白玉宫。神道自來堪設教，萬年此地祝年豐。

表一千三百九十八

作者/文獻	版本	用　　例
胡煦《周易函書約注》卷五	清文淵閣四庫全書本	(1)《彖》曰：大觀在上，順而巽，中正以觀天下。觀，盥而不薦，有孚顒若，下觀而化也。觀天之神道，而四時不忒。聖人以神道設教（《釋文》无“以”字），而天下服矣。 (2) 陽大陰小，陰下陽上，故曰“大觀在上”。順則于理无乖，巽則于情无拂。五居大觀之位，具順巽之德，以所居之中正，觀示天下之不中不正，然後“下觀而化”，咸信而仰之，“有孚顒若”也。盥而不薦，神感也。有孚顒若，神應也。寓于目而无待于言，非神而若是乎？四時不忒，天之神于觀示也。神道設教，聖人之神于觀示也，此以上觀下者也。天下服，則“下觀而化”矣。
胡煦《卜法詳考》卷二	清雍正刻本	(3) 所謂開物成務、冐道、神道設教、明民者，此也。葢聖人以明道為學，行道為治，故重此。如得傳，則理明、學成、治行、績成，所以君能善世，士能善身，民受善澤。自此不傳，願治之君、志學之士、待治之民，所以不能此也。只取必于事為應驗，何益于占也？故曰：此古今一大界限，余不能不感慨。

表一千三百九十九

作者/文獻	版本	用　　例
花村看行侍者《花村談往》卷一	民國適園叢書本	（1）接其人，奉其言，觀音之愛、菩薩之敬、閻羅之畏，崒陽豈不心非之哉？然欲挽其母氏之殘，而即於慈格其暴，而敦於寬，非可口舌諍，非可是非説，非可利害陳。惟借神道設教、因果報應之恆談常語，言入而信從之心眞。

表一千四百

作者/文獻	版本	用　　例
華希閔《廣事類賦》卷五	清乾隆二十九年華希閔刻本	（1）伊南宮之眉目。（（劉禹錫撰）《韋陟神道碑》：陟，字商衡。為吏部員外郎。是曹在南宮為眉曰，在選士為司命。公執直筆，閱簿書，汾挐盤錯，一聘而剖。）
華希閔《廣事類賦》卷七		（2）鹿門夢蘇。（《襄陽耆舊傳》：鹿門山，舊名蘇嶺山。習郁爲侍中時，從光武幸黎邱，與帝通夢，見蘇山神，光武嘉之，拜郁為大鴻臚。封襄陽侯，使立蘇嶺祠，刻二石鹿夾神道，百姓謂之鹿門廟，山爲鹿門山。）

表一千四百零一

作者/文獻	版本	用　　例
華學瀾《辛丑日記》	民國商務印書館本	（1）南門外二里許，又有墳塋數處，翁仲、華表、神道碑之屬，無一不具。惟知其一為國初魏文毅公（裔介）墳而已，餘不知也。 （2）午正，復行入沙河縣南門城下，有碑曰“呂忠烈公神道碑”。 （3）尹澄甫兄同行，得暇詳視，故知之甚詳。余來往皆匆匆一過，故未能見也。又有《郭隗故里碑》《靳文襄神道碑》。

表一千四百零二

作者/文獻	版本	用　　例
華孳亨《歐陽文忠公年譜》	清昭代叢書本	（1）金部郎中贈兵部侍郎閻公神道碑銘 （2）太子太師致仕贈司空兼侍中文惠陳公神道碑銘 （3）尚書戶部郎中曾公神道碑銘 （4）資政殿學士戶部侍郎文正范公神道碑銘 （5）尚書度支郎中天章閣待制王公神道碑銘

續表

作者/文獻	版本	用　　例
華孳亨《歐陽文忠公年譜》	清昭代叢書本	(6) 太尉文正王公神道碑銘 (7) 觀文殿入學士行兵部尚書西京留守贈司空兼侍中晏公神道碑銘 (8) 忠武軍節度使同中書門下平章事武恭王公神道碑銘 (9) 鎮安軍節度使同中書門于平章事贈大師中書令程公神道碑銘 (10) 贈刑部尚書余襄公神道碑銘 (11)《墓誌銘》，太師魏國公韓琦撰，朝散大夫宋敏求書。《神道碑》，諸子以屬蘇軾，軾鄭重遲回，久而未就。歿後三載，其弟轍始續成之。時宗寧五年，去公之葬已三十二年。公四子，獨棐猶在。

表一千四百零三

作者/文獻	版本	用　　例
黄沛翹《西藏圖考》卷八	清光緒甲午堂刊本	(1) 西藏僻在荒徼，乃川陝滇三省極邊接壤之叵，古號西竺，教化不及，異域也。我聖祖仁皇帝置達賴喇嘛於兹，號為活佛，化誨西方，亦神道設教之意。

表一千四百零四

作者/文獻	版本	用　　例
黄本驥《三長物齋文略》卷三	清三長物齋叢書本	(1) 君名陼平，字荀令。生平、行事具新化鄧君顯鶴所撰《神道碑銘》，不具述。
黄本驥《三禮從今》卷二	清道光二十四年刻本	(2) 案：碑之為制，始於宗廟麗牲宫庭測景之石。自秦以來，因於其上紀功德，然未用於葬地。葬之用碑，古以木為之，所謂豐碑桓楹是也。用以懸棺下窆，漢以後始有《神道碑》，其文止曰某官神道之碑，立於兆之東南，蓋地理家以其方為神所出游之地，故以為名，亦閒有刻文表墓者。降及唐、宋，其文益繁。《通禮》：於墓門勒碑，但書某官某公之墓，不言刻用文詞。

續表

作者/文獻	版本	用　　例
黃本驥《三禮從今》卷三	清道光二十四年刻本	(3) 奉高曾祖禰四世，皆昭左穆右，（案：父死稱考，入廟稱禰。《家禮》：祠堂神主位以西為上，所謂神道尚右也。故高祖居西，曾祖而下以次而東。邱氏濬所定祭四世之圖，改為高祖居東第一室，會祖居西第一室，祖居東第二室，考居西第二室。《通禮》從之。）妣以適配，南向。 (4) 案：《聞見前錄》載邵康節之言曰：吾高曾今時人，以簠簋豆薦牲不可也。《司馬書儀》亦云：簠簋、籩豆、鼎俎、罍洗，皆非私家所有。考之《唐開元禮》，官員廟祭用簠簋、鉶俎、籩豆，其數以品為差，是私家亦得用古祭器也。以神道事其先人，無嫌於今古之異矣。

表一千四百零五

作者/文獻	版本	用　　例
黃炳垕《黃梨洲先生年譜》卷上	清同治十二年刻本	(1) 返郡城，邂逅周仲於木蓮菴，架上見其先人雲淵先生（述學）《神道大編》數十册，方廣皆二尺餘。欲盡抄其所有，會仲遊楚，不果。 (2) 公又與諸死奄難者之孤，大會於桃葉渡，齊聲詈大鋮，大鋮銜之刺骨。（此條，《行畧》作十二年。玆據《神道碑》及公所作《陳定生先生墓誌》，在此年。）
黃炳垕《黃梨洲先生年譜》卷中		(3) 案：全氏祖望曰：公《日本乞師紀》但載馮公奉使始末，而於已無與。惟《避地賦》有曰：歷長埼與薩斯瑪兮，方粉餙夫隆平。又曰：返余旆而西行兮，胡爲乎泥中則是公嘗偕馮以行，而後諱之。又案：《神道碑》所載有《贑州失事》《紹武爭立紀》《舟山興廢》《沙定洲紀亂》《賜姓本末》各一卷，皆此數年間所紀。後合隆武、魯監國、永厤紀年爲《行朝錄》。又有《汰存錄》一卷。 (4) 時大帥治浙東，凡得名籍與海上有連者，即行名捕。公弟晦木公以參馮侍郎軍事被獲，待死牢戶中。公潛至甬，與萬履安、高旦中、馮濟道諸公以計活之。（詳見《鮚埼亭集》《鷓鴣先生神道表》。） (5) 元夕，悼周侍者。定西侯間使至，被執於天台，公於是又招名捕。冬，送女之甬東朱氏（公第三女，適諸生朱沆），寓萬氏寒松齋，與董次公（守諭）、高旦中（斗魁）兩先生話舊。董以《草廬易纂言》爲問，公即疏其卦下之義以答之。馮行人愷章乞《中丞留仙公神道碑銘》。

續表

作者/文獻	版本	用　例
黄炳垕《黄梨洲先生年譜》卷下	清同治十二年刻本	(6) 十七年戊午，公六十九歲。詔徵博學鴻儒，掌院學士葉文敏公（方藹）以公名面奏。聖祖仁皇帝且移文史部，公門人陳庶、常怡庭（錫蝦）大驚曰：是將使先生爲疊山、九靈之殺身也！因代爲力辭，乃止。(《行狀》作己未年事，今從《神道碑》係戊午。) (7) 二十年辛酉，公七十二歲。適海昌徐功爕爲其祖忠襄公求《神道碑銘》，公謂白髮青鐙，回理前緒，猶可彷佛其六、七也。 (8) 六月丁丑（二十五日），仲弟晦木公卒。（詳全太史《鷓鴣先生神道表》。) (9) 高州卒，未及成文。後鄞人全太史（祖望）補，爲之曰《梨洲先生神道碑文》。銘曰：魯國而儒者一人。矧其爲甘陵之黨籍，厓海之孤臣。寒芒熠熠，南雷之村。更億萬年，吾銘不泯。(梓入《鮚埼亭集》。)

表一千四百零六

作者/文獻	版本	用　例
黄恩彤《鑒評別録》卷五	清光緒三十一年家塾刻本	(1) 巫蠱之獄，以帶劍男子起，以白頭翁解。男子幼也，白頭翁夢也，始終妖妄而已。壺關三老之言，著明深切，未足以驟回天聽，而千秋假託高廟神靈，一言而從。若轉圜立取高位帝，蓋猶有牽狗老人、神君大人迹之。邪說熒惑于中，故以人事說之，不若以神道感之，為易入耳。
黄恩彤《鑒評別録》卷四十一		(2) 太后將合葬乾陵，嚴善思上疏，以為合葬非古，望于乾陵之傍更擇吉地為陵，若神道有知，幽塗自當通會。不從。

表一千四百零七

作者/文獻	版本	用　例
黄淦《儀禮精義》	清嘉慶十二年慈谿養正堂刻本	(1) 將以先祖之遺體許人，故筵于禰廟之戶西。几，神所憑也。人道上東而左几，神道上西而右几。(吳廷華) (2) 祝迎尸不拜者，禮不主于己，代主人迎之耳。主人不迎尸者，廟門外以人道為尚，廟門內以神道為尚。凡迎之禮，必出門焉，故迎牲而不迎尸。(參敖繼公、方愨說。) (3) 上篇正祭以神道事尸于室，故用祝與佐食皆室事也。此篇賓尸以賓禮接尸于堂，故不用祝與佐食而另立侑以輔尸皆堂事也。

表一千四百零八

文獻	版本	用　　例
黄鈞宰《金壺七墨》金壺浪墨卷一	清同治十二年刻本	(1)《王九》：小説所載活無常，淮揚謂之勾使。鄰人王九充是役，夜卧解衣履，戒人不得移動，動則常睡不復醒矣。每與老嫗范氏，説陰律刀山油鑊，確乎有之。予兄弟笑以爲妄，九曰：君勿爾，鬼神依人而行，無在無不在。指空虚廣漠之地，而羣以爲神，則眞有神矣。况諸佛菩薩，舉世所崇奉，精誠所萃，能無靈乎？佛與鈍根人説因果，神道設教，古人所不廢，其又何嗤焉。……所谓頎而長者，姊夫丁霽初實以夜来。

表一千四百零九

作者/文獻	版本	用　　例
黄六鴻《福惠全書》卷九	清康熙三十八年金陵濂溪書屋刊本	(1)《設誓》：明有王法，幽有鬼神。我心不能共見託乎神以白之，我志不能自定質乎神以堅之。以及里胥諸人奸詭百出，縱三尺之可逃，語以神明，豈寸衷之無畏？當事于將審之，先敬製誓文，齋戒沐浴，率諸里胥户長等虔詣城隍神，案前宣讀誓詞，須並列里胥户長姓名，考鍾擊鼓。再拜焚之，俾懷奸者有所警惕，而不敢恣意作弊，抑亦神道設教之一端也。
黄六鴻《福惠全書》卷十四		(2)（鴻）心雖瞭然自信，然舍高而究任，彼必不服。若再施以刑，是縱兇身而嚴苦主。又無以孚衆論，不得已而爲神道設教，并暗質所言，然後明斥其奸，使彼悚然，知神之可畏，而俯首無辭耳。

表一千四百一十

文獻	版本	用　　例
黄彭年《陶樓文鈔》卷六	民國十二年刻本	(1) 浙江分巡甯紹台道史公神道碑銘（代）

表一千四百一十一

<table>
<tr><th>作者/文獻</th><th>版本</th><th>用　　例</th></tr>
<tr><td>黃不烈
《汪本隸釋刊誤》
卷第十三</td><td rowspan="2">士禮居叢書景清汪氏刻本</td><td>(1) 阯都尉沈君二神道
(2) 緜竹令王君神道
(3) 韋氏神道</td></tr>
<tr><td>黃丕烈
《汪本隸釋刊誤》
卷第十九</td><td>(4) 按：《隸續・劉寬神道跋》：漢隸太字不用點，惟高頤及此有之。</td></tr>
</table>

表一千四百一十二

<table>
<tr><th>作者/文獻</th><th>版本</th><th>用　　例</th></tr>
<tr><td>黃汝成
《日知録集釋》
卷十五</td><td rowspan="2">清道光西谿草廬刻本</td><td>(1) 韓退之《豐陵行》曰：臣聞神道尚清靜，三代舊制存諸書。墓藏廟祭不可亂，欲言非職知何如。
(2) (沈氏曰) 沈世泊云：案：起復者，喪制未終，勉其任用，所謂奪情起復者也。如歐陽公《晏殊神道碑》：明年，遷著作佐郎，丁父憂，去官，已而眞宗思之，即其家起復，爲淮南發運使。及史嵩之丧父，經營起復是也。今人不考，例以服闋爲起復，誤矣。</td></tr>
<tr><td>黃汝成
《日知録集釋》
卷二十三</td><td>(3) 韓文公作《王仲舒神道碑文》云：王氏皆王者之後，在太原者爲姬姓，春秋時，王子成父敗狄有功，因賜氏。此語卻有斟酌。
(4) 韓退之《辯諱》本爲二名嫌名立論，而其中治天下之“治”卻犯正諱。蓋元和之元，高宗已祧，故其潮州上表，曰“朝廷治平日久”，曰“政治少懈”，曰“巍巍治功”，曰“君臣相戒，以致至治”。舉張行素曰“文學治行眾所推”，《平淮西碑》曰“大開明堂，坐以治之。”《韓宏神道碑銘》曰“無有外事，朝廷之治。”惟《諱辯》篇中似不當用。((楊氏曰) 韓公是說漢人不諱“治”字耳，豈謂唐諱乎?)
(5) 石晉《相里金神道碑》，“民”“珉”二字皆缺末筆。南漢劉巖尊其父謙爲代祖聖武皇帝，猶以“代”字易“世”。</td></tr>
</table>

續表

作者/文獻	版本	用　　例
黄汝成 《日知録集釋》 卷二十四	清道光西谿草廬刻本	(6) 隋《鷹揚郎將義城子梁羅墓誌》：大漸之期，春秋六十有一。唐王紹宗爲其兄元宗臨終口授銘：吾六兄同人見疾，大漸惟幾。盧藏用《蘇許公瓌神道碑文》：大漸之始，遺令遵行。
黄汝成 《日知録集釋》 卷三十		(7) 今南京十廟雖有蔣侯，湖州亦有卞山王，而亦不聞靈響。……而梓潼二郎、三官、純陽之類以後出，而反受世人之崇奉。關壯繆之祠至徧於天下，封爲帝君。豈鬼神之道亦與地爲代謝者乎？應劭言：平帝時，天地六宗已下及諸小神凡千七百所，今營寓夷泯，宰器闕亡，蓋物盛則衰，自然之道，天其或者欲反本世。而《水經注》引吳猛語廬山神之言，謂神道之事亦有换轉。昔夫子答宰我黄帝之問，謂生而民得其利百年，死而民畏其神百年，亡而民用其教百年，故曰黄帝三百年。烈山氏之子曰柱，食于稷，湯遷之而祀棄。以帝王神聖且然，則其他人鬼之屬又可知矣。

表一千四百一十三

作者/文獻	版本	用　　例
黄師憲 《夢澤堂詩文集》 文集卷三	清刻本	(1)《易》云"聖人以神道設教"，則其説皆與《河圖》《洛書》相表裏。但聖人語明而不語幽，語人而不語神耳。

表一千四百一十四

作者/文獻	版本	用　　例
黄式三 《尚書啓幪》 卷二	清光緒刻本	(1) 廢費，同謂空勞也。弔，善也。由，從也。靈神道，謂卜也。非，不也。賁，美也。

表一千四百一十五

作者/文獻	版本	用　例
黄守平 《易象集解》 卷三	清同治漱芳園刻本	(1)《彖》曰：大觀在上，順而巽，中正以觀天下。觀，盥而不薦，有孚顒若，下觀而化也。觀天之神道，而四時不忒。聖人以神道設教，而天下服矣。 (2) 天之神寓於四時，聖人之神寓於教。中正卽聖人之神道，以教顯卽以神爲教也。 (3)《象》曰：風行地上，觀。先王以省方觀民設教。天之神道莫如風，聖人之神道莫如教。天以風爲教，聖人以教爲風。故曰：風教方與民屬坤，省之觀之教之屬巽。

表一千四百一十六

作者/文獻	版本	用　例
黄叔璥 《南臺舊聞》 卷十五	清刻本	(1) 韓愈自監察御史貶連州陽山令，所坐之因，傳記各異。《唐書》本傳謂上疏論宫市，德宗怒，故貶。李翱《行狀》謂為幸臣所惡，故貶。皇甫湜作《神道碑》謂貞元十九年關中旱饑，公請寬民徭，專政者惡之，故貶。

表一千四百一十七

作者/文獻	版本	用　例
黄廷桂 《（雍正）四川通志》 卷二十二中	清文淵閣四庫全書本	(1) 古之名將知此法者，惟太公望、孫武子、韓信、諸葛孔明、李靖諸人而已。吳起以下，莫能知也。一大陣之中固有八陣，而小八陣之亦中各有八陣，大陣則法伏羲八卦，小陣文王六十四卦，所謂陣間乎陣、隊間乎隊者也。若夫造楯甲有九星、開八門、用三奇者，則又黄帝命風后為之也。葢聖人以神道設教，以神其術，使人莫知其所以然也。大將居於玄武之位，而北獸則常山蛇也，故曰“常山蛇陣”。
黄廷桂 《（雍正）四川通志》 卷二十六		(2) 崔寧神道碑（歐陽公《集古録》：在長慶二年。） (3) 李文定公神道碑（在報恩光孝禪寺。張方平撰。） (4) 誓虎碑（在許雄山下。《廣漢縣令神道》：俗傳為誓虎碑。碑仆，遂有虎入城。設祭立碑，虎害乃能止。） (5) 鮮于氏神道碑（一在二教院崖上，一在墓田。其文與書皆出顔真卿。又有《奬諭仲通碑》，在墓田，亦真卿書。）

續表

<table>
<tr><th>作者/文獻</th><th>版本</th><th>用　例</th></tr>
<tr><td>黄廷桂
《（雍正）
四川通志》
卷二十八下</td><td rowspan="3">清文
淵閣
四庫
全書
本</td><td>（6）《寺觀》：蜀中山水之秀，宛如畫圖。素號“仙靈窟宅”，而高僧羽士於兹托足者衆。其為琳宫梵宇，或在通都大邑間，固足以壯觀瞻而供遊覽。乃即窮陬僻壤，搆蘭若於雲峯，建丹臺於樹杪，亦足以點綴山川之名勝。故凡騷人仙客每為之歌詠記序於不衰，而愚夫愚婦之儔覩樓殿之巍峩，亦足以生其入廟思敬之想。然則神道設教，或亦化導人心之一助歟？作《寺觀志》。</td></tr>
<tr><td>黄廷桂
《（雍正）
四川通志》
卷二十九上</td><td>（7）魏了翁墓（在蒲江縣北五里潘家山。有《神道碑》。）</td></tr>
<tr><td>黄廷桂
《（雍正）
四川通志》
卷四十</td><td>（8）《梓州郪縣兜率寺浮圖碑》：若夫仙樓白玉，窈冥昆閬之墟；神闕黄金，寂寞蓬瀛之浦。斯則罔巒仿佛，稽鳳冊而空存；島嶼憑陵，艤龍舟而罕迨。至若按皇軒於夏籙，玫璿構於殷圖，周王北洛之宫，秦帝南山之閣。西京故事，下聽雷霆；東國餘基，俛臨雲雨。莫不陵遷谷變，共榛灌而丘墟；火絶烟沈，與風雲而坱莽。其有據坤輿之實位，借神道之冥扶。占象緯而圖基，揆川原而宅址。蜂臺映月，還臨舍衛之城；雁塔尋雲，即對嵴闍之嶺。成而不毁者，將斯之謂歟？……謹聞命張，乃作銘云：二象成紀，三才定位。開剖太虚，導引元氣。紛紛化跡，飆飆聖致。行傑趣約，歸同棄異。……曠望原陸，周流江汜。桃李春風，芙蓉秋水。烟霞四面，關山千里。他鄉寓目，兹焉復幾？
（9）《益州夫子廟碑》：述夫帝車南指，遁七曜於中階；華蓋西臨，藏五雲於太甲。雖復星辰蕩越，三元之軌躅可尋；雷雨沸騰，六氣之經綸有序。然則撫銅渾而觀變化，則萬象之動不足多也；握瑤鏡而臨事業，則萬機之湊不足大也。……道揚十聖，光被六虚，乘素履而保安貞，垂黄裳而獲元吉。故能貴而無位，履端於太極之初；高而無名，布政於皇王之首。千秋所不能易，百代所不能移，萬乘資以興衰，四海由其輕重。雖復質文交映，瞻禴祀而長存；金火遞遷，奉琴書而罔絶。葢《易》曰：觀乎人文，以化成天下。又云：聖人觀神道設教，而萬物伏焉。豈古之聰明睿知神武而不殺者夫？……嗚呼哀哉！敢為銘曰：五帝既沒，三王不歸。天地震動，陰陽亂飛。山崩海竭，月缺星圍。禮樂無主，宗禋遂微。（其一）……泛泛寰中，悠悠天下。徇名則衆，知音葢寡。碔石參瓊，迷風亂雅。仲尼既沒，夫何為者。（其十）
（10）會衡山劉侍御瓛持節按蜀。過家，見而悦之，既至蜀，以告予，謂予魏公鄉後學也，屬為文，刻於神道之石；且檄下廣漢，訪其遺裔。</td></tr>
</table>

續表

作者/文獻	版本	用　　例
黄廷桂《（雍正）四川通志》卷四十一	清文淵閣四庫全書本	（11）觀，盥而不薦，有孚顒若。且盥而不薦者，為化之誠也；有孚顒若，下觀而化之誠也。是以為《彖辭》則曰：聖人以神道設教，而天下服。為《爻辭》則曰：觀國之光，利用賓於王。
黄廷桂《（雍正）四川通志》卷四十四		（12）虞懷忠虞允文神道碑銘
黄廷桂《（雍正）四川通志》卷四十六		（13）至列為伽藍者，吾不悉其何説。第思將軍忠義之人，於佛氏無父無君，自應羞為，而謂甘心下之必不然矣。明神宗棄人事而重神道，濫加封號，蓋桓靈後身也。夫桓靈昭烈之所恨，而將軍肯受其賜乎？據《漢書》，將軍好讀《左氏春秋》，獨不喜士大夫，蓋摘句尋章，不識有漢，安足當其一盼耶？然則何以事將軍哉？為臣思忠，結友思義，以隻雞甌醪置將軍木主前，則得之矣。

表一千四百一十八

作者/文獻	版本	用　　例
黄庭鏡《目經大成》卷一下	清嘉慶達道堂刻本	（1）《信巫不信醫論》：原夫鬼神之説，渺茫無准，惟巫人得交鬼神而愈疾病，尤荒謬不足道。雖周官有男巫、女巫、大祝、小祝之屬，特藉其宣誠致告，以供祭祀，以祓除不詳，不聞越俎司醫，且令人廢神農、黄帝之法而篤信焉者。……卽隍社儼然重臣，無非惜神道設教，必曰陰陽一理，威靈默運綏猷，既不相助爲理彰善癉惡，安得妄狥請祝，降祥去疾。……雖然醫能生人，亦能殺人，不信不罹其災，巫爲他人，折腰屈膝，信之益重其事，心危夭枉，情有可原，今人壽終正命，而僧而道萬種作爲。日超度以轉輪回，不爾，則其家不吉，達者先惑之吠聲，陳人尤而爭效，遂覺鬼神昭格，一舉一動，有不可須臾離者，於以成風，牢不可破，豈特巫人也哉？

表一千四百一十九

作者/文獻	版本	用　　例
黄錫蕃《閩中書畫録》卷二	民國三十二年合衆圖書館叢書本	(1) 蔡京正書《集賢趙公大觀神道碑》，此乃黄美之故物。籤題是徐子仁㑭書，流傳幾許乃歸元白。鄭子經言：蔡公書令人掩鼻而過，元白收此無乃采菲之意乎？(《蒼潤軒碑跋》)

表一千四百二十

作者/文獻	版本	用　　例
黄以周《禮書通故》第一十六	清光緒十九年刻黄氏試館本	(1) 鄭元云：《小宗伯》：辨廟祧之昭穆。自始祖之後，父曰昭，子曰穆。孔廣森云：昭，左也；穆，右也。人道尚左，神道尚右。廟祧之位，當先三穆，後三昭。又冢人墓地亦以昭穆為左右，而謂先昭後穆，㝵無亏地道尊右之義。尤未協與文王偁穆，武王偁昭，二祧並立，百世不毀。若以昭先穆昰，周之諸王無不子先亏父矣。以周案：左昭右穆，據人子入廟，助祭為文。若以始祖坐向而言，其父曰昭居右，其子曰穆居左，正合神道尚右之義。經言昭穆，不言穆昭。以此其後子孫各以昭穆之班，祔自為尊卑，又不以昭穆為尊卑，如新死者入昭廟，與其父並列四親，豈亦可謂尊亏穆廟乎？文王偁穆，武王偁昭，其舊班本如此，非周公欲先文王而穆之也。孔說，泥矣。
黄以周《禮書通故》第一十七		(2) 蔡氏謂黍稷亦生，而薦之極有據，葢昰時以神道事尸。

表一千四百二十一

作者/文獻	版本	用　　例
黄應麒《周易述翼》卷一	清光緒山陰宋氏刻懺花盦叢書本	(1) 天地順動，而四時不忒。聖人順動，刑罰清而民服。觀天神道，而四時不忒。聖人神道設教，而天下服。文明以説，大亨以正，合四時之革。當時以節，中正以通，合四時之節也。

續表

作者/文獻	版本	用　　例
黄應麒《周易述翼》卷二	清光緒山陰宋氏刻懺花盦叢書本	(2) 觀天之神道，而四時不忒。聖人以神道設教，而天下服矣。 (3) 神道者，一而神也。神無形，惟其一，故不貳，而陰陽不愆；惟其一，故不息，而寒暑迭運。聖人以神道設教者，非假神道以愚民也。 (4) 設教者，示儉、示禮以變其風，異制、異宜以因其俗。《彖傳》"神道設教"，此曰"觀民設教"，辭異理同。葢天之視聽即民之視聽，民即天也。 (5) 盥而不薦，誠敬之至也。大觀在上，中正之極也。神道設教，觀民設教，天人之道也。
黄應麒《周易述翼》卷三		(6) 五與二，正應曰：或者若天之所爲，非人之所致。明二非以道要結，而五受其益也。二貝為朋，十朋之龜寶龜也，能前知神道也。

表一千四百二十二

作者/文獻	版本	用　　例
黄虞稷《千頃堂書目》卷十	清文淵閣四庫全書本	(1) 趙瀫陽《行狀》《神道碑》一册。 (2) 歐陽玄《王清獻公神道碑》一卷（王都中）。
黄虞稷《千頃堂書目》卷十三		(3) 周述學《神道大編象宗圖》。（字入繼志，山陰人。精心術數，嘗胡宗憲幕佐，平倭有功。《神道大編》凡十餘卷，今存者僅十一二而已。）

表一千四百二十三

作者/文獻	版本	用　　例
黄之雋《香屑集》卷一	清文淵閣四庫全書本	(1) 脩眉（張説《鄭國夫人神道碑》。） (2) 菊豔（楊炯《百泉縣令李君神道碑》。） (3) 暮雨（楊炯《益州温江縣令任君神道碑》。） (4) 顔如（楊炎《右金吾楊公神道碑》。）

表一千四百二十四

作者/文獻	版本	用　　例
黃中 《黃雪瀑集》	清康熙泳古堂刻本	(1)《修葺三官廟引》：三官爲水府尊，神道塲居淮海之濱、東洋滄波之望。凡三元日辰，薄海内外，普天率土，建齋設醮，恭敬奉持，罔敢懈怠。攝斂其精神，撿東其志氣，以一其聰明，視聽此三官之教，所以裨益寰區也。

表一千四百二十五

作者/文獻	版本	用　　例
黃中堅 《蓄齋集》 卷十四補編	清康熙刻本	(1) 夫鬼神之事，苟稍有識者卽能不爲所惑。以鄴侯之智，而豈其惑於此哉？其好言鬼神，當亦古人神道設教之意云爾。道德清淨之說，雖與吾儒之大道有閒，而以破世主之惑溺，則優自明皇以來聲色貨利之習中，於其心而不可解，吾為之借其所尚，以祛其所惑。此固對症之良藥，而格君之善術也。

表一千四百二十六

作者/文獻	版本	用　　例
黃宗羲 《南雷文定前後三四集》 南雷文字 卷五	清康熙刊本	(1) 明驃騎將軍鎮守福建總兵官左軍都督府都督僉事瑞巖萬公神道碑 (2) 光祿大夫太子太保吏部尚書謚忠襄徐公神道碑銘 (3) 左副都御史贈太子少保謚忠介四明施公神道碑銘（壬子） (4) 巡撫天津右僉都御史留仙馮公神道碑銘（甲午）
黃宗羲 《南雷文定前後三四集》 南雷文字 卷十		(5) 《周雲淵先生傳》（辛亥）：周述學，字繼志，别號雲淵，越之山陰人。……又撰《大統萬年二曆通議》，以補歷代之所未備。自曆以外，圖書、皇極、律呂、山經、水志、分野、算法、太乙、壬遁、演禽、風角、鳥占、兵符、陣法、卦影、祿命、建除、埋術、五運六氣、海道針經，莫不各有成書，發前人所未發，凡千餘卷，總名曰《神道大編》。蓋博而能精上下千餘年，唯述學一人而已。 (6) 甲戌，余邂逅其諸孫周仲，訪之於木蓮巷，架上堆雲淵《神道大編》數十册，其册皆方廣二尺餘，仲吉遺書散失，此不能十之一二也。

續表

作者/文獻	版本	用　　例
黃宗羲《南雷文定前後三四集》南雷文定後集卷一	清康熙刊本	(7) 嗟乎！言之不文，不能行遠。夫無言則已，既已有言，則未有不雅馴者。彼佛經祖錄，皆極文章之變化。即如《楞嚴》之叙十八天、五受陰、五妄想，與莊子之《天下》、司馬談之《六家指要》，同一機軸。蘇子瞻之《温公神道碑》，且學《華嚴》之隨地湧出。皎然學於韋蘇州，覺范學於蘇子瞻，夢觀學於楊鐵崖，夢堂學於胡長孺，其以文名於一代者，無不受學於當世之大儒，故學術雖異，其于文章無不同也。奈何降為今之臭腐乎？雖然，亦儒者有以開之也。明初以文章作佛事者，無過宋景濂。其為高僧塔銘，多入機鋒問答，雅俗相亂。試觀六朝至於南宋碑釋氏者，皆無此法。
黃宗羲《南雷文定前後三四集》南雷文定後集卷二		(8) 糸議閻公神道碑 (9) 修齡不遠二千里介吾門，顧諟以公《神道碑銘》爲請。余衰病學落，豈足以知公！欲辭之，而難於往返，因勉書其崖畧。 (10) 將葬，象升爲《行狀》介余門人，顧諟屬銘其神道。
黃宗羲《南雷文定前後三四集》南雷文定三集卷二		(11) 公卿之賢者儀部眷一妾，其夫人不能容，儀部遂俠妾以出，流轉僧寺，頗爲人所指目。公無可奈何，而夫人篤信佛乘，與一尼甚嫟，公求尼為之勸解。尼神道設教，假箕仙言上帝震怒，將降禍於夫人。夫人受戒悔過，儀部如得安其室。一時好事相傳，以竹篦糸話之法，訛為撲作教刑之事。
黃宗羲《南雷文定前後三四集》南雷文定三集卷三		(12) 書合葬例：婦人從夫，故誌合葬者，其題只書某官某公墓誌銘或墓表，未有書暨配某氏也。張說為《蕭灌神道碑》云“南城侯之夫婦同刻碑銘”，其題“贈吏部尚書蕭公神道碑”，其妻章氏出事實於内，題則不列。楊炯爲《王義重神道碑》“其子師本陪葬”，亦不別爲標題。自唐至元，皆無夫婦同列者。此當起於近世王愼中集中，如“處士陳東莊公暨配黎氏墓表”，葢不一而足也。 (13) 古來原有此兩樣《墓表》《神道碑》，俱有銘有不銘。

續表

作者/文獻	版本	用　　例
黄宗羲《南雷文定前後三四集》南雷文定三集卷三	清康熙刊本	(14) 墓表例：墓表，表其人之大畧可以傳世者，不必細詳行事。如唐文通先生“宋明道之表”是也。歐文、胡瑗、石曼卿墓表皆不書子姓。今制：三品以上《神道碑》、四品以下墓表銘，藏於幽室，人不可見。碑表施於墓上，以之示人。雖碑表之名不同，其實一也。故墓表之書子姓，墓表之有銘，不可謂非也。自有墓表，更無墓碣，則墓表之製，方趺圓首可知矣，故與碑分品級。柳州稱神道表“神道與墓”，無品級之可分也。 (15) 神道碑例：柳州《葬令》曰：凡五品以上爲碑，龜趺螭首；降五品爲碣，方趺圓首。此碑、碣之分。是凡言碑者，即《神道碑》也。後世則碣亦謂之碑矣，豈以神道二字重於墓乎？地理家以東南爲神道。《蘇環碑》建於塋北一十五里，亦曰《神道碑》。宋孫何《碑解》云：班固有泗亭長碑文。蔡邕有郭有道、陳太丘碑文。其文皆有序冠篇，末則亂之以銘，未嘗以碑為文章之名也。迨李翱爲《高愍女碑》，羅隱爲《三叔禘》《梅先生碑》，則所謂序與銘皆混而不分，集列其目，亦不復曰文。戾孰甚焉？今當如班蔡之作，存序與銘，通謂之文，可也。楊炯爲《成知禮神道碑》。其碑銘之後有係曰“若楚辭别自一體”。婦人妃主亦稱《神道碑》，如張説“和麗妃、息國長公主、李華東光縣主楊綰、郭汾陽夫人”是也。 (16) 行述例：歐陽玄《銘曾秀才》云：行述，似翁所作孛木。魯翀作《姚天樞神道碑》云：其子侃，以公行實徵録，歐陽發作事迹。此皆與行狀名異而實同也。今既有行實，又有行狀，無乃重出乎。 (17) 碑誌繁簡例：誌銘藏於壙中，宜簡。《神道碑》立於墓上，宜詳。然范仲淹爲种世衡志數千餘言，韓維志程明道亦數千言，東坡《范蜀公志》五千餘言，唯昌黎煩簡得當。 (18) 書祖父例：蔡邕《祖擕碑》云“擕字叔業。曾祖父勲。擕生稜。稜生邕。邕至勳。連身六世”，故《後漢邕傳》稱勲爲六世祖。而唐穆員爲其父誌“高祖上一世，則稱五代祖”。陳子昂誌父墓“五世祖太樂生高祖方慶。方慶生曾祖湯。湯生祖通。通生皇考辨”。柳州父神道表“六代祖慶。五代祖旦。高祖楷蘇。“子美父誌亦然，此當從後。范育《吕和叔墓表》稱“曾祖爲皇考，祖爲王考”。庾承宣爲《田布碑》稱“曾祖爲王大父”。柳州柳府君墳前石表辭稱“高祖王父。曾祖王父。祖王父。” (19) 不書了婦例：女子重所歸，故壻多書，子婦例不書。楊炯爲《曹通神道碑》載子婦一人，以其陪窆於塋内也。裴抗爲《田承嗣神道碑》載子婦二人，以其爲宫主也。……此外諸家文集亦不多見，至元而古法蕩然。閻復《廣平王碑》，元明善淇《陽王碑》，無不書子婦矣。

續表

<table>
<tr><th>作者/文獻</th><th>版本</th><th>用　例</th></tr>
<tr><td>黄宗羲
《南雷文定
前後三四集》
南雷文定
三集卷三</td><td rowspan="3">清康熙刊本</td><td>(20) 子女不分書所出例：子女皆統於父，雖異母而不分書所出。在唐，如權德輿誌《李巽》“三夫人，四子”，不言某屬某氏。楊綰作《郭汾陽夫人神道碑》“六子八女”，俱書夫人下。……白樂天之誌元微之，穆員之誌鄭叔，則皆用此例。……此非古法之所有也。
(21) 妾不書例：婢妾所生之子，書其子，不書其母。……劉敏中《忠獻碑》書“妾李謙”，爲《張文謙神道碑》書“側室”。姚牧庵《阿力海涯碑》書“如夫人”、《潘澤碑》“子，希永，他室李出”。……宋景濂《方愚菴墓》版文稱“妾爲少房”。
(22) 單書嗣子例：周隋之碑，單書嗣子，未嘗人人而書也。觀庾子山諸碑：司馬裔，但書世子侃。長孫儉，但書墩等兄弟。紇于弘，但書世子恭等。崔訦，但書世子洪。度辛威，但書世子永達。段永，但書世子岌。唐權文公爲《伊慎神道碑》，但書冢嗣，餘書息男十六人。</td></tr>
<tr><td>黄宗羲
《南雷文定
前後三四集》
南雷文定
四集卷之三</td><td>(23) 大學士機山錢公神道碑銘
(24) 贈刑部侍郎振華鄭公神道碑</td></tr>
<tr><td>黄宗羲
《明儒學案》
卷五十三</td><td>(25)《約言》：太虛之中，一理旁薄，寧有二乎？幽明人鬼，未始不一，上帝固曰天，吾心亦天也；鬼神固曰神，吾心亦神也。及世愈衰，小人自智其愚，妄意神道為茫昧，故肆其惡而無忌憚，謂天為弗知，而吾心已知矣；謂神為可欺，而吾心已不可欺矣。《書》曰：天聰明，自我民聰明。民之聰明，即天之聰明也。不然，億兆至衆，天將竭聰明以伺之，不亦勞乎？</td></tr>
<tr><td>黄宗羲
《明文海》
卷四十七</td><td rowspan="2">清涵芬樓鈔本</td><td>(26) 漸次時雍，至於比屋可封不難矣。陛下不可視為迂濶，而不切當今之急務也。陛下天資至高，合於道微。百家神怪，誕妄恍惚，臣知陛下洞燭之矣。然猶不免欲以愚弄天下，若所謂以神道設教者，臣謂不必然也。一統之輿圖已定矣，一時之人心已服矣，一切之奸雄已慴矣。天無變災，民無患害。聖躬康寧，聖子聖孫繼繼繩繩，所謂得真符者矣。何必興師以取寶為名，諭衆以神仙為征應，謂有所謂某仙某神孚佑國家者哉？</td></tr>
<tr><td>黄宗羲
《明文海》
卷七十三</td><td>(27) 其列在集仙蒐神道籙等編，未究元君之始，寧襲耳食之謬。唯是四岳避峻，九山推烈，碧霞于斯宫焉。
(28) 楚人善紛繫鬼神而神道設教，令三老子弟婦孺駿奔對越，以功則帝子精衛也，以德則雪中君湘夫人也，以慧則曹娥孝女也，以普化廣嗣則普陀玉女元君也。</td></tr>
</table>

續表

作者/文獻	版本	用　　例
黃宗羲《明文海》卷七十四	清涵芬樓鈔本	(29)《漢晉春秋》所載：章帝元和二年，幸魯祀孔子，帝升廟，西面再拜。《開元禮》亦謂“先聖東向，先師南向，三獻官皆西向”，是猶未失古之意也。今襲開元二十七年之制，遷神于南向，而行禮者北面，則非神道尚右之義矣。
黃宗羲《明文海》卷八十六		(30) 蓋近代史編，惟憑碑志，碑志烏有，史編子虛矣。又縉紳壽耉，乃可君公；才士雅人，方堪別號。碑表之等，倬有王章；夫孺之銜，並須廷授。乃今賈豎敗夫，咸冒君子之號；乘田筦庫，輒樹神道之碑。
黃宗羲《明文海》卷一百一		(31)《雷說上》(劉基)：有夫耕于野，震以死。或曰：畏哉！是獲罪于天，天戮之矣。劉基曰：噫，誣哉！何觀天之局也！一夫有罪，天將自戮之乎？天生民而立之牧，付之以生殺之權，而又自震以討焉，惡用是司牧者為也？曰：天鑒于民，有隱慝焉，人罰弗能及也；而震以威之，微顯闡幽，神道也。 (32)《移樹說》(李東陽)：予城西舊塋久弗樹。比闢地東鄰，有檜百餘株，大者盈拱，高可二三丈，予惜其生不得所。有種樹者曰：我能為公移之。予曰：有是哉？請試，許之。……又夾神道而南以及于涂。再閱歲而視之，其成者又十而九也。於是條幹交接，行列分布，鬱然改觀，與古墓無異焉。夫規大而坎疏，故根不離；宿土厚，故元氣足；乘虛而起漸，故出而無所傷。取必於旦夕之近，而巧奪於二十餘年之遠，蓋其治之也有道，而行之也有序爾。予因歎夫世之培植人材，變化氣習者，使皆得其道而治之，幾何不為君子之歸也哉？族子嘉敬舉鄉貢而來，予愛其質近於義，留居京師，與之考業論道，示之向方，俾從賢士大夫游，有所觀法而磨礪，知新而聚博。越三年，志業並進，再詘有司，將歸省其親。予冀其復來，以成其學，且見之用也，作《移樹說》以貽之。
黃宗羲《明文海》卷一百七		(33) 候氣之説，自唐貞觀而後以至五代皆不見國史，或唐宋諸代久識其虛繆，而蔡季通當宋之晚季尚猶因仍其説，何哉？大抵馬不至，龜不呈，恐圖書亦未必不作。……聖人用神道設教，蓋人臣欲依託和風、猛氣、衰氣之説，必每月一按以感動人主，人主欲假借此説以發明吾所定此律，已得之天地之準，非可以圭撮致疑。令夫下可知而不可言，可疑而不可知耳。

續表

作者/文獻	版本	用　例
黄宗羲 《明文海》 卷一百七		(34) 愚每讀《尚書》至偃武修文，讀《樂記》至放牛歸馬，未嘗不囅。然為笑何武王善藏兵、用神道設教乃至此？自古日夜習兵者，更孰能過成周哉？其為制，男子始生即桑弧蓬矢，以射天地四方。 (35) 周日夜習兵而天下乃以為偃武修文，此武王之善用神道而天下不知也。 (36) 而《王制》猶曰：天子諸侯所以田，其一為乾豆，其二為賓客，其三為充君之庖。……三為充君之庖之說，特不敢言為乾豆充祭祀，而不終一言及於飭武備。周之用神道設教，至於是而人安得不謂周為偃武修文也。 (37) 吾獨慮周之人，未必盡中鵠耳。假令既已中鵠，彼豈憂貫革哉？而仲尼曰：射不主皮，為力不同科。此不獨武王欲以神道愚天下，而仲尼又欲以神道示後世，且豈惟武王夫干戈武事也？干楯武事也？舜既已舞干羽，是業已誕敷武德矣，而又欲愚天下曰“誕敷文德”。舞干羽於兩階，古聖王所為用神道，往往多此類。然則今天下欲威服四夷，當必如《周制》藏兵於微眇，令足以備緩急，而天下又皆不吾知，然後為有備無患也。
黄宗羲 《明文海》 卷一百十七	清涵 芬樓 鈔本	(38)《施敬辯》(馬統)：《記》曰：社稷宗廟之中，未施敬於民而民敬。嗟乎！敬在施先，敬敗施後，聖人神道設教之意窮矣。窮則通變，後聖之事也。……嗟乎！聖人神道設教之意窮矣。凡今之所謂淫祀者，何始乎？在三代以上已有之。盖妖人邪士，假鬼道以愚弄鄉曲而利之者也。鬼道者，又神道之變而旁出之。鬼神亂乎俗，禍福蠱心，寘惚借口，譬之妾媵且奪嫡。故曰：國將亡，聽於神。且其建祠、塑象、作法、念咒，為之拜祈之節、祭祀之儀，混男女，倒晝夜，匿盜藏姦，又一大萃淵藪也。言敬者偽也，而本然之敬亡矣。即此又可以見人之情惡，匪修道之教也。……《記》又曰：祭不欲數。盖知敗敬之道乎？夫先王神道，使人歲時得一再為社廟之見，故或生敬。若厭見而習接之，則褻者至矣。褻則敗，敗則禮樂盡廢。
黄宗羲 《明文海》 卷一百四十一		(39)《羅山法海寺勸化普度疏》(曾異撰)：竊聞胞民與物，儒治明而釋治幽；歎骷點髏，緇利他而黃利自。蓋設教神道，敬遠必判乎陰陽；而博施佛門，接引不分乎人鬼。是以大士甘未成佛，欲須度盡衆生，即聖人內溝之恥；地藏誓不歸西，必待獄空鬼府廣王者掩骼之仁。
黄宗羲 《明文海》 卷一百七十六		(40) 不中者，人不傳之矣；中者，必傳之以為神。然則假五行而奇中者，何以異此？大抵神道設教，古聖人卜筮之微意也。

續表

作者/文獻	版本	用　　例
黄宗羲 《明文海》 卷二百三十八	清涵芬樓鈔本	(41) 予亟言於郡丞徐君補刻之，并收李傳《神道碑銘》，使究公平生以昭宣之人士云爾。
黄宗羲 《明文海》 卷二百三十九		(42) 先是西安張御史璡者，論列詆毀，人不能堪，而公引曆薦揚，竟至大用，璡終身感之。夫東里、南陽，皆賢相也。然遂抑庵不使入閣，斥一峰不得立朝，視公之度何如也。神道、誌銘，公之德業詳矣。而佐獨舉二事，補其遺闕，以見公之所以為大者。
黄宗羲 《明文海》 卷二百九十八		(43) 跋韓國華神道碑 (44) 古《宋諫議大夫韓國華神道碑》，富弼彦國撰，王珪禹玉書。……富公以勛業名世，其文章不多見。今觀此碑序事，質而不俚，贍而不穢，殆非稚筆所及。盖宋之諸君崇尚儒雅，公卿百執事率用文學之士，故士大夫争自淬礪於問學。在當時，雖不以文名，其文亦自有以過人如富公是已。
黄宗羲 《明文海》 卷三百四十四		(45) 始以為公固用神道，以安衆心，未之信也。然自石犀既立之後，江水安流，即有數日之雨不復泛溢，連一、二年水不至城下，廬舍以完，田疇以穫，頌聲以興，而人始知公之拯亨有道。以此，予聞蜀江善溢，往時太守李冰者，琢三石犀置之長衢，而錦江、灌江遂以無患，至今賴之。
黄宗羲 《明文海》 卷三百五十五		(46) 聞而笑曰：吾子處山而誇海，右屈而左靳，喋喋而佔佔，較計千年之怨德，而褻慢百聚之精英。是且何嘗以法眼而觀，則大地為幻境；以法身而律，則神道亦鬼趣。靳之貴也有盡，屈之伯也亦有盡，皆覺海洸漾中秕稗塵垢耳。
黄宗羲 《明文海》 卷三百六十九		(47) 嘉靖中，予為祠官，考案祀典，有意乎反古正今，以端民趨，會改官而止。嗟夫！是豈古人神道設教之本意乎？市汊鎮舊有東嶽行祠，不知其所創始。廟貌清肅，冕而垂旒，儼然帝者之尊。……予按：東嶽泰山也。
黄宗羲 《明文海》 卷三百七十二		(48)《重修大興寺記》（趙釴）：大興寺，貴之省，臣歲時綿蕞習肄之地也。嘉靖辛酉歲杪，余與侍御巫君、總戎石君入寺，以獻歲同為儀時，大水之後，見更衣無所，民區與僧舍無別，共以為嘆曰：是不可無修！偶宣慰安萬銓至，彼固擅積且明鬼者，因以神道為教，使任重修事。 (49) 功有難于必成，志有難于直遂。故始悟于儒教之為苦，未若談空者之為樂，其勢自不得不逃于禪耳，則佛教又何可以盡廢乎？但閭閻之夫未能深識佛教，而徒執其因果福田之説，以為事佛可以徼福，近則及于身，遠則及于來世，而競為紺殿法宫以承事之，曾不知紛華靡麗正佛教之所戒也，責報應而恣妄想正空虚之反也。兹皆慕佛者之過也，而佛則何過焉？余故因韓、葛二君修寺之舉，以伸古人神道設教之意。

續表

作者/文獻	版本	用　　例
黄宗羲 《明文海》 卷三百九十四	清涵芬樓鈔本	(50) 臣愚謂當稽先哲之成法者，此也。先世郝文忠公謂《綱目》既正蜀漢之統，而《舊史》尚仍陳壽之作，乃著《續後漢書》以反之正。姚文公謂昭烈既以帝書，而後主尚襲舊號，乃著《國統離合論》以裨其闕。元清河公作《淮安王神道碑》，言宋承中華之運，世祖皇帝紹運撫圖，淮安王弼成正統。
黄宗羲 《明文海》 卷四百二十一		(51)《論》曰：嘗聞震澤間有寺，名普濟者。……明日起入寺，婆娑樹下若有所見，後追錄其夢，正圜中滅度日也。因疑師以樹中神道成而歸，且曰：師固嘗號紫栢，云至考師，心行本末。若其夙命前知，顯迹坎土，直以肉身熾然說法，自非古佛大士酬願一出，豈易得此也哉？
黄宗羲 《明文海》 卷四百二十六		(52)《潘屠傳》（車大任）：夫君子秉持人紀，勸善懲惡，猶必以神道而設教，非語怪也。欲以濟其勸懲之所不及，故君子有不廢焉。潘屠者，名麒，秀水人。居新城鎮之急水橋，素以宰屠為業。孟子曰：矢人惟恐不傷人。甚哉！其不慎於擇術之故而然矣。雖然世之為屠宰者，豈鮮哉！
黄宗羲 《明文海》 卷四百三十八		(53) 南京禮部右侍郎贈禮部尚書謚文敏後渠崔公神道碑銘（沈一貫）
黄宗羲 《明文海》 卷四百四十七		(54)《故資善大夫太子少保禮部尚書兼武英殿大學士贈榮祿大夫少保謚文靖金公神道碑銘》（楊文敏）：國家當太平熙洽之時，必有忠謹淳實之臣，論思獻納其間，而後克臻至治之盛，故資善大夫、太子少保、禮部尚書兼武英殿大學士金公實其人焉。……是宜樹碑墓道，以垂不朽。銘曰：天啟皇明，文運昭宣。輔贊至理，必多俊賢。顯顯金氏，世業以儒。積善有源，慶澤乃敷。……仁宗嗣位，簡賢任舊。爵位日崇，寵眷彌厚。皇上繼統，倚毗益隆。公未耄期，遽以云終。爰錫褒命，贈官贈謚。喪葬百需，罔不具備。恩榮終始，惟公克全。播美揚休，孰與比肩。高墳峩峩，神道有石。刻兹銘詩，垂輝無極。 (55) 故榮禄大夫少師兼吏部尚書贈特進光禄大夫太師謚忠定蹇公神道碑銘（楊文敏）

續表

作者/文獻	版本	用　　例
黄宗羲 《明文海》 卷四百四十八		(56) 中順大夫都察院右僉都御史丘公神道碑（趙貞吉） (57) 先子之事，殆未肯以久而忘耶，敢借寵於林君，而徼幸於翁之門。倘得《神道碑》，成以卒亡兄業，而妥先子靈於無窮，豈止孤兒之幸！ (58) 於是天子思公勞，贈禮部尚書，賜二品，祭葬仍特用廷臣議，謚文恪。贈卹以官，謚以人，朝廷敘功，旌賢之典備矣。乃故事大臣表墓之文，其稱為《神道碑》。而公之子官生某等已乞碑，少師申公又屬予錫爵為表，是兩也。 (59) 翁襄敏公神道碑（王錫爵） (60) 經略朝鮮薊遼保定山東等處軍務兵部左侍郎都察院右都御史桐岡宋公神道碑（王錫爵） (61) 萬歷丙午，前經畧朝鮮桐岡宋公卒。長子守一伏闕上書，白父冤，詔復故官。次子守敬乞予《神道文》，志公不朽。 (62) 資善大夫工部尚書兼都察院右副都御史晉川劉公神道碑（沈一貫） (63) 資政大夫禮部尚書兼翰林學士贈太子少保琢菴馮公神道碑（沈一貫）
黄宗羲 《明文海》 卷四百五十	清涵芬樓鈔本	(64)《故太子太保吏部尚書贈特進光禄大夫太保謚忠肅王公神道碑銘》（彭時）：公諱翱，字九臯，姓王氏。其先世家灤州，自公之父避元季兵亂徙居滄州之鹽山，故今為鹽山人。……大宗伯姚公狀公行詳且實矣，公子竚欲列石于神道，請予文之。銘曰：有美王氏，世居于灤。積善秉義，隱處是安。避兵鹽山，遂定厥家。再傳而顯，揭德振華。……公今往矣，疇不嗟悼。匪私於公，惟德是好。渤海故郡，高墳峨峨。於乎忠肅，千載不磨。 (65) 吏部侍郎贈禮部尚書謚文懿楊公神道碑銘（王與） (66) 又曰：吾所交皆文章鉅公，然知我深者惟冢宰王廷貴。我死，汝求作《神道碑》。言訖，精神猶耿耿。喘息漸微，瞑目端坐而逝。
黄宗羲 《明文海》 卷四百五十三		(67) 特進光禄大夫左柱國少師兼太子太師吏部尚書華盖殿大學士贈太保楊文忠公神道碑（趙貞吉）
黄宗羲 《明文海》 卷四百五十四		(68) 幸未死，猶得以銘公之墓，乃抆淚為之銘曰：北山之英，鍾其靈海。月之精感，而生智圓。而神胡菸，弗能中道。而倾匪予，智之弗經。既歸既耕，既樂且盈。厭世而征，蒼虬是乘。海月熒熒，北山青青。億萬斯年，神道乎太清。

續表

作者/文獻	版本	用　　例
黄宗羲《明文海》卷四百六十四	清涵芬樓鈔本	（69）黄忠端公神道碑銘（文震孟）
黄宗羲《明文海》卷四百七十		（70）重修宋太師魏國丘文定公神道碑（薛憲章）
黄宗羲《明文海》卷四百七十七		（71）敬美方與公同官，遂得經紀其喪，定其後嗣。元美亦己周護其家，為撰《神道碑文》。伯玉銘其墓石，謂余宜作誄詞旌之。
黄宗羲《宋元學案》卷三	清道光刻本	（72）神宗皇帝即位之初年，雖卻韓琦新法之疏，至于再三。逮琦薨，兩宫震悼，躬製《神道碑》，念之不已，稱為社稷之臣。
黄宗羲《宋元學案》卷四		（73）童子問曰：《觀》之《象》曰“先王以省方觀民設教”，何謂也？曰：聖人處乎人上而下觀于民，各因其方、順其俗而教之。民知各安其生而不知聖人所以順之者，此所謂神道設教也。
黄宗羲《宋元學案》卷八		（74）積老矣，鄉民聞之，往告曰：百姓受司馬公恩深，今其子病，願速往也。來者日夜不絕，積遂行；至，則不可為矣。年四十一而卒。公卿嗟痛于朝，士大夫相弔于家，市井之人，無不哀之。詔贈右諫議大夫。先生為人廉潔，口不言財。初，温公立《神道碑》，帝遣使賜白金二千兩，先生以費皆官給，辭不受。不聽。遣家吏如京師納之，乃止。
黄宗羲《宋元學案》卷十七		（75）天不言而四時行，聖人神道設教而天下服。誠于此，動于彼，神之道與！
黄宗羲《宋元學案》卷二十五		（76）梓材謹案：朱子爲先生《神道碑》云：潘舍人義榮奇之，召致門下，教視均子姪，與見龜山楊公，受《易》《論語》之説。公又自從東萊吕舍人居仁，問知中朝諸老言行之懿。二公皆器許之。是先生本以潘氏門人受教龜山，而又及紫微之門也。
黄宗羲《宋元學案》卷三十五		（77）梓材謹案：先生號乎圜，其《省齋稿》《胡忠簡神道碑》有曰“某自少慕公名德，隆興初先後入兩省，中間郊居從遊幾十年”，則先生嘗遊澹庵之門矣。

續表

作者/文獻	版本	用　　例
黄宗羲《宋元學案》卷五十二	清道光刻本	(78)《易》《繫》：天垂象，見吉凶，聖人象之。河出圖，洛出書，聖人則之。其言蓋有敘觀之以理，無晦也。說者或謂《河圖》《洛書》本皆無有，聖人為此說者，以神道設教也。是非唯不知聖人，直不達不言而化之義，烏足與校是非理道哉？或者又以為當伏羲之時，河嘗出龍馬負《圖》；自神農至于周公，洛水皆出龜《書》。此則似是而非，無所考徵。就龍龜之說，成無驗之文，自漢儒啓之，後世宗之，徵引釋經，如出一口，而聖人之道隱，巫史之說行，後世暗君庸夫、亂臣賊子據之，假符命，惑匪彝，為天下患害者，比比而是。聖人憂深慮遠，肯為此妖僞殘賊哉？蓋亦有其說也。
黄宗羲《宋元學案》卷六十四		(79)或謂顏、曾、思、孟所在學校皆東坐西向，于義何居？曰：舊例循習已久，問之先輩，皆莫能通其義。或謂神道尊右，西廡乃迎送神之所，辟右者不敢當尊也。故獻官序立東廡之前而行禮，執事者升降必由東階，蓋其義也。然則今之十哲配享兩廡從祀皆左右列，則有所不通矣。向嘗見一野史，載夫子廟庭，只有顏、孟配享，皆東西向。後因王安石配享，遂以顏、孟東坐西向，王安石介于顏、孟之間，西坐東向。後來雖撤去安石配位，而顏、孟坐次亦因而不改。竹林精舍初創，但就中增入曾子、子思二神位，而先朝取其法行之，亦承襲不假考正，今宜改爲東坐西向北上。神道尊右，兗國公顏氏西一，郕國公曾氏東一，沂國公孔氏西二，鄒國公孟氏東二，周、程、張、朱五先生又以次列東西行，則合舊矣。然所謂舊制者，亦開元二十八年以後之制，亦非古也。
黄宗羲《宋元學案》卷六十九		(80)梓材謹案：先生為籍溪高弟恆軒先生懋之子。真西山為先生《神道碑》云：公在家庭，耳濡目染，府君授以程氏書曰：觀此可以為學矣。晦庵朱先生以道德為學者師，公出入其門，切磨講貫者數十年，視他從遊之士為最久，而所造為獨深，其學粹然一出于正。
黄宗羲《宋元學案》卷七十		(81)梓材謹案：先生爲宋禮部侍郎肅七世孫，與汪東山爲同門友，亦趙氏弟子也。著有《五峰集》十五卷。見程雪樓所作《神道碑》。
黄宗羲《宋元學案》卷八十一		(82)雲濠謹案：先生嘗監南劍州在城稅務。見劉後村所狀《西山行實》與鶴山所作《神道碑》。

續表

作者/文獻	版本	用　例
黄宗羲《宋元學案》卷八十八	清道光刻本	(83) 梓材謹案:《湖南通志》載:先生之父安時,自廬陵徙瀏陽之馬渡,遂為瀏陽人。先生以經學著。元時以曾孫玄官贈中奉大夫,追封冀國公。又案:張文穆起巖為《歐陽龍生神道碑》,以先生之字為仲齋,荆漢吴公以禮聘為講書,因寓長沙云。
黄宗羲《宋元學案》卷九十二	清道光刻本	(84) 又《答董映泉問草廬易纂言外翼書》曰:草廬于諸經中,自負其《易纂言》之精,而《外翼》則罕及之,所以揭曼碩奉詔撰《神道碑》不列是書,而《元史本傳》俱失載焉。 (85) 雲濠謹案:趙東山為《雍公行狀》,以先生為尚書之孫。歐陽圭齋為《雍公神道碑》則云"尚書無子,而從祖渠州有子六人,長兵部直寶文閣習三子,仲子朝請郎通判惠州從龍子汲,長而賢,乃以為後,是為井齋先生。"是即先生也。
黄宗羲《明夷待訪録》財計二	清指海本	(86) 有明欲行鈔法而不能行者,崇禎間,桐城諸臣蔣臣,言鈔法可行,歲造三千萬貫,一貫直一金,歲可得金三千萬兩。戶工侍郎王鼇永主其説,且言初年造三千萬貫,可得五千萬金,所入既多,將金與土同價。上特設內寶鈔局,晝夜督造,募商發賣,無肯應者。大學士蔣德璟言,以一金易一紙,愚者不為。上以高皇帝之行鈔難之。德璟曰:高皇帝似亦神道設教,然賞賜折俸而已,固不曾用之兵餉也。 (87) 然誠使停積錢緡,五年爲界,斂舊鈔而焚之,官民使用,在關即以之抵商税,在場即以之易鹽引,亦何患其不行!且誠廢金銀,則谷帛錢緡,不便行遠,而囊括尺寸之鈔,隨地可以變易,在仕宦商賈又不得不行。德璟不言鈔與錢貨不可相離,而言神道設教,非兵餉之用;彼行之于宋、元者,何不深考乎?

表一千四百二十七

作者/文獻	版本	用　例
黄宗炎《周易象辭》卷七	清文淵閣四庫全書本	(1)《彖傳》"神道設教而天下服",豈得專言賓而略祭耶? (2)《彖》曰:大觀在上,順而巽,中正以觀天下。觀,盥而不薦,有孚顒若,下觀而化也。觀天之神道,而四時不忒。聖人以神道設教,而天下服矣。

續表

作者/文獻	版本	用　例
黄宗炎《周易象辭》卷七	清文淵閣四庫全書本	(3) 陽為大，瞻仰為觀。二陽在上，天下共瞻仰之，是“大觀在上”也。下順，承夫上之巺入。大君“中正以觀天下”，无遐遠幽微之不燭，所以謂之觀也。王者誠敬，以事上帝、百神，視于无形，聽于无聲，其為觀也至矣。然初非示人以可觀而下之。觀我者，亦不以形聲相求矣。盥而不薦，有孚顒若，下觀而與之俱化也。一陰一陽之謂道，陰陽不測之謂神。天之神道，莫可端倪。能觀天者，千歲日至可以坐定，其四時来往无有差忒。聖人法天之神道而設教，齋明盛服以承祭祀，誠敬以感，格㨗于影響，天下之人即以聖人之觀天者觀聖人焉。有不服從者乎？此非聲色之化也。 (4) 觀有三義，人觀我、我觀人及自觀也。初、二卑下，不為人所見，亦不能反視其身；童觀闚觀，蒙昧未開，一隙微明而已。三之進退，則觀己觀人兼備；賢人出處，又庶民所觀，以卜天下之治亂者也。四觀光用賓，賓主相觀以誠敬，下觀而化，天下服矣。五為天下之大觀，觀我觀民，上輔五以成大觀，觀五即所以觀己。三者並舉，然後可以言觀。風非聲，觀非色，聲色化民末也。非聲非色，乃神道設教也，觀止矣！ (5) 觀，雖剛欲退位，然中正以觀天下。其權在我，化民設教，風行地上，孰敢不從？使天下永為大觀，則羣陰方聽命之不暇，何能乘時而進哉？天下之大寳曰位，君子得位，旋乾轉坤，變易天命，非時會所可限者。……印板水紋，烏足以云神道哉？

表一千四百二十八

作者/文獻	版本	用　例
黄遵憲《日本國志》卷一	清光緒刻本	(1) 崇神天皇，諱御間城入彥五十瓊殖。開化第二子，即位之元年，當漢武皇帝天漢四年也。崇重神道，奉神器於大和笠縫邑；遣使將兵，巡察北陸東海、西國丹波。始校户口，課男女調役，造舟船，開溝洫，在位六十八年，號曰御肇國天皇。 (2) 帝在位四年，欲傳位於中大兄，中大兄讓皇弟輕，輕讓於古人大兄，古人固辭，薙髮遁吉野，後卒謀叛伏誅。輕即位，爲孝德天皇。諱天萬豐日，稱輕。始立年號，尊皇極齊明曰皇祖尊，立姪中大兄爲皇太子，使輔政。罷大連，始置左、右大臣及内臣。造户籍，定國界，置國司，制班田收授法，禁兼并，行租庸調法，蠲市司津濟稅，觀射儀，定禮法，制冠服，改增官位十九階，置八省百官。好儒崇佛，不重神道，在位十年。改元二：曰大化，曰白雉。太子奉母踐祚，皇極齊明天皇復即位。伐蝦夷，置郡領，遣兵救百濟，親至築紫，崩於行宮，在位七年。自繼體至皇極齊明復辟，凡十二世，一百五十五年。

續表

作者/文獻	版本	用　　例
黃遵憲《日本國志》卷四		(3) 源光國作《大日本史》，青山延光作《紀事本末》，皆謂通使實始於隋，而於《魏志》《漢書》所敘朝貢、封拜，概置而弗道。余揣其意，盖因推古以降，稍習文學，畧識國體，覩於世子章書，自稱天皇，表仁爭禮，不宣帝詔，其不肯屈膝稱臣始於是時，斷自隋唐，所以著其不臣也。彼謂推古以前，國家並未遣使，漢史所述殆出於九州國造、任那守帥之所爲。余考委奴國印出於國造，是則然矣。《魏志》《漢書》所謂女王卑彌呼以神道惑衆，非神功皇后而誰？武帝滅朝鮮而此通倭使，神功攻新羅而彼受魏詔，其因高麗為鄉導，情事確鑿，無可疑者。
黃遵憲《日本國志》卷三十四	清光緒刻本	(5) 夫事有是、有非、有美、有惡；旁觀者或一覽而知之，而彼國稱之為禮，沿之為俗，乃至舉國之人輾轉沈錮於其中，而莫能少越，則習之囿人也大矣！古先哲王知其然也，故于習之善者導之，其可者因之，有弊者嚴禁以防之，敗壞者設法以救之，秉國鈞者其念之哉！作《禮俗志》，為類十有四：曰朝會、曰祭祀、曰婚娶、曰喪葬、曰服飾、曰飲食、曰居處、曰歲時、曰樂舞、曰遊讌、曰神道、曰佛教、曰氏族、曰社會。 (6) 自王政衰微，祀典疏怠，逮乎近日，則諸教盛行，各宗其說。如耶蘇教視一切神明皆若誕妄，則有以古人之祭典為鄙陋、為愚昧者。民智益開，慢神愈甚。雖然，以古先哲王之仁之智，而以禘嘗治國，以神道設教，自有精義。蓋其時人文草昧，所以化民成俗，不得不出於此。上以恪恭嚴肅事神，下以清靜純穆報上，固有非後世之所能及者矣。嗟夫！
黃遵憲《日本國志》卷三十七		(7) 神道：自天祖大日靈尊治高天原為天照大神，考《神代史》所載，開天創世、闢地造人諸事一出於神，其言類幻妄離奇不可勝錄，惟據史稱天照大神為降居神國之祖，今姑以託始焉。大神之子正哉吾勝勝速日天忍穗耳尊，娶高皇產靈尊之女栲幡千千姬，生天津彥彥火瓊瓊杵尊。天祖既命武甕槌、經津主二神平定下土，乃使皇孫將葦原中國而為之主。 (8) 浴於海，如其言，遂結兩髻如男子，至新羅驚為神人，新羅主面縛降。及凱旋到筑紫，從神誨，立祠於穴門山田邑，祭表筒男神、中筒男神、底筒男神。自神武創業，崇神肇基，神功遠伐，皆託之以神，而神道益尊。及允恭天皇四年，帝憂群臣氏族錯亂，詔設鼎於廟，誓神探沸湯，僞者皆手爛，遂以神道聽訟。顯宗天皇三年，月神、日神迭憑人謂阿閉事，代宜以地獻高皇產靈事，代備奏之，帝遂奉以田，使壹岐縣主、對馬縣主侍廟，又以神道行政。

續表

作者/文獻	版本	用　　例
黄遵憲 《日本國志》 卷三十七	清光緒刻本	(9) 欽明天皇十六年，百濟王奏國亂，帝使蘇我稻目喻之曰：昔雄略帝時，爾國受攻於高麗，帝使神祇伯筮之神，命之祭建邦神，師藉神威，果獲大捷。夫建邦神者，天地剖判時草創國土者也，爾舉族祀之，國必復興。則又以神道警勸外國。是時疾疫大作，風雨為災，卜者曰：賀茂神所為祟也。乃選日祭之，五穀蕃殖，民得無恙，於是有賀茂神之祭。 (10) 明治三年一月三日詔曰：朕恭惟天神天祖立極垂統，列皇相承，繼之述之，祭政一致，億兆同心。惟治教明於上，故風俗美於下。而中世已降，時有汙隆，道有顯晦，今也天運循環，百度維新，宜亟明治教以宣揚神道。朕故特遣宣教使布教天下，汝群臣衆庶其體斯旨。是月又詔曰：朕恭惟天祖創業，崇敬神明，愛撫蒼生，祭政一致，所由來遠矣。朕以寡弱，夙承聖緒，日夜怵惕，惟懼天職之或虧曠。今朕敬祭天神地祇、八神暨列皇神靈於神祇官，以申孝敬，庶幾使億兆有所矜式。 (11) 外史氏曰：神武之開基，崇神之肇國，崇神尊稱曰"御肇國天皇"。神功之遠征，一以神道行之。 (12) 余觀上古之世，清靜沕穆，禮神重祭，萬國所同。而一切國政皆出於神道，則日本所獨。世所傳方士徐福之說，殆非無因歟？自崇神立國，始有規模，計徐福東來已越百載，凡百政事，概緣飾以方士之術，當時執政者非其子孫或徒黨歟？曰劍、曰鏡、曰璽，皆周秦制也，君曰尊、臣曰命、曰大夫、曰將軍，亦周秦語也。 (13) 爾後國政以出納屬之秦，造以禊詞屬之東西漢，若有特重於秦漢人者，當亦有故也。抑余考日本諸教流行，獨無道教，蓋所謂神道者即為道教，日本固早重之。彼張魯之米教，寇謙之符籙，杜光庭之科儀，反有所不必行矣。 (14) 禪宗始于榮西。……指歸雖各異，其源出於天台，至晚近支流餘裔不復止此。其倡為宗教者大概亦宗釋氏之說，惟日本最重神道，而最澄、空海則謂日本某神即某佛菩薩化身，推佛於神，復援神於佛，於是日本之神無不佛矣。釋氏務絕俗累，而親鸞則謂不必離俗，不必出家，但使蓄妻子、茹葷酒，而此心清淨即為佛徒，於是日本之民半為僧矣。 (15) 其大概也，有關於學術者，曰天文會、曰地理會、曰斯文會、漢學家之會。曰蘭學會、治和蘭學。曰英學會、曰詩會、曰歌會；關於刑法者，曰明法會、曰講律會、曰代言人會；熟於法律，代人理詞訟，曰代言人。關於宗教者，

續表

作者/文獻	版本	用　例
黄遵憲《日本國志》卷三十七	清光緒刻本	曰佛教會、曰某、曰某、佛教中又分宗派也。曰神道會、曰某、曰某、神道中又分支派也。曰耶蘇會、曰天主會、曰希臘教會、各曰某、曰某；耶蘇天主中又各分流派也。關於醫術者，曰醫術會、曰漢醫會、曰洋醫會、曰剖解會；洋醫中之講求剖解支體者也。關於農業者，曰植物會、曰動物會、曰要術會；關於商賈者，曰商法會，講求商法，教人以計數諸法。曰某物某物會。皆各就其所業以講求其術，會友有所疑則發問，有答辯之者；有所知則告人，有引申之駁論之者。

表一千四百二十九

作者/文獻	版本	用　例
惠棟《周易本義辨證》卷二	清惠氏紅豆齋鈔本	(1) 聖人以神道設教。《釋文》《音訓》：聖人下无“以”字。《音訓》曰：今本有“以”字。陸氏曰：一本作“以神道設教”。晁氏曰：當无“以”字。愚案：《正義》《石經》皆有“以”字，故後人皆誤從之。
惠棟《後漢書補注》卷十一	清嘉慶九年馮集梧刻本	(2) 神道（神道之稱，始于西漢。《三輔黄圖》曰：陽陵門西出，神道。茂陵神道廣四十三丈。）
惠棟《後漢書補注》卷十九		(3) 少有神道。（《武内傳》曰：封君達入元邱山，臨去以《五嶽眞形圖》傳左元放。）
惠棟《後漢書補注》卷二十一		(4) 注：神道以通。（“以通”作“八通”，見《索隱》。）
惠棟《周易述》卷八	清文淵閣四庫全書本	(5) 大觀在上，順而巽，中正以觀天下。注：陽稱大，九居五，故“大觀在上”。順，坤也。中正謂五。五以天之神道觀示天下，咸服其化，賓於王庭。觀，盥而不薦，有孚顒若，下觀而化也。注：巽爲進退，容止可觀，進退可度，則下觀其德而順其化。觀天之神道，而四時不貣。注：貣，差也。神道謂五。臨、震、兑爲春秋，三上易位，坎冬离夏，日月象正，故“四時不貣”。聖人神道設教，而天下服矣。注：聖人謂乾，退藏於密，而齊於巽，以神明其德教，故“聖人設教”，坤民順從，而天下服矣。 (6) 乾爲神爲道，故神道謂五。

續表

作者/文獻	版本	用　例
惠棟 《周易述》 卷十一	清文淵閣四庫全書本	(7) 古者聽朔朝廟、領政令、朝諸侯皆於明堂。……《彖傳》"神道设教"是法天以治民之事。天子巡守則爲宫三百步，壇十有二尋，加方明其上。方明者，放乎明堂之制也。

表一千四百三十

作者/文獻	版本	用　例
惠士奇 《禮説》 卷六	清文淵閣四庫全書本	(1) 王通曰：《禮》有祀焉，有祭焉，有享焉，古先聖人所以接三才之奥也。天統元氣，故推神於天，接以祀禮。地統元形，故示之以民（古祇字示旁作民），接以祭禮。人統元識，故推鬼於人，接以饗禮。圜丘尚祀，觀神道也；方澤貴祭，察物類也；宗廟用饗，懷精氣也。
惠士奇 《禮説》 卷十二		(2) 子貢曰：言以結之，明神以要之。神約者，非命祀之謂，蓋謂凡邦之大盟約，北面詔明神，大司寇涖之，司盟掌之，戎右贊之，司約書之，而登其書于天府，其貳在司盟者是也。天官以八則治都鄙，而馭神之則爲先；秋宫以六約治萬民，而治神之約爲上。《易》之觀也，省方觀民。神道設教者，以此民約者。小司徒，邦國之比要；鄉師，州里之役要也。
惠士奇 《半農春秋説》 卷五		(3) 愚謂"聖人以神道設教，而天下服"，于是乎有盟，盟之禮其來尚矣。《周禮》有司盟及詛祝之官。司盟：掌盟載之灋。凡邦國有疑（句）會同，則掌其盟約之載。
惠士奇 《半農春秋説》 卷十一		(4) 孔氏穎達曰：日月食可推而得，則是數自當然，而以為變異者所以鑒戒人君也，故有伐鼓用幣之儀，貶膳去樂之數。而好言災異者有時而驗，或亦人之禍釁偶與相遭，故聖人假為勸戒，使智達之士識神道設教之深情，中下之主亦信妖祥以自懼焉。

表一千四百三十一

作者/文獻	版本	用　例
惠周惕《詩説》卷下	清指海本	(1) 神道事天，所以向明；鬼道事祖，所以受生氣。故曰：右文位，上帝之右也。
惠周惕《硯溪先生集》詩説卷下	清康熙惠氏紅豆齋刻本	(2) 神道祀天，所以向明；鬼道事祖，所以受生氣。故曰：右文位，上帝之右也。

表一千四百三十二

作者/文獻	版本	用　例
慧中《臺規》卷八	清乾隆都察院刻補修本	(1)《雅》有之曰：文武吉甫，萬邦爲憲。樂成有焉。至若教行於無訟之前，慮辨於未萌之始，未萌而慮，則求煩不獲；無訟而教，則何用不臧？寬細瑕爲大體，復故事爲新政。小人畏法，君子夷心，無隱情於國家，無愧辭於神道，堂堂乎大雅之素也。

表一千四百三十三

作者/文獻	版本	用　例
嵇曾筠《（雍正）浙江通志》卷二十八	清文淵閣四庫全書本	(1)《（嘉靖）浙江通志》：嘉靖四年，知縣李邦直毁老君堂，闢神道，導南山水入泮池。《東陽縣志》：嘉靖四十五年，知縣陳應春建名宦鄉賢祠。隆慶間，知縣鄭凖更新之。萬歷三十三年，知縣郭一鶚重修。崇禎十二年，教諭劉振之、訓導彭如翱重修。
嵇曾筠《（雍正）浙江通志》卷三十八		(2)《黄靈橋括蒼彙紀》：在放生池東。唐李邕於此撰《葉慧明神道碑》云：狥赤松之遊，蹤黄靈之術。故名。

續表

作者/文獻	版本	用　　例
嵇曾筠《（雍正）浙江通志》卷一百一十	清文淵閣四庫全書本	(3) 樓鑰《林公神道碑》：林大中，婺之永康人。積官至朝議大夫，爵東陽郡侯、食邑一千一百户、食實封一百户。（詳見《名臣》。） (4) 周必大《陳公神道碑》：居仁，家明州。除華文閣直學士，提舉江州太平興國宫，爵自莆田縣男至奉化郡開國侯、食邑通一千二百户。（詳見《名臣》。） (5) 楊維楨《浙東宣慰楊公神道碑》：父昌，宋邳州萬户府經歷。贈奉議大夫、樞密院判官、驍騎尉，追封錢塘縣子。
嵇曾筠《（雍正）浙江通志》卷一百四十六		(6) 鄭興裔（周必大《鄭興裔神道碑》：字光錫，開封人。紹興四年，用恩補成忠郎，歷提點浙東刑獄。淳熙元年，兼沿海制置使，蠲常賦，撤私税，闔境便之。累封郡侯，贈太尉。）
嵇曾筠《（雍正）浙江通志》卷一百四十七		(7) 伊蘇岱爾（黄溍《伊蘇岱爾神道碑》：烏蘭哈達族氏。至元二十四年，拜江浙等處行中書省平章政事。江浙省治錢塘，所統列郡，民物殷盛，最為巨鎮。伊蘇岱爾威望素著，莅事伊始，风采一新，权贵無或敢撓其政，豪强震慴，田里晏然。） (8) 高昉（蘇天爵《高昉神道碑》：字顯卿，大名人。至大二年，為江浙行省参知政事。有吉範京城新寺供佛銅器，以行省督視之。期迫，銅不能具，或欲銷省庫錢以充用。） (9) 王惟賢（蘇天爵《王惟賢神道碑》：字國賓，中山人。至順三年，為兩浙鹽運使。經畫有方，課先諸漕以集，仍補前政所負鹽十萬引。時天子，賜予蕃渥，白金不足，分命鹽漕代償，惟賢法取之而商不擾。元統初元，徵拜户部尚書。） (10) 富珠哩翀（蘇天爵《富珠哩文靖神道碑》：字子翬。元統二年，拜江浙行省参知政事。江浙地大事劇，而省臣煩苛，事多壅積，民以為病。翀曰：職居大藩而欲吹毛求疵，居下者無所措手足矣。事至即決。封南陽郡公，謚文靖。）
嵇曾筠《（雍正）浙江通志》卷一百四十九		(11) 張擇（白居易《張擇神道碑》：字無擇。登明經第。補弘文館校書郎，調杭州錄事參軍。前後詰僞制補吏者三十八人，駮假年侍老者二十人，舉而正之，人服其明。遷曹州别駕。） (12) 李陟（王安石《李陟神道碑》：字元昇。少以進士舉太學。淳化中，知秀州嘉興縣。浙江堤壞不可治，詔江淮荆浙發運使舉可用者，以陟通判杭州。堤成，度用財力甚省而完且可久。）

續表

作者/文獻	版本	用例
嵆曾筠《（雍正）浙江通志》卷一百五十三	清文淵閣四庫全書本	(13) 姚崇（張説《姚崇神道碑》：字元之，洛陽人。中書令，出典越郡。性仁恕，行簡易。虚懷汎愛，而涇渭不雜；真率徑盡，而應變無窮。常推是心，以御於物，故所莅必町庶風偃，鷙狠化從。言不勵而教成，政不威而事理。去思覩颂，来暮闻歌。） (14) 曾鞏（韓維《曾鞏神道碑》：字子固，南豐人。嘉祐二年，登進士第。通判越州，屬歲饑。鞏興積藏，通有無。老稚不出里閭，果腹而嬉。元豐五年，擢拜中書舍人。以翰林學士卒於越。） (15) 李邴（周必大《李邴神道碑》：字漢老，濟州鉅野人。崇寧五年進士。除徽猷閣待制、知越州。為政清簡，抑強扶弱。）
嵆曾筠《（雍正）浙江通志》卷一百五十四		(16) 朱霽（蘇天爵《朱霽神道碑》：字景周。初襲父官為淮東大都督、知揚州。元貞改元，轉台州路。十年，總管衢州路。延祐三年，進通議，改徽州路。台州土不宜桑，官歲征絲纊於民，民轉市於他所。）
嵆曾筠《（雍正）浙江通志》卷一百五十五		(17) 李衎（蘇天爵《李衎神道碑》：字仲賓，世為燕人。起家將仕佐郎。至元十九年，轉江浙行省左右司員外郎。朝廷遣官，稽核郡縣錢糧。衎分江浙省，人不以為苛。）
嵆曾筠《（雍正）浙江通志》卷一百五十七		(18) 齊抗（權德輿《齊抗神道碑》：字遐舉，高陽人。累遷諫議大夫。當軸者不能容，坐細故，出為處州刺史。先是山越寇攘，蕩覆城市。抗乃卜勝勢之爽塏，目習俗之便安，三時不害，百堵皆作，後拜中書侍郎、同中書門下平章事，贈户部尚書。）
嵆曾筠《（雍正）浙江通志》卷一百五十九		(19) 陳貴誼（魏了翁《陳貴誼神道碑》：字正甫，其先固始人。父宗召，始徙居湖之武康。慶元五年，寧宗始親策進士。貴誼年十七擢巳科，授瑞州推官。）
嵆曾筠《（雍正）浙江通志》卷一百八十一		(20) 秦鳴雷（《臨海縣志》：字子豫。嘉靖甲辰進士。廷對，世宗親擢第一。時方祈雨郊壇，覩其名，復大喜，授修撰，陞左諭德，歷國子監祭酒、禮部右侍郎。乙丑，主會試。時長陵神道橋圯，巨璫請改建，計費十萬余金。）
嵆曾筠《（雍正）浙江通志》卷一百八十九		(21) 劉濠（張時徹《劉濠神道碑》：字浚登，青田人。宋翰林掌書。慈恵好施，每淫雨積雪，登高而望，里中有不舉火者即分廩賑之。）

續表

作者/文獻	版本	用　例
嵇曾筠《（雍正）浙江通志》卷一百九十七	清文淵閣四庫全書本	(22) 周述學（徐階《周雲淵傳》：字繼志，號雲淵子，山陰人。素負經濟，尤邃於《易》。歷南游楚，北抵燕趙，徧諏天官氏之術，聞郭太史弧矢法，以圓求圓，循弘宛轉，極與天肖，名曰《弧矢經》。……合所纂撰，凡千餘卷，總題曰《神道大編》。）
嵇曾筠《（雍正）浙江通志》卷二百三十五		(23) 吳越國文穆王墓。《吳越備史》：王諱元瓘，謚文穆。葬龍山之南原。（傳詳《武功》。和凝《文穆王神道碑》：雲起龍驤，化為侯王。鴻騫鳳翥，鶚立鷹揚。凜然勍氣，綽爾雄鋩。大名之後，五世其昌。武肅開基，奄有吳越。庶幾乎百世千秋，人見之墮淚。） (24) 吳越國忠獻王墓。《十國春秋》：王名弘佐，謚忠獻。太常卿張昭撰《神道碑文》。葬於龍山之西南原。（傳詳《武功》。） (25) 明順天府尹查秉彝墓。《萬歷杭州府志》：在五雲山南桐樹塢。嘉靖四十年，諭葬。（傳詳《名臣》。《杭州府志》：翰林學士李春芳撰銘，武英殿大學士徐階撰《神道碑》。） (26) 唐贈禮部尚書謚文褚無量墓。《神州古史考》：在臨平山。（傳詳《儒林》。蘇頲贈《禮部尚書褚公神道碑》：公先邑河南之陽翟，十一代祖盛，後漢時居海鹽長，子孫遂為吳郡海鹽人。五代祖陽，嗣錢塘侯。公薨於長安崇仁里之賜第，歸祔於錢塘臨平山之舊域。） (27) 唐民部尚書吳公約墓。《萬歷杭州府志》：在桐扣山。（傳詳《武功》。羅隱《吳公約神道碑》：黃巢之將叛也，天下騷動，杭之豪傑，舉挺以衛鄉里者八人，故立八都之號。其間，王公節將派有分者一十三都，君居其一焉。君諱公約，字處仁，餘杭人。……乾寧四年夏六月二十有一日，啟手足於硤石之第，享年五十八。以明年正月十五日，卜宅於錢塘之新亭鄉桐扣山之原，禮也。君嗣子以隱鄉里之舊，請銘其墓。） (28) 唐睢陽太守許遠墓。《（成化）杭州府志》：在縣東北楊園村。其二子玫，現葬天竺莊鷄籠墩。（《海寧縣志》：大歷二年，長子玫招魂歸故土，合葬柳氏靈德慈儀郡君於讀書林側。柳憚《許公神道碑》：公生景龍己酉四月十八日，卒於至德丁酉十月十六日，壽四十九。為南陽公敬宗曾孫，太子中舍彥伯子也。）
嵇曾筠《（雍正）浙江通志》卷二百三十六		(29) 宋叅政婁機墓。《明一統志》：在府城南五十里。樓鑰撰《神道碑》。（傳詳《名臣》。）

續表

作者/文獻	版本	用　例
嵇曾筠《（雍正）浙江通志》卷二百三十七	清文淵閣四庫全書本	（30）明工部尚書嚴震直墓。《（崇禎）烏程縣志》：在西塞山。（傳詳《名臣》。嚴氏家乘先司空，於壬午七月廿二日出都，至九月十二日沒於山西澤州之館。明年癸未正月十九日，歸葬襄事。忠誠伯茹瑺撰《神道碑》可據，並無在雲南遇建文君吞金而死之說。） （31）漢高密太守錢咸墓。《（成化）湖州府志》：在縣西五里。（《（嘉靖）長興縣志》：咸俗傳彭祖四十七代孫。其山名繖，蓋山西吳里語。墓柱題"漢故旗門将軍高密太守錢府君之神道"。）
嵇曾筠《（雍正）浙江通志》卷二百三十八	清文淵閣四庫全書本	（32）宋龍圖閣直學士吳芾墓。《明一統志》：在縣西一十里。朱子撰《神道碑》。（傳詳《名臣》。） （33）明禮部侍郎謚文肅謝鐸墓。《台州府志》：在桃溪華蓋山。正德中，諭祭，令有司治葬事。李東陽撰《神道碑》。（傳詳《儒林》。）
嵇曾筠《（雍正）浙江通志》卷二百三十九	清文淵閣四庫全書本	（34）宋資政殿學士謚清獻趙抃墓。《明一統志》：在欽化鄉。（傳詳《名臣》。蘇軾《趙清獻公神道碑》：公致仕時，年七十二。七年八月，訃聞，贈太子少師。十二月乙酉，葬西安蓮華山。娶徐氏，封東平郡夫人。）
嵇曾筠《（雍正）浙江通志》卷二百四十	清文淵閣四庫全書本	（35）明贈少保謚文敏姚夔墓。《舊浙江通志》：在金牛山。彭時撰《神道碑》。（傳詳《名臣》。）
嵇曾筠《（雍正）浙江通志》卷二百四十九	清文淵閣四庫全書本	（36）《定軒存稿》（黃巖黃孔昭（世顯）著。見李東陽《黃侍郎神道碑》。）
嵇曾筠《（雍正）浙江通志》卷二百五十五	清文淵閣四庫全書本	（37）《後唐尚父吳越國王謚武肅神道碑》（《（成化）杭州府志》：楊凝式撰，翰林待詔張恭嗣行書，郭在微篆額，長興五年正月立。）
嵇曾筠《（雍正）浙江通志》卷二百五十八	清文淵閣四庫全書本	（38）《唐贈歙州刺史葉公神道碑》（《輿地紀勝》：李邕撰，韓擇木八分書。其石運自霅川，擊之鏗然有聲。今在麗水縣北一百二十里沖真觀中。）

續表

作者/文獻	版本	用　　例
嵇曾筠《（雍正）浙江通志》卷二百六十五	清文淵閣四庫全書本	(39)《吳越錢武肅王廟碑》（唐皮光業）：粵以唐長興三載壬辰春季蓂凋十三莢，天下兵馬都元帥尚父守尚書令吳越國王棄捐宮館。以是歲明宗皇帝降太常博士段顒，定謚議曰武肅，詔尚書工部侍郎楊凝式撰《神道碑》，又宣翰林待制張季恭至吳越，書於刋石。後二年歲在敦牂，天下兵馬都元帥嗣吳越王建廟貌於始封之越國，禮與境内，樂之罔極，孝思也。蓋聞神道設教，莫大於郊社嚴禋。明德惟馨，無逾於祖考孝饗。是以百代相襲，六籍盛稱。報劬勞則天保是徵，展欽若則王假是訓。豈况建除難靖亂之業，揚武烈之威名，振剛德義氣之風，成肅恭之懿號。陳力四紀，光奉八朝。生為有土之君，薨立象朝之廟。是可睢盱召畢，齷齪桓丈，聲華永而日月齊，簡冊編而古今在。矧夫堂成王構，家繼國祧，壓璧寶以知來，出玉林而嗣位。高陽號裹，無愧前賢。夏屋登山，常遵治命。爰自鄭緇始襲，晉墨未除，不忍一日之離，遂立千年之祀。金熔陽邁，已成像於吳城。香刻旃檀，復袝神於越國。……追感先王，恭為銘曰：崧高嶙峋，是生哲人。上天師子，出澤麒麟。……於穆祠宮，煥焉陰府。五齊恒馨，六佾常舞。肴薦房（豳），歌隨路鼓。令子懿孫，光今顯古。 (40) 明宗皇帝宣太常而定謚法，詔二卿而撰誄文。鸞輅龍旂，贈典優於鄧禹。梓宮黄屋，異數等於霍光。得謂盡始盡終，極榮極貴。享九九之仙壽，近帝位於一爻。合萬萬之人心，歆神道於千祀。有後如此，又何觖焉？
嵇曾筠《（雍正）浙江通志》卷二百六十六		(41) 王府叅軍追封縉雲郡伯胡公神道碑（明宋濂）

表一千四百三十四

作者/文獻	版本	用　　例
嵇璜《續通志》卷六十二	清文淵閣四庫全書本	(1) 伏讀《通鑑輯覽御批》，秦璽已為煨燼，昔人言之甚詳。崔彧此舉，或以皇孫尚在北邊，恐上都宗室諸臣起滋異説，欲假此以神道設教耳。不然，穆呼哩為元代世臣，既有此璽，安敢久匿不獻，直待身後家貧出鬻耶？聖訓煌煌，允足訂訛徵信。謹録識之。

續表

作者/文獻	版本	用　　例
嵇璜 《續通志》 卷七十二	清文淵閣四庫全書本	(2) 宣懿韋皇后，失其先世。穆宗為太子，后得侍，生武宗。長慶時，册為妃。武宗立，妃已亡，追册為皇太后，上尊謚，又封后二女弟為夫人。有司奏：太后陵宜別制號。帝乃名所葬園曰福陵。既又問宰相：葬從光陵與但祔廟孰安？奏言：神道安於静，光陵因山為固，且二十年，不可更穿。福陵崇築已備，當遂就之。臣等請奉主祔穆宗廟便。帝乃下詔：朕因誕日展禮於太皇太后，謂朕曰：天子之孝，莫大于承續。今穆宗皇帝虛合享之位，而宣懿太后實生嗣君，當以祔廟。
嵇璜 《續通志》 卷一百十三		(3) 韓愈為四門博士，上議謂：子雖齊聖，不先父食。禘祫之時，獻祖宜居東向之位，景皇帝宜從昭穆之列，祖以孫尊，孫以祖屈，求之神道，豈遠人情？又常祭甚衆，合食甚寡，則是太祖所屈之時甚少，所伸之祭至多。議不用。
嵇璜 《續通志》 卷一百六十七		(4) 中嶽太室神道石闕銘（分書，元光二年。登封。） (5) 梁侍中吳平忠侯蕭山神道碑（正書，重刻。江寧。） (6) 竇居士神道碑（李邕撰，段清雲書。行書，天寶六載。） (7) 裴遵慶神道碑（楊綰撰，盧曉書。分書，大歷十一年。洛陽。）
嵇璜 《續通志》 卷一百六十八		(8) 李英公神道碑陰記（（闕）師旌撰，黎持書。正書，元祐四年。醴泉。） (9) 折武恭公克行神道碑（毛久撰，宇文虛中書。正書，政和六年。府谷。）
嵇璜 《續通志》 卷一百六十九		(10) 尚書史秉直神道碑（劉祁撰，平元書。正書，太宗皇后稱制四年。永清。） (11) 兵馬元帥史進道神道碑（殷紹先撰，平元書。正書，太宗皇后稱制四年。永清。） (12) 進義副尉張儀神道碑（劉敏中撰，曹質書。篆書，元貞二年。歷城。） (13) 鎮撫張仁神道碑（李吉撰，張巨淵書。篆書，大德四年。歷城。） (14) 謝天吉神道碑（麻革撰。正書，大德七年。臨晉。） (15) 江東宣慰使珊竹公神道碑（姚燧撰，趙孟頫書。行書。儀徵。） (16) 四川廉訪使梁天翔神道碑（李源撰，趙孟頫書。正書，延祐二年。平遥。） (17) 清河郡侯張公神道碑（歐陽元撰，庫庫書。至元五年。鞏縣。） (18) 黄忠宣神道碑（楊士奇撰，程南雲書。正書，正統十年。昌邑。） (19) 李師中神道碑（周敔撰并書。正書，嘉靖二十九年。蓬萊。）

續表

作者/文獻	版本	用　　例
嵇璜 《續通志》 卷一百七十	清文淵閣四庫全書本	(20) 臣等謹案：此碑僅存上截，其姓不著。《雍州金石記》云：碑首篆書“唐故慈州刺史王府君神道碑”。今據增。 (21) 狄武襄神道碑（王珪撰，宋敏求書。正書，嘉祐七年。汾州。） (22) 蔡文忠神道碑（張方平撰，孫永正書。正書，元豐五年。萬州。） (23) 隴西郡開國伯李槩神道碑（高德裔撰并書。明昌三年。） (24) 梁國公何瑋神道碑（程鉅夫撰，趙孟頫書。延祐四年。懷慶。） (25) 濟南郡公張斯和神道碑（張養浩撰，鄧文原書。正書，至順二年。章邱。） (26) 張密神道碑（李國鳳撰，張景德書。正書，至正十四年。濟南。）
嵇璜 《續通志》 卷一百七十九		(27) 臣等謹案：韓愈驅鱷，陳堯佐戮鱷，文人艷稱之。伏讀御製讀《祭鱷魚文》詩跋云：按《唐史》載，韓愈驅鱷魚，西徙六十里。夫一州幅員，豈止六十里？是仍在其境内。若驅之他境，是以隣國為壑也，彼之民又將受鱷之暴矣。而歐陽修作《陳堯佐神道碑》，又稱堯佐捕鱷魚，告以文而戮之云云。
嵇璜 《續通志》 卷二百三		(28) 唐儉，字茂約，(《新書》作“茂系”，今從《舊書》及儉《神道碑》。) 并州晉陽人。祖邕，北齊尚書左僕射。父鑒，隋戎州刺史，與高祖善，嘗偕典軍衛，故儉雅與太宗游。 (29) 對曰：陛下以神武定四方，豈復逞雄心于一獸？帝為罷獵。詔其子善識(按：《公主傳》作“義識”，《神道碑》作“尚識”，未詳孰是。) 尚豫章公主。儉居官不事事，與賓客縱酒為樂。坐小法，貶光禄大夫。永徽初，致仕，加特進。顯慶初卒，年七十八。贈開府儀同三司、并州都督，陪葬昭陵，謚曰襄。
嵇璜 《續通志》 卷二百五		(30) 高麗莫離支男生為其弟所逐，遣子乞師。詔勣為遼東道行軍大總管，率兵二萬討之，破其國，執高藏、男建等，裂其地州縣之。獻俘昭陵，具軍容告於廟。進位太子太師，增食千一百户。總章二年卒，年八十六。(《舊書》“年七十六”，《神道碑》亦同。)
嵇璜 《續通志》 卷二百六		(31) 段志玄，齊州臨淄人。(按：《神道碑》作“鄒平人”。) 父偃師，仕隋為太原司法書佐，從高祖起兵，官至郢州刺史。志玄少無賴，數犯法。從父客太原，為太宗所識。 (32) 文德皇后之葬，與宇文士及勒兵衛章武門（《舊書》作“肅章門”），太宗夜遣使至二將軍所，士及開營内使者，志玄拒曰：軍門不夜開。……及卒，帝哭之慟。贈輔國大將軍、揚州都督，陪葬昭陵，謚曰忠壯。(《新書》作“壯肅”，語。今從《舊唐書》及《志玄神道碑》。)

續表

作者/文獻	版本	用　　例
嵇璜 《續通志》 卷二百二十八	清文淵閣四庫全書本	(33) 太子賓客崔沔曰：祭祀之典，肇於太古，人所飲食，必先嚴獻。未有火化，則有毛血之薦；未有麴蘗，則有玄酒之奠。施及後王，禮物漸備。然以神道致敬，不敢廢也。
嵇璜 《續通志》 卷二百六十一		(34) 夷簡致位顯處，以直自閑，未嘗苟辭氣悦人。歷三鎮，家無貲産。病不迎醫，將終，戒毋厚葬，毋事浮屠，毋碑神道。世謂行已能有終始者。
嵇璜 《續通志》 卷三百		(35) 上聞之震悼，謂近臣曰：普事先帝，與朕故舊，能斷大事，嚮與朕嘗有不足，衆所知也。朕君臨以來，每優禮之，普亦傾竭自效，盡忠國家，真社稷臣也，朕甚惜之。因出涕，左右感動。廢朝五日，為出次發哀。贈尚書令，追封真定王，賜謚忠獻。上撰《神道碑銘》，親八分書以賜之。遣右諫議大夫范杲攝鴻臚卿，護喪事。縛綃布各五百匹，米麪各五百石。葬日，有司設鹵簿鼓吹如式。
嵇璜 《續通志》 卷三百六		(36) 按：《宋史・宰輔表》：太平興國八年載十一月壬申，吕蒙正自翰林學士、都官員外郎，參知政事。《宰輔編年録》亦載蒙正自翰林學士、都官員外郎，惟除《吕文穆公神道碑》所載與《宋史本傳》同。 (37) 真宗即位，進左僕射。會營奉熙陵，蒙正追感先朝不次之遇，奉家財三百餘萬以助用。（按：《吕文穆公神道碑》作“出私錢三百萬，助復土之費。”） (38) 按：《宋史本傳》：對蔡國公，改封隨，又封許。考《東都事畧》，作“封萊國公，改封徐，又封許。”《真宗本紀》：咸平六年，以吕蒙正為太子太師、萊國公。又《吕文穆公神道碑》載：改太子太師，仍封萊國公。以告成泰山，進封徐，祠后土，又進封許國。《本傳》誤，今據改。 (39) 按：富文忠公弼所撰《吕文穆公蒙正神道碑》載：男十人：從簡，駕部員外郎；知簡，大理寺丞；惟簡，庫部郎中；承簡，虞部郎中；行簡，比部郎中；次未名次；易簡，奉禮部郎；務簡，光禄少卿；居簡，龍圖閣直學士、尚書、兵部侍郎；師簡，司農少卿。與《宋史本傳》所載官職、人數俱不同。

續表

<table>
<tr><th>作者/文獻</th><th>版本</th><th>用　　例</th></tr>
<tr><td>嵇璜
《續通志》
卷三百二十</td><td rowspan="2">清文淵閣四庫全書本</td><td>(40) 皇祐四年，詔翰林學士孫抃撰《神道碑》，帝為篆其首曰“旌忠”。
(41) 王欽若以天書、封禪等事，傾動帝意。帝心憚旦，曰：王旦得無不可乎？欽若曰：臣得以聖意喻之，宜無不可。乘間為旦言，旦黽勉而從。帝猶尤豫，莫與籌之者。會幸秘閣，驟問杜鎬曰：古所謂河出圖、洛出書，果何事耶？鎬老儒，不測其旨，漫應之曰：此聖人以神道設教爾。帝繇此意决。復召旦，歡飲，賜以尊酒曰：此酒極佳，歸與妻孥共之。既歸發之，皆珠也。由是，凡天書、封禪等事，旦不復異議。</td></tr>
<tr><td>嵇璜
《續通志》
卷三百二十三</td><td>(42) 堯佐進士及第，（按：《隆平集》：端拱元年，登進士第。）歷魏縣、中牟尉。知朝邑縣，會中人方保吉，誣以事，降本縣主簿。徙下邽，累遷秘書郎，（按：《東都事畧》及歐陽修撰堯佐《神道碑》，俱作“累遷太常丞”。）知開封府司録參軍事。理獄有能，續遷府推官。坐言事忤旨，降通判潮州。脩孔子廟，作韓吏部祠，以風示潮人。
(43) 營永定陵，復徙京西轉運使，入為三司户部副使，徙度支，同修《真宗實録》。不試中書，特擢知制誥兼史館修撰，知通進、銀臺司。進樞密直學士，（按：《神道碑》作“遷龍圖閣直學士”。）知河南府，徙并州。
(44) 按：《宋宰輔表》載：陳堯佐自翰林學士兼龍圖閣直學士、右諫議大夫，權知開封府，遷樞密副使。《神道碑》亦載：兼龍圖閣直學士，拜樞密副使。
(45) 歐陽修所撰《陳文惠公神道碑》：子男十人，長述古，有德古，無博古。德古，官館閣校勘。而《宋史・堯咨傳》載：子博古，亦館閣校勘。紀載互異，並識之，以資考證。
(46) 天下久平，馬益少，臣請多用步兵。馬少則騎精，步多則鬬健，我能用步所長，雖契丹多馬，無所用之矣。（按：《東都事畧》稱：祁守邊議兵，雖古名將亦無以過。范鎮撰《神道碑》較簡，今據參輯。）
(47) 按：《神道碑》：唐書成進尚書左丞。以疾，自鄭州還，入判尚書都省，序遷工部尚書。
(48) 按：《東都事畧》云：王則平加檢校太師，封安國公。王安石撰昌朝《神道碑》云：移鎮山南東道，檢校太師，賜號安國公。
(49) 明年，以疾留京師，迺以左僕射、觀文殿大學士判尚書都省，卒，年六十八。贈司空兼侍中，謚曰文元。（按：《宋史》不載昌朝贈官，據《神道碑》補。）御書墓碑曰“大儒元老之碑”。
(50)《神道碑》載：昌朝六子：長章、次圭、次田、次齊、次炎。炎未仕，五子皆有官。按：炎，後亦貴顯。</td></tr>
</table>

續表

作者/文獻	版本	用　　例
嵇璜《續通志》卷三百二十四	清文淵閣四庫全書本	(51) 按：《宋史・宰輔表》：天禧四年九月乙未，周起自禮部侍郎樞密副使，以户部侍郎知青州。王安石撰起《神道碑》，亦作“户部侍郎”。 (52) 琳曰：合而為一，易於勾校，可也。後有興利之臣，復用舊名增之，是重困民也。議者莫能奪。（按：歐陽修撰琳《神道碑》載此事較為明晰，今據彔輯。） (53) 范雍，字伯純，其先太原人，後家河南。中進士第，為洛陽縣主簿。累遷尚書工部郎中，為龍圖閣待制。（按：范鎮撰雍《神道碑》作“天章閣待制”。）
嵇璜《續通志》卷三百二十五		(54) 高瓊，字寶臣（據王珪撰瓊《神道碑》增），燕人。祖霸，父乾。（按：《神道碑》：曽祖冕，贈中書令。祖霸，贈尚書令、密國公。父乾，贈尚書令、冀國公。） (55) 按：《神道碑》：會盧多遜遣吏私通秦王邸，坐失徼廵，降許州馬步軍都指揮使。 (56) 嘉祐八年，瓊曽孫女進冊為皇后。累贈瓊太師、尚書令兼中書令、秦國公。治平四年，為皇太后。贈至衛王，謚曰烈武。神宗篆其碑曰“决策定難顯忠基慶之碑”。（按：瓊累贈官爵及謚號、碑額，《宋史本傳》不載，據《神道碑》補。） (57) 瓊不識字，曉達軍政，然頗自任，罕與諸將參議。善訓諸子：繼勳、繼宣、繼忠、繼密、繼和、繼隆、繼元。繼勳、繼宣最知名。（按：《神道碑》載：瓊子十四人，俱有官身。《宋史本傳》止載七人。） (58) 嘉佑八年，遵甫女正位皇后，神宗即位，冊皇太后。累贈繼勳太師、尚書令兼中書令，追封康王，謚穆武。熙寧九年，詔宰相王珪為《神道碑》，御篆碑首曰“克勤敏功鍾慶之碑”。 (59) 按：《東都事畧》載：繼勳，贈楚王。遵甫，贈魯王。王珪撰繼勳《神道碑》載：繼勳，贈康王。遵甫，贈武功郡王。與《宋史本傳》互異。 (60) 明道二年，追復節度兼侍中，後贈太傅，還諸子官，賜謚襄悼，命學士趙槩作《神道碑》，帝為篆其額曰“旌功之碑”，詔歸所沒舊産。
嵇璜《續通志》卷三百二十六		(61) 舊制，監司及藩鎮辭謁皆賜對。仁宗初即位，止令附中書、樞密奏之，度言：附奏非所以防壅蔽也。……司天言永昌陵有白氣，請增築以厭之，有詔按視。度奏神道貴靜，不可輕繕治，乃止。

續表

作者/文獻	版本	用　例
嵇璜 《續通志》 卷三百二十七	清文淵閣四庫全書本	(62) 張詠，字復之，濮州鄄城人。（按：韓琦撰詠《神道碑》載：世本鄴人，後徙居于澶之臨黄。及公塟其先于鄄城，故為鄴之鄄城人。） (63) 再遷著作佐郎。以蘇易簡薦，入為太子中允，遷祕書丞、通判麟相二州，乞掌濮州市征以便養。俄召還，知浚儀縣。（按：《神道碑》載：監濮州税，俄遷知開封府。）
嵇璜 《續通志》 卷三百三十		(64) 初，轉運使既奏池，會吏有盜官銀器，械州獄，自陳為鈞掌私厨，出所賣過半；又越州通判載私物盜税，乃從革之姻，遣人私請。或謂池可舉劾以報，池曰：吾不為也。人稱其長者。徙知晉州，卒。（按：蘇軾撰《司馬光神道碑》載：池終兵部郎中，贈太師、温國公。）
嵇璜 《續通志》 卷三百三十七		(65) 徙陳州，又徙許州，稍復禮部、刑部尚書。遷户部，以觀文殿大學士知永興軍，徙河南府。遷兵部，封臨淄公。（按：《宋史本傳》不載殊封爵，據歐陽修撰殊《神道碑》補。） (66) 殊性剛簡，奉養清儉。累典州，吏民頗畏其悁急。善知人，富弼、楊察，皆其壻也。殊為宰相兼樞密使，而弼為副使，辭所兼，詔不許，其信遇如此。文章贍麗，應用不窮，尤工詩，閒雅有情思，晚歲篤學不倦。子知止，為朝請大夫。（按：《神道碑》載：殊子八人：居厚、承裕、宣禮、崇讓、明遠、祇德、幾道、傳正。無知止之名。） (67) 安石立新法，公弼數言宜務安靜，又將疏論之。從孫嘉問竊其藳示安石，安石先白之，帝不樂，遂罷為觀文殿學士、知太原府。韓絳宣撫秦、晉，將取羅鄂特城，令河東發兵二萬，趨神堂新路。（按：范鎮撰公弼《神道碑》載：韓絳既城，羅鄂特又築三寨，開荒堆，道綏寧。既又檄太原，調二萬人轉餉之，令道荒堆出神堂新路云云。與絳傳所載畧同。） (68) 王珪，字禹玉，成都華陽人，後徙舒。（按：李清臣撰珪《神道碑》云：曾祖封公于榮國，由榮國以下，葬河南，始徙籍于舒。） (69) 八年，帝有疾，珪白皇太后，請立延安郡王為太子。太子立，是為哲宗。進珪金紫光禄大夫，封岐國公。（按：《神道碑》載：仁宗、英宗如徽號，珪為仁宗冊實使。禮成，封郇國公。神宗即位，改岐國公。） (70) 按：《神道碑》云：子仲修，登進士第，為祕書省著作佐郎；仲端，承事郎，籍田令；仲薿，承奉郎；仲岏、仲煜，承事郎。

續表

作者/文獻	版本	用　例
嵇璜《續通志》卷三百三十八	清文淵閣四庫全書本	(71) 弼為相，守典故，行故事，而傅以公議，無容心于其間。六年，以母憂去職。故事，執政遭喪皆起復。帝虚位五起之，弼謂此金革變禮，不可施於平世，不拜命。英宗即位，召為樞密使、檢校太師、行禮部尚書。治平二年，以足疾求解，拜鎮海軍節度使、同平章事、判河陽，封祁國公。（按：《宋史・宰輔表》及《宰輔編年録》、蘇軾撰弼《神道碑》俱作"判河陽"。《本傳》作"揚州"，今據改。） (72) 神宗即位，改鎮武寧，進封鄭國公。弼屢乞罷使相，乃以為尚書左僕射、觀文殿大學士、集禧觀使，復判河陽。熙寧元年，徙判汝州。（按：《本傳》云：進封鄭。熙寧元年，徙判汝州。未若《東都事畧》所載詳備，與《宋史・宰輔表》合。《神道碑》叙次與《事略》同，今據增。） (73) 按：《東都事略》及《神道碑》：拜司空下有復武寧軍節度使、同平章事，蓋弼以左僕射判汝州時已奪使相，故王安石有弼兼共鯀之罪，止奪使相，何以沮姦云云。至此，乃復故職。
嵇璜《續通志》卷三百四十		(74) 韓億，字宗魏，其先真定靈壽人，徙開封之雍丘。（按：李清臣撰《韓絳神道碑》載：忠憲公始葬，陳公於長社遂築第潁昌，以便歲時奉帚薦豆，合其屬以居。） (75) 按：絳《神道碑》載：考諱億。参知仁宗朝事，謚忠憲。 (76) 按：李清臣撰絳《神道碑》載：絳治蜀日，釐革前弊。因廢舊券，别結券以予貧民。凡三歲，視貧富輒改易券，其内侍則請加禁約。據此，絳乃通變其法，非悉奏罷之也。 (77) 按：南北監本、《宋史》俱作"知處州"。《東都事畧》及蘇軾撰抃《神道碑》並作"虔州"。又《神道碑》載：抃治虔日，有變通鹽法，疏鑿贛石，民賴其利云云。今據改。 (78) 屼，（按：《東都事畧》及《趙抃神道碑》並作"屼"，官至太僕少卿。作次子也。）字景仁。由蔭登第，通判江州，改溫州，代還，得見。時抃已謝事，神宗命為太僕丞，擢監察御史。以父老請外，提舉兩浙常平。元祐中，復為御史。

續表

作者/文獻	版本	用　　例
嵇璜 《續通志》 卷三百四十三	清文淵閣四庫全書本	(79) 范仲淹以言事貶，在廷多論救，司諫高若訥獨以為當黜。修貽書責之。若訥上其書，坐貶夷陵令，稍徙乾德令、武成節度判官。……初，范仲淹之貶饒州也，修與尹洙、余靖皆以直仲淹見逐，目之曰“黨人”。自是，朋黨之論起，修乃為《朋黨論》以進。修論事切直，帝獨獎其敢言，面賜五品服。同修起居注，遂知制誥。（按：蘇轍撰修《神道碑》載：修自知諫院，改右正言，知制誥，仍知諫院事。）
嵇璜 《續通志》 卷三百五十四		(80) 康為人廉潔，口不言財。初，光立《神道碑》，帝遣使賜白金二千兩，康以費皆官給，辭不受。遣家吏如京師納之。
嵇璜 《續通志》 卷三百六十		(81) 又言：張商英在元祐時，上吕公著詩求進，諛佞無耻，近乞毁司馬光及公著《神道碑》。周秩為博士，親定光諡為文正，近乃乞斵棺鞭尸。陛下察此輩之言，果出於公論乎?
嵇璜 《續通志》 卷三百七十二		(82) 吴玠，字晉卿，德順軍隴千人。父葬永洛城，因徙焉。（按：王綸撰玠《神道碑》載：曾祖謹，太子太保。祖遂，太子太傅。父扆，少保。案：世顯烈。明庭傑《功績記》云：三世皆以義烈聞。） (83) 三年，宣撫處置使張浚廵關陜，叅議軍事劉子羽誦玠兄弟才勇，浚與玠語，大悦，即授統制，弟璘掌帳前親兵。四年春，升涇原路馬步軍副總管。（按：《神道碑》及《功績記》俱作“熙河路馬步軍副總管”，《宋名臣言行别録》作“熙河路副總管”。） (84) 淳熙中，追封涪王。子五人：拱、扶、撝、擴、揔。（按：《神道碑》及《功績記》《林泉野記》俱秖載子三人：拱、扶、撝，無擴、揔名。拱右盛，扶、撝皆文臣。） (85) 吴璘，字唐卿，玠弟也。（按：王曮撰璘《神道碑》：曾大父謙，追封魏國公。大父遂，追封楚國公。考扆，追封魯國公。） (86) 初，和珍與希卜蘇合軍五萬屯劉家圈，（按：《神道碑》及《宋名臣言行别録》《三朝北會盟編》俱作“丁劉圈”。）璘請討之。 (87) 十七年，徙奉國軍節度使，改行營右護軍為御前諸軍都統制，安撫使如故。二十一年，以守邊安静，拜少保。（按：《宋史・高宗本紀》及《神道碑》俱作“二十一年，拜太尉。二十九年，拜少保。”《宋名臣言行别録》作“十七年，加太尉。”）

續表

作者/文獻	版本	用　例
嵇璜《續通志》卷三百七十二	清文淵閣四庫全書本	(88) 三十一年，拜四川宣撫使。秋，金海陵渡淮，遣喀齐喀為西元帥，以兵扼大散關，遊騎攻黄牛堡。璘即肩輿上殺金平，駐軍青野原，益調内郡兵分道而進，授以方畧。制置使王剛中來會璘計事，璘尋移檄契丹、西夏及山東、河北，聲金人罪以致討。未幾，兼陝西、河東招討使。（按：《神道碑》及《宋名臣言行别録》俱作“三十一年，進封成國公。明年，拜少傅”。） (89) 孝宗受禪，賜璘札，命兼陝西、河東路宣撫招討使。（按：《神道碑》及《宋名臣言行别録》俱作“隆興元年，拜少師”。） (90) 乾道元年（按:《神道碑》及《宋名臣言行别録》俱作“乾道元年，拜太傅，進封新安郡王”。）詣闕，遣中使勞問，召對便殿，許朝德壽宫。高宗見璘，歎曰：朕與卿，老君臣也，可數入見。璘頓首謝。 (91) 璘至漢中，修復褒城古堰，溉田數千頃，民甚便之。三年，卒，年六十六。贈太師，追封信王。(按:《神道碑》及《宋名臣言行别録》俱作“請老之奏聞，以太師致仕”。) (92) 王剛中嘗談劉錡之美，璘曰：信叔有雅量、無英槩，天下雷同譽之，恐不能當敵。錡果無功，以憂憤卒。璘選諸將率以功。有薦才者，璘曰：兵官非嘗試，難知其才。以小善進之，則僥倖者獲志，而邊人宿將之心怠矣。子挺。(按:《神道碑》載：璘，子十二人。)
嵇璜《續通志》卷三百七十五		(93) 王倫，字正道，莘縣人，文正公旦弟勗裔孫也。(按:《宋史・王旦傳》及歐陽修撰旦《神道碑》俱作“與弟旭友愛甚篤”。此作“勗”，《金史》作“勉”。) (94) 帝喜讀《春秋左氏傳》，綸進講，與帝意合。嘗同講讀官薦興化軍鄭樵學行，召對命官，且給筆札，録其所著史。兼直學士院，遷工部侍郎，仍兼直院。撰《吳玠神道碑》，稱上旨，賜宸翰褒寵。
嵇璜《續通志》卷四百五十八		(95) 至元十一年，從攻沙洋奪六艦。十二年，從攻潭州及靜江。累官郴州總管府達嚕噶齊。二十八年，移鎮杭州，卒。（按：《元文類》載：姚燧所撰《神道碑》，叙澤戰功頗詳，《本傳》俱畧而不載。）
嵇璜《續通志》卷四百五十九		(96) 賈居貞，字仲明，真定獲鹿人。（按：《金史》：賈守謙，官尚書右丞。次子頤卿。居貞，頤卿子也。見姚燧所撰《神道碑》。）

續表

作者/文獻	版本	用　　例
嵇璜《續通志》卷四百六十二	清文淵閣四庫全書本	(97) 按：《王磐神道碑》云：初，丁母憂，毀瘠骨立，衣一敝裘。三歲不易。及父卒，雖身從天竺之教，而服食貶損，容貌哀戚，與循典禮執通喪者無少異。
嵇璜《續通志》卷四百六十三		(98) 按：姚燧撰《神道碑》云：樞奏内地之民不耐勞苦，第可使出財，以資國用。西京、北京諸路之民，習武耐勞，可盡復其差賦，充本路保甲屯田。漢軍除守禦外，可選三萬，屯羅京東西置營，以壯神都。左右中三衛從此起。 (99) 宜申止殺之詔，使賞罰必立，恩信必行，聖慮不勞，軍力不費矣。十三年，拜翰林學士承旨。十七年，卒，謚文獻。(按:《神道碑》載：至大三年，追封魯國王。贈制見《元文類》。)
嵇璜《續通志》卷四百六十九		(100) 按：《宰相年表》：大德十年二月至十月，徹爾為中書平章政事，與《本傳》不符。今考姚燧所撰《神道碑》，亦作"九年"，則《年表》誤也。 (101) 世祖即位，雅克章未及大用而卒。博果密，其仲子也。(姚燧撰《神道碑》作"元子")命給事裕宗東宫，師事太子贊善王恂。恂從北征，乃受學於國子祭酒許衡。日記數千言，衡稱以為有公輔器。世祖嘗欲觀國子所書字，博果密年十六，書《貞觀政要》數十事以進，帝知其寓規諫意，嘉歎久之。
嵇璜《續通志》卷四百七十二		(102) 按：富珠哩翀作《劉天福神道碑》云：昂吉爾，聞淮二十年，捺制兵民，潛結中奥，縱盜出没。淮海天福捕其黨七人，殉于市。帝聞，遣使馳訊，昂吉爾以罪廢。《本傳》所云，恐失其實。
嵇璜《續通志》卷四百七十五		(103) 按：虞集撰《劉賡神道碑》云：賡官一品，年七十，而父愨無恙。《史傳》作"肅子憲、愻"，無愨名，疑有缺誤。謹識。
嵇璜《續通志》卷四百八十二		(104) 按：虞集《神道碑》云：僧格用事遍理算錢糧，檄思濟分理浙東。思濟曰：瀕海民貧而狹，必激變，得寢其行。《史傳》不載，謹附識。 (105) 按：富珠哩翀《神道碑》云：會駕北幸，阿哈瑪特馳騎士縛天福，閱其家脱粟數斛，外得言事，故藁羅織苛毒。天福抗聲曰：乘輿行狩，戕害言臣，宰相寧欲反耶？捃摭無所得，斥還衡州。《本傳》未經詳載，附識于此。

續表

作者/文獻	版本	用　　例
嵇璜《續通志》卷四百八十四	清文淵閣四庫全書本	(106) 延祐六年，拜太子詹事，使三往，乃起。仁宗命盡言以教太子，待以殊禮。泰定三年，進中書平章政事致仕。明年，卒。（富珠哩翀撰《神道碑》。）
嵇璜《續通志》卷五百四十六		(107) 按：朱子所撰南軒《神道碑》：畿杖請以廣西漕司鹽息什三，予諸郡以拯公私之病，又因攝漕出司所積錢以為鹽本運費，立法以禁抑賣等事。
嵇璜《續通志》卷五百五十五		(108) 孔子曰：《詩》三百，一言以蔽之，曰"思無邪"。自古堯、舜稱聖者，所行皆在人事，敦睦九族，平章百姓，不聞以鬼神道治天下，惟陛下省察。不納。
嵇璜《續通志》卷五百八十		(109) 后崩，將合葬乾陵，善思建言：尊者先葬，卑者不得入。今啟乾陵，是以卑動尊，術家所忌。且玄闕石門，冶金錮隙，非攻鑿不能開，神道幽静，多所驚黷。若別攻隧以入其中，即往昔葬時神位前定，今更改作為害益深。曩營乾陵，國有大難，易姓建國二十餘年，今又營之，難且復生。合葬非古也，況事有不安，豈可復循？伏見漢世皇后別起陵墓，魏、晉始合葬。漢積祀四百，魏、晉祚率不長，亦其驗也。山川精氣，上為列星。葬得其所，則神安而後嗣昌；失其宜，則神危而後嗣損。願更擇吉地，附近乾陵，取從葬之義，使社稷長久。中宗不納。
嵇璜《續文獻通考》卷六		(110) 其後八年，慶成王美堉請民田十二頃為妃塋，神道亦以違制，病民却其奏。九年，定制順天府，所屬地土有限，今後公、侯、駙馬、伯等官，不許奏請田地。天順二年，勑皇親、公、侯、伯、文武大臣，不許占官民田地，違者坐以重罪。其家人及投託者，悉發邊衛永遠充軍。
嵇璜《續文獻通考》卷十		(111) 内閣言：民雖愚，誰肯以一金買一張紙？帝曰：高皇帝時，如何偏行得？内閣對：高皇帝似亦以神道設教，當時只賞賜及折俸用鈔，其餘兵餉，亦不曾用也。
嵇璜《續文獻通考》卷四十八		(112) 攷神道尚右，明宋濂亦議及之，第其説小異耳。總之，孔子既正位南向，從祀者東西兩廡分列，乃獨列四配於左而闕其右，殊非體制。 (113) 漢章帝幸魯祠孔子，帝西面再拜。《開元禮》"先聖東向，先師南向，三獻官西向"，猶古意也。今襲開元二十七年之制，遷神南面，非神道尚右之義矣。

續表

作者/文獻	版本	用　　例
嵇璜《續文獻通考》卷六十七	清文淵閣四庫全書本	(114) 外周垣九里三十步，石門三洞南為甬道三，中神道，左御道，右王道。道兩傍稍低，為従官之道。齋宫在外垣内西南，東向。其後大祀殿復易以青琉璃瓦云。
嵇璜《續文獻通考》卷八十六		(115) 成化十一年，定臣庶祠堂左昭右穆之制。祭酒周洪謨言：臣庶祠堂神主，俱自西而東。古無神道尚右之説，惟我太祖廟制，合先王左昭右穆之議。宜令一品至九品，皆立一廟，以高卑廣狹為殺。神主則高祖居左，曾祖居右，祖居次左，考居次右。帝下禮臣參酌更定之。
嵇璜《續文獻通考》卷一百		(116) 凡山陵規制，有寶城，長陵最大（徑一百一丈八尺），次永陵（徑八十一丈），各陵深廣丈尺有差。正前為明樓，樓中立帝廟謚石碑，下為靈寢門。惟永陵中為券門。左右牆門各一樓。明樓前為石几筵，又前為祾恩殿、祾恩門。殿惟長陵重簷九門，左右配殿各十五間。永陵重簷七間，配殿各九間。諸陵俱殿五間，配殿五間。門外神庫或一或二，神廚、宰牲亭，有聖蹟碑亭。諸陵碑俱設門外，率無字。長陵迤南有總神道，有石橋，有石像人物十八對，擎天柱四，石望柱二。長陵有《神功聖德碑》，仁宗御撰，在神道正南。南為紅門，門外石碑坊一。門内有時陟殿，為車駕更衣之所。永陵稍東有感思殿，為駐蹕之所。殿東為神馬廄。
嵇璜《續文獻通考》卷一百四十二		(117) 赵汝楳《周易輯聞》自序略曰：易道函三極而神萬化，易書立三極而萬化。神道主于有書，主乎用聖人，於是立象而悟無形之妙，即變易以求不易之方。自誠意正心，以至於齊家、治國、平天下，隨用隨效。此體用兼該之學，伏羲畫卦之旨，文王憂世之情，夫子傳易之志也。
嵇璜《續文獻通考》卷一百八十九		(118) 臣等謹案：胡宿作堂《神道碑》，稱堂以皇祐六年卒，贈吏部侍郎。又本傳載：堂有《呉門集》二十卷，今祗一卷，乃明天啓中其裔孫鑛掇拾散佚成之。題曰“春卿”，盖仍致仕之官云。
嵇璜《續文獻通考》卷一百九十		(119) 臣等謹案：奂集中自記所著各種共二百餘卷，稱《還山集》六十卷。元好問作奂《神道碑》，稱《還山集》一百二十卷，均不相符。

續表

作者/文獻	版本	用　　例
嵇璜《續通典》卷十七	清文淵閣四庫全書本	(120)《條陳貢舉事例奏》：伏以朝廷設科，比來取藝，州府貢士，衹合薦能。爰因近年，頗隳舊制。其舉子之弊也，多是才謀習業，便切幹名。周儀未詳，赴三禮之舉。……其進士請今後省卷限納五卷以上，於中須有詩、賦、論各一卷，餘外雜文、歌篇，並許同納，衹不得有神道碑、誌文之類。……考試及第進士，先具姓名雜文申送中書，覆奏訖下當司，與諸科一齊放榜。
嵇璜《續通典》卷四十七		(121) 外周垣九里三十步，石門三洞南為甬道三，中神道，左御道，右黄道。道兩傍稍低，為從官之道。齋宮在外垣内西南，東向。其後殿瓦易青琉璃。勅太常曰：古人祀天于南郊，盖以義起耳。故曰：南郊祀天，以其陽生之月；北郊祭地，以其陰生之月。至陰祭之于陽月，于理可疑。且掃地而祭，其來甚遠。盖言祀地尚實而不尚華，後世執古而不變，遂使天地之享反不如人之享，若使人之享亦執古而不變，則當汙尊而坏飲，茹毛而飲血，巢居而穴處也。以今言之世，果可行乎？斯必不然也。

表一千四百三十五

作者/文獻	版本	用　　例
紀磊《周易消息》卷一上	民國吳興叢書本	(1) 觀二陽消，觀之二陽，陰中之陽。故曰：聖人以神道設教。
紀磊《周易消息》卷三		(2)《彖傳》：大觀在上，順而巽，中正以觀天下。觀，盥而不薦，有孚顒若，下觀而化也。觀天之神道，而四時不忒。聖人以神道設教，而天下服矣。 (3) 一陰一陽爲道，神道謂變化也。觀天之神道，以五言也。五乾、五伏，坤上也。坤上，卽上乾。……故爲“觀天之神道”。……離爲夏，四當西體。兌爲秋，初伏當子，與初易體。坎爲冬，四伏當卯體。震爲春，五易於上，則二易於下。故爲“觀天之神道，而四時不忒。”初爲聖人，乾爲設爲教，坤爲天下爲服。聖人以神道設教，以上言也。上乾、上伏，坤五也。坤五，卽

續表

作者/文獻	版本	用　　例
紀磊 《周易消息》 卷三	民國吳興叢書本	五乾。五坤、五師，上也。乾五、師上，伏也。乾上動之，上合坤五。乾五動之，五合坤上。乾上反，卽乾初。故爲“聖人以神道設教，天下服”。謂二也。二坤、二伏，乾初也。坤二，師初也。乾初、師三，伏也。坤二動之，二合乾初。上易於上，則初易於下。故爲“聖人以神道設教，而天下服矣”……故曰：大觀在上，順而巽，中正以觀天下。觀（觀字連上讀），盥而不薦，有孚顒若，下觀而化也。觀天之神道，而四時不忒。聖人以神道設教，而天下服矣。

表一千四百三十六

作者/文獻	版本	用　　例
紀昀 《閲微草堂筆記》 卷四	清嘉慶五年望益書屋刻本	(1) 後吾私爲婦述，婦齧齒自悔。里有少寡議嫁者，聞是事，以死自誓曰：吾不忍使亡者作是狀。嗟乎！君子義不負人，不以生死有異也。小人無往不負人，亦不以生死有異也。常人之情，則人在而情在，人亡而情亡耳。苟一念死者之情狀，未嘗不戚然感也。儒者見諂瀆之求福，妖妄之滋惑，遂斷斷持無鬼之論，失先王神道設教之深心。徒使愚夫愚婦，悍然一無所顧忌，尚不如此里媪之言，爲動人生死之感也。 (2) 問：儒書汗牛充棟，不問有神爲之守，天其偏重佛經耶？曰：佛以神道設教，衆生或信或不信，故守之以神；儒以人道設教，凡人皆當敬守之，亦凡人皆知敬守之，故不煩神力，非偏重佛經也。問：然則天視三教如一乎？曰：儒以修已爲體，以治人爲用；道以静爲體，以柔爲用；佛以定爲體，以慈爲用。其宗旨各别，不能一也。至教人爲善，則無異；於物有濟，亦無異。其歸宿則略同。天固不能不並存也。然儒爲生民立命，而操其本于身；釋道皆自爲之學，而以餘力及于物。故以明人道者爲主，明神道者則輔之，亦不能專以釋道治天下，此其不一而一，一而不一者也。葢儒如五穀，一日不食則饑，數日則必死；釋道如藥餌，死生得失之關，喜怒哀樂之感，用以解釋冤愆，消除拂鬱，較儒家爲最捷。其禍福因果之説，用以悚動下愚，亦較儒家爲易入。特中病則止，不可專服常服，致偏勝爲患耳。儒者或空談心性，與瞿曇老聃混而為一，或排擊二氏，如御寇仇，皆一隅之見也。問：黄冠緇徒，恣爲妖妄，不力攻之，不貽患于世道乎？曰：此論其本原耳。若其末流，豈特釋道貽患，儒之貽患豈少哉？即公醉而裸眠，恐亦未必周公孔子之禮法也。大還愧謝，因縱談至曉，乃别去，竟不知為何神，或曰：狐也。

續表

作者/文獻	版本	用　例
紀昀《閱微草堂筆記》卷六	清嘉慶五年望益書屋刻本	（3）吏曰：不然。具權可以害人，其力即可以濟人。靈山會上原有宰官，即此四種人，亦未嘗無逍遥蓮界者也。語訖，忽寤僧有姪在一縣令署，急馳書促歸，勸使改業。此事即僧告其姪，而明心在寺得聞之。雖語頗荒誕，似出寓言，然神道設教，使人知畏，亦警世之苦心，未可繩以妄語戒也。
紀昀《閱微草堂筆記》卷八		（4）一神曰：風俗日偷，神道亦與人爲善，陰律孝婦延一紀，此二婦減半可也。僉曰：善。俄一神又曰：某婦至孝而至淫，何以處之？一神曰：陽律犯淫罪止杖，而不孝則當誅，是不孝之罪重於淫也。不孝之罪重，則能孝者福亦重。輕罪不可削重福，宜舍淫而論其孝。一神曰：服勞奉養，孝之小者；虧行辱親，不孝之大者。小孝難贖大不孝，宜舍孝而科其淫。一神曰：孝，大德也，非他惡所能掩。淫，大罰也，非他善所能贖。宜罪福各受其報。
紀昀《閱微草堂筆記》卷九		（5）余官禮部尚書時，與少宰同事，少宰爲余口述尤詳。蓋釋氏書中，誕妄者原有，其徒張皇罪福，誘人施捨，詐僞者尤多。惟輪回之説，則鑿然有證，司命者每因一人一事，偶示端倪，彰神道之教。少宰此事，即借轉生之驗，以昭苦節之感者也。儒者盛言無鬼，又烏乎知之。 （6）今得遇我，亦以善事繼母，輟妻子之食以養，頂上靈光高尺許，故我得而佑之，非以爾叩拜求哀也。勉修善業，當尚有後福。因指示歸路，越一日夜，得至家。張媪之父與是人爲親串，故得其詳。時家奴之婦，有虐使其七歲孤姪者，聞張媪言，爲之少戢。聖人以神道設教，信有以夫。
紀昀《閱微草堂筆記》卷十		（7）族姪肇先言，有書生讀書僧寺，遇放焰口，見其威儀整肅，指揮號令，若可驅役鬼神。喟然曰：冥司之敬彼教，乃過於儒。燈影朦朧間，一叟在旁語曰：經綸宇宙，惟賴聖賢，彼仙佛特以神道補所不及耳。故冥司之重聖賢，在仙佛上。然所重者眞聖賢，若僞聖僞賢則陰干天怒，罪亦在僞仙僞佛上。古風淳樸，此類差稀，四五百年以來，累因日眾，已别增一獄矣。蓋釋道之徒，不過巧陳罪福，誘人施捨，自妖黨聚徒，謀爲不軌外，其僞稱我仙我佛者，千萬中無一。儒則自命聖賢者，比比皆是，民聽可惑，神理難誣，是以生擁皋比，殁沉阿鼻。以其貽害人心，爲聖賢所惡故也。書生駭愕，問此地府事，公何由知？一彈指間，已無所睹矣。

續表

作者/文獻	版本	用　　例
紀昀《閲微草堂筆記》卷十一	清嘉慶五年望益書屋刻本	(8) 劉睞，滄州人。其母以康熙壬申生，至乾隆壬子，年一百一歲，尚強健善飯，屢逢恩詔，里胥欲爲報官支粟帛，輒固辭弗願。去歲，欲爲請旌建坊，亦固辭弗願。或詢其弗願之故，慨然曰：貧家嫠婦，賦命蹇薄，正以顛連困苦，爲神道所憐，得此壽耳。一邀過分之福，則死期至矣。此媼所見殊高，計其生平，必無膠膠擾擾意外之營求，宜其恬然冲静，頤養天和，得以葆此長齡矣。
紀昀《閲微草堂筆記》卷十二		(9) 田氏姊言：趙莊一佃户，夫婦甚相得。一旦，婦微聞夫有外遇，未確也。婦故柔婉，亦不甚愠，但戲語其夫：爾不愛我而愛彼，吾且縊矣。次日，饁田間，遇一巫能視鬼，見之駭曰：爾身後有一縊鬼，何也？乃知一語之戲，鬼已聞之矣。夫横亡者必求代，不知陰律何所取，殆惡其輕生，使不得速入轉輪。且使世人聞之，不敢輕生歟？然而又啟鬼闞之漸，併聞有縊鬼誘人自裁者。故天下無無弊之法，雖神道無如何也。
紀昀《閲微草堂筆記》卷十八		(10) 攝魂小術，本非正法，魂然法無邪正，惟人所用，如同一戈矛，用以殺掠則劫盗，用以征討則王師耳。術無大小，亦惟人所用，如不龜手之藥，可以洴澼絖，亦可以大敗越師耳。道士所謂善用其術歟？至嚚頑悍婦，情理不能喻，法令不能禁，而道士能以術制之。堯牽一羊，舜從而鞭，羊不行，一牧豎驅之則羣行。物各有所制，藥各有所畏，神道設教，以馴天下之强梗，聖人之意深矣。講學家烏乎識之。
紀昀《閲微草堂筆記》卷二十一		(11) 十餘鬼爭取，或笑或泣，社公又太息曰：此邦之俗，大抵勝負之念太盛，恩怨之見太明，其弱者力不能敵，則思自戕以累人。不知自盡之案，律無抵法，徒自隕其生也。其强者妄意兩家各殺一命，即足相抵，則械鬬以洩憤，不知律凡殺二命，各别以生者抵，不以死者抵，死者方知，悔之已晚；生者不知，爲之彌甚，不亦悲乎？十餘鬼皆哭。俄遠寺鐘動，一時俱寂。此人嘗以告陳生，陳生曰：社公言之，不如令長言之也。然神道設教，或挽回其一二，亦未可知耳。
紀昀《閲微草堂筆記》卷二十二		(12) 即有四女子隨行，其一求無不獲，意極適，不數月病且死，女子曰：今世之所享，皆前生之所積，君夙生所積，今數月銷盡矣。請歸報命，是人果不起。又一人求無不獲，意猶未已，至冬月求鮮荔巨如瓜者，女子曰：谿壑可盈，是不可饜，非神道所能給，亦辭去。又一人所求，有獲有不獲，以咎女子，女子曰：神道之力亦有差等，吾有能致不能致也。然日中必昃，月盈必虧，有所不足，正君之福，不見彼先逝者乎？是人惕然，女子遂隨之不去。

續表

作者/文獻	版本	用　　例
紀昀《閱微草堂筆記》卷二十三	清嘉慶五年望益書屋刻本	(13) 問：今在何所？曰：與君本有再世緣，因奉事翁姑，外執禮而心怨望，遇有疾病，雖不冀幸其死，亦不迫切求其生，爲神道所錄，降爲君妾。又因懷挾私憤，以語激君，致君兄弟不甚睦，再降爲媵婢。須後公二十餘年生，今尚浮游墟墓問也。
紀昀《閱微草堂筆記》卷二十四		(14) 如所言具牒投之，數日又夢婦來，曰：昨城隍召我，諭曰：此鬼原居此室中，是汝侵彼，非彼攝汝也。男女共居一室，其僕隸往來，形迹嫌疑，或所不免，汝訴亦不爲無因，今爲汝重笞其僕隸，已足謝汝，何必堅執姦污，自博不貞之名乎？從來有事，不如化無事，大事不如化小事，汝速令汝夫移柩去，則此案結矣。再四思之，凡事可已則已，何必定與神道爭，反激意外之患，君即移我去可也。
紀昀《紀文達公遺集》文集卷十四	清嘉慶十七年紀樹馨刻本	(15)《長白蘇公新阡墓位記》：刑部尚書蘇公，性至友愛。伯兄先卒，卜新阡於某所。……又曰：冢人掌公墓之地，以昭穆爲左右。鄭康成注：昭居左，穆居右，似左右有別矣。然趙昞作《族葬圖》，其南北之次：第一位爲祖，第二位左爲子、右爲孫，第三位左爲曾孫、右爲元孫。其東西之次：穆則以左爲首，右爲末；昭則以右爲首，左爲末。《朱子語類》載陳淳問：神道尊右，欲以二妣列先塋之左。然程子《葬穴圖》又以昭居左而穆居右，廟制亦左昭右穆，何也？朱子曰：昭穆但分世次，不分尊卑，如父爲穆，則子爲昭，豈可以尊卑論乎？然則墓以前後爲尊卑，不以左右爲尊卑明矣。且即以左右爲尊卑，左亦不必尊右，亦不必卑也。《朱子語類》又曰：某當時葬亡室，祇存東畔一位。吳卿云：地道以右爲尊，則男當居右祭；以西爲上，則葬時亦當如此。呂新吾《四禮翼》亦曰：地道尊右，右高而左下也，故百川自西北而東南。葬右男而左女，古也，從地也。後人重左，從人也，非幽明之義矣。觀是二説，則兄弟之左右可以例推，以弟左兄右爲疑者，直以俗禮議古禮，以人道議神道耳。 (16)《曹宗丞逸事》：曹慕堂宗丞，余甲戌同年也，交最契。慕堂卒時，余適以校理祕籍在灤陽，闕爲面訣，意恒懨然。既而讀石君所作《墓誌》、辛楣所作《神道碑》，慨想生平，宛如對晤，不勝山陽隣笛之悲。惟是慕堂立身之本末，二君言之雖詳，其文均篤實，無愧詞，足信天下而傳後世。然有一、二逸事，爲《碑》《誌》所未及者。

表一千四百三十七

作者/文獻	版本	用　例
計六奇 《明季北略》 明季北畧 卷之十五	清活字印本	(1) 時有巫嫗者，能降神爲來生禍福挽休咎，婦女翕然信之；不啻大士之敬、閻羅之畏也。崟陽欲挽母氏之殘虐，而即于寬慈，謂非可口舌諍、利害陳也。惟借神道設教，因果報應之說，庶可以改革之。

表一千四百三十八

作者/文獻	版本	用　例
江藩 《（道光） 肇慶府志》 卷七	清光緒重刻道光本	(1) 近世所傳文昌之事，其蹟不可得紀。然而士大夫明觀星象幽質，神明默體，先王文敷四海之心，以爲神道設教，則顧文昌之名而思其義可也。

表一千四百三十九

作者/文獻	版本	用　例
江永 《群經補義》 卷三	清文淵閣四庫全書本	(1) 然則尸主可相離乎？曰：可。《祭禮》：求神非一處，或在室，或在堂，或在庭，或在祊，皆不知神之所在，豈必尸與主隨而後神止于此哉？且堂明而室幽，尸為人道，故有時而在明處；主為神道，故常奉于幽處，是亦事理之宜。鄭注：朝事，延尸于戸西南面，布主席東面。或《漢禮》如此，古未必然也。
江永 《古韻標准》 卷二	清粤雅堂叢書本	(2) 春秋以前，未有名官府為寺者，其言寺皆閽寺也。……唐時，此音未泯，故韓愈《許國公神道碑銘》有曰：上之宅憂，公讓太宰；養安蒲坂，萬邦絶等。
江永 《古韻標准》 卷四		(3) 韻億，昭哉嗣服。韻德，無思不服。韻北，曾是在服。韻克德力，淮夷攸服。韻德，旁證《易》：觀天之神道，而四時不忒。聖人以神道設教，而天下服矣。又：鳴謙貞吉，中心得也。勞謙君子，萬民服也。天地以順動，故日月不過而四時不忒。聖人以順動，則刑罰清而民服。
江永 《禮記訓義擇言》 卷一	清守山閣叢書本	(4) 餕餘不祭。父不祭子，夫不祭妻。(朱子云：按《禮》"君賜腥，則孰而薦之"以為榮。若賜孰食，則恐是餕餘，故不以祭。妻子雖卑於巳，然既沒則以神道接之，故亦不以祭也。)

續表

作者/文獻	版本	用例
江永《禮記訓義擇言》卷三	清守山閣叢書本	(5) 又按：殷人殯於祖，其在太祖廟乎？抑在昭穆同班之廟乎？其詳不可攷矣。以意推之，殷練而祔，亦是行祔祖之祭。若遷廟，當在除喪之後也。周人殯於寢，既葬主猶在寢，故卒哭即行祔祭，使其神有所歸。殷人殯於廟，不患其無所歸，是以練而始行祔祭也。祔以主，祔於祖，為以神道事之。……殷周異制，其原自殯於祖、殯於寢已不同。殷練而祔，與上文“不忍一日未有所歸”自不相妨。文端公疑記者，別記一說。謂“孔子善殷”，非實事過矣。
江永《禮記訓義擇言》卷四		(6) 鬼神之祭，單席。(疏云：神道異人，不假多重。)
江永《禮書綱目》卷二十七	清文淵閣四庫全書本	(7) 壹民無為曰神（以至無為，神道設教），一德不懈曰簡（一不委曲），靖民則法曰皇（靖，定），平易不訾曰簡（不信訾侮），德象天地曰帝（同于天地）……執禮御賓曰恭（迎待賓也），敬祀享禮曰聖（既敬于祀，能通神道），芘親之闕曰恭（脩德以益之）……除殘去虐曰湯，亂而不損曰靈（貪亂直亡，而神靈之曲也）。
江永《禮書綱目》卷七十六		(8) 餕餘不祭。父不祭子，夫不祭妻。(食人之餘曰餕，餕而不祭，唯此類也。食尊者之余則祭，盛之。朱子曰：《禮》“君賜腥，則熟而薦之”，以為榮。若賜熟食，則恐是餕餘，故不祭。妻子雖卑於已，然既没則以神道接之，故亦不以祭也。)
江永《近思録集注》卷九		(9) 永按：朱子排祖先位以西為上，盖謂神道尚右也。然古人祫祭，尸在室則以東向為尊，南向昭而北向穆；尸在堂則以南向為尊，亦左昭而右穆。今人祭皆在堂，宜以最尊者居中南向，餘則左右對排，似理得而心安，盖今人習於東上。若以尊者居西，反若不安也。又如夫婦合葬，夫必當居左，則祭位可知矣。
江永《儀禮釋宫增注》	清指海本	(10)《周禮》：建國之神位，右社稷，左宗廟。(《小宗伯》職文。鄭注：庫門內、雉門外之左右。又：《禮記·祭義》亦有此文。注云：周尚左。按：宗廟，人道宜居左。社稷，神道宜居右。諸侯制度亦同。)

表一千四百四十

作者/文獻	版本	用例
江有誥《音學十書》羣經韻讀	清嘉慶道光間江氏刻本	(1)《彖》曰：大觀在上，順而巽，中正以觀天（下）（叶音賀）。觀，盥而不薦，有孚顒若，下觀而（化）（音貨）也（魚歌通韵）。觀天之神道，而四時不（忒）。聖人以神道設教，而天下（服）矣（之部）。

續表

作者/文獻	版本	用　　例
江有誥 《音學十書》 先秦韻讀	清嘉慶道光間江氏刻本	(2)(轉圓)以不測之智而通心(術)。而神道混沌為(一)(脂部)。以變論萬類，說義無(窮)。智略計謀，各有形(容)　(東中通韵)，或圓或(方)，或陰或(陽)(陽部)，或吉或(凶)，事類不(同)(東部)。

表一千四百四十一

作者/文獻	版本	用　　例
江左樵子 《樵史演義》 卷三	清初寫刻本	(1)且說國子監有箇坐監的吳縣監生施元善，五月初一日起早往都城隍廟裡(閧)香求籤。隻因去得忒早了，廟門未開，香煙未起。忽聽得裏面吆喝聲響，施監生心裏恍惚，杇從門縫裡望(閧)看。隻見廟裡許多紅袍的神道，堦下許多執役的書吏，也不(閧)幾千幾百，但隻是塞滿了一廟。嚇得箇施監生魂飛魄散，連跌了幾刎跌，扒將起來，把額上樸了幾樸，道：啐，啐，啐！ (2)廟中王道士四更起來小解，聽見殿上唱(閧)的聲，心裏疑惑，開房門出來，纔至廟後，隻見前殿穿紅神道不計其數。一步一跌跑囬房裡，抖了半晌。次早你傳我說，都道詫異。有詩為證：造冊呼名事太奇，應遭天譴自無遺。留將大逆雙雙縊，劊子刀刀共戮屍。

表一千四百四十二

作者/文獻	版本	用　　例
姜宸英 《湛園集》 卷五	清文淵閣四庫全書本	(1)工部尚書睢陽湯公神道碑 (2)兵部督捕理事前浙江道御史徐公神道碑
姜宸英 《湛園集》 卷七		(3)讀樓公鑰《節愍神道碑》載：其奉使屢請用兵，不顧身禍。及逼之官而不屈，從容南向稽首，就死以為倫，豪俠不羈之士而能以名節晚蓋者。胡淡菴、許惇之疏，特力攻和議，不知其末後一著耳。
姜宸英 《湛園札記》 卷四		(4)宋濂，在元至正間，授編修。初未嘗辭，其集中有《焚黃祭文》可考。黃晉卿《神道碑》亦言：明年，以門人、翰林國史院編修官、同郡宋濂之狀至京師，臨川危素銘其神道之碑云云。

表一千四百四十三

作者/文獻	版本	用　例
姜兆翀《孟子篇叙》卷二	清嘉慶七年潄芳書塾刻本	(1) 考孟廟，在鄒縣東北二十五里四基山下者，乃宋衮州守孔道輔訪得孟墓，因立《神道碑》，并建祠於墓西南。其在鄒縣南之廟，則剏於宋宣和四年，後代歷加修葺。康熙甲子，始發帑重修，規模宏整，乃曾見廟制。

表一千四百四十四

作者/文獻	版本	用　例
姜兆錫《儀禮經傳》内編卷十七	清乾隆元年寅清樓刻本	(1)《曾子問》云：庶子之殤，祭干室白，故曰陽童。宗子之殤，祭于室奥，故曰陰童。云“尊神不名，爲之造字”者，既冠“乃”字，殤時未得有字，“某用”是死後祔時爲之造字，以神道事之，不可觸名故也。

表一千四百四十五

作者/文獻	版本	用　例
蔣超《峨眉山志》卷二	清康熙刻本	(1)《張天師二十四治圖序》云：第六本竹治，在蜀州新津縣，去成都百二十五里。高千三百丈，上有白水，松香林在治陌，北有龍穴地道通峩眉山，郭子聲得遣之處。後有林竹，西十五里通鶴鳴山。治前水中常有神道遊戲，號龍門。
蔣超《峨眉山志》卷七		(2) 朕惟自古帝王，以儒道治天下，而儒術之外，復有釋教，相翼竝行。朕以冲昧嗣承大統，迄今廿有七禩。天下和平，臣民樂業，仰思天眷祖德洪庇，良由大公同善之因。況國初建置僧録司，職掌厥事。葢人慈清靜，其功德不昧，神道設教，於化誘爲易。祖宗睿謨，意滚遠矣。

表一千四百四十六

作者/文獻	版本	用　例
蔣超伯《南漘楛語》卷三	清同治十年兩廬山房刻本	(1) 又有《太微經》者，明太僕少卿文翔鳳撰。分四經、十二贊、十六圖、六十四緯、四表。一曰昰經，以律天道；二曰廱經，以律王道；三曰堯經，以律聖道；四曰顥經，以律神道。詞極支離，瞀虚差勝，亦不盡出温公之手。今世所行，朱子所謂泉州本也。

續表

作者/文獻	版本	用　　例
蔣超伯《南漘楛語》卷四	清同治十年兩廣山房刻本	(2) 顔魯公《臧懷恪神道碑》：公即銀州之第三子也，身長六尺一寸，眉目雄朗，鬢髯灑秀。"灑"字，形容美髯入妙。 (3)《晉書·羅含傳》：嘗晝臥，夢一鳥文彩異常，飛入口中。而宋廣平亦有此異。顔魯公《廣平宋公神道碑》：八九歲時，嘗夢大鳥銜書，吐公口中而咽之，遂乘而直上。倏忽驚悟，猶若下在胸間。其銘云：垂髫能文，夢鳥發祥。
蔣超伯《南漘楛語》卷五		(4) 顔魯公《杜濟神道碑》：書判超等，為李吏部彭年所賞。
蔣超伯《南漘楛語》卷六		(5) 玉尺：顔魯公《李齊物神道碑》：上嘗賜公玉尺一，詔曰：謂之尺度，可以裁成。卿實多能，故為此賜。今人以為典試，不知何本。 (6) 攷王世貞《名卿績紀》及李之藻序《忠肅集》，皆謂公嘗再疏請復儲。又倪岳撰公《神道碑》稱：景帝不豫，公同廷臣上章乞復皇儲。

表一千四百四十七

作者/文獻	版本	用　　例
蔣光煦《東湖叢記》四	清同治十年兩廣山房刻本	(1)《歸田類稿》：元刊本《歸田類稿》二十八卷，二張（養浩）撰。前有孛术魯文公（翀）序云"三十八卷"，與本書不合。張氏《藏書志》所載亦"二十八卷"，又言卷末有《畫像記》《畫像贊》及《神道碑銘》《祠堂碑銘》，與此本亦合。

表一千四百四十八

作者/文獻	版本	用　　例
蔣清翊《緯學原流興廢考》卷上	稿本	(1)《隋書·經籍志一》：《河圖》二十卷，《河圖龍文》一卷。《易》曰：河出圖，洛出書。然則聖人之所受命也，必因積德累業，豐功厚利，誠著天地，澤被生人，萬物之所歸往，神明之所福饗，則有天命之應。蓋龜龍銜負，出於河、洛，以紀易代之徵，其理幽昧，究極神道。先王恐其惑人，秘而不傳。

表一千四百四十九

作者/文獻	版本	用　例
蔣湘南《七經樓文鈔》卷三	清同治八年馬氏家塾刻本	(1) 又謂“不率華禮，莫有典書。若微神道，何恤何拘”是也。今剌麻頌咒靈于蒙古人，不靈于中國人，可知天命所在，專以化戎狄矣。

表一千四百五十

作者/文獻	版本	用　例
蔣載康《周官心解》卷十三	清嘉慶十五年經篚堂刻本	(1) 大喪，存奠彝。(奠、朔望等，大奠也。彝、黄目彝，奠亦設犧。《象》云：存彝者，犧象酌彝，設而不祼，在殯不以神道事王也。)

表一千四百五十一

作者/文獻	版本	用　例
蔣兆奎《河東鹽法備覽》卷十二	清乾隆五十五年刻本	(1) 《唐寶應靈慶池神廟記》：天有五星，辰居基一；地有五材，水為之首。……則横目之人，生齒之歲，罔不資焉，而後食矣。……《易》曰：聖人以神道設教，而天下服。此之謂也。遂遷公殿中侍御史，京東和糴使逮於斯任，豈惟執憲簡頒鹽政，必將秉造化應鼎之和羹，人皆望焉，神所勞矣。

表一千四百五十二

作者/文獻	版本	用　例
焦循《雕菰集》卷十	清道光嶺南節署刻本	(1) 夫竭數年之力，求白於縣府司而不得，一旦不煩言而得諸神說，曰：此聖人所以以神道設教也。夫不測之謂神，聖而不可知之之謂神。聖人神而明之，通其變使民不倦，故曰：民可使由，不可使知。

續表

作者/文獻	版本	用　　例
焦循《雕菰集》卷十六	清道光嶺南節署刻本	(2)《鈔雙虹堂文集序》：余六七歲，聞里閭父老談陸公吳州督學杭州事。每試，日坐堂上，擬作所命各屬題，頃刻成數篇，心竊記之。已而無意購得公所刻《雙虹堂文集》四帙，無卷數，内載《杭州當場制藝自序》，而張良御太史爲公作《神道碑》亦及此事。……讀《集》中《敢清堂記》，知公嘗爲南旺分司；讀《梅雨潭快亭記》，知公以督學兼備兵海上，皆《神道碑》所不詳。公名舜，字元升，泰州人。康熙甲辰進士。雙虹堂者，其幼年與張詞臣孝廉讀書處。張歿，公不忘舊人，故以名集。《神道碑》言：公爲中書舍人。凡撰文，宰相不喜。……惜乎！說之不詳，其本末遂不可考云。
焦循《雕菰集》卷二十		(3) 朱文正公神道碑後記 (4) 歲丁卯，夏五月，余病新愈，阮大中丞使來，以所撰公《神道碑》見示，讀數過，穆然於公之爲人。
焦循《孟子正義》卷十一	清焦氏叢書本	(5)《正義》曰：《爾雅·釋宮》云：場，道也。《説文·土部》云：場，祭神道也。《國語·楚語》云：壇場之所。注云：除地曰場。蓋於冢墓之南，築地使平坦，以為祭祀。《揚子法言》謂之"靈場"，《説文》謂之"祭神道也"。後人樹碑於此，謂之《神道碑》。神道在冢前，未可當正中，而室故知在偏左偏右，猶倚廬堊室之偏，倚東壁也。
焦循《易通釋》卷四	清刻雕菰樓易學本	(6)《繫辭傳》云：變化者，進退之象也。觀以神道設教，取陰陽不測之義。觀上巽，由此進卽由此退，是巽所以爲進退也。
焦循《易通釋》卷五		(7) 聖人教之，使變通於觀，而民乃變化，各正性命，是神道設教而天下服也。
焦循《易通釋》卷七		(8) 循按：《説文》：設，施陳也。《論語》：願毋伐善，毋施勞。施之義與伐同，謂上之三也。益上之三則成既濟，故長裕而不設。不設卽不施，謂不以上之三也。觀神道設教，謂成益通於恆。益上之三則成既濟，爲形而下之器，器則不能復神。通於恆，恆成咸，仍形而上之道也。以其能變，故云神道。神道設教，恆二之五，益上乃可之三也。……天之施必視乎地之生，則神道設教矣，神无方也。

續表

<table>
<tr><th>作者/文獻</th><th>版本</th><th>用　　例</th></tr>
<tr><td>焦循
《易通釋》
卷八</td><td rowspan="3">清刻雕菰樓易學本</td><td>(9)《傳》既於睽蹇，稱時用於觀云：觀大之神道，而四時不忒。又於小過云：過以利貞，與時行也。</td></tr>
<tr><td>焦循
《易通釋》
卷十三</td><td>(10) 益旁通於恆，爲義以方外，故云“鬼方”。……大壯通觀，鬼變爲神，則以神道設教，不能神而成泰。上坤爲車，則載鬼一車。</td></tr>
<tr><td>焦循
《易通釋》
卷十四</td><td>(11) 循按：渙、萃兩卦，《象》皆云“王假有廟”。渙，旁通於豐。豐，《象》云“王假之”。明，謂渙二至豐五也。渙二至豐五，豐成革，渙成觀，觀革相錯爲家人萃，萃之王假有廟即渙之王假有廟也。觀以神道設教，故爲立廟。</td></tr>
<tr><td>焦循
《易章句》
卷二</td><td rowspan="4">清江都焦氏刻雕菰樓易學本</td><td>(12) 載鬼一車。(大壯不能變通，又以四之蹇初成泰，柔居五為鬼。坤為車，不通觀，不能神道設教，上乃成坤車而載鬼也。)
(13) 王假有廟。(渙二之豐五，為王假之成。觀神道設教，故有廟。)</td></tr>
<tr><td>焦循
《易章句》
卷三</td><td>(14) 觀天之神道，而四時不忒。(變化不測，乃為時行。) 聖人以神道設教，(蒙化為觀，觀又孚於大壯，大壯化為革，革又孚於蒙，神之不測也。而實即一陰一陽之道，聖人修道以為教也。設，猶施也；大壯二先之五，而後觀上施於三，是為設教。) 而天下服矣。(既通大壯成益，又通恆，故天下服；言非一服而止也。不旁通，雖成已，不能成物；神道設教，可以通天下之志。)</td></tr>
<tr><td>焦循
《易章句》
卷五</td><td>(15) 風行地上，觀。(觀，即“設卦觀象”之“觀”。風行天上則失道，宜畜；風行地上道不失，可以觀象。) 先王以省方（省於四方，謂旁通大壯也。）觀民（柔在五稱民，謂大壯二之五。）設教（即神道設教）。</td></tr>
<tr><td>焦循
《易章句》
卷七</td><td>(16) 鄭氏注《禮運》曰：鬼者，精氣所歸。神者，引物而出。人之死也，骨肉為鬼，靈爽為神。人之生也，形魄為鬼，性識為神。魂遊而能變，故人性善，人即神也。其氣拘於形而不能變，雖生亦鬼也。睽成泰，蹇成既濟，是成形物而不能生，生故載鬼一車。觀通大壯，大壯二之五，則觀我生，為神道設教。
(17) 陰陽不測之謂神。(通變，則陰陽不測。專於陰，專於陽，則可測度矣。可測則民倦，聖人神道設教。所憂在是，所以鼓萬物者即在是。)
(18) 聖人以此齊戒（謂先心），以神明其德夫。(謂用於民，民之德假神道以明之。)</td></tr>
</table>

續表

作者/文獻	版本	用　　例
焦循 《易章句》 卷八	清江都焦氏刻雕菰樓易學本	(19) 神而明之，存乎其人。(神以神道設教也。民本不明，以易道神之，則愚者明；其人用易道，以牖民之人也。)
焦循 《易章句》 卷九		(20) 與鬼神合其吉凶。(乾成革，通於蒙，蒙成觀，又通大壯，則神道設教而吉。坤成蹇，通於睽，睽成大壯，又成泰，則載鬼一車而凶。)

表一千四百五十三

作者/文獻	版本	用　　例
焦以恕 《儀禮彙説》 卷十四	清乾隆三十七年研雨齋刻本	(1) 亡者之神，直憑於尸，而事尸如事神焉，是亦神道設教之意也。如謂苴有主道，鄭氏已破其説矣。至謂神疑于其位，設苴以奠之，則語意未圓。
焦以恕 《儀禮彙説》 卷十五		(2) 主人降，立于阼階東。方氏慤曰：尸者，神象。廟門之外，以人道為尚；廟門之内，以神道爲尚。凡迎之禮必出焉，故迎牲而不迎尸。

表一千四百五十四

作者/文獻	版本	用　　例
焦袁熹 《此木軒雜著》 卷一	清嘉慶九年刻本	(1) 大人：《魏志》：咸熙二年，襄武上言，大人見，身長三丈餘，跡長三尺一寸，白髮，著黄單衣巾，拄杖，呼民王始語云：今當太平。夫此大人，髮其皤矣。然則神道亦須自幼乃壯，積衰得白，邪將形相變化，倏忽不常，人神理殊，難可推測也。

表一千四百五十五

作者/文獻	版本	用　　例
金堡 《徧行堂續集》 詩卷二	清乾隆五年刻本	(1) 薄俗流方下，高山仰昔賢。風雷至性作，日月大文懸。恨遂攀髯邈，驚看化碧傳。雙龍意外合，在我不關天。(忠介公《誥命》為倪文正公筆，《神道碑》則黄文忠公墨蹟也。《芸齋血書貼黄》及《諸公題跋》皆得，《隨喜》《誥軸》失於兵亂，有健兒手捧拜還，故有“雙龍意外合”之語。)

續表

作者/文獻	版本	用　　例
金堡《徧行堂集》文集卷八	清乾隆五年刻本	(2) 公被執與我詩筒往返，猶理前語，故我於明月洞祭公；深勸公無以瞋，故自墮鬼神道。若此者非特公以出世期我，我亦以出世期公也。我既已出世，不敢復問世間法。我自謂不與小人分利，不與君子分名，生與大海衆同林，死與大海衆同塔。無論身有至願，亦不欲使天下謂瞿公爲不知人。
金堡《徧行堂集》文集卷二十		(3) 天子祭天地，諸侯祭其域内名山大川，此敬天勤民之實也。勤民故敬天，敬天不可不勤民，而世之君子或實言勤民，虚言敬天，爲之說曰：先王以神道設教耳。夫設者，未必然而爲之詞。使無神而設之，是欺人也；使有神而疑之，是欺天也。

表一千四百五十六

作者/文獻	版本	用　　例
金鶚《求古録禮説》補遺	清光緒二年孫熹刻本	(1) 以神道事之，不得有日祭矣。 (2) 大祥以後，則四時祭而不月祭，事之以神道矣。未虞以前有朝夕奠，既虞以後則不朝夕奠而朔奠，漸近于神道矣。

表一千四百五十七

作者/文獻	版本	用　　例
金桂馨《逍遥山萬壽宫志》卷十五	清光緒四年江右鐵柱宫刻本	(1)《鐵柱記》：天地開闢，而分陰陽。抱陽負陰，人民與龍蛇魅魑並生其中。揉雜不分，妖害為患。……許眞君生于斯時，修精一之道以達天地之神靈，遂誅龍蛇以安江流，馘魅魑以定民命，鑄鐵柱以繫地脉。玄功告成，神道昭應，乘風上征，合瑞紫宫；以續黄帝神禹之傳，而延民物之命；功績懋著，惠澤迄今。蓋天地之間一陰一陽，陽好生而陰好殺，故陽為德而陰為刑。凝德為神，淫刑為怪，是故神道高明，怪性幽厲，環旋升降，相為始終。陰陽和暢，則神安怪息；陰陽兩極，則神怪並見。然而，獨陽不生，獨陰不成，陰陽神怪長為表里，故皇帝之與蚩尤，神禹之與巫支祁。 (2) 皇上神道設教，陰隲下民之治。一以紹旌陽公忠孝之傳，是則予所禱祀而求者，庶幾旦暮遇之矣。(刪舊)

續表

作者/文獻	版本	用　　例
金桂馨《逍遥山萬壽宫志》卷十六	清光緒四年江右鐵柱宫刻本	(3) 豫章之民崇其道，覩鐵柱之屹立，堅如金城，安若磐石，河山帶礪而波濤無虞，妖孽屏息。斯柱也，亦聖人神道設教之意哉！ (4) 竊惟南浦不揚波，設教實資於神道。西山能愛寶，推恩必藉乎玄功。唯洪崖洞瀰瀰洋洋流蛟蜃之血而白日昇天，故蕭仙壇蜒蜒蜿蜿挺松栢之枝而青春委地，非聖母吳其沼也。 (5) 聖人以神道設教，而不本之三綱五典，則不足以立極於古今。至於禦菑捍患，功在生民，其食報或歷數千年之久而猶未替，則亦惟其根柢以持之，而不僅恃可見之烈為能事也。

表一千四百五十八

作者/文獻	版本	用　　例
金鉷《（雍正）廣西通志》卷四十三	清文淵閣四庫全書本	(1)《寺觀》：佛老之說流傳中土而不廢者，證因果崇報應亦所以動民為善鑒惡意也。粵西邊嶠大雲之建，傳於《柳子厚記》，而資壽寺六祖院，亦載《宋史・五行志》。他如琳宫紺宇，緇流羽士之所棲託；鼓鐘響荅，徧及巖陬水涘間；順人情而導之，非有當於聖人神道設教乎？乃若矜老慈幼，善政所先，循其績而弗墮，俾夫鰥寡孤獨者於斯養也。莊嚴雖異，所謂福田功德，豈有殊焉？故并及之。志《寺觀》。
金鉷《（雍正）廣西通志》卷四十四		(2) 明監察御史蕭珪墓，在飛鸞橋南卸水嶺。嘉靖戊申，知州王瑩之為立《神道碑》。
金鉷《（雍正）廣西通志》卷一百三		(3)《柳州文宣王新修廟碑》（唐柳宗元）：仲尼之道，與王化遠邇。惟柳州古爲南夷，椎髻卉裳，攻劫鬬暴，雖唐、虞之仁不能柔，秦、漢之勇不能威。至於有國，始循法度，置吏奉貢，咸若采衛，冠帶憲令，進用文事。學者道堯舜孔子，如取諸左右，執經書，引仁義，旋辟唯諾。中州之士，時或病焉。然後知唐之德大以遐，孔氏之道尊而明。元和十年八月，州之廟屋壞，幾毀神位。刺史柳宗元始至，大懼不任，以墜教基。丁未奠薦法齊時事，禮不克施。乃合初、亞、終獻三官衣布，洎於贏財，取土木金石，征工僦功，完舊益新。十月乙丑，王宫正室成。乃安神棲，乃正法庭，祗會群吏。卜日之吉，虔告於王靈曰：昔者夫子嘗欲居九夷，其時門人猶有惑聖言，今夫子代千有

續表

作者/文獻	版本	用　　例
金鉷《（雍正）廣西通志》卷一百三	清文淵閣四庫全書本	餘載，其教始行，至於是邦。人去其陋，而本於儒。孝父忠君，言及禮義。又况巍然炳然，臨而炙之乎！惟夫子以神道設教，我今罔敢知。欽若茲教，以寧其神。追思告誨，如在於前。苟神之在，曷敢不虔。居而無陋，罔貳昔言。申陳嚴祀，永永是尊。麗牲有碑，刻在廟門。
金鉷《（雍正）廣西通志》卷一百十一		(4)《祭舜廟文》（唐張九齡）：惟神以大孝而崇德，以大聖而奮庸，以至公而有天下，以至均而一海內，故不以荒服之外，不以黄屋之尊，巡狩而來，殂落於此。倦勤之造，永結於黎庶；惠懷之仁，長存於壽宫；載祀雖遥，威靈如在。今聖朝紹興至道，憗兹遠人，爰遣使臣，按理邊俗，惟神幽鑒，願表微誠：若私僻為謀，公忠有替，明鑒是殛，俾無遠圖；如悉心在公，惟力是視，當福而不福，為善者懼矣。今至止之日，輒詣陳誠，伏惟神道聰明，亮斯欽到，願俯垂真佑，俾輸力明時。尚饗。

表一千四百五十九

作者/文獻	版本	用　　例
金甡《靜廉齋詩集》卷十三	清嘉慶二十五年姚祖恩刻本	(1)《題遙參亭》：王母益虞圖，元女授軒籙。自古重神仙，陽每爲陰伏。將母肇胚胎，先天地生育。山谷牝牡分，賦形男女足。神道本自然，强名嗟已瀆。無名混物始，禮秩尠標目。神遂享鴻名，揚靈仍錫福。惟應致崇奉，寧待詳氏族。元君諒仙宗，寄治東方嶽。大德衍資生，仁壽慶彌篤。降香邀萬乘，躬奉安輿祝。嘉祉應延洪，九有恩膏沐。平生登岱志，老去竟縮朒。稽首遙參亭，慈容欽睟穆。却思梳妝院，未免褻瞻矚。升階尋壁畫，炫彩特華縟。誕降洎成真，不知何代錄。悉達與觀音，大略倣遺躅。流傳誇聖蹟，列肆刊圖鬻。朝山羣購取，尊信豈嫌黷。我意哂無稽，繕治宜摧剝。仙宫返清淨，觀德乃彌肅。沈吟推象教，頗足牖民俗。羣情久傾注，徼福從善速。二氏瞰其微，繪事巧相角。濫觴起騷人，天問原荒邈。丹青留俗語，指摘轉煩數。神聽似和平，靈風廻繡幄。
金甡《靜廉齋詩集》卷十四		(2)《重游海幢寺》：憶昔登初地，重來宛隔塵。迷茫一宿覺，頹落百年身。似欲趨神道，終期傍法輪。淨名標海住，應與海幢親。方丈留虚席，迎賓退院先。年催渾忘老，悟徹不談禪。法乳定誰飲，佛衣憑屢傳。羨他蕭灑意，且祝緩生天。(時住持本無方化去，主席尚虚，退院僧朗如領衆迎客。)

表一千四百六十

作者/文獻	版本	用　例
金武祥 《粟香隨筆》 粟香二筆 卷一	清光緒刻本	(1) 又一人求無不獲，竟猶未已，至冬月求鮮荔如瓜者，女子曰：谿壑可盈，是不可饜，非神道所能給，亦辭去。又一人所求，有獲有不獲，以咎女子，女子曰：神道之力亦有差等，吾有能致不能致也。然日中必昃，月盈必虧，有所不足，正君之福，不見彼先遊者乎？
金武祥 《粟香隨筆》 粟香四筆 卷二		(2) 余近年曾擬請大府，通飭各州縣酌提醮會費用，以充善舉。其稿略云：竊惟粵省風俗侈靡，至神廟醮會尤不惜鉅貲，每一舉行自數百金至數千金不等，蓋南方信鬼，自古已然。所謂以神道設教，固亦在所不禁。然踵事增華，愈趨愈盛，當思所以裁抑之，且可卽其媚神求福之心，轉而爲行善樂施之舉。
金武祥 《粟香隨筆》 粟香四筆 卷五		(3)《法苑珠林》亦載其事。然考兩晉石刻，尙用分隸，《孫夫人》《太公望》二碑最爲完善。此外，則《劉韜墓版》《韓府君神道》，雖寥寥數字，而晉代書法已見一斑。獨《葛祚碑額》改用正書，以《九眞太守谷朗碑》例之，則此碑決非三國時眞蹟。 (4) 天監元年，追尊爲文皇帝，廟號太祖。天監七年，復建、修二陵周回五里内居民，改陵監爲令。此碑題眞“太祖文皇帝之神道”，則爲蕭梁陵闕無疑，王象之《輿地紀勝》已正其誤。今二石並存，可覆按也。梁代神道石闕，西柱正刻，東柱反書，用筆猶帶隸意，蓋去晉未遠，隸楷始分。諦觀此碑，益信劉宋前正書石刻皆爲贋物。 (5) 吳平忠侯蕭景石闕，在上元縣清風鄉。東西兩柱，一正刻一反刻。今西柱已失，惟東柱反刻猶存，文曰“梁故侍中中撫將軍開府儀同三司吳平忠侯蕭公之神道”。 (6) 臨川靖惠王蕭宏石闕，在上元縣。兩柱皆係正刻，西柱右行，東柱左行，文曰“梁故大尉侍中大將軍揚州牧假黃鉞臨川靖惠王之神道”。《梁書・太祖五王傳》：臨川王宏，字宣達，太祖第六子。安成王秀，字彦達，太祖第七子。南平王偉，字文達，大祖第八子。鄱陽王恢，字弘達，太祖第九子。始興王憺，字僧達，太祖第十一子。臨川王年最長，以普通七年四月薨，其石闕神道用正刻，不用反左書，與建陵及《蕭景碑》異。平津館《寰宇訪碑錄》不載此碑，當時尙未出土也。 (7) 南康簡王蕭績神道，在上元縣。《梁書本傳》：績，字世謹，高祖第四子。天監八年，封南康郡王。大通三年薨，時年二十五。贈侍中、中軍將軍、開府儀同三司，謚曰簡。與石刻文合。 (8) 建安敏侯蕭正立神道，在上元縣。文曰“梁故侍中建安敏侯之神道”。

表一千四百六十一

作者/文獻	版本	用　例
金永森《西被考略》卷三	清光緒二十九年武昌刻本	(1) 經云：日月所入。有靈山，其山在地中海東，竟無疑。西奈山在紅海濱，正地中海東南。此經出於夏時。西方古産靈藥，諸巫遜荒采藥，轉徙西土。摩西傳其遺法，假神道服衆。立爲㸑長，其時其地適相符合。謂摩西之教不出十巫，得乎？

表一千四百六十二

作者/文獻	版本	用　例
金之俊《金文通公集》卷十九	清康熙二十五年懷天堂刻本	(1)《善緣菴疏》：方今民窮財盡，淫祀非所尚也。而有能捍患禦灾則祀之，此禮所著也。崇禎十年冬，吳城之沙涇地方，有一佛像自西浮水而至，泊一石厂間，經數晝夜，波湧濤翻，不移分寸，居民異之，因誅茆為軒，焚香致禮焉。此猶村夫里婦神道設教之俗見也。

表一千四百六十三

作者/文獻	版本	用　例
金埴《不下帶編》卷三	清稿本	(1) 按：《湘山野録》：盛度撰《張知白神道碑》，石中立急問曰：是誰撰？度卒對曰：度撰。滿堂大笑。 (2) 潁川有姚尚書基，其《神道碑》穹窿高厚，四面均焉。明初，有州人某侍郎者，欲割其三分之一以鎸墓表，告之州守。守曰：胡弗割三分之二？問：何也？守曰：吾欲使後人割侍郎碑者，猶得中分耳。遂慚而止。

表一千四百六十四

作者/文獻	版本	用　例
瞿鏞《鐵琴銅劍樓藏書目録》卷十	清光緒常熟瞿氏家塾刻本	(1)《新刊名臣碑傳琬琰之集》一百七卷（宋刊本），題“眉川進士杜大珪編”。目錄分上、中、下。上二十七卷，《神道碑》；中五十五卷，《誌銘》《行狀》；下二十五卷，《傳》。第二十二卷以後，雜以《謚議》《行狀》。宋朝名臣事實，略具於此。

續表

<table>
<tr><th>作者/文獻</th><th>版本</th><th>用　　例</th></tr>
<tr><td>瞿鏞
《鐵琴銅劍樓藏書目録》
卷十九</td><td rowspan="3">清光緒常熟瞿氏家塾刻本</td><td>(2)《張曲江集》二十卷（明刋本），唐張九齡撰。明成化間，邱文莊公得館閣藏本手自鈔錄，屬韶郡太守江陰蘇韡刻之。案：陳氏《書錄》云：元祐中，有鄧開刻本，後附樊子彥所作《行狀》、徐浩《神道碑》、鄭宗珍《議謚文獻狀》，此本無之，殆所謂蜀本是也。有文莊序，蘇韡跋。舊爲飛鴻堂汪氏藏書，（卷首有“新安汪氏”“啟淑信印”二朱記。）</td></tr>
<tr><td>瞿鏞
《鐵琴銅劍樓藏書目録》
卷二十</td><td>(3)《咸平集》三十卷（舊鈔本），宋田錫撰。《文獻通考》作五十卷，疑此爲後人重編。前列蘇文忠《序》、范文正《墓志》、司馬文正《神道碑陰》。舊爲知不足齋藏本。（卷首有“歙西長塘鮑氏”“知不足齋藏書印”朱記。）
(4)《乖崖先生集》十二卷（舊鈔本），宋張詠撰。後附錄本傳、錢易《墓志銘》、韓琦《神道碑》、王禹偁《贈序》、李燾《乖崖堂記》、項安世《北峰亭記》及《雜事》爲一卷。趙希弁《讀書附志》作十卷。此從郭森卿刻本傳錄，有森卿序。卷數與陳氏《書錄》合。當時固有兩本也。
(5)《范太史集》五十五卷（舊鈔本），宋范祖禹撰。無序跋。凡《詩》三卷，《表狀》《劄子》九卷，《奏議》十四卷，《進故事》一卷，《翰林詞草》六卷，《啟狀》一卷，《賦》《論》《策問》一卷，《記》《序》《銘》《書》《傳》一卷，《青詞》《祭告文》《哀詞》《誄文》一卷，《墓誌》《神道碑銘》七卷，《皇族墓誌銘》八卷，《皇族追封記》《石記》一卷，《皇族石記》一卷，《手記》一卷。《手記》皆書元祐間一時名人，蓋記其所知者以待薦剡也。……（卷首有“樂意軒吴氏藏書”朱記。）
(6)《歐陽文忠公居士集》五十卷（宋刊本），宋歐陽修撰，蘇軾序。此書編次爲公晚年所自定。凡《詩》十四卷，《賦》《雜文》一卷，《論》二卷，《經旨辨》一卷，《詔冊》一卷，《神道碑銘》四卷，《墓表》二卷，《墓誌銘》十二卷，《行狀》一卷，《記》二卷，《序傳》四卷，《書》三卷，《策問》一卷，《祭文》二卷。每卷末有“熙寧五年秋七月男發等編定”“紹熙二年三月郡人孫謙益校正”二行。……（卷首有“玉蘭堂”“五峰樵客”“古吴王氏”“王履吉印”“梅溪精舍”“辛夷館印”諸朱記。）</td></tr>
<tr><td>瞿鏞
《鐵琴銅劍樓藏書目録》
卷二十一</td><td>(7)《止齋先生文集》五十二卷（元刋本），宋陳傅良撰。門人曹叔遠編爲五十一卷，刻於嘉定戊辰，前後皆有叔遠序。是本爲元至正間重刻，多《附錄》一卷，爲《神道碑》《行狀》《墓誌》及《雜文》八篇，合五十二卷。末有白文二行云“至正庚子仲冬屏山書院重刋”。
(8)《盤洲文集》八十卷（影鈔宋本），宋洪适撰。後附《行狀》《神道碑》及《拾遺文》二篇。其《轉運司乞移免折解錢劄子》僅存二行。《目錄》有後序、跋，亦闕。此書傳本絕稀。曝書亭所藏，僅有其詩，未見全帙也。（卷首有“紅豆書屋”“惠棟之印”“定字”諸朱記。）</td></tr>
</table>

續表

作者/文獻	版本	用　例
瞿鏞《鐵琴銅劍樓藏書目録》卷二十二	清光緒常熟瞿氏家塾刻本	(9)《郝文忠公陵川文集》三十九卷（明刊本），元郝經撰，李之紹序。……又《神道碑》《墓誌銘》《行狀》《封贈》等篇，此正德間沁水李叔淵從閣本鈔出付刊者，有劉龍陳鳳梧序。舊爲千頃堂藏書。(卷首有“温陵黄俞郃氏藏書印”朱記。) (10) 案：今《四庫》著錄有一百卷，私錄二卷，《提要》謂其孫當所編，五世孫爟重刊。爟跋云：大父縣尹公所編類，刊行於世，不幸刻板燬於兵火。永樂甲申，始取家藏舊刻，重壽諸梓。其說微有不同，卷帙亦異。惟所云“卷首增入《家譜》《神道碑》《行狀》《國史傳》”，則與此本同。又缺目所載《題趙天放桃源卷後》，舊在五十四卷，是本在二十七卷；《題約說後》，舊在五十七卷，是本在二十九卷；《滹南王先生祠堂記》，舊在三十七卷，是本在二十卷末，疑卽舊本删併，卷首若有多少。至《天一閣書目》作四十二卷，當別一本也。(卷首有“藍瑛”“葛鼒”“葛氏翼魯”“王鳴盛印”諸朱記。) (11)《魯齋遺書》六卷（元刊本），元許衡撰。……後有歐陽圭齋所作《神道碑》一篇，述姚文公作《祠堂記》謂五百年必有名世者出，惟公足以當之。……卷末有“嘉靖巳丑八月朔日至乐齋重装”一行。(卷首有“王季子至樂齋印”朱記。) (12)《馬石田文集》十五卷（元刊本），元馬祖常撰，王守誠、陳旅、蘇天爵序。前有至元五年淮東道肅政廉訪司事下揚州路總管府刋板牒，後有虞集《桐鄉阡碑》、許有壬《神道碑》、自作《石田山房記》爲《附錄》一卷。太倉陸氏藏書。(卷首有“陸潤之鑒藏”朱記。) (13)《揭文安公文粹》（明刊本），此明天順五年沈琮刻本。據琮跋語，知此本與葉鈔本同出楊文貞公，故大致符合，惟不分卷爲異。又文莊補錄佚文四首，一《勑賜太師開府儀同三司上柱國魯國忠武王神道碑》，一《山臞墓誌銘》，一《存存齋銘》，一《法書考後序》，此本皆無之，由未見葉氏補輯本故也。舊爲王祿之藏本。(卷中有“穀祥”“鐵蘭居”“寶研堂”諸朱記。) (14)《圭齋文集》十六卷（明刊本），元歐陽玄撰。題“宗孫銘、鏞編集，安成後學劉釪校正”。前存宋濂序，其第十六卷附錄張起巖撰《神道碑》、危素撰《行狀》，又有傳贊、啟跋、題詩等已闕。

表一千四百六十五

作者/文獻	版本	用　　例
瞿中溶《古泉山館題跋》	清藕香零拾本	(1)（舊鈔本）《盤洲文集》十五卷，每集縱橫皆二十字。上冊八卷，九十二葉；下冊七卷，九十葉。考宋洪文惠公《盤洲文集》，据許及之所作《行狀》言，有一百卷藏於家。周必大撰《神道碑》則云八十卷，與陳振孫《書錄解題》合。
瞿中溶《集古官印考》卷七	清同治十三年刻本	(2) 又考《漢少室神道石闕銘》，亦作“圜陽”。而《鐘鼎款識》《漢平周鉦文》有“圜陰”，亦不作“圁”。
瞿中溶《集古官印考》卷十七		(3) 九年（宋嘉熙元年也）冬，元口溫不花等攻下光州，又攻蘄州，降隨州，略地至黃州，宋懼請和。十年春，襄陽別將劉義叛，執游顯等降宋。宋兵復取襄、樊。此正史所載元取襄陽之大略也。又案：《中州文表》、姚文公燧《鄧州長官趙公神道碑》，述趙祥於甲午歲去金歸宋。 (4) 又考《中州文表》、姚燧《鄧州長官趙祥神道碑》言：元太宗以鄧近襄陽難保，徙鄧與均、唐三州民於雒陽西三縣。鄧治長水，均治永甯，唐治福昌。明年丙申，襄陽亦徙雒陽，可證均州亦與襄陽、唐鄧並失無疑。

表一千四百六十六

作者/文獻	版本	用　　例
康有為《廣藝舟雙楫》卷一	清光緒刻本	(1) 太祖文皇帝神道東闕（反刻） (2) 太祖文皇帝神道西闕 (3) 南康簡王神道東闕（反刻） (4) 南康簡王神道西闕 (5) 臨川靖惠王神道東闕（反刻） (6) 臨川靖惠王神道西闕 (7) 吳平忠侯蕭公神道東闕（反刻） (8) 吳平忠侯蕭公神道西闕
康有為《廣藝舟雙楫》卷二		(9) 少室神道闕 (10)《孔宙》《曹全》是一家眷屬，皆以風神逸宕勝。《孔宙》用筆旁出逶迤，極其勢而去，如不欲還。《馮君神道》《沈君神道》亦此派也，布白疎，磔筆長。

續表

作者/文獻	版本	用　　例
康有為《廣藝舟雙楫》卷四	清光緒刻本	(11)《枳陽府君》體出《谷朗》，豐茂渾重，與今存鍾元常諸帖體意絶似。以石本論，為元常弟一宗傳，《太祖文皇帝神道》《暉福寺》眞其法嗣，《定國寺》《趙芬殘石》《王輝兒造像》其苗裔也。李北海毫鋪紙上，亦源於是，《石室記》可見。後此能用豐筆者寡矣。 (12)《吳平忠矦神道》為平整匀淨之宗，《蘇慈》《舍利塔》輔之。 (13)《太祖文皇帝神道》若大延褒衣，端拱而議。《南康簡王》若芳圃桂樹，淨直有香。《李君晉》如閒庭卉木，春來著花。《皇甫驎》如小苑峰巒，雪中露骨。《張黑女碑》如駿馬越澗，偏面驕嘶。《枳陽府君碑》如安車入朝，不尚馳驟。
康有為《廣藝舟雙楫》卷六		(14)觀《經石峪》及《太祖文皇帝神道》，若有道之士，微妙圓通，有天下而不與，肌膚若冰雪，綽約如處子，氣韵穆穋，低眉合掌，自然高絶，豈暇為金剛努目邪？ (15)梁碑《神道》，淵穆極矣，然各體不同。《簡王》則高渾雍容，《靖王》則豐整酣逸，《忠武王》則茂密美緻，新理異采，《吳平忠矦》匀整安靜。《忠武王》酷肖《刁遵》，《吳平忠矦》甚類《蘇慈》。若能展作榜書，固當獨出冠時，然吾未見能之者也。 (16)晉《枳陽府君碑》，豐厚茂密，在文質之間。今傳元常諸帖，字體猶有其意，眞元常嫡嗣也。《太祖文皇帝神道》，稍加姿美，然亦魏晉正傳，善學者當能會之。
康有為《戊戌奏稿》	清宣統三年本	(17)夫神道設教，聖人所許，鄉曲必廟，禱賽是資。而牛神蛇鬼，日窃香火，山精木魅，謬設廟祀，于人心無所激厲，于俗尚無所風導，徒令妖巫欺惑，神怪驚人，虛靡牲醴之資，日竭香燭之費。而歐美游者，視爲野蠻，拍像傳觀，以爲笑柄，等中國于爪蛙、印度、非洲之蠻俗而已。于國爲大恥，于民無少益。夫教民正俗，修禮重教，此豈細故哉？中國數千年來，敬教正學，凡歷代儒先所論，我朝聖訓所垂，罔不迪于正典，力闢怪邪。而坐聽妖巫神怪不經之事，大供奉于民間，積久尊崇，或光列夫祀典，豈不異哉？歷朝間有剛正之大臣，時請爲淫祀之嚴禁，明主在上，亦或採行，乃不旋踵而淫祀復興，遍于民間。推原其故，蓋朝廷雖言敬教正學，只等具文，而未令天下人民專祀先聖故也。

續表

作者/文獻	版本	用　例
康有為《戊戌奏稿》	清宣統三年本	(18) 夫大地教主，未有不託神道以令人尊信者，時地爲之，若不假神道而能爲教主者，惟有孔子。眞文明世之教主，大地所無也。及劉歆起，僞作古文經，託于周公，于是以《六經》爲非孔子所作，但爲述者。唐世遂尊周公爲先聖，抑孔子爲先師，于是僅以孔子爲純德懿行之聖人，而不知爲教主矣。近人遂妄稱孔子爲哲學、政治、教育家，妄言誕稱，皆緣是起，遂令中國誕育大教主而失之，豈不痛哉？臣今所編撰，特發明孔子爲改制教主，《六經》皆孔子所作，稗國人知教主，共尊信之。皇上乙夜覽觀，知大聖之改制，審通變之宜民，所以訓諭國人，尊崇教主，必有在矣。
康有為《新學偽經考》卷十一	清光緒康氏萬木草堂刻本	(19)《易》曰：河出圖，洛出書。然則聖人之受命也，必因積德累業，豐功厚利，誠著天地，澤被生人，萬物之所歸往，神明之所福饗，則有天命之應。蓋龜龍銜負，出於河、洛，以紀易代之徵，其理幽昧，究極神道。先王恐其惑人，祕而不傳。說者又云：孔子既敍《六經》以明天人之道，知後世不能稽同其意，故別立讖及讖，以遺来世。其書出於前漢，有《河圖》九篇，《洛書》六篇，云自黄帝至周文王所受本文。

表一千四百六十七

作者/文獻	版本	用　例
孔廣森《大戴禮記補注》卷十	清顨軒孔氏所著書本	(1) 奉衣服者降堂，君及在位者皆辟也。（補：降堂，自西階降也。神道尚右。辟音避，後同。）
孔廣森《禮學卮言》卷三		(2)《小宗伯》：辨廟祧之昭穆。注云：自始祖之後，父曰昭，子曰穆。今案：昭，左也；穆，右也。人道尚左，神道尚右。廟祧之位，當先三穆，後三昭。又冢人墓地亦以昭穆爲左右，而謂先昭後穆，得無於地道尊右之義，尤未協歟？
孔廣森《禮學卮言》卷四		(3) 祔，祭名也。其意以爲卒哭之後，生事畢而鬼事始。自内出者無匹不行，自外至者無主不止，乃從其昭穆而祔之。同其牲牢，共其筵几，使新死者之精神靈爽與舊死者有以相接，亦神道以設教、事死如事生之義也，故祔祭即於殯宫行之。

表一千四百六十八

作者/文獻	版本	用　例
孔廣陶《嶽雪樓書畫録》卷四	清咸豐十一年刻本	(1) 明董文敏行書陳心抑尚書神道碑墨蹟册 (2) 通議大天刑部左侍郎贈尚書心抑陳公神道碑

表一千四百六十九

作者/文獻	版本	用　例
孔繼汾《闕里文獻考》卷十一	清乾隆刻本	(1) 又南卽曲阜縣城北門，自縣城北門至林，夾神道皆古柏，森茂葱鬱，其直如矢。而林中古樹相傳爲諸弟子手植，或云異木，以百數魯人莫能識也。 (2) 英宗正統八年，五十九代衍聖公又增樹文宣王及泗水侯沂國公墓碑各一。孝宗弘治七年，六十一代代襲衍聖公宏泰重修駐蹕亭及享殿、林牆、門樓，建洙水左右二橋，植柏檜數百株。世宗嘉靖二年，御史陳鳳梧重修洙水橋，建石坊及廬墓堂。神宗萬歷二十二年，巡按連標、巡撫鄭汝璧葺享殿齊室，樹石闕五楹，題曰“萬古長春”，立碑亭二，栽神道柏數百株。 (3) 宋以前規制不可考。金章宗明昌五年，五十二代衍聖公元措始立墓碣、石儀表、神道。明成祖永樂簡，五十六代孫曲阜縣希範重修，并立聖兄墓碑。國朝康熙十年，六十七代衍聖公建享殿及墓門、牆坦。……一如崇聖祠之制。
孔繼汾《闕里文獻考》卷十三		(4) 中庸書院，在鄒縣城外東南隅，曝書臺之東。廟門三間，正殿三閒，中祀述聖子思子，左配以亞聖孟子，右安述聖遺像石刻，殿懸世宗憲皇帝御書“性天述祖”額。東西廡各三間，神道中有碑亭，樹今上御製《子思赞》石刻。廟四面環以周垣。考書院，本子思講堂遺址也。
孔繼汾《闕里文獻考》卷十四		(5) 今襲開元二十七年之制，遷神於南面，而行禮者北面，已非神道尙右之義矣。古者造木主以棲神，天子、諸侯廟皆有主。大夫東帛，士結茅爲菆，無像設之事。今因開元八年之制，摶土而肖像焉，則失神而明之之義矣。

續表

作者/文獻	版本	用　例
孔繼汾 《闕里文獻考》 卷二十一	清乾隆刻本	(6) 仲春用丑時七刻，仲秋用丑時一刻。行事、執事官各入就次，掌饌者帥其屬實饌具畢。……凡行事、執事官升降皆東階，惟祝幣自西階，蓋神道尚右故也。 (7) 述曰：古者，尸席在西。主人及祝西面妥尸，神道尚右也。主人初獻，主婦亞獻，賓長終獻。三獻酳尸，尸亦各酢，主人、主婦及賓神惠示均也。今述《開元禮》，匪惟備制，亦取其近古義者多焉。
孔繼汾 《闕里文獻考》 卷三十三		(8) 子思曰：仲尼祖述堯舜，憲章文武，上律天時，下襲水土。孟軻氏曰：自生民以來，未有盛於孔子者也。賢於堯舜遠矣。太史公曰：自天子、王侯言《六藝》者，折衷於夫子，可謂至聖矣！楊雄曰：天之道，不在仲尼乎？王文中子曰：大哉乎。君君臣臣，父父子子，兄兄弟弟，夫夫婦婦！夫子之力也，其與太極合德，神道並行乎？韓愈曰：社稷以功，夫子以德。程子謂：賢於堯舜者，以事功。蓋"金聲玉振，集羣聖之大成"，實由天縱。

表一千四百七十

作者/文獻	版本	用　例
來保 《平定金川方略》 卷十七	清文淵閣四庫全書本	(1) 又延綏鎮屬都司張宏範，才技可觀，歷練軍伍。從前出師西藏巴爾庫爾，屢著勤勞。今派征金川，攻取革什戎岡、陡物黨噶等處，奮勇爭先，殺賊奪卡，甚為出力，堪以請補神道嶺遊擊守備。
來保 《大清通禮》 卷一		(2) 辨行禮位：第一成午階上為讀祝、受福胙皇帝拜位。第二成黃幄次為皇帝行禮拜位，北向。……左翼東階西上，右翼西階東上。庭中夾神道，東西為分獻官拜位。……第三成階下記注官四人，立於神道之西。
來保 《大清通禮》 卷二		(3) 辨行禮位：第一成子階上為讀祝、受福胙皇帝拜位。第二成黃幄次為皇帝行禮拜位，南向。……左翼東位西上，右翼西位東上. 庭中夾神道，東西為分獻官拜位。

表一千四百七十一

作者/文獻	版本	用　　例
來集之《倘湖樵書》卷二	清康熙倘湖小築刻本	(1)《唐史》：武后崩，將合葬乾陵，給事中嚴善思建言：尊者先葬，卑者不得入。今啓乾陵，是以卑動尊，術家所忌。且玄闕石門，冶金錮隙，非攻鑿不能開，神道幽靜，多所驚黷。若政別隊以入其中，即往昔葬時神位前定，亦且有害。曩營乾陵，國有大難，易姓建國二十餘年，今又營之，難且復生。合葬非古也，况事有不安，豈宜循據？漢室皇后別起陵墓，魏、晉始合葬。漢積祀四百，魏、晉祚率不長，亦其驗也。今若更擇吉地，附近乾陵，取從葬之義。使神有知，無所不通；若其無知，合亦何益？願割私愛，使後嗣長久。中宗不納。
來集之《倘湖樵書》卷三		(2)《梁四公記》：杰公云：海中西北，無慮萬里，有女國，以蛇為夫，男則為蛇，不噬人而穴處；女為臣妾官長，而居宮室。俗無書契而信咀咒，直者無他，曲者立死，神道設教，人莫敢犯。
來集之《倘湖樵書》卷八		(3)《河圖洛書》：河出圖，洛出書，自古相傳，人或疑之，以為聖人神道設教耳，未必眞有其事也。然而後世往往有見之，而可證者要當信其事之實有焉。《山堂肆考》云：興國之儒林鄉，有石圓如龜，背項皆具，人謂之龜背石。彷彿八卦形象，逐月隨斗杓旋轉。士人疑其怪，移置他所，翌日復歸其處，累驗皆然，因時祀之。
來集之《卦義一得》上經	清順治來氏倘湖小築刻本	(4) 觀：風以司天之號令，特天之喉舌耳。然小民不得見天子，而言情扶杖，而觀渙汗之布，則民移俗易，是喉舌之卽耳目矣。風行地上，得不謂之觀乎？以一人觀天下，必有及有不及焉；以天下觀一人，亦必有及有不及焉。君子之教也，使天下之觀一人者，其及者及之，其不及者亦及之，有虛機焉，《彖》所以有神道之設也。使一人之觀天下者，其及者及之，其不及者亦及之，有實用焉，《爻》所以有我生之觀也。曰大，曰中正，而觀無遺義矣。

表一千四百七十二

作者/文獻	版本	用　　例
藍鼎元《鹿洲初集》卷十一	清文淵閣四庫全書本	(1) 偶然夢寐，何足憑信，况其荒誕不經。如女巫見鬼釋子之説，投胎轉世，俚鄙可嗤，至此極矣！神道雖泥塑木雕，不能離人之形以為形，耳、目、口、鼻、鬚、眉、顏面，偶與相肖，何處無之？因其肖，已而遂以神自居，疑為轉世。疑斯夢，夢愈疑，此常人之情也。

表一千四百七十三

作者/文獻	版本	用　例
郎遂《（康熙）杏花村志》卷三	清康熙二十四年刻本	（1）獨柱坊（在文孝廟神道前。按：《壁間石刻》謂唐永泰三年，仙人所建。至明隆慶六年，信官章彬募衆重修云云。）
郎遂《（康熙）杏花村志》卷七		（2）神道藏深艸，山門古意佳。井華無舊鮒，楔墮有黏蝸。荒殿僧今朴，幽林鳥尚俳。起看雲氣溼，暝色半天涯。
郎遂《（康熙）杏花村志》卷九		（3）西過聖母橋，亦稱西湘，西望牆垣丹堊，兩石柱屹立，横一木，藤蘿蒙翳于風雨中者，梁昭明神道坊也。舊榱題楔額傾頽盡，而柱石卒不搖，相傳爲公輸班神助云。西及廟，廟所以祀昭明也。昭明，故太子謚，亦稱文孝皇帝。
郎遂《（康熙）杏花村志》卷十二		（4）西廟神道坊兩石柱，相傳從水中浮來。

表一千四百七十四

作者/文獻	版本	用　例
勞格《讀書雜識》卷一	清光緒四年刻本	（1）案：庾信《豆盧永恩神道碑》云：本姓慕容，燕文帝皝之後。 （2）《唐厤》亦云：壬申，无量卒。今從《實錄》。格案：蘇頲《贈禮部尚書褚公神道碑》：開元庚申歲正月哉生魄，薨（《文苑英華》八百九十六）則《實錄》是也。
勞格《讀書雜識》卷四		（3）過水南，有譙定王司馬士會冢。冢前有碑，石榜云：晉故使持節、散騎常侍、都督揚州江州諸軍事、安東大將軍、譙定王河内温司馬公墓之神道。其薨謚年月及所歷官位，可補此傳之缺。

續表

<table>
<tr><th>作者/文獻</th><th>版本</th><th>用　　例</th></tr>
<tr><td>勞格
《讀書雜識》
卷六</td><td rowspan="2">清光緒四年刻本</td><td>(4) 考李華《唐故東光縣主神道碑銘》：少子德位兼盛曰迴，今河南尹兼東都留守上柱國，祿益厚而慕益深，不逮劬勞之報，故也銜涕投簡，而命下吏，敬銘三章，式表幽宅。其文曰：肅雍王門，天帝之孫。因心則孝，懷盛敬尊。配美良士，如賓禮存。泣血終身，豈惟霜露。慶集國家，魂清冢墓。壽絕哀歡，事高緗素。天作邙山，萬化攸歸。地閉金印，泉深衮衣。國風悽愴，彤管無輝。
(5)《文苑英華》(九百二十)：楊炯《唐贈荊州刺史成公（知禮）神道碑》：曾祖休寍，後魏汾州刺史，齊特進左右衛大將軍，宇文朝江州刺史，隋城陽郡公，諡曰武。祖少遐，北齊民曹郎中，宇文朝地官上士，襲城陽公。父君綽，隋金紫光祿大夫，唐深州刺史、上柱國。公襲城陽公，歷箕州平城、洛州邯鄲二縣令。
(6) 韓文公神道碑
(7) 是歲，公受詔與徐安貞、王敬從、吳鞏、裴朏、李宙、張烜（《英華》作“恆”）等十學士參焉。凡所（《英華》“究所”）升奬，皆當時才彥。考判之目，由此始也。(《毘陵集》八、《權徹神道碑》。)</td></tr>
<tr><td>勞格
《讀書雜識》
卷七</td><td>(8)（熊和中）三州（庾信《大將軍崔訦神道碑》：除使持節，當作三大都。）
(9) 劉禹錫《唐故監察御史贈尚書右僕射王公（俊）神道碑》：娶潁川韓氏，主客員外郎衢之女，國子祭酒楊頊之外孫。
(10) 蘇頲《贈禮部尚書褚公神道碑》：次子左拾遺庭誨。《文苑英華》（八百九十六）；孫逖《授褚廷誨給事中制》：門下：朝議大夫守諫議大夫上柱國褚廷誨，師臣舊業，官序良才，文儒實百行之資，翰墨當一時之妙。駁正爲務，疇咨所難，宜遷左禁之榮，式允中朝之望。可守給事，散官如故。
(11) 韋湊（補），《文苑英華》（九百十四）：韋述《唐太原節度使韋湊神道》。
(12)《顏魯公文集》（八）：《京兆尹御史中丞梓遂杭三州刺史劍南東川節度使杜公神道碑銘》：自京兆尹出爲杭州刺史，不逾周歲，風化大行。不幸感疾，卒。
(13)《文苑英華》（五百四十五）：《追樹十八代祖晉司空太原王公神道碑銘》：孱孫顏，由進士官歷臺省，除洛陽令，移典杭州，入大理少卿，拜御史中丞。</td></tr>
</table>

續表

作者/文獻	版本	用　　例
勞格《讀書雜識》卷八	清光緒四年刻本	(14) 又(《叢編》十五)《唐王師乾神道碑》，唐中書侍郎平章事楊綰撰。師乾，官至諫議大夫，盧、循、道三州刺史。碑以大歷十三年立，在句容。(《集古錄目》) (15) 呂温《唐故銀青光祿大夫京兆尹兼御史大夫上柱國贈吏部尚書京兆韋公神道碑銘》(幷序)(江都秦氏刋本。《呂衡州文集》六。) (16)《董晉碑陰》，卽下《贈太保張公神道碑陰》。
勞格《讀書雜識》卷十一	清光緒四年刻本	(17)《晉司空河東太守猗氏侯太原王公(卓)神道碑》云：開元中，左丞相張公說越認范陽封燕國公；大厤初，左相縉叔越認琅邪封齊國公。 (18) 卷九,《張君神道碑》(三葉八行)也。 (19) 案:《竇學顔尚書神道碑》：員嶠，公自號。見《後村先生大全集》(百四十三)。 (20)《讀書附志》(五)：《鴈湖先生詩集》四十卷，右李文懿壁字季章之詩也。壁，文簡公燾之子，嘗爲參知政事。《神道碑》附於《集》後，眞文忠公德秀所作也。(《理宗紀》二)端平二年十二月庚戌，故參知政事李壁謚文懿。
勞格《讀書雜識》卷十二	清光緒四年刻本	(21)《攻媿集》(九十八)：《陳公神道碑》：父棣，篤學，有賢行。奉議郎，通判潭州，贈中大夫。 (22) 案:《宋學士文集・汪文節公神道碑銘》：澤民，字叔志。領延祐甲寅江浙鄉薦，上南宮不利。擢戊午進士策，授岳州路同知平江州事，階承事郎。時先生之母太夫人王氏春秋已高，先生以平江道遠，不可迎養，上書丞相府，乞降一二階，就銓鄰州。不報，竟奉太夫人之官。與詩正合。 (23) 汪夢雷輓陳祥卿。(夢雷，文節之祖。見《注文節公神道碑》。) (24)(補)《宋故宣奉大夫顯謨閣待制贈少保汪公(澥)神道碑》(石刻)。 (25) 張文忠公神道碑銘(《張文忠公文集》二十八卷本) (26) 元勑賜翰林直學士亞中大夫輕車都尉追封渤海郡侯歐陽公神道碑銘(幷序)(《圭齋文集》十六附錄) (27) 大元勑賜故翰林學士資善大夫知制誥同修國史贈江西等處行中書省左丞上護軍追封臨川郡公謚文正吳公神道碑(《草廬吳文正公文集》)

續表

作者/文獻	版本	用　　例
勞格《讀書雜識》卷十二	清光緒四年刻本	(28) 隴西武獻侯董士表神道碑（《常山貞石志》二十三） (29) 有元贈中奉大夫湖廣等處行中書省參知政事護軍追封魯郡公許公神道碑銘（《中州文表》二十二） (30) 大元勅賜故資政大夫御史中丞贈純誠肅政功臣開府儀同三司太傅上柱國趙國公謚清獻董公神道之碑（《常山貞石志》二十三） (31) 贈河南行省參知政事張公思忠神道碑（至元六年九月，《天一閣碑目》。） (32) 正議大夫吴恭祖神道碑（至正九年，河南孟縣。） (33) 大元勅賜故翰林學士承旨贈光禄大夫大司徒柱國追封楚國公謚文憲程公神道碑銘（《程雪樓集》） (34) 大元故翰林侍講學士中奉大夫知制誥同脩國史同知經筵事贈中奉大夫江西等處行中書省參知政事護軍追封江夏郡公謚文獻黄公神道碑（《黄文獻公集》七）
勞格《唐尚書省郎官石柱題名考》卷一	清光緒刻月河精舍叢鈔本	(35) 韋述《唐太原節度使韋湊神道碑》：延載元年，廉察使房昶上表聞薦。（《文苑英華》九百十四） (36) 盧虔《御中丞晉州刺史高公神道碑》：嗣子長曰昇，咸在童齔。（《文苑英華》九百二十三） (37) 蘇頲《御史大夫贈右丞相程行謀神道碑》：凡厥所嗟，上之不隕，直清而美者，則侍御史彭城劉彦回、同郡宋詢。（《文苑英華》八百八十九） (38) 孫逖《東都留守韋公神道碑》：季弟曰虚舟，事皇帝歷户部司勳郎中，今移左司。（《文苑英華》九百十八） (39) 劉禹錫《唐故朝議郎守尚書吏部侍郎上柱國賜紫金魚袋贈司空奚公神道碑》：自太子司議郎，從大駕回，入尚書爲司金元士，且參榷筦之務。轉吏部外郎。時文昌缺左右丞，都曹差重，遂轉左司郎中，尋遷中書舍人。（《劉賓客文集》二） (40) 牛僧孺《昭義軍節度使辛公（秘）神道碑》：諸孤既葬，會謀曰：陳郡殷台，書迹絶妙，且其人吾家之壻。（《文苑英華》九百十五） (41) 石刻蕭（鄭）《大唐銀青光禄守吏部尚書上柱國渤海縣開國男食邑三百户贈尚書右僕射高公神道碑》：（闕）侍御史，擢拜司勳員外郎，轉吏部員外郎。 (42) 張九齡《徐文公（堅）神道碑銘》：補汾州參軍事，部送邊糒，至於定襄。軍使王本立，素重公才，署爲管記，書奏謀算，悉以咨之。（《唐丞相曲江張先生文集》十九）

續表

作者/文獻	版本	用　　例
勞格 《唐尚書省郎官石柱題名考》 卷一	清光緒刻月河精舍叢鈔本	(43) 蘇頲《刑部尚書韋抗神道碑》：公之季，左司郎中、萬年令、澤州長史曰某。(《文苑英華》八百九十六) (44) 牛僧孺《昭義軍節度使辛公神道碑》：自河東軍司馬就拜爲左司郎中，更京兆汝州刺史、本州防禦。(《文苑英華》九百十五)
勞格 《唐尚書省郎官石柱題名考》 卷二		(45) 蘇頲《唐紫微侍郎贈黄門監李乂神道碑》：自監察御史，歷殿中侍御。景龍中，加朝散大夫，遷尚書司勳左司二員外、右司郎中、中書舍人，兼長昭文館學士。(《文苑英華》八百九十三) (46) 李湛然《太子少傅竇希瑊神道碑》：開元五年十月，鴻臚少卿李顒持節齎璽書弔祭。(《文苑英華》九百一) (47) 蕭鄴《嶺南節度使韋公（正貫）神道碑》：京兆少尹、河北採訪使諱恒，於公爲王父。(《文苑英華》九百十五) (48) 權德輿《唐尚書度支郎中贈尚書左僕射正平節公裴公（倩）神道碑銘》：夫人京兆韋氏，扶風太守恒之女。(《權載之文集》十七) (49) 顔真卿《正議大夫行國子司業上柱國金鄉縣開國男顔府君（允南）神道碑銘》：尚書張倚皆篤忘年之契。又《顔（允臧）神道碑銘》：解褐太康尉，太守張倚器其清嚴，與之均禮。 (50) 權德輿《絳州刺史李公（國貞）神道碑銘》：明皇帝時，御史大夫張倚採訪關中，表爲支使。(《權載之文集》十六) (51) 石刻邵說《唐故同州河西縣丞贈虢州刺史太常卿天水趙公（叡沖）神道碑》：公卽世，未五十歲，而子良弼官至陜華等七州刺史、御史中丞、浙東嶺南兩道節度使、太子賓客。肅宗朝，節制方面。(大曆四年，虞卿。) (52)《新表》：烏丸王氏，左千牛將軍。仁忠子崟，懷州刺史。(《文苑英華》九百十三。李邕《贈安州都督王仁忠神道碑》：子崟等，不詳歷官。) (53) 權德輿《姚公神道碑銘》：興元歲，大輅省方，自韓晉公幕徵詣行所。洎清宫旋蹕，拜左司員外郎。紀綱品式，練達明備，轉兵部員外郎，還本司郎中，拜御史中丞。(《文集》十四) (54) 石刻《贈太子少師東海徐公浩神道碑銘》，朝議郎守河南少尹飛騎尉賜緋魚袋張式撰。(貞元十五年，河南偃師。) (55) 舊《王質（見户中）傳》：大和八年，王質在宣城辟裴夷直爲從事，皆一代名流。(《新傳》略同。《劉賓客文集》(三)：《王公神道碑》：羔鴈所禮，則河東裴夷直。) (56)《劉賓客文集》(三)：《王公神道碑》：羔雁所禮，則隴西李行方。 (57) 孫逖《東都留守韋公神道碑》：司會之府，允釐庶績。命公作倉部左司二員外、户部兵部右司三郎中、左右丞、兵部侍郎，以至于工部尚書。(《文苑英華》九百十八)

續表

作者/文獻	版本	用　　例
勞格《唐尚書省郎官石柱題名考》卷三	清光緒刻月河精舍叢鈔本	(58) 李華《唐贈太子少師崔公（景晊）神道碑》：歷梓州鹽亭丞、晉州司法參軍。 (59) 蘇頲《刑部尚書韋抗神道碑》：自左臺殿中侍御史，轉尚書主客吏部二員外、吏部郎中，拜洛陽令。(《文苑英華》八百九十六) (60) 白居易《唐故通議大夫和州刺史吴郡張公（無擇）神道碑銘》：給事中張昶為江淮安撫使，表公正直，奏置部從事。(《白氏文集》四十一) (61) 蘇頲《御史大夫贈右丞相程行諶神道碑》：凡厥所嗟，上之不隕，直清而美者，則侍御史彭城劉彦回（見左中）、同郡宋詢。(《文苑英華》八百八十九) (62) 令狐峘《顔魯公神道碑銘》：鄴郡太守王燾，被禄山移攝河間，燾俾掾吏李奐斬僞署河間長史杜兼睦，以河間衆歸於公。(《顔魯公文集》) (63) 令狐峘《顔魯公神道碑銘》：景城司馬李暐等，各擁兵數千，或至萬人，以附於公。(並《顔魯公文集》。) (64) 韋建《黔州刺史薛舒神道碑》：季弟前吏部侍郎、今宣州刺史宣歙等州觀察使邕，朝之俊茂。(《文苑英華》九百二十四) (65) 權德輿《唐故尚書工部員外郎贈禮部尚書王公（端）神道碑銘》：公與河南元德秀、天水閻伯璵同歲中正鵠。(《權載之文集》十七) (66) 顔真卿《正議大夫行國子司業上柱國金鄉縣開國男顔府君（允南）神道碑銘》：范陽盧允畢盡常僚之好。 (67) 石刻邵説《唐故同州河西縣丞贈虢州刺史太常卿天水趙公（叡沖）神道碑》：今聖踐極，嗣孫趙縱等，咸擅才業，宦成三署。(虞鄉，大曆四年。) (68) 石刻許孟容《唐故侍中尚書右僕射贈司空文獻公裴公神道碑銘》：子綜最知名，官至吏部郎中。(元和七年，稷山。) (69)《權載之文集》(十三)：《杜公神道碑銘》：三辟大府，五登郎位。 (70) 吕温《故太子少保贈尚書左僕射京兆韋府君神道碑》：前後遷刑部吏部員外郎、吏部郎中。(《吕衡州文集》六) (71)《呂衡州文集》(六)：《韋府君夏卿神道碑銘》：今吏部郎中扶風竇羣，抗迹毘陵，退身進道，公三挹郡榻之上，一振天墀之下，不數歲間，蔚為重器，可以視其所舉矣。 (72) 權德輿《唐故江南西都道團練觀察處置等使中散大夫使持節都督洪州諸軍事守洪州刺史兼御史中丞騎都尉賜紫金魚袋贈左散騎常侍崔公神道碑銘》：以聯帥上介入拜侍御史，遷考功員外郎度支吏部二郎中商常二州刺史，以至按部撫封，為太子守臣。

續表

作者/文獻	版本	用　例
勞格《唐尚書省郎官石柱題名考》卷三	清光緒刻月河精舍叢鈔本	(73) 吕温《故太子少保贈尚書左僕射京兆韋府君神道碑銘》：分正東郊，開府辟士，則有今禮部員外郎清河張賈。（元和元年。《吕衡州文集》六。） (74) 裴度《劉府君（太真）神道碑銘》：門生之在朝廷者，右司郎中韋乾度。(《全唐文》五百三十八。碑，元和中立。) (75) 裴度《劉府君太真神道碑銘》：門生之在朝廷者，起居舍人盧士玫等。(《全唐文》五百三十八。案：碑，在元和中立。) (76) 孫遜《東都留守韋公（虚心）神道碑》：曾祖叔謙，事太宗為考功郎中，與兄叔諧、季武同在郎署。(《文苑英華》九百十八) (77) 獨孤及《唐故朝議大夫申王府司馬上柱國贈太常卿韋公（縝）神道碑銘》：南皮公三子，季曰叔謙，歷吏部考功。(《毘陵集》八) (78) 韋述《唐太原節度使韋湊神道碑》：繼夫人隴西李氏，長安令綰之女。(《文苑英華》九百十四) (79) 權德輿《唐故太子右庶子集賢院學士贈左散騎常侍王公神道碑銘》：弱冠游太學，舉進士甲科。以諫議大夫，掌誥如故，且加命服。明年，宰臣伏法，移太子洗馬。今上嗣統，柬求吏師，授隰州刺史。以南宫歸重，尋拜吏部郎中，再授面。命循行方國，初自淮淝至於汝南，後自上黨亘於山東。遷太子右庶子集賢院學士。(《權載之文集》十四) (80) 石刻羊士諤《唐故左拾遺内供奉贈使持節舒州諸軍事舒州刺史（闕二字）竇府君（叔向）神道碑》：題第十一姪朝議郎尚書右司員外郎易直書。(元和三年，偃師。) (81) 劉禹錫《唐故朝散大夫檢校尚書吏部郎中兼御史中丞賜紫金魚袋清河縣開國男贈太師崔公（倕）神道碑》：太常二子，亦以才能同入尚書：璜為吏部郎。(《劉賓客文集》三) (82) 石刻紇干濬《贈太尉韓允忠神道碑》：乾符元年十一月，皇帝（下缺）郎中曹鄴太子（下缺）議大夫李景莊（見考中）、庫部員外郎陳翰（見金外），備鼓吹，升輅車，由（空三字）宣政正衙及（空三字）公之靈座。册贈司徒，謚曰（闕一字）。(山東莘縣俎家店) (83) 蘇頲《唐紫微侍郎贈黃門監李乂神道碑》：自中書舍人，太子（疑衍）上即位，檢校吏部郎中。二歲，遷黃門侍郎。(《文苑英華》八百九十三)

續表

作者/文獻	版本	用　例
勞格《唐尚書省郎官石柱題名考》卷四	清光緒刻月河精舍叢鈔本	(84) 蘇頲《刑部尚書韋抗（見吏中）神道碑》：韋抗，轉吏部員外郎中。大選持衡者，河内司馬鍠等。(《文苑英華》八百九十六) (85) 顔真卿《開府儀同三司行尚書右丞相上柱國贈太尉廣平文貞公宋公神道碑銘》：公進士高第，天后時拜監察御史裏行。尋丁齊國太夫人憂，服闋。俄而即真，遷殿中侍御史、天官員外郎、鳳閣舍人。(《顔魯公文集》四) (86) 顔真卿《朝請大夫行江陵少尹兼侍御史荆南行軍司馬上柱國顔君（允臧）神道碑銘》：京城收，與崔禕銜命宣撫，都人大悦。 (87) 權德輿《唐故太子右庶子集賢院學士贈左散騎常侍王公神道碑銘》：拜起居舍人，尋加理匭使，歷禮部、吏部二員外，遷考功郎中。(《權載之文集》十四) (88) 裴度《劉府君神道碑銘》：公諱太真，字仲適，族彭城，晉永嘉末，衣冠南渡，遂為金陵人。德宗皇帝即位，自揚州節度判官徵拜起居郎，改尚書司勳員外郎，尋轉吏部員外郎。綜覈流品，練達程式，藏奸立見，析滯如流，名著南宫，望歸西掖。遷駕部郎中知制誥，以稱職賜緋魚袋。建中四年夏，正授中書舍人。 (89) 吕温《韋府君神道碑銘》：前後遷刑部、吏部員外郎，吏部郎中。(《吕衡州文集》六) (90) 韓愈《唐故河東節度觀察使滎陽鄭公神道碑文》：河東節度使贈尚書右僕射鄭公，以進士選對直言策。其後為大理丞、太常博士，遷起居郎、尚書司封、吏部二郎中，能官舉其名。德宗晚節儲將於其軍，以公為河東軍司馬。(昌黎先生文集）二十六) (91)《劉賓客文集》(二)：《故吏部侍郎奚公神道碑》：自太子司議郎，入尚書為司金元士，轉吏部外郎。是曹在南宫為眉目，在選士為司命。公執直筆，閲簿書，紛拏盤錯，一瞬而剖。時文昌缺左右丞，都曹差重，遂轉左司郎中。 (92) 韓愈《唐故江南西道觀察使中大夫洪州刺史兼御史中丞上柱國賜紫金魚袋贈左散騎常侍太原王公神道碑銘》：貞元初，射策拜左拾遺。特改右補闕，遷禮部、考功、吏部三員外郎。在考功、吏部，提約明故，吏無以欺。同列有恃恩自得者，衆皆媚承，公嫉其為人，不直視，由此貶連州司戶。移夔州司馬，又移荊南，因佐其節度事為參謀，得五品服。放跡在外，積四年。元和初，收拾俊賢，徵拜吏部員外郎。未幾，為職方郎中、知制誥。(《昌黎先生集》三十一)

續表

作者/文獻	版本	用　　例
勞格 《唐尚書省郎官石柱題名考》 卷四	清光緒刻月河精舍叢鈔本	(93) 石刻《故贈太保張公神道碑陰》：（上缺）拜殿中侍御史，四遷（阙）中書舍人，歷工部（下缺）大夫（下缺）。 (94) 石刻蕭（鄴）《大唐故吏部尚書贈尚書右僕射渤海高公神道碑》：（闕）侍御史，擢拜司勳員外郎。轉吏部員外郎，公之為吏部郎也。 (95) 劉禹錫《唐故兼御史中丞贈太師崔公（倕）神道碑》：太常郊二子同入尚書，璜為吏部郎。(開成四年。《劉賓客文集》三。) (96) 張說《贈（太）華州刺史楊君神道碑》：明慶中，舉賢良，再舉高第。自國子監丞，高宗封岱岳，除禮部員外郎，又轉吏部員外郎。丁太夫人憂去職。服畢，授豳州三水令。(《張燕公集》十六) (97) 李邕《增安州都督王仁忠神道碑》：考文濟府君，侍郎御史、吏部員外朝散大夫、東臺舍人。(《文苑英華》九百十三。案：郎，疑衍。) (98) 張說《大周故宣威將軍楊君神道碑》：公諱令，字令一。年十九，舉進士高第。自朝散大夫，行通事舍人，俄而加太中大夫、檢校天官員外郎。除宣威將軍行右衞翊府郎，將公為郎也。遼戎悖逆，我有神兵之役，制以公為兵曹。(《張燕公集》十七) (99) 蘇頲《刑部尚書韋抗神道碑》：自左臺殿中侍御史，轉尚書主客吏部二員外、吏部郎中。(《文苑英華》八百九十六) (100)《毘陵集》附録：崔祐甫《獨孤公神道碑銘》：自太常博士，遷尚書吏(《英華》作"禮"。案："禮"字"是"。)部員外郎。受詔考第吏部選人詞翰，旌別淑慝，朝野稱正，為濠州刺史。
勞格 《唐尚書省郎官石柱題名考》 卷五		(101)《唐丞相曲江张先生文集》(十九)：《大唐故光禄大夫右散騎常侍集賢院學士贈太子少保東海徐文公神道碑》：自太子文學撰《三教珠英》，書成奏御，拜司封員外，尋加朝散大夫，卽拜郎中。稍遷給事中。 (102) 獨孤及《唐故朝議申工府司馬上柱國贈太常卿韋公（縝）神道碑銘》：南皮公瓚生三子皆才，同時為郎。季武，實居主爵；次曰叔諧，典司庫部；季曰叔謙，歷吏部考功。時人號曰三列（闕）。(《毘陵集》卷八)) (103) 孫遜《東都留守韋公（虚心）神道碑》：曾祖叔謙，與兄叔諧、季武（闕）在郎署。(《文苑英華》九百十八) (104) 張說《贈戶部尚書河東公楊君（執一）神道碑》：潞州胡城公思止之子。(《張燕公集》十九)

續表

<table>
<tr><th>作者/文獻</th><th>版本</th><th>用　　例</th></tr>
<tr><td>勞格
《唐尚書省郎官
石柱題名考》
卷五</td><td rowspan="2">清光緒刻月河精舍叢鈔本</td><td>（105）蘇頲《揚州大都督府長史王公神道碑》：公二十，升甲科。遷殿中侍御史，無何。拜尚書户部員外郎，轉祠部、主爵、考功三郎中。拜給事中，轉中書舍人。（《文苑英華》九百二十六）
（106）權德輿《唐故太子右庶子集賢院學士贈左散騎常侍王公（定）神道碑銘》：慶生吏部侍郎、揚州大都督府長史、贈禮部尚書、揚州大都督府易從。（《權載之文集》十四。定，易從子。）
（107）孫逖《太子右庶子王公神道碑》：公兄曰易從，故吏部侍郎。（《文苑英華》九百二）
（108）獨孤良弼《并州太原縣令路公（太一）神道碑》：夫人滎陽鄭氏，始州臨津縣令方喬之女，禮部侍郎溫琦之妹。（《文苑英華》九百三十）
（109）顔真卿《正議大夫行國子司業上柱國金鄉縣開國男顔府君神道碑銘》：君諱允南，字去惑，京兆長安人也。天寶十五年，長安陷，輿駕幸蜀，恩詔拜尚書屯田員外郎，加朝散大夫，遷司膳郎中。真卿至自河北，元宗給君驛至鳳翔，令相見，從肅宗入西京，遷司封。真卿以尚書兼大夫，弟允臧又為殿中，兄弟三人，同時臺省，當代無比，時人欽羨焉。尋對金鄉縣開國男，累加正議大夫、上柱國，遷國子司業。
（110）楊綰《汾陽王妻霍國夫人王氏神道碑》：子次曰開府儀同三司、行尚書吏部司封郎中、上柱國、樂平郡開國公晤。（《文苑英華》九百三十四）
（111）劉禹錫《唐故監察御史贈尚書右僕射王公俊神道碑》：季子彦威，字子美。始以五經登甲科，歷太常博士祠部員外郎，遷屯田郎中，轉戶部司封，並充禮儀使判官、弘文館學士、京兆少尹、諫議大夫、史館修撰。（《劉賓客外集》九）</td></tr>
<tr><td>勞格
《唐尚書省郎官
石柱題名考》
卷六</td><td>（112）《曲江文集》（十九）：《徐文公神道碑銘》：自太子文學撰《三教珠英》，書成奏御，拜司封員外，尋加朝散大夫，即拜郎中。稍遷給事中。
（113）韋建《黔州刺史薛舒神道碑》：叔父故陳留郡太守、河南採訪使江童，當代名賢。（《文苑英華》九百二十四）
（114）顔真卿《正議大夫行國子司業上柱國金鄉縣開國男顔府君允南神道碑銘》：河東裴士淹特敦莫逆之歡。
（115）楊綰《汾陽王妻霍國夫人王氏神道碑》：次女適殿中少監李洞清。（《文苑英華》九百三十四）
（116）權德輿《唐故楚州淮陰縣令贈尚書右僕射王府君神道碑銘》：子次曰翺，吏理詳明，官河南府陽翟縣丞。不幸早夭。（《權載之文集》十六。丞，《英華》作“尉”。）</td></tr>
</table>

續表

作者/文獻	版本	用　　例
勞格《唐尚書省郎官石柱題名考》卷六	清光緒刻月河精舍叢鈔本	(117) 韓愈《唐故河東節度觀察使滎陽鄭公神道碑文》: 自大理丞、太常博士，遷起居郎、尚書司封、吏部二郎中。(《昌黎先生集》二十六。案: “郎中” 係 “員外” 之誤。) (118) 司空圖《唐故太子太師致仕盧公神道碑》: 宣宗時，公中選甲科。籍自侍御史，專領東臺之務。徵起居，轉司封員外知雜事。正色讜言，舉劾不撓，遷司勳郎中。《司空表聖文集》五) (119)《劉夢得外集》(九):《王公俊神道碑》: 季子彥威，歷太常博士祠部員外郎，遷屯田郎中，轉户部司封。
勞格《唐尚書省郎官石柱題名考》卷七		(120) 白居易《唐故通儀大夫和州刺史吴郡張公（無擇）神道碑銘》: 公擢拜和州刺史，時李知柔為本道採訪使，素不快公之明直，密疏誣奏，以附下為名。 (121) 石刻《唐故同州河西縣丞贈虢州刺史天水趙公（叡沖）神道碑》，尚書兵部郎中安陽邵說撰。(大曆四年，虞鄉。) (122) 司空圖《唐故太子太師致仕盧公神道碑》: 公介弟尚書公紹，尤檢尅，亦能率其子弟，俾幼無違者。(《司空表聖文集》五) (123) 司空圖《唐故太子太師致仕盧公神道碑》: 自司封員外，遷司勳郎中。時宰所忌，出倅宣武軍以緩之。未更歲再入為某曹郎，選拜萬年令。(《司空表聖文集》五)
勞格《唐尚書省郎官石柱題名考》卷八		(124) 蘇頲《唐紫微侍郎贈黄門監李乂神道碑》: 自監察御史，歷殿中侍御。景龍中，加朝散大夫，遷尚書司勳左司二員外、右司郎中、中書舍人。(《文苑英華》八百九十三) (125) 張說《常州刺史平貞昚神道碑》: 公諱貞昚，字密，一字問從，燕國薊人也。光宅初，授右臺監察御史，巡察河南。類功最，加兩階，拜右肅政殿中侍御史。郎官法天，古難其選，具美斯在，拜司勳員外郎。永昌中，遭凶黨網羅，為周興所奏，貶淄州固安令。(《文苑英華》九百二十一) (126) 蘇頲《章懷太子良娣張氏神道碑》: 景雲中，命銀青光禄大夫尚書左丞元暕等持節册贈。(《文苑英華》九百三十三) (127) 蘇頲《御史大夫贈右丞相程行謀神道碑》: 一了鎮之，幼為尚舍直長。(《文苑英華》八百八十九) (128) 張說《唐故夏州都督太原王公神道碑》: 子故光禄少卿璵。(《張燕公集》十五)

續表

作者/文獻	版本	用　　例
勞格《唐尚書省郎官石柱題名考》卷八	清光緒刻月河精舍叢鈔本	(129) 顔真卿《徐秀神道碑銘》：自蔡州參軍，為御史宋遥關内覆囚判官。(《文忠集》八) (130) 獨孤及《唐故睢陽郡太守李少康神道碑銘》：公為青州刺史，按察使户部侍郎宋遥以狀聞。(《毘陵集》八) (131) 孫逖《太子右庶子王公神道碑》：大定（疑足）中舉文擅詞場，景雲歲辟茂才異等，開元初徵文藻宏麗，公三對策詔，皆為甲科。三入華省，再登禁闥，歷尚書禮部司勳員外、考功郎中、給事中，拜中書舍人。(《文苑英華》九百二) (132) 獨孤及《唐故朝議大夫高平郡别駕權公神道碑銘》：開元十八年，公廉無私、工於文者，考校書判甲乙丙丁科，以辨論其品。是歲，公受詔與徐安貞、王敬從、吴鞏、裴朏、李宙、張烜（一作"恒"）等十學士參焉。凡所升奬，皆當時才彦。考辨之目，由此始也。(《毘陵集》八) (133) 李紓《故中書舍人吴郡朱府君神道碑》：朱君，諱巨川，字德源，嘉興人也。年二十，明經擢第。徵左補闕内供奉，擢起居舍人、知制誥。换司勳員外郎，掌誥如初。拜中書舍人，錫以章綬。(《文苑英華》八百九十四) (134) 顔真卿《朝請大夫行江陵少尹兼侍御史荆南行軍司馬上柱國顔君（允臧）神道碑銘》：君授延昌令。潼關陷，太守李揖計未有所出，君勸投靈武。(案：《地理志》：延州有延昌縣，揖當是延安太守也。) (135) 顔真卿《鮮于少保神道碑銘》：公弟晉，字叔明。再為法官，三秉天憲，二登郎署，一宰洛陽。肅宗褒異，擢拜商州刺史。無何，超遷京兆尹。(《顔文忠集》六) (136) 裴度《劉府君神道碑銘》：德宗皇帝即位，徵拜起居郎。改尚書司勳員外郎，尋轉吏部員外郎。 (137) 石刻蕭（鄴）《大唐故吏部尚書贈尚書右僕射渤海高公神道碑》：(闕)侍御史，擢拜司勳員外郎，轉吏部員外郎。(河南洛陽) (138) 劉禹錫《唐故兼御史中丞贈太師崔公（倕）神道碑》：太常郊二子同入尚書，瓘為司勳郎。(開成四年。《劉賓客文集》三。) (139) 司空圖《唐故太子太師致仕盧公神道碑》：徵起居，轉司封員外知雜事。遷司勳郎中，出倅宣武軍。未更歲再入為某曹郎，選拜萬年令。拜某官知制誥。(《司空表聖文集》七。案："某曹郎"疑指勳外。) (140) 權德輿《裴倩神道碑銘》、柳宗元《亡姊前京兆府參軍裴君夫人墓誌》皆作"祠部員外郎"。

續表

作者/文獻	版本	用　例
勞格《唐尚書省郎官石柱題名考》卷九	清光緒刻月河精舍叢鈔本	(141) 石刻紇干濬《贈太尉韓允忠神道碑》：乾符元年十一月，皇帝（下缺）郎中曹鄴（見吏中補）太子（下缺）議大大夫李景莊、庫部員外郎陳翰，備鼓吹，升輅車，由宣政正衙及公之靈座。冊贈司徒，謚曰（闕一字）。 (142) 蘇頲《揚州大都督長史王公神道碑》：遷殿中侍御史，無何。拜尚書户部員外郎，轉祠部、主爵、考功三郎中。拜給事中。(《文苑英華》九百二十六) (143) 孫逖《太子右庶子王公神道碑》：歷尚書、禮部司勳員外、考功郎中、給事中，拜中書舍人。(《文苑英華》九百二) (144) 獨孤及《韋鎮神道碑》：叔謙，歷吏部考功。 (145) 權德輿《唐故太子右庶子集賢院學士贈左散騎常侍王公神道碑銘》：歷禮部、吏部二員外，遷考功郎中。每歲覆羣吏之能否，書其上下之籍，有司賦祿，此焉質正？吏詐諼以嘗巧，法靡密而不勝，公乃大為之防，盡去其弊，是歲選部以稱職聞。尋以本官知制誥，歲中遷諫議大夫，掌誥如故。(《權載之文集》十四) (146) 皇甫湜《韓文公神道碑》：復比部郎中修史，主柄者不喜，不卒展用。再遷中書舍人。(《皇甫持正文集》六) (147) 司空圖《唐故太子太師致仕盧公（渥）神道碑》：仲弟治，考功郎中。(《司空表聖文集》五) (148) 獨孤及《唐故朝議大夫高平郡别駕權公（徹）神道碑銘》：其鄉舉也，考功郎中蘇頲拔諸羣萃之中。(《毘陵集》八)
勞格《唐尚書省郎官石柱題名考》卷十		(149) 蘇頲《唐紫微侍郎贈黄門監李乂神道碑》：郡舉茂才策第，考功郎劉思立。(《文苑英華》八百九十三) (150) 孫逖《東都留守韋公虚心神道碑》：考功員外郎李迥秀，擢以高第。(《文苑英華》九百十八) (151)《太原王公神道碑銘》：自右補闕，遷禮部、考功、吏部三員外郎。在考功、吏部，提約明故，吏無以欺。(《昌黎先生集》三十一，又三十三。) (152) 石刻許孟容《唐故侍中尚書右僕射贈司空文獻公裴公神道碑銘》：案：轉國子主簿詹府丞。太夫人捐館，制終，除河南士曹參軍，睿宗（闕）嘗列宫寮，加朝散（缺廿一字）時謂淫雅不雜，而繩墨誠陳也。亟轉兵部郎中長安縣令。(元和七年，山西稷山。) (153) 權德輿《崔公神道碑銘》：以聯帥上介入拜侍御史，遷考功員外郎度支吏部二郎中。(《權載之文集》十七)

續表

作者/文獻	版本	用　　例
勞格《唐尚書省郎官石柱題名考》卷十一	清光緒刻月河精舍叢鈔本	(154) 張說《贈太尉裴公（行儉）神道碑》：在（一本其）軍，擇帳下之士，則有王智方等。(《張燕公集》十五) (155) 孫逖《東都留守韋公神道碑》：司會之府，允釐庶績。命公作倉部左司二員外、户部兵部右司三郎中。(《文苑英華》九百十八。二傳失載。) (156) 孫逖《東都留守韋公神道碑》：烈考曰（韋）維，事睿宗歷户部郎中。終於左庶子，贈絳州刺史。(《文苑英華》九百十八) (157) 顔真卿《朝議大夫贈梁州都督上柱國徐府君（秀）神道碑銘》：天寶二年，自攝新安郡別駕，採訪使梁昇卿奏為判官。(《文忠集》八) (158) 顔真卿《正議大夫行國子司業上柱國金鄉縣開國男顔府君允南神道碑銘》：與從祖姑子劉同昇齊名，長又相善，嘗寓書與之。尋爲同昇江南經畧判官。(《顔文忠集》) (159) 權德輿《杜公（亞）神道碑銘》：以道義經術，研機盡性，合於司徒楊公綰、司業張公參。(《權載之文集》十三) (160) 顔真卿《京兆尹御史中丞梓遂杭三州刺史劍南東川節度使杜公神道碑銘》：自綿州刺史，賜紫金魚袋。除户部郎中，加朝散大夫。廣德中檢校駕部郎中上柱國，充劍南節度嚴武行軍司馬。(《顔魯公文集》八，又卷十。《京兆尹兼中丞杭州刺史劍南東川節度使杜公墓誌銘》同。) (161) 李絳《兵部尚書王紹神道碑》：累授殿中侍御史、江西觀察推官，遂踐臺閣，自倉部員外郎遷户部、兵部郎中，專判户部事。(《文苑英華》八百九十七) (162) 吕溫《唐故銀青光祿大夫京兆尹兼御史大夫上柱國贈吏部尚書京兆韋公神道碑銘》：德宗西狩，委室隨難，除殿中侍御史。皇輿反正，為侍御史，副總臺務。授倉部員外郎，充水陸轉運判官。尋轉禮部員外郎、檢校本官兼昭應縣令。改遂州刺史，召拜户部郎中，除萬年令，遷京兆少尹。出為絳州刺史。(《吕衡州文集》六) (163) 劉禹錫《唐故監察御史贈尚書右僕射王公（俊）神道碑》：季子彦威，歷太常博士祠部員外郎，邊屯田郎中，轉户部司封。(《劉賓客外集》九。二傳失載。) (164)《劉賓客文集》(三)：《唐故宣歙池等州都團練觀察處置使宣州刺史兼御史中丞贈左散騎常侍王公神道碑》：自檢校司封郎中，攝御史中丞、紫衣金章，充山南西道節度副使，入為尚書户部郎中，除諫議大夫。 (165) 李絳《兵部尚書王紹神道碑》：夫人贈西河郡夫人相里氏，故河南少尹、知府事、贈工部侍郎造之長女。(《文苑英華》八百九十七)

續表

作者/文獻	版本	用　　例
勞格《唐尚書省郎官石柱題名考》卷十二	清光緒刻月河精舍叢鈔本	（166）張説《贈太尉裴公神道碑》：明經補左屯衛倉曹，詔舉轉雍州司士，遷金部户部二員外，歷都官郎中長安令。（《張説之文集》十四） （167）蘇頲《揚州大都督府長史王公神道碑》：遷殿中侍御史，無何。拜尚書户部員外郎，轉祠部、主爵、考功三郎中，拜給事中。（《文苑英華》九百二十六） （168）吕温《故太子少保贈尚書左僕射京兆韋府君夏卿神道碑銘》：大王父諱某，皇朝主客郎中，萊、濟、商三州刺史。（《吕衡州文集》六） （169）顔真卿《正議大夫行國子司業上柱國金鄉縣開國男顔府君允南神道碑銘》：故父執侍郎寇公泚重君才名，相見未嘗不移日也。 （170）顔真卿《京兆尹御史中丞梓遂杭三州刺史劍南東川節度使杜公（濟）神道碑銘》：梁州主司馬垂為山南西道採訪使，引在幕下。（《顔魯公文集》八） （171）石刻王顔《追樹十八代祖晉司空河東太守猗氏侯太原王公（卓）神道碑》：桑泉房，户部員外郎。岳靈叔，偉文曜世。（貞元十七年，山西臨晉。） （172）權德輿《盧公（坦）神道碑銘》：母弟前絳州刺史常師，以器望歷中外，以友愛重人倫。（元和十三年。《權載之文集》十三。） （173）令狐峘《顔魯公神道碑銘》：濟南太守李隨等，各擁兵數千，或至萬人，以附于公。（《顔魯公文集》） （174）劉禹錫《唐故兼御史中丞贈太師崔公神道碑》：才子六人：次曰鄲，至太府卿。又云鄲為大農。（《劉賓客文集》三） （175）權德輿《唐故劍南東川節度副大使知節度事管内支度營田觀察處置等使正議大夫持節梓州諸軍事守梓州刺史兼御史大夫護軍賜紫金魚袋贈禮部尚書盧公神道碑銘》：始為同州韓城宣州宣城鞏縣河南四縣尉，監察御史裏行殿中侍御史内供奉，真為殿中侍御史户部員外郎，尋轉庫部員外郎刑部郎中，皆兼侍御史知雜事。（《權載之文集》十三） （176）《劉賓客文集》（三）：《王公神道碑》：自南梁上介兼監察御史，徵入南臺，轉殿内，歷侍御史，改尚書户部外郎（一本員外郎）。 （177）《劉賓客文集》（三）：《王公神道碑》：羔雁所禮，則博陵崔珦。 （178）《權載之文集》（十四）：《齊成公神道碑銘》：自侍御史，蕭黄門復布愷澤於東夏，命公為工部員外郎以贊焉，復命轉倉部郎中。 （179）獨孤及《唐故朝議大夫高平郡别駕權公（徹）神道碑銘》：子器等悉忠信好學，善屬文，位未顯而令名歸之。（《毘陵集》八）

續表

作者/文獻	版本	用例
勞格《唐尚書省郎官石柱題名考》卷十三	清光緒刻月河精舍叢鈔本	(180) 權德輿《唐故朝議郎使持節温州諸軍事守温州刺史充靜海軍使賜緋魚袋河東裴府君（希先）神道碑銘》：曾祖昭，歷司門度支二郎中衛尉太府二寺卿、銀青光禄大夫。（《權載之文集》十八） (181) 權德輿《崔公神道碑銘》：自侍御史，遷考功員外郎度支吏部二郎中商常二州刺史。（《權載之文集》十七） (182) 權德輿《裴公神道碑銘》：歷信饒二州刺史，復徵為度支郎中，代故相第五琦專判度支事。大曆七年，終。 (183) 權德輿《唐故成德軍節度營田副史正議大夫趙州別駕贈壽州都督河間尹府君（錟）神道碑銘》：都督之禰曰本古，仕至常州武進尉。武進之父曰正義，歷許相宋三州刺史司農少卿。司農之父曰良，終滄州司馬。（《權載之文集》十八）
勞格《唐尚書省郎官石柱題名考》卷十四		(184) 李軫《泗州刺史李君神道碑》：（闕）子衡，故洺州清漳尉。 (185) 元稹《河東薛公（戎）神道碑文銘》：李衡為刺史，能以禮下公。及衡觀察江西，求公為幕中賓，公許衡。衡遷。（《元微之文集》五十三，又五十四。） (186) 權德輿《裴公神道碑銘》：自太子司議郎，徵為殿中丞侍御史，拜度支駕部二員外，遷司勳郎中。（《權載之文集》十七） (187)《權載之文集》（十四）：《齊成公神道碑銘》：自侍御史，為工部員外郎，轉倉部郎中。
勞格《唐尚書省郎官石柱題名考》卷十五		(188) 張說《贈吏部尚書蕭公（灌）神道碑》：夫人京兆韋氏。父師實，秦州都督。（《張說之文集》二十五） (189) 蘇頲《章懷太子良娣張氏神道碑》：景雲中，朝命金紫光祿大夫行鴻臚卿趙承恩等持節冊贈。（《文苑英華》九百三十三） (190) 孫逖《東都留守韋公（虛心）神道碑》：御史賈虛舟舉以勸中丞侯令德。（《文苑英華》九百十八） (191) 蘇頲《御史大夫贈右丞相程行謀神道碑》：公名則，字行謀（當作“諶”），世以字行。首中甲科。自定州長史，未詣職，入除金部郎中。景龍六（當作“四”）年，徵拜公長安令。（《文苑英華》八百八十九。子慎之，見勳外。） (192) 李商隱《唐刑部尚書致仕白居易神道碑》：憲宗二年，以盩厔尉。試進士，取故蕭遂州澣為第一。（《唐文粹》五十八） (193) 劉禹錫《王公（質）神道碑》：羔雁所禮，則吴郡陸紹。（《劉賓客文集》三）

續表

作者/文獻	版本	用　例
勞格《唐尚書省郎官石柱題名考》卷十六	清光緒刻月河精舍叢鈔本	(194) 張說《贈太尉裴公神道碑明》：明經補左屯衛倉曹，詔舉轉雍州司士，遷金部、户部二員外，歷都官郎中長安令。(《張說之文集》十四) (195) 元稹《唐故越州刺史兼御史中丞浙江東道觀察等使贈左散騎常侍河東薛公(戎)神道碑文銘》：祖曰河南縣令贈給事中縑，於邠州刺史寶胤為季子。(《元微之文集》五十三) (196) 張說《故括州刺史贈工部尚書馮公昭泰神道碑》：天子嚴謁山陵，推恩庶辟。公次子給事中紹烈：並搆會堂，仰延榮贈。又云：第五子紹烈，御史中丞。(《張說之文集》二十五。開元十八年。) (197) 石刻張式《大唐故銀青光禄大夫彭王傅上柱國會稽郡開國公贈太子少師東海徐公神道碑銘》：改太子司議郎，東都留守王倕辟從其事。遷金部員外郎，轉都官郎中，充嶺南選補使。轉刑部郎兼司農少卿，再轉兵部領東都選舉。(河南偃師) (198) 令狐峘《顏魯公神道碑銘》：前殿中侍御史沈震等，各抒器能，參贊成務。(據《年譜》，時在天寶十五載正月。) (199) 石刻許孟容《唐故侍中尚書右僕射贈司空文獻公裴公神道碑銘》：子皐最知名，官至給事中。(元和七年，稷山。) (200) 石刻紇干濬《贈太尉韓允忠神道碑》：乾符元年十一月，皇帝(下缺)郎中曹鄴太子(下缺)議大夫李景莊(見考中)、庫部員外郎陳翰，備鼓吹，升輅車，由(闕三字)宣政正衙及(闕三字)公之靈座。冊贈司徒，謚曰(闕一字)。(山東莘縣) (201) 李宗閔《故丞相尚書左僕射贈太尉王公神道碑》：子次曰冰，始參(《文粹》作"授")京兆府參軍事。其器甚遠。(《文粹》：器度宏遠。《文苑英華》八百八十八。) (202)《劉賓客文集》(二)：《故吏部侍郎奚公神道碑》：自太子司議郎，從大駕回，入尚書為司金元士，且參榷筦之務。有頃，持慜册宣恩于蘇門，將行，錫銀朱于青蒲上。復命稱旨，轉吏部外郎左司郎中。
勞格《唐尚書省郎官石柱題名考》卷十七		(203) 石刻許孟容《唐故侍中尚書右僕射贈司空文獻公裴公(耀卿)神道碑銘》：考守真，(闕九字)封尉太常博士詳正學士夏官員外成寧二州刺史，贈户部尚書。(俱不云"倉中"，疑非。) (204)《權載之文集》(十四)：《齊成公神道碑銘》：蕭黄門復布愷澤於東夏，命公為工部員外郎以贊焉，復命轉倉部郎中。李懷光阻命於蒲，連兵未解，關中饑旱，經費不足，轉粟饋軍，濟時之艱患，求才急病，命使以轉達，遷兵部郎中兼御史中丞，以董其任，俄拜諫議大夫。

續表

作者/文獻	版本	用　例
勞格《唐尚書省郎官石柱題名考》卷十七	清光緒刻月河精舍叢鈔本	(205) 劉禹錫《故吏部侍郎奚公（陟）神道碑》：第三子敬玄，以詞藝似續，登文科，歷左補闕，今為尚書刑部郎中。第四子炅，舉進士。最小子某。咸砥礪纂修，宜為名公家子。其邁德垂裕之光也乎！公少以名器自任，及顯達，急於推賢。 (206) 韓休《贈邠州刺史韋公（鈞）神道碑》：祖慶植，皇朝舒密二州刺史。政成師長，化洽黎元。(《文苑英華》九百二十二) (207) 呂溫《故太子少保贈尚書左僕射京兆韋府君（夏卿）神道碑銘》：王父諱某，倉部郎中、太原少尹、贈秘書監。(《呂衡州文集》六)
勞格《唐尚書省郎官石柱題名考》卷十八		(208) 張說《鄎國長公主神道碑》：開元十三年二月，詔光禄卿孟溫禮見主外監護喪葬，京兆少尹（"少"據《英華石刻》增）能延休副焉。(《張燕公集》二十一) (209) 孫逖《東都留守韋公（虛心）神道碑》：謂趙良器、劉琯後來之選也，故廉問淮瀆，舉以為介。(《文苑英華》九百十八。) (210) 石刻邵說《唐故同州河西縣丞贈虢州刺史太常卿天水趙公（叡沖）神道碑》：公即世，適卅歲，而子良器官至中書舍人。玄宗朝，參掌綸誥。(虞卿，大曆四年。) (211) 顏真卿《朝議大夫贈梁州都督上柱國徐府君（秀）神道碑銘》：子令侍御史，繽懿文懋學，峻節清標。天寶末，陷居賊中，為偽命連辟，辭疾不起。謀使家人與本朝通計，為部曲所發，遂遭禁詰，一日之中，議刑者數焉。俄而官軍大至，賊黨奔北，由是獲免。乾元中，奉使巴渝，屬段子璋構逆，流輩十人，皆被屠害。以演高名，欲留同惡，期之以死，承劍不回。時諸道徵求之，不堪命，演至之邦，必荷仁信，如期而畢。廣德二年，簪白筆于赤墀，董材賦于巴漢。(《文忠集》八) (212) 呂溫《故太子少保贈尚書左僕射京兆韋府君（夏卿）神道碑銘》：分正東郊，開府辟士，則有今倉部員外郎安定皇甫鏄。(《呂衡州文集》六。元和元年。) (213) 孫逖《東都留守韋公神道碑》：司會之府，允釐庶績。命公作倉部左司二員外、户部兵部右司三郎中。(《文苑英華》九百十八) (214) 李絳《兵部尚書王紹神道碑》：自倉部員外郎，遷户部、兵部郎中，專判户部事。(《文苑英華》八百九十七) (215) 呂溫《韋公神道碑銘》：户部元侍郎琇董司漕運，懼不克濟，奏授公倉部員外郎，充水陸轉運判官。得公之謀而不能用，稱疾杜門數月而元果敗。尋轉禮部員外郎。(《呂衡州文集》六)

續表

<table>
<tr><th>作者/文獻</th><th>版本</th><th>用　例</th></tr>
<tr><td>勞格
《唐尚書省郎官石柱題名考》
卷十九</td><td rowspan="2">清光緒刻月河精舍叢鈔本</td><td>(216) 獨孤及《唐故朝議大夫高平郡別駕權公（徹）神道碑銘》：開元十八年，考校書判甲乙丙丁科。詔公與徐安貞、王敬從、吴鞏（見監察）、裴朏、李宙（見殿中）、張烜（見左側）等十學士參焉。（《毘陵集》八。詳勳外王敬從注。）
(217)《集古録目》：《唐昭義節度薛嵩神道碑》，禮部郎中程浩撰，梁州都督府長史翰林待詔韓秀寔八分書碑。大曆八年立，在夏縣。（《寶刻叢編》十）</td></tr>
<tr><td>勞格
《唐尚書省郎官石柱題名考》
卷二十</td><td>(218) 張說《贈太州刺史楊君神道碑》：自國子監丞，高宗封岱岳，除禮部員外郎，轉吏部員外郎。（《張燕公集》十六）
(219) 李邕《泗州刺史李君神道碑》：自鄧州司馬兼陸門堰稻田使，宗司舉以郎署，擢授禮部員外。屬東封扈蹕，轉虞部員外郎。出牧泗州，清明簡肅，治行第一。而地接吴楚，氣候卑濕，因之痁癘，辭以疾歸。開元十九年十一月十九日，終于大梁旅館，享年五十有五。（《文苑英華》九百二十三）
(220) 李邕《泗州刺史李君神道碑》：今夫人清河崔氏。弟國輔，秀才擢第，制舉登科，歷補闕、起居、禮部員外郎。（《文苑英華》九百二十三）
(221) 孫逖《太子右庶子王公神道碑》：歷尚書、禮部司勳員外、考功郎中、給事中，拜中書舍人。（《文苑英華》九百二）
(222) 崔祐甫《常州刺史獨孤及神道碑》：自太常博士，遷尚書禮部員外郎。受詔考第吏部選人詞翰，旌別淑慝，朝野稱正，為濠刺史。
(223) 石刻《大唐故左武衛大將軍贈太子賓客白公（道生）神道碑銘》，朝議郎行尚書禮部員外郎翰林學士賜緋魚袋于益奉勑撰。（永泰元年，正定。）
(224) 權德輿《唐故太子右庶子集賢院學士贈左散騎常侍王公神道碑銘》：拜起居舍人，尋加理匭使，歷禮部吏部二員外，遷考功郎中。（《權載之文集》十四）
(225) 吕温《韋公神道碑銘》：自倉部員外郎，充水陸轉運判官，尋轉禮部員外郎。上方以戡復之慶，親告郊廟，大兵僅解，百度各缺，執事憂惑，悉咨于公。公以變通之識，酌于宜（元缺），備物約用，禮成掌中，群司遵行，罔或愆素。屬邦畿艱食，朝議敦本，選群閣之通理術者十人，分宰大邑。公與故相鄭公珣瑜等同被推擇，遂檢校本官兼昭應縣令。
(226) 韓愈《唐故江南西道觀察使中大夫洪州刺史兼御史中丞上柱國賜紫金魚袋贈左散騎常侍太原王公神道碑銘》：貞元初，射策拜左拾遺。特改右補闕，遷禮部、考功、吏部三員外郎。在禮部奏議詳雅，省中伏其能。（《昌黎先生集》三十一）
(227) 吕温《故太子少保贈尚書左僕射京兆韋府君（夏卿）神道碑銘》：分正東郊，開府辟士，則有今禮部員外郎清河張賈。（《吕衡州文集》六。元和元年。）
(228) 吕温《故太子少保贈尚書左僕射京兆韋府君（夏卿）神道碑銘》：分正東郊，開府辟士，則有中山衛中行等。（《吕衡州文集》六。元和元年。）</td></tr>
</table>

續表

作者/文獻	版本	用　　例
勞格《唐尚書省郎官石柱題名考》卷二十一	清光緒刻月河精舍叢鈔本	(229) 盧藏用《太子少傅蘇瓌神道碑》序：年十八，進士高第。自相王府録事（石刻有“參軍”二字）。 (230) 蘇頲《揚州大都督府長史王公神道碑》：遷殿中侍御史，無何。拜尚書户部員外郎，轉祠部、主爵、考功三郎中，拜給事中。(《文苑英華》九百二十六) (231) 獨孤及《唐故睢陽郡太守贈祕書監李公神道碑銘》：由朝邑縣尉凡七徙，官至尚書祠部郎中。以大府上佐授潞州司馬。(《毘陵集》八) (232) 裴度《劉府君（太真）神道碑銘》：門生之在藩牧者，復州刺史鄭羣。(《全唐文》五百三十八。案：碑，元和中立。) (233) 劉禹錫《唐故福建等州都團練觀察處置使福州刺史兼御史中丞贈左散騎常侍薛公（謇）神道碑》：王父繪（《英華》作“會”），有儁才，刺三郡金、密、緜，皆以治聞。累績至銀青光祿大夫，封龍門侯。(《劉賓客文集》三)
勞格《唐尚書省郎官石柱題名考》卷二十二		(234) 張説《唐故豫州刺史魏君叔瑜神道碑》：同生璘琬，知名當代。(《張燕公集》十八) (235)《新王方翼傳》：善書，與魏叔琬齊名。(《張燕公集》十五。《唐故夏州都督太原王公神道碑》同。) (236) 權德輿《唐尚書度支郎中贈尚書左僕射正平節公裴公神道碑銘》：皇尚書祠部員外郎贈太子賓客積，公之烈考也。 (237) 石刻邵説《唐故同州河西縣丞贈虢州刺史太常卿天水趙公（叡沖）神道碑》：今聖踐極，嗣孫薰等，咸擅才業，宦成三署。（大曆四年，虞鄉。闕名。) (238)《文苑英華》(九百十五)：牛僧孺《昭義軍節度使辛公神道碑》：自太常博士，訖六年，再爲祠部、兵部員外，博士猶如故。元和元年，出爲湖州。 (239) 劉禹錫《唐故監察御史贈尚書右僕射王公（俊）神道碑》：季子彦威，歷太常博士祠部員外郎，遷屯田郎中，轉户部司封。(《劉賓客外集》九)

續表

作者/文獻	版本	用例
勞格《唐尚書省郎官石柱題名考》卷二十三	清光緒刻月河精舍叢鈔本	(240) 張説《大唐中散大夫行淄州司馬鄭府君神道碑》：次子博雅。(《張燕公集》十八。神龍二年。) (241) 顔真卿《正議大夫行國子司業上柱國金鄉縣開國男顔府君神道碑銘》：恩詔召拜尚書屯田員外郎，加朝散大夫，選司膳郎中。
勞格《唐尚書省郎官石柱題名考》卷二十四		(242) 劉禹錫《唐故監察御史贈尚書右僕射王公俊神道碑》：大父上客，高宗封嶽，進士及第，歷侍御史主客兵部員外郎，累遷兵（疑誤）右金吾衛將軍冀州刺史靈州都督朔方道總管。見《職官儀》及衣（疑誤）。(《劉賓客外集》九)
勞格《唐尚書省郎官石柱題名考》卷二十五		(243) 張説《唐故豫州刺史魏君叔瑜神道碑》：同生璘琬，知名當代。(《張燕公集》十八) (244) 吕温《韋府君（夏卿）神道碑銘》：大王父諱某，皇朝主客郎中萊、濟、商三州刺史。(《吕衡州文集》六) (245) 獨孤及《唐故睢陽郡太守贈祕書監李公少康神道碑銘》：畢公，有才子三人。仲曰仲康，由尚書主客郎中剖符楚州。(《毘陵集》八)
勞格《唐尚書省郎官石柱題名考》卷二十六		(246) 張説《鄎國長公主神道碑》：開元十三年二月，詔光禄卿孟温禮監護喪葬，京兆少尹能（據《英華石刻》補）延休副焉。(《張燕公集》二十一) (247) 蘇頲《刑部尚書韋抗神道碑》：自左臺殿中侍御史，轉尚書主客吏部二員外、吏部郎中。(《文苑英華》八百九十六。二傳失載。) (248) 劉禹錫《唐故監察御史贈尚書右僕射王公（俊）神道碑》：大父上客，歷侍御史、主客兵部員外郎。(《劉夢得外集》九) (249) 韋（闕）《大唐贈東平郡太守章仇府君（玄素）神道之碑》：嗣子銀青光禄大夫、户部尚書兼殿中監、内外閑廄等使兼瓊，匪躬是徇，爲國藎臣，拔自郎（缺九字）董戎驅輶軒而按俗。自褒斜之外、邛筰之内，萬里澄清，人安訟息。 (250) 獨孤及《唐故朝議大夫申王府司馬上柱國贈太常卿韋公（縝）神道碑銘》：孟子幼成，天寶十年，自尚書兵部郎，出守漢中兼山南西道採訪處置使，移典河内，河内人至今頌之。(《毘陵集》卷八)

續表

作者/文獻	版本	用　例
勞格《唐尚書省郎官石柱題名考》卷二十六	清光緒刻月河精舍叢鈔本	(251) 石刻《唐故朔方河東河西隴右節度御史大夫贈兵部尚書太子太師清源公王府君（忠嗣）神道碑銘》，前列太中大夫行少府少監集賢殿學士趙惎篆額。(案：碑，大曆十年立。) (252) 令狐峘《顏魯公神道碑銘》：故吏廬州刺史李粤乃刊石建碑，旌於不朽。(《顏魯公文集》) (253) 石刻《故贈太保張公（延賞）神道碑陰》：(上闕) 至右補闕主客員外郎。有高文至性，不幸（下闕)。 (254) 劉禹錫《唐故監察御史贈尚書右僕射王公（“倰”一作“俊”）神道碑》：季子彦威，娶潁川韓氏，主客員外郎衢之女。(《劉夢得外集》九) (255) 李軫《泗州刺史李君神道碑》：天寶末，夫人隨子權赴陜郡司馬，屬狂賊犯闕，中原鼎沸，權負板輿，自宏農藍田。(《文苑英華》九百二十三)
勞格《唐御史臺精舍題名考》卷一	清光緒六年丁氏刻月河精舍叢鈔本	(256) 孫逖《東都留守韋公（虚心）神道碑》：御史賈虚舟舉以勸中丞侯令德。(《文苑英華》九百十八) (257) 中宗《賜崔琬彈宗楚客密狀敕》。(張説有《王仁皎神道碑》，文亦稱以京兆少尹崔琬爲監護。) (258) 孫逖《東都留守韋公神道碑》：肅肅王度，憲臺是式。命公作侍御史，以至于中丞。(《文苑英華》九百十八) (259) 劉禹錫《唐故監察御史贈尚書右僕射王公（倰）神道碑》：大父上客，歷侍御史主客兵部員外郎。(《劉賓客外集》九) (260) 顏真卿《銀青光禄大夫海濮饒房睦台六州刺史上柱國汲郡開國公康使君（希洗）神道碑銘》：姪刑部員外郎璀。(《文忠集》七) (261) 顏真卿《朝議大夫贈梁州都督上柱國徐府君（秀）神道碑銘》：户部侍郎徐知仁請爲招慰南蠻判官。(《顏魯公文集》八) (262) 顏真卿《朝議大夫贈梁州都督上柱國徐府君（秀）神道碑銘》：自蔡州參軍，為御史宋遥闢内覆囚判官。(《文忠集》八) (263) 蘇頲《御史大夫贈右丞相程行諶神道碑》：凡厥所嗟，上之不隕，直清而美者，則侍御史彭城劉彦回、同郡宋詢。(《文苑英華》八百八十九) (264) 楊綰《汾陽王妻霍國夫人王氏神道碑》：次女適衛尉卿張浚。(《文苑英華》九百三十四) (265) 石刻蕭昕《唐銀青光禄大夫嶺南五府節度經略採訪處置等使攝御史中丞賜紫金魚袋殿中監南康縣開國伯贈楊州大都督府長史張公（九臯）神道碑》：奏授南康郡贛縣令，後宣慰使竹承構奏公户口增益。 (266) 顏真卿《中散大夫京兆尹漢陽郡太守贈太子少保鮮于公神道碑銘》：公諱向，字仲通，以字行，漁陽人也。開元二十年，年近四十，舉鄉貢進士高第。自左衛兵曹，無何。攝監察御史，充劍南、山南兩道山澤使。遷大理評事，充西山督察使。

續表

作者/文獻	版本	用　　例
勞格《唐御史臺精舍題名考》卷二	清光緒六年丁氏刻月河精舍叢鈔本	(267) 蘇頲《御史大夫贈右丞相程行謀（當作“諶”）神道碑》：尋遷左肅政臺監察御史裏行，歷二尉（“尉”字作“殿中”）左右肅政丞侍御史。迴復雙拜，周旋五入。悉心果乎，履尾奚懼。豶豕既制，拉二豎於威弧之張；神羊既立，挫三思於止戈之武。固亦霜驅準勁，露落鵰摧。豈避憸言，俄招物議。出為幽州司馬。(《文苑英華》八百八十九) (268) 蘇頲《刑部尚書韋抗神道碑》：自雍州司户升左台殿中侍御史，轉尚書主客吏部二員外、吏部郎中。(《文苑英華》八百九十六) (269) 蘇頲《唐紫微侍郎贈黄門監李乂神道碑》：自萬年尉擢為監察御史，歷殿中侍御。與御史令黄門監漁陽公承旨鞠偽。景龍中，葉靜能諂諛媚妬，權勢傾人。公劾奏其僻，中宗原而宥之。無何，加朝散大夫，遷尚書司勳左司二員外、右司郎中、中書舍人。(《文苑英華》八百九十三) (270) 蘇頲《揚州大都督府長史王公神道碑》：擢拜左臺監察御史。一歲遭内艱，禫闋，制復舊，遷殿中侍御史。無何，拜尚書户部員外郎。(《文苑英華》九百二十六) (271) 顔真卿《朝議大夫贈梁州都督上柱國徐府君（秀）神道碑銘》：侍御史趙頤貞辟宣慰判官。(《文忠集》八) (272) 獨孤及《唐故朝議大夫高平郡別駕權公（徹）神道碑銘》：開元十八年，考校書判甲乙丙丁科，公與徐安貞、王敬從、吴鞏（見監察）、裴朏、李宙、張烜（見左側）等十學士參焉。(《毘陵集》八) (273)《張燕公集》(十九)：《贈户部尚書河東公楊君神道碑》：孤汪等，不詳歷官。 (274) 李邕《桂府長史程府君神道碑》：公諱某，字某，廣平新安人也。擢來庭、長安二赤縣尉。擢左臺監察御史。耻爲諍刻，雅欲優閑，朝廷許之，轉詹事府司直。 (275)《程氏世譜》：程文英，唐貴州都督府長史。見李邕所傳《神道碑》。 (276) 白居易《唐故通議大夫和州刺史吴郡張公（無擇）神道碑銘》：公之文學，常爲賀知章、賈彦璿許之。(《白氏文集》四十一) (277) 獨孤及《唐故朝議大夫高平郡別駕權公（徹）神道碑銘》：開元十八年，考校書判甲乙丙丁科，詔公與徐安貞、王敬從、吴鞏、裴朏、李宙、張烜等十學士參焉。(《毘陵集》八)

續表

作者/文獻	版本	用　　例
勞格 《唐御史臺精舍題名考》 卷三	清光緒六年丁氏刻月河精舍叢鈔本	（278）颜真卿《朝請大夫行江陵少尹兼侍御史荆南行軍司馬上柱國顔君神道碑銘》：君諱允臧，字季寧，京兆長安人。授延昌令。肅宗聞君誠，至德初，追赴彭原行在所，拜監察御史，賜緋魚袋。 （279）崔祐甫《常州刺史獨孤及神道碑》：殿中侍御史贈祕書監通理之第四子。（《文苑英華》九百二十四） （280）獨孤及《唐故朝議大夫高平郡别駕權公（徹）神道碑》：開元十八年，考校書判甲乙丙丁科，公與徐安貞、王敬從、吴鞏、裴朏、李宙、張烜等十學士參焉。（《毘陵集》八。詳勳外王敬從注。） （281）權德輿《唐故尚書工部員外郎贈禮部尚書王公神道碑銘》：公諱端，字某，太原人。舉進士，宏詞連中甲科，授崇文館校書郎，累遷監察御史、殿中侍御史、工部員外郎。（《權載之文集》十七） （282）李絳《兵部尚書王紹神道碑》：父端，工部員外郎。及公貴，累贈禮部尚書。（《文苑英華》八百九十七） （283）《新宗室表》：大鄭王房泗州刺史孟犨，子檢校虞部員外郎兼侍御史樞。（《文苑英華》九百二十三、李翺《泗州刺史李君神道碑》同。） （284）白居易《故饶州刺史吴府君神道碑铭》：君諱丹，字真存。以進士第入官，歷正字、協律郎、大理評事、監察、殿中侍御史、太子舍人、水部庫部員外、都官駕部郎中、諫議大夫、大理少卿、饒州刺史。寶曆元年六月某曰，薨於官次。（《白氏文集》六十九）

表一千四百七十五

作者/文獻	版本	用　　例
勞經原 《唐折衝府考》 卷二	清道光二十一年勞氏丹鉛精舍刻本	（1）楊烱《原州百泉縣令李君（楚才）神道碑》：武德六年，轉仲山府左列。 （2）李邕《長安縣尉贈隴州刺史王府君（行果）神道碑》：夫人中山甄氏，父雍州豐崇府左别將黄陂縣開國男食邑三百戶行府君之息女。（《李北海集》） （3）李邕《左羽林大將軍臧公（懷亮）神道碑》：除定遠將軍大衛雍州通樂府折衝，仍長上，充大武軍。（同上。軍下有脱字。） （4）張說《贈涼州都督上柱國太原郡開國公郭君（知運）神道碑》：子英協，游擊將軍、前京兆府勵行府右果毅都尉。（《張燕公集》）

續表

作者/文獻	版本	用　　例
勞經原 《唐折衝府考》 卷二	清道光二十一年勞氏丹鉛精舍刻本	(5) 石刻李宗閔《唐故輔國大將軍行左神策軍將軍知軍事檢校右散騎常侍兼御史大夫義陽郡王食實封二百户贈越州都督荆部尚書苻公（璘）神道碑銘》，後題“中書省（闕三字）官昭武校尉守京兆周城府折衝上柱國邵建和鐫字”。《太平寰宇記》（二十七）：武功縣有周城，一名美陽城。《長安志》（十四）：周城在武功縣美陽城西北中水鄉。 (6) 李邕《臧懷亮神道碑》：授左玉鈐翊府長上。遷鴻州長道府左果毅，仍長上。（《李北海集》） (7) 戴少平《鎮國大將軍王榮神道碑》：遷同州伏龍府折衝，賜紫金魚袋。本軍宿衛。（《文苑英華》） (8) 劉太真《房州刺史杜君（元徽）神道碑》：考元隱府君，游擊將軍、商州洵水府折衝、上柱國。（《文苑英華》） (9) 張賁然《忠武將軍茹公（義忠）神道碑》：開元中，以良家子戰功居右，補涇州四門府别將，策勳之授也。（《文苑英華》） (10) 楊炯《大周明威將軍梁公（待賓）神道碑》：永淳二年二月四日，制授昭節校尉，守右衛蒲州（當作“川”）府佐（當作“左”）果毅，仍令長上兼上陽洛城等門供奉。（《楊盈川集》） (11) 盧虔《御史中丞晉州刺史高公（武光）神道碑》：以申警之勤，首職洛交郡安昌府别將，昭忠信也。（《文苑英華》） (12) 張說《贈戶部尚書河東公楊君（執一）神道碑》：驟進直詞，滚觸權嬖，爲易之（張易之）兄弟所嫉，左授伊川府果毅。（《張燕公集》。“伊川”一作“伊州”，誤。） (13) 張賁然《忠武將軍茹公神道碑》：以武部試甲科，改授河南府王屋府果毅，加游擊將軍，用絶倫也。（《文苑英華》） (14) 張賁然《忠武將軍茹公神道碑》：累遷汝州魯陽府折衝。（《文苑英華》） (15) 李邕《臧懷亮神道碑》：轉左衛陜州華望府左果毅長上。拜游擊將軍本府折衝都尉，仍長上。（《李北海集》）
勞經原 《唐折衝府考》 卷三		(16) 張賁然《忠武將軍茹公神道碑》：尋改虢州金門府折衝。（《文苑英華》） (17)《舊書・楊朝晟傳》：授甘泉府果毅。（《新傳》同。）《新書・外戚傳》：王仁皎，景龍中，以將帥舉，授甘泉府果毅。（張說《王公神道碑》同。） (18) 蘇頲《章懷太子良娣張氏神道碑》：隋上儀同、甘泉府别將嚴之曾孫。（《文苑英華》）

續表

<table>
<tr><th>作者/文獻</th><th>版本</th><th>用　例</th></tr>
<tr><td>勞經原
《唐折衝府考》
卷三</td><td rowspan="2">清道光二十一年勞氏丹鉛精舍刻本</td><td>(19) 吴通微《内侍省内侍焦希望神道碑》：曾祖諱躍，絳州鳳庭府果毅都尉。(《文苑英華》。“亭”“庭”二字聲近，致誤。)
(20) 楊炯《原州百泉縣令李楚才神道碑》：長子金河府校尉上柱國輔仁。(《楊盈川集》)
(21) 張説《唐故夏州都督太原王公（方翼）神道碑》：除瀚海都護府司馬，以母疾辭職，爲姜恪乘便，遂徙朔州尚德府果毅。歲餘，王本立上書理公，國之惇孝，不宐擯抑，有詔徵還。(《張燕公集》)
(22) 張賁然《忠武將軍茹公神道碑》：父簡，皇澤州永固府左果毅都尉。(《文苑英華》)
(23) 李邕《臧懷亮神道碑》：轉懷州南陽府折衝都尉，仍長上。(《李北海集》)
(24) 李邕《臧懷亮神道碑》：遷寧遠將軍左領軍衛懷州景福府折衝，仍長上。充大武軍游奕副使。(同上)
(25) 張賁然《忠武將軍茹公神道碑》：子元顒，皇易州遂城府左果毅。(同上)
(26) 石刻李儉《銀青光禄大夫太子中允贈工部尚書清河張公（仁憲）神道碑銘》：王父諱佐明，宣威將軍行幽州游徼府右果毅都尉。
(27) 李儉《張公神道碑銘》：烈考諱元皎，宣節校尉幽州潤德府折衝都尉。
(28) 德輿唐《故成德軍節度營田副使正議大夫趙州别駕贈壽州都督河間尹府君（錟）神道碑銘》：幕府上功盧龍府别將。(《權文公集》)</td></tr>
<tr><td>勞經原
《唐折衝府考》
卷四</td><td>(29) 張説《郭知運神道碑》：解褐，以善戰授昭武校尉秦州三度府左果毅。(《張燕公集》)
(30) 權德輿《王崇術神道碑》：一命昭武校尉蘭州金城縣别將。(《權文公集》)
(31) 張説《河西節度副大使鄯州都督安公（忠敬）神道碑》：解褐，授游擊將軍臨洮府右果毅。(《張燕公集》)
(32) 楊炯《唐昭武校尉曹君（通）神道碑》：長子，游擊將軍和政府右果毅都尉上柱國永雄。(《楊盈川集》)
(33) 張説《郭知運神道碑》：以敗敵北庭，加游擊將軍沙州龍勒府折衝兼右金吾郎將瀚海軍副使。(《張燕公集》)
(34) 張説《郭知運神道碑》：曾祖欽，瓜州大黄府統軍上柱國。(《張燕公集》)
(35) 權德輿《唐故光禄大夫檢校尚書右僕射兼右衛上將軍南充郡王贈太子太保伊公（慎）神道碑銘》：用善射中鵠，補廣州綏南府折衝都尉。(《權文公集》)</td></tr>
</table>

續表

作者/文獻	版本	用　例
勞經原 《唐折衝府考》 卷四	清道光二十一年勞氏丹鉛精舍刻本	(36) 員半千《蜀州青城縣令達奚君（思敬）神道碑》：第二女適太原郭氏，左衛武亭府別將長上如玉之妻。(《文苑英華》) (37) 楊炯《唐上騎都尉高君（則）神道碑》：曾祖沖，北齊鷹揚郎將，周右屯衛清宮府別將。又《唐右將軍魏哲神道碑》：顯慶三年，詔除左衛清宮府左果毅都尉。(竝《楊盈川集》。) (38) 楊炯《唐右將軍魏哲神道碑》：貞觀二十年，詔除游擊將軍右武候信義府右果毅都尉，北門長上如故。(同上) (39) 楊炯《魏哲神道碑》：尋圉谷府折衝都尉，竝長上如故。(同上) (40) 楊炯《大周明威將軍梁公（待賓）神道碑》：父贊，隋左千年牛備身驪山府上騎柱國。(同上) (41) 楊炯《梁公神道碑》：天授元年九月十六日，加威武將軍守左玉鈐衛翊善府折衝都尉，依舊長上，封安定縣開國男，食邑三百戶。(同上) (42) 張說《唐元城府左果毅贈郎將葛公（威德）神道碑》：賜上柱國，拜元城府左果毅。(同上) (43) 張說《故括州刺史贈工部尚書馮公（昭泰）神道碑》：起家左奉裕改讓賢府果毅。(同上) (44) 石刻顏真卿《唐故右武衛將軍贈工部尚書上柱國上蔡縣開國侯臧公（懷恪）神道碑銘》：公子游擊將軍崇仁府折衝希崇。 (45) 裴士淹《內侍陳忠盛神道碑》：長子仙鶴，昭武校尉左衛豐浩府折衝。(《文苑英華》) (46) 楊炎《四鎮節度副使右金吾大將軍楊公（和）神道碑》：始自弱水府別將至執金吾。(《文苑英華》) (47) 李德裕《唐故左神策軍護軍中尉兼左街功德使知內侍省事劉公（宏規）神道碑銘》：祖信，終于漢中郡折衝都尉。(《李衛公別集》。"郡"疑"府"字之譌。) 案：此府疑屬梁州。 (48) 石刻李邕《（闕十字）大都督府別駕上柱國任府君（令則）神道碑》：(闕七字) 地府（闕五字）上（闕三字）左（闕三字），除（闕二字）左果毅，仍長（闕一字）。(《金石續編》。案：此碑，《李北海集》失載。) (49) 石刻李邕《任府君神道碑》：(闕二字) 泉府折衝。(同上) (50) 石刻李邕《任府君神道碑》：嗣子神鼎府左果毅武貞。(同上)

表一千四百七十六

作者/文獻	版本	用　　例
雷學淇 《介菴經説》 介菴經説 補尚書	清道光通州雷氏刻本	(1) 王充《論衡》云：或説《尚書》二十九篇，法北斗七宿也。四七二十八篇，其一曰斗矣。……《書》不止于廿八，而見存者止此。其取譬可謂精確，而王充乃非之未為當矣。且揚子雲、班孟堅皆習今文者，而《法言・神道篇》《漢書・藝文志》並言《書》有百篇，序此尤可相證。

表一千四百七十七

作者/文獻	版本	用　　例
黎景義 《二丸居集選》 卷十	舊鈔本	(1) 王肅敏公廷相曰：家禮、祠廟、神位何以高曾祖考自西而東？曰：神道尚右。此漢儒之臆説也，非古昔之禮制如此矣。 (2) 若如《家禮》之位次，自西而東，不惟與古人神座東向之禮不合，且於今之廟制無所取義，豈事體之宜乎？況生時所處燕賓客、奉親長、訓子姓，莫不於中堂取正而居之，歿乃偏於室之一隅而祭之，又豈事死如事生之義哉？徒泥夫神道尚右之説，而不能因時制宜，皆信古不通者也。今士庶之家，宜遵本朝集禮圖制為準，高祖、曾祖分中，祖在高東，考在曾西，各為龕室，隔別其位，庶於今之祠廟事禮，不至乖爽，而《家禮》不必深泥矣。

表一千四百七十八

作者/文獻	版本	用　　例
黎汝謙 《夷牢溪廬詩鈔》 卷七	清光緒二十五年羊城刻本	(1)《示汝恒弟》(以下戊戌)：祖宗歷世教，祭祀必誠敬。非惟祈慶福，亦以約心性。人命良自天，鬼神亦持柄。善惡降災祥，自古有明證。人苟無所畏，何事不可任。設教以神道，刱垂自先聖。非獨警頑懦，亦以範民命。放蕩禮法場，百惡將來併。及今歐美人，亦解耶蘇敬。神號雖各殊，要亦有尊信。孔子大聖人，亦稱鬼神盛。吾昔少壯時，心高氣豪横。歲時事神鬼，外恭心不信。謂事本人謀，鬼神焉得問。及今年漸老，氣衰心亦靜。始知向來過，不可爲世訓。皆由怠惰深，故喜發高論。其實古先民，豈必均愚鈍。而云嚴祭祀，立説理極正。儒者貫幽明，百世不可病。書此持示君，志亦庶可定。

表一千四百七十九

作者/文獻	版本	用　例
黎世序《河上易注》河上易經卷二	清道光元年謙豫齋刻本	(1) 觀天之神道，而四時不忒。聖人以神道設教，而天下服矣。 (2) 九五：下降于二而變坎，坎往上而居天位，坎隱伏為鬼神。上體變離，目居下以觀之，故曰“觀天之神道”。日月寒暑，有四時象，故曰“四時不忒”。艮為廟，坎為神，巽為教命，故曰“聖人以神道設教”。坎終入離而變乾，有天下服從之象，故曰“天下服矣”。

表一千四百八十

作者/文獻	版本	用　例
黎庶昌《拙尊園叢稿》卷二	清光緒二十一年金陵狀元閣刻本	(1) 工部侍郎石公神道碑銘 (2) 趙剛節公神道碑銘 (3) 贈内閣學士前安徽鳳潁六泗兵備道任君神道碑銘 (4) 某年月日，葬君某所。君鄉人淩君淦者與余善，以余昔令吳江寓書，以神道之文相屬，而余亦自美君政略，故忘其弇鄙而樂爲之辭。
黎庶昌《拙尊園叢稿》卷四		(5) 明天順間，狀元黎淳官至南京禮部尚書。卒，謚文僖。（李東陽《懷麓堂集》有《神道碑》，《明史》附《高瑤傳》。） (6) 君來服官蘇州，始交于余，誼篤且久。其卒也，君同年友何君如璋已爲碑文，揚之神道；余別譔墓誌，詒君子振庚刻而藏諸壙趾。銘曰：吁嗟林君，倏焉已陳！繭絲保障，善理其棼。所至日淺，勤而有聞。宦以巧貴，君獨守真；不欺暗室，還我天民。治行絶異，輿誦史甄。昔在漢世，吏道首循；璽書褒美，降寵及身。君施厥半，已比古倫；詔敦信史，永永千春。銘此幽石，無慚鬼神！
黎庶昌《曾文正公年譜》卷十	清光緒二年刻本	(7) 二十日，設粥廠，令湘勇煮粥，以食饑民。二十一日，拜摺專奏恭謝年終恩賞。……二月初三日，作《江忠烈公神道碑》。
黎庶昌《曾文正公年譜》卷十一		(8) 六月初六日，作《客座示僚屬箴言》四條，定以每日傳見州縣二員。十一日，奏遵照部議，裁撤長蘆總商，以杜把持之弊。又摺奏永定河水暴漲，道廳各員搶護新工，竟於他處漫溢，請分別參辦，并自請交部議處。……是月，作李忠武公、勇毅公《神道碑銘》二篇。 (9) 十月初八日，作《羅忠節公神道碑》。初十日，公啟行出省勘河工。十二日，抵固安，巡視工程，驗收合龍。十三日，奏報勘工出省日期，並報循河勘驗下口。十七日，登舟順流而下，至天津府查勘鹽政，校閱洋槍洋礮隊。二十日，由天津啟行。二十三日，回署。

表一千四百八十一

作者/文獻	版本	用　　例
黎元寬《進賢堂稿》卷二十三	清光緒二年刻本	(1) 于是，公喪葬閱廿年，所取大手筆《行狀》《誌銘》《神道碑》具余，得交公嗣君。或而讀之，其歲在辛丑。或自嶺南歸省壽母，尚出壽冊，寵余以題，明年而觴。母九十，觴後母卒。又明年，而合葬于公。又三年，彧來請表墓，亦合于公。

表一千四百八十二

作者/文獻	版本	用　　例
李寶嘉《官場現形記》卷四十六	清光緒上海世界繁華報館本	(1) 這也不怪少大人拿的不好跌碎的，暗地裏自有神道在少大人手裏奪過來摔在地下的。眞正是"邪不勝正"，那話是萬不得錯的。童子良聽了這番恭惟，方纔一面吃飯，一面慢慢的説道：神道自有的。我們老太爺從前在山西做知縣，凡是出了疑難命盜案件，自己弄得沒有法子想，總是去求城隍老爺幫忙。……後來老太爺升天之後，老太太還做夢，説是老太爺也做了那一縣的城隍了。神道的確是有的，不可不相信。

表一千四百八十三

作者/文獻	版本	用　　例
李慈銘《越縵堂文集》卷六		(1) 此傳叙黎洲學術，雖不及《鮚埼亭集·黎洲神道碑》言之之詳，然推之未嘗不至，且極言其羽翼劉門之功。有云：自先生倡甬上講經之會，天下始蔚嚥向風，皆知崇本經術，究聖人本旨，而當時拘牽陋習，不得而蒙之以尺霚也。先生之功，於是爲大。
李慈銘《越縵堂文集》卷八	民國本	(2) 太子太保體仁閣大學士周文勤公神道碑 (3)《誥授光祿大夫建威將軍内閣學士前户部尚書軍機大臣顔扎公神道碑銘》：光緒十有一年八月甲寅，内閣學士顔扎公卒於位。維公早歷膴仕，中躓於外，逮晚大用，終始一節。……鱗以十二年十一月二十七日，卜葬公於西直門外經廠莊之原。持公《行狀》屬文神道之碑，慈銘竊惟碑志之例，辭尚簡重，偏裨戰績，不宜著之。帥臣所以備書之者，欲見公之與西事相終始，而天山南北，回夷之向背，形險之得失，亦略具於此，俾後有考焉。系之銘曰：公遇文宗，四載隆隆。將以大庸，赤舌中梲。畀以西極，是撫是塞。溫宿讟繇，鼎湖上超。攀弓而號，島夷環硯。花門群浙，戈壁以沸。公秉戎旃，炊矛寢鍉。出入廿年，橫流漸平。謂公厭兵，召還帝京。遂陟入坐，斡樞執舵。以息水火，祺靜不驚。地官受城，養福不名。匪鼎覆餗，大白若辱。盛兮衰伏，臣力已殫。願國以安，形去神完。詧葬都邑高原，是式利祀千億。

表一千四百八十四

作者/文獻	版本	用　　例
李道平 《周易集解纂疏》 卷三	清道光刻本	(1) 順而巽，中正以觀天下。(虞翻曰：謂陽息臨二，直方大。臨者，大也。在觀上，故稱“大觀”。順，坤也。中正謂五。五以天神道觀示天下，咸服其化，賓于王庭。……五為中，九爲正，故知“中正稱五”。五乾為天，陽為神，故云“以天神道觀示天下”。……六四：賓王，是賓于王庭也。) (2) 觀天之神道，而四時不忒。(虞翻曰：忒，差也。神道謂五。臨，震兑為春秋，三上易位，坎冬離夏，日月象正。故“四時不忒”。……乾為道，陽之信者為神。故“神道謂五”。……日月正，則四時成。故曰“四時不忒”。) (3) 聖人神道設教，而天下服矣。(虞翻曰：聖人謂乾，退藏于密，而齊于巽，以神明其德教，故“聖人設教”，坤民順從，而天下服矣。……臨，教思无窮，反觀神道，故云“神明其德教”。坤為民為順，故“聖人設教”，則坤民順從。五乾爲天，坤為下，故“天下服矣”。案：神道設教，承盥薦言之，謂祭祀也。……《祭義》曰：氣也者，神之盛也。魄也者，鬼之盛也。合鬼與神，教之至也。因物之精制爲之極，明命鬼神以為黔首。百众以畏，万民以服。鄭注云：合鬼神而祭之，聖人之教致之，是其義也。)
李道平 《周易集解纂疏》 卷八		(4) 鼓萬物而不與聖人同憂。(侯果曰：聖人成務，不能無心，故有憂。神道鼓物，寂然無情，故無憂也。《疏》:《論語》：堯舜其猶病諸?《孟子》：聖人之憂民如此。蓋聖人開物成務，不能无心，有心則有迹，有迹故有憂也。若道，則物物而不物于物者也。故天地以神道鼓物，寂然无情，无情則无累，无累故無憂也。 (5) 探嘖索隱，鉤深致遠，以定天下之吉凶，成天下之娓娓者，莫乎蓍龜。(虞翻曰：探，取。嘖，初也。初隱未見，故“探嘖索隱”。則幽贊神明而生蓍，初深，故曰“鉤深”。致遠謂乾。乾為蓍，乾五之坤。大有離為龜。乾生，知吉。坤殺，知凶。故“定天下之吉凶”“莫善于蓍龜”也。侯果曰：亹，勉也。夫幽隱深遠之情，吉凶未兆之事，物皆勉勉然願知之，然不能也。及蓍成卦，龜成兆也。雖神道之幽密，未然之吉凶，坐可觀也。是蓍龜成天下勉勉之聖也。)

續表

作者/文獻	版本	用　　例
李道平 《周易集解纂疏》 卷九	清道光刻本	(6) 精義入神，以致用也。（姚信曰：陽稱精，陰為義。入在初也。陰陽在初，深不可測，故謂之“神”。變為姤復，故曰“致用也”。韓康伯曰：精義，物理之微者也。神，寂然不動，感而遂通者也。理入寂一，則精義斯得，乃用无極也。干寶曰：能精義理之微，以得未然之事，是以涉于神道，而逆禍福也。……于注《管子》曰：獨則明，明則神。故能精義理之微，以得未然之事。神以知來，是以涉于神道，而逆禍福也。）

表一千四百八十五

作者/文獻	版本	用　　例
李調元 《童山集》 詩集卷三十一	清乾隆刻函海道光五年增修本	(1) 人言公輸般，刻鳶假神道。我疑阿育主，同塔遣鬼造。何地不生人，何人不生巧。矛頭亦能炊，天亦故相嬲。又恐高無泉，坐令道人殍。分與一天盆，使以筧儲沼。獨留續香烟，不許旁人飽。欲上無天梯，何處問瑤島。微聞山中人，采藥曾至嘌。
李調元 《童山集》 文集卷五	清乾隆刻函海道光五年增修本	(2)《新搜神記序》：晉干寶所作《搜神記》，而所記不盡皆神，蓋昔之所謂神非今之所謂神，故出處、生辰多略而不載。茲書所纂鬼神獨多，然必據正書，而核其原委，考其事蹟，大抵以事人爲先，而絕不以神道設教亦敬遠之義也。
李調元 《童山集》 文集卷七	清乾隆刻函海道光五年增修本	(3) 予曰：唯唯。神道設教，古良吏所爲也。吏爲親民而教民，必先明倫。人倫有五，君臣兄弟朋友參焉。以帝之爲神也，以爲人臣則盡忠，以爲人弟則盡弟，以爲朋友則盡信。
李調元 《全五代詩》 全五代詩 卷十二	清函海本	(4) 李澣，澣字日新，濤之弟。後唐天成中擢進士第，仕晉為翰林學士。所著有《丁年集》。（《揮塵後録》：五代李濤與弟澣俱負才望。澣仕石晉爲學士，濤在西掖，縉紳榮之。澣後仕契丹通顯。《宋史》：澣幼聰敏，慕王、楊、盧、駱為文章。後代唐侍郎楊凝式撰《錢鏐王神道碑》，文彩遒麗，時輩稱之。）

續表

作者/文獻	版本	用　　例
李調元 《全五代詩》 全五代詩 卷二十四	清函海本	(5) 江文蔚嘗作《蟹賦》譏續，略云：口裏雌黄，每失途於相沫；胸中戈甲，嘗聚衆以横行。續深赧之，强自激昂。以熙載有才名，請撰其父《神道碑》，欲苟稱譽取信於人。以珍貨萬峪，仍輟未勝衣一歌鬟質冠洞房者，爲濡毫之贈。熙載文既成，但敍譜系品秩及薨葬褒贈之典而已。續嫌之，封還，尚冀改竄。熙載悉以向所贈及歌姬還之，題詩于泥金雙帶云云。
李調元 《全五代詩》 全五代詩 卷二十六	清函海本	(6) 徐鉉鼎臣從李煜歸朝，爲銀青光禄大夫、右散騎常侍。太平興國中，李煜薨，詔侍臣撰《神道碑》。有欲中傷鉉者，奏曰：吳王事，莫若徐鉉爲詳。遂詔鉉撰。鉉泣曰：臣舊事李煜，陛下容臣存故主之義，乃敢奉詔。太宗許之。鉉但推言歷數有盡，天命有歸而已。

表一千四百八十六

作者/文獻	版本	用　　例
李鼎元 《師竹齋集》 卷九	清嘉慶刻本	(1) 夫所謂神君云者，匪摘伏鉤鉅之謂。福善禍淫，惟神之司。君與民期行是篇，大都為善去惡，不負主上惠養。小民德意非不盡人事，而藉口神道設教以愚其民者也。
李鼎元 《師竹齋集》 卷十七	清嘉慶刻本	(2) 又于右安門外置園地三頃，建普同寶塔。生有養，歿有歸，可謂大德同天、神道設教者矣。
李鼎元 《師竹齋集》 卷二十八	清嘉慶刻本	(3) 愚聞：古者出師，必告拎廟。其返也有飲至之禮，皆所以教民孝也，未有教以孝而顧愚之者也。當萃之時，萬物聚矣。王假有廟，未已也。……若夫王者之師、仁者之勇，與夫聖人奉天時行神道設教之妙，彼惡足以知之。

表一千四百八十七

作者/文獻	版本	用　　例
李斗 《揚州畫舫録》 卷九	清乾隆六十年自然盦刻本	(1) 新城東關至大東門大街，三里，近東關者謂之東關大街，近大東門者謂之彩衣街。自東關始，路北為便益門大街（街東皆城腳無名小巷，街西為仁壽庵巷、草巷（一名張家橋）、姚家巷、劉家巷，抵便益門，以上凡街西之巷，皆通二郎廟）、宗家店、二郎廟神道（廟東為兜兜巷、汪家祠堂，西通萬家園）。

續表

作者/文獻	版本	用　例
李斗 《揚州畫舫録》 卷九	清乾隆六十年自然盦刻本	(2) 灣子上為城中斜街，自羅灣起至打銅巷止，路東爲小安兒巷，過洗馬橋，為東嶽廟東首巷（通板井）、馬市口（東通皮市，西通石牌樓）、蕭家巷（中爲蕭家井，通皮市街）、石牌樓、劉家巷（通左衛街）；路西戴家灣（過太平巷），過洗馬橋、淘沙汪（汪在東嶽廟照壁後，通玉井、古旗亭）、玉井巷（中有泉清洌）、火星廟巷（通夾剪橋，出永勝街）、餃餌巷、明瓦巷（皆通永勝街打銅巷）、三義閣神道，入打銅巷，出左衛街而竟。
李斗 《揚州畫舫録》 卷十六		(3) 上山諸路：東由上方寺過長春橋，入觀音街上山；南由鎮淮門外虹橋裏路，過法海橋、蓮花橋，入觀音街上山；西由西門街過廿四橋，上司徒廟神道，踰蜀岡西、中二峰上山。若水馬頭則在九曲池東，甃石為岸，上建枋楔，顔曰“鷲嶺雲深”。 (4) 司徒廟神道直通廿四橋，廟前建枋楔，兩旁石馬、羊各二，大門三楹，中懸額曰“顯應司徒廟”，兩圩塑泥馬。入為二門三楹，左右開角門，中楹建謌臺，大殿供五司徒像，殿後空舍三楹。廟中碑石皆嵌左角門牆，詳載司徒事蹟，引述《南史》《搜神記》《菽園雜記》《攬勝志》《小志》諸書，及元江淮路總管陳鐸題“司徒靈顯感應之碑”、明金總憲獻民、吳太守秀記、本朝熊知縣開楚記，暨土人祈報捐修姓氏諸碑。其中一碑，有文而無姓氏者，則明御馬監太監魯保也。每年春初，祭報祈禱，日夜罔間，巫覡牲牢，闐委雜陳。守香火為揚州謝氏。 (5) 粟庵在司徒廟神道東南山麓，庵本高郵龍珠寺下塔院，今庵後有平陽法嗣森鑑上人塔。 (6) 新教場在西峰司徒廟神道下，南圍蜀岡三峰，北列江上諸山，東接破山口，西繞新河。乾隆庚寅，白秋齋雲上鎮揚州，相度是地以農隙講武，正月擇吉辰操演，謂之遊府出行；九月祭旗纛，謂之迎霜降，二者皆湖上嘉會。後公自中河告休，寓居江都，與山僧相往還。一日早，乘青馬登平山堂與寺僧吃蔬麪，忽有所感，肩輿而歸，遂卒。卒時湖上人皆見公乘青馬上蜀岡而去云。

表一千四百八十八

作者/文獻	版本	用　例
李紱 《陸子學譜》 卷十八	清雍正刻本	（1）按：董公身後，恤典甚盛。贈趙國公，謚忠宣。史俱水入傳疏漏甚矣，其詳並見吳文正公所爲《神道碑文》。又按：董忠宣爲元勳世胄，生長富貴家，而所至蕭然如寒索。讀書修身，老而益厲，其得力於吳文正公之教深矣。
李紱 《陸子學譜》 卷十九		（2）公命歸之官奉勑書《徽政院使禿滿達兒神道碑》，其從子以白金五十両爲壽，公却之曰：國體當爾居中書，凡請來謝者皆不受。
李紱 《穆堂類稿》 初稿卷二十五	清道光十一年奉國堂刻本	（3）逾二月，諸孤長漢等將以公之喪南歸，以所爲《行狀》屬公。弟子雷鋐請余文，銘神道之碑。
李紱 《穆堂類稿》 初稿卷二十八		（4）公薨之歲十一月晦日，與蓋夫人合葬縣北山之原。先期，懋來請銘。敬次公大節爲序，而恭紀聖主恩禮異數，敷以四言，表諸神道焉。
李紱 《穆堂類稿》 別稿卷三十六		（5）太尉文正王公神道碑銘 （6）太子太師致仕贈司空兼侍中文惠陳公神道碑銘 （7）觀文殿大學士行兵部尚書西京留守贈司空兼侍中晏公神道碑銘 （8）贈刑部尚書余襄陽公神道碑銘 （9）唐人《神道碑》《墓誌》，多用一人爲序，又別一人爲銘，安所得誌外意義而銘之？尊評以銘辭，義意宜取于誌外，而疑歐公未講，此恐未爲篤論也。 （9）尚書戶部郎中贈右諫議大夫曾公神道碑銘
李紱 《穆堂類稿》 別稿卷四十七		（10）該府州縣等官，各有土地。民人之責，遇灾而懼，務宜震動，恪恭以修祀事，毋得視爲泛常。神道雖遠，敬之終吉。仰即遵行，仍將奉行。過事理，報查毋忽。

表一千四百八十九

作者/文獻	版本	用　　例
李富孫《校經廎文稿》卷十一	清道光刻本	(1)《漢魏六朝墓銘例自序》：古之葬者，有豐碑以窆。鄭糠成謂“斲大木，如石碑”，劉熙言“碑本葬時所設”。臣子追述君父之功，以書其上。春秌時，孔子題《延陵季子墓碑》一十字。歷秦迄漢，有墓闕，有神道，弟猶尚簡質，不過題數字，記姓名而已。……景君墓裘厥后，伐石琹銘，盛於一時，是皆係縣綍下窆之石，葬後刻文於其上。至魏晉，始有墓志，以薶諸幽室。

表一千四百九十

作者/文獻	版本	用　　例
李塨《周易傳注》卷二	清文淵閣四庫全書本	(1)《彖》曰：大觀在上，順而巽，中正以觀天下。觀，盥而不薦，有孚顒若，下觀而化也。觀天之神道，而四時不忒。聖人以神道設教，而天下服矣。(2) 葢聖人觀天以設教，彼四時不忒，天之神道運之也，而鬼神之道可以知矣。故聖人制郊禮以祀天神，而民知敬天；制社禮以祀地祇，而民知報地；制禘嘗之禮，以祀祖宗，而民知木本水源，以衛君父。所謂下觀而化也；是順而巽，中正以觀示天下者也。
李塨《恕谷後集》卷十	清雍正刻增修本	(3)《喪服小記》曰：虞，杖不入室；祔杖不升堂。《儀禮・虞祭》：主人酳尸，尸醋主人。主人坐祭，卒爵，皆漸近吉禮。以神道接先人，至祔則竟合食祖廟矣。

表一千四百九十一

作者/文獻	版本	用　　例
李光地《周易觀彖》卷四	清文淵閣四庫全書本	(1) 觀天之神道，而四時不忒。聖人以神道設教，而天下服矣。四時者，天之教，天之所以為觀者也。聖人設教，仁育義正，與天之四時配，聖人之所以為觀者也。然其設教之本，則皆神道之所為。神道者，《孟子》所謂“所存者神”，即《卦辭》“盥而不薦，聖人所以神明其德”者是也。

續表

作者/文獻	版本	用　例
李光地《朱子禮纂》卷三	清刻榕村全書本	(2) 又問：一之卜以三月半葬，併改葬前妣，祔於先塋，以前妣與其先丈合為一封土，而以繼妣少間數步，又别為一封。與朋友議以神道尊右，而欲二妣皆列於先塋之左，不審是否然？程子《葬穴圖》又以昭居左而穆居右，而廟制亦左昭右穆，此意何也？曰：一之所處，得之昭穆，但分世數，不為分尊卑，如父為穆，則子為昭，又豈可以尊卑論乎？周室廟制，太王、文王為穆，王季、武王為昭，此可考也。又問：明器亦君子不死其親之意？曰：某家不曾用。(《文集・答陳安卿》)
李光地《榕村語録續集》卷十八	清光緒傳氏藏園刻本	(3) 愚民以士大夫爲耳目，若執定得乎邱民而為天子。以爲民心不可歸於官，而一出於朝廷，其弊不可勝言。官好民，方能得也。好名之弊，與好利同。今人祈晴雨，以爲此神道之力，不知感天地。天地若與百神爭功，疑百神市恩不成其爲天地，其實百神亦天地之百神也。
李光地《榕村語録續集》卷二十		(4) 陳傳良《讀范文正公神道碑有感卽事》，詩說著文正好處。(自記)
李光地《榕村集》卷十六	清文淵閣四庫全書本	(5)《魂魄說二》：或言人之死也，形氣既離，則散而無矣。鬼神之説，所謂神道設教者與？曰：子未知人，則且以物驗之。夫謂神形合而有知者，不謂如草木之體質與香氣也與？今夫枯槁之属雖為灰爐，未有不如其本性以藥於人者也，是其魄之靈不銷也。其香氣之所觸或經時而薰染，是其魂之靈不滅也。魄不銷，魂不滅，則雖無生榮之勢、雨露之食，而亦避風濕之漂蝕，逐陰晴而燥潤，是其靈之離而未散，散而未尝无者也。……且夫人之道與天地同流，又未可以是區區論也。作《魂魄說》。
李光地《榕村集》卷三十六		(6) 哀戚患難中，為詩廢午餐。癯然深墨色，銷盡渥丹顔。一家隸也力，三縣壘無堅。良有神道庇，豈非誠所專。當道斂袵推，功成絶因緣。揭來遊太學，遂去遯家園。别駕拂衣謝，巾車下澤間。書史湛日夜，餘事寄絲弘。
李光地《榕村語録》卷十		(7)《彖傳》"神道設教"是總説，《象》言"觀民設教"是就省方一事説，非上設教以德，而下設教以政也。猶之"天有四時，風雨霜露，無非教也"。而風之動物，尤為深入而遠被。豈《彖》之設教以神道，而《象》之設教非神道乎？王者既設教以為民觀，復因省方而觀民以設教，《象》意總包舉于《彖傳》中耳。(自記)

續表

作者/文獻	版本	用　　例
李光地《榕村語録》卷二十六	清文淵閣四庫全書本	(8)《天原發微》中，言鬼神云：天地無空虚，如一穽之水，蟲魚生焉；糞壤之内，蛆蚓生焉。以及氷至寒也，而有雪蛆、雪蟇、氷蠶之屬。火至熱也，而有火鼠之類。由此觀之，至微者氣也，而氣之中有物；至寂者虚也，而虚之中亦有物。氣與虚而鬼神居焉。推而論之，却有此理。人但因其平生之立心行事，死而以類相從，憑依感觸而有託焉。或清明剛正，與明神合而為神；或幽暗乖戾，與鬼怪合而為鬼。佛家説人死後，看一點亮處行，好人亮處入人神道，惡人亮處入畜生道。亦是此理。
李光地《注解正蒙》卷一	清刻榕村全書本	(9) 上天之載，有感必通；聖人之為，得為而為之也。得為而為，順其自然，亦如天載之無心而有感必通焉。天不言而四時行，聖人神道設教而天下服。誠於此，動於彼，神之道與! (10) 不言而時行，天之神道設教也。神道設教，聖人之不言而化行也。所以然者，誠而已矣，誠則神也。天不言而信，神不怒而威；誠故信，無私故威。

表一千四百九十二

作者/文獻	版本	用　　例
李光坡《周禮述注》卷十	清文淵閣四庫全書本	(1) 夫先王之世，辨物居方。秀者為士，而樸者為農，下及工商，各有常居，皆有守瀍使之。父以此教其子，兄以此教其弟，習其耳目而定其心思，閑其道藝而世其家業，無非神道設教之深意，豈必東膠西序，始名教哉?
李光坡《禮記述注》卷一		(2) 信時日者，卜筮而用之，不敢改也。敬鬼神者，人謀非不足，而猶求於鬼神，知有所尊而不敢必也。畏法令者人君，法令有疑者，決之卜筮，則君且不敢專，況下民乎? 嫌疑者，物有二而相似也；猶與者，事有二而不決也。如建都邑，某地可都，某地亦可都，此嫌疑也。如戰，或曰可戰，或曰不可戰，此猶與也。卜筮以決之定之，此先聖王以神道設教也。有疑而筮，既筮而不信；諏日而卜，既卜而弗踐，是為不誠。不誠之人，不能得之於人，況可得於鬼神乎?
李光坡《禮記述注》卷二十三		(3) 註曰：命，謂四時政令，所以教民勤事也。鬼，謂四時祭祀，所以訓民事君也。疏曰：四時教命，欲人生厚，是親也。附近於民，使民勤事，是“不尊”。神道嚴敬，是尊也。人神道隔，無形可見，是“不親”也。

表一千四百九十三

作者/文獻	版本	用　　例
李光廷《廣元遺山年譜》卷上	清同治刻本	(1)《神道碑》云：公文章與閑閑齊名，世號楊、趙。《楊之美尚書挽章》(七律)、《内相楊文獻哀挽三章》（七絶），二詩重見。且書銜不同，不知何故。
李光庭《鄉言解頤》卷二地部	清道光刻本	(2)《寺觀》：聖人以神道設教，靈爽式憑，爰謀妥侑之所，梵刹之稱，由來舊矣。居斯地者，或祈年禱雨，或問藥求籤，因而瞻廟宇之崇宏，禮莊嚴之法相。住持香火，施主金錢，習俗相沿，雖二十五家之里，尚有五道廟、七聖祠，況林亭之巨鎮乎。……闐街塞巷，舉國若狂，一時熱鬧，過眼皆空，然而實多事耗財之道也。
李光庭《鄉言解頤》卷二人部	清道光刻本	(3) 呂新吾《小兒語》曰：天公不要房住，神道不要衣穿，强似將佛塑畫，不如救些貧難。修寺將佛打點，燒錢買免神明。災來鬼也難躲，為惡天自不容。世俗口頭語云：在家敬父母，何必遠燒香！持齊勝念千聲佛，作惡空燒萬炷香。俱是唤醒癡人語。若聖人所言：未能事人，焉能事鬼？務民之義，敬鬼神而遠之。時在維持世道者，勉而行之，其庶幾乎！

表一千四百九十四

作者/文獻	版本	用　　例
李光暎《金石文考略》卷三	清文淵閣四庫全書本	(1)《王公神道碑》：王公，諱重光，字廷宣，濟川其號也，灤南人。仕晉，終光禄大夫、左柱國大將軍、吏部尚書。《神道碑》是右軍將軍王羲之撰并書，書法與《聖教序》絶相類，缺字約一百六十餘，當是其來已久。而大槩記金石文者，皆不及此碑，何也？……此本得自好古家，據云停雲舘舊物，頗有賞鑒印章，文休承其一也。(光暎識)
李光暎《金石文考略》卷七	清文淵閣四庫全書本	(2)《棲霞寺明徵君碑》，正書，高宗御製，高正臣書，上元三年。《舊唐書・明崇儼傳》：累遷正諫大夫，特令入閣供奉。崇儼每因謁見，輒假以神道，頗陳時政得失，帝深加允納。潤州棲霞寺，是五代祖梁處士山賓故宅，帝特為製碑文，親書於石，論者榮之。今按：此碑高正臣書，史家以御製并訛為御書耳。(《金石文字記》)
李光暎《金石文考略》卷十	清文淵閣四庫全書本	(3)《凉州都督郭公神道碑》：知運有兩碑，其一張説文，其一蘇頲纂。《知運傳》載其子二人，曰英傑、英乂，而蘇、張二公所為碑書其子四人，曰英傑、英奇、英協、英彦，而無英乂。歐陽公疑焉，以謂英奇等三子在唐不顯，史家闕漏，尚或有之。……《德宗實録》又有郭英幹云英乂弟也。(《金石録》)

續表

作者/文獻	版本	用　　例
李光暎《金石文考略》卷十一	清文淵閣四庫全書本	(4)《宋文貞公神道碑側記》，顏魯公篆書，石刻。沙河二公剛勁大節相埒，書亦稱是，真足三絕。第其筆，以取勢為主。
李光暎《金石文考略》卷十五		(5)《平定等州大總帥聶公神道碑》，大德二年，李治纂，劉愻書并篆額。
李光暎《金石文考略》卷十六		(6)《江東宣慰使珊竹公神道碑銘》（并序），姚燧纂，趙孟頫書并篆額。

表一千四百九十五

作者/文獻	版本	用　　例
李桂林《（光緒）吉林通志》卷三十六	清光緒十七年刻本	(1) 春秋兩祭祝辭曰：惟神道闡苞符性敦，孝友並行並育。德侔天地以同流，乃聖乃神；教炳日星而大顯，仰鑒觀之，有赫示明德之惟馨。茲當仲（春秋）用昭時享，惟祈歆格，克鑒精虔。尚饗。
李桂林《（光緒）吉林通志》卷一百五		(2) 明年，詔洞鄂征秦州，哈占分兵守蘭州，疏言西安兵少不宜分遣。……疏留之時，同州遊擊李師膺叛，殺韓城知縣翟世琪，脅神道嶺營卒，結蒲城土賊陷延安。 (3) 又言：慶陽協所轄潼關、商州、神道嶺、金鎖關四營，距慶陽道遠，應歸固原鎮統轄。
李桂林《（光緒）吉林通志》卷一百二十		(4) 臣可方以文字待罪禁林，然則頌功德，美形容，臣之職也。敢再拜稽首而獻文曰：遼季失道，腥聞于天。乃眷西顧，實生武元。皇矣我祖，受天之祜。恭行天罰，布昭聖武。……神道設教，易經著辭。厭勝之法，自古有之。我軍如雲，戈甲相屬。神火餤餤，光浮萬（闕）。天有顯道，厥類惟彰。國家將興，必有禎祥。……文王有聲，適駿有聲。潤色祖業，惟時聖明。帝王之符，千載孝治。配姬與劉，詔於萬世。大定二十五年七月二十八日立石。 (5) 大金故開府儀同三司左副元帥金源郡壯義王完顏公神道碑 (6) 船廠西二百里薄屯山有《金完顏婁室神道碑》，高八尺八寸，闊四尺五寸，厚一尺二寸，頂高三尺。南面鏤蛟龍，其陰殘毀，其陽篆二十字，作五行，文曰"大金開府儀同三司金源郡壯義王完顏公神道碑"。碑身作楷書。（《柳邊紀略》）

續表

作者/文獻	版本	用　　例
李桂林《（光緒）吉林通志》卷一百二十	清光緒十七年刻本	（7）《金完顏希尹碑》：高（闕）尺（闕）寸，寬（闕）尺（闕）寸。正面二十七行，碑陰二十四行五十六字，正書。額題“大金尙書左丞相金源郡貞憲王完顏公神道碑”，篆書。在吉林府東北二百里小城子。 （8）大金故左丞相金源郡貞憲王完顏公神道碑 （9）吉林有事《通志》，甄及《金石》，楊司馬同桂物色得此，蓋《金故金源郡王完顏希尹神道碑》，中斷矣。

表一千四百九十六

作者/文獻	版本	用　　例
李海觀《歧路燈》卷十	清鈔本	（1）明日飯後，鄧祥來說，車已套妥，在街衚口。譚紹聞便請胡其所往胡衕而來。師徒離了碧草軒，出了至街衚口，紹聞陪的上了車。德喜將一壺煖茶，帶着三个茶盃，又將几品下茶果品，安置車上。鄧祥催開頭口，一路出了西門，只見路旁一个神道牌樓，一个大茔，離路不遠。譚紹聞道：胡先生看看這墳，何如？胡其所道：這就是尊茔麽？譚紹聞道：這不是。此處離荒茔还有四里。 （2）正在評論間，早已到《靈寶公神道牌》前。譚紹聞急忙下車，胡其所道：怎的下車去？譚紹聞道：已至荒茔。胡其所師徒也要下車，紹聞道：坐着罷。犁的地，高低不平，不甚好走。
李海觀《歧路燈》卷十五	清鈔本	（3）出了西门，走了五六里，轎窓内看見一个荒塋，塋前有一通大碑，字畫明白，十步早看見“皇明誥封文林郎知河南府灵寶縣事筠圃譚公神道”，即忙下的轎來，鋪上墊子行禮。口中祝告道：鴻臚派的爺們，丹徒裔孫紹衣磕頭。因勘災事忙，回衙即修墳添碑。急忙上轎而去。要知人嘴快如風，早已把這事傳滿省城。 （4）觀察行了一日，在中牟住宿。次日未刻，復到《靈寶公神道碑》前，遠遠下轎，依舊舖墊行禮。踏蒙茸，披荊棘，剔苔擦蘚，讀了滿墳竪碑。曷勝愴感，動了修理牆垣之志，回署即行辦理。這正是：落葉飄飄到地遲，一株衰柳叫寒鴟，傷心細認蒼苔篆，正是斜陽夕照時。 （5）到了簽押處，即叫梅克仁吩咐道：西門外老太爺的墳，墳前有灵宝公爺的《神道碑》。你可同内宅小厮，到那週視形勢，修墳院一區、人門樓一座。 （6）梅克仁即於本日，帶領一个馬夫，跟着頭口，到了西門外五里路，看見了《神道碑》，即便下馬，交與馬夫，在荒榛細草間磕了一个頭。又認清孝廉公墓碑，也磕了頭。

表一千四百九十七

作者/文獻	版本	用　　例
李鴻章《朋僚函稿》卷十四	清光緒本	(1) 秋涼，再扶櫬南行，較爲平穩。何筱帥疏，已其曲盡？咸豐九年以前事實稍略。師相一生艱苦磨折，實在斯時聞屬次青，擬稿必能詳贍將來，乞鈔寄一讀。兄正令摯甫代僢疏草，謙讓未遑，《神道碑》非異人任，當與摯甫商辦。自愧不文無以表章先師盛烈，私衷負疚多矣。廷議令彭雪翁復出治水，師未知能强起否？東南大局，尙不專在此一事也。 (2) 又兩宮近日召對殊稀，凡陳奏要件不免留擱，以是徘徊不果。劼剛世弟諄屬爲撰《神道碑》，鴻章事冗筆拙，向未學爲古文碑誌，尤非高古嚴重，創言造句，不足以稱其體。 (3) 前請摯甫代僢《神道碑文》，似尙凝鍊於夷務一節，尤能發人所未道，但視吾師所作羅忠節、李忠武等碑，淋漓酣宕，尙多不及。

表一千四百九十八

作者/文獻	版本	用　　例
李繼白《望古齋集》卷九	清順治刻本	(1) 廟藏神主而祭之以四孟，以神道事之也。寢藏衣冠几杖而祭之以四仲，各薦新物，以人道事之者也。其時，尙未有園祭也。

表一千四百九十九

作者/文獻	版本	用　　例
李繼聖《尋古齋詩文集》文集卷一	清乾隆刻本	(1) 惑惑之中有曉焉，冥冥之中有昭焉。《易》所謂"神道設教"而體天地之撰，以鼓舞化機者，此道得也夫。

表一千五百

作者/文獻	版本	用　　例
李來章《連陽八排風土記》卷七	清康熙四十七年連山書院刻乾隆增刻本	(1) 又安望其紹明孔孟，肩吾道而建大業哉！今因其俗，以神道教之，特設程朱三子之像於書院之正庭，所以視標準也。子質木庸腐，荏苒老矣。然居近伊洛爲兩程之鄉，後（闕）耳濡目染，熟聞諸大君子之緒言，今承乏於此，忝有令長之責。

表一千五百零一

作者/文獻	版本	用　例
李林松 《周易述補》 五	清皇清經解續編本	(1) 侯果曰：亹，勉也。夫幽隱深遠之情，吉凶未兆之事，物皆勉勉然願知之，然不能也。及蓍成卦，龜成兆也。雖神道之幽密，未然之吉凶，坐可觀也。是蓍龜成天下勉勉之聖也。

表一千五百零二

作者/文獻	版本	用　例
李騏 《虬峰文集》 卷十九	清康熙刻本	(1) 萬曆甲申，先文定卒於家。世貞聞之，喜曰：我有千金之獲矣！興化李相國卒，《傳》定屬我。先高祖聞其言，薄其為人，以《行狀》請之王文端宗扉，以《誌銘》請之許文穆國，以《神道碑文》請之申文定時行，以《傳》請之王文肅錫爵，而不以屬世貞。 (2) 且惡大吏借鋤豪聲，博風厲名，則於"乘威追脅"一條痛言之。惡言官苟禄取容，阿意固位，則於"苟免無耻"一條危言之。……姑託神道設教，以儆一切者也。

表一千五百零三

作者/文獻	版本	用　例
李清 《三垣筆記》 附識卷中	民國嘉業堂叢書本	(1) 德璟曰：高皇帝似亦以神道設教，當時只賞賜及折俸月鈔，其餘兵餉，亦未用也。且言：民窮已極，宜安靜以悦之。上不聽。
李清 《南北史合注》 卷六十	清四庫全書撤出本	(2) 少弟暄，學不師受，文才俊逸。尤嗜酒，無節操，遍歷王公門，沈湎喧謔，過差非度。其兄子秀常憂之，致書于暄友人何胥，冀以諷諫。暄聞，與秀書曰：旦見汝書與孝典，陳吾飲酒過差。……夫酒猶水，然亦可濟舟，亦可覆舟，故江諮議有言：酒猶兵也。兵可千日不用，不可一日不備；酒可千日不飲，不可一飲不醉。美哉江公，可與論酒矣！汝驚吾墮馬侍侍中之門，陷池武陵之第，徧佈朝野，自言焦悚。吾生平所願，身没後，題吾墓云"陳故酒徒陳君之神道"。若斯志意，豈避南征之不復，賈誼之慟哭者哉？何水曹眼不識盃鐺，吾口不離瓢杓。汝寧與何同日而醒，與吾同日而醉乎？政言其醒可及，其醉不可及也。速營糟邱，吾將老焉。

續表

作者/文獻	版本	用　　例
李清 《南北史合注》 卷一百十六	清四庫全書撤出本	(3) 司馬楚之，字德秀，晉宣弟太常馗八世孫。父榮期，晉益州刺史，為其參軍楊承祖所殺。庾信作楚之曽孫裔《神道碑》，稱楚之為會稽王道予次子、元顯幼弟。讀此，乃知其誤。
李清 《南北史合注》 卷一百十七		(4) 張説《神道碑》曰：武平末，後主總兵禦周，敗績，百寮蕩析，公獨侍從趋鄴，授儀同三司。
李清 《南北史合注》 卷一百二十六		(5) 問：《儀禮》：繼母出嫁，從為之服。《傳》云：貴終其恩。曰：繼母配父，本非天屬，與尊合德，名義以興。兼鞠育有加，禮服是重。既體違義盡，棄節毀慈，作嬪異門，為鬼他族，神道不全，何終恩之有？方齊服是追，哭於野次，苟存降重，無乃過猶不及乎？ (6) 問：《左氏傳》：齊人殺哀姜，君子以為不可。曰：受醮從夫，人倫所重。保育異宗，承奉郊奠。而乃肆極昏淫，禍傾合巹之尊；怙亂無終，殄滅誕鞠之愛。齊桓匡翼四方，正存刑矩。割不忍之恩，行至公之法。方生貶違，以殺為甚。而神道幽黙，禍降未期，雖窮勃履朝，臣不宜糺，既爭反人靈，咎将有所，施之取衷，孰為優允？
李清 《南北史合注》 卷一百四十五		(7) 庾信《神道碑》曰：王少有壯志，頗校兵書，莫不吟誦在心，撰成于手。 (8) 庾信《神道碑》曰：武帝特垂愛友，時進奇策，尤加禮敬。常謂左右曰：吾有回門人曰親。其齊王之謂。 (9) 庾信《神道碑》曰：春秋三十有四，宜從庙碑。
李清 《南北史合注》 卷一百四十八		(10) 帝見諠，愴然曰：朕與公舊同學，甚相憐愍，奈國法何。於是詔曰：諠有周之世，早預人倫，朕共遊庠序，遂相親好。然性懷險薄，巫覡盈門，鬼言怪語，稱神道聖。朕受命之初，深存戒約，口云改悔，心寔不悛。乃説四天王神道，諠應受命，書有諠讖，天有諠星，桃、鹿二川，岐州之下，歲在辰巳，興帝王之業。密令卜問，伺殿省之災。
李清 《南北史合注》 卷一百五十二		(11)《周書》載璽書曰：公年尊德重，遠涉高峯。神道聰明，無幽不燭，感公至誠，甘澤斯應。聞之嘉寘，無忘于懷。 (12) 庾信《神道碑》曰：保定四年，朝廷歆公従戚里之貴，乃以魏文帝女為公夫人。觀此則周待故君女猶厚，況其子孫乎？ (13) 庾信《神道碑》曰：公學不專經，畧觀書籍；兵無師古，自得縱横。青鳥甲乙之占，白馬星辰之變，天弧射法，太乙營圖，皆成誦在心，若指諸掌。

續表

作者/文獻	版本	用　　例
李清《南北史合注》卷一百五十六	清四庫全書撤出本	(14) 庾信《神道碑》曰：公為軍司馬，有人於闇夜餉羅數十匹，閉門不受。(15)《神道碑》曰：公為京兆尹，家僮暮行，得遺錢於道，并白絁十匹。訪得其主，還之。

表一千五百零四

作者/文獻	版本	用　　例
李清馥《閩中理學淵源考》卷三	清文淵閣四庫全書本	(1) 後文公朱子撰公墓碑，末云：先人為史官時，實常與公連名奏事；及罷而歸，又與公同日艤舟國門外，其相與期於固窮守死之意，晚而愈篤。先人既没，公所以憐某者，亦益厚至於親，為講畫，反復辨告，蓋惟恐其迷昧没溺、喪失所守以辱其先人也，此意豈可忘哉？子念德，見朱子學派。(《閩書》《名臣言行録》、朱子撰《神道碑》《建寧府志》。)
李清馥《閩中理學淵源考》卷六		(2) 朱文公嘗稱：子羽在川陝，雖盛寒必侵晨着單衣汗衫入教場，射箭三百，率以為常。又言：幼常侍側，賓客滿座，見其目覽書冊，耳聽指授，口供應對，手答書疏，頃刻之間五官並用，百函俱發，並無差錯，真人傑也。子珙。(《通志》《建寧府志》、朱子撰《劉公神道碑》《名臣傳》。)
李清馥《閩中理學淵源考》卷九		(3) 方峻，字景通，莆田縣人。天聖八年進士，為建安縣主簿。景佑初，試秘書郎福州左司理。嘉祐中，請老，分司南京。居家聚徒講學，榜所居曰"植德堂"。嘗於舍傍鑿井及泉，禱曰：願子孫居官清白如此水。……及卒，伊川先生頤為狀其行，又托范祖禹為撰《神道碑》，其見重如此。……子容，字南圭。皇祐五年甲科，歷守惠州。蘇東坡謫惠，日相與倡和。東坡嘗為點勘《六經》及書峻《神道碑額》。官終朝請大夫。
李清馥《閩中理學淵源考》卷十一		(4) 既又廵行諸郡，過興化仙遊之楓亭，見道傍有巨碑刻云"宋端明殿學士忠惠蔡公神道"。悚然曰：此非嘗為《四賢一不肖詩》，世稱直臣者耶？遂下馬，周視其墓蒙翳榛莽中，亟發從吏馳諭分廵按察司僉事周君謨，亟俾督所司修之。
李清馥《閩中理學淵源考》卷十二		(5) 再按：樓公鑰撰《陳止齋神道碑》云：陳公通判福州，帥相梁公克家得公喜甚，以政委之。公亦悉心俾贊，不事形跡，卒以專擅論罷，時淳熙七年也。

續表

作者/文獻	版本	用　　例
李清馥《閩中理學淵源考》卷十五		(6) 疾革，自為書，以家事屬少傅劉子羽，而訣於籍溪胡憲原仲、白水劉勉之致中、屏山劉子翬彦沖。且顧謂元晦曰：此三人者，吾友也，學有淵源，汝往父事之。及沒，朱子年甫十四，即稟學於三君子之門。明年，卜葬崇安縣西塔山，後遷於武彝鄉上梅里之寂歷山。所著有《韋齋集》十二卷、《外集》十卷。子熹。(《行狀》《神道碑》《聖門禮樂統》。)
李清馥《閩中理學淵源考》卷二十七	清文淵閣四庫全書本	(7) 按：真西山先生撰公《神道碑》略曰：公平生大節，雖未易以一善名，然溯其學問源流，與夫見諸謀謨事業，則惟正之。一言足以蔽之，蓋公顯考銀青府君（即恒軒先生懋）蚤受學於屏山劉先生、籍溪胡先生，盡得義理精微之蘊。 (8) 每夜斂衽默坐，虛心省察。嘗取徐節孝帖教子弟，其言曰：日入之後，至於夜中，事物俱靜，志氣俱定，是君子思慮經綸之時。晚號"雲莊居士"。著有《奏議史稾》《經筵故事》《東宮詩解》《易經説》《禮記解》《講堂故事》《雲莊外稾續稾》若干卷。子垕。(《道南源委》《閩書》、西山撰《神道碑》。)
李清馥《閩中理學淵源考》卷三十三		(9) 諸葛季文，南安人。以行誼、文學聞於時，家貧授徒以養。嘗著《六經諸子解》，有益後學。樂道人善，如已有之。子廷瑞。(《清源文獻》、傅氏伯成撰《諸葛廷瑞神道碑》。)
李清馥《閩中理學淵源考》卷七十六		(10) 按：郡先輩楊氏輿撰《彦衡王公銓神道碑》稱：王氏之門，世篤忠貞，家全孝友。今考公在靖難時，奮身殉節。

表一千五百零五

作者/文獻	版本	用　　例
李榮陛《周易篇第》卷一	清嘉慶二十年亙古齋刻李厚岡集本	(1)《坤下巽上》：觀，盥而不薦，有孚顒若。初六：童觀，小人無咎，君子吝。六二：闚觀，利女貞。六三：觀我生，進退。六四：觀國之光，利用賓于王。九五：觀我生，君子無咎。上九：觀其生，君子无咎。《彖》曰：大觀在上，順而巽，中正以觀天下。觀，盥而不薦，有孚顒若，下觀而化也。觀天之神道，而四時不忒。聖人以神道設教，而天下服矣。

表一千五百零六

作者/文獻	版本	用　　例
李汝珍《鏡花緣》卷一	清道光十二年刻本	(1) 百穀仙子道：這位星君如此模樣，想來必是魁星夫人。原來魁星竟有渾家，卻也罕見！百花仙子道：魁星既為神道，豈無匹偶？且神道變幻不測，亦難詳其底細。或者此時下界別有垂兆，故此星以變相出現，亦未可知。

表一千五百零七

作者/文獻	版本	用　　例
李世熊《寒支集》初集卷九	清初檀河精舍刻本	(1) 和尚曰：吾非能移人情者，是陽復之候鬼神者告之耳！凡和尚所稱引多鬼神臨格事，若矚之即龍、呼之即雷者，初以和尚神道設教耳！久之，知和尚孝通神明，實有之也。葢和尚之父以扶義俶儻落其家，和尚不忍父之瘁也。
李世熊《錢神志》卷五	清同治十年活字本	(2) 人入鬼道則居之不疑，神道治人反詫爲希有，何哉？
李世熊《錢神志》卷七		(3) 宋張之才爲陽城令，清謹愛民，名聞當世。及去任，《辭湯廟詩》云：一官來此四經春，不媿蒼天不媿民。神道有靈應信我，去時猶似到時貧。

表一千五百零八

作者/文獻	版本	用　　例
李提摩太《列國變通興盛記》卷二	清光緒二十四年上海廣學會本	(1) 溯二百年前，日本某帝，西人稱之曰“彌特”，欲變國政，訪求名士，討論古今治道，勒為一編，名曰《史記》，總二百餘卷。讀者恍然，前此所奉儒、釋二教，其源皆來自他國，遂欲一律禁逐，而改歸祖宗以來神道設教之本。大將軍心滋不悅，嚴申厲禁，帝不得已為之删改三卷，始獲頒行。然書中論及君臣、上下之故，形迹未能盡泯，國人乃深怒將軍之專擅。遲之又久，衆論僉同。日本今皇明治元年戊辰，卽中國同治七年、西歷一千八百六十八年，舉國之人同時並起，皆以改革國政為名，不數日間竟削大將軍之位，而逐其黨之為諸侯者二百五十國，大權悉歸於朝廷，於是抑佛教而重神道。又欲擯逐外國人，不使再有互市諸事，此日本改變內政之漸也。

表一千五百零九

作者/文獻	版本	用　例
李衛 《（雍正） 畿輔通志》 卷十一	清文淵閣四庫全書本	(1)《松亭行紀》：乙酉，上周視孝陵風水。按：孝陵本鳳臺山，在遵化州南四十里，峰巒層秀，頂如華蓋，羣岫環拱，眾水來歸，規模弘整，天造地設。五峰山在東北崛起，東曰快目，南曰瑞雲，西曰紅翠，北曰虎嵒，中曰紫盖，綿聯起伏，互相擁護。寶城前為享殿曰隆恩殿，門曰隆恩門。神道南為“神功聖德碑”，亭外為紅門。康熙二年，封鳳臺山為昌瑞山，從祀地壇。禮部、工部題定地界：自分水嶺起，左山麓以南至鮎魚池口瞭馬臺以北、河西岸山麓以西，右山麓以南至寛佃峪口以北、河東岸山麓以東，俱屬陵寢重地，守衛森嚴。又：陵後馬蘭關第二臺以西、龍洞關第二臺以東，不應有城，皆撤焉。 (2) 東嶽廟，在朝陽門外二里。每年恭遇萬壽日，遣官致祭。元延祐中建廟，有趙孟頫書《張天師神道碑》、虞集隷書《仁聖宮碑》、趙世延書《昭德殿碑》，並列階下。明正統中重修，有英宗御製碑記。本朝康熙三十九年重建，聖祖仁皇帝御製碑文記焉。
李衛 《（雍正） 畿輔通志》 卷四十九		(3) 中山靖王墓，在定州治永豐倉。西漢景帝子，名勝。塚高二丈許。明知州倪機開神道，立石識之。
李衛 《（雍正） 畿輔通志》 卷九十九		(4)《户部恭建怡賢親王祠堂碑記》：惟皇帝嗣大曆服擢任英哲，以亮天工稽古之道。揆時之宜首以和碩怡親王總理户部事，蓋王忠孝性成，才德越眾，久注聖心，故蒞政之初，即寄以股肱心腹。……王之才德蓋川嶽所挺生，祖宗默佑，俾作輔於盛代者。而聖上於王，一無所試之日灼見，其任重經遠之材，知人之哲，蓋前古所罕見也。抑王天性慎密，勞而不伐。而聖主於王身後親製《神道碑》褒嘉痛惜，兼頒諭吉，俾王平生忠績昭揭於天壤，將與詩書所稱帝臣王佐同光竹帛。竊謂聖心如天，曲成萬物，而不自有其功，又前古所罕見也。故因立祠碑，特闡斯義，使凡為臣子者皆知所以自朂勵焉。 (5)《敕修福聚寺碑記》（蔣廷錫）：葢聞發弘願者開八筏之津，得大善者集三明之福。均分慈雨，百祿罄宜，廣蔭法雲，兆民溥被。庵羅園裏，吉祥與歡喜俱生；薝蔔林前，嘉慶隨因緣無盡。涿州福聚寺者，地本神畿，門臨大道。挾河遠派，接聖水之碧潯；鳴澤渟流，注甘泉之黛壑。……俾仰神道之自在，咸知聖造之同和。毫鏡千光，千千福相；潮音萬種，萬萬福田。契彼真如，並躋仁壽云爾。

續表

作者/文獻	版本	用　　例
李衛 《（雍正）畿輔通志》 卷一百六	清文淵閣四庫全書本	（6）周大將軍崔訦神道碑（庾信） （7）宋文貞公神道碑（顔真卿） （8）自田曹至尚書，皆實浮於名，而位不充量，事見許公蘇頲所撰《神道碑》。公七歲能屬文，一遍誦《鵩鳥賦》。丁尚書府君憂，水漿絶口者五日。八九歲時，嘗夢大鳥銜書，吐公口中，而吞咽之，遂乘而直上。倏忽警寤，猶若下在胸間，自後藻思日深，襟靈益爽。年十六時，讀《易》曠時不精，公遲覽之，自亥及寅，精義必究。 （9）《北嶽碑銘》（鄭子春）：夫清明著象，廣大成形，聖人則之，作紀資始。列於五嶽，視以三公，率由典常，靡不祡燎。維厥恒岫，實為首稱。故知碣石太行，萬里延袤；闕聳河滸，盤薄海隅。……幽贊設教，神道有憑。登臨極目，如眡諸掌。其陰則常嵠廣武，林胡樓煩；其陽則燕趙殷衛，面河泝雒。……况乎廣運不測，幽明協和，謀無遺策，人不勞止。刊石紀事，不亦宜乎？ （10）《北嶽廟碑》（并序）：有國者殷薦於天地，望秩於山川，故災不生矣；有家者嚴敬於鬼神，克諧於禮樂，故休祐斯應矣。……夫道莫先乎貞，政莫先乎淳；参造化以成萬物，莫先乎神；資帝王以富四海，莫先乎人。護神莫先乎君公，理人莫先乎師長。……歌以發言，言以章德，事可追於風雅，詞無隱乎聞見。神而聽之，頌斯作曰：五宿熒煌，風政休咎，上經乎乾綱，我君順之，祚乃久兮。五宗盤薄，陰化成敗，下彰乎坤絡，我君欽之，福乃介兮。天平地成，神道助貞，人事以寧兮。皇極帝力，神道助直，人事以息兮。禎祥日新，既祠既禋，國力斯春兮。風雨時若，是耕是穫，家勤於作兮。至神通兮，昭冥協和；至道默兮，勤斆頌歌。大恒如礪，明德惟峩。 （11）《幽州紀聖功碑銘》：幽州盧龍軍帥檢校尚書右僕射張公仲武，往年修獻捷之禮，今歲有銘勳之請。……臣德裕乃敢颺言曰：夫兵者，所以除暴害也，愛人則惡其為害，禁暴則惡其為亂，雖睿智不殺，化之以神，至德允懷，招之以禮。……回鶻者，本北狄之裔也，或曰玁狁，或曰山戎，五帝所不能臣，三王所不能制，前史载之详矣。……既而桀驁無親，天命不祐，僭侈極欲，神道惡盈，本國荐饑，畜産耗半。黠戛斯者因利乘便，遂焚龍庭，墟落蕭條，陰燐青熒。……宜刻金石，以揚鴻休。銘曰：太和之初，赤氣宵興。開成之末，彤雲暮凝。異鳥南來，胡滅之征。北夷飆掃，厥國土崩。……陰山寢烽，亭徼櫜弓。萬里昆夷，九譯而通。蠻夷既同，天子之功。儒臣篆美，刊石垂鴻。

續表

作者/文獻	版本	用　　例
李衛《（雍正）畿輔通志》卷一百七	清文淵閣四庫全書本	（12）大學士竇公神道碑（王磐） （13）史丞相神道碑（王磐） （14）蔡國公神道碑（王磐） （15）《趙國董清獻公神道碑》（歐陽玄）：至正四年冬，十二月甲子，皇帝有勑，賜《中書右丞董守簡父趙國清獻公士珍神道碑》，命翰林學士歐陽玄為文。臣玄欽惟世祖皇帝經營四方之初，於時藁城董氏兄弟，以忠孝之門，被眷顧之厚。太傅忠獻公文炳，總國禁旅，出奮爪牙，入為股肱，實兼將相之器。太師正獻公文忠，掌國符信，入託心膂，出司耳目，實預帷幄之謀。退而家居，皆能崇詩書之風，勵清白之操，以貽子孫。故董氏身教之正，家法之嚴，在漢人中為第一。其子踐揚臺閣，為時名臣，接武不絕。當世文臣，操筆以發其潛光者，大編巨帙，開卷有之。 （16）《忠武王公神道碑》（歐陽玄）：裕宗文惠明孝皇帝，居東宮，博訪英賢，以備宮僚。……公諱慶端，字正甫，姓王氏，世為真定藁城人。顯考金吾衛上將軍右副都元帥勲德，具見《神道碑銘》。公早孤，能自樹立。諸兄已襲世爵，公被府檄司筦庫，非所樂也。 （17）大學士石公神道碑（楊一清）
李衛《（雍正）畿輔通志》卷一百八		（18）明東閣大學士范文忠公神道碑（王崇簡）
李衛《（雍正）畿輔通志》卷一百十二		（19）《宋廣平碑跋》（魏裔介）：唐右相文貞公宋廣平，南和縣人。葬於沙河縣之鄉。其《神道碑文》乃顏魯公撰并書，文則景星慶雲，字則龍翔鳳翥。葢文貞公為有唐一代奇絶人物，而魯公氣節皎皎，與日月爭光，精神相耀，故不肯輕著一筆，真世之鴻寶也。……此碑完全，未經剝蝕，靈光巋峙，其神物乎？

表一千五百一十

作者/文獻	版本	用　　例
李文田《元秘史注》卷一	清光緒二十二年漸西村舍刻本	（1）元黃溍《文獻集·别里哥帖穆爾神道碑》曰：薛禪者，華言大賢也。《木華黎傳》：薛禪，華言大賢也。又《畏荅兒傳》曰：薛禪者，聰明之謂也。

續表

作者/文獻	版本	用　　例
李文田《元秘史注》卷四	清光緒二十二年漸西村舍刻本	(2) 元《黃溍集·安慶武襄王帖木兒神道碑》曰：哈班於王爲曾大父。有子曰忽魯渾，則王大父也。 (3) 元《黃溍集·中書右丞相鄆王拜住神道碑》曰：拜住系出札剌爾氏，六世祖諱孔溫窟哇，五世祖諱木華黎。又《平章魯國公別里哥帖穆爾神道碑》曰：六世祖諱孔溫窟哇，事太祖皇帝，從征泰疇篾里期奈蠻諸部。奈蠻已降，而復畔往討之。
李文田《元秘史注》卷七		(4)《元文類》載馬祖常撰《馬公月合乃神道碑》云：世屬雍古部族，居靜州之天山。天山，古居延海也。
李文田《元秘史注》卷十		(5) 姚燧《牧庵集·忙兀公博羅驩神道碑》作"畏荅而"，碑云"畏塔而"。與兄畏翼俱事太祖，時太疇盛彊，畏翼謀往歸之。畏荅而苦止曰：帝何負汝而爲是？竟去。追之不復，雪泣而歸，請獨宣力。
李文田《元秘史注》卷十三		(6) 元姚燧《夾谷公神道碑》曰：女直，古肅愼氏之國語爲女真，避遼興廟宗眞諱，改為直。
李文田《元秘史注》卷十五		(7)《元文類·耶律楚材神道碑》曰：自太祖西征之後，倉廩府庫，無斗粟尺帛，而中使別迭等言：雖得漢人，亦無所用，不若盡去之，使草木暢茂，以爲牧地。
李文田《元史地名考》	清光緒二十四年胡玉縉鈔本	(8)《名臣事略》引《耶律楚材神道碑》云：太祖行次東印度國鐵門關，見一獸，鹿形馬尾，綠色而獨角，能为人言：汝军宜早廻。 (9) 馬祖常《石田集》有《馬月忽乃世神道碑》云：居靜州之天山。天山，古居延海也。

表一千五百一十一

作者/文獻	版本	用　　例
李文藻《（乾隆）歷城縣志》卷六	清乾隆三十六年刻本	(1) 和山，見李國鳳《張宓神道碑》，俗呼為鶴山。 (2) 和山之東北十里，曰崳山，盖分於章邱之武家（闕三字）縣境者也。見元張泰亨《叚徽神道碑》。

續表

作者/文獻	版本	用　例
李文藻《（乾隆）歷城縣志》卷十一	清乾隆三十六年刻本	(3) 太守蔣公修廢舉墜，百為具興。爰捐俸修葺，並集同官及郡紳、士民之力，而合為謀以成之，皆復其舊。將來之過此宇者，覩廟貌之森嚴，不覺其善念頓興而惡念潛消，未必非神道設教之一端也。
李文藻《（乾隆）歷城縣志》卷十七	清乾隆三十六年刻本	(4) 李吉《張仁神道碑銘》：國朝馬上得天下，以神武定四方，非武臣、猛士莫能守也。於是搜選豪傑，登庸俊彦，加之以寵澤，優之以世禄，以致異人並出，奮志勉力，誓死自效，所以得其人者也。 (5) 劉敏中《張儀神道碑銘》：國家以神武平海内，恤武臣之勞，故其寵數尤渥。由百夫長而上，其人或請老，或殁其子，若孫皆得襲其爵如古之世禄，然慶賚不論也。 (6) 張泰亨《段公神道碑》：惟人禀天地英靈之氣，以生其才，（闕）有（闕）用而已。然而非待其時，待其地，而欲展盡底藴，獨立功名於當世者，亦難矣哉！ (7) 李國鳳《張宓神道碑》：大元有名臣，故山東宣慰使、贈江浙行省參政、封濟南郡公張公，卒於至正四年四月八日，享壽六十有六。越八年，當至正十二年，其子元輔以神道之石未示顯刻，持公行狀、墓誌、謚議頓首，求文於國鳳。……銘曰：桓桓忠襄，勳冠社稷。帝酬其庸，王此大國。允矣貞毅，踐履特特。篤生宣懿，寔為藎臣。……榮歸故鄉，奄雲不起。訃聞怛悼，靡間遐邇。帝眷不渝，褒贈有加。始終存殁，其德如一。寵賁恩榮，世莫與匹。歷城之東，和山崔崔。勒詞貞珶，昭示後來。 (8) 章邱縣東南十五里，有養浩墓。……生既家於濟南，隐於雲莊，則其墓在此無疑矣。有學士張起巖《神道碑》。(《陸通志》) (9) 李賢《神道碑銘》：余嘗觀夫太宗皇帝靖難之初，豪傑之士一時雲集，已而獲授封爵者不數十人。然有同於効勞而封爵不及於生前者，必於子孫發之，若衛公是已。 (10) 穎重念前人之烈，受玆異數，以春坊中允劉翺狀走書求予為《神道碑銘》。予嘉衛氏一門之盛，不多見也。 (11) 許彬《李公神道碑銘》：天順五年正月二十一日，鎮守貴州副總兵、右軍都督僉事李公，以疾卒於官。訃聞，上為之震悼，輟視朝一日。厚賻其家，復為之諭祭，詔有司治喪。……國家著令，都督之葬法當樹碑神道。 (12) 按：《岳通志》：旻墓，李東陽撰碑，以墓誌為碑訛。舊志又載劉健《神道碑文》，以與墓誌多同，故不載。 (13) 李廷相《資政大夫尚書邊公神道碑》：皇明有文學政事之君子，曰邊公。公諱貢，字庭實，别號華泉，其先淮陰人也。 (14) 陳有功墓，在趵突泉西南二里壩北，有自述行實刻於神道碑陰。

續表

作者/文獻	版本	用　　例
李文藻《（乾隆）歷城縣志》卷二十	清乾隆三十六年刻本	（15）濟南文僖潘公蒼崖先生取古昔碑碣、鐘鼎之文，提綱舉要，條分類聚，定為十卷，名曰《金石例》。一卷至五卷則述銘志之始，而於貴賤、品級、塋墓、羊虎、德政、神道、家廟、賜碑之制度必辨焉。六卷至八卷，卒葬月日之筆削特詳焉。九卷則先正格言，十卷則史院凡例、制度，筆削於此又可以槩見焉。
李文藻《（乾隆）歷城縣志》卷二十一		（16）邊貢《華泉集》四卷、《詩》八卷。（《明史·藝文志》。李廷相《神道碑》云四十餘卷，《焦志》作十四卷。） （17）《房元齡神道碑》，褚遂良書。右碑在龍山鎮，見陳思《寶刻叢編》。按：元齡不葬於縣，《神道碑》不知何以在此，姑録之以備考。
李文藻《（乾隆）歷城縣志》卷二十四		（18）進義副尉張儀神道碑銘（元貞二年正月） （19）鎮撫張仁神道碑銘（大德四年十二月二十三日） （20）張宓神道碑（至正十四年三月） （21）大元故中奉大夫山東東西道宣慰使贈江浙等處行中書省叅知政事護軍追封濟南郡公謚宣懿張公神道碑銘 （22）《大元封濟南郡宣懿公張公神道碑銘》，十五字，字經四寸。翁仲損壞，惟此碑獨完。
李文藻《（乾隆）歷城縣志》卷二十五		（23）士偺謭陋，未能自效涓埃，仰答萬一。愧懼之私，莫可云喻。始我祖考之歿，盖貧不及請銘。既荷殊錫，例有《神道碑》，將乞之當世名公，而士偺蒙恩休退，夙期未果。玆列綸音，僣述行，覆梗概，與恩數，次第如右。庶俾後世，知慶澤有自焉。
李文藻《（乾隆）歷城縣志》卷三十六		（24）邦直，行軍萬户。彥，權濟南行省。邦允，知淄州。邦孚，大都督府郎中。邦昌，奥魯總管。邦憲，淮安路總管。……（據《元史本傳》及張宏《行狀》《張宓神道碑》。） （25）未及引年，乞致仕，歸濟南。卒，年六十六。贈中奉大夫、江浙等處行中書省叅知政事、護軍，追封濟南郡公，謚宣懿。子元輔，以廕授忠顯校尉、奉元路務提領，選松江財賦司副提舉。孫樞。（據李國鳳《張公神道碑》。） （26）巨源曰：吾兄弟五人，有職者四。吾樂聖賢之道，不願仕也，乃以從兄儀代。（據李吉《張仁神道碑》。） （27）元貞元年，卒於軍，年七十。子守忠，嘗隨儀習戰陣，嗣百夫長。（據劉敏中《張儀神道碑》。）

續表

作者/文獻	版本	用 例
李文藻《（乾隆）歷城縣志》卷三十七	清乾隆三十六年刻本	（28）《閩書》云：宏，正統中以貢生任泉州知府。歷官廉公愛民，留心教養，在泉撫字益勤。旱禱輒雨，歲因不荒。卒於官，泉人號慕，如失慈母。肖像祠之，仍葬其衣冠郡城東。立碑頌德，歲時致祭塚下。（據劉健《恭簡尹公神道碑》及《温州府志》《閩書》。） （29）劉健作其子旻《神道碑》，有云：公之先考，贈太保公，同知余郡。是宏又嘗為河南府同知，亦不知其於温州孰為先後也。 （30）三十二年，蘇、松稅監劉成以水災請暫停米稅。帝以歲額六萬，米稅居半，不當盡停，令以四萬為額。世卿上言：鄉者既免米税，旋復再征，已失大信於天下。今誠欲免税額之半，而陛下不盡從，豈惻隐一念，貂璫尚存，而陛下反漠然不動心乎？不報。其夏，雷火燬祖陵明樓，妖蟲蝕樹，又大雨壞神道橋梁。帝下詔咨實政。
李文藻《（乾隆）歷城縣志》卷三十八		（31）奏曰：臣荷殊恩，當為人所不肯為。不敢為者，人謂其無婢斯言。子：紳、絳、綱、纘、縉。紳，見《文苑傳》。（據《朱氏族譜》及《江南通志》、王士正《墓誌銘》、朱彝尊《神道碑》。）
李文藻《（乾隆）歷城縣志》卷四十		（32）李國鳳，濟南人。至正十年，舉鄉試第一。十一年，舉禮部第一。……史不為立傳，而所撰《張宓神道碑》及《移濟寧路治記》，條達有法度。元好問、馬祖常數人外，不能過也。（據《元詩選》及各碑。） （33）貢與李夢陽、何景明、徐正卿起而振之，號“宏治四傑”，又益以康海、王九思、王廷相為“七才子”。去廷相，以朱應登、顧璘、陳沂、鄭善夫為“十才子”。貢詩清婉和粹，稱其為人，而縣人為詩者實以貢為首庸。子二：長翼，以廕為太學生，官光禄寺丞。次習，字仲學，能以詩世其家。貢固廉吏，習貧困，負薪授徒，取給饘粥。有《詩》一卷。（據李廷相《邊公神道碑》及《明史藁》、王士正《睡足軒詩序》。）
李文藻《（乾隆）歷城縣志》卷四十八		（34）吏部尚書尹旻側室閆氏，事旻甚謹。旻卒，閏年二十三，慟哭幾絕，自斷髪納於棺，送葬城南八里山，宿墓上三日而返。與側室孔氏入靈寢，墐户持齋三年。長衣方履，日相對泣。既而閆出家為尼，改名道宗，端坐誦佛經四十餘年。弟子某為記其事，附刻旻《神道碑》。（據《閆氏祔葬碑》。）

續表

作者/文獻	版本	用　例
李文藻 《南澗文集》 卷下	清光緒刻功順堂叢書本	(35) 西闕：惟東側無刻文，其餘三面皆有刻文。北面刻六篆字，少室西闕額也。字體與太室闕額字相埒，三行，行二字，曰“少室神道之闕”。“少神之”三字，點畫不甚完，而形模宛在，寧人略而不言二也。 (36) 銘辭：今存二行八字。二行之前尚有地可五六行，因五六行全滅，故此二行不成文理。“三月三日”一行之前，適剝去一行，當是“某號某年”四字；“三月三日”一行之後，即接書“郡陽城縣，興治神道”者。……“興治神道”一行之下，又剝去一行，故下行“君”字亦莫知所謂。然則少室石刻，原無上一層明矣。寧人以“銘辭”僅存二行八字，可辨者五字。(《金石圖》：可辨者七字。)

表一千五百一十二

作者/文獻	版本	用　例
李文炤 《周易本義拾遺》 卷三	清四為堂刻李氏成書本	(1)(釋卦辭）觀天之神道，而四時不忒。聖人以神道設教，而天下服矣。(極言觀之道也。四時不忒，天之所以為觀也。神道設教，聖人之所以為觀也。按：五上皆陽，是曰“大觀”。有不識不知之則，有不言不動之蘊，有无偏无黨无反无側之規，斯所以為天下觀也。夫上純敬而下不化者，鮮矣。雨風露雷，天之迹也。禮樂刑政，聖人之迹也。其神則道而已。以言教者有聲，以身教者有形。神道設教，則何所窺其迹哉?《傳》曰：天道至神，莫可名言。聖人默契，體其妙用，故天下之人涵泳其德而不知其功，鼓舞其化而莫測其用。) (2) 臨觀之義，或與或求。(以我臨物日與，物來觀我日求。……按：處中馭外而一人作則，我所與也。居上示下而百辟皆刑，彼來求也。臨君兼乎師，涵育之澤洽觀；師兼乎君，鼓舞之用神道。固並行以相濟乎?)

表一千五百一十三

作者/文獻	版本	用　例
李西月 《張三丰先生全集》 卷六	清道光刻本	(1)《敬神篇》：神也者，妙萬物而為言者也。上帝以神道設教，故神實司乎善惡。凡聰明正直者，皆以神之權授之。夫天神為申，主引萬物；地神為祇，主提萬物。此神德之蕩蕩者，百姓日受而不知，亦惟盡乎人以合乎天地焉可也。若夫嶽瀆郊壇，庵堂祠院，其間之豎碑立像者無非振古之精神，寺宇崇宏，聲靈赫濯，瞻望者莫不肅然起敬也。然而香火盛則祈福之人多，禱告繁則邀福之人至，神豈為人所愚哉！夫神之出處不一，要皆從正氣中來。

續表

作者/文獻	版本	用　　例
李西月《張三丰先生全集》卷八	清道光刻本	(2) 張子曰：人壽一事，上人有定，下人有定，中人無定。中人少善少惡，天欲延之不可，天欲迫之又不可，扵是任他自生自死於其中。保則生，不保則死，故修身尚焉。修身而兼以積功累行，以企於長生久視者尚焉。若下等人，多過多惡，即修身亦不得長生，如其身上之精氣而削之剝之、死之罰之而已矣。上等則不然。以上等而修長生，長生可證也；即不願修長生，然其正氣撐空，亦得聯班神道；否則轉投人世，亦必生入仁善之家。天理若此，有何難曉哉！ (3) 或又問：請乩之道，固當以德行、誠感、因緣，而不以符咒也，然南宫仙道又有以符咒役使神道者，何故？曰：南宫一派雖則動用符咒，然此乃高真傳授，與世人救厄除害者。此等祕録，非人間梨棗所有。即能得之，亦必推心利物，乃為功行宏深，苟或私心妄用，天帝亦加以霹靂而殞其命，奪其術矣。故雖南宫符咒，也要心恭心誠，乃有靈效。若彼乩斷符咒，則未可同日語也，况加以不恭不誠乎！諸子於此可以自明矣。

表一千五百一十四

作者/文獻	版本	用　　例
李鄴嗣《杲堂詩文鈔》卷六	清康熙刻本	(1) 余乃不辭，為叙次其事而銘之曰：前人勲在開國，後人義在殉國。祖孫一氣遠相屬，將軍魂赴山庭哭。石馬失聲翁仲（闕），曰鷺飛飛去將復。將軍魂行重建纛，更起大墳立（闕）星。神道高碑下馬讀，高祖功臣後當錄。

表一千五百一十五

作者/文獻	版本	用　　例
李顒《二曲集》卷十八	清康熙三十三年刻後印本	(1) 夫生前爵位尊顯係國大臣，或道德文章卓然名世。凡有大關係于國者，歿而葬後，或墓前碣，或《神道碑》，方可題此二字，使後世見者知其爲前代清朝之某公也。

表一千五百一十六

作者/文獻	版本	用　　例
李有棠《遼史紀事本末》卷十七	清光緒二十九年李栘鄂樓刻本	(1) 今從《通鑑考異》，以《劉繼顒顒神道碑》為正。惟《長編》作“六年冬杪”，《十國春秋》作“六年正月”，稍異。
李有棠《遼史紀事本末》卷四十		(2) 元好問《遺山集·大丞相劉氏先塋神道碑》云：車駕征契丹餘族，是爲西遼。歷古續兒國、訛夷朵等城，戰合只，破之。遂征遜丹之斜迷思。於普花見拒印度嗔木連，破其軍二十余萬。
李有棠《遼史紀事本末》卷末		(3) 元元遺山《大丞相劉氏先塋神道碑》。
李有棠《金史紀事本末》卷六		(4) 潘永因《宋稗類抄》云：高宗初至磁州，人不欲其北行，諫不從。宗澤欲假神道以止之，曰：此有崔府君廟甚靈，可以卜珓。仍言其廟有馬更顯應，遂入燒香。其馬啣車輦等物，塞去路，遂止不住。後就玉津園口造廟，令曹泳作記。因檜言：金以為功，不宜歸功神。遂毀之。
李有棠《金史紀事本末》卷四十三		(5) 真定六年，與天倪積不相能。宣宗遣諜招之，遂於哀宗正大二年殺天倪。(《攷異》：畢沅《續通鑑》云“卽元太祖二十年”，而姚燧《牧菴集》撰《史公神道碑》誤作“十年”。)
李有棠《金史紀事本末》卷五十一		(6) 鼎通達吏事，有度量，為政鎮靜，所至無賢不肖，皆得其懽心。南渡後，書生鎮方面者，惟鼎一人。(《攷異》：雷希顏為鼎作《神道碑》，畧云：黃霸、王允、蕭俛、崔植皆漢唐名臣，然或量不足，或才畧有所窮，權不足以濟事。知不足，以知時故也。……見元好問《中州集》。)

表一千五百一十七

作者/文獻	版本	用　　例
李漁 《十二樓》 卷三	清消閑居本	(1) 知縣陪了一茶，就打躬問道：老先生二十年前曾做一樁盛德之事，起先沒人知覺，如今遇了下官，替你表白出來了。那藏金贈友、不露端倪、祇以神道設教的事，可是老先生做的麼？此老聽見這句話，不覺心頭跳動，半晌不言。
李漁 《十二樓》 卷四		(2) 誰知事不凑巧，神仙拈不着，倒拈着一個凡人。就把這位小姐驚得柳眉直豎，星眼頻睃，說他：往日的神通，都到那裏去了！正在那邊愁悶，詹公又道：鬮取已定。叫他去拜謝神鬮。嫻嫻方怪神道無靈，怨恨不了，那裏還肯拜謝。
李漁 《十二樓》 卷五		(3) 心上思量道："正"字與"邪"字相反，邪念不改，正路難歸。莫非是神道有靈，見我做了一樁善事，要索性勸我回頭，故此加上一畫，要我改邪歸正的意思麼？仔細看了一會，只見所添的筆跡又與原字不同。原字是凹下去的，這一畫是凸起來的，黑又不黑，青又不青，另是一種顏色。 (4) 因自己所行之事絶類神仙，凡人不能測識，知道學仙容易，做佛艱難，要從他性之所近。就把左邊的房子改了道院，與淨蓮同修各業，要做仙佛同歸。就把"歸正"二字做了道號，只當神道替他命名，也好顧名思義，省得又起邪心。
李漁 《連城壁》 子集	清康熙寫刻本	(5) 從來做神戲的，名雖爲神，其實是爲人，人若不便于看，那做神道的就不能勾獨樂其樂了。所以那些檀越改了第二個月的初三，替他補壽。此時，戲方做完，正要打發梨園起身，不想譚楚玉夫妻走到，雖是偶然的事，或者也是神道有靈，因他這段姻緣原以做戲起手，依舊要以做戲收場，所以留待他來做一出喜團圓的意思也不可知。
李漁 《連城壁》 卯集		(6) 原來是個舊玉的扇墜。蔣瑜大駭道：我家向無此物，是從那裏來的？我聞得本境五聖極靈，難道是他攝來富我的不成？既然神道會攝東西，爲甚麼不攝些銀子與我？這些玩器寒不可衣，饑不可食，要他怎的？又想一想道：玩器也賣得銀子出來。不要管他，將來吊在扇上，有人看見要買，就賣與他。
李漁 《連城壁》 午集		(7) 如今見舊主有難，不知是那個神道托夢與他，大家不約而同，特地趕來相救的。淳于氏吃驚之後，爬起來坐了一會，把起先失去的魂魄招了轉來，方才問衆人道：你們是從那裏來的？方才扯勸的人是那兩個？爲甚麼原故你們都不怕鬼，竟與他說起話來？

續表

作者/文獻	版本	用　　例
李漁 《連城璧》 酉集	清康熙寫刻本	(8) 一卿看見這個光景，曉得有神道附住他了，就叫丫鬟當真去取來。丫鬟舀一碗淨水，取一把腰刀，遞與她。她就步罡捏訣，竟與道士一般做作起來。 (9) 自己又應道：這也是大娘教我的。他說初來之時，與表兄說話，丈夫疑她有私。後來她的表兄恰好來借宿，我就用這個法子離間她。這樁事是她自己說話不留心，我固然該死，她也該認些不是。我做的怪事只有這三樁，要第四件就沒有了。後來把我們擡來擡去的事不知是那個做的，也求神道說個明白。 (10) 楊氏聽了這些話，快活到極處，反痛哭起來，只曉得是神道，不記得是仇人，倒跪了陳氏，磕上無數的頭。 (11) 正在那邊疑惑，只見他父親與隔壁的道婆聽見這樁異事，都趕來看。只說他既有神道附了，畢竟曉得過去未來，都要問他終身之事。 (12) 不想走到面前，陳氏把一隻手揪住兩個的頭髮，一隻手掉轉了刀背，一面打，一面問道：毒藥是哪個買來的？東西是哪個運去的？快快招來！起先兩個還不肯說，後來被她打得頭破血流，熬不住了，只得各人招出來。一卿到此，方才曉得是真正神道，也對了陳氏亂拜。 (13) 問他昨日舞弄之事，一毫不知，只說在睡夢之中，被個神道打了無數刀背。一卿道：可曾教你招甚麼話麼？他只是模糊答應，不肯說明。那裏曉得隱微之事，已曾親口告訴別人過了。
李漁 《連城璧》 亥集		(14) 內中有幾個聰明的道：神道的回文，豈有與人看見之理？或者就在夢中發去，本縣的父母也在夢中拆看，也不可知。 (15) 眾人見了這角文書，大家你看了我，我看了你，都覺得毛骨竦然，就一齊贊嘆道：這等看起來，本縣的父母不但是包龍圖的後身，竟是包龍圖的正身了。只是縣裏發去的文書，只得一件，如今爲何有兩件，難道連前文也發回不成？有幾個少年的要私自餂開一看，然後送與包公；那些老成的不肯，說私開官府的文書，尚且有罪，何況赫赫有靈的神道，是兒戲得的？ (16) 包公見他說得對針，知道瞞不到底，就大笑起來道：那角回文，果然是小弟扭捏出來的。令正受枉的情節，小弟胸中甚是了然，只因兄是當局之人，又且爲先入之言所惑，所以執迷不解。若不把神道設教，如何扯得攏來？所以做出那樁欺人的勾當。

續表

作者/文獻	版本	用　例
李漁 《連城璧》 外編卷二	清康熙寫刻本	(17) 皮匠大駭，欲待甩去，又思量道：豬鬃是我皮匠的本錢，怎好暴棄天物。就拿回來穿線縫鞋，後來果然一世用他不盡，這或者是因他自生妄想，魂魄要阿其所好，信口教他去起窖，偶然撞著的；又或者是神道因他聒絮得厭煩，有意設這個巧法，將來回覆他的，總不可知。 (18) 達卿道：這等看起來，分明是菩薩的神道了。想當初降生的時節，他做個兩可的道理，試我好善之心誠與不誠，男也由得他，女也由得他，不男不女也由得他。如今見我的家私舍去一半，所以也拿一半來安慰我。這等看來，將來還不止於此。
李漁 《尺牘初徵》 卷八	清順治十七年刻本	(19) 次日，即趨神道路，訪靈兄于皋亭之西塢。承翰簡遂不能以時裁荅，媿惋如何？武林谿口，弟已處處誌之矣。未審，他日再來，還識桃源路否？

表一千五百一十八

作者/文獻	版本	用　例
李玉 《意中人》 卷下	舊鈔本	(1)（丑）醒呀！我在睡夢中，分明有神道叫我，説道：劉小姐，選秀進京，到此投水，着我救回。 (2)（丑）神道叫我救人，舡夫婦人在那里？ (3)（旦）（丑下）舡婆老兒，我們好造化，得了這一百両銀子，也該祭祭神道。舡家且到前面馬頭上，買三牲去揺介。 (4)（外）這都是婚姻天定，所以神道每每在暗中護佑。如今作速報你母親知道，也好教他歡喜。
李玉 《永團圓》 卷下	明崇禎刊本	(5)（丑）那箇不曉得，你有箇養家神道哩。
李玉 《人獸關傳奇》 卷上	明崇禎刊本	(6)（擡頭見小生介）阿呀！不好了，神道出現了。 (7)（丑）一箇金盔金甲神道，一條大蛇，一箇白老蟲，鑽來鑽去。 (8)（旦）我聞金蛇是金，白鼠是銀。他説神道莫非藏神，他説緑火莫非藏火。紫荊樹下，必有財香在里面。 (9)（旦）神道顯靈，必有緣故，何不掘開一看。

表一千五百一十九

作者/文獻	版本	用　例
李元《蜀水經》卷十三	清嘉慶傳經堂刻本	（1）按：唐肅宗乾元二年，魯公以刑部侍郎爲李輔國所惡，貶蓬州長史，故所在多碑刻焉。此碑，歐陽《集古錄》載之，稱寶應元年立於閬州者。……鮮于氏兩《神道碑》，一在三教院巖上，一在墓田。
李元《蜀水經》卷十四		（2）永寧二年，大竹馮煥殘碑，渠縣馮煥神道。建光元年，達州馮煥碑。

表一千五百二十

作者/文獻	版本	用　例
李元度《國朝先正事略》卷三	清同治刻本	（1）謹按：生英死靈，理本不易，而幽渺附會之說，儒者或以爲無稽。然古聖人以神道設教，王者受命進退百神之祀，几以爲民而已。其應乎天神、地祇、人鬼之典法者，固爲秩宗所掌錄；其能禦災、捍患合乎以死勤事之義，而又能見靈爽爲徵驗以奔走天下者，王者亦秩而祀之，所以從民望也。
李元度《天岳山館文鈔》卷二十三	清光緒六年刻本	（2）贈通奉大夫截取知縣伯父遜吾府君神道碑銘 （3）今制，階三品以上，得立《神道碑》。 （4）直隸布政使前安徽巡撫唐公神道碑銘 （5）公之子具狀，屬文其《神道碑》，乃銘曰：衡鎮火維，蜿蟺螃礴。喆人挺生，降神喬嶽。顯允唐公，起家以儒。投筆奮梃，手砍豺貙。饒信襄黃，琱戈疊指。斧彼凶吭，所當輒靡。惟帝念功，詔逮監司。爾臬爾藩，繫鄂安危。……公曰歸與，時止則止。卻掃明農，釣遊舊里。旂常節鉞，勳在生民。撰公志事，有蘊未申。散手騎箕，山邱華屋。淮漢遺黎，同聲巷哭。藍江宰樹，嶽翠遥涵。有碑墮淚，一字何慚。 （6）頭品頂戴記名提督借補長沙協副將韓公神道碑銘 （7）二品頂戴署湖南巡撫翟公神道碑銘 （8）劉德受孫三人，女孫四人。所箸有《奏牘》及《籌邊紀事》四種。葬武陵某鄉之原。楊駕部彝珍誌其幽，宗發等立碑神道，屬元度為之銘。 （9）誥封光祿大夫周公筱風神道碑銘 （10）公以光緒四年八月二十八日，考終里第，壽六十有五。女三人：適陳、適許、適王。孫五人，女孫四人。……振瓊具狀，屬文其《神道碑》，乃銘曰：喆人勵學，惟忠惟孝。

續表

作者/文獻	版本	用　例
李元度《天岳山館文鈔》卷三十七	清光緒六年刻本	(11) 余問弟死事狀神，大書云：凡忠臣烈士，死即歸神道爾。
李元度《天岳山館文鈔》卷三十八		(12) 因果：因果之說，本於聖經賢傳，不自道釋始也。《易》言：餘慶餘殃。《書》言：惠吉逆凶，惟影響。又言：作善降百祥，不善降百殃。又言：皇天無親，惟德是輔。……《孟子》言：仁則榮，不仁則辱。福禍無不自己求之。凡此皆因果之炳著者也。人生，一飲一啄，莫非前定。所謂果也，命之不易者也，而其所以致此則因也，命之所從來也。聖賢言義理鬼神，言吉凶，然言義理而吉凶在其中矣，言吉凶而因果在其中矣。聖人知善者必吉，惡者必凶，猶夏之必暑，冬之必寒，而世人不知也。於是諄諄然教以為善去惡，教以趨吉避凶，所以救其焚而拯其溺。故曰：吉凶與民同患，而世人不信也，則且以神道設教，而因果之說著焉。若夫道家以清靜無為為宗，釋家以了生死為宗，彼方遺棄一切，若吉凶禍福殃祥，何足關其慮哉？故因果實儒家之言，釋氏至末流始暢言因果，然其說晚出後《六經》，且二千年不察其繇來，猥以因果為二氏之言，而擯之可乎？且夫天之愛人甚矣。人之求富貴壽考安樂者，情也。均是人也，何以此富而彼貧，此貴而彼賤，此壽而彼夭，此安樂而彼困苦？然且富貴壽考安樂者少，貧賤夭折困苦者多，造物之不公不平甚矣！不公不平是不仁也。

表一千五百二十一

作者/文獻	版本	用　例
李兆洛《養一齋集》文集卷二	清道光二十三年活字印四年增修本	(1) 闡太上之遺，垂陰騭之篇，明禍福以示之嚮，以神道輔師道，而濟孔孟之窮。至於今，而又有孚佑帝君之命矣。心，孔孟之心；言，程朱之言；訓，文昌之訓。問焉以言，受命如響。為君子謀，不為小人謀。
李兆洛《養一齋集》文集續編卷三		(2) 婦人《神道碑》，唐人始有之。既非合葬，自于體無妨。然既如此，則贈光祿，斷不可無碑。

續表

作者/文獻	版本	用　例
李兆洛《（嘉慶）東流縣志》卷十三	清嘉慶刻本	(3) 姚繼祖《重修城隍廟記》曰：先王以神道設教，有功德於民。能捍菑禦患者祀之，凡以陰相夫民也。而城隍廟爲一境保障，司彰善癉惡之令，水旱疾癘，醮壇虔請，以除祲而降祥，其有功於斯民甚大。
李兆洛《駢體文鈔》卷一	清道光合河康氏家塾刻本	(4) 陸倕《新刻漏銘》（并序）：（銘起《盤盂》。辨物當名，貴覈而肅。文雖失於辟積，而密藻可觀。）夫自天觀象，昏旦之刻未分；治歷明時，盈縮之度無準。挈壺命氏，遠哉義用；揆景測辰，儆宮戒井。……乃詔小臣，爲其銘。曰：一暑一寒，有明有晦；神道無跡，天工罕代。乃置挈壺，是惟熙載；氣均衡石，晷正權概。世道交喪，禮術銷亡；遽遷水火，爭倒衣裳。擊刁舛次，聚木乖方；爰究爰度，時惟我皇。……授受靡謬，登降弗爽；惟精惟一，可法可象。月不遁來，日無藏往；分似符契，至猶影響。合昏暮卷，蓂莢晨生；尚辨天意，猶測地情。況我神造，通幽洞靈；配皇等極，爲世作程。 (5) 薛元卿《老氏碑》：（文字因題而異，亦因所施而異。意存揚頌，遂氾濫而忘其所歸，是忘題也。為老氏立碑，不詳立碑之意，而詳立碑之人，是忘其所施也。自梁以下，其蔽皆然。駢體之遂為分途，皆自此等為之厲也。此唐初四傑之先聲。其小異者，尚有疏樸之致。）自太極權輿，上元開闢，舉天維而懸日月，橫地角而載山河。一消一息之精靈，上生下生之氣候，固以財成庶類，亭毒群品，有人民焉，有君長焉。……自三代之餘，六雄競逐，秦居閏位，漢雜霸道，魏氏則虐深華夏，有晉則化成戎狄。降斯以後，粹駁不分，帝迹皇風，寂寥千載。天命聖德，會昌神道，變億兆之視聽，復三五之規模。固以幽明贊協，符瑞彪炳。千年靈蔡，著天地以效徵；三足神烏，感陽精而表質。……乃詔下臣，建碑作頌。其詞曰：悠哉振古，邈矣帝先。四紀維地，八柱承天。叢生類聚，廣谷大川。至道靈運，神功自然。……至神不測，理存系象。大音希聲，時振高響。遐邇讚頌，幽明資仰。敬刊金石，永播天壤。
李兆洛《駢體文鈔》卷二十一上		(6) 公生自華宗，世務簡隔，至於軍國遠圖，刑政大典，既道在廊廟，則理擅民宗；若乃明練庶務，鑒達治體，懸然天得，不謀成心，求之載籍，翰牘所未紀；訊之遺老，耳目所不接。至若文案自環，主者百數，皆深文爲吏，積習成奸，畜筆削之刑，懷輕重之意，公乘理照物，動必研幾，當時嗟服，若有神道，豈非希世之儁民，瑚璉之宏器。

續表

<table>
<tr><th>作者/文獻</th><th>版本</th><th>用　　例</th></tr>
<tr><td>李兆洛
《駢體文鈔》
卷二十二</td><td rowspan="3">清道光合河康氏家塾刻本</td><td>（7）臣聞遊魂變化，神道無方，雖聖靈登追，降陟在天，連光五精，流輝太一。或冀神輿降觀，薄狩五服，時邁玉輅，言巡兹邑。是以下臣仰瞻紫宮，俯要恍惚，愚情振蕩，靡審所如，不勝延頸紫微，結心閶闔之清，謹住水濵，拜章陳愚。
（8）庾仲初《虞舜像贊》（并序）：夫至道元妙，非器象所載；靈化潛融，非軌迹所傳。故道資沖樸，則謂之三皇；德被羣生，則號稱舜、禹。是以先王因其會通，制爲準極。功極于天，則配乎上帝；法施于民，則載在祀典。然後名教彰于致治，王道煥乎無窮。故兹堂之構也，有自來矣。然樹寢所以棲神，而寢非神之所期；立像所以表德，而像非德之所存。若乃廢其軌景，洞其元眞，雖冥照之鑑獨朗，天下惡乎注耳目哉？遂乃顯圖靈像，廓其廟壇。俾天光焜于宇宙，南風散乎五絃。豈謂神道之妙，可寄于有涯哉？蓋亦暢悠悠之心者也。其辭曰：元像焜耀，萬物之靈。飛龍在天，陽德文明。神道雖寂，務由機生。擁琴高詠，寄和五聲。元風既暢，妙盡無名。民鑒其朗，孰測窈冥。</td></tr>
<tr><td>李兆洛
《駢體文鈔》
卷二十三</td><td>（9）沈休文《桐柏山金庭館碑銘》：夫生靈為貴，有識斯同；道兲雲及，終天莫反。終天莫反，故仙學之秘，上聖攸尊。啟玉笈之幽文，貽金壇之妙訣。駐景濛谷，還光上枝。……帝明紹歴，惟皇纂位。屬心鼎湖，脫屣神器。降命凡底，仰祈靈秘。瞻彼高山，興言覆簣。啟基桐柏，厥號金庭。喬峰迴峭，擘漢分星。臨雲置墠，駕岳開櫺。磵塗蹇產，林麓蔥青。誰謂應遠，神道微密。慶集宮闈，祥流罕畢。其久如地，其恒如日。壽同南山，與天無則。更生變戀，外示無功。少君飛轉，密與神通。因資假力，輕舉騰空。庶憑嘉誘，永濟微躬。</td></tr>
<tr><td>李兆洛
《駢體文鈔》
卷二十四</td><td>（10）庚子山周太子太保步陸逞神道碑
（11）庾子山周柱國長孫儉神道碑
（12）庾子山周車騎將軍賀婁公神道碑
（13）溫鵬舉《常山公主碑》：啟泰微之層構，闢閶闔之重扉，據天下以為家，苞率土而光宅。然則昆山西峙，爰有夜光；漢水東流，是生明月。公主稟靈宸極，資和天地，芬芳有性，溫潤成質。自然秘遠，若上元之隔絳河；直置清高，類姮娥之依桂樹。令淑之至，比光明於宵燭；幽閒之盛，匹穠華於桃李。託體宮闈，而執心撝順，婉然左辟，率禮如賓。舉華燭以宵征，動鳴佩而晨去。致肅雍於車乘，成好合於瑟琴，立行潔於清冰，抗志高於黃鵠。停輪表信，闔門示禮。終能成其子姓，貽厥孫謀。而鐘漏相催，日夜不息，川有急流，風無靜樹。奄辭身世，從宓妃於伊洛；遽捐館舍，追帝子於瀟湘。銘曰：龍轡莫援，日車遂往，奄離形神，忽歸邱壤。祖歌薤露，出奏巫山，永厝中埜，終掩窮泉。蕭瑟神道，荒凉墓田，松櫝徒列，琬琰空傳。</td></tr>
</table>

續表

作者/文獻	版本	用　　例
李兆洛《駢體文鈔》卷三十一	清道光合河康氏家塾刻本	(14) 陸士衡《吊魏武帝文》(并序)：元康八年，機始以台郎，出補著作，游乎秘閣，而見魏武帝遺令，愾然歎息，傷懷者久之。客曰：夫始終者，萬物之大歸；生死者，性命之區域。是以臨喪殯而後悲，覩陳根而絶哭。今乃傷心百年之際，興哀無情之地，意者無乃知哀之可有，而未識情之可無乎？……接皇漢之末緒，值王途之多違。佇重淵以育鱗，撫慶雲而遐飛。運神道以載德，乘露風而扇威。摧羣雄而電擊，舉勁敵其如遺。指八極以遠畧，必翦焉而後綏。釐三才之闕典，啟天地之禁闈。舉修綱之絶紀，紐大音之解徽。掃雲物以貞觀，要萬途而來歸。丕大德以宏覆，援日月而齊暉。濟元功於九有，固舉世之所推。……既晞古以遺累，信簡禮而薄葬。彼裘紱於何有，貽塵謗於後王。嗟大戀之所存，故雖哲而不忘。覽遺籍以慷慨，獻茲文而淒傷。
李兆洛《（嘉慶）鳳臺縣志》卷三	清嘉慶十九年刻本	(15) 明府武進李君到官五載，年穀屢登，民無疾疫，蟲蝗不流，工作並興。縣民吳芳春，以私錢若干，卜擇吉日，役工興理，黝堊斯焕，崇擔翼如，神道尊顯，永保于齡，以頌功德，刻石紀焉。
李兆洛《（嘉慶）鳳臺縣志》卷五		(16) 曾致堯（字正官，撫州南豐人。舉進士，遷秘書丞，移知壽州。州近京師，諸豪歛手，不敢犯。既去，壽人遮留，以一騎二卒逃去，過他州，猶有追之者。見歐陽文忠公《曾公神道碑銘》。)

表一千五百二十二

作者/文獻	版本	用　　例
李中簡《嘉樹山房集》文集卷二	清嘉慶六年嘉樹山房刻本	(1) 堪輿家之言曰：凡葬穴之前地稍下，欲其聚水謂之堂，是不可葬。今十世以下葬者，皆在堂中矣。神道之碑，稍徙而南，神道不能一弓失舊觀三之二焉。
李中簡《嘉樹山房集》文集卷四		(2) 誥贈奉政大夫直隸蔚州知州山西黎城九峯靳公神道碑銘 (3) 按令甲，官五品以上，得立碑於隧。重以書與狀來，請爲神道之文。余不獲辭，銘曰：純德承家，善門餘慶。響應影隨，實惟前定。猗歟先生，風卓望令。哀樂過人，出於至性。名位不酬，高文篤行。克家喆嗣，致身丁年。飫聆先訓，奉以周旋。惠愷在人，茀祿自天。賢侯良牧，嘉績流傳。朱紱方來，衮衮綿綿。松栢茂術，穹碑翼然。我銘無愧，以俟後賢。

續表

作者/文獻	版本	用　　例
李中簡《嘉樹山房集》詩集卷二	清嘉慶六年嘉樹山房刻本	(4)《仝眞定初条大佛恭讀御製長句》：恒山之陽滹水濱，銑鋈金容天下聞。我來入寺不見佛，香閣截嵲凌寒旻。半空鬱律散佳氣，擘窠御榜懸星辰。……我聞至教法不二，空花入眼心猶塵。須彌自藏芥子子，安取大小生差分。眾生狹習闇黎誕，愛欲未必勝貪嗔。此佛模範豈人力，天遣象教垂慈雲。龍騰故苑無石馬，花宇何年飛相輪。干戈五代智力索，莖草自示皈依門。荊山範銅有遺意，鑄鼎象物今則淪。中原雄鎮鉅觀在，奔波四海來如麇。神道設教不猶愈，露盤空詫西都賓。俗傳附會不敢信，煌煌天語垂貞珉。

表一千五百二十三

作者/文獻	版本	用　　例
李祖陶《國朝文録》亭林文錄卷二	清道光十九年瑞州府鳳儀書院刻本	(1) 張説《隴右節度大使郭知運神道碑銘》：河曲迴兵，臨洮舊防。手握金節，魂沈玉帳。千里送喪，三軍悽愴。
李祖陶《國朝文録》南雷文錄卷一		(2) 大學士機山錢公神道碑銘 (3) 光祿大夫太子太保吏部尚書謚忠襄徐公神道碑銘
李祖陶《國朝文録》邵青門文錄卷一		(4) 光祿大夫太子太保内翰林國史院大學士贈少保兼太子太保文康宋公神道碑銘（代湯潛庵先生）
李祖陶《國朝文録》邵青門文錄卷二		(5) 虞山錢公謙益為公譔《神道碑》，叙事詳贍，然頗病其蕪蘘。 (6) 清故通奉大夫詹事府詹事兼翰林院侍讀學士加禮部侍郎沈公神道碑（代）
李祖陶《國朝文録》朱文端公文集卷二		(7) 吾謂佛事之斷斷不可作者，其為害有九。喪禮，自卒而襲而殮而殯奠而不祭，以生人之道事之也。既葬，而三虞卒哭，祔練祥禫，感服制之變，除悽愴孝享，以神道事之也。今世俗於初終、七七、百日以及期年再期，惟事齋醮，薦度是始，則忍於死，其親不以生人之禮事之。既復瀆褻侮慢，不以神道事之也。

續表

<table>
<tr><th>作者/文獻</th><th>版本</th><th>用　例</th></tr>
<tr><td>李祖陶
《國朝文録》
鲒埼亭集文錄
卷一</td><td rowspan="4">清道光十九年瑞州府鳳儀書院刻本</td><td>(8)《明故兵部尚書兼東閣大學士贈太保吏部尚書謚忠介錢公神道第二碑銘》：世祖章皇帝定鼎二年五月，江南内附。六月，浙江内附。閏月，明故刑部員外郎錢公肅樂起兵於鄞。……公死幾三十年，仲弟肅圖始舉子，以為公後，曰濬恭。越九十五載，濬恭年已七十，欲修墓於黄蘗，乃乞余詳節公文集中諸事跡，合之侍御所作家傳并諸野史之異同，參伍考稽，以為公神道第二碑銘。其銘曰：眞人御世兮，六宇偃兵。孤臣空懷故國兮，終何所成。浙有方、王兮閩有鄭，天降魔君兮莫之能爭。公魂西逝兮錢江，公魄南去兮琅江，來歸舊宅兮甬江。導以義旗兮堂堂。前揚波兮後重水，看寒芒兮箕尾。可憐孤兒七十兮賦大招，公歸來兮聽吾誄。
(9)《附舊寄萬編修九沙劄》：忠介事實之詳，宜莫如其弟退山先生之文，然亦有遺且誤者。如《急援平湖義兵疏》，乃江上第一好著，時不能行，不待次年之夏，知其無能爲矣。諸傳皆不載，并退山亦失之。江上頒詔之爭，張、熊、朱、錢分爲二，而忠介以此遂爲悍帥口實，此最有關係者，諸傳皆不載，并退山亦失之。江上有兵部侍郎之命，再辭不受，既至翁洲，有吏、户二部尚書之命，退山皆失之。若披緇於閩，則劉氏《神道碑》中及《林太常傳》皆有之，而退山似諱其事，不知此不必諱也。……尊諭令某博考以正前人之失，某亦何敢，但是文於參稽頗詳審云。</td></tr>
<tr><td>李祖陶
《國朝文録》
鲒埼亭集文錄
卷二</td><td>(10) 明太傅吏部尚書文淵閣大學士華亭張公神道碑銘
(11) 梨洲先生神道碑文
(12) 亭林先生神道表</td></tr>
<tr><td>李祖陶
《國朝文録》
鲒埼亭文錄
卷三</td><td>(13) 太子少保兵部尚書兼都察院右都御史總督福建世襲輕車都尉會稽姚公神道第二碑銘
(14) 前侍郎桐城方公神道碑銘
(15) 閣學臨川李公神道碑銘</td></tr>
<tr><td>李祖陶
《國朝文録》
紫竹山房文集
卷三</td><td>(16) 太子太保光禄大夫兵部尚書總督河南河東河道提督軍務謚慤敬張公神道碑銘</td></tr>
</table>

續表

<table>
<tr><th>作者/文獻</th><th>版本</th><th>用　　例</th></tr>
<tr><td>李祖陶
《國朝文録》
惜抱軒先生文選
卷二</td><td rowspan="3">清道光十九年瑞州府鳳儀書院刻本</td><td>（17）光祿大夫東閣大學士王文端公神道碑文（并序）
（18）公葬於韓城北原，既立神道之碑，乃刻銘曰：科第士首，爵位朝碩。德器優優，以居無怍。大臣之度，遠思邈邈。去名釋功，匪矯以激。事賴其休，物被其澤。惟其志宏，歉而不懌。天子知之，降予載赫。著厥儀形，紫光之閣。願思德音，公逝弗作。過墓思敬，瞻此穹石。
（19）吏部左侍郎譚公神道碑文（并序）</td></tr>
<tr><td>李祖陶
《國朝文録》
紀文達公文錄
卷二</td><td>（20）《曹宗丞逸事》：曹慕堂宗丞，余甲戌同年也，交最契。慕堂卒時，余適以校理祕籍在灤陽，闕為面訣，意恒盡傷。既而讀石君所作《墓誌》、辛楣所作《神道碑》，慨想生平，宛如對晤，不勝山陽隣笛之悲。惟是慕堂立身之本末，二君言之雖詳，其文均篤實，無愧詞，足信天下而傳後世。然有一二逸事，為《碑銘》所未及者。</td></tr>
<tr><td>李祖陶
《國朝文録》
忠雅堂文錄
卷一</td><td>（21）霪雨溜簷，新蘚上四壁，硯中塵薄若蒙縠，一燈熒熒然。乃起濡殘墨，衍其事為《一片石》雜劇，其間稍設神道附會。精誠所感，又何必不爾耶！</td></tr>
<tr><td>李祖陶
《國朝文録續編》
果堂文錄</td><td>清同治刻本</td><td>（22）《與顧肇聲論墓誌銘諸例書》：昨辱手簡，商酌墓銘，諸例各有證佐，非頃刻所能定，熟思詳考，乃敢爲吾兄決言之。蓋古人之銘，廟與墓兼用之，而誌則專用之于幽室。南豐所《寄歐陽舍人書》，乃謝其撰先大夫墓碑銘而作。碑銘非幽室所用，故其書雖嘗因銘及誌，而所云“或納于廟，或存於墓”者，固不論誌而但論銘也。衛孔悝之《鼎銘》、晉魏顆之《景鐘銘》，銘之于彝器；韓文公之《烏氏廟碑銘》《袁氏先廟碑》，顔魯公之《家廟碑》，銘之于碑石，皆所以納于廟者也，于墓誌無與。其存于墓者，埋諸壙中則有若葬銘、埋文、墓誌銘、墓甎文、墳記、壙記之屬，立諸神道則有若墓表、碑文、墓碣銘、神道碑、阡表之屬，其名兩不相假，未有墓誌而立石壙外者。惟《南史・裴子野傳》載一事，此當時藩王破常例重疊爲之耳！……唐之《葬令》：几五品以上爲碑，龜趺螭首；降五品爲碣，方趺圓首。是碑與碣異制也。《明制》：三品以上神道碑，四品以下墓表。黃梨洲謂：自有墓表，更無墓碣。知墓表亦方趺而圓首，是碣與表同制也。隋唐人之命碑、碣、表，多稱其實，後有或碑其碣而碣其表者。
（23）凡高祖之父，連身數之爲六祖，離身數之爲五世。《後漢書・蔡邕傳》：邕六世祖勳，乃邕高祖之父，……則連身數之也。陳子昂誌父墓、柳子厚表父神道，於高祖之上一世皆稱五代祖，則離身數之也。</td></tr>
</table>

續表

作者/文獻	版本	用　例
李祖陶《國朝文録續編》小倉山房文錄卷二	清同治刻本	(24) 文華殿大學士尹文端公神道碑 (25) 吏部侍郎魏公神道碑
李祖陶《國朝文録續編》尊聞居士集卷一		(26) 烈山氏之子曰柱為稷，自夏以上祀之。周棄亦為稷，自商以來祀之。古之火正，或食於心，或食於咮。高辛祀祝融，商人祀閼伯。廬山神，血食六百祀而見替（見《水經注》），則神道之任有更代矣。 (27) 聖人指其氣之精者而名以命之，在陽曰神，在陰曰靈。神靈之號既出，而昭明、焄蒿、悽愴亦遂動盪於不容已，聖人於是制爲祭祀鬼神之禮焉。《易》曰：觀天之神道，而四時不忒。聖人以神道設教，而天下服。此之謂也。
李祖陶《國朝文録續編》經韻樓集文錄卷二		(28) 中憲大夫雲南分廵迤南兵俻道龔公神道碑銘 (29) 以公與余交四十年，知公最深。請爲神道之辭，余不敢辭也。謹書其大端，以爲碑銘曰：古之良史，最重循吏。馬班之書，不傳孝弟。惟孝能循，本無二事。後世分之，源流殊致。……公之文章，昌黎元氣。我實不文，曷銘公隧。刻石新阡，幸無諛愧。
李祖陶《國朝文録續編》竹香齋文錄		(30) 至嘉靖間，吾越有周先生術學所著《神道大編》，浩博無涯，涘人莫得而窺焉。
李祖陶《國朝文録續編》雀硯齋文錄		(31) 余惟沔民生養，下恃堤坊於地，上賴雨澤於天。諸鄉人各祈報社神，城内又虔奉雷神之祀。繼自今雨暘時，若高不憂旱，卑不憂潦，民和歲豐，長食震德於無窮，況體聖天子神道設教！……賢智愈增修其德，庸愚交惕省其非，庶幾孝子順孫、義夫貞婦，蒸蒸興起，比户訓行，爲盛世遵道淳民，則余所謂賅仁義備教養者，是當事與諸君子用心之大端非泛焉。

續表

作者/文獻	版本	用　　例
李祖陶《國朝文録續編》學福齋文錄卷二	清同治刻本	(32) 通奉大夫巡撫福建等處地方提督軍務都察院右副都御史贈光禄大夫敏惠潘公神道碑
李祖陶《國朝文録續編》左海文錄卷二		(33) 大清建威將軍浙江提督總兵官追封三等莊烈伯忠毅李公神道碑文

表一千五百二十四

作者/文獻	版本	用　　例
李佐賢《石泉書屋類稿》卷三	清同治十年刻本	(1) 巫祝邪説，久成惡俗，府君心憂之。是年，值疫復起，府君焚牒，祭告於城隍神曰：神道福善禍淫，民有奸宄，當擇而降之罰，揆以罪人不孥之理，不應徧及。若盡屬當誅，是司牧教化之不善也。殃咎宜加司牧，勿加百姓云云。
李佐賢《石泉書屋類稿》卷五		(2)《跋昭仁寺碑》:《昭仁寺碑》，但著朱子奢撰，而不載何人所書。孫退谷《銷夏記》據鄭樵《金石略》定爲虞世南筆，且云《舊唐書》載：貞觀三年，詔建義以來交兵處，爲隕身戎陣者各立一寺，令虞世南、朱子奢等爲之碑。此碑立於豳州，乃破薛舉處。文既爲朱，則字爲虞，更足據。然《唐書・太宗紀》：命虞世南、李百藥、褚亮、顏師古、岑文本、許敬宗、朱子奢等爲之碑，以紀功業。是虞、朱兩人之外，尚有五人，安見其確屬虞書乎？孫淵如先生《關中金石記》謂筆蹟與《李衛公神道碑》同，疑王知敬書。今取兩碑對勘，筆法實出一手，不得謂其臆説無據而忽之也。
李佐賢《石泉書屋類稿》卷六		(3)《跋宋元人題徐常侍篆書卷》：宋人題徐常侍篆書六段，附元人跋一段。宋賢墨蹟傳世無多，而朱子書尤所罕覯。今時所傳石刻多劍拔弩張之勢，不免令人滋疑。惟邵武新出土《黄中美神道碑》欵題朱子書，筆法秀逸，迴無俗態。此數行與黄君碑筆意絲毫不爽，決爲真蹟。宋人書往往側欹取妍，此諸跋多用側鋒，自屬一時風尚，不但與唐人迥殊，元明書家亦無此風味也。

續表

作者/文獻	版本	用　　例
李佐賢《書畫鑒影》卷三	清同治十年利津李氏刻本	(4) 宋人跋徐常侍篆書五段，附元人跋一段。宋賢墨蹟傳世無多，而朱子書尤所罕覯。今世所傳石刻多劍拔弩張之勢，未免令人滋疑。惟邵武新出土《黄中美神道碑》欵題朱子書，筆法秀逸，迥無俗態。此數行與黄君碑筆意絲毫不爽，決爲眞蹟無疑。宋人書往往側欹取妍，此諸跋多用側鋒，自屬一時風尚，不但與唐人迥殊，元明書家亦無此風味也。

表一千五百二十五

作者/文獻	版本	用　　例
厲鶚《宋詩紀事》卷三	清文淵閣四庫全書本	(1) 翟耆年《籀史》：徐鉉鼎臣從李煜歸朝，為銀青光祿大夫、右散騎常侍。太平興國中，李煜薨，詔侍臣撰煜《神道碑》。有欲中傷鉉者，奏曰：吳王事，莫若徐鉉為詳。遂詔鉉撰。鉉泣曰：臣舊事李煜，陛下容臣存故主之義，乃敢奉詔。太宗許之。鉉但推言歷數有盡，天命有歸而已。
厲鶚《宋詩紀事》卷十		(2)《東軒筆錄》：淑在翰林，奉詔撰《陳文惠公神道碑》。李為人高亢，少許可，文章尤尚奇澀。碑成，殊不稱文惠之功烈、文章，但云“平生能為二韻小詩”而已。文惠子述古等懇乞改去“二韻”等字，荅以已經進呈，不可刋削，述古極銜之。會李出知鄭州，奉時祀于恭陵，作詩云云。述古諷寺僧刻石。俄有以詩上聞者，學士葉清臣等言“本朝以揖遜得天下，而淑誣以干戈。”仁宗亦深惡之，遂落李所居職。

表一千五百二十六

作者/文獻	版本	用　　例
厲荃《事物異名録》卷十	清乾隆刻本	(1) 神道：《後漢・中山王傳》：墓門前開道，建石柱為梁，乃謂之神道（墓道）。

表一千五百二十七

作者/文獻	版本	用　　例
連斗山《周易辨畫》卷十一	清文淵閣四庫全書本	(1)《彖》曰：大觀在上，順而巽，中正以觀天下。觀，盥而不薦，有孚顒若，下觀而化也。觀天之神道，而四時不忒。聖人以神道設教，而天下服矣。（“以觀”之“觀”，官喚切。） (2) 此句乃戒辭，非效驗也。下又本“有孚”二字，以推廣其義，蓋“有孚”者誠也。誠之至，則萬物无不動。而其道神矣，故下文接言“神道”。 (3) 然九五之有孚，不獨下觀而化也。試觀於天，維天之命，於穆不已。道何神也？要之，不過一誠。其自春而夏者，誠之通也；其自秋而冬者，誠之復也。唯其誠，而四時順序不忒矣。再觀於聖人，退藏於密，神明其德。道何神也？要之，亦不過一誠。或巡嶽而修望秩之典，或入廟而深奏假之思，其神道以設教，无非一誠之感通也。夫誠意可以通於神，而况斯世之民有不服焉者乎？天與聖人，皆不外一誠。此《彖》於四陰盛長之時，為五計者，必欲其有孚也。（巽，風行於天上，天之神道之象；巽，命申於廟堂，聖人神道設教之象。）
連斗山《周易辨畫》卷三十九		(4) 由師之一陽，再雜一陽於其初，其卦為臨。剛浸而長，宜有所與矣。然教思无窮，无保无疆，若或與之而又不苐與之也。由比之一陽，再雜一陽於其上，其卦為觀。下觀而化，似有所求矣。然省方觀民，神道設教，若或求之而又不苐求之也。

表一千五百二十八

作者/文獻	版本	用　　例
梁國治《國子監志》卷五十八	清文淵閣四庫全書本	(1) 後儒之説紛紜，競起取義，則辟者明而雍者和。象形則辟，璧圓而雍。壅水九室、十二室、四窗、八窗，太廟、清廟、世室、明堂，名異地同，大射、大饗、大祀行其中，以神道之清静，天子之尊崇，混神人而無異。

表一千五百二十九

作者/文獻	版本	用　　例
梁煥奎《青郊詩存》卷二	民國元年梁煥均長沙刻本	(1)《石亭寺》：古驛煙霧黃，村豕臥門限。素礫屋底垂，壞瓦簷下偃。臺梁低可觸，道士危不剗。殿宇宿潰橫，帳席流塵滿。草刺著行衣，薪煙掛遊眼。聞有修持士，梵静彌旦晚。農田苦災虐，未可人力挽。報賽豈無由，將以息澇旱。從古設神道，物窮知所返。今世豈不然，母因咎荒誕。西俗徧禮拜，荒野託羣款。我來坐頹廊，問訊涕欲潸。大地一微塵，視茲諸佛祖。

表一千五百三十

作者/文獻	版本	用　　例
梁紹壬《兩般秋雨盦隨筆》卷五	清道光振綺堂刻本	(1)《任忠勇神道碑》：袁簡齋先生《任忠勇公神道碑》起四句云：山西出將，應運生祈父之才；巴蜀從軍，從古落大星之地。一起已將生平揭盡，是何等魄力！
梁紹壬《兩般秋雨盦隨筆》卷六		(2)《沒字碑》：謝太傅墓碑無字，偉績豐功不勝記也；秦太師墓碑無字，穢德醜行不屑書也。（檜死，詔撰《神道碑》，士大夫無一執筆者。見俞德鄰《佩韋齋集》及彭大翼《山堂肆考》。）同一事，而相隔天淵若此。又秦檜墓地，今俗名狗葬村。 (3)《一把雪一把連》：韓世忠在軍中，獨騎馳馬，使“一把雪”執信字旗。一把雪者，趫捷善走之人也。見《蘄王神道碑》。一把連，明宮中近御太監。凡入侍則抹布小刀一一佩帶，以備上用，名“一把連”。見葉某《明宮詞注》。 (4)《書卒異詞》：凡人死，曰卒，曰歿，曰疾終，曰溘逝，曰厭世，曰棄養，曰長逝，曰捐館舍，此夫人知之也。又曰棄堂帳。顏魯公《徐府君神道碑》：夫人春秋六十有八，棄堂帳于相州之安陽。又曰啟手足。獨孤及《獨孤公夫人韋氏墓誌》：啟手足之日，長幼號咷。權德輿《杜岐公誌銘》：十一月，辛啟手足京師安仁里。梁肅《皇甫縣尉誌銘》：啟手足於嘉興縣私第。宋李宗諤《石保吉碑》：啟手足於豐義坊之私第。又曰隱化。……又曰遷神。……又道士卒曰解駕。……曰遁化。……尼卒曰遷神。……曰遷化。……曰捨壽。……僧卒曰遷形，亦曰遷化。……曰示滅。見劉禹錫《牛頭山融大師新墖記》。

表一千五百三十一

作者/文獻	版本	用　　例
梁詩正《西湖志纂》卷八	清文淵閣四庫全書本	(1) 下竺寺橋：南澗，東出中竺寺橋，又東合神道塢，為下竺寺橋。

表一千五百三十二

作者/文獻	版本	用　　例
梁廷枏《藤花亭鏡譜》卷五	清道光刻本	(1) 然以《參同契》有“雄不獨處，雌不孤居。元鳥龜蛇，蟠糾相挾，以明牝牡，意當相須。”語考之，則龜蛇合，見其來已舊矣。又《漢謁者沈府君神道碑》：上刻鳳，下刻龜，亦蛇身中藏龜甲之內，獨其首尾長出。

表一千五百三十三

作者/文獻	版本	用　例
梁同書《頻羅庵遺集》卷十四	清嘉慶二十二年陸貞一刻本	(1) 神道：杜詩：窮途仗神道。(《後漢書·隗囂傳》：方望曰：所謂神道設教，求助人神者也。)

表一千五百三十四

作者/文獻	版本	用　例
梁錫璵《易經揆一》卷一	清乾隆刻本	(1) 夏曰歲，天道也。歲從步從戌。戌因木星之精，生於亥，至戌而周天。步言躔度之行，可推步也。周曰年，人道也。年，古從禾千，故《春秋》以歲豐爲有年也。唐虞曰載，地道也。商曰祀，神道也。地統於天，神依於人，故《易》言歲言年。
梁錫璵《易經揆一》卷五	清乾隆刻本	(2) 觀天之神道，而四時不忒。聖人以神道設教，而天下服矣。 (3) 因下觀，而推其義。下觀而化，莫知其然之謂神。神非人，所爲天也。五上爲天，陽實爲誠，誠則神矣。天之運見於四時，而終古不忒，其所以不忒，無聲臭可尋，故曰神道也。觀天，而知化民之本矣。聖希天而與天同德，則與天同道。夫恃政令爲教，下徒口應之，或僅身應之，以神道設教則精意有以潛通乎民，民直以心應之而服。時行物生，教設民服，服故化也。蓋誠其所存，神其所存，而妙於物者乎？
梁錫璵《易經揆一》卷六	清乾隆刻本	(4) 此於《釋名》卽繫以聖人，蓋惟聖人斯與帝合其德，聖人而爲天子斯與帝耦其職。聖人斯能用聖，聖人斯能器使天下之賢也，享神道也。物皆帝所生，無物報其德。享用犢，犢尚未有牝牡之情，取其純而潔也，養人道也。
梁錫璵《易經揆一》卷七	清乾隆刻本	(5) 神道設教，以身率之，道之以德，觀之本也。觀民設教，以令喻之，齊之以禮，觀之用也。神道以同天省方，以因地歸於中正而已。然設教由於觀民，猶然盥而不薦之意。
梁錫璵《易經揆一》卷八	清乾隆刻本	(6) 太和流行，變化無迹，天之神道也。湯武效之，可取不取，迨天人交迫不得已而放伐，聖人之至德也。

表一千五百三十五

作者/文獻	版本	用　例
梁顯祖《大呼集》卷一	清康熙刻本	(1) 問：祭先賢先聖，如何？曰：功德在人，人自當報之。古人祀五帝，只是如此。後世有箇新生底神道，緣衆人心邪向他，他便盛。如狄仁傑只留吳泰伯、伍子胥廟。壞了許多廟，其鬼亦不能爲害，緣是他見得無這物事了。上蔡云：可者，欲人致生之，故其鬼神；不可者，欲人致死之，故其鬼不神。
梁顯祖《大呼集》卷二		(2) 由大者而論之，繫乎盛衰者莫大乎國都，殽函河渭無異也。秦帝之亾，漢帝之昌，隋據之而促，唐據之而長，果在於善地乎？帝王之尊，家天下而役海內。使地善而可興，竭智以營陵廟，奚求而不致。而亾國敗主相屬，則果不在乎此也審矣。古之卜宅兆云者，以神道定民志耳，非視岡阜之向背逆順臆度目斷，如世之葬師之爲也。 (3) 敖子發曰：或問沛公斬蛇，神母夜哭，信然乎？予曰：適然遘蛇而斬之，無足怪者。乃若神母夜哭，竊疑沛公嗾老嫗爲之又嗾人告焉，使神其事以鼓西向之氣耳。……假神道以聳動人心，尤兵家秘密之術。觀田單守即墨而天神下降，陳勝首禍而魚腹獻丹書，類可槩見。
梁顯祖《大呼集》卷三		(4) 或曰：天災流行，陰陽舛訛，天以之警於人與？劉文成公曰：否。天以氣爲質，氣失其平則變。是故風雨、露雹、晦明、寒暑者，天之喘汗、呼噓、動息、啟閉、收發也。氣行而通，則陰陽和，律呂正，萬物並育，五位時若，天之得其常也。……雖天，亦無如之何也，惟聖人有神道焉。神道先知，防於未形，不待其幾之發也。堯之水九載，湯之旱七載，天下之民不知其災。朱均不才，爲氣所勝，則舉舜禹以當之。桀紂反道，自絕於天，則率天下以伐之。元氣之不汩，聖人爲之也。 (5) 愚按："神"字有三義：有鬼神造化之神，有在人精神之神，有泛言神妙之神。如《易說》"神以知來""以神道設教""陰陽不測之謂神""神無方而易無體"，皆是說鬼神造化之神。孟子說"所存者神""聖而不可知之之謂神"，此是說神妙之神。《易說》"至精至神""精義入神"，亦只是說神妙，皆非指人心之精神也。
梁顯祖《大呼集》卷五		(6) 劉文成公曰：噫，誣哉！何觀天之局也？一夫有罪，天將自戮之乎？天生民特立之牧，付之以生殺之權，而又自震以討焉，惡用是司牧者爲也。曰：天鑒於民有隱慝焉，人罰弗能及也，而震以威之，顯微闡幽，神道也。

表一千五百三十六

作者/文獻	版本	用　例
梁學昌《庭立記聞》卷一	清嘉慶刻清白士集本	(1)（摺扇）趙槩事，亦見《宋史本傳》及東坡《趙康靖公神道碑》。陸容《菽園雜記》云：摺扇一名撒扇，或作箑非。 (2)《舊唐書·蘇頲傳》：元宗欲於靖陵建碑，頲諫曰：自古帝王及后，無《神道碑》。若靖陵特建，則祖宗之陵皆須追造。元宗乃止。《韋湊傳》亦有此語。靖陵乃元宗母昭成后竇氏也，然則陵寢無碑歟？曰：潘蒼崖《金石例》言《神道碑》，天子有之。今世尚有《宋文帝神道碑》，墨本。《金石錄》：唐昭陵刻石文，太宗爲文德皇后立，歐陽詢書。高宗乾陵《述聖記碑》，武后撰，中宗書。
梁學昌《庭立記聞》卷二	清嘉慶刻清白士集本	(3) 徐紫珊逢吉《清波小志》云：皂隸葉雲、侍者冠玉、留錫菴僧問石，共收而瘞於南屏之原。問石，名超直，亦鄞人。然全謝山撰蒼水《神道碑》，從死者三人：曰羅子木，不作自牧；曰楊冠玉；曰舟子。不傳其名，與紫珊“皂隸葉雲”之言異。
梁學昌《庭立記聞》卷三	清嘉慶刻清白士集本	(4) 又問：先輩文集中稱謝枋得文節公，未知得謚在何時？曰：明景泰時，韓襄毅公雍巡撫江西，請追謚文天祥、謝枋得。詔謚天祥忠烈、枋得文節。（元李源道《謝公神道碑》言“門人誄曰文節先生”，蓋禮臣議謚卽用其私誄也。）
梁學昌《庭立記聞》卷四	清嘉慶刻清白士集本	(5)《鞏昌路同知總管府事李公神道碑》云：公諱節，字子忠。年六十，忽不仕，而樂礫石山水爲墅，其間號“蟄窟老人”。

表一千五百三十七

作者/文獻	版本	用　例
梁玉繩《史記志疑》卷五	清嘉慶刻清白士集本	(1) 附案：《漢·五行志》引《史記》云：鄭客從關東來（《初學記》引史作“鄭容”），至華陰，望見素車白馬，從華山上下，知其非人，道住，止而待之，遂至，持璧與客曰：爲我遺鎬池君，因言今年祖龍死。而晉干寶《搜神記》及《水經注》十九引《春秋後傳》（《後漢書·襄楷傳注》及《初學記》引樂資《春秋後傳》同），皆以鄭客為鄭容，以遺璧為致書，並有文石款梓之說，與史漢大異，真酈公所謂“神道茫昧，理難辨測”者也。

續表

作者/文獻	版本	用　例
梁玉繩《瞥記》瞥記三	清嘉慶刻清白士集本	(2) 箕子，其支子仲食邑於于，子孫爲鮮于氏。見顔真卿《太子少保鮮于仲通神道碑銘》及《通志・氏族畧》。 (3) 荀林父：庾信《崔訦神道碑》云：上軍之左，實用荀林。
梁玉繩《瞥記》瞥記六		(4) 陳子昂有《周受命頌》，何異《劇秦美新》？杜甫《封西嶽賦表》：維嶽，授陛下元弼，克生司空。謂楊國忠也。（鄭熏作《仇士良神道碑》：稱爲全德，獎爲殊庸。） (5) 柳州《先府君神道表》：曾伯祖諱奭，字子燕，唐中書令。是奭，乃柳子厚高祖之兄也。而昌黎《柳子厚墓誌銘》云“曾伯祖奭，爲唐宰相”，誤矣。《新唐書》作“從曾祖”，亦誤。 (6) 張仲方父抗神道碑 (7) 柳宗元父神道表
梁玉繩《瞥記》瞥記七		(8) 元姚牧菴《浙西廉訪副使潘公澤神道碑》：凡人鬻人皆晝男女左右食指横理於券爲信，以其疎密判人短長壯少，與獄辭仝。蓋卽今手印，而驗法頗異。 (9) 劉原父平生未嘗輕爲人書銘，衹書《程丞相神道碑》及《江鄰幾墓誌》。 (10) 古人數世次，有連身、離身二法，而連身數者爲多。如《後漢書・蔡邕傳》，稱邕高祖之父勳爲六世祖是也。若離身數之者，顔眞卿《郭揆神道碑銘》：五代祖昶，高祖澄；《歐陽琟神道碑銘》：六代祖僧寶，五代祖頠，高祖紇；《學士殷踐猷墓碣銘》：五代祖不害，高祖英童。韓愈《薛戎墓誌銘》，稱戎高祖德儒爲四世祖。柳宗元表父神道，稱高祖之父旦爲五代祖。……黄梨洲以數世離身爲是。（史書中二法竝用，可不拘也。）

表一千五百三十八

作者/文獻	版本	用　例
梁雲構《豹陵集》卷二十	清順治十八年梁羽明刻後印本	(1)《新創祥符城隍廟記》：蓋神道設教，古帝王所以憲兆姓之神明，而使之鼓舞不倦者也。

表一千五百三十九

作者/文獻	版本	用　　例
梁章鉅《浪迹續談》卷一	清道光二十八年刻本	(1) 時江中有弄潮十餘船，忽出忽没，尤堪震駭，未幾而岸土崩頽，水變黃色，而潮已過矣。此潮直趨此地，而此樓適壓其衝，若稍高一二尺，鮮不為潮所打者，聞極大之潮，亦不過至樓下短牆而止，從無踰牆而入者，殆有神道主持其間，而當時擇地構造之工，不可謂非神之默相也。
梁章鉅《退庵隨筆》卷十	清道光十六年刻本	(2) 今人欲爲祖父撰《碑誌》，或其時適無顯達有道者足副其所求，又或其力不足以致之，則莫如自爲之爲便。東漢《魯峻碑》爲其子所述，見《隸釋》。蔡中郎爲其祖攜碑，見《後漢書注》。張燕公自爲父碑，見《唐書》。顏魯公爲父《顏君廟碑》，見本集。張仲方爲父抗《神道碑》，見《白香山集》。柳子厚自爲父《神道表》，柳開爲父監察御史《墓誌銘》，均見本集。 (3) 古人數世次，有連身、離身二法。連身數之者，如《後漢書·蔡邕傳》，稱邕高祖之父勳爲六世祖是也。離身數之者，如顏魯公作《郭揆神道碑》，稱五代祖昶，高祖澄。韓文公作《薛戎墓志銘》，稱戎高祖德儒爲四世祖。柳子厚自作其父《神道表》，稱高祖之父旦爲五代祖是也。黃梨洲以數世離身爲是。然史書中二法並用，可不拘矣。 (4) 按：碑碣之制：五品以上得用碑，龜趺螭首。六品以下用碣，方趺圓首。勒文於墓前爲《神道碑》，或只書某封某官神道。一品二品得用石人、石虎、羊、馬、望柱，三品四品無石人，五品無石虎，六品以下無羊、馬、望柱。今士大夫之葬，無以金玉、寶器、殉者，人皆知之。遵用令式，亦不至無益而反有害。
梁章鉅《退庵隨筆》卷十三		(5) 按：古來名將，實多精通《左氏傳》者。《江表傳》稱關公好《左氏傳》，諷誦畧能上口。權德輿作《渾瑊神道碑》，謂雅好《左氏春秋》。《宋史·狄青傳》云：范仲淹以《左氏春秋》授之曰：將不知古今，匹夫勇耳。
梁章鉅《退庵隨筆》卷十九		(6) 按：作文架子至韓公始立，所謂起衰也。唐初，稱“燕許大手筆”。然張燕公作《郞國長公主神道碑》云：長公主者，睿宗第七女也。嬪於薛氏，有男子四，女子五。其後，君子晨歌，夫人晝哭，未亡爲稱，生意盡矣。

續表

作者/文獻	版本	用　例
梁章鉅《浪跡叢談》卷九	清道光二十年桂林署齋刻本	(7)《人死别稱》：凡人死，曰卒，曰沒，曰疾終，曰溘逝，曰物故，曰厭世，曰棄養，曰捐館舍，此人所熟知也。而顔魯公撰《徐府君神道碑》云：夫人春秋六十有八，棄堂帳於相州之安陽。……又有稱遷神者，柳宗元撰《崔敬志銘》云：遷神于舟。又道士卒有稱解駕者，見《許長史舊館壇碑》；有稱遁化者，見顔魯公撰《李元靖碑》。又女僧卒亦有稱遷神者，見李志柬《唐興聖尼法澄銘》；亦有稱遷化者，見《唐宣化寺尼見行墖銘》；有稱舍壽者，見《唐濟度寺尼法願志銘》。僧卒有稱遷形者，亦有稱遷化者，見《唐道安禪師塔記》及僧維新等經幢；有稱示滅者，見劉禹錫《牛頭山融大師新塔記》。
梁章鉅《退菴詩存》卷十七	清道光刻本	(8)《王文成公像》：姚江本非禪，門徒講心學。流歧源自正，淵懷稟超卓。手扶天鼎還，韜晦避謠諑。自漢儒林來，經濟生使獨。良知致實用，所持極精確。拜像凜生敬，儼然對先覺。景行義有取，安用神道託。（梅溪言扶乩者，見公現形，因貌爲像。）並奉枯木堂，風裁企山嶽。
梁章鉅《歸田瑣記》卷三	清道光二十五年刻本	(9) 韓文公《送惠師》詩：嘗聞禹穴奇，東去覓甌閩。又撰《胡珦神道碑》云：至閩南兩越之界。夫兩越者，東越、南越也。而在閩之南，則會稽、豫章皆閩也。
梁章鉅《稱謂録》卷八	清光緒刻本	(10) 從表兄弟：朱子《祭劉共父文》自稱“從表弟”。案：《宋史·劉珙本傳》：珙字共父，爲劉子羽長子。而朱子爲徽猷閣待制劉子羽譔《神道碑》自稱“從表姪”，則子羽必非朱子父姊妹之夫，子共父亦必非朱子父姊妹之子矣。
梁章鉅《楹聯續話》卷四	清道光南浦寓齋刻本	(11) 珠角擅奇，山庭表德；天球並價，日觀同光。（庾信《齊王憲神道碑》、李商隐《獻集賢相公啓》。）

續表

作者/文獻	版本	用　　例
梁章鉅《巧對録》卷八	清道光二十九年甌城文華堂刻本	(12) 四字者如："新來晚到"對"朝去夜回"。"冬暖夏凉"對"日輕夜重"。"老店新開"對"粗泥細做"。"揀佛燒香"對"問客添飯"。"立馬造橋"對"牽牛下井"。……"客來掃地"對"眠去關門"。"捉雞大叔"對"看貓先生"。"偷忙作空"對"捉生替死"。"出窠弟兄"對"養家神道"。
梁章鉅《文選旁證》卷七	清道光刻本	(13) 按："等"字與上倍下，在似不韻。……而引昌黎《許國公神道碑銘》：上之宅憂，公讓太宰；養安蒲坂，萬邦絕等。又李庾《西都賦》"謐萬類，渟四海。遂開國以報功，差子男之五等。"爲證，乃於此賦失引。
梁章鉅《文選旁證》卷二十		(14) 神道見素：《老子》云：見素枹樸，少私寡欲。

表一千五百四十

作者/文獻	版本	用　　例
廖騰煃《海陽紀略》上卷	清康熙浴雲樓刻本	(1) 今不得已假之神道設教，擇于本月二十七日起闔邑齋戒十日，為之虔誠禱請。業已頒示，焚疏在前，似不敢易期，以蹈怠慢之咎，知憲臺有以鑒其誠而不欺也。

表一千五百四十一

作者/文獻	版本	用　　例
廖元度《楚詩紀》卷二國朝	清乾隆十八年際恒堂刻本	(1)《孟嘗神道》：漠漠寒天起暮沙，三千客死葬誰家。馬驢那得有三窟，便是殘碑綉土花。

表一千五百四十二

作者/文獻	版本	用　　例
廖志灝《燕日堂録七種》卷二夢餘草	清康熙刻本	(1)《啓關夫子文》：伏以大義炳金烏，一氣奮揮戈之武；精忠摇玉鳳，千秋仰秉燭之光。駕祥鑾而破霧，神道爲觀；燦璃虎以朝垣，帝心簡在。
廖志灝《燕日堂録七種》卷三夢餘草		(2)《代邑侯建火醮疏》：竊聞德以動天，上帝普好生之利；誠能感物，聖人宣贊化之猷。蓋水火兵饑在彼倉無非至教，而雨暘寒燠藉神道可以為觀。
廖志灝《燕日堂録七種》卷五夢餘草		(3) 原夫神道設教之時，王者禮樂不能化；繩之以法，法度之所不及。……于是乎以象教而有金身，于是乎以言教而設經懺，于是乎異端之中生異端之魔孽，異端之外有異端之異端，與其傳疑為愚天下之術，毋寧傳信以正千古之經。 (4) 審若是，則凡天下之殺人以心而不必以刅者，彼其報之，視此無疑矣；天下之殺人不必以刅而又不止于殺一人者，彼其報之，更毒于此，又無疑矣。佛氏出，離生死，以神道垂教，其說恍而大，其事精而晦，似有所得而無所憑。然每見天下人，有天性不足談，王法不足恐，獨凛凛于地獄來生，為眞可畏！而平旦未滅，猶知揜其不善以至于善，是則其彼岸因果之說，尚為功于世焉耳。
廖志灝《燕日堂録七種》卷一愓齋放言		(5) 嫗曰：吾聞東土有大聖人者，其名姓為誰歟？光泥子曰：某亦間西方有大聖人焉，不知為誰耳？嫗曰：西域牟尼子，非在我西池也。此子神道廣飾，大于上震天龍，俯徹鰲極。抵今西教久窺震旦，而中風未被遐荒，是以問耳。曰：我東土聖人也，與二子同生而道不同，以維皇為好生之府，以六合為仁義之區，登泰山小天下，若登崑崙而小天矣。

表一千五百四十三

作者/文獻	版本	用　　例
林伯桐《士人家儀考》卷四	清修本堂叢書本	(1)《鬼神飲食非可無禮考》：人之祀先，未見先人食其物，故疑爲虚文非也。神道與人道不同。《詩》曰：神嗜飲食。非眞飲食其物也，嗜其氣也。考《管子》曰：五穀之先熟者，薦之祖廟，鬼神饗其氣焉，君子食其味焉。鬼神嗜氣，亦如人嗜味矣。故《禮記》曰：如見親之所愛，如欲色然。(《祭義》)

表一千五百四十四

作者/文獻	版本	用　例
林昌彝《射鷹樓詩話》卷十五	清咸豐元年刻本	(1) 按：六人中功勳最懋而與同時被禍者爲張憲，與忠武同心戮力、戰功著於史冊、卒爲權奸所害者為牛臯，姓名見於《忠武傳》中有功績可稽者爲董先、徐慶，其初隨忠武立功後入秦檜、張俊之黨者爲王貴，若李寶則曾冒風濤率兵渡海，敗金人於渤海廟，解海州之圍，高宗手書“忠勇李寶”四字於旗以賜之。今墓在蘇隄定香橋西里許，《神道碑記》尚存，未知即是其人，抑或姓名相似，莫可考也。
林昌彝《小石渠閣文集》卷三	清光緒福州刻本	(2) 其開篇曰：禍福無門，惟人自召。本《春秋傳》閔馬父語。蓋以人知常而反本者則爲自召之福，不知常而妄作者則爲自召之禍，豈非如影之隨形而如響之應聲乎？是以禍福同出於一門也。至於所論三尸竈神諸節，無非大易神道設教之微旨。

表一千五百四十五

作者/文獻	版本	用　例
林侗《來齋金石考略》卷上	清文淵閣四庫全書本	(1) 嵩山開母廟神道石闕銘（延光二年） (2) 少室神道石闕銘（延光二年）
林侗《來齋金石考略》卷中		(3) 今按：其墳在昭陵左，北距山麓三里，南距今醴泉縣三十五里。塚為三山之狀，主山與西山迤邐相屬，而東北者勢若斷絶，別為一山，疑其一象積石，而一象鐵山也。而其高五十五尺，東西七十五尺，周一百五十五步。遺跡雄偉，見之者無不想其英概。能以功名始終，真一代之名臣也。前有《神道碑》，乃許敬宗撰，王知敬書。其座元無黿制，規模皆削於英公，未詳其然也。訪古者，可以觀焉。
林侗《來齋金石考略》卷下		(4) 癸夘之夏，命工印搨三原諸古碑，因得讀燕國公之神道。後又命役於原上廣搜石蹟，於泥中得片碑，僅存隸書三百六十七字，與馬高唐公碑如出一手，為殷仲容書無疑。 (5) 燕國公于志寧神道碑 (6) 唐故左龍武軍統軍檢校司徒贈太保隴西李公神道碑 (7) 唐故使持節代州諸軍事代州刺史李公神道之碑

表一千五百四十六

作者/文獻	版本	用　　例
林華皖《治鮮集》卷三	清順治郝應第刻本	(1) 近前之蔽，悉當剪除。趋蹌展足之地，須留餘步也。而道明若廟庭之有臺階層級，而上臺之中謂之神路，為神明所出入之路，如天子中門之不可立也，所以尊君師以志敬也。陋制即以中階神道為凡人通行之級，於禮為失敬，此臺階之宜更者也。更之者別設階級於臺耳之左，右為引贊奠獻之路。中階神路設木攔之，猶天子中門禁步。然使人知君師在上，名分品級不可躐等踰越也。

表一千五百四十七

作者/文獻	版本	用　　例
林慶炳《周易述聞》	清光緒八年刻本	(1) 此惠氏好用古字之病也。《乾文言》：不易乎世，不成乎名。惠據《釋文》，刪兩“乎”字，可與幾也。惠增一“言”字，乾始能以美利利天下。惠據鄭注，改能作而“履虎尾，不咥人，亨。”惠據荀注，增入“利貞”，觀聖人以神道設教。

表一千五百四十八

作者/文獻	版本	用　　例
林壽圖《黄鵠山人詩初鈔》卷四	清光緒六年刻本	(1)《龍游猊頭潭雙木蛟歌（乙巳）》：太未所屬今龍游，巨潭張口昂猊頭。春流未漲清鑒底，蹴踏宛見雙蛟泅。一淵兩雄不並窟，顧獨馴擾成靈湫。骨節未朽肉未腐，逼視齗自般倕儔。陽藏於陰水養木，母氣具足剛者柔。干將寶劍置無用，任爾來夾佽飛舟。相傳古有厭勝法，神道强欲參人謀。安知隨刊溯禹蹟，谿壑昔者非林邱。千年大樹不能語，尚能救旱致霖雨。犀牛愧乏經濟材，柱費石工鎮水府。我挾天人三策貢，咸京春秋繁露著。未成蛟乎曷弗變，化入夢，開神明。

表一千五百四十九

作者/文獻	版本	用　　例
凌廷堪《校禮堂文集》卷三十四	清嘉慶十八年刻本	(1)《招勇將軍阮公神道碑》：嘉慶元年，內閣學士兼禮部侍郎、提督浙江學政阮伯元先生，將為乃祖遊擊公立石於神道，述先德而紀戰功，不遠數百里，郵《行狀》示其友凌廷堪，屬為之銘。廷堪與侍郎交久且厚，不敢以卑賤不文辭也。

表一千五百五十

作者/文獻	版本	用　例
凌揚藻 《蠡勺編》 卷二	清嶺南遺書本	(1)《夢帝賚子良弼》：武丁以夢相傳說，著于書矣。……武丁嘗遯于荒野而後即位。彼在民閒已知說之賢矣，一旦欲舉而加之臣民之上，人未必帖然以聽也，故徵之于夢焉，是聖人之神道設教也，是所謂民可使由而不可使知也。且商之俗質而信鬼，因民之所信而導之，是聖人所以成務之幾也。……宋儒亦多主此理，或然也。
凌揚藻 《蠡勺編》 卷十四		(2)《崇政殿說書》：吳氏曾曰：王荊公作《賈魏公神道碑》謂：景祐元年，積官至尚書都官員外郎。乃始置崇政殿說書，以公為之。然《傅簡公嘉話》云：太祖少親戎事，性好藝文。即位未幾，召山人郭無為於崇政殿講書。至今講官所領階銜，猶曰“崇政殿說書”。據傅簡公所言，則是職之設不始於仁宗矣。豈中嘗罷之，而至是再置耶？ (3)《章懿太后升祔赦文》：宋曾文瑩《湘山野錄》：晏元獻公撰《章懿太后神道碑》，破題云：五嶽崢嶸，崑山出玉；四溟浩渺，麗水生金。蓋言誕育聖躬，實繫懿后。奈仁宗夙以母儀事明肅劉太后，膺先帝擁祐之託，難為直致。然才者則愛其善比也，獨仁宗不說，謂晏曰：何不直言誕育朕躬，使天下知之。……嗟乎！為天下之母，育天下之君，不逮乎九重之承顏，不及乎四海之致養，念言一至，追慕增結。上覽之，感泣彌月。明賜之外，悉以東宮舊玩密賚之。歲餘參大政。
凌揚藻 《蠡勺編》 卷三十一		(4)《測天》：李仁卿曰：周天十二次二十八宿，有以兩宿為一次者，有以三宿為一次者，或者謂四正之位，其所據不得不大。故占三宿，其餘各居一偏，故止二焉。……然而聖人不為是截然易曉之術，而反立參糅難明之數，何者？蓋其妙達無方，以神道設教，奇耦錯綜，中有深意，于其測望之時，略取其易見者而強名之，以詔後世耳。

表一千五百五十一

作者/文獻	版本	用　例
劉彬華 《嶺南群雅》	清嘉慶十八年玉壺山房刻本	(1) 因偕同人薦蘋藻，更碑神道勤墉垣。（仇明府為公修理塋垣，并于塋前復建饗堂。又與興縣前舍人康儀鈞、偃師進士武億等屬，重書公《神道碑》，立于墓前故云。）那無古堂矗山起，尚有雙栢蒼雲屯。（公墓前古栢二株：東株高五丈，圍一丈二尺；西株高四丈，圍一丈一尺。奇古蒼翠，其為唐栢無疑。）

表一千五百五十二

作者/文獻	版本	用　例
劉承幹《明史例案》卷三	民國嘉業堂刻本	(1) 成祖御製《榮國神道碑文》，稱其帷幄之謀，奠定之勳，發於幾先，言無不合，至比之傅說興商，張良佐漢。又稱其潛心内典，得其閫奥；旁通儒術，無不貫穿。察其所以，監確有守，積純無疵。
劉承幹《明史例案》卷五		(2)《文皇實録》載：壬午歲七月，命前工部尚書嚴震直、戶部致仕尚書王鈍、應天府尹薛正言分往山西、山東、陝西巡視，俾奏利弊。震直受詔至山西，九月卒于澤州公廨。……況震直之卒，忠誠伯茹瑺撰《神道碑》可證。吞金之事，不足信十一也。
劉承幹《明史例案》卷九		(3) 乾隆六年，余將告歸任邱，李法孟以其高祖少師公《神道碑》《墓表》乞爲傳。余已諾，而未暇為。及歸，檢篋笥，惟法孟手書尚存，中言少師邊功著《明史·韃靼傳》，生平大節則同邑孫文正公贈公子恆麗序可徵。

表一千五百五十三

作者/文獻	版本	用　例
劉逢禄《劉禮部集》卷十	清道光十年思誤齋刻本	(1) 公年七十有二，辭甚謙，意甚溫，耳目甚聰明，容甚莊以厲，親視上車而後退。甲戌榜發，公閲題名録至逢禄名大喜，謂編修俞君曰：吾師文定公之孫今中式矣！喜動顏色。……感念兩世受公之知，悲愴填膺其事之大者，自有國史及《神道碑》書之。至樞機密勿，又非小臣所得聞。謹綴其遺事，俟采擇焉。

表一千五百五十四

作者/文獻	版本	用　例
劉鳳誥《存悔齋集》卷十二	清道光十七年刻本	(1)《題于忠肅公畫像》：阮中丞述孫御史言如上。考《明史紀傳》，證以倪文毅爲公《神道碑》，益信其是。夫沂王當復大義也，豈公顧忘之？然而章鍾廖諸君子，既因是先後獲譴，公復以重臣彊諍，如國體何至於景帝彌留，公乃欲坦然行其志矣。

續表

作者/文獻	版本	用　　例
劉鳳誥《存悔齋集》卷二十一	清道光十七年刻本	(1) 我歎黑頭白，艱難懷友朋。窮途仗神道，灰刼問胡僧。自顧轉無趣，知名未足稱。彈琴視天壤，終不媿孫登。

表一千五百五十五

作者/文獻	版本	用　　例
劉光蕡《改設學堂私議》	民國思過齋刻烟霞草堂遺書本	(1) 天變而遠道之所從出者，變也。地變而近道之所實被者，變也。物用而新奇道之載以行者，變也。天變而遠，物競天擇。人自勉而天無權，則神道設教者敗，孔子所以以學復性也。平等自由，人自治而君無權，則專制愚民者敗，孔子所以以學繼政也。由是地變而近五洲之風氣無不可通也，五種之性無不相感也。無華夏夷狄之分，則孔子大同之學也。
劉光蕡《尚書微》	民國十二年刻煙霞草堂遺書續刻本	(2) 古者以神道設教，卽以天統人事之意，卜筮其一也。古者用卜筮，皆於廟內，皆以人主之。誠通天祖之靈爽於冥漠之中，非盡乞靈於枯骨敗草也。商俗又尚鬼，蓋皆上古之遺風。 (3) 汝者，君也。君所有之事，皆庶人之事。君謀定於上，卿士奉行於下；君謀未定，卿士無所稟承，故大疑專屬於君也。庶人事之所由起，卿士事之所由行，謀皆及之，則大公無私。事之可否，不難決矣。然後參之卜筮，以神道靜人心也。

表一千五百五十六

作者/文獻	版本	用　　例
劉堅《修潔齋閑筆》卷三	清乾隆六年刻增修本	(1) 神道：《李廣傳》：李蔡得賜塚地，盜取神道外壖地一畝葬其中。又霍光塋起三土闕，築神道。神道者，言神行之道也。

表一千五百五十七

作者/文獻	版本	用　　例
劉錦藻《清續文獻通考》卷八十九	民國景十通本	(1) 昔人謂學校壞而二氏之教興，刑賞窮而地獄之說起。神道設教，聖人所尚。與人為善，豈曰小補！歷代帝王頗多信仰，三武之摧殘，不旋踵而即復。諸儒闢之不得，或亦擷其精華以自淑。我朝順治至乾隆最盛，嘉慶以後寖衰。咸豐時，洪楊擾攘，以耶穌教為號召，排斥異教，寺觀為墟。然剝極則復，光緒年間又勃然興起矣。
劉錦藻《清續文獻通考》卷一百四十七	民國景十通本	(2) 迨乾隆十二年，欽奉聖諭，以先期祗請神主陳設省視復收，有違神道靜穆之義。應於前期一日，恭詣皇穹宇皇乾殿上香行禮，命大學士等詳悉具儀以聞。維時定議，因將視籩豆一節，或親詣或遣官之處，由太常寺臨期奏聞請旨允準遵行。自是二十餘年，大率遣官閱視籩豆次數居多，亦間有親詣閱視者。
劉錦藻《清續文獻通考》卷一百五十七	民國景十通本	(3) 臣謹案：文昌星也，天神也。今列祀典，則以人鬼國家神道設教，原不必求其人以實之。然其神出於蜀，又出於蜀之梓潼，自宋以來有此說。
劉錦藻《清續文獻通考》卷一百五十八	民國景十通本	(4) 浙江甯紹台道薛福成稟巡撫，竊惟崇德報功。神道所以設教，禦災捍患，禮經列於明禋。浙東沿海各郡，自去年法人渝盟肇釁，馬江臺北迭經開戰，警信頻聞，群黎驚駭。
劉錦藻《清續文獻通考》卷二百十	民國景十通本	(5)《西招圖略》者，大學士松筠之所作也。其書大意載西藏自達賴班禪貢丹書克於盛京，而厄魯特部之固什汗亦同時進貢，時崇德七年也。……曾亮曰：先王之制，因俗而為教，從欲以為功。朝廷設駐藏大臣，與達賴喇嘛及班禪參制之，所以設神道，順夷情，長駕遠馭為不可測者也。聞其世家，多以金錢布施。班禪得歡心，即求取噶舒克，以役使番眾之馬牛羊人徒芻茭，不與值，故番眾敬班禪，亦時怨之。為大臣者，務以均強弱和僧俗為治，以番眾疾苦諭班禪，則內治得矣。國家馮天威，蕩準部，藏地之東北無警，遂以永安。
劉錦藻《清續文獻通考》卷二百九十四	民國景十通本	(6) 此外，通行《歷書》更有一端，足生憲政進行之大阻力者，則吉星凶曜之說是也。星曜之有吉凶，乃神道設教時代愚人之術。今科學大明，群知其謬，乃國家頒布《歷書》，猶復沿襲舊說，實與立憲政體顯相背馳，此尤不可不亟行改革者也。

續表

作者/文獻	版本	用　例
劉錦藻 《清續文獻通考》 卷三百九十七	民國景十通本	(7) 又奏：立憲之國，於憲法條文，莫不明著許人民自由信教。然不於法律中明定專條，確使教不涉政，則信教自由，終難無弊。選舉、教育兩大端，實有不可不與宗教劃清者。……自政教分立之制定，一國教育有國民教育與宗教教育。一則為培植國民起見，於砥礪學問之中，兼寓激發忠義之意，學制由國家主之，故立校雖分官民，學制必歸一律，全國人民固無不在誘導裁成之列。一則為培植教民起見，於砥礪學問之中，兼施尊奉神道之教，學制由教會自定，而國家許之，故學校皆分宗而立，學制亦依派而殊。惟孤苦無依之青年，與冀得教職之信徒，始皈依受教。教育之宗旨既殊，國家之對待自異。於是教立學校，禁講政治；國立學校，禁講宗教。教立學校，尤不得擅標大學之名，特開政治之科，以與國立學校相頡頏，是為立憲國通行之例。即義國為宗教根據之邦，亦於國立大學廢止神科，於中小兩學削除教語，以明國立教立之有別。我國昔日制度最寬講宗教者，僅道觀佛寺之師徒授受而已。

表一千五百五十八

作者/文獻	版本	用　例
劉啓端 《大清會典圖》 卷一	清光緒石印本	(1) 禮部祠祭司官四人，分立於王貝勒拜位左右，引貝子公行禮。鴻臚寺官二人，分立於貝子公拜位左右。各東西面庭中夾神道，東西為分獻官拜位。導引東西各二人，記注官四人，立於第三成西階之下東面。唱樂一人，立於東階之下西面。神道左右設樂懸司樂協律郎，樂工序立於東西樂懸之次，歌工立於樂工之次。
劉啓端 《大清會典圖》 卷五		(2) 司拜牌、司拜褥各一人，均東。西面典儀一人，立於西；東面階下為陪祀。王以下公以上拜位，左翼在東，右翼在西，均南嚮。夾神道，東西為分獻官拜位，南嚮。 (3) 鴻臚寺官二人，糾儀御史二人，禮部司官二人，分立左右。東西面神道左右設樂縣司樂協律郎，樂工序立於東西樂懸之次，歌工立於樂工之次。

表一千五百五十九

作者/文獻	版本	用　　例
劉青蓮《學禮闕疑》卷七	清乾隆刻劉氏傳家集本	(1) 過乎中者，喬亢而鄙野；近乎中者，質樸而不文。殷人繼夏，懲其民之敝而救之，於是尊天地之神祇而率民敬以事之，使知所畏懼而得以警其惷愚樸野矣。鬼者，神道所為；禮者，人道所尚。先宗廟之饗，而後人道之禮，則以神道威之。先肅其心，而後加節文也。賞以春夏，所以行吾仁；刑以秋冬，所以行吾義。先秋冬之義，而後春夏之仁，則先以刑罰威之。先齊其心，而後加旌勸也。

表一千五百六十

作者/文獻	版本	用　　例
劉紹攽《周易詳説》卷五	清乾隆劉氏傳經堂刻本	(1) 觀天之神道，而四時不忒。聖人以神道設教，而天下服矣。天不言而時行，聖無爲而化成。此神字，鬼神之神，乃陰陽不測之謂神。無聲無臭，妙萬物以爲言者也。

表一千五百六十一

作者/文獻	版本	用　　例
劉世珩《南朝寺考》卷四齊	清光緒三十三年刻聚廎叢書本	(1)《齊琅邪攝山釋法度傳》：宋末，遊於京師。高士明僧紹，抗迹人外，隱居琅邪之攝山，挹度清真，待以師友之敬. ……尚形甚都雅，羽衛亦嚴。致敬已，乃言：主此山七百餘年。神道有法，物不敢干。前諸棲託，或非真正。故死病繼之，亦其命也。法師道德所歸，謹捨以奉給，並願五戒，永結來緣。度曰：人神道殊，毋庸相屈。且檀越血食世祀，此最五戒所禁。尚曰：若備門徒，輒先去殺。於是辭去。

表一千五百六十二

作者/文獻	版本	用　　例
劉嗣綰《尚絅堂集》詩集卷四十八	清道光大樹園刻本	(1)《護碑圖》爲楳溪錢（泳）作。碑爲《錢文穆王神道碑》，有“石晉天福八年”字，在杭州玉皇山下。二十九世孫（泳）築亭護之，繪圖以傳。余作是詩。

表一千五百六十三

作者/文獻	版本	用　　例
劉廷璣《在園雜志》卷三	清康熙五十四年刻本	(1) 老爺、奶奶之稱，乃仕宦家兒女之呼其父母也。湯臨川《還魂記》内《游園》一齣，杜麗娘云：這般景致，俺老爺、奶奶再不題起。近俗稱諸神道，亦曰老爺、奶奶。元天上帝曰眞武老爺，關夫子曰關老爺，岳武穆王曰岳老爺，黄河金龍四大王之神，稱神曰大王老爺，稱河曰老爺河。泰山碧霞元君則曰頂上奶奶，清口之惠濟祠曰奶奶廟，他處凡元君行宫，皆以奶奶廟稱之。

表一千五百六十四

作者/文獻	版本	用　　例
劉統勳《評鑒闡要》卷一	清文淵閣四庫全書本	(1) 高宗中興令主，然圖像傅巖之事致疑傷誕，或當居民間時物色久屬，特以起胥靡而作相，恐人望未厭，託之夢賚圖形，所為神道設教而已。君非高宗，臣非傅説，如之何其可？
劉統勳《評鑒闡要》卷二		(2)《儒生彊華自關中奉赤伏符目》：世以光武信圖讖為非，然時承喪亂，衆志未齊，出險濟艱，自不得不假神道以設教耳。此不足為盛德之累。觀後竇融之言，可知向亦作論及之。
劉統勳《評鑒闡要》卷五		(3)《姚崇無居第》：注：姚崇三為宰相，居官亦不若懷慎之清素，二子又頗受賂遺，何至竟無居第？考張説為崇作《神道碑》有云：池臺琴筑，優游暮齒，猶得謂之無居第耶？《通鑑》多引《舊書》，如此條故不如《新書》之得實。
劉統勳《評鑒闡要》卷七		(4) 帝命徐鉉撰《李煜神道碑》，鉉請存故主之義。注：徐鉉不能盡忠於亡國之時，乃欲守節於故主之没後，以虚言為報，亦復何益？無知者或以為可矜，有識者更鄙其無賴耳。

表一千五百六十五

作者/文獻	版本	用　　例
劉獻廷《廣陽雜記》卷一	清同治四年鈔本	(1) 崇禎間，左懋第以吏科查閲南京兵馬錢糧，與大司馬並坐。明三邊總制，駐劄固原，軍門為天下第一，堂皇如王者。其照牆畫麒麟一，鳳凰三，虎九，以象一揔制、三巡撫、九總鎮也。河西巡撫駐薊州，河東巡撫駐花馬池，陝西巡撫駐西安；甘、涼、肅、西寧、夏、延綏、神道嶺、興安、固原各一總兵。

續表

作者/文獻	版本	用　　例
劉獻廷 《廣陽雜記》 卷二	清同治四年鈔本	(2) 余取星悟、穴悟二書觀之。星悟則取《神道大編》《天文實用》之說，以地平環上星安命宫，而雜以中國五行生剋之理而成之。穴悟則堪輿家言耳，而發端於地員經緯度，乃近時稍知西學者僞為之，託名榮國耳。術數之書，大抵太公、子房、武侯、藥師輩無一得免，況榮國耶？向者止于奇壬、風角、禽星、陣圖等，今又災及泰西之學矣。然惟《神道大編》出于洪武中，有吳伯宗之序。《天文實用》及地毬經緯圖，皆利氏西來後始出，姚榮國安得有此一副學問耶？市井小人，被其愚弄，無足怪者；獨是讀書明理之儒，亦從而信之，鑿鑿言，眞不可解也。

表一千五百六十六

作者/文獻	版本	用　　例
劉庠 《（同治） 徐州府志》 卷一	清同治十三年刻本	(1)《惠佑龍王廟瞻禮》（并序）：徐州地扼吕梁，當大河之衝，屢遭水患。丙子秋，孫家集漫口，郡屬田廬益多被淹浸。丁丑，巡蹕臨勘，既分遣大臣等繕治上下各渠。顧城北護隄仍土工之舊，難資鞏固，命悉改甃以石，事集而利永，抑神貺實嘉賴焉。敕所司建祠雲龍之岡，用昭祈報。壬午再莅，升香展敬而系以詩：設教資神道，明禋著六宗。城闉祈鞏固，廟貌奐春容。帝惠惟敷佑，吾心敢懈恭。洪波籲恬壓，萬古鎮雲龍。
劉庠 《（同治） 徐州府志》 卷十一		(2) 又南爲塔山，旁爲鳳冠山，（一名鳳凰山。雙峯如鳳翅，相連中有棲雲洞。）山西北爲午山，（羣巒環簇，一峯如刀圭，四面望之皆然。）午山相連爲讀書山。（舊有泉二：曰雙井，曰白塔。有湖三：曰青冢，曰成山，曰泥溝。……今考岠山在邳州境，其《神道碑》乃云“在徐邳之間”，蓋岠山當元世尚在兩州間耳。）
劉庠 《（同治） 徐州府志》 卷十四		(3)《祠祀考》：《記》曰：祭有祈焉，有報焉，有由辟焉。有功烈則祀之，以示不忘，此報本之說也。然籲年穀、祈福祥、弭災兵、遠罪疾、仁民者，既致其惠養之道，猶必乞靈於神明，而冀邀無窮之祚。古所謂祭祀之意，本以爲民者也。昔成湯身爲犧牲，以六事自責；漢諒輔旱禱不應改服，引咎積薪將自焚，而澍雨沾潤，其精誠懇至有如此者。夫大昕入廟，潔粢豐盛，不獨登降，饋獻具禮文而已。中心與之殊異，有可以庇吾民而袪其患者，惟恐不獲乎？所欲則對越之際，烏容不虔且摯乎？或乃取義於神道設教，則又後世術馭之所爲矣。作《祠祀考》。

續表

作者/文獻	版本	用　　例
劉庠《（同治）徐州府志》卷十八上	清同治十三年刻本	(4) 錢光弼墓（元時總管。在九里山之陰，李术魯翀爲撰《神道碑》。）
劉庠《（同治）徐州府志》卷十八下		(5) 臣以鄙倍，文武無施，忝寵本朝，承乏下位。而臣遘愍，自西徂東，行邁攸止，路經泗水。伏見史臣班固，撰錄聖功，竊承陛下扶桑始照，天暉未融之日，嘗臨御此川。於是卽命舟人，弭檝水沚，瞻仰山川。舊物不替，永惟聖輝。……臣聞遊魂變化，神道無方，雖聖靈登遐，降陟在天，連光五精，流輝太乙。或冀神輿降觀，薄狩五服，時邁玉輅，言巡兹邑。是以下臣仰瞻紫宮，俯息恍惚，愚情振蕩，靡審所如，不勝延頸紫微，結心閶闔之情，謹住水濱，拜章陳愚。 (6) 山雲墓，在留城。《明史・山雲傳》：雲爲都督，出鎮廣西，卒於鎮。正統四年，諭葬於此。錢習禮撰《神道碑》。 (7)《圯橋石表銘》（并序）：臨淮之下邳，有古圯橋，蓋漢少傅留文成侯張良受神人黄石公兵書之地。初，留侯丑秦，高帝在豐。龍虎不起，風雲未會。黄石公知天衢欲平，否極必傾，秦之亡而漢之昌，故先以興亡之符而授留侯。且曰：孺子可教！後得濟北黄石，其我也，故以號云。……《易》稱：神謀鬼謀，百姓與能。又曰：神道設教，而天下服。蓋謂是矣。凡志不定則事不成，謀不從則業不廣。留侯不遭黄石，無以定其志；高祖不獲留侯，無以廣其業。人神參并，漢道乃行。不然，何通降聖賢，君臣遇合，上得天統，中爲帝師，如此其盛也？大歷缺年，予旅遊次墮履之地，於是鑽石勒銘，揚於邳圻。庶恃力違天徼功妄作之輩，於以敬戒之爾。銘曰：陰陽之精，不測曰神。厥有黄石，假形爲人。告謨留侯，夷項滅秦。……人神莫從，動罔弗凶。有開必先，惟德乃同。宜究兹道，順於家邦。作爲紀銘，永鑒無窮。
劉庠《（同治）徐州府志》卷二十一上		(8) 李少康，元宗時，以高第擢拜徐州刺史。先是歲比大歉，人流者什五六，少康條奏逋逃之名，削去其版，節用務本，薄征緩刑，歲復大穰，歸者益眾。優詔嘉獎，賜帛二百匹。（獨孤及《李公神道碑》。） (9) 李孟犨，字公悅，泗州刺史。清明簡肅，治行第一。病痁癘，卒於開元十九年。（李畛《李君神道碑》。） (10) 張諴（一作“諴”），字老萊，吳郡人。遷宋州碭山縣令。時睢陽當大兵後，野無草，里無人。撫之，一年襁負至，二年汙萊闢，三年衣食足。及解印去，縣民相率泣而餞之，君子以爲知政。（白居易《張公神道碑》。）

續表

作者/文獻	版本	用　　例
劉庠 《（同治）徐州府志》 卷二十二上之上	清同治十三年刻本	（11）唐李邕《贈太子少保劉知柔神道碑》：邕聞古之常銓，今之大寶，或藉地因勢，或經德自身，或禮樂國工。或詞學時秀，或貴盛終吉，或等祀老成，或廣孝聞家，或納忠刑國：有一於是，則百斯慶，書於牘，大其聞。……尚曰：史冊者揚乎名，碑版者紀於跡，今願抒哀敬，卻樵蘇，發頌聲，彰末嗣。邕曰：唯唯，敢不十一千百焉。其詞曰：漢起沛，楚封徐。代則九，慶實餘。惟英秀，粵卓犖。惣文史，張禮樂。諫而尊，道而勝。集百祿，延周稱。貴自取，榮可榮。弟紫綬，壻黃門。始孝思，後忠烈。歷中外，備名節。歲彌長，聲更揚。隱屬國，老文昌。懷遠圖，忌太盛。謝人爵，委天命。月有虧，日有昃。皇恩動，物情惻。猗孝子，奉惟訓。服用薄，哀榮順。布史簡，繼碑石。名教開，幽名激。 （12）唐權德輿《劉公神道碑銘》（并序）：惟南川郡王諱昌，字公明。貞師於安定，十六歲，歲直鶉火夏五月甲子，寢疾病，考終命。制詔襚以司空印綬，而吊祠法賻稱焉。於是內子諸孤，宗姻家老，盡誠信於內；從事大吏，倫侯亞旅，展御匐於外。葉志會事，拂龜露蓍，象數皆得以條陳，纖微必蒙於可報。……將篆樂石，載徵菲詞。中郎二碑，竊善頌於無愧；《春秋》五例，冀終義於後經。

表一千五百六十七

作者/文獻	版本	用　　例
劉應棠 《梭山農譜》	清同治皖城刊本	（1）先王以神道設教，民信而遂止也，無禍福焉。又曰：汝其務知稼穡之艱難，毋怠毋荒，毋峻宇雕牆，毋聽讒言，以淆亂莠苗。厥事在身，天命維民。

表一千五百六十八

作者/文獻	版本	用　　例
劉墉 《劉文清公遺集》 卷五	清道光六年劉氏味經書屋刻本	（1）《善溪十六叔父寄惠司馬溫公神道碑摹本賦呈》：兒童走卒知司馬，身後碑銘誰可者。能事須推第一流，泉源萬斛看傾瀉。文成擘窠字千百，顆顆驪珠光照把。此碑閱世幾滄桑，風行海内非脛踝。臨池太息熙豐間，朝列森森婞羣雅。無端紹述啟僉壬，黨錮清流亂侈哆。當時黃髮幾人存，事去諸公空飯社。區區詞翰亦何有，禁網紛紜付黥赭。紫竈聲色久銷沈，星斗光芒自分野。豈惟大節冠一代，興起還論百世下。凜然生氣在行間，想像微辭笑喑啞。

表一千五百六十九

作者/文獻	版本	用　　例
劉友光《香山草堂集》	清康熙刻本	(1) 魯公所書《神道碑》，中折委土，世多不傳。

表一千五百七十

作者/文獻	版本	用　　例
劉毓崧《通義堂文集》卷一	民國求恕齋叢書本	(1) 宋翼祖諱敬，宣祖諱殷，故“敬”字、“殷”字皆缺末筆。……而於唐人所諱“豫”字，仍爲缺筆，不獨加禮於故國舊君，有昔賢忠厚之遺風。(《日知錄》云：孟蜀所刻石經，於唐高祖、太宗諱皆缺書。《石晉相里金神道碑》，“民”“珉”二字皆缺末筆。……後漢應劭作《風俗通》，有諱舊君之議。自古相傳，忠厚之道如此。)
劉毓崧《通義堂文集》卷五		(2)《古今人表》有“逄於何”數人，陽朔中有太僕逄信，《左傳》有逄伯陵、逄丑父矣，漢有逄萌，皆作“逄迎”之“逄”。石刻有《漢故博士趙傳逄府君神道逄童子碑》，其篆文皆從“夆”。《魏元丕碑》有“逄牧”，《孔宙碑陰》有“逄祈”，《逄盛碑陰》有“逄信”，亦不書作“逢”。又謂漢儒尚借“鼄”爲“逄”，則恐諸“逄”當讀爲“鼉鼓逄逄”之“逄”，洪說是也。漢魏以前未有“逢”字，其爲六朝人妄造無疑。 (3) 以晝繼夜，或攻或圍，當其彼竭之餘，遂得我盈之勢，(楊譚《破西原賊露布》) 奪其險要。(韋貫之《高崇文神道碑》) 壘道更高，左擊右攻。(尙華《上高中丞狀》) 下矚賊壘，分銖皆察。(沈亞之《萬勝岡新城錄》) 鼎魚假息，穴兔阽危。(馬燧《諭晉隰慈州》) 惡稔罪盈，是賊滅亡之日。(張巡《謝金吾將軍表》)
劉毓崧《通義堂文集》卷六		(4) 觀於權文公作《陸宣公集序》，書裴延齡之排擠；李習之作《韓昌黎行狀》，書李逢吉之矯誣；歐陽永叔作《石徂徠墓誌》，書夏竦之姦邪；蘇東坡作《富鄭公神道碑》，書趙濟之搖撼。古人類此者，固屬更僕難終。

表一千五百七十一

作者/文獻	版本	用　例
劉沅《周官恒解》卷一	清刻後印本	(1) 此乃申言酒正所掌，而上文所言非區區口腹之計明矣。王及后、世子尊，雖酒人、漿人為之，而酒正必掌其厚薄之齊，恐不精潔祭祀。齊與酒兼用，以神道事之，亦以人道養之也。 (2) 祭祀半用神道，半用人道，故文質兼用之。
劉沅《周官恒解》卷三	清刻後印本	(3) 以神仕者，謂巫之屬，蓋幽明雖止一理，而境則懸殊。聖人既欲人知神道不外乎人，亦欲人知道不先於神。巫覡之徒，其才知絶人，如《國語》所稱者則貴之，其次者則賤之。要以其能通人神而警民志，故不盡授以職，亦不拘限以數。
劉沅《禮記恒解》卷三	清道光刻本	(4) 聖人心與天通，天命將盡而自覺之。形請夢寐，亦理所常有，猶在阼親，猶在阼階。為主不忍遽死其親也，猶賓之則以神道事之，而待如賓客，與賓主夾之，介乎不生不死之間，蓋三王制禮皆有深意。
劉沅《禮記恒解》卷四	清道光刻本	(5) 居喪，冠絰衰，純凶。至葬時，則素弁首絰用葛，而要帶仍用麻。蓋以既葬則父母之靈得天地之氣而益壽，以神道祀之，故不用純凶服也。有敬心焉，非但敬親，敬親之得所而神也。鄭康成曰：周弁、殷冔，俱象祭冠而素，禮同也。
劉沅《禮記恒解》卷十	清道光刻本	(6) 單席，神道異人，不假多重，自温故也。
劉沅《儀禮恒解》卷十三	民國十五年致福樓重刻本	(7) 未葬則柩在，朝夕設奠如生。既葬而返，卽于是日爲虞祭，以安神，以體魄。既歸于土，神不可以一日無依，以神道祀之，故爲吉祭之始。
劉沅《儀禮恒解》卷十六	民國十五年致福樓重刻本	(8) 大夫祭禮如此繁重，安能及賓尸之日爲之?《御案》上篇：正祭以神道事尸於室，故用祝與佐食皆室事也。此篇：賓尸以賓禮，接尸於堂，故不用祝與佐食，而另立侑以輔尸皆重事也。

續表

作者/文獻	版本	用　例
劉沅 《周易恒解》 卷二	清嘉慶刻本	（9）《彖》曰：大觀在上，順而巽，中正以觀天下。觀，盥而不薦，有孚顒若，下觀而化也。觀天之神道，而四時不忒。聖人以神道設教，而天下服矣。（"下觀"之"觀"平聲，餘皆去聲。）（陽大陰小，陽上陰下，故曰大觀在上。順，順理；巽，順民情也。大觀，統謂二陽。中正以觀，獨舉九五。天道至神，故曰神道。聖德如天，其道亦至神，故亦曰神道。……故觀天之神道，曷嘗有言有爲，而四時不忒，誠爲之也。聖人誠身，而本天以治民，禮樂刑教，皆有至誠宰之，故以神道設教，而天下服矣。不言而信，無爲而成，亦何異不薦之孚哉。）

表一千五百七十二

作者/文獻	版本	用　例
劉嶽雲 《格物中法》 卷三	清同治劉氏家刻本	（1）而天道深遠，有時而驗，或亦人之禍釁，偶與相逢，故聖人得因其變常，假爲勸戒，使智達之士，識先聖之深情，中下之主，信妖祥以自懼。但神道可以助教，而不可以爲教。神之則惑眾，去之則害宜，故其言若有若無，其事若信若不信，期于大通而已矣。（《詩正義》）

表一千五百七十三

作者/文獻	版本	用　例
劉肇虞 《元明八大家古文》 卷二	清乾隆刻本	（1）有間，使來告某曰：先王之廟在亳州者，庭皆有麗牲之石。我忠武及忠毅之勛备，既具刻而銘之矣。惟獻武之廟，我以忝預國事，不暇私顧，其家故未有刻焉。因以王之《墓誌》《神道碑》《家傳》授某，曰：刻文，敢以屬子。某辭不獲，則對曰：昔嘗忝為太史屬，固知公家世勛德，反進講内殿，又執經以從公後者三十年矣。雖不敏，敢次第而書之。
劉肇虞 《元明八大家古文》 卷三		（2）大元勑賜故翰林學士資善大夫知制誥同修國史贈江西等處行中書省左丞上護軍追封臨川郡公謚文正吳公神道碑
劉肇虞 《元明八大家古文》 卷七		（3）敬鬼神之一端也。詮次描寫，咄咄逼人，尤愛其禱雨一段，極探奇攬勝之妙（羅應經）。神道設教。

表一千五百七十四

作者/文獻	版本	用　　例
龍啓瑞《經德堂文集》卷四	清光緒四年龍繼棟京師刻本	(1) 兵部侍郎都察院右副都御史江南河道總督楊公神道碑

表一千五百七十五

作者/文獻	版本	用　　例
龍文彬《明會要》卷十	清光緒十三年永懷堂刻本	(1) 成化十一年，祭酒周洪謨言：臣庶祠堂神主，俱自西而東。古無神道尚右之說，惟我太祖廟制，合先王左昭右穆之義。宜令一品至九品，皆立一廟，以高卑廣狹爲殺。神主則高祖居左，曾祖居右，祖居次左，考居次右。帝下禮臣參酌更定。(《禮志》)
龍文彬《明會要》卷十一		(2) 四年，命禮官儒臣厘正祀典。國子司業宋濂上《孔子廟堂議》曰：世之言禮者，皆取法孔子，不以古禮祀孔子，是褻禮也。古者先師位皆東向，漢章帝幸魯祀孔子，帝西向再拜。《唐開元禮》“先聖東向，先師南向，三獻官西向”，猶古意也。今襲開元二十七年之制，遷神南向，失神道尚右之義矣。古者木主棲神，天子、諸侯廟皆有主，大夫束帛，士結茅爲菆，無像設之事。……《開元禮》：國學祀先聖孔子，以顔子等七十二賢配，諸州惟祀顔子。今以荀况之言性惡，揚雄之事王莽，王弼之宗老莊，賈逵之忽細行，杜預之建短喪，馬融之黨權勢，亦廁其中，吾不知其何說也？古者，子雖齊聖，不先父食。故禹不先鯀，湯不先契，文武不先不窋。宋祖帝乙，鄭祖厲王，猶尚祖也。……古者，士見師以菜爲贄，故始入學者，釋菜以禮先師；其學官時祭皆釋奠。今專用春秋，非矣。釋奠有樂，釋菜無樂，是二釋之重輕，以樂之有無也。今襲用魏、晉律，所制《大成樂》乃先儒所謂亂世之音，可乎哉？古者釋奠、釋菜，其儀注雖不可攷。然《開元禮》仿佛《儀禮》，饋食之節，三獻皆有飲福及尸酢主賓之儀。今憚其煩，惟初獻行之，可乎哉？他如廟制之非宜，冕服之無章，器用雜乎流俗，升降昧乎左右：此類甚多，不可枚舉。

表一千五百七十六

作者/文獻	版本	用例
盧秉鈞《紅杏山房聞見隨筆》卷七	清光緒十八年盧氏家塾刻本	(1) 生爲名，死爲諱，從古而然。《禮》曰“卒哭乃諱”是也。故名公、鉅卿爲人撰亭臺樓閣及生祠碑碣，則曰公名某；及撰神道、墓志、列傳，則曰公諱某。今古相傳，井井不紊。何世人賓主初見，猶有問尊諱貴諱者？可發一笑。

表一千五百七十七

作者/文獻	版本	用例
盧世㴶《尊水園集略》卷四	清順治刻十七年盧孝餘增修本	(1) 再四年，即六十，人世不堪把玩。若此因録舊作以志俯仰領承山來會者，為故人唐西亭。西亭，姑蘇人，酒徒也。即于壬戌年棄世，其風神道約畧可想云。癸未臘月，南村補序。
盧世㴶《尊水園集略》卷七		(2)《東坡雜文合鈔》:《東坡集》：奏議、制勑、論策、表啓、叙記、書簡俱可自為一部，墓誌、行状、神道碑可共為一部，惟賦、頌、銘、贊、偈、碑、傳、祭文、哀詞、祝文、字說、雜説、禅疏、致語，九十多種時時軼出，余肆力删纂，顭而併之，名曰《東坡雜文合鈔》，與《藥録》《酒録》《雜録》同一帙。

表一千五百七十八

作者/文獻	版本	用例
盧文弨《常郡八邑藝文志》卷二上	清光緒十六年刻本	(1) 吾聞西竺之教，利生接物，因權顯實，使人崇十善，持五戒，去貪離，著尋本，究原復。一性之眞，常息萬塗之流競。擺落根境，超出生滅。此神道之極摯，津梁之至妙，無生上法。
盧文弨《常郡八邑藝文志》卷七		(2) 唐故常州刺史獨孤公神道碑銘（唐崔祐甫）

續表

作者/文獻	版本	用　例
盧文弨《群書拾補》	清抱經堂叢書本	(3) 廣（坐衍）三十五步，辟神道八。(以《史記·封禪書》《索隱》引作“八”。)
盧文弨《抱經堂文集》卷第十五	清乾隆六十年刻本	(4) 又云：唐制，位三品者，父祖得以刻石記神道。 (5) 唐西平郡王李晟神道碑跋（癸卯） (6)《元少中大夫梁天刻碑跋》(癸卯)：右題“元故少中大夫西蜀四川道肅政廉訪使梁公神道碑銘”，李源道撰文，趙孟頫真書，元明善篆額。
盧文弨《經典釋文考證》	清乾隆常州龍城書院刻本	(7) 神道設教。(一本作“以神道設教”。注疏本有“以”字。)
盧文弨《讀史札記》	清聚學軒叢書本	(8)《畏答兒博羅歡傳》：《元史》畏答兒及其曾孫博羅歡兩傳，俱以姚燧所作《神道碑》爲粉本，多有不如本文，且失其用意者。 (9)《汪澤民傳》：潮州府判官錢珍，以奸淫事殺推官梁楫，事連廣東廉訪副使劉珍。案：宋濂以汪克寬之請，爲澤民《神道碑》書此事。 (10)《何伯祥傳》：《傳》云：何伯祥，易州易縣人。考郝文忠經爲其《神道碑》云：伯祥，字世麟，易州淶水季路里人。 (11) 案：吴文正撰《神道碑》敘此事云：權姦桑葛（卽桑哥）及其黨皆抵罪。時相獨庇江淮省平章沙福丁，復立行泉府司，俾之典領，以徵舶商之輸。謂國家出財資，舶商往海南貿易，寶貨贏億萬數。若沙福丁黜，商舶必多逃匿，恐虧國用。 (12) 當時，荀宗道撰《行狀》，盧摯撰《神道碑》，閻復誌墓，皆不書此事。 (13) 案：王直爲公《神道碑》云：權姦惡其數言事，欲疏之敕，與王佐隨老營。此“欲疏之”三字，不可削去，蓋使之不得常見上也。又《傳》云：振怒曰：腐儒安知兵事，再言者死！埜曰：我爲社稷生靈言，何懼？《碑》云：何得以死懼我？ (14) 案：明代繼世之君，有稱其臣先生者，大率皆以青宮舊學，故翺未必卽得此稱。考彭時所爲《神道碑》云：呼以“老王”而不名。此乃實事，當從之。

表一千五百七十九

作者/文獻	版本	用　　例
盧錫晋《尚志館文述》卷六	清康熙刻雍正增修本	(1)《重刻太上感應篇圖說叙》：古者自修之君子，知善之不爲而不可也。孜孜乎復吾性焉已矣，非曰吾爲善，將有以善之類應我者也。其去不善亦然。皎皎乎潔吾身焉已矣，非曰吾去不善，恐有以不之善之類應我者也。此孔子所稱無所慕而仁、無所畏而遠乎？不仁之人，蓋千百中僅一有焉。於是乎在上者有勸善之賞，有罰惡之刑，而人之慕焉畏焉者始衆。然賞焉而以智取、罰焉而以巧避者，千百中亦豈僅一有焉？於是乎在上者有神道之教，以合天下之知，愚賢不肖而警之，而人之慕焉畏焉者始無。所遺此如風之無竅而不人雷之，有耳而必聞，故感應者所以助賞罰之所不及也。 (2) 吾觀《太上感應篇》文字簡易，而誦之者知福禍所自，捷如嚮影。拘儒或疑戒殺一條近老佛，然與大夫士無故不殺牛羊犬豕之禮同，而此尤易動人愛物之心，蓋古之致治者有託焉。以爲言故君子樂其道之合，小人不至無所忌憚，又可家自爲說，以曉婦女童幼之不知書者，故謂之神道設教。後之人多刻而傳於世，或繫之事以明其不爽，而吾也亦有志焉。惜乎！今無力以成斯舉也。

表一千五百八十

作者/文獻	版本	用　　例
魯九皋《山木居士外集》卷四	清乾隆四十七年刻本	(1) 皇清誥授光禄大夫太子太保兵部尚書都察院右都御史總督漕運楊勤慤公神道碑銘 (2) 楊北溪曰：每讀歐陽公所撰王文正、范文正《神道碑銘》，穆然如見其人，今於此文遇之。

表一千五百八十一

作者/文獻	版本	用　　例
魯一同《通甫類稿》卷四	清道光八年刻本	(1) 誥授光禄大夫太子太保銜頭品頂帶致仕光禄寺卿湯文端公神道碑（並銘）
魯一同《通甫類稿》續編下		(2) 光禄大夫兵部侍郎安徽巡撫蔣公神道碑

表一千五百八十二

作者/文獻	版本	用　　例
魯曾煜《（乾隆）福州府志》卷十七	清乾隆十九年刊本	(1) 謝肇淛《桑溪禊飲序》：福州行春門外三里許，桑溪之水四馬夾澗穿石，沿回屈曲，相傳越王流觴處也。……彼神道設教者猶共（闕），（闕）于人世之蜉蝣、滄桑之陵谷哉！
魯曾煜《（乾隆）福州府志》卷二十三		(2) 閩王王審知墓，在蓮花峰下。後唐賜《神道碑》，張文寶撰文。明宣德間，墓為盜所發，有司營治。萬歷三十六年，裔孫王亮調福建轉運判，重修。(3) 陳副使子文墓，在戰坂。（明郭造卿《謁墓》詩：芙蓉峰下路，松柏隴邊邱。況復平生好，曾來幾度遊。江村斜抱郭，林樹遠連洲。仰止高風在，停車更少留。徐𤊹詩：北望蓮花縹緲峰，摳衣來拜若堂封。宮牆俎豆傳千載，泉路衣冠閉幾重。門客把杯留宿草，故人留劍掛高松。峩峩神道龜趺立，不媿題碑有蔡邕。）
魯曾煜《（乾隆）福州府志》卷七十三		(4)《瑯琊郡王王審知神道碑》，張文寶撰。
魯曾煜《（乾隆）福州府志》卷七十六		(5) 閩忠懿王及夫人任氏，初葬於閩縣靈岫鄉鳳池山，後唐長興三年改葬永福山，即今之蓮花峰是也。後唐賜《神道碑》，張文寶撰文。宣德四年，有種屯軍三十人將王家盜發，壙門堅甚，只從上角鑿破一孔，以巨繩腰一人先下，忽中絕，呼之不應，衆愕然，乃以松脂作把燃火，光照壙中，用長梯魚貫而入，見先入者死矣。壙制廣如屋，前祀王像，棹列五供爐、瓶、燭臺，皆以金玉為之，後寢紅棺一，蓋王與夫人也。

表一千五百八十三

作者/文獻	版本	用　　例
陸繼輅《崇百藥齋文集》卷十	清嘉慶二十五年刻本	(1)《展于墓》：于公墓，成頹邱，年年草長驅羊牛，碑已仆兮銘空留。（一解）于公我公，前賢後賢。公來展墓，悽愴荒煙。（二解）煙荒荒，竄狐兔邪許聲中。築墳固，君不見東海孝婦。名周青，神道亦禁樵夫行。（三解）

續表

作者/文獻	版本	用　　例
陸繼輅《崇百藥齋文集》卷十八	清嘉慶二十五年刻本	(2) 榮祿大夫兵部左侍郎加一級萬公神道碑銘（代吳少司農作） (3) 嗚呼，惜哉！公享年六十有一，以某年月日葬于某鄉。配夫人劉氏祔，禮也。……將葬，方雍等以神道之文爲請，不敢以不文辭。銘曰：觥觥萬公，經師人師，不為矯世絶俗之行，而粹然底于無疵。我銘其墓，無媿辭。
陸繼輅《崇百藥齋三集》卷十		(4)《鳴鑾路》：神道金陵遠，宸遊輦路荒。長春虛頌禱，失國太蒼黃。洗面降王淚，愁眉病后糍。尙餘文采在，曠世感滄桑。

表一千五百八十四

作者/文獻	版本	用　　例
陸奎勳《陸堂易學》卷五	清乾隆刻本	(1) 觀天之神道，而四時不忒。聖人以神道設教，而天下服矣。(（《本義》）極言觀之道也。四時不忒，天之所以爲觀也。神道設教，聖人之所以爲觀也。(虞氏仲翔曰) 聖人退藏於密，以神明其德，故設教而天下服。(草廬吳氏曰) 常人以言設教則有音聲，以身設教則有形迹。聖人妙天道於不測，其應捷如影響，葢所存者神，故所過者化也。)

表一千五百八十五

作者/文獻	版本	用　　例
陸隴其《三魚堂日記》卷五	清同治九年浙江書局刻本	(1) 味韓簡對晉惠之言，見蓍龜能知吉凶不能變吉凶；味內史叔興論宋襄之言，知災異由陰陽而見不由陰陽而生，皆卓然明理之言。叔興之言，服虔、劉炫所解勝於杜氏。杜氏將陰陽吉凶各作一項說，而以《洪範》之咎徵，及《傳》所云“亂則妖災生”，皆歸之神道設教而非實辭，恐涉於王介甫天變不足畏之說。孔疏兩載其義而不敢斷，葢亦知杜氏此說有病也。
陸隴其《讀朱隨筆》卷四	清刻陸子全書本	(2)《劉珙神道碑》：珙從容言於上曰：世儒多病漢高帝不悅學，輕儒生，臣竊獨以爲高帝之明其所不悅，特腐儒之俗學耳。誠使當時有以二帝三王之學告之，臣知其必將竦然敬信，而功烈所就不止此矣。

續表

作者/文獻	版本	用　例
陸隴其《三魚堂賸言》卷第二	清文淵閣四庫全書本	(3) 味韓簡對晉惠之言，見筮龜能知吉凶不能變吉凶；味內史叔興論宋襄之言，知災異由陰陽而見不由陰陽而生，皆卓然明理之言。叔興之言，服虔、劉炫所解勝於杜氏。杜氏將陰陽吉凶各作一項說，而以《洪範》之咎徵，及《傳》所云“亂則妖災生”，皆歸之神道設教而非實辭，恐涉於王介甫天變不足畏之說。孔疏兩載其義而不敢斷，蓋亦知杜氏此說有病也。

表一千五百八十六

作者/文獻	版本	用　例
陸棻《歷朝賦格》上集文賦格卷二	清康熙間刻本	(1)《魯靈光殿賦》(并序)(王延壽)：魯靈光殿者，蓋景帝程姬之子恭王餘之所立也。初，恭王始都下國，好治宮室，遂因魯僖基兆而營焉。遭漢中微，盜賊奔突，自西京未央、建章之殿皆見隳壞，而靈光巋然獨存。……物以賦顯，事以頌宣，匪賦匪頌，將何述焉？遂作賦曰：粵若稽古帝漢，祖宗濬哲欽明。殷五代之純熙，紹伊唐之炎精。荷天衢以元亨，廓宇宙而作京。敷皇極以創業，協神道而大寧。於是百姓昭明，九族敦序，乃命孝孫，俾侯于魯。錫介圭以作瑞，宅附庸而開宇。乃立靈光之秘殿，配紫微而爲輔。承明堂於少陽，昭列顯於奎之分野。……苟可貴其若斯，孰亦有云而不珍？亂曰：彤彤靈宮，巋嵔穹崇，紛厐鴻兮。崱屴嵫釐，岑崟崰嶷，駢巃嵸兮。……窮奇極妙，棟宇已來，未之有兮。神之營之，瑞我漢室，永不朽兮。
陸棻《歷朝賦格》上集文賦格卷五	清康熙間刻本	(2) 仍堅卽墨之壁壘，養凌烟之股肱，豎剛骨而益勁，植卓勛而勿矜。謝徂徠之杵臼，避商雒之薪蒸，聘中山之醉守，屏藍邑之聾丞。基厚力憑，實博聲宏，神道設教，人謀與能。牽小景之絲蘿，邃永年之茯苓，擅諸方之尊宿，號大父之高曾。其間彌谷彌川，亦輜亦軿。競横披以玃攘，率樛蓋而開扃，等鉅細之成列，類攀緑之不勝，吾乃今知十八公之爲靈也。
陸棻《歷朝賦格》下集駢賦格卷五	清康熙間刻本	(3)《欹器賦》(并序)(李德裕)：癸丑歲，予時在中樞，丞相路公見遺欹器，贈以古人之物，永懷君子之心。嘗欲報以詞賦，屬力少任重，朝夕盡瘁，固未暇於體物。……詞曰：昔周道砥平，既安且寧。赫赫公旦，配德阿衡。謂難守者成，難持者盈。始作兹器，告於神明。至使尼憲文武之道，思周公之德。入太廟而觀器，覩遺法而歎息。……顔既復而不遠，惠屢黜而何咎。知任重之力及，悟物盈之難久。雖神道之無形，常慘然於前後。昔與君子，同秉國鈞。公得之為賢相，予失之為放臣。覩遺物之猶在，懷舊好而悲辛。欲克已以復禮，永報德於仁人。

表一千五百八十七

作者/文獻	版本	用　例
陸世儀《桴亭先生詩文集》文集卷五	清光緒二十五年唐受祺刻陸桴亭先生遺書本	(1) 蝗最易滋息，二十日卽生，生卽交，交則復生。秋冬遺種於地，不値雪則明年復起，故爲害最烈。小民無知，驚爲神鬼，不敢撲滅，故卽以神道曉之。雖曰權道，實至理也。（自識）鎮江一郡，凡蝗所過處，悉生小蝗，卽《春秋》所謂蝝也。凡禾稻經其緣嚙，雖秀出者亦壞。然尚未解飛鴨能食之。中羣數百入稻畦中，蝝頃刻盡，亦江南捕蝝一法也。（又記）

表一千五百八十八

作者/文獻	版本	用　例
陸心源《千甓亭磚録》卷一	清光緒刻本	(1)《王君神道》，緜艸令之“竹”作“艸”。 (2) 漢永嘉磚：長九寸四分，厚一寸四分。文曰：永加元年八月十日立作之也。反文，二字一格。案：漢沖帝、晉懷帝，皆號永嘉。磚質堅厚，隸法奇肆，似《沈君神道碑》，當屬漢。“月”字作“册”，可補《漢隸字原》之缺。
陸心源《千甓亭磚録》卷五		(3) 施氏神室磚：長八寸七分，厚一寸二分。文曰：晉故太中大夫施氏神室施氏墓磚也。“神室”二字，創見《隸釋》，有《涪陵太守昌陽龐公神道》《漢太尉車騎將軍特進昭烈侯劉公神道》《征南將軍劉君神道》《廣漢令王君神道》，神室之神與神道之神同義。以墓爲室，漢已有之。張平子《冢賦》，搆元室是也。出烏程。
陸心源《儀顧堂集》卷六		(4)《宋史・藝文志》有許奕《九經直音》九卷。考魏了翁《鶴山集》《許公神道碑》，詳列奕所著書，而不及《直音》，夫豈許氏所著哉？《宋史》殆誤“孫”爲“許”耳。

續表

作者/文獻	版本	用　　例
陸心源 《儀顧堂集》 卷九	清光緒刻本	(5) 誥授光禄大夫太子少保兵部尚書兼都察院右都御史湖廣總督吳文節公神道碑 (6) 誥授通奉大夫貴州布政使沈公神道碑銘 (7) 同治元年，公之子金昆筮仕廣東，爲同官出公事狀，請銘其神道之碑，源何敢辭? (8) 誥授光禄大夫兵部尚書銜都察院右都御史原任兩廣總督歷城毛公神道碑銘 (9) 同治七年八月辛丑朔越十有二日壬子，光禄大夫、兵部尚書、都察院右都御史歷城毛公，卒於里第。越明年，葬於城東大辛莊之原，而神道之石未有文。
陸心源 《儀顧堂集》 卷十二		(10) 八年，權給事中。孝宗以外戚張說簽書樞密院事，濟再封還御筆，遂與外祠。(樓《攻媿集》、周必大《神道碑》。)
陸心源 《儀顧堂集》 卷十三		(11) 右正言鄭丙、丞相史浩、詹事沈樞、尚書汪大猷與頡爲同年進士。紹熙末，皆退休於二浙。詩筒酬倡，人競傳之。(周必大《鄭丙神道碑》) 有《適菴集》百卷。(《勞志》)
陸心源 《儀顧堂集》 卷十八		(12)《後村大全集》一百九十六卷，從天一閣藏本傳鈔卷。一至四十八，《古今體詩》。四十九，《賦》。……一百三十五，《祝文》。一百三十六至一百四十，《祭文》。一百四十一至一百四十七，《神道碑》。一百四十八至一百六十五，《墓誌銘》。一百六十六至一百七十，《行狀》。
陸心源 《儀顧堂集》 卷十九		(13)《秋澗先生大全集》一百卷，《目録》五卷，元至治中嘉興學刊本。……卷首爲制辭及御史臺咨江浙行省刋板文移，次爲李謙、陳儼、劉敏中、劉遜、王德淵、劉賡、王約、韓從益、張養浩等慶賀、哀輓、詩文，及其子公孺所撰《神道碑》。
陸心源 《宋詩紀事補遺》 卷三十		(14) 張之才，紹聖初，知陽城，清謹愛民，名聞當世。去任，邑人刻石頌之。去任，《辭湯廟》：一官來此四經春，不負蒼天不負民。神道有靈應信我，去時猶似到時貧。(《山西通志》)

續表

作者/文獻	版本	用　　例
陸心源《元祐黨人傳》卷一	清光緒刻本	(15)《李清臣傳》：李清臣，字邦直，魏人。自幼敏悟，能文章。韓琦以兄子妻之。第進士，為和川令。應材識兼茂科，歐陽修以比蘇軾。試秘閣，韓維以比荀卿。擢秘書郎簽書平江軍判官，名聲藉甚。英宗曰：韓琦太避嫌。李清臣者，顧可抑之乎？以歐陽修荐，得集賢校理。作《韓琦神道碑》，神宗讀之曰：良史材也。
陸心源《穰梨館過眼録》卷十七	清光緒吳興陸氏家塾刻本	(16)爲徐生往見，希說已領意。昨說吏人切莫遣去，自有話說。付去紙錄《神道碑》本子，餘續送上也。應禎奉白，靜夫先生。
陸心源《宋史翼》卷八	清光緒刻潛園總集本	(17)庾歎曰：吾為郎治一吏不見信，況敢望協心爲國乎？天下事略可見矣。因忽忽不樂，是年十二月，遽以疾卒，年四十二。(《省齋文集》、《滕公神道碑》。)
陸心源《宋史翼》卷十	清光緒刻潛園總集本	(18)之道质直刚劲，尚风节，平居恂恂，氣和而色温；至臨大事，區處剖決，多出人意表。嘗以策干趙鼎、張浚、李光思，欲與共功業、和議成，為檜所厄。晚守邊郡，持使節可以有為，而之道老矣。乾道五年，卒，年七十七。(尤袤《王公神道碑》，參《繫年要錄》。)
陸心源《宋史翼》卷三十	清光緒刻潛園總集本	(19)紹興三年，詔贈協忠大夫。錄其子孫，累贈太尉。(《新安文獻志》：開州團練使。《程公神道碑》。)
陸心源《皕宋樓藏書志》卷二十七	清光緒萬卷樓藏本	(20)《新刊名臣碑傳琬琰之集》，前集二十七卷，中集五十五卷，下集二十五卷（宋刊本），（宋）眉州進士杜大珪編。自序曰：國朝人物之盛，遠追唐、虞、三代之英，秦、漢以來鮮儷矣。自建隆、乾德之肇造，暨建炎、紹興之中天，因時輩出，豐功偉烈，焜燿方冊，雖埋光鏟采，位不稱其德者，亦各有紀於時。欲求之記事之書，則灝灝噩噩，未易單究，雜出於野史見聞者，其事又裂而不全，未足以觀其人之出處本末。好事者因集神道、誌銘、家傳之著者爲一編，以便後學之有志於前言往行者。

續表

作者/文獻	版本	用　　例
陸心源《皕宋樓藏書志》卷六十二	清光緒萬卷樓藏本	(21)《玉壺野史》十卷（（闕）鈔丁校本，緗谷亭舊藏），（宋）釋文瑩撰。玉壺，隱居之潭也。文瑩收古今文章著作最多，自國初至熙寧間，得文集二百餘家，近數千卷。其間神道碑、墓誌、行狀、實録及奏議、碑表、野編小説之類，傾十紀之文字，聚衆學之醖郁。君臣行事之迹，禮樂文章之範，鴻勲盛美，列聖大業，關累世之隆替，截四海之聞見。惜其散在衆帙，世不能盡見，因取其未聞而有勸者，聚爲一家之書。
陸心源《皕宋樓藏書志》卷六十五		(22) 白馬東來，象教流行於中土，玄風始暢。或示禪寂以探宗，或專神化而表法。亦猶水行地中，枝分别派雖異，至於濟世利物之功，其歸未始不同。故唐劉夢得已爲佛法在九州間，隨其方而化，因名山以爲莊嚴國界。凡言神道示現者，必宗清涼焉。
陸心源《皕宋樓藏書志》卷六十八		(23) 按:《藝文志》《行狀》《神道碑》: 公佐吉州有《廬陵集》十卷，刺撫州有《臨川集》十卷，刺湖州有《吳興集》十卷、《韻海鏡源》三百六十卷，爲禮儀使有《禮儀集》十卷，今並逸而不傳。
陸心源《皕宋樓藏書志》卷七十二		(24)《咸平集》三十卷（舊抄本），（宋）京兆田錫著。前有《墓誌銘》（范仲淹撰）、《神道碑陰》（司馬溫公撰）。 (25)《張乖崖先生文集序》（宣教郎知鄂州崇陽縣主管勸農營田公事天臺郭森卿題辭）: 故禮部尚書忠定張公，以直道事太宗、真宗，雖不登相位，而眷倚特隆，天下誦其事業，而鮮有知其文者。今觀其文，大抵脱去翰墨畦徑，無屬辭綴文之跡，而磊磊落落，實大以肆方。……其會稡訂證，寔屬之尉曹孫君惟寅，而使學生存中叅焉。外有韓魏公所作《神道碑》、内翰王公《送公宰崇陽序》、李畟岩《祠堂記》、項平庵《北峰亭記》，此其人皆知公之深者，爰並録之，覽者得其詳焉。
陸心源《皕宋樓藏書志》卷八十三		(26) 先生庐陵薌城人，讳铨，字邦衡，澹庵其自号也。若其世系、歷官、行事，則丞相益國周公書之於《神道碑》云。慶元五年已未八月二十八日，通議大夫寶文閣待制學士致仕門人楊萬里序。

續表

作者/文獻	版本	用　　例
陸心源《皕宋樓藏書志》卷八十六	清光緒萬卷樓藏本	(27) 先生名傅良，字君舉。世系、歷官，具見于《神道碑》《墓志銘》《行狀》云。嘉定戊辰，門人承直郎太學博士曹叔遠謹序。
陸心源《皕宋樓藏書志》卷九十四		(28)《張文忠公雲莊歸田類稾》二十八卷（元刊元印本），（元）張養浩撰。後附《畫像記》（至正甲午，倪中撰）、《贊》（劉耳撰）、《神道碑銘》（張起巖撰）、《祠堂碑銘》（撰人闕）。
陸心源《皕宋樓藏書志》卷九十五		(29) 南征挈以偕行，授江淮宣撫副使。中統初，選充宋使，留十有（闕），（闕）辱君命，天下盡知之。詳見隧銘洎《神道碑》。今集賢大學士郭公貫幼從公學，其任禮部尙書也，請刊其遺文。
陸心源《皕宋樓藏書志》卷九十六		(30)《臨川吴文正公集》五十卷，《外集》三卷，《年譜》一卷（明刋本），（元）吴澄撰。附《從祀議》（行在禮部）、《神道碑》（揭傒斯撰）、《元史》列傳、《行狀》《年譜序》（至正五年）、《伍福序》（成化十二年）。
陸心源《皕宋樓藏書志》卷九十七		(31)《秋澗先生大全文集》一百卷（元刊元印本，季滄葦舊藏），（元）王惲撰。前有《制詞》《挽詩》《神道碑》（子公孺撰）。
陸心源《皕宋樓藏書志》卷九十八		(32) 錢氏手跋曰：曹文貞公《漢泉漫藳》，其子復亨所編，有張夢臣、歐陽原功、蘇伯脩、吕仲實序，及吴閒閒後序。附以《神道碑》《畫像》《贊》《祭文》《哀辭》《挽章》甚備，其爲完書無疑。然止《詩》九卷、《樂府》一卷傳之。有《詩文》十卷，蓋未足信。《傳》又云：子六人，孫十人，皆顯仕。據《神道碑》，子震亨、謙亨、泰亨，皆前卒，初未登顯仕，而謙亨并未得官，史之難信如此。
陸心源《皕宋樓藏書志》卷一百一		(33) 居歲餘，輒自引去。詔起公提舉陝西儒學，訖不就。後用御史君貴，以有今贈。其年壽、卒葬與言行之詳，壙有誌，神道有碑，茲不贅述焉。至正十年冬十月二十四日，前史官金華黃溍序。

續表

<table>
<tr><th>作者/文獻</th><th>版本</th><th>用　　例</th></tr>
<tr><td>陸心源
《皕宋樓藏書志》
卷一百十七</td><td rowspan="2">清光緒萬卷樓藏本</td><td>（34）《二妙詩集》十三卷（舊抄本），（明）王沂、王佑撰。凡《子與詩集》八卷，《子啟詩集》五卷。《子與詩集》，阮文達《外集》著于錄。子啟《詩集》，文達所未見也。前有沂《行狀》（梁潛撰）、《墓誌》（楊士奇撰）、《墓表》（胡廣撰）、《神道碑》（黄淮）、《王沂傳》（鄒緝撰）、《王佑傳》（楊士奇撰），……《彭鏞徵士詩集序》（洪武丁巳）。</td></tr>
<tr><td>陸心源
《皕宋樓藏書志》
卷一百十八</td><td>（35）聖人春秋褒貶著於筆削者謂之例，國家政刑賞罰見於制度者謂之例，是皆以其可爲法於天下後世也。濟南文僖潘公蒼崖先生取古昔碑碣、鐘鼎之文，提綱舉要，條分類聚，定爲十卷，名曰《金石例》。一卷至五卷則述銘志之始，而於貴賤、品級、塋墓、羊虎、德政、神道、家廟、賜碑之制度必辨焉。六卷至八卷則述唐韓文括例，而於家世、宗族、職名、妻子、死葬月日之筆削特詳焉。九卷則先正格言，十卷則史院凡例、制度，筆削於此又可以概見焉。使世之孝子慈孫，觀其制度之等，則思得爲而爲，不得而不爲，而於事親之道不至違禮矣。</td></tr>
<tr><td>陸心源
《三續疑年録》
卷二</td><td rowspan="4">清光緒五年刻本</td><td>（36）穆（闕二字），七十九（甯）。生，開元四年丙辰。卒，貞元十年甲戌。（《英華》、穆員撰《神道碑》。）</td></tr>
<tr><td>陸心源
《三續疑年録》
卷三</td><td>（37）呂蒙正，六十八（聖功）。生，晉開運三年丙午。卒，宋大中祥符四年辛亥。（《琬琰集》上、富弼撰《呂文穆公神道碑》。）</td></tr>
<tr><td>陸心源
《三續疑年録》
卷五</td><td>（38）張希孟，六十一（養浩）。生，宋咸淳五年己巳。卒，元天歷二年己巳。（《雲莊類稿》，附《神道碑》。）</td></tr>
<tr><td>陸心源
《三續疑年録》
卷七</td><td>（39）申汝默，八十（時行）。生，嘉靖十四年乙未。卒，萬歷四十二年甲寅。（葉向高撰《神道碑》。）</td></tr>
</table>

續表

作者/文獻	版本	用　　例
陸心源 《儀顧堂題跋》 卷一	清刻潛園總集本	(40) 虞翻曰：三字，一致而百慮，下脱盡也。二字，精義入神，以致用也。注：干寶曰：能精義理之微，以得下脱未然之事，是以涉于神道而造禍福也。
陸心源 《儀顧堂題跋》 卷九		(41) 甲集分忠臣、孝子、節義三門，乙集分陰德、陰譴、禽獸三門，丙集分宛對報應、幽明二獄、欠債、妬忌四門，丁集分貪謀詐謀、騙局、姦淫、雜附、妖怪五門，戊集分前定宴婚、嗣息、夫妻三門，己集分神仙、釋教、淫祀三門，庚集分神道、鬼怪二門，辛集分醫術、雜藝、妖巫、卜相、夢幻五門，壬集分奇異、精怖、墳墓三門，癸集分設醮、冥官、善惡、僧道惡報、入冥五門。每門又各爲子目。
陸心源 《儀顧堂題跋》 卷十		(42) 卷二十八，《宋公神道碑》：開寶下彭城劉氏上脱"中封隴西郡夫人，先公而亡。象服是儀，永歸同穴。今夫人"二十二字。 (43) 康公預撰《神道碑》：謫去泌陽，泌譌必。慶見曾孫，慶譌度。
陸心源 《儀顧堂題跋》 卷十一		(44)《文康王公神道碑》：今欲制其下脱"萌莫若禁盗云云"二十四字。 (45)《范太史集跋》：《太史范公文集》五十五卷，宋范祖禹撰，張立人手抄本。……卷一至卷三，《詩》。卷四至卷六，《表狀》《劄子》。卷七至卷十二，《表狀》，附《笏記》。卷十三至二十六，《奏議》。卷二十至三十三，《翰林詞草》，附《樂語》。卷三十四，《敢狀》。卷三十五，《賦論》《策問》。卷三十六，《序》《記》《銘》《書》《傳》。卷三十七，《青詞》《祭告文》《哀詞》《誄文》。卷三十八至四十四，《墓誌銘》《神道碑銘》。卷四十五至五十三，《皇族墓誌》。卷五十四，《皇族石記》。卷五十五，《手記》。
陸心源 《儀顧堂題跋》 卷十二		(46)《雲莊集跋》：《雲莊集》五卷，宋曾協撰。原本久佚，此則文瀾閣傳抄《永樂大典》本也。案：協爲曾文昭肇之孫，南渡後，家湖州之德清。年十九，以詞賦魁胄監。一上不第，以蔭仕爲長興縣丞。終于知永州，官至正奉大夫。見樓《攻媿集》《曾炎神道碑》。

續表

作者/文獻	版本	用　例
陸心源 《儀顧堂題跋》 卷十三	清刻 潛園 總集 本	(47)（元刊元印本）《初藁》：一、二，《詩》。三，《賦騷》《答問》《雜箸》《贊》《碑記》《序》《題跋》《書》《祭文》《傳》《行述》。《續藁》：一至三，《詩》。四，《詔制》《表牋》《箴銘》《贊》。五，《碑文》《記》。……二十一至二十四，《神道碑》。二十六、二十七，《墓碑》。二十八至三十六，《墓誌銘》。三十七，《墓碣》《墓記》。三十八、三十九，《塔銘》《道行碑》。四十，《世譜》《傳》。《初藁》《續藁》總爲四十三卷，《四庫》未收，阮文達亦未進呈。《愛日精廬藏書志》雖著于錄，僅得二十三卷，其流傳之罕可知矣。……俗僧俗道之墓，張儉削之可也。《鄆王拜住神道碑》《太保定國忠亮公第二碑》《高昌郡公合剌普華神道碑》《河西隴北道廉訪使凱烈神道碑》《武宣劉公神道碑》《史惟良神道碑》《禮部尚書于文傳神道碑》《司徒陳幸神道碑》《馬氏世譜》皆有關史，乘而亦削之，未免無知妄作矣。觀其序，似亦未見全本耳。 (48) 集中《皇太子受玉冊頌》《皇太子入學頌》《國朝名臣頌》《西域獲角端頌》《擬魏錡絕秦書》《太乙元徵記》《撫州路總管張君銘》《二賢母墓碣》《康里公神道碑》《湯節婦銘》《趙侯神道碑》《趙仲誂蔣處士兩誌詩塚銘》《方孝婦表辭》《孔君權厝志》《跋何道夫鄭公墓誌》《富春子事實》《蘿山雜言》《書白衢州》《秦士錄》各篇已裒然在列，豈蔣超未見此本歟?
陸心源 《儀顧堂題跋》 卷十六		(49) 魯公撰其曾祖勤禮《神道碑》，述杲卿亦有“開土門，擒其心手何千年、高邈”之語。又杲卿《神道碑》：屬祿山，使其心手高邈往范陽。是心手，當時習用語。 (50) 唐文安郡王張公神道碑銘跋
陸心源 《唐文拾遺》 唐文拾遺 卷十二	清光 緒刻 本	(51)《大唐故奉義郎行京兆府涇陽縣主簿王府君墓誌銘》（并序）：公諱郊，字文秀，琅耶臨沂人也。……公聰明生知，忠孝天與，出身從仕，為眾所知，不以得失繼懷，不以喜怒形色，謙以自牧，寬以養閑，足可永保盛名，剋終天壽。……今春季月，遂赴所任，宿疾不瘳，漸嬰羸瘵，千禳万療，神道何依。以其年八月九日，終于萬年縣興寍里永穆觀之北院，享年五十七。嗚呼！淮水不絕，君家自昌，豈畐藥餌不靈，與物爭謝，故知修短有定，古亦無替。……銘曰：天不藏寶，必降賢良。公貞有度，雅淑無量。將永保於闈祿，何忽變為代傷。嗚呼！郊原寂寂，松柏蒼蒼。嗟白日之晝短，痛泉台之夜長。

續表

作者/文獻	版本	用　例
陸心源 《唐文拾遺》 唐文拾遺 卷十四	清光緒刻本	(52)《洛州都督竇軌碑銘》(并序)：蓋聞補天立極，大聖於是勃興；政亂朝昏，名臣以之陳力。步驟之跡既弘，經綸之會斯在。固雷風通響，成其化者玄功；韶濩錯音，應其時者人傑。公諱軌，字士則，扶風平陵人。受終若帝之初，大啟鴻業；中興復禹之績，因生命氏。……夫立德計功，垂範貽則，可以銘太常而書王府，鏤金石而被管絃，在當年而無愧，歷永代而不朽者，惟公乎！故吏某官姓名等，想生氣其猶存，痛徽音之永謝，式昭盛業，樹碑神道。嗣子某等，克構丕基，早標令譽，怵惕霜露，俗報之志無從；匍匐几筵，誄德之情斯切。銜哀見託，乃述銘曰：炎光浸隱，命歷斯窮。滔天塞霧，振海飛風。皇靈膺籙，大濟神功。龍興晉野，電照秦中。……冥漠人理，生平華屋。初笑後號，始哥終突。舄奕鍾鼎，葳蕤簡牘。方託辰精，徒嗟梁木。 (53)《夔州都督黃君漢碑銘》(并序)：蓋聞龍騰鳳舉，聖人德合上天；附翼攀鱗，名臣道符興運。然濟人活國，非止獨見之明；保大定功，必藉羣才之力。大唐乘乾御歷，奄宅區夏，圖籙草昧之辰，旌旗卷舒之際，風雲所感，文武兼資，得孫吳之秘榮，為韓彭之稱首，其唯都督虢國公者焉。公諱君漢，字景雲，東郡胙城人也。……眷言神道，禍福之塗終昧；並走羣望，貺史之誠無感。粵以貞觀六年薨於州館，春秋五十有二。……故吏某官姓名等，痛徽猷之永遠，懼陵谷之遷貿，乃傳芳金石，式昭不朽。迺為銘曰：周氏彭濮，漢室吳英。並云列土，各控強兵。竟隨同德，並擅高名。於惟上將，實惣連城。……浮生怛化，閱水歸眞。高明至此，景福誰親。泉宮永夕，松路非春。千年生氣，萬古芳塵。(同上)
陸心源 《唐文拾遺》 唐文拾遺 卷十五		(54)《隨車騎將軍莊元始碑銘》(并序)：昔姬文政典，司勳詔於太常；魯史策書，大夫稱其功伐。洛師鏤昆吾之銘，屍臣鐫陵邑之頌。然則紀述庸器，必候非常之功；騰芳彝篆，用資可久之德。況乃殞身殉節，捐生立事，奮於百代之上，裕乎千載之下，而無刊勒者哉！公諱元始，字長節，南郡江陵人也。……博陵官屬，尚惆悵於王沉；謁者護喪，實流連於鄧訓。僉以陳君物範，且勒潁川之碑；張氏孝廉，猶書冠軍之碣。況乃勵茲近俗，振我澆風，節士慕義，懦夫成勇，言之不可以已，其在斯乎！乃刊志清徽，樹之神道，俾夫披文相質，知皇代之有人焉。銘曰：梁楚華冑，卿相高門。俛拾青綬，奕葉朱幡。祖考積德，踵武洪源。……蟻結將掩，龜謀已同。旌旐照日，鐃鐸含風。誰言不死，貴在銘功。(同上)

續表

作者/文獻	版本	用例
陸心源《唐文拾遺》唐文拾遺卷十六		(55)《答徐堅問葬》：墓而不墳，所以反本也。三代以降，始有墳之飾，斯孝子永思之所也。禮有貴賤升降之度，俾存没之道，各得其宜。長安、神龍之際，有黄州僧泓者，能通鬼神之意，而以事參之。……當其隧者，神道不安。故深二丈四尺之下，可没窀穸。墓之四維，謂之折壁。欲下闊而上斂，其中項謂之中樵，中樵欲俯歆而傍殺。墓中抹粉為飾，以代黝堊，不置瓴甋瓷瓦，以其近於火。不置黄金，以其久而為怪。不置朱丹、雄黄、礬石，以其氣燥而烈，使墳上草木枯而不潤。不置毛羽，以其近於屍也。鑄鐵為牛豕之狀，像可以禦，二龍。玉潤而潔，能和百神，寘之墓内，以助神道。僧泓之說如此，皆前賢所表達也。……占曰：此天所以助有德也。置其墓中，其後終吉。後優詔褒贈，寵及其子。開府王同晈以外戚之貴，墳墓踰制，襚服明器，羅列十里，墳土未乾，家毁子死，殷鑒不遠，子其擇焉。（《吴興藝文補》） (56)（上缺）府別駕上柱國任府君神道碑（并序）
陸心源《唐文拾遺》唐文拾遺卷十九	清光緒刻本	(57)《唐故尚舍直長薛府君夫人裴氏墓誌銘》（并序）：夫人裴氏，河東聞喜人。高陽肇裔，非子受封，漢寵侍中，晉稱吏部，問諸絳事，大達斯分。……今奉所志，以明年景寅二月廿三日，葬於河南龍門山菩提寺之後崗，明去塵也。族孫良，偹覽休跡，敢敘而為銘曰：塵飆為劫，不可年兮。塋櫝無像，知幾遷兮。有德斯紀，跡必宣兮。神道昭著，福謂傳矣。貞靜悌陸，存沒眞兮。君子之謂，賢婦人兮。（石刻）
陸心源《唐文拾遺》唐文拾遺卷二十二		(58)《鄭駙馬孝行記》：特進駙馬都尉滎陽鄭潛曜，……睿宗外孫，元宗之甥，代國長公主之才子也。睿敏而文，生知純孝。……既而誠達於神，感而遂契，徹筵俟命，焚其章草（《英華》作"畢"），獨神道許三字在乎（二字作"存於"）煨燼之中。翌日，長公主疾間，公固命左右勿敢言。於其請天之章，公之客尹靈琛之辭也。向微靈琛言之，則人莫知之者矣。君子謂天道遠，人道邇，其死生冥運，吉凶陰騭，未嘗與人（《英華》作"天"）同功也。……公開元二十八年，尚元宗第十二女臨晉長公主。公主柔明而賢，輔佐以禮，公力行好學，處貴不驕，跋履夷險，無替忠信。歷太僕、光祿，嗣滎陽郡公，佩金印，列長戟，垂三十餘載，克荷大業，而崇其家聲。善而必慶，爲不誣矣。懼他日史氏闕疑也，故著之於篇。（本集）
陸心源《唐文拾遺》唐文拾遺卷二十三		(59)《唐故清河郡夫人張氏墓誌銘》（并序）：貞元十五年十一月十二日，夫人張氏奄終兮長安縣懷德里之私第。……兒女四人，孤幼，鴈行泣血，白鳥祥至，風樹不停，神道昭感，天之明察海珍，撫視摧慟。惜蓂筫之早落，

續表

作者/文獻	版本	用　例
陸心源 《唐文拾遺》 唐文拾遺 卷二十三	清光緒刻本	興言異室；羗桂月之先扼，哀悼痛傷。骨肉持封石字，永同天地之長，海變桑田，還識恭墓誌銘：堂堂府君，后族之良。灼灼夫人，宗室之光。疋若秦晉，睦若潘陽。琴瑟堷堷，鳳凰鏘鏘。宜爾偕老，萬壽無疆。如何昊穹，今也則亡。重泉幽壤無見日，荒壟白揚生蕭颼。（石刻）
陸心源 《唐文拾遺》 唐文拾遺 卷二十四		（60）唐故開府儀同三司兼左羽林軍大將軍知軍事文安郡王贈工部尚書清河張公神道碑銘（并序）
陸心源 《唐文拾遺》 唐文拾遺 卷二十七		（61）唐故銀青光祿大夫京兆尹兼御史大夫上柱國贈吏部尚書京兆韋公神道碑銘（并序） （62）《唐故太常丞贈諫議大夫温府君神道碑》（并敘）：溫氏裔顓頊，爲已姓。……其後由台階而贊大化，福萬品而光祖先，斯入之望，可指而待。嗟乎！諫議之烈不泯，而尚書之德復（闕），温之（缺四字）窮乎？唐制，位三三品者，父祖得以刻石紀神道。僧孺於尚書爲（缺三字）日月爲多時，門風祖烈，聞（闕）詳矣。……銘曰：先生之先，在世多才。曰博宏將，三英彥聯。……嘻其先生，亦已不死。誰其刻詩，楊郡長史。
陸心源 《唐文拾遺》 唐文拾遺 卷三十一		（63）唐故光祿大夫守太子太傅致仕上柱國彭城郡開國公食邑三千戶贈司徒劉公神道碑銘（并序）
陸心源 《唐文拾遺》 唐文拾遺 卷三十二		（64）《劉氏室女墓銘》：唐乾符二年歲次乙未七月十日庚寅，彭城劉氏室女享年二十，終於升平里之私第。……唯以靜默自修，孝悌雍睦，實閨閫之令淑，訓家之軌躅者也。嗚呼！福善無徵，遘疾膏肓，伏枕未久，奄忽而謝。日月流邁，龜筮有期，以其年八月廿八日，祔葬于長安縣第五村之先塋。余追念無已，痛徹心靈，泣血叙哀，寄于墓銘：神道降祥，挺秀明德。禮法是遵，慈仁被物。彤史流芳，垂爲令則。親叔銀青光錄大夫卿致仕劉從周記。（石刻）
陸心源 《唐文拾遺》 唐文拾遺 卷三十三		（65）《觀察使檢校司徒兼御史大夫陳巖墓誌》：府君以大順三年薨，春秋四十四。江夏黄璞爲《名士傳》以伸之，又爲《神道碑》以明之。府君諱巖，字夢臣。曾祖父諱宏，字文保，爲當府司馬。王父諱好古，贈太子舍人。父諱簡，字言史，贈工部尚書，又贈羽林大將軍。

續表

作者/文獻	版本	用　　例
陸心源 《唐文拾遺》 唐文拾遺 卷五十二	清光緒刻本	(66)《唐故宣義郎侍御史内供奉知鹽鐵嘉興監事張府君墓誌銘》（并序）：府君以乾符六年二月卅日終于常州義興縣之私第。……高祖紹宗，皇邵州武岡令，贈宜春郡太守。博學工書，著《蓬山事苑》卅卷行於世，蘇許公爲之製集序，韋侍郎述撰《神道碑》。宜春生盛王府司馬、翰林、集賢兩院侍書侍讀學士諱懷瓌，有文學，尤善隸草書，與兄懷瓘同時著名。……嗚呼（缺）銘曰：居官惠民，居家睦親。奉上御（缺）陽羨之北，荊溪之濱。(下缺)
陸心源 《唐文拾遺》 唐文拾遺 卷五十六		(67)《不移福陵奏》（開成五年二月，中書門下）：園寢已安，神道貴靜，光陵荎已二十餘載，福陵近又修崇。竊惟孝思，足彰嚴奉。今若載因合祔，須啟二陵，或慮聖陵不安，未合先旨。又以陰陽避忌，實有所疑，不移福陵，實合典禮。(《唐會要》二十一)
陸心源 《唐文拾遺》 唐文拾遺 卷六十二		(68)《唐越州都督于德芳碑》：（上缺）開國男（缺）軍事（缺）好賢愛丕（缺）大中大夫行（缺）年（缺）銀青光祿（缺）曳之（缺）使（缺）郡（缺）都督原慶（缺）四州諸軍（缺）史。……嗣子前荊州大都督府錄事參軍事代州司馬護軍昶，居憂之禮，殆不勝喪；至孝之情，幾將滅性。以爲橋元三鼎，騰茂實於祠堂；楊震（缺二字），飛英聲於神道。庶金生翠碣，長標賈氏之墳；劍挂貞松，永識徐公之墓。乃爲銘曰：三山崇構，九水鴻源。(缺二字）樹績，忝相高門。服衮調飪，書社開藩。祉襲前葉，慶鍾後昆。……搖落宰樹，荒涼夜臺。墳脩燕集，塋空鳥來。鳳簫嘹唳，熊軾徘徊。（缺一字）人不作，泉扃詎開。(《非見齋碑錄》)
陸心源 《唐文拾遺》 唐文拾遺 卷六十六		(69)《大唐女子唐端墓誌銘》：女子字端，葢殿中少監唐昭之第三女也。母曰王氏。夫其體脩幽閑，門傳禮則，克柔其性，有婉其容。春秋十有六焉，不幸夭没，以大唐開元十二年六月廿三日終於京兆靜安里之第。以其月廿六日權殯於萬年縣義善鄉之原。悲歟！天乎不臧，曾靡降福，神道何昧，忽貽其殃，諒何有違，遂獲此戾，悼以長往，終天無期。嗚呼哀哉！乃爲銘曰：猗歟慶靈兮錫嘉祉，婉而從訓兮善可紀。宜其享福兮極遐祀，奈何脩齡兮中道止。白楊蕭蕭兮隴路悲，丹旐搖搖兮相送歸。相送歸兮永別離，天情地義兮長相違。(石刻)
陸心源 《唐文拾遺》 唐文拾遺 卷七十一		(70)《賜庸調詔》：惟神（惟神者，謂隨神道，亦自有神道也）。我子應治，故寄是以與天地之初，君臨之國也。自始治國皇祖之時，天下大同，都無彼此者也。既而頃者始於神名，天皇名名，或別爲臣連之氏，或別爲造等之色。由是率土民心，固執彼此，深生我汝，各守名名。又拙弱臣連、伴造、國造，

續表

作者/文獻	版本	用　　例
陸心源 《唐文拾遺》 唐文拾遺 卷七十一		以彼爲姓，神名王名，逐自心之所歸，妄付前前處處（前前，猶謂人人也）。爰以神名王名，爲人賂物之故，入他奴婢，穢汙清名，遂即民心不整，國政難治。是故今者隨在天神，屬可治平之運，使悟斯等，而治國治民，是先是後，今日明日，次而續詔。然素頼天皇聖化，而習舊俗之民，未詔之間，必當難待。故始於皇子、羣臣及諸百姓，將賜庸調。（同上）
陸心源 《唐文拾遺》 唐文續拾 卷二		(71)《大唐故禮部尚書張府君之碑》：（上缺）并追子燕，于稷下（缺）緒紀云凝晛郁（缺）静，既設馭馬之（缺），（缺）帶（缺）之弊。……徽音載闕，刋鍾鏤鼎，功伐攸傳，思撰芳猷，樹之神道，俾清埃之不絕，與皎日而長懸。其詞曰：（上缺）漢。德（缺一字）光輔，祥鈞叶贊。互顯題楨，各隆棟幹。璧來耀廡，珠生滋岸。……恩隆詔葬，澤被幽埏。兆陪畢（缺），卜（缺）原阡，荒墳（缺），空壟（下缺）。 (72) 贈兵部尚書房忠公神道碑（并序）
陸心源 《唐文拾遺》 唐文續拾 卷三	清光緒刻本	(73)《李興造象記》：（上缺）是釋伽之政教；有色有空，即如来之妙法。……匠（缺）頭（缺）雕鐫畢功，其塔也（缺）眞容儼然常住，龍獸俠衛，寶相躍騰，不彰耳功（缺）後裔云爾。并詞粤：釋教幽微，（缺）空莫測。神道冥（缺）詎識（其二）。拯教生死，毫光其力。（缺一字）塔兮建成，垂芳兮（下石缺刻）。
陸心源 《唐文拾遺》 唐文續拾 卷四		(74)《刺史兼殿中侍御史薛公敬造石阿彌像贊》（并序）：大聖不可得而名，後之者（缺）思儀形，或范金，或刻木，或黼繡藻繪，寓厥法身，是崇瞻仰。夫金則鑠，玉則蠹，黼繡藻給，倏然成空，徒竊因緣之名，深乖久竟之義。……坎坎之聲，雖非擊鼓；冲冲之狀，頗類鑿氷。曾未逾時，（缺）相斯起，精微擬於神道，敬信協於人謀。德水寶池，似生淨觀；白鶴孔雀，將出雅音。誰悟幽棲道場，粗同極樂世畍，惟二菩薩左右儼如，靈趾融融，暉映廣座。
陸心源 《唐文拾遺》 唐文續拾 卷五		(75)《尊勝經幢後記》：先考故綿州刺史李君封樹前尊勝眞言石幢之餘石。嗚呼！潛罪疊酷，重遘大禍，殘喘未泯，以及今日，號奉安袝，如斬之創，鉅痛無所解。聞西方教有尊勝眞言，可以福薦神道，是用購集鐫刻，謹立於封樹前二步。冀清淨塵露之語，上爲冥祐，下則微蠲終天之苦。……嗚呼！聞西方佛拯世，用大悲法，至於窈冥不測之際。潛有望尊勝眞言之功，助祐玄遠。於是頓顙出血，染翰就石，此石有泐，罔極之痛，與天地無極。謹記。唐會昌四年歲次甲子十二月己卯朔十九日丁酉，孤子李潛泣血長號書。（石刻）

續表

作者/文獻	版本	用　例
陸心源 《唐文拾遺》 唐文續拾 卷十四	清光緒刻本	(76) 唐故登州刺史湻于公神道碑 (77) 唐幽州內衛（闕）將中散大夫試殿中監樂安郡孫府君神道碑（并序）
陸心源 《唐文拾遺》 唐文續拾 卷十五		(78)《王府君墓誌》：君諱盛，其先太原人也。蓋仲宣之後，因官爲上黨人焉。……山瞻壺口，表永固於千秋；平臨堆阜，冀不朽於萬古。嗣子宗等痛高柴之泣血，三年未嘗見齒；怨曾參之絕漿，七日幾至亡軀。亦哀毀而骨立，痛魂靈之罔象。生事以禮，死葬以禮，式刊貞瑁，紀諸芳烈。其詞曰：生代何幾兮難留，風樹不靜兮何求。德音冥冥兮超忽，魂靈泉壤兮山邱。皇天慘慘，白日悠悠。泣誰怙兮誰恃，怨神道兮幽深。(《長治縣志》)
陸心源 《吳興金石記》 卷三	清光緒刻潛園總集本	(79)《顔魯公去思碑》(石佚)：令狐峘《顔魯公神道碑》：魯公轉湖州刺史。政尚清靜，長孤養耆，徹備浚隍，式廉明，進吏事，特責大指而已。郡人悅之，立碑頌德。
陸心源 《吳興金石記》 卷七		(80)《錢敞墓碑》(石佚)：《吳興志》：在長興雉山西南。墓柱題曰"漢祠部郎錢府君之神道"。
陸心源 《吳興金石記》 卷十四		(81) 泰定四年四月初六日，安定書院狀申奉祠。陳壽孫呈：先賢胡安定先生於嘉祐五年葬于烏程縣三碑鄉何山晉賢讀書堂之右，將及三百年，見有亡宋砧基明白建立表思堂等屋貳拾餘間，墓下有神道路一帶，每歲春秋祭祀。 (82) 胡安定先生所葬墳墓，四邊元有田地，舊築墻垣、神道路、門樓、書堂，自幾年月日，如何侵占，逐一追究明白。 (83) 胡安定公先生，宋寶元年間，興明經、治事、體用之學于湖州，爲天下倡首，其徒數千人。於是州民始知爲學之本，四方取爲法式。後其子志康爲杭州察推，先生就養，因沒于杭，葬於何山之原，有蔡襄《墓誌》可考。神道路門道係安定書院管掌。至元年間，何山寺與安定書院儒人陳仲晦告爭，累年不絕。至延祐二年十一月初四日，本路總管等官與何山寺住持、耆舊、知事僧人親到本寺西墻外，於胡安定公舊墳山所，將墓冢墳牆、祭享亭基、踏道修整，墳南至溪水邊一直往來行路，令諸儒春秋祭祀。 (84) 胡安定公先生，宋寶元年間，興明經、治事、體用之學于湖州，爲天下倡首，其徒數千人。於是州民始知爲學之本，四方取爲法式。後其子志康爲杭州察推，先生就養，因歿于杭，葬于何山之原，有蔡襄《墓誌》可考。墓下元有神道路門道屋，係安定書院掌管。至元年間，何山寺與安定書院儒人陳仲晦告爭，累年不絕。至延祐二年十一月，本路總管等官與何山寺住持、耆舊、知事僧人親到本寺西墻外，於胡安定公舊墳山所，將墓冢墳牆、享亭基址、踏道修整，墳南至溪水邊一直往來行路，令諸儒春秋祭祀。

表一千五百八十九

作者/文獻	版本	用　　例
陸燿《切問齋集》卷一	清乾隆五十七年暉吉堂刻本	(1) 夫是氣也，循環相生，充滿無問，原其始乃資乎人物。聖人指其氣之精者而名以命之，在陽曰神，在陰曰靈。神靈之號既出，而昭明、焄蒿、悽愴亦遂動盪於不容已，聖人於是制為祭祀鬼神之禮焉。《易》曰：觀天之神道，而四時不忒。聖人以神道設教，而天下服。此之謂也。
陸燿《切問齋集》卷五		(2)《答王惺齋論家祭書》：示以講求家祭之義，所以披豁蒙塞者甚多，惟是愚陋所及；亦有獻疑於左右者，惟先生幸教之。古者大夫適士，始得立廟。……漢唐以來，非有功烈於朝，奉詔特祀，不得立廟也。先儒酌為同堂異室之制，而號為祠堂，以宜民而善俗，誠不易之常經也。……《廟制》：事死如生，不得不爾。若謂鬼道尚右，則南向之昭固尚右，而北向之穆不尚左乎？今之室制，以中為尊，則太祖正南向之位，而高曾祖考分列東西。猶之古制，太祖東向而昭在北穆在南也。古之廟制，各有門有堂有寢，其迭毀迭遷，雖曰昭常在昭，穆常在穆，然皆自南廟而遷於北廟，且祫祭於太廟之時，必合廟之主於太廟而共祀，其畢也又還其主於群廟，此其為數徙也大矣。今在同堂異室之中，閱數十年而一遷其位，雖有忽左忽右之嫌，而無乖神道清靜之義，似既不分昭穆，則其小者固可略矣。而至無後之主，唯以可祔高祖以下者附祀可也。往者祇謁孔陵，見于叢塚之外，別為壇以祀無後之鬼。雖以義起，亦公侯之家可行此耳。
陸燿《切問齋集》卷十		(3) 資政大夫工部侍郎范公神道碑
陸燿《切問齋集》卷十一		(4) 由是府君暨顯祖考、顯考皆贈通議大夫，妣皆淑人，我母陳太恭人晉封太淑人，一門三世皆沐恩榮，世世子孫感且不朽。內閣學士秀水錢公以文章宗匠，諾為《府君神道碑銘》之辭。因以平日所聞於顯考者，述為行略，以俟鴻文之賁於九原，蓋其時去府君之卒六十六年，去葬之日亦四十七年矣。

表一千五百九十

作者/文獻	版本	用　　例
陸以湉《冷廬雜識》卷五	清咸豐六年刻本	(1) 鄭峚陽：明崇禎時，武進鄭峚陽翰林鄤，以杖母之誣受極刑。……公無可奈何，而夫人篤信佛乘，與一尼甚暱，公求尼為之勸解。尼神道設教，假箕仙言上帝震怒，將降禍於夫人。夫人受戒悔過，儀部始得安其室。一時好事相傳，以竹篦參話之法，訛為扑作教刑之事。當公之受誣，欲陳其本末，則恐有礙於父母，故寧隱忍就死，齎冤於地下，豈非仁者之心與！雖然儀部之眷妾，夫人之妬，親之過小者也，使公蒙詬醜大誹於天下，其輕重可無辨乎？是故公之獄不明，則奸相之惡不著，此後死者之責也。峚陽事載於《明史》者未詳，得徵君之文而始白。吁！以莊烈帝之偏忮，溫體仁之狠賊，鍛成此獄，可謂奇冤！
陸以湉《冷廬雜識》卷七		(2) 他若范文正公《嚴先生祠堂記》云：先生之德，山高水長。李泰伯改“德”爲“風”。蘇東坡《富韓公神道碑》云：公之勳在史官，德在生民，天子虛己聽公，西戎北狄，視公進退以為輕重，然一趙濟能搖之。張文潛改“能”為“敢”。

表一千五百九十一

作者/文獻	版本	用　　例
陸元鋐《青芙蓉閣詩鈔》卷四	清刻本	(1) 或云古法異我法，速效自與尋常殊。或云天人適會合，東先生豈神明乎。我謂治民如治水，因勢利導為良圖。頃者昭回望雲漢，老丁膜拜填街衢。斯民可憫亦可畏，不為綏靖爭睢盱。天門高高豈易問，聊以神道馴頑愚。廣川學術異黃老，紛綸經義誰爬梳。玉杯書名昔已誤，流傳今更滋荒蕪。蜥蜴蜥蜴放汝去，此語豈出天人儒。

表一千五百九十二

作者/文獻	版本	用　　例
羅惇衍《集義軒咏史詩鈔》卷二十一	清光緒元年刻本	(1) 左慈（字元放，廬江人。少有神道。後不知所終。）

續表

作者/文獻	版本	用　　例
羅惇衍《集義軒咏史詩鈔》卷四十四	清光緒元年刻本	(2) 公聽（論張商英：先上呂公著詩求進，近乞毀光、公著《神道碑》。周秩為博士，親定司馬光謚為文正，近乃乞斲棺鞭尸。陛下察此輩之言，果出於公論乎?）

表一千五百九十三

作者/文獻	版本	用　　例
羅汝懷《緑漪草堂集》文集卷十	清光緒九年羅式常刻本	(1) 未葬以壽，只稱尊，不稱祭。尊用𤎩食，不用生食。𤎩食猶以人道事之，生食則以神道事之。故尊而用祭品，用牲體，是為速死其親而弔，牽芉豕夾為速死其戚與友矣。
羅汝懷《緑漪草堂集》文集卷二十七		(2) 公知直道不行於時，遂請便省墓歸，而引疾尻頃之卒時，癸丣六月三日也，䇲秋五十有九。公諱忠濬，字逵川，先世具忠烈《神道碑》中。㫐季四人；忠烈居長，公次之，次壯節公忠濟，次儵選道忠淑。

表一千五百九十四

作者/文獻	版本	用　　例
羅士琳《舊唐書校勘記》卷十九	清道光懼盈齋刻本	(1) 按："星"字乃"皇"字之譌，當從《會要》。"便欲發揮神道"，《唐會要》同。
羅士琳《舊唐書校勘記》卷三十五		(2) 余家藏《李勣神道碑》，是高宗御書，云"春秋七十有六"可據也。 (3) 段志元，齊州臨淄人也。趙氏紹祖云：《新書》同。據《新書》考異曰：《神道碑》作"鄒平人"。……按：《十七史商榷》云：據《段志元殘碑》，亦作"大將軍"，謚曰忠壯。《新傳》作"忠肅"。按：《唐會要》及《神道碑》《世系表》俱作"忠壯"，則《新書》"肅"字誤。

續表

作者/文獻	版本	用　　例
羅士琳《舊唐書校勘記》卷三十六	清道光懼盈齋刻本	(4)"明邱封大小高下之式",《唐文粹》《英華》同,《唐會要》"明"上有"書"字。是"神道常安",《英華》"道"作"通",疑誤。
羅士琳《舊唐書校勘記》卷三十八		(5)裴行儉,祖定高。……按:《十七史商権》云光庭《神道碑》作"定",周大將軍馮翊太守。
羅士琳《舊唐書校勘記》卷三十九		(6)"神道助直",《英華》"直"作"順",《全唐文》同。
羅士琳《舊唐書校勘記》卷四十二		(7)楊國忠,以國忠貴,贈兵部尚書。錢氏大昕云:"兵部"當作"武部"。今扶風縣有珣《神道碑》,明星御製並書,題云"贈武部尚書"可證也。
羅士琳《舊唐書校勘記》卷五十		(8)"昭王以河不在楚",《會要》"在"下有"於"字。"仲尼病",《會要》《御覽》"病"上有"疾"字。"仲尼以爲神道助順",《會要》"神"作"天"。
羅士琳《舊唐書校勘記》卷五十三		(9)洪興祖曰:公陽山之貶,《寄贈三學士》詩叙述甚詳,而皇甫持正作公《神道碑》,亦云"因疏關中旱飢,專政者惡之",則其非爲宫市明矣。今公集有《御史臺論天旱人飢狀》,與詩正合。況皇甫持正從公遊者,不應公嘗疏宫市而不及之也。 (10)柳宗元,曾伯祖奭。……按:文安禮《柳宗元年譜》云"子厚",有《先侍御史府君神道表》云"曾伯祖諱奭,字子燕",則奭於侍御史爲曾伯祖,於子厚爲高伯祖矣。……又按:《新書·宰相世系表》云"奭字子然",與《神道表》同,而《列傳》則云"字子邵",不知何所據也。
羅士琳《舊唐書校勘記》卷六十		(11)"問神尼奉仙",張氏宗泰云:上文《高駢傳》言"奉仙托神道以勸殺",駢蓋妖妄之流也。此句"神"字,必是誤衍。《新書》"神"作"女",《通鑑》"神"作"妖"。

表一千五百九十五

作者/文獻	版本	用　例
羅用霖《重修昭覺寺志》卷五	清光緒二十二年刻本	(1)《昭覺寺修阿羅漢像引》(洪成鼎)：十八大阿羅漢者，佛門之内護法也。根塵識三合而為賊，根塵識三反而即為神通，是阿羅漢即自性之善知識也。修阿羅漢即修自性之善知識，而相非相矣。古來神道設教，莫先於《易》。《易》者，象也；象者，像也。今欲修阿羅漢，其即神道設教而借假修眞之謂乎？且大阿羅漢非他即我也，我修阿羅漢即我自修我也。

表一千五百九十六

作者/文獻	版本	用　例
羅有高《尊聞居士集》卷一	清光緒七年刻本	(1) 烈山氏之子曰柱爲稷，自夏㠯上祀之。周棄亦爲稷，自商㠯來祀之。古之火正，或食亏心，或食亏味。高辛祀祝融，商人祀閼伯。廬山神，血食六百祀而見替（見《水經注》)，則神道之任有叚代矣。或曰：元命苞所謂司命主災咎云者，不過如房之爲駟，軫之爲車，取其意而已，不必操禍福如道家師巫之説也。曰：今道家之有天師，即古重黎之職，所㠯絶地天之通。

表一千五百九十七

作者/文獻	版本	用　例
羅正鈞《左文襄公年譜》卷一	清光緒二十三年湘陰左氏刻本	(1) 道光十二年壬辰，公二十一歲。四月，服闋，納資爲監生，應本省鄉試。正考官禮科掌印給事中涇陽徐公法績，(《文集》卷三。《太常寺少卿徐公神道碑》云：公諱法績，字定夫，晚自號熙菴，陝西涇陽人。道光十二年，以禮科掌印給事中主湖南鄉試。) 副考官翰林院編修錢塘胡公鑑。
羅正鈞《左文襄公年譜》卷四		(2) 晉迺遣總兵李南華扼韓城神道嶺，檄劉松山、郭寶昌各軍，由宜川、延長、延川沿河北要寇，高連陞、劉端冕自鄜州、甘泉趨延安、綏德與合勢。
羅正鈞《左文襄公年譜》卷五		(3) 是年，京察異等湖南大水，公捐養廉銀萬兩賑濟，作舉主《徐熙菴先生神道碑銘》。(《書牘》卷十四。甲戌，《答楊性農書》云：師墓，在涇陽城西三十里。榆楸數百，大可十數圍，亂後枝柯，無傷類，有神護。迺令有司，永禁樵采，著爲例。置墓田，建丙舍，立神道，加封樹豐碑。大冢巍然，涇川庶足，慰先師之靈矣。)

表一千五百九十八

作者/文獻	版本	用　　例
馬建忠 《文通》 實字卷二	清光緒二十八年紹興府學堂刻本	(1)“教”字:《易》“聖人以神道設教”，解所以教也。 (2)《胡良公墓神道碑》：非其身力，不以衣食。 (3)《許國公神道碑》：寡言自可，不與人交。 (4)《許國公神道碑》：使日月至。又云：我代與田氏約相保援。 (5)《許國公神道碑》：悉有其舅司徒之兵與地。
馬建忠 《文通》 實字卷三		(6)《許國公神道碑銘》：悉有其舅司徒之兵與地。 (7)《王公神道碑銘》：第幾人，必王某也。 (8)《許國公神道碑》：將兵數百人，悉識其材鄙勇怯，指付必堪其事。 (9)《許國公神道碑》：今見在人，莫如韓甥，且其功最大，而材又俊。 (10)《胡良公墓神道碑》：沈浮閭巷間，不以事自累為貴。 (11)《許國公神道碑》：今見在人，莫如韓甥。 (12)《許國公神道碑》：人得一笑語，重於金帛之賜。 (13)《太原王公神道碑》：政成為天下守之最。
馬建忠 《文通》 實字卷四		(14)《許國公神道碑》：少誠以牛皮鞵材遺師古，師古以鹽資少誠。 (15)《胡良公墓神道碑》：洗手奉職，不以一錢假人。 (16)《許國公神道碑》：不縱為子弟華靡遨遊事。 (17)《許國公神道碑》：今見在人，莫如韓甥。
馬建忠 《文通》 實字卷五		(18)“教”字：平讀，外動字，俗解使令也，如悔教、肯教之屬。去讀，名字兼動字，訓也，令也，下所效法也。《易》：聖人以神道設教。又教訓。
馬建忠 《文通》 實字卷六		(19)《太原郡公神道碑》云：賓接士大夫，高下中度。 (20)《王公神道碑》：公嫉其為人，不直視。
馬建忠 《文通》 虛字卷七		(21)《許國公神道碑》云：天子曰：大臣不可以暑行，其秋之待。《孔公墓誌銘》：海道以年計往復，何月之拘?《五箴》云：余乎！君子之棄，而小人之歸乎? (22)《鄭公神道碑》曰：嘉範於公為曾祖。 (23)《王公神道碑》：公獨有闓，為計度、論議直其宼。 (24)《鄭公神道碑》：公子為司馬，用寬廉平正，得吏志。 (25)《許國公神道碑》：自是訖公之朝京師，二十有一年，莫敢有讙呶叫號於城郭者。

續表

作者/文獻	版本	用　　例
馬建忠 《文通》 虛字卷八	清光緒二十八年紹興府學堂刻本	(26)《許國公神道碑》：汴之南則蔡，北則鄆。
馬建忠 《文通》 論句讀卷十		(27)《許國公神道碑》云：自吾舅歿，五亂於汴者，吾苗媷而髮櫛之幾盡，然不一揃刈，不足令震駭。 (28)《太原郡公神道碑文》云：公起外戚子弟，秩卑年少。歲餘超居上班，官尊職大。 (29)《鄭公神道碑文》云：公與賓客朋遊，飲酒（讀記處）必極醉（句），投壺博奕，窮日夜（句），若樂而不厭者（比讀）。

表一千五百九十九

作者/文獻	版本	用　　例
馬驌 《繹史》 卷八十六之二	清文淵閣四庫全書本	(1) 大觀在上，順而巽，中正以觀天下。觀，盥而不薦，有孚顒若，下觀而化也。觀天之神道，而四時不忒。聖人以神道設教，而天下服矣。

表一千六百

作者/文獻	版本	用　　例
毛德琦 《廬山志》 卷一	清康熙五十九年順德堂刻本	(1) 又按：張華《博物志·曹著傳》：其神自云姓徐，受封廬山。後吳猛經過，山神迎猛。猛語曰：君王此山，近六百年，符命已盡，不宜久居非據。猛又贈詩云：仰矚列仙館，俯察王神宅。曠載暢幽懷，傾蓋付三益。此乃神道之事，亦有換轉，理難詳矣。吳猛，隱山得道者也。
毛德琦 《廬山志》 卷六		(2)《續志》：李孝義，名浦錦，字尚綗，南昌人。葬廬山棲賢寺東之橋南。子明睿，官宗伯學士。詳董文敏其昌《封侍講孝義李公神道碑》。

續表

作者/文獻	版本	用　例
毛德琦《廬山志》卷十二上	清康熙五十九年順德堂刻本	(3)《萬佛影銘》(東晉慧遠法師)：夫滯於近習，不達希世之聞。撫常永日，罕懷事外之感。是使塵想制於玄襟，天羅網其神慮。……遠昔尋先師，奉侍歷載。雖啓蒙慈訓，託志玄籍。每想奇聞，以篤其誠。遇西域沙門，輒食遊方之説。故知有佛影，而傳者尚未曉然。及在此山，值罽賓禪師，南國律學道士。與昔文既同，並是其人遊歷所經，因其詳問，乃多有先徵。然後驗神道無方，觸像而寄，百慮所會，非一時之感。於是悟徹其誠，應深其信。將援同契，發其眞趣，故與夫隨喜之賢，圖而銘焉。廓矣大像，理玄無名。體神入化，落影離形。廻暉層崖，凝映虛亭。在陰不昧，處暗愈明。婉步蟬蛻，朝宗百靈。應不同方，跡絕兩冥。……晉義熙八年，歲在壬子，五月一日，共立此臺。擬像本以寄誠，雖成由人匠，而功無所加。至於歲次星紀，赤奮若貞於太陰之墟，九月三日，乃詳撿別記，銘之於石。爰自經始，人百其誠，道俗欣之，感遺跡以悅心，於是情以本應，事忘其勞。於時揮翰之賓，僉焉同詠，咸思存遠猷，託想異聞。庶來賢之重軌，故備時人於影集。大通之會，誠非理所期。至於佇襟遐慨，同已超夫神境矣！ (4)《東林寺經藏碑銘》(并序)：釋迦者流有十二部經。由儒之《詩》《書》《易》《禮》《樂》《春秋》，皆立言垂教之本，儒無文字，則天下久已大壞。三藏之説不行，西方聖人之教幾乎息矣。……然後金口之説流於娑婆者，書在於茲山也。五年，韋公薨。七年，博凌崔公以仁和政成，憫默舊績，由是東林以遺功得請篆刻之盛，其成公。故家府從事李肇為之文曰：多羅之教，神道不測，迦葉承之，布西域兮。毘尼之用，其法翼翼，優波受之，垂作則兮。阿曇之文，演暢宗極，苾蒭龍象，甚奇特兮。三者之藏，傾如轆墨，王公大人，為之餙兮。韋公之績，崔公之德，及茲寶藏，何則労兮。崇崇彤公，合發願力，傳之歷劫，千百億兮。罏峰之北，靈壇之側，系之迦陁，金石刻兮。
毛德琦《廬山志》卷十三		(5)白居易《祭廬山諸神文》：將仕郎江州司馬白居易，謹以香燭茶果，告於廬山四維上下大小諸神。居易夙聞匡廬，天下神秀，幸因佐宦，得造茲山，又聞遠永、宗雷，同居於是，道俗並處，古之遺風，而遺愛西偏，鄭氏舊隱。三寺長老，招余此居，創新堂宇，疏舊泉沼，或來或往，棲遲其間，不惟躭翫水石，以樂野性，亦欲擺去煩惱，漸歸空門。今葺構既成，游息方始，爰以潔敬，薦茲馨香。不敢媚神，不敢禳禍，但使疫癘不作，魑魅不逢，猛獸毒蟲，各安其所。苟人居之靜謐，則神道之光明。齋心露誠，庶幾有答。

表一千六百零一

作者/文獻	版本	用　　例
毛奇齡《四書改錯》二	清嘉慶十六年金孝柏學圃刻本	(1)《古今樂錄》載：樂有《大壯》《大觀》二舞，引《論語》“惟天爲大”。而《隋書·樂志》又曰：大觀者，觀天之神道，而四時不忒，是天原有神有道，故先儒解獲罪于天。亦曰：援天道以壓衆神。衆神者，室神與竈神也。又且漢魏後儒引此句，皆明指蒼蒼之天。
毛奇齡《仲氏易》卷九	清文淵閣四庫全書本	(2) 觀（王弼以此字句）天之神道，而四時不忒。聖人以神道設教，而天下服矣。 (3) 然考大行人掌大賓客禮儀，亦原有饗禮、食禮，諸獻參差不一，且殷以前未必即用《周禮》，況貢士朝會皆與聖人神道設教本義殊不相涉，惟馬融、王肅諸家直指祭祀，言謂灌地降神。此是正旨。第引《論語》“既灌而往”為証，以為王道可觀莫大乎祭，祭事可觀莫盛乎灌，及神降薦牲而簡畧至矣。 (4) 所謂“殷人尚鬼”，文在殷時親見夫有殷。聖人法天之神道，以為歲時之序，祭而周流不忒。《傳》云“聖人以神道設教，而天下服”，此之謂也。 (5) 從來，宗廟之禮，貴在平志。故《商頌》湯孫之祭，一曰綏我思成，既和且平；又曰既戒既平，時靡有争。此則神道設教、殷人尚鬼之顯然者。
毛奇齡《易韻》卷二		(6) 觀：觀天之神道，而四時不忒（韻）。聖人以神道設教，而天下服（合）矣。
毛奇齡《古今通韻》卷三		(7) 柳宗元《饒娥碑》辭：家世不儒，神道莫酬。
毛奇齡《古今通韻》卷四		(8)《焦仲卿妻》：千萬不復全，勿復怨鬼神道。藏歌肆觀善，因緣皆是聖皇。
毛奇齡《古今通韻》卷六		(9) 張說《郭知運神道碑銘》：河曲廻兵，臨洮舊防。手握金節，魂沉王帳。

續表

作者/文獻	版本	用　　例
毛奇齡《古今通韻》卷七	清文淵閣四庫全書本	(10) 韓愈《許國公神道碑》：上之宅憂，公讓太宰；養安蒲坂，萬邦絶等。
毛奇齡《經問》卷八	清文淵閣四庫全書本	(11) 李塨問：宋儒有神道尚右之說，不知何所考據？或因廟室以西盡為尊，藏主于西壁，遂誤為此言乎？考古人太祖位下，左昭右穆，東昭西穆，則神道尚左，非尚右也。曰：神道尚右，自昔有之。古有陽尚左，陰尚右，天道尚左，地道尚右之說。故祭天神尚左，祭地祇尚右；宗廟尚左，社稷尚右；北坐尚左，南坐尚右，皆以陰陽分左右。惟神道"神"字稍混，可以為陽，可以為陰，以為人鬼則為陽，以為地祇則為陰，故無從準的耳。若漢後立廟，不依古昭穆，同堂異室，以西為上，此正據神道尚右之說。而自西及東，自始祖以及祖禰，由漢而唐而宋定之，為不刊之制，則顯與《周官・小宗伯》"左宗廟，右社稷"，《考工記・匠人營國》"左祖右社"，與夫宗廟為陽，不忍死親之義，一概乖反。此則于禮可疑者。如此者，或一為正之可耳。
毛奇齡《西河集》卷六十二	清文淵閣四庫全書本	(12) 邑大夫，有地之官，或不應求報而報之，自至人不得辭。夫濟人者，得福神道也。鬼則近神矣，能濟鬼不更得福乎？夫王政何常予仁以全，而以餘者予福報無不可也？
毛奇齡《西河集》卷七十三	清文淵閣四庫全書本	(13) 嘗搜公家，乘得商文毅所為《神道碑》，葉文莊《誌銘》，王文端、姚文敏所為《像贊》。
毛奇齡《西河集》卷八十七	清文淵閣四庫全書本	(14) 宋歐陽子之表，李殿直、眉山蘇氏為司馬温公撰《神道碑銘》，皆其人誌狀，而重勻其文表之可按也。
毛奇齡《西河集》卷一百三	清文淵閣四庫全書本	(15) 康熙己卯，君子廷瑚等以君訃來告，且匍匐哀泣，請所以誌君墓者。會前一年，姜京兆亦死，適以大葬，屬予表神道，為文付去。而君狀適至，為掩卷累息不能屬筆者。

續表

作者/文獻	版本	用　　例
毛奇齡 《西河集》 卷一百七	清文淵閣四庫全書本	(16) 神道碑銘 (17)《誥授通議大夫通政使司通政使楊公神道碑銘》：皇清誥授通議大夫通政使司通政使楊公于卒之三月，祔葬虎跑進龍浦山先塋之傍。遺命勿上謝疏，勿乞恩賜祭葬，勿飾石人、獸、望柱于墓，獨是東南神道有桓楹分樹，仿延陵題墓之意。 (18)《誥授中憲大夫奉天府丞前禮科都給事中定庵姜公神道碑銘》：姜京兆公，以康熙三十七年五月十二日卒。予扶服哭之，且為作事狀，附公所著《姜氏譜》後。其明年，卜葬于補里福全山之陽。禮君卿大夫，皆有二碑以下窆，而墓門東南為神道出入之所，當以一碑移其地，且勒銘焉。
毛奇齡 《西河集》 卷一百八		(19) 神道碑銘 (20) 皇清予告内閣學士兼禮部侍郎雅坪陸公神道碑銘

表一千六百零二

作者/文獻	版本	用　　例
茅星來 《近思録集注》 卷十	清文淵閣四庫全書本	(1) 安定之門人，往往知稽古愛民矣，則於為政也何有？(安定胡氏，郡望。韓文公《胡良公神道碑》：胡姓系出安定，後徙清河是也。先生名瑗，字翼之，泰州海陵人。為湖州教授，時方尚詞賦，獨立經義治事等齋，以敦實學。從之遊者，常數百人。呉氏曰：稽古即經義齋之事，愛民即治事齋之事。熊氏曰：稽古則知為政之法，愛民則得為政之本。)

表一千六百零三

作者/文獻	版本	用　　例
冒襄 《巢民詩文集》 文集卷六	清康熙刻本	(1) 然此天人合德至理，并非神道設教以誘人也。余不問數而信理，特梓入裔弟所集《思誠錄》中，使世人知君翔卽數卽理，乃吾儒眞實學問，余既身驗于前矣。 (2) 今余望七老矣，心傷骨盡，名毀行汚，雙足蹣跚，不能下堂。甚悔兩庚生，乃往業未消，苟延食報日，事祈祝，求速死，侍先君至樂也。乃遜齋以經史之理之識，明醫以人情世法調藥，以三教聖人神道設教憫人救世之心，爲之仰思俯察，加減損益，早夜虔虔，惟恐不能起人之膏肓。又鐫方以廣之，乃自壽壽世之道，非世之悠悠挾術者比也。

表一千六百零四

作者/文獻	版本	用　　例
梅文鼎《績學堂詩文鈔》文鈔卷四	清乾隆梅穀成刻本	(1)《世忠烈傳》：始，某讀《彙草辨疑序》，仰歎馬文毅公之忠烈，昭耀史乘，爲聖代光，遂有顧夫人者以筆墨事公於蒙難之餘，卒殉以死。竊自幸生平，慕古奇行，不謂及身見之。既而伏讀御製《神道碑文》，詳考殉難始末，則從公死者甚衆，而溯其家世，又有趙太夫人以爲之。 (2) 後二年己未，王師平定三藩，世濟請於朝，迎櫬以歸。天子憫其奇忠，祭葬加等，贈階賜謚。又親灑宸翰書《神道碑文》，以旌其墓，官其子。

表一千六百零五

作者/文獻	版本	用　　例
梅曾亮《柏梘山房全集》文集卷四	清咸豐六年刻民國補修本	(1)《西招圖略》者，大學士松筠之所作也。其書大意載西藏自達賴班禪貢丹書克於盛京，而厄魯特部之固什汗亦同時進貢，時崇德七年也。……曾亮曰：先王之制，因俗而爲教，從欲以爲功。朝廷設駐藏大臣，閒達賴喇嘛及班禪參制之，所以設神道，順夷情，長算遠馭爲不可測者也。聞其世家，多以金錢布施。班禪得歡心，卽求取噶舒克，以役使番眾之馬牛羊人徒芻茭，不與値，故番眾敬班禪，亦時怨之。爲大臣者，務以均強弱和僧俗爲治，以番眾疾苦諭班禪，則內治得矣。國家憑天威，蕩準部，藏地之東北無警，遂以永安。惟廓爾喀屈強西南，陽布中，非其願也。

表一千六百零六

作者/文獻	版本	用　　例
繆荃孫《藝風堂文集》卷一	清光緒二十六年刻本	(1) 盛京將軍兼奉天總督旗民地方軍務完顏文勤公神道碑 (2) 公子文恪公爲教習師，末學菲才，受知兩世。歲辛卯，公之孫志賢蔭生，屬荃孫撰次其事，立石於神道。於是，公薨十有六年，而文恪公薨亦期年矣。公之德善功烈，紀諸史册，無俟碑銘。然後顯乃讀公奏疏，竊恐史氏未載其詳，而深心偉略不盡傳於天下，不可以不銘也。

續表

作者/文獻	版本	用　　例
繆荃孫《藝風堂文集》卷一	清光緒二十六年刻本	(3)《布政使銜廣東按察使金公神道碑》：光緒甲午，湖廣總督張公之洞、湖北巡撫譚公繼洵，以前布政使銜廣東按察使江陰金公國琛戰功上於朝，請祔祀湖北胡文忠公林翼祠，且宣付史館立傳。詔允之。是時，金公卒十五年矣。公將湘軍從胡文忠公轉戰湖北，最賞功敘勳，久而益彰，典至渥也。其年八月，公之孫家幹持公《行狀》，求銘公神道之阡。 (4)《廣東巡撫劉公神道碑》：光緒十有八年三月戊辰，兵部侍郎、廣東巡撫劉公薨於位。遺疏聞，天子震悼，賜祭葬如巡撫例，并命附祀淮軍昭忠祠。蓋公安内攘外，名滿天下，生膺節鉞之寄，歿享俎豆之報，固已極儒生之榮，遇樹人臣之茂矩矣。粵三年，公子世瑋葬公於江寗之（闕二字）鄉。因吾友徐君乃昌，以神道之碑來請銘。荃孫聞公名在庚辰、辛巳閒，時公在上海道任二年矣。互市禁開，華夷雜處，飛鉗捭闔，擣虚抵隙。公於大局所關，輒齗齗不少讓聲名，遂洋溢乎宇宙。 (5) 山東曹州鎮總兵趙公神道碑 (6) 湖北鹽法武昌道王文直公神道碑銘（代）
繆荃孫《藝風堂文集》卷四		(7) 桉：《元史·塔察兒列傳》云：伯祖父博爾忽。考孛术魯翀撰《襄懋公神道碑》云：高祖博魯温諾延，曾祖塔察兒。是博魯温諾延即博爾忽爲塔察兒父，非伯祖。 (8) 塔察兒子孫家居聞喜，《襄懋公神道碑》在縣東鎮。
繆荃孫《藝風堂文集》卷六		(9)《晉韓壽墓碣跋》："晉韓君神道"二十四字，分書。韓君，即《晉書·贾充傳》之韓壽。 (10)《唐焦竑神道碑殘石跋》：《唐焦竑神道碑》殘石，新出長安。 (11) 據《張仁憲神道碑》，德輔系張仲斌子。故府燕國公爲張允伸，今府僕射爲李茂勳。

續表

作者/文獻	版本	用　例
繆荃孫《藝風堂文集》卷七	清光緒二十六年刻本	(12) 詔史天倪南征，取平州。木華黎遣大進道攻廣寧府，降之。……荃孫桉："大進道"爲"史進道"之訛，"賜進道"則音近而誤。進道，秉直之弟，天倪之從父。從木華黎攻廣寧府，均見進道《神道碑》。
繆荃孫《藝風堂文續集》卷一	清宣統二年刻民國二年印本	(13)《贈太子少保兵部尚書曹恭慤公神道碑》：同治丙寅三月二十日己卯，兵部尚書江陰曹公薨於位。遺疏聞，皇上軫悼。丙戌，命惠郡王詣靈幃奠醊，贈太子少保。予謚恭慤，賜銀二千兩治喪。是年八月，公之子鍾彝扶柩回籍。六年正月，葬公於本邑東郊定山之西麓。越三十年，鍾彝昆弟來請銘公神道。 (14) 二品頂戴記名簡放道員前廣東高廉兵備道陸公神道碑銘 (15) 兩淮鹽運使洪公神道碑
繆筌孫《雲自在龕隨筆》卷三	稿本	(16)《曾子固集》：自元大德以後，刻者屢矣，皆不免譌漏。近何屺瞻以"傳是樓"宋槧大小字二本校勘，得《水西亭書事》詩一篇及《太子賓客陳公神道碑》，内脱字四百六十有八。頃見長洲顧東巖新刊本，缺者在焉。
繆筌孫《雲自在龕隨筆》卷六	稿本	(17)《香祖筆記》云：王禹玉作《麗潁公神道碑》，其家潤筆，參以古書、名畫三十種，中有唐杜荀鶴及第試卷。予生平為人家作碑版文字，惟安德李氏以楊雨孟載手書《眉庵集》一部相餉耳。

表一千六百零七

作者/文獻	版本	用　例
莫友芝《郘亭遺文》卷七	清末刻本	(1) 通奉大夫二品頂戴湖北按察使前湖北布政使唐公神道碑銘

續表

作者/文獻	版本	用　　例
莫友芝《宋元舊本書經眼録》坿録卷二	清同治刻本	(2)《梁吳平忠侯蕭景神道石柱題額》：在始興碑西南三里，亦見《六朝事迹》所謂花林之北石柱一。又謂神道在清風鄉花林邨者也。 (3) 梁臨川惠王蕭宏神道二石柱題額 (4) 證梁南康簡王蕭績神道二石柱題額 (5)《梁建安敏矦蕭正立石柱二》：《六朝事迹》謂墓在湻化鎮西宋野，石柱塘去城三十五里。又謂神道在鳳城鄉者也。

表一千六百零八

作者/文獻	版本	用　　例
穆彰阿《（嘉慶）大清一統志》卷一	四部叢刊續編景舊鈔本	(1) 世祖章皇帝孝陵（在道化州西七十里鳳臺山麓。孝康章皇后、端敬皇后同安地宫、寶城。前為享殿，曰隆恩殿，門曰隆恩門。神道南為聖德神功碑亭，外為大紅門。康熙二年，封鳳臺山為昌瑞山，從祀地壇。） (2) 世宗憲皇帝泰陵（在易州西三十里太平峪。孝敬憲皇后同安地宫，敦肅皇貴妃祔焉。寶城前為享殿，曰隆恩殿，門曰隆恩門。神道南為碑亭，高宗純皇帝御製聖德神功碑，序述世宗十三年聖德神功。） (3) 高宗純皇帝裕陵（在昌瑞山石麓之勝水浴。孝賢純皇后、孝儀純皇后同安地宫，慧賢皇貴妃、哲（闕一字）皇貴妃、淑嘉皇貴祀祔焉。殿宇制度，悉準泰陵。神道南為碑亭，仁宗睿皇帝御製碑文，序述高宗六十年聖德神功。十全巍焕為文數千言，碑扁皆御筆親書。） (4) 仁宗睿皇帝昌陵（在永寧山太平峪。孝淑睿皇后同安地宫。殿宇制度，悉準裕陵。神道南為碑亭，皇上御製碑文，序述仁宗二十五年聖德神功。憂勤恭儉為文數千言，碑扁皆御筆親書。）
穆彰阿《（嘉慶）大清一統志》卷十		(5)（宋）趙普（薊人。父迴，徙洛陽，初掌書記。乾德二年，拜門下侍郎、平章事。普既相，帝視如左右手，事無大小，悉咨決焉。歷相二朝，累拜太師。封魏國公，卒謚忠獻。帝為撰《神道碑銘》，親製八分書賜之。）
穆彰阿《（嘉慶）大清一統志》卷四十		(6) 神道溝鎮（在蔚州東南一百里。路通廣昌縣。明萬歷三十八年，置巡司，今裁。）

續表

作者/文獻	版本	用　　例
穆彰阿《（嘉慶）大清一統志》卷五十七	四部叢刊續編景舊鈔本	(7) 太祖高皇帝福陵（在盛京城東北二十里天柱山。孝慈高皇后合葬。寶城周五十九丈四尺，前為方城、明樓，樓前為饗殿，曰隆恩殿，殿制三楹，左右配殿各五楹。門為隆恩門。神道南為碑亭，外為紅門繚牆，周六百一十八丈四尺。順治八年，封福陵山為天柱山，從祀地壇。康熙二十一年，有御製《告祭福陵恭述十韻》詩。世宗憲皇帝《雍邸集》有《謁福陵恭頌》詩。） (8) 太宗文皇帝昭陵（在盛京城西北十里隆業山。孝端文皇后合葬。寶城周六十一丈，前為方城、明樓，樓前為饗殿，曰隆恩殿，殿制三楹，在右配嚴各三楹。門為隆恩門。神道南為碑亭，外為紅門繚牆，周四百九十五大九尺。順治八年，封昭陵山為隆業山，從祀地壇。十三年，題定福陵、昭陵四周立界，界内禁止樵採。康熙二年，改造建二陵地宫，奉安寶座於饗殿。三十一年，重建昭陵大殿。）
穆彰阿《（嘉慶）大清一統志》卷七十五		(9) 俞通海墓（在江寧縣南聚寶山。西天寺旁有號"國公神道碑"存。）
穆彰阿《（嘉慶）大清一統志》卷八十三		(10) 焦榮（青城人。知松江府。平役法，修水田，復義倉。趙孟頫為撰《神道碑》。）
穆彰阿《（嘉慶）大清一統志》卷九十四		(11) 葉淇墓（在山陽縣城西移風閘西岸。有《神道碑》、祠宇。）
穆彰阿《（嘉慶）大清一統志》卷一百二十四		(12)（漢）左慈（廬江人。少有神道。嘗在曹操坐，求銅盤貯水，以竹竿斜釣於盤中，須臾引一鱸魚出。操令求蜀薑，恐其近取，因曰：吾前遣人到蜀買錦，可過勑使者，增市二端。語頃，即得薑還，并獲操使報命。操出近郊，慈攜酒一升，脯一斤，百官莫不醉飽。操怪，欲收殺之，忽不知所在，終不能害云。）
穆彰阿《（嘉慶）大清一統志》卷一百四十八		(13)（唐）豐王墓（在朔州西北二十里黑垛山。《通考》云：唐昭宗第三子，名祁，天祐元年封，墓前有石砌神道，周圍有浸塹遺跡。）

續表

作者/文獻	版本	用　　例
穆彰阿《（嘉慶）大清一統志》卷一百七十三	四部叢刊續編景舊鈔本	(14) 淳于髡墓（在黄縣東北二十里蔚陽山下。五代時，其裔孫左僕射晏為立《神道碑》。）
穆彰阿《（嘉慶）大清一統志》卷二百七		(15) 權德輿墓（在洛陽縣北。韓愈有《神道碑》。）
穆彰阿《（嘉慶）大清一統志》卷二百二十六		(16) 嘉慶十六年，改隸西安鎮。都司（中軍）、千總二員（分防大荔縣神道嶺二汛。嘉慶十九年，裁一員。二十一年，復設）、把總五員（一駐本協，四分防華州、臨潼、渭南、郃陽各汛）、經制外委九員（四駐本協，五分防華陰、朝邑、澄城、韓城、孟家嘴各汛）、額外外委六員（五駐本協，一防石堡川汛。按：嘉慶二十一年，神道嶺改營為汛，歸潼關協管轄。裁遊擊，改設防汛千總一員，其分防各員均歸潼關協管轄）。
穆彰阿《（嘉慶）大清一統志》卷二百三十		(17)（元）郝和尚墓（在三原縣北樓底。原上有祠，即天（闕一字）父也。王磐撰《神道碑文》。）
穆彰阿《（嘉慶）大清一統志》卷二百三十一		(18) 李夷簡（鄭惠王元懿四世孫。擢進士第。憲宗時，累拜門下侍郎、同中書門下平章事。出為淮南節度使，以直自閑。歷三鎮，家無産資。病不迎醫，將終，戒無厚葬，毋事浮屠，毋碑神道。世謂行已能有終始者。）
穆彰阿《（嘉慶）大清一統志》卷二百三十三		(19) 赤水（在宜川縣北。……《縣志》：赤石川，今名南川，水源出神道嶺，至縣界合丹陽水，逕縣城東北，與仕望、銀川二水合。）
穆彰阿《（嘉慶）大清一統志》卷二百三十八		(20) 李固墓（在城固縣西。《水經注》：長柳渡有漢太尉李固墓，碑銘尚存，文字剥落，不可復識。《府志》：墓在縣西三十里。有石碣，題曰：漢忠臣太尉李公神道。）
穆彰阿《（嘉慶）大清一統志》卷二百四十三		(21) 神道嶺（在韓城縣西北一百二十里。又名柳溝，與延安府宜川縣接界。）

續表

作者/文獻	版本	用　例
穆彰阿 《（嘉慶） 大清一統志》 卷二百四十七	四部叢刊續編景舊鈔本	（22）蘇頲墓（在武功縣西南十五里。《寰宇記》：蘇許公墓，在武功縣西十里蘇村，《神道碑》存。） （23）（金）楊振墓（在州東南十里小劉村。子奂，祔。元好問撰《誌銘》及《神道碑》。）
穆彰阿 《（嘉慶） 大清一統志》 卷三百四十六		（24）鹿門山（在襄陽縣東南三十里。《襄陽記》：鹿門山，舊名蘇嶺山。建武中，襄陽侯習郁立神祠於山，刻二石鹿夾神道口，俗因謂之鹿門廟，遂以廟名山也。）
穆彰阿 《（嘉慶） 大清一統志》 卷三百五十五		（25）張浚墓（在寧鄉縣西一百五十里楓林鄉。子栻墓，在其右。按：《宋史》：浚手書付二子栻、杓曰：葬我衡山足矣。朱子作《行狀》及安撫《神道碑》，亦稱二墓皆在衡山。考衡山，並無浚父子墓。所謂楓林鄉者，衡山亦無其地。今墓地屬寧鄉，其鄉實曰楓林，或《朱子集》偶誤也。）
穆彰阿 《（嘉慶） 大清一統志》 卷三百八十五		（26）劉光祖墓（在簡州北二十里，地名官墳溝。有石碑，上題“宋大學士楊安劉公神道碑”。）
穆彰阿 《（嘉慶） 大清一統志》 卷四百八十一		（27）（宋）丁連然墓（在江川縣北三十里。上覆巨石，有耕者坐其上，石忽自動。起，石上勒“丁連然君神道”。《宋史》：太宗時，有交王丁連然来朝。疑即其人。）
穆彰阿 《（嘉慶） 大清一統志》 卷五百五十五		（28）禮部議蘇禄國東王巴都噶叭哈剌於明永樂間來朝貢，歸至德州病故，賜謚恭定。長子都馬含歸國襲封。次子安都禄，三子温哈喇，留居守塋，其子孫以祖名為安、温二姓，今該國王陳詞懇切，應如所請。飭查王墓所有神道、享亭、牌坊，修理整飭，於安、温二姓中各遴一人奉祀給頂帶。永為例。疏入，報可。
穆彰阿 《（嘉慶） 大清一統志》 卷五百六十		（29）永樂六年八月，其王麻那惹加那泛海入朝。十月，王卒於館。葬於安德門外石子岡，樹碑神道。謚曰恭順。賜敕慰其子遐旺，命襲封國王。

表一千六百零九

作者/文獻	版本	用　　例
那彥成《阿文成公年譜》卷二十五	清嘉慶十八年刻本	(1) 寧夏鎮屬之花馬池、同心城、靈州、橫城。西安鎮屬之潼關、神道嶺、慶陽、紅德、長武、邠州。 (2) 潼關協請設兵六百五名，應添兵一百六十名。神道嶺營請設兵一百五十名，應添兵十二名。興安城守營請設兵三百二名，應添兵一百十二名。 (3) 西安添鎮，仍設中左右三營外，其提督原管之西安城守、潼關協、神道嶺、商州、金鎖關、富平、西鳳、宜君各營，應歸西安鎮統轄。 (4) 至西安，現經臣等議請設立將軍標，其提督原管西安城守一營，近在同城，應即歸將軍管轄；其潼關協、神道嶺、商州、金鎖關、富平、西鳳、宜君各營，及慶陽協屬之邠州、長武二營，應仍歸固原提督統轄，以符舊制而重責成。
那彥成《那文毅公奏議》二任陝甘總督奏議卷二十五	清道光十四年刻本	(5) 原奏將西安軍標副將改爲西安鎮總兵，所有軍標中左右三營改歸鎮標管轄，並省城以東潼關、神道嶺、商州、金鎖、富平、宜君等六營，亦歸該鎮管轄，就近調遣。
那彥成《那文毅公奏議》初任直隸總督奏議卷四十一	清道光十四年刻本	(6) 據稱伊圖惑衆斂錢，姦淫婦女。托名如來轉世，并與吕尹氏商允，捏稱其子吕成羣係人王地主、當家地王菩薩，現有金禪老祖附在吕成羣身上某處。神道某人前來，表名掛號，又隨便捏造人名，並將平日看過小說人名一併編入，造成這《表名掛號總冊》。每於做會念經時，對衆捏說某神道有功，金禪老祖應許上升；某神道有過，金禪老祖已經不用；某神道在世鬧事已經收淨，故於冊内添註“上升”、不用“收淨”字樣，不過騙人之意。 (7) 吕成羣疼痛難受，混叫神道救命。邢士魁起意，乘機編造邪言，煽惑婦女，以便斂錢圖姦。隨與吕尹氏商允，捏稱吕成羣本係人王地主、當家地王菩薩下凡，現有金禪老祖附在吕成羣身上某處。神道前來，表名掛號，又隨便捏造人名，並將平日看過小說中古人名一併編入，凑成鄙俚語句，造得邪書一本，名爲《表名掛號總册》。邀吕元觀至吕成羣家代爲謄寫，底冊當即燒毁。 (8) 邢士魁素習如意教，坐功運氣，雖無謀逆之心，編造邪書亦止兩句悖逆之詞，但始則自稱如來轉世，做會斂錢，繼又捏稱吕成羣係人王地主、當家地王菩薩，有金禪老祖附在吕成羣身上。有神道前來掛號，編成邪書，惑衆斂錢，誘姦婦女，不法已極，自應從重問擬。 (9) 吕成羣係屬癱瘓，因被捶擊疼痛，混叫神道救命，訊無串通邢士魁編造邪言之事。

表一千六百一十

作者/文獻	版本	用　例
納蘭性德《大易集義粹言》卷二十四	清通志堂經解本	(1) 天何言哉？四時行焉，百物生焉，天之神道也。惟聖人至誠，然後可與天通，此所以設教而天下服也。 (2)《彖》曰：大觀在上，順而巽，中正以觀天下。觀，盥而不薦，有孚顒若，下觀而化也。觀天之神道，而四時不忒。聖人以神道設教，而天下服矣。 (3) 天道至神，故曰“神道”。觀天之運行，四時无有差忒，則見其神妙。聖人見天道之神，體神道以設教，故天下莫不服也。夫天道至神，故運行四時、化育萬物无有差忒。至神之道莫可名言，惟聖人默契，體其妙用，設為政教，故天下之人涵泳其德而不知其功，鼓舞其化而莫測其用，自然仰觀而戴服，故曰：以神道設教，而天下服矣。（並《易傳》） (4) 横渠先生曰：内順外巽，示民以順而外從巽，此祭所以為教之本，故“盥而不薦”。“中正以觀天下”，又曰“大觀在上”，皆謂五也。凡言“觀我生”，亦皆謂五也。天不言，藏其用而四時行。神道，如“盥而不薦”之類。盥簡潔而神，薦褻近而煩也。 (5) 有兩則須有感，然天之感有何思慮？莫非自然。聖人則能用感，何謂用感？凡教化設施，皆是用感也。作於此化於彼者，皆感之道，聖人以神道設教是也。（並《易說》） (6) 夫其為物不貳，其生物不測，天之神道也；而“四時不忒”，以其誠无息而已。聖人觀天之神道而設教，亦惟誠而已。故天下服，君子篤恭而天下平，意誠心正而天下治，率此道也。（《易說》） (7) 又曰：古人所以交神而接人，其道一主於誠，初无二也。故曰：明則有禮樂，幽則有鬼神，幽明本无二理，故所以感之者，亦以一理。聖人以神道設教，而天下服。所謂神道，誠意而已。誠意，天德也。（《餘杭語録》） (8)《經》曰：觀，盥而不薦，有孚顒若。誠之本也，至於薦也，備物而將之末也。且天之神道，四時見之矣。其升降之運本之一氣，一氣之運本之於一誠，故八卦之變起於中孚，非誠則不能也。聖人之神道，見於教化；教化之成敗，見於風俗；風俗之所自，出於上之誠信。故知遠之近，知風之自，則有至於无聲无臭者矣。彼刑名度數，曷足以明之，故“聖人以神道設教，而天下服”者，予知其“聲色之於化民，末也。”。 (9) 治象之法未廢也，而治亂之迹如是之不同，何也？誠與不誠之效也。故曰：至誠如神，鬼神之為德也。視之而不見，聽之而不聞。使天下齊明盛服，以承其祭祀。洋洋乎，如在其上，如在其左右。故曰：神之格思，不可度思。故天之神道，聖人之神道，推此，可得而知之也。嗚乎！二帝三王遠矣，吾於此猶可觀焉。（並《易說》）

續表

<table>
<tr><th>作者/文獻</th><th>版本</th><th>用　　例</th></tr>
<tr><td>納蘭性德
《大易集義粹言》
卷二十四</td><td rowspan="4">清通志堂經解本</td><td>(10) 觀之者，至於不期化而自化，是之謂神道。神道之謂大觀，且觀之天則天亦无所示也，特四時不忒而已。因四時不忒，而萬物自生自化，故知四時不忒，是為天之神道。由人言之，亦曰天之大觀也。聖人大觀，其道同天，則下觀而化也宜矣。……帝堯之則天，孔子欲无言，皆是道也。《乾卦》言：各正性命，保合太和。天之神道，其及物如此而已。
(11) 聖人觀天設教，亦一而已矣。一則誠，誠則明，明則變，變則化。不假强聒，人自服從，亦豈知所謂一哉？惟天下至誠，為能化。故曰：觀天之神道，而四時不忒。聖人以神道設教，而天下服。
(12) 五峯胡氏曰：三綱，人之本性；神化，天之良能。堯、舜、禹、湯、文、武，恭已盡性，德合於天，一言一行，當物情之精，中民心之會，利用出入，民所共由。故精神感通，折衝萬里，天下心服，莫測其用。《易》曰"聖人以神道設教，而天下服"，此之謂也。(《上高宗書》)
(13) 新安朱氏曰：大觀，以卦體、卦德釋卦名義。觀，盥，釋卦辭。觀天，極言觀之道也。四時不忒，天之所以為觀。神道設教，聖人之所以為觀也。(《本義》) 盥非灌之義。盥本謂薦而不薦，是欲蓄其誠意以觀示民，使民觀感而化之義。"有孚顒若"，便是那下觀而化，却不是説人君身上事。"聖人以神道設教"，是聖人不犯手做底，即是"盥而不薦"之義。"順而巽，中正以觀天下"，謂以此觀示之也。
(14) 觀天之神道只是自然運行的道理，四時自然不忒，聖人神道亦是説他有教人自然觀感處。
(15) 又曰：《易傳》：見天道之神，體神道以設教。非見，則莫能體。(《已丑课程》)
(16) 《象》言：神道設教，天下不知所以然而然。觀民設教，則其迹可見矣。所以為王者之事，非盡《象》之義者也。(《易說》)</td></tr>
<tr><td>納蘭性德
《大易集義粹言》
卷四十九</td><td>(17) 以為天下先，故觀之"神道設教"，亦必以"盥而不薦"為首。與萃之時，王假有廟，致孝享之意，同利見大人亨者。天地萬物萃聚之時，主之者不得其道，則亂由以生，故非見大人則萃不能亨也。大人為道之大，足以容民畜衆者也，所以利見大人者，利貞故也。正故能亨，不正則不亨矣。</td></tr>
<tr><td>納蘭性德
《大易集義粹言》
卷七十三</td><td>(18) 伊川先生曰：顯明於道而見其功用之神，故可與應對萬變，可贊祐於神道矣，謂合德也。人惟順理以成功，乃贊天地之化育也。(《經説》)</td></tr>
<tr><td>納蘭性德
《大易集義粹言》
卷七十六</td><td>(19) 白雲郭氏曰：時異則事異，於是乎有變。唯聖人能通其變，則民不困於事，是以不倦於有行也。故雖聖人神道設教，不過宜斯民而已。宜民則非甚高難行之道，亦不過為舟車、臼杵、弧矢、宮室、書契之類。凡可以利斯民，後世之所不能易者皆是也。</td></tr>
</table>

續表

作者/文獻	版本	用　　例
納蘭性德 《通志堂集》 卷十九	清康熙三十年徐乾學刻本	(20) 通議大夫一等侍衛進士納蘭君神道碑文（徐乾學） (21) 通議大夫一等侍衛進士納蘭君神道碑銘（韓菼）

表一千六百一十一

作者/文獻	版本	用　　例
倪燦 《補遼金元藝文志》	清光緒刻廣雅書局叢書本	(1) 歐陽玄《王清獻公神道碑》一卷（王都中）。

表一千六百一十二

作者/文獻	版本	用　　例
倪濤 《六藝之一録》 卷九	清文淵閣四庫全書本	(1) 昔之人神祀饗之禮，其彝器、食飲每通用之，既以人道事乎神，又以神道饗乎人。此家廟中與夫平日燕居之器，皆得銘而用之，初無別也。
倪濤 《六藝之一録》 卷三十七		(2) 嵩山太室神道石闕銘 (3)（缺）開母廟（缺）神道闕 (4) 少室神道石闕銘 (5)（缺）林芝（缺）日月，而（缺）三月三日（缺）郡陽城縣，興治神道。（缺）君丞零陵泉陵薛政、五官掾陰林、户曹史夏效、監廟掾辛述、（缺）長西河圜陽馮寶、丞漢陽冀秘俊、廷掾趙穆、戸曹史張詩、將作掾嚴壽，廟佐向猛、趙始。

續表

作者/文獻	版本	用　　例
倪濤 《六藝之一録》 卷三十九	清文淵閣四庫全書本	(6)《張公神碑》：惟和平元年正月，（闕）朝歌長鄭郴造（闕）張公建（闕）良（闕）之山，……立左右闕，表神道，（闕）豎碑廟堂之前。到五月（闕）乃成。
倪濤 《六藝之一録》 卷四十三		(7) 右《漢故太尉楊公神道碑銘》，篆額。楊公名震，洪農華陰人。安帝時，為司徒。垂四載，為太尉。閱半載，以延光三年卒。楊氏墓，在陝州閿鄉。所存隸碑凡四，此碑乃其孫沛相統之門人汝南陳熾等所立，碑中載楊秉陪陵則威宗延熹八年事也。 (8) 右漢《楊震碑》，首題云《漢故太尉楊公神道碑銘》。文字殘缺，首尾不完，其可見而僅成文者云"聖漢龍興，神祇降祉，乃生抙公"，又云"窮神知變，與聖同符，鴻漸衡門，羣英雲集"，又云"貽我三魚，以章懿德"，又云"大將軍辟舉茂材，除襄城令，遷荊州刺史、東萊、涿郡太守"，又云"司徒、太尉，立朝正色，恪勤竭忠"。其餘字存者多而不復成文矣。（《集古録》） (9) 右隸書，不著書撰人名氏。其前不完碑，首題曰《漢太尉楊公神道碑銘》。震，安帝時，位至太尉。碑在陝府閿鄉縣。（《集古目録》）
倪濤 《六藝之一録》 卷四十七		(10) 石刻有《漢故博士趙傳逄府君神道逄童之碑》，其篆文皆从"夆"。《魏元丕碑》有"逄牧"，《孔宙碑陰》有"逄祈"，此有"逄信"，亦不書作"逢"。予謂漢儒尚借"蠭"為"逄"，則恐諸"逄"當讀為"鼉鼓逄逄"之"逄"爾。（《隸釋》）
倪濤 《六藝之一録》 卷四十八		(11)《漢太尉劉寬神道二》：其一曰：漢太尉劉寬，字文饒。其一曰：漢太尉特進車騎將軍特進昭烈侯劉公。神道各有一，螭盤屈乎其上，而下作獸面，如彝鼎間饕餮之象，當是雙闕所刻。字法與正碑相類，圖畫則微拙，不及《王稚子》《沈新豐》之精也。
倪濤 《六藝之一録》 卷四十九		(12)《郭禧後碑》：右《郭禧後碑》，殘缺尤甚，其略可辨者云：惟光和二年夏五月甲寅，太中大夫故太尉郭公薨。……餘不復成文，而其額題"漢故太尉郭公神道"，字畫尚完云。《後漢書・列傳》既不載禧所終，而《靈帝紀》但云"建寧三年四月，太尉郭禧罷"，亦不言其何官。今以碑考之，乃知其罷為大中大夫，而卒於光和二年也。五原太守名鴻，後為司隸校尉，封成安鄉侯。（《金石録》）
倪濤 《六藝之一録》 卷五十		(13) 右《漢故綏民校尉騎都尉桂陽曲紅灌陽長熊君之碑》，篆額。今在道州。獻帝建安二十一年造。漢人書墓闕及神道，則有盡列其平生所歷官者，及銘志則舉其所終或所歷之清高者題之。

續表

<table>
<tr><th>作者/文獻</th><th>版本</th><th>用　　例</th></tr>
<tr><td>倪濤
《六藝之一録》
卷五十二</td><td rowspan="2">清文淵閣四庫全書本</td><td>（14）幽州刺史馮焕神道
（15）故尚書侍郎河南京令豫州幽州刺史馮使君神道
（16）右《幽州刺史馮焕神道》，今在渠州。《馮緄傳》云：父焕，安帝時為幽州刺史，建光元年卒。《隸釋》有“元初六年，賜豫州刺史。”
（17）又焕有墓闕，題云“豫州幽州刺史馮使君神道”。</td></tr>
<tr><td>倪濤
《六藝之一録》
卷五十四</td><td>（18）《馮使君墓闕銘》：右漢《馮使君墓闕銘》，云“故尚書侍郎河南京令豫州刺史馮使君神道”。按：《漢書・馮緄傳》：緄父焕，安帝時為幽州刺史。而《馮緄碑》亦云：幽州君之元子。此字在宕渠緄墓前雙石闕上，知其為焕也。（《金石録》）
（19）緜竹令王君神道
（20）廣漢緜艸令王君神道
（21）右“緜竹令王君神道”九字，微雜篆體。“緜”字作“曰下木”，略與“縣”字相混，故趙氏誤作“廣漢縣令”而謂其借“苓”為“令”也。歐陽公博收竝蓄，顧弗深考，姓名字畫多有誤讀者。德父治郡之餘專意金石刻，辨證亦在精確，獨此碑為可笑爾。（《隸釋》）
（22）右《廣漢縣令王君神道》，建寧元年十月造。“縣令”字作“苓”。漢人淳質，文字相近者多假借用之。如“縣令”字，人所常用，而尚假借，何耶？（《金石録》）
（23）蜀郡太守任君神道
（24）右“漢蜀郡太守任君神道”九字，字畫壯偉，然不著名字、鄉里、歲月，莫詳其為何人也。（《金石録》）
（25）蜀郡屬國都尉王君神道
（26）右漢《王君神道》在南陽，云“漢故蜀郡屬國都尉王君神道封陌”。按：酈道元注《水經》：濟水南道側有二石樓，制作精妙，題言：蜀郡太守，姓王，字子雅，南陽西鄂人，有三女無男，而家累千金。父沒當葬，三女各出錢五百萬。一女築墓，二女建樓。今此碑後有唐向城令張瑨之撰《孝女雙石樓記》，所書與《水經注》合，惟《水經》误以“都尉”为“太守”耳。瑨之記天寶七載建，別錄于後。（《金石録》）
（27）交趾都尉沈君二神道
（28）漢謁者北屯司馬左都侯沈府君神道
（29）漢新豐令交阯都尉沈府君神道</td></tr>
</table>

續表

作者/文獻	版本	用　　例
倪濤 《六藝之一録》 卷五十四	清文淵閣四庫全書本	(30) 右《交阯都尉沈君二神道》，今在梁山軍。其上各刻朱雀，其形相向，知此蓋是一人。猶《王稚子闕》，盡書其所歷官也。其下又刻龜蛇虎首，所畫甚工。此字及馮煥、《王稚子闕》皆是八分書，張懷瓘所謂"作威投戟，騰氣揚波"者也。(《隸釋》) (31) 上庸長司馬孟臺神道 (32) 故上庸長司馬君孟臺神道 (33) 右《上庸長司馬孟臺神道》，石文皴剥，而字札甚精。漢人所作墓闕神道者，第欲表封陌、限樵牧爾，非若鐫過實之辭，有意乎欺誑來世也。(《隸釋》) (34) 在漢州。《復齋碑目》作"上庸長闕"，《墨寶》云"上庸長司馬孟臺神道"。(《漢隸字原》) (35) 韋氏神道 (36)《韋氏神道》：右《韋氏神道》，石文中斷，似若韋氏爾。(《隸釋》) 在均州。(《漢隸字原》) (37) 征南將軍劉君神道 (38)"有漢征南將軍劉君神道"十字，大小與《王稚子闕》相類，而剛勁過之，惟後兩字刓損。兩漢雜號將軍，掌征伐背叛，事訖則罷，不常置也。……其官氏偶同，非此劉君也。(隸續) (39) 侍中楊文甫神道 (40)《漢侍中楊文甫之神道》，字體略與馮幽州闕相似，必西州所刻者。(《隸續》) (41)《漢故原武典農高府君之神道》，在汲縣東北五十里二石柱上。(《寰宇記》) (42) 漢平楊府君叔神道 (43) 涪陵太守龐厷神道 (44) 汝南上蔡令神道 (45) 右《漢逢府君墓石柱篆文》，云"漢故博士趙傳逢府君神道"，唐李利涉編。
倪濤 《六藝之一録》 卷五十六		(46) 太保任公神道(《金石録》)

續表

作者/文獻	版本	用　例
倪濤 《六藝之一録》 卷五十七	清文淵閣四庫全書本	（47）過水南有譙定王司馬士會冢。冢前有碑，晉永嘉三年立。碑南二百餘步有兩石，高丈餘，半下為束竹交文，制作工巧。石牓云“晉故使持節散騎常侍都督揚州江州諸軍事安東大將軍譙定王温司馬公之神道”。（《水經注》） （48）晉大中大夫包府君神道碑（《墨池編》）
倪濤 《六藝之一録》 卷五十八		（49）宋文帝神道碑 （50）右《宋文帝神道碑》，云“太祖文皇帝之神道”，凡八大字而别無文辭，惟此為表識耳。古人刻碑，正當如此，而後世鐫刻功德、爵里、世系，惟恐不詳。然自後漢以来，門生故吏多相與立碑頌德矣。 （51）《宋文帝神道碑》，在潤州。（《金石略》） （52）梁太祖文皇帝神道碑 （53）梁臨川靖惠王之神道 （54）《梁故假黄鉞侍中大將軍揚州牧臨川靖惠王之神道》，雙闕，各二十一字。去城三十里北城鄉。（《復齋碑録》） （55）梁新渝寬侯神道 （56）《梁故侍中仁威將軍新渝寬侯之神道》，正書，十五字。（《復齋碑録》） （57）梁吳平忠侯蕭公神道 （58）反書，類隸字。題云“梁故侍中撫軍將軍開府儀同三司吳平忠侯蕭公神道”。在花林村。（《復齋碑録》） （59）梁建安敏侯神道 （60）《梁故侍中左衛將軍建安敏侯之神道》，正書，十五字。在淳化鎮。（《復齋碑録》） （61）梁故范府君神道 （62）《梁故昭遠將軍臨川王國侍郎范府君之神道》，正書，十八字。（《復齋碑録》） （63）梁史府君神道 （64）《梁故假節散騎常侍兖州刺史建昌縣開國侯史府君之神道》，正書，二十四字。有武后時字，恐是武后時立。（《復齋碑録》）
倪濤 《六藝之一録》 卷六十		（65）《席肅公神道碑》，在襄陽府，保定四年。（《輿地碑目》）

續表

作者/文獻	版本	用　　例
倪濤《六藝之一録》卷六十三	清文淵閣四庫全書本	(66)《舊唐書・明崇儼傳》：累遷正諫大夫，特令入閣供奉。崇儼每因謁見，輒假以神道，頗陳時政得失，帝深加允納。潤州棲霞寺，是其五代祖梁處士山賓故宅，帝特為製碑文，親書於石，論者榮之。
倪濤《六藝之一録》卷六十七		(67) 唐"歐虞褚薛"皆以書名，此碑精勁可愛，不知出于誰手。趙明誠《金石録》之第五百九十五，謂無書撰人姓名，今其前乃題于志寧製文。又謂君諱某，字延壽，名殘缺不可辨。今熟視之，左從言右，亦彷彿可尋。至于隋唐間，多以字行，則歐文忠公跋《顏勤禮神道碑》論之矣。友人曾無愧持此，相示為題其後。(《益公題跋》)
倪濤《六藝之一録》卷六十八		(68)《竇居士神道碑》，天寶六載，李邕撰，段清雲行書。(《金石文字記》)
倪濤《六藝之一録》卷六十九		(69)《宋公神道碑》獨完好，惟《碑側記》缺八字。碑去官道二里餘，世罕知者，以故久不顯于世。致君因謁墓下始得之且難。舊史不載，新書闕遺，乃刻顏公體大書字畫别刻于石，庶久其傳。邢惟襄國舊都，丘塚纍然類皆湮滅于無聞，獨公之墓高不逾丈，豐碑尚存，豈特忠義足以垂名于不朽，世亦以顏魯公為賢，而此碑尤為可貴也。 (70)《昭義節度薛嵩神道碑》，禮部郎中程浩撰，梁州都督府長史翰林待詔韓秀實八分書。薛公，名嵩，楚玉之子也。初為史思明将，朝義敗，以其地降，即拜昭义节度，封平阳郡王。碑以大歷八年立，在夏縣。(《集古録目》) (71) 大歷十二年，《杜濟神道碑》，顏真卿撰并書。藝之至者，如庖丁之刀，輪扁之斲，無不中也。顏魯公之書，刻於石者多矣，而有精有粗，雖他人皆莫可及。然在其一家，自有優劣，余意傳模鐫刻之有工拙也。而此碑字畫遒勁，豈傳刻不失其真者皆若是歟。碑已殘缺，銓次不能成文，第録其字法爾。(《集古録》) (72) 六一先生跋《杜濟神道碑》，蓋《集古録》第四百五卷也。今吉水貢進士曾三異有此碑而未殘缺，其文可讀，得非嘉祐以前舊本歟。(《益公題跋》) (73) 顏魯公書撰《杜濟神道碑》，沈著端重，真可入木八分。友人曾三異，無疑寶藏之。按：六一先生《集古跋》謂殘缺不能成文，今乃粲然可讀，得非摹拓有先後耶。濟蓋魯公友壻，故又誌其墓。六一先生亦有跋云：顏撰而不云書，筆法非魯公不能為。世頗以為非顏書，更俟識者辨之。

續表

作者/文獻	版本	用　　例
倪濤 《六藝之一録》 卷六十九	清文淵閣四庫全書本	(74) 大歷十三年,《王師乾神道碑》,張從申書。余初不甚以為佳,但怪唐人多稱之,第録此碑以俟識者。前歲在亳社,因與秦玠郎中論書,玠學書於李西臺建中,而西臺之名重於當時。余因問玠:西臺學何人書?云:學張從申也。問玠:識從申書否?云:未嘗見也。因以此碑示之,玠大驚曰:西臺未能至也。以此知世以鑒書為難者,誠然也。從申所書碑,今絶不行於世,惟予《集録》有之者,《吳季子碑陰記》《崔圓頌德碑》並此才三爾。熙寧三年十月二十七日書。 (75) 右《顔勤禮神道碑》,顔真卿撰并書序。顔、温二家之盛,云思魯、大雅,在隋俱仕東宫;愍楚、彦博,同直内史省;遊秦、彦將,皆典祕閣。按:《唐書》云:温大雅字彦弘,弟彦博字大臨,弟大有字彦將。兄弟義當一體,而名大者字彦,名彦者字大,不應如此。蓋唐世諸賢名字可疑者多,封德彝云名倫,房玄齡云名喬,高士廉云名儉,顔師古云名籀,而皆云以字行。倫、喬、儉、籀,在唐無所諱,不知何避而行字。……唐去今未遠,事載文字者未甚訛舛殘缺,尚可考求,而紛亂如此。故余嘗謂君子之學有所不知,雖聖人猶闕其疑以待來者,蓋慎之至也。治平元年二月二十八日書。 (76)《雁門王田承嗣神道碑》:代宗時,《魏博節度使雁門郡王田承嗣碑》,營田副使裴抗撰;子緒碑,節度判官邱絳撰。按《唐書》列傳,承嗣十一子:維、朝、華、繹、綸、綰、緒、繪、純、紳、縉,而緒次當第七。此二碑皆以緒為第六子,而無綰。自緒而下,有繪、純、紳、縉,與史不同。二碑當時故吏所作,必不誤,蓋史之繆也。其文與字皆不佳,故余特錄其世次而已。(《集古録》)
倪濤 《六藝之一録》 卷七十		(77)《于夐神道碑》,盧景亮撰。其文辭雖不甚雅,而書事能不沒其實。夐之為人,如其所書,蓋篤於信道者也。《碑》云:司馬遷儒之外五家,班固儒之外八流。其語雖拙,蓋言其學不駁雜也。然非徒貶去釋老而已,自儒術之外,餘皆不學爾。《碑》又云:其弟可封好釋氏,夐每非之。夐,于頔父也。然可封之後不大顯,而夐之後甚盛,以此見釋氏之教信嚮者未必獲福,毀貶者未必有禍也。《碑》言:夐篤於孝悌,守節安貧,不可動以勢利。其所履如此,足以興其後世矣。治平元年八月十一日書。 (78)《崔能神道碑》,兵部侍郎李宗閔撰,能弟檢校吏部尚書判東都尚書省從書,戶部尚書胡証篆額。能,字子才,清河東武城人。官至嶺南節度觀察使,贈禮部尚書。碑以長慶三年立。(《集古録目》)

續表

<table>
<tr><th>作者/文獻</th><th>版本</th><th>用　例</th></tr>
<tr><td>倪濤
《六藝之一録》
卷七十</td><td rowspan="2">清文淵閣四庫全書本</td><td>(79)《崔能神道碑》云：拜御史中丞，持節觀察黔中，仍賜紫衣金印。按：唐世無賜金印者。官制古今沿革不同，而其名號尚或相襲。自漢以來，有銀青、金紫之號。當時所謂青紫者，綬也；金銀者，乃其所佩印章爾，綬所以繫印者也。後世官不佩印，則此名虛設矣。隋、唐以來，有隨身魚，而青紫為服色，所謂金紫者，乃服紫衣而佩金魚爾。宗閔謂賜金印者，繆也。今世自以賜緋銀魚袋、賜紫金魚袋結入官銜矣，而階今有至金紫光祿大夫者，遂於結銜去賜紫金魚袋，皆流俗相承，不復討正久矣。故因宗閔之失並記之。(《集古録》)
(80) 裴晉公撰《李西平神道碑》，以較江浙閩《唐文粹》本，大率傳寫脱謬，且經改易，不能遍舉，姑言其甚者：乾元初，立功成都，其邦人咸服，具以状文。而諸本盡作“具状以聞”，何俗弱也。
(81)《高瑀神道碑》，司徒侍中東都留守裴度撰，河南尹鄭澣書。瑀，字乾亮，渤海蓨人。官至忠武軍節度使，贈司空。碑以太和八年立。(《集古録目》)
(82)《李石神道碑》，東都留守季德裕撰，工部侍郎柳公權書。碑文殘缺，名字皆不可見。考其世系事迹，知為李石碑也。碑以大和中立，在河陰。(《集古録目》)</td></tr>
<tr><td>倪濤
《六藝之一録》
卷七十一</td><td>(83)《王質神道碑》，唐太子賓客劉禹錫撰并書。質，字華卿，王通之後也。開成中，為宣歙池等州觀察使。(《集古録》)
(84) 右《李聽神道碑》，李石撰。聽父子為唐名將，其勲業昭彰，故以碑考傳，少所差異。而史家當著其大節，其微時所歴官多不書，於體宜然。惟其自安州刺史遷神武將軍者，史不宜略而不書者，蓋闕也。(《集古録》)
(85)《張仁憲神道碑》，大中二年，幽州節度掌書記李儉撰，幽州節度衆軍蔡陵八分書并篆額。仁憲，字仁憲。官至太子中允。其孫仲武為盧龍節度使，追贈仁憲為工部尚書。碑在文安縣。(《集古録目》)
(86)《太子少師裴休神道碑》，宣武節度副大使（碑缺不見姓）處晦撰，右散騎常侍韓琮書。休，字公美，河東聞喜人。官至太子太師。碑以咸通八年立。(《集古録目》)
(87)《晉王墓二殘碑》，正書。朱彝尊跋曰：代州栢林寺東晉王李克用墓斷碑二：其一曰“唐故右龍武統軍檢校司徒贈太保隴西李公神道之碑”。文曰：公諱國昌，字德興，今為隴西沙陀人。偉姿容，善騎射，蓋克用之父朱邪赤心也。其一曰“唐故使持節代州諸軍事代州刺史李公神道之碑”。文曰：公即太保之次子也。其名“克”字僅存，餘可識者有“公前躍馬彎弓突圍及徐方”等數字。……是二碑，永叔亦未之见也。(《金石文字記》)
(88)《顏君神道碑》，顏真卿書。西京。</td></tr>
</table>

續表

作者/文獻	版本	用　　例
倪濤 《六藝之一録》 卷七十七	清文淵閣四庫全書本	(89)《淤泥禪寺心經》，正書，貞觀二十二年三月。……古人碑碣之文，亦有草率若此者。此《碑》又云：宫官張功謹敬德監造。今山東、河北寺院多云創自敬德，或謂是尉遲敬德，非也。敬德，名恭。考許敬宗所作《神道碑》及本傳，並無鎮幽州事，亦不當列於宫官之下也。(《金石文字記》)
倪濤 《六藝之一録》 卷九十		(90)《贈平章事韓熙載神道碑》，在梅岡。見《世紀》。(《金陵古金石考》) (91)《魏惠王神道碑》，常夢錫撰，書人殘缺，王文秉鐫。保大七年十二月建。(《復齋碑録》) (92)《後唐尚父吴越國王謚武肅神道碑》，楊凝式撰，翰林待詔張恭肩行書，郭在微篆額。長興五年正月立，在臨安縣。(《復齋碑録》)
倪濤 《六藝之一録》 卷九十二		(93)《富文忠公神道碑》：富文忠之使遼，所謂"肅肅王命，仲山甫將之"也；蘇文忠之翰墨也，所謂"吉甫作頌，穆如清風"也。《大雅・烝民》：兹可無愧。富公孫樞密、蘇公猶子侍郎，皆題名卷末，亦所謂臧孫有後于魯者。嘉泰癸亥四月戊申。(《平園集》) (94)《賢趙公神道碑》：宋蔡京正書《集賢趙公大觀神道碑》，此乃黄美之故物，籤題是徐子仁所書。流傳幾許，乃歸元白。鄭子經言：蔡公書令人掩鼻而過。元白收此，無乃采菲之意乎？(《蒼潤軒碑跋》) (95)《益王神道碑》，蔣燦書。甚佳。(《湖山勝槩》) (96)《艾軒神道碑》：周必大書《艾軒神道碑》，平原晚作益自磨礪，散語終是洗滌詞科氣習未盡，惟《艾軒誌銘》極簡嚴，有古意。今祠堂本，乃復齋陳公所書，而平園真蹟藏外孫方之泰巖仲家。巖仲他日有佳石，當并平園小楷刻之祠中。(《後村集》)
倪濤 《六藝之一録》 卷九十八		(97)《明威將軍隴西郡開國伯李磐神道碑》，高德裔撰并書。(《黄圖雜志》) (98)《大金開府儀同三司金源郡壯義王完顔公神道碑》，在遼東船廠西二百里。有碑甚高大，額上篆二十字碑文，楷字。其畧曰：王諱婁室，字斡里衍，與國同姓。(《古今碑刻記》)
倪濤 《六藝之一録》 卷九十九		(99)《張天師神道碑》，松雪書。在順天府。(《古今碑刻記》) (100)《渤海郡侯歐陽公神道碑》，巙巙書文，奎章閣學士院承旨學士尚師簡奉勑篆額。(《圭齋集》) (101)《貢奎神道碑》，馬祖常奉勑制文，張起巖書字，許師敬篆額。(《貢氏雲林集》)

續表

作者/文獻	版本	用　例
倪濤 《六藝之一録》 卷九十九	清文淵閣四庫全書本	(102)《鄧文肅公神道碑》：朶爾直班官中政院使日嘗奉勅書《鄧文肅公神道碑》。(《書史會要》) (103)《吏部尚書清河郡伯張公神道碑》，欒陵縣城北二里張剛莊。(《金石表》) (104)《武儀神道碑》，姚樞撰。在臨洮府。(《天下金石志》)
倪濤 《六藝之一録》 卷一百		(105)《中山王御製神道碑》，在江寧府鍾山。(《古今碑刻記》) (106)《功臣墓神道碑》，多國初文臣撰。在江寧府鍾山聚寶山等處。(《古今碑刻記》)
倪濤 《六藝之一録》 卷一百一		(107)《吳越武肅王神道碑》，在臨安縣。楊凝式撰，長興二年立。 (108)《梁太祖文皇帝神道碑》，在丹徒縣之三城巷文帝陵下。《鎮江志》云：歐公《集古錄》以為宋文帝碑，非也。 (109)《唐戴叔倫神道碑》，在金壇縣南三里。梁肅為《神道碑》。
倪濤 《六藝之一録》 卷一百二		(110)《僧元覺神道碑》，在永嘉縣之浄光先天寺。元覺葬於是山，有括州刺史李邕所作《神道碑》。 (111)《有唐贈歙州刺史葉公神道碑》，李邕撰，韓擇木八分書。其石運自雪川，擊之鏗然有聲。今在麗水縣北一百二十里冲真觀中。 (112)《唐禮部侍郎劉府君神道碑》，裴度撰。今在欽賢亭。 (113)《後漢溧陽侯史公神道碑》，景龍四年立。 (114) 晉廬陵太守吕府君神道碑 (115)《王師乾神道碑》，唐楊綰撰，張從申書。碑以大歷十三年立，在句容縣。
倪濤 《六藝之一録》 卷一百四		(116)《南平高武信王神道碑》：王諱季興，葬于江陵縣龍山鄉。乾德六年，陶穀撰。 (117)《唐賀肅公神道碑》，劉贊撰。
倪濤 《六藝之一録》 卷一百五		(118)《唐李刺史墓神道碑》：刺史名鳳。在郡城東南隅。大歷中為申州刺史，有《神道碑》存焉。字磨滅，不可讀。 (119)《後周席肅公神道》：保定四年卒。碑今在府治。 (120)《隋韋氏神道》，並磨滅。 (121)《余襄公神道碑》，歐陽修撰。
倪濤 《六藝之一録》 卷一百八		(122)《李文定公神道碑》，在報恩光孝禪寺。張方平撰。 (123)《誓虎碑》，在許雄山下。《廣漢縣令神道》俗為《誓虎碑》。近碑仆，虎入城。縣官設祭，復立之，虎遂止。

續表

作者/文獻	版本	用　　例
倪濤《六藝之一録》卷一百八	清文淵閣四庫全書本	(124)《能神道碑》，歐陽公《集古録》云“長慶二年”。 (125)《鮮于氏神道碑》，一在二教院崖上，一在墓，其文與書皆出顏魯公。又有《獎諭碑》亦在墓田，非魯公之文，亦魯公之筆也。 (126)《汝南令神道闕》，在閬中縣。郡守張晦辨云：于東西得隸字中有二缺，不可識有七。
倪濤《六藝之一録》卷一百十		(127)《李忠勇神道碑》，在赤山。 (128)《吴越錢文穆王神道碑》，在妙因山墓道前。 (129)《益王神道碑》，蔣燦書。(舊在時思薦福寺傍。見《武林舊事》。)
倪濤《六藝之一録》卷一百十一		(130)《唐西平郡王李晟神道碑》，在高陵縣墓上。裴度撰，柳公權篆額并書。 (131)《唐宋文貞公神道碑》，又《碑側記》。(俱顏真卿撰并書。在沙河縣墓上。) (132)《梁臨川武惠王神道碑》，在北城。 (133)《梁侍中吴平忠侯蕭公神道碑》，在清風鄉花林村。 (134)《南唐李順公神道碑》，高越書。在石頭城後。
倪濤《六藝之一録》卷一百十二		(135)《嵩山太室神道石闕銘》，元初五年。今在登封縣中嶽廟南百餘步。《金石文字記》云：銘八行。年月及職官、姓氏，共十三行。其文剥蝕殆半，不載洪氏《隸釋》。此闕巋然尚在，而永叔、德父當宋之盛時何以皆未之見也，則知二録所不及載者固多也。 (136)《馮焕神道》，永寧二年。《字原》云：在渠州。其文曰“故尚書侍郎河南京令豫州幽州刺史馮君神道”，共十九字。
倪濤《六藝之一録》卷一百十三		(137)《馮緄碑》，永康元年。此碑與《馮焕神道》《馮焕殘碑》《告馮焕詔》，皆在渠州流江縣、達州永睦縣之間。鄭靄先在夔路得之，故《墨寶》作“達州”，實渠州境。 (138)《劉讓閣道題字》，建寧元年。《隸釋》云：相傳在蜀中閣道。《字原》云：在涪州。題共十六字。《金石録》誤合《緜竹令王君神道》為一碑。
倪濤《六藝之一録》卷一百十四		(139)《郭禧後碑》，光和二年，未詳所在。《金石録》云：殘缺尤甚，其略可辨者，“惟光和二年夏五月甲寅大中大夫故太尉郭公薨”。……餘不復成文，而其額題云“漢故太尉郭公神道”，字畫尚完。

續表

<table>
<tr><th>作者/文獻</th><th>版本</th><th>用　　例</th></tr>
<tr><td>倪濤
《六藝之一録》
卷一百十四</td><td rowspan="2">清文淵閣四庫全書本</td><td>(140) 劉公兩碑俱有陰，此則門生所刻之陰也。其字畫剛勁，法度森嚴，與《石經》《公羊》《詩》《書》相軋。《劉寬神道》《隸續》云。
(141) 《劉寬神道》二刻：其一曰：漢太尉劉公，諱寬，字文饒。其一曰：漢太尉車騎將軍特進昭烈侯劉公。神道各有一，螭蟠屈平其上，而下作獸面，如彝鼎間饕餮之象，當是雙闕所刻。字法與正碑相類。劉公葬於洛，非僻陋遐逺之域。……《碑圖》云：《劉寬神道》二刻，隸字，各二行。其上皆有螭，左右相向；其下有一獸之面，兩旁頗不具。</td></tr>
<tr><td>倪濤
《六藝之一録》
卷一百十五</td><td>(142)《隸釋》云：漢人書墓闕及神道，則有盡列其生平所歷官者，及銘志則舉其所終或所歷之清高者題之。其叙先世，但云某君之孫、某君之子，既不名其祖父，亦不著其德美。
(143) 《交阯都尉沈君神道》，無年月。《輿地碑目》云：在大竹縣北一里。……《輿地碑目》云：雙石闕，其一鐫云“漢謁者北屯司馬左都候沈府君神道”，其一鐫云“漢新豐令交阯都尉沈府君神道”。……據之《隸釋》云，二神道蓋是一人。猶《王稚子闕》，盡書其所歷之官也。
(144)《緜竹令王君神道》，無年月。《字原》云：在涪州。題云“廣漢緜竹令王君神道”，凡九字。
(145)《司馬孟臺神道》，無年月。《字原》云：在漢川。今為漢川州，屬成都府。題云“故上庸長司馬君孟臺神道”，凡十一字。
(146)《高直闕》，無年月。《字原》云：在雅州。題云“漢故高君諱直字文玉”，凡九字。《隸釋》云：字畫甚不工。漢人題墓有云神道者，有云墓道者，有云闕者，惟高頤及高直但書姓名字爾。
(147)《韋氏神道》，無年月。《字原》云：在均州。州今屬襄陽府。
(148)《征南將軍劉君神道》，無年月，未詳所在。題云“有漢征南將軍劉君神道”，凡十字。
(149)《平楊府君神道》，無年月。《字原》云：在綿州。今屬成都府。題云“漢平楊府君叔神道”，凡八字。
(150)《沛相范君闕》，無年月。……近得范君一闕，其上横刻四字，尚可認曰“府君神道”。
(151)《汝南上蔡令神道》，無年月。《字原》云：在閬州。即今四川保寧府。
(152)《侍中楊文父神道》，無年月，未詳所在。題云“漢楊侍中文父之神道”，凡九字。</td></tr>
</table>

續表

作者/文獻	版本	用　　例
倪濤 《六藝之一録》 卷一百十七		(153)《唐故通議大夫行薛王友柱國贈秘書少監國子祭酒太子少保顔君碑銘》：昔孔悝有彝鼎之銘，陸機有祠堂之頌，皆所以發揮祖德，敷演家聲。故君子之觀其銘也，既美其所稱，又美其所爲。無而稱之，是誣也；有而不述，豈仁乎？論而撰之，敢不只懼！君諱惟貞，字叔堅。……與會稽賀知章、陳郡殷踐猷、吴郡陸象先、上谷寇泚、河南源光裕、博陵崔璩友善，事具陸據所撰《神道碑》。累贈祕書少監、國子祭酒、太子少保，真卿表謝。……。真卿幸承遺訓，叨受國恩，既受無疆之庥，敢揚不朽之烈。銘曰：係我宗，郳顔公。子封郳，魯附庸。亞孔聖，浴沂風。刺青徐，給事中。護營柳，渡江楓。侍兄疾，感蚪童。鄰火斷，珥貂重。施七葉，傳孝恭。……哀華州，詁訓通。小秘監，盛名鴻。維少保，文翰工。蒞畿赤，五哀崇。登望苑，友桂叢。三超贈，保儲宮。流光盛，廟貌融。永不祧，垂無窮。
倪濤 《六藝之一録》 卷一百十八	清文淵閣四庫全書本	(154) 唐故右武衛將軍贈工部尚書上柱國上蔡縣開國侯臧公神道碑銘（并序） (155)《唐開府儀同三司行尚書右丞相上柱國贈太尉廣平文貞公宋公神道碑銘》（并序），金紫光祿大夫行撫州刺史上柱國魯郡開公顔真卿撰並書。於戲！逆鱗劘上，匡救之義深；守死不回，臣人之致極。況乎文（缺）風雅，道濟生靈，建一言而天下倚平，含九德而三光式序。超無友而獨立者，其惟廣平公乎？公諱璟，字（缺），邢州南和人。……自田亩至于尚書，皆實浮於名，而位不充量，事見許公蘇頲所撰《神道碑》。……其辭曰：天命玄鳥，降而生商。湯孫之緒，微子分疆。詞招正則，尉翼文皇。吏部黃門，紛綸耿光。忠賢世出，信史相望。篤生丞相，祚我有唐。文明純嘏，毅烈堅剛。恒衛間氣，星辰降芒。……森梢宰樹，繚繞連岡。呈嗟廣平，宅此不暘。孝孫翼翼，論撰靡忘。豐碑堅碣，萬古訾相。 (156) 唐故太尉文貞宋公神道碑側記 (157) 唐故太尉兼中書令西平郡王贈太師李公神道碑銘（并序）
倪濤 《六藝之一録》 卷一百十九		(158)《幽州昭仁寺碑》，守諫議大夫騎都尉臣朱子奢奉勅撰。大哉乾元，寒暑違而成歲；赫矣上聖，禪代乖而為道。斯則淳源既往，弧矢開戢翦之利；天下為公，揖讓盛皇王之業。是知聖無自我，不背時以成務，仁惟濟物，乃當流而義行。豈好異哉，蓋因世而已矣。……我皇帝受之皇帝，兆出震之靈，稟樞電之精，開日月之明，審正氣之貞。潛德而隱，凝玄姑射之側；感而遂通，應迹廟堂之上。乘龍之夢，夙符於神道；斷鼇之心，早發於靈鑒。蘊風雲

續表

作者/文獻	版本	用　　例
倪濤 《六藝之一録》 卷一百十九	清文淵閣四庫全書本	於藏用，納宇宙於胸懷，濡足授手，救焚是急。於是，御太乙，把勾陳，驅天馴，廻地軸，乾行岳止，雷驚麟震。……其詞曰：三界雲擾，六趨波揚。苦流方割，憂火炎岡。俱迷津濟，莫導舟航。長夜無曉，非徒未央。於昭十號，四生是愍。道王大千，智周上忍。……彼岸可歸，法輪恒轉。金剛不壞，瓊祚惟長。慧室常湛，皇基載昌。僧祇可算，恒沙易量。悠哉天歷，永配無疆。
倪濤 《六藝之一録》 卷一百二十一		(159) 唐達奚珣《遊濟瀆記》，吏部侍郎達奚珣文，監門衛兵胄參軍薛布昌書。軹縣南北數十里，濟水出焉。稽乎舊章，可得而道。……欽若稽古，道豈虛行？閟宮有洫，象設如在。流目一望，森森動人，覺毛髪之間，風颷四起。然後以諸侯之禮，禮而祼之。至於下人，日用蘋藻，吉凶悔吝，則以情言。且神道無方，豈存於此？而物類相召，或有憑焉。瀊溜潛通，動植茲液。高樹直上，百尺無枝；虛篁下清，四時一色。意隔人世，空聞鳥聲。陽浦先春，草心方變；危岸猶冷，苔生未穠。紅晶落而天下陰，青靄凝而衆山暮。留賞無厭，歸情坐忘，中途載懷，歷歷在眼。庶記豪翰，光昭厥美云。
倪濤 《六藝之一録》 卷一百二十三		(160) 大周故銀青光禄大夫中書侍郎同中書門下平章事上柱國晉陽縣開國伯食邑七百户贈侍中景公神道碑銘（并序） (161) 帝軒轅乘土德之運，其臣曰奢龍、祝融，能辨方域，以制區夏。帝嬀氏禪陶唐之基，其臣曰伯夷、后夔，能典禮樂，以和人神。上古佐命之道，（闕五字）焉。三政嗣興，圖史寖盛，彌綸輔翼，代有其人。皆金冊丹書，絢績功業。垂其訓聚而為墳典，形其美流而為歌頌。陋篆籀之質略，我則潤之以（闕五字）之淪朽，我則鏤之以貞珉。銘以紀功，碑以誌行，千載之下，粲然可觀者，其唯神道之表乎！故中書侍郎平章事景公諱範，皇朝元佐，（闕二字）顯德二祀，冬十一月，薨於淄川郡之私第。天子廢視朝，軫殲奪之念，制贈侍中，遣使贈奠，飾終之典優而厚（闕二字）詔詞臣（闕一字）文（闕一字）琰盛矣。
倪濤 《六藝之一録》 卷一百二十五		(162) 八年九月，宣仁皇后崩。紹聖元年七月，三省言前後臣僚論列元祐以來司馬光等罪惡，詔追所贈官并謚告，及追所賜《神道碑額》，折去官脩碑樓，及倒碑磨毀碑文。未幾，熙寧奸黨之碑，大書深刻，皆以為首。

續表

作者/文獻	版本	用　　例
倪濤《六藝之一録》卷一百二十六	清文淵閣四庫全書本	(163) 張平子後碑殘碑，山陽麟鳳贊宗資墓，天禄辟邪字琅邪相王君墓闕銘，逢府君墓石柱文，永樂少府賈君闕銘，蜀郡太守任君神道，蜀郡都尉王君神道，小黄令闕，南陽太守秦君碑額，河南尹蘓君碑額，司空掾陳君碑額。
倪濤《六藝之一録》卷一百二十七		(164) 重陽真人成道后，久而元為之建宫，安得服元服？德彧死，葬南山，墓曰“孫真人神道碑”。存傳者又以為孫思邈，皆殊可笑也。
倪濤《六藝之一録》卷一百四十		(165) 按：《舊史・无量本傳》：无量，杭州鹽官人。此稱“錢塘人”者，誤。又按：蘇頲所撰《褚无量神道碑》，稱“庭誨為无量次子，左拾遺”，則此所稱“无量姪及諫議大夫”者，亦誤。
倪濤《六藝之一録》卷一百六十四		(166) 李邕書《葉有道先生神道碑》。
倪濤《六藝之一録》卷一百八十二		(167) 場，祭神道也。一曰治穀田。从土昜。别作塲，非直良切。
倪濤《六藝之一録》卷一百八十五		(168) 埸，从土易。羊益切，疆也。場，从土昜。直良切，祭神道也。
倪濤《六藝之一録》卷一百八十八		(169) 場，直良切，祭神道。又治穀田。
倪濤《六藝之一録》卷一百九十四		(170) 太平興國中，李煜薨，詔侍臣撰煜《神道碑》。有與鉉爭名欲中傷者，奏曰：知吳王事，莫若徐鉉為詳。遂詔鉉撰。鉉請對而泣曰：臣舊事李煜，陛下容臣存故主之義，乃敢奉詔。太宗始悟譲者之意，許之。鉉但推言歴數有盡，天命有歸而已。
倪濤《六藝之一録》卷二百五		(171) 場，直良切，除地，祭神道之名。
倪濤《六藝之一録》卷二百十八		(172)《漢隸》：“太”字不用點，獨高頤及此二碑有之。右《劉寬神道二碑》釋文。

續表

<table>
<tr><th>作者/文獻</th><th>版本</th><th>用　　例</th></tr>
<tr><td>倪濤
《六藝之一録》
卷二百二十一</td><td rowspan="3">清文淵閣四庫全書本</td><td>（173）《字原》云：永康元年立，在渠州。《墨寶》作“達州”。與《馮煥神道》《馮煥殘碑碑陰》《告馮煥詔》《馮緄墓》《雙排六玉》《單排六玉》《李翊碑》《李翊夫人碑》《是邦雄桀碑》《無字碑》《城埧碑》皆在渠州流江縣、達州永睦縣之間。鄭靄先在夔路得之，故《墨寶》作“達州”，實渠州境。</td></tr>
<tr><td>倪濤
《六藝之一録》
卷二百二十二</td><td>（174）交阯都尉沈君神道（《字原》云：在梁山軍。）
（175）幽州刺史馮煥神道（《字原》云：永寧二年立，在渠州。詳見《馮緄碑》下。煥，馮緄之父也。）
（176）廣漢綿竹令王君神道（《字原》云：建寧元年立，在涪州。《金石》誤以“緜”字為“縣”字，又以“竹”字合“令”字為“苓”，又合《劉讓閣道題字》為一碑。）
（177）上庸長司馬孟臺神道（《字原》云：在漢州。《復齋碑目》作“上庸長闕”，《墨寶》云“上庸長神道”。）
（178）高直閣（《字原》云：在雅州，凡九字。漢故高君，諱直，字文玉。漢人題墓有云神道，有云墓道，有云闕，惟高頤及今碑第書姓名字。）
（179）韋氏神道（《字原》云：在均州。）
（180）征南將軍劉君神道
（181）漢平楊府君叔神道（《字原》云：在綿州。）
（182）太尉劉寬神道碑
（183）涪陵太守龎厷神道（《字原》云：在綿州。）
（184）汝南上蔡令神道（在閬州。蜀人謂之汝南令闕。）
（185）侍中楊文父神道</td></tr>
<tr><td>倪濤
《六藝之一録》
卷二百二十三上</td><td>（186）交阯都尉沈君神道（二百二十一）
（187）幽州刺史馮煥神道（百二十三）
（188）廣漢綿竹令王君神道（百三十）
（189）上庸長司馬孟臺神道（百三十二）
（190）韋氏神道（百三十六）
（191）征南將軍劉君神道（百九十四）
（192）漢平楊府君叔神道（二百）
（193）太尉劉寬神道碑（二百三）
（194）涪陵太守龎厷神道（二百二十九）
（195）汝南上蔡令神道（二百九十六）
（196）侍中楊文父神道（二百九十七）</td></tr>
</table>

續表

作者/文獻	版本	用　例
倪濤《六藝之一録》卷二百二十三下	清文淵閣四庫全書本	(197)《張公神道碑》：綦陽綦水義作“淇”。
倪濤《六藝之一録》卷二百二十九		(198)《緐竹令王君神道》：廣漢緐艸令。《隸釋》云：“緐”字，作“日下木”，略與“緐”字相混，故趙氏誤作“廣漢緐令”，而謂其借“苓”為“令”也。
倪濤《六藝之一録》卷二百三十		(199)《龐厷神道》：漢故涪陵太守昌陽龐厷。
倪濤《六藝之一録》卷二百三十九		(200)《交阯都尉沈君二神道》，“沈”字、“左”字、“道”字、“豐”字，發筆皆長過三四寸許，“令”字、“交”字兩筆皆長，“君”字中筆亦長。 (201)《隸釋》謂《沈君神道》《馮煥》《王稚子闕》皆八分書，張懷瓘所謂“作威投戟，騰氣揚波”者也。
倪濤《六藝之一録》卷二百八十九		(202) 鄭餘慶，字展業，滎陽人。少砥礪，行已完潔，德宗、憲宗皆命以相。嘗觀其為樊澤書《神道碑》，遒熟可喜。憲宗時能書者幾希，如餘慶者已為精筆矣。年七十五，贈太保。
倪濤《六藝之一録》卷二百九十七		(203)《蔣宣卿書》：蔣宣卿待制燦，紹興中以善書著名，因救解岳侯，遂忤秦相，諷言者論罷，閒廢十年。一日，忽報有中使至其家。時秦尚當國，老幼驚惶，慮有不測。蔣神色不變，徐言曰：主上聖明，吾無大過咎，且既從罷免，縱有後命，不過符下州郡處分耳，亦何至遣中使？此必美意。不然，亦當任之。既而中使納謁，具傳上旨，賜以香茶、湯藥、宮羅之屬，又頒下翰苑所撰《憲聖慈烈皇后之弟吳八郡王》，葢《神道碑》，命蔣書之。蔣奉勅書，授中使以歸。憲聖及后族錫賚至數千緡，蔣久閒廢，頗為匱乏，得此賴以少蘇。蔣公之字畫高出流輩，而高廟垂情詞翰臣下，雖在閒廢中猶不忘。如此蔣能不為動容，安靜以待，其量亦可取者。蔣前漕江西時，先大父嘗為幕屬，及其家食，嘗專詣荊溪立第訪之，親聞其說。
倪濤《六藝之一録》卷三百		(204)《魯公東西林題名》《宋開府神道》《永州磨崖諸奇書》《楊少師洛中十一碑》《懷素自叙》草書千餘字，當集為一，它日可為跋尾。禅家云：法不孤起，仗境方生。懸想而書，不能一二，又臂痛才能用筆三四分耳。

續表

作者/文獻	版本	用　　例
倪濤 《六藝之一録》 卷三百十二	清文淵閣四庫全書本	(205) 張説嘗自製其父《丹州刺史隲碑文》，玄宗聞之，御書其碑額賜之曰“積善之墓”。又玄宗為説自製《神道碑文》，御筆賜謚曰文貞。(《唐書・張説傳》)
倪濤 《六藝之一録》 卷三百十三上		(206) 上撰《趙普神道碑銘》，親八分書以賜之。(《宋史・趙普傳》)
倪濤 《六藝之一録》 卷三百十四		(207) 董倫典教滇南，建文在東宫憐其老且遠去，賜白金若干鎰。及即位，召拜禮部侍郎兼翰林學士，御書“怡老堂”扁及鬃几玉鳩杖各一以賜之。倫上表謝，略云：桓榮設几杖於太常，不聞宸翰之賜；晏殊題舊學於神道，未見几杖之頒。(《雲南通志》)
倪濤 《六藝之一録》 卷三百二十六		(208) 裴延休（行儉次子），并州文水令。世載文雄，家傳草聖。(張説《太尉裴行儉神道碑》。)
倪濤 《六藝之一録》 卷三百二十七		(209) 張從申《王師乾神道碑》(題跋見前)。 (210) 李史魚，趙郡平棘人。開元中，以多才應詔，授秘書省正字。遷監察御史，為宰相李林甫所陰，中貶萊陽丞。至德二載，授御史中丞充河北招諭使。(《梁肅集》)《張君神道碑》，李史魚正書。
倪濤 《六藝之一録》 卷三百二十九		(211) 顔魯公書《杜濟神道碑》。 (212) 顔魯公書《顔勤禮神道碑》。 (213) 栁公權《李石神道碑》。
倪濤 《六藝之一録》 卷三百三十		(214) 公以武藝通文理，硯席楷隸，師心自得。(權德輿《伊公神道碑》。) (215) 魚朝恩神道碑藁上下 (216)《崔能神道碑》，能弟從書。
倪濤 《六藝之一録》 卷三百三十一		(217)《襄陽郡王路公神道碑》，陳岵篆額。
倪濤 《六藝之一録》 卷三百三十四上		(218)《竇居士神道碑》，段清雲行書。

續表

作者/文獻	版本	用　　例
倪濤 《六藝之一録》 卷三百三十四下	清文淵閣四庫全書本	(219)《張仁憲神道碑》，蔡陵八分書。 (220)《孔府君岑父神道碑》，柳知微書。 (221)《唐玄素（失其姓）神道碑》，子義愔撰并書。
倪濤 《六藝之一録》 卷三百三十五		(222)《後唐尚父吳越國公謚武肅神道碑》，張恭嗣行書，郭在微篆額。 (223)《蔣莊武帝廟碑》及《張懿公神道碑》，俱朱銑書。
倪濤 《六藝之一録》 卷三百三十九		(224)《牡丹記跋》：右蔡君謨之書，八分、散隸、正楷、行狎、大小草，衆體皆精。其平生手書小簡、殘編斷藳，時人得者甚多，惟不肯與人書石，而獨喜書余文也。若《陳文惠公神道碑銘》《薛將軍碣》《真州東園記》《杭州有美堂記》《相州晝錦堂記》，余家《集古録目序》，皆公之所書。最後又書此記，刻而自藏於其家。方走人於亳，以模本遺余，使者未至於閩，而凶訃已至於亳矣，蓋其絶筆於斯文也。於戲！君謨之筆既不可復得，而余亦老病不能文者火矣，於是可不惜哉！故書以傳兩家子孫。
倪濤 《六藝之一録》 卷三百四十一		(225) 富文忠公神道碑
倪濤 《六藝之一録》 卷三百四十六		(226) 蔡京正書《集賢趙公大觀神道碑》。(題跋已見)
倪濤 《六藝之一録》 卷三百四十七		(227)《益王神道碑》及東坡《墨妙亭記》，俱蔣燦書。
倪濤 《六藝之一録》 卷三百四十八		(228) 周平園《艾軒神道碑》。(題跋已見)
倪濤 《六藝之一録》 卷三百五十三		(229)《明威將軍李磐神道碑》，德裔撰并書。

續表

作者/文獻	版本	用　　例
倪濤 《六藝之一録》 卷三百五十七	清文淵閣四庫全書本	(230) 多爾濟巴勒官中政院使日嘗奉勅書《鄧文肅公神道碑》。(《書史會要》)
倪濤 《六藝之一録》 卷三百五十九		(231)《渤海郡侯歐陽公神道碑》，尚師簡篆額。 (232)《貢奎神道碑銘》，許思敬篆額。
倪濤 《六藝之一録》 卷三百九十七		(233) 夫近者，季道盛雅以清獻《神道碑》見屬。既而傳旨下諭，不敢以病憊控。辭已繕寫，付季德。

表一千六百一十三

作者/文獻	版本	用　　例
倪象占 《周易索詁》 卷四	清嘉慶刻本	(1) 盥而不薦，有孚顒若，下觀而化也。觀天之神道，而四時不忒。聖人以神道設教，而天下服矣。 (2) 大有以示下，而孚之以風化也。所以然者兩剛在天，才爲外巽，巽爲神，而剛重擬焉，則天之神道也。……故聖人設以神道，而名之曰“觀”。而天下莫不仰之而服者，所以教之使知順巽命也，不在應時而有薦也。

表一千六百一十四

作者/文獻	版本	用　　例
歐陽桂 《西山志》 卷九	清乾隆三十一年梅谷山房刻本	(1) 嗚呼！明則有禮樂，幽則有鬼神，其致一也。人有放於禮者見長者，或欺一見神之尊嚴，即心恐色動，潛消其所爲之不善，無敢獲戾於神，是畏人以貌而畏神以心，豈非以神有不可測者在耶？即其不可測者，而能使人去不善以趨於善，則神道者乃所以濟人道之不及者歟！

表一千六百一十五

作者/文獻	版本	用　例
歐樾華《（同治）韶州府志》卷一	清同治刊本	（1）孔子言：鬼神之德，體物而不可遺。豈神道設教哉？蓋以鬼神之事，卽天地之理，故不可以偶忽也。凡小而邱陵，大而川岳，莫不有神焉主之，故當敬信而尊事，況海爲四瀆之歸宿乎？
歐樾華《（同治）韶州府志》卷十九		（2）專事於讀書為善，亦神道設教一端也。 （3）又《易》所謂“神道設教”，而假廟之一端也。 （4）余曰：神道設教，聖人不得已而用之。若駭世炫俗，二氏所為。吾儒者也，亦言其理而已。 （5）治平元年，自廣朝京師，喪於金陵。天子惻然，輟視朝，賻以粟帛，贈刑部尚書，累贈少師，謚曰襄。《神道碑銘》，歐陽文忠公所作也。 （6）夫幽明一理，神道無殊。先王之教，男女有别。使無神亦不可以示人有神焉，其不同席而享也必矣。因命撤二女神於左間，以異其位焉。 （7）賊已傾覆，神道宣顯．父老相告，而立廟飲食之必祝也。 （8）夫本聖人神道設教之旨，以隆饗祀而順民情，亦有司之責也。因次第其事，以詔後之人。
歐樾華《（同治）韶州府志》卷二十一		（9）《新祝文》（咸豐七年部頒）：惟神道闕苞符性敦，孝友並行並育。德侔天地以同流，乃聖乃神；教炳日星而大顯，仰察觀之，有赫示明德之惟馨。茲當仲（春秋），用昭時享，惟祈歆格克鑒精虔。尙饗。
歐樾華《（同治）韶州府志》卷二十六		（10）《林述訓記》：古者神道設教，立之壇壝祠廟，以爲民祈報。自梁天監年，佛入中國，則又建寺塔，以與民修福。果此，其事殊而爲教一也。 （11）夫丹竈羽化飛昇，莫非扶輿神異之氣所積而成？其年代具有可考，而優婆夷隱其姓氏與道成之年祀，獨留其形骸，以附如來法身之旁，以留於不朽，豈非神道設教？慈悲廣大，欲度一切衆，皆證無心法乎？謂爲大士化身，一而二，二而一，然歟？不然歟？必有能辨之者。 （12）徐浩撰《張文獻公神道碑》：有唐既受命，在太宗時，有若梁公房、鄭公魏、衛公李，格于皇天。在高宗時，有若梁公狄，格于上帝。在中宗時，有若平陽王敬、漢陽王張、扶陽王桓、南陽王袁、博陵王崔，光復宗社。在元宗時，有若梁公姚、廣平公宋、燕公、始興公二張，中興王業。……侄殿中侍御史抗，文吏雅才，清公賢操，以兄拯早世，侄藏器幼孤，未建豐碑，乃刻樂石，用展猶子之慕，庶揚世父之美。浩義深知已，眷以文章，禮接同人，惠兼甥舅。薄技效德，無愧其詞。銘曰：鳳生丹穴，鵬翥南溟。天乘粹氣，地發精靈。傑出我公，揚於王庭。甫稱降神，說表騎星。學究經術，文高宗匠。再掌司言，爰立作相。……退居右揆，出守南荊。元鶴緝翼，青蠅

續表

作者/文獻	版本	用　　例
歐樾華《（同治）韶州府志》卷二十六	清同治刊本	營營。不螟猶視，雖歿如生。昭昭令名，千古作程。 （13）蕭昕撰《長史張公神道碑》：公諱九皐，其先范陽人也。昔軒轅少子，以弦弧受氏，別封於張。留侯以五代相韓，安世以七葉榮漢，特生間氣，鍾美大賢。餘慶遺方，襲於令嗣矣。……及日月外除，而顧復就養，思致逮親之祿，方求筮仕之階。籯金不珍，琢玉成器，殖學以明道，修身以踐言。弱冠孝廉登科，始鴻漸也。……昕忝跡儒林，嘗讀舊史，覽賢人之事業，知盛德之在焉。敢揚休聲，以志貞石。銘曰：軒轅錫羡，百代蕃昌。弦弧得姓，受邑於張。五代相韓，七貂居漢。平子數術，茂先翊贊。誕鍾餘慶，克享大名。爰至我公，天姿挺生。率禮立身，依仁從政。學該百代，官逾三命。再登幕府，四列藩條。威行節制，化合謳謠。作牧襄陽，授兵南越。江漢底定，要荒胥悅。死生有命，修短靡常。禮贈殊秩，魂歸故鄉。梧檟成列，邱陵無改。夏日冬夜，精靈斯在。 （14）歐陽修撰《余襄公神道碑》：始興襄公，既葬于曲江之明年，其子仲荀走於亳以來告曰：余氏世爲閩人，五代之際，逃亂於韶。……惟公位登天臺，正秩三品，遂有爵土，開國鄉州，以繼美前哲，而爲韶人榮，至於褒卹贈謚，始終之寵盛大。蓋褒有詔，卹有物，贈有誥，而行謚、考功有議有狀，合而誌之以閟諸幽有銘，可謂備矣。惟是螭首龜趺，揭於墓隧，以表見於後世而昭示其子孫者，宜有辭而闕焉，敢以爲請。……銘曰：余遷曲江，仍世不顯。奮自襄公，有聲甚遠。始興開國，襲美於前。兩賢相望，三百年間。偉歟襄公，惟邦之直。始登於朝，官有言責。左右獻納，奸諛屏息。……公之在焉，帝不南顧。胡召其還，殞于中路。返柩來歸，韶人負土。伐石刻辭，立於墓門。以詒來世，匪止韶人。
歐樾華《（同治）韶州府志》卷三十九		（15）《書錄解題》曰：《曲江集》本有元祐中郡人鄧開序，自言得其文於公十世孫蒼梧守唐輔而刊之。卷末《行狀》《神道碑》《謚議》，蜀本無之。 （16）《長慶集・贈禮部尚書張公墓誌》：公諱仲方，字靖之。幼好學，善屬文。著《文集》三十卷，纂《制詔》一百卷；尤工五言章句，詩家流稱之；嘗譔《先僕射府君神道碑》及《丞相文獻始興公廟碑》，由文得禮，秉筆者許之。文獻始興公九齡，卽公之伯祖。銘詞又云：緣情體物，有文獻風。

續表

作者/文獻	版本	用　　例
歐樾華《（同治）韶州府志》卷四十	清同治刊本	（17）張文獻公神道，在武臨源離郡城二十餘里，卽今羅源是也。唐、宋間，俱置守塚數家。墓前古木數百株，大可合抱，父老相傳謂唐時所植，歷代無人敢伐。國初，有韶鎮悍卒數人持斧入山，將伐之以營利，忽斧落時，不知何故，自刖其足，流血徧地，餘皆驚散。……自後遂無人敢伐者，故自崇正戊寅至康熙丁巳，楚寇之變郭外數十里，林木靡有孑遺，惟此處巋然獨存。（《舊志》）

表一千六百一十六

作者/文獻	版本	用　　例
潘檉章《國史考異》卷一	清初刻本	（1）《實錄》：丙申七月，徐達攻常州，張士誠遣其弟張九六來援。遇伏馬蹶，為先鋒刁國寶、王虎子所獲，并禽其將張、湯二將軍。九六即士德。太祖御製《徐武寧神道碑》，亦首載其事。 （2）宋文憲撰《趙德勝神道碑》云：丁酉七月丙子，攻常熟，張士德出挑戰，公麾兵而進，士德就縛。士德，士誠之弟也。 （3）寧河《神道碑》記寧河與越國同事，而《實錄》本傳從之。 （4）考《程國勝神道碑》，國勝以是年十月從衛公戰敗苗軍，則當以十月為正。奏報偶異，史家之參錯多矣。又國勝《神道碑》載汪同與國勝等偕降，徽州城下之戰，國勝已在行間，則較《實錄》所載，蓋大相矛盾矣。考寧河《神道碑》，城下之戰，在是年十月。惟戰在十月，故國勝既降，遂得奉寧河調遣。如戰在七月，而同等降在九月，則絕不相蒙矣。按：徽州之戰，諸書所載互異。 （5）《程國勝神道碑》云：歲丁酉，天兵下徽州，衛國公發，同與公等詣京師，上大悅，命同還守婺源，而以公等從征伐。十月，苗軍楊完者部兵十萬薄徽州。公率百餘人橫戈鼓譟衝之，衆皆辟易，自相枕籍，而統軍胡大海之兵適至，因覆其營，生禽其將胡辛等二百人。楊完者僅以身免。觀此，鄧愈之功即國勝之功耳。 （6）《鄧愈本傳》則云：庚子，守饒州。饒城濱鄱陽湖，而陳友諒據江州，數遣舟師來攻城，愈督兵拒之，屢敗其衆。辛丑，拜江西行省參政，總制各翼軍馬。是時，饒之境內崛强者尚懷疑阻，愈示以恩信，衆皆請降。（《神道碑》云：左丞吳宏等皆請降。） （7）《程國勝神道碑》云：庚子七月，鄱陽院判于光、左丞余椿擊走僞漢守將辛甲而據之，衛公使公往說二人，二人遂以饒州來附。《鄧愈神道碑》因之，

續表

作者/文獻	版本	用　　例
潘檉章《國史考異》卷一	清初刻本	蓋陳友諒自立之後，以辛甲守鄱陽，而移于光守浮梁，故光怒而攻甲，遂來附取。《實錄》乃以饒州之降歸之吳宏，誤矣。 (8)《實錄》：壬寅正月戊辰，吳宏率衆來見。而《鄧愈神道碑》載江西參政之命則正月四日，宏之代守饒州當在是春，而《實錄》併記于辛丑八月，可謂錯互之極矣。 (9) 按：太祖以辛丑春為吳國公。諸子尚羽，獨兄子文正壯勇，故特設大都督，以重其事權。維時官制草創，府僚未備，而樞密之官尚襲舊名，亦間以授人，如趙德勝以壬寅四月超授僉江南行樞密院事見于《神道碑》。此非樞密院未改都督府之明驗歟？官制之定，蓋自甲辰三月始也。是歲，太祖已為吳王矣。 (10) 楊士奇撰《西寧侯神道碑》則云：歲壬辰，公隨父朝用、兄國興來歸。明年，從克濠州，父兄並以功授萬户。甲午，從張天祐克五河、泗州、盱眙，又並進總管。乙未，從上克和州，渡江下采石、太平。總管邵榮等潛有異謀，國興察知以聞，榮等伏珠。從克溧陽，進攻南臺，國興戰歿，命公襲兄職。 (11) 及考朱善撰《程國勝神道碑》云：張定邊奮前直犯御舟，舟適膠淺，公仗劍叱之，急與帳前左副指揮使韓成、水軍元帥陳兆先駕舸左右奮擊。……成若代死，則必首祀。成不首祀，則不代死。此最易辯者，獨程國勝之死。《實錄》紀于癸卯四月洪都被圍之初，與《神道碑》不合。 (12) 宋濂撰《章溢神道碑》云：上召問：征閩諸將何如？對曰：御史大夫湯和繇海道進，平章政事胡廷瑞自江西入，此固必勝。然閩中尤服浙江平章李文忠之威信。若令文忠從浦城取建寧，此萬全計也。……平閩之後，金子隆等殘寇未殄，更命文忠率兵討之。《岐陽王神道碑》與國史專紀元年之役，罣漏甚矣。
潘檉章《國史考異》卷二		(13) 王景撰《黔寧神道碑》云：王薨之明年，塑像功臣廟，勅太嘗，祀以太牢。令二十年位次已定，則黔寧之塑像何以待其薨之明年耶？故生者虛位之說，吾斷以為無之。 (14)《洪武圖志》所稱元勳者，似指殿中正位諸臣而言，未可以為汰除祔祭之據也。然考《湯和神道碑》云：二十八年十一月，詔肖像于功臣祠，配饗于太廟。

續表

作者/文獻	版本	用　例
潘檉章《國史考異》卷二	清初刻本	(15) 劉嵩撰《神道碑》云：五年壬子，詔大發兵東戍定遼，命公總舟師數萬，繇登州轉運以餉之。 (16) 又按：《江陰侯神道碑》云：公弟禎亦以勳封靖海侯，追封海國公，先公三年薨。《實錄》因之附書江陰之後，而不為立傳。 (17)《實錄》：洪武十七年三月，曹國公李文忠薨。……是年春，疾轉亟，詔皇太子臨視，上復親幸其第，撫慰良久。至是薨。（董倫撰《神道碑》云：上撫悼良久，翼日而薨。）
潘檉章《國史考異》卷五	清初刻本	(18) 劉三吾撰《郭興神道碑》云：自癸巳歲起兵，首隸元帥郭其麾下。即知所適主，明年得滁州，又明年得和州，亦既從龍濟江。蓋郭興兄弟皆以癸巳歲杖劍入濠，而歸心太祖者也。 (19) 考楊榮撰《郭英神道碑》，稱兄弟四人，長早卒，次興對鞏昌侯。次某，福建都指揮使，意即德成也。其官非舍人，亦無辭都督事。
潘檉章《國史考異》卷六	清初刻本	(20) 若楊文定公撰《神道碑》，則又略之矣。……若文定《神道碑》并上疏事盡削之，大抵南楊為碑誌之類，尤寂寥不足道。……是以《實錄》諱之，《神道碑》又削之。周學士敘所譏三楊陽歛陰施，此亦其一端也。 (21) 考楊榮所為《墓誌》與楊士奇所為《神道碑》，俱無此事，今不取。 (22) 楊士奇撰《王瑜神道碑》云：永樂癸卯五月，太宗皇帝微不懌，數日未出見群臣。仁宗皇帝在東宮，軍國政務悉啓聞施行，邪僻傾險之徒不得騁其私，咸所不便。趙簡王時留北京，敬修孝弟，其護衛指揮孟賢等十數輩，潛結曆官王射成等及內侍養子，共搆邪謀，欲俟宮車晏駕，矯詔從中出，立簡王而已得志焉。 (23)《神道碑》謂：欲俟晏駕，矯詔從中出，立簡王最為得情。
潘檉章《松陵文獻》卷三	清康熙三十二年潘耒刻本	(24) 范琮（本吳節撰《神道碑》）：范琮（《徐志》作"宗"，非），字禎彥，其先揚州人。高祖淵，字永澄，輕財好施，善吟咏。元季避兵，隱居同里鎮，因家焉。父德，字士能，以長厚稱。琮，簡重寡言，負才志。宣德四年，舉於鄉，以會試乙榜當授儒官。……天順四年，遷廣東左叅議。（《徐志》作"叅政"，誤。）

表一千六百一十七

作者/文獻	版本	用　例
潘德興 《養一齋集》 卷十四論	清道光刻本	(1) 今言成變化，又言行鬼神，是止指卜筮之鬼神。禹謨所謂鬼神，其依《繫辭下傳》所謂“人謀鬼謀”也，而《朱子本義》謂此“鬼神爲奇耦生成之屈伸往來者”，亦《中庸注》之意矣。或曰：觀天之神道，神无方而易无體。其知神之所爲，可與祐神。《易》言神不一，皆非造化之鬼神乎？予曰：專言神，則聖人神明其德。神武不殺，民咸用之之謂神，鼓之舞之以盡神。天下之至神，聖人此神也。天之神道，神无方。神之所爲，天亦此神也。

表一千六百一十八

作者/文獻	版本	用　例
潘榮陛 《帝京歲時紀勝》	清乾隆刻本	(1)《東嶽廟》：朝陽門外二里許，延祐中建廟，以祀東嶽天齊仁聖帝。明正統中，改拓其宇，兩廡設地獄七十二司，殿後爲穿堂寢殿。神像爲正奉劉元手塑。寢殿設浴盆二，受水數十石，道士贊目疾人洗。龕前懸金錢一，人爭以錢擊之，中者宜子。殿前豐碑數十統，内三碑：一爲《天師神道碑》，元趙文敏書；一為《仁壽宮碑》，虞文靖集隸書；一爲《昭德殿碑》，趙士延書。歲之三月朔至廿八日設廟，爲帝慶誕辰。都人陳鼓樂旌旗，結綵亭乘輿，導駕出遊，觀者塞路。進香賽願者絡繹不絶。南城右安門内横街之東，亦有廟祀，兩廡爲十地閻君之殿。凡有向涿鹿東山進香者，預期致祭於此，名曰發信。各廟遊人了香願畢，於長松密柳之下取醉而歸。

表一千六百一十九

作者/文獻	版本	用　例
潘思榘 《周易淺釋》 卷二	清文淵閣四庫全書本	(1)《彖》曰：大觀在上，順而巽，中正以觀天下。觀，盥而不薦，有孚顒若，下觀而化也。觀天之神道，而四時不忒。聖人以神道設教，而天下服矣。
潘思榘 《周易淺釋》 卷二		(2)《象》曰：風行地上，觀。先王以省方觀民設教。觀之為卦，二陽在上。陽剛之德，不行于坤土矣。省方觀民，是天子以陽德巡行于方岳，而交通之也。風行地上，天之神道。六子皆天所用，而風之用至神。聖人神道設教，亦《象》風之行地變化于不自知而已。

表一千六百二十

作者/文獻	版本	用　例
潘衍桐《兩浙輶軒續録》卷三	清光緒刻本	(1) 我聞聖人設教本神道，況今襲謬承譌已逐狂瀾倒。從來善政每因民，閻羅何必非包老。
潘衍桐《兩浙輶軒續録》卷十一		(2) 孝子孝，豈愚節婦節誠節鍊苦；熬辛頭，欲雪東南孔雀飛參差。天邊破鏡有合時，朱衣恍惚來剋期。神道之説吾滋疑，雷車隆隆若告之。(七解)
潘衍桐《兩浙輶軒續録》卷十二		(3) 陸清獻公墓，在泖口。向無《神道碑》，荒烟蔓草，幾不可識。癸卯夏五，余爲芟刈荆棘，加土封之，敬系以詩，勒諸碑石。
潘衍桐《兩浙輶軒續録》卷十八		(4) 三復爰書忽得閒，爲問兒筐今誰持。豈知筐落清風店，死者之父償逋資。更有隻雞偕筐去，雞筐併得獄在茲。神道設教古所有，撞鐘伐鼓城隍祠。咸令昂首當神面，厥父戰慄渾難支。示筐出雞雞翼卵，神前啄㲉同拾糜。自食其子有如獄，毒逾豺虎侔梟鴟。俯首直陳情曲繪，因子形殘遂不慈。……獄情竟出物理外，刺史合受神明推。聊齋秋病夜不寐，爲作長歌代口碑。
潘衍桐《兩浙輶軒續録》卷二十		(5) 魯一同《神道碑》畧：公生而端靖，寡言内朗。家世服賈，而公獨淫於學。以名諸生，舉省試第一。既官編修，朝貴爭羅致之，謝不往，而時時徒步從大興朱文正公游，請業督過，如古聖賢相爲師友。
潘衍桐《兩浙輶軒續録》卷二十二		(6)《謁家伊壙先生墓》：夫子明遺老，奇才孰比肩。闡經通數理，講學貫人天。樹立千秋業，交游一世賢。名思登太室，身擬畫淩煙。詎意中興佐，偏逢末造年。潞琴聲變徵，義旅勢終孱。勝國愍心膂，南都況播遷。石齋肝膽共，蒼水事功連。赤手擎無益，青雲志乃捐。鴻鳴兵燹地，花載孝廉船。落葉詩篇富，殘山畫稿傳。七閩聊託迹，三竺履言旋。遣悶梅花識，陶情玉瑑緣。歌童推蝶粉，舞女鬬嬋娟。樸樹園殊邃，桃源景最妍。雪中人獨賞，溪畔釣長懸。史斷嚴而確，兵機制以先。逃禪非佞佛，夢帝豈遊仙。左腕書偏妙，緇衣服故翩。寒潮悲既逝，封事錄從前。輯譜敦同姓，頃囊置墓田。東山高臥矣，抔土竟營焉。(公墓在袁花鎮東山之麓) 神道無碑碣，明禋乏豆籩。綯雲猶在眼，瞻拜一潸然。
潘衍桐《兩浙輶軒續録》卷二十七		(7)《碭山懷古》：漢高起徒步，内助惟呂后。陰謀出帷薄，史册十諱九。芒碭五色雲，眞龍事當有。自非望氣士，安能識誰某。篝火及斬蛇，疑似孰爲剖。將毋計素定，權宜一時口。夸辭激初氣，神道亦有取。糟穅決大策，詎曰非佳耦。後來鍾室謀，厥意實潛受。夢夢九原魂，哀哉彼功狗。

表一千六百二十一

作者/文獻	版本	用　　例
潘奕雋《三松堂集》詩集卷七	清嘉慶刻本	(1)《信宿天平山留贈芝巖休野當如諸子》：冒雨春游竟得晴，西山勝景在天平。雲泉自慊來思願，士女猶深仰止情。蘚徑磴長神道古，松林亭敞御書榮。瘖言堂後峰開霽，閣上明朝坐聽鶯（閣名）。

表一千六百二十二

作者/文獻	版本	用　　例
潘永因《宋稗類鈔》卷九	清文淵閣四庫全書本	(1) 歐陽文忠公初以范希文事得罪於吕相（文靖），坐黨人逺貶三峽，流落累年。比吕公罷相，公始被進擢。其後為范公作《神道碑》言西事，吕公擢用希文，盛稱二人之賢，能釋私憾而共力於國家。希文子純仁，大以為不然。刻石時輒削去此一節，云：我父至死，未嘗解仇。公歎曰：我亦得罪於吕丞相者，惟其言公，所以信於後世也。吾嘗聞范公自言“平生無怨惡於人”，兼其《與吕公解仇書》，現在范集中。豈有父子之性相逺如此！
潘永因《宋稗類鈔》卷十二	清文淵閣四庫全書本	(2) 太平興國中，吳王李煜薨，太宗詔侍臣撰《神道碑》。時有與徐鉉争名欲中傷之，因奏：知吳王事跡，莫若徐鉉為詳。太宗遂詔鉉為之。鉉遽請對而泣曰：臣舊事李煜，陛下容臣存故主之義，乃敢奉詔。太宗許之。鉉為碑，但推言歷數已盡，天命有歸而已。其警句云：東鄰遘禍，南箕扇疑。投杼致慈親之惑，乞火無里婦之談。始勞因壘之師，終後塗山之會。
潘永因《宋稗類鈔》卷二十五	清文淵閣四庫全書本	(3) 包彈對杜撰，為甚的。包拯為臺官，嚴毅不恕，朝列有過，必力彈擊，故言事無瑕疵者曰“没包彈”。杜默為詩，多不合律，故言事不合格者曰“杜撰”。世言杜撰、包彈本此。《湘山野録》載：盛文肅度撰文節《神道碑》，石参政中立急問曰：誰撰？盛卒對曰：度撰。滿堂大笑。文肅在杜默之前，則知杜撰之説，其來久矣。 (4) 紹聖間，朝廷貶責元祐大臣及毀禁元祐學術文字。有言《司馬温公神道碑》乃蘇軾撰述，合行除毀。於是州牒巡尉，毁折碑樓及碎碑。張山人聞之，曰：不須如此行遣，只消令山人帶一箇玉册官去碑額上添鐫兩箇不合字，便了也。碑額本云“忠清粹德之碑”云。
潘永因《宋稗類鈔》卷三十二	清文淵閣四庫全書本	(5) 王禹玉作《麗潁公神道碑》，其家送潤筆金帛外，参以古法書名畫三十種，杜荀鶴及第試卷亦是其一。

表一千六百二十三

作者/文獻	版本	用　　例
龐元濟 《虛齋名畫録》 卷十六	清宣統烏程龐氏上海刻本	(1) 少室雙闕，在邢家舖西荒原。畫像甚多，褚千峰所圖弗確也。西闕北面篆文曰“少室神道之闕”，南面刻篆銘。 (2) 中嶽廟，在嵩山黄蓋峰之陽，居正履中，眾峰環拱。廟前百步太室神道雙闕，壘石堅完，層層畫象。漢元初五年，吕常造闕銘，八分書，在西闕南向。

表一千六百二十四

<table>
<tr><th>作者/文獻</th><th>版本</th><th>用　　例</th></tr>
<tr><td>彭而述
《讀史亭詩文集》
文集卷四</td><td rowspan="3">清康熙四十七年彭始摶刻本</td><td>(1) 彼中國内塚纍纍，沙塲枕相藉，人骨正復不少，佛又何足輕重哉？則天下從此無佛矣。無佛何以治天下？非聖人神道設教意也。於何知之？曰：此其以公之意而知之。</td></tr>
<tr><td>彭而述
《讀史亭詩文集》
文集卷十二</td><td>(2) 李子曰：鳥謂是哉！佛氏不可滅者也。彼天竺、靈隱擅東南之精廬，虎丘、香爐據龍象之髙座，又何嘗化爲榛蕪、蕩為丘墟哉？徒世學者雖紛紛言之，以為佛氏與吾道如觝角，然而聖人之神道設教者不存焉。</td></tr>
<tr><td>彭而述
《讀史亭詩文集》
文集卷十八</td><td>(3) 偈曰：惟先天聖人，神道以設教。禮樂非不明，鬼神領其要。矧玆南國俗，厥名曰鬼方。紛紛諸淫祀，眎此誠粃糠。
(4) 古聖人治世，類於上帝，告於山川。神祇莫不載在祭典，垂爲明文，以示神道設教之意。</td></tr>
</table>

表一千六百二十五

<table>
<tr><th>作者/文獻</th><th>版本</th><th>用　　例</th></tr>
<tr><td>彭鵬
《古愚心言》
卷一</td><td rowspan="2">清康熙愚齋刻本</td><td>(1) 凡厥正人，既富方穀，是卽爾之所以祈也。僉聞神言，敢不明聽，神若曰吾理幽者也。……夫公之謹且厚者，俾宣神旨，以神道設教。震發懼心神，其仍請諸天，請諸山川，請諸群龍。</td></tr>
<tr><td>彭鵬
《古愚心言》
卷七</td><td>(2) 卑職不報，但傳失主証佐，赴城隍廟重訊、焚香，拜曰：神道設教，吏之恥也。
(3) 自有同心不知者，以爲神道設教云爾。</td></tr>
</table>

表一千六百二十六

作者/文獻	版本	用　例
彭啓豐《芝庭詩文稿》文稾卷五	清乾隆刻增修本	(1) 神道碑・誌銘 (2) 榮禄大夫驃騎將軍鎮守嚴州左都督洪公神道碑 (3) 光禄大夫經筵講官太子太保文淵閣大學士兼吏部尚書史文靖公神道碑 (4) 公三為會試総裁，再教習庶吉士。啓豐為公會試首拔士，荷知最深，乃敢謹銘其神道之碑。辭曰：大江之南產碩臣，惟嶽降神卓甫申。髫年唱第輝慶雲，洊歷台鼎閎經綸。八騶擁導實節新，湖山海嶠保障均。分陝籌邊偉略伸，度式金玉垂朱紳。晝日三接天顏親，衮衣歸來契合真。密贊帷幄圖麒麟，瓊林再讌歲庚辰。杖朝國老能致致身，逌歸箕尾麗高旻。槐庭棘院廕後人，東閣音容緬平津。殊恩隆遇誰比倫，臨丧奠醊羽葆陳。白袍鵠立涕沾巾，行歌蒿里薦藻苹。千秋碑碣永不泯。
彭啓豐《芝庭詩文稿》詩稾卷八		(5)《周芸齋先生栓孝坊落成賦古詩二十韻紀之》：閶門石峩峩，胥江波浩浩。當年緹騎來，奮擊閧輿皂。閹党熾方張，清流禍難保。孤忠殉圜扉，毅鬼埋荒草。有子矢復仇，十指血枯槁。再疏寫貼黃，排閶籲天討。贈䘏慰幽魂，公道維末造。至今書篋中，血痕映賸稾。如聞寶劍鳴，恍睹長虹掃。吁嗟孝子坊，建立何不早。旌揚待盛朝，綽楔麗晴昊。吾吳衣冠列，易逐狂瀾倒。先賢徐司空，直節同皓皓。西塘鬱孤墳，豪謀佔神道。誰挽魯陽戈，竟刈瑯琊稻。（徐念陽公墓道被豪謀佔，搆訟經年，周氏子孫有從中分肥者。）淸門有子孫，芳名宜自寶。踽步遵周行，日晚薦蘋藻。家貯爐餘編，展讀舒懷抱。我祖重闡揚，通家同贈縞。（先生父嘗序《爐餘集》，又詠《西郊行》。）懷古欲坊今，免令愁心擣。

表一千六百二十七

作者/文獻	版本	用　例
彭紹升《居士傳》五	清乾隆四十年長洲彭氏刻本	(1) 慧遠法師云：釋迦之化，無所不可；適道固是教源，濟俗亦為要務。竊味此言，有契至理。何則？百家之鄉，十人持五戒，則十人淳謹。千室之邑，百人修十善，則百人和睦。傳此風教以周寰區，編户億千則仁人百萬。夫能行一善則去一惡，一惡既去則息一刑。一刑息於家，萬刑息於國。此明詔所謂坐致太平者是也。故圖澄適趙，三石減暴。靈塔放光，符健損虐。神道助化，昭然可觀。謨之請制，不謂全非。但傷蠹道俗，本在無行僧尼，而情僞難分，去取未易。至土木之工，雖若靡費，且植福報恩，不可頓絕。羊元保進曰：此談盖天人之學，非臣愚所宜頂聞。竊恐秦楚論強兵之術，孫吳畫吞併之計，無取於此。

續表

作者/文獻	版本	用　　例
彭紹升《居士傳》十九	清乾隆四十年長洲彭氏刻本	(2) 發願羯曰：煩惱願去，浮槃原住；十地願登，四生願度。佛出世時，願我得親；最先勸請，請轉法輪。佛滅度時，願我得值；最後供養，受菩提記。會昌六年卒，年七十五。遺命：斂以衣一襲，送以車一乘，無用鹵簿葬，無以血食祭，無請太常謚，無建《神道碑》，可葬香山如滿禪師塔側。家人從之。無子，以從孫嗣。(《唐樂長慶集》)
彭紹升《居士傳》四十八		(3) 知歸子曰：《蓮華經》云：火中生蓮花，是則為希有。在欲而行禪，希有亦如是。觀諸君行事，在世出世間，其能連證淨因者，盖願力使然也。季清一念之岐，卒歸神道。智者觀之，可以知懼矣。
彭紹升《二林居集》卷一	清嘉慶味初堂刻本	(4) 觀之有孚於盥而不薦，君子之觀民也，不求之于民也，觀我而已矣。觀我也者，不于其眾于其獨，不于其發于其存，如承祭然方其盥也。其心泊然如不有也，其容退然如弗勝也，其忠敬之實芴皇周浹而不知其何以然。龍在下而爲潛，雷在地而爲復，其象異，其志同也。然而神道設教，無過于此矣。視之而弗見，聽之而弗聞，體物而不可遺。此神道也，弗見也者。
彭紹升《二林居集》卷五		(5) 佛經言：天與道家略等，其與《詩》《書》所陳吉凶禍福之指、鬼神之說，無弗合也。乃者，九黎亂德，民神雜擾。舜用命官，絶地天通，俾上下有常，毋相侵瀆。然而禱祀之儀，自內達外；卜筮之用，由夏及周。神道設教，初未嘗有少異也。
彭紹升《二林居集》卷九		(6) 黃石齋先生手書周忠介公神道碑跋
彭紹升《二林居集》卷十		(7) 是知《易》言“吉凶”，《詩》言“陟降”，《書》言“影響”，必且合幽明、上下、終始，爲權衡而廓然于耳目覩聞之表，然後天道章，神理炳，善者知勸，而惡者知懲。此文昌神道設教之大恉也。……元和、崑山之界，有地名陳墓者，舊有通神道院，院東南爲蓮池、僧舍。乾隆九年，里人始建文昌閣于院中。閱數年，尋圮。三十七年秋，復建新閣于池上，累爲三重，閲三歲乃成，費白金八百兩。

表一千六百二十八

作者/文獻	版本	用　　例
彭孫貽《茗齋集》卷十四	四部叢刊續編景寫本	(1)《行經胡忠安公墓》：靖難危疑日，當時倚偉人。老成安社稷，憂患共君臣。神道牛羊下，廉貞水瀆新。停舟偶相過，欲酹少溪蘋。

續表

<table>
<tr><th>作者/文獻</th><th>版本</th><th>用　　例</th></tr>
<tr><td>彭孫貽
《茗香堂史論》
卷一</td><td rowspan="2">清光緒十年刻碧琳琅館叢書本</td><td>(2) 封禪之説，創自管仲，此乃神道設教之始。上稱黄帝，總無可憑。始皇行之，何救于亡？何漢武之蔽邪？人主好遊行，假此以愚黔首，諸臣又設佞以逢之。褚少孫補《武帝紀》，割封禪一書以充之，真所不解。武帝雄才大畧，遠勝始皇，不可以此一事概之，且封禪已有書，即借本史，分作本紀，裂而兩見，真可怪也。</td></tr>
<tr><td>彭孫貽
《茗香堂史論》
卷三</td><td>(3)《眞宗紀》：（闕）恩殿，九天司命天尊降，此等書之何異？漢武之誕，眞宗贊謂。宋諸臣見其君有厭兵之意，進神道設教之言，假是以動敵人之聽聞，庶幾消其覬覦。王欽若、丁謂之徒，以是媚主，希寵王旦。冠準不免焉，豈嘗念及此乎？是亦强爲之詞耳！</td></tr>
<tr><td>彭孫貽
《流寇志》
卷一</td><td>清鈔本</td><td>(4) 四月甲午初九，固原賊犯耀州，督糧参政洪承疇合官民鄉勇萬餘，圍賊王左掛于雲陽，賊窮蹙，夜乘雷雨，潰圍走淳化，入神道嶺，追斬二百餘級。</td></tr>
</table>

表一千六百二十九

<table>
<tr><th>作者/文獻</th><th>版本</th><th>用　　例</th></tr>
<tr><td>彭元瑞
《天禄琳琅書目後編》
卷六</td><td rowspan="2">清光緒刻本</td><td>(1)《重廣分門三蘇先生文粹》（四函二十八冊），不著編者姓名。書一百卷，彙三蘇文，分門纂輯，曰五經論，曰六經論，曰書解，曰洪範論，曰中庸論，曰春秋論，曰南省講三傳，曰論語解，曰論語拾遺，曰孟子解，曰太元論，曰帝王君論，曰帝王臣論，曰聖賢論，曰列國君論，曰列國臣論，曰歷代君論，曰歷代臣論，曰歷代論，曰歷代土風論，曰權書，曰衡論，曰史論，曰謚法論，曰論，曰祕閣試論，曰幾策，曰策畧，曰策別，曰策斷，曰進策，曰策，曰策問，曰私試策問，曰上書，曰奏議，曰表狀，曰書，曰啟，曰記，曰敘，曰引，曰字說，曰雜書，曰雜說，曰邇英進讀，曰評史，曰評文選，曰頌，曰贊，曰碑，曰銘，曰傳，曰祭文，曰行狀，曰神道碑，曰墓誌銘，而以潁濱遺老傳終焉。</td></tr>
<tr><td>彭元瑞
《天禄琳琅書目後編》
卷十一</td><td>(2)《西山先生眞文忠公文集》（四函四十八冊），宋眞德秀撰。書五十一卷，分《詩賦》二卷，《對越甲稾》十卷，《對越乙稾》五卷，《經筵講義》一卷，《翰林詞草》五卷，記、碑、序、問答、講義、策、策問、說、箴、頌、銘、贊、題跋、書、啟、文辭、神道碑、墓表、墓誌銘、行狀、祝文、祭文二十八卷，無序跋。
(3)《魯齋遺書》（一函二冊），元許衡撰。衡，號魯齋，河内人。官集賢大學士兼國子祭酒、中書左丞，追封魏國公，謚文正。從祀聖廟。《元史》有傳。</td></tr>
</table>

續表

作者/文獻	版本	用　　例
彭元瑞《天禄琳琅書目後編》卷十一		書六卷，分奏議、雜著、書簡、詩章、樂府、編年歌括。前有大德九年楊學文序，附錄謚告、象贊、神道碑。
彭元瑞《天禄琳琅書目後編》卷十七		(4)《海録碎事》（一函二十二册），宋葉廷珪撰。廷珪，字嗣忠，崇安人。政和五年進士。紹興中爲太常寺丞，與秦檜忤，出知泉州。書二十二卷，分十六部，曰天、地、衣冠服用、飲食器用、聖賢人事、帝王、臣職、鬼神道釋、百工醫技、商賈貨財、音樂、農田、文學、武功、政事禮儀、鳥獸草木，凡子目五百八十四。前有紹興十九年廷珪自序，謂初名《一四錄》言自一字至四字可取者，皆錄之。紹興十八年，謫官泉南時成書。
彭元瑞《天禄琳琅書目後編》卷十八	清光緒刻本	(5)《顔魯公文集》（一函四册），唐顔眞卿撰。眞卿，字清臣，臨沂人。官尚書右丞，封魯郡公。《唐史》有傳。書十五卷，凡奏議五，表十一，碑二十，墓碣一，墓誌一，祭文一，書帖七，讚一，題名五，序四，記十二，詩二十五，補遺十五，附錄年譜、行狀、神道碑銘、新舊唐書本傳。 (6)《武溪集》（二函十六册），宋余靖撰。靖，字安道，曲江人。天聖二年進士。官至工部尚書，謚曰襄。《宋史》有傳。書二十卷，凡古律詩百二十、碑誌記五十、議論箴碣表五十三、制誥九十八、判五十五、表狀啟七十五、祭文六。有周源序，附錄歐陽修撰《神道碑》，韓璜書。後至明，邱濬手鈔。
彭元瑞《天禄琳琅書目後編》卷十九		(7)《疊山謝先生文集》（一函二册），宋谢枋得撰。枋得，字吾直，弋阳人。……《宋史》有傳。書二卷，凡詩六十八、書十一、啟十二、婚啟二十三、劄十六、青詞一、頌一、序七、記五、墓銘一、說二、跋三、功德表疏文二十，附錄胡一桂《上疊山書行實》、李源道撰《神道碑》。 (8)《贡文靖公雲林集》（一函二册），元貢奎撰。奎，字仲章，宣城人。官集賢直學士，謚文靖。書六卷，凡詩四百二十三首，又文二首，附錄吳澄題後、李黼撰《行狀》、馬祖常撰《神道碑》、虞集《游長春宫詩序》。 (9)《臨川吳文正公集》（二函二十四册），元吳澄撰。澄，字幼清，崇仁人。以薦擢應奉翰林文字，官至翰林學士。《元史》有傳。書一百卷，分二十類，曰雜著、答問、說、字說、書、序、記、碑、銘、題跋、神道碑、墓表、墓誌銘、行狀、祭文、制、誥、表、箋、講義、韻語。……又揭傒斯撰《神道碑》。 (10)《黄文獻公文集》（一函八册），元黄溍撰。溍，字晉卿，義烏人。延祐初進士。累官侍講學士，追封江夏郡公，謚文獻。《元史》有傳。書十卷，凡詩、

續表

作者/文獻	版本	用　　例
彭元瑞 《天祿琳琅書目後編》 卷十九	清光緒刻本	賦、贊、騷、答問、策問、策、題、雜著、勸農文、樂章、祭文、祝文、表、牋、公文、啟、書、傳、行述、制、箴、行狀、辭、題跋、序、記、筆記、墓記、銘、墓誌、碑文、墓碣、墓表，計七百四十五首。附錄危素撰《神道碑》及博亨請謚、謚議二首。前有嘉靖辛卯張儉序，即所校刊。 (11)《圭齋文集》（一函二册）：篇目同上。前有宋濂、揭傒斯《舊序》，後有彭時、吳節《神道碑》。
彭元瑞 《天祿琳琅書目後編》 卷二十	清光緒刻本	(12)《宋文鑑》（六函五十册），宋呂祖謙奉敕撰。書百五十卷，凡賦二十一卷、詩十八卷、騷一卷、詔一卷、敕赦文冊一卷、御劄批答一卷、制三卷、誥四卷、奏疏二十二卷、表九卷、牋箴一卷、銘頌贊各一卷、碑文記九卷、序八卷、論義九卷、策三卷、議二卷、說戒各一卷、制策說書經義三卷、書九卷、啟三卷、策問一卷、雜著三卷、對問移文連珠一卷、琴操上梁文書判一卷、題跋二卷、樂語一卷、祭文謚議三卷、行狀三卷、墓誌六卷、墓表神道碑四卷、傳露布二卷。……此書成，賜名《文鑑》，勅必大爲序。 (13)《元文類》（二函十二册），元蘇天爵撰。天爵，字伯修，眞定人。官江淮行省参政。《元史》有傳。書七十卷，凡賦騷一卷、樂章四言詩一卷、五言古詩一卷、樂府歌行一卷、七言古詩雜言雜體一卷、五七言律詩二卷、五七言絕句一卷、詔赦一卷、册文一卷、制二卷、奏議三卷、表牋箴銘二卷、頌贊一卷、碑文八卷、記五卷、序五卷、書一卷、說題跋二卷、雜著六卷、策問啟上梁文二卷、祝文祭文哀辭謚議一卷、行狀二卷、墓誌四卷、墓碣一卷、墓表一卷、神道碑十二卷、傳二卷。前有元統二年王理、陳旅二序，後有王守誠跋。
彭元瑞 《宋四六話》 卷四	清海山仙館叢書本	(14)《富文忠上章自劾》：富文忠公熙寧二年再相，王荊公為参知政事，始用事，與文忠不協。文忠力丐去，以使相判河南府，上章自劾，繼改亳州。今錄於此：清時竊祿，難逃素食之譏；白首佐朝，遂起蔽賢之謗。幸聖明之洞照，舉毫髮以無遺。……東坡先生公《神道碑》云“手封遺表，使其子上之”者也。……至於謂“宮闈之臣，不可使之專總兵柄。人心不服，易以敗事。”後來童貫之徒是矣。韙哉，先見之明焉。（《揮麈餘話》）
彭元瑞 《宋四六話》 卷十二	清海山仙館叢書本	(15）太平興國中，吳王李煜薨，太宗詔侍臣撰《吳王神道碑》。時有與徐鉉爭名而欲中傷之者，面奏曰：知吳王事迹，莫若徐鉉爲詳。太宗未悟，遂詔鉉撰碑。鉉遽請對而泣曰：臣舊事李煜，陛下容臣存故主之義，乃敢奉詔。太宗始悟讒者之意，許之。其警句云：東隣遘禍，南箕扇疑。投杼致慈親之

續表

作者/文獻	版本	用　　例
彭元瑞 《宋四六話》 卷十二	清海山仙館叢書本	惑，乞火無里婦之談。始勞因壘之師，終後塗山之會。太宗覽讀稱歎。東隣謂錢俶也。(《東軒筆録》) (16) 徐鉉歸朝後，乞爲故主李煜作墓碑，朝廷從之。(案：翟耆年《籀史》：太平興國中，詔侍臣撰《李煜神道碑》。有欲中傷徐鉉者，奏曰：吳王事，莫若徐鉉爲詳。遂詔鉉撰。鉉乞存故主之義云云。非鉉乞撰，此所記殊誤，謹附訂於此。) (17) 晏元獻公撰《章懿太后神道碑》，破題云：五嶽崢嶸，崑山出玉；四溟浩渺，麗水生金。蓋言誕育聖躬，實繫懿后。奈仁宗夙以母儀事明肅劉太后，膺先帝擁祐之託，難爲直致。然才者則愛其善比也，獨仁宗不悦，謂晏曰：何不直言誕育朕躬，使天下知之。晏公具以前意奏之。上曰：此等事卿宜置之，區區不足較，當更別改。晏曰：已焚草於神寢。上終不悦。

表一千六百三十

作者/文獻	版本	用　　例
彭藴璨 《歷代畫史彙傳》 卷四	清道光刻本	(1) 按：東坡撰《行狀》《神道碑》，俱云“六十八”。《揮麈録》謂宋朝名公多厄於六十六，并及司馬溫公、王荆公。

表一千六百三十一

作者/文獻	版本	用　　例
彭藴章 《歸樸龕叢稿》 卷二	清同治刻彭文敬公全集本	(1) 當尚書公歿，袁簡齋自以門下士撰《神道碑》。至二林公却之，而以先生文勒石。先生少時，工詞章之學，淹通騷選學，使之來吴者無不識拔。
彭藴章 《歸樸龕叢稿》 卷三		(2)《佛法論一》：聖人之教，譬如以五穀養人，其味淡，然而不可一日廢。……魏晉以來，天下洶洶，載胥及溺，干戈交於中原，禮樂委於草莽。雖使聖人復起，修先王之學校，明孔氏之詩書，非畢世百年不能更化。一旦聞西方之教，使人瞿然如夢之覺，貪易而廉，暴易而仁，詐易而忠，逆易而順，生於其心，不假督責，因而保其天良，全其令名者不少也。非所謂神道設教者乎？夫神道設教，所以濟教之窮，原非教之常法。……於是乎，傷是兩失之矣。

表一千六百三十二

作者/文獻	版本	用　例
彭遵泗《蜀故》卷十一	清乾隆刻補修本	(1) 商英爲開封府推官，獻詩呂公著求進，且爲諛詞貽柬以求入臺。及爲右正言，附二惇、二蔡，極力攻元祐諸人。復參毁司馬光、呂公著《神道碑》，漸至僕射。又思攀附正人，以之前愆眞小人而無忌憚者也。蔡京惡其反復，轉得入在元祐黨籍中。坡公筆墨，雖出於一時游戲，然此輩同軸，想當時尚未覺其爲匪類也。

表一千六百三十三

作者/文獻	版本	用　例
皮錫瑞《駁五經異義疏證》卷六	民國二十三年河間李氏重刻本	(1) 湯沐所以去污垢。孝子不忍一日廢其事親之禮。於下室日設之，如生存也。此日祭之說所自起與！然親在寢，猶以人道事之，故朝夕饋食而不嫌其數。若祖考在廟，則以神道事之，不得有日祭矣。朱子云：《國語》有“日祭”之文，是主復寢，猶日上食。此朱子以《國語》“日祭”爲“卽下室之饋食”也。
皮錫瑞《師伏堂春秋講義》上卷	清宣統元年本	(2) 曰：未能事人，焉能事鬼？未知生，焉知死？又曰：務民之義，敬鬼神而遠之。蓋惟知其所當知，不必求知所不必知；務其所當務，不必更務所不必務。而《墨子》出於清廟，敬天明鬼，已與孔教不合。今以孔、佛、耶、回爲四大教主，佛、耶、回皆以神道設教爲勸戒愚夫愚婦說法，致愚民迷信宗教，牢不可破。孔子明知神道設教之旨，而不輕以教人，此孔教之所以爲大也。
皮錫瑞《經學通論》	清光緒思賢書局刻本	(3) 孟氏得《易》家書，焦延壽得隱士說，則當時實有此種學，而非其所自創。《漢志》：《易》家有《雜災異》三十五篇，是《易》家本有專言災異一說，而其傳此說者，仍是別傳而非正傳。漢儒藉此以儆其君，揆之《易》義“納約自牖”與“神道設教”之旨，皆相脗合。可見人臣進諫之苦心，亦不背聖人演《易》之宗旨，而究不得爲正傳者。 (4) 所謂以神道設教，其所發明者，實卽羲、文之義理，而非別有義理，亦非羲、文並無義理，至孔子始言義理也。 (5) 聖人因卜筮而作《易》，乃神道設教之意。《漢藝文志》曰：秦燔書而《易》爲筮卜之事，傳者不絕。劉歆《移博士書》曰：天下但有易卜，未有他書，是《易》以筮卜而幸存。《史記》《漢書》載漢初經師之傳，惟《易》最詳，蓋以此也。

續表

作者/文獻	版本	用　　例
皮錫瑞《經學通論》	清光緒思賢書局刻本	(6) 所謂天錫當有是事，三國魏時張掖涌石有牛馬之形，及大討曹字，足見祥異之兆，有不可據理以斷有無者，安見三代以前，必無石見文字之事乎？豈眞如杜鎬附會天書云“聖人以神道設教”乎？
皮錫瑞《師伏堂駢文二種》師狀堂駢文之二卷一	清光緒二十一年師伏堂刻本	(7) 矧至誠可以前知，禎祥初非傳會。政起胡破，競傳演孔之圖；摘洛鉤河，不比閉房之記。豈必神道設教，隱開趙宋之天書；帝命錫疇，並疑胥餘之誑語耶？
皮錫瑞《禮記淺說》卷下	清光緒二十五年刻本	(8) 謹案：古以天神為神，人鬼為鬼，散文亦可通言鬼神。經言“幽則有鬼神”，卽“聖人以神道設教”之義，謂明有禮樂可以設教，幽有鬼神可以設教也。
皮錫瑞《經學歷史》	清光緒思賢書局刻本	(9) 漢有一種天人之學而齊學尤盛。《伏傳》五行，《齊詩》五際，《公羊春秋》多言災異，皆齊學也。《易》有象數占驗，《禮》有明堂陰陽，不盡齊學，而其旨略同。當時儒者以爲人主至尊，無所畏憚，借天象以示儆，庶使其君有失德者猶知恐懼修省。此《春秋》“以元統天、以天統君”之義，亦《易》“神道設教”之旨。漢儒藉此以匡正其主。其時人主方崇經術，重儒臣，故遇日食地震，必下詔罪己，或責免三公。雖未必能如周宣之遇災而懼，側身修行，尚有君臣交儆遺意。此亦漢時實行孔教之一證。後世不明此義，謂漢儒不應言災異，引讖緯，於是天變不足畏之說出矣。近西法入中國，日食、星變皆可豫測，信之者以爲不應附會災祥。然則，孔子《春秋》所書日食、星變，豈無意乎？言非一端，義各有當，不得以今人之所見輕議古人也。
皮錫瑞《孝經鄭注疏》卷下	清光緒刻師伏堂叢書本	(10)《易・觀》：觀天之神道，而四時不忒。

表一千六百三十四

作者/文獻	版本	用　例
平步青 《霞外攟屑》 卷二	民國六年刻香雪崦叢書本	(1) 今中宗與惠、安二帝同，不可爲不遷主。(《顔魯公集·臨淮武穆王李公神道碑》云：昔宗周之中興也，我皇唐之反正也。二句最爲分析明白。)
平步青 《霞外攟屑》 卷四		(2) 四人者，不愧襄毅家風，譜皆有傳。因掇其略，以補雙韭蒼水《神道碑》所未備。譜作於兆殷，其傳不知何人所續，亦不言所卒之年。 (3)《顔魯公集·康使君（希銑）神道碑銘》：天寶四載七月四日，窆於山陰縣籬渚邨之先塋。
平步青 《霞外攟屑》 卷五		(4) 然謝山纂忠烈《神道碑》，明云：公既愛防守卒史丙之義，遂日呼與語，因得藏公之集。有宜興人徐堯章者，從丙鈔以歸。
平步青 《霞外攟屑》 卷六		(5)《象宗圖學》:《讀書敏求記》（卷三）、《五行神道大編》《象宗圖學》一卷，自周秦至元明共三十六圖，閩人趙湇卿篆於卷首。披視之，有仰觀俯察之感（庸）。按:《神道大編》爲周雲淵先生（述學）所著,《象宗圖學》一卷，其子目也。 (6) 畢氏沅《續資治通鑑考異》引李源道《文節先生神道碑》云：易服負母走閩中，隱於卜。是文節之所以問關不死者，徒以有老母耳。
平步青 《霞外攟屑》 卷七上		(7) 全謝山《姚公碑銘》:《鮚埼亭集》（卷十五）《姚公（啟聖）神道第二碑銘》云：鄭氏之初起也，厦門有浮石，或視其文曰：生女滅雞，十億相倚。丁庚小熙。 (8) 張忠烈公神道碑銘 (9) 全謝山《張蒼水神道碑銘》最爲集中，大篇半取之南雷墓銘，而敘事不無筆誤。如云：癸巳冬，復閒行入吳淞。尋招軍於天台，次於翁洲。明年，軍於吳淞，會名振之師入長江，趨丹陽，掠丹徒；登金山，望石頭城，遥祭孝陵，三軍慟哭失聲，烽火逮江甯。時上游故有宿約而失期不至，左次崇明。甲午，再入長江；掠瓜洲，侵儀真，抵燕子磯。而所期終不至，復東下，駐翁州。 (10)《神道碑》云：粵上蕪不治，乃行屯田法，設都司官駐柳州，與民牛，招之耕，教之技勇。每名給水田十畝，公田一；旱田三十畝，公田二；存公田租於社倉。行之期年，粵萊田萬餘。
平步青 《霞外攟屑》 卷七下		(11) 梨洲黃氏亦云：婦人從夫，故誌合葬者，其題只書某公志銘或墓表，未有書暨配某氏也。引張說爲蕭灌、楊爲王義重兩《神道碑》爲證，曰：自唐至元，皆無夫婦同列者。

續表

作者/文獻	版本	用　例
平步青《霞外攟屑》卷七下	民國六年刻香雪崦叢書本	(12)《援鶉堂筆記》（卷四十三）：方苞《禮部尚書太子太傅楊公墓志銘》云：丁酉夏，出為北直巡道。(《小倉山房文集》卷二亦有文定《神道碑銘》云：授直隸巡道。當是時直隸無兩司官，視望谿文爲當矣。) (13) 又如蘇長公《蠶尾續文》（卷十）、《文靖王公（熙）神道碑銘》云：公入相，值滇寇甫平，民思休息。公爲政務，以寬大和平，宣上德意。清静如蕭曹，奉行故事、寬大好禮如丙魏，文雅如謝太傅，不喜生事如李文靖，雅量有容如王文正。近今稱賢相者，無以逾公。又（卷十一）、《念東高公（珩）神道碑銘》云：大抵公齊物似莊生，平等似調御，三樂似榮啟期，坐人春風中似程明道，樂道人善似邵康節，耽禪悅似晁文元、蘇文忠、彭士望。 (14) 全祖望《臨川李公（紱）神道碑銘》云：嘗謂公之生平，盡得西江之裘冶。學術則文達、文安，經術則盱江，博物則道原、原父，好賢下士則兗公，文章高處偪南豐，下亦不失爲道園，而堯舜軍民之志，不下荊公，剛腸勁氣，大類楊文節。所謂言大而非夸者，吾言是也。 (15) 張說撰《姚崇神道碑銘》云“上惻旒扆”，爲義山所本，馮未引注。 (16) 近顔魯公撰《臧懷恪神道碑銘》載：廣德元年冬十月，贈工部尚書。詔有“出有藩條之寄，入多爪牙之任。” (17) 茗霽曰：張説《鄭國夫人神道碑》。於是灑翰黄縑，鏤字青琬、苕琬外，亦可用翠琬、青琬。 (18) 小注：文毅與文恪同鄉，故銘辭借爲緣起，古文家原有此例。則不考林魏詩而妄爲之説，抑知非文毅、賓珊二人恫喝公子，陳豈能就滅其跡？或其時陳爲别撰遺摺，遂傳聞失實耳。馮景亭撰《文恪神道碑》，亦諱不言。

表一千六百三十五

作者/文獻	版本	用　例
蒲松齡《聊齋文集》卷二	清道光二十九年邢祖恪鈔本	(1)《募修三教堂疏》：竊惟函關紫氣，翔戲塵寰，鷲嶺丹雲，慈悲宇宙，神道之教，為功已久；况拎麟遊闕里，鐸響尼山，俎豆千年，師表萬世，更非渺茫功德所可言贊者矣。嗚呼！草昧既開，貽九流之滿地；刼灰不盡，賴三柱之撑天。雖則香火一堂，昉拎俗祠，抑亦人情不能已已。……祈福者供養神人，尊師者莊嚴至聖，共發仁心，同襄盛舉；庶使堯眉舜目，儼臨白玉之房，朱珞青牛，共集黄金之闕，諸善信福業圓滿，則挑脚者為功臣耳。是為之序。

續表

作者/文獻	版本	用　　例
蒲松齡《聊齋文集》卷三	清道光二十九年邢祖恪鈔本	(2) 孫咸吉《關帝廟碑記》：今夫至靈之謂神。誰神之？人神之也。何神之？以其不容已扵人者神之也。日星河岳，雷霆風雨，昭昭者徧滿宇宙，而人則何知？其慈悲我者則尸祝之耳。故佛道中惟觀自在，仙道中惟純陽子，神道中惟伏魔帝，此三聖碩力宏大，欲普度三千世界，扳盡一切苦惱，以是故祥雲寶馬，常雜處人間，與人最近。而關聖者，為人捍患禦災，靈蹟尤著，所以樵夫牧豎、嬰兒婦女，無不知其名，頌其德，奉其祠廟，福則祈之，患難則呼之。何以故？威靈之入扵耳者久，功德之入于心者深也。
蒲松齡《聊齋志異》聊齋誌異卷九	清鑄雪齋鈔本	(3) 女曰：不必研窮，既以爲神，朝夕供養，自無殃咎。女禦下常寬，非笑不語；然婢賤戲狎時，遙見之，則默默無聲。女笑諭曰：豈爾輩尚以我爲神耶？我何神哉！實爲夫人姨妹，少相交好；姊病見思，陰使南村王姥招我來。第以日近姊夫，有男女之嫌，故托爲神道，閉內室中，其實何神！ (4) 女曰：江南拯一死罪，有之乎？曰：有。曰：哭于路者吾母也，感義而思所報。乃因夫人好佛，附爲神道，實將以妾報君也。今幸生此繈褓物，此願已慰。妾視君晦運將來，此兒在家，恐不能育，故借歸甯，解兒厄難。君記取家有死口時，當于晨雞初唱，詣西河柳堤上，見有挑葵花燈來者，遮道苦求，可免災難。王諾之。

表一千六百三十六

作者/文獻	版本	用　　例
濮文暹《提牢瑣記》	民國清人說薈本	(1) 獄有神，有總司，有分司，統尊之曰獄神。在祀典者，若關帝、龍神、門神。他若佛典之大士、閻羅、社公；若道流之太乙、藥王、瘟部、火部，皆為位以祀。別一楹，祀前明椒山楊公。而刑部尚書王公世貞，郎中史公朝賓，司獄劉公時守得祔焉。庭隅老榆盤錯，陰森不晝，傳為忠愍公手植者。南則阿公祠，公諱世圖。康熙時官滿司獄，以除夕縱囚，元旦囚悉來歸，一囚偶後。公懼，竟仰藥死。囚踵至，痛公甚，亦觸柱死，即今肖像牽馬侍公側者也。諸神朔望則祀，履任則祀，報賽日則祀，勾決日則祀，必躬親，香帛虔潔，宜專厥司，庶幾覆盆之中，亦有臨質。神道設教，用佐官箴。

表一千六百三十七

作者/文獻	版本	用　　例
浦銑 《歷代賦話》 續歷代賦話 卷六	清乾隆五十三年刻本	(1) 銑按：吳尊師，道士吳筠也。天寶末，經術高第。遇亂，奉德清君夫人載家書隱于王屋山。間行以求食，深處以修業。作《避暑賦》。(柳宗元《先侍御史府君神道碑》。)

表一千六百三十八

作者/文獻	版本	用　　例
戚學標 《景文堂詩集》 卷四	清乾隆五十六年刻本	(1) 玉山原頭吹暮笳，(宋濂《國珍神道碑》：賜葬玉山之原。) 子弟猶聞賜五花。(國珍猶子明謙，以宿衛勞賜五花名馬。同朝皆賦詩，方正學爲亭。) 却勝齊雲樓上火，(張士誠兵敗，令妻子登齊雲樓，縱火焚之。) 夜夜風雨鳴鬼車。(《周禮·哲蔟氏註》：天鳥若鬼車之類)。

表一千六百三十九

作者/文獻	版本	用　　例
齊學裘 《見聞續筆》 卷四	清光緒二年天空海澗之居刻本	(1) 石筍祥兆：烏程閔氏，浙中巨族，代有偉人。其始祖墓前神道兩旁，每產石筍一對，出土數寸許，是年准有登甲科者。

表一千六百四十

作者/文獻	版本	用　　例
杞廬主人《時務通考》卷三公法上	清光緒二十三年點石齋石印	(1) 春秋遣使,(闕)重於結盟。凡近世所有各種條約,古皆有之。載盟之法,必臨之以神,申之以誓,歃血執牛耳以為信。其盟約之辭,蓋神道設教之意,亦有不以文而以實者,或以子為質,或以寶器為質,或有使他國作之監以討背盟之罪,而尤莫奇於索國君之母以為質。
杞廬主人《時務通考》卷十律例三		(2) 教門農商領照為神道事者,以地過八十畝課農謀利,須牧師許准,乃可神道,不兼商賈。若合伴同謀六人以外,或嗣婚接業授自他人者則可,然猶不得躬親其事而行同市儈也。惟為業師,而貨書售物於家者不禁。
杞廬主人《時務通考》卷十八教務一		(3) 印度、日本佛教,西國各教,專信一主,其餘或在可輕。惟印度教則兼信各神,有所謂馬葛教者,波斯人多信之;有所謂飛地司教者,阿美兩洲之人多信之。惟佛教則行於中國、日本。日本之教,亦曰神道教。司理之人,其權獨重國中,琳宮梵宇,屈指不勝。昔時,雖國王、國后之尊亦事之,惟謹故稱司教者為大師也。
杞廬主人《時務通考》卷十八教務五		(4) 聰明絕特之士,生於其時,思有以救之而不得上位無權,以行其教化不得不託諸神道,建立名號以為號召徒衆之幟。於是乎有主教之神,不能强人人以必從也。於是乎有教内教外之畛域,不能無號令也。於是乎有教規,不能無賞罰也。於是乎有以鬼神禍福為劫制之法,此教之所由起也。

表一千六百四十一

作者/文獻	版本	用　　例
錢保塘《歷代名人生卒録》卷五	民國海寧錢氏清風室刊本	(1)《孫奭傳》有"年逾七十"語,《東都事略》作"七十二"。錢大昕《金石文跋尾》:治平二年三月,宣公卒。見治平二年《神道碑》。(以下《儒林》。)
錢保塘《歷代名人生卒録》卷六		(2) 孟德,史不書卒年。至元二年三月,濟南《孟公神道碑》:以中統四年三月二十八日薨於軍,春秋六十八。(《金石文跋尾》)

表一千六百四十二

作者/文獻	版本	用　　例
錢彩《説岳全傳》卷六	清錦春堂刊本	(1) 康王一手把腰刀拔出，捏在手中，跳出神廚，喝聲：誰敢近前？都寬跪下道：主公係是何人？不必驚慌，臣是來接駕的。康王道：孤乃康王趙構，排行九殿下，在金營逃出，幸得神道顯靈，將泥馬渡孤過江。你是何人？如何説是來接駕的？
錢彩《説岳全傳》卷十		(2) 岳雲立起身來，將神廚帳幔揭起一看，但見上邊坐着一位神道，青臉紅鬚，牌位上寫着“敕封東平王睢陽張公之位”。旁邊塑着兩位將官，一邊寫着“雷萬春將軍位”，一邊寫着“霽雲南將軍位”，恰與夢中所見的一般。岳雲便向神前拜了兩拜，暗暗許下願心：將來修整廟宇，重塑金身。
錢彩《説岳全傳》卷十六		(3) 夫人就把岳元帥進京，叫了兩個小將軍去，並無信息。又因夜夢不祥，故來喚你决斷。王師婆道：這個容易，待吾請下神道來，問他知個端的。 (4) 那王師婆跌倒地下，停了一會，爬起身來，對着李夫人道：我方才見一個神道，金盔金甲，手執鋼鞭，把我一推，我就昏昏的睡去了，不知神道怎麼樣去了。夫人就將適來之事説了一遍。
錢彩《説岳全傳》卷十八		(5) 再説到王能、李直二人，自從那年除夜岳元帥歸天之後，二人身穿孝服，口吃長齋。他説：朝内官員皆懼秦檜，無處與岳元帥伸冤。那陰間神道，正直無私，必有報應。遂各廟燒香，虔心禱告。 (6) 誰知這日潮不起汛，乃是暗漲，甚覺沒興，只得沿江走走。走到一座神廟，上面寫着“潮神廟”三字。李直道：我和你各廟神道多已求過，只有這潮神不曾拜過，何不與兄進去拜求拜求？王能道：原説是逢廟便拜，遇神即求，難道潮神就不是神道？遂一同走進廟來。細看牌位，那潮神卻就是伍子胥老爺。王能道：別的神道未受奸臣之害，你卻被伯嚭讒害而死。後來伯嚭過江，你卻立馬顯聖，自己也要報仇。難道岳爺爲國爲民，反被奸臣所害，你既爲神，豈無靈感？難道岳家不應報仇的麼？李直也惱起來，大叫道：這樣神道留他何用，不如打碎了罷！二人拏起磚頭石塊，將伍子胥老爺的神像並兩邊從人等盡皆打壞。 (7) 岳王父子等謝恩畢，伍王即將“無拘霄漢牌”交與岳爺，辭别而去。那王、李二人驀然驚醒，想道：方纔神道所言之事，我和你進城去打聽。若是岳爺果然在奸臣家中顯聖，便擇日重修伍王廟宇，再塑金身。二人挨到天明，回城打聽，不表。

續表

作者/文獻	版本	用　　例
錢彩 《説岳全傳》 卷十八	清錦春堂刊本	(8) 過了數日，並無影響，暗想：那賣卜先生言語，全無一點應驗。聞說在這裹泗洲山上有一座泗聖祠，祠内神道最靈。何不去禱告一番，求他指引？定了主意，忙忙的去買辦了香燭，上山來走進廟中，到神道面前燒香點燭，默默禱告了一番。那裹有什麽應驗？一步懶一步的走出廟門，在山前閒望，忽見一處山石嶙峋，奇峯壁立。何立走近一看，只見一塊石上鐫着“捨身巖”三個大字，臨下一望，空空洞洞，深邃不測。 (9) 何立定了神，細想夢中之事，十分詫異：方纔明明的見了地藏王菩薩，已將丞相抱入酆都。又親見多少地獄之苦，分明是神道指引。不如謝了神道回去，回覆太師爺。隨卽再進廟來，拜謝了泗洲大聖。

表一千六百四十三

作者/文獻	版本	用　　例
錢陳群 《香樹齋詩文集》 詩集卷七	清乾隆刻本	(1) 久未得野堂姪信，適陶氏甥有黔中之行，却寄一首《用少陵贈鄭諫議十韻》，叙事紀恩，告哀言别。情見乎詞：十年官遠徼，循拊有能名。鷺鳳終成隊，驊騮自不爭。揭竿誰起釁，安堵更何驚。孟獲憑擒縱，將軍倚老成。一從新詔下，萬井炊煙生。我昨遭私難，倉皇返使旌。墓門飛歲月，神道肅崢嶸（時為先慈舉襄甫畢）。哀鴈遲天末，雙魚隔楚衡。風詩今有託，葵藿會同傾。豈效窮途哭，徒悲阮步兵。
錢陳群 《香樹齋詩文集》 文集續鈔卷三		(2) 贈太子太師大宗伯沈文慤公神道碑 (3) 竊欲及身倣司馬光、范鎮互為銘傳，而公已不及待矣。公薨之明年，孤子種松以狀來，請予碑其神道。
錢陳群 《香樹齋詩文集》 文集續鈔卷五		(4) 誥授通議大夫晉贈資政大夫禮部左侍郎胡公神道碑

表一千六百四十四

作者/文獻	版本	用　　例
錢澄之 《田間易學》 卷三	清文淵閣四庫全書本	(1) 此中正之德，服之於不言之表，即所謂聖人之神道也。堯之垂裳，舜之恭已，殆近之矣。 (2)《彖》曰：大觀在上，順而巽，中正以觀天下。觀，盥而不薦，有孚顒若，下觀而化也。觀天之神道，而四時不忒。聖人以神道設教，而天下服矣。 (3) 王註：統説觀之為道，不以刑制使物，而以觀感化物者也。神則无形者也。不見天之使四時，而"四時不忒"；不見聖人使百姓，而百姓自服也。《本義》：極言觀之道也。四時不忒，天之所以為觀也。神道設教，聖人之所以為觀也。(蘇子瞻曰：无器而民趨，不言而民喻，"觀"之道也。聖人以神道設教，則爵賞刑罰有設而不用者矣。擬之宗廟，"盥而不薦"者也。盥者以誠，薦者以味。……大觀之德，象諸"盥而不薦"，葢存誠於中，无以示人而人自仰之。殆文王之不顯亦臨，无斁亦保者乎？不動聲色而民自觀感，即是神道。神无聲色，可求也。) (4)《象》曰：風行地上，觀。先王以省方觀民設教。《本義》：省方以觀民，設教以為觀。(歐陽永叔曰：聖人處乎人上而下觀於民，各因其方、順其俗而教之。民知各安其生而不知聖人所以顺之者，此所謂神道設教也。)

表一千六百四十五

<table>
<tr><th>作者/文獻</th><th>版本</th><th>用　　例</th></tr>
<tr><td>錢大昕
《潛研堂集》
文集卷十三</td><td rowspan="2">清嘉慶十一年刻本</td><td>(1) 許有壬撰《怯烈公神道碑》云：世祖立極，以公舊部及降虜千人爲貴赤，命公之孫莊家爲千户，曾孫也里卜花爲百户。世所稱十七投下，此其一也。</td></tr>
<tr><td>錢大昕
《潛研堂集》
文集卷三十一</td><td>(2)《跋漢泉漫稿》：曹文貞公《漢泉漫稿》十卷，據《元史本傳》，似合詩文言之。此本為其子復亨所編，僅《詩》九卷、《樂府》一卷，有張夢臣、歐陽原功、蘇伯修、呂仲實序，及吴閒閒後序，附以曹克明撰《神道碑》、王繼學撰《畫像贊》，并祭文、挽章甚備，其為完書無疑。……考《神道碑》，子震亨、謙亨、泰亨，皆已前卒，初未登顯仕，而謙亨并未得官，史之難信。如此《碑》稱"孫男八人"，而《傳》云"十人"，或有生於撰《碑》之後者。
(3) 按：吴超納土者忠懿王俶，非文穆王元瓘也。文穆薨于後晋天福中，與宋邈不相及，鐵券之説亦不可信矣。又撰《張宣敏公神道碑》云：歲戊戌，因大帥河南忠武王阿術已歸國朝。</td></tr>
</table>

續表

<table>
<tr><th>作者/文獻</th><th>版本</th><th>用　例</th></tr>
<tr><td>錢大昕
《潛研堂集》
文集卷三十二</td><td rowspan="3">清嘉慶十一年刻本</td><td>（4）跋王顔追樹十八代祖晋司空王公神道碑
（5）虢州刺史王顔《追樹十八代祖晋司空太原王公神道碑》，予所見者裴翦之本，文理斷續，難以尋曉。
（6）《跋太常丞溫佶碑》：溫府君名佶，黎國公大雅之玄孫也。唐制，位三品者，父祖得刻石神道。文宗朝，佶之子造以檢校戶部尚書充河陽三城節度使，故牛僧孺為製此碑，而裴潾書之。</td></tr>
<tr><td>錢大昕
《潛研堂集》
文集卷四十一</td><td>（7）甘肅提刑按察使司按察使宋公神道碑
（8）鎮守江南狼山總兵官左都督前提督廣西全省軍務總兵官許公神道碑
（9）鎮守江南狼山鎮總兵官前廣西提督易州許公之葬，其孤子宏猷、清猷、宣猷等，既請禮部侍郎倪公承寬為銘。納隧中，復踵予門，泣請文其神道之石。予以內直無暇，久不克為，而清猷等請益勤，乃列公生平言行尤著者，俾歸勒石，以慰孝子之思。
（10）封資政大夫大理寺卿加十四級王公神道碑
（11）即于二月奉太夫人還里門，卜以七月壬辰葬資政公于昆山縣之雪葭灣，以元配陸夫人祔從先人之兆也。先期具書狀，請大昕為文，表于神道。昔歐陽子瀧岡之表，自為之文。大理，今之歐陽子也，乃不自為而求之友者，謙也。中朝鉅公之能文者多矣，獨求之家居退閑之故交，欲其可信也。大昕雖不文，其何可辭？
（12）詹事府詹事盧公神道碑
（13）宗人府丞曹公神道碑</td></tr>
<tr><td>錢大昕
《潛研堂集》
詩集卷十</td><td>（14）忠烈子懋碑在其右數十步，有碑題云“特進光祿大夫左柱國太子太師追封寧陽王謚恭靖張公神道碑”，梁儲撰文，李燧書。</td></tr>
<tr><td>錢大昕
《疑年録》
卷一</td><td rowspan="2">清嘉慶刻本</td><td>（15）徐元固，七十一。（《堅新傳》云“七十餘”，據張九齡撰《神道碑》云“十四而孤”，以是推得之。</td></tr>
<tr><td>錢大昕
《疑年録》
卷二</td><td>（16）司馬君實，六十八。（光，東坡撰《行狀》《神道碑》，俱云“六十八”。《揮塵録》謂國朝名臣多庀於六十六，並及司馬溫公、王荊公。然荊公年六十六，固有徵矣。）</td></tr>
</table>

續表

作者/文獻	版本	用　　例
錢大昕《廿二史考異》唐書卷九	清乾隆四十五年刻本	(17) 升福建都團練觀察處置使爲威武軍節度使，以王審知爲之。據審知《神道碑》，蓋兼領三司發運等使。
錢大昕《廿二史考異》唐書卷十		(18) 考路巖撰《渾偘神道碑》，敍其先世，正與表同，則《回紇傳》誤也。 (19) 鎬，義武軍節度使。案：鎬之子偘，字復貴，咸通初為義昌軍節度使。路巖撰《神道碑》載《文苑英華》表何以失書？ (20) 案：此表述世系甚略。良臣之先世與光進、光顔之子，表皆失載。令考良臣《神道碑》，稱大父賀之，貞觀初，率部落來歸。授雞田州刺史。父延豐，襲雞田州刺史，以功加開府儀同三司。良臣，襲刺史。
錢大昕《廿二史考異》唐書卷十二		(21)《段志玄傳》：齊州臨淄人。《神道碑》作“鄒平”。謚曰壯肅，當作“忠壯”。《舊史》本傳、《唐會要》及《神道碑》並作“忠壯”，獨此云“壯肅”，字之譌也。
錢大昕《廿二史考異》唐書卷十三		(22)《裴光廷傳》：光廷，字連城。《神道碑》作“光庭”。……考《唐會要》及光庭《神道碑》、光庭子稹《墓志》、孫倩《神道碑》，皆作“忠獻”，則此文誤也。 (23)《姚崇傳》：謚曰文獻。案：張說撰《神道碑》云：謚文貞。其謚文獻者，乃崇之父懿也。史誤。
錢大昕《廿二史考異》唐書卷十四		(24)《韓弘傳》：滑州匡城人。按：韓愈撰《神道碑》，以為陳之太康人。 (25)《賈耽傳》：滄州南皮人。按：《地理志》：南皮隸景州，景州本滄州所分。耽仕於德、順二宗之世，南皮猶隸滄州也。鄭餘慶撰《神道碑》云：清池人。
錢大昕《廿二史考異》舊唐書卷三		(26)《楊國忠傳》：父珣，以國忠貴，贈兵部尚書。“兵部”當作“武部”。今扶風縣有珣《神道碑》，明皇御製并書，題云“贈武部尚書”，可證也。
錢大昕《廿二史考異》五代史卷二		(27)《五代會要》：梁末帝使相三十二人，從周居其一。予嘗見從周《神道碑》云“檢校太師兼侍中”，此《歐史》所失書也。
錢大昕《廿二史考異》五代史卷二		(28)《李存進傳》：存進，振武人也。案：呂夢奇撰存進《神道碑》云：字光嗣，樂安人也。
錢大昕《廿二史考異》五代史卷六		(29) 案：《吳越文穆王神道碑》（和凝撰）題云“天下兵馬都元帥守尚書令”，《歐史》失書。 (30) 楊夢申撰《劉繼顒神道碑》云：天會十二年，今皇帝踐祚之初年也。十七年，繼顒卒。末題“廣運元年，歲次甲戌”，與《天龍寺碑》正合。

續表

作者/文獻	版本	用　　例
錢大昕 《廿二史考異》 宋史卷十	清乾隆四十五年刻本	(31)《馬全義傳》：幽州薊人。案：王安石撰知節《神道碑》云：馬氏故扶風人，至公高祖徙處雲中。雲中為契丹所得，故馬氏又徙處浚儀，今開封府祥符也。《傳》云"幽州人"，與《碑》不合。 (32)《陳堯咨傳》：子述古，太子賓客致仕。案：歐陽修撰堯佐《神道碑》，以述古為堯佐子。
錢大昕 《廿二史考異》 宋史卷十三		(33)《韓世忠傳》：始補進義副尉，《神道碑》作"守闕進義副尉"。"守闕"者，未正授之名也。此二字不可省。轉進勇副尉，《神道碑》作"進武副尉"。……孝宗朝，追封蕲王，謚忠武。詔禮部尚書趙雄撰《神道碑》，御書額曰"中興佐命定國元勳之碑"。《傳》失書。 (34)《范成大傳》：除吏部郎官。言者論其超躐。案：周必大撰《神道碑》云：除吏部員外郎。 (35)《李燾傳》：除兵部員外郎兼禮部郎中。案：周必大撰燾《神道碑》云：除兵部郎中。
錢大昕 《廿二史考異》 宋史卷十四		(36)《林大中傳》：知撫州金谿县。郡督輸賦急，大中請寬其期，不聽，告敕投劾而歸。案：樓鑰撰《神道碑》云：郡督財計太急，公請寬以歲月，不敢有負。 (37)《汪大猷传》：沒贈二官。據周必大撰《神道碑》，大猷本宣奉大夫，遺奏贈特進中隔金紫銀青光祿，兩階乃是贈三官也。
錢大昕 《廿二史考異》 宋史卷十五		(38) 张拭，明年，召為吏部侍郎。……案：朱熹撰《神道碑》：召為吏部員外郎兼權左右司侍立官。 (39) 孫奭，贈左僕射。賈昌朝撰奭《神道碑》云：贈太尉，封樂安郡公。
錢大昕 《廿二史考異》 宋史卷十六		(40) 鄭興裔，曾祖紳，封樂平郡王。祖翼之，陸海軍節度使。紳，進封南陽郡王，謚僖靖。翼之，贈魯國公，謚榮恭。見周必大所撰興裔《神道碑》，史失書。
錢大昕 《廿二史考異》 元史卷一		(41) 案：《史進道神道碑》：丙子，錦州渠帥張致叛。丁丑，從王提大軍攻拔之，張致伏誅。 (42) 案：郭勝等三人，史皆無傳。唯姚燧撰《鄧州長官趙公神道碑》，於祚事頗詳。祥，字天麟，察之平輿人。
錢大昕 《廿二史考異》 元史卷八		(43) 案：姚燧撰《姚文獻公神道碑》云：以太師淇陽王之兄故丞相木土各兒為太子伴讀。

續表

作者/文獻	版本	用　例
錢大昕 《廿二史考異》 元史卷九	清乾隆四十五年刻本	(44)《鎮海傳》：怯烈台氏。案：許有壬撰《神道碑》云：系出怯烈氏或曰本田姓，至朔方始氏怯烈。長春《西游記》亦稱為“田鎮海。” (45)《昔里鈐部傳》：唐兀氏，昔里氏。王惲有《大名路宣差李公神道碑》：李公，卽昔里鈐部也。
錢大昕 《廿二史考異》 元史卷十		(46) 子拜降襲。案：許有壬撰《曹南王神道祠堂兩碑》云：子男二人。長也速迭兒，山東、河北、蒙古軍大都督，集賢大學士。次脫歡，中書平章政事、江南行臺御史大夫。無所謂“拜降”者。 (47)《徹里傳》：燕只吉台氏。蘇天爵《名臣事略》云：《衍只吉氏神道碑》作“燕只吉臺氏”。九年，召入為中書平章政事。十月，以疾薨。……惟姚燧撰《神道碑》云“九年，召入平章中書”，而《名臣事略》因之，蓋被召在九年而入中書則在十年，俱未誤也。 (48)《忙兀台傳》：祖塔思火兒赤。案：《傳》失載忙兀台父名。今東平州有《忙兀臺公光昭先祖神道碑》，云：培思子鐵里哥，襲父職，授行軍千戶。鐵里哥子曰札剌兒台，真州達魯花赤，福建等處鹽課市舶都轉運使；曰雍乞剌台；曰亦乞里台，襲祖職，遷浙西道宣慰使；忙兀台，其季子也。 (49)《月乃合傳》：曾祖帖木爾越哥，仕金為馬步軍指揮使，官名有馬，因以馬為氏。案：《馬祖常傳》云：高祖錫里吉思金季為鳳翔兵馬判官，子孫因其官，以馬為氏。祖常撰《禮部尚書馬公神道碑》云：公諱月合乃。（卽月乃合，又作月忽乃。）父錫里吉思仕金為鳳翔兵馬判官，死節，官名有馬，因以立氏。……案：元好問撰《恆州刺史馬君神道碑》云：子男三人：長三達，次鐸剌，次福海。不見月乃合之名，蓋金元之際多一人而兩名也。
錢大昕 《廿二史考異》 元史卷十二		(50)《史天倪傳》：乃以天倪為萬戶。案：《劉黑馬傳》：太宗即位，始立三萬戶，以黑馬爲首，重喜、史天澤次之。姚燧撰邸澤《神道碑》云：國初，以二萬戶鎮撫中夏，右則劉伯林軍秦，左則粘合重山軍燕。……予嘗見《史秉直神道碑》及《史氏慶源碑》，皆立於太宗朝。 (51)《何伯祥傳》：追封易国公，謚武昌。趙孟頫撰《何瑋神道碑》云：謚忠毅。 (52)《郝和尚拔都傳》：太原人。案：此《傳》云“太原人”，而其子《天挺傳》則云“出於朵魯別族，自曾祖而上，居安肅州。”父子各立傳，而所書籍貫互異。考王磐撰和上《神道碑》，亦云“安肅州安肅縣人”，則此《傳》云“太原”者誤矣。 (53)《張子良傳》：歲戊戌，率泗州西城二十五縣、軍氏十萬八十餘口，因元師阿朮來歸。太宗命為東路都總帥。……後讀虞集所撰《張宣敏公神道碑》云：歲戊戌，因大帥河南忠武王阿朮以歸國朝。 (54)《汪世顯傳》：忠臣，鞏昌便宜副總帥。案：忠臣，謚忠讓。見姚燧撰《神道碑》。

續表

<table>
<tr><th>作者/文獻</th><th>版本</th><th>用　例</th></tr>
<tr><td>錢大昕
《廿二史考異》
元史卷十三</td><td rowspan="2">清乾隆四十五年刻本</td><td>(55)《閻復傳》：卒年七十七，謚文康。案：袁桷撰《神道碑》云：追封永國公。曾祖衍，贈大司農、永安郡公，謚懿德。祖和叔，贈昭文館大學士、永安郡公，謚昭獻。父文忠，贈大司徒、永國公，謚惠穆。</td></tr>
<tr><td>錢大昕
《廿二史考異》
元史卷十四</td><td>(56)《程鉅夫傳》：叔父飛卿。案：鉅夫，曾祖子明，謚安僖；祖德秀，謚簡懿，皆追封楚郡公。父翔卿，追封郢國公，謚孝肅，進封楚國公。見危素撰《神道碑》。
(57)《齊履謙傳》：字伯恆。《傳》失書。其里居，考蘇天爵撰履謙《神道碑》云“大名人”。
(58)《曹伯啟傳》：子六人，孫十人，皆顯仕。案：曹鑑撰《神道碑》：子震亨、謙亨、泰亨，皆前卒，而謙亨并未得官，則六人之中已有三人不登顯仕者矣。《碑》稱“孫八人”，而《傳》云“十人”，則或有生於立《碑》之後者。
(59)《謝端傳》：史杠宣慰荊南，數加延禮，薦之姚樞，樞方以文章大名自負，少所許可，以所為文眎端，端一讀，即能指擿其用意所在，樞歎獎不已。案：姚樞，當是姚燧之譌。樞本不以文章自負，且樞卒於至元十七年，是時謝端甫生兩歲，無緣得見樞也。後讀蘇天爵所撰《神道碑》，正作“交公燧”，竊喜鄙見之不謬。
(60)《李朮魯翀傳》：後京兆蕭𣂏游，翰林承旨姚燧以書抵𣂏曰：燧見人多矣，學問文章無足與子翬比者。於是𣂏以女妻之。案：蘇天爵撰翀《神道碑》云：貞隱李先生，鄧名士也，公從學詩賦，同門莫及。復從翰林姚文公學古文，文公奇之，以書抵貞隱曰：子翬談論鋒出，其踐履一以仁議為準，文章不待師傅而能，後進無是倫比。於是貞隱以女妻之。
(61)《汪澤民傳》：徵之，婺源州人，宋端明殿學士藻之七世孫也。案：宋景濂撰澤民《神道碑》，敘其里居世系甚悉，史稱藻七世孫。</td></tr>
<tr><td>錢大昕
《恒言録》
卷三</td><td rowspan="2">清文選樓叢書本</td><td>(62)都尉比二千石，略與郡守同，故《交阯都尉神道》亦稱“沈府君”也。
(63)朱文公為徽猷閣待制劉子羽撰《神道碑》，自稱從表姪，題於結銜之上。</td></tr>
<tr><td>錢大昕
《恒言録》
卷五</td><td>(64)神道：《能改齋漫録》：葬者，墓路稱神道，自漢已然矣。《襄陽耆舊傳》云：習郁為侍中時，從光武幸黎邱，與帝通夢，見蘇山神，光武嘉之，拜大鴻臚。録其前後功，封襄陽侯，使立蘇嶺祠，刻二石鹿挾神道，百姓謂之鹿門廟，或呼蘇嶺山為鹿門山。然歐公《集古録跋尾》云：石漢《楊震碑》首題云“故太尉楊公神道碑銘”，乃知立碑墓路而稱以神道，始漢無疑。（鑑案：程大昌《演繁露·李廣傳》：丞相李蔡得賜冢地，盗取三頃賣之，又盗取神道外壖地一畝葬其中。世之言神道者，始此。又霍光塋起三土闕，築神道。神道，言神行之道也。）</td></tr>
</table>

續表

<table>
<tr><th>作者/文獻</th><th>版本</th><th>用　例</th></tr>
<tr><td>錢大昕
《弇州山人年譜》</td><td>清潛研堂全書本</td><td>(65) 公歸田九月而卒，秊六十有五。見王文肅公所撰《神道碑》。它書云“萬秝二十一秊卒”者，誤。</td></tr>
<tr><td>錢大昕
《錢辛楣先生年譜》</td><td>清咸豐間刻本</td><td>(66)《按察宋公神道碑》《儒林郎曹公墓表》作於是年。
(67) 又《中興學士院題名序》《總兵許公神道碑》《盛涇先塋之碣》作於是年十一月。
(68) 又案：公集、《周氏族譜序》《詹事盧公神道碑·墓志銘》作於是年。
(69)《鄞縣志辨證》《鄞縣志局與同事書》《曹公神道碑》《學士曹君墓志銘》《瞿封翁墓志銘》作於是年五十三年。</td></tr>
<tr><td>錢大昕
《十駕齋養新録附餘録》
卷五</td><td rowspan="4">清嘉慶刻本</td><td>(70) 漢有逢萌，《莊子》“羿、逢蒙不能睥睨”，《淮南子》“重以逢蒙門子之巧”，皆作“逢迎”之“逢”。石刻有《漢故博士趙傳逢府君神道逢童子碑》，其篆文皆从“夆”。</td></tr>
<tr><td>錢大昕
《十駕齋養新録附餘録》
卷七</td><td>(71)《范文穆與文正不同族》：范文穆公成大世居吴郡，而與文正不同族。周益公撰文穆《神道碑》，首言：吴郡范文正起孤童，事仁宗皇帝，當慶歷癸未入參大政；後百三十有六年，公復參孝宗皇帝政事。雖譜牒不通，俱望高平，派南陽之順陽，是其證也。……今吴中范氏譜以文穆爲文正之後，殆不可信。</td></tr>
<tr><td>錢大昕
《十駕齋養新録附餘録》
卷九</td><td>(72) 姚燧撰邸澤《神道碑》云：國初，以二萬戶鎮撫中夏，右則劉伯林(黑馬之父)軍秦，左則粘合重山軍燕。
(73) 今據姚燧所撰《鄧州長官趙公神道碑》云：祥，字天麟，其先居代之繁畤。金末，去其鄉，三徙爲蔡之平輿人。
(74)《趙天錫傳》云：甲申，彭義斌據大名，冠氏元帥李全降之。又云：李全在大名，結其帥蘇椿，納金河南從宜鄭倜。初疑同時有兩李全，及讀元遺山《千戶趙公神道碑》，乃知其人名泉，史家以音相近，譌爲全字，遂與益都之李全相溷矣。
(75) 按：元遺山有《恒州刺史馬君神道碑》，卽月乃合之父昔里吉思也。其述世系云：出于花門貴族。宣政之季，與種人居臨洮之狄道，葢已莫知所從來矣。金兵略地陝右，盡室遷遼東，因家焉。
(76)《劉敏傳》：劉敏，字有功，宣德青魯人。按：元好問《大丞相劉氏先塋神道碑》云：世居宣德縣北鄉之青魯里。青魯，非縣名，當刪。</td></tr>
<tr><td>錢大昕
《十駕齋養新録附餘録》
卷十</td><td>(77) 周必大撰《趙善俊神道碑》云：孝宗屢欲用君，因奏進士、任子自分兩途。仕州縣者不相下，蓋由階帶左右流弊至此。</td></tr>
</table>

續表

作者/文獻	版本	用　　例
錢大昕《十駕齋養新録附餘録》卷十二	清嘉慶刻本	(78) 李華《三賢論》謂：劉眘虚，名儒、史官之家，兄弟以學著五說，條貫源流，備古今之變。在京，嘗疾。太尉房公臨扶風，聞之，曰：挺卿日若不起，無復有神道。
錢大昕《十駕齋養新録附餘録》卷十五		(79) 天竺開路記題“天福四年五月”，天台高明寺石幢題“天福二年七月”，杭州虎跑寺石幢題“天福八年”，水樂洞淨化禪院記題“開運三年二月”，皆無“晉”字。虎跑寺石幢題“乾祐二年七月”，石屋洞石觀音像讚題“乾祐二年九月”，皆無“漢”字。飛來峯滕紹宗造像題“廣順元年四月”，蘇州虎邱山石幢題“顯德五載”，又皆無“周”字。唯《文穆王神道碑》爲朝廷宣賜，宰相和凝奉敕撰文，故碑首題“大晉”云云。 (80) 史氏墓三碑：《元史》：史天倪、天澤，大都永清人。今縣之焦垈邨。史氏墓玨焉，有三碑：一爲《史氏慶源之碑》，前北京路行尚書六部郎中崔鉉撰，宣差五路萬户府詳議官趙安世篆額，平元書丹，碑末題“歲玨庚子丙戌九月十七日戊寅前行北京等路六部尚書史秉直立石，前義州節度使行北京都元帥史進道同立。”一爲《大朝故北京路行六部尚書史公神道碑》，雲中劉祁撰，燕然平元書，齊西趙安世篆額，碑末題“歲乙巳九月四日宣差眞定等五路萬户男天澤同立，宣權眞定等五路萬户男天安立石。”一爲《義州節度使行北京路兵馬都元帥史公神道碑》，陳臺段紹先撰，燕然平元書丹，詳議官趙安世篆額，碑末題“乙巳年五月日宣差眞定河閒大名濟南東平五路萬户姪史天澤同立，宣權眞定等五路萬户兼中山府事姪史天安立石。”
錢大昕《元史藝文志》卷一	清潛研堂全書本	(81) 鄭玉《周易大傳附注》。(史作《周易纂注》，今據《神道碑》。)
錢大昕《諸史拾遺》卷二	清嘉慶十二年李賡芸稻香吟館刻本	(82) 案：李宗閔撰《王播神道碑》，自滿以下與表同。播祖為咸陽令昇，而其兄亦名昇，必刻本之訛。 (83) 獨孤及撰《韋縝神道碑》云：職方郎中縝表失，書其官據碑，蓋終于申王府司馬而贈太常卿也。
錢大昕《諸史拾遺》卷四		(84)《程振傳》：字伯起。汪藻撰《神道碑》云：字伯玉。

續表

作者/文獻	版本	用　　例
錢大昕《諸史拾遺》卷五	清嘉慶十二年李賡芸稻香吟館刻本	（85）今據姚燧所撰《鄧州長官趙公神道碑》云：祥，字天麟，其先居代之繁畤。金末，去其鄉，三徙為蔡之平輿人。 （86）姚燧撰邸澤《神道碑》云：國初，以二萬户鎮撫中夏，右則劉伯林（黑馬之父）軍秦，左則粘合重山軍燕。 （87）據元好問撰《千户趙公神道碑》，天錫以行臺公薦，宣授行軍千户，而本傳不載，蓋以千户為不足書耳。 （88）案：元好問撰《大丞相劉氏先塋神道碑》云：世居宣德縣北鄉之青魯里。青魯，非縣名，當删。

表一千六百四十六

作者/文獻	版本	用　　例
錢大昭《續漢書辨疑》卷七	清廣雅書局叢書本	（1）涪陵：蜀漢置涪陵郡。《隸續》有“漢故涪陵太守龐厷神道”。 （2）《馮緄傳》：父煥，安帝時為幽州刺史。《馮煥神道》云“故尚書侍郎河南京令豫州幽州刺史馮使君神道”。
錢大昭《後漢郡國令長考》	清道光二十五年錢師璟刻本	（3）上庸長司馬孟臺神道 （4）王君神道
錢大昭《三國志辨疑》卷二	清廣雅書局叢書本	（5）《龐統傳》：統子宏，卒于涪陵太守。按：洪适《隸續》有“漢故涪陵太守龐厷神道”。厷，即宏也。當以《碑》為正。

表一千六百四十七

作者/文獻	版本	用　　例
錢坫《(乾隆)韓城縣志》卷一	清乾隆四十九年刻本	(1) 土嶺，在縣西三十五里。神道嶺，在縣西北一百二十里，與延安府宜川縣接界。(按：張士佩《志》作“晨道”。)
錢坫《(乾隆)韓城縣志》卷二		(2)《通志》：韓城縣治，在州東北二百二十里。東至山西榮河縣界十五里，西至神道營石堡洛川縣界一百二十五里，南至後窰頭郃陽縣界四十里，北至宜川縣界一百二十里，東南至黃河榮河縣界二十里，西南至營鐵郇郃陽縣界七十里，東北至龍門山西河津縣界六十里，西北至北池山下宜川縣界一百二十里。距省四百四十里。 (3)《續志》：神道嶺，在縣西一百二十里界，西延二府萬山間，寇盜出没無常，依山爲窟宅。 (4) 神道嶺營（屬潼關協）遊擊一員，千總一員，把總二員，外委千總一員。
錢坫《(乾隆)韓城縣志》卷六		(5) 順天鄉試，中使送兩生入闈，辛傳斥之。風節著聞，歷官工部右侍郎。韓故小邑，土狹民稠，資食於延綏。各路亂後，盜賊出没，芻粟不至。辛傳疏請設神道嶺，防兵奸，宄不生，商民俱便。……邑人立碑，以志不忘。
錢坫《(乾隆)韓城縣志》卷九		(6)《添設神道嶺防兵疏》(國朝)(高辛傳)：臣惟秦中自流寇蹂躪以來，民不聊生，萑苻時警。幸我清朝救民水火，掃蕩賊氛，各處設兵防禦，民困頗蘇矣。然西安、延安兩府交界之區，爲一省東北咽喉之地者，名“黃龍山”，其迤東神道嶺……若不扼要早滅，臣恐將來滋蔓難圖，所關地方非淺也。伏祈勅部確查舊例，詳議良法，於神道嶺復設防兵三五百名，統以廉勇之將，常川駐防，以耑責成。……卽轉移間而守禦有實效，封疆可賴以永固矣。 (7) 又有黃龍山之峻險，綿亘硃砂嶺、神道嶺之萬山叢沓，延袤數千里，地大而荒，人貧而稀，每爲鄰冦出没，無賴淵藪。
錢坫《(乾隆)韓城縣志》卷十		(8) 彼不求吾心之神，徒瀆於在天之神，能徼惠冥漠乎是役也？愚不壯重修之偉麗，惟論神道無私，以爲事神勸。
錢坫《(乾隆)韓城縣志》卷十一		(9)《重修府君廟記》(孫必達)：芝川之有府君，猶邑城之有城隍也。一方生齒，於是乎庇祈報禳弭，於是式靈夫人治之衰久矣。刑政廢則手足亂，禮樂墮則性情舛，是以地秘其寶，天愛其道。山川之氣泄，日星之光薄，人罹天札，物干疵癘。民生斯世，百艱具集，於是乎聽命於神，陽失職而陰代理，

續表

作者/文獻	版本	用　　例
錢坫《(乾隆)韓城縣志》卷十一	清乾隆四十九年刻本	明微而幽祐焉。此神道設教，聖人所不廢也。 (10) 神道嶺建城設兵記（國朝）（湯斌） (11) 高公作諸生以天下爲已任，及青蒲鳳鳴輒疏請城神道嶺設戍兵，選廉勇將官，請鎮兹土爲久。大圖以神道嶺環堵皆山，連宜洛，控澄城韓邵襟喉，伏莽巢非乘險屯。
錢坫《(乾隆)韓城縣志》卷十三		(12) 神道嶺守帥王剪虎記（吉庚） (13) 神道嶺守帥王公，以征川功來署閫事，拊士修政。兵指臂于將，而民衽席于兵，能爲朝廷寧靖地方，而安輯百姓五六年中，道路無梗，遠近恬熙。公亦時吟嘯于溪山風月之間，灑如也。 (14)《元君聖母廟牌樓記》（前人）：坤之貞，厚德載物，靜翕動闢，稱廣生焉。而神道設教，肖像立廟者，謂夫坤道成。女居天下之大，母萃宇宙之生氣，功莫與京矣。此聖母之所由始，芝鎮之有廟也。
錢坫《新斠注地理志》卷十三	清同治十三年刻本	(15) 王氏念孫曰：《少室神道石闕銘》《開母廟石闕銘》並有“西河圜陽”，馮寶《劉寬碑陰》有“西河圜陽田植”。……又按：《漢少室神道石闕銘》及薛尚功《鍾鼎欵識》《漢平周鉦文》，圜陽、圜陰皆作“圜”。自韋昭《漢書注》有“圜”，當爲“圁”之説。後人皆沿其謬，改亂舊文。師古不明《小學》，反以作“圜”為誤陋矣。

表一千六百四十八

作者/文獻	版本	用　　例
錢椒《補疑年録》卷三	清道光刻本	(1) 何廷秀，七十六（喬新）。生，宣德二年丁未。（據林俊撰《神道碑》，以卒年推之。）卒，宏治十五年壬戌。
錢椒《補疑年録》卷四		(2) 錢康侯，五十九（士晉《神道碑》）。萬歷五年丁丑，生。崇禎八年乙亥，卒。 (3) 周季侯，四十五（宗建《神道碑》）。萬歷十年壬午，生。天啓六年丙寅，卒。 (4) 沈闇齋，五十七（近思）。康熙十年辛亥，生。（源案：杭世駿撰《神道碑》）雍正五年丁未，卒。

續表

作者/文獻	版本	用　　例
錢椒《補疑年録》卷四	清道光刻本	(5) 孫錫公，七十一（嘉淦）。康熙二十二年癸亥，生。（源案：《神道碑》見《紫竹山房集》。）乾隆十八年癸酉，卒。 (6) 夢文子，三十一（麟）（王昶撰《神道碑》）。雍正六年戊申，生，乾隆二十三年戊寅，卒。

表一千六百四十九

作者/文獻	版本	用　　例
錢林《文獻徵存録》卷五	清咸豐八年有嘉樹軒刻本	(1) 然祖望嘗編次錢忠介前後諸集，又紀其畫像。以忠介公麗牲之石，其文不備，又搜討忠介遺集，取其事跡可見者，合之家傳，采摭於野史，成《神道第二碑銘》。
錢林《文獻徵存録》卷六		(2) 嗚呼！與其築鬵焚椒奠四時之俎豆，曷若崇論閎議掃萬古之蜉蝣，用是磨洗孤崖增立表忠觀之碣，濡染大筆竟書表忠觀之碑，是文不倣前人，抑揚跌宕，得六朝體格。其他《神道碑》《墓志銘》諸文，孫淵如謂其紀事多失實，如集中紀馬僧事亦其證也。
錢林《文獻徵存録》卷九		(3) 烈山氏之子曰柱曰稷，自夏以上祀之。周棄亦爲稷，自商以來祀之。古之火正，或食於心，或食於咮。高辛祀祝融，商人祀閼伯。廬山神，血食六百祀而見替（見《水經注》），則神道之任有更代矣。

表一千六百五十

作者/文獻	版本	用　　例
錢謙益《牧齋有學集》卷十六	四部叢刊景清康熙本	(1) 昔信國既殁，其客謝皋羽翱作《西臺慟哭記》，而龔開聖予故在廣陵幕府爲文宋瑞、陸君實立傳，皆在《桑海遺錄》中。今余既以長世之請，撰神道之銘，而又爲敘其遺文，實兼皐羽、聖予之爲。長世曰：此吾王父之志也。
錢謙益《牧齋有學集》卷二十八		(2) 公受遺決策，鎮定危疑，與楊文忠、徐文貞相似，而其事權有不侔者。公受事彌月，得君未久也。位卽次輔，坊政未專也。上御文華時，英國公惟賢奉右手，公奉左手，首輔紆曳履，將安之乎？我趨移宫，彼議展期，非條肰左右袒乎？為主伯易，爲亞旅難，為亞旅易，為亞旅之主伯難。政不一門，勢有多變，前軒後輊，左支右吾。公之苦心竱力，殆有百倍于新都、華亭者。

續表

<table>
<tr><th>作者/文獻</th><th>版本</th><th>用　例</th></tr>
<tr><td>錢謙益
《牧齋有學集》
卷二十八</td><td rowspan="4">四部叢刊景清康熙本</td><td>艱難獲濟，甘苦自知，而以將伯助余歸其力于應山。古大臣心事，惟可與天地鬼神道也。
(3) 公嘗謂讀書當官，須緩急有用，恥為大冠側注、拱揖矩步、祈土龍以致雨者。崇禎初，頒恩詔之陪京，大奄運皇木，梗河道，參隨鴟張，礟石交下。……乙酉八月，琪等溷葬于戈莊之新阡。瑤鵠起科第，歷官方岳，覃恩及三代。乃脩諭塋，開神道，奉母淑人柩祔葬，排纘《行狀》，而請銘于余。瑤之狀公也詳，其于人才國是、消息存亡之故，瞻烏泣麟，有餘痛焉。于是知公之能仕敎忠，不亡君父，蓋易世而未艾也。</td></tr>
<tr><td>錢謙益
《牧齋有學集》
卷三十四</td><td>(4) 神道碑
(5) 明故光禄大夫太子太保禮部尚書兼文淵閣大學士贈少保謚文穆成公神道碑
(6) 都察院左都御史贈特進光禄大夫柱國太保吏部向書謚忠文李公神道碑</td></tr>
<tr><td>錢謙益
《牧齋有學集》
卷三十五</td><td>(7) 神道碑·墓表
(8) 和州魯氏先塋神道碑銘
(9) 新鄉張府君合葬神道碑</td></tr>
<tr><td>錢謙益
《牧齋有學集》
卷三十八</td><td>(10)《與吉水李文孫書》：忠文公神道之文，去歲尅期下筆。偶遊陪京，見一二野乘稗史記載，甲申議南遷事，不考覈忠文建議固守分封之始末，猥與倉皇避敵、委棄廟社者同類而共列之。彼援據者，即一時私家譔録。起居召對之文，陰推陽附，巧借山斗鉅公以張皇手目，豎儒小生不能通曉國家大計與大臣元老建置興復之本謀，以目借目，以耳食耳，目蕭蘭為同心，混薰蕕于一器，譌繆流傳，將使百世而下，丹青無稽，逕渭莫別，良可嘆也，良可慮也。循覽《行狀》，文直事覈，大闡定哀之微詞，一洗陽秋之曲筆。幸哉！忠文有後，吾可藉手以告成矣。</td></tr>
<tr><td>錢謙益
《絳雲樓書目》
卷二</td><td>清嘉慶鈔本</td><td>(11) 神道大編象宗圖</td></tr>
<tr><td>錢謙益
《牧齋初學集》
卷三</td><td>四部叢刊景明崇禎本</td><td>(12)《瞿五丈星卿挽詞四首》：尚書神道儼儀刑，閣老文章炤汗青（福清少師爲作《墓銘》）。三世簪纓存舊德，百年篋衍見遺經。……（其二）少年民譽已清流，晚節孤風更寡儔。宦况蕭閑如漫叟，家居恭謹類恬侯。……（其三）湖重岡復草芊眠，鬱鬱西山好墓田。馬鬣封塋依丙舍，兔園燈火記丁年。……</td></tr>
</table>

續表

作者/文獻	版本	用　　例
錢謙益《牧齋初學集》卷三		(其四) 衰鬢驚秋歎索居，閑思朋舊轉蕭疏。登朝劇喜彈冠日，投老相期汗簡餘。月白東皋頻命酒，花深北郭共巾車。西風老淚憑誰灑？寂寞空齋晝紙書。
錢謙益《牧齋初學集》卷十一		(13)《四月十一日登岱五十韻》：清晨上泰山，下山未昏黑。登覽興已賒，驅車一何疾？我行渡泗水，望岳心悚栗。原野相卻迎，丘陵莽奔逸。胡然類削成，未見表嵂崒。停車回馬嶺，凝望似堂密。岱勢自回伏，羣山各離立。傲倈矗數峰，疊浪見沸潭。……神道亦乘除，青帝遂失職。雀鼠穿帷帳，風雨剝韋韠。惜哉陰陽愆，致此驕蹇極。神心本天咫，明禋在國恤。魯童舞傞傞，齊偶笑咥咥。天門開詄蕩，膚寸雲豈息。煢煢蟣蝨臣，獨爲蒼生泣。
錢謙益《牧齋初學集》卷二十二	四部叢刊景明崇禎本	(14)《雞鳴山功臣廟考上》：《太祖實錄》：洪武二年正月乙巳，立功臣廟于雞籠山。六月丙寅，功臣廟成。論次諸臣之功，以徐達為首，次常遇春，又次李文忠、鄧愈、湯和、沐英、胡大海、馮國用、趙德勝、耿再成、華高、丁德興、俞通海、張德勝、吳良、吳禎、曹良臣、康茂才、吳復、茅成、孫興祖，凡二十有一人。命死者塑像祀之，仍虛生者之位。……王景撰黔寧《神道碑》云：王薨之明年，塑像功臣廟，勑太嘗祀以大牢。令二十年位次已定，則黔寧之塑像，何以待其薨之明年耶?《傳》曰：豫凶事，非禮也。《記》曰：之生而致死之，不仁而不可為也。……故生者虛位之説，吾斷以爲無之。
錢謙益《牧齋初學集》卷二十六		(15)《記温國司馬文正公神道碑後》：天啓壬戌，得《司馬文正公神道碑》刻於長安肆中，紙敝墨渝，深加寶重。……圓真又出私帑，於墳院法堂之後，設堂以祀公，置碑石焉，號曰“溫公神道碑堂”。此皇統修復之始末也。余初得此碑凡四紙，縱長丈餘，橫半之，與斫碑爲四之說符合，爲皇統時所修復無疑也。……紹聖元年七月，三省言前後臣僚論列元祐以來司馬光等罪惡，詔司馬光、呂公著各追所贈官并謚告，及追所賜《神道碑額》，仍下陝西、鄭州，各於逐官墳所拆去官修碑樓，及倒碑磨毀奉勑所撰碑文訖。……後之君子，亦將有感焉！是年冬十有一月二十七日，虞山老民錢謙益謹記。
錢謙益《牧齋初學集》卷四十三		(16)《天台泐法師靈異記》：天台泐法師者何？慈月宮陳夫人也。夫人而泐師者何？夫人陳氏之女，殁墮鬼神道，不昧宿因，以台事示現，而馮於卟以告也。……問其宿因，則曰：故天台之弟子智朗墮女人身，生於王宮，以業緣故，轉墮神道，以神道故，得通宿命，再受本師記莂，俾以鬼神身說法也。……余亦宗伯之屬也，記其事以徵焉。

續表

<table>
<tr><th>作者/文獻</th><th>版本</th><th>用　　例</th></tr>
<tr><td>錢謙益
《牧齋初學集》
卷五十七</td><td rowspan="6">四部叢刊景明崇禎本</td><td>(17)《張義卿墓誌銘》：吾鄉趙文毅公之未沒也，故雲南巡撫陳公用賓妻病，禱于金碧山之神。神傳語曰：常熟趙公為閻羅王，以明年三月某日上，弗可為矣。……三世之事，信而有徵。爲文毅與君者，靈響昭灼，儼然明神，則世之一夫九首、凌厲恣睢者，度不能無死，其亦可以思懼矣乎？爲世教計者，惟恐神道之不章也，何爲諱言哉！……銘曰：生無貴仕沒有神，流光燾後趾厥孫，來世可徵訊墓文。</td></tr>
<tr><td>錢謙益
《牧齋初學集》
卷六十一</td><td>(18)《中宪大夫四川敍州府知府趙君墓誌銘》：余弱冠，即與趙文毅公之二子叔度、季昌游。……君諱隆美，季昌其字。考文毅公，諱用賢。其先世具《文毅公神道碑》。娶何氏，子六人，女六人，孫男女十九人。癸未十月初七日，葬羅墩之新阡。君長于余一年，實兄事余，煦濡佽助，久而彌篤。每誦蘇明允之言曰：知我者，惟我父與歐陽公也。輒拊掌太息者久之。然則非余誰宜銘？銘曰：少長憂患，晚猶羿需。心怦怦若危弦，眉蹙蹙其不舒。臨没之言，一何欷噓？蓋終其身盤回于羊腸九折，而未嘗開顏騁足自放于九達之衢。嗚呼！其斯以爲仁人孝子之準的，而勞臣志士之權輿！</td></tr>
<tr><td>錢謙益
《牧齋初學集》
卷六十二</td><td>(19) 神道碑一
(20) 嘉議大夫吏部左侍郎兼翰林院侍讀學士贈資德大夫太子少保禮部尚書兼翰林院學士謚文毅趙公神道碑銘
(21) 資德大夫正治上卿都察院左都御史贈太子太保安邑曹公神道碑
(22) 資德大夫都察院左都御史贈太子少保兵部尚書謚忠憲高公神道碑銘
(23) 文林郎福建道監察御史贈太中大夫資治少尹太僕寺卿周公神道碑銘</td></tr>
<tr><td>錢謙益
《牧齋初學集》
卷六十三</td><td>(24) 神道碑二
(25) 嘉議大夫太嘗寺卿管國子監祭酒事贈禮部右侍郎謚文恪傅公神道碑
(26) 光祿大夫太子太保禮部尚書兼翰林院學士蕭公神道碑
(27) 南京刑部浙江司郎中封資政大夫兵部尚書李公神道碑銘</td></tr>
<tr><td>錢謙益
《牧齋初學集》
卷六十四</td><td>(28) 神道碑銘三
(29) 通議大夫兵部右侍郎兼都察院右僉都御史贈副都御史梅公神道碑銘</td></tr>
<tr><td>錢謙益
《牧齋初學集》
卷六十五</td><td>(30) 神道碑四
(31) 資政大夫兵部尚書贈太子少保申公神道碑銘
(32) 南京刑部尚書沈公神道碑銘
(33) 都察院右副都御史巡撫雲南錢公神道碑銘
(34) 南州徐氏先塋神道碑銘</td></tr>
</table>

續表

作者/文獻	版本	用　　例
錢謙益《牧齋初學集》卷八十三	四部叢刊景明崇禎本	(35)《讀蘇長公文》：吾讀子瞻《司馬温公行狀》《富鄭公神道碑》之類，平鋪直序，如萬斛水銀，隨地涌出，以爲古今未有此體，茫然莫得其涯涘也。……今見《莊子》，得吾心矣！後讀釋氏書，深悟實相，絫之孔、老，博辯無礙。然則子瞻之文，黄州已前得之于莊，黄州已後得之於釋。吾所謂有得於《華嚴》者，信也。中唐已前，文之本儒學者，以退之為極則。北宋已後，文之通釋教者，以子瞻為極則。《孟子》曰：孔子之謂集大成。二子之於文也，其幾矣乎？
錢謙益《牧齋初學集》卷八十四		(36)《書竹林七賢畫卷》：天啟壬戌冬，余請告將出都門。高邑趙忠毅公過邸舍曰：此後再晤，未省何時。明日當攜一尊酒，偕高存之來，劇譚盡日而別。時內計戒嚴，余以為辭。……曾爲忠憲作《神道碑》，序其師友部黨之詳，而不獲效一言於忠毅。蓋忠毅與余，氣誼感激，有後死之記。其家子弟，未必知也。丹陽姜中翰，以所藏《竹林七賢卷》求題。開卷而忠毅、忠憲之手跡儼然，爲之掩袂拭面，不能自禁。嗚呼！十四年以來，死生患難，宛如度一小刼。其閒世事，可悲可畏，可涕可笑，亦不復堪再道也。總付與阮公一慟，并借諸賢酒杯澆我塊壘耳。崇禎己巳七月。
錢謙益《牧齋初學集》卷八十六		(37)《石刻首楞嚴經緣起》：新安程生高明，少而好學。歲乙卯，有真靈降於其室，如紫陽桐柏之於楊、許者，久之辭去。有馮于叶者而告曰：余唐李太白也。有問焉，則如響。多譚名理，書畫奇逸無俗筆，人以爲眞太白也。……吾所知者，佛事門中，不捨一法。人之情，傲化而親誘，尊鬼而説仙。有鬼神馮儀其閒，游戲神通，以引衆生而起其正信，神道設教，庶乎末法之宜也。是舉也，無問其爲鬼爲仙，爲太白與非太白，要爲諸佛所共護念，有歡喜讚歎而已。 (38)《題劉西佩放生閣賦後》：天台泐子後身為慈月夫人，以台事示現吳中，勸人蠲除殺業，最爲痛切。其言曰：魚蝦之屬，方下箸時，猶唧唧悲鳴，入喉方止。惟天耳能聽之，而人與鬼神皆不知也。現身鬼神道中，勸誘血食者，俾受佛戒。雖未盡奉行，亦有爲減膳者。嗚呼！可以人而不如鬼乎？……世之君子，願以文章作佛事者，應作如是觀。
錢謙益《牧齋初學集》卷一百一		(39) 太祖御製《神道碑》云：命爲帥首，凡有微征，以代朕行。至克姑孰，始云命王爲將。定建業，始云命王爲大將。此可見史家誇大之詞，皆非事實也。渡江以後開帥府，丙申爲吴國公，以逮于稱吴王，凡有拜除，皆出龍鳳之命，或如藩鎮承制故事。國史多忌諱，皆没而不書。然亦往往有可考見。以太史公《秦楚月表》之意求之，不没其實可也。

續表

作者/文獻	版本	用　　例
錢謙益 《牧齋初學集》 卷一百一	四部叢刊景明崇禎本	(40) 乙未七月，陳埜先以衆數萬來攻太平。戰于城下，遂擒埜先。太平城下之戰，《實録》與寧河、東甌《神道碑》互異。而《實録》寧河本傳，又與《神道碑》合，則《實録》與本傳又互異也。叅互考之，《實録》則云：上遣徐達、鄧愈、湯和引兵出姑孰東迎戰，後命别將繞出其後。寧河《神道碑》云：上親督兵禦之，調王與魏國以奇兵出其後。東甌《神道碑》云：王擊其水軍，中山、寧河二王繇東門轉戰城北，破其步軍，遂擒埜先以獻。以二碑叅考之，則從上督兵禦之者，東甌也；以奇兵繞出其後者，中山、寧河也。《實録》所載殊脱略，當以二碑正之。 (41) 集中所稱楚公及平章榮祿公者，皆謂士德也。平章榮祿者，士德降元所授，曰楚國公者，元追封也。按《洪武實錄》，士德以丙申二月據平江，秋七月援毘陵。中山武寧王設伏擒之。我太祖高皇帝御製武寧《神道碑》，亦首載其事。……今年採輯《開國功臣事略》，于宋文憲《鑾坡後集》，得《梁國趙武桓公神道碑》云：丁酉六月戊辰，取江陰。秋七月丙子，攻嘗熟，張士德出挑戰，公麾兵而進，士德就縛。士德，士誠之弟也。 (42) 丁酉七月，胡大海破楊完者于徽州城下。九月，汪同來降。徽州城下之戰，寧河《神道碑》記寧河與越國同事，而《實録》本傳從之。胡越國《新廟碑》記此戰專屬越國，而《實錄》從之。……攷《程國勝神道碑》，國勝以是年十月從衛公戰敗苗軍，則當以十月爲正。奏報偶異，史家之叅錯多矣。……國勝《神道碑》載同與國勝等偕降，徽州城下之戰，國勝已在行閒，則較《實錄》所載，蓋大相矛盾矣。攷寧河《神道碑》，城下之戰，在是年十月。蓋寧河、越國之拔徽州在七月，而城下之戰則在十月。 (43) 按《神道碑》與《行述》，深出見大海在克處州之後，而《實錄》則以爲深開道來降，乃獻謀取處州，此大異也。以《實録》本傳考之，似當從碑與行述。
錢謙益 《牧齋初學集》 卷一百二		(44) 厥後洪武九年，宋濂奉勑撰《方國珍神道碑》，歷數一時羣雄，皆直書其名，而於察罕則云齊國李忠襄王察罕，保釐河、雒。其嚴重之如此，非本于聖祖之意，當時史臣，寧敢輕奬亡國之臣，以干聖祖之怒耶？或曰：聖祖《祭忠襄文》，頗多譏評之語，亦非聖祖之初意也。 (45)《實錄》記戊子之戰，與朱善《安定侯神道碑》大略相同。但《實錄》以爲韓成等先戰死，張定邊方犯御舟。《碑》則以爲定邊犯御舟之時，成等咸與格鬬。御舟旣脱，而成等以援絶死之也。《碑》所記比《實錄》爲核。……甲辰立廟，國勝兩得與祀，而《實錄》則于兩廟皆佚其名。後是有建議祀典重複，遂罷程豫章之祀。厥後有司又并罷康山之祀。脩《會典》

續表

作者/文獻	版本	用　　例
錢謙益《牧齋初學集》卷一百二	四部叢刊景明崇禎本	者亦因之，沿襲至今，國勝遂不復預兩廟之祀矣。國史失于考覈，遂成祀典百世之誤，宜亟正之。 (46) 史家競傳之，比于紀信之誑楚。而《實録》紀此戰，則云彼軍殺溺者甚衆，我指揮元帥宋貴、陳兆先等亦戰死。國史故多諱辭，然以成之忠烈如此，一切抑没而不書，難乎其爲《實録》矣。豐城朱文恪公善撰《安定伯程國勝神道碑》紀其事最詳。蓋當御舟膠淺，張定邊奮前直犯之時，事勢惶急。 (47) 鄱陽之戰，開平射中張定邊，脱御舟于險，其功最鉅。《實録》紀在七月戊子，朱善撰《程國勝神道碑》，其繫日亦同。宋文憲開平《神道碑》但記射中定邊，而膠沙脱險，則書於八月壬戌禁江口，相去一月餘矣。……《實録》不載，開平《神道碑》亦但記膠沙脱險，而不及深入陷没之事，知《鐵冠傳》誤也。 (48) 楊文敏撰英《神道碑》云：友諒中流矢死，有言公之功者，上問之。公曰：天威神算，臣何有焉？上益重之。文敏此碑，以其孫玹之請，据其家傳次第之。蓋友諒既斃，軍中流傳，或言此出矢於某某。……劉三吾撰《陝國公神道碑》云：彭蠡之戰，戒嚴所部，人百其勇，友諒計蹙，中流矢死。以三吾序陝國之事参互觀之，則集矢之勳，其不出于營國，亦曉然矣。 (49) 洪武元年五月，湯和師克延平，執陳友定送京師。方孝孺撰東甌《神道碑》云：師至延平，主帥陳友定怙險横甚，令其副出城降，觀望持兩端。王虜之以歸，東南海上晏然。
錢謙益《牧齋初學集》卷一百十		(50) 顔魯公撰《杜濟神道碑》爲征南十四代孫，甫有《示從孫濟》詩，斯爲合矣。《世系表》濟與位同出景秀下，竝征南十四代，而詩稱從弟位，抑又何歟？宋人謂《新唐宰相世系表》承用逐家譜牒，多所繆誤。歐陽公略不筆削，恐未可以表爲据也。姑書之，以俟博聞者。
錢謙益《國初群雄事略》卷一	民國適園叢書刊漢唐齋藏舊鈔本	(51) 劉辰《國初事蹟》大書其事，無所隱避；國史雖多微詞，亦不盡没其實，參互之，可以考見。……嗚呼！帝王之興，豈不有天命哉！聖祖極推重察罕，卽位後幸汴梁，特遣使往祭，其意可知。厥後洪武九年，宋濂奉勑撰《方國珍神道碑》，歷數一時羣雄，皆直書其名，而於察罕則云“齊國李忠襄王察罕”，保釐何其嚴重之如此，非本于聖祖之意，當時史臣，寧敢輕獎亡國之臣，以干聖祖之怒耶？或曰：聖祖《祭忠襄文》，頗多譏評之語，亦非聖祖之初意也。

續表

作者/文獻	版本	用例
錢謙益 《國初群雄事略》 卷三	民國適園叢書刊漢唐齋藏舊鈔本	(52) 星吉至江東，詔令守江州。時江州已陷，賊據池陽，號百萬。吉募兵得三千人，泝江而上。……賊素聞其名，舁至密室中。至旦少蘇，饋以食，星吉斥之，不復食，凡九日，忽自力起，北面再拜而絕。九月二十九也。(《元史·星吉傳》、宋濂《星吉公神道碑》。) (53) 星吉之死，《元史續編》《平胡錄》載“在十一月”。今以《星吉神道碑》正之。
錢謙益 《國初群雄事略》 卷四		(54)《實錄》：戊子之戰，上與遇春舟俱膠淺。及閱開平《神道碑》，則繫于壬戌禁江口之戰，廖永忠等相去凡三十有五日。
錢謙益 《國初群雄事略》 卷七		(55) 張士誠擅稱名號，遣使已據毘陵，旌旗相望。其守者潛遣閒諜誘我斥候，王察知，遣使歸告，請勒兵以討，朕許之。王將三萬人逼近其壘，復遣使歸告賊勢少窘，益兵可下。朕遣戰將千餘員，甲士三萬，師會，合圍毘陵。士誠自姑蘇發其弟張九六，將兵數萬來援。王遣兵逆戰，不移時破之，生擒張九六。(太祖高皇帝御製《中山武寧王神道碑》。) (56) 七月，破偽吳張士誠水寨。九月，復從忠武王攻毘陵。會清軍叛，與士誠合圍魏公於牛塘，王與公大敗其眾，擒其梟將張將軍。(宋濂奉敕撰《梁國公趙德勝神道碑》。) (57) 城守猶堅，朕復益新附二萬，合勢共圍。守者誘我新附帥首，傾營入城，助彼來戰。(《中山王神道碑》) (58) 夏六月戊辰，取江陰。秋七月丙子，攻常熟，張士德出挑戰，公麾兵而進，士德就縛。士德，士誠之弟也。遂徇甘露、望亭、無錫諸寨。(宋濂《趙德勝神道碑》。) (59) 我太祖高皇帝御製《武寧神道碑》，亦首載其事。今基《舟中望虞山》之詩，則以為楚公身將樓船，百戰捐軀之地，此所謂傳聞異辭矣。基身在士德幕中，是詩作於癸卯二月渡江使淮之日，不當為無稽之言，而豐碑國史，簡冊昭然，又豈宜有錯誤哉？ (60) 今年採輯《開國功臣事略》，於宋文憲《鑾坡後集》，得《梁國趙武桓公神道碑》云：丁酉六月戊辰，取江陰。秋七月丙子，攻常熟，張士德出挑戰，公麾兵而進，士德就縛。士德，士誠之弟也。遂徇望亭、無錫、甘露諸寨。以武桓之碑觀之，則基之詩為有徵矣。

續表

作者/文獻	版本	用　　例
錢謙益《國初群雄事略》卷八	民國適園叢書刊漢唐齋藏舊鈔本	(61) 方谷眞：谷眞，台之黃巖人。初名國珍，後更名真，避廟諱也。又改國為谷，避高帝御字也。《仁祖實錄》諸書概從舊名，誤矣，當以宋濂《神道碑》正之。 (62) 公長七尺，狀貌魁梧，身白如瓠，有偉丈夫量，未嘗宿怨，識者已知其為貴人。……民亡公所者，旬日得數千，久屯不解。朝廷察其非罪，奏為慶元定海尉，使散衆各安其居。(洪武九年十一月，翰林學士承旨宋濂奉敕撰《神道碑銘》。其子禮請于朝，留守都尉經歷天台詹鼎撰《行狀》。) (63) 同縣章子善者，好縱横之術，走說公曰：夷狄無百年之運，元數將極，不待智者而後知。今豪傑並起，有分裂之勢，足下奮袂一呼，千百之舟、數十萬之眾可立而待。泝江而上則南北中絶擅餽運之粟，舟師四出則青、徐、遼、海、閩、廣、甌、越可傳檄而定。審能行此，人心有所屬，而伯業可成也。公曰：君言誠是，然智謀之士不為福先，朝廷雖無道，猶可以延歲月；豪傑雖並起，智均力敵。然且莫適為主，保境安民以俟眞人之出，斯吾志也。願君勿復言。子善謝去。(《神道碑》) (64) 明日又戰，七戰七捷，直至城下。士誠得報，遣使者送款請奉元正朔。公還，遂授公節鉞鎮浙東，開治于鄞。元之君臣多公之勛，復數加爵賞。俄至太尉、江浙行省左丞相，賜衢國公印章。昆弟、子姓、賓客皆至大官。(《神道碑》) (65)《神道碑》但記奤子之勝，而《志》無記三州之敗，葢各從其國記也。 (66) 公遣子完入侍，上喜曰：英雄以義氣相許，當如青天白日。事成同享富貴，何以質子為？遂使完歸。公復遣使者，願守城邑，如錢鏐故事，歲貢白金以給軍資。上許之。然猶自海道輸粟元都。上方勵志中原，公獨屏蔽江海，使者交于二境上，惟求庇民而已。(《神道碑》) (67) 苗軍、劉震、蔣英等叛婺州，殺首帥胡大海，持其首來曰：願隸麾下。衆皆賀，獨公不許，曰：吾昔遣使效錢鏐，言猶在耳，今納其叛人，是見小利而忘大信也。遂帥師擊之，仲兄中流矢而歿。上遣使弔祭，且慰撫其遺孤。(《神道碑》) (68) 公世為善人，而其父尤柔良，人弱之，屢致侵蝕。父歎曰：吾諸子當

續表

作者/文獻	版本	用　　例
錢謙益 《國初群雄事略》 卷八	民國適園叢書刊漢唐齋藏舊鈔本	有興者，無久苦我。其後五子果貴顯。元季以公之貴，贈曾祖、祖皆行省平章、勳柱國、越國公；父伯奇，淮南行省左丞相、上柱國，追封越國公；曾祖妣暨兩妻董氏，皆越國夫人。(《神道碑》) (69) 大將軍平姑蘇，縛士誠獻京師。公以久疾不視事，又幕府賓客無所陳說，失朝賀禮，上怒，大軍且壓鄞。……雖然臣一介草莽，亦安敢自絕于天地？故每自思，欲面縛待罪闕庭，復恐陛下萬一震雷霆之怒，天下後世議者不謂臣得罪之深，將謂陛下不能容臣，豈不累天地之大德哉？謹昧死奉表以聞，俯伏俟命。上覽表，趣公入覲。公至京師，上且喜且讓曰：若來何晚也？公即叩首謝罪。(《神道碑》) (70) 已而疾革，上遣中使問所欲言。公指使者，中坐良久，曰：臣荷陛下厚恩，無尺寸之功，而子孫椎魯，絶不知人閒事。幸陛下以臣故曲加保全，則臣感恩九泉，為犬馬報陛下矣。言畢而逝。上親御翰墨為文，命官致祭。皇太子暨親王亦如之。中書省、大都督府、御史臺亦皆奉上旨臨祭，成禮而去。先是，公病時嘗屬諸子曰：我卽死，無歸葬海濱。主上遇我過厚，可求京城外之地埋焉，且使後人習于禮義。及是，卜城東二十里玉山之原。禮部為奏請，上欣然可之。(《神道碑》)
錢謙益 《國初群雄事略》 卷十二		(71) 按：《實録》：深爲德柔兵所執。深《神道碑》及《行述》俱云：深破其二柵，友定思，帥精鋭圍我營，公突陣與決戰，馬蹷被執。葢《碑》與《行述》所紀為詳，而《實錄》從其略也。郭《傳》載此戰尤核。 (72) 上問平閩諸將于章溢，卽日詔李文忠出師，從浦城取建寧。(《章溢神道碑》《實錄本傳》。《實錄》載“在洪武元年二月”，《岐陽神道碑》同。) (73) 郭《傳》載攻浦城事，不見他書，其記文忠出師，與《章溢神道碑》合，可以補羅史之闕，故存之。
錢謙益 《列朝詩集》 甲集前編卷十	清順治九年毛氏汲古閣刻本	(74)《謝見心上人》(并序)：至正乙巳秋八月，訪見心禪師于定水。出翰林歐、虞諸公往來詩文，皆當代傑作也，歎賞久之。因語及同年鼎實監州將挈家赴任，客死於鄞，貧不能喪。見心買山以葬，使其存歿皆有所託。感其高義，因成一律以謝。名山登覽意舒徐，不覺留連七日餘。童僕飽餐香積飯，主賓閒閱翰林書。買山葬友開神道，度子為僧奉母居。方外高風敦薄俗，同年感激更何如？ (75) 宋濂《神道碑》載：子男五人。其二則禮與完，穀真病亟時，授官以慰之者；其三曰本則、安則。未知此五人者，孰爲明敏者也。穀真諸子侄內

續表

作者/文獻	版本	用　　例
錢謙益《列朝詩集》甲集前編卷十	清順治九年毛氏汲古閣刻本	附，前後名字竄改更互，不可考核，史家闕誤若此者多矣，豈獨杞宋無征爲可嘆哉？穀真竊據時，招延文士，薩天錫、朱右輩咸往依之，劉仁本、詹鼎則親近用事。潛溪盛稱明敏襟度瀟灑，善談名理，于書無所不讀，古詩俊逸超群，律詩婉麗清切，則明敏於國初居然勝流，未可以楊山遺種而誚之也。慶元之父子，淮張之兄弟，右文好士，皆有可書，志勝國群雄者無抑沒焉。
錢謙益《列朝詩集》甲集卷十三		(76)《過辛稼軒神道吊以詩》：長嘯秋雲白日陰，太行天黨氣瀟森。英雄已盡中原淚，臣主元無北渡心。年晚陰符仙蠹化，夜寒雄劍老龍吟。青山萬折東流去，春暮鵑啼宰樹林。
錢謙益《列朝詩集》乙集卷四		(77)《清明節同高苗二學士扈駕謁山陵次韻》：寶纛留行殿，肩輿到上方。明樓通御氣，神道仰重光。柳拂千條翠，花熏百和香。回鑾天已曙，鼓吹入雲長。
錢謙益《列朝詩集》閏集卷四		(78)《從家大人祇謁鵾池神道（二首）》：細雨斜風拂面吹，杏花欲謝柳新垂。此行不爲憐春色，也學清明上塚兒。一望鯤池幾斷腸，輿中不語淚千行。自憐身是裙釵輩，無複年年拜墓傍。 (79) 吳門有神降於乩，自言天臺泐子，智者大師之大弟子，轉女人身，墮鬼神道中，借乩示現而爲說法者也。乩言女人靈慧，沒後應以女人身得度者，攝入無葉堂中，教修四儀密諦，注生西方。無葉堂者，取契經無枝葉而純真實之義也。

表一千六百五十一

作者/文獻	版本	用　　例
錢泰吉《甘泉鄉人稿》卷五	清同治十一年刻光緒十一年增修本	(1) 后山之文，世鮮誦習者，以故《章善序》《送邢居實序》各脫其半，而誤合爲一篇。《先夫人行狀》及《光祿曾公神道碑》脫誤至數百字，他文舛錯處篇篇有之，非得義門校補，幾不可讀。

續表

作者/文獻	版本	用　　例
錢泰吉 《甘泉鄉人稿》 卷十四	清同治十一年刻光緒十一年增修本	(2) 黄梨洲先生嘗輯《續宋文鑑》《元文鈔》，以補吕、蘇二家之闕，尚未成編而卒。見全謝山所撰《神道碑文》。丙申初夏，讀《鮚琦亭集》因識。
錢泰吉 《甘泉鄉人稿》 卷二十三		(3) 應溥：昨者摩挱孫吴甎，甎文完好留紀年。此甎何幸得相匹，所惜款識難兼全。上方剥落存日月，亦如石闕之銘傳少室。(《少室神道石闕銘》有“三月三日”字，而缺“紀年”。) 誰歟作者曹水農，勒名考成法嚴密。我思二十并廿字體别，古文省多叔重說。廿有六年溯秦碑，源自考工故書出。三十爲卉其義同，五經文字歸一律。陽月念五始誤念，宋人題名沿俗筆。……但願三農年年大有樂租稅，我亦坐擁硯田無惡歲。

表一千六百五十二

作者/文獻	版本	用　　例
錢維城 《錢文敏公全集》 茶山文鈔 卷四	清乾隆四十一年眉壽堂刻本	(1) 夫民非可以經訓也，託於鬼神禍福以勸懲之，而民庶幾治矣。《周禮》：月吉令民讀法，乃懸法于象魏。又神仕者，掌三神之法，以猷鬼神。註：猷，圖畫也。古人于理之難喻者，往往以神道設教，猷鬼神與懸象魏一也。予嘉沈君之志，爲有合於古，故不辭而爲之序。
錢維城 《錢文敏公全集》 茶山文鈔 卷十二		(2) 改禮科給事中貤贈光禄大夫經筵講官刑部右侍郎加三級秦公神道碑銘

表一千六百五十三

作者/文獻	版本	用　　例
錢維喬 《(乾隆) 鄞縣志》 卷十一	清乾隆五十三年刻本	(1) 范成大，字致能，吴郡人。淳熙六年，魏王蕘於明州。起代之，成大奏張津伯、圭魏王皆國之懿親，時節貢物於兩宫。臣外朝臣，不敢效尤。帝命停貢而罷進奉局。又乞權閣魏王移用諸司錢數萬緡，寬民力。詔除之。(周必大撰《神道碑》。)
錢維喬 《(乾隆) 鄞縣志》 卷十六		(2) 今失職，待事薊門，可挾以往。張如其言，軍人果縛首事者九人以獻，梟之變遂定。累加少傅、建極殿大學士，卒謚文敏。(《邱志》兼采許國撰《神道碑》。)

續表

作者/文獻	版本	用　　例
錢維喬《（乾隆）鄞縣志》卷十七	清乾隆五十三年刻本	(3) 其後諭祭使者至門，所居在隘巷不容肩輿，則步以入；矮屋不足以設廣筵，則畢事於簷霤之下，使者太息而去。子鐸，字景夫。乾隆元年進士，以庶吉士改檢討，早卒。(全祖望撰《神道碑》兼采《行述》。)
錢維喬《（乾隆）鄞縣志》卷二十一		(4) 趙汝楳《周易輯聞》六卷（焦氏《經籍志》：汝楳自序曰：易道函三極，而神萬化；易書立三極，而萬化神道。主於有書，主於用也。） (5)《筮宗》三卷（焦氏《經籍志》：汝楳自序曰：神哉蓍乎！聖人所以决疑定志，明吉凶以成大業；斯興治輔化之務，君子所當盡心，非卜史事也。聖人無惑，衆人未能免惑，聖人不欲以己意解人之惑，天生神物，以前民用，聖人托之，雖曰“神道設教”，非無是理而矯誣斯世也。太極既判，氣化而凝，寒暑之往來，三光之運燭，動者植者之榮瘁消長，夫孰使然？必有妙於其間者，故禍福之至，有開必先，（闕）實然之理。若而吉，若而凶，曷去曷就，衆人惑焉。聖人洞其幾而發其緼，而神蓍告焉。是以事舉而民信，業鉅而名巍。若夫進德修業之君子，趨吉避凶之衆人，莫不以之。……太極未判，則為陰為陽不可測，判則陰陽者著矣。蓍未分則為九六為七八未可辨，分則九六七八定矣。）
錢維喬《（乾隆）鄞縣志》卷二十三		(6) 史彌遠墓碑，碑已仆，正面沒土中，好事者從旁窺之，有“御製御書”四大字。攷彌遠，卒於紹定六年。理宗御製《神道碑額》云“公忠翊運定策元勳之碑”。在大慈山。 (7)《張文定公神道碑》，閻淵書，屠僑篆額，撰人蓋大學士嚴嵩也。
錢維喬《（乾隆）鄞縣志》卷二十四		(8) 越王謚忠定史浩墓，在翔鳳鄉吉祥安樂山。樓鑰撰《神道碑》（《攻媿集》），在縣東南金家嶼（《聞志》）。 (9) 學士謚文懿陳居仁墓，在豐樂鄉橫溪西嶴。周必大撰《神道碑》。(《平園續稿》) (10) 龍圖閣待制趙粹中墓，在陽堂鄉同嶴。樓鑰撰《神道碑》。(《攻媿集》) (11) 吏部尚書謚襄惠屠滽墓，在西鄉乳泉山。大學士楊廷和撰《墓誌》，少師李東陽撰《神道碑》。(《屠氏家譜》) (12) 太子太保左都御史謚簡肅屠僑墓，在江北桃花渡東。少保李本撰《墓誌》，總督尚書胡宗憲撰《神道碑》。(《屠氏家譜》) (13) 禮部尚書汪鏜墓，在縣西四十九都揚嘉橋（《曹志》）。王錫爵撰《神道碑》。(《王文肅公集》)

表一千六百五十四

<table>
<tr><th>作者/文獻</th><th>版本</th><th>用　　例</th></tr>
<tr><td>錢儀吉
《衎石齋記事稾》
卷一</td><td rowspan="4">清道光刻咸豐增修光緒錢彝甫印本</td><td>(1) 惡窮而覬通，厭卑而援高，不顧名之將裂，身之已勞，豈知夫造物之前定，陰陽之默操？有若是乎，或難之曰：夫黜幽陟明，沮勸也。有法惠廸從逆，感召也。有因國所以立政，儒所以修身也。信如子言，將予奪之柄不在上，吉凶之理不由人乎？神道昧矣，人事廢矣。</td></tr>
<tr><td>錢儀吉
《衎石齋記事稾》
卷四</td><td>(2)《跋趙懿簡碑》：右《趙懿簡神道碑》，元祐七年五月建，唐鑑公撰文，而蔡京書之。讀《宋史本傳》，乃知全錄此碑之文，而去取詳略多有未當者。</td></tr>
<tr><td>錢儀吉
《衎石齋記事稾》
卷五</td><td>(3) 書沈端恪神道碑後</td></tr>
<tr><td>錢儀吉
《衎石齋記事稾》
卷九</td><td>(4) 世父戶部府君神道表
(5) 道光壬辰冬，儀吉歸自京師，宗人語曰：惟戶部府君之勤勞於吾族也。久而不可忘，宜有記言刻石，貽後汝幼，而府君教育恩勤尤深，汝宜任之。儀吉用是悚息，哀泣頓首，濡翰表府君之神道。</td></tr>
<tr><td>錢儀吉
《碑傳集》
卷四</td><td rowspan="4">清道光刻本</td><td>(6) 公生前明萬厯癸卯八月廿四日，卒康熙甲辰四月十八日，年六十有二。偕配朱夫人，合葬常州繆賢里。金公之俊爲《誌銘》，李公來泰爲《神道碑》，蔣公虎臣爲《傳讚》，范公文程爲《誄文》，書公之美，各舉其大者。星垣謹彙四公之文，合諸祖妣先考所述，著之於篇。</td></tr>
<tr><td>錢儀吉
《碑傳集》
卷五</td><td>(7) 光祿大夫總督陝西三邊四川等處軍務少保兼太子太保兵部尚書兼都察院右副都御史世襲阿思哈尼哈番贈太保謚忠毅孟公喬芳神道碑銘（王士禎）</td></tr>
<tr><td>錢儀吉
《碑傳集》
卷七</td><td>(8) 光祿大夫太子太保內翰林國史院大學士贈少保兼太子太保文康宋公權神道碑銘（邵長蘅代湯潛菴先生）
(9) 少保大學士王文通公永吉神道碑銘（吳偉業）
(10) 光祿大夫少師兼太子太師保和殿大學士戶部尚書曲沃文清衛公周祚神道碑（徐元文）
(11) 河津薛先生敬軒，得謚文清，爲允公。風節凜然，實與頡頏。元文故備著，俾後瞻拜公之神道者，其尚覽此有所興起焉。</td></tr>
<tr><td>錢儀吉
《碑傳集》
卷八</td><td>(12) 又户部左侍郎右虹焦公神道碑陰記（唐夢賚）</td></tr>
</table>

續表

作者/文獻	版本	用　　例
錢儀吉《碑傳集》卷八	清道光刻本	(13) 皇帝二十五年十一月朔四日，遣官俅憴部左侍郎石虹焦公於其廬，賜金造葬。今冢宰李公鄴園志其墓，少司寇高公念東撰《神道碑》，宫詹土公阮亭爲之傳。煌煌巨典，三先生燕許之章，詳哉其言之矣。 (14) 又資政大夫刑部尚書謚敏果魏公神道碑（徐乾學）
錢儀吉《碑傳集》卷九		(15) 公鄉韓城，土狹人稠，閭閻口食，仰給延綏。宜洛諸郡，伏莽出没不常。公疏請設兵神道嶺，以衛車牛，民賴以濟。
錢儀吉《碑傳集》卷十		(16) 禮部左侍郎兼秘書院侍讀學士吕公崇烈神道碑（施閏章） (17) 通議大夫兵部右侍朗永甯張公鼎延神道碑銘（吳偉業）
錢儀吉《碑傳集》卷十四		(18) 又特進光禄大夫兵部尚書兼都察院右副都御史勇畧將軍趙公神道碑銘（嚴虞惇代某讓）
錢儀吉《碑傳集》卷十五		(19) 又太子少保兵部尚書兼都察院右副都御史總督福建世襲輕車都尉會稽姚公神道第二碑銘（全祖望）
錢儀吉《碑傳集》卷十六		(20) 又工部尚書湯公神道碑（徐乾學）
錢儀吉《碑傳集》卷十七		(21) 太子太保禮部尚書張清恪公伯行神道碑（朱軾） (22) 其言曰：程子謂“涵養須用敬，進學則在致知”，至朱子又益以“返躬”之一言；至矣盡矣，蔑以加矣。證之《尚書》之“危微精一”，《論語》之“主敬行恕、博文約禮”，《中庸》之“戒懼慎獨、擇善固執”，《孟子》之“不動心、知言養氣”，若合符節。此公一生學業、事功之本也。舊史曰：公身後傳者，有桐城相國之《墓志》、高安相國之《神道碑》，而《行狀》則公門人費元衢所撰也，皆未上之史館。
錢儀吉《碑傳集》卷十八		(23) 又通奉大夫詹事府詹事兼翰林院侍讀學士加禮部侍郎沈公神道碑（邵長蘅）

續表

作者/文獻	版本	用　　例
錢儀吉 《碑傳集》 卷十九	清道光刻本	(24) 光祿大夫兵部左侍郎楊公雍建神道碑銘（朱彝尊） (25) 通奉大夫戶部左侍郎田公雯神道碑銘（周彝） (26) 又兵部尚書眉山公神道碑銘（張廷玉） (27) 先文端公入翰林，實忠貞公教習士稔聞世德，而廷玉編齊岷景徽烈神道之銘，義不得避。爰諾佐領君請，撮其行業如右，而系以銘。 (28) 又兵部尚書范公神道碑（汪士鋐）
錢儀吉 《碑傳集》 卷二十		(29) 誥授通議大夫奉天府府尹前工部右侍郎金公世鑑神道碑（張玉書）
錢儀吉 《碑傳集》 卷二十一		(30) 經筵講官刑部尚書翁公叔元神道碑（韓菼）
錢儀吉 《碑傳集》 卷二十二		(31) 文華殿大學士太傅朱文端公軾神道碑（袁枚） (32) 先期懋來請銘。敬次公大節爲序，而恭紀聖主恩禮異數，以四言表諸神道焉。
錢儀吉 《碑傳集》 卷二十三		(33) 又都察院左都御史端恪沈公神道碑（杭世駿） (34) 一日畫諾，尚書曰可，端恪曰不可。尚書怒，端洛持之益力。良久，尚書忽曰：沈選君，諍友也。改而從之。且曰：僚友當如此矣。入告於世宗，遂不次加太僕卿，仍領選司，自此得大用。（全祖望（闕一字）《神道闕二字》。） (35) 又附吏部侍郎魏公定國神道碑（袁枚） (36) 又刑部右侍郎王公神道碑（蔡世遠） (37) 工部右侍郎喬公世臣神道碑銘（杭世駿）
錢儀吉 《碑傳集》 卷二十四		(38) 閣學臨川李公紱神道碑銘（全祖望）
錢儀吉 《碑傳集》 卷二十五		(39) 甘莊恪公汝來神道碑（趙國麟） (40) 予告經筵講官禮部尚書任公蘭枝神道碑（任兆麟）
錢儀吉 《碑傳集》 卷二十六		(41) 文淵閣大學士兼吏部尚書史文靖公神道碑（彭啟豐） (42) 公三爲會試總裁，教習庶吉士啟豐爲公會試首拔士，荷知最深，乃敢謹銘其神道之碑。

續表

作者/文獻	版本	用　　例
錢儀吉《碑傳集》卷二十六	清道光刻本	(43)《爲海甯相國作陳太保大受碑》(胡天游)：兩廣總督陳公，卒於位。事聞，天子悼惜，詔所司祭葬如制，贈三世皆如其官，謚以文肅而祀之賢良之祠。明年夏五月，公子某等窆公浯溪山陰。既封，來京師求文刻石以表於神道。惟公顯于在官，誠於奉國，其贊翼在内而宣猷任事之績尤在於外。……予之所以銘公也。 (44) 又大學十廣甯張文和公神道碑（陳宏謀）
錢儀吉《碑傳集》卷二十七		(45) 文華殿大學士尹文端公繼善神道碑（袁枚）
錢儀吉《碑傳集》卷二十八		(46) 又光禄太夫東閣大學士王文端公神道碑文（并序）（姚鼐） (47) 公葬於韓城北原。既立神道之碑，乃刻銘曰：科第士首，盈位朝碩。德器優優，以居無作。大臣之度，遠思邈邈。去名釋功，匪矯以激。事賴其休，物被其澤。惟其志宏，歉而不懌。天子知之，降子載赫。著厥儀形，紫光之間。願思（闕）音，公逝弗作。過墓思敬，瞻此穹石。
錢儀吉《碑傳集》卷二十九		(48) 光禄大夫子告都察院左都御史勤恪楊公汝穀神道碑（沈廷芳）
錢儀吉《碑傳集》卷三十二		(49) 贈太子太師大宗伯沈文慤公德潛神道碑（錢陳羣） (50) 公年長予十三歲，故予所兄事者也。辱公序予詩文集，稱許溢分。竊欲及身傚司馬光、范鎮互爲銘傳，而公已不及待矣。公薨之明年，孤子種松以狀來請予碑其神道。 (51) 資政大夫工部侍郎范公璨神道碑（陸燿）
錢儀吉《碑傳集》卷三十四		(52) 又刑部尚書加贈太傅錢文端公神道碑（袁枚）
錢儀吉《碑傳集》卷三十五		(53) 兵部尚書彭公啟豐神道碑銘（王芑孫） (54) 工部右侍郎阿彌達君神道碑銘（王昶） (55) 求撰碑文，用樹神道。爰書其事迹，且綴銘焉。銘曰：韋平家少，執戟尋源。往窮荒磧，源既探薦。玉帛援神，契茭薪塞。帝曰：俞志篇冊，生勞勩歿。舄奕示豐，碑永嘉績。 (56) 光禄大夫刑部郎中前刑部侍郎杜公玉林神道碑（徐書受）
錢儀吉《碑傳集》卷三十六		(57) 吏部左侍郎譚公尚忠神道碑文（姚鼐）

續表

作者/文獻	版本	用　　例
錢儀吉《碑傳集》卷三十七	清道光刻本	(58) 誥授光祿大夫刑部右侍郎王公昶神道碑（阮元） (59) 五年，年七十有七，重游泮宫。十一年，年八十有三。五月，病瘧。六月初六日，病甚，口授《謝恩表》，自定喪禮，屬元撰《神道碑文》。初七日，雞初鳴。公曰：時至矣！遂卒。子肇和以嘉慶十二年春，葬公於崑山縣雪葭灣年字圩，即公所自營生壙也。
錢儀吉《碑傳集》卷三十八		(60) 太傅體仁閣大學士大興朱文正公珪神道碑（阮元） (61) 又附朱文正公神道碑後記（焦循） (62) 歲丁卯，夏五月，余病新愈，阮大中丞使來，以所撰公《神道碑》見示，讀數過，穆然於公之爲人。 (63) 又光祿大夫經筵講宫太子太傅體仁閣大學士管理工部兼翰林院掌院學士贈太傅大興朱文正公神道碑文（陳壽祺代某） (64) 戊戌，葬我文正公於西山呂邨之阡。與陳夫人同兆，禮也。公之孤錫經既敬立賜碑於墓，遂致書公門下士某請表神道。 (65) 感念兩世受公之知，悲愴填膺其事之大者，自有國史及《神道碑》書之。至樞機密勿，又非小臣所得聞，謹綴其遺事，俟采擇焉。
錢儀吉《碑傳集》卷三十九		(66) 尚書房行走吏部左侍郎錢公樾神道碑銘（張井）
錢儀吉《碑傳集》卷四十		(67) 大理寺卿李公昌祚神道碑（熊賜履） (68) 内閣學士兼禮部侍郎孫公在豐神道碑銘（徐乾學） (69) 予告内閣學士兼禮部侍郎陸公棻神道碑銘（毛奇齡）
錢儀吉《碑傳集》卷四十一		(70) 又天理悔廬陳公神道碑銘（全祖望）
錢儀吉《碑傳集》卷五十三		(71) 又兵部督捕理事官前浙江道御史徐公神道碑（姜宸英代徐元文）
錢儀吉《碑傳集》卷五十四		(72) 太常寺少卿高君層雲神道碑（徐乾學） (73) 又誥授中憲大夫奉天府丞前禮科都給事中定庵姜公神道碑銘（同上） (74) 姜京兆公，以康熙三十七年五月十二日卒。予扶服哭之，且爲作事狀，附公所著《姜氏譜》後。其明年，卜葬於褚里福全山之陽。禮君卿大夫皆有

續表

作者/文獻	版本	用　　例
錢儀吉《碑傳集》卷五十四	清道光刻本	二碑以下窆，而墓門東南爲神道出入之所，當以一碑移其地，且勒銘焉。 （75）誥授通議大夫通政使司通政使楊公鼐神道碑銘（毛奇齡） （76）皇清誥授通議大夫、通政使司通政使楊公於卒之三月，祔葬虎跑進龍浦山先塋之傍。遺命勿上謝疏，勿乞恩賜祭葬，勿飾石人獸、望柱于墓，獨是東南神道有桓楹分樹，仿延陵題墓之意。
錢儀吉《碑傳集》卷五十六		（77）又太常晚聞陶公神道碑銘（全祖望） （78）兵部尚書兼都察院右副都御史湖廣總督徐公國相神道碑（張英）
錢儀吉《碑傳集》卷六十七		（79）光祿大夫刑部右侍郎前總督湖廣等處地方軍務兼理糧餉兵部有侍郎兼都察院右副都御史蒲陽李公輝神道碑銘（王士禎） （80）錕等以四十二年二月二十一日，大葬公于完縣西北望都坡山陽祖塋之昭，來請銘神道之碑。銘曰：仙李盤根，隴西贊皇。爰及銀州，柯條益昌。峩峩甯遠，功書太常。山河帶厲，與之久長。奕葉蟬貂，遐哉未央。眞人應圖，虎變龍驤。攀鱗附翼，耿頡頏維。大司馬建，節節楚疆。維公繼之，節鉞相望。北綏雲夢，南奠衡湘。漢有二馮，立洎野王。政如魯衛，歌誦洋洋。公家二難，于漢有光。蒲山嚴嚴，蒲水湯湯。鬱鬱佳城，名臣之藏。
錢儀吉《碑傳集》卷七十		（81）通奉大夫巡撫福建等處地方提督軍務都察院右副都御史贈光祿大夫饑惠潘公思榘神道碑（沈大成） （82）湖北巡撫唐公綏祖神道碑（袁枚） （83）武英殿大學士忠勤伯太保黄公廷桂神道碑（袁枚）
錢儀吉《碑傳集》卷七十一		（84）又資政大夫湖北巡撫盧公神道碑（吕星垣） （85）乾隆丁亥七月，終于家，春秋七十有五。上聞，軫惜，賞還原官文集、政績諸書及前後賜件。公之感激涕零，没齒不忘，以策其子孫也。有以夫公有《觀津錄》《牧亳政略》《秉臬中州錄》《撫閩略》《撫浙略》及公子崧所製《行狀》、崧觀察杭州，請星垣綜覈，據實爲公《神道碑》。 （86）又原任浙江巡撫盧公神道碑（袁枚）
錢儀吉《碑傳集》卷七十二		（87）太子太保直隸總督方恪敏公觀承神道碑（袁枚） （88）太子太保光祿大夫兵部尚書都察院右都御史總督漕運楊勤慤公錫紱神道碑（魯仕驥）

續表

作者/文獻	版本	用　　例
錢儀吉《碑傳集》卷七十三	清道光刻本	(89) 兵部尚書都察院右都御史湖廣總督贈太子太保畢公沅神道碑（王昶）
錢儀吉《碑傳集》卷七十四		(90) 兵部侍郎銜署直隸總督裘公行簡神道稗銘（惲敬）
錢儀吉《碑傳集》卷七十五		(91) 又光禄大夫總督河道兵部右侍郎兼都察院右副都御史謚恪勤陳公神道碑（曹一士代某）
錢儀吉《碑傳集》卷七十六		(92) 太子太保光禄大夫兵部尚書總督河南河東河道提督軍務謚愨敬張公師載神道碑銘（陳兆崙）
錢儀吉《碑傳集》卷七十七		(93) 山東按察司僉事莊公鳴玉神道碑（汪琬節録）

表一千六百五十五

作者/文獻	版本	用　　例
錢泳《履園叢話》卷六	清道光十八年述德堂刻本	(1)《黼堂少宰》：嘉善家黼堂少宰，名樾，中乾隆壬辰進士，歷官至吏部在侍郎。少功書法，歷踐清華。年七十餘，自營生壙，一切飭終之具皆自經理。……余見少宰爲翰林時，其貌絕似趙榮禄畫像，過五十後兩耳下忽添長鬚。至七十餘，鬚髮俱白，惟兩耳下鬚尚黑，亦罕見者。少宰歿後二十年，其令子熙屬余刻《神道碑》，立於墓左，裴回丙舍者三日而去，時道光壬辰四月也。
錢泳《履園叢話》卷九		(2)《後晉吴越文穆王神道碑》：先《文穆王神道碑》，在今杭州城外玉皇山之陽，墓前三百餘步，地名頭城門，玉皇山卽龍山也。東坡《表忠觀碑》“龍山之陽，巋焉新宫”是也。碑甚豐大，約高二丈許。龜趺螭首，上有一穿額，題“大晉故天下兵馬都元帥守尚書令吴越國文穆王神道之碑”二十四字，篆書。本文五十行，行九十字，剥蝕過半，今存者尚有一千八百餘字。取家刻全文校之，皆無悮。撰文者爲丞相和凝，書丹篆額者則司農卿權令詢也。余嘗命石工護之，作《護碑圖》。碑西南三百餘步名玉屏峰，峰下吴氏墓，茶

續表

作者/文獻	版本	用　　例
錢泳 《履園叢話》 卷九		園之内尚有王子《忠獻王神道碑》一座，亦螭首碑，略小。據《十國春秋》，太常卿張昭撰文，則剝蝕無一字矣。相傳爲明時太常吳誠、尚書江瀾先後佔葬時所燬。乾隆五十八年九月，余始訪得之。
錢泳 《履園叢話》 卷十九	清道光十八年述德堂刻本	(3)《漢高密太守錢咸墓》：成化《湖州府志》云：在長興縣西五里。《浙江通志》云：咸為彭祖四十七代孫，墓在長興縣西五里，其山名繖蓋山。《西吴里語》云：墓柱上題“漢故旗門將軍高密太守錢府君之神道”。 (4)《武肅王墓》：先武肅王墓，在今臨安縣城内安國山下。……墓營左右有龍虎沙兩條回抱，前《神道碑》已倒，一字無存，華表一對，石馬、石羊、石虎俱全，石翁仲兩對，石將軍一對，享堂五楹，其中供奉武肅王木主，以文穆、忠獻、忠遜、忠懿四王配享，享堂之東數武有關帝廟，卽吳越之太廟也。今居民尚稱之曰太廟山，廟後有石室，卽所謂五祖祏也。墓門之前，卽是大街。……時泳以惠山家祠未曾竣工，因循至十二年冬始與族人松坡、蔭軒、懋溪、佩之、硯茶硯葦酬費興脩，而太倉宗人伯瑜觀察名寶琛者，正為浙江糧儲道，將除雲南按察使，亦有所捐，共得三百餘兩，重建照牆，石庫門上署“錢武肅王神道”六字，而再立墓前大碑，題曰“唐故天下兵馬都元帥尚父守尚書令兼中書令吳越國王謚武肅錢王之墓”三十字，又于東會錦門口立一碑，曰“錢武肅王故里”六大字。時以經費不敷，僅將祠堂添瓦小修，神牌更正，而甬道上之蒼苔瓦礫，神宮前之積水瀠洄，未能挑濬，一律擴清，此十四年四月事也。……至十六年，方伯始飭臨安縣知縣馮雲祥再修，清出胡姓所佔東南角竹園一所，于東邊照牆上再建一石庫門，稍肅觀瞻而已。 (5)《文穆王墓》：先文穆王墓，在錢塘縣龍山之原，今名玉皇山。後晉天福七年二月十九日勅葬。舊時墓基，有三百餘畝，前案登雲山，外案浙江會籍諸山，歷歷可數。墓前二百步外有《神道碑》一座，龜趺螭首，地名頭城門，蓋當時尚有墓城也。宋熙寧十年，郡守趙清獻公抃以錢氏墳廟蕪廢，奏改廢剎妙因院爲表忠觀，卽在墓左，蘇文忠公軾爲作碑文，終宋之世，墳廟無恙。……嘉慶初年，泳遊兩浙都轉運使幕中，歲時往拜。至十三年春，又捐錢三十千文，而與住杭諸宗人勸資增築石冢，計周圍十六丈，高八尺餘，上覆以土亦四尺許，而請巡撫阮公元書碑立石，冀垂永久。道光十七年，宗人寶琛為浙江布政使，瞻拜墓下，命族人廷烺、廷燻、治增等又修之。 (6)《忠獻王墓》：忠獻王墓，在文穆王墓西，兩墓並列，僅隔一山，其《神道碑》一座，在今玉屏峰下。明成化間，先為太常吳誠佔葬，由吳墓北行數

續表

作者/文獻	版本	用　例
錢泳《履園叢話》卷十九	清道光十八年述德堂刻本	十步，為江氏墳堂，墳堂之後有一澗水，甚清澈，再上數十步，有平坡，即忠獻墓域也。松楸鬱然，並無封冢。又上數十級，為嘉靖中宮保尚書江澗之墓。相傳江氏佔葬時，既將《神道碑文》燬滅，而墓之左右前後皆為江氏所有，其時子孫亦有控縣者，而江氏勢焰甚盛，既不能復，又坐誣告流戍，金陵士人至今尚目為江半朝。舊有墓基三畝，國初猶為錢氏辦糧，雍正八年，江氏一并盜買，竟無從識認矣。乾隆五十九年三月，錫山裔孫天球、文炳、俊選等同來祭掃，見平坡上有洞穴，疑為隧道，即呈之杭州太守李公亨，特立碑表志，論錢塘知縣鄧公雲龍親勘立界，有案存焉，自《神道碑》至墓基，計二百四十步。

表一千六百五十六

作者/文獻	版本	用　例
錢載《蘀石齋文集》卷二十	清乾隆刻本	(1)《誥贈通議大夫陸公神道碑銘》：乾隆四十有二年，孝聖憲皇后升祔、覃恩。山東提刑按察使陸燿既得晉贈，其祖考妣晉封，其母循例。……以雍正八年月日，葬於縣之二十九都最角圩祖墓之次。越四十七年，得於其墓立《神道碑》，而請銘於其同年生錢載。 (2) 誥贈通奉大夫提督山東學政內閣學士兼禮部侍郎國子監生錢府君神道碑銘 (3) 我母朱氏，生母陸氏，累贈夫人，於令得立神道之碑。丁酉，升祔、覃恩。晉贈通奉大夫、提督山東學政、內閣學士兼禮部侍郎。嗚呼！府君之德之有以庇其後人者，其必遠矣。
錢載《蘀石齋詩集》卷七		(4) 百寮山起萬松聲，綠酒陶公柏下情。去去且知今日事，鄧廉訪墓更無名。（元吳文正《鄧公神道碑》云：其宅，湖州路德清縣千秋鄉百寮山之麓。）
錢載《蘀石齋詩集》卷四十一		(5)《榆次》：罕山天外碧雲横，汾水東來一曲清。使者風光持御仗，縣人鼓吹擁春城。藩籬襦袴猶傳李，蓍蔡權衡況有兄。（語見唐李光進、光顔兩《神道碑》）難得殿中丞作宰，小亭如聽鳳凰聲。
錢載《蘀石齋詩集》卷四十二		(6) 風昌宇朗數百里，靈棲宅寧半萬年。帝繼羲農三聖作，化闡陰陽萬生先。宮室衣裳器用備，甲子書契伶倫宣。師兵榮衛厥赫赫，得姓十四今緜緜。神道設教聖所以，聖所不語神無傳。帝生十二始在位，百年而崩葬橋山。且戰

續表

作者/文獻	版本	用　　例
錢載《蘀石齋詩集》卷四十二	清乾隆刻本	且仙紛世俗，鑄鼎鑄鏡難更僕。有之于神復何奇，無之于聖非不足。……區中靈域緬無二，稽首敬賦橋山篇。
錢載《蘀石齋詩集》卷四十八		(7)《山中元日》：梅花農舍卽吾廬，人事鷄鳴各有初。天上朝正心揔繫，海濱開歲髮還梳。先塋山勢雲連合，神道松林雪密疎。逢着新衣笑相賀，定無名帖答能如。

表一千六百五十七

作者/文獻	版本	用　　例
錢曾《錢遵王述古堂藏書目録》卷五	清錢氏述古堂鈔本	(1)《璿璣類聚》六卷一本（抄），《璣衡秘要》一卷一本（抄），《乾象圖說》一卷一本，李淳風《乾坤變異》四卷二本（抄），《神道大編象宗圖》一卷一本，《二十八宿形圖》一卷一本（抄），《十一曜躔度》一卷一本（抄）。……利瑪竇《乾坤體義》二卷二本。
錢曾《讀書敏求記》卷三		(2)《神道大編象宗圖學》（一卷）：自周秦至元明，共三十六圖，閩人趙淳卿篆于卷首。披視之，有仰觀俯察之感。 (3)《景祐遁甲符應經》（三卷）：宋仁宗御製序云：遁甲之占，出于《河圖》。黄帝命風后創名，始立陰陽二遁，共一千八十局。迨周公約七十二，留矦佐漢議一十八局。朕萬機在念法，神道而設教。因取其書，命太子洗馬兼司天春官正權、同判監楊惟德、春官副王用立、翰林官李自正、何湛等于資善堂撰集，又命内侍省東頭供奉官管勾、御藥院任成亮、鄧保信、皇甫繼和周惟德總其工程，庀事数月，成書三卷，命曰《景祐遁甲符應經》。
錢曾《讀書敏求記》卷四		(4)《蒼崖先生金石例》（十卷）：蒼崖先生潘氏，諱昂霄，字景梁，濟南人。取古昔碑碣、鐘鼎之文，提綱舉要，條分類聚，名曰《金石例》。一至五卷則述銘誌之始，而于貴賤、品級、塋墓、羊虎、德政、神道、家廟、賜碑之制度必辨焉。六至八卷則述韓文括例，而于家世、宗族、取名、妻子、死葬日月之筆削特詳焉。九卷先正格言，十卷史院凡例。至正五年，先生之子敏中爲饒理官，屬郡士楊本端如輯其次第而刊行之。 (5)今取韓文所載《墓誌銘》，錄其目而舉其例于各題之下，《神道碑銘》亦如之。例之大要曰：十有三誌銘之法，于兹頗備焉。

表一千六百五十八

作者/文獻	版本	用　　例
强汝諤 《周易集義》 卷二	民國求恕齋叢書本	(1) 若夫大人，則以道自處。當否之時，惟安守其否，以亨其道而已。爻象並舉小人大人者，《易》爲卜筮用，將因神道以設教。若以爲不吉，則小人自有其吉。若以爲吉，則大人唯可否亨。 (2)《彖》曰：大觀在上，順而巽，中正以觀天下。觀，盥而不薦，有孚顒若，下觀而化也。觀天之神道，而四時不忒。聖人以神道設教，而天下服矣。 (3) 天道至神，故運行四時、化育萬物无有差忒。至神之道莫可名言，惟聖人默契，體其妙用，設爲政教，天下之人涵泳其德而不知其功，鼓舞其化而莫測其用，自然仰觀而戴服，故曰：神道設教，而天下服矣。

表一千六百五十九

作者/文獻	版本	用　　例
喬光烈 《最樂堂文集》 卷二	清乾隆二十一年刻本	(1) 鄜洛、膚施、甘泉陸運至同州，則黄龍山爲入境，總路延川、延長。宜川至同州，則神道嶺爲入境，總路俱應委員稽查約束黄龍山一帶。應委蒲城典史劉登魁、神道嶺應委韓城縣丞王秀慎，至沿途州縣應派吏目典史等員，並移明營汛選撥兵役督率鄉地人等，晝則催趲行走，晚則稽查店户，支更防守兩處。 (2)《勘黄龍山議》：近以黄龍山環控數縣，寥闊中居，須資鎮壓，規分駐廳員使勘議者。山在洛川縣之南，離城一百二十里。其地西北與中部縣界至縣亦一百二十里，正西與宜君縣界至縣百三十里，正南與白水縣界至縣七十里，西南與澄城縣界至縣八十里，東南與部陽縣界至縣百五十里，正東與韓城縣界至縣二百一十里，東北至韓城縣之神道嶺止計綿亘二百餘里。
喬光烈 《最樂堂文集》 卷六		(3)《夏縣謁司馬溫公墓》：條山蒼蒼河水黄，大賢鐘毓非尋常。兒童走卒識君實，至今青簡生輝光。天將元老資有宋，范韓文富道繼昌。公乎正色發偉議，伊訓說命同敷揚。傳聞中國相司馬，遼人拱手戢朔方。奈何功德未及竟，鳳凰忽逝麒麟藏。轉使奸回竊國柄，碑刋元祐覆紀綱。當時墓碑題御筆，清忠粹德昭煒煌。鉅手萬言勒神道，學士振藻鏗琳琅。一朝被讒忽摧毁，馬儼空見斧與堂。墓門閉向六百載，公名自共河山長。整冠下拜瞻且肅，松栢聲入清風香。（“清忠粹德之碑”，宋帝御書。公《神道碑》，則蘇東坡所作。其後蔡京立《元祐党人碑》，以公爲首，又使人毁公墓碑。）

表一千六百六十

作者/文獻	版本	用　　例
秦篤輝《易象通義》卷二	清湖北叢書本	(1)《象》曰：大觀在上，順而巽，中正以觀天下。（楊氏萬里曰：惟中能中天下之不中，惟正能正天下之正。剛健而有文明，故曰“大有”；中正以觀天下，故曰“大觀”。）觀，盥而不薦，有孚顒若，下觀而化也。（《蒙引》：大觀在上，建其極也。下觀而化，歸其極也。）觀天之神道，而四時不忒。聖人以神道設教，而天下服矣。（陳氏際泰曰：教民不可不示以明，明則不惑而教行，故“先王以省方”。觀民亦不可不示以幽，幽則不測而教尊，故“聖人以神道設教”。……坎通神，明神道。象巽為風，風行四時。……象坎習教事，以神道設教。象惟以神道設教，故取象。盥而不薦，有孚顒若。）
秦篤輝《易象通義》卷五		(2) 顯道神德行，是故可與酬酢，可與祐神矣。（韓注：顯，明也。由神以成其用，可以應對萬物之求，助成神道之功也。）

表一千六百六十一

作者/文獻	版本	用　　例
秦蕙田《五禮通考》卷七	清文淵閣四庫全書本	(1) 注：《黃圖》載《元始儀》：上帝壇圓八觚，徑五丈，高九尺。茅營去壇十步，竹宮徑三百步，土營徑五百步。神靈壇各於其方面三丈，去茅營二十步，廣坐十五步。合祀神靈以璧琮。用辟神道四通，廣各三十步。竹宮內道廣三丈，有闕，各九十一步。壇方三丈，拜位壇亦如之。
秦蕙田《五禮通考》卷八		(2) 皇帝奠爵訖，奏《高明樂》《覆燾》之舞辭：自天子之，會昌神道。丘陵肅事，克光天保。九關洞開，百靈環列。八樽呈備，五聲投節。
秦蕙田《五禮通考》卷十九		(3)《禮志》：十年，改定合祀。即圜丘舊制，而以屋覆之名，曰大祀殿，凡十二楹。中石臺設上帝、皇地祇座。每歲正月中旬，擇日合祭。帝具冕服，行禮奉仁。祖配享殿，中殿東、西廣三十二楹。正南大祀門六楹，接以步廊，與殿廡通。殿後天庫六楹。瓦皆黃琉璃。厨庫在殿東北，宰牲亭井在厨東北，皆以步廊通殿兩廡，後繚以圍墻。南石門三洞以達大祀門，謂之內壇。外周垣九里三十步，石門三洞南為甬道三，中神道，左御道，右黃道。道兩傍稍低，為從官之道。齋宮在外垣內西南，東向。其後殿瓦易青琉璃。十一年十月甲子，大祀殿成。

續表

作者/文獻	版本	用　　例
秦蕙田 《五禮通考》 卷三十五	清文淵閣四庫全書本	(4) 臣等伏覩，既經兩朝親祀，必是祈請有徵，况自太和已來，水旱愆候，陛下常憂稼穡，每念烝黎，臣等合副聖心，以修墜典。……天乙掌八氣、九精之政令，以佐天極。微明而有常，則陰陽序而大運興；太乙掌十有六神之法度，以輔人極。微明而得中，則神人和而王道昇平。又北斗有衡、權二星，天乙、太乙參居其間，所以財成天地，輔相神道也。若一槩以列宿論之，實為淺近。
秦蕙田 《五禮通考》 卷三十八		(5)《黄圖》載《元始儀》：后土壇方五丈六尺。茅營去壇十步外，土營方二百步限之。其五零壇土茅營，如上帝五神去營步數，神道四通，廣各十步。宮内道廣各二丈，有闕。爲周道后土宮外，徑九步。營岱宗西門之外，河北門之外，海東門之外，徑各六十步。壇方二丈，高二尺。 (6)《送文舞出迎武舞入用舒和》：神道降祥和庶品，靈心載德厚羣生。水土既調三極泰，文武畢備九區平。
秦蕙田 《五禮通考》 卷四十三		(7)《送文舞出迎武舞入用舒和》：神道發生敷九稼，陰陽乘仁暢八埏。緯武經文陶景化，登祥薦祉啟豐年。
秦蕙田 《五禮通考》 卷四十五		(8) 夫明有禮樂，幽有鬼神。苟可以庇民利國者，揆之聖人神道設教之意。列之祀典，固所不廢。雖古今事殊，其誼一也。今以義類相近，附諸社稷之末云。 (9) 丘氏濬曰：城隍之名，不經見而史亦不書，惟唐李陽冰有《當塗縣城隍廟記》。陽冰，唐開元以後人，則在唐已有矣。因其名，而求其義。伏讀聖訓，所謂“超于高城深池之表”，則是神之司乃城隍之主者。夫天地間有一物則有一神，山林有山林之神、川谷有川谷之神，聚一方之民而為高城深池以衛之，必有所以主之者，此城隍之神所以神歟？國初，承前代之舊，洪武元年皆加以封爵，府曰公，州曰侯，縣曰伯。三年，詔革去封號，止稱某府、某州、某縣城隍之神。是年六月二十一日，又降旨各處城隍廟，屏去閒雜神道。越二日，又降命各府州縣城隍廟宇俱如其公廨，設公座、筆硯如其守令，造為木主，毁其塑像，舁置水中，取其泥塗壁，繪以雲山，其在兩廡如之。京師既以其神祔享于山川壇，又設為廟宇，命京尹主其祭，府州縣者守令主之，新官到任則俾其與神誓。
秦蕙田 《五禮通考》 卷四十九		(10) 袁宏曰：夫揖讓受終，必有至德於天下；征伐革命，則有大功於萬物。是故王者初基，則有封禪之事，蓋以其成功告於神明者也。夫東方者，萬物之所始；山嶽者，靈氣之所宅。故求之物本，必於其始；取其所通，必於所宅。

續表

作者/文獻	版本	用　例
秦蕙田《五禮通考》卷四十九	清文淵閣四庫全書本	崇其壇場，則謂之封；明其代興，則謂之禪。然則封禪者，王者開務之大禮也。德不周洽，不得輒議斯事；功不宏濟，不得髣髴斯禮。曠代一有，其道至高。故自黃帝、堯、舜至于三代，各一得封禪，未有中修其禮者也。雖繼體之君，時有功德，此蓋率復舊業，增修其前政，不得仰齊造國、同符改物者也。夫神道真一，其用不煩；天地易簡，其禮尚質。故藉用白茅，貴其誠素；器用陶匏，取其易從。然則封禪之禮，簡易可也。若夫石函玉牒，非天地之性也。
秦蕙田《五禮通考》卷五十二		(11) 初，王欽若既以城下之盟毀寇準，上自是常怏怏。他日，問欽若曰：今將奈何？欽若度上厭兵，即謬曰：陛下以兵取幽薊，乃可刷此恥也。上令思其次，欽若因請封禪，以鎮服四海，誇示契丹。又言：封禪當得天瑞。又言：天瑞蓋有以人力為之。陛下謂《河圖》《洛書》果有之乎？聖人以神道設教耳。上曰：王旦得無不可？欽若遂以上意諭旦，旦黽勉而從。
秦蕙田《五禮通考》卷五十三		(12)《疏》：至祭之日，乃取蕭之香蒿與祭牲之脂膏，而爇燒之於行神之位，使其馨香遠聞。又取羝羊之體，以為祀軷之祭。其祭軷也，取所祭之肉，則傳火而燔之，則加火而烈之，以為尸之羞。既祭神道，乃自此而往於郊，以祭天也。
秦蕙田《五禮通考》卷五十七		(13) 鬼神之有邪正，亦猶人之有君子小人也。神之正直者，不畏人。鬼之奇衺者，陰氣之慝。以陽剛之氣懾之，則游散而不為害，亦其理也。《周禮》所載"狂夫之狀，雖近於誕"，然豈非所謂"知鬼神之情狀"者乎？今以《周禮》《禮記・月令》之言載於前，後世之事附焉，殆亦聖人神道設教之一端也夫。
秦蕙田《五禮通考》卷六十二		(14)《禮》曰：祭成喪者必有尸，尸必以孫，孫幼則使人抱之，無孫則取於同姓可也。此大夫士之禮歟？蓋喪禮，始喪而奠，則無尸，以人道事之也。既葬而祭，則有尸，以神道事之也。
秦蕙田《五禮通考》卷六十五		(15)《郊特牲》：鼎俎奇而籩豆偶，陰陽之義也。(《疏》：籩豆兼有植物，植物屬陰，故其數偶。籩豆所充實之物，皆是水土所生品類，非人所常食。神道與人異，故不敢用人之食味，神以多大為功，故貴多品。《掌客》云：上公豆四十，侯伯三十，子男二十四。又《禮器》云：天子之豆二十有六，諸公十有六，諸侯十有二，上大夫八，下大夫六。案：《禮》：籩與豆同，是籩豆偶也。《鄉飲酒義》：豆數是年齒相次，非正豆也。)

續表

作者/文獻	版本	用　例
秦蕙田《五禮通考》卷六十五	清文淵閣四庫全書本	(16) 籩豆之實，水土之品也。不敢用褻味而貴多品，所以交拎旦明之義也。(注：水土之品，言非人常所食。旦當為神，篆字之誤也。《疏》"籩豆之實，水土之品也"者，謂籩豆所充實之物，皆是水土所生品類，非人所常食也。"不敢用褻味而貴多品"者，覆釋籩豆所以用水土品族之意，言不敢用褻美食味，而貴重衆多品族也。何意如此？所以交接神明之義也。神道與人既異，故不敢用人之食味，神以多大為功，故貴多品。)
秦蕙田《五禮通考》卷六十六		(17)《禮記·禮器》：鬼神之祭，單席。(《疏》：鬼神單席。神道異人，不假多重，故單席也。) (18) 陳氏《樂書》曰：人道則貴別，神道則貴親，故葬則同穴，而祭則同几也。同几，所以依神。
秦蕙田《五禮通考》卷八十		(19) 太子賓客崔沔議曰：祭祀之興，肇於太古，人所飲食，必先嚴獻。未有火化，茹毛飲血，則有毛血之薦；未有麴蘖，汚樽抔飲，則有玄酒之奠。施及後王，禮物漸備，作為酒醴，嚴其犧牲，以致馨香，以極豐潔。故有三牲八簋之盛，五齊九獻之殷。然以神道至玄，可存而不能測也；祭禮至敬，可備而不可廢也。是以毛血腥爓，玄樽犧象，靡不畢登於明薦矣。
秦蕙田《五禮通考》卷八十七		(20) 薦黍稷，羞肺肝首心，即君親制祭事。蔡氏謂黍稷亦生而薦之，猶《喪禮》"飯用生米"，《禮運》謂之"飯腥"，極有據。葢當是時以神道事尸，故薦血毛，羞肺肝首心，皆是生用薦盎。 (21) 方氏慤曰：言制祭亦割之矣，以方殺而多少未定，故曰制。制祭薦盎，朝事之時也。朝事以神事之，故制祭以腥，而薦以齊，葢腥與齊神道也。 (22) 蕙田案：朝踐在堂，以神道事尸，故薦血、薦腥、薦爓皆尚氣之事。饋食在室，以人道事尸，故薦孰、薦黍稷皆尚味之事。
秦蕙田《五禮通考》卷八十八		(23) 若以飯侑酳酢俱行於堂，則所謂尸入者果從何入耶？則饋食在堂之說亦難通矣。……朝踐、血腥、爓祭，以神道事之于堂。饋食、黍稷、鉶羹，以人道事之于室。先神後人，先堂後室，莫非禮之精微者而何以爲悖于理耶？應氏違反舊義，正程子所訶解經而欲新奇，未可信也。
秦蕙田《五禮通考》卷九十		(24) 進熟，皇帝入北門奏《皇夏樂》辭：齊居嚴殿，夙駕層闈。車輅垂彩，旒衮騰輝。聳誠載仰，翹心有慕。洞洞自形，斤斤表步。閟宫有邃，神道依俙。孝心緬邈，爰屬爰依。

續表

作者/文獻	版本	用　例
秦蕙田《五禮通考》卷九十一		(25)《飲福酒歌》辭（郊丘社廟同）：神道正直，祀事有融。肅饎備禮，莊敬在躬。羞燔已具，奠酹將終。降祥惟永，受福無窮。
秦蕙田《五禮通考》卷九十八		(26) 古者殷祖元王、周祖后稷，太祖之上，皆自為帝。又世數已遠，不復祭之，故始祖得東向也。景皇帝雖太祖，於獻、懿，子孫也。當禘祫，獻祖居東向位，景從昭若穆，是祖以孫尊，孫以祖屈，神道人情，其不相遠。又常祭衆，合祭寡，則太祖所屈少，而所伸多。與其伸孫尊，廢祖祭，不以順乎？ (27)《傳》曰“子雖齊聖，不先父食”，蓋言子為父屈也。景皇帝雖太祖也，其於獻、懿，則子孫也。當禘祫之時，獻祖宜居東向之位，景皇帝宜從昭穆之列，祖以孫尊，孫以祖屈，求之神道，豈遠人情？又常祭甚衆，合祭甚寡，則是太祖所屈之祭至少，所伸之祭至多。此于伸孫之尊，廢祖之祭，不亦順乎？
秦蕙田《五禮通考》卷一百一	清文淵閣四庫全書本	(28) 方氏慤曰：王者於祖廟，以人道事之則有寢，以神道事之則有廟。祭，神道；薦，人道也。 (29) 方氏慤曰：王者之於祖禰，以人道事之則有寢，以神道事之則有廟。王者七廟，而《周官》隸僕止掌五寢者，以二祧將毁，先除其寢，去事有漸故也。
秦蕙田《五禮通考》卷一百三		(30)《唐書・宣懿韋太后傳》：穆宗宣懿皇后韋氏，失其先世。穆宗為太子，后得侍，生武宗。長慶時，冊為妃。武宗立，妃已亡，追冊為皇太后，上尊謚。有司奏：太后陵宜別制號。帝乃名所葬園曰福陵。既又問宰相：葬從光陵與但祔廟孰安？奏言：神道安於静，光陵因山為固，且二十年，不可更穿。福陵崇築已有所，當遂就。臣等請奉主祔穆宗廟便。帝乃下詔：朕因誕日展禮於太皇太后，謂朕曰：天子之孝，莫大於承續。今穆宗皇帝虚合享之位，而宣懿太后實生嗣君，當以祔廟。繇是奉后合食穆宗室。 (31)《左氏説》曰“主祏於宗廟”，言廟有祏室，以藏神主。《漢儀》“藏主於西牆壁埳中，去地六尺一寸”，蓋埳即祏室也。非特備灾，亦神道尚幽之義。然則古者廟必有主，主必有祏。鄭原繁曰“先君桓公命我先人典司宗祏”，此諸侯廟主之祏也；“衛孔悝使車反祏於西圃”，此大夫廟主之祏也。
秦蕙田《五禮通考》卷一百七		(32) 太常博士段同泰議曰：伏據隱太子等，皆稟殊恩，式創陵寢。一著蘋藻，驟移檀柘，豈非睦親繼絶，悼往推恩者歟？况漢置戾園，晉循虞祀，書稱咸秩，禮紀百神，紛綸葳蕤，可略言矣。隱太子等並特降絲綸，別營祠宇，

續表

作者/文獻	版本	用　例
秦蕙田《五禮通考》卷一百七	清文淵閣四庫全書本	義殊太廟，恩出當時。借如逝者之錫蘋蘩，亦猶生者之開茆土，寵章所及，誰謂非宜？且自古帝王，封建子孫，寄以維城之固，咸登別郡之榮，豈必有功于人，立事于代？生者曾無異議，逝者輒此奏停，雖存沒之迹不同，而君親之恩何別？此則輕重非當，情禮不均，神道固是難誣，人情孰云其可。
秦蕙田《五禮通考》卷一百八		(33) 十六年冬十一月，立揚王祠於墓次，命有司歲春秋祀之。揚王淳皇后父陳某，先是立祠太廟東，歲遣大臣祀。已而中都守臣上言：公葬地在下縣盱眙，宜崇華表，兼建廟祠。太祖曰：朕固聞之。命中書省建廟盱眙，墓次樹《神道碑》，令儒臣宋濂撰文。仍設祠祭署，及灑掃户五家。
秦蕙田《五禮通考》卷一百十二		(34)《欽定義疏》上篇：正祭以神道事尸于室，故用祝與佐食，皆室事也。此篇：儐尸以賔禮接尸于堂，故不用祝與佐食，而另立侑以輔尸，皆堂事也。
秦蕙田《五禮通考》卷一百十四		(35) 設椅卓，考妣並位，皆南向西上。(古者祭于室中，故神坐東向。自後漢以來，公私廟皆同堂異室，南向西上。所以西上者，神道尚右故也。)
秦蕙田《五禮通考》卷一百二十		(36) 漢章帝幸魯祠孔子，帝西面再拜。《開元禮》"先聖東向，先師南向，三獻官西向"，猶古意也。今襲開元二十七年之制，遷神南面，非神道尚右之義矣。古者木主棲神，天子、諸侯廟皆有主，大夫束帛，士結茅為菆，無像設之事。《開元禮》：設先聖神座於堂上兩楹間，先聖東北皆莞席，尚掃地而祭也。今因開元八年之制，摶土而肖像焉，失神而明之之義矣。
秦蕙田《五禮通考》卷一百二十三		(37) 邱氏濬曰：徽宗之世，崇尚神怪之事，顧于神祠乃加毁壊，其時雖非而所行則是也。朱子謂：後世有個坐的神道，人心邪向他，他便盛。如狄仁傑只留泰伯、伍子胥廟。壊了許多廟，其鬼亦不能為害，這是他見得無這物事了。
秦蕙田《五禮通考》卷一百二十七		(38) 蕙田案：厲祭列於七祀，見於祭法。聖人知鬼神之情狀，而神道設教於無窮也。《記》曰：人死歸復於土。其氣發揚於上，為昭明、焄蒿、悽愴，此百物之精也。
秦蕙田《五禮通考》卷一百三十三		(39) 殿中侍御史賈元珪奏：是非既異，沿革不同。舉之則雖有舊規，考之則全無故實。且夫酌人心而致禮，依神道而設教，此乃經國之大端也。況通事舍人居贊導之職，押樓御史當糾察之司，一則示於紀綱，一則防於謬誤。所

續表

作者/文獻	版本	用　　例
秦蕙田《五禮通考》卷一百三十三	清文淵閣四庫全書本	以靜觀進退，詳視等威。實非抗禮於庭，所謂各司其局。俾令不拜，雅合其宜。伏以宰相押班，率千官而設拜。起居內殿，統百辟以致詞。儀刑文武之班，表式鵷鷺之列。不得比讚導之職，詎可同糾察之司。統冠羣寮，所宜列拜。臣位居憲府，跡廁同班。言或庶其得中，罪難逃於多上。
秦蕙田《五禮通考》卷一百七十三		(40) 其年五月，尚書禮部侍郎、知貢舉竇儀奏：其進士請今後省卷限納五卷以上，於中雖有詩、賦、論各一卷，餘外雅文、歌篇，並許同納，祇不得有神道碑、誌文之類。其帖經對義，並須實考通三已上為合格，將來却覆試，候考試終場，其不及人以文藝優劣定為五等：取文字乖舛、詞理紕繆最甚者為第五等，殿五舉；其次者為第四等，殿三舉；以次稍優者為第三等、第一等，並許次年赴舉。其所殿舉數，並於所試卷子朱書，封送中書門下，請行指揮及罪發解試官、監官等。其諸科舉人，若合解不解，不合解而解者，監官、試官為首罪，勒停見任；舉送長官，聞奏取裁。監官、試官如受賂，及今後進士如有倩人述作文字應舉者，許人告言，送本處色役，永不得仕進，同保人知者殿四舉，不知者殿兩舉。受倩者如見在官停任，選人殿三選，舉人殿五舉，諸色人量事科罪。從之。
秦蕙田《五禮通考》卷一百九十		(41) 日月之食，于算可推而知，則是數自當然，而云為異者，人君者，位貴居尊，恐其志移心易，聖人假之靈神，作為鑒戒耳。夫以昭昭大明，照臨下土，忽而殲亡，俾晝作夜，其為怪異，莫斯之甚，故有伐鼓用幣之儀，貶膳去樂之數，皆所以重天變，警人君者也。而天道深遠，有時而驗，或亦人之禍釁，偶與相逢，故聖人得因其變，常假為勸戒，使智達之士，識先聖之深情，中下之主，信妖祥以自懼。但神道可以助教，而不可以為教。神之則惑衆，去之則害宜，故其言若有若無，其事若信若不信，期于大通而已矣。

表一千六百六十二

作者/文獻	版本	用　　例
秦緗業《續資治通鑒長編拾補》卷二	清光緒浙江書局刻本	(1)《富韓國文忠公神道碑》云：公懇辭機務，章二十上，以使相判河陽。復五上章辭使相。且言眞宗以前，不輕以授人，仁宗即位之初，執政欲自爲地，故開此例。仁宗之位宰相，皆除使相，至不稱職者亦然。今陛下初即位，願立法自臣始，不從宋四六選。

續表

作者/文獻	版本	用　　例
秦緗業《續資治通鑒長編拾補》卷三	清光緒浙江書局刻本	(2) 洪适《容齋續筆》(卷十五) 云：王韶取熙河，國史以爲嘗游俠西，采訪邊事，遂詣闕上書。偶讀《晁以道集·與熙河錢經略書》，云：熙河一道，曹南院棄而不城者也。其後夏英公喜功名，欲城之。又其後一王長官韶者，薄游陽翟，偶見《英公神道碑》所載云云，遂竊以爲策以干丞相。時丞相是謂韓公，視王長官者稚而狂之。若河外數州，則又王長官棄而不城者也。彼木征之志不淺，鬼章之睥睨尤近而著者，隴拶似若無能，頗聞有子存，實有不可不懼者。此書蓋是元祐初年，然則韶之本指乃如此。予修史時未得其説也。《英公碑》，王岐公所作，但云嘗上十策。若通唃廝囉之屬羌。當時施用之，餘皆不書，不知晁公所指爲何也?
秦緗業《續資治通鑒長編拾補》卷九		(3) 行呂惠卿制詞，則曰：始建青苗，次行助役、均輸之政，自同商賈，手實之禍，下及雞豚，苟可蠹國而害民，率皆攘臂而稱首。行呂大防制詞，則曰：民亦勞止，願聞休息之期。撰《司馬光神道碑》，則曰：其退於洛，如屈原之在陂澤。凡此之類，播在人口者非一，當原其所犯，明正典刑。
秦緗業《續資治通鑒長編拾補》卷十		(4) 又言：呂大防、劉褻、蘇軾、蘇轍皆落職爲知州，緣臣奏論大防等，所爲皆大姦惡，今朝廷但薄責而已。臣愚以爲陛下必欲薄責之，則不當以臣所論事爲罪名；若論其營私不法，則其罪不可勝數。且摯與轍譏斥不減於軾，大防又用軾之所謀、所言得罪，輕於蘇軾，天下必以爲非。詔司馬光、呂公著各追所贈官并謚告及所賜《神道碑額》，仍下陝州、鄭州各差官計會本縣於逐官墳所拆去官修碑樓，磨毀奉敕所撰碑文訖奏。 (5) 庚申，章惇等對曰：前曰再謫呂大防、劉摯、蘇轍、梁燾、劉安世，并司馬光、呂公著謚告贈典及仆《神道碑》，既榜朝廷，衆論以爲寬。餘人連逮尚衆，陛下許其自新，一切不問，莫不欣悦。仰服聖德仁厚，惟其親黨之論則不可知。上曰：據其罪狀甚可誅，然不欲究其事，乃用輕典，聊示懲責爾。(《紀事本末》卷百一)
秦緗業《續資治通鑒長編拾補》卷十二		(6) 安民又上言：今大臣爲紹述之説者，其實皆假借此名以報復私怨，一時朋附之流從而和之，遂至已甚。張商英元祐時上呂公著詩求進，其言諛佞無恥，士大夫皆傳笑之。及近爲諫官，則上疏乞毀司馬光、呂公著《神道碑》。周秩在元祐間爲太常博士，親定司馬光謚號爲文正公。及近爲言官，則上疏論司馬光、呂公著，乞斲碑鞭尸。陛下察此輩之言，果出於公論乎? 朝廷凡事不用元祐例，至王珪家蔭孫五人，皆珪身後所生，乃引元祐例許將奏薦。

續表

作者/文獻	版本	用　　例
秦緗業《續資治通鑒長編拾補》卷十二	清光緒浙江書局刻本	近日講復官制，職事官不帶職，寄祿官不帶左右，至權尚書、侍郎，獨以林希、李琮之故不復改易。如此等事，謂之公心，可乎？故凡勸陛下紹述先帝者，皆欲託先帝以行奸謀，謂他事難以惑陛下，若聞先帝，則易爲感動，故欲快私讐、陷良善者，須假此以移陛下之意，不可不察。宣仁聖烈皇后甚得人心，前日陛下駕幸秦、楚國夫人第，澆奠及輟朝，并命襄葬諸費從官給，人人無不歡呼。高遵惠爲侍郎，士論皆以爲當。聞吴居厚向得罪，出于宣仁之意，近聞復待制，舍人再繳而大臣尚欲再下。願陛下主張此事，以順人心。今權臣恣横，朋黨滿朝，言官未嘗一言及之，惟知論元佑舊事，力攻已去臣寮。臣荷陛下獎拔，不敢負恩，摧枯拉朽之事，臣實恥爲之。舉朝廷臣誣陷非一，臣賦性愚直，恐終不能勝朋黨之論，願乞外任以避之。上開慰而已。 （7）論張商英：在元祐之時上呂公著詩求進，其言諛佞無恥，士大夫傳笑。近爲諫官，則上疏乞毁司馬光、吕公著《神道碑》。周秩在元祐間爲太常博士，親定司馬光謚號文正。近爲言臣，則上疏論光、公著，乞斵棺鞭尸。陛下察此輩之言，果出于公論乎？
秦緗業《續資治通鑒長編拾補》卷十九		（8）《續宋編年資治通鑑》云：詔司馬光、吕公著、文彦博、吕大防、梁燾、范純仁、劉摯、王巖叟、王存、傅堯俞、鄭雍以下四十四人各奪官有差，惟韓維、孫固以神考潛邸舊臣，得免。尋詔毁《范純仁神道碑》。
秦緗業《續資治通鑒長編拾補》卷二十		（9）庚申，臣僚上言：臣聞謚以易名，所以昭其美惡，而寵辱之宜，不可以忽也。夫慮國忘家之謂忠，美聞周達之謂宣。爲范純仁者，以"忠宣"命之，可乎？當時定議之博士、覆議之郎官，承順風旨，不恤國是，謚其美而上之。其謚議具存，而議之者固在也。其世濟忠直既不得名其碑，則前日未當之謚，理所應論，不特純仁而已。有如司馬光之謚文正、呂公著之謚正獻，其類不一，顧於此時，皆當奪本議，各謚其惡，以訓萬世。詔：范純仁謚定議、覆議官各罰銅十觔，其《范純仁神道碑》如已鐫立，令潁昌府毁磨。（《紀事本末》卷百二十一）
秦緗業《續資治通鑒長編拾補》卷五十九		（10）宇文虚中譔《宋故資政殿學士銀青光祿大夫贈特進資政殿學士開府儀同三司謚忠顯劉公神道碑銘》曰：公之畫謀，無非先幾。又以死明君臣之義，雖古烈士，視公有愧。天子震悼，褒卹相繼，還其舊秩，贈大學士。易名忠顯，惟以節惠。公娶李氏，進封康樂。繼室曰吕，敏于婦學，安康名郡，承其恩渥。公子三人，詒訓靖忠。長曰子羽，綽有父風，入奉朝請，執雁以從，

續表

作者/文獻	版本	用　　例
秦緗業《續資治通鑒長編拾補》卷五十九	清光緒浙江書局刻本	進直芸閣，亦以似公。子翼、子翬，入品仕初，將命東浙，帝以詔除，管記幕府，從公辟書。有女出適，曰祝可久，通籍于朝，在列之右。二孫琪、瑺，嶷嶷竝秀。公仕三紀，屢經郊宥，貤被恩秩。升父之後，故于賞延，尚遺二幼。公生丁未，治平二禩，迨其捐軀，歲拱辰巳。崇安之麓，新阡鬱起，揭此詔詩，亶告來裔。 (11) 紹興十一年五月十三日，遷葬公于湖州歸安縣廣德鄉卜村南黃龍塢。少傅公塋之左，敕賜墳寺，額曰“褒忠永慶禪院”。賢士大夫作哀挽者百餘人。……公所著詩文，經兵火多散失，有《文集》十卷，《行狀》《墓志》《神道碑》皆未就，故實紀其事跡云。

表一千六百六十三

作者/文獻	版本	用　　例
秦瀛《小峴山人集》詩集卷二十八	清嘉慶刻增修本	(1)《追悼李石農》：平生義分最相親，一别重泉鬼伯隣。三歲尚藏懷裏字，百年難望眼中人。江南舊雨尊前少，代北新碑隴上春。(余為作《神道碑》)留得青田端木子，說君常共淚沾巾。
秦瀛《小峴山人集》文集卷一		(2)《昌黎考》：《朱子考異》云：李白作韓文公父《去思碑》云“南陽人”，而公嘗自稱“昌黎”，李翱作公《行狀》亦云“冒黎某人”，皇甫湜作《墓志》不言鄉里，又作《神道碑》乃云“上世嘗居南陽，又隸延州之武陽”，而《舊書》亦但云“昌黎某”。 (3) 即使公稱郡望，似不當舍安定。而舉昌黎公撰《司徒兼侍中中書令贈太尉許國公神道碑銘》曰：韓，姬姓，以國為氏。其先有自潁川徙夏陽者，其地於今為陳之太康。太康之韓，其稱蓋久，然自公始大。
秦瀛《小峴山人集》文集卷五		(4) 公墓在海寧龍山之原。其歿後三十七年，餘姚黃黎洲先生宗羲因其孫功燮之請，為公作《神道碑銘》。所書公生平事蹟及生卒年月、婚娶子嗣甚具，見《黎洲集》中。今公神道無是碑，海寧士大夫別為立碑於墓，請余文其石。余惟表忠闡烈，守斯土者之責也。
秦瀛《小峴山人集》文集卷六		(5) 至公之事蹟，已見於黃黎洲先生《墓志》、全吉士祖望《神道碑銘》及志純所為《記》，不復詳。按黎洲先生《墓志》，全吉士訾其多疏漏，且當公藁葬時，未識曾納諸壙否，吉士文甚詳備而辭太冗。今公神道亦無是碑，得邵子是《記》，公不朽矣。

續表

<table>
<tr><th>作者/文獻</th><th>版本</th><th>用　　例</th></tr>
<tr><td>秦瀛
《小峴山人集》
文集卷六</td><td rowspan="2">清嘉慶刻增修本</td><td>(6) 明珠亦惡文正，而文正撫蘇時，公為文送之。其沒也，作《神道碑》，據事直書，不諱兩人，蓋銜公深矣，惟是他人之搆公也。</td></tr>
<tr><td>秦瀛
《小峴山人集》
續文集補編</td><td>(7) 前兵部尚書閩浙總督達齋玉公神道碑
(8) 雲南巡撫四川布政使石農李公神道碑
(9) 公官二品，例得立石隧道爲《神道碑》，而余爲文之。它日，上之史館，庶以余言爲徵。辭曰：吏之蠹，民之螽，掃穅粃，惟汝庸。衆弗容，卽於凶，天佑之，困乃豐。胡不憖，殞厥躬，而之厄，民之窮。魂歸來，晉之野，表神道，諗來者。
(10) 君爲縣令，於浙聞薦之者卽文正。由縣令累遷藩臬，兩人者不可爲不遇。文正薨，而兩人亦相繼以歿。君尤死非其所，而余先表石農神道。今又銘君墓石，亦可悲矣。</td></tr>
<tr><td>秦瀛
《己未詞科録》
卷二</td><td rowspan="4">清嘉慶刻本</td><td>(11) 公之學，主於隨處體認天理。其要歸於自得，而外貌夷然，不自矜飾，其學於蘇門也。本崇姚江，而不以先入之言爲主，故於濂雒關閩之書尊信尤篤。(節錄《澹園集》《神道碑》。)</td></tr>
<tr><td>秦瀛
《己未詞科録》
卷五</td><td>(12) 庚午，上訪及遺獻，徐公乾學以公對，終不能致。公雖不赴徵書，而史局大案必資于公。(節錄《鮚䲙亭集》《神道碑》。)</td></tr>
<tr><td>秦瀛
《己未詞科録》
卷六</td><td>(13) 公性不喜隨俗俯仰，聽其言凌厲矯扳，粹然卒歸於正。引拔後進，惟恐不及。學者誦習公之詩若文，與新城王阮亭先生並。兩先生皆山左人，故以地名別之。(節錄周銘彝撰《神道碑》。)
(14) 古今金石之書，其備載全文者，在宋惟洪適之《隸釋》《隸續》，在明惟陶宗儀之《古刻叢鈔》，朱珪之《名蹟錄》，都穆之《金薤琳琅》。在國朝惟顧炎武之《求古錄》，陳奕禧之《金石遺文錄》，葉萬之《續金石錄》。其餘不過題跋而已。此書錄取碑文，便於參考。《漢嵩山大室神闕銘》《開母廟石闕銘》《少室神道石闕銘》，以及唐之《則天封祀壇碑》《夏曰遊石淙詩》，歐陽、趙、洪皆失載，而此記能收之。</td></tr>
<tr><td>秦瀛
《己未詞科録》
卷七</td><td>(15) 嗚呼！君之結知主上者，雖不在一材一藝，而人以是卜上之屬意用君矣。(節錄《憺園集》《神道碑》。)</td></tr>
</table>

表一千六百六十四

作者/文獻	版本	用　　例
慶桂 《國朝宮史續編》 卷五十二	清嘉慶十一年內府鈔本	(1)《聖製仲春祭社稷壇詩（甲申）》：無事必躬親，祈農逮仲春。蘢葱祥柏護，肥腯盛牲陳。土穀惟神道，稷龍亦佐禋。五方壤分色，七奏樂鳴鈞。希佑非關已，籲豐總為（去聲）民。東郊將舉趾，膏雨願依旬。
慶桂 《國朝宮史續編》 卷九十一		(2)今《契丹國志》既有成書，紀載當存其舊，惟體例書法訛謬，于綱目大義有乖者，不可不加厘正。著總纂紀昀等詳加校勘，依例改纂。其《志》中之事蹟，如祭用白馬灰牛、氈中枯骨變形視事，及戴野猪頭披皮之事，雖迹涉荒誕，然與《詩》《書》所載簡狄呑卵、姜嫄履武，復何以異？蓋神道設教，以溯發祥，古今胥然，義正如此，又何必信遠而疑近乎？其餘遼帝過舉，如母后擅權諸事，足爲後世鑑戒者，仍據《志》實書，一字不可易。
慶桂 《剿平三省邪匪方略》 正編卷二百四十五	清嘉慶武英殿刻本	(3)再查原任陝西神道嶺遊擊邢承誥被糸以後，已及二年。

表一千六百六十五

作者/文獻	版本	用　　例
丘逢甲 《嶺雲海日樓詩鈔》 選外集	民國本	(1)《謁饒平始遷祖樞密公祠墓作示族人》（己亥孟秋）：八百年前舊精舍（始夜切，作上聲。），左挹鳳皇右天馬。南州遷客宋樞臣（始遷祖，北宋末官樞密，蒲田人以建言貶官來潮，築金山精舍居焉。後即居為祖祠。），當年結屋金山下。……寶蓮寺畔神道碑，風雨剝蝕贔屓移。簷瓦苔青作古色，城北更拜金山祠。豈必山前勝山後，但貴宗祊能世守。孫枝萬葉徧東南，自幸能歸奠尊酒。山城遺俗樸不華，惟耕與讀眞生涯。勉哉兄弟各努力，勿愧先邑稱名家。

表一千六百六十六

作者/文獻	版本	用　　例
邱煒萲《五百石洞天揮麈》卷十	清光緒二十五年邱氏粵垣刻本	(1) 黃敬輿太守手書碑版，何止百數。一涉歐體，便無佳作。不識何以外間流傳，頗貴其書？殆亦鍾伯敬《千家詩》選本發市之例耳。所作《曾文正神道碑》，算是平日第一刻意之作。

表一千六百六十七

作者/文獻	版本	用　　例
屈大均《翁山文外》卷八	清康熙刻本	(1) 噫嘻！自此以往，子子孫孫，其永以四柗為命，朝夕保之，不敢望於四柗之外有所益，第期於四柗之中無所損，斯亦孝慈之一端也。已墓之下有鵝鴨地村，兩弟大城、大城以時巡行其際，毋使樵蘇躑躅，牛羊牧之。虛其前以俟異時，樹《神道碑》而旁列石人、石馬焉。公多陰德，子孫必當有興者。系以辭曰：吾屈之先，高陽末裔。左徒懷忠，子孫勿替。三尸亡秦，功在漢世。少祖關中，南從宋帝。來遷番禺，沙亭留滯。我父府君，為十七系。……遺體苟全，葷門是晢。馬鬣一丘，龍鱗百歲。白鶴不歸，黃泉久閉。嗚呼皇考，魂靈毋逝。被發騎龍，助予乘勢。
屈大均《翁山文外》卷十		(2)《書聖慈天慶宮記後》：臣大均嘗登五臺，其上有九蓮菩薩塑像焉。……自國破以來，宗廟山陵之所在，樵夫牧豎且或過而褻慢，而此二殿獨託於太山之麓，元君之宮，焚香上謁者無不合掌跪拜。使正名之曰皇太后，固未必其能使天下之人虔恭敬畏之若此。是蓋大聖人神道設教，使民由之而不知者也。臣大均曰：臣登五臺時，所歷庵寺廿餘所，於諸佛、菩薩未嘗禮謁，獨於九蓮菩薩伏拜，階前瞻仰淚流不能去，同遊者皆以為疑。嗟夫！臣大均不敢以皇太后為菩薩也，又不敢不以皇太后為菩薩也。大聖人神道設教，欲民由之而不知，臣大均獨非民也乎哉？臣大均知之，則已得罪于大聖人矣。然知之而不敢言，言之而不敢辯，則猶為臣子能曲禮其君父之心，知其中有所甚不得已者在也。炎武為《聖慈天慶宮記》中有云：國將亡而聽於神。噫！臣大均又何忍言？亦惟有涕泗潸然而已耳。

續表

作者/文獻	版本	用　　例
屈大均 《翁山詩外》 卷七五	清康熙刻凌鳳翔補修本	(3)《繇來曲》：繇來巫峽女，本是楚山雲。十二碧溪裏，何峰不似君。朝朝香髣髴，暮暮夢氤氲。玉珮難要結，人神道自分。霜鬢欲成絲，多因生別離。無情是瑤瑟，未及曲終時。魂夢滿三楚，雲山紛九疑。天邊無限樹，總是一相思。猿嘯有時斷，其如溪水聲。潺湲將客淚，日夜向江城。一自美人別，三逢秋雁征。寄書無處所，腸斷玉琴情。江皋休悵望，煙樹最迷人。彼美如秋水，相思在白蘋。彩雲一以化，香艸更無春。白首多哀怨，無端爲雒神。
屈大均 《明四朝成仁録》 卷五	民國景廣東叢書本	(4) 李邦華，字懋明。(鄔案：《明史本傳》作"字孟闇，言水人。"《錢牧齋文鈔》《明都察院左都御史李公神道碑》云：字孟闇，懋明其別號也。) 萬曆三十二年進士。
屈大均 《明四朝成仁録》 卷八	民國景廣東叢書本	(5) 孫嘉績，字碩膚，餘姚人也。五世祖燧，以右都御史巡撫江西，死宸濠之難。贈禮部尚書，謚忠烈。高祖墀，尚寶司卿。曾祖鏊，上林苑監正。(《鮚埼亭集外編》卷四。《明兵部尚書兼東閣大學士贈太保謚忠襄孫公神道碑銘》作"上林苑丞緖之曾孫"。)
屈大均 《廣東文選》 卷七	清康熙二十六年三閣書院刻本	(6) 嗟乎！分之則六變八變，皆變自七音"小德川流"也；合之則《九韶》之舞終于九變，復貫而于一"大德敦化"也。王通曰：圜丘尚祀，觀神道也；方澤貴祭，察物類也；宗廟用饗，懷精氣也。又曰：化至九變，王道其明乎？故樂至九變，而淳氣洽矣。夫樂，象成者也。象成莫大於形而流於聲，王化始終所可見也。故《韶》之成也，虞氏之恩被動植矣，烏鵲之巢，可俯而窺也，鳳凰何爲而藏乎？
屈大均 《廣東文選》 卷十七	清康熙二十六年三閣書院刻本	(7) 贈少保兼太子太保吏部尚書謚恭襄前少師王公神道碑銘（明霍韜） (8) 御史高公韶極詆公，公任吏部，遷公韶秩，乃曰：公賊善類，誣三也。乃辯公誣于朝，公再任吏部。韜守母太夫人喪歸，竟不面公。公薨，公子朝立委撰《神道碑銘》。且曰：知公心跡，惟韜爲悉也。

表一千六百六十八

作者/文獻	版本	用　　例
全祖望 《鮚埼亭集外編》 卷四	清嘉慶十六年刻本	(1) 明兵部尚書兼東閣大學士贈太保謚忠襄孫公神道碑銘 (2) 崇明沈公神道碑銘 (3) 崇明沈編修文鎬，予同年友也，以予曾觀舊柱下之史，屬纂其先司農公

續表

作者/文獻	版本	用　例
全祖望《鮚埼亭集外編》卷四	清嘉慶十六年刻本	神道之文。惟公精忠大節，足與日月爭光，而於吾鄉尤有遺愛，所不敢辭。
全祖望《鮚埼亭集外編》卷五		(4) 明淮揚監軍道僉事謚節愍鄞王公神道碑銘 (5) 明故都察院右副都御史東王公神道闕銘 (6) 公諱江，字長升，原籍紹興府餘姚縣，遷慈谿縣之葉嶴。……公之卒也，部卒竊其尸歸葬葉嶴。……公之事已詳於黃氏《四明山寨記》。吾友鄭性令予爲其神道之文，乃卽據黃氏所紀而刪補之。其銘詞曰：神龍見首，必護其尾。有時蠖屈，終於鵬徙。縱見其尾，孰見其髓。吁嗟王公，死而後已。亦有侍御，斯人敝屣。 (7) 明故太僕寺少卿倉仙馮公神道闕銘
全祖望《鮚埼亭集外編》卷七		(8) 順天府丞提督學政鹿亭胡公神道碑銘 (9) 公之卒三十年，而銘嶧偕冢孫鼎台，以神道之文爲屬，乃爲之銘曰：天都之望，集於我邦。世襲繡衣，兼有文章。蔚爲清門，世德克昌。佳城鬱鬱，表茲鄞江。
全祖望《鮚埼亭集外編》卷八		(10) 先曾王父先王父神道闕銘
全祖望《鮚埼亭集外編》卷十		(11) 乙酉六月，浙東兵起，首與董公志寧倡大議，預於六狂生之目。其奉錢忠介公書入定海，說王之仁使返斾，幾陷虎穴。夫已氏欲殺之而不克，詳見予所作忠介《神道碑》。已而論倡義功，授兵部司務，尋晉職方主事，皆不受，請以布衣從軍。
全祖望《鮚埼亭集外編》卷十四		(12) 西成報蜡尚書之祀，當與白鶴諸公同爲湖上篤祐，是不可謂非明德之馨也。先宮詹當日嘗爲尚書清神道之荒蕪，予之爲此碑也，固不敢有溢詞，然於尚書之定論，竊自以爲得之。
全祖望《鮚埼亭集外編》卷十六		(13)《同谷三先生書院記》：宋乾、淳以後，學派分而為三：朱學也，呂學也，陸學也。三家同時，皆不甚合。朱學以格物致知，陸學以明心，呂學則兼取其長，而又以中原文獻之統潤色之。門庭徑路雖別，要其歸宿于聖人，則一也。……予因請改作三先生書院，配之以先侍郎，而以其餘爲學舍。古之學者必釋奠於其鄉之先師，予家父子之爲此，亦猶行古之道也。嗚呼，自科舉之學行，而吾鄉之佔畢呻唔者不復知有高曾之規矩矣。空山野火，瓣香

續表

作者/文獻	版本	用　　例
全祖望《鮚埼亭集外編》卷十六	清嘉慶十六年刻本	宛在，雖不能至，然心竊嚮往之。予讀《清容居士集》，習菴再世而後，不復居同谷，所謂觀聚堂、尊明亭諸址已無可考。今山下陳氏，非其本支也。深寧神道亦蕪，讀遂初老人之賦，可爲三歎，而東發寓亭之圮久矣。春木之芼，承學者其勉之哉。
全祖望《鮚埼亭集外編》卷十九		(14)《宋王尚書畫像記》：往者，太原閻丈百詩篤嗜深寧先生之著述，三屬人入鄞，求先生之《行狀》《神道碑》《墓志》，欲附之卷尾，又求其畫像，欲摹之卷首，而皆不可得。先生孫枝在鄞者零落，其在紹之上虞者亦不知其盛與否也。
全祖望《鮚埼亭集外編》卷二十一		(15) 長者曰：前此浦廣二丈餘，且甚深，舟行自江入碶，可直達侍御公神道下，今則隘而不通矣。 (16) 世家之學既替，而僞譜始流布，乃知古人之能坊其流也。吾全氏自侍御府君遷鄞六傳之後，分爲蘭、馨、松、盛四支，又二傳分爲東、西、前、後、中、田、南、北八宅，環沙渚數里而居之。其稱爲荷花池諸全者，東宅也。培田諸全者，田宅也。丙舍前諸全者，中宅也。丙舍後諸全者，前宅也。二宅夾侍御府君神道，故以稱之。
全祖望《鮚埼亭集外編》卷三十		(17) 題沈端恪公神道碑後 (18) 端恪《神道碑文》，出於靜海勵尚書，然其於公之學術節概有未盡者。端恪少時，嘗在靈隱守中爲僧，碑文諱之，不知不必諱且更有不可諱者。世宗憲皇帝夙耽禪悅，其在朱邸徧讀三車經籍，直見性宗及登極，遂絕口不道，然而熟處未忘也。
全祖望《鮚埼亭集外編》卷三十一		(19)《書韓文公集後》：退之先生陽山之貶，實爲韋、王之黨所排，諸家皆無識者，洪慶善、方崧卿始備得其顛末，足以補《唐書》之漏。……故《神道碑》謂“論旱饑”，本傳謂“論宮市”，皆非致禍之本。又《寄三學士》詩云：前日遇恩赦，私心喜還憂。果然又羈縶，不得歸耡耰。《別竇司直》詩云：行當挂其冠，生死君一訪。蓋韋、王之黨敗後，餘孽猶存。先生雖量移，仍多危懼。城狐社鼠，可想見其概矣。
全祖望《鮚埼亭集外編》卷三十四		(20)《跋柳先生年譜》：《柳先生年譜》一卷，不知誰人所作，大畧宋儒仿呂汲公《韓譜》爲之。江都馬涉江昆弟，因購宋槧得見舊本，遂與《韓譜》合刻。中有辨《新唐書》二條，謂據子厚《先侍御史神道表》稱“中書令”。……涉江歎曰：有是哉，因書之於其後。

續表

<table>
<tr><th>作者/文獻</th><th>版本</th><th>用　例</th></tr>
<tr><td>全祖望
《鮚埼亭集外編》
卷三十五</td><td rowspan="6">清嘉慶十六年刻本</td><td>（21）金朝散胡東平神道碑跋
（22）《金朝散大夫同知東平府兼山東西路兵馬都總管磁州胡嵩神道碑》，欒城李學士冶之文，朝散之孫山東按察祗遹自書兼篆文。……碑石甚巨，自元以後，中穿之柱無比材矣。書亦工整可愛。
（23）元翰林學士王文定公神道碑跋
（24）《王文定公神道碑》爲其子公孺所纂文，附見《秋澗大全文集》，而石刻已不存矣。……三復華容題後，爲之憮然。</td></tr>
<tr><td>全祖望
《鮚埼亭集外編》
卷四十</td><td>（25）《河東柳氏遷吴考》：柳柳州爲吴人，見於本集與本傳，而蘇之志人物者鮮及焉。按本傳，柳宗元，其先蓋河東人，後徙於吴。此明文也。柳州作《先侍御府君神道表》云：天寶末，遇亂，奉德清君夫人（德清君侍御父察躬也，未人侍御母也，舊人皆誤。……）載家書隱王屋山間。</td></tr>
<tr><td>全祖望
《鮚埼亭集外編》
卷四十一</td><td>（26）所有七月、五月之期，皆將在廟中耶，何以絶無明證也？已乃思曰：嘻！《左氏》所謂“廟”，即《儀禮》所謂“寢”也。以人道則曰寢，親言之也；以神道則曰廟，尊言之也。考《尚書・顧命篇》：諸侯出廟門俟。《傳》曰：廟門者，路寢門。殯之所處，故曰廟也。（《蔡傳》同。）
（27）《答董映泉問吴草廬易纂言外翼書》：草廬於諸經中，自負其《易纂言》之精，而《外翼》則罕及之，所以揭曼碩奉詔撰《神道碑》不列是書，而《元史本傳》俱失載焉。</td></tr>
<tr><td>全祖望
《鮚埼亭集外編》
卷四十六</td><td>（28）考之漢人之制，士庶皆得用碑。自唐以後，則截然。獨香山爲長城縣崔令，遺山爲費縣郭令，皆作碑。此其僭，不可訓。至元人，則其誤用益多矣。碑碣之變稱，考之漢人文字，有曰神道闕銘，曰墓闕銘，曰墓石柱文，曰墓幢記，曰冢闕銘，曰穿中柱文，曰殯表，曰靈表，曰神誥，曰哀讚，曰哀頌，曰哀辭，皆《金石例》所未備也。卒復，不謦。</td></tr>
<tr><td>全祖望
《鮚埼亭集外編》
卷四十七</td><td>（29）張《曲江集》有《徐徵君孺子碑》，是相隔數百年而爲之者。姚《牧菴集》有《陳太常神道碑》，以其七世孫之請。明《鄭千之集》有《朱徽公子在碑》，亦幾及二百年。如徐、陳二碑，蓋其前此者既毁而重立也；如朱碑，則補立也。</td></tr>
<tr><td>全祖望
《鮚埼亭集外編》
卷四十九</td><td>（30）《記先少師事》：宋穆陵嗣統吾宗會稽全氏，自太師申王而下皆以戚畹承恩澤，其由進士出身者則少師府君諱清夫也。少師爲越公次子，一門貂蟬相望，獨習詞賦，取科第。已而屢遷，至少師，判湖州。頗以盛滿爲懼，未老乞休。會稽唐氏者亦舊家，其遠祖通議公神道在山陰縣旌善鄉故城山中。先是寶祐時，唐氏之裔以券求售，少師以閒壤畜之而已，不知其爲先塋也。</td></tr>
</table>

續表

作者/文獻	版本	用　　例
全祖望 《全祖望年譜》	清嘉慶九年史夢蛟刻本	(31) 六十一年壬寅，先生十八歲。先生有族母，爲水槎尚書女，居黃巖，是年返寧，年八十餘矣。先生從之問遺事，取姚江黃先生之志、楊徵士遴之紀、吳農祥之傳，參互質證，多有補訂。後卒成尚書神道第二碑。 (32)《詩集》有《送錢二池之黃蘖山省墓》之作，合之《文集》諸錢碑版，則知《忠介神道第二碑》《葬錄》《年譜》以及《侍御》《職方》《推官》諸志，《忠介大全集》《侍御東村集》諸序，《畫像》《降神》諸記凡數十種皆成於是年。 (33) 紹守杜公，先生故人也，來招，遂適越，重定黃氏《遺書》。姚總制之孫述祖求撰《總制神道第二碑》。秋渡錢唐，病，方撰《顧寧人先生神道表》，力疾成之。（先生自丁卯冬有不寐之疾，醫者謂是慮用其心之過，當靜攝以養之。先生未能用其言，至是遂大病。中秋乃痊。己巳居杭，復病，庚午，大病。）
全祖望 《鮚埼亭詩集》 卷八	四部叢刊景清鈔本	(34)《題寧人先生神道表後》：志在規恢四十年，老投華下聽啼鵑。可憐閒御支天手，餘技猶能試計然。……庚郎蒙面赋江南，柱國家奴更負慚。一洒諸公入關辱，峨嵋六月雪生毿。
全祖望 《經史問答》 卷五	清乾隆三十年刻本	(35)（答）亭林儒者，非先王之法言不言，至此條則失之。然此乃其未定之說，在初刻《日知錄》八卷，及晚年重定，則芟之矣，蓋自知其失也。七七之說見於《北史》，再見於《北齊書·孫靈暉傳》。萬季野曰：究不知始於何王之世。三見於李文公所作《楊垂去佛齋說》，及皇甫持正所作《韓公神道碑銘》，則儒者斥之之言也。
全祖望 《鮚埼亭集》 卷六	四部叢刊景清刻姚江借樹山房本	(36) 明四川道御史贈都察院右副都御史謚忠貞今謚恭潔陳公神道碑 (37) 明直隸寧國知府玉塵錢公神道表 (38) 明淮揚監軍道僉事鄞王公神道碑銘
全祖望 《鮚埼亭集》 卷七		(39)《明故兵部尚書兼東閣大學士贈太保吏部尚書謚忠介錢公神道第二碑銘》：世祖章皇帝定鼎二年五月，江南內附。六月，浙江內附。閏月，明故刑部員外郎錢公肅樂起兵於鄞。大兵之下浙也，同知寧波府事朱之葵，通判孔聞語迎降，貝勒卽令之葵知府事，以聞語同知府事。公方居憂，在東吳丙舍中咯血，聞信慟哭，絕粒誓死，諸弟已為之治身後事。……聖祖修《明史》，史臣為公立傳，據諸家之言，亦不詳也。越九十五載，濬恭年已七十，欲修墓於黃蘗，乃乞予詳節公文集中諸事跡，合之侍御所作家傳并諸野史之異同，參伍考稽，以為公《神道第二碑銘》。其銘曰：真人御世兮，六宇偃兵。孤臣空懷故國兮，终何所成。浙有方、王兮閩有鄭，天降魔君兮莫之能爭。公魂

續表

作者/文獻	版本	用　例
全祖望《鮚埼亭集》卷七	四部叢刊景清刻姚江借樹山房本	西逝兮錢江，公魂南去兮琅江。來歸舊宅兮甬江。導以義旗兮堂堂。前揚波兮後重水，看寒芒兮箕尾。可憐孤兒七十兮賦大招，公歸來兮聽吾誄。 (40)《附舊寄萬編修九沙札》：忠介事實之詳，宜莫如其弟退山先生之文，然亦有遺且誤者。如《急援平湖義兵疏》，乃江上第一好著，時不能行，不待次年之夏，知其無能為矣。諸傳皆不載，并退山亦失之。江上頒詔之爭，張、熊、朱、錢分為二，而忠介以此遂為悍帥口實，此最有關係者，諸傳皆不載，并退山亦失之。江上有兵部侍郎之命，再辭不受，既至翁洲，有吏、戶二部尚書之命，退山皆失之。若披緇於閩，則《劉氏神道碑》中及《林太常傳》皆有之，而退山似諱其事，不知此不必諱也。鷺門確係鄭彩先舉兵，而以戎政召公，退山以為彩因公言而起兵，今詳考諸家野史與劉碑、徐誄以正之。又公之入閣，馬公思理尚在，退山以為馬卒而後公繼之，舛矣。尊諭令某博考以正前人之失，某亦何敢，但是文於參稽頗詳審云。
全祖望《鮚埼亭集》卷八		(41) 明兵科都給事中董公神道表
全祖望《鮚埼亭集》卷十		(42) 明太傅吏部尚書文淵閣大學士華亭張公神道碑銘 (43) 明太傅大學士張公神道碑側記 (44) 唐顏太師撰《宰相宋廣平公神道碑》，別有《神道碑側記》，蓋即碑陰一種，補《碑》中所未及者也。予撰《張太傅碑》既畢，隱秀菴僧百城以蘇儀部從公而死，雖其事已見於《碑》中，而未得其詳，請更記之。予乃援廣平《神道碑》之例，略序一通，附於其側。蘇儀部，諱兆人，字寅侯，南直隸蘇州府吳江縣人也。諸生，少師事太傅。江南失守，亡命海上。太傅相於翁洲，薦授中書舍人，尋晉儀部主事。嘗謂太傅曰：先生他日必死國事，兆人當為先驅。
全祖望《鮚埼亭集》卷十一		(45) 梨洲先生神道碑文
全祖望《鮚埼亭集》卷十二		(46) 亭林先生神道表 (47) 應潛齋先生神道碑

續表

作者/文獻	版本	用　例
全祖望《鮚埼亭集》卷十三	四部叢刊景清刻姚江借樹山房本	(48) 蜃園先生神道表 (49) 鷦鳩先生神道表
全祖望《鮚埼亭集》卷十四		(50)《錢東廬徵君墓表》：鄭高州寒村之歿也，謂其子云：吾有不了事二：其一則姚江黄先生墓文，其一則老友東廬錢丈墓文也。歲在丙辰，予為黄先生纂《神道碑》，東廬先生仲子際盛見而喜曰：是足以畢高州之一憾矣。
全祖望《鮚埼亭集》卷十五		(51) 太子少保兵部尚書兼都察院右都御史總督福建世襲輕車都尉會稽姚公神道第二碑銘
全祖望《鮚埼亭集》卷十六		(52) 大理悔廬陳公神道碑銘 (53) 提督貴州學政翰林院編修九沙萬公神道碑銘
全祖望《鮚埼亭集》卷十七		(54) 前侍郎桐城方公神道碑銘 (55) 閣學臨川李公神道碑銘
全祖望《鮚埼亭集》卷十八		(56) 工部尚書仁和趙公神道碑銘 (57) 刑部侍郎管禮部侍郎事坦齋王公神道碑銘 (58) 吏部侍郎兼翰林掌院學士巡撫江蘇思蓼邵公神道碑銘 (59) 太常晚聞陶公神道碑銘
全祖望《鮚埼亭集》卷十九		(60) 近副都之後，居鄞者微不可問。穆門睠念大宗形之寤寐，余嘗為穆門言：莓崖墓在太白山上，廿年以來，神道荒蕪，石馬眠草中，寒食麥飯，恐無舉者。
全祖望《鮚埼亭集》卷二十		(61)《方定思墓志銘》：定思，姓方氏，諱道章，字用安，江南之桐城縣人，今為上元縣人，故侍郎望谿先生之長子。其家世，見予所作先生《神道碑》。定思生于魁儒之門，顧少罹禍患。望谿先生以連染入旗籍，定思遂補八旗博士弟子。先生得改原籍，定思始入太學。舉秋試，其性落落不甚可人，苟不當其意，相對嘿然，令人癈沮，顧獨暱就。予所言多合，亦不知其所以然也。

續表

<table>
<tr><th>作者/文獻</th><th>版本</th><th>用　　例</th></tr>
<tr><td>全祖望
《鮚埼亭集》
卷三十二</td><td rowspan="3">四部
叢刊
景清
刻姚
江借
樹山
房本</td><td>(62)《錢侍御東村集序》：錢子澮恭捧其本生父退山侍御《東村全集》，乞余銘墓及序。予於錢氏世德，望之如峨眉天半。嘗以相公麗牲之石出於菊潭劉公手者未能該備為作《神道第二碑銘》，又嘗編次相公前後諸集而為之序，又嘗記其畫像，又嘗作檢討、樞曹、推官三公墓文。百年來，通家子弟能言錢氏之文獻者，予不敢多讓，則侍御家國大節，寧可以嘿而已？惟是司馬溫文正公未及作《劉道原墓志》，而即以《十國紀年序》令其家上石，則今卽以《東村集序》納之墓中，大儒成例，未為不可。爰參考野史，合之侍御所作《自傳》，《為序》一通以歸之。
(63)《贈錢公子二池展墓閩中序》：前太保督相錢忠介公嗣子二池，明年為七秩，猶思裹糧躡屩度閩中，以展忠介之墓，請予為作《神道第二碑銘》，將勒之黃蘗，葢其孝也。……予既作忠介《神道第二碑銘》，又屬撰《忠介遺集序》，并葺《年譜》，記《畫像》，又屬撰《侍御墓文》與《東村集序》，又遍求檢討、職方、推官誄銘。從父《蟄菴徵士遺集》流落他人，二池購而歸之。檢討以下，三公皆未置後，二池歲時修其祭祀，以一身兼承諸父焉，可不謂之孝歟？而懿藥善養父志，醇心篤行，力耕供職，惟二池為有子，惟忠介兄弟為有孫，惟故國故家為有光寵，一綫之延遺澤，其未有艾也。……其爲我問隱元、獨耀、碧居諸長老遺文，尚有存焉者否？</td></tr>
<tr><td>全祖望
《鮚埼亭集》
卷三十七</td><td>(64)《宋廣平神道碑跋》：魯公為廣平作《神道碑》，并書其人其碑，皆第一流也，而前者未之得見。明嘉靖中，從泥土出，震川見而喜之，以爲有足補新舊二史之遺者。其旁有《神道碑側記》，亦魯公作，以補碑文之所未備。此卽古人碑陰之體，潘王《金石例》未及著此名目也。
(65) 葉歙州神道碑跋</td></tr>
<tr><td>全祖望
《鮚埼亭集》
卷三十八</td><td>(66)《王秋澗神道碑跋》：文定《神道碑》為其子公孺所自述，附見《秋澗大全文集》，而石刻已不存矣。明宏治辛亥，華容王府君儼守衞輝拜于墓次，慨然興前哲之慕，重為勒石，而復其祠。清其地，穹碑煥然。嗚呼！羊叔子自佳耳，亦何豫人事？今世之長民者，安得古道如斯乎？三復華容題後，不禁憮然。</td></tr>
<tr><td>全祖望
《續耆舊》
卷六</td><td>清槎
湖草
堂鈔
本</td><td>(67) 錢寧國敬忠：字孝直，一字玉塵，城東芍藥沚人。全大史謝山嘗錄其朝奏疏為《神道表》，備載《蛣鵸亭初集》，玆不立傳。(附女雲繡)</td></tr>
</table>

續表

作者/文獻	版本	用　例
全祖望《續耆舊》卷九	清槎湖草堂鈔本	(68) 錢忠介公肅樂：乙酉六月，東江之役，瓜里駐軍者六家：曰前大理丞會稽章公正宸，曰前給事餘姚熊公汝霖，曰前九江僉事餘姚孫公嘉績，曰前刑部錢公肅樂，曰前御史慈谿沈公宸荃，而前分守甯紹台道金沙于公穎亦豫焉。予嘗為公作《第二神道碑》，今節錄之。(錢公之《傳》。其《神道碑》無異，載《全氏文集》，今不錄。)
全祖望《續耆舊》卷十二		(69) 張尚書煌言：徐都御史闇公，幾社長老也。從亡海外，復為幾社之集，曰尚書盧公若騰、曰都御史沈公荃期皆閩（閩）安人，曰尚書張公煌言、曰光禄卿陳公士京俱浙寧人，曰都御史曹公從龍則雲門人，别稱曰“海外幾社六子”。而張尚書之詩，最興闇公。近予嘗為尚書作《神道碑》，今節錄之，不另作《傳》。(《神道碑》載在《鮚琦亭初集》，今節錄之，《傳》故亦不錄。)
全祖望《續耆舊》卷三十八		(70) 雙瀑院長黄宗羲：字太冲，學者稱為梨洲先生，餘姚人也。忠端公尊素長子。在殘明，累官至左副都御史。以己丑從翁州歸，又四十六年而卒，門人私謚曰文孝。其起兵、乞師、從亡諸大事，别見余所作《神道碑銘》。
全祖望《續耆舊》卷三十九		(71) 姚江黄忠端公有子五，其受業蕺山劉忠正之門者三。伯子即梨洲先生，其仲則所謂鷓鴣先生者也，叔子曰石田先生。梨洲學最巨，先生稍好奇，而石田尤狷，天下以三黄稱之。予尝為先生作《神道表》，今即錄之。
全祖望《續耆舊》卷百十七		(72) 陳大理汝咸：字華學，一字悔廬，翰林錫嘏子也。其傳已見《鮚埼亭集》十六卷《神道碑》内，茲不錄。
全祖望《續耆舊》卷百三十八		(73) 邵撫君基：字學趾，一字思蓼。予嘗為公作《神道碑》，今節錄之。
全祖望《續耆舊》卷六		(74) 錢寧國敬忠：字孝直，一字玉塵，城東芍藥沚人。全大史謝山嘗錄其朝奏疏為《神道表》，備載《蛣錡亭初集》，玆不立傳。(附女雲繡)
全祖望《續耆舊》卷十		(75) 錢忠介公肅樂：乙酉六月，東江之役，瓜里駐軍者六家：曰前大理丞會稽章公正宸，曰前給事餘姚熊公汝霖，曰前九江僉事餘姚孫公嘉績，曰前刑部錢公肅樂，曰前御史慈谿沈公宸荃，而前分守甯紹台道金沙于公穎亦豫焉。予嘗為公作《第二神道碑》，今節錄之。(錢公之《傳》。其《神道碑》無異，載《全氏文集》，今不錄。)

續表

作者/文獻	版本	用　例
全祖望《續耆舊》卷十二	清槎湖草堂鈔本	(76) 張尚書煌言：徐都御史闇公，幾社長老也。從亡海外，復為幾社之集，曰尚書盧公若騰、曰都御史沈公荃期皆閩（闕）安人，曰尚書張公煌言、曰光禄卿陳公士京俱浙寧人，曰都御史曹公從龍則雲門人，别稱曰“海外幾社六子”。而張尚書之詩，最興闇公。近予嘗為尚書作《神道碑》，今節錄之，不另作《傳》。(《神道碑》載在《鮚琦亭初集》，今節錄之，《傳》故亦不錄。)
全祖望《續耆舊》卷百十七		(77) 陳大理汝咸：字華學，一字悔廬，翰林錫嘏子也。其傳已見《鮚埼亭集》十六卷《神道碑》内，茲不錄。
全祖望《續耆舊》卷三十八		(78) 雙瀑院長黄宗羲：字太冲，學者稱為梨洲先生，餘姚人也。忠端公尊素長子。在殘明，累官至左副都御史。以己丑從翁州歸，又四十六年而卒，門人私謚曰文孝。其起兵、乞師、從亡諸大事，别見余所作《神道碑銘》。 (79) 邵撫君基：字學趾，一字思蓼。予嘗為公作《神道碑》，今節錄之。
全祖望《續耆舊》卷三十九		(80) 姚江黄忠端公有子五，其受業蕺山劉忠正之門者三。伯子即梨洲先生，其仲則所謂鷓鴣先生者也，叔子曰石田先生。梨洲學最巨，先生稍好奇，而石田尤狷，天下以三黄稱之。予尝為先生作《神道表》，今即錄之。

表一千六百六十九

作者/文獻	版本	用　例
任啓運《史要》卷五	清嘉慶刻本	(1) 參知政事王欽若度帝厭兵，謬進策，取幽薊。帝不願，言思其次。對曰：惟封禪，可以鎮服四海。古者，《河圖》《洛書》，豈果有耶？聖人以神道設教耳。帝乃驟幸秘閣，問杜鎬。鎬出不意，亦以神道設教對。帝意遂決。欽若又乘間與平章王旦言，旦黽勉從之。帝召旦飲，歡甚，賜尊酒，曰：此酒甚嘉，歸與妻孥共之。迨發封，皆美珠。旦悟，遂不敢有異議。
任啓運《禮記章句》卷六	清乾隆刻本	(2) 有父母之喪，尚功衰，而祔兄弟之殤，則練冠祔於殤，稱“陽童某甫”，不名，神也。(《雜記》。宗子殤曰陰童，庶殤曰陽童。……凡孫必祔於祖，其祭宗子主之，曰“某甫”者爲之，字而不名，以神道事之也。若小功之殤降在緦者，不易練冠，更可知。)

續表

作者/文獻	版本	用　　例
任啓運《禮記章句》卷七	清乾隆刻本	(3) 曾子則謂人之于親，愛則以人道事之，敬則以神道事之。古之用明器，亦以神道敬之耳。若以爲無知，是直死其親也。古之人，豈有是乎？ (4) 脍敬以神道故薦腥，肆敬以人道故薦脍，兼之故薦爓，豈知神之所享，果何在哉？亦盡其心而已。
任啓運《禮記章句》卷八		(5) 竊意未斂則尸在，尸在則以生禮待之，直告于尸。既斂，則告子斂隨襲鐵之地，皆可以爲禮位。殯卽成服，既殯則告于殯，乃以神道待之也。
任啓運《周易洗心》卷二	清文淵閣四庫全書本	(6) 觀天之神道，而四時不忒。聖人神道設教，而天下服矣。（聖人下或增“以”字，非。極言觀示之道。天之神道，謂巽也。風自天降，春谷風生，夏凱風長，秋涼風收，冬朔風閉，風行而四時不忒。凡坤地之物，其生長斂藏无不順也。夫聖人，亦有神道焉。上之風之，下之從之，五品遜，三物興，其向化在民，其感孚在君也。）

表一千六百七十

作者/文獻	版本	用　　例
茹敦和《周易證籤》上經上	清乾隆刻茹氏經學十二種本	(1) 觀之設教以神道，神道之教莫若筮。
茹敦和《周易證籤》上經下		(2) 觀，盥而不薦，有孚顒若，下觀而化也。觀天之神道，而四時不忒。聖人以神道設教，而天下服矣。 (3)《証籤》曰：鬼神在上，祭者自下而觀之。然而不能不有孚，不能不顒若者，是鬼神之化之也。所謂“奏格無言，時靡有爭”者也。聖人之設教也，以其身爲鬼神使天下之觀之而化之也，如祭者之化于鬼神。所謂“不賞而民勸，不怒而民威于鈇鉞”者也。天神道，聖人亦神道，聖人一天也。此言既變之五也。 (4) 然當其中正以觀天下，則以天下爲我。當其下觀而化也，觀于天之神道也，則以天之神道為我。苟如小人之童觀，則置我于何等？是安得不吝也。
茹敦和《竹香齋古文》卷下	清刻本	(5) 至嘉靖間，吾越有周先生術學所著《神道大編》，浩博無涯涘，人莫得而窺焉。

表一千六百七十一

作者/文獻	版本	用　　例
阮葵生《茶餘客話》卷九	清光緒十四年本	(1) 國初名士如林，已未之征，網羅殆盡。然專論著書之多，則無過毛蕭山者矣。……《循吏孝子節婦傳》一卷，《雜傳》一卷，《二撫傳》一卷，《列朝備傳》四卷，《墓表》四卷，《墓碑銘》二卷，《墓誌銘》十二卷，《神道碑》一卷，《塔誌銘》一卷，《事狀》三卷，《年譜》一卷，《策問》一卷，《表》一卷，《雜說》十卷。 (2) 東嶽廟，在朝陽門外，元延祐中建，有趙子耶書《張天師神道碑》，虞道園隸書《仁聖宮碑》，趙世延書《昭德以碑》。
阮葵生《茶餘客話》卷十		(3) 孔廟神像，宗濂謂開元二十七年遷神于南面，失古者神道尚右之義。而未考詔文，所謂昔周公南面，孔子西坐。今位既有殊，豈宜依舊之說？蓋貞觀、永徽先聖之位迭更，顯慶二年刖祀周公，而西牖之位未改，至是乃正南面之位。宋（闕）非也。
阮葵生《茶餘客話》卷十四		(4) 長公作《司馬温公行狀》《富鄭公神道碑》，如萬斛水銀隨地湧出。蒙叟謂有得於《華嚴經》，稱性而談，無所不有，無所不盡。法界事理，開遮湧現。無門庭，無墻壁，無差擇，無擬議。世諦文字，固已蕩無纖塵，何自而窺其淺深，議其工拙乎？蓋公之學深斥釋教之非，而公之文又深得《華嚴》之妙也。
阮葵生《茶餘客話》卷十七		(5) 關中之碑，經此數厄，所存亦寡矣。洛陽天淵池中有魏文帝九華樓，殿基悉是洛中故碑。金陵街衢，半是六朝碑碣所甃。明初，開封建城，盡取相國寺碑燒灰。燕京舊碑多為中貴取置神道，或重修廟宇，改勒新文，亦金石之屯會也。
阮葵生《茶餘客話》卷二十一		(6) 又《潛邱劄記》載唐裴度作《西平王李公神道碑銘》云“有子曰愿，故檢校司空，河中節度使，贈司徒，五列雄鎮，三為上公”，則益無隱淪之理。

表一千六百七十二

作者/文獻	版本	用　　例
阮榕齡《陳白沙先生年譜》卷一	清咸豐元年至八年新會阮氏夢菊堂刻本	(1) 宣宗宣德三年戊申冬十月二十一日，白沙先生生於新會都會邨。……(時事) 月，新會右都御史魯能生。(《邱文莊集》《魯公神道碑》。)

續表

作者/文獻	版本	用　　例
阮榕齡《陳白沙先生年譜》卷二	清咸豐元年至八年新會阮氏夢菊堂刻本	(2) 成化二十一年乙巳，先生年五十八歲。……（時事）七月，右都御史朱英卒。……（時事）八月初七日，甘肅巡撫魯能卒。（年五十八。《邱文莊集》《魯公神道碑》。）

表一千六百七十三

作者/文獻	版本	用　　例
阮元《經籍籑詁》卷三十四下	清嘉慶阮氏琅嬛仙館刻本	(1) 注：又《文選・報任少卿書》：其次不辱理色。注：神理，猶神道也。《文選・王元長曲水詩序》：設神理以景俗。注：理者，得道之理。《孟子・告子上》：謂理也，義也。注：理，謂不失其道。《荀子・仲尼》：福事至則和而理。注：理，條貫也。《荀子・正名》：道也者，治之經理也。注：理，有條理也。
阮元《經籍籑詁》卷六十六		(2)《禮記・仲尼燕居》：不能樂，於禮素。注：素，樸也。……《文選・大將軍讌會詩》：神道見素，遺華反質。注：華謂采章，質謂淳樸也。
阮元《經籍籑詁》卷七十		(3)《荀子・榮辱》：使人載其事，而各得其宜。注：載，猶行也。《文選・弔魏武帝文》：運神道以載德。注：載，爲也。《周禮・大宗伯》：大賓客，則攝而載果。注：載，成也。
阮元《經籍籑詁》卷一百二		(4) 忒，差也。《易・彖上傳》：觀天之神道，而四時不忒。
阮元《揅經室集》一集卷十	四部叢刊景清道光本	(5) 又按《易》此節曰：寂然不動，感而遂通天下之故。非天下之至神，其孰能與於此？此言神道在《易筮》之內，寂然不動，凡有人來筮者，能因人感而知天下之故。所以《易》道為天下之至神，非說儒者之身心寂然不動，感而遂通也。否則，天下至神，雖周孔不能，況一介儒士乎？

續表

作者/文獻	版本	用　例
阮元 《揅經室集》 二集卷二	四部叢刊景清道光本	(6)《雷塘阮氏墓圖記》：雷塘在揚州宋寶祐廢城之北，漢謂之雷波，亦謂之雷陂，六朝後稱雷塘，有上、中、下三塘之分，中塘最大。長亘東南，形如連阜，築其缺處，可瀦水千畝。今惟田中一澗，寬數丈，出其巽方缺處而已。……為辰巽間線十九丈五尺，乃至《神道碑》下。為坤線一百二十丈，乃至墓道石坊及墓廬阮公樓下。為辰線二百三十四丈，為雷塘出水之巽方。煬帝溝今俗名楊家澗，在煬帝墓南一里許。此雷塘阮氏墓之大略也，別為圖以明之。嗚呼！佳城何常，惟德是依耳。祖父以德居此，子孫不以積善行德永保之，是不孝矣！書此刻於神道碑陰，子姓讀者其敬凜之。
阮元 《揅經室集》 二集卷三		(7) 太傅體仁閣大學士大興朱文正公神道碑 (8) 誥授光祿大夫刑部右侍郎述庵王公神道碑 (9) 嘉慶元年，以授受大典至京與千叟宴。四年，純皇帝升遐，復至京謁梓宮，蒙召見，敕建言，公密封以進，不留草。……六月初六日，病甚，口授《謝恩表》，自定喪禮，屬元撰《神道碑文》。初七日，雞初鳴。公曰：時至矣！遂卒。
阮元 《揅經室集》 二集卷六		(10) 山東分巡兗沂曹濟道唐公神道碑銘
阮元 《揅經室集》 四集詩卷十		(11)《甲戌除夕接雷塘庵僧心平書詩以答之》：勞勞已終歲，今日少務閑。靜坐玩窗影，積雪何增寒。宣念君恩重，肩力懼末殫。忽來詩僧簡，古院憶木蘭。我家雷塘墓，去院數里間。登樓原可望，中惟隔一山。墓廬有梅樹，神道開松關。當兹歲云暮，夜雲飛漫漫。復念千里外，豈不心為酸。簡中何所語，蘇亭多喜懽。上富基木好，下言民食艱。民食聊相助，墓木常相看。(揚州旱民甚饑，糸已捐助。粥賑，更加助於近墓之貧戶。) 寫詩代答簡，轉問竹平安。
阮元 《疇人傳》 卷第十三	清文選樓叢書本	(12) 王孝通，武德九年爲算術博士。校傅仁均《戊寅》，術語見《傅仁均傳》。後爲通直郎太史丞。著《緝古算經》一卷，並自爲之注。其上表曰：臣孝通言：臣聞九疇載叙，紀法著於彝倫；六藝成功，數術參於造化。夫爲君上者，司牧黔首，布神道而設教，采能事而經綸。盡性窮源，莫重于算。昔周公制禮，有九數之名，竊尋九數，卽《九章》是也。

續表

作者/文獻	版本	用　　例
阮元《疇人傳》卷第三十	清文選樓叢書本	(13) 周述學，字繼志，號雲淵子，山陰人也。……述學乃撰《中經》，用中國之算，測西域之占。又推究五緯細行，爲《星道五圖》，令七曜皆有道可求，以畢順之之意。又與順之詳論歷代史志、曆議，正其訛舛，删其繁蕪。撰《大統萬年二術通議》，卽《神道大編》中《曆宗通議》也。
阮元《兩浙輶軒録》卷二	清嘉慶刻本	(14) 楊雍建（字自西，號以齋，海寧人。順治乙未進士，由高要知縣行取給事中累官至兵部左侍郎。著《黄門疏稿》《撫黔奏疏》《弗過軒詩鈔》《景疏樓集》《自怡集》。朱彝尊《神道碑》畧曰：公諱雍建，杭州海寧人。補嘉興府學生員，入國子監。順治甲午，順天鄉試舉人。）
阮元《兩浙輶軒録》卷二十三		(15) 程燾（字九峯，號雲軒，仁和人。乾隆戊午舉人，由中書累官太僕寺少卿。著《鳳敔堂詩文集》。汪承霈《神道碑》畧曰：公先世由新安遷杭。……公由仁和弟子員，乾隆戊午舉于鄉試。補中書舍人，派軍機處行走。蜀有軍旅事，公隨經畧傳公往，以功擢兵部武選司主事。）
阮元《兩浙金石志》卷二	清道光四年李橒刻本	(16)《唐有道先生葉國重碑》:《唐故葉有道先生神道碑》(并序)，括州刺史李邕文并書。昔者誕發老君，道純天地；生得夫子，身負日月：且時宰不宗，主人勿用。矧乎埋照後谷，潛盤窮山，幽姿蛻於塵容，素尚允於仙類：豈辟命行矣，爵服縶之而已哉！公諱國重，字雅鎮，南陽葉縣人也。……枉以末技，揚於孝心，惟先志以追遠，立豐碑以紀德，夫何閑然？其詞曰：宗門素履，家代隱仙。道一相孕，薪火相傳。黄公術在，赤水珠聯。道開幽鍵，性與真筌。一門累祖，四世百年。抗跡岩穀，消聲天地。卓爾遐舉，藹然高致。麝以臭焚，珠以明墜。人則有心，徵亦不至。保身匪俞，全樸為利。孝孫增業，明辟順風。志嘗無忝，事或不同。徵賢朝滿，舉逸山空。曷由高枕？克謝代工。測微達變，盡規納忠。皇眷雖渥，孝思亦深。章服粲粲，傳駟駸駸。載違廷闕，是展墳林。紀石追遠，昭銘率心。孝終事立，榮歿寵今。遐超古始，永憲江南。 (17)《大唐贈歙州刺史葉公神道碑》（并序）（江夏李巛）：國子監太學生。公諱慧明，字德昭，南陽郡人也。
阮元《兩浙金石志》卷四		(18) 後晉錢文穆王神道碑 (19) 大晉故天下兵馬都元帥守尚書令吳越國王謚文穆錢公神道碑（并序）
阮元《兩浙金石志》卷五		(20) 按：述古，字行之，陳堯佐子也。仁宗寶元二年，官尚書金部員外郎。弟求古，字師之，官殿省丞；子知素，官濟源尉，皆見述古《濟源廟題名》。歐陽公撰堯佐《神道碑》，以述古、求古為堯佐子。《宋史》以述古為堯咨子，與博古同附《堯咨傳》後，誤矣。

續表

作者/文獻	版本	用　例
阮元《兩浙金石志》卷九	清道光四年李槿刻本	(21) 神祠，晉永和時，立于青山。唐聖歷，遷于城中。歷代著績，各有封號。梁封永嘉侯。崇寧，改額曰“靈應”。政和八年，加惠濟。宣和三年，加威烈。六年，加忠嘉。建炎四年，加廣靈。端平四年，改威烈為神聖。嘉熙元年，加忠嘉。神聖、惠濟、廣靈，王神之靈，亦昭昭已哉！陳居仁，莆田人。紹興二十一年進士。周必大《陳公神道碑》：除華文閣直學士，提舉江州太平興國官，官爵自莆田縣男至奉化郡開國侯。
阮元《兩浙金石志》卷十四		(22)《詩》曰：若古範民有庠有序。……明詔屢頒，申嚴甲令。憲臣宣良，牧涖政吉……凡厥禮容有，財逋租是。輯咨爾元，僚制其張。翕庭閑閑，穹棟岌岌。自門徂堂，爾營爾葺。……問惠我近，式訓程之。視公繩準，顯允虞侯。職是南佰，起孝起敬。民用飲食，僚有王君。婉其諸書，載新類宮。崇崇仡仡，神道設教。天維顯用，民罔知惟。共春則相，興則成誦矣。
阮元《兩浙金石志》卷十五		(23) 帝德且宣神功，爰勒銘詩，與茲山無極。其詩曰：邈哉東南，萬山之藪。孰殿茲土，相其溫厚。先民有言，山岳配天。體坤之載，道合靜專。崒茲會稽，列巘環向。鬱蔥禹穴，蔽虧秦望。譬彼江海，百谷是王。禮隆昭祀，嘉薦必芳。奕奕新廟，塗塈丹艧。盪昏即明，闢隘從廓。物既和止，神亦宴娭。靈旂肸飾，賁然來思。擁其休嘉，錫此南土。豈惟南土，九有伊祐。維皇縱聖，惟臣弼諧。神道泰寧，兆民允懷。詩詠岡陵，式揚壽祉。儒臣作銘，贊於天子。
阮元《兩浙金石志》卷十八		(24)《潛研堂金石跋尾》云：東平王者，不忽木也。忠定公者，回回也。回回，謚忠定，不見于《元史》，宋濂撰《神道碑》亦未之及。
阮元《儒林傳稿》卷一	清嘉慶刻本	(25)《顧炎武傳》(張弨、吳任臣)：顧炎武，字寧人，初名絳，崑山人。(《已未詞科錄》《鮚埼亭集》《亭林神道表》、李光地《榕村集》作“長洲者”，非。)
阮元《(道光)廣東通志》卷一	清道光二年刻本	(26) 雍正二年，上諭沿海居民人等：朕思天地之間，惟此五行之理，人得之以生全，物得之以長養，而主宰五行者，不外夫陰陽。陰陽者，卽鬼神之謂也。孔子言：鬼神之德，體物而不可遺。豈神道設教哉？蓋以鬼神之事，卽天地之理，故不可以偶忽也。凡小而邱陵，大而川岳，莫不有神焉主之，故當敬信而尊事，況海爲四瀆之歸宿乎？使以爲不足敬，則堯舜之君，何以柴望秩于山川？文武之君，何以懷柔百神，及河喬嶽？今愚民昧於此理，往往淫祀，而不信明神，傲慢褻瀆，致干天譴。夫善人多而不善人少，則天降之福。卽稍有不善者，亦蒙其庇。不善人多而善人少，則天降之罰，雖善者亦被其殃。

續表

作者/文獻	版本	用　　例
阮元《（道光）廣東通志》卷一百八十五	清道光二年刻本	(27) 公言：廣東屢言三槍已禽已殺，後殊不然。此豈可信？卒不奏。詔落職權，賜金帶。（劉克莊《忠肅陳觀文神道碑》。）
阮元《（道光）廣東通志》卷一百八十七		(28) 宏治中，巡撫鄧廷瓚奏：以廣東瀧水爲賊巢，宜即其地設千戶所，調遣新軍守禦，仍宜給與隙地屯種，爲久計奏。上悉從之。（《獻徵錄》《鄧廷瓚神道碑》。） (29) 兩廣總督陳金，以海賊肆爲邊患，督官兵窮追至外洋，焚其僭用、龍衣等物，前後斬首、招撫及殺傷、墮水死者二千三百餘人。（《獻徵錄》、蔣冕《陳金神道碑》。） (30) 謹案：《明史・陳金傳》不載此事。據《神道碑》，作"正德十一年"。考本傳，全于正德改元總督兩廣。三年十月，遷南京戶部尚書。十年，再起總督兩廣，此殆再至廣時事也。
阮元《（道光）廣東通志》卷一百九十五		(31)《書錄解題》曰：《曲江集》本有元祐中郡人鄧開序，自言得其文於公十世孫蒼梧守唐輔而刊之。卷末《行狀》《神道碑》《謚議》，蜀本無之。
阮元《（道光）廣東通志》卷二百一		(32) 謹案：《新書・地理志》：大庾嶺新路，開元十七年開。此《記》云"開元四載"，與《神道碑》合，可以訂《新書》之誤。
阮元《（道光）廣東通志》卷二百二		(33)《唐銀青光祿大夫嶺南五府節度經略採訪處置等使攝御史中丞賜紫金魚袋殿中監南康縣開國伯贈揚州大都督府長史張公神道碑》，中人（闕）行禮部侍郎秘書少監蘭陵蕭昕譔。（佚） (34) 考徐浩撰《神道碑》，在大歷間，仍不載贈司徒事。

續表

作者/文獻	版本	用　　例
阮元 《（道光） 廣東通志》 卷二百六	清道光二年刻本	（35）歐陽修《文襄公神道碑》云：祀明堂，覃恩遷衛尉卿。 （36）《中書門下牒廣州南海洪聖廣利王牒》：奉勑易載害盈益謙之旨，蓋神道正直，必有輔於教也。其有陰相吾民，沮遏凶醜，應答明白，不列美稱，曷以揚神之休？南海洪聖廣利王：惟王廟食尊爵，表于炎區，年旣遠矣。唐韓愈記稱神次最貴，且有福禍之驗。國家秩禮，祀等尤高。康定中，朕嘗增王徽名、牲幣、器數，罔不稱是。 （37）《野吏亭》詩見《宋詩紀事》，“炎帝國”作“炎帝圃”，“重江”作“重城”。……考《宋史》《東都事畧》《宋史新編》《六一集》《文惠神道碑》，皆作“七年”。此云“十年”，蓋模勒誤爾。 （38）余襄公神道碑（佚文。見《歐陽文忠集》。） （39）“集賢院學士”下闕二字，以歐陽修《余襄公神道碑》考之，當爲“余靖”。但史傳不載尙書左丞，蓋元豐未改官制以前，左右丞俱寄錄官，故史畧之爾。
阮元 《（道光） 廣東通志》 卷二百九		（40）灋從人舉，道與世升。國家列聖相承，重熙累洽，以神道設教，人壽躋民，妙嚴寶乘，用禪皇化。由是萬邦作孚，遐邇興善，像教之隆，度越前古矣。
阮元 《（道光） 廣東通志》 卷二百十五		（41）王又迎以甘澍，送以祥風；陰澂開闔，咸符僉言；神道罔測，惟誠不貳。在前二年，臣月魯不花爲御史。臣舟載筆詞館，同扈從上京，俱嘗建言：名山大川，方祀不修，旱乾水溢，咎或由此。
阮元 《（道光） 廣東通志》 卷二百二十六		（42）應天府尹陳錫墓，賜葬於潯岡。父贈太常卿。珙墓，在虎脈岡，學士黃佐撰《神道碑》。（《金志》） （43）少師華蓋殿大學士贈太師謚文康梁儲墓，賜葬於大觀山，少師楊一清撰《神道碑》。（俱同上） （44）右副都御史魯能墓，在懷仁里象山。（《金志》）賜葬祭，邱濬撰《神道碑》。（《黃志》）
阮元 《（道光） 廣東通志》 卷二百二十七		（45）正德間，布政吳廷舉重建饗堂，編夫看守。（《黃志》。唐徐浩撰《神道碑》，詳《金石略》。） （46）太僕卿吳裕墓，在黃坡山。賜祭葬。（明吳寬撰《神道碑銘》。）

續表

作者/文獻	版本	用　　例
阮元 《（道光） 廣東通志》 卷二百二十八	清道光二年刻本	(47）御史唐舟墓，在縣西南二十里蒼驛都雲亭山。（《黄志》）武英殿大學士謚文莊邱濬墓，在縣西五原都五龍池水頭村南（《府志》）。賜祭葬，刑部尚書何喬新撰《神道碑》。（《黄志》） (48）御史陳實墓，在縣陶公山，侍郎邵賓撰《墓誌銘》。（《黄志》）戸部侍郎鍾芳墓，在縣西十里蒼屹山。賜祭葬，祭酒黄佐撰《神道碑銘》。（同上）
阮元 《（道光） 廣東通志》 卷二百三十四		(49）唐顔眞卿《宋公神道碑》畧曰：中宗幸西蜀，深虞北鄙，乃兼檢校并州大都督府長史，尋入爲洛州長史。 (50）韋正貫，字公理。舉賢良方正異等，除太子校書郎，調華原尉。後又中詳閑吏治科，遷萬年主簿，擢司農卿。……會海水溢，人爭咎撤祠事，以爲神不厭，正貫登城沃酒以誓曰：不當神意，長人任其咎，無逮下民。俄而水去，民乃信之。居鎮三載，遺令無厚葬，無用鼓吹，無請謚。卒，年六十八，贈工部尚書。（《新唐書・韋皋傳》。蕭鄴《韋公神道碑》略：公諱正貫，字公理。幼而神靈，長而聰異。目所繫覽，不忘於心耳。）
阮元 《（道光） 廣東通志》 卷二百三十五		(51）永泰元年，奏捷如京師。卒，年四十二。（《黄志》。豆盧詵《宗公神道碑》：夫工文者或懦於勇烈，善武者或昧於政理；徐則失於斷，疾則寡於謀。至若文而有勇，武而有政，徐而能斷，疾而能謀者，公有之矣。公諱仲，字義仲，其先南陽人也。） (52）伊慎，兗州人。善騎射，始爲果毅。喪母，將營合祔，不識其父之墓。晝夜號哭，未浹日，夢寐有指導焉。遂發壟，果得舊記驗。……嗣恭表愼功，授連州長史，知當州團練副使。（《舊唐書本傳》。權德輿《伊公神道碑》：昔伊尹相湯，伊涉相太戊，咸有一德，格于上帝。其後伊籍以敏辨仕蜀爲將軍，伊馥以勳佐魏爲司空。……初公來朝也，詔宥以侍御史領安州刺史，由二千石入筦南北軍，教忠移孝，情禮盡在。宥以鄙夫與太保同居里閈，以理命遺緘，辱徵斯文，表諸神道，不敢誣也。銘曰：在殷保衡，負鼎而相。惟唐南充，推轂爲將。泔溪之利，嶺表乃平。蠻水之捷，漢南以清。蔡兇滔天，曹邸鼓行。公率武旅，迅如風霆。蘄春安陸，連下劇地。專城建牙，宏大名器。交修威懷，較著功利。介圭會朝，脫躧師帥。南宮端右，武候緹騎。沐浴休明，保完富貴。歲降婁兮月大呂，一氣散兮無處所。繫甲車兮馬鬣封，九原夕兮閟音容。揭此介石，厥聲無窮。）

續表

作者/文獻	版本	用　　例
阮元 《（道光）廣東通志》 卷三百二十六	清道光二年刻本	（53）高力士，潘州人（《舊唐書》），馮盎曾孫（《新唐書》），君衡少子也。（張燕公《贈潘州刺史馮君衡神道碑》。） （54）母亦出金環示之，乃相持號泣，累日。帝聞召見，封越國夫人（郭湜《高力士傳》），而追贈其父君衡潘州刺史（《馮君衡神道碑》），又贈廣州大都督（失名《高力士神道碑》）。

表一千六百七十四

作者/文獻	版本	用　　例
薩英額 《吉林外記》 卷九	清光緒漸西村舍本	（1）《大金得勝陀頌》（并序）：奉政大夫充翰林修撰同知制誥兼太常博士驍騎尉賜緋魚袋臣趙可奉敕撰，儒林郎咸平府清安縣令武騎尉賜緋魚袋臣孫俁奉敕書丹。承直郎應奉翰林文字同知制誥兼充國史院編修官雲騎尉賜緋魚袋臣党懷英奉敕篆額得勝陀，太祖武元皇帝誓師之地也。……臣可方以文字待罪禁林，然則頌成功，美形容，臣之職也。敢再拜稽首而獻文曰：遼季失道，腥聞於天。迺眷東顧，實生武元。皇矣我祖，受天之祜。恭行天罰，布昭聖武。……神道設教，易經著辭。厭勝之法，自古有之。我軍如雲，戈甲相屬。神火燄燄，光浮萬丈。天有顯道，厥類惟彰。國家將興，必有禎祥。周武戎衣，火流王屋。漢高奮劍，素靈夜哭。……惟此得勝，我祖所名。詔以其事，載諸頌聲。文王有聲，橘駿有聲。潤錄祖業，惟時聖明。帝王之符，千載合契。配姬輿劉，詔于萬世。大定二十五年七月二十八日立石。

表一千六百七十五

作者/文獻	版本	用　　例
桑調元 《弢甫集》 卷十八	清乾隆刻本	（1）易簀前一夕，口不能言，索紙作書，惓惓以祠宇、墓田、神道碑、遺書爲念。
桑調元 《弢甫集》 卷下		（2）《伯皮墓》：啟聖林前祔，高墳氣鬱葱。秋陰連宰木，神道合玄宮。女長從歸适，兒賢喜得忠。防山崇閟殿，一體祭原同。

表一千六百七十六

作者/文獻	版本	用　例
邵長蘅 《邵子湘全集》 青門簏稾 卷十三	清康熙刻本	(1) 明中奉大夫正治卿禮部右侍郎兼翰林院侍讀學士誠齋管公神道碑銘 (2) 光祿大夫太子太保內翰林國史院大學士贈少保兼太子太保文康宋公神道碑銘（代湯潛菴先生）
邵長蘅 《邵子湘全集》 青門旅稾 卷五		(3) 邵長蘅曰：余客江右，數往來峽江吉水間，望所謂釣魚臺者，巨石巉巉，然俯江岸，昔人以爲可坐而釣也，因以名云。余每過，未嘗不欷歔欲涕也。虞山錢公謙益爲公譔《神道碑》，敘事詳贍。 (4) 此明末有關係文字。虞山《神道碑》盈萬言，子湘約以二千三百言，不漏不支，要是鑪錘力大。（宋牧仲先生）
邵長蘅 《邵子湘全集》 青門旅稾 卷六		(5) 代清故通奉大夫詹事府詹事兼翰林院侍讀學士加禮部侍郎沈公神道碑

表一千六百七十七

作者/文獻	版本	用　例
邵晋涵 《南江詩文鈔》 文鈔卷十二	清道光十二年胡敬刻本	(1)《盤州集》提要：《盤洲集》八十卷，宋洪适撰。許及之撰适《行狀》，稱其有《文集》一百卷，藏於家。周必大撰《神道碑》，又稱其論著爲四方傳誦，有《盤洲集》八十卷，則八十卷當屬定本。 (2)《宋史》因周必大《神道碑》而增損，其辭遂失其事實耳。他如表、啟、疏、狀諸篇，多有關於《宋史》之考證者，又不僅以其文詞之工也。
邵晋涵 《舊五代史考異》 卷一	清面水層軒鈔本	(3) 案：偃師縣有《葛從周神道碑》云：十月三日，歸葬於偃師縣亳邑鄉。碑以貞明二年十一月十二日建。
邵晋涵 《舊五代史考異》 卷二		(4) 案：代州有《唐故龍武軍統軍檢校司徒贈太保隴西李公神道碑》云：公諱國昌，字德興。 (5) 又，王禹偁《小畜集》有《宋渥神道碑》云：母義寧公王，天福中，晋祖以嘗事莊宗，有舊君之禮，每貴主入見，聽其不拜。時兵戎方熾，經費不充，惟公主之家，賜予甚厚，盡而復取，亦無倦色。

續表

作者/文獻	版本	用　　例
邵晋涵《舊五代史考異》卷四	清面水層軒鈔本	(6) 案：延渥為利州節度使，于前未見。王禹偁《宋公神道碑》云：少帝嗣統，授檢校太尉、使持節利州諸軍事，行利州刺史。盖延渥于元年出鎮利州，二年復改鎮也。《薛史》未及詳載。 (7) 案：《通鑑》作“顯德元年十一月，北漢主殂遣使告于契丹”。《考異》引王保衡《見聞要録》《劉繼顒神道碑》為据，疑《薛史》作“二年”為誤。 (8) 案：《小畜集·宋延渥神道碑》云：五月，授義成軍節度使，其制略曰：長驅下瀨之師，若涉無人之境。除凶戡難，爾既立夫殊庸，礪岳盟河，予豈忘于豐報。南燕舊邦，北闕伊迩。河壖作翰，遥臨白馬之津；穰下統戎，即鎮卧龍之地。 (9) 案：以下原本有闕文。範父名初，以户部郎中致仕，見《世宗紀》。而《景範神道碑》稱為“太僕府君”，盖其贈官也。 (10) 案：《景範神道碑》，以顯德三年十二月立，扈載奉勅撰，孫崇望奉勅書。今在鄒平縣。
邵晋涵《爾雅正義》卷六	清乾隆刻本	(11) 《説文》云：道，所行道也。路，道也。場者，鄭註《地官·場人》云：場，築地爲墠，季秋除圃中爲之。《詩》云“九月築場圃”，是場與墠義同。鄭註《祭法》云：封土曰壇，除地曰墠。是築治平地爲場也。《説文》云：場，祭神道也。一曰治穀田也。是場卽道也。

表一千六百七十八

作者/文獻	版本	用　　例
邵懿辰《半巖廬遺集》遺文	清光緒三十四年邵章刻本	(1) 老年，妾生二子。迨歿後，相繼以夭而訖。無主後又神道之，不可究測也。然宋元以來，率以近代儒者祔食於孔氏之庭，如先生殆毫髮無愧，而後之王者所必取也。然則天所以賦之，亦優矣。道光十有八年春三月，仁和後學邵懿辰謹撰。

表一千六百七十九

作者/文獻	版本	用　　例
邵遠平《元史類編》卷十一	清康熙三十八年原刻本	（1）耶律楚材，字晋卿，遼東丹王突欲八世孫，（《畿輔志》云：王子婁國爲燕京留守，遂居燕。）金尙書右丞履之子也。（宋子貞《神道碑》云：楚材，以明昌元年六月二十日生。父文獻公，通數學。） （2）史天澤，字潤甫，大興永清人。身長八尺，吐響如洪鐘，從其兄天倪帥真定。（李磐《神道碑》云：父秉直，生三子，伯天倪，仲天安，天澤其季也。） （3）希憲摘伏推姦，無稍避。暇則從名儒許衡、姚樞輩諮訪治道，首請用衡提舉學校，教育人才，爲根本計。（元明善《神道碑》云：又薦智仲可条綜府事。題所居堂曰“止善”，公退，即與諸儒講求事君立身大義，焚香鼓琴，夜分乃息。）
邵遠平《元史類編》卷十二		（4）姚樞，字公茂，柳城人，後遷洛陽。少力學，初爲金軍資庫使，内翰宋九嘉識其有王佐畧。（姚燧《神道碑》云：樞自幼力學，夜分不輟，母張夫人恐傷躭苦，每止之，乃塞窗，不使見燭，就忱必盡二鼓。） （5）劉秉忠，字仲晦，初名侃，後從釋氏，名子聰。其先瑞州人，世仕遼，爲官族。曾大父仕金，爲邢州節度副使，因家焉。……子聰於書無所不讀，尤邃於《易》及邵氏《經世書》，至天文、地理、律曆、三式六壬遁甲之屬，無不精通。論天下事如指掌。世祖悦之，遂留贊大計。後奔父喪歸，賜金爲葬具。（王磐《神道碑》云：初，丁母憂，毁瘠骨立，衣一敝裘，三歲不易。及父卒，雖身從天竺之教，而服食貶損，容貌哀戚，與循禮典執通喪者無少異。）
邵遠平《元史類編》卷十四		（6）徹里，燕只吉台氏。（姚燧《神道碑》作“衍只吉氏”。）曾祖太赤，從太祖定中原，以功封徐、邳二州，因家於徐。徹里幼孤，母蒲察氏教之學。 （7）尚文，字周卿，祁州深泽人。幼穎悟，負奇志。張文謙宣撫河東，参政王倚薦其才，辟掌書記。……至元六年，始立朝儀，太保劉秉忠言於世祖，詔文與諸儒，採唐《開元禮》及近代禮儀可行於今者，斟酌損益，凡文武儀仗、服色差等，皆文掌之。明年春，朝儀成，帝臨觀，大悦，遂爲定制。（孛术魯翀《神道碑》云：上御法座臨之，見大書“宸極御座之居”，召文問之，對曰：天極居中，衆星環拱，帝德無爲，天下歸之，其象類此。）
邵遠平《元史類編》卷十六		（8）朵爾直班素有風疾，積勞患日劇，遂卒于黄州，年僅四十。生平留心經術，凡伊、洛諸儒書，未嘗釋手。喜爲詩，於字畫尤精。（《書史會要》云：嘗奉勑書《鄧文肅神道碑》。）其在經筵，多開陳大義。間采前賢遺言，各以類次，爲書凡四卷，一曰《學本》，二曰《君道》，三曰《臣職》，四曰《國政》。明道、厚倫、制行、稽古、遊藝，五者《學本》之目也；敬天、愛民、知人、納諫、治内，五者《君道》之目也；宰輔、台察、守令、將帥、贊御，五者《臣職》之目也；興學、訓農、理財、審刑、議兵，五者《國政》之目也。帝覽而善之，賜名曰《治原通訓》，藏于宣文閣。

續表

<table>
<tr><th>作者/文獻</th><th>版本</th><th>用　　例</th></tr>
<tr><td>邵遠平
《元史類編》
卷十七</td><td rowspan="6">清康熙三十八年原刻本</td><td>(9) 畏答兒，忙兀人。其先剌眞八都兒，次子名忙兀兒，始别爲忙兀氏。畏答兒，其六世孫也。與兄畏翼俱事太祖。時大疇部方强盛，畏翼率其屬歸大疇，畏答兒力追之，堅不肯還。太祖曰：汝兄既去，汝獨留此何爲？畏答兒無以自白，取矢折而誓曰：所不終事主者，有如此矢。太祖察其誠，更名薛禪，約爲按達。(姚燧《神道碑》云：明炳幾先，與友同死生之義。)</td></tr>
<tr><td>邵遠平
《元史類編》
卷十八</td><td>(10) 尤德之部曲有回歸益都者，益都破，獲归，皆自分必殺，實置不問。王義深者，義斌别將也。實族屬在東平，向爲所害。河南破，實獲義深妻子，厚周卹之，送還鄉里，終不以舊怨爲嫌。太宗十二年卒。遠近悲悼，野哭巷祭者，旬月不已。(元好問《神道碑》云：實病風痺久，有勸迎良醫者，笑曰：人豈不死？得無疾痛以殁足矣！)
(11) 中統三年，追封隴西郡公，謚武義。英宗即位，加封隴右王。(楊焕《神道碑》云：金貞祐二年，世顯揩戰功起家爲千夫長。正大四年，領隴州防禦使。六年，升鞏昌府治中，轉同知，兼参議帥府機務。九年，拜便宜總帥。)</td></tr>
<tr><td>邵遠平
《元史類編》
卷十九</td><td>(12) 阿里海牙(《綱目》作“涯”)，畏吾兒人。初生，胞中剖而出。父以爲不祥，將棄之，母不忍。比長，聰辨，有膽畧。家貧，嘗躬耕，舍耒歎曰：大丈夫當垂功竹帛，何至槁項畎畝！去，求北庭書讀之，一月而盡。用薦者得事世祖，漸見擢用，(姚燧《神道碑》云：大將十鄰吉帶，薦其忠謹，得宿衛。從濟江，帝射虎未殪，海涯捨馬挺矛衝入之。攻鄂，先衆而登，禽一人還，流矢貫喉出項。帝勇之。) 由左右司郎中遷參議中書省事。至元五年，命僉河南行省事。</td></tr>
<tr><td>邵遠平
《元史類編》
卷二十</td><td>(13) 詔以興爲福建征蠻副元帥，與都元帥完者都合討。直抵其壁，賊乘高瞰下，矢石如雨。興命人挾束薪蔽身，進至山半，棄薪退，如是者六日，誘其矢石盡，乃燃薪焚其柵。時盜蔓延五十餘寨，扼塞自固。興攻破其十五寨，弔眼走保千壁嶺。興上至山半，誘與語，接其手，掣下擒斬之，漳州悉平。(元明善《神道碑》云：詔入朝，休所將軍一年。)</td></tr>
<tr><td>邵遠平
《元史類編》
卷二十一</td><td>(14) 竇默，字子聲，初名傑，字漢卿，廣平肥鄉人。幼嗜書。(李謙《神道碑》云：叔祖旺，爲郡功曹，欲使習刀筆，默不肯就，願卒儒業。) 金末，遭兵亂被俘，同時三十人皆見殺，惟默得脱歸，其家破母亡，遂南走渡河，遇醫者王翁(《通鑑》作“李浩”)妻以女，使業醫。轉客蔡州，金主遷蔡，默恐兵且至，又走德安。孝感令謝憲子授以伊洛性理書，默自謂昔未嘗學，而學從此始。</td></tr>
</table>

續表

作者/文獻	版本	用　　例
邵遠平 《元史類編》 卷二十二	清康熙三十八年原刻本	(15) 虞集《神道裨》云：賡官一品，年七十，而父慭無恙，賡躬奉食飲，候寒暄，晨昏不懈。仁宗聞之曰：此我國家人瑞也。
邵遠平 《元史類編》 卷二十三		(16) 姚天福，字君祥，絳州人。後徙鴈門。（孛术魯翀《神道碑》云：系出唐相元崇。）幼讀《春秋》，通大義。及長，以材辟懷仁丞。世祖至元五年，始立御史臺，以天福爲架閣管勾，尋拜監察御史。每廷折權臣，帝嘉其直，錫名巴兒思。 (17) 虞集《神道碑》云：時盜起新昌玉山，宣慰陳祐率師往討，方立馬撫諭，忽爲飛矢所中而隕。或言城中少年將與外寇合謀變，軍帥將殺少年千餘人，思濟曰：千餘人無反狀，若以無罪見殺，人心危亂，變恐不止此郡，請以家人百口保其不反。帥乃止。 (18) 吏每見多失措，祐謂曰：何震慴若是！前爲盜跖，今為顏子，吾以顏子目之；前爲顏子，今爲盜跖，吾以盜跖待之。……未幾，行省檄祐檢覈慶元、台州民田。至新昌，值玉山盜至，（王惲《神道碑》云：衆謂可去，祐曰：吾守土臣，義不當避，去之民曷依?）倉猝不及備，竟遇害。追封河南郡公，謚忠定。
邵遠平 《元史類編》 卷二十六		(19) 生平好直言，雖帝怒甚，其辭不少屈。後坐斂軍鈔六百錠，罷官。（孛术魯翀作《劉天福神道碑》云：昻吉兒間淮二十年，操制兵民，潛結中奥，縱盜出没淮海。天福爲按察使，捕其黨七人，殉于市。帝聞之，遣近侍阿木、御史萬僧驗訊，昻以罪廢。）
邵遠平 《元史類編》 卷二十七		(20) 明年，遷江西參政。時逮捕民間受宋二王文帖者甚急，坐繫巨室三百餘，居貞至，悉出之，投其帖於火。士卒有挾兵器入民家，誣爲藏匿以取財者，皆痛繩以法。（姚燧《神道碑》云：宰相出入，以甲士導從，至省班立庭下。時大雪，墮地旋消移，時不能（闕）寸。右丞塔出，貴胄也，顧謂居貞曰：南方並有，北寒減三月。居貞曰：相公襲貂裘，熾炭其前，而張幄於後，言是，則宜彼庭立者，必以爲加三月矣。塔出屬觴謝其失言，休士於廡。）
邵遠平 《元史類編》 卷三十二		(21) 吴澄（当作“澂”），字幼清，江西崇仁人。……三歲，教之詩，隨口成誦。五歲，日記千餘言，夜讀書至旦，母憂之，節其膏火。澄候母寢，燃火復讀，不稍懈。既長，知用力聖賢之學，當宋末舉進士不第。（揭傒斯《神道碑》云：十歲，得朱子《大學》等書讀之，恍然知爲學之要。）

續表

作者/文獻	版本	用　　例
邵遠平《元史類編》卷三十三	清康熙三十八年原刻本	(22) 楊恭懿，字元甫，奉元人。力學强記，日數千言，雖從親逃亂，未嘗廢業。(姚燧《神道碑》云：逃亂而來，不恒其居，于汴、于歸德、于天平。雖間關險阻，未嘗怠弛其業。) 年十七，西還，家貧，服勞爲養。暇則就學，書無不讀，尤深於《易》《禮》《春秋》，後得朱熹集註《四書》，歎曰：人倫日用之常，天道性命之奧，皆萃此書矣。
邵遠平《元史類編》卷三十五		(23) 孟頫退謂奉御徹里曰：上論賈似道誤國，責留夢炎不言。今桑哥罪甚於似道，而我輩不言，他日何以辭其責？侍臣中慷慨有大節，又爲上所親信，無踰公者。夫捐一旦之命，爲萬姓除殘，仁者事也。公其勉之！既而徹里果於帝前，首發桑哥罪惡。會大臣亦有繼言者，帝遂按誅桑哥。(歐陽玄《神道碑》云：後徹里語及斯事，嘆曰：使我有萬世名者，子昂之力也。) (24) 偶過梁山濼，見漁父織蘆花爲被，欲易之以紬。漁父疑其人，陽曰：君欲吾被，當爲賦詩。遂援筆立成，竟持被去。人間喧傳《蘆花被》詩。晚年，文日邃，詩益冲澹。草隸書，稍取古人所長，變化自成一家。其視死生若晝夜，絶不凝滯於物，翛然欲遺世而獨立。(歐陽玄《神道碑》云：常入天目山，見中峯禪師，劇談大道。每夏坐禪包山，暑退始入城。)
邵遠平《元史類編》卷四十一		(25) 仁宗卽位，加開府儀同三司。諭近臣曰：累朝舊德，僅餘張上卿耳。賜號“輔成贊化保運神德眞君”，授玉印。英宗初，命修法事於崇眞宫。至治元年，卒。其徒吳全節嗣。(虞集《神道碑》云：留孫以老子之道，日見尊禮。非有宿衞之勞，而常在帷幄；非有輔相之位，而常與國政。有賓師之貴，而無職守之責；居富貴之極，而不易寒儉之素。歷任累朝，垂四十年，爲朝廷、宫掖、中外所尊敬。)

表一千六百八十

作者/文獻	版本	用　　例
沈炳震《唐書合鈔》卷十九	清嘉慶十八年海寧查世倓刻本	(1) 夏五月，中書奏：六月十二日，皇帝載誕之辰，請以其日為慶陽節。祔宣懿太后於太廟。初，武宗欲啓穆宗陵祔葬，中書門下奏曰：園陵已安，神道貴静。光陵二十餘載，福陵則近又修崇。竊惟孝思，足彰嚴奉。今若再因合祔，須啓二陵，或慮聖靈不安，未合先旨。又以陰陽避忌，亦有所疑。不移福陵，實協典禮。乃止。就舊壙增築，名曰福陵。

續表

作者/文獻	版本	用　　例
沈炳震《唐書合鈔》卷二十一	清嘉慶十八年海寧查世倓刻本	(2) 十二年春正月戊申，宰相路巖率文武百僚上徽號曰睿文英武明德至仁大聖廣孝皇帝，御含元殿。冊禮畢，大赦。(《新書》在十一年十一月甲寅) 辛酉，葬衛國公主於少陵原。先是，詔百僚為挽歌詞，仍令韋保衡自撰《神道碑》，京兆尹薛能為外監護，供奉楊復璟為内監護，威儀甚盛，上與郭淑妃御延興門哭送。幽州節度使張允伸病，請以子簡會為節度副大使、權知兵馬事，詔從之。
沈炳震《唐書合鈔》卷二十八		(3) 臣等伏覩，既經兩朝親祠，必是祈請有徵，况自太和已來，水旱愆候，陛下常憂稼穡，每念蒸黎。臣等合副聖心，以修墜典。伏見太和三年禮官狀云：縱司水旱兵荒，品秩不過列宿。今者五星悉是從祀，日月猶在中祀。竊詳其意，以星辰不合比於天官。曾不知統而言之，則為天地，在於辰象，自有尊卑。……又北斗有權、衡二星，天一、太一參居其間，所以財成天地，輔相神道也。若一槪以列宿論之，實為淺近。
沈炳震《唐書合鈔》卷二十九		(4) 開元十七年十一月丙申，親謁橋陵。皇帝望陵涕泣，左右並哀感。進奉先縣同赤縣，以所管三百户供陵寢，三府兵馬供衛，曲赦縣内大辟罪已下。戊戌，謁定陵。己亥，謁獻陵。壬寅，謁昭陵。己巳，謁乾陵。戊申，車駕還宫。大赦天下，流移人並放還，左降官移近處。百姓無出今年地税之半。每陵取側近六鄉，以供陵寢。(皇帝謁陵，行宫距陵十里，設坐於齋室，設小次於陵所道西南，大次於寢西南。侍臣次於大次西南，陪位者次又於西南，皆東向。文官於北，武官於南，朝集使又於其南，皆相地之宜。前行二日，遣太尉告於廟。皇帝至行宫，即齋室。陵令以玉册進署。設御位於陵東南隅，西向，有岡巒之閡，則隨地之宜。又設位於寢宫之殿東陛之東南，西向。尊坫陳於堂户東南。百官、行從、宗室、客使位神道左右，寢宫則分方序立大次前。)
沈炳震《唐書合鈔》卷三十九		(5)《送文舞出迎武舞入用舒和》：神道發生敷九稼，陰陽乘仁暢八埏。緯武經文陶景化，登祥薦祉啟豐年。
沈炳震《唐書合鈔》卷五十五		(6) 臣聞三王之朝，不能免淫亢；太平之時，不能無小孽。備禦之道，存乎其人。……今暫逢霖雨，即閉坊門，弃先聖之明訓，遵後來之淺術，時偶中者，安足神邪？蓋當屏翳收津，豐隆戢響之日也。豈有一坊一市，遂能感召星靈；暫閉暫開，便欲發揮神道。必不然矣，何其謬哉！至今巷議街言，共呼坊門為宰相，謂能節宣風雨，燮理陰陽。夫如是，則赫赫師尹，便為虛設；悠悠蒼生，復何所望？

續表

作者/文獻	版本	用　例
沈炳震《唐書合鈔》卷七十五	清嘉慶十八年海寧查世倓刻本	(7) 開元中，張孝嵩出塞，張九齡、韓休、崔沔、王翰、胡皓、賀知章所撰《送行歌》詩。張楚金《翰苑》三十卷，王方慶《王氏神道銘》二十卷，徐堅《文府》二十卷。
沈炳震《唐書合鈔》卷一百二	清嘉慶十八年海寧查世倓刻本	(8) 穆宗宣懿皇后韋氏，武宗昭肅皇帝之母也。（失其先世。穆宗為太子，后得侍，生武宗。……有司奏：太后陵宜別制號。帝乃名所葬園曰福陵。既又問宰相：葬從光陵與但祔廟孰安？奏言：神道安于靜，光陵因山為固，且二十年，不可更穿。福陵宗築已有所，當遂就。臣等請奉主祔穆宗廟便。帝乃下詔：朕因誕日展禮於太皇太后，謂朕曰：天子之孝，莫大于承續。今穆宗皇帝虛合享之位，而宣懿皇后實生嗣君，當以祔廟。由是奉后合食穆宗室。）
沈炳震《唐書合鈔》卷一百十七	清嘉慶十八年海寧查世倓刻本	(9) 如晦以高孝基有知人之鑒，為其樹《神道碑》以紀其德。其年冬，遇疾，表請解職，許之，祿賜特依舊。太宗深憂其疾，頻遣使存問，名醫上藥，相望於道。四年，疾篤，令皇太子就第臨問，上親幸其宅，撫之流涕，賜物千段；及其未終，見子拜官，遂超遷其子左千牛構為尚舍奉御。尋薨，年四十六。太宗哭之甚慟，廢朝三日，贈司空，徙封萊國公，謚曰成。太宗手詔著作郎虞世南曰：朕與如晦，君臣義重。不幸奄從物化，追念勲舊，痛悼於懷。卿體吾此意，為制碑文也。
沈炳震《唐書合鈔》卷一百二十三	清嘉慶十八年海寧查世倓刻本	(10)《上山陵封事》：臣聞古之聖帝明王所以薄葬者，非不欲崇高光顯珍寶，具物以厚其親。然審而言之，高墳厚壟，珍物畢備，此適所以為親之累，非曰孝也。是以深思遠慮，安於菲薄，以為長久萬代之計，割其常情，以定之耳。昔漢成帝造延昌二陵，制度甚厚，功費甚多，諫議大夫劉向上書，其言深切，皆合事理，其略曰：孝文居霸陵，悽愴悲懷，顧謂羣臣曰：嗟乎，以北山石為槨，用紵絮斮陳漆其間，豈可動哉？張釋之進曰：使其中有可欲，雖錮南山猶有隙；使其中無可欲，雖無石槨，又何戚焉？夫死者無終極，而國家有廢興。釋之所言，為無窮計也。孝文寤焉，遂以薄葬。又漢氏之法，人君在位，三分天下貢賦，以一分入山陵。武帝歷年長久，比葬，陵中不復容物。霍光暗於大體，奢侈過度，其後至更始之敗，赤眉賊入長安，破茂陵取物，猶不能盡。無故聚斂百姓，為盜之用，甚無謂也。魏文帝於首陽東為壽陵，作終制，其略曰：昔堯葬壽陵，因山為體，無封無樹，無立寢殿園邑，為棺槨足以藏骨，為衣衾足以朽肉。吾營此不食之地，欲使易代之後，不知其處。無藏金銀銅鐵，一以瓦器。自古及今，未有不亡之國，無有不發之墓。喪亂以來，漢氏諸陵，無不發掘。至乃燒取玉匣金縷，骸骨並盡，乃不重痛

續表

作者/文獻	版本	用　　例
沈炳震《唐書合鈔》卷一百二十三	清嘉慶十八年海寧查世倓刻本	哉？若違詔妄有變改，吾為戮尸於地下，死而重死，不忠不孝，使魂而有知，將不福汝。以為永制，藏之宗廟。魏文帝此制，可謂達於事矣。向使陛下德止如秦漢之君，臣則緘口而已，不敢有言。伏見聖德高遠，堯舜猶所不逮，而俯與秦漢之君，同為奢泰，舍堯舜殷周之節儉，此臣所以尤戚也。今為丘壟如此，其内雖不藏珍寶，亦無益也。萬代之後，但見高墳大墓，豈謂無金玉耶？臣之愚計，以為漢文霸陵，既因山勢，雖不起墳，自然高顯。今之所卜，地勢即平，不可不起。宜依《白虎通》所陳周制，為三仞之墳，其方中制度，事事減少。事竟之日，刻石於陵側，明丘封大小高下之式。明器所須，皆以瓦木，合於禮文，一不得用金銀銅鐵。使萬代子孫，並皆遵奉，一通藏之宗廟，豈不美乎？且臣下除服用三十六日，已依霸陵，今為墳壟，又以長陵為法，恐非所宜。伏願深覽古今，為長久之慮。臣之赤心，唯願萬歲之後，神道常安，陛下孝名，揚於無窮耳。
沈炳震《唐書合鈔》卷一百三十九		(11) 元宗欲於靖陵建碑，頲諫曰：帝王及后，無《神道碑》，且事不師古，動皆不法。若靖陵獨建，陛下祖宗之陵皆須追造。元宗從其言而止。
沈炳震《唐書合鈔》卷一百四十		(12)《請曲赦河北諸州疏》：臣聞朝廷議者，以為契丹作梗，始明人之逆順，或因迫脅，或有願從，或受偽官，或為招慰，或兼外賊，或是土人，跡雖不同，心則無別。誠以山東雄猛，由來重氣，一顧之勢，至死不回。近緣軍機，調發傷重，家道悉破，或至逃亡，拆屋賣田，人不為售，内顧生計，四壁皆空。重以官典侵漁，因事而起，取其髓腦，會無愧心。修築城池，繕造兵甲，州縣役使，十倍軍機，官司不矜，期之必取。枷杖之下，痛切肌膚。事迫情危，不修禮義，愁苦之地，不樂其生。有利則歸，且圖賒死，此乃君子之愧辱，小人之常行。人猶水也，壅之則為泉，疏之則為川，通塞隨流，豈有常性？昔董卓之亂，神器播遷。及卓被誅，部曲無赦，事窮變起，毒害生人，京室邱墟，化為禾黍。此由恩不普洽，失在機先。臣一讀此書，未嘗不廢卷歎息。今以負罪之伍，必不在家。露宿草行，潛竄山澤，赦之則出，不赦則狂，山東群盜，緣茲聚結。臣以邊塵暫起，不足為憂。中土不安，以此為事。臣聞持大國者不可以小道，理事廣者不可以細分。人主恢宏，不拘常法。罪之則衆情恐懼，恕之則反側自安。伏願曲赦河北諸州，一無所問，自然人神道暢，率土歡心，諸軍凱旋，得無侵擾。

續表

<table>
<tr><th>作者/文獻</th><th>版本</th><th>用　　例</th></tr>
<tr><td>沈炳震
《唐書合鈔》
卷一百四十一</td><td rowspan="2">清嘉慶十八年海寧查世倓刻本</td><td>(13) 陸賈、叔孫通之事漢王也，當滎陽、成皋之間，糧饋已窮，智勇俱困，不敢開一說，效一奇，唯進豪猾之材，薦貪暴之客。……即晷漏難逾，何十二帝乎？亡秦之續，何二百年乎？故曰：仁義者，聖人之蘧廬；禮經者，先王之成迹。然則祝祠向畢，芻狗須投；淳精已流，糟粕可棄。仁義尚舍，況輕此者乎？自文明草昧，天地屯蒙，三叔流言，四凶搆難。不設鉤距，無以應天順人；不切刑名，不可摧姦息暴。故置神器，開告端，曲直之影必呈，包藏之心盡露。神道助直，無罪不除；人心保能，無妖不戮。以茲妙算，窮造化之幽深；用此神謀，入天人之祕術。故能計不下席，聽不出闈，蒼生晏然，紫宸易主。大哉偉哉，無得而稱也！豈比造攻鳴條，大戰牧野，血變草木，頭折不周，可同年而語乎？然而急趨無善迹，促柱少和聲，拯溺不規行，療飢非鼎食。即向時之妙策，乃當今之芻狗也。伏願覽秦、漢之得失，考時事之合宜，審糟粕之可遺，覺蘧廬之須毀。見機而作，豈勞終日乎？陛下必不可偃蹇太平，徘徊中路。伏願改法制，立章程，下恬愉之辭，流曠蕩之澤，去萋斐之牙角，頓姦險之鋒芒，窒羅織之源，埽朋黨之迹，使天下蒼生坦然大悅，豈不樂哉！</td></tr>
<tr><td>沈炳震
《唐書合鈔》
卷一百四十七</td><td>(14)《遺令誡子孫文》：古人云：富貴者，人之怨也。貴則神忌其滿，人惡其上；富則鬼瞰其室，虜利其財。自開闢已來，書籍所載德薄任重，而能壽考無咎者，未之有也。故范蠡、疏廣之輩，知止足之分，前史多之。況吾才不逮古人，而久竊榮寵，位逾高而益懼，恩彌厚而增憂。……昔孔子至聖，母墓毀而不修；梁鴻至賢，父亡席捲而葬。昔楊震、趙諮、盧植、張奐，皆當代英達，通識今古，咸有遺言，屬以薄葬。或濯衣時服，或單帛幅巾，知真魂去身，貴於速朽，子孫皆遵成命，迄今以為美談。凡厚葬之家，例非明哲，或溺於流俗，不察幽明，咸以奢厚為忠孝，以儉薄為慳惜，至令亡者致戮尸暴骸之酷，存者陷不忠不孝之誚，可為痛哉！可為痛哉！死者無知，自同糞土，何煩厚葬，使傷素業？若也有知，神不在柩，復何用違君父之令，破衣食之資？吾身亡後，可殮以常服，四時之衣，各一副而已。吾性甚不愛冠衣，必不得將入棺墓，紫衣玉帶，足便於身，念爾等勿復違之。且神道惡奢，冥途尚質，若違吾處分，使吾受戮於地下，於汝心安乎？念而思之。……道士者，本以元牝為宗，初無趨競之教，而無識者慕僧家之有利，約佛教而為業。敬尋老君之說，亦無過齋之文，抑同僧例，失之彌遠。汝等勿拘鄙俗，輒屈於家。汝等身殁之後，亦教子孫，依吾此法。</td></tr>
</table>

續表

作者/文獻	版本	用　　例
沈炳震《唐書合鈔》卷一百四十七	清嘉慶十八年海寧查世倓刻本	(15) 宋璟，邢州南和人，其先自廣平徙焉，後魏吏部尚書弁七代孫也。……說將入於御前對覆，惶惑迫懼，璟謂曰：名義至重，神道難欺，必不可黨邪害正，以求苟免。若緣犯顔流貶，芬芳多矣。或至不測，吾必叩閤救子，將與子同死。努力，萬代瞻仰，在此舉也。說感其言。及入，乃保明元忠，竟得免死。
沈炳震《唐書合鈔》卷一百四十八		(16) 始元宗在東宮，說已蒙禮遇。及太平用事，儲位頗危，說獨排其黨，請太子監國，深謀密畫，竟清內難，遂為開元宗臣。前後三秉大政，掌文學之任凡三十年。為文俊麗，用思精密，朝廷大手筆，皆特承中旨撰述，天下詞人，咸諷誦之。尤長於碑文、墓誌，當代無能及者。……說嘗自製其父《贈丹州刺史騭碑文》，元宗聞之而御書其碑額賜之曰：嗚呼，積善之墓。有《文集》三十卷。太常謚议曰文贞，左司郎中陽伯誠駁議，以為不稱，工部侍郎張九齡立議，請依太常為定，紛紜未決。元宗為說自製《神道碑文》，御筆賜謚曰文貞，繇是方定。
沈炳震《唐書合鈔》卷一百九十九		(17) 帝又問曰：禳災祈福之說，其事信否？藩對曰：臣竊觀自古聖達，皆不禱祠。故楚昭王有疾，卜者謂河為祟，昭王以河不在楚，非所獲罪，孔子以為知天道。仲尼病，子路請禱，仲尼以為神道助順，繫於所行，已既全德，無媿屋漏。故答子路云：邱之禱久矣。……管仲云：義於人者和於神。蓋以人為神主，故但務安人而已。虢公求神，以致危亡，王莽妄祈，以速漢兵，古今明誡，書傳所紀。伏望陛下每以漢文、孔子之意為準，則百福具臻。帝深嘉之。
沈炳震《唐書合鈔》卷二百九		(18) 穆宗立，有司方議廟號，夷簡建言：王者祖有功，宗有德。大行皇帝有武功，廟宜稱祖。詔公卿禮官議，不合，止。久之，請老，朝廷謂夷簡齒力可任，不聽，以右僕射召，辭不拜，復以檢校左僕射兼太子少師，分司東都。明年卒，年六十七，贈太子太保。夷簡致位顯處，以直自閑，未嘗苟辭氣悅人。歷三鎮，家無產貲。病不迎醫，將終，戒毋厚葬，毋事浮屠，毋碑神道，惟識墓則已。世謂行已能有終始者。
沈炳震《唐書合鈔》卷二百二十三		(19) 文宗即位，授檢校左僕射、守太子少師。俛稱疾篤，不任赴闕，乞罷所授官。……在相位時，穆宗詔撰《故成德軍節度使王士眞神道碑》，對曰：臣器褊狹，此不能强。王承宗先朝阻命，事無可觀，如臣秉筆，不能溢美。或撰進之後，例行貺遺。臣若公然阻絕，則違陛下撫納之宜；僶俛受之，則非微臣平生之志。臣不願為之秉筆。帝嘉而免之。

續表

作者/文獻	版本	用　例
沈炳震《唐書合鈔》卷二百二十五	清嘉慶十八年海寧查世倓刻本	(20) 其論冥數曰：宣尼罕言命，不語神，非謂無也，欲人嚴三綱之道，奉五常之教，修天爵而致人爵，不欲信富貴於天命，委福祿於冥數。昔衛卜協於沙邱，為諡已久；秦塞屬於臨洮，名子不悟。朝歌未滅，而國流丹烏；白帝尚在，而漢斷素虵。皆兆發於先而符應於後，不可以智測也。周、孔與天地合德，與神明合契，將來之數，無所遁情。而狼跋於周，鳳衰於楚，豈親戚之義，不可去也，人倫之教，不可廢也。條侯之貴，鄧通之富，死於兵革可也，死於女室可也，唯不宜以餒終，此又不可以理得也。命偶時來，盜有名器者，謂禍福出於胸懷，榮枯生於口吻，沛然而安，溘然而笑，曾不知黃雀遊於茂樹，而挾彈者在其後也。……唯再謫南荒，未嘗有前知之士為予言之，豈禍患不可移者，神道所祕，莫得預聞?
沈炳震《唐書合鈔》卷二百三十三		(21) 駢家屬並在道院，秦彥供給甚薄，薪蒸亦闕。奴僕徹延和閣欄檻煮革帶食之，互相篡啖。駢召從事盧涚謂之曰：予三朝為國，粗立功名。比擺脫塵埃，自求清淨，非與人世爭利。一旦至此，神道其何望耶? 掩涕不能已。
沈炳震《唐書合鈔》卷二百四十三		(22) 初與同皎叶謀，有武當丞周憬者，壽州壽春人也。事既洩，遁於比干廟中，自刎而死。臨終，謂左右曰：比干，古之忠臣也。儻神道聰明，應知周憬忠而死也。韋后亂朝，寵樹邪佞，武三思干上犯順，虐害忠良，吾知其滅亡不久也！可懸吾頭於國門，觀其身首異門而出。其後皆如其言。
沈炳震《唐書合鈔》卷二百四十五		(23) 三十三年，制令禮官議加籩豆之數與服制之紀。太常卿韋縚奏請加宗廟之奠，每坐籩豆各十二。……沔建議曰：竊聞識禮樂之情者能作，達禮樂之文者能述。述作之義，聖賢所重；禮樂之本，古今所崇。變而通之，所以久也。所謂變者，變其文也；所謂通者，通其情也。祭祀之興，肇於太古，人所飲食，必先嚴獻。未有火化，茹毛飲血，則毛血之薦；未有麴糵，汙尊抔飲，則有元酒之奠。施及後王，禮物漸備，作為酒醴，伏其犧牲，以致馨香，以極豐潔，故有三牲八簋之盛，五齊九獻之殷。然以神道至元，可存而不可測也；祭禮主敬，可備而不敢廢也。是以血腥爓熟，元罇犧象，靡不畢登於明薦矣！ (24) 壽州安豐李興亦有至行，柳宗元為作《孝門銘》，曰：壽州刺史臣承思言：九月丁亥，安豐令上所部編戶甿興，父被惡疾，歲月就亟，興自刃股肉，假託饋獻，父老病已不能啖，宿而死。……此皆陛下孝治神化，陰中其心，而克致斯事。謹按：興匹庶賤漏，循習淺下，性非文字所導，生與耨耒為業，而能鍾彼醇孝，超出古烈，天意神道，猶錫瑞物以表殊異。伏惟陛下有唐堯如神之德，宜加旌表，合於上下。請表其里閭，刻石明白，宣延風美，覿示後祀，永永無極。臣昧死請。

續表

作者/文獻	版本	用　　例
沈炳震 《唐書合鈔》 卷二百四十八	清嘉慶十八年海寧查世倓刻本	(25) 古者殷祖元王，周祖後稷，太祖之上，皆自為帝。又世數已遠，不復祭之，故始祖得東向也。景皇帝雖太祖，於獻、懿，子孫也。當禘祫，獻祖居東向位，景從昭若穆，是祖以孫尊，孫以祖屈，神道人情，其不相遠。又常祭衆，合祭寡，則太祖所屈少，而所伸多。與其伸孫尊，廢祖祭，不以順乎？
沈炳震 《唐書合鈔》 卷二百五十二		(26) 明崇儼，洛州偃師人。其先平原士族，世仕江左。……崇儼每因謁見，輒假以神道，頗陳時政得失，帝深加允納。潤州栖霞寺，是其五代祖梁處士山賓故宅，帝特為製碑文，親書於石，論者榮之。四年，為盜所殺。時語以為崇儼密與天后為厭勝之法，又私奏章懷太子不堪承繼大位，太子密知之，潛使人害之。……優制贈侍中，謚曰莊，仍拜其子珪為祕書郎。 (27) 則天崩，将合葬乾陵，善思奏議曰：謹按《天元房錄葬法》云：尊者先葬，卑者不合於後開入。則天太后，卑於天皇大帝，今欲開乾陵合葬，即是以卑動尊。事既不經，恐非安穩。臣又聞乾陵元闕，其門以石閉塞，其石縫隙，鑄鐵以固其中。今若開陵，必須鐫鑿。以神明之道，體尚幽元；今乃動衆加功，誠恐多所驚黷。又若別開門道，以入元宮，即往者葬時，神位先定，今更改作，為害益深。又以修築乾陵之後，國頻有難，遂至則天太后權總萬機，二十餘年，其難始定。今乃更加營作，伏恐還有難生。但合塟非古，著在禮經，緣情為用，固無定準。况今事有不安，豈可復循斯制！伏見漢時諸陵，皇后多不合葬；魏、晉已降，始有合者。然以兩漢積年，向餘四百；魏、晉之後，祚皆不長。雖受命應期，有因天假，然以循機享德，亦在天時。但陵墓所安，必资勝地，後之胤嗣，用託靈根，或有不安，後嗣亦難長享。伏望依漢朝之故事，改魏、晉之頽綱，於乾陵之傍，更擇吉地，取生墓之法，別起一陵，既得從葬之儀，又成固本之業。臣伏以合葬者，人緣私情；不合者，前修故事。若以神道有知，幽途自得通會；若以死者無知，合之復有何益！然以山川精氣，上為星象，若葬得其所，則神安後昌；若葬失其宜，則神危後損。所以先哲垂範，具之《葬經》，欲使生人之道必安，死者之神必泰。伏望少迴天眷，俯覽臣言，行古昔之明規，割私情之愛欲，使社稷長享，天下乂安。凡在懷生，孰不慶幸！疏奏不納。
沈炳震 《九經辨字瀆蒙》 卷四	清文淵閣四庫全書本	(28) 日月不過（觀）。觀天之神道，而四時不忒。神道下旁，加"日月不過"四字。

續表

作者/文獻	版本	用例
沈炳震《九經辨字瀆蒙》卷七	清文淵閣四庫全書本	(29) 以：聖人以神道設教，無以字。(《明夷》)

表一千六百八十一

作者/文獻	版本	用例
沈赤然《五研齋詩文鈔》卷十	清嘉慶刻增修本	(1) 書顔書宋文貞公神道碑後 (2) 至魯公書《宋文貞神道碑》，其石久裂爲三段，雖後人以鐵束之，仍立故所，而文義已不可識。

表一千六百八十二

作者/文獻	版本	用例
沈大成《學福齋集》文集卷十五	清乾隆三十九年刻本	(1) 通奉大夫巡撫福建等處地方提督軍務都察院右副都御史贈光禄大夫敏惠潘公神道碑
沈大成《學福齋集》詩集卷二十五		(2)《撰潘敏惠公神道碑成因題一詩》：十載依蓮府，相於魚水同。山邱歸謝傅，涕淚墮羊公。父老謳吟惜，朝廷禮數崇。自慚無史筆，何以紀豐功。

表一千六百八十三

作者/文獻	版本	用例
沈德潛《明詩别裁集》卷一	清乾隆刻本	(1)《過辛稼軒神道》：長嘯秋雲白石陰，太行天党氣蕭森。英雄已盡中原淚，臣主原無北伐心。歲晚陰符仙蠹化，夜寒雄劍老龍吟。青山萬折東流去，春暮鵑啼宰樹林。

續表

<table>
<tr><th>作者/文獻</th><th>版本</th><th>用　例</th></tr>
<tr><td>沈德潛
《清詩別裁集》
卷十一</td><td rowspan="2">清乾隆二十五年教忠堂刻本</td><td>(2)《捧讀石齋黃公所撰先少保神道碑賦此追感》：周侯池畔樹蒼蒼，遺碣岧嶢屹此鄉。哀誄南朝顔特進，碑銘東漢蔡中郎。千秋定論歸青史，一夜悲風起白楊。此日躊躇腸欲斷，漳南高塚亦昏黃。（時石齋先生已授命，故追憶之。）</td></tr>
<tr><td>沈德潛
《清詩別裁集》
卷二十</td><td>(3)《洪武御碑歌》：升仙台前白玉碑，柱石拿攫龍之而。鴻文載在御制集，初不假手詞臣爲。我來摩挲一再讀，顛者蹤跡大可疑。憶昔元人失其鹿，群雄角逐爭驅馳。濠州布衣人未識，芒碭雲氣常隨之。金陵一朝定九鼎，六合不足煩鞭笞。是時楚兵最剽悍，不自量力來交綏。國家將興有先兆，天遣來告貞元期。明明天眼識王氣，故以險怪驚愚蚩。英君往往謀略秘，計大不許尋常窺。亦如田單破燕騎，神道設教尊軍師。不然茲事乃近誕，小數何足誇權奇。白旄一麾江漢靖，軍前長揖從此辭。留侯自伴赤松去，穀城空立黃石祠。天池之山高巍巍，竹林仙馭杳莫追。鶴歸倘記石華表，世代已逐滄桑移。百年雨露在山澤，惟有松柏參天枝。（張三豐事，本近詭譎，明祖制碑文以表之，即斷白蛇、赤伏符等意也。篇中點破神道設教，正論不磨。）</td></tr>
</table>

表一千六百八十四

<table>
<tr><th>作者/文獻</th><th>版本</th><th>用　例</th></tr>
<tr><td>沈佳
《明儒言行録》
卷二</td><td rowspan="2">清文淵閣四庫全書本</td><td>(1) 監湖廣銀場。手録《性理大全》一書，潛心誦讀，夜分方寢。或思有所得，即起燃燭記之；或通宵不寢，味而樂之。正統改元，提調山東。學校每臨諸生，親為講解，不事夏楚，先力行而後文藝，皆稱之曰“薛夫子”。（李賢撰《神道碑》。）
(2) 中官金英奉使，道南京，公卿俱餞於江上，獨先生不往。英賢之至京言於衆曰：南京好官惟薛卿耳。（《神道碑》）
(3) 居家八年，四方學者從游甚衆。瑄隨其所寓，圖書箴規，所在左右，手不釋卷。凡辭受取與，必揆諸義，一毫不苟。晚年，玩心高明，默契其妙，有不言而悟者。（李文達撰《神道碑》。）</td></tr>
<tr><td>沈佳
《明儒言行録》
卷四</td><td>(4) 會襄陽盜起，詔公起復。會兵搗其巢，走之。及劉千斤輩作亂，公亦會王師平之。大帥欲縱兵搜山，公不可，下令曰：擅殺者斬。復榜示流民，諭使復業。民為復生祠，繪像事之。（李東陽撰《神道碑》。）</td></tr>
</table>

續表

作者/文獻	版本	用　　例
沈佳 《明儒言行録》 卷五	清文淵閣四庫全書本	(5) 楊守陳文懿公鏡川先生，字維新，浙江鄞縣人。景泰辛未進士，仕至吏部右侍郎。公自幼敏慧，《讀書日記》數百言。稍長，工詩文，下筆驚人。大父樓芸教之，不以記誦文辭為能，而以精思力踐為務。公感悟，遂作致知、力行、持敬三銘，題於牖，以自勵。(王文肅公撰《神道碑》。) (6) 公天性孝友，與人交篤於信義。居常退遜，體若不勝衣，言不出諸口。至商確義理，論是非曲直，則侃侃剛直，視義所在，勇往奮發，雖壯夫不逮也。蚤歲，嘗作《五經》《四書》私抄，而《詩》《書》二經尤為精到。(《神道碑》) (7) 何喬新椒丘先生文肅公，字廷秀，江西廣昌人。景泰甲戌進士，仕至刑部尚書。……而沉晦周謹，時然後出，言動必以儒賢為準。其學以窮理為先，博物洽聞為輔，正心修身而措之家國天下為期。自公之暇，凡書有異種，輒從假録，藏至三萬卷，無不校讐。(林貞肅撰《神道碑》。) (8) 國朝父子尚書，何為盛識者？擬之范之文正、忠宣。弘治初，與王恕、彭韶、馬文升、張悦並係，時望稱大老。嘗兩得疾，景皇帝命醫診視，遣中官賜酒米蔬肴。雖禄世二品，常守儒素，義利界畛，截不可犯。平生氣節友彭惠安，文學友丘文莊，以為知己，而聲色澹然。(《神道碑》。) (9) 陞四川按察司副使。所至黜奸蠹，卹民隱，剖決疑，獄甚多。録《朱門問答》，有及時政，名曰《政訓》，以自儆。廉而不激，明而不苛，蜀人畏而懷之。(林俊撰《神道碑》。) (10) 又召為副總裁，改太常寺卿兼學士，仍侍經筵日講。上疏勸經筵講《太極圖》以及《西銘》諸性理書，東宮講《孝經》《小學》。孝宗欣然嘉納，亟索《太極圖》觀，曰：天生斯人，以開朕也。且將大用，竟不果。(王文恪撰《神道碑》。)
沈佳 《明儒言行録》 卷六		(11) 邵寶，字國賢，南直無錫人。成化甲辰進士，仕至南京禮部尚書。幼孤，力学。年十八，問學於莊定山，定山深器重之。……諭諸生義利公私之辨及忠孝大節，聞者感動，皆知所自立。正潁考叔墓，改魏曹丕廟以祀漢愍帝，祀范忠宣於襄城，裴晉公於郾城，毁龍骨杖妖巫，尤急民事。……凡歲杪會計及勾校京邊、儲蓄、鹽屯，皆公區條具疏。(楊一清撰《神道碑》。)
沈佳 《明儒言行録》 卷七		(12) 羅欽順，字允升，江西泰和人。弘治癸丑進士，仕至吏部尚書。少即端重殊異，年十四，題其門有“勉勉於仁義”之語。(《神道碑》)

續表

作者/文獻	版本	用　例
沈佳 《明儒言行録》 卷九	清文淵閣四庫全書本	(13) 東林故有道南祠，為楊龜山先生遺址。公與顧涇陽復搆精舍，與同志講習其中。……學人神短氣浮，浸染世俗。必埋頭讀書，使義理浹洽，澄神默坐，使塵妄消散，乃可耳。(錢士升撰《神道碑》。)
沈佳 《明儒言行録》 卷十		(14) 始病怔忡，以静存調之；静極而通，深造逢源得之。病中居多，有侍先生數十年未嘗見，有擇言擇行、流露縱横、居然性體擬之。昭代大儒，其在河東餘干之間乎？(《神道碑》)

表一千六百八十五

作者/文獻	版本	用　例
沈家本 《諸史瑣言》 卷五	民國沈寄簃先生遺書本	(1) 元狩四年，戚侯李信成爲太常，二年坐縱丞相李蔡侵道免。宋祁曰：據《功臣表》，合在五年。信成戚侯，李必曾孫。《功臣表》：元狩五年，坐爲太常縱丞相侵神道，爲隸臣。
沈家本 《歷代刑法考》 刑法分考 十一		(2)《漢書・功臣表》：武陽侯蕭勝坐不齊，耐為隸臣。師古曰：謂當祠而不齋也。戚侯季信成坐為太常縱丞相侵神道，為隸臣。藏侯張勝有罪，為隸臣。南宫侯張生有罪，為隸臣。襄城侯韓釋之坐詐疾不從，耐為隸臣。按：漢《功臣表》有此五事，今彙録之。
沈家本 《歷代刑法考》 漢律摭遺 卷二		(3) 盗園陵地：《功臣表》：安樂侯李蔡以丞相侵賣園陵道壖地，自殺。《史表》作“侵盗孝景園神道壖地”。本傳（附《李廣傳》内）：以丞相坐詔賜冢地陽陵當得二十畝，蔡盗取三頃，頗得四十餘萬，又盗取神道外壖地一畝葬其中，當下獄，自殺。按：蔡既賜地陽陵，則所得者必陵外官地，故能盗取三頃之多，以侵占官地論，其罪輕。至神道外壖地，方為園陵地，盗雖止一畝，其罪重。《漢表》作“侵賣壖地”，將二事混而為一。不若《史表》，但言“侵盗孝景園神道壖地”二罪，從其重者言為確當也。……古人於事之關於宗廟、園陵，意多從重，正地、餘地或竟無區別也。
沈家本 《歷代刑法考》 漢律摭遺 卷十		(4)《王子侯表》：成陵嗣侯德，坐弟與後母亂，共殺兄，德知不舉，不道，下獄瘐死。《功臣表》：戚嗣侯信成坐為太常縱丞相侵神道，為隸臣。補注：丞相侵神道，謂李蔡也。

續表

<table>
<tr><th>作者/文獻</th><th>版本</th><th>用　　例</th></tr>
<tr><td>沈家本
《歷代刑法考》
漢律摭遺
卷十六</td><td rowspan="2">民國沈寄簃先生遺書本</td><td>(5) 按：告歸之制，秦時已有，漢承之。予告者，三月當免。賜告則出自特恩。汲黯常賜告，最後嚴助為請告，是又有他人代請告之例。此優典也，二千石不皆賜告。……《皇甫湜集·韓文公神道碑》：病滿三月免，是自晉至唐並承此制。</td></tr>
<tr><td>沈家本
《寄簃文存》
卷二論</td><td>(6)《日本人刑法論》曰：自殺之罪，自古各國無定於國法上者。耶蘇教國，雖有自殺之處罪，然其意則人身為天所授，無故自戕是犯神之所惡，當屏諸教外，非關於法律上之規定也。日本古時，神道家言亦以自殺為不善，當處罰之。希臘斯託伊克氏之道德說，則謂人當困難之時，不欲為惡事，而困難又不能解則惟有死而已。死固無妨害於人，不當處罰，而現時道德說不從此論，故各國法律中雖未規定處罰，而學者多以處罰為宜。</td></tr>
</table>

表一千六百八十六

<table>
<tr><th>作者/文獻</th><th>版本</th><th>用　　例</th></tr>
<tr><td>沈嘉轍
《南宋雜事詩》
卷一</td><td rowspan="2">清文淵閣四庫全書本</td><td>(1)《三朝北盟會編》：韓世忠既罷兵柄為樞密使，乃製一字巾，入都堂則裹之，出則以親兵自衛，檜頗不喜。《韓蘄王神道碑》：王在車中獨馳騎馬，使一把雪執“信”字旗。一把雪者，其兵之首號，孟趫捷善走之人也。
(2) 案：《志》：山埠内有《李忠勇公神道碑》，其墓在焉。郡邑諸《志》皆不載。</td></tr>
<tr><td>沈嘉轍
《南宋雜事詩》
卷七</td><td>(3)《佩韋齋集》：秦檜為相，恬權恃援，沮復仇之議，誅殺勳舊，誣陷忠良。死之日，詔撰《神道碑》，士大夫無肯執筆者。《山堂肆考》：檜墓在建康。墓上豐碑屹立，不鐫一字，蓋當時士大夫鄙其為人，兼畏物議，故不敢立《神道碑》。
(4)《宋稗類鈔》：高宗至磁州，宗忠簡假神道以止之，曰：此有崔府君廟甚靈，可以卜珓，有馬更顯應。遂入燒香，其馬啣車輦等物，塞了去路，遂止不徃。一日，北使來，秦檜出接，少憩廊廡上，告以故，檜曰：余以為功，今都歸功於神，恐不便。即日毀之。</td></tr>
</table>

表一千六百八十七

作者/文獻	版本	用　例
沈可培《濼源問答》卷十二	清嘉慶二十年雪浪齋刻本	（1）《孔宙碑》即以銘為碑，其後或文，或頌，或記，或銘，或誌，或歌，或誄，或贊，或圖。或有文無銘，或有銘無文，皆名為碑，于是有《磨崖碑》《廟碑》《寺碑》《橋碑》《墓志碑》《墓銘碑》《石闕碑》《神道碑》《德政碑》《寶墖頌碑》《廳壁題名碑》。陸法言《廣韻》：碑碣，李斯造，宜始於《嶧山》之刻耳。此磨崖頌德，盛于秦者也。嗣後，唐之《太山碑》、元結《浯溪中興頌》，皆倣此。後漢中山簡王薨，詔為之修冢塋，開神道。注云：墓前開道，建石柱，謂之神道。是《神道碑》起於漢也。王簡栖作《頭陀寺碑》，此佛寺之有碑也。《西京雜記》：前漢杜子夏臨終作文，命刻石埋於墓前。此自作《墓志銘》也。魏侍中繆襲改葬父母，制墓下埋文。恐陵谷遷變，欲後人有所聞知。但記姓名、歷官、祖父、姻媾。有德業，則為銘。此為祖父作《墓志銘》者也。凡此，皆壙石之原委也。又如李翕《析里橋郙閣頌》、蔡襄《萬安橋記》，此橋之有碑也。又如夏侯湛《東方像贊》，此贊亦名碑也。昌黎《南海神道碑》《孔子廟碑》《顔眞卿家廟碑》，此廟碑也。如歐陽率更《九歌》、蘇子瞻書《荔支歌》，此歌亦名碑也。如《燕然山銘》《劍閣銘》《石闕銘》及《墓志銘》，此銘亦稱碑也。唐蘇靈芝書《憫忠寺寶墖頌》，此塔頌亦名碑也。如《黽池五瑞图》，此图亦名碑也。……凡刻於石碑皆謂之碑，遂忘碑之所自起，大抵古時鑄銘于金，刻銘於石。至於碑碣盛於秦漢，後世益廣其製耳。 （2）問：碑之在墓外者，曰《墓表》，曰《神道碑》，曰《神道表》，曰《神道碑銘》，曰《墓碣》，統名之曰“外碑”。其在墓中者，曰《誌》，曰《墓誌》，曰《墓銘》，曰《墓誌銘》。論者謂散行文謂之誌，有韻者謂之銘，故但有文而無韻者謂之墓志，但有韻而無文者謂之墓銘，然與答曰非是之謂也。黃梨洲《金石要例》云：墓志而無銘者，蓋叙事即銘也。

表一千六百八十八

作者/文獻	版本	用　例
沈起元《周易孔義集説》卷五	清文淵閣四庫全書本	（1）觀，盥而不薦，有孚顒若。《彖傳》：大觀在上，順而巽，中正以觀天下。觀，盥而不薦，有孚顒若，下觀而化也。觀天之神道，而四時不忒。聖人以神道設教，而天下服矣。（“觀”皆平聲，“觀天下”之“觀”去聲。） （2）郭白雲曰：大觀在上，觀之者不期化而自化，是之謂神道。神道之謂大觀，天亦无所示也，特四時不忒而已。而萬物自生自化，故知四時不忒，是謂天之神道。由人言之，亦曰天之大觀也。

續表

作者/文獻	版本	用　　例
沈起元 《周易孔義集説》 卷五	清文淵閣四庫全書本	(3) 項平甫曰：盥者，祭之初步。薦者，祭禮之盛。此以"盥而不薦"象恭己无為，非重盥而輕薦也。"觀"字，卦名，并一卦名皆平聲，惟"觀天下"是去聲。神道，形容"觀"字。凡有言有事者皆以迹治未可為神，觀則不言不動相觀而自化為神。 (4) 按：諸爻生字，自孔疏以動出為生，又以道為生，宋儒因以言行動作施為解之，均未安也。在六三言之，但當進而觀上，何必觀己所行為進退？在九五言之，所居中正為神道設教之聖人，何至期于君子而猶若未能？
沈起元 《周易孔義集説》 卷十七		(5) 天之神道，莫如風；聖人之神道，莫如教。天以風為教，聖人以教為風，故曰"風教"。 (6) 沈守約曰：風之行无形，巽而入之，不暴化之，行亦无迹也。神道鼓舞，亦不遽也。前以巽制之，後以巽申之，上以巽出之，下以巽行之，新新而不窮，承承而不已。何事不行？是以君子申命行事。
沈起元 《周易孔義集説》 卷十九		(7) 凡物之體，從柔以至剛，凡事之理，從微以至彰，知幾之人，既知其始，又知其末，是合於神道，故為萬夫所瞻望也。

表一千六百八十九

作者/文獻	版本	用　　例
沈欽韓 《漢書疏證》 卷三	清光緒二十六年浙江官書局刻本	(1) 侯信成坐縱丞相侵神道。按：丞相李蔡盗取神道外壖地一畝，自殺也。唐《闘訟律》：諸監臨主司知所部有犯法，不舉劾者，減罪罪人罪三等。太常職統陵廟，故坐之。
沈欽韓 《漢書疏證》 卷十八		(2) 開八通之鬼道。《續志》注引《黄圖》：上帝壇圓八觚，辟神道八通，廣各三十步。
沈欽韓 《漢書疏證》 卷二十八		(3) 病且滿三月。病滿三月則當免，故優假之，復賜告也。《唐會要》（八十一）：職事官假滿百日，即合停解。長慶二年四月，御史臺奏檢校司空兼太子少傅嚴綬疾病，假滿百日，合停。敕嚴綬年位俱高，須加優異，宜依舊秩未要舉停。此則出自特恩，其常員則滿百日例罷。《皇甫湜集·韓文公神道碑》云：病滿三月免。

續表

作者/文獻	版本	用　　例
沈欽韓《漢書疏證》卷二十九	清光緒二十六年浙江官書局刻本	(4) 蕭鄴《嶺南節度使韋正貫神道碑》云：拜京兆尹。京師稱難治，公能勺藥其間，安然無一事。則見唐人文辭猶能依據古訓，不惑俗說。自宋元以來，師古之庸妄，乃隨俗學而鴟張耳。 (5)《長安志》：豐水出長安縣西南五十里終南山豐谷，其源濶十五步，其下濶六十步，水深三尺。自鄠縣界來，終縣界。由《神道碑》云：拜京兆尹。京師稱出長安縣西北十八里鎬池。潦水在鄠縣西二里。李善注《文選》曰：潦水即潦水也。
沈欽韓《幼學堂詩文稿》卷五	清嘉慶十八年刻道光八年增修本	(6) 書黄石齋爲周忠介公神道碑手稿後
沈欽韓《幼學堂詩文稿》卷八		(7) 朝恩明日見上曰：臣子官卑，爲儕輩所陵，乞賜之紫。……路巖《渾侃神道碑》：即日以銀魚朱袍賜之，所謂銀朱者也。《昌黎集·送韓重華序》：詔拜殿中侍御史，錫服朱銀。
沈欽韓《後漢書疏證》卷三	清光緒二十六年浙江官書局刻本	(8)《隸釋》有元初六年十二月《賜幽州刺史馮煥詔》。洪氏云：煥有墓闕，題云"豫州幽州刺史馮使君神道"，必是自豫徙幽而賜此詔，煥猶在豫，故其前尚稱故官也。
沈欽韓《後漢書疏證》卷二十五		(9)《張祚傳》：張瓘時鎮枹罕，祚惡其强，遣其將易揣、張玲率步騎萬三千以襲之。張掖人王鸞頗知神道，言于祚曰：軍出不復還，涼國不利矣。祚以鸞妖言沮眾，斬之。
沈欽韓《春秋左氏傳補注》卷第九		(10)《士虞禮》古文曰：祝命佐食墮祭。《士獻禮》注：下祭曰墮。墮之猶言墮下也。……兩階間有神道焉，猶尸之墮祭，故云"墮幣"。杜預以"墮幣"爲"布幣"，此瞽說也。

表一千六百九十

作者/文獻	版本	用　　例
沈青峰《（雍正）陝西通志》卷七	清文淵閣四庫全書本	(1) 韓城縣（要）治，在州東北二百二十里。東至山西榮河縣界十五里，西至神道嶺石堡洛川縣界一百二十五里，南至後窑頭郃陽縣界四十里，北至宜川縣界一百二十里，東南至黄河榮河縣界二十里，西南至嶺鐵村郃陽縣界七十里，東北至龍門山西河津縣界六十里，西北至北池山下宜川縣界一百二十里。距省四百四十里，編户二十八里。

續表

作者/文獻	版本	用　　例
沈青峰《(雍正)陝西通志》卷十	清文淵閣四庫全書本	(2) 南川水（一名赤石川），在縣城東。(《縣圖》) 赤石川，今名南川水，源出神道嶺，至本縣付曲村合丹陽水，流逕縣之東北二門，與仕望、銀川二水合。
沈青峰《(雍正)陝西通志》卷十二		(3) 神道嶺，在縣西北百二十里，與宜川縣接界。(《縣續志》)
沈青峰《(雍正)陝西通志》卷十七		(4) 神道嶺城，在縣西北一百二十里（《縣圖》），界西、延二府，居萬山中。順治十二年，築城柳溝，設遊擊營鎮之。(《縣志》) (5) 黃龍山迤東神道嶺，係延鄜平慶孔道，南通澄白韓郃等處，北通鄜州宜洛等處，四達之通衢，盜賊之窠穴。明季流寇盤踞，實始於此。
沈青峰《(雍正)陝西通志》卷二十三		(6) 把總三員（康熙四十七年添設），神道營遊擊一員（隸固原提督）。 (7) 神道嶺營遊擊
沈青峰《(雍正)陝西通志》卷三十四		(8) 神道嶺營（屬潼關協）
沈青峰《(雍正)陝西通志》卷五十四		(9) 周沆，益都人。皇祐中，趙元昊擾西陲，詔舉近臣可通判陝西者，丞相富弼以沆名聞，通判鳳翔府。去二十餘年，民猶思之。（司馬光撰《神道碑》。) (10) 王國宗（《韓城志》作“王宗國”），寧夏人。神道嶺把總。駐防郃陽，葺營壘，省供億，軍伍晏然。
沈青峰《(雍正)陝西通志》卷六十		(11) 韓故小邑，土狹民稠，資食於延綏。各路亂後，盜賊出没，芻粟不至。辛傳疏請設兵神道嶺防守，有資商民俱便。韓邑距潼關二百里，輓餉頗艱，再疏請免。邑人立碑，以志不忘。

續表

作者/文獻	版本	用　　例
沈青峰《（雍正）陝西通志》卷六十三	清文淵閣四庫全書本	(12) 李澣，字日新（濤弟），萬年人。幼聰敏，慕王、楊、盧、駱為文章。後唐長興初，吳越王錢鏐卒，詔兵部侍郎楊凝式撰《神道碑》，令澣代草，凡萬餘言，文彩遒麗，時輩稱之。晉天福中，召為翰林學士。契丹入汴，澣陷塞北。應歷十二年，卒。
沈青峰《（雍正）陝西通志》卷七十		(13) 馮恭定從吾墓，在城南。姚希孟撰《神道碑》。(《縣志》) (14) 驪虞縣子安附國墓。附國，先出自安息。父朏汗，貞觀初，率所部五十餘人歸朝，詔置維州，即以為刺史。附國，封驪虞縣開國子。調露二年二月，終於神都永隆。二年二月，葬於雍州長安縣孝悌鄉之原。（李至遠撰《神道碑》。) (15) 中山郡公李乂墓。乂，趙房子人。爵中山郡開國公、紫微侍郎。開元丙辰，薨於京師宣陽里第。贈黃門監，考行曰貞。以其夏，卜葬長安細柳原，東北望帝京二十有五里。(蘇頲撰《神道碑》。) (16) 韋貞公虛心墓。虛心，京兆杜陵人。東都留守。以開元二十九年某月，薨於東都。賜謚曰貞。明年某月，葬於京兆之高陽原，袝先塋。(孫逖撰《神道碑》。) (17) 茹將軍義忠墓。義忠，雁門人。累遷忠武將軍。天寶元年六月，薨於京兆長安縣太和里私第。即以其年七月，葬於京兆長安縣永平鄉阿房殿之墟。(張賁然撰《神道碑》。) (18) 韋太后福陵，在咸寧縣東北二十里。(《賈志》) 穆宗宣懿皇后韋氏，失其先世。生武宗。長慶時，冊為妃。武宗立，追冊為皇太后，上尊謚。有司奏：太后陵宜別制號。帝乃名所葬園曰福陵。既又問宰相：葬從光陵與但袝廟孰安？奏言：神道安於靜，光陵因山為固，且二十年，不可更穿。福陵崇築已就。臣等請奉主袝穆宗廟便。(《唐書・后妃列傳》) (19) 撥川王論弓仁墓，在趙村。(《縣志》) 張曲之西趙村，有論弓仁墓，張說為碑，今亡。村中有石翁仲二，疑是仁墓上物。（趙崡《遊城南記》）仁，葬趙村，有張說碑，已毀，獨題額尚在。（《賈志》）開元十一年，薨於位。制贈為撥川王，稱故國，本其志也。十二年，詔葬於京城之南。懷遠人也。有命國史，立碑表墓。(張說撰《神道碑》) 碑已毀仆，字無存者。(《關中陵墓志》) (20) 贈太保郭敬之墓，在城南二十里。(《縣志》) 天寶三年，終於京師常樂里之私第。夫人平原郡君向氏，天寶十三載，合袝於京兆少陵原。公之子子儀。追贈亡考太保、亡妣魏國夫人。(苗晉卿撰《神道碑》) 高望之西北，有仇士良、郭敬之、昇平公主三碑，皆當在十餘里內。(趙崡《遊城南記》) 在

續表

作者/文獻	版本	用　　例
沈青峰《（雍正）陝西通志》卷七十	清文淵閣四庫全書本	咸寧縣郭莊。《神道碑》今不存。（《關中陵墓志》） (21) 贈都督王君㚟墓，在城東（《縣志》），在萬年縣東界滋水驛東道北（宋敏求《長安志》）。初，涼州有回紇、契苾、思結、渾四部。……會君㚟至甘州，護輸兵發。君㚟引帳下力戰，兵盡乃死。輸欲以尸奔吐蕃，追兵至，乃棄尸去。帝痛惜之，贈特進、荆州大都督。以喪還京師，官護其葬。詔張説刻文墓碑，帝自書以寵之。（《唐書・王君㚟傳》）飾柩玉闕，歸魂上國，以十六年十月，詔葬於萬年縣見子之原。（張説撰《神道碑》。） (22) 蕭長史灌墓。灌，嵩父也。在趙村北，墓碑乃明皇題額。嵩别葬張曲。（《賈志》）公為渝州長史。太夫人有疾，公因吏入計，扶侍還京。及扳輿長税，扶杖不起。永淳元年八月，寓居懷縣，終於苦盖。夫人京兆韋氏，以長壽元年十月，逝於京師。二年，合葬於少陵原之先塋。（張説撰《神道碑》）趙村西為高望，有蕭嵩父灌墓碑，張説撰，梁升卿書。（趙崡《遊城南記》。） (23) 渾忠武王瑊墓，在鴻固原（《縣志》），在萬年縣西南十五里（宋敏求《長安志》）。貞元十五年，葬太師於萬年縣洪固原。太常跡其功德，謚曰忠武。（權德輿撰《神道碑》）侃大父，諱瑊。朔方副元帥，咸寧王，贈太師。長慶中，上追顯咸寧功德，授公右龍武軍倉曹參軍，歷義昌軍節度使。五年秋，以疾聞。明年薨，葬於京兆府萬年縣洪固鄉貴胄里。（路巖撰《渾侃神道碑》）（按：《臨潼志》云：瑊墓，在縣西南十五里。《延安志》云：瑊墓，在宜川縣北八十里。《馮志》《賈志》於臨潼、宜川兩縣俱載，《馬志》則兩疑之，而謂在咸寧西南十五里。考鴻固原，在縣治東南，今曰西南者誤也。臨潼、宜川俱無可憑，咸寧則有兩《神道碑》，為足據也。） (24) 北周齊郡公彪墓。彪，高帝曾孫。封青州齊郡公。保定四年，薨於長安私第。以某年月日，葬於少陵原。曾孫同州刺史得照，思傳祖德，是用勒銘。（楊炯撰《神道碑》。） (25) 安平縣公崔説墓。説（《周書》作"訦"），博陵人。封安平縣公。建德四年正月，薨於長安永貴里。其年二月，葬於京兆平原鄉之吉遷里。（庾信撰《神道碑》。） (26) 贈禮部尚書徐齊聃墓。公，東海郯人。八歲工文，太宗召試詞賦，稱神童。高宗悉命皇子受業。坐事，徙欽州。歲餘，歿。上元三年，歸葬於少陵原。子堅，景龍中，禮部侍郎，廼刋石立頌。（張説撰《神道碑》。） (27) 東海郡公徐堅墓。堅家吴興，徙族入雍，今為馮翊人。爵東海郡公、集賢

續表

作者/文獻	版本	用　　例
沈青峰《（雍正）陝西通志》卷七十	清文淵閣四庫全書本	學士。開元十七年，薨於長安敓政里私第。與夫人故南陽郡夫人，合葵於萬年縣少陵原先塋。（張九齡撰《神道碑》。） （28）贈刺史韋鈞墓。鈞，杜陵人。開元十一年，終於漢州官舍。贈邠州刺史。十二年，遷窆萬年縣洪固鄉，陪先塋。（韓休撰《神道碑》。） （29）韋尚書抗墓。抗，以刑部尚書鎮洛。開元十四年八月，薨於洛。以某年月日，卜葵京城東南少陵原。（蘇頲撰《神道碑》。） （30）明威將軍柳嘉泰墓。嘉泰，河東解人。明威將軍，上柱國。開元二十七年，終於長安開化里。歸窆於萬年洪固之原。（郭訥撰《神道碑》。） （31）李太守少康墓。少康，高祖五代孫。幼孤，孝稱親黨。天寶元年，改宋州為睢陽，命公為太守。三年，薨。明年某月，遷宅於京兆見子原先塋。（獨孤及撰《神道碑》。） （32）左衛大將軍白道生墓。道生，終於左衛大將軍。其子元光以永泰元年，遷窆於萬年縣鳳栖原。（于益撰《神道碑》。） （33）郭子儀妻王氏墓。王氏，唐元輔汾陽王之伉儷，封霍國夫人。大歷十二年，終於平康里之私第。葵於萬年縣鳳栖之原。（楊綰撰《神道碑》。） （34）姚貞公南仲墓。南仲，吳興武康人。貞元十六年，為右僕射。十九年，薨於宣平里第。天子廢朝悼歎，俾中貴人弔祠，追命為太子太保。夫人河南縣君元氏，先公而歿。嗣子究奉公之喪與夫人之殯，合祔於少陵原黃渠里。（權德輿撰《神道碑》。） （35）武威郡王王榮墓。榮，先太原人。家於上京，封武威郡王。元和二年，薨於道政里私第。來年，棲神於鳳城東南龍首原先塋之左。（戴少年撰《神道碑》。） （36）驃騎大將軍論惟賢墓。惟賢高祖於高宗朝歸國，因家京兆。惟賢，授驃騎大將軍。元和四年，終於靜恭里私第。其年，葵於萬年縣洪固鄉之古原。（呂元膺撰《神道碑》。） （37）襄陽郡王路應墓。公諱應，冀公之嫡子。封襄陽郡王。元和六年，薨於東都。明年，葵京兆萬年少陵原，夫人鄭氏祔。（韓愈撰《神道碑》。） （38）王員外端墓。端，太原人。歷官工部員外。以季子紹兵部尚書故，再有追錫。葵於萬年縣鳳栖原。（權德輿撰《神道碑》）紹，秦將翦之，後居太原，拜兵部尚書。元和九年，薨。十年，奉窀穸於萬年縣之洪固鄉，以夫人李氏祔。（李絳撰《神道碑》。） （39）辛節度秘墓。秘，昭義節度。元和十五年，薨。贈尚書左僕射。夫人裴氏先公卒，時將葵，公歎曰：人之居無常，而墳墓因焉。吾家之兆，及於四

續表

作者/文獻	版本	用　例
沈青峰《（雍正）陝西通志》卷七十	清文淵閣四庫全書本	代三卜矣。他日吾死，亦遂葬而無用遷焉。遂定於萬年縣洪原鄉少陵原。及將亡，為文自志其墓。（牛僧孺撰《神道碑》。） （40）田節度布墓。布，弘正子，魏博節度。以兵亂自刎，天子壯其節，贈尚書左僕射。長慶二年，葬於萬年縣白鹿原。（庾承宣撰《神道碑》。） （41）武昌縣子史用誠墓。用誠，河南人。封武昌縣開國子。太和四年，薨於昇平里。粤二月，葬京兆萬年縣長樂鄉宋侯之西原。（奚敬元撰《神道碑》。） （42）韋節度正貫墓。正貫，京兆人。嶺南節度。薨於位，祔葬少陵原之世墓。（蕭鄴撰《神道碑》。） （43）北周楚國公慕容寧墓。寧，昌黎徒何人。封楚國公，授岐州刺史。保定五年，薨。葬於洪瀆之川。（庾信撰《神道碑》。） （44）齊王憲墓。憲，太祖建德元年，封齊王。宣政元年，薨。以某年月日，葬於長安縣洪瀆之川。（庾信撰《神道碑》。） （45）沃野縣公豆盧永恩墓。永恩，封沃野縣公。保定三年，薨。天和元年，葬於咸陽洪瀆川。（庾信撰《神道碑》。） （46）大將軍厺綿永墓。公諱永，遼東石城人。天和五年，薨於賀葛城。柩至京師，帝臨喪。贈柱國大將軍。其年，葬於京城南高陽原高司里。（庾信撰《神道碑》。） （47）竇豳公希瑊冀公希球墓。希瑊，扶風人。爵豳國公。開元五年，薨於東都。六年，歸葬於京兆咸陽縣洪瀆川之北原。（李湛然撰《神道碑》）希球，扶風平陵人。昭成皇后之弟，封冀國公。開元二十一年，薨於長安布政里。賜第，歸祔於咸陽舊原。（裴耀卿撰《神道碑》。） （48）楊元帥執一墓。執一，華陰人。朔方元帥。開元十四年，薨。贈户部尚書。夫人獨孤氏先即窀穸，以十五年合葬於咸陽之洪瀆川。（張説撰《神道碑》。） （49）王庶子敬從墓。敬從，京兆人。太子庶子。開元二十八年終，葬於咸陽洪原。（孫逖撰《神道碑》。） （50）王常侍定墓。興元元年，太子右庶子王公艱貞歸全於京師新昌里。天子以公忠義，追命左散騎常侍，且詔有司護葬。冬，寧神於咸陽縣肺浮原先公之兆。既葬十二歲，其孤仲周，俾識於神道。公諱定，京兆人。贈尚書。易從子。（權德輿撰《神道碑》。） （51）霍丞相光墓，在興平縣茂陵東南一里。（《馮志》）地節二年，光薨，上及皇太后親臨光喪。太中大夫任宣與侍御史五人持節護喪事。中二千石治莫府

續表

作者/文獻	版本	用　例
沈青峰《（雍正）陝西通志》卷七十	清文淵閣四庫全書本	冢上。賜金錢、繒絮、繡被百領，衣五十篋，璧珠璣玉衣，梓宮、便房、黃腸題湊各一具，樅木外藏槨十五具。東園溫明，皆如乘輿制度。載光尸柩以轀涼車，黃屋左纛，發材官輕車北軍五校士軍陳至茂陵，以送其葬。謚曰宣成侯。發三河卒穿復士，起冢祠堂。置園邑三百家，長丞奉守如舊法。禹既嗣侯，太夫人顯改光時所自造塋制而侈大之。起三出闕，築神道，北臨昭靈，南出承恩。成帝時，為光置守冢百家，吏卒奉祠焉。（《漢書・霍光傳》） (52) 唐忠武王李晟墓，在高陵縣西南十里，有柳公權楷書碑。（《馬志》）公以貞元九年薨，葬於高陵縣奉正原，鄭國夫人杜氏祔焉。（裴度撰《神道碑》。） (53) 元楊學士恭懿墓，在高陵縣東南三陽寺前（《馬志》），在高陵縣南八里，子寅祔。（《馬志》）寅，集賢學士。趙晉撰《神道碑》。（《縣志》） (54) 唐安定男梁待賓墓。待賓，安定臨涇人。封安定縣開國男。長壽二年正月，終於神都旌善里。以二月，遷窆於雍州藍田縣驪山原舊塋。（楊炯撰《神道碑》。） (55) 臧將軍懷恪墓，在三原縣北原上，顏真卿撰書《神道碑》（《賈志》），在縣北原三家里。懷恪，右武衛將軍。（《馬志》）開元十二年二月，薨於鄯城官舍。冬十月，遷窆於京兆府三原縣北原。（顏真卿撰《神道碑》。） (56) 李尚書國貞墓，在三原縣北原上。（《賈志》）……公曰：吾之不敏，當死節。竟及焉，上元三年二月也。是歲改元寶應，夏五月，寧神於三原縣之北原。（權德輿撰《神道碑》。） (57) 元郝忠定公墓，在縣北樓底原上。（《縣志》）……忠定公乃元中書左丞郝天挺父，有《神道碑銘》。（《馬志》）……至元九年十一月，葬三原縣修真卿長孫里濁谷西原之新阡。（王磐撰《神道碑》。） (58) 明王端毅恕墓，在三原縣西北二里。正德四年，勅修。（《馬志》）公墓在西園尚書府君墓次，公所自卜地也。（李東陽撰《神道碑》。） (59)（附迷冢）唐王都督湛墓。湛，晉陽人。賜田鄠杜間，為雍州人。以都督瀘、溁、溱、洿四州軍事，乞骸。咸亨三年，薨於京師永崇里。謚曰敏越。文明元年，陪葬獻陵。（楊炯撰《神道碑》。） (60) 唐王太師忠嗣墓。廣鄉原北麓有《神道碑》，元載撰，王縉書。筆法精妙，稍為樵牧所損。萬歷中，崔尹邦亮移置西郭門外。（《縣志》）太師王忠嗣墓，在縣東十里。有《神道碑》，在大道傍。（《馬志》。） (61) 李太尉光弼墓，在富平縣西北三十里。其弟光進墓，亦近焉。（《馮志》）

續表

作者/文獻	版本	用　　例
沈青峰《（雍正）陝西通志》卷七十	清文淵閣四庫全書本	縣西北覓子店有光弼墓，《墓碑》《神道碑》皆顏真卿書。旁即太尉祠，祠旁即光進墓。（《縣志》） (62) 楊忠介爵墓，在富平縣東北獨户村（《賈志》），在富平縣東北四十里。爵，御史，贈光禄寺少卿，謚忠介。（《馮志》）吏部尚書胡松碑其墓，曰“關西夫子楊伯修”。（《縣志》）神道一碑缺，然道左余忝大吏何惜此寒山片石乎？（練國事撰《神道碑》。） (63) 孫恭介丕揚墓，在富平縣流曲堡北（《賈志》），在縣西二十里三里村。王圖撰《神道碑》。（《縣志》） (64) 唐李薊公楷洛墓。楷洛，封薊郡開國公。薨於靈州師次。明年，詔葬於富平縣檀山原。……天子以府君積流仁慶，追考功績，發於簡書。炎掌史之官也，奉命為詞。（楊炎撰《神道碑》。）
沈青峰《（雍正）陝西通志》卷七十一		(65) 唐贈都督段行琛墓，在縣北七十里。（《賈志》）萬歷三十六年，知縣李枝秀記云：縣西北七十里，為唐太尉段秀實父贈揚州大都督段行琛墓。鳳翔少尹張增撰《神道碑文》，字畫類顏魯公。因俗傳段烈士墓，故録其記。（《縣志》） (66) 李太尉固墓，在城固縣西三十里，有石碣題曰“漢忠臣太尉李公神道”。唐韋皐作《碑記》。（《馬志》）長柳，村名也。漢太尉李固墓，碑銘尚存，文字剥落，不可復識。（《水經註》） (67) 唐祁國公王仁皎墓，在州西二十里羌白鎮西。（《州冊》）……宋璟、蘇頲以為：準令，一品墳高一丈九尺，其陪陵高出三丈。……御書《神道碑》尚存，字剥落。（《馬志》） (68) 御史大夫程行謀墓。君名則，字行謀，世以字行。門閭當華嶽之峰，碑闕倚桃林之塞：遷自吾祖，定成我居，作鄭人矣。開元十四載春之孟庚寅，薨於洛陽審政里第。贈左丞相，以貞為謚。莫春壬寅，十朋啓塋，雙表昭燧，歸厝於鄭之少華原。（蘇頲撰《神道碑》。） (69)（附迷塚）唐朝儀大夫楊越墓。越，仙掌人。高宗時，朝儀大夫。薨，遺令薄葬，不藏珠珍，《堯經》一卷，《堯典》一篇，昭示後嗣，不忘聖道。即以其年，葬於西嶽習仙鄉登仙里西麓。（陳子昂撰《神道碑》。） (70)（附迷塚）唐胡珦墓。珦，葬京兆奉先，夫人天水趙氏祔焉。（韓愈撰《神道碑》。） (71) 蒲城縣《胡珦神道碑》，韓文公撰，胡証書。在尉廨支槽，近置夫子廟，訪墳，不獲矣。（《江鄰幾雜志》）

續表

作者/文獻	版本	用　　例
沈青峰《（雍正）陝西通志》卷七十一	清文淵閣四庫全書本	(72) 后崩，將合葬乾陵，善思建言：尊者先葬，卑者不得入。今啟乾陵，是以卑動尊，術家所忌。且元闕石門，冶金錮隙，非攻鑿不能開，神道幽靜，多所驚黷。若別開隧以入其中，即往昔葬時神位前定，更且有害。曩營乾陵，國有大難，易姓建國二十餘年，今又營之，難且復生。合葬非古也，況事有不安，豈足循據？漢世皇后別起陵墓，魏、晉始合葬。漢積祀四百，魏、晉祚率不長，亦其驗也。今若更擇吉地，附近乾陵，取從葬之義。神有知，無所不通；若其無知，合亦何益？山川精氣，上為列星。葬得其所，則神安而後嗣昌；失其宜，則神危而後嗣損。願割私愛，使社稷長久。中宗不納。(《唐書·嚴譔傳》) (73) 術士桑道茂墓，在州南。道茂有神術，後隨德宗出幸，死於是，葬焉。(《馬志》)。在南門外，有《神道碑》。(《關中陵墓志》) (74) 明宋尚書欽墓，在乾州南。欽，南京大理寺卿，贈刑部尚書。(《馮志》) 公致仕，家居十有三年。弘治己未七月，訃聞，上特贈刑部尚書，差進士李光翰造墳安葬。卜地於乾城西南而造焉，踰年始成。(王恕撰《神道碑》。) (75) 蘇許公頲墓，在武功縣西南十五里。新寨南有《神道碑》，張說撰。(《關中陵墓志》) 在義門鄉，與蘇武冢相接。今官道旁，有古碑存焉。(《馬志》) (76) 定襄王郭英乂墓。永泰元年十有二月，定襄王薨於靈池，兵故也。大曆三年正月，詔葬於武功之先塋，夫人鹿氏同袝。嗣子嘉珍，飾櫬蜀門，歸魂秦隴。以載職在史臣，琢石請詞。(元載撰《神道碑》。) (77) 任尚書泰亨墓，在縣西七里紙張溝。(《賈志》) 泰亨，仁宗朝兵部尚書，勑命祭葬。今紙張溝翁仲猶存。其裔孫進士明道，仍立《神道碑》。(《縣志》) (78) 宋郝尚書文義墓，在縣北李家原。《神道碑》為耕者磨農器，漫滅。(《縣志》)
沈青峰《（雍正）陝西通志》卷七十五		(79)《吴興集》十卷，《臨川集》十卷，《盧集》十卷，俱顏真卿撰。《于邵集》四十卷（萬年人，歷官侍郎），《王氏神道銘》二十卷（廣州都督咸陽王方慶撰），《竇拾遺集》一卷（左拾遺扶風竇叔向撰）。
沈青峰《（雍正）陝西通志》卷八十一		(80) 官屬有建策徙治夔州者，公叱之曰：孺子可斬也！四川全盛，虜欲入寇久矣，直以川口有鐵山、棧道之險耳。今不堅守，縱使深入，而吾乃僻處夔、峽，遂與關中聲援不復相聞，進退失計，悔將何及？今幸敵方肆掠，未逼近郡

續表

作者/文獻	版本	用　　例
沈青峰《（雍正）陝西通志》卷八十一	清文淵閣四庫全書本	宣司但當留駐興州，外繫關中之望，內安全蜀之心；急遣官屬出關，呼召諸將，收集散亡，分布險隘，堅壁固壘，觀釁而動。庶幾猶或可以補前愆，贖後咎，奈何乃為此言乎？張公然公言，而諸叅佐無敢行者。公即自請奉命北出，復以單騎至秦州，分遣腹心，召諸亡將。諸亡將聞命大喜，悉以其衆來會。公命驍將吳玠柵和尚原，守大散關，而分兵悉守諸險塞。敵諜知我有備，引去。（朱子《劉子羽神道碑》。按：和尚原，在今鳳縣。） （81）宣撫司移軍閬州，公請獨留關外，調護諸將，以通內外聲援，軍民之心翕然向之。漢中大饑，諸帥閉境自守，因有違言，皆願得公與連兵。張公承制，可其請。公至鎮，開關通商輸粟，輯睦隣援，飭兵練卒，栅險待敵。（朱子《劉子羽神道碑》。） （82）是時，金大帥薩里罕、烏珠輩主兵用事，計必取蜀以窺東南，其選募戰攻，盖已不遺餘力，而我之謀臣、戰將，亦無敢為必守計者，獨公與張公恊心戮力，毅然以身當兵衝，將士視公感激争奮，卒全蜀境。（朱子《劉子羽神道碑》。按：饒風關，在今石泉縣西五十里。）
沈青峰《（雍正）陝西通志》卷八十二		（83）彥習用短兵，屢平小盜，不以公言為意。敵猝至，不知所為，逆戰，果敗走，保石泉。（朱子《劉子羽神道碑》。按：《宋史》云：紹興三年正月，金克金州。與此互異。） （84）崇禎己巳三月，流盜掠二水。四月，固原賊犯耀州，叅政洪承疇合官兵鄉勇萬餘人，圍賊於雲陽，幾覆之，賊乘夜雷雨，潰圍走淳化，入神道嶺。（《紀事本末》）
沈青峰《（雍正）陝西通志》卷八十四		（85）十九年五月壬申，京師旱，帝親禱興慶池。是夜，大雨。乙亥，侍中裴光庭等，請宣付史館。手詔報曰：爰自今春，時雨愆序，切憂農務，無忘寢興。陝雒兩郊，已聞流霔，而咸京近縣，尚未霑霈。憫禾黍以疚懷，仰雲漢而翹首。投龍致祭，親禱靈池，誓移咎於薄躬，庶垂祐於黎獻。神道昭著，鑒此虔誠，甘澤應期，嘉生遂性。亦是卿等同心燮理，戮力謀猷，上下咸和，致兹休應。豐年可望，慶慰良深，麟鳳飛翔，未為瑞也。（《冊府元龜》）
沈青峰《（雍正）陝西通志》卷八十五		（86）《勞同州刺史達奚武璽書》（北周高祖）（《北周書》）：公年尊德重，弼諧朕躬。比以陰陽僭序，時雨不降，命公求祈，止言廟所。不謂公不憚危險，遂乃遠陟高峯。但神道聰明，無幽不燭，感公至誠，甘澤斯應。聞之嘉賞，無忘於懷。今賜公雜綵百疋，公其善思嘉猷，匡朕不逮。念坐而論道之義，勿復更煩筋力也。

續表

作者/文獻	版本	用　　例
沈青峰《（雍正）陝西通志》卷九十八	清文淵閣四庫全書本	(87）蒲城《胡珦神道碑》，韓文公撰，胡証書。在尉廏支槽，近置於夫子廟。(《江陵幾雜志》) (88)《王忠嗣神道碑》，唐元載撰，王縉書。在渭南縣東南廣鄉原北官道南。(《雍勝畧》)

表一千六百九十一

作者/文獻	版本	用　　例
沈紹勳《周易易解》卷四	民國二十年本	(1）《彖》曰：大觀在上，順而巽，中正以觀天下。觀，盥而不薦，有孚顒若，下觀而化也。觀天之神道，而四時不忒。聖人以神道設教，而天下服矣。 (2）羲仲、羲叔、和仲、和叔，四宅是也。立此四宅，无非“欽若昊天”“敬授人時”而已。所謂神道，坎離震兑之大化氣也。

表一千六百九十二

作者/文獻	版本	用　　例
沈壽榕《玉笙樓詩録》卷一	清光緒九年刻增修本	(1）摩崖殘記搜石壁（顔公書《離堆山記》僅存十餘字），鮮于神道沈江潭（顔公書《鮮于仲通神道碑》已沈於江）。我聞斯語傷且慚，相招吾黨人二三。共肅冠裳修俎豆，再新棟宇收楩楠（時初修復公祠）。篷州宦遊昔至此（顔公曾官蓬州長史），筆端造化心能參。大臣忠節常凜凜，小儒傳説徒諵諵。蜀都碑版皆所諳，潼川劍閣多停驂。干禄字書宋摹刻（潼川府教授署有宋刻《干禄字書》），中興頌體肥不堪。……亭前把酒豪興酣，林花撲袖餘醃醃。漁歌數聲晚歸去，煙波回首空清嵐。

表一千六百九十三

作者/文獻	版本	用　　例
沈叔埏《頤綵堂文集》卷八	清嘉慶二十三沈維鐈武昌刻本	(1）考左丞渥，字子章。伯仲四人，名多從水。見《司空表聖》《盧渥神道碑》及《唐書・宰相世系表》。

續表

作者/文獻	版本	用　　例
沈叔埏《頤綵堂文集》卷八	清嘉慶二十三沈維鐈武昌刻本	(2) 又錄中《論語意原》，不知作者。余考之，乃靑田宋侍郎東谷鄭汝諧所撰。吾鄉婁彥發叅政，謚忠簡。《宋史本傳》及樓攻媿所撰《神道碑》並闕焉，亦見批注。此則其後人，亦莫之知也。
沈叔埏《頤綵堂文集》卷十		(3) 又案：賈仁《行狀》謂恕"詩喜陸放翁，文慕周益公"。富珠哩翀（原作"孛术勒翀"）作恕《神道碑》云：世祖淵潛。魯齋許文正，被教來秦，士風翕然，先生之徒相繼而出。形於文，藹然仁義之言；見於事，卓然仁義之行也。 (4) 嘉慶己未，志局開，其家以公集至共十二卷，而六、七、十三卷闕焉，蓋藏自曹孺巖孝廉而歸於呂者。卷首五七言古詩，並以二字爲題。《明詩綜》所選古詩十首，卽出其中。第六、七卷，皆序。第十卷之《寇莊愍墓志銘》《劉文介神道碑》，可以參補。《明史》惜俱佚矣，而閩藩《黃公神道碑》，則卽正統間公所受知之太守元氏人留葬於禾者，文載《湯志》尚存。

表一千六百九十四

作者/文獻	版本	用　　例
沈濤《交翠軒筆記》卷一	清道光刻本	(1) 余在郡北㥮山，得大中六年《魏博別奏劉公故夫人郭氏墓誌》一通，其文曰：夫人太原盛族，遠祖因官遷居於大名云云。又於元城之堤口村，得龍紀元年《魏博節度知兵馬使羅公神道碑》一通，亦云：魏曰大名。
沈濤《銅熨斗齋隨筆》卷六	清光緒會稽章氏刻本	(2)《崇政殿説書》：《宋史・職官志》：仁宗景祐元年正月，命賈昌朝、趙希言、王宗道、楊安國並爲崇政殿説書，日輪二員祗候。初，侍講學士孫奭年老乞外，因薦昌朝等。至是，特置此職以命。王介甫《賈魏公神道碑》曰：景祐四年，積官至尚書都官員外郎，乃始置崇正殿説書，而以公爲之。

表一千六百九十五

作者/文獻	版本	用　　例
沈廷芳《十三經注疏正字》卷十九	清文淵閣四庫全書本	(1) 所謂（"謂"疑"為"字誤）既祭神道云云（"道"字當誤"倒"）。

表一千六百九十六

作者/文獻	版本	用　　例
沈垚 《落帆樓文集》 卷七	民國吳興叢書本	（1）論曰：唐時州縣興造之事，聽長吏自為，宋後動則須上請，一錢以上州縣不得擅用，所請不能稱所需，則所作往往不堅固。於是長吏始有借助富民，民之好義者有助官興造之舉。……姚牧庵撰《游顯神道碑》，言游氏為代之崞縣鉅姓，顯父當金時傭工鑱平太和嶺石路，又橋崞水以通。

表一千六百九十七

作者/文獻	版本	用　　例
沈兆澐 《篷窗附録》 卷下	清咸豐刻本	（1）天津張礨，康熙癸巳舉人。善書，有篆隸遺意。仕江蘇知縣。雍正丙午鄉試，充同考官。每晚輒焚香拜祝，如有積德之士，求神指示。眾簾官笑其癡，咸揶揄之。伺其鐙下閱卷時，以一細竿穿牖入，挑其冠，張驚以爲神，拜祝如前。衆伺其坐定，又挑之。張遂捧卷上堂，主考已寢，張叩門告以神明指示之故。主考閱卷，笑曰：此文甚佳，取中有餘，君何必神道設教乎？衆噤不敢言。比揭曉，此卷已中式，衆譁然，告張曰：我輩弄君耳。張正色曰：此非我爲君輩所弄，乃諸君爲鬼神所弄耳。
沈兆澐 《篷窗續録》 卷下		（2）《曹宗丞逸事》（紀昀）：曹慕堂宗丞，余甲戌同年也，交最契。慕堂卒時，余適以校理祕籍在灤陽，闕爲面訣，意恒蠹然。既而讀石君所作《墓誌》、辛楣所作《神道碑》，慨想生平，宛如對晤，不勝山陽隣笛之悲。惟是慕堂立身之本末，二君言之雖詳，其文均篤實，無愧詞，足信天下而貽後世。然有一二逸事，爲《碑誌》所未及者。
沈兆澐 《篷窗隨録》 卷十三		（3）李靖之六花十二陣，杜氏詳載之，非出於八陣而何？若夫八門、九宮、三奇，此聖人所以神道設教。《漢藝文志》《兵法》四種，本有陰陽家假鬼神以爲用者，然而天時不如地利，地利不如人和，不明握奇，人事已失矣。何暇及他？世人專以八門、九星、三奇言握奇，此其愈神而愈晦也夫。

表一千六百九十八

作者/文獻	版本	用　　例
沈自南 《藝林彙考》 稱號篇 卷之三	清文淵閣四庫全書本	（1）《愛日齋叢抄》：張文昌《祭韓吏部》詩：公疾浸日加，孺人視藥湯。以為姬妾，則云乃二侍女合彈琵琶、箏。已有侍女矣，以為妻，則皇甫湜撰《神道碑》云：夫人高平郡。

表一千六百九十九

作者/文獻	版本	用　例
盛大士《樸學齋筆記》卷七	民國嘉業堂叢書本	(1) 明鹿門茅氏論次古文，取唐宋八大家為作文之準的，嗣後論古文者墨守其説，不敢有所進退損益於其間，不知八家之外其卓然成家者固自不乏，而韓之三上宰相、應科目與時人諸書頗爲識者所訾議，乃獨錄而存之。蘇之范景仁、張安道《墓志》《富鄭公神道碑》《司馬温公行狀》，可與日月爭光，乃皆棄而不錄，何所見之陋也。治古文者，其勿以八家自囿，而讀八家文者，慎勿以前人之去取自囿其識見也。 (2) 古文中墓表、墓志、碑銘，不宜妄作。表、志之作，與史、傳相表裏，必其人卓然有所表見，足以垂世不朽，及匹夫匹婦爲善于鄉，足以風勵末俗。而當事不及搜採，無由上史館者，乃表之志之，以信今而傳後，則其人藉文而傳，而吾之文亦藉人以傳，否則皆諛墓之作耳。至於作文義法，亦有不可以不審者。韓、柳、歐、蘇之集爲俗本所亂，如韓之曹成王、劉統軍、權文公碑皆神道也，而題不具書，碑碣宜有銘詞；而韓之法曹、張君柳之獨孤君皆不著銘，獨孤君碣末列友人名姓，與其《先侍御神道表》例則皆表也，表例無銘；而韓之《房使君鄭夫人殯表》則用韻如銘，蓋皆俗本標題之誤。今之作者，失於釐訂，而潘氏《金石例》、王氏《墓銘舉例》諸書，世亦不復傳，是以雖號能文者，其體例亦不盡合於古矣。
盛大士《蘊愫閣文集》卷一	清道光六年刻本	(3) 人之託于仙，以惑人者也。不然，則淫昏之鬼，馮乎人而爲厲者也。天下非無神仙，故長房可以遇壺公，鮑靚可以識葛君，特尻輪神馬，遊乎方外，擺脱世網，吐棄埃壒，卽五雲閣史之書，絳都太史之册，亦洞府之珍儲，非侏儒所沾匄者。余故局局然笑彼頑鄙庸下之輩，有首有趾，無心無耳。公然以神道設教，僕僕亟拜，退而與賈人爭蹶，且不自知其憊也。
盛大士《蘊愫閣別集》卷二	清道光六年刻本	(4) 張氏之先，彤魚發祥，弧星主祀；佐宣輔周，修官仕晉；侯老趯骼，名聞春秋；五世相韓，七葉翊漢。賀婁神道之碑，紀其舊德；歐陽世系之表，代有達人。丕著正始，式觀先熾。韓國之派，五世傳杜陵，八世居吳郡，十三世徙彭城，十七世復歸吳中。

表一千七百

作者/文獻	版本	用　　例
盛楓《嘉禾徵獻録》卷一	清鈔本	(1) 又有《通鑑綱目續編考正》行世。(李文達賢作公《神道碑》，稱先世顯於宋，故其居稱吕家府。按：郡邑《選舉志》：吕氏在宋有名謂者，天禧乙未登第其弟詢，天聖甲子鄉舉評，景祐甲戌進士其貫開封者全，嘉祐丁酉鄉舉公美第，熙寧庚戌奎第，熙寧癸丑而元祐榜眼曰益柔，紹聖甲戌有桓，崇寧丙戌有少蒙，紹興庚辰有篆，隆興癸未有旦，端平乙未有重庚，寶祐癸丑有翊龍。以布衣被召賜第者，又有元亮。)

表一千七百零一

作者/文獻	版本	用　　例
盛世佐《儀禮集編》卷六	清文淵閣四庫全書本	(1) 郝氏曰：末肺端也，左手執之，右手絶而祭之，神道貴右也。
盛世佐《儀禮集編》卷三十二		(2) 郝氏曰：布神席于堂西南隅，東向。几置席右，神道尚右。 (3) 郝氏曰：鼎入由西設于西階下，向東。神道尚西，殊于未葬前鼎設于阼也。
盛世佐《儀禮集編》卷三十七		(4) 郝氏曰：史西面，神道尚右也。

表一千七百零二

作者/文獻	版本	用　　例
盛昱《意園文略》卷二	清宣統二年楊鍾羲金陵刻本	(1) 謹案：吴汝綸《張靖達公神道碑》：李相公居憂，調直隸總督、北洋大臣。朝鮮亂燬日本使館。是時，吴武壯公長慶防海登州，公傳電謀之，李急檄武壯東渡。武壯自登州率師三千，用一日夜，徑抵仁川，直入朝鮮國都，取其大院君李昰應，送天津。

表一千七百零三

作者/文獻	版本	用　　例
施國祁 《金史詳校》 卷一	清廣雅書局叢書本	(1)《歸潛志》：大定十七年三月朔，萬春節，諸國使人入見而大雨作。大宗伯張公問郭子通曰：禮當何如？子通曰：哀公問孔子曰：諸侯朝于天子而不得見者有四，雨霑服失容，一也。張公曰：此非使臣之事。子通曰：彼國主之來尚不得見，況其臣乎？少頃，有敕放朝，士大夫服其知禮。（案：《郭子通神道碑》，李晏撰。） (2)《金故明威將軍同知宣徽院事上輕車都尉隴西郡開國伯食邑七百户李磐神道碑》，其文中順大夫同知中都路轉運使輕車都尉廣陵郡開國伯食邑七百户高德裔撰并書。盤，字仲安，玉田人。墓在縣城東北。
施國祁 《金史詳校》 卷七		(3)《柳邊紀略》：船廠西二百里薄屯山，有《金完顏婁室神道碑》。碑楷書，文曰“大金故開府儀同三司左副元帥金源郡壯義王完顏公神道碑”。翰林直學士王彦潛撰文，大名府兵馬都總管判官任詢書碑，東上閤門使左光慶篆額。
施國祁 《金史詳校》 卷八下		(4) 右丞賈益謙。益，北作“謚”，非。是歲，卒。《中州集》：楊之美撰《墓銘》，《滏水集》有《神道碑》。 (5) 案：《遺山集・內相銘》云：公娶胥氏，左丞通敏之孫，平章惠簡之女。《中州集》：《胥莘公神道碑》，雷淵撰。
施國祁 《金史詳校》 卷十		(6)《東巡日錄》云：《大金壯義王婁室墓神道碑》，高八尺八寸，寬四尺五寸，厚一尺二寸，頂高三尺。上鐫翰林院直學士中大夫知制誥兼行祕書少監虞王府文學輕車都尉太原郡開國伯食邑七百户賜紫金魚袋王彦潛撰文，奉政大夫大名路兵馬都總管判官飛騎尉賜緋魚袋任詢書丹，額篆“大金開府儀同三司金源郡壯義王完顏公神道碑”。

表一千七百零四

作者/文獻	版本	用　　例
施男 《卬竹杖》 卷一	清初留髡堂刻本	(1) 潁川元姚尚書神道，穹窿博厚，豪家冀割三之一以表墓。州牧屬其割三之二，曰“吾欲使後人復割者，得中分而各材”，是固文饒言外意也。

表一千七百零五

作者/文獻	版本	用　　例
施閏章 《學餘堂集》 文集卷十八	清文淵閣四庫全書本	(1) 禮部左侍郎兼秘書院侍讀學士吕公神道碑

表一千七百零六

作者/文獻	版本	用　　例
石韞玉 《獨學廬稿》 四稿卷二	清寫刻獨學廬全稿本	(1)《祀竈》：神道聰明正直先，王孫能媚亦徒然。不辭煬者来争席，歲暮山厨未擊鮮。

表一千七百零七

作者/文獻	版本	用　　例
石卓槐 《留劍山莊初稿》 卷七	清乾隆四十年石卓椿刻本	(1)《紀事》：古人立隍社，保障重一方。其祀至正大，其神亦馨香。爲民司萬命，佑福災不祥。淫盗及奸回，棄之投遐荒。豈與淫祀同，享非其所當。諂祭吐不暇，况肯降吉昌。國家設學校，其政先農桑。爲民立師表，為世垂綱常。其祀配旻天，浩然亘穹蒼。安可神道測，等與香火量。兩庠列多士，要使聖道彰。瑣瑣計窮通，毋乃慚先王。至於胥役惡，其毒非一鄉。狡猾豈有涯，疇測魑魅裝。説者謂其肆，托庇於城隍。

表一千七百零八

作者/文獻	版本	用　　例
史澄 《(光緒)廣州府志》 卷一	清光緒五年刊本	(1) 雍正二年，上諭沿海居民人等：朕思天地之間，惟此五行之理，人得之以生全，物得之以長養，而主宰五行者，不外夫陰陽。陰陽者，即鬼神之謂也。孔子言：鬼神之德，體物而不可遺。豈神道設教哉？蓋以鬼神之事，即

續表

作者/文獻	版本	用　　例
史澄《(光緒)廣州府志》卷一	清光緒五年刊本	天地之理，故不可以偶忽也。凡小而邱陵，大而川岳，莫不有神焉主之，故當敬信而尊事，況海爲四瀆之歸宿乎？使以爲不足敬，則堯舜之君，何以柴望秩於山川？文武之君，何以懷柔百神，及河喬嶽？今愚民昧於此理，往往淫祀，而不信明神，傲慢褻瀆，致干天譴。夫善人多而不善人少，則天降之福。卽稍有不善者，亦蒙其庇。不善人多而善人少，則天降之罰，雖善者亦被其殃。
史澄《（光緒）廣州府志》卷八十七		(2) 應天府尹陳錫墓，賜葬於潯岡。父贈太常卿。珙墓，在虎脉岡。學士黃佐撰《神道碑》。（據《金通志》。） (3) 少師華蓋殿大學士，贈太師，謚文康。梁儲墓，賜葬於大觀山。少師楊一清撰《神道碑》。（同上） (4) 右副都御史魯能墓，在懷仁里象山。賜葬祭。明邱濬撰《神道碑》。（據《黃通志》《金通志》參修。）
史澄《（光緒）廣州府志》卷一百		(5)《中書門下牒》《廣州南海洪聖廣利王牒》：奉勅易載害盈益謙之旨，葢神道正直，必有輔於教也。其有陰相吾民，沮遏凶醜，應答明白，不列美稱，曷以揚神之休？南海洪聖廣利王：惟王廟食尊爵，表於炎區，年既遠矣。今轉運使絳言：乃者儂猹狂悖，暴集三水中流，颶起舟留三日，逮至城闉廣已守備，……朕念顯靈佑順靡德不酬，其加王以“昭順”之號。 (6) 碑在廣州南海廟。《宋史・章望之本傳》：望之，字表民。以蔭監杭州茶庫，移病去。歐陽修等薦之，除僉書建康軍節度判官，不赴。又除烏程縣，趣令受命，固辭。……“集賢院學士”下闕二字，以歐陽修《余襄公神道碑》考之，當爲“余靖”。但史傳不載尚書左丞，蓋元豐未改官制以前，左右丞俱寄祿官，故史畧之爾。
史澄《（光緒）廣州府志》卷一百一		(7) 於是，留舍利八斛四斗，爲浮圖八萬四千，遍滿娑婆，利樂羣品，此塔廟之所由興也。瀘從人舉，道與世升。國家列聖相承，重熙累洽，以神道設教，人壽躋民。妙嚴寶乘，用禆皇化。由是萬邦作孚，遐邇興善，像教之隆，度越前古矣。
史澄《（光緒）廣州府志》卷一百三		(8) 王又迎以甘澍，送以祥風；陰騭開闔，咸符僉言；神道罔測，惟誠不貳。在前二年，臣月魯不花為御史。臣舟載筆詞館，同扈從上京，俱嘗建言：名山大川，方祀不修，旱乾水溢，咎或由此。

表一千七百零九

作者/文獻	版本	用　　例
史夢蘭 《（光緒） 撫寧縣志》 卷五	清光緒三年刻本	（1）《易》曰：盥而不薦，有孚顒若。其《傳》曰：聖人以神道設教，而天下咸服。蓋誠積會神以示儀表，莫切於祭而設教垂訓。成天下之治者，於道則甚重焉。必其為祭，不徒簠豆籥羽之儀。而所謂教者，不獨以詞章句讀、條格號令爲事，然後足以觀於天下。此《易》之道，孔子之意也。
史夢蘭 《（光緒） 撫寧縣志》 卷六		（2）不褻朝廷之體，已得懷遠之道，古帝王神道設教之義，如是也夫。 （3）於茲種種吉祥善事，不猶愈於作姦犯科乎？其於神道設教之義，微有合也。 （4）邑人郭城《白衣菴施香火地碑》云：蓋聞大千世界，無非因果相投；億萬人天，總以慈悲為主。龍宮象塔，不自天成；白馬青鴛，皆緣人力。是以山陰推宅，鐫淨果於許詢；宜壽聞鐘，著嘉名於荀勖。凡諸成德，概勒豐碑。撫甯白衣菴者，南挹荊岑，東瞻嶽廟。辟支留跡，香紫蓮座之素；舍利騰輝，甘灑楊枝之露。神道設教，醒歷劫之沈迷；（闕）法無量，採諸生之熱惱。聿賴皈依之力，大開懺悔之方，獨是一指空禪，外無寸土三車，內典中乏新番。雖屬承眾善之捐施，卒莫繼諸佛之香火，乃有薦紳先生、鄉賢長者，割膏腴之地，輸上錯之田，給朔望之粢。

表一千七百一十

作者/文獻	版本	用　　例
史鳴皋 《（乾隆） 梧州府志》 卷七	清同治十二年刊本	（1）《易》曰：聖人以神道設教。神本無形，而壇壝具設。廟貌聿新，斯大觀在上之象也。

表一千七百一十一

作者/文獻	版本	用　　例
釋道忞 《布水臺集》 卷十四	清康熙刻本	（1）《南涧箬庵问禅师塔铭》：順治十三年乙未之歲，箬庵問禪師解夏磬山。……僧道忞謹撮其徒絕流策公之狀，而爲之銘曰：龍驤邁種，式産霧窪。優曇瑞應，豈雜葦麻。（一）矧師棄願，來爲浛艖。松陵望族，陽羨名家。（二）父字安期，俞宗騮驊。號極淵博，著書滿車。（三）晚憂無子，憯用懲嗟。乃供大會，百日無遮。（四）師曰我來，宵户流椴。厥聲載路，其泣呱呱。

續表

作者/文獻	版本	用　例
釋道忞《布水臺集》卷十四	清康熙刻本	(五）季方弱冠，遊神道涯。偶閲楞嚴，思益超遐。……其風肆好，師固推雄。我若有福，往先道峰。(七十六）師蓋知我，我敢負師。雲漢昭回，勒此豐碑。(七十七）鬼神呵殿，天龍拱衛。休有烈光，千秋萬歲。(七十八)
釋道忞《布水臺集》卷十八		(2)《天童開山義興禪師》：摩騰始漢，達磨未東。不有神道，孰警瞶聾。六環飛舉，帝座冥通。剏開終古，般若禪蕟。千燈炤夜，百蟄驚蒙。飲師之澤，與山無窮。
釋道忞《布水臺集》卷二十九		(3）次日，即趨神道路，訪靈兄于皋亭之西隖。承翰簡遂，不能以旹裁畣，媿惋如何？武林谿口，弟已處處誌之矣。未審他日再來，還識桃源路否？

表一千七百一十二

作者/文獻	版本	用　例
釋函可《千山詩集》卷十三	清康熙四十二年刻本	(1)《讀未央集有先文恪神道碑感賦》：高塚前朝草木凄，燈前雪底泣孤兒。良弓久没箕同盡，華表空留鶴尚羈。大節已昭懸日月，千秋不朽屬文辭。遙知定有人來過，繫馬松根讀舊碑。

表一千七百一十三

作者/文獻	版本	用　例
釋唐時《如來香》卷四	清康熙孫丕璨刻本	(1）然則秘密之教，須身口意三業相應，始名瑜伽。蓋瑜伽者，相應之稱耳。必手結梵印，口誦眞言，心存觀想，一切行果理事廣大悉備。而護國救世，滅罪生福，轉凡成聖，尤爲神速要妙。蓋我佛顯仁，藏用神道設教之意。
釋唐時《如來香》卷六		(2)《賢者德經》云：心所不安，未常加物。即近而言，則忠恕之道，推而極之，四等之義。四等者何？慈、悲、喜、護也。何謂爲慈？愍傷衆生，等一物我，推已恕彼，願令普安，愛及昆蟲，情無同異。何謂爲悲？博愛兼拯，雨淚惻心，要令實功潛著，不直有心而已。何謂爲喜？歡悦柔軟，施而無悔。何謂爲愛護？隨其方便，觸類善救，津梁會通，務存弘濟。能行四等，三界極尊，但未能冥心無兆，則有數必終。……夫理本於心，而報彰於事，猶形

續表

作者/文獻	版本	用　　例
釋唐時 《如來香》 卷六	清康熙孫丕璨刻本	正則影直，聲和而響順，此自然玄應，孰有爲之者哉！然則契心神道，固宜期之通理，務存遠大，虛中正已，而無希外助；不可接以卑瀆，要以情求：此乃厝懷之關鍵，學者所宜思也。或謂心念必報，理同影響，但當求已而已，固無事於幽冥。原經教之設，蓋所以悟夫求已，然求已之方，非教莫悟。悟因乎教，則功由神道；欣感發中，必形於事；亦由詠歌不足，係以手舞。然則奉而尊之，蓋理所不必須，而情所不能廢。宜縱已身體教旨，忘懷欣想，將以已引物，自周乎眾，所以固新涉之志，而令寄懷有擬。……由此言之，有固非滯，滯有則背宗；反流歸根，任本則自暢。……方等深經，每泯一三世而未嘗謂見在爲有，則空中行空，皆斯見矣。 (3)《體極不兼應論》（四）：問曰：歷觀前史，上皇已來，在位居宗者，未始異其原本。本不可二，是故百代同典，咸一其統。所謂“唯天爲大，唯堯則之。”……答曰：夫幽宗曠邈，神道精微，可以理尋，難以事詰。既涉乎教，則以因時爲撿。雖應世之見，優劣萬差，至於曲成在用，感即民心而通其分。分至則止其智之所不知，而不關乎其外者也。若然，則非體極者之所不兼，兼之者不可並御耳。是以古之語大道者，五變而形名可舉，九變而賞罰可言。此但方内之階差，而猶不可頓設，况其外者乎？……因茲而觀，天地之道，功盡於運化；帝王之德，理極於順通。故雖曰道殊，所歸一也。不兼應者，物不能兼受也。若以對夫獨絕之教、不變之宗，固不得同年而語其優劣，亦已明矣。 (4)《形盡神不滅論》（第五）：問曰：論旨以化盡爲至極，故造極者，必遂化而求宗。求宗不由於順化，是以引歷代君王，使同之佛教，令體極之至，以權君統，此雅論之所託，自必於大通者也。……答曰：夫神者何耶？精極而爲靈者也。精極則非卦象之所圖，故聖人妙物而爲言，雖有上智，猶不能定其體狀，窮其幽致。而談者以常識生疑，多同自亂，其爲誣也亦已深矣。將欲言之，是乃言夫不可言，今於不可言之中，復相與而依稀。……論者不尋無方生死之說，而惑聚散於一化；不思神道有妙物之靈，而謂精麤同盡，不亦悲乎？火木之喻，原自聖典，失其流統，故幽興莫尋，微言遂淪於常教，令淡者資之以成疑。……晉元興三年，歲次閼逢，於時天子蒙塵，人百其憂，凡我同志，僉懷綴之歎，故因述斯論焉。 (5)余嘗試言之：夫涅槃之爲道也，寂寥虛曠。五目不覩其容，二聽不聞其響，冥冥窅窅，誰見誰曉？……抱一湛然，故神而無功；神而無功，故至功常存。與道通洞，故沖而不改；沖而不改，故不可為有；至功常存，故不可爲無。然則有無絕於內，稱謂淪於外，視聽之所不暨，四空之所昏昧。恬焉而夷，怕焉而泰，九流於是乎交歸，衆聖於是乎冥會。斯乃希夷之境，太玄之鄉，而欲以有無題牓標其方域，而語其神道者，不亦邈哉！ (6)《超境》（第五）：無名曰：有無之數，誠以法無不該，理無不統。然其所統，俗諦而已。《經》曰：眞諦何耶？涅盤道是。俗諦何耶？有無法是。何則？有者有於無，無者無於有。有無所以稱有，無有所以稱無。然則有生於無，

續表

作者/文獻	版本	用　　例
釋唐時 《如來香》 卷六		無生於有，離有無無，離無無有，有無相生，其猶高下相傾，有高必有下，有下必有高矣。然則有無雖殊，俱未免於有也。此乃言象之所以形，是非之所以生，豈足以統夫幽極，而擬夫神道者乎？是以論稱出有無者，良以有無之數，止乎六境之内。六境之内，非涅槃之宅，故借出以祛之，庶悕道之流，髣髴幽途，託情絕域，得意忘言，體其非有非無。豈曰有無之外，别有一有而可稱哉？《經》曰：三無爲者，蓋是羣生紛繞，生乎篤患。篤患之尤，莫先於有；絕有之稱，莫先於無。故借無以明其非有，明其非有，非謂無也。 （7）《動寂》（第十五）：無名曰：《道行》云：心亦不有，亦不無。不有者，不若有心之有；不無者，不若無心之無。何者？有心則衆庶是也，無心則太虚是也。衆庶止於妄想，太虚絕於靈照，豈可止於妄想，絕於靈照，標其神道，而語聖心者乎？是以聖心不有，不可謂之無；聖心不無，不可謂之有。不有，故心想都滅；不無，故理無不契。《經》云：心無所行，無所不行。信矣。儒童曰：昔我於無數劫，以國財身命施人無數，以妄想心施，非爲施也。今以無生心五華施佛，始名施耳。……聖旨虚玄，殊文同辨，豈可以有爲便有爲，無爲便無爲哉？菩薩住盡不盡，平等法門，不盡有爲，不住無爲，即其事也，而以南北爲喻，殊非領會之唱。
釋唐時 《如來香》 卷七	清康熙孫丕璨刻本	（8）《神不滅論》（鄭道子）：多以形神同滅，照識俱盡。天所以然，其可言乎一世。……難曰：神即形爲照，形因神爲用，斯則然矣。悟既由神，惑亦在神，神隨此形，故有賢愚。賢愚非神，而神爲形用。三世周廻，萬劫無算，賢愚靡始，而功顯中路。……答曰：子責其始，有是言矣。非理無始終，玄極無涯，既生既化，罪福往復，自然所生耳。所謂聰明，誠由耳目。耳目之本，非聰明也。所謂賢愚，誠應有始，既爲賢愚，無始可知矣。夫有物也則不能管物，唯無物然後能爲物所歸；若有始也則不能爲終，唯無始也然後終始無窮。此自是理所必然，不可徵事之有始而責神同於事。神道玄遠，至理無言，髣髴其宗，相與爲悟，而自末徵本，動失其統，所以守此一觀，庶階其峰。若肆辯競辭，余知其息矣，《洪範》說生之本，與佛同矣。至乎佛之所演，則多河漢，此溺於日用耳。商臣極逆，後嗣隆業。顔冉德行，早夭無聞。周孔之教，自爲方内。推此理也，其可知矣。請廣其證，以究其詳。夫稟靈乘和，體極淳粹，堯生丹朱，頑凶無章，不識仁義。瞽瞍誕舜，原生則非所育，求理應傳美，其事若兹，而謂佛理爲迂，可不悟哉！ （9）今雖有世美，而無道心，犯害眾命。以報就迫，理之當也。佛乘理居當，而救物以法，不蹈法則理無横濟，豈佛無實乎？譬之扁鵲，救疾以藥，而不信不服，疾之不瘳，豈鵲不妙乎？魯陽、耿恭、遠祖九江，所以能廻日、飛泉、蟲虎避德者，背以烈誠動乎神道。神道之感，即佛之感也。若在秦、趙，必不陷於難矣。則夫陷者，皆已無誠，何由致感於佛，而融冶起、籍哉？夫以通神之眾，萃窮化之堂，故須彌可見於芥子之内耳。

續表

作者/文獻	版本	用　例
釋唐時 《如來香》 卷七	清康熙孫丕璨刻本	(10) 頓奪其當年，所以超升潛行，協於神明，神德彰於後身，豈能見其所得哉？夫人事之動，必貫神道。物無妄然，要當有故而然矣。若使幽明之報不如向論，則六十萬命何理以坑乎？既以報坑，必以報不坑矣。今戰國之人，眇若安期，幽若四皓，龍顔而帝，列地而君，英聲茂實，不可稱數，同在羿之彀中，獨何然乎？豈不各是前報之所應乎？既見福成於往行，則今行無負於後身明矣。 (11) 今積瞬以至百年，曾何難及而又鮮克半焉？夫物之媚於朝露之身者，類無清遐之實矣。何爲甘臭腐於漏刻，以枉長存之神，而不自疎於遐遠之風哉？昔仲尼修《五經》於魯，以化天下，及其眇邈太、蒙之顛，而天下與魯俱小，豈非神合於八遐，故超於一世哉？然則《五經》之作，蓋於俄頃之間，應其所小者耳，世又何得以格佛法而不信哉？請問今之不信，爲謂黔首之外，都無神明耶？爲之亦謂有之，而直無佛乎？若都無神明，唯人而已，則誰命玄鳥，降而生商？孰遺巨跡，感而生棄哉？漢、魏、晉、宋，咸有瑞命，知視聽之表，神道炳焉。有神理必有妙極，得一以靈，非佛而何？夫神也者，依方玄應，不應不預存，從實致化，何患不盡，豈須詭物而後訓乎？然則其法之實，其教之信，不容疑矣。 (12) 吴興沈續序曰：夫神道冥默，宣尼固已絕言；心數理妙，柱史又所未說，非聖知不周，近情難用語遠故也。是以先代玄儒，談遺宿業，後世通辨，亦淪滯來身。……至於佛性大義，頓迷心路，既天誥遠流，預同撫覿，萬夜獲開，千昏永曙，分除之疑，朗然俱澈。竊惟事與理亨，無物不識，用隨道合，奚心不辨。故行雲徘徊，猶感美音之和；游魚踴躍，尚賞清絲之韻。況以入神之妙，發自天衷。此臣所以舞之蹈之，而不能自己者也。敢以膚受，謹爲注釋。豈伊錐管，用窮天奧，庶幾固惑所釋焉。
釋唐時 《如來香》 卷九		(13)（附）《周顒難張長史門論書（并問）》：周剡山茨歸書少子曰：周顒頓百，懋製來班，承復峻其門，則參子無踞，誠不待獎。敬尋同本，有測高心。雖神道所歸，吾知其主，然自釋之外，儒綱爲弘；過此而能與仲尼相若者，黃老實雄也。其教流漸，非無邪弊，素樸之本，義有可崇。吾取捨舊懷，粗有涇渭，與奪之際，不至朱紫，但蓄積懷抱，未及厝言耳。……通源曰：道也與佛，逗極無二，寂然不動，致本則同，感而遂通，達迹誠異。周之問曰：論云：致本則同。請問何義，是其所謂本乎？言道家者，豈不以二篇爲主，言佛教者，亦應以般若爲宗。二篇所貴，義極虛無，般若所觀，照窮法性。虛無法性，其寂雖同，位寂之方，其旨則別。論所謂逗極無二者，為逗極極於虛無，當無二於法性邪？將二塗之外，更有異本，儻虛無法性，其趣不殊乎？若有異本，思告異本之情，如其不殊，願聞不殊之說。……通源曰：汝可專遵於佛跡，而無侮於道本。周之問曰：足下專遵佛跡，無侮道本。吾則心持釋訓，業愛儒言。未知足下雅意，佛儒安在，爲當本一末殊，爲本末俱異邪？既欲精探彼我，方相究涉，理類所關，不得無請。

續表

作者/文獻	版本	用　　例
釋唐時《如來香》卷十一	清康熙孫丕璨刻本	(14)《佛影銘》(并序)(释慧遠)(曾):夫滯於近習,不達希世之聞。撫常永日,罕懷事外之感。是使塵想制於玄襟,天羅網其神慮。若以之窮齡,則此生豈遇?以之希心,則開悟靡期。於是發憤忘食,情百其慨。靜慮閒夜,理契其心。爾乃恩沾九澤之惠,三復無緣之慈,妙尋法身之應,以神不言之化。……遠昔尋先師,奉侍歷載。雖啓蒙慈調,託志玄籍。每想奇聞,以篤其誠。遇西域沙門,輒餐遊方之說。故知有佛影,而傳者尚未曉然。及在此山,值罽賓禪師,南國律學道士。與昔聞既同,竝是其人遊歷所經,因其詳問,乃多有先徵。然後驗神道無方,觸像而寄,百慮所會,非一時之感。於是悟徹其誠,應深其信。將援同契,發其眞趣,故與夫隨喜之賢,圖而銘焉。廓矣大像,理玄無名。體神入化,落影離形。廻暉層巖,凝暎虛亭。在陰不昧,處暗愈明。婉步蟬蛻,朝宗百靈。應不同方,蹟絶兩冥。……爰自經始,人百其誠,道俗欣之,感遺跡以悅心,於是情以本應,事忘其勞。於時揮翰之賓,僉焉同詠,鹹思存遠猷,託相異聞。庶來賢之重軌,故備時人於影集。大通之會,誠非理所期。至於佇襟遐慨,固已超夫神境矣!

表一千七百一十四

作者/文獻	版本	用　　例
舒位《瓶水齋詩集》卷九上	清光緒十二年邊保樞刻十七年增修本	(1)《題太公釣渭圖》:舊勞在外殷高宗,傅巖之野識一傭。用人不次衆所忌,詭託魂夢天心通。殷人尙鬼設神道,投其所好而民從。大索天下曰惟肖,暮棄版築朝登庸。不然古未立畫史,誰歟彷佛摹其容。就令夢醒自刻劃,安得記憶如斯工。古人作事寓微意,傳神止在阿堵中。後來西伯善養老,卜者承旨占非熊。獵車載還鷹眼碧,釣竿擲去魚尾紅。陰謀所祖未足信,故智入夢將毋同。至今披圖尙矍鑠,與騎箕尾同成功。風雲嵲屼起屠釣,出身何論低英雄。

表一千七百一十五

作者/文獻	版本	用　　例
宋長白《柳亭詩話》卷二	清康熙天茁園刻本	(1)《青石》:曰樂天《咏青石》詩,略曰:不願作人家墓前神道碣,墳土未乾名已滅。不願作官家道傍德政碑,不鐫實錄鐫虛詞。願為顏氏段氏碑,雕鏤太尉與太師。刻此兩片堅貞質,狀彼二人忠烈姿。渺小題,運以大議論,當與《立碑》一首參看。

續表

作者/文獻	版本	用　　例
宋長白 《柳亭詩話》 卷六	清康熙天苗園刻本	（2）《金蝦蟆》：《瀟湘録》載：唐高宗患頭風，宫人穿地置藥爐。忽有蝦蟆躍出，色如黄金，背有朱書"武"字。宫人奏之，命放苑池。少陵《靈湫詩》曰：坡陀金蝦蟆，出現蓋有由。正追咏其事，故下句曰：至尊顧之笑，王母不肯留。虞山以《酉陽雜俎》所載月光燭林註之，乃長慶年間事，老杜作古久已。（則天御製《高宗神道碑》載頭風事甚詳，其起句曰：辰昔事太宗文皇帝，全不自諱。蝦蟆食月，金翰以之。）
宋長白 《柳亭詩話》 卷二十九		（3）《應制》（顏魯公撰《廣平公神道裨》云：公《長松篇》《梅花賦》，蘓味道見之，以為有王佐之才。）：唐人《應制詩》，典雅莊重，自是專門。然有體有西屏去一切應副套頭者，惟廣平公《奉和聖製送張説廵邊》并《三相同日上官命宴都堂》詩二首，寓頌於規，有古大臣陳善納誨之意。文貞相業，不獨見之《梅花》一賦也。

表一千七百一十六

作者/文獻	版本	用　　例
宋起鳳 《大茂山房合稿》 卷五	清康熙刻本	（1）夫何妄希旦夕之福以瀆神明，而邀必不可得之眷耶？故頌大士能急人危亡困頓而生之，又能予人以子者，皆不樂於盡人道而樂於求神道之惑者也。

表一千七百一十七

作者/文獻	版本	用　　例
宋翔鳳 《過庭録》 卷十六	清咸豐浮谿精舍刻本	（1）又桉：顏魯公《宋文貞公神道碑》曰：十六歲時，讀《易》曠時不精，公遲而覽之，自亥至寅，精義必究。明年進士高第，補上黨尉，轉王屋主簿。相國蘇味道爲侍御史出使，精擇判官，奏公爲介。公作《長松篇》以自興，《梅花賦》以激時，蘇潁賞嘆之，曰：眞王佐才也！
宋翔鳳 《樸學齋文録》 卷三	清浮谿精舍叢書本	（2）太子太保禮部尚書昇勤直公神道碑銘

表一千七百一十八

作者/文獻	版本	用　　例
蘇秉國《周易通義》卷九	清嘉慶刻本	(1) 觀天之神道，而四時不忒。聖人以神道設教，而天下服矣。此卽天道，以明大觀之驗。“四時不忒”，人順天而得之。“神道設教”，謂不言之教，卽《彖辭》“盥而不薦”二句之意也。
蘇秉國《周易通義》卷十八		(2) 夫邪說，倒上為下，以非為是。其塗民耳目，惑民心志者，大抵皆以利害之私、趨避之便動之。其最足動人者，莫過於假神道以行之。
蘇秉國《周易通義》卷十九		(3) 化與《賁》《離》二傳之“化成天下”，《中孚》之“孚乃化邦”，“化”字一例皆以上之化下言也。如謂以在下之化言，則下文“神道設教”二句爲賸語矣。

表一千七百一十九

作者/文獻	版本	用　　例
蘇惇元《望溪先生年譜》	清咸豐刻本	(1) 姜西溟先生（名宸英）見先生文，乃曰：此人吾輩當讓之出一頭地者也。(見全紹衣祖望所撰《神道碑》及姜《與王崑繩書》。) 先生與姜西溟、王崑繩論“行身祈嚮”，先生曰：學行繼程、朱之後，文章在韓、歐之閒。(見王兆符所撰《文集序》。)

表一千七百二十

作者/文獻	版本	用　　例
蘇天木《潛虛述義》卷四	清嶺南遺書本	(1) 學者借占決疑，仍必以理自裁，勿泥於氣數之不可知者。然要而論之，凡事順理則吉，逆理則凶。四聖作《易》，温公作《虛》，皆以神道設教，借占以開入道之門，使知觀象察理，謹小愼微，卽可趨吉避凶，非徒作《卜筮書》也。

表一千七百二十一

作者/文獻	版本	用　　例
孫寶瑄《忘山廬日記》	鈔本	(1) 西儒有言曰：野蠻之世，不得已尊神以馭其民，故我國古時聖人亦以神道設教。《說文》“示”字，言天垂象，見吉凶。觀乎天文，以察時變，示神事也。

表一千七百二十二

作者/文獻	版本	用　　例
孫承澤《庚子銷夏記》卷七	清文淵閣四庫全書本	(1) 八年九月，宣仁皇后崩。紹聖元年七月，三省言前後臣僚論列元祐以來司馬光等罪惡，詔追所贈官并謚告，及追所賜《神道碑額》，拆去官修碑樓，及倒碑磨毀碑文。未幾，熙寧奸黨之碑，大書深刻，皆以公為首。靖康初元，除元祐黨禁，贈公太師，而時已不可為矣。
孫承澤《山書》十三卷	清鈔本	(2) 臣等方手額贊嘆，豈敢復有異議？但臣部歷稽職掌所載，册封典禮皆有王號，而無道號。蓋王號以世法垂儀，闡懿易名，皆古今共遵之典；道號以神道設教，元感靈通，實不可思議之事。
孫承澤《山書》十六卷		(3) 嚴陵方氏曰：王者之于祖禰，以人道事之則有寢，以神道事之則有廟。天子七廟，而《周官》隸僕止掌五寢者，以二祧為毀，光除其寢，事有漸故也。祭，神道也；薦，人道也。致堂胡氏曰：天子七廟而已矣。有祧焉，不患其數盈也。有禘焉，不患其乏饗也。自故宗廟之義，由子孫不忘而逮。不忘者，仁也。斷以先王之義，無敢損益于其間，是剛禮之盡也。
孫承澤《山書》十七卷		(4) 帝曰：高皇帝時如何偏行？内閣對言：高皇帝似亦以神道設教，當時只賞賜及折俸用鈔，其餘兵餉，亦不曾用。帝曰：止要法嚴。對曰：徒法亦難行。
孫承澤《孔易》卷二	清康熙孫氏家塾刻本	(5) 大觀在上，順而巽，中正以觀天下。觀，盥而不薦，有孚顒若，下觀而化也。觀天之神道，而四時不忒。聖人以神道設教，而天下服矣。 (6) “觀天之神道”，以下極論觀之所以“有孚”，以天道而形容聖人也。卦以“盥而不薦”取義，故以“神道設教”言之，蓋盥薦所以事神，以我之神而交彼之神者也。“觀天之神道，而四時不忒”，此以天道言也。“聖人以神道設教，而天下服”，此以聖人之道言也。
孫承澤《春明夢餘録》卷十八	清文淵閣四庫全書本	(7) 嚴陵方氏曰：王者之於祖禰，以人道事之則有寢，以神道事之則有廟。天子七廟，而《周官》隸僕止掌五寢者，以二祧將毀，先除其寢，事有漸故也。祭，神道也；薦，人道也。致堂胡氏曰：天子七廟而已矣。有祧焉，不患其數盈也。有禘焉，不患其乏饗也。是故宗廟之禮，繇子孫不忘而建。不忘者，仁也。斷以先王之義，無敢損益於其間，是則禮之盡也。
孫承澤《春明夢餘録》卷二十一		(8) 宋濂上《孔子廟堂議》曰：世之言禮者，皆取法孔子。不以古禮祀孔子，是褻禮也。褻祀不敬，不敬則無福。……《漢晉春秋》載：章帝元和二年，幸魯祀孔子，帝升廟，西面再拜。《開元禮》亦“先聖東向，先師南向，三獻

續表

作者/文獻	版本	用　　例
孫承澤《春明夢餘録》卷二十一	清文淵閣四庫全書本	官皆西向”，是猶未失古禮也。今襲開元二十七年之制，遷神於南面，而行禮者北面，則非神道尚右之義矣。古者造木主以棲神，天子、諸侯之廟皆有主，大夫束帛以依神，士結茅為蕞，無像設之事。……今因開元八年之制，搏土而肖像焉，則失神而明之之義矣。
孫承澤《春明夢餘録》卷三十八		（9）上曰：高皇帝時如何偏行得？内閣對：高皇帝似亦以神道設教，當時只賞賜及折俸用鈔，其餘兵餉，亦不曾用也。上曰：只要法嚴。閣臣對：徒法亦難行。
孫承澤《春明夢餘録》卷三十九		（10）臣等方手額讃嘆，豈敢復有異議？但臣部歷稽職掌所載，冊封典禮皆有王號，而無道號。蓋王號以世法垂儀，闡懿易名，皆古今共遵之典；道號以神道設教，元感靈通，實不可思議之事。
孫承澤《春明夢餘録》卷四十		（11）或曰：古人尚右，今人尚左，孰是？曰：古人是天道自中極而左旋起向右也，地道自西北而東南高在右也，神道坐西東向尊左右也，人道右手用事權在右，故行步右足先發而左足次之，起拜左足先屈而右足先伸。八卦之位，幹在右。古今簡冊之序，往為右。古人重右，因其自然，順其當然也。今人重左，高者抑之，下者舉之也。論理勢，則重右為是耳。
孫承澤《春明夢餘録》卷六十四		（12）《尚書敘》《毛詩敘》，古今作序大格様。書敘首言畫卦書契之始，次言皇墳帝典三代之書，及夫子定書之由，又次言秦亡漢興求書之事。詩序首言六義之始，次言變風變雅之作，又次言二南王化之自。碑文惟韓公最高，每碑行文言道，人人殊面目，首尾决不再行蹈襲。《神道碑碣》揭於外，行文稍可加詳。埋文壙記最宜謹嚴，銘字從金，·字不汎用。善為文者，宜如古詩雅頌之作。行實之作，當取其人平生忠孝大節，其餘小善寸長，善法宜畧。為人立傳之法亦然。跋，取古詩狼跋其胡之義，犯前則跋其胡。跋語不可多，多則冗，尾語宜峻峭，以其不可復加之意，説則出自己意。横説豎説，其文詳瞻抑揚，無所不可，如韓公《師説》是也。真公編次古文，自漢而下，他並不錄，迄唐，惟尊韓公四記，柳公《遊西山六記》而已。古文之難，豈其然乎？
孫承澤《春明夢餘録》卷六十七		（13）《雙塔寺碑》，党懷英撰并書。舊在西長安門外。寺中為内監取置神道，懷英奉符人善篆籀，人稱李陽冰之後一人。 （14）余向在汴梁搜閲舊碑，止相國寺宋白一碑。張孝廉《民表》曰：國初，欲建都於此，悉取燒灰築城。燕京舊碑多為中貴取置神道，或重脩廟宇，改勒新文，亦古今之所同慨也。

續表

<table>
<tr><th>作者/文獻</th><th>版本</th><th>用　　例</th></tr>
<tr><td>孫承澤
《畿輔人物志》
卷一</td><td>清初刻本</td><td>(15)《董學士倫》：董倫，字安常，世居燕之宛平。自處山林間，布褐藜藿。學者多從之遊，以所居貝川，因稱“貝川先生”。……公上表謝，畧曰：桓榮設几杖於太常，不聞宸翰之賜；晏殊題舊學於神道，未見几杖之頒。自今將杖以戒噎，則當思四海或有饑餒之民；凴几以安身，則當念一物或有顛連之歎。人傳誦之。</td></tr>
<tr><td>孫承澤
《天府廣記》
卷九</td><td rowspan="3">清鈔本</td><td>(16) 四年，司業宋濂上《孔子廟堂議》曰：世之言禮者，咸取法於孔子。不以古之禮祠孔子則褻祀，不敬則無福。奈何今之人與古異也？古者主人西面，几筵在西也。漢章帝幸魯祠孔子，帝西面再拜。《開元禮》“先聖東向，先師南向，三獻官西向”，猶古意也。今襲開元二十七年之制，遷神南面，非神道尚古之義矣。古者木主棲神，天子、諸侯廟皆有主，大夫束帛，士結茅為菆，無設像之事。……今因開元八年之制，摶土而肖像焉，失神而明之之義矣。</td></tr>
<tr><td>孫承澤
《天府廣記》
卷三十七</td><td>(17)《尚書敍》《毛詩敍》，古今作序大格樣。書敍首言畫卦書契之始，次言皇墳帝典三代之書，及夫子定書之由，又次言秦亡漢興求書之事。詩敍首言六義之始，次言變風變雅之作，又次言二南王化之自。碑文惟韓公最高，每碑行文言道，人人殊面目，首尾決不再行蹈襲。《神道碑》揭於外，行文稍可加詳。埋文壙記最宜謹嚴，銘字從金，一字不汎用。善為文者，宜如古詩雅頌之作。行實之作，當取其人平生忠孝大節，其餘小善寸長，善法宜略。為人立傳之法亦然。跋，取古詩狼跋其胡之義，記前則跋其胡。跋語不可多，多則冗，尾語宜峻峭，以其不可復加之意，說則出自己意。橫說豎說，其文詳瞻抑揚，無所不可，如韓公《師說》是也。真公編次古文，自漢而下，他並不錄，迄唐，惟尊韓公四記，柳公《遊西山六記》而已。古文之難，豈其然乎？</td></tr>
<tr><td>孫承澤
《天府廣記》
卷三十九</td><td>(18)《雙塔寺碑》，党懷英撰并書。舊在西長安門外。寺中爲内監取置神道，懷英奉符人善篆籀，人稱李陽冰之後一人。
(19) 余向在汴梁搜閱舊碑，止相國寺宋白一碑。張孝廉《民表》曰：國初，欲建都於此，悉取燒灰築城。燕京舊碑多爲中貴取置神道，或重修廟宇，改勒新文，亦古今之所同慨也。</td></tr>
</table>

表一千七百二十三

作者/文獻	版本	用　例
孫爾準 《泰雲堂集》 詩集卷十三	清道光刻本	(1)《洛陽橋》：人言海水廣，我謂海水窄。一梁橫亘之，三千六百尺。其上容軒車，其下走估舶。厮流四十七，潛螭卧深碧。潮落試俛窺，蚶蠣滿礎碣。濱海生計微，箝拾恣狼藉。天風失依傍，伶俜颭行客。若非兩扶欄，飄墮鮫人宅。緬想締造初，鳩庀費規畫。飛符檄水府，神鬼輸工役。諏日約期會，谷王避潮汐。忠惠儒者流，詎肯矜誕僻。毋乃定民疑，神道借巫覡。虞初侈軼事，流俗豔靈迹。遂令忠信志，傳聞等戲劇。要知倮蟲長，力可鞭很石。黿鼉洵堪駕，蛟龍不能隔。巍巍僑南祠，雲題耀榱額。我來肅瞻禮，再拜奠束帛。豐碑立贔屭，雄文重圭璧。大書翥鸞鳳，平原見風格。偉烈誠不朽，萬古照澥磧。緊誰好異聞，栞乘志蔡錫。

表一千七百二十四

作者/文獻	版本	用　例
孫梅 《四六叢話》 卷七	清嘉慶三年吳興舊言堂刻本	(1)《婁公神道碑》：九月，明堂，爲禮儀使前導，趨拜如少壯。然賜生餼，詔曰：九秋風露之清，哀時英氣；三吳山水之秀，生我耆儒。四上告老之章，詔曰：太公既老，猶起海濱。留侯雖病，強輔太子。公弗敢復言。 (2)東坡爲文潞公作《德威堂銘》云：元祐之初，起公以平章軍國重事。期年，乃求去。詔曰：昔西伯善養老，而太公自至。魯穆公無人子思之側，則長者去之。公自爲謀則善矣，獨不爲朝廷惜乎？又曰：唐太宗以干戈之事，尚能起李靖於既老。而穆宗、文宗以燕安之際，不能用裴度於未病。治亂之效，於斯可見。公讀詔聳然，不敢言去。……乾道中，適在翰苑，荅陳敏步帥詔云：亞夫持重，小棘門、霸上之將軍；不識將屯，冠長樂、未央之衛尉。後爲敏作《神道碑》，亦引之，正以爲法也。(同上)
孫梅 《四六叢話》 卷十八		(3)《碑誌》(十一)：夫篆刻新而色絲著，川原貿而石墨華。伊人白璧，固知無愧詞之難；吉夢神椽，實惟大手筆之任。事難徵實，諛墓攫其多金；時鮮能文，貞珉鬱其無字。蓋勒勳庸器，古有鏤金；鐫德穹碑，今歸伐石。朝廷懿美，錄在史官；家世音徽，式之神道。碑版之用遠矣。 (4)白傅，弟敏中曾任諫官，獻疏請叔謚。上曰：何不取《醉吟先生傳》表墓耶？卒不賜謚。及後在相，奏立《神道碑》。其文卽李義山之辭也。(《賈氏談錄》) (5)《李國長神道碑》云：煌煌峹章，肅肅綸言。《王崇述神道碑》云：没代流慶，峹章下賁。宋祁《孫奭謚議》云：密章加等，昭餙下泉。又《祭文》

續表

作者/文獻	版本	用　例
孫梅《四六叢話》卷十八	清嘉慶三年吳興舊言堂刻本	云：恤恩告第，蹝書密章。“蜜”字乃竝從山，莫知其義爲孰是。豈古字可通用乎？或他別有所出也。（《齊東野語》） （6）池州銅陵縣孚貺侯廟，有唐中和二月一碑，其詞云：晉故晉陽太守兼揚州長史張寬牒。奉處分，當道先准詔旨，許行墨勑，獎勸功勲，雖幽顯不同，而褒昇一致。神久標奇絶，早揖英風，靈迹屢彰，神道不昧。夫寵贈之典，非列藩宜爲，神功既昭，乃軍都禹請，是行權制，用副人心。謹議褒贈游繫將軍宣州都督。 （7）神宗初，欲爲《韓魏公神道碑》。王禹玉爲學士，密詔禹玉具故事有無。禹玉以唐太宗作《魏徵碑》，高宗作《李勣碑》，明皇作《張說碑》，德宗作《段秀實碑》及本朝太宗作《趙普碑》，仁宗作《李用和碑》故事以聞，於是御制碑賜魏公家。或云：即禹玉之詞也。 （8）徐鉉歸朝後，乞爲故主李煜作墓碑，朝廷從之。（案：翟耆年《籀史》：太平興國中，詔侍臣撰《李煜神道碑》。有欲中傷徐鉉者，奏曰：吳王事，莫若徐鉉爲詳。遂詔鉉撰。鉉乞存故主之義云云。非鉉乞撰，此所記殊誤，謹附訂於此。）其辭有云：盛德百世，善繼者所以主其事；聖人無外，善守者不能固其存。西隣起釁，南箕構禍。投杼致慈親之貳，乞火無隣婦之辭。又曰：孔明罕應變之略，不成近功；偃王躬仁義之行，終於亡國。（《浩然齋雅談》） （9）先是晏元獻公撰《章懿太后神道碑》，破題云：五嶽崢嶸，崑山出玉；四溟浩渺，麗水生金。蓋言誕育聖躬，實繫懿后。柰仁宗夙以母儀事明肅劉太后，膺先帝擁祐之託，難爲直致，然才者則愛其善比也。獨仁宗不悅，謂晏曰：何不直言誕育朕躬，使天下知之。晏公具以前意奏之。上曰：此等事卿宜置之，區區不足較，當更別改。晏曰：已焚草於神寢。上終不悅。 （10）太平興國中，吳王李煜薨，太宗詔侍臣撰《吳王神道碑》。時有與徐鉉爭名而欲中傷之者，面奏曰：知吳王事迹，莫若徐鉉爲詳。太宗未悟，遂詔鉉撰碑。鉉遽請對而泣曰：臣舊事李煜，陛下容臣存故主之義，乃敢奉詔。太宗始悟讒者之意，許之。其警句云：東鄰遘禍，南箕扇疑。投杼致慈親之惑，乞火無里婦之談。始勞因壘之師，終後塗山之會。太宗覽讀稱嘆。東鄰謂錢俶也。（《東軒筆錄》） （11）姚元崇與張說同爲宰輔，頗懷疑阻，累以事相侵，張銜之頗切。既病，戒諸子曰：張丞相與吾不叶，釁隙甚深。然其人少懷奢侈，尤多服翫。吾身殁之後，以吾嘗同僚，當來弔，汝其盛陳吾平生服翫寶帶重器羅列於帳前。若不顧，汝速計家事，舉族無類矣。目此，吾屬無所虞。便當録其翫用，致於張公，仍以《神道碑》爲請。既獲其文，登時便寫進，仍礱石以待之，

續表

作者/文獻	版本	用　　例
孫梅《四六叢話》卷十八	清嘉慶三年吳興舊言堂刻本	便令鐫刻。張丞相見事遲於我，數日之後，必當悔。若却徵碑文，以刊刻爲詞，當引使視其鐫刻，仍告以聞上訖。姚既歿，張果至，目其翫服三四，姚氏諸孤悉如教誡。不數日文成，敘述該詳，時爲極筆。其略曰：八柱承天，高明之位列；四時成歲，亭毒之功存。後數日，果使使取文本，以爲詞未周密，欲重加刊改。姚氏諸子乃引使者示其碑，乃告以奏御。使者覆命，悔恨拊膺曰：死姚崇猶能算生張說。吾今日方知才之不及也遠矣。（《明皇雜錄》）
孫梅《四六叢話》卷二十		（12）蓋聞元枵之野，鬼方難測；朱鳥之會，神道莫知。而緹縵曉披，既辨黃鍾之氣；靈臺夕望，便知玉井之色。復以談乎天者，雖絕名言之外；存乎我者，還居稱謂之中。余幼學星文，多歷歲稔。海中之書，略加尋究；巫咸之說，偏得研求。雖紫微迢遞，如觀掌握；青龍顯晦，易乎窺攬。羨門五將，亟稱玩習；韓終六王，常所寶愛。至於周王白雉之筮，殷人飛燕之卜。蓍名聚雪，非關地極之山；卦有密雲，能擁西郊之氣。文通七聖，世經三古。山陽王氏，眞解談元；河東郭生，纔能射覆。兼而兩之，竊自許矣。（梁元帝《洞林自敘》。）
孫梅《四六叢話》卷三十二		（13）曲江本有元祐中郡人鄧開序，自言得其文於公十世孫蒼梧守唐輔而刊之。於末附以中書舍人樊子彥所撰《行狀》、會稽公徐浩所撰《神道碑》及太常博士鄭宗珍《議謚文獻狀》，蜀本無之。（《直齋書錄解題》）
孫梅《四六叢話》卷三十三		（14）錢希白爲《墓誌》，韓魏公爲《神道碑》。近時郭森卿宰崇陽刻。此集舊本十卷，今增廣，并《語錄》爲十一卷。（《直齋書錄解題》） （15）《元豐類稾》五十卷，《續》四十卷，《年譜》一卷，王震爲之序。《年譜》，朱熹所輯也。案：韓持國爲鞏《神道碑》，稱《類稾》五十卷，《續》四十卷，《外集》十卷，本傳同之。及朱公爲《譜》時，《類稾》之外，但有《別集》六卷。以爲散逸者五十卷，而《別集》所存其什一也。開禧乙丑，建昌守趙汝礪、丞陳東得於其族孫濰者，校而刊之，因碑傳之舊，定著爲四十卷。然所謂《外集》者，又不知何當，則四十卷亦未必合其舊也。（《直齋書錄解題》） （16）《雲龕艸堂後集》二十六卷。周益公作《神道碑》，言前、後集一百卷，今惟《後集》，蓋皆南渡後所作也。朱文公爲之序。（《直齋書錄解題》）

表一千七百二十五

作者/文獻	版本	用　　例
孫奇逢《讀易大旨》卷一	清文淵閣四庫全書本	(1) 四陰在下，臣民之象，下觀者也。二陽在上，君子之象，觀天下者也。然上九一陽，但可謂之大觀。在上必有九五，中正以觀天下，然後自然下觀而化矣。盥者，盥手為潔，祭之初也。盥潔之時，其心純誠，不可以意度言喻，此道即天之道。天道至神，故四時之行无差忒。聖人即天之神道，故設教而天下自服。
孫奇逢《讀易大旨》卷三		(2) 象中千變萬化，无非吉凶之象；辭中千言萬語，无非使人崇易簡、黜險阻、趨吉避凶之道。故吉凶之外，立悔、吝於其間，以引人歸極。責人悖極，著之序，繫之為辭，約民於天道，使君子習而玩之，足以合天，而吉无不利。聖人之以神道鼓舞天下至矣。
孫奇逢《孫徵君日譜録存》卷二十八	清光緒十一年刻本	(3) 初，翰林學士姚燧，早孤，育於世父樞。樞督教甚急，先生馳書止之曰：燧，令器也，長自有分，何以急爲！乃以子妻之。燧爲名儒，其學得於先生爲多。元好問譔《神道碑》，稱爲“關西夫子”。江漢趙復序其集，稱其志其學粹然一出於正，卽其文可以得其爲人。所著有《還山前後集》百餘卷。
孫奇逢《理學宗傳》卷十三	清康熙六年刻本	(4) 子游孔子之廟。出而歎曰：大哉乎。君君臣臣，父父子子，兄兄弟弟，夫夫婦婦！夫子之力也，其與太極合德，神道並行乎？王孝逸曰：夫子之道，豈少是乎？子曰：子未三復白圭乎？天地生我而不能鞠我，父母鞠我而不能成我，成我者夫子也。道不啻天地父母，通于夫子，受罔極之恩焉。吾子汨彛倫乎？孝逸再拜謝之。

表一千七百二十六

作者/文獻	版本	用　　例
孫鏘鳴《陳文節公年譜》	民國敬鄉樓叢書本	(1)《神道碑》（樓鑰撰）：其先自閩徙溫州瑞安縣帆游鄉澍村里，至公八世矣。曾祖靖，祖邦，父彬，皆不仕。父以公貴，累贈朝請大夫。妣徐氏，贈令人。朝請邃於《易》，教授鄉里，以篤行稱。 (2) 按：《行狀》《神道碑》《墓志》（棄適撰），俱不載公生月日，惟《神道碑》云：鑰與公同生於丁巳。少我九日。《攻媿集二・送陳君舉舍人東歸》詩：與君幸齊年，先後才九日。 (3) 按：《神道碑》：興化劉復之朔以南省第一人來為司戶參軍，攝學官，得公程文，以為絕出。公之年甚少，而名已高。劉之識公，不詳何年。

續表

作者/文獻	版本	用　　例
孫鏘鳴《陳文節公年譜》	民國敬鄉樓叢書本	(4)《神道碑》：薛寺正士龍見公，問所安。公曰：毋不敬。士龍曰：比參倚如何？公釋然增進，歸心薛氏。又《文集・祭薛常州文》：我昔自喜，壁立倚天。見兄梅潭，忽若墜淵。梅潭謂何，其要日損。自《易》《論語》，餘勿挂眼。 (5)《神道碑》：乾道六年，始入太學。士無賢不肖，斂衽下風。《行狀》：還過都城，始識侍講張公栻、著作郎呂公祖謙。數請間，扣以為學大指，互相發明。二公亦喜得友之晚，是歲乾道六年也。其秋，入太學。國子祭酒芮公曄雅聞公名，親訪公於所隸齋，見其二子，且以公為學諭，俾為諸生講說經義。公以非故事，固辭，芮公不可。公遂謁告去，從容天台、雁宕間，益究其學。 (6)《神道碑》：八年，公之高弟蔡公幼學為省元，公次之，徐公誼又次之。薛公叔似、鮑君瀟、劉君春、胡君時等，皆鄉郡人，非公之友，則其徒也，尤為一時之盛。 (7)《神道碑》：參政龔公茂良帥江西，以書幣招之，願與定交。公曰：此古人羔雁之禮，不行於世有年矣。善辭之，未赴。 (8)《神道碑》：會太學錄闕，求之者衆。龔公實行，宰相事奏孝宗曰：待次不改闕，初官不堂除，陛下良法也。太學錄一闕，而睥睨者衆。臣欲擇取名儒為士林所推者，越拘攣而用之，則人自服矣。 (9)《神道碑》：就職幾月，車駕幸學，改承奉郎。 (10)《神道碑》：龔公既罷政，（按：《孝紀》：四年六月，龔茂良罷。七月，責授寧遠軍節度使，英州安置。）亦浸有相嫉者，添差通判福州。 (11) 又《攻媿集九十四・周益公神道碑》云：得旨撰《選德殿記》，又命書之。……賜御書自居易《七德舞》《七德歌》一軸。十二月，除禮部侍郎兼翰林學士。 (12)《神道碑》：帥相梁公克家，得公喜甚，以政委之。公亦悉心裨贊，不事形迹，卒以專擅論罷，時淳熙七年也。 (13)《神道碑》：至是以奏事再入脩門，鬚鬢如雪。丞相留公正一見歎曰：幾年陳君舉，尚可使外補耶？奏留為吏部員外郎。《墓志》：公去朝十四年，至是而歸，鬚髮無黑者，都人聚觀嗟歎，號曰“老陳郎中”。（按：《宋史本傳》作“去朝四十年”，蓋即採用此《志》而誤倒其文也。） (14)《神道碑》：初對，上曰：卿去國幾何時？朕欲見卿久矣。知卿學問深醇，有所著書進來。時上臨朝淵默，罕有聖語。公敬謝而退，以《周禮說》進。擢秘書少監。

續表

作者/文獻	版本	用　例
孫鏘鳴《陳文節公年譜》	民國敬鄉樓叢書本	(15)《神道碑》：紹熙末年，龍樓問寢不以時，自大臣而下更進讜言，從班多連名騰奏，或同班叩請。公自以受不世之遇，必欲身任其責，請對直前，幾無虛月，剴切痛憤，指陳利害，無所不用其至。蓋嘗贊嘉邸，為中宮言之。又嘗奏疏謂：臣等在王邸，於古今父子君臣之際，人之大倫天地之正義以開導賢王，而會慶闕上觴之禮，長至虧稱賀之儀。區區口耳之感，必不能勝躬行之化；紙上之習，必不如家傳之法。今既上失三宮之歡，則臣等講讀皆為空言矣。 (16)《神道碑》：藝祖東嚮，宗廟大典，集議至再，始正百年之禮。而臺諫有異論，鑰極論之。丞相趙公宣旨，鑰又執不可，公從旁力竄其決，而事遂定。 (17)《神道碑》：言者指其學術不正，罷為提舉江州太平興國宮。慶元二年，復劾其在太上朝奏對狂率，降三官，罷祠。 (18)《神道碑》：嘉泰（今本作“定”，誤）三年，集英殿修撰陳公告老於朝，天子歎曰：此吾舊學且書命之臣也。 (19)《神道碑》：十一月十有二日，終於里第，享年六十有七。積官至朝議大夫，爵永嘉縣開國男，食邑三百戶。又云：遺奏聞，贈四官，錄其後，所以飾其終者如故典。門弟子哭之失聲，里人聚而相弔，四方士夫聞之無不蠹傷者。 (20）按：正德本《神道碑》作“庚申”，與《攻媿集》同。《行狀》及《墓志》作“庚寅”，今杭本並改作“庚寅”。考《宋史·寧宗紀》，開禧元年三月，不書朔。以四月戊子朔推之，三月無庚寅，則正德本《神道碑》與《攻媿集》作“庚申”是也。今從之。 (21)《行狀》：子男二人。師轍，承務郎新監臨安府鹽官縣買納鹽場（《神道碑》作“迪功郎安豐軍壽春縣主簿”）。師朴，承務郎。女七人：長適迪功郎新光化軍司理參軍潘子順（《神道碑》作“監鎮江府淩口茶庫”），次適從政郎福州連江縣丞薛師雍，次適迪功郎處州儒學教授林子熙（一作“燕”），次適迪功郎新福州連江縣尉徐冲，次適進士張紹，次適進士張疇，次未行。孫女一人。 (22)《周禮說》三卷。(《神道碑》作《周禮進說》,《國史經籍志》作“十三卷”。) (23)《讀書譜》一卷。(《神道碑》作“二卷”。)

本書為內蒙古工業大學範景武主持完成的國家社會科學基金（西部）項目《中國帝陵神道文化研究》（項目批准號為：13XZJ013）的最終成果。

第四卷

神道文獻整理與帝陵神道研究

範景武 編著

中国社会科学出版社

表一千七百二十七

作者/文獻	版本	用　　例
孫希旦《禮記集解》卷二十三	清同治七年孫鏘鳴刻本	（1）孔氏曰：神道異人，不假多重，自温，故也。愚謂：此謂祭外神之席。若《司几筵》：甸役，則設熊席是也。其宗廟之祭，則《司几筵》祀先王，設莞筵、紛純，加繅席、畫純，加次席、黼純；諸侯祭祀席，蒲筵、繢純，加莞席、紛純，皆不單也。
孫希旦《禮記集解》卷二十五		（2）不敢用褻美食味，而貴衆多品族，所以交接神明之義也。神道與人異，故不敢用人之食味。神以多大為功，故貴多品。

表一千七百二十八

作者/文獻	版本	用　　例
孫星衍《平津館鑒藏書籍記》續編	清道光刻本	（1）自建隆、乾德之肇造，建炎、紹興之中天，因時輩出。好事者因集神道、誌銘、家傳云著者爲一編，序非大珪作也。 （2）《晏元獻公類要》卅七卷。前有總目，無序跋。據歐陽文忠所撰《晏殊神道碑》。稱：類集古今，爲集選二百卷，曾南豐序稱：上中下帙，七十四篇。《宋史本傳》、陳氏《書録解題》作一百卷。
孫星衍《京畿金石考》卷上	清滂喜齋叢書本	（3）元張留孫神道碑（趙孟頫書。見同上。） （4）元尚書史秉直神道碑（劉汾撰，平元書，太宗皇后稱制四年立。） （5）元兵馬元帥史進道神道碑（殷紹先撰，平元書，太宗皇后稱制四年立。） （6）元丞相史天澤神道碑（王磐撰，至元三年二月立。在縣西黑堡邨。） （7）唐雲居寺主律大德禪師神道行碑（何籌撰，張景琮書并篆額，咸通八年十一月立。） （8）唐張仁憲神道碑（李儉撰，蔡陵分書并篆額，大中二年立。在縣相公莊。） （9）金明威將軍李磐神道碑（高德裔撰并書。在縣東北。）
孫星衍《京畿金石考》卷下		（10）元董俊神道碑（李治撰。） （11）元王慶端神道碑（歐陽元撰，至元九年正月立。）

續表

作者/文獻	版本	用　　例
孫星衍《續古文苑》卷五		(12)《爲成帝出令沙門致敬詔》(晉庾冰)：夫萬方殊俗，神道難辯，有自來矣。達觀傍通，誠當無怪。况阿跪拜之禮(《宏明集》無“阿”字)，何必尚然。當復原先王所以尚之之意，豈直好此屈折而坐遘槃辟哉？固不然矣。因父子之敬，建君臣之序。制法度，崇禮秩，豈徒然哉？良有以矣。既其有以，將何以易之？然則名禮之設，其無情乎？且今果有佛耶？將無佛耶？有佛耶，其道固(宏)；無佛耶，義將何取？繼其信然，將是方外之事。方外之事，豈方内所以體？(《弘明集》無“以”字)而當矯形骸。違常務，易禮典，棄名教，是吾所甚疑也。名教有由來，百代所不廢。昧旦丕顯，後世猶殆，殆之爲槳，其故難尋，而今當遠慕芒昧，依希未分，棄禮於一朝，廢教於當世，使夫凡流，傲逸憲度，又是吾之所甚疑也。……凡此等類，皆晉民也。論其材智，又常人也。而當因所説之難辯，假服飾以陵度，抗殊俗之傲禮，直形骸於萬乘，是又吾所弗取也。諸君並國器也。悟言則當測幽微，論治則當重國典。苟其不然，吾將何述焉。
孫星衍《續古文苑》卷六	清嘉慶刻本	(13)及漢初興，上稽舊章，合符重規，徙齊諸田，楚昭、屈、景，燕、趙、韓、魏之後，以稍弱六國强宗。邑里無營利之家，野澤無兼并之民，萬里之統，海内賴安。後輒因衰麤之痛，脅以送終之義，故相率而陪園陵，無反顧之心。追觀往法，政皆神道設教，强幹弱枝，本支百世之要也。是以皆永享康寧之福，無怵惕之憂，繼嗣承業，恭已而治，葢此助也。其被災害民輕薄無累重者，兩府遣吏護送饒穀之郡。或懼死亡，卒爲傭賃，亦所以消散其口救，贍全其性命也。……惟陛下留神明察，往來懼思，天下幸甚。
孫星衍《續古文苑》卷九		(14)《蓍龜論》(晉庾闡)：夫物生而後有象，有象而後有數，有數而後吉凶存焉。蓍者尋數之主，非神明之所存；龜者啓兆之質，非靈照之所生。何以明之？夫求物於闇室，夜鑒者得之，無夜鑒之朗。又以火得之，得之功同也，致功之迹異也，不可見目因火鑒，便謂火爲目，神憑蓍通。又謂蓍爲神也，由此言之，神明之道，則大賢之闇室，蓍龜之用，豈非顔子之龍燭耶？蓍龜之運，亦所以感興卦兆，求通逆數，又非爻象之體，擬議之極者也。安得超登仙而含靈獨備哉？且殊方之卜，或責象草木，或取類瓦石，而吉凶之應，不異蓍龜。此為神道之主，自有妙會，不由形器，尋理之器，或因他方，不繫蓍龜。然《經》有天生神物，下載圓神之説，言者所由也，直稱神之美，以及其迹。亦猶筌雖得魚，筌非魚也；蹄雖得兔，蹄非兔也。是以象以求妙，妙得則象忘；蓍以求神，神窮則蓍廢。 (15)《釋疑論》(晉戴逵)：安處子問於(元)明先生曰：蓋聞積善之家，必

續表

作者/文獻	版本	用　例
孫星衍《續古文苑》卷九	清嘉慶刻本	有餘慶；積不善之家，必有餘殃。又曰：天道無親，常與善人。斯乃聖達之格言，萬代之宏標也。……何以言之？大人生而靜，天之性也；感物而動，性之欲也。性欲既開，流宕莫檢，聖人之救其弊，因神道以設教，故理妙而化敷，順推遷而抑引，故功（元）而事適。……今聞吾子大通之論，足以釋滯疑祛幽結矣。僕雖不敏，請佩斯言。
孫星衍《續古文苑》卷十	清嘉慶刻本	(16)《遊濟瀆記》（唐達奚珣）：軹縣西北數十里，濟水出焉。稽乎舊章，可得而道。……欽若稽古，道豈虛行？閟宮有侐，象設如在。流目一望，森森動人，覺毛髮之間，風飈四起。然後以諸侯之禮，禮而祼之。至於下人，日用蘋藻，吉凶悔悋，則以情言。且神道無方，豈存於此？而物類相召，或有馮焉。匳溜潛通，動植滋液。高樹直上，百尺無枝；虛篁下清，四時壹色。意隔人世，空聞鳥聲。陽浦先春，草心方變；皶岸猶冷，苔生未穠。紅晶落而天下陰，青靄凝而眾山暮。留賞無厭，歸情坐忘，中途載懷，歷歷在眼。庶託豪翰，光昭厥美云。 (17)《荊南節度使江陵尹裴公重修玉泉關廟記》（唐董侹）：玉泉寺覆船山，東去當陽三十里，疊障回擁，飛泉迤邐，信途口之淨界，域中之絕景也。寺西北三百步，有蜀將軍都督荊州事關公遺廟存焉。將軍姓關名羽，河東解人。……荊南節度使工部尚書江陵尹裴均因政成事舉，典從禮順，以爲神道之教，依人而行，攘彼妖昏，祐我蒸庶，而祠廟墮毀，廞懸斷絕，豈守宰牧人之意耶？乃命縣令張債始經其事，爰從舊址，式展新規，欒櫨博敞，容衛端肅。唯囊禪坐之樹，今則延袤數十圍矣。神明扶持，不凋不衰，胡可度思？……其增創制度，則列於碑右。貞元十八年辛卯。 (18)光化二年十一月二十七日，詔旨勅錢鏐：省所奏進《重修建天柱觀圖》一面事，具悉。我國家集慶仙源，遊神道域，普天之下靈迹甚多。然自兵革薦興，基址多毀，況茲幽邃，豈假修營？卿考一境圖經，知列聖崇奉，親臨勝槩，重葺仙居，仍選精愨之流，虔備焚修之禮，冀承（元）貺來佑昌期。豈惟觀好事之方，抑亦驗愛君之節。既陳章奏，披翫再三，嘉歎無已，想宜知悉。冬寒，卿比平安好，遣書指不多及。
孫星衍《續古文苑》卷十三	清嘉慶刻本	(19)《考證》云：崇為司空驃騎將軍、青冀二州刺史，贈溧陽侯使持節、徐兗二州刺史。有《神道碑》在墓所，晉永和八年立。唐貞觀十四年，十八代孫越王府東閣祭酒、常州長史仲謨題云：隋末大亂，避地閩越，碑壞再立。其頌曰云云。 (20)《大唐紀功頌》（并序）（唐李治）：若夫元功攸宰，丕業光於帝先；神用斯沖，峻道輝於象外。至於炯誡千祀，昭訓百王，則有彫金揚不朽之基，鏤玉啓無疆之跡。而孤泉師律，旌德之范未章；疇野兵鈐，銘徽之典猶闕。乘

續表

作者/文獻	版本	用　例
孫星衍《續古文苑》卷十三	清嘉慶刻本	巢革夏，悪先覺於丹碑；濟鮪戡殷，媿生知於翠碣。惟睿之失，其大者歟！自否運辭炎，墊宇之災梗極；餘靈泣素，稽霄之浸滔天。……塵埋五岳，見陵谷之遷移；水竭百川，覩江湖之騰沸。鼎已問於輕重，裂周綱者七雄；德遂寝於休明，絶秦綱者幾国。天工是代，紫庭無享覲之賓；神道克恭，（元）冕乏郊禋之辟。故以鄹瀛眇眇，同結向隅之悲；亥跡茫茫，共軫推溝之怨。……虔守天位，憂翳峻於洪基；肅奉帝猷，誠虧光於寶祚。屬辭抽思，實無覬於揚名；相質披文，庶有裨於紀德。乃爲頌曰：乾綱肇絶，神鼎初飛。妖淩三季，兵纏九圍。元功孰纂，神器無歸。瞻烏逐變，即鹿乘機。……泗水詞班，濟陽紀蔡，式傳經略，敢竭虛昧。坤紐方輿，乾張圓蓋，騰實萬古，飛英百代。 (21)《諭普光寺僧眾令》（唐李治）：蓋聞正法没於西域，像教被於東華，古往今來，多歷年所。而難陀迦葉，馬鳴龍樹，既同瓶瀉有若燈傳，故得妙旨微言，垂文見意。是以三十二相，遍滿人天；十二部經，敷揚刹土。由其路者，則高騁四衢之上；迷其塗者，則輪回六趣之中。理窟法門，（元）宗秘藏，非天下之至賾，孰能與於此乎？皇帝以神道設教，利益羣生，故普建仁祠，紹隆正覺，卜兹勝地，立此伽藍。請赤縣之名僧，徵帝城之上首。山林之士，擁錫來遊；朝廷之賓，摳衣趨座。……其德行也如彼，其學業也如此，今請爲普光寺主，仍知本寺事。法師比者逡巡靜退，不肯降重，殷勤苦請，方始克從。但菩薩之家，體尚和合，若得無諍三昧，自然永離十纏，亦願合寺諸師，共宏此意。其迎請之禮，任依僧法。 (22)《虞舜像贊》（并序）（晉庾闡）：夫至道（元）妙，非器象所載；靈化潛融，非軌迹所傳。故道資沖樸，則謂之三皇；德被羣生，則號稱舜禹。是以先王因其會通，制爲準極。功極於天，則配乎上帝；法施於民，則載在祀典。然後名教彰於至治，王道焕乎無窮。故兹堂之構也，有自來矣。然樹寢所以棲神，而寢非神之所期；立像所以表德，而像非德之所存。若乃廢其軌景，洞其（元）真，雖冥照之鑑獨朗，天下惡乎注其耳目哉。遂乃顯圖靈像，廓其廟壇，俾天光焜於宇宙，南風散乎五弦，豈謂神道之妙，可寄之於有涯哉！蓋亦暢悠悠之心者也。其辭曰：（元）像焜耀，萬物之靈。飛龍在天，陽德文明。神道雖寂，務由機生。擁琴高詠，寄和五聲。（元）風既暢，妙盡無名。民鑒其朗，孰測窈冥。
孫星衍《續古文苑》卷十四		(23) 案：《建康志》《考證》云：《晉書》：憲爲尚書山陰侯史嶷撰《神道碑》。唐景龍四年，作其《碑》，字多磨滅。是周應合所見銘文尚可讀，今則亡其石矣。錄載銘中，取與王史威長海陵王一例也。

續表

作者/文獻	版本	用　　例
孫星衍《續古文苑》卷十七	清嘉慶刻本	(24) 伏以先妃含貞載德，克懋瓊（《潛研堂跋尾》釋作“柔”）儀，延慶台華，正位藩闈。動容賓於典禮，發言光乎箴訓。故紘綖是肅，粢盛無違；大當叶曜，中闈以睦。況倚閭分甘之澤，徙居側眄之規，義越人倫，恩深振古。重以凝神道域，抗志澄源。淮館儀僊，操（鄭釋“山参”）鴻寶之靈術；楚壇敷教，暢微言之盛範。儒（元）兼洞，眞俗兩該，德冠母儀，事高殯則。豈圖昊天不惠，積善無徵，咎罰奄鐘，荼蓼俄集。
孫星衍《續古文苑》卷十八		(25) 唐故葉有道先生神道碑（并序）（唐李邕） (26) 大唐贈歙州刺史葉公神道碑（唐李邕）
孫星衍《續古文苑》卷十九		(27) 大唐贈揚州大都督段府君神道碑銘（并序）
孫星衍《寰宇訪碑録》卷一	清嘉慶七年刻本	(28) 嵩山太室神道石闕銘（八分書，元初五年四月。河南登封。） (29) 嵩山少室神道石闕銘（篆書，延光二年三月。河南登封。） (30) 西岳廟神道石闕題字（篆書。《金石錄》云：永和元年五月。陝西華陰。） (31) 驃騎將軍韓府君神道碑（八分書，無年月。浙江仁和，趙氏拓本。）
孫星衍《寰宇訪碑録》卷二		(32) 吳平忠侯蕭景神道闕（正書反刻，無年月。江蘇上元。）
孫星衍《寰宇訪碑録》卷三		(33) 房仁裕母李夫人神道碑（八分書，永徽三年二月。浙江仁和，趙氏拓本。） (34) 許公蘇瓌神道碑（張說撰銘，盧藏用撰序并八分書，景雲元年十一月。陝西武功。） (35) 有道先生葉國重神道碑（李邕撰并行書，開元五年三月重刻本。俗呼“追魂碑”。浙江松陽。） (36) 歙州刺史葉慧明神道碑（李邕撰，韓擇木八分書，開元五年七月。浙江仁和，趙氏拓本。） (37) 涼國長公主神道碑（蘇挺撰，明皇八分書，開元十二年十一月。陝西蒲城。）

續表

作者/文獻	版本	用　例
孫星衍《寰宇訪碑録》卷三	清嘉慶七年刻本	(38) 郎國長公主神道碑（張説撰，明皇八分書，開元十三年四月。陝西蒲城。） (39) 金仙長公主神道碑（徐嶠之撰，明皇御書行書，開元（闕）年。陝西蒲城。） (40) 逸人竇居士神道碑（李邕撰，段清雲行書，天寶六載二月。陝西三原。）
孫星衍《寰宇訪碑録》卷四		(41) 臨淮王李光弼神道碑（顔真卿撰，張少悌行書，廣德二年十一月。陝西富平。） (42) 左武衛大將軍白道生神道碑（于益撰，（闕）摯宗正書，永泰元年三月。陝西咸寧。） (43) 清源公王忠嗣神道碑（元載撰，王縉行書，大歷十年四月。陝西渭南。） (44) 右僕射裴遵慶神道碑（楊綰撰，盧曉八分書，大歷十一年二月。河南洛陽。） (45) 贈工部尚書朱公神道碑（元載撰，（闕）昕行書，大歷十二年正月。浙江仁和，趙氏拓本。） (46) 太常丞溫府君神道碑（裴潾正書，建中元年。浙江仁和，趙氏拓本。） (47) 贈太保張延賞神道碑（趙贊撰，歸登八分書，貞元三年十月。河南偃師。） (48) 追樹十八代祖晉司空太原王公神道碑（王顔撰，韋縱正書，貞元十七年。山西。） (49) 劍州長史李廣業神道碑（鄭雲逵撰，行書，貞元二十年十一月。陝西三原。） (50) 左拾遺舒州刺史竇叔向神道碑（羊上諤撰，竇易直正書，元和三年十月。河南偃師。） (51) 朔方節度使安定郡王李光進神道碑（令狐楚撰，季元行書，元和十五年。山西榆次。） (52) 忠武軍監軍使朱孝誠神道碑（蘇遇撰，曹郢正書，長慶元年二月。陝西三原。） (53) 重刻張九皐神道碑（蕭昕撰，蕭仲方行書，長慶三年。明嘉靖二十四年，重立。廣東曲江。） (54) 平西郡王李晟神道碑（裴度撰，柳公權正書，太和三年四月。陝西高陵。）

續表

作者/文獻	版本	用　例
孫星衍《寰宇訪碑録》卷四	清嘉慶七年刻本	(55) 梓州刺史馮宿神道碑（王超撰，柳公權正書，開成二年五月。陝西長安。） (56) 衛尉少卿馬承光神道碑（杜光秦撰，正書，無年月。河南洛陽。） (57) 淮南節度使李玨神道碑（正書，無年月。河南偃師。） (58) 雲居寺主大德神道碑（何籌撰，張景琮行書，咸通八年十一月。直隸房山。） (59) 高憲神道功德記（正書，咸通十二年八月。山東濟寧。） (60) 贈左散騎常侍韓國昌神道碑（史玭正書，咸通十三年三月。山東莘縣。） (61) 贈太尉韓允忠神道碑（正書，乾符二年二月。山東莘縣。） (62) 杜襄公神道碑（正書，年月泐。江蘇青浦，王氏拓本。） (63) 淮南節度使李珏神道碑（正書，無年月。河南偃師。） (64) 馬公神道碑（杜光秦撰，正書，無年月。河南洛陽。） (65) 左監門衛將軍聶公神道記（正書，無年月。字盡漫滅。河南偃師。） (66) 茅山太平觀王法主師神道碑（正書，無年月。上二種，仁和趙氏拓本。）
孫星衍《寰宇訪碑録》卷五		(67) 昭義軍節度使葛從周神道碑（薛廷珪撰，張璉行書，貞明二年十月。河南偃師。） (68) 敕使折嗣祚神道碑（正書，年月泐。陝西府谷。） (69) 贈太師張全義神道碑額（篆書，缺年月。河南偃師。） (70) 登州刺史淳于公神道碑（正書，缺年月。山東黄縣。） (71) 聶公神道碑（正書，年月泐。河南偃師。） (72) 錢文穆王神道碑（和凝撰，權令詢行書，天福八年四月。浙江錢唐。） (73) 贈太常卿顔公神道碑（正書，無年月。《山左金石志》列後周。山東曲阜。） (74) 中書侍郎平章事景範神道碑（扈載撰，孫崇望行書，顯德三年十二月。山東鄒平。）
孫星衍《寰宇訪碑録》卷六		(75) 檢校太保程德元神道碑（王坦行書，景德二年。陝西寶雞。） (76) 贈中書令石保吉神道碑（李宗諤撰，自憲行書，大中祥符四年十一月。河南洛陽。） (77) 棣州防禦使檢校太保石保興神道碑（楊億撰，尹熙古行書，大中祥符四年十二月。河南洛陽。）

續表

<table>
<tr><th>作者/文獻</th><th>版本</th><th>用　　例</th></tr>
<tr><td>孫星衍
《寰宇訪碑録》
卷六</td><td rowspan="5">清嘉慶七年刻本</td><td>（78）資政殿學士文正范仲淹神道碑（歐陽修撰，王洙八分書，至和三年二月。河南洛陽。）
（79）秋武襄公神道碑（王珪撰，宋敏求正書，嘉祐七年十一月。山西汾陽。）
（80）贈太師韓國華神道碑（富弼撰，王珪正書，嘉祐八年十一月。河南安陽。）
（81）贈太尉孫宣公神道碑（賈昌朝撰，正書，治平二年三月。江蘇嘉定，錢氏柘本。）</td></tr>
<tr><td>孫星衍
《寰宇訪碑録》
卷七</td><td>（82）尚書祝惟岳神道碑（正書，熙寧七年。山東城武。）
（83）蔡文忠神道之碑（張方平撰，孫永正正書，元豐五年。廣東萬州。）
（84）司馬文正公神道碑（蘇軾撰并正書，元祐二年正月。江蘇嘉定，瞿氏拓本。）
（85）贈光禄大夫羅仲宣神道碑（王（闕）中撰，蘇（闕）正書，元祐三年。山東淄川。）
（86）李衞公神道碑陰記（游師雄撰，王持行書，元祐四年二月。陝西醴泉。）
（87）贈金紫光禄大夫羅公神道碑（蘇（闕）正書，元祐五年。浙江仁和，趙氏拓本。）</td></tr>
<tr><td>孫星衍
《寰宇訪碑録》
卷八</td><td>（88）武恭公折克行神道碑（毛友撰，宇文虚中正書，政和六年。陝西府谷。）
（89）贈中書令李昭亮神道碑（馮漢撰，王瓘正書。河南洛陽。）
（90）左監門衛將軍聶章神道碑（正書，無年月。河南偃師。）</td></tr>
<tr><td>孫星衍
《寰宇訪碑録》
卷九</td><td>（91）直龍圖閣曾三聘神道碑（游侣撰，子宏正正書，嘉熙四年。廣西臨桂。）</td></tr>
<tr><td>孫星衍
《寰宇訪碑録》
卷十</td><td>（92）壯義王完顔公神道碑（王彦潛撰，任詢正書，大定十六年。）
（93）奉國上將軍郭建神道碑（任詢撰，正書，大定二十三年。山東益都。）
（94）劉家寨節度副使張商老神道碑（黄久約撰，高延年正書，明昌二年五月。山東日照。）
（95）隴西開伯李檠神道碑（高德裔撰，正書，明昌三年。直隸玉田。）</td></tr>
</table>

續表

作者/文獻	版本	用　　例
孫星衍《寰宇訪碑録》卷十一	清嘉慶七年刻本	(96) 尚書史秉直神道碑（劉汾撰，（闕）平元書，太宗皇后稱制四年。直隸永清。） (97) 兵馬元帥史進道神道碑（殷紹先撰，（闕）平元正書，太宗皇后稱制四年。直隸永清。） (98) 路衆議段徽神道碑（張泰亨撰并正書，憲宗九年三月。山東歷城。） (99) 鎮國上將軍張弼神道碑（徐世隆撰，王鏞正書，世祖元年（闕）月。按：世祖于庚申三月即位，五月始建元中統碑。稱"庚申"而不稱"中統"，當在五月以前也。山東館陶。） (100) 廉訪使楊奐神道碑（元好問撰，姚燧正書，中統五年四月。陝西乾州。） (101) 萬户孟德神道碑（張元方撰，孫瑜正書，至元二年三月。山東齊東。） (102) 追封魯郡公許熙載神道碑（歐陽元撰，趙孟頫正書，至元四年八月。河南安陽。） (103) 左丞相忙兀臺公光昭先祖神道碑（徐世隆撰，張孔孫正書，至元二十三年。山東東平州。） (104) 張家莊進義張公神道碑（劉敏中撰，曹賈正書，元貞二年正月。山東歷城。） (105) 張家莊鎮撫張仁神道碑（李吉撰，張巨淵正書，大德四年十二月。山東歷城。） (106) 膠州知州董進神道碑（許時獻撰，翟可珍正書，大德六年二月。山東益都。） (107) 雲門山兀林荅公神道碑（方同撰，張珪正書，大德七年三月。山東益都。） (108) 謝天吉神道碑（麻革撰，正書，大德七年。山西臨晉。） (109) 鎮國大將軍甯玉神道碑（閻復撰，史弼正書，至大二年二月。河南孟縣。） (110) 江東宣慰使珊竹公神道碑（姚燧撰，趙孟頫行書，至大（闕）年。江蘇儀徵。） (111) 清河郡伯張公神道碑（潘昂霄撰，劉賡正書，皇慶元年九月。浙江鄞縣，范氏拓本。） (112) 萬户劉侯神道碑（杜質撰，李好義正書，延祐二年二月。山東齊河。）

續表

作者/文獻	版本	用　　例
孫星衍《寰宇訪碑録》卷十一	清嘉慶七年刻本	(113) 四川廉訪使梁天翔神道碑（李原道撰，趙孟頫正書，延祐二年七月。山西平遙。） (114) 贈集賢直學士薛玄神道碑（陳鉅夫撰，劉賡正書。浙江錢塘，延祐三年四月，何氏拓本。） (115) 賀公神道碑殘石（趙孟頫撰，正書，延祐三年五月。山東濟陽。） (116) 校武場泰安武穆王傅羅歡神道碑（姚燧撰，八分書，延祐四年四月。山東泰安。） (117) 梁國文正公何瑋神道碑（陳鉅夫撰，趙孟頫行書，延祐四年（闕）月。江蘇嘉定，錢氏拓本。） (118) 興國忠敏公安公神道碑（鄭致遠撰，薛庭益正書，延祐七年二月。浙江鄞縣，范氏拓本。） (119) 贈參知政事張公神道碑（趙孟頫正書，延祐七年。浙江鄞縣，范氏拓本。）
孫星衍《寰宇訪碑録》卷十二		(120) 浙東道宣慰使臨汝郡公神道碑（宋民望撰，姜元佐正書，至治三年四月。浙江鄞縣，范氏拓本。） (121) 贈京兆郡侯杜公神道碑（張士觀撰，劉賡正書，泰定元年七月。山東冠縣。） (122) 贈禮部尚書晁公神道碑（王士熙撰，巎巎正書，無年月。《山左金石志》附泰定四年之末。山東鄆城。） (123) 寧海州知州王慶神道碑（李仙撰，朱泰亨正書，泰定五年十一月。山東掖縣。） (124) 鞏縣尹張公神道碑（曹元用撰，張珪正書，致和元年。浙江鄞縣，范氏拓本。） (125) 武略將軍總管達魯花赤先塋神道碑（胡祖廣撰，晏逢亨行書，元統二年四月。山東鉅野。） (126) 追封衛郡公慕公神道題字（吳烟正書，後至元二年十一月。浙江鄞縣，范氏拓本。） (127) 鎮國將軍甯玉神道碑（閻復撰，史弼正書，後至元二年。河南孟縣。） (128) 會仙山平陰縣子龔秀神道碑（康若泰撰，秦起祖正書，後至元五年十一月。山東平陰。） (129) 知高唐州致仕邱楫神道碑（李興撰，（闕）國維正書，後至元五年。山東堂邑。）

續表

作者/文獻	版本	用　例
孫星衍《寰宇訪碑録》卷十二	清嘉慶七年刻本	(130) 孔林五十三代衍聖公孔治神道碑（蔡文淵撰，李庭實正書，後至元六年七月。山東曲阜。） (131) 贈推誠保節功臣郝經神道碑（盧摯撰，趙穆正書，後至元六年。河南孟縣。） (132) 京兆郡侯宋公神道碑（正書，至正七年。山東鄒平。） (133) 正議大夫吳恭祖神道碑（歐陽元撰，王（闕）正書，至正九年六月。河南孟縣。） (134) 紫羅疃提舉劉公神道碑（崔上咸正書，至正十年六月。山東掖縣。） (135) 濟南郡公張宓神道碑（李國鳳撰，張景德正書，至正十四年三月。山東歷城。）
孫星衍《孫淵如先生全集》問字堂集卷五	四部叢刊景清嘉慶蘭陵孫氏本	(136)《祭統》云：成王、康王尊魯，故賜以重祭。外祭，則郊社是也……《論語》：子曰：禘自既灌而往者，吾不欲觀之矣。孔安國云：魯逆祀，躋僖公，亂昭穆，故不欲觀之矣。按：鄭注《周官》云：祼之言灌也。唯神道宗廟有祼，天地大神至尊不祼。
孫星衍《孫淵如先生全集》五松園文稿卷一		(137)《孫氏先塋連理水記》：嘉慶四年，太歲己未，仲春月晦，星衍歸自金陵展墓鄉郡至毘陵西郊夾港口，謁十一世祖明贈漢中府知府諱（儼）公墓。披荆周覽，得異木焉。生當神道，團團如蓋，兩樹竝立，上枝連理，急告族人曰：此圖籍所稱木連理也。
孫星衍《孫氏周易集解》卷三	清粵雅堂叢書本	(138) 觀，盥而不薦，有孚顒若，下觀而化也。觀天之神道，而四時不忒。 (139) 聖人以神道設教，而天下服矣。（《釋文》："神道設教"，一本作"以神道設教"。）

表一千七百二十九

作者/文獻	版本	用　例
孫雄《道咸同光四朝詩史》甲集卷五	清宣統二年刻本	(1)《子禾師乞假省墓並攜孫景沂歸就省試餞別賦呈》：新荷出水葉纖纖，弱柳縈隄別緒添。曲榭壺觴延自傅，故園松菊憶陶潛。晚風薊野千山爽，午日天門萬壑炎。夏往冬來太行路，客中鄭重暑寒兼。村迎神蝠路廻環，鵬息原殊倦鳥還。舊雨有情來上寺（壽陽寺名），歸雲無恙到方山。蒼苔碑剔銀鉤字（將補立文端公墓側《神道碑》），修竹孫培玉筍班。屈指芹泉秋日近，桂花香發笑開顏。

表一千七百三十

作者/文獻	版本	用　例
孫衣言《遜學齋文鈔》卷四	清同治刻增修本	(1) 光祿大夫都察院左副都御史前江西巡撫文毅張公神道碑銘 (2) 贈資政大夫馬府君神道碑銘 (3) 馬端敏公神道碑銘
孫衣言《遜學齋文鈔》卷十二		(4) 周必大《平園續稿（二十六）·敷文閣學士李文簡公燾神道碑》：力請變文體，取實學以致人才。

表一千七百三十一

作者/文獻	版本	用　例
孫詒讓《温州經籍志》卷二	民國十年刻本	(1) 又案：《經義考》（八十一）有艮齋、定齋二先生《書説》（三十卷）。朱子按：艮齋者，薛氏季宣。定齋者，謝氏諤。不知何人合刻。(謝諤，新喻人。見周必大《平園續稾（二十八）·謝公神道碑》。) 據此，是艮齋。此書宋時又有合謝氏《書解》刻之者，然今未見傳本。
孫詒讓《温州經籍志》卷三		(2)《彖》曰：盥而不薦，有孚顒若。先王以其誠敬之心事神，故“下觀而化”，故《傳》曰“聖人以神道設教，而天下服矣。”今夫官名之設，内外之辨，崇卑之度，多寡之數，成周致治之具也。而所以致治，豈盡於是邪？故善爲治者，師其意而已。若《周禮》者，存之以考可也。
孫詒讓《温州經籍志》卷五		(3) 樓鑰《寶謨閣待制贈通議大夫陳公神道碑》：公博極羣書，而於《春秋左氏》尤究極。聖人制作之本意，左氏翼經之深旨，箸《春秋後傳》《左氏章指》二書。(《攻媿集》九十五)
孫詒讓《温州經籍志》卷八		(4) 周必大《龍圖閣學士左通奉大夫致仕贈少師謚忠簡張公神道碑》：壽皇初開建王府，高選講讀官，朝論舉屬，公遂改禮部郎中兼贊讀。公在王邸讀《資治通鑑》，至修身治國，必反復誦説，壽皇每嘉納之。平生行事悉筆於冊，五十餘年不少廢。《諸子類成文集》若干卷，《藩邸聖德事迹》十卷，《經筵講議故事》若干篇，《奏議》若干卷，竝藏於家。
孫詒讓《温州經籍志》卷九		(5) 贈南京禮部尚書章恭毅公之卒也，既有狀，有誌，有神道之碑、哀輓之詩。其子玄應爲南京給事中，時嘗自爲《年譜》一帙，以屬於予，請爲序。比以陝西參政入朝，復申前請，予弗能讓也。夫天將昌國家之運，必有忠貞鯁亮之臣，出爲世用以播其勲業，既不得用亦發爲讜言正論，使天理賴之以存，人心恃之以不死，名教立而命脈長。

續表

作者/文獻	版本	用　　例
孫詒讓 《温州經籍志》 卷十三	民國 十年 刻本	(6) 周必大《龍圖閣學士張公神道碑》：子叔椿，朝散大夫、江西轉運判官。(《平園續稾》二十一)
孫詒讓 《温州經籍志》 卷二十		(7) 又周益公《張忠簡神道碑》(《平園續稾》二十一) 云：王公十朋嘗爲《行狀》，今集中亦無其文。然《別集》曾否編定，今不可考。 (8) 若成書則有《讀書譜》二卷、《春秋後傳》十二卷、《左氏章指》三十卷、《周禮進說》三卷、《進讀蓺祖皇帝實錄》一卷。未脱稿則有《詩訓義》《周漢以來兵制》《皇朝大事記》《皇朝百官公卿拜罷譜》《皇朝財賦兵防秩官志稾》，別自爲編，附議其目，庸熄淆亂。先生名傅良，字君舉，世系歷官，具見於《神道碑》《墓志銘》《行狀》云：嘉定戊辰，門人承直郎、太學博士曹叔遠謹序。 (9) 再刻於明孝宗朝乙丑，永嘉王宗伯瓚益以樓攻媿、蔡行之、葉水心三先生《神道碑》《行狀》《墓誌銘》，復附公《民論雜箸》八篇，爲五十二卷。 (10) 樓攻媿《神道碑》(原作蔡幼之《行狀》，今從項氏校改。……) 作“庚申”。以厤法推之，是年三月爲戊子朔，則無庚申明甚。《行狀》云：夫人先公八年卒。《神道碑》(原作《墓誌》，今從項氏校改) 又作“九年”。 (11) 右，此跋真蹟，久尋不獲，故前跋賜金劄子深致嘆息之意，而參政樓公復追記所見以紀之。(樓鑰《恭題賜陳傅良宸翰》，其文見《攻媿集》六十九。) 此集亦附刻於跋後。又此集附錄樓作《神道碑》亦云：訪求此稾，不可復得，猶記其略云。) (12) 樓鑰《寶謨閣侍制贈通議大夫陳公神道碑》：自爲舉子業，其所論箸如《六經論》等文，所在流播，幾於家有其書。蜀中文學最盛，讀之者無不動色，文體爲公一變。
孫詒讓 《温州經籍志》 卷二十五		(13) 楊士奇《封榮祿大夫少保戸部尚書兼武英殿大學士黃公神道碑銘》：公諱性，字思恭。自幼穎悟不凡，蚤喪父母，祖母劉躬自撫育。遣從學明師時，已卓然有立志讀書必尋究大義。十五，鄉長老試所業，命賦《新竹》，大見賞異，而操行清潔。
孫詒讓 《温州經籍志》 卷三十三		(14)(《神道碑》) 並爲失考。又所錄經說史論數卷，多他書援引之賸句，如薛季宣《春秋解》(五十五) 卽《春秋經解》之佚文，陳梅叟《尚書解》卽《尚書說》之佚文，陳鵬飛《詩解》卽《陳氏詩解》之佚文。

續表

作者/文獻	版本	用　　例
孫詒讓 《籀廎述林》 卷四	民國 五年 刻本	(15) 天福八年，和凝撰《錢文穆王神道碑》云：長子弘僎，温州静海軍使。其事蓋在天福四年已前，碑版文字，明焯可據。知未建静海軍節度使之前，已有静海軍使。然則建節度始於天福四年，建静海軍不始於天福四年明矣。

表一千七百三十二

作者/文獻	版本	用　　例
孫岳頒 《佩文齋書畫譜》 卷十九	清文淵閣四庫全書本	(1) 張説嘗自製其父《贈丹州刺史隲碑文》，玄宗聞之，御書其碑額賜之曰：嗚呼，積善之墓。又玄宗為説自製《神道碑文》，御筆賜諡曰文貞。(《唐書·張説傳》)
孫岳頒 《佩文齋書畫譜》 卷二十		(2) 上撰《趙普神道碑銘》，親八分書以賜之。(《宋史·趙普傳》) (3) 董倫典教滇南，建文在東宫憐其老且遠去，賜白金若干鎰。及即位，召拜禮部侍郎兼翰林學士。御書"怡老堂"扁及髹几、玉鳩杖各一以賜之。倫上表謝，略云：桓榮設几杖於太常，不聞宸翰之賜；晏殊題舊學於神道，未見几杖之頒。(李贄《續藏書》。)
孫岳頒 《佩文齋書畫譜》 卷二十六		(4) 魏叔瑜（張説《神道碑》云"字思瑾"），相州曲城人。徵季子，豫州刺史。善草隸，以筆意傳其子華及甥薛稷。(《唐書·魏徵傳》) (5) 裴延休（行儉次子），并州文水令，世載文雄，家傳草聖。(張説《贈太尉裴行儉神道碑》。)
孫岳頒 《佩文齋書畫譜》 卷二十七		(6) 褚庭誨，錢塘人。左散騎常侍無量之姪。(蘇頲《褚無量神道碑》云：庭誨，無量次子。左拾遺。) (7)《唐張君神道碑》，天寶十載，王靈岳撰。宋昱《銘》，李史魚正書。(《金石録》) (8) 段清雲，明皇時人。《唐竇居士神道碑》，天寶六載，李邕撰，段清雲行書。(《金石文字記》)
孫岳頒 《佩文齋書畫譜》 卷二十八		(9) 伊慎，字寡悔，兖州人。……公以武毅通文理，硯席楷隸，師心自得。(權德輿《伊公神道碑》。) (10)《唐崔能神道碑》，長慶三年，李宗閔撰，能弟從書。(《集古録》) (11) 辛祕（牛僧孺《神道碑》云"字藏之"），隴西人。貞元中，擢明經第。以判入等，其學於禮家尤洽。憲宗時，累遷河南尹，進拜昭義軍節度使，諡曰肅。(《唐書本傳》)

續表

作者/文獻	版本	用　例
孫岳頒《佩文齋書畫譜》卷二十八	清文淵閣四庫全書本	(12)《唐襄陽郡王路公神道碑銘》，元和七年，國子博士韓愈撰，吏部尚書鄭餘慶書，右拾遺陳岵篆額。(《韓文考異》) (13) 殷台，陳郡人。書蹟絶妙。(牛僧孺《昭義軍節度使辛公神道碑》。)
孫岳頒《佩文齋書畫譜》卷二十九		(14) 蔡陵，宣宗時人。《唐張仁憲神道碑》，大中二年，幽州節度掌書記李儉撰，幽州節度參軍蔡陵八分書。(歐陽棐《集古録目》。) (15) 張景琮，懿宗時人。《唐雲居寺主律大德神道碑銘》，咸通八年，潛江棲夷子何籌撰，盧龍節度驅使官張景琮書并篆額。(《國門近游録》) (16) 柳知微，懿宗時人。《唐孔府君岑父神道碑》，咸通十一年，鄭絪撰，柳知微書。(《集古録》)
孫岳頒《佩文齋書畫譜》卷三十		(17) 義愔，佚其姓。《唐玄素神道碑》，子義愔撰并書。(《墨池編》)
孫岳頒《佩文齋書畫譜》卷三十一		(18) 張恭嗣、郭在微，並明宗時人。後唐尚父吳越國公，謚武肅。《神道碑》，楊凝式撰，翰林待詔張恭嗣行書，郭在微篆額，長興五年正月立。(廖瑜《杭州府志碑碣目》。) (19) 朱銑，南唐人。《蔣莊武帝廟碑》，徐鉉撰，朱銑書。在蔣廟門外。《張懿公神道碑》，亦銑書。(于奕正《天下金石志》。)
孫岳頒《佩文齋書畫譜》卷三十四		(20)《益王神道碑》，蔣燦書，甚佳。(《湖山勝集》)
孫岳頒《佩文齋書畫譜》卷三十五		(21) 益公親書《艾軒神道碑》，真蹟藏外孫方之泰巖仲家。(劉克莊《後村集》。)
孫岳頒《佩文齋書畫譜》卷三十六		(22)《明威將軍隴西郡開國伯李磐神道碑》，高德裔撰并書。(《黄圖雜志》)
孫岳頒《佩文齋書畫譜》卷三十七		(23) 尚師簡，世祖時人。《渤海郡侯歐陽公神道碑》，巙巙書文，奎章閣學士院承旨學士尚師簡奉勅篆額。(《圭齋集》) (24) 鄧文原正、行、草書，早法二王，後法李北海。虞文靖云：大德、延祐間，漁陽、吳興、巴西，翰墨擅一代。黃文獻奉勅撰公《神道碑》云：工於

續表

<table>
<tr><th>作者/文獻</th><th>版本</th><th>用　　例</th></tr>
<tr><td>孫岳頒
《佩文齋書畫譜》
卷三十七</td><td rowspan="4">清文淵閣四庫全書本</td><td>筆札，與趙魏公齊名。(《書史會要》)
(25) 許師敬，與張起巖同時。《貢奎神道碑銘》，馬祖常奉勑制文，張起巖書字，許師敬篆額。(《貢氏雲林集》)</td></tr>
<tr><td>孫岳頒
《佩文齋書畫譜》
卷三十八</td><td>(26) 多爾濟巴勒，官中政院使，日嘗奉勑書《鄧文肅公神道碑》。(《書史會要》)</td></tr>
<tr><td>孫岳頒
《佩文齋書畫譜》
卷六十一</td><td>(27) 嵩山太室神道石闕銘
(28) 幽州刺史馮煥神道
(29) 少室神道石闕銘
(30) 廣陵縣令王君神道
(31) 漢神道所刻者，石缺不全，莫知為何人。(《隸續》)
(32) 蜀郡太守任君神道
(33) 蜀郡都尉王君神道
(34) 綿竹令王君神道
(35) 上庸長司馬孟臺神道
(36) 韋氏神道
(37) 交阯都尉沈君神道二
(38) 平陽府君叔神道
(39) 涪陵太守厖厷神道
(40) 汝南上蔡令神道
(41) 征南將軍劉君神道
(42) 侍中楊文父神道
(43)《逄府君墓石柱篆文》:《篆文》云“漢故博士趙傅逄府君神道”，不載其名，皆莫可考。(《金石録》)</td></tr>
<tr><td>孫岳頒
《佩文齋書畫譜》
卷六十二</td><td>(44) 太保任公神道(《金石録》)
(45) 廬陵太守吕府君神道碑
(46) 大中大夫包府君神道碑(《墨池編》)
(47) 太祖文皇帝神道碑
(48) 臨川清恵王神道碑
(49) 席肅公神道碑</td></tr>
</table>

續表

作者/文獻	版本	用　　例
孫岳頒《佩文齋書畫譜》卷六十三	清文淵閣四庫全書本	(50)《李刺史墓神道碑》：刺史名鳳。在信陽軍郡城東南隅。大歷中，為申州刺史。有神道存焉，字漫滅，不可讀。(《輿地碑目》) (51) 鴈門王田氏神道碑 (52) 于𩓐神道碑 (53) 禮部侍郎鄭府君神道碑
孫岳頒《佩文齋書畫譜》卷六十四		(54) 戴叔倫神道碑 (55) 南平高武信王神道碑 (56) 吏部尚書清河郡伯張公神道碑 (57) 武儀神道碑
孫岳頒《佩文齋書畫譜》卷六十五		(58) 交阯都尉沈君二神道
孫岳頒《佩文齋書畫譜》卷七十三		(59) 唐張從申《王師乾神道碑》：《王師乾神道碑》，張從申書。余初不甚以為佳，但怪唐人多稱之，第録此碑以俟識者。
孫岳頒《佩文齋書畫譜》卷七十四		(60) 唐顔真卿《杜濟神道碑》：右《杜濟神道碑》，顔真卿撰并書。藝之至者，如庖丁之刀，輪扁之斲，無不中也。顔魯公之書，刻於石者多矣，而有精有麤，雖他人皆莫可及。然在其一家自有優劣，余意傳模鐫刻之有工拙也。 (61) 右顔魯公書撰《杜濟神道碑》，沉著端重，真可入木八分。 (62) 唐顔真卿《顔勤禮神道碑》：右《顔勤禮神道碑》，顔真卿撰并書序。顔、温二家之盛，云思魯、大雅，在隋俱事東宫；愍楚、彦博，同直内史省；遊秦、彦将，皆典祕閣。 (63) 唐崔從書《崔能神道碑》：右《崔能神道碑》，李宗閔撰，能弟從書。
孫岳頒《佩文齋書畫譜》卷七十五		(64) 唐柳公權李石神道碑 (65) 唐柳知微孔府君神道碑

續表

作者/文獻	版本	用　例
孫岳頒《佩文齋書畫譜》卷七十六	清文淵閣四庫全書本	(66) 宋蔡襄書《牡丹記》：右蔡君謨之書，八分、散隸、正楷、行狎、大小草，衆體皆精。其生平手書小簡、殘編斷藁，時人得者甚多，惟不肯與人書石，而獨喜書余文也。若《陳文惠公神道碑銘》《薛将軍碣》《眞州東園記》《杭州有美堂記》《相州晝錦堂記》，余家《集古録目序》，皆公之所書。最後又書此記，刻而自藏於其家。方走人於亳，以模本遺予，使者未復於閩，而凶訃已於亳矣，盖其絶筆於斯文也。於戲！君謨之筆既不可復得，而予亦老病不能文者乆矣，於是可不惜哉！故書以傳兩家子孫。(《歐陽文忠集》)
孫岳頒《佩文齋書畫譜》卷七十七		(67) 宋蘇軾書富文忠公神道碑
孫岳頒《佩文齋書畫譜》卷七十八		(68) 宋蔡京正書集賢趙公大觀神道碑 (69) 宋周必大書艾軒神道碑
孫岳頒《佩文齋書畫譜》卷八十七		(70) 明周臣畫《韓熙載夜宴圖》：《韓熙載夜宴圖》，乃李主遣國手顧宏中於熙載第偷寫得者，曲盡其縱狎跌宕之態。宏中别寫本行人間，宣和帝收得凡四本，俱宏中筆。……昔嚴續僕射為其父可求索熙載《神道碑》，以千金雙鬟為贐，熙載不肯作諛辭，重相苦欲刪潤，立郤其婢。題一絶泥金帶曰：風柳揺揺無定枝，陽臺雲雨夢中歸。他年蓬島音塵斷，留取樽前舊舞衣。宋人傳奇，所載陶學士風光好事，此老風流中耿介權譎，種種不乏也。(《弇州山人藁》)
孫岳頒《佩文齋書畫譜》卷九十一		(71) 魚朝恩神道碑藁（上下）

表一千七百三十三

作者/文獻	版本	用　例
孫志祖《讀書脞録》卷七	清嘉慶刻本	(1)《墓表用銘》：古文《墓志》《神道碑》有銘，《墓表》無銘，此定例也。近杭堇浦先生《道古堂集》中，《墓表》亦有用銘者，未審標題之誤，抑别有例乎？當質之知者。

續表

作者/文獻	版本	用　例
孫志祖 《讀書脞録》 續編卷四	清嘉慶刻本	(2) 元遺山《朝列大夫張公墓表》《御史張君墓表》《曹徵君墓表》有銘，潘昂霄《金石例》載之（《集》凡十八篇同），然亦非宋元創例也。《文苑英華·墓表》類李華《著作權君墓表》系以齊風，柳宗元《殿中御史柳公墓表》系以文，皆用韻語，而梁肅外王父《東平吳公神道表》直系以銘，是《墓表》用銘唐代已然矣。

表一千七百三十四

作者/文獻	版本	用　例
孫治 《孫宇台集》 卷四十	清嘉慶刻本	(1)《望沙河懷方先生豪二首》：飛來峰上石蓮花，載酒渾疑處士家。不謂沙河原舊令，沙河河上老丹砂。……千載沙河丞相隄，宋公碑碣魯公題。若非思道風流令，終古烟塵荒草迷（宋廣平莫，在沙河扈村。有（闕）公所題《神道碑》，日久（闕）滅。）

表一千七百三十五

作者/文獻	版本	用　例
孫宗彝 《愛日堂詩文集》 文集卷四	清乾隆三十五年孫全邵刻本	(1) 禹創丹朱傲，荒度土功。祗台德先，朕行不距。則當日之，以謙受人。法水善下，是以九疇。天錫玄圭告成，蓋昭鑒若兹也。使王公狃於神道遠之言，距於塗人之説，豈能有此至誠感神，蓋其騐矣。
孫宗彝 《愛日堂詩文集》 文集卷六		(2) 外史氏曰：孰謂神道遠於人哉？人之生也直。神體於物，故格于誠。若耿侯者，其生也，不欺於已；其殁也，亦不欺於人。《易》所謂至中之德，天下之至神也。有如此神乎？世之人文而佞者，不少跡其生平顯赫著見，或足以傳矣。及其死也，若汙泥之逐于逝波耳。予爲侯傳，其生時事蹟不多見，而詳於其死後之靈爽。特異昭昭者，若彼以明夫世之徒。為文飾以希永世者，皆不靈之物也。

表一千七百三十六

作者/文獻	版本	用　例
談遷 《北遊録》	清鈔本	(1) 因曰：文詞一道，今人第辨雅俗，似矣。然有用一語，似雅實俗，有出於俗而實雅，未易辨也。先儒講道學，嘗淺視之，就其所撰著，往往文人所未逮者，理徹則不須辭而傳也。余聞之，瞿然有省。往劉念臺先生志朱總督燮元墓，迴出上虞《倪鴻寶神道碑》。上以雕繪，不如蒼老也。

續表

作者/文獻	版本	用　　例
談遷《國榷》卷一	清鈔本	(2) 守臣朵兒只班討之，引而東，追之福州五虎門。勢蹙，將焚舟遁。而元兵忽自驚擾，因執朵兒只班，迫其招撫。元主從之，授定海尉。雖受命，終不自安。（谷珍，避廟諱，更名真。見宋濂《神道碑》，止名珍。）
談遷《國榷》卷四		(3) 丁巳，元國子祭酒孔克堅卒（孔子五十五世孫）。克堅入朝，上客禮之。還，卒下邳舟中，年五十五。立盱眙《揚王神道碑》，翰林學士宋濂撰文。歲再祭。
談遷《國榷》卷五		(4) 學士宋濂奉命作《神道碑》，有曰：侯從征四方，粗著勞効。初無獨建奇功駿烈，照耀人之耳目。然而封以大郡，錫之封爵，寵恩之加不為不重矣。
談遷《國榷》卷九		(5) 戊子，賜宋國公馮勝、江夏侯周德興、永平侯謝成、定遠侯王弼、會寧侯張溫、武定侯郭英、江陰侯吳高、鶴慶侯張翼、崇山侯李新、安慶侯仇正、南雄侯趙庸鈔各二十錠，建《先塋神道碑》。
談遷《國榷》卷十		(6) 辛未，遣官祭廬山周顛仙，立御製碑。談遷曰：國初，如鐵冠道人張中、周顛仙，于國家無毫髮之益。自蒙宸眷，今人猶豔稱之。不置神道設教，上欲以袪天下之惑，然其惑也深矣。
談遷《國榷》卷十六		(7) 建文初，陰說上起兵，因同世子居守。上用其策事平，授僧錄司左善世。及立皇太子，賜名廣孝，拜太子少師。予冠服，賜二宮人，勿近也。上益重之，呼少師。不名，居蕭寺中。上問疾曰：業出家矣，又何言年八十五？贈榮國公，謚恭靖。上作《神道碑》，比于元劉秉忠。養子繼官尚寶司少卿。洪熙初，加贈少師，侑太廟。廣孝嘗著《道餘錄》，譏詆宋儒。有楊洪與廣孝厚，燬其書。
談遷《國榷》卷三十二		(8) 庚辰，武安侯鄭宏下獄。宏，清明謁陵，道獵歸，馳神道也。
談遷《國榷》卷五十三		(9) 癸丑，議世廟神道。光祿署丞何淵以太廟後南折而東達于世廟爲迂遠，宜與太廟街同門闢一徑。禮部謂須毀垣伐木，徹神宮監，而後可請會官相度。
談遷《國榷》卷五十六		(10) 癸巳，治長陵神道，并繕七陵，作壽宮。

續表

作者/文獻	版本	用　　例
談遷 《國榷》 卷五十七	清鈔本	（11）乙未，賜致一真人、禮部尚書邵元節祭葬，贈少師，謚文康榮靖。命夏言志墓，許讚作《神道碑》。元節，龍虎山道士。
談遷 《國榷》 卷六十八		（12）錫衣衛左都督朱希孝，引英國公張懋例，乞贈兄希忠王爵，吏部言其非例。生前被寵，已足酬勞；没後論功，輒難優異。上特許之，不為例。于是，追封定襄王，謚莊簡，蓋其兄弟素善馮保及張居正也。居正作《神道碑》云：嘗與都督陸炳扈世宗南巡，脱衛輝之厄。上獨顧余言希忠事皇祖有扈蹕功，朕今推皇祖意王之，不為踰制云。
談遷 《國榷》 卷七十三		（13）乙巳，直隸提學御史房寰，復劾南京右都御史海瑞，謂其決裂先聖之防，背棄神道之事，放言自恣，強辨飾非。上責其瀆。
談遷 《國榷》 卷九十		（14）甲午，固原盜復犯耀州，督糧道参政洪承疇合官兵鄉勇萬餘人，分十二營，圍賊于雲陽，幾覆之，乘夜雷雨，潰圍走淳化，入神道嶺，追斬二百餘級。

表一千七百三十七

作者/文獻	版本	用　　例
檀萃 《草堂外集》 卷十	清嘉慶元年刻本	（1）古之為吏者，回斡關軸，運動風雷；江河可徙，硤塞能開；昭蘇槁瘁，灑澹沈菑；功隆往昔，澤及方來。夫豈人力所能致哉？由神道之昭回也。
檀萃 《草堂外集》 卷十三		（2）狼眸縱豎，清都闔雙鎖之嚴；鰲拇横收，赤縣分萬靈之治。籋雲車而宣化，神道無私；汗鐵馬以循遊，寘凌斯浹。蓋其馨香以祀，惟有功德於民，佐天地之裁成，相乾坤之亨毒。 （3）緣斯聚景，特以炳靈，既甓砌之謂陳，亦琳宫之云古。瓦常竄鼠，壁乃圖蛇。門外神鴉，啼落五更之月；廡前健馬，馳生千里之風。極神道之威靈，作群生之覆庇矣。
檀萃 《草堂外集》 卷十四		（4）楊烱《任君神道碑》：張家碑碣，荆州有七代孝廉；荀氏鄉亭，穎川有八人才子。

表一千七百三十八

作者/文獻	版本	用　　例
譚吉璁《（康熙）延綏鎮志》卷六	清康熙刻乾隆增補本	（1）《旗纛廟碑》：蓋凡推轂於朝，仗鉞以出者，璽書符篆之外，更有王命令旗，拜而受之，然後任厥事焉。且旗之為言示也，所以昭示號令，整齊歸一也。古者有所征伐，則告禱天一。以牡荊晝幡象日月登龍，太史奉以指所伐國。是以大將建牙羽，葆華鈴，厥制甚重。取數有六者，以六師所統有神焉。尊而奉之，象其威也。是以謂之軍牙六纛之神，莫不有專祀，以彰神道之教也。……余曰：兵可百年不用，不可一日不備。修廟者，修奠安之功也。祀神者，祀消弭之德也。豈非祀典之最大者哉？諸有事者咸稱善，故為之記。

表一千七百三十九

作者/文獻	版本	用　　例
譚秀《周易卦象彙參》上經	清樂易堂鈔本	（1）《彖》曰：大觀在上，順而巽，中正以觀天下。（以卦體、卦德釋卦名義。）……觀天之神道，而四時不忒。聖人以神道設教，而天下服矣。（極言觀之道也。四時不忒，天之所以為觀也。神道設教，聖人之所以為觀也。）

表一千七百四十

作者/文獻	版本	用　　例
譚瑩《樂志堂文集》續集卷二	清咸豐十年吏隱園刻本	（1）覃恩誥授通奉大夫一品封典晉授榮祿大夫布政使銜候選道紫垣伍公神道碑文

表一千七百四十一

作者/文獻	版本	用　　例
譚宗浚《希古堂集》甲集卷二	清光緒刻本	（1）近時，汪容甫《脩褉敘跋尾》云：中往見吴門繆氏所藏《淳化閣帖》第六、第七、第八三卷，點晝波磔，皆帶隸法，與別刻迥殊。此本亦然，如“固知”固字、“向之”二字、“古人云”云字、“悲夫”夫字、“斯文”文字，政與《魏始平公造像記》《梁吴平侯神道石柱》絶相似。

表一千七百四十二

作者/文獻	版本	用　　例
湯斌 《湯子遺書》 卷八	清文淵閣四庫全書本	(1)《嚴禁奢靡告諭》：衣食之原，在於勤儉。三吴風尚浮華，不安本分。胥隸屠沽，娼優下賤，無不戴貂衣繡，炫麗矜奇。文人喜作淫詞。疾病之家聽信巫覡欺誑，輒行禱禳，鼓吹喧闐，牲餚浪費。貧民稱貸於人。又有遊手好閒之徒，或假神道生辰，或稱祈安保歲，賽會慶祝，雜扮故事，兒女溷淆，舉國狂騖，為首苛斂乾沒。或因酗酒聚博，致生事端。又有優觴伎筵，酒船勝會，排列高果，鋪設看席，靡費不貲，争相誇尚。更或治喪舉殯，戲樂喿靈，尤為無禮。凡此种种，一皆百姓火耕水耨辛苦所致，恣其浪費，毫不檢恤，民力安得不竭？國稅安得不逋？……如敢故犯，該地方官嚴拏究辦。
湯斌 《擬明史稿》 卷四	清康熙二十七年刻後印本	(2) 乃兒不花、阿魯帖木兒等，各授指揮使有差。甲戌，始停期服奔喪之制。丙子，詔除滁陽諸監馬户租，官田減半，永為例。己卯，免河泊所貢翎毛。戊子，賜宋國公。十一，公侯鈔，建《先塋神道碑》。是月，施南諸洞蠻、黄田山寇俱平。五月癸巳，以楊靖為刑部尚書，沈溍為工部尚書，趙勉為戸部尚書，秦逵為兵部尚書，俱賜誥。詔：自今京官三年皆遷調，著為令。

表一千七百四十三

作者/文獻	版本	用　　例
湯大奎 《炙硯瑣談》 卷上	清乾隆五十七年趙懷玉亦有生齋刻本	(1) 名宦既列錫傳，而《橋梁志》備載修洛陽橋姓名，獨遺蔡錫至海神書牒事。……後蔡《祠記》謂牒神，乃古人神道設教，與狄武襄百錢卜勝同。世父述庭（自奇）先生詩云：紛紛齊東語，何年謬相沿。遣吏牒海神，醋字書回箋。云是端明事，傳說滿道邊。柱史博考據，辯謁著新篇。至誠格神明，於理有固然。或云聳民聽，古人寓機權。眞贋不可知，稗乘鮮眞詮。荒唐置勿論，遑辨後與先。眞如老吏斷獄也。

表一千七百四十四

作者/文獻	版本	用　例
湯來賀 《内省齋文集》 卷二十八	清康熙刻本	(1)《文昌像贊》：閩友吴雲若，以文昌像求贊，兼請楷書，因作此贊而書之。惟天聰明，赫赫厥靈。善惡之鑒，深察于未形；淑慝之辨，默聽于無聲。舉世相傳，謂奎璧之騰輝。能主宰乎幽冥，則凡廟廊之遇合，豈一時倖致？夫顯榮恒視其祖父之所積與其人之生平，果欲興文而勵行，亟宜主敬以存誠。謝秋水曰：歸重心德善行，乃得神道庇佑呵護之本意。彼徒事諂媚者，可以廢然返矣。數語耳，可該太上感應之旨。(弟敦實)

表一千七百四十五

作者/文獻	版本	用　例
湯鵬 《浮邱子》 卷一	清同治四年李桓刻本	(1) 君子勤思而默識之，擇其可而宗主之。繕性則宗天道，履事則宗地道，律躬則宗聖道，服物則宗神道。是故以天道治天下，尚誠不尚術；以地道治天下，尚實不尚文；以聖道治天下，尚義不尚欲；以神道治天下，尚敬不尚怠。尚術者駢旁而失中，尚誠者純固而守要；尚文者鋪張而不倫，尚實者縝密而有理；尚欲者貪鄙而好徇，尚義者卓犖而自名，尚怠者拘罷而失事，尚敬者剛強而有為。是故剛強而有為，與躁戾者其指又殊矣；卓犖而自名，與狂誕者其旨又殊矣；縝密而有理，與苛細者其指又殊矣；純固而守要，與拙艱者其指又殊矣。則可謂于古趣尚乎索之也已。

表一千七百四十六

作者/文獻	版本	用　例
湯若望 《主制群徵》 卷下	民國四年天津大公報館本	(1) 或曰：神道設教，萬國皆然。此治世術也，豈眞有主制物乎？曰：凡認主之念，有公有私。私者，不待眞傳，自立一物，欽崇之為主，而實非主。此則謬矣。公者，率本性之覺，想有一主，而不敢妄擇一為主。此則是矣。

表一千七百四十七

作者/文獻	版本	用　　例
湯漱玉 《玉臺畫史》 卷一	清道光十七年振綺堂刻本	(1) 東光縣主：李華《東光縣主神道碑》：縣主，太宗子紀王第三女也。降尊而處下，推泰而從約。詣繡繪之妙，適飲膳之和。 (2) 和政公主：顔真卿《和政公主神道碑》：公主，肅宗第二女。幼而聰惠，長而韶敏。金石絲竹之音，繪畫工巧之事，耳目之所聞見，心靈之所領畧，莫不一覽懸解，終身不忘。

表一千七百四十八

作者/文獻	版本	用　　例
湯貽汾 《琴隱園詩集》 卷二十四	清同治十三年曹士虎刻本	(1) 明中奉大夫管宗伯誠齋（紹甯）先生神道碑書後示公七世孫學潮 (2) 矧吾祖與父，俎豆同君歆。故老有餘痛，成童已習聞。大節德彌著，逸事久不湮。煌煌神道碑，燕許推青門。(邵長蘅撰)

表一千七百四十九

作者/文獻	版本	用　　例
湯肇熙 《出山草譜》 卷一	清光緒昆陽縣署刻本	(1)《禁三清山進香示》：爲曉諭嚴禁事，照得拜會。燒香有干例禁，而傷風敗化，宜亟挽回。自古神道設教，惟載在祀典者爲聰明正直之神，此外皆名淫祀。《傳》曰：淫祀無福。古人奏毀淫祠，後世稱之第常情。惑於祈禱之說，不問何神，瞻仰朝拜，相沿成俗，所在皆然。然亦從未見紛紛若狂，如開化人之進香三清山者也。 (2) 子曰：務民之義，敬鬼神而遠之。雖聖人神道設教，亦非如世之托於鸞書神說，怪誕不經也。今俗所謂善書者，異端惑人而已矣。
湯肇熙 《出山草譜》 卷三		(3) 查齊天大聖，出於《西遊演義》。荒唐之說，豈可奉以爲神？神爲猴象，爾等朝夕拜跪於猴之前，直是敬猴，並非敬神。事屬奇聞，情殊誕妄，在奸民假託神道，揑保太平，藉以强派錢米，所失不過錢米，受累猶小。風聞近來有結黨，飲香灰酒情事，干犯律例，儻被株連，受害尤大爾。地方百姓不知利害，不明道理，本縣爲爾等絶其禍根，改邪從正。

續表

作者/文獻	版本	用例
湯肇熙《出山草譜》卷四	清光緒昆陽縣署刻本	(4) 古聖人以神道設教，列在祀典者皆聰明正直之神。其人或爲忠孝節義，或有功德在民，後世立廟奉祀，以示尊崇而伸報答之誠。凡不在祀典者，概謂之淫祠。 (5)《禁拜經示》：爲嚴禁事，照得愚民。惑於邪說，喫齋拜經。本縣抵任之初，即經列欵，諭禁在案。乃每次因公下鄉，路過葛全、江南、小南各處，凡屬神廟、佛堂輒見有聚衆拜經。男女混亂，不避嫌疑，不成事體。雖經即時喝散，未即查明究辦，誠恐政寬民玩，不足昭儆戒而挽澆漓，亟宜申明禁令，爲此示仰境內軍民各色人等知悉。爾等須知：茹素拜齋多是邪教流傳，並非好事。唸經懺罪，託名誠心修善，實非好人。試思拜齋果係好事，何以官府到處訪拿，必稱曰齋匪；唸經果皆好人，何以自古神道惑衆，必指爲妖民。世間男耕女織，各有常業。所謂好事者，不外忠孝節義數端而已。所謂好人者，無非忠臣孝子義夫節婦之屬而已。

表一千七百五十

作者/文獻	版本	用例
唐秉鈞《文房肆考圖説》卷六	清乾隆刻本	(1) 秦漢以來，死有功業，則刻於上，稍改用石。晉、宋閒，始有《神道碑》之稱，蓋地理家以東南爲神道，因立碑其地而名爾。 (2)《神道碑》者，墓之東南。稱曰神道，實入墓之路也。此乃外碑，非比墓誌銘石之埋於壙前地中者。唐之碑制，龜趺螭首，五品以上官用之。而近世高低廣狹各有差等，則制之密也。葬既爲墓誌以藏諸幽，又爲碑碣表以揭於外，皆孝子慈孫不忍蔽先德之心也。其爲文曰墓碑文，其爲體有文，有銘，又或有序。文與《墓誌銘》大畧相似，而其銘或謂之詞，或謂之系，或謂之頌。要之，皆銘也。但不能如誌銘之備而大畧相通，亦正、變之異體也。大抵碑銘所以論列德善功烈，雖銘之義稱美弗稱惡，以盡其孝子慈孫之心，然無其美而稱之謂之誣，有其美而弗稱謂之蔽。誣與蔽，君子弗由也。古今作手，惟昌黎最高。行文首尾，不再蹈襲。凡碑碣表於外者，於文則稍詳；若誌銘之埋於壙前者，文則謹嚴焉。其或曰碑文，或曰墓碑，或曰神道碑，或曰神道碑文，或曰墓神道碑，或曰神道碑銘，或曰神道碑銘并序，或曰碑頌，皆別題也。 (3) 表者，標也。謂立木以爲表，標其位也。墓表，有官無官皆可用，非若碑碣之有等級限制也。以其豎於神道，又稱神道表。此外，又有曰阡表。阡者，壟也。曰殯表，未葬之稱；曰靈表，始死之稱。自靈而殯，自殯而墓，自墓而阡也。

表一千七百五十一

作者/文獻	版本	用　　例
唐才常 《覺顛冥齋内言》 卷三	清光緒二十四年長沙刻本	（1）拜偶像為事，蓋世方擾亂，不得不假神道以治之。《春秋》動言灾異，亦是此怡。今格致日精，民智日新，神鬼虛無，為有識所不道，則番俗媚神之惡習，或可昌言毀之矣。
唐才常 《覺顛冥齋内言》 卷四		（2）摩西假天愚民之巫術，皆不謀而合。此則由獉獉狉狉而為巫世界者，殆亦時埶為之歟？自婆羅門興，而韋陀之書益多，其論神道則有曰花羅尼，謂天印度也；曰彌達立，謂日印度也；曰仁達立，謂晝印度也。 （3）綜觀《舊約》之指，大約歸本呵摩訶之能力，威德示人必從而不越神道設教之微權，蓋其時民智未開，格致之學未明。恃此支離曼衍之言，皋牢六合震動生民誠計之得者，謂之為巫世界，不其宜乎？

表一千七百五十二

作者/文獻	版本	用　　例
唐鑒 《學案小識》 卷七	清道光二十六年四砭齋刻本	（1）自古明聖之君，必於此而念之，是聖人之以天自治也。……八政者，治世之大端布於人也；稽疑者，神道之所設教謀之於天也。蓋王道之原，明則有禮樂，幽則有鬼神。
唐鑒 《學案小識》 卷八		（2）如是修道之謂教，既薦之教也，皇極之敷言也。神道設教，盥不薦之教也，皇建其有極也。往來不可絕，憧憧不可有。不往不來，其學也禪；憧憧往來，其學也俗。不久得禽，則爲王良之詭遇；久安得禽，則爲宋人之守株。彼之貪也巧，此之貪也拙。小人用壯，不學禮也。學禮，則爲知方之勇。君子用罔，不致知也。致知，則爲必明之強。

表一千七百五十三

作者/文獻	版本	用　　例
唐孫華 《東江詩鈔》 卷十二	清康熙刻本	（1）《紀異》：郡縣城隍始何代，載在祀典非淫私。……早知木偶無靈爽，紛紛巫史寧非癡。吾願鄉黨各安戢，毋舍民義崇神逵。（神逵昧其難覆，言神道暗昧也。見《張平子賦》。）

表一千七百五十四

<table>
<tr><th>作者/文獻</th><th>版本</th><th>用　　例</th></tr>
<tr><td>唐仲冕
《陶山詩録》
卷四</td><td rowspan="3">清嘉慶十六年刻道光增修本</td><td>(1)《古詩為亳州某新婦作》：夜語聞鵂鶹，春陰唬謝豹。行人走亳州，觀獄城隍廟。云有亳州民，將娶病不療。阿母與舅氏，聞婦頗有貌。子死不發喪，婦至可再醮。奇貨此可居，驟遣迎婦轎。……新婦故不知，夫愈母亡暴。未得奉姑嫜，匍匐增悽悼。舅氏闖然來，登堂肆訶譟。阿母死有由，新婦大不孝。幸有小姑良，對簿以情告。州牧斷其獄，以神道設教。此獄真奇寃，神明當默照。</td></tr>
<tr><td>唐仲冕
《陶山詩録》
卷十四</td><td>(2)《文昌宫西園落成三十首》：木天嚴肹蠁，隙地付苓通。不有誅茅役，空勞擁彗功。斗懸城倚北，隄抱水回東。樂與都人士，羣游爽塏中。……巨室情猶釀，高年興欲飛。……矢之神道鑒，斤以匠心揮。度地流泉繞，開門遠樹圍。巡功見黄髪，不避雪霜霏。</td></tr>
<tr><td>唐仲冕
《陶山詩録》
卷二十五</td><td>(3)《命鑀往肥城修飾先太夫人祠墓二首》：覃恩三世受榮封，輔國將軍品秩同。誥贈夫人神道肅，特標華表墓門崇。五花天寵光泉壤，寸草臣心感化工。待汝事竣歸報日，焚黄親往趁春融。四尺成墳五十年，松楸被嶺表新阡。清芬澗北留祠宇，薄俸山南備祭田。季雅買鄰原不易，少游守冢豈徒然。爲余恭敬同桑梓，樵牧相隨受一廛。
(4)《赴澗北祠墓行焚黄告祭禮四首》：老矣懸車不出門，欣逢慶典遠推恩。桐封三世先人澤，華表孤墳客子魂。欲向湘西傳玉綍，先從澗北拜金萱。可憐展奠多疏闊，天語曾加九壤溫。……壟在巖巒最上層，年來腰脚苦難升。縛兜好倩田夫舉，攀柏還隨牧豎登。石列像生春草茁，碑題神道曉雲蒸。何當竟作守祠户，長向山村下澤乘。……行營高敞當年事，餘地堪容骨魄歸。</td></tr>
</table>

表一千七百五十五

作者/文獻	版本	用　　例
陶樑《國朝畿輔詩傳》卷二十	清道光十九年紅豆樹館刻本	(1) 翁叔元：叔元，字寶林，號鐵菴，永平人。康熙十五年，一甲三名進士，歷官刑部尚書。有《梵園詩集》。（韓菼《翁公神道碑》：公初名栴，字寶林。甫離襁褓，就傅即自力於學。康熙壬子，舉京兆。丙辰，成進士以一甲第三人，授編修。……壬申，補刑部尚書。丁丑，以病乞休。又四年，薨於里第，年六十九。）

續表

作者/文獻	版本	用　　例
陶樑 《國朝畿輔詩傳》 卷二十七	清道光十九年紅豆樹館刻本	(2) 今得窺牆垣，山高水清，西日瘦長，松亂棘蒼，雲屯閭海。偉人譜公節(《神道碑》爲黄石齋先生作) 殘碑。
陶樑 《國朝畿輔詩傳》 卷四十三		(3)《隋碑歌次韓昌黎石鼓韻》：昌黎昔日歌石鼓，我亦欲作隋碑歌。公筆力扛百斛鼎，余材脆薄將奈何？枯鐵空爾飽墨瀋，秃穎駑鈍慚霜戈。是碑歷千一百載，始斷山骨誰礲磨。石質蒼潤肌理膩，東西贔屭森騈羅。兩峯對峙圭卓立，其形有如大小峨。……腕劣雖愁有奇鬼，鐘王墨妙常摩挲。與碑相隔數百武，時來拂拭生悲哦。宋墓颜碑尚晚輩，(《文貞公神道碑》，魯公書也。) 下視松雪真鶩鵝。(《邢臺天寧寺虚照禪師碑》，吴興書。) 歐趙集古不搜及，坐教殘缺理則那。

表一千七百五十六

作者/文獻	版本	用　　例
陶澍 《陶文毅公全集》 卷四十五	清道光刻本	(1) 神道碑・墓誌銘 (2) 刑部侍郎小峴秦公神道碑
陶澍 《陶文毅公全集》 卷五十七		(3)《何仙槎有猶子之戚慰之》：臥病不能出，經旬鬢欲絲。因君猶子淚，觸我好兒悲。神道杳難測，(亡兒椿福生時屢有神夢，仙槎姪亦夢衡山神抱送。) 天心應可知。請看霜雪後，梅柳粲新枝。
陶澍 《陶文毅公全集》 卷六十一		(4)《過段司農神道》：報國心似鐵，擊賊膽如斗。墳前一片石，含笑爲公有。
陶澍 《陶文毅公全集》 卷六十三		(5) 設教精微仰憲章，非徒梵唄重緇黄。玉鑾重嶺經臨日，率土皈依戴聖皇。(蒙古諸藩皆尊佛法、黄教，我朝於此建寺以居喇嘛，内外各札薩克歲時來叩，亦神道設教之意。)

表一千七百五十七

作者/文獻	版本	用　例
陶元淳《南崖集》卷四	清詒清堂刻本	(1)《祀海神》：惟神道震百靈，威加四瀆。驅蛟斬鰐，轉妖孽而爲祥；役電追風，闢坦夷而出險。凡兹水澨，共沐恩私。嗚呼！昌邑之民，墜於塗炭久矣。元淳將宣布天子威德，拯此一方，願鑒微誠，假之海道。簡書從事，聖朝無忘遠之思；瓊管分符，率土有歸仁之望。中流徑渡，闔室銜恩。牲醴既陳，神其降格。

表一千七百五十八

作者/文獻	版本	用　例
陶元藻《泊鷗山房集》卷十一	清刻本	(1) 南海神廟、袁氏先廟、徐偃王廟、沂國公廟、王太原神道、權故相以及曹成王諸碑，皆古皆醇茂，卓乎不朽。
陶元藻《全浙詩話》卷四	清嘉慶元年怡雲閣刻本	(2)《青箱雜記》：閩人謂子爲囝，謂父爲郎罷，故顧況有《哀囝》一篇曰：囝生閩方，閩吏得之，乃絶其陽。爲臧爲獲，致金滿屋。爲髡爲鉗，如視草木。天道無知，我罹其毒。神道無知，彼受其福。郎罷别囝，吾悔生汝。及汝既生，人歡不舉。不從人言，果獲是苦。囝别郎罷，心摧血下。隔地絶天，及至黄泉，不得在郎罷前。
陶元藻《全浙詩話》卷十三		(3)《平園續稾》(《汪公大猷神道碑》)：公諱大猷，字仲嘉，慶元府鄞縣人。十餘歲，賦詩可觀。紹興十五年，登進士乙科。紹熙元年，官敷文閣直學士。二年，以正奉大夫致仕。
陶元藻《全浙詩話》卷十四		(4) 韓文公既誌其墓，又爲《神道碑》。其詩曰：志儒之本，達士之經。有直有諷，以忠遠名。翔於郎省，騫於禁密。發帝之令，簡古而蔚。
陶元藻《全浙詩話》卷五十四		(5)《蒼水張公渡江得無名氏詩》：《蒼水張公神道碑銘》(全祖望撰)：公之渡江也，得無名氏詩於舩中。有云：此行莫作黄冠想，静聽先生正氣歌。公笑曰：此王炎午之後身也。

表一千七百五十九

作者/文獻	版本	用　　例
田同之 《西圃文説》 卷一	清乾隆刻本	(1) 茅鹿門曰：宋諸賢敘事，當以歐陽公為最，何者？以其調自史遷出，一切結搆剪裁有法，而中多感慨俊逸處，予故往往心醉。曾之大旨近劉向，然逸調少矣。王之結搆剪裁，極多鑱洗苦心處，往往矜而嚴，潔而則，然較之曾，特屬伯仲，須讓歐一格。至於蘇氏兄弟，大畧兩公者文才疎爽豪蕩處多，而結搆剪裁四字非其所長。《神道碑》多者八九千言，少者亦不下四五千言，所當詳畧歛散處，殊不得史體。何者？鶴頸不得不長，鳬頸不得不短。兩公於策論，千年以來絶調矣，故於此或殺一格，亦天限之也。

表一千七百六十

作者/文獻	版本	用　　例
田雯 《古歡堂集》 卷三十七	清文淵閣四庫全書本	(1) 潘岳《懷舊賦》曰：前瞻太室，傍眺嵩丘。傅亮曾辨之，盖嵩丘別是一山也。中嶽廟去縣八里，在萬歲峰下，前玉案，後黄盖。韋行儉記云：元魏始徙於此。廟南石闕稱“太室神道”。
田雯 《（康熙） 黔書》 黔書下	民國本	(2) 丁煒曰：竹王之事，與木化九隆相類。蓋蠻荒尚鬼，又民皆憨而戀主，惟生具神靈，長復才武，則世世奉之矣。存而不論，所以示吾儒不語之教，而聽民奉祀，則亦神道設教所不廢也。

表一千七百六十一

作者/文獻	版本	用　　例
佟賦偉 《二樓紀略》 卷一	清康熙刻本	(1) 城南有元汪文節公（澤民）祠。公延祐戊午進士，以禮部尚書致仕。長鎗賊鎖南班等犯宣城，或勸公去之。公曰：昔江萬里寓鄱陽，我軍逼城，衆皆走散，猶坐守以爲民望，况宣民離合，視吾去留，夫何之城陷不屈死？其生平詳《宋濳溪集》。《汪公神道碑》：塟在驅東南嶧山之麓。知府事凃公觀治墳建祠，三原玉端毅公（恕）爲之記。（以上三公，皆宣城人。）

表一千七百六十二

作者/文獻	版本	用　　例
童槐 《今白華堂詩録補》 卷三	清光緒三年童華刻本	(1)《兒輩爲余營生壙於先塋之側既成誌慰》：表聖自爲冢，壙中足遊宴。今人稍效之，雅非吾所羡。或尊郭氏書，苦爲術家眩。紛紛墮詅癡，余更付一粲。……遲疑還有年，卜吉幸一旦。定域神道南，神靈得垂盼。畚役俄告竣，廣輪咫有半。語余喜欲狂，在天許謀面。自兹邱隴中，如在庭闈畔。萬劫無分離，晨昏不少閒。即今年七旬，處世憂喪亂。何當一醉卒，亟慰相從願。
童槐 《今白華堂文集》 卷三十	清刻本	(2) 誥贈通議大夫山東按察使晉通奉大夫王考燕如太府君神道表（年家子何淩漢填諱） (3) 府君孫一即槐，鄞縣學廩生，嘉慶戊午優貢，庚申恩科舉人，乙丑進士，官至通政使司副使。……槐自承嚴命，思所以效顯揚者，迄今乃得遵會典，樹碑神道，將撰次所聞為銘，而我府君亦已不得見矣。 (4) 誥贈通議大夫山東按察使晉通奉大夫顯考甬川府君神道表（門下士吳傑填諱） (5) 夫久而益榮，庶沒而不朽。張燕公表丹州之兆，非必假詞於他；歐陽子表崇公之阡，實在累封而後。尊卑雖殊，揭諸神道者，其則不遠。然文直事核，仍賴阮筆。謹繕前稿，分勒碑陰左右。年月日，男槐表。

表一千七百六十三

作者/文獻	版本	用　　例
涂鴻儀 《（道光） 蘭州府志》 卷九	清道光十三年刊本	(1) 辛威，隴西人也。……歷官數十年，未嘗有過，故得以身名終。兼其家友義，五世同居，時以此稱之。（按庾信所作《神道碑》，雖以威為洛陽人，蓋賜姓之後始為僑籍故。歿，猶返葬菀川，而史仍稱隴西人，與辛穆等定居不返者異矣。） (2)（皋蘭縣）有巴里坤遊擊李殿魁，寧夏鎮遊擊吳璉、都司李懷玉、提標都司袁璋，涼州鎮守備常萬清、劉元勲、傅世雄，磚井堡守備孔琪，神道嶺守備宋顯王、督標把總杜豹、顏希章、馬得、顧林、袁秉又袁銘、張成功，城守營把總王瑞圖、馬龍圖，寧夏把總何起蛟，涼州鎮把總戴伏、馬負圖，西寧鎮把總丁學詩，河州鎮把總張如龍，康寧寨把總周得勝、督標外委呂廷貴、魏朝奉、徐學進，涼州鎮外委張漢。

續表

作者/文獻	版本	用　　例
涂鴻儀《（道光）蘭州府志》卷十二	清道光十三年刊本	（3）《舊志》載辛氏諸人物如辛穆、辛祥等，既聞辨於辛紹先條下矣。此外尚有魏辛毗，其先自漢建武中已徙陽翟。唐《辛秘傳》止云"系出隴西"，而牛僧孺所作《神道碑》已明載其遷徙。傳世益遠，更難牽入，均宜刪去。

表一千七百六十四

作者/文獻	版本	用　　例
屠寄《蒙兀兒史記》世紀第一蒙兀兒史記卷第一	民國刊本	（1）《蒙古源流》：土伯特智固木贊博汗之福晉云：我從前生博囉咱時，夜梦與一白色人同寢。迨後产一卵，此子出卵中。觀此，當是一有福佳兒。宜將彼迎至，於是遂將博囉咱迎即汗位。按：此福晉即是孛兒帖赤那之母。今阿闌豁阿所云：殆襲其故智。神道設教時代，人之心理大抵相同也。
屠寄《蒙兀兒史記》古余可汗本紀第四蒙兀兒史記卷第五		（2）《類編》云：后以儲事問楚材，正色曰：此非外姓臣敢知。自有先王遺命在，遵而行之，社稷幸甚！后不聽，竟自稱制於和林。語本宋子貞《神道碑》，可見第一次會議在楚材未薨之前，故編於此。
屠寄《蒙兀兒史記》鐵穆耳可汗本紀第七蒙兀兒史記卷第九		（3）《攷異》：何瑋疏論地震，《元史本紀》及《何瑋傳》不載，惟《何瑋神道碑》載之。錢大昕以爲當在大德八年。
屠寄《蒙兀兒史記》妥權帖睦爾可汗本紀第十四蒙兀兒史記卷第十六		（4）宋濂爲撰《神道碑》云"九月二十九日"，今從之。

續表

作者/文獻	版本	用　例
屠奇《蒙兀兒史記》主兒扯歹忽亦荅兒列傳第八蒙兀兒史記卷二十六	民國刊本	(5) 姚燧《平章政事忙兀公博羅驩神道碑》云：帝感其誠，易名"屑虆，約爲按荅"，葢明炳幾先，與友同生死之稱。
屠寄《蒙兀兒史記》塔塔統阿哈剌亦哈赤北魯岳璘帖木兒冩云赤篤忽璘孟速思昔班列傳第二十七蒙兀兒史記卷第四十五		(6) 冩云赤篤忽璘，名從瞻思所撰《哈珊神道碑》。石刻《舊傳》作"小雲石脫忽璘亦畏兀兒人"，與岳璘帖穆爾同出暾欲谷之後。父的斤必里傑提，猶華言智福大相。冩云赤篤忽璘仕其國爲吾魯愛兀赤，猶華言大臣也。
屠寄《蒙兀兒史記》昔里鈐部按竺邇奧屯世英列傳第二十九蒙兀兒史記卷第四十七		(7) 泰定初，贈鎖咬兒哈的迷失資德大夫、御史中丞、上護軍，謚貞愍，與其祖若父皆追封永平郡公。賜其妻子鈔五百貫、良田十頃，仍詔樹碑神道旌之。 (8) 本從唐賜姓李氏，以别於西夏國氏爲小李，語謁爲昔里。荅兒沙官肅州鈐部。生子以官配氏，是名昔里鈐部。又名益立山。（據王惲《秋澗集・大名路宣差李公神道碑》補名。） (9) 姚燧《牧庵集・魏國李忠節公神道碑》稱"兼善闡"，安撫使是也。
屠寄《蒙兀兒史記》耶律楚材客列亦鎮海粘合重山列傳第三十蒙兀兒史記卷第四十八		(10) 宋子貞《中書令耶律公神道碑》云：嘗言西域厤五星密於中國，乃作《厤荅把厤》，葢囘鶻厤名也。 (11)《金史・宣宗紀》：元光元年八月己卯，慧星見西方。月分與《舊傳》符，而《神道碑》作"五月"，殊誤。 (12)《舊紀》甲申年亦載之，皆爲宋子貞《神道碑》所誤。 (13) 鎮海客列亦愓氏，（《舊傳》"怯列台"，《圭塘小稿・神道碑》作"怯烈"。）本王罕部族。成吉思父事王罕，兩家人從往來無閒，故鎮海亦事成吉思。王罕與成吉思交惡，鎮海詔事，不去巴泐渚納之盟。鎮海與焉，有勇略，善騎射，以徹里必從討漠北諸部族。（徹里必，侍從官。）甲子，平乃蠻以功，賜良馬一。丙寅，成吉思稱尊號，大封功臣，授千戶者八十有八人，鎮海亦授百戶。（據《神道碑》。） (14)《神道碑》云：歲乙未八月二十一日，薨於家。上悼惜不已，賜金弊治喪，命百官致祭。後憲宗伐宋，嘗拊髀歎曰：使吾得鎮海，江淮何憂，惜其死矣！

續表

作者/文獻	版本	用　　例
屠寄 《蒙兀兒史記》 忙哥撒兒孛魯合列傳第三十二蒙兀兒史記卷第五十	民國刊本	(15)《神道碑》作"雍古"。今依《元史·阿剌兀思剔吉忽里傳》校改，以此知汪古、雍古本同種異譯。
屠寄 《蒙兀兒史記》 劉嶷張柔列傳第三十三蒙兀兒史記卷第五十一		(16) 乙未，同都元帥塔海紺孛伐蜀。辛丑，進授都總管萬户，統西京（大同路）、河東、陝西諸軍，夾谷忙古帶、(今本姚《牧庵集·與元行省夾谷公神道碑》。"麗古帶"，誤。) 田雄等竝聽節制。 (17) 考《牧庵集·潁州萬户邸公神道碑》云：嘗聞國初以三萬户鎮撫中夏，右則劉伯林軍秦，左則粘合重山軍燕。 (18) 姚燧《牧庵集·興元行省夾谷公神道碑》作"常哥"。 (19) 張柔，字德剛，涿州定興河內里人。(里在縣西南八十里，易、濡二水交合處。) 世農家，性任俠。……又表其才，加昭毅大將軍，遥領永寧軍節度使，兼雄州管內觀察使，權元帥右都監，(右，《舊傳》作"左"。今從王槃所撰《神道碑》。) 行元帥府事。
屠寄 《蒙兀兒史記》 嚴實張榮列傳第三十四蒙兀兒史記卷第五十二		(20) 許有壬《千户蕭世昌神道碑》云：夫人段氏，千户高奴女嚴魯王甥。此《碑》撰於泰定丁巳年，則實之。進封魯王，當在至大之後、至治以前。
屠寄 《蒙兀兒史記》 邸郝王梁孟五萬户列傳第三十五蒙兀兒史記卷第五十三		(21) 眞定都總管辟爲本府推官，尋佩金符，爲管軍總押，管領眞定、大名、南京（卽汴梁）、保定、洺、磁、濱七路兵馬，鎮睢州。(据姚《牧庵集·潁州萬户邸公神道碑》，睢，《舊傳》作"徐"。)

續表

作者/文獻	版本	用　　例
屠寄 《蒙兀兒史記》 史天倪石天應李守賢石珪列傳第三十六蒙兀兒史記卷第五十四	民國刊本	(22) 高興,《舊傳》及其《神道碑》謂詹、林二人爲興自青田追斬葉山,與此異。 (23) 余克汗時,入覲和林。以疾卒,年五十有八。(《舊傳》:追封西秦王。元制,子孫官一品者,其祖父得追封王爵。雄子孫何人,豈有官至一品者乎?) 子八人,大明襲職,知京兆等路都總管府事。(采《牧菴集·知秦州史君神道碑》補。)
屠寄 《蒙兀兒史記》 董俊列傳第三十七蒙兀兒史記卷第五十五		(24) 按:太宗六年,乃太祖十六年之脱誤。李冶《王善神道碑》:事在壬午,則十七年也。
屠寄 《蒙兀兒史記》 二趙三王何杜列傳第三十八蒙兀兒史記 卷第五十六		(25) 戊寅,權中山治中。時金遙授武仙河平軍節度使,鎮眞定。(李冶所撰《王善神道碑》,稱仙爲眞定總管。) (26) 時眞金雖死,詹事院未廢,慶端詹事丞如故。閻撰《慶端神道碑》云:東寇既除,大駕狩北邊云云。
屠寄 《蒙兀兒史記》 汪世顯李庭玉列傳第四十六蒙兀兒史記 卷第六十四		(27) 汪世顯,字仲明,鞏昌鹽川鎮人。父彦忠,系出汪古部族,遂氏汪。(汪古,《舊傳》作"旺古",依《阿剌忽失傳》校改。姚燧《汪忠臣神道碑》作"汪骨",《親征錄》作"王孤"。) (28)《金史·哀宗纪》:正大二年八月,鞏昌元帥田瑞反,行省軍圍之,其母弟十哥殺瑞出降,赦其辠,以爲涇州節度使,世襲猛安。姚燧《李節神道碑》但云:及官軍至,故便宜都總帥、隴西義武公汪世顯時爲門將,開壁納之,縛瑞置法,不載十哥殺瑞事。牧庵非不知之,第以諛墓之文,欲歸功汪氏,故略之耳。 (29) 六年,金廷以鞏州地當衝要升爲鞏昌府,(據楊奐所撰《神道碑》,足補《金史·地理志》之闕。) 以完顔仲德爲府總帥,世顯改兼治中,尋轉同知,參議帥府機務。 (30) 世顯曰:顧臨敵何如耳。十月,諸軍進薄其城,隆之戰屢卻,堅壁不出。其裨將田顯(《宋史·陳隆之傳》作"田世顯",《元史·汪世顯傳》及《神道碑》均作"田顯",無"世"字。) 夜縋城納款,(《碑》謂"十月五日",《傳》"城十二日夜,顯納款。") 爲隆之所覺,世顯曰:事急矣!

續表

<table>
<tr><th>作者/文獻</th><th>版本</th><th>用　　例</th></tr>
<tr><td>屠寄
《蒙兀兒史記》
汪世顯李庭玉列傳第四十六蒙兀兒史記
卷第六十四</td><td rowspan="4">民國刊本</td><td>(31) 嘉陵、白水之交，水勢洶急，汗問：船幾何可濟？對曰：大軍百萬，非可淹延，當別爲方略。退命繫舟爲梁，一昔而成，軍行其上，如履坦途。汗喜顧謂諸王曰：汪田哥言不虛發也。(《舊傳》：次濟嘉陵事，於攻苦竹前倒誤。依《汪忠讓神道碑》校正。)
(32) 中統三年，追封隴西公，謚忠烈。子六人：長惟正；次惟賢，四川行中書省平章政事；(据家讓《神道碑》，《舊傳》作“大司徒”，其加官也。) 次惟孝，參知政事、昭文館大學士；次惟明，以質子爲元帥；次惟能，征西都元帥；次惟純，同知宣慰使，權便宜都總帥、屯田上萬户府萬户。
(33) 十月，改同知利州宣撫使，其夔東招討如故。入覲，賜虎符，使宣慰四川北道。庭玉請以先所受鞏昌元帥之職及原降虎符，賜其弟庭堅。(名依姚牧庵《李節神道碑》,《舊傳》誤作“庭望”。)
(34) 元貞二年，入覲，進資德大夫、行中書右丞，議本省公事，卒。泰定元年，賜謚襄敏。(《舊傳》不詳其壽。按：姚《牧庵集·李節神道碑》：最庭玉自質子至將相，凡六十年，則庭玉卒年且八十矣。)
(35) 數年後，繪聞洛西粗安，求去。固留，不可，厚賮。歸之，時稱爲長者。卒後，歸葬岐山。輀車卽塗，民爲位以祭者萬數，問之，曰：吾屬皆昔見活於公者也。(采姚燧《牧庵集·平涼長官元帥兼征行王公神道碑》補。)</td></tr>
<tr><td>屠寄
《蒙兀兒史記》
阿八哈列傳第五十蒙兀兒史記
卷第六十八</td><td>(36) 速混察 (畏兀兒人名，見贍思所撰《哈珊神道碑》。洪譯作“蘇衮察克”，音同。)
(37) 速混察 (畏兀人名，見贍思所撰《哈珊神道碑》。小雲石脱忽憐之次子，洪作“蘇衮察克”。)</td></tr>
<tr><td>屠寄
《蒙兀兒史記》
阿里不哥海都列傳第五十六蒙兀兒史記
卷第七十四</td><td>(38) 也可迭烈孫，義謂大平川。《姚樞神道碑》云：時帝在河西，据此知。也可迭烈孫之地，在今寧夏邊河套外。</td></tr>
<tr><td>屠寄
《蒙兀兒史記》
史天澤列傳第六十蒙兀兒史記
卷第七十八</td><td>(39) 戍雷萬户劉仲海擊殺應冬，降王用，世傑忿，悉鋭來攻。城中糧盡，格分兵漕欽廉高化之粟餽之。再戰，世傑解圍去。(事在十五年五、六月間，而帝昺以六月丁巳，自硇州遷厓山，在世傑雷州敗退後三日。《史格神道碑》及《舊傳》敘述顛倒，今據《宋史》訂正之。)</td></tr>
</table>

續表

作者/文獻	版本	用　　例
屠寄 《蒙兀兒史記》 劉秉忠張文謙竇默姚樞列傳第六十五蒙兀兒史記卷第八十三	民國刊本	(40) 已北師大舉，復分兵淮南，鄂州捷聞，一失聲而死。豈曰數奇？政犯道家“福始禍先”之戒者歟！（數語略，本姚燧撰《阿里海涯神道碑》意。） (41) 忽必烈汗初難之，後思之數日，乃謂樞曰：從汝，從汝！時蒙格汗在河西，（語見姚燧《牧菴集・中書左丞姚公神道碑》。《憲宗紀》：丁巳冬十一月，大駕渡漠南，至玉隴棧。《世祖紀》：是年冬十二月，入覲，於也可迭烈孫。按：五隴棧，今内蒙古吳拉特部。也可迭烈孫，義謂大平原。地皆在河套外，故云“何西非西夏”也。）聞之不信曰：是已異心。云：來，詐也。
屠寄 《蒙兀兒史記》 安童完澤列傳第六十九蒙兀兒史記卷第八十七		(42) 王雖弗善，以線眞舊。臣受知累朝，目見其廷折大臣，且聞忽必烈汗託東宮於它日者。庭瑞由是得受輕罰（据姚燧《牧庵集・平章游公神道碑》補），其剛毅不阿如此。卒，贈太師，追封秦益國公，謚忠獻。
屠寄 《蒙兀兒史記》 丞相伯顔列傳第七十二蒙兀兒史記卷第九十		(43) 居仁襲沿海上萬户，佩虎符。從討爪哇，加昭勇大將軍、换佩三珠虎符、左軍上萬戶。累擢鎮國上將軍、廣東道宣慰使都元帥。弟居正，從討交趾，以勞擢杭州路領海船千户，累遷僉行樞密院事。（據《孟縣金石志》、閻復所撰《甯公神道殘碑》校補。）
屠寄 《蒙兀兒史記》 阿术列傳第七十三蒙兀兒史記卷第九十一		(44) 大德二年卒，年四十有五。也速解兒喜薦士，凡所甄拔，多通顯。至正八年，贈推忠宣力守正佐理功臣、太傅、開府儀同三司、上柱國，追封安慶王，謚武襄。子三人：長忽剌解，江浙行省平章政事；次探迪，御史中丞；次木八剌沙，南陽府荅魯合臣。孫：脱因納，陜西行臺御史大夫；紐兒該，同知都護府事；古納剌，上都留守。（此《傳》，据溍所撰《神道碑》補。）
屠寄 《蒙兀兒史記》 阿里海牙列傳第七十四蒙兀兒史記卷第九十二		(45) 阿里海牙，（《舊紀》一作“阿剌海牙”，“牙”亦作“涯”。）畏兀兒種人。胞生，剖而出。其父阿散合徹（一作“也先火”者，音近。）以爲不祥，欲棄之，母獨堅呼突盧不忍。（父母之名，據姚燧《牧菴集・神道碑》補。） (46) 阿里海牙以世傑力屈始降，仍斬之。槍揭其首，以招岳。（《神道碑》云：詔故平章廉希憲以右丞行省江陵。以世傑窮而歸棄江陵市，蓋以殺已降委咎希廉也。此從《舊傳》及《宋史》。） (47) 高達以宋朝遇之薄，諸後進多出其上，正怨望卽挾其使朱禩孫獻筦鑰以降。（《神道碑》謂禩孫辭疾，徵至京師死，籍其妻孥，亦委諸廉希憲行省後事。） (48) 阿里海牙踰嶺道，出郴州，山中天暑，軍士病渴，所乘馬跑地出泉，一

續表

作者/文獻	版本	用　　例
屠寄《蒙兀兒史記》阿里海牙列傳第七十四蒙兀兒史記卷第九十二	民國刊本	軍飲之皆足，至今名“馬蹶泉”。進解雷州圍，時宋安撫趙與珞（宋宗室也。《神道碑》稱“賊帥”，不詞。）以兵戍瓊州白沙港。 (49) 阿里海牙贓據有徵。(《神道碑》謂皆希桑哥旨云，然愚謂他人不可知。若陳天祥固信，其非希桑歌旨者。)
屠寄《蒙兀兒史記》張弘範李恆列傳第七十七蒙兀兒史記卷第九十五		(50) 帥府奏用其議，卽以弘範所部五千人移戍萬山。（五千，《舊傳》作“一千”，據王槃所撰《神道碑》校正。） (51) 襄陽奄出兵來襲（《神道碑》謬云“步騎萬餘”），諸將以衆寡不敵，請入保城。 (52) 阿朮、史弼乘勢揮軍進戰，萬矢齊發，才軍大潰，自相蹂躪，追抵揚州城南門而還。(《舊傳》襲虞集所撰《廟堂碑文》曰：斬首萬餘級。無慮之祠，《神道碑》無此語。) (53) 宋襄陽安撫使呂文煥，潛以漁舟，載兵渡漢，窺伺軍形。（足證弘範《神道碑》“襄陽兵步騎萬餘”之誇誕。）恆設伏敗之，既又預築夾寨。 (54) 自此從李恆，凡恆軍所至襄、漢、荆、湖、江西、閩、廣，無不在行閒。被命防送降臣，入覲。(何史誤以為送文天祥？……姚燧《牧菴集・虎公神道碑》所稱“降臣”非天祥也。天祥未降。)
屠寄《蒙兀兒史記》昂吉兒完者都也的迷失哈剌解列傳第七十八蒙兀兒史記卷第九十六		(55) 也的迷失（名從《舊史》《本紀》，“也”或作“月”。許有壬撰《神道碑》，作“葉諸彌實”。）
屠寄《蒙兀兒史記》唆都來阿八赤樊楫高元長列傳第八十蒙兀兒史記卷第九十八		(56) 元貞二年，請老。第二子和尚，以承信校尉襲職。卒，和尚長兄塞臘、次子明安達襲。餘子孫，詳《氏族表》。（《舊史》無傳，據孛朮魯翀所撰《末赤公神道碑》補。）

續表

作者/文獻	版本	用例
屠寄 《蒙兀兒史記》 劉國傑李庭列傳 第八十一蒙兀兒 史記 卷第九十九		(57) 總管荅魯合臣階龍虎衛上將軍。先世本居金上京蒲與路。（許有壬《劉平章神道碑》云：先塋在遼東泰州普一路。寄按：普一卽蒲與異譯。《金史·地理志》：蒲與路屬上京，今黑龍江之地。） (58) 也先忽都魯合川、陝、雲南軍，暨思播二土司兵，進討之。蛇節者，土酋阿那之寡妻也。（阿那之名，見《神道碑》。《舊紀》：至元中，屢見羅氏鬼國主阿利之名。阿利，卽阿那之音差。）
屠寄 《蒙兀兒史記》 史弼高興列傳第 八十三蒙兀兒史記 卷第百有一	民國 刊本	(59) 降虎符十、金符四十、銀符百、幣帛各二百端，以待有功。始議立都元帥府左右各一，征行上萬户府四，竝隷行省，發舟千艘。僉福建、湖廣、江西三省軍二萬人，瀕行減四之三。（實發五千人，元明善《高公神道碑》作“七千人”。） (60) 亦黑迷失等陛辭。汗諭之曰：汝等至爪哇，當遣副來報。汝等留彼，招徠其餘小國。彼若纳款，皆汝等之力也。是年十二月，弼等以五千人發泉州後渞，（《高興神道碑》謂“三十年正月一日浮海”，與弼傳異。）風急濤涌，舟掀簸，士卒皆數日不食。 (61) 先遣郝成、劉淵輕舟分道，往諭南巫里（句）、蘇木都剌（句）、不魯不都（句）、八剌剌諸小國。明年正月，弼等舟師略東董（句）、西董山（句）、牛崎等嶼，入混沌大洋，至橄欖嶼（句）、假里、馬荅及牛闌等山，駐兵伐木，造小舟以入。（《高興神道碑》謂二月十三日，入爪哇界。） (62) 高興，字功起，蔡州人。其先自薊徙汴。曾祖拱之，祖子洵，世農家。金末兵亂，父靑又徙蔡。（元明善《清河集·河南行省左丞相高公神道碑》云：其先薊人。遠祖青徙蒙城，又徙隨之洪山。） (63) 皇慶二年九月卒，年六十有九。延祐三年，贈推忠效顺佐理功臣、太師、開府儀同三司、上柱國，追封梁國公，謚武宣。（《碑》作“武定”，形近之誤耶？抑改謚耶？俟考。）元統三年，加封南陽王。（此《傳》参校元明善《河南行省左丞相高公神道碑》成文。）
屠寄 《蒙兀兒史記》 崔斌崔彧劉宣列 傳第八十六蒙兀 兒史記 卷第百有四		(64) 崔斌，字仲文，以小字燕帖木兒行，大同弘州人。父某，有幹才，受知於斡歌歹汗朝。右丞相客列亦鎭海，佩金符，爲弘州人匠長官。（據許（闕）壬《圭塘小稿·怯烈公神道碑》補。）

續表

作者/文獻	版本	用　例
屠寄《蒙兀兒史記》張庭珍張立道李克恭梁曾李衎列傳第九十蒙兀兒史記卷第百有八	民國刊本	(65) 庭瑞曰：而女居吾家，不過羣婢。令夫人盡取其匳飾衣服，署良券，歸其父曰：資是嫁之。聞者謂以義斷愛，人所難能。(凡與《舊傳》詳略不同處，參据姚燧所撰《宣慰張公神道碑》。)
屠寄《蒙兀兒史記》趙阿哥潘段實楊漢英列傳第九十二蒙兀兒史記卷第一百十		(66) 又八傳至粲，平南夷穆永忠，反緬酋偉桂，斥地七百里，族始大。粲生价，宋雄威軍都統。价生文，播州沿邊安撫使。文生邦憲，宋授左金吾衛上將軍、安遠軍承宣使兼襲播州沿邊安撫使 (以上据袁桷《清容居士集・楊忠宣神道碑》)、牙牌節度使，卽漢英父也。
屠寄《蒙兀兒史記》不忽木列傳第九十六蒙兀兒史記卷第百十四		(67) 成吉思使人招之，荅曰：昔與君比肩而事王罕，今王罕既亾，欲爲復讎則君乃天命，欲改事君則不忍背。故主遂去，莫知所終。父燕眞，其第十子也。(姚牧庵所撰《康里魯國文貞公神道碑》，以爲元子。) (68) 汗曰：朕過聽桑哥，致天下不安，悔之無及。朕識卿童幼，使卿就學，正備今日之用，何讓爲? 對曰：朝廷勳舊，齒爵居臣右者正多，今不次用臣，慮無以服衆。汗曰：然則孰可? 對曰：太子詹事完澤可。時汗春秋高，皇孫鐵穆耳將兵北方，位號未定，不忽木謂相東宮舊臣，可以杜姦人覬覦。汗默然良久，歎息言曰：卿慮及此，社稷之福也。(據趙孟頫《康里公神道碑》。)
屠寄《蒙兀兒史記》徹里千奴列傳第九十七蒙兀兒史記卷第一百十五		(69) 徹里 (《成宗舊紀》作"闊里")，燕只吉台氏。曾祖太赤，成吉思汗時，以百户起家。從嗣國王孛魯麾下先鋒元帥不里合，平宋將彭義斌山東、河北之亂。(《舊傳》云：曾祖太赤，爲馬步軍都元帥，從太祖定中原。姚燧《牧菴集・徐國公神道碑》則云：初將突騎百夫宿衛，從太宗戡定中夏，又劖平宋彭義斌俶擾山東。……其時，軍職殆不過千户。若馬步軍都元帥，必授於太宗朝。)
屠寄《蒙兀兒史記》愛辥馬可保羅列傳第九十九蒙兀兒史記卷第一百十七		(70) 愛辥，拂菻人。(拂菻，古大秦，見《唐書・西域傳》。《元史本傳》稱"西域弗林人"。程鉅夫《雪樓集・忠獻王神道碑》作"拂林"。楊榮鋕《大秦考》謂：大秦卽敍利亞，拂菻即《新約書》中耶穌生長之邑伯利恆，在耶路撒冷城東南。其說甚碻。) 景教徒也。祖不阿里，父不魯麻失。愛辥，通域諸國語及星曆、醫藥。彼教牧師有列邊阿荅者，布教和林。(定宗時，和林有景教寺一所。)

續表

<table>
<tr><th>作者/文獻</th><th>版本</th><th>用　例</th></tr>
<tr><td>屠寄
《蒙兀兒史記》
安藏阿魯渾薩理
潔實彌爾唐仁祖
燕只不花脫烈海
牙普顔列傳第一
百蒙兀兒史記
卷第一百十八</td><td rowspan="4">民國
刊本</td><td>（71）潔實彌爾仲兄兀玉篤實，官至同知宣政院事。卒，贈太傅，謚忠毅，亦追封齊國公。（参据吴澄《草廬文集・齊國文忠公神道碑》及《舊史・文宗紀》補。）</td></tr>
<tr><td>屠寄
《蒙兀兒史記》
鄧虞揭柳黃歐陽
貢列傳第百有
二蒙兀兒史記
卷第一百二十</td><td>（72）泰定元年，文原以學士兼講官。其冬，移疾去。明年，以翰林侍講學士召。又明年，除湖南嶺北道肅政廉訪使，竝以疾辭，不赴。（吴澄《草廬集・郎公神道碑》云：又明年丙寅，則泰定三年也。……文原以是年五月卒時，泰定帝尚在位，猶是致和元年。依《神道碑》校正。）贈江浙行省参知政事，謚文肅。
（73）蒙兀生款者，傳東宫教旨，（時海山汗已殂，八達汗未卽位，尚居東宫。）勿竟其事。集以國學，禮所自出，不懲無以示教。移文詹事院，竟黜之。八達汗，更是集所爲而賢之。（歐陽玄《圭齋集・虞雍公神道碑》云：仁皇踐作後，平章李道復領胄監事。）</td></tr>
<tr><td>屠寄
《蒙兀兒史記》
脫脫太不花賀惟
一列傳第百有七
蒙兀兒史記
卷第百二十五</td><td>（74）至治元年春，詔起大刹京西壽安山，鎖咬兒哈的迷失與同官觀音保、成珪、李謙亨上章極諫，謂東作方始，而興大役，耗財病民，非所以祈福也。……贈鎖咬兒哈的迷失資德大夫、御史中丞、上護軍，追封永平郡公，謚貞愍。賜其妻子鈔五百貫、良田千畝，仍詔樹碑神道，以旌其直。</td></tr>
<tr><td>屠寄
《蒙兀兒史記》
泰不華李黼星吉
褚不華余闕伯顔
不花的斤列傳第
百十三蒙兀兒史記
卷第百三十一</td><td>（75）星吉令起舊部，且以繕城隍、備器械、嚴警察諸事屬之。徐壽輝等聞行省有備，遣其黨二千來約降。星吉與鄭謀曰：此詐也。鄭設伏受降，誘而殲之，械其渠魁數十人以俟命。（《潛溪集・星吉公神道碑》云：縛其酋六百人，獄以俟命。按：二千人中，安得如許之酋？仍以《舊傳》說近似。）……明年正月，（《舊傳》脫誤，作“明日”二字，位《本紀》及《神道碑》校正。）壽輝伺懈，遣其將鄒普勝掩襲武昌，脫械者内應，城遂陷。城中人駢首夜泣曰：星吉平章在，吾屬不罹此難也。
（76）星吉曰：畏賊而逃，無勇；坐而待攻，不智。汝等各有孥帑，走其可免乎？乃貸錢富室，募丁壯爲兵。先是，行臺募兵，人給十五千，（《舊傳》作</td></tr>
</table>

續表

作者/文獻	版本	用　　例
屠寄《蒙兀兒史記》泰不華李黼星吉褚不華余闕伯顔不花的斤列傳第百十三蒙兀兒史記卷第百三十一	民國刊本	"百五十千"，此從《神道碑》。）無應者。至是，星吉人給五十千，衆爭赴之，三日逾二千人。 （77）星吉麾騎兵，飛矢進薄，禽僞相周驢，賊潰不能成列，俘其衆五千，奪船六百艘。乘勝奔擊之，賊溺死者蔽江，江水爲赤。（紅巾也，兼以血，故云。然《神道碑》云"江水爲白"，殆傳寫者誤。）
屠寄《蒙兀兒史記》游顯賈居貞列傳第百十五蒙兀兒史記卷第百三十三		（78）顯遣象山僧往說之，乃與之偕來云。（《元史》無顯傳，據姚燧《牧菴集·游公神道碑》補。） （79）賈居貞，字仲明，眞定獲鹿人。……父頤卿，（姚燧《牧菴集·參知政事賈公神道碑》無"卿"字，據《金史》補。）兵部主事。汴亂，不知所終。
屠寄《蒙兀兒史記》王思廉尚文王約張昇列傳第百十八蒙兀兒史記卷第百三十六		（80）行臺及淛西廉訪司劾帖木兒不法十七事，制遣文偕大都護脱因納往詰之。（脱因納之爲大都護，見大德五年《舊紀》。孛朮魯翀撰《尚公神道碑》，但稱"大都護"，而略其名。《舊傳》誤稱"宗正府也可札魯忽赤"，而亦無名。）
屠寄《蒙兀兒史記》宗室世系表第一蒙兀兒史記卷第百四十八		（81）論曰：《易》言：聖人以神道設教。"以"者，能左右之。"設"，則假託之義耳。
屠寄《蒙兀兒史記》氏族表第四之二蒙兀兒史記卷第百五十三		（82）朵兒別氏（許有壬《萊諦彌實神道碑》作"朵魯伯解"。）

續表

作者/文獻	版本	用例
屠寄 《蒙兀兒史記》 宰相表第六 蒙兀兒史記 卷第百五十七	民國 刊本	(83) 宰相之名，仍稱“文臣之首”。孛魯合爲必闍赤，蓋返乎舊俗矣。(《也先不花傳》稱孛魯歡拜中書右丞相，蓋襲據姚燧《牧菴集·高昌忠惠王荅失蠻神道碑文》，乃後來比例之詞。當時，實無中書省也。楊惟中爲燕京等處行省，亦非中書令。《碑》稱其“以一相負天下之重”，亦誇詞，不足信。)

表一千七百六十五

作者/文獻	版本	用　　例
屠述濂 《（乾隆） 騰越州志》 卷十一	清光 緒二 十三 年重 刊本	(1) 夷地有孟告，去猛密百里，通寶井之後，其地産大樹葉如車輪，夷人取以覆屋。以上七事，記神道之感應。
屠述濂 《（乾隆） 騰越州志》 卷十二		(2) 昔狄仁傑治江南，焚吳、楚淫祀千七百餘所，獨留夏禹、吳泰伯、季子、伍員四祠，風俗大變。余因考景帝僞謚之出於蒙詔夷狄之俗，明王靖遠一時神道設教，貽誤到今，傳之幾三百餘年。
屠述濂 《（乾隆） 騰越州志》 卷十三		(3)《重修肇騰土主廟碑記》：滇多土主廟，聞齊有八神之祀。……當時建城築邑，神其說以事土神，遂以此號歸之也。是廟，久未修理。軍興以來，曾爲製炮局。又其地近州署，拉雜堆燒，蕪穢不治。歲壬辰夏四月，州羣吏籲請重修。越兩月，告成。噫！神道之事，有時盛衰，每視人力爲轉移。天人之理，洵有不誣。

表一千七百六十六

作者/文獻	版本	用　　例
托津 《平定教匪紀略》 卷三十八	清嘉 慶武 英殿 刻本	(1) 朱烺、張耀德，提標外委。趙永恒，漢鳳營外委。賀庠榜，關山營外委。李文，永安營外委。羅啟金，西寧鎮外委。王瑗，督標外委。劉旺堯、宋英傑，臨洮營外委。王祿，西寧鎮額外外委。郭逢泰，神道嶺營額外外委。

表一千七百六十七

作者/文獻	版本	用　　例
萬年淳《易拇》卷一	清道光四年刻本	(1) 以神道之教，著師道之尊，因師道之尊，兼著神道之教，其用意微矣。 (2) 觀，當春秋二分之候，故皆言四時不忒。聖人感春露秋霜而制祭祀，故曰：先王以神道設教，而天下服矣。 (3)《易》：於蒙，著筮以叩神之意；於觀，著神道設教之義。君道與師道，皆有神瀆之尊故也。 (4) 大觀在上，以上九言。中正以觀天下，以九五言。下觀而化，以下四陰爻言。有孚顒若，以感化言。不主端化言，所謂下觀而化也。末言神道設教，因《彖》以盥薦。取象發明，觀之道也。天道至教，聖人至德，即盥而不薦之意。而四時不武，而天下服，即有孚顒若之意。天之神道，陰陽是也。聖人之神道，天神地示人兔是也。是皆陰陽之所為，无二道也。
萬年淳《易拇》卷五		(5) 觀，觀天之神道，而四時不忒。革，天地革而四時成。節，天地節而四時成。天之神道，運乎四時，而革為大衍之數，節為六十花甲之成，故皆以四時言也。 (6)《豫》言：日月不過，而四時不忒。《觀》言：觀天之神道，而四時不忒。《恒》言：四時變化，而能久成。

表一千七百六十八

作者/文獻	版本	用　　例
萬斯大《禮記偶箋》卷一	清乾隆刻萬充宗先生經學五書本	(1) 弁絰葛而死葬，與神交之道也，有敬心焉。周人弁而葬，殷人冔而葬。按：《王制》云：周人弁而祭，殷人冔而祭。祭，交神之事，吉禮也。……曰：與神交之道，何也？親始死有尸，既殯有柩，葬則尸柩俱歸於無。迎精而反，祭之宗廟。以鬼享之，親而神之。自此而始，服祭服之弁，而以神道事其親，故曰“與神交之道”也。

表一千七百六十九

作者/文獻	版本	用　例
萬斯同 《明史》 卷四十四	清鈔本	(1) 十一年十月，殿成，凡十二楹。中作石臺，設上帝、皇祇神座于其上。殿前為東、西廡三十二楹。正南為大祀門六楹，接以步廊，與殿廡通。殿後為庫六楹，以貯神御之物，名曰天庫，皆覆以黄琉璃瓦。設厨庫于殿東稍北，設宰牲亭井于厨東又稍北，皆以步廊通道殿兩廡，後繚以周牆。至南為石門三洞以達大祀門，謂之内壇。外周垣九里三十步，石門三洞南為甬道三，中曰神道，左曰御道，右曰王道。道之兩旁稍低，為從官之道。齋宫在外垣内之西南，東向。其後大祀殿，復易以青琉璃瓦云。十二年正月，始合祀于大祀殿。
萬斯同 《明史》 卷四十九		(2) 三年，詔革去封號，止稱某府州縣城隍之神。又降旨各處城隍廟，屏去閒雜神道。又詔天下城隍廟，制高廣，各視官署廳堂，其几案皆同，署神主于座。造木為主，毁其塑像舁置冰中，取其泥塗壁，繪以雲山。
萬斯同 《明史》 卷五十五		(3) 帝曰：卿乃怯眾飾奸耶。世室之議，久而未定。復諭會議，準漢宣故事，於甎城之東、皇城之内立一禰廟，如文華殿款制。籩豆樂舞，一遵天子之儀。當四孟歲暮，駕從闕左門進，開一神道，直抵廟所。其營建之制，所宜别者有四：一曰，出入不與太廟同門；二曰，坐位不與太廟相並；三曰，祭用次日，使敬不分於所尊；四曰，廟欲稍遠，使樂聲不聞於列祖。 (4) 成化十一年，國子監祭酒周洪謨言：今臣庶祠堂之制，悉奉《家禮》，高曾祖考四代設主，俱自西而東。考之神道尚右，古無其説。惟我太祖太廟之制，允合先王左昭右穆之義。宜令一品至九品皆立一廟，以高卑廣狹為殺。神主則高祖居左，曾祖居右，祖居次左，考居次右，於禮為當。
萬斯同 《明史》 卷六十二		(5) 十四年，帝謁陵還御行宫，召武定侯郭勛、大學士李時等諭之曰：七陵多有損壞，當併工修（闕）。長陵神道宜用石甃，其石像等宜各護以石臺。 (6) 凡山陵規制，有寶城，長陵最大，徑一百一丈八尺。次永陵，徑八十一丈。各陵深廣丈尺不等。正前有明樓，為靈寢門。惟永陵中為券門。左右牆門各一樓。前為石几筵，又前有殿有門，舊名享殿。嘉靖十七年，始名殿曰祾恩殿，門曰祾恩門。殿惟長陵重簷九間，左右配殿各十五間。永陵重簷七間，配殿各九間。諸陵俱殿五間，配殿五間。門外神庫或一或二，神厨宰牲亭，有聖跡碑亭。長陵有《神功聖德碑》，在神道正南。諸陵碑俱就近安設。長陵迤南有總神道，有石橋，有石像生十八對，擎天柱四，石望柱二，統于長陵神道，各陵無。南為紅門，門外石牌坊一。紅門内有時陟殿，為車駕更衣之所。感思殿在永陵稍東，駐蹕之所。殿東為神馬廠。

續表

作者/文獻	版本	用　例
萬斯同 《明史》 卷六十三	清鈔本	(7) 永樂六年十月，浡泥國王麻那惹加那乃以疾卒于會同館。帝輟朝三日，遣官祭之，賻以帛。東宮暨親王各遣祭，命工部具棺槨、明器，葬于安德門外，樹碑神道。求西南彝人之隸籍中國者守之，立祠于墓。命有司歲于春秋用少牢祭之，仍賜勅撫慰其子。 (8) 碑碣：明初，文武大臣薨逝，例請于上，命翰林臣製文，立《神道碑》。後漸不請，惟徐達、姚廣孝乃太祖、成祖御筆，親為文賜之。
萬斯同 《明史》 卷六十四		(9) 陳布訖，三擊鼓為節。乃引靈車于內門外，南向。祝詣靈座前，西向跪，告曰：孤子某人（母則云哀子）某謹用吉辰，奉歸幽宅。靈車就引，神道紆廻，惟以荒寥，無任哽絕。
萬斯同 《明史》 卷一百三十四		(10) 趙瀫陽行狀神道碑（一冊）
萬斯同 《明史》 卷一百三十五		(11) 周述學《神道大編象宗圖》，又周雲淵《文選》六卷，又《乾坤體義》，又《天文圖學》一卷。（字繼志，山陰人。精術數，常入胡宗憲幕，佐平倭有功。所著《神道大編》，凡千餘卷，今僅有存者。）
萬斯同 《明史》 卷一百六十		(12) 十七年，大陰犯上將，帝心惡之。達在北平病背疽，稍愈，召還。明年春，疾篤，遂卒，年五十四。帝為輟朝，臨喪悲慟不已。進封中山王，謚武寧，贈其三世皆王爵。賜葬鍾山之陰，御製《神道碑文》。配享太廟，肖像功臣祠，位皆第一。
萬斯同 《明史》 卷一百九十三		(13) 又召其弟姪二人，賜賚遣還。追贈推誠輔國協謀宣力文臣、特進榮禄大夫、上柱國、榮國公，謚參靖。賜葬房山，帝親為《神道碑》，以誌其功。
萬斯同 《明史》 卷一百九十四		(14) 陛下天資至高，合於道微。百家神怪，誕妄荒忽，臣知陛下既洞矚之矣。而猶不免欲以愚天下，若所謂神道設教者，臣謂不必然也。夫傳國寶者，潞王從珂已焚之矣。屢求屢得，眞僞莫明，即令眞有之，區區李斯之書、秦政之制，何足為寶！周武之時，未有神仙符應之說，《詩》《書》所載可見。然而古今享國之長，未有如周者。
萬斯同 《明史》 卷二百四十一		(15) 至臣庶祠堂之制，悉本《朱子家禮》，主皆西上。考之神道尚右，古無其說。我朝太廟之制，允合古昭穆之義。宜令品官止立一廟，但以高卑廣狹為殺。主則高曾祖考，左右序列，于禮為宜。

續表

作者/文獻	版本	用　　例
萬斯同 《明史》 卷二百七十六	清鈔本	(16) 四年冬，《大禮集議》成，復進詹事兼翰林學士。是後議世廟神道，議廟樂、武舞，議太后謁廟，帝率倚璁言而決。璁亦緣飾經文，委曲當帝意，帝益器之。 (17) 蕚、璁遂求去，言以臣等為君子則不敢，以為小人則不甘。惟聖明辨之，毋使盛治之朝為聚訟之所。優詔慰留，尋進詹事兼翰林學士。時議世廟神道及太后謁廟禮，蕚復排廷議，希合帝指。帝益以為賢，两人氣益盛。求經筵講官，求與修《獻皇實錄》，求典兩京鄉試，求教習庶吉士，並為閣臣所抑，不獲與。由是兩人大恨連章，攻費宏，且陰詆石珤。宏等卒，不安其位而去。
萬斯同 《明史》 卷三百二十四	清鈔本	(18) 世卿上言：鄉者既免米税，旋復再征，已失大信於天下。今成欲免税額之半，而陛下不盡從，豈惻隱一念，貂璫尚存，而聖明如陛下反漠然不動心乎？不報。其夏，雷火燬祖陵明樓，妖虫蝕樹，又大雨壞神道橋梁。帝下詔咨實政。世卿上疏曰：今日實政，孰有切于罷礦税者！古之明王不貴異物，今也聚悖入之財，斂蒼生之怨，節儉之謂何？是為君德計，不可不罷者一。多取所以招尤，慢藏必將誨盗。
萬斯同 《明史》 卷三百五十六	清鈔本	(19) 户部侍郎王鰲永亦極言可行，且曰：初年造三千萬貫，可代加派二千餘萬。此後歲造五千萬，獲利無窮，將金銀與土同價。其言甚美，然實不可行。帝特設内寶鈔局，晝夜督造，募商發賣，無一人應者。京商騷然，皆欲卷笥去。德璟言：民雖愚，誰肯以一金買一紙？帝曰：洪武時，何以可行？德璟曰：高皇帝似亦以神道設教，但當時止賞賜月俸用之，其餘兵餉，亦未用也。且民窮已極，宜安靜以悦之。帝不聽。
萬斯同 《明史》 卷三百八十四	清鈔本	(20) 述學乃撰《中經》，用中國之筭，測西域之占。……述學推究五緯細行，為《星道五圖》，于是七曜皆有道可求。與順之論曆，取歷代史志之議，正其訛舛，刪其繁蕪。……又撰《大統萬年二曆通議》，以補歷代之所未及。自曆以外，圖書、皇極、律吕、山經、水志、分野、輿也、筭法、太乙、壬遁、演禽、風角、鳥占、兵符、陣法、卦影、禄命、建除、葬術、五運六氣、海道針經，莫不各有成書，發前人所未發，九一千餘卷，統名曰《神道大編》。其學博而能精如此。

續表

作者/文獻	版本	用　例
萬斯同《群書疑辨》卷十二	清嘉慶二十一年刻本	(21)《讀梁文康傳》：文康居内閣十二年，其功烈卓然可紀者何少也？有明閣臣之制權歸首輔，次者不得有所耑，故論相業者必于首輔求之。文康嘗為首輔三年矣，何亦少所表見也？吾初讀《皇明通紀》及霍韜、黄佐所作《文康傳》，見所載草敕之事，未嘗不嘆其事之偉也。後讀趙文肅《楊公神道碑》及王元美所辨草敕之事，又歸其事于楊文忠。傳聞異詞如此，吾安所適從？然欲竟屬之于文康，吾亦有所不信也。
萬斯同《石園文集》卷五	民國四明叢書本	(22)《書梁文康傳後》：文康居内閣十二年，其功烈卓然可紀者何少也？有明閣臣之制權歸首輔，次者不得有所專，故論相業者必於首輔求之。文康嘗爲首輔三年矣，何亦少所表見也？吾初讀《皇明通紀》及霍韜、黄佐所作《文康傳》，見所載草敕之事，未嘗不歎其事之偉也。後讀趙文肅《楊公神道碑》及王元美所辨草敕之事，又歸其事於楊文忠。傳聞異詞如此，吾安所適從？然欲竟屬之於文康，吾亦有所不信也。
萬斯同《石園文集》卷八		(23)《應嶴先塋記》：應嶴之山，先壟在焉。其南上東向者，二世妣也。稍北爲三世伯妣，又北則三世妣也。折而南向兩冢並立者，右則四世，而左則五世之祖考及妣也。先考及妣，則又在其左焉。尚右，神道也。南上，敘次也。三世以上，不言祖考者。隕身疆埸，祖不預葬也。斯同曰：蓋嘗瞻我先世之邱壟而不勝世臣之感也。

表一千七百七十

作者/文獻	版本	用　例
汪霦《佩文齋咏物詩選》卷一百二十	清文淵閣四庫全書本	(1)《奉和聖製登朝元閣》（唐錢起）：六合紆元覽，重軒啟上清。石林飛棟出，霞頂泰階平。拂曙鑾輿上，晞陽瑞雪晴。翠微回日馭，丹巘駐天行。御氣升銀漢，垂衣俯錦城。山通玉苑迴，河抱紫關明。感物乾文動，凝神道化成。周王陟喬嶽，列辟讓英聲。
汪霦《佩文齋咏物詩選》卷一百三十		(2)《奉和聖製校獵義成喜逢大雪應制》（唐張説）：文教資武功，郊甸閱邦政。不知仁育久，徒看禽獸盛。夜霰氛埃滅，朝日山川淨。綽仗飛走繁，抨絃筋角勁。帝射糸神道，龍馳合人性。五豝連一發，百中皆先命。勇爵均萬夫，雄圖羅七聖。星為吉符老，雪作豐年慶。喜聽行獵詩，威神入軍令。

表一千七百七十一

作者/文獻	版本	用　　例
汪紱《理學逢源》卷九	清道光十八年敬業堂刻本	(1) 柩至，男女各就位哭。賓辭歸，納明器乃窆（主人審視）。……（《檀弓》：弁絰葛而葬，與神交之道也。又曰：舍奠於墓左。）……下誌石又築，乃題主祝，奉主升車。……（題主於墓所見，於是有神道，所謂迎精而返也。今有求請貴人點主之禮，則易而非戚矣。祠土之禮，今人託親賓之有爵者可也。）
汪紱《禮記章句》卷二	清光緒二十一年刻本	(2) 卒哭而諱，生事畢而鬼事始已。（生名不諱，卒哭而諱，以神道尊其名也。《儀禮注》云：大斂奠而有席，彌神之也。然朝夕哭奠，則猶然事生之道。及虞而立尸，以祭易奠，則生事畢矣。卒哭之明日，始祔於廟。既祔，則奉主而几筵於寢。待喪畢，而後享於廟。然卒哭而諱，則鬼事之道於是乎始矣。）
汪紱《禮記章句》卷九		(3) 衆主人兄弟皆出門，出門哭止；闔門，相者告就次。（門，殯宮門。寢門外不哭，神道深，闔故閉之。相，贊禮者。次，中門外廬次也。）
汪紱《易經如話》卷三	清同治十二年活字印本	(4) 觀天之神道，而四時不忒。聖人以神道設教，而天下服矣。即以觀之於天乎？上天之載，无聲无臭，而所以神妙。萬物之道，實有存於於穆之中者，是以推行有漸。四時之運，自无或差忒焉，是天之所以爲觀也。聖人之神道與天同運，則以其篤恭不顯者，妙其用於人倫日用之間，初不見有作為之迹，然已動而世為天下道，行而世爲天下法，言而世爲天下則。遠之則有望，近之則不厭。天下服之，有不知其所以然者矣。此所謂大觀也。（政教號令，自未嘗无，但有其德耳。）

表一千七百七十二

作者/文獻	版本	用　　例
汪灝等《廣群芳譜》佩文齋廣群芳譜卷第十三	清康熙刻本	(1)《後漢書・方術傳》：左慈，少有神道。嘗在司空曹操坐，求銅盤貯水，以竹竿餌釣於盤中，引出鱸魚。操又謂曰：既已得魚，恨無蜀中生薑耳。慈曰：亦可得也。操恐其近即所取，因曰：吾前遣人到蜀買錦，可過勑使者，增市二端。語頃，即得薑還，并獲操使報命。

續表

作者/文獻	版本	用　　例
汪灝等 《廣群芳譜》 佩文齋廣群芳譜 卷之九十	清康熙刻本	(2) 歐陽玄《貫雲石神道碑》：雲石嘗過梁山濼，見漁父織蘆花絮為被，愛之，以綢易被。漁父見其貴易賤，異其為人。陽曰：君欲吾被，當更賦詩。公援筆立成，竟持被徃。詩傳人間，號蘆花道人。公自錢塘，因以自號。

表一千七百七十三

作者/文獻	版本	用　　例
汪輝祖 《學治臆説》 卷下	清汪龍莊先生遺書本	(1)《敬土神》：當敬者，不獨城隍神也。凡地方土神為闔境尊信者，其先必有功德於民，始能血食勿替；或以非祀典所載，不爲之禮，此尤不可。蓋庸人婦穉，多不畏官法而畏神誅，且畏土神甚於畏廟祀之神。神不自靈，靈於事神者之心，卽其畏神之一念，司土者為之擴而充之，俾知遷善改過，詎非神道設教之意乎？
汪輝祖 《元史本證》 卷二十	清光緒鑄學齋重刊本	(2)《張子良傳》：歲戊戌，率泗州軍民，因元帥阿术來歸。太宗命爲東路元帥。案：戊戌爲太宗十年。《阿术傳》云：至元二十四年卒，年五十四。是戊戌時，甫五歲，安有爲元帥之事？《傳》誤甚矣！（《攷異》云：《傳》所据者，虞集《張宣敏公神道碑文》。《碑》云"歲戊戌，因大帥河南忠武王阿术以歸"，亦衹就《行狀》書之，未能稽攷於國史也。……察罕封河南王，謚忠宣，後人誤以爲阿术耳。）

表一千七百七十四

作者/文獻	版本	用　　例
汪縉 《汪子文録》 卷二	清道光三年張杓刻本	(1)《文昌化書敘》：天地之化，一至善之流行而已矣。聖人體天地之化，上下同流，一至善之同流而已矣。予觀《文昌化書》，是亦有以見文昌體化之功者乎？……文昌之化，一日月寒暑之屈信，日月寒暑之相推，屈信之相感，一至善之相推相感也。六十五化以過於善而動惡機，獲邛池之譴則化或幾乎息矣。文昌服膺於善者久，以是有不善未嘗不知，知之未嘗復行，卒得不遠之復也。讀化書者，當以此意求之。道家者流以神道設教，飛鸞之書或多增飾。然於文昌體化勸善之指，豈遽悖哉？予故爲敘是書之要，歸如此而非泥於其迹也。

續表

作者/文獻	版本	用　例
汪縉《汪子文録》卷四	清道光三年張杓刻本	(2)《題石齋黄先生書周忠介公神道碑墨蹟》：張生於海以司馬温公語乞予書，予擬韓魏公書法書之，自是奇絶，然予非韓、馬其人也。以石齋先生書法書周忠介生平，如顔魯公書《宋廣平神道碑》，所謂自家屋裏人說自家屋裏話，最爲竒絶。題其後，以志予愧慕。
汪縉《汪子二録三録》汪子二録卷上	清嘉慶十年王芑孫刻汪子遺書本	(3) 仲尼讃《易》，修《春秋》，一中而已。是中也，亘古今，横四海，而無不在焉者也。順之則吉，悖之則凶者也。《文中子》曰：命之立也，其稱人事乎？故君子畏之。無遠近高下而不應也，無洪纖曲直而不當也。其知命者乎？曰：已者非他也，盡性者也。其知性者乎？曰：心者非他也，窮理者也。其知心者乎？贊周孔曰神之所爲乎？曰：其與太極合德，神道並行者也。其知聖者乎？論聖人之道曰：無所由，亦不至于彼。其知一者乎？又曰：二未始違于一，其知一者也。又曰：聖人之道，若寒暑進退，物莫不從之，而不知其由也。其知化者乎？曰：不以天下易一民之命。其知王道者乎？命也，性也，心也，聖也，一也，化也，王道也，一中而已矣。

表一千七百七十五

作者/文獻	版本	用　例
汪孟鋗《龍井見聞録》卷四	清乾隆刻本	(1) 蘇軾《趙抃神道碑》：公少孤且貧，刻意力學，中景祐元年進士。元豐二年，加太子少保致仕。時年七十二。子屼侍公遊杭。始公自杭致仕，杭人留公不得行。公曰：六年當復來。至是適六歲矣。杭人德公，逆者如見父母。

表一千七百七十六

作者/文獻	版本	用　例
汪瑔《隨山館稿》尺牘卷下	清光緒刻隨山館全集本	(1)《復辛仲仁》：僕姿稟凡下，學殖淺陋，故不敢厝意於古文。足下欲以此下詢，將何以助高明之萬一哉？日來適看虞道園、歐陽圭齋兩家文集，圭齋自言：初謂道園文無雷霆之震驚、鬼神之靈異，將何以稱於世？道園謝曰：誠不能也。晚乃大服其言。（見圭齋所譔《虞雍公神道碑銘》）由此觀之，爲文而炫耀聲色，故爲奇崛以求稱於世，殆非文之至者。……故敢述圭齋之言，以塞下问之谦，盡忠告之意，當不以爲忤耶。

表一千七百七十七

作者/文獻	版本	用　　例
汪榮寶《法言義疏》七	民國本	(1) 或問“神”。曰：心。“請問之。”曰：潛天而天，潛地而潛。（注：惟其所潛。）天地，神明而不測者也。心之潛也，猶將測之，況於人乎？況於事倫乎？“敢問潛心于聖。”曰：昔乎，仲尼潛心於文王矣，達之。（注：達，通。）顏淵亦潛心於仲尼矣，未達一間耳。（注：其殆庶幾。）神在所潛而已矣。（注：神道不遠，潛心則是。或問“神”曰“心”者，《素問・靈蘭祕典論》云：心者，君主之官也，神明出焉。又《六節藏象論》云：心者，生之本，神之變也。《荀子・解蔽》云：心者，形之君也，而神明之主也。）

表一千七百七十八

作者/文獻	版本	用　　例
汪如洋《葆冲書屋集》外集卷一	清刻本	(1)《古墓》：佳氣當年閉九原，白楊風雨易黃昏。辟邪猶卧啞羊虎，澆土閒逢賢子孫。牧豎樵翁幾登降，玉魚金盌太煩寃。獨憐鉅筆諛神道，不放千縑一字存。

表一千七百七十九

作者/文獻	版本	用　　例
汪森《粵西詩文載》文載卷十六	清文淵閣四庫全書本	(1) 八世端懿王，諱約麒，昭和王嫡長子。弘治三年，襲封。幼而秀穎，長而仁孝寬裕，讀書通義。……夙嬰痼疾，展轉莫療。其後乃請於上，命長子攝行國事（兵部尚書張濲撰《神道碑》），享國二十七年。
汪森《粵西詩文載》文載卷二十五		(2)《柳州文宣王廟碑記》（唐柳宗元）：仲尼之道，與王化遠邇。惟柳州古為南夷，椎髻卉裳，攻劫鬬暴，雖唐虞之仁不能柔，秦漢之勇不能威。至於有唐，始循法度，置吏奉貢，咸若采衛，冠帶憲令，進用文事。學者道堯舜孔子，如取諸左右，執經書，引仁義，旋辟唯諾。中州之士，時或病焉。然後知唐之德大以遐，孔氏之道尊而明。元和十年秋八月，州之廟屋壞，幾毁神位。刺史柳宗元始至，大懼不任，以墜教基。丁未，奠薦法齊時事，禮不克施。乃合初、亞、終獻三官衣布，洎於贏財，取土木金石，征工僦功，完舊益新。十月乙丑，王宫正室成。乃安神棲，乃正法庭，祗會羣吏。卜日之吉，虔告於王靈曰：昔者夫子嘗欲居九夷，其時門人猶有惑聖言，今去夫子

續表

作者/文獻	版本	用　例
汪森 《粵西詩文載》 文載卷二十五		代千有餘載，其教始行，至於是邦。人去其陋，而本於儒。孝父忠君，言及禮義。又况巍然炳然，臨而炙之乎！惟夫子以神道設教，我今罔敢知。欽若玆教，以寧其神。追思告誨，如在於前。苟神之在，曷敢不虔。居而無陋，罔貳昔言。申陳嚴祀，永永是尊。麗牲有碑，刻在廟門。
汪森 《粵西詩文載》 文載卷二十七		(3)《重修平樂府學記》(蔡雲翰)：學所以施教、談道、陶民、育材以資用，未有不權輿於此者。故自四代之盛，爰於漢、唐、宋之治，皆莫此之先也。……聖人以神道設教，所以陶民以協於理也。然有學校，則地雖非閩蜀，苟得賢守，若文翁、常衮者，以作興之，未有不化。而為《詩》《書》之鄒魯者，此教道之功，所以為大而不可緩也。
汪森 《粵西詩文載》 文載卷四十一	清文淵閣四庫全書本	(4)《重修寶相寺碑》(陳昌言)：佛者，覺也。夫中天紫金之像、白毫之光，本西方眞人也。……予竊思之，以為佛法虛無，與儒道實殊科。然青蓮妙相，亦古今所共尚。弗獲固辭，廼拈我禿筆，抽其端緒，録其成績，道其所以然，用垂永遠，且頌之曰：梵宫瞿曇，神道玄妙。八萬四千，覺路遠照。傳燈得人，東家聞笑。雨花繽紛，異香繚繞。寶相稱釋，是何年少。正信出家，秉心堅慥。肯構肯堂，巍峩廟貌。輪奐新明，香積施報。西甄梨元，多賴破竈。默悟此心，眞術典奥。勤息法成，建幡遠告。竿頭進步，十方得道。予頌斯言，允宜實蹈。 (5) 呼籲禱請，因其一念之迫切。及遂所欲，違所惡，服於神道之教，莫不惕心肅志，趨正祛邪，則雖形容土木，亦聰明正直。而一其所憑依，警懼人心，輔翊政教，聖王尤不廢之與懷之。有崇福宫舊矣，蓋祀玄武。玄武，北宫七宿，太一之精也。
汪森 《粵西詩文載》 文載卷七十三		(6) 知思明府黄公神道碑（解縉） (7) 右副都御史馮公神道碑（吳廷舉） (8) 鄉貢進士沈庸，已狀其行；侍讀學士江朝宗，已誌其墓。參議君謂公位九卿，法當碑于神道。不遠千里遺書，廷舉謬以見屬，自愧不才，難銘前哲，不敢執筆，悠悠五年。君乃遣价，過洞庭，下九江，直抵留都，必欲成之。嗚呼！都憲豐功大業，可謂當世之偉人。參議君老不忘親，可谓今時之孝子矣。 (9) 南京工部尚書吳公神道碑（湛若水） (10) 甘泉子曰：梁壺山長史之為此狀，懇予為《神道碑文》也。又欲解官，走蒼梧，經營其葬事，可謂友道不以存没易者也。

續表

作者/文獻	版本	用　　例
汪森 《粤西詩文載》 文載卷七十三	清文淵閣四庫全書本	(11) 太子少傅南京兵部尚書張公神道碑（楊廷和） (12) 予嘗領太史事，微顯闡幽，正史氏職也。斯言也，亦自謂庶幾無愧焉耳矣。銘曰：湜湜清潯，滙為涇川。靈秀所鍾，詞源出焉。策名制舉，未冠之年。遂領史職，遂直講筵。……惟帝聰明，其德不偏。曰予舊學，孤直如弦。肯易其素，毀方而圓。公則裕如，懇乞歸田。人莫我是，我道固全。章數十上，乃得言旋。給役有隸，繼粟如泉。渥恩優詔，奉以周旋。惟帝仁聖，覆之如天。尚有慶澤，其來綿綿。刻銘神道，百世不騫。
汪森 《粤西詩文載》 文載卷七十四		(13)《靖江安肅王神道碑銘》（蔣冕）：冕嘗讀兩漢書，見其所列同姓諸侯王數百，而大雅不羣有若河間獻王德，為善最樂有若東平獻王蒼，僅一二見。……此冕於靖江安肅王之薨，其嗣王來請銘玉神道之碑，不能無嘅焉者也。……我高皇帝大封同姓之初，以皇兄南昌王之子、前大都督諱文正未封而没也，特封其子為靖江王，賜名守謙，一切恩數與夫官屬規制，概與秦、晉、楚、蜀諸藩等。蓋都督少孤，母王守節，依帝居止，帝事之甚謹，撫都督愛逾己子，故雖身後，恩禮有加焉，載在國史可考也。 (14) 資政大夫南京兵部尚書贈太子少保謚恭簡居公楷神道碑銘（徐養正）
汪森 《粤西詩文載》 文載卷七十五		(15)《唐玄宗祭舜陵文》：惟神以大孝而崇德，以大聖而奮庸，以至公而有天下，以至均而一海內。枝不以荒服之外，不以黃屋之尊，巡狩而來，殂落於此。倦勤之造，永結於黎庶；惠懷之仁，長存於壽宫。戴祀之遙，靈威如在。今聖朝紹興王道，懋兹遠人，爰遣使臣，按理邊俗。惟神幽鑒，願表微誠。若私僻為謀，公忠有替，明鑒是殛，俾無遠圖。如悉心在公，惟力是視，當福而不福，為善者懼矣。今至止之日，輒詣陳誠。伏惟神道聰明，亮斯欽到，願俯垂冥祐，俾輸力明時。尚饗。

表一千七百八十

作者/文獻	版本	用　　例
汪師韓 《談書録》	清乾隆刻上湖遺集本	(1) 又考杜牧之作《牛丞相墓誌銘》，所載五男六女。長男蔚，次叢，次奉蒨。二人皆稚齒。（李珏《牛公神道碑》亦曰：二人未知名。）
汪師韓 《韓門綴學》 卷五		(2)《大將通左傳》：古今用兵之道，多出《左傳》。《江表傳》稱：關壯穆好《左氏傳》，諷誦畧能上口。權德輿作《渾瑊神道碑》，謂：雅好《左氏春秋》，班氏史。《宋史·狄青傳》云：尹洙爲經畧判官，薦於經畧使韓琦、范仲淹。仲淹以《左氏春秋》授之曰：將不知古今，匹夫勇耳。

表一千七百八十一

作者/文獻	版本	用　例
汪士鐸《南北史補志》卷九	清光緒四年惟南書局刻本	(1) 君道得則和氣應，休徵生矣。若《隋志》梁武之降號伽藍，齊文宣之般游市里，陳則蔣山之鳥呼曰“奈何”，周則陽武之魚乘空而鬬，隋則鵲巢黼帳，火炎門闕，豈唯天道，抑亦人妖。崇信巫史，重增愆罰。昔懷王事神而秦兵逾進，萇宏尚鬼而諸侯不來。往者，生之靜也。欲者，心之使也。置情攸往，引類同歸。雀乳於空城之側，鷸集於鼎耳之上。短長之制，既曰由人；黔隧崇山，同車共軫。誰為神道，是成倚伏。一則以為殃釁，一則以為休徵。故曰：德勝不祥而義厭不惠。

表一千七百八十二

作者/文獻	版本	用　例
汪士鋐《秋泉居士集》卷八	清乾隆刻本	(1) 兵部尚書范公神道碑 (2) 雖燕居必肅衣冠，辨色而起，夜分而寐，終身不易也。其孫壽詮，以其父庶常君命來，乞余爲墓隧之文。余惟逵官顯士始有《神道碑》樹於墓，今李君揭德振華，捍灾勵學，不愧於古，不減於仕宦，固宜伐石琢詞，以表其行。

表一千七百八十三

作者/文獻	版本	用　例
汪琬《堯峰文鈔》堯峯文鈔卷十	四部叢刊景林佶寫刻本	(1) 奉直大夫前山東按察司僉事蔣公神道碑

表一千七百八十四

作者/文獻	版本	用　例
汪惟憲《積山先生遺集》卷九	清乾隆三十八年汪新刻本	(1)《祭許藻園文》：嗚呼傷哉！傷哉！君竟至於此，夫復何言？八尺之軀，瘦纔餘骨；七寸之梛，中乃棲魂。彼龜長而鶴壽，此蘭折而玉燔。神道奚據，天理寧論。旬日以來，意思恍惚，非不寢興，非不飲食。朋好依然，晤對靡缺。然而中無疑而乍疑，事已絶而難絶。君之眉目，宛若生平；君之笑語，僅隔形聲。因悲成妄，惜逝還迎。

表一千七百八十五

作者/文獻	版本	用　　例
汪學金《井福堂文稿》卷七	清嘉慶十年汪彥博刻本	(1) 苟不能自存其神，而外求神之格於飛揚俶詭之域，則在我之神且往而屈矣。尚何神之有哉？吾嘗玩《易》而得其說於觀之象矣。卦詞曰“盥而不薦，有孚（闕）若”，言神之聚也。彖詞曰“觀天之神道，而四時不忒。聖人以神道設教，而天下服”，言神之用也。

表一千七百八十六

作者/文獻	版本	用　　例
汪由敦《松泉集》文集卷十五	清文淵閣四庫全書本	(1) 書李芍亭擬吳文簡神道碑後
汪由敦《松泉集》文集卷十八		(2)《跋手臨第三本家廟碑》：世傳唐賢碑刻，魯公最多，如《中興頌》《家廟碑》皆極用意，其閎偉嚴密，自足千古。外此，惟宋廣平神道及此《碑》，蓋皆以人重也。宋碑瘦勁，此則瑰逸蒼秀，勢挾飛動。學顏書者，於此問津，自無板重之弊。 (3)《跋手臨第四本家廟碑》：唐碑流傳至今者，魯公最多，若《中興頌》之閎偉，《家廟》之莊嚴，《像贊》之瓌逸，文章、字畫互相暎發，皆足千古。而其以人重者，莫如宋廣平神道及此《碑》。宋瘦挺而此雄俊，故當在臧尚書及多寶茅山諸刻之上。……石本漫漶尤甚，缺文亦多，蓋善本更為難遘云。
汪由敦《松泉集》文集卷十九		(4) 神道碑 (5) 光禄大夫禮部尚書謚文簡吳公神道碑 (6) 公卒之幾年，卜葬於某阡。由敦為諸生，初來京師，無一人知者。惟公一見，以斯文相許。……公薨，而季君以神道之石屬銘，由敦遜謝不敢當。歷十餘年不已，乃敢敘述梗概，揭諸賜塋。

表一千七百八十七

作者/文獻	版本	用　例
汪曰楨《歷代長術輯要》卷七	清光緒刻本	(1) 按:《通鑑目錄》: 正月一日，雨水。與今推二日癸卯，啟蟄。十七日戊午，雨水。不合滕王湛然《竇希瑊神道碑》。十月丁巳朔，亦不合。
汪曰楨《歷代長術輯要》卷八		(2) 按:《王公儀神道碑》: 十二月二十二日，甲子，不合。今推甲辰朔，與遼《朔攷》《宋大詔令》合。

表一千七百八十八

作者/文獻	版本	用　例
汪志伊《稼門詩文鈔》詩鈔卷八	清嘉慶十五年刻後印本	(1)《登武當天柱峯謁真武之神》(有序): 案:《山志》: 太和山，在均州南百二十里。改號武當，謂非元武不足以當此山也。……坎位是爲元武之神，披髮跣足，黑衣皂纛，仗劍履龜蛇。周行六合，威攝萬靈。儒者或疑此爲道家附會之說，則《左氏傳》曰: 實沈參星也，臺駘商星也。又如傅說入於箕尾，曼倩還於歲星，豈皆不經歟? 神道設教，未必無補於世道，人心似不必爲之深辯。元武祠祀徧天下，始於宋真宗時，并因避真宗初諱，改元爲真武。顧祀典莫盛於是山者，蓋荆南火方也。武當度分在翼，爲翼火也; 且孤峯餤起，羣峭攢空，象亦火也。……惟奉北宫元武之水精以鎮之，乃有水火既濟之功。武當之名，太和之義或寓於此。

表一千七百八十九

作者/文獻	版本	用　例
汪中《汪容甫遺詩》卷三	四部叢刊景無錫孫氏藏本	(1)《明督師(一作"太傅")史公享堂》: 故明丞相有祠堂，亂後衣冠此地藏。宫府武侯猶拜表，江淮信國自勤王。曲城車馬通神道，瘠土松杉接(一作"按")戰場。異代褒忠逢聖主，詔書史法兩輝光。

續表

作者/文獻	版本	用　　例
汪中《述學》補遺	四部叢刊景無錫孫氏藏本	(2) 班祔之文，以定公墓昭穆之次。女尸異姓，神道所馮，非親而祔，示不遐棄，斯亾於禮者之禮也。(《喪服小記》：婦祔於祖姑。祖姑有三人，則祔於親者。注：親者，謂舅所生。) (3) 吾友趙文學魏、江編修德量，皆深于金石之學。文學語編修云：南北朝至初唐，碑刻之存于世者往往有隸書遺意。至開元以後，始純乎今體。右軍雖變隸書，不應古法盡亡。今行世諸刻，若非唐人臨本，則傳摩失眞也。編修以諗中，中歎文學精鑒，爲不可及也。然中往見吳門繆氏所藏《淳化帖》弟六、弟七、弟八三卷，點畫波磔，皆帶隸法，與別刻迥殊。此本亦然，如"固知"固字、"向之"二字、"古人云"云字、"悲夫"夫字、"斯文"文字，政與《魏始平公造像記》《梁吳平侯神道石柱》絶相似。因歎前賢遺翰，多爲俗刻所汩没。而不見"定武眞本"，終不可與論右軍之書也。
汪中《述學》別錄		(4)《高府君墓誌跋尾》：高力士，本馮盎曾孫，爲延福養子。延福無他才能，以力士之故，生與其寵，没揚其名，蓋有天幸焉。……延福又有《神道碑》，張燕公撰。見《文苑英華》九百三十一卷。……《碑》及《唐書》《宦者傳》皆云"名延福"，蓋以字行也。

表一千七百九十

作者/文獻	版本	用　　例
王柏心《百柱堂全集》卷四十一	清光緒十九年刻本	(1) 贈湖北布政使廣東陽山縣知縣唐公神道碑銘 (2) 提督銜浙江處州鎮總兵文公神道碑 (3) 公之子喜成既葬公於荆州西郭外某原，將刊石表諸神道。柏心爲之詞，故獨著其死事大節，他世系行事詳誌狀者不具載焉。 (4) 兵部尚書兼都察院右都御史兩江總督陸公神道碑銘(并序)
王柏心《百柱堂全集》卷四十二		(5) 明故義士李伯綸先生神道表銘
王柏心《百柱堂全集》卷四十八		(6) 又以帝好崇圖讖，喜讀緯書，語出不經，事同非聖，不知唐帝有觀河之典，周成有拜洛之遊，軒轅合符於釜山，姒后探書於委宛。赤文緑字流星，降五老之精；玉檢金泥啟籙，授重瞳之子。神道設教，豈無徵歟？且帝有撥亂之鴻功，安民之大德，憂勤之遠略，節儉之良圖。巍巍乎綜神聖以甄陶，合帝王而步驟。《易》曰"聰明睿知，神武而不殺者"，其帝也夫！

表一千七百九十一

作者/文獻	版本	用　例
王步青 《已山先生文集》 文集卷五	清乾隆敦復堂刻本	(1) 甞録一編以自約，其大綱有四：曰存心，曰修身，曰持家，曰處世。其目三十有六，本聖賢教人爲善之意。引經証史，以迄《先正格言》所為去利就義者，既已昭昭然白黒分矣。而又以《感應篇》功過格平生所甞戒心者，爲之博採舊聞，旁搜軼事，吉凶禍福，無不自己求之，以庶幾於神道設教之義。孔子曰：以約失之者鮮矣。
王步青 《已山先生文集》 文集卷九		(2) 墓誌銘・神道碑・墓表・祭文 (3)《吏部侍郎提督江蘇學政博陵尹公神道碑銘》：乾隆十有三年秋七月十五日，江蘇學臣少宰尹公會一，以勤事卒於官。上聞，深悼，諭頒邺典於其葬也。遣参政陶正中賫詔書，以一品秩致祭。聖天子之優禮，大臣及公之所以靖獻厥職者，可謂交至矣。子嘉銓，以余甞知公，丐余銘神道碑石。爰按公之學行而志節事功，亦因以悉焉。
王步青 《已山先生文集》 文集卷十		(4)《荅尹亨中》：十月二日，收到八月廿七日札，并所刻《神道碑文》，具悉種種。即吉後家居，侍母一如少宰公當年，依依可念。惟是來札云"無意科名"，此言似覺稍過。朱子云：非是科舉累人，自是人累科舉。但循理安命，心地恬愉，何甞非學問中事？足下且三思！

表一千七百九十二

作者/文獻	版本	用　例
王昶 《湖海詩傳》 卷七	清嘉慶刻本	(1) 孫君淵如又謂：其《神道碑》《墓志銘》諸文，紀事多失實。予謂豈惟失實，并有與諸人家狀多不合者。卽如朱文端公軾、岳將軍鍾琪、李閣學紱、裘文達公曰修，其文皆有聲有色。然予與岳裘二家之後俱屬同年，而穆堂先生爲予房師李少司空友棠之祖，且予兩至江西，見文端後裔，詢之，皆云未嘗請乞，亦未嘗讀其所作。蓋子才遊屐所至，偶聞名公卿可喜可愕之事，著爲志傳，以驚爆時人耳目，初不計信今傳後也。
王昶 《湖海詩傳》 卷十三		(2)《游半山觀梅花》：半山山後神道路，廿里梅花香潑霧。交林夾徑行愈深，萬隊霓裳擁靈姱。散花天姝香國來，優曇薝蔔彌天篩。眼根鼻觀住不得，八識淨澈庵摩開。江南鄧尉香雪海，莆田淩厝名妃在。洞天咫尺知者希，吳儂爭艷夭桃蕾。盤陀居士偷學閒，目成萬冶甘孤鰥。傭兒生長依冰玉，斛量梅子收梅田。
王昶 《湖海詩傳》 卷十七		(3) 曹學閔，字孝如，號慕堂，汾陽人。乾隆十九年進士，官宗人府府丞。有《紫雲山房詩抄》。(《蒲褐山房詩話》：慕堂性情誠樸，雖由詞垣臺諫，歷任京卿，未嘗縈心華膴。暇輒與二三同志游潭柘、戒壇、香界及田盤諸勝，

續表

<table>
<tr><th>作者/文獻</th><th>版本</th><th>用　　例</th></tr>
<tr><td>王昶
《湖海詩傳》
卷十七</td><td>清嘉慶刻本</td><td>嘗策蹇從冰雪中，來往見者謂是神仙中人也。作詩恬澹自然中，議論英特，非依仿格調以爲之者。君歿後，令子御史錫齡、戶部祝齡表彰不遺餘力，故朱尚書石君爲《墓志》，錢少詹曉徵爲《神道碑》，翁鴻臚覃溪爲《傳》，其見重於時賢如此。）
(4) 朝散大夫郟升卿墓，在樊涇北。今夷爲民居。神道柱石猶存，碣云“三十朝散之墓”。</td></tr>
<tr><td>王昶
《蒲褐山房詩話》</td><td>清稿本</td><td>(5) 孫君淵如又謂：其《神道碑》《墓志銘》諸文，紀事多失實。予謂豈惟失實，并有與諸人家狀多不合者。即如朱文端公軾、岳將軍鍾琪、李閣學紱、裘文達公曰修，其文皆有聲有色。
(6) 君歿後，令子御史錫齡、户部祝齡表彰不遺餘力，故宋尚書石君為《墓志》，錢少詹曉徵為《神道碑》，翁鴻攎覃溪為《傳》，其見重於時賢如此。</td></tr>
<tr><td>王昶
《春融堂集》
卷九</td><td rowspan="2">清嘉慶十二年塾南書舍刻本</td><td>(7) 酒闌眎客誰敢把，古色蒼然照杯斝。漬墨應揮思肖蘭，臨池肯寫鷗波馬。曹娥碑下塵冥冥，重吟采石悲零丁。雲根瘦削堪千古，如見西山疊疊青。（宋劉如村紀謝公詩，有“采石吟成期絕粒”及“千載西山疊疊青”之句，蓋公於興國軍安置時，因謫所西山層疊，自號“疊山”故也。見元李道源《謝公神道碑》。）
(8) 後堂引彭宣，前席奉吳育。自從乘騏驎，神道拱宰木。今君游清都，庶往躡仙躅。金液問方平，玉樓叩羅郁。笞鳳升高旻，騎鯨謝昏黷。矧自來京華，聞已學乾竺。閻浮等塵沙，賢刦比朓朒。覺空從此超，滅景安所牿。</td></tr>
<tr><td>王昶
《春融堂集》
卷三十</td><td>(9)《與沈果堂論文書》：使來得所示論文書，明白深切，皆可法。而於《墓志》尤詳邇者，楊文叔、蔣迪夫相繼逝於時，能以古文鳴，蓋非先生莫屬也。……竊謂韓、柳、歐、蘇集爲俗本所亂，如韓之曹成王、劉統軍、權文公碑皆神道也。……至碣與碑同，宜有銘詞。而韓之法曹張君、柳之獨孤君兩文，皆不著銘。獨孤君碣末列友人名姓，與其《先侍御神道表》同例，蓋皆表也。表例無銘，而韓之《房使君鄭夫人殯表》則用韻如銘。……今之學者，弗參互考訂，而潘氏《金石例》、王氏《墓銘舉例》等書，世亦不復傳習，是以雖號爲能文詞者，每有作輒繆盭，不合於古。……方冬風寒，相見何時？惟千萬自愛！某再拜。
(10)《與朱竹君書》：昨於魚門席上，論蘇文忠公撰行狀、神道、墓志雖不多，實大勝韓。足下深不謂然，發聲徵色，坐客至失箸，莫能措一語。……</td></tr>
</table>

續表

作者/文獻	版本	用　　例
王昶 《春融堂集》 卷三十	清嘉慶十二年塾南書舍刻本	足下謂韓勝者，蓋錮於前人之説，試檢《范蜀公》數文復之，亦必將累欷歎泣，信僕之論不謬爾。夫韓之古質、奇崛、厚重、根柢《六經》，爲文忠所弗如，且如《書張中丞傳後》悲壯激發，於司馬遷、班固弗啻也，何文忠之能比？若夫行狀、神道、墓志，文忠乃實勝韓。足下幸毋膠前説。某謹白。
王昶 《春融堂集》 卷三十一		(11)《又答吳沖之學使書》：接奉手書，知試嘉定已竣矣。子衿文字，雖不免鉤吻鼈鼻，而山水絶佳。……夫人臣之效，死在殉國，不必在殉所事之人。古來力戰死，遇賊殺害死，被拘執後死，皆得與於死事之例。爲蠻奴所害，奚不可者。昌黎《書張中丞傳後》，以爲兩家子弟不能通二父志。廬陵作《范文正神道碑》，于呂許公事爲其子弟擅改。自古不免有此弊。少鈍年少，望以此密布之。
王昶 《春融堂集》 卷三十二		(12) 伏念某少時失怙，幸賴先世積慶，身厠九列。戊戌五月，因憲皇后升祔禮成，先曾祖祖考晉贈資政大夫，妣皆贈夫人。按之本朝令典，宜揭碑於神道，昭示來許，而先君之隱德，尤不可以不彰。
王昶 《春融堂集》 卷三十七		(13) 魏晉六朝，以閥閲相高，非獨自爲譜而已。名人碩彦，又統爲之書，見於史志者不勝紀，且列之以韻，區之以地，或爲正枝，或爲血秩。然而不可紊，蓋其時歿則有狀，墓則有志、有表碣，神道則有碑。官之選舉必由簿狀，家之婚姻必觀譜系。
王昶 《春融堂集》 卷四十一		(14) 八家中，若韓之《三上宰相》《應科目與時人》諸書，頗蒙識者訾議，沿而弗削，鄙也。蘇之范景仁、張安道《墓志》《富鄭公神道》《司馬溫公行狀》，可與日月爭光，屏而弗掇，傎也。
王昶 《春融堂集》 卷四十五		(15)《跋朱竹君手札》：癸卯三月，道經廣陵，容甫出此書見示，距竹君之歿已逾年矣。手蹟如新，使人動宿草之感也。容甫出余門下垂四五年，竹君未之知，因有是札。然愛士如不及之心，盎然流露于楮墨，今人中詎易有此耶。竹君時方爲先母錢太夫人撰《墓志》云：《神道碑》者，筆誤爾。
王昶 《春融堂集》 卷五十二		(16) 神道碑 (17) 戶部侍郎署翰林院掌院學士夢公神道碑 (18) 刑部左侍郎贈尚書錢文敏公神道碑銘 (19) 工部右侍郎阿君神道碑銘

續表

作者/文獻	版本	用　例
王昶《春融堂集》卷五十二	清嘉慶十二年塾南書舍刻本	(20) 克葬於某里之新阡，求撰碑文，用樹神道。爰書其事迹，且綴銘焉。銘曰：韋平家少，執戟尋源。往窮荒磧，源既探薦。玉帛援神，契茭薪塞。帝曰：俞志策冊，生勞勩歿。舄奕示豐，碑永嘉續。 (21) 兵部尚書都察院右都御史湖廣總督贈太子太保畢公神道碑
王昶《春融堂集》卷五十四		(22) 昔蘇文忠公撰《富鄭公神道碑》，曾文定撰《趙清獻越州捄菑記》，庸以示天下，传后世。其敘荒政，率辭繁而不殺，今余亦猶是志也。故詳載其大，而餘從畧焉，併繫以銘曰：執徐之秋君來東，振手相視和而充。而睟背盎道積躬，謂宜上壽期頤同。何哉惡耗遽告終，生平之志孝與忠。一夫不獲心憂忡，直臣循吏兼儒宗。謚爲著作光熊熊，端文忠憲其遺蹤。一堂五世福亦崇，允矣端坐還璇穹。黿頭吉兆君親封，山環水複神靈鐘。斑然貍首綏幽宮，我斷斯銘颺仁風。示萬子孫無終窮。
王昶《金石萃編》卷六	清嘉慶十年刻同治錢寶傳等補修本	(23) 嵩嶽少室石闕銘（銘高一尺三寸，廣五尺九寸。二十二行，行四字。額題“少室神道之闕”六字，篆書陽文。今在登封縣。） (24)（上闕）莪林芝，（上闕）繇日月，而（上闕）三月三日，（上闕）郡陽城縣，（上闕）興治神道。（上闕）君丞零陵泉陵薛政、五官掾陰林、户曹史夏效、監廟掾辛述、長西河圜陽馮寶、丞漢陽冀秘俊、廷掾趙穆、户曹史張詩、將作掾嚴壽，廟佐向猛、趙始。 (25) 銘詞有無，雖不可考，而興治神道卽建闕之詞似以三月三日爲治道之日，未必爲所題之尾三也。且末幅“張”字下全闕，則此闕之泐者多矣。（葉九苞《金石錄補》。） (26) 右《漢少室神道石闕銘》，今時拓本少最後三行。恭壽先生本，首行多一“莪”字，次行多一“繇”字，則又葉、顧二家所未及見者也。嵩山三石闕太室以隸，開母、少室以篆，繹泰刻石而後，此篆爲最古，且係原石，非他傳摹者比。（《金石存》） (27) 銘文已終，因提行別書年月。下文“興治神道”一行，亦此例也。 (28)（闕）開母廟，興（闕）神道闕。時大守（闕）朱寵、丞零（陵）泉陵薛政、五官掾陰林、户曹史夏效、監掾陳脩長西河圜陽馮寶、丞漢陽冀祕俊、廷掾趙穆、戸曹史張詩、將作掾嚴壽佐左福（闕）。 (29) 嵩山母廟南有石闕存焉也，武綏宗爲兄造闕用錢十五萬，比立碑費十倍之。洪氏《隸續》具圖闕狀，顧啟母廟暨少室神道未之及者。洪氏主于《釋隸》，而二闕銘皆篆文故爾。（《曝書亭集》）

續表

作者/文獻	版本	用　例
王昶《金石萃編》卷六	清嘉慶十年刻同治錢寳傳等補修本	(30) 郃陽褚峻千峯爲余道太室少室諸石闕刻文、畫像之蹟，甚詳。至太室石闕者，去中嶽廟前百步，在登封縣東八里，中嶽太室之神道闕也。 (31) 由太室石闕而西，過登封縣十里，又西南三里許，有兩祟闕峩峩，東西峙田間。西闕三面皆有刻文，北面刻曰“少室神道之闕”，知是少室石闕也。 (32) 楊炯《啟母祠碑》云：郭璞所謂陽城西啟母石，李彤所謂嵩山南啟母祠，隨巢之說有徵，《鴻烈》之言無爽。則啟母有廟，其來已舊。是時，興治神道，立闕置銘，觀此文益信《輿地記・嵩山志》之未确矣。
王昶《金石萃編》卷七		(33) 取封土爲山之象，以祭神道也。葢喻景君之德望，重如鼎，高如山。宜參云者，應在台鼎之位，《樊敏碑》“模楷後生，宜參鼎鉉”者是也。
王昶《金石萃編》卷九		(34) 又按：讖緯之作，其來已久。《隋經籍志》云：《河圖》《雒書》，以紀易代之徵，其理幽昧，究極神道。先王恐其惑人，秘而不傳。說者又云：孔子既敘《六經》，别立讖緯，以遺來世。其書出於前漢，有《河圖》九篇，《雒書》六篇，云自黃帝至周文王所受本文。又别有三十篇，云自周初至於孔子九聖之所增演，以廣其意。又有《七經緯》三十六篇，並云孔子所作云云。
王昶《金石萃編》卷十五		(35) 太尉楊震碑（碑文從褢本摹錄，行字數具不可紀。額題“漢故太尉楊公神道之碑”十字，篆書陽文。石今亡。） (36) 右《漢故太尉楊公神道碑銘》篆額：楊公，名震，洪農華陰人。安帝時，爲司徒。垂四載，爲太尉。閡半載，以延光三年卒。楊氏墓，在陝州閿鄉。所存隸碑凡四，此碑乃其孫沛相統之門人汝南陳熾等所立，碑中載楊秉陪陵，則威宗延喜熹八年事也。
王昶《金石萃編》卷二十四		(37) 韓退之撰《王仲舒神道碑》云：王氏皆王者之後，在太原爲姬姓。春秋時，王子成父敗狄有功，因賜氏，厥後世居太原。按：太原之王，皆祖王子晉，成父在子晉之前，既祖子晉，不得更祖成父矣！退之誤也。（《潛研堂金石文跋尾》）
王昶《金石萃編》卷二十六		(38) 額題“梁故侍中中撫將軍開府儀同三司吳平忠侯蕭公之神道”二十三字，正書，左讀。今在上元縣黄城村。 (39) 蕭公神道碑額（額横廣三尺八寸，高二尺七寸八分。六行，行四字，右行正書。在上元縣。） (40) 梁故侍中中撫將軍開府儀同三司吳平忠侯蕭公之神道（按：《吳平侯神道碑文》，未見此其額也。）

續表

<table>
<tr><th>作者/文獻</th><th>版本</th><th>用　　例</th></tr>
<tr><td>王昶
《金石萃編》
卷二十七</td><td rowspan="5">清嘉慶十年刻同治錢寶傳等補修本</td><td>（41）然叙事文頗簡，質與他漢碑無異。蓋志石高不過二三尺，横亦如之。壙中為地甚隘，所容止此。故其爲文不過略叙生平梗槩，使有陵谷變遷之日，後人可以識其墓處，覘其行詣而已。若文繁即不能大書深刻，刻之亦易致磨泐，固與《神道碑》《墓表》《墓碣》據事直書暢所欲言者，其例當殊矣。</td></tr>
<tr><td>王昶
《金石萃編》
卷三十三</td><td>（42）乃命（闕）紀（闕）鴻（闕）以昭晉神道（闕）而（闕）絶，望黄岑以俱峙。其詞曰：星精旁散，漢津横瀉，山峙（闕），瀆流疏野。中處外薄，惑夷惑夏，周德不昌，三詩缺雅。（下闕）</td></tr>
<tr><td>王昶
《金石萃編》
卷四十一</td><td>（43）范文正公神道碑
（44）韓國華神道碑
（45）折克行神道碑
（46）招魂合葬。（此四字，見《張燕公集》。為高力士之本生父馮君撰《神道碑》云：恩詔追贈潘州刺史，招魂而合葬焉。因考高延福事蹟，見《燕公集》附録於此。）</td></tr>
<tr><td>王昶
《金石萃編》
卷四十二</td><td>（47）姚彝神道碑
（48）金仙長公主神道碑
（49）贈太尉葛從周神道碑
（50）《昭仁寺碑銘》（并序）：大哉乾元，寒暑違而在歲；赫矣上聖，禪代乘而為道。斯則淳源既往，弧矢開戡翦之利；天下為公，揖讓盛皇王之業。是知聖無自我，不背時以成務，仁惟濟物，乃當流而義行。豈好異哉，蓋因世而已矣。……潛德而隱，凝（廟諱）姑射之側；感而遂通，應迹廟堂之上。乘龍之夢，夙符於神道；斷鼇之心，早發於靈鑒。……雖夫高天已燼，大海成田，我皇基與淨刹，終永永而長傳。其詞曰：三界雲擾，六趣波揚。苦流方割，憂火炎崗。俱迷津濟，莫導舟航。長夜無曉，非徒未央。……金剛不壞，璿祚惟長。慧識常湛，皇基載昌。僧祇可算，恒沙易量。悠哉天曆，永配無疆。
（51）此《碑》不載書人。宋張重，字威甫，謂是虞世南書。今案：筆蹟與《李衛公神道》同，疑是王知敬書。（《關中金石記》）</td></tr>
<tr><td>王昶
《金石萃編》
卷四十四</td><td>（52）《隋故益州總管府司馬裴君碑銘》（并序）：粤惟上德，希世挺生，存則道照於人倫，沒則名飛於史策。宜其計功伐，鏤鐘鼎，永貽長世，昭示後昆。君諱鏡民，字君倩，河東聞喜人也。唐虞之盛，伯益控其遙原；殷周以還，仲</td></tr>
</table>

續表

作者/文獻	版本	用　例
王昶《金石萃編》卷四十四	清嘉慶十年刻同治錢寶傳等補修本	衍膺其餘慶。……神道（闕）搆（闕）車（闕）野祭，（闕）捐珠而巷（闕）。……永懷神道，斯人斯（闕）。……萬古書忠。
王昶《金石萃編》卷四十五		(53) 右《陸州刺史張琮碑》，《碑》出於近時趙子函。顧寧人二家於秦中石刻搜剔最夥，亦未見斯碑也。琮家世貴顯，姻連天家，且有從征之功。而姓名不載於《新舊史》，非神道復出于千有餘年之後，琮且泯没以終古矣。
王昶《金石萃編》卷四十七		(54) 考許敬宗所作《神道碑》及本傳，竝無鎮幽州事，亦不當列於宫官之下也。又史言尉遲敬德晚年閑居，學延年術，修飾池臺，奏清商樂以自奉養，不交通賓客，凡十六年，而不聞其事佛。(《金石文字記》)
王昶《金石萃編》卷四十八		(55) 今此文存者，得一千二百餘字，幾及全碑之半文。但有序而無銘詞，墓記之體如是。然不曰《神道碑》，而曰《塋兆記》，是又一例也。撰文者許敬宗，但存其爵曰高陽縣開國公。書碑者趙模，但存其官府錄事參軍。趙模，無傳可考。
王昶《金石萃編》卷五十		(56) 所以勒徽烈於豐碑，樹華表於神道。乃爲銘曰：（闕）精握圖，赤（闕）表震。翦商功立，閈（闕）盛，若木分枝。……舟遷臣壑，水淺蓬萊。勒茲琬璧，長旌夜臺。
王昶《金石萃編》卷五十一		(57)（下闕）徵（闕）載（闕），刊鍾鏤鼎，功伐攸傳，思撰芳猷，樹之神道，俾清埃之不絶，與晈日而長懸。 (58) 遺迹雄偉，見之者無不想其英槩。能以功名始終，眞一代之名臣也。前有《神道碑》，乃許敬宗撰，王知敬書。其座元無鼇制，規模皆削於英公，未詳其然也。訪古者，可以觀焉。
王昶《金石萃編》卷五十二		(59)《大唐紀功頌》（并序）（御製御書）：若夫元功攸宰，丕業光於帝先；神用斯冲，峻道輝於象外。至於炯誡千祀，昭訓百王，則有雕金揚不朽之基，鏤玉啟無疆之迹。……塵埋五岳，見陵谷之遷移；水竭百川，覩江湖之騰沸。鼎已問於輕重，裂周綱者七雄；德遂寖於休明，絶秦（闕）者幾國。天工是代，紫庭無享覲之賓；神道克恭（廟諱），宛乏郊禋之辟。故以鄒瀛眇眇，同結向隅之悲；亥跡茫茫，共軫推溝之怨。……屬辭抽思，實無覬於揚名；相質披文，庶有裨於紀德。乃為頌曰：乾綱肇絕，神鼎初飛。妖淩三季，兵纏

續表

作者/文獻	版本	用　　例
王昶 《金石萃編》 卷五十二	清嘉慶十年刻同治錢寶傳等補修本	九圍。元功孰纂，神器無歸。瞻烏逐變，即鹿乘機。穆穆聖祖，桓桓神武。電擊河汾，雲飛京宇。克清龍戰，載安鼇柱。禮葉禋宗，樂諧率舞。……泗水詞班，濟陽紀蔡。式傳經略，敢竭虛昧。坤紐方輿，乾張圓蓋。騰實萬古，飛英百代。
王昶 《金石萃編》 卷五十六		(60) 靈液手（闕），固韞異於遐年；神道會昌，復摛英於聖代。妃諱字，河南洛陽人也。
王昶 《金石萃編》 卷五十七		(61) 粵若稽古，藐覿遂初，眞宰貞乎。得一混成，表於沖用。元之又元，蹟超言象之域；惟恍惟惚，理冥視聽之端。……重以凝神道域，抗志澄源。淮館儀山，糸鴻寶之靈術；楚壇敷教，暢微言之盛範。儒元兼洞，眞俗兩該。德冠母儀，事高嬪則。……（闕）奉嚴訓，慈勉備隆，偷存視息，遄移氣序。幾筵寂寞，瞻望長違，創巨徒深，寄衷何地。所以貪逮餘漏，祈福元宗，敬寫眞容，庶幾終古。
王昶 《金石萃編》 卷五十九		(62)《舊唐書·明崇儼傳》：累遷正諫大夫，特令入閤供奉。崇儼每因謁見，輒假以神道，頗陳時政得失，帝深加允納。潤州棲霞寺，是其五代祖梁處士山賓故宅，帝特爲製碑文，親書於石，論者榮之。今按：此《碑》乃高正臣書，史家以御製并訛爲御書耳。(《金石文字記》) (63) 唐太子太師英國公李勣以總章二年薨，年八十六。贈太尉、揚州大都督，陪葬昭陵。起冢象陰、鐵、烏德鞬山，以旌勲烈。今按：其墓在昭陵之尢北，距山麓八里，南距今醴泉縣三十里。冢高七十五尺，東西綿延七十五步，周圍二百步，有羣峰高下崔嵬之狀，勢極雄壯。前有《神道碑》，高二丈二尺，廣五尺八寸五分。鼇座甚偉，乃儀鳳三年高宗御製御書。過之者，有以見一代元勲之遺迹也。
王昶 《金石萃編》 卷六十四		(64) 按：《舊唐書·蘇頲傳》：元宗欲於靖陵建碑，頲諫曰：自古帝王及后，無《神道碑》。若靖陵特建，則祖宗之陵皆須追造。元宗乃止。《韋湊傳》語亦同。靖陵者，元宗母昭成后竇氏之葬也，然則唐之高祖、太宗皆無碑矣。順陵之有碑，葢武后剏爲之。而乾陵之有碑，則中宗踵爲之乎？(《金石文字記》)

續表

作者/文獻	版本	用　　例
王昶 《金石萃編》 卷六十五	清嘉慶十年刻同治錢寶傳等補修本	(65)《衛州共城縣百門陂碑序》（唐張元琮）：昔者結而爲山岳，融而爲江海。炎上作苦，實表陽九之德；潤下作咸，克明陰八之數。上泄雨露，純陽流沛之道也；下疏川瀆，凝陰潤物之理也。……或時獨雲鬱起，密雨晦飛，又以啓晴，應時獲霽。豈不以至誠允切，神道遥徵，故得歲阜丕和，風行草偃，休詠盈于道路，美聲逸於都鄙。雖復江陵滅熖，緱氏祈日，何以加也？其廟有二，古碑篆隸，磨滅不可復覩。……僉以爲百門之利，千載無易，增修舊烈，不亦可乎！猶恐歲光忽變，靈跡無紀，式刊翠炎，將表鴻休。
王昶 《金石萃編》 卷六十八		(66) 正道官至鄂州刺史，葬在洛陽許家營。開元間，李邕爲書《神道碑》。今存史不載在《良吏傳》，何也? (67)《宰相世系表》：正道，鄂州刺史。今洛陽許家營，有《鄂州刺史盧府君神道碑》云：除洛州新安宰，以犯諱更滎陽。又云“璽書是降”，又云“勉勖終始，無替嘉聲”，即謂此勑也。正道，生有美政，至今葬處猶賴碑碣。可以考知其祖父兄弟名，具見《世系表》。(《中州金石記》) (68) 今洛陽亦有正道《神道碑》，予條以此勑。碑陰所記：正道，釋褐為冀州信都主簿，轉絳州太平縣丞，授峽州司士条軍，改汴州浚儀縣令爲洛州新安縣令，又改滎陽縣令。考《神道碑》“恩除洛州新安宰，以犯家諱更（缺），”則新安未嘗之官，遂改任滎陽也。
王昶 《金石萃編》 卷六十九		(69)《唐故尚書左僕射太子少傅贈司空荆州大都督蘇文貞公神道碑》，范陽張説撰銘，盧藏用撰序并書。 (70) 關西道雍州武功縣蘇許公墓，在縣西一十里蘇村，《神道碑》存。(《太平寰宇記》) (71) 沅案：盧藏用撰《神道碑序》云：壞終崇仁里第，即謂此碑序也。今撿序無此語，必在首行泐文中。畢尚書校刻《長安志》時，及見此數字也。文後云：建碑于塋北一十五里。詳玩此語，知其墳塋北向，而碑建十五里外，則神道亦甚遠矣。當時，公卿墓制史無專條，亦想見西北地多間曠，故墓域能如是之寬也。
王昶 《金石萃編》 卷七十一		(72)《唐故葉有道先生神道碑》（并序），栝州刺史李邕文并書。 (73) 姚彝神道碑（碑高七尺三寸，廣四尺九寸。三十二行，行僅四十九字，正書。在洛陽許家營。） (74)《大唐朝議大夫光禄少卿虢縣開國子（闕）姚府君神道之碑》（并序），朝議郎檢校秘書少監（闕）撰，正議（闕）書。 (75) 至於顯慶以來，國家（闕），(闕）入供奉，功德諸量，救代度人。轉

續表

<table>
<tr><th>作者/文獻</th><th>版本</th><th>用　　例</th></tr>
<tr><td>王昶
《金石萃編》
卷七十一</td><td rowspan="5">清嘉慶十年刻同治錢寶傳等補修本</td><td>經行道，（廟諱）壇黄屋；帝座天言，東都西京；少陽太（闕），九城二華。展敬推誠，三十餘年，以日繫月，始終不絶。有感必通，凡是效驗，君臣同悉，勅書往復，（闕）迴。神道昭彰，歲時交積者，不可具載，並傳於帝扆。（闕）二要者，略舉其目。
（76）垂拱四年，將賓玉帝也。上足時道成，咸願奏章，以延福蔭。尊師止之曰：有順宜遵，不可犯禁。言訖委化，顏色如常。粤以長壽四年四月十二日，遷兆於終南文（闕）。弟子侯少微等，追思龍漢，遠慕龜巖，冀德音與天地同久，神道共陰陽齊化。昭庇鶱林，寘滋柏樹，俾斯貞石，文若三光。</td></tr>
<tr><td>王昶
《金石萃編》
卷七十二</td><td>（77）《唐故雲麾將軍右武衛大將軍贈秦州都督彭國公謚曰昭公李府君神道碑》（并序），族子（闕）撰并書。</td></tr>
<tr><td>王昶
《金石萃編》
卷七十五</td><td>（78）《碑》云：聖人之教，父因子貴。府君之寵嗣曰力士，葢不直言繼子也。考《張燕公集》，有《内侍高君神道碑》則云：内侍高延福者，將軍力士之嗣父也。
（79）《碑》云：遷窆于京兆府白鹿原之西隅。燕公撰《神道碑》作“長樂原”。按：《元和郡縣志》：白鹿原，在京兆萬年縣東二十里。《長安志》云：在縣東南二十里。……《碑》云：謀龜筮，相川原，經兆域，畚封墜，自爲安神之所，松檟蒼然。此葢自營生壙也。……力士之本生父馮君，亦見《張燕公集》，有《贈潘州刺史馮君神道碑》云：公諱君衡（《文苑英華》無“君”字），字正平。
（80）大唐鄎國長公主神道碑銘
（81）右碑題云“大唐鄎國長公主神道碑銘”，明皇隸書，撰文姓名殘泐，而存中書令修國史等字。《宰相表》“開元十三年，張説以右丞相兼中書令”，則撰文者必説也。</td></tr>
<tr><td>王昶
《金石萃編》
卷七十六</td><td>（82）神而聽之，頌斯作曰：五宿熒煌，風攻体咎，上見乎乾網，我君順之，祚乃久兮。五宗盤薄，陰化成敗，下彰乎巛絡，我君欽之，福乃大兮。天平地成，神道助貞，人事以（寧）兮。皇極帝力，神道助直，人事以息兮。禎祥（日）新，既祠既禋，國萬斯春兮。風雨時若，是（耕）是穫，家勤于作兮。至誠（神通）兮，昭寘叶俅。至道默兮，對揚頌哥。大恒如礪，明德惟峨。</td></tr>
</table>

續表

作者/文獻	版本	用　例
王昶 《金石萃編》 卷七十九	清嘉慶十年刻同治錢寶傳等補修本	(83) 令狐峘《神道碑》曰：時前殿中侍御史沈震、鹽山尉穆寧、武邑丞李銑、清河主簿張澹，各抒器能，參贊成務。此王延昌、穆寧、張澹等，與偕之所自來。 (84) 明年，分司東臺，轉殿中。《呂和叔集・故太子少保贈尚書左僕射韋府君神道碑銘》：遷監察御史、内供奉東都留守，即拜東臺侍御史。《司空表聖集・盧知猷神道碑》：遷侍御史，專領東臺之務。以此題名証之，則當時見于史傳、文集皆稱東臺，決非從俗爲之。因話錄撿審不精，妄爲此議也。（《授堂金石跋》）
王昶 《金石萃編》 卷八十		(85) 又皇甫湜《韓文公神道碑》云：華州刺史奏華陰令柳澗贓語，貶澗官。澗任華陰，坐貶始末如是。然則澗之挾怨煽衆固黠吏所爲而刺史相黨必致之罪，亦世情哉。（《授堂金石跋》） (86) 右題名，自左起。……《崔陲神道碑》曰：郇今爲廷尉，實當會昌元年。是此題云"守京兆尹"，葢由廷尉擢是職也。汝海即汝州。《游宦紀聞》稱"坡公元豐七年，自黄量移汝海，"葢唐時已有此名矣。（《授堂金石跋》）
王昶 《金石萃編》 卷八十一		(87) 幽贊設教，神道有憑。登臨極目，如抵諸掌。 (88) 皇恩贈寵，神道荣哀。上延海署，下感泉臺。
王昶 《金石萃編》 卷八十三		(89) 當開元時，公主既爲道士，未嘗進封長公主。此稱長公主，後又有御書《神道碑》亦稱長公主，蓋皆以元宗之妹而尊稱也。
王昶 《金石萃編》 卷八十四		(90)《（闕）公神道碑》，禮也。 (91) 金仙長公主神道碑（《碑》僅存上截，高四尺七寸八分，廣四尺七寸四分。二十六行，字數無考，行書。在蒲城縣橋陵。） (92)《大唐故金仙長公主神道碑銘》（并序），御書，中大夫（闕）大理（闕）卿徐崤之撰。
王昶 《金石萃編》 卷八十五		(93)《唐故中大夫（闕）國（闕）州刺史盧府君神道碑》，括州（闕）撰并書。
王昶 《金石萃編》 卷八十六		(94)（徐浩《神道碑》：遷金部員外郎。）歷階至都官，而史文從略，故不悉書。嵩陽石刻多遭損頹，此頌獨無恙，亦由石質過大，捶搨者少，而易于寶完，又何其幸歟！（《授堂金石跋》）

續表

<table>
<tr><th>作者/文獻</th><th>版本</th><th>用　例</th></tr>
<tr><td>王昶
《金石萃編》
卷八十七</td><td rowspan="3">清嘉慶十年刻同治錢寶傳等補修本</td><td>(95)《唐故逸人竇居士神道碑》(并序)，北海郡太守李邕撰，河南府(闕)陽縣進士段清雲書。
(96)右《逸人竇居士神道碑》，李邕撰，段清雲書。
(97)《遊濟瀆記》，吏部侍郎達奚珣文，右監門衛兵曹參軍薛希昌書。軹縣西北數十里，濟水出焉。稽乎舊章，可得而道。自河浮綠甲，帝命(廟諱)夷，疏颱澮而正乾綱，鏟陵巒而通委輸，所謂四瀆資我，而成彼弐川者。……欽若稽古，道豈虛行？閟宮有侐，象設如在。流目一望，森森動人，覺毛發之間，風飈四起。然後以諸侯之禮，禮而祼之。至於下人，日用蘋藻，吉凶悔吝，則以情言。且神道無方，豈存於此？而物類相召，或有凴焉。匴溜潛通，動植滋液。高樹直上，百尺無枝；虛篁下清，四時壹色。意隔人世，空聞鳥聲。陽浦先春，草心方變；皶岸猶冷，苔生未穠。紅晶落而天下陰，青靄凝而眾山暮。留賞無厭，歸情坐忘，中途載懷，歷歷在眼。庶託豪翰，光昭厥美云。</td></tr>
<tr><td>土昶
《金石萃編》
卷八十八</td><td>(98)《大唐博陵郡北嶽恒山封安天王銘》(并序)(李荃)：遁甲開山，以方色受土，水行作鎮，元枵司野，截巨壑以波委，指平陸而海清。壓旄頭，柱王國，蔽虧日月，棲泊雷電，可久可大，取諸恒也。恒之靈，藏往知來，威遠懼邇。陰陽不測之謂神，神聰明正直，害盈福謙，裨我淳黎，荒劄不劶。拯膏雨，佐秋成，再黿獻功，六擾呈逸，有孚孕缶，奚貴而無位哉？古者天子望於山川，遍於群神，未嘗王五嶽而公四瀆。大唐開元天寶聖文神武應道皇帝登泰山，蹦社首，範圍天地，幽贊於神明，柔兆載上元。……燕山有石，碩儒有文，既述且刊，超變陵谷。銘曰：維恒兮作鎮壬癸，善利萬物兮德配諸水，雄峯屹立而朝山邐迤。閃電雷，懲神鬼，其神靈兮福之所履，福善禍淫而正直如矢。(其一)君恩覃兮流湯湯，汩神道、蕩鬼方。四瀆爲公兮五嶽王，山戎臣首而犬戎北亡。勒貞石以一固，浮大海之三桑。(其二)
(99)章仇元素碑(碑裂爲三段，其有字者一段，僅高二尺八寸，廣三尺五寸六分。……額題“大唐贈東平郡太守(闕)府君神道之碑”十六字，篆書。在濟寧州耿務村。)
(100)《大唐贈東平郡太守章仇府君神道之碑》，(闕)院學士知史官事韋之撰。</td></tr>
<tr><td>王昶
《金石萃編》
卷九十</td><td>(101)《大唐故雲麾將軍左監門衛將軍上柱國彭城縣開國公劉府君墓誌銘》(并序)：君諱元尚，字元尚，彭城人也。出自軒皇之後，繼乎光武之允，長源遠派，(闕)裔於公焉。……克誠克信，有度有章。用展飾終，記之金石。</td></tr>
</table>

續表

作者/文獻	版本	用　例
王昶《金石萃編》卷九十	清嘉慶十年刻同治錢寶傳等補修本	銘曰：帝軒之（廟諱），光武傳家。盈門金紫，寵幄榮華。夫盛必衰，有會克離。聖人既則，神道何爲？物慮推遷，迹存不朽。勒石題銘，同天地久。
王昶《金石萃編》卷九十一		（102）今此《誌》尙德府，亦當時名號可見者。其他如《姚懿碑》貶授晉州高陽府折衝都尉；《臧懷恪神道碑》七子内有游擊將軍崇仁府折衝希崇；《漁陽郡君李龕銘》有轀輬府折衝都尉郭敬之；《廟碑》有雍北府、金谷府，碑陰有成皋府、興德府、魯陽府；《李輔光墓誌》有涿州仁賢府；《張詵墓誌銘》視元植，皇朝廬龍府折衝；《田琬德政碑》以功授合黎府別將，歷果毅，轉折衝，皆不可更僕數，宜類舉以與史志相證也。（《授堂金石跋》）
王昶《金石萃編》卷九十二		（103）李光弼碑（碑連額高一丈三尺四寸，廣五尺一寸一分。四十行，行八字、十二三字不等。額題“大唐太尉兼侍中臨淮武穆王贈太保李公神道碑”二十字，並行書。在富平縣。） （104）《唐故（闕）儀同三司（闕）河南副元帥都督河南淮南淮西（闕）南山南東道（闕）節度行營事（闕）上柱國贈太保（闕）武穆王李公神道碑》（并序），金紫光録大夫檢校刑部尚書上柱國魯郡開國公顏眞卿撰，（闕）大夫（闕）少（闕）上柱國（闕）紫金魚袋張少悌書。
王昶《金石萃編》卷九十三		（105）《大唐故左武衛大將軍贈太子賓客白公神道碑銘》（并序），朝議郎行尚書禮部員外郎翰林學士賜緋魚袋于益奉勑撰，（闕）議大夫行將作（闕）翰林待詔上柱國賜紫金魚袋摯宗奉勑書并篆額。
王昶《金石萃編》卷九十五		（106）《唐故同州河西縣丞贈虢州刺史太常卿天水趙公神道碑》（并序），尙書兵部郎中安陽邵說撰，左衛率府兵曹參軍集賢殿待詔瑯邪王瑀書并篆額。 （107）《唐故右武衛將軍贈工部尙書上柱國上蔡縣開國侯臧公神道碑銘》（并序），金紫光祿大夫行撫州刺史上柱國魯郡開國公顏眞卿撰并書，翰林待詔光祿卿李秀嚴題額。 （108）《（闕）唐故金紫光祿大夫左金吾衛將軍（闕）州大都督臧府君神道碑銘》（并序），銀青光祿大夫行兵（闕）侍郎上柱國清河郡（闕）張孚撰，朝議郎守衛尉少卿淮陽縣開國男賜緋魚袋韓秀弼書。
王昶《金石萃編》卷九十七		（109）《有唐開府儀同三司行尚書右丞相上柱國贈太尉廣平文貞公宋公神道碑銘》（并序），金紫光祿大夫行撫州刺史上柱國魯郡開國公顏眞卿撰并書。 （110）公諱璟，字（闕），邢州南和人。其先出于殷王元子。七代祖弁，魏吏部尚書襲列人子。祖欽道，北齊黃門侍郎。竝事跡崇高，各見本傳。高祖

續表

作者/文獻	版本	用　　例
王昶 《金石萃編》 卷九十七	清嘉慶十年刻同治錢寶傳等補修本	元節，定州田曹。曾祖（廟諱）峻，大理丞。祖務本，皇櫟陽令。父（廟諱）撫，衛州司戶，贈戶部尚書。自田曹至于尚書，皆實浮於名，而位不充量，事見許公蘇頲所撰《神道碑》。公七歲能屬文，一遍誦《服鳥賦》。丁尚書府君憂，水漿絶口者五日。八九歲時，嘗夢大鳥銜書，吐公口中（而咽）之，遂乘而直上。倏忽驚寤，猶若下在胷間，自後藻思日新，襟靈益爽。季十六（七時），讀《易》曠時不精，公遲而覽之，自亥及寅，精義必究。明季進士高第，補上党尉，轉王屋主簿。相國蘇味道爲侍御史出使，精擇判官，奏公爲介。公作《長松篇》以自興，《梅花賦》以激時，蘇深賞歎之，曰：眞王佐才也！ (111)《唐故太尉廣平文貞公宋公神道碑側記》，顔眞卿撰并書。 (112)《宋公神道碑》獨完好，惟《碑側記》闕八字。《碑》去官道二里餘，世罕知者，以故久不顯于世。致君因謁墓下始得之且難。《舊史》不載，《新書》闕遺，乃刻顔公體大書字畫別刻于石，庶久其傳。邢惟襄國舊都，邱塚纍然類皆湮滅于無聞，獨公之墓高不踰丈，豐碑尚存，豈特忠義足以垂名于不朽！世亦以顔魯公之賢，而此《碑》尤爲可貴也。 (113)《宋文貞神道碑側記》，顔魯公纂書，石刻。沙河二公剛勁大節相埒，書亦稱是，眞足三絶。余始有《碑側記》，又後一歲乃得《碑文》，頗剝蝕，其行筆與《記》全異。碑辝内稱公雅善戲謔，不常矜莊。凡所詼諧，人輒疏取。昔人見公賦梅花，以鐵心石腸爲怪，故不足怪也。非所望干蕭傳，亦是一證。太史公讀張文成事，而疑其偉然丈夫乃如好女子，世固有不可曉者。（《弇州山人稿》） (114) 今《碑》言衡謫居沙州，是亦史所未及，可備錄也。外又有《神道碑側記》，趙德父已具錄，玆不再贅云。（《授堂金石跋》） (115) 按：此《碑》兩面一側皆《神道碑銘》。其一側記宋公軼事，謂之《碑側記》。《魯公文集》有碑銘而無側記，《金薤琳瑯》有側記而無碑銘。今取兩書，互勘碑闕，數字得以補足。
王昶 《金石萃編》 卷九十八		(116) 惟《新書》敘其事在八年以前，亦不定爲何年。撰碑者顔眞卿，以其結銜考之《宋文貞公神道碑》，署曰：行撫州刺史爲大歷七年九月。
王昶 《金石萃編》 卷一百		(117)《唐故朔方河東河西隴右節度御史大夫贈兵部尚書太子太師清源公王府君神道碑銘》（并序），銀青光祿大夫守中書侍郎同中書門下平章事集賢殿崇文館大學士修國史潁川郡開國公元載撰，金紫光祿大夫門下侍郎同中

續表

作者/文獻	版本	用　　例
王昶 《金石萃編》 卷一百		書門下平章事太清太微宫使（廟諱）文崇（廟諱）館大學士上柱國齊國公王縉書，太中大夫少府少監集賢殿學士趙基篆額。 （118）《唐故同朔方節度副使金紫光禄大夫試太常卿兼慈州刺史汪府君神道碑》，朝散大夫行河中府功曹叅軍上柱國賜魚袋上谷侯冕撰。 （119）高力士殘碑（碑僅存上截，連額高六尺四寸五分，廣五尺。三十行，每行字數無考，行書。額題“大唐故開府儀同三司贈揚州大都督高公神道碑”二十字，篆書。）
王昶 《金石萃編》 卷一百一	清嘉慶十年刻同治錢寶傳等補修本	（120）《大唐贈楊州大都督段府君神道碑銘》（并序），朝請郎檢校尚書刑部員外郎兼鳳翔少尹侍御史賜緋魚袋張增書，朝議郎行鳳翔府（闕）縣尉李同系篆額。 （121）《唐故通議大夫行薛王友柱國贈秘書少監國子祭酒太子少保顔君碑銘》（并序）（顔眞卿）：昔孔悝有彝鼎之銘，陸機有祠堂之頌，皆所以發揮祖德，敷演家聲。故君子之觀其銘也，既美其所稱，又美其所為。無而稱之，是誣也；有而不述，豈仁乎？論而撰之，敢不祗懼！君諱惟貞，字叔堅。……其年七月才生朗，遘疾而歿，教義者隱而傷焉。与會稽賀知章、陳郡殷踐猷、吳郡陸象先、上谷寇泚、河南源光裕、博陵崔璩友善，事具陸據所撰《神道碑》。……眞卿幸承遺訓，叨受國恩，既受無疆之庥，敢揚不朽之烈。銘曰：系我宗，邾顔公。子封郳，魯附庸。亞孔聖，浴沂風。刺青徐，給事中。護詧柳，渡江楓。侍兄疾，感蚪童。鄰火斷，珥貂重。施七葉，傳孝恭。武騎都，尉司從。便尺牘，繼魚蟲。慟君難，憤而終。咨記室，遊湘東。嗟御正，凜移忠。泉黃門，擅文雄。三韶長，事東宫。四穆叔，史牢籠。哀華州，詁訓通。小秘監，盛名鴻。維少保，文翰工。蒞畿赤，五哀崇。登望苑，友桂叢。三超贈，保儲宫。流光盛，廟貌融。永不祧，垂無窮。
王昶 《金石萃編》 卷一百二		（122）碑中斷裂，首題“銀青光禄大夫御史大夫上柱國馮（闕）縣開國公嚴郢撰，銀青光禄大夫彭王傅上柱國會稽（闕）開國公徐浩書。”……德宗初，召授彭王傅，（《神道碑》云：皇上登寶位，徵拜彭王傅。）而階銀青，亦未之及。“會稽”下缺字，於時進封郡公，當爲“郡”字也。（《授堂金石跋》） （123）唐故贈太保張公神道碑
王昶 《金石萃編》 卷一百四		（124）董晉碑（碑高九尺五分，廣三尺九寸。每行約六十字，現存二十四行，餘剝蝕不可考，行書。額題“唐贈太傅董公神道碑”九字，篆書。在偃師縣經周寨。）

續表

作者/文獻	版本	用　例
王昶《金石萃編》卷一百四	清嘉慶十年刻同治錢寶傳等補修本	(125)《大唐故銀青光祿大夫彭王傅上柱國會稽郡開國公贈太子少師東海徐公神道碑銘》(幷序)，朝議郎守河南少尹飛騎尉賜緋魚袋張式撰，次子朝(闕)南(闕)書并篆額。 (126)《追樹十八代祖晉司空河東太守猗氏侯太原王公神道碑》(并序)，衮孫虢州刺史顔撰，華州刺史(闕)滋篆額，(闕)韋縱書。 (127)《山西通志·陵墓卷》載：晉司空王卓墓，在臨晉縣東南二十里城西村，有《王顔樹神道碑》(即謂此碑)。今司空塚墓，在臨晉縣東南解古城西二里。 (128)《唐故劒州長史贈太僕少卿汝州刺史隴西李公神道碑銘》(并序)，正議大夫行尚書刑部侍郎上柱國原武縣開國男(闕)，朝議郎使持節華州諸軍事守華州刺史(闕)防禦(闕)賜(闕)魚袋(闕)。
王昶《金石萃編》卷一百五		(129)竇叔向碑(碑連額高一丈一寸四分，廣四尺二分。三十一行，行五十二字，正書。額題"唐故左拾遺贈舒州刺史竇府君神道碑"十六字，篆書。在偃師縣。)
王昶《金石萃編》卷一百六		(130)《唐故侍中尚書右僕射贈司空文獻公裴公神道碑銘》，正議大夫行尚書兵部侍郎上柱國高陽縣開國子賜紫金魚袋許孟容撰，銀青光禄大夫行尚書工部侍郎上柱國長洲縣開國男(下闕)。
王昶《金石萃編》卷一百七		(131)《大唐故朔方靈鹽等軍州節度副大使知節度事管內支度營田觀察處置押蕃落等使銀青光禄大夫撿挍刑部尚書兼靈州(闕)都督府長(闕)史大夫安定郡王(闕)尚書左僕射李公神道碑銘》(并序)，門下侍郎中書門下平章事令狐楚撰，嗣子季元書。 (132)《山西通志·陵墓卷》：太保李良臣墓，在榆次縣北十里趙村西。李宗閔撰《神道碑》曰：貞元十一年八月，葬于太原府城東南孝敬原。 (133)《唐故忠武軍監軍使寧遠將軍守內常侍員外置同正員賜紫金魚袋上柱國贈雲麾將軍左監門衛將軍朱公神道碑》(并序)，忠武軍節度副使朝議郎檢挍尚書職方郎中兼御史中丞上柱國賜紫金魚袋蘇遇撰，翰林待詔朝議郎行常州司法参軍上柱國曹郢書并篆額。
王昶《金石萃編》卷一百八		(134)《唐故太尉兼中書令西平郡王贈太師李公神道碑銘》(并序)，特進爵司空兼門下侍郎同中書門下平章事充集賢殿大學士上柱國晉國公臣裴度奉勑撰，朝散大夫守尚書庫部郎中翰林侍書學士上柱國賜紫金魚袋臣柳公權書并篆額。 (135)《西平忠武王神道碑》，石刻，在高陵縣。墓所苔蘚剝蝕，字畫僅存耳，然要之含蓄於元秘也。是時，西平諸子皆已逝，獨太保聽存。乞晉公文

續表

<table>
<tr><th>作者/文獻</th><th>版本</th><th>用　　例</th></tr>
<tr><td>王昶
《金石萃編》
卷一百八</td><td rowspan="5">清嘉慶十年刻同治錢寶傳等補修本</td><td>亦寥落，不能發其忠義、戡定之績。
（136）又云：祔葬于京兆府萬年縣洪固鄉北韋村。《長安志》：洪固鄉在萬年縣南一十五里，管邨四十八。畢中丞沅注引路巖撰《渾侃神道碑》有“胄貴里”，歐陽詹撰《左驍衛將軍馬實墓誌》有“延信里司馬村”，而不及此《誌》之“北韋村”，可据此以補《長安志》之古村名也。</td></tr>
<tr><td>王昶
《金石萃編》
卷一百十</td><td>（137）聖人以神道設教。（李無“以”字。）</td></tr>
<tr><td>王昶
《金石萃編》
卷一百十三</td><td>（138）《大唐故銀青光祿大夫撿校禮部尚書使持節梓州諸軍事兼梓州刾史御史大夫充劍南東川節度副大使知節度事管內觀察處置靜戎軍等使上柱國長樂縣開國公食邑一千五百戶贈吏部尚書馮公神道碑銘》（并序），銀青光祿大夫守兵部尚書充皇太子侍讀兼判太常卿事上柱國晉陽縣開國子食邑五百戶王起撰，翰林學士朝議大夫守諫議大夫知制誥上柱國河東縣開國男食邑三百戶賜紫金魚袋柳公權書并篆額。
（139）《唐故輔國大將軍行左神策軍將軍知軍事撿校右散騎常侍兼御史大夫義陽郡王食實封二百户贈越州都督刑部尚書苻公神道碑銘》（并序），銀青光祿大夫守中書侍郎同中書門下平章事充集賢殿大學士上柱國襄武縣開國侯食邑一千戶李宗閔撰，翰林學士承旨兼（闕）侍書朝議大夫守尚書工部侍郎知制誥上柱國河東縣開國男食邑三百戶賜紫金魚袋柳公權書并篆額。
（140）《唐故河東節度觀察處置等使開府儀同三司守司徒兼侍中太原尹北都留守贈太尉李公神道碑》（并序），河東節度觀察處置等使金紫光祿大夫撿校吏部尚書同中書門下平章事兼太原尹北都留守上柱國彭原郡開國公食邑一千戶李程撰，夏綏銀宥等州觀察（闕）官登仕郎監察御史裏行雲騎尉郭虔書。</td></tr>
<tr><td>王昶
《金石萃編》
卷一百十四</td><td>（141）高元裕碑（碑連額高一丈一尺四寸，廣四尺一寸。三十三行，行七十九字，止書。額題“大唐故吏部尚書贈尚書右僕射渤海高公神道碑”二十字，篆書。在洛陽。）</td></tr>
<tr><td>王昶
《金石萃編》
卷一百十九</td><td>（142）贈太尉葛從周神道碑（碑高八尺七寸八分，廣四尺二寸。三十八行，行約七十字，行書。在偃師縣。）
（143）《梁故招義軍節度（闕）置等使開府儀同三司撿校太師兼侍中守潞州大都督府長史（闕）葛公神道碑銘》（并序），銀青光神大夫禮部尚書權知貢舉（闕）上柱國臣薛廷珪奉勑撰，翰林待詔中大夫撿校刑部尚書（闕）左（闕）衛大將軍（闕）臣張璉奉勑書。</td></tr>
</table>

續表

作者/文獻	版本	用　　例
王昶《金石萃編》卷一百一十九	清嘉慶十年刻同治錢寶傳等補修本	(144)《贈張繼祚敕》(碑高五尺八寸，廣三尺六寸。九行，行九字，行書。在偃師縣。)：敕張繼祚：朕以故齊王，早推德望，備著勲庸，久綏河洛之人，再造凋瘵之地。遍兼近鎮，咸播休聲，存既誓於山河，没宜刊於金石。今差翰林待詔張璡宣賜《神道碑銘》，便令書石。故兹示諭，想宜知悉。春暄，汝(闕)否？ (145)按：碑石舊有拓本，近埋淤土中，始命役夫出之，已斷爲二矣。全義守河南三十年，史稱其披荆棘，勸耕殖，躬載酒食，勞民畎畝之間，築南、北二城以居之。數年，人物完盛，民甚頼之。今勑所云"久綏河洛，再造凋瘵"，信非誣也。勑以賜全義子繼祚，葢宣示《神道碑銘》，而《通志》遂以碑額即爲繼祚，故具録以正訛。(《偃師金石遺文記》)
王昶《金石萃編》卷一百二十		(146)《(上缺)功臣義成軍節度(闕)濮等州觀察處置管内河隄等使起復冠軍大將軍右金吾衛大將軍員外置尚正員撿挍司徒兼御史大夫駙馬都尉上(闕)(缺)贈太保史公神道碑銘》(并序)，朝議郎尚書虞部員外郎知制誥臣陶穀奉勑撰，待詔朝散大夫太府卿賜紫金魚袋臣閻光遠奉勑書。
王昶《金石萃編》卷一百二十一		(147)《大周故銀青光禄大夫中書侍郎同中(書門下)平章事上柱國晉陽縣開國伯食邑三百戸贈侍中景公神道碑銘》(并序)，翰林學士朝議郎尚書水部員外郎知制誥柱國賜緋魚臣扈載奉勑撰，翰林待詔朝議郎守司農寺丞臣孫崇望奉勑書。 (148)銘以紀功，碑以誌行，千載之下，粲然可觀者，其惟神道之表乎！
王昶《金石萃編》卷一百二十七		(149)《登泰山謝天書述二聖功德銘》(御制御書并篆額)：朕聞一區宇而恢德教，安品物而致昇平，此邦家之大業也；考茂典而薦至誠，登喬嶽而荅純錫，此王者之昭事也。……恭惟太祖啓運立極英武聖文神德(廟諱)功大孝皇帝，積慶自始，受命無疆，歷試于艱難，終陟于元后。威靈震疊，(廟諱)澤汪翔，無往不賓，有來斯應。濟民於塗炭，登物於春臺。俾乂萬邦，成湯之甚盛；咸宣九德，文王之有聲。啟迺于前，垂裕於後。太宗至仁應道神功聖德文武大明廣孝皇帝，洪基載紹，景貺誕膺。如日之昇，燭于率土；如天之廣，覆于羣生。人文化成，神道設教。尊賢尚德，下武後刑。金石之音，明靈是格。玉帛之禮，蠻貊來同。書軌畢臻，典彝無闕。上(廟諱)降鑒，虞舜之溫恭；庶民不知，唐堯之於變。重熙之盛，冠絕于古先；增高之文，已頒乎成命。逡巡其事，謙莫大焉。……勒銘山阿，用垂永世。銘曰：節彼岱岳，巋然東方。庶物伊始，(廟諱)感其章。自音受命，反始穹蒼。播柴於

續表

作者/文獻	版本	用　　例
王昶 《金石萃編》 卷一百二十七	清嘉慶十年刻同治錢寶傳等補修本	此，七十六王。顧惟寡薄，恭嗣洪猷。乾乾慄慄，雖休勿休。元符昭錫，餘慶遐流。群情所迫，盛則爰修。前王丕顯，是月告成。伊予冲眇，無德而名。永懷眷佑，衹荅景靈。聿崇嚴祀，用荅精誠。殊祥疊委，寓縣奔馳。禮無違者，神實格思。藏封石累，刻字山媚。蒸民永泰，繁祉常垂。 (150) 眞宗封禪之事，成于天書；天書之事，源于雪澶淵受盟之恥。《宋史·王旦傳》云：帝幸祕閣，驟問杜鎬曰：古所謂河出圖、洛出書，果何事耶?鎬應之曰：此聖人以神道設教耳。帝繇此意決。是天書之事，實成于“神道設教”一語也。此《碑》乃云：太宗皇帝人文化成，神道設教，尊賢尚德，下武後刑。若以神道設教爲太宗之所欲行者，亦善于文飾矣。 (151) 昔者聞韶而鳳來，拊石而獸舞，言其善應，豈復殊塗。罷萊蕪之鐵官，賁龜陰之壙土，緜亘相屬，菑畬盡開。至於邈想古賢，緬懷神道，增文憲昭烈之稱謂，伸仁聖炳靈之封崇。以爲列上清而監觀者眞仙，故加保生、廣生之號；育良材而利用者疊嶂，故修靈巘、廣禪之祠。惠洽於人，雖小不捨，新玉女之像是也；福流於物，雖大必營，創會眞之宮是也。 (152) 臣顓蒙寡聞，黺淺無取，稟詔滁慮，拜手而颺言曰：宋受天命，帝六合，子萬姓，以聖繼聖，垂五十載。稽神道而設教，感民生之歸厚。烈祖神考，耀武振德，罄乾維而張宇，盡坤倪而畫野。夷暴削壘，黜僭盪僞，懷生胥（闕），滋液（廟諱）化。上帝降鑒，昌大洪緒，“崇文廣武儀天尊道寶應章感聖明仁孝皇帝”之御天下也。三葉嗣統，重离繼明，恭敏而克仁，徇齊而允迪。青宮主鬯，承天序而寅畏；黃屋正位，奉先志而夕愓。若乃敦乎要道，刑于率土，始則謹色養（闕）匱，（闕）孝之至也。
王昶 《金石萃編》 卷一百二十九		(153)《大宋故棣州防禦使光祿大夫檢校（闕）持節棣州諸軍事行棣州刺史兼御史大夫上柱國西平郡開國公食邑三千四百戶食實封貳伯戶贈貝州觀察使石公神道碑銘》，翰林學士通奉大夫行尚書戶部郎中知制誥同修國史（闕）史館事上柱國南陽郡開國侯食邑一千一百户賜紫金魚袋臣楊億奉勑撰，翰林待詔朝散大夫守太府少卿同正騎都尉賜紫金魚袋臣尹熙古奉勑書并篆額。
王昶 《金石萃編》 卷一百三十		(154) 粤自鶴林入滅，大雲之教方行；金字垂文，甘露之源攸邈。是以廣大千之世界，闡不二之法門。用導群迷，俾登正覺。故得朱星紫氣，炳煥於禎祥；銀樹金花，精虔於供養。所謂神道設教於不滅，民德歸厚於無邊。爰從魏晉已來，降及齊梁之際，竺乹之法，漸曁於西方；貝多之言，盛傳於中夏。

續表

作者/文獻	版本	用　　例
王昶《金石萃編》卷一百三十	清嘉慶十年刻同治錢寶傳等補修本	（155）神道輔德，白姓與能。邇無異言，遠無異望。
王昶《金石萃編》卷一百三十三		（156）子思謂：如天地之無不持載，無不覆燾。然猶道之用，有所隱晦。《文中子》謂：天地生我不能鞠我，父母鞠我不能成我，成我者夫子也。道不啻天地父母，通於夫子，受罔極之恩。其與太極合德，神道並行。誠哉言之，至（闕）之藴矣。 （157）按：李太尉，即唐李光弼也。光弼，累拜太尉兼侍中，進封臨淮郡王。事蹟詳顏魯公撰《神道碑》，已見本書九十二卷。
王昶《金石萃編》卷一百三十四		（158）范文正公神道碑（碑高一丈二尺四寸二分，廣五尺七寸。三十行，行七十二字，隸書。在洛陽。） （159）《宋推誠保德功臣資政殿學士金紫光禄大夫尚書戶部侍郎護軍汝南郡開國公食邑二千三百戶食實封陸佰戶贈兵部尚書謚文正公（闕）公神道碑銘》（并序），翰林學士尚書吏部郎中知制誥充（下闕），翰林學士兼侍言尚書吏部（闕）王洙書。
王昶《金石萃編》卷一百三十五		（160）韓國華神道碑（碑高一丈四尺，廣六尺二寸三分。三十四行，行九十字，正書，篆額。在安陽縣。） （161）《大宋故太中大夫行右諫議大夫上柱國南陽縣開國男食邑三百戶賜紫金魚袋贈開府儀同三司太師中書令兼尚書令魏國公韓公神道碑銘》（并序），推忠協謀同德守正佐理功臣樞密使特進檢校太師行禮部尚書同中書門下平章事上柱國河南郡開國公食邑六千八百戶食實封二千四百户富弼撰，翰林學士兼侍讀學士朝散大夫尚書吏部郎中知制誥充史館脩撰判館事輕車都尉太原郡開國侯食邑一千八百户食實封二百户賜紫金魚袋王珪書。
王昶《金石萃編》卷一百三十六		（162）文正自曾祖、祖父皆仕吳越，父隨錢俶歸宋，終徐州節度掌書記。文正生于徐州，二歲而孤，隨母適朱。《宋史傳》云“長山朱氏”（《歐公神道碑》《富鄭公墓誌銘》皆同），《年譜》云“淄州長山朱氏”，《文正公集補編》載《文正公家傳》作“池州長山朱氏”。
王昶《金石萃編》卷一百三十七		（163）宋制，中書、樞密所賜，若罷免或出鎮，則改之。予又記《狄武襄公神道碑》，稱“推誠保德守正翊戴功臣”。狄公由樞密使出鎮，故所賜功臣號亦用餘官之例也。……方作表之時，除命尚未下也。（《潛研堂金石文跋尾》）

續表

作者/文獻	版本	用　　例
王昶《金石萃編》卷一百三十九	清嘉慶十年刻同治錢寶傳等補修本	(164) 案：劉貢父《彭城集》中《薛顔神道碑》云：孫三人，次曰周，爲駕部員外郎，中歲謝事不仕云云。
王昶《金石萃編》卷一百四十一		(165)《宋故左中散大夫知涇州軍州事兼管内勸農使上柱國清源縣開國男食邑三百戶賜紫金魚袋王公神道碑銘》(并序)，(闕) 郎提舉利州路常平等事飛騎尉借緋王森撰，朝奉大夫都大管勾成都府利州陝西等路茶事兼提舉陝西等路買馬公事權管勾秦鳳路經略安撫 (闕) 總管司并秦 (闕) 公事上輕車都尉借紫宋構書。
王昶《金石萃編》卷一百四十七		(166) 折克行神道碑 (碑高一丈二尺八寸，廣四尺五寸。行數、字數剝蝕，不可計，正書。在府谷縣孤山堡南。) (167)《(上缺) 諸軍事秦 (闕) 秦州管内觀察使充太原府路兵馬鈴轄知府州軍州事兼管内勸農使兼麟府州管界都巡撿使兼河東第十二將上柱國高平郡開國公食 (闕) 神道碑》，朝散郎試給事中兼侍講同修國史西安縣開國子食邑五百户賜紫金魚袋臣毛友奉勑撰，翰林學士中大夫知制誥兼侍講修國史成都郡開國侯食邑一千一百户食實封壹百户賜紫金魚袋臣宇文虛中奉 (闕)。
王昶《金石萃編》卷一百四十九		(168) 周必大撰《忠簡公神道碑》，穪公年二十，試太學。
王昶《金石萃編》卷一百五十		(169)《宋故揚武翊運功臣 (太傅鎮南武安) 寧國軍節度使 (充醴泉觀使) 咸安郡王食邑一萬八千三百户食實封柒阡貳伯户進封蕲王謚忠武神道碑》，襲 (闕) 縣開國子食邑柒百户賜紫金魚袋臣趙雄奉勑撰，(上闕) 中侍郎 (闕) 侍講 (闕) 太子 (闕) 食邑柒百户賜紫金魚袋臣周必大奉勑書。 (170) 太師蘄國韓忠武王世忠墓，在吳縣靈巖山西。紹興二十一年十月葬，敕使徐伸護其事，吳長洲二縣令奔走供役。孝宗御題神道云“中興佐命定國元勲之碑”，敕趙雄爲文。
王昶《金石萃編》卷一百五十一		(171) 墓在縣北，號柘塘。神市人月有祭，禱必應，溧陽人尤神之。《神道碑》，裴度譔，蔣滻書。 (172)《神道碑文》，裴度撰，蔣滻書。史既不爲太沖立傳，而《太眞傳》又不及其兄微。此《碑》，沖幾湮沒無聞矣。

續表

作者/文獻	版本	用　例
王昶《金石萃編》卷一百五十二	清嘉慶十年刻同治錢寶傳等補修本	(173) 李道源撰《神道碑》。至元廿六年八月，子定之奉柩還廣信。明年九月，葬其鄉之玉亭龔原，門人誄而題之曰：文節先生謝公墓。
王昶《金石萃編》卷一百五十九		(174)《金故河南路課稅所長官兼廉訪使楊君神道之碑》，(闕) 河東元好問撰，柳城姚燧書并篆額。
王昶《湖海文傳》卷四十四	清道光十七年經訓堂刻本	(175)《與顧肇聲論墓銘諸例書》(沈彤)：昨辱手簡，商酌墓銘諸例，各有證佐，非傾刻所能定，熟思詳考，乃敢決言之。蓋古人之銘，廟與墓兼用之，而誌則專用之於幽室。南豐所《寄歐陽舍人書》，乃謝其撰先大夫墓碑銘而作。碑銘非幽室所用，故其書雖嘗因銘及誌，而所云“或納於廟，或存於墓”者，固不論誌而但論銘也。衛孔悝之《鼎銘》、晉魏顆之《景鍾銘》，銘之於彝器；韓文公之《烏氏廟碑銘》《袁氏先廟碑》，顏魯公《家廟碑》，銘之於碑石，是皆所以納於廟者也，於墓誌無與。其存於墓者，埋諸壙中則有若葬銘、埋文、墓誌銘、墓甎文、墳記、壙記之屬，立諸神道則有若墓表、碑文、墓碣銘、神道碑、阡表之屬，其名兩不相假，未有墓誌而立石壙外者。惟《南史・裴子野傳》載一事，此當時藩王破常例重疊為之耳！(《傳》云：子野之葬，湘東王為《墓誌銘》，陳於藏内；邵陵王又立《墓誌》，堙於羨道。) 非其正也。故碑碣與表，葬後可刊，而誌銘必先期而作。其有葬期迫而不及攻石者，則書石以誌；既葬刊文，即不復追納之於壙，若昌黎誌李元賓墓之類是也。其立石在祠堂若丙舍，蓋亦有之。今奉委所作墓銘，距葬時實遠，幽室不得用，其文但宜施於表碣，顯刻墓前，不當名之為誌，刊藏丙舍。唐之《葬令》：凡五品以上為碑，龜趺螭首；降五品為碣，方趺圓首。是碑與碣異制也。《明制》：三品以上神道碑，四品以下墓表。黃黎洲謂：自有墓表，更無墓碣。知墓表亦方趺而圓首，是碣與表同製也。隋唐人之命碑、碣、表多稱其實，後世或有碑其碣而碣其表者。然考本朝律，處士不禁其用表，碑與碣，惟品官得立。與唐令不殊，則刊石故有定制，而名號亦六得僭亂。今之所刊，但月碣制，而定名墓表焉其可也。至碣身高廣之度，古碣高四尺。《會典》所載“圓首碑七品以下用”者，高五尺五寸，闊二尺二寸。今石表或於二者之間，增損定之。若所示樣本，慮太卑狹不稱。言直無文，幸鑒其意。有不當者，惟不憚往復是望。 (176)《復梁少師書》(杭世駿)：錢氏云：古人合葬題不書婦人，曰暨配某

續表

作者/文獻	版本	用　例
王昶 《湖海文傳》 卷四十四	清道光十七年經訓堂刻本	者，空同以後不典之辭也。黎州黃氏亦云：婦人從夫，故誌合葬者，其題只書某官某公志銘或墓表，未有書暨配某氏也。引張說為蕭瓘、楊炯為王義重兩《神道碑》為證，且曰：自唐至元，皆無夫婦同列者。徐司寇作《讀禮通考》，據其舅氏亭林先生所撰《金石文字記》，有《澤王府主簿梁府君并夫人唐氏墓志銘》，四品孫義陽朱賓撰，唐武后垂拱四年十一月也。……人有再娶，至三四娶者矣。吾鄉沈端恪公，蓋嘗五娶皆已前歿，神道之碑亦鄙人所撰，若皆列則額隘而不可篆，其皆佝而不列亦事勢然也。……既不為例所拘，又有所據依，而非出於獨創，斷然行之，可無疑也。 (177)《與蘭泉先生書》(王芑孫)：芑孫以亡弟葬事，久在吳門。比還華亭，始得讀朔日教墨。具審起居康勝，滇事別有商量，甚慰懸仰。……幸甚！示及墓表，結銜在後。語合諸昔賢文集，類皆如是，自必古人曾有此例。怕石刻在今者，《神道碑》至多，而《墓表》罕見。其《神道碑》書撰人名，仍在前三行二行。顏魯公所書諸碑，可覆按也。古人以墓東南為神道，南雷黃氏以神道、墓表為一物，既名異而實同，似亦分條而共貫。在前在後，各由所便。國家格令，墓碑製度，修短遞殊。今亡弟墓小，限於地而贈階五品，依古之制，則不能適立於東南。就今法則，其石未免稍殺功令。貴得同賤，賤不得同貴，故石從其殺。但石既不豐文逾千字書者，窘於邊幅，故用來指結銜在後之例。雖用此例，而私心實未敢謂《神道碑》。結銜在前，《墓表》決在後。其題額則曰“賜葬王君墓表”，亦古別製四字之例。此但因時起義，取便於事，於古於今，實無援據。質之高明，未審以為何如?
王昶 《湖海文傳》 卷四十七		(178)《明太子太保南京吏部尚書忠懿徐公墓碑》(秦瀛)：順治乙酉，大清兵南下，江南主既降。其間，故明遺老抗志矢節，知天命有歸，斷脰捐軀，以死殉國難者，不可勝數。……公墓在海甯龍山之原。殉難後三十七年，餘姚黃先生宗羲，因其孫功燮之請，為公作《神道碑》。所書公生平事蹟及生卒年月、婚娶子嗣甚具，見《南雷文集》中。今公神道無是碑，士大夫將別為立碑于墓，請余文記之。
王昶 《湖海文傳》 卷四十八		(179) 太子少傅工部尚書裘文達公神道碑 (袁枚) (180) 資政大夫湖北巡撫盧公神道碑 (吕星垣) (181) 公疾甚，乾隆丁亥七月，終於家，春秋七十有五。上聞，軫惜，賞還原官、文集、政績、諸書及前後賜件。公之感激涕零，没齒不忘，以策其子孫也。……崧觀察杭州，請星垣綜覈，據實為公《神道碑》。 (182) 通議大夫湖北提刑按察使司按察使兼管驛傳馮君神道碑 (汪中)

續表

作者/文獻	版本	用　　例
王昶 《湖海文傳》 卷四十九	清道光十七年經訓堂刻本	(183) 文華殿大學士太傅朱文端公神道碑（袁枚） (184) 光祿大夫吏部尚書協辦大學士事謚文定孫公神道碑銘（陳兆崙） (185) 光祿大夫禮部尚書吳文簡公神道碑（汪由敦） (186) 公卒之幾年，卜葬於某阡。由敦為諸生，初來京師，無一人知者。惟公一見，以斯文相許。及與季君同館選，於後進中荷公知契尤厚。公薨，而季君以神道之石屬銘，由敦遜謝不敢當。歷十餘年不已，乃敢敘述梗概，揭諸賜塋。 (187) 文華殿大學士尹文端公神道碑（袁枚）
王昶 《湖海文傳》 卷五十		(188) 福建巡撫敏惠潘公神道碑（沈大成） (189) 資政大夫工部侍郎范公神道碑（陸燿） (190) 經筵講官兵部尚書彭公神道碑（袁枚） (191) 太子太保光祿大夫兵部尚書都察院右都御史總督漕運楊勤慤公神道碑（魯九皋） (192) 太子太保光祿大夫兵部尚書總督河南河東河道提督軍務謚慤敬張公神道碑（陳兆崙）
王昶 《湖海文傳》 卷五十一		(193) 自先生沒，而紹興之師法與史學絕矣。筠謹案：表以表其人之大者。今制：三品以上用神道碑，四品以下用墓表。宗羲《金石要例》曰：墓表有銘，不可謂非也。
王昶 《湖海文傳》 卷六十六		(194)《曹宗丞逸事》（紀昀）：曹慕堂宗丞，余甲戌同年友也，交最契。慕堂卒時，余適以校理秘笈在灤陽，闕為面訣，意恒慉然。既而讀石君所作《墓誌》、辛楣所作《神道碑》，慨想生平，宛如晤對，不勝山陽鄰笛之悲。惟是慕堂立身之本末，二君言之雖詳，其文均篤實，無媿詞，足信天下而傳後世。然而尚有一二逸事，為《碑誌》所未及者。……按：宗丞《墓誌銘》出朱文正公手，《神道碑》出錢竹汀先生手，此二事皆未及載，蓋先叔祖太常公所親聞于紀文達公者。錫齡為太常公乙未同年，汝淵為先伯曼雲公乙未同年，述其祖德，亦如此也。
王昶 《湖海文傳》 卷七十		(195)《孫子・九地篇》云：善用兵者，如率然。率然者，常山之蛇也。擊首則尾至，擊尾則首至，擊中而首尾皆至。桓溫觀武侯夔州八陣曰：此常山蛇勢也。一言而盡其妙矣。或者以常山為直陣，握奇乃方陣。譏溫為妄談，眞不知而妄譏者歟？……然八陣之法，部分奇正而已。杜氏乃證之以實事，是善體握奇者杜氏也。其曰難教，蓋為後人之變八陣及緯八陣，支離煩碎，與簡易之旨相反者言之耳。李靖之六花十二陳，杜氏詳載之，非出於八陣而何？若夫八門、九公、三奇，此聖人所以神道設教。

續表

作者/文獻	版本	用　例
王昶《湖海文傳》卷七十五	清道光十七年經訓堂刻本	(196)《自撰古文凡例》(袁牧):一、古文本無例也，自杜征南有發凡起例之說，後人因之。例愈繁，文愈敝。德州盧氏刊《金石三例》，蒼崖、止仲諸君所考甚詳，亦不過引韓比歐，依樣標的而已，並無獨見。然既已有之，不可廢也，否則口實者多，故作凡例。……一、碑傳標題，應書本朝官爵，昔人論之詳矣。至行文處不可泥論，或依古稱太守、觀察、牧令、刺史等名，或依俗稱制府、藩司、臬使等名者，古大家皆有此。……至于權文公，唐相也，唐人宰相官名應書平章事同中書門下，而韓公《神道碑》竟以“故相”二字標題。
王昶《(嘉慶)直隸太倉州志》卷五十一	清嘉慶七年刻本	(197)朝散大夫郟升卿墓，在樊涇北，今夷爲民居。神道柱石猶存，碣云“三十朝散之墓”。

表一千七百九十三

作者/文獻	版本	用　例
王崇炳《金華徵獻略》卷六	清雍正十年刻本	(1)其孔子廟議，大畧謂古者奠皆西面。今遷神南面，奠者北面，失神道尚右之義。古者，大夫束帛以依神，士結茆爲叢，無有設像之事。今摶土而肖之，失神而明之之義。

表一千七百九十四

作者/文獻	版本	用　例
王初桐《奩史》卷六	清嘉慶刻本	(1)嚴續請韓熙載為父撰《神道碑》，以一姬爲潤筆。及文成，而續嫌之，令其改竄。熙載即以歌姬還之。姬登車，書一絶於泥金雙帶云：風柳摇摇無定枝，陽臺雲雨夢中歸。他年蓬島音塵斷，留取尊前舊舞衣。(《稗史彙編》)

表一千七百九十五

<table>
<tr><th>作者/文獻</th><th>版本</th><th>用　　例</th></tr>
<tr><td>王岱
《了菴詩文集》
文集卷五</td><td rowspan="2">清乾隆刻本</td><td>(1) 然天（闕）之，而神道也。</td></tr>
<tr><td>王岱
《了菴詩文集》
文集卷七</td><td>(2) 康熙乙丑，建黌宮，復建閣。雖因舊趾而高厰壯麗過之，或者謂《文昌化書》不無涉誕，豈知聖人神道設教，欲以舞勵人心，變移風俗？況其不詭于正，而有功於文教者乎？古有功德於民者，祀之則神之。功德在人，安得不亟祀，又何疑於壯麗哉？</td></tr>
</table>

表一千七百九十六

作者/文獻	版本	用　　例
王端履 《重論文齋筆録》 卷三	清道光二十六年授宜堂刻本	(1) 先生官史館時，得金匱石室之藏，證以耆舊聞。見於忠節公，則有《神道第二碑》《降神記》《畫像記》《年譜》《引葬錄》《題辭》《崇祀錄》；跋於忠烈公，則有《神道碑銘》《畫像記》《合祭文》。並按時論事，鉤稽審覈，而文筆足以達之。

表一千七百九十七

<table>
<tr><th>作者/文獻</th><th>版本</th><th>用　　例</th></tr>
<tr><td>王鐸
《擬山園選集》
卷十九</td><td rowspan="2">清順治十年王鏞王鑨刻本</td><td>(1)《六符經序》:《泰階六符經》者，本黃帝有熊氏，世不傳。當漢建元間，東方朔始陳其説，欲目觀天表，定上心應。劭仲遠又疏託其文，葢古昔聖人論陰陽五行尚矣。幽贊神道，發揮天理，是豈無其故乎？特未嘗膠於多忌肆，其一定説也。
(2) 一飲一食，日用之道綦微哉？予有憂焉。足于中不朶頤于外，雖曰不亂席也，其要不亂中也。……天道、神道不能違，況于人而痗不生也。有是理乎？梁子甞居顧鳳丸子曰：今其勿忽于骰核也，中之足不足通于命也。予因于斯三歎焉，作《骰繫》。</td></tr>
<tr><td>王鐸
《擬山園選集》
卷二十八</td><td>(3)《六符經序》:《泰階六符經》者，本黃帝有熊氏，世不傳。當漢建兀間，東方朔始陳其説，欲目觀天表，定上心應。劭仲遠又疏託其文，葢古昔聖人論陰陽五行尚矣。幽贊神道，發揮天理，是豈無其故乎？特未嘗膠於多忌肆，其一定説也。</td></tr>
</table>

續表

作者/文獻	版本	用　　例
王鐸 《擬山園選集》 卷三十九	清順治十年王鏞王鑨刻本	(4)《跋呂伯子刻果報篇》：呂子刻此書，予亦喜談之。不第佛道報應，即羿射、盪舟之謂也。嗟乎！苟可目助神道之教，皆為有益世風。嘗觀解鬬爭者，嘲笑恢語，視聖論經史必捷收其功；寤大兇強暴之人，忽聱神鬼禨祥地獄雷霆之說，比之士師理官𡡉易醒也。呂子之裨世風多矣哉！
王鐸 《擬山園選集》 卷四十二		(5)《九龍池記》：戊辰春，有事于西陵。觀長陵萬松遮道，喝形爲回龍顧祖，入首結爲金星，明堂兮逺，數水外抱。自神道過二石橋，西陵即神宗佳城，南裕陵即隆慶佳城。……不四五里，過怪松，有亭有樹。在蔬園之西池中，茭芷芡蒲，沸沸東流。亭南向，神宗數駐蹕焉。……舞館北倚山石，大似鐵丘，浩哉矙矙。舉陶罇于山半，且春且夏，且秋且冬。他山之層巒逺岑，絳宮縹瓦。朙月東上，悠肰有感。紅翻青驟，桃李無言。
王鐸 《擬山園選集》 卷六十二		(6) 神道碑 (7) 鄭端清世子賜葬神道碑 (8) 太子少保兵部尚書節寰袁公神道碑 (9) 贈太子太傅兵部尚書淇園張公神道碑 (10) 特進光祿大夫左柱國少傅魏國公六嶽徐公神道碑 (11) 國家功令，非有大勳勞及光纘前烈者，不得樹石神道。 (12) 翰林院編修秋林曹公神道碑
王鐸 《擬山園選集》 卷七十		(13) 父福山公應贈如公，嫡母張氏、母丁氏應贈一品太夫人，樹石碑神道。

表一千七百九十八

作者/文獻	版本	用　　例
王棻 《（光緒）永嘉縣志》 卷三	清光緒八年刻本	(1) 二十七都（《舊志》：五里。……）：洋頭（七十里），白沙（八十里），……花壇底（九十里），安溪、神道門、下沙墩（俱同上），上村（九十五里），中村（九十六里），……桂山、桂市、仰烏（俱同上），……塘後、黃山、河客、下桂、程山（俱同上）。
王棻 《（光緒）永嘉縣志》 卷四		(2) 夫不煩兵力，羣起而攻之。蠢兹醜類，一鼓盪平，使温台兩郡無攻剿饋餉之苦，非獨神之大有造於欒實，大有造於浙東也。聖天子以神道設教，其即此意也夫。

續表

作者/文獻	版本	用　例
王棻《（光緒）永嘉縣志》卷六		(3) 伊洛之學，東南之士自楊時、游酢外，惟許、周數公親得其傳以歸。中興以來，言性理之學者宗焉。（樓鑰撰《陳傅良神道碑》。）
王棻《（光緒）永嘉縣志》卷十		(4) 永嘉縣男陳傅良（字君舉，瑞安人。由朝議大夫封，見樓鑰《陳公神道碑》。）
王棻《（光緒）永嘉縣志》卷十四		(5) 四年冬，《大禮集議》成，進詹事兼翰林學士。後議世廟神道、廟樂、武舞及太后謁廟，帝率倚璁言而決。璁緣飾經文，委曲當帝意，帝益器之。璁急圖柄用，爲大學士費宏所抑，遂與萼連章攻宏。帝亦知其情，留宏不即放。
王棻《（光緒）永嘉縣志》卷十八	清光緒八年刻本	(6) 宣德六年卒，年九十三。妻王先十年卒，年八十六。子二：長濟，庶出；次淮，少保大學士。自有傳，所作詩文有《靜菴集》八卷。（《明文衡》、惕士奇《黄公神道碑》。）
王棻《（光緒）永嘉縣志》卷二十一		(7) 宿覺禪師墓，在松臺山。（李邕撰《神道碑》。） (8) 宋室忠翊公趙定之墓（《萬厤府志》），在丁幺，俗稱趙王墳。龍圖閣學士左通奉大夫贈少師忠簡公張闡墓（周必大撰《神道碑》），葬建牙鄉瞿溪之原中奉公墓側。（傳詳名臣周天錫《張忠簡闡墓詩》：絶巘環幽宅，霜林覆古阡。饗堂迷夜雨，石馬咽秋煙。忠簡香名遠，亭臺夕照懸。穹碑文字滅，摩認意茫然。）
王棻《（光緒）永嘉縣志》卷二十四		(9) 右“神道額”二字，横列在五十都鶴陽清白先生墓前。清白卽謝德玹，字庭琛，德瑀之弟，文忠之外祖也。 (10) 明光祿大夫柱國少師兼太子太師吏部尚書華盖殿大學士贈太師謚文忠張公神道碑
王棻《（光緒）永嘉縣志》卷二十五		(11)《彖》曰：盥而不薦，有孚顒若。先王以其誠敬之心事神，故“下觀而化”，故《傳》曰：聖人以神道設教，而天下服矣。今夫官名之設，内外之辨，崇卑之度，多寡之數，成周致治之具也。而所以致治，豈盡於是邪？故

續表

作者/文獻	版本	用　　例
王棻《（光緒）永嘉縣志》卷二十五	清光緒八年刻本	善爲治者，師其意而已。若《周禮》者，存之以考可也。
王棻《（光緒）永嘉縣志》卷二十六		(12)《藩邸聖德事迹》十卷（周必大《平園續稾》)，宋張闡撰。（周必大《張公神道碑》：壽皇初開建王府，高選講讀官，朝論舉屬，公遂改禮部郎中兼贊讀。公在王邸讀《資治通鑑》，至修身治國，必反復誦說，壽皇每嘉納之。平生行事悉筆於冊，五十餘年不少廢。《諸子類成文集》若干卷，《藩邸聖德事迹》十卷，《經筵講義故事》若干篇，《奏議》若干篇，並藏於家。……按：建國公封普安郡王，卽孝宗也。)
王棻《（光緒）永嘉縣志》卷二十八		(13)《靜菴集》八卷（程敏政《明文衡》)，明黄性撰。(楊士奇《黄公神道碑銘》：公字思恭，自幼潁悟，讀書必尋究大義。十五，鄉長老試所業，命賦《新竹》，大見賞異。閒居，潛心載籍，喜爲詩，不事雕琢，以理勝。)
王棻《（光緒）永嘉縣志》卷三十三		(14) 王汶《水心先生墓下作》(《羣賢小集拾遺》：排雲上殊庭，備物儼神道。含酸步逶迤，積痗思遐縹。乘風來帝旁，說駕落窮島。百聖集會期，萬化資斧藻。瞻前鳳飄飄，顧後龍矯矯。寶璐列中華，韶音被夷獠。肅肅闕里牆，萋萋墓林草。誰尸兩楹夢，而復悲一老。曩余稚養蒙，今日幸茹蓼。超然欲徑陳，窅爾竟虛抱。育德德何成，果行行何造。沔彼江海流，不納此行潦。青松露珠團，怪石紫烟遶。千年萬年垂，封樹等穹昊。)
王棻《（光緒）永嘉縣志》卷三十六		(15) 先天二年，於龍興別院端坐入定，殯於西山之陽。覺唱道著明，修證悟入。慶州刺史魏靖都輯綴之，號《永嘉集》(《高僧傳》)。李邕作《神道碑》云：無證無修，不離此心而得佛；或默或語，未嘗有法以示人。

表一千七百九十九

作者/文獻	版本	用　　例
王夫之《張子正蒙注》卷二上	清船山遺書本	(1) 天不言而四時行，聖人神道設教而天下服。誠於此，通於彼，神之道與！《觀》之象曰"神道設教"，非假鬼神以誣民也，不言而誠盡於己，與天之行四時者順理而自然感動，天下服矣。天以化爲德，聖人以德爲化，惟太和

續表

<table>
<tr><th>作者/文獻</th><th>版本</th><th>用　例</th></tr>
<tr><td>王夫之
《張子正蒙注》
卷二上</td><td rowspan="4">清船山遺書本</td><td>在中，充實誠篤而已。
（2）天不言而信。四時不忒，萬物各肖其之類謂信。神不怒而威。聖人神道設教，而天下服。</td></tr>
<tr><td>王夫之
《張子正蒙注》
卷八下</td><td>（3）交鬼神異於人，故夫婦而同几。人道則夫婦有別，交祖考者以神道，神則陰陽合德而資生，孝子慈孫以其精意感神於漠，即己之志氣而神在焉。已爲考妣合一之身，不得有陰陽男女之異，鬼神無嫌，不必别也。</td></tr>
<tr><td>王夫之
《周易内傳》
卷二上</td><td>（4）觀天之神道，而四時不忒。聖人以神道設教，而天下服矣。“觀”者，天之神道也，不言不動而自妙其化者也。二陽在天位，自天以下皆陰也。天以剛健為道，垂法象於上，而神存乎其中。四時之運行，寒暑風雷霜雪，皆陰氣所感之化，自順行而不忒。聖人法此，以身設教。</td></tr>
<tr><td>王夫之
《周易内傳》
卷三下</td><td>（5）上六從上而劓之，六三從下而刖之。處困而受傷，不足為君子之困。所困者柔，不明加以劓刖，以赤紱相縻縶耳。欲説此者，未可遽也。敬以自持，而以神道感格之理極勢窮，小人且悔罪而相釋矣。</td></tr>
<tr><td>王夫之
《詩廣傳》
卷一</td><td rowspan="2">清同治湘鄉曾氏金陵節署刻本</td><td>（6）馬援之戒曰：聞人過失，如聞父母之名，耳可得聞，口不可得言也。不可言者，弗忍言也。不忍天下之有此事，乃可以觀民；不忍吾心之有此言，乃可以觀我。不言而靡爭，君子之神道設教也。</td></tr>
<tr><td>王夫之
《詩廣傳》
卷五</td><td>（7）《商頌》：采備五色，和備五味，樂備五音，臭備五氣，孝子之以享其先者，無不備也。雖然有異道矣！記曰：之生而致死之，不仁而不可爲也；之死而致生之，不知而不可爲也。死而求之生，亡而求之存，奚但其不知哉？求之者，非其類；意不至，神不徠。如弗求也，殆於不仁矣。故祭之備物也，有人道焉，有神道焉。采五色，和五味，以人享之也，弗忍致之死也。樂五音，臭五氣，以神求之也，弗忍求之而弗得也。周尚文，求之於臭，弗求之味。殷尚質，求之於聲，弗求之色。聲臭者，神之所主也。</td></tr>
<tr><td>王夫之
《黄書》</td><td>清船山遺書本</td><td>（8）《易》曰：觀，盥而不薦，有孚顒若。陰長於下，連類遂志，刑害陰私，貪吝汙鄙，偪天位而無忌，故聖人神道以示觀。退省其躬，行不言之教，成加民之治，故曰下觀而化，慎所示也。明興，家法忠質，宫庭潔清，無別館、離宫之崇飾，龍舟、步輦、馳道旁午之遊觀，無置騎、飛舸、千里割鮮、銅狄花石之供，無算車、料產，均輸、酒酢、香藥、子母責息之利謀，觀道盡矣。而貪沿下遊，極重不復者，法教不施而風俗苟簡也。</td></tr>
</table>

續表

作者/文獻	版本	用　　例
王夫之《薑齋詩文集》薑齋文集卷十	四部叢刊景船山遺書本	(9) 甲申歲，以寇退遺骴滿野，募僧拾而瘞之，竝使修懺摩法。仍曰：此自王政掩骴骼之一事，顧今不以命之僧，吾懼僕傭之狼籍也。已屬之矣，固不容執吾素尚而廢其事。此亦神道設教之意，汝曹勿謂我佞佛而或效之。
王夫之《周易外傳》卷二	清船山遺書本	(10) 高宗承亂而恭默不言，所繇異於仲康之允征，宣王之南伐矣。故曰：聖人以神道設教，陰以鬼來，我以神往，設之不妄，教之不勤，功無俄頃而萌消積害，聖人固不得已而用觀。然彼得已而不已者，其後竟如之何也？可以鑒矣。故歌舞於堂則魅媚於室，磔禳於户則厲嘯於庭。極於鬼神，通於治亂，道一而已。
王夫之《周易外傳》卷三		(11) 觀時失而無可爲，則以神道涖人，而權留天位。萃位定而有可孚，則以鬼道絶物，而怨恫交興。保匽瀦之流，絶往來之益，君子之道而細人之暱，難免於咎，能勿虞乎？
王夫之《周易外傳》卷六		(12) 神道以教，而用終在人。典常在率辭之後，而無有典要立於象數之先。然則邵子且未之逮也，而況京房管輅之徒乎？
王夫之《四書訓義》卷九	清光緒潞河啖柘山房刻本	(13) 吾不知夫子悲天閔人之心何如，而於蔑天倫、起禍釁之事聞若未聞，未嘗驚以告人焉。言人事則言神道，況乎所學之已窮神知化，則本天以徵人亦以明道，而非爲妄則語之。吾不知夫子格幽窮微之智何如，而於氣之屈伸、物之變化知若不知，未嘗顯以明示焉。嗛則此四者，誠不可語也，不屑語也，不忍語也，不易語也。
王夫之《禮記章句》卷四	清船山遺書本	(14) 形體已反於土，魂無所依，故祭而安之也。視牲、舍奠，各有有司。視牲者，同主人歸相視牲；舍奠者，留墓次待築墓成。設几筵奠脯醢於墓左，以安死者之形也，亦兩求諸陰陽之義也。迎精而虞，其事重，故主人速反而視牲；送形而奠，其事輕，故有司奠而不必主人，神道以精為貴也。舍，置也。置奠者，一獻而無尸。反者，待舍奠之有司反也。禮並舉則瀆，故須有司反，知奠事畢而後虞也。古者，墓地在近郊內，旦而葬，日中而虞，祭祀不可接於昏也。

續表

作者/文獻	版本	用　　例
王夫之《禮記章句》卷二十一	清船山遺書本	(15) 卒哭而諱（卒子律反）。在殯不諱者，不忍遽以神道事親也。卒哭則祔，祔斯神矣。
王夫之《禮記章句》卷三十二		(16) 敬神事鬼之義而言，君子主敬以敦行仁義，用為民表，其道既盡，而王者父天母地，以為天下君。大觀在上，神道設教，幽明之治，初無二理，故殷人尊神以為道。

表一千八百

作者/文獻	版本	用　　例
王弘撰《砥齋集》卷一下	清康熙十四年刻本	(1) 吾不貴其堅淨信之種，而貴其滅慳貪之垢，利而導之，鼓舞而從之。此象教之設，將以佐刑賞之所不建？先王之所謂神道可使由之而不可使知之者也。此吾所以勸也。夫今之世，何世與？滔滔者天下皆是也，而又敢謂其鬼之不神，且吾嘗睠顧行吟於其間矣。河山如故，風景不殊，戚然有反古復始之思焉。嗚呼！民德之歸於厚也，何日哉？

表一千八百零一

作者/文獻	版本	用　　例
王宏《周易筮述》卷二	清文淵閣四庫全書本	(1) 夫《易》之未作《易》，在太極之先；《易》之既作《易》，在八卦之內。八卦畫而吉凶定，吉凶定而大業生。以言乎法象之大，則有《易》中之天地乾坤是也；以言乎變通之大，則有《易》中之四時震巽六子是也；以言乎著明之大，則有《易》中之日月離坎是也；以言乎崇高之大，則有《易》中之富貴日新盛德富有大業是也；以言乎利用之大，則有《易》中之聖人神道設教順動服民是也；以言乎深遠之大，則有《易》中之蓍龜某爻吉某爻凶是也。此皆《易》中之大業，非聖人立卦作《易》，孰能備天下之物，致天下之用，成天下之器，若是其廣大悉備乎。

續表

作者/文獻	版本	用例
王宏《周易筮述》卷三	清文淵閣四庫全書本	(2) 按：此乃勉人以誠敬之言，是固一道也。然有不可拘者，神道遠，豈必問一事即告一事？如人之問答者，要自有曲暢旁通之妙耳。如子貢問貧富而悟切磋琢磨，子夏問素絢而悟禮後。誦詩者且然，况《易》之不可為典要哉？

表一千八百零二

作者/文獻	版本	用　　例
王篯之《續友聲集》白雲軒存稿卷一	清咸豐刻本	(1)《天妃閘》：洪湖滙巨浸，奔流注此閒。水花翻雪浪，晴雷吼瀑泉。漕艘峩峩來，如過虎牙灘。竹纜穿碑孔，磑旋名絞關。一艘衝波上，邪許百夫牽。呀然立峭壁，攢篙相排連。長年端持舵，萬力使之前。往往觸石破，一退箭離弦。勢危仗神道，出險皆歡顔。禄米資正供，輓輸何其艱。

表一千八百零三

作者/文獻	版本	用　　例
王筠《説文解字句讀》卷十三下	清刻本	(1) 場，祭神道也。（道字未詳。《玉篇》引《國語》：屏攝之位曰壇，壇之所除地曰場。）

表一千八百零四

作者/文獻	版本	用　　例
王闓運《周易説》卷二	清光緒三十二年刻湘綺樓全書本	(1)《彖》曰：大觀在上，（蜀才曰：此本乾卦。案：柔小浸長，剛大在上，其德可觀，故曰“大觀在上”也。觀上加大，以二陽同德也。）順而巽，中正以觀天下。（虞曰：謂陽息臨二，直方大。臨者，大也。在觀上，故稱“大觀”。順，坤也。中正謂五。五以天神道觀示天下，咸服其化，賓於王庭。）觀，盥而不薦，有孚顒若，下觀而化也。……觀天之神道，而四時不忒。（鄭曰：坤爲地，爲眾。巽爲木，爲風。九五，天子之爻。互體有艮。艮為鬼門，又爲宮闕。地上有木。而爲鬼門宮闕者，天子宗廟之象也。虞曰：

續表

作者/文獻	版本	用例
王闓運《周易説》卷二		忒，差也。神道謂五。臨，震兌爲春秋，三上易位，坎冬离夏，日月象正，故“四時不忒”。地隨風行軌道四游之象，故“神道定四時”。）聖人神道設教，而天下服矣。（虞曰：聖人謂乾，退藏於密，而齊於巽，以神明其德教，故“聖人設教”，坤民順從，而天下服矣。聖人廵守分方，亦法四游也。設，陳施也。）
王闓運《周易説》卷七	清光緒三十二年刻湘綺樓全書本	（2）顯諸仁，藏諸用，鼓萬物而不與聖人同憂，盛德大業至矣哉！（荀曰：盛德者天，大業者地也。侯曰：聖人成務，不能無心，故有憂。神道鼓物，寂然無情，故無憂也。鼓之以震，謂乾元也。樂天无憂，聖人有憂者，憂萬物也。作《易》明道，則聖亦无憂矣，故盛大至也。） （3）顯道神德行，是故可與酬醋，可與右神矣。（馬曰：右，配也。虞曰：乾二五之坤，成离日坎月，日月在天，運行照物，故“顯道神德行”。默而成，不言而信，存乎德行者也。《九家易》曰：陽往爲酬，陰來爲醋，陰陽相配，謂之右神也。孔子言大衍以下，至於能事畢矣。此足以顯明易道，又神易德行，可與經義相斟酌也。故喻以賓主酬醋之禮，所以助前聖發見其神祕矣。禮飲酒，主人酌賓，爲獻；賓酌主人，爲酢；主人飲之，又酌賓，爲酬也。先舉爲酢，荅報爲酬，酬取其報，以象陽唱陰和，變化相配，是助天地明其鬼神者也。道神道之不測者，德行德之見於行事者，皆以易變顯之也。乾之大有，仍爲大有之乾，故與酬酢矣。“陰陽不測之謂神”，易可上配之也。） （4）探嘖索隱，鉤深致遠，以定天下之吉凶，成天下之亹亹者，莫善乎蓍龜。（嘖，《九家》作“冊亹”，李本作“娓”，陸本作“亹”。……夫幽隱深遠之情，吉凶未兆之事，物皆勉勉然願知之，然不能也。及蓍成卦，龜成兆也。雖神道之幽密，未然之吉凶，坐可觀也。是蓍龜成天下勉勉之聖也。）
王闓運《周易説》卷八		（5）精義入神，以致用也；利用安身，以崇德也。（《九家易》曰：利用，陰道用也。謂姤時也。……姚曰：陽稱精，陰爲義。入在初也。陰陽在初，深不可測，故謂之“神”。變爲姤復，故曰“致用也”。干曰：能精義理之微，以得未然之事，是以涉於神道，而逆知禍福也。德期於用而用必崇德，故聖人入神而不爲神利用，而必自安身也。）
王闓運《八代詩選》卷一	清光緒十六年江蘇書局刻本	（6）《大將軍宴被命作詩》（陸雲）：皇皇帝祜，誕隆駿命。四祖正家，天祿保定。叡哲惟晉，世有明聖。如彼日月，萬景攸正。巍巍明聖，道隆自天。則明分爽，觀象洞玄。陵風協極，絶輝照淵。肅雍往播，福祿來臻。在昔姦臣，稱亂紫微。神風潛駭，有赫茲威。靈旗樹斾，如電斯揮。致天之屆，於河之沂。有命再集，皇輿凱歸。頹綱既振，品物咸秩。神道見素，遺華反質。辰晷重光，協風應律。函夏無塵，海外有謐。芒芒宇宙，天地交泰。王在華

續表

作者/文獻	版本	用　例
王闓運《八代詩選》卷一	清光緒十六年江蘇書局刻本	堂，式宴嘉會。玄暉峻朗，翠雲崇靄。冕弁振纓，服藻垂帶。祁祁臣僚，有來雍雍。薄言載考，承顔下風。俯覿嘉客，仰瞻玉容。施已唯約，於禮斯豐。天錫難老，如嶽之崇。 (7)《大安二年夏四月大將軍出祖王羊二公於城南堂皇被命作此詩》：時文惟晉，天祚有祥。聖宰作弼，受言既臧。有赫斯庸，勳格昊蒼。景物臺暉，棟隆玉堂。惟常思庸，大興光迪。聖敬遠躋，神道玄邈。思媚三靈，誕膺天篤。嘉命既辱，王人言告。翼翼王人，言告惟慕。公輿駕言，乃眷斯顧。華旂飛藻，鳴鸞振路。騑騑四牡，噓天載步。我有高夏，如雲斯薈。彫軒戾止，薄言嘉會。問誰在宴，惟俊惟乂。豐俎殷薦，獻酬交泰。攸攸昊天，南正興言。朱明有暐，萬葉翠繁。昌雲垂天，凱風熙顔。王臣在此，貽宴於懽。懸象西頹，虞淵納景。嘉樂未晞，嚴駕已整。行矣征人，身乖路永。飛驂顧懷，華蟬引領。遺思北京，結轡臺省。
王闓運《八代詩選》卷五		(8)《從幸洛水餞王公歸國詩》（王浚）：聖主應期運，至德敷彝倫。神道垂大教，玄化被無垠。欽若崇古制，建侯屏四鄰。皇輿迴羽蓋，高會洛水濱。臨川講妙藝，縱酒釣潛鱗。八音以迭奏，蘭羞備時珍。古人亦有言，爲國不患貧。與蒙廟庭施，幸得廁大鈞。羣僚荷恩澤，朱顔感獻春。賦詩盡下情，至感暢人神。長流無舍逝，白日入西津。奉辭慕華輦，侍衛路無因。馳情繫帷幄，乃心戀軌塵。
王闓運《（光緒）湘潭縣志》卷八之三	清光緒十五年刻本	(9)《宋史》言：棐，潭州長沙人。曾鞏《隆平集》則云：潭州湘潭人。今攷王安石撰棐《神道碑》言：狄氏當五代之亂，占潭之湘潭。黄廷堅《狄遵禮墓誌》亦偁：避五代亂，去太原，占籍湘潭間。
王闓運《湘綺樓全集》文集卷六	清光緒刻本	(10) 皇朝追贈總督銜調任山西巡撫湖北巡撫謚文節常公神道碑

表一千八百零五

作者/文獻	版本	用　例
王鎏《錢幣芻言》續刻	清道光刻本	(1) 按：行鈔莫患于屢更其法，故必誓之明神，永不變法。盟詛之法，《周官》掌之。神道設教，聖主所不廢也。令出惟行，談何容易耶？抑鄙人更有說焉。賈生之論禁銅，劉巴之論大錢，張詠之行交子，爲千古理財之良法，宜

續表

作者/文獻	版本	用　例
王鎏《錢幣芻言》續刻	清道光刻本	封爲財神，令天下之民祀之。此事更近迂可笑！然而鼓舞小民信從之，法則莫善於此。用函一條，緣在京師中有一名士，言行鈔恐易遭水火之虞，故爲此議。

表一千八百零六

作者/文獻	版本	用　例
王懋竑《讀書記疑》卷一	清同治十一年福建撫署刻本	(1) 四時不忒，卽天之神道也。《禮記》曰：天有四時，春秋冬夏，風雨霜露，無非教也。神道設教，亦卽天之神道。孔子曰：天何言哉？四時行焉，百物生焉。可以見其旨矣。在天爲元亨利貞，在人爲仁義禮智，故曰：天人一也，更不分别。
王懋竑《讀書記疑》卷十六		(2)《司馬温公神道碑》多用議論，非史漢舊法，與韓、歐異矣。荆川宗蘇學，故以爲奇絶，而鹿門不甚取，此文鹿門是也。
王懋竑《朱子年譜》卷二	清文淵閣四庫全書本	(3)《神道碑》云：公之教人，必使之先有以察乎義利之間，而後明理居敬，以造其極。其剖析開明，傾倒切至，必竭兩端而後已。蓋其常言有曰：學莫先義利之辨。而義也者，本心之所當為而不能自已，非有所為而為之者也。一有所為而後為之，則皆人欲之私，而非天理之所存矣。

表一千八百零七

作者/文獻	版本	用　例
王鳴盛《蛾術編》卷六十	清道光二十一年世楷堂刻本	(1) 夏竦欲誅保塞兵：《歐陽修傳》：夏竦欲誅保塞脅從者二千餘人，夜半屏人以告修，修止之。蘇子由譔《神道碑》，則與修謀誅保兵者，富文忠公弼也。竦最惡修，安肯與之密議？當以《神道碑》爲正。
王鳴盛《蛾術編》卷七十六		(2) 翰林三學士方崧卿云：公陽山之貶，《寄三學士》詩，敘述甚詳，而《行狀》但云：爲幸臣所惡，出宰陽山。《神道碑》亦只云：因疏關中旱饑，專政者惡之。而公詩云：或自疑上疏，上疏豈其由。則是未必上疏之罪也。 (3) 皇甫湜作公《神道碑》云：關中旱饑，人死相枕籍。吏刻取怨，先生列言天下根本，民急如是，請寬民徭而免田租，專政者惡之，遂貶。然則不因論宫市明甚。

續表

<table>
<tr><th>作者/文獻</th><th>版本</th><th>用　　例</th></tr>
<tr><td>王鳴盛
《西莊始存稿》
卷十二</td><td rowspan="3">清乾隆三十年刻本</td><td>(4)《金軒來文學招同錢籜石編修韋葯仙舍人謝金圃編修吳杉亭舍人錢辛楣贊善家蘭泉舍人遊萬泉莊》：九十春忽半，枯坐成書癡。金生來喚我，今日花朝期。城南足煙景，斗酒聊可攜。蘆塘可遊釣，苔磴可攀躋。何苦擲心力，鑽此故紙堆。拋書笑絶倒，此語良復佳。撩撥我狂興，破費君酒貲。迢迢白紙坊，漸少塵侵衣。峩峩右安門，出城行長隄。溪山我故人，數載會面稀。今晨喜相見，翠色浮鬢眉。雙輪簸復停，殘夢醒復迷。恰如擽子船，搖兀翻忘疲。行行三四里，道旁見殘碑。感彼柏下人，學仙塚纍纍。（大几了一邯鄲子《荆公神道碑》，背刻《遺世頌》一首。）稍南又一塚，長生道院基。……我兄近逃禪，吳謝各不羈。獨有賢主人，乃是新相知。樂哉今夕會，醉起爭留題。試待紅藥圻，重來問豐宜。</td></tr>
<tr><td>王鳴盛
《西莊始存稿》
卷二十七</td><td>(5) 義莊之設，宗法之變，而合乎古者也。在宋皇祐初，范文正公實剏斯舉，錢公輔記之，載于《宋史》及《東都事略》，而歐陽公作《神道碑》不著其事者，偶遺之爾。</td></tr>
<tr><td>王鳴盛
《西莊始存稿》
卷三十一</td><td>(6) 讀《宋史・歐陽修傳》：此《傳》云：夏竦欲誅保塞脅從者二千餘人，夜半屏人以告修，修止之。蘇子由撰《神道碑》，則與修謀誅保兵者，富文忠公弼也。竦最惡修，安肯與之密議？當以《神道碑》爲正。</td></tr>
<tr><td>王鳴盛
《十七史商榷》
卷八十四</td><td rowspan="2">清乾隆五十二年洞涇草堂刻本</td><td>(7) 張說譔《神道碑》，正與《新書》合。見《英華》八百八十三卷。
(8) 張九齡譔《神道碑》，正與《新書》合。光庭卒於開元二十一年，碑立於二十四年。</td></tr>
<tr><td>王鳴盛
《十七史商榷》
卷八十七</td><td>(9) 光庭《神道碑》，張九齡譔，玄宗御書。
(10) 光庭傳異同：《舊書》：行儉父定高，馮翊郡守。宋板《張九齡文集・光庭神道碑》作“定，周大將軍、馮翊太守”云云。……雖《英華》所載張說譔行儉《神道碑》已作“定高”，予所得九齡譔《碑》石本，此文已剝落，但宋板甚明，似為可據。
(11) 然《舊傳》不載“十事要說”，而《文苑英華》八百八十四卷、張說譔《神道碑》亦無此。若謂“《新書》濫采小說不可信則非”，蓋《神道碑》簡略草率之至，事蹟殊覺寥寥。此眞不可解，不足據也。
(12)《皇甫湜持正文集》第六卷、《韓文公神道碑》云：四年十二月丙子，薨靖安里第。遺命喪葬，無不如禮。俗習異教，畫寫浮圖，日以七數之，及拘陰陽，所謂吉凶，一無污我。
(13) 宋璟無字：舊新《宋璟傳》皆無字，而顏眞卿譔《神道碑》，其文載顏《文集》第三卷，又載都穆《金薤琳瑯》第十六卷。此《碑》今在直隸順德</td></tr>
</table>

續表

作者/文獻	版本	用　　例
王鳴盛 《十七史商榷》 卷八十七	清乾隆五十二年洞涇草堂刻本	府沙河縣北。 (14) 自廣平徙：《新》但云“刑州南和人”，《神道碑》同，而《舊》則此下多一句，云“其先自廣平徙焉”。此句卻不可少。 (15) 今墓東别碑，在宋已剥。今又隔六七百年，剥落更甚。然篆額“唐贈邢州刺史宋府君神道碑”十二字，標題“唐故贈邢州刺史宋公神”十字，皆極明。 (16) 攷《通鑑》第二百七卷，長安四年十二月，敍此事，正與《舊書》同，而顔公所作《神道碑》，於此則云“内史”。 (17) 三使皆辭：《新傳》言：詔璟案獄揚州，又詔案幽州都督屈突仲翔，又詔副李嶠使隴蜀，三使皆辭。易之冀璟出劾奏誅之，計不行。此事《舊傳》及《神道碑》皆無。……若果能劾奏誅之，何分内外？果有此事，關繫歷官出入。《神道碑》不宜不載，當從《舊書》。 (18) 玄宗嗟嘆良久，即拜刑部尚書。此事亦見《顔公神道碑》。 (19) 明年，官名改易，爲侍中。……此二事，《舊》皆無，《神道碑》亦皆無。……此二事，《新》無，《神道碑》亦皆無。以上各條，雖小有得失，然皆尚可兩通。 (20) 璟有八子：《舊傳》不言璟有幾子，但載其子事。凡六人，昇、尚、渾、恕、華、衡也。《新書》據之，直言璟有六子。而《世系表》則璟八子，昇之上尚有復，華之上尚有延，《傳》與《表》不相應也。《神道碑》則云“公有七子”，而其下列八人，名皆與《世系表》合。
王鳴盛 《十七史商榷》 卷八十九		(21) 晟《神道碑》，裴度撰，柳公權書，立於太和三年。趙崡所見石已泐，今本乃後人重刻者，其文簡略之至。晟純忠大功，多所遺落，如破朱泚，收京城。功之尤大者亦甚略，殊不可解。……而《神道碑》云：嗣子聽，以太和元年七月，上疏言：公之徽烈，則御製碑文於渭川矣。 (22)《陸宣公集》第八卷、《賈耽東都留守制》有云：賈耽，豁達貞方，識通大體，明九域山川之要，究五方風俗之宜。卽一命官制詞亦必及之，可知耽地學爲當時所重。而鄭餘慶所譔耽《神道碑》，述之亦詳，約不下三百字。見《文苑英華》第八百八十七卷。
王鳴盛 《十七史商榷》 卷九十一		(23) 司空圖《一鳴集》第五卷、《太子太師致仕盧公神道碑》，題下注“名渥”，文則云：諱某，字子章，位終檢校司徒。子膺，刑部侍郎。《世系表》亦有其人，所載亦與《神道碑》合。……洪邁《容齋續筆》第十四卷，誤以司空圖《神道碑》爲盧知猷譔。

續表

作者/文獻	版本	用　例
王鳴盛《十七史商榷》卷九十一	清乾隆五十二年洞涇草堂刻本	(24) 牛僧孺新舊互異：舊《牛僧孺傳》：父幼簡。《文苑英華》第八百八十八卷、李珏譔僧孺《神道碑》、杜牧《樊川集》第七卷、僧孺《墓志銘》，皆作“幼聞”。……其餘皆略去不書，《神道碑》一槩略去。……《神道碑》及《墓志》皆不言其卒後有謚，《舊書》則云“謚文貞”，《新書》“謚文簡”，未知孰是。《舊傳》於僧孺大加褒美，其惡無一及。交結劉稹事，《神道碑》及《墓志》尚皆爲之辨，《新傳》則直書之，而《舊傳》隱而不言。
王鳴盛《十七史商榷》卷九十五		(25) 史匡翰尚高祖女：《歐史·史匡翰傳》：尚晉高祖女，是爲魯國長公主。《薛史》則云：長公主，高祖之妹。予得匡翰《神道碑》拓本，朝議郎尚書吏部員外郎知制誥陶穀譔，待詔朝散大夫太府卿賜紫金魚袋閻光遠書。《碑》云：尚魯國大長公主。 (26) 後《李琪傳》言：琪在唐爲霍彦威作《神道碑》，敍彦威在梁事不目梁爲僞，為道所駁。
王鳴盛《十七史商榷》卷九十七		(27) 攷王禹偁《小畜集》第二十八卷、《康延澤神道碑》云：我太祖開國，以荊湘未下，詔宣徽南院使李處筠、襄帥慕容延釗南討，公實從焉。 (28) 右諫議大夫楊夢申奉敕撰《大漢都統進封定王劉繼顒神道碑》云：天會十二年，今皇帝踐祚之初年也。十七年，繼顒卒。末題：廣運元年，歲次甲戌，五月丙午朔。

表一千八百零八

作者/文獻	版本	用　例
王謨《江西考古録》卷九	清乾隆問松園刻本	(1) 又按張華《博物志·曹著傳》：其神自云姓徐，受封廬山。後吳猛經過，山神迎猛，猛語曰：君王此山，近六百年，符命已盡，不宜久居非據。猛又贈詩云：仰矚列仙舘，俯察王神宅。曠載暢幽懷，傾蓋付三益。酈道元云：此乃神道之事，亦有換轉，理難詳矣。

表一千八百零九

作者/文獻	版本	用　例
王念孫《讀書雜志》逸周書第二	清道光十二年刻本	(1) 觀天之神道，而四時不忒，則天之不失時，非因王政而致然也。《藝文類聚·帝王部二》、《太平御覽·皇王部九》引此，竝作“土不失其宜，天下不失其時。”

續表

作者/文獻	版本	用　　例
王念孫 《讀書雜志》 戰國策第二	清道光十二年刻本	（2）《漢緜竹令王君神道》，“緜”字作“縣”，是其證也。
王念孫 《讀書雜志》 史記第一		（3）《漢緜竹令王君神道》，“緜”字作“緜”，是其證也。
王念孫 《讀書雜志》 漢書第二		（4）《水經·河水注》云：故瀆東北逕戚城西。漢高帝十二年，封將軍李必爲矦國，皆其證也。……元狩五年，坐爲太常縱丞相侵神道，爲隸臣。
王念孫 《讀書雜志》 漢書第七		（5）漢印有《圜陽宰印》《少室神道石闕銘》《開母廟石闕銘》竝有“西河圜陽馮寶”，《劉寬碑陰》有“西河圜陽田植”，是“圁水”之“圁”古皆作“圜”也。
王念孫 《讀書雜志》 淮南内篇第一		（6）《漢緜竹令王君神道》，“緜”字作“縣，是其證也。
王念孫 《讀書雜志》 漢隸拾遺		（7）“開母廟興治神道闕”，《少室石闕銘》亦云“興治神道”矣。

表一千八百一十

作者/文獻	版本	用　　例
王芑孫 《淵雅堂全集》 惕甫未定藁 卷二	清嘉慶刻本	（1）讀史者，但讀其封禪、平準諸書，未有能爲子長氏之文者也。讀班者，但讀其《地理志》《禮樂志》，未有能爲孟堅氏之文者也。讀韓者，而但求之《平淮西碑》《張中丞傳後序》，遂能爲韓乎？讀歐者，而但求之《范公神道碑》《外制集序》，遂能爲歐乎？今夫人揖讓進趨，折旋俯仰，儀之盛者也，而精神意氣之微，則常自露於其所忽。文也亦然，必觀其不必用意者，而後用意者可得而識，可得而學也。
王芑孫 《淵雅堂全集》 惕甫未定藁 卷八		（2）《又與蘭泉先生三》：芑孫以亡弟葬事，久在吳門。比還華亭，始得讀朔日教墨。具審起居康勝，滇事別有商量，甚慰懸仰。……幸甚！示及墓表，結銜在後。語合諸昔賢文集，類皆如是，自必古人曾有此例。惟石刻在今者，《神道碑》至多，而《墓表》罕見。其《神道碑》書撰人名，仍在前三行二

續表

作者/文獻	版本	用　　例
王芑孫《淵雅堂全集》惕甫未定藁卷八	清嘉慶刻本	行。顔魯公所書諸碑，可覆按也。古人以墓東南爲神道，南雷黄氏以神道、墓表爲一物，既名異而實同，似亦分條而共貫。在前在後，各由所便。國家格令，墓碑製度，修短遞殊。今亡弟墓小，限于地而贈階五品，依古之制，則不能適立于東南。就今法則，其石未免稍殺功令。貴得同賤，賤不得同貴，故石從其殺。但石既不豐文逾千字書者，窘於邊幅，故用來指結銜在後之例。雖用此例，而私心實未敢謂《神道碑》。結銜在前，《墓表》決在後也。其題額則曰"賜葬王君墓表"，亦古别製四字之例。此但因時起義，取便於事，於古於今，實無援據。質之高明，未審以爲何如？
王芑孫《淵雅堂全集》惕甫未定藁卷十		(3) 資政大夫予告光祿寺卿伊公神道碑銘 (4) 秉綬奉喪歸葬，貽書芑孫屬文其神道之碑。芑孫辱與秉綬交，又素知公質行，乃次公生平、出處、志節而爲之。
王芑孫《淵雅堂全集》惕甫未定藁卷二十六		(5) 忠獻父子事迹，具道園所撰《神道碑》。元有天下，習其國俗，崇信蕃僧，帝師國師尊無與上，以故中外臣僚命名，如文殊奴、維摩奴、僧家奴之類，不一而足。忠獻父子，雖出宛平，原非蒙古色目，而爲之世臣大家，日久沿熟見聞，遂亦以金界奴爲名。金界奴者，義取佛氏所謂金色界，猶之僧家奴云爾。

表一千八百一十一

作者/文獻	版本	用　　例
王汝璧《銅梁山人詩集》卷二	清光緒二十年京師刻本	(1)《觀檇李賽會用老泉水官詩韻》：當夏積潦，陰陽之氣有沴。鄉曲愚蠢，史巫紛若，迺相率醵金賽饌。像鬼而娭，絣嬰兒於橦，以爲戲珠。玉繡組雕，繪瑰奇之飾，竭靡羅致，爭相夸炫。邦人士女，佖佖盱盱，相望于塗。……爰作是詩，以示扶俗微意云。南人習尚鬼，事鬼欲勝天。朝載鬼一車，暮送鬼一船。……家人亦皇皇，滿注茱萸煙。我來亟止之，猥言命所關。吁嗟古祀典，一一存簡編。鄉儺有磔攘，土鼓無凶年。神道詎可誣，貨利歆誠難。豈弟神所勞，不繫元與禪。作詩質正直，辯者其來前。

表一千八百一十二

作者/文獻	版本	用　　例
王紹蘭《王氏經説》卷五	清光緒功順堂叢書本	(1) 鬼有所歸，乃不爲厲。……《禮》：天子立七祀有大厲，諸侯立五祀有國厲。欲以安鬼神，弭其害也。……孔子曰：民可使由之，不可使知之。子產達於此也。紹蘭按：《易觀彖》曰：聖人神道設教，而天下服矣。《表記》：夏道尊命，事鬼敬神而遠之，近人而忠焉。殷人尊神，率民以事神，先鬼而後禮。周人尊禮尚施，事鬼敬神而遠之，近人而忠焉。 (2)《爾雅》云：鬼之爲言歸也。鬼有所歸，乃不爲厲。故子產曰：吾爲之歸也。又立公孫洩以説之。《卷阿》云：媚于庶人。民不可使知之。故子產曰：從政有所反之，以取媚也。此卽神道設教，以解鄭人之惑。

表一千八百一十三

作者/文獻	版本	用　　例
王士俊《（雍正）河南通志》卷四十八	清文淵閣四庫全書本	(1) 國俗稟朔漠雄強之氣，統狼虎必勝之師，天威所臨，罔不振蕩靡滅。公每以救人命為已任。至東印度鐵門闕，得能語之獸，上怪其異，召公問之，公對以：此獸名角端，出見則主天降嘉祥於國家，欲陛下之神武不殺也。於是旁近數國，舍而不伐，詔即日班師。神道救人，權輿於此。聞燕薊留後嘗私怒殺人，以車載其首者，公惻然憫之，曰：不意法之獘一至於此。遂奏下令，凡應死者，申朝待報。自是，郡國諸侯不敢擅殺矣。 (2) 宋南渡，二公之後率散處靡存，歲時寢廢，塋域日入蕪穢。逮元至正初，知州元叔儀為之封樹築垣，稍復舊規。至順初，詔禮部又為樹碑神道以表之。 (3) 自三代之餘，六雄競逐，秦居閏位，漢雜霸道，魏氏則三分鼎峙，有晉則偏安江左。降斯以後，粹駁不分。帝迹皇風，寂寥千載。天命聖德，會昌神道。變億兆之視聽，復三五之規模。固以幽明贊協，符瑞彪炳。千年靈蔡，著天性以效徵；三足神鳥，感陽精而表質。

續表

<table>
<tr><th>作者/文獻</th><th>版本</th><th>用　例</th></tr>
<tr><td>王士俊
《（雍正）
河南通志》
卷七十三</td><td rowspan="3">清文
淵閣
四庫
全書
本</td><td>(4) 王浚《從幸洛水餞王公歸國》：聖主應期運，至德敷彝倫。神道重火教，元化被無垠。欽若崇古制，建侯屏四隣。皇輿廻羽蓋，高會洛水濱。臨川講衸藝，縱酒釣潛鱗。八音以迭奏，蘭羞備時珍。古人亦有言，為國不思貧。與蒙廟庭施，幸得側天鈞。羣僚荷恩澤，朱顔感獻春。賦詩盡下情，至感暢人神。長流無舍逝，白日入西津。奉辭慕華輦，侍衛路無因。馳情繫帷幄，乃心戀軌塵。</td></tr>
<tr><td>王士俊
《（雍正）
河南通志》
卷七十五</td><td>(5) 魏文帝《營壽陵詔》：禮，國君即位為椑，存不忘亡也。昔堯葬穀林，通樹之，禹葬會稽，農不易畝，故葬於山林，則合乎山林。封樹之制，非上古也，吾無取焉。壽陵因山為體，無為封樹，無立寢殿，造園邑，通神道。夫葬也者，藏也，欲人之不得見也。骨無痛痒之知，冢非棲神之宅，禮不墓祭，欲存亡之不黷也，為棺槨足以朽骨，衣衾足以朽肉而已。故吾營此丘墟不食之地，欲使易代之後不知其處。……自古及今，未有不亡之國，亦無不掘之墓也。喪亂以來，漢氏諸陵無不發掘，至乃燒取玉匣金縷，骸骨并盡，是焚如之刑也，豈不重痛哉！禍繇乎厚葬封樹。桑、霍為我戒，不亦明乎？其皇后及貴人以下，不隨王之國者，有終没皆葬澗西，前又以表其處矣。蓋舜葬蒼梧，二妃不從，延陵葬子，遠在嬴、博，魂而有靈，無不之也，一澗之閑，不足為遠。若違今詔，妄有所變改造施，吾為戮尸地下，戮而重戮，死而重死。臣子為蔑死君父，不忠不孝，使死者有知，將不福汝。其以此詔藏之宗廟，副在尚書、秘書、三府。</td></tr>
<tr><td>王士俊
《（雍正）
河南通志》
卷七十八</td><td>(6) 宋朱熹《韓文公行略考》：今以李翺所撰《行狀》、皇甫湜所撰《墓誌》《神道碑》、《舊史・本傳》、《資治通鑑》，洪興祖所撰《年譜》，程俱所撰《歷官記》，方崧卿《增攷年譜》，考其同異詳畧，附於本傳之下，以見公之行事本末。……李翺作公《行狀》，亦云：昌黎某人。皇甫湜作《墓誌》，不言鄉里；又作《神道碑》乃云：上世嘗居南陽，又隸延州之武陽。而《舊史》亦但云：昌黎某。今按：《新史》，蓋因李碑而加“鄧州”二字也。
(7)《神道碑》云：十四年，用進士從董晉平汴州。推官，《舊史》作“巡官”。洪《譜》云：二《狀》載公入汴，在十二年丙子，與史合，而《志》《碑》所記，皆後二年，殊不可曉。豈今年辟公以行，至十四年始有成命耶？亦不應如是之緩也。
(8) 今攷：公陽山之貶，《寄三學士》詩，序述甚詳，而《行狀》但云“為幸臣所惡，出宰陽山。”《神道碑》亦只云“因疏關中旱饑，專政者惡之”，則其非為論宫市明矣。</td></tr>
</table>

續表

作者/文獻	版本	用　　例
王士俊《（雍正）河南通志》卷七十八	清文淵閣四庫全書本	(9)《神道碑》云：除尚書都官郎中，分司判祠部。……洪《譜》又云：《神道碑》云：中官號功曹使，司京城觀寺，尚書斂手失職，先生按《六典》盡索之以歸。誅其無良，時其出入。禁譁眾以正浮屠。 (10)《神道碑》云：魏鄆幽鎮各為留邸，貯潛卒以櫜罪士，官無敢問者。先生將擿其禁，以壯朝廷，斷民署吏，俟令其發。留守尹大恐，懼遽相禁。有使還為言，憲宗悅曰：韓愈助我者。是後鄆邸果謀反，東都將署留守，以應淮蔡。 (11) 洪《譜》又云：是年有《石鼎聯句》《贈劉師服詩》《祭石洪文》《李素》《石洪墓誌》《路應神道碑》。……是年有《答劉秀才論史書》，及《烏氏》《田氏廟碑》《鄭儋神道碑》《李虛中》《董溪》《息國夫人墓誌》。洪《譜》云：九年甲午十月甲子，為考功郎中，依前史館修撰。十二月戊午，以考功知制誥。是年有《元微之書》《田弘正書》《送張道士序》《劉昌裔神道碑》《王適》《孟郊》《扶風郡夫人墓誌》。 (12) 今按：《行狀》《通鑒》《論淮西事宜狀》在去年知制誥時，而《神道碑》《新史》則在遷中書舍人之後。 (13) 洪《譜》云：是年有《酧盧雲夫曲江荷花行》《周況妻韓氏墓誌》《王用碑》《科斗書後記》。《行狀》《神道碑》及《舊史》云：十二年丁酉秋，以兵老久屯，賊未滅，上命裴丞相為淮西節度使，以招討之。丞相請公以行，賜三品衣、魚，為行軍司馬，從丞相居於郾城。軍出潼關，公請先乘遽至汴，感說都統弘。弘說用命，師乘遂和。 (14)《神道碑》云：方鎮反，太原兵以輕利誘回紇，召先生禍福，譬引虎齧臃血，直今所患，非兵不足，遽疏陳得失。 (15)《神道碑》云：復為兵部侍郎，銓不鎖入吏。選父七十，母六十，身七十，悉與二利取才，財勢路絶。 (16)《神道碑》云：遺命喪葬無不如禮。俗習荒陋，畫寫浮圖，日以七數之，及拘陰陽，所謂吉凶，一無汚我。 (17)《神道碑》云：朝有大獄大疑，文武會同，莫先發言；先生援經引決，考合傳記，侃侃正色，人伏其詞。《墓誌》云：公洞朗軒闢，不施戟級；平居雖寢食，未嘗去書，怠以為枕，餐以飴口，講評孜孜，以磨諸生，恐不完美；游以詼笑愕歌，使皆醉義忘歸。嗚呼，可謂樂易君子鉅人者矣。
王士俊《（雍正）河南通志》卷七十九		(18)《桐柏山金庭館碑記》（南朝沈約）：夫生靈為貴，有識斯同；道天雲及，終天莫反。終天莫反，故仙學之秘，上聖攸尊。啟玉笈之幽文，貽金壇之妙訣。……以玆丹款，表之玄極。無曰在上，日鑒非遠。銘石靈館，以旌厥心。其辭曰：道無不在，若存若亡。於惟上學，理妙羣方。用之日損，言則

續表

作者/文獻	版本	用　例
王士俊《（雍正）河南通志》卷七十九	清文淵閣四庫全書本	非常。儵焉靈化，羽衣霓裳。九重嶤岉，三山璀璨。日為車馬，芝成宮觀。虹旌拂月，龍輈漸漢。萬春方華，千齡始旦。伊余非薄，竊慕隱淪。尋師講道，結友問津。東采震澤，西遊漢濱。依稀靈眷，仿佛幽人。帝明紹歷，惟皇纂位。屬心鼎湖，脫屣神器。降命凡底，仰祈靈秘。瞻彼高山，興言覆簣。啟基桐柏，厥號金庭。喬峯迥峭，擘漢分星。臨雲置墠，駕岳開櫺。磵塗蹇産，林樹蔥青。誰謂應遠，神道微密。慶集宮闈，祥流罕畢。其久如地，其恒如日。壽同南山，與天無卒。欒生變煉，外示無功。少君飛轉，密與神通。因資遐力，輕舉騰空。庶憑嘉誘，永濟微躬。 （19）上古神道設教，不存乎此耶？天下之人，大抵好義而信神，無强悍不化之習。 （20）真宗聰明英武，用剛鯁不撓之臣，興制舉常平之法。祥符以後，天書疊降，説者以為假神道設教之言，以消逖遠窺覦之志。九野清泰，黔首宴如。仁宗恭儉仁恕，出於天性。

表一千八百一十四

作者/文獻	版本	用　例
王士讓《儀禮紃解》卷二	清乾隆三十五年張源義刻本	（1）主人筵于户西，西上，右几。（主人，女家主昏者。筵，有司爲神布席也。……西上，右几者，席有首尾之記。設之南面，以西爲上。而右設几，神道尊右也。若飲射燕等設席皆東上，以爲人設也。）
王士讓《儀禮紃解》卷十二		（2）奠席在饌北，斂席在其東。（奠席，葦席也。斂席，亦莞與簟也。……溪方氏曰：小斂奠無席，以尸未入棺，不忍以神道事之也。大斂設奠席，以尸在堂上，神或憑焉。既殯，升奠室中，祝執巾席以先之，若神實依而往也。）
王士讓《儀禮紃解》卷十四		（3）士虞禮（三禮館議：自始死至葬，設奠以依之。不立尸，以體魄在殯未遽，以神道事之也。既葬而返，則以安其神靈為亟，而後此之春秋享祀，設主迎尸，自兹始矣。祭，吉禮也。虞則祭而未吉，以其前因乎？喪而後漸趨于吉也。） （4）主人再拜稽首。祝饗，命佐食祭。（饗告，神饗也。饗辭，即《記》所云：哀子某，圭爲而哀薦之饗者也。……至迎精而反，則以神道事之。故尸未入而禮神，為主人祭拜之始。）

表一千八百一十五

作者/文獻	版本	用　例
王士雄《隨息居重訂霍亂論》卷二	清同治刻本	(1) 一、祖父家訓，不許供設神像，遵聖人敬而遠之也。余性尤不佞佛，生長錢塘，天竺山未嘗一到。雖食貧居賤，而最惡持齋之說。先慈聞而責之曰：兒自命通脫，何亦效迂儒口吻乎？夫澹泊自甘者，有幾人哉？雖以聖賢言行教之，其如從而勿改何？蓋愚人必動之以禍福，惕之以報應，而始畏慕勉行也，故具不得已之苦心者。假神道以設教，創持齋之日期，誘而掖之，斡旋不少。

表一千八百一十六

作者/文獻	版本	用　例
王士禎《香祖筆記》卷二	清文淵閣四庫全書本	(1) 揚州銀杏樹内有觀音大士像，寧波洛迦山石有大士竹林鸚鵡像，予皆載之《池北偶談》。閲《文海披沙》一則云：永州蘇山多石淋，以水鋸破，中有觀音、彌勒、寒山、拾得等像。西方聖人神道設教，理或然也。
王士禎《香祖筆記》卷三		(2) 劉昚虛，盛唐詩人之傑。李華作《三賢論》，論昚虛與元德秀、蕭穎士曰：劉名儒史官之家，兄弟以學著稱，述《詩》《書》《禮》《樂》《春秋》為五説，條貫源流，備古今之變。劉名儒在京下，常寢疾，太尉房公時臨扶風，聞之通夕不寐，謂賓從曰：挺卿日若不起，無復有神道。尚書劉公每詣與談，終日忘返，嘆曰：聞劉公清言，見皇王之理矣。
王士禎《香祖筆記》卷十一		(3) 文端公帶平章事三十七年，本朝惟高陽李文勤公（霨）居内閣二十七年，宛平王文靖公（熙）在内閣二十年，二公皆為首揆最久。而王公始終恩禮之厚，尤為本朝宰臣第一。予撰文靖《神道碑》，具書之。 (4) 王禹玉作《麗穎公神道碑》，其家潤筆，粲以古書、名畫三十種，中有唐杜荀鶴及第試卷。予生平為人家作碑版文字多矣，惟安德李氏以楊孟載手書《眉庵集》一部相餉耳。宋時至有督潤筆者，不以為非。唐白樂天與元微之至交，白作元《誌銘》，潤筆亦至五六十萬。今則諛墓之金殆絶響矣。
王士禎《感舊集》卷一	清乾隆十七年刻本	(5)《登岱五十韻》：清晨上泰山，下山未昏黑。登覽興已賒，驅車一何疾？我行渡泗水，望岳心悚栗。原野相却迎，邱陵莽奔逸。……是時天大旱，山枯石將泐。渴游既惺忪，閔雨彌怏悒。元君盛香火，肸蠁走郡國。金錢佐軍儲，羨餘潤私室。神道亦乘除，青帝遂失職。雀鼠穿帷帳，風雨剝韋韠。惜哉陰陽愆，致此驕蹇極。神心本天咫，明禋在國恤。魯童舞傞傞，齊偶笑咥咥。天門開詄蕩，膚寸雲豈息。煢煢蟣虱臣，獨為蒼生泣。

續表

作者/文獻	版本	用　例
王士禎《池北偶談》卷八	清文淵閣四庫全書本	(6)《元法》：元宋子貞作《耶律文正公神道碑》云：河南初破，被俘擄者不可勝計。及大軍北還，逃者什八九，有詔：停留逃民，資給飲食者皆死；無論城郭保社，一家犯禁，餘並連坐。由是百姓惶駭，公進説曰：十餘年間，存撫百姓，以其有用故也。若勝負未分，慮涉攜貳，今敵國已破，去將安往？安有因一俘囚罪數百人者乎？上悟，詔停其禁。
王士禎《池北偶談》卷十六		(7)《景範碑》：鄒平縣西南五六里有小山，曰相公山，山前有景相公墓。墓上有碑，雖闕文，尚可讀。近于奕正作《天下金石志》，亦未之載。録於左云。《大周故銀青光禄大夫中書侍郎同中書門下平章事上柱國晉陽縣開國伯食邑七百户贈侍中景公神道碑銘》（并序），翰林學士朝議郎尚書水部員外郎知制誥柱國賜緋衣袋臣扈載奉敕撰，翰林待詔朝議郎守司農寺丞臣孫崇望奉敕書。帝軒轅乘土德之運，其臣曰奢龍、祝融，能辨方域，以制區夏。帝嬀氏禪陶唐之基，其臣曰伯夷、后夔，能典禮樂，以和人神。上古佐命之道，（闕五字）焉。三政嗣興，圖吏寖盛，彌綸輔翼，代有其人。……銘以紀功，碑以誌行，千載之下，粲然可觀者，其惟神道之表乎！……其詞曰：長白蒼蒼，淄水湯湯。哲人之生，逢時會昌。……猗歟公兮，時用丕顯。
王士禎《居易録》卷二		(8) 孟忠毅公（喬芳），開國名臣。其子（熊弼）求予文其神道之碑。一日，偶訪之師儉堂，恭睹世祖皇帝御賜公畫像一軸，上方篆書“天子命我”四大字。公，永平人也。
王士禎《居易録》卷三		(9) 按：林貞肅俊撰《何文肅喬新神道碑》云：御史鄒魯謀躐大理丞，公薦魏紳，魯遂誣劾公。魯尋謫外，以罪論死，天下快之。
王士禎《帶經堂詩話》卷一	清乾隆二十七年刻本	(10)（《古夫于亭雜錄》）虞山錢先生云：吾讀于瞻《司馬溫公行狀》《富鄭公神道碑》，如萬斛水銀隨地涌出，茫然莫得其涯涘也。晚讀《華嚴經》，稱性而談，浩如煙海，無所不有，無所不盡。乃喟然而歎曰：子瞻之文，其有得於此乎？……余昔有題坡集後絕句云：慶曆文章宰相才，晚為孟博亦堪哀。淋漓大筆千秋在，字字華嚴法界來。

續表

作者/文獻	版本	用　　例
王士禎《帶經堂詩話》卷十五	清乾隆二十七年刻本	(11) 劉昚虛，盛唐詩人之傑。李華作《三賢論》，論昚虛與元德秀、蕭穎士曰：劉名儒在京下，常寢疾，太尉房公時臨扶風，聞之通夕不寐，謂賓從曰：挺卿日若不起，無復有神道。尚書劉公每詣與談，歎曰：聞劉公清言，見皇王之理矣。
王士禎《帶經堂集》卷五十二	清康熙五十年程哲七略書堂刻本	(12)《大周故銀青光祿大夫中書侍郎同中書門下平章事上柱國晉陽縣開國伯食邑七百户贈侍中景公神道碑銘》(并序)，翰林學士朝議郎尚書水部員外郎知制誥柱國賜緋衣袋臣扈載奉敕撰，翰林待詔朝議郎守司農寺丞臣孫崇望奉敕書。 (13) 陋篆籀之質略，我則潤之以(闕)之淪朽，我則鏤之以貞珉。銘以紀功，碑以誌行，千載之下，粲然可觀者，其惟神道之表乎!
王士禎《帶經堂集》卷六十一		(14)《金天行讀開天傳信記作》：我聞開元天子昔封禪，道匆伏謁金天王。名山顯位奠雍土，至今碑版猶焜煌。漁陽鼙鼓一聲動，潼關突騎紛騰驤。驪山烽火未及舉，延秋夜啓何倉皇。五家錦繡照天地，化爲燐火塡陳倉。此時岳神在何許，不聞扈蹕來梁洋。能捍大患禮有祀，五岳望秩殊封疆。少昊所都應井鬼，一朝慴伏眠如羊。神道設教亦兒戲，或關人事有否臧。君不見天寶已事何披猖，不須誚讓金天王。
王士禎《帶經堂集》卷六十六		(15)《论》曰：今之巡撫，與唐之節度、觀察使事權相埒。國初以來，皆握兵柄，後乃稍變易其制。一旦有事，輒束手而聽命於人，所謂倒持太阿，授人以柄者也。……嗚呼，惜矣！然公之歿也。贈官予謚，皆踰常格，又御書其神道之碑。《傳》云：死王事者，加二等。公之邀國恩厚矣，又何憾哉!
王士禎《帶經堂集》卷六十八		(16) 神道碑・墓表・墓誌銘 (17) 光禄大夫總督陝西三邊四川等處軍務少保兼太子太保兵部尚書兼都察院右副都御史世襲阿思哈尼哈番贈太保謚忠毅孟公神道碑銘
王士禎《帶經堂集》卷七十六		(18)《登忠州屏風山記》：忠州，《漢地里志》之臨江，南宋陞咸淳府。《水經》：江水又東，逕臨江縣南是也。城堞冠山，略如巴涪，列肆、民居頗輻輳。程生來謁，同遊屏風山。山在岷江之北，山麓二石表：一西南向者，曰大禹廟；一南向者，曰唐陸宣公神道。
王士禎《帶經堂集》卷八十二		(19) 神道碑 (20) 誥授光祿大夫文華殿大學士兼吏部尚書謚文襄李公神道碑銘 (21) 予告光祿大夫少傅兼太子太傅保和殿大學士禮部尚書謚文靖王公神道

續表

作者/文獻	版本	用　例
王士禛 《帶經堂集》 卷八十二	清康熙五十年程哲七略書堂刻本	碑銘 (22) 予告少傅大學士兼禮部尚書宛平王公，以康熙四十二年正月二十七日薨千里第。……早受知于聖祖，晚枋用于今皇，君臣始終，哀榮禮備。歷稽漢唐宋元明以來，名卿碩輔際遇如公者，不一二見，洵名世之偉人也已。公子郎中克昌請銘神道之碑，不獲，牢辭。公諱熙，字子雍，别字胥庭，晚號慕齋，其先任丘人也。 (23) 誥授光禄大夫兵部左侍郎前綏遠將軍總督雲南貴州等處地方軍務兵部尚書兼都察院右副都御史蔡公神道碑銘 (24) 誥授光禄大夫刑部右侍郎前總督湖廣等處地方軍務兼理糧餉兵部右侍郎兼都察院右副都御史蒲陽李公神道碑銘 (25) 生崇德六年六月二十六日，卒康熙四十一年三月十七日，得年六十有二。子三人：錕，正黄旗佐領；鋐，池州府同知，候補僉事；鍇，筆帖式。孫六人某某。錕等以四十二年二月二十一日，大葬公于完縣西北望都坡山陽祖塋之昭，來請銘神道之碑。銘曰：仙李盤根，隴西贊皇。爰及銀州，柯條益昌。峩峩寧遠，功書太常。山河帶礪，與之久長。奕葉蟬貂，遐哉未央。真人應圖，虎變龍驤。攀鱗附翼，耿鄧頡頏。維大司馬，建節楚疆。維公繼之，節鉞相望。北綏雲夢，南奠衡湘。漢有二馮，立洎野王。政如魯衛，歌誦洋洋。公家二難，于漢有光。蒲山巖巖，蒲水湯湯。鬱鬱佳城，名臣之藏。
王士禛 《帶經堂集》 卷八十三		(26) 神道碑・墓表 (27) 誥授光禄大夫護軍統領兼佐領世襲拖沙喇哈番柯公神道碑銘 (28) 大清有佐命禦侮之臣，曰柯爾崑。公歷事四朝，底定中夏，宣力行陣，書功太常。……公績學力行，見稱中朝，以名德世。其家手狀公行事戰功之詳，以授士禛，謂其言可以徵信，宜書神道之碑。士禛不敢辭。 (29) 誥授通奉大夫刑部左侍郎念東高公神道碑銘

表一千八百一十七

作者/文獻	版本	用　例
王澍 《虚舟題跋》 原卷三	清乾隆溫純刻本	(1)《漢開母廟石闕銘》：開母廟，夏启母廟也。漢避景帝諱，故改啓為開。碑建於漢安帝延光二年，與《少室石闕》同時。……其文曰：（闕）開母廟，（闕）神道闕。時太守（闕）朱寵、丞零陵泉陵薛政、五官掾陰林、户曹史夏效、監掾陳脩長西河圜陽馮寶、丞漢陽眞秘後、廷掾趙穆、户曹史張詩、将作掾嚴壽佐左福。

續表

作者/文獻	版本	用　　例
王澍《虚舟題跋》原卷三	清乾隆溫純刻本	(2)《漢嵩山少室石闕銘》：闕建於漢安帝延光二年三月，與《開母廟石闕》同時。碑亡。其年而知是延光二年者，以《開母廟》題名考之皆同，則其同為一時所立無疑也。……空行之下則有“三月三日郡陽城縣興治神道”三行一十二字，又空一行則有“君丞零陵泉陵薛政五官掾陰林户曹史夏效監廟掾辛述長西河圜陽馮寶丞漢陽兾秘俊廷掾趙穆户曺史張”十一行四十四字，又空一行則有“詩将作掾嚴壽廟佐向猛趙始”三行十二字，終焉。
王澍《淳化秘閣法帖考正》卷第四	四部叢刊三編景清雍正本	(3)《唐諫議大夫褚庭誨書》：《墨池編》云：褚庭誨，錢塘人，左散騎常侍，无量之姪。開元中，仕至諫議大夫。按：《舊史・无量本傳》：无量，杭州鹽官人。此稱“錢塘人”者，誤。又按：蘇頲所撰《褚无量神道碑》，稱“庭誨為无量次子，左拾遺”，則此所稱“无量姪及諫議大夫”者，亦誤。
王澍《竹雲題跋》卷四	清海山仙館叢書本	(4) 按：《留元綱年譜》：魯公生於景龍元年己酉，距貞元元年乙丑，年七十有七。因亮《行狀》亦云：貞元二年八月二十四日，希烈使景臻等害公於龍興寺，年七十七。令狐峘《神道碑》則云：今上興元二年八月三日，蹈危致命。而《碑》末復云：貞元初，遇害。

表一千八百一十八

作者/文獻	版本	用　　例
王樹枏《費氏古易訂文》卷二	清光緒十七年青神刻本	(1) 據《嵩山大室神道石闕銘》，“竝天四海”以“竝”爲“普”之假字。
王樹枏《費氏古易訂文》卷三	清光緒十七年青神刻本	(2) 大觀扗上，順而巺，中正目觀天下。觀，盥而不薦，有孚顒若，下觀而化也。觀天之神道，而四時不忒。《石經》於“觀天之神道”下旁添“日月不過”四字。 (3) 聖人神道設教，今本作“以神道設教”。《釋文》云：神道設教，一本作“以神道設教”。

表一千八百一十九

作者/文獻	版本	用　　例
王嗣槐《桂山堂詩文選》文選卷六	清康熙青筠閣刻本	(1) 為菴林疏，即以神道設教，其着筆落想，出人意表。

表一千八百二十

作者/文獻	版本	用　　例
王頌蔚《明史考證攟逸》卷二	民國嘉業堂叢書本	(1)《説文》云：大界曰疆，小界曰場。又邊境也。場，直良切。《説文》云：祭神道也。又收禾圃曰場。是場與場，音義各别。
王頌蔚《明史考證攟逸》卷四		(2) 按：鄱陽之戰，友諒中矢死。有言郭英功者，太祖問之，謙不敢當，太祖益重之。考《開國臣傳》《識大録》及楊榮所撰《神道碑》，皆以此事爲英大節，此獨略而不書。
王頌蔚《明史考證攟逸》卷七		(3) 按：忠，字仲達。洪武末，備禦大寧，有破鼐爾布哈功。見楊士奇所撰《神道碑》。
王頌蔚《明史考證攟逸》卷八		(4) 鄭庶子濟詩云：尚書遂休致，賜第居京洛。黄侍郎福詩云：挂冠神武門，賜第留京師。確有可證。考之茹瑺所撰《神道碑》，無異。 (5) 按：成祖在藩邸時，資有所言，無不聽納。及兵起，資撫輯兵民，供給糧餉，百費所需，未嘗乏誤，帝嘗以蕭何擬之。見楊榮所撰《神道碑》。
王頌蔚《明史考證攟逸》卷九		(6) 按：李賢所撰《神道碑》云：宣德初，以遼東密邇諸番命禮往守，適與敵遇，禮當陣生致賊酋，餘皆潰散。……按：李賢所撰《神道碑》云：景泰甲戌，禮復率兵北討，生致渠魁一人，獲牛馬尤衆。 (7) 按：宗載按交阯，時交阯軍房舊，覆茅多火。宗載乃節官瓦以易之，患遂息。見王直所撰《神道碑》。
王頌蔚《明史考證攟逸》卷十六		(8) 後議世廟神道、廟樂、武舞。按：世廟樂、武舞之設，禮部侍郎朱希周、太常卿汪舉皆疏諫，帝責其妄。見《明實録》。

續表

作者/文獻	版本	用　　例
王頌蔚 《明史考證攟逸》 卷十七	民國嘉業堂叢書本	(9) 按：王宏誨所撰《神道碑》云：胄巡撫山東，時方尋黄河故道，以疏三郡水災，核通省荒田，給民牛種墾之，爲世世永利。未就，而陞南京戶部右侍郎。
王頌蔚 《明史考證攟逸》 卷二十		(10) 按：焦竑所撰《神道碑》云：時行奉命往視大峪山，植言大峪非吉壤。時行與尚書徐學謨暱，故贊其成。憾尚書陳邦經異議，故致其去。時行一一疏辨。 (11) 按：時行馳驛歸時，並遣官護送，仍加賜銀鈔、蟒衣、綵緞寵其行。詳焦竑所撰《神道碑》。 (12) 按：焦竑所撰《神道碑》云：時行卒，特予祭十四壇，遣官敦葬事，特進一品廕子尚寶丞。 (13) 按：焦竑所撰《神道碑》云：時行子三人：兆虬、用懋、用嘉。兆虬早卒。 (14) 按：王家屏所撰《神道碑》：其先山西交城人。
王頌蔚 《明史考證攟逸》 卷二十二		(15) 按：是時，與顯祖相繼攻時行者，爲南御史李用中。見焦竑所撰時行《神道碑》。

表一千八百二十一

作者/文獻	版本	用　　例
王太岳 《四庫全書考證》 卷十九	清武英殿聚珍版叢書本	(1)《廣漢綿竹令王君神道跋》：建寧元年立。 (2)《漢平陽府君叔神道跋》：《隸續》止載“平陽府君叔神”六字。
王太岳 《四庫全書考證》 卷二十九		(3) 又：築神道，北臨昭靈，南出承恩。
王太岳 《四庫全書考證》 卷三十八		(4)《張忠定公詠神道碑》：較著然於人，聽者猶未究悉。 (5)《張刺史綸神道碑》：翩彼飛鴞。 (6)《范文正公仲淹神道碑》：因相與騰口。 (7)《趙樞密瞻神道碑》：列於太常，藏之史官。 (8) 解縉《户部尚書郁公神道碑》：侍講華蓋殿中。 (9) 錢文通《定西侯涇國武勇蔣公神道碑》：公與總督兵部尚書王驥至雲南。

續表

作者/文獻	版本	用　例
王太岳 《四庫全書考證》 卷四十五		(10)《黔州碑記》《崔能神道碑》：原本"崔"訛"豈"。據《集古錄》改。
王太岳 《四庫全書考證》 卷六十二		(11) 案：張說《裴行儉神道碑》：行儉乃仁基子。此作"思諒"，誤。
王太岳 《四庫全書考證》 卷七十一		(12) 白傅，文宗末曾有諫官獻疏，請賜謚。上曰：何不取醉吟先生墓表耶?卒不賜謚。弟敏中在相位，奏立《神道碑》。其文卽李義山之詞也。
王太岳 《四庫全書考證》 卷七十四	清武英殿聚珍版叢書本	(13)《周上柱國齊王憲神道碑》：今之周歷。注：立高祖以下三祖五宗神主而祭之。 (14)《周太子太保步陸逞神道碑》：吳越之兵。注：官帥擁鐸，建肥胡。 (15)《周大將軍司馬裔神道碑》：開金牛之道。注：梁州刺史楊乾運。 (16)《周柱國大將軍紇干弘神道碑》：都督原州諸軍事。注：雍州平涼郡。 (17)《周柱國大將軍爾綿永神道碑》：昔者昌意降居，初分若水之姓。 (18)《周車騎大將軍賀婁公神道碑》：青城仙洞。注：從高祖過濟北。 (19)《周上柱國河州都督普屯威神道碑》：是以行滿天下。注：行滿天下無怨惡。 (20)《周兗州刺史宇文公神道碑》：湛盧終去。注：是五金之英。 (21)《周隴右總管長史豆盧公神道碑》：對於楚戰。注：軍史患之。 (22)《唐恆州刺史建昌公王公神道碑》：天垂兮星紀，地連兮交趾。 (23)《左羽林大將軍臧公神道碑》：任英武兮出入孔休。
王太岳 《四庫全書考證》 卷七十六		(24)《唐故通議大夫張公神道碑銘》：或以人物著，或以閥閱稱。
王太岳 《四庫全書考證》 卷七十七		(25)《盧公神道碑》：思道公為黃門遠公八世祖。 (26)《宋公神道碑》：奉勅撰。戎輅再征。 (27)《前普州刺史康公神道碑》：約日不來，無少長皆殺。
王太岳 《四庫全書考證》 卷七十八		(28)《神道碑》：歲大疫，公儲藥物飲食，所在授病者。 (29)《文莊高公神道碑》：殲蠻於邕，殄寇於貝。 (30)《司馬溫公神道碑》：乃拜手稽首而作詩曰。 (31)《富鄭公神道碑》：周宰相魏仁浦兼樞密使。

續表

作者/文獻	版本	用　　例
王太岳《四庫全書考證》卷八十一	清武英殿聚珍版叢書本	(32)《太子太師文惠陳公神道碑》：堤以捍患，而反病民。 (33)《鎮安軍節度使程公神道碑》：知并州壽陽縣，祕書丞、監左藏庫。
王太岳《四庫全書考證》卷八十五		(34) 案：姚燧《牧菴集》有《趙弼神道碑銘》云：弼浚故漕渠，灌以沮漳之水達湖，入白洑通。漢中置龍岡、奉甲二水驛，四月而成。其敍事較原文為詳。 (35)《石公神道碑銘》：歲丙辰，命使西北親王，遂見留止。
王太岳《四庫全書考證》卷八十七		(36)《禮部左侍郎薛公神道碑銘》：不事夏楚。
王太岳《四庫全書考證》卷八十九		(37) 白居易《嶺南觀察推官張公神道碑銘》：迄不為逆命所汚。 (38) 張說《故括州刺史馮公神道碑》：豈不聞舅氏之厥初乎？ (39) 張九齡《故果州長史李公神道碑》：磁、相二州。 (40) 于肅《内給事章公神道碑》：便蕃省闥。 (41) 蘇頲《高安長公主神道碑》：綫纊鞶袠。 (42) 韓愈《唐司徒許國公韓公神道碑銘》：序是爲齊國太夫人。
王太岳《四庫全書考證》卷九十		(43) 蘇軾《富鄭公神道碑銘》：都監李康伯。 (44)《趙清獻公神道碑銘》：公獨左右其政，而晦其所以然。
王太岳《四庫全書考證》卷九十一		(45) 方希古《東甌王諡襄武神道碑銘》：德慶侯廖權。
王太岳《四庫全書考證》卷九十二		(46)《贈許國公神道碑銘》：有汴、宋、亳、潁四州之地。 (47) 歐陽修《觀文殿大學士行兵部尚書晏公神道碑銘》：請罷監軍，兼以陣圖授諸將。 (48) 蘇軾《司馬溫公神道碑銘》：一綫之溜可以達石者。 (49)《太原王公神道碑銘》：逋滯攸除。 (50)《武恭王公神道碑銘》：定州等路都部署。 (51)《文正王公神道碑銘》：觀公之所以相，而先帝之所以用公者。 (52)《余襄公神道碑銘》：以爲某衛將軍、壽州兵馬鈐轄，辭不拜。

續表

作者/文獻	版本	用　例
王太岳《四庫全書考證》卷九十三	清武英殿聚珍版叢書本	(53) 庾信《周上柱國齊王憲神道碑》：拔伏龍之城，平姚襄之壘。 (54)《周太子少保步陸逞神道碑》：領兵部中大夫，領蕃部。 (55)《周大將軍崔說神道碑》：祖辯，中軍將軍、定州刺史。父楷，鎮北將軍、司馬烈侯。 (56)《大都督同州刺史荼綿永神道碑》：還存三十六國。 (57)《河州都督普屯威神道碑》：祖大汗，武川太守。 (58)《岐州刺史慕容公神道碑》：太宰元天無穆。 (59)《兗州刺史宇文公神道碑》：詔贈某官。 (60) 宋歐陽修《太子太師文惠陳公神道碑》：棄官，家於閬州之西。 (61) 王安石《虞部郎中李公神道碑》：原本"安石"訛"元之"。據《臨川集》改。 (62) 晉陸機《弔魏武帝文》：運神道以載德，乘靈風而扇威。
王太岳《四庫全書考證》卷九十六		(63)《周上柱國齊王憲神道碑》：是謂若木一枝，旁蔭數國。 (64)《周太子太保步陸逞神道碑》：太祖初封函谷，始合諸侯。 (65)《周大將軍司馬裔神道碑》：白馬連旗，將臨野坂。 (66)《周柱國大將軍紇于宏神道碑》：隴頭流水，延望秦關。 (67)《周車騎將軍賀婁公神道碑》：邸舍城池，門闌户籍，咸資巡警。 (68)《周隴右總管長史贈少保豆盧公神道碑》：刊本"管"譌"營"。又：穎川從我，舊愛無渝。 (69)《周柱國楚國公岐州刺史慕容寧神道碑》：又以公勳庸。
王太岳《四庫全書考證》卷九十九		(70)《太尉文正王公神道碑銘》：侑我聖考。

表一千八百二十二

作者/文獻	版本	用　例
王曇《烟霞萬古樓文集》卷四	清嘉慶刻道光增修本	(1) 總統閩浙水師浙江提督壯烈伯李忠毅公神道銘

表一千八百二十三

作者/文獻	版本	用　例
王棠《燕在閣知新録》卷八	清康熙刻本	(1) 神道設教 (2) 今丗塑神像及齋醮等事，皆謂之神道設教。 (3)《象》曰：觀，盥而不薦，有孚顒若，下觀而化也。觀天之神道，而四時不忒。聖人以神道設教，而天下服矣。程子曰：不薦，謂不使誠意散也。天道至誠，故曰"神道"。天之運，四時無有差忒，則見其神妙。聖人體天之神道以設教，故天下之人涵泳其德而不知其功，鼓舞其化而莫測其用，自然仰觀而戴服矣。
王棠《燕在閣知新録》卷九		(4) 神舟：徽郡春初必賽神，爲舟以送瘟，或曰瘟神卽張許二公，事屬荒唐。黄黄生有《神船》八章，錄出以示羣迷。其詩曰：刻木爲舟，束帛爲人。首尾象龍，綵繪如真。彼何神斯，曰唐張許。以身殉國，廟食千古。二公有言，死爲厲鬼。誓殲羣醜，以報天子。末俗傳譌，謂神司瘟。於以像之，虎眉生嗔。於以舟之，陸海揚塵。伐鼓鳴金，揚徽樹幟。有其舉之，無敢或廢。廢則召災，疫癘斯至。惟神正直，妖孽曷興。就人求食，邪祟或憑。神道茫茫，愚俗蚩蚩。舉國若狂，誰與正之。我時往觀，猶然齒粲。是用作歌，以諗妖誕。
王棠《燕在閣知新録》卷十		(5) 天子爲人臣作碑文：唐太宗作《魏徵碑》，高宗作《李勣碑》，明皇作《張說碑》，德宗作《段秀實碑》及宋太祖作《趙普碑》，仁宗作《李用和碑》，神宗作《韓魏公神道碑》。
王棠《燕在閣知新録》卷十四		(6) 尊親論：五帝三王之事，其各書紀載類多，浮夸不根，大抵古人好以神道設教。而後世之踵事增華者，往往以偏隅之臆見，竄名曩哲，不知日復一日，訛以傳訛，遂使古昔之大聖，皆汚衊于俗儒之口。此不可以不辨。
王棠《燕在閣知新録》卷十八		(7) 七七：死後逢七日，用浮圖言。此夷狄之禮也，唐時已有之。昌黎《神道碑》云：遺命喪葬，無不如禮。俗習夷狄，畫寫浮圖，日以七數之，及拘陰陽，所謂吉凶，一無汚我。如昌黎者，自信之篤，可云至死不變者也。日以七數之，卽今世之逢七日，設齋醮是也。
王棠《燕在閣知新録》卷三十二		(8) 人事：今俗語送人物件，名曰"送人事"。"人事"二字，未知所由。讀《昌黎集》有《謝許受王用男人事物狀》一篇，方知此語唐時已有。考王用之男名沼求昌黎爲文，用作《神道碑文》，送有馬一匹，並鞍銜、白玉腰帶一條。用爲憲宗之舅，昌黎未敢受。……昌黎有《謝許受韓弘物狀》云"令臣受領韓弘所寄撰碑人事絹者"，是則又以絹爲人事也。 (9) 等字：韓文公《許國公神道碑銘》：萬邦絕等等音，比楊升菴《字說》等本音。

表一千八百二十四

作者/文獻	版本	用　　例
王韜《淞濱瑣話》卷十	清香豔叢書本	(1) 役即引卜至一廠，空中架木如梁，大逾數抱，輪輻亦廣數畝，香氣氤氳，光燭霄漢。鬼躍登者數萬計，旋幢旛數人。引一婦至，雖鳩形菜色，而檀芬馥郁，首射金光。卜亦欲從之登，鬼怒目拽之曰：此天神道，皆忠孝節義之人。汝何得俱旋?
王韜《瀛壖雜志》卷五		(2) 扶鸞之戲，在在有之。近日莫盛於滬，閒月一舉入壇者無不畢至。其始在小蓬萊，後有數處。箕仙與人談言微中，卜病決疑，亦頗有驗。然罕解休咎，惟勸人作善，述因果以寓勸懲耳！亦有贈以詩詞偈語者，格言彝訓，盈笥累牘。神道設教未始，非沉痼之藥石。不知在壇者，果能齋心祓慮，以相從耶?
王韜《弢園文録外編》卷十一	清光緒九年本	(3)《松隱漫錄》（王韜）：六合之大，存而弗論；九州之外，置而不稽。以耳目之所及為見聞，以形色之可徵為紀載，宇宙斯隘，而學問窮矣！昔者神禹鑄鼎以象奸，惜其文不傳於今。或謂伯益之所錄，夷堅之所志，所受之于禹者，即今《山海》一經是也。……聖人以神道設教，不過為下愚人說法：明則有王法，幽則有鬼神，蓋惕之以善惡賞罰之權，以寄其懲勸而已。……嗚呼！余自此去天南之遁窟，住淞北之寄廬，將或訪岡西之故園，而尋牆東之舊隱，伏而不出，肆志林泉，請以斯書之命名為息壤矣。世之見余此書者，即作信陵君醇酒婦人觀可也。光緒十年歲次甲申五月中浣淞北逸民。

表一千八百二十五

作者/文獻	版本	用　　例
王錫侯《（乾隆）望都縣新志》卷七	清乾隆三十六年刻本	(1)《重修聖母廟并十王碑記》（康熙三十八年）（麻鏊）：或有問於余曰：元君之祠，何其所在多有也？余曰：《易》不云乎：大哉乾元，萬物資始，有父道焉。至哉坤元，萬物資生，有毋道焉。……余曰：是即聖人神道設教之意也。今夫朝廷之慶賞具在，人未必知慕也。及語以神明之福利，則群然慕之。朝廷之刑威具在，人未必知畏也。及語以神明之罪譴，則群然畏之。因其知慕之心而勸若善，因其知畏之心而懲若惡，此化民成俗之所不能外也。 (2)《新建泰山行宮記》（萬曆三年，邑人劉珩（運判））：國朝奉天眷命，奄有萬方。海内治安，四夷賓服，推功神明，肇稱報禮。凡天下名山大川之神，皆遣人致祀，而崇奉獨隆者，惟奉山為之尊焉。得非以其位則東，其德則仁，

續表

作者/文獻	版本	用　　例
王錫侯《（乾隆）望都縣新志》卷七	清乾隆三十六年刻本	其氣則生。固非他山可擬，而其威烜赫，福善禍淫，足以警動乎人者，亦衆身可得而濟。是以天下郡邑，多有行宫之建。此因上有秉禮毖祀之君，則下必有相觀為善之人，亦豈知神道速於感通，自能使人敬畏祗事者乎？ （3）慶邑之耄倪，惟神其默相而保安之；一方之十庶，惟神其陰佑而綏寧之；鱗次之生齒，惟神其範圍而蕃盛之。上以衍聖天子螽斯之祥，而本支百世有以與天而俱永；下以安天下兆庶之心，而本固邦寧有以應地而無疆，則隨在顯神道生成之仁，歷世頌神功曲成之利矣。

表一千八百二十六

作者/文獻	版本	用　　例
王先謙《虚受堂文集》卷六	清光緒二十六年刻本	（1）今案：火祆教初以日爲眾陽之宗，而拜太陽後以火爲發光之原，而更拜火婆羅門。論神道有天日晝三位、風火湖海及主宰禽獸、昆蟲、凶殺諸神，且謂無物不可以爲神，無神不可以爲物，是其例也。
王先謙《虚受堂文集》卷九		（2）誥封榮祿大夫三品頂戴四品京堂郭公神道碑 （3）提督銜陝西延綏鎮總兵官楊剛介公神道碑 （4）太子太保陝甘總督世襲一等輕車都尉楊勇慤公神道碑 （5）兵部左侍郎郭公神道碑 （6）江蘇巡撫黎文肅公神道碑 （7）誥授光祿大夫經筵講官工部尚書兼管順天府府尹事務祁文恪公神道碑 （8）誥授光祿大夫貴州布政使李公神道碑 （9）雲貴總督贈太子太傅岑襄勤公神道碑 （10）頭品頂戴陝西布政使贈内閣學士蔣公神道碑 （11）誥授光祿大夫兵部左侍郎楊公神道碑 （12）署欽差大臣辦理南洋通商事務兩江總督兼兩淮鹽政江西巡撫兼提督銜李勤恪公神道碑
王先謙《虚受堂文集》卷十五		（13）至於紀功述德，意主揄張，刊樹墓門，標題神道，皆以傳名業於靡湮，貫榮哀而同致。表之言表，碣之言揭，其義一而已矣。

續表

<table>
<tr><th>作者/文獻</th><th>版本</th><th>用　例</th></tr>
<tr><td>王先謙
《東華續録(乾隆朝)》
乾隆二十六</td><td rowspan="2">清光緒十年長沙王氏刻本</td><td>(14) 考《唐開元禮》，先期升主陳設，省視復收。朕思因省視而陳設神主，有違神道静穆之義，未協寅恭嚴事之忱，應於躬省皇穹宇、皇祇室、皇乾殿上香行禮。
(15) 大學士、禮部等衙門議奏：大祀禮儀，期於斟酌適中，今遵旨敬謹詳議。凡郊祀，前一日，皇上莅齋宫。乘輦入西天門，由齋宫南御禮轎，至神道西降輿，步入琉璃左門，詣皇穹宇上香。禮成，出。至降輿處升輿，還齋宫。閱視壇位，即令原遣視牲之親王、恭代行禮。祀之日，皇上自齋宫乘輦，至神道西階下幄次相對處降輦，升階，由櫺星左門步入。行禮時，皇上初升至二成拜位立。贊引奏升壇，皇上升階。上香畢，還至二成拜位，行迎神禮。
(16) 凡祈穀，前一日，皇上莅齋宫。乘輦入西天門，於齋宫東御禮轎，至西甎城左門閒降輿，步入琉璃左門，詣皇乾殿上香。禮成，出。至降輿處升輿，還齋宫。祀之日，有司先設幄次於祈年門東閒。皇上自齋宫乘葷，至東北角道適中處御禮轎，由新設門入，至南甎城門外神道西階上降輿，由甎城左門步入，就幄次。自祈年左門入，行禮。禮成，出。至降輿處升輿，還宫。凡歲暮祫祭太廟日，皇上乘輦，由闕左門入西北門，至太廟北門外御禮轎，入左門，循東牆行，至戟門外東階下降輿，步入左門，升階進殿，親詣肇祖原皇帝位前上香。派皇子、親王分詣列祖、列宗位前，同時上香畢，行禮如常儀。</td></tr>
<tr><td>王先謙
《東華續録(乾隆朝)》
乾隆九十四</td><td>(17) 今《契丹國志》既有成書，紀載當存其舊，惟體例書法譌謬，於綱目大義有乖者，不可不加釐正。著總纂紀昀等，詳加校勘，依例改纂。其志中之事蹟，如祭用白馬灰牛、氊中枯骨變形視事，及戴野猪頭披皮之事，雖迹涉荒誕，然與《詩》《書》所載簡狄吞卵、姜嫄履武，復何以異？蓋神道設教，以溯發祥，古今胥然，義正如此，又何必信遠而疑近乎？其餘遼帝過舉，如母后擅權諸事，足為後世鑒戒者，仍據志直書，一字不可易。</td></tr>
<tr><td>王先謙
《日本源流考》
卷二</td><td rowspan="2">清光緒二十八年刻本</td><td>(18)《後漢書・東夷傳》：桓、靈閒，倭國大亂，更相攻伐，歷年無主。有一女子，名曰卑彌呼，年長不嫁，事鬼神道，能以妖惑眾，於是共立爲王。侍婢千人，少有見者，唯有男子一人給飲食，傳辭語。居處宫室、樓觀城柵，皆持兵守衛。法俗嚴峻。</td></tr>
<tr><td>王先謙
《日本源流考》
卷三</td><td>(19)《日本史》：用明天皇，諱橘豐日。初稱大兄皇子，欽明第四子也。母堅鹽媛。天皇尊神道，信佛法。敏達，十四年八月崩。九月，天皇即位，都於磐余，號池邊雙槻宫。大臣蘇我馬子、大連物部弓削守屋，並如故。</td></tr>
</table>

續表

作者/文獻	版本	用　　例
王先謙《日本源流考》卷五	清光緒二十八年刻本	（20）秋七月庚戌，公卿奏頃者，災異薦臻，妖徵仍見，乃命龜筮驗徵其由。神祇官、陰陽寮並言：方今天下素服，依例祭祀，故伊勢大神及諸神爲崇，而陛下至孝，欲終喪服。神道誠有難誣，恐致聖體不豫。伏乞以社稷爲念，爲除凶服愜神之意。
王先謙《日本源流考》卷二十		（21）眞淵，遠江人。元文延享之際，精國學、古言，善和文、和歌，慨世之儒者，浸淫於漢學，誤名分，傷國體，務排斥之。宣長，伊勢人。從眞淵學，博學多識，尤長字音、言詞之學，祖述師説，著《古事記傳》等書。篤胤，出羽人。傳眞淵、宣長之學，排擊儒佛，主張神道。 （22）維新之初，復神道、廢佛法之説起，後竟不行，尋改神祇省爲教部省，又并之文部省，舉祭祀諸典屬式部寮。教導職請設大教院，總轄説教。神佛兩徒，水火不相容。神道興隆，不過行葬祭於民間而已。又許僧徒肉食娶妻，令稱氏姓，而佛教亦因衰頽矣。
王先謙《後漢書集解》後漢書六	民國王氏虛受堂刻本	（23）上帝壇圜八觚，徑五丈，高九尺。茅營去壇十步，竹宫徑三百步，土營徑五百步。神靈壇各於其方面三丈，去茅營二十步，廣坐官本作三十五步。合祀神靈以璧琮。用辟神道以通，廣各三十步。竹宫内道廣三丈，有闕，各九十一步。壇方三丈，拜位壇亦如之。 （24）後土壇方五丈六尺。茅營去壇十步外，土營方二百步限之。其五零壇去茅營，如上帝五神去營步數，神道四通，廣各十步。宫内道廣各二丈，有闕。 （25）（《集解》）惠棟曰：（注）神道以通，“以通”作“八通”。見《索隱》。 （26）（《集解》）王補曰：纖袁紀作體，時有功德，此葢率復舊業，增修其前政，不得仰齊造國、同符改物者也。夫神道貞一，其用不煩；天地易簡，其禮尚質。故藉用白茅，貴其誠素；器用陶匏，取其易從。然封禪之禮，簡易可也。若夫金函玉牒，非天地之性也。
王先謙《後漢書集解》後漢書十三		（27）望至，説囂曰：足下欲承天順民，輔漢而起，今立者乃在南陽，王莽尚據長安，雖欲以漢爲名，其實無所受命，將何以見信於衆乎？宜急立高廟，稱臣奉祠，所謂“神道設教”，求助人神者也。（《易·觀卦》曰：聖人神道設教，而天下服矣。）
王先謙《後漢書集解》後漢書十五		（28）《東觀書》曰：建武八年間，郡國七大水，湧泉盈溢。杜林以為倉卒時兵擅權作威，張氏雖皆降散，猶尚有遺脱，長吏制御無術，令得復熾，元元侵陵之所致也。上疏曰：臣聞先王無二道，明聖用而治。見惡如農夫之務去草焉，芟夷蘊崇之，絕其本根，勿使能殖，畏其易也。古今通道，傳其法於

續表

作者/文獻	版本	用例
王先謙 《後漢書集解》 後漢書十五		有根。狼子野心，奔馬善驚。成王深知其終卒之患，故以殷氏六族分伯禽，七族分康叔，懷姓九宗分唐叔，撿押其姦宄，又遷其餘於成周，舊地雜俗，旦夕拘錄，所以挫其強御之力，詘其驕恣之節也。及漢初興，上稽舊章，合符重規，徙齊諸田，楚昭、屈、景，燕、趙、韓、魏之後，以稍弱六國強宗。邑里無盈利之家，野澤無兼并之民，萬里之統，海内賴安。後輒因衰麤之痛，脅以送終之義，故遂相率而陪園陵，無反顧之心。追觀往法，政皆神道設教，强幹弱枝，本支百世之要也。是以皆永享康寍之福，無怵惕之憂，繼嗣承業，恭己而治，蓋此助也。其被災害民輕薄無累重者，兩府遣吏護送饒穀之郡。或懼死亡，卒爲傭賃，亦所以消散其口救，贍全其性命也。
王先謙 《後漢書集解》 後漢書十七	民國王氏虛受堂刻本	(29) 延光四年冬，京都大疫。（張衡明年上封事：臣竊見京師爲害兼所及，民多病死，死有滅户。人人恐懼，朝廷燋心，以為至憂。臣官在於考變禳災，思任防救，未知所由，夙夜征營。臣聞國之大事在祀，祀莫大於郊天奉祖。方今道路流言，僉曰：孝安皇帝南巡路崩，從駕左右行慝之臣，欲徵諸國王子，故不發喪，衣車還宮，僞遣大臣，並禱請命。臣處外官，不知其審，然尊靈見罔，豈能無怨？且凡夫私小有不蠲，猶爲譴謗，況以大穢，用禮郊廟？孔子曰：曾謂泰山不如林放乎！天地明察，降禍見災，乃其理也。又間者，有司正以冬至之後，奏開恭陵神道。陛下至孝，不忍距逆，或發冢移尸。《月令》：仲冬，土事無作，慎無發蓋，及起大眾，以固而閉。地氣上泄，是謂發天地之房，諸蟄則死，民必疾疫，又隨以喪。厲氣未息，恐其殆此二年，欲使知過改悔。《五行傳》曰：六沴作見，若時共禦，帝用不差，神則不怒，萬福乃降，用章於下。臣愚以爲可使公卿處議，所以陳術改過，取媚神祇，自求多福也。） (30) 奏開恭陵神道。（“開”原作“聞”，已正官本注不誤。案：此事《本紀》不載，當因閻后崩，合葬恭陵，以神道狹，復開之也。若恭北陵之營，則事在永建二年矣。）
王先謙 《後漢書集解》 後漢書二十三		(31) 涪陵太守龐宏，見《龐統傳》。（錢大昭曰：《隸續》有《漢故涪陵太守龐厷神道》。案：“厷”“宏”異名，存考。）
王先謙 《後漢書集解》 後漢書三十八		(32) 父煥，（（《集解》）惠棟曰：《馮煥殘碑》云：煥，字平侯。）安帝時爲幽州刺史。（（《集解》）沈欽韓曰：《隸釋》有元初六年十二月《賜幽州刺史馮煥詔》。洪氏云：煥有墓闕，題云“豫州幽州刺史馮使君神道”，必是自豫徙幽而賜。此詔，煥猶在豫，故其前尚稱故官也。）

續表

作者/文獻	版本	用例
王先謙 《後漢書集解》 後漢書三十八	民國王氏虛受堂刻本	(33) 論曰：安、順以後，風威稍薄，寇攘寖橫，緣隙而生，剽人盜邑者不闋時月，（闋，息也。）假署皇王者葢㠯十數。或託驗神道，或矯妄冕服。
王先謙 《後漢書集解》 後漢書四十二		(34) 元和中，肅宗復以安險還中山。立五十二年，永元二年薨。自中興至和帝時，皇子始封薨者，皆賻錢三千萬，布三萬匹；嗣王薨，賻錢千萬，布萬匹。是時竇太后臨朝，竇憲兄弟擅權，太后及憲等東海出也，（《爾雅》曰：女子之子謂出也。（《集解》）惠棟曰：憲母沘陽公主。古人謂甥爲出。）故睦於焉而重於禮，加賻錢一億。詔濟南、東海二王皆會。大爲修冢塋，開神道。（墓前開道，建石柱以爲標，謂之神道。（《集解》）惠棟曰：神道之稱，始于西漢。《黄圖》云：陽陵門西出，神道。茂陵神道廣四十三丈。） (35)《中山簡王焉傳》：大爲修冢塋，開神道。注：建石柱以爲標。
王先謙 《後漢書集解》 後漢書八十二下		(36) 左慈，字元放，廬江人也。少有神道。 (37) 龐公曰：世人皆遺之㠯危，今獨遺之㠯安，雖所遺不同，未爲無所遺也。表歎息而去。後遂攜其妻子登鹿門山，因采藥不反。（《襄陽記》曰：鹿門山，舊名蘇嶺山。建武中，襄陽侯習郁立神祠於山，刻二石鹿夾神道口，俗因謂之鹿門廟，遂㠯廟名山也。）
王先謙 《後漢書集解》 後漢書八十五		(38) 倭奴國奉貢朝賀，使人自稱大夫，倭國之極南界也。光武賜㠯印綬。安帝永初元年，倭國王帥升等獻生口百六十人，願請見。桓、靈間，倭國大亂，更相攻伐，歷年無主。有一女子，名曰卑彌呼，年長不嫁，事鬼神道，能㠯妖惑衆，於是共立爲王。侍婢千人，少有見者，唯有男子一人給衣食，傳辭語。
王先謙 《後漢書集解》 後漢書八十七		(39) 贊曰：逷矣西胡，天之外區。（逷，遠也。音它狄反。《尚書》曰：逷矣，西土之人。）土物琛麗，人性淫虚。不率華禮，莫有典書。若微神道，何恤何拘。（言無神道以制胡人，則匈猛之性，何所夏懼，何所拘忌也。（《集解》）先謙曰：言不循中面之禮，又無聖人之書，非神道曷制也。）
王先謙 《漢書補注》 哀帝紀第十一 漢書十一	清光緒刻本	(40) 其大赦天下，以建平二年為太初元將元年，號曰“陳聖劉太平皇帝”，（李斐曰：陳，道也；言得神道聖者劉也。如湻曰：陳，舜後。王莽，陳之後。謬語以明莽當篡立而不知。韋昭曰：敷陳聖劉之德也。師古曰：如、韋二說是也。……）漏刻以百二十為度。

續表

作者/文獻	版本	用　　例
王先謙 《漢書補注》 禮樂志第二 漢書二十二	清光緒刻本	(41) 師古曰：周流，猶周行也。常羊，猶逍遥也。思所并，思與神道合也。下言合所思是也。
王先謙 《漢書補注》 郊祀志第五上 漢書二十五		(42)（《補注》）沈欽韓曰：《續志》注引《黄圖》：上帝壇圓八觚，辟神道八通，廣各三十步。
王先謙 《漢書補注》 地理志第八下 漢書二十八		(43) 漢印有《圜陽宰印》《少室神道石闕銘》《開母廟石闕銘》竝有“西河圜陽馮寶”，《劉寬碑陰》有“西河圜陽田植”，是“圁水”之“圁”古皆作“圜”也。 (44) 王念孫曰：《少室神道石闕銘》《開母廟石闕銘》並有“西河圜陽馮寶”，《劉寬碑陰》有“西河圜陽田植”。
王先謙 《漢書補注》 酈陸朱劉叔孫 傳第十三 漢書四十三		(45) 先謙曰：官本亦作“上”是也。宗廟道，謂神道也，卽衣冠往來所由復道。
王先謙 《漢書補注》 張馮汲鄭 傳第二十 漢書五十		(46)《皇甫湜集・韓文公神道碑》云：病滿三月免。
王先謙 《漢書補注》 李廣蘇建 傳第二十四 漢書五十四		(47) 廣死軍中時，敢從票騎將軍。廣死明年，李蔡以丞相坐詔賜冢地陽陵當得二十畝，蔡盜取三頃，頗賣得四十餘萬，又盜取神道外壖地一畝，葬其中，(師古曰：壖，音人椽反。（《補注》）先謙曰：《索隱》云：壖地，神道之地也。《黄圖》云：陽陵闕門西出，神道四通。茂陵神道廣四十三丈也。案：陽陵，景帝陵。蔡爲丞相，得賜冢地陵旁，於所當得地外侵盜賣錢，又取神道地營葬也。……）當下獄，自殺。
王先謙 《漢書補注》 司馬相如 傳卷二十七上 漢書五十七		(48) 蕭鄴《嶺南節度使韋正貫神道碑》云：見《全唐文》，拜京兆尹。京師稱難治，公能勺藥其間，安然無一事。則見唐人文辭，猶能依據古訓，不惑俗說也。
王先謙 《漢書補注》 霍光金日磾 傳第三十八 漢書六十八		(49) 禹既嗣爲博陸侯，太夫人顯改光時所自造塋制而侈大之。(師古曰：塋，墓域也。音營。) 起三出闕，築神道，北臨昭靈，南出承恩，(服虔曰：昭靈、承恩，皆館名也。李奇曰：昭靈，高祖母冢園也。文穎曰：承恩，宣平侯冢園也。師古曰：服說是也。文、李竝失之。) 盛飾祠室，輦閣通屬永巷，而幽良人婢妾守之。

續表

<table>
<tr><th>作者/文獻</th><th>版本</th><th>用　例</th></tr>
<tr><td>王先謙
《漢書補注》
叙傳第七十上
漢書一百</td><td>清光緒刻本</td><td>(50)(《補注》)先謙曰：曹大家注：太素不染也不變，則庶幾於神道之幾微，而入於神明之域矣。</td></tr>
<tr><td>王先謙
《東華録》
雍正五</td><td rowspan="4">清光緒十年長沙王氏刻本</td><td>(51)孔子言：鬼神之德，體物而不可遺。豈神道設教哉？蓋以鬼神之事，即天地之理，不可以偶忽也。凡小而邱陵，大而川嶽，莫不有神焉主之，故皆當警信而尊事，況海為四瀆之歸宿乎？使以為不足敬，則堯舜之君，何以望秩於山川？文武之君，何以懷柔百神，及河喬嶽？今愚民昧於此理，往往信淫祀，而不信神明，傲慢褻瀆，致干天譴。夫善人多而不善人少，則天降之福。即少有不善者，亦蒙其庇。不善人多而善人少，則天降之罰，雖善者亦被其殃。</td></tr>
<tr><td>王先謙
《東華録》
雍正十六</td><td>(52)辛酉，大學士等遵旨議奏怡親王塋制，宜用享堂七間。享堂之外，中門三間，內圍牆一百丈。中門之內，建焚帛亭，祭器亭。中門之外，建神廚五間，神庫五間。東西廂及宰牲房各三間。碑亭一座，其外為大門三間。周圍牆二百九十丈。大門外設奉祠二十間，再加石橋二，石牌坊一，擎天柱二，神道碑一。俱斟酌典禮，允合輿情。</td></tr>
<tr><td>王先謙
《東華録》
雍正二十二</td><td>(53)臣部行文山東巡撫飭查，今據巡撫岳濬咨報，前明永樂中，蘇錄國東王巴都葛叭哈剌率眷來朝，受封歸國，殁於德州地方。命有司營葬勒碑，賜謚恭定。長子都麻含歸國襲封，次子安都祿、三子温哈喇留居德州守塋。今墓在州城迤北，神道、享亭悉已坍頹。其子孫以其祖名，分為安、溫二姓。今德州祀典，每歲額設銀八兩，為蘇祿王祭祀之需等語。查蘇祿國遠隔重洋，感戴皇上德化，進表謝恩，為伊遠祖墳墓子孫懇請整理給復，情詞懇切，應如所請。令山東巡撫轉飭德州地方官，清查蘇祿國王墓址，所有神道、享亭、牌坊等項，修葺整理。於安、溫二族之中，遴取稍通文墨者各一人為奉祀生，給與頂帶，永以為例，並知照該國王。從之。</td></tr>
<tr><td>王先謙
《續漢志集解》
祭祀志上第六</td><td>(54)上帝壇圜八觚，徑五丈，高九尺。茅營去壇十步，竹宮徑三百步，土營徑五百步。神靈壇各於其方面三丈，去茅營二十步，廣坐官本作三十五步。合祀神靈以璧琮。用辟神道以通，廣各三十步。竹宮內道廣三丈，有闕，各九十一步。壇方三丈，拜位壇亦如之。
(55)后土壇方五丈六尺。茅營去壇十步外，土營方二百步限之。其五零壇去茅營，如上帝五神去營步數，神道四通，廣各十步。宮內道廣各二丈，有闕。
(56)(《集解》)惠棟曰：(注)神道以通，“以通”作“八通”。見《索隱》。</td></tr>
</table>

續表

作者/文獻	版本	用　　例
王先謙 《續漢志集解》 祭祀志上第六	清光緒十年長沙王氏刻本	(57) 王（闕）曰：儀衰紀作體，時有功德，此蓋率復舊業，增修其前政，不得仰齊造國、同符改物者也。夫神道貞一，其用不煩；天地易簡，其禮尚質。故藉用白茅，貴其誠素；器用陶匏，取其易從。然封禪之禮，簡易可也。若夫金函玉牒，非天地之性也。
王先謙 《續漢志集解》 五行志三第十五		(58)《東觀書》曰：建武八年間，郡國七大水，涌泉盈溢。杜林以為倉卒時兵擅權作威，張氏雖皆降散，猶尚有遺脫，長吏制御無術，令得復熾，元元侵陵之所致也。上疏曰：臣聞先王無二道，明聖用而治。見惡如農夫之務去草焉，芟夷蘊崇之，絕其本根，勿使能殖，畏其易也。古今通道，傳其法於有根。狼子野心，奔馬善驚。成王深知其終卒之患，故以殷氏六族分伯禽，七族分康叔，懷姓九宗分唐叔，撿押其姦宄，又遷其餘於成周，舊地雜俗，旦夕拘錄，所以挫其強御之力，詘其驕恣之節也。及漢初興，上稽舊章，合符重規，徙齊諸田，楚昭、屈、景，燕、趙、韓、魏之後，以稍弱六國強宗。邑里無盈利之家，野澤無兼并之民，萬里之統，海內賴安。後輒因衰贏之痛，脅以送終之義，故遂相率而陪園陵，無反顧之心。追觀往法，政皆神道設教，强幹弱枝，本支百世之要也。是以皆永享康寧之福，無怵惕之憂，繼嗣承業，恭己而治，蓋此助也。其被災害民輕薄無累重者，兩府遣吏護送饒穀之郡。或懼死亡，卒爲傭賃，亦所以消散其口救，贍全其性命也。
王先謙 《續漢志集解》 五行志五第十七		(59) 孔子曰：曾謂泰山不如林放乎！天地明察，降禍見災，乃其理也。又間者，有司正以冬至之後，奏開恭陵神道。陛下至孝，不忍距逆，或發冢移尸。《月令》：仲冬，土事無作，慎無發蓋，及起大眾，以固而閉。地氣上泄，是謂發天地之房，諸蟄則死，民必疾疫，又隨以喪。厲氣未息，恐其殆此二年，欲使知過改悔。《五行傳》曰：六沴作見，若時共禦，帝用不差，神則不怒，萬福乃降，用章於下。臣愚以為可使公卿處議，所以陳術改過，取媚神祇，自求多福也。 (60) 奏開恭陵神道。（“開”原作“聞”，已正官本注不誤。案：此事《本紀》不載，當因閻后崩，合葬恭陵，以神道狹，復開之也。若恭北陵之營，則事在永建二年矣。）
王先謙 《續漢志集解》 郡國志五第二十三		(61) 涪陵太守龐宏，見《龐統傳》。（錢大昭曰：《隸續》有《漢故涪陵太守龐厷神道》。“厷”“宏”異名，存考。）

續表

作者/文獻	版本	用　例
王先謙《續古文辭類纂》卷二十二	清光緒慮受堂刻本	（62）曾滌笙江忠烈公神道碑銘 （63）曾滌笙羅忠節公神道碑銘 （64）曾滌笙李忠武公神道碑銘 （65）曾滌笙李勇毅公神道碑銘

表一千八百二十七

作者/文獻	版本	用　例
王心敬《豐川易說》卷四	清文淵閣四庫全書本	（1）《彖》曰：大觀在上，順而巽，中正以觀天下。觀，盥而不薦，有孚顒若，下觀而化也。觀天之神道，而四時不忒。聖人以神道設教，而天下服矣。 （2）聖人之以神道設教，而天下自服，亦卽“盥而不薦，有孚顒若”之旨。

表一千八百二十八

作者/文獻	版本	用　例
王言《金石萃編補略》卷二	清光緒八年刻本	（1）文安郡王張公神道碑（碑長六尺有奇，濶四尺二。十九行，行五十五字，正書。） （2）《唐故開府儀同三司兼左羽林軍大將軍知軍事文安郡王贈工部尚書清河張公神道碑銘》（并序），秘書監安陽邵說撰，前太常寺奉禮郎江東（闕）膺書。 （3）按：張維岳，《唐書》無傳。撰人安陽邵說，卽大歷四年，爲太常卿趙叡冲撰《神道碑》者。

表一千八百二十九

作者/文獻	版本	用　例
王甗《學易》卷三	清道光二年鑪雪山房刻本	（1）盥而不薦，有孚顒若，下觀而化也。觀天之神道，而四時不忒。聖人以神道設教，而天下服矣。 （2）天何言哉？觀天之神道也。盥而不薦，聖人之以神道設教也。
王甗《學易》卷十三		（3）以神道設教：《集解》無“以”字，《釋文》同云一本作“以神道設教”。惠氏曰：《正義》《石經》皆有“以”字，似今本優。

表一千八百三十

作者/文獻	版本	用　例
王懿榮《王文敏公遺集》卷八	民國劉氏刻求恕齋叢書本	(1) 少室神道西闕銘並題名（篆書，有額，延光二年三月三日。河南登封西十里邢家鋪西南。） (2) 謁者北屯司馬沈君神道右闕（八分書。四川渠縣。） (3) 新豐令交阯都尉沈君神道左闕（八分書。四川渠縣。） (4) 尚書侍郎河南京令豫州幽州刺史馮煥神道闕（八分書。《隸釋》:《馮煥碑》乃永寧二年立，闕殆同時作。四川渠縣東九十里。） (5) 上庸長司馬孟臺神道殘字（八分書，今但存"上庸長"三字。四川德陽黃許鎮。） (6) 上庸長司馬孟臺神道畫象（二石。四川德陽。） (7) 交阯都尉沈府君神道左闕畫象（在闕側，龍銜環形。四川渠縣。） (8) 北屯司馬左都侯沈府君神道右闕畫象（同上同上。）

表一千八百三十一

作者/文獻	版本	用　例
王引之《王文簡公文集》卷四	清道光刻本	(1) 詹事府少詹事錢先生神道碑銘 (2) 皇清誥贈通議大夫福建按察使蕭山縣學生綸宣王公神道碑 (3) 公於嘉慶十四年，以子官誥贈通議大夫福建按察使，公之配贈淑人。歲在甲午，中丞以《神道碑文》請予曰：潛德之光，是不可以不志。
王引之《經義述聞》第一		(4) 竝、普聲相近，故"普"通作"竝"。……《嵩山大室神道石闕銘》:"竝天四海"，即"普天"字。《小雅・賓之初筵篇》:"既醉而出，竝受其福"，謂主人與衆賓普受其福也。

表一千八百三十二

作者/文獻	版本	用　例
王有光《吳下諺聯》卷三	清嘉慶刻同治十二年民國補刻本	(1)《不圖人身》: 人之生也，自無而有；其死也，自有而無。魂為主，魄副之，魄即所謂人身是也。古稱孕為有身，魂得憑之而為人。魄存為身，魄落為尸。魂升魄即降者，正命而死也。魂徂而魄不齊落，其尸身或有異徵。身十個月成，尸十個月化。魄未離，尸不腐。尸化則魄亡，所存者魂也。一靈不泯，星宿神道皆有位置安處。……復能為人，在生培得善根，死後其魂可久，轉一世培厚一層，亦可到星辰神道，再復人身，必為偉人名世。若生時喪其本有天良，牿亡殆盡，不但不能繼長增高，即照本人身亦不可得，乃諺

續表

作者/文獻	版本	用　　例
王有光《吳下諺聯》卷三	清嘉慶刻同治十二年民國補刻本	所謂不圖者也。此無論碌碌庸人，及冥獄罪囚，即星辰神道，亦遞減遞削，其魂亦是隨風飄泊，甚且至於銷滅。蓋勢位愈高，為惡之威權愈烈，實有過於庸人萬倍者。故或星墮雷殛，不得復有人身，如曹操、李林甫、蔡京、童貫、秦檜、嚴嵩，豈非星宿神道臨凡，皆因自己不圖，上天亦不再付。總之，積善若干，即增福若干，故幽則為鬼神，明則復為人。圖人身者如此。積惡若干，即削禄若干，故入餓鬼道，入畜生道。不圖人身者如此。

表一千八百三十三

作者/文獻	版本	用　　例
王又樸《易翼述信》卷四	清文淵閣四庫全書本	（1）《彖》曰：大觀在上，順而巽，中正以觀天下。觀，盥而不薦，有孚顒若，下觀而化也。觀天之神道，而四時不忒。聖人以神道設教，而天下服矣。“盥而不薦，有孚顒若”，即不動而敬，不言而信也。“天之神道”，即上天之載，無聲無臭也。“聖人之神道設教而萬民服”，即篤恭而天下平也。……然下文神道，又從何處看來？且卦詞必兼取卦象、卦德為說，懷德畏威於“大觀在上”之象得矣。……合而言之，下順而上巽，想見道德齊禮，民日遷善而不知光景。“觀天之神道”，聖人觀之也。……三個“觀”字，此“觀”字大。“觀天之神道”，即是三五上爻。三個“觀”字，此“觀”字深。

表一千八百三十四

作者/文獻	版本	用　　例
王元啓《祇平居士集》卷十四	清嘉慶十七年刻本	（1）為老者作侑觴之辭，則必臚敘其生平，是以狀、誌、傳、誄為敘，以生者而豫死者之事矣。墓銘所以掩諸幽，其體詞簡意深，語含惻愴。今則鋪揚盛美，如將揭日月而行者，是以《神道碑》《阡表》為誌等幽堂片石於龜趺螭首之製也。
王元啓《祇平居士集》卷十八		（2）《論祧室龕制書》：祧室以藏祧主者，蓋所謂禮以義起者也。古有時祫大祫之文：祫及高祖，時祫也；兼及祧主，大祫也。義各有當，似不得因四時有祫，遂廢大祫之禮也。……《明會典》所載祠堂制度，高祖居西，曾祖次之，祖次之，考次之。……竊生異議，不知王朝廟制。太祖居中，餘分左右為昭穆，今昭穆之次久廢。自卿大夫以下，例得廟祀其先者，亦不聞有太廟

續表

作者/文獻	版本	用　　例
王元啓 《衹平居士集》 卷十八		之設，徒以左右為分，於義已屬無因。至於庶人無廟，祭寢之法，衹應從歷代右祖左孫之次，尤不宜妄生僭擬。又况右主左主長短之度，見於《穀梁傳疏》，知神道尚右，實自周代已然。何得謂古無此說？考之《明史》，成化中，祭酒周洪謨實創此議。……今閣下特舉本朝大祫之儀見示，是亦未免為洪謨之論所惑。
王元啓 《衹平居士集》 卷二十	清嘉慶十七年刻本	(3)《與徐毅齋中丞書》：先閣學遺稿，語皆雄偉亮直，類非近世辭人所能道者。……昔東坡爲韓子《廟碑》盤旋良久，得首二句，乃始操筆書之。爲《司馬溫公神道碑》云：公之德，至於感天地，動鬼神，而蔽之以二言，曰誠、曰一。其下乃歷敘其生平，昔人之矜慎措意也。……編次之法，先五古後七言，先古詩後律詩，此一定之體式也。 (4)《批示兒玨來書後》：汝述陳太史下問之意，謂《墓誌》《墓表》《神道碑》名目多端，求余一一代爲剖別。吾所知者，《誌》埋地中，《表》立墓上，《神道碑》則在葬兆之東南。說者謂地理家以東南爲神道，故以名碑。前漢李蔡盜取神道外壖地，季信成爲太常縱丞相侵神道，二書所言皆指先帝陵廟。惟《霍光傳》所載：光薨，光夫人侈大其塋制，爲起土闕，築神道。此乃爲臣下通稱《神道碑》不必定立墓前，往往有遠至數十里外者，唐《蘇瓌碑》建于塋北十五里。《韓集・胡良公神道碑》標題特著墓字，葢亦離墓較遠，非其立於墓前者也。此則其位置之不同所也。至於文章體制，原其始當有不同。《誌》埋地中，爲千百歲後耕犁所及，使知某人體魄所藏，不敢侵掘耳。《表》則表示行道之人，故《誌文》止書氏名、州里、官爵與父祖子孫之世系而已。《墓表》兼及學問、行事，所以發其潛德之光。至《神道碑》，非大僚不得立，則其文之褒美、侈大，宜又與《墓表》不同。 (5)既有泛及之語，則如《溫公書儀》《朱子家禮》所載一定之體式，自不得而拘之。于是，《誌》《表》《神道碑文》，遂亦彼此可以相通，如韓公之於劉昌裔、王仲舒，歐公之於程琳，皆有《誌》有《碑》，其序次、先後、虛實、詳畧之閒，雖力求變異，要其歷官、行事，總不越此數端，則吾亦未敢謂《誌文》必不可以作《碑》，《碑文》必不可以作《誌》也。
王元啓 《讀韓記疑》 卷七	清嘉慶五年王尚玨刻本	(6)平陽路公神道碑（按：地理家以東南爲神道，碑立其地故名。） (7)樊曰：許孟容作《承玼神道碑》云：渤海王武藝，出海濱，至馬都山，屠陷城邑。公以本營士馬，防遏要害。 (8)河東節度使鄭公神道碑 (9)太原郡公神道碑

續表

作者/文獻	版本	用　　例
王元啓《讀韓記疑》卷八	清嘉慶五年王尚玨刻本	(10) 愚按：李翺《行狀》載公屬纊之語，皇甫湜《神道碑》載公遺命，張籍《祭公詩》敘公臨終贈言。 (11) 胡良公墓神道碑（良公，胡珦謚號。蜀本註：陳鴻撰《謚議》，牛僧儒撰《墓誌》。按：古時廟垣外亦有神道。特著墓字，所以别於廟垣外之神道。又古碑或立墓前，或有遠至十數里外者，唐《蘇瓌碑》在塋北十五里是也。胡碑必離墓較遠，故著此字，使行者悚然，不與山徑諸蹊等視。若近立墓前，則此字又爲贅設矣。朱子以集中他題所無有，特稱爲變例。然其變有因，余故爲推明其義如此。） (12) 太原王公神道碑
王元啓《讀韓記疑》卷九		(13) 許國公神道碑 (14) 越州刺史薛公墓誌（韓曰：薛戎，元稹作《神道碑》，公爲《誌》。）
王元啓《讀韓記疑》卷十		(15) 附錄：《新唐書》本傳。（朱子用李翺所撰《行狀》、皇甫湜所撰《墓誌》《神道碑》《舊史・本傳》《資治通鑑》，洪興祖所撰《年譜》，程俱所撰《歷官記》，方崧卿《增考年譜》，考其同異詳畧，附註本文之下，以見公之行事本末。其有未盡，鄙人復綴數言于其後。今因《本傳》備載，《新書》特標朱子《考異》語爲綱，鄙人記疑之語又附註于其下，讀者須檢尋《考異》原文，庶不至昧其端緒。） (16) 十月癸巳，爲兵部侍郎。庚子，復爲吏部侍郎。（《神道碑》云：復爲兵部侍郎。）

表一千八百三十五

作者/文獻	版本	用　　例
王源《居業堂文集》卷八	清嘉慶五年王尚玨刻本	(1) 息園為其先少保公求作《神道碑文》，故附達其區區。儻得一棹錢塘，獨拜牀下，盡質其所欲言而聆緒論，以稍窺斯道之涯涘，應亦高明所不欲揮之門外者乎？

表一千八百三十六

作者/文獻	版本	用　　例
王照圓《列女傳補注》卷八	清嘉慶刻後印本	(1)《霍夫人顯》：霍夫人顯者，漢大將軍博陸侯霍光之妻也。奢淫虐害，不循軌度。光以忠慎，受孝武皇帝貴詔，輔翼少主；當孝宣帝時，又以立帝之功，甚見尊寵，人臣無二。……光既薨，子禹嗣爲博陸侯，顯改更光時所造塋而侈大之。築神道，爲輦閣，幽閉良人、奴婢。又治第宅，作乘輿輦，盡繡絪紨，黄金塗，爲薦輪，侍婢以五采系輓顯遊戲；又與監奴馮子都淫亂。禹等縱弛日甚。宣帝既聞霍氏不道，又弑許后事泄，顯恐怖，乃謀爲逆，欲廢天子而立禹。發覺，霍氏中外皆腰斬，而顯棄市，后廢處昭臺宫。《詩》云：廢爲殘賊，莫知其尤。言忕於惡，不知其爲過。霍夫人顯之謂也。

表一千八百三十七

作者/文獻	版本	用　　例
王拯《龍壁山房文集》卷五	清光緒七年陳寶箴刻本	(1)《陳將軍畫像記》：公諱化成，福建同安人。……公死十日，練君始得公尸，而色如生。故今摹狀，其鄉人識公者，見之皆雪涕云。公之卒，誌狀闕如，陳君既爲公《神道碑》，而其事不詳。……瞻公遺像，慘然悲之。王錫振記。

表一千八百三十八

作者/文獻	版本	用　　例
王正功《中書典故彙紀》卷五	民國嘉業堂叢書本	(1) 趙普卒，上撰《神道碑銘》，親八分書以賜之。遣右諫議大夫范杲攝鴻臚卿，護喪事。賻絹布各五百疋，米麪各五百石。葬日，有司設鹵簿鼓吹如式。(《宋史》) (2) 神宗初，欲爲《韓魏公神道碑》。王禹玉爲學士，密詔具故事有無。禹玉以唐太宗作《魏徵碑》，高宗作《李勣碑》，明皇作《張説碑》，德宗作《段秀實碑》及本朝太宗作《趙普碑》，仁宗作《李用和碑》六事以聞，於是御製碑文賜魏公家。或云：即禹玉之詞。(《石林燕語》)
王正功《中書典故彙紀》卷八		(3) 牛僧儒自中書侍郎出鎮武昌，辟李珏爲書記。其後十餘年間，珏已爲戶部侍郎平章事。時牛公自右僕射再入爲相，正共珏同列相廷。又權德輿撰《杜佑神道碑》云：早參賓席，晚連台座。與使主同時爲相，惟此二人。(李肇《翰林志》。)

表一千八百三十九

作者/文獻	版本	用　　例
王之春 《國朝柔遠記》 卷六	清光緒十七年廣雅書刻本	(1) 駐藏大臣會同達賴、班禪於宗喀巴前掣之，以息爭。葢漢南北與青海各蒙古及滇蜀各邊土司皆崇信黃教，邊民强横，故因慈悲以銷殘殺，假靈異以降服其心。此神道設教之微意也，而非乘用兵之後亦無由變革焉。

表一千八百四十

作者/文獻	版本	用　　例
王之績 《鐵立文起》 前編卷四	清康熙刻本	(1)《辨體》曰：按：《儀禮・士婚禮》：入門當碑揖。又《禮記・祭義》云：牲入，麗於碑。賈氏注云：宮室皆有碑，以識日影，以知早晚。《說文注》又云：古宗廟立碑繫牲，後人因於其上紀功德。是則宮室之碑，所以識日影，而宗廟則以繫牲也。秦漢以來，始謂刻石曰碑，其葢始於李斯嶧山之刻耳。蕭梁《文選》載郭有道等墓碑，而王簡栖《頭陀寺碑》亦厠其間。至于《唐文粹》《宋文鑑》則几祠廟等碑與神道墓碑，各爲一類。今亦依其例云。
王之績 《鐵立文起》 前編卷六		(2)《辨體》曰：按：《檀弓》曰：季康子之母死，公肩假曰：公室視豊碑。註云：豊碑，以木爲之，形如石碑，樹于槨前後，穿中爲轆轤，繞之綍，用以下棺。《事祖廣記》曰：古者，葬有豊碑以窆。秦漢以來，死者有功業，則刻於其上，稍改用石。晉、宋間，始有《神道碑》之稱，葢地理家以東南爲神道，碑立其地而名云耳。墓碣，近世五品以下所用，文與碑同。墓表，則有官無官皆可，其辭則多敘其學行德履。墓誌，則直述世系、歲月、名氏、爵里，用防陵谷遷改。埋銘、墓記，與墓誌同，而墓記則無銘辭耳。古今作者，惟昌黎最高。行文敘事，面目首尾，不再蹈襲。 (3)《辨體》曰：王介甫《梅侍讀神道碑》序畧銘詳，葢效昌黎《劉統軍碑》例也。 (4)《明辨》曰：唐碑制，龜趺螭首，五品以上官用之。而近世高廣各有等差，則制之密也。葢葬者既爲誌以藏諸幽，又有碑碣表以揭於外。其爲體有文，有銘，又或有序。而其銘或謂之辭，或謂之系，或謂之頌。要之，皆銘也。文與誌大畧相似，而稍加詳焉，故亦有正、變二體。其或曰碑，或曰碑文，或曰墓碑，或曰神道碑，或曰神道碑文，或曰墓神道碑，或曰神道碑銘，

續表

作者/文獻	版本	用　　例
王之績 《鐵立文起》 前編卷六	清康熙刻本	或曰神道碑銘并序，或曰碑頌，皆別題也。至于釋老之塟，亦得立碑以僣擬乎品官，故或直曰碑，或曰碑銘，或日塔碑銘并序，或碑銘幷序，亦別體也。若夫銘之爲體，雖不能如誌銘之備，而大畧亦相通焉。此不復著。 （5）《明辨》曰：按：《墓表》：自東漢始，安帝元初元年立《謁者景君墓表》。其文體與碑碣同，有官無官皆可用，非若碑碣之有等級限制也。以其樹於神道，故又稱《神道表》。其爲文有正有變，錄而辨之。又取《阡表》，以附于篇，則遡流而窮源也。蓋阡，墓道也。

表一千八百四十一

作者/文獻	版本	用　　例
王植 《正蒙初義》 卷三	清文淵閣四庫全書本	（1）天不言而四時行，聖人神道設教而天下服。誠於此，動於彼，神之道歟！ （2）徵引《易觀卦彖》：觀天之神道，而四時不忒。聖人以神道設教，而天下服矣。 （3）《集解》：天不言，天之神道也；神道設教，聖亦不言也。誠於此，動於彼。天與聖人無所容心也，是之謂無為而無不為。發微不可見，而充周不可窮，故曰神之道。 （4）高注：聖人穆穆在位，而天下自然化之，於此有神焉，故曰神道設教云爾。 （5）補訓："天不言而四時行"句中便含"神"字，聖人亦是神道設教，故以神之道總收。神只是微妙意，所以神處只在乎誠。愚按：此節大意，明天與聖皆以誠而神也，重在神。神道設教即過化存神之意，與《易·彖》本意不同。《語意》云：天之生物也，運以時，然不言而四時自行；聖人之治天下也，施以教，然神道設教而天下自服。所以然者，由其誠於此，自動於彼，而天與聖俱無所容心也。其斯為神妙之道歟？
王植 《正蒙初義》 卷六		（6）愚按：此節大意，推言理聖神道與誠之義也。玩上下節，重在誠上。

表一千八百四十二

作者/文獻	版本	用　　例
衛既齊 《廉立堂文集》 卷七	清乾隆刻本	(1)《重修關帝廟碑記》：得民之懽情而力可用，得民之義心而功可成。得民之暇氣，而其用力也倍易，其成功也倍速。……《記》曰：民閉于人，而有鄙心。夫閉于人者，無不格于神。神道設教，萃渙之用，皆以之是。其懽情合義心生而暇氣見者，皆民心自有之神為之歟？……工始于某年月日，竣于某月日。邑人某某，分工督修，例得備書。
衛既齊 《廉立堂文集》 卷八		(1) 余笑謂曰：佛菩薩，假名也；西方，假地也。丹霞燒木像以禦寒，玉泉書祖名于犢鼻。誠以山河大地為幻相，亦奚事塔宇之搆造為上人，曰審乎無假而以假者為緣神道設教，所以待上智下根之異也。且孤峰形勝，《山海經》所云景山也。南望鹽販之澤，北望少澤，峰南諸邑人文所發祥也。

表一千八百四十三

作者/文獻	版本	用　　例
魏荔彤 《大易通解》 卷五	清文淵閣四庫全書本	(1) 下觀上者，用觀亦必用其心思於耳目也。非陽為用乎？而其體則陰。蓋上下相觀皆存於一心之精思，及相觀而孚而化，亦惟一誠之感通而已。格鬼神者亦以此，此聖人以神道設教也。神道以誠感，觀我觀民亦以誠孚，以誠為主，事神教民，修已治人之通義也。此觀之所以較臨，其言更精深乎？ (2)《彖》曰：大觀在上，順而巽，中正以觀天下。觀，盥而不薦，有孚顒若，下觀而化也。觀天之神道，而四時不忒。聖人以神道設教，而天下服矣。 (3) 釋卦辭曰：觀，盥而不薦，有孚顒若。上之觀神，下之觀上，俱在此時，昭其觀焉。即下觀而能化，亦由上事神之誠，格幽斯感於明也，誠孚斯感於下也。更為推廣，觀之道，以上觀乎天之神道。神道，即天道也。不言天而言神，有宰乎天者也。 (4) 可見者，天之氣化運行；不可見者，天之神道也。故就四時之行不忒，可觀天之神道靜有常而動不括也。此歷萬古而常新。有至不變者，以主乎至變者也。指實言之，則理以御氣耳；聖人觀之，推誠以通天耳，故聖人以天之神道設教。天之神道，天命也。聖人則天，合乎性以為道也。至於神道設教，即修道以為教也，不出《中庸》所言之旨也。
魏荔彤 《大易通解》 卷十三		(5) 聖人復于章末，明可以佑神之所以然，蓋其能事。至于知變化之神道，則知陰陽反復固不測而皆有定理，故吉凶禍福極難知而皆歸有定。所以能佑神者，以其知神之所為耳。

表一千八百四十四

作者/文獻	版本	用　例
魏禧《左傳經世鈔》卷四	清乾隆刻本	(1) 震夸伯之廟，((杜) 魯大夫展氏之祖父夸氏。伯，字。震者，雷電擊之。) 罪之也，於是展氏有隱匿焉。((杜) 隱惡非法所得，尊貴罪所不加，是以聖人因天地之變，自然之妖，以感動之。知達之主，則識先聖之情以自厲；中下之主，亦信妖祥以不妄。神道助教，唯此為演。)
魏禧《魏叔子文集外篇》文集卷八	清寧都三魏全集本	(2)《賴古堂集序》：櫟園周公既卒之六年，長君在浚寓書幣於友人汪楫，以授寧都魏禧。汪君再拜，屬禧爲公神道之文。禧受書反幣再拜，而謂汪君曰：嗟夫！周公，禧何敢辭公之生也？

表一千八百四十五

作者/文獻	版本	用　例
魏憲《枕江堂集》卷十一	清康熙十二年有恒書屋刻本	(1)《重新靈濟廟序》：神道設教，振古已然，匪獨設教也。如實見其神靈所在，率世之人羣趨而拜焉，奉而祀焉。歷千百載如一日者，何也？

表一千八百四十六

作者/文獻	版本	用　例
魏象樞《寒松堂全集》卷之八	清康熙刻本	(1)《重修蔚州東嶽廟碑記》：東嶽之為祠也，義何昉乎？世之人弗察也。其以神道祠之乎？抑以人道祠之乎？如以神道祠之，神不享非禮；禮之所制擧，非人之所得而祠也。不然者，非僭則瀆。如以人道祠之，古者掃地而祭，於禮盡然。祖宗不血食，孝子慈孫，有聞而恫焉者而嶽不與焉。嗚呼！世之人何弗察也？按：《禮》：冬至祭始祖。程子曰：此厥初生民之祖也。冬至為一陽之始，故象其類而祭之。……巍巍嶽祠，豈瓣香而忘之？雖然先王以神道設教，所以教天下後世之孝子慈孫者，詎如斯而已乎？
魏象樞《寒松堂全集》卷之十一		(2) 誥封徐母顧太夫人神道碑

續表

作者/文獻	版本	用　　例
魏象樞《寒松堂全集》卷之十二	清康熙刻本	(3) 以神道教人則奇，以人道事神則正，以鬼道教人則幻，以人道事鬼則眞。
魏象樞《庸言》	清康熙刻説鈴續集本	(4) 以神道教人則奇，以人道事神則正，以鬼道教人則幻，以人道事鬼則眞。

表一千八百四十七

作者/文獻	版本	用　　例
魏裔介《兼濟堂文集》卷十四	清文淵閣四庫全書本	(1)《黃帝論》：伏羲、神農去洪荒未遠，其風樸畧至黃帝則已。文明盖天道變於上，人事變於下，聖人因而通之，非有所強而為之也。窮而不變則不能通，不通則不能久，豈能宜民而合天？聖人之神而化之，聖人之神道設教也。其時神農之後德衰，諸侯互相侵伐，軒轅修德治兵，擒蚩尤於涿鹿，諸侯咸推軒轅為天子，是亦征誅之漸矣。然風氣日開，嗜慾漸侈，強凌弱，大併小，勢所必至，其勢不得不至於用兵，非聖人之不得已也。　誠見自開闢之後，至此風氣大變，帝能順天道以化民，與伏羲、神農同其功也。

表一千八百四十八

作者/文獻	版本	用　　例
魏元樞《與我周旋集》附刻	清乾隆五十八年清祜堂刻本	(1)《祠廟寺觀（附）塚墓》：陽變陰合，環二氣以相通；微顯闡幽，貫三千而立教。贊化育而参天地，誠至則影響如神；潤風雨而鼓雷霆，性全則中和藏用。……古人列在秩宗，後世垂為祭典。勤事定國，固永馨香。捍患禦災，亦陳俎豆。兼之廣為迪牖，游聖域於空林；大布津梁，啟賢關於頓悟。神道設而天下服，民志定而刑罰清。擬其形容，肺肝戮于鈇鉞；庶幾夙夜，夢寐鍼之膏肓。其益無方，厥德罔覺。豈待戒欺求慊，始呼人鬼之關；即令見象寒心，已判人禽之界。舊章不廢，遵王道而不陂；前事可師，俟後聖而不惑。……祠廟比於寺觀，以類相從，遂及塚墓。

表一千八百四十九

<table>
<tr><th>作者/文獻</th><th>版本</th><th>用　　例</th></tr>
<tr><td>魏源
《元史新編》
卷二十</td><td rowspan="6">清光緒三十一年邵陽魏氏慎微堂刻本</td><td>(1) 三年，术安襲趙王，尚晉王女阿剌忒納八剌公主。請於朝，迎其父殯歸葬。詔翰林承旨閻復碑其神道。</td></tr>
<tr><td>魏源
《元史新編》
卷二十二</td><td>(2) 兀魯部長徹台爭曰：芒哥舊兵不及臣之半，今封顧多於臣。帝曰：汝忘而先横鞭馬鬣時邪？徹台遂不敢言。芒哥卒，孫六人，俱襲封郡王。芒哥弟、蘸木曷之孫博羅歡，别封泰安王。平宋及征叛藩立功，自有傳。(《畏荅爾傳》全本、《姚樞神道碑》。)</td></tr>
<tr><td>魏源
《元史新編》
卷二十三</td><td>(3) 既還，政府列上丞相桑葛罪狀，與侍從近臣會斥其姦，桑葛及同惡皆誅死。益爲上所親信，成宗時，拜江浙行省平章。卒，黃溍碑其神道。</td></tr>
<tr><td>魏源
《元史新編》
卷二十五</td><td>(4) 楚材留守尋思千域在阿母河之北，距鐵門尚二千餘里。未至北印度，況東印度乎？史但据宋子貞《神道碑》，歸功耶律，而不知地里事實種種不符，故知爲太祖班師歸後始詢楚材也。</td></tr>
<tr><td>魏源
《元史新編》
卷二十九</td><td>(5) 天厤改元，知樞密院事。帥兵屢拒上都之軍於通州、昌平、居庸關，復禦陝西兵於廣平、磁州。遷河南江北行省平章，兼山東河北蒙古軍大都督。詔加贈其祖父三代皆曹南王，敕國史臣虞集碑其神道，而許有壬碑其神堂。(《道園文錄》《至正集》)
(6) 博羅歡勇有智略，戰常以身先之，所獲財物悉與將士，故得其死力。平居常以國事爲憂，聞變卽請行，至終其事乃止。其忠義出於天性。累贈太師、上柱國，加封泰安王，謚武穆。姚燧碑其神道。</td></tr>
<tr><td>魏源
《元史新編》
卷三十</td><td>(7) 秋七月，尚書右僕射同平章事李沆卒，謚文靖。李謙碑其神道。
(8) 賀伯顔對曰：圖忽魯其人也，且先帝所知。遂驛召還，遷樞密副使。大德七年卒，封趙國公，謚文肅。又有燕梖者（舊作"燕公梖"，今從《神道碑》），字國材，建昌人。
(9) 大德三年，復拜中書平章。十一年，卒。阿魯渾雅好推轂，士由薦進者數十百人，多至公卿大夫，未嘗有德色。追封趙國公，謚文定。趙孟頫碑其神道。(見《松雪集》。)
(10) 至治二年，進封武寧王，改謚正憲。子多爾只，江浙行省左丞。姚燧碑其神道。</td></tr>
</table>

續表

作者/文獻	版本	用　　例
魏源 《元史新編》 卷三十三	清光緒三十一年邵陽魏氏慎微堂刻本	(11) 至正三年，追封涇陽王，改謚忠宣。子二人，惟一中書左丞相。至順三年，詔學士虞集碑其神道。(《道園文集》)
魏源 《元史新編》 卷三十四		(12) 始爲招討使，經歷諸將以久駐外，不可無家，各議置妾，獨難天祥。一日，飾送良家子至，麗甚，天祥曰：諸君自安。吾無庸，此固卻之。居惟閱經史，一僕自隨。所著有《四書集註辨疑》十五卷、《四書選注》二十六卷、《詩文集》八卷。追封潁川郡公，謚文靖。張養浩碑其神道。(《歸田類稿》)
魏源 《元史新編》 卷三十六		(13) 至大二年卒，年九十二。追封冀國公，謚忠宣。天麟歷事六朝，夔夔一節，罔有擇言擇行。奉使之節，同於蘇武。蕭𣂏碑其神道，述天麟告坐客之言，曰：人之爲人，惟孔夫子，扎薩克不可違耳。扎薩克，華言法律也。
魏源 《元史新編》 卷三十七		(14) 許有壬碑其神道曰：至元初，江南蕩平，天下甫定，如大病始愈，必有餘疾。
魏源 《元史新編》 卷四十		(15) 又經理荆湖屯田，廢地歲可出粟百餘萬。又請置洪澤、芍陂屯田萬戶府。所至以興學校、薦賢能、申冤抑、恤孤寡爲已任。三年，改河南行尚書省平章政事。卒，追封梁國公，謚文正。程文海碑其神道。(見《雪樓集》。)
魏源 《元史新編》 卷四十三		(16) 子遠，字朋道。以廕調祕書郎，轉襄陽縣尹，需次居南陽。賊起，遠傾財募丁壯千餘，拒戰，死。遠妻雷亦罵賊，死。舉家皆被害，翀之没也。蘇天爵碑其神道。(見《滋溪文稾》。)
魏源 《元史新編》 卷四十五		(17) 星吉公廉明決，與將士同甘苦，以忠義感激人心，故能以少擊衆，得人死力與！余闕皆以無援先後死東南事，遂不可爲。宋濂碑其神道。(見《文憲集》。)
魏源 《元史新編》 卷四十七		(18) 今爲我飲此酒，愼勿兩賢相戹。明善跪而釂之。起立，言曰：誠如公言。請公再賜二巵，誓推此心，以栽培善類，終身誓不敢忘！乃再飲而別，遂與集驩如初。其後明善每作文，必招集就正之。集輒泚筆刪百十字，而文益精當。馬祖常碑其神道。
魏源 《元史新編》 卷四十八		(19) 鄧文原，字善之，一字匪石，緜州人。父漳，徙錢塘。文原年十五，通《春秋》。在宋時，以流寓試浙西轉運司，魁四川士。(吳澄撰《神道碑》，謂“文原，中宋進士”，與此不符。) (20) 明年，兼國子祭酒。泰定元年，兼經筵官，以疾乞致仕。再召不起。文

續表

作者/文獻	版本	用　　例
魏源 《元史新編》 卷四十八	清光緒三十一年邵陽魏氏慎微堂刻本	原少貧，客京師，有一書生疾篤。取橐中金，屬之以歸其親；既死，而同舍生竊金去，文原代償，終身不以語人。有《文集》若干卷、《内制集》若干卷。至順五年，制贈江浙行省參政，謚文蕭。吳澄碑其神道。
魏源 《元史新編》 卷四十九		(21) 澤民曰：昔江萬里寓鄱陽，大軍偪城，不隨衆走。況軍民離合，視吾去留，吾何忍去父母之邦乎？留不去，凡戰鬭籌畫，多澤民參決之，屢敗賊兵。既而寇益衆，城陷，被執，罵賊，遇害，年七十。事聞，贈江浙行中書省左丞，追封譙國郡公，謚文節。宋濂碑其神道。
魏源 《元史新編》 卷七十一		(22) 馬祖常撰其曾祖月合乃《神道碑》云：雍古部族，居淨州之天山。
魏源 《元史新編》 卷七十八		(23) 如彼執御，逐左而左。如彼稽田，是菑是播。惟二李公，前承後引。異世相望，肆不隕問。惠我括民，知遠之近。式訓程之，視公繩準。顯允盧矦，職是南伯。起孝起敬，民用飲食。僚有王君，婉其諸畫。載新泮宫，崇崇仡仡。神道設教，天維顯用。民罔敢知，惟日康共。春則俟相，興則成誦。矢詩颺之，聲於有衆。
魏源 《元史新編》 卷九十一		(24) 鄭玉《周易大傳附注》（史作《周易纂注》，今據《神道碑》）。《程朱易契》。
魏源 《詩古微》 中編之十	清道光刻本	(25) 問：祭之備物，有人道焉，有神道焉。采五色和五味，以人享之也，弗忍致之死也。樂五音，臭五氣，以神求之也，弗忍求之而弗得也。而那詩惟言鞉鼓管磬之奏，無一言及于牲鬯者何？
魏源 《古微堂集》 内集卷一	清宣統元年國學扶輪社本	(26)《易》曰：《易》者，卜筮之書也，天道之書也。中古以後，地天之通絶矣，天與人日遠矣。……故卜筮者，天人之參也，地天之通也。《詩》《書》《禮》皆人道設教，惟《易》則以神道設教。夫神道，非專言禍福吉凶而不言是非者乎？《詩》曰：奏假無言，時靡有爭。是故君子不賞而民勸，不怒而民威於鈇鉞。 (27) 熟謂太虛聚為氣，氣散爲太虛，而賢愚同盡乎？禮樂皆芻狗而神道無設教乎？《詩》曰：明明在上，赫赫在下。
魏源 《古微堂集》 外集卷一		(28) 觀，盥而不薦，有孚顒若。觀天之神道，而四時不忒。聖人以神道設教，而天下服。聖人以此洗心，退藏於密。神以知來，知以藏往。聖人以此齊戒，以神明其德夫！豈非使天下之人齊明盛服，以承祭祀？洋洋乎如在其上，如在其左右。神之格思，不可度思者乎？

續表

作者/文獻	版本	用　例
魏源 《古微堂集》 外集卷四	清宣統元年國學扶輪社本	(29) 陝西按察使贈布政使嚴公神道碑銘（代籲山湯相國） (30) 太子太保兩江總督陶文毅公神道碑銘 (31) 戶部左侍郎提督江蘇學政周公神道碑銘
魏源 《古微堂集》 外集卷八		(32) 考其碑，則孔林防墓皆宋眞宗時東巡時所修，碑亦眞宗時所立，松柏亦宋所植也。豁然悟曰：天下豈有林墓不問陰陽流泉，而一切正子午者豈有不分尊卑昭穆而祖面背孫者乎？古無墓碑，及後世巡守時所委承修者，皆不學無術之工員。欲建神道圍牆，而不得其本向，一切概以正子午立之。今試移孔林三碑，皆於乾巽方，則夫子居中，泗水侯左昭，沂國公右穆，秩然合禮矣。其神道正值康熙御碑亭，其亭牆外地左右皆亂塚，中間一道曠然窪平，無一古墓。此明明是聖墓前神道，誠改正此向，則洙水環拱曲阜。
魏源 《海國圖志》 卷十七	清光緒一年魏光壽平慶涇固道署刻本	(33) 日本東方地甚磽，不多產物，惟出黃金紅銅。民習於勤，而性固執。每因細故輕生，其君亦視民如草芥，見人貧苦，亦不援手。娼妓甚盛，婚姻喪祭，與中國相似。尊長常帶劍二三口，起居不舍。有痛於心，則剖腹而斃。其人樸實不許，若委以事，不成不止。手藝巧捷，最美者花布、漆器、綢緞等貨物。剃頭惟留頂發，衫長及腳，貧者不褲，夏則身裸。女裳與男不異，面目多同呂宋，而異中國。多食菜魚，不養牲畜。時時食茶，然不及中國茶葉。語音雖異中國，而用中國文字、書冊以教人。除漢人文字外，兼學荷蘭各藝術，是以醫術、天文、地理，無不通習。其聰明過於漢士，尚有用字母者，智士便寫之以合十音。日本國重文墨，但官多世襲。通習文字者，或反無俸祿。不甚與外國貿易，每年惟荷蘭船一，唐舶五，琉球船亦不過十。百姓沿海惟以本地之貨交易，或載列島主，所進貢將軍之物。最大之港曰大阪，然每年飄所失之舟，亦有五分之一，蓋所造之舟本不固，難冒風水。其君恐商人遠離本地，故禁造堅舶。寧見本民之陷沒，不肯立法保救。瀕海民多業漁，日用所常食也。捕鯨魚，食其肉，而用其油。除佛教外，則崇尚古時所傳之神道。僧最多，官府惟執法律，不稍寬貸。罪犯一聞擬罪，輒願自盡，不欲受辱。全國分七道，六十八國，六百有四郡，萬有三千邑，九十萬零九千八百五十八鄉，百有四十六炮臺，神廟二萬七千七百間，佛廟二萬二千五百八十間。其北面山與滿州對峙，多未開墾者。
魏源 《海國圖志》 卷二十六		(34) 摩西密告宗人，約期同發，至海港，潮退變陸，渡畢而潮大至。麥西軍追者皆溺死。摩西率眾至迦南之耶路撒冷，遂王其地。示十誡以訓民，教以事神天，敬父母，勿殺，勿奸，勿盜，勿妄證，勿貪他人之財。七日禮拜，省過督，是爲西土立教之始。（泰西人相傳天神降於西奈山，石上現文字，摩

續表

作者/文獻	版本	用　例
魏源《海國圖志》卷二十六	清光緒二年魏光壽平慶涇固道署刻本	西拜受，垂爲十誡，以教民蓋托于神道，以起人之崇信耳。後來耶穌教即本於此。西奈山，在今亞剌伯西北境。）摩西卒，約書亞繼之。分以色列族爲十宗，裂地封爲小部，統於耶路撒冷。
魏源《海國圖志》卷三十一		（35）讀此記乃知《元史》本紀及《耶律楚材傳》帝至東印度駐鐵門關，角端見班師者，蓋本于宋子貞所作《楚材神道碑》，不知太祖軍逾雪山，止至北印度，何由遽及瀕海之東印度，若鐵門則距雪山北印度尚遠。考《湛然集》，楚材在西域十年，止駐尋思幹城，縱或偶至鐵門，無由至印度。《神道碑》欲歸功楚材，故移印度之事於鐵門，以傅會之，不知種種不合。
魏源《海國圖志》卷三十二		（36）《蒙古源流》雲：成吉思汗將進征額納特阿克，直抵齊塔納淩嶺之山脊，遇一獨角獸名曰賽魯，奔至汗前，屈膝而叩。汗曰：彼額納特阿克，乃古昔大聖降生之地，今奇獸至前，殆上天示意。遂振旅而還。此明言遇獸在雪山，非鐵門，非東印度，且非因楚材之諫。蓋楚材在西域十餘年，止駐守尋思幹城，即賽馬爾罕城也，終身未至印度北之大雪山。後人作《耶律神道碑》者，必欲歸功楚材，故移雪山之事於鐵門以遷就之。不知千里之謬，而《元史》因之，《明史》因之。 （37）元太祖軍逾雪山，追算端，實止至北印度，未親至中印度，有《長春西行記》可證。若僅及鐵門，則北印度尚未至，況能逾中印度而至瀕海之東印度乎？此則萬里之謬，亦始於《耶律神道碑》，而《元史》因之，《明史》因之。
魏源《海國圖志》卷三十九		（38）自佛蘭西侵後，道院之勢漸衰，遂籍其產入官，以充公費。然道院中之教師，庶民至今引領焉，屢唆是非，使民不安。地方褊小，財帛不多，然可足食。全地半墾爲田，半歸五爵，其三分之一，歸在城紳士，其六分之一，歸道院之僧師。……其教師不好文，故兒童多不入學，女鮮識字。國內立大學院十七間，以神道設教。居民大半棕色，眼有光明，好施濟，重禮拜，故罷工之日多，暇則以鬥牛爲戲。南方女多美。西班亞人崇天主新教，祈禱念經，口內長稱其名，臨危時即懇籲馬利亞之名，以爲憑信。其民好逸而憚勞。
魏源《古微堂詩集》卷二	清同治刻本	（39）出郭謁龍門，兩行無坦路。杖策不能前，往往溪中渡。前有一匹練，後有一丈素。驅車曳其輪，帷裳漸已屨。歘然雙闕竦，下有澄潭注。不見禹鑿痕，惟瞻龍象怖。石石混沌竅，佛佛媧皇鑄。化身百千億，如潭千月吐。人力天工奪，神道人鬼懼。夜湲蛟鼉起，石裂崖崩仆。母乃童律斧，雷雨空山助。

續表

作者/文獻	版本	用　　例
魏源《古微堂詩集》卷四	清同治刻本	(40) 紅剌麻，黄剌麻。貴者珊冠油碧車，賤者袪服盈街衢。不僧不俗不袈裟，皆祖釋迦宗喀巴。借問剌麻何所爲，梵音佛母陀羅尼。大明大力孔雀王，神通自在大游嬉。借問剌麻何所證，呼畢勒罕前生定。幻身世世度衆生，不以輪回昧眞性。借問剌麻何益國，神道設教安邊策。西域番蒙數萬里，去殺勝殘資控勒。……何惜恩膏卹窮宦，請驅輦下賈胡患。
魏源《老子本義》	清光緒漸西村舍本	(41) 陸氏佃曰：去甚，慈也；去奢，儉也；去泰，不敢爲天下先也。三者，聖人之所以有天下也。吕氏惠卿曰：老子言取天下常以無事，無事者因萬物之自然而不敢爲，故能得天下之心而使之不去，非有以爲之也。惟道可以御器，天下之器神器也，非神道無以御之。神，無思也，無爲也。而爲之，則御非其道矣。聖人去甚，去奢，去泰，凡所以輔萬物之自然而不敢爲也。
魏源《聖武記》卷五	清道光刻本	(42) 南北朝時，西域數十國迎法師，求舍利，動至兵爭，爲部落安危所係。蓋邊方好殺，而佛戒殺，且神異能降服其心，此非堯、舜、周、孔之教所能馴也。高宗神聖，百族稟命，詔達賴、班禪兩汗僧當世世永生西土，維持教化。故衛藏安，而西北之邊境安；黄教服，而準、蒙之番民皆服。《傳》曰：修其教，不異其俗，民可由不可使知。蓋至金奔巴瓶之頒，而大聖人神道設教變通宜民者，如山如海，高深莫測矣。
魏源《書古微》卷六	清道光刻本	(43) 楊慎謂武丁嘗居民間已知説之賢矣，一旦欲舉而加之臣民之上，人未必帖然以聽，故託于夢。商俗信鬼，因民所信以神道談教乎？

表一千八百五十

作者/文獻	版本	用　　例
魏之琇《續名醫類案》卷三十	清文淵閣四庫全書本	(1) 禁鍼穴：腦户、顖會、神庭、絡郤、玉枕、角孫、顱顖、承泣、承靈、神道、靈臺、膻中、水分、神闕、會陰、横骨、氣衝、箕門、承筋、青靈、三陽絡、手五里（凡二十二穴）。

表一千八百五十一

作者/文獻	版本	用　　例
文康《兒女英雄傳》第三十五回	清光緒四年京都聚珍堂活字印本	(1) 讀者，你只看這婁主政渾不渾！他見那神道也像是為了他託人情而來的，雖神道也罷，他竟敢合他使出個那牛一般的性兒。他卻絕不想，“王道本乎人情，人情準乎天理”；誠爲枉法營私，原王章所不宥；要知“安老懷少，亦聖道之大同”。一味沽名，已不是愛名；有心幹事，必不能濟事。無端任怨，終不免招怨；苦不近情，定轉至悖情。……這班脚色要叫他去參政當國，只怕剝削天下元氣不小！婁主政見那神道説也為着那本卷子而來，便立刻反插了兩隻眼睛說道：這事又與神道何涉？要來攙越！從來説“聰明正直之爲神”，謂神聰明，我婁某也不懵懂；謂神正直，我婁某也不偏邪。便是神道……一句話不曾說完，只聽那神道大喝了一聲道：住口！他底下這句話大約要說：便是神道來説這個人情，我也不答應。誰知那神道的性兒也是位不讓話的，不容他往下説，便兜頭一喝，說道：狂徒！看你讀聖賢書，舉直錯枉，雖是平日性情失之過剛，心術還不離乎正，所以那位老人家纔肯把天人相應的道理來教誨你。你怎的讀書變化氣質，倒變成這等一副氣質來！可不是不知教誨麽？……那神道纔有些顏霽，說道：既知悔悟，姑免深求。他只道那神道說完這句便好走了，不想那神道不往外走，却轉向裏來。……又見那位神道走到那老者跟前，控背躬身，不知說了兩句甚麽話。那老者乾笑了一聲，道：不想這樣一個順水推舟的人情，也要等你們戴紗帽的來說纔說得成！說着，便拄着杖站起來，那位神道倒隨在身後，還扶持着他，一同出門而去。
文康《兒女英雄傳》第三十八回		(2) 一進去，安老爺看見那神像脚下各各造着兩個精怪，便覺得不然，說：何必神道設教到如此！程相公道：老伯怎的倒不曉得這個？這就是風調雨順四大天王。

表一千八百五十二

作者/文獻	版本	用　　例
文廷式《純常子枝語》卷十七	民國三十二年刻本	(1)《易觀卦象》曰：聖人以神道設教，而天下服矣。《正義》曰：聖人法天之神道，本身行善，垂化於人，不假言語教戒，不須威刑恐逼，在下自然觀化服從。《象》曰：風行地上，觀。先王以省方觀民設教。《正義》曰：觀看民之風俗，以設於教。按：《希臘志略》：希臘諸國初立盟會，俱有奉神意，又人君皆兼祭司長。此可知神道設教，實因民俗。……孔穎達謂“法天神道，於義反虛”，非《易象》本旨也。

續表

作者/文獻	版本	用　　例
文廷式 《純常子枝語》 卷十七		(2)《瀛環志略》卷六云：摩西率衆至迦南之耶路撒冷，遂王其地。示十誡以訓民，教以事神天，敬父母，勿殺，勿姦，勿盜，勿妄證，勿貪他人之財。七日禮拜，省過愆，是爲西土立教之始。泰西人相傳天神降西奈山，現文字，摩西拜受，垂爲十誡，以教民蓋託神道，以起人之信耳。後來耶蘇教卽本於此。
文廷式 《純常子枝語》 卷二十四	民國三十二年刻本	(3)巴馬爲古教，山支訶、月各爲新教，三派皆淵源於費大，然異端尤多，不能悉數。又按：費大書論神道者，有曰花羅尼者，謂天印度也；曰彌達黎者，日印度也；曰仁達黎者，晝印度也。 (4)日來以神教爲國教，顧其書不數見。近時內藤正直所箸《碧海學説》，則主張神教之書也。其言曰：資漢學以明神道者，是之謂正學。昔之談神道者，必附曾儒佛之旨，牽強杜撰以粉飾古言，謂不如是不足以抗二教，不知祖宗之訓既發人道之大端，固不須曲學細論也。然學者能資之孔子經典以説我道，則其精微之旨明瑩透徹，固不待牽強而彰然較著，是吾資彼以明神教者，固不待粉飾也。又曰：耶蘇奉天主，措之君父之上，其説最迷謬。蓋神道雖僅祭祀而推崇君父，其術固與儒相近也。
文廷式 《純常子枝語》 卷二十五		(5)嚴嵩《鈐山堂集·潘鑑神道碑》云：有寇蘇秉規糾亡命稱“大嗟哪”，據海島爲患。“嗟哪”即“督那”，明人記外事多加口旁，非唐人別彈舌音例也。毛奇齡《後鑒錄》亦有“達哪”字。
文廷式 《純常子枝語》 卷三十六		(6)予為儒者，烏可雷同其說。余謂佛力冥被，神道幽贊，不可盡以常情測也。然郝氏之見，要可並存。又廟額題“關真君”，而錄山右金石者標題“關帝”，是以有明封號追改金源，實爲巨誤，所宜訂正。
文廷式 《文道希先生遺詩》	民國十八年葉恭綽本	(7)遺詩酷似蘇和仲，銘墓吾慚杜牧之。(滿洲大臣自乾隆以來，相率于墓前刻御製碑文，而墓誌、神道之類皆不用。予嘗語伯希祭酒，以為後世欲聞滿洲耆舊，行事功烈殆無可徵也。)長憶春明驅馬日，淚痕點點落衣緇。

表一千八百五十三

作者/文獻	版本	用　　例
文行遠《潯陽蹠醢》卷三	清康熙穀明堂刻本	（1）至公之先始家南康軍之星子，至公家江州之德化。詳在《曾南豊神道碑》中。

表一千八百五十四

作者/文獻	版本	用　　例
翁方綱《復初齋詩集》卷十二	清刻本	（1）梁吳平忠侯蕭景神道石刻字 （2）梁故侍中中撫將軍開府儀同三司吳平忠侯蕭公之神道
翁方綱《復初齋詩集》卷二十二	清刻本	（3）宋哲宗御篆《司馬溫公神道碑額》。（紹定三年三月朔，朝奉郎新除行大理寺丞權知沔州軍州事管内安撫四川制置司条議官臣田克悉刻石本州公宇。）
翁方綱《復初齋詩集》卷四十五	清刻本	（4）虞文靖元帥劉公神道碑墨蹟卷爲味辛賦
翁方綱《復初齋詩集》卷六十二	清刻本	（5）題錢氏護碑圖二首。（《吳越文穆王神道碑》，晉天福八年，同平章事和凝撰。）
翁方綱《復初齋外集》詩卷第二	民國嘉叢堂叢書本	（6）朱邑墓和象星韻。（桐城西南二十里。碣曰"漢大司農朱公邑神道碑"。）
翁方綱《粵東金石略》卷二	清乾隆三十六年刻本	（7）皇祐五年牒：《中書門下牒廣州南海洪聖廣利王牒》：奉敕易載害盈益謙之旨，盖神道正直，必有輔於教也。其有陰相吾民，沮遏凶醜，應答明白，不列美稱，曷以揚神之休？南海洪聖廣利王：惟王廟食尊爵，表于炎區，年既遠矣。唐韓愈記稱神次最貴，且有福禍之驗。國家秩禮，祀等尤高。康定中，朕嘗增王徽名、牲幣、器數，罔不稱是。今轉運使絳言：迺者儂獠狂悖，暴集三水，中流颸起，舟留三日。逮至城闉，廣已守備。火攻甚急，大風還燄，閉闔渴飲，澍雨而足。變怪屢見，賊懼西遁。州人咸曰：王其恤我者邪？朕念顯靈佑順，靡德不酬，其加王以昭順之號。神其歆兹顯寵，萬有千載，永庇南服。

續表

作者/文獻	版本	用　　例
翁方綱 《粵東金石略》 卷三	清乾隆三十六年刻本	(8) 一峰下明西莊霍公墓墓碑，誥命二道。嘉靖七年五月十六日，謹身殿大學士張孚敬錄。其右有《神道碑》，湛若水撰，李時書丹，方獻夫題額；其左有《墓表》，湛若水撰，玉泉甘學于盤書又祭文。碑四，無書人姓名。
翁方綱 《粵東金石略》 卷四		(9) 七月庚辰，至蜀郡。八月癸未朔，赦天下。癸巳，靈武使至，知太子即位。丁酉，稱上皇，詔稱誥。己亥，臨軒冊肅宗。自庚辰至己亥僅二十日，且蒙塵之餘固無暇贈典。《神道碑》但言"發使至韶州弔祭"而已，《新史》蓋據《碑》也。贈司徒，當以建中為正。 (10) 重刻張九齡神道碑 (11)《重刻張九皋神道碑》：篆額具書"唐銀青光祿大夫嶺南五府節度經略採訪處置等使攝御史中丞賜紫金魚袋殿中監南康縣開國伯贈楊州大都督府長史張公神道碑"，中大（闕）行禮部侍郎秘書少監蘭陵蕭昕譔。明嘉靖二十四年夏五月，吉裔孫通議大夫都察院右副都御史奉勅提督兩廣軍務魚理處撫岳重立。其文行書，全錄於左。
翁方綱 《復初齋文集》 卷二十六	清李彥章校刻本	(12) 惟謝侍郎之稱，則《宋史本傳》及元李道源所撰《謝公神道碑》止言"兵部架閣、江東提刑、招諭制置使"而已，不言侍郎也。
翁方綱 《復初齋文集》 卷三十		(13)《跋元劉元帥碑》：右元虞文靖公撰書《元帥劉垓神道碑銘墨迹卷》，其敘垓為劉武敏第五子。《元史本傳》止載其四，曰垣、曰埏、曰均、曰垓，當以此《碑》爲實也。
翁方綱 《復初齋文集》 卷三十二		(14)《跋白公神道碑》：長白《白公神道碑》，海寧查初白撰，金壇王虛舟書，吾邑黃崐圃篆額。雍正元年，初白年七十四，告歸里居。虛舟、崐圃，皆官於朝。虛舟，年五十六。而篆額實出虛舟，借崐圃名耳。
翁方綱 《虞文靖公年譜》	清嘉慶刻虞文靖公詩集本	(15) 方綱按：歐陽圭齋撰先生《神道碑》，敘次世系最詳，今據為此圖。然先生自作《七弟嘉魚大夫墓志》云"永興公十一世至仁壽太守，又八傳為五世祖允文"，則與此不合，當更詳考之。 (16) 歐陽圭齋撰公《神道碑》云：天歷三年，特授中順大夫。未幾，拜奎章閣侍書學士，陞亞中大夫。依前翰林直學士、知制誥、同修國史、兼經筵官、國子祭酒，會有令，諸兼職不過三，辭祭酒。得請兩月，進階中奉大夫，餘如故。

續表

作者/文獻	版本	用　例
翁方綱《虞文靖公年譜》	清嘉慶刻虞文靖公詩集本	(17) 段玉裁《匏伯龔公神道碑》：公岐嶷，即有成人度。年十一，遭母喪，哀痛特至。及長，至性過人，篤於父母兄弟。 (18) 段先生譔《神道碑》則作“自珍”，乃後來追改。據此字說，知庚午以前固未名“自珍”也。惟“愛吾”之字，僅此一見，而未用耳。 (19) 母在人間，百事予不知也。猶記丙子至戊寅三除夕，燒蠟兩枝，供紅梅、牡丹各一枝，讀《漢書》竟夜。除夕，又有《夢返故廬見先母及潘氏姑母》詩。(案：段先生《匏伯公神道碑》：女一，適福建興泉永道潘本義。次子，鹽大使。立誠，即先生姑也。) (20)《海壇鎮總兵官丁公神道碑銘》：是歲有《詠史》一律，舊傳為南城曾賓谷鹺使作。 (21) 乙未立秋日，同年慶漁山戶部勳招同吳虹生舍人葆晉、馬湘帆户部沅、戴雲帆水部絅孫、步香南編修際桐、徐鏡溪水部啟山集都城北積水潭秋褉，登西北高樓縱飲，有詞紀之。紀年文有《說張家口》《說居庸關》《陸彥若所箸書序》《代阮中丞兩廣總督盧敏肅公神道碑銘》。

表一千八百五十五

作者/文獻	版本	用　例
吳長元《宸垣識略》卷十二	清乾隆池北草堂刻本	(1) 朝陽門外有東嶽廟，其塑像劉鑾手製。墀中豐碑三道：其一爲《張天師神道碑》，趙文敏孟頫書；其一爲《仁聖宮碑》，虞文靖集隸書；其一爲《昭德殿碑》，趙世延書。大都南城長春宮都提點馮道頤，始作東嶽廟于宮之東，謀于其徒曰：不得劉正奉（名元）名手，無以稱吾祠。且正奉嘗從吾徒游，將無靳乎？即詣正奉言之。正奉以前勑未之許也。

表一千八百五十六

作者/文獻	版本	用　例
吳高增《玉亭集》卷二	清乾隆刻本	(1) 墓碣：墓前立《神道碑》，壙內刻《墓誌銘》，乞名人爲之，或乞德位兼隆者撰書，以垂不朽。然亦量本人與其子孫之身分何如耳。勒石有制，毋過豐。

表一千八百五十七

作者/文獻	版本	用　　例
吳光耀《五代史記纂誤續補》卷二	清光緒十四年刻本	(1)《金部郎中贈兵部侍郎閻公神道碑銘》曰：惟閻氏世家于鄆。其先曰太原干寶，以武顯于梁、晉之閒，實佐莊宗，戰河上，取常山，功書史官，爵有王土。鄆之諸閻，皆其後也。……後人有能得公爲《神道碑銘》者，可謂有聞矣。
吳光耀《五代史記纂誤續補》卷六		(2)《宋史・呂夏卿傳》：夏卿又通譜學，創爲世系諸表，于《新唐書》最有功。而《四朝國史》及《宋史・文忠公傳》，又吳正憲公充所撰《行狀》、韓魏公琦所撰《墓誌銘》、蘇文定公轍所撰《神道碑》、《晝墁錄》載魏公對仁宗語，皆作公撰。《唐書・紀志表》必夏卿創始而受成于公也，則《表》亦公修。

表一千八百五十八

作者/文獻	版本	用　　例
吳廣成《西夏書事》卷十四	清道光五年小峴山房刻本	(1) 仲淹見未具表奏，且書有僭號，不可以聞。(李氏《長編》云：延德之來，初無書也。而畢仲游作《孫沔神道碑》云：高延德奉書至延州，已送闕下。據此，則書固有之。然以爲"送闕下"，則誤。)
吳廣成《西夏書事》卷十九		(2)(附)《宋史・程琳傳》：夏人圍慶陽，會朝廷行諒祚冊禮，琳止詔使于鄜延曰：夏人貪此，可紓慶陽之難。乃具禮幣賜予之數移報之，夏人果喜，即日迎冊使而圍解。考歐陽修作琳《墓銘》及《神道碑》不載此事，琳《傳》不知何據？

表一千八百五十九

作者/文獻	版本	用　　例
吳趼人《二十年目睹之怪現狀》第二十五回	清光緒本	(1) 我連忙問：憑據在那裏？姊姊道：我問你一句書，"先王以神道設教"，怎麼解？我想了一想道：先王也信他，我們可以不必談了。……所以神道本來是沒有的，先王因為那些愚民有時非王法所能及，並且王法只能治其身，不能治其心，所以先王設出一個神道來，教化愚民。……我想了一想，笑道：又象在，又象神在，可見得都不在，這也是沒有的憑據了。姊姊道：既然沒有，為甚麼孔子還祭呢？兩中"祭"字，為甚麼不解？我道：這就是神道設教的意思了，難道還不懂麼。……下一個"祭"字是祭神，那才是神道設教的意思呢。

續表

作者/文獻	版本	用　例
吴趼人《二十年目睹之怪現狀》第六十八回	清光緒本	(2) 我道：這又不足為信的。這兵丁或者從前賞罰裹面，有憾于李中堂，卻是敢怒而不敢言，一向無可發洩，忽然遇了這件事，他便借著神道為名，把他提名叫姓的，痛乎一罵，以泄其氣，也是料不定的。

表一千八百六十

作者/文獻	版本	用　例
吴暻《左司筆記》卷一	清鈔本	(1) 長安（倚郭有漢宣帝陵，置駐防將軍都統兵有神道嶺、金鎖關、紅德營。）

表一千八百六十一

作者/文獻	版本	用　例
吴敬梓《儒林外史》第四十二回	清嘉慶八年新鐫臥閑草堂本	(1) 布政司書辦跪請七曲文昌開化梓潼帝君進場來主試，請魁星老爺進場來放光。六老爺嚇的吐舌道：原來要請這些神道菩薩進來！可見是件大事！
吴敬梓《儒林外史》第四十三回		(2) 又聽見他們設了一計。說我們這鎮遠府裹，正月十八日，鐵溪裹的神道出現。滿城人家，家家都要關門躲避。他們打算到這一日，扮做鬼怪，到老爺府裹來打劫報仇。老爺須是防範他爲妙。
吴敬梓《儒林外史》第五十四回		(3) 金修義道：總是你身子生的虛弱，經不得勞碌，著不得氣惱。虔婆道：莫不是你傷著什麽神道？替你請個尼僧來禳解禳解罷。

表一千八百六十二

作者/文獻	版本	用　例
吴綺《林蕙堂全集》卷十四	清文淵閣四庫全書本	(1)《青山下望黄將軍墓道》：霜花入江江樹紅，半江落日摇悲風。此時客向青山路，遥見松楸竄狐兔。推篷指問黄頭郎，云是將軍神道處。將軍束髪事邊疆，浴血榆關四十霜。……至今白骨滿蒼山，折戟猶存戰血斑。豎子無成悲廣武，詞人多恨哭江南。吁嗟將軍復何有，從來運數多陽九。留守魂遊宋氏河，監軍淚滴唐家酒。吾徒意氣豈能灰，當時所用違其才。夕陽下山黄葉雨，江風颼颼魂歸來。

表一千八百六十三

作者/文獻	版本	用　　例
吳謙 《醫宗金鑒》 卷八十	清乾隆武英殿刻本	(1) 背部中行凡十四穴：大椎、陶道、身柱、神道、靈臺、至陽、筋縮、中樞、脊中、懸樞、命門、陽關、腰俞、長強（俱督脈）。
吳謙 《醫宗金鑒》 卷八十四		(2)《督脈穴歌》：督脈行脈之中行，二十八穴始長強。腰俞、陽關入命門，懸樞、脊中、中樞長。筋縮、至陽歸靈臺，神道、身柱、陶道開。大椎、瘂門連風府，腦户、強間後頂排。百會、前頂通顖會，上星、神庭、素髎對。水溝、兑端在脣上，齦交上齒縫之内。 (3) 五椎下，神道穴也。
吳謙 《醫宗金鑒》 卷八十五		(4) 大杼主刺身發熱，兼刺瘧疾欬嗽痰，神道惟灸背上病，怯怯短氣艾火添。註：大杼穴，主治遍身發熱，瘧疾，欬嗽多痰。鍼五分，禁灸。神道穴，主治背上冷痛，怯怯短氣。灸七壯，禁鍼。 (5)《禁鍼穴歌》：禁鍼穴道要先明，腦戸顖會及神庭。絡却玉枕角孫穴，顱息承泣隨承靈。神道靈臺膻中忌，水分神闕并會陰。橫骨氣衝手五里，箕門承筋及青靈。乳中上臂三陽絡，二十三穴不可鍼。孕婦不宜鍼合谷，三陰交内亦通論。石門鍼灸應須忌，女子終身無妊娠。外有雲門并鳩尾，缺盆客主人莫深。肩井深時人悶倒，三里急補命還平。刺中五藏膽皆死，衝陽血出投幽冥。海泉顴窌乳頭上，脊間中髓傴僂形。手魚腹陷陰股内，膝臏筋會及腎經。腋股之下各三寸，目眶關節皆通評。

表一千八百六十四

作者/文獻	版本	用　　例
吳騫 《愚谷文存》 卷五	清嘉慶十二年刻本	(1)《少室神道石闕》立于漢安帝時，在今河南登封縣。其上截篆銘雖不無漫滅，而下方畫象尚多完好，顧昔人皆未著于錄，國朝登封葉井叔作《嵩陽石刻記》始載之。而部陽褚千峯并摹爲縮本，入《金石經眼錄》中，于是人皆知有“少室石闕”之有畫象矣。
吳騫 《拜經樓詩話續編》 卷二	清鈔本	(2) 又《古詩為亳州某新婦作》云：夜雨聞鵂鶹，春陰啼謝豹。行人走亳州，觀獄城隍廟。云有州民病，將娶不能療。阿母與舅氏，聞婦頗有貌。子死不發喪，婦至可再醮。奇貨此可居，遠迎新婦轎。入門廢合巹，蒙汗誠驚覺。是日當出殃，俗忌骨肉趟。……新婦故不知，夫愈母亡暴。未得奉姑嫜，匍匐增慘悼。舅氏闖然來，登堂肆訶譟。阿母死有由，新婦大不孝。幸有小姑良，對簿以情告。州牧斷斯獄，以神道設教。此獄眞奇冤，神明當嘿照。

續表

作者/文獻	版本	用　例
吳騫《桃溪客語》卷四	清乾隆吳氏刻拜經樓叢書本	(3) 騫按：此書眞蹟，今藏海鹽張選巖太學家。予嘗據竹垞之説以載於前，然劉三吾《坦庵集》有洪武二十七年爲耿炳文撰《三代祖墓神道碑》，而並無炳文墓碑，蓋竹垞偶爾誤記，似未可據以爲實。頃，陳仲魚孝廉爲考之如此，故附識卷末，以正前説之謞。(嘉慶丁卯十月記)

表一千八百六十五

作者/文獻	版本	用　例
吳慶坻《蕉廊脞録》卷六	民國求恕齋叢書本	(1) 德陽縣黄許鎮道左，有石刻“上庸長”三字，光緒九年知縣吳鼎摹刊，旁有跋云：鎮北有《漢上庸長司馬君孟臺神道》，見顧南原《隸辨》。碑久薶晦，學使南皮張公時得之，今殘石尚存，字多剝落，惟餘三字可辨，因以原碑甃甎封護之，而別刻三字於此。
吳慶坻《蕉廊脞録》卷七		(2) 中嶽廟（嵩山黄蓋峯之陽，廟前太室神道雙闕。)
吳慶坻《蕉廊脞録》卷八		(3) 嘉慶元年，仁和孫文靖公以四川總督徵白蓮教匪於酉揚州，累戰大捷。六月，薨於軍。余夙聞酉揚州境長干嶺有公祠。按州試畢，乃屬州牧訪問，紳士無知者。尋飭吏胡吉亭至其地，繪圖貼説以歸，則地名馬鹿溪，又名長干嶺，有自生橋，土人尚知嘉慶乙卯年孫中堂帶兵至此薨逝，並不聞有祠宇，今衹土地廟一，極庳隘，廟側一碑，相傳是《中堂神道碑》，字跡漫漶不可辨云云。按：公薨後，命内臣護其喪歸，非葬酉陽，則《神道碑》之説乃傳訛。意當日州民感公以死勤事，作祠樹碑，以誌不忘。歲久傾圮，夷為土地廟，而碑則猶存，惜剝蝕過甚，竟不能拓得一字耳。

表一千八百六十六

作者/文獻	版本	用　例
吳任臣《十國春秋》卷一	清文淵閣四庫全書本	(1) 按：《舊五代史・行密傳》云“天祐三年卒”，而沈顔《武忠王神道碑》、殷文圭《武忠王墓誌》、游恭《威王墓誌》皆云：天祐三年丙寅二月十三日丙申，王薨。至史官王振撰《太祖本紀》，則繫死日於天祐二年十一月庚辰。顔等四人皆仕吳，而記錄各異。

續表

作者/文獻	版本	用　　例
吳任臣《十國春秋》卷十一	清文淵閣四庫全書本	(2) 沈顏，字可鑄，湖州德清人，唐翰林學士傳師之孫也。天復初舉進士第，授校書郎。屬亂離，弃湖南馬氏，未幾來歸，爲淮南巡官，累遷禮儀使兵部郎中知制誥翰林學士。常撰《太祖神道碑》，時人推爲鉅手。
吳任臣《十國春秋》卷二十一		(3) 丙申，以居詠為中書侍郎，與張延翰、李建勳皆同平章事。未幾，表請烈祖復姓，進左僕射兼門下侍郎同平章事。居詠淳厚寡言，為人長者於朝廷無所表見。元宗立，罷為鎮海軍節度使。無何，卒。賜號順天翼運功臣，特贈守太子太傅上柱國清河郡開國公，謚曰懿。(《金陵志》云：張懿公墓，在上元縣金陵鄉。石頭後，有《神道碑》。)
吳任臣《十國春秋》卷二十八		(4) 熙載素高簡，無所卑屈，江左稱為"韓夫子"。嚴續請撰其父可求《神道碑》，遺珍貨巨萬。文既成，但敘其譜裔品秩而已。續慊之，封還熙載，熙載便却其贈。宋齊丘自署碑碣，輒求熙載書之，熙載以楮塞鼻曰：文穢，何堪也。
吳任臣《十國春秋》卷七十七		(5) 光化二年十一月二十七日，詔旨敕錢鏐：省所奏進《重修天柱觀圖》一面事，具悉。我國家集慶仙源，遊神道域，普天之下靈迹甚多。……懿夫地出靈阜，天開洞宮，三皇之前，真聖非一，莫非乘虛躡景，出有入無，雖或挂於傳聞，不可知其名氏，皆分洞天而理，即大滌居其一焉。天柱觀，即漢以來迄於唐室，修真之士繼躡清塵。當四方俶擾之時，見一境希幽之趨。
吳任臣《十國春秋》卷七十八		(6) 皮光業《吳越國武肅王廟碑文》曰：粵以唐長興三載壬辰春季蓂凋十三莢，天下兵馬都元帥尚父守尚書令吳越國王棄捐宮館。以是歲明宗皇帝降太常博士段顒，定謚議曰武肅，尚書工部侍郎楊凝式撰《神道碑文》，宣翰林待詔張季恭至吳越，書於刊石。後二年歲在敦牂，天下兵馬元帥嗣吳越王建廟貌於始封之越國，禮與境內，樂之罔極，孝思也。蓋聞神道設教，莫大於郊社嚴禋。明德惟馨，無逾於祖考孝享。是以百代相襲，六籍盛稱。報劬勞則天保是徵，展欽若則王假是訓。況建除難靖亂之業，揚武烈之威名，振剛德尅敵之風，成肅恭之懿號。陳力四紀，光奉八朝。生爲有土之君，薨爲象朝之廟。……張伯仁陳宗廟之儀，鄭子產獻公侯之禮。豈謂難窮者大數，莫究者彼蒼。俄脫屣於具區，遽徹縣於正寢。金山霧掩，誰知帝召王喬。玉海波空，實痛神辭李廣。……明宗皇帝宣太常而定謚法，召貳卿而撰誄文。鸞輅龍旂，贈禮優於鄧禹。梓宮黃屋，異數等於霍光。得謂盡始盡終，極榮極貴。享九九之仙壽，近帝位於一爻。感萬萬之人心，歆神道於千祀。有後如此，又何缺焉！……不求孫綽擅名，豈望楊修絕妙。所希編述，用答恩知。追感

續表

作者/文獻	版本	用　　例
吴任臣《十國春秋》卷七十八	清文淵閣四庫全書本	先王，恭爲銘曰：崧高嶙峋，是生哲人。上天師子，出澤麒麟。……於穆祠宫，焕焉陰府。五齊恒馨，六佾常舞。肴薦房烝，歌隨路鼓。令子懿孫，光今顯古。
吴任臣《十國春秋》卷七十九		（7）辛亥，王薨於瑤臺院之綵雲堂，年五十五，在位十年。晉主令所司定謚曰莊穆，敕改謚曰文穆。（或作“忠順”，非。）命宰相和凝撰《神道碑》。（《碑文》曰：雲起龍驤，化爲侯王。鴻騫鳳翥，鶚立鷹揚。凜然剠氣，綽爾雄鋩。大名之後，五世其昌。武肅開基，奄有吴越。恩洽百城，名馳雙闕。……朝宗事大，誓表傾城。欲光家世，上奏聖明。願書貞石，用顯聲名。金玉令人，鼓旂良帥。德盛功崇，文經武緯。述之莫窮，言之無愧。庶幾乎萬歲千秋，人見之而墮淚。）
吴任臣《十國春秋》卷八十		（8）是月，晉主知遠，改國號曰漢。秋八月，敕謚王曰忠獻（《表忠觀碑》作“忠顯”）。令太常卿張昭撰《神道碑文》，葬於龍山之西南原。
吴任臣《十國春秋》卷八十二		（9）會是時閩帥陳洪進納士，王上言：臣伏有懇誠，貯於肺腑，幸因入覲，輒敢上聞。蓋虞神道之害盈，必冀天時之從欲。除本道軍甲器已曾奏納外，所有封吴越國王及天下兵馬大元帥職名，并乞解罷。凡頒詔命，悉願名呼，庶聖朝無虚授之恩，微臣免速亡之禍。宋帝優詔不許。
吴任臣《十國春秋》卷九十		（10）冬十二月辛未，王薨，……在位二十九年，……年六十有四。謚曰忠懿，葬於福州城北鳳池山。明年，尊曰昭武王。長興三年，改葬蓮花山。有後唐所賜《神道碑》，張文蔚撰文。
吴任臣《十國春秋》卷一百		（11）乙卯，月有食之。王寢疾，命子從誨權知軍府事。丙辰，王薨，年七十一。（《唐明宗實録》：天成三年十一月壬午，房知溫奏高季興卒。按：陶穀《季興神道碑》《勃海行年記》皆云“十二月十五日卒”，今從之。）謚曰武信，葬於江陵城西之龍山鄉。（《江陵志餘》云：城西有高王廟，祀武信王，一稱土主廟。又太白湖口有高陵廟。）翰林學士陶穀撰《神道碑》。
吴任臣《十國春秋》卷一百一		（12）明年十二月，漢主敕曰“故荆南節度使”。南平王高從誨，宜太常定謚。故事，臣下請謚，故吏陳《行狀》，上考功，覆奏下，乃議謚。今降敕，新例也。謚議，上謚曰文獻。贈尚書令，葬龍山鄉。翰林學士陶穀撰《神道碑》。（按：《江陵志》《三王神道碑》及《渤海高公保勗神道碑》，皆穀所撰。）

續表

作者/文獻	版本	用　　例
吴任臣 《十國春秋》 卷一百八	清文淵閣四庫全書本	(13) 楊夢中，(闕) 人。大會時，累官右諫議大夫。夢申能文章，尤長於碑記。十七年，奉敕撰《定王繼顒神道碑文》，文不加點，典而有則，朝士多稱賞之。

表一千八百六十七

<table>
<tr><th>作者/文獻</th><th>版本</th><th>用　　例</th></tr>
<tr><td>吴榮光
《吾學録初編》
卷十一</td><td rowspan="3">清道光十二年吴氏筠清館刻本</td><td>(1) 謹案：禦災捍患諸神祠載在祀典，所以順民情之趨向，爲敷政之一端，非以神道設教，而惑於巫覡禳祈之説也。乃自秦人求仙，粤人尚鬼，其流弊遂至於叢祠、古樹、野石、殘碑，不在祀典之列者，無不老少奔馳，男女混雜，彼僧尼廟祝遂得造作浮詞，謂偶爾之吉凶爲神靈之禍福，籍以誆騙香貲，實爲人心風俗之害。如浙江之五通五顯青蛙神，閩中、兩粤之齊天大聖、金花夫人、三界神，湖南之黑神、魈神等祠，概宜禁絕。惟各學文武生之祀文昌關帝，農工商賈之祀先農先蠶天后、眞武火神城隍及禦災捍患各神，均爲例所不禁。誠能明於彰癉，凜以鑒臨，知福非諂可邀，則慶以善而積，庶不爲鄉巫野史所惑，而永荷神庥於無斁也。</td></tr>
<tr><td>吴榮光
《吾學録初編》
卷十四</td><td>(2) 謹案：父死稱考，入廟稱禰。《家禮》：祠堂神主位次以西爲上，所謂神道尚右也。故高祖居西，曾祖而下以次而東。邱氏濬所定祭四世之圖，改爲高祖居東第一室，曾祖居西第一室，祖居東第二室，考居西第二室。《通禮》從之。
(3) 《司馬書儀》亦云：簠簋、籩豆、鼎俎、罍洗，皆非私家所有。考之《唐開元禮》，官員廟祭用簠簋、鉶俎、籩豆，其數以品爲差，是私家亦得用古祭器也。以神道事其先人，無嫌於今古之異矣。</td></tr>
<tr><td>吴榮光
《吾學録初編》
卷十七</td><td>(4) 謹案：碑之爲制，始於宗廟麗牲、宫庭測景之石。自秦以來，因於其上紀功德，然未用於葬地。葬之用碑，古以木爲之，所謂“豐碑桓楹”是也，用以懸棺下窆。漢以後，始有《神道碑》，其文止曰“某官神道之碑”，立於兆之東南，蓋地理家以其方爲神所出游之地，故以爲名。亦間有刻文表墓者。降及唐、宋，其文益繁。《通禮》：於墓門勒碑，但書某官某公之墓，不言刻用文詞，復古制也。</td></tr>
</table>

續表

作者/文獻	版本	用　　例
吳榮光 《石雲山人集》 文集卷二	清道光二十一年吳氏筠清館刻本	(5) 復設爲所司糾察，以激之勸之。善果福，淫果禍，昭然確然，使有所可爲，有所不可爲，故神道設教所以輔王道之窮也。
吳榮光 《石雲山人集》 文集卷三		(6) 嘉慶戊寅十二月，分節陝安道，出武功、襄亭、明府，以《李北海書任令則神道碑》惠我，云從學宮廢碑中訪出者。己卯夏，再經是邑，則復得北周《鞏賓墓誌》，於是有《武功金石隅》之作。
吳榮光 《石雲山人集》 文集卷五		(7) 余得伯生書《劉垓神道碑真蹟卷》，亦在至治二年。 (8) 元虞伯生書劉元帥神道碑卷跋 (9) 余於道光癸未，得虞伯生書《劉垓神道碑》。本集未收，而其文醇茂宛暢。上配歐蘇，則知此外所遺者不知凡幾矣。
吳榮光 《辛丑銷夏記》 卷三	清道光刻本	(10)《杭州福神觀記》(趙孟頫)：杭州西湖古稱秀麗，甲於江南，環湖多仙佛之居，宅幽臨曠，金碧相望。宋祠太乙神爲宮者二，其在孤山者，表曰西太乙宮，宮之北曰爲斷橋，橋左爲福神觀，本宋趙氏故宅。長堤古柳，映帶檐梠。居游者以爲距城密邇而盡挹湖山之勝，宜爲明靈宴娭之所。……今之輪奐翬飛，皆昔之荒蹊蔓草也。神依人而行，人事興則神道立。山明波淨，壇宇穆清，羽蓋蜺旌，肸蠁來假，將導迎景貺於無有窮已。崔君來謁，余文勒諸貞石，乃爲具識顛末，以昭示來者。 (11) 元虞文靖書劉垓神道碑墨跡卷 (12)《大元故奉國上將軍行中書省叅知政事廣東道宣慰使都元帥劉公神道碑銘》，翰林待制儒林郎兼國史院編修官虞集撰并書。元帥諱垓，字仲寬，河南鄧州穰縣人。……至治二年，使來告曰：威將刻石神道，敢請銘。集嘗待罪太史，見武敏世家，未嘗不歎其謀略奇壯。欽唯世祖皇帝知人善任，使故能盡其用哉！兩世爵祿，雖未足當其功多，然聞嘗賜之璽，書曰：其子子孫孫永保富貴。國家之報功其在茲乎？銘曰：於皇世祖，受命於天。羣雄效功，一定九埏。維時武敏，南國之勇。……天子所命，我敢自愛。廉吏之祠，可以千載。穰城有塋，萬夫所營。孰役萬夫，嚴詔有程。其塋頟頟，多松多柏。元帥來復，神氣精白。百爾子孫，來拜墓門。思孝思忠，視此刻文。 (13) 元虞待制書《劉元帥神道碑》眞蹟，江村高氏簡靜齋珍藏神品眞書題籤。 (14) 右虞文靖撰書《元帥劉垓神道碑銘》，其敘垓爲劉武敏第五子。《元史本傳》止載其四，曰垣、曰埏、曰均、曰垓，當以此《碑》爲實也。武敏卒於至元十二年，正丞相伯顏入鄂之時。《碑》云"忠武王以重兵渡江"者，

續表

作者/文獻	版本	用　　例
吳榮光《辛丑銷夏記》卷三	清道光刻本	謂伯顔也。是《碑》撰於至治二年。 (15) 元虞伯生正書《劉元帥神道碑》眞蹟，項子京眞賞，其值念陸金。有子京所藏項元汴印。 (16) 右虞伯生書《劉元帥仲寬神道碑銘》，縱一尺，橫二十一尺七寸有奇。計一百七十九行，行八字。武進趙懷玉億生甫收藏。乾隆四十三年十月二十九日，丹徒王文治觀并識。有文治連珠印、王氏禹卿印。 (17)《元劉元帥垓神道碑銘卷》，縱一尺，橫二十一尺七寸，虞文靖集正書并撰。按：垓爲武敏整之子。整少隸孟珙麾下，有"賽存孝"之稱。入元後，屢有戰功於西北。

表一千八百六十八

作者/文獻	版本	用　　例
吳汝綸《桐城吳先生詩文集》文集卷一	清光緒刻桐城吳先生全書本	(1) 宋仁宗時，嘗議改廟。宋祁言：國朝以七室代七廟，相承已久，不可輕改。當時善其知禮，惟隋煬帝議立七廟。明世宗改建九廟，皆衰世秕政，豈足效尤？祖宗神靈，協會一室，已二百餘年，一旦改易移徙，執必眷顧依違。神道人情，理無二致，宗廟事重，豈宜輕動！此馬端臨所謂"刱造煩擾，非所以安神明"者，不可一也。 (2) 前工部侍郎潘公神道碑（代）
吳汝綸《桐城吳先生詩文集》文集卷二		(3) 張靖達公神道碑 (4) 程忠烈公神道碑 (5) 榮成孫封君神道碑銘 (6) 左文襄公神道碑
吳汝綸《桐城吳先生詩文集》文集卷三		(7) 光祿大夫刑部左侍郎袁文誠公神道碑 (8) 李文忠公神道碑銘
吳汝綸《桐城吳先生詩文集》文集卷四		(9) 若種痘之法，明人朱一麟治痘書云：宋王旦初生數子，皆痘殤。及王素生，或薦蜀峨眉僧以種痘法治之，得無恙。考歐陽永叔《王太尉神道碑》，素有兩兄，長雍，次冲，則旦數子痘殤其説已誤。 (10) 皇清誥授光祿大夫贈太傅武英殿大學士兩江總督一等毅勇侯曾文正公神道碑（代）

續表

作者/文獻	版本	用例
吳汝綸《易説》第一冊	清光緒三十年王恩紱等刻桐城吳先生全書本	(11) 王注：神，无形者也。不見天之使四時，而四時不忒；不見聖人使百姓，而百姓自服也。義極精審，蓋四時所以不忒，即天之神道也。聖人以神道設教者，法天之不忒，以設教也。

表一千八百六十九

作者/文獻	版本	用例
吳省欽《白華前稿》卷十九	清乾隆刻本	(1) 曾大父實葬於吳，先廬在焉，願規為講誦之舍，是史所稱鶴山書院者，固在邛不在蒲。而《四川志》言蒲江北潘家山有公墓，有《神道碑》。集雅與起遊記必不誤，誤在《志》也。
吳省欽《白華後稿》卷五		(2) 古諸侯、大夫、士門以內，右堂寢，左廟寢。而塾，而碑，而序，而階，而左右房，而廟，而堂，而寢，其制多相埒。廟以藏主，主以依神，神道清靜。惟地近居室，循省易周，故修廟之舉不常見於書史。後世立廟之處，不能盡度。夫宫室之左間，遇行禮多就堂寢，而廟之中不過月朔望至或歲時至。修之費愈鉅，故修之舉愈曠。
吳省欽《白華後稿》卷三十		(3) 教因神道設，賞為武功論。餞臘徠雞榼，偷春竚燕盆。登龍珠屐繞，題鳳玉珂喧。刉衈文常秩，誰何職願言。桃符陪式序，瓜戍候更番。莫道儕胞翟，延暉抵日暄。

表一千八百七十

作者/文獻	版本	用　　例
吴士鑒《晉書斠注》卷十六	民國嘉業堂刻本	(1)《律厤上》:《易》曰：形而上者謂之道，形而下者謂之器。夫神道廣大，妙本於陰陽；形器精微，義先於律呂。聖人觀四時之變，刻玉紀其盈虚，察五行之聲，鑄金均其清濁，所以遂八風而宣九德，和大樂而成政道。然金質從革，侈弇無方；竹體圓虚，修短利制。是以神瞽作律，用寫鍾聲，乃紀之以三，平之以六，成於十二，天之道也。
吴士鑒《晉書斠注》卷十九		(2) 靜案：凡諸祠祀，所以尊敬神靈，不宜稱詔。高堂隆議：國行、中霤、門、井、竈多不遍，惟祀在者，故曰祭。五祀在於廟，今每門、户輒祭之，自漢以來，非舊典也。祭井自漢，從水類，不列五祠，宜除井祀行。又傅元《五祀議》曰：禮大記云：室中央中霤，謂四霤之中也。祭於漏井，蓋失之矣。七祀之文，皆云祀行而無井，祭竈而不祭井，於事則闕。夫設祀者，非惟報功而已，亦神道設教，使民慎之幽冥也。臣以爲帝之都城，宜祭一門，正宫一門，正室一户，井、竈、中霤，各擇其一正者祭之。
吴士鑒《晉書斠注》卷二十		(3) 古者天子諸侯葬禮粗備，漢世又多變革，魏晉以下世有改變，大體同漢之制。而魏武以禮送終之制，襲稱之數，繁而無益，俗又過之，豫自製送終衣服四篋，題識其上，春秋冬夏，日有不諱，隨時以斂。金珥珠玉銅鐵之物，一不得送。文帝遵奉，無所增加。及受禪，刻金璽，追加尊號，不敢開挺，乃爲石室，藏璽埏首，以示陵中無金銀諸物也。漢禮明器甚多，自是皆省矣。魏文帝黄初三年，又自作《終制》曰：禮，國君卽位爲椑，存不忘亡也。壽陵因山爲體，無封樹，無立寢殿，造園邑，通神道。夫葬者藏也，欲人之不得見也。禮不墓祭，欲存亡不黷也。皇后及貴人以下不隨王之國者，有終沒，皆葬澗西，前又已表其處矣。此詔藏之宗廟，副在尚書、祕書、三府。明帝亦遵奉之。明帝性雖崇奢，然未遽營陵墓之制也。宣帝豫自於首陽山爲土藏，不墳不樹，作《顧命終制》，斂以時服，不設明器。景、文皆謹奉成命，無所加焉。景帝崩，喪事制度又依宣帝故事。武帝泰始四年，文明王皇后崩，將合葬，開崇陽陵，使太尉司馬望奉祭，進皇帝密璽綬於便房神坐。魏氏金璽，此又儉矣。
吴士鑒《晉書斠注》卷三十一		(4) 維泰始十年秋七月丙寅，晉元皇后楊氏崩，嗚呼哀哉！昔有莘適殷，姜姒歸周，宣德中闈，徽音永流。……乃作誄曰：赫赫元后，出自有楊。奕世朱輪，耀彼華陽。維嶽降神，顯兹禎祥。篤生英媛，休有烈光。……臣妾哀號，同此斷絶。庭宇遏密，幽室增陰。空設幃帳，虛置衣衾。人亦有言，神道難尋。悠悠精爽，豈浮豈沉。豐奠日陳，冀魂之臨。孰云元后，不聞其

續表

作者/文獻	版本	用例
吳士鑒《晉書斠注》卷三十一		音。乃議景行，景行已溢。乃考龜筮，龜筮襲吉。爰定宅兆，克成玄室。魂之往兮，于以今日。……遺愛不已，永見思焉。懸名日月，垂萬春焉。嗚呼庶妾，感四時焉。言思言慕，涕漣洏焉。
吳士鑒《晉書斠注》卷三十七		（5）碑南二百許步有兩石柱，高丈餘，半下爲束竹交文，作制極工。石榜云：晉故使持節散騎常侍都督揚州江州諸軍事安東大將軍譙定王河內溫司馬公墓之神道。
吳士鑒《晉書斠注》卷四十四		（6）永嘉元年，逆賊汲桑破鄴都之後，遂肆其凶暴東北，其年九月五日，奄見攻圍。勘親率邑族，臨危守節，義舊不回，衆寡不敵，七日，城陷，薨，年六十二。天子嗟悼，遣使者孔汏、邢霸護喪。二年七月十九日，祔葬於皇考墓側神道之右。
吳士鑒《晉書斠注》卷八十二	民國嘉業堂刻本	（7）今之所集，設有承於前載者，則非余之罪也。若使采訪近世之事，苟有虛錯，願與先賢前儒分其譏謗。及其著述，亦足以明神道之不誣也。群言百家不可勝覽，耳目所受不可勝載，今粗取足以演八略之旨，成其微說而已。幸將來好事之士錄其根體，有以游心寓目而無尤焉。
吳士鑒《晉書斠注》卷八十三		（8）陛下今以晷度之失同之六沴，引其輕變方之重眚，求己篤於禹湯，憂勤踰乎日昃，將修大祀，以禮神祇。《傳》曰：外順天地時氣而祭其鬼神。然則神必有號，祀必有義。案：洪祀之文，惟神靈大略而無所祭之名，稱舉國行祀而無貴賤之阻，有赤黍之盛而無牲醴之奠，儀法所用，闕略非一。若率文而行，則舉義皆閡；有所施補，則不統其源。漢侍中盧植，時之達學，受法不究，則不敢厝心。誠以五行深遠，神道幽昧，探賾之求難以常思，錯綜之理不可一數。臣非至精，孰能與此！
吳士鑒《晉書斠注》卷八十六		（9）祚宗人張瓘（《魏書・張寔傳》作"河州刺史張瓘"）時鎮枹罕，祚惡其彊，遣其將易揣、張玲率步騎萬三千以襲之。時張掖人王鸞頗知神道，言於祚曰：軍出不復還，涼國將有不利矣。
吳士鑒《晉書斠注》卷九十五		（10）《藝術》：藝術之興，出來尚矣。先王以是決猶豫，定吉凶，審存亡，省禍福。曰神與智，藏往知來；幽贊冥符，弼成人事；既興利而除害，亦威衆以立權，所謂神道設教，率由於此。然而詭託近於妖妄，迂誕難可根源，法術紛以多端，變態諒非一緒，眞雖存矣，僞亦憑焉。聖人不語怪力亂神，良有以也。逮丘明首唱，敘妖夢以垂文，子長繼作，援龜策以立傳，自茲厥後，史不絕書。漢武雅好神僊，世祖尤耽讖術，遂使文成、五利逞詭詐而取

續表

作者/文獻	版本	用　　例
吳士鑒《晉書斠注》卷九十五	民國嘉業堂刻本	寵榮，尹敏、桓譚由忤時而嬰罪戾，斯固通人之所蔽，千慮之一失者乎！詳觀衆術，抑惟小道，棄之如或可惜，存之又恐不經。載籍既務在博聞，筆削則理宜詳備，晉謂之乘，義在於斯。今錄其推步尤精、伎能可紀者，以為《藝術傳》，式備前史云。 （11）又贈詩云：仰矚列仙館，俯察王神宅。曠載暢幽懷，傾蓋付三益。此乃神道之事，亦有換轉，理難詳矣。吳猛，隱山得道者也。
吳士鑒《晉書斠注》卷九十七		（12）漢末，倭人亂，攻伐不定，乃立女子為王，名曰卑彌呼。（《後漢書·東夷列傳》曰：桓、靈閒，國大亂，歷年無主。有女子名卑彌呼，事鬼神道，以妖惑衆，於是共立為王。）

表一千八百七十一

作者/文獻	版本	用　　例
吳士玉《駢字類編》卷一	清文淵閣四庫全書本	（1）庾信《步陸逞神道碑銘》：身彰野火，心懼天雷。 （2）庾信《步陸逞神道碑銘》：歷對天星，墳連地市。 （3）庾信《為齊王進白兎表》：德動天關，威移地軸。又《長孫儉神道碑銘》：道鍾《屯》《剝》，世屬雲雷。地軸左轉，天關北開。 （4）庾信《周隴右総管長史贈少保豆盧公神道碑》：自天市星妖，連津兵覆，尚書府君改姓豆盧，筮仕於魏。 （5）庾信《周柱國大將軍段永神道碑》：三度有星名天獄，八卦有坎象刑書。 （6）庾信《紇干弘神道碑》：《青烏》甲乙之占，《白馬》星辰之變。九宮推步，三門伏起，天弧射法，太乙營圖，並皆成誦在心，若指諸掌。又《周車騎將軍賀婁公神道碑》：《兵書》七卷，河水浮來；《射法》三篇，天弧夜下。
吳士玉《駢字類編》卷二		（7）庾信《周上柱國齊王憲神道碑銘》：功廻地軸，策動天文。 （8）庾信《齊王憲神道碑》：元戎東討，給王鐵騎二萬，先襲太原。斗建麾兵，天離轉戰，虎嘯風騰，雲飛電掩。又銘：天離轉陣，月德廻兵。
吳士玉《駢字類編》卷三		（9）又庾信《司馬裔神道碑》：五年，遷潼州刺史、益州柱國公。降帝子之重，鎮天井之星。延閣擬于叢臺，岷山方于代郡。

續表

<table>
<tr><th>作者/文獻</th><th>版本</th><th>用　例</th></tr>
<tr><td>吳士玉
《駢字類編》
卷四</td><td rowspan="4">清文淵閣四庫全書本</td><td>(10) 庾信《周柱國大將軍長孫儉神道碑》：公諱儉，初名慶明，恒州高陸人也。北岳天孫之星，燕河帝子之國，故多奇節，甚茂華風。
(11) 庾信《賀新樂表》：律歷著微，無煩於太史；陰陽晷度，躬定於天官。又《齊王憲神道碑》：天官以邦國為基，是司六典；夏官以兵戈為主，專謀七德。
(12) 庾信《紇干弘神道碑銘》：天齊水合，日觀山連。兵強東楚，地近西燕。</td></tr>
<tr><td>吳士玉
《駢字類編》
卷五</td><td>(13) 庾信《周柱國慕容寧神道碑銘》：孝實天經，忠為令德。又《齊王憲神道碑銘》：純深之性，地極天經。忠貞之道，事感百靈。
(14) 庾信《周上柱國齊王憲神道碑》：公含章天挺，命世誕生。
(15) 庾信《周上柱國齊王憲神道碑銘》：公之挺生，實惟天假。</td></tr>
<tr><td>吳士玉
《駢字類編》
卷六</td><td>(16) 庾信《崔訦神道碑銘》：日浴溟池，山浮海浦。
(17) 庾信《紇干弘神道碑銘》：見"天齊"下。
(18) 庾信《柱國大將軍長孫儉神道碑》：一室之中，未免虛白，日膳之資，三杯而已。</td></tr>
<tr><td>吳士玉
《駢字類編》
卷七</td><td>(19) 庾信《司馬裔神道碑》：月峽先登，瞿塘直上。
(20) 楊炯《魏哲神道碑》：宿盤龍於月鏡，早沒鸞林；矯飛翼於霞樓，先沉鳳穴。
(21) 庾信《周上柱國齊王憲神道碑》：飛鳳長柳，月角星眉。
(22) 庾信《齊王憲神道碑銘》：見"天離"下。
(23) 李謙《左丞張公神道碑》：涵積揉累，日殊月異；擷芳雋腴，充而足之。
(24) 庾信《紇干弘神道碑》：《青烏》甲乙之占，《白馬》星辰之變。九宮推步，三門伏起，天弧射法，太乙營圖，並皆成誦在心，若指諸掌。
(25) 庾信《步陸逞神道碑銘》：降茲岳瀆，誕此貞明。祥符雲氣，慶合星精。又《紇干弘神道碑》：公以胎教之月，歲德在寅；載誕之辰，星精出昴。
(26) 庾信《周上柱國齊王憲神道碑》：見"月角"下。
(27) 庾信《周隴右總管長史豆盧公神道碑》：隴坻黠羌，時穿上谷；榆中羣賊，或聚漁陽。公擐甲星馳，長驅千騎。迴洛兇徒，望風草靡；瓜州豪傑，束手歸軍。</td></tr>
</table>

續表

作者/文獻	版本	用　例
吳士玉《駢字類編》卷七		(28) 庾信《周車騎將軍賀婁公神道碑》：江波錦落，火井星浮。樽酒望帝，安歌蜀侯。 (29) 庾信《齊王憲神道碑》：加王精兵六萬，長圍晉州。然後六軍星陳，萬騎雷動，中權始及，前茅已戰。 (30) 庾信《慕容寧神道碑》：屬以江南阻兵，渚宮邊敵，軍機警急，鋒鏑縱横。 (31) 庾信《司馬裔神道碑》：既而雲生伏龜，星出鯨魚，太白經天，蚩尤映野。 (32) 庾信《周上柱國齊王憲神道碑》：公述職巡御，治兵朔方。馬邑星飛，龍城月動。 (33) 庾信《辛威神道碑》：天道芒昧，年齡倏忽。上將星開，功臣鼎沒。 (34) 庾信《崔詵神道碑銘》：諸侯地裂，邊將星亡。
吳士玉《駢字類編》卷八	清文淵閣四庫全書本	(35) 又《周兗州刺史鄭常神道碑》：始遊庠塾，不無儒者之榮；或見兵書，遂有風雲之志。 (36) 又《周兗州刺史鄭常神道碑》：以公績著屯險，誠貫風霜，其年授使持節、都督東徐州諸軍事、徐州刺史。 (37) 庾信《步陸逞神道碑銘》：年齡俄頃，風電相推。 (38) 庾信《紇干弘神道碑》：船官之城，登巢懸爨。吳兵習流，長驅戰艦。風灰箭火，倏忽凌城。 (39) 庾信《司馬裔神道碑銘》：慟甚風枝，悲深霜露。 (40) 庾信《擬連珠》：意氣難干，非資扛鼎；風神自勇，無待翹關。又《齊王憲神道碑》：儀範清泠，風神軒舉。
吳士玉《駢字類編》卷九		(41) 庾信《辛威神道碑》：公頻領兩牧，風政神明，虎去西河，梟移東郡。又《長孫儉神道碑銘》：肅肅風政，沉沉器局。 (42) 庾信《慕容寧神道碑》：至於將畧應變出奇，設伏太乙風角之占，常從星辰之候，樓船戰陣之法，強弩馳射之書，莫不動會幾神，發符雷電。 (43) 庾信《齊王憲神道碑銘》：水湧辭鋒，風飛文雅。又《步陸逞神道碑》：三輔公侯，五陵鐘鼎。桐街柳市，塵起風飛。 (44) 庾信《賀新樂表》：天地順動，則雷出為豫；聖人成功，則風行有節。又《大將軍長孫儉神道碑》：控馭五十州，風行數千里。 (45) 庾信《河州都督辛威神道碑銘》：陵原地迴，松路風悲。

續表

作者/文獻	版本	用　　例
吳士玉《駢字類編》卷十	清文淵閣四庫全書本	(46) 庾信《紇干弘神道碑銘》：北門梁棟，西州雲雨。又《齊王憲神道碑銘》：策高開闢，威移雲雨。 (47) 庾信《長孫儉神道碑銘》：見“天闕”下。 (48) 庾信《車騎大將軍賀婁公神道碑銘》：寒關樹直，秋塞雲平。 (49) 庾信《謝趙王賚絲布等啟》：從雲夢之田，不踰此樂；得豐城之劍，未均斯喜。又《鄭常神道碑》：青衿智勇，即埋雲夢之蛇；童子仁心，已愛中牟之雉。 (50) 又《周車騎將軍賀婁公神道碑銘》：雲盖低臨，霓裳紛下。
吳士玉《駢字類編》卷十一		(51) 庾信《段永神道碑》：自此何世，從斯幾春。樹為櫟社，陵成谷神。詎知雲閣，名在功臣。 (52) 庾信《司馬裔神道碑》：見“星出”下。 (53) 庾信《齊王憲神道碑》：虎嘯風騰，雲飛電掩。 (54) 張説《陸公神道碑》：楚邸肇封，大羅雲逸，雖沈疴未彌，而僉望允歸。
吳士玉《駢字類編》卷十二		(55) 庾信《司馬裔神道碑》：魏前元年，移鎮漢中，除白馬城主，領華陽郡守。昔稱導漾，今聞上瀦，煙沈冰井，雨歇雲門。 (56) 庾信《大將軍司馬裔神道碑》：朱邑祭酹無所，漢后是以賜金；陳表妻子露立，吳王為之開館。 (57) 庾信《長孫儉神道碑》：直心拎物，水火恬然；無負拎天，雷霆不懼。 (58) 庾信《鄭常神道碑》：宣政元年，授都督南兖州諸軍事、南兖州刺史。作牧濟河，風行拎雷澤；建旟海岱，化被拎淮、沂。 (59) 庾信《齊王憲神道碑》：加王精兵六萬，長圍晉州。然後六軍星陳，萬騎雷動，中權始及，前茅已戰。 (60) 庾信《崔訦神道碑銘》：中軍節目，鎮北鋒芒。商飈獵草，電火驅霜。 (61) 庾信《齊王憲神道碑》：見“天離”下。
吳士玉《駢字類編》卷十三		(62) 庾信《段永神道碑》：蒙犯霜靄，旗鼓驅馳。 (63) 庾信《周隴右總管長史豆盧公神道碑》：保定元年，將兵破巴州恒獠獠。度瀘五月，葛亮有深入之兵；長坂九迴，王尊有忠臣之路。霜雹不驚，水草無乏，天幸將軍，斯之謂矣。 (64) 庾信《車騎將軍賀婁公神道碑銘》：雲蓋低臨，霓裳紛下。

續表

作者/文獻	版本	用　　例
吴士玉《駢字類編》卷十四	清文淵閣四庫全書本	(65) 庾信《齊王憲神道碑》：管絃入耳，則溪谷俱調；文雅治心，則煙霞竝韻。又《長孫儉神道碑》：煙霞之涯際莫尋，江海之波瀾不測。 (66) 庾信《司馬裔神道碑》：煙沈冰井，雨歇雲門。 (67) 庾信《周柱國大將軍段永神道碑銘》：煙凝不動，泉凍無聲。 (68) 楊炯《魏哲神道碑》：宿盤龍於月鏡，早没鸞牀；矯飛翼於霞樓，先沉鳳穴。
吴士玉《駢字類編》卷十五		(69) 庾信《隴右總管長史豆盧公神道碑》：朝傾地鎮，夜落台星。 (70) 庾信《步陸逞神道碑銘》：見“天星”下。 (71) 庾信《齊王憲神道碑銘》：見“天經”下。 (72) 庾信《司馬裔神道碑銘》：地形樓起，松心盖圓。 (73) 庾信《河州都督辛威神道碑銘》：陵原地迥，松路風悲。 (74) 庾信《辛威神道碑》：嗟海變而田成，懼山飛而地絶。
吴士玉《駢字類編》卷十六		(75) 庾信《步陸逞神道碑銘》：昔我烈祖，垂翅秦中。白馬無路，烏江不通。笛吟鄉思，琴哀土風。 (76) 柳宗元《終南山祠堂碑》：貞觀十二年，夏洎秋不雨。穡人焦勞，嘉穀用虞。皇帝使中謁者禱於終南山，申命京兆尹韓府君，祗飾祀事，考視祠制。以為楝宇不稱，宜有加飾。遂命盩厔令裴均，虔承聖謨，創制祠堂。乃徵土工、木工、石工，備器執用，來會祠下。斬板幹，礱柱礎，陶瓴甓，築垣墉，恢度舊制，立三筵六尋。既興功，玄雲觸石，霈澤周被，植物擢茂，期於豐登。神道感而宣靈，人心歡而致和。嘉氣充溢，抃蹈布野。
吴士玉《駢字類編》卷十七		(77) 庾信《步陸逞神道碑銘》：煢煢㾮子，御疚銜哀。身彰野火，心懼天雷。 (78) 庾信《長孫儉神道碑銘》：陵田野寂，松徑寒深。
吴士玉《駢字類編》卷十八		(79) 庾信《周隴右總管長史豆盧公神道碑》：隴坻黠羌，時穿上谷；榆中羣賊，或聚漁陽。公捲甲星馳，長驅千騎。迴洛兇徒，望風草靡；瓜州豪傑，束手歸軍。 (80) 庾信《紇干弘神道碑》：隴頭流水，還望秦關。川上峩眉，猶通蜀道。
吴士玉《駢字類編》卷十九		(81) 韓愈《唐故江南西道觀察使太原王公神道碑銘》：觀察江西，人享田廬。

續表

作者/文獻	版本	用　　例
吳士玉《駢字類編》卷二十	清文淵閣四庫全書本	(82) 庾信《豆盧公神道碑》：大統三年，有沙苑之戰。四年，有河橋之役。介胄蟣虱，戎馬生郊。公靈變愈長，風飇更勇，隱若敵國，差強人意。 (83) 庾信《紇干弘神道碑》：祁連猶遠，即受冠軍之侯；沙幕未開，元置長平之府。 (84) 庾信《鄭常神道碑銘》：陳開沙斷，師移竈多。
吳士玉《駢字類編》卷二十一		(85) 庾信《周車騎將軍賀婁公神道碑銘》：江波錦落，火井星浮。
吳士玉《駢字類編》卷二十二		(86) 庾信《豆盧公神道碑》：父長，少以雄畧知名，不幸早世。周朝以公兄弟佐命，義存追遠。保定二年，有詔贈柱國大將軍、涪陵郡公。是知春雨潤木，自葉流根。西伯行慶，推存及歿。
吳士玉《駢字類編》卷二十四		(87) 庾信《段永神道碑》：公繁不秋荼，嚴無夏日。 (88) 庾信《鄭常神道碑》：往者申息盡掩，江、黃無援，涔陽極浦，亟犯風塵，夏首西浮，頻遭鋒鏑。公以伏波受賑，樓船誓衆，入横江之陣，進下瀨之兵。越客文身，湛盧終去；吳人長鬣，艅艎遂遠。 (89) 庾信《辛威神道碑》：若夫樹反壤也，封夏屋焉，終須潁川之碑，乃見華陰之碣。 (90) 庾信《齊王憲神道碑》：見“天官”下。又《段永神道碑》：夏官司武，待白露而治兵；冬官考工，紀玄雲而授職。
吳士玉《駢字類編》卷二十五		(91) 庾信《大將軍司馬裔神道碑銘》：北風吹旐，秋霖泣軍。 (92) 庾信《車騎將軍賀婁公神道碑銘》：寒闕樹直，秋塞雲平。 (93) 庾信《賀婁慈神道碑》：禪河清論，秋水高談。又《鄭常神道碑》：河橋接戰，秋水則三月不流；洛城揮鋒，金墉則一月路斷。 (94) 庾信《段永神道碑》：見“夏日”下。
吳士玉《駢字類編》卷二十六		(95) 庾信《紇干弘神道碑》：建德元年，拜大司空。二年，遷少保。姬朝三列，少保為前；炎正五官，冬官為北。又《段永神道碑》：夏官司武，待白露而治兵；冬官考工，紀玄雲而授職。 (96) 庾信《周車騎將軍賀婁公神道碑銘》：寒闕樹直，秋塞雲平。

續表

<table>
<tr><th>作者/文獻</th><th>版本</th><th>用　　例</th></tr>
<tr><td>吳士玉
《駢字類編》
卷二十七</td><td rowspan="3">清文淵閣四庫全書本</td><td>(97) 庾信《大將軍長孫儉神道碑銘》：湅浦魚驚，寒林筍出。
(98) 庾信《長孫儉神道碑銘》：陵出野寂，松徑寒深。
(99) 庾信《周太子太保步陸逞神道碑銘》：忠泉暗漏，孝笋寒生。又《紇干弘神道碑》：子恭等孝惟純深，居喪過禮。對其苫寢，則梓樹寒生；聞其悲泣，則巢禽夜下。
(100) 韓愈《許國公神道碑銘》：師道之誅，公以兵東下，進圍考城，克之；遂進迫曹，曹寇乞降。鄆部既平，公曰：吾無事於此，其朝京師。天子曰：大臣不可以暑行，其秋之待。公曰：君為仁，臣為恭，可矣。遂行。
(101) 歐陽修《晏元獻公神道碑》：其世次晦顯，徙遷不常。</td></tr>
<tr><td>吳士玉
《駢字類編》
卷二十八</td><td>(102) 庾信《鄭常神道碑》：郊門致騎，先迎內史之賓；南宮旦朝，獨識尚書之履。
(103) 庾信《周車騎將軍賀婁公神道碑銘》：受脤河陽，偏師洛浦。置陣成皋，連旗廣武。朝兵減竈，夜營多鼓。箭起六麋，鋒摧九虎。
(104) 庾信《司馬裔神道碑》：天保二年，除信州刺史，都督信州諸軍事。朝發白帝，暮宿江陵，氣振巴丘之兵，威驚建平之戍。
(105) 庾信《周隴右總管長史豆盧公神道碑銘》：朝傾地鎮，夜落台星。
(106) 庾信《周太子太保步陸逞神道碑》：家僮暮行還，得遺錢于道，并白絁十匹，公訪得其主，即以還之。
(107) 庾信《司馬裔神道碑》：見“朝發”下。</td></tr>
<tr><td>吳士玉
《駢字類編》
卷二十九</td><td>(108) 庾信《紇干弘神道碑》：公以胎教之月，歲德在寅；載誕之辰，星精出昴。
(109) 蘇軾《表忠觀碑銘》：歲時歸休，以燕父老。曄如神人，玉帶裘馬。又《趙清獻公神道碑》：見“歲度”下。
(110) 蘇軾《富鄭公神道碑》：公曰：勝負未可知。就使其勝，所亡士馬，羣臣當之歟？抑人主當之歟？若通好不絕，歲幣盡歸人主，臣下所得，止奉使者歲一二人耳，羣臣何利焉！
(111) 韓愈《唐襄陽郡王路公神道碑銘》：公之為州，逢水旱，喜賤出與人，歲稔以其得收，常有贏利，故在所人不病飢，而官府畜積。
(112) 庾信《周太子太保步陸逞神道碑》：重總六軍，再操八柄，考績入於歲成，論功書之年表。
(113) 蘇軾《富鄭公神道碑》：宋興百三十年，四方無虞，人物歲滋。蓋自秦、漢以來，未有若此之盛者。雖所以致之非一道，而其要在於兵不用，用不久，常使智者謀之而仁者守之，雖至於無窮可也。</td></tr>
</table>

續表

作者/文獻	版本	用　　例
吳士玉 《駢字類編》 卷二十九	清文淵閣四庫全書本	(114) 又《趙清獻公神道碑》：錢氏納國，未及百年，而墳廟堙圮，杭人哀之。公奏因其所在，歲度僧、道士各一人，收其田租，為歲時獻享營繕之費。從之。
吳士玉 《駢字類編》 卷三十		(115) 庾信《步陸逞神道碑銘》：年齡俄頃，風電相摧。 (116) 又《步陸逞神道碑》：重總六軍，再擇八柄，考績入於歲成，論功書之年表。 (117) 又《倭傳》：桓、靈間，倭國大亂，更相攻伐，歷年無主。有一女子，名曰卑彌呼，年長不嫁，事鬼神道，能以妖惑衆，於是共立為王。侍婢千人，少有見者，唯有男子一人給衣食，傳辭語。居處宮室、樓觀城柵，皆持兵守衛。法俗嚴峻。
吳士玉 《駢字類編》 卷三十二		(118) 戴少平《王榮神道碑》：公家之事，知無不為，晝警暮巡，考課九著。 (119) 庾信《周柱國大將軍拓跋儉神道碑銘》：見“寒林”下。
吳士玉 《駢字類編》 卷三十三		(120) 庾信《周車騎將軍賀婁公神道碑銘》：受脤河陽，偏師洛浦。置陣成皐，連旗廣武。朝兵減竈，夜營多鼓。箭起六麋，鋒摧九虎。 (121) 庾信《周柱國大將軍紇干弘神道碑》：隨何遠至，實釋漢帝之憂；許攸夜來，即定曹王之業。 (122) 庾信《紇干弘神道碑》：見“寒生”下。又《周車騎將軍賀婁公神道碑》：《兵書》七卷，河水浮來；《射法》三篇，天弧夜下。
吳士玉 《駢字類編》 卷三十四		(123) 庾信《周上柱國宿國公河州都督辛威神道碑》：置陣太平，開陰晉之道；連兵廣武，納滎陽之城。
吳士玉 《駢字類編》 卷三十五		(124) 庾信《辛威神道碑》：置府于陽關，張旃于瀚海。
吳士玉 《駢字類編》 卷三十六		(125) 庾信《周大將軍崔訦神道碑》：公特秉英靈，偏鍾山岳。 (126) 庾信《周柱國大將軍長孫儉神道碑》：遺令山陵，一無所用。 (127) 庾信《叚永神道碑銘》：山川雄烈，風俗扶疎。 (128) 又《周上柱國齊王憲神道碑》：璣鏡照臨，山河容納。 (129) 庾信《長孫儉神道碑》：公善于撫馭，長于接引，山藪無棄，苞苴不行。

續表

作者/文獻	版本	用　例
吳士玉 《駢字類編》 卷三十七	清文淵閣四庫全書本	(130) 庾信《周兗州刺史廣饒公鄭常神道碑》：祖思慶，建威將軍、山陽太守。建威取曹仁之驛，可以定名；山陽有王暢之賢，足觀風俗。 (131) 庾信《辛威神道碑銘》：鸞翔鳳顧，珠角山庭。 (132) 庾信《賀婁公神道碑》：道阻山長，妻孤子幼。 (133) 庾信《柱國大將軍長孫儉神道碑銘》：風雲積慘，山陣連陰。 (134) 庾信《步陸逞神道碑》：方之劉實，道高於大邦；譬以山濤，榮除於小輦。
吳士玉 《駢字類編》 卷三十八		(135) 庾信《司馬裔神道碑銘》：持印山開，沈黎盜靜。 (136) 庾信《司馬裔神道碑銘》：見"谷寒"下。 (137) 庾信《紇干弘神道碑銘》：見"水合"下。 (138) 庾信《周上柱國宿國公河州都督普屯威神道碑》：世子儀同永達，孝性有聞，居喪得禮，嗟海變而田成，懼山飛而地絶。勒石墓田，仍銘云爾。 (139) 庾信《崔訦神道碑銘》：日浴溟池，山浮海浦。 (140) 庾信《齊王憲神道碑銘》：見"水駭"下。 (141) 庾信《大將軍司馬裔神道碑》：山竄趙武，家藏李燮。 (142) 庾信《鄭常神道碑》：山窮水斷，馬束橋飛。 (143) 張説《隴右節度大使郭公神道碑銘》：積甲山齊而有餘，收馬谷量而未盡。
吳士玉 《駢字類編》 卷三十九		(144) 庾信《步陸逞神道碑銘》：降茲嶽瀆，誕此貞明。祥符雲氣，慶合星精。 (145) 庾信《大將軍司馬裔神道碑》：值魏室多難，所在蜂起，孟津以北，無復封畿，嵩山以南，即為鋒鏑。 (146) 庾信《上柱國齊王憲神道碑》：岷山導江，漢武帝求仙之地。 (147) 庾信《周車騎將軍賀婁公神道碑》：作鎮岷丘，揚旆錦水，白虎之俗難安，黃龍之監不定。以君智略，入佐中權。 (148) 庾信《鄭常神道碑》：保定三年，授都督羅州諸軍事、羅州刺史，仍領全州兵馬，應接上庸公於文谷路。溪澗崢嶸，巖崖豁嶮。山窮水斷，馬束橋飛。中埒既開，雙城即款。 (149) 庾信《周柱國大將軍紇干弘神道碑》：渾土叛換，梗我西疆。巖羌首竄，藩籬攜貳。

續表

作者/文獻	版本	用　　例
吳士玉 《駢字類編》 卷四十	清文淵閣四庫全書本	(150)《雲笈七籤》：太上大道君又乘洞景玉輿，駕太霞紫煙玄景之暉，仰登彌梵羅臺霄絶寥丘飛玄雲根之都玉清上天，玉清紫暉太上玉皇明上大道君，受《高清太虛無極上道君隱符》。又大冥在九天之上，謂冥氣遠而絶乎九元，惟讀《大洞玉經》者可以交接其間也。故謂洞景寄以神道耳。 (151) 庾信《長孫儉神道碑》：状貌丘虚，風神磊落。 (152) 庾信《長孫儉神道碑銘》：陵田野寂，松逕寒深。 (153) 庾信《段永神道碑》：樹為櫪社，陵成谷神。 (154) 庾信《司馬裔神道碑銘》：谷寒無日，山空足雲。 (155) 庾信《辛威神道碑》：山積器械，谷量牛馬。
吳士玉 《駢字類編》 卷四十一		(156) 庾信《周車騎將軍賀婁公神道碑銘》：途登石紐，路入金城。 (157) 庾信《齊王憲神道碑》：方當待彼石間，部斯玉鼓，經緯天地，光華日月。 (158) 庾信《周隴右總管長史豆盧公神道碑銘》：石壇承祀，豐碑頌靈。
吳士玉 《駢字類編》 卷四十二		(159) 庾信《周柱國大將軍長孫儉神道碑》：居常服玩，或以布被松牀；槃案之間，不過桑杯石鼎。 (160) 庾信《周大將軍司馬裔神道碑》：年十有五，始幹家事。楹前鑿柱，即取遺書；石上開松，仍求故劍。 (161) 庾信《紇干弘神道碑銘》：松門石起，碑字金生。又《周大將軍司馬裔神道碑銘》：上穇石起，河陽水鬬。
吳士玉 《駢字類編》 卷四十三		(162) 庾信《長孫儉神道碑》：直心於物，水火恬然；無負於天，雷霆不懼。 (163) 庾信《周車騎將軍賀婁公神道碑》：昔者軒丘命氏，初分兄弟之姓；若水降居，始建諸侯之國。自是以官為族，因地為宗，水派枝分，其可知矣。 (164) 庾信《紇干弘神道碑》：月中生樹，童子知言；水上浮爪，青衿不戲。
吳士玉 《駢字類編》 卷四十四		(165) 庾信《周太子太保步陸逞神道碑》：除尚書右丞。官聯會計，務殷平準，水衡貫朽，常平粟紅。 (166) 庾信《周隴右總管長史豆盧公神道碑》：保定元年，將兵破巴州恒獽獠。度瀘五月，葛亮有深入之兵；長坂九迴，王尊有忠臣之路。霜雹不驚，水草無乏，天幸將軍，斯之謂矣。 (167) 庾信《周柱國慕容寧神道碑》：水龍競雙刀之勢，步奇陳四分之威。

續表

作者/文獻	版本	用　例
吳士玉《駢字類編》卷四十五	清文淵閣四庫全書本	(168) 庾信《禹渡江讚》：風飛鷁涌，水起龍驚。又《紇干弘神道碑》：天和二年，被使南征，帶甲百萬，舳艫千里，江源水起，海若乘流。 (169) 庾信《紇干弘神道碑銘》：天齊水合，日觀山連。兵強東楚，地遠西燕。 (170) 庾信《司馬裔神道碑》：武成二年，被勅赴援信州。魚復道阻，屢却岑彭；荊門水急，幾沈吳漢。公乃月峽先登，瞿唐直上。 (171) 庾信《齊王憲神道碑銘》：水涌詞聲，風飛文雅。 (172) 庾信《周大將軍司馬裔神道碑銘》：上㮝石起，河陽水鬭。 (173) 又庾信《鄭常神道碑》：保定三年，授都督羅州諸軍事、羅州刺史，仍領全州兵馬，應接上庸公于文谷路。溪澗崢嶸，巖崖豁嶮。山窮水斷，馬束橋飛。中埒既開，雙城即款。 (174) 庾信《齊王憲神道碑銘》：天離轉陣，月德廻兵。黎陽水駭，官渡山驚。
吳士玉《駢字類編》卷四十六		(175) 庾信《鄭常神道碑》：作牧濟河，風行於雷澤；建旟海岱，化被於淮、沂。 (176) 庾信《紇干弘神道碑》：見"水起"下。 (177) 庾信《周上柱國宿國公河州都督普屯威神道碑》：見"山飛"下。
吳士玉《駢字類編》卷四十七		(178) 庾信《長孫儉神道碑》：烟霞之涯際莫尋，江海之波瀾不測。 (179) 又《周大將軍司馬裔神道碑》：江淮志節之士，汝潁風塵之客，感激一言，咸多依附。 (180) 庾信《紇干弘神道碑》：授使持節、都督襄、郢、昌、豐、唐、蔡六州諸軍事，襄州刺史。江漢之間，不驚雞犬，樊襄之下，更多冠蓋。 (181) 庾信《齊王憲神道碑銘》：舟楫江河，棟梁華夏。 (182) 庾信《周大將軍司馬裔神道碑銘》：太傅作牧，奄有江沱。司徒避亂，承制荊河。 (183) 庾信《紇干弘神道碑》：見"水起"下。 (184) 庾信《慕容寧神道碑》：永安元年，太宰朱天光，魏室元輔，握兵淮右，抗權江南。 (185) 庾信《司馬裔神道碑》：帝系極于輿圖，中朝至于江表。 (186) 庾信《長孫儉神道碑》：太祖與公書云：由公立計，果如所謀。令公作鎮江陵，以安蜀地。

續表

作者/文獻	版本	用　　例
吳士玉 《駢字類編》 卷四十八	清文淵閣四庫全書本	(187) 庾信《車騎將軍賀婁公神道碑》：《兵書》七卷，河水浮來；《射法》三篇，天弧夜下。 (188) 庾信《秦州天水郡麥積崖佛龕銘序》：麥積崖者，乃隴底之名山，河西之靈岳。又《司馬裔神道碑》：馬文淵之擇主，去隴坻而歸身；竇周公之入朝，在河西而奉詔。 (189) 庾信《慕容寧神道碑》：燕太祖文皇帝慕容皝，以當世英雄，奄有河朔。趙之南境，且建王城；冀之北土，仍為興國。 (190) 庾信《為晉陽公進玉律秤尺斗升表》：所冀節移陰管，無勞河內之灰；氣動陽鐘，不待金門之竹。又《司馬裔神道碑》：元顯見害之後，桓元篡逆之初，爰自齠亂，客身屠釣，河內道左，抱劍長號，代郡城前，慟悲靈祭。又《步陸逞神道碑》：父政，驃騎大將軍、恒州刺史。太祖扶危濟困，經綸夷阻，報君之恥，遠襲平原。以高平覇業所基，委命留事。關中餽食，非直滎陽之師；河內供軍，豈但淇園之竹。 (191) 庾信《崔訦神道碑》：拉虎羆熊，摧班碎掌，忘歸繁弱，落雁吟猿，故得氣盖關中，威伸河外。 (192) 庾信《為閻將軍乞致仕表》：自洛食風塵，河梁旗鼓，華陰有白馬之兵，河曲有黄沙之陣。又《長孫儉神道碑》：天和元年，陝州刺史、都督八州二十防諸軍事。路出王官，城臨河曲，戍清陝右，高視棠陰。 (193) 庾信《周車騎將軍賀婁公神道碑》：柱國趙王，今上之第九弟也。文則河間上書，武則任城置陣。 (194) 庾信《賀婁公神道碑銘》：受脤河陽，偏師洛浦。 (195) 庾信《堯登壇受圖讃》：登壇洛汭，沈玉河湄。又《周驃騎大將軍開府儀同三司冠軍伯夫人李氏墓誌銘》：神光離合，尚在河湄；雲氣徘徊，猶歸樓下。又《辛威神道碑》：河湄瑞氣，特表廉平，鄺祀神光，偏明正直。 (196) 庾信《崔訦神道碑鐵》：鐵馬有河橋之戰，戈船有汾水之兵。
吳士玉 《駢字類編》 卷四十九		(197) 庾信《慕容寧神道碑》：見“江南”下。 (198) 庾信《慕容寧神道碑銘》：淮陰召拜，昭陽破軍。又《崔詵神道碑》：淮陰一國，韓侯之故人；户牖萬家，陳平之鄉里。 (199) 庾信《周上柱國齊王憲神道碑》：成都有文翁之祀，非謂生前；漢陽有諸葛之碑，止論身後。又《周柱國大將軍長孫儉神道碑》：漢陽郡前，非徒武侯之廟；臨淄城下，豈獨樂公之社。 (200) 庾信《長孫儉神道碑》：漢陰民望，荊南杞梓，並皆上書詣闕，連名乞留。 (201) 庾信《紇干弘神道碑銘》：勇讐燕城，名題漢柱。

續表

作者/文獻	版本	用　　例
吳士玉 《駢字類編》 卷五十		(202) 庾信《車騎將軍賀婁公神道碑》：渭水兵書，在心為志；軒丘陣法，聚石成圖。 (203) 庾信《崔訦神道碑》：竇憲連官，單于之寶鼎可致；張寛固位，渭橋之流星可識。 (204) 庾信《隴右總管長史豆盧公神道碑銘》：渭城高柏，昌陵下亭。 (205) 庾信《大將軍司馬裔神道碑》：渭南千畝之竹，更懼盈滿；池陽二頃之田，常思止足。 (206) 庾信《齊王憲神道碑》：匈奴突于武川，爟火通于灞上。 (207) 庾信《崔訦神道碑》：鐵馬有河橋之戰，戈船有汾水之兵。 (208) 庾信《段永神道碑銘》：玉門遺矩，汾海留愛。 (209) 庾信《爲晉陽公進玉律秤尺斗升表》：聞鐘洛浦，即辨聲乖；聽鐸邯鄲，先知響韻。又《齊王憲神道碑》：師臨洛浦，則廣武營奔；兵上邙山，則河橋路斷。
吳士玉 《駢字類編》 卷五十一	清文淵閣四庫全書本	(210) 庾信《辛威神道碑銘》：洛城戰陣，河橋旗鼓。又《鄭常神道碑》：河橋接戰，秋水則三月不流；洛城揮鋒，金墉則一月路斷。 (211) 韓愈《贈太尉許國公神道碑銘》：在貞元世，汴兵五猘。將得其人，衆乃一愒。其人爲誰，韓姓許公。磔其梟狼，養以雨風。 (212) 庾信《辛威神道碑》：射鴻舊圃，舞鶴餘城，既浮酸棗之河，聊對淇園之竹。 (213) 庾信《步陸逞神道碑》：見“河内”下。 (214) 庾信《周大將軍司馬裔神道碑》：見“江淮”下。 (215) 庾信《辛威神道碑》：若夫樹反壤也，封夏屋焉，終湞潁川之碑，乃見華陰之碣。 (216) 庾信《鄭常神道碑》：見“涔陽”下。 (217) 庾信《吳明徹墓誌銘》：祖尚，南譙太守。父樹，右軍將軍。抗拒淮、沂，平夷濟、漯，代爲名將，見于斯矣。又《鄭常神道碑銘》：建旟濟，漯，擁節龜蒙。既疆桑土，寔撫梧桐。 (218) 庾信《鄭常神道碑》：見“海岱”下。
吳士玉 《駢字類編》 卷五十二		(219) 庾信《宇文公神道碑》：往者申息盡掩，江、黃無援．涔陽極浦，亟犯風塵；夏首西浮，頻遭鋒鏑。 (220) 楊炯《王公神道碑》：滇北數十户，莫大卭都之縣；邑東七百里，唯有巫山之峽。

續表

作者/文獻	版本	用　　例
吴士玉《駢字類編》卷五十三	清文淵閣四庫全書本	(221) 庾信《崔訦神道碑銘》：見“山浮”下。 (222) 韓愈《路公神道碑銘》：李錡將反，以聞，置鄉兵萬二千人；錡反，命將期以卒救湖常，坐牢江東心。錡以無助敗縛。 (223) 張説《撥川郡王神道碑一》：自公之拔身向化，首變華風，澤潞之間，如見我州矣。 (224) 庾信《紇干宏神道碑》：隴頭流水，延望秦關；川上娥眉，猶通蜀道。
吴士玉《駢字類編》卷五十四	清文淵閣四庫全書本	(225) 庾信《齊王憲神道碑》：管絃入耳，則溪谷俱調；文雅沿心，則煙霞並韻。 (226) 庾信《鄭常神道碑》：保定三年，授都督羅州諸軍事、羅州刺史，仍領金州兵馬，應接上庸公於文谷路。溪澗崢嶸，巖崖豁嶮。山窮水斷，馬束橋飛。中埒既開，雙城即欸。 (227) 庾信《慕容公神道碑》：屬以江南阻兵，渚宫邊敵，軍機警急，鋒鏑縱横。公奉命星言，元戎啓路，揔秦人之鋭士，兼荊尸之廣卒；水龍競雙刀之勢，步騎陳四分之威。夷陵既燒，黔中方定，旋軍反旆，解甲休兵。 (228) 庾信《長孫儉神道碑》：見“江海”下。
吴士玉《駢字類編》卷五十五	清文淵閣四庫全書本	(229) 庾信《周大將軍司馬裔神道碑》：池陽二頃之田，常思止足。 (230) 庾信《周上柱國宿國公河州都督辛威神道碑》：襄城龍種，更及池臺；桂陽仙人，還歸鄉里。 (231) 又庾信《步陸逞神道碑銘》：銘旌兩没，池柳雙迴。
吴士玉《駢字類編》卷五十六	清文淵閣四庫全書本	(232) 庾信《大將軍段永神道碑銘》：煙凝不動，泉凍無聲。 (233) 庾信《司馬裔神道碑》：魏前元年，移鎮漢中，除白馬城主，領華陽郡守。昔稱導漾，今聞上豬，煙沈冰井，雨歇雲門。
吴士玉《駢字類編》卷五十七	清文淵閣四庫全書本	(234) 庾信《鄭常神道碑銘》：宫室鏤珪，山河分地。 (235) 庾信《周太子太保步陸逞神道碑銘》：宫帷定策，殿柱書名。 (236) 庾信《段永神道碑》：馬武小心，侍蕭王于臥内；典韋忠壯，陪魏后于宫中。 (237) 庾信《步陸逞神道碑銘》：見“宫帷”下。

續表

作者/文獻	版本	用　　例
吳士玉 《駢字類編》 卷五十八	清文淵閣四庫全書本	(238) 又《倭傳》：桓、靈間，倭國大亂，更相攻伐，歷年無主。有一女子，名曰卑彌呼，年長不嫁，事鬼神道，能以妖惑衆，於是共立為王。侍婢千人，少有見者，唯有男子一人給衣食，傳辭語。居處宫室、樓觀城柵，皆持兵守衛。法俗嚴峻。 (239) 庾信《崔訦神道碑》：燉煌實録，宛在胸襟，玉門亭障，無勞圖畫。
吳士玉 《駢字類編》 卷五十九		(240) 庾信《慕容寧神道碑》：授同州刺史。衿帶關輔，脣齒秦晉。編戶殷積，邸閣儲峙。藩籬是任，親賢勿居。公建旟作牧，褰帷行部，六條斯舉，百城咸勸。 (241)《漢書・霍光傳》：太夫人顯改光時所自造塋制而侈大之。起三出闕，築神道，北臨昭靈，南出承恩，盛飾祠室，輦閣通屬永巷，而幽良人婢妾守之。廣治第室，作乘輿輦。加畫繡絪馮，黃金塗，韋絮薦輪，侍婢以五采絲輓顯，游戲第中。 (242)《黃庭外景經》：神廬之中嘗修治。注：教子去鼻中毛，神道往來則為廬宅。晝夜綿綿無休息也。 (243) 韓愈《唐江南西道觀察使太原王公神道碑銘》：轉蘇州，變其屋居，以絶火延，隄松江路，害絶阻滯。秋夏賦調，自為書與人以期，吏無及門而集，政成為天下守之最。 (244)《宋書・禮志》：壽陵因山為體，無封無樹，無立寢殿，造園邑，通神道。
吳士玉 《駢字類編》 卷六十		(245) 庾信《為杞公讓宗師驃騎表》：東嶽則朝宿有名，南宫則門闌有籍。又《車騎將軍賀婁公神道碑》：入陪中禁，更領儀同。邸客城池，門闌户籍，咸資巡警，並用司存。 (246) 庾信《崔訦神道碑》：淮陰一國，韓信之故人；户牖萬家，陳平之鄉里。 (247) 庾信《周車騎將軍賀婁公神道碑》：見“門闌”下。
吳士玉 《駢字類編》 卷六十一		(248)《唐書・禮樂志》：設位於寢宫之殿東陛之東南，西向。尊坫陳於堂户東南。百官、行從、宗室、客使位神道左右。 (249) 庾信《大將軍段永神道碑銘》：軒臺受氏，若水降居。 (250) 庾信《周柱國大將軍長孫儉神道碑》：鑾蹕降臨，軒縣徹樂。 (251) 庾信《周車騎將軍賀婁公神道碑》：昔者軒丘命氏，初分兄弟之姓；若水降居，始建諸侯之國。自是以官為族，因地為宗，水派支分，其可知矣。

續表

作者/文獻	版本	用　　例
吴士玉《駢字類編》卷六十一	清文淵閣四庫全書本	(252) 庾信《齊王憲神道碑》: 聳動廊廟，光華城闕。 (253)《宋書・禮志》: 壽陵因山為體，無封無樹，無立寢殿，造園邑，通神道。
吴士玉《駢字類編》卷六十二		(254) 庾信《齊王憲神道碑》: 聳動廊廟，光華城闕。 (255) 庾信《隴右總管長史豆盧公神道碑銘》: 城壘畫地，山林聚米。 (256) 庾信《司馬裔神道碑》: 河內道左，抱劍長號，代郡城前，慟悲靈祭。
吴士玉《駢字類編》卷六十三		(257) 庾信《慕容寧神道碑》: 授同州刺史。衿帶闗輔，脣齒秦晉。編戶殷積，邸閣儲峙。藩籬是任，親賢勿居。 (258) 庾信《崔訦神道碑》: 捉虎羆熊，摧斑碎掌，忘歸繁弱，落雁吟猨，故得氣蓋關中，威申河外。又《步陸逞神道碑》: 關中餽食，非直滎陽之師；河內供軍，豈但淇園之竹。 (259) 庾信《周大将軍司馬裔神道碑》: 太祖文皇帝締構闗都，經綸夷阻。 (260) 庾信《步陸逞神道碑銘》: 營州恒州，擁旄世載。壯節旃矜，人雄關塞。 (261) 庾信《鄭常神道碑》: 保定三年，授都督羅州諸軍事、羅州刺史，仍領全州兵馬，應接上庸公于文谷路。溪澗崢嶸，巖崖豁嶮。山窮水斷，馬束橋飛。中埒既開，雙城即款。又《司馬裔神道碑》: 更討信州，賊山彰、尋竇渝恃險。峽路，五尺緪約，纔通縣水，三門橋飛齊渡。既而風行草偃，谷靜山空。
吴士玉《駢字類編》卷六十四		(262) 韓愈《唐襄陽郡王平陽路公神道碑銘》: 遷至宣歙池觀察使。至則出倉米，下其估，半以廩餓人。 (263)《漢書・霍光傳》: 太夫人顯改光時所自造塋制而侈大之。起三出闕，築神道，北臨昭靈，南出承恩，盛飾祠堂，輦閣通屬永巷，而幽良人婢妾守之。廣治第室，作乘輿輦。加畫繡絪馮，黃金塗，韋絮薦輪，侍婢目五采絲輓顯，游戲第中。 (264) 又《許國公神道碑》: 釋師十萬，歸居廟堂。
吴士玉《駢字類編》卷六十五		(265) 庾信《陝州弘農郡五張寺藏經碑》: 見"户牖"下。又《紇于弘神道碑銘》: 北門梁棟，西州雲雨。 (266) 又《齊王憲神道碑銘》: 舟楫江河，棟梁華夏。 (267) 庾信《司馬裔神道碑》: 年十有五，始幹家事。楹前鑿柱，即取遺書；石上開松，仍求故劍。

續表

作者/文獻	版本	用　　例
吳士玉《駢字類編》卷六十五	清文淵閣四庫全書本	(268) 庾信《辛威神道碑》：天和元年，授柱國，拜大司冦。楚之柱國，方之南火，軒之司冦，譬以西雲，總授于公，能官人也。 (269) 庾信《崔訦神道碑銘》：儀表丘墟，風神牆岸。 (270) 庾信《長孫儉神道碑》：太祖始定成都，即有江陵之志。公密獻其策，懸符深旨，糧運久積，梯衝立備，一戰而舉鄢郢，再戰而燒夷陵，遂得席捲三荊，此又公之勲也。又《慕容寧神道碑》：梯衝所向，地靡百樓之城；長戰所臨，野闕三門之陣。
吳士玉《駢字類編》卷六十六		(271) 庾信《長孫儉神道碑》：玉山秀立，喬松直上。 (272) 庾信《紇干宏神道碑》：衛青受詔，未入玉門之關；竇憲當官，猶在燕山之下。
吳士玉《駢字類編》卷六十七		(273) 楊炯《百泉令李君神道碑》：金科作範，商丘有帝系之雲；玉札披圖，函谷有真人之氣。 (274) 庾信《齊王憲神道碑》：方當待彼石閶，部斯玉鼓，經緯天地，光華日月。 (275) 庾信《司馬裔神道碑銘》：玉鏡云始，金行乃搆。 (276) 蘇頲《高安長公主神道碑銘》：香滿玉爐，綵摇金縷。
吳士玉《駢字類編》卷六十九		(277) 庾信《紇干弘神道碑》：常願執金鼓而問吳王，横琱戈而返齊地，有志不就，忠貞死焉。又《慕容寧神道碑》：惟師尚父，昆吾載寶鼎之名；王命尸臣，栒邑傳琱戈之賜。 (278) 庾信《齊王憲神道碑》：璣鏡照臨，山河容納。
吳士玉《駢字類編》卷七十		(279) 蘇頲《唐璿神道碑》：操斧鉞、班圭瑞者，耀洪烈於四世，垂餘風於百里。 (280) 庾信《鄭常神道碑》：發源纂胄，葉派枝分。開國承家，珠聯璧合。
吳士玉《駢字類編》卷七十一		(281) 楊炯《唐上騎都尉高君神道碑》：南方火德，陽精赫雷電之威；西陸金行，秋令毒風霜之氣。
吳士玉《駢字類編》卷七十二		(282)《南唐書·韓熙載傳》：嚴續請熙載撰其父《神道碑》，遺珍貨巨萬，仍輟未勝衣歌妓歸焉。文既成，但叙其譜裔品秩而已。續封還，熙載亦却其贈，上寫一闋於泥金帶云。

續表

作者/文獻	版本	用　　例
吳士玉 《駢字類編》 卷七十三	清文淵閣四庫全書本	(283) 庾信《普屯威神道碑銘》：少典之孫，元王之子。虹貫于月，金承于水。
吳士玉 《駢字類編》 卷七十四		(284) 虞集《御史中丞楊公神道碑》：初，尚書省改作至大銀鈔，又鑄銅爲至大錢，至是議罷之。公曰：法有便否，不當視立法人爲廢置。銀鈔固當廢，銅錢與楮幣相權而用之，昔之道也。言雖不盡用，而時論是之。 (285) 庾信《紇干弘神道碑》：太祖以自著鐵甲賜公，云：天下若定，還將此甲示寡人。 (286) 庾信《崔訦神道碑》：鐵馬有河橋之戰，戈船有汾水之兵。
吳士玉 《駢字類編》 卷七十五		(287) 庾信《齊王憲神道碑》：八川風俗，五方名利，鐵市銅街，風飛塵起。 (288) 庾信《鄭常神道碑銘》：路轉銅魚，山廻石馬。 (289) 庾信《辛威神道碑銘》：箭飲石梁，劍然銅樹。
吳士玉 《駢字類編》 卷七十六		(290) 庾信《崔訦神道碑》：竇憲連官，單于之寶鼎可致；張寬固位，渭橋之流星可識。又《慕容寧神道碑》：見"琱戈"下。
吳士玉 《駢字類編》 卷七十七		(291) 庾信《周上柱國齊王憲神道碑》：珠角擅奇，山庭表德。
吳士玉 《駢字類編》 卷七十八		(292) 庾信《崔説神道碑》：淮陰一國，韓信之故人；戶牖萬家，陳平之鄉里。
吳士玉 《駢字類編》 卷八十		(293) 張説《姚崇神道碑》：一柱承天，高明之位列；四時成歲，亭毒之功深。
吳士玉 《駢字類編》 卷八十二		(294)《後漢書·左慈傳》：慈，字元放。少有神道。嘗在司空曹操坐，操從容顧衆賓曰：今日高會，珍羞畧備，所少吳松江鱸魚耳。元放於下坐應曰：此可得也。因求銅盤貯水，以竹竿餌釣於盤中，須臾引一鱸魚出。操大拊掌笑，會者皆驚。操曰：一鱸不周坐席，可更得乎？放乃更餌釣沈之，須臾復引出，皆長三尺餘，生鮮可愛。操使目前鱠之，周浹會者。

續表

作者/文獻	版本	用　　例
吳士玉 《駢字類編》 卷八十二	清文淵閣四庫全書本	(295)《觀佛三昧海記》：佛告阿難：我昔初成道時，伽耶城邊，住熙連河側，有五尼揵。第一尼揵名薩闍多，五百徒衆。餘四，各有二百五十弟子。時諸尼揵自稱得道，來至我所，以其身根繞身七帀。來至我所，鋪草為座，即作此語。瞿曇：我無欲故梵行相成，我之身根乃能如此如自在天。我今神道過踰沙門百千萬倍，沙門作一我當作二。即於地中化作一樹，以其身根絞繞著樹滿七帀已。令樹雲霧如龍王氣，高聲大喚舉手唱言。
吳士玉 《駢字類編》 卷八十九		(296)《雲笈七籤》：能知三神字，可以還命延年。此三神者，乃天地神道君三元君字也。
吳士玉 《駢字類編》 卷九十一		(297) 劉禹錫《史公神道碑銘》：雖榮三鎮，不荷百祿。 (298)《雲笈七籤》：修真之人，又有三等。又書有三等，一曰神道書，二曰覈事文，三曰浮華記。
吳士玉 《駢字類編》 卷九十二		(299) 又《觀》：觀天之神道，而四時不忒。 (300) 庾信《齊王憲神道碑》：用之撫軍，則四表懾伏。
吳士玉 《駢字類編》 卷九十五		(301) 庾信《賀婁公神道碑銘》：七葉佐漢，五世相韓。
吳士玉 《駢字類編》 卷九十七		(302)《唐書・崔沔傳》：古者飲食，必先嚴獻。未有火化，故有毛血之薦；未有麴糵，故有元酒之奠。後王作為酒醴、犧牲以致馨香，故有三牲、八簋、五齊、九獻。神道主敬，可備而不敢廢也。 (303)《宋史・竇儀傳》：加儀禮部侍郎，權知貢舉。儀上言：請依晉天福五年制，發明經、童子科。進士省卷令納五軸以上，不得有神道碑、誌之類。
吳士玉 《駢字類編》 卷一百二		(304) 裴抗《田公神道碑》：周十世而生方叔，唐八葉而傳太傅，保乂藩服，昭宣王度。 (305)《唐祭太社樂章》：神道發生敷九豫，陰陽垂化暢八埏。 (306) 范成大《爆竹行》：十聲百聲神道寧，八方上下皆和平。 (307) 庾信《紇干弘神道碑》：匡贊七德，謨猷八柄。
吳士玉 《駢字類編》 卷一百三		(308) 庾信《周隴右總營長史贈少保豆盧公神道碑》：外總連帥，威振百城。內參常伯，榮高八舍。 (309) 楊炯《高君神道碑》：三光不墜，察高星於太紫之宮；八柱無疆，奠高岳於中黃之域。上官儀《勸封禪表》：鎔範生靈，張四維於地絡；締搆函夏，

續表

<table>
<tr><th>作者/文獻</th><th>版本</th><th>用　　例</th></tr>
<tr><td>吳士玉
《駢字類編》
卷一百三</td><td rowspan="8">清文淵閣四庫全書本</td><td>建八柱於元樞。張說《姚崇神道碑》：八柱擎天，高明之位列；四時成歲，亭毒之功存。
(310) 庾信《周兗州刺史廣饒公鄭常神道碑》：仗劍六軍，披圖八陣。譬彼張遼，前鋒而報魏主；方之耿弇，先戰而待蕭王。</td></tr>
<tr><td>吳士玉
《駢字類編》
卷一百四</td><td>(311) 陸雲《祖考頌》：於變時雍，神道經始。肅肅九命，永言徽止。
(312)《雲笈七籤》：太陰九妃者，乃帝君之陰宮神也。兆行道解結，奉符上籍，安魂制魄，化生體神道炁，延精以求長生，而不知帝妃之名字，行九陰以混合者，亦萬不得遷也。</td></tr>
<tr><td>吳士玉
《駢字類編》
卷一百五</td><td>(313)《宋史・竇儀傳》：加儀禮部侍郎，權知貢舉。儀上言：請依晉天福五年制，發明經、童子科。進士省卷令納五軸以上，不得有神道碑誌之類；帖經對義，有三通為合格，却復盡試。其落第者，分為五等：以詞理紕繆之甚者為第五等，殿五舉；其次為第四，殿三舉；以次稍可者為第三、第二、第一等，並許次年赴舉。</td></tr>
<tr><td>吳士玉
《駢字類編》
卷一百六</td><td>(314) 庾信《豆盧永恩神道碑》：立身則十世可宥，遺子則一經而已。</td></tr>
<tr><td>吳士玉
《駢字類編》
卷一百七</td><td>(315) 庾信《慕容公神道碑》：公建旟作牧，褰帷行部，六條斯舉，百城咸勸。
(316) 權德輿《太師忠武渾公神道碑銘》：君臣保乂，以熙百志。
(317) 庾信《慕容公神道碑》：高墉百仞，無以測其汙隆。
(318) 劉禹錫《史公神道碑》：百憤攻中，卒自引決。</td></tr>
<tr><td>吳士玉
《駢字類編》
卷一百八</td><td>(319) 庾信《步陸逞神道碑》：百城解印，憚朱穆之威；千里相迎，愛王基之德。
(320) 庾信《崔說神道碑》：見"一國"下。
(321)《神仙傳》：神道一成，升彼九天。壽同三光，何但億千。</td></tr>
<tr><td>吳士玉
《駢字類編》
卷一百九</td><td>(322) 庾信《賀婁公神道碑》：並馳雙傳，俱分兩行。
(323) 庾信《周兗州刺史廣饒公鄭常神道碑》：兩龜為印，雙蛇結綬。</td></tr>
<tr><td>吳士玉
《駢字類編》
卷一百十</td><td>(324) 庾信《司馬裔神道碑》：遣奠雙設，銘旌兩布。
(325) 庾信《步陸逞神道碑》：銘旌兩沒，池柳雙迴。</td></tr>
</table>

續表

作者/文獻	版本	用　　例
吳士玉 《駢字類編》 卷一百十一	清文淵閣四庫全書本	(326) 庾信《周兗州刺史廣饒公鄭常神道碑》：見“雙蛇”下。
吳士玉 《駢字類編》 卷一百十二		(327)《晉書·阮籍傳》：籍嘗於蘇門山遇孫登，與商畧終古及栖神道氣之術，登皆不應，籍因長嘯而退。至半嶺，聞有聲若鸞鳳之音，響乎巖谷，乃登之嘯也。
吳士玉 《駢字類編》 卷一百十三		(328) 庾信《周大將軍司馬裔神道碑銘》：五馬南浮，三星東宿。
吳士玉 《駢字類編》 卷一百十四		(329) 韓愈《許國公神道碑》：田弘正之開魏博，李師道使來告曰：我代與田氏約相保援，今弘正非其族，又首變兩河事，亦公之所惡，我將與成德合軍討之。 (330) 楊炯《李君神道碑》：直城西望，高闕東臨。
吳士玉 《駢字類編》 卷一百十七		(331) 庾信《辛威神道碑》：大和元年，授柱國，拜大司冦。楚之柱國，方之南火，軒之司寇，譬以西雲。 (332) 張說《唐義陽王神道碑》：南洛占從，東洲億中。
吳士玉 《駢字類編》 卷一百十九		(333) 又《霍光傳》：太夫人顯改光時所自造塋制而侈大之。起三出闕，築神道，北臨昭靈，南出承恩，盛飾祠室，輦閣通屬永巷，而幽良人婢妾守之。
吳士玉 《駢字類編》 卷一百二十		(334) 庾信《周柱國楚國公岐州刺史慕容公神道碑銘》：風秋北原，日沒川逝。
吳士玉 《駢字類編》 卷一百二十一		(335) 庾信《周大將軍司馬裔神道碑銘》：伍員道阻，燕丹路遥。南奔楚塞，北避秦橋。
吳士玉 《駢字類編》 卷一百二十二		(336) 庾信《周大將軍司馬裔神道碑銘》：上槮石起，河陽水鬭。
吳士玉 《駢字類編》 卷一百二十六		(337)《易觀》：盥而不薦，有孚顒若。《彖》曰：大觀在上，順而巽，中正以觀天下。觀，盥而不薦，有孚顒若，下觀而化也。觀天之神道，而四時不忒。聖人以神道設教，而天下服矣。

續表

作者/文獻	版本	用　　例
吳士玉 《駢字類編》 卷一百二十八	清文淵閣四庫全書本	（338）庾信《慕容寧神道碑銘》：運長擊短，後實先聲。
吳士玉 《駢字類編》 卷一百三十		（339）蘇頲《唐璿神道碑》：攬中州之傑，居右地之盟。 （340）楊炯《王義重神道碑銘》：循河橋兮南渡，從國門兮右出。
吳士玉 《駢字類編》 卷一百三十一		（341）楊炯《魏哲神道碑》：三周按禮，無虧內則之風；四德揚㦤，載闡中闈之訓。 （342）常兗《扶風王馬公神道碑銘》：惠化旁流，人心內結。 （343）《雲笈七籤》：夫修無為入真道者，先須保道氣於體中，息元氣於藏內，然後輔之以藥物，助之以百行，則能內愈萬病，外安萬神，內氣歸元，外邪自息。却災害於外，神道德於內，內外相濟，保守身命，豈不善乎？
吳士玉 《駢字類編》 卷一百三十四		（344）庾信《豆盧公神道碑文》：名重赤山，威高青嶺。 （345）蘇頲《高安長公主神道碑》：曳紅綬，賜青珪，香滿玉爐，綵摇金縷。
吳士玉 《駢字類編》 卷一百三十五		（346）庾信《崔沈神道碑》：諸侯地裂，邉將星亡。輕車騎士，元甲黃腸。
吳士玉 《駢字類編》 卷一百三十六		（347）庾信《賀婁公神道碑》：草靡青丘，風馳赤谷。 （348）庾信《豆盧公神道碑文》：見“青嶺”下。
吳士玉 《駢字類編》 卷一百三十七		（349）庾信《紇干弘神道碑》：白水良劒，罷朝而贈陳寵；青驪善馬，迴車而賜李忠。 （350）楊炯《李楚才神道碑》：黃龍電震，白騎雷驚。 （351）庾信《步陸逞神道碑銘》：白馬無路，烏江不通。
吳士玉 《駢字類編》 卷一百四十二		（352）楊炯《李君神道碑》：遷原州百泉縣令。斜通紫微，却負黃州。
吳士玉 《駢字類編》 卷一百四十八		（353）庾信《紇干弘神道碑》：江漢之間，不驚雞犬；樊襄之下，更多冠蓋。 （354）庾信《周兗州刺史廣饒公鄭常神道碑》：襜帷入境，貪殘者解印；冕旒從政，仁義者郊迎。

續表

作者/文獻	版本	用　　例
吳士玉《駢字類編》卷一百四十九	清文淵閣四庫全書本	(355) 庾信《周車騎將軍賀婁公神道碑銘》：龜轉印函，虵盤綬笥。
吳士玉《駢字類編》卷一百五十		(356) 張說《蕭灌神道碑》：動躡思後，故口無擇言；照在機前，故身無擇行。
吳士玉《駢字類編》卷一百五十一		(357) 韓愈《河東節度觀察使滎陽鄭公神道碑》：公與賔客朋遊，飲酒必極醉，投壺博奕，窮日夜，若樂而不厭者。平居簾閤，據几，終日不知有人。別自號"雲翁"。名人魁士，鮮不與善。好樂後進，及門接引，皆有恩意。 (358) 庾信《長孫儉神道碑》：大丞相總十六軍，剋清河洛。公又中分麾下，參謀幃幄。 (359) 庾信《鄭常神道碑》：幨帷入境，貪殘者鮮印；冕旒從政，仁義者郊迎。 (360) 庾信《辛威神道碑》：太祖文皇帝雪舊君之恥，連西伯之功，始裂鴻溝，初登函谷。公擢衣沐髮，仗劒轅門。撤洗足而相迎，下賔階而顧問。自此卽居帳內，仍爲直寢。 (361) 庾信《段永神道碑》：太祖文皇帝席卷關河，三分天下。潁川從我，並有鄉里之親；新豐故人，非無布衣之舊。
吳士玉《駢字類編》卷一百五十二		(362) 庾信《隴右總管長史豆盧公神道碑》：留心職事，愛玩圖籍。官曹案牘，未嘗煩委。
吳士玉《駢字類編》卷一百五十三		(363) 庾信《段永神道碑銘》：禮官賜冊，陪陵受地。印綬曰策，衣衾曰襚。 (364) 庚信《周車騎將軍賀婁公神道碑銘》：見"綬笥"下。 (365) 庾信《長孫儉神道碑》：究職有闕，待公而補；鼎飪未和，湏公而正。 (366) 庾信《步陸逞神道碑》：遷駕部中大夫，領吏部中大夫，歷藩部御伯。東京鼎實，先加鄧隲之勲；西晉官人，多用山濤之啓。 (367) 庾信《車騎將軍賀婁公神道碑》：公六郡良家，西河鼎族，地壯金行，人雄塞氣。 (368) 庾信《長孫儉神道碑》：天和六年，天子以四海未寧，三方鼎峙，有懷將帥之志，言念封疆之臣，既畫雲臺，乃題麟閣。

續表

作者/文獻	版本	用　　例
吳士玉 《駢字類編》 卷一百五十四	清文淵閣四庫全書本	(369) 庾信《周柱國大將軍長孫儉神道碑銘》：身圖斗宿，面繞樞星。 (370) 庾信《齊王憲神道碑》：斗建麾兵，天離轉戰，虎嘯風騰，雲飛電掩。
吳士玉 《駢字類編》 卷一百五十五		(371)《漢書・霍光傳》：太夫人顯改光時所自造塋制而侈大之。起三出闕，築神道，北臨昭靈，南出承恩，盛飾祠室，輦閣通屬永巷，而幽良人婢妾守之。 (372) 楊炯《王公神道碑》：車徒儼兮在門，旌旆紛兮竟術。 (373) 庾信《辛威神道碑銘》：不吝車茵，誰言溫樹。 (374) 韓愈《司徒兼侍中中書令贈太尉許國公神道碑銘》：許公來朝，車馬干戈；相乎將乎，威儀之多。
吳士玉 《駢字類編》 卷一百五十七		(375) 庾信《終南山義谷銘序》：青綺春門，溝渠交映。綠槐秋市，舟楫相通。又《齊王憲神道碑銘》：舟楫江河，棟梁華夏。 (376) 庾信《紇干弘神道碑》：船官之城，登巢懸橐，呉兵習流，長驅戰艦。
吳士玉 《駢字類編》 卷一百五十八		(377) 庾信《賀平鄴都表》：旗鼓所臨，衝風之卷秋葉。又《辛威神道碑銘》：洛城戰陣，河橋旗鼓。
吳士玉 《駢字類編》 卷一百五十九		(378)《唐書・禮樂志》：設位於寢宮之殿陛之東，西向。樽坫陳於堂户東南。百官、行從、宗室、客使位神道左右。 (379) 庾信《大將軍長孫儉神道碑》：居常服玩，或以布被松牀；盤案之間，不過桑杯石鼎。 (380) 柳宗元《終南山祠堂碑》：貞元十二年，夏洎秋不雨。穡人焦勞，嘉穀用虞。皇帝使中謁者禱于終南，申命京兆君韓府君，祗飭祀事，考視祠制。以為棟宇不稱，宜有加飾。遂命盩厔令裴均，虔承聖謨，刱制祠堂。乃徵土工、木工、石工，備器執用，来會祠下。斬板榦，礱柱礎，陶瓴甓，築垣墉，恢度舊制，立三筵六尋。既興功，元雲觸石，霈澤周被，植物擢茂，期于豐登。神道感而宣靈，人心懽而致和。嘉氣充溢，抃蹈布野。
吳士玉 《駢字類編》 卷一百六十一		(381) 庾信《司馬裔神道碑》：更討信州，賊山彰、尋賓渝恃險。峽路，五尺組約，纔通縣水，三門橋飛齊渡。既而風行草偃，谷靜山空。

續表

作者/文獻	版本	用　　例
吳士玉 《駢字類編》 卷一百六十三	清文淵閣四庫全書本	(382)《庾信《周上柱國齊王憲神道碑》：愛玩書籍，敦崇禮樂。 (383)《畫鑒》：陸探微與顧愷之齊名。張彥遠謂風神道舉，畫力頓挫，一點一拂，動筆新奇，非虛言也。
吳士玉 《駢字類編》 卷一百六十四		(384) 庾信《周車騎將軍賀婁公神道碑》：四代儀同三司，七世河州刺史，鐘鼎成列，冠蓋連陰，所謂生為貴臣，死為貴神者也。又《隴右總管長史豆盧公神道碑》：公以山嶽精靈，星辰秀異，氣侔鐘鼎，聲感風雲。又《周太子太保步陸逞神道碑》：三輔公侯，五陵鐘鼎，桐街柳市，塵起風飛。乃授京兆尹。 (385) 庾信《慕容寧神道碑銘》：鐘鳴夜漏，晞露朝陽。 (386) 庾信《周柱國慕容寧神道碑》：永熙元年，補子都督，並加鼓節軍儀，除桑乾太守。
吳士玉 《駢字類編》 卷一百六十六		(387) 庾信《齊王憲神道碑》：管絃入耳，則溪谷俱調；文雅沿心，則煙霞並韻。 (388) 庾信《辛威神道碑》：公善於用兵，長於撫御。自攻洛陽，定弘農，戰河橋平沙苑，冒刃衝鋒，前無橫陣。況以弘木六鈞，函犀七屬，門多懸胄，箭必中鞍，山積器械，谷量牛馬，軍吏計功，司勳賞策。 (389) 庾信《步陸逞神道碑銘》：甲觀初登，龍樓初上。東國桓榮，西京疏廣。 (390) 庾信《紇干弘神道碑》：《青鳥》甲乙之占，《白馬》星辰之變。九宮推步，三門伏起，天弧射法，太乙營圖，並皆成誦在心，若指諸掌。
吳士玉 《駢字類編》 卷一百六十七		(391) 庾信《大將軍崔訦神道碑銘》：劒起沉犀，弓開伏石。
吳士玉 《駢字類編》 卷一百六十八		(392) 韓愈《司徒兼侍中中書令贈太尉許國公神道碑》：公子公武，與公一時俱授弓鉞，處藩為將，疆土相望。 (393) 庾信《大將軍崔訦神道碑銘》：見“劒起”下。 (394) 庾信《慕容寧神道碑》：長城峽石，必先行陣。秦南隴西，每當矢石。 (395) 庾信《紇干弘神道碑》：船官之城，登巢懸爨。吳兵習流，長驅戰艦。風灰箭火，倏及凌城。 (396) 韓愈《司徒兼侍中中書令贈太尉許國公神道碑銘》：見“車馬”下。 (397) 庾信《崔訦神道碑》：鐵馬有河橋之戰，戈船有汾水之兵。 (398) 庾信《周大將軍司馬裔神道碑》：既而雲中柝起，代郡烽然。

續表

作者/文獻	版本	用　　例
吳士玉《駢字類編》卷一百七十一	清文淵閣四庫全書本	(399) 蘓頲《王公神道碑》：寘毛髪之愆，徵膏肓之疾。
吳士玉《駢字類編》卷一百七十二		(400) 陳暄《與兄子秀書》：吾生平所願，身沒之後，題吾墓云“陳故酒徒陳君之神道”。若斯志意，豈避南征之不復，賈誼之慟哭者哉？
吳士玉《駢字類編》卷一百七十三		(401) 韓愈《司徒兼侍中中書令贈太尉許國公神道碑銘》：見“錦紈”下。 (402) 庾信《車騎將軍賀婁公神道碑》：柱國趙王，今上之第九弟也。文則河間上書，武則任城置陣，作鎮岷丘，揚旆錦水。白虎之俗難安，黃龍之盟不定。以君智略，入佐中權。 (403) 庾信《車騎將軍賀婁公神道碑銘》：江波錦落，火井星浮。
吳士玉《駢字類編》卷一百七十四		(404) 庾信《慕容寧神道碑》：岐嶷表羈貫之年，通禮稱綺紈之歲。 (405) 韓愈《司徒兼侍中中書令贈太尉許國公神道碑銘》：師道之誅，公以兵東下，進圍考城，克之；遂進迫曹，曹寇乞降。
吳士玉《駢字類編》卷一百七十五		(406) 庾信《段永神道碑》見“席捲”下。 (407) 庾信《周柱國大將軍長孫儉神道碑》：見“槃案”下。 (408) 韓愈《司徒許國公神道碑》：長慶二年十二月三日，薨於永崇里第，年五十八。天子為之罷朝三日，贈太尉，賜布粟，其葬物有司官給之。 (409) 蘇頲《凉國長公主神道碑》：昭乎遺風，雖著縑簡；垂厥後代，諒憑刋刻。
吳士玉《駢字類編》卷一百七十八		(410) 薩都拉《和張仲舉清溪夜行詩》：蔓菜古陵神道沒，楓林夜火鬼祠靈。
吳士玉《駢字類編》卷一百八十		(411) 柳宗元《先侍御史府君神道表》：高祖諱楷，隋刺齊、房、蘭、廓四州。 (412) 庾信《周柱國大將軍長孫儉神道碑銘》：昔侍蘭苑，今陪杏林。死生契闊，無違一心。
吳士玉《駢字類編》卷一百八十一		(413) 楊炯《梁公神道碑》：折衝千里，趨奉九重。行承芝詔，坐啓茅封。

續表

作者/文獻	版本	用　　例
吳士玉《駢字類編》卷一百八十二	清文淵閣四庫全書本	(414) 庾信《周隴右總管豆盧公神道碑》：度瀘五月，葛亮有深入之兵；長坂九迴，王尊有忠臣之路。
吳士玉《駢字類編》卷一百八十三		(415) 楊炯《梁公神道碑》：見“芝詔”下。
吳士玉《駢字類編》卷一百八十四		(416) 權德輿《集賢院學士王公神道碑》：玉虬西狩。公奔扈行宫，為兇黨所得。公謂所親曰：忘君恩以苟生，非忠；蹈賊刃以誅死，非孝。於是藥攻五臟，艾灼四肢，耗其形神，終啓手足，任重道逺，君子以為難。 (417) 李華《延州豆盧使君萬泉縣主薛氏神道碑》：晞盼睞者，若遲日之泛漣漪；瞻詞氣者，猶光風之轉蘅薄。
吳士玉《駢字類編》卷一百八十五		(418) 庾信《周車騎大將軍賀婁公神道碑》：角端在手，必無齊魯之侵；蓮花插腰，甚得蛟龍之氣。
吳士玉《駢字類編》卷一百八十七		(419) 庾信《周柱國楚國公岐州刺史慕容寧神道碑銘》：沈羊不飲，萑盜無聞。
吳士玉《駢字類編》卷一百八十八		(420) 楊炯《恒州刺史王公神道碑》：山草樹兮潛移，蜃樓臺兮鬱起。 (421) 陳傅良《讀范文正公神道碑詩》：維時君臣定，事與草昧殊。
吳士玉《駢字類編》卷一百九十		(422)《隋書·王誼傳》：詔曰：誼有周之世，早豫人倫，朕共遊庠序，遂相親好。然性懷險薄，巫覡盈門，鬼言怪語，稱神道聖。朕受命之初，深存誡約，口云改悔，心實不悛。乃説四天王神道，誼應受命，書有誼讖，天有誼星，桃、鹿二川，岐州之下，歲在辰巳，興帝王之業。密令卜問，伺殿省之災。 (423) 庾信《周柱國大將軍長孫儉神道碑銘》：見“蘭苑”下。 (424) 庾信《周柱國大將軍長孫儉神道碑》：桂棟杏梁，緑墀青瑣。
吳士玉《駢字類編》卷一百九十二		(425) 庾信《大將軍司馬裔神道碑》：懷州拓境，兩鎮奔波；柳泉轉戰，三城授首。 (426) 庾信《步陸逞神道碑》：三輔公侯，五陵鍾鼎，銅街柳市，塵起風飛。 (427) 庾信《段永神道碑》：名馳梓嶺，聲振榆関。

續表

作者/文獻	版本	用　例
吳士玉《駢字類編》卷一百九十四	清文淵閣四庫全書本	(428) 庾信《周柱國大將軍長孫儉神道碑》：居常服氈，或以布被松牀；盤案之間，不過桑杯石鼎。 (429) 庾信《兖州刺史廣饒公鄭常神道碑》：報功之冊，則槐路是儀；贈行之典，則荊河惟牧。
吳士玉《駢字類編》卷一百九十五		(430) 張説《鄭國夫人神道碑》：吹凱風於椒掖，外王母於梧宫。 (431) 庾信《段永神道碑》：見“榆關”下。
吳士玉《駢字類編》卷一百九十六		(432) 庾信《長孫儉神道碑》：見“桑杯”下。
吳士玉《駢字類編》卷一百九十七		(433) 庾信《大將軍司馬裔神道碑》：大軍東討，公所領義衆先守枳関。
吳士玉《駢字類編》卷一百九十八		(434) 庾信《周柱國大將軍長孫儉神道碑》：路出王宫，城臨河曲；戍清陝右，高視棠陰。
吳士玉《駢字類編》卷二百一		(435) 楊炯《唐恒州刺史建昌公王公神道碑》：李北平兮漢飛，郭并州兮竹馬。
吳士玉《駢字類編》卷二百四		(436) 庾信《周上柱國齊王憲神道碑銘》：鳳沉丹穴，龍亡黑陂。
吳士玉《駢字類編》卷二百五		(437) 權德輿《王公神道碑》：嘗與故太師顔魯公暨柳郎中芳、陸員外據、殷永寧寅為莫逆之交，陸嘗言：王之莊，柳之辨，殷之介，皆希代鴻寶。
吳士玉《駢字類編》卷二百六		(438) 權德輿《劉公神道碑》：公角犀燕頷，魁岸碩大。 (439) 庾信《柱國大將軍紇干弘神道碑》：見“雉竄”下。 (440) 庾信《周柱國大將軍紇干弘神道碑》：永熙中，奉迎魏武帝入關，封鶉陰縣開國子，邑五百户。 (441) 庾信《柱國大將軍紇干弘神道碑》：二十五王靡旗亂轍，七十六柵鶉奔雉竄。

續表

作者/文獻	版本	用　　例
吳士玉《駢字類編》卷二百七	清文淵閣四庫全書本	(442) 庾信《柱國大將軍紇干弘神道碑》：虜青犢之兵，甚有秘計；燒烏巢之米，本無遺策。
吳士玉《駢字類編》卷二百九		(443) 庾信《上柱國齊王獻神道碑銘》：中峯岳斷，半海鵬垂。 (444) 庾信《柱國大將軍紇干弘神道碑》：三湘遼遠，時遭鵩入；五溪卑濕，或見鳶飛。 (445) 庾信《周上柱國宿國公河州都督辛威神道碑》：公頻領兩牧，風政神明，虎去西河，梟移東郡。
吳士玉《駢字類編》卷二百十一		(446) 庾信《司馬裔神道碑》：象浦通闕，龍沙開候。楊炯《瀘州都督王湛神道碑》：駐節龍沙，軒旗象浦。 (447) 庾信《周車騎将軍賀婁慈神道碑文》：三槐以鼐鼎象物，知其神奸；五等以桓珪班瑞，守其宮室。 (448) 庾信《周大将軍崔説神道碑》：宜陽上地，更有秦兵；熊耳山前，還逢積仗。
吳士玉《駢字類編》卷二百十二		(449) 劉禹錫《邠寧節度史公神道碑》：虎穴之中，生此騏驥。 (450) 庾信《周大将軍崔説神道碑》：觀虎於檻，齠髪不驚；稱象於船，勝衣能對。 (451) 庾信《周隴右總管長史贈太子少保豆盧公神道碑銘》：豹策乃建，龍韜同啓。
吳士玉《駢字類編》卷二百十三		(452)《襄陽記》：鹿門山，舊名蘇嶺山。建武中，襄陽侯習郁立神祠于山，刻二石鹿夾神道口，俗因謂之鹿門廟，遂以廟名山也。 (453) 庾信《步陸逞神道碑》：委鹿路而論都，入鴻門而舞劍。
吳士玉《駢字類編》卷二百十六		(454) 庾信《崔訦神道碑銘》：長城馬窟，廣武兵欄。又《普屯威神道碑銘》：地險黿𪊑，營危馬窟。 (455) 張說《裴行儉神道碑》：公在禮闈，敕賜美馬及寶鞍，令史奔馳，馬倒鞍破，懼而逃罪。公使詔之曰：知汝悞耳。
吳士玉《駢字類編》卷二百十七		(456) 丘降《常山郡王田緒神道碑》：見“鯨奔”下。

續表

作者/文獻	版本	用　例
吳士玉《駢字類編》卷二百十八	清文淵閣四庫全書本	(457) 張說《奉和聖製義成校獵詩》：帝射參神道，龍馳合人性。
吳士玉《駢字類編》卷二百十九		(458) 庾信《大将軍司馬裔神道碑》：雲生伏龜，星出鯨魚，太白經天，蚩尤映野。 (459) 丘降《常山郡王田緒神道碑》：洶洶鯨奔，狺狺獸搏。
吳士玉《駢字類編》卷二百二十一		(460) 庾信《大將軍司馬裔神道碑》：武成二年，被勑赴援信州。魚復道阻，屢却岑彭；荊門水急，幾沉吳漢。 (461) 庾信《周兖州刺史鄭常神道碑銘》：魚陵北上，滎澤東流。河移酸棗，雨粟陳留。
吳士玉《駢字類編》卷二百二十二		(462) 庾信《周大將軍聞喜公柳霞墓誌銘》：位參上將，榮兼本選。蛇盤綬結，龜迴印轉。又《周車騎將軍賀婁公神道碑銘》：旍節既秉，高蟬且珥，龜轉印函，蛇盤綬笥。 (463) 庾信《太子太保步陸逞神道碑銘》：忠公兕殪，陰德蛇埋。 (464) 庾信《周車騎將軍賀婁公神道碑》：至如禪河清論，《秋水》高談，故以辨折龜林，聲馳鹿野。又《上柱國齊王憲神道碑銘》：悠哉朔方，逖矣窮陰，山連鳥道，地盡龜林。 (465) 庾信《周大將軍崔訦神道碑》：華陽之野，降龍首之神；烈山之都，啓龜文之繇。 (466) 李邕《左羽林大將軍臧公神道碑》：子孫並於昌時，龜組疊於榮聞。 (467) 庾信《周車騎將軍賀婁公神道碑銘》：旍節既秉，高蟬且珥，龜轉印函，蛇盤綬笥。
吳士玉《駢字類編》卷二百二十五		(468) 權德輿《涇原主帥南川郡王贈司空劉昌神道碑》：邊關棄地，宴然富殖。長幼養老，沛然生聚。 (469) 韓愈《少府監胡公神道碑》：遷尚書駕部郎中，數以事犯尚書李巽，巽時主鹽鐵事，富驕恃勢，以語丞相，由是退公為鳳翔少尹。 (470)《宋史·丁度傳》：仁宗時，司天言永昌陵有白氣，請增築以厭之，有詔按視。度奏神道貴靜，不可輕繕治，乃止。
吳士玉《駢字類編》卷二百二十七		(471) 員半千《蜀州青城縣令達奚君神道碑》：攻守之術，應變若神；戰勝之方，倉卒得妙。 (472) 庾信《周柱國大將軍大都督同州刺史尒綿永神道碑》：昌意陵居，初分

續表

作者/文獻	版本	用　　例
吴士玉 《駢字類編》 卷二百二十七	清文淵閣四庫全書本	若水之姓；共叔出奔，始有京城之族。 (473) 權徳輿《故中散人大殿中侍御史潤州司馬贈吏部尚書沛國武公神道碑》：載筆論思，特盛淵雲之選；賦詩感激，必以昌霍為誡。 (474) 庾信《周柱國大將軍長孫儉神道碑》：溫席扇枕，承顔悦膝；凍浦魚驚，寒林筍出。
吴士玉 《駢字類編》 卷二百二十八		(475) 元載《故相國杜鴻漸神道碑》：公有濟世勘難之才，遺物離人之政，自深根以寧柢，每乗流而汨波。
吴士玉 《駢字類編》 卷二百三十		(476) 庾信《周大將軍司馬裔神道碑銘》：谷寒無日，山空足雲。
吴士玉 《駢字類編》 卷二百三十一		(477) 庾信《周兖州刺史廣饒公鄭常神道碑》：豈直白石開渠，青鹽換粟，祥雲入境，行雨隨軒而已哉！ (478) 庾信《周上柱國齊王憲神道碑》：愛玩書籍，敦崇禮樂。 (479) 庾信《周上柱國齊王憲神道碑》：武皇帝以介弟懿親，特垂愛友，而密謀奇策，加禮敬焉。 (480) 庾信《周兖州刺史廣饒公鄭常神道碑》：青衿智勇，即埋雲夢之蛇；童子仁心，已愛中牟之雉。
吴士玉 《駢字類編》 卷二百三十二		(481) 楊炯《後周明威將軍梁待賔神道碑》：疇庸賞最，我有力焉。
吴士玉 《駢字類編》 卷二百三十三		(482) 獨孤及《殿中監張公神道碑》：所蒞之邦，必聞其政，作人父母，為國循良。于是瑞鵲成巢，嘉禾合穎。
吴士玉 《駢字類編》 卷二百三十四		(483)《晉書・阮籍傳》：籍嘗於蘇門山遇孫登，與商略終古及栖神道氣之術，登皆不應，籍因長嘯而退。至半嶺，聞有聲若鸞鳳之音，響乎巖谷，乃登之嘯也。 (484) 庾信《周上柱國齊王憲神道碑》：飛風長柳，月角星眉，莫不吟誦在心，撰成于手。 (485) 庾信《周車騎將軍賀婁公神道碑》：禪河清論，《秋水》高談。 (486) 蘊頲《韋抗神道碑》：跡滿清時，事昭緹史。 (487) 庾信《周上柱國齊王憲神道碑》：儀範清冷，風神軒舉。

續表

作者/文獻	版本	用　　例
吳士玉《駢字類編》卷二百三十五	清文淵閣四庫全書本	(488)《隋書・音樂志》：乃定郊禋、宗廟及三朝之樂，以武舞為《大壯舞》，取《易》云"大者壯也"，正大而天地之情可見也。以文舞為《大觀》，取《易》云"大觀在上"，觀天之神道，而四時不忒也。
吳士玉《駢字類編》卷二百三十六		(489) 韓愈《韓弘神道碑》：公以司徒中書令治蒲。 (490)《後漢書・左慈傳》：左慈，字元放，廬江人也。少有神道。嘗在司空曺操坐，操從容顧衆賔曰：今日高會，珍羞略備，所少呉松江鱸魚耳。元放於下坐應曰：此可得也。因求銅盤貯水，以竹竿餌釣於盤中，須臾引一鱸魚出。操大拊掌笑，會者皆驚。 (491) 庾信《周車騎將軍賀婁慈神道碑銘》：紫泥賜冊，黃腸贈行。
吳士玉《駢字類編》卷二百三十七		(492) 韓愈《王仲舒神道碑銘》：風雨順易，秔稻盈疇。人得其所，乃恬乃謳。 (493) 張説《贈吏部尚書蕭公神道碑》：動躡思後，故口無擇言；照在機前，故身無擇行。
吳士玉《駢字類編》卷二百三十八		(494) 庾信《周車騎將軍賀婁公神道碑銘》：劍埋合柱，書藏鑿楹。
吳士玉《駢字類編》卷二百三十九		(495) 庾信《周太子少保步陸逞神道碑銘》：直河穿趙，平雲臨代。 (496) 韓愈《滎陽鄭公神道碑》：公之為司馬，用寬廉平正，得吏士心。
吳士玉《駢字類編》卷二百四十		(497) 季邕《王仁忠神道碑》：安步名教，詠歌典墳。

表一千八百七十二

作者/文獻	版本	用　　例
吳嵩梁《香蘇山館詩集》今體詩鈔卷十二	清木犀軒刻本	(1)《李穆堂先生神道碑》：雄文勁節兩嵯峨，鐵石肝腸矢不磨。宣室虛懷咨賈誼，烏臺并力殺東坡。封圻任重忘身久，朋黨疑深薦士多。賴有謝山（全先生祖望撰文）能紀實，千秋知已淚傾河。

表一千八百七十三

作者/文獻	版本	用　例
吳肅公《街南續集》卷三	清康熙程士琦等刻本	(1) 王覺斯云：秖合于道，斯神道出，爲文尤神于藝矣。(李聖許)
吳肅公《街南文集》卷四	清康熙程士琦等刻本	(2) 古帝王重東岳者，重生方也。於天為日，於時為春，於地為岱，皆神之尊者也。後世道家者流，乃荒唐其說，謂東岳有姓名，有誕日，儼然一人鬼耳。是已得罪岱宗，無端又幻一碧霞元君，據其山而有之，令東岳有姓名、誕日之神復退讓焉，不亦大可駭哉！夫東陽也，山亦陽也。宜屬陽神，而奉元君之陰神何居？余嘗憤恨邪說之相，仍無人正之。今從都城隍之謬，推及於東岳。東岳城隍，地祇也。聖人曰：必也正名乎！豈獨人哉？神道亦然。昔横渠先生爭龍女衣冠一事，傳於後世。如此卓論，固不止龍女衣冠已也，文復直逼昌黎。(姜茲山)

表一千八百七十四

作者/文獻	版本	用　例
吳廷華《儀禮章句》卷二	清文淵閣四庫全書本	(1) 主人筵于户西，西上，(主人，女父也。筵，布神席也。戶，禰廟之戶，戶西尊之。將以先祖之遺體許人，故受之于廟也。席有首尾，上其首也，西上神道也。) 右几。(几，神所馮也。人道東上而左几，此神道故取地道尊右之義。西，右也。)

表一千八百七十五

作者/文獻	版本	用　例
吳偉業《梅村家藏稿》卷四十一	四部叢刊景清宣統武進董氏本	(1) 神道碑銘 (2) 福建道御史忠毅李公神道碑銘 (3) 太傅兵部尚書呂忠節公神道碑銘 (4) 少保大學士王文通公神道碑銘
吳偉業《梅村家藏稿》卷四十二	四部叢刊景清宣統武進董氏本	(5) 神道碑銘・墓誌銘 (6) 通議大夫兵部右侍郎永甯王調張公神道碑銘 (7) 封中憲大夫按察司副使秦公神道碑銘

續表

作者/文獻	版本	用　　例
吳偉業《梅村家藏稿》文補遺序	四部叢刊景清宣統武進董氏本	(8) 文補遺序・神道碑銘・墓誌銘・贊書 (9) 勅贈大中大夫盧公神道碑銘
吳偉業《綏寇紀略》卷一	清文淵閣四庫全書本	(10) 督糧道參議洪承疇，率鄉勇圍左掛于雲陽，幾成擒。暮，大雷雨作，遁去。(三月廿一日，賊自眞寧逼三水，遊擊高從龍卻之，賊入馬蘭山。四月九日，復犯耀州，承疇令官兵、鄉勇萬餘人，分十二營，圍賊于雲陽，幾獲之，乘夜雷雨，潰圍走淳化，入神道嶺，追斬二百餘級。)
吳偉業《綏寇紀略》卷四	清文淵閣四庫全書本	(11) 九月，尹先民以初三日敗賊于郏縣之神道街；陳永福以十四日由神道街之野豬峪進，明日大敗之于高家坡掃地；王授首、孔道興以十七日于葉縣之獨樹，單騎提刀逐賊。(賊在郏縣神道山野豬峪敗後，渡河越澗，由魯實走葉縣。)
吳偉業《綏寇紀略》卷五	清文淵閣四庫全書本	(12) 隴張四一股為土賊，殲之幾盡，而老𤞑𤞑等以其親督諸將，東西夾勦，連摧之于神道。唐河大石橋後坡敗，奔入淅川。
吳偉業《秣陵春傳奇》卷下	清初刻本	(13)《影歸》(丑上)：連鈎車子撅頭船，烏桕村邊月正圓。下半夜起風，蘆花裏宿。阿呀呀！長江白浪勝如山。自家楊子江邊，漁翁昨夜泊在皂角村口。近日，村裏興個神道，靈應得緊，被他顛風作浪了半夜，將近天明纔住。我且撑船攏岸，買壺酒吃，慢慢搖過江去。
吳偉業《吳詩集覽》卷五下	清乾隆四十年凌雲亭刻本	(14) 梅村《盧公神道碑》：丙子歲，偉業被命偕給諫萊陽宋公九青典校湖廣鄉試。
吳偉業《吳詩集覽》卷十一上	清乾隆四十年凌雲亭刻本	(15)《宋史》：韓琦曰：如琦孤忠，每賴神道相助。
吳偉業《吳詩集覽》卷十五上	清乾隆四十年凌雲亭刻本	(16) 子瞻《司馬溫公神道碑》：公來自西，一馬二僮。

續表

作者/文獻	版本	用　　例
吴偉業《吴詩集覽》卷十五下	清乾隆四十年凌雲亭刻本	(17) 梅村《李忠毅公神道碑》：公諱應昇，字仲達。子遜之，邑廩生。
吴偉業《吴詩集覽》卷十九上		(18) 白傅自撰《墓誌》曰：無請太常謚，無建《神道碑》。但于墓前立一石，刻《醉吟先生傳》一本。嗟乎！白傳之曠達，張員外之高逸，譚五經之峻潔，亦各有嘉遇也哉！

表一千八百七十六

作者/文獻	版本	用　　例
吴錫麒《有正味齋集》詩集續集卷六	清文淵閣四庫全書本	(1) 孝子孝豈愚，節婦節誠節。鍊苦熬辛頭欲雪，東南孔雀飛參差。天邊破鏡有合時，朱衣恍惚來剋期。神道之說吾滋疑，雷車隆隆若告之。(七解)

表一千八百七十七

作者/文獻	版本	用　　例
吴襄《子史精華》卷八	清文淵閣四庫全書本	(1) 蘇門長嘯。(《晉書·阮籍傳》：嘗於蘇門山遇孫登，與商畧終古及栖神道氣之術，登皆不應，籍因長嘯而退。至半嶺，聞有聲若鸞鳳之音，響乎巖谷，乃登之嘯也。)
吴襄《子史精華》卷十四		(2) 刻玉鑄金。(《晉書·律歷志》：神道廣大，妙本於陰陽；形器精微，義先於律吕。聖人觀四時之變，刻玉紀其盈虚；察五行之聲，鑄金均其清濁。)
吴襄《子史精華》卷二十一		(3) 崑山出玉，麗水生金。(釋文瑩《湘山野録》：晏元獻公撰《章懿太后神道碑》，破題云：五嶽崢嶸，崑山出玉；四溟浩渺，麗水生金。蓋言誕育聖躬，實繫懿后。)
吴襄《子史精華》卷三十三		(4) 觀神道，察物類。(《文中子》：三才不相離也。措之事業，則有主焉。圓丘尚祀，觀神道也；方澤貴祭，察物類也；宗廟用饗，懷精氣也。)

續表

作者/文獻	版本	用　例
吳襄 《子史精華》 卷三十五	清文淵閣四庫全書本	(5) 懷精氣。(《文中子》：三才不相離也。措之事業，則有主焉。圓丘尚祀，觀神道也；方澤貴祭，察物類也；宗廟用饗，懷精氣也。) (6) 因山為體。(《魏志・文帝紀》：壽陵因山為體，無為封樹，無立寢殿，造園邑，通神道。)
吳襄 《子史精華》 卷三十七		(7) 起家二年秉國鈞。(李翱《卓異記》：獨孤及撰《張鎬神道碑》云：一命左拾遺，二命右補闕，三命侍御史，四命諫議大夫，五命中書侍郎。平章事起家，二年秉國鈞，自古未有。) (8) 爾賈我耕，我後子先。(朱子《名臣言行録》：蘓内翰軾作《司馬溫公神道碑銘》曰：二聖忘已，惟公是式。公亦無我，惟民是度。民曰樂哉，既相司馬。爾賈扵途，我耕扵野。士曰時哉，既用君實。我後子先，時不可失。) (9) 省卷五軸。(《宋史・竇儀傳》：加儀禮部侍郎，權知貢舉。儀上言：請依晉天福五年制，廢明經、童子科。進士省卷令納五軸以上，不得有神道碑誌之類。帖經對義，有三通為合格，却復盡試。)
吳襄 《子史精華》 卷七十九		(10) 女王。(《後漢書・東夷傳》：桓、靈間，倭國大亂，更相攻伐，歷年無主。有一女子，名曰卑彌呼，年長不嫁，事鬼神道，能以妖惑衆，於是共立為王。侍婢千人，少有見者，唯有男子一人給衣食，傳辭語。居處宫室、樓觀城栅，皆持兵守衛。法俗嚴峻。自女王國東度海千餘里至拘奴國，雖皆倭種，而不屬女王。) (11) 天之外區。(《後漢書・西域傳贊》：逷矣西胡，天之外區。土物琛麗，人性淫虚。不率華禮，莫有典書。若微神道，何恤何拘。)
吳襄 《子史精華》 卷八十七		(12) 太極合德，神道並行。(《文中子》：子遊孔子之廟。出而歌曰：大哉乎。君君臣臣，父父子子，兄兄弟弟，夫夫婦婦！夫子之力，其與太極合德，神道並行乎?)
吳襄 《子史精華》 卷八十九		(13) 名義至重，神道難欺。(《舊唐書・宋璟傳》：長安中，倖臣張易之誣搆御史大夫魏元忠有不順之言，引鳳閣舍人張說令證之。說将入于御前對覆，惶惑迫懼，璟謂曰：名義至重，神道難欺，必不可黨邪陷正，以求苟免。若緣犯顏流貶，芬芳多矣。或至不測，吾必叩閤救子，将與子同死。努力，萬代瞻仰，在此舉也。說感其言。及入，乃保明元忠，竟得免死。)
吳襄 《子史精華》 卷九十		(14) 植三槐於庭。(太祖不樂，徙祐知襄州，彦卿竟亦無他。祐後創居第于曹門外，手植三槐於庭曰：吾雖不為趙普，後世子孫必有登三公者。已而，魏公果為太保。歐陽文忠作《王魏公神道碑》，略載此語，而《國史》本傳不書。余嘗親聞其家子弟言之。)

續表

作者/文獻	版本	用　　例
吳襄 《子史精華》 卷九十三	清文淵閣四庫全書本	(15) 鸞鳳之音，響乎巖谷。(《晉書·阮籍傳》：籍嘗於蘇門山遇孫登，與商畧終古及栖神道氣之術，登皆不應，籍因長嘯而退。至半嶺，聞有聲若鸞鳳之音，響乎巖谷，乃登之嘯也。)
吳襄 《子史精華》 卷一百六		(16) 大壯大觀。(《隋書·音樂志》：以武舞為《大壯舞》，取《易》云“大者壯也”，正大而天地之情可見也。以文舞為《大觀舞》，取《易》云“大觀在上”，觀天之神道，而四時不忒也。)
吳襄 《子史精華》 卷一百十二		(17) 岳神迎天官。(杜光庭《錄異記》：進士崔昇，自關東赴舉，早行潼關外十餘里。夜方五鼓，路無人行，唯一僕一擔一驢而已。……顧問久之，曰：後年方及第，今年不就試亦得。余少頃公事亦畢，即當歸去，程期甚迫，不可久留。生因以表丈人所求告之。侍御曰：某神似人間遺補，極是清資，敷水橋神其位卑雜，豈可便得。然試為言之，嶽神必不相阻。即復詣嶽神道之。生潛近伺之，歷歷聞所託，嶽神果許之。……復明年，果擢第矣。宗正王大卿鄑說。)
吳襄 《子史精華》 卷一百十九		(18) 釣於盤中。(《後漢書·左慈傳》：左慈，字元放，廬江人也。少有神道。嘗在司空曹操坐，操從容顧衆賓曰：今日高會，珍羞畧備，所少吳松江鱸魚耳。元放於下坐應曰：此可得也。因求銅盆貯水，以竹竿餌釣於盤中，須臾引一鱸魚出。操大拊掌笑，會者皆驚。操曰：一魚不周坐席，可更得乎？放乃更餌鉤沉之，須臾復引出，皆長三尺餘，生鮮可愛。操使目前鱠之，周浹會者。操又謂曰：既已得魚，恨無蜀中生薑耳。放曰：亦可得也。操恐其近即所取，因曰：吾前遣人到蜀買錦，可過敕使者，增市二端。語頃，即得薑還，并獲操使報命。後操使蜀反，驗問增錦之狀及時日早晚，若符契焉。)

表一千八百七十八

作者/文獻	版本	用　　例
吳璿 《飛龍全傳》 第十回	清乾隆三十三年崇德書院刊大字本	(1) 婆子道：咱兒子如今赶上他門，但願得皇天有眼，神道有靈，先把這黑臉的鳥男女，多搠他幾刀結果了，我纔快活哩。
吳璿 《飛龍全傳》 第十五回		(2) 郑恩看了，却不識得，把脚在肋上踢了幾脚，道：你這畜生，只得一隻獚把野獸，也要成精作怪，吃人家孩子。樂子看你再充得什麼神道，冒得什麼大王麼？

續表

作者/文獻	版本	用　　例
吳璿 《飛龍全傳》 第十八回	清乾隆三十三年崇德書院刊大字本	(3) 匡亂見殿門已開，一脚跨進里邊，只見那女子戰兢兢的躲在神道背後。匡亂舉目細觀，果然生得標致：眉掃春山，眼藏秋水。含愁含恨，猶如西子捧心；欲泣欲啼，却是楊妃剪髮。窈窕丰神芍藥，鴻飛怎擬鷓鴣天；娃婷姿態輕盈，月宮罷舞霓裳曲。天生一種風流態，更使丹青描不成。
吳璿 《飛龍全傳》 第二十一回		(4) 再看那右邊的，更覺威風。但見：頭帶銀盔光閃鑠，身披鎖子鐙鍠甲。右手提着方天戟，左手托座黃金塔。鎮靜威儀神道伏，莊嚴色相佛門欽。陣塘關上有聲名，蟄龍寺中來保駕。

表一千八百七十九

作者/文獻	版本	用　　例
吳仰賢 《小匏庵詩話》 卷二	清光緒刻本	(1) 乍浦李天植，字因仲。崇禎癸酉舉人。改名確，字潛夫。築蜃園以居。甲申之變，髡髮入陳山，課蒙自給，久之餓死，年八十二。没後七十餘年，鄞縣全祖望爲作《蜃園先生神道表》。

表一千八百八十

作者/文獻	版本	用　　例
吳玉搢 《別雅》 卷三	清文淵閣四庫全書本	(1)《嵩山太室神道石闕銘》：竝天四海。
吳玉搢 《金石存》 卷三	清函海本	(2) 漢少室神道石闕 (3)（闕）開母廟（闕）神道闕 (4) 漢少室神道石闕銘 (5) 三月三日，郡陽城縣興治神道。 (6) 右《漢少室神道石闕銘》，《嵩陽石刻集記》曰：凡二十一行，行四字。

續表

作者/文獻	版本	用　　例
吳玉搢 《金石存》 卷四	清函海本	(7) 況倚閭分甘之澤，徙居側眄之規，義越人倫，恩深振古。重以凝神道域，抗志澄源。淮館儀山，參鴻寶之靈術；楚壇敷教，暢徽言之盛範。儒元兼洞，真俗兩該，德冠冊儀，事高嬪則。豈圖昊天不惠，積釁無徵，咎罰奄鍾，荼蓼俄集。
吳玉搢 《金石存》 卷五		(8) 巍乎神氣，殆若綴旒，六合繇是竦觀，式靈以之改卜。神道輔德，百姓與能爾？無異言遠，無異望眷。
吳玉搢 《金石存》 卷十三		(9)《大唐贈歙州刺史葉公神道碑》(并序)，江夏李（闕）國子（闕）太學生（闕）八分書。
吳玉搢 《金石存》 卷十五		(10) 君恩覃兮流湯湯，汨神道、蕩鬼方。四瀆爲公兮五嶽王，山戎臣首而大戎北已亡。勒貞石以固，浮大海之三桑。(其二) (11) 唐東莞臧府君神道碑（篆）額

表一千八百八十一

作者/文獻	版本	用　　例
吳玉綸 《香亭文稿》 卷十二	清乾隆六十年滋德堂刻本	(1)《書王審知德政碑後》：乾隆戊戌秋八月七日，同人集覃溪前輩寓齋出所藏《王審知碑》。觀之，為唐天佑三年梁王朱全忠奏建專祠，侍郎于競撰文立石者也。字體在顏柳間，其文鋪張審知事頗詳。按：《十國春秋》為審知立碑者三：其一《神道碑》，張文蔚撰文，立於後唐長興三年。其一《廟碑》，錢昱撰文，立於宋開寶七年。而此則其生前《德政碑》也。

表一千八百八十二

作者/文獻	版本	用　　例
吳裕垂 《史案》 卷三	清道光六年大成堂刻本	(1) 戎狄尊信鬼神，文公之得陳寶丰大特作鄜畤，皆假神道以設教也。

續表

作者/文獻	版本	用　　例
吳裕垂《史案》卷七	清道光六年大成堂刻本	(2) 武帝：商湯、周武俱以放伐定天下，其在中興或伐鬼方，或城朔方，皆遠畧是勤，而天下後世不以爲非。武帝雄才大畧，非不深知征伐之勞民也，蓋欲復三代之境土。削平四夷，盡去後患，而量力度德，慨然有舍我其誰之想。于是承累朝之培養，既庶且富，相時而動，戰以爲守，攻以爲禦，匈奴遠遁，日以削弱。至於宣、元、成、哀，單于稱臣，稽首而朝，兩漢之生靈，並受其福，廟號"世宗"，宜哉！武帝生平，雖不無過舉，而凡所作用，有迥出人意表者。始尚文學以收士心，繼尚武功以開邊城，而猶以爲未足牢籠一世。於是用雞卜於越祠，收金人於休屠，得神馬於渥洼，取天馬於大宛，以及白麟赤雀，芝房寶鼎之瑞，皆假神道以設教也。……人謂武帝爲方士所欺，而不知方士爲武帝所欺也！ (3) 若夫託孤之命，授將軍而不授宰相，是武帝之所尚惟武，而尚文垂教之心，殆亦猶神道設教之意歟?
吳裕垂《史案》卷八		(4)《顯宗求佛法》：明帝臨雍拜老，衛士通經，匈奴亦遣子入學，用夏變夷矣。迺以金人妖夢，遣使天竺，寫覺遺範，偕息俱來，殆以戎俗尚鬼，欲借神道設教乎？爲人君父而容此無父無君之徒，誣民惑世致啟楚英亂賊之謀者，變於夷也。顧英之伏辜，猶垂戒於將來，而明之作俑，實貽禍於萬世。此所以爲秦始皇之罪人也。(注：見卷六。)
吳裕垂《史案》卷十三		(5) 欽若之讒言易入，皆旦言有以啟之也。欽若天書之謀，飾以經義，（謂《河圖》《洛書》，聖人以神道設教，即當時所據之經義也。）而帝不遽以爲可者，恐旦不肯以經義傅會，而儒臣皆以爲不可也。旦若有所不可，帝亦不復詢謀矣。
吳裕垂《史案》卷十六		(6)《以西僧總攝江南釋教》(除僧租稅，禁擾寺宇者。)：元起漠庭，本崇佛教，及得西域，世祖欲因其俗以柔其人，設官而僧俗並用，猶之可也。乃以江南文物之邦，競事神道設教，而假手於西僧。致嘉木揚喇勒智發陵掘冢，攘取金玉庇民，不輸賦者二萬餘户，佔民爲佃戶者五十餘萬，及受美女寶物之獻，與一切盗侵官物之罪不可勝誅。帝若翻然悔悟，梟其首以謝天下，籍其妻孥以配僧尼，編其田户以養國士。舉佛經之在中國者，悉與道書並焚。 (7)《魯文貞公（布呼密）不瑞嘉禾》：甘露不足以救一方之旱，醴泉不足以灌一邑之田，靈芝赤草不足以救一家之餓，《春秋》所以書災異，不書祥瑞也。至於一秀兩岐，一莖九穗，年穀時登，獨非陰陽燮理之效乎？魯公為先朝元老，曷爲而却嘉禾之獻，曰：以河東一郡之大，而僅得此數莖，既無益於民，何足爲瑞？況以元人之神道設教，而祥瑞之說一開，則鳳凰必集，神龍必見，天書必降，方士符讖之說，雜然前陳，而封祀土木之事作矣。

續表

作者/文獻	版本	用　　例
吴裕垂《史案》卷十九	清道光六年大成堂刻本	(8) 娟穴居，食人腦，語二童，曰陳寶。逐得雌者興覇道，朱絲抽驚青牛怒。特出沒，丰中流，不畏刀斧，畏髦頭黄蛇。自天下屬地，口止鄜衍。忽驚睡，用三牢，祀白帝，神道設教犬心畏。於戲微文西征復，東獵一月奏三捷。盡拓岐豐舊雉堞，洛都安得亘奕葉。
吴裕垂《史案》卷二十		(9) 尚文學，尚武功。既庶且富相時動，浩然英氣充高穹。金人天馬來西極，更欲超海肆東封。神道設教託方士，敬鬼求仙非本衷。晚年與民共休息，廟號何慚稱世宗。

表一千八百八十三

作者/文獻	版本	用　　例
吴振棫《養吉齋叢録》卷二	清光緒刻本	(1) 國初，以大學士知經筵事，後定經筵將官滿、漢各六人。滿講官以內閣學士、掌院學士、讀講學士、詹事、少詹事及尚書、侍郎、左都御史、副都御史、通政司、大理寺卿之由內閣翰林升任者，以原銜兼充。漢講官兼充者，有祭酒，而無通政、大理，餘皆與滿官同。若大學士，則不充經筵講官。故楊繩武撰《陳文貞廷敬神道碑》，有故事閣臣不進講經筵，而上仍以命公之語。自徐公元文、熊公賜履、張公英相繼以尚書擢大學士，仍與兼充，後遂沿爲成例。
吴振棫《養吉齋叢録》卷四		(2) 附録：楊繩武撰《陳文貞廷敬神道碑》云：己卯，桐城相國張文端致仕，遂命總督南書房云云。

表一千八百八十四

作者/文獻	版本	用　　例
吴之英《壽櫟廬儀禮奭固》卷十四	民國九年吴氏刻壽櫟廬叢書本	(1) 尸，陳也。陳生人，令象神。男以同姓昭穆，女以異姓，孫婦行虞。而立尸不見柩也，所以實孝子之注念也。祝接神，識神道，故迎尸。主人不迎，使若未知神所自來。

表一千八百八十五

作者/文獻	版本	用　　例
吴之振 《宋詩鈔》 卷六十三	清文淵閣四庫全書本	(1)《爆竹行》：歲朝爆竹傳自昔，吴儂政用前五日。食殘豆粥掃罷塵，截筒五尺煨以薪。節間汗流火力透，健僕取將仍疾走。兒童却立避其鋒，當堦擎地雷霆吼。一聲兩聲百鬼驚，三聲四聲鬼巣傾。十聲連百神道寧，八方上下皆和平。郤拾焦頭疊牀底，猶有餘威可驅厲。屏除藥物添酒杯，盡日嬉游夜濃睡。
吴之振 《宋詩鈔》 卷七十		(2)《讀范文正公神道碑有感佚事》：武侯不可致，玄德造其廬。公在衰絰中，乃上時政書。維時君臣定，事與草昧殊。出處千載同，豈必名迹如。行伍扳大將，寒饑得名儒。推轂天下士，百年用其餘。生平慕河汾，未許王魏俱。慇懃八司馬，意獨何區區。自古朋黨論，消復莽無期。誰令羣疑亡，韓富及有爲。惜哉公不見，功名止西陲。

表一千八百八十六

作者/文獻	版本	用　　例
吴莊 《豹留集》	清乾隆刻本	(1) 長子澤溥，扶柩來蘇。洞庭士民以公有保障功，請留葬焉。遂於庚子二月十九日，葬法海塢，以王夫人祔。監察御史李謨譔《誌銘》，禮部尚書錢謙益譔《神道碑》。又祠祀之於葑山寺之左，至今長房子孫守墓。

表一千八百八十七

作者/文獻	版本	用　　例
吴卓信 《漢書地理志補注》 卷三	清道光刻本	(1) 茂陵，武帝置。本書《武帝紀》：建元二年四月，初置茂陵邑。應劭曰：武帝自作陵也。《三輔黄圖》：茂陵本槐里之茂鄉，在長安城西北八十里。周回三里，神道廣四十三丈。《水經注》：成國渠，又逕漢武帝茂陵南。又云：昆明故渠，又東逕安陵縣故城南。《元和志》：安陵故城，在今興平縣東北十七里。《寰宇記》：安陵，在興平縣東北十九里。至宣帝，始為縣。《長安志》：安陵城，周三里。《大清一統志》：安陵故城，在今鳳翔府興平縣東北。

表一千八百八十八

作者/文獻	版本	用　例
吳鼒 《吳學士詩文集》 文集卷四	清光緒八年江寧藩署刻本	(1) 鼒不文，然嘗受古文法於公，不敢冗。所未詳者，有《神道碑》在。銘曰：天誕名德，以光姚嬀。聖哲天縱，歸美師資。帝道師尊，百僚弁冕。無赫赫功，功在陳善。公富述作，僉曰文臣。道繼鄒嶧，聖人知人。曰所陳謨，唐虞三代。前劉後朱，名以實載。齋曰知足，以示素心。請如前軌，戊辰歸林。帝曰八旬，當爲女壽。風隕梁木，奪我黃耇。

表一千八百八十九

作者/文獻	版本	用　例
武億 《授堂詩文鈔》 文鈔卷四	清道光授堂遺書本	(1) 上朱笥河先生求撰先大夫神道碑銘書
武億 《安陽縣金石録》 卷二	清嘉慶二十四年刻本	(2) 乃命（闕）紀（闕）昭晉神道（下闕）。
武億 《安陽縣金石録》 卷四		(3) 唐故靈泉寺元林禪師神道碑（并序）（存行書。在善應山。天寶八載二月，監察御史陸長源撰。）
武億 《安陽縣金石録》 卷五		(4) 大宋故太中大夫行右諫議大夫上柱國南陽縣開國男食邑三百戸賜紫金魚袋贈開府儀同三司太師中書令兼尚書令魏國公韓公神道碑銘（并序）（存正書。嘉祐八年十一月。） (5)《中州金石記》:《韓國華神道碑》，嘉祐八年十一月立。富弼撰，王珪正書。在安陽水治鎮。
武億 《安陽縣金石録》 卷十		(6) 至大四年，召有聲望老臣内參政韓從益即其人。……證以《魏公神道碑》。
武億 《安陽縣金石録》 卷十一		(7) 有元贈（闕）奉大夫湖廣等處行中書省杗知政事護軍追封魯郡公許公神道碑銘（有序）（存正書。後至元四年八月。） (8) 安陽公居政府之五年，一日得請於朝，既釋機務，將歸省其先塋於洹水

續表

作者/文獻	版本	用　　例
武億 《安陽縣金石録》 卷十一	清嘉慶二十四年刻本	之陽，以顯考魯公《行狀》命其友歐陽玄文諸神道之石。玄惟方今公卿大臣，辭翰擅美無以右安陽公，兩都有大營繕，諸臣僚家先世碑板，咸以奉請屬筆安陽公為榮。於法當援吾宗兖文忠公例，自表厥考，祟公之阡，又自書之為宜。安陽公堅辭以為不可，乃勉敘其行實而銘之。 (9) 惟公生平種德行義，自厚於躬，而逡巡退諉，未嘗有幾微責報於天，求上於人之意。迨夫積善之報，在理必然，則人固莫之與京，天亦莫之或違也。狀公行者，為今南臺侍御史濟南張公起巖，志公壙者，為今御史中承浚儀馬公祖常，至玄為《神道碑》，三人皆安陽公同年進士。嗚呼！斯亦他貴臣家所難，而魯公有焉。 (10)《中州金石記》:《許熙載神道碑》，至元四年人月立。歐陽元撰，趙孟頫正書并篆額。在彰德府城西北。 (11)《授堂金石文字續跋》:《追封魯郡公許公神道碑》載：許熙載，字獻臣。初以行省檄辟德慶路提控案牘，由是以本職歷永衡兩路、湘潭一州。 (12)《魏公神道碑》：秉彝為奎章閣學士、典籤博士兼經筵官。與修《皇朝大典》"拜陝西行臺御史"，即《詩》所謂翰林通禁省執法照中臺也。
武億 《安陽縣金石録》 卷十二		(13) 勅賜贈翰林學士文獻杜魏公神道碑銘（有序）（存正書。至正十三年十月立。）
武億 《金石三跋》 一跋卷一	清道光二十三年授堂重刊本	(14) 漢少室神道石闕銘（篆書。今在登封縣西邢家舖南。） (15)《唐王徵君口授銘》：大漸惟幾。《蘇許公瓌神道碑》：大漸之始。（並見《曰知録》）此《誌銘》所云，又其一也。 (16) 唐李英公勣神道碑（行草。高宗御製并書。儀鳳二年十月。今在醴泉縣劉洞村。）
武億 《金石三跋》 二跋卷二		(17) 唐光禄少卿姚府君神道碑（正書。崔口撰，徐嶠之書。開元五年八月。今在洛陽。） (18) 唐金仙長公主神道碑銘（行書。徐嶠之撰，明皇御書。開元（缺）年。今在蒲城縣。） (19) 徐浩在本傳惟云：連累都官郎中。據此碑題，葢由檢校尚書、金部員外郎（《徐浩神道碑》：遷金部員外郎）。歷階至都官，而史文從略，故不悉書。 (20) 今此《誌》尚德府亦當時名號可見者。其他如《姚懿碑》"貶授晉州高

續表

作者/文獻	版本	用　　例
武億 《金石三跋》 二跋卷二	清道光二十三年授堂重刊本	陽府折衝都尉”，《臧懷恪神道碑》“七子內有游擊將軍崇仁府折衝希崇”，《漁陽郡君李龕銘》有“轘轅府折衝都尉郭敬之”，《廟碑》有“雍北府、金谷府，碑陰有成皋府、興德府、魯陽府”，《李輔光墓誌》有“涿州仁賢府”，《張詵墓誌銘》“祖元植，皇朝盧龍府折衝”，《田琬德政碑》“以功授合黎府別將、歷果毅、轉折衝”，皆不可僕數，宜類舉以與史志相証也。
武億 《金石三跋》 二跋卷三		(21) 唐贈工部尚書藏懷恪神道碑（正書。顔眞卿撰并書。今在三元縣。） (22) 今《碑》言衡“謫居沙州”，是亦史所未及，可備錄也。外又有《神道碑側記》，趙德父已具錄，茲不再贅云。 (23) 唐王忠嗣神道碑（正書。元載撰，王縉書。大歷十年。今在渭南縣鄉賢祠。） (24) 唐右僕射裴府君神道碑（書撰人名氏（缺）。《金石錄》作“楊綰撰，盧曉八分書。大歷十一年二月。”今在洛陽。） (25) 唐贈揚州大都督段府君神道碑（正書。張增書。大歷十四年閏五月。今在汧陽縣。） (26) 唐贈太保李良臣神道碑（正書。李宗閔撰，楊正書。貞元十一年八月。今在榆次。） (27) 唐贈越州都督苻璘神道碑（正書。李宗閔撰，柳公權書。貞元十四年十一月。今在富平縣。） (28) 唐贈雲麾將軍朱孝誠神道碑（行書。蘇遇撰，曹郢書。長慶元年二月。） (29) 唐西平王李晟神道碑（正書。裴度撰，柳公權書。太和三年四月。在高陵縣。） (30) 梓州刺史馮宿神道碑（正起撰，柳公權正書。今在西安府儒學。）
武億 《金石三跋》 二跋卷四		(31) 唐右僕射高府君神道碑（正書。撰書人名氏（缺）。大中六年六月。今在洛陽。） (32) 唐鄂州刺史盧府君神道碑（正書。撰書人名氏、年月（並缺）。今在洛陽許家營。） (33)《碑》剝缺，不可尋讀，惟額八分書題“唐故鄂州刺史盧府君神道碑”十二字存。

續表

<table>
<tr><th>作者/文獻</th><th>版本</th><th>用　例</th></tr>
<tr><td>武億
金石三跋》
三跋卷一</td><td rowspan="4">清道光二十三年授堂重刊本</td><td>(34) 朱竹坨舊跋此《碑》云：其一爲《唐故左龍武軍統軍檢校司徒贈太保隴西李公神道之碑文》云：公諱國昌，字德興，今爲隴西沙陀人。偉姿容，善騎射，蓋克用之父朱邪赤心也。其一爲《唐故使持節代州諸軍事代州刺史李公神道之碑文》云：公卽太保之次子也。其名克字僅存，餘無可識者，有公前躍馬彎弓及徐方等數字。
(35) 宋左監門衛大將軍趙玭神道碑（正書。趙巖書。咸平二年。今在汝州北十里范家集。）
(36) 宋贈貝州觀察使石保興神道碑（行書。楊億撰，尹熙古書。大中祥符四年。今在洛陽縣。）
(37) 宋贈中書令石保吉神道碑（行書。大中祥符（缺）年。今在洛陽。）</td></tr>
<tr><td>武億
《金石三跋》
三跋卷二</td><td>(38) 宋范文正公神道碑（八分書。歐陽修撰，王洙書。至和三年。今在洛陽南萬安山。）
(39) 宋贈中書令李昭亮神道碑（正書。馮漢撰，王瓘書。今在洛陽東南五十里茅村。）</td></tr>
<tr><td>武億
《授堂金石文字續跋》
卷三</td><td>(40) 案：正道，官至鄂州刺史，見《唐書・宰相世系表》。今洛陽亦有正道《神道碑》，予叅以此勑碑陰所記。正道釋褐爲冀州信都主簿，轉絳州太平縣丞，授峽州司士叅軍，改汴州浚儀縣令爲洛州新安縣令，又改滎陽縣令。考《神道碑》，恩除洛州新安宰，以犯家諱更（缺）。則新安未嘗之官，遂改任滎陽也。
(41)《誌序》：禛之高祖定，曾祖仁基，祖行儉，父光庭。……惟《舊書》及《表》以定高爲二名。（張說《裴行儉神道碑》亦云“大父定高”。）……張九齡譔光庭《神道碑》，與《誌》符。……禛，《新唐書》有《傳》云：累遷起居郎，俄受祠部員外郎，卒。（權德輿撰《裴倩神道碑》，稱“禛，祠部員外郎。”）以《誌》証之，前爲舍人、主簿、司録，《傳》皆略而不紀。</td></tr>
<tr><td>武億
《授堂金石文字續跋》
卷四</td><td>(42) 校《文苑英華》載李紓所作《吳郡朱府君神道碑》云：巨川，字德源，嘉興人。年二十，明經擢第。御史大夫李季卿實舉賢能，授左衛率府兵曹叅軍；戶部尚書劉晏精求文史，改睦州録事參軍；豪州獨孤及懸託文契，舉授鍾離縣令兼大理評事。
(43)《呂和叔集・故太子少保贈尚書左僕射韋府君神道碑銘》：遷監察御史內供奉、東都留守，卽拜東臺侍御史。《司空表聖集・盧知猷神道碑》：遷侍御史，專領東臺之務。</td></tr>
</table>

續表

<table>
<tr><th>作者/文獻</th><th>版本</th><th>用　　例</th></tr>
<tr><td>武億
《授堂金石文字續跋》
卷五</td><td rowspan="6">清道光二十三年授堂重刊本</td><td>（44）德宗初，召授彭王傅，（《神道碑》云：皇上登寶位，徵拜彭王傅。）而階銀青，小未之及。“會稽”下缺字，於時進封郡公，當爲“郡”字也。
（45）竇元禮，見《逸人竇居士神道碑》：居士之季子元禮，官黎園教坊使，行内侍省内侍。
（46）徐浩神道碑（貞元十五年十一月）
（47）愈因使過華，知其事，以爲刺史相黨，土疏理潤，留中不下。詔監察御史按驗，得潤贓狀，再貶潤封溪尉。又皇甫湜《韓文公神道碑》云：華州刺史奏華陰令柳潤贓，詔貶潤官。潤任華陰，坐貶始末如是。然則潤之挾怨煽眾，固黠吏所爲而刺史相黨必致之罪，亦世情哉！</td></tr>
<tr><td>武億
《授堂金石文字續跋》
卷六</td><td>（48）《崔陲神道碑》曰：郇，今爲廷尉，實當會昌元年。
（49）贈卬州刺史狄公神道碑（正書。在洛陽平樂北。）
（50）馬公神道碑（正書。在洛陽平樂北山。）
（51）《碑》四面書字、篆額陰文凸起，題云“唐馬公神道碑”。正文已殘剝，惟前稱“京兆杜光秦撰”顯存。</td></tr>
<tr><td>武億
《授堂金石文字續跋》
卷七</td><td>（52）淮南節度使李玨神道碑（正書。在偃師兩程書院。）
（53）贈太尉葛從周神道碑</td></tr>
<tr><td>武億
《授堂金石文字續跋》
卷八</td><td>（54）當日亥時，請道士二七人，起建安神道埸七晝夜，罷散日各設醮一座。
（55）《歐陽集·文惠陳公神道碑銘》載：其在河東，鑿澤州路，後徙河北，鑿懷州路，而大行之險通。行者德公以爲利，即此劄子所上是也。</td></tr>
<tr><td>武億
《授堂金石文字續跋》
卷九</td><td>（56）《歐陽集·文惠神道碑銘》：學古，虞部員外郎即其人。《碑》後題“聖宋景祐三年歲丙子三月清明日書”，又題“前永興軍節度掌書記”。</td></tr>
<tr><td>武億
《授堂金石文字續跋》
卷十</td><td>（57）贈中書令韓國華神道碑（正書。嘉祐八年十一月。在安陽木冶鎮。）</td></tr>
</table>

續表

作者/文獻	版本	用　　例
武億《授堂金石文字續跋》卷十三	清道光二十三年授堂重刊本	(58) 廉訪使楊奂神道碑（正書。中統五年四月。在乾州。） (59) 追封魯郡公許公神道碑（正書。歐陽元撰，趙孟頫書。至元四年八月。）
武億《授堂金石文字續跋》卷十四		(60) 鎮國上將軍甯玉神道碑銘（正書。至大二年二月。在孟縣。） (61) 正議大夫吳恭祖神道碑銘（正書。至正九年六月。在孟縣。）

表一千八百九十

作者/文獻	版本	用　　例
西清《黑龍江外記》卷二	清光緒廣雅書局刻本	(1) 城隍廟，在城中西南隅，神最靈。塑像如四十許，人云是生時曾鎮斯土，歿而祀之者。……後聞吳保兒甫入廟時，殊沮喪，數垂頭自語曰：此豈兒戲地耶！於此見神道設教之理，因書額曰"惠從影響"。縣殿上時，嘉慶十三年七月。城隍座東為瘟神，主救民疫癘；西爲秦叔寶像。小說謂叔寶嘗爲快手，故番子祀之，有祖師秦二爺之稱。
西清《黑龍江外記》卷七		(2) 富察尚書傅鼐，雍正四年，為盛京戶部侍郎，以事戍黑龍江。九年，召還。……袁簡齋枚撰《神道碑》云：公聞命，負書一篋步往，率家僮斧薪自炊。於此見尚書行乎患難，卓有本末。

表一千八百九十一

作者/文獻	版本	用　　例
夏荃《退庵筆記》卷三	清鈔本	(1) 徐侍郎墓：宮紫元太史云：城東門外徐侍郎墓，舊東山寺、小石移寺東偏。中憲公謂徐野塋祖墳原最吉，開墳得小龜為靈龜朝北斗。自此地葬後，遂一傳而衰，不宜奪寺宇。今東山寺西北數十步有大墳，基極廣濶高廠，前臥二翁仲，雖無神道碑石可考，其為徐侍郎北屏公墓無疑。墓去東山寺甚近，地即古東山寺舊址。 (2) 徐贈公墓：辛卯冬，偕式南枚波至響林莊（古稱響練原），訪徐神翁藏蛻處。過東山寺東行約二里許，道旁有古墳，土人相傳為前明都憲徐公燿墓。地廣數畝，塋基特高敞，上有二墳：一居中，一祔葬者。歲久，削小不稱，厥

續表

作者/文獻	版本	用　　例
夏荃《退庵筆記》卷三	清鈔本	制墓門，石坊亦傾圮。坊之横額有“誥贈右副都御史徐公神道”，字略可辨。左右列翁仲、馬、羊之屬，立者，仆者，缺者，有亡去者。
夏荃《退庵筆記》卷十二	清鈔本	(3) 小香告余曰：京兆公墓，在西石羊，距城十八里。夜深，輒有紅燈二，現於神道坊上。嘉慶乙丑、丙寅歲祲，設賑廠於城北北山寺。石羊人赴廠領賑者，率望程家墳上紅燈出。起身赴城，至曉到廠，不誤晷刻云。余曰：此君家元燈也。

表一千八百九十二

作者/文獻	版本	用　　例
夏味堂《拾雅》卷五	清嘉慶遂園刻本	(1)《後漢書·朱景王杜馬劉傅堅馬傳論》：遂使縉神道塞。《管子·地員篇》：秫莖黑秀，箭長。

表一千八百九十三

作者/文獻	版本	用　　例
夏燮《中西紀事》卷二十四上	清同治刻本	(1) 据金陵朱司馬緒曾撰《朱將軍貴神道碑》言：二十一年八月，夷兵復擾舟山，入蛟門，踞四明郡。金華協副將重祥死于陣，將軍遂奉旨簡放今職。 (2) 今定海之東山，另立一塔，乃慈谿大寶山之戰，爲朱副戎所擊斃者，彼國人自焚其尸，聚骨于其中。然則副戎之戰功，蓋亦卓卓矣。副戎既殉難，浙人建祠于慈之西門外，曰“慈郭廟”。浙江學政吳侍郎鍾駿記，趙侍郎光書。又有撰《將軍神道碑》，敘其里居、官職及殉難之本末頗詳，坿録其大畧于後。 (3) 江甯朱緒曾《朱將軍神道碑》云：將軍名貴，字黻堂，其先世江南上元人。曾祖當，國初順治間，流寓甘肅河州，隸卒伍。祖仲，遷屯循化營，以把總從征金川陣亾。父顯光，以騎兵征金川，炮傷折左足而廢。嘗言：三世尺籍，一亡一傷，無大功之建。

續表

作者/文獻	版本	用　　例
夏燮 《中西紀事》 卷二十四下	清同治刻本	(4) 据貝青喬《軍中紀事詩序》言：阿土司所帥屯兵最勇，攻甯波西門時爲頭隊，首當夷炮，與其部下四卡松等百人，駢死于城内。又据《朱將軍神道碑》言：大金河副將阿木穰、瓦土寺守備喀克哩先于攻郡時陣亾，祔祀將軍廟。惟阿土司官職，所記互異耳。
夏燮 《吳次尾先生年譜》	清刻本	(5) 按：襄愍之死，酣謳竟路（語見南雷《錢相國碑》中），皆以爲主和之戎首。直至我朝定鼎，露布昭雪南都，始賜卹，謚南雷。預聞其本末，故所撰機山《神道碑》與《明史》合，先生固不知也。 (6) 按：全謝山撰梨洲《神道碑》，以留都防亂爲戊寅七月事，與冒序所云乙亥者相去四年。梨洲先生碑文，乃据其孫千人之請，葢卽本之南雷行畧者。竊意黄、冒二公皆身預揭事之役，不應所見異詞。 (7) 全氏《南雷神道碑》亦云：壽民應箕亾命。
夏燮 《明通鑒》 前編卷二		(8) 張定邊直前犯太祖舟，國勝與韓成、陳兆先駕舸左右奮擊，太祖舟脫。國勝等繞出敵艦後，援絶，力戰死。而南昌城中謂國勝已前死，故豫章、康山兩祀之云。此事本之朱善所撰國勝《神道碑》，蓋國勝至金陵一節，惟太祖知之。故南昌城中謂其已死，遂入之豫章忠臣中。
夏燮 《明通鑒》 卷二		(9) 若太祖當日所定之位次雖不可考，而如韓國如宋國如德慶潁川之等，亦必在生者虚位之列，其爲在後删之可知矣。至有删亦必有補，而如黔甯者則又在後補之數，故王景撰黔甯《神道碑》言"王薨之明年，塑像功臣廟，祀以太牢"，則其後入可知也。
夏燮 《明通鑒》 卷四	清同治刻本	(10) 世之言禮者，皆取法孔子。不以古禮祀孔子，是褻禮也。古者，先師位皆東向。漢章帝幸魯祀孔子，帝西向再拜。《唐開元禮》"先聖東向，先師南向，三獻官西向"，猶古意也。今襲開元二十七年之制，遷神南向，失神道尚右之義矣。古者木主棲神，天子、諸侯廟皆有主，大夫束帛，士結茅爲菆，無像設之事。……今因開元八年之制，摶土而肖像焉，失神而明之之義矣。
夏燮 《明通鑒》 卷八		(11) 据《明史本傳》及方正學《東甌神道碑》，皆不著十七年防倭事，疑是時奉詔未行，抑或去而卽還，無事可書。 (12) 上嘗稱之曰：受命而出，成功而旋，不矜不伐，婦女無所愛，財貨無所取，中正無疵，昭明乎日月，大將軍一人而已。北平之鎮，春出冬還。還輙上將印，賜休沐，宴見歡飲，有布衣兄弟稱，而達愈恭慎。上爲治邸第，以

續表

作者/文獻	版本	用　例
夏燮《明通鑒》卷八	清同治刻本	故吴王府爲之表，其第曰“大功坊”。卒後，追贈中山王，三世皆王爵，謚武甯。賜葬鍾山之陰，上親製《神道碑文》，推爲開國功臣弟一云。 (13) 按：五開之叛，卽吴面兒寇古州事，在是年七月庚辰。先是四月，思州蠻叛，命湯和討之。五開之叛在後，詔和便道往討，故九月俘吴面兒卽五開也。至思州之平，當在是年之冬。蓋明年正月，和班師，是二蠻俱平也。……今据《土司傳》及方孝孺《東甌神道碑》。
夏燮《明通鑒》卷十五		(14) 浡泥，地近爪哇、闍婆等國。洪武間，始一貢。上卽位之三年，其王麻那惹加那遣使入貢，上遣官封爲國王。王大悦，至是率妃及弟妹子女陪臣泛海來朝。次福建，守臣以聞。上遣中官迎勞，遂至京師。王執禮致詞甚恭，上慰勞再三，宴于奉天門，妃以下饗于它所，禮訖送入會同館。踰兩月，王卒于館中。上爲輟朝三日，遣官致祭。有司具棺槨、明器，葬之安德門外石子岡，樹碑神道。建祠墓側，有司春秋祀以少牢，謚曰恭順。又賜敕封其子遐旺，嗣爲國王。
夏燮《明通鑒》卷十七		(15) 戊寅，姚廣孝卒。上震悼，輟視朝二日，命有司治喪，以僧禮葬。追贈榮國公，上親製《神道碑》誌其功。
夏燮《明通鑒》卷五十二		(16) 十二月已未，上林苑監丞何淵以所上前後疏爲席書所格，請一并增入《大禮集議》中。于是詔内閣草敕，命儒臣纂修全書，其先所頒行《集議》且令繳進。時書方病告，因奏前建廟卷内大畧已具，惟開神道以衆論不一，及遷主謁廟之儀未及編入，宜卽敕原議禮官如方獻夫、霍韜、黄宗明、熊浹、黄綰，同本部官增修續之。
夏燮《明通鑒》卷八十六		(17)（《考異》）留都防亂，一揭證之。《樓山堂集》、陳定生《山陽録》《鮚埼亭集・梨洲神道碑》，乃戊寅七月事，卽崇禎十一年，正流賊擾安慶時，故阮大鋮避亂居南京也。
夏燮《明通鑒》坿編卷一下		(18)《樓山文集》《山陽錄》及《鮚埼亭・梨洲神道碑》諸書，盖顧杲、陳定生、吳應箕三人所草，以遺鑣，鑣力任之。至是大鋮藉主立潞王爲名，因修防亂揭中舊怨也。
夏燮《明通鑒》坿編卷四		(19)（《考異》）忠介之卒，《繹史》系之六月戊戌，全氏神道聶以爲初五日者是也。至其卒在琅琦，没後六年始葬福清，而汪氏《航海遺聞》謂其遇風覆舟，披薙入山，卒于福清，則誤以江上破後之事當之，而忽其再出也。

續表

作者/文獻	版本	用　　例
夏燮《明通鑑》坿編卷五	清同治刻本	(20)(《考異》)事見黃氏《行朝錄》、全氏《梨洲神道碑》言：是年，王自健跳至翁洲，召公副馮公京第乞師日本，抵長埼，不得請，公爲賦《式微》之章以感將士。据此，則己丑之冬也。

表一千八百九十四

作者/文獻	版本	用　　例
夏炘《述朱質疑》卷十六	清咸豐景紫山房刻本	(1)《韋齋墓未嘗再遷考》：世傳朱子再遷父墓，細考之，實未然也。……然公所藏，地勢卑濕，懼非久計，乃卜以慶元某年月日奉而遷於上梅里寂歷山。蓋公之詩嘗有"鄉關落日蒼茫外，尊酒寒花寂歷中"之句。此豈其讖耶！周益公《神道碑》與之同。據此，則韋齋之墓實由五夫里遷寂歷山，未嘗自鵝子峰遷寂歷山也。 (2)又按：《遷墓記》云：且將請文作者，以表其隧。後因不果遷，遂不匄人作文。及慶元五年，定遷寂歷，始求周益公作《神道碑》，亦其一證。
夏炘《學禮管釋》卷二		(3)然則天子、諸侯之斷無陰厭也，明矣。其所以無陰厭者，何也？蓋大夫、士之禮卑，卑者之於祖宗，以人道事之而已。生人之道，飲食爲重，故饔飪而後祭，祭先陰厭，飲食之道也。天子、諸侯之禮尊，尊者之於祖宗，先以神道事之，而後及於飲食，故未殺牲以前有祼祼者，以秬黍釀酒，築以鬱金，酌以圭瓚，灌之於地，以求神於陰也。既灌以後，始殺牲，升首於室，取牲之膋，染以香蒿，合以黍稷，燔燎報氣，以求神於陽也。此皆以神道事之者也。較之陰厭，其用物宏，其取義博。此天子、諸侯之所以無陰厭也。
夏炘《讀詩札記》卷三	清咸豐三年刻本	(4)《卜云其吉》：毛公九能之傳，不知所自出，其後世文人之濫觴乎？建邦能命龜，如屯利建侯、比古建國之類是也。至於《左傳》所載諸繇詞，則巧矣。田能施命，如士師禁用諸田役、大司馬斬牲以徇陳之類是也。至於後世之上林羽獵，則靡矣。作器能銘，如成湯銘盤、武士銘刀劍几杖之類是也。至於衛孔悝之鼎詞，則誇矣。使能造命，如屈完對齊、退師祝佗、長衛于蔡之類是也。至於戰國儀秦之遊說，則詐也。升高能賦，如陟北山而歌王事、陟岵屺而嗟父母之類是也。至於后世登楼、天台诸作，则荡矣。師旅能誓，如大禹會羣后、成湯格衆庶之類是也。至於後世之檄移露布，則侈矣。山川

續表

作者/文獻	版本	用　　例
夏炘 《讀詩札記》 卷三	清咸豐三年刻本	能說，如《夏史》紀禹貢、《周禮》詳職方之類是也。至於後世之山經地志，則雜矣。喪紀能誄，如哀公歎憖遺、柳下謚爲惠之類是也。至於後世墓誌、神道諸作，則諂矣。祭祀能語，如荀偃禱河、蒯聵禱祖之類是也。至於後世天馬、景星諸樂章，則誣矣。

表一千八百九十五

作者/文獻	版本	用　　例
夏之蓉 《半舫齋古文》 卷七	清乾隆刻本	(1) 昔人謂眉山放筆，縱恣於文，獨《表忠觀碑》《溫公神道碑》《韓文公廟碑》三篇，研精聚神，不輕下一筆。予於先生，此文亦云。(朱梅崖)
夏之蓉 《讀史提要録》 卷十	清乾隆三十七年刻本	(2) 帝自聞王欽若孤注之言，以澶淵之盟為辱。欽若因進封禪之説，且謂自古封禪，必得天瑞。聖人神道設教，可以人力為之焉。

表一千八百九十六

作者/文獻	版本	用　　例
蕭光遠 《周易屬辭》 卷四	清咸豐三年刻遵義蕭氏遺書本	(1)《彖》曰：大觀在上，順而巽，中正以觀天下。觀，盥而不薦，有孚顒若，下觀而化也。觀天之神道，而四時不忒。聖人以神道設教，而天下服矣。 (2) 天之神道，無聲無臭，四氣自順。聖人篤恭之妙，與天合撰。下觀而化，小人革面，天下服。又推言之，《彖辭》因觀言盥薦，《傳》因盥薦言神道。又因觀有象魏，懸書之象言設教，義相連也。

表一千八百九十七

作者/文獻	版本	用　　例
蕭穆《敬孚類稿》卷三	清光緒三十三年刻本	(1) 睢州湯文正公學行風節、經世之略已詳《國史本傳》，及姜編修宸英代徐尚書乾學所作《神道碑銘》、汪編修琬所作《墓志銘》、耿少詹事介楊太史椿所作《傳》、韓尚書菼所作《祠堂碑》、彭進士紹升所作《事狀》。
蕭穆《敬孚類稿》卷六		(2) 其次爲《韓文公神道碑》，亦多有發揮，稱述者然不過一千六百餘字。其他《答劉敦質書》得一千三十字，《答李生第二書》及《諭業》之文不及千字。其餘諸篇或百字及三四百字，無不謹嚴有法，詳簡合宜。
蕭穆《敬孚類稿》卷七		(3) 又評卷十一《梨洲先生神道碑文》云：梨洲暮年潦倒積唐，遺民一席有難於位置者。謝山雖竭力回護，何益？又評卷十三《鷓鴣先生神道表》云：晦木與梨洲志行不同。梨洲暮年頗涉世事，晦木赤貧自守，梨洲絕不過問，昆弟之間有難言者，此文謂不滿於伯子是也。要之，晦木雖癖，不媿明之遺民。竹垞《明詩綜》錄晦木而不及梨洲，去取之旨微矣。 (4)《跋嚴修能評閱鮚埼亭集外編》：此《編》亦爲趙季梅教授所藏。其卷五《明淮揚監軍道僉事謚節愍鄞王公神道碑銘》已載《前集》卷六、卷十三，《射龍將軍廟碑》即《前集》卷五，《射龍將軍揚波辭》卷三十五、《元翰林學士王文定公神道碑跋》即《前集》卷三十八，《王秋澗神道碑跋》惟“嗚呼”以下小異，嚴氏皆一一標出，宜存。
蕭穆《敬孚類稿》卷十一		(5) 故前欽天監監正歙縣楊公神道表 (6) 二品封典通奉大夫原任桐城馬踏石巡檢山陰陸公神道表 (7) 公子詩誠、筆誠復屬穆纂公行誼，以益諸賢所未備。乃參諸舊聞，併述公鄉先達倪文正公之論，以明公之治行。庭亦不必鲘箭，袖亦不必記籍；野亦不必下神雀，道路亦不必烏攫肉；生亦不必太傅封侯，歿亦不必桐鄉俎葬。與漢晉諸公同時易地而官，所治所就必無差等。爰表公神道以俟來者，觀感而則傚焉。光緒丙申季冬月。
蕭穆《敬孚類稿》卷十四		(8)《記吳文節公遺事一則》：儀徵吳文節公文鎔，道光朝服官中外。及咸豐三、四年間，總督兩湖。禦賊於黃州，殉難始末已見《國史列傳》及諸家記載。公之志事，已與日月爭光矣。今閱歸安亡友陸存齋所作公《神道碑銘》，因記三、四十年前，吾邑亡友姚伯厚爲余言一事。

表一千八百九十八

作者/文獻	版本	用　例
蕭智漢《月日紀古》卷六	清乾隆五十九年蕭氏聽濤山房刻本	(1)《神道碑》：宋翰林侍讀學士梅聖俞，賜紫金魚袋。仁宗定康辛巳年六月十日，以其官卒。墓在宣州宣城縣長安鄉西山里。佛書：六月十日，金粟如來生。 (2)耶律楚材，以金明昌元年六月二十日生。父文獻公，通數學，謂所親曰：吾年六十而得此子，他日必成偉器，且當爲國用。因取《左氏》"楚材晉用"爲名字。出宋子貞《神道碑》。

表一千八百九十九

作者/文獻	版本	用　例
謝旻《（康熙）江西通志》卷五十七	清文淵閣四庫全書本	(1)按：韓愈《王仲舒神道碑銘》云：仲舒，觀察三年，法大成，錢餘於庫，粟餘於廩，人享於田廬，謳謠於道途。天子復思，且徵以代，虛吏部左丞位以待之。長慶三年十一月十七日，薨於洪州。 (2)按：吳草廬《董忠宣神道碑》云：公去贛，民數萬遮道拜送。曰：父母生我於有生之初，令公生我於既死之後，我無報德，惟天能報公也。遂立生祠祀公焉。
謝旻《（康熙）江西通志》卷五十八		(3)斌曰：力倂者謂之鬬，軍無寸傷，而民以兵死，與律不應，軍卒抵法。逾年，念父老，遂乞假歸。(《黃宗羲神道碑》) (4)為政先表章風節，剏立理學名賢、忠節名賢二祠，葺徐孺子祠，各為文以記之。又《續白鹿洞書院學規》頒發，多士奉為楷模。在任五載，調撫江蘇。(《宋少師神道碑》)
謝旻《（康熙）江西通志》卷六十八		(5)熊直，字敬方，豐城人。……直卿舉時，槩已官御史矣。後贈右都御史。直銳意《六經》，尤致力於關洛之學，所著有《春秋提綱》《西澗集》《大器集》《金陵稿》。當其身未復姓，故世稱胡敬方先生。學士胡廣誌墓，猶稱胡公敬方。及槩復姓，後少傅。楊士奇撰《神道碑》，則稱西澗熊公云。
謝旻《（康熙）江西通志》卷七十八		(6)張達，字時達，泰和人。正統進士，授工部主事。諫興佛塔，出視漕運，適歲饑，發粟以賑，活民數千。進光祿卿，陞工部侍郎，卒於官。羅整菴為作《神道碑》。(《安志》)

續表

作者/文獻	版本	用　　例
謝旻 《（康熙）江西通志》 卷八十一	清文淵閣四庫全書本	（7）按：草廬先生出處大節，詳見虞道園所撰《行狀》及揭文安奉詔撰《神道碑》中。
謝旻 《（康熙）江西通志》 卷八十三		（8）按：曾子固事績，具見韓維所撰《神道碑》中。史傳特録其議經費一疏，得毋以此為未竟其用乎？據《碑文》，所著尚有《續元豐類藁》四十卷，史傳亦失載。
謝旻 《（康熙）江西通志》 卷八十五		（9）枋得死後二十四年，門人虞舜臣率其徒築室買田，祠於弋陽之東。江浙行省請於朝，為疊山書院。（元李道源所撰《謝公神道碑》。） （10）按：《宋史・謝傳》與道源所撰《文節先生神道碑》，不同者凡數處。《傳》云“吳潛宣撫江東西”，《碑》以為“趙葵”。《傳》云“程文海薦宋臣二十八人”，《碑》以為“三十人”。《傳》云“二十六年四月至京師”，《碑》以為“二十五年”。
謝旻 《（康熙）江西通志》 卷八十六		（11）按：高明歷官政蹟，詳載何喬新所撰《神道碑文》。生平著述甚多，有愚軒、糊壁、南臺、籌亭四集。《碑文》所載者，止終養、征閩、安宅三録耳。
謝旻 《（康熙）江西通志》 卷一百十		（12）岐國公陳執中墓，在南昌縣。賜葬，張方平撰《神道碑》。 （13）集賢學士、追封豫章郡公揭文安墓，在豐城富陂。有歐陽元《志銘》，黃溍撰《神道碑》。（《黃文獻集》） （14）廣西巡撫劉良弼墓，在南昌黃臺鄉。萬歷十三年，勅葬。萬恭《志銘》，蘇濬撰《神道碑》。（《洞陽子集》） （15）尚書劉定之墓，在永新縣北五里。吏部尚書彭時撰《神道碑》，兵部尚書商輅表之。成化間，勅葬。 （16）刑部侍郎曾翬墓，在泰和縣南小馬坑。何喬新撰《神道碑銘》。（《椒邱集》） （17）樞密羅點墓，在崇仁蛇坑。葉適撰《神道碑文》。（《水心集》） （18）吳草廬墓，在崇仁神頓坑。揭傒斯撰《神道碑》。 （19）翰林學士曾肇墓，在南豐梅潭皈信寺左。楊時《神道碑》。 （20）翰林學士程文海墓，在南城四十四都繞堆。學士危素有《神道碑銘》。

續表

作者/文獻	版本	用　　例
謝旻《（康熙）江西通志》卷一百十	清文淵閣四庫全書本	(21) 按察使鄧棨墓，在南城縣社林鄉。死土木之難。詔贈右都御史。其子璐不得父遺體，以平昔所收爪髮、手稾、衣冠殮葬于此。陳循撰《神道碑》。 (22) 尚書何喬新墓，在廣昌譚家園。林俊撰《神道碑》。 (23) 贈集賢學士張廣孫墓，在貴溪長山之里。虞集有《神道碑銘》。 (24) 僉都御史高明墓，在貴溪金沙嶺。何喬新有《神道碑》。 (25) 黔寧王祖墓，在樂平長城鄉。明洪武初，勑遣指揮致祭，并勒《神道碑》。
謝旻《（康熙）江西通志》卷一百二十		(26)《饒娥碑》（并序）（柳宗元）：饒娥，饒人，饒姓娥名，世漁鄱水。娥為室女，淵懿靖專，雖小家，未嚐出遊。治絺葛，供女事循整，鄉閭敬式。娥父醉漁，風卒起，不能舟，遂以溺死。求屍不得。……追思不足，相與作石，以詒後世。其辭曰：生德無類，氣靈而休。嗟茲孝娥，惟行之周。懿德含貞，好靖不遊。纖葛絺紵，克供以修。蒸蒸在家，其父世漁。飲酒不節，厄乎風濤。匍匐來哭，號天以呼。頭目耳鼻，膏血交流。三日頓踣，氣竭形枯。父屍既出，孝質已殂。龜鱉黿鼉，有蛟洎魚。充流溢岸，旁出仰浮。見怪形異，適與我謀。鄱民哀號，或以頌歌。齊女色憂，傷槐罷流。趙姬完父，操棹爰謳。肉形不施，漢美淳于。烈烈孝娥，水死上虞。娥之至德，實與為儔。恒人有言，惟教是圖。懿茲德女，家世不儒。奇行特出，神道莫酬。窮哀罔泄，終古以留。鄉人好禮，爰立茲丘。建銘當道，過者下車。 (27) 五年，韋公薨。七年，博陵崔公以人和政成，憫黙舊績，由是東林以遺公得請篆刻之盛，其成公（闕）。故家府從事李肇為之文曰：多羅之教，神道不測，迦葉成之，布西域兮。毗尼之用，其法翼翼，優波受之，垂作則兮。阿曇之文，演暢宗極，苾芻龍象，甚奇特兮。三者之藏，傾如轥墨，王公大人，為之飾兮。韋公之績，崔公之德，及茲寶藏，何則劣兮。崇崇彤公，合發願力，傳之歷刦，千百億兮。鑪峯之北，靈壇之側，系之迦陁，金石刻兮。 (28) 于是，大宗師因祖父之賜履，遠推本於宗家，再作番君之新廟，極其盛大，其亦倣於徐氏之故乎？臣集敢不拜手稽首，奉詔著銘以遺之。其詞曰：有𦤎世家，於赫番君。相是有歸，克渙其羣。江南之東，惟番最大。洪源盛流，彭蠡其匯。大納有容，保和以沖。含生所資，神明來宮。頟廣千里，中城聽治。民之來享，出入多制。神道尚幽，人道尚明。別而理之，新宮乃成。既遷既好，歲久而敝。東門有田，萬神攸萃。自堂徂基，棟宇言言。靈之洋洋，來享來安。顧瞻故鄉，孰非吾土。隨感有見，寧滯方所。相方度新，在我曾孫。曾孫孫子，思著思存。道家之宮，以祀上帝。則具是依，曷有其替。文慧之褒，人無異辭。有煒賞衣，天子賜之。神之格思，食爾舊德。勿私爾邦，惠我四國。史臣修詞，麗牲有碑。百神敬共，明詔在茲。

續表

作者/文獻	版本	用　例
謝旻《（康熙）江西通志》卷一百三十七	清文淵閣四庫全書本	(29)《龍虎山志序》（張宇初）：道之潛於至微，而顯於至著也。天地之大，陰陽周始，而理著焉。事物之眾，盛衰迴圈，而文著焉。……是以關尹莊列之言，有以發其未盡。而柔弱謙退之言，有足以拯周衰之弊，而範世軌俗，焉得以幽元視之。且神道設教，豈將誣後世以取惑哉？迨列國而下，秦之茅君，漢之我祖天師，吳之許、葛，皆其尤著者焉。天師鍾不世出之姿，親受於太上，由是三洞經籙符法之傳，祕于九霄十極者，靈詮奥旨盡降於世，乃游蜀之吳，而鍊丹龍虎山。……然世遠代異，或不能盡其紀載，而後之慕其餘風遺烈者，未必不有取於是焉。敬僭序於首。
謝旻《（康熙）江西通志》卷一百五十一		(30)《洪武御碑歌》（李慎行）：昇仙臺前白玉碑，柱石拏攫龍之而。鴻文載在御製集，初不假手詞臣為。我來摩挲一再讀，顛者蹤跡大可疑。憶昔元人失其鹿，羣雄角逐爭驅馳。濠州布衣人未識，芒碭雲氣常隨之。金陵一朝定九鼎，六合不足煩鞭箠。是時楚兵最剽悍，不自量力來交綏。國家將興有先兆，天遣來告貞元期。明明天眼識王氣，故以險怪驚愚蚩。英君往往謀畧祕，計大不許尋常窺。亦如田單破燕騎，神道設教尊軍師。不然茲事乃近誕，小數何足誇權奇。白旄一麾江漢靖，軍前長揖從此辭。留侯自伴赤松去，穀城空立黄石祠。天池之山高巍巍，竹林仙馭杳莫追。鶴歸倘記石華表，世代已逐滄桑移。百年雨露在山澤，惟有松柏參天枝。
謝旻《（康熙）江西通志》卷一百六十一		(31) 成化甲申，先是關中大飢。冬，予應入粟，徃賑例。明年三月，還至謝埠。舟人大疫，亦及予。……宛一婦人聲呼曰：一有學之士病在孤舟灘上，無一神道救之者，我來送它一陣好風。

表一千九百

作者/文獻	版本	用　例
謝啓昆《樹經堂詩續集》卷一	清嘉慶刻本	(1)《七月朔日禱天竺得雨志喜二首》：香花竺國供何年，歲走黃童與白顛。共說穰饑權在佛，能令水旱運回天。聖人設教用神道，我輩持官如老禪。霍霍磨刀向鵞鴨，庖廚十日斷葷羶。颯颯西來漸及東，神慳已破勢冥濛。持盈尚厪三秋慮，望澤還偕十郡同。夜話靈壇懷舊雨，（乙卯歲，與田碧坡方伯、秦蓉莊都轉，屢祈禱于此。）朝驅酷吏有清風。懸知奏賀天南徧，洗甲銀河萬里通。
謝啓昆《樹經堂詩初集》卷十四		(2) 紅萸同賦菊花樽，神道碑鐫主義存。被詔江南撰遺錄，三年去國已銷魂。（徐鉉）

表一千九百零一

作者/文獻	版本	用　　例
謝儼 《（康熙）雲南府志》 卷二十一	清康熙刊本	(1)《易》曰：聖人神道設教。《詩》曰：神之格思，不可度思，矧可射思！其在斯歟？甲戌秋，工竣，士民為之請記。余思夫神也者，民之主，與天子之命吏同功者也。興學校，課農桑，厚風俗，以佐一平者，吏得而主之。順五氣，和陰陽，時風雨，以助王化者，神得而主之。賢奸不並立，吏之喜怒分焉。而冥冥之中神已先為黜陟，吉凶皆自召，神之好惡判焉。而昭昭之地，吏即合乎勸懲，是陽掭神之權者吏也，陰持吏之柄者神也。

表一千九百零二

作者/文獻	版本	用　　例
謝章鋌 《賭棋山莊集》 文七	清光緒刻本	(1) 三品銜福建候補知府鍾君神道碑文
謝章鋌 《賭棋山莊集》 文續二		(2) 光祿寺卿丁公神道碑
謝章鋌 《賭棋山莊詞話》 卷七	清光緒十年刻賭棋山莊全集本	(3)《忠烈步岳忠武韻・滿江紅》云：屈指興亡，恨南北、皇圖銷歇。更幾個孤忠大義，冰清玉烈。趙信城邊羌笛雨，李陵台畔胡笳月。慘模糊、吹出玉關情，聲凄切。漢苑露，梁園雪。雙龍逝，一鴻滅。剩逋臣，怒擊唾壺皆缺。豪氣欲吞白鳳髓，高樓肯飲黃羊血。試撥云、待把捧日心，訴金闕。有聲皆血，如過西台下聽皋羽擊碎竹如意時。董閬石（含）《蓴鄉贅筆》載忠烈《就義》詩極凄惋，有"生比鴻毛猶負國，死留碧血欲支天"之句。而全謝山（祖望）《鮚埼亭集》，忠介《忠烈神道碑》，敘述最爲詳核。或傳謝山爲忠介後身。

表一千九百零三

作者/文獻	版本	用　例
熊賜履 《閑道録》 卷三	清刻本	(1) 人之昌隆盛熾者，其先必有厚德之遺，貧賤夭絕者必有餘惡之著，山川何與焉。誕者則不然。聞有貴富之人於此，則歸福於其塋域。曰：此某形也，此某徵也，於葬之法宜爾也。聞有貧賤之人於此，則曰：此葬之罪也，此於法宜至於斯也。信斯言也，則人之多財而力足者，皆相率而為不善，及乎死也，求善地以葬其身，則可免子孫於禍，夫孰肯為善乎？由大者而論之，繫乎盛衰者莫大乎國都，殺函河謂無異也。秦帝之亡，漢帝之昌，隋據之而促，唐據之而長，果在於善地乎？帝王之尊，家天下而役海內。使地善而可興，竭智以營陵廟，奚求而不致。而亡國敗主相屬，則果不在乎此也審矣。古之卜宅兆云者，以神道定民志耳，非視岡阜之向背逆順臆度目斷，如世葬師之爲也。
熊賜履 《閑道録》 卷十		(2) 又曰：陛下天資至高，合于道微。百家神怪，誕妄恍惚，臣知陛下洞矚之矣。然猶不免欲以愚弄天下，若所謂以神道設教者，臣謂不必然也。一統之輿圖已定矣，一時之人心已服矣，一切之奸雄已慴矣。天無變災，民無患害。聖躬康寧，聖子神孫繼繼繩繩，所謂得眞符者矣。何必興師以取寶爲名，謂衆以神仙爲征應也哉。
熊賜履 《閑道録》 卷十六		(3) 又有府城隍會，每歲三出虎丘，雖緣祭無祀而設費亦不資。是日，男女樓船簫鼓，無萬數計。最可恨者，有種愚民自械桎梏，甘受刑杖，以爲免罪。長人者何不乘此機會，摘其隱罪，如其數而懲之？亦未始非神道設教之意。
熊賜履 《閑道録》 卷二十		(4)《大紀論》曰：先儒謂商人尚神。余初疑之，及觀《湯誥》《盤庚》之文，然後知聖人以神道設教，非如末世及戎教之妄誕也。行妄誕而能成事者，未之有也。 (5) 自古及今，誰為解脫者？如堯、舜、湯、文而死，孔、孟、顔、曾而死；如老子之猶龍而亦死，莊生之任達而亦死。使西域之佛獨不死，則唐憲之佛骨何自而來？韓愈之表何由而進？則所謂明心見性、歸根復命者，又安有所據乎？吾輩但于庸德庸言，體之不盡，用之不窮，敢復他求，以自朔于孔孟之門耶？經之最奥者，莫如《易》《河圖》《洛書》。天以神道設教，變變化化，無有窮盡。

續表

作者/文獻	版本	用　例
熊賜履《下學堂札記》卷三	清康熙刻本	(6)《溫公神道碑》云：其文如金玉穀帛藥石也，必有適於用，無益之文，未嘗一語及之。然則必如溫公，而後可以言為文。
熊賜履《學統》卷五十一	清康熙二十四年刻本	(7) 又曰：釋氏專以作用爲性。如某國王問某尊者曰：如何是佛？曰：見性爲佛。曰：如何是性？曰：作用爲性。曰：如何是作用？曰：在目曰見，在耳曰聞，在鼻齅香，在口談論，在手執捉，在足運奔云云。此卽告子“生之謂性”之說也。且如手執捉，若執刀胡亂殺人，亦可爲性乎？龜山舉龐居士云“神道妙用，運水搬柴”，以此“徐行後長”，亦坐此病。

表一千九百零四

作者/文獻	版本	用　例
徐昂發《畏壘筆記》卷三	清康熙刻本	(1) 又《議郎胡夫人哀讚》云：孤心摧割，靡所底念，仰瞻二親，或有《神誥》《靈表》之文，敢曰亮闇，敘我憂痛。然則《神誥》者，當即是《墓表》《神道碑》之類，漢時自有此種文體名號耳。其云《靈表》，則或是《墓表》也。至士大夫家居喪，亦稱亮闇。漢人質直，略無嫌忌如此。

表一千九百零五

作者/文獻	版本	用　例
徐棟《牧令書輯要》卷三	清同治七年江蘇書局刻本	(1) 若當承平無事之時，奢淫心縱，雖小民一念之淫佚，可廢中人之產者有之。上為之嚴其禁令，除每年供賦及仰事俯畜外，有鮮衣怒馬、崇宮盛筵者禁之；有婚嫁奢費、喪葬無度者禁之；諸如習於奢俗、慶生辰、賀字號，動輒打網請會、戲筵綺席二三十數成群者禁之；或惑於邪教、祈平安福、造神道祠，每至斂錢佈施、打醮演戲、月每幾舉者禁之。如此等害農者，又去其半。件件留心禁之，皆所以節其流也。

表一千九百零六

作者/文獻	版本	用　例
徐芳《懸榻編》卷一	清康熙刻本	(1) 湯武之誓師也，稱天以臨之。盤庚之告殷民，數惧以乃祖及父。神道之教，三代由之久矣。 (2) 朕夢協朕卜，神道設教久矣，惟法眼看破。

續表

作者/文獻	版本	用　　例
徐芳《懸榻編》卷二	清康熙刻本	(3) 抑玩儒而恭于佛，人情固肰也。《易》曰“聖人以神道設教而天下服”，其此謂也。
徐芳《懸榻編》卷三		(4) 一絕籤詩，百首皆奇，惟此仄韵，即壯繆靈籤是也。神道設教，識其大者。因十人，公發之。

表一千九百零七

作者/文獻	版本	用　　例
徐灝《通介堂經說》卷四	清咸豐四年刻本	(1) 觀，盥而不薦，有孚顒若。灝案：觀之名卦，取義于觀民風，所謂省方觀民、風行地上之象也。因卦有宗廟象，故又為神道設教，蓋外伏震為宗廟。
徐灝《通介堂經說》卷八		(2) 顯諸仁，藏諸用，鼓萬物而不與聖人同憂，盛德大業至矣哉！灝案：仁讀爲人，言陰陽之道，善性之理，顯示於人而藏於用，鼓舞萬物而各使之成就也。萬物不得其所，聖人有憂之；神道鼓舞萬物，不言而化，無為而成。故曰“不與聖人同憂”。矦果曰：聖人成務，不能無心，故有憂。神道鼓物，寂然無情，故無憂也。是也。

表一千九百零八

作者/文獻	版本	用　　例
徐開任《明名臣言行録》卷一	清康熙刻本	(1) 上哭之慟，親臨奠，視葬地，歎曰：愈事朕二十二年，歷鎮八州，有功無過。命朱夢炎爲製《神道碑》。追封寧河王，謚武順。
徐開任《明名臣言行録》卷十七		(2) 陛下天資至高，合於道微。百家神怪，誕妄恍惚，無不洞矚其謬。然猶不免欲以愚美天下，若所謂以神道設教者，臣謂不必然也。所謂傳國寶者，臣考按前史，焚燬久矣。屢求屢得，真僞莫明。即真有之，區區李斯之書，秦政之制，何足爲寶哉？

表一千九百零九

作者/文獻	版本	用　　例
徐康《前塵夢影録》卷下	清光緒二十三年江標刻本	(1) 反左書，梁大同中東宫學士孔敬通所創始。……今學者稍多，解者益寡矣。敬通又能一筆草書，一行一斷，婉約流利，特出天性，頃來莫有繼者，皆見《法書錄》及《欽定書畫譜》。白門翁叔文艖尹曾貽余《梁吳平侯蕭公神道額》，大字，反左書。初不知所謂，及讀《書畫譜》，此額或卽孔學士所書耶。

表一千九百一十

作者/文獻	版本	用　　例
徐乾學《憺園文集》卷十七	清康熙刻冠山堂印本	(1) 如《曲禮》言：羹居人之左，食居人之右。乃是以人之所向爲左右，不定之左右也。先王制祭祀之禮，謂神道闇昧，故以人道接之。以人道接之，故曰：自外至者，無主不止。配位者爲正位之主，則其當隨正位所向而轉移審矣。
徐乾學《憺園文集》卷十八		(2) 然以昭陵之先後言之，則是皇后之喪在先。幽宫重關，外留棧道，以待後日者有之矣。若攻鑿冶錮，啟入後喪，誠乖神道矣。 (3) 十四年，崩，葬永固陵。唐中宗將奉母后合葬乾陵，嚴善思建言：尊者先葬，卑者不得入。今啓乾陵，是以卑動尊，術家所忌。且石門冶金錮隙，非攻鑿不能開，神道幽靜，多所驚瀆。漢世皇后別起陵墓，魏、晉始合葬，非古也。
徐乾學《憺園文集》卷三十一		(4) 神道碑銘 (5) 資政大夫兵部郎中加二級卜公神道碑銘 (6) 誥封通奉大夫前侍衛兼管參領事石公神道碑 (7) 通議大夫一等侍衛進士納喇君神道碑文 (8) 資政大夫刑部尚書謚敏果魏公神道碑 (9) 工部尚書湯公神道碑 (10) 誥封奉直大夫翰林院侍讀學士待贈禮部右侍郎顧先生神道碑銘 (11) 太常寺少卿高君神道碑 (12) 內閣學士兼禮部侍郎孫公神道碑銘

續表

作者/文獻	版本	用　　例
徐乾學《資治通鑒後編》卷十	清文淵閣四庫全書本	(13) 太宗所撰《神道碑》云：既靜妖氛，爰覃爵賞。蓋普從征晉陽，以功遷秩也。當在太平興國四年冬十月。
徐乾學《資治通鑒後編》卷十五		(14) 乙巳，太師趙普卒。乙酉，帝聞訃悲悼，謂近臣曰：普事先帝與朕，最為故舊。嚮與朕嘗有不足，衆人所知；朕君臨以來，每待以殊禮，普亦傾竭自効，真社稷臣也。因出涕，左右皆感動。廢朝五日，遣使護喪事。葬日，設鹵簿鼓吹如式，贈尚書令，追封真定王，謚忠獻。帝撰《神道碑》，親八分書以賜焉。
徐乾學《資治通鑒後編》卷十七		(15)（《考異》）韓琦作詠《神道碑》云：王繼恩縱軍士剽奪民財。詠召繼恩用事吏，面數其過，將斬之。吏股栗求活，詠赦之。因令繼恩分屯，繼恩即自分屯兵鄰州，當還京師者遣之。
徐乾學《資治通鑒後編》卷二十六		(16) 陛下謂《河圖》《洛書》果有此乎？聖人以神道設教耳。……他日，晚幸祕閣，惟杜鎬方直宿。帝驟問之曰：卿博達墳典，所謂河出圖、洛出書，果何事耶？鎬老儒，不測帝旨，漫應曰：此聖人以神道設教耳。其言偶與欽若同。帝由此意決，遂召王旦飲於内中，歡甚，賜以尊酒曰：此酒極佳，歸與妻孥共之。既歸，發視，乃珠也。旦自是不復持異，天書、封禪等事始作。 (17)《龜鑑》曰：謬哉神道設教之言，何其敢于自欺如是耶？若呼萬歲者三，若有景光者十二。武帝之惑于文成、五利，至今為天下後世笑。今之詐，又甚於文成、五利矣。
徐乾學《資治通鑒後編》卷三十二		(18) 旦聞命愈恐，家居不出，手疏懇請去位。且言：私門百口，屬疾將遍，欲退身以息災咎；今加此峻秩，則是愈增罪釁。辭意堅苦。(（《考異》）《實録》云：旦奉詔詣便殿占謝，固讓新命。據本傳及《神道碑》並云：旦不出也。恐《實録》未可全信，今不取。) (19)（《考異》）李燾曰：旦《遺行録》及《神道碑》並稱“皇太子”。按：此時未建東宮，今但稱“皇子”。《會要》亦稱“皇太子”，又以為祥符九年事，尤誤也。

續表

<table>
<tr><th>作者/文獻</th><th>版本</th><th>用　　例</th></tr>
<tr><td>徐乾學
《資治通鑒後編》
卷三十三</td><td rowspan="5">清文淵閣四庫全書本</td><td>（20）吕中曰：至是，李文靖之言驗矣。封禪之議，决于丁謂“大計有餘”之一言；天書之降，成于欽若“神道設教”之一語。雖以王文正之碩德重望，不敢有異議。其後冦準之復相，亦以朱能之天書而入，當時極言其非者，惟孫奭一人而已。天何言哉？此真足以破人主之惑。</td></tr>
<tr><td>徐乾學
《資治通鑒後編》
卷三十五</td><td>（21）贊曰：真宗英悟之主。其初踐位，相臣李沆慮其聰明，必多作為，數奏災異以杜其侈心，蓋有所見也。及澶洲既盟，封禪事作，祥瑞遝臻，天書屢降，導迎奠安，一國君臣如病狂然，吁，可怪也。他日修《遼史》，見契丹故俗而後推求《宋史》之微言焉。宋自太宗幽州之敗，惡言兵矣。契丹其主稱天，其后稱地，一歲祭天不知其幾，獵而手接飛鴈，鴇自投地，皆稱天賜，祭告而誇耀之。意者宋之諸臣，因知契丹之習，又見其君有厭兵之意，遂進神道設教之言，欲假是以動敵人之聽聞，庶幾足以潜消其窺覦之志歟？然不思修本以制敵，又效尤焉，計亦末矣。仁宗以天書殉葬山陵，嗚呼賢哉！</td></tr>
<tr><td>徐乾學
《資治通鑒後編》
卷三十七</td><td>（22）監察御史曹修古言：古者，三公不按吏，先朝陳恕於中書搒人，即時罷絀。今殊忿躁，無大臣體。請正典刑，以允公議。殊坐是免，尋改知應天府。殊知應天，乃大興學校。范仲淹方居母喪，殊延以教諸生。自五代以來，天下學廢，興自殊始。（李燾曰：論張耆不可為樞密，據張唐英《政要》及歐陽修《神道碑》，史不載也。）</td></tr>
<tr><td>徐乾學
《資治通鑒後編》
卷三十八</td><td>（23）仲淹正色抗言曰：仲淹前辱公舉，每懼不稱，以為知己羞。不意今日反以忠直獲罪門下。殊不能答。仲淹退又作書遺殊，申理前奏，不少屈，殊卒愧謝焉。仲淹又疏請皇太后還政，亦不報，遂乞補外。尋出為河中府通判。（（《考異》）歐陽修作仲淹《神道碑》云：太后將以至日大會前殿，上率百官為壽。仲淹言之，其事遂已。）</td></tr>
<tr><td>徐乾學
《資治通鑒後編》
卷三十九</td><td>（24）是歲，通判陳州。太常博士范仲淹，以京師多不關有司而署官賞者，乃附驛上奏，以唐中宗朝墨敕斜封官為戒；又屢疏論內降之弊。（據歐陽修《神道碑》、富弼《墓志》及仲淹集前《年譜》。）</td></tr>
</table>

續表

作者/文獻	版本	用　　例
徐乾學《資治通鑒後編》卷四十一	清文淵閣四庫全書本	(25) 沔未有責命時，復上書曰：（沔集自注：正月三日，上書。七日，再責。）去秋以聖體愆和，准雙日不坐之請，是則一歲中率無百餘日視事，宰臣上殿奏事，止於數刻，天下萬務，得不曠哉！……伏願陛下因歲首正朝之始，霈然下令，誕告多方，每旦恭己，辦色居位，推擇大臣，講求古道，降以溫顏，俾之極論。外則逐刺史、縣令無狀老懦貪殘之輩，以利於民。内則罷公卿大夫不才諂佞詭誕之士，以肅於朝。掖庭之中，簡去幽曠，以求錫羨之慶。宦寺之内，抑損重任，以防昵近之私。發號施令，賞功罰罪，則可使教敦于上，民悦於下，足以招天地之協氣，致國家之豐隆。皆目前可見之事，惟陛下力行而已。書奏，再責監永州酒。（正月七日，責監酒，今并書於此。《實録》殊不載沔再責事，可謂踈畧。此據《沔家集》及畢仲游《神道碑》。）
徐乾學《資治通鑒後編》卷四十二		(26) 呂夷簡疾諷詭激多妄言，且欲因諷以傾迪，故特寬籍而重貶諷。凡與諷善者皆絀削。延年嘗上書請莊獻太后還政，諷任中丞，欲引延年為屬，延年力辭之，竟坐免。人謂籍劾諷不置，實夷簡陰教之云。（李燾曰：辯據王珪所謂籍《神道碑》，他書並無有也。）
徐乾學《資治通鑒後編》卷四十四		(27) 又汪藻書陳堯佐舊事云：文惠陳公相仁宗，每内有御封至私第，公不啟封。來日袖至榻前，屏奏曰：今中宮虛位，張貴妃有寵，恐奸人附會，請正母儀，非陛下本意。……當時於墓刻《神道碑》，不敢書。公薨百餘日，公之曾孫右中大夫直秘閣究始録以示人。
徐乾學《資治通鑒後編》卷五十一		(28)（《考異》）李燾曰：自"北朝忘章聖皇帝之大德"以下至此，並據《神宗實録》朱本，蓋朱本用蘇軾所作《神道碑》，墨本乃無之。范純仁《行狀》及弼《奉使語録》亦無，《神道碑》必有所據，不知墨本何故不載此也。按：奉使必有《別録》，弼前奉使未見《別録》，恐《神道碑》《朱史》所載弼語在《別録》，當考求之。
徐乾學《資治通鑒後編》卷五十五		(29) 申公問：何為亟去朝廷？文正言：欲經制西事耳。申公曰：經制西事，莫如在朝廷之便。文正為之愕然。故歐陽公為文正《神道碑》言"二公晚年歡然相得"，由此故也。後生不知，皆咎歐陽公。予見張公言，乃信之。
徐乾學《資治通鑒後編》卷五十八		(30) 方平本傳因《神道碑》，但舉大畧，今從《方平集》掇取附見。方平《神道碑》又云：上御迎陽門，召兩制近侍，復賜問目。獨引方平近御榻，密訪之。方平曰：暴人之私，迫人於險而攘之，我不為也。終無所言。按正史，方平與李淑、梁適、蘇紳同時好傾陷人者。《神道碑》恐飾説，今不取。 (31) 程琳本傳又云：朝廷既行册禮，夏人方圍慶陽，琳止詔使於鄜曰：夷狄貪此，可紓慶陽之難。乃具禮幣賜予之數移報之，果喜，即日迎册使，而慶陽圍亦解。……案：附傳及歐陽修《墓銘》《神道碑》亦不載此事，不知本傳何所據也。今不取。

續表

作者/文獻	版本	用　例
徐乾學《資治通鑒後編》卷五十九	清文淵閣四庫全書本	(32)(《考異》)弼《墓誌》《神道碑》《朱墨史附傳》並云：弼先以救災加禮侍，辭不受。又以捕齊兵再加禮侍，亦不受。考其事迹，蓋顛倒也。
徐乾學《資治通鑒後編》卷六十		(33)秋七月丁亥，贈美人尚氏為婉儀。丙申，幸彰信節度使兼侍中李用和第問疾，入見於卧内，擢其次子珣為閤門使，以所居第賜之，並日給官舍僦錢五千。及卒，又臨奠，哭之慟。贈太師、中書令、隴西郡王，特輟視朝五日，制服苑中，謚恭僖，御撰《神道碑》，仍篆曰“親賢之碑”。
徐乾學《資治通鑒後編》卷六十一		(34)乙巳，馮道曾孫舜卿上道官誥二十通，乞録用。帝謂輔臣曰：道相四朝，而偷生苟禄，無可旌之節；所上官誥，其給還之。是月，汴河絕流。九月，賜《李繼隆神道碑額》曰“顯功”。乙卯，武寧節度使兼侍中夏竦卒，贈太師、中書令，賜謚文獻。知制誥王洙當草制，封還其目曰：臣下不當與僖祖同謚。遂改曰文正。
徐乾學《資治通鑒後編》卷六十八		(35)以禮部侍郎、參知政事曾公亮依前官充樞密使。樞密副使、右諫議大夫張昪、禮部侍郎孫抃並參知政事。翰林學士、禮部侍郎、知制誥、史館修撰歐陽修，樞密直學士、右諫議大夫陳旭，御史中丞趙槩，並為樞密副使，仍以槩為禮部侍郎。詔：自今臣僚之家，毋得陳乞御篆神道（碑額）。
徐乾學《資治通鑒後編》卷七十三		(36)先是，韓琦、曾公亮欲遷歐陽修為樞密使，將進擬，不以告修。修覺其意，謂兩人曰：今天子諒陰，母后垂簾，而二三大臣自相位置，何以示天下？兩人服其言，遽止。及昪去位，上遂欲用修，修又力辭不拜。(此據蘇轍《神道碑》。)
徐乾學《資治通鑒後編》卷八十八		(37)辛巳，詔蘇轍、劉攽編次神宗御製。白虹貫日。二月丁亥，遣左司諫朱光庭乘傳詣河北路，與監司一員徧視災荒，措置賑濟。賜富弼《神道碑》以“顯忠尚德”為額，仍命翰林學士蘇軾撰文。
徐乾學《資治通鑒後編》卷九十一		(38)元豐末，神宗嘗謂輔臣曰：明年建儲，當以司馬光、呂公著為師保。及公著卒，呂大防奉勅撰《神道碑》，首載神宗語。帝又親題其額。 (39)張商英在元祐時，上呂公著詩求進，其言諛佞無恥；及為諫官，則上疏毀司馬光、呂公著《神道碑》。周秩在元祐間為太常博士，親定司馬光謚文正；為言官，則上疏論司馬光、呂公著，至欲剖棺鞭尸。是豈士君子之所為哉？章疏前後至數十百上，度終不能回，遂乞外，帝開慰而已。

續表

作者/文獻	版本	用　　例
徐乾學《資治通鑒後編》卷九十五	清文淵閣四庫全書本	(40) 其世濟忠直，既不得名其碑，則前日未當之謚，理所應論，不特純仁而已。有如司馬光之謚文正，呂公著之謚正獻，其類不一，皆當奪本議，各謚其惡，以訓萬世。詔范純仁謚定議，覆議官各罸銅，其《神道碑》如已鐫立，令潁昌府毀磨。
徐乾學《資治通鑒後編》卷一百十七		(41) 十一月乙巳朔，追封益國公秦檜為申王，謚忠獻，賜《神道碑》，額曰"決策元功，精忠全德"。
徐乾學《資治通鑒後編》卷一百七十五		(42)（《考異》）星吉之死，《元史本傳》無月日，宋濂為撰《神道碑》云"九月二十九日"，《元史續編》《平胡録》並載"在十一月"。今以《神道碑》正之。
徐乾學《資治通鑒後編》卷一百七十八		(43)《實録》云"士德以丙申七月被擒"，而太祖御製武寧《神道碑》亦首載其事。今基《舟中望虞山》之詩，則以為楚公身將樓船百戰捐軀之地，此所謂傳聞異辭矣。 (44) 基身在士德幕中，是詩作於癸卯二月渡淮之日，不當為無稽之言。而豐碑國史，簡册昭然，又豈宜有錯誤哉？今年輯《開國功臣事畧》，於宋文憲《鑾坡後集》，得《梁國趙武桓公神道碑》云：丁酉六月戊辰，取江陰。秋七月丙子，攻常熟，張士德出挑戰，公麾兵而進，士德就縛。士德，士誠之弟也。
徐乾學《資治通鑒後編》卷一百七十九		(45) 錢氏辨證曰：按《神道碑》與《行述》，深出見大海在克處州之後，而《實録》則以為深間道來降，乃獻謀取處州，此大異也。以《實録》本傳考之，似當從《碑》與《行述》。
徐乾學《資治通鑒後編》卷一百八十一		(46) 太祖御制《神道碑》云：命為帥首，凡有微徵，以代朕行。 (47) 太平城下之戰，《實錄》與寧河、東甌《神道碑》互異。而《實錄》寧河本傳，又與《神道碑》合，則《實錄》與本傳又互異也。 (48) 寧河《神道碑》云：上親督兵御之，調王與魏國以奇兵出其後。東甌《神道碑》云：王擊其水軍，中山、寧河二王由東門轉戰城北，破其步軍，遂擒弍先以獻。 (49) 考《程國勝神道碑》，國勝以是年十月從衛公戰敗苗軍。 (50)《程國勝神道碑》載同與國勝等偕降，徽州城下之戰，國勝已在行間，則較《實錄》所載，蓋大相矛盾矣。 (51) 豐城朱文恪公善撰《安定伯程國勝神道碑》紀其事最詳。蓋當御舟膠淺，張定邊奮前直犯之時，事勢惶急。成與國勝、兆先等方左右格鬭，及定

續表

作者/文獻	版本	用　　例
徐乾學《資治通鑒後編》卷一百八十一	清文淵閣四庫全書本	邊中矢，援舟驟進，御舟以水湧得脱，而成等反遶出敵艦之後，援絶而死。然則成等致命之時，定邊之勢已熸，御舟之厄已脱矣，寧有代死誑漢之事耶？且康山之役，與滎陽不同。 (52)（《考異》）《太祖實錄》辨證曰：鄱陽之戰，開平射中張定邊，脱御舟於險，其功最鉅。《實録》紀在七月戊子，朱善撰《程國勝神道碑》，其繫日亦同。宋文憲開平《神道碑》但記射中定邊，而膠沙脱險，則書於八月壬戌禁江口，相去一月餘矣。 (53) 按：己丑之戰，六舟深入，疑陷沒而旋出者，俞通海、廖永忠、張興祖、趙庸等也。《實録》不載，開平《神道碑》亦但記膠沙脱險，而不及深入陷沒之事，知《鐵冠傳》誤也。 (54) 按《實録》，上聞張鐵冠言，乃遣樂人具牲酒往祭，以覘其死生。……當是時，友諒之死，我軍尚未知。既死而降卒始來告，何以知此矢之出於英乎？楊文敏撰英《神道碑》云：友諒中流矢死，有言公之功者。上問之，公曰：天威神筭，臣何有焉。上益重之。 (55) 劉三吾撰《陜國公神道碑》云：彭蠡之戰，戒嚴所部，人百其勇。友諒計蹙，中流矢死。以三吾序陜國之事參互觀之，則集矢之勳，其不出於營國亦曉然矣。 (56) 方孝孺撰東甌《神道碑》云：師至延平，主帥陳友諒定怙險横甚，令其副出城降，觀望持兩端。王虜之以歸，東南海上晏然。 (57) 厥後洪武九年，宋濂奉敕撰《方國珍神道碑》，歷數一時群雄，皆直書其名，而於察罕則云：齊國李忠襄衛察罕，保厘河、洛。
徐乾學《讀禮通考》卷二十		(58) 夫王者之孝，在乎得四海之歡心，胡為以不正無益之稱，使億兆之口指斥謗讟，致濮王之靈不安於上？臣料陛下仁孝，豈忍如斯。皆由左右之臣不能為陛下開明此理，在於神道不遠人情。故先聖謂事死如事生，事亡如事存。設如仁皇在位，濮王居藩，陛下既為冢嗣，復以親稱濮王，則仁皇豈不震怒？濮王豈不側懼？是必君臣兄弟立致釁隙，其視陛下當何如也？神靈如在，亦豈不然？以此觀之，陛下雖加名稱，濮王安肯當受？
徐乾學《讀禮通考》卷三十五		(59) 方慤曰：與神交之道，則心主乎敬。夫厭冠麻絰，居喪之禮也。至於葬，則以弁易冠、以葛易麻者，示敬故也。子游曰：飯於牖下，小斂於户內，大斂於阼，殯於客位，祖於庭，葬於墓，所以即遠也。比至於葬，則即遠之至矣，故以神道交之。 (60) 徐師曾曰：厭冠麻絰，居喪之禮也。至於葬，則親已之幽有神道焉。故以弁絰易冠，以葛易麻，不以純凶之服交神者，示敬也。

續表

作者/文獻	版本	用　　例
徐乾學《讀禮通考》卷三十九	清文淵閣四庫全書本	(61)《李夷簡傳》：將終，戒毋厚葬，毋事浮屠，毋碑神道，惟識墓則已。世謂行己能有終始者。 (62) 皇甫湜《韓文公神道碑》：遺命喪葬，無不如禮。俗習相傳，畫寫浮圖，日以七數之，及擄陰陽，所謂吉凶，一無汚我。 (63) 歐陽修撰《王武恭公德用神道碑》：公以疾薨於家。遺言曰：臣有俸祿，足以具死事，不敢復累朝廷，願無遣使者護喪，無厚賻贈。 (64) 范鎮撰《宋景文公祁神道碑》：公自鄭州移疾還京師。明年夏四月，疾益侵，召門弟子范鎮，謂之曰：疾病者既死，毋受贈典，毋丐子孫恩，毋請謚，毋立碑。我雖戒諸子，恐其弱，不能聞於朝，子其為我達之。……粵五月丁酉，公薨。
徐乾學《讀禮通考》卷四十六		(65) 祝於輿左，西向跪，昭告曰：孤子某（母云哀子）謹用吉辰，奉歸先寢，（若新卜宅，云"奉遷幽宅"。四品以下先兆、幽宅。）靈車就引，神道紆囬，惟以荒寥，無任哽絶。 (66) 祝詣靈座前，西向跪，昭告曰：孤子某（毋云哀子）謹用吉辰，奉歸先兆，（若新卜宅，云"奉歸幽宅"。）靈車就引，神道紆迴，惟以荒寥，無任哽絶。 (67) 祝詣靈座前，西向跪，昭告曰：孤子某（母云哀子）謹用吉辰，奉歸先域，（若新為墓，則曰"奉歸幽宅"。）靈車就引，神道紆迴，唯以荒寥，無任哽絶。
徐乾學《讀禮通考》卷四十七		(68) 祝詣靈座前，西向跪，昭告曰：孤子某（母則云哀子）謹用吉辰，奉歸幽宅，靈車就引，神道紆迴，惟以荒寥，無任哽絶。
徐乾學《讀禮通考》卷五十六		(69) 朱子謂適時之宜，夫立重之意，蓋恐神無所依，又不敢遽立主者。竊意初死，尚以人道事之，而主則神道矣，故不忍之死而致死也。
徐乾學《讀禮通考》卷八十一		(70) 然公之喪，嫁母如母，卒時卒無非議之者。即歐陽公撰公《神道碑》，獨不書公丁母夫人憂一節，豈亦設身處地，悲其遇，哀其志，雖踰於禮而為賢者諱之歟?
徐乾學《讀禮通考》卷八十二		(71)《朱子語類》：陳淳問於朱子曰：某欲改葬前妣，祔於先塋，以前妣與先父合為一封土，而以繼妣少間數步，別為一封土，與朋友議以神道尊右，而欲二妣皆列於先塋之左，不審是否然? 程子《葬穴圖》又以昭居左而穆居右，而《廟制》亦左昭右穆，何也? 曰：昭穆但分世數，不分尊卑。

續表

<table>
<tr><th>作者/文獻</th><th>版本</th><th>用　　例</th></tr>
<tr><td>徐乾學
《讀禮通考》
卷八十二</td><td rowspan="4">清文淵閣四庫全書本</td><td>(72)《唐書新語》：開元中，集賢學士徐堅葬妻，問兆域之制於張說。曰：長安神龍之際，有黃州僧弘道，通鬼神之意，而以人事參之。僕嘗聞其言，猶記其要。墓欲深而狹。深者，取其幽；狹者，取其固。平地之下一丈二尺為土界，又一丈二尺為水界，各有龍守之。土龍六年而一暴，水龍十二年而一暴。當其遂者，神道不安。故深二丈四尺之下，可以設窀穸。墓之四維，謂之折壁。欲下闊而上斂，其中頃謂之中樵，中樵欲俯斂而旁殺。墓中米粉為飾，以代石堊，不置瓴甋瓦，以其近於火。不置黃金，以其久而為怪。不置朱丹、雄黃、礜石，以其氣燥而烈，使墳上草木枯而不潤。不置羽毛，以其近於尸也。鑄鐵為牛象之像，可以禦土龍。玉潤而潔，能和百神，置之墓內，以辟神道。僧弘之說如此。</td></tr>
<tr><td>徐乾學
《讀禮通考》
卷八十三</td><td>(73)《唐會要》：神龍元年，將合葬則天皇后于乾陵，給事中嚴善思以合葬非古，且以卑動尊，尤為不輕。若神道有知，幽塗自得通會；若死者無知，合之復有何益？上表諫之，不從。(詳見第九十卷《山陵考》。)
(74)唐武后崩，將合葬乾陵，給事中嚴善思建言：尊者先葬，卑者不得入。且玄闕石門，冶金錮隙，非攻鑿不能開，神道幽靜，多所驚黷。合葬，非古也。使神有知，無所不通；若其無知，合亦何益？中宗不納。</td></tr>
<tr><td>徐乾學
《讀禮通考》
卷八十六</td><td>(75)古者，宗子去他國，庶于無廟。孔子曰：望墓而為壇，以時祭。即今之上墓，義或有憑，然神道尚幽，不可逼黷塋域，宜設於塋南門山門之外，設净席為位，遥祭以時饌，如平生所嗜。若二塋數墓，每墓各設位席，昭穆異列，以西為上。主人盥手奠爵，三獻而止。徹饌訖，主人以下泣辭塋。食餘饌者可於他僻處，不見墓所，孝子之情也。</td></tr>
<tr><td>徐乾學
《讀禮通考》
卷八十七</td><td>(76)軒轅始置棺，夏禹加土塈，成湯加木槨，周公置堨翣，桓魋為石槨。夏禹始制明器芻靈，商湯設含巫，成始造開路神，周武王置窆碑、隧道、俑儀、衣襚，穆王加以殉室，秦武公始以人殉，唐王嶼始造紙錢。今之糧罌含類也，明衣面帛襚類也。湯始造明旌，伊尹始造墓宮，周公始為華表，周宣王始置石鼓、石人、猊、虎、羊、馬，秦始皇始作壙屋，晉武帝始置《神道碑》，周公始合葬。挽歌起於周之中葉，墓有儀衛始於秦。炙轂子曰：秦漢以來，帝王陵寢有石麟、辟邪、兕馬之屬，人臣墓亦有石人、羊、虎之類。</td></tr>
</table>

續表

作者/文獻	版本	用　　例
徐乾學 《讀禮通考》 卷八十九	清文淵閣四庫全書本	(77)《魏志》：黃初三年，冬十月甲子，表首陽山東為壽陵，作《終制》曰：禮，國君即位為椑，存不忘亡也。昔堯舜葬穀林，通樹之，禹葬會稽，農不易畝，故葬於山林，則合乎山林。封樹之制，非上古也，吾無取焉。壽陵因山為體，無為封樹，無立寢殿，造園邑，通神道。夫葬也者，藏也，欲人之不得見也。骨無痛痒之知，冢非棲神之宅，禮不墓祭，欲存亡之不黷也，為棺椁足以朽骨，衣衾足以朽肉而已。故吾營此丘墟不食之地，欲使易代之後不知其處。無施葦炭，無藏金銀銅鐵，一以瓦器，合古塗車、芻靈之義。棺但漆際會三過，飯含無以珠玉，無施珠襦玉匣，諸愚俗所為也。季孫以璵璠斂，孔子歷級而救之，譬之暴骸中原。宋公厚葬，君子謂華元、樂莒不臣，以為棄君於惡。漢文帝之不發，霸陵無求也；光武之掘，原陵封樹也。霸陵之完，功在釋之；原陵之掘，罪在明帝。是釋之忠以利君，明帝愛以害親也。忠臣孝子，宜思仲尼、丘明、釋之之言，鑒華元、樂莒、明帝之戒，存於所以安君定親，使魂靈萬載無危，斯則賢聖之忠孝矣。自古及今，未有不亡之國，亦無不掘之墓也。喪亂以來，漢氏諸陵無不發掘，至乃燒取玉匣金縷，骸骨并盡，是焚如之刑，豈不重痛哉！禍由乎厚葬封樹。 (78)《集古録》：《宋文帝神道碑》書“太祖文皇帝之神道”，凡八大字而別無文辭，惟以此為表識爾。古人刻碑，正當如此，後世鐫刻功德、爵里、世系，惟恐不詳矣。
徐乾學 《讀禮通考》 卷九十		(79)《唐會要》：神龍元年十二月，將合葬則天皇后于乾陵，給事中嚴善思上表曰：臣謹案《天元房錄葬法》云：尊者先葬，卑者不合於後開入。臣伏聞則天大聖皇后欲開乾陵合葬，即是以卑動尊。事既不經，恐非安穩。臣又聞乾陵玄宮，其門以石閉塞，其石縫鑄鐵以固其中。今若開陵，其門必須鐫鑿。然以神明之道，體尚幽玄；今乃動眾加功，誠恐多所驚黷。又若別開門道，以玄宮，即往者葬時，神位先定，今更改作，為害益深。又以修築乾陵之後，國頻有難，遂至則天皇后權萬機，二十餘年，其難始定。今乃更加營作，伏恐還有難生。但合葬非古，著則古昔在《禮經》，緣情為用，無足依準。況今事有不安，豈可復循斯制！伏見漢時諸陵，皇后多不合葬；魏、晉之後，祚皆不長。雖受命應期，有同天假，然循機享德，亦在時文。但陵墓所安，必資勝地，後之胤嗣，用託靈根，或有不安，後嗣固難長享。伏望依漢朝之故事，改魏、晉之頹綱，於乾陵之旁，更擇吉地，取生墓之法，別起一陵，既得從葬之義，又成固本之業。伏以合葬者，緣人私情；不合葬，前脩

續表

作者/文獻	版本	用　　例
徐乾學《讀禮通考》卷九十	清文淵閣四庫全書本	故事。若以神道有知，幽塗自得通會；若以死者無知，合之復有何益？然以山川精氣，上為星象，若葬得其所，則神安後昌；若葬失其宜，則神危後損。所以先哲垂範，具立《葬經》，欲使生人之道必安，死者之神永固。伏望少迴天眷，俯覽臣言，行古昔之明規，割私情之愛欲，使社稷長享，天下永安。疏奏，百官詳議。尋有敕令，準遺詔以葬之。 (80)《會昌一品集》：李德裕上奏曰：奉宣，“宜懿皇太后祔光陵同玄宫，及不移福陵只祔廟，何者為便，商量奏來”者。右，臣等伏以園寢已安，神道貴静，光陵因山久固，僅二十年，福陵近又修崇，足彰嚴奉。今若再因合祔，須啓二陵，或慮聖靈不安，未合先旨。又以阴阳避忌，亦有所疑，不移福陵，實合禮意。伏以照臨在天，光靈未遠。合食清廟，於禮無違，足以申陛下大孝之心，表先后昭配之德，既遵舊典，尤愜眾情。臣等商量，祔太廟不移福陵，實為允便。 (81) 朱彝尊曰：代州柏林寺東有斷碑，題額尚存，曰“唐故左龍武統軍檢校司徒贈太保隴西李公神道之碑”。文曰：公諱國昌，字德興，世為隴西沙陀人。偉姿容，善騎射，蓋晉王克用之父朱邪赤心也。
徐乾學《讀禮通考》卷九十一		(82)《梅溪集》：王十朋代越帥王佐尚書上疏曰：臣竊見欑宮修造，每年一小修，三年一大修，率以為常。此固陛下奉先極孝之心，臣子所宜奉行而不懈也。然臣竊謂陵寢所在，神靈是依，神道貴幽，理宜安靜。若頻歲修造，不無震驚，故古不修墓，聖人非薄於其親意，謂寧親莫如寧神，是乃孝之大者。今欑宮棟宇已固，器用已備，松柏已茂，陛下崇奉之心亦可謂至矣。臣欲乞自今已後，不必以三年大修，每年小修為拘，但令本府常預備瓦石、工匠之類，以俟不時之須。凡棟宇或損則更之，器用或舊則新之，松柏或枯則補之。如是則工役不繁而丹雘常新，歲月寖久而陵廟愈安，以昭先帝儉德之恭，以稱陛下寧神之孝，不勝幸甚。
徐乾學《讀禮通考》卷九十三		(83)《昌平山水記》：自昌平州西門而北六里至陵下，有白石坊一座五架，又北有石橋三空，又二里至大紅門，門三道，東西二角門，門外東西各有碑，刻曰：官員人等至此下馬。入門一里有碑亭，重簷四出陛，中有穹碑，高三丈餘，龍頭龜趺，題曰“大明長陵神功聖德碑”，仁宗皇帝御製文也。……石柱二，刻雲氣，並夾侍神路之旁，迤邐而南，以接乎碑亭。碑文後書洪熙元年四月十七日，孝子嗣皇帝某謹述。葢文成而碑未立。宣德十年四月辛酉，修長陵、獻陵，始置石人、石馬等於御道東西。十月己酉，建長陵神功聖德碑，

續表

作者/文獻	版本	用　　例
徐乾學 《讀禮通考》 卷九十三	清文淵閣四庫全書本	是時仁孝皇后之葬二十有三年，文皇帝之葬亦十有一年。……大石橋正北二里有石橋五空，又三里至長陵殿門神道，自嘉靖十五年世宗謁陵，始命以石甃。自大紅門以內，蒼松翠柏無慮數十萬株，今盡矣。 （84）《肅松録》：出昌平州東門數里，入伽藍口，又三里為永陵園，園後曰蔣山。山腹有神仙洞，洞不甚深，鐫字於旁，曰：蜿蜒龍脊山吞月，磊砢雲根洞有天。上懸一石，如覆鐘狀。山上有三清殿。復行二里，度一溪，溪西有七鳳橋。長陵神道，東流之水經焉。旁有井，故地名玉井灣。
徐乾學 《讀禮通考》 卷九十四		（85）又設位于寢宮之内寢殿東階之東南，西向。又設百官位于陵所，行從官皇親諸親及客使等分方位于神道之左右，相對為首；寢宮所于大次之前，分方序立如常，並隨地之宜。 （86）真宗景德三年，帝將朝諸陵，以宰臣王旦為朝拜諸陵大禮使。太常禮院言：朝陵故事，合排小駕鹵簿。唐太宗朝獻陵，宿設黃麾仗，周衛陵寢。今請周設黃麾仗。又唐制，前一日，陵令以玉冊進御親書，近臣奉出，陵令受之。今請造行冊四幅，祝畢焚之。其百官位舊設陵所，從祝官及皇親、客使分於神道左右。貞觀中，並陪列司馬門内。今望準舊儀施行。 （87）臣按《禮經》，無墓祭之文，後世行之雖非古也。然祖宗體魄所藏、留骨所在，為子若孫者漠然以土壟視之，閱歲逾時不一展省焉，其情安乎？情之所不安，義之所不當，此禮所以貴乎義起也。上陵之禮，三代以前雖不經見，然自漢以後歷代相承，率不敢廢。非不敢也，蓋不忍也。在漢初，天子雖不躬行，然奉常屬官，有寢園令長丞，又有園郎、寢郎。園中各有寢便殿，日祭於寢，時祭于便殿寢。日四上食。丞相以四時行園。光武自建武六年至二十二年，凡三幸長安，皆有事于上陵，則固躬詣陵行禮也，但未立定制爾。《唐開元禮》有天子上陵儀注，又歲有清明設祭，朔望、時節之祀。宋又行於春秋，歲以為常。我朝上陵之禮凡三舉焉，清明也，中元也，冬至也。每遇行禮，文武諸司各遣官一員，而以親王或駙馬，都尉主祀事。天下無事，天子於清明日亦時或一行。其忌日，則惟遣駙馬，而百官不與焉。其或藩王有來朝者，亦許拜謁。孝陵在南京，内外臣僚有事經過者必先拜謁，否則有罪。臣竊以為人子於其親，當一於禮而不可苟於其生也，則既事之以禮矣。迨其死也，其體魄歸之於地者為宅兆以藏之，其魂氣之在乎天者為廟祏以棲之，其洋洋乎在廟祏者則固神事之，其纍纍然在丘隴者安忍以死事之哉？但為之制不可盡備，宜視歲享而殺。一事以神道而兼用吉凶之禮，庶乎得古人起禮之意云。

續表

作者/文獻	版本	用　例
徐乾學《讀禮通考》卷九十八	清文淵閣四庫全書本	(88)《封演見聞記》：墓前碑碣，未詳所起。案：《儀禮》：廟中有碑，所以繫牲，并視日景。《禮記》：公室視豐碑，三家桓楹。天子、諸侯葬時下棺之柱，其上有孔，以貫綍索，懸棺而下，取其安審，事畢因閉壙中。臣子或書君父勲伐於碑上，後又立之於隧口，故謂之神道，言神靈之道也。古碑上往往有孔，是貫綍索之像。前漢碑甚少，後漢碑蔡邕、崔瑗之徒多為人立碑。魏、晉之後，其流寖盛。隋氏制，五品已上立碑，螭頭龜趺，趺上不得過四尺，載在《喪葬令》。近代碑稍衆，有力之家多輦金帛以祈作者，雖人子罔極之心，順情虚飾，遂成風俗。蔡邕云：吾為人作碑多矣，惟有道無媿詞。隋文帝子齊王攸薨，僚佐請立碑。帝曰：欲求名，一卷史書足矣。若不能，徒為後鎮石耳。誠哉是言也。 (89) 又《釋名》云：碑，被也。葬時所設。臣子追述君父之功，以書其上。徐曰：劉熙言“起於懸棺之碑”者，蓋今《神道碑》也。《初學記》：碑，悲也，所以悲往事。今人墓隧宫室之事，通謂之碑矣。 (90)《唐錦夢餘録》：古之所謂碑者，乃葬祭之時，植一大木，用以繞紼麗牲耳，不可為文章之名也。後世易之以石，已失古制，孫何嘗著論辨之。然有名公鉅儒為人作碑文，而往往直書其首曰“某公神道碑”，是皆考索不精，恐不免見笑於孫公矣。 (91) 神道碑 (92)《事祖廣記》：晉、宋之世，始又有《神道碑》，天子及諸侯皆有之。(其刻木止曰“某帝或某官神道之碑”，今世尚有《宋文帝神道碑》墨本也。其初由立之於葬兆之東南，地理家以東南為神道，故以名碑爾。案：後漢中山簡王薨，詔為之修冢塋，開神道。注云：墓前開道，建石柱以為標，謂之神道。是則神道之名在漢已有之也，晉、宋之後易以碑刻云。) (93)《集古録》：《宋文帝神道碑》題曰“太祖文皇帝之神道”，八大字而别無文辭，惟以此為表識。古人刻碑，正當如此，而後世鐫刻功德、爵里、世系，唯恐不詳。然自後漢以來，門生故吏多相與立碑頌德矣。 (94) 乾學案：霍光塋築神道，蜀郡太守王稚子、太尉劉文饒並有神道，非始於後漢、晉、宋之世。蓋自漢以後，一命而上，稍有聲績者，其沒也，無不立碑、著神道與闕，亦不論官階。其式多不相同，有暈，有穿；暈或三四重，而穿則一；首趺兩旁，或刻人物，麟、鳳、龜、龍及諸圭璧、珍寶之形，窮工極巧，以為厚終之禮，如是方可慰門生、故吏及其子孫無窮之思，而不知汰已甚矣。建安時之為制禁也，宜哉！ (95) 吴曾《能改齋漫録》：葬者墓道稱神道，自漢已然。引《襄陽耆舊傳》

續表

作者/文獻	版本	用　　例
徐乾學《讀禮通考》卷九十八	清文淵閣四庫全書本	“光武立蘇嶺祠，刻二石鹿於神道”，《楊震碑》首題“太尉楊公神道碑銘”為證，非也。《漢書·高惠文功臣表》：戚圉侯季信成坐為太常縱丞相侵神道，為隸臣。《霍光傳》：光薨，光夫人侈大其塋制。起三山闕，築神道。此二事皆在前，當以為據，蓋不始於後漢。但《表》所謂神道，疑宗廟之路也。 (96)《隸釋》：交阯都尉沈君二神道，其上各刻朱雀，其形相向，知此蓋是一人。猶王稚子闕，盡書其所歷官也。其下又刻龜蛇虎首，所畫最工。此字及馮焕、王稚子闕皆是八分書。 (97)程大昌《演繁露》：《李廣傳》：丞相李蔡得賜冢地，盜取三頃賣之，又盜取神道外壖地一畝葬其中。世之言神道者，始此。又霍光塋，起三土闕，築神道。神道，言神行之道也。 (98)《寶刻叢編》：《漢蜀郡屬國都尉王君神道》在南陽，題云：漢故蜀郡屬國都尉王君神道封陌。 (99)《漢太尉劉寬神道》有二：其一曰：漢太尉劉公，諱寬，字文饒。其一曰：漢太尉車騎將軍特進昭烈侯劉公。神道各有一，螭蟠屈乎其上，而下作獸面，如彝鼎間饕餮之象，當是雙闕所刻。圖畫微拙，不及《王稚子》《沈新豐》之精也。 (100)《訪碑録》：鄧城縣南十二里，張相公墓前有“大周魏君之神道”字。 (101)《六朝事迹》：梁吳平忠侯蕭景墓石柱一，題云：梁故侍中中撫將軍開府儀同三司吴平忠侯蕭公之神道。梁安成王蕭秀墓石柱一及神道碑二，題云：梁故散騎常侍司空安成康王之神道。梁臨川王蕭宏墓石柱碑二，題云：梁故史黄鉞侍中大將軍揚州牧臨川靖恵王之神道。梁建安侯蕭正立墓有石柱二，題云：梁故侍中左衛將軍建安敏侯之神道。 (102)《金石例》：三品以上《神道碑》，立於墓隧道之左，面南，立螭首龜趺，各依品從合得尺寸。 (103)王行《墓銘舉例》案：《神道碑》，其題有二：有碑額之題，有碑文之題。碑額之題簡，碑文之題詳。蓋既題其額，又題其文也。凡神道碑首，必詳書其世系，重其所出也。 (104)陳龍正《家矩》：唐、宋大臣例有《神道碑》，大都奉朝命而為之，亦有其家私求撰述者。然古來德行勳業流傳不朽，浸灌人心，大抵史冊所記載，後賢所表章，何嘗讀某家碑誌？是則德業果盛，既不必求；苟無德業，求又何用？人唯有自立於生前，寧須借重於死後。儻祖先有陰德微情，足以感動後世，子孫中推一有文采筆力者為質實記之，或有及門諸子互記而彙輯之，

續表

作者/文獻	版本	用　　例
徐乾學《讀禮通考》卷九十八	清文淵閣四庫全書本	如年譜之屬，用志不忘可也。 (105)《金石例》：先塋、先德、昭先等碑，唐、宋皆無之。所書三代并妻子，例似與神道、墓誌等碑不同。 (106) 王定保《摭言》：《文貞公神道碑》，太宗之文。時徵將薨，太宗夢見，及覺，左右奏徵卒。故曰：俄於仿佛，忽覩形儀。復曰：高宗昔日得賢相於夢中，朕今此宵失良臣於覺後。 (107) 即或開之，豈皆通文辨篆人邪？即知其名姓，死者之德，能致開者之重否？即為掩之，能肯復束此石否？石既不束，能必墓不再動否？此説大可笑也。不如題姓名于碣面，詳家世於碣陰。有功德者，表諸神道，使有目者皆得見之，免致誤動之尤愈乎？程大中誌石，砌于壁間，有何不可？
徐乾學《讀禮通考》卷九十九		(108) 本朝此風猶存，唯東坡公於天下未嘗銘墓，獨銘五人，皆盛德故，謂富韓公、司馬溫公、趙清獻公、范蜀公、張文定公也。此外趙康靖公、滕元發二銘，乃代文定所為者。在翰林日，詔撰《同知樞密院趙瞻神道碑》，亦辭不作。曾子開與彭器資為執友，彭之亡，曾公作銘，彭之子以金帶縑帛為謝。却之至再，曰：此文本以盡朋友之義，若以貨見投，非足下所以事父執之道也。彭子惶懼而止。
徐乾學《讀禮通考》卷一百五		(109)《檀弓》曰：弁絰葛而葬，與神交之道也，有敬心焉。以爲喪，至於葬，則親己之幽，有神道焉。
徐乾學《讀禮通考》卷一百十二		(110) 劉績《霏雪録》：起復者，喪制未終，勉其任用，所謂奪情起復者也。如歐公《晏元獻神道碑》：明年，著作佐郎，丁父憂，去官，已而眞宗思之，即其家起復，為淮南發運使。及史嵩之喪父，經營起復是也。今人以服闋為起復，誤矣。宋制：銜上亦帶書，如“起復左僕射中書門下平章事臣趙普”是也。 (111)《家禮》(附論)：司馬温公曰：所以西上者，神道尚右故也。或問：廟主自西而列。朱子曰：此也不是古禮。問：諸侯廟制，太祖居北而南向。昭廟二在其東南，穆廟二在其西南，皆南北祖重。不知當時每廟一室，或共一室各為位也？曰：古廟制，自太祖以下，各自一室。司農禮象圖可考。西漢時高祖廟、文帝顧成廟，各在一處。但無法度，不同一處。至東漢明帝，謙貶不敢自當立廟，祔於光武廟，其後遂以為例。至唐，太廟及羣臣家廟，悉如今制，以西為上也。至禰處謂之“東廟”，只作一列，今太廟之制亦然。

續表

作者/文獻	版本	用　　例
徐乾學《讀禮通考》卷一百十二	清文淵閣四庫全書本	(112) 金賁亨集《家禮・祠堂圖》：高曽祖禰四龕，以西為上。《正寢時祭圖》：四世神主，自右一列，而左俱南向，其説曰：神道尚右也。今人多依此式。賁亨每家祭，心竊未安。夫曰：神道尚右，人道不當尚左乎？今生者序坐，以中為尊，何也？且父祖子孫為分甚嚴，乃處以駢席並肱而享，可乎？宗子宗婦祭則中立，而高祖考妣僻在一隅，亦非對越之義。吳江莫氏《家禮考證》：援古堂事室事之制，辨尚右之非，其言有據。 (113) 呂坤《四禮疑》：左祖從生氣也，社成物故右。祠堂東於正寢，左祖之義乎？地難，卜靜；家貧，同室。祠堂在正寢之東，義法周制。若居室難於安排，神道幽而尚靜，擇一靜處可也。若家貧力不能祠，即於居室中間設香案，垂簾簿以障之亦可也。
徐乾學《傳是樓書目》	清道光八年味經書屋鈔本	(114)《群忠事畧》(建文遜國時事)，一本。《革朝遺忠錄》(二卷，郁裒)，二本。又一部 (二卷)，二本。《許忠莭公逵實紀》(許塲)，二本。又一部 (三卷)，三本。又一部 (六卷，附于《忠肅公神道碑》)，二本。
徐乾學《古文淵鑒》卷三十一	清文淵閣四庫全書本	(115) 梁國公姚崇神道碑銘 (116) 帝乃灑恩仙翰，鏤澤豐砥，日月照臨於佳城，烟雲變態於神道。實其文字，別為羣玉之山；禁其樵蘇，即表三司之墓。銘曰：淵源自虞，派別從吳。避地魯陝，居家洛都。神明遠契，岳瀆真符。翊聖斯偶，生賢不孤。……鐫金刻石，鳳篆龍圖。七曜光動，三泉澤濡。銓能叙事，理鬱詞敷。求舊銘實，慙殫悳蕪。緬思雲霧，尚想江湖。有道之德，其何以踰？延陵之墓，空此嗚呼。存歿終始，遐哉邈乎！ (117) 崇《答書》云：忽辱牋翰，喜慰攸集。退惟自省，慙懼亦深，實智力之所不逮也，宜朝廷之所見責也。僕本凡近之材，素非經濟之具，叨承過聽，謬膺朝委。自少及長，從微至著，唯以直道為業，匪以曲路期通。歷官三朝，年逾一紀，凡所稱薦，罕避嫌疑，實有祁奚之舉，非無許允之對。則天之世，已被流言，行之有恒，久而自辯。近蒙獎擢，倍勵駑庸，每以推賢進能為務，欲使公卿大夫稱職，豈陽鱎之或用，及解狐之可為？而悠悠之徒，未足矜察；嗷嗷之口，欲以中傷。上恃天聰，俯伏神道，既不得奉身而退，但知信心而前，然顧無隱慝，亦死為明矣。猥惟不敏，敬承厥休，時當座銘，永為身實。崇頓首。

續表

作者/文獻	版本	用　　例
徐乾學《古文淵鑒》卷三十二	清文淵閣四庫全書本	(118) 馬璘神道碑銘（璘，扶風人。開元末，挾策從安西府。以奇功，累遷金吾衛將軍。歷四鎮，北庭節度使。入朝，檢校左僕射。）
徐乾學《古文淵鑒》卷三十五		(119)《傳》曰“子雖齊聖，不先父食”，蓋言子為父屈也。景皇帝雖太祖也，其於獻、懿，則子孫也。當禘祫之時，獻、懿宜居東向之位，景皇帝宜從昭穆之列，祖以孫尊，孫以祖屈，求之神道，豈遠人情？又常祭甚衆，合祭甚寡，則是太祖所屈之祭至少，所伸之祭至多。比于伸孫之尊，廢祖之祭，不亦順乎？
徐乾學《古文淵鑒》卷三十六		(120) 司徒兼侍中中書令贈太尉許國公神道碑銘
徐乾學《古文淵鑒》卷三十八		(121) 明年正月，其孤昶，使奉功緒之錄，（功，愈生平行實也。緒，統系也。）繼訃以至。三月癸酉，葬河南河陽，（河陽，唐屬懷州，實懷慶府河內縣。）乃哭而叙銘其墓，其詳將揭之於《神道碑》云。
徐乾學《古文淵鑒》卷四十六		(122) 夫王者之孝，在乎得四海之歡心，胡為以不正無益之稱，使億兆之口指斥謗讟，致濮王之靈不安於上？臣料陛下仁孝，豈忍如斯。皆由左右之臣不能為陛下開明此理，在於神道不遠人情。故先聖謂事死如事生，事亡如事存。設如仁皇在位，濮王居藩，陛下既為冢嗣，復以親稱濮王，則仁皇豈不震怒？濮王豈不側懼？是必君臣兄弟立致釁隙，其視陛下當何如也？神靈如在，亦豈不然？以此觀之，陛下雖加名稱，濮王安肯當受？

表一千九百一十一

作者/文獻	版本	用　　例
徐釚《南州草堂集》卷二十四	清康熙三十四年刻本	(1) 昔瑞安高士則墓有穹碑一通，吴中太湖石也。宣德間，永嘉黄少保淮葬父，鋸其半爲《神道碑》，鋸且盡，高有裔孫曰：相公取之薄矣。黄問故，高曰：恐後人復欲鋸耳。黄默然。

表一千九百一十二

作者/文獻	版本	用　　例
徐時棟《烟嶼樓文集》卷二十三	清光緒松竹居刻本	(1) 武顯將軍福建海壇鎮總兵官鎮海倪公神道碑銘(戊午)
徐時棟《烟嶼樓文集》卷二十四	清光緒松竹居刻本	(2) 張忠烈公於南屏,乞山舟書謝山所撰《神道碑》刻之覆以石亭,縣人殉明季之難者九。及高廟賜謚,而祀典未舉,祀之忠義祠,郡建旌忠廟,歲與祀事。
徐時棟《烟嶼樓文集》卷三十二	清光緒松竹居刻本	(3) 康熙《鄞縣志》中,忠烈《奇零草》《北征錄》等書,雖無刻本,而傳鈔幾徧郡縣,惟忠節詩文見全太史所作《神道碑》者。
徐時棟《烟嶼樓讀書志》卷十六	清光緒松竹居刻本	(4)《小倉山房集》:袁子才好作碑版文,前人已非之。其《集》中序次首賦、次碑銘,是碑文固自以爲擅場者。然余視之,殊多嫩弱句,即如第一篇高安《朱文端公神道碑》首云:乾隆元年秋九月十四日,今天子命車駕親臨大學士第視疾。又四日,公薨云云。
徐時棟《烟嶼樓詩集》卷十一	清同治七年葉鴻年刻本	(5) 攝衣升陟事周覽,踐踏虎豹攀虬龍。羨門傾圮滿荊棘,神道茅塞迂弗通。防護失册祭田盡,留貽但餘山幾弓。入寺少憩長太息,隳壞如此神其恫。千山萬壑一坏土,百年雞酒將不供。會當表揭示後來,大書深刻碑穹窿。吁嗟史事久荒落,妄以嬴徐當淮戎。周秦古記弗詳考,道聽塗説皆瞽聾。
徐時棟《烟嶼樓詩集》卷十七	清同治七年葉鴻年刻本	(6) 當年神道已模糊,新看穹碑壯聖湖。欲向碑陰鐫丈尺,千秋留得墓前圖。(公墓遠在南屏,鄞人不能防護。近頗有侵佔墓地者,余擬集同人清理之,而即記四至八到於新立全碑之後。)

表一千九百一十三

作者/文獻	版本	用　　例
徐世溥《江變紀略》卷二	清道光古槐山房木活字荆駝逸史本	(1) 城中斗米漸至會一金,宋奎光憂之。以死勸背城一戰,欲獨將其家丁開門以赴清營死之,終不能得。念諸將人人異趣,不足與謀,獨庶幾神道可以威衆。

表一千九百一十四

作者/文獻	版本	用　　例
徐松 《宋會要輯稿》 后妃二	稿本	(1) 八月二日，詔：皇后祖先墳塋、饗亭、屋舍可令湖北路轉運司應辦修造，聽候擇日興工。其故贈福王李道合立《神道碑》，令有司照應《行狀》撰述。
徐松 《宋會要輯稿》 禮一四	稿本	(2) 又言：天道遠而難致也，故常以神道致之；以其尊而難親也，故常以人事親之。《易》曰“聖人亨以享上帝”，人事親之也；《禮》曰“郊血”，神道致之也。本朝郊禮，薦熟之外，不設血，殊為闕禮。伏請南郊先薦血于神座前，盛以槃，次薦腥，次薦熟。其北郊准此，仍先瘞以致神。從之。
徐松 《宋會要輯稿》 禮一五	稿本	(3) 翰林學士承旨丁度等言：公綽所引后從帝謚，及後漢故事，漢世帝謚上於一字，與今典制不同。眞宗五后祔廟日久，神道貴靜，難從改謚之禮。 (4) 詔太常禮院與兩制司議。曰：臣等伏以孝惠、孝明二皇后，太祖在位時追謚；敝德、懿德二皇后，太宗在位時追謚。當時亦未有所繫。其後帝謚既定，字法相合，有司因仍，遂著典冊。伏緣帝謚在上，后謚在下，止出於後漢明帝，但東漢一朝遵而用之。自魏晉訖唐，后謚或一字，或二字，亦不盡繫於帝謚。今詳太祖、太宗、眞宗謚號，其間功、德、神、聖、文、武、睿、孝、明九字，三朝相通。必若取一字以冠后謚，即孝、德二字無專主一室之文；必若遠稽漢制，即太祖、太宗諸后謚并須改上。况祖宗號謚，本朝自有制度，即后謚所繫，不應盡取漢明之法。且神道貴静，禮典從宜，恐不必輕輒變改。如朝廷必欲遵用漢制，即望俟明堂禮畢別加詳議。 (5) 臣聞神道尚右，今太廟一堂，夾室在西，祧主藏室中，而居順祖之右，固已順矣，蓋非所謂下附子孫之室而替其尊也。必猶以為不可，則其制有可為者。今欲乞特為僖祖之室，置祧主其中，由太祖而上親盡迭毀之主皆藏之僖祖之室。當禘祫之時，以僖祖之主權居東向之位，太祖之主順昭穆之列而從之，取其毀廟之主而合食焉，則僖祖之尊自有所申。此韓愈所謂祖以孫尊、孫以祖屈之義也。若以僖祖立廟為非，則周人別廟美嫄，不可謂之非禮。今以陛下之時，因情立禮，取聖人之制，為萬世法，不亦美歟！事與商周有殊，禮之從而亦異，此臣所謂先王之禮本人情，而損益變正之不同者也。如曰不然，臣恐違古今之義，逆天人之情，而天地祖宗之神靈有所不饗也。 (6) 謹按《祭法》：有虞氏禘黃帝而郊嚳，祖高陽而宗堯；商人禘嚳而郊冥，祖契而宗湯；周人禘嚳而郊稷，祖文王而宗武王。舜繼堯之大統，此所以祖堯之父也；周則不然，于稷始封之祖也，非獨廟之，又從而郊之，重之也。

續表

作者/文獻	版本	用　　例
徐松 《宋會要輯稿》 禮一五	稿本	于嚳則遠祖也，非獨不廟焉，禘而後及之爾。抑禘嚳者自有虞氏，商人祖之，此周之所以不立嚳廟，而獨廟姜嫄也。彼商、周之於嚳禘而後及之，然則今之僖祖亦以禘祫而後及之，不亦可乎？或又難臣曰：今者禘祫，敢屈僖祖之祧就太祖廟乎？臣又將應之曰：若以周人不立嚳廟，而曰禘嚳而郊稷，既不立廟，未知禘何所？王者禘其祖之所自出，則亦乎稷廟而禘嚳，以其稷配之乎？由此觀之，是謂屈祖之伸，伸孫之屈，殆乎正之變也。若以太祖之主從僖祖之祧，此則祖以孫伸，孫以祖屈，比之屈伸而伸屈，殊有間矣。此退之之義禘祫所以獻祖居東饗之位，景里從昭穆之列也。此《傳》所謂"子雖齊聖，不光父食"之義也，是亦變之正也。今者之議，將取正之變乎？則亦取變之正乎？是亦取其變之正也。兄太廟一歲而數祭，禘祫數年而後及，如此則太祖之尊一歲而屢饗，遠祖之尊數歲而一伸，於以求之禮法，參之神道，質之人情，是亦變之正也。今者之議，苟祧僖祖而祖太祖，則如是可也；苟不祧僖祖，則是太祖啓運立極、聖神英武，為宋子子孫孫立萬世無窮之基本，而不得專饗東嚮之尊，臣恐宗廟坤堇未安於此也。伏惟陛下聖神仁孝，聰明睿哲，放方而蹈道，遠權而知禮。以宗廟大小差事失禮，則得過乎鬼神，而議乎後世，於是乎（闕）謀從衆，下之兩制，示不專輒。臣雖非兩制，然而目睹國家大議，其容噤嘿？自非思慮之熟，亦未始輕著于篇。敢以前之言，輒貢愚瞽。 （7）唐神龍初議云：既立七廟，須崇始祖。而張齊賢云：始神即太祖，太祖之外更無始祖。此前儒講之熟矣。大抵契、稷不以功德為祖，無必然之論；特起之君自為一代之祖，無不可之理。若乃藏主未順，宜必改定。蓋夾室者，子孫廟之偏室，非廟之正也。議者謂神道尚右，夫其旨矣。然則僖祖之主，必有所歸。按《周禮・守祧》：掌守先公先王之廟祧，其廟則有司修除之，其祧則守祧黝堊之。所謂廟者，后稷、文、武諸廟也；祧禧，所藏先公先王之遷主也，先公遷主，藏於後稷之廟。僖祖猶周之先公也，宜有藏主之祧，雖無始封遠祖上為之主，而先王之祧不可以闕。日等恭詳，乞略仿此制，築別廟以藏之，大祭之歲，祀於其室。太廟則一依舊制：虛東向之位。郊配之禮，仍舊無改，事之宜而情之順也。 （8）同判太常寺兼禮儀事章衡議曰：臣竊以宗廟重事，禮經不完，學者所執異見，論議難一，非上聖莫能考。伏惟皇帝階下天賜睿智，孝通神明，力捄時斃，鼎新朝政，而廟祧之序，遷毀未安。覽輔臣之奏，矍然發德音延訪近侍，又屬諸禮官詳慎采擇，務從其當。臣雖學不到古，而職在參論，今請先舉取衆說之失，然後博考於經，折中其議。一曰：僖祖皇帝在七世之外，禮當

續表

作者/文獻	版本	用　例
徐松 《宋會要輯稿》 禮一五	稿本	祧遷。臣以為不可。……二曰：契勤商，十有四世而興，后稷勤周，十有五世而興，以其功之所因，故推以配天焉。……三曰：神道尚右，夾室在西，僖祖神主祧藏于其中，猶處順祖之右，尊卑之次，似亦無嫌。……四曰：僖祖為始祖，宜別立廟。……五曰：昔者曾立煬宮，《春秋》非之，以其已毀既藏，而遂其失乎？五者之說，皆為非是。
徐松 《宋會要輯稿》 禮二〇	稿本	(9) 眞宗六中祥符元年十二月十三日，詔曰：朕以列聖儲休，千秋接統。登封降禪，既精饗於二儀；崇德報功，亦望秩於郡祀。然率濱之内，邃古以來，惟神道之聰明，暨人倫之賢哲，期臻福祐，用示欽崇。應天下有名在地志，功及生民，宮觀、陵廟，并加崇飭。
徐松 《宋會要輯稿》 禮二二	稿本	(10) 今參詳，如鑿壁為坎，緣神道貴靜，不欲施工，望依尊謚寶册置於神座側。又言：封禪行禮將畢，燔瘞之時合舉爟火相應，用為節制。少府監所設望燎橰橰，蓋爟火之遺制也。
徐松 《宋會要輯稿》 禮二四	稿本	(11) 禮官言：《書》云“植璧秉圭”，又神道尚右，其禮神主宜啓柙裼籍，致神座前位版之右。
徐松 《宋會要輯稿》 禮三六	稿本	(12) 高宗紹興八年十月二日，詔：故太尉洮軍節度使同知樞密院事種師道以再從侄浤為後，其《神道碑》令本家陳乞，委官製撰。
徐松 《宋會要輯稿》 禮三七	稿本	(13) 七月二日，詔：訪聞諸陵使副，常遣人出入兆域，芟薙草木。神道貴靜，甚非便也。自今令遵典故，每歲春秋二仲巡陵，春除枯朽，秋芟繁蕪，自餘非時薙剪悉罷之。
徐松 《宋會要輯稿》 禮三九	稿本	(14) 四年九月二日，詔：如聞諸陵使副，常遣人出入兆域，芟薙草木。神道貴静，甚非便也。自今令遵典故，每歲春秋二仲巡陵，春除枯朽，秋芟繁蕪，自餘非時薙剪罷之。
徐松 《宋會要輯稿》 禮四九	稿本	(15) 僉曰：將陳盛禮，願進丕名，仰稱謂之未隆，在賓實之曷副！陛下再形冲挹，深自抑損，封章五上，中外一辭，矜其懇慤，始賜俞允。……若乃高明居上，陰騭在下，陛下恭已南面，含氣蒙福，神道設教，不言而信，不曰體天乎？希夷之域，清浄為宗，陛下虛中觀妙，執象抱一，無為而治，不令而行，不曰法道乎？復七傾廩粟以救民，開篋書而辯謗，仁明之至也。奉慈宸而盡禮，饗太室以致恭，孝德之著也。

續表

作者/文獻	版本	用　　例
徐松 《宋會要輯稿》 儀制一二		(16) 六月，詔：太尉知樞密院事，贈開府儀同三司神道，贈少保。
徐松 《宋會要輯稿》 崇儒六	稿本	(17) 五年十月，詔：自今臣僚之家，毋得陳乞御篆神道碑額。 (18) 治平元年十二月，英宗召輔臣觀御篆孝嚴殿額于迎陽門，御篆神道碑額。太宗御製趙普碑文并書，又篆其額。 (19) 十二月二十四日，賜大傅王黼私第御書載賡堂、膏露堂、移山堂、寵光亭、老山亭、榮觀齋、四友齋、隱庵九牌。御書神道碑額。(《實録》有止稱“賜神道碑額”，而不言御書者。別載“喪華門”。) (20) 靖康元年九月，工部員外郎李士觀乞詔詞臣撰商英《神道碑》。詔：依奏，碑額朕當親書。《實録》不載額名，亦不載賜御書月日。 (21) 二十五日，賜故相韓忠彦御書神道碑額曰“世濟厚德之碑”。 (22) 二十年三月二十八日，賜太師秦檜父敏學御書神道碑額曰“清德啓慶之碑”。二十五年十一月五日，賜故太師秦檜御書神道碑額曰“決策元功精忠全德之碑”。 (23) 三年二月，賜故贈太師陳康伯御書神道碑額曰“旌忠顯德之碑”。 (24) 八月一日，賜故太師和王楊存中御書神道碑額曰“安民定功翊運忠德之碑”。
徐松 《宋會要輯稿》 運曆一		(25) 有合行事件晝一，數内一項：文臣太中大夫以上、武臣正任刺史以上并駙馬都尉，或雖官品未至，而有政績在民，遺愛可紀，忠義之節顯聞于時，或有不求聞達，終于下位，及隱逸邱園，并孝悌之士，曾經朝廷獎過，凡在先朝薨卒者，并宗室大將軍及贈公侯，例合立傳者，要見逐人行狀、墓誌、神道碑、生平事迹。或有著述文字達于時務者，照證修纂。或烈女、節婦及藝術著聞者，事迹灼然，亦合書載。
徐松 《宋會要輯稿》 職官一一		(26) 王年十二月十日，臨安府言：武翼郎王傾遭居民遺火，燒毀高祖父超故任建雄軍節度使告一道、曾祖父德用皇祐四年授河陽三城節度使同中書門下平章事告一軸，并嘉祐元年任忠武軍節度使告一軸，今録白曾祖德用神道碑一本干照。
徐松 《宋會要輯稿》 職官三六		(27) 六月，内供奉官張承素請為故父贈豐州觀察使崇貴立《神道碑》。帝曰：中宮立碑，恐無體例，如李神福、竇神興曾立碑，即聽。

續表

作者/文獻	版本	用　　例
徐松 《宋會要輯稿》 職官六七	稿本	(28) 十八日，詔司馬光、吕公著各追所贈官并謚告，及追所賜神道碑額，王巖叟所贈官亦行追奪。同日，通奉大夫范純仁特降一官，以三省言純仁朋附司馬光變亂法度，首建棄地之議，滋養邊患故也。 (29) 論張商英：在元祐之時，上吕公著詩求進，其言諛佞無耻，士夫傳笑。近為諫官，則上疏乞毀司馬光、吕公著《神道啤》。周秩在元祐間為太營博士，親定司馬光謚曰六正；近為言官，則上疏論光、公著，乞劉棺鞭尸。陛下察此輩之言，果出於公論乎？
徐松 《宋會要輯稿》 職官七六		(30) 七月二十三日，右承議郎、廣南運判范正國言：乞給還父純仁元《遺表》例外特給恩澤一中，及御書"世濟忠直之碑"為神道碑額。勘會范正國陳乞例外恩澤，别無干照見得外，所乞給還神道碑額。詔依。
徐松 《宋會要輯稿》 職官七七		(31) 趙概以太子少師致仕，居睢陽十五年，猶以讀書著文、憂國愛民為事，集古今諫諍，為《諫林》一百二十卷奏之。上甚喜，賜詔曰：士大夫請老而去者，皆以聲迹不至朝廷為高，得卿所奏書，知有志愛君之士，雖退休山林，未嘗一日忘也。當置坐右，以時省閲。(《神道碑》。重出，見《自警編》。)
徐松 《宋會要輯稿》 刑法六		(32) 七月二十一日，宰臣章惇等奏曰：前日再謫吕大防、劉摯、蘇轍、梁燾、劉安世，并司馬光、吕公著追謚誥贈典，及仆《神道碑》，既榜朝堂，衆論咸以為寬。餘人連逮尚衆，陛下許其自新，一切不問，莫不忻悦。上曰：據其罪狀甚可誅，然不欲究其事，乃用輕典，聊示懲責爾。
徐松 《宋會要輯稿》 方域一〇		(33) 眞宗大中祥符二年二月十二日，詔曰：昨議徙京西驛路出永安縣。且永安，陵邑也。如聞徙之，則秦蜀行旅、戎夷入貢，悉由於此，神道貴静，非所宜也，其亟罷之。
徐松 《西域水道記》 卷二		(34) 按：顔魯公《宋廣平神道碑側記》：第六子衡，因謫居沙州，参佐戎幕，河隴失守，介於吐蕃。以功累拜工部郎中兼御史河西節度行軍司馬，與節度周鼎保守敦煌，僅十餘歲，遂有中丞常侍之拜。恩命未達，而吐蕃圍城，兵盡矢窮，為賊所陷。
徐松 《唐兩京城坊考》 卷三		(35) 義成軍節度使、同中書門下平章事、上谷郡王張孝忠宅。(權德輿《孝忠夫人谷氏神道碑》：夫人終安仁里私第。) (36) 尚書吏部侍郎韓愈宅。(皇甫湜作《神道碑》，李翱作《行狀》，皆言愈薨靖安里第。《昌黎集·息國夫人墓誌》云：乞銘於其鄰韓愈。按：夫人為靈州節度使李欒妻，則欒宅亦當在此里。)

續表

<table>
<tr><th>作者/文獻</th><th>版本</th><th>用　　例</th></tr>
<tr><td>徐松
《唐兩京城坊考》
卷三</td><td rowspan="2">清連筠簃叢書本</td><td>(37) 內侍高延福宅。(力士父孫翌作《墓誌銘》，張説作《神道碑》，並云：延福終來庭里第。按：高力士本馮衡之子，延福以爲假子。衡妻麥氏亦來依之，皆居來庭里。開元十四年，延福卒。十七年，麥氏卒。至天寶九年，乃捨宅為保壽寺。)
(38) 柳州刺史柳宗元宅。（柳宗元《先侍御史府君神道表》：終於親仁里第。)
(39) 河中節度使兼中書令渾瑊宅。(興元元年賜，兼賜女樂五人、錦綵銀器等，宰臣節將會送，有司備饌，次於李晟焉。……路巖《義昌軍節度使渾偘神道碑》：薨於大寧里私第。按：偘，即瑊之孫。)
(40) 恆安郡王宅。(張説《鄭國夫人神道碑》：終于通化里。按：夫人楊氏，開元皇帝惠妃之母，恆安郡王之妻。)
(41) 中書舍人王敬從宅。(開元中，為給事中、中書舍人。畢氏曰：《孫逖神道碑》：敬從，官終太子右庶子。)</td></tr>
<tr><td>徐松
《唐兩京城坊考》
卷四</td><td>(42) 朝儀郎行尚書祠部員外郎裴積宅。(裴朏《裴積墓誌》：終於長安光德里私第。按：積，即光庭子。權德輿《裴倩神道碑》：考終命于長安光德里第。倩，即光庭孫。柳宗元《梓人傳》云：裴封叔之第，在光德里。)</td></tr>
<tr><td>徐松
《登科記考》
卷一</td><td rowspan="2">清皇清經解續編本</td><td>(43) 楊炯《原州百泉縣令李君神道碑》：君諱楚才，衛州衛縣人。貞觀元年，授長樂監。十四年，應詔四科舉，射策登甲第。
(44) 張説《贈吏部尚書蕭公神道碑》：公諱灌，字玄茂，蘭陵人。年十八，明經高第，補代王功曹。以永淳元年卒，年五十七推之，登第在是年。
(45) 張説《河州刺史冉府君神道碑》：公諱實，字茂。實，弱冠太學生，進士擢第。以證聖元年卒，年七十一推之，是年二十歲。</td></tr>
<tr><td>徐松
《登科記考》
卷二</td><td>(46)《舊書》本傳：瓌，隋尚書右僕射威曾孫。祖夔，父勗。瓌，弱冠本州舉進士。盧藏用《蘇瓌神道碑》：瓌，字昌容，京兆武功人。幼而岐嶷，聰敏冠常，始讀《山棲志》，一覽便誦。及長，博綽經史，尤善屬詞。年十八，進士高第。以景雲九年卒，年七十二推之，及第在是年。
(47) 明經科，康希銑。（顏魯公《康使君神道碑銘》：君諱希銑，字南金，會稽人。年十四，明經登第，補右內率府胄曹。應詞藻宏麗舉甲科，拜秘書省校書郎，轉左金吾衛錄事參軍。應博通文吏舉高第，授太府寺主簿，轉丞。又應明於政理舉，拜洛州河清令。以開元三年卒，年七十一推之，明經登第當在是年。)
(48) 諸科一人。志烈秋霜科，韓思彥。(《册府元龜》《唐會要》《新書・韓</td></tr>
</table>

續表

作者/文獻	版本	用　　例
徐松《登科記考》卷二	清皇清經解續編本	思彥傳》：思彥，字英遠，鄧州南陽人。志烈秋霜科，擢第。楊炯《右將軍魏哲神道碑》：公諱哲，字知人，鉅鹿陽曲人。顯慶三年，詔除左衛清宮府左果毅都尉，尋圍谷府折衝都尉，並長上如故。又以應詔舉，對策甲科，遷左騎衛郎將。） (49) 藏器下僚科，平貞昚。（張說《常州刺史平貞昚神道碑》：補盧州慎縣尉。刺史盧寶允舉藏器下僚，轉冀州大都督府曲沃縣尉，換晉州洪洞縣主簿。北平陽道昕，河東裴知禮，薦以經邦興化。徙雍州新豐縣尉。） (50) 王上客（劉禹錫《王俊神道碑》：大父上客，高宗封岳，進士及第。） (51) 張九齡《徐堅神道碑》：上元中，遭姜太夫人之喪。服闋，州辟秀才，其年登科，解巾補汾州參軍事。 (52) 宋璟（《顏魯公集・廣平文貞公宋公神道碑銘》：公諱璟，邢州南和人。年十六七時，或讀《易》曠時不精，公遲而覽之，自亥及寅，精義必究。明年，進士高第。） (53) 李乂（《舊書》本傳：本名尚真。少與兄尚一、尚貞俱以文章見稱，舉進士。蘇頲《李乂神道碑》：公諱乂，字尚真，趙房子人。）
徐松《登科記考》卷三		(54) 顏元孫（《舊書・忠義傳》：顏元孫，垂拱初登進士第，考功員外郎劉奇榜其詞策，文瑰俊拔，多士聳觀。顏真卿《顏元孫神道碑》：君諱元孫，字聿修，京兆長安人。舉進士，素未習《尚書》，六日而兼注必究。省試《九河銘》《高松賦》。故事，舉人就試，朝官畢集。考功郎劉奇乃先標榜君曰：銘賦二首，既麗且新；時務五條，詞高理贍。） (55) 明堂大禮科，趙叡沖。（邵說《趙叡沖神道碑》云：天后時應明堂大禮科，上異其對，授陝州陝縣尉。）
徐松《登科記考》卷四		(56) 韋虛心（孫逖《韋虛心神道碑》：公諱虛心，京兆杜陵人。越在童冠，升於膠序。國子博士范頤嘗與均禮，考功員外郎李迥秀擢以高第。） (57) 馮萬石對策曰：臣聞天地草昧，洪鈞列五運之期；雲雷始屯，火德分一人之位。莫不時來命偶，人迪天將。……故德者，五行之義也；人者，兩儀之心也。人心動而悔吝生，德義形而陰陽謝。必乘金運，則殷不及於期；果歷本行，則周不及於數。龍斗黿祆之發，人輿事并；白魚丹雀之符，德將時應。神道設教，金土之運匪他；人文化成，狂聖之來是我。蕩蕩之德，何敢不通；翼翼之心，奚施不可？天也人也，坦然克分；時乎命乎，昭文斯辨。臣優柔理道，杳同河漢，或躍文江，懼深冰谷。謹對。（《文苑英華》）

續表

<table>
<tr><th>作者/文獻</th><th>版本</th><th>用　例</th></tr>
<tr><td rowspan="8">徐松
《登科記考》
卷四</td><td rowspan="11">清皇
清經
解續
編本</td><td>(58) 明經科，崔晙、崔景晊。(李華《崔景晊神道碑》：景晊，清河東武城人。年十七，與親兄晙一舉明經，同年擢第。以天寶十二年卒，年六十九推之，是年十七歲。)</td></tr>
<tr><td>(59) 文擅詞場科，楊志誠。(張說《贈太州刺史楊公神道碑》：公諱志誠，弘農華陰人。明慶中，詔郡國舉賢良，公對策天朝，無能出其右者，遷太子通事舍人。再舉高第，徙國子監丞。)</td></tr>
<tr><td>(60) 王敬從（孫逖《太子右庶子王敬從神道碑》：大足中，舉文擅詞場。)</td></tr>
<tr><td>(61) 王易從（《舊書・王徽傳》：曾祖擇，從兄易從，天后朝登進士第。孫逖《王敬從神道碑》：兄曰易從。公始以對策高第，則易從同科。按：蘇頲《王易從神道碑》：二十升甲科，授亳州城父尉。倚廬於墓者六祀，辟授華州華陰縣尉，復策甲科。蓋二十升甲科者，進士登第後，又與敬從同登制科也。)</td></tr>
<tr><td>(62) 張九齡（《舊書》本傳：曾祖君政，韶州别駕，因家於始興，今為曲江人。父弘愈。徐浩《張九齡神道碑》：九齡，字子壽，一名博物。弱冠，鄉試進士。考功郎沈佺期尤所激揚，一舉高第。時有下等，謗議上聞。中書令李公，當代詞宗，詔令重試。再拔其萃，擢秘書省校書郎。《讀書志》：張九齡，曲江人。長安二年進士。)</td></tr>
<tr><td>(63) 徐秀（顔魯公集・徐府君神道碑銘》：君諱秀，東海郯人。年十五，為崇文生應舉。考功員外郎沈佺期再試《東堂壁畫賦》，公援翰立成，沈公駭異之，遂擢高第。)</td></tr>
<tr><td>(64) 康元瓌（按：元瓌，為康希銑之子。見顔真卿《康使君神道碑銘》《册府元龜》。)</td></tr>
<tr><td>(65) 王敬從（見《册府元龜》《唐會要》。孫逖《王敬從神道碑》作“景雲歲辟茂才異等”，“雲”蓋“龍”之訛。)</td></tr>
<tr><td rowspan="3">徐松
《登科記考》
卷五</td><td>(66) 寄以宣風則能興化變俗科，郭璘之。(見《冊府元龜》《唐會要》。……考張說《常州刺史平貞昚神道碑》云：北平陽道昕，河東裴知禮，薦以經邦興化。徙雍州新豐縣尉。疑“經邦”涉“文經邦國”而誤，“興化”即此“興化變俗科”也。)</td></tr>
<tr><td>(67) 道侔伊吕科，張九齡。(見《册府元龜》《唐會要》。《舊書》本傳：玄宗在東宫，舉天下文藻之士，親加策問，九齡對策高第。徐浩《張九齡神道碑》：應道侔伊呂科，對策第二等，遷左拾遺。劉禹錫《韋處厚集序》云：玄宗朝，曲江張公九齡以道侔伊呂徵。)</td></tr>
<tr><td>(68) 明經科，徐浩。(《舊書》本傳：字季海，越州人。父嶠，官至洛州刺</td></tr>
</table>

續表

作者/文獻	版本	用　例
徐松 《登科記考》 卷五	清皇清經解續編本	史。浩少舉明經。張式《徐浩神道碑》：年十五，究經術，首科昇第。以建中三年年八十推之，是年年十五。）
徐松 《登科記考》 卷六		(69)《應文辭雅麗科對策》（并問）問：朕聞至道雖微，不言而化，皇天陰騭，相葉其彝。信寒暑而生成，施雲雨而沐潤；垂範作訓，樹君育人。時有澆淳，教垂繁略；成湯既聖，禹道云亡。……對：臣聞太宗文皇之御天下也，廣直言之路，開納善之門，近臣盡規，庶人畢議，可謂至矣。……臣聞禮樂，其所由來尚矣。先王所以美教化，厚人倫，以致太平也。必將考其理，求其端，故揖讓之教，末而安上，存乎至簡；舞詠之功，淺而移風，歸乎至易。夫辨升降，彰采服，此禮之所以飾情也；登金石，翔景瑞，此樂之所以通感也。……夫崇德垂範，此同異之用也；教齊化密，此人俗之融也。至於武德之盛，武之業也；文德之盛，順之至也。神道設教，制四時於炎曆；德徽可崇，增五行於橫序。尊二德於清廟，表二容於盛禮。聖問昭悶，與天道以元亨；狂言鄙賤，仰天文而知愧。謹對。（《文苑英華》）
徐松 《登科記考》 卷七		(70) 張誠（白居易《贈尚書工部侍郎張公神道碑銘》：公諱誠，字老萊，吴郡人。年十八，以通經中第。以大曆三年卒，年五十五推之，及第在是年。通經，當是明經科也。按：誠，一作“諴”。） (71) 鮮于向（《顏魯公集·鮮于公神道碑銘》：公諱向，字仲通，以字行，漁陽人。年二十餘，尚未知書，太常切責之。縣南有離堆山，斗入嘉陵江，形勝峻極。公乃慷慨發憤，屏棄人事。勵精為學，至以鍼鉤其臉，使不得睡。開元二十年，年近四十，舉鄉貢進士高第。）
徐松 《登科記考》 卷八		(72) 王端（《新書·王紹傳》：父端，第進士，有名天寶間。權德輿《王端神道碑》：端，太原人。舉進士宏詞，連中甲科。又云：自開元、天寶間，仕進者以文講業，無他蹊徑。公與河南元德秀、天水閻仲璵同歲中正鵠。） (73) 崔國輔（《新書·藝文志》：國輔，應縣令舉，授許昌令。縣令舉，疑卽此牧宰舉也。李畬《泗州刺史李君神道碑》云：今夫人清河人也。弟國輔，秀才擢第，制舉登科。） (74) 明經科，朱巨川。（李紓《朱巨川神道碑》：巨川，字德源，嘉興人。年二十，明經擢第。以建中四年卒，年五十九推之，擢第在是年。） (75) 馮子華（王起《馮宿神道碑》：先府君，諱子華。天寶中，明皇以四子列學官，時與計偕，一鳴上策。）

續表

作者/文獻	版本	用　　例
徐松 《登科記考》 卷九		(76) 明經科，揆。(顔魯公集・郭君神道碑銘》：君諱揆，字良宰，太原人。年十七，崇文生明經及第。侍郎韋陟揚言於朝，稱其稽古之力，許其青冥之價。以天寶八載卒，年二十四推之，及第在是年。) (77) 明經科，賈耽。(鄭餘慶《左僕射賈耽神道碑》：公諱耽，字敦詩。天寶十載，明經高第。) (78) 才可宰百里科，顔允臧。(顔魯公集・顔允臧神道碑銘》：君諱允臧，字季寧，京兆長安人。天寶十載，制舉縣令對策及第。) (79) 林披 (林藴《睦州刺史府君神道碑》：曾大父瀛州刺史元泰，生大父饒州郡太守萬寵。饒州生府君，贈睦州刺史。府君，諱披，字茂則。年十有五，自寫《六經》、百家、子史千餘卷。年二十，以經業擢第，授臨汀郡曹掾。) (80) 尹徵、劉太真。(蕭穎士《江有歸舟》詩序云：門弟子有尹徵之學，劉太真之文，首其選焉。……裴度《劉太真神道碑銘》：太真，字仲適，族彭城。公十有五而志於學，弱冠以行義修潔，詞藻瑰異，名聲藉甚於諸公間。天寶中，與伯氏太沖迭昇太常第，議者榮之。)
徐松 《登科記考》 卷十	清皇清經解續編本	(81) 鄭儋 (韓愈《河東節度觀察使鄭公神道碑》：公諱儋。明《左氏春秋》，以進士選為太常參軍事。) (82) 顧少連 (《舊書》本傳：舉進士，擢上第，以拔萃補登封主簿。杜黃裳《顧少連神道碑》：少連，字夷仲，吴郡人也。每躬率耕稼，勵精墳典，齒列上庠，升堂覩奥。時小宗伯薛公邕，深所歎異，以為東南之美盡在，廊廟之器不孤，擢進士甲科。《永樂大典》引《蘇州府志》：顧少連，西京試及第。) (83) 胡珦 (《昌黎集・少府監胡公神道碑》：胡公，諱珦，字潤博。凡一試進士，二即吏部選，皆以文章占上第。……按：珦，張籍妻父也。)
徐松 《登科記考》 卷十一		(84) 奚陟 (《舊書》本傳：字殷卿，亳州人。祖乾繹，天寶中弋陽郡太守。陟少好讀書，登進士第。劉禹錫《奚陟神道碑》：陟，字殷衡。幼而擢陵苕之秀，長而成清廟之器。群倫月旦，咸以第一流處之。及從鄉賦，洎升名太常，果居上第。明年，詔郡國徵賢良，設四科以盡材。公居文詞清麗之目，授弘文館校書郎。) (85) 鄭儋 (見《册府元龜》《唐會要》。韓愈《鄭儋神道碑》：儋，以進士選為太原參軍。對直言策，拜京兆高陵尉。)

續表

作者/文獻	版本	用　例
徐松 《登科記考》 卷十二		（86）裴度《劉太真神道碑銘》：貞元三年，拜禮部侍郎，天下賓王之上，尚實遠名者竊相賀矣。秉公心而排群議，履正道而杜私門，以為聳善興能，試言考藝，若求虛譽、獲小嫌，是全身之計，非取士之方也。
徐松 《登科記考》 卷十三	清皇清經解續編本	（87）馮宿（王起《馮宿神道碑銘》：年二十六，舉進士，是時明有司即兵部侍郎陸公贄其人也。又應宏詞科，試《百步穿楊葉賦》，雖為勢奪，而其文至今諷之，後生以為楷。昌黎有《與馮宿書》《與馮宿論文書》。） （88）柳宗元（字子厚，河東人。……劉禹錫《柳君文集序》：子厚始以童子有奇名于貞元初，至九年，為名進士。柳宗元《與楊誨之第二書》云：吾年十七求進士，四年乃得舉。又《先侍御府君神道表》：貞元九年，宗元得進士第。） （89）王播（見《册府元龜》《唐會要》。李宗閔《王播神道碑銘》：貞元十年，舉進士第。是年，策賢良，以直言校書于集賢殿。以太和五年卒，年七十二推之，是年三十五歲。《閩川名士傳》以為"五十六歲"者，誤。） （90）王仲舒（見《册府元龜》《唐會要》。《舊書·文苑傳》：王仲舒，字弘中，太原人。不就鄉舉。貞元十年，策試賢良方正、能直言極諫科，仲舒登乙第，超拜右拾遺。權德輿《吏部員外郎南曹廳壁記》：太原王仲舒，貞元十年冬，繇諸侯部從事賢良對策，歷左右諫列儀曹考功郎。韓愈《王仲舒神道碑銘》：貞元初，射策拜左拾遺。又見《墓誌銘》。） （91）庾承宣《朱絲繩賦》曰：絲之爲體兮，柔以順德。絲之為用兮，施之則直。從其性而不改，成其音而不忒。故君子體直以爲象，履中而立身。豈委曲而取媚，將勁挺而惟新。……天心保真，側媚見而用悔（原注"疑"）；神道助正，謇諤鑒而無憂。信乎去邪以受福，孰不履正而身脩。閒其色兮未嘉，素其質兮孰美。信挺挺而直繩是若，固奕奕而渥丹無比。欲衆之好我，染之而匪他；知代之惡邦，直之而有以。非矯其俗，將遷其時。寧三時而有贊，諒一向而無疑。道在斯而為得，文舍此而何之。古所以嗟是非而莫分，怨邪正之難考。多將任情而媚俗，鮮能率性而行道。何不鑒朱繩而獨異，與羣類而且殊。其美雖偶，其道則孤。儻斯言而是當，又可得而已乎。（《文苑英華》）
徐松 《登科記考》 卷十四		（92）高元裕（《舊書》本傳：字景圭，渤海人。祖彪，父集。元裕登進士第。本名允中。大和初，爲侍御史，奏改。……蕭鄴《高元裕神道碑》云：弱冠博學工文，擢進士第。弱冠，在貞元十三年也。）

續表

作者/文獻	版本	用　例
徐松 《登科記考》 卷十四	清皇清經解續編本	(93) 吴丹（白居易《花前歎》云：幾人得老莫自嫌，樊李吴韋盡成土。……卒于饒州，葬於常州。樂天為誌。按：居易有《饒州刺史吴府君神道碑銘》。居易《留别吴七正字》詩云：成名共記甲科上，署吏同登芸閣間。疑亦謂丹。又《酬吴七見寄》詩：莫忘蜉蝣内，進士有同年。）
徐松 《登科記考》 卷十五		(94) 牛僧孺（《舊書》本傳：僧孺，進士擢第。李珏《牛僧孺神道碑》：僧孺，隴西狄道人。舉進士，軒然有聲。時韋崖州作相，網羅賢儁。知公名，願與交。公袖文往謁，一見如舊。由是公卿籍甚，名動京師。得上第，聯以賢良方正舉，又冠甲科。《北夢瑣言》：牛僧孺，字思黯，或言牛仙客之後，居宛葉之間。少單貧，力學，有倜儻之志。唐永貞中，擢進士第。） (95) 渾偘（路巖《義昌軍節度使渾公神道碑》：公諱偘，字復貴。大父諱瑊，父諱鎬。公九歲，由弘文生擢孝廉第。以咸通六年卒，年六十九推之，九歲在是年。）
徐松 《登科記考》 卷十八		(96) 王質（《舊書》本傳：質，字華卿，太原祁人。少負志操，以家世官卑，思立名於世，以大其門。……劉禹錫《贈左散騎常侍王公神道碑》：常侍諱質，字華卿。自少無進取意，與游者激之。因決策而西，上在貢士籍。天和内充，不以時尚屑意。角逐攻取，初無此心。不争而速售。既登第，東諸侯交辟之。）
徐松 《登科記考》 卷二十		(97) 詳閑吏理達於教化科，韋正貫。（見《册府元龜》《唐會要》。蕭鄴《韋正貫神道碑》：正貫，長慶初，對賢良極諫策，登乙科，授太子校書。敬宗朝，又以華原縣尉再登詳閑吏理科，遷萬年主簿。考京兆進士，能第上下，頗得一時之俟。崔嘏《授韋正貫京兆尹制》：再昇文字之途，一舉雲霄之路。） (98) 知貢舉禮部侍郎崔郾。（《舊書》本傳：轉禮部侍郎，東都試舉人。凡兩歲掌貢士，平心閲試，賞拔藝能，所擢者無非名士。劉禹錫《崔陲神道碑》：惟太常及尚書暨令相國，皆自中書舍人為禮部侍郎，凡五貢賢能書，得士百四十有八人。按：太常謂邠，尚書謂郾，相國為鄲。今數五知貢舉，凡進士一百四十六人，葢《登科記》有誤字。）
徐松 《登科記考》 卷二十三		(99) 知貢舉户部侍郎韋昭度。（《舊書》本傳：從僖宗幸蜀，拜户部侍郎。中和元年，權知禮部貢舉。司空圖《故太子太師盧渥神道碑》：初公報政當陟，且懸文柄之命，權倖所沮，事未克行。及此傳聞，中外推敬，故宰執得伸其所志。冬十月，拜禮部侍郎。羣輩之躁聚勢門，欲以浮論籠駕主司者，迎自咎其牙角，洎入貢署，纔引明經，則美稱已譁于外議。遇大駕南巡，乃中輟，人至今惜之。）

續表

作者/文獻	版本	用　　例
徐松 《登科記考》 卷二十四	清皇清經解續編本	（100）龐籍（顧雲《唐風集序》：大順初，皇帝命小宗伯河東裴公掌邦貢。次二年，遥者來，隱者出，異人俊上，始大集都下。於羣進士中，得九華山杜荀鶴，拔居上第。……王禹玉作《龐穎公神道碑》：其家送潤筆金帛外，參以古書名畫三十種，内一種卽荀鶴試卷。事見《石林燕語》。）
徐松 《登科記考》 卷二十五		（101）知貢舉禮部尚書薛廷珪。（《贈太尉葛從周神道碑》題云：銀青光祿大夫禮部尚書權知貢舉上柱國臣薛廷珪奉敕撰。按：碑立於貞明二年十一月，是廷珪知三年舉矣。）
徐松 《登科記考》 卷二十六		（102）竊聞近日，實異於斯。抑嬉戲之心，教念誦之語。斷其日月，委以師資。限隔而游思不容，仆抶而痛楚多及。孩童之意，本未有知，父母之情，恐或不忍。而復省試之際，歲數難知。或念誦分明，則年貌稍過。或年貌適中，則念誦未精。……其進士請今後省卷限納五卷（《宋史》作“五軸”）已上，於中須有詩、賦、論各一卷，餘外雜文、謌篇，並許同納，衹不得有神道碑、誌文之類。其帖經對義，並須實考，通三已上為合格，將來卻復盡試，候考試終場，其不及第人以文藝優劣定為五等。
徐松 《登科記考》 卷二十七		（103）王勉（《舊書・王質傳》：文中子。通生福祚，福祚生勉，登進士第。劉禹錫《王質神道碑》同。） （104）王遐觀（陳子昂《申州司馬王府君墓誌》云：君諱某，字某，其先太原人也。……按：楊炯《瀘州都督王湛神道碑》：長子朝散大夫行扶風令遐觀，當卽所謂王府君也。湛，或“諶”之訛。） （105）崔湇（張說《崔君神道碑》：君諱湇，博陵安平人。弱冠以門胄入國學，舉進士，母弟汲以明經同年擢第。大理卿張文瓘，人倫之表也，目君曰：昔兩劉並舉，以為騁二龍焉；今兩崔齊飛，可謂儀雙鳳矣。） （106）平貞眘（張說《平君神道碑》：公諱貞眘，字密，一字開從，燕國薊人。始以司成館進士補盧州慎縣尉。） （107）王易從（蘇頲《王公神道碑》：霸城王府君，諱易從。八歲工詞賦，十五讀典墳，十八涉歷代史，十九初游太學，二十升甲科。） （108）權徹（獨孤及《權公神道碑》：公諱徹，字幼明，隴西天水人。童子時，舅氏崔湜奇其文，嘗有何無忌之似。其鄉舉也，考功郎中蘇頲拔諸羣萃之中。） （109）程行謀（蘇頲《程行謀神道碑》：公名則，字行，世以字行。志大好學，首中甲科，初補潞城尉。） （110）王定（權德輿《王定神道碑》：定，字鎮卿，京兆人。弱冠游太學，進士甲科。按：定，卽易從之子。見《舊書・王徽傳》。）

續表

作者/文獻	版本	用　例
徐松 《登科記考》 卷二十七	清皇清經解續編本	(111) 胡宰臣（韓昌黎《胡良公神道碑》：父宰臣，用進士，卒官平陽冀氏令。) (112) 王逢、王仲周。(權德輿《王定神道碑》：長子逢，以進士宏詞甲科。幼子仲周，亦以進士甲科。又見《舊書・王徽傳》。) (113) 盧渥（司空圖《盧渥神道碑》：公未就鄉學舉。會府方重首薦，公為主試者所强。舉子未效其業于主司，則踵門投贄者已數百輩。時宣宗鋭意文治，白衣稍出，流類亦往往上門。故公中選甲科。) (114) 宋温（楊億《宋湜神道碑》：考温故，晉天福中擢進士第。) (115) 裴行儉（《舊書》本傳：行儉，曾祖伯鳳，周驃騎大將軍、汾州刺史、瑯琊郡公。……行儉，初以門蔭補弘文生。貞觀中，舉明經。張說《裴公神道碑》：公諱行儉，字守約，河東聞喜人。明經補左屯衛倉曹，詔舉轉雍州司士。) (116) 唐休璟（《新書》本傳：名璿，以字行。《舊書》本傳：京兆始平人。曾祖規，祖宗。休璟少以明經擢第。蘇頲《唐璿神道碑》：璿，字休璟，晉昌酒泉人。射策高第。) (117) 劉（闕）（蘇頲《司農卿劉公神道碑》：公諱某，彭城人也。弱冠修文，明經高第。) (118) 韋抗（《舊書・韋安石傳》：從父兄子。抗，弱冠舉明經。蘇頲《韋抗神道碑》：抗，字抗。明經射策，補魏州參軍。) (119) 陸孝斌（張說《贈齊州司馬陸公神道碑》：孝斌，字順，河南洛陽人。舉國子明經，選絳州參軍始州司法。) (120) 康國安（顏魯公《康希銑神道碑》：父國安，明經高第。又云：君之先君至南華，四代進士，登甲科者七人，舉明經者一十三人。蓋謂自希銑之父國安至希銑之姪璀及璀之子南華為四代。《新書・藝文志》：康國安以明經高第直國子監，教授三館進士。) (121) 張擇（白居易《和州刺史張擇神道碑》：既冠好學，能屬文，從鄉試登明經第。) (122) 韋縝（獨孤及《故朝議大夫申王府司馬上柱國贈太常卿韋公神道碑》：公諱縝。鄉舉經行，吏部登賢能。) (123) 章仇元素（韋述《章仇元素神道碑》：元素，弱冠以孝廉登科。按：即章仇兼瓊之父。) (124) 顏春卿（《新書》：春卿，十六舉明經，拔萃高第。顏真卿《顏勤禮神道碑》：春卿，工詞翰，有風義，明經拔萃。)

續表

作者/文獻	版本	用　　例
徐松《登科記考》卷二十七	清皇清經解續編本	(125) 顔頙（頙，仁孝方正，明經。以上皆見顔魯公《顔勤禮神道碑》。） (126) 柳鎮（柳宗元《先侍御史府君神道表》：諱鎮。天寶末，經術高第。） (127) 張九皋（蕭昕《張九皋神道碑》：弱冠孝廉登科。） (128) 吕（闕）（梁肅《外王父贈秘書少監吕公神道表》：公諱某。二十，舉孝廉。） (129) 馬晞、馬煜。（熊執易《武陵郡王馬公神道碑》：公之令弟晞，前太常寺奉禮郎。次煜，前揚州參軍。並擢弘文館明經。） (130) 王彦威（《舊書》本傳：彦威，太原人。《新書》：舉明經甲科。劉禹錫《王俊神道碑》：季子彦威，字子美，始以五經登甲科。） (131) 景範（扈載撰《景範神道碑》：以公輔之位，必由稽古升；廊廟之才，必以經濟顯。而公以明經擢第於春官氏。按：範卒于周顯德二年，年五十二。登第當在晉漢時。） (132) 王勉（《舊書・王質傳》：勉，制策登科。劉禹錫《王質神道碑》作“試賢良上第”。） (133) 冉實（張說《河州刺史冉實神道碑》：應八科舉，策問高第，授緜州司户參軍，轉揚州大都督倉曹參軍。又舉四科，敷言簡帝，除益州導江縣令。） (134) 張擇（白居易《和州刺史張擇神道碑》：應制舉，中精通經史科。補弘文館校書郎。） (135) 臧懷亮（李邕《左羽林大將軍臧公神道碑》：公諱懷亮，字時明，東莞莒人。自左衛勳應穿葉附枝舉登科，授左玉鈐翊府長上，始足下也。） (136) 王仁皎（張說《贈太尉益州大都督王公神道碑》：公諱仁皎，字鳴鶴，太原祁人。初以翊衛調同州參軍，換晉州司兵。應將帥舉，授甘泉府果毅。） (137) 吕仁誨、吕太一。（梁肅《外王父贈秘書少監吕公神道表》：郴州之嗣曰仁誨，以文學稱，與從父兄太一俱用射策科。） (138) 程（闕）（李邕《桂府長史程府君神道碑》：公諱某，字某，廣平新安人。解褐徐城尉，旋膺五臣昇第。） (139) 辛璿（牛僧孺《昭義軍節度使辛公神道碑》：皇考璿，制科高第，乞官山水。） (140) 王俊（劉禹錫《王公神道碑》：公諱俊，字真長。始以崇文生應深謀祕策，考入上第，拜監察御史。） (141) 奚敬玄（劉禹錫《奚陟神道碑》：第三子敬玄，以詞藝似續，登文科。按：陟登文詞清麗科，則此亦制科。）

續表

作者/文獻	版本	用　　例
徐松 《中興禮書續編》 卷四十五	清蔣氏寶彝堂鈔本	(142) 永祐陵攢宫司報到照得新步至永祐陵攢宫廵検衙前係是神道路，廵検衙前至昭慈聖獻皇后攢宫籬寨門前係四隅禁地，内外如有除去窠木係屬朝廷，行下有司討論有無妨礙。 (143) 今承攢宫司牒照對新步至攢宫係是神道路及係四隅禁地，如有合除去窠木填壘動土係属朝廷，行下有司討論有無妨礙。
徐松 《中興禮書》 卷九十五		(144)《左氏說》曰"主祏于宗廟"，言廟有祏室，以藏神主。《漢儀》：藏主于西墻壁埳中，去地六尺一寸。盖埳即祏室也，非特備災，亦神道尚幽之義。然則古者廟必有主，主必有祏。鄭原繁曰：先君威公命我先人，典司宗祏。此諸侯廟主之祏也。
徐松 《中興禮書》 卷二百八十九		(145) 以南山淨慈寺為殯所採之外議謂不可者四：净慈見充報恩光孝寺為徽宗皇帝追福之所，不可復取以為他用，一也。净慈對街即是惠照齊宫，以祀天地百神，不應相對以為葬域，二也。安穆、安恭二后同用修吉一寺，地勢幽閬，寺宇甚小；今净慈為南山之冠，高明顯敞，據南北山往來之衝，神道貴静，恐非安所，而與二后事體為不相稱，三也。净慈處聚数百，既為殯所則將來嚴其兆域，差吏卒護守佛像，僧徒皆當徙去，揆之人情，未為甚安，四也。

表一千九百一十五

作者/文獻	版本	用　　例
徐崧 《百城烟水》 卷一	清康熙二十九年刻本	(1) 今學制門臨通衢，衢南皆平郊。左廟外爲靈星門，郊之當門處，壘土爲小崗隱起。入門則洗馬池，上有石橋，錢氏故迹也。爲神道，道左右有碑亭二：一宋濂修學記，一舊廟學圖。 (2)《爆竹行》：歲朝爆竹傳自昔，吳儂政用前五日。食殘豆粥埽罷塵，截筒五尺煨以薪。節間汗流火力透，健僕取將仍疾走。兒童却立避其鋒，當堦擊地雷霆吼。一聲兩聲百鬼驚，三聲四聲鬼巢傾。十聲百聲神道寧，八方上下皆和平。却拾焦頭疊牀底，猶有餘威可驅癘。屏除藥裹添酒杯，晝日嬉遊夜濃睡。
徐崧 《百城烟水》 卷八		(3) 楊文貞作公《神道碑》曰：航海至者，茫洋莫知所停泊，往往膠淺。公於太倉相可泊處，以二十萬卒築寶山爲表識，上親製文樹碑焉。

表一千九百一十六

作者/文獻	版本	用　例
徐文靖《竹書統箋》卷六	清文淵閣四庫全書本	(1) 王囚箕子。(箋按:《泰誓》曰:囚奴正士。《孔傳》曰:箕子正諫而以為囚奴。《世紀》曰:武王命召公釋箕子之囚,賜貝千朋。又按:《書叙》曰:武王勝殷,殺紂,立武庚,以箕子歸。作《洪範》。司馬彪注《莊子》曰:箕子,名胥餘。《漢官儀》曰:紂時,胥餘為大師。又按:庾信《周齊王憲神道碑》:囚箕子于塞庫。据《紀年》附注:塞庫,紂祖丈丁囚季歷處,紂因以囚箕子耳。)

表一千九百一十七

作者/文獻	版本	用　例
徐旭旦《世經堂初集》卷四	清康熙刻本	(1)《忠節錄自序》:昌黎有言:莫爲之前,雖美不彰;莫爲之後,雖盛弗傳。《忠節錄》之刻,所以彰前而傳後也。……旭旦至愚極昧,鮮所聞知記丱角時,春秋兩祀荷聖朝隆興,從侍父兄宗族助祭于先忠節祠,如睹一門殉難,千古皎節為肅穆也。及讀朱史家乘叓爲洞矚緊時,我先公有祀,郡邑有志,褒忠有坊,祠宇翼翼然,昭穆井井然,神道封植列列然,子孫世守弗失。日久歲淹,風雨飄摇,未免陵替。過此以往,恐前美不彰,後盛莫傳也。

表一千九百一十八

作者/文獻	版本	用　例
徐元文《含經堂集》卷二十九	清刻本	(1) 神道碑·墓表·傳·祭文 (2) 光禄大夫少師兼太子太師保和殿大學士户部尚書曲沃文清衛公神道碑 (3) 公御下未嘗苛急,人自不敢爲私。與人往還交際,簡劄小紙,必手自精寫。食惟乾魚,菜羹不常設肉;所居邸宅,湫隘僅蔽風雨。用陶淵明詩榜于小齋曰:結廬在人境,而無車馬喧。休暇之日,晏坐其中,門生屬吏,稀見顔色。在昔易名之典,河津薛先生敬軒得謚文清爲允。公風節凛然,實與頡頏。元文故備著之,俾後瞻拜公之神道者,其尚覽此有所興起焉。 (4) 兵部督捕理事官前浙江道御史徐公神道碑 (5) 誥封光禄大夫總理河道提督軍務兵部尚書兼都察院右副都御史前工部營繕司員外郎靳公神道碑

表一千九百一十九

作者/文獻	版本	用　　例
徐震《樂田演義》卷四	清乾隆十八年刻本	(1) 吾聞古聖人曾以神道設教，以安人心。今城中人民寡暫，草若稱神以震其氣。主意定了，便暗暗打點。忽一日，清晨起來，即四下對人說道：我昨夜睡到三更時分，忽得一個奇夢，夢見一個金甲神道向我說：上帝有命，道齊國桓公之舊列尚在人心，今當伏具。

表一千九百二十

作者/文獻	版本	用　　例
徐倬《全唐詩録》卷三十五	清文淵閣四庫全書本	(1)《奉和聖製登朝元閣》：六合紆元覽，重軒啟上清。石林飛棟出，霞頂泰階平。拂曙鑾輿上，晞陽瑞雪晴。翠微回日馭，丹巘駐天行。御氣升銀漢，垂衣俯錦城。山通玉苑迴，河抱紫闗明。感物乾文動，凝神道化成。周王陟喬岳，列辟讓英聲。
徐倬《全唐詩録》卷四十三		(2)《囝》：囝，哀閩也。……囝生閩方，閩吏得之，乃絶其陽。為臧為獲，致金滿屋。為髠為鉗，如視草木。天道無知，我罹其毒。神道無知，彼受其福。郎罷别囝，吾悔生汝。及汝既生，人勸不舉。不從人言，果獲是苦。囝别郎罷，心摧血下。隔地絶天，及至黄泉，不得在郎罷前。
徐倬《全唐詩録》卷六十二		(3)《青石一激忠烈也》：青石出自藍田山，兼車運載來長安。工人磨琢欲何用，石不能言我代言。不願作人家墓前神道碣，墳土未乾名已滅。不願作官家道傍德政碑，不鐫實録鐫虚辭。願為顔氏段氏碑，雕鏤太尉與太師。刻此兩片堅金質，狀彼二人忠烈姿。義心若石屹不轉，死節名流確不移。如觀奮擊朱泚日，似見叱呵希烈時。各於其上題名謚，一置高山一沉水。陵谷雖遷碑獨存，骨化為塵名不死。長使不忠不烈臣，觀碑改節慕為人。慕為人，勸事君。

表一千九百二十一

作者/文獻	版本	用　　例
徐鼒《小腆紀傳》卷四十八	清光緒金陵刻本	(1) 旣城中饑，請背城一戰，又請獨將其家丁赴敵營，終不能得。念諸將言人人殊，不足與謀，庶幾神道可以威眾。德勝門關廟中有酬賽神馬，朝出就水草，夕還廟，調馴殊異。

續表

作者/文獻	版本	用　　例
徐鼒《周易舊注》卷三	清光緒十二年日本刻本	(2) 順而巽，中正以觀天下。虞翻曰：順，坤也。中正謂五。五以天神道觀示天下，咸服其化，賓於王庭。(《集解》) (3) 觀，盥而不薦，有孚顒若，下觀而化也。觀天之神道，而四時不忒。聖人以神道設教，而天下服矣。虞翻曰：忒，差也。神道謂五。臨，震兑為春秋，三上易位，坎冬離夏，日月象正。故"四時不忒"。聖人謂乾，退藏於密，而齊於巽，以神明其德教，故"聖人設教"，坤民順從，而天下服矣。(《集解》) (4) 聖人以神道設教，本無"以"字。(《释文》本、《集解》本。)
徐鼒《周易舊注》卷十		(5) 精義入神，以致用也。姚信曰：陽稱精，陰為義。入在初也。陰陽在初，深不可測，故謂之"神"。變為姤復，故曰"致用也"。(《集解》) 干寶曰：能精義理之微，以得未然之事，是以涉於神道而逆禍福也。(《集解》)

表一千九百二十二

作者/文獻	版本	用　　例
徐宗亮《(光緒) 重修天津府志》卷二十二	清光緒二十五年刻本	(1) 明王翺墓，在縣西（《舊通志》：在縣西帽架園。）南十五里。(《大清一統志》) 成化二年，諭葬。彭時撰《神道碑》。(《前志》)
徐宗亮《(光緒) 重修天津府志》卷三十四		(2)（補）唐賈耽（郎餘慶撰《神道碑》，雖作"清池人"，然其三世孫玭，南皮人，則《碑》難據。)
徐宗亮《(光緒) 重修天津府志》卷三十八		(3)《李世和墓碑》：諸路新軍總管李公墓（《縣志》），在城北里仁鄉。碑存。(同上) 按：甯津縣有《李世和神道碑》，已移置縣署。此《碑》當是墓前石碣，與甯津碑為二，蓋墓在靜海，《神道碑》已轝入甯津，而墓碑猶存故處。《明一統志》"名宦有李世和，官甯津令，有善政"，而不錄其為諸路總管事。(《新通志》)
徐宗亮《(光緒) 重修天津府志》卷四十		(4) 吴襄，字七雲，江南清陽縣人。……襄曰：即不選拔，諸生庸不得與試耶? 仍以生員入闈，視事四載，正文體，敦實學，以先正大家、開導諸生，腐陋為之一洗。所至留心民瘼，敬陳畿南水利，請設勸農使，並得請。(汪由敦撰《神道碑》。)

續表

作者/文獻	版本	用　　例
徐宗亮《（光緒）重修天津府志》卷四十一	清光緒二十五年刻本	(5) 賈耽，字敦詩，滄州南皮人。（按：鄭餘慶撰《神道碑》云“清池人”。）天寶中，舉明經，補臨清尉。（按：《舊志》作“調授貝州臨清縣尉”。）
徐宗亮《（光緒）重修天津府志》卷四十二		(6) 英宗嘗言：北人文雅不及南人，顧質直雄偉，緩急當得力。翱由是益多引北人。晚年徇中官郭聰囑，為都御史李秉所劾，翱自引伏其名譽，蓋不無小損云。子孫世官錦衣千戶。（《新驼志》引《明史》）彭時撰《神道碑》在墓。（《縣志》。案：縣祀鄉賢，滄州亦未移去。）

表一千九百二十三

作者/文獻	版本	用　　例
徐作肅《偶更堂集》文集卷	清傳盛社刻本	(1) 進而問之：計其興，則首事者某，分事者某；計其時，則始康熙元年，終康熙三年。……夫禍福，吾不知，而一念之誠則可用神道設教，先王固不廢也。明治以禮樂，而幽治以鬼神，亦導民於善者幾矣。

表一千九百二十四

作者/文獻	版本	用　　例
許伯政《全史日至源流》卷二十六	清文淵閣四庫全書本	(1) 昌黎《息國夫人墓志銘》：元和七年甲子日南至。今推之，在乙丑寅正初刻。又《路公神道碑》石本：十月丙子朔。

表一千九百二十五

作者/文獻	版本	用　　例
許奉恩《里乘》卷八	清光緒五年常熟抱芳閣刻蘭苕館外史本	(1)《張靜山觀察折獄》：滇南張公靜山觀察其仁，由進士爲蜀中令。所至輿誦洋溢，計典屢膺上考。道光乙巳夏，以蓬州牧特擢新安太守。甫下車，有兩姓爭墳互控者，稽核舊牘，自嘉慶甲戌年興訟，至是已三十餘年矣。……初與郡丞之祖興訟，至郡丞已曆三世。歷任太守皆意郡丞家爲望族，未免欺老諸生式微，鹹有矜憐左袒之心。而孰知腐儒叵測，以朴陋文其奸詐，向非公巧以神道設教，黑白何由昭晰耶？……凡留心折獄者，遇疑難事，亦可以此爲法。而神而明之，存乎其人，是又未可泥而不化也。

表一千九百二十六

作者/文獻	版本	用　　例
許桂林 《宣西通》 卷三	清嘉慶刻本	(1) 諸史所列應驗，多以適值之事，傅之或星變甚異。而近無大事，則又曰：應愈遠，事愈大。夫古無數百年無水旱兵戈者，寧虞其無應乎？此遁詞也。至保章、馮相並列《周官》，聖人神道設教以治天下，遇變修省以治一心，又非習數之士所能喻第。聖人本以畏天之心不廢占候，而天象小異亂民或萌妄心，似不如純任實政爲無弊耳。

表一千九百二十七

作者/文獻	版本	用　　例
許槤 《六朝文絜箋注》 卷一	清光緒枕溢書屋刻本	(1) 庾信《齊王憲神道碑》曰：鐵市銅街。倪注：銅街，銅駝街也。在洛陽。陸機《洛陽記》曰：洛陽凡三市，大市曰金市，又曰銅駝街，在洛陽宫南，金馬門外，人物繁盛。俗語云“金馬門外集羣賢，銅駝街上集少年”是也。
許槤 《六朝文絜箋注》 卷二		(2)《列女傳》曰：霍光薨，夫人顯改更光時所造塋而侈大之。築神道，爲輦閣，幽閉良人奴婢。又治第宅，作乘輿輦，盡繡絪紨，黃金塗，為薦輪。

表一千九百二十八

作者/文獻	版本	用　　例
許楣 《鈔幣論》	清道光許氏古均閣刻本	(1) 然攷歲賜諸王以下，除折鈔外，已八萬九千餘兩，其非時賞賜不與。(攷《元文類》：太祖賞此理，伽銀五萬兩。……見各家所撰《神道碑》：其五百兩以下者，不悉數。史天澤、廉希憲、徹里、高興賜金事，亦載《元史》。將士有功賜銀，載《元史》者尤多。) (2) 又隨路設立官庫，貿易金銀，平準鈔法。而其先太宗時燕京劉忽篤馬等，及回鶻以銀一百八十萬兩撲買天下課稅，爲耶律楚材奏罷。回鶻奥都剌合蠻復以二百二十萬兩撲買課稅，楚材爭之不能得。（俱見宋子貞所撰《神道碑》，《元史》稍有異同。奥都剌合蠻又賂楚材銀五萬兩，不受，《元史》不載。）則當時銀多可知，至明而日盛。至我朝乾隆、嘉慶之閒，盛極矣。

表一千九百二十九

作者/文獻	版本	用　　例
許鳴磐《方輿考證》卷三十四	清濟寧潘氏華鑒閣本	(1) 神道嶺城（在韓城西北。《通志》：在西北一百二十里，居萬山之中。順治十二年，築城柳溝，設遊擊營鎮之。《高辛傳・請設兵防疏》云：黃龍山迤東神道嶺，係鄜延平慶孔道，南通澄白韓郃等處，北通鄜州、宜、洛等處，乃四達之通衢，盜賊之巢穴。明季流寇盤踞，始實於此。請設兵駐防，以責專成。）
許鳴磐《方輿考證》卷三十八		(2) 馬銜山（一名馬寒山，在金縣西南，與皋蘭、狄道州接界。……王土正《孟公神道碑》亦云：遣張勇、陳萬略取臨洮，勇大敗賊於馬韓山。）
許鳴磐《方輿考證》卷三十九		(3) 廣武坡（在府東。……孟喬芳駐秦州，遣馬寧救鞏昌，會趙光瑞軍，大戰廣武坡，逐北七十里，遂解鞏昌之圍。事見朱彝尊《孟公神道碑》。） (4) 梅川谷（在岷州東。國朝順治五年，米剌甲破臨洮。孟喬芳遣趙光瑞由南路至梅川，去岷州五里，左山右河，道險阨，賊拒守堅甚。趙光瑞誘之出戰，大破之，復岷州。事見《孟忠毅神道碑》。） (5) 大順城（在安化縣北。歐陽修《范文正公神道碑》：於慶州城大順以據要害，奪賊地而耕之。其城大順也，一旦引兵出，諸將不知所向，軍至柔遠，始號令告其處，使往築城。至於版築之用，大小畢具，而軍中初不知。） (6) 細腰城（在環縣西。《范文正公神道碑》：於慶州城大順以據要害，奪賊地而耕之。又城細腰、葫蘆，於是明珠、滅臧等大族，皆去賊爲中國用。）
許鳴磐《方輿考證》卷四十		(7) 甘州北山（在府北。《孟公神道碑》：國初，𤞑米剌印、丁國棟叛。孟喬芳既克蘭州，敗丁嘉陞於洮州之野狐橋，斬米剌印於古城窊。進至涼州，攻拔甘州，追北至北山，丁國棟走肅州。）
許鳴磐《方輿考證》卷四十九		(8) 九華山（……宋濂《開平王神道碑》：陳友諒聲言援安慶，王策其必攻池州，以羸弱守城，伏鋭士於九華山。明日，友京果來攻城，伏發四合，俘殺萬餘人。）
許鳴磐《方輿考證》卷五十九		(9) 鹿門山（在襄陽縣東南三十里。《襄陽記》：鹿門山，舊名蘇領山。建武中，襄陽侯習郁立神祠於山，刻二石鹿交神道，俗因謂之鹿門廟，遂以廟名山也。《九域志》：襄陽有鹿門山。《地輿廣肇》：鹿門山爲龐德公隱居之所。）

表一千九百三十

作者/文獻	版本	用　　例
許容 《（乾隆）甘肅通志》 卷二十五	清文淵閣四庫全書本	（1）隴西郡侯王德墓，在隴西縣西四十里。有《神道碑》存。 （2）柱國王公儀墓，在西和縣西北白石口趙家町東里許。有《神道碑》。 （3）太師鞏昌安懿王旺扎勒墓，在隴西縣東四十里沙灣。有《神道碑》。

表一千九百三十一

作者/文獻	版本	用　　例
許琰 《普陀山志》 卷四	清乾隆刻本	（1）宸翰赫濯，寵賜輝煌，恭敬悲仰之心，竦然生矣。神道設教，聖人有微權焉。
許琰 《普陀山志》 卷十三		（2）《三賜全藏經勅》：皇帝勅諭，南海普陀山普陀寺住持，及僧眾人等。朕惟自古帝王以儒道治天下，而儒術之外，復有釋教，相翼並行。朕以冲昧，嗣承大統，迄今廿有七禩，天下和平，臣民樂業。仰思天眷祖德洪庥，良繇大公同善之因。况國初建置僧錄司，職掌厥事。葢仁慈清淨，其功德不殊，神道設教，於化誘爲易。祖宗睿謨，意深遠矣。……此經頒布之處，本寺僧眾人等，其務齋心禮誦，敬奉珍藏，不許褻玩，致有毀壞。特賜護勅，以垂永久。欽哉故諭。大明萬歷二十七年二月日。 （3）《御制聖母印施佛藏經序》：朕聞儒術之外，釋氏有作以虛無爲宗旨，以濟度爲妙用，其真詮密微，其法派閎演。……夫一心生萬法，萬法歸一心，諸佛心印人人具足，勸善覺迷諸苦解脱，一覺一善皆資勝因。……先師素王亦云：聖人神道以設教，善世而博化，諦觀象教詎不信然？恭惟聖母濬發宏願，普濟羣倫遂托忠誠，誘善勤侍傳宣廣修眾因，乃印禪經布施淨土，兼立梵宇齋施僧倫，成修寶塔立豎於虛空，繪塑金容散舍於大地，濟貧拔苦召赦孤幽，無善不作無德不備。……於乎盛哉大覺之教，宜其超九流而處尊，偕三五以傳遠也。
許琰 《普陀山志》 卷十四		（4）《重脩普陀志序》（前人）：普陀故有志，茲載輯者何？重鼎新也。志者，所以彰往示來也。惟是山川式靈，又重之以王命，其再造也，將必有廢興之迹焉，雖載輯之可也。普陀僻在一隅，不比中原逶麗，然而四大之一也。天傾西北，聖主御焉；地絕東南，古佛出焉。神道設教，聖人不廢，是宸翰所護持也，曷可泯諸？葢補陀古刹也，興而廢、廢而興者數矣。……前志重在山，要以顯佛靈；今志重在寺，要以尊君貺。是是編之大旨也，敬表而序之。時萬歷丁未四月既望。

續表

作者/文獻	版本	用　　例
許琰 《普陀山志》 卷十五	清乾隆刻本	(5)《送法澤智公住持法雨寺序》(粤東)(黄應熊)(邑侯):今天子御極以來,時和年豐,萬方敉寧,猶欲化行俗美,胥躋民於仁壽之域也。……今者經理伊始,法澤既出,其才程版築物,土宜量度堂構,成鉅麗之觀,以襄天子佛地重光之事。異日者,竣工落成,十方瞻仰。法澤尤當益宏其德,普度大千,照迷途,極慾海,化頑暴而歸淳良,臻時雍之休,以仰體天子神道設教之心,則豈惟大士道塲疊荷朝家之寵?風清俗美,法運昌明,住持寶地者,其亦永有休光。余承乏守土於茲,楨簡住持之能,否者余責也,故不禁諄諄如此。 (6)《重建普陀前後兩寺記》(黄應熊):出前寺,東北行,將一里,過幾寶嶺。嶺多怪石,石多鐫佛像,及題字者。……聖祖欲胥天下而登於善域,故設教以神道。茲之所新者,固曲承前志之所未備,以爲羣黎錫福。卽仍之而不稍更者,亦黙體聖祖愛惜物力至意。鷲嶺龍宫,苟極輝煌壯麗,可以棲佛而庇僧,則亦無事更張。功成德溥,恩施滲漉,實與尊師崇聖,驅邪延眞,無偏無黨,同一牖民遷善,以成時雍風動之休。聖聖之心,若合符節。則今珥筆紀述,無論孰仍孰改,孰脩孰建,其敢不盡舉而鋪張,揚厲之也哉!爰記兩寺之制之出於天家之恩者,以垂久遠。乃若山之所爲名,佛之所爲靈,則有志存,不用贅也。

表一千九百三十二

作者/文獻	版本	用　　例
許宗彦 《鑒止水齋集》 卷十六	清嘉慶二十四年德清許氏家刻本	(1)《辨俗》:人子之于親也,生則致其養,歿則盡其哀。先王患其哀之有過不及也,乃制爲喪紀之數。卒哭而諱,生事畢而鬼事始。喪畢而祔,一以神道接之。夫古之人,豈嘗一日忍忘其親哉?然而祭祀皆有一定之節,所以尊嚴其親而不敢褻,孝之至也。古禮,大夫有尸無主。秦漢以下,庶人之家皆有主矣。至宋而乃有影神,儒者嘗非之。然欲後之子孫不逮事祖考者,得因歲時展拜,識其儀容。此雖非古,猶未爲大失也。近俗乃多繪父母小影,以丐人之題詠,或横幅張諸壁間,或爲小卷置几案,是直以爲玩好之具也。嗚呼!其亦不仁甚矣。
許宗彦 《鑒止水齋集》 卷十八		(2)太子少保前江南河道總督徐公神道碑

表一千九百三十三

作者/文獻	版本	用　　例
宣鼎《夜雨秋燈録》卷三	清光緒申報館叢書本	(1)《假五通神》：南人之崇奉五通，猶北人之信狐也。客有販賣阿芙蓉發籍者，往來齊楚間，非一日，阿堵充豫，乃納粟爲九品官，在籍候銓。……明日，四郎又乘間來。婦泣曰：奴方期圖永好，而今已矣！四郎面赭問故，曰：郎既神道，何畏渠凡人？曰：非也。人之所以異於禽獸者，爲天良耳。既盜其婦，又凌其夫，人且不可，而况神乎？……月餘，婦病不起，昏昏無一言。夜忽悄起，粧飾一新，曰：四郎來娶我矣！隹怒曰：既神道，何強娶有夫之婦？曰：嘻，子休矣！前所得金錢謂何？蓋賣婦身值也。
宣鼎《夜雨秋燈録》續録卷三		(2) 土人懼，私復其像，則女雖與商人盟海山，誓天日，終不敢離故鄉。此神道之最奇者，未知劉與狗兒，亦曾祀大陰神否？一笑。
宣鼎《夜雨秋燈録》續録卷八		(3)《三好三是》：吉安雪蓬僧善風鑑，凡冠蓋、縉紳、巨室，大族多樂與之游，比之爲姑布子卿復生也。……既而脱幘，觀頂有川字，骨隆起，乃膜拜曰：適方外所言，猶未能中肯。先生從神道中來，當仍從神道中去。人位雖短，而神爵固高，當不止以哲嗣對贈了事。都轉問，開士何所見而知其神道中來？曰：此君掌上必有文，如梅花枝結成者。左掌更有文如旗鼓，右掌更有文如印劍，此明驗也。

表一千九百三十四

作者/文獻	版本	用　　例
薛福成《出使英法義比四國日記》卷四	清光緒十八年本	(1)《初五日記》：綜計地球之上，約共有一千五百十兆二十八萬人。中國人數約四百兆内外，大柢不外儒釋道三教。其從耶穌教者，係歐洲北方與北亞美利加各國並澳大利亞洲，如英、德、荷蘭、瑞士、瑞典、挪威、美國，共一百三兆人。南方各國，亦略有此教。從天主教者，歐洲南方與南亞美利加各國，如法、西、葡、意、奥、比、巴西、秘魯、智利等邦，共一百九十兆人。從希臘教者，最大之國爲俄羅斯，尚有諸小國，共七十五兆人。凡天主、耶穌、希臘等教，皆奉耶穌爲宗主，統名之曰救世教，又名基督教，合計有三百九十七兆人。此外，從印度教者，一百九十兆；從回回教者，一百八十五兆；從猶太教者，七兆；從日本神道教者，二十兆。雜教不在此數。釋教行於中國、日本、西藏、蒙古、緬甸、暹羅、錫蘭，其人數不易稽核。印度教，一名婆羅門教，又與釋教不同。凡地球受教之人一千一百六十兆，作爲一百分計算内，救世教有三十四分，回教十六分，印度教十六分，儒釋道及日本神道教三十六分。此外，尚有三百餘兆人未受教化，或雜教不足比數者也。……九月初二日，奉旨薛福成補授光禄寺卿。欽此。

表一千九百三十五

作者/文獻	版本	用　　例
薛熙 《明文在》 卷三十四	清康熙三十二年古渌水園刻本	(1)《孔子廟堂議》(宋濂)：世之言禮者，咸取法扵孔子。然則為廟以祀之，其可不稽扵古之禮乎？不以古之禮祀孔子，是褻祀也。褻祀不敬，不敬則無福。奈何今之人與古異也？古者将祭，主人朝服，即位扵阼階東西面。……《漢晉春秋》所載：章帝元和二年，幸魯祠孔子，帝升廟，西面再拜。《開元禮》亦謂"先聖東向，先師南向，三獻官皆西向"，是猶未失古之意也。今襲開元二十七年之制，遷神扵南面，而行禮者北面，則非神道尚右之義矣。古者造木主以棲神，天子、諸侯之廟皆有主，卿大夫、士雖無之，大夫束帛以依神，士結茅為菆，無有像設之事。
薛熙 《明文在》 卷七十一		(2) 王薨，勑葬鍾山之陰。神道有銘，而又有家廟碑，今董、張二公之文具存。主平生嘉言徽行，此有不重述者，可考見焉。
薛熙 《明文在》 卷七十二		(3) 神道碑 (4) 皇明開國輔運推誠宣力武臣榮禄大夫柱國平西侯追封黔寧王謚昭靖沐公神道碑（王景） (5) 帝曰：嘻哉！朕心曷究。追王黔寧，錫兆京畿。以亯以祀，以介熲禧。推尊王爵，上及三世。澤逮漏泉，無幽不届。子孫繩繩，世有封爵。允忠允孝，以永天禄。覲山之原，神道有門。刻銘貞石，以勒殊勲。
薛熙 《明文在》 卷七十三		(6) 神道碑 (7) 周恭肅公神道碑銘（夏言） (8) 公益矢心畢力，精別洑慝以仰稱德意，士論翕然。歸之未半載而疾作，薨扵位。訃聞，上為嗟悼不已，詔所司給傳舟備祭葬。贈太子太保，謚恭肅，制得樹碑神道。 (9) 少保戶部尚書贈特進光禄大夫太師謚忠靖夏公神道碑銘（楊士奇） (10) 侍郎葉文莊公神道碑（彭時）
薛熙 《明文在》 卷一百		(11)《西平忠武王神道碑》，裴晉公文，柳常侍書。石刻，在高陵縣。墓所苔蘚剥蝕，字盡僅存耳，然要之含蓄扵玄秘也。

表一千九百三十六

作者/文獻	版本	用　　例
薛允升《讀例存疑》卷二十七	清光緒刊本	(1) 王荆公爲陳良器作《神道碑》云：知江州。日歲饑，有盜刈禾而傷其主者，當死。公曰：古之荒政所以恤民者至矣，然尚緩刑，況今哉？即奏貸其死。歐公誌王堯臣：知光州。日歲饑，羣盜發民倉廩，吏治當死。公曰：此飢民求食爾，荒政之所恤也。請以減死論。後遂以著令，至今用之。
薛允升《唐明律合編》卷十八	民國退耕堂徐氏刊本	(2)《集解》：此條在《賊盜律》内，專爲姦宄不逞之徒而設，與《禁止師巫邪術》條似同而實異。蓋彼託於神道佛事，意在誆騙愚民之財物，其始未必遽有盜賊之志也。故彼在《禮律》，此在《刑律》，其原不同，其罪差異也。

表一千九百三十七

作者/文獻	版本	用　　例
烟霞散人《斬鬼傳》卷四	吴曉鈴藏鈔本	(1) 鍾馗又問道：他是何等出身？低達鬼道：他的出身小人未查問，只是小人當日跟著討吃鬼在柳金娘家裏，我見他供奉著一尊神道，眉是白的。小人問是何神道？他說是他祖師白眉神。因此小人知道在柳金娘家住。 (2) 話猶未了，咸淵已到門首。下馬進去，坐在庭中，柳金娘過來叩頭，咸淵問道：你家有白眉神嗎？柳金娘道：上面供的是就是白眉神道。揭開幕子一看，果是一尊神像，兩道的白眉。

表一千九百三十八

作者/文獻	版本	用　　例
延豐《重修兩浙鹽法志》卷三十	清同治刻本	(1) 公自筮仕後，每履一任，自為一書，曰《觀津錄》，曰《牧亳政略》，曰《典守東昌錄》，曰《秉臬中州錄》，曰《撫閩略》《撫浙略》。至秦楚塞外，皆有紀述，異政甚多。具大學士桂林陳文端公所為《墓志》，及袁太史枚所撰《神道碑》，兹不備載。

表一千九百三十九

作者/文獻	版本	用　　例
閻純璽《胎産心法》卷下	清雍正刻本	(1) 凡人有疾病，多有求卜以問吉凶，並卜何方何姓人醫治可愈。此蓋人不明醫理，不知醫者孰良孰庸，亦無可如何之計耳。豈知竟有醫卜相通，醫求卜薦，許以分謝，卜者貪利，假神道以指引。因卜而薦，誤人性命，比比然也。產後之證，吉凶在於頃刻，不可不知而愼重也。

表一千九百四十

作者/文獻	版本	用　　例
閻爾梅 《白耷山人詩文集》 詩集卷八	清康熙刻本	(1)《遇朱仁寰故居有感》：共君騎馬醉長安，會舘挑燈每夜闌。三徑于今荒已盡，我來猶作昔年看。……自是吾鄉舊典型，蟾蜍陰蝕老人星。交深無可為君報，神道碑前草誌銘。

表一千九百四十一

<table>
<tr><th>作者/文獻</th><th>版本</th><th>用　　例</th></tr>
<tr><td>閻若璩
《潛邱札記》
卷五</td><td rowspan="2">清文淵閣四庫全書本</td><td>(1) 黄太冲神道解有二。余按：《後漢書・中山簡王傳》：修冢茔，開神道。註曰：墓前開道，建石柱以為標，謂之神道。是又一神道解。</td></tr>
<tr><td>閻若璩
《潛邱札記》
卷六</td><td>(2)《唐故河東節度使觀察滎陽鄭公神道碑文》：曾祖嘉範，祖撫俗，父洪清。</td></tr>
<tr><td>閻若璩
《尚書古文疏證》
卷六下</td><td>清乾隆眷西堂刻本</td><td>(3) 又按：範文正公撰《張公綸神道碑》云：海陵郡有古堰，廢既久，海濤爲患。綸請修復，議者謂將有蓄澇之憂。綸曰：濤之患，歲十而九；澇之患，歲十而一。護九而亡一，不亦可乎？卒成之。</td></tr>
</table>

表一千九百四十二

<table>
<tr><th>作者/文獻</th><th>版本</th><th>用　　例</th></tr>
<tr><td>閻鎮珩
《六典通考》
卷四十八</td><td rowspan="3">清光緒刻本</td><td>(1) 妻子雖卑於已，然既没，則以神道接之，故亦不以祭也。</td></tr>
<tr><td>閻鎮珩
《六典通考》
卷七十六</td><td>(2) 其年五月，尚書禮部侍郎、知貢舉竇儀奏：其進士請今後省卷限納五卷以上，於中須有詩、賦、論各一卷，餘雜文、歌篇，並同納，不得有神道碑、誌文之類。其帖經對義，通三已上為合格，候考試終場，以文藝優劣定為五等：取文字乖舛、詞理紕繆最甚者為第五等，殿五舉；次為第四等，殿三舉；稍優者為第三等、第二等、第一等，並許次年赴舉。</td></tr>
<tr><td>閻鎮珩
《六典通考》
卷九十九</td><td>(3)《元始儀》：上帝壇圓八觚，徑五丈，高九尺。茅營去壇十步，竹宫徑三百步，土營徑五百步。神靈壇各于其方面三丈，去茅營二十步，廣坐十五步。合祀神靈以璧琮。用辟神道四通，廣各三十步。竹宫內道廣三丈，有闕，各九十一步。壇方三丈，拜位壇亦如之。</td></tr>
</table>

續表

作者/文獻	版本	用　　例
閻鎮珩 《六典通考》 卷一百一	清光緒刻本	(4) 後漢建武二年正月，郊。別祀地祇，位南面西上，高皇后配，西面北上，皆在壇上，地理群神從祀，皆在壇下，如元始故事。壇方五丈六尺。茅營去壇十步外，土營方二百步限之。其五零壇土茅營，如上帝五神去營步數，神道四通，廣各十步。宮內道廣各二丈，有闕。為周道后土宮外，徑九步。營岱宗西門之外，河北門之外，海東門之外，徑各六十步。
閻鎮珩 《六典通考》 卷一百七		(5) 太祖曰：朕固聞之。命中書省建廟盱眙，墓次樹《神道碑》，令儒臣宋濂撰文。仍設祠祭署，及灑掃戶五家。癸亥冬，敕立滁陽王廟碑於墓所。
閻鎮珩 《六典通考》 卷一百九		(6) 景皇帝雖太祖，於獻、懿，子孫也。當禘祫，獻祖居東向位，景從昭若穆，是祖以孫尊，孫以祖屈，神道人情，其不相遠。又常祭衆，合祭寡，則太祖所屈少，而所伸多。與其伸孫尊，廢祖祭，不亦順乎?
閻鎮珩 《六典通考》 卷一百二十一		(7) 光妻顯改光時所自造塋制而侈大之。起三出闕，築神道，北臨昭靈，南出承恩，(昭靈、承恩，皆館名也。) 盛飾祠室，輦閣通屬永巷，而幽良人婢妾守之。(冢上作輦閣之道及永巷。) (8) 自中興至和帝時，皇子始封薨者，皆賻錢三千萬，布三萬匹；嗣王薨，賻錢千萬，布萬匹。是時竇憲兄弟擅權，睦于焉而重于禮，加賻錢一億。詔濟南、東海二王皆會。大為修冢塋，開神道，(墓前開道，連石柱以為標，謂之神道。) 平夷吏人冢墓以千數，作者萬餘人。
閻鎮珩 《六典通考》 卷一百二十二		(9) 五年，復詳定其制。功臣歿後封王，螭首高三尺二寸，碑身高九尺，廣三尺六寸，龜趺高三尺八寸。一品螭首，二品麟鳳蓋，三品天祿辟邪蓋，四品至七品圓首。一品至三品龜趺，四品至七品方趺。……文武大臣薨逝，命翰林官製文，立《神道碑》。

表一千九百四十三

作者/文獻	版本	用　　例
嚴長明 《（乾隆）西安府志》 卷三十六	清乾隆刊本	(1) 李瀚（《宋史·李濤傳》：字日新，濤弟，萬年人。幼聰敏，慕王、楊、盧、駱爲文章。後唐長興初，吳越王錢鏐卒，詔兵部侍郎楊凝式撰《神道碑》，令澣代草，凡萬餘言，文彩遒麗，時輩稱之。晉天福中，召爲翰林學士。契丹入汴，澣陷塞北。）

續表

作者/文獻	版本	用　　例
嚴長明《（乾隆）西安府志》卷五十八	清乾隆刊本	（2）按：駙馬，謂鄭潛曜也。《唐書》：明皇臨晉公主下嫁鄭潛曜。曜有孝行，廣文博士鄭虔之姝文貞嘗作公主母皇甫淑妃《神道碑》云“甫忝鄭莊之賓客，遊竇主之園林”，正謂此也。
嚴長明《（乾隆）西安府志》卷六十四		（3）宇文彪墓（楊炯《宇文公神道碑》：彪，高帝曾孫。封齊郡公。保定四年，薨於長安私第。葬少陵原。）（已下咸寧。） （4）崔說墓（按：說，《周書》作“訦”。庾信《崔公神道碑》：說，博陵人。封安平縣公。建德四年正月，薨於長安永貴里。其年二月，葬京兆平原鄉之吉遷里。） （5）慕容寧墓（庾信《慕容公神道碑》：寧，昌黎徒河人。封楚國公，授岐州刺史。保定五年，薨。葬於洪瀆之川。）（已下咸陽。） （6）齊王憲墓（庾信《齊王神道碑》：憲，太祖建德元年，封齊王。宣政元年，薨。葬長安縣洪瀆之川。） （7）豆盧永恩墓（庾信《豆盧公神道碑》：永恩，封沃野縣公。保定三年，薨。天和元年，葬咸陽洪瀆川。） （8）尒綿永墓（庾信《尒綿公神道碑》：公諱永，遼東石城人。天和五年，薨於賀葛城。柩至京師，帝臨喪，贈柱國大將軍。其年，葬京城南高陽原。） （9）拓拔儉墓（庾信《拓拔太保神道碑》：儉，恒州高陸人。天和四年，薨。詔贈太保。遺令依太祖陵側，無忘事君。） （10）安附國墓（李至遠《安公神道碑》：附國先出自安息，封騶虞縣開國子。調露二年二月，終於神都。永隆二年二月，葬於長安縣孝悌鄉。） （11）李乂墓（蘇頲《中山郡公神道碑》：乂，趙房子人。爵中山郡開國公、紫微侍郎。開元丙辰，薨於京師宣陽里第。贈黃門監，考行曰貞。以其夏卜葬細柳原，東北望帝京二十有五里。） （12）韋虛心墓（孫逖《韋公神道碑》：虛心，京兆杜陵人。東都留守。以開元二十九年，薨於東都。賜謚曰貞。明年，葬於京兆高陽原，祔先塋。） （13）茹義忠墓（張賁然《茹公神道碑》：義忠，雁門人。累遷忠武將軍。天寶元年六月，薨於京兆長安縣太和里私第。） （14）論弓仁墓（《縣志》：在趙村。張說《論公神道碑》：開元十一年，薨於位。制贈爲撥川王，稱故國，本其志也。十二年，詔葬於京城之南，懷遠人也。有命國史，立碑表墓。） （15）郭敬之墓（苗晉卿《郭公神道碑》：天寶三年，終於京師常樂里之

續表

作者/文獻	版本	用　例
嚴長明《（乾隆）西安府志》卷六十四	清乾隆刊本	私第。夫人平原郡君向氏，天寶十三載，合祔於少陵原。公之子了儀。追贈考太保、妣魏國夫人。《陜甘資政錄》：在今縣東二十里邵平店，乾隆乙未年修。） (16) 王夫人墓（楊綰《霍國夫人神道碑》：夫人元輔，汾陽王之伉儷。大歷十二年，終平康里私第。葬萬年縣鳳栖之原。） (17) 按：《長安志》引《兩京記》云：君奐，開元中，任涼州都督。死王事，招魂葬此。考《唐書》云：喪還京師。張說奉勅撰《神道碑》亦云：觿柩玉關，歸魂上國，以十六年十月，詔葬於萬年縣見子之原。則已奔喪還京招魂之說，未足據也。） (18) 蕭灌墓（《賈志》：灌，嵩父也。在趙村北。嵩，别葬張曲。張說《蕭公神道碑》：公，渝州長史。太夫人有疾，公扶侍還京。及扳輿長秡，扶杖不起。永淳元年八月，寓居懷縣，終於苫蓋。夫人京兆韋氏，以長壽元年十月日，逝於京師。二年，合葬於少陵原。） (19) 按：《臨潼志》：瑊墓，在縣西南十五里武家坡。《延安志》：瑊墓，在宜川縣北八十里。……今考權德輿所撰《神道碑》云：葬萬年縣洪固原。而路巖撰《渾侃神道碑》復云：侃大父諱瑊，朔方副元師、咸寧王，贈太師。薨，葬於京兆府萬年縣洪固鄉貴冑里。金石之文，當時所製，則葬於咸寧者爲可據也。 (20) 徐齊聃墓（張說《徐公神道碑》：公，東海郯人。八歲，試詞賦，稱神童。……上元三年，歸葬於少陵原。子堅，刋石立頌。） (21) 徐堅墓（張九齡《徐公神道碑》：堅家吳興，徙族入雍，爲馮翊人。爵東海郡公。開元十七年，薨於長安敓政里私第。與夫人故南陽郡夫人合葬於萬年縣少陵原。） (22) 韋鈞墓（韓休《韋公神道碑》：鈞，杜陵人。開元十一年，終漢州官舍。贈邠州刺史。十二年，遷窆萬年縣鴻固鄉先塋。） (23) 韋抗墓（蘇頲《韋公神道碑》：抗，以刑部尙書鎭洛。開元十四年八月，薨於洛。卜葬京城東南少陵原。） (24) 柳嘉泰墓（郭訥《柳公神道碑》：嘉泰，河東解人。明威將軍、上柱國。開元二十七年，終於長安開化里。窆於萬年洪固之原。） (25) 李少康墓（獨狐及《李公神道碑》：少康，高祖五代孫。天寶元年，改宋州爲睢陽，命公爲太守。三年，薨。明年，遷葬於京兆見子原先塋。） (26) 白道生墓（于益《白公神道碑》：道生，終於左衛大將軍。其子元光，以永泰元年，遷窆於萬年縣鳳栖原。）

續表

作者/文獻	版本	用　　例
嚴長明《（乾隆）西安府志》卷六十四	清乾隆刊本	(27) 姚南仲墓（權德輿《姚貞公神道碑》：南仲，吳興武康人。貞元十六年，爲右僕射。十九年，薨於宣平里第。天子廢朝悼嘆，追命爲太子太保。夫人河南縣君元氏先公歿，嗣子究奉公喪與夫人之殯，合祔於少陵原黄渠里。） (28) 王榮墓（戴少平《王公神道碑》：榮先太原人，家上京。封武威郡王。元和二年，薨於道政里私第。來年，栖神於鳳城東南龍首原先靈之左。） (29) 論惟賢墓（呂元膺《論公神道碑》：惟賢，高祖於高宗朝歸國，因家京兆。惟賢，授驃騎大將軍。元和四年，終於静恭里私第。葬萬年縣洪固鄉之古原。） (30) 路應墓（韓愈《路公神道碑》：公諱應，冀公之嫡子。封襄陽郡王。元和六年，薨於東都。明年，葬京兆萬年少陵原。夫人鄭氏祔。） (31) 王端墓（權德輿《王公神道碑》：端，太原人。歷官工部員外。以季子紹兵部尚書，故再有追錫。葬於萬年縣鳳栖原。又李絳《王紹神道碑》：紹，秦將翦之後，居太原。拜兵部尚書。元和九年，薨。十年，奉窀穸於萬年縣洪固鄉。夫人李氏祔。） (32) 辛秘墓（牛僧孺《辛公神道碑》：秘，昭義節度。元和十五年，薨。贈尚書左僕射。夫人裴氏先公卒，時將葬，公歎曰：人之居無常，而墳墓因焉。吾家之兆，及於四代三卜矣。他日吾死，無用遷焉。遂定於萬年縣洪原鄉少陵原。將亡，爲文自志其墓。） (33) 田布墓（庾承宣《田公神道碑》：布，宏正子。魏博節度，以兵亂自刎。天子壯其節，贈尚書左僕射。長慶二年，葬萬年縣白鹿原。） (34) 史用誠墓（奚敬元《史公神道碑》：用誠，河南人。封武昌縣開國子。太和四年，薨於昇平里。粵二月，葬京兆萬年縣常樂鄉宋侯之西原。） (35) 韋正貫墓（蕭鄴《韋公神道碑》：正貫，京兆人。嶺南節度。薨於位。祔葬少陵原之世墓。） (36) 竇希瑊墓（李湛然《竇公神道碑》：希瑊，扶風人。爵豳國公。開元五年，薨於東都。六年，歸葬於京兆咸陽縣洪瀆川之北原。） (37) 竇希球墓（裴耀卿《竇公神道碑》：希球，扶風人。昭成皇后之弟，封冀國公。開元二十一年，薨於長安布政文里賜第。歸祔於咸陽舊原。） (38) 楊執一墓（張說《楊公神道碑》：執一，華陰人。朔方元帥。開元十四年，薨。贈戶部尚書。夫人獨孤氏，先卽窀穸。以十五年，合葬於咸陽之洪瀆川。） (39) 王敬從墓（孫逖《王公神道碑》：敬從，京兆人。太子庶子。開元二十

續表

作者/文獻	版本	用　　例
嚴長明《（乾隆）西安府志》卷六十四	清乾隆刊本	八年，終葬於咸陽洪瀆原。） （40）王定墓（權德輿《王公神道碑》：興元元年，太子右庶子王公覲貞歸全於京師新昌里。天子以公忠義，追命左散騎常侍，詔有司護葬。冬，寧神於咸陽縣胇浮原先公之兆。公諱定，京兆人。） （41）梁待賓墓（楊炯《梁公神道碑》：待賓，安定臨涇人。封安定縣開國男。長壽二年正月，終於神都旌善里。遷穸於藍田縣驪山原舊塋。） （42）按：楊炯《王公神道碑》：王湛，雍州人。以都督瀘榮溱沴四州軍事，乞骸。咸亨三年，薨於京師永崇里。 （43）臧懷恪墓（顏眞卿《臧公神道碑》：懷恪，官右武衛將軍。開元十二年二月，薨於鄯城官舍。冬十月，遷窆於京兆府三原縣北原。《陝甘資政錄》：在今縣北四十里三家店，乾隆乙未年修。） （44）李國貞墓（權德輿《李公神道碑》：國貞，爲宗室儀矩守戶部尚書權知絳州刺史。諸校譸張，夜暮變起。公死節，上元三年二月也。是歲，改元寶應。夏五月，寧神三原縣之北原。《陝甘資政錄》：在今縣北三十里焦家寨，乾隆乙未年修。） （45）李楷洛墓（《陝甘資政錄》：在縣西北三十里覓子店。……楊炎撰《神道碑》一云：楷洛，封冀郡開國公。薨於靈州師次。明年，詔葬於富平檀山。知薊公之墓尚在檀山，與光弼墓相近，因飭加修護。至《通志》云：光弼弟光進墓亦相近。今轉迷失冢次，無從訪証。）
嚴長明《（乾隆）西安府志》卷六十五		（46）郝和尚墓（王磐《郝忠定公神道碑》：郝公，小字和尚。北人淳質，以小字行。中書左丞郝天挺父也。河東北路行省，以疾薨。至元九年十一月，葬三原縣修眞鄉長孫里濁谷西原之新阡。《陝甘資政錄》：在今縣北二十里樓底原，乾隆乙未年修。）（已下三原。）
嚴長明《（乾隆）西安府志》卷六十八		（47）《青石—激忠烈也》：青石出自藍田山，兼車運載來長安。工人磨琢亦何用，石不能言我代言。不願作人家墓前神道碣，墳土未乾名已滅。不願作官家道旁德政碑，不鐫實錄鐫虛辭。願爲段氏顏氏碑，雕鏤太尉與太師。刻此兩片堅貞質，狀彼二人忠烈姿。義心如石屹不轉，死節如石確不移。如觀奮擊朱泚日，似見叱呵希烈時。各于其上題名氏，一置高山一沉水。陵谷雖遷碑獨存，骨化爲塵名不死。長使不忠不烈臣，觀碑改節慕爲人。慕爲人，勸事君。
嚴長明《（乾隆）西安府志》卷八十		（48）白道生神道碑（于益撰，摯宗行書。永泰元年，在咸寧南城。）

續表

作者/文獻	版本	用　例
嚴長明 《嚴東有詩集》 歸求草堂詩集 卷一	民國 元年 郎園 刻本	(49) 通才深識舊知聞，特贈鴻名紀世勳。不是淸風留片石，更無人識故將軍。(《碑》稱“梁故侍中中撫將軍開府儀同三司吳平忠侯蕭公之神道”。《梁書》作“中撫軍”，《南史》僅稱“開府儀同三司”，並誤。) (50) 路轉黃城十里村，雙碑穹與二王鄰。重泉此日應相過，冷話開皇刼後春。(始興、安成二王墓，並在黃成村，與侯神道鄰近。)

表一千九百四十四

作者/文獻	版本	用　例
嚴復 《法意》 卷二十四	清宣 統元 年本	(1) 第一章總論神道設教 (2) 今夫以神道設教者，天下最為幽深難測之理也。雖然幽矣，其為幽不同，猶有容天光之照者也；深矣，其為深不等，猶有揣仞而知其所底者也。是故不佞於同為惑世誣民之中，試求其有合於利群之旨者。彼方率一世之人，棄當前之短景，以求極樂於未來世之無窮，而不佞則以現在為要歸，求其制之有補於人道。 (3) 宗教以神道設教者也。雖然，有眞有僞。眞者，本於天神垂示者也。假其國不才，而無天神垂示之眞教，則其為戒律也。取與德行科條無背焉可已，蓋其為教雖偽，然使戒律翕然有合於人心，其教亦可以立也。
嚴復 《法意》 卷二十五		(4) 民之程度，既進文明，莫不有宮室之居處，其於神道也亦然。爲之明堂太室，謂所崇拜之鬼神，必陟降妥靈於此。而其心之所希冀者，輒於是而祈之；所畏惡者，亦於是而禳之。 (5) 事神者，其人必尊。蓋民以謂神道至清淨，非清淨純德之人為之明禋潔齋，神弗歆而福不降也。事神敬怠，國家之休戚視之，故其官不可以不謹，是非專其業者不可以當職也。是以祠祭之官，自為一流，不與俗雜，則有若埃及，有若猶太，有若波斯。太祝之官，必世其業。又有身為如是之官，不但絕於世務而已。既家室妻孥，亦以為垢濁，而非精潔。此如天竺浮屠，歐洲耶穌，皆有此制，為其中之大派也。 (6) 希哲柏拉圖不云乎：以宇宙為無主宰者，獲罪於天者也；信其有主宰矣，而以謂天道無關於人事，無監觀之威；抑知其有監觀之威矣，而以謂可以諂祭免，又獲罪於天者也。三者皆害於人心者也。善矣柏氏之說教，以其明於人理故也。是故事神之典，常視國之治制爲隆污。民主之盛也，不獨省無益之費於宮廷也。乃至事神，亦未有以迷信，而勞民傷帑者，蓋知神道貴清淨。此如蘇倫法典，與凱克祿所纂柏拉圖葬禮，努瑪祭禮，皆可覆案，而知其意者矣。

續表

作者/文獻	版本	用　例
嚴復《法意》卷二十八	清宣統元年本	(7) 學者將曰：聖路易《法典》既不用矣，顧何以承其乏者？非羅馬法典，而轉雜用教皇所定之律條耶？應之曰：其雜用教律者，以當時有宗教法廷，常行教律，而為時人目擊之故。至羅馬律，固無法廷爲守而用之也。夫於刑律，分爲神道世俗兩大宗，此自後世有此區别，當時人未之知也。故民之訟也，一於僧侶，一於有司。而其訊鞫之也，亦未嘗致謹於其異。而當日之民，一若王官有司，所不可使教宗稍分其權者，獨於拂特制置之訟，與夫罪犯之不涉教域者耳。至於其餘，皆可任也。
嚴復《天演論》卷下	清光緒盧氏慎始基齋刻本	(8) 論二：憂患：大地摶摶，諸教雜糅。自頂黿拜蛇，迎尸範偶，以至於一宰無神；賢聖之所詔垂，帝王之所制立，司徒之有典，司寇之有刑，雖指類各殊，何一不因畏天坊民而後起事乎！疾痛慘怛，莫知所由然。愛惡相攻，致憾於同種。神道王法，要終本始，其事固盡從憂患生也。然則憂患果何物乎？其物為兩間所無可逃，其事爲天演所不可離，可逃可離，非憂患也。是故憂患者，天行之用，施於有情，而與知慮并著者也。今夫萬物之靈，人當之矣。……使聖人而能爲世連，則無所謂天演者矣。 (9) 論四：嚴意：欲知神道設教之所由興，必自知刑賞施報之公始。使世之刑賞施報，未嘗不公，則教之興不興未可定也。今夫治術所不可一日無，而由來最尚者，其刑賞乎？刑賞者天下之平也，而爲治之大器也。自群事既興，人與人相與之際，必有其所共守而不畔者，其群始立。其守彌固，其群彌堅；畔之或多，其群乃涣。攻窳彊弱之間，胥視此所共守者以爲斷，凡此之謂公道。泰西法律之家，其溯刑賞之原也，曰：民既合群，必有群約。且約以馭群，豈惟民哉！彼狼之合從以逐鹿也，飈逝霆擊，可謂暴矣。 (10) 論十：佛法：夫云一切世間，人天地獄，所有神魔人畜，皆在法輪中轉，生死起滅，無有窮期，此固婆羅門之舊說。自喬答摩出，而後取群實而皆虚之。一切有爲，胥由心造。譬如逝水，或迴旋成齊，或跳蕩爲汩，倏忽變現，因盡果銷。人生一世間，循業發現，正如縶犬於株，圍繞躑躅，不離本處。總而言之，無論爲形爲神，一切無實無常。……自生民神道設教以來，其流傳廣遠，莫如佛者，有由然矣。恆河沙界，惟我獨尊，則不知造物之有宰；本性圓融，周徧法界，則不信人身之有魂；超度四流，大患永滅，則長生久視之蕲，不僅大愚，且爲罪業。禱頌無所用也，祭祀匪所歆也，舍自性自度而外，無它術焉。

續表

作者/文獻	版本	用　　例
嚴復 《群己權界論》 卷上	清光緒石印本	(11) 穆護蓇德有曰：凡為帝王，畀一人以爵位，而其國有人堪此爵位。才德勝彼者，此帝王所為罪。通於天，負於其國，此金科玉條也。而回教哥瀾之所有，景教新約之所無，吾歐無貴賤，人民尚畧知，已於所居之羣有不容已之義務者，皆希臘羅馬之舊澤也。於景教何有焉？乃至道德之所以淑身。所謂仁恕耿介之大心，潔淨精微之高志，知性靈之至貴，而自尊常欲砥節首公，屬不可奪之節操。凡此皆得之文哲諸科人倫之學，而於神道設教者又無與也。
嚴復 《群己權界論》 卷下		(12) 是故自人事而言之，彼禁安息之執功於義無一可者，必窮其説，則以其事有背於宗教之規故耳。雖然宗教神道也，國律人道也，治人道而雜以神，此野竇之政必不可行者也。羅馬古諺有之曰：得罪於神者，神將自罰之。蓋使其人所為於人道為無傷，而所謂得罪於神者，其果為得罪與否？既難明矣。乃彼主國律者，獨憑私肊，必取而懲之。吾不知何所受而得此權，且何所據而自居為天吏也。
嚴復 《名學》 引論	清光緒金粟齋本	(13) 是故欲究心知之用，自明而誠之理，莫切於先區何者爲元知，何者爲推知，顧其事不屬於名學，而他科之學言之。心学之書，必有專篇明人心之知，何者爲覺性所本有，何者由於外鑠，待閱歷學問而後明。即若古今聚訟之端，如物質之眞幻，神道之有無，與夫神質二者之終爲同異。
嚴復 《群學肄言》 卷一	清光緒二十九年石印嚴侯官先生全集本	(14) 惟各國之言語文字亦然。其在埃及，凡所嚴重之典冊刻畫，皆用古象形書，而常用則從今體。猶太教經必用希百來文字，羅馬則用拉體諸文，此皆歷久不渝者也，即至吾英號通侻矣。顧新舊二約，其音訓文義，皆古之所有，非今之所行也。他若堂寺傳宣福音，其文字切合，亦從古法，非常談所可用者。至若教宗、書冊、朱墨、璘编，率從古刻，故布齊（道光時，英國教士，其言教道獨重威儀禮制。）與宗教禮家，皆主復古節文，使民重教之説。其餘繪刻圖像，凡在神道，亦皆以反古為宗。 (15) 其矯枉過中之論，則又謂羣之善否？權自上操，乃為一切政令憲章於善俗，明民責旦暮之效，然而皆無驗也。百餘年來，歐洲善羣之事，為之者非一人也。自盧騷氏所講之民約，至合衆國所為之國典；自山南諸邦（指澳意各國）所宣之聖道，至於晚近專以人理設教，不雜神道諸家。其於化民成俗之事，雖所持不同，而事勞效寡一耳。 (16) 布爾敦記南美土民供設像偶、雨暘漁獵之事，長跽而祝之，不驗則鞭笞呵詈。他日有所欲，則又祝焉。屢祝屢詈而奉其偶也，自若其於事神之道，可笑如此。吾英之民，於神道設教之事，雖不必乖剌如彼者，然其於朝廷議院若政令所出者，其用情之乖剌往往同之。其責望無窮，其失望亦無已。其失望雖無已，其責望仍無窮。

續表

作者/文獻	版本	用　　例
嚴復《群學肄言》卷二	清光緒二十九年石印嚴侯官先生全集本	(17) 宗教有最重之二義，一曰神道，一曰人理。方化之淺也。其所謂神道者，必掩其人理，而化之漸蒸。雖人理漸申，而所謂神道者，尚存其大分。故宗教所標是非之準，至無定也，而常隨世運為隆污，當於其世，各有所宜，以言其極，則皆無當。宜者，以其所值之時地，民智化理之淺深也；無當者，以多主於遠而難知，不關於邇而可察也。然以神道之故，民之嚴其難知者，常過於可察，如是則宗教之是非，常為治化是非之阻力，以論一切之人事，必有大失其平者矣。治化所謂利弊者，非宗教所謂利弊，有時宗教所甚重，治化則以為至輕。 (18) 然則教辟為害，任其流極，將人道必承其敝。蓋宗教之經法，雖有合天理與人情，然其督民之守之也，非即事為衡，計民生之幸福而為之也，特以是為神道之條誡，順之者吉，逆之者凶，本其畏服之忱而為之，其於守道含德，非真知其義而利行之也。 (19) 由是知近世愛智之家，有為人道新教以代神道舊教者，其說為虛願，而不可實見於施行也。夫人道之教出於思，由明而誠者也；神道之教本乎信，由誠而明者也。顧欲祖仁本義，由一切人事之宜而張為法制，此在上智猶或難之，况彼中材之衆庶？且彼所訾於宗教者，惡其既古而所本者，虛也。則不悟一宗教之行能歷數千年而無墮者，其所昭示創垂而以為坊民之紀者，豈皆虛哉？夫亦以人事之得失徵之耳。故宗教所垂之懿訓嘉言，而為人事之經法者，固非竭一人之思索辨問而為之也，乃積數百千年人事之閱歷甘苦而得之。 (20) 不甯惟是，夫以人道之教代神道之教者，就令竭其心思，而所以綱紀人倫者，釐然悉備，是教也其果可施行而效矣乎？是尚不可得而知也。何以言之？人特謂人心之所信守，與其行事之所率循者，皆出於知，而不悟其非也。知僅為其得半之塗耳。蓋凡人之行誼，其定於情而不由夫理者，蓋什八九也。 (21) 宗教之精義存於幽，幽故稱神道，而後之人欲以民義之顯者易之，此不僅求之心理而不然也，即攷之往迹莫有此者。夫人道之尊固也，然嘗有物居民義之先，而為根蒂者矣。執民業而忘天道者，可以為一時，不可以為永久。 (22) 教之為辟如此，自其大者而言之。則神道之嚴威既重，將人倫之修飭以輕。其論事也，將以合於教者為善，不合於教者為不善，而民義舉以廢矣。而且宗風不同，支流各異，則往往本其門户之見，以一概相量，而遂為事功之梗者有之矣。迨夫民智既開，神道權減，而矯枉過直者，將又以宗教為無裨於民生，則不知宗教為何物，乃羣治所不能廢，……而教之精意，將與天地終始，不能以人意為廢興也。 (23) 今夫例立而無不賅，物生而莫能外，取一切形神道器，表裏精粗，而莫不舉者，名數二科是已。故名理算數者玄科也，所以挈不易之事理，究不遁之物情者也。

續表

作者/文獻	版本	用　　例
嚴復 《社會通詮》 卷上	清光緒二十九年石印嚴侯官先生全集本	(24) 不徒為人誅竇且為鬼責，何則？宗教系絕也。今者，以英人而處法、德、奥、義間，入其壇廟堂寺，其中所頂禮頌歎之明神，於儀法宗旨雖略有分殊，而與平居所崇拜者未嘗異也。言語雖殊，神道一耳。乃以是求諸人鬼之教，固有必不可得者矣。
嚴復 《原富》 戊上	清光緒本	(25) 故其（歐洲）中古所講求者，皆神道設教，天人交際之理，寡所謂科學者矣。 (26) 自景教盛行，布在國憲，而拉體諸文字遂爲歐西通用之書與言矣。凡教寺之誦禱與新舊約之翻譯，無一不用羅馬之舊文，繼而大秦解紐，北鄙代興，種雜言厖，舊文漸替，顧神道之教民所恪恭創制遺文，守不願廢，甚至依聲傳誦，意義寘如，而服教之民轉矜神秘。此所以拉體諸文民間忘之已久，而一切教寺文辭猶用之而不革也。 (27) 國學定例：學子先習拉體諸，次希臘文字，而後乃治哲學。至於希百來文，其古書舍猶太《舊約》而外傳者甚寥，無關學問，非教宗中人無取誦習，則治之於哲學。已明之後，有欲講神道之學與教宗派別異同者，而後從事之。 (28) 所謂無分長少通教國民者，如稱天國福音以神道設教者。是已前之教也，教其所以爲人，所以善其生，入世之事也；後之教也，教其所以自度，所以善其死，出世之事也。 (29) 加多力教徒常有二類：一居而脩業，一行而宣教。居者，一鄉一集，主以一人，民有禱祠禳祭之事，輒以資付神甫，使爲之祝。加多力教又有密懺罪業之科，其事秘辭隱，雖至親不儳，是以神甫之得財彌易。行者，乞食自養，其所行之事與前之居者同。使禱祠禳祭之事，則匪所得食，其長行教徒之業，如近世輕騎快步諸軍，國無常糧，必攘奪於敵而後有食；其居鄉神甫則如鄉學之藝師，其歲月之稍十五詔於公家，而其餘則待於學者之供給，有待於學者則必勤，有聲聞者而後得之。長行教徒則無詔稍而惟恃衆供，故其勤業尤摯。其勉人敬天守誡而崇信天堂地獄之説者，蓋亦有所不得已耳！何則？其生事，與神道相倚故也。 (30) 教宗所信奉之條誡，至一切神道設教之事，本非行政治民者所得與其秘也。夫昏昏者，不能使人昭昭，故官吏於傳道宣福之事，能保護之而不能越尸祝之。 (31) 當是時，教會所得爲而猶具大勢力者，率皆神道禱祈之事而亦已大遜其前，則以賙給飲食之惠降衰故也。往者小民之視教宗也，饑待其食，寒待其衣，無異嬰兒之於慈母也。

表一千九百四十五

作者/文獻	版本	用　　例
嚴觀 《江寧金石記》 卷一	民國十六年石印本	（1）"梁故侍中中撫將軍開府儀同三司吳平忠侯蕭公之神道"，右《蕭景墓闕》，正書反刻。在上元花林村。
嚴觀 《江寧金石記》 卷二		（2）按：劉昫《舊唐書》云：明崇儼，累遷正議大夫。每因謁見，徹假以神道，頗陳時政得失，帝深加允納。潤州棲霞寺，是其五世祖梁處士山賓故宅，帝爲製碑文，親書于石，論者榮之。 （3）右《顏魯公帖》按番本，廼《送劉太沖敘》也，併及仲氏太眞。……墓在縣北。號柘塘神。市人月有祭禱必應，溧陽人尤神之。《神道碑》，裴度撰，蔣潼書。
嚴觀 《江寧金石記》 卷六		（4）《建康路三茅山崇禧萬壽宮記》：華陽洞天，自茅君以神道設教，瑞人神士不可梯接者，代有人焉。……辭不獲命，乃舉前說為之記，而又黑沐系之以詩。曰：自有宇宙有此山，開山者誰高辛氏。耿耿祉哉太元君，天之輔相民估恃。曲林舊館陶真人，潛德幽光發千祀。山圖飛上天皇家，雲漢分章來萬里。煌煌崇禧萬壽官，巨扁鸞飛羲獻字。鳳歌鶴舞鏘鈞韶，山川鬼神共歡喜。物不疵癘年穀豐，乾坤清夷風日美。皇帝怡愉奉太皇，萬年億載自今始。元至治元年正月十有五日建。
嚴觀 《江寧金石記》 卷七		（5）《重修達奚將軍廟之碑》：縣治之東南，有達奚將軍廟。其神端坐，擐甲執兵。……今神廟食于茲，雖莫知其始，然雨暘之禱，各以時應。愚等託處茲士，宜協力重構，以昭荅神貺，且以致祝辭之信於神，遂乃鳩工度材，因舊基而拓之。……去廟西北五十步，立神道。門復甃石，以達于廟。嚴嚴翼翼，閎偉炳煥。始事于十月之望，訖工于臘月之朔。 （6）神道甃石三十丈，提舉司知事張廷瑞。 （7）神道門，揚大明。
嚴觀 《江寧金石記》 待訪目 卷一		（8）太祖文皇帝神道之碑 （9）康王神道碑 （10）司徒鄱陽忠烈王神道 （11）臨川靖惠王蕭宏神道二石柱 （12）仁威將軍新渝寬侯神道 （13）梁故侍中左衛将軍建安敏侯神道二石柱 （14）昭遠將軍范府君神道 （15）盧循道三州刺史王師乾神道碑 （16）贈平章謚文靖韓熙載神道碑 （17）贈侍中李金全神道碑

續表

作者/文獻	版本	用　例
嚴觀 《江寧金石記》 待訪目 卷二	民國 十六 年石 印本	(18) 少保威定王德神道碑

表一千九百四十六

作者/文獻	版本	用　例
嚴可均 《全上古三代 秦漢三國六朝文》 全上古三代文 卷六	民國 十九 年景 清光 緒二 十年 黄岡 王氏 刻本	(1) 武王伐紂，雪深丈餘。五車二馬，行無轍跡，詣營求謁。武王怪而問焉，太公對曰：此必五方之神來受事耳。遂以其名召入，各以其職命焉。既而克殷，風調雨順。(《舊唐書·禮儀志》。案：五神事，詳見《太公金匱》《周書陰符》。丁矦事，詳見《金匱》。聖人以神道設教，不必疑其不純也。)
嚴可均 《全上古三代 秦漢三國六朝文》 全後漢文 卷十一		(2)《説隗囂》：足下欲承天順民，輔漢而起，今立者乃在南陽，王莽尚據長安，雖欲㠯漢爲名，其實無所受命，將何㠯見信于衆乎？宜急立高廟，稱臣奉祠，所謂“神道設教”，求助人神者也。且禮有損益，質文無常。削地開兆，茅茨土階，㠯致其肅敬。雖未備物，神明其舍諸。(後漢《隗囂傳》)
嚴可均 《全上古三代 秦漢三國六朝文》 全後漢文 卷十九		(3) 追觀往法，政皆神道設教，強幹弱枝，本支百世之要也。是㠯皆永享康寍之福，無怵惕之憂，繼嗣承業，恭己而治，蓋此助也。其被災害民輕薄無累重者，兩府遣吏護送饒穀之郡。或懼死亡，卒爲傭賃，亦足㠯消散其口，救贍全其性命也。昔魯隱有賢行，將致國于桓公，乃流連貪位，不能早退。況草創兵長，卒無德能，直㠯擾亂，乘時擅權，作威玉食，狃忕之意，徼幸之望，蔓延無足，張步之計是也。
嚴可均 《全上古三代 秦漢三國六朝文》 全後漢文 卷五十四		(4)《上順帝封事》：臣竊見京師爲害兼所及，民多病死，死有滅户。人人恐懼，朝廷燋心，㠯爲至憂。臣官在于攷變禳災，思任防救，未知所由，夙夜征營。臣聞國之大事在祀，祀莫大于郊天奉祖。方今道路流言，僉曰：孝安皇帝南巡路崩，從駕左右行慝之臣，欲徼諸國王子，故不發喪，衣車還宫，僞遣大臣，竝禱請。命臣處外治，不知其審，然尊靈見罔，豈能無怨？且凡夫私小有不蠲，猶爲譴謫，況㠯大穢，用禮郊廟？孔子曰：曾謂泰山不如林放乎！天地明察，降禍見災，乃其理也。又間者，有司正㠯冬至之後，奏開恭陵神道。陛下至孝，不忍距逆，或發冢移尸。

續表

<table>
<tr><th>作者/文獻</th><th>版本</th><th>用　例</th></tr>
<tr><td>嚴可均
《全上古三代秦漢三國六朝文》
全後漢文
卷五十八</td><td rowspan="4">民國十九年景清光緒二十年黃岡王氏刻本</td><td>(5)《魯靈光殿賦》(并序)：魯靈光殿者，蓋景帝程姬之子恭王餘之所立也。初，恭王始都下國，好治宮室，遂因魯僖基兆而營焉。……物目賦顯，事目頌宣，匪賦匪頌，將何述焉？遂作賦曰：粵若稽古，帝漢祖宗，濬哲欽明。殷五代之純熙，紹伊唐之炎精。荷天衢目元亨，廓宇宙而作京。敷皇極目創業，協神道而大寍。于是百姓昭明，九族敦序。乃命孝孫，俾侯于魯。錫介珪目作瑞，宅附庸而開宇。乃立靈光之祕殿，配紫微而爲輔。承明堂于少陽，昭列顯于奎之分野。……苟可貴其若斯，孰亦有云而不珍！亂曰：彤彤靈宮，巋嶷穹崇，紛庬鴻兮。崱屴嵫厘，岑崟崰嶷，駢巃嵸兮。連拳偃蹇，崘菌踡嵯，傍欹傾兮。歇欻幽藹，雲覆霮䨴，洞杳冥兮。葱翠紫蔚，礧碨瑰瑋，含光晷兮。窮奇極妙，棟宇已來，未之有兮。神之營之，瑞我漢室，永不朽兮。
(6)《嵩高山開母廟石闕銘》：(闕)潁川郡陽城縣開母廟興治神道闕，時太守杜陵朱寵、丞零陵泉陵薛政、五官掾陰林、戶曹史夏效、監掾陳脩長西河圜陽馮寶、丞漢陽冀祕俊、廷掾趙穆、戶曹史張詩、將作掾嚴壽佐左福。</td></tr>
<tr><td>嚴可均
《全上古三代秦漢三國六朝文》
全後漢文
卷六十三</td><td>(7)《張公神道石闕銘》：於穆張公，含和泰清。受符皇極，乾綱巛靈。何天之休，元亨利貞。……(闕)顯猶，招拂英動。(闕)錫介福，惠此吏民。國無災寇，屢獲豐年。皇帝眉壽，幹祿於天。牧守皆昇，握台輔辰。長與丞尉，超遷相因。休(闕)烈烈，無(闕)。</td></tr>
<tr><td>嚴可均
《全上古三代秦漢三國六朝文》
全後漢文
卷九十八</td><td>(8)《張公神碑》(和平元年)：惟和平元年正月，(闕二字)朝歌長鄭郴造(闕)張公建(闕)良(闕)之山，運置綦陽，刊凿涿摩，立左右闕，表神道，(闕)豎碑廟堂之前。到五月(闕二字)乃成。長(闕二字)之，銘勒神懿光秘後昆。
(9)案：此碑前半《張公神道闕銘文》，朝歌屬長鄭郴撰。郴，字伯林，潁川陽城人。後半歌九章，無吏撰名氏。</td></tr>
<tr><td>嚴可均
《全上古三代秦漢三國六朝文》
全後漢文
卷一百六</td><td>(10)《陰長生》：長生，新野人。陰皇后族屬，隱青城山中。或云仙去。……又著詩三篇，目示將來。其一曰：惟余之先，佐命唐、虞。爰逮漢世，紫艾重紆。……其二章曰：予之聖師，體道之眞。升降變化，喬、松爲鄰。唯余同學，十有二人。寒苦求道，歷二十年。中多怠墮，志行不堅。痛乎諸子，命也自天。天不妄授，道必歸賢。身沒幽壤，何時可還。唯爾將來，勤加精研。勿爲流俗，富貴所牽。神道一成，升彼九天。壽同三光，何但億千。其三章曰：惟余束髮，少好道德。棄家隨師，東西南北。……今得度世，神丹之力。陰君處民間百七十年，色如女子，白日昇天而去。(《神仙傳四》，《御覽》六百六十四，《太平廣記》八。)</td></tr>
</table>

續表

<table>
<tr><th>作者/文獻</th><th>版本</th><th>用　　例</th></tr>
<tr><td>嚴可均
《全上古三代秦漢三國六朝文》
全三國文
卷八</td><td rowspan="4">民國十九年景清光緒二十年黃岡王氏刻本</td><td>(11)《終制》：黃初三年冬十月，表首陽山東爲壽陵，作《終制》。禮，國君即位為椑，存不忘亡也。昔堯葬穀林，通樹之，禹葬會稽，農不易畝，故葬于山林，則合乎山林。封樹之制，非上古也，吾無取焉。壽陵因山爲體，無爲封樹，無立寢殿，造園邑，通神道。夫葬也者，藏也，欲人之不得見也。骨無痛癢之知，冢非棲神之宅，禮不墓祭，欲存亡之不黷也，爲棺槨足目朽骨，衣衾足目朽肉而已。……宋公厚葬，君子謂華元、樂莒不臣，目爲棄君于惡。漢文帝之不發，霸陵無求也；光武之掘，原陵封樹也。霸陵之完，功在釋之；原陵之掘，罪在明帝。是釋之忠目利君，明帝愛目害親也。……自古及今，未有不亡之國，亦無不掘之墓也。喪亂目來，漢氏諸陵無不發掘，至乃燒取玉匣金縷，骸骨並盡，是焚如之刑也，豈不重痛哉！禍蹤乎厚葬封樹。桑、霍爲我戒，不亦明乎？其皇后及貴人目下，不隨王之國者，有終沒皆葬澗西，前又目表其處矣。……臣子爲蔑死君父，不忠不孝，使死者有知，將不福汝。其目此詔藏之宗廟，副在尚書、秘書、三府。</td></tr>
<tr><td>嚴可均
《全上古三代秦漢三國六朝文》
全晉文
卷十三</td><td>(12）惟帝與后，契闊在昔。比翼白屋，雙飛紫閣。悼后傷後，早即窀穸。言斯既及，涕泗隕落。追惟我后，實聰實哲。通于性命，達于儉節。送終之禮，比素上世。襚無珍寶，含無明月。潛輝梓宮，永背昭晰。臣妾哀號，同此斷絕。庭宇遏密，幽室增陰。空設帷帳，虛置衣衾。人亦有言，神道難尋。悠悠精爽，豈浮豈沈。豐奠日陳，冀魂之臨。孰云元后，不聞其音。</td></tr>
<tr><td>嚴可均
《全上古三代秦漢三國六朝文》
全晉文
卷二十</td><td>(13）難曰：外國之君，非所應喻，佛教之興，亦其旨可知。豈不以六夷驕強，非常教所化？故大設靈奇，使其畏服。荅曰：夫神道設教，誠難目言辯，意以爲大設靈奇，示以報應，此最影響之實理。佛教之根要，今若謂三世爲虛誕，罪福爲畏懼，則釋迦之所明，殆將無寄矣。常目爲周孔之化，救其甚弊，故言迹盡乎一生，而不開萬劫之塗，然遠探其言，亦往往可尋：孝悌仁義明不謀而自同，四時之生殺，則矜慈之心見；又屢仰仲由之問，亦佀有深旨。但教體既殊，故此處常昧耳。靜而求之，殆將然乎？</td></tr>
<tr><td>嚴可均
《全上古三代秦漢三國六朝文》
全晉文
卷三十二</td><td>(14）輒共尋詳，有佛無佛，固非臣等所能定也。然尋其遺文，讚其要旨，五戒之禁，實助王化。賤昭昭之名行，貴冥冥之潛操，行德在于忘身，抱一心之清妙，且興自漢世，迄于今日，雖法有隆衰，而弊無妖妄，神道經久，未有其比也。夫詛有損也，祝必有益。</td></tr>
</table>

續表

作者/文獻	版本	用　　例
嚴可均《全上古三代秦漢三國六朝文》全晉文卷三十七	民國十九年景清光緒二十年黃岡王氏刻本	(15)《爲成帝出令沙門致敬詔》：夫萬方殊俗，神道難辯，有自來矣。達觀傍通，誠當無怪。況跪拜之禮，何必尚然。當復原先王所目尚之之意，豈直好此屈折而坐遘槃辟哉？固不然矣。因父子之敬，建君臣之序。制法度，崇禮秩，豈徒然哉？良有目矣。既其有目，將何目易之？然則名禮之設，其無情乎？且今果將有佛邪？將無佛邪？有佛邪，其道固弘；無佛邪，義將何取？繼其信然，將是方外之事。方外之事，豈方內所目體。而當矯形骸，違常務，易禮典，棄名教，是吾所甚疑也。名教有由來，百代所不廢。……縱其信然，縱其有之，吾將通之於神明，得之於胸懷耳。軌憲宏模，固不可廢之於正朝矣。凡此等類，皆晉民也。論其材智，又常人也。而當因所說之難辯，假服飾目陵度，抗殊俗之傲禮，直形體於萬乘，又是吾所弗取也。諸君并國器也。悟言則當測幽微，論治則當重國典。苟其不然，吾將何述焉。
嚴可均《全上古三代秦漢三國六朝文》全晉文卷三十八		(16)《虞舜像贊》（并序）：夫至道妙，非器象所載；靈化潛融，非軌跡所傳。……然樹寢所目栖神，而寢非神之所期；立像所目表德，而像非德之所存。若乃廢其軌景，洞其玄眞，雖冥照之鑒獨朗，天下惡乎注其耳目哉！遂乃顯圖靈像，廓其廟壇。俾天光焜于宇宙，南風散乎五絃。豈謂神道之妙，可寄之于有涯哉？蓋亦暘悠悠者之心也。其辭曰：玄像焜燿，萬物含靈。飛龍在天，陽德文明。神道雖寂，務由機生。擁琴高詠，寄和五聲。玄風既暘，妙盡無名。民鑒其朗，孰測窈冥。（《藝文類聚》十一）
嚴可均《全上古三代秦漢三國六朝文》全晉文卷四十六		(17)《五祀議》：《禮・大記》云：室中央中霤，謂四霤之中也。祭于漏井，蓋失之矣。七祀之文，皆云祀行而無井，祭竈而不祭井，于事則闕。夫設祀者，非但報功而已，亦神道設教，使民慎之幽明也。臣目為帝之都城，宜祭一門，正宮一門，正室一户，井竈中霤，亦各擇其一，正者祭之。（《御覽》五百二十九）
嚴可均《全上古三代秦漢三國六朝文》全晉文卷九十九		(18)《吊魏武帝文》（并序）（陸機）：元康八年，機始目台郎出補著作，游乎秘閣，而見魏武帝遺令，愾然歎息，傷懷者久之。……接皇漢之末緒，值王途之多違。佇重淵目育鱗，撫慶雲而遐飛。運神道目載德，乘靈風而扇威。摧羣雄而電擊，舉勍敵其如遺。指八極目遠略，必翦焉而後綏。釐三才之闕典，啟天地之禁闈。舉脩網之絶紀，紐大音之解徽。埽雲物目貞觀，要萬途而來歸。丕大德目宏覆，援日月而齊暉。濟元功于九有，固舉世之所推。……嗟大戀之所存，故雖哲而不忘。覽遺籍目慷慨，獻茲文而凄傷。

續表

作者/文獻	版本	用　　例
嚴可均《全上古三代秦漢三國六朝文》全晉文卷一百	民國十九年景清光緒二十年黃岡王氏刻本	(19)《南征賦》(并序)：太安二年秋八月，奸臣羊玄之、皇甫商敢行稱亂，淩逼乘輿，天子蒙塵于外。……粵十月，軍次于朝歌，講武治戎㠯觀兵于殷墟；于是美義征之舉，壯師徒之盛，乃作《南征賦》，㠯揚匡霸之勳云爾。有皇晉之霸后，資濬哲之叡聖。崇文德于緝熙，濟武功而保定，應天鑒之昭華，荷帝祐之休命。步玉衡㠯觀八方，在旋璣而齊七政。芒芒神道，化洽崇深。卬戾天飛，俯洞淵沈。……嚴鼓隱而重戒，景燧曄而星羅。烈蒙陰而仰假，曜憑陽而登遐。若扶桑之振華葉，皓天之散朝霞。超燭龍之絕景，豈比象于百華。
嚴可均《全上古三代秦漢三國六朝文》全晉文卷一百一		(20)伏惟殿下明德光邵，天資秀朗，方當光演文武，允迪皇猷。如復垂精古今之奧，仰覽千載之籍，則神道叡知，無物不照。且師友文學，朝選于衆，㠯德來教，雖豐祿崇禮，已隆其人。而先王之道，未簡聖聽，在位累載，官廢其職，每聽其言，亦懷慊慨。臣㠯可于良日就講經學，先闡大道，永播芳風。愚臣區區，敢獻瞽言。
嚴可均《全上古三代秦漢三國六朝文》全晉文卷一百三		(21)《盛德頌》：余行經泗水，高帝昔為亭長于此。瞻望山川，意有慨然，遂奏章㠯通情焉，并為之頌云爾。……臣聞遊魂變化，神道無方。雖聖靈登遐，降陟在天。連光五精，流輝太一。或冀神輿降觀，薄狩五服。時邁玉輅，言巡茲邑。是㠯下臣仰瞻紫宮，俯要恍惚，愚情振蕩，靡審所如。不勝延頸紫微，結心閶闔之情。……聖功克明，九方孔安。良宰內幹，武臣外閑。漸澤冀域，沾被戎蠻。連光太素，萬載不刊。
嚴可均《全上古三代秦漢三國六朝文》全晉文卷一百四		(22)《祖考頌》：云之世族，承黃虞之苗緒，裔靈根之遺芳，用能枝播千條，穎振萬葉，繁衍固於三代，饗祀存乎百世，豈非皇慶之積祐，神明之殷祥者哉！……乃作頌曰：悠悠聖緒，上帝是臨。世篤其猷，於顯徽音。神風往播，福祿來尋。靈根既茂，萬業垂林。繁盛海堣，穎寍漢陰。既曰寍止，芳祐允淑。乃步斯湢，降神有陸。赫矣二公，應期載育。……公徒斯振，帝旅凱入。於變時雍，神道經始。肅肅九命，永言徽止。公拜稽首，對敭天子。猗歟盛歟，邵侯有作。我考纂戎，爰究爰度。遠除尋軌，崇基式廓。昭明有家，祖廟奕奕。……二后重規，世有哲人。肅雍碩響，萬載（闕）振。 (23)《逸民箴》：余昔爲《逸民賦》，大將軍掾何道彥，大府之俊才也。作《反逸民賦》，盛稱官人之美，寵祿之華靡，偉名位之大寶，斐然其可觀也。夫名者實之賓，位者物之寄，窮高有必顛之吝，溢美有大惡之尤，可不慎哉。故爲《逸民箴》，㠯戒反正焉。……自古在昔，逸民有作。相彼宇宙，方之委

續表

<table>
<tr><th>作者/文獻</th><th>版本</th><th>用　　例</th></tr>
<tr><td>嚴可均
《全上古三代秦漢三國六朝文》
全晉文
卷一百四</td><td rowspan="3">民國十九年景清光緒二十年黃岡王氏刻本</td><td>舄。大豈無不休，而好是沖漠。是故名利之災，至人攸恪。謂予未信，無竄監于桑霍。天明既畏，神道無親。善在求己，慶由積仁。無念爾本，聿修厥湆。執盈如虛，乃反天眞。逸民司正，敢告官人。
(24)《晉故散騎常侍陸府君誄》：惟太康五年夏四月丙申，晉故散騎常侍吳郡陸君卒。嗚呼哀哉！天降純嘏，誕育俊乂。才雄九奧，德鍾三懿。應運繼期，顯微闡昧。特恢大猷，雍化熙世。昊天不吊，奄忽零墜。嗚呼哀哉！朝隕棠幹，邦喪國輝。帝欽遺烈，士詠清機。思經皇心，痛浹民懷。揮淚充邑，惜慟盈畿。敢述洪跡，於玆素旍。其辭曰：於穆皇源，時惟誕弘。……明器既庇，神道已羕。縣象未登，明星有爛。軒車微動，執紼同贊。永棄高廈，黃壚是館。窯彼昏昧，荒此輝粲。幽房長鍵，脩夜靡旦。翼翼輕蓋，翩翩丹旍。龍章舒藻，旟旐有輝。轜輪轇結，玄駟徘徊。人誰弗思，靡思匪哀。援扎心楚，投翰餘悲。嗚呼哀哉！</td></tr>
<tr><td>嚴可均
《全上古三代秦漢三國六朝文》
全晉文
卷一百七</td><td>(25)《傳》曰：外順天地時氣而祭其鬼神。然則神必有號，祀必有義。案：洪祀之文，惟神靈大略而無所祭之名，稱舉國行祀而無貴賤之阻，有赤黍之盛而無牲醴之奠，儀法所用，闕略非一。若率文而行，則舉義皆閡；有所施補，則不統其源。漢侍中盧植，時之達學，受法不究，則不敢厝心。誠目五行深遠，神道幽昧，探賾之求難目常思，錯綜之理不可一數。臣非至精，孰能與此！（《晋書・江逌傳》：帝不約，過又上疏云云。）</td></tr>
<tr><td>嚴可均
《全上古三代秦漢三國六朝文》
全晉文
卷一百十</td><td>(26)《泥洹经》曰：五道無安，唯無爲快。《經》稱行道者先當捨世八事，利衰毀譽，稱譏苦樂，聞善不喜，聞惡不懼；信心天固，沮勸無目動其志；理根于中，外物不能干其慮。且當年所遇，必由宿緣；宿緣玄運，信同四時，其來不可禦，其去不能止，固當順而安之，悅而畢之。精勤增道習，期諸忘心，形報既廢，乃獲大安耳。夫理本于心，而報彰于事，猶形正則影直，聲和而響順，此自然玄應，孰有爲之者哉！然則契心神道，固宜期之通理，務存遠大，虛中正已，而無希外助；不可接目卑瀆，要目情求：此乃厝懷之關鍵，學者所宜思也。
(27) 或謂心念必報，理同影響，但當求己而已，固無事于幽冥。原經教之設，蓋所目悟夫求已，然求己之方，非教莫悟。悟因乎教，則功由神道；欣感發中，必形于事；亦由詠歌不足，係目手舞。然則奉而尊之，蓋理所不必須，而情所不能廢。宜縱己深體教旨，忘懷欣想，將目己引物，自周乎眾，所目固新涉之志，而令寄懷有擬。</td></tr>
</table>

續表

作者/文獻	版本	用　例
嚴可均 《全上古三代秦漢三國六朝文》 全晉文 卷一百十九	民國十九年景清光緒二十年黃岡王氏刻本	(28)《沙汰衆僧教》：夫神道茫昧，聖人之所不言，然惟其製作所弘，如將可見。佛所貴無爲，慇懃在于絕欲，而比者陵遲，遂失斯道，京師競其奢淫，榮觀紛于朝市，天府㠯之傾匱，名器爲之穢黷，避役鍾于百里，逋逃盈于寺廟，乃至一縣數千，猥成屯落，邑聚游食之羣，境積不羈之衆，其所㠯傷治害政，塵滓佛教，固已彼此俱弊，實汙風軌矣。……唯廬山道德所居，不在搜簡之例。（《宏明集》十二）
嚴可均 《全上古三代秦漢三國六朝文》 全晉文 卷一百二十七		(29)《搜神記序》：雖攷先志于載籍，收遺逸于當時，蓋非一耳一目之所親聞覩也，亦安敢謂無失實者哉！……今之所集，設有承于前載者，則非余之罪也。若使採訪近世之事，苟有虛錯，願與先賢前儒分其譏謗，及其著述，亦足㠯明神道之不誣也。羣言百家不可勝覽，耳目所受，不可勝載，今粗取足㠯演八略之旨，成其微說而已。幸將來好事之士錄其根體，有㠯游心寓目而無尤焉。（《晉書·干寶傳》）
嚴可均 《全上古三代秦漢三國六朝文》 全晉文 卷一百三十七		(30)《顏回贊》：神道天絕，理非語象。不有伊人，誰憐誰仰？際盡一時，照無二朗。契彼玄迹，冥若影響。（《藝文類聚》二十） (31)《釋疑論》：安處子問于元明先生曰：蓋聞積善之家，必有餘慶，積不善之家，必有餘殃。……然則積善積惡之談，蓋施于勸教耳。何㠯言之？夫人生而靜，天之性也。感物而動，性之欲也。性欲既開，流宕莫檢，聖人之救其弊，因神道㠯設教，故理妙而化敷，順推遷而抑引，故功元而事適。……處子乃避席曰：夫理蘊千載，念纏一生，今聞吾子大通之論，足㠯釋滯疑祛幽結矣。僕雖不敏，請佩斯言。（《廣弘明集》二十） (32)難曰：勸教之設，必傍實而動直；爲訓之方，不可㠯一塗而盡。僕豈謂聖人爲教，反真空設邪？答曰：夫善惡生于天理，是非由乎人心，因天理㠯施教，順人心㠯成務，故幽懷體仁者，挹元風而載悅，肆情出轍者，顧名教而內掬，功元物表，日用而忘其惠，理蘊冥寂，濤之不見其宗，非違虛教㠯眩于世也。是㠯前論云：神道㠯設教，故理妙而化敷，順推遷而抑引，故功元而事適者也。
嚴可均 《全上古三代秦漢三國六朝文》 全晉文 卷一百四十		(33)《沙門應致敬啟》：十二月三日，侍中臣嗣之給事黃門侍郎臣袁恪之等言，詔書如右，神道冥昧，聖詔幽遠，陛下所宏者，大爰逮道人奉佛者耳，率士之民，莫非王臣，而㠯向化法服，便抗禮萬乘之主？愚情所未安。拜啟之禮，豈虧其道，尊卑大倫，不宜都廢。若許其名教之外，闕其拜敬之儀者，請一斷引見，啟可紀識。謹啟。（《沙門不拜俗事》二）

續表

<table>
<tr><th>作者/文獻</th><th>版本</th><th>用　　例</th></tr>
<tr><td>嚴可均
《全上古三代
秦漢三國六朝文》
全晉文
卷一百四十三</td><td rowspan="3">民國
十九
年景
清光
緒二
十年
黄岡
王氏
刻本</td><td>(34)《日燭》：原夫坌道之典，暘生死之源，標善惡之報，啟陵化之津，訓戒明白，縷羅備矣。然信言不美，文繁辭宕，累冥絶昧，重淵隔浪，是目學者未得其門，或未之留意，聊抒咸池之遠音，適爲里巷之近曲，假小通大，儻可接俗，助天揚光，號曰《日燭》。……若夫倒置之族，矇矇徒生。兵風既至，忽然潛征。神道雖昧，鬼法尤明。徘徊中陰，徂彼鐵城。宵絶望舒，晝無曜靈。身造笮蓴之檻，足蹈炎炭之庭。刀岳霜鋩目積刃，劍林翹鋒而肅精。陶銅汪洋目海涌，巨鑊波沸而雷鳴。……悟飾智之愕物，故收翰而輟思，寄一偶于梗指，俟體信于明識者乎。(《宏明集》十三)</td></tr>
<tr><td>嚴可均
《全上古三代
秦漢三國六朝文》
全晉文
卷一百四十六</td><td>(35)《穆帝哀策文》：欽明文思，允恭克讓。忽若布衣，忘其矜尚。體有示無，德克神王。冕旒兩楹，委政元輔。内倚公旦，外仗尚父。郁哉惟文，赫斯惟武。西廓岷河，北清伊渚。園陵聿修，舊京式敘。方振長慧，風埽天宇。休牛歸馬，卷旗臥鼓。俾我蒸民，擊壤容與。昊天不弔，奄背率土。哀同遏密，痛方割鉅。日月不居，神道之幽。三辰吉良，五謀同休。祖載華庭，晏駕崇丘。俯執饋奠，仰攀龍輴。岌岌黼翣，飄飄素旍。感想平昔，人懷崩抽。號聲如震，灑涕成流。(《藝文類聚》十三)</td></tr>
<tr><td>嚴可均
《全上古三代
秦漢三國六朝文》
全晉文
卷一百五十七</td><td>(36)《阿彌陀佛像讚》(并序)：夫六合之外，非典籍所模；神道詭世，豈意者所測？故曰：人之所知，不若其所不知。每在常，輒欲目所不能見，而斷所未能了，故令井蛙有坎宅之矜，馮夷有秋水之伐，故其冥矣。……其詞曰：王猷外釐，神道内綏，皇矣正覺，實兼宗師。泰定軫曜，黄中秀姿，恬智交泯，三達玄夷。啟境金方，緬路悠迴，於彼神化，悟感應機。五度砥操，六慧研微，空有同狀，玄門洞開。詠歌濟濟，精義順神，玄肆洋洋，三乘詵詵。……潛爽冥萃，載哲來翔。孕景中葩，結靈幽芳。類諸風化，妙兼於長。邁軌一變，同規坐忘。(《廣弘明集》十六)
(37)《座右銘》：懃之懃之，至道非彌，奚爲淹滯，弱喪神奇。茫茫三界，眇眇長羈，煩勞外湊，冥心内馳。徇赴欽渴，緬邈忘疲。人生一世，涓若露垂，我身非我，云云誰施。達人懷德，知安必危。寂寥清舉，濯累禪池，謹守明禁，雅翫玄規。綏心神道，抗志無爲，寥朗三蔽，融冶六疵。空同五陰，虛豁四肢，非指喻指，絕而莫離。妙覺既陳，又玄其知，宛轉平任，與物推移。過此目往，勿議勿思，敦之覺父，志在嬰兒。(《高僧傳》四)</td></tr>
</table>

續表

作者/文獻	版本	用　　例
嚴可均 《全上古三代秦漢三國六朝文》 全晉文 卷一百五十八	民國十九年景清光緒二十年黄岡王氏刻本	(38)《十法句義經序》：夫有欲之激，百轉千化，搖蕩成教，亦何得一端乎？是故正覺因心所遷，卽名爲《經》。邪止名正，亂止名定，方圓隨器，合散從俗。隨器故因質而立名，從俗故緣對而授藥。立名無常名，則神道矣；授藥無常藥，則感而通故矣；卽已不器，又通其故，則諸行汎然，因法而結也。……今鈔而第之，名曰《十法句義》。若其常行之注解，若昔未集之貽後，同我之倫，儻可察焉。(《释藏跡》十)
嚴可均 《全上古三代秦漢三國六朝文》 全晉文 卷一百六十一		(39)《體極不兼應四》：問曰：歷觀前史，上皇已來，在位居宗者，未始異其原本。……今諸沙門不悟文表之意，而惑教表之文，其爲謬也，固已甚矣。若復顯然有驗，此乃希世之聞！答曰：夫幽宗曠邈，神道精微，可⺒理尋，難⺒事詰。旣涉乎教，則⺒因時爲檢，雖應世之見，優劣萬差。至於曲成在用，感卽民心，而通其分，分至則止，其智之所不知，而不關其外者也。……若⺒對夫獨絶之教，不變之宗，固不得同年而語其優劣，亦已明矣。 (40)《形盡神不滅第五》：問曰：論旨⺒化盡爲至極，故造極者必違化而求宗，求宗不由於順化，是⺒引歷代君王，使同之佛教，令體極之至，⺒權居統，此雅論之所託，自必於大通者也。……荅曰：夫神者何耶？精極而爲靈者也。精極則非卦象之所圖，故聖人⺒妙物而爲言，雖有上智，猶不能定其體狀，窮其幽致。而談者⺒常識生疑，多同自亂，其爲誣也，亦已深矣。將欲言之，是乃言夫不可言。今於不可言之中，復相與而依稀。……論者不尋無方生方死之說，而惑聚散於一化；不思神道有妙物之靈，而謂精麤同盡，不亦悲乎！
嚴可均 《全上古三代秦漢三國六朝文》 全晉文 卷一百六十二		(41)《萬佛影銘》(并序)(佛影今在西那伽訶羅國南山古仙石室中。度流沙，從徑道，去此一萬五千八百五十里。盛世之應，詳於前記也。)：夫滯於近習，不達希世之聞。撫常永日，罕懷事外之感。是使塵想制于玄襟，天羅網其神慮。……遇西域沙門，輒餐游方之說。故知有佛影，而傳者尚未曉然。及此山，値罽賓禪師，南國律學道士。與昔聞旣同，竝是其人游歷所經，因其詳問，乃多有先徵。然後驗神道無方，觸像而寄，百慮所會，非一時之感。於是悟徹其誠，應深其信。將援同契，發其眞趣，故與夫隨喜之賢，圖而銘焉。
嚴可均 《全上古三代秦漢三國六朝文》 全晉文 卷一百六十五		(42)《開宗第一》：無名曰：《經》稱有餘涅盤無餘涅盤者，秦言無爲，亦名滅度。無爲者，取乎虛無寂寞，妙絶於有爲。滅度者，言其大患永滅，超度四流。斯蓋是鏡像之所歸，絶稱之幽宅也。而曰有餘無餘者，良是出處之異號，應物之假名耳。……然則有無絶於內，稱謂淪於外，視聽之所不曁，四空之所昏昧，恬焉而夷，怕焉而泰，九流於是乎交歸，眾聖於是乎冥會，斯乃希夷之境、太玄之鄉，而欲⺒有無題牓，標其方域，而語其神道者，不亦邈哉。

續表

作者/文獻	版本	用　　例
嚴可均《全上古三代秦漢三國六朝文》全晉文卷一百六十五	民國十九年景清光緒二十年黄岡王氏刻本	(43)《覈體第二》：有名曰：夫名號不虚生，稱謂不自起。《經》稱有餘涅槃無餘涅槃者，蓋是返本之眞名，神道之妙稱者也。請試陳之。有餘者，謂如來大覺始興，法身初建，澡八解之清流，憩七覺之茂林，積萬善於曠劫，蕩無始之遺塵，三明鏡於內，神光照於外，結僧那於始心，終大悲目赴難，仰攀玄根，俯提弱喪，超邁三域，獨蹈大方，啟八正之平路，坦眾庶之夷途，騁六通之神驥，乘五衍之安車，至能出生入死，與物推夷，道無不合，德無不施，窮化母之始物，極玄樞之妙用，廓虚宇於無疆，耀薩雲於幽燭，將絶朕於九止，永淪太虚，而有餘緣不盡，餘迹不泯，業報猶魂，聖智尚存，此有餘涅盤也。 (44)《超境第五》：無名曰：有無之數，誠目法無不該，理無不統。然其所統，俗諦而已。……然則有無雖殊，俱未免於有也，此乃言象之所目形，是非之所目生，豈足目統於幽極，而擬乎神道者乎？是目論稱出有無者，良目有無之數，止乎六境之內，六境之內，非涅盤之宅，故借出目祛之，庶悕道之流，髣髴幽途，託情絕域，得意忘言，體其非有非無，豈曰有無之外，別有一有而可稱哉？《經》曰“三無爲”者，蓋是羣生紛繞，生乎篤患，篤患之尤，莫先於有，絶有之稱，莫先於無。故借無目明其非有，明其非有，非謂無也。 (45)《動寂第十五》：無名曰：《經》稱：聖人無爲，而無所不爲。無爲，故雖動而常寂；無所不爲，故雖寂而常動。雖寂而常動，故物莫能一；雖動而常寂，故物莫能二。物莫能二，故逾動逾寂；物莫能一，故逾寂逾動。所目爲即無爲，無爲即爲。動寂雖殊，而莫之可異也。《道行》云：心亦不有，亦不無。不有者，不若有心之有；不無者，不若無心之無。何者？有心則眾庶是也，無心則太虚是也。眾庶止於妄想，太虚絶於靈照，豈可止於妄想，絶於靈照，標其神道，而語聖心者乎？是目聖心不有，不可謂之無；聖心不無，不可謂之有。不有，故心想都滅；不無，故理無不契。理無不契，故萬德斯弘；心想都滅，故功成非我。所目應化無方，未嘗有爲；寂然不動，未嘗不爲。
嚴可均《全上古三代秦漢三國六朝文》全宋文卷九		(46)《與桂陽王休範書》（七月五日）：外間有一師，姓徐名紹之，狀如狂病，自云爲塗步郎所使。……又頃者史官奏天文占候，頗云休若應挾異端。神道芒昧，乃不可全信，然前後相準，略亦不無髣髴。且帖肆閒，自大明目來有“若好”之謠，於今未止。詔若百重章句，皆配目美辭美事，諸不逞之徒，咸云“必是休若”。…… 休若既是汝弟，使其狼心得申者，汝得守冶城邊作太尉公邪？非但事關計，亦於汝甚切，汝可密白荀太妃令知。

續表

作者/文獻	版本	用　　例
嚴可均《全上古三代秦漢三國六朝文》全宋文卷二十一	民國十九年景清光緒二十年黃岡王氏刻本	(47) 所謂灑神功於窮迫，㠯拔寃枉之命者，其道如斯，慈之至矣。今雖有世美，而無道心，犯害衆命，㠯報就迫，理之當也。佛乘理居當，而救物㠯法，不蹈法則理無橫濟，豈佛無實乎？譬之扁鵲，救疾㠯藥，而不信不服，疾之不瘳，豈鵲不妙乎？魯陽、耿恭，遠祖九江，所㠯能廻日飛泉，蝨虎避德者，皆㠯烈誠動乎神道。神道之感，即佛之感也，若在秦、趙，必不陷於難矣。 (48) 潛行協於神明，福德彰於後身，豈能見其所得哉？夫人事之動，必貫神道，物無妄然，要當有故而然矣。若使幽冥之報不如向論，則六十萬命何理㠯坑乎？既㠯報坑，必㠯報不坑矣。……今曾無暫應，皆咎在無緣，而反誣至法空構。嗚呼！神鑒孔昭，侮聖人之殃，亦可畏也！敢問空構者將聖人與？賢人與？小人與？夫聖無常心，蓋就物之性化使遂耳。 (49) 今積瞬㠯至百年，曾何難及，而又鮮克半焉？夫物之媮於朝露之身者，類無清遐之實矣，何爲甘臭腐於漏刻，㠯枉長存之神，而不自疏於遐遠之風哉？雖復名法佐世之家，亦何獨無分於大道，但宛轉人域，嚻於世路，故唯覺人道爲盛，而神想蔑如耳。若使廻身中荒，升岳遐覽，妙觀天宇澄肅之曠，日月照洞之奇，寍無列聖威靈尊嚴乎其中，而唯唯人羣，忽忽世務而已哉？固將懷遠㠯開神道之想，感寂㠯照靈明之應矣。 (50) 昔仲尼脩《五經》於魯㠯化天下，及其眇邈太、蒙之顛，而天下與魯俱小，豈非神合於八遐，故超於一世哉？然則《五經》之作，蓋於俄頃之閒，應其所小者耳，世又何得㠯格佛法，而不信哉？請問今之不信，爲謂黔首之外，都無神明邪？爲之亦謂有之，而直無佛乎？若都無神明，唯人而已，則誰命玄鳥，降而生商？孰遺巨迹，感而生棄哉？漢、魏、晉、宋，咸有瑞命，知視聽之表，神道炳焉。有神理必有妙極，得一㠯靈，非佛而何？夫神也者，依方玄應，不應不預存，從實致化，何患不盡，豈須詭物而後訓乎？然則其法之實，其教之信，不容疑矣。 (51) 是㠯自古精麤之中，潔己懷遠，祗行於今，㠯擬來業，而邁至德者，不可勝數，是佛法之效矣。此皆世之所壅，佛之所開，其於類豈不曠然融朗，妙有通塗哉！若之，何忽而不奉乎？夫風經炎則暄，吹林必涼，清水激濁，澄石必明，神用則喪，亦存所託。今不信佛法，非分之必然。蓋處意則然，誠試避心世物，移映清微，則佛理可明，事皆信矣。可不妙處其意乎？貲此明信已往，終將克王神道。百世先業，皆可幽明永濟，孝之大矣；衆生沾仁，慈之至矣；凝神獨妙，道之極矣；洞朗無礙，明之盡矣。

續表

作者/文獻	版本	用　　例
嚴可均《全上古三代秦漢三國六朝文》全宋文卷二十五	民國十九年景清光緒二十年黄岡王氏刻本	(52)《神不滅論》(鄭道之)：多目形神同滅，照識俱盡，夫所目然，其可言乎？一世既目周孔爲極。仁義禮教，先結其心，神明之本，絕而莫言。……答曰：子責其始，有是言矣。夫理無始終，玄極無涯，既生既化，罪福往復，自然所生耳。所謂聰明，誠由耳目。耳目之本，非聰明也。……神道玄遠，至理無言，髣髴其宗，相與爲悟，而自末徵本，動失其統，所目守此一觀，庶階其峯。若肆辯競辭，余知其息矣，《洪範》説生之本，與佛同矣。至乎佛之所演，則多河漢，此溺於日用耳。
嚴可均《全上古三代秦漢三國六朝文》全宋文卷二十八		(53)《列敘元嘉讚揚佛教事》：元嘉十二年五月乙酉，有司奏丹陽尹蕭摹之上言，稱佛化被於中國，已歷四代，塔寺形像，所在千計，進可目擊心，退足目招勸。……法逮道人，力兼萬夫，幾亂河渭，面縛甘死。目赴師範，此非有他，敬信故也。夫神道助教，有自來矣。雷霆所擊，暑雨恆事，及展廟遇震，而書爲隱慝；桀紂之朝，冤死者不可稱紀，而周宣晉景，獨目深刑受祟。檢報應之數，既有不符；徵古今之例，祇更增惑。目經文載之，目彰勸戒，萬一影像，猶爲深切，豈若佛教，責言義則有可然可信之致。
嚴可均《全上古三代秦漢三國六朝文》全宋文卷三十二		(54)《辨宗論》：同游諸道人，竝業心神道，求解言外。余枕疾務寡，頗多暇日，聊申縣來之意，庶定求宗之悟。釋氏之論，聖道雖遠，積學能至，累盡鑑生，不應漸悟。孔氏之論，聖道既妙，雖顏殆庶，體無鑒周，理歸一極。有新論道士，目爲寂鑒微妙，不容階級，積學無限，何爲自絕？今去釋氏之漸悟，而取其能至，去孔氏之殆庶，而取其一極。一極異漸悟，能至非殆庶。故理之所去，雖合各取，然其離孔、釋遠矣。余謂二談救物之言，道家之唱，得意之説。敢目折中自許，竊謂新論爲然，聊荅下意，遲有所悟。(已下竝《廣弘明集》十八。) (55)《荅法勖問》：法勖問：敬覽清論，明宗極雖微，而一悟頓了。雖欣新剖，竊有所疑。夫明達者，目體理絕欲，悠悠者目迷惑嬰累。絕欲本乎見理，嬰累縣於乖宗。何目言之？……勖再問：案論孔、釋，其道既同，救物之假，亦不容異。而神道之域，雖賢也，孔子所不誨；實相之妙，雖愚也，釋氏所必教。然則二聖建言，何乖背之甚哉？再荅：二教不同者，隨方應物，所化地異也。大而按之，華民易於見理，難於受教，故閉其累學，而開其一極；夷人易於受教，難於見理，故閉其頓了，而開其漸悟。漸悟雖可至，昧頓了之實；一極雖知寄，絕累學之冀。良由華人悟理無漸，而誣道無學，夷人悟理有學，而誣道有漸。是故權實雖同，其用各異。昔向子期目儒道爲壹，應吉甫謂孔老可齊，皆欲窺宗，而況眞實者乎？

續表

作者/文獻	版本	用例
嚴可均《全上古三代秦漢三國六朝文》全宋文卷三十三	民國十九年景清光緒二十年黄岡王氏刻本	(56)《和范光禄祇洹像贊》(三首并序)：范矦遠送像贊，命余同作。神道希微，願言所屬。輒總三首，期之道場。佛：惟此大覺，因心則靈。垢盡智照，數極慧明。三達非我，一援羣生。理阻心行，道絕形聲。菩薩：若人仰宗，發性遺慮。𠂤定養慧，和理斯附。爰初四等，終然十住。涉求至矣，在外皆去。
嚴可均《全上古三代秦漢三國六朝文》全宋文卷三十六		(57)流言謗議，有道所不免，況在闕薄，難用算防。接應之方，言必出己。或信不素積，嫌閒所襲，或性不和物，尤怨所聚，有一於此，何處逃毀。苟能反悔在我，而無責於人，必有達鑒，昭其情遠，識迹其事。日省吾躬，月料吾志，寛嘿𠂤居，潔靜己期，神道必在，何恤人言。 (58)物有不然，事無不弊，衡石日陳，猶患差忒，況神道不形，固衆端之所假，未能體神，而不疑神無者。𠂤爲靈性密微，可𠂤積理知，洪變欻怳，可𠂤大順待。照若鏡天，肅若窺淵，能𠂤理順爲人者，可與言有神矣。若乃罔其眞而眚其弊，是未加心照耳。(《弘明集》十三)
嚴可均《全上古三代秦漢三國六朝文》全宋文卷三十七		(59)《武帝謚議》：聖哲同風，功美殊稱，蓋出乎道者無方，故形於物者不一。伏惟道塞人神，信通期運，愛敬所稟，因心則遠，英粹之照，正性自天。……眷言帝畿，思康王路。戎不再駕，遺氓卽敘。斥堠之所未羈，亭徼之所不譯。莫不飾誠請罪，款塞來賓，故能洒埽中嶽，致廟九山，神道會昌，寶命旣集，損之而益，後身愈先。……大美配天，必終之𠂤儉德。道固萬葉，猶申之𠂤話言。允所謂教思無窮，樹之長世，取高上代，顧邈前王矣。(《藝文類聚》十三)
嚴可均《全上古三代秦漢三國六朝文》全宋文卷四十		(60)《祭孫叔敖文》：謹𠂤醴羞祭楚令尹孫君之靈，眇眇千載，悠悠舒荆，理無不通，事隔者形。尚想清塵，承風效誠。超超夫子，淡矣道情。自心伊貴，人爵靡嬰。芳風如蕭，清響如塤。景矣行役，言戾豫方。側聞夫子，記憤睢陽。靈封積墓，丘塋榛荒。幽幽神道，爲有爲亡。徘徊永念，悽矣其傷。(《蓺文類聚》三十八，《御覽》五百二十六。)
嚴可均《全上古三代秦漢三國六朝文》全宋文卷四十九		(61)《若邪山敬法師誄》(并序)(張暢)：夫待物而遊，致用生外，道來自我，懷抱𠂤歡。故晦寶停璞，導兼車𠂤出魏，鸞逸雲緒，豈增軒𠂤入衛。是𠂤士之傲俗，尚孤其道，幽居之民，無悶高獨。……心之憂矣，淚合無開，嗚呼哀哉，乃爲誄曰：在尚上王，歌鳳伊洛，逸路翔雲，高軒鳴鶴。靈源世流，幽人代作，歸來之子，跨古逢運。……卓彼羅什，三界特秀，眞俗冠冕，神道領袖。若人對響，承車卽轍，沙漠織寒，長風負雪。投袂冰霜，攬裾暮節。誰斯問津，悠焉在哲。莊衿老帶，孔思周懷，百時如一，京載獨開。……嗚呼哀哉，伊四望之茫茫，愴予心之悄悄。雖淚至之有端，固憂來其無兆，隱長思𠂤歡悲，諒縱横於言表，嗚呼哀哉。(《廣弘明集》二十六)

續表

作者/文獻	版本	用　　例
嚴可均《全上古三代秦漢三國六朝文》全宋文卷六十四	民國十九年景清光緒二十年黄岡王氏刻本	(62)《檄太山文》(竺道爽)(據文稱寓言假事，則道爽及智静皆託名。)：沙門竺道爽敢告太山東嶽神府及都錄使者，蓋元玄創判，二儀始分，上置璇璣，則助之以三光，下設后土，則鎮之以五嶽，陰陽布化於八方，萬物誕生於其中。是以太山據青龍之域，衡霍處諸陽之儀，華陽顯零班之境，恆岱劉幽武之賓。嵩峙皇州之中鎮，四瀆之所墳，此皆稟氣運實，無邪之穢。神道自然，崇正不僞，因天之覆，順地之載，敦朴方直，澹然玄靜。……故《零征記》曰：夫神正者，則潛曜幽昧，上騰高象，下戲玄闕，逍遙雲影，龍翔八極，風興雨施，化若雷電，行廚不設，百味自然，含慈秉素，澤潤蒼生，恩過二養，位若朝陽，應天而食，不害眾命。此乃靈翔之妙節，清虛之神道。若神不正者，則千於萬物，因時託響，傳惑於俗，沮成散朴，激動人心，傾財極殺，斷截眾命，枉害中年，殂其骨肉，精神離迸，痛傷元氣。東嶽之神，豈此之謂也。
嚴可均《全上古三代秦漢三國六朝文》全齊文卷十四		(63) 論稱佛經云：釋迦成佛，已有塵劫之數。或爲儒林之宗，國師道士。(此皆《成實正經》，非方便之説也。)正曰：佛經之宗，根明極教，而三世無得，俗證覺道，非可事顯。然精深所會，定慧有徵於内；緣感所應，因果無妄於外。夫釋迦發窮源之眞唱，以明神道之所通也。故其練精研照，非養正之功；微善階極，異殆庶自崖。道濟在忘形，而所貴非全生，生生不貴，存存何功？忘功而功著，寂滅而道常，出乎無始，入乎無終，靡應非身，塵劫非遐，此其所以爲教也。
嚴可均《全上古三代秦漢三國六朝文》全齊文卷十九		(64)《褚先生百玉碑》：夫河洛摛寶，神道之功（闕）傳；(闕）華吐祕，仙靈之跡可覩。蓋事詳於玉牒，理煥於金符，雖冥默難源，顯晦異軌，測心觀古，可得而言焉。是以子晉笙歌，馭鳳於天海；王喬雲舉，控鶴於玄都。有羽化蟬蛻，觸影遁形，神翥帝宫，迹留劍杖，遊瑶池而不返，宴玄圃以忘歸。永嘉惡道者，窮地之險也。……銘曰：關西升妙，洛右飛英。鳳吹金闕，簫歌玉京。絕封萬戶，乃既先生。先生浩浩，唯神其道。泉石依情，煙霞入抱。秘影窮岫，孤栖幽草。心圖上玄，志通大造。(《藝文類聚》三十七) (65)《玄館碑》：夫朋白兔而侶青鳥，啟銀函而講金字者，有道存焉。故能大叩玄宗，鬱爲物範，則天地而正六合，照日月而導蒼生。神道無門，陰陽不測。是故赤松家石室之下，神農行弟子之敬，廣成在崆峒之上，軒轅稟順風之禮，洛浦笙飛之秀，關山駕鳳之英。凡此之儔，希世閒出，皆雍容以沐咸池，或蕭灑而閒閶闔。(《蓺文類聚》七十八)

續表

作者/文獻	版本	用例
嚴可均《全上古三代秦漢三國六朝文》全齊文卷二十	民國十九年景清光緒二十年黄岡王氏刻本	(66)《荅張融書難門律》：周剡山茨歸書少子曰：周顒頓首，懋製來班，承復峻其門，則參子無踞，誠不待獎。敬尋同本，有測高心。雖神道所歸，吾知其主，然自釋之外，儒綱爲弘；過此而能與仲尼相若者，黄老實雄也。其教流漸，非無邪弊，素樸之本，義有可崇。吾取舍舊懷，粗有涇渭，與奪之際，不至朱紫，但蓄積懷抱，未及厝言耳。途軌乖順，不可謬同異之閒，文宜有歸。辨來旨，謂致本則同，佀非吾所謂同，時殊風異，又非吾所謂異也。 (67)《無量義經序》（蕭齊荊州隱士劉虯）：《無量義經》者，取其無相一法，廣生衆教，含義不貲，故曰無量。夫三界群生，隨業而轉。一極正覺，任機而通。流轉起滅者，必在苦而希樂，此叩聖之感也。……自極教應世，與俗而差，神道救物，稱感成異。玄圃已東，號曰太一；罽賓已西，字爲正學。東國明殃慶於百年，西域辯休咎於三世。希無之與脩空，其揆一也。有欲於無者，既無得無之分。施心於空者，豈有入空之照？而講求釋教者，或謂會理可漸，或謂入空必頓。……如來亦云：空拳誑小兒，以此度衆生。微文接粗，漸說或允。忘象得意，頓義爲長。聊舉大較，談者擇焉。
嚴可均《全上古三代秦漢三國六朝文》全梁文卷十七		(68)《洞林序》：蓋聞元枵之野，鬼方難測；朱鳥之舍，神道莫知。而緹幔曉披，卽辯黄鍾之氣；靈臺夕望，便知玉井之色。復以談乎天者，雖絕名言之外；存乎我者，還居稱謂之中。余幼學星文，多歷歲稔，海中之書，略皆尋究，巫咸之說，偏得研求。雖紫微迢遞，如觀掌握；青龍顯晦，易乎窺覽。羨門五將，亟經玩習；韓終六王，常所寶愛。至如周王白雉之筮，殷人飛燕之卜。蓍名聚雪，非關地極之山；卦有密雲，能擁西郊之氣。爻通七聖，世經三古。山陽王氏，直解談元；河東郭生，纔能射覆。兼而兩之，竊自許矣。（《藝文類聚》七十五）
嚴可均《全上古三代秦漢三國六朝文》全梁文卷二十四		(69)《荅釋法雲書難范縝神滅論》：辱告：并伏見敕荅臣下審《神滅論》。性與天道，稱謂理絕；曠劫多幸，猥班妙訓。接足頂受，歡敬載懷。竊謂神道寂寞，法海難邊。是以智積麻葦而未測，識了色塵而猶昧。豈其庸末，所能激仰？然自慧雲東漸，寶舟南濟，歲序綿長，法音流遠，明君良宰，雖世能宗服，至於躬挹玄源，親體妙極者，竟未聞焉。是使兩諦、八解，獨闕皇言；九部、三藏，偏蕪國學。……弟子無記識藏，不逮孔門，雖願朝聞，終慙薄。庶緣無盡之法，兼利人我耳！疾塞甫爾，心慮惛悸，謹力裁白，不識詮次，傾遲諮展，親承至教也。弟子蕭昤素頓首和南。（《弘明集》十） (70)《難范縝神滅論》（并序）：内兄范子縝著《神滅論》，以明無佛。自謂辯摧衆口，日服千人。予意有惑焉，聊欲薄其稽疑，詢其未悟。論至今所持

續表

作者/文獻	版本	用　例
嚴可均《全上古三代秦漢三國六朝文》全梁文卷二十四	民國十九年景清光緒二十年黄岡王氏刻本	者形神，所誦者精理。若乃《春秋》孝享，為之宗廟，則以爲聖人神道設教，立禮防愚。杜伯關弓，伯有被介，復謂天地之閒，自有怪物，非人死爲鬼。……又，予雖明有佛，而體佛不與俗同爾。兼陳本意，係之論左焉。……若能鑒彼流宕，斖不在佛，觀此禍福，識悟教誘，思息末以尊本，不拔本以拯末，念忘我以弘法，不後法以利我，則雖曰未佛，吾必謂之佛矣。（《弘明集》九）
嚴可均《全上古三代秦漢三國六朝文》全梁文卷三十		(71)《佛記序》：含靈萬品，既非記牒所窮；物物稟生，豈伊積塵能計。莫不起乎無理，而至乎無生者也。雖要終有地，而原始莫聞。自非靈照特達，宗極斯在，則理閉機初，鑽叩事絕。……白毫所照，遍刹土於恆沙；七步降踐，壅龍堆而攸被。推極神道，原本心靈。感之所召，跨無邊而咫尺；緣之所乖，面法城而不覩。及像教云末，經紀東流，熱坂艱長，寒山峻阻。……膠目暗踐，自與理合。所以引彼眾流，歸之一源。可令莘莘含識，望塗知往。案砥矢而言歸，不回遑於岐路。俾厥清信之士，亦有取於此云。（《廣弘明集》十五）
嚴可均《全上古三代秦漢三國六朝文》全梁文卷三十一		(72)《桐柏山金庭館碑》：夫生靈爲貴，有識斯同；道天雲及，終天莫反。終天莫反，故仙學之秘，上聖攸尊。啟玉笈之幽文，貽金壇之妙訣。……其辭曰：道無不在，若存若亡。於惟上學，理妙羣方。用之日損，言則非常。儵焉靈化，羽衣霓裳。……誰謂應遠，神道微密。慶集宮闈，祥流罕畢。其久如地，其恆如日。壽同南山，與天無卒。欒生變煉，外示無功。少君飛轉，密與神通。因資假力，輕舉騰空。庶憑嘉誘，永濟微躬。（《蓺文類聚》七十八）
嚴可均《全上古三代秦漢三國六朝文》全梁文卷四十四		(73)《王文憲集序》：公諱儉，字仲寶，琅邪臨沂人也。其先自秦至宋，國史家牒詳焉。晉中興以來，六世名德，海內冠冕。古語云：仁人之利，天道運行。……至若文案自環，主者百數，皆深文爲吏，積習成姦，蓄筆削之刑，懷輕重之意；公乘理照物，動必研幾，當時嗟服，若有神道，豈非希世之儁民，瑚璉之宏器。……所撰《古今集記》《今書七志》，爲一家言，不列于集，集錄如左。（《文選》《蓺文類聚》五十五。）
嚴可均《全上古三代秦漢三國六朝文》全梁文卷五十三		(74)《新刻漏銘》（并序）：夫自天觀象，昏旦之刻未分；治曆明時，盈縮之度無準。挈壺命氏，遠哉義用；揆景測辰，徼宮戒井。……永世貽則，傳之無窮，赫矣煥乎，無得而稱也。……乃詔小臣，爲其銘曰：一暑一寒，有明有晦。神道無跡，天工罕代。乃置挈壺，是惟熙載。氣均衡石，晷正權概。世道交喪，禮術銷亾。遽遷水火，爭倒衣裳。擊刀舛次，聚木乖方。爰究爰度，時惟我皇。……合昏暮卷，蓂莢晨生。尚辨天意，猶測地情。況我神造，通幽洞靈。配皇等極，爲世作程。（《文選》《藝文類聚》六十八。）

續表

作者/文獻	版本	用　例
嚴可均《全上古三代秦漢三國六朝文》全梁文卷五十三	民國十九年景清光緒二十年黃岡王氏刻本	(75)《齊安樂寺律師智稱法師碑》：法師諱智稱，河東聞喜人也。……以泰始六年，初講十誦於震澤，闡揚事相，咫尺神道，高談出雲漢，精義入無間，八萬威儀，怡然理暢，五部章句，涣爾同波。由是後進知宗，先達改觀，暉光令問，於斯藉甚。……弟子道進等，感梁木之既摧，慟德音之永閟，俾陳信而有徵，庶流芳而無愧。(《廣弘明集》三十二)
嚴可均《全上古三代秦漢三國六朝文》全梁文卷六十		(76)《滅惑論》：或造《三破論》者，義證庸近，辭體鄙拙。雖至理定於深識，而流言惑於淺情，委巷陋說，誠不足辨。又恐野聽，將謂信然，聊擇其可采，略標雅致。……若乃不跪父母，道尊故也；父母禮之，尊道故也。禮新冠見母，其母拜之，喜其備德，故屈尊禮卑也。介胄之士，見君不拜，重其秉武，故尊不加也。緇弁輕冠，本無神道，介胄凶器，非有至德。然事應加恭，則以母拜子；勢宜停敬，則臣不跪君。禮典世教，周孔所制，論其變通，不由一軌。况佛道之尊，標出三界，神教妙本，羣致玄宗。以此加人，實尊冠胄。冠胄及禮，古今不疑，佛道加敬，將欲何怪？
嚴可均《全上古三代秦漢三國六朝文》全梁文卷六十七		(77)《立神明成佛記注序》：夫神道冥默，宣尼固已絕言；心數理妙，柱史又所未説，非聖智不周，近情難用語遠故也。是目先代玄儒，談遺宿業，後世通辨，亦淪滯來身。非夫天下之極慮，何得而詳焉？……故行雲徘徊，猶感美音之和；游魚踴躍，尚賞清絲之韻。況目入神之妙，發自天衷。此臣所目舞之踣之，而不能自己者也。敢目膚受，謹爲注釋。豈伊錐管，用窮天奥，庶幾固惑所釋焉。(《弘明集》九)
嚴可均《全上古三代秦漢三國六朝文》全梁文卷七十三		(78)《神異論》：神道之爲化也，蓋目抑誇强，摧侮慢，挫兇鋭，解塵紛。至若飛輪御寶，則善信歸降，竦石參煙，則力士潛伏。當知至治無心，剛柔在化。……夫理之所貴者合道也，事之所貴者濟物也，故權者反常而合道，利用目成務。然前傳所紀，其詳莫究。或由法身應感，或是遁仙高逸。……故先代文紀，並見宗錄。若其誇炫方伎，左道亂時。因神藥而高飛，藉芳芝而壽考。與夫雞鳴雲中，狗吠天上，蛇鵠不死，龜靈千年，曾是爲異乎。(《高僧傳》十) (79)《興福論》：昔優填初刻栴檀，波斯始鑄金質，皆現寫真容，工圖妙相。故能流光動瑞，避席施虔。爰至發爪兩塔，衣影二台，皆是如來在世，已見成軌。……故知道藉人弘，神由物感，豈曰虛哉！是目祭神如神在，則神道交矣；敬像如敬佛，則法身應矣。故入道必目智慧爲本，智慧必目福德爲基。譬猶鳥備二翼，一舉萬尋，車足兩輪，一馳千里，豈不勤哉，豈不勖哉。(《高僧傳》十三)

續表

作者/文獻	版本	用　　例
嚴可均《全上古三代秦漢三國六朝文》全陳文卷十六	民國十九年景清光緒二十年黃岡王氏刻本	(80)《與兄子秀書》：旦見汝書與孝典，陳吾飲酒過差。……吾常譬酒之猶水，亦可目濟舟，亦可目覆舟，故江諮議有言：酒猶兵也，兵可千日而不用，不可一日而不備，酒可千日而不飲，不可一飲而不醉。美哉江公，可與共論酒矣。汝驚吾墮馬侍中之門，陷池武陵之第，徧布朝野，自言焦悚。丘也幸，苟有過，人必知之。吾生平所願，身没之後，題吾墓云：陳故酒徒陳君之神道。若斯志意，豈避南征之不復，賈誼之慟哭者哉？何水曹眼不識盃鐺，吾口不離瓢杓，汝寧與何同日而醒，與吾同日而醉乎？政言其醒可及，其醉不可及也。速營糟丘，吾將老焉。爾無多言，非爾所及。（《南史》六十一，《陳暄傳》。)
嚴可均《全上古三代秦漢三國六朝文》全陳文卷十八		(81)《夾科肇論序》：慧達率愚，通序長安釋僧肇法師所作宗本物不遷等四論，但末代弘經，允屬四依，菩薩爰傳茲土，抑亦其例。……夫神道不形，心敏難繪，既文拘而義遠，故衆端之所詭，肇之卜意，豈徒然哉？良有目也。如復徇狎其言，願生生不面，至獲忍心，還度斯下。達留連講肆，二十餘年，頗逢重席，末覩斯論，聊寄一序，託悟在中，同我賢余，請俟來哲。夫大分深義，厥號本無，故建言宗旨，標乎實相，開空法道，莫逾眞俗，所目次釋二諦，顯佛教門。……彰在翰牘，但宗本蕭然，莫能致詰，不遷第四論，事開接引，問答析微，所以稱論。
嚴可均《全上古三代秦漢三國六朝文》全後魏文卷五		(82)《立崇虛寺詔》(太和十五年八月戊戌)：夫至道無形，虛象爲主。自有漢目後，置立壇祠，先朝目其至順可歸，用立寺宇。昔京城之內，居舍尚希。今者里宅櫛比，人神猥湊，非所目祗崇至法，清敬神道。可移于都南桑乾之陰，岳山之陽，永置其所。給戶五十，目供齊祀之用，仍名爲崇虛寺。可召諸州隱士，員滿九十人。(《魏書·釋老志》)
嚴可均《全上古三代秦漢三國六朝文》全後魏文卷四十四		(83) 問：《儀禮》：繼母出嫁，從爲之服。《傳》云：貴終其恩。曰：繼母配父，本非天屬，與尊合德，名義目興。兼鞠育有加，禮服是重。既體違義盡，棄節毀慈，作嬪異門，爲鬼他族，神道不全，何終恩之有？（闕）方齊服是追，哭于野次，苟存降重無，乃過猶不及乎？……問：《左氏傳》：齊人殺哀姜，君子目爲不可。曰：受醮從天，人倫所重。保育異宗，承奉郊奠。而乃肆極昏淫，禍傾合巹之尊；怙亂無終，殄滅誕鞠之愛。齊桓匡翼四方，正存刑矩。割不忍之恩，行至公之法。方生貶違，目殺爲甚。而神道幽默，禍降未期，雖窮勃履朝，臣不宜糾，既事反人靈，咎將有所，施之取衷，孰爲優允？

續表

作者/文獻	版本	用　　例
嚴可均 《全上古三代秦漢三國六朝文》 全後魏文 卷五十一	民國十九年景清光緒二十年黃岡王氏刻本	(84)《常山公主碑》：啟泰微之層構，闢閶闔之重扉，據天下目爲家，苞率土而光宅。然則昆山西峙，爰有夜光，漢水東流，是生明月。公主稟靈宸極，資和天地，芬芳有性，溫潤成質。自然秘遠，若上元之隔絳河；直置清高，類姮娥之依桂樹。令淑之至，比光明于宵燭；幽閒之盛，匹穠華于桃李。託體宮闈，而執心撝順，婉然左辟，率禮如賓。舉華燭目宵征，動鳴佩而晨去，致肅雍于車乘，成好合于琴瑟，立行潔于清冰，抗志高于黃鵠，停輪表信，闔門示禮，終能成其子姓，貽厥孫謀。而鐘漏相催，日夜不息，川有急流，風無靜樹。奄辭身世，從宓妃于伊洛；遽捐館舍，追帝子于瀟湘。銘曰：龍轡莫援，日車遂往，奄離形神，忽歸丘壤。祖歌薤露，出奏巫山，永厝中野，終掩窮泉。蕭瑟神道，荒涼墓田，松檟徒列，琬琰空傳。(《藝文類聚》十六)
嚴可均 《全上古三代秦漢三國六朝文》 全北齊文 卷八		(85) 乃命（闕）紀（闕）鴻（闕）以昭晉神道（闕）而（闕）絶，望黃岑以俱峙。 (86) 今案：魏收所撰者乃西門橋碑，此是西門祠堂，彼此異也。碑序末云：乃命（闕）紀（闕）鴻（闕）目昭晉神道。
嚴可均 《全上古三代秦漢三國六朝文》 全後周文 卷三		(87)《璽書勞達奚武》（保定三年）：公年尊德重，弼諧朕躬。比目陰陽愆序，時雨不降，命公求祈，止言廟所。不謂公不憚危險，遂乃遠陟高峯。但神道聰明，無幽不燭，感公至誠，甘澤斯應。聞之嘉賞，無忘于懷。今賜公雜綵百疋。公其善思嘉猷，匡朕不逮。念坐而論道之義，勿復更煩筋力也。(《周書·達奚武傳》)
嚴可均 《全上古三代秦漢三國六朝文》 全後周文 卷十二		(88) 周上柱國齊王憲神道碑
嚴可均 《全上古三代秦漢三國六朝文》 全後周文 卷十三		(89) 周太子太保步陸逞神道碑 (90) 周大將軍崔說神道碑（《周書》作“崔訦”。) (91) 周柱國大將軍拓跋儉神道碑
嚴可均 《全上古三代秦漢三國六朝文》 全後周文 卷十四		(92) 周柱國大將軍紇干弘神道碑 (93) 周柱國大將軍大都督同州刺史尒綿永神道碑 (94) 周車騎大將軍賀婁公神道碑

續表

作者/文獻	版本	用　　例
嚴可均 《全上古三代 秦漢三國六朝文》 全後周文 卷十五	民國十九年景清光緒二十年黄岡王氏刻本	（95）周上柱國宿國公河州都督普屯威神道碑銘（并序） （96）周柱國楚國公岐州刺史慕容公神道碑 （97）周兖州刺史廣饒公宇文公神道碑 （98）周隴右總管長史贈少保豆盧公神道碑
嚴可均 《全上古三代 秦漢三國六朝文》 全隋文 卷一		（99）《詔賜王誼死》（開皇五年四月）：誼，有周之世，早豫人倫，朕共遊庠序，遂相親好。然性懷險薄，巫覡盈門，鬼言怪語，稱神道聖。朕受命之初，深存誡約，口云改悔，心實不悛。乃説四天王神道，誼應受命，書有誼讖，天有誼星，桃、鹿二川，岐州之下，歲在辰巳，興帝王之業。密令卜問，伺殿省之災。又説其身是明王，信用左道，所在詿誤，自言相表，當王不疑。此而赦之，將或爲亂，禁暴除惡，宜伏國刑。（《隋書・王誼傳》）
嚴可均 《全上古三代 秦漢三國六朝文》 全隋文 卷十一		（100）《羣臣請贖武帝懺文捨身》：某位某甲稽首和南：十方三寶一切諸佛，十方三世一切尊法，十方三世一切賢聖，見前大德僧皇帝某菩薩，睿哲聰明，廣淵齊聖，心若虚空，照窮般若，發弘大誓，荷負眾生，神道會昌，膺兹景業。百王既季，運屬艱難，五嶽維塵，六軍日動，劬勞在念，有切皇心。既而深悟苦空，極言無我。寶臺華柱，本非實錄，賊城樓櫓，苦具茲多。遂坐道場，靜居禪室，堅固善本，具足檀那。……慊慊丹愚，敢以死請。弟子某和南。（《廣弘明集》二十八下）
嚴可均 《全上古三代 秦漢三國六朝文》 全隋文 卷十九		（101）《老氏碑》：自太極權輿，上元開闢，舉天維而懸日月，横地角而載山河，一消一息之精靈，上生下生之氣候，固目財成庶類，亭毒羣品，有人民焉，有君長焉。……自三代之餘，六雄競逐，秦居閏位，漢雜霸道，魏氏則虐深華夏，有晉則化成戎狄。降斯目後，粹駁不分。帝迹皇風，寂寥千載。天命聖德，會昌神道。變億兆之視聽，復三五之規模。固目幽明贊協，符瑞彪炳。千年靈蔡，著天性目效徵；三足神烏，感陽精而表質。春泉如醴，出自京師；秋露凝甘，徧于竹葦。星光若月，雲氣飛煙。三農應銅爵之鳴，五緯叶珠囊之度，信可目揚鑾動蹕，肆覲東后，玉檢金繩，登封岱岳。
嚴可均 《全上古三代 秦漢三國六朝文》 全隋文 卷三十三		（102）《福田論》：昔在東晉，太尉桓元議令沙門敬于王者。廬山遠法師，高名碩德，傷智幢之欲折，悼戒寶之將沈，乃作《沙門不敬王者論》。設敬之儀，當時遂寢。……嘗試言之，受父母之遺，稟乾坤之分，可目存乎氣，可目立乎形。至若己之神道，必是我之心業，未曾感之于乾坤，得之于父母，識含胎藏，彌亙虚空，意帶熏種，漫盈世界，去而復生，如火燄之連出，來而更逝，若水波之續轉，根之莫見其始，究之豈覿其終？濁之則爲凡，澄之則爲聖，神道細幽，理固難詳矣。神之最高，謂之大覺。思議所不得，名相孰能窮？眞身本無遷謝，生盲自不瞻睹，託想追于舊蹤，傾心翫于遺法。……在宋之初，暫行此抑。彼亦乖眞，不煩涉論，邊鄙風俗，未見其美，忽遺同之，可怪之極。客曰：有旨哉！斯論也。蒙告善道，請從還歸。（《廣弘明集》二十五）

表一千九百四十七

作者/文獻	版本	用　例
嚴書開 《嚴逸山先生文集》 卷七	清初寧德堂刻本	(1) 倪文毅公岳草《于忠肅公神道碑》，末云：惟公諱與先考同，未敢以私故闕而不書，以公之所關者大也。盖先輩奉家諱，敬慎如此。
嚴書開 《嚴逸山先生文集》 卷十三		(2) 孔林：曲阜北關外百餘步，即松林向北行一里，渡文津橋一里，過石坊，左右有碑亭，其左碑刻"至聖先師孔子神道"字。又二里，經一坊，有額書"至聖林"三字。

表一千九百四十八

作者/文獻	版本	用　例
嚴虞惇 《嚴太僕先生集》 卷十一	清乾隆嚴有禧刻本	(1) 神道碑銘・墓表・祭文 (2) 特進光禄大夫兵部尚書兼都察院右副都御史勇略將軍趙公神道碑銘(代)
嚴虞惇 《讀詩質疑》 卷二十五上	清文淵閣四庫全書本	(3)《孔疏》：上言得穀祭天，此言將祭之事。我后稷之祀天，何如乎？以所得秬秠穈芑之粟，或使人在碓而舂之，或就臼而抒之，或簸揚其糠，或蹂脫其穗。……至祭之日，乃取香蒿與祭牲之脂膏，爇之於行神之位，使馨香遠聞。……既祭神道，乃自此而往於郊以祭天，欲以興起來歲，使繼嗣往歲，而恒得豐年也。蘇氏曰：此所謂孟春祈穀於上帝也。

表一千九百四十九

作者/文獻	版本	用　例
嚴元照 《娛親雅言》 卷五	清湖州叢書本	(1)《隸釋》(十)：《逢盛碑陰跋》亦曾辯之，云石刻有"漢故博士趙傅逢府君碑神道逢童之碑"，其篆文皆从"夆"。

表一千九百五十

作者/文獻	版本	用　例
晏斯盛 《易翼説》 卷五	清文淵閣四庫全書本	(1) 大觀在上（句），順而巽（句），中正以觀天下（句）。觀，盥而不薦，有孚顒若（句），下觀而化也（句）。觀天之神道，而四時不忒（句）。聖人以神道設教，而天下服矣。 (2)"大"謂陽，"在上"謂九五。上九，在羣陰之上，内坤外巽。"中正"謂九五，"天下"謂羣陰。此釋卦名。"下觀而化"，因顒若之孚也。誠相感也，感則神矣。"四時不忒"，天之神為之。"神道設教而天下服"，聖人之神為之。要皆誠也。九五，剛中觀之本也。

表一千九百五十一

作者/文獻	版本	用　例
楊賓《柳邊紀略》卷四	清光緒仰視千七百二十九鶴齋叢書本	(1) 船廠西二百里薄屯山，有《金完顔婁室神道碑》，高八尺八寸，闊四尺五寸，厚一尺二寸，頂高三尺。兩面鏤蛟龍，其陰殘毁，其陽篆二十字，作五行，文曰“大金開府儀同三司金源郡壯義王完顔公神道碑”。碑身作楷書，文曰“大金故開府儀同三司在副元帥金源郡壯義王完顔公神道碑”。

表一千九百五十二

作者/文獻	版本	用　例
楊晨《三國會要》卷十二	清光緒刻本	(1) 黄初三年，文帝作《終制》曰：禮，國君卽位爲椑，存不忘亡也。壽陵因山爲體，無爲封樹，無立寢殿，造園邑，通神道。其皇后及貴人以下，不隨王之國者，終没皆葬澗西，前以表其處矣。

表一千九百五十三

作者/文獻	版本	用　例
楊椿《孟鄰堂文鈔》卷十	清嘉慶二十四年刻本	(1) 夫東樓非字也，世蕃所居之室耳。其時世蕃未死，介溪不呼其名，而呼其居室，於稠人廣衆會集之時，以代世蕃之名，此所以爲怪也。若字，亦父之所命。孔子呼名常也，祔則有神道焉。《檀弓》：卒哭而諱，生事畢而鬼神始也。
楊椿《孟鄰堂文鈔》卷十一		(2) 昔朱子爲《太傅神道碑》，言其三世一心，以忠孝相傳，事業皆可紀。又言某早失怙，少傅實收教之。
楊椿《孟鄰堂文鈔》卷十三		(3) 朱子撰《少傅神道碑》《忠肅行狀》俱云：少傅之先，唐末自長安徙建。
楊椿《孟鄰堂文鈔》卷十五		(4)《太尉神道碑》：長子牧，次讓，次秉，次奉。 (5)《太尉神道碑》及《牧子沛相繁陽令》二碑，俱與《傳》同，不言封侯刺史。 (6)《神道碑》：奉爲黄門侍郎。

表一千九百五十四

作者/文獻	版本	用　　例
楊方達《正蒙集説》卷三	清嘉慶二十四年刻本	(1) 天不言而四時行，聖人神道設教而天下順。誠於此，動於彼，神之道與！(2) 不言而時行，天之神道設教也。神道設教，聖人之不言而化行也。所以然者，誠而已矣，誠則神也。聖人穆穆在位，而天下自然化之，有神道焉。天不言而信，神不怒而威；誠故信，無私故威。申上節意，誠則無私矣。天道誠故信，聖人誠故神，一而已矣。

表一千九百五十五

作者/文獻	版本	用　　例
楊芳燦《芙蓉山館全集》文鈔卷七	清光緒十七年活字印本	(1) 誥授資政大夫兵部右侍郎右副都御史廣西巡撫孫公神道碑 (2) 通奉大夫四川布政使姚公神道碑 (3) 玆當禫祭之期，宜爲神道之誥。陳思作仲宣之誄，表以素旂。醴陵悼叔明之文，書之青簡。
楊芳燦《芙蓉山館全集》文鈔卷八	清光緒十七年活字印本	(4) 癸亥，君以解餉來都。銜杯話舊，共循短髮各愴；離悰官事，有程臨岐惜别。燕雲北滯，越鳥南翔。路阻重溟，書傳隔歲。鷹風動地，將吹夢以奚之；蜃氣成雲，何相思之可寄。遽傳凶耗，喪我故人。雖臧子源之志節千載如存，而張元伯之交知平生已矣！援來禿管，愧我無文。勒以貞珉，期君不朽。大書神道，敬告鬼雄。沴氣未消，猶鼓長鯨之浪；英靈不泯，應飛白馬之濤。嗚呼哀哉！

表一千九百五十六

作者/文獻	版本	用　　例
楊光先《不得已》卷上	清鈔本	(1) 天堂地獄，釋氏以神道設教，勸怵愚夫愚婦，非眞有天堂地獄也。作善降之百祥，作不善降之百殃。百祥百殃，卽現世之天堂地獄。而彼教則鑿然有天堂地獄，在於上下，奉之者升之天堂，不奉之者墮之地獄。誠然，則天主乃一邀人媚事之小人爾，奚堪主宰天地哉？使奉者皆善人，不奉者皆惡人，猶可言也。苟奉者皆惡人，不奉者皆善人，抑將顛倒善惡而不恤乎？

表一千九百五十七

作者/文獻	版本	用　例
楊浣雨《（乾隆）寧夏府志》卷十八	清嘉慶刊本	(1)《靈武二孝贊》（唐李華）：靈武二孝，口侯知道、程俱羅。目不覩朝廷之容，耳不聞韶夏之聲，不登齊魯之境，所見戎馬旃裘，參於夷狄，而能生養，以孝沒奉以哀，穿壙起墳，出于身力。……昔吳起忍與母盟，陳湯忍匿父喪；起謀復楚霸而戮死，湯功釋漢耻而囚廢。神道昭昭，若何無報？九州之衆，誰非人子？踐霜露者，聞風永懷。士有感一諾一顧，猶或與之死生；喜一草一木，猶或為之歌詠，而況百行之宗、終天之感乎？華奉使朔陲，欲親往吊焉，屬河淩絶渡，願言不果。憑軾隔川，寄聲二孝，因為贊一章，敢旌善人，以附惇史。其文曰：厥初生人，有君有親。孝於親者為子，忠於君者為臣。兆自天命，降及人倫。背死不義，忘生不仁。……冬十一月，浮冰塞津。吾將唁之，其路無因。寄誠斯文，揮涕河濱。 (2) 然位居魁魁之上為司禄之神，有賞功進爵之義，故由宋迄明天下學宫皆祀之，至今求科名博利禄者，奉事尤謹，此所在祀閣之所由建也。余以為天生斯民，立之君則為君，立之師則為師，既奉以為斯文之主則文章之事屬焉。聖人神道設教，不其然乎？吾郡南薰門外、三清觀之東南，有文昌閣，創自本朝康熙乙未，成于戊戌。

表一千九百五十八

作者/文獻	版本	用　例
楊鸞《邈雲樓集六種》文集卷三	清乾隆道光間刻本	(1) 土人謀重新之請疏於余，余謂神位列坎宫，乃至不能弭患於水，何也？豈以時有變遷，將舍舊而新，是圖有所擇而歆其祀歟？然自移建百餘年來，井里相安，歲時伏臘，老稚歡呼，以悠優於聖明之世。而當事者不言功，或亦神道設教之助歟！

表一千九百五十九

作者/文獻	版本	用　例
楊謙《朱竹垞先生年譜》	清刻曝書亭集詩注本	(1)《太保孟忠毅公神道碑》：三十年辛未，六十三歲。秋八月上丁，天子命大學士代祀孔子先生，充十哲分獻官。禮畢，偕汪祭酒（霦）、吳司業（涵），偏覽國子監進士題名諸碑，往會陸公（隴其）。

表一千九百六十

作者/文獻	版本	用　例
楊紹和《楹書隅録》卷五集部下	清光緒二十年聊城海源閣刻本	(1) 韓持國爲鞏《神道碑》，稱《類稾》五十卷，《續》四十卷，《外集》十卷，夲傳同之。 (2) 韓維撰鞏《神道碑》，又載有《續稾》四十卷，《外集》十卷。 (3) 一爲康熙中長洲顧崧齡所刊。以宋本參校，補入第七卷中《水西亭書事》詩一首、第四十七卷中《太子賓客陳公神道碑銘》中闕四百六十八字。今校是本第七卷、第四十卷，宛然俱存，豈卽顧氏所據之本耶？是本紙質薄而細潤，格式疏而字體樸茂，洵南宋槧本之佳者。卷尾載《行狀》《墓誌》《神道碑》三篇，而卷首無序，殆日久剝落歟！

表一千九百六十一

作者/文獻	版本	用　例
楊守敬《湖北金石志》卷二	民國十年朱印本	(1) 韋氏神道（佚碑。圖據《隸續》摹入，殘字據《隸韻》摹入。）
楊守敬《湖北金石志》卷三		(2) 毛玠神道碑（佚） (3)《毛玠神道碑》，在花橋之麓。梁大同九年，彭城黄斌建立此碑。(《麻城志》) (4) 席肅公神道碑（佚） (5) 大周鉅魏君之神道字（佚）
楊守敬《湖北金石志》卷五		(6)《蕲州龍興寺故法現大禪師碑銘》(佚。據《文苑英華》錄入。)：古之聖人，乘時迭用，贊神道，立人倫，所以爲理者也。理之爲極，故受之以無爲。昔之眞人，歸根去羡，探有物，入無窮，所以爲久者也。……夫其異應，不可思議，乃菩提之示現者矣。《大易》云：神道設教。然則至人無迹，至化無名，萬緣盡空，一切不動。……其詞曰：皇矣能仁，宏宣妙覺。彼上人者，是爲禪族。繼體前聖，傳燈後學。……我於往昔，天方薦瘥。彷徉推極，荼毒謂何？孰承最上，密受居多。未究深海，旋驚尺波。變異潛惑，悲憂斷絕。皆發大怖，遍身見血。深入靜思，義開形閉。當知恒住，敢告非滅。

續表

作者/文獻	版本	用　　例
楊守敬《湖北金石志》卷六	民國十年朱印本	(7) 孤子佣散（闕）亂（闕）號泣（闕）銘，謹以爲誌。銘曰：於戲（闕），（闕）著則。（其一）積善于家，肅穆清華。（其二）克儉克勤，榮祿（闕）親。（其三）四從歷（闕），一門承蔭。（其四）天道何昧，降斯災害。（其五）神道胡欺，遘此禍（闕）。（其六）冀（闕）眉壽，皇天不祐。（其七）庭闈蕭索，孤幼無託。（其八）驚魂慘色，哀號罔極。（其九）痛割心腸，仰訴穹蒼。（其十）壽堂伾啟，遵其經禮。（其十一）一（闕）土，（闕）刻（闕）古。（其十二）
楊守敬《湖北金石志》卷七		(8) 南平高武信王神道碑（佚） (9) 南平高文獻王神道碑（佚） (10) 南平高正懿王神道碑（佚） (11) 渤海高公神道碑（佚） (12) 高氏三王墓，俱在龍山，其《神道碑》及《渤海公高保勗碑》皆佚。
楊守敬《湖北金石志》卷九		(13) 唐質肅公神道碑（佚。據《忠肅集》錄入。） (14)《唐質肅公神道碑》，劉摯撰，元祐八年。在江陵府。（《輿地碑記目》）
楊守敬《湖北金石志》卷十三		(15) 魏國忠懿公神道碑（存。正書。在襄陽。） (16) 曾祖母（闕）氏，封魏（闕）夫人。（闕）棘棘之三世，加爵謚。墓神道，當有石刻。
楊守敬《湖北金石志》卷十三		(17) 又《廣韻》：堬，道也。《集韻》：堬，同“埸”。祭神道也。
楊守敬《湖北金石志》卷十四		(18)《郊特牲》曰：尸，神象也。蓋以神道事之，則立主；以人道事之，則立尸。 (19) 厥土騂剛，厥位面陽。前列平田，後枕山阜。軒豁爽塏，囂塵不至。禱而祀之，不戒以肅。於是邑之士子，合辭以請曰：惟神以忠義著名於古，而少府以孝承之於今。惟忠與孝，人道大紀。粵若稽古，神道設教。而碑名不立，無以勸今傳後。

表一千九百六十二

作者/文獻	版本	用　　例
姚範 《援鶉堂筆記》 卷三十三	清道光姚莹刻本	(1) 太和元年，以諫議大夫徵（見《柏良器神道碑文》）知制誥，改中書舍人。
姚範 《援鶉堂筆記》 卷四十二		(2)《王仲舒神道碑》：大王父纾暕。纾暕，仲舒之曾祖。 (3) 唐銀青光祿大夫守左散騎常侍致仕上柱國襄陽郡王平陽路公神道碑銘 (4)《唐故中散大夫少府監胡良公墓神道碑》，《考異》云：方本無“中散大夫良”五字。又它《神道碑》，不箸“墓”字。唯此有之，亦變例也。 (5) 唐故江南西道觀察使中大夫洪州刺史兼御史中丞上柱國賜紫金魚袋贈左散騎常侍太原王公神道碑銘 (6) 司徒兼侍中中書令贈太尉許國公神道碑銘
姚範 《援鶉堂筆記》 卷四十三		(7) 予據子厚爲其《先侍御神道表》述其言曰：吾惟一子。及子厚自云“代爲冢嗣”，則無仲兄矣。 (8) 又案：崔祐甫《獨孤常州神道碑》云“其捐館以大歷十二年”，盖丁巳之歲也。 (9) 陳伯玉《書錄解題》云：《南豐類藁》五十卷，王震爲之序。《年譜》，朱公所輯也。按：韓持國爲《神道碑》，稱《類藁》五十卷，《續》四十卷，《外集》十卷。
姚範 《援鶉堂筆記》 卷四十四		(10) 韓昌黎於單寒冗散，朋舊親暱小誌銘間，仿《史記》《傳贊》《孤行》，仄出爲險句奇體，以寄哀憤而已。其王公大篇，如曹成王、徐偃王、劉統軍、許國公、江西觀察王公、袁氏、烏氏諸廟碑銘，無不用四言韻語鋪陳終始者。唐人神道、墓誌，多用一人爲序，又別一人爲銘，安所得誌外義意而銘之?
姚範 《援鶉堂筆記》 卷四十五		(11) 又按：歐公爲《曾致堯神道碑》云：慶歷六年夏，其孫鞏稱其父命云云。則求碑文，於是年。
姚範 《援鶉堂筆記》 卷四十六		(12) 又：文止爲其始祖碑記，題云“始祖大中丞文莊公神道碑”。
姚範 《援鶉堂筆記》 卷四十七		(13) 按：東坡《神道碑》：三子：童、庸皆早卒；康，今爲祕書省校書郎。

續表

作者/文獻	版本	用　　例
姚範《援鶉堂筆記》卷四十九	清道光姚莹刻本	(14)《孟臺碑》旁云"上庸長司馬孟臺神道"，又提起一行書"故上庸長司馬君孟臺神道"。洪云：漢人所作墓闕、神道，第表封陌，限樵牧耳，非若鐫過實之詞有意欺誑來世也。如孟州太守楊宗、清河相張君俱同，又有云闕者亦同。洪云：漢人題墓，有云神道者，有云墓道者，有云闕者，如高直闕、處士金君闕、漢故不其令董君闕。 (15)因思范蔚宗《西域贊》：逖矣西域，天之外區。物產珍異，人性淫虛。既革典法，靡有詩書。若微神道，何恤何拘。則與此《經》所言甚契。
姚範《援鶉堂筆記》卷五十		(16)歐陽永叔《王文正公神道碑》：洪景盧嘗云：祥符以後，凡天書禮文、宮觀典册、祭祀巡幸、祥瑞（闕）聲之事，王文正公旦實爲參政宰相，無一不與。官自侍郎至太保，公心知得罪於清議，而固戀患失，不能決去。及其臨終，乃欲削髮僧服以斂，何所補哉？魏野贈詩，所謂"西祀東封今已了，好來相伴赤松游"，可謂君子愛人以德，其箴戒之意深矣。歐陽公《神道碑》，悉隱而不書，蓋不可書也。雖持身公清，無一可議，然特孔光、張禹、胡廣之流云。 (17)《宋史·陳恕傳》云：子執中，别有傳；執古，至虞部員外郎；執方、執禮，並太子中舍。又載"恕子淳私用錢事"，則五子矣。此比部未詳何人。荆公爲恕子字良器者《神道碑》云：少子。

表一千九百六十三

作者/文獻	版本	用　　例
姚際恒《儀禮通論》卷二	鈔本	(1)筵于户西，西上，右几。又在筵西，皆神道尚右也。
姚際恒《儀禮通論》卷四		(2)右手祭者，神道貴右也。
姚際恒《儀禮通論》卷十四		(3)神道尚西，殊于翏葬前設于作也。
際際恒《儀禮通論》卷十六		(4)右几以安神，神道向右也。

表一千九百六十四

作者/文獻	版本	用　例
姚覲元《清代禁毁書目四種》	清光緒刻咫進齋叢書本	(1)《獻徵録》九十本。(查《獻徵録》，係明焦竑輯。是書以明代王公諸臣傳分類編載，各自爲篇。其卷五《成國公朱希忠神道碑》、卷十《威甯伯傳》、卷二十四《王翱傳》、卷三十八《余肅敏公傳》、卷三十九《大司馬譚公綸傳》、卷四十二《資德大夫程公信墓誌銘》、卷一百十七《汪直傳》、卷一百二十《朝鮮女直傳》兩篇，俱有違礙誣妄語，應請抽燬。)

表一千九百六十五

作者/文獻	版本	用　例
姚鼐《古文辭類纂》卷十六	清道光元年合河康氏家塾刻本	(1)《傳》曰"子雖齊聖，不先父食"，蓋言子爲父屈也。景皇帝雖太祖也，其於獻、懿，則子孫也。當禘祫之時，獻祖宜居東向之位，景皇帝宜從昭穆之列，祖以孫尊，孫以祖屈，求之神道，豈遠人情？又常祭甚衆，合祭甚寡，則是太祖所屈之祭至少，所伸之祭至多。比於伸孫之尊，廢祖之祭，不亦順乎？事異殷周，禮從而變，非所失禮也。臣伏以制禮作樂者，天子之職也。
姚鼐《古文辭類纂》卷四十一		(2) 韓退之贈大尉許國公神道碑
姚鼐《古文辭類纂》卷四十四		(3) 歐陽永叔資政殿學士文正范公神道碑銘 (4) 歐陽永叔太尉文正王公神道碑銘
姚鼐《古文辭類纂》卷四十七		(5) 王介甫虞部郎中贈衛尉卿李公神道碑
姚鼐《古文辭類纂》卷七十		(6) 王子山《魯靈光殿賦》：魯靈光殿者，蓋景帝程姬之子恭王餘之所立也。初，恭王始都下國，好治宫室，遂因魯僖基兆而營焉。遭漢中微，盜賊奔突，自西京未央、建章之殿皆見隳壞，而靈光巋然獨存。意者豈非神明依憑支持，以保漢室者也？然其規矩制度，上應星宿，亦所以永安也。……遂作賦曰：粤若稽古帝漢，祖宗濬哲欽明。殷五代之純熙，紹伊唐之炎精。荷天衢以元亨，廓宇宙而作京。敷皇極以創業，協神道而太甯。於是百姓昭明，九族敦序。乃命孝孫，俾侯于魯。錫介珪以作瑞，宅附庸而開宇。乃立靈光之祕殿，配紫微而爲輔。承明堂於少陽，昭列顯於奎之分野。……亂曰：彤彤靈宫，巋嶵穹崇，紛庬鴻兮。崱屴嵫厘，岑崟崰嶷，駢寵嵷兮。連拳偃蹇，崙菌踡嵼，傍欹傾兮。歇欻幽藹，雲覆霮䨴，洞杳冥兮。葱翠紫蔚，礧碨瑰瑋，含光晷兮。窮奇極妙，棟宇已來，未之有兮。神之營之，瑞我漢室，永不朽兮。

表一千九百六十六

作者/文獻	版本	用　例
姚培謙《春秋左傳杜注》卷五	清乾隆十一年陸氏小鬱林刻本	(1) 震夷伯之廟，罪之也，於是展氏有隱慝焉。（隱惡非法所得，尊貴罪所不加，是以聖人因天地之變，自然之妖，以感動之。知達之主，則識先聖之情以自厲；中下之主，亦信妖祥以不妄。神道助教，唯此為深。）

表一千九百六十七

作者/文獻	版本	用　例
姚配中《周易姚氏學》卷七	清道光活字印一經廬叢書本	(1)（注）虞翻曰：巽為進退，容止可觀，進退可度，則下觀其德而順其化。觀天之神道，而四時不忒。聖人以神道設教，而天下服矣。（注）虞翻曰：忒，差也。聖人謂乾，退藏於密，而齊於巽，以神明其德教。坤民順從，而天下服矣。（案：《後漢書》：方望說隗囂曰：宜急立高廟，稱臣奉祠，所謂"神道設教"，求助人神者也。彼以神道設教謂祭祀，義亦通，疑亦西漢經師之說。惠氏棟云：《祭義》曰：合鬼於神，教之至也。明命鬼神，以為黔首，則百衆以畏，萬民以服。） (2)（案）陰陽消息，天之神道也。一消一息而四時行，故"四時不忒"。通其變，使民不倦。神而化之，使民宜之。窮變通久，亦一消一息，聖人之神道也。

表一千九百六十八

作者/文獻	版本	用　例
姚文然《姚端恪公集》詩集卷十一	清康熙二十二年姚士塈等刻本	(1)《有懷五弟》：喜弟今科捷，慚兄宿昔非。頻年丘壑共，諸事討論稀。門户持寧易，詩書日漸違。眼中吾老矣，鷗鷺只忘機。（其二）兩兄俱薄宦，一老尚長貧。鮓羡陶公寄，歌慚陸氏頻。臣清名絕假，妻子慕元眞。喜爾稀家累，專心暮景親。（其三）題塔年還少，牽裾母不歸。那堪松栢下，初拜繡文衣。神道笙歌入，鄰山老稚圍。誰知兒意苦，奔走説光輝。（其四）鹿苑書常把（時聞寓千佛庵），龍門客若何。靜知稽古力，謙自閲人多。氣象魁三近，聲名第五過。大兄眞見晚，小弟肯蹉跎（大兄借使呂蒙語）。

表一千九百六十九

作者/文獻	版本	用　　例
姚文田 《（嘉慶）廣陵事略》 卷三	清嘉慶歸安姚氏開封節院刻本	(1) 騈久囚拘，供億窘狹，羣奴徹延和閣闌檻為薪，煮革帶以食。騈召幕府盧涚曰：予粗立功，比求清淨，非與此世爭利害，今而及此，神道何望耶？涕下不能已。師鐸既敗，慮騈内應。有女巫王奉仙謂師鐸曰：杨州災，有大人死，可以厭。彦曰：非高公耶？命左右陳賞等往殺之。

表一千九百七十

作者/文獻	版本	用　　例
姚文燮 《無異堂文集》 卷八	民國五石齋鈔本	(1)《仙釋》：丹砂勾漏，求自葛洪。貝典婆羅，譯傳迦葉。東來羽客，西方聖人，滇惟尤著，且蠻俗信鬼，每因止殺。此其心正為可用，神道設教實資皇猷。况實有徵信，敢矯誣與，骨粉印沙，古今不泯。鷲峰鶏足，肇始禪宗白飯之先；菩提示現，至今州邑署名尚有。踵金仙化人之號而不易者，則侈談佛國，亦樂得爲斯民之覺路津梁也。志仙释靈異。
姚文燮 《無異堂文集》 卷十二		(2)《募建龍門寺藏經閣疏》：古聖人神道設教，以佛法輔政刑之所不逮，而動人以為善去惡之心。故以其精者寓之於五千四百八十餘卷之中，其麤者寄之於宫廟設象之類，使人畏因果而去慳貪，亦覺世化民之善術也。今天下梵宇相望，緇白雲集，可稱極盛矣。

表一千九百七十一

作者/文獻	版本	用　　例
姚瑩 《東溟文集》 外集卷一	清中復堂全集本	(1)《山人珠璣序》：二五之精，盈天地而播也。人物得之，形聲具焉。形聲者，二五流行之跡也。精中有神，附于人物，以鼓盪其形與聲，而人物之用以靈，故神與形聲合焉則生，離焉則死。生死云者，主形聲而立名，去形與聲而神自存，故神不可言生死也。上古之世，人神雜糅，夷然不爲怪也。……三代以來，《傳》《記》言鬼神者眾矣。南宋末際，乃有扶鸞術，以通人神，葢上帝神道設教之心，濟人道所不及也。儒者謂其惑世諱言之，而靈異昭然，莫之能奪，于是姦者淆之，以僞益依託焉，世反以儒者之言爲欺矣。吾以爲與其諱而疑于人也，不如辨而存之，以爲吾道之助往者。

表一千九百七十二

作者/文獻	版本	用　　例
姚振宗《後漢藝文志》卷三	民國適園叢書本	(1) 范書《方術傳》：左慈，字元放，廬江人也。少有神道。嘗在司空曹操坐，操懷不喜，因坐上欲收殺之，慈乃卻入壁中，霍然不知所在。或見于市者，又捕之，而市人皆變形與慈同，莫知誰是。後人逢慈于陽城山頭，因復逐之，遂走入羊群，莫知所取焉。
姚振宗《漢書藝文志拾補》卷一	民國師石山房叢書本	(2)《隋書·經籍志》曰：河洛，紀易代之徵，其理幽昧，究極神道。先王恐其惑人，祕而不傳。說者又云：孔子既敍《六經》，以明天人之道，知後世不能稽同其意，故別立緯及讖，以遺來世。其書出於前漢，有《河圖》九篇，《洛書》六篇，云自黃帝至周文王所受本文。

表一千九百七十三

作者/文獻	版本	用　　例
姚之駰《後漢書補逸》卷二		(1) 隗囂既立，使聘平陵方望為軍師。望至，説囂曰：足下欲承天順民，輔漢而起，今立者乃在南陽，王莽尚據長安，雖欲以漢為名，其實無所受命，將何以見信于衆？宜急立高廟，稱臣奉祠，所謂"神道設教"，求助民神者也。囂從其言。
姚之駰《後漢書補逸》卷三		(2) 匈奴攻金蒲城。耿恭以毒藥傅矢，傳語匈奴曰：漢家神箭，其中創者必有異。因發强弩射之，鹵中矢者，視創皆沸，並大驚。（案：時恭為戊巳校尉，屯金蒲城，神道設教，兵家尚之。）
姚之駰《後漢書補逸》卷十九	清文淵閣四庫全書本	(3) 案：《周禮·司烜氏》：修火禁于國中。注云：為季春將出火也。葢龍星木位，春見東方，心為大火，懼火之盛，故為之禁。俗傳云子推以此日被焚而禁火。考《左傳》及《史記》，並無介子被焚之事。不知何據，遂以成俗。周舉移書，亦神道設教耳。後魏武帝復《明罰令》"不得寒食"，亦可知俗之難革也。 (4) 匈奴破雔後，王安得攻金蒲城。耿恭以毒藥傅矢，傳語匈奴：漢家箭神，中其瘡者必有異。因發弩射之，鹵中矢者，視創皆沸，並大驚。相謂曰：漢兵神，眞可畏也。遂解去。（案：神道設教，尤兵家所尚。范同。）
姚之駰《後漢書補逸》卷二十一		(5) 金泥玉璽：檢用金縷五周，以水銀和金以為泥。玉璽一方寸二分，一枚方五寸。（案：范志同袁宏云：神道貞一，其用不煩。故藉用白茅，器用陶匏。然則封禪之禮，簡易可也。白函玉牒，非天地之性也。斯言良然。）

續表

作者/文獻	版本	用　　例
姚之駰 《元明事類鈔》 卷十五	清文淵閣四庫全書本	(6) 廉民：《廉希憲神道碑》：希憲行省江南初，宋故官入謁，必廣羅珍貨，希憲拒之；見者輒獻所俘男女，乃受之。聽其歸完聚，歸者感德，自稱廉民云。 (7) 獄中讀書：《楊榮神道碑》：漢庶人謀奪嫡，宫臣楊文定下獄十年，家人供養，數絶粮。又上命叵測，公方讀書不輟。或止之，公曰：朝聞道，夕死可也。
姚之駰 《元明事類鈔》 卷二十一		(8) 獨取數部：《耶律楚材神道碑》：靈武下，諸將争掠子女玉帛，公獨取書數部。 (9) 龍鬼精怪：《王思任集》：文章之托生與人無異，有從天而下者，有從星辰嶽瀆而降者，有仙佛度世者，有神道轉輪者，有龍鬼精怪投胎吐氣者。文長之文，靈異立成，爪牙皆矗。予斷以龍鬼精怪。
姚之駰 《元明事類鈔》 卷二十三		(10) 蹴陳駕張：宋濂《康公神道碑》：東呉西楚，蹴陳駕張。
姚之駰 《元明事類鈔》 卷二十八		(11) 天庭北斗：《楊守陳神道碑》：公在妊時，母夢大星入懷。及生，天庭有七黒子，狀如北斗。

表一千九百七十四

作者/文獻	版本	用　　例
葉昌熾 《緣督廬日記抄》 卷三	民國上海蟫隱廬石印本	(1) 十七日，和潘季玉丈《歲朝賞菊詩》，即次其韻。購《道因碑》《李西平神道碑》《臧懷恪碑》《樊府君碑》各一紙。 (2) 鄭盦丈《贈晋楊君神道》題字石刻，周衡甫以《牛頭寺經幢》求售，索賈至二元。余之結習，為所窺破矣。 (3) 初三日，唐仁齋來購《唐竇居士神道》拓本，李邕撰，段清雲書。 (4) 初九日，至琉璃廠，購《馮君闕》拓本，其文曰“故尚書侍郎河東京令豫州幽州刺史馮使君神道”。 (5) 廿一日，至琉璃廠，購《鹽池靈慶公神道碑》《尼法琬墓志》《崇聖寺經幢》《汧源縣丞楊淡造經幢》《法性寺僧欽造書經幢》。 (6) 初五日晨，帖賈來購《隋宋永貴墓志》《唐解慧寺門樓贊》、褚河南《伊闕佛龕》、柳誠懸《劉公神道》。

續表

作者/文獻	版本	用　　例
葉昌熾《緣督廬日記抄》卷四	民國上海蟫隱廬石印本	(7)《史晨前後碑》《百石卒史碑》最精，《魯峻》《韓仁》次之。若《沈府君神道》，則直是百年内物耳。 (8) 前密州節度使吴太尉神道碑（存額十二字。在馬耳山東麓吴太墳邨前。）
葉昌熾《緣督廬日記抄》卷五		(9) 廿五日，至漢貞閣，携歸《沈府君神道》《王稚子闕》《吹角壩摩厓》《嚴武龍日寺題詩》拓本四種，皆蜀刻也。 (10) 廿二日，訪王廉生，見藏石甚多，以《晋太康神道》《宋元嘉造象》為最，又見《唐乾符經幢》。廉生云：《陳簠齋藏器》固為天下冠，即其椎拓之精，亦古今無匹，能知某器宜用某紙，厚薄大小，無不得宜。 (11) 贈大理寺卿王公神道碑 (12)《宋王德神道碑》，在鍾山清跡寺側。
葉昌熾《緣督廬日記抄》卷六		(13) 平陽公姚天福神道碑 (14) 安丘長王君神道（太康五年）
葉昌熾《緣督廬日記抄》卷七		(15) 初十日，得子嘉柬《贈西甯王忻都公神道碑》，危素文，張璪書丹，陳敬伯篆額。 (16) 又一巨碣，似《神道碑》，天聖六年所立，撰書人皆剥落。碑錄無考，其餘皆百衲料，亦頗有精者。 (17) 廿一日，仁齋所寄大碑，屬康吉諦審之，知為《宋駙馬魏成信神道碑》，前人所未箸錄。
葉昌熾《緣督廬日記抄》卷八		(18) 董文敏書《陳與郊神道》，梁山舟《金華府修城記》，皆可為百衲料。
葉昌熾《緣督廬日記抄》卷十二		(19) 兩日内，李佔共拓得元碑五通：一為勑書，一在元都觀，三在城隍廟。尚有《汪氏祠堂記》及神道兩碑，皆巍然巨碣，非架木不能拓，以俟異日。
葉昌熾《緣督廬日記抄》卷十三		(20) 张生叔朋偕三四友，自城來，過諸塗，下輿立談。由峙嵫嶺歸，嶺脊小憩，入一小刹瞻眺，無僧出迓。階下有碑，額題“贈工部尚書王公神道碑銘”。 (21) 十四日，讀《邸鈔》。孝欽顯皇后，永遠奉安。匋齋制府以行遷奠禮時，乘輿横衝神道，派人照相，又在風水牆内，以陵樹為電竿，為李國杰所劾。

續表

作者/文獻	版本	用　　例
葉昌熾 《緣督廬日記抄》 卷十六	民國上海蟫隱廬石印本	(22) 又《神道大編歷宗通議》十八卷，不題撰人。前有自序，稱“學述與荆川唐公論歷之餘”云云。 (23) 魏故騎督平寇將軍關中侯廣平曲梁蘇君之神道（篆書，僞。）
葉昌熾 《語石》 卷一	清宣統元年刻本	(24) 歐陽公《集古録》石刻，無西漢文字。公于《宋文帝神道碑跋》云：余家《集古》所録，三代以來鍾鼎彝盤銘刻備有，至後漢以後始有碑文，欲求前漢時碑碣，卒不可得。是則塚墓碑自後漢以來始有也。 (25) 餘見晉刻如《侍中賈君闕》《韓府君神道》《巴郡察孝騎都尉枳楊君神道》《安丘長王君神道》，皆施之墓門者。……《楊君神道》，歸安姚彥侍方伯所藏，《王君神道》及《房宣墓誌》，福山王廉生祭酒所藏，皆新出。（右晉二則）
葉昌熾 《語石》 卷二		(26) 姚彥侍丈又訪得晉隆安三年《騎都尉枳楊君神道》，此漢唐舊畿、魯齊故壤所未之有也。 (27)《王審知德政碑》規模崇麗，與常山《李寶臣碑》、吾吳《韓蘄王神道碑》鼎足而三。 (28) 崇安武夷山有《敬齋銘》，又有《幔亭記》《滄洲歌》，福清、長樂、莆田並有其題榜。世所得見者，惟邵武《黄仲美神道碑》耳。行書娟妙，頗似《瀧岡阡表》。 (29) 出山海關，循松花江而北，至甯古塔，皆遼金髪祥之地也。然古刻罕聞，平津所録契丹女真各二碑而已。（遼開泰二年，《奉國寺石幢記》：在義州。清寧三年，《大廣濟寺塔記》：在錦州。金大定十六年，《壯義王完顔公神道碑》：在甯古塔。奉國寺又有金明昌三年《續裝兩洞聖賢記》，張劬文，劉永錫書。）
葉昌熾 《語石》 卷三		(30) 柳子厚述唐時《葬令》云：凡五品以上爲碑，龜趺螭首；降五品爲碣，方趺圓首。此本《唐六典》，蓋所述者時王之制也。然稽之唐碑，亦不盡符。如逸人竇居士未有爵位，以宦者之父，而李北海題其碑曰“神道”。潘尊師碑，巍然巨制，而題爲“碣”。如此之類，未可枚舉。 (31) 或變文曰“功德頌”“功德記”，並于功德之上隨宜加字，如唐貞元五年《隴右節度使李元諒楙昭功德頌》、咸通十二年《高憲神道功德記》皆是。然釋家建寺造象，亦可稱“功德”，如龍門《高力士造象功德碑》、嵩山少林寺《靈運禪師功德塔銘》、邠州應福寺《西閣功德記》、長清靈岩寺《牟璫證明功德記》，此皆福田利益之説，彼教所謂“功德”，與吏民之頌未可同論。

續表

作者/文獻	版本	用　例
葉昌熾《語石》卷四	清宣統元年刻本	(32) 東漢碑額皆書某君之碑，惟曲阜《孔君碑》出於墓中，額止“孔君之墓”四字，其即如後世之《墓誌》歟？然敍事文頗簡，質與他漢碑無異，蓋志石高不過二三尺，橫亦如之。壙中爲地甚隘，所容止此。故其爲文，不過略敍生平梗概，使陵谷變遷，後人可以識其墓處，覘其行詣而已。若文繁即不能大書深刻，刻之亦易致磨泐，固與《神道碑》《墓表》《墓碣》據事直書、暢所欲言者，其例各殊矣。
葉昌熾《語石》卷五		(33) 一曰石闕。有廟門之闕，有墓門之闕，統而言之，皆神道之闕也。廟闕有四：嵩岳居其三（太室、少室、開母廟），華嶽居其一。（《西嶽廟神道闕題字》。《金石錄》云：永和元年五月。）其餘皆墓闕也。 (34) 沈韻初孝廉嘗裝《沈君闕》爲屏，懸之坐後。客至，見“沈君神道”字，莫不愕眙其好奇如此。余所藏典午兩刻：一爲姚彥侍方伯藏石，其文雲“巴郡察孝騎都尉枳楊君神道”，隆安三年刻，分書。一爲王廉生前輩藏石，其文雲“安邱長城陽王君神道”，太康五年刻，篆書。《王君神道》共兩石，其文同，當亦東西闕耳。 (35) 一曰摩厓。今人見題名，或稱之曰“摩厓”，不知摩厓不皆題名也。即如桂林諸山，詩、賦、讚、頌姑勿論，唐宋《平蠻》諸碑、韓雲卿《舜廟碑》，非巍然巨制乎？《經略趙郎中德政碑》《曾三聘神道碑》《方公祠之迎送神曲》，豈得謂之題名乎？晉、豫、齊、魯間佛經、造象，亦往往刻于厓壁。張于韶書《論語》“問政”章，司馬溫公書《家人卦》，古儒亦援其例。蓋摩厓，猶“碑”也，爲通稱，爲虛位，亦爲刻石之綱，其文字則條目也。
葉昌熾《語石》卷六		(36) 石刻詩文，有不經見之體，如《實錄》爲左右史之辭，非可通用。而唐之《八都壇神君實錄》、楊吳天祚二年《洪州雲蓋山龍壽院光化大師實錄碑》、宋之《重修仙鶴觀實錄》、元之《存真呰仙翁實錄碑》，皆僭用此二字。《行狀》爲上史館之辭。唐宋以後，神道、傳、志之屬無不有，惟《行狀》則若專歸於釋家。所見於著錄者，唐永昌元年《沙門釋法如禪師行狀》、宋咸平二年《傳應大法師行狀碑》（青浦王氏藏本）、《方出昭化禪院政法師行狀》、金承安五年《蓋公和尚行狀銘》。（趙秉文撰並書。在東昌府。） (37)《唐宗聖觀記》，歐陽詢撰序，陳叔達撰銘（武德九年）。《許公蘇瓌神道碑》，張說撰銘，盧藏用撰序（景雲元年）。《蜀國公尉遲迥廟碑》，閻伯璵撰序，顏真卿撰銘（開元二十六年）。 (38) 魯公書《殷君夫人碣》及《幹祿字碑》，皆稱第十三侄男。（元皇慶元年，《董文直神道碑》：第十八侄男。士廉書本此。）

續表

作者/文獻	版本	用例
葉昌熾 《語石》 卷六	清宣統元年刻本	(39) 諸碑皆撰人在前，書人承其父下不署姓，書曰“男”。其例當如此，然未可以概《神道碑》《墓誌銘》。 (40)《韓國華神道碑》（嘉祐八年）題“中書省玉冊官王克明蹇億刊”，而億刊《晝錦堂記》但曰“潯陽蹇億刊”字，不署銜，蓋一則奉敕，一則私家所刻耳。
葉昌熾 《語石》 卷七		(41) 于立政、高正臣亦皆褚之流亞也。立政，燕公于志甯之子。燕公陪葬乾陵，《神道碑》即其所書也。 (42) 趙氏錄《述聖頌》及《法現禪師碑》（天寶元年），今惟《述聖頌》存耳。其書從褚河南出，而神味不足，尚未能到《樊興碑》、段青雲《竇居士神道》庶幾伯仲之間。 (43) 張少悌書《李光弼神道碑》，又書《馬璘碑》，兩人皆靈武勳臣，其書爲時所重如此。 (44) 蔡元度又有《充龍圖閣待制新知洪州軍州事熊公神道碑》，建於紹聖三年。孫、趙兩家均未著錄，惟滂喜齋有藏本。 (45) 余所見朱文公墨迹及叢帖本多矣，大抵皆潑墨淋漓，縱橫逸宕。說者謂其學魏武帝狂草，直似祝希哲，此至可笑者也。《文公碑》傳世尚多，吾鄉至邇者虞山有《丹陽公祠堂記》，又收得《黃士美神道碑》《劉待制神道碑》。閩中尤多其遺迹，《鼓山題名》有數刻，皆清遒婉約，曼麗寡儔，曷嘗有劍拔弩張之態哉？其行書頗似永叔《瀧岡阡表》，蓋師其人並私淑其書耳。
葉昌熾 《語石》 卷八		(46) 此外，朝士如司馬溫公、王源叔（《範文正神道碑》），以分書名家者雖少，而蜀碑著錄頗富。 (47) 梁開平二年，《崇福侯廟記》，吳越王錢鏐撰，字大徑寸，中列敕文六行，字大徑二寸許。晉天福八年，《吳越文穆王神道碑》，首行“大晉故天下兵馬都元帥守尚書”十三字，字大徑三寸餘，較於正文，幾大三倍。此式惟吳越兩碑有之，錢竹汀說。
葉昌熾 《語石》 卷九		(48) 反文，惟蕭梁《吳平忠侯神道闕》。近又新出一殘闕，僅存“故散”二字，銀鈎鐵畫，望之如以鐙攝影，墨彩騰奮。若以薄紙濃墨拓之，幾不能辨其正背，吾友會稽陶心貧同年摹之極肖。 (49) 由此，凡以拓本付裝，必先自檢點。諸山摩厓題名詩刻，往往自左而右，蜀碑尤甚。一部《三巴舂古志》，如千佛厓、化城院諸刻，左行者居半。經幢亦有劉恭一刻，蓋其風氣然也。蕭梁諸闕，如《太祖文皇帝建陵神道》及蕭宏、蕭績、蕭正、蕭映，凡兩闕東西相對者，皆一闕右行，一闕左行。

表一千九百七十五

作者/文獻	版本	用　　例
葉方靄 《葉文敏公集》	鈔本	（1）在舜之廷，元凱舉焉，曰“舜用之”，不曰“天授”；在殷高宗，襲亂而興，心知説賢，乃曰“帝賚”。吾於是知聖人用心之至深遠也。高宗嘗遯於荒野而後即位，方其在民間心知説之為大賢矣。一旦欲舉而置之舊臣之上，恐人未必帖服也，故徵之於夢焉，是聖人之以神道設教也，是所謂民可使由而不可使知也。且又商俗信鬼，因其所信而導之，是聖人所以成務之幾也。

表一千九百七十六

作者/文獻	版本	用　　例
葉封 《嵩陽石刻集記》 卷上	清文淵閣四庫全書本	（1）《開母廟（闕）神道闕（闕）》：太守（闕）朱寵、丞零（闕）泉陵薛政、五官掾陰林、户曹史夏效、監掾陳修長西河圜陽馮寶、丞漢陽冀祕俊、廷掾趙穆、戸曹史張詩、將作掾嚴壽佐左福。 （2）少室神道石闕題名 （3）（闕）林芝（闕）日月，而（闕）三月三日，郡陽城縣，興治神道。（闕）君丞零陵泉陵薛政、五官掾陰林、户曹史夏效、監廟掾辛述、長西河圜陽馮寶、丞漢陽冀秘俊、廷掾趙穆、户曹史張詩、將作掾嚴壽，廟佐向盂、趙始。 （4）右《少室神道石闕題名》，篆書。在少室東邢家舖西。
葉封 《嵩陽石刻集記》 紀遺		（5）右按《嵩高志》云：中嶽廟石闕，在廟正南。神道，漢安帝元初五年，陽城長吕常造。

表一千九百七十七

作者/文獻	版本	用　　例
葉名灃 《橋西雜記》	清同治十年滂喜齋刻本	（1）手印：梁氏《玉繩瞥記》、元姚牧菴《浙西廉訪副使潘公澤神道碑》：凡人鬻人皆畫男女左右食指横理於券爲信，以其疏密判人長短壯少，與獄辭同。蓋即今手印，而驗法頗異。 （2）金黑白號姓：周氏春《遼金元姓譜》載《金黑白號姓》：金源、廣平、隴西三郡為白號，彭城郡為黑號。本於《金史・百官志》。……名灃案：元姚文公燧《牧庵集・布色君神道碑》：金有天下，諸部各以居地為姓。章廟病其書以華言為文，敕有司定著而一之，凡百姓。金源郡三十有八、庵平郡三十，皆白書；隴西郡二十有八、彭城郡十有六，皆黑書。

表一千九百七十八

作者/文獻	版本	用　　例
葉佩蓀 《易守》 卷九		（1）兑方象西，陰爲神道。神高在上象山，謂西方名山之神也。
葉佩蓀 《易守》 卷十	清嘉慶愼餘齋刻本	（2）四陰盛長，二陽漸消，而彖爻曾不之及者，蓋聖人之《繫辭》期於明道，以濟世觀之義，極於神道設教之大。 （3）巽進爲假，艮闕爲廟，坤陰爲幽，皆有神道設教之義，故以祭祀取象。 （4）陽大在上，巽爲廣顙，象顒若，又取下陰仰望之意。蓋盥者以神道事神之禮，求於冥漠，明其遠乎人，而以氣相感也。薦者以人道事神之禮，享以生存，明其近乎人，而以物相接也。 （5）觀天之神道，而四時不忒。聖人以神道設教，而天下服矣。 （6）神之大者，莫如天。觀天之神道，无有聲臭，而四時之寒暑迭運，不忒其常。聖人法天，而以神道設教，不言躬行，而天下咸服觀之道，所以過化存神而與天合德也。五上天位，象天之神道。 （7）凡卦名皆專主一義，惟《傳》言臨觀之義，或與或求，獨以互文見義。蓋臨則剛求而柔與？如男之下求乎女，故以咸臨取象。觀則柔求而剛與？如民之上求乎君，故以神道設教。而其卦旨，則俱專以剛爲主耳。 （8）然又引《魯論》“禘自既灌而往，吾不欲觀之”語爲証，則又謬甚。文王演易，何以與夫子之觀魯禘同論？況殷薦之禮最大，豈有祼而无薦者？亦豈有凡祭皆至薦而簡畧不足觀者？蓋不知觀之義全象神道。因神道而取象於祭祀，又於祭祀中專取神道用祼之象，以見陽之德盛而化神，非觀時實有祭祀之事，亦非謂祭祀時實有祼而不薦之事也。 （9）卦以神道設教，似心有怪異。非常之道，乃其所謂神道者，第曰“中正以觀天下”，又曰“觀我生，君子无咎”，其道祇是躬行身教，至庸至易，絶不涉瑰奇幽渺之說，蓋王道所以與天地同流，不過如此也。宋儒誤以《河圖》《洛書》爲神道設教，遂啓眞宗祠祀巡幸之事，經術不明而爲國家之害，豈細也哉？ （10）《彖辭》取神道設教之象而言盥，四爻取巽陰上進之象而言賓，各有正義。卦非實有祭祀之事，不必粘作實事說也。
葉佩蓀 《易守》 卷二十三		（11）王指五位虛象，猶《象》言大人也。用謂用此柔順，文陰之道也。兑爲享，陰爲神道，神之高者惟山。

表一千九百七十九

作者/文獻	版本	用　　例
葉廷琯《鷗陂漁話》卷三	清同治九年刻本	(1) 李淸臣所撰《王太師珪神道碑》，今節録其文云：元豐三年，朝廷用階官寄禄，超授銀青光禄大夫兼門下侍郎，監修國史。五年四月，復三省官，爲尙書右僕射兼門下侍郎。
葉廷琯《吹網録》卷二	清同治八年刻本	(2) 錢氏《通鑑注辨正》曰：吕夢奇撰存進《神道碑》，本云"天雄軍都部署巡檢使"，他書作"巡按"者，卽"巡檢"之譌。或稱都部署，或稱都巡檢，各從省，文似異，實同也。
葉廷琯《吹網録》卷四	清同治八年刻本	(3) 又《年譜》後附全謝山所撰《亭林先生神道表》，有云：戊午大科，詔下，諸公爭欲致之。先生豫令諸門人之在京者辭曰：刀繩具在，無速我死！
葉廷琯《吹網録》卷五	清同治八年刻本	(4)《夢溪筆談》(二十五) 云：述古，陳文忠堯叟長子。珽按：三書互異。《東都事略》，陳堯叟、堯佐、堯咨傳，皆無述古名。惟《歐陽公文集》(二十卷)《陳文惠公堯佐神道碑》"子男十人，長曰述古"，則《宋史》《筆談》並誤也。
葉廷琯《吹網録》卷六	清同治八年刻本	(5)(第十八條) 神宗御製韓魏公神道碑 (6) 又按：《攻媿先生文集·跋王岐公端午帖子》：《華陽集》一百卷，岐公箸述，殆不止此。嘗問公之孫大監云：不惟有所遺逸，如《資治通鑑序》《韓魏公神道碑》皆曰"御製"，不敢編入《家集》中云云。

表一千九百八十

作者/文獻	版本	用　　例
葉奕苞《金石録補》卷四	清道光二十四年別下齋刻本	(1)《漢啓母石闕提名》：右石闕，在嵩山崇福宮之左。其半已積，右方有字皆大篆，風雨剝蝕且盡，年號上隱隱一"光"字，而"戶曹史及辛癸"之間數字尙可識。按：《紀元》：靈帝光和、少帝光熹，餘無號光者。家兄慕廬以此闕與《少室神道闕》皆斷爲安帝時立，或有誤焉。 (2)《漢少室神道石闕銘》：右題名，篆書，共十八行，行四字。可識者，首行曰林芝，次行曰日天，第三行全泐，四行曰三月三日，五行曰郡陽城縣，六行曰興治神道，七行全泐，八行曰君丞零陵，九行曰泉陵薛政，十行曰五官掾陰，十一行曰林戶曹史，十二曰夏監廟，十三行曰掾辛路長，十四行曰西河陽，十五行曰馮寶丞，十六行曰陽祕俊，十七行曰廷揚，十八行曰曹史

續表

作者/文獻	版本	用　　例
葉奕苞《金石録補》卷四	清道光二十四年別下齋刻本	張。……銘詞有無，雖不可考，而興治神道即建闕之詞似以三月三日爲治道之日，未必爲所題之尾三也。 (3)《漢北屯司馬沈君二神道》：右神道，八分書。其一云“漢謁者北屯司馬左都侯沈府君神道”，其一云“漢新豐令交阯都尉沈府君神道”。其上各刻朱雀，形相向，知是一人。如《王稚子闕》，書其所歷之官也。 (4)《漢高直闕》：右闕云“漢故高君諱直字文王”九字。漢人題墓所，以禁樵採，不皆鋪揚德業，以欺後世。有云神道，有云墓道，有云闕者，惟金恭與此君但書姓名而已。
葉奕苞《金石録補》卷五		(5)《漢太尉劉寬神道》：右神道二。其一曰：漢太尉劉公，諱寬，字文饒。其一曰：漢太尉車騎將軍特進昭烈侯劉公神道。夫神道爲表墓而設，一書名字，一書官謚，詳簡得體。漢人書法，類如此。 (6)《漢平陽府君神道殘字》：右“平陽府君叔神道”七字。
葉奕苞《金石録補》卷六		(7)《長安志》：北闕。顔師古注：未央殿雖南嚮，上書奏事謁見之徒皆詣北闕。未央東門又有東闕，建章宫有鳳闕，似非墓門神道之所宜名，而漢人墓前率造雙闕，刻銘畫像于其上。 (8)《漢范君闕畫像》：右闕存“府君神道”四字。下，人物五，飛鳥一，次横一馬。最下，三方有白紋貫其中，似嘗刻字。上，四人，皆向右行。又一石，其人向左行，疑即范君之右闕。
葉奕苞《金石録補》卷七		(9)《宋文帝神道碑》：右碑云“太祖文皇帝之神道”，凡八大字。《集古錄》云：古人刻碑，正當如此。又云：自漢以來，碑文務載世德，宋氏子孫未必能超然獨見，復古簡質。疑非宋世所立。按：文帝爲元兇劭所弑，初謚曰景，廟號中宗。孝武立，改謚曰文，號太祖。或更有碑，此其神道，如漢人墓闕題識也。
葉奕苞《金石録補》卷十三		(10)《唐郕國長公主碑》：右碑題云“大唐郕國長公主神道碑銘”，明皇隸書撰文。姓名殘泐，而存“中書令修國史”等字。《宰相表》：開元十三年，張説以右丞相兼中書令，則撰文者必説也。
葉奕苞《金石録補》卷十七		(11)《神道碑文》，裴度撰，蔣澶書。史既不爲太沖立傳，而《太眞傳》又不及其兄微，此《碑》沖幾湮没無聞矣。
葉奕苞《金石録補》卷十八		(12)《唐劍州長史李公神道碑》：右碑題云“唐故劍州長史贈太僕少卿汝州刺史隴西李公神道碑銘并序”，書撰人姓名殘缺。貞元廿年甲申十一月壬申十三日建。

續表

作者/文獻	版本	用　例
葉奕苞《金石録補》卷十九	清道光二十四年别下齋刻本	(13)《唐左僕射李光進碑》：右碑題云“大唐故朔方靈鹽等軍州節度副大使知節度事管内支度營田觀察處置押蕃落等使銀青光禄大夫檢校刑部尚書兼靈州（下缺）都督府長（下缺）史大夫安定郡（下缺）尚書左僕射李公神道碑并序”，門下侍郎中書門下平章事令狐楚撰，嗣子季元書。
葉奕苞《金石録補》卷二十		(14)《唐贈吏部尚書馮公碑》：右碑題云“大唐故銀青光禄大夫檢校禮部尚書使持節梓州諸軍事兼梓州剌史御史大夫充劍南東川節度副大使知節度事管内觀察處置静戎軍等使上柱國長樂縣開國公食邑一千五百戶贈吏部尚書馮公神道碑銘”，王起撰，柳公權書并篆額。書法爲公權諸碑中第一。 (15)《唐太尉李光顔碑》：右碑題云“唐故河東節度觀察處置等使開府儀同三司守司徒兼侍中太原尹北都留守贈太尉李公神道碑”，河東節度觀察處置等使金紫光禄大夫檢校吏部尚書同中書門下平章事兼太原尹北都留守上柱國彭原郡開國公食邑三千戶李程譔，夏綏銀宥等州觀察判官登仕郎監察御史裏行雲騎尉郭虔書。
葉奕苞《金石録補》卷二十一		(16) 唐孫府君神道碑
葉奕苞《金石録補》卷二十三		(17)《唐太保李公碑》：右碑額云“唐故左龍武軍統軍檢校司徒贈太保隴西李公神道之碑”，篆書。題與額同，書撰姓名、建碑年月殘闕。 (18)《唐代州剌史李公碑》：右碑額云“唐故代州剌史李公神道之碑”，書撰姓名、年月殘缺。
葉奕苞《金石録補》卷二十四		(19)《後晉駙馬都尉史匡翰碑》：右碑題“（上闕）功臣義成軍節度滑衛等州觀察處置營田（闕）内河解等使冠軍大將軍右金吾衛大將軍員外置同正員檢校司徒兼御史大夫駙馬都尉太保史公神道碑銘并序”，朝議郎尚書虞部員外知制誥臣陶穀奉敕撰，待詔朝散大夫大府卿賜紫金魚袋臣閻光遠書。天福八年六月十四日建，楊稠鐫字。匡翰，石敬瑭之壻也。 (20)《北漢天龍寺千佛樓碑》：右碑題云“大漢武皇帝新建天龍寺千佛樓之碑銘”，推誠佐命保祚功臣特進守尚書左僕射兼中書侍郎平章事上柱國隴西郡開國公食邑三千户臣李惲奉敕譔，翰林書令史劉守清書，翰林書令史王廷譽篆額。廣運二年，歲次乙亥八月廿一日建。……朱彝尊曰：偶閱楊夢申撰《劉繼顯神道碑》，亦稱廣運元年，歲次甲戌，與是《碑》合。則卽位改元之說，史亦未詳，當以《碑》爲正。

續表

<table>
<tr><th>作者/文獻</th><th>版本</th><th>用　　例</th></tr>
<tr><td>葉奕苞
《金石録補》
卷二十五</td><td rowspan="4">清道光二十四年别下齋刻本</td><td>(21)《廣漢縣令王君神道》,《隸釋》《字原》皆作“綿竹令王君神道”。
(22)《上庸長司馬孟臺神道》,《墨寶》作“司馬君神道”,《復齋》作“上庸長闕”。
(23)《汝南上蔡令神道》,一云蜀人作“汝南令闕”。</td></tr>
<tr><td>葉奕苞
《金石録補》
卷二十七</td><td>(24)陶宗儀《古刻叢抄》有《豔陽仙洞》四篆,長一尺許,字極古秀。又有“康王神道之碑”六字,似漢以後人篆書,長五寸許,皆不詳其所在,不錄。</td></tr>
<tr><td>葉奕苞
《金石録補》
續跋卷六</td><td>(25)《唐有道先生葉公碑》:右碑題云“唐故有道先生葉公神道碑”,括州刺史江夏李邕文并書。先生諱國重,字惟鎮。慧明之父,法善之祖也。</td></tr>
<tr><td>葉奕苞
《金石録補》
續跋卷七</td><td>(26)《唐臧懷恪碑》:右碑題云“唐故右武衛將軍贈工部尚書上柱國上蔡縣開國侯臧公神道碑”,撫州刺史顔真卿撰并書,李秀巖篆額。懷恪,字貞節,東莞人。以右武衞將軍封上蔡縣侯,其贈尚書則以第七子希讓貴。薨薨于開元十二年,而碑立于廣德元年之十月。</td></tr>
</table>

表一千九百八十一

<table>
<tr><th>作者/文獻</th><th>版本</th><th>用　　例</th></tr>
<tr><td>葉酉
《易經補義》
卷三</td><td rowspan="2">清耕餘堂刻本</td><td>(1)卦辭精邃,耐人湥思。聖傳多言乾行,言天道,而神道獨于此言之,其義正足與卦辭相發。蓋四陰方盛之時,小人道長,君子道消,此非尋常之智名勇功所能補苴其萬一也。惟有不動而敬、不言而信之聖人,乘時首出,為之理陰順陽,潛移默運。雖有乖沴之氣,乃能用人事以消弭之。
(2)觀天之神道,而四時不忒。聖人以神道設教,而天下服矣。
(3)天道之運,見于四時;四時之行,終古不忒。而其所以不忒者,有莫知其然而然之妙,故曰“神道”也。聖人之仁育義正,與天之四時配,天有天之神道,聖人有聖人之神道,无他,誠而已矣。誠則未有不動者也,故曰“天下服”。
(4)《象傳》曰:風行地下,觀。先王以省方觀民設教。風有聲无跡,遍觸萬物,而鼓舞于不自知。先王象之,以為廵狩之典,觀民俗之所尚,隨時布化,而天下亦遂如風之動,莫不靡然,是即所謂神道設教也。</td></tr>
<tr><td>葉酉
《易經補義》
卷六</td><td>(5)《傳》曰:初分趾也,次實腹也,中虛耳也。上剛鉉也,故曰鼎,象也。……定鼎者,聖人挈鼎以付之。聖人者,帝也。輔聖人以保鼎者,聖賢也。故鼎之用主此,享神道也。</td></tr>
</table>

表一千九百八十二

作者/文獻	版本	用　例
葉澐《綱鑒會編》卷五十五	清康熙劉德芳刻本	(1)《舊唐書》：姚崇與張説素不協。崇病，戒諸子曰：我死後，張丞相來弔，可盛陳我平生寶玩。彼若不顧，則族危矣。若顧，即以致之，仍以《神道碑》爲請。既得其文，登時錄進，仍礱石以待，至便鐫刻。燕公見事遲，必悔也。崇卒，説果至，目其寶玩者再，其家悉如崇戒。不數日，文成，其略曰：八柱擎天，高明之位列；四時成序，亭毒之功存。
葉澐《綱鑒會編》卷七十四		(2) 追封吳王，詔徐鉉撰《神道碑》，鉉請對而位曰：臣舊侍李煜，陛下容臣存故主之義，乃敢奉詔。帝許之。故鉉之爲碑，但推言歷數有盡，天命有歸而已。帝覽之稱歎。
葉澐《綱鑒會編》卷七十五		(3) 帝滚以澶州之盟爲辱，嘗怏怏不樂。王欽若度帝厭兵，因謬進曰：陛下以兵取幽薊，乃可滌此耻。帝曰：河朔生靈，始免兵革，朕安忍爲此，可思其次？欽若曰：唯有封禪太山，可以鎮服四海，誇示外國。然自古封禪，當得天瑞希世絕倫之事，乃可爾。既而又曰：天瑞安可必得？前代蓋有以人力爲之者。惟人主滚信而崇奉之，以明示天下，則與天瑞無異也。帝沈思久之，曰：王旦得無不可乎？欽若曰：臣喻以聖意，宜無不可。乃乘間爲旦言，旦勉從之。帝尚猶豫，會幸秘閣，驟問杜鎬曰：古所謂《河圖》《洛書》果何事耶？鎬老儒，不測帝意，漫應之曰：此聖人以神道設教耳。帝由此意决，遂召旦飲，歡甚，賜以尊酒，曰：此酒極佳，歸與妻孥共之。及歸，發之，皆珠也。由是凡天書、封禪等事，旦不復異議。

表一千九百八十三

作者/文獻	版本	用　例
伊把漢《（康熙）盛京通志》卷之第二十	清康熙二十三年刻本	(1)《祠祀志》：古帝王先成民，而後致力於神。故有勤事定國之勞則祀之，能（闕）災捍患則祀之，典綦重矣。國家膺天明命，百神受職常祀之外，禮有兼隆，固無非崇德報功之意歟！若夫紺宫碧宇，郡邑相望，斯亦福善禍淫，神道設教之所不廢也。作《祠祀志》。
伊把漢《（康熙）盛京通志》卷之第三十二		(2)《知縣賈弘文鐵嶺縣城隍廟記》：按祀典所載曰：禦災捍患，勤事定國，此皆以其神食報於一方者也。若夫人倫之至，歷代師承，普天率土，春秋匪懈，則吾夫子薄海内外。家尸户祝，則惟關聖城隍之稱，於義無攷。……《易》又曰“先王以神道設教”，亦即此福善禍淫之理耳。一縣如是，天下亦如是。

表一千九百八十四

<table>
<tr><th>作者/文獻</th><th>版本</th><th>用　　例</th></tr>
<tr><td>伊秉綬
《留春草堂詩鈔》
卷二</td><td>清嘉慶十九年秋水園刻本</td><td>（1）雲麾神道極哀榮，典禮良弓概一生。諱藝豈惟閻立本，將軍亦隱畫師名。（《雲麾碑》）
（2）一闕西踰小辜嶺，陽城六篆誰與書。中排分隸字盈寸，旁立冠冕人執殳。一闕開母獨乏額，堂谿禱雨群靈趨。上辨維時下嘉字，首行拓補千峰摹。一闕神道表少室，刻畫人物紛睢盱。或獵猛獸鞭龍象，或戲角觝橦都盧。月規流暈開石鏡，搗葯蟾兔明雙臚。何期妙緒空中闢，衆山響應狂歡呼。</td></tr>
</table>

表一千九百八十五

<table>
<tr><th>作者/文獻</th><th>版本</th><th>用　　例</th></tr>
<tr><td>佚名
《海公大紅袍全傳》
卷五十</td><td rowspan="2">清道光刊本</td><td>（1）海瑞道：這又奇來，又沒人來上，又不是尔們上的，怎広却有香在爐上？道士曰：大人有所不知。這裡神道最靈，若是來上頭香的信七，身心稍有一此不得清淨，就不能上得。那怕三更到來，也有香在爐上。</td></tr>
<tr><td>佚名
《海公大紅袍全傳》
卷五十一</td><td>（2）海瑞道：這就道長說錯了話，故此皷面破了。道士曰：大人適纔了這一句話，所以神道現靈是眞。海瑞隨到神前謝過。是夜，仍宿于道院，暫且按下不表。</td></tr>
<tr><td>佚名
《檮杌閑評》
卷十八</td><td rowspan="2">清刊本</td><td>（3）那人馬儀從，一對對都從進忠面前過去。只見後面馬上，端坐著一尊神道。看他怎生打扮？只見：束發冠真珠嵌就，淡黃袍錦綉攢成。腰垂玉帶襯黃鞓，肩簇團花飛彩鳳。正大面如滿月，光芒眼露銀星。名高東岳列仙卿，廉訪使九幽位正。
（4）那神道駐了馬，將鞭指定進忠道：此生者之魂，何以至此？路旁走出一個老者，跪下稟道：魏進忠祿命未終，偶被群小所害，請大帝法旨定奪。那神道問：他宅舍如何？老者道：宅舍未毀，已命河神守護，只陽道被傷。那神道微笑道：此亦天數使然，速領他回去。……坐在廟中思量道：莫不是做夢麽？想了一會，才悟道：是了，這是那幾個花子謀我的錢財，灌醉了我，割去陽物要害我的命。我已死去，遇見神道，說我壽未終，送我還陽。但是這裏四無人烟，衣食全無，如何是好？</td></tr>
<tr><td>佚名
《檮杌閑評》
卷二十</td><td>（5）官僚整肅，香案上高供聖旨一通；侍從威嚴，宣牌內大書低聲二字。公堂凜凜若閻羅，押獄森森如鬼判。寵眉吏卒，手持鐵鎖貌猙獰；豎目押牢，身倚沉枷威赫奕。嚴霜飛筆底，皓日見中天。聚來一陣虎狼，塑就滿堂神道。正是軍民生死路，果然官吏攝魂台。</td></tr>
</table>

續表

作者/文獻	版本	用　　例
佚名《緑牡丹》第二回	清道光刊本	(6) 我今日一見令妹，神魂飄蕩，就是五方神道，十殿閻羅，我也不怕。我今日且與令妹親個千里嘴。賀世賴攔阻不住，王倫將手托自己嘴，對著賀氏嬉戲頑耍不題。
佚名《明季烈臣傳》	清鈔本	(7) 其夏，雷火燬祖陵明樓，妖蟲蝕樹，又大雨壞神道橋梁。帝下詔諮實政。
佚名《殘明紀事》		(8) 崇禎間，左懋第以吏科查閱南京兵馬錢糧，與大司馬並坐。明三邊總制，駐劄固原，軍門為天下第一，堂皇如王者。其照牆，畫麒麟一，鳳凰三，虎九，以象一總制、三巡撫、九總鎮也。河西巡撫駐薊州，河東巡撫駐花馬池，陝西巡撫駐西安；甘、涼、肅、西、寧夏、延綏、神道嶺、興安、固原各一總兵。
佚名《唐書藝文志注》卷四	清藕香簃鈔本	(9) 王方慶《王氏神道銘》二十卷。(方慶，見前。)
佚名《明末紀事補遺》卷九	清末刻本	(10) 時城中斗米漸至一金，宋奎光憂。諸將不足與謀，思假神道以威衆。而德勝門郭中關王廟向有酬賽神羊神馬：朝自出就水草，夕還廟，調馴殊常而未嘗有試鞍勒者。
佚名《清凉山志》卷六	清乾隆武英殿刻本	(11)《望海峰三依皇祖元韻》：最迴東臺處，精藍别一方。可瞻壺與嶠，奚論水和桑。日照峰先赤，教興衣尚黄。外藩仰神道，(蒙古諸藩皆尊佛法重黄教，我皇祖於此建寺居以喇嘛，内外各扎薩克歲時來叩，亦神道設教之意也。) 祖烈耀荒茫。("九服荒茫"，見沈約銘語。)
佚名《清凉山志》卷十二		(12) 唐太宗貞觀二年，下詔，五臺山等名山大刹聖道場處，修齋七日。畧曰：朕惟神道設教，慈悲爲先，元化潛通，亭育資始，朕恭膺大寶，撫愛黎元，矜愍之心，觸類而長，是用勞求冥貺，幽贊明靈，所冀九功惟叙，五福攸宜。爲普天億兆，仰祈嘉佑。
佚名《漢書疏證》卷三	清鈔本	(13)《水經注》曰：茂陵，故槐里之茂鄉也。《漢武故事》曰：帝崩後見形，謂陵令薛平曰：吾雖失勢。猶為汝君，奈何令吏卒上吾陵磨刀劍乎？自今以後，可禁之。平頓首謝，因不見。推問陵傍，果有方石可以為礪，吏卒常盜磨刀劍。霍光欲斬之，張安世曰：神道茫昧，不宜為法。乃止。

續表

作者/文獻	版本	用　　例
佚名《漢書疏證》卷五	清鈔本	(14)《容齋隨筆》曰：漢自武帝以後，丞相無爵者乃封侯，其次雖御史大夫，亦不以爵封為閒。唯太常一卿，必以見侯居之，而職典宗廟園陵，動輒得咎，由元狩以以罪廢斥者二十人。意武帝陰欲損侯國，故使居是官以困之爾。表中所載：鄼侯蕭壽成，坐犧牲瘦；蓼侯孔臧，坐衣冠道橋壞；鄲侯周仲居，坐不收赤側錢；繩侯周平，坐不繕園屋；睢陵侯張昌，坐乏祠；陽平侯杜相，坐擅役鄭舞人；廣阿侯任越人，坐廟酒酸；江鄒侯靳石，坐離宮道橋苦惡；戚侯李信成，坐縱丞相侵神道；俞侯欒賁，坐雍犧牲不如令；山陽侯張當居，坐擇博士弟子不以實；成安侯韓延年，坐留外國文書；新畤侯趙弟，坐鞫獄不實；牧丘侯石德，坐廟牲瘦；當塗侯魏不害，坐孝文廟風發瓦；轑陽侯江德，坐廟郎夜飲失火；蒲侯蘇昌，坐泄官書；弋陽侯任宮，坐人盜茂陵園物；建平侯杜緩，坐盜賊多。自鄼侯至牧丘十四侯，皆奪國，武帝時也。自當塗至建平五侯，但免官，昭、宣時也。
佚名《史記疏證》卷十四		(15) 侯信成坐為太常縱丞相侵神道壖，不敬，國除。

表一千九百八十六

作者/文獻	版本	用　　例
尹會一《健餘先生文集》卷九	清畿輔叢書本	(1)《題范文正公祠》：余讀《義田記》，願學公之為人。讀《文集序》，願學公之爲文。讀《神道碑》，願學公之爲臣。

表一千九百八十七

作者/文獻	版本	用　　例
印光任《（乾隆）澳門記略》上卷	清乾隆西阪草堂刻本	(1)《讀張司馬宋越公張世傑墓碑歌》：刼運連遭當四廣，終古石門留一掌。端宗太后兩荒陵，狐兔蕭條穴榛莽。陸相蹈海文相俘，空有越公陪蘽葟。蘽葟遺踪幾銷歇，海陵崩浪魚龍揭。……移文一旦禁樵蘇，五百年來廢墜起。大書特書神道碣，豊碑贔屭凌穹蒼。豈緣異代感興廢，直爲千古扶綱常。我來展讀剔幽翳，行間字裏雷霆衛。雲旗風馬倏往事，爲鬼雄兮魂魄厲。昔年行殿表慈元，東山芳躅白沙記。鴻筆翩翩映後先，一徑氤氳團正氣。蕭山陵寢恨羊年，玉匣珠襦散似烟。憑君更譜冬青引，吟向風前拜杜鵑。

表一千九百八十八

作者/文獻	版本	用　例
胤禎 《雍正上諭内閣》 卷二十三	清文淵閣四庫全書本	(1) 十四日，奉上諭：朕思天地之間，唯此五行之理，人得之以生全，物得之以長養，而主宰五行者，不外夫陰陽。陰陽者，即鬼神之謂也。孔子言：鬼神之德，體物而不可遺。豈神道設教哉？蓋以鬼神之事，即天地之理，不可以偶忽也。凡小而邱陵，大而川嶽，莫不有神焉主之，故皆當敬信而尊事，況海為四瀆之歸宿乎？使以為不足敬，則堯舜之君，何以望秩於山川？文武之君，何以懷柔百神，及河喬嶽？今愚民昧於此理，往往信淫祀，而不信神明，傲慢褻瀆，致幹天譴。夫善人多而不善人少，則天降之福。即稍有不善者，亦蒙其庇。不善人多而善人少，則天降之罰，雖善者亦被其殃。

表一千九百八十九

作者/文獻	版本	用　例
應撝謙 《性理大中》 卷六	清康熙刻本	(1)《魯齋許子》：先生名衡，字平仲，懷慶河内人。世爲農，以已已九月丙寅，生於新鄭邑中。歐陽玄《神道碑》曰：上距宋慶元庚申朱子之卒纔十年，當與王之會續傳道之業必有數存焉。 (2)《神道碑》曰：兵渡河，爲遊騎所得，其萬夫長酗酒，殺人爲嬉。先生從容曲譬，卒革其暴。久乃信其言如蓍龜，人賴全活者無算。其人南征，乃東去隱徂徠山，遷泰安之東館鎮，尋遷大名，扁其齋曰魯，世因號魯齋先生。 (3)《神道碑》曰：先生平時，頗病文籍之繁，嘗曰：聖人復出，必大芟而治之。先生著述曰《小學大義》，乃甲寅歲在京兆教學者小學口授之語；曰《讀易私言》，是先生五十後所作；曰《孟子標題》，嘗以教其子師可；曰《四箴說》《中庸說》《語錄》等書，乃雜出於衆手，非完書也。 (4)《神道碑》曰：其爲學也，以明體達用爲主；其修已也，以存心養性爲要；其事君也，以責難陳善爲務；其教人也，以洒掃應對進退爲始，精義入神爲終。雖時尚枘鑿，不少變其規矩也。

續表

作者/文獻	版本	用　　例
應撝謙《性理大中》卷二十三	清康熙刻本	(5) 問：祭先聖先賢，如何？曰：有功德在人，人自當報之。古人祀五帝，只是如此。後世有个新生的神道，緣衆人心邪向他，他便盛。如狄仁傑只留吴太伯、伍子胥廟。壞了許多廟，其鬼亦不能爲害，緣是他見得無這物事了。
應撝謙《性理大中》卷二十五		(6) 朱子曰：近得周益公書，論吕范解仇事。曰：初，范公在朝，大臣多忌之。及爲開封府，又爲《百官圖》以獻。因指其遷進遲速次序曰：某爲超遷，某爲序遷，如是而爲公，如是而爲私，意頗在吕相。吕不樂，由是落職，出知饒州。未幾，吕亦罷相。後吕公再入，元昊方犯邊，乃以公經畧西事，公亦樂爲之用。嘗奏記吕公曰：相公有汾陽之心之德，仲淹無臨淮之才之力。後歐陽公爲《范公神道碑》，有“懽然相得，戮力平賊”之語，正謂此也。……意謂前日既排申公，今日若與之解仇，前後似不相應，故諱言之。却不知乃翁心事，正不如此。
應撝謙《性理大中》卷二十八		(7) 天道四時行，百物生，無非至教；聖人之動，無非至德，夫何言哉！天不言而四時行，聖人神道設教而天下服。誠於此，動於彼，神之道與！天不言而信，神不怒而威；誠故信，無私故威。神天德，化天道，德其體，道其用，一於氣而已。

表一千九百九十

作者/文獻	版本	用　　例
慵訥居士《咫聞録》卷二	清道光二十三年刻本	(1) 盧翁怒曰：城隍理一邑陰事，素著靈異，我惟有赴城隍廟告彼耳。狐在房上應曰：我不懼爾告，正要汝告也。言罷，寂然無聲。是夜三更，忽有人大呼曰：神道城隍至矣。
慵訥居士《咫聞録》卷三		(2) 梁頓首拜謝曰：兩蒙垂救，未知何路神道，祈指示。方巾曰：汝祖父有德於予，故來相救，不必細述，久當自知。言訖而隱。
慵訥居士《咫聞録》卷六		(3) 偶一日，獨行郊外，見仙人俟於路旁，賀曰：公來年定當中舉人矣。前之塌坍號房者，因我盤踞頂上，神道知之，遣將驅逐，縱身逃走，故坍房頂也。

表一千九百九十一

作者/文獻	版本	用　　例
永瑢 《四庫全書總目》 卷五十	清乾隆武英殿刻本	(1)《隆平集》二十卷（兩江總督採進本），舊本題宋曾鞏撰。鞏，字子固，南豐人。……今考鞏本傳，不載此集。曾肇作鞏《行狀》，及韓維撰鞏《神道碑》，臚述所著書甚備，亦無此集。
永瑢 《四庫全書總目》 卷五十二	清乾隆武英殿刻本	(2)《使金錄》一卷（編修汪如藻家藏本），宋程卓撰。卓，字從元，休寧人。大昌從子，淳熙十一年進士。歷官同知樞密院事，封新安郡侯。贈特進資政殿大學士，謚正惠。……世傳宋高宗泥馬渡江，即出此書所記磁州崔府君條下。蓋建炎之初，流離潰敗，姑爲此神道設教，以聳動人心，實出權謀，初非實事。卓之所錄，亦當時臣子之言，未足據也。
永瑢 《四庫全書總目》 卷五十七	清乾隆武英殿刻本	(3)《名臣碑傳琬琰集》一百七卷（浙江孫仰曾家藏本），宋杜大珪編。大珪，眉州人。其仕履不可考。……墓碑最盛於東漢，別傳則盛於漢、魏之間。……大珪乃蒐合諸篇，共為三集。上集凡二十七卷，中集凡五十五卷，下集凡二十五卷。起自建隆、乾德，訖於建炎、紹興。大約隨得隨編，不甚拘時代體製。要其梗概，則上集神道碑，中集誌銘、行狀，下集別傳為多。多採諸家別集，而亦間及於實錄、國史。一代鉅公之始末，亦約略具是矣。
永瑢 《四庫全書總目》 卷六十	清乾隆武英殿刻本	(4)《草廬年譜》二卷、《附錄》二卷（編修汪如藻家藏本），明危素撰。素，字太樸，金溪人。元至正中，官至禮部尚書、參知政事、翰林學士承旨。出為嶺北行省左丞，後退居房山。……至明嘉靖甲寅，澄裔孫朝禎復增入《行狀神道碑列傳祭文》一卷及《歷代褒典奏議交移》一卷，鄒守益為之序，即此本也。 (5)《薛文清行實錄》五卷（江蘇巡撫採進本），明王鴻撰。鴻，河津人。官石灰山關稅大使，薛瑄之曾孫壻也。是編第一卷爲瑄像贊、行狀、神道碑、事實。二卷爲《請從祀疏》七篇。三卷爲祠堂、書院諸記六篇，祭文三篇。四卷為《讀書錄》《文集》諸序四篇，詩五首。第五卷則雜錄柱聯之類，而附以《薛氏歷世科貢傳芳圖》。……癸未，則瑄後人以次續入，非鴻之舊也。 (6)《商文毅公行實》一卷（浙江范懋柱家天一閣藏本），明商汝頤編。汝頤，商輅孫也。以輅遺集兩燬於火，恐先德不傳，乃裒為是書。凡王獻所作《行實》一篇，尹直所作《墓誌銘》一篇，楊子器所作《神道碑》一篇。末有正德十年汝頤《自跋》。正德十六年刊版，王子言又為之跋。
永瑢 《四庫全書總目》 卷六十一	清乾隆武英殿刻本	(7)《新安學系錄》十六卷（安徽巡撫採進本），明程曈撰。曈，號峩山，休寧人。是書以朱子為新安人，而引據歐陽修《冀國公神道碑》謂程子遠派亦出新安，故輯新安諸儒出於二家之傳者，編為此書。自宋至明凡百有一人，皆徵引舊文以示有據。夫聖賢之學，天下所公也，必限以方隅，拘以宗派，是門戶之私矣。

續表

作者/文獻	版本	用　　例
永瑢 《四庫全書總目》 卷六十四	清乾隆武英殿刻本	(8)《斷碑集》一卷（編修汪如藻家藏本），明方豪撰。豪，字思道，開化人。正德戊辰進士，官至湖廣按察司副使，《明史·文苑傳》附載《鄭善夫傳》中。此其知沙河縣事時，（案：《明史》載豪由崑山縣知縣遷刑部主事，不言嘗知沙河縣，蓋偶然失載。）重立顔眞卿所書《宋璟神道碑》，而記其始末者也。
永瑢 《四庫全書總目》 卷八十六		(9)《輿地碑記目》四卷（兩淮馬裕家藏本），宋王象之撰。象之，金華人。嘗知江寧縣。所著有《輿地紀勝》二百卷，今未見傳本，此即其中之四卷也。以天下碑刻地志之目，分郡編次，而各註其年月姓氏大略於下。起臨安，訖龍州，皆南渡後疆域。其中頗有考訂精確者，如鎮江府丹徒《梁太祖文皇神道碑》，辨其為梁武帝父。……雖殘闕之本，要未嘗無裨於考證也。 (10)《嵩陽石刻集記》二卷（浙江汪啟淑家藏本），國朝葉封撰。封，字井叔，黃州人。……古今金石之書，其備載全文者，在宋惟洪適之《隸釋》《隸續》，在明惟陶宗儀之《古刻叢鈔》，朱珪之《名跡錄》，都穆之《金薤琳瑯》。在國朝惟顧炎武之《求古錄》，陳奕禧之《金石遺文錄》，葉萬之《續金石錄》。其餘不過題跋而已。此書錄取碑文，便於參考。《漢嵩山太室神闕銘》《開母廟石闕銘》《少室神道石闕銘》，以及唐之《則天封祀壇碑》《夏日遊石淙詩》，歐陽、趙、洪皆失載，而此記能收之。……辨證精博，人比之劉原父、薛尚功，則當時亦重其書矣。
永瑢 《四庫全書總目》 卷一百十		(11)《太微經》二十卷（河南巡撫採進本）明文翔鳳撰。翔鳳，字天瑞，號太青，三水人。萬歷庚戌進士，官至太僕寺少卿。其作此書，蓋以擬《易》，凡四經、十六贊、十六圖、六十四緯、四表爲一百篇。……四經者，一曰昱經，以律天道；二曰靡經，以律王道；三曰堯經，以律聖道；四曰顥經，以律神道。以四經會八卦，列之贊圖，合以緯表，爲二十卷。大旨以周子《太極圖説》言無極爲未安，故據《虞書》“道心惟微”語命此名。……如翔鳳者，所謂誤用其心者歟！
永瑢 《四庫全書總目》 卷一百三十一		(12)《廣仁類編》四卷（江西巡撫採進本），明王時槐撰。時槐，字子植，號塘南，安福人。嘉靖丁未進士，官至太僕寺少卿，出為陝西布政使參政，中察典罷歸。後起為太常寺卿，不赴，卒於家。事蹟具《明史·儒林傳》。是書分篤倫、德政、惠濟、活物四類，各摭故實配隸之，時亦及因果報應之說。蓋神道設教，以勸喻顓蒙，故不盡為儒者之言也。
永瑢 《四庫全書總目》 卷一百三十七		(13)《類要》一百卷（浙江范懋柱家天一閣藏本），宋晏殊撰。殊，字同叔，撫州臨川人。景德初，張知白以神童薦，賜同進士出身，擢秘書省正字。官至集賢殿學士，同平章事，兼樞密使。卒謚元獻。事蹟具《宋史本傳》。……歐陽修作殊《神道碑》，稱類集古今為集選二百卷，曾鞏作序則稱上中下帙七十四篇，惟《宋史本傳》稱一百卷，與今本合。

續表

作者/文獻	版本	用　　例
永瑢 《四庫全書總目》 卷一百四十	清乾隆武英殿刻本	(14)《玉壺野史》十卷（兩淮鹽政採進本），宋僧文瑩撰。據晁公武《讀書志》，文瑩《湘山野錄》，作於熙寧中。此書則作於元豐中，在《野錄》之後。前有自序云，收國初至熙寧閒文集數千卷，其閒神道、墓誌、行狀、實錄、奏議之類，輯其事成一家，蓋與《野錄》相輔而行。玉壺者，其隱居之地也。
永瑢 《四庫全書總目》 卷一百四十九		(15)《李北海集》六卷、《附錄》一卷（浙江鮑士恭家藏本），唐李邕撰。邕事蹟具《唐書本傳》。邕文集本七十卷，《宋志》已不著錄。此本為明無錫曹荃所刊。……今惟賦五首，詩四首，表十四首，疏、狀各一首，碑文八首，銘、記各一首，神道碑五首，墓誌銘一首。蓋已十不存一。……是宋人已經考證，編是集者用其說而諱所自來，亦可謂攘人之善矣。 (16)《顏魯公集》十五卷、《補遺》一卷、《年譜》一卷、《附錄》一卷（副都御史黃登賢家藏本），唐顏眞卿撰。眞卿事蹟具《唐書本傳》。其集見於《藝文志》者有《吳興集》十卷，又《廬州集》十卷、《臨川集》十卷。至北宋皆亡。……謹詳加搜輯，得《殷府君夫人顏氏碑銘》一首，《尉遲迥廟碑鉤》一首，《太尉宋文貞公神道碑側記》一首，《贈祕書少監顏君廟碑碑側記》《碑額陰記》各一首，《竹山連句》詩一首，《奉使蔡州》詩一首，皆有碑帖現存。
永瑢 《四庫全書總目》 卷一百五十		(17)《韓集點勘》四卷（浙江巡撫採進本），國朝陳景雲撰。景雲有《通鑒胡注舉正》，已著錄。是編取廖瑩中世綵堂所注韓集，糾正其誤，因彙成編。……《太原郡公神道碑》之“耆事”，證以王安石文。《劉統軍墓誌》之“父訟”，證以《漢書・段熲傳》。《太傅董公行狀》之“其子”，乃證以《唐書・李萬榮傳》。
永瑢 《四庫全書總目》 卷一百五十二		(18)《騎省集》三十卷（兩淮馬裕家藏本），宋徐鉉撰。鉉有《稽神錄》，已著錄。晁公武《讀書志》、陳振孫《書錄解題》竝載鉉集三十卷，與今本同。……翟耆年《籀史》曰：太平興國中，李煜薨，詔侍臣撰《神道碑》。有欲中傷鉉者，奏曰：吳王事，莫若徐鉉為詳。遂詔鉉撰。鉉請存故主之義，太宗許之。鉉但推言歷數有盡，天命有歸而已。其警句曰：東鄰構禍，南箕扇疑。投杼致慈親之惑，乞火無鄰婦之詞。始勞因壘之師，終後塗山之會。太宗覽之，稱歎不已云云……然則鉉之見重於世，又不徒以詞章也。 (19)《咸平集》三十卷（兩江總督採進本），宋田錫撰。錫有《奏議》，已著錄。考《奏議》乃明安磐所輯，其文已全載此集中。……故其沒也，范仲淹作《墓誌》，司馬光作《神道碑》，而蘇軾序其《奏議》亦比之賈誼。為之操筆者皆天下偉人，則錫之生平可知也。詩文乃其餘事，然亦具有典型。其氣體光明磊落如其為人，固終非渫涊者所得仿佛焉。

續表

作者/文獻	版本	用　　例
永瑢 《四庫全書總目》 卷一百五十二	清乾隆武英殿刻本	(20)《乖崖集》十二卷、《附録》一卷（衍聖公孔昭煥家藏本），宋張詠撰。詠事蹟具《宋史本傳》。……此本前有森卿序，蓋即振孫所見之本。序稱於世刻中增詩八篇，別附以韓琦《神道碑》、王禹偁《送宰崇陽序》、李燾《祠堂記》、項安世《北峯亭記》。今檢勘竝合。……案：韓琦《神道碑》，稱詠與邑人傅霖友善，登第後與傅詩有“巢由莫相笑，心不為輕肥”之句。……其詩詞意凡劣，決非詠之所為。殆亦吳處厚誤採鄙談，不足據也。 (21)《春卿遺稾》一卷（編修汪如藻家藏本），宋蔣堂撰。堂，字希魯，宐興人。大中祥符五年，擢進士第。仁宗朝歷官左諫議大夫，知蘇州。改給事中，仍知州事。後以禮部侍郎致仕，因家於蘇。事蹟具《宋史本傳》。案：胡宿《文恭集》有堂《神道碑》，稱堂以皇祐六年卒，贈吏部侍郎。此集題曰“春卿”，仍舉其致仕之官，所未詳也。……北宋遺集，流傳日少，録之亦可備一家焉。
永瑢 《四庫全書總目》 卷一百五十三		(22)《元豐類稾》五十卷（江西巡撫採進本），宋曾鞏撰。鞏，字子固，建昌南豐人。嘉祐二年進士，官至中書舍人。事迹具《宋史本傳》。鞏所作《元豐類稿》本五十卷，見於《郡齋讀書志》。韓維撰鞏《神道碑》，又載有《續稾》四十卷、《外集》十卷。《宋史本傳》亦同。……以宋本參校，補入第七卷中《水西亭書事》詩一首、第四十七卷中《太子賓客陳公神道碑銘》中闕文四百六十八字，頗爲清整。……較諸明刻，差爲完善焉。 (23)《曲阜集》四卷（浙江鮑士恭家藏本），宋曾肇撰。肇，字子開，南豐人。……楊時所作《神道碑》《曲阜集奏議》目次，竝與《行狀》同。而《西掖集》十二卷、《内制》五十卷、《外制》三十卷，則與《行狀》稍異。……則其佳文散失者，固不少矣。
永瑢 《四庫全書總目》 卷一百五十六		(24)《相山集》三十卷（永樂大典本），宋王之道撰。之道，字彦猷，廬州人。宣和六年，與兄之義、弟之深，同登進士第。……以朝奉大夫致仕。後以其子藺官樞密使，追贈太師。《宋史》為藺立傳，而不及之道。故其事蹟不詳。惟尤袤所撰《神道碑》尚在《永樂大典》中，可以考見大略。之道嘗自號相山居士，其集即以為名。
永瑢 《四庫全書總目》 卷一百五十九		(25)《文忠集》二百卷（浙江鮑士恭家藏本），宋周必大撰。必大有《玉堂雜記》，已著錄。是集即史所稱《平園集》者是也。開禧中，其子綸所手訂。……又以祭文、行狀、謚誥、神道碑等別爲《附録》四卷終焉。 (26)《止齋文集》五十一卷、《附録》一卷（浙江巡撫採進本），宋陳傅良撰。傅良有《春秋後傳》，已著錄。此集為其門人曹叔遠所編，前後各有叔遠序一篇。所取斷自乾道丁亥訖於嘉泰癸亥。凡乾道以前之少作，盡削不存，其去取特為精審。末為《附録》一卷，爲樓鑰所作《神道碑》、蔡幼學所作《墓誌》、葉通所作《行狀》。而又有雜文八篇綴於其後，不知誰所續入。……蓋有本之言，固迥不同矣。

續表

<table>
<tr><th>作者/文獻</th><th>版本</th><th>用　例</th></tr>
<tr><td>永瑢
《四庫全書總目》
卷一百六十</td><td rowspan="3">清乾
隆武
英殿
刻本</td><td>(27)《盤洲集》八十卷（浙江巡撫採進本），宋洪適撰。適有《隸釋》，已著錄。許及之撰適《行狀》，稱有《文集》一百卷，藏於家。周必大撰《適神道碑》，則稱其論著為四方傳誦，有《盤洲集》八十卷，與《行狀》互異。考陳振孫《書錄解題》、張萱《重編內閣書目》俱作八十卷。則及之所稱其家藏之舊稾，必大所稱乃其行世之刊本，其書流傳頗尠。</td></tr>
<tr><td>永瑢
《四庫全書總目》
卷一百六十六</td><td>(28)《吳文正集》一百卷（浙江孫仰曾家藏本），元吳澄撰。澄有《易纂言》，已著錄。是集為其孫當所編。……迨永樂甲申，始克取家藏舊刻本，重壽諸梓。篇類卷次，悉存其舊，不敢更改。惟卷首增入年譜、神道碑、行狀、國史傳以冠之。……初，許衡之卒，詔歐陽元作《神道碑》。及澄之卒，又詔揭傒斯撰《神道碑》。首稱：皇元受命，天降眞儒。北有許衡，南有吳澄。所以恢宏至道，潤色鴻業，有以知斯文未喪，景運方興云云。
(29)《還山遺稾》二卷、《附錄》一卷（浙江鮑士恭家藏本），元楊奐撰。奐，字煥然，又名知章，乾州奉天人。……入元以耶律楚材薦，授河南路徵收課稅所長官，兼廉訪使。越十年，致仕歸。事蹟具《元史本傳》。……元好問作奐《神道碑》，則稱《還山集》一百二十卷，卷目均參差不符。然舊本不傳，無由考定。</td></tr>
<tr><td>永瑢
《四庫全書總目》
卷一百六十七</td><td>(30)《中菴集》二十卷（永樂大典本），元劉敏中撰。敏中有《平宋錄》，已著錄。《元史》載敏中《中菴集》二十五卷。……集中有《星變奏議》《皇慶改元奏議》，則為本傳所未及，蓋史佚之。……李唐諸《神道碑記》《大智全寺禪》《罔極寺碑》，皆承詔撰述之作。……則是集之存，併可訂史傳之譌異，不徒貴其文章矣。
(31)《榘庵集》十五卷（永樂大典本），元同恕撰。恕，字寬甫，其先太原人，徒於奉元。恕年十三，以書經魁鄉校。至元閒，授國子司業，辭不拜。……富珠哩翀《神道碑》又稱至元三十一年《國史》修《世祖帝紀》，采事四方，陝西行省平章政事咸寧王辟爲掾，典司編錄。故於元初典故，最爲詳贍。集中志狀諸作，多有可與金、元正史相參訂者。
(32)《圭塘小稿》十三卷、《別集》二卷、《續集》一卷、《附錄》一卷（浙江鮑士恭家藏本），元許有壬撰。其《小稿》為有壬所自輯。至正庚子，其弟有孚錄而序之，所謂即《至正集》而不具錄者也。……今以兩書校核，雖大略相同，亦互有出入。如《忍經春秋經說》《成中丞詩》諸序，《雪齋書院》《龍德宮》《上清儲祥宮》《河南省左右贊治堂》《遼山縣儒學》諸記，《武昌萬壽崇寧宮》《林州同知孫承事克哷（原作“怯烈”，今改正。）公神道》諸碑，皆《至正集》所無，而獨見於此本。</td></tr>
</table>

續表

作者/文獻	版本	用　　例
永瑢 《四庫全書總目》 卷一百七十	清乾隆武英殿刻本	(33)《金文靖集》十卷（江西巡撫採進本），明金幼孜撰。幼孜有《北征錄》，已著錄。……其文章邊幅稍狹，不及士奇諸人之博大，而雍容雅步，頗亦肩隨。蓋其時明運方興，故廊廟賡颺，具有氣象，操觚者亦不知也。……別冠以《三朝恩榮錄》一卷，則其敕諭、誥命、祭文、像贊、神道碑之屬。幼孜事蹟已詳《明史》。核以本傳，多其子孫誇侈之詞，無關考證，今删去不載，惟以本集著錄焉。 (34)《于忠肅集》十三卷（直隸總督採進本），明于謙撰。謙，字廷益，錢塘人。永樂辛丑進士，授御史，歷官兵部尚書。……倪岳作謙《神道碑》，稱“謙平生著述甚多，僅存《節菴詩文稾》《奏議》各若干卷。禍變之餘，蓋千百之什一”云云。……今集中實無此疏，《明史》亦不著其事。惟倪岳《神道碑》稱：景帝不豫，謙同廷臣上章乞復皇儲。是當時所上乃廷臣公疏，非謙一人，故集中不載其稾。世貞等專屬之謙，殆亦考之未審歟。 (35)《古穰集》三十卷（兩江總督採進本），明李賢撰。賢有《天順日錄》，已著錄。賢為英宗所倚任，自“三楊”以來，得君未有其比。……此集為其婿程敏政所編。凡《奏疏》二卷，《書》一卷，《記》二卷，《序》三卷，《說》《題跋》一卷，《神道碑》四卷，《墓碑》《碣》一卷，《墓表》二卷，《墓誌》二卷，《行狀》《傳》一卷，《祭文》《銘箴》《贊賦》《哀辭》一卷，《古今體詩》二卷，《和陶詩》二卷，《天順日錄》三卷，《雜錄奏疏雜文》三卷。中多記載時事，亦有足備史乘參核者，未可棄也。其《天順日錄》有本別行，兹以原本編入集中，仍竝錄之焉。
永瑢 《四庫全書總目》 卷一百七十二		(36)《方齋詩文集》十卷（福建巡撫採進本），明林文俊撰。文俊，字汝英，號方齋，莆田人。……事蹟具《明史本傳》。湛若水撰文俊《神道碑》，載所著有《方齋存稾》，世無刊本。此本乃其家藏舊抄，凡疏表、序文、雜著九卷，詩一卷。史稱其文章醇雅，今觀其詩，亦從容恬適，不事雕琢。
永瑢 《四庫全書總目》 卷一百七十三		(37)《張文貞集》十二卷（江蘇巡撫採進本），國朝張玉書撰。玉書，字素存，丹徒人。順治辛丑進士，選庶吉士，官至大學士，謚文貞。是集有《儲大文序》，不分卷帙，亦無目錄。其繕寫格紙版心皆有“松蔭堂”字，蓋其家藏抄本編輯未成者也。首爲賦二篇，次爲頌三篇、表三篇、箋六篇、疏二十篇、議一篇、書一篇、考一篇、說一篇、序二十八篇、跋一篇、記九篇、紀事十篇、傳一篇、贊二篇、策問十二篇、紀功碑二篇、墓碑六篇、神道碑四篇、墓誌銘三十二篇。大抵皆舂容典雅，渢渢乎盛世之音。

續表

作者/文獻	版本	用　　例
永瑢 《四庫全書總目》 卷一百七十五	清乾隆武英殿刻本	(38)《胡文穆集》二十卷（江西巡撫採進本），明胡廣撰。廣有《胡文穆雜著》，已著錄。是集其裔孫張書等所刻。凡詩八卷、應制詩文一卷、各體文七卷、題跋二卷、《扈從詩》及《扈從北征日記》一卷，其第十九卷即所謂《雜著》也。……惟記《高昌碑》有裨史事，《李元忠神道碑》所載事蹟頗詳，亦足備《唐史》之闕耳。 (39)《淡軒稾》十二卷、《補遺》一卷（福建巡撫採進本），明林文撰。文，字恆簡，莆田人。宣德庚戌進士，官至太常寺少卿，兼翰林院學士，諡襄敏。是集詩三卷、文七卷，其十一、十二兩卷乃附錄《誥敕》及《行狀》《神道碑》。《補遺》一卷，則又其詩文雜著。凡有二本，初刻者為其孫岳州同知希範，重刻者爲其曾孫南京大理寺寺正炳章。此本卽炳章所校也。 (40)《王襄敏集》二卷、《續集》一卷（浙江汪汝瑮家藏本），明王越撰。是編卽其曾孫紹思所輯。第一卷爲疏議，皆處置邊務及奏報捷音。第二卷為雜文。《續集》一卷，爲詩及詩餘，而以李東陽所作《墓誌》、崔銑所作《神道碑》，附錄於末。越本魁傑之才，其詩文有河朔激壯之音，而往往傷於粗率。 (41)《太和堂集》六卷（浙江汪汝瑮家藏本），明屠勳撰。勳，字元勳，平湖人。成化己丑進士，官至刑部尚書，諡康僖。是編詩四卷、文二卷，以《神道碑》《墓誌》附於末。《陳懿典序》稱合刻屠氏家藏二集，蓋其子應埈有《蘭暉堂集》，當日合為一編耳。
永瑢 《四庫全書總目》 卷一百八十九		(42)《明文衡》九十八卷（兩江總督採進本），明程敏政編。敏政有《宋遺民錄》，已著錄。是編首代言，為詞臣奉敕撰擬之文，次賦，次騷，次樂府，次琴操，次表箋，次奏議，次論，次說，次解，次辨，次原，次箴，次銘，次頌，次贊，次七，次策問，次問對，次書，次記，次序，次題跋，次雜著，次傳，次行狀，次碑，次神道碑，次墓碣，次墓誌，次墓表，次哀誄，次祭文，次字說，爲類凡三十有八。……內琴操闕一首，表闕四首，奏議闕十首，辨闕一首，頌闕一首，贊闕二首，記闕十一首，序闕十五首，題跋闕四首，雜著闕一首，傳闕一首，神道碑闕十一首，墓碣闕四首，墓誌闕八首，墓表闕二首，祭文闕二首，皆有錄無書，各注闕字於目中，未喻其故。……稽明初之文者，固當以是編為正軌矣。
永瑢 《四庫全書總目》 卷一百九十六		(43)《金石例》十卷（山東巡撫採進本），元潘昂霄撰。昂霄有《河源記》，已著錄。是書一卷至五卷述銘誌之始，於品級、塋墓、羊虎、德政、神道、家廟、賜碑之制，一一詳考。六卷至八卷述唐韓愈所撰碑誌，以為括例，於家世、宗族、職名、妻子、死葬日月之類，咸條列其文，標為程式。九卷則雜論文體。十卷則史院凡例。然昂霄是書，以《金石例》為名，所述宜止於碑誌，而泛及雜文之格，與起居注之式，似乎不倫。

表一千九百九十二

作者/文獻	版本	用　例
尤侗 《鈞天樂》 上本	清康熙刊本	(1) 呀！適纔夢中，神道分明教我歸家，以待上帝召用。雖難深信，只得拜辭而去。(拜介)
尤侗 《西堂雜組》 雜組三集 卷七		(2)《竺林庵募疏》:《易》曰：聖人以神道設教，而天下服矣。古先哲王，豈無政刑禮樂以化民成俗而必致力于神者？道非明，民將以愚之。《河圖》《洛書》皆是物也。故《繫辭》曰：陰陽不測之謂神。而申之曰：惟神也，故不疾而速，不行而至。佛氏之教，盛于東土久矣。然其大旨出于空虚寂滅，清淨無爲，疑其無以驅天下之耳目而爲之役。惟觀音大士廣大教化，感應昭著，故人奉事尤切，而其默相潛運，捷如影響，往往有大力者負之而趨，則亦神道設教之意也。

表一千九百九十三

作者/文獻	版本	用　例
遊戲主人 《笑林廣記》 卷九	清乾隆刻本	(1)《請神》：一吝者，家有禱事，命道士請神，乃通誠請兩京神道。主人曰：如何請這遠的？道士荅曰：近處都曉得你的情性，說請他，他也不信。 (2)《悪神》：一神道險惡，賽者必用生人祭禱。有酬願者，苦乏人獻，特於供桌中挖一孔，藏身在桌下，而伸頭於桌面，俟神舉箸，頭忽（闕）下。神大怒，罵曰：這班小鬼都是賊，纔得舉箸，如何嗄飯就沒有了。

表一千九百九十四

作者/文獻	版本	用　例
于敏中 《日下舊聞考》 卷四十四	清文淵閣四庫全書本	(1)《增御制重修關帝廟碑記》：人之道，非聖無以致其極，至聖不可知而謂之神。如《書》所頌"乃聖乃神"，與夫炎帝之稱神農，夏禹之稱神禹者，希焉。……然未有不推乎正直聰明足立萬禩人倫之表，故䍐然尊而宗之以為神聖焉。蓋聖而神之，所以著聖道之精；神而聖之，所以明神道之正。若是者，甞求諸先聖先師而外，厥惟關聖大帝克以當之。
于敏中 《日下舊聞考》 卷五十		(2) 今山東、河北寺院多云創自敬德，或謂是尉遲敬德。考許敬宗所作敬德《神道碑》及本傳，並無鎮幽州事，亦不當列于宮官之下也。(《金石文字記》)

續表

作者/文獻	版本	用　　例
于敏中 《日下舊聞考》 卷八十八	清文淵閣四庫全書本	(3) 原朝陽門外有東嶽廟，其塑像劉鑾手製。墀中豐碑三通：其一為《張天師神道碑》，趙文敏、孟頫書。其一為《仁聖宫碑》，虞文靖、集隸書。其一為《昭德殿碑》，趙世延書。(《燕都游覽志》) (4) 臣等謹案：劉鑾應作"劉元"，觀後條虞集《道園學古録》及陶宗儀《輟耕録》可證其誤。至鑾在元前，别是一人，詳見《皇城天慶宫》所引周篔《析津日記》條下。廟内，趙孟頫書《張留孫神道碑》，今存；虞集書《仁聖宫碑》、趙世延書《昭德殿碑》，今無攷。
于敏中 《日下舊聞考》 卷九十四		(5) 原潘德沖，字沖和，齊東人。長春高弟一十八人，世稱為十八大士，師其一也。從長春西覲還燕，充燕京都道籙，兼領長春宫事。圖克坦公履《沖和眞人神道碑》。
于敏中 《日下舊聞考》 卷一百二十二		(6) 原相公莊唐工部尚書張仁憲故里有《神道碑》在莊北，其東南道左有相公祠。(《文安縣志》) (7) 原《唐張仁憲神道碑》，幽州節度掌書記李儉撰，幽州節度參軍蔡陵八分書并篆額。仁憲，字仁憲。官至太子中允。其孫仲武為盧龍節度使，追贈仁憲為工部尚書。碑以大中二年立，在文安縣。(《集古録目》) (8) 原李儉《銀青光禄大夫太子中允贈工部尚書清河張公神道碑銘》：天垂四序，所以表歲成之功；地別九州，所以分代天之治。寒燠之運行叶度，河岳之感應有期。是故體五常而承五福，贊九德而著九功。盛業克著于旂常，佳名攸傳于寰宇，素行藴蓄於至德，積行必貽於後昆。《傳》曰：明德若不當代，其後必有達人。……公諱仁憲，字仁憲，其先清河人。五世相韓，文成見稱於漢代；三臺輔晉，壯武克大於當時。昭彰四表，厭飫八極。……扣元關而常思墮淚，授聞強繹；媿黄絹而徒愧受辛，終惟恐惶。敢載銘曰：自泮元黄，即垂載籍。華宗上德，奇謀異跡。問道赤松，受兵黄石。道著昭晰，慶流輝赫。……日星照地，桃李垂陰。雪霽昆闕，花繁鄧林。晉勒景鐘，衛刊彝鼎。金石既刻，丹青重炳。
于敏中 《日下舊聞考》 卷一百二十五		(9) 原史丞相天澤墓，在縣西南二十里黑垈村。墓前《神道碑》，翰林學士王磐所撰。(同上) (10) 增《史天澤神道碑》：房杜受帷幄之寄而不親汗馬之勞，耿賈著鐘鼎之勲而弗踐秉鈞之任，豈不以將相殊器而軍國異宜？非仁勇兼備而才德兩全者，未易當之也。

續表

作者/文獻	版本	用　　例
于敏中 《日下舊聞考》 卷一百二十九	清文淵閣四庫全書本	(11) 夫大造之運，歸於無朕，顯於有赫。后土所載，無不有人，則無不有神司之君。人者為民，則設官以治。治之有弗能移者，則藉神道以默相其間。自生民以來，未有廢此者也。今聖主用大道為治天下，嚮風文德四洽，遠人來歸。若無事於神者，乃猶以懷柔之典，有舉不廢，倘亦神道設教之意與！
于敏中 《日下舊聞考》 卷一百三十一		(12) 原《唐雲居寺主律大德神道碑銘》，瀔江妻夷子何籌撰，盧龍節度驅使官張景琮書并篆額。咸通八年丁亥歲十一月四日建。(《國門近游錄》)
于敏中 《日下舊聞考》 卷一百三十二		(13) 原宣德元年五月，立《故少師榮國公姚廣孝神道碑》。初，廣孝卒，太宗皇帝親製碑文，命有司營葬，並樹碑神道。碑已具而文未刻，至是其養子繼以請。上出永樂中御製文付之曰：其即刻碑，以成皇祖嘉念功臣之志。(《明宣宗實録》) (14) 原明成祖御製《姚少師神道碑》：朕惟商宗得傳巖之叟以佐中興，漢高用赤松之流以成大業。蓋天之生斯人也，豈偶然哉！惟我太子少師姚廣孝，蘇之長洲人。
于敏中 《日下舊聞考》 卷一百三十七		(15) 宣德十年四月辛酉，修長陵、獻陵，始置石人、石馬等於御道東西。十月己酉，建長陵神功聖德碑，是時仁孝皇后之葜二十有三年，太宗文皇帝之葬亦十有一年矣。然而始立者，重民力也。檽星門北一里半為山坡，坡西少南有舊行宮，土垣一周。……大石橋正北二里有石橋五空，又二里至長陵殿門神道，自嘉靖十五年世宗謁陵，始命以石甃。自大紅門以内，蒼松翠柏無慮數十萬株，今盡矣。(《昌平山水記》) (16) 原出昌平州東門數里，入伽藍口。又三里為永陵園，園後曰蔣山。山腹有神仙洞，洞不甚深，鐫字於旁曰：蜿蜒龍脊山吞月，磊砢雲根洞有天。上懸一石，如覆鐘狀。山上有三清殿。復行二里，度一溪，溪西有七鳳橋，長陵神道東流之水經焉。
于敏中 《日下舊聞考》 卷一百四十四		(17) 原《金明威將軍同知宣徽院事上輕車都尉隴西郡開國伯食邑七百户李磐神道碑》，其文中順大夫同知中都路都轉運使輕車都尉廣陵郡開國伯食邑七百户高德裔撰并書。

表一千九百九十五

作者/文獻	版本	用　　例
余金 《熙朝新語》 卷八	清嘉慶二十三年刻本	（1）雍正丙午，江南鄉試。房考有張壘者，科分最久，自居前輩，每晚焚香拜祝神佑，如有積德之士，求暗中指示。各房笑其癡，咸揶揄之。伺其燈下閲卷時，以一細竿穿牖入，挑其冠。張驚以爲神，拜祝如前。衆伺其坐定，又挑之。張遂捧卷上堂，主考已寢，張叩門，告以神明指示之故。主考閲之，笑曰：此文甚佳，取中有餘，君何必神道設教乎？衆噤不敢言。及榜發，此卷已中式，各譁然，告張曰：我輩弄君耳。張正色曰：此非我爲君等所弄，乃君等爲鬼神所弄耳。論甚正。

表一千九百九十六

作者/文獻	版本	用　　例
余蕭客 《古經解鉤沈》 卷二上	清文淵閣四庫全書本	（1）觀天之神道。誣神者，殃及三世。（《大傳》）（《漢書》二十五下）

表一千九百九十七

作者/文獻	版本	用　　例
俞浩 《西域考古録》 卷十六上	清道光海月堂雜著本	（1）即《宗喀巴經》亦言：達賴、班禪轉生，止於六世。惟是內外各蒙古及滇蜀各土司皆籍黄教，以箝制其好殺之心。故高宗詔兩大剌麻，宜世世永生。西土維持佛教，蓋至金奔巴之創頒而大。聖人神道設教，眞有不可思議者矣！

表一千九百九十八

作者/文獻	版本	用　　例
俞蛟 《夢厂雜著》 卷二	清刻深柳讀書堂印本	（1）《聾隸》：直隸河間府獻縣城隍廟，泥塑皂隸，昂首注目，狀若傾耳而聽。相傳隸兩耳無聞，善為人作“龍陽”之媒。……或曰：城隍最靈異，凡入廟不誠者，殛無赦。所以有求於隸，必吻接其耳，虞城隍神之有所聞也。夫城隍載入祀典，非尋常淫祠可比也，其神必聰明正直。所轄邑內，極窮鄉僻壤，善良奸佞，不能逃其鑒察；非如人世邑宰，耳目有所不及，輒受吏胥欺蔽也。……或者藉神道設教，以儆愚頑，知所忌憚！玆則案下之隸，日為淫褻之媒，而神夢夢毫無聞見，則無藉之徒，安得不恣意妄行，常罹法網哉？

表一千九百九十九

作者/文獻	版本	用　　例
俞檀《易學管窺》卷四	清鈔本	(1)《易・彖傳》曰：鬼神害盈而福謙，人道惡盈而好謙。九三剛爻陽位，宜於易，故稱勞謙，勞人道也。六四柔爻陰，宜於鬼易，故稱謙化，鬼神道也。

表二千

作者/文獻	版本	用　　例
俞樾《茶香室叢鈔》茶香室叢鈔卷七	清光緒二十五年刻春在堂全書本	(1)《杜荀鶴及第試卷》：宋葉夢得《石林燕語》云：王禹玉作《麗穎公神道碑》，其家送潤筆金帛外，參以古書、名畫三十種，杜荀鶴及第時試卷亦是一種。是杜荀鶴試卷，至宋猶存也。
俞樾《茶香室叢鈔》茶香室叢鈔卷十六		(2) 余謂後世言神言鬼皆託之泰山，雖虛誕之説，而未始無理。蓋因天事天，因地事地，此封禪之所自起也。《史記・正義》云：泰山上築土為壇以祭天，報天之功，故曰封；泰山下小山上除地，報地之功，故曰禪。神道屬天，王者既封泰山以報天，則泰山有神道矣。鬼道屬地，王者既禪泰山下小山，如云云、亭亭、梁父、高里諸山以報地，則云云、亭亭、梁父、高里諸山有鬼道矣。 (3) 祖龍死：《水經・渭水篇》注引《春秋後傳》曰：使者鄭容入柏谷關，至平舒置，見華山有素車白馬，問鄭容安之？答曰：之咸陽。……鄭容如睡，覺而見宮闕，若王者之居焉。謁者出，受書，入，有頃，聞語聲言：祖龍死。神道茫昧，理難辨測，故無以精其幽致矣。
俞樾《茶香室叢鈔》茶香室續鈔卷九		(4) 手印：國朝梁《玉繩瞥記》云：元姚牧庵《浙西廉訪副使潘公澤神道碑》：凡人鬻人皆畫男女左右食指横理於券爲信，以其疏密判人長短壯少，與獄辭同。蓋卽今手印，而驗法頗異。
俞樾《茶香室叢鈔》茶香室續鈔卷十四		(5) 又按：顏魯公《宋文貞公神道碑》曰：十六歲時，讀《易》曠時不精，公遲而覽之，自亥至寅，精義必究。明年，進士高第。又云：蘇味道爲侍御史出使，精擇判官，奏公爲介。公作《長松篇》以自興，《梅花賦》以激時，蘇深賞歎之，曰：真王佐也！
俞樾《茶香室叢鈔》茶香室三鈔卷六		(6) 黑白號姓：國朝葉名澧《橋西襍記》云：周氏春《遼金元姓譜》載《金黑白號姓》：金源、廣平、隴西三郡為白號，彭城郡為黑號。本於《金史・百官志》。名澧按：元姚文公燧《牧庵集・布色君神道碑》：金有天下，諸部各以居地為姓。章廟病其書以華言為文，敕有司定著而一之，凡百姓。金源郡三十有八、廣平郡三十，皆白書；隴西郡二十有八、彭城郡十有六，皆黑書。

續表

作者/文獻	版本	用　　例
俞樾 《茶香室叢鈔》 茶香室三鈔 卷二十二	清光緒二十五年刻春在堂全書本	(7) 内廷戲劇：國朝禮親王昭槤《嘯亭續錄》云：乾隆初，命張文敏製諸院本，以備樂部演習，凡各節皆奏演。其時典故如屈子競渡，子安題閣諸事，謂之《月令承應》。其於萬壽令節前後奏演羣仙神道添籌錫禧，以及黃童白叟含哺鼓腹者，謂之《九九大慶》。其於内廷諸慶事，奏演祥徵瑞應者，謂之《法宫雅奏》。又演目連尊者救母事，析爲十本，謂之《勸善金科》，於歲暮奏之，以其鬼魅襍出，以代古人儺祓之意。演唐元奘西域取經事，謂之《昇平寶筏》，於上元前後日奏之。……又襲元、明《水滸義俠》《西川圖》諸院本曲文，遠不逮文敏也。
俞樾 《茶香室叢鈔》 茶香室四鈔 卷十二		(8) 宋廣平《梅花賦》：宋王楙《野客叢書》云：顔魯公撰《宋璟神道碑》：公作《長松篇》《梅花賦》，蘇味道以為有王佐之才。 (9) 文章不苟徇人意：宋無名氏《木筆襍鈔》云：歐公作《范文正公神道碑》，載吕、范交歡弭怨始末，范公之子堯夫不樂，欲删改，公不從。荊公作《錢公輔母墓銘》，錢以不載甲科通判出身，及諸孫名，欲有所增損。荊公答之甚詳。
俞樾 《茶香室叢鈔》 茶香室四鈔 卷二十		(10) 城隍神姓名：宋趙與時《賓退錄》云：城隍神之姓名具者，鎮江、慶元、甯國、太平、襄陽、興元、復州、南安諸郡，華亭、蕪湖兩邑，皆謂紀信；隆興、贛、袁、江、吉、建昌、臨江、南康，皆謂灌嬰；福州、江陰，以爲周苛；真州、六合，為英布；和州為范增；襄陽之穀城為蕭何；興國軍為姚弋仲；紹興府為龐玉，實龐堅四世祖，事具《唐書·忠義傳》，蓋嘗歷越州總管；鄂州為焦明，《南史》焦度之父也；台州屈坦，吳尚書僕射晃之子，今州治其故居；筠州應智頊，唐初州為靖州時刺史南豐游茂洪，開元間嘗知縣鎮；溧水白季康，唐縣令也。惟筠之新昌祀西晉邑宰盧姓者，紹興之嵊祀陳長官，慶元、昌國祀邑人茹侯，三者不得其名耳。按：神道亦隨時興廢。今諸神未知尚有仍舊者否，姑記此，博異聞。
俞樾 《易貫》 一	清光緒二十五年刻春在堂全書第一樓叢書本	(11) 竊謂自陽卦而變爲陰卦，則皆稱鬼；自陰卦而變爲陽卦，則皆稱神。乾神坤鬼，必古有此説，然非謂經稱神鬼皆乾坤也。坤變成乾，則神矣；乾變成坤，則鬼矣。故觀《彖辭》曰“聖人以神道設教”，蓋否九四，變而成觀。上體之乾，一陽又失，是有鬼道焉。鬼道不可以爲教，則聖人仍以神道設教。其義在六四曰：觀國之光，利用賓於王。夫觀，下有坤則有國，上無乾則無王也。而曰“利用賓於王”，此卽聖人之以神道設教也。

續表

作者/文獻	版本	用　　例
俞樾 《易貫》 四	清光緒二十五年刻春在堂全書第一樓叢書本	(12)《臨・六五》曰“大君之宜”，則卽《觀・六四》“利用賓于王”之義。否九四一爻，變而成觀，則上體之乾成巽，無王矣。故“利用賓于王”，此聖人以神道設教也。泰九三一爻，變而成臨，則下體之乾成兑，無君矣。故於六四曰：大君之宜。
俞樾 《春在堂隨筆》 卷五	清光緒刻春在堂全書本	(13) 唐武后時，初設德清縣，柳侯即來為縣令。侯名察躬，乃柳子厚之祖，集中《先侍御史神道表》所稱德清君者是也。有惠政，既歿，而邑人祠之。歲久祠廢，及戴侯興，而邑人即以柳祠故址為之祠，於是祀戴兼祀柳，後又附以葉，並詳縣志。
俞樾 《春在堂隨筆》 卷七		(14) 余同年王文勤公，以翰林起家，官至福建巡撫，余兒女親家也。嘗署所居齋曰“儉明簡”，為之說曰：居官之要，清、慎、勤而已。惟儉也，故清而不蹶；惟明也，故慎而不葸；惟簡也，故勤而不煩。是三者，清、慎、勤之本也。余為作《神道碑》，已載其說矣。
俞樾 《春在堂隨筆》 卷八		(15) 今在我朝為張軍門，則又一顯姓矣。惟忠武既為桓侯轉世，何以廉訪夢中見忠武又見桓侯？殆前身後身，非一非二。是以如來隨眾生意，現種種身，神道與佛理固無異歟！
俞樾 《春在堂隨筆》 卷九		(16)《玉吾集》(十八卷)，朝鮮人宋相琦字玉汝者所撰。玉吾，其別號也。詩文皆有可觀。末卷附《神道碑銘》及謚、狀，稱公於崇禎丁酉十一月二十日卯時生，癸卯六月一日卒，春秋六十有七。 (17) 閩撫王文勤公，余親家翁也，知之最詳。公生於道光癸未，至辛卯纔九歲耳，必不能以一身就食江南，必其家長老挈之而來，乃是時其家初無變故。余撰文鄞《神道碑》，即據其子儒卿等所撰《行狀》，言公年十有一，《四子書》《十三經》皆卒讀。
俞樾 《太上感應篇纘義》	民國道藏精華録本	(18) 夫自古至今之久，四海之人之眾，而人人皆有是思念存想。志之所至，氣亦至焉。安得不洋洋乎如在其上，如在其左右也？是故祭非其鬼，事誠可恥，罵神稱正，實亦非宜，惟聖人知鬼神之情狀。是以男巫女巫，及凡以神仕者，列於春官。苟神而可罵，則聖人不以神道設教矣。

續表

作者/文獻	版本	用　　例
俞樾 《春在堂雜文》 續編卷一	民國道藏精華録本	(19)《贈太子少保謚文勤福建巡撫王公神道碑》：光緒元年冬十月甲戌，福建巡撫王公巡閲臺灣還，至于省城。越十有三日丙辰，薨于位。天子悼焉，詔贈太子少保銜，視總督例賜卹，賚白金治其喪，予謚文勤，并命于福建省城、臺灣府城建祠祀焉。凡祭葬，咸賜如例。於是公之子儒卿等奉公之喪暨其配劉夫人之喪，於其明年之十有二月某日，葬於寶應城北之龍首村殷家莊。立祭葬碑，一準律令。而神道之左禮宜有銘，乃以屬樾。……樾既撰次其事，乃係以銘曰：公在翰林，乃玉乃金；高文典策，庶士風傾。公在軍旅，乃文乃武；運籌帷帳，折沖樽俎。公任屏藩，善理劇煩；自浙而粵，遺愛存焉。……乃建之祠，乃予之謚；乃祭乃葬，天子所賜。龍首之村，式公墓門；凡百有位，視此刻文。
俞樾 《春在堂雜文》 四編卷一		(20)《浙江學署文昌宫碑》：文昌，星也，天神也。今祀文昌，則以人鬼。國家神道設教，原不必求其人以實之。然其神出於蜀，又出於蜀之梓潼，則自宋以來有此說。 (21) 彭剛直公神道碑
俞樾 《春在堂雜文》 四編卷五	清光緒二十五年刻春在堂全書本	(22)《王補帆同年東渡采風集序》：光緒元年，余親家翁王文勤公以福建巡撫巡閲臺灣，感疾而歸。歸僅旬日，薨於位。余爲詩哭之，存集中，又爲作《神道碑》。
俞樾 《春在堂雜文》 五編卷四		(23)《德清城隍廟碑》：城隍之祀古矣，或謂始於八蜡之坊與水庸。然孔穎達謂坊以畜水障水，庸以受水泄水，則是田閒溝塍，非城隍也。城隍之祀，其始於春秋宋鄭之祭四墉乎？其神乃地祇，而非人鬼。然古者以句龍配社，王肅之徒并謂社卽所以祀句龍，則城隍之神亦可以人爲之。吳越時，曾奏請以唐右衛將軍總管龎玉為城隍神，封崇福侯，殆亦神道設教之微意乎？ (24) 贈右副都御史劉公神道碑 (25) 公既歿之十二年，其子果具事實乞銘其神道之碑。余謂公之政績不可勝書也，惟表明其爲東南大局所關，以告天下萬世，因係以銘。銘曰：盗起粵西，蔓延天下。東南奥區，得全者寡。天祐聖清，留此一隅。實惟滬瀆，輨轄三吳。滬瀆彈丸，城大如斗。不有偉人，其何能守。篤生劉公，是謂偉人。夷獠慕義，婦豎歸仁。……自滬而蘇，以次蕩平。三吳卽定，兩浙皆清。兵何自來，來也自滬。滬何能全，惟公砥柱。萬口一聲，曰劉青天。功在一時，名垂千年。我謂公功，允關大局。立石刻銘，爲萬世告。 (26) 廣東巡撫劉公神道碑 (27) 余既爲文，志其幽宫。而故事三品以上大員之葬，必於神道樹碑，碑

續表

<table>
<tr><th>作者/文獻</th><th>版本</th><th>用　例</th></tr>
<tr><td>俞樾
《春在堂雜文》
五編卷四</td><td rowspan="6">清光緒二十五年刻春在堂全書本</td><td>必有文。世瑋等又以爲請，余曰：誌文、碑文同出一手，於古罕見，盍他求乎？世瑋等固以請，余下獲辭。因思墓志藏於幽者也，墓碑表於眾者也，是宜舉其大者，以昭示來兹。
（28）三等男爵長江水師提督黃武靖公神道碑
（29）公前歲至蘇，訪余於吳下寓廬。余時在杭，未得見。及公將葬，公子請銘其神道之碑，誼不敢辭。銘曰：咸同之間，楚材大出。天佑聖清，掃除蝥賊。堂堂文正，治師長江。舳艫千里，高建牙幢。虓虓黃公，磊落奇氣。束髮從戎，無戰不利。毀其堅壘，拉朽摧枯。禽其名賊，如豕就屠。……大江上下，屹若長城。旌麾再莅，桴鼓不驚。臣力雖衰，臣心獨壯。氣懾郁夷，目營平壤。靈風肅肅，宰樹芊芊。千載而下，式此祈連。</td></tr>
<tr><td>俞樾
《春在堂雜文》
五編卷七</td><td>（30）光緒己丑歲，陶君心雲偶以手書楹帖見贈。余展視之，驚曰：此非近人手筆也。會彭剛直公薨，其孫見紳等請余爲《神道碑》。
（31）甲午春，余至西湖，許君子社以其書見示，且爲乞序。夫神道設教，聖人之微權；福善禍淫，天地之正理。</td></tr>
<tr><td>俞樾
《春在堂雜文》
六編卷一</td><td>（32）吾邑自唐天寶元年，改湖州爲吳興郡，改臨溪縣爲德清縣，於是始有德清縣之名。而其時柳公察躬實始來爲德清令，乃柳宗元之祖，柳集中《先侍御史神道表》所稱德清君卽其人也。</td></tr>
<tr><td>俞樾
《春在堂雜文》
六編卷三</td><td>（33）橫議肆行於中國，遠近波靡。而君平日宣講之處，莫之從，即凡以神道設教之處，亦莫之從。《語》曰“先入者為主”，君所見遠矣。
（34）《女壻王康侯及長女雲裳合傳》：王康侯，吾長女壻也。名豫卿，江蘇寶應人，故福建巡撫文勤公次子。余曾為文勤公作《神道碑》，具詳世系，兹可無述焉。</td></tr>
<tr><td>俞樾
《春在堂雜文》
六編卷四</td><td>（35）巡撫劉武慎公長佑深器之，密疏論薦。擢慶遠府知府，以柏亭公卒，未任。服闋，授廣東高州府知府。高俗信巫多盜，公嚴治之。假神道惑衆者，罪無赦。販米出洋以濟盜者，罪無赦。巫風、盜風，為之衰息。</td></tr>
<tr><td>俞樾
《春在堂雜文》
六編卷六</td><td>（36）布政使銜候補道魏君神道碑
（37）錢敏肅公神道碑
（38）事在偏隅，而功歸全局，亦我朝二百餘年來非常之人、非常之事矣。準功令大員之墓，必有神道，神道必有碑，碑必有文。其孤溯耆等不余鄙棄，徵文於余。余惟碑與傳異，傳則纖悉必具焉，碑則宜舉其犖犖大者表示後人。故先舉公乞援之事，襮諸其端，而其餘亦可得而詳焉。</td></tr>
</table>

續表

作者/文獻	版本	用　例
俞樾 《春在堂雜文》 六編卷九	清光緒二十五年刻春在堂全書本	(39) 余嘗為又堂張公作《神道碑文》，止載其三代名諱與其妣之姓氏，而其先世之令德不及詳，嘗以為憾。乃今得讀其季子楚賓觀察所輯《竹居先德錄》，於是喟然歎曰：張氏之所積厚矣。《莊子》不云乎：水之積也不厚，則其負大舟也無力。風之積也不厚，則其負大翼也無力。以張氏所積之厚，宜其篤生又堂先生為一代偉人也。 (40)《楚賓》此錄，善而有徵，余故樂為序之。且撮舉大略，著於篇，異日刻入《春在堂雜文》第六編，亦所以補又堂先生《神道碑》之未備也。
俞樾 《春在堂雜文》 六編補遺卷四		(41) 故湖南巡撫惲公神道碑 (42) 嗚呼！賞功罰罪者，朝廷之大權；是是非非者，天下之公論。世之盛也，功罪與是非合為一；及其衰也，功罪與是非分為二。惟我聖清，同民心而出治道。朝廷之賞罰無不合乎天下之公論，故是非定而功罪亦因之而定，吾於故湘撫惲公見之矣。公之歿也，距今三十三年，墓木拱矣。而神道尚未有碑，碑未有文，惟故協揆叔平翁公為作《墓表》一篇，表與碑體固有別矣。 (43)《故湖南巡撫惲公繼室戴夫人墓志銘》：往者，惲次山中丞之葬也。余撰次其事實，書於神道之碑。但舉其有關懲勸之大者，而不及瑣節，即其夫人之賢亦未之及焉。
俞樾 《春在堂雜文》 六編補遺卷五		(44) 都察院左副都御史薛公神道碑 (45) 故吏部左侍郎許公神道碑
俞樾 《群經平議》 卷一	清光緒春在堂全書本	(46) 竊謂鬼神，猶陰陽也。乾神坤鬼，必古有是說。故觀《彖傳》曰“聖人以神道設教”，蓋否九四，變而成觀。上體之乾，一陽又失，是有鬼道焉。鬼道不可以爲教，則聖人仍以神道設教。其義在六四曰：觀國之光，利用賓于王。虞氏說：《易》以坤爲國，乾爲王。夫觀，下有坤則有國，上無乾則無王也。而曰“利用賓于王”，此卽聖人之以神道設教也。
俞樾 《群經平議》 卷十三		(47)《說文・刀部》：劊，斷也。禬卽劊字，以神道言之，故不從刀而從示。猶禳卽攘字，以神道言之，故不從手而從示也。
俞樾 《春在堂詩編》 己壬編	清光緒二十五年刻春在堂全書本	(48) 縉雲城外有《宋丞相格庵趙公神道碑》，惜未訪其名。嶺上有狀无坊，為明狀兀詹駿建，其嶺即以狀元名。

續表

作者/文獻	版本	用　　例
俞樾 《春在堂詩編》 壬甲編	清光緒二十五年刻春在堂全書本	(49)《柳侯祠》：柳侯，名察躬，柳子厚之祖，柳集中《先侍御史神道表》所稱德清君者是也。有惠政，既歿，而邑人祠之。歲久祠廢，及宋而戴侯之神興，邑人即以柳祠故址為之祠，於是祀戴兼祀柳，後又附以葉，是為吾邑三總管神。每歲清明前，賽社甚盛，自城中至各村聚總管廟亦甚多，然與唐時初立柳祠之意則異矣。
俞樾 《春在堂詩編》 壬寅編		(50) 鳳棲原上草離離，想見佳城舊有基。不必宋祁重補傳（夫人不見於《唐書・郭子儀本傳》），已煩楊綰大書碑。（《夫人神道碑》，楊綰撰。）
俞樾 《春在堂詩編》 癸卯編		(51)《寄題日本金洞仙史三嶽莊用原韻》（仙史姓金并名之恭）：占盡名山秀，煙雲處處通。新居三嶽下（謂富士筑波日光三山也），舊夢卅年中。（日本明治初，曾倡義勤王。）留得豪情在，還將勝事窮。穹碑高百尺，焜燿海天東。（聞其工書為其國大久保公書《神道碑》，每字盈尺，尤為偉觀。） (52) 綾文纔寫尚書刺，（粵督德靜山尚書屬書"名刺"二字。唐人名刺有以綾為之者，故有"綾文刺"之名。見明張萱《疑耀》。）石墨還題宰相碑。（時為李文忠公書《神道碑額》。）只有八旬舊開府，憐余衰病勸余辭。（任筱沅中丞見過，謂余：凡人求書者可勿應。）
俞樾 《賓萌集》 賓萌集補篇六		(53) 今輪舶周流，無遠不屆。世無南仲，誰伐西伐？夫神道設教，古人不廢，是故宗布祭羿，兵祭蚩尤。況如酈山女者，生則雄長西垂，死則列名十亂。經史紀載，昭然著明。祀典及之，不爲淫祀。愚以爲宐創立酈山女祠，從俗稱驪山老母。憑藉威棱，鎮定西戎，或不無小補也。
俞樾 《諸子平議》 卷六		(54) 樾謹按：兩作字皆讀爲詛，古字通用。……此言有不樹藝者，必下詛之于地，上詛之于天，明其爲不服之民。蓋以神道設教之意，若依本字讀之，則不可通矣。
俞樾 《右台仙館筆記》 卷十一		(55) 夫破人婚姻已不可，況毀人以自成乎？甲死宜矣。至地下主者，各有疆域，簿書期會，一如人間。聖人以神道設教而天下服，其知此也夫。
俞樾 《右台仙館筆記》 卷十六		(56) 唐天寶中，初設德清縣，柳侯即來爲縣令。侯名察躬，乃柳子厚之祖，集中《先侍御史神道表》所稱德清君者是也。有惠政，既歿，而邑人祠之。歲久祠廢，及戴侯興，而邑人即以柳祠故址爲之祠，於是祀戴兼祀柳，後又附以葉，並詳縣志。

表二千零一

作者/文獻	版本	用　例
俞正燮《癸巳存稿》卷三	清連筠簃叢書本	(1) 庾信《步陸逞神道碑》云：本姓陸，吳郡人也。今爲河南洛陽人。周太祖賜姓步陸氏。
俞正燮《癸巳存稿》卷八		(2) 謹案：于謙被害，主之有人。謙被執後，薛瑄始入閣位，非首輔次輔而諸儒生私議，必以于謙事責之薛瑄，是謙罪名之定，必當於此求之。檢閻禹錫《薛先生行狀》、李賢《薛文清公神道碑》，均不涉于公事。
俞正燮《癸巳類稿》卷二		(3)《成公五年》云：趙嬰通于趙莊姬。原、屏放諸齊。嬰夢天使謂己：祭餘，餘福汝。……天使者，使讀去聲，世人汜言神道也。……皆習言不可知之神道爲天使，知天使連文則無譏于《左傳》趙嬰之事。
俞正燮《癸巳類稿》卷七		(4) 今曆城縣唐王道口元進義副尉張仁墓有李吉撰《神道碑》云：元帥察罕以拔都呼之，賜以銀盂，鐫字其上，曰"察罕那顔賜濟南張拔突去金帳子裹要飯吃休當"者。《輟耕錄》謂：漢人賜名者，惟史天澤、張宏范、張興祖。
俞正燮《癸巳類稿》卷十四		(5)《五代史·晉書·王建立傳》云：許肩輿入朝。富弼作《呂蒙正神道碑》云：歸洛將行，聽肩輿至殿門。
俞正燮《癸巳類稿》卷十五		(6) 仆射嚴續（一作"續"），位高寡學，爲時所鄙。以熙載負才名，請撰其父《神道碑》，欲苟稱譽取信于人。輦珍貨萬緡，仍綴一未勝衣歌鬟質冠時者爲濡毫之贈。文成，但叙譜系品秩薨葬褒贈而已。續嫌之，封還，冀增益。熙載盡舉所贈及歌姬還之。臨登車，寫一詩于泥金雙帶曰：風柳搖搖無定枝，陽臺雲雨夢中歸。他年蓬島音塵斷，留記尊前舊舞衣。

表二千零二

作者/文獻	版本	用　例
鴛湖漁叟《説唐全傳》第七回	清乾隆刊本	(1) 叔寶三人轉出廟門來，只見遠遠有三個人騎着馬，豁辣辣辣一路下來，到得廟前，各人下馬，隨後有人擡了酒席。史大奈上前叅拜了神道，轉身出來，脱了團花戦袍，把頭上扎巾按一按，身上却穿一件皂縐緊身護胸的小襖，脚下裹脚絞腿，登一雙多耳麻鞋，上了擂臺。
鴛湖漁叟《説唐全傳》第十一回		(2) 伯當道：我們且進去看看報什麼德的？那四人走進裡邊，乃小小三間殿宇，居中一座神龕，龕内座上有三尺高。神龕直儘天花板，有丈餘。裡邊站着一尊神道，却是立身。……齊國遠連這六個字多不認得，問道：伯當兄，這神道可是韋馱麽？

表二千零三

作者/文獻	版本	用　　例
袁棟 《書隱叢説》 卷五	清乾隆刻本	(1) 神道事之：或問曰：子言“精氣聚而成形”，又言“天地間莫非氣之流行”，人既得正氣而成形矣，鬼神何不可得精氣而成形乎？土偶何碍？應之曰：山川岳瀆，各有精氣。然此精氣者，變化不測之謂神。有形可象人也，非神也。若偏氣所聚，偶爾成形者，時聚亦時散，猶之草爲螢，麥化蛾，不足爲憑也。……自古至今，不聞於家廟中塑幾代土偶以事之，何者？以神道事之，不以人道事之故耳。神者，精氣流行之謂神，非面貌可象之謂神也。山川岳瀆之神，其亦無疑于木主之義矣。

表二千零四

作者/文獻	版本	用　　例
袁枚 《小倉山房集》 卷二	清乾隆刻增修本	(1)《哭德山公》：公姓金，諱鉷。巡撫廣西，入都爲司寇。被劾，挂冠。殁後，授河南布政使。枚弱冠受知，薦鴻博入都事，載《文集・神道碑》。都門秋色滿靈旗，易水風寒石獸危。海内正人朝野惜，平生知己古今悲。村荒軟碧餘烟柳，星折中台看尾箕。銅柱功名銀管筆，襄陽還有峴山碑。一紙黄麻照日開，千年白骨已蒿萊。朝廷不信陽城死，河北空傳冦準來。臣力盡時無别恨，君恩深處有餘哀。西山九曲峰前水，嗚咽墳頭日幾囘。萬里呈身一少年，公然表薦九重天。方欣賈誼登前席，遽作羊曇哭逝川。雪夜宫袍親手賜，桂林詩句向人傳。而今囘首都成夢，問字無由到九泉。 (2) 文華殿大學士太傅朱文端公神道碑 (3) 戶部尚書兩江總督高文良公神道碑 (4) 禮部尚書太子太傅楊公神道碑 (5) 刑部尚書富察公神道碑 (6) 光禄大夫禮部尚書王公神道碑 (7) 吏部侍郎魏公神道碑
袁枚 《小倉山房集》 卷三		(8) 文華殿大學士尹文端公神道碑 (9) 武英殿大學士忠勤伯太保黄公神道碑 (10) 文淵閣大學士史文靖公神道碑 (11) 廣西巡撫金公神道碑 (12) 湖北巡撫唐公神道碑 (13) 協辦大學士吏部尚書孫文定公神道碑 (14) 太子太師禮部尚書沈文慤公神道碑 (15) 江蘇巡撫雨峯徐公神道碑

續表

作者/文獻	版本	用　　例
袁枚《小倉山房集》卷三	清乾隆刻增修本	（16）太子少傅工部尚書裘文達公神道碑 （17）太子太保直隸總督方敏恪公神道碑 （18）刑部尚書加贈太傅錢文端公神道碑
袁枚《小倉山房集》卷二十五		（19）原任浙江巡撫盧公神道碑 （20）經筵講官兵部尚書彭公神道碑
袁枚《小倉山房集》卷三十一		（21）湖南巡撫陸公神道碑
袁枚《小倉山房集》卷三十二		（22）太子太保文淵閣大學士封一等公孫公神道碑
袁枚《小倉山房集》卷三十三		（23）惜予年衰善忘，不及筆記，而今又十年矣！諸公子丐余銘墓，不能如當年撰吾師《神道碑》之詳。嗚呼！余其負公也。 （24）論曰：傳記之體，有敘無斷。嘗謂蘇子瞻作《温公神道碑》以一誠字相貫串，是温公論，非温公碑也。然事迹少，不得不以議論行之。太史公敘屈原、伯夷，參入己意，方有波瀾回折。余書方君，亦此意也。
袁枚《小倉山房集》卷三十五		（25）惟是先生常向余言：康熙壬辰、癸巳間，雖在長安，名猶未彰，爲撰《太倉相國神道》一碑，而文名遂以大震。
袁枚《小倉山房集》外集卷六		（26）贈提督任勇烈公神道碑 （27）兵部左侍郎凌公神道碑 （28）東閣大學士蔣文恪公神道碑
袁枚《新齊諧》卷十四	清嘉慶間刻隨園三十種本	（29）張不復再閲，直捧此卷上堂，而兩主司已就寢矣，乃扣門求見，告以深夜神明提醒之故。大主考沈公近思閲其卷曰：此文甚佳，取中有餘，君何必神道設教耶？衆房考噤口不敢言。及榜發，見此卷已在榜中，各譁然，笑告張曰：我輩弄君。張正色曰：此非我爲君等所弄，乃君等爲鬼神所弄耳。衆亦折服。
袁枚《新齊諧》卷二十二		（30）祝望見大王，驚曰：剛裁上坐者，即此神也。又旁睨曰：諸位神道，都在殿上，何不救救我耶？言畢，食粥一碗，仍氣絶矣。

續表

作者/文獻	版本	用　　例
袁枚《隨園隨筆》卷一		(31) 雖爲天所授，然寡居而生子，爲衆所疑，不可申説。知后稷之神奇，必不可害，故特棄之，以著其神。堯知其然，而聽之。鄭箋則云：姜嫄祀郊禖時，見大神之迹而履之，足不能滿。履其拇指之處，心體歆歆然，如有神道感巳者也。
袁枚《隨園隨筆》卷五	清嘉慶十三年刻本	(32)《神道碑》多諱：程琳欲買張遜之宅，使張遜乳母入宫見太后，用御寶許售而後買之，卒以致敗。歐公碑中諱而不言，琳獻《武后臨朝圖》亦不載也。 (33) 韓文公之《烏氏廟碑銘》《袁氏先廟碑》，顔魯公之《家廟碑》，銘之於碑石，是皆所以納於廟者也，於墓誌無與。其存於墓者，埋諸壙中則有若葬銘、碑文、墓誌銘、墓文、墳記、壙記之屬，立諸神道則有若墓表、碑文、墓碣銘、神道碑、阡表之屬，其名兩不相假，未有墓誌而立石壙外者也。惟《南史・裴子野傳》載一事，此當時藩王破常例重疊爲之耳！ (34)《明制》：三品以上神道碣，四品以下墓表。黄黎洲謂：自有墓表，更無墓碣。知墓表亦方趺而圓首，是碣與表同制也。隋唐人之命碑、碣、表多稱其實，後世或有碑其碣而碣其表者。然考本朝律，處士不禁其用表，碑與碣，惟品官得立。與唐令不殊，則刊石固有定制，而名號亦不得僭亂。 (35)《墓志》詳書，則《神道碑》從簡。 (36)《追樹十八代祖碑亦有例》：唐虢州刺史王顔《追樹十八代祖晋司空太原王公神道碑》，《碑》稱晉司空王公名卓，其先出于周平王孫赤。其父泄，未立崩。赤當嗣，爲桓王所廢。 (37)《節度使在家食俸之例見于葛從周碑》：《碑》稱“昭義軍節度葛從周神道碑”。昭義者，潞州軍號也。唐末，潞州爲河東所有，不在朱梁管内。從周以疾致仕，遥授節度，食其俸于家，非眞節度也，宋世節鎮在家食俸之例殆始于此。
袁枚《隨園隨筆》卷十五		(38) 隨嫁復姓：祥符八年，進士朱説卽范文正公也。公隨吴夫人改嫁范氏，仍姓朱。登科後，復姓范氏，母封吴國夫人。《歐公神道碑》直書不諱。
袁枚《隨園隨筆》卷二十四		(39) 陳子昂誌父墓，柳子厚表父神道，于高祖之上一世皆稱五代祖，則離身數之也。
袁枚《隨園隨筆》卷二十五		(40) 王伯厚《困學紀聞》，悮陸希聲爲陸質，不知一侍順宗，一相昭宗。悮盤谷李愿爲西平王之子，不知西平王之子愿非隱者。爲校檢司空、河中節度，見裴晉公所撰《神道碑》。

表二千零五

<table>
<tr><th>作者/文獻</th><th>版本</th><th>用　　例</th></tr>
<tr><td>袁翼
《邃懷堂全集》
詩集前編
卷六</td><td rowspan="6">清光緒十四年袁鎮嵩刻本</td><td>(1) 銘功告天子，頌揚清廟謨。鬚眉自顧盼，合上麒麟圖。長揖歸故鄉，一舸浮五湖。步出北郭門，春鳥向晴呼。古塚何崔巍，殘碑字裂縫。神道犁爲田，宰木鋸爲棟。牧童跨石馬，荊蔓抱翁仲。緬彼泉下人，千秋如長夢。</td></tr>
<tr><td>袁翼
《邃懷堂全集》
駢文箋註
卷二</td><td>(2)《馮留仙神道碑》：復社者，東南諸生所刻私試經義之名也。主自二張，一時士子多慕之者。</td></tr>
<tr><td>袁翼
《邃懷堂全集》
駢文箋註
卷四</td><td>(3) 李穆堂（全祖望《閣學臨川李公神道碑銘》：公諱紱，字巨來，學者稱為穆堂先生。其居臨川僅二世。公以己丑進士，入詞館，授編修，即受聖祖不次之擢，超五階為庶子。主試滇中浙中，凡再遷而至閣學。）
(4) 臨川歛歷中外。（案：全祖望《閣學臨川李公神道碑銘》：公以辛丑校士之役，被論罷官。世宗在潛藩，雅知公。既嗣位，召還，盡復其官。……又左遷光祿，尋遷閣學。）
(5) 紫籐花（全祖望《閣學臨川李公神道碑銘》：公于雍正癸丑之冬，見予文而許之，遂招予同居，時萬學士孺廬亦寓焉。紫籐軒下，無日不奉明訓。）
(6) 新城（王掞《刑部尚書王公神道碑銘》：公諱士禛，字子貞，一字貽上，號阮亭，別號漁洋山人。先世青州者，城以始祖瑯琊公遷濟南新城，遂隸籍焉。）</td></tr>
<tr><td>袁翼
《邃懷堂全集》
駢文箋註
卷十三</td><td>(7) 蓋聞未出之雲，必非是雲；再燃之火，豈即前火？精氣化爲遊魂，神道始談因果。是以隱侯舌斷，叩首而謝齊和；輔氏師還，結草以報魏顆。</td></tr>
<tr><td>袁翼
《邃懷堂全集》
駢文箋註
卷十六</td><td>(8) 顧亭林（《國史儒林傳》：顧炎午，字甯人，初名絳，崑山人。撰《金石文字記》《考古錄》，與經史相證，歐、趙、洪、王不及其精。全祖望《亭林先生神道碑》：亦或自署曰蔣山傭，學者稱爲亭林先生。）</td></tr>
<tr><td>袁翼
《邃懷堂全集》
駢文補箋</td><td>(9) 鎬池（《水經注》引樂資《春秋後傳》云：使者鄭容入柏谷關，至平舒置，見華山有素車白馬者，問鄭容安之？答曰：之咸陽。……鄭容如睡，覺而見宮闕，若王者之居焉。謁者出，受書，入，又有頃，聞語聲言：祖龍死。神道茫昧，理難辨測，故無以精其幽致矣。）</td></tr>
</table>

表二千零六

作者/文獻	版本	用　　例
允禮 《自得園文鈔》	清刻本	(1)《户部公建和碩怡賢親王祠堂碑記》：惟皇帝嗣大歷服擢任英哲，以亮天工稽古之道。揆時之宜首以和碩怡親王總理户部事，蓋王忠孝性成，才德越衆，久注聖心，故涖政之初，即寄以股肱心腹。……王之才德葢川嶽所挺生，祖宗默佑，俾作輔於盛代者。而聖上扵王，一無所試之日灼見，其任重經遠之材，知人之哲，葢前古所罕見也。抑王天性慎密，勞而不伐。而聖主扵王身後親製《神道碑》褒嘉痛惜，兼頒諭旨，俾王平生忠績昭揭扵天壤。將與詩書所稱帝臣王佐同光竹帛。竊謂聖心如天，曲成萬物，而不自有其功，又前古所罕見也。故因立祠碑，特闡斯義，使凡為臣子者皆知所以自朂勵焉。

表二千零七

作者/文獻	版本	用　　例
允祹 《大清會典》 卷四十二	清文淵閣四庫全書本	(1) 凡公主、皇子、福晉謁陵之禮，是日啓陵寢門。公主、福晉至下輿處下輿，本陵女官二人導引，由神道西進隆恩門右門，至陵寢門外，虛中位，於右旁行六肅三跪三叩禮。
允祹 《大清會典》 卷六十三		(2) 西安城守下馬關、神道嶺、商州、紅德、平涼、蘆塘、鳳翔、關山、盩厔、富平、金鎖關、長武、邠州、西安州、蘆溝、八營。
允祹 《大清會典》 卷七十六		(3) 凡山陵規制，甃石為地宮，築以黃土，環以寶城，前起方城，覆以崇樓，上題陵名。內碑一，鐫廟號。方城階下，設祭臺，上陳石香鑪一，燭臺、花缾各二。祭臺前二石柱，一門朱櫺。又前琉璃花門三，為陵寢門。前為隆恩殿，重檐五間。殿中設暖閣寢室，如太廟制。東西廡各五間，左右燎鑪各一。前為隆恩門，五間三門，繚以朱垣。門外東西廂各五間，守護官軍班房東西各三間。前為《神道碑》，備鐫尊謚廟號，覆以亭，皆繪五采飾金。亭前石橋三，橋左右下馬石牌各一。宰牲亭、神厨、神庫、井亭，皆繪采。橋南神路正中龍鳳門，門外兩旁班房各三間。文臣、武士及麒麟、獅、象、馬、駝等石像，左右序列。前為望柱二，又前石橋一。橋前聖德神功碑，覆以崇樓。擎天柱前後各二，神路前為大紅門。……周垣之外，杜紅柱以為界，限禁樵採耕種。

表二千零八

作者/文獻	版本	用　例
惲敬 《大雲山房文稿》 初集卷四	四部叢刊景清同治本	（1）兵部侍郎銜署直隸總督裘公神道碑銘 （2）前四川提督董公神道碑銘 （3）廣西按察使朱公神道碑銘 （4）太子少師體仁閣大學士戴公神道碑銘 （5）是年十二月甲子，公之喪。至南昌，越一年十一月甲申，公之子嘉端遵行諭葬禮，葬公于南昌岡前嶺之兆。立祭葬碑如令式，而神道之左禮宜銘。
惲敬 《大雲山房文稿》 二集卷二		（6）戴文端公於中堂，淵源最近，道義最深，其忠愛勤勞亦有深隱，不可驟識。如中堂者，敬文稿，上書一首，《神道碑文》一首。庶幾得其大凡，不可不呈之中堂。古者，語必以類，故詳敘敬之。所以測於中堂者，以先之惟畱意焉。正月十八日，惲敬謹上。 （7）東坡《司馬公神道碑》：虛在前，實在後。所以如此者，由一切事業不足以盡，文正故竭力推闡在前，後列數大事止。……此文正人之大，東坡手筆之大也。
惲敬 《大雲山房文稿》 二集卷四		（8）贈光祿大夫陳公神道碑銘 （9）今皇帝嘉慶四年，高宗升祔禮成，覃恩海內。……陳公加贈光祿大夫、工部右侍郎，禮得刻銘於神道。 （10）昔漢世碑陰，止書立碑姓名，而柳子厚爲《侍御史府君神道》并記先友。
惲敬 《大雲山房文稿》 言事卷一		（11）《與裘春州》：前曾與蓮士先生商《恭勤墓志》，其意以未竟用爲綱領。玆已擬就，錄呈大裁，敬卽日錄寄京師矣。于文襄所作《文達公墓志》乃墓表體，袁子才所作《文達公神道碑》又襍墓志體，其間書法不合處甚多。鄙作雖弁鄙，不足以揄揚恭勤，然不敢妄下一語也。
惲敬 《大雲山房文稿》 言事卷二		（12）《與李愛堂》：夏間春明，得遇暢寫生平，幸甚幸甚！……今先生身後得操筆墨，以論次功德，何樂如之？惟是墓表之法，止表數大事，視神道碑、廟碑體不同，視墓志銘體亦不同。墓志銘可言情，言小事，表斷不可。神道碑、廟碑，凡崇宏寬博之言，皆可揄揚。墓表必發明實事，故墓表之善最難。

表二千零九

作者/文獻	版本	用　例
臧庸 《拜經堂文集》 卷三	民國十九年宗氏石印本	(1)《荅秦小峴少司寇書》(庚午季冬)：庸再拜司冦，閣下惠書，詞㫖甚美，教奨甚至，感感久擬，申所欲言。因考唐韓文公，昌黎人，葬河陽。徧撿北魏《新舊唐書》《世表》《地志》《列傳》，及李翺、皇甫湜所撰公之《行狀》《誌銘》《神道碑》，并公之《遺文》，粗具其稿，因是遲遲。先聞閣下已請告色喜，一則遂閣下之素志，二則庸可奉教於左右趨候。知為閽人所誤，王石渠觀察之待庸也。 (2) 即使公稱郡望，固不當舍安定而舉昌黎矣。公撰《司徒兼侍中中書令贈太尉許國公神道碑銘》曰：韓，姬姓，以國氏。其先有自潁川徙陽夏者，其地於今為陳之太康。太康之韓，其稱葢久，然自公始大云云。
臧庸 《拜經日記》 卷八	清嘉慶二十四年武進臧氏拜經堂刻本	(3) 聖人以神道設教，而天下服矣。(惠删“以”云：今本聖人下有“以”字。案：虞翻注云“以神明其德教”，則本有“以”字。)

表二千零一十

作者/文獻	版本	用　例
曾國藩 《曾文正公書札》 卷一	清光緒二年傳忠書局刻增修本	(1)《答歐陽小岑》：屢省賜書，恧然未報。言念往昔箴規深至之論，疾痛拯護之德，極不忘也。大君幽銘，六年之諾，愆不以償，雖至不肖，不至竟爾。蓋自乙巳以來，躬抱奇疴，心血積損，不復堪事，顏面支體，斑然無狀，官牽私繫，遂成廢物。夙諾如山，一不得遂。至於祖父母神道之碑，尊府及郭氏兩家幽室之銘，皆不以時將事，則其他負疚之多，概可知矣。
曾國藩 《曾文正公書札》 卷五		(2) 潤公言：三河之失，非關我軍無馬，事或良然。然捻匪馬多，倘挾全力來撲我湘軍步隊，終恐其為賊所眩也。承囑為潤帥所作祭文，稍加參訂。潤帥前緘，亦以見囑。日内因蕭、張南北兩軍俱不得手，心緒不佳，尚未能靜心核校，容當如命參酌。又擬作《迪公墓表》《溫甫墓志》，尚未動手；《江忠烈神道碑》《羅忠節墓志》，久負夙諾，均須於春夏間償之。 (3) 自去冬至今，曾作文七八篇，罕稱意者。《羅忠節墓銘》，久思一答尊囑，因意興少佳，亦姑置之。即先祖先考妣《神道碑》，尚未能敬謹從事，

續表

作者/文獻	版本	用　　例
曾國藩《曾文正公書札》卷五	清光緒二年傳忠書局刻增修本	終夜疚心。因念文章之事，究以精力盛時易於進功。足下年力方强，志趣拔俗，宜趁此時，併日而學，絕塵而奔，雖未必遽躋作者，而看、讀、寫、作四者兼營并進，亦自有一番之功效。
曾國藩《曾文正公書札》卷二十七		(4)《與張廉卿》：前本擬邀閣下來金陵一晤，今既有山東之行，則此後相見之期，殊未可知。國藩今年衰態曰增，學業就荒，計亦不復能再作文字。正月，曾作《江忠烈神道碑》，足下視之，不甚退否？後生為古文者，遵義黎庶昌，桐城吳汝綸，可望有成也。
曾國藩《求闕齋日記類鈔》卷下	清光緒二年傳忠書局刻本	(5) 柳賓叔，名興恩，丹徒壬辰舉人。七十六歲，精於穀梁之學。曾在阮文達家課讀十餘年，學術頗有家法也。(戊辰十月) 單地山於席間，盛稱余所作《江忠烈神道碑》，背誦如流，老輩好善，不可及也。(己巳正月) 馮樹堂來，久談三十年前老友自祁門一别，至是忽十餘年矣。暢敘一切，渠絕無老態，在山中於調養也。(辛未三月)
曾國藩《曾文正公詩文集》卷二	四部叢刊景清同治本	(6)《討粵匪檄》：爲傳檄事：逆賊洪秀全楊秀清稱亂以來，於今五年矣。荼毒生靈數百餘萬，蹂躪州縣五千餘里，所過之境，船隻無論大小，人民無論貧富，一概搶掠罄盡，寸草不留。……自古生有功德，沒則爲神，王道治明，神道治幽，雖亂臣賊子窮凶極醜亦往往敬畏神祇。李自成至曲阜不犯聖廟，張獻忠至梓潼亦祭文昌。粵匪焚郴州之學宫，毀宣聖之木主，十哲兩廡，狼藉滿地。嗣是所過郡縣，先燬廟宇，卽忠臣義士如關帝岳王之凜凜，亦皆污其宫室，殘其身首。以至佛寺、道院、城隍、社壇，無廟不焚，無像不滅。斯又鬼神所共憤怒，欲一雪此憾於冥冥之中者也。 (7) 湖北按察使趙君神道碑 (8) 江忠烈公神道碑 (9) 羅忠節公神道碑銘 (10) 李忠武公神道碑銘 (11) 李勇毅公神道碑銘
曾國藩《求闕齋讀書録》卷八集三	清光緒二年傳忠書局刻本	(12)《題炭谷湫祠堂》：吁無吹毛刃，血此牛蹄殷。國藩按：退之剛正傲岸，不信神道。 (13)《路公神道碑銘》：割餘雩都，作縣安遠。割雩都縣之餘地，析置安遠縣。陶甓而城，罷人屢築。土城易崩，故屢築甓城，一勞永逸也。 (14)《唐故河東節度觀察使滎陽鄭公神道碑文》：削四鄰之交賄，省姱嫮之大燕。 (15)《中散大夫少府監胡良公墓神道碑》：使人自京師南走八千里，至閩南

續表

作者/文獻	版本	用　　例
曾國藩《求闕齋讀書録》卷八集三	清光緒二年傳忠書局刻本	兩越之界上，請爲公銘，刻之墓碑，於潮州刺史韓愈，曰：三十四字爲句，岸然自喜。 （16）《江南西道觀察使中大夫洪州刺史兼御史中丞上柱國賜紫金魚袋贈左散騎常侍太原王公神道碑銘》：軍息之不已，掌吏壞産猶不釋，囚之。 （17）《司徒兼侍中中書令贈太尉許國公神道碑》：桐城姚郎中云：觀宏本傳及《李光顔傳》，載宏以女子閒撓光顔事，與誌正相反，退之“諛墓”亦已甚矣。而文則雄偉，首尾無一字懈，精神奕然。 （18）《江南西道觀察使贈左散騎常侍太原王公墓誌銘》：以江南西道觀察使特敘一段於中以爲主峯，餘則敘官階於前，敘政績於後。章法變化：爲王公作《神道碑》，又作《墓誌銘》，二文無一字同。觀此，知敘事之文狡獪變化，無所不可。《神道碑》於敘官階，逐段敘其政績。此篇首先將官階敘畢，然後申敘居某官爲某事。徵命拜中書舍人：拜中書舍人與除江西南道觀察使事蹟，卽敘於官階之下，與《神道碑》同一位置，有變有不變也。……“錢餘於庫，米餘於廩”二句，同《神道碑》。
曾國藩《十八家詩鈔》卷一	清曾文正公全集本	（19）《丹鉛餘錄》云：漢武帝崩後，忽見形，謂陵令薛平曰：我雖失勢，猶爲汝君。奈何令吏卒上吾陵磨劍乎？因不見。推陵旁，果有方石可以爲礪，吏卒嘗盜磨刀劍。霍光欲斬之，張安世曰：神道茫昧，不宜爲法。故阮公《詠懷詩》曰：失勢在須臾，帶劍上吾丘。
曾國藩《十八家詩鈔》卷三		（20）《白雲》：探靈喜解骨，測化善騰天。情高不戀俗，厭世樂尋仙。煉金宿明館，屑玉止瑤淵。風歌出林闕，龍駕戾蓬山。淩岩采三露，攀鴻戲五煙。昭昭景臨霞，湯湯風媚泉。命娥雙月際，要媛兩星間。飛虹眺卷河，泛霧弄輕弦。笛聲謝廣賓，神道不復傳。一逐白雲去，千齡猶未旋。（此亦輕舉遠遊之意。）
曾國藩《十八家詩鈔》卷八		（21）顔魯公《神道碑》：乾元二年冬十月甲申，賊將周摯悉河北之衆，萃於河陽城北，思明以河南之衆，頓於河陽南城之南。南北夾攻，表裏受敵。公設奇分鋭，襲其虛而大破贇軍，臨陣擒其大將徐璜玉，贇僅以身免，思明心悸氣索，煙火不舉者三日，官軍大振。 （22）初，光弼御軍嚴肅，天下服其威名。及懼朝恩之害，不敢入朝，田神功等諸軍皆不受其制，因此不得志，愧恥成疾，薨於徐州。《神道碑》：遂趣徐州。因召田神功，與同寢宿，以宋州之難告。祖道郊外，俾先飲以寵之。分麾隸於其將喬岫，仍令兵馬使郝庭玉與岫犄角而擊之，賊遂一戰而走。 （23）《神道碑》：窆公于富平縣先塋之東。銘曰：渭水川上，檀山路旁。檀山，在縣西北四十里。漢武帝墓，在槐里之茂陵。衛青、霍去病，去茂陵不

續表

<table>
<tr><th>作者/文獻</th><th>版本</th><th>用　　例</th></tr>
<tr><td>曾國藩
《十八家詩鈔》
卷八</td><td rowspan="4">清曾文正公全集本</td><td>三里。光弼葬在馮翊，猶衛霍之接近槐里，故曰“惻愴槐里接”。
(24)《奉送魏六丈佑少府之交廣》：賢豪贊經綸，功成空名垂。子孫不振耀（一云“子孫沒不振”），歷代皆有之。鄭公四葉孫，長大常苦饑。……尚爲諸侯客，獨屈州縣卑。南遊炎海甸，浩蕩從此辭。窮途仗神道，世亂輕土宜。解帆歲雲暮，可與春風歸。出入朱門家，華屋刻蛟螭。玉食亞王者，樂張遊子悲。……錯揮鐵如意，莫避珊瑚枝。始兼（一作“無”）逸邁興，終慎賓主儀。戎馬暗天宇，嗚呼生別離。
(25) 權德輿《南兗郡王伊慎神道碑》：大曆中，嶺南裨將哥舒晃作亂。晃謀主蘇渙屯據要害，詔公討之。明年十月，斬晃渙泔溪，揭其首以殉。</td></tr>
<tr><td>曾國藩
《十八家詩鈔》
卷九</td><td>(26)《題炭穀湫祠堂》：萬生都陽明，幽暗鬼所寰。嗟龍獨何智，出入人鬼間。不知誰爲助，若執造化關。厭處平地水，巢居插天山。列峰若攢指，石盂仰環環。巨靈高其捧，保此一掬慳。……我來日正中，悚惕思先還。寄立尺寸地，敢言來途艱。籲無吹毛刃，血此牛蹄殷。（退之剛正傲岸，不信神道。）……石級皆險滑，顛躋莫牽攀。龍區雛眾碎，付與宿已頒。棄去可奈何，吾其死茅菅。</td></tr>
<tr><td>曾國藩
《十八家詩鈔》
卷十二</td><td>(27)《豐陵行》：羽衛煌煌一百里，曉出都門葬天子。群臣雜遝馳後先，宮官穰穰來不已。是時新秋七月初，金神按節炎氣除。清風飄飄輕雨灑，偃蹇旂旆卷以舒。逾梁下阪笳鼓咽，嵽嵲遂走玄宮閭。哭聲訇天百鳥噪，幽坎晝閉空靈輿。皇帝孝心深且遠，資送禮備無贏餘。設官置衛鎖嬪妓，供養朝夕象平居。臣聞神道尚清淨，三代舊制存諸書。墓藏廟祭不可亂，欲言非職知何如。
(28)《青石一激忠烈也》：青石出自藍田山，兼車運載來長安。工人磨琢欲何用，石不能言我代言。不願作人家墓前神道碣，墳土未乾名已滅。不願作官家道旁德政碑，不鐫實錄鐫虛辭。願爲段氏顏氏碑，雕鏤太尉與太師。刻此兩片堅貞質，狀彼二人忠烈姿。義心如石屹不轉，死節如石確不移。如觀奮擊朱泚日，似見叱呵希烈時。各於其上題名謚，一置高山一沉水。陵穀雖遷碑獨存，骨化爲塵名不死。長使不忠不烈臣，觀碑改節慕爲人。慕爲人，勸事君。
(29) 鄭潛曜：潛曜有孝行，廣文博士鄭虔之侄也。公嘗作公主母皇甫淑妃《神道碑》云：甫忝鄭莊之賓客，遊竇主之園林。</td></tr>
<tr><td>曾國藩
《十八家詩鈔》
卷二十五</td><td>(30)《感事》：富貴何曾潤髑髏，直須淅米向矛頭。血讎此日逢三怨，風鑒生平備九流。瓢飲不甘顏巷樂，市鉗真有楚人憂。世間安得如川酒，力士鐺頭醉死休。（遺山嘗爲耶律文正家作《神道碑》，凡二千餘言。燕中人士謂遺山不應當筆，百謗百罵作此詩，蓋解之也。）</td></tr>
</table>

表二千零一十一

<table>
<tr><th>作者/文獻</th><th>版本</th><th>用　例</th></tr>
<tr><td>曾國荃
《曾忠襄公文集批牘書札》
卷三</td><td>清光緒二十九年曾忠襄公全集本</td><td>(1) 新營中竟有一對死勇夫七人者，言之寒心，思之驚悸，其謂之何哉？從前同來之餘丁隨勇本多，今則概補入伍矣，補後又不知病若干也。所幸秋涼時，湘中子弟來此者多，衹要有餉，更換病假，不患無人充額數耳。日前建醮祈神，而病者不加少。今日乃大仿古儺禮以賽神，鐘鼓震天，塵埃滿地，體聖人神道設教之意。鼓舞衆心，驅除疫癘之氣，但不知果有效驗否也。</td></tr>
<tr><td>曾國荃
《（光緒）湖南通志》
卷三十六</td><td rowspan="2">清光緒十一年刻本</td><td>(2) 阮元撰《神道碑》：公諱淩漢，字雲門，亦字仙槎。先世青州益都，宋南渡至道州，爲東門何氏十二世泰來。
(3) 紹基等奉柩歸葬於谷山下九子嶺之陽，將至揚州，先以狀來乞元爲《神道碑》。元荒耄家居，因與公雅故。又紹基爲余教習庶吉士之翰林，在京嘗以學術相善。
(4) 張金鏞撰《神道碑》：太子太保欽差大臣、前兩江總督、湘陰李公之卒於軍也。遺疏言：賊不能平，不忠；養不能終，不孝。殮用常服，以章臣咎。上覽而悲之。
(5) 李鴻章撰《神道碑》：聖清受命二百載，有相曰曾公。始以儒業事宣宗皇帝，入翰林，七遷而為禮部侍郎。文宗御極，正色直諫，多大臣之言。……及此年，放兵東出，攻長沙，不克，遂渡洞庭，陷武昌，循江而下，所過摧靡。
(6) 楊士奇撰《神道碑》（略）：公姓夏氏，諱原吉，字維喆，始家饒之德興。……考時敏，為湘陰縣學教諭，遂家湘陰。
(7) 張起巖撰《神道碑》（略）：公諱龍生，字成叔。歐陽氏其先冀之渤海人，從晉南渡徙長沙，率更令詢以文學顯名隋唐。四世孫琮，爲吉州刺史，因家廬陵。琮八世孫萬，為安福令，故又有居安福者。</td></tr>
<tr><td>曾國荃
《（光緒）湖南通志》
卷三十七</td><td>(8) 魏源撰《神道碑》：上之是非不明，則其公在下；下之是非不明，則其公在上。公在下，則是非與黜陟出於二；公在上，則匪直出於一。且以黜陟正是非，尤足昭撫萬物，平概羣品。國家承明之弊，決塞去壅。而今上六七載，各直省若涇縣之獄、渭南之獄、太原之獄、德清之獄，匹夫匹婦猶有不獲其情者，輒煩朝廷重臣親跋涉萬里，或內付廷尉而後平反之。
(9) 朱子撰《神道碑》（略）：淳熙七年春二月甲申，祕閣修撰、荆湖北路安撫、廣漢張公，卒於江陵府舍。其弟衡州使君杓護其柩歸葬於潭州衡陽縣楓林鄉龍塘之原。</td></tr>
</table>

續表

作者/文獻	版本	用　　例
曾國荃 《（光緒） 湖南通志》 卷三十七	清光緒十一年刻本	(10) 公之州里世系，已見於忠獻公之碑，此不著。……嗚呼！敬夫已矣，吾尚忍銘吾友也哉！銘曰：闞尹之忠，文子之清，匪欲之徇，而仁弗稱。孰的孰張，以詔後學，公乘厥幾，如（闕）斯覺。自（闕）厥後，動罔弗欲，孝承考志，忠格天心。惟孝惟忠，唯一其義，唯命有嚴，豈曰為利。羣邪肆誕，公避而歸，兩鎮餘功，以德為威。帝曰：懷哉！汝忠而實，姑訖外庸，來輔來拂。上天甚神，曷監而遺，彼頑弗天，此哲而萎。往昔茫茫，來今不盡，求仁得仁，公則奚恨。……其撰拭《神道碑》云：葬潭州衡陽縣楓林鄉。 (11) 郭嵩燾撰《神道碑》：故太子太保、湖北巡撫，謚文忠。胡公，諱林翼，字貺生，一字潤芝，湖南益陽人。自少以文學起家侍從，為國家討賊立功，任節鉞。公忠果毅，始終一節。言者謂：數十年來封疆大臣，治、行、才、望，莫獲逮公。 (12) 何紹基撰《神道碑銘》：范蔚宗始立《獨行傳》，補馬班之墜例。以後諸史祖襲其意，更有孝義、隱逸諸傳。凡以闡繹幽，光敦扶教，本較循吏，《文苑》尤爲重。且先顧家乘間史，浮詞溢譽，秉筆者欲藉以信今傳後，往往恧焉。 (13) 曾國藩撰《神道碑》：公諱澤南，字仲嶽，號羅山，湘鄉羅氏。咸豐四五年閒，公以諸生提兵破賊，屢建人（闕），朝野歎仰，以為名將，而不知其平生志事，裕於學者久矣。 (14) 曾國藩撰《神道碑》：公諱續賓，字迪菴，湘鄉李氏。湘軍之興，威震海內。創之者羅忠節公澤南，大之者公也。 (15) 曾國藩撰《神道碑》：公諱續宜，字克讓，號希庵。……余既銘忠武公之墓，茲不復具其家世。公少好深湛之思，强探力索，洞徹幽微，師事羅忠節公澤南，常以躬行不逮為恥。咸豐三年，羅公募勇援救江西，公遂參軍事，以功累晉知縣同知，賞戴花翎，而名顧不顯。 (16) 魏源撰《神道碑》：維道光十有九年夏六月二日，太子少保、兩江總督陶公薨於位。天子震悼，詔以公任事勇敢，不避嫌怨，堪式百辟。加太子太保，入祀賢良祠。
曾國荃 《（光緒） 湖南通志》 卷三十八		(17) 吴節撰《神道碑》：公諱璽，字朝用，湖廣衡州耒陽興業人。自唐迄元，世承簪組。其祖諱政，任山東掖縣主簿。父諱軏，早喪。公勤於學，夜以繼日。年二十有四，與節同舉林震榜進士第，初授監察御史。總署章奏，揮翰如流，辨雪寃獄，剛明諫君，羣僚敬服。

續表

作者/文獻	版本	用　　例
曾國荃《（光緒）湖南通志》卷三十九	清光緒十一年刻本	(18) 曾國藩撰《神道碑》：公諱忠源，號岷樵，新甯江氏。……與曾國藩、陳源兗、郭嵩燾、馮卓懷數輩友善，嘗從容語國藩：新寧有青蓮教匪，亂端兆矣！既歸二年，而復至京。余戲詰公：青蓮會匪竟如何？何久無驗也？公具道家居時，陰戒所親，無得染彼教。團結丁壯，密繕兵仗，事發有以禦之。逮再歸，而果有雷再浩之變。……余既揭其用兵始末，乃并述他行義，聲之銘詩，用告異世治國聞者。銘曰：儒文俠武，道不并張。命世英哲，乃兼厥長。惟公之興，頹俗實匡。明明如月，肝膽芬芳。……死者半之，白骨嵩邱。人懷忠憤，如報私仇。千磨百折，有進無休。終殪元惡，盡復名城。天河蕩穢，海宇再清。公創其始，不觀其成。九原可作，慰以茲銘。 (19) 林俊撰《神道碑》：國家仁育區內，元氣毓和，名人閒出，以茂資鴻猷弼成。宏治之治，若東山公，殆非偶然者。公諱大夏，字時雍。……神道之文，祖修之請，抑公之欲也。公清約如知白，先憂如希文。公望如彥國，能處大事如子明。忠結主知，望實孚於中外。問安否於裔夷，其仕其止，其世可知也。銘曰：粵古在昔，嶽降星精。邃猷方格，坐廟以行。黃髮詢茲，底裹孚契。如水如魚，於斯允儂。良臣為聖，商實爲賢。於是獻替，一日三宣。風時海馴，遺弓期泣。悠悠蒼天，斯日何日。衆陵昂昂，岳俯一方。公化在東，公神在旁。 (20) 湛若水撰《神道碑銘》：兵部左侍郎陳公洪謨，先以剮都御史，考三載續得荷蒙温旨，贈其父為兵部右侍郎、階通議大夫。初，陳公官刑部郎，贈其父為刑部主事、階承德郎。長沙李文正公，亦既銘其墓矣。乃今加贈，制得樹碑神道，復來徵銘。
曾國荃《（光緒）湖南通志》卷四十		(21) 祭祀：苗人畏鬼信巫，人病則曰“有鬼”；延巫祈禱，釀酒割牲，約親鄰飲福，名曰“做鬼”。既祭不愈，則委之於命。祭後插標於門，不許人入其家。若不知而入，謂驚其鬼，必勒入者償所費之數，復祭如前而後已。是當因其畏而治之，威以地獄變相，亦神道設教之一法也。其崇奉尊信之神曰“白帝天王”，卽竹王也。
曾國荃《（光緒）湖南通志》卷七十二		(22)《火神之禮》：城門神位，《通攷》無明文。《壇廟祀典》載以黃紙爲之書某府州縣衛城門之神位，報祭則焚之。黃爲土色，有相勝之義，於神道爲協。三日之內禁屠齋戒，各衙門照常辦事，不理刑名，不宴會，出入不聲礮，不鼓吹，不鳴金，不張葢，官員相見，緯帽常服。如三日仍雨不止，則伐鼓用牲致祭社壇，朝服行禮，另用祝文；祭品、儀節照春秋祭禮，不飲福受胙。

續表

作者/文獻	版本	用　　例
曾國荃《（光緒）湖南通志》卷七十二		祈禱之後晴霽，開居，擇日行報祭禮，另用祝文，儀節照前，惟社壇飲福受胙禁祭。 （23）《春秋祝义》（咸豐六年部頒）：惟神道闡苞符性敦，孝友並行並育。德侔天地以同流，乃聖乃神；教炳日星而大顯，仰鑒觀之，有赫示明德之惟馨。茲當仲（春秋），用昭時饗，惟祈歆格克鑒精虔。尙饗。
曾國荃《（光緒）湖南通志》卷七十三		（24）惟神道翊離宮，位隆楚望，著祕文於玉牒，蘊精氣於珠塵。風穴雷池，功用能參造化；露臺月館，古今備紀嘉祥。虞書次東后之巡，秩隆五月；周雅頌南山之壽，祉協九如。茲以慈壽延洪，愉臚中外，徽音晉奉，慶洽神人。靈川近挹瀟湘，擅名區於丹水；列宿上聯軫翼，綏福地於青壇。跂蓉峰而晚眖宏昭，申椒醑而虔誠冀展。神其鑒格，妥此精禋。（道光十六年）
曾國荃《（光緒）湖南通志》卷七十四	清光緒十一年刻本	（25）王之子孫多賢，文武才器代有聞，人天之報亦昭昭矣。王家世北庭，阿里海牙，其小字也。及貴，以小字行。其世系之詳，見《故翰林學士承旨姚文公燧神道碑銘》。元既述功德之大者，以遺後人。復作《迎送神詞》曰：出帥囚方，訓以不殺。惟江陵王，受命徂征。卷甲西南，荊州底平。揚旗洞庭，和風鳴條。……王來風雨，王去日星。焄蒿昭明，曾孫以甯。廟貌宏敞，曾孫眾多。挽留莫從，屢舞以歌。有朱期扉，有雕斯俎。工歌渢渢，福祿來祜。載奉雕俎，載闔朱扉。萬有千祀，王無我遺。 （26）會衡山劉侍御巘桉蜀。過甯，見而悅之，旣之蜀，以書抵予，謂予魏公鄉後學也，屬爲文，刻於神道之右；且檄下廣漢，訪其後人。予惟賢人君子之用於天下，不患無才而患學術之不足，不患無學而患所學之不正。嘗觀魏公之所以告其君矣。曰：人主之學，以心爲主，一心合天，何事不濟。又曰：所謂天下之公，理而已。必兢業自持，使清明在躬，則賞罰舉措，無有不當，人心自歸，仇敵自服。
曾國荃《（光緒）湖南通志》卷七十六		（27）顧其所謂問者，將問之天乎？天不言也。問之山乎？山無語也。問之民乎？民不知而徒工怨咨也。將於何問之？夫亦曰：有司之者而已。司之者誰？昔先王之治天下也。先成民，而後致力於神。又曰：先王以神道設教。夫所謂致力設教者，豈求之不可知之域，索之無何有之鄉也哉？ （28）吾知仙仗佛幢，必有樂駐於斯者。其造霸晉，官民豈有既哉？則謂先王成民而致力於神，與以神道設教之旨胥於是乎在焉，亦無不可也。
曾國荃《（光緒）湖南通志》卷九十三		（29）崔瓘，博陵人。官澧州刺史，有清靜簡易之化。大歷中，遷湖南觀察使。用愷悌修政，爲世吏師，優詔賜爵。推理行第一，時將吏習寬弛，不奉法，瓘稍以禮法繩裁之。爲岳馬使臧玠所殺，湖南將王國良因之而反。（《唐書本傳》，權德輿撰《神道碑》。）

續表

作者/文獻	版本	用　　例
曾國荃《（光緒）湖南通志》卷九十三	清光緒十一年刻本	（30）陳世卿，南劍州人。荆湖北路轉運使。澧州諸蠻奪澧旁地耕守，數縱兵入盜，積十餘歲莫能卻。世卿至，諸蠻畏悦，皆還就溪峝，而歸故所掠地。世卿築武陵、澧州二塞以備蠻，詔書嘉獎。擢祕書少監。（曾鞏撰《神道碑》。） （31）趙抃，西安人。爲武安軍節度推官。人有赦前僞造印，更赦而用者，法吏當以死。抃曰：造在赦前，而用在赦後。赦前不用，赦後不造，法皆不死。遂以疑讞之，卒免死。一府皆服。閲歲，舉監潭之糧科。歲滿，改著作佐郎。（《宋史本傳》，蘇軾撰《神道碑》。） （32）溪峝諸蠻犯約，知州事劉夔、劉沆繼出行邊。巽實總州任，内修民事，外奉師費，凡輸粟帛金錢四十有八萬，兵械稱之，用足於軍，而賦役不加於民。沆及荆南王居白、岳州滕宗諒與湖南北部使，凡十二人，請用巽爲轉運判官。會轉運判官廢，故不行。遷都官員外郎。（曾鞏撰《神道碑》。） （33）潭州巨賈私藏南海明珠，爲闗吏所搜，盡籍之。太守而下輕其估，悉自售。及獄發，仁宗謂近侍曰：唐介必不肯買。按之，果然。（《宋史本傳》，劉贄撰《神道碑》，《湘山野錄》。）
曾國荃《（光緒）湖南通志》卷九十五	清光緒十一年刻本	（34）捕告以除罪，羣盜皆遁去。禮遇諸將，得其驩心，加恤士伍，勉以忠義，由是戎政日修，士益感憤。……復修議者，多以爲不便。栻爲奏，去其病民罔上者數條，詔皆施行，人亦便之。（《宋史本傳》，朱子撰《神道碑》。） （35）彭龜年，清江人。荆湖北路安撫使。罷和糴以平米價，治牙儈以寬商旅，撙浮費以除魚湖之輸。復奏修長隄，教民兵，乞支還，備邊庫錢，俱不報。遂以疾丐祠。（樓鑰撰《神道碑》。） （36）逢吉曰：昔祠官、使臣、大軍仰給於邑，不免加賦。今則咸無，安可取贏？量出計入，蠲十之三。令下，歡聲如雷，邑人相與作佛家道塲，以報伐石、刻辭、尸祝之愛惜。公帑不以毫髮自奉，諸臺月餽隨以還之，一無所取。（樓鑰撰《神道碑》。） （37）周必大，吉州人。以觀文殿學士判潭州。親理郡政，不以簡貴自居，罷倍税牙契錢二十萬緡。（汪藻撰《神道碑》。） （38）潭州、槠州市酒課，歲嘗至緡錢二十萬，遂以配於民爲額。傅良攝州事，按舊籍頓減之，民得少紓。（《宋史本傳》，蔡幼學撰《行狀》，樓鑰撰《神道碑》。）
曾國荃《（光緒）湖南通志》卷一百七	清光緒十一年刻本	（39）有頃，復捕一人，夾兩筐，筐底衣皆無鈕。紹宗曰：此眞盜也。葢楚俗殮衣，必去鈕。鞫則凡發十二家，邑稱神明。後擢知武岡州鳳凰廳，同知新化。（鄧顯鶴撰《神道碑》。）

續表

<table>
<tr><th>作者/文獻</th><th>版本</th><th>用　　例</th></tr>
<tr><td>曾國荃
《（光緒）
湖南通志》
卷一百十</td><td rowspan="5">清光
緒十
一年
刻本</td><td>（40）張九章（《桂陽郡長史張九皋神道碑》。）</td></tr>
<tr><td>曾國荃
《（光緒）
湖南通志》
卷一百十一</td><td>（41）李偕（武安軍節度使。曾鞏《陳巽神道碑》增。）
（42）陳從易（荆湖路轉運使。曾鞏《陳巽神道碑》增。）
（43）狄青（湖南北路宣撫使。王珪撰《神道碑》。）
（44）沈介（湖南路安撫使。樓鑰《孫逢吉神道碑》。）
（45）孫逢吉（鼎州教授。樓鑰撰《神道碑》。）</td></tr>
<tr><td>曾國荃
《（光緒）
湖南通志》
卷一百五十五</td><td>（46）趙世勣（衡山人。以曾孫葵官贈楚國公。虞集《趙淇神道碑》增。）
（47）趙棠（世勣子，以孫葵官贈魯國公。有傳。按：贈爵，見《趙淇神道碑》。）
（48）趙方（棠子，徽（闕）閣學士。封長沙縣，贈衛國公，謚忠肅。……《宋史本傳》不載，見虞集《趙淇神道碑》。）</td></tr>
<tr><td>曾國荃
《（光緒）
湖南通志》
卷一百五十六</td><td>（49）趙士庠（衡山人。奉議郎。虞集《趙洪神道碑》增。）</td></tr>
<tr><td>曾國荃
《（光緒）
湖南通志》
卷一百六十二</td><td>（50）知河中府時，有中貴人過郡，言將援棐於上前。棐答以他語，退謂所親曰：吾湘潭一寒士，今官侍從，可以老而自污邪？其為政愷悌，不為表襮，死之日，家無餘資。封中散大夫、上柱國、山陽郡開國公、食邑二千五百戶。（《宋史本傳》，王安石撰《神道碑》。）
（51）丁母憂，服除，調贛州司戶，其次在十年，後萬里作白鷺洲書院，首致守道為諸生講說。……踰年，卒。守道哭之慟，為譔《墓銘》。元時以曾孫元官贈中奉大夫，追封冀國公。（《宋史・歐陽守道傳》，張起巖《歐陽龍生神道碑》。）
（52）歐陽逢泰，字忠叟，新次子。儒術行業，師表一方，從學者常數百人，科第相屬。薦為潭州學錄，安撫司檄履學田，堙没者登故額，士廩以羨，廬陵羅子遠在教授席，賴其佐助為多。晚年，究心《太元》，作《律歷統元圖書》數十卷，因得渴疾，未脫藁卒。元至元初，以孫元官贈中順大夫，追封渤海伯。（張起巖《歐陽龍生神道碑》。）</td></tr>
</table>

續表

作者/文獻	版本	用　　例
曾國荃《（光緒）湖南通志》卷一百六十四	清光緒十一年刻本	(53) 歐陽龍生，字成叔，瀏陽人。……卒年五十有七，以子元爵追封渤海郡侯，加封冀國公。子浩，龍州書院山長。貞孫，石林書院山長。定孫，曲阜林廟學錄，元自有傳。憲孫，沅陵縣學教諭，彭年舉明經。長孫慶，以教授借補樂口砦巡檢。（張起巖譔《神道碑》。）
曾國荃《（光緒）湖南通志》卷一百八十七		(54) 少時，夜歸省父疾，值雷雨迷道，有神鐙前導之。異居兄喪哀甚，朝紳咸為感動。立朝正直和平，遇廷議必熟籌利弊，而於政體人才尤所顧惜。卒之前夕，有星隕於庭。子紹基等，自有傳。（阮元撰《神道碑》。）
曾國荃《（光緒）湖南通志》卷一百九十		(55) 弟忠濬，字達川。由諸生從軍，累功保府道，加布政使銜。授廣西布政使，調四川布政使。告歸，尋卒。（《襃忠錄》，曾國藩撰《神道碑》。）
曾國荃《（光緒）湖南通志》卷二百十		(56) 張栻，浚子。紹興閒，浚知潭州。栻來往湖湘，寓居城南，築書院於妙高峰，與朱子講學。劉珙帥長沙修嶽麓書院，養士數十人，屬栻往來其閒，告"以古人為已之學"。又受學於胡宏。居衡山，與朱子遊南嶽，唱和詩，多至百四十餘篇。（朱子《劉珙神道碑》，《南嶽唱酬集》，《一統志》。） (57) 歐陽安時，廬陵人，唐率更令詢四世孫琮之裔也。漕試湖南，愛瀏陽山水之勝，遂徙居焉。（張起巖《歐陽龍生神道碑》。） (58) 虞集，蜀人。父汲，娶楊文仲女。宋咸淳閒，文仲守衡州，以汲從，未有子，為禱於南嶽。……少時，屢夢游南嶽，能言其勝。三歲，隨文仲任之漳州嶺外，兵亂無書可讀，母楊氏口授《六經》，輒成誦。九歲，還寓長沙，就外傅，始得刻本，則已盡讀諸經，通其大義矣。（《元史本傳》，歐陽元撰《神道碑》。）
曾國荃《（光緒）湖南通志》卷二百十二		(59) 歐陽琟，妻徐氏。婦順母儀，克明休德。大歷二年，卒，年五十六。（顏眞卿撰琟《神道碑》。）
曾國荃《（光緒）湖南通志》卷二百四十		(60) 然而習尚巫鬼，（闕）同巴渝，至於今猶有然者。在上者，習其所明而通之，是之謂神道設教牖民。

續表

<table>
<tr><th>作者/文獻</th><th>版本</th><th>用　　例</th></tr>
<tr><td>曾國荃
《（光緒）
湖南通志》
卷二百四十六</td><td rowspan="8">清光緒十一年刻本</td><td>（61）（元）《雲莊講義》，瀏陽歐陽龍生撰。（張起巖撰《神道碑》增。）
（62）（元）《經學理窟》，瀏陽歐陽龍生撰。（張起巖撰《神道碑》增。）</td></tr>
<tr><td>曾國荃
《（光緒）
湖南通志》
卷二百四十七</td><td>（63）（宋）《皇朝百族譜》三卷，長沙丁維皋撰。（《宋史・藝文志》《直齋書錄解題》《玉海》：陳振孫曰：周益公為之序，時紹興末也。僅得百二十有三家，其闕遺尚多，未有能續裒集者。王應麟曰：紹興中，丁維皋撰《百族譜》三卷，自皇朝司馬以下，百官族姓皆推源流疏派，別志名字爵位，錄《世譜》《家傳》及《行狀》《神道碑》之類。周必大為序。）</td></tr>
<tr><td>曾國荃
《（光緒）
湖南通志》
卷二百五十二</td><td>（64）（宋）《律歷統元圖》，瀏陽歐陽逢泰撰。（張起巖《歐陽龍生神道碑》云：父逢泰。晚歲，究心《大元》，作《律歷統元圖書》數十卷，因得渴疾，未脫稿而卒。）</td></tr>
<tr><td>曾國荃
《（光緒）
湖南通志》
卷二百五十四</td><td>（65）《夏忠靖集》六卷，（《明史・藝文志》《四庫全書提要》曰：原吉《詩文集》六卷，載於《明史・藝文志》，與此集卷數相合，蓋即舊本。後附《遺事》一卷，為其孫廷章所輯。……卷一，表、頌、賦、贊。卷二，五言古詩、律詩、排律詩。卷三，七言古詩。卷四、卷五，七言律詩、排律。卷六，七言絕句。卷末，誥敕、祭文、遺事、治木疏、神道碑、太夫人墓志。……當時，刻書之難如此。）湘陰夏原吉撰。</td></tr>
<tr><td>曾國荃
《（光緒）
湖南通志》
卷二百六十</td><td>（66）《隸釋》：右“漢故綏民校尉騎都桂陽曲紅灌陽長熊君之碑”，篆額，今在道州，獻帝建安二十一年造。漢人書墓闕及神道，則有盡列其平生所歷官者，及銘志則舉其所終，或所歷之清高者題之。</td></tr>
<tr><td>曾國荃
《（光緒）
湖南通志》
卷二百六十三</td><td>（67）唐廣成先生劉元靖神道碑</td></tr>
<tr><td>曾國荃
《（光緒）
湖南通志》
卷二百六十九</td><td>（68）宋張南軒神道碑
（69）會衡山劉侍御黻持節按蜀。過家，見而悅之，既之蜀，以告予，謂予魏公鄉後學也，屬為文，刻於神道之右；且檄下廣漢，訪其遺裔云云。則張浚及栻，俱葬今甯鄉縣界矣。然考《朱子大全集》《南軒神道碑文》，卻云“葬於衡山”，未審其故。</td></tr>
</table>

續表

<table>
<tr><th>作者/文獻</th><th>版本</th><th>用　　例</th></tr>
<tr><td>曾國荃
《（光緒）
湖南通志》
卷二百七十三</td><td rowspan="5">清光緒十一年刻本</td><td>（70）周必大撰《忠簡公神道碑》稱：公年二十，試太學。建炎二年，廷對。……即《碑》所云：建炎戊申，銓同年進士也。戊申，為建炎二年。</td></tr>
<tr><td>曾國荃
《（光緒）
湖南通志》
卷二百七十七</td><td>（71）又廣西臨桂有游似所撰《神道碑》，係宏正書，題銜稱“嗣子朝奉（闕）秘閣廣南西路轉運判官”云云。</td></tr>
<tr><td>曾國荃
《（光緒）
湖南通志》
卷二百八十</td><td>（72）《金石審》：右碑上無篆額，其題銜曰“宋故進士累官太常博士歷連衡二州司理參軍桂州司錄知高安興化二縣事通判饒州贈金紫光祿大夫周公諱堯卿神道碑并墓誌文”，次即書“嘉祐三年翰林院侍讀學士知制誥史館修撰廬陵歐陽修（闕）”，其下書“屯田員外郎弟燮立古墓碑”，亦有全書生平所歷官者，然碑題稱名諱則宋人所罕見。又文內稱君而題稱公，且得贈不在撰碑之日而追題於上，其為子孫重刻無疑。其曰“神道碑并墓誌文”，或當日本有兩碑連刻，後失去其半耳。</td></tr>
<tr><td>曾國荃
《（光緒）
湖南通志》
卷末十二</td><td>（73）抶貓取血，盛以篘，各跪飲之，默訴於神。無情者不敢飲，謂神將降之罰焉。飲畢，而群疑渙矣。有訟至官庭，或官不能理，亦令喫血。蓋苗地以苗法治之，未始非神道設教之一端也。</td></tr>
<tr><td>曾國荃
《（光緒）
湖南通志》
卷末十九</td><td>（74）宋劉愚以安鄉人俗傳範文正公隨母適安鄉令朱軏，其地有公讀書台，遂立公祠，繪像祀之，置祭田四十餘畝。自是士大夫登覽者，以為勝跡。澧洲又移建近城為溪東書院。《廣輿記》亦稱澧為公遊歷之所。考公文集及年譜、傳、史傳歐陽公之《神道碑》、富鄭公之《墓誌銘》，皆言公母改適池州長山朱氏，不言適安鄉，亦無朱氏之名。</td></tr>
</table>

表二千零一十二

作者/文獻	版本	用　　例
曾廉 《元書》 卷七十五	清宣統三年刻本	（1）泰定初，贈資德大夫、御史中丞、上護軍、漁陽郡公，謚曰貞愍。賜其妻子及觀音保家鈔各千錠、田千畝，仍樹碑神道。

表二千零一十三

<table>
<tr><th>作者/文獻</th><th>版本</th><th>用　　例</th></tr>
<tr><td>曾燠
《江西詩徵》
卷八十七</td><td rowspan="2">清嘉慶九年刻本</td><td>（1）《佛影銘》（晉沙門釋慧遠）：佛影今在西那伽訶羅國南山古仙石室中。度流沙，從徑道，去此一萬五千八百五十里。感世之應，詳於前記。……遠昔尋先師，奉侍歷載。雖啓蒙慈訓，託志元籍。每想奇聞，以篤其誠。遇西域沙門，輒餐遊方之說。故知有佛影，而傳者尚未曉然。及在此山，值罽賓禪師，南國律學道士。與昔聞既同，並是其人遊歷所經，因其詳問，乃多先徵。然後驗神道無方，觸像而寄，百慮所會，非一時之感。於是悟徹其誠，應深其信。將援同契，發其真趣，故與夫隨喜之賢，圖而銘焉。廓矣大像，理元無名。體神入化，落影離形。迴暉層巖，凝映虛亭。在陰不昧，處暗逾明。婉步蟬蛻，朝宗百靈。應不同方，跡絶兩冥。……銘之圖之，曷營曷求。神之聽之，鑒爾所修。庶茲臣軌，映彼元流。漱情靈沼，飲和至柔。照虛應簡，智落乃周。深懷冥託，霄想神遊。畢命一對，長謝百憂。</td></tr>
<tr><td>曾燠
《江西詩徵》
卷九十四</td><td>（2）李朝：朝，字伯丞，南昌人。漢桓帝時，爲魏郡監黎陽營謁者。和平元年，立《張公神道碑》於黎陽，朝作歌九章頌之。</td></tr>
<tr><td>曾燠
《國朝駢體正宗》
卷三</td><td>清嘉慶十一年賞雨茆屋刻本</td><td>（3）修眉（張說《鄭國夫人神道碑》。）
（4）菊豔（楊炯《百泉縣令李君神道碑》。）
（5）暮雨（楊炯《益州温江縣令任君神道碎》。）
（6）顔如（楊炎《右金吾楊公神道碑》。）</td></tr>
</table>

表二千零一十四

<table>
<tr><th>作者/文獻</th><th>版本</th><th>用　　例</th></tr>
<tr><td>曾釗
《面城樓集鈔》
卷二</td><td rowspan="2">清光緒十二年刻學海堂叢刻本</td><td>（1）《嘉靖本曲江集跋》：陳氏《書錄解題》偁：曲江本有元祐中郡人鄧開序，自言得其文於公十世孫蒼梧守唐輔而刊之。卷末《行狀》《神道碑》《謚議》，蜀本無之。此本得於館閣中，而卷末無《行狀》《神道碑》，《謚議》則是蜀本也。
（2）李淑奉敕撰《陳文惠公神道碑》一條。</td></tr>
<tr><td>曾釗
《面城樓集鈔》
卷四</td><td>（3）公娶楊氏，誥封一品夫人。五子：長之釪，由舉人選福建沙縣知縣；次之銓，户部湖廣司員外郎；次之鐔，太學生，先公卒；次之鏐，候選直隸州知州；季之鏷，道光二十三年舉人，皆有學行。謹具歷官行事，俾當世大人君子有德行能文章者撰《神道碑》採焉。</td></tr>
</table>

續表

作者/文獻	版本	用　例
曾釗《周易虞氏義箋》卷二	清道光七年面城樓刻本	(4)《彖》曰：大觀拄上，(注：謂陽息臨二，直方大。臨者，大也。在觀上，故稱“大觀”。……聖人神道設教，特取臨二反五為義，故異其文曰“大觀”。)順而巽，中正以觀天下。(注：順，坤也。中正謂五。五以天神道觀示天下，咸服其化，賓于王庭。四用實于王是也。) (5)觀天之神道，而四時不忒。(注：忒，差也。神道謂五。乾爲道，乾陽之，信者為神。二五之坤，成离日坎月是也。臨，體乾二上，正坤五，成始乎艮，潔齊乎巽，故曰“神道”。) (6)聖人神道設教，而天下服矣。(注：聖人謂乾，退藏於密，而齊於巽。兑爲密，以神明其德教。臨，教思無窮，反觀神道，故“神明其德教”。故聖人設教，坤民順從，而天下服矣。)

表二千零一十五

作者/文獻	版本	用　例
翟灝《通俗編》卷五	清乾隆十六年翟氏無不宜齋刻本	(1)起復：鎦績《霏雪錄》：起復者，喪制未終，勉情任用，所謂奪情起復也。如歐公《晏元獻神道碑》：丁父憂，去官，已而眞宗思之，即其家起復。及史嵩之丧父，經營起復是也。今人不考，例以服闋爲起復，誤矣。
翟灝《通俗編》卷七		(2)杜撰：王楙《野客叢書》：杜默爲詩，多不合律，故言事不合格者曰“杜撰”。然又觀俗有杜田、杜園之説，杜之云者，猶言假耳。如言自釀薄酒曰“杜酒”，此正與杜撰説同。按：《湘山野録》：盛度撰《張知白神道碑》，石中立急問之曰：誰撰？盛率對曰：度撰。對訖方悟，滿堂大笑。盛度在杜默前，則知杜撰之説其來久矣。
翟灝《通俗編》卷九		(3)人事：《晉書·武帝紀》：泰始四年，頒五條詔書于郡國，五曰去人事。按：人事乃餽遺之稱。韓退之撰《王用神道碑》，用男送馬匹轡鞍及白玉腰帶，朝廷令公受領，集中有《謝許受王用男人事物狀》。後撰《平淮西碑》，韓宏寄絹五百匹充人事。又有《奏韓宏人事物狀》。白居易《奏于頔裴均欲入朝事宜狀》云：上須進奉，下須人事。杜牧《謝許受江西送撰韋丹碑綵段等狀》，亦有“所寄人事綵段”之語。
翟灝《通俗編》卷十		(4)百福具臻：《舊唐書·李藩傳》：帝問禳灾祈福之説，對曰：仲尼以神道助順，繫于所行。故答子路云：某之禱久矣。漢文帝每有祭祀，使有司敬而不祈。陛下以孔子、漢文之意爲準，則百福具臻。

續表

作者/文獻	版本	用　　例
翟灝《通俗編》卷十九	清乾隆十八年翟氏無不宜齋刻本	（5）神道設教，出《易·觀卦》。
翟灝《通俗編》卷二十		（6）皇甫湜《韓公神道碑》：遺命習俗，畫寫浮屠，日以七數之，及據陰陽，所謂吉凶，一無污我。

表二千零一十六

作者/文獻	版本	用　　例
翟均廉《周易章句證異》卷三	清文淵閣四庫全書本	（1）觀天之神道，而四時不忒。聖人以神道設教，而天下服矣。毛奇齡曰：王弼以“觀”字句。（查慎行曰：“觀”字自為句，不當連“天之神道”讀。）陸德明作“聖人神道設教”，無“以”字。（晁説之曰：古本無“以”字。吕祖謙曰：今本有“以”字。惠棟去“以”字。）
翟均廉《海塘録》卷首一		（2）孔子言：鬼神之德，體物而不可遺。豈神道設教哉？蓋以鬼神之事，即天地之理，故不可以偶忽也。凡小而邱陵，大而川嶽，莫不有神焉主之，故皆當敬信而尊事，況海為四瀆之歸宿乎？使以為不足敬，則堯舜之君，何以柴望秩于山川？文武之君，何以懷柔百神，及河喬嶽？今愚民昧於此理，往往信淫祀，而不信神明，傲慢褻瀆，致干天譴。夫善人多而不善人少，則天降之福。即稍有不善者，亦蒙其庇。不善人多而善人少，則天降之罰，雖善者亦被其殃。
翟均廉《海塘録》卷十九		（3）若夫神道之説，昔人不廢，惟在立誠以動之，無感不應。奉訓大夫、杭州路判官張仲儀：海寧潮溢田畝，廬舍多遭陷没，仲儀憂之，以特牲禱於海神曰：民非田不食，非廬無以居，神忍化民為魚鼈宫邪？即為魚鼈宫，神将何依？吾恐神不自寧也。

表二千零一十七

作者/文獻	版本	用　　例
詹賢《詹鐵牛詩文集》卷九	清活字本	（1）舉凡幽明上下一切不乎之務，皆得借彼梯航，消除悔吝。今不舉者九年矣，雖神道設教，似亦儒者所不必言。然此以誠感，彼以誠應，誠至則格被者遠，誠至則發越者長。且誠之所積為太和，故宇宙之間，消其戾氣；誠之所蒸為大順，故民物之衆，得其懽心。

表二千零一十八

作者/文獻	版本	用　　例
張伯英《（民國）黑龍江志稿》卷五十三	民國二十一年本	(1) 長順（《方略》作“常順”），字鶴汀，達虎里郭貝爾氏，隸布特哈正黃旗。父阿爾景，頭等侍衛。（一作“阿爾錦”。顧雲《郭博羅公神道碑》作“阿那吉善”。）
張伯英《（民國）黑龍江志稿》卷六十一		(2) 雖然盡吾力之所至而休焉，則造物於我為無私而可以無憾焉矣。或曰是山也，興安東西種落之所宗，以喇嘛名是山。所以示羈縻，化殘殺，乃棄固有者而一一品目之不亦慎乎？余曰：不然。今邊事非可以神道設教治也。

表二千零一十九

作者/文獻	版本	用　　例
張崇德《恒岳志》卷中	清順治十八年刻本	(1)《北嶽廟碑》（并序）：有國者殷薦於天地，望秩於山川，故災不生矣；有家者嚴敬於鬼神，克諧於禮樂，故休祐斯應矣。……夫道莫先乎貞，政莫先乎淳；参造化以成萬物，莫先乎神；資帝王以富四海，莫先乎人。護神莫先乎君，理人莫先乎師。景寅歲，乃命菲才，謬兼軍麾，欽若明詔，持兵導俗，無敢懈怠，名山大川，著乎典式，靡不加敬。於昭神寢于岳之陽，伊岳致神，伊神主岳。……神而聽之，頌斯作曰：五宿熒煌，風政休咎，上經乎乾綱，我君順之，祚乃久兮。五宗磅礴，陰化成敗，下彰乎坤絡，我君欽之，福乃介兮。天平地成，神道助貞，人事以寧兮。皇極帝力，神道助直，人事以息兮。禎祥日新，既祠既禋，國萬斯春兮。風雨若時，是耕是穫，家勤於礿兮。至誠通兮，昭冥叶和，至道黙兮。對揚頌歌，大恒如礪，明德惟峩。（玄宗開元十五年，碑在西碑房。自書。） (2)《傳》所謂“損之益之，與時宜之”，我原有焉。乃作頌曰：天子聖明，明德惟馨。精致虔誠，使人欽承。將事肅清，禋祠告成。神德有恒，神道助貞。氣恊昭冥，山川效靈。風雨時興，澤遂群生。億萬維齡，望秩禮行，大恒以寧。是年是月是日，源拜手稽首謹記。 (3)《明刑科給事中姚學敏閲視告謁文》：緊圜方之奠位兮，孕喬岳之眞形。厥封肇自虞庭兮，爰寵錫以嘉名。銜帝命於閶闔兮，乃睠臨於北土。配玄冥而澤萬物兮，儼風雷之官府。令雲師主吐納兮，沃蒼生以霖雨。據朔方之天險兮，限華夷之門戶。惜慚德於前代兮，割疆宇于窮邊。寄血食於異域兮，業已逾乎四三百年。皇祖乘龍而握鏡兮，每神道以設教。……亂曰：瞻彼岳兮玄宫，邈翠蓋兮雲中。戒王程兮孔亟，託蕪辭兮以告。神通之來兮虯駕，服之絢兮山龍。揚天威兮助順，襄玁狁兮爾功。邊塵清兮瀚海，廟貌厰兮恒峰。籍俎豆兮蘭芷，賁筐篚兮璁瓏。神之格兮栩栩，我心悦兮融融。邀靈威兮千祀，來萬國兮攸同。尚享。

表二千零二十

作者/文獻	版本	用　　例
張大受《匠門書屋文集》卷八	清雍正七年顧詒禄刻本	(1)《愍忠寺祈雨》：弘敞千年刹，精誠一片心。有懷惟望歲，無術可為霖。地燥偏從火，天高未發陰。梵書清晝誦，神道小臣欽。變化蛟龍性，諧和竹石音。德施三日普，濊澤萬方深。感應民胥福，祈求帝必歆。丹衷高可達，白髮晚相侵。遠目憑危閣，閒身憶舊林。蒼生蒙雨露，歸老喜難禁。
張大受《匠門書屋文集》卷二十三		(2) 然《北溪》有云：太極只以理言。總天地萬物之理到此湊合，散而為天地，為人物，無少虧欠。《卦爻》紛紜，《彖辭》變化，數有萬千，不離乎一而已矣。人習恒山之説，晦蒙者導其聰明，隱怪者歸於正直，聖人神道設教之義，於是顯明。雲霧開而日月朗，天阴以常運，地所以常寧，人物阴以生生不息，由此道也。書其卷後，將日三復焉。
張大受《匠門書屋文集》卷二十四		(3) 城東奎文閣，經營日久未成，乃捐俸鳩工，重加丹漆，設魁星及文昌像。神道設教，觀瞻肅然。舊有香火田，凡坵段及佃戶姓名租目，頒立印冊，永承祀典。

表二千零二十一

作者/文獻	版本	用　　例
張岱《石匱書》卷二十六	稿本補配清鈔本	(1) 四年，國子司業濂上《孔子廟堂議》曰：世之言禮者，咸取法於孔子。不以古之禮祀孔子，褻祀也。褻祀不敬，不敬則無福。奈何今之人與古異也？古者主人西面，几筵在西也。漢章帝幸魯祠孔子，帝西面再拜。《開元禮》"先聖東向，先師南向，三獻官西向"，猶古意也。今襲開元二十七年之制，遷神南面，非神道尚右之義矣。古者木主棲神，天子、諸侯廟皆有主，大夫束帛，士結茅為菆，無像設之事。……今因開元八年之制，摶土而肖像焉，失神而明之之義矣。
張岱《石匱書》卷三十九		(2) 喪今南還，哀痛切心，與誰言哉？不過臨風興慨，想其音容耳！祭畢，慟哭而還，命葬於鍾山之陰。……召宋濂為《神道碑》。侑享太廟，肖像功臣廟，皆次大將軍，位第二。
張岱《石匱書》卷六十七		(3) 是時，宋濂為司業，上《廟學議》略曰：漢章幸魯祀孔子，帝西面再拜。《開元禮》"先聖東向，先師南向，三獻官西向"，猶有古意。今遷神南面，非神道尚右之義也。古木主棲神，天子、諸侯皆有主，大夫束帛，士結茅為菆，無像設之事。……今摶土而肖像焉，失神而明之之義矣。

續表

作者/文獻	版本	用　　例
張岱 《石匱書》 卷七十七	稿本補配清鈔本	（4）數日卒，車駕復幸。問繼曰：尒父臨盡，何語？繼曰：願陛下厚邺臣家。上大怒曰：汝父平生與吾言，何及家也？逐之。召其弟姪二人，而厚之賜。賜廣孝少師榮國公，謚恭靖，為御製《神道碑》。洪熙元年，侑享成祖廟。
張岱 《石匱書》 卷二百一		（5）《石匱書》曰：陶恭惠方在宦途，而徽祠之問卜如響，則其靈爽不在魂魄，不在土偶。謂非百姓之精誠為之乎？則自古帝王之以神道設教，亦槩可知矣。
張岱 《石匱書》 卷二百二十		（6）其年，王卒會同館。上輟朝三日，賻贈有加。工部具棺槨明器，葬德安門外，樹碑神道。求西南夷籍中國者為守塚，有司春秋少牢祠，謚曰恭順。
張岱 《夜航船》 卷十八	清鈔本	（7）上陵磨劍：漢武帝崩後見形，謂陵令薛平曰：吾雖失勢，猶為汝君。奈何令吏卒上吾陵磨刀劍乎？自今以後，可禁之。平頓首謝，因不見。推問陵傍，果有方石可以為礪，吏卒嘗盜磨刀劍。霍光欲斬之，張安世曰：神道茫昧，不宜為法。乃止。
張岱 《石匱書後集》 卷六十二		（8）四月甲午，固原賊犯耀州，督糧參政洪承疇合官兵鄉勇萬餘人，圍賊於雲陽，幾覆之，賊乘夜雷雨，潰圍走淳化，入神道嶺。

表二千零二十二

作者/文獻	版本	用　　例
張德彝 《航海述奇》 航海述奇 卷四	稿本	（1）耶穌者，救世之謂，生于一千八百六十幾年之前，即中土西漢平帝之世也。其籍在亞細亞，即古時之猶太國。父名約瑟，母名茉莉，又名美麗。其母未嫁而孕，夢神語曰：美麗所孕，實神子也，宜慎保之。有國王知耶穌生，欲誅之，其母子聞風crossed赴。耶穌既長，以神道教民，國人惡之，釘耶穌于十字架而死。相傳其魂在天，死而復甦，是爲神明。後人奉其教者，述其言行事蹟，謂之聖徒。
張德彝 《航海述奇》 六述奇 卷二		（2）善言提醒報，教人忠信報。……神道報。自家成衣報，成衣畫報，衣服制度報。
張德彝 《航海述奇》 八述奇 卷十八		（3）唐武宗雖有《毀佛寺制》，而千百年來其風未殄，愚民依然以事佛求福。故為民上者，不得不神道設教，以準輿情，以讋民心。崇尚西學者，多謂中國之教務禮節，咸宜刪改。時語謂之改良，恐有未必然者。

表二千零二十三

作者/文獻	版本	用　　例
張爾岐《周易説略》卷二	清康熙五十八年徐氏眞合齋磁版印本	(1) 觀天之神道，而四時不忒。聖人以神道設教，而天下服矣。自觀之道，而極言之觀。夫天至神之道，其默運者不可測識，而氣化順布為慘為舒，毫髮不爽，此天之所以為觀也。聖人之為觀，亦以其不顯之德神妙自然者，設而為中正之教而萬民自不識不知，順帝之則而無不服者矣。聖人之為觀，不與天道有同揆乎？

表二千零二十四

作者/文獻	版本	用　　例
張貴勝《遺愁集》卷五	清康熙二十七年刻本	(1) 秦檜墓，在建康。墓上豐碑屹立，却不曾鐫一字。蓋當時士大夫鄙其爲人，兼畏物議，故不敢作《神道碑》。及孟珙同軍，屯於檜墓，軍士咸糞溺於塚上，人謂之穢塚。
張貴勝《遺愁集》卷十一		(2) 尚猶豫，會幸秘閣，驟問杜鎬曰：自古《河圖》《洛書》果何事耶？鎬老儒，不測上旨，謾應曰：此聖人以神道設教耳。上意遂决，即日召旦飲，甚歡，且賜以尊酒，曰：此酒極佳，歸與妻孥共之。及發封，皆美珠也。旦悟上意，且感其恩，黽勉從之。

表二千零二十五

作者/文獻	版本	用　　例
張惠言《周易鄭荀義》卷中	清道光元年合河康氏刻本	(1)《彖》曰：神道設教。此注言“宗廟之象”，足以明之矣。“盥而不薦”者，盥以匕牲，盥而酌獻，薦牲則卿大夫為之，與震義通也。
張惠言《七十家賦鈔》卷四	清道光元年合河康氏家塾刻本	(2) 王延壽《魯靈光殿賦》（并序）（《文選》）：魯靈光殿者，蓋景帝程姬之子恭王餘之所立也。初，恭王始都下國，好治宮室，遂因魯僖基兆而營焉。……物以賦顯，事以頌宣，匪賦匪頌，將何述焉？遂作賦曰：粵若稽古帝漢，祖宗濬哲欽明。殷五代之純熙，紹伊唐之炎精。荷天衢以元亨，廓宇宙而作京。敷皇極以創業，協神道而太甯。於是百姓昭明，九族敦序。乃命孝孫，俾侯于魯。錫介珪以作瑞，宅附庸而開宇。乃立靈光之祕殿，配紫微而爲輔。承明堂於少陽，昭列顯於奎之分野。……苟可貴其若斯，孰亦有云而不珍？亂曰：彤彤靈宮，巋嶵穹崇，紛庬鴻兮。崱屴嵫厘，岑崟崰嶷，駢巃嵸兮。連拳偃蹇，崘菌踡嵼，傍欹傾兮。歇欻幽藹，雲覆霮䨴，洞杳冥兮。葱翠紫蔚，礧碨瑰瑋，含光晷兮。窮奇極妙，棟宇已來，未之有兮。神之營之，瑞我漢室，永不朽兮。

續表

作者/文獻	版本	用　例
張惠言《周易虞氏義》卷二	清嘉慶八年阮氏琅嬛仙館刻本	(3)《彖》曰：大觀在上，（注：謂陽息臨二，直方大。臨者，大也。在觀上，故稱“大觀”。……聖人神道設教，特取臨二反五為義，故異其文曰“大觀”。）順而巽，中正以觀天下。（注：順，坤也。中正謂五。五以天神道觀示天下，咸服其化，賓於王庭。四用賓于王是也。）觀，盥而不薦，有孚顒若，下觀而化也。觀天之神道，而四時不忒。（注：忒，差也。神道謂五。乾為道，乾陽之，信者為神。二五之坤，成离日坎月是也。臨，體乾二上，正坤五，成始乎艮，潔齊乎巽，故曰“神道”。乾道變化，自成坎離，故三上易位。）臨，震兌為春秋。三上易位，坎冬離夏，（春秋者，陰陽之著，故臨，震兌先見。冬夏者，陰陽之微，故五得位，乃易三。）日月象正（四時由日月）。故“四時不忒”。聖人神道設教，而天下服矣。（注：聖人謂乾，退藏於密，而齊於巽。兌為密，以神明其德教。臨，教思无窮，反觀神道，故“神明其德教”。故聖人設教，坤民順從，而天下服矣。）

表二千零二十六

作者/文獻	版本	用　例
張鑒《雷塘庵主弟子記》卷一	清光緒間儀徵阮氏刻本	(1) 按：昭勇將軍事實詳刑部侍郎無錫秦公瀛《九谿營阮將軍祠堂記》《阮昭勇將軍神道碑銘》，及先生所撰《行狀》。 (2) 按：封公事實詳刑部侍郎秦公所撰《光祿大夫湘圃公神道碑》、山東督糧道陽湖孫先生星衍所撰《湘圃公暨妻林夫人合葬墓誌銘》、甘泉焦孝廉《阮湘圃先生別傳》，及先生所撰《雷塘阡表》《湘圃府君暨妣林太夫人行狀》。
張鑒《雷塘庵主弟子記》卷二		(3) 六月，刻《阮昭勇將軍琢庵公暨光祿大夫湘圃公昭穆神道碑》成。（按：此即太常寺卿無錫秦公瀛所撰。）

表二千零二十七

作者/文獻	版本	用　例
張金吾《金文最》卷十	清光緒二十一年重刻本	(1) 神道至隱，感而遂通。順則福應，逆斯禍鍾。善言出口，千里和同。凶德萌心，一家相攻。事親思孝，入仕思忠。佇看獲報，餘慶無窮。（《感應篇》）

續表

作者/文獻	版本	用　　例
張金吾 《金文最》 卷十一	清光緒二十一年重刻本	(2) 重立司馬温公神道碑記（王廷直） (3) 司馬温公於有宋熙甯閒，致君澤民，成人行己，文章政事，豐功碩德，炳炳烺烺，著於天下，昭於後世，前賢述之備矣。公薨於元祐之初，歸附先壠。神道一碑，奉詔撰寫者，實學士院承旨眉山蘇公也。 (4) 廷直曰：當出私帑，於墳院法堂之後，特設一堂，中設公像，周圍以朱龕以立之，以報温公之恩遇：一以報祖師之傳法，一以報信友協助之賜，一以報縣令勸成之力。專置巨石，號曰“温公神道碑堂”，乃圓珍之用心也。廷直壯其志，喜其言，乃命筆而直書之，以垂不朽。(《夏縣志》)
張金吾 《金文最》 卷十七		(5)《紫微觀記》(元好問)：東平左副元帥趙侯之太夫人既老矣，即棄家為全真師。師鄆人、普惠大師張志剛，居冠氏之洞清庵。庵之制，初亦甚陋。乞名于丘尊師，改號“紫微觀”。……嗚呼，先哲王之道，中邦之正，埽地之日久矣。是何爲者？乃人敬而家事之。殆攻刦爭奪之際，天以神道設教，以弭勇鬬嗜殺者之心耶？抑三綱五常將遂湮滅，顛倒錯亂，人與物胥而爲一也？不然，則盛衰消長，有數存焉於其閒，亦難於爲言也已。侯名天錫，字受之。崇儒重道，出於天性，雖在軍旅而文史未嘗去手。
張金吾 《金文最》 卷十九		(6)《重雕清涼傳序》(姚孝錫)：白馬東來，象教流行於中土，玄風始暢，或示禪寂以探宗，或專神化而表法，亦猶水行地中，枝分別派雖異，至於濟世利物之功，其歸未始不同。故唐劉夢得以爲佛法在九州閒，隨其方而化，因名山以爲莊嚴國界。凡言神道示現者，必宗清涼焉。……明淨與前提點僧善誼相繼以書爲請，僕嘗謂道不在衣，傳衣可以授道；法不在文，披文因以悟法。僕既嘉趙候用意之善，而二高僧皆於清涼有大因緣者，知非販佛以眩眾，故為之書。大定四年九月十七日，古豐姚孝錫序。(《續清涼傳》)
張金吾 《金文最》 卷三十八		(7) 丹楹碧瓦，頗極壯麗，而神像尚且未備。故徐成之子桐、鄭彥之子曇，克承父志，以畢其功，塑繪金碧，廟貌一新，可使瞻者益敬，祭者如在。神道感而宣靈，人心歡而致和。水旱之求，疾癘之請，速猶影響之荅矣。
張金吾 《金文最》 卷四十三		(8) 奉國上將軍郭公神道碑（大定二十三年）(任詢) (9) 朝散大夫鎮西軍節度副使張公神道碑（明昌二年）(黃久約) (10)《濟甯李氏祖塋碑》(明昌六年)(黃晦之)：近世習俗，祖考既葬，不問貴賤，皆爲之立碑。人有疑，而見問者曰：禮歟？余應之曰：禮也。夫碑碣固同，而立（闕）之意各異。(闕) 閥之家，不止軒冕焜耀有大功德，可以上衞國而下庇民，子孫榮之，於是爲《神道碑》。其次德行文章，顯然爲時聞，人慮其湮沒於世，則有《墓表》《墓誌》紀其實，以貽不朽。二者，古今皆然。至於比閭之民，若子若孫，奉先世遺體，貴與賤不殊。既葬之後，不一二世，叩其誰爲祖，誰爲高曾，卷舌而不能言者，十常七八。物莫靈於人，至不知身之所出，豈理也哉？

續表

<table>
<tr><th>作者/文獻</th><th>版本</th><th>用　　例</th></tr>
<tr><td>張金吾
《金文最》
卷四十四</td><td rowspan="4">清光緒二十一年重刻本</td><td>（11）（闕）神道，立石旌墳。以告永世，用播芳塵。（石刻拓本）
（12）贈銀紫光祿大夫翰林學士承旨張文正公神道碑（趙秉文）
（13）贈少中大夫開國伯史公神道碑（趙秉文）</td></tr>
<tr><td>張金吾
《金文最》
卷四十六</td><td>（14）平章政事壽國張文貞公神道碑（元好問）
（15）故相壽國張公之孫好退謂某言：先大父之薨，參知政事高公子約爲《神道碑》。碑石已具，遭貞祐之亂，不克立。好退南渡二十年，乃還鄉里。思卒前事，而高公之文於時事有嫌，不敢復議。惟我先人以書生起家，仕宦至宰相，身存踐履之實，國有經綸之業。雖流風未遠，而人代既遷，徵良史則墜簡已亡，懷舊俗則高年垂盡。瞻言邱隴，旌紀寥寂。好退無所似肖，不能奉揚徽烈，負釁蒙累，無以自處。誠得吾子辱以第二碑賜之，則瞑目爲無憾矣！敢百拜以請。</td></tr>
<tr><td>張金吾
《金文最》
卷四十七</td><td>（16）沁州刺史李君神道碑（元好問）
（17）嘉議大夫陝西東路轉運使剛敏王公神道碑銘（元好問）</td></tr>
<tr><td>張金吾
《金文最》
卷四十八</td><td>（18）通奉大夫禮部尚書趙公神道碑（元好問）
（19）諸孤以王內翰百一所譔《誌銘》見示，且以《神道碑銘》爲請。好問甫從官學，即聞高誼。南宮獻賦，誤爲楊浚所賞；桓府參軍，重辱褚裒之問。輒敘東園人倫之舊，以寓西州華屋之感。恨知之者未盡，推之者未至，何媿辭之有焉？其銘曰：高門之仁，舞雩之春。儒雅以飾吏事，奚智數之足云？貞松後雕，良玉不焚。忠信而結主知，允矣貞良之臣！君子謙謙，恭人溫溫，完名始終，世所見聞。異代而得良史，尚有考於金石之遺文。（《遺山集》）
（20）內翰馮公神道碑銘（元好問）
（21）國子祭酒權刑部尚書內翰馮公神道碑銘（元好問）
（22）通奉大夫鈞州刺史行尚書省參議張君神道碑銘（并引）（元好問）
（23）壬子冬十月，翔、浚奉京東行省員外郎王君禧伯所撰《家傳》，以《神道碑銘》爲請。三請益堅，某不得以不敏辭，乃爲論次之。……其銘曰：柏松青青，風水攸甯。張君之阡，樂石有銘。偘偘唯君，仁信篤誠。一說解紛，千室更生。舞雩之春風，潤物無聲。有《簫韶》之克諧，無水火之必爭。彼舉頭而城，颺尾而旌，方弭耳而帖伏，何磔裂之敢萌？有方無方，孰爲權衡？使存諸已者而未之定，奚暇及於暴人之所行？惟天下之至柔，馳騁天下之至剛，吾然後知黃老家之言爲有徵。</td></tr>
</table>

續表

作者/文獻	版本	用　　例
張金吾《金文最》卷四十九	清光緒二十一年重刻本	(24) 資善大夫集慶軍節度使蒲察公神道碑銘（并引）(元好問) (25) 資善大夫武甯軍節度使夾谷公神道碑銘（元好問） (26) 將葬，五路萬户郝丑和尚，以《行狀》來請，曰：吾子往在省寺，宜知武甯之詳。先鋒與我結弟昆之義，公之葬，猶葬吾父也。幸辱以《神道碑》賜之。予素善郝侯，義不可辭，乃用所以知公者，著之篇而系之以銘。銘曰：清愼以自持，介特而不詭隨。相彼築室，天實厚其基。溫乎召、杜之慈，凜乎趙、張之威。民不忍忘，吏不敢欺。眞識幾希，顧以能官爲見知。風雨如晦，雞鳴有期。滄海横流，鼇足不欹。幅巾布衣，陋巷棲遲。吾甯泊濁流之泥，吾甯啜餔餘之醨。周粟京坻，采薇以療饑；尚友千載，匪義跡其焉追？燕雲之郊，邱隴累累，使九原而可作，非公吾誰與歸？
張金吾《金文最》卷五十		(27) 河南路課稅所長官兼廉訪使楊公神道碑（元好問）
張金吾《金文最》卷五十一		(28) 龍虎衛上將軍术虎公神道碑（元好問） (29) 某歲，仲坦舉公柩北歸，卜葬於輝州蘇門北之某原。枉道過好問新興，授公行事之狀，涕泗百拜，以《神道碑銘》爲請。仲坦從好問游，有昆弟之義。義不可辭，乃爲件右之。……自今觀之，其賢不肖，果何如也？銘曰：北方維強，閒氣維雄。以宗起身，而以名起宗。金石獨止，而無竝流；脂膏共處，而不自豐。直前徑行之謂剛，有犯無隱之謂忠。匪惟公賢，簡策之功。丞相材官，危戮鄧通；北山諫書，乃在筆公。使公不學無術，猶當有古人之風。大冠如箕，鉅儒宗工；徼巡周廬，實命不同。乃如之人兮，祿不計庸。我銘墓石，鬱孤憤兮何窮。
張金吾《金文最》卷五十二		(30) 恆州刺史馬君神道碑（元好問） (31) 輔國上將軍京兆府推官康公神道碑銘（元好問） (32) 瑭以癸卯十月十有二日，奉公之柩，葬於林慮縣三陽里東南原，禮也。既卒事，以公事狀來謂某言：劉內翰極之誌先府君墓，已納之壙中矣。神道有碑，碑當有銘，敢質之以爲請。某於瑭爲同年生，義不得辭，乃爲之銘，并敘其平生如此。其銘曰：秩侯其腴，山澤其癯；身處脂膏，不以自濡。執法與游，御史與居；退食自公，飲水飯蔬。清白所遺，吾以觀發源之水初。士不於材，相彼潔污；百藝不足，一節有餘。趙、張三王之治聲，非不藹如，使九徵至焉，而有所愧，君子盜諸。貪夫我愚，曲士我迂；我愚我迂，不與義俱。無碑有銘，大書特書。是爲古廉吏之墓，可勿表歟？(《遺山集》) (33) 大丞相劉氏先塋神道碑（元好問） (34) 臨淄縣令完顏公神道碑（元好問）

續表

作者/文獻	版本	用　　例
張金吾 《金文最》 卷五十三	清光緒二十一年重刻本	(35) 千戶喬公神道碑銘（元好問） (36) 孤子某等以某年月日，祔公於東王里之先塋。以僕辱在葭莩之末，以《神道碑》爲請，乃爲件右之。其銘曰：沈鷙其姿，角逐其時，鬱無所施，豪傑以為資。成周既東，日薄崦嵫；志橫潰之獨障，勢一木之弗支。義釋嚴顔，殆天使之。大邦維藩，虎臣桓桓；爪牙方張，而傅之羽翰。蛇矛突前，奮力如湍；堅陳枯株，名城彈丸。有來創罷，革膚靡完；豺狼荊棘，挈之妥安。我恩我威，爾煦爾寒；疾疫剮瘴，孰我敢干。北方之強，碣石盤盤；戰功曰多，公與不刊。勒銘豐碑，以永後觀。重侯兮累將，戛戛乎厥初之難。（《遺山集》） (37) 千戶趙侯神道碑銘（元好問） (38) 孤子復亨等，以某年十二月庚寅朔，舉侯之柩，葬於保義里之先塋，禮也。既已事，以予嘗得幸於其先人，辱以《神道碑》爲請。……嗚呼！此意其可忘哉！乃爲之碑而系之以銘。銘曰：趙侯翩翩蚤有稱，乘時雲風志騫騰。伯府選勞乃進登，樹之旗旐冠氏懲。大縣萬家既分崩，疲癃之民侯所矜。摩拊不給矧暴陵，逋亡日來月有增。田野載辟歲載登，昔無粗麻今纊繒。賓禮師儒講顔、曾，奕邑子弟前伏膺。弦歌洋洋通薛、滕，東州百城文治興。緊誰宏之侯所宏，仁心爲質莫我能。躬不受祉豈所應？孰爲除之又孰乘？我侯種德既有徵，趙方亢宗理可憑。諮爾嗣人其敬承。 (39) 濮州刺史畢侯神道碑銘（元好問）
張金吾 《金文最》 卷五十五		(40) 故北京路行六部尙書史公神道碑銘（并序）（劉祁）
張金吾 《兩漢五經博士考》 卷三	清道光十五年刻本	(41) 逢汾：《隸釋》曰：石刻有"漢故博士趙傳逢府君神道"。《通志·金石略》載有"漢博士逢汾墳前石柱碑篆"。
張金吾 《愛日精廬藏書志》 卷十三	清光緒十三年吳縣靈芬閣集字版校印本	(42)《新刊名臣碑傳琬炎之集》，前集二十七卷，中集五十五卷，下集二十五卷（抄本），（宋）眉州進士杜大珪編。自序曰：國朝人物之盛，遠追唐、虞、三代之英，秦、漢以來鮮儷矣。自建隆、乾德之肇造，暨建炎、紹興之中天，因時輩出，豐功偉烈，焜燿方冊，雖埋光鏟采，位不稱其德者，亦各有紀於時。欲求之記事之書，則灝灝噩噩，未易單究，雜出於野史見聞者，其事又裂而不全，未足以觀其人之出處本末。好事者因集神道、誌銘、家傳之著者爲一編，以便後學之有志於前言往行者。

續表

作者/文獻	版本	用　例
張金吾《愛日精廬藏書志》卷三十	清光緒十三年吳縣靈芬閣集字版校印本	(43)《咸平集》三十卷（抄本），（宋）京兆田錫著。前有《墓誌銘》（范仲淹撰）、《神道碑陰》（司馬溫公撰）。 (44)《乖崖先生文集》十二卷、《附錄》一卷（舊抄本），（宋）張詠撰。郭森卿序曰：故禮部尚書忠定張公，以直道事太宗、眞宗，雖不登相位，而眷倚特隆，天下誦其事業，而鮮有知其文者。……外有韓魏公所作《神道碑》、內翰王公《送公宰崇陽序》、李巽巖《祠堂記》、項平庵《北峯亭記》，此其人皆知公之深者，爰並錄之，覽者得其詳焉。 (45)《後山先生集》三十卷（明嘉靖刊本，何氏義門從舊抄本，手校），（宋）彭城陳師道履常著，茶陵陳仁子同俌編校。……卷二十《光祿曾公神道碑》約脫二十行。其脫一二行至十數行者，不可枚舉。
張金吾《愛日精廬藏書志》卷三十一		(46)萬里嘗學於先生者，先生之言曰：道《六經》，而文未必《六經》者有之矣；道不《六經》，而文必《六經》者無之。先生之文，其所自出，蓋淵矣乎，而萬里何足以知之？……若其世系、歷官、行事，則丞相益國周公書之於《神道碑》云。慶元五年己未八月二十八日，通議大夫寶文閣待制學士致仕門人楊萬里序。 (47)未脫稿則有《詩訓義》《周漢以來兵制》《皇朝大事記》《皇朝百官公卿拜罷譜》《皇朝財賦兵防秩官志藁》，別自爲編，附識其自，庸熄淆亂。先生名傅良，字君舉。世系、歷官，具見於《神道碑》《墓志銘》《行狀》云。嘉定戊辰，門人承直郎太學博士曹叔遠謹序。
張金吾《愛日精廬藏書志》卷三十二		(48)《張文忠公文集》二十八卷（元刊本），（元）張養浩撰。後附《畫像記》（至正甲午，倪中撰）、《贊》（劉耳撰）、《神道碑銘》（張起巖撰）、《祠堂碑銘》（撰人闕）。聖朝牧菴姚文公以古文雄天下，天下英才振奮而宗之，卓然有成。如雲莊張公，其魁傑也。
張金吾《愛日精廬藏書志》卷三十三		(49)《貢文靖公雲林詩集》六卷（明宏治刊本），（元）貢奎撰。後附《行狀》（李黼撰）、《神道碑銘》（馬祖常撰）、陳塏序（洪熙元年）。 (50)《馬石田文集》十五卷（元至元刊本），（元）馬祖常撰。後附《桐鄉阡碑》（虞集撰）、《神道碑》（許有壬撰），《石田山房記》爲《附錄》一卷。闕卷六至卷八三卷，抄補。

續表

作者/文獻	版本	用　　例
張金吾 《愛日精廬藏書志》 卷三十四	清光緒十三年吳縣靈芬閣集字版校印本	(51) 俯仰今古，能無感乎？姑誦所聞，以書於篇端。若先生所以擅一代之者，則不待序而後見也。先生諱溍，字晉卿，姓黄氏，婺之義烏人。其官序、行業，具見臨川危公所撰《神道碑銘》，兹不著。門人同郡宋濂謹序。 (52) 公嘗爲郡學正，終更絕口不言仕進。晚以遺逸，徵詣京師，編摩史館，供奉詞林，尋以博士教國子。居歲餘，輒自引去。詔起公提舉陝西儒學，訖不就。後用御史君貴，以有今贈。其年壽、卒葬與言行之詳，壙有誌，神道有碑，兹不贅述焉。至正十年冬十月二十四日，前史官金華黄溍序。
張金吾 《愛日精廬藏書志》 卷三十六		(53) 聖人春秋褒貶著於筆削者謂之例，國家政刑賞罰見於制度者謂之例，是皆以其可爲法於天下後世也。濟南文僖潘公蒼崖先生，取古昔碑碣、鐘鼎之文，提綱舉要，條分類聚，定爲十卷，名曰《金石例》。一卷至五卷，則述銘志之始，而於貴賤、品級、塋墓、羊虎、德政、神道、家廟、賜碑之制度必辨焉。六卷至八卷則述唐韓文括例，而於家世、宗族、職名、妻子、死葬月日之筆削特詳焉。九卷則先正格言，十卷則史院凡例、制度，筆削於此又可以槩見焉。

表二千零二十八

作者/文獻	版本	用　　例
張九鉞 《紫峴山人全集》 文集卷九	清咸豐元年張氏賜錦樓刻本	(1) 重立雪樓先生之碑，以表之。并學士塋，亦崇其封識。復恐日久就湮，於王范通衢大書《神道碑》以揭焉，俾騷人文士過而瞻思憑弔文靖公父子英靈，其不終消磨于荒煙蔓艸中矣。
張九鉞 《紫峴山人全集》 文集卷十		(2) 至於天堂地獄之説，則皆昔人以神道設教，佐帝王卿相賞罰刑戮所不能治，以警庸愚脩善懲惡之念。其聳動最切，若《離騷》之土伯九首，韓擒虎爲閻羅王，韓昌黎爲紫府真人，寇萊公爲地府主。正坡公所云：幽則爲鬼神，明則復爲人。
張九鉞 《紫峴山人全集》 文集卷十一		(3) 神道碑 (4) 中憲大夫河南糧鹽道荷池劉公神道碑銘（代）

續表

作者/文獻	版本	用　　例
張九鉞《紫峴山人全集》外集卷四	清咸豐元年張氏賜錦樓刻本	(5) 碑之用：碑之用，古有三：一為麗牲之碑。《禮・祭義》：君牽牲，既入廟門，麗于碑。《疏》：君牽牲，入廟門，繫著中庭碑也。一為識日影之碑。陳用之曰：公食大夫禮，庶羞陳於碑池，庭實陳於碑外。《燕禮》《聘禮》皆云：賓自碑內聽命。又《士昏禮》：賓入廟門鄉飲酒，賓入庠門鄉射，賓入序門，皆有當碑揖，則諸侯大夫士之宮皆有碑。鄭氏曰：宮必有碑，所以識日影，引陰陽是也。一為引棺之碑。《檀弓》：公室視豐碑。註：豐碑，斲大木為之，形如石碑，於槨前後四角樹之，穿中於間為鹿盧，下棺以綍繞。《釋名》云：碑，蔽也。本王莽時所設，施其轆轤，以繩被其上，以引棺也。臣子追述君父之功美，以書其上，後人因焉，無故建於道陌之頭，顯見之處，名其文就謂之碑耳。徐鉉曰：古宗廟立碑，以繫牲耳。後人因於其上紀功德。又劉熙言：葬時所設者，蓋今《神道碑》是也。愚按：文內廟碑，宜用麗牲之碑。宮室碑，宜用測影之碑。《神道碑》，宜用引紼之碑。嘗見前輩概用麗牲碑，蓋未確考而誤用耳。

表二千零二十九

作者/文獻	版本	用　　例
張烈《讀易日鈔》卷三	清文淵閣四庫全書本	(1) 觀天之神道，而四時不忒。聖人以神道設教，而天下服矣。(觀，平聲。) (2) 夫以不薦示人，而人自化。由是知觀之，為道不疾而速，不言而喻，葢神道也。試觀天之神道乎？四時順布，不知誰為之序，而自然不忒，何其神也！聖人之設教亦然，欲以中正之道設為教令，而不事乎政刑聲色之末也。即以天之神道設教，篤恭不薦之誠，一如天之无聲无臭焉。天下日覩其誠敬，固已心折神融而樂趨于中正之教矣。觀之道極言之，至於神而後盡，不神不足為觀也。

表二千零三十

作者/文獻	版本	用　　例
張沐《周易疏略》周易上經二	清康熙刻本	(1)《彖》曰：大觀在上，順而巽，中正以觀天下。觀，盥而不薦，有孚顒若，下觀而化也。觀天之神道，而四時不忒。聖人以神道設教，而天下服矣。 (2) 觀之感人如此，則觀者乃天之神道也。天以日月星辰垂象，可觀而不可即，而四時之化生長收藪，自不至於差忒。聖人大觀在上，順巽，中正以觀天下，是以天之神道設教也。令天下可觀而不可即，觀感而自服其化，其化不亦神乎？

表二千零三十一

作者/文獻	版本	用　例
張穆《閻潜丘先生年譜》	清道光二十七年壽陽祁氏刻本	(1)《南雷文定参議閻公神道碑》：其先太原人，至公之祖雙溪徙於淮右。 (2)《南雷参議公神道碑》：雙溪四子，而覺吾以明經為上猶掌故，惠吾以舉人為狄道令，公則覺吾之長子也。 (3)《南雷文定参議閻公神道碑》：公字伯登，號磻磋。登萬歷甲辰進士第，授湖州府推官。湖濱巨浸，多盜賊，治以嚴苛始辦。公奉職循理，解其繁密，民甚便之。 (4)閻詠題記：右三十八字乃尚書親筆，常熟毛黼季扆以視徵君，且曰：盍摹勒諸卷首。徵君欣然如其請，蓋徵君曾兩遣人至鄞縣，訪其裔孫，求《行狀》《墓銘》《神道碑》，以補《宋史·列傳》之略不可得。又欲繪其遺像，亦不可得。今存其手蹟，猶前志也。閻詠臨并記。 (5)案：鹿園公，九沙高祖也。全謝山《九沙神道碑》：公先世，凰陽府定遠縣人。 (6)先生患痘頗危，及脫痂，左目爲眇。（元譜謙案：全謝山《神道表》謂先生雙瞳子中白而邊黑，見者異之，不言眇也。或有雲翳，未可知。弟元譜係衍生所作，不應有誤，故仍之。） (7)又云“東浮大海難復難，不如歸去持漁竿”，以明決不宜往之意。《神道表》以為“幾豫吳勝兆之禍，欲赴海上，道梗不前”者，似未知先生之意也。 (8)春至金陵，卜居神烈山下。（元譜穆案：《神道表》：先生僑居神烈山下，徧游沿江一帶，以觀舊都畿輔之勝。） (9)《神道表》：獄日急，有為先生求救於某公者，某欲先生自稱門下而後許之，其人知先生必不可，而懼失某公之援也，乃自書一刺與之，先生聞之，急索刺還，不得，列揭於通衢以自白。某公亦笑曰：甯人之下也！ (10)二月，至昌平，再謁天壽山，入都。六月，仍赴山東。秋，南歸，過六合，抵金陵，七謁孝陵。（元譜《徐譜神道表》云：既謁長陵，念江南山水有未盡者，復歸，六謁孝陵。作詩云“問君何事三千里，春謁長陵秋孝陵”是也。穆案：先生實七謁孝陵，《表》云“六謁”誤。） (11)三月，出關，作嵩少之游。（元譜穆案：《金石文字記》《開母廟石闕記》：今在嵩山啟母廟南。歲屠維協洽暮春，余親至廟下，視此石闕云云。又有《嵩山太室神道石闕銘》云：在登封縣中岳廟南百餘步。又有《少室神道石闕銘》云：在登封縣西十里邢家鋪西，距少室山尚十餘里。）

續表

作者/文獻	版本	用　　例
張穆 《㕫齋詩文集》 文集卷四	清咸豐八年祁寯藻刻本	(12) 又一札云：承委《文襄公神道碑銘》，當謂《紫恆靳公集》中有《靳文襄墓志》是也。惟札云：《神道集》作《墓志》，似不相應。然玩所作志文，自是碑體，非志體。達於文例者，自能辨之。末三稿爲致其鄉官之札，殆卽修《新城縣志》之崔黍谷耶。
張穆 《蒙古遊牧記》 卷八	清同治祁氏刻本	(13) 斯言得之元遺山《劉氏先塋神道碑》：城和林，起萬安之閣。

表二千零三十二

作者/文獻	版本	用　　例
張南莊 《何典》 卷一	清申報館叢書本	(1) 形容鬼便道：雖說是要養好兒三十前，你們兩個尚不至七老八十，要兒子也養得及，愁他則甚？前日我們那裏來了一個新死亡人，他說陽間有什麽求子之法：倘然沒有兒子，只消到養家神道面前燒炷香，舍個數，便即生子，真是如應如響的。姐夫何不去試他一試？活鬼道：那裏有這話？神道豈是來替人養兒子的？ (2) 形容鬼便踏上階沿去，推開廟門，看是甚麽神道？只見中間塑著個鏖糟彌陀佛，落開那張頭死嘴，凸出了寬急肚皮，眉花眼笑的坐在上面；兩旁塑著四個杉木金剛。 (3) 一路數去，只見那尊神道鬼眉鬼眼，甚覺難看，便問道：這可是救命王菩薩麽？和尚道：不是，這叫做摩化煞神君！ (4) 可煞作怪：是夜雌鬼便捏鼻頭做起夢來。夢見一家神道，領著一個行當小夥子，走進房中，對著雌鬼道：感汝夫妻求子虔誠，今特賜汝一子，乃陽間白面書生下降，將來後福非凡。汝可用心保護。 (5) 活鬼道：既是天尊顯聖，將來生子是十拿十穩的了。但不知這尊神道是甚麽模樣的。雌鬼道：我也看不仔細，只見他眉毛打得結著。
張南莊 《何典》 卷二		(6) 中間大殿上，也塑三位天尊。因夢中送子來的是苦惱天尊，故把他塑在劈居中。上首塑了窮極無量天尊，下首塑了逍遙快樂天尊。那些相貌裝束，都照依孟婆莊那裏一樣。山門裏塑個遮眼神道，一隻眼開一隻眼閉的，代替了懊躁彌陀佛。

表二千零三十三

作者/文獻	版本	用　例
張能鱗 《儒宗理要》 張子卷二	清順治刻本	(1) 天不言而四時行，聖人神道設教而天下服。誠於此，動於彼，神之道歟!(成變化，行鬼神。成、行，陰陽之氣而已矣。韓本有此一段。)
張能鱗 《儒宗理要》 二程子卷一		(2) 臣料陛下仁孝，豈忍如斯。皆由左右之臣不能爲陛下開明此理，在於神道不遠人情。故聖人謂事死如事生，事亡如事存。設如仁廟在位，濮王豈不惻懼? 是必君臣兄弟立致釁隙，其視陛下當何如也? 神靈如在，亦豈不然? 以此觀之，陛下雖加名稱，濮王安肯當受?

表二千零三十四

作者/文獻	版本	用　例
張佩綸 《澗于集》 文卷上	民國十五年澗于草堂刻本	(1) 資政大夫二品頂戴大理寺卿軍機處行走朱公神道碑

表二千零三十五

作者/文獻	版本	用　例
張琦 《素問釋義》 卷四	清道光宛鄰書屋刻本	(1) 先項背痛者，先刺之。(在項者，風池、風府。在背者，大杼、神道。) 先腰脊痛者，先刺郄中出血。先手臂痛者，先刺手少陰、陽明十指間。
張琦 《素問釋義》 卷六		(2) 大椎以下至尻尾及傍十五穴。(大椎、陶道、身柱、神道、靈臺、至陽、筋縮、中樞、脊中、懸樞、命門、陽關、腰俞、長强、會陽也。會陽二穴屬足太陽，在尻尾兩傍，故曰及傍。然連會陽，則十六穴。)

表二千零三十六

作者/文獻	版本	用　　例
張謙宜《絸齋論文》卷三	清乾隆二十三年法輝祖刻家學堂遺書二種本	（1）銘有二種：有物上所刻，有石上所刻。著於物者，借以自警之詞，苟日新其最先者矣。……墟墓之文，略有四等：誌埋壙中，表立墳左，《神道碑》立堂局前，墓道碑在總路口。大書某人之墓，竪墓前。又有祠堂碑、紀功碑、修堤建城碑，不在此例。其有韵言與否，各從文便。

表二千零三十七

作者/文獻	版本	用　　例
張澍《蜀典》卷四	清道光武威張氏安懷堂刻本	（1）麗肱：《碑目考·漢涪陵太守麗肱闕》：肱，麗士元之子。後帝時，嘗爲涪陵太守。淳熙中，賢良任子宜舟過涪陵，于民家見《漢隸》隱然，遂載以歸。《碑》在左綿任賢良家。桉：《麗統傳》：統子宏，字巨師。……《隸續》云"漢故涪陵太守昌陽麗厷神道"十二字，今在資州。
張澍《續黔書》卷一	清嘉慶刻本	（2）若近日所傳地獄之説，感應之書，則佛氏因果之旨也。聖王御世，納民軌物，克迪棐常，彝倫攸敍，範其衺志，敬之遠之，莫不灼然於鬼神之故，而其鬼亦遂不神，是卽所謂神道設教也，而豈聽命之云哉？
張澍《養素堂文集》卷八	清道光刻本	（3）菩薩、羅漢亦千百，其形有乾寧三年、四年造者，有王建永平時造者、天漢時造者，有孟知祥乾德時造者，有孟昶明德廣政時造者，有宋咸平、紹興、乾道、元祐、大觀、淳熙、淳化、嘉泰時造者。一洞甚空濶，就山刻碑形，乃《上柱國天水郡開國矦食邑一千三百戶食實封三百戶贈右銀青光祿大夫謚懿簡公趙瞻神道碑》，篹文者爲左朝散郎試尚書禮部侍郎兼侍講范祖禹，書並篆額者爲左朝散郎龍圖閣待制知永興軍府事蔡京。
張澍《養素堂文集》卷十二		（4）余游北山，見《趙懿簡公神道碑》。洞內外石壁，悉鐫《古文孝經》，字徑二寸許，勁健有骨。召工搨之。

續表

作者/文獻	版本	用　例
張澍《養素堂文集》卷十八	清道光刻本	(5) 書楊侍中文父神道碑後
張澍《養素堂文集》卷十九		(6) 書唐東平太守章仇糸素神道碑後 (7)《書趙瞻神道碑後》：校：《宋史本傳》：瞻，字大觀，鳳翔盩厔人。舉進士，以太常博士知威州。瞻以威、茂雜羣獠，險而難守，不若合之而建郡於汶川，條著其詳，爲《西山別錄》。後熙寧中，朝廷經理西南，就瞻取其書考焉。歷官樞密院事。謚懿簡。其言與《神道碑》同，但《碑》言：元祐五年三月丙寅，公薨。諸孤奉喪歸盩厔，詔遣使護之。其年九月壬午，葬孟兆社先塋。則懿簡之墓，宜在陝西。不知昌州何以有《神道碑》。且《碑》亦未言爲昌州，或其子有爲昌州守者，乞淳夫文刻於此，亦未可知。考蔡京于元祐四年知永康軍，則其《碑》立于七年五月，宜在此時書也。《容齋四筆》云：《倉州小集》有元祐中奏稿云：臣近準敕差篹《故同知樞密院事趙瞻神道碑并書》者，臣平生本不爲人篹行狀、埋銘、墓碑，士大夫所共知。伏望聖慈別擇能者，特許辭免。是蘇氏不肯篹，而淳夫爲作之也。而《蒼潤軒碑跋》云：宋蔡京正書《集賢趙大觀神道碑》，此乃黄美之故物。
張澍《養素堂文集》卷二十三		(8) 擬鄭相國僑神道碑銘（有序）
張澍《養素堂文集》卷三十四		(9) 昔蘇公罹暴辛之讒，則“出三物以詛爾”；斯屈平遭椒蘭之嫉，則“告五帝以折中”；命咎繇而聽直，何况於里巷之人乎？余曰：惠吉逆凶，福善禍淫，經有明訓矣。若近曰所傳地獄之說，感應之書，則釋氏因果之旨也。聖王御世，納民軌物，克廸彝常，彝倫攸敘，範其衺志，敬之遠之，莫不灼然於鬼神之故，而其鬼亦遂不神，是即所謂神道設教也，而豈聽命之云哉？

表二千零三十八

作者/文獻	版本	用　例
張四科《寶閑堂集》卷二	清乾隆二十四年刻本	(1)《高冢歎》：路傍高冢葬者誰，前朝大老聲名垂。秘器曾蒙恩寵浩，寒食今看子孫少。已聞神道屬他人，定識壘壘終不保。嘗時謁徧形家言，地靈盡謂鍾千年。豈知貴盛不長久，自古誰能料身後。行人對此歎未已，隔林又見新阡起。

表二千零三十九

作者/文獻	版本	用　　例
張廷樞《崇素堂詩稿》卷二	清乾隆三十九年吉大泰等刻本	(1)《送神道嶺趙遊擊》：久茂師中績，新邀閫外榮。時清枹鼓息，山靜獵騎鳴。松月澄蓮幕，谷風厲角聲。興來登眺處，饒有庾公情。

表二千零四十

作者/文獻	版本	用　　例
張廷玉《澄懷園文存》卷十一	清乾隆間刻澄懷園全集本	(1) 光禄大夫太子太師文華殿大學士兼吏部尚書謚文端田公神道碑銘 (2) 資政大夫吏部右侍郎署直隸總督加贈禮部尚書謚端簡何公神道碑銘 (3) 資政大夫吏部左侍郎加尚書銜致仕李公神道碑銘 (4) 通奉大夫經筵講官禮部侍郎梁村蔡公神道碑銘
張廷玉《皇清文穎》卷首十九	清文淵閣四庫全書本	(5)《讀范文正公神道碑用宋陳傅良原詠韻》：入夏南風薰，花木圍我廬。我廬何所有，插架古人書。希文古大臣，不與伊葛殊。特達圭璋器，心跡天日如。今讀神道碑，更識為名儒。中庸賴公顯，程朱繼其餘。廟堂而江湖，憂樂與民俱。天章十條陳，忠懇豈區區。仁宗稱賢主，郅理亦可期。參政僅九月，不及大有為。徒令范老子，聲名播荒陲。
張廷玉《皇清文穎》卷四十四		(6) 翳名山而獨占兮，崖秘魔以高憑。解旱魃之倒懸兮，沛靈雨於雙青。何龍湫之莫測兮，神道力於盧僧。蹈石屑而西步兮，壓烟巒以萬層。豁平坡於山坳兮，留雙屐而暫停。耀夜光於寶洞兮，復照岩而珠明。住濟勝以徜徉兮，更窮探乎瀴溟。
張廷玉《也足山房尤癯稿》卷三	明崇禎刻本	(7)《過沙河見孟嘗君神道及養士處二碑擬作》：鹿走中原七國棼，翩翩雅重孟嘗君。桑蓬懸户當佳節，珠履盈軒亦義聞。獨是出關鷄犬夜，何如救趙虎符軍。龜頭有士宜參想，那與田横照紫氛。

續表

<table>
<tr><th>作者/文獻</th><th>版本</th><th>用　　例</th></tr>
<tr><td>張廷玉
《明史》
卷四十七</td><td rowspan="4">清乾隆武英殿刻本</td><td>（8）壇壝之制：明初，建圜丘於正陽門外，鐘山之陽，方丘於太平門外，鐘山之陰。……南為石門三洞以達大祀門，謂之內壇。外周垣九里三十步，石門三洞南為甬道三：中神道，左御道，右王道。道兩旁稍低，為從官之地。齋宮在外垣內西南，東向。其後殿瓦易青琉璃。二十一年，增修壇壝，壇後樹松柏，外壝東南鑿池二十區。冬月伐冰藏凌陰，以供夏秋祭祀之用。成祖遷都北京，如其制。</td></tr>
<tr><td>張廷玉
《明史》
卷五十二</td><td>（9）羣臣家廟：明初未有定制，權倣朱子祠堂之制，奉高曾祖禰四世神主，以四仲之月祭之，加臘月忌日之祭與歲時俗節之薦。其庶人得奉祖父母、父母之祀，已著為令。至時享於寢之禮，畧同品官祠堂之制。……成化十一年，祭酒周洪謨言：臣庶祠堂神主，俱自西而東。古無神道尚右之說，惟我太祖廟制，合先王左昭右穆之義。宜令一品至九品，皆立一廟，以高卑廣狹為殺。神主則高祖居左，曾祖居右，祖居次左，考居次右。帝下禮臣參酌更定。</td></tr>
<tr><td>張廷玉
《明史》
卷六十</td><td>（10）謁祭陵廟：洪武元年三月，遣官致祭仁祖陵。二年，加號英陵。禮部尚書崔亮請下太常行祭告禮。博士孫吾與言：山陵之制，莫備於漢，初未有祭告之禮。蓋廟號、陵號不同。廟號易大行之號，必上冊謚，告之神明，陵號則後嗣王所以識別先後而已，願罷英陵祭告。……諸陵俱殿五間，配殿五間。門外神庫或一或二，神廚宰牲亭，有聖蹟碑亭。諸陵碑俱設門外，率無字。長陵迤南有總神道，有石橋，有石像人物十八對，天柱四，石望柱二。長陵有《神功聖德碑》，仁宗御撰，在神道正南。南為紅門，門外石牌坊二。門內有時陟殿，為車駕更衣之所。永陵稍東有感思殿，為駐蹕之所。殿東為神馬廠。
（11）碑碣：明初，文武大臣薨逝，例請於上，命翰林官製文，立《神道碑》。惟太祖時中山王徐達、成祖時榮國公姚廣孝及弘治中昌國公張巒治先塋，皆出御筆。其制自洪武三年定。五品以上用碑，龜趺螭首。六品以下用碣，方趺圓首。五年，復詳定其制。</td></tr>
<tr><td>張廷玉
《明史》
卷一百二十五</td><td>（12）十七年，太陰犯上將，帝心惡之。達在北平病背疽，稍愈，帝遣達長子輝祖齎敕往勞，尋召還。明年二月，病篤，遂卒，年五十四。帝為輟朝，臨喪悲慟不已。追封中山王，謚武寧，贈三世皆王爵。賜葬鍾山之陰，御製《神道碑文》。配享太廟，肖像功臣廟，位皆第一。</td></tr>
</table>

續表

作者/文獻	版本	用　　例
張廷玉 《明史》 卷一百四十五	清乾隆武英殿刻本	(13) 問所欲言，廣孝曰：僧溥洽繫久，願赦之。溥洽者，建文帝主錄僧也。初，帝入南京，有言建文帝為僧遁去，溥洽知狀，或言匿溥洽所。帝乃以他事禁溥洽。而命給事中胡濙等徧物色建文帝，久之不可得。溥洽坐繫十餘年。至是，帝以廣孝言，卽命出之。廣孝頓首謝。尋卒。帝震悼，輟視朝二日，命有司治喪，以僧禮葬。追贈推誠輔國協謀宣力文臣、特進榮祿大夫、上柱國、榮國公，謚恭靖。賜葬房山縣東北，帝親製《神道碑》誌其功。官其養子繼尚寶少卿。
張廷玉 《明史》 卷一百四十七		(14) 陛下天資至高，合於道微。神怪妄誕，臣知陛下洞矚之矣。然猶不免所謂神道設教者，臣謂不必然也。一統之輿圖已定矣，一時之人心已服矣，一切之姦雄已慴矣。天無變災，民無患害。聖躬康寧，聖子聖孫繼繼繩繩，所謂得眞符者矣。何必興師以取寶為名，諭眾以神仙為徵應也哉？
張廷玉 《明史》 卷一百九十六		(15) 四年冬，《大禮集議》成，進詹事兼翰林學士。後議世廟、神道、廟樂、武舞及太后謁廟，帝率倚璁言而決。璁緣飾經文，委曲當帝意，帝益器之。
張廷玉 《明史》 卷二百二十		(16) 其夏，雷火燬祖陵明樓，妖蟲蝕樹，又大雨壞神道橋梁。帝下詔諮實政。世卿上疏曰：今日實政，孰有切於罷礦稅者！古明主不貴異物，今也聚悖人之財，斂蒼生之怨，節儉之謂何？是為君德計，不可不罷者一。
張廷玉 《明史》 卷二百九十九		(17) 周述學，字繼志，山陰人。讀書好深湛之思，尤邃於曆學，撰《中經》。用中國之算，測西域之占。又推究五緯細行，為《星道五圖》，於是七曜皆有道可求。與武進唐順之論曆，取歷代史志之議，正其訛舛，刪其繁蕪。又撰《大統萬年二曆通議》，以補歷代之所未及。自曆以外，圖書、皇極、律呂、山經、水志、分野、輿地、算法、太乙、壬遁、演禽、風角、鳥占、兵符、陣法、卦影、祿命、建除、葬術、五運六氣、海道鍼經，莫不各有成書，凡一千餘卷，統名曰《神道大編》。
張廷玉 《明史》 卷三百二十五		(18) 浡泥，宋太宗時始通中國。洪武三年八月，命御史張敬之、福建行省都事沈秩往使。自泉州航海，閱半年抵闍婆，又逾月至其國。……十月，王卒於館。帝哀悼，輟朝三日，遣官致祭，賻以繒帛。東宮親王皆遣祭，有司具棺槨、明器，葬之安德門外石子岡，樹碑神道。又建祠墓側，有司春秋祀以少牢，謚曰恭順。

續表

作者/文獻	版本	用　例
張廷玉《通鑒綱目三編》卷二	清文淵閣四庫全書本	(19) 太傅魏國公徐達卒。(達言簡慮精，屡为大将。善拊循，與下同甘苦，士無不感恩效死。……帝嘗稱之曰：受命而出，成功而旋，不矜不伐，婦女無所愛，財帛無所取，中正無疵，昭明乎日月，大將軍一人而已。……追封中山王，謚武寧。賜楚鐘山之陰，御制《神道碑文》紀其功。子輝祖嗣爵。)

表二千零四十一

作者/文獻	版本	用　例
張維屏《國朝詩人徵略二編》卷十五	清道光二十二年刻本	(1) 全謝山撰公《神道碑》，謂公惓惓於斯世斯民。謝山，誠知公者。然公嘗欲禁酒，又欲禁淡巴菰。若行此二禁，必大擾民，所以知古又貴知今也。(《松軒隨筆》)
張維屏《國朝詩人徵略》卷二十四	清道光十年刻本	(2) 公白晳少鬚麋，豐頤大口，聲清揚遠聞，著體紅瘢如硃砂，目秀而慈，長寸許。釋褐五年，即任封疆年三十餘，遇事鏡燭犀剖，和顔接物。袁簡齋撰《神道碑》所述如此。余從公第十三公子蕉園宫保衙齋獲瞻公遺像，穆然想見休休有容之度焉。(《聽松廬文鈔》)
張維屏《國朝詩人徵略》卷三十	清道光十年刻本	(3) 孫淵如謂其《神道碑》《墓志銘》諸文，紀事多失實（同上)。
張維屏《國朝詩人徵略》卷四十七	清道光十年刻本	(4) 題司馬文正公神道碑拓本（《七古》)
張維屏《國朝詩人徵略》卷四十八	清道光十年刻本	(5)《史記》《漢書》有排比數千言者，其後必大震蕩之。東坡《司馬公神道碑》，虛在前，實在後。所以如此者，因一切相業不足以盡，文正故竭力推闡在前，後列數大事止。間間指示，如大虛中浮雲。此文正人之大，東坡手筆之大也。(同上)

表二千零四十二

作者/文獻	版本	用　　例
張我觀《覆甕集》卷五	清雍正四年刻本	(1) 復又查，丈南街各民居，拆存地基，西自舖衖，東至神道衖，挂號丈之，其間少數尺至一二三弓不等，不獨少范巨卿一姓亏口也。

表二千零四十三

作者/文獻	版本	用　　例
張夏《雒閩源流録》卷十二	清康熙二十一年黄昌衢彝叙堂刻本	(1) 長洲姚希孟入朝，過錫山，先生登舟送之，曰：公行矣。好語諸公宜思其大者，請信邸出閣講學，此今日根本計也。未幾，憙廟賓天，思陵繼統，竟除閹禍，若出成算。希孟作《神道碑》，始表出之。凡先生之善，人不能悉知，多此類也。

表二千零四十四

作者/文獻	版本	用　　例
張行言《聖門禮樂統》卷三	清康熙四十一年萬松書院刻本	(1) 丘瓊山曰：此顏曾思孟配享之始。又曰：古者祭祀，几筵在西，神皆東向。漢武帝幸魯祠，帝升廟，西面再拜。《唐開元禮》亦謂“先聖東向，先師南向，三獻官皆西向”，猶有古意。自尊孔子為王之後始改從南面而配位則西向，獻官序立東廡之前而行禮，執事者升降必由東階，以神道向右，西乃迎送神之所，避右不敢當尊故也。
張行言《聖門禮樂統》卷四		(2) 洪武初，司業宋濂上《孔子廟堂議》，略曰：世之言禮者，皆出於孔子。不以禮祀孔子，褻祀也。古者主人西向，几筵在西也。漢章帝幸魯祠孔子，帝西向再拜。《開元禮》“先聖東向，先師南向，三獻官西向”，猶古意也。今襲開元二十七年之制，遷神于南面，而行禮者北面，已非神道尚右之義矣。古者造木主以棲神，天子、諸侯廟皆有主，大夫束帛，士結茅為菆，無設像之事。今因開元八年之制，摶土而肖像焉，則失神而明之之義矣。

續表

作者/文獻	版本	用　　例
張行言《聖門禮樂統》卷十五	清康熙四十一年萬松書院刻本	(3) 朝議瑄直恭慕古，談道淑徒，可謂文矣。進退以正，歸潔其身，可謂清矣。追贈禮部尚書，謚曰文清。監丞閻禹錫狀其行，少保李賢為《神道碑》。憲宗成化元年，監丞李紳首請公從祀孔廟，劉文安公繼請。孝宗弘治九年，令春秋專祀于鄉。穆宗隆慶五年，詔從祀孔子廟庭。稱先儒薛子國，朝因之。(《理學名臣錄》《文清公行狀》《明朝通紀》《神道碑》《文集序》。)
張行言《聖門禮樂統》卷二十四		(4) 防山，在縣東二十里高三里，峰如筆牀。《記》云：孔子父母合葬於防此也。墓前有齊國公廟，廊廡重門俱備。金明昌甲辰，衍聖公元措立石，表其神道。永樂間，知縣希範碑記。

表二千零四十五

作者/文獻	版本	用　　例
張塤《竹葉庵文集》卷十七	清乾隆五十一年刻本	(1) 二闕二神道，先王而後沈（交阯都尉沈君）。洪相遞編次，攟拾感餘瀋。成都道涂遠，捆載難九甚。連夕酒琖多，今晨喜鵲諗。招要看蜀碑，嶄然漢人鋟。蟫聯十五字，九字尚可審（漢故兗州刺史雒陽令）。蜀山萬里秀，筆法一行稟。孤墳二千年，流光動驚諗。雊雉邊三匝，大錢受一品。一縣一循吏，百姓帖安寢。烏虖王稚子，幾人能接衽。天子獎璽書，田禾樂大稔。郅都甯成輩，那得譱制錦。請觀石闕文，陽和散寒噤。闕頭刻車馬，生氣鎮凜凜。庶不負茂才，而以糜祿廩。賤子癖金石，詫爲鴻寶枕。銀蟾上窗閣，梅花伴碑飲。(右石闕)

表二千零四十六

作者/文獻	版本	用　　例
張蔭桓《三洲日記》卷五	清光緒刻本	(1) 二十日癸卯，晴。美兵部署中，有大木一枚，質極堅實，而四圍皆孔。南北花旗爭戰時，此樹在威氊拏省，兩兵交接，樹當其衝，受槍彈密如蜂房。停戰後，乃伐，置於兵部署，以示血戰之苦。此時，南北混壹，亦習而忘之耳。南北分黨，祇教堂不分耶穌、神道，莫或使之歟？法總統已舉定嘉勞，不知能終任否？
張蔭桓《三洲日記》卷七		(2) 二十二日丁卯，晴。埃及石碑從英文譯出，該國祠官頌國王多尼微第三及王后毗連力竒功德而立，大致以王崇信神道，祀事豐潔，此西俗信教之常。然其頌王克服波斯，迎回神像，荒年購糧食賑濟，此則武功仁術有可嘉者。

表二千零四十七

作者/文獻	版本	用　　例
張英《淵鑒類函》卷一	清文淵閣四庫全書本	(1) 觀道。(又云：觀天之神道，而四時不忒。)
張英《淵鑒類函》卷四十一	清文淵閣四庫全書本	(2) 庾闡《虞舜像贊》(并序) 曰：夫至道元妙，非器象所載；靈化潛融，非軌迹所傳。故道資沖樸，則謂之三皇；德被羣生，則號稱舜禹。是以先王因其會通，制為準極。功格於天，則配於上帝；法施於民，則載在祀典。然後名教彰於至治，王道煥乎無窮，故茲堂之構也，有自來矣。……遂乃顯圖靈像，廓其廟壇。俾天光焜於宇宙，南風散乎五弦。豈謂神道之妙，可寄之於有涯哉？蓋亦暢悠悠者之心也。其辭曰：元像焜燿，萬物含靈。飛龍在天，陽德文明。神道雖寂，務由機生。擁琴高詠，寄和五聲。元風既暢，妙盡無名。民鑒其朗，孰測窈冥。
張英《淵鑒類函》卷四十三	清文淵閣四庫全書本	(3) 又 (闕撰人姓名)《穆帝哀策文》曰：欽明文思，允恭克讓。忽若布衣，忘其矜尚。體有示無，德充神王。冕旒兩楹，委政元輔。內倚公旦，外仗尚父。郁哉惟文，赫斯惟武。西廓岷河，北清伊渚。園陵聿修，舊京式叙。方振長彗，風埽天宇。休牛歸馬，卷旗臥鼓。俾我蒸民，擊壤容與。昊天不弔，奄背率土。哀同遏密，痛方割鉅。日月不居，神道之幽。三辰吉良，五謀同休。祖載華庭，晏駕崇丘。俯執饋奠，仰攀龍輈。岌岌黼翣，飄飄素斿。感想平昔，人懷崩抽。號聲如震，洒涕成流。
張英《淵鑒類函》卷四十四	清文淵閣四庫全書本	(4) 朱敬則《魏武帝論》曰：皇漢失圖，網漏讒慝；賊臣承間，摇蕩宸居。於是九州幅裂，四海横流，釋位勤王，天下雲集。曹公明鋭權略，神變不窮，兵折而意不衰，在危而聽不惑，臨事決機，舉無遺悔，近古以來，未之有也。雖復名微衆寡，地小力窮，官渡受圍，濮陽戰屈。然天下精明之士，拓落之材，趨若百川之宗巨海，遊塵之集高微。故有荀彧、郭嘉、邢顒、程昱、賈詡、朱雲等，或斂風長感，或一見盡愫。然後覽英雄之心，驅熊羆之勇，挾天子以崇大順，扶幼主而顯至公。旌賁忠良，芟夷叛逆，神道輔德，百姓與能，武功赫然，霸業成矣。
張英《淵鑒類函》卷四十五	清文淵閣四庫全書本	(5) 宋顔延之《武帝謚議》曰：以為聖哲同風，功美殊稱。蓋出乎道者無方，故刑於物者不一。伏惟道塞人神，信通期運，愛敬所稟，因心則遠，英粹之照，正性自天。……斥堠之所未羈，亭徼之所不譯。莫不飾誠請罪，款塞来賔，故能灑埽中嶽，致廟九山，神道會昌，竇命既集，損之而益，後身愈先。既而儀形帝載，揖讓天歷，改玉乎文祖，班瑞於神宗。貫革寢機，文武播笏。故宸居兩楹，坐一八表，國訓成均之學，家沾撫辜之仁。大美配天，必終之以儉德。道固萬葉，猶申之以話言。允所謂教思無窮，樹之長世，取高上代，顧邈前王矣。

續表

作者/文獻	版本	用　　例
張英 《淵鑒類函》 卷四十六		(6) 王勃《九成宮頌序》曰：國家梯霄架極，罄域裁基。纂高丘白雲之脽，鬱函都紫氣之兆。宸扉既闢，一宇宙而來王；聖籙潛躋，貳乾坤而作帝。高祖天旗夜立，制黃鳥而九驅；太宗日馭晨飛，騄綠蟠而首出。……故夫含吐萬物，至功也；制平八表，大業也；一陰一陽，神道也；乃文乃武，聖圖也。用能使天不愛寶，地不藏珍，日月五行，風雲四序。……功宏事畢，狹廣宙而三遷；風舉雲搖，歷神都而一憩。考遺基於汶上，稽故典於淹中。光總章之瑞紀，嗣乾封之寶歷。
張英 《淵鑒類函》 卷五十三		(7)（原）神教。（聖人以神道設教，而天下服。） (8)（原）聖人以神道設教（詳帝治）。先王觀民設教（《易》）。風以動之，教以化之。
張英 《淵鑒類函》 卷五十八	清文淵閣四庫全書本	(9)（原碑）魏溫子昇《常山公主碑》：啓泰微之層構，闢閶闔之重扉，據天下以為家，苞率土而光宅。然則昆山西峙，爰有夜光；漢水東流，是生明月。公主稟靈宸極，資和天地，芬芳有性，溫潤成質。自然秘遠，若上玄之隔絳河；直置清高，類姮娥之依桂樹。令淑之至，比光明于宵燭；幽閑之盛，匹穠華于桃李。託體宮闈，而執心撝順，婉然左辟，率禮如賓。舉華燭以宵征，動鳴珮而晨去，致肅雍于車乘，成好合于琴瑟，立行潔于清冰，抗志高于黃鵠，停輪表信，闔門示禮，終能成其子姓，貽厥孫謀。而鐘漏相催，日夜不息，川有急流，風無靜樹。奄辭身世，從宓妃于伊洛；遽捐館舍，追帝子于瀟湘。銘曰：龍轡莫援，日車遂往，奄離形神，忽歸丘壤。祖歌薤露，出奏巫山，永厝中野，終掩窮泉。蕭瑟神道，荒涼墓田，松槚徒列，琬琰空傳。
張英 《淵鑒類函》 卷六十		(10)（增）唐張説《贈陳州刺史義陽王神道碑》曰：昔高祖之起唐侯，革隋命；太宗之威四海，正萬邦：作藩帝家，用建王國。二十一族，堯之昭也；十有一宗，文之穆也。王諱琮，字某，文帝之孫，紀王之子。龍種異品，鳳毛秀色，仁義天啓，德威日就，學無不探，藝無不究。……銘曰：高邱白雲，惟堯大理。函谷紫氣，維周柱史。百代福流，千齡運起。富有海内，貴為天子。聖帝才子，于穆紀王。賢王祚胤，倬哉義陽。慎徽九德，九德有常。……哀哀孝子，眷眷靈夢。語妙常閤，文微甄仲。南洛占從，東洲億中。舊穸移匾，新棺改䀹。既克返葬，亦祔山陵。卜云其吉，神心允憑。人非地是，跡謝名稱。青青松柏，不顯不承。

續表

<table>
<tr><th>作者/文獻</th><th>版本</th><th>用　例</th></tr>
<tr><td>張英
《淵鑒類函》
卷六十二</td><td rowspan="3">清文淵閣四庫全書本</td><td>(11)（增銘）唐張說《梁國公姚崇神道碑銘》曰：源深自虞，派別從吳。避地魯陝，居家洛都。神明遠契，岳瀆冥符。翊聖斯偶，生賢不孤。仁將勇濟，孝與忠俱。學刃攢植，文鋒迅驅。……鐫金刻石，鳳篆龍圖。七曜光動，三泉澤濡。銓能敘事，理鬱詞敷。求舊銘實，慙殫叵蕪。緬思雲霧，尚想江湖。有道之德，其何以踰。延陵之墓，空此嗚呼。存歿終始，遐哉邈乎。</td></tr>
<tr><td>張英
《淵鑒類函》
卷六十三</td><td>(12) 又權德輿《贈太師崔倕神道碑銘》曰：奕奕四姓，崔為之冠。瞻其門牆，倬若雲漢。善積家肥，子孫多才。如彼榱棟，必生徂徠。太公之後，彌二千祀。炯如貫珠，焯見圖史。……昔為甲族，今為興門。天爵人爵，蔚然而尊。先德陰之，默如垂雲。孕和含粹，濯潤本根。景亳之原，圖書之川。陽陵帝壇，磅礴迴環。世安其神，世嗣其賢。聆德風者，拜於碑前。
(13)（增）權德輿為《太子太傅貞獻趙憬神道碑》曰：公保抱之歲，生知色養，羈冠之年，則無幼志。及夫被儒服，蹊法言，敬直而文，肅莊而温。端誠博物，錯綜古今，非大中至正，不接于心術。
(14)（增碑）唐蘇頲《右僕射太子少師唐璿神道碑》曰：於戲！惟公浚明前典，允廸古訓，總而成之。入則獻規，出不言政，石建、孔光之比；洊勝千里，通知四夷，子房、充國之亞。……昔禽息進里奚於秦，而穆公之政厚；虞邱進叔敖於楚，而莊王之力霸：故有世祝而代禄焉。則我師臣計功，肴子私風，小彼秦楚之事，大哉韋平之烈。謀可久者，敢作銘曰：稽古陶唐，惟帝之初。遷虞事夏，俾侯而起。居盤峻峙，令德之祉。亦曰緜系，誕生君子。君子伊何，邦之宰臣。宰臣伊何，秉我洪鈞。登于廟堂，王躬是保。服于戎狄，公常致討。事惟一心，恭乃三命。崇讓頤老，歸閑體正。天也不憖，人之云亡。大夫掌域，郡公會喪。咸陽北坂，渭水南渡。其如邢山，永此防墓。</td></tr>
<tr><td>張英
《淵鑒類函》
卷六十五</td><td>(15)（增）唐張說《梁國公姚崇神道碑銘》曰：源深自虞，派別従吳。辟地魯陝，居家洛都。神明遠契，岳瀆冥符。翊聖斯偶，生賢不孤。仁将勇濟，孝與忠俱。學办攢植，文鋒迅驅。……豐碑乃立，盛業其鋪。帝念頻軫，仙毫特紆。鐫金刻石，鳳篆龍圖。七曜光動，三泉澤濡。銓能敘事，理鬱詞敷。求舊銘實，慙殫叵蕪。緬思雲霧，尚想江湖。有道之德，其何以踰。延陵之墓，空此嗚呼。存歿終始，遐哉邈乎。
(16) 元載《故相國杜鴻漸神道碑銘》曰：陽驕必折，陰勝亦邪。剛柔雜居，賢聖之家。堂堂衛公，含和用中。……天之薦瘥，時丁秏斁。如魚思涉，若縻網罟。或歲大旱，孰為霖雨？生公則惠，喪公何苦！形有必行，</td></tr>
</table>

續表

作者/文獻	版本	用　　例
張英《淵鑒類函》卷六十五	清文淵閣四庫全書本	死無不之。誰存封域？誰制喪期？平皋漫澶，野蔓離披。延陵已達，弋者何知。 (17)（增）一人領五官，贈官并兼職。（今言曰：今閣臣一人領四官，非禮也。景泰時，陳循一人領五官矣。《馬愉神道碑》曰：愉卒，特循師保例贈翰林學士、資善大夫、禮部尚書。自前文武大臣贈官者，率加其正職，愉始并兼銜加之，蓋出特恩也。）
張英《淵鑒類函》卷六十六		(18)（增）張説《贈太尉裴行儉神道碑》曰：星辰元象，所以殷時布氣，然而行不言之道者，天也；文武用才，所以勤官定國，然而收無為之理者，帝也。當高宗之休運，任名世之良臣，清九流而闢四海，代天工而張帝德，歷選前哲，豈多乎哉！公諱行儉，字守約，河東聞喜人。……神道前銘，薛令所撰，且有後命，俾余系述。馬遷世家，益孟堅之一傳；劉寬表墓，并伯喈之兩碑。報德教忠，俱傳不朽。……銘曰：天生亞聖，祚此王國。文綜九流，武參七德。柔遠服叛，窮西盡北。赫我皇靈，去其蝥賊。仁則不遠，智何不周？如山之峻，如川之流。術與神合，藝将道遊。書來懸帳，賦出登樓。司馬軍陣，官人綱紀。帝加常伯，國于聞喜。室有令妻，家成克子。社金傳世，桓圭守祀。神道上台，永介邦祉。
張英《淵鑒類函》卷七十一		(19) 學士草文。（學士之職，所草文辭，名目浸廣。拜免公王、將相、妃主曰制，賞賜恩宥曰赦書、曰德音，處公事曰敕、曰御札，五品以上曰詔，六品以下曰敕，批羣臣表曰批答，奬勲勞曰奨諭。賜外國書曰蕃書，醮曰青詞、密詞，釋曰齋文，教坊致語曰白話，土木興建曰上梁文，宣賜曰口宣。此外有祝文、碑文、神道碑、樂章、詩頌、春帖子之類。撰述進入，遇有除拜，以雙日鎖院，隻日降麻。）
張英《淵鑒類函》卷七十七		(20) 吏部省眼，南宫眉目。（《分紀》：唐吏部郎中二廳，先小銓，次格式；員外郎二廳，先南曹，次廢置。舊説吏部為省眼。劉禹錫撰《神道碑》：韋陟，字商衡，為吏部員外郎。是曹在南宫為眉目，在選士為司命。執直筆，閲簿書，紛拏盤錯，一瞬而剖。） (21) 吏無以欺。（《韓文正公神道碑》：王仲舒，字弘中。在考功，吏部提約明悉，故吏無以欺。）
張英《淵鑒類函》卷九十一		(22) 典兵衛。（《淮南王神道碑》）

續表

作者/文獻	版本	用　　例
張英 《淵鑒類函》 卷九十三		(23)（原）《漢雜事》曰：蕭由為陳留太守，入為鴻臚卿，不任賓贊，乃還官。《襄陽耆舊傳》曰：習郁為侍中時，從光武幸黎丘，與帝通夢，見蘓山神，光武嘉之，拜大鴻臚。録其前後功，封襄陽侯，使立蘓嶺祠，刻二石鹿夾神道，百姓謂之鹿門廟，或呼蘓嶺山為鹿門山。
張英 《淵鑒類函》 卷一百		(24)（增碑）唐孫逖《滕王府諮議杜公神道碑》曰：公諱義寛，東都濮陽人也。承邁種之遺訓，體清醇之上姿，童而典學，冠而好古。貞觀中，拜饒州刺史，遷蘇州司馬，遷滕王府諮議。其所在也，使者升聞；其所去也，邦人頌德。且有兼官之拜，固賓大宗之屏。宜享三壽，以諧百工，天難諶斯，不可黷已。
張英 《淵鑒類函》 卷一百一		(25)（增碑）吕元膺《驃騎大將軍論公神道碑》曰：公諱惟賢，字惟賢，西土人也。少有志尚，奮身轅門，與元帥哥舒翰犄角扞寇，鋒刄既即，大小數十戰，摧陷堅陣。洎王師失御，以智信保全所領之軍，馳於靈武，扈從肅宗，與先父洎乎昆弟，立勲成効，不可備述。
張英 《淵鑒類函》 卷一百三	清文淵閣四庫全書本	(26)（增碑）唐楊炯撰《右將軍魏哲神道碑》曰：公諱哲，字知人，鉅鹿曲陽人也。貞觀十五年，起家補國子博士。喬林埽日，驚白鳳於詞條；璧水澄天，駭雕龍於義壑。班超慷慨，常懷萬里之心；季路生平，每負三軍之氣。 (27)（增碑）唐戴《少年鎮軍大將軍王榮神道碑》曰：將軍姓王氏，諱榮，太原人也。高門有嗣，美玉無瑕。總角精乎兩經，弱冠窮乎七略。文武不墜，剛柔得中。肅宗皇帝美公先父有勤勞於國，有訓導於家，爰自妙年，授公右龍武軍司戈。累拜御史中丞，尋加鎮軍大將軍。殊常之澤，并集公門。 (28) 張說《冠軍大將軍郭知運神道碑》曰：公諱知運，字逢時。秉太白之精，雷泉之霧。猿臂虎口，虯鬚鶚瞬，射穿九札，劍敵萬人。子卿路逢，遥識將軍之相；唐舉一見，足辨封侯之骨。入奉期門，出寄分閫。執憲総軍，典屬乘障，增爵益邑，遇厚恩深。俄而六州羣冦，相率大叛，命公統隴右之騎，濟河曲之兵，鋒鏑爭先，玉石俱碎。拜左武衛大將軍。班師臨洮，遘茲虐疾，嗟乎！匈奴未滅，宿志不申，生也有涯，死而猶視。
張英 《淵鑒類函》 卷一百四		(29)（增碑）唐張賁然《忠武將軍茹公神道碑》曰：公諱義忠，本家雁門。特稟元和，偏鍾間秀。瓌貌傑出，雄鋩挺生。與孫吳而暗合，以驃衛為己任。……命之不偶，李廣寧遂於封侯；生也有涯，賈誼終傷於歎鵬。銘曰：秦殿南趾，漢池東曲。莽蒼開原，蕭條古木。于嗟雁塞，赫矣雄族。昔也摐金，茲焉埋玉。鏌鋣徒挂，大屈終藏。日色不暖，風枝自傷。萬事颯而煙盡，片石歸而天長。

續表

<table>
<tr><th>作者/文獻</th><th>版本</th><th>用　　例</th></tr>
<tr><td>張英
《淵鑒類函》
卷一百十六</td><td rowspan="4">清文淵閣四庫全書本</td><td>(30)（增碑）唐楊炯《益州温江縣令任君神道碑》曰：若乃左太沖之詠史，下寮實英俊之塲；稽叔夜之著書，賤職為老莊之地。孔宣父中都之小宰，陳仲弓太丘之一官。是以德成者上，道在斯尊，陶潛則安枕北窻，言偃則鳴絃東武。抑揚足以儀四海，顧盼足以破三軍，代有人焉，於斯為盛。</td></tr>
<tr><td>張英
《淵鑒類函》
卷一百十九</td><td>(31)（增碑）周庾信《柱國大將軍紇干弘神道碑》曰：太祖文皇帝始創霸功，初勤王室，秣馬蒐乘，誓衆太原。公仗劒轅門，粗謀當世。隨何遠至，實釋漢帝之憂；許攸夜來，即定曹王之業。永熙中，奉迎魏武帝入關，封鶉陰縣開國子，邑五百户。
(32) 吴伯宗《江陰侯吴公良神道碑銘》曰：桓桓吴公，剛毅英烈，異才間出，萬人之傑。天戈義旗，飛渡大江，爭先鼓勇，敵莫敢當。既定金陵，亦下京口，公俱在行，厥績多有。江陰崇墉，東南要衝，屹若砥柱，維公之功。姑蘇新附，命公綏靖，紀律嚴明，大小從命。炎荒僻遠，命公徂征，歷代羈縻，慕義來庭。功成汗馬，名載竹帛，兄弟二人，並著開國。河山賜誓，列侯疏封，慶延後嗣，與國無窮。
(33) 王景《西平侯沐公英神道碑》曰：闔闢寰宇，挺生異人。依光日月，下上星辰。風雲景從，發迹海邦。遂荒其區，遂搤其吭。沈沈樞府，我寵居之。秩秩皇猷，我儀圖之。載敷恩澤，西涉渭源。載敭國威，西上崑崙。賀蘭之墟，流沙之阻。兵不頓刃，霆驅星旷。茫茫井絡，氣交神州。載清載夷，投鞭斷流。式遏王誅，自爾南夷。日月出矣，爝火何施。天兵一麾，僕山摧壑。封其鯨鯢，以示大戮。頷頷其城，大纛高牙。萬方攸同，六合一家。布德施威，一紀是厘。智爽暗昧，莫不惠來。</td></tr>
<tr><td>張英
《淵鑒類函》
卷一百二十一</td><td>(34)（增碑）唐蘇頲《高安長公主神道碑》曰：公主承姊月之華，分女星之耀。有循其禮，無擇於言。於是曳紅綬，賜青珪，香滿玉罏，綵揺金縷：允所謂帝乙歸妹，以祉元吉，魯侯主婚，是稱同姓。始稱宣城公主，下嫁乎王氏。
(35) 楊綰《汾陽王妻霍國夫人王氏神道碑》，制曰：汾陽郡王妻太原郡君王氏，婉娩淑德，齊莊令容，稟訓姆師，友于琴瑟，作賔君子，宜爾室家，克著艱難之勳，實由輔佐之力。</td></tr>
<tr><td>張英
《淵鑒類函》
卷一百二十二</td><td>(36) 明李賢《禮部尚書胡公濙神道碑銘》曰：太宗文皇帝入正大統，察近侍中惟公忠實可託，遂命公廵遊天下，以訪異人為名，實察人心向背。以故雖窮鄉下邑，軌迹無不到。</td></tr>
</table>

續表

作者/文獻	版本	用　　例
張英《淵鑒類函》卷一百二十四	清文淵閣四庫全書本	(37)（增碑）唐楊炯《原州百泉縣令李君神道碑》曰：武德六年，轉仲山甫左列。南州舊俗，淫其白獸之祠；西僰餘甿，背吕黄龍之約。王師直進，陵劍棧以長驅；廟略遐宣，指銅丘而决勝。……通塞有命，潘安仁之緒言；富貴在天，卜子夏之餘論。無諧封禪，空歎息於周南；絶望夏臺，竟棲遲於漢北。太宗承聖皇之大寶，奉天帝之休期，雷雨八瀛，光華四極。旌賢赦過，維新之命屢覃；念功簡勞，惟舊之恩累洽。授長樂監，仍命於北門供奉。宜春禁苑，太液神池。浸石菌而揚波，濯金莖而挹露。南經丹徼，恒陪萬乘之遊；北統黄山，再奉三驅之禮。
張英《淵鑒類函》卷一百二十五		(38)（原）政如冰霜，姦軌消亡。（舜云）辨上下，定民志。何以守位？曰仁。何以聚人？曰財。容民畜衆。危以動，則民不與。（《易》）增建萬國，親諸侯。（又曰：地上有水，比；先王以建萬國，親諸侯。）神道設教。（又曰：聖人以神道設教，而天下治矣。） (39)（增）唐李軫《泗州刺史李君神道碑》曰：君諱孟犨，字公悦。君之臨猗氏也，萊田數十里，上蔽荆榛，下鬬舄鹵，逋逃夜聚，豺狼曉嘷。公曰：穀不足者，地有餘利；食不足者，人有餘功。長荆棘，孰若樹禾稼？聚豺狼，孰若利貧窶？ (40)（增碑）唐孫逖《東都留守韋虚心神道碑》序曰：皇帝二十四年，鑾駕還長安之月，有坐殊死在繇繫者，時迫季冬，将寘嚴法。公為之請曰：攸徂之廖，方喜来蘇，好生之徳，宜加在宥。上可其奏，減許從流。 (41) 杜黄裳《東都留守顧公神道碑》曰：公諱少連，字夷仲。授登封主簿。邑有暴虎，公以為天道可以誠感，猛鷙可以仁服，乃堙塞陷穽，移檄靈岳，於是人安其居，獸不為害。
張英《淵鑒類函》卷一百二十六		(42)（增碑）元宋子貞《中書令耶律公神道碑》曰：楚材，字晉卿。天下新定，未有號令，所在長吏皆得自專生殺，小有忤意則刀鋸隨之，至有全室被戮，襁褓不遺。而彼州此郡動輙兵興相攻，公首以為言，皆禁絶之。
張英《淵鑒類函》卷一百二十七		(43) 長安中，張易之誣搆魏元忠有不順之言，引鳳閣舍人張説令証之。説將入，惶惑廹懼，璟謂曰：名義至重，神道難欺，必不可黨邪醜正，以求苟免。若犯顔流貶，芬芳多矣。説感其言。及入，遂保明元忠，竟得免死。

續表

作者/文獻	版本	用　　例
張英 《淵鑒類函》 卷一百二十八	清文淵閣四庫全書本	(44)(增碑)周庾信《兖州刺史宇文公神道碑》曰：公諱常，字子元。四方雜俗，天下殊風，以君廉能，使為觀察。馳傳擁節，揚鈴持斧。既乘驄馬，仍被繡衣，羣盜累足，貴戚歛手。鄉亭留宿，幸無歸忌之疑；公車奏事，寧有反支之日。
張英 《淵鑒類函》 卷一百二十九		(45)(增碑)唐權德輿《中書侍郎同中書門下平章事齊成公神道碑》曰：相國諱杭，字遐舉。擢為河南尹。盜有宋瞿曇者，白晝椎剽，三川病之，幾三十年。公法令嚴，捕魁宿，使無遺類，指顧之間，擒摘如神。 (46)元富珠哩翀《大都路都總管姚公神道碑》曰：公諱天福，長憲。遼東武平縣民劉義，訟其嫂與所私同殺其兄成。縣尹丁欽，以成尸無傷，憂懣不食。其妻韓問之，欽告其故。韓曰：恐頂顖有丁，塗其跡耳。視之，果然。獄定，上讞。公召欽，諦詢之。欽因矜其妻之能。公曰：若妻處子邪？曰：再醮。令有司開其夫棺，毒與成類，并正其辜。欽悸卒。 (47)明宋濂《元禮部尚書追封譙國郡公汪先生神道碑銘》曰：先生諱澤民，字叔志。擢戊午進士第，授岳州路同知平江州事。李氏有兄弟三，素豐於貲。季弟未有子而沒，其婦誓不再適。孟仲利其財，乃啑亡賴男子誣以姦私，婦不禁，榜掠自引伏。先生見其色有寃，間行廉察之悉，得其情白而出焉。轉南安路總管府推官。 (48)(增碑)唐張九齡《侍郎裴光庭神道碑》序曰：開元中，遷兵部侍郎。考遺訓，補闕典，頒九畿之政，設九伐之刑，以練國容，以精軍實。既而拜中書侍郎、同中書門下平章事。王出其言，霈乎人有歸也；天憲惟明，肅乎人知禁也。尋遷侍中，兼吏部尚書、弘文館學士。叶文軌之殷，受天人之和。多士動色，羣方改瞻。
張英 《淵鑒類函》 卷一百四十二		(49)守節不屈，盡其在我。(元盧摯《郝經神道碑》曰：經，字伯常。世祖即皇帝位，詔經以翰林侍讀學士使宋，號使曰“國信”，賜金虎符。經踰淮館，留眞州，塹垣栫棘，防閑如獄犴。介佐而下，久于囚羈，戚嗟尤怨。經語之曰：一入宋境，死生進退，聽其在彼，守節不屈，盡其在我。豈能不忠不義，以辱中州士大夫乎！須忍死以待。至元十一年，伯顏南伐。詰宋執行人之故，遂以禮歸之。) (50)(增碑)唐張說《贈太尉裴行儉神道碑》曰：儀鳳二年，十姓生可汗匐延都支為李遮匐潛搆犬戎，俶擾西域，朝廷憑怒，將行天討，公進議曰：敬元敗績於茅戎，審禮免冑而入狄，豈可絶域更勤王師？今波斯王亡，侍子在此，若命使冊立，則路由二蕃，便宜取之，是成擒也。……充國有屯田之頌，

續表

作者/文獻	版本	用　　例
張英 《淵鑒類函》 卷一百四十二	清文淵閣四庫全書本	竇憲有燕山之銘，訂兹遠略，彼何微也！公之送波斯也，入莫賀延磧中，遇風沙大起，天地暝晦，引道皆迷，因命息徒，至誠虔禱，徇於衆曰：井泉不遠。須臾，風止氣開，有香泉豐草，宛在營側，後來之人，莫知其處。此乃耿公之拜井，商人之化城也。
張英 《淵鑒類函》 卷一百四十四		(51) 銘在鐘鼎。(《冊府元龜》云：文宗太和元年，勅故太尉中書令李晟勲業崇高，銘在鐘鼎。其《神道碑》，宜令所司建立。) (52) 顯忠尚德，貴老優賢。(《治跡統類》曰：元祐間，詔賜《富弼神道碑》，以"顯忠尚德"為額。又曰：元祐二年，詔賜文彥博、吕公著：今後入朝，凡有拜禮，並宜特免。翰林蘇軾奏彥博、公著免拜指揮，自是朝廷貴老優賢，無可議者。) (53)（增碑）元虞集《翰林承旨劉公神道碑》序曰：公諱賡。官一品。年六七十，而孝靖公亡恙，公躬奉食飲，候寒暖，晨昏不懈，怡愉順其顏意若嬰兒。然仁宗皇帝聞之曰：此我國家人瑞也。
張英 《淵鑒類函》 卷一百六十二		(54)（原）齊卞伯玉《祭孫叔敖文》曰：謹以醴羞，祭楚令尹孫君之靈。眇眇千載，悠悠舒荊。理無不通，事隔者形。尚想清塵，承風效誠。超超夫子，淡矣道情。自心伊貴，人爵靡英。芳風如蕭，清響如塤。景矣行役，言戾豫方。側聞夫子，記憤睢陽。靈封頽墓，邱塋榛荒。幽幽神道，為有為亡。徘徊永念，悽矣其傷。
張英 《淵鑒類函》 卷一百六十七		(55)（原）示本，表功。(《禮記》：社所以神道之道也，教民美報焉。家祭中霤而國主社稷，示本也。)
張英 《淵鑒類函》 卷一百六十九		(56) 神道正直，祀事有融。肅雍備禮，莊敬在躬。羞燔已具，奠酹將終。降祥惟永，受福無窮。
張英 《淵鑒類函》 卷一百七十		(57) 太常博士段同泰議曰：隱太子等並特降絲綸，別營祠宇。借如逝者之錫蘋蘩，亦猶生者之開茅土。且自古帝王，封建子孫，豈必有功於人，立事於代？生者曾無異議，逝者輒此奏停，雖存没之跡不同，而君親之恩何別？此則輕重非當，情禮不均。神道固是難誣，人情孰云其可？

續表

<table>
<tr><th>作者/文獻</th><th>版本</th><th>用　　例</th></tr>
<tr><td>張英
《淵鑒類函》
卷一百八十三</td><td rowspan="3">清文淵閣四庫全書本</td><td>(58)《唐書新語》曰：開元中，集賢學士徐堅葬妻，問兆域之制於張說。曰：長安神龍之際，有黃州僧宏道通鬼神之意，而以人事參之。僕常聞其言，猶記其要。墓欲深而狹。深者，取其幽；狹者，取其固。平地之下一丈二尺為土界，又一丈一尺為水界，各有龍守之。土龍六年而一暴，水龍十二年而一暴。當其隧者，神道不安。故深二丈四尺之下，可以設窀穸。墓之四維，謂之折壁。欲下濶而上斂，其中項謂之中樵，中樵欲俯嶔而傍煞。墓中米粉為飾，以代石堊，不置瓴甋瓦，以其近於火。不置黃金，以其久而為怪。不置朱丹、雄黃、礜石，以其氣燥而烈，使墳上草木枯而不潤。不置羽毛，以其近於屍也。鑄鐵為牛豕之像，可以禦二龍。玉潤而潔，能和百神，置之墓內，以昭神道。僧泓之說如此。
(59) 神道。(《文粹》：冢門前開道，建石柱以為梁，乃謂之神道。《後漢・中山王傳》：日月照臨于佳城，煙雲變態于神道。)</td></tr>
<tr><td>張英
《淵鑒類函》
卷一百九十二</td><td>(60) 宋濂《禮部侍郎曾公神道碑》曰：公諱魯，字得之。七歲，能暗誦《九經》，一字不遺。
(61) 獻《九經》。(《元文類》、元明善《董君神道碑》云：公諱陞。乘傳入。朝見光天宮，奏曰：臣聞帝王之道，布在方冊；方冊之要，無先《六經》。臣輒獻《九經》，伏望陛下采其所載，資輔聖祖神宗之化，嘉惠天下。)
(62) 元好問《耶律履神道碑》曰：章宗為金源郡王，以公該洽，每以經史疑義為質。公承間請曰：殿下注意何書？章宗曰：方授《左氏春秋》。公曰：左氏多權詐，駁而不純。《尚書》《孔子》載聖賢純一之道，願留意焉。章宗善之，曰：純儒之言也。
(63) 元龜寶範。(《唐書・崔植傳》曰：初，穆宗問貞觀、開元治道，植曰：宋璟嘗手寫《無逸》，圖以獻。臣今願陛下以《無逸》為《元龜》。《元文類・董府君神道碑》曰：公諱陞。從幸上都，詔書曰：《尚書》者，帝者之寶範，臣軌粲然。譯為國語，朕便于觀覽。)</td></tr>
<tr><td>張英
《淵鑒類函》
卷一百九十四</td><td>(64) 韓維《曾子固神道碑》曰：公平生無所嗜，惟藏書至二萬卷，皆手自讐定。
(65) 宋濂《禮部侍郎曾公神道碑》曰：公諱魯，字得之。所藏子史動數百家，各攬其精而掇其華。聞有僻書隱牒，不憚道里之遠，必購得之。
(66) 獨取數部。(宋子貞《耶律楚材神道碑》曰：靈武下，諸將爭掠子女玉帛，公獨取書數部。)</td></tr>
</table>

續表

<table>
<tr><th>作者/文獻</th><th>版本</th><th>用　　例</th></tr>
<tr><td>張英
《淵鑒類函》
卷一百九十四</td><td rowspan="4">清文淵閣四庫全書本</td><td>(67) 惟遺數匱。(李謙《中書左丞張公神道碑》曰：公諱文謙。身後家無餘貲，曰：吾家素尚清白，有書數匱，傳之子孫，萬金不博也。)
(68) 兒載而往，駝負以行。(梁寅《贈徐大章序》曰：乃命兒子岷，買舟載書籍，由京口而往，留錢塘，踰一月。姚燧《參知政事賈公神道碑》曰：公名守謙。視政之暇，未嘗廢書，從戎亦槖駝負書以行。)
(69) 又曰：開元十九年，命有司寫《毛詩》《禮記》《左傳》《文選》各一部，以賜金城公主，從其請也。李珏《丞相牛公神道碑》曰：有隋室賜書五千卷。劉禹錫《贈司空奚公神道碑》曰：家有賜書。</td></tr>
<tr><td>張英
《淵鑒類函》
卷一百九十五</td><td>(70) 正陳壽之失。(《郝經神道碑》曰：既處幽所，日以立言載道為務，撰《續後漢書》，還統章武，以正陳壽之失。)</td></tr>
<tr><td>張英
《淵鑒類函》
卷一百九十六</td><td>(71) 一代文宗。(馬祖常《元明善神道碑》曰：其文出入於秦漢之間，蔚乎其華敷，鏗乎其古聲。倡古學於當世，為一代之文宗者，柳城姚燧暨公而已。)</td></tr>
<tr><td>張英
《淵鑒類函》
卷一百九十七</td><td>(72) (增碑) 宋歐陽修《王文正神道碑》曰：趙德明言民飢，求糧百萬斛。大臣皆請以詔書責之。公請敕有司具粟百萬於京師，詔德明來取，真宗大喜。德明得詔，大慙且拜曰：朝廷有人!)
(73) 明宋濂《侍郎曾公神道碑》曰：倭人寇，戍將捕獲之。上憫其無知，命公草詔，歸其俘。有中國"一視同仁"語，上悅曰：頃觀陶凱之文已起人意，今曾復如此，文運其昌乎!
(74) (增銘) 明楊士奇《胡文公神道碑銘》曰：公職詞垣，十有九祼，司帝之制。玉冊金簡，天章龍文。光華日星，敷宣帝仁。
(75) 置之枕席。(蘇軾《富鄭公神道碑》曰：公又上疏，願益畏天戒，遠奸佞，近忠良。上親書詔答曰：義忠言讜，理正文直，茍非義在愛君，志存王室，何以臻此? 敢不置之枕席，銘之肺腑，終老是戒?)
(76) 孝孺筆。(《吾學編》：傳曰：董倫，字安常，恩縣人。建文君即位，召拜禮部侍郎。賜御書"怡老堂"扁及髹几、玉鳩杖各一。倫上表謝，略曰：桓榮設几杖於太常，不聞宸翰之賜；晏殊題舊學於神道，未見几杖之頒。自今將杖以戒噎，則思四方或有饑饉之民；憑几以安身，則思一物容有失所之歎。或曰：此孝孺筆也。)
(77) 文正不求恩澤。(歐陽脩《王文正公神道碑》曰：遺表不求恩澤。)
(78) 百官圖。(歐陽脩《范文正公神道碑》曰：知開封府。為《百官圖》以獻，曰：任人各以其材而百職脩，堯、舜之治，不過此也。因指其遷進遲速次序，曰：如此而可以為公，可以為私，亦不可不察。)
(79) 江陵圖。(元明善《廉文正公神道碑》曰：王師渡江，下江州。急召王入朝。令右丞阿里海牙下江陵，圖其地形上之。)</td></tr>
</table>

續表

作者/文獻	版本	用　例
張英《淵鑒類函》卷二百	清文淵閣四庫全書本	(80) 李道源《謝文節神道碑》曰：文節尤善論樂毅、申包胥、張良、諸葛亮事，若有千古之憤者。而以植世教，立民彝為任。 (81)《宋史》：李瀚嘗代楊凝撰《吳越王錢鏐神道碑》，凡萬餘言，文采遒麗，時輩稱之。又任諒為懷州教授。徽宗見其所作《新學碑》，曰：文士也。擢提舉夔路學事。《金史》：韓昉雖貴，讀書未嘗去手，善屬文，作《太祖睿德神功碑》，當世稱之。
張英《淵鑒類函》卷二百九		(82) 張説《奉和聖製校獵義成喜逢大雪》詩曰：文教資武功，郊畋閱邦政。不知仁育夂，徒看禽獸盛。夜霰氛埃滅，朝日山川靜。綽仗飛走繁，抨弘筋骨勁。帝射參神道，龍馳合人性。五豝連一發，百中皆先命。勇爵釣萬夫，雄圖羅七聖。星為吉符老，雪作豐年慶。喜聽行獵詩，威神入軍令。
張英《淵鑒類函》卷二百十五		(83) 古之名將知此法者，惟姜太公、孫武子、韓信、諸葛孔明、李靖諸人而已。呉起以下，莫能知也。其名之曰天、地、風、雲、龍、虎、鳥、蛇八陣者，則諸葛孔明也。一大陣之中固有八陣，而小八陣之中亦各有八陣，大陣則法伏羲八卦，小陣則法文王六十四卦，所謂陣間乎陣、隊間乎隊者也。若夫造遁甲有九星、開八門、用三奇者，則又黄帝命風后為之也。蓋聖人以神道設教，使人莫知其所以然也。夫將居於元武之位，而北岳則常山蛇也，故曰“常山蛇陣”。
張英《淵鑒類函》卷二百十六		(84) 邊鄙之視聽。(柳宗元《先御史神道碑》曰：斥候者邊鄙之視聽，不可以不具。)
張英《淵鑒類函》卷二百四十三		(85) 曹王擁笏，鄭尉濡章。(《曹王碑》：唐成王臯為刺史，遭誣在治，念其母老，將驚而戚，出則囚服就辨，入則擁笏垂魚。《南部新書》：駙馬都尉鄭潛曜，睿皇之外孫，尚明皇第十二女臨晉長公主，母即代國長公主也。開元中，母寢疾，曜刺血濡章，請以身代。及焚章，獨“神道許”三字不化。翌日，主疾間，鄭固命左右勿言。其請天之章，門客尹靈琛之辭也。靈琛，為人言之。)
張英《淵鑒類函》卷二百六十六		(86) 晉《阮籍傳》曰：籍嘗于蘇門山遇孫登，與商畧古今及棲神道氣之術，登皆不應，籍因長嘯而退。至半嶺，聞有聲若鸞鳳之音，響乎巖谷，乃登之嘯也。
張英《淵鑒類函》卷二百七十五		(87) 俾臧俾嘉，曰誠曰一。(《詩》：辟爾為德，俾臧俾嘉。蘇軾《司馬温公神道碑》：論公之德，足以感人心，動天地，巍巍如此，而蔽之以二言，曰誠、曰一云。)

續表

作者/文獻	版本	用　　例
張英 《淵鑒類函》 卷二百七十六	清文淵閣四庫全書本	(88)《五代史・王朴傳》曰：朴陳用兵之略，非特一時之策。至言諸國興滅次第云：淮南可最先取，并必死之寇，最後亡。其後宋興，平定四方，惟并獨後服，皆如朴言。《王旦神道碑》曰：西夏趙德明言民饑，求糧百萬斛。真宗問王旦，旦請敕有司具粟百萬於京師，詔德明來取。德明得詔書，慚曰：朝廷有人！
張英 《淵鑒類函》 卷二百七十七		(89)《明皇雜錄》：姚元崇與張說同為宰輔，頗懷疑阻，屢以事相侵，張銜之頗切。姚既病，誡諸子曰：張丞相與吾不叶，釁隙甚深。然其人少懷奢侈，尤好服翫。吾身殁之後，以吾嘗同僚，當來弔，汝其盛陳吾平生服翫寶帶重器羅列于帳前。若不顧，速計家事，舉族無類矣。目此，吾屬無所虞。便當録其翫用，致於張公，仍以《神道碑》為請。既獲其文，登時便寫進，仍先礱石以待之，便令鐫刻。張丞相見事遲於我，數日之後，必當悔。若却徵碑文，以刊削為辭，當引使視其鐫刻，仍告以聞上訖。姚既殁，張果至，目其翫服三四，姚氏諸孤悉如教誡。不數日文成，叙述該詳，時為極筆。後數日，果使使取文本，以為詞未周密，欲重加刊改。姚氏諸子乃引使者示其碑，乃告以奏御。使者復命，悔恨拊膺，曰：死姚崇筭生張說。吾今日方知才之不及也。
張英 《淵鑒類函》 卷二百八十		(90)《宋史・司馬康傳》曰：康為人廉潔，口不言財。初，光立《神道碑》，帝遣使賜白金二千兩，康以費皆官給，辭不受。不聽。遣家吏如京師納之，乃止。(康，光之子也。)
張英 《淵鑒類函》 卷二百八十一		(91) 家書不發。(《富鄭公神道碑》：富公使契丹。始受命，聞一女卒，再受命，聞一男生，皆不顧而行。得家書，不發而焚之。)
張英 《淵鑒類函》 卷二百九十一		(92) 齊孔稚珪《褚先生伯玉碑》曰：夫河洛摛實，神道之功既傳；岱華吐秘，仙靈之跡可覩。蓋事詳于玉牒，理煥于金符，雖冥默殊源，顯晦異軌，測心觀古，可得而言焉。……徒侶判其冰碎，舟子悲其雹散，危魂中夜，赴阻相尋，方見先生，恬然安席。銘曰：關西升妙，洛右飛英。鳳吹金闕，簫歌玉京。絕封萬古，乃既先生。先生浩浩，唯神其道。泉石依情，煙霞入抱。秘影窮岫，孤棲幽草。心圖上玄，志通大造。

續表

作者/文獻	版本	用　　例
張英《淵鑒類函》卷二百九十八	清文淵閣四庫全書本	(93)《東觀漢記》曰：隗囂，聘平陵方望為軍師。望說囂曰：足下欲承天順民，輔漢而起，今立者乃在南陽，王莽尚據長安，雖欲以漢為名，其實無所受命，将何以見信於衆？宜急立高廟，稱臣奉祠，所謂“神道設教”，求助民神者也。囂從其言。又曰：隗囂将王元說囂曰：昔更始西都，四方響應，天下喁喁，謂之太平，一旦敗壞。今南有子陽，北有文伯，江湖海岱，王公十數，而欲牽儒生之說，棄千乘之基，計之不可者也。今天水完富，士馬最強，北取西河，東收三輔，案秦舊迹，表裏山河，元請以一丸泥為大王東封函谷關，此萬世一時也。囂然其計。
張英《淵鑒類函》卷二百九十九		(94) 度撰。(《湘山野録》：盛文肅撰《張文節神道碑》，石参政中立急問曰：誰撰？盛卒曰：度撰。滿堂大笑。)
張英《淵鑒類函》卷三百一		(95) 晉王浚《從幸洛水餞王公歸國》詩曰：聖主應期運，至德敷彝倫。神道垂大教，元化被無垠。欽若崇古制，建侯屏四鄰。皇輿迴羽蓋，高會洛水濵。臨川講妙藝，縱酒釣潛鱗。八音以迭奏，蘭羞備時珍。古人亦有言，為國不思貧。與蒙廟庭施，幸得側大鈞。羣僚荷恩澤，朱顏感獻春。賦詩盡下情，至感暢人神。長流無舍逝，白日入西津。奉辭慕華輦，侍衛路無因。馳情繫帷幄，乃心戀軌塵。
張英《淵鑒類函》卷三百十一		(96) 秋暮，有邑子王生引鄴郡道士，纔列賓階，未及命席，謂余曰：公當為西南節制，孟冬望舒前，符節至矣。三者皆與言叶，不差歲月。自憲闈竟十年居相，由西蜀而入，代余執憲，俄亦竄逐。再謫南服，未嘗有前知者為余言之，豈禍患不可移者，神道所祕，莫得預聞？自古銜寃歿世者多矣，冥報之事，或有或無，遂使好亂樂禍者以神道為茫昧。……夫人之捨生也，如薪盡火滅，溘焉則無能為矣。達於理者，使心不亂，則精爽常存，不生不滅，自可以超然出世，升躋神明。其次精多魄強，則能為厲。冥報之事，或有或無，理在此也。
張英《淵鑒類函》卷三百十六		(97) 李肇《東林寺經藏碑銘》曰：多羅之教，神道不測，迦葉承之，布西域兮。毗尼之用，其法翼翼，優婆受之，垂作則兮。阿曇之文，演暢宗極，苾蒭龍象，甚奇特兮。三者之藏，傾如轎墨，王公大人，為之飾兮。韋公之績，崔公之德，及兹寶藏，何鼎肹兮。崇崇彤公，合發願力，傳之歷劫，千百億兮。鑪峰之北，靈壇之側，系之迦陁，金石刻兮。
張英《淵鑒類函》卷三百十九		(98) 入壁。(左慈有神道。曺操因坐上，欲收殺之，慈乃却入壁中，霍然不知所在。)

續表

作者/文獻	版本	用　　例
張英 《淵鑒類函》 卷三百二十三	清文淵閣四庫全書本	(99)（原序）梁元帝《洞林序》曰：蓋聞元枵之野，鬼方難測；朱鳥之舍，神道莫知。而緹幔曉披，既辨黄鍾之氣；靈臺夕照，便知玉井之色。復以談乎天者，雖絶名言之外；存乎我者，還居稱謂之中。余幼學星文，多歷歲稔，海中之書，略皆尋究，巫咸之説，偏得研求。雖紫微迢遞，如觀掌握；青龍顯晦，易乎窺覽。羡門五將，亟經玩習；韓終六王，常所寶愛。至如周王白雉之筮，殷人飛燕之卜。蓍名聚雪，非関地極之山；卦有密雲，能擁西郊之氣。爻通七聖，世經三古。山陽王氏，真解談玄；河東郭生，纔能射覆。兼而兩之，竊自許矣。
張英 《淵鑒類函》 卷三百五十四		(100)（原碑）齊孔稚珪《玄館碑》曰：夫朋白兔而侶青鳥，啓銀函而講金字者，有道存焉。故能大叩玄宗，鬱爲物範，則天地而正六合，照日月而導蒼生。神道無門，陰陽不測。是故赤松家石室之下，神農行弟子之敬，廣成在崆峒之上，軒轅稟順風之禮，洛浦笙飛之秀，闕山駕鳳之英。凡此之儔，希世間出，皆雍容以沐咸池，或瀟灑而開閶闔。
張英 《淵鑒類函》 卷三百五十八		(101) 葛洪《神仙傳》曰：左慈，字元放，廬江人也。少有神道。嘗在曹公座，公曰：今日高會，珍饈略備，所少者吳江鱸魚為鱠耳。元放曰：此可得也。因求銅盆貯水，以竿餌鈎釣于盆中，須臾引一鱸魚出。會者皆驚。
張英 《淵鑒類函》 卷三百六十五		(102)《神仙傳》曰：淮南王為八公張錦綺之帳，燔百和之香。（增）又曰：左慈，字元放，廬江人。少有神道。嘗在魏武帝坐，帝曰：恨無蜀中生薑耳。放曰：亦可得也。因曰：吾前遣人到蜀買錦，可過敕使者，增市二端。須臾，得薑還，并獲使報。
張英 《淵鑒類函》 卷三百六十九		(103) 南齊陸倕新《漏刻銘》：夫自天觀象，昏旦之刻未分；治曆明時，盈縮之度無准。挈壺命氏，遠哉義用；揆景測辰，儆宮戒井。……乃詔小臣，為其銘曰：一寒一暑，有明有晦。神道無跡，天工空代。乃置挈壺，是惟熙載。氣均衡石，晷正權概。世道交喪，禮術消亡。遽遷水火，爭倒衣裳。擊刀舛次，聚水乖方。爰究爰度，時惟我皇。方壺外次，員流内襲。洪殺殊等，高卑異級。靈虬承注，陰蟲吐噏。倏忽往來，鬼神出入。微若抽繭，逝若激電。耳不輟音，眼無流盼。銅史司刻，金徒抱箭。……合昏暮卷，蓂莢晨生。尚辨天意，猶測地情。況我神造，通幽洞靈。配等皇極，為世作程。

續表

作者/文獻	版本	用　　例
張英 《淵鑒類函》 卷三百九十三	清文淵閣四庫全書本	(104) 吾平生所願，身没之後，題吾墓云：陳故酒徒陳君之神道。若斯志意，豈避南征之不復，賈誼之慟哭者哉？何水曹眼不識盃鐺，吾口不離瓢杓，汝寧與何同日醒，與吾同日而醉乎？政言其醒可及，其醉不可及也。速營糟丘，吾將老焉。
張英 《易經衷論》 卷上		(105)《程傳》言：既薦之後，則人心散，而精意不如始盥之時。《本義》論"不薦"，又謂致其潔清而不輕自用。……《象》所謂"下觀而化""神道設教"，正以此也。

表二千零四十八

作者/文獻	版本	用　　例
張應昌 《彝壽軒詩鈔》 卷七	清同治二年西昌旅舍刻增修本	(1)《南屏謁明張忠烈公墓》：大節休將運數論，要憑一柱轉乾坤。圖功似較文山易，(按：《神道碑》：其時閩浙、蘇松、京口、金陵、儀徵、江浦、安慶、太平、甯國、徽州、池州、和州、廬州、九江、鄱陽，皆公聲威所至，并有可以號召江楚之語。) 同志嗟無閣部存。慷慨羝羊歌古曲，呼號猿狖殉幽魂。……岳于雙墓爲隣伍，正氣西湖鼎足尊。
張應昌 《詩鐸》 卷二十四	清同治八年秀芷堂刻本	(2)《賽神行》(戊申初夏，湖民染時疫，好事者倡驅厲之説，糜費萬金，一月乃止。歎其紛奢而作詩。)(張雲錦)：薫風吹柳春已酣，家家臥病同吳蠶。市魁好事欲驅厲，神道設教威靈覃。一呼而諾千百人，爐香如霧燭如薪。計戶斂錢徧婦豎，金玉綺羅備陳貯。……斗城倏爾增萬户，富者開筵貧者沮。酒食兼旬未具充，木棉暗典青襦袴。千人捨役崩角虔，百餅兼金頃刻完。當湖一月賽神用，耗卻貧家糧十年。 (3)《吳門新樂府·完神糧》(程寅錫)：神道廟門設長櫃，神道廟官當買賣。鑼聲鏜鏜催四村，黃阡元寶登廟門。明朝賽會上天府，楮帛燒來皆阿堵。吁嗟乎官，糧莫要欠，欠糧受鞭笞。神道愛民如愛子，神道要糧祗要紙。

表二千零四十九

作者/文獻	版本	用　　例
張永銓《閑存堂集》文集卷七	清康熙刻增修本	(1) 闢其烏有，不獨隣于刻，而亦豈聖人神道設教之義乎哉？獨是諺曰：先有潭柘，後有幽州。
張永銓《閑存堂集》文集卷九		(2) 毛西河曰：極合先王神道設教之旨。

表二千零五十

作者/文獻	版本	用　　例
張玉書《佩文韻府》御定佩文韻府卷一之一	清文淵閣四庫全書本	(1) 一馬二童。(蘇軾《司馬溫公神道碑》：公來自西，一馬二童。陸遊詩：一馬二童溪路秋。)
張玉書《佩文韻府》御定佩文韻府卷一之二		(2) 孤忠。(《宋史》：韓琦曰：如琦孤忠，每賴神道相助，幸而多有成。)
張玉書《佩文韻府》御定佩文韻府卷四之一		(3) 諸葛碑。(《隋書・史萬歲傳》：南寧夷爨翫叛，以萬歲為行軍總管，擊之。至於南中，見《諸葛亮紀功碑》，銘其背曰：萬歲後，勝我者過此。萬歲命左右倒其碑而進。庾信《齊王憲神道碑》：成都有文翁之祀，非謂生前；漢陽有諸葛之碑，止論身後。) (4) 潁川碑。(庾信《辛都督神道碑》：終須潁川之碑，乃見華陰之碣。)
張玉書《佩文韻府》御定佩文韻府卷四之二		(5) 天離。(庾信《齊王憲神道碑》：斗建麾兵，天離轉戰。)
張玉書《佩文韻府》御定佩文韻府卷四之四		(6) 見事遲。(《史記・范睢傳》：睢與王稽入秦，道逢穰侯曰：謁君得毋與諸侯客子俱來乎？稽曰：不敢。睢匿車中曰：穰侯智士，而見事遲向疑車中有人，忘索之。……《明皇雜録》：姚崇與張説同位宰輔，不相能。崇病，戒諸子以寶玩致説，求《神道碑》。仍先礱石，使速鐫刻，進上。説見事遲，數日後，必追悔。陸遊詩：六十年來見事遲。)

續表

作者/文獻	版本	用　　例
張玉書 《佩文韻府》 御定佩文韻府 卷四之七	清文淵閣四庫全書本	(7) 姱嫮。（韓愈《鄭公神道碑文》：削四鄰之交賄，省姱嫮之大燕。） (8) 于茲。（《書》：我王來，既爰宅于茲。《詩》：曰止曰時，築室于茲。陶潛詩：采采榮木，結根于茲。孫邈《王公神道碑》：爰有別業，使營精舍。懸車之後，隱几于茲，不出户庭，彌入真寂。歐陽修《南獠》詩：八營與七萃，豈得多于茲。蘇軾詩：馮洗古烈婦，翁媼國于茲。）
張玉書 《佩文韻府》 御定佩文韻府 卷五之一		(9) 五彩翬。（《爾雅》：伊洛而南，素質五彩，皆備成章曰翬。注：雉屬。鄭餘慶《左僕射賈躭神道碑》：連墮寘寘之羽，雙貫五彩之翬。） (10) 掖闈。（盧藏用《太子少傅蘇瓌神道碑》：左右端揆，盡訏謨之畧；東西掖闈，備忠讜之美。）
張玉書 《佩文韻府》 御定佩文韻府 卷五之二		(11) 扇威。（陸機文：運神道以載德，乘靈風而扇威。） (12) 澤濡。（《唐書・武平一傳》：平一上言：陛下天性孝愛，戚屬外家，恩洽澤濡。張說《姚文貞公神道碑銘》：七耀光動，三泉澤濡。銓能叙事，理鬱詞敷。） (13) 衣濡。（《易林》：朝霽暮露，繊我衣濡。柳宗元《先侍御史神道碑》：吾目無涕，今而不知衣之濡也。） (14) 王誅。（《晉書・向雄傳》：王誅既加，於法已備。陳琳《檄吳将校部曲》：皆我王誅所當先加。韓愈《許國公神道碑》：王誅以成。最功定次，孰與高下。） (15) 瑾瑜。（《左傳》：山澤含垢，瑾瑜匿瑕。《山海經》：黄帝乃取峚山之玉榮，而投之鐘山之陽。瑾瑜之玉最良，堅栗精密，潤澤而有光。五色發作，以和柔剛。天地鬼神，是食是饗；君子服之，以禦不祥。陶潛詩：白王凝素液，瑾瑜發奇光。張說《姚文貞公神道碑》：但覩渾璞，誰詳瑾瑜?）
張玉書 《佩文韻府》 御定佩文韻府 卷七之三		(16) 迅驅。（張衡《週天大象賦》：建旄頭而肅引，畢罕車而迅驅。上官儀《為盧岐州請致仕表》：竊以日月迅驅，歎留佚之過隙；桑榆易晏，嗟趙孟之愒陰。張說《姚文貞公神道碑銘》：學刃攢植，文鋒迅驅。纔安卑位，即騁長途。）
張玉書 《佩文韻府》 御定佩文韻府 卷七之四		(17) 仙毫紆。（張說《姚文貞公神道碑銘》：帝念頻軫，仙毫特紆。鐫金刻石，鳳篆龍圖。）

續表

作者/文獻	版本	用　　例
張玉書 《佩文韻府》 御定佩文韻府 卷七之五	清文淵閣四庫全書本	(18) 治蒲。(《家語》：子路治蒲，孔子過之，三稱其善。韓愈《韓弘神道碑》：公以司徒中書令治蒲。) (19) 相乎。(韓愈《許國公神道碑銘》：許公來朝，車馬干戈；相乎将乎，威儀之多。)
張玉書 《佩文韻府》 御定佩文韻府 卷七之六		(20) 酒徒。(《史記・酈生傳》：酈生瞋目按劍叱使者曰：走！復入言沛公，吾高陽酒徒也，非儒人也。《南史・陳暄與兄子秀書》云：吾平生所願，身没之後，題吾墓云：陳故酒徒陳君之神道。《獨異志》：時苗為壽春令。謁治中蔣濟，濟醉，不見之。歸而刻木人，書"酒徒蔣濟"，以弓矢射之。牧長聞之，不能制。李白詩：酒徒詞客滿高堂。杜甫詩：方外酒徒稀醉眠。又：道消詩發興，心息酒為徒。陸遊詩：量減愁逢舊酒徒。又劉禹錫詩：逢迎詩酒徒。羅鄴詩：四十年來詩酒徒。) (21) 摳衣徒。(姚燧《領太史院事楊公神道碑》：摳衣之徒，户外滿屨。横經入問，為析疑義。)
張玉書 《佩文韻府》 御定佩文韻府 卷七之八		(22) 雩都。(《漢書・地理志》：豫章郡有雩都縣。《南史・陳高祖紀》：龍驤虎步，嘯吒風雲，清妖氛于灨石，滅沴氣于雩都。《褚淵碑文》：封雩都縣開國伯。韓愈《路應神道碑》：選刺虔州，割余雩都，作縣安遠，以利人屬。)
張玉書 《佩文韻府》 御定佩文韻府 卷七之九		(23) 給繻。(姚燧《參知政事賈公神道碑》：公戍鄂，弛湖荻禁，聽民漁樵。東南未下之州，商旅滯此者，給繻歸之。) (24) 邊需。(元明善《廉文正王神道碑》：王從征雲南，師還，留為京兆宣撫使。時戎車日駕，邊需繹騷，惟以養民為本，餉餽亦給。) (25) 北覲需。(王磐《史公神道碑》：公身長八尺，善射，署帳前軍總領都帥。命公護送太夫人還北京，仍命過燕都市繒幣，為北覲需。) (26) 中夜有需。(姚燧《董公神道碑》：征伐蒐田，無地不從。凡乘輿衣服，鞶帶藥餌，小大無慮，百數十橐，靡不司之。中夜有需，不以燭索，可立至前。) (27) 闚覦。(《後漢書・河間孝王開傳》：開子翼為平原王。安帝乳母與江京等譖鄧隲兄弟及翼，云與中大夫趙王謀圖不軌，闚覦神器，貶為都鄉侯。《宋史・真宗本紀》：贊宋之諸臣，進神道設教之言，欲假是以動人之聽聞，庶幾足以潛消其闚覦之志歟？……梁元帝《愍時賦》：闚覦津渚，跋扈江湄。) (28) 靡渝。(《宋史・選舉志》：太宗嘗謂宰臣曰：君子畏慎，不欺暗室，名

續表

作者/文獻	版本	用　例
張玉書 《佩文韻府》 御定佩文韻府 卷七之九	清文淵閣四庫全書本	節造次靡渝。張説《姚文貞公神道碑銘》：兼司任切，久政榮殊。黼藻彌煥，丹青靡渝。） （29）忠孚。（孛木魯翀《姚公神道碑》：公果毅直諒，立朝敢言，操行清介，忠孚信格。） （30）空郛。（姚燧《鄧州千户楊公神道碑銘》：成鄧空郛，招逋立閈。）
張玉書 《佩文韻府》 御定佩文韻府 卷七之十		（31）招逋。（姚燧《鄧州千户楊公神道碑銘》：成鄧空郛，招逋立閈。） （32）再刳。（姚燧《徐國公神道碑》：太宗分土功臣，由徐、邳再刳于兵，户不足萬。唐寅《出塞》詩：姑衍山重禪，燕然石再刳。） （33）韻藻增闉闍。（《詩》：出其闉闍，有女如荼。應璩《與侍郎曹長思書》：想叔田有無人之歌，闉闍有匪存之思，風人之作，豈虛也哉！蘇頲《高安長公主神道碑》：闉闍窣窱，松柏陰烟。白居易詩：佳麗溢闉闍。劉禹錫《武陵觀火》詩：高灰辨廩庾，黑土連闉闍。郝經《開平新宮》詩：行行重回首，瑞氣滿闉闍。）
張玉書 《佩文韻府》 御定佩文韻府 卷十之二		（34）山可摧。（徐積《睢陽》詩：義深海可涸，行堅山可摧。又《朱子語類》《司馬溫公神道碑》：說來如山摧石裂相似。）
張玉書 《佩文韻府》 御定佩文韻府 卷十一之三		（35）廣寘。（鮑照《白雲篇》：笛聲謝廣寘，神道不復傳。）
張玉書 《佩文韻府》 御定佩文韻府 卷十二之一		（36）乾文。（《元史・郊祀樂章》：肇此大禋，乾文弘朗。崔日用《奉和送張説巡邊》詩：睿錫承優旨，乾文復寵行。錢起《奉和登朝元閣》詩：感物乾文動，凝神道化成。） （37）覈事文。（《雲笈七籤》：書有三等：一曰神道書，二曰覈事文，三曰浮華記。覈事文，覈事異同，疑誤不失。）
張玉書 《佩文韻府》 御定佩文韻府 卷十三之四		（38）鹿門。（《左傳》：臧紇斬鹿門之關以出。注：魯南城東門。又樂高敗，國人追之，又敗諸鹿門。注：鹿門，齊城門。又《後漢書・逸民傳》：龐公攜其妻子登鹿門山，因采藥不反。《襄陽記》：鹿門山，舊名蘇嶺山。建武中，襄陽侯習郁立神祠於山，刻二石鹿夾神道口，俗因謂之鹿門廟，遂以廟名山也。孟浩然詩：人隨沙路向江村，余亦乘舟歸鹿門。） （39）蘇門。（《晉書・阮籍傳》：籍嘗於蘇門山遇孫登，與商畧終古及栖神道氣之術，登皆不應，籍因長嘯而退。至半嶺，聞有聲若鸞鳳之音，響乎巖谷，乃登之嘯也。庾信《五張寺碑銘》：河鳴陽硤，山響蘇門。陸游《贈道侶》

續表

作者/文獻	版本	用　　例
張玉書 《佩文韻府》 御定佩文韻府 卷十三之四		詩：蘇門書寂聞舒嘯，函谷清秋候度關。元好問詩：濟源盤谷非不佳，煙景獨覺蘇門多。） （40）游夏門。（張説《蕭公神道碑》：四科得游夏之門，六藝取鍾陽之雋。）
張玉書 《佩文韻府》 御定佩文韻府 卷十三之五		（41）遺愛存。（張九齡《徐公神道碑》：文仲沒而其言立，子産終而遺愛存。） （42）韻藻花村。（《六朝事迹》：梁侍中吳平忠侯蕭公神道，在清風鄉花林村。韋應物詩：笻攜過竹寺，琴興在花村。李商隱詩：荻花村裏魚標在，石蘚庭中鹿跡微。溫庭筠詩：晚風楊柳社，寒食杏花村。薛能詩：雨乾楊柳渡，山熱杏花村。蘇軾詩：我是朱陳舊使君，勸農曾入杏花村。）
張玉書 《佩文韻府》 御定佩文韻府 卷十三之六	清文淵閣四庫全書本	（43）罔極恩。（陳子昂《楊君神道碑》：緬惟罔極之恩，思榮永錫之道。柳貫詩：列辟無前績，先師罔極恩。） （44）驂乘恩。（張説《姚崇神道碑》：始則天人讓王承置醴之顧，終以飛龍利見延驂乘之恩。） （45）執膰。（《左傳》：祀有執膰，戎有受脤，神之大節也。《隋書·音樂志》：敬殫如此，恭惟執膰。張九齡《裴光庭神道碑》：云亭苗扈，非一時之事也；受脤執膰，非三代之禮也。李德裕《易州候臺記》：卲公受命作伯，宅玆燕土，列分冀為幽之都，專受脤執膰之命。孔武仲《四海以職來祭賦》：薦牡惟時，推至誠而茂對；執膰有序，贊大事以靈承。）
張玉書 《佩文韻府》 御定佩文韻府 卷十四之一		（46）吞韓。（庾信《周柱國紇干弘神道碑》：晉尅夏陽，先通滅虢之路；秦開武遂，始問吞韓之謀。） （47）祭席單。（《禮記》：鬼神之祭，單席。《疏》：神道異人，不假多重，自溫，故單席也。又《梁書·江革傳》：謝朓嘗過革，時大雪，見革敝絮單席，而躭學不倦，嗟歎久之。李白詩：暗窗涼葉動，秋天寢席單。） （48）中鞍。（庾信《辛威神道碑》：門多懸胄，箭必中鞍。）
張玉書 《佩文韻府》 御定佩文韻府 卷十五之一		（49）歌鬟。（《世説補》：南唐嚴續嘗請韓熙載撰其父《神道碑》，以歌鬟質冠洞房者為濡筆之贈。白居易詩：歌鬟低翠羽，舞汗墮紅珠。）
張玉書 《佩文韻府》 御定佩文韻府 卷十五之二		（50）鹿門山。（《後漢書》：龐公傳攜其妻子登鹿門山，因采藥不反。《襄陽記》：鹿門山，舊名蘇嶺山。建武中，襄陽矦習郁立神祠於山，刻二石鹿夾神道口，俗因謂之鹿門廟，遂以廟名山也。）

續表

作者/文獻	版本	用　　例
張玉書 《佩文韻府》 御定佩文韻府 卷十六之一	清文淵閣四庫全書本	(51) 機前。(張說《蕭灌神道碑》: 動躡思後，故口無擇言；照在機前，故身無擇行。) (52) 億千。(《易林》: 高山之巔，去地億千。《神仙傳》: 神道一成，升彼九天。壽同三光，何但億千。白居易《遊悟眞寺》詩: 誦此蓮花偈，數滿百億千。) (53) 禋天。(《後漢書・袁紹劉表傳贊》: 魚儷漢舳，雲屯冀馬。闚圖訊鼎，禋天類社。《齊書・禮志》: 高堂隆表，二郊及明堂宗廟各一日，摯虞《新禮》議明堂，南郊間三兆，禋天饗帝共日之證也。楊炯《魏哲神道碑》: 振兵釋旅，方崇薦帝之儀；道洽功成，必致禋天之禮。)
張玉書 《佩文韻府》 御定佩文韻府 卷十六之二		(54) 車堅。(《吳子》: 車堅管轄，舟利櫓楫，士習戰陣，馬閑馳逐，是謂力機。吳通微《內侍焦希望神道碑》: 我車既堅，我馬斯服。) (55) 峻堅。(張說《馮公神道碑》: 清明激澈，標格峻堅。)
張玉書 《佩文韻府》 御定佩文韻府 卷十六之三		(56) 池陽田。(庾信《周大將軍司馬裔神道碑》: 渭南千畝之竹，更懼盈滿；池陽二頃之田，嘗思止足。王褒《與周弘讓書》: 猶依杜陵之水，尚保池陽之田。)
張玉書 《佩文韻府》 御定佩文韻府 卷十六之七		(57) 瑟然。(劉禹錫《奚公神道碑銘》: 帝曰汝器，黃流瑟然；可為大僚，左右化源。)
張玉書 《佩文韻府》 御定佩文韻府 卷十六之八		(58) 三篇。(《唐書・文藝傳》: 天寶十三年，明皇朝獻太清宮，饗廟及郊，杜甫獻賦三篇。帝奇之，使待制集賢院。庾信《賀婁慈神道碑》:《兵書》七卷，河水浮來；《射法》三篇，天弧夜下。)
張玉書 《佩文韻府》 御定佩文韻府 卷十六之十一		(59) 韻藻八埏。(《淮南子》: 九州之外，乃有八埏，亦八千里。自東北方曰大澤，曰無通；東方曰大渚，曰少海；東南方曰昃區，曰玄澤；南方曰大夢，曰浩澤；西南方曰渚資，曰丹澤。《封禪文》: 上暢九垓，下泝八埏。《魏都賦》: 考之四限，則八埏之中；測之寒暑，則霜露所均。謝靈運《撰征賦》: 穆淳風於六合，溥洪澤於八埏。謝朓《郊祀曲》: 整蹕遊九闕，清籥開八埏。齊《南郊歌》: 風移八極，禮飾八埏。牛弘《和受朝》詩: 恭已臨萬寓，宸居馭八埏。唐《祭太社樂章》: 神道發生敷九稼，陰陽乘化暢八埏。余闕詩: 臨風射長蛟，雄風推八埏。)

續表

作者/文獻	版本	用　　例
張玉書 《佩文韻府》 御定佩文韻府 卷十七之一	清文淵閣四庫全書本	（60）六條。（《舊唐書・太宗紀》：遣大理卿孫伏伽、黃門侍郎褚遂良等二十二人，以“六條”廵察四方，黜陟官吏。《元史・順帝紀》：八年三月壬戌，《六條政類》書成。沈約《安陸昭王碑文》：譽表六條，功最萬里。庾信《司馬裔神道碑銘》：八翼頻飛，六條亟秉。劉長卿詩：儉歲安三戶，餘年寄六條。） （61）教條。（韓愈《司徒許國公神道碑》：公之為治，嚴不為煩，止除害本，不多教條，與人必信。蘇軾詩：行吟未許窮騷雅，坐嘯猶能出教條。）
張玉書 《佩文韻府》 御定佩文韻府 卷十七之二		（62）罷朝。（《後漢書・魯丕傳》：和帝因朝會，召見諸儒，丕與侍中賈逵、尚書令黃香等相難數事，帝善丕說，罷朝，特賜冠幘履襪衣一襲。鮑照詩：日暮罷朝歸，鞍馬塞衢路。庾信《紇干弘神道碑》：白水良劍，罷朝而贈陳寵；青驪善馬，廻軍而賜李忠。韓駒詩：罷朝詔賜羣公坐，合殿懽傳萬歲聲。）
張玉書 《佩文韻府》 御定佩文韻府 卷十七之三		（63）富驕。（韓愈《胡良公神道碑》：遷尚書駕部郎中，數以事犯尚書李巽，巽時主鹽鐵事，富驕恃勢，以語丞相，由是退公為鳳翔少尹。）
張玉書 《佩文韻府》 御定佩文韻府 卷十七之五		（64）增李翛。（《舊唐書・李翛傳》：翛起于寒賤，以莊憲皇后妹壻，元和已來驟階仕進。無他才，性纖巧承迎。常飾厨傳以奉往來中使，以求善譽。治民蒞事，粗有政能。韓愈《太原郡公神道碑》：公之姊壻京兆尹李翛謂愈曰：子以文常銘賢公卿，今不可以辭。應曰：諾。）
張玉書 《佩文韻府》 御定佩文韻府 卷十八之二		（65）增讙呶。（《詩・賓之初筵》：傳：號呶，號呼讙呶也。韓愈《許國公神道碑》：訖公之朝京師，廾有一年，莫敢有讙呶叫號於城郭者。又《秋雨聯句》：讙呶尋一聲，灌注咽羣籟。）
張玉書 《佩文韻府》 御定佩文韻府 卷二十之一		（66）聞歌。（駱賓王《上齊州張司馬啟》：薛邑聞歌，揖馮諼于彈鋏；夷門停駕，顧侯嬴于抱關。張說《姚文貞公神道碑銘序》：言不厲而教成，政不威而事理。去思覩頌，來暮聞歌。張祜歌詩：一夜列三清，聞歌曲阜城。李遠《贈友人》詩：銀燭熖前貪勸酒，玉簫聲裏已聞歌。） （67）去舊歌。（庾信《紇干弘神道碑》：葛屨糾糾，魏有去舊之歌；零露瀼瀼，周受維新之命。） （68）喜霽歌.（柳宗元《先侍御史府君神道表》：拜侍御史。制書曰：守正為心，疾惡不懼。先君捧以流涕，曰：吾唯一子，愛甚，方謫去至藍田，訣曰“吾目無涕”，今而不知衣之濡也，抑有當我哉！作《喜霽之歌》。）

續表

作者/文獻	版本	用　　例
張玉書 《佩文韻府》 御定佩文韻府 卷二十之二	清文淵閣四庫全書本	（69）波似羅。（楊炯《唐右將軍魏哲神道碑》：秋月如練，春波似羅。）
張玉書 《佩文韻府》 御定佩文韻府 卷二十之三		（70）隨和。（《史記・李斯傳》：陛下致昆山之玉，有隨和之寶。注：隨珠和璧也。《漢書・司馬遷傳》：材懷隨和，行若由夷。潘岳文：如彼隨和，發流光彩。又張說《鄎國長公主神道碑銘序》：陵谷可移，隨和之德不昧；寒暑有遷，松筠之性如一。亦作"隋和"。《法言》：久幽而不改其操，雖隨和何以加諸？溫庭筠《上裴相公啓》：聞効珍者先詣隨和，躅養者必求倉扁。） （71）致和。（《禮記》：日出于東，月生于西。陰陽長短，終始相巡，以致天下之和。《潛夫論》：欲歷三王之絶迹，臻帝王之極功者，必先原原而本本，興道而致和。《琴賦》：感天地以致和，況跂行之衆類。柳宗元《終南山祠堂碑》：神道感而宣靈，人心歡而致和。） （72）性和。（《荀子》：性之和所生，精合感應，不事而自然謂之性。張說《隴右節度大使郭公神道碑銘序》：惟公氣猛而性和，量寬而精鋭。劉禹錫《擬冊邠王文》：質重性和，神清氣茂。） （73）統和。（《東都賦》：建章、甘泉，館御列仙，孰與靈臺、明堂，統和天人？權德輿《齊成公神道碑序》：乃作太常，統和神人，節事以辨志。秦觀《弔鐏鍾文》：是鍾也，郊廟所薦，樂之紀綱。統和元氣，舞獸儀凰。） （74）金石和。（陸機《演連珠》：柷敔希聲，以諧金石之和；鼙鼓疎擊，以節繁絃之契。又楊炎《范陽大都督李公神道碑》：室有山龍之服，樂有鐘石之和。） （75）膳羞和。（任昉《爲皇太子求入廟表》：或以凉燠之候，晨昏異宜，膳羞之和，鼎飪殊節。又李華《東光縣主神道碑》：降尊而處下，推泰而從約，詣繡繪之妙，適飲膳之和，其功可知也。）
張玉書 《佩文韻府》 御定佩文韻府 卷二十一之二		（76）萬家。（《史記・年表》：天下初定，故大城名都散亡，户口可得而數者十二三，是以大侯不過萬家，小者五六百户。又《淮陰侯傳》：信為布衣時，母死，貧無以葬，乃行營高敞地，令其旁可置萬家。庾信《崔訦神道碑》：淮陰一國，韓信之故人；户牖萬家，陳平之鄉里。杜甫《苦雨》詩：羣木水光下，萬家雲氣中。又《憶昔》詩：憶昔開元全盛日，小邑猶藏萬家室。蘇軾《和陶》詩：持我萬家春，一酹五柳陶。）

續表

作者/文獻	版本	用　　例
張玉書 《佩文韻府》 御定佩文韻府 卷二十一之三	清文淵閣四庫全書本	（77）浮華。（《及第》詩：天假聲名喧日月，國憑騷雅變浮華。《雲笈七籤》：書有三等：一曰神道書，二曰覆事文，三曰浮華記。） （78）遺華。（陸雲詩：神道見素，遺華反質。）
張玉書 《佩文韻府》 御定佩文韻府 卷二十一之四		（79）黨邪。（《舊唐書·宋璟傳》：張易之誣搆魏元忠，引張説令證之。璟謂曰：名義至重，神道難欺，必不可黨邪陷正，以求苟免。）
張玉書 《佩文韻府》 御定佩文韻府 卷二十一之五		（80）惡奢。（《舊唐書·姚崇傳》：神道惡奢。）
張玉書 《佩文韻府》 御定佩文韻府 卷二十二之二		（81）君子鄉。（韓愈《太原王公神道碑》：東漢，隱士烈，博士徵不就，居祁縣，因號所居鄉為君子。公其君子鄉人也。）
張玉書 《佩文韻府》 御定佩文韻府 卷二十二之四		（82）壤王。（庾信《崔訦神道碑銘》：日浴溟池，山浮海浦。甫穆霸國，詧丘樂土。胙茲宗邑，承此壤王。移封東武，就君安陽。）
張玉書 《佩文韻府》 御定佩文韻府 卷二十二之六		（83）場。（直良切。祭神道處，又治穀地也。）
張玉書 《佩文韻府》 御定佩文韻府 卷二十二之七		（84）松牀。（庾信《長孫儉神道碑》：居常服甗，或以布被、松牀；盤案之間，不過桑杯、石鼎。楊萬里詩：投寺借松牀，呼僧同野飯。）
張玉書 《佩文韻府》 御定佩文韻府 卷二十二之八		（85）於皇。（《詩》：於皇武王，無競維烈。班固《靈臺》詩：屢惟豐年，於皇樂胥。張華詩：於皇我后，欽若昊乾。潘岳《關中》詩：於皇時晉，受命既固。蘇軾《司馬溫公神道碑》：於皇上帝，子惠我民。）
張玉書 《佩文韻府》 御定佩文韻府 卷二十二之九		（86）九瘡。（庾信《紇干弘神道碑》：身被一百餘箭，傷肉破骨者九瘡。） （87）如望。（韓愈《胡良公神道碑》：朅朅胡公，既果以方。挾藝射科，每發如望。） （88）鄜坊。（《唐書·地理志》：關內道，京兆、華、同、鳳翔、邠、隴、涇、原、渭、武、寧、慶、鄜、坊、丹、延、靈、威、雄、會、鹽、綏、宥為鶉首分。韓愈《韓弘神道碑》：公子公武，為鄜坊丹延節度使，與公一時俱授弓鉞，處藩為將，疆土相望。）

續表

作者/文獻	版本	用　例
張玉書 《佩文韻府》 御定佩文韻府 卷二十二之十	清文淵閣四庫全書本	(89) 黃腸。(《漢書·霍光傳》：賜便房、黃腸題凑各一具。《祭古冢文》：黃腸既毀，便房已頹。庾信《崔沈神道碑》：諸侯地裂，邊將星亡。輕車騎士，玄甲黃腸。)
張玉書 《佩文韻府》 御定佩文韻府 卷二十二之十一		(90) 班行。(《國史補》：凡拜相，禮絶班行，府縣載沙填路。自私第至於城東街，名曰沙隄。韓愈《太原王公神道碑》：秀出班行，乃動帝目。柳宗元《為崔中丞請朝覲表》：厠蹈舞於羣寮，備班行於散地。張籍《送鄭尚書出鎮南海》詩：班行爭路送，恩賜併時來。元稹詩：班行容濟濟，文質道彬彬。徐鉉《和明道人宿山寺》詩：羨師閒未得，早起逐班行。)
張玉書 《佩文韻府》 御定佩文韻府 卷二十二之十二		(91) 歸糧。(韓愈《許國公神道碑》：公請使子公武以兵萬三千人會討蔡下，歸財與糧，以濟諸軍，卒擒蔡姦。按：許國公，韓弘也。)
張玉書 《佩文韻府》 御定佩文韻府 卷二十三之一		(92) 剛平。(《史記·趙世家》：敬侯四年，魏敗我兔臺，築剛平以侵衛。五年，齊、魏為衛攻趙，取我剛平。庾信《辛威神道碑》：築剛平之城，衛人拱手；戍滎波之澤，梁氏寒心。)
張玉書 《佩文韻府》 御定佩文韻府 卷二十三之二		(93) 不驚。(《晉書·張駿傳》：駿，建興四年，封霸城侯。初，駿之立也，姑臧謠曰：鴻從南來雀不驚，誰謂孤雛尾翅生，高舉六翮鳳凰鳴。《唐書·盧承慶傳》：承慶典選，校百官考，有坐漕舟溺者，承慶以“失所載，考中下”以示其人，無慍色。更曰“非力所及，考中中”，亦不喜。承慶嘉之曰：寵辱不驚，考中上。庾信《步陸逞神道碑》：猛虎振檻，七年不驚；羝羊觸籓，九齡能對。黃庭堅《畫橫竹》詩：卧龍偃蹇雷不驚。韓駒詩：重來內閣人誰健，慣踏天街馬不驚。徐照《鷺鷥》詩：高柳巢方穩，危灘立不驚。) (94) 波驚。(張融《海賦》：瀾文復動，波色還驚。楊炯《魏公神道碑銘》：丸山霧塞，渤海波驚。李白詩：因出天地泛蓬瀛，樓船蹙沓波浪驚。韓愈詩：路暗執屏翳，波驚戮陽侯。歐陽修《秋聲賦》：如波濤夜驚，風雨驟至。) (95) 烽火驚。(楊炯《右將軍魏公神道碑》：長榆歷歷，烽火猶驚；高柳依依，邊風尚急。) (96) 山驚。(庾信《齊王憲神道碑》：黎陽水駭，官度山驚。韋應物《聽嘉陵江水聲》詩：如何兩相激，雷轉空山驚。) (97) 三台明。(庾信《司馬裔神道碑》：足使四嶽彌峻，三台更明。) (98) 讓盟。(庾信《周大将軍崔公神道碑》：楚后讓盟，秦君還璧。)

續表

作者/文獻	版本	用　　例
張玉書《佩文韻府》御定佩文韻府卷二十三之三	清文淵閣四庫全書本	(99）儒者榮。（庾信《鄭常神道碑》：始遊庠塾，不無儒者之榮；或見兵書，遂有風雲之志。蘇軾《表》：遂領宗卿之事，稱為儒者之榮。） (100）青犢兵。（庾信《周柱國紇干弘神道碑》：擊青犢之兵，甚有祕計；燒烏巢之米，本無遺策。） (101）下瀨兵。（庾信《鄭常神道碑》：入橫江之陣，進下瀨之兵。）
張玉書《佩文韻府》御定佩文韻府卷二十三之四		(102）韓甥。（韓愈《許國公神道碑》：劉逸淮死，軍中皆曰：此軍司徒所樹，必擇其骨肉為士卒所慕賴者付之。今見在人，莫如韓甥，且其功最大，而才又俊。即柄授之。又劉克莊詩：韓甥殷浩貧親戚，李益盧綸外弟兄。） (103）千里迎。（庾信《步陸逞神道碑》：百城解印，憚朱穆之威；千里相迎，愛王基之德。）
張玉書《佩文韻府》御定佩文韻府卷二十三之五		(104）機衡。（《晉書・羊祜傳》：夫總齊機衡，允釐六職，朝政之本也。王逸《九思》：策謀從兮翼機衡。庾信《賀婁慈神道碑》：大冢宰任總機衡，是勤王畧。張鷟文：鏘鏘會府，掌北斗之機衡；肅肅禮闈，握南宮之樞奧。韓愈詩：放意機衡外，收身矢石間。周必大疏：逮事高皇，已徧塵于臺省；受知孝廟，復久玷于機衡。） (105）赤伏萌。（楊炯《李君神道碑》：思窮圖讖，潛觀赤伏之萌；識洞機祥，暗察黃泉之兆。）
張玉書《佩文韻府》御定佩文韻府卷二十三之十		(106）清白名。（《唐書・高智周傳》：智周善義興蔣子慎，有客常視兩人，曰：髙公位極人臣，而嗣少弱；蔣侯宦不達，後且興。……楊炯《任君神道碑》：東觀漢紀，梁統有清白之名；中興晉書，薛兼有恪勤之譽。）
張玉書《佩文韻府》御定佩文韻府卷二十三之十一		(107）韻藻冢塋。（《後漢書・中山簡王傳》：詔大為脩冢塋，開神道。）
張玉書《佩文韻府》御定佩文韻府卷二十四之一		(108）青青。（《莊子》：受命于地，唯松栢獨也正，在冬夏青青。《說苑・金人銘》曰：緜緜不絕，將成網羅；青青不伐，欲尋斧柯。古詩：青青河畔草，綿綿思遠道。陳子昂詩：蘭若生春夏，芊蔚何青青。張說《楊君神道碑》：桃李灼灼，不自言于蹊徑；松栢青青，不受命于霜雪。王維詩：渭城朝雨裛輕塵，客舍青青柳色新。李白詩：麥隴青青三月時，白雉朝飛挾兩雌。又《鸚鵡洲》詩：鸚鵡西飛隴山去，芳洲之樹何青青。杜甫詩：藥苗藥甲潤青青。韋應物詩：把酒看花想諸弟，杜陵寒食草青青。）

續表

作者/文獻	版本	用　　例
張玉書 《佩文韻府》 御定佩文韻府 卷二十四之一	清文淵閣四庫全書本	(109) 天經。(梁簡文帝《昭明太子集序》：體天經而總文緯，揭日月而諧律呂者，其在茲乎！陶弘景《眞靈位業圖序》：披訪人綱，究朝班之品序；研綜天經，測眞靈之階業。庾信《齊王憲神道碑銘》：純深之性，地極天經。陸肱《乾坤為天地賦》：乾為奇矣，以三而契彼天經；坤蓋偶焉，以六而昭乎地位。呂溫《人文化成論》：或陰合而陽開，或天經而地紀。有聖作則，實為人文。柳宗元《安豐縣孝門銘》：懿厥孝思，茲惟淑靈。稟承粹和，篤守天經。鄭賁《天驥呈材》詩：毛骨合天經，權奇步驟輕。)
張玉書 《佩文韻府》 御定佩文韻府 卷二十四之三		(110) 秦亭。(《後漢書・郡國志》：東郡范有秦亭。《水經注》：河水又東北，逕范縣之秦亭西。庾信《普屯威神道碑銘》：河連積石，山帶崆峒。秦亭北上，漢使西通。) (111) 禮庭。(李至遠《安侯神道碑》：趨表闕以擗心，涉禮庭而收泗。)
張玉書 《佩文韻府》 御定佩文韻府 卷二十四之四		(112) 太寧。(《宋史・樂志》：茫茫坤載，粵惟太寧。資生光大，品物流形。《鶡冠子》：其德上及太清，下及太寧，中及萬靈。馬融《忠經》：天地太寧，君之德也，君德昭明，則陰陽風雨以和，人賴之而生也。柳宗元《終南山祠堂碑》：皇帝垂德，制定統極，神道太寧。又《遼史・王鼎傳》：鼎，幼好學，居太寧山數年，博通經史。)
張玉書 《佩文韻府》 御定佩文韻府 卷二十四之五		(113) 昭靈。(《漢書・霍光傳》：太夫人顯改光時所自造塋制而侈大之。起三出闕，築神道，北臨昭靈，南出承恩，盛飾祠室。注：昭靈、承恩，皆館名也。《宋史・樂志》：昭靈積厚，混沌坤輿。配天作極，陰慘陽舒。王逸《九思》：惟昊天兮昭靈，陽氣發兮清明。韓鎡《山呼萬歲賦》：帝道昌而言作，天心啓而昭靈。又《水經注》：沛公母葬于黃鄉。天下平定，作寢以寧神。謚曰昭靈。) (114) 坤靈。(《宋史・樂志》：山嶽河瀆，皆坤之靈。揚雄《司空箴》：普彼坤靈，侔天作則。李喬《神龍歷序》：乾筴遂，坤符靈。祕法效用，常邀乎聖期；研幾測深，必貫于神道。李華《含元殿賦》：坦坤靈兮配乾剛，坤順乾而為龍；舒廣衍兮走羣山，紛却面而朝宗。劉珣《渭水貫天河賦》：登仁壽之理，表坤靈之喻。元好問詩：鼇掀一柱在，萬古壓坤靈。) (115) 鬼祠靈。(薩都拉詩：蔓草古陵神道没，楓林夜火鬼祠靈。又高啓詩：賣薪沙店遠，祈穀水祠靈。) (116) 韻藻建瓴。(《漢書・高帝紀》：秦，形勝之國也，帶河阻山，縣隔千里，持戟百萬，秦得百二焉。地勢便利，其以下兵于諸侯，譬猶居高屋之上建瓴水也。《周書・韋孝寬傳》：大周土宇，跨據關、河，蓄席捲之威，持建

續表

作者/文獻	版本	用　　例
張玉書《佩文韻府》御定佩文韻府卷二十四之五	清文淵閣四庫全書本	瓴之勢。庾信《周齊王憲神道碑》：如彼建瓴，同斯破竹。杜甫詩：雜種雖高壘，長驅甚建瓴。呂溫《鑒止水賦》：流若激矢，波如建瓴。韓愈詩：初味猶啖蔗，遂通斯建瓴。柳宗元《上權補闕啓》：言為建瓴，晨發夕被，聲馳而響溢，風振而草靡。杜牧《上劉侍郎》詩：寒署逾流電，光陰甚建瓴。溫庭筠《夜宴謠》：虬鬚公子五侯客，一飲千鐘如建瓴。宋祁王《畿賦》：周原膴膴，禹畫芒芒，或處瘠為教，或建瓴是防。陳造詩：三閲春光一建瓴，依然歸棹泊危亭。郝經《開平新宮》詩：建瓴增壯觀，定鼎見規模。）
張玉書《佩文韻府》御定佩文韻府卷二十五之一		（117）金承。（庾信《普屯威神道碑銘》：少典之孫，元王之子。虹貫于月，金承于水。） （118）後承。（韓愈《平陽路公神道碑銘》：伊我襄陽，克慎以有。延畀後承，莫不率守。） （119）媚承。（韓愈《太原王公神道碑》：同列有恃恩自得者，衆皆媚承，公嫉其為人，不直視。） （120）粂凌。（庾信《步陸逞神道碑》：黃河粂凌，或亡追路；烏江艤船，更無歸迹。）
張玉書《佩文韻府》御定佩文韻府卷二十五之二		（121）克昇。（庾信《長孫儉神道碑》：上將克昇，元戎既序。） （122）黜升。（歐陽修《王文正公神道碑銘》：相有賞罰，功當罪明；相所黜升，惟否惟能。） （123）光景昇。（庾信《周齊王憲神道碑》：風飈欲遠，光景將昇。）
張玉書《佩文韻府》御定佩文韻府卷二十五之三		（124）煙凝。（庾信《叚永神道碑銘》：煙凝不動，泉凍無聲。王勃《拜南郊頌序》：千營夕布，亘蒼野而煙凝；萬幕宵懸，背黃圍而霧列。閻伯璵《函谷關賦》：增障霧杳，聚柝煙凝。顏真卿《峴山石樽聯句》：景落全谿暗，煙凝半嶺昏。張九齡詩：別前林鳥息，歸處海煙凝。韋應物詩：緑煙凝層城，豐草滿通衢。盧綸詩：煙凝積水龍蛇蟄，露濕空山星漢明。武元衡詩：靜見煙凝燭，閒聽葉墜桐。羅鄴詩：繁金露泣荒籬菊，獨翠煙凝遠澗松。韋莊詩：晚風清浪疊，暮雨濕煙凝。） （125）人主稱。（庾信《辛威神道碑》：青衿學劍，既為人主所稱；童子論兵，即在中軍之策。）

續表

作者/文獻	版本	用　　例
張玉書 《佩文韻府》 御定佩文韻府 卷二十五之五	清文淵閣四庫全書本	(126) 國能。(《莊子》：且子獨不聞夫壽陵餘子之學行于邯鄲與？未得國能，又失其故行矣。韋貫之《高崇文神道碑》：術窮秘要，藝擅國能。) (127) 風騰。(《後漢書・馮衍傳》：江湖之上，海岳之濱，風騰波涌，更相駘藉。按：指王莽之害也。《楚詞》：忽風騰兮雲浮。楊雄《幽州箴》：元戎屢征，如風之騰。班固《竇車騎北征頌》：回萬里而風騰，劉殘寇於沂垠。陸雲《祖考頌》：風騰海堣，電斷荊楚。魏收《加齊王九錫文》：威署風騰，傾懾南海。庾信《周齊王憲神道碑》：斗建麾兵，天離轉戰。虎嘯風騰，雲飛電掩。)
張玉書 《佩文韻府》 御定佩文韻府 卷二十六之二		(128) 喘牛。(見上。庾信《齊王憲神道碑》：少陽用事，路不喘牛；仲秋以殷，民無驚水。白居易詩：喘牛犁紫芋，羸馬放青菰。孫覿詩：老羆誰當問喘牛。)
張玉書 《佩文韻府》 御定佩文韻府 卷二十六之八		(129) 韻藻闡幽。(《易》：夫《易》彰往而察來，而微顯闡幽。《文心雕龍》：夫神道闡幽，天命微顯。《法書要錄》：我巨唐之膺休，一六合而闡幽。徐彦伯《南郊賦》：陳蒼璧而咸事，藉白茅而闡幽。)
張玉書 《佩文韻府》 御定佩文韻府 卷二十七之一		(130) 四林。(楊炯《上騎都尉高君神道碑》：四林滸刃，八水忘筌，能去有漏之因，早得無生之法。) (131) 東臨。(《漢書・韓信傳》：奉咫尺之書以使燕，燕必不敢不聽從。燕而東臨齊，雖有智者，亦不知為齊計矣。劉孝綽詩：竹庭已南映，池牖復東臨。楊炯《李君神道碑》：直城西望，高闕東臨。)
張玉書 《佩文韻府》 御定佩文韻府 卷二十七之二		(132) 寒深。(《水經注》：伏凌山高峻，巖障寒深，陰崖積雪，凝冰夏結，因以名山。庾信《長孫儉神道碑》：陵田野寂，松徑寒深。周瑀詩：寒深包晚橘，風緊落垂楊。又杜甫詩：垂老戎衣窄，歸休寒色深。)
張玉書 《佩文韻府》 御定佩文韻府 卷二十七之四		(133) 旃衿。(庾信《岁陸逞神道碑銘》：壯節旃衿，人雄關塞。)
張玉書 《佩文韻府》 御定佩文韻府 卷二十八之一		(134) 楟栳潭。(姚燧《張興祖神道碑》：宋開山南東道制閫襄陽，殘盧氏、永寧。吾袍甲車道新野西港，盡鈔于敵。公將兵三百騎，追及之楟栳潭，盡殲之。) (135) 李曇。(《後漢書・徐穉傳》：陳蕃、胡廣等上疏曰：伏見處士豫章徐穉、彭城姜肱、汝南袁閎、京兆韋著、潁川李曇，德行純備，著于人聽。若使擢登三事，恊亮天工，必能翼宣盛美，增光日月矣。……蘇頲《李乂神道碑》：公諱乂，字尚真，房子人，柏人侯曇裔孫也。)

續表

作者/文獻	版本	用　　例
張玉書 《佩文韻府》 御定佩文韻府 卷二十八之一	清文淵閣四庫全書本	(136) 鎮南。(《元史・地理志》：鎮南州，在威楚路北，昔樸、落蠻所居。川名欠舍，中有城曰鷄和。至元二十一年，改為鎮南州。庾信《長孫儉神道碑》：杜鎮南之作牧，當世樹碑；竇車騎之臨戎，生年刻石。范成大《送施元光赴江西幕府》詩：鎮南旌旆照江臯，入幕如今客最高。)
張玉書 《佩文韻府》 御定佩文韻府 卷二十八之二	清文淵閣四庫全書本	(137) 避席談。(楊炯《右將軍魏哲神道碑》：天經地義，欽承避席之談；日就月將；虔奉趨庭之教。) (138) 鬬酣。(常袞《司徒馬公神道碑銘》：史朝義悉師自将，大戰邙山，公獨率所部。偃旗先登，闞如虓虎，鬬酣披靡，橫貫而出，迴戈奮擊，轟然大潰。) (139) 鄭儋。(韓愈《鄭公神道碑》：公諱儋，少依母家隴西李氏。)
張玉書 《佩文韻府》 御定佩文韻府 卷二十九之一	清文淵閣四庫全書本	(140) 孝廉。(楊炯《溫江縣令任晃神道碑》：張家碑碣，荊州有七代孝廉；荀氏鄉亭，潁川有八人才子。孟浩然詩：孝廉因歲貢，懷橘向秦州。杜甫詩：雲深驃騎幕，夜隔孝廉船。陸龜蒙詩：有詔求真隱，無媒舉孝廉。) (141) 寬廉。(愈《滎陽鄭公神道碑》：公為河東軍司馬，用寬廉平正，得吏士心。) (142) 譏嫌。(《後漢書・馬嚴傳》：明德皇后既立，嚴乃閉門自守，猶復慮致譏嫌，遂更徙北地，斷絶賓客。《蜀志・孟光傳》：光曰：吾好直言，無所回避，每彈射利病，為世人所譏嫌。《晉書・褚裒傳》：裒以近戚，懼獲譏嫌，上疏固請居藩。庾信《哀江南賦》：逢鄂坂之譏嫌，值彤門之征稅。王績詩：位大招譏嫌。楊炯《恒州刺史王公神道碑》：防薏苡之譏嫌，絶簡書之流謗。李商隱文：《三百篇》之詩，更無諷刺；二百年之史，永絶譏嫌。) (143) 星占。(《唐書・藝文志》：劉表《荊州星占》二卷，陳卓《四方星占》一卷，史崇《十二次二十八宿星占》十二卷。庾信《兖州刺史宇文公神道碑銘》：日察陰陽，星占長柳。楊炯《入昊天觀》詩：遁甲爰皇里，星占太乙宮。項斯《與韓將軍夜會》詩：將軍盡樽酒，樓上賦星占。) (144) 風后占。(庾信《長孫儉神道碑》：風后陰陽之占，力牧星辰之度。) (145) 高下占。(庾信《司馬裔神道碑》：逢蒙射法，力牧兵書，星辰高下之占，風雨逢迎之氣。) (146) 青烏占。(庾信《紇干弘神道碑》：《青烏》甲乙之占，《白馬》星辰之變。)

續表

作者/文獻	版本	用　例
張玉書《佩文韻府》御定佩文韻府卷二十九之二	清文淵閣四庫全書本	(147) 智鈐。(呂溫《京兆韋府君神道碑》：仁護鰥惸，智鈐豪右。)
張玉書《佩文韻府》御定佩文韻府卷三十		(148) 潼函。(庾信《爾綿永神道碑》：西自潼函，東歸鞏洛。) (149) 千丈巖。(楊炯《恒州刺史王公神道碑》：黄河一曲之水，莫測其深；赤城千丈之巖，未階其峻。)
張玉書《佩文韻府》御定佩文韻府卷三十一		(150) 月動。(《淮南子》：鉗且、大丙之御，日行月動，星耀而玄運，電奔而鬼騰。庾信《齊王憲神道碑》：馬邑星飛，龍城月動。李嶠《詠風》詩：月動臨秋扇，松清入夜琴。方干詩：池塘月動芙蕖浪，牖户涼生薜荔風。林逋詩：水波隨月動，林翠帶烟微。) (151) 事總。(《昌言》：人遠則難綏，事總則難了。庾信《贈少保豆盧公神道碑》：事總歲成，功參日要。)
張玉書《佩文韻府》御定佩文韻府卷三十四之三		(152) 臣軌。(《舊唐書·禮儀志》：則天長壽二年，自製《臣軌》兩卷，令貢舉爲業，停《老子》。蘇頲《章懷太子良娣張氏神道碑》：母儀可宗，臣軌伊勵。) (153) 高軌。(孫綽《喻道論》：後進篤志之士，被服弘訓，思齊高軌，皆由父老不異所尚，承歡心而後動耳。張説《王公神道碑》：後之人慎終始而保福禄者，固將泝通波而蹈高軌。儲光羲《貽馬九》詩：哲兄盛文史，出入馳高軌。竇臮《述書賦》：悦端閑於高軌，能終始於清規。《法苑珠林》：長安西明寺道宣律師，資成三寶，綴緝儀範，百有餘卷。結習高軌，屬有深旨。) (154) 賢聖軌。(張説《蕭公神道碑》：言入精微之奥，跡登賢聖之軌。又朱子詩：魯叟何常師，删述存聖軌。) (155) 白水。(《左傳》：及河，子犯以璧授公子，曰：臣之罪多矣。臣猶知之，而况君乎？請由此亡。公子曰：所不與舅氏同心者，有如白水。《漢書·地理志》：廣漢郡縣白水。《後漢書·光武帝紀》：論王莽忌惡劉氏，以錢文有金刀，故改爲貨泉。或以貨泉字文爲"白水眞人"。……《東京賦》：龍飛白水，鳳翔參墟。《南都賦》：曜朱光于白水，會九世而飛榮。徐陵《陳公九錫文》：若晉侯之誓白水，如蕭王之推赤心。庾信《紇干弘神道碑》：白水良劍，罷朝而贈陳寵；青驪善馬，迴軍而賜李泌。唐太宗《重幸武功》詩：白水巡前跡，丹陵幸舊宫。駱賓王《上張司馬啓》：疏源白水，浸地軸以輪波；纂慶黄軒，感星精而誕命。許敬宗詩：白水浮佳氣，黄星聚太常。……陸游詩：白水滿陂秧馬躍，緑陰遶舍緯車鳴。)

續表

作者/文獻	版本	用　　例
張玉書 《佩文韻府》 御定佩文韻府 卷三十四之三	清文淵閣四庫全書本	(156) 若水。(《竹書紀年》：顓頊母曰女樞，見瑤光之星貫月如虹，感己于幽房之宮，生顓頊于若水。徐陵《陳文帝策文》：若水傳帝，薰風御民，重光所集，世載于陳。庾信《辛威神道碑》：基若水之源，纂商丘之冑。又《莊子》：其動若水，其靜若鏡。) (157) 懸水。(《列子》：孔子觀于呂梁，懸水三十仞。庾信《司馬裔神道碑》：懸水三門，橋飛齊渡。蘇軾詩：亂山合沓圍彭門，官居獨在懸水村。) (158) 貪水。(楊炯《王公神道碑》：臨漲海兮明珠，飲石門兮貪水。元稹詩：冰瑩懷貪水，霜清顧痛巖。) (159) 檀溪水。(《水經》：沔水又東合檀溪水。注：水出柳子山下，東爲鴨湖。又北逕檀谿謂之檀溪水，側有沙門釋道安寺，即谿之名以表寺目也。……庾信《長孫儉神道碑》：蜀主的顱，未出檀溪之水；秦王飛雉，猶向南陽之城。) (160) 洙泗水。(庾信《鄭常神道碑》：此之樹碑，異乎洙泗之水；此之勒石，異乎燕然之山。)
張玉書 《佩文韻府》 御定佩文韻府 卷三十四之四	清文淵閣四庫全書本	(161) 人紀。(《書》：先王肇修人紀，從諫弗咈。《禮記》：毋亂人之紀。《漢書・揚雄傳》：上世之士，人綱人紀。王融《策秀才文》：天爵具修，人紀咸事。李迥秀《裴府君神道碑》：祖德伊何，冠乎人紀。) (162) 星紀。(《左傳》：春，無冰。梓慎曰：今茲宋、鄭其饑乎？歲在星紀，而淫于玄枵，以有時菑，陰不堪陽。蛇乘龍，龍，宋、鄭之星也，宋、鄭必饑。……《晉書・天文志》：自南斗十二度至須女七度為星紀，于辰在丑，吳越之分野，屬揚州。又《律歷志》：爰自開闢，清濁始分，則日月五星聚于星紀。《唐書・天文志》：星紀得雲漢下流，百川歸焉；析木為雲漢末派，山河極焉。故其分野，自南河下流，窮南紀之曲，東南負海，為星紀；自北河末派，窮北紀之曲，東北負海，為析木。負海者，以其雲漢之陰也。《參同契》：河鼓臨星紀兮，人民皆驚駭。張華《感婚賦》：逼來年之將至兮，迨星紀之未移。楊炯《王公神道碑》：天垂兮星紀，地運兮交趾。) (163) 握紀。(李百藥《封建論》：陛下握紀御天，膺期啓聖。獨照宸衷，永懷前古。楊炯《百泉孫令李君神道碑》：廵河并洛，握紀提衡。)
張玉書 《佩文韻府》 御定佩文韻府 卷三十四之五	清文淵閣四庫全書本	(164) 中牟雉。(庾信《鄭常神道碑》：青衿智勇，即埋雲夢之蛇；童子仁心，已愛中牟之雉。)

續表

作者/文獻	版本	用　　例
張玉書 《佩文韻府》 御定佩文韻府 卷三十四之六	清文淵閣四庫全書本	(165) 姚萇壘。(庾信《齊王憲神道碑》: 督兵三萬, 出自宜陽。拔伏龍之城, 平姚萇之壘。) (166) 清時。(蘇頲《韋抗神道碑》: 跡滿清時, 事昭緹史。)
張玉書 《佩文韻府》 御定佩文韻府 卷三十四之八		(167) 廉士。(《孟子》: 陳仲子豈不誠廉士哉?《史記・韓安國傳》: 安國為人, 智足以當世取舍, 而出于忠厚焉。貪嗜于財, 所推舉皆廉士。《魏志・武帝紀》: 若必廉士而後可用, 則齊桓何以霸世!《舊唐書・許圉師傳》: 圉師, 左遷虔州刺史, 改相州。有官吏犯贓事露, 圉師不令推究, 但賜《清白詩》以激之, 犯者愧懼, 遂改節為廉士。劉禹錫《都團練王公神道碑》: 問誰出納, 潔潔廉士。) (168) 介胄士。(《史記・周勃世家》: 天子至營, 將軍亞夫持兵揖曰: 介胄之士不拜, 請以軍禮見。又《漢書・張安世傳》: 安世薨, 贈印綬, 送以輕車介士。楊炯《建昌公神道碑》: 豐貂兮左珥, 介士兮前驅。) (169) 鋭士。(《吳志・甘寧傳》: 後隨魯肅鎮益陽, 拒關侯。侯號有三萬人, 自擇選鋭士五千人, 投縣上流十餘里淺瀨, 云欲夜涉。庾信《慕容寧神道碑》: 總秦人之鋭士, 兼荊尸之廣卒。) (170) 端士。(《舊唐書・于志寧傳》: 殷勤於端士, 懇切於正人。又《韋承慶傳》: 正人端士, 必引而親之; 便僻側媚, 必斥而遠之。又《徐齊聃傳》: 階闥小臣, 必採於端士; 驅馳所任, 並歸於正人。韋建《薛舒神道碑》: 邦有良翰, 朝推端士。) (171) 莊士。(《唐書・白居易傳》: 贊杜牧謂: 纖艷不逞, 非莊士雅人所為。權德輿《王光謙神道碑》: 天球白珩, 産於崇山, 扣之而清越; 格人莊士, 生于積德, 用之而弘大。) (172) 慷慨士。(張説《右羽林將軍王公神道碑》: 公未登一命, 事主將之旌麾; 不出十年, 代總戎之節鉞: 慷慨之士, 以為美談。) (173) 瑤戺。(謝莊《宋明堂歌》: 構瑤戺, 聳珠簾。漢拂幌, 月棲檐。蘇頲《刑部尚書韋抗神道碑》: 遽登金華, 終列瑤戺。)
張玉書 《佩文韻府》 御定佩文韻府 卷三十四之九		(174) 贊祉。(陳子昂《梓州司馬楊君神道碑》: 於是考羣聖之典, 擇衆妙之門, 求所以昭報幽扃, 贊祉冥籍。) (175) 襲祉。(于益《左武衛將軍白公神道碑》: 服士連華, 重代襲祉。) (176) 業祉。(韋建《黔州刺史薛舒神道碑》: 時稱茂緒, 代濟業祉。) (177) 風雷祉。(楊炯《百泉縣令李君神道碑》: 殷憂啓聖, 聖人騰海岳之符; 草昧興王, 王者受風雷之祉。)

續表

作者/文獻	版本	用　例
張玉書 《佩文韻府》 御定佩文韻府 卷三十六之一	清文淵閣四庫全書本	(178) 飛語。(《漢書・灌夫傳》：有為惡言聞上。注：田蚡為作飛揚誹謗之語也。劉禹錫《王公神道碑》：入為尚書户部郎中。會宋丞相坐狷直，為飛語所陷，抱不測之罪。又詩：曾遭飛語十年謫，新受恩光萬里還。劉克莊《除江東憲謝啓》：置之閑散，避飛語之中傷；還以光華，出翹材之啓擬。) (179) 媵語。(《聞見後錄》：韓忠獻公曾祖惟古無官，以忠獻貴，贈太保，無可書。李邦直追作《神道碑》，至三百餘言，其文無一媵語，世尤以為難也。) (180) 宜語。(《張九齡神道碑銘》：既貞且亮，宜語而默。)
張玉書 《佩文韻府》 御定佩文韻府 卷三十六之二		(181) 存處。(司馬光《戶部周公神道碑》：無歸者則為存處立生業。) (182) 虞褚。(《唐書・薛稷傳》：貞觀、永徽間，虞世南、褚遂良以書顓家，後莫能繼。稷外祖魏徵家多藏虞、褚書，故鋭精臨倣，結體遒麗，遂以書名天下。張説《魏叔瑜神道碑》：公善於草隸，妙絶時人，以筆意傳次子華及甥河東薛稷，世稱前有虞、褚，後有薛、魏。)
張玉書 《佩文韻府》 御定佩文韻府 卷三十六之三		(183) 治所。(《魏志・賈逵傳注》：逵，遷魏郡太守。官屬悉當門，謁于車下。逵抵掌曰：詣治所，何宜如是！劉禹錫《右僕射史公神道碑》：孟秋至治所，首冬遘疾，拜章入覲。)
張玉書 《佩文韻府》 御定佩文韻府 卷三十六之四		(184) 軒舉。(庾信《周王憲神道碑》：儀範清泠，風神軒舉。韓愈詩：氷溪時咽絶，風櫪方軒舉。) (185) 矯舉。(《左傳》：祝史矯舉以祭。孫逖《太子詹事王公神道碑》：其從官也，常避右職；其御下也，務存大旨；不矯舉以求是，不憂務以近名。) (186) 一戰舉。(庾信《拓拔儉神道碑》：一戰而舉鄢郢，再戰而燒陵夷。) (187) 羣務舉。(劉禹錫《王公神道碑》：率身以儉而素風存，任人以誠而羣務舉。) (188) 茂緒。(顔延之《誄》：光昭茂緒，旌録舊勲。楊炯《王公神道碑》：台階茂緒，昴宿精靈。駱賓王《上崔長史啓》：崇基疊秀，茂緒聯輝。司馬光《賀皇子降生表》：皇穹降休，誕啓茂緒。)
張玉書 《佩文韻府》 御定佩文韻府 卷三十七之一		(189) 春雨。(夏侯湛《愍桐賦》：納谷風以疏葉，含春雨以濯莖。梁簡文帝《菩提頌序》：秋荼不設，廢九律之嚴科；春雨愛生，解三驅之密網。庾信《豆盧公神道碑》：春雨潤木，自葉流根。杜甫詩：心在水精域，衣霑春雨時。劉長卿詩：夕陽臨水釣，春雨向田畊。韋莊詩：十畝野塘留客釣，一軒春雨對僧碁。陸游詩：小樓一夜聽春雨，深巷明朝賣杏花。)

續表

作者/文獻	版本	用　　例
張玉書 《佩文韻府》 御定佩文韻府 卷三十七之三	清文淵閣四庫全書本	(190) 卧鼓。(《後漢書・隗囂傳》：囂移檄告郡國曰：威命四布，宣風中岳。興滅繼絶，封定萬國。然後還師振旅，櫜弓卧鼓。又《祭肜傳論》：卧鼓邊亭，滅烽幽障者將三十年。《南史》：王僧辯軍攻巴陵，分命衆軍，乘城固守，偃旗卧鼓，安若無人。庾信《移齊河陽執事文》：疆埸卧鼓，邊鄙收烽。張説《隴右節度大使郭公神道碑銘》：亭障卧鼓，崔禹錫送。張説詩：練兵宜雨洗，卧鼓候風涼。) (191) 玉鼓。(《春秋孔演圖》：有人卯金豐，擊玉鼓，駕六龍。庾信《齊王憲神道碑》：方當待彼石間，部斯玉鼓，經緯天地，光華日月。牛弘《食舉歌》：金敦玉豆盛交錯，玉鼓既聲安且樂。) (192) 雙虎。(《史記・陳軫傳》：從傷而刺之，一舉必有雙虎之名。庾信《河州都督普屯威神道碑銘》：並麗六麋，俱抽雙虎。張籍《少年行》：獨到輦前射雙虎，君王手賜黄金璫。) (193) 拉虎。(《七啟》：批熊碎掌，拉虎摧斑。梁元帝賦：既風起而雲飛，復摧斑而拉虎。庾信《周大將軍崔訦神道碑》：拉虎羆熊，摧斑碎掌。忘歸繁弱，落雁吟猨。) (194) 終古。(《考工記》：輪已崇，則人不能登也。輪已庳，則于馬終古登阤也。注：齊人之言終古，猶言常也。《晉書・阮籍傳》：籍嘗於蘇門山遇孫登，與商畧終古及栖神道氣之術。又陸機《陸雲傳贊》：文藻宏麗，獨步當時；言論慷慨，冠乎終古。《離騷經》：懷朕情而不發兮，余焉能忍與此終古？《九歌》：春蘭兮秋菊，長無絶兮終古。謝靈運《山居賦》：抱終古之泉源，美膏液之清長。) (195) 耀古。(裴度《西平王李晟神道碑》：鴻烈耀古，讙聲動天。)
張玉書 《佩文韻府》 御定佩文韻府 卷三十七之四		(196) 手樹。(張説《户部尚書河東公楊君神道碑》：非親藝黍稷，不以供甘旨；非手樹桑麻，不以薦絺纊。)
張玉書 《佩文韻府》 御定佩文韻府 卷三十七之五		(197) 光輔。(《左傳》：子木問于趙孟曰：范武子之德何如？對曰：夫子之家事治，言于晉國無隱情，其祝史陳言于鬼神，無愧辭。子木歸，以語王。王曰：尚矣哉！能歆神人，宜其光輔五君以為盟主也。《晉書・鄭沖傳》：詔曰：光輔奕世，亮兹天工，廸宣謀猷，弦濟大烈，可謂朝之儁老，衆所具瞻者也。陶侃《辭長沙郡公表》：司徒導鑒識經遠，光輔三世。王儉《褚淵碑》：孰能光輔五君，寅亮二代者哉？張説《梁國公姚崇神道碑》：光輔四帝，軒冕三紀。) (198) 元輔。(《晉書・周馥傳》：聖上神聰，元輔賢明，居儉守約，用保宗

續表

作者/文獻	版本	用　　例
張玉書 《佩文韻府》 御定佩文韻府 卷三十七之五	清文淵閣四庫全書本	廟。蔡邕《胡太傅祠前銘》：七受帝命，作此元輔。陸機《吳大司馬陸公誄》：乃命我公，誕作元輔。陸雲《丞相陸公誄》：將庸元輔，相維天子。顏延之《曲水詩序》：正體毓德于少陽，王宰宣哲于元輔。王儉《褚淵碑》：欽若元輔，體微知章。楊炯《瀘州都督王湛神道碑》：維岳降神，克生元輔。杜甫詩：每覺昇元輔，深期列大賢。） (199) 龜組。（《宋史・陳洪進世家》：棨戟在門，龜組盈室。孔稚圭《為王敬則讓司空表》：蟬佩之映，則左右交輝；龜組之華，則縱橫吐耀。駱賓王《上李少伯啓》：奕葉龍光，蟬聯龜組。李邕《左羽林大将軍臧公神道碑》：子孫並于昌時，龜組疊于榮聞。權德輿《送裴中丞序》：嚮之玉堂清禁、論思侍從，與今之龍節前導、金龜映組，皆所以事君也。） (200) 廊廡。（《漢書・竇嬰傳》：孝景三年，拜為大将軍，賜金千觔。所賜金，陳廊廡下，軍士過，輒令財輒為用，金無入家者。師古注：廊，堂下周屋也。廡，門屋也。《南史・陳武帝紀》：帝嘗獨坐胡床于閤下，忽有神光滿閤，廊廡之間，並得相見。《宋史・禮志》：賜酺，宗室親王、近列牧伯洎舊臣、宗室官，為設綵棚于左右廊廡。士庶縱觀，車馬填溢。又《王欽若傳》：為景靈使，閱《道藏》，得趙氏神仙事跡四十人，繪于廊廡。《詩品》：孔氏之門如用詩，則公幹升堂，思王入室，景陽、潘、陸，可坐于廊廡之間矣。李尤《德陽殿賦》：青鎖禁門，廊廡翼翼。華蟲詭異，密采珍縟。李綱諫疏：鳴玉曳組，趨馳廊廡。常袞《馬璘神道碑》：散已食于行伍，陳賜金于廊廡。元淮《水竹軒》詩：容膝坐小軒，野興厭廊廡。）
張玉書 《佩文韻府》 御定佩文韻府 卷三十七之六		(201) 生聚。（《左傳》：伍子胥曰：越十年生聚，而十年教訓，二十年之外，吳其為沼乎！《宋史・李清臣傳》：民人生聚，天地之腹心肺腑也；日月星辰，天地之五官也。又《儒林・楊萬里傳》：（疏）勿矜聖德之崇高，而增其所未能；勿恃中國之生聚，而嚴其所未備。梁武帝《撫流移詔》：亟弘生聚之畧，每布寬恤之恩。權德輿《劉公神道碑》：長幼養老，沛然生聚。鄭處晦《邠州節度使廳記》：生聚之，訓練之，吾知青海之西，不數年為內郡矣。熊鉌詩：耒耜既生聚，市易還懋遷。） (202) 游聚。（《北史・董紹傳》：孝武西遷，除御史中丞，非其好也。鬱鬱不得志，或行戲街衢，或與少年游聚，不自拘持，頗類失性。高爽《懷何秀才》詩：寄止隣城闕，徒然失游聚。裴耀卿《太子賓客竇希球神道碑》：公私游聚，小大無忤。） (203) 府聚。（孫逖《右庶子王敬從神道碑》：元精之所稟和，高行之所詒訓，德義之所府聚，文儒之所膏潤。）

續表

作者/文獻	版本	用　　例
張玉書 《佩文韻府》 御定佩文韻府 卷三十七之六	清文淵閣四庫全書本	(204) 行伍。(《史記·李將軍傳》：程不識正部曲行伍營陳，擊刁斗，士吏治軍簿至明，軍不得林息。《漢書·陳勝傳贊》：躡足行伍之間，而崛起阡陌之中。《後漢書·馮異傳》：克備行伍，過蒙恩私。司馬遷《報任安書》：外之，不能備行伍，攻城野戰，有斬將搴旗之功。《西京賦》：結部曲，整行伍。陳傅良《讀范文正公神道碑》詩：行伍扳大將，寒饑得名儒。) (205) 八柱。(《淮南子》：地有九州八柱。《天問》：八柱何當，東南何虧？注：言天有八山為柱，皆何當值？東南不足，誰虧缺之也？梁簡文帝《南郊頌》：百果千株，三珠八柱。薛道衡《老氏碑》：四紀維地，八柱承天。楊炯《高君神道碑》：三光不墜，察高星于太紫之宮；八柱無疆，奠高岳于中黃之域。上官儀《勸封禪表》：鎔範生靈，張四維于地絡；締搆函夏，建八柱于玄樞。張説《姚崇神道碑》：八柱擎天，高明之位列；四時成歲，亭毒之功存。) (206) 漢柱。(《三輔故事》：秦造作横橋，漢置石柱以南屬京兆，北屬右扶風。庾信《紇干弘神道碑》：勇讐燕城，名題漢柱。沈佺期《酬荅蘇員外》詩：明朝題漢柱，三署有光輝。) (207) 合柱。(庾信《賀婁公神道碑》：劍埋合柱，書藏鑿楹。) (208) 鑿柱。(庾信《司馬裔神道碑》：楹前鑿柱，即取遺書；石上開松，仍求故劍。)
張玉書 《佩文韻府》 御定佩文韻府 卷三十七之七		(209) 孫武。(王翰詩：報國每慚孫武策，匡時空草賈生書。庾信《周齊王憲神道碑》：六韜九法，不用吳起舊書；三令五申，無勞孫武先戒。) (210) 我武。(《書》：我武維揚。庾信《宇文公神道碑》：我壯我武，既公既侯。柳宗元《平淮夷雅》：我武惟皇，永保無疆。) (211) 廣武。(《書·高祖紀》：漢王引兵渡河，復取成皋，軍廣武，敖倉食。……《後漢書·郡國志》：滎陽有廣武城。《晉書·阮籍傳》：嘗登廣武，觀楚漢戰處，歎曰：時無英雄，使豎子成名。《西征記》：三皇山，或謂三室山，山上有二城，東者曰東廣武，西者曰西廣武。鮑照詩：徼騎屯廣武，分兵救朔方。庾信《五張寺經藏碑銘》：城疑廣武，地似樓煩。又《賀婁公神道碑》：置陣成臯，連旗廣武。岑參詩：孤舟向廣武，一鳥歸成臯。) (212) 晉武。(庾信《長孫儉神道碑》：伐蜀之謀，張儀與秦昭計合；平吳之利，羊祜與晉武意同。) (213) 趙武。(《史記·趙世家》：景公召趙武攻屠岸賈，滅其族。與田邑如故。庾信《司馬裔神道碑》：山窟趙武，家藏李燮。)

續表

作者/文獻	版本	用 例
張玉書《佩文韻府》御定佩文韻府卷三十七之七	清文淵閣四庫全書本	(214) 馬武。(《後漢書·馬武傳》: 武, 字子張, 南陽湖陽人。世祖以為侍中、騎都尉, 封揚虛侯。顯宗時, 将兵擊西羌, 大破之, 增邑七百戶。庾信《尒綿永神道碑》: 馬武小心, 侍蕭王于卧內; 典章忠壯, 陪魏后于宮中。又《哀江南賦》: 馬武無預于甲兵, 馮唐不論于将帥。杜牧詩: 雄如馬武皆彈射, 少似終軍亦請纓。) (215) 洛浦。(張衡賦: 載大華之玉女兮, 召洛浦之宓妃。陸機《行思賦》: 背洛浦之遥遥, 浮廣川之裔裔。孔稚圭《北山移文》: 聞鳳吹于洛浦, 值新歌于延瀨。庾信《賀婁公神道碑》: 受服河陽, 偏師洛浦。孟浩然《宴崔明府宅》詩: 儻使曹王見, 應嫌洛浦神。杜牧《洛陽》詩: 侯門草滿宜寒兔, 洛浦沙深下塞鴻。) (216) 海浦。(《南史·沈炯傳》: 射之罘於海浦, 禮日觀而稱功。《元和志》: 青州博昌縣海浦, 在縣東北二百八里, 即濟水末流入海之處, 水口謂之海浦。《西京賦》: 光炎爥天庭, 囂聲震海浦。陸雲《荅車茂安書》: 斷遏海浦, 隔截曲隈。庾信《崔訦神道碑》: 日浴濱池, 山浮海浦。李白詩: 金陵控海浦, 綠水帶吳京。歐陽修詩: 吳江通海浦, 畫舸候潮歸。) (217) 象浦。(《水經注》: 象水, 又兼象浦之名。《晉功臣表》: 所謂金潾清逕, 象渚澄源者也。又: 昔馬文淵積石為塘, 達於象浦, 建金標為南極之界。《明一統志》: 象浦, 在樂清縣西, 舟楫皆乘潮而入。庾信《司馬裔神道碑》: 象浦通闕, 龍沙開候。楊炯《瀘州都督王湛神道碑》: 駐節龍沙, 軒旗象浦。)
張玉書《佩文韻府》御定佩文韻府卷三十八之一	清文淵閣四庫全書本	(218) 增有禮。(《易》: 物畜然後有禮, 故受之以履。《書》: 天秩有禮, 自我五禮, 有庸哉。《禮記》: 人有禮則安, 無禮則危。《左傳》: 君子謂鄭莊公"于是乎有禮"。又: 楚子曰: 晉公子廣而儉, 文而有禮。又: 晉侯登有莘之虛以觀師, 曰: 少長有禮, 其可用也。又: 見有禮于其君者, 事之如孝子之養父母也。《舊唐書·蕭俛傳》: 母韋氏賢明有禮, 理家甚嚴。俛雖為宰相, 侍母左右, 不異褐衣時。楊炯《曹君神道碑》: 家僮有禮, 皆使拜賔; 門客多才, 咸能市義。蘓軾《寄朱行中》詩: 何如鄭子産, 有禮國自閑。) (219) 屑禮。(郭訥《柳公神道碑》: 公循道執一, 體正無貳, 不以怙寵而倨貴, 不以苟榮而屑禮。)

續表

作者/文獻	版本	用　例
張玉書《佩文韻府》御定佩文韻府卷三十八之二	清文淵閣四庫全書本	(220) 得體。(《宋史・岳飛傳》: 帝賜札, 以飛小心恭謹、不專進退為得體。宋璟《送張尚書巡邊》詩: 至和嘗得體, 不戰即忘精。朱子《觀文殿學士劉公神道碑》: 公自少即以文學知名, 及登朝廷, 論思潤色, 當世咸稱其得體。) (221) 聚米。(《後漢書・馬援傳》: 援說隗囂将帥有土崩之勢, 兵進有必破之狀。又於帝前聚米為山谷, 指畫形勢, 開示眾軍所從道徑, 昭然可曉。帝曰: 虜在吾目中矣!《宋史・趙振傳》: 子珣隨父在西邊, 訪得五路徼外形勝利害, 作《聚米圖經》五卷。詔取其書。《拾遺記》: 衡山之岳有寶露壇。舜于墓下起月館, 登月館以望四海三山, 皆如聚米縈帶者矣。庾信《少保豆廬永思神道碑》: 城壘畫地, 山林聚米。) (222) 出米。(《宋史・五行志》: 熙寧元年, 益陽縣雷震山裂, 出米可數十萬斛, 賫至京師, 信米也, 但色黑如炭。《世說補》: 明山賔初臨青州所部平陸縣, 歲儉啓倉出米, 以贍貧民。歐陽修《陳公神道碑銘》: 知壽州, 遭歲大飢, 公自出米為糜以食餓者。吏民以公故, 皆爭出米, 其活數萬人。) (223) 坐啓。(楊炯《梁待賔神道碑銘》: 行承芝詔, 坐啓茅封。) (224) 祚啓。(李湛然《竇希瑊神道碑》: 祥生石紐, 祚啓金刀, 盛業與塗山比崇, 長發将觀津方永。) (225) 饗醴。(《左傳》: 虢公、晋侯朝王, 王饗醴, 命之宥, 皆賜玉五瑴, 馬三匹。非禮也。《國語》: 先時五日, 瞽告有協風至, 王即齊宮, 百官御事, 各即其齊三日。王乃淳濯饗醴。《漢書・匡衡傳》: 諸侯正月朝覲天子, 天子惟道德, 昭穆穆以視之, 又觀以禮樂, 饗醴乃歸。故萬國莫不獲賜祉福, 蒙化而成俗。權德輿《涇原主帥劉昌神道碑》: 沃心前席, 饗醴命宥。) (226) 置醴。(江總《華貂賦》: 蔑置醴之殊私, 誇賜田之薄潤。隋齊王暕《與逸人王真書》: 揚旌北渚, 飛蓋西園, 託乘乏應、劉, 置醴闕申、穆。張說《梁國公姚崇神道碑》: 始則天人, 讓王承置醴之顧; 終以飛龍, 利見延駿乘之恩。杜甫《哀汝陽王》詩: 晚年務置醴, 門引申白賔。白居易詩: 置醴寧三爵, 加籩過八珍。元稹詩: 餞筵君置醴, 隨俗我餔糟。劉筠《夜讌》詩: 食魚齊上客, 置醴漢元王。)
張玉書《佩文韻府》御定佩文韻府卷三十八之三		(227) 深詆。(《史記・減宣傳》: 稍遷至御史及中丞, 使治主父偃及治淮南反獄, 所以微文深詆殺者甚眾, 稱為敢決疑。《漢書・王尊傳》: 飾文深詆, 以愬無罪。又《翟方進傳》: 持法刻深, 舉奏牧守九卿, 峻文深詆, 中傷者尤多。權德輿《太子太傅趙憬神道碑》: 嘗歲終舉吏可以長人者, 或以其細故深詆, 将以病公。公乃移書自訟, 請下其考, 有博大之度, 無怨欲之私。)

續表

作者/文獻	版本	用　例
張玉書《佩文韻府》御定佩文韻府卷三十八之三	清文淵閣四庫全書本	(228）增痛詆。(《史記・張湯傳》：狄山曰：若湯之治淮南、江都，以深文痛詆諸侯，別疏骨肉，使蕃臣不自安。臣固知湯之為詐忠。權徳輿《僕射王光謙神道碑》：危言悃愊，痛詆權倖。條疏理道，坦然章明。) (229）寧柢。(元載《杜鴻漸神道碑》：公有濟世勘難之才，遺物離人之政，自深根以寧柢，每乘流而汨波。) (230）冡弟。(庚信《周齊王憲神道碑》：天子冡弟，禮絶羣公。仁義所徃，事資道德。)
張玉書《佩文韻府》御定佩文韻府卷三十九		(231）求解。(《史記・張儀傳》：司馬錯曰：周自知失九鼎，韓自知亡三川，將二國并力合謀，以因乎齊、趙，而求解乎楚、魏。以鼎與楚，以地與魏，王勿能止也。又《孟嘗君傳》：孟嘗君入秦，秦昭王囚孟嘗君，謀欲殺之。孟嘗君使人抵昭王幸姬求解。謝靈運《辨宗論》：同遊諸道人，竝業心神道，求解言外。) (232）水駭。(庾信《齊王憲神道碑》：天離轉陣，月徳廻兵。黎陽水駭，官渡山驚。) (233）魂駭。(王勃賦：念去魂駭，相視骨驚。常袞《馬璘神道碑》：部勒既定，天地肅然。遂使魁健氣索，猛鷙魂駭，郤畧引去，不敢近塞。) (234）李楷。(楊炎《李公楷神道碑銘》(并序)：元子太尉中書令東都河南江淮等道副元帥臨海郡王光弼、少子太保御史大夫武威郡王光進。)
張玉書《佩文韻府》御定佩文韻府卷四十之一		(235）包賄。(黃庭堅《吏部魏公神道碑》詩：有凶史沆，告公包賄。詔使按効，以凶即罪。)
張玉書《佩文韻府》御定佩文韻府卷四十之二		(236）負海。(《戰國策》：齊西有強趙，南有韓、魏，負海之國也。《漢書・五行志》：秦大用民力轉輸，起負海至北邊。注：師古曰：負海，猶言背海也。《晉書・王戎傳》：王衍思自全之計，以弟澄為荊州，族弟敦為青州。因謂澄、敦曰：荊州有江、漢之固，青州有負海之險，卿二人在外，而吾留此，足以為三窟矣。謝靈運詩：列宿炳天文，負海橫地理。江淹《賜赦交州詔》：交部昔値時詖，負海不朝。庾信《齊王憲神道碑》：營丘負海，齊桓公受脤之城；岷山導江，漢武帝求仙之地。) (237）見在。(韓愈《許國公神道碑》：汴軍連亂不定。軍中皆曰：此軍司徒所樹，必擇其骨肉付之。今見在人，莫如韓甥。即柄授之，而請於天子。陸游詩：功名姑付未來刼，詩酒何孤見在身。姚孝錫詩：世事難憑休挂口，生

續表

<table>
<tr><th>作者/文獻</th><th>版本</th><th>用　　例</th></tr>
<tr><td>張玉書
《佩文韻府》
御定佩文韻府
卷四十之二</td><td rowspan="4">清文淵閣四庫全書本</td><td>涯見在且銜杯。又《金剛經》：過去心不可得，見在心不可得，未來心不可得。）
（238）風聲在。（呂溫《太子少保韋府君神道碑》：彖畫惟允，持繩不回。河洛之間，風聲尚在。又許渾《義女亭》詩：至今鄉里風猶在，借問誰傳義女銘。）</td></tr>
<tr><td>張玉書
《佩文韻府》
御定佩文韻府
卷四十一</td><td>（239）共軫。（《隋書・五行志》：黔隧崇山，同車共軫。必有神道，裁成倚伏。朱敬則《隋高祖論》：連珠共軫，的皪清漢之涯；合璧齊輝，光芒黃道之上。）
（240）增往診。（《史記・倉公傳》：齊章武里曹山跗病，臣意未往診時，齊太醫先診山跗病，炙其足少陽脈口，而飲之半夏丸。張説《撥川郡王神道碑》：恩命尚藥，馳往診之。晉豎已深，秦醫無及。）</td></tr>
<tr><td>張玉書
《佩文韻府》
御定佩文韻府
卷四十二</td><td>（241）憁憒。（常兖《扶風郡王馬公神道碑》：憁憒邊戎，徘徊孤劍。）
（242）百憒。（劉禹錫《史公神道碑》：百憒攻中，卒自引決。曾鞏詩：含意不得發，百憒注微臆。）
（243）諫隱。（李邕《臧公神道碑》：昔僖伯諫隱觀魚，哀伯諫桓納鼎：魯多君子，視履考祥，是以知其有後矣。）
（244）事隱。（權德輿《齊成公神道碑》：或事隱於造膝，或言行于沃心。）
（245）孝謹。（《史記・萬石君傳》：石奮長子建，次子甲，次子乙，次子慶，皆以馴行孝謹，官皆至二千石。《梁書・昭明太子傳》：太子孝謹天至。常袞《授房宗偃膳部員外郎制》：孝謹之風，克傳素業，賢良之器，早負清才。韓愈《韓公神道碑》：事親孝謹，偘偘自將。）</td></tr>
<tr><td>張玉書
《佩文韻府》
御定佩文韻府
卷四十三之一</td><td>（246）遼遠。（《荀子》：天不爲人之惡寒也而輟冬，地不爲人之惡遼遠也而輟廣，君子不爲小人之匈匈也而輟行。庾信《紇干弘神道碑》：三湘遼遠，時遭鵩入；五溪卑濕，或見鳶飛。駱賓王《在江南贈宋之問》詩：江濆已遼遠。）
（247）應遠。（嵇康《養生論》：今以躁競之心，涉希靜之理，意速而事遲，望近而應遠，故莫能相終。沈約《金庭館碑》：誰謂應遠，神道微密。慶集宮闈，祥流罕畢。）
（248）透遠。（庾信《齊王憲神道碑》：公器宇淹曠，風神透遠。）
（249）光靈遠。（《後漢書・東平王蒼傳》：帝賜蒼書曰：今送光烈皇后假紒帛巾各一，及衣一篋，可時奉瞻，以慰凱風寒泉之思，又欲令後生子孫，得見先后衣服之製。今魯國孔氏，尚有車輿冠履，明德盛者，光靈遠也。又江淹《從始安王道中》詩：仰願光威遠，歲晏返柴荊。又庾信《辛威神道碑》：澄波萬頃，建標千仞。……又崔融詩：坐覺威靈遠，行看氛祲息。）</td></tr>
</table>

續表

作者/文獻	版本	用　　例
張玉書 《佩文韻府》 御定佩文韻府 卷四十三之一	清文淵閣四庫全書本	（250）風飈遠。（庾信《丘崇傳》：得免虎口，仍上龍門，聲價已高，風飈卽遠。又《齊王憲神道碑》：風飈欲遠，光景將昇。） （251）槐本。（庾信《齊王憲神道碑》：車絓槐本，馬驚旋濘。）
張玉書 《佩文韻府》 御定佩文韻府 卷四十五		（252）縑簡。（蘇頲《涼國長公主神道碑》：昭乎遺風，雖著縑簡；垂厥後代，諒憑刋刻。） （253）書版。（《周禮・秋官・司民》：掌登萬民之數，自生齒以上，皆書于版。蘇頲《授劉知柔尚書右丞制》：萬人登數，已聞書版之精；六官揆才，更俟彈珠之妙。李邕《劉知柔神道碑》：發貯賑施，書版賦財。） （254）韻藻度撰。（《湘山野録》：盛度撰《張知白神道碑》，石中立急問之：是誰撰？盛率對曰：度撰。對訖方悟，滿堂大笑。） （255）杜撰。（《野客叢談》：杜默為詩，多不合律，故言事不合格者為杜撰。然又觀俗有杜田、杜園之説，杜之云者，猶言假耳。如言自釀薄酒則曰"杜酒"，此正與杜撰之説同。《湘山野録》載盛文肅公撰文節《神道碑》事。文肅在杜默之前，又知杜撰之説，其來久矣。楊萬里《新酒歌》：杜撰酒法不是儂，此法來自太虛中。） （256）葺棧。（張説《馬府君神道碑》：舉明經，補巴西尉，内憂去職，歸次葭萌。江隘毀道，攀轎號慟，濤為之却，蜑人哀之，葺棧而濟。）
張玉書 《佩文韻府》 御定佩文韻府 卷四十六之一		（257）易名典。（庾信《周柱國楚國公岐州刺史慕容寧神道碑》：武彰七德之義，歌誦九功之業，迹紀庸器之文，行昭易名之典。）
張玉書 《佩文韻府》 御定佩文韻府 卷四十六之二		（258）龜轉。（庾信《賀婁慈神道碑》：龜轉印函，蛇盤綬笥。）
張玉書 《佩文韻府》 御定佩文韻府 卷四十六之三		（259）褒顯。（《漢書・丙吉傳》：吉奏記光曰：武帝曾孫病已，通經術，有美材。願將軍詳大議，參以蓍龜，謂宜褒顯，先使入侍，令天下昭然知之，然後決定大策。《後漢書・章帝紀》：漢承暴秦，褒顯儒術，建立《五經》，為置博士。歐陽修《太尉王文正公神道碑》：以彰先帝之明，以稱聖恩褒顯王氏，流澤子孫，與宋無極之意。） （260）晦顯。（歐陽修《晏元獻公神道碑》：其世次晦顯，徙遷不常。） （261）泣餞。（白居易《張公神道碑》：遷宋州碭山縣令。時睢陽當大兵後，野無草，里無人，公撫之，一年繈負至，二年汙萊闢，三年衣食足。及去，

續表

作者/文獻	版本	用　　例
張玉書 《佩文韻府》 御定佩文韻府 卷四十六之三	清文淵閣四庫全書本	縣民相率泣而餞之。） (262) 往踐。(《左傳》：王饗管仲曰：余嘉乃勳，應乃懿德，謂督不忘，往踐乃職。元載《故相國杜鴻漸神道碑》：今上即位，以公先帝大臣，明於治亂；漢庭儒雅，習於制度；往踐常伯，登於相府。）
張玉書 《佩文韻府》 御定佩文韻府 卷四十七之一		(263) 上表。(《唐書・百官志》：河南、太原府父老，每歲上表願駕幸，遣使以聞。駕在都，則京兆府亦如之。《事文類聚》：杜操善草書，漢章帝愛之，令上表亦作草字。《文章緣起》：漢東平王蒼上表讓驃騎將軍。庾信《長孫儉神道碑》：河内之借，寇恂更慙謁帝；交州之請，士燮還著上表。）
張玉書 《佩文韻府》 御定佩文韻府 卷四十七之二		(264) 韻藻飛鳥。(《易》：飛鳥遺之音，不宜上，宜下，大吉。……《七發》：鍾、岱之牡，齒至之車；前似飛鳥，後類距虛。陶潛詩：暮作歸雲宅，朝為飛鳥堂。顔延之《赭白馬賦》：惕飛鳥之跱衡。庾信《崔說神道碑》：地似伏龍，城如飛鳥。） (265) 祭鳥。(《禮記》：孟秋之月，鷹乃祭鳥。《大戴禮》：處暑之日，鷹乃祭鳥。庾信《紇干弘神道碑》：聊城祭鳥，長驅燕將。）
張玉書 《佩文韻府》 御定佩文韻府 卷四十七之四		(266) 穿趙。(庾信《步陸逞神道碑銘》：直河穿趙，平雲臨代。生謂立功，沒為立愛。） (267) 開兆。(《後漢書・隗囂傳》：囂請方望為軍師，望曰：宜急立高廟，稱臣奉祠，所謂"神道設教"，求助人神者也。且禮有損益，質文無常。削地開兆，茅茨土階，以致其肅敬。）
張玉書 《佩文韻府》 御定佩文韻府 卷四十八		(268) 出昴。(《後漢書・天文志》：永平十四年正月戊子，客星出昴六十日。庾信《紇干弘神道碑》：胎教之月，歲德在寅；載誕之辰，星精出昴。李嶠《為楊執柔讓同平章事表》：謄星占渭，出昴乘箕。） (269) 雄狡。(蘇軾《司馬溫公神道碑》：公如麟鳳，不鷙不搏。羽毛畢朝，雄狡率服。）
張玉書 《佩文韻府》 御定佩文韻府 卷四十九之一		(270) 商皓。(儲光羲《效古》：曠哉遠此憂，冥冥商山皓。李白《別韋少府》詩：欲尋商山皓，猶戀漢皇恩。王翰《和王道録韻》：商皓芝田雲更白，葛公丹井水無紅。權德輿《齊成公神道碑》：以忠事君，以病乞身，乃去台宰，乃儕商皓。崔塗《讀留侯傳》詩：翻把壯心輕尺組，却煩商皓正皇儲。） (271) 鴻寶。(《漢書・劉向傳》：淮南有枕中《鴻寶》《苑秘書》，言神仙使鬼物為金之術。《宋史・樂志・皇太后冊寶樂章》：欽稱鴻寶，永膺天命。《典論》：劉向惑于鴻寶之說，君游眩于子政之言，古今愚謬，豈惟一人哉！

續表

作者/文獻	版本	用　　例
張玉書 《佩文韻府》 御定佩文韻府 卷四十九之一	清文淵閣四庫全書本	沈佺期詩：清晨朝鳳京，靜夜思鴻寶。張說《裴行儉神道碑》：豈比馬卿浮華，難留《封禪》之草；劉安虛誕，空傳《鴻寶》之書。杜甫《贈汝陽王》詩：鴻寶寧全秘，丹梯庶可凌。權德輿《王公神道碑》：嘗與故太師顏魯公暨柳郎中芳、陸員外據、殷永寧寅為莫逆之交，陸嘗言：王之莊、柳之辨、殷之介皆希代鴻寶。徐鉉《贈王貞素》詩：道秘未傳鴻寶術，院深時聽步虛聲。蘇軾《贈王仲素》詩：家有鴻寶書，不鑄金褭蹄。蘇轍《和毛君新葺困庵》詩：借我此庵泥藥竈，古書鴻寶試淮南。） (272) 載寶。（《禮記》：南宮敬叔反，必載寶而朝。夫子曰：若是其貨也，喪不如速貧之愈也。《左傳》：鴻駵魋駟乘于公，公載寶以出。庾信《鄭常神道碑》：兼乘而反，光乎譙郡之城；載寶而歸，照乎臨漳之水。） (273) 意寶。（李軫《李君神道碑》：額珠外見，意寶內明，釋氏前言，今為見世。） (274) 才藻。（《魏志・王粲傳》：阮籍才藻豔逸，而倜儻放蕩，行已寡欲，以莊周為模則。《宋書・王誕傳》：誕，字茂世，瑯琊臨沂人。太保宏從兄，少有才藻。《宋史・錢易傳》：年十七，舉進士，試崇政殿，三篇，日未中而就。言者惡其輕俊，特罷之。然自此以才藻知名。《名畫記》：薛稷，字嗣通，河東汾陰人。多才藻，工書畫。楊炯《右將軍魏哲神道碑》：揚子雲之才藻，空疲執戟；馬相如之文詞，猶勞武騎。《法苑珠林》：晉支遁，聰明秀徹。王羲之觀遁才藻驚絶空儔，遂披襟解帶，留連不能已，仍請還住靈嘉寺。）
張玉書 《佩文韻府》 御定佩文韻府 卷四十九之二		(275) 碩老。（《晉書・劉寔傳》：太尉寔體清素之操，執不踰之潔，懸車告老，二十餘年，浩然之志，老而彌篤。可謂國之碩老，邦之宗模。楊雄《封事》：耆儒碩老，抱其書而遠遊；禮官博士，卷其舌而不談。陳子昂《諫政理書》：正月孟春，陛下乘鑾輅，駕蒼龍，三公九卿、賢士大夫、鴻儒碩老、衣服之倫，朝於青陽左个。蘇頲《右丞相程公神道碑銘》：登以碩老，諮忠敬兮。壽必迨終，名轉盛兮。孫逖《授信安王禕太子太師制》：宗室良翰，朝廷碩老，踐忠公而立節，體明肅而成用。） (276) 頤老。（蘇頲《唐璿神道碑》：事惟一心，恭乃三命，崇讓頤老，歸閑體正。）
張玉書 《佩文韻府》 御定佩文韻府 卷四十九之三		(277) 神道。（《易》：觀天之神道，而四時不忒。聖人以神道設教，而天下服矣。《漢書・霍光傳》：太夫人顯改光時所自造塋制而侈大之。起三出闕，築神道，北臨昭靈，南出承恩。《後漢書・左慈傳》：慈，少有神道。嘗在司空曹操坐，操曰：今日高會，珍羞畧備，少吳松江鱸魚耳。慈求銅盤貯水，以竹竿餌釣于盤中，須臾引一鱸魚出。操撫掌大笑。《南史・陳暄傳》：吾生

續表

作者/文獻	版本	用　　例
張玉書 《佩文韻府》 御定佩文韻府 卷四十九之三	清文淵閣四庫全書本	平所願，身沒之後，題吾墓云：陳故酒徒陳君之神道。若斯志意，豈避南征之不復，賈誼之慟哭者哉？儲光義詩：神道本無已，成化亦自然。） （278）體道。（《史記・秦始皇紀》：昭明宗廟，體道行德，尊號大成。《宋史・陳次升傳》：次升爲諫議大夫，獻“體道、稽古、修身、仁民、崇儉、節用”六事，言多規切。徐陵《陳公九錫文》：凝神體道，合德符天。庾信《慕容寧神道碑》：經德秉哲，體道居貞。高適《金城北樓》詩：垂竿已謝磻溪老，體道猶思塞上翁。李華《韓國公苗公誌銘》：有唐宗臣，爲國元老。清明純粹，全德體道。白居易《敢諫鼓賦》：外揚音以應物，中畣虛而體道。） （279）糧道。（《史記・高祖紀》：高祖曰：運籌策帷帳之中，決勝千里之外，吾不如子房。鎮國家，撫百姓，給餽饟，不絶糧道，吾不如蕭何。連百萬之軍，戰必勝，攻必取，吾不如韓信。又《周勃世家》：亞夫東擊吳楚。因自請上曰：楚兵剽輕，難與爭鋒。願以梁委之，絶其糧道，乃可制。上許之。又《趙奢傳》：趙括既代廉頗。秦將白起聞之，縱奇兵，佯敗走，而絶其糧道，分斷其軍爲二。《漢書・韓信傳》：信虜魏豹，定河東，使人請漢王：願益兵三萬人，請北舉燕、趙，東擊齊南，絶楚之糧道，西與大王會於滎陽。庾信《長孫儉神道碑》：太祖始定成都，即有江陵之志。公密獻其策，懸符深旨，糧道久積，梯衝立備。） （280）勤道。（獨孤及《金剛經報應述》：上士勤道，精應若馳。影形于心，報亦隨至。楊炎《雲麾將軍李府君神道碑》：勤道不形，進而人莫見也；爲政以德，寵而久彌尊也。） （281）踐道。（李絳《王紹神道碑》：君子之行己事上也，必執心而端其始，立事而保其中，踐道而要其終。） （282）石牛道。（《元和郡縣志》：褒斜道，一名石牛道。張良令燒絶棧道，即此道也。又庾信《司馬裔神道碑》：開金牛之道，通牧馬之關。陸游《金牛道中遇寒食》詩：誰知此日金牛道，非復當時鐵馬聲。） （283）陰晉道。（庾信《辛威神道碑》：置陣太平，開陰晉之道；連兵廣武，納滎陽之城。）
張玉書 《佩文韻府》 御定佩文韻府 卷四十九之四		（284）改造。（《宋史・律歷志》：嘉泰元年，中奉大夫愈豐等請改造新歷。白居易《敢諫鼓賦》：玉鼓增華，蕢桴改造。呂溫《韋府君神道碑》：利建于商，介圭作寶。爰立于漢，緇衣改造。）

續表

作者/文獻	版本	用　　例
張玉書 《佩文韻府》 御定佩文韻府 卷四十九之四	清文淵閣四庫全書本	(285）大人造。(《易》：飛龍在天，大人造也。《釋文》：鄭徂早反，王肅七到反。李絳《王紹神道碑》：聖運啟兮大人造，王氣蕩兮英風掃。) (286）憂惱。(白居易詩：去何有顧戀，住亦無憂惱。又：憂惱心交鬬。王磐《史天澤神道碑》：至元十一年，以公與右丞相巴延領荊湖路行臺總大軍，自襄陽水陸並進。行至郢州，公病不能進，上諭之曰：卿勿以小疾暫阻行意便為憂惱，可且北歸，善自調護。) (287）馬倒。(張說《裴行儉神道碑》：公在禮闈，敕賜美馬及寶鞍，令史奔馳，馬倒鞍破，懼而逃罪。公使詔之曰：知汝誤耳。顏真卿《贈裴將軍》詩：一射百馬倒，再射萬夫開。蘇軾詩：有兒真驥子，一噴羣馬倒。郝經《白溝行》：西風易水長城道，老濘查牙馬頻倒。) (288）彭城禱。(李絳《兵部尚書王紹神道碑銘》：用邦鎮兮徐方道，洛邑思兮彭城禱。順者化兮叛者討，肅如霜兮偃如草。) (289）東討。(《唐書・馬璘傳》：至德初，統精甲三千，自二庭赴鳳翔。肅宗奇之，委以東討。庾信《齊王神道碑》：五年，拜上柱國。元戎東討，給王鐵騎二萬，先襲太原。)
張玉書 《佩文韻府》 御定佩文韻府 卷四十九之五		(290）秋草。(孫楚詩：晨風飄岐路，零雨沾秋草。楊炯《梁公神道碑》：秋草將腓，胡笳動吹。蘇頲《高安公主神道碑》：登寒山兮見超忽，生秋草兮坐蕪沒。王昌齡《觀獵》詩：角鷹初下秋草稀，鐵驄抛鞚去如飛。李白《贈從兄皓》詩：棣華儻不接，甘與秋草同。杜甫詩：游子無根株，茅齋付秋草。劉長卿《過賈誼宅》詩：秋草獨尋人去後，寒林空見日斜時。) (291）無草。(《漢書・禮樂志》：天馬徠，歷無草，徑千里，循東道。……白居易《張公神道碑銘》：睢陽當大兵後，野無草，里無人，公撫之，一年纔貿至，二年汙萊闢，三年衣食足。) (292）起草。(《後漢書・百官志》：侍郎三十六人。本注曰：一曹有六人，主作文書起草。《唐書・李德裕傳》：所居安邑里，有院號“起草”，亭曰“精思”，每計大事，則處其中，雖左右侍御不得豫。宋之問《韋曲莊序》：拜郎起草，襲雁而傳羔；補衮司槐，送伯而迎季。蘇頲《授李懷讓給事中制》：絲綸所屬，嘗推起草之能。獨孤及《張公神道碑》：起草含香，停車待漏。崔顥《和許給事夜直》詩：九重新起草，五夜即成篇。……李白《贈宣城趙太守悅》詩：焚香入蘭臺，起草多芳言。杜甫《石硯》詩：公含起草姿，不遠明光殿。) (293）如草。(曹植《七啟》：民望如草，我澤如春。曹鄴《三愁》詩：遠夢如水急，白髮如草新。又《登岳陽樓有懷寄座主相公》詩：不見昇平里，千

續表

作者/文獻	版本	用　　例
張玉書 《佩文韻府》 御定佩文韻府 卷四十九之五		山樹如草。李絳《王紹神道碑》：用邦鎮兮徐方道，洛邑思兮彭城禱。順者化兮叛者討，肅如霜兮偃如草。溫庭筠詩：馬聲特特荊門道，蠻水揚光色如草。薛逢《長安夜雨》詩：滯雨通宵又徹明，百憂如草雨中生。陸游《長干行》：裙腰綠如草，衫色石榴花。張憲《銅雀妓》詩：玉人脆如草，能得幾回啼。又石延年《贈劉潛歸陶邱》詩：如草不如春，髪生不如草。） （294）獵草。（庾信《崔訦神道碑》：商飈獵草，雷火驅霜。） （295）禪草。（褚亮《傷李少府正已》詩：禪草廻中使，生芻引弔賓。張説《裴行儉神道碑》：馬卿浮華，難留《封禪》之草；劉安虛誕，空傳《鴻寶》之書。武元衡《安邑里中秋懷》詩：雄詞封禪草，麗句陽春曲。李益《大禮畢大赦》詩：小臣有上封禪草，久而未召歸陵園。殷文圭《覽陸龜蒙舊集》詩：身後猶遺封禪草，何人尋得佐鴻圖。） （296）丹草。（員半千《達奚君神道碑》：煌煌丹草，非濟物之用，而冊府書之。粲粲白石，豈益國之器？而史官紀之。）
張玉書 《佩文韻府》 御定佩文韻府 卷五十之一	清文淵閣四庫全書本	（297）夜火。（《淮南子》：險則用騎，涉水所弓，隘則用弩，晝則多旌，夜則多火，晦冥多鼓，此善為設施者也。《論衡》：日中時小，日出入時大者，日中光明故小，日出入時光暗故大，猶晝日察火光小，夜察之火光大也。《越絶書》：子胥知變為詐，兵為兩翼，夜火相應。梁簡文帝《長沙王廟碑》：九微夜火，百味朝漿。又詩：然燈疑夜火，連珠勝早梅。何遜《秋夕》詩：飛蛾拂夜火，墜葉舞秋株。江總《新入姬人應令》詩：玉軑輕輪五香散，金燈夜火百花開。宋之問詩：曉雲連幕捲，夜火雜星回。楊炯《唐上高都尉神道碑》：成軍夜火，教戰秋風。九天揚後一之兵，六合擁前三之陣。李頎詩：楓林帶水驛，夜火明山縣。王維詩：夜火人歸富春郭，秋風鶴唳石頭城。韋應物詩：獻石軍中傳夜火，斧冰河畔汲朝漿。錢起詩：夜火臨津驛，晨鐘隔浦城。劉長卿詩：夜火金陵城，春烟石頭瀨。白居易詩：春泥秧稻煖，夜火焙茶香。張喬詩：夜火山頭市，春江樹杪船。韋莊詩：曉烟生帝里，夜火入春坊。歐陽修《鑿地爐》詩：晨灰煖餘杯，夜火爆山栗。蘇舜欽詩：勘書春雨靜，煮藥夜火續。薩都拉《清溪夜行》詩：蔓草古陵神道没，楓林夜火鬼祠靈。僧益《山居》詩：夜火晴收楓塢葉，午茶寒煮石池冰。） （298）爟火。（《淮南子》：解于累紲之中，興于牛頷之下，洗之以湯沐，祓之以爟火，立于本朝之上，倚之于三公之位。庾信《齊王憲神道碑》：匈奴奚于武川，爟火通于灞上。顏延之《饗神歌》：建表蕝，設郊宮。田燭置，爟火通。牛弘《圜丘歌》：望爟火，通田燭。膺介圭，受瑄玉。虞集《步虛詞》：華

續表

<table>
<tr><th>作者/文獻</th><th>版本</th><th>用　　例</th></tr>
<tr><td>張玉書
《佩文韻府》
御定佩文韻府
卷五十之一</td><td rowspan="3">清文淵閣四庫全書本</td><td>星列爟火，明月懸珮環。）
(299) 南火。(《越絕書》：子胥曰：井者，人所飲；溢者，食有餘。越在南，火；吳在北，水。水制火，王？庾信《辛威神道碑》：天和元年，授柱國，拜大司寇。楚之柱國，方之南火，軒之司寇，譬以西雲。）
(300) 箭火。(庾信《紇干弘神道碑》：風灰箭火，倏忽凌城。）
(301) 電火。(庾信《崔説神道碑銘》：商飈獵草，電火驅霜。韓偓詩：從無入有雲峰聚，已有還無電火銷。陸游《大風雨》詩：雷車動地電火明，急雨遂作盆盎傾。蕭貢詩：曾聞電火魚燒尾，會趁桃花漲水來。李孝光《龍泓潭》詩：電火走石間，虎氣上幽處。許遇詩：半空光冷掣電火，平地聲走轟雷車。周權《惠山泉寺》詩：六丁行空怒鞭斥，電火遥光飛霹靂。一聲槌破老靈根，嵌洞中開迸寒液。《五燈會元》：背風無巧拙，電火爍難追。）
(302) 具火。(李邕《羽林將軍臧公神道碑》：洎單于間道畧地，絶沙漠冰河，公乃連馬拽柴，多旗具火，詐示邀擊，為出分軍，敵以表裏驚疑，沮衂奔散。）
(303) 寡言自可。(韓愈《韓弘神道碑》：公之父曰海，為人魁偉沈塞，以武勇游仕許、汴之間，寡言自可，不與人交，衆推以為鉅人長者。）</td></tr>
<tr><td>張玉書
《佩文韻府》
御定佩文韻府
卷五十之二</td><td>(304) 虚左。(《史記·魏公子傳》：公子車騎，虚左，自迎夷門侯生。侯生上坐，不讓，欲以觀公子。公子執轡愈恭。庾信《長孫儉神道碑》：信陵虚左，干木分庭。李嶠《詠車》詩：無階忝虚左，殊乘奉王言。）
(305) 致果。(顏延之《陽給事誄》：處父勤君，怨在登賢。苦夷致果，題于行間。權德輿《渾瑊神道碑銘》：卓行深入，致果忘身。又《劉昌神道碑》：昔誓偏師，士皆致果。如使臂指，可蹈水火。）
(306) 分果。(庾信《慕容寧神道碑》：兄弟分果，備知推讓。賓客鮮衣，曾無悋色。）
(307) 連墮。(鄭餘慶《賈躭神道碑》：公考求六藝，張弓挾矢，允謂殊倫，連墮寘寘之羽，雙貫五采之翬。）</td></tr>
<tr><td>張玉書
《佩文韻府》
御定佩文韻府
卷五十一之三</td><td>(308) 櫟社。(《莊子》：匠石之齊，至於曲轅，見櫟社樹。其大蔽牛，絜之百圍。匠石不顧，曰：是不材之木也，無所可用。范梈詩：幾時歸櫟社，盡日接華筵。庾信《段永神道碑銘》：樹為櫟社，陵成谷神。）</td></tr>
</table>

續表

作者/文獻	版本	用　　例
張玉書 《佩文韻府》 御定佩文韻府 卷五十二之二	清文淵閣四庫全書本	(309) 張敞。(《漢書・張敞傳》：字子高，本河東平陽人也。隨宣帝徙杜陵。……庾信《周太子太保步陸逞神道碑》：不學王陽平生鑄金之術，未同張敞終日章臺之遊。李商隱《垂柳》詩：梳洗憑張敞，乘騎笑稚恭。方回《雪中憶昔》詩：張敞空思前漢尹，邵平誰識故秦侯。)
張玉書 《佩文韻府》 御定佩文韻府 卷五十二之四		(310) 稍長。(韓愈《滎陽鄭公神道碑》：少依母家隴西李氏，舉止異凡兒。稍長，能自課學，明《左氏春秋》。)
張玉書 《佩文韻府》 御定佩文韻府 卷五十三之一		(311) 承影。(《列子》：孔週三劍，二曰承影。許敬宗《尉遲恭神道碑》：蛟分承影，鴈落忘歸。) (312) 寸景。(謝朓《和劉潺陵》詩：徒願尺波旋，終憐寸景戢。王僧孺《禮佛唱導文》：尺波寸景，大力所不能駐；月御日車，雄才莫之能遏。張說《高君神道碑》：苦長夜之易泯，怨寸景之難惜。) (313) 疊影。(楊炯《百泉縣令李君神道碑》：嶽收騰譽，弦歌有聲。階蘭疊影，巖桂增榮。喬彝《渥洼馬賦》：凝嬌欲嘶，嚼凄鏘之玉勒；疊影不顧，分偃蹇之朱旗。陸龜蒙《開元寺》詩：日上罘罳疊影紅，一聲清梵萬緣空。柳貫《月泉春誦》詩：松楠疊影青浮几，華樹生香晚入筵。) (314) 籥影。(李迥秀《裴府君神道碑》：培風直上，籥影高驤。) (315) 荒景。(楊炯《恒州刺史建昌公王公神道碑》：周命兮維新，雲雷兮尚屯。控東南兮荒景，負江海兮未賓。) (316) 穹廬景。(楊炯《魏哲神道碑》：關山夜月，遂為沙磧之秋；西北浮雲，翻作穹廬之景。) (317) 出井。(《易》：井收勿幕。注：處井上極，水已出井，井功大成，在此爻矣，故曰井收也。庾信《周上相國齊王憲神道碑》：忠泉出井，孝笋生庭。杜甫《十二月一日》詩：負鹽出井此谿女，打鼓發船何郡郎。李嶠《鳧》詩：錢飛出井見。) (318) 軍井。(《周禮・春官・挈壺氏》：掌挈壺以令軍井。……《淮南子》：軍食熟然後敢食，軍井通然後敢飲，所以同飢渴也。楊炯《唐右將軍魏哲神道碑》：夫軍井未達，如臨盜水之源；軍竈未炊，似對嗟來之食。) (319) 泉井。(《神仙傳》：班孟能以指刺地，即成泉井，而可汲引。《古逸詩》：下挹瑤泉井。左思《招隱》詩：前有寒泉井，聊可瑩心神。張說《裴行儉神道碑》：驅此車牛，憩彼泉井。符載《鄧州刺史廳壁記》：代蒿萊為場圃，掘腥穢為泉井。又《元氏掖庭記》：禁苑有龍泉井，碼碯石為井牀，雨花臺為井甃，香檀為蓋，離朱錦為索，雲母石為汲缾。)

續表

作者/文獻	版本	用　例
張玉書 《佩文韻府》 御定佩文韻府 卷五十三之二	清文淵閣四庫全書本	(320) 韻藻隃嶺。(《史記・南越尉陀傳》: 陀自尊號為南越武帝, 發兵攻長沙邊邑, 敗數縣而去。高后遣將軍隆慮侯竈往擊之, 會暑濕, 士卒大疫, 兵不能隃嶺。《漢書・嚴助傳》: 發兵入越地, 輿轎而隃嶺, 拕舟而入水。《鵾鷄賦》: 海鳥爰居, 避風而至。條支巨爵, 隃嶺自致。提挈萬里, 飄颻逼畏。李百藥《鸚鵡賦》: 既隃嶺以自致, 亦凌江而遠翔。李珏《牛公神道碑》: 公至循州長史。鑿空指鹿, 四海之士咸寃之。公推運達命, 恬然如得好官。時隃嶺越險, 二年在海上無所苦。) (321) 梓嶺。(《史記・衛將軍傳》: 青西定河南地, 按榆谿舊塞, 絶梓嶺, 梁北河。庾信《尒綿永神道碑》: 名馳梓嶺, 聲振榆關。杜牧《請追尊號表》: 北絶梓嶺, 西過榆溪, 壯中夏起塞之雄, 奪西戎理弓之地。) (322) 半嶺。(《晉書・阮籍傳》: 籍嘗于蘇門山遇孫登, 與商略終古及栖神道氣之術, 登皆不應, 籍因長嘯而退。至半嶺, 聞有聲若鸞鳳之音, 響乎巖谷, 乃登之嘯也。唐太宗《秋日》詩: 雲凝愁半嶺, 霞碎纈高天。杜審言《侍宴詠終南山》詩: 半嶺通佳氣, 中峰繞瑞烟。) (323) 青嶺。(《晉書・慕容熙載記》: 慕容熙后苻氏, 好游田, 熙從之, 北登白鹿山, 東過青嶺, 南臨滄海, 百姓苦之。《金史・世宗紀》: 昭祖耀武至于青嶺、白山, 順者撫之, 不從者伐之。梁元帝賦: 異黃金于黑山, 非綠林于青嶺。庾信《豆盧公神道碑》: 名振赤山, 威高青嶺。) (324) 拓境。(《晉書・李暠傳》: 長旌所指, 仍闢三秦, 義立兵強, 拓境萬里。又《慕容德載記》: 韓範上疏曰: 夫欲拓境開疆, 保其社稷, 無過今也。《南史・王猛傳》: 上疏陳安邊拓境之策, 甚見嘉納。《唐書・郭震傳》: 為凉州都督, 置和戎城、白亭軍, 制束要路, 遂拓境千五百里。庾信《司馬裔神道碑》: 懷州拓境, 兩鎮奔波。柳泉轉戰, 三城授首。) (325) 月境。(楊炯《魏哲神道碑》: 宿盤龍于月境, 早没鸞牀; 矯飛翼于霞樓, 先沉鳳穴。) (326) 蟲出境。(庾信《紇干弘神道碑》: 公不發私書, 不燃官燭。獸則相負渡江, 蟲則相銜出境。) (327) 瑕丘境。(楊炯《高君神道碑》: 飄風驟雨, 不入灌壇之鄉; 暴武蒼鷹, 潛出瑕丘之境。) (328) 名利境。(楊炯《李君神道碑》: 不掃一室, 自懷包括之心; 獨守太玄, 且忘名利之境。) (329) 威警。(《北史・史萬歲傳》: 論北却匈奴, 南平夷、獠, 兵鋒所指, 威警絶域。庾信《司馬裔神道碑》: 氣扼巴邱之兵, 威警建平之戍。)

續表

作者/文獻	版本	用　例
張玉書 《佩文韻府》 御定佩文韻府 卷五十三之二	清文淵閣四庫全書本	(330) 書警。(戴少年《王榮神道碑》：公家之事，知無不為，書警暮廵，考課尤著。) (331) 俾屏。(《左傳》：哀公十六年四月己丑，孔子卒。公誄之曰：旻天不弔，不慭遺一老，俾屏余一人以在位，煢煢余在疚。嗚乎！尼父無自律。《宋書·武帝紀》：是用建茲邦，國承祚山河，言念再懷，匪云足報。往欽哉！俾屏余一人。獨孤及《李公神道碑》：王曰彼天，匪慭俾屏。仁洽鰥寡，道在夔鼎。) (332) 降年永。(《書》：惟天監下民，典厥義。降年有永有不永。《傳》：言天之下年與民，有義者長，無義者不長。李堪然《竇希瑊神道碑》：儀刑八座，通籍二宮，福履有綏，降年惟永。又張九齡《賀衢州進古銅器狀》：魚為龍象，既章受命之元；銘作龜文，更表錫年之永。)
張玉書 《佩文韻府》 御定佩文韻府 卷五十三之三		(333) 韋逞。(《晉書·韋逞母宋氏傳》：韋逞母宋氏，幼喪母，其父授以《周官》音義。其後為石季龍徙于山東，宋氏與夫在徙中。逞時年少，宋氏晝則樵采，夜則教逞。逞遂學成名立，仕苻堅為太常。張説《裴行儉神道碑》：晉朝公卿，列拜虞潭之母；周官音注，近同韋逞之家。蘇軾《送程建用》詩：織屨隨方進，採薪教韋逞。) (334) 韻藻同穎。(《書序》：唐叔得禾，異畝同穎，獻諸天子。王命唐叔歸周公于東，作《歸禾》。《傳》：異畝同穎，天下和同之象。《疏》：禾各生一壟而合為一穗。《晉書·五行志》：異根同體，謂之連理；異畆同穎，謂之嘉禾。《宋史·五行志》：祥符元年七月，乾封縣奉高鄉民田禾異畝同穎。《金史·五行志》：世宗大定四年八月，永興進嘉禾，異畝同穎。李嶠《攀龍臺碑》：含牙之獸，遁跡于殊鄰；同穎之禾，垂苗于近甸。又詩：瑞麥兩岐秀，嘉禾同穎新，上官儀《冊殷王文》：金精挺秀，同穎層敷。姿表淹凝，符彩閒雅。權德輿《裴公神道碑》：穡事滿野，嘉禾同穎。徐寅《籍田賦》：異畝同穎，豈獨瑞于往年；象耕鳥耘，是錫羨于今運。周邦彥《汴都賦》：同穎之禾，依生之稷。) (335) 元穎。(《博異錄》：陳仲躬所居，大井好溺人。一日，有敬元穎請謁曰：此井有毒龍，君淘之。入井，乃獲古鏡。李班《丞相牛公神道碑》：先是李司徒逢吉與杜循州元穎同作相，議建儲貳，與公不協。) (336) 鋒穎。(《陳書·傅縡傳》：答大心暠法師曰：呼吸顧望之客，脣吻縱橫之士，奮鋒熲，厲羽翼，窺伺間隙，邀冀長短。《宋史·江萬里傳》：少神儁，有鋒穎，連舉于鄉。入太學，有文聲。潘岳《贈陸機》詩：崇子鋒穎，不頹不崩。《吳都賦》：烏菟之族，犀兕之黨。鉤爪鋸牙，自成鋒穎。任昉《答

續表

作者/文獻	版本	用　　例
張玉書 《佩文韻府》 御定佩文韻府 卷五十三之三	清文淵閣四庫全書本	劉孝綽》詩：子其崇鋒穎，春耕勵秋穫。庾信《宿國公神道碑銘》：澄波萬頃，建標千仞。鋒穎既高，光芒亦遠。袁宏道《淮陰侯祠》詩：秋郊冤盡韓盧窘，三尺青蛇捲鋒穎。） （337）合穎。（《宋史・樂志・建隆乾德朝會樂章》：嘉彼合穎，致貢升平。異標南畝，瑞應西成。謝莊《觀洪崖井》詩：合穎行盛茂，分穗方盈疇。陰鏗詩：嘉禾方合穎。蘇頲詩：合穎雍州田。孟簡《嘉禾合穎》詩：薰風浮合穎，湛露淨祥花。獨孤及《張公神道碑》：瑞鵲成巢，嘉禾合穎，祥烏素翟而狎至焉。） （338）百工整。（張說《蘇瓌神道碑銘》：司牧九郡，九郡爰靜。平章百工，百工爰整。） （339）鎮靜。（《晉書・高嵩傳》：嵩為簡文書草曰：吾闇弱，德信不著，不能鎮靜羣庶，保固維城。《金史・內族襄傳》：襄重厚寡言，務以鎮靜守法。《中說》：推之以誠，則不言而信；鎮之以靜，則不行而謹。陸肱《謙賦》：海以卑廣居深，山以鎮靜可久。馬惣《南海舉給事中穆質自代狀》：鎮靜方域，輯和蕃戎。王思廉《河東廉訪使程公神道碑》：初，築新城於江北，和糴以足兵食，委公領其事。倉廩未完，米多露積，一夕大雨，諸相以為憂。使人規公，方安臥帳中，召而諳之，公徐曰：敵人在邇，常宜鎮靜，縱有折損，不過軍士一日糧耳！） （340）守靜。（《廣川書跋》：守靜韜光，以遠悔吝。蔡邕《太尉楊公碑》：遭權嬖貴盛，六年守靜。蘇頲《高安長公主神道碑》：避榮守靜，退藏于密。張仲素《泗濱浮磬賦》：大如是守靜而素，豈不以有文而明？王禹偁《書齋》詩：守靜便為生白室，著書兼是草玄堂。） （341）密靜。（張說《王公神道碑》：識畧精斷，達應變之權；神守密靜，堅不奪之節。權德輿《舉崔邠充大常卿狀》：才茂識精，密靜弘遠。） （342）貴靜。（《宋史・丁度傳》：仁宗時，司天言永昌陵有白氣，請增築以厭之，有詔按視。度奏神道貴靜，不可輕繕治，乃止。） （343）淳靜。（《宋史・梅摰傳》：摰性淳靜，不為矯厲之行。權德輿《南川郡王贈司空劉公神道碑》：三代淳靜，不躋豐祿，故天爵覆露，發祥于公。） （344）務靜。（陶弘景《登眞隱訣序》：頃嚴居務靜，頗得恭潔，試就遵用，猶多闕畧。張說《安公忠敬神道碑》：三十年間，式遏戎虜，疆埸務靜。） （345）盜靜。（庾信《太子太保步陸逞神道碑》：上林兵息，蘭池盜靜。又《大將軍司馬裔碑》：勇此仁義，行茲寬猛。持印山開，沉黎盜靜。） （346）九郡靜。（張說《蘇瓌神道碑銘》：司牧九郡，九郡爰靜。平章百工，百工爰整。）

續表

作者/文獻	版本	用　例
張玉書 《佩文韻府》 御定佩文韻府 卷五十三之四	清文淵閣四庫全書本	(347) 焦孝璟。(吳通微《内侍焦希望神道碑》: 皇考諱孝璟, 佩服仁義, 不交世禄。) (348) 清冷。(《五代史・四夷録》: 湯城淀, 地氣最溫。其水泉清冷, 草軟如茸, 可藉以寢。梁武帝《淨業賦》: 心清冷其若水, 志皎潔其如雪。庾信《齊王憲神道碑》: 儀範清冷, 風神軒舉。王勃《遊廟山賦》: 俯泉石之清冷, 臨風飈之瑟颸。)
張玉書 《佩文韻府》 御定佩文韻府 卷五十四		(349) 地迥。(庾信《普屯威神道碑》: 陵原地迥, 松路風悲。江總《徐陵墓誌銘》: 地迥雲低, 山重樹小。王勃《滕王閣序》: 天高地迥, 覺宇宙之無窮。崔顥詩: 地迥鷹大疾, 草深孤兎肥。高適詩: 地迥雲偏白, 天秋山更青。王維詩: 地迥古城蕪, 月明寒潮廣。) (350) 石鼎。(庾信《長孫儉神道碑》: 棨案之間, 不過桑杯、石鼎。韓愈有《石鼎聯句詩序》。皮日休詩: 松扉欲啓如鳴鶴, 石鼎初煎若聚蚊。蘇軾詩: 銅爐擢烟穟, 石鼎浮霜漚。范成大詩: 炭熟香濃石鼎煨, 人言小閣是春臺。陸游詩: 銅燈立雁趾, 石鼎揭龍頭。又: 煎茶小石鼎, 酌酒古銅卮。又: 茶熟松風生石鼎, 香殘雲縷遶蒲團。)
張玉書 《佩文韻府》 御定佩文韻府 卷五十七		(351) 誠感。(蜀志・法正傳》: 但愚闇策薄, 精誠不感, 以致於此耳。……《南史・劉歊傳》: 奉母孝母疾, 夢歊進藥, 及翌日轉有間効, 其誠感如此。《淮南子》: 施而仁, 言而信, 怒而威, 是以精誠感之者也。任昉《王儉集序》: 若離剪之止殺, 吉駿之誠感, 蓋有助焉。孫逖《王公神道碑》: 公克葬之日, 雷雨頓歇于通衢; 反虞之際, 靈芝或生于靈寢。此又孝妻、孝子之誠感也。) (352) 榮感。(庾信《慕容公神道碑》: 克善令終, 生榮死感。韓翃《為李尚書請拜掃表》: 臣幸揚名清朝, 全節聖代于臣之分, 榮感多焉。) (353) 夢感。(楊炯《王湛神道碑》: 恩深母子, 比王元之事親; 夢感天妻, 等行卿之至孝。李邕《春賦》: 蝶栩栩兮夢感, 鳥嚶嚶兮思存。) (354) 深覽。(《漢書・王嘉傳》: 宜深覽前世, 以節賢寵, 全安其命。按: 賢, 謂董賢也。《晉書・齊王攸傳》: 先帝深覽經遠之統, 思復先哲之軌, 分土畫疆, 建爵五等。張說《内侍高君神道碑》: 九原之上, 千目深覽。) (355) 瀝膽。(《宋史・倪思傳》: 膠庠之士欲有吐露, 恐之以去籍, 諭之以呈稿, 誰肯披肝瀝膽, 觸冒威尊? 沈炯《為陳霸先與王僧辨盟文》: 世受先朝之德, 自當將相之任, 而不能瀝膽抽腸, 共誅奸逆, 則不可稟靈含識, 戴天履地! ……司馬光《應詔論體要》: 雖訪問所不及, 猶將披肝瀝膽, 以効其區

續表

<table>
<tr><th>作者/文獻</th><th>版本</th><th>用例</th></tr>
<tr><td>張玉書
《佩文韻府》
御定佩文韻府
卷五十七</td><td rowspan="2">清文淵閣四庫全書本</td><td>區之忠。范梈《送張鍊師》詩：飛章白玉闕，瀝膽殫悃愊。姚燧《揚公神道碑》：公拜稽首，瀝膽悉剖。）
(356) 飲啖。（曾鞏《程公神道碑》：公臥病太原，猶力疾視事，一旦索紙筆作遺書寄弟姪，翌日飲啖應酬若平時。客退，易衣就枕而薨。韓愈詩：飲啖惟所便，文章倚豪橫。）
(357) 積慘。（劉琨《答盧諶書》：舉觴對膝，破涕為笑，排終身之積慘，求數刻之暫歡。庾信《長孫險神道碑》：風雲積慘，山陣連陰。王褒《寄周宏讓書》：視陰愒日，猶趙孟之徂年；負杖行吟，同劉琨之積慘。李白《譏集序》：滯憤積慘，篲掃湯沃。羅讓《耿恭拜井賦》：灌濯執熱，祛除積慘。）
(358) 韻藻燕頷。（《爾雅》：鶠鳳，其雌皇。《疏》：鳳像，麟前鹿後，蛇頸魚尾，龍文龜背，燕頷雞喙，五色備舉。《後漢書・班超傳》：虎頭燕頷，飛而食肉，萬里侯相也。……張元宴《授龐從武寧軍節度使制》：精專能習於豹韜，瓌偉素推其燕頷。崔損《鳳鳴朝陽賦》：雞冠燕頷，心逺貌閒。王宏《從軍行》：兒生三日掌上珠，燕頷猿肱穠李膚。李頻詩：封侯萬里者，燕頷乃徒勞。權德輿《劉公神道碑》：公角犀燕頷，魁岸碩大。袁桷詩：飛沙擊面燕頷失，晚望落日思生還。黃庭堅詩：燕頷封侯空有相，蛾眉傾國自難昏。孫覿詩：萬里功名飛燕頷，千金博飲炙牛心。）
(359) 敲撼。（韓愈《王仲舒神道碑》：不比於權，以亶友寃，敲撼挫揠，竟遭斤斧。）</td></tr>
<tr><td>張玉書
《佩文韻府》
御定佩文韻府
卷五十八之一</td><td>(360) 地險。（見上。《南史・謝靈運傳》：嘗自始寧南山伐木開徑，直至臨海，從者數百。臨海太守王琇驚駭，謂為山賊。又要琇更進，琇不肯。靈運贈琇詩曰：邦君難地險，旅客易山行。《劍閣銘》：窮地之險，極路之峻。梁武帝《登北顧樓》詩：南城連地險，北顧臨水側。梁簡文帝《登烽火樓》詩：亘原橫地險，孤嶼派流生。沈約《鍾山》詩：靈山紀地德，地險資嶽靈。唐明皇《早渡蒲津關》詩：地險關逾壯，天平鎮尚雄。楊炯《魏哲神道碑》：三辰鬱鬱，天街分畢昴之都；九野茫茫，地險列山河之境。李商隱詩：地險悠悠天險長，金陵王氣映瑤光。張說詩：關城雄地險，橋路扼天津。）
(361) 屯險。（《南史・傅亮傳》：見世路屯險，著論名曰《演慎》。嵇康《荅二郭》詩：詳觀凌世務，屯險多憂慮。庾信《宇文公神道碑》：績著屯險，誠貫風霜。）
(362) 羮儉。（張説《平貞眘神道碑銘》：鼓缶而歌，懸車致仕。全歸羮儉，允也君子。）</td></tr>
</table>

續表

作者/文獻	版本	用　例
張玉書 《佩文韻府》 御定佩文韻府 卷五十八之二	清文淵閣四庫全書本	(363) 井為海染。(路巖《渾公神道碑》：咸通二年，授義昌軍節度使。先是井為海染，人不可飲。公視而計之，泒鑿扃蓄，厥功亟就，于今賴之。) (364) 魯陝。(張説《姚文貞公神道碑》：源深自虞，派別從呉，避地魯陝，居家洛都。) (365) 車徒儼。(楊炯《王公神道碑》：車徒儼兮在門，旌旆紛兮竞術。) (366) 碩大且儼。(《詩》：有美一人，碩大且儼。于肅《韋公神道碑》：典御府之藏，列内官之秩，勤願慎密，肅恭矜莊。洵美可觀，碩大且儼。)
張玉書 《佩文韻府》 御定佩文韻府 卷六十一		(367) 績用。(楊炯《任君神道碑》：大司馬桓溫之府，績用在于元琳；大將軍竇憲之曹，文章竒于亭伯。馮宿《劉先生碑銘》：為而不殆，績用斯倍，吉以逄兮。) (368) 賢臣頌。(《漢書・王褒傳》：益州刺史奏褒有軼才，乃徵褒，既至，詔褒為《聖主得賢臣頌》。庾信《長孫儉神道碑》：起清德之樓，勒賢臣之頌。)
張玉書 《佩文韻府》 御定佩文韻府 卷六十二		(369) 神降。(《周禮・大司樂》：凡樂，圜鐘為宫，黃鐘為角，太蔟為徵，姑洗為羽，靁鼓靁鼗，孤竹之管，雲和之琴瑟，雲門之舞，冬日至于地上之圜丘奏之。若樂六變，則天神皆降，可得而禮矣。《左傳・莊公三十二年》：秋七月，有神降于莘。又：于是乎民和而神降之福。馬融《琴賦》：昔師曠三奏，而神物下降，玄鶴二八，軒舞于庭，何琴德之深哉！潘岳《西征賦》：經始靈臺，成之不日；惟鎬及豐，仍京其室。庶人子來，神降之吉。庾信《齊王憲神道碑銘》：公之挺生，實推天假。翠微神降，文昌星下。韓愈詩：廟開鼯鼠叫，神降越巫言。)
張玉書 《佩文韻府》 御定佩文韻府 卷六十三之一		(370) 抑寘。(朱子《直秘閣范公神道碑》：對策廷中，極論人主正心立志之方，力詆和議宴安之失，言甚壯切。張公時為考官，讀而異之，第以為選首，而同列有病其言者抑寘乙科。) (371) 市置 (韓愈《胡良公神道碑》：市置田宅，務種樹為業以自給，教授子弟。)
張玉書 《佩文韻府》 御定佩文韻府 卷六十三之二		(372) 用事。(《書》：九德咸事。《傳》：使九德之人皆用事。《詩》：百卉具腓。《箋》：涼風用事，而眾草皆病。《周禮・司服》：掌王之吉凶衣服，辨其名物，與其用事。……《戰國策》：趙太后新用事，秦急攻之。趙氏求救于齊。《史記・封禪書》：自古受命帝王，曷嘗不封禪？蓋有無其應而用事者矣，未有睹符瑞見而不臻乎泰山者也。《漢書・溝洫志》：上以用事萬里沙，則還自臨決河，湛白馬玉璧。又《申屠嘉傳》：鼂錯為内史，貴幸用事。又《丙吉傳》：方春，少陽用事，未可太熱。《滄浪詩話》：押韻不必有出處，用事不

續表

作者/文獻	版本	用例
張玉書 《佩文韻府》 御定佩文韻府 卷六十三之二	清文淵閣四庫全書本	必拘來歷。庾信《齊王憲神道碑》：少陽用事，路不喘牛。） （373）民事。（《書》：無輕民事惟難。《詩》：十月滌場。《箋》：十月民事畢，無饑寒之憂。《左傳》：天子非展義不巡守，諸侯非民事不舉，卿非君命不越竟。《國語》：公父文伯母曰：天子及諸侯合民事于外朝，合神事于內朝。《孟子》：民事不可緩也。《漢書・魏相傳》：明王謹于尊天，慎于養人，故立羲和之官以乘四時，節授民事。《管子》：定民之居，成民之事，以為民紀。韓愈《鄭儋神道碑》：削四鄰之交賄，省姱嬉之大燕，挍講民事，施罷不竢日，用能以十月成政。蘇軾詩：宦遊無遠近，民事要更嘗。王十朋《民事堂賦》：緊越幕有下寮兮，名所寓曰民事之堂。） （374）見事。（《詩》：維此聖人，瞻言百里。《箋》：聖人所視而言者百里，言見事遠。《晉書・唐彬傳》：初，鄧艾之誅也，文帝恐邊情騷動，使彬密察之。彬還，白帝曰：鄧艾忌克詭狹，矜能負才，順從者謂之見事，直言謂之觸迕。處身無禮，大失人心。願無以此為慮。《南史・周山圖傳》：沈攸之有異圖。山圖曰：攸之為人，性度險刻，無以結固士心。及攸之敗，高帝謂曰：周公前言，可謂明于見事矣。庾信《辛威神道碑》：三川被髮，辛有得見事之機。邵子詩：樂善帷憂見事遲。） （375）留事。（《史記・田敬仲世家》：威王召即墨大夫而語之曰：自子之居即墨也，毀言日至。然吾使人視即墨，田野闢，民人給，官無留事，東方以寧。是子不事吾左右以求譽也。《南史・范泰傳》：王忱謂泰曰：今城池即立，軍甲亦充，將欲掃除中原，以申宿昔之志。伯道意鋭，當令擁戈前驅；以君持重，欲相委留事。《新序》：伯成了高辭為諸侯而耕。禹往見之，伯成子高曰：君之所懷者私也，又何求而見我？君行矣，無留吾事。馬融《長笛賦》：融性好音律，鼓琴吹笛，而為督郵，無留事。庾信《步陸逞神道碑》：霸業所基，委命留事。劉長卿詩：壺觴招過客，几案無留事。權德輿《送睦州李司功序》：蒞官處煩，率無留事。于邵《陪廉使盧端公宴東樓序》：官不易法，府無留事。） （376）吏事。（《史記・蕭相國世家》：高祖為布衣時，何數以吏事護高祖。《漢書・公孫弘傳》：習文法吏事，緣飾以儒術，上說之。一歲中至左內史。……又《裴遵度傳》：遵度性彊敏，視簿牒，詳而不苛，世稱吏事第一。《避暑錄話》：沈翰林文通喜吏事，每覺有疾，樂餌未驗，亟取難決詞狀連判數百紙，落筆如風雲，意便欣然。耿湋詩：西府軍城暮，南庭吏事稀。錢起詩：吏事嘉師旅，鴛行惜縉紳。韓愈《王仲舒神道碑》：天子曰：王某之文可思，最宜為誥，有古風，豈可久以吏事役之？陳傅良詩：吏事生衣垢，家山減帶圍。）

續表

<table>
<tr><th>作者/文獻</th><th>版本</th><th>用　例</th></tr>
<tr><td>張玉書
《佩文韻府》
御定佩文韻府
卷六十三之二</td><td rowspan="2">清文淵閣四庫全書本</td><td>(377) 罷事。（蘇頲《唐璿神道碑》：舉則全師。還而罷事，將簡棄軒冕，神明芝術，然邦有大禮樂、大政刑，率由典謨，罔不諮度。）
(378) 耆事。（韓愈《王用神道碑》：能敬讓以敏，持以禮法，不挾不矜，寘接士大夫，高下中度，興官耆事，滋久愈謹。）</td></tr>
<tr><td>張玉書
《佩文韻府》
御定佩文韻府
卷六十三之三</td><td>(379) 上地。（《周禮》：乃均土地以稽其人民，而周知其數。上地家七人，可任也者家三人；中地家六人，可任也者二家五人；下地家五人，可任也者家二人。又：上地食者參之二，其民可用者家三人。《戰國策》：趙豹曰：秦以牛田，水通糧，其死士皆列之於上地，令嚴政行，不可與戰。《史記・張儀傳》：說楚王曰：大王不與秦，秦下甲據宜陽，韓之上地不通。下河東，取成皋，韓必入臣。《宋書・孔羊沈列傳》：論會土帶海傍湖，良疇亦數十萬頃，膏腴上地，畝直一金，鄠、杜之間，不能比也。《管子》：上地方八十里，萬室之國一，千室之都四。《列子》：牛缺者，上地之大儒也。庾信《紇干弘神道碑銘》：下江燒楚，上地吞韓。）
(380) 祀地。（《周禮》：司瑞兩圭有邸，以祀地，旅四望。注：祀地，謂所祀于北郊神州之神。《宋史・太廟樂章》：操瑞拜圖，封天祀地。庾信《步陸逞神道碑》：郊天祀地，龍門嶰谷之聲；贊鼓頒旗，白露涼風之月。）
(381) 受地。（《戰國策》：秦王使人謂安陵君曰：寡人欲以五百里易安陵。安陵君曰：受地于先王，願終守之，弗敢易！《史記・楚世家》：楚王不聽陳軫言，因使一將軍西受封地。張儀至秦，詳醉，墜車，稱病不出，地不可得。庾信《爾綿永神道碑銘》：禮官賜冊，陪陵受地。）
(382) 專地。（《公羊》：鄭伯以璧假許田。《傳》：其言以璧假之何？易之也。易之則其言假之何？為恭也。曷為為恭，有天子存，則諸侯不得專地也。《漢書・匡衡傳》：有司奏衡專地盗土，衡竟坐免。韋貫之《高崇文神道碑》：蠢爾庸蜀，負險專地。帝謂南平，總戎為帥。）
(383) 侵地。（《公年傳》：晉侯執曹伯，班其所取侵地于諸侯也。又：齊師大敗。齊侯使國佐如師，郤克曰：與我紀侯之甗，反魯、衛之侵地，使耕者東畝，且以蕭同姪子為質，則吾舍子矣。《史記・齊太公世家》：曹沫刼桓公于壇上，曰：反魯之侵地！桓公許之。又《蘇秦傳》：燕易王謂蘇秦曰：先生能為燕得侵地乎？《鹽鐵論》：曺沫棄三北之恥，而復侵地；管仲負當世之累，而立霸功。梁武帝《圍棋賦》：敵謀斷而計屈，欲侵地而無方。庾信《步陸逞神道碑》：七首登壇，反齊人之侵地。）
(384) 開地。（史記・秦紀》：秦用由余謀伐戎王，益國十二，開地千里，遂霸西戎。王建詩：兩河開地山川正，四海休兵造化仁。又《史記・留侯世家》：</td></tr>
</table>

續表

作者/文獻	版本	用　　例
張玉書《佩文韻府》御定佩文韻府卷六十三之三	清文淵閣四庫全書本	留侯張良者，其先韓人也。大父開地，相韓昭侯、宣惠王、襄哀王。庾信《賀婁公神道碑》：韓有開地，則五世稱強；趙有孟談，則三卿不戰。） (385) 齊地。(《史記・孟嘗君傳》：馮驩曰：使齊重于天下者，孟嘗君也。今以毀廢之，其心怨，必背齊；入秦，則齊國之情，盡委之秦，齊地可得也。《正義》：齊地虛、危之分埜。庾信《崔說神道碑》：社如齊地，廟似桐鄉。） (386) 右地。(《漢書・傅介子傳》：呼韓邪身入稱臣朝見，郅支以為呼韓邪破弱降漢，不能自還，即收右地。《後漢書・班超傳》：擊右地，破白山。梁簡文帝《從軍行》：前年出右地，今歲討輪臺。蘇頲《唐璿神道碑》：攬中州之傑，居右地之盟。杜甫《哀張九齡》詩：雖蒙換蟬冠，右地恧多幸。權德輿詩：三公臨右地，七萃擁中堅。李商隱《范陽公啟》：文鋒筆力，抉揚馬之懸門；劍氣弓聲，割韓彭之右地。崔鉉詩：右地名王爭納欵，遠方羣壘盡投戈。馮景《河陽謝上表》：久塵右地，無補聖明。坐竊彌藩，尚寬罪戾。） (387) 白地。(《唐書・儀衛志》：黃麾仗。第四行，小戟、刀、楯，白地雲花襖、冒。《宋史・食貨志》：重和初，有司議勾收白地，禁榷鐵貨等。俄慮騷擾，悉罷之。《齊民要術》：其白地，候寒食後榆莢盛時納種。《本草》：地膚。《釋名》：一名白地草。張說《羽林將軍王公神道碑銘》：超騰白地，騫翥青雲。李白《越女詞》：相看月未墮，白地斷肝腸。蘇軾詩：奈何效我欲尋翳，恰似西施藏白地。） (388) 蜀地。(庾信《長孫儉神道碑》：太祖與公書云：由公立計，果如所謀。令公作鎮江陵，以安蜀地。） (389) 求仙地。(庾信《齊王憲神道碑》：岷山導江，漢武帝求仙之地。）
張玉書《佩文韻府》御定佩文韻府卷六十三之四		(390) 恩意。(《儀禮・聘禮》：燕與羞，俶獻無常數。注：俶，始也。始獻四時新物。《聘義》所謂時賜無常數，由恩意也。《後漢書・卓茂傳》：茂遷密令。人常有言部亭長受其米肉遺者，茂辟左右問之曰：亭長為從汝求乎？為汝有事囑之而受乎？將平居自以恩意遺之乎？《唐書・李靖傳》：靖率兵南巡，所過問疾苦，延見長老，宣布天子恩意，遠近懽服。韓愈《鄭儋神道碑》：名人魁士，鮮不與善，好樂後進，及門接引，皆有恩意。） (391) 昌意。(《史記・黃帝紀》：黃帝娶西陵之女，是為嫘祖。為正妃，生二子，其一曰玄囂，其二曰昌意。又《夏紀》：禹之父曰鯀，鯀之父曰帝顓頊，顓頊之父曰昌意，昌意之父曰黃帝。《山海經》：黃帝妻雷祖生昌意。《華陽國志》：蜀之先肇於人皇之際。黃帝為子昌意娶蜀山氏，後子孫因封焉。庾信《爾綿永神道碑》：昌意陵居，初分若水之姓。）

續表

作者/文獻	版本	用　　例
張玉書 《佩文韻府》 御定佩文韻府 卷六十三之五	清文淵閣四庫全書本	(392) 壯志。(《後漢書・朱暉傳》：暉，年十三，王莽敗，天下亂，與外氏家屬奔入宛城。道遇賊，白刃劫諸婦女，畧奪衣物。暉拔劍前曰：財物皆可取耳，諸母衣不可得。今日朱暉死日也！賊見其小，有壯志，笑曰：童子內刀。遂捨之而去。《隋書・李子雄傳》：少慷慨有壯志，弱冠從周武帝，以功授帥都督。《文心雕龍》：驚才風逸，壯志煙高。曹植《與吳質書》：左顧右盼，謂若無人，豈非君子壯志哉！徐陵詩：壯志諧風雅，高文會斗樞。庾信《齊王憲神道碑》：少有壯志，頗校兵書。王勃《山亭興序》：百年奇表，開壯志于高明；千里心期，得神交于下走。孟浩然詩：壯志吞鴻鵠，遥心伴鶺鴒。武元衡詩：賞心隨處愜，壯志逐年輕。) (393) 百志。(《書》：百志惟熙。權德輿《太師忠武渾公神道碑銘》：君臣保乂，以熙百志，其講武功也，則有經綸翼戴之輔焉。) (394) 二志。(《詩》：已焉哉！天實為之，謂之何哉！《箋》：詩人事君無二志，故自决歸之于天。我勤身以事君，何哉？忠之至。《後漢書・隗囂傳》：更始，徵囂。囂將行，方望以為更始未可知，故止之，囂不聽。望以書辭謝而去，曰：雖懷介然之節，欲潔去就之分，誠終不背其本，二其志也。又《臧洪傳》：洪攝衣升壇，操血而盟曰：兗州刺史劉岱等，糾合義兵，並赴國難。凡我同盟，齊心一力，以致臣節，隕首喪元，必無二志。《尉繚子》：動無疑事，則衆不二志。《中說》：四百年間，天下無二志，其有以結人心乎？終之以禮樂，則三王之舉也。傅毅《廸志》詩：二志靡成，聿勞我心。庾信《賀婁公神道碑銘》：孝有三德，忠無二志。) (395) 縱橫志。(《吳志》：魏文報孫權曰：君生于擾攘之際，本有縱橫之志。庾信《爾綿永神道碑》：馳驅關塞之間，早有縱橫之志。虞世南《結客少年塲行》：共矜然諾心，各負縱橫志。) (396) 江陵志。(庾信《長孫儉神道碑》：太祖始定成都，即有江陵之志。) (397) 在心為志。(《書》：志以道寧，言以道接。《傳》：在心為志，發氣為言，皆以道為本，故君子勤道。子夏《詩序》：詩者，志之所之也，在心為志，發言為詩。陸賈《新語》詩：在心為志，出口為辭。庾信《賀婁公神道碑》：渭水兵書，在心為志。) (398) 號治。(韓愈《王用神道碑》：興官耆事，滋久愈謹。於是朝廷推賢，所處號治。)
張玉書 《佩文韻府》 御定佩文韻府 卷六十三之六		(399) 逸思。(徐陵《玉臺新詠》詩：天精開朗，逸思雕華。妙解文章，尤工詩賦。張説《隴川司馬楊公神道碑》：學妙研精，文道逸思。張文成《什迦像碑》：設奇功於地道，神妙無方；窮逸思於天關，靈機不測。孟浩然詩：

續表

作者/文獻	版本	用　例
張玉書 《佩文韻府》 御定佩文韻府 卷六十三之六	清文淵閣四庫全書本	逸思高秋發，歡情落景催。歐陽修詩：逸思歌湘曲，遺文繼楚材。） （400）悲淚。（陶潛《悲從弟仲德》詩：銜哀過舊宅，悲淚應心零。庾信《段永神道碑銘》：上台裂嶽，次將星傾。赤地悲淚，白虎哀鳴。盧照隣詩：僕本多悲淚，沾裳不待猿。） （401）常淚。（張九齡《徐堅神道碑》：遭姜太夫人喪，哀幾滅性，制則從禮，有感斯絶，無聲常淚。） （402）故吏。（《華陽國志》：李驤攻犍為，獲太守龔恢。恢為天水西縣令，任回為吏。回問曰：識故吏否？恢曰：識汝耳。《聞見録》：文潞公為子弟讀書於孔目官張望家，後出入將相。母申國太夫人生日，張望自河清來獻壽，有詩云：庭下郎君為宰相，門前故吏作將軍。望以子通籍封將軍云。庾信《步陸逞神道碑》：太尉楊震，直推故吏之金；凉州張奂，高揖羌人之馬。杜甫《哀李邕》詩：宗儒俎豆事，故吏去思計。劉禹錫詩：故吏來辭辛屬國，精兵願逐李輕車。） （403）問吏。（《漢書・王尊傳》：先是，王陽為益州刺史，行部至邛崍九折阪，歎曰：奉先人遺體，奈何數乘此險！後以病去。及尊為刺史，至其阪，問吏曰：此非王陽所畏道耶？吏對曰：是。尊叱其馭曰：驅之！庾信《爾綿永神道碑銘》：不逢問吏，無聞桴鼓。文同詩：雞竟不一鳴，問吏吏已告。） （404）佳吏。（《後漢書・馮勤傳》：除為郎中，給事尚書。以圖議軍糧，在事精勤，遂見親識。每引進，帝輒顧左右曰：佳乎吏也！……《唐書・竇懷貞傳》：時政令多門，赤尉以墨制授御史者衆，或戲曰：尉入臺多，而縣辦否？對曰：辦于異日。問其故，答曰：佳吏在，僥倖去，故辦。聞者皆笑。張説《括州刺史馮昭泰神道碑》：大父尚書右丞長命，以佳吏之名，勤勞王室。） （405）受吏。（顏延之《曲水詩序》：卉服之酋，回面受吏。庾信《華林園馬射賦序》：雕題、鑿齒，識海水而來王；烏弋、黃支，驗東風而受吏。又《步陸逞神道碑銘》：南越受吏，西陵解圍。） （406）掌吏。（韓愈《王仲舒神道碑》：軍息之無已，掌吏壞產猶不釋，囚之；公至，脱械不問。） （407）當笞吏。（趙孟頫《福建廉訪副使仇公神道碑》：公出安西，有從騎十數西來，見公，遽下馬，拜曰：我當笞吏也，公向脱我罪，又勗我仕，今效節兵伍，為千夫長。）

續表

作者/文獻	版本	用　　例
張玉書 《佩文韻府》 御定佩文韻府 卷六十三之七	清文淵閣四庫全書本	(408) 命賜。（見上。楊炯《荊州刺史成知禮神道碑》：勲格皇天，澤充區域，該備寵榮，兼包命賜。） (409) 琱戈賜。（庾信《慕容公神道碑》：惟師尚父，昆吾載寶鼎之銘；王命尸臣，栒邑傳琱戈之賜。按：《漢書・郊祀志》：美陽得鼎，獻之。中有刻書曰：王命尸臣：官此栒邑，賜爾旂鸞、黼黻、琱戈。） (410) 菽粟賜。（庾信《司馬裔神道碑》：菽粟之賜，或以指囷；馬牛之賞，將同量谷。） (411) 碑字。（《唐書・皇甫湜傳》：裴度修福光寺，将立碑，求文于白居易。湜援筆立就。度贈以車馬、繒綵甚厚，湜大怒曰：自吾為《顧况集序》，未嘗許人。今碑字三千，字三縑，何遇我薄耶？《述異記》：倉頡藏書臺有碑文二十八字。李斯識八字，云：上天作命，皇辟迭王。《水經注》：大扶城東北，悉諸袁舊墓，碑字傾低，羊、虎碎折，唯司徒滂、蜀郡太守騰、博平令光碑字所存唯此，自餘殆不可尋。庾信《紇干宏神道碑銘》：松門石起，碑字生金。王建詩：火盡轉分明，青苔碑上字。吳融詩：魏公碑字封蒼蘚，文帝泉聲落野田。） (412) 巴字。（《元和郡縣志》：渝州，古巴國。閬、白二水曲折如“巴”字，故謂之巴。陰鏗詩：巴水縈非字，楚山斷類書。楊炯《唐恒州刺史建昌公王義童神道碑》：岡巒紛糾，天彭雙闕而作門；珠貝浮沉，巴水三廻而成字。宋之問《送田道士使蜀投龍》詩：蜀門峯勢斷，巴字水形連。王維《送崔太守》詩：霧中遠樹刀州出，天際澄江巴字回。戴叔倫詩：江分巴字水，樹入夜郎烟。盧綸《送從叔程歸西川幕》詩：浪依巴字息，風入蜀關清。吳融《送僧》詩：巴字江流一棹廻。） (413) 負字。（梁簡文帝《吳興楚王神道碑》：翠石勒文，事偕神掌；靈龜負字，還擬《洛書》。邱遲《為范雲謝示毛龜啟》：懷星抱月，負字銜書。） (414) 焦字。（吳通微《焦希望神道碑》：史稱周武王克殷紂，封神農之後於焦，至武王孫康王，生子曰文，手中有畫如焦字之數，又以封焉。） (415) 大小字。（《晉書・衛恒傳》：梁鵠宜為大字，邯鄲淳宜為小字。元好問《耶律公神道碑》：辟國史院書寫。素善契丹大小字，譯經潤文，旨辭達而理得。） (416) 女直字。（《金史・完顏希尹傳》：熙宗製女直字，與完顏希尹所製字俱行。希尹所撰謂之女直大字，熙宗所撰謂之女直之字。元好問《耶律公神道碑》：世宗鋭意經籍，詔以小字譯《唐史》。成，則別以女直字傳之，以便觀覽。）

續表

作者/文獻	版本	用　　例
張玉書 《佩文韻府》 御定佩文韻府 卷六十三之八	清文淵閣四庫全書本	(417) 蘊義。(傅亮《劉穆之碑》：懷仁履順，蘊義居貞。張正見詩：懷經傳北海，蘊義盛西河。庾信《司馬裔神道碑》：資忠履孝，蘊義懷仁。) (418) 戴義。(權德輿《王光謙神道碑》：絜矩慎獨，抱仁戴義。) (419) 踐義。(權德輿《王崇術神道碑》：士不必貴，難乎其備。抑抑王公，修仁踐義。) (420) 趨義。(顧況《信州刺史府君集序》：翕然趨義，恐在其後。姚燧《提舉徐君神道碑》：重諾而趨義，負氣而尚俠。) (421) 歷義。(姚燧《領太史院事楊公神道碑》：又曰歷義，羣喙紛糾。汝折衷之，其從誰某。) (422) 奮義。(虞集《故昭州秦公神道碑》：憂國奮義，蹈禍忘身。) (423) 贏利。(《史記・貨殖傳》：與時俯仰，獲其贏利；以末致財，用本守之。《宋史・食貨志》：寶慶三年，御史趙至道言：鹽課之虧，實鹽商之無所贏利。為今之計，莫若寬商旅，減征稅。商子農之用力最苦，而贏利少。韓愈《路應神道碑》：公為州，逢水旱，喜賤出與人，歲熟以其得收，常有贏利。又《韋丹墓誌》：始教人為瓦屋，召陶人教人陶，聚材瓦于場，度其費以為估，不取贏利。) (424) 怙利。(張九齡《贈涇州刺史牛公神道碑》：六郡自古五方錯雜，負力怙利，上氣好武，人庶相放，風俗不純。) (425) 平吳利。(庾信《長孫儉神道碑》：平吳之利，羊祜與晉武意同。呂讓詩：既謝平吳利，終成失路人。)
張玉書 《佩文韻府》 御定佩文韻府 卷六十三之九		(426) 彝器。(《書序》：武王既勝殷，邦諸侯，班宗彝，作《分器》。《傳》：賦宗廟彝器酒罇賜諸侯。……《東京賦》：銘勳彝器，歷世彌光。魏太子《與鍾繇書》：執事寅亮大魏，以隆聖化。誠太常所宜銘，彝器所宜勒。庾信《慕容公神道碑》：旌德景鍾，勒勲彝器。徐晉卿《左傳類對賦》：晉朝周室，斥彝器之弗供；齊涉楚郊，責苞茅之不入。《紹興古器評》：古者錫有功，則必紀于彝器，且以告于家廟。如秬鬯一卣，告于文人是也。) (427) 庸器。(《周禮》：典庸器，掌藏樂器、庸器。注：庸，功也。有功者鑄器以銘其功也。《文心雕龍》：呂望銘功于昆吾，仲山鏤績于庸器，計功之義也。崔駰《大將軍西征賦序》：昔在上世，義兵所克，工歌其詩，賢陳其頌，書之庸器，列在明堂，所以顯武功也。江淹詩：大廈須異材，廊廟非庸器。王褒《尉遲綱碑銘》：山甫式列辟之功，絶迹庸器；莊叔匡成獻之難，昭德彝鼎。庾信《慕容公神道碑》：迹紀庸器之文，行昭易名之典。董逌《秦咊鐘銘跋》：秦人著瀌庸器，本于法制，則銘畯功以示後世，秦有得也。)。

續表

作者/文獻	版本	用　例
張玉書《佩文韻府》御定佩文韻府卷六十三之九	清文淵閣四庫全書本	(428) 形器。(《易》：可久則賢人之德，可大則賢人之業。注：德業既成，則入於形器，故以賢人目其德業。又：神无方而易无體。注：方、體者，皆係於形器者也。《晉書・律歷志》：神道廣大，妙本於陰陽；形器精微，義先於律呂。《夢溪筆談》：書畫之妙，當以神會，難可以形器求也。薛道衡《老氏碑》：名言頓絶，幽泉之路莫開；形器不陳，妙物之功難著。蘇頲《天竺寺碑》：形器分，有宰匠；名言立，有導師：上聖卓然大仙之旨也。) (429) 四器。(《儀禮・聘禮》：凡四器者，唯其所寶，以聘可也。注：四器，謂圭璋璧琮。《隋書・樂志》：梁武帝素善鍾律，詳悉舊事，遂自制定禮樂。又立四器，名之爲通。一曰元英通，二曰青陽通，三曰朱明通，四曰白藏通。《玉海》：司馬公曰：夫度、量、衡，所以佐律而存法也。古人所爲制四器者，以相參校，以爲三者雖亡，苟其一存，則三者從可推也。鄭餘慶《左僕射賈躭神道碑》：遷汾州刺史。在郡七年，憯怛之愛，忠利之教。序四器，導五常，百姓日用而不知，熙然致于仁壽。) (430) 守器。(《左傳》：新築人仲叔于奚救孫桓子。既，請曲縣、繁纓以朝，許之。仲尼聞之曰：唯器與名，不可以假人，君之所司也。名以出信，信以守器，器以藏禮，禮以行義，義以生利，利以平民，政之大節也。又：韓宣子有環，一在鄭商。子產弗與，曰：非官府之守器也，寡君不知。《戰國策》：靳黈曰：挈瓶之智，不失守器。《魏書・羊謙之傳》：臣以無庸，謬宰神邑，實思奉法不撓，稱是官方，酬朝廷無貲之恩，盡人臣守器之節。王褒《皇太子箴》：文昌著於前星，主鬯申於守器。庾信《步陸逞神道碑》：少陽養德，前星守器，尊師讓齒，必俟賢能。) (431) 異器。(《後漢書・杜密傳》：密行春到高密縣，見鄭玄爲鄉佐，知其異器，即召署郡職。《論衡》：調飯也殊筐而居，甘酒也異器而處。《東觀漢紀》：蔡君仲，汝南人，至孝。王莽亂，人相食，君仲取桑椹，赤黑異器。賊問所以，云：黑與母，赤自食。賊義之。梁昭明太子《文選序》：譬陶匏異器，並爲入耳之娱；黼黻不同，俱爲悦目之翫。庾信《宇文公神道碑銘》：野無異器，河無别風。徐鉉《端溪硯》詩：方圓雖異器，功用信俱呈。) (432) 弘器。(《世説》：周侯于荊州敗績還，未得用。王丞相與人書曰：雅流弘器，何可得遺！鄭餘慶《賈躭神道碑》：凡歷數使，寘待益重，竒才愈茂，弘器日彰，天下士君子推公爲棟梁。) (433) 服食器。(庾信《步陸逞神道碑》：校尉之營，惟餘服食之器。) (434) 尸位。(《書》：太康尸位，以逸豫滅厥德。《漢書・朱雲傳》：張禹以

續表

作者/文獻	版本	用　例
張玉書 《佩文韻府》 御定佩文韻府 卷六十三之九	清文淵閣四庫全書本	帝師位特進，甚尊重。雲上書求見，公卿在前。雲曰：今朝廷大臣上不能匡主，下亡以益民，皆尸位素飡，孔子所謂"鄙夫不可與事君""苟患失之亡所不至"也。曹植詩：尸位素餐，難以成名。富珠哩翀《參知政事王公神道碑》：帝曰忠哉，斯豈尸位。丞相御史，燕勞還轡。） （435）受位。（《周禮・大宗伯》：九儀：一命受職，再命受服，三命受位。《春秋・文公六年》：閏月不告月，猶朝于廟。《疏》：受位居職者，思効忠善，日夜自進，而無所顧忌。庾信《鄭常神道碑銘》：舉功行賞，封彊受位。） （436）官位。（《史記・日者傳》：司馬季主曰：才不賢而託官位，利上奉，妨賢者處，是竊位也。《漢書・李尋傳》：良有不得已，可賜以貨財，不可私以官位，誠皇天之禁也！《吳志・張昭傳》：孫權既稱尊號，昭以老病，上還官位及所統領。更拜輔吳將軍。《吳越春秋》：計硯曰：官位、財幣、金賞者，君之所輕也。《論衡》：才知行操雖高，官位富祿有命。《潛夫論》：且凡四海之內者，聖人之所以遺子孫也；官位職事者，羣臣之所以寄其身也。杜甫詩：才盡傷形體，病渴汙官位。韓愈《王仲舒神道碑》：公讀書著文，其譽藹欝，當時名公皆折官位輩行，願爲交。王建《贈盧汀諫議》詩：功證詩篇離景象，藥成官位屬神仙。） （437）追位。（張説《裴行儉神道碑》：生不登于台階，没追位乎靈庠。） （438）器位。（鄭餘慶《賈躭神道碑》：才光道溢，器位非偶，積善有遂，鍾于魏公。）
張玉書 《佩文韻府》 御定佩文韻府 卷六十三之十		（439）遠至。（《北齊書・趙彥深傳》：彥深，年十歲，曾候司徒崔光。光謂賔客曰：古人觀眸子以知人，此人當必遠至。班固《匈奴和親議》：今烏桓就闕，稽首譯官，康居、月氏，自遠而至，（闕）離析，名王來降。江淹詩：神飈自遠至，左右芙蓉坡。庾信《紇干弘神道碑》：隨何遠至，實釋漢帝之憂。又《佛龕銘序》：飛錫遥來，渡杯遠至。） （440）天至。（《後漢書・明德馬后紀》：肅宗恩性天至，母子慈愛，始終無纖介之間。又《第五倫傳》：倫以馬廖，兄弟竝居職任，傾身交結。上疏曰：近代光烈皇后，雖友愛天至，而卒使陰就歸國，徙廢陰興賔客。又《姜肱傳》：肱與二弟仲海、季江，俱以孝行著聞。其友愛天至，常共卧起。張説《安忠敬神道碑》：孝友天至，清華玉立。） （441）星次。（《唐書・天文志》：漢以後，表測景晷，以正地中，分列境界，上當星次，皆畧依古。而又作儀以候天地，而渾天、周髀、宣夜之説，至于星經、歷法，皆出于數術之學。又《歷志》：三代之興，皆揆測天行，考正星

續表

作者/文獻	版本	用　　例
張玉書 《佩文韻府》 御定佩文韻府 卷六十三之十	清文淵閣四庫全書本	次，為一代之制。梁簡文帝《南郊頌序》：歲在單閼，星次訾陬；律中太蔟，日惟辛卯。庾信《鄭常神道碑》：決勝千里，謀深計秘。建武功成，名連星次。謝偃《玉牒真記》：輪重璧合，星次珠聯。許敬宗《執契靜三邊》詩：星次絶軒臺，風衢乖禹服。） （442）超次。（《唐書・歷志》：昔僖公六年，歲陰在夘，星在析木。昭公三十二年，亦歲陰在卯，而星在星紀。故《三統歷》因以為超次之率。考其實，猶百二十餘年。近代諸歷，欲以八十四年齊之，此其所惑也。張説《潁川郡太夫人陳氏神道碑》：倉卒之際，安危是屬。既立殊常之勳，遂蒙超次之命。） （443）歸次。（《離騷》：夕歸次於窮石兮，朝濯髮乎洧槃。張説《馬府君神道碑》：君四歲而孤，重集于蓼，因心孺慕，名教同傷。歸次葭萌。江隘毁道，攀轜號慟，濤為之却。） （444）詳次。（姚燧《故宋太常少卿陳公神道碑》：推吾遠本三千歲之上，皆有稽於竹帛者，詳次授之，非足止慰元凱，於生死而有之，亦必曰吾同姓表章及此，其庶幾乎?） （445）戰次。（姚燧《萬戶張公神道碑》：敵奮殳斧，謀折馬足，推步下騎，為陣以待。分騎為左右翼合擊，敵錯愕，無所於應，盡殲之，完得所鈔。戰次馬嬰，橫屍而顛，復騰而上，不知左股之折。） （446）節次。（富珠哩翀《平章政事尚公神道碑》：元日、冬至會覲，冊拜內外文武仗衛、布置服色差等圖象、規製，皆公掌之。節次入奏，清問所及，必公條對。）
張玉書 《佩文韻府》 御定佩文韻府 卷六十三之十一		（447）嬰累。（嵇康詩：諮予不淑，嬰累多虞。李邕《桂州長史程府君神道碑》：坐踈屬之嬰累，重愛子之飛章。）
張玉書 《佩文韻府》 御定佩文韻府 卷六十三之十二		（448）班瑞。（見上。《史記・帝堯紀》：擇吉月日，見四嶽諸牧，班瑞。歲二月，東廵狩，至于岱宗。《齊書・太祖紀》：鳳書表肆類之運，龍圖顯班瑞之期。《宋史・地理志》：慶歷二年，建大名府為北京，北曰班瑞殿。庾信《賀婁公神道碑》：三槐以鼐鼎象物，知其神姦；五等以桓珪班瑞，守其宮室。君以才望，兼而有之。……《晉書・元帝紀》：焚柴班瑞，告類上帝。） （449）典瑞。（《周禮》：典瑞掌玉瑞、玉器之藏，辨其名物，與其用事，設其服飾。注：人執以見曰瑞。瑞，符信也。庾信《崔說神道碑》：信珪則更受司勳，穀璧則還輸典瑞。崔融《皇太子上食表》：周官典瑞，傍稽聘女之儀；

續表

作者/文獻	版本	用　　例
張玉書 《佩文韻府》 御定佩文韻府 卷六十三之十二	清文淵閣四庫全書本	晉朝加璽，兼採納妃之制。陳襄《纁藉賦》：詔玉人而慎守，飭典瑞以勤司。) (450) 圭瑞。(《禮記》：諸侯以龜為寶，以圭為瑞。注：瑞，信也。諸侯執瑞，孤卿以下執贄。《儀禮·聘禮》：賓襲執圭。注：執圭，盛禮。《疏》：以其圭瑞以行禮，故為盛禮也。盧士開《五色土賦》：等乎圭瑞，叶以元吉。……蘇頲《唐璿神道碑》：操斧鉞、班圭瑞者，耀洪烈于四世，垂餘風于百里。) (451) 慶瑞。(《宋史·禮志》：凡國有大慶瑞及出師勝捷，樞密使率內職軍校入賀。又《樂志》：皇扉四闢，導迎慶瑞。獨孤良弼《太原縣令路太一神道碑》：參厥命數，考其慶瑞。至哉太原，茂業斯在。李質《艮嶽賦》：伊岡聯與阜屬，翼慶瑞兮緜長。) (452) 偽瑞。(鄭薰《仇士良神道碑》：鄭注挺妖，李訓附會。列奏偽瑞，固邀鑾輿。) (453) 術智。(《孟子》：人之有德慧術智者，恒存乎疢疾。黃庭堅《題王觀復文後》：如梓州生陳子昂之文章，趙蕤之術智，皆所謂人傑地靈也。虞集《御史中丞楊公神道碑》：宦寺固結于內，術智為用于外。) (454) 恬智。(《雲笈七籤》：其次以軒冕為得意，功名為不朽。肯以恬智交養中和，率性通真為意乎？獨孤及《盧郎中潯陽竹亭記》：百里奚爵祿不入，故飯牛而牛肥。盧公恬智相養，於是竹亭構而天機暢。權德輿《王崇術神道碑》：燕居就養，消息恬智。從心之年，亦已過二。) (455) 蘊智。(庾信《長孫儉神道碑》：公以五常蘊智，六氣資德。楊夔《湖州錄事參軍新廳記》：蘊智者於事敏，負才者應用周。歐陽修《本論》：不任人者，非無人也。彼或挾材蘊智，以時方惡人之好名，各藏蓄收斂，不敢奮露。) (456) 敏智。(李宗閔《太尉王公神道碑銘》：首尾貫聯，已二十年。相府使符，隨其興殂。公之敏智，顯爵自至。不紛其外，姑真其裏。劉攽《三聖殿賦》：天命廢興之際，聖主授受之符，非敏智通達，未有能究知其始終者。) (457) 浮華記。(《雲笈七籤》：書有三等：一曰神道書，二曰覈事文，三曰浮華記。)
張玉書 《佩文韻府》 御定佩文韻府 卷六十三之十三		(458) 秀異。(《古今注》：芙蓉，一名荷花，花之最秀異者。沈炯《答張種書》：三江五湖，洞庭巨麗，其中之秀異者，實虎丘之靈阜焉。庾信《豆盧公神道碑》：山嶽精靈，星辰秀異。杜甫《壯游》詩：剡溪蘊秀異，欲罷不能忘。)

續表

作者/文獻	版本	用　　例
張玉書 《佩文韻府》 御定佩文韻府 卷六十三之十三	清文淵閣四庫全書本	(459) 月異。(《漢書・賈誼傳》：今世以侈靡相競，而上亡制度，棄禮誼，捐廉恥，日甚，可謂月異而歲不同矣。李謙《左丞張公神道碑》：涵積揉累，日殊月異；擷芳雋腴，充而足之。) (460) 皎異。(張説《陸孝斌神道碑》：其在官也，不苛察而小無廢，不皎異而大有成。) (461) 可致。(《史記・河渠書》：漕從南陽上沔入褒，褒之絶水至斜，間百餘里，以車轉，從斜下下渭。如此，漢中之穀可致。又《范睢傳》：范睢曰：夫以秦卒之勇，車騎之眾，以致諸侯，譬若馳韓盧而搏蹇兔也，霸王之業可致也。《漢書・郊祀志》：仙者非有求人主，人主者求之。其道非少寬暇，神不來。言神事，如迂誕，積以歲，廼可致。《中説》：賈瓊問：太平可致乎？子曰：五帝之典，三王之誥，兩漢之制，粲然可見矣。庾信《崔説神道碑》：竇憲連官，則單于之寶鼎可致。) (462) 罕備。(權德輿《趙憬神道碑銘》：公嘗以為漢廷諸公，罕備有用：以石慶之醇謹，而不能闕决；薛宣之方畧，而失于煩碎；翟方進之通明，而固其位；公孫弘之節儉，而近于名。) (463) 梯衝備。(庾信《長孫儉神道碑》：糧運久積，梯衝立備。) (464) 寵靈備。(權德輿《贈吏部尚書武就神道碑》：劒題告第，寵靈斯備。) (465) 仁勇備。(王磐《中書右丞相史公神道碑》：房琯受帷幄之寄，而不親汗馬之勞；耿賈著鐘鼎之勲，而弗踐秉均之任。豈不以將相殊器，軍國異宜？豈非仁勇兼備，而才德兩全者未易當之歟？)
張玉書 《佩文韻府》 御定佩文韻府 卷六十三之十四		(466) 宣肆。(劉大貞《杜元徽神道碑》：或遵揚儒風，或宣肆武烈，方傳學省，勲在戎府。) (467) 不改肆。(《唐書・李愬傳》：愬，晟子。始，晟克京師，市不改肆。愬平蔡，亦如之。功名之竒，近世所未有。《十六國春秋》：劉曜将營壽陵，和苞諫曰：臣聞堯葬穀林，市不改肆；顓頊葬高陽，下不及泉。韋貫之《高崇文神道碑》：公入成都，申嚴禁令，無敢侵掠。市不改肆，農不易畝，百姓感悦。) (468) 不易肆。(《元史・姚樞傳》：從世祖征大理，陳宋太祖遣曹彬取南唐不殺一人、市不易肆事。世祖飭樞裂帛為旗，書止殺之令，分號街陌。《聞見前錄》：康節先公謂本朝五事，自唐虞而下所未有者：一、革命之日，市不易肆。姚燧《姚文獻公神道碑》：及克金陵，未嘗戮一人，市不易肆。)

續表

作者/文獻	版本	用　例
張玉書 《佩文韻府》 御定佩文韻府 卷六十三之十四	清文淵閣四庫全書本	(469) 獵騎。(《宣和畫譜》: 漢王元昌畫, 御府所藏: 羸馬圖一, 獵騎圖二。庾信《崔説神道碑》: 連營函谷, 獵騎黎陽。李德林詩: 姑射神遊罷, 蕭關獵騎旋。駱賓王詩: 荒衢通獵騎, 窮巷托樵輪。蘇頲詩: 浦暗漁舟入, 川長獵騎稀。王維《溫湯》詩: 新豐樹裏行人度, 小苑城邊獵騎廻。李白詩: 揮鞭布獵騎, 四顧登高丘。韓愈詩: 酒場舞閨姝, 獵騎圍邊月。杜牧《長安雜題》: 白鹿原頭廻獵騎, 紫雲樓下醉江花。) (470) 彀騎。(《漢書・馮唐傳》: 李牧之為趙將, 委任而責成功, 故李牧乃得盡其知能, 選車千三百乘, 彀騎萬三千匹, 百金之士十萬。《北史・周太祖紀》: 鋭師百萬, 彀騎千羣。《唐書・柴紹傳》: 授右領軍大都督府長史, 領彀騎, 發晉陽。先抵霍邑城下。又《武元衡傳》: 遣公卿朝, 以家奴持兵呵衛, 宰相則金吾彀騎導翼, 每過里門, 搜索喧譁。《吳都賦》: 輶軒蓼擾, 彀騎煒煌。顏延之《赭白馬賦》: 飛輶軒以戒道, 環彀騎而清路。吳通微《焦希望神道碑》: 郊廟之事, 文衛之儀, 材宮彀騎, 林植鱗次。溫庭筠詩: 梁園提彀騎, 淮水換戎旃。) (471) 勁騎。(《北史・西魏孝武帝紀》: 高歡入洛, 遣左右侍官追帝, 請廻駕。高昂率勁騎及帝于陝西。……《五代史・吳世家》: 初, 朱瑾為梁所攻, 求救于晉, 晉遣李承嗣將勁騎數千助瑾, 瑾敗, 因與俱奔行密。行密兵皆江、淮人, 淮人輕弱, 得瑾勁騎, 而兵益振。元載《郭英乂神道碑》: 公雷電勇畧, 風摶勁騎, 驅熊虎之師, 開龍蛇之陣。一戰而穀水破, 再戰而邙山拔。) (472) 步騎。(《唐書・禮樂志》: 仲冬之月, 請武于都外。兵部承詔, 為步、騎六軍營域。……《宋史・職官志》: 殿前司, 掌殿前諸班直及步騎諸指揮之名籍。《六韜》: 陷堅陣, 敗步騎。《招魂》: 軒輬既低, 步騎羅些。《上林賦》: 徒車之所轥轢, 步騎之所蹂若。杜弼《為韋孝寬檄陳文》: 率步騎一十五萬, 掃蕩山林。庾信《慕容公神道碑》: 水龍競雙刀之勢, 步騎陳四分之威。) (473) 領騎。(《唐書・儀衛志》: 太皇太后、皇太后、皇后出, 金吾衛折衝都尉一人, 佩橫刀、弓箭; 領騎四十, 亦佩橫刀。庾信《豆盧公神道碑》: 河鄯二州, 屬當二首。公領騎八千, 以為戎防。) (474) 白騎。(《水經注》: 溴水又東南流, 右會同水。水出南源下, 東北流, 逕白騎塢南, 塢在原上, 為二谿之會, 北帶深隍, 三面岨嶮, 唯西被築而已。楊炯《李楚才神道碑》: 黃龍電震, 白騎雷驚。李賀詩: 東家蝴蝶西家飛, 白騎少年今日歸。杜牧《送斛斯判官》詩: 將取離魂隨白騎, 三台星裏拜文星。

續表

作者/文獻	版本	用　　例
張玉書 《佩文韻府》 御定佩文韻府 卷六十三之十四	清文淵閣四庫全書本	張耒詩：白騎掀舞占風祥。） (475) 劍騎。（袁淑詩：劍騎何翩翩，長安五陵間。王勃《拜南郊頌》：戈船泛月，劍騎橫霜。宋之問《為楊許州讓羽林將軍表》：風霜劍騎，頓玄武之僊闈；龍馬旌旗，環紫微之帝座。孫逖詩：劍騎緣汀入，宮門隔嶼開。楊炎《郭千里神道碑》：郭氏之室，世並五侯，丹華轂者三十人，分采地者三千户。劍騎鼎食，氣盖關山。呂令問《雲中古城賦》：楊葉箭的，蓮花劍騎。） (476) 致騎。（庾信《宇文父神道碑》：郊門致騎，先迎內史之賔。） (477) 騂騎。（楊炎《郭千里神道碑銘》：錫以翿鼓，艬艀鏠瑲。騂騎佩組，革彼莊姜。） (478) 蘭騎。（郭訥《柳嘉泰神道碑》：或綵桂巖之文雅，或握蘭騎之兵權。） (479) 竇車騎。（《後漢書·百官志》：和帝即位，以舅竇憲為車騎將軍，征匈奴。庾信《長孫儉神道碑》：竇車騎之臨戎，生年刻石。李益詩：遂別魯諸生，來從竇車騎。） (480) 五百騎。（庾信《紇干弘神道碑》：賊帥元伯，破掠城市。公請五百騎，應手生擒。）
張玉書 《佩文韻府》 御定佩文韻府 卷六十三之十五		(481) 偽使。（姚燧《湖廣行省左丞相神道碑》：公航海五百里，不崇朝而至，擊與珞，并獲偽使冉安國、黃之紀，皆磔之。諭降瓊、南寧、萬安、吉陽。） (482) 韻藻明試。（《書》：明試以功。庾信《慕容寧神道碑》：太上玄德，明試以功，存有顯爵之榮，歿有大名之貴。旻天不弔，其唯楚國公乎？王褒《于謹墓碑》：懋官惟德，明試以功，既移上將，實董元戎。劉長卿詩：天府留香名，銓闈就明試。韓愈《祭張虞部文》：徃在貞元，俱從賓薦。司我明試，時維邦彥。） (483) 面試。（《魏志·陳思王植傳》：植年十餘歲，誦讀詩論及辭賦數十萬言，善屬文。太祖嘗視其文，謂植曰：汝倩人耶？植跪曰：言出為論，下筆成章，顧當面試，奈何倩人？《南史·劉之遴傳》：年十五，舉茂才，明經對策，沈約、任昉見而異之。吏部尚書王瞻嘗候任昉，遇之遴在坐，昉謂瞻曰：此南陽劉之遴，學優未仕，水鏡所宜甄擢。即調為太學博士。昉曰：為之美談，不如面試。時張稷新除尚書僕射，託昉為讓表，昉令之遴代作，操筆立成。昉曰：荊南秀氣，果有異才，後位必當過僕。又《岑之敬傳》：梁武帝召入面試，令之敬升講坐，帝親自論難。之敬剖釋縱橫，左右莫不歎服。又

續表

作者/文獻	版本	用　　例
張玉書 《佩文韻府》 御定佩文韻府 卷六十三之十五	清文淵閣四庫全書本	《朱异傳》：涉獵文史，兼通雜藝，博奕書筭，皆其所長。年二十，詣都，尚書令沈約面試之。庾信《賀婁公神道碑銘》：劍足身挺，書堪面試。） （484）績類。（張説《河州刺史冉府君神道碑》：猛獸避德，均還所蒞。靈鳥依仁，霸昇執事。以今視昔，名齊績類。） （485）宗類。（張説《楊令一神道碑》：宣慈惠和，禮樂文史。敦錫宗類，汲揚徵丕。） （486）無棄。（《詩》：上慎旃哉，猶來無棄。又：無棄爾輔，員于爾輻。《左傳》：雖有絲麻，無棄菅蒯。雖有姬姜，無棄蕉萃。《莊子》：知大備者，無求，無失，無棄，不以物易已也。庾信《長孫儉神道碑》：山藪無棄，苞苴不行。劉禹錫《賈客詞》：刀錐既無棄，轉化日已盈。）
張玉書 《佩文韻府》 御定佩文韻府 卷六十三之十六		（487）清媚。（李充詩：目想妍麗姿，耳存清媚音。孫樵《蒼部郎中康公墓誌》：公幼嗜書，及冠，能屬詞。尤工四六文章，援毫立成，清媚新峭，學者無能如。鄭亞《會昌一品制集序》：日赫于晝而乏清媚，月皎于夜而無溫煦。歐陽修《宋文帝神道碑跋》：南朝士人氣尚卑弱，字書工者率以纖勁清媚為佳，未有偉然巨筆如此者。） （488）順易。（韓愈《王仲舒神道碑》：風雨順易，秔稻盈疇。人得其所，乃恬乃謳。） （489）並轡。（《新唐書・禮樂志》：皇帝禡于所征之地。駕至，權停。太祝以爵酌酒，授太僕卿，左並轡，右受酒，祭兩軹及軌前，乃飲，受爵，轢軷而行。庾信《豆盧公神道碑》：援桴並轡，竝預前驅。） （490）柔轡。（《左傳》：齊侯、鄭伯為衛侯故，如晉，晉侯兼享之。晉侯賦《嘉樂》。國景子相齊侯，國子賦《轡之柔矣》。……義取寬政以安諸侯，若柔轡之御剛馬。唐太宗詩：鳳戟翼康衢，鑾輿總柔轡。呂溫《韋君神道碑》：輕禽逸于疎網，悍馬駭于柔轡。） （491）御轡。（《後漢書・虞詡傳》：法禁者俗之隄防，刑罰者人之御轡。沈約《齊明帝謚議》：御轡不迷，寧藉聽于襄野；大川可濟，不待講于舟檝。庾信《步陸逞神道碑》：六龍御轡，取定鸞和之節。） （492）還轡。（《玄真子》：徘徊躊躇，還轡旋輿。富珠哩翀《參知政事王公神道碑》：帝曰忠哉，斯豈尸位。丞相御史，燕勞還轡。） （493）起墜。（元載《杜鴻漸神道碑》：端莊寤主，饑渴憂世，執邪遵法，起墜振廢。）

續表

<table>
<tr><th>作者/文獻</th><th>版本</th><th>用　　例</th></tr>
<tr><td>張玉書
《佩文韻府》
御定佩文韻府
卷六十三之十七</td><td rowspan="2">清文淵閣四庫全書本</td><td>(494) 極醉。(韓愈《鄭儋神道碑》：公與賓客朋遊，飲酒必極醉，投壺博奕，窮日夜，若樂而不厭者。)
(495) 奏議。(《漢書・宣帝紀》：詔諸儒講《五經》同異，太子太傅蕭望之等平奏其議，上親稱制臨決焉。又《成帝紀贊》：公卿稱職，奏議可述。魏文帝《論文》：奏議宜雅，書論宜理。韓愈《王仲舒神道碑》：在禮部奏議詳雅，省中服其能。朱子《荅黄直卿書》：可與晦伯説：渠家有兩世奏議，煩晦伯為借，錄得一本，見寄為幸。)
(496) 獻議。(嵇康《難自然好學論》：聚族獻議，唯學為貴。李絳《兵部尚書王紹神道碑》：顯持世權，陰行相事，造膝承顧，沃心獻議。)
(497) 獨議。(庾信《齊王憲神道碑》：天子將有盟津之師，召公獨議。公報以誕膺天命，克成厥勳。)
(498) 北避。(庾信《周大將軍司馬裔神道碑》：伍員道阻，燕丹路遥。南奔楚塞，北避秦橋。)
(499) 斂避。(文同詩：排闢要穩道，斂避不敢爭。沈與求詩：諸豪雄誇劍芒銛，毛錐斂避收餘尖。富珠哩翀《王公神道碑》：東藩諸王鷹人縱暴，民大厭苦。公繩以法，遂斂避不敢犯。)
(500) 綬笥。(《後漢書・許曼傳》：隴西太守馮緄始拜郡，開綬笥，有兩赤蛇分南北走。緄令曼筮之，卦成，曼曰：三歲之後，君當為邊將，官有東名，當東北行三千里。復五年，更為大將軍，南征。張衡《綬笥銘》：引南陽太守鮑德，有詔所賜先公綬笥，傳世用之。時德更理笥，衡時為德主簿，作《銘》。庾信《賀婁慈神道碑》：龜傳印函，蛇盤綬笥。陳樵《卧褥香爐賦》：觸鈿函而不轉，環綬笥以如縈。)
(501) 裂帛為幟。(姚燧《中書左丞姚文獻公神道碑》：公盡裂橐帛為幟，書止殺之令，分號街陌。)</td></tr>
<tr><td>張玉書
《佩文韻府》
御定佩文韻府
卷六十三之十八</td><td>(502) 毓粹。(《冊府元龜》：天寶十年，詔曰：嶽瀆山川，蘊靈毓粹，雲雨之澤，利及生人，春秋之義，存乎祀典。各令郡縣長官逐便致祭。張衡《週天大象賦》：天紀錄禽而獻齒，天廣嚴祠而毓粹。張説《隴州司馬楊公神道碑》：大河靈岳，含光毓粹。陸扆《封棣王制》：星辰毓粹，岳瀆降靈。元绛《秋晏致語》：九乾毓粹，三象儲精。)
(503) 孕粹。(《唐文宗冊文》：聰明孕粹，清慧毓和。呂溫《太子少保韋君神道碑》：山之大者，匿峯巒，含氣象，積高無倪而不見其險，孕粹有物而不知其神，此其所以為大也。)
(504) 育粹。(盧藏用《衡嶽十八高僧序》：水碧嚴霜而育粹，雲芝佇秀以孕</td></tr>
</table>

續表

作者/文獻	版本	用　　例
張玉書 《佩文韻府》 御定佩文韻府 卷六十三之十八	清文淵閣四庫全書本	奇。蘇頲《授王琪水部員外郎制》：風襟育粹，詞韻含清。又《授張說中書合制》：合和育粹，特表人師。裴耀卿《竇希球神道碑》：降靈宸象，育粹淳源。） （505）正粹。（姚燧《姚文獻公神道碑》：公過魏，與竇漢卿相聚茅齋，聽公言，義正粹，先師遂造蘇門，盡錄是數書以歸。） （506）失誼。（虞集《御史中丞楊公神道碑》：誅告者失刑，違諫者失誼。） （507）歸忌。（《後漢書・郭鎮傳》：桓帝時，汝南有陳伯敬者，行路聞凶，便解駕留止，還觸歸忌，則寄宿鄉亭。注：《陰陽書・歷法》曰：歸忌日，四孟在丑，四仲在寅，四季在子，其日不可遠行、歸家及徙也。庾信《宇文公神道碑》：鄉亭留宿，幸無歸忌之疑。） （508）恚忌。（姚燧《姚文獻公神道碑》：文統之相，參知政事商公挺實譽之。至是，費寅以九事中時恚忌，訟商公為文。） （509）作貳。（《宋書・樂志》：體乾作貳，命服斯九。顏延之詩：帝體麗明，儀辰作貳。沈約《謝立皇太子賜絹表》：重離在天，八紘之所共仰；明兩作貳，萬國所以咸寧。庾信《長孫儉神道碑》：作貳天官，允諧邦治。李百藥《贊道賦》：賴昌發之作貳，啓七百之鴻基。又李磎《授杜從則雍州司馬制》：驅策自久，績効有聞。作貳神州，實資幹用。）
張玉書 《佩文韻府》 御定佩文韻府 卷六十三之十九		（510）數穗。（《元史・武宗紀》：三年，河間路獻嘉禾，有異畝同穎及一莖數穗者，勑繪為圖。韓愈《胡良公神道碑》：遷舒州刺史，州歲大熟，麥一莖數穗，閭里歌舞。） （511）母臂。（張說《內侍高君神道碑》：乃有旁求聖善，提挈炎州，二紀積離，萬里遥至，音容莫識，涕對茫然，驗七星于子心，認雙環于母臂。而後深傷頓感，若墜谷而騰天；蘊怨都除，類愈矇而睹目。） （512）上嗣。（《周書・蕭圓肅傳》：圓肅作《少傅箴》曰：《易》稱明兩，《禮》云上嗣。韓愈《順宗實録》：自膺上嗣，毓德春闈。潘尼《釋奠頌》：篤生上嗣，繼期挺秀。梁元帝《皇太子講學碑》：業冠孟侯，道高上嗣。劉孝威詩：周朝推上嗣，漢代繼重明。庾信《賀婁慈神道碑》：世不乏賢，挺慈上嗣。） （513）令嗣。（《冊府元龜》：昭宗乾寧二年，以大理卿李坰為黔中宣慰使。李坰，國朝名相之令嗣也。《文苑・張九皐神道碑》：留侯以五代相韓，安世以七葉榮漢，特生間氣，鍾美大賢。餘慶遺芳，襲于令嗣矣。王禹偁《哀王祜》詩：鯉庭有令嗣，鳳閣登仙署。） （514）克嗣。（楊炯《宇文彪神道碑》：惟公載誕，克嗣家聲。歐陽修《王公

續表

作者/文獻	版本	用　　例
張玉書 《佩文韻府》 御定佩文韻府 卷六十三之十九	清文淵閣四庫全書本	墓誌》：惟其皇考，是生八子。公實其季，其德克嗣。） (515）長嗣。（熊執易《武陵郡王馬公神道碑銘》：賢哉長嗣，居焉廟堂。庸勳是承，父子皆王。） (516）仁遂。（《禮記》：禹立三年，百姓以仁遂焉。權德輿《王崇術神道碑》：有詔試守鄜州伏陸令，為之三年，禮裕休和，入有怡聲，出有修政，熙熙然千室以仁遂焉。） (517）武遂。（《史記・韓世家》：六年，秦復與我武遂。九年，秦復取我武遂。又《廉頗藺相如傳》：趙乃以李牧為將而攻燕，拔武遂、方城。……《水經注》：庾仲邕言，漢水自武遂川，南入葛蔓谷，越野牛，逕至開城合西漢水。庾信《紇干弘神道碑》：秦開武遂，始問吞韓之謀。） (518）兼四。（張說《魏叔瑜神道碑》：公不避強禦，有昭子之政事；不為皎厲，有康子之隱德；虛心尚賢，有文侯之樂善；重諾分急，有信陸之高義：人鮮有一，況兼四乎！）
張玉書 《佩文韻府》 御定佩文韻府 卷六十三之二十		(519）紀季。（《春秋》：紀李以酅入于齊。《公羊傳》：紀季者何？紀侯之弟也。何以不書名？賢也。何賢乎？紀季服罪也。《左傳》：紀侯不能下齊，以與紀季。注：不能降屈事齊，盡以國與季，明季不叛。《孔叢子》：子魚曰：微子去殷，紀季入齊，良知時也。張說《鄭國夫人神道碑》：周宗咸服，紀季獨存。） (520）徐道季。（《神仙傳》：徐道季，少住鵠鳴山。後遇眞人謂曰：夫學道，當巾天青，詠大歷，蹠雙白，徊二赤。此五神道之祕事也。） (521）納駟。（《蜀都賦》：壇宇顯敞，高門納駟。楊炯《梁公神道碑》：幽壠埋魂，終降槐庭之贈；高門納駟，式居茅社之封。） (522）有邃。（《隋書・樂志》：閟宮有邃，神道依稀。） (523）凝邃。（《洛陽伽藍記》：禪閣虛靜，隱室凝邃，嘉樹夾牖，芳杜匝堦，雖云朝市，想同巖谷。富珠哩翀《大都路姚公神道碑》：宸扆凝邃，上動天容；庭有直臣，庶儆其同。） (524）黔隧。（《國語》：內史過曰：夏之興也，祝融降於崇山；其亡也，回祿信於黔隧。《隋書・五行志》序：黔隧崇山，同車共軫。必有神道，裁成倚伏。一則以為殃釁，一則以為休徵。） (525）霍隧。（楊炯《後周明威將軍梁公神道碑》：壙開白日，終留恨於滕城；禮被皇家，忽霑榮於霍隧。） (526）隴隧。（鄭愔《哭郎著作》詩：白馬賔徒散，青烏隴隧開。張九齡《贈荊州刺史牛意神道碑》：厥子嘉績，中朝縟禮。邙廻隴隧，門重旌棨。逸人

續表

作者/文獻	版本	用　　例
張玉書 《佩文韻府》 御定佩文韻府 卷六十三之二十	清文淵閣四庫全書本	之墓，今同郡邸。韓翃《謝贈母官表》：寵延隴隧，秩開國封。顧況《魏國夫人挽歌》：夕陽迷隴隧，秋雨咽笳簫。） （527）烟隧。（李迥秀《裴希惇神道碑》：烟隧蒼茫，風相蕭瑟。） （528）贈襚。（《公羊歸賵傳》：車馬曰賵，貨財曰賻，衣被曰襚。注：知生者賵賻，知死者贈襚。《北史・魏任城王雲傳》：遺令薄葬，勿受贈襚。《荀子》：贈賵，所以佐生也；贈襚，所以送死也。《華陽國志》：秦惠文、始皇克定六國，徙其豪俠於蜀，以富相尚。送葬必高墳瓦槨，祭奠而羊豕夕牲，贈襚兼加，贈賻過禮。庾信《長孫儉神道碑》：遺令山陵，一無所用，公私贈襚，竝不得受。） （529）賻襚。（《史記・魯仲連傳》：生則不得事養，死則不得賻襚。《魏書・裴佗傳》：佗容貌魁偉，隤然有器望。永安二年卒。遺令不聽請贈，不受賻襚。諸子皆遵行之。《唐書・段秀實傳》：宰相李石請文宗加賻襚，鄭覃曰：自古殺身利社稷，未有如秀實者。帝惻然，為罷朝，可其請。張仲素《中尉彭獻忠神道碑》：聖皇軫悼，輟膳興歎，追念舊勳，賻襚加等。） （530）斂襚。（杜黃裳《東都留守顧少連神道碑》：乃命長男主喪，中使監水陸縣道斂襚之飾，悉令仰給。） （531）毳衣襚。（張説《洛陽尉馬府君神道碑》：比義后稷，勤官沒地。噓欷天朝，毳衣以襚。）
張玉書 《佩文韻府》 御定佩文韻府 卷六十三之二十一		（532）靜謐。（權德輿《溫州刺史裴希先神道碑》：二邦靜謐，禮之善物。朱轓赤茀，亦為貴兮。） （533）彌熾。（蔡邕《述行賦》：貴寵扇以彌熾兮，僉守利而不戢。獨孤及《韋縝神道碑》：公侯卿大夫，實鍾德門，事業名聲，與冠蓋俱。四牡龍旗之慶，百代彌熾。） （534）歲飼。（王思廉《河東廉訪使程公神道碑》：河東地瘠民貧，仍遭旱暵，公奏除歲飼，親王馬駝十之九。） （535）散積。（張説《裴行儉神道碑》：善貸以為常，散積以為樂。） （536）狡忮。（富珠哩翀《大都路都總管姚公神道碑》：乎灤都吏張氏子，狡而忮，杖去之，遠近震讋。） （537）忠懿。（《宋史・太宗紀》：端拱元年八月，太師、鄧王錢俶薨，追封秦國王，謚忠懿。于肅《諫議大夫韋公神道碑銘》：植性敏達，存誠忠懿。） （538）遺懿。（權德輿《王崇術神道碑銘》：金石繫辭，式昭遺懿。） （539）纂懿。（李堪然《竇希瑊神道碑》：纂懿前修，追蹤上哲。） （540）乳洎。（張説《撥川郡王神道碑》：乳洎之會，剬蘭池之狂胡；木盤之

續表

作者/文獻	版本	用　例
張玉書 《佩文韻府》 御定佩文韻府 卷六十三之二十一	清文淵閣四庫全書本	役，繆方渠之逋寇。凡前後大戰數十，小戰數百，算無遺策，兵有全聲。） （541）主饋。（常袞《謝妻封弘農郡夫人表》：又蒙曲私，霑及主饋。權德輿《叔父華州司士參軍墓誌銘》：夫人陳郡殷士，生德義之門，褻猗那之慶，自執笄主饋，逮四十年，孝慈柔明，六姻是仰。韓愈《胡良公神道碑》：公為監察御史，主饋給渭橋以東軍，洗手奉職，不以一錢假人。） （542）來饋。（唐無名氏《崔倕神道碑》：六子來侍，如龍如虎。衆婦來饋，維筐及筥。）
張玉書 《佩文韻府》 御定佩文韻府 卷六十三之二十二		（543）叶比。（呉通微《焦希望神道碑》：爰廣舊軍，肇建新宇，叶比衆志，允成厥列。） （544）仰庇。（李湛然《竇希瑊神道碑》：鼎价標華，公門孕秀。仰庇軒星之曜，旁通間氣之英。） （545）韻藻計祕。（《史記・陳丞相世家》：平城圍，七日不得食。高帝用陳平奇計，使單于閼氏，圍以得開。高帝既出，其計祕，世莫得聞。又：平凡六出奇計，輒益邑，凡六益封。奇計或頗祕，世莫能聞也。庾信《宇文公神道碑銘》：决勝千里，謀深計祕。） （546）漁鶩。（富珠哩翀《大都路都總管姚公神道碑》：帥臣昂吉爾閫淮殆二十年，位中書右丞，以宣慰使操制兵民，黨結中奥，自宋未有制者。宗亡帥葆芘其徒，通納賄賂，縱其所為。公遣健士襲捕，得所匿兵仗貲財，定案市殉者七人，自是帥漁鶩狀百出。公疏其迹，取驛上聞。） （547）却贄。（姚燧《參知政事賈公神道碑》：士民求見者，前其人而却其贄金帛，一錢不入其門。） （548）撫稚。（元稹詩：命童寒色倦，撫稚晚啼飢。李軫《泗州刺史李孟犨神道碑》：庶務親臨，存孤撫稚。） （549）毳穉。（姚燧《鄧州長官趙公神道碑》：公與是州民，毳穉十萬。形影相附，千里往返。厚深之仁，崇阜增川。宜是州民，戴為二天。袁桷《上都華嚴寺碑記》：積香浮浮，側翎枚枚。毳穉畢觀，心掉膽摧。相既永離，虛空如埃。） （550）蟬珥。（《北齊書・趙郡王叡傳》：濟南以太子監國，立大都督府，開府置佐。顯祖除叡侍中、攝大都督府長史。謂常山王演等曰：由來有如此長史不？演對曰：須拔進居蟬珥之榮，退當委要之職，自昔以來，實未聞如此銓授。庾信《賀婁慈神道碑》：旍節既秉，高蟬且珥。）

續表

作者/文獻	版本	用　例
張玉書 《佩文韻府》 御定佩文韻府 卷六十三之二十三	清文淵閣四庫全書本	(551) 來莅。(《宋史·寧宗郊祀樂章》：穆穆來莅，洋洋如在。姚燧《平章政事忙兀公神道碑》：哈剌斯、博羅斯、斡羅罕、薛連干皆彊宗也，勢不相一，求遣大臣來莅。詔令公往。) (552) 密緻。(《名畫記》：齊紈吳練，冰素霧綃，精潤密緻，機杼之妙也。潘岳《射雉賦》：哀料戾以徹鑒，表厭躡以密緻。蘇頲《李乂神道碑》：所著文集，成六十卷，五言之妙，一變乎時，流便清婉。經綸密緻，猶樂簫韶、工黻也。) (553) 劬勤。(柳宗元《送班孝廉序》：研精典墳，不告劬勤。李謙《中書左丞張公神道碑》：公年十餘歲，精敏有志趣。及其為學，晝或忘餔，通昔詰旦，衣服危坐，諷誦不輟，劬勤如此。) (554) 崇賁。(陶翰《狐白裘賦》：殷祀典以崇賁，飾禮容而克修。李湛然《竇希瑊神道碑》：粵惟纂懿前修，追蹤上哲，總淳粹以秀出，偶會昌而挺生，賢戚載彰，寵光崇賁者，其在我司空豳國公乎!) (555) 下賁。(權德輿《王崇術神道碑》：没代流慶，密章下賁。北追劇藩，乃進常侍。) (556) 藻司。(蘇頲《揚州長史王公神道碑》：爰廻藻司，迺莅揚都。政既成矣，公嘗適乎。)
張玉書 《佩文韻府》 御定佩文韻府 卷六十五之		(557) 賔御。(鮑照《詠史》詩：賔御紛颯沓，鞍馬光照地。李邕《臧公神道碑》：去燕悲鳴，疲驂跼顧，賔御太息，覽對永懷。王昌齡《山行》詩：倦此山路長，停驂問賔御。)
張玉書 《佩文韻府》 御定佩文韻府 卷六十五之三		(558) 控馭。(《宋史·西南溪峒諸蠻傳》：蠻夷之地，無經久之策以控馭之，鼯鼠之性便於跳梁。庾信《拓跋儉神道碑》：控馭五十州，風行數千里。蔣伸《授張允伸幽州節度制》：遼陽甲兵之雄，幽州控馭之遠。常衮《賀白鼠表》：俯憂黎獻，控馭蠻夷，能以禮綏，孰云力競。秦韜玉《紫騮馬》詩：若遇丈夫能控馭，任從騎取覓封侯。) (559) 騫翥。(《拾遺記》：始皇元年，騫霄國獻善畫工名裔，使畫為龍鳳，騫翥如飛。《西京賦》：鳳騫翥於甍標，咸遡風而欲翔。張說《王公神道碑》：赳赳将軍，貔貅絶羣。超騰白地，騫翥青雲。許渾詩：明時自騫翥，無復歎離羣。沈頌詩：喧呼溪鳥驚，沙上或騫翥。) (560) 吐茹。(見上。權德輿《姚公神道碑》：政無吐茹，道若砥矢。白居易《授崔咸洛陽縣令制》：宰大邑如烹小鮮，人擾則疲，魚撓則餒，寬猛吐茹，其監於茲。)

續表

作者/文獻	版本	用　　例
張玉書 《佩文韻府》 御定佩文韻府 卷六十六之一	清文淵閣四庫全書本	(561) 忠臣路。(庾信《豆盧公神道碑》：渡瀘五月，葛亮有深入之兵；長阪九迴，王遵有忠臣之路。) (562) 澤潞。(《宋史・太祖紀》：建隆元年，南唐進白金，賀平澤、潞。又《李崇矩傳》：宋初，李筠叛，命崇矩率龍捷、驍武左右射禁軍數千人屯河陽，以所部攻大會砦，拔之。改澤、潞南面行營前軍都監。張説《撥川郡王神道碑》：自公之拔身向化，首變華風，澤潞之間，如見我州矣。) (563) 輦輅。(《北史・閻毗傳》：毗立議，輦輅車輿，多所增損。《赭白馬賦》：進退遮列，却屬輦輅。張説《撥川郡王神道碑》：珠玉無遠而登輦輅之飾，寶也；松栝無幽而入殿堂之搆，材也。物貴其用，人亦如之。謝觀《東郊迎春賦》：飛輦輅，儼珠旒。)
張玉書 《佩文韻府》 御定佩文韻府 卷六十六之二		(564) 坐樹。(張説《馮公神道碑》：喜其持法不撓，贈大理卿；本其坐樹無言，謚之曰節。)
張玉書 《佩文韻府》 御定佩文韻府 卷六十六之三		(565) 衡度。(《隋書・律歷志》：梁陳依古，齊以古升五升為一斗。後周保定元年，魯國造倉，獲古玉升。詔改制銅律度，遂致中和。累黍積籥，同茲玉量，與衡度無差。准為銅升，用頒天下。李紓《朱府君神道碑》：秉孝秀之刀尺，掌條流之衡度。) (566) 修度。(蘇頲《韋抗神道碑》：法明象魏，禮達邦家，外守其則，內修其度。) (567) 敦龐度。(張説《王仁皎碑》：膺汾霍之禎，體敦龐之度。裴耀卿《竇希球神道碑》：公降靈辰象，育粹淳源，稟淵懿之姿，體敦龐之度。) (568) 致遠度。(李絳《王紹神道碑》：致遠之度，當時所稱。) (569) 推美度。(李絳《王紹神道碑》：內守持盈之誠，外弘推美之度。) (570) 兵賦。(《北史・蘇瓊傳》：蠶月預下綿絹度樣於部內，其兵賦次第並立明式。儲光羲詩：道喪苦兵賦，時來開井疆。李絳《王紹神道碑》：天子以兵、賦之柄俾于公，公以忠勞之力事于主。李益《五城道中》詩：未知朔方道，何年罷兵賦。孫樵《書田將軍邊事》：伺連帥之間隙，察兵賦之虛實。) (571) 論賦。(孫逖《詹事王同晊神道碑》：昇闕里之堂，寔難論賦；表太丘之墓，多愧題銘。) (572) 董賦。(權德輿《沛國武公神道碑》：皇華載馳，董荊衡漢沔之賦。) (573) 丘陵賦。(庾信《大将軍崔説神道碑》：司木七工，既掌丘陵之賦；司

續表

作者/文獻	版本	用　　例
張玉書《佩文韻府》御定佩文韻府卷六十六之三	清文淵閣四庫全書本	會六典，乃均邦政之才。） （574）避暑賦。（柳宗元《先侍御史府君神道碑》：天寶末，經術高第。遇亂，奉德清君夫人載家書隱王屋山。間行以求食，深處以修業。作《避暑賦》。）
張玉書《佩文韻府》御定佩文韻府卷六十六之四		（575）两布。（庾信《司馬裔神道碑》：遣奠雙設，銘旌两布。） （576）安步。（《史記・淮陰侯傳》：騏驥之跼躅，不如駑馬之安步。《漢書・東方朔傳》：飽食安步，以仕易農；依隱玩世，詭時不逢。又《揚雄傳》：靈輿安步，周流容與。《頭陀寺碑》：通莊九折，安步三危。李邕《王仁忠神道碑》：安步名教，詠謌典墳。韓維曉《出郊》詩：人閒無遽色，馬緩有安步。又《後趙錄》：桃豹，字安步，范陽人。少時以胆力勇騎，聞于鄉里。） （577）彊固。（《國語》：若血氣彊固，將壽寵得没。《史記・禮書》：儒者將使人兩得之者也，墨者將使人兩失之者也。是儒墨之分。治辨之極也，彊固之夲也，威行之道也，功名之總也。《荀子》：萬乘之國，可謂廣大富厚矣，加有治辨彊固之道焉。權德輿《沛國武公神道碑》：忠方伉直，信厚彊固，博洽文誼，周通憲法。） （578）幹固。（李紓《吳郡朱明府神道碑》：幹固守成，平端吏職所至；蒙其福利，所奉由其重輕。）
張玉書《佩文韻府》御定佩文韻府卷六十六之五		（579）見素。（《老子》：見素抱朴，少私寡欲。嵇康文：若先生者，文明在中，見素表璞。曹植詩：今存聖世，呈質見素。陸雲詩：神道見素，遺華反質。白居易文：德在修身，將見素而抱朴。《雲笈七籤》：去好去惡，臣乃見素；去賢去智，臣乃自備。） （580）敦素。（杜黃裳《顧公神道碑》：黜浮偽而尚敦素。） （581）奉身具。（《唐書・盧懷慎傳》：赴東都掌選，奉身之具，止一布囊。又庾信《步陸逞神道碑》：身具六龜，腰恒四綬。）
張玉書《佩文韻府》御定佩文韻府卷六十六之六		（582）恒務。（楊烱《李君神道碑》：出處者，君子之恒務，左右之攸宜。） （583）披霧。（《南史・孔休源傳》：休源初到都，范雲一與相遇，深加褒賞，曰：不期忽覩清顔，頓袪鄙吝，觀天披霧，驗之今日。梁元帝賦：獨有披霧之心，彌彰凌雲之志。楊炯《魏哲神道碑》：郭林宗之披霧，豈敢名言？孔文舉之欽風，每相推薦。宋之問《酬李丹徒》詩：近挹人披霧，遥聞境震雷。杜甫詩：披霧初歡夕，高秋爽氣澄。獨孤及《右丞徐公寫真語圖》：居然成象，豁若披霧。陸游《快晴》詩：瓦屋螺青披霧出，錦江鴨緑抱山來。）

續表

作者/文獻	版本	用例
張玉書 《佩文韻府》 御定佩文韻府 卷六十六之七	清文淵閣四庫全書本	(584) 八顧。(《後漢書・黨錮傳》：海內希風之流，共相標搒，指天下名士，為之稱號。上曰三君，次曰八俊，次曰八顧，次曰八及，次曰八厨。張説《郭知運神道碑》：一門連譽，時人號曰三儒；四海齊名，天下謂之八顧。) (585) 題墓。(《南史・陳暄傳》：《與兄子秀書》云：吾生平所願，身沒之後，題吾墓曰：陳故酒徒陳君之神道。郭璞《題墓》詩：北阜烈烈，巨海混混。壘壘三墳，惟女與昆。) (586) 識墓。(《唐書・李夷簡傳》：將終，戒毋厚葬，毋事浮屠，毋碑神道，惟識墓而已。)
張玉書 《佩文韻府》 御定佩文韻府 卷六十六之八		(587) 纚慕。(裴耀卿《竇希球神道碑》：冀公之令名不殞，盛德歸全；畢公之至行維殷，孔懷纚慕。) (588) 寶祚。(《隋書・音樂志》：分四序，綴三光。延寶祚，眇無疆。又《薛道衡傳》：光臨寶祚，展禮郊丘。《舊唐書・僖宗紀》：朕祗膺寶祚，嗣守宗祧，夙夜一心，勤勞八載。《宋史・樂志》：熙事允洽，寶祚彌昌。徐陵《歐陽頠德政碑》：一恭寶祚，開定江沔，三改璇衡，苞羅湘峽。盧照鄰《益州至真觀碑》：得一吹萬，有大造于蒼生；把十蹈五，樹靈基于寶祚。張説《蕭公神道碑》：《傳》寶祚于一家，《易》鴻名于兩漢。孟簡《白烏呈瑞賦》：驗白烏之祥諜，告皇家之寶祚。令狐楚《進馬并鞍轡狀》：鴻猷更始，寶祚維新。劉禹錫詩：御歷昌期遠，傳家寶祚繁，陳陶詩：寶祚河宮一向清，龜魚天篆益分明。) (589) 禮裕。(權德輿《王府君神道碑》：有詔試守鄜州伏陸令，為之三年，禮裕休和，入有怡聲，出有修政，熙熙然千室以仁遂焉。) (590) 修餝裕。(蘇頲《韋抗神道碑》：半股肱之委，總修餝之裕。)
張玉書 《佩文韻府》 御定佩文韻府 卷六十六之九		(591) 塞庫。(庾信《齊王憲神道碑》：囚箕子于塞庫，羈文王于玉門。) (592) 韻藻調護。(《史記・留侯世家》：及燕，置酒，太子侍，四人從。上恠之，問曰：彼何為者？四人各言名姓，曰東園公、角里先生、綺里季、夏黃公。上曰：煩公幸卒調護太子。……又《楊存中傳》：時諸軍各守分地，不相統一，存中集諸將調護之。更相為援。帝親札賜之曰：諸帥協和，互相策應，卿之力也。唐明皇《宴都堂賜》詩：復輟台衡老，将為調護人。李邕《王仁忠神道碑》：太常禮樂，儲宮調護。屬國風偃，司戎山固。常衮《授能元皓散騎常侍制》：出入龍樓，已先調護之列；優游騎省，載昇顧問之地。陸游《獨坐書懷》詩：但恨圖書闕調護，不勝鼠齧與蟲侵。) (593) 哀訴。(張説《楊君神道碑》：內憂遠訃，殞絕經時。有命奪情，除

續表

作者/文獻	版本	用　　例
張玉書 《佩文韻府》 御定佩文韻府 卷六十六之九		汾州刺史知團結兵馬，哀訴不允，金革無違。杜甫《老馬行》：見人慘澹若哀訴。） （594）凶蠹。（裴耀卿《竇希球神道碑》：昔之倚勢為暴，恃地作威，武安之驕盈，梁氏之凶蠹。公懲于斯，誡于斯。）
張玉書 《佩文韻府》 御定佩文韻府 卷六十六之十		（595）無懼。（《孟子》：舍豈能為必勝哉？能無懼而已矣。《東京賦》：雖萬乘之無懼，猶怵惕于一夫。孫逖《韋虛心神道碑》：秉心惟一，蹈尾無懼。《雲笈七籤》：疾雷破山而不驚，白刃交前而無懼。） （596）指付。（韓愈《許國公神道碑銘》：從舅氏學将兵數百人，悉識其材鄙怯勇，指付必堪其事。） （597）鄭嫗。（庾信《賀婁公神道碑》：孤城鄭嫗，不相其年；巴水涪翁，不醫其疾。注：吳録曰：吾粲生數歲，孤城嫗相之，謂其母曰：兒有卿相之骨。）
張玉書 《佩文韻府》 御定佩文韻府 卷六十六之十一	清文淵閣四庫全書本	（598）無忤。（《南史·陶潛傳》：江州刺史王弘欲識之，不能致也。潛嘗往廬山，弘令潛故人龐通齎酒具，於半道要之。既至，便共飲酌，俄頃弘至，亦無忤也。《莊子》：無所於忤，虛之至也；無所與逆，粹之至也。摯虞《對策》：推之於物則無忤，求之于身則無尤。沈約詩：處約志不渝，接廣情無忤。裴耀卿《竇希球神道碑》：公私遊聚，大小無忤。） （599）遠寓。（蘇頲《司農卿劉公神道碑》：門列行馬，坐懸安車，遠寓於汜右，近持於越寶。） （600）韻藻委輸。（《漢書·食貨志》：武帝置平準于京師，都受天下委輸。又《百官志》：三輔有委輸官。《晉書·食貨志》：州郡各擁強兵，而委輸不至。《宋史·樂志》：長為委輸，祐我黎民。《淮南子》：古者大川名谷，衝絶道路，不通往來也；乃為窬木方版，以為舟航。故地勢有無，得相委輸。《海賦》：於廓靈海，長為委輸。……梁元帝《討侯景檄》：輜軿委輸，以衝其北。權德輿《祭祕書包監文》：乃領藩條，俄復郎署，俾均繇賦，經費委輸。丘絳《常山郡王田緒神道碑銘》：塞直盧龍，山横紫蒙。元精委輸，慶發于公。其勲惟茂，其德惟崇。吳融《沃焦山賦》：一歸塘之積，積既久而還盈。一尾閭之洩，洩不供而旋住。苟彼不為煎熬，何物當其委輸？朱子詩：長江西委輸，匯澤東滉瀁。）
張玉書 《佩文韻府》 御定佩文韻府 卷六十七之一		（601）創制。（《書序》：湯既勝夏，欲遷其社。《傳》：革命創制，改正易服，變置社稷。《周語·襄王》曰：叔父若能光裕大德，更姓改物，以創制天下。《後漢書·陳忠傳》：高帝受命，蕭何創制，大臣有寧告之科，合於致憂之義。《魏志·杜夔傳》：太祖以夔為軍謀祭酒，參太樂事，因令創制雅樂。《南史·

續表

作者/文獻	版本	用　　例
張玉書 《佩文韻府》 御定佩文韻府 卷六十七之一	清文淵閣四庫全書本	何尚之傳》：江夏王義恭議，以一大錢當兩，以防翦鑿，議者多同。尚之議曰：凡創制改法，宜順人情，未有違衆矯物而可久也。又《孔琳之傳》：議復肉刑，琳之以為：漢文發仁惻之意，傷自新之路莫繇，革古創制，號稱刑厝，然名輕而實重，反更傷人。《宋史・羅處約傳》：蓋人者可與習常，難與通變；可與樂成，難與慮始。在《周易》有之：天地革而四時成。此言能改命而創制，及小人樂成則革而以順上矣。《管子》：霸王之形，象天則地，化人易代，創制天下，等列諸侯，賓屬四海，時匡天下。庾信《慕容寧神道碑》：皇朝受終，文祖革命，神宗選賢與能，改經創制。） （602）承制。（《晉書・宣帝紀》：申儀久在魏興，專威疆埸，輒承制刻印，多所假授。《南史・劉之亨傳》：大通六年，出師南鄭，詔湘東王節度諸軍。之亨以司農卿為行臺承制，送出本州北界，總督衆軍，杖節而西，樓船戈甲甚盛。老小緣岸觀曰：是前舉秀才者。鄉里偉之。又《侯瑱傳》：齊遣郭元建出濡須，僧辨遣瑱扞之，大敗元建。魏攻荊州，瑱頓九江，因衛晉安王還都。承制以瑱為侍中、江州刺史。《五代史・馬希範傳》：天福四年，加希範天冊上將軍，開封承制如殷故事。《宋史・高世則傳》：世則以通經典，轉內殿承制。累遷康州防禦使，知西上閤門事。《漢雜事秘辛》：大將軍參錄尚書事乘氏冀上，臣冀頓首再拜承制。任昉《齊明帝謚議》：承制宣德，定策公卿。庾信《司馬裔神道碑》：魏明元皇帝遥授平南大將軍、荊州刺史。襲封瑯琊郡王，尚河內公主，命王承制，從賓國之儀。）
張玉書 《佩文韻府》 御定佩文韻府 卷六十七之二		（603）雙刀勢。（庾信《慕容寧神道碑》：水龍競雙刀之勢，步騎陳四分之威。注：《晉書・四夷傳》：林邑國王奴文，嘗牧牛澗中，獲二鯉魚，化成鐵，用以為刀。咒曰：鯉魚變化，冶成雙刀，石障破者，是有神靈。進斫之，石即瓦解。） （604）十世。（《漢書・地理志》：燕稱王十世，秦欲滅六國，燕王太子丹遣勇士荊軻西刺秦王，不成而誅，遂舉兵滅燕。《大戴禮》：以不仁得之，以仁守之，其量十世。《説苑》：太公一合于周而侯七百歲，孫叔敖一合于楚而封十世。又：伯禽封，五年來朝，周公曰：何治之難？對曰：親親者，先內後外，先仁後義。周公曰：魯之澤及十世。庾信《豆盧永恩神道碑》：立身則十世可宥，遺子則一經而已。） （605）五世。（《史記・田敬仲完世家》：齊懿仲欲妻完，卜之，占曰：是謂鳳皇于蜚，和鳴鏘鏘。有媯之後，將育于姜。五世其昌。《留侯世家》：秦滅韓，良求客為韓報仇，以大父、父五世相韓故。《唐書・馮盎傳》：吾居越五世矣。常恐忝先業，尚自王哉？《大戴禮》：有國者事五世。庾信《賀婁慈神

續表

<table>
<tr><th>作者/文獻</th><th>版本</th><th>用　　例</th></tr>
<tr><td>張玉書
《佩文韻府》
御定佩文韻府
卷六十七之二</td><td rowspan="3">清文淵閣四庫全書本</td><td>道碑銘》：七葉佐漢，五世相韓。忠臣入仕，孝友當官。）
（606）沒世。（庾信《慕容寧神道碑》：德遺身後，名昭沒世。韋應物詩：客車名未滅，沒世恨應長。楊傑《荀揚大醇而小疵賦》：欲卷道以自處，疾沒世而無知。）
（607）重世。（庾信《賀婁慈神道碑》：重世剌舉，連鑣衮服。又賦：居負洛而重世，邑臨河而晏安。張九齡詩：惟昔遷樂土，迨今已重世。）</td></tr>
<tr><td>張玉書
《佩文韻府》
御定佩文韻府
卷六十七之三</td><td>（608）綺紈歲。（庾信《慕容寧神道碑》：岐嶷表羈貫之年，通禮稱綺紈之歲。又張纘《離別序》：太常劉侯，前輩宿達，余在綺紈之歲，固已欽其風矣。）
（609）悲衞。（庾信《慕容寧神道碑》：晏嬰悼齊，柳莊悲衞。）
（610）寧濟。（《魏志・高貴鄉公紀》：聖德光隆，寧濟六合。《吳志・陸遜傳》：乞垂聖恩，寧濟百姓，數年之間，國用少豐，然後更圖。《晉書・宣帝紀》：天位至重，不得其才，不足以寧濟六合。又《文帝紀》：維翼朕躬，下匡萬國，思靖殊方，寧濟八極。李湛然《實希瑊神道碑》：所以寅亮天地，寧濟寰區。自匪氣稟英靈，藝兼文武，則何以弼諧邦教，調護元良。）</td></tr>
<tr><td>張玉書
《佩文韻府》
御定佩文韻府
卷六十七之四</td><td>（611）丞相第。（《北史・魏孝靜皇后傳》：后齊神武之第二女也。興和初，詔司徒孫騰、司空襄城王昶等奉詔致禮，以后駕迎于晉陽之丞相第。五月，立為皇后。《洛陽名園記》：節度使苗侯，得開寶宰相王溥園。稍北曰"郯鄏"，陌陌列七丞相之第。元稹《酬樂天登樂遊園見憶》詩：誇遊丞相第，偷入常侍門。……李宗閔《故丞相王公神道碑》：公感恩雖厚，退身愈堅，一時而歸，不詣相第。魏了翁《題跋》：嘉泰末，赤告為沴，太陰犯權。未旬日，北內門鴟尾及省部相第災，宰相襆被奔都亭。）
（612）懷惠。（《論語》：小人懷惠。《後漢書・朱暉傳》：暉再遷臨淮太守。吏人畏愛，為之歌曰：強直自遂，南陽朱季。吏畏其威，人懷其惠。……鮑照《河清頌序》：曜德中區，黎庶知讓；覲兵遐外，夷貊懷惠。庾信《同州刺史段永神道碑》：無雷向風，負霜懷惠。杜佑《平準論》：高祖、太宗，開國創業，作程垂訓，薄賦輕徭，澤及萬方，黎人懷惠。杜甫詩：和虜猶懷惠，防邊不敢驚。）
（613）主惠。（《管子》：主惠而不鮮，則民奉養；父母慈而不鮮，則子婦順。陳子昂詩：欲酬明主惠，當盡使臣能。張九齡詩：所伏有神道，況承明主惠。）
（614）早慧。（《北史・王紘傳》：侯景與人論掩衣法為當左。尚書敬顯儁曰：孔子云：微管仲，吾其被髮左衽矣。以此言之，右衽應是。紘進曰：國家龍</td></tr>
</table>

續表

作者/文獻	版本	用　　例
張玉書 《佩文韻府》 御定佩文韻府 卷六十七之四	清文淵閣四庫全書本	飛朔野，雄步中原，五帝異儀，三王殊制，掩衣左右，何足是非。景奇其早慧。《唐書・張鷟傳》：早慧絶倫。《泊宅編》：曾幾學士兒皆早慧，中子纔十歲，謂父曰：孔子死時，宰予必不行心喪三年。問：何以驗之？荅曰：親喪以期為久，况師乎！庾信《鄭常神道碑》：弱齡早慧，幼學夙成，立必正方，言無勦說。)
張玉書 《佩文韻府》 御定佩文韻府 卷六十七之五		(615) 零桂。(《漢書・地理志》：今之南郡、江夏、零陵、桂陽、武陵、長沙及漢中、汝南郡，盡楚分也。《晉書・武帝紀》：詔曰：杜預當鎮靜零、桂，懷輯衡陽。張説《義陽王神道碑》：孑孑三旐，連軸歸飛，遙遙百越，經途瞻歎。零桂人士，以為美談。李嘉祐詩：零桂雖逢竹，湘川少見人。于邵《送劉恊律序》：零桂雖秋，凉風未至。) (616) 增涯際。(《易》：陰陽不測之謂神。《疏》：欲言論變化之理，不知涯際，惟"稱極乎神"，則不可知也。《書》：若涉大水，其無津涯。《傳》：如涉大水無涯際，無所依就。《風俗通傳》曰：沉者，莽也。言其平望，莽莽無涯際也。《歷代名畫記》：顧陸之神，不可見其涯際，所謂筆跡周密也。庾信《長孫儉神道碑》：烟霞之涯際莫尋，江海之波瀾不測。) (617) 蹈厲。(《禮記》：發揚蹈厲，太公之志也。《唐書・禮樂志》：《七德舞》者，本名《秦王破陣樂》。太宗為秦王，破劉武周，軍中相與作《秦王破陣樂》曲。及即位，宴會必奏之，謂侍臣曰：雖發揚蹈厲，異乎文容，然功業由之，被于樂章，示不忘本也。唐明皇《樂章》：玉鉞初蹈厲，金匏既靜好。權德輿《太師忠武渾公神道碑銘》：凡王師之所以尅獲都邑，元老之所以發揚蹈厲，公必居其先偏而當其勍劇。劉克莊《跋方實孫樂府》：方君端仲年事富，筆力健，取古人難題軼事斲成數十百篇，激昻蹈厲，流出胸臆，亦可謂之快士矣。) (618) 炎厲。(張説《義陽王神道碑》：季子豫州刺史行休，髫齔羈孤，託身炎厲，藐是餘慶，巋然獨存。)
張玉書 《佩文韻府》 御定佩文韻府 卷六十七之六		(619) 望帝。(《水經注》：來敏《本屬論》：望帝者，杜宇也，從天下。女子朱利自江源出，為宇妻，遂王于蜀，號曰望帝。……《成都記》：望帝死，其魂化為鳥，名曰杜鵑，亦曰子規。《寰宇記》：蜀王杜宇號望帝，立鼈靈為相，後因禪位，自亡去，化為子規。庾信《賀婁公神道碑銘》：江波錦落，火井星浮。樽酒望帝，安歌蜀侯。杜甫詩：古時杜鵑稱望帝，魂作杜鵑何微細。李商隱詩：莊生曉夢迷蝴蝶，望帝春心託杜鵑。) (620) 謁帝。(《北史・赤土國傳》：大業三年，屯田主事常駿等使赤土。以六年春與那邪迦扵弘農謁帝，帝大悅。曹植《贈白馬王彪》詩：謁帝承明廬，

續表

作者/文獻	版本	用　例
張玉書 《佩文韻府》 御定佩文韻府 卷六十七之六	清文淵閣四庫全書本	逝将歸舊疆。陸雲《贈張仲膺》詩：謁帝東堂，剖符南征。劉孝綽《侍宴擬劉公幹應令》詩：副君西園宴，陳王謁帝歸。列位華池側，文雅縱横飛。梁昭明太子《陶潛集序》：至人達士，因以晦迹。或懷釐而謁帝，或被褐而負薪。徐陵《天台山徐則法師碑》：金繩玉板，受謁帝之符；龍駕霓裳，處仙官之籙。庾信《長孫儉神道碑》：河內之借，寇恂更慙謁帝；交州之請，士燮還肴上表。李嶠詩：終朝奉絺綌，謁帝佇非賒。岑參詩：知君欲謁帝，秣馬趨西園。李白詩：雞鳴海色動，謁帝羅公侯。杜甫詩：通家惟沈氏，謁帝似馮唐。李頎《送劉四》詩：九歲能屬文，謁帝遊明光。皮日休詩：他年謁帝言何事，請贈劉伶作醉侯。崔釋《無名錢判》：有謀謁帝，方承萬户之榮；無種封侯，亦受千金之賜。張末《上元》詩：清晨謁帝大明宮，拜賜歸來夜過中。） （621）翼帝。（曹植《七啟》：世有聖宰，翼帝霸世。元載《故相國杜鴻漸神道碑》：經營指揮，雲合風從。定計翼帝，革暴鋤凶。） （622）遠裔。（《晉書·赫連勃勃載記》：淳維遠裔，名王之餘。《唐書·杜審言傳》：審言，字必簡，襄州襄陽人，晉征南将軍預遠裔。張説《義陽王神道碑》：季子豫州刺史行休，髫齓羈旅，託身炎厲。藐是餘慶，巋然獨存。泣血上請，迎喪遠裔。陸龜蒙詩：靈質貫軒昊，遐年越商周。自然失遠裔，安得怨寡儔。曹松詩：中華屬貴分，遠裔占何星。） （623）叙譜裔。（《湘山野錄》：嚴僕射續位高寡學，為時所鄙。以熙載有才名，固請撰其父《神道碑》。文既成，但叙譜裔品秩薨葬褒贈之典而已，無點墨道及續之事業者。）
張玉書 《佩文韻府》 御定佩文韻府 卷六十七之七		（624）贊祭。（《周禮·天官·膳夫》：王燕食，則奉膳，贊祭。庾信《步陸逞神道碑》：天子以大臣之喪，躬輟聽訟；東朝以師傅之尊，親臨贊祭。） （625）野祭。（《乾淳歲時記》：清明前三日為寒食節，人家上冢者，多用棗餬薑豉。南北兩山之間，車馬紛紛，而野祭者尤多。庾信《長孫儉神道碑》：在民留愛，身後見思，日吉辰良，郊祀野祭。又《辛威神道碑銘》：山張虡蓋，野祭空帷。謝翱詩：西臺憶故人，野祭忽如夢。揭傒斯《趙孝子》詩：函骨陳野祭，禽鳥聲為酸。） （626）靈祭。（庾信《司馬裔神道碑》：河內道左，抱劍長號，代郡神前，慟悲靈祭。） （627）永閉。（庾信《慕容寧神道碑》：館舍長捐，泉扃永閉。楊載詩：衣冠永閉陽明洞，夜聞鬼哭巖之幽。）

續表

作者/文獻	版本	用　例
張玉書 《佩文韻府》 御定佩文韻府 卷六十七之八	清文淵閣四庫全書本	(628) 瑣細。(《却掃編》: 宣徽使, 本唐宦者之官, 故其所掌皆瑣細之事。本朝更用士人, 品秩亞二府, 有南、北院, 南院資望比北院尤優。杜甫詩: 逶迤羅水族, 瑣細不足名。又: 山果多瑣細。權德輿詩: 瑣細何以報, 翾飛淳化中。鄭餘慶《左僕射賈躭神道碑》: 脱落瑣細, 胷吞長鯨。蘇軾《種松》詩: 初移一寸根, 瑣細如插秧。又《東湖》詩: 絲緡雖強致, 瑣細安足戡。蘇轍詩: 官局紛紜簿領迷, 生緣瑣細老農齊。陸游詩: 掃灑一庵躬瑣細。) (629) 友壻。(《漢書·嚴助傳》: 上問助居鄉里時, 助對曰: 家貧, 為友壻富人所辱。上問所欲, 對曰: 願為會稽太守。《山谷題跋》: 史紹封之子會與外甥張協於蘇氏為友壻。子來青衣謁家姑, 因識紹封。《益公題跋》: 顔魯公書撰《杜濟神道碑》, 濟蓋魯公友壻故。又誌其墓,《六一先生》亦有跋云。)
張玉書 《佩文韻府》 御定佩文韻府 卷六十七之九		(630) 帝系。(徐陵《河東康建王墓志》: 帝系王基, 重光累葉。庾信《司馬裔神道碑》: 帝系極於輿圖, 中朝至於江表。薛道衡《隋高祖頌序》: 帝系靈長, 神基崇峻。牛宏《皇曽祖康王神室歌》: 皇條俊茂, 帝系靈長。高適《上李右相》詩: 本枝連帝系, 長策冠生靈。)
張玉書 《佩文韻府》 御定佩文韻府 卷六十八之一		(631) 金帶。(《隋書·李穆傳》: 隋文作相, 或勸穆應尉遲迥。穆曰: 周德既衰, 豈能違天? 乃遣使謁隋文, 并上十三環金帶, 盖天子服, 以微申其意。《唐書·禮樂志》: 每罌工一人, 歌二人。工人絳袍, 金帶, 烏鞾。舞。《南唐書·韓熙載傳》: 嚴續請熙載撰其父《神道碑》, 遺珍貨巨萬, 仍輟未勝衣歌妓歸焉。文既成, 但叙其譜裔品秩而已。續封還, 熙載亦却其贈, 上寫一闋于泥金帶云。《明皇雜錄》: 上以紫金帶賜岐王, 葢昔高宗破高麗所得。開元中, 高麗遣使來朝, 宴内殿, 曰: 本國自亡此帶。歲荒民草稿散, 干戈屢起, 幸在内帑, 一見足矣。上聞言, 命封付其使。《世説補》: 韓魏公駐兵延安, 忽夜有人攜七首至卧内, 魏公問: 誰? 曰: 來殺諫議。又問: 誰譴汝? 曰: 張相公。魏公復就枕曰: 取我首去。其人曰: 某不忍, 得諫議金帶足矣。)
張玉書 《佩文韻府》 御定佩文韻府 卷六十八之二		(632) 五害。(《管子》: 桓公曰: 願聞五害之説。管子對曰: 水, 一害也; 旱, 一害也; 風霧雹霜, 一害也; 厲, 一害也; 蟲, 一害也。此為五害。諸葛亮《新書》: 軍國之獘, 有五害焉: 一曰結黨相連, 毁譖賢良; 二曰侈其衣服, 異其冠帶; 三曰虛誇妖術, 詭言神道; 四曰專察是非, 私以動衆; 五曰伺候得失, 陰結敵人。符載《畋獲虎頌》: 紆沈慮兮振明戒, 於一奮兮傾五害。注: 獲乳虎并得四子。) (633) 惱害。(《法苑珠林》: 願增益神道, 加足威光, 以善利生, 無相惱害。)

續表

作者/文獻	版本	用　　例
張玉書《佩文韻府》御定佩文韻府卷六十八之三	清文淵閣四庫全書本	（634）韻藻司會。（《禮記・王制》：司會以歲之成，質於天子。冢宰齋戒受質。《周禮・天官》：司會，中大夫二人、下大夫四人、上士八人、中士十有六人、府四人、史八人、胥五人、徒五十人。任昉《為齊明帝讓宣城郡公表》：尚書古稱司會，中書寔管王言。徐陵《表》：司會文昌，邈然非據。庾信《神道碑》：霜府録于尚書，天官總于司會。）
張玉書《佩文韻府》御定佩文韻府卷六十九之一		（635）說卦。（《晉書・束晳傳》：汲郡人得竹書數十車。其《易經》二篇，與《周易》上下經同。《易繇陽卦》二篇，與《周易》畧同，《繇辭》則異。《卦下易經》一篇，似《說卦》而異。庾信《賀婁公神道碑》：豈直童子明經，書生說卦而已。杜牧《送西川相公鎮蜀》詩：君平教說卦，犬子召升堂。） （636）增圖畫。（《漢書・金日磾傳》：母教誨兩子，甚有法度。詔圖畫于甘泉宮，署曰“休屠王閼氏”。又《蘇武傳》：上思股紘之美，乃圖畫其人於麒麟閣，法其形貌，著其官爵姓名。……《南史・宗測傳》：王秀之令陸探微畫其形與已相對，又貽書曰：昔人有圖畫僑、札，輕以自方耳。《梁書・宗史傳》：齊司徒竟陵王集學士于西邸，竝見圖畫，史亦預焉。徐陵《玉臺新詠序》：雖非圖畫，入甘泉而不分。庾信《崔訦神道碑》：燉煌實録，宛在胸襟，玉門亭障，無勞圖畫。杜甫《贊公房》詩：天陰對圖畫，最覺潤龍鱗。李嘉祐《訪韓司空不遇》詩：圖畫風流似長康，文詞體格效陳王。） （637）江派。（王儉《褚淵碑文》：出江派而風翔，入京師而雷動。陳倕《寄贈》詩：江派資賢牧，宗英出建旗。楊炯《建昌王公神道碑》：河分九道，渤海東流。江派九津，崑崙北指。） （638）箴誡。（《隋書・蕭后傳》：《述志賦》：綜箴誡以訓心，觀四國而作軌。柳宗元《先侍御府君神道碑》：太夫人范陽盧氏，用柔明勤儉以行其志，用圖史箴誡以施其教。）
張玉書《佩文韻府》御定佩文韻府府卷七十之一		（639）穿塞。（《史記・韓安國傳》：于是單于穿塞將十餘萬騎，入武州塞。庾信《爾綿永神道碑》：既牧淮海，且蕃恒代。高壁頁關，長亭穿塞。）
張玉書《佩文韻府》御定佩文韻府卷七十之二		（640）天工代。（陸倕《刻漏銘》：神道無跡，天工罕代。） （641）豈敢背。（《左傳》：楚子伐鄭，子駟將及楚平。子孔、子蟜曰：與大國盟，口血未乾而背之，可乎？子駟、子展曰：吾盟固云：唯彊是從。今晉不我救，則楚彊矣。盟誓之言，豈敢背之？《史記・項羽記》：張良曰：請往謂項伯，言沛公不敢倍項王也。又沛公曰：願伯具言臣之不敢倍德也。又庾信《叚永神道碑銘》：吏不能欺，兵無敢背。玉關遺矩，汾海留愛。）

續表

<table>
<tr><th>作者/文獻</th><th>版本</th><th>用　　例</th></tr>
<tr><td>張玉書
《佩文韻府》
御定佩文韻府
卷七十之三</td><td rowspan="3">清文淵閣四庫全書本</td><td>(642) 明晦。(《詩》：既愆爾止，靡明靡晦。《楚辭・天問》：自明及晦，所行幾里？梁武帝《明月照高樓樂府》：相去既路遠，明晦亦懸殊。陸倕《新漏刻銘》：一暑一寒，有明有晦。神道無跡，天工罕代。沈佺期《古別離》：相思無明晦，長歎累春秋。錢起《夕發箭塲巖下》詩：山谷無明晦，溪霞自興没。白居易《動靜交相養賦》：吾觀天文，其中有程。日明則月晦，日晦則月明。明晦交養，晝夜乃成。李益《華陰東泉》詩：潛鱗孕明晦，山靈閟幽賾。陸游詩：江山千里互明晦，魚鳥十年相往還。)
(643) 幽昧。(《隋書・經籍志》：龜龍銜負，出于河、洛，以紀易代之徵，其理幽昧，究極神道。先王恐其惑人，秘而不傳。《離騷》：時幽昧以昡曜兮，孰云察余之美惡。張華《女史箴》：勿謂幽昧，靈監無象。陸雲《與陸典書》：光東州之幽昧，流榮勲於朝野。孫綽《遊天台山賦》：必契誠於幽昧，履重險而逾平。)
(644) 神逵昧。(張衡賦：神逵昧其難覆兮，疇克謨而從諸？注：言神道昧闇難審，誰能察而從也?)</td></tr>
<tr><td>張玉書
《佩文韻府》
御定佩文韻府
卷七十一之一</td><td>(645) 地震。(《左傳》《春秋書・地震五》《國語》：陽伏而不能出，陰遁而不能烝，于是有地震。劉向疏：臣聞春秋地震，為在位執政太盛也。應璩《與西陽令書》：文王修徳，以厭地震；湯禱桑林，致克豐雨。張融《海賦》：氣開地震，聲動天發。楊炯《李君神道碑》：天懸兩日，詢去就于河宗；地震三川，考興亡于柱史。)
(646) 瓦震。(庾信《慕容公神道碑銘》：勇過溺駿，氣踰瓦震。)
(647) 聲震。(員半千《達奚君神道碑》：聲震錦城，雙流為之變色；德充錦里，八郡以之易心。崔元輔《請復尊號表》：聲震八區，威加六合。)</td></tr>
<tr><td>張玉書
《佩文韻府》
御定佩文韻府
卷七十一之二</td><td>(648) 軍陣。(《漢書・李廣傳》：廣吶口少言，與人居則畫地為軍陣，射濶狹以飲。張説《都督安公神道碑》：幼聚兒童，必為軍陣之戲。)
(649) 入陣。(《隋書・周羅睺傳》：初仕陳，以戰功至太子左衛率，時參宴席，陳主曰：周衛率武將，詩每前成，文士何後也？孔範曰：周羅睺執筆製詩，還如上馬入陣，不在人後。自是益見親禮。《唐書・音樂志》：北齊蘭陵王長恭，才武而面美，常著假面以對敵。齊人壯之，為舞以效其指麾擊刺之容，謂之《蘭陵王入陣曲》。梁簡文帝《六根懺文》：羊羹不及，致入陣之苦。張説《都督安公神道碑銘》：霹靂陷營，衝風入陣。)
(650) 遊刃。(《莊子》：庖丁為文惠君解牛，曰：臣之刀十九年矣，所解數千牛矣，而刀刃若新發于硎。彼節者有間，而刀刃者無厚；以無厚入有間，恢恢乎其于遊刃必有餘地矣。《世説》：范榮期見郗超俗情不淡，戲之曰：夷、</td></tr>
</table>

續表

作者/文獻	版本	用　　例
張玉書 《佩文韻府》 御定佩文韻府 卷七十一之二	清文淵閣四庫全書本	齊、巢、許，一詣垂名，何必勞神苦形耶？郗未荅，韓康伯曰：何不使遊刃皆虛耶？《梁雅樂歌》：庖丁遊刃，葛盧驗聲。楊炯《驃都尉高君神道碑》：四林遊刃，八水忘筌。李白《冬夜讌集序》：當割而遊刃無間，臨機而舍拔則獲。李華《著作郎壁記》：胡論德遊刃詩騷，崔庶子貫珠今古。柳宗元《送苑論詩序》：掉鞅于術藝之場，遊刃乎文翰之林，風雨生于筆札，雲霞發于簡牘，左右圜視，朋儕拱手，甚可壯也。） （651）溺駿。（庾信《慕容寧神道碑銘》：勇過溺駿，氣踰瓦震。） （652）取駿。（張說《都督安公神道碑銘》：神山與鋏，龍池取駿。）
張玉書 《佩文韻府》 御定佩文韻府 卷七十一之三		（653）道峻。（《北史·宿石傳》：從于苑中遊獵，石走馬引前，道峻馬倒，殞絶，久之乃蘇。由是御馬得制，文成嘉之。謝朓詩：道峻芳塵流，業遥年運倏。楊炯《成公神道碑》：道峻于閨房，名輝于邦國。） （654）令峻。（張說《馮公神道碑》：法嚴令峻，人寬吏急。） （655）祚胤。（《詩》：君子萬年，永錫祚胤。《國語》：祚胤也者，子孫蕃育之謂也。《史記·三皇紀》：聖人德澤廣大，故其祚胤繁昌。杜預《左傳序》：本乎其始，則周公之祚胤也。庾信《碑文》：冠冕世祿，羽儀祚胤。孫逖《韋虛心神道碑銘》：祚胤其昌，簪紱斯皇。） （656）百仞。（《列子》：詹何以獨繭之絲，芒針為鈎，荊篠為竿，剖粒為餌，引盈車之魚于百仞之淵、汩流之中，綸不絶，鈎不伸，竿不撓。梁簡文帝《詠炯》詩：映光飛百仞，從風散九層。江淹《赤虹賦序》：紅壁十里，青蓴百仞。廋信《慕容公神道碑》：高墉百仞，無以測其汙隆。又《麥積崖佛龕銘》：百仞崖横，千尋松植。） （657）一瞬。（《呂氏春秋》：萬世猶一瞬。《文賦》：觀古今於須臾，撫四海於一瞬。柳宗元《晉問》：凝眸一瞬，積雪百里。劉禹錫《奚公神道碑》：紛拏盤錯，一瞬而剖。又《上武相公啟》：迴一瞬之念，致再造之恩。杜牧詩：人生直作百歲翁，亦是萬古一瞬中。鄭俠詩：聖賢欣道合，萬古直一瞬。蘇轍《郭尉惠古鏡》詩：一瞬自成千億目，精神依舊滿胸中。馬璧詩：雲峰互吐吞，千秋繞一瞬。） （658）齠齓。（《北史·儒林傳》：陳奇，河北人。齠齓聰識，有夙成之美。庾信《周齊王憲神道碑》：未逾齠齓，已議論天下事。蘇軾詩：見之齠齓中，已有食牛量。文同詩：連城衆口惜公去，不問鯢鮐與齠齓。朱子《毛平仲》詩：齠齓出奇石，砉然驚乃翁。馬璧詩：老宿詫孫峯，隅侍到齠齓。）

續表

作者/文獻	版本	用　例
張玉書 《佩文韻府》 御定佩文韻府 卷七十三之一	清文淵閣四庫全書本	(659) 清論。(《晉書・陸喜傳》: 吳平, 又作《西州清論》傳于世, 借稱諸葛孔明以行其書也。又《魏舒傳》: 入為尚書郎。時欲沙汰郎官, 非其才者罷之。舒曰: 吾即其人也。襆被而出, 同寮素無清論者, 咸有愧色。謝靈運詩: 清論事究萬, 美話信非一。庾信《賀婁公神道碑》: 禪河清論, 秋水高談。耿湋《寄嚴維》詩: 許詢清論重, 寂寞住山陰。權德輿詩: 清論坐虛室, 長謡宜幅巾。李中詩: 禪客陪清論, 漁翁作近鄰。) (660) 延陵論。(崔裕甫《獨孤及神道碑》: 至常州, 著《延陵論》, 君子謂其評議之精, 在古人右。)
張玉書 《佩文韻府》 御定佩文韻府 卷七十三之三		(661) 撫困。(牛僧孺《辛公神道碑》: 司空度率五諸侯取蔡, 連戰四年, 伊瀍之郊, 屬刻百役。公撫困應需, 怛怛寧寧。上大喜。) (662) 慮憲。(《禮記》: 發慮憲, 求善良, 足以謏聞, 不足以動衆。權德輿《劉昌神道碑》: 稟於端誠之謂義, 發於慮憲之謂仁。) (663) 駕憲。(李迥秀《裴府君神道碑》: 父之隱, 隋侍御史上儀同三司、駕憲二部侍郎。) (664) 六姻憲。(權德輿《裴公神道碑》: 夫人京兆韋氏, 盛德著於母儀, 惠心通於佛乘, 五蘊不入, 六姻是憲。)
張玉書 《佩文韻府》 御定佩文韻府 卷七十三之四		(665) 褒勸。(《文心雕龍》: 制、詔、璽書皆曰王言, 而書中能盡褒勸警飭之意。常袞《李忠臣右僕射制》: 申伯于蕃, 自當褒勸; 韓侯入覲, 宜有寵光。歐陽修《王武恭公神道碑》: 至于出入勤勞之節, 與其進退綢繆君臣之恩意, 可以褒勸後世。) (666) 百城勸。(庾信《慕容公神道碑》: 公建旟作牧, 褰帷行部, 六條斯舉, 百城咸勸。) (667) 國令勸。(獨孤良弼《路公神道碑》: 以爵聚貴, 顯親昭孝, 國令之勸也。) (668) 身遜。(張説《姚崇神道碑》: 公執國之鈞, 大渾順序, 休徵來臻。懋德格天, 名遂身遜。)
張玉書 《佩文韻府》 御定佩文韻府 卷七十四之二		(669) 世亂。(鮑照《出自薊北門行》: 時危見臣節, 世亂識忠良。杜甫《送魏少府之交廣》詩: 窮途仗神道, 世亂輕土宜。)
張玉書 《佩文韻府》 御定佩文韻府 卷七十四之五		(670) 懸爨。(庾信《紇干弘神道碑》: 江源水起, 海若乘流。船官之城, 登巢懸爨。)

續表

作者/文獻	版本	用　　例
張玉書 《佩文韻府》 御定佩文韻府 卷七十四之六	清文淵閣四庫全書本	(671) 身扞。(柳宗元《先侍御史府君神道表》：無辜將死，常以身扞笞捶，拒不受命。) (672) 食鄺。(王安石《蕭公神道碑銘》：蕭氏食鄺，漢公之冠。) (673) 韻藻楨幹。(《詩》：百辟為憲。《箋》：王者之德，内能立功立事，為之楨幹，則百辟卿士莫不修職而法象之。……蕭正德《詠竹燈籠》詩：楨幹屈曲盡，蘭麝氛氳消。柳宗元《先侍御史府君神道表》：以為刑法者軍旅之楨幹，斥堠者邊鄙之視聽。楨，又作"貞"。《晉書・謝琰傳》：琰，字瑗度。弱冠，以楨幹稱。《莊子》：魯哀公問于顔闔曰：吾以仲尼為楨幹，國其有瘳乎?)
張玉書 《佩文韻府》 御定佩文韻府 卷七十五		(674) 溪澗。(《漢書・鼂錯傳》：匈奴地形、技藝與中國異；上下山阪，出入溪澗，中國之馬弗與也。……庾信《鄭常神道碑》：溪澗崢嶸，巖崖豁嶮。唐宣宗《瀑布聯句》：溪澗豈能留得住，終歸大海作波濤。崔融《嵩山啓母廟碑》：紫雲合沓於溪澗，白霧氛氳于巖嶺。宋之問詩：赤岸雜雲霞，緑竹緣溪澗。元結詩：且為兒童主，種藥老溪澗。謝翱詩：無情溪澗水，只是下灘流。亦作"谿"。何遜《七召》：草隨足起，山從眼轉。跨躡谿澗，電舉陵阪。)
張玉書 《佩文韻府》 御定佩文韻府 卷七十六之二		(675) 應變。(《晉書・孫楚傳》：廟勝之算，應變無窮。《唐書・李勣傳》：其用兵籌算，料敵應變，皆契事機。庾信《鄭常神道碑》：謨猷應變，備在司勲。) (676) 轉戰。(庾信《齊王憲神道碑》：斗建麾兵，天離轉戰。) (677) 日膳。(《唐書・張孝忠傳》：貞元二年，河北蝗，孝忠與其下同粗淡，日膳裁豆䟺而已，人服其儉，推為賢將。庾信《長孫儉神道碑》：日膳之資，三杯而已。梅堯臣詩：日膳或雞豘，時蔬多筍芋。) (678) 賜膳。(《宋史・宦者陳衍傳》：張商英論：衍交通宰相，御服為之賜珠；結托詞臣，儲祥為之賜膳。蓋指吕大防、蘇軾也。張說《姚文貞公神道碑》：在疾也，王人賜膳，御醫視藥。司空曙《晚秋西省》詩：賜膳中人送，餘香侍女收。) (679) 帝膳。(李湛然《寶希瑊神道碑》：調九沸于宸羞，薦八珍于帝膳。)
張玉書 《佩文韻府》 御定佩文韻府 卷七十六之三		(680) 雙傳。(庾信《賀婁公神道碑》：竝馳雙傳，俱分兩竹。)

續表

作者/文獻	版本	用　　例
張玉書 《佩文韻府》 御定佩文韻府 卷七十六之四	清文淵閣四庫全書本	(681) 雷電。(《易》：雷電合而章，柔得中而上行。《書》：天乃雷電以風。《史記・龜策傳》：龜，大寶也，為聖人使，傳之賢士。不用手足，雷電送之，流水行之。侯王有德，乃得當之。《漢書・高帝紀》：母媪嘗息大澤之陂，夢與神遇。是時雷電晦冥，父大公徃視，則見交龍于上。已而有娠，遂産高祖。《後漢書・皇甫嵩傳》：指撝足以振風雲，叱咤可以興雷電。《唐書・蘇安恒傳》：莫若收雷電之威，解恢恢之網。庾信《慕容寧神道碑》：動會機神，發符雷電。韓愈詩：兒童畏雷電，魚鼈驚夜光。)
張玉書 《佩文韻府》 御定佩文韻府 卷七十七之一		(682) 蘇門嘯。(《晉書・阮籍傳》：籍嘗于蘇門山遇孫登，與商畧終古及栖神道氣之術，登皆不應，因長嘯而退。至半嶺，聞其聲若鸞鳳之音，響乎巖谷，乃登之嘯也。孟浩然詩：風泉有清音，何必蘇門嘯。杜甫詩：敢為蘇門嘯，庶作梁父吟。元稹詩：長希蘇門嘯，詎厭巴樹猿。陸游詩：穿雲逸響蘇門嘯，卷地悲風易水歌。) (683) 拊掌笑。(《後漢書・左慈傳》：少有神道。嘗在司空曹操坐，操顧衆賔曰：今日高會，珍羞畧備，所少吳松江鱸耳。慈於下坐應曰：此可得也。因求銅盤貯水，以竹竿餌釣于盤中，須臾引一鱸魚出。操拊掌大笑。) (684) 育照。(楊炯《魏哲神道碑》：驪珠育照，虹玉呈文。) (685) 精照。(苗晉卿《郭公神道碑》：器大孤特，識兼精照。) (686) 鹿門廟。(《襄陽耆舊傳》：習郁為侍中時，從光武幸黎丘，與帝通夢，見蘇山神，光武嘉之，拜大鴻臚。録其前後功，封襄陽侯，使立蘇嶺祠，刻二石鹿夾神道，百姓謂之鹿門廟。)
張玉書 《佩文韻府》 御定佩文韻府 卷七十七之二		(687) 雕檀妙。(楊炯《梁公神道碑》：雕檀之妙，俯對禪龕；記葉之文，式盈梵宇。) (688) 芝詔。(楊炯《梁公神道碑》：折衝千里，趨奉九重。行承芝詔，坐啓茅封。) (689) 青紙詔。(徐陵《與王僧辨書》：差有黃門啟封，非無青紙詔書。又李嘉祐詩：自歎未霑黃紙詔，那堪遠送赤墀人。白居易詩：雨露初承黃紙詔，烟霞欲別紫霄峯。又牛僧孺《辛公神道碑》：上出少府節，以豹竿戟纛，驛走就授。公先一日，立百辟于朝，讀白紙詔，命公以昭義軍節度使兼御史大夫。) (690) 聯召。(蘇頲《韋抗神道碑》：盧從願暨頲，受恩聯召，崇朝交臂至信相歟。) (691) 比要。(《周禮・地官・小司徒》：及三年則大比，大比則受邦國之比要。權德輿《齊成公神道碑》：閱其生齒，書其比要。強國大猾，不得葢藏。)

續表

作者/文獻	版本	用　例
張玉書 《佩文韻府》 御定佩文韻府 卷七十七之三	清文淵閣四庫全書本	(692) 台曜。(王儉《拜儀同三司章》：班同衮章，爕和台曜，外參論道，內總百司。梁元帝《封王僧辨詔》：仰協台曜，俯佐弘圖。庾信《紇干弘神道碑》：台曜偕輝，槐庭重映。楊巨源《元旦稱賀》詩：天垂台曜掃欃槍，壽獻香山祝聖明。) (693) 辰耀。(楊炯《盂蘭盆賦》：考辰耀，制明堂；廣四修一，上圓下方。鄭餘慶《賈耽神道碑》：辰耀騰溢，降為賢英。) (694) 藻耀。(張說《崔君神道碑》：碧樹烟靄于江潭，紅荷藻耀于澤畔。) (695) 屠釣。(《宋書·恩倖傳序》：屠釣，卑事也；版築，賤役也，太公起為周師，傅說去為殷相。……梁武帝《遣使巡省詔》：重華在上，五品聿修。文命肇基，四載斯履。故能物色幽微，耳目屠釣。梁簡文帝《昭明集序》：賞無謬實，舉不失才，巖穴知歸，屠釣棄業。庾信《司馬裔神道碑》：爰自齠齔，容身屠釣。杜審言詩：惸嫠訪疾苦，屠釣採貞堅。) (696) 月弔。(白居易詩：風凄瞑色愁楊柳，月弔宵聲哭杜鵑。盧虔《高公神道碑》：隴月宵弔，郊雲曙密。) (697) 和嶠。(《晉書·和嶠傳》：嶠，字長興，汝南西平人。少有風格，厚自崇重。有盛名于世，朝野許其能整風俗，理人倫。襲父爵上蔡伯，起家太子舍人。累遷潁川太守，為政清簡，甚得百姓歡心。庾顗見而歎曰：嶠森森如千丈松，雖磥砢多節目，施之大廈，有棟梁之用。入為給事黃門侍郎，遷中書令，帝深器遇之。楊炯《任公神道碑》：王恭濯濯，春柳懷風。和嶠森森，寒松列影。李商隱《代謝聘錢啓》：雖云神有魯褒，便恐癖如和嶠。) (698) 峻嶠。(王彪之《登會稽刻石山》詩：宅靈基阿，銘跡峻嶠。鄭餘慶《賈耽神道碑》：海渟山峙，茫茫屹屹，培塿畎澮，安得不服其洪濤峻嶠歟！)
張玉書 《佩文韻府》 御定佩文韻府 卷七十七之四		(699) 丹徼。(《隋書·南蠻傳論》：漢平百越，地窮丹徼，景極日南，水陸可居，咸為郡縣。《古今注》：南方徼，赤色，故稱丹徼，南方之極也。沈約《齊武帝謚議》：丹徼青丘之野，跂踵反舌之民。浮深駕阻，廻首革面。謝朓《侍宴曲水》詩：玄塞北靡，丹徼南極。楊炯《李君神道碑》：南經丹徼，恒陪萬乘之遊；北統黃山，再奉三駈之禮。張仲素詩：海浪恬丹徼，邊塵靖黑山。陸龜蒙詩：暫應青詞為穴鳳，却思丹徼伴寘鴻。) (700) 紫徼。(楊炯《李君神道碑》：遷原州百泉縣令。斜通紫徼，却頁黃州。) (701) 靶鞘。(張說《楊君神道碑》：金刀更新，靶鞘仍舊，巖廊益峻，徼道增清。)

續表

作者/文獻	版本	用　　例
張玉書 《佩文韻府》 御定佩文韻府 卷七十八	清文淵閣四庫全書本	(702) 願効。(《史記·張儀傳》：張儀謂秦武王曰：儀有愚計，願効之。又《淮陰侯傳》：廣武君曰：恐臣計未必足用，願効愚忠。劉禹錫《邠寧節度史公神道碑》：公獨昌言，願効文職。) (703) 成效。(嵇康《聲無哀樂論》：今且隱心而言，明之以成效。李謙《中書左丞張公神道碑》：民生困敝，莫邪為甚。救焚拯溺，宜不可緩。盍擇人往治，要其成效，俾四方諸侯，取法于我，則天下均受賜矣!) (704) 設教。(《易》：先王以省方觀民設教。又：聖人以神道設教，而天下服矣。《尚書序》：夏商周之書，雖設教不倫，雅誥奧義，其歸一揆。《詩地理考》：陳諸國之詩者，將以知其缺失，省方設教為黜陟。牛弘詩：弘風設教，政成人立。禮樂聿興，衣裳載緝。) (705) 邦教。(《書》：司徒掌邦教。《周禮·小宰》：二曰地官，其屬六十，掌邦教，大事則從其長，小事則專達。顏延之《釋奠》詩：妄先國胄，側聞邦教。任昉《齊竟陵王行狀》：朝旨以董司岳牧，敷興邦教，方任雖重，比此為輕。權德輿《咸寧王渾公神道碑》：政成一紀，進掌邦教，遂居右弼。) (706) 履孝。(庾信《司馬裔神道碑》：公資忠履孝，蘊義懷仁。) (707) 小鈔。(見上。馬祖常《廣平路總管邢公神道碑》：盗偽以小鈔貫變作大鈔，貫文如錢取鎔。然詿誤七十人，以首坐。) (708) 銀鈔。(虞集《御史中丞楊公神道碑》：初，尚書省改作至大銀鈔，又鑄銅為至大錢，至是議罷之。公曰：法有便否，不當視立法人為廢置。銀鈔固當廢，銅錢與楮弊相權而用之，昔之道也。言雖不盡用，而時論是之。) (709) 寶鈔。(元明善《河南行省左丞相高公神道碑》：十九年，有詔入朝，賜銀五百兩、寶鈔兩千五百貫，西錦、鞍轡、弓矢。)
張玉書 《佩文韻府》 御定佩文韻府 卷七十九之二		(710) 掌誥。(韓愈《太原王公神道碑銘》：帝思其文，復命掌誥。公潛謂人：此職宜少，豈無凋郡，庸以自效。元稹詩：近喜司戎健，尋傷掌誥徂。王禹偁詩：賡歌才不稱，掌誥筆難擒。)
張玉書 《佩文韻府》 御定佩文韻府 卷八十一之一		(711) 嵇駕。(楊炯《上騎都尉高君神道碑》：一門兄弟，盡同鍾毓之車；千里賓朋，時命嵇康之駕。崔興宗詩：今朝忽枉嵇生駕，倒屣開門遥解顏。李嶠詩：嵇駕終難仰，梁鳧且自羣。又戴復古詩：時無嵇呂駕，相憶莫相親。)

續表

作者/文獻	版本	用　例
張玉書 《佩文韻府》 御定佩文韻府 卷八十一之三	清文淵閣四庫全書本	(712) 成化。(《漢書・律歷志》: 律呂唱和，以育生成化，歌奏用焉。《後漢書・左雄傳》: 循理之吏，得成其化；率土之民，各寧其所。《晉書・天文志》:《易》曰：天垂象，見吉凶，聖人象之。此則觀乎天文以示變者也。《書》曰：天聰明自我民聰明。此則觀乎人文以成化者也。又《庾峻傳》: 朝廷之士，佐主成化，猶人之有股紘心膂，共為一體也。《舊唐書・劉蕡傳》: 調元氣以煦育，扇太和于仁壽，可以逍遥無為，垂拱成化。劉勰《新論》: 成化之宗，在于隨時；為治之本，在于因世。班固《西都賦》: 佐命則垂統，輔翼則成化。張說《送蘇頲》詩：變風須愷悌，成化佇絃歌。李白《送戴十五序》: 謨猷可以尊王，文藻可以成化。儲光羲詩：神道本無已，成化亦自然。) (713) 緩化。(路巖《渾公神道碑》: 壽陽歲數饑有盜賊，上選能理者，丞相舉公可用。公至，則猛糾緩化，曉告慰養。) (714) 三年化。(《漢書・公孫弘傳》: 周公旦治天下，朞年而變，三年而化，五年而定。楊炯《王湛神道碑》: 尺兵再戢，黄昌兩日之歌；槃木斯來，景伯三年之化。) (715) 二南化。(《晉書・宣五王傳論》: 齊王以兩獻之親，弘二南之化，道光雅俗，望重台衡，百辟具瞻，萬方屬意。杜黄裳《東都留守顧公神道碑》: 行二南之化，申九伐之威。) (716) 關雎化。(張說《贈太尉王公神道碑》: 內被螽斯之德，外偃關雎之化。) (717) 周舍。(《唐書・盧照隣傳》: 乃去具茨山下，買園數十畝，疏潁水周舍。……《吴志・是儀傳》: 孫權拜儀忠義校尉。儀陳謝，權令曰：孤雖非趙簡子，卿安得不自屈為周舍耶?《南史・范述曾傳》: 述曾為人謇諤，在官多所諫爭。竟陵王深相嚣重，號為"周舍"。蘇頲《司農卿劉公神道碑》: 指青門之路，美賢于疏廣；登洪波之臺，長立于周舍。) (718) 八舍。(周禮》: 宮伯掌王宮之士庶子凡在版者，掌其政令，行其秩叙，作其徒役之事，授八次、八舍之職事。庾信《周隴右總管長史贈太子少保豆盧公神道碑》: 外總連帥，振威百城。內叅常伯，榮高八舍。沈佺期詩：旭日千門起，初春八舍歸。) (719) 二十八舍。(《史記・律書》: 七正，二十八舍。律歷，天所以通五行八正之氣，天所以成熟萬物也。《索隱》注：二十八舍，即二十八宿之所舍也。《晋書・天文志》: 二十八宿，四布于方各七，為二十八舍。楊炯《王公神道碑》: 二十八舍，尚有吳越之妖氛；一十三洲，猶積東南之殺氣。)

續表

作者/文獻	版本	用　　例
張玉書 《佩文韻府》 御定佩文韻府 卷八十一之四	清文淵閣四庫全書本	(720）五射。(《周禮・保氏疏》：五射，白矢、參連、剡注、襄尺、井儀也。白矢者，矢在侯而貫侯過，見其鏃白也。參連者，前放一矢，後一矢連續而去也。剡注者，羽頭高鏃低而去，剡剡然也。襄尺者，臣與君射，不與君竝立，襄君而退也。井儀者，四矢貫侯，如井之容儀也。……張說《中散大夫行淄州司馬鄭府君神道碑》：盡五射之妙巧，究六書之體勢。) (721）巧詐。(《淮南子》：巧詐藏于胸中，則純白不備，而神德不全矣。《說苑》：巧詐不如拙誠。曹植《當事君行》：巧詐寧拙誠。楊夔《復宮闕後上執政書》：葢澆競日久，煽為朋黨，內則巧詐萬變，外則潔矩自任。員半千《蜀州青城縣令達奚君神道碑》：既承澆競之餘，復當巧詐之盛。)
張玉書 《佩文韻府》 御定佩文韻府 卷八十二之六		(722）矯妄。(《後漢書・張宗等傳論》：安順以後，寇攘寖橫。或託驗神道，或矯妄冕服。然其雄渠魁長，未有聞焉。)
張玉書 《佩文韻府》 御定佩文韻府 卷八十三之一		(723）顧命。(《書》：顧命，注謂回顧而發命也。《續湘山野録》：《韓忠獻公神道碑》，皇帝御製也。御篆十字，填金以冠其額曰"兩朝顧命定策元勲之碑"。又《宋史・王繼濤傳》：階州刺史高彥暉帥師討賊，奮不顧命。) (724）九命。(《周禮・大宗伯》：以九儀之命正邦國之位，一命受職，再命受服，三命受位，四命受器，五命受則，六命賜官，七命賜國，八命作牧，九命作伯。《南史・袁湛傳》：義熙十二年，湛與范泰奉九命禮拜授武帝。陸雲《祖考頌》：於變時雍，神道經始。肅肅九命，永言徽止。江淹《為蕭讓九錫第二表》：竊謂祿為十郡，必俟禹跡之勤；錫以九命，乃須周公之美。)
張玉書 《佩文韻府》 御定佩文韻府 卷八十三之三		(725）保姓。(庾信《鄭常神道碑》：周宣中興，然後樹賢建戚；鄭武有國，然後保姓受民。)
張玉書 《佩文韻府》 御定佩文韻府 卷八十三之四		(726）八柄。(《周禮・天官・太宰》：以八柄詔王馭羣臣：一曰爵，二曰祿，三曰予，四曰置，五曰生，六曰奪，七曰廢，八曰誅。《魏志・彭城王據傳》：詔削縣二千户，以彰八柄與奪之法。梁元帝《與武陵王書》：獨運四聰，坐揮八柄。沈約《梁大觀舞歌》：昭播九功，肅齊八柄。庾信《紇干弘神道碑》：匡贊七德，謨猷八柄。) (727）清淨。(《禮記・東風解凍疏》：三月節，穀雨、清明中。清明者，物生清淨明潔。《史記・曺參世家》：參為齊相，有葢公好黄老術，曰：大道貴清淨，而人自正。《後漢書・鮑昱傳》：昱為泚陽長，政化仁愛，境内清淨。

續表

作者/文獻	版本	用　　例
張玉書 《佩文韻府》 御定佩文韻府 卷八十三之四		《南史・梁武帝紀》：幸同泰寺，設無遮大會。上釋御服，披法衣，行清淨大捨。《淮南子》：清淨恬愉，人之性也。成公綏《市長箴》：亶参相齊，清淨以義。奸不可擾，顧託有寄。謝靈運《王子晉讚》：王子愛清淨，區中貫囂瑄。冀見浮丘公，與爾共繽翻。江淹《知己賦》：如彼清波，可挹可鏡。又象冲室，惟清惟淨。宋之問《雨從箕山來》詩：深入清淨理，妙斷往來趣。高適《聽九思法師講金剛經》詩：招提何清淨，良牧駐軒蓋。又《酬路太守》詩：清淨能無事，優遊即賦詩。岑参《太白胡僧歌》：心将流水同清淨，身與浮雲無是非。孟浩然《贈湛禪師》詩：導以微妙法，結為清淨因。韓愈《豐陵行》：臣聞神道尚清淨，三代舊制存諸書。姚合《贈僧紹明》詩：西方清淨路，此路出何門。吳師道《目疾謝惠藥》詩：天與兩目光，炯炯素清淨。）
張玉書 《佩文韻府》 御定佩文韻府 卷八十五之一	清文淵閣四庫全書本	（728）柄授。（《漢書・梅福傳》：倒持太阿，授楚其柄。韓愈《許國公神道碑》：貞元十五年，劉逸淮死，軍中皆曰：此軍司徒所樹，必擇其骨肉為士卒慕賴者付之。今見在人，莫如韓甥，且其功最大，而材又俊。即柄授之，而請之于天子。） （729）擢秀。（潘岳《悲邢生辭》：妙邦畿而高察，雄州間以擢秀。陸雲《誄》：披藻崑崙，擢秀暘谷。沈演之《嘉禾頌》：擢秀辰畦，揚穎角澤。徐勉《報伏挺書》：雄州擢秀，弱冠升朝。穿綜百家，佃漁六學。楊炯《王公神道碑》：荊枝擢秀，棣蕚生光。駱賓王詩：擢秀三秋晚，開芳十步中。杜甫《醉歌行》：偶然擢秀非難取，會是排風有毛質。權德輿詩：擢秀全勝珠樹林。唐彥謙詩：蓮盆積潤分畦小，藻井垂陰擢秀稀。陸龜蒙《小松》詩：擢秀逋客巖，遺恨飛鳥逕。吳融《矮柏》詩：擢秀依黃閣，移根自碧岑。蘇軾《元修菜》詩：種之秋雨餘，擢秀繁霜中。） （730）藹秀。（楊炯《魏公神道碑》：花蕚爭榮，芝蘭藹秀。） （731）華秀。（張說《薛氏神道碑》：雲虹滅彩，詞人於是詠謠；華秀從風，君子為之嘆息。秦觀詩：華秀兩跗當重露，文成五色在高桐。）
張玉書 《佩文韻府》 御定佩文韻府 卷八十五之二		（732）聞奏。（《晉書・汝南王亮傳》：時宗室殷盛，無相統攝，乃以亮為宗師，有不遵禮法，小者正以義方，大者隨事聞奏。庾信《步陸逞神道碑》：闇夜有人餉羅數十匹，公閉門不受。行人于觸，具以聞奏。朝野稱之。陸贄《改元大赦制》：天下有隱居行義，才德高逺，晦迹丘園，不求聞達者，委所在長吏具姓名聞奏，當備禮邀致。） （733）麒麟鬭。（《淮南子》：麒麟鬭而日月食，鯨魚死而彗星出。《春秋孔演圖》：麒麟，木精也。鬭，則日月無光。庾信《司馬裔神道碑銘》：自此何世，

續表

作者/文獻	版本	用例
張玉書 《佩文韻府》 御定佩文韻府 卷八十五之二	清文淵閣四庫全書本	從斯幾年。麒麟欲鬬，華表中燃。皮日休詩：始将麇鹿狎，遂與麒麟鬬。又郭璞《九鐘贊》：嶢崩溼竭，麟鬬日薄。九鐘将鳴，凌霜乃落。庾信《哀江南賦》：北闕龍吟，東陵麟鬬。元稹詩：麟鬬寧徒設，蠅聲豈浪譏。）
張玉書 《佩文韻府》 御定佩文韻府 卷八十五之三		（734）去舊。（庾信《紇干宏神道碑》：葛屨糾糾，魏有去舊之歌；零露瀼瀼，周受惟新之命。） （735）懸冑。（《左傳》：井陘之戰，邾人獲公冑，懸諸魚門。《魏書·張普惠傳》：昔莊公納子糾，以致乾時之敗；魯僖以邾國，而有懸冑之耻。庾信《辛威神道碑》：弘木六鈞，函犀七屬。門多懸冑，箭必中鞍。又《鄭偉墓誌》：探虎穴而揮戈，上魚門而懸冑。） （736）韻藻世冑。（《晉書·顧榮紀瞻傳論》：南金東箭，世冑高門。委質霸朝，預聞邦政。《宋書·褚叔度傳》：諸尚公主者，並用世冑，不必皆有才能。《梁書·武帝紀》：諸君或世冑羽儀，書勲王府。若能因變立功，轉禍為福，並誓河、岳，永紓青紫。《輟耕録》：古人重譜系，故雖世冑綿遠，可以考究。左思詩：世冑躡高位，英俊沉下僚。徐陵《報尹義尚書》：三秦世冑，六輔良家。庾信《豆盧公神道碑銘》：實珪世冑，雕戈舊勲。） （737）纂冑。（陸雲頌：於皇漢祖，纂冑有唐。庾信《鄭常神道碑》：發源纂冑，葉派枝分，開國承家，珠聯璧合。） （738）周冑。（韓愈《太原郡公神道碑銘》：王氏周冑，官封繼繼。實生聖女，以母唐帝。）
張玉書 《佩文韻府》 御定佩文韻府 卷八十五之四		（739）領袖。（《宋史·輿服志》：隋制，以黑羔皮為裘，黑繒為領袖及裏、緣。任昉表：暉映先遠，領袖後進。梁簡文帝《與湘東王書》：文章未墜，必有英絶領袖之者，非弟而誰？李儼《法苑珠林序》：屬有西明大德道世法師，是釋門之領袖也。楊炯《魏公神道碑》：丞相以萬幾論道，匡大運而震威嚴；尚書以八座當官，贊金行而標領袖。閻隨侯《西嶽望幸賦》：河東近地，領袖既得乎裴公；圯上神人，帷幄復歸於張氏。令狐楚《謝表》：揆才量力，將何補於分寸；運肘延頸，實有塵於領袖。溫庭筠詩：風華飄領袖，詩禮拜衮襦。）
張玉書 《佩文韻府》 御定佩文韻府 卷八十五之五		（740）層構。（枚乘《七發》：連廊四柱，臺城層構。班固《西都賦》：爾乃正殿崔嵬，層構厥高，臨乎未央。張衡《西京賦》：累層構而遂隮，望北辰而高興。潘尼《釋奠頌》：後帝承式，丕隆層構。李騫《釋情賦》：荷峻極之層構，導積石之洪流。楊炯《魏公神道碑》：大名發於本支，當途峻於層構。韋表微《學士院新樓記》：乃撤小屋，崇廣廈，揭飛梁於層構，聳危樓於上楹。

續表

作者/文獻	版本	用　例
張玉書《佩文韻府》御定佩文韻府卷八十五之五	清文淵閣四庫全書本	王起《蜃樓賦》：仰層構之如暈，必巨川之化蜃。雍陶詩：虛豁登寶所，三休極層構。羅鄴詩：層構尚無投足地，尺波寧有躍鱗時。） （741）金行構。（庾信《司馬裔神道碑銘》：玉鏡云始，金行乃構。象浦通關，龍沙開候。） （742）遠遘。（庾信《鄭常神道碑銘》：高陽之子，少典之孫，蒼林遠遘，若水遙流。）
張玉書《佩文韻府》御定佩文韻府卷八十五之六		（743）晉樞。（《魏志・管輅傳》：注兵之神道，布在六甲，六甲推移，其占無常。是以晉樞牛响，果有西軍。） （744）提樞。（庾信《紇干宏神道碑銘》：移茵返葬，提樞山行。芻靈隴水，哀挽長城。）
張玉書《佩文韻府》御定佩文韻府卷八十八		（745）學劍。（《史記・項羽紀》：項籍少時，學書不成，去學劍，又不成。項梁怒之。籍曰：書，足以記名姓而已。劍，一人敵，不足學，學萬人敵。《漢書・淮南王傳》：太子學用劍，自以為人莫及。庾信《辛威神道碑》：青衿學劍，既為人主所稱；童子論兵，即在中軍之策。王績詩：明經思待詔，學劍覓封侯。李白詩：顧余不及仕，學劍來山東。） （746）故劍。（《漢書・外戚傳》：皇曾孫立為帝。是時霍將軍有小女，公卿議更立皇后。上乃詔求微時故劍，大臣知指，白立許倢伃為皇后。《晉書・後妃傳贊》：故劍辭恩，池蒲起歎。《北史・隋煬帝愍皇后傳》：后為《述志賦》以自寄，曰：感懷舊之餘恩，求故劍于宸極。庾信《司馬裔神道碑》：楹前鑿柱，即取遺書。石上開松，仍求故劍。駱賓王詩：倒提新縑成慊慊，翻將故劍作平平。） （747）託驗。（《後漢書・張宗等傳論》：安、順以後，風威稍薄，冦攘寖横，緣隙而生。或託驗神道，或矯妄冕服。陸機《演連珠》：示應於近，遠有可察；託驗於顯，微或可包。）
張玉書《佩文韻府》御定佩文韻府卷九十之一		（748）弦木。（《易》：弦木為弧，剡木為矢，弧矢之利，以威天下。嵇康《張遼叔自然好學論》：弦木剡金，所以解憤；豐財殖貨，所以施與。庾信《賀婁公神道碑》：弦木六鈞，函犀七屬。門多懸胄，射必中鞍。）
張玉書《佩文韻府》御定佩文韻府卷九十之二		（749）破竹。（《晉書・杜預傳》：今兵威已振，譬如破竹，數節之後，迎刃而解。《北史・周高祖紀》：帝諭羣臣伐齊之旨言：晉州本高歡所起，統攝要重，今往攻之，彼必來援，嚴軍以待，擊之必克。然後乘破竹之勢，鼓行而東，足以窮其窟穴。《韓詩外傳》：夫電雷之起也，破竹折木，震驚天下，而不能使聾者卒有聞。庾信《齊王憲神道碑》：如彼建瓴，同斯破竹。杜甫詩：

續表

作者/文獻	版本	用　　例
張玉書 《佩文韻府》 御定佩文韻府 卷九十之二		河廣傳聞一葦過，将軍命在破竹中。元結詩：丹崖之下當石巔，破竹半山引寒泉。劉長卿詩：破竹從軍樂，看花聽訟閒。） （750）千畝竹。（《史記·貨殖傳》：齊魯千畝桑麻，渭川千畝竹。庾信《周大将軍司馬裔神道碑》：渭南千畝之竹，更懼盈滿；池陽二頃之田，常思止足。又蘇軾詩：家有十畝竹，無時客叩門。） （751）綿竹。（《漢書·地理志》：廣漢郡縣綿竹。注：紫巖山，緜水所出。《後漢書·公孫述傳》：更始遣李寶、張忠将兵萬餘人狥蜀、漢。述恃其地險眾附，有自立志，乃使其弟恢于綿竹擊寶、忠，大破走之。由是威震益部。《魏志·鄧艾傳》：蜀将姜維守劍閣，艾自陰平道攻之。蜀衛将軍諸葛瞻自涪還綿竹，列陳待艾。庾信《司馬裔神道碑》：策預葭萌，勲参綿竹。杜甫詩：華軒藹藹他年到，綿竹亭亭出縣高。賈島詩：雲當綿竹疊，鳥離錦江飛。李商隱詩：幾時綿竹頌，擬薦子虛名。吳融《綿竹行》：綿竹東西隅，千峰勢相屬。）
張玉書 《佩文韻府》 御定佩文韻府 卷九十之三	清文淵閣四庫全書本	（752）嗟服。（《後漢書·符融傳》：郭林宗始入京師，時人莫識，融一見嗟服，因以介於李膺，由是知名。《晉書·裴綽傳》：綽子遐，音辭清暢。嘗與河南郭象談論，一坐嗟服。任昉《王文憲集序》：公乘理照物，動必研幾，當時嗟服，若有神道。） （753）天下服。（《易》：聖人以神道設教，而天下服矣。）
張玉書 《佩文韻府》 御定佩文韻府 卷九十之四		（754）赤谷。（《漢書·西域傳》：烏孫國，大昆彌治赤谷城，地莽平。多雨，寒。山多松樠。不田作種樹，隨畜逐水草。《水經注》：溫宿國，北至烏孫赤谷六百一十里。梁元帝《法寶聯璧序》：威漸黃支，化行赤谷。庾信《賀婁公神道碑》：草靡青丘，風馳赤谷。杜甫詩：晨發赤谷亭，險艱方自茲。鮑溶《憶舊遊》詩：憶舊無何鄉，了在赤谷村。） （755）巖谷。（《晉書·阮籍傳》：籍常于蘇門山遇孫登，與商畧終古及栖神道氣之術，登皆不應，籍因長嘯而退。至半嶺，聞有聲若鸞鳳之音，響動巖谷，乃登之嘯也。）
張玉書 《佩文韻府》 御定佩文韻府 卷九十之五		（756）鼎族。（《六朝事迹》：京師鼎族多在青溪溪北，有江總宅。梁武帝《申飭選人表》：若八元立年，居皁隸而見抑；四凶弱冠，處鼎族而宜甄。是則世祿之富，無意為善；布衣之士，肆心爲惡。徐陵《為王儀同致仕表》：五陵鼎族，家傳軒冕；四姓卿侯，榮由恩澤。庾信《賀婁公神道碑》：公六郡良家，西河鼎族。）

續表

作者/文獻	版本	用　　例
張玉書 《佩文韻府》 御定佩文韻府 卷九十之七	清文淵閣四庫全書本	(757）青犢。(《後漢書・光武帝紀》：别號諸賊、青犢等，各領部曲。又《郡國志》：河内野王射犬聚，世祖破青犢處。庾信《紇干弘神道碑》：虜青犢之兵，甚有秘計；燒烏巢之米，本無遺策。劉基詩：赤眉青犢終何在，白馬黄巾莫漫狂。又《古今注》：吳大帝有寶刀三，二曰青犢。) (758）驚黷。(《唐書・嚴善思傳》：后崩，將合葬乾陵。善思建言：立闕石門，冶金錮隙，非攻鑿不能開。神道幽靜，多所驚黷。) (759）嚴肅。(《南史・宋武帝紀》：帝北討，分車四千兩為二翼，以騎兵滸軍，軍令嚴肅。又《傅昭傳》：昭所蒞官，常以清淨為政，不尚嚴肅。《宋史・吳廷祚傳》：廷祚謹厚寡言，性至孝，治家嚴肅。蔡邕《胡公夫人哀讚》：教誨嚴肅，昭示好惡。庾信《賀婁公神道碑》：式定風飇，覇城嚴肅。吳武陵《上韓舍人書》：若曰吾將以法令齊之，則是韓弘之法令，嚴肅已過，不可加也。)
張玉書 《佩文韻府》 御定佩文韻府 卷九十之八		(760）楊僕。(《史記・南越傳》：主爵都尉楊僕為樓船將軍，出豫章，下横浦。庾信《豆盧公神道碑》：開新安之部，還移楊僕之關；解宏農之圍，更入劉昆之郡。李商隱《荊山》詩：楊僕移關三百里，可能全是為荊山。貢師泰詩：楊僕船歸百粵平，捷書今喜出甌寧。)
張玉書 《佩文韻府》 御定佩文韻府 卷九十一之四		(761）數趣。(《避暑錄話》：歐文忠作《范文正神道碑》，累年未成。范丞相兄弟數趣之。)
張玉書 《佩文韻府》 御定佩文韻府 卷九十二之一		(762）風角。(《後漢書・郎顗傳》：顗學《京氏易》，風角、星筭。注：候四方四隅之風，以占吉凶也。……《北史・權會傳》：會志尚沉雅，動遵禮則。《詩》《書》《三禮》，文義該洽，兼明風角，妙識玄象。《鼎書》《藝文志》：劉孝恭《鳥情占》一卷、《風角》十卷。庾信《慕容寧神道碑》：至于將畧應變出竒，設伏太乙風角之占，常從星辰之候，樓船戰陣之法，强弩馳射之書，莫不動會幾神，發符雷電。又僧齊已詩：一聲風角夕陽俩。) (763）珠角。(庾信《周上柱國齊王憲神道碑》：珠角擅竒，山庭表德。庾信《周上柱國宿國公河州都督普屯威神道碑銘》：鸞翔鳳顧，珠角山庭。) (764）月角。(庾信《周上柱國齊王憲神道碑》：飛風、長柳、月角、星眉，莫不吟萌在心，撰成在手。薛道衡《老氏碑》：珠衡月角，天表冠於百王；明鏡衢罇，聖德會於千祀。又：日角月角，天長地久。呂巖詩：馬踏日輪紅露捲，鳳銜月角擘雲飛。)

續表

<table>
<tr><th>作者/文獻</th><th>版本</th><th>用　　例</th></tr>
<tr><td>張玉書
《佩文韻府》
御定佩文韻府
卷九十二之二</td><td rowspan="4">清文淵閣四庫全書本</td><td>(765) 川岳。(顔延之詩：德禮既普洽，川岳遍懷柔。王僧孺《徐府君集序》：君稟靈川岳，懸精辰象，早照珪璋，夙表岐嶷。庾信《慕容寧神道碑》：公稟氣中和，降神川岳。李白《大獵賦》：河漢為之却流，川岳為之生風。又《白馬篇》：簫鼓聒川岳。)
(766) 裂岳。(庾信《叚永神道碑》：上台裂岳，次將隕星。)
(767) 韻藻鸑鷟。(《國語》：周之興也，鸑鷟鳴于岐山。《後漢書・賈逵傳》：顯宗時，有神雀集宮殿官府，冠羽有五采色，帝異之，以問臨邑侯劉復，復不能對，薦逵博物多識，帝乃召見逵，問之。對曰：昔武王終父之業，鸑鷟在岐，宣帝威懷戎狄，神雀仍集。《博雅》：鷫鷞、鸑鷟，鳳皇屬也。《長笛賦》：舞鸑鷟于庭階，游女飄焉而來萃。梁簡文帝《請武帝御講啓》：同真化俗，一舉而三美顯焉。與彼陘山之上，仙巖之下，西都鳳皇，貟陽鸑鷟，安足同日而語哉？庾信《齊王憲神道碑》：虹蜺滿野，是廢當塗之高；鸑鷟鳴岐，寔始維新之命。韓愈《納涼聯句》：洗矣得滂沱，感然鳴鸑鷟。李綱《檳榔》詩：飛翔金鸑鷟，掩映籊龍兒。周伯琦《紀思》詩：屏翔金鸑鷟，研倚玉蟾蜍。戴表元《和阮侯得子》詩：眼中新鸑鷟，膝下小璠璵。)</td></tr>
<tr><td>張玉書
《佩文韻府》
御定佩文韻府
卷九十二之三</td><td>(768) 增霜雹。(《左傳》：雷出不震，無菑霜雹。王羲之《與謝安書》：蜀中山水，如峨眉山，夏含霜雹，碑板之所聞，崑崙之伯仲也。庾信《豆盧永恩神道碑》：以保定元年，將兵破巴州恒獽獠。霜雹不驚，水草無乏，天幸將軍，斯之謂矣。楊萬里《筠庵》詩：蓋以一把茅，聊以護霜雹。)</td></tr>
<tr><td>張玉書
《佩文韻府》
御定佩文韻府
卷九十二之四</td><td>(769) 宿學。(《史記・莊周傳》：周善屬書離辭，指事類情，用剽剝儒、墨，雖當世宿學不能自解免也。王安石《賈魏公神道碑》：公少而莊重謹密，治經章解句達，老師宿學，譽歎以為賢已。)</td></tr>
<tr><td>張玉書
《佩文韻府》
御定佩文韻府
卷九十三之一</td><td>(770) 風質。(劉大貞《杜府君神道碑銘》：風質簡遠，音詞淑清。)
(771) 輝質。(豆盧《銑宗公神道碑銘》：聖朝懋賞，俾崇乃秩，卿月照庭，堂霜輝質。)
(772) 貞質。(邱降《田緒神道碑》：玉潤貞質，蘭芳粹容。)
(773) 君子質。(蘇頲《劉公神道碑》：君子之質，則有文也；君子之備，則有武也。)
(774) 夏日。(《詩》：夏之日，冬之夜。《左傳》：酆舒問于賈季曰：趙衰、趙盾孰賢？對曰：趙衰，冬日之日也。趙盾，夏日之日也。《宋史・樂志》：眷焉顧饗，在夏之日。謝靈運詩：不怨秋夕長，常苦夏日短。又庾信《叚永</td></tr>
</table>

續表

作者/文獻	版本	用　例
張玉書 《佩文韻府》 御定佩文韻府 卷九十三之一		神道碑》：繁不秋荼，嚴無夏日。李庾《東都賦》：赫若夏日，凜如秋霜。） （775）夾日。（《左傳》：有雲如眾鳥，夾日以飛三日。……《唐書・天文志》：天復二年二月己巳，有蒼黑雲夾日，長各六尺餘，既而變狀，如人如馬。庾信《齊王憲神道碑》：赤烏夾日，黃熊入寢。郝經《靈泉行》：赤雲夾日騰清暉。）
張玉書 《佩文韻府》 御定佩文韻府 卷九十三之二		（776）班生筆。（豆盧《詵宗公神道碑》：曾未弱冠，克自激昂，不安顏子之貧，遂投班生之筆。） （777）筍出。（《吳志・三嗣主傳》：（注）孟宗母嗜筍，冬節將至。時筍尚未生，宗入竹林哀嘆，而筍為之出，得以供母，皆以為至孝所感。庾信《長孫儉神道碑》：溫席扇枕，承顏悅膝；凍浦魚晾，寒林筍出。） （778）右出。（楊炯《王義重神道碑銘》：循河橋兮南渡，從國門兮右出。）
張玉書 《佩文韻府》 御定佩文韻府 卷九十三之三	清文 淵閣 四庫 全書 本	（779）磨室。（《戰國策》：大呂陳拎元英，故鼎反乎磨室。庾信《拓拔儉神道碑》：鼎返磨室，鐘歸大呂。） （780）寢室。（《北史・申徽傳》：徽性廉慎，乃畫楊震像于寢室以自戒。《五代史・安重誨傳》：重誨過鳳翔，節度使朱弘昭延之寢室，使其妻子奉事左右甚謹。庾信《司馬裔神道碑》：有詔冬官，為營寢室。） （781）甘泉室。（庾信《步陸逞神道碑》：況復圖畫賢妃，方在甘泉之室；瘞埋才子，即用高陽之原。） （782）韻藻鼎實。（《易》：鼎有實，我仇有疾，不我能即，吉。《晉書・劉寔傳》：正位上台，光龤鼎實。潘岳《鄭袤碑》：陳謨台階，翼和鼎實。庾信《步陸逞神道碑》：東京鼎實，先加鄧隲之勲；西晋官人，多用山濤之啟。陳子昂詩：金門有遺世，鼎實恣和邦。柳宗元文：燮贊化原，調和鼎實。蘓轍詩：折足非所恨，所恨覆鼎實。黃庭堅詩：此道如鼎實，念子羹未調。） （783）軍實。（唐書・張守珪傳》：守珪次紫蒙川，大閱軍實，賞將士。庾信《紇干弘神道碑》：乃數軍實，乃握兵謀。） （784）後實。（《史記・淮陰侯傳》：兵固有先聲而後實者，此之謂也。庾信《慕容寧神道碑銘》：運長擊短，後實先聲。） （785）賓實。（庾信《鄭常神道碑》：名稱賓實，言謂身文。《雲笈七籤》：相與談乎營神之道。比夫經世治亂之言，則有精麤賓實之間，髣髴其户牖，未究其房奧矣。） （786）剛實。（《史記・夏禹紀》：剛而實，強而義。吳通微《焦希望神道碑》：凝靈純粹，秉志剛實。）

續表

作者/文獻	版本	用　例
張玉書 《佩文韻府》 御定佩文韻府 卷九十三之四	清文淵閣四庫全書本	(787) 老疾。(《後漢書・謝該傳》：問以父母老疾，棄官欲歸，道路險塞，無由自致。《南史・宗少文傳》：老疾俱至，名山恐難徧覩，唯澄懷觀道，卧以遊之。《北史・魏高祖紀》：詔賜高年爵，恤孤寡老疾各有差。《唐書・高宗紀》：詔五品以上老疾不以罪者同致仕。蘇軾《趙康靖公神道碑》：上祠南郊明堂，率嘗召公陪祀，每辭以老疾。) (788) 天降疾。(《書》：今天降疾，殆弗興弗悟。盧虔《高公神道碑》：胡不終吉，今天降疾。禍昇福黜，幽啟明室。) (789) 消渴疾。(《史記・司馬相如傳》：相如口吃而善著書，常有消渴疾。庾信《步陸逞神道碑》：本有消渴之疾，常餌金石自理。又羅隱《聽琴》詩：不知一盞臨邛酒，救得相如渴疾無。) (790) 晦明疾。(庾信《長孫儉神道碑》：部領宴煩，晦明為疾。) (791) 不醫疾。(庾信《賀婁公神道碑》：既而孤城鄭嫗，不相其年；巴水深翁，不醫其疾。) (792) 膏肓疾。(蘇頲《王公神道碑》：寘毛髮之愆，徵膏肓之疾。) (793) 第一。(《三柳軒雜識》：溫州作蠲紙，大略類高麗紙。東南出紙處最多，此當為第一。《負暄雜録》：北苑茶，大觀初，徽宗親製《茶論》二十篇，以白茶者與常茶不同，偶然生出，非人力可致，于是白茶遂為第一。《荔枝譜》：興化軍陳紫，色香味為天下第一。庾信《慕容寧神道碑》：策勲行賞，常居第一。杜甫詩：只今年纔十六七，射策君門期第一。又：先帝侍女八千人，公孫劍器為第一。韓愈《石鼓歌》：從臣才藝咸第一，揀選撰刻留山阿。《譬喻經》：佛諸弟子舍利弗智慧第一，大目連神通第一，阿那律天眼第一。)
張玉書 《佩文韻府》 御定佩文韻府 卷九十三之五		(794) 韻藻平秩。(《書》：寅賓出日，平秩東作。《晉書・束皙傳》：羲和平秩，后稷親農。《北齊書・北郊樂歌》：山川搖落，平秩西成。庾信《司馬裔神道碑銘》：欽若歷象，平秩寅賓。又《五聲調曲》：明徵逢永明，平秩值天和。獨孤授《寅賓出日賦》：平秩乎下，以播百谷；欽若乎上，以刑四海。) (795) 機密。(《後漢書・竇憲傳》：和帝即位，太后臨朝，憲以侍中，內幹機密，出宣誥命。《吳志・是儀傳》：孫權承攝大業，優文徵儀。到見親任，專典機密。《晉書・羊祜傳》：拜相國從事中郎，與荀勗共掌機密。蔡邕《巴郡太守謝表》：超自羣吏，入登機密。庾信《步陸逞神道碑》：以公詞令，參謀機密。) (796) 一面律。(蕭鄴《韋公神道碑》：京師稱難治者，日有生事，隨時抵巇，間不容髮，未易以繩墨一面律也。)

續表

作者/文獻	版本	用　　例
張玉書 《佩文韻府》 御定佩文韻府 卷九十三之六	清文淵閣四庫全書本	(797) 雲逸。(陳子昂詩：緬想赤松遊，高尋白雲逸。張説《陸公神道碑》：楚邸肇封，大羅雲逸，雖沉屙未彌，而僉望允歸。陳去疾詩：巖羅雲貌逸，竹抱水容妍。) (798) 嘉栗。(《左傳》：奉酒醴以告曰：嘉栗旨酒。謂其上下皆有嘉德而無違心也。《晋書・潘岳傳》：黍稷馨香，旨酒嘉栗。楊炯《建昌公王公神道碑》：卜龜謀兮習吉，陳旨酒兮嘉栗。崔立之《書雲物賦》：大吕雲門，既六變而斯闋；嘉栗旨酒，感百神而具懽。) (799) 何恤。(《左傳》：禮義不愆，何恤于人言。《後漢書・西域傳》：(贊) 不率華禮，莫有典書。若微神道，何恤何拘。)
張玉書 《佩文韻府》 御定佩文韻府 卷九十三之七		(800) 騰溢。(鄭餘慶《左僕射賈躭神道碑》：圓方既明，渾淪粹精。辰耀騰溢，降為賢英。蘇軾《制科策》：江河潰决，百川騰溢。) (801) 悦膝。(庾信《拓拔儉神道碑》：溫席扇枕，承顔悦膝。) (802) 福黜。(盧虔《高公神道碑》：今天降疾，禍畀福黜。)
張玉書 《佩文韻府》 御定佩文韻府 卷九十三之八		(803) 鄧隲。(庾信《步陸逞神道碑》：東京鼎實，先加鄧隲之勲；西晉官人，多用山濤之啓。)
張玉書 《佩文韻府》 御定佩文韻府 卷九十五之一		(804) 貫月。(《拾遺記》：堯登位三十年，有巨查浮于西海，查上有光，夜明晝滅。查常浮繞四海，十二年一周天，周而復始，名曰"貫月查"，亦謂"挂星查"。庾信《普屯威神道碑銘》：虹貫于月，金承于水。黄庭堅《戲贈米元章》詩：滄江夜靜虹貫月，定是米家書畫舡。倪瓚《雲樣軒》詩：隨雲秋泛泛，貫月夜悠悠。) (805) 書月。(庾信《長生儉神道碑》：非關書月，詎待看碑。)
張玉書 《佩文韻府》 御定佩文韻府 卷九十五之二		(806) 刮骨。(《三國志・關羽傳》：為流矢所中，貫左臂，後創雖愈，每陰雨，骨疼，醫曰：毒入于骨，當破臂作創，刮骨去毒，此患乃除。羽便仲臂令醫劈之。時羽適請諸將飲食相對，臂血盈盤，而羽割炙引酒，言笑自若。庾信《紇干弘神道碑》：刮骨傳藥，事同關羽。王維詩：飲酒不曾妨刮骨。獨孤授《碎琥珀枕賦》：念刮骨之痛，爾將束手於無為；在抗首之時，我則曲肱而奚若。元稹詩：磨礱刮骨刃，翻擲委心灰。白居易詩：刮骨清吟得似無。杜牧詩：古風冷刮骨。) (807) 齠髮。(庾信《崔說神道碑》：觀虎於檻，齠髮不驚。)

續表

作者/文獻	版本	用　例
張玉書《佩文韻府》御定佩文韻府卷九十五之三	清文淵閣四庫全書本	(808) 出闕。(《漢書・霍光傳》：太夫人顯改光時所自造塋制而侈大之。起三出闕，築神道，北臨昭靈，南出承恩。) (809) 兩沒。(《後漢書・鄧晨傳》：漢兵敗小長安，光武單馬遁走。遇女弟伯姬，與共騎而奔。前行復見元，趣令上馬。元曰：行矣，不能相救，無為兩沒也。會追兵至，元及三女皆遇害。庾信《步陸逞神道碑》：銘旌兩沒，池栁雙廻。) (810) 鼎沒。(庾信《普屯威神道碑銘》：上將星開，功臣鼎沒。)
張玉書《佩文韻府》御定佩文韻府卷九十五之四		(811) 南巢伐。(《史記・律書》：成湯有南巢之伐，以殄夏亂。庾信《長孫儉神道碑》：俊德克明，乃定南巢之伐。) (812) 甲卒。(《史記・高祖紀》：沛公圍宛，舍人陳恢踰城見沛公，曰：為足下計，莫若約降，封其守，因使止守，引其甲卒與之西。諸城未下者，聞聲爭開門而待足下，通行無所累。沛公曰：善。……《淮南子》：武王甲卒三千，破紂牧野。天下安定，百姓和集。又：越王勾踐，困于會稽。忿心張膽，氣如湧泉，選練甲卒，赴火若滅。孫楚《代石苞書》：征東甲卒，虎步秣陵。庾信《普屯威神道碑銘》：九原陵阜，三河甲卒。杜甫《將適江陵漂泊》詩：甲卒身雖貴，書生道固殊。) (813) 小卒。(庾信《爾綿永神道碑》：朝登上將，暮會小卒。) (814) 廣卒。(庾信《慕容公神道碑》：總秦人之鋭士，兼荊尸之廣卒。) (815) 馬窟。(庾信《崔訦神道碑銘》：長城馬窟，廣武兵欄。又《普屯威神道碑銘》：地險龜牀，營危馬窟。徐彥伯《登長城賦》：眇嘿雞田，幽陰馬窟。杜甫詩：前登寒山重，屢得飲馬窟。)
張玉書《佩文韻府》御定佩文韻府卷九十五之五		(816) 雨歇。(庾信《司馬裔神道碑》：烟沉氷井，雨歇雲門。又《奉報趙王》詩：雨歇殘虹斷，雲歸一雁征。柳晉詩：欲知暮雨歇，當觀飛旆輕。虞世南詩：雨歇連峰翠，烟開竟野通。王維《送神歌》：倐雲收兮雨歇，山青青兮水潺湲。李白《曉晴》詩：野凉疎雨歇。祖詠《家園夜坐》詩：前堦微雨歇，開戶散窺林。)
張玉書《佩文韻府》御定佩文韻府卷九十六之一		(817) 句達。(王安石《賈魏公神道碑》：公少而莊重謹密，治經章解句達，老師宿學，譽歎以為賢已。)
張玉書《佩文韻府》御定佩文韻府卷九十七		(818) 玉札。(《南嶽魏夫人傳》：夫人北詣上清宮玉闕之下，諸真君授夫人以《玉札金文》，位為紫虛元君。領上真司命南嶽夫人，比秩仙公。楊炯《百泉令李君神道碑》：金科作範，商丘有帝系之雲；玉札披圖，函谷有真人之氣。皮日休《懷華陽潤卿博士》詩：數行玉札存心久，一掬雲漿漱齒空。

續表

作者/文獻	版本	用　　例
張玉書 《佩文韻府》 御定佩文韻府 卷九十七	清文淵閣四庫全書本	《雲笈七籤》：安度明謂南嶽魏夫人曰：虛皇早鑒爾之用思，太極已注子名于玉札。又：金簡玉札各一枝，長一尺六寸，廣二寸四分。……韓愈《進學解》：玉札丹砂，赤箭青芝，牛溲馬勃，敗鼓之皮，俱收並蓄，待用無遺者，醫師之良也。《神仙服食經》：地榆，一名玉札。） （819）恩札。（張説《郎國長公主神道碑》：乃命國史，昭銘懿迹，降恩札于雲露，寫哀詞于金石。） （820）九札。（張説《郭知運神道碑》：射穿九札，劍敵萬人。） （821）進拔。（《漢書・外戚恩澤侯表》：至于孝武，元功宿將畧盡。會上亦興文學，進拔幽隱，公孫弘自海濵而登宰相，于是寵以列侯之爵。《南史・王亮傳》：右僕射江祏管朝政，多所進拔，為士所歸。亮自以身居選部，每持異議。《北史・史祥傳》：從宜陽公王世積，出九江道，破陳師，進拔江州。文帝大悦，下詔慰勉之。張説《太尉裴行儉神道碑》：凡所進拔，盡為名將。） （822）亮拔。（孫綽《潁府君碑文》：茂才亮拔，雅度恢廓。楊炯《都尉高君神道碑》：孫子荊之天骨，亮拔不羣；王夷甫之道心，神鋒太峻。）
張玉書 《佩文韻府》 御定佩文韻府 卷九十八之一		（823）秉節。（歐陽修《王武恭公神道碑》：武康公事太宗皇帝，秉節治戎，出征入衛。）
張玉書 《佩文韻府》 御定佩文韻府 卷九十八之二		（824）英烈。（張説《姚文貞神道碑》：有詔掌文之官，紀事盛德之老，銘功將以寵，宗臣揚英烈。李白《贈張相鎬》詩：英烈貽厥孫，百代神猶王。蘇軾《王齊萬寓居武昌》詩：仲謀公瑾不湏弔，一酹波神英烈君。自注：杭州伍子胥廟封英烈王。又《次韻章傳道喜雨》詩：常山山神信英烈，麾駕雷公訶電母。） （825）内結。（常衮《扶風王馬公神道碑銘》：惠化旁流，人心内結。） （826）虎穴。（王維《遊感化寺》詩：龍宫連棟宇，虎穴傍檐楹。劉禹錫《邠寧節度史公神道碑》：虎穴之中，生此騏驥。李商隱《驕兒》詩：探雛入虎穴。杜牧《題西平王宅》詩：半夜龍驤去，中原虎穴空。） （827）勦説。（《禮記》：毋勦説，毋雷同。庾信《兗州刺史鄭常神道碑》：立必正方，言無勦説。）
張玉書 《佩文韻府》 御定佩文韻府 卷九十八之三		（828）玉潔。（宋拓《圭峰禪師碑》：從荼毘之法，珠圓玉潔，焜燿盈升。富珠哩翀《姚公神道碑》：有鑒其明，有玉其潔。桓桓其勇，夬夬其決。又皮日休《毛公泉》詩：澄如玉髓潔，汎若金精鮮。）

續表

作者/文獻	版本	用　　例
張玉書 《佩文韻府》 御定佩文韻府 卷九十八之三	清文淵閣四庫全書本	(829) 憒潔。(富珠哩翀《平章政事尚公神道碑》：此黨名載刑書，類非憒潔，動必鶩害生靈，宜選重臣使為之長，庶靖紛擾。) (830) 判決。(《宋書・孔覬傳》：為人使酒仗氣，為二府長史。雖醉日居多，而明曉政事，醒時判決，未嘗有壅。衆咸云：孔公一月二十九醉，勝他人二十九日醒也。富珠哩翀《大都路都總管姚公神道碑》：真定都會南北，驛傳雜沓，事弊民瘵。大臣琳沁奏牧守，非公不可，遂尹真定，導壅治棼，生枯壯弱，日聽訴訟，鑒隱破堅，動無泥閡。人人竦愜，眾走府治瞻判決，優肆為空。)
張玉書 《佩文韻府》 御定佩文韻府 卷九十八之五		(831) 派別。(《吳都賦》：百川派別，歸海而會。謝眺《和王長史臥病》詩：崥岫欽崇涯，派別朝洪河。梁武帝《懺文》：仁王天王，宗源派別。庾信《終南山義谷銘》：派別八溪，流分九谷。王勃《倬彼我系》詩：分疆錫祉，派別支流。張說《中書令姚文貞神道碑》：源深自虞，派別從吳。韓愈《贈張十八》詩：半塗喜開鑿，派別失大江。白居易《分水嶺》詩：有似骨月親，派別從兹始。孫洙《澶州靈津廟碑》：河既盡徙而南，廣深莫測圻岸，東匯于梁山張澤濼，然後派別為二。) (832) 增秉哲。(《書》：廸畏天顯小民，經德秉哲。杜甫《贈蕭郎中》詩：蘊藉為郎久，魁梧秉哲尊。權德輿《齊成公神道碑》：倉曹含光，太學追命。厥主中書，秉哲居正。) (833) 韻藻勃碣。(《史記・天官書》：自華以南，氣下黑上赤；嵩高三河之郊，氣正赤；恒山之北，氣下黑上青；勃碣海岱之間，氣皆黑；江淮之間，氣皆白。《漢書・地理志》：勃、碣之間所都會也。《後漢書・盧植傳》：四方未寧，盜賊伺隙，恒嶽、勃碣，特多姦盜。蔡邕《奏議》：猾夏作宼，震驚勃碣。《江賦》：産毻積羽，往來勃碣。隋煬帝《親征高麗詔》：崇聚勃碣之間，薦食遼濊之境。楊炎《范陽都督李公神道碑》：其生勃碣，其居戴斗，海塞廻抱，輿公之氣。) (834) 神道碣。(白居易《青石樂府》：不願作人家墓前神道碣，墳土未乾名已滅。) (835) 寇孽。(權德輿《渾公神道碑》：窮追斬級，寇孽以平。)
張玉書 《佩文韻府》 御定佩文韻府 卷九十八之六		(836) 省閲。(蘇軾《趙康靖公神道碑銘》：當置座右，以時省閲。) (837) 吠咥。(富珠哩翀《平章政事尚公神道碑》：山東宣慰使挾壻宗室，以浮論懲叛，小有違言，吠咥即至。公度難力爭，使者往來。公以溫言順附而嚴礪之，廼感服其下。)

續表

作者/文獻	版本	用 例
張玉書《佩文韻府》御定佩文韻府卷九十九之二	清文淵閣四庫全書本	(838) 神略。(《晉書・愍帝紀》：干寶有言曰：昔高祖宣皇帝以雄才碩德，應時而仕。神略獨斷，征伐四克。又《簡文帝紀》：皇太后深懼皇基，時定大計。人司馬因順天人，協同神略，親帥羣后，恭承明命。《杜陽雜編》：姜公輔奏：朱泚甚有反狀，不如早為之所。及聞叚秀實之死，上執公輔手曰：姜公先見之明可謂神略矣。庾信《齊王憲神道碑》：九宮神略，三術謨明。天離轉陣，月德迺兵。孟郊詩：上將秉神略，至兵無猛威。錢起《為崔相公讓大學士表》：凡有兇渠，未嘗漏網。聖功神略，可謂赫然。) (839) 商略。(《蜀志・楊戲傳》：(評) 楊戲商略，意在不羣，然制度有短，殆罹世難云。《晉書・阮籍傳》：籍嘗於蘇門山遇孫登，與商略終古及栖神道氣之術，登皆不應，籍因長嘯而退。至半嶺，聞有聲若鸞鳳之音，響乎巖谷，乃登之嘯也。《唐書・吳兢傳》：如文人巧士，自謂已長，若使達者大匠詆訶商略，則蕪辭拙跡見矣。) (840) 聚略。(獨孤及《殿中監張公神道碑》：五溪阻兵，郡蠻聚略，帝命按察使裴伷先討焉。以公有樽俎之謀，韜鈐之用，奏授南康贛縣令。) (841) 長略。(白居易《崔君神道碑》：矯矯崔公，道積厥躬。大志長略，卷於懷中。) (842) 文武略。(《左傳》：祝佗私於萇弘曰：吾子欲復文武之略，而不正其德，將如之何？獨孤授《師貞丈人賦》：行稱文武之略，居成社稷之守。權德輿《王君神道碑》：有子三人，幼曰栖曜，寬明博大，有文武略。白居易《授田盛金吾將軍制》：生勛德門，有文武略。) (843) 氣作。(李邕《鶻賦》：凜然神動，翕然氣作。獨孤及《奏破劉展表》：赤羽交而三軍風生，金鼓鳴而萬夫氣作。又《奏破襲厲表》：天聲揚而勇士勵，銳氣作而妖星隕。李絳《兵部尚書王紹神道碑》：徐方喪師，帥人怙亂，氛沴已凝，氣醆方作。公授鉞以出，投袂而馳，先逻得主，大衆歸心。夏方慶《風過簫賦》：風之過兮，一氣斯作；簫之應也，眾音以殊。王起《鑽燧改火賦》：青烟生而陽氣作，丹焰發而炎精吐。) (844) 寢作。(李宗閔《丞相王播神道碑》：命內謁者謁其室，索其所以飲食寢作之端。)
張玉書《佩文韻府》御定佩文韻府卷九十九之三		(845) 脫落。(《晉書・韓伯傳》：陳郡周勰為謝安主薄，居喪廢禮，崇尚老莊，脫落名教。……李白詩：絃歌詠唐堯，脫落隱簪組。舒元輿《牡丹賦》：我案花品，此花第一。脫落羣類，獨當春日。鄭餘慶《賈躭神道碑》：脫落瑣細，胸吞長鯨。柳宗元《籠雁》詩：炎風暑雨忽然至，羽翼脫落自摧藏。王安石詩：或是古史書，脫落簡與籤。吳萊《病起》詩：一形茍脫落，純氣固委蛇。)

續表

作者/文獻	版本	用例
張玉書 《佩文韻府》 御定佩文韻府 卷九十九之三	清文淵閣四庫全書本	(846) 簾閣。(韓愈《鄭公神道碑》：平居簾閣據几，終日不知有人。趙君舉詞：簾閣濛濛，斷虹明處，千里暮雲深。)
張玉書 《佩文韻府》 御定佩文韻府 卷九十九之四		(847) 顯爵。(《後漢書·耿恭傳》：鄭眾上疏曰：恭之節義，古今未有。宜蒙顯爵，以厲將帥。韋少翁《自劾》詩：赫赫顯爵，自我隊之。庾信《慕容寧碑》：存有顯爵之榮，殁有大名之貴。李宗閔《王播神道碑》：公之敏智，顯爵自至。) (848) 俗弱。(《益公題跋》：右裴晉公撰《李西平神道碑》，乾元初，立功成都，邦人咸服，具以狀文，而諸本盡作"具狀以聞"，何俗弱也。)
張玉書 《佩文韻府》 御定佩文韻府 卷九十九之六		(849) 南洛。(韓王元嘉詩：好士傾南洛，多才盛北場。張說《唐義陽王神道碑》：南洛占從，東洲億中。) (850) 復洛。(元載《杜鴻漸神道碑》：救楚請命，夷凶滌穢，收秦復洛，翊帝霸世，皆公之力也。) (851) 變索。(韓愈《許國公神道碑》：李師古屯兵於曹，以嚇滑帥。滑帥告急，公使謂曰：吾在此，公無恐。或告曰：兵且至矣，請備之！公不為應。師古詐窮變索，遷延旋軍。) (852) 裴郭。(元載《杜鴻漸神道碑》；定策之初，既以大功推裴郭；疇庁之際，竟以常資為侍郎。) (853) 盤錯。(《後漢書·虞詡傳》：朝歌賊甯季等攻殺長吏，屯聚連年，州郡不能禁，詡為朝歌長。故舊皆弔詡，詡笑曰：不遇盤根錯節，何以別利器乎?《拾遺記·周靈王》：起昆明之臺，聚天下異木神工，得崿谷陰生之樹，其樹千尋，文理盤錯，以此一樹，而臺用足焉。曹植《輔臣論》：德實充塞於內，智謀縱橫於外。解疑釋滯，剖散盤錯，王司徒也。劉禹錫《吏部侍郎奚公神道碑》：吏部在南宮為眉目，在選士為司命。公執直筆，閱簿書，紛拏盤錯，一瞬而剖。錢惟演《酬阮逸》詩：木有毫端水有源，漸成盤錯到潺湲。楊基《詠錦雞》詩：疊疊胭脂縷縷金，龍紋盤錯鳳紋深。又《説苑》：秦始皇洒食珍味，盤錯於前。) (854) 霍躍。(權德輿《裴公神道碑》：義夫以之感激，王旅以之霍躍。)
張玉書 《佩文韻府》 御定佩文韻府 卷九十九之七		(855) 欽若。(《書》：乃命羲和，欽若昊天。又：惟臣欽若，惟民從乂。王褒《靈壇碑》：悠悠五緯，乃欽若于堯典；茫茫九州，是致功于禹跡。荀勗《從武帝華林園宴》詩：欽若靈則，飲御嘉賓。王勃《續書序》：先君欽若丕烈，圖終休緒，迺例《六經》，次《禮》《樂》，敘《中說》，明《易讚》。蘇頲《右僕射唐璿神道碑》：欽若于天者，謂之代工；覆冒于人者，謂之成務。

續表

作者/文獻	版本	用　　例
張玉書 《佩文韻府》 御定佩文韻府 卷九十九之七	清文淵閣四庫全書本	陳正卿《望雲物賦》：既七政以欽若，亦四序而發揮。周謂《寅賓出日賦》：陶唐氏欽若日出，資授人時。乃命羲仲，徃哉汝司。韓愈《順宗實録》：欽若大典，斯為至公。） （856）紞酌。（鮑照詩：天明坐當散，琴酒駛紞酌。蘇頲《紫微侍郎李乂神道碑》：心凝風味，神嬉景華，奕碁不孤，紞酌相伴。） （857）腹心託。（丘降《田緒神道碑》：麾幢之任，賢賢也。腹心之託，親親也。） （858）艾灼。（權德輿《集賢院學士王公神道碑》：玉虬西狩，公奔扈行宮，為兇黨所得。公謂所親曰：忘君恩以苟生，非忠；蹈賊刃以誅死，非孝。于是藥攻五臟，艾灼四肢，耗其形神，終啟手足，任重道遠，君子以為難。）
張玉書 《佩文韻府》 御定佩文韻府 卷九十九之八		（859）瑞鵲。（李嶠《上張明府書》：登雅譽于羣凫，照禎黻于瑞鵲。獨孤及《殿中監張公神道碑》：所蒞之邦，必問其政，作人父母，為國循良。于是瑞鵲成巢，嘉禾合穎。柳貫《元日》詩：玉壺修幹鑊龍捧，寶座重裀瑞鵲敷。）
張玉書 《佩文韻府》 御定佩文韻府 卷九十九之九		（860）獸搏。（《子牙子》：鷙鳥將擊，卑飛斂翼；猛獸將搏，弭耳俯伏；聖人將動，必有愚色。丘降《常山郡王田緒神道碑》：淮圻怙亂，燕趙濟惡。洶洶鯨奔，狺狺獸搏。崔融《請不稅關市疏》：今若江津河口，置舖納稅。萬商廢業，人不聊生。一旦獸窮則搏，鳥窮則攫，執事者復何以安之哉?） （861）蘭廓。（柳宗元《先侍御史府君神道表》：髙祖諱楷，隋刺齊、房、蘭、廓四州。） （862）昌霍。（權德輿《沛國武公神道碑》：中宗復辟，甫踐周行，載筆論思，特盛淵雲之選；賦詩感激，必以昌霍爲戒。） （863）陟恪。（權德輿《太子太傅趙憬神道碑》：陟恪始終，帝載用和。）
張玉書 《佩文韻府》 御定佩文韻府 卷九十九之十		（864）龍涸。（《晉書・四夷傳》：（論）庬㞕姦凶，假鳳圖而竊號；渾嗣忠謹，距龍涸而歸誠。懷姦者數世而亡，資忠者累葉彌劭。庾信《紇干弘神道碑》：揚旍龍涸，繫馬甘松。） （865）韻藻一鶚。（（《漢書・鄒陽傳》：鷙鳥累百，不如一鶚。蘇頲《刑部尚書韋抗神道碑》：初以明經射策，補魏州糸軍，立于稠人，端一鶚。杜甫《鵰賦》：當九秋之清淒，見一鶚之直上。錢起詩：百鳥喧喧噪一鶚，上林高枝亦難托。韓愈《晚秋郾城夜會聯句》：推選閱羣材，薦延搜一鶚。） （866）韻藻增干鏌。（權德輿《度支郎中裴公神道碑》：靜若蓍龜，動如干鏌。

續表

作者/文獻	版本	用　　例
張玉書 《佩文韻府》 御定佩文韻府 卷九十九之十	清文淵閣四庫全書本	李磁《授諸州刺史制》：干鏌奇峰，崆峒勁氣。李商隱詩：心鐵已從干鏌利，鬢絲休嘆雪霜垂。王禹偁《酬种放》詩：褒我塵俗韻，鉛刀化干鏌。)
張玉書 《佩文韻府》 御定佩文韻府 卷一百之一		(867) 礲石。(《三輔黃圖》：石渠閣，蕭何造；其下礲石為渠以導水，若今御溝，因為閣名。《世説補》：姚崇與張説同為宰輔，各懷疑沮。崇病，戒諸子曰：張丞相與吾釁隙甚深。吾没後，來弔，仍以《神道碑》為請。既獲其文，登時録進，先礲石以待，至便鐫刻。張見事遲，必當有悔。若徵碑文，以刋削為辭，當引視鐫石，仍告以聞上。馬融《長笛賦》：或鑠金礲石，華院切錯。)
張玉書 《佩文韻府》 御定佩文韻府 卷一百之三		(868) 跖雙白。(《洞仙傳》：跖雙白，徊二赤。此五神道之秘事也。)
張玉書 《佩文韻府》 御定佩文韻府 卷一百之四		(869) 無迹。(《莊子》：其來無迹，其往無崖。《拾遺記》：燕昭王即位，廣延國獻善舞者二人：一名旋娟，一名提嫫，體氣輕馥。或行無迹影，或積年不饑。《通書》：孔子無迹，顔子微有迹。陸機詩：無迹有所匿，寂寞聲必沈。陸倕《刻漏銘》：神道無迹，天工罕代。蘇軾《鬼蝶》詩：初來花爭妍，忽去鬼無迹。《程子視箴》：心兮本虛，應物無迹。張翥詩：仙人修月渾無迹。)
張玉書 《佩文韻府》 御定佩文韻府 卷一百之五		(870) 圖籍。(《史記·張儀傳》：據九鼎，按圖籍，挾天子以令于天下，天下莫敢不聽。《漢書·高祖紀》：沛公入咸陽，蕭何盡收丞相府圖籍文書。《晉書·職官志》：洗馬八人，職如謁者秘書，掌圖籍。釋奠講經則掌其事，出則直者前驅，道威儀。《唐書·百官志》：弘文館學士，掌詳正圖籍。又：秘書郎，掌四部圖籍。以甲乙丙丁爲部，皆有三本，一曰正，二曰副，三曰貯。凡課寫功程，皆分判。《東都賦》：天子受四海之圖籍，膺萬國之貢珍。庾信《太子少保豆盧公神道碑》：留心職事，愛玩圖籍。) (871) 阮籍。(《魏志·阮籍傳》：才藻艷逸，而倜儻放蕩，行已寡欲，以莊周爲模則。……《晉書·阮籍傳》：能爲青白眼，見禮俗之士，以白眼對之。嵇喜來，籍作白眼。喜弟康，齎酒挾琴造焉，籍乃見青眼。嘗遇孫登，與商畧終古及栖神道氣之術，登不應，籍因長嘯而退。至半嶺，聞有聲若鸞鳳之音，響乎岩谷，乃登之嘯也。遂歸著《大人先生傳》。李白詩：阮籍爲太守，乘驢上東平。)

續表

作者/文獻	版本	用　　例
張玉書《佩文韻府》御定佩文韻府卷一百之六	清文淵閣四庫全書本	(872) 潤筆帛。(《梁溪漫志》《聞見後錄》云：某公在章獻明肅后垂箔日，密進《唐武氏七廟圖》，后怒抵之地：自某公死，某公為碑誌，極其稱贊。受潤筆帛五千端云。予按：穎濵《龍川畧志》載進《七廟圖》，乃程文簡也。然文簡《墓誌》《神道碑》，皆歐陽公所為。歐陽公一世正人，而謂受潤筆帛五千端，人不信也。)
張玉書《佩文韻府》御定佩文韻府卷一百之十一		(873) 曲釋。(王安石《賈魏公神道碑》：公於傳注訓詁，不為曲釋，至先王治心守身經理天下之意，指物譬事，析毫解縷，言則感心。) (874) 蕃錫。(見上。《赭白馬賦》：信聖祖之蕃錫，留皇情而驟進。權德輿《咸寧郡王神道碑》：蕃錫始終，如公之功。張勝之《湛露晞朝陽賦》：故可比臣竭忠以祗敬，君降恩而蕃錫。) (875) 陳壁。(權德輿《劉公神道碑銘》：陳壁既扌疌，夷門乃通。)
張玉書《佩文韻府》御定佩文韻府卷一百一之二		(876) 丕績。(《書》：予懋乃德，嘉乃丕績。蔡邕《胡公碑銘》：亮皇業于六王，嘉丕績于九有。張説《平貞春神道碑》：惠風激于勝流，丕績敷于哲后。張元晏《授馮行節度使制》：昔為禦侮之地，用固神州。爰升連帥之雄，以酬丕績。司馬光《竒獸賦》：發揮不世之鴻休，張大無倫之丕績。) (877) 五績。(張説《楊君神道碑》：彼五績之摧頹，此三黜之迍躓。) (878) 禮敵。(楊炯《曹君神道碑》：或閭閻之内，禮敵于諸侯；或枹鼓之間，威振於千里。)
張玉書《佩文韻府》御定佩文韻府卷一百一之三		(879) 幽明激。(李邕《劉知柔神道碑銘》：布史簡，繼碑石。名教開，幽明激。) (880) 眞寂。(孫逖《王公神道碑》：爰有別業，使營精舍。懸車之後，隱几于茲。不出户庭，彌入眞寂。韓駒《題中寂堂》詩：本自無俗喧，何由辨眞寂。) (881) 闕翟。(見上。《釋名》：闕翟，剪闕繒為翟雉形，似綴衣也。張説《鄭國夫人神道碑》：紘綖祭服，闕翟朝衣。) (882) 擒摘。(權德輿《齊成公神道碑》：為河南尹。盜有宋瞿曇者，白晝椎剽，三川病之，幾三十年。公法令嚴具，網絡張設，名捕魁宿，使無遺類，指顧之間，擒摘如神。)
張玉書《佩文韻府》御定佩文韻府卷一百二之一		(883) 郡職。(《後漢書·鄧晨傳》：從幸壽春，留鎮九江。晨好樂郡職，由是復拜爲中山太守。《北史·席固傳》：固少有遠志。初，仕梁爲齊興郡守。久居郡職，士多附之，遂有親兵千餘人。楊炯《李君神道碑》：九千里之丹鳳，始踐王門；七十日之黃龍，初階郡職。宋之問《謁禹廟》詩：郡職昧爲理，邦空寧自誣。)

續表

作者/文獻	版本	用　例
張玉書 《佩文韻府》 御定佩文韻府 卷一百二之一	清文淵閣四庫全書本	(884) 賤職。(《文心雕龍》：孔光負衡據鼎，而仄媚董賢，况班馬之賤職，潘岳之下位哉？嵇康文：老子、莊周，吾之師也，親居賤職；柳下惠、東方朔，達人也，安乎卑位。《東皙賦》：考治民之賤職，美莫當乎勸農。楊炯《任君神道碑》：左太冲之詠史，下寮實英俊之場；嵇叔夜之著書，賤職爲老莊之地。元稹詩：卑官休力役，賤職少艱辛。) (885) 帶職。(《文獻通考》：宋仁宗朝，侍從清望之選，竝無職掌，多帶職以領。在内省府寺監，在外藩方任使。《玉海》：皇祐五年，詔兩制、兩省、臺諫之舘帶職、省府推判官等項對言事，直言無隱。庾信《步陸逞神道碑》：霜廚録於尚書，天官總於司會，出入匡贊，常帶數職。) (886) 縣職。(楊炯《王公神道碑》：言其縣職，黄龍入於闕門；叙其宰人，鸞鳥翔於學舍。) (887) 墨職。(陳子昂《楊君神道碑銘》：觧我薜蘿，綰我墨職。) (888) 司馬職。(《周禮・夏官》：大司馬之職，掌建邦國之九法，以佐王平邦國。孫逖《韋虛心神道碑》：余爲郎時，南皮公實掌小司馬之職。) (889) 霸國。(《史記・樂毅傳》：夫齊，霸國之餘業而最勝之遺事也。庾信《紇干宏神道碑》：受書黄石，意在王者之圖；揮劍白猿，心存霸國之用。)
張玉書 《佩文韻府》 御定佩文韻府 卷一百二之二		(890) 撰德。(《易》：若夫襍物撰徳，辨是與非，則非其中爻不備。楊炯《任君神道碑》：撰德銘之於素表，披文刻之於翠石。) (891) 載德。(《新唐書・高叡傳》：還通義令，有治勞，人刻石載德。陸機文：運神道以載德，乘臨風而扇威。)
張玉書 《佩文韻府》 御定佩文韻府 卷一百二之三		(892) 附翼。(《晉書・職官志》：武帝用安平王孚、鄭冲、王祥、司馬望、何曾、荀顗、石苞、陳騫八人，世所謂八公同辰，攀雲附翼。《南史・宋高祖紀》：帝行止時見二小龍附翼，樵漁山澤，同侶或亦覩焉。及貴，龍形更大。《易林》：比目附翼，歡樂相得。《創業起居注》：帝報李密書曰：天生蒸民，必有司牧，當今為牧，非子而誰？欣戴大弟，攀鱗附翼。惟冀早膺圖籙，以寧兆庶。楊炯《李君神道碑》：攀鱗北海，附翼南溟。) (893) 綷翼。(蘇頲《褚公神道碑》：彫材之有楩柟，綷翼之有鵷鳳。)
張玉書 《佩文韻府》 御定佩文韻府 卷一百二之四		(894) 皇極。(《書》：次五曰建用皇極。《晉書・武帝紀》：應受上天之命，協皇極之中。又《天文志》：中壘校尉劉向，廣《洪範》災條，作《皇極論》，以參往之行事。《隋書・律歷志》：開皇二十年，袁充奏日長影短，高祖

續表

作者/文獻	版本	用　　例
張玉書《佩文韻府》御定佩文韻府卷一百二之四	清文淵閣四庫全書本	因以歷事付皇太子，遣更研詳著日長之候。劉焯以太子新立，復增修其書，名曰《皇極歷》。《參同契》：孝子用心，感動皇極。《六一題跋》：漢《韓明府修孔子廟器碑》云：永壽二年，青龍在涒灘，霜月之靈，皇極之日。疑是九月五日。《魯靈光殿賦》：敷皇極以創業，協神道而大寧。陸雲詩：瞻企皇極，徼福上天。孫綽《郗鑒碑》：敦尚衡門，則服膺曾閔；毗亮皇極，則憲章元凱。庾肩吾《武陵王拜儀同表》：宅慶紫宵，聯休皇極。江淹《蕭驃騎讓太傅表》：皇極載凝，庶士交慎。陳子昂詩：軒宮帝圖盛，皇極禮容申。儲光羲詩：神武建皇極，文昌開將星。李白詩：風流如見資，投竿佐皇極。韓愈文：抑詭怪而暢皇極。柳貫尊《經堂》詩：上而建皇極，重覯人文麗。）
張玉書《佩文韻府》御定佩文韻府卷一百二之五		（895）鎮北。（見上。《宋書·武帝紀》：鎮北參軍王元德等並率部曲，保據石頭。又《孝武帝紀》：南兗州刺史沈慶之，大破魯爽于歷陽之小峴。進慶之號鎮北大將軍。庾信《哀江南賦》：鎮北之負譽矜前，風飈凜然。楊炯《魏公神道碑》：岑彭許允，征南鎮北之名；馮異王昌，大樹中軍之號。） （896）滇北。（楊炯《王公神道碑》：滇北數十户，莫大邛都之縣；邑東七百里，唯有巫山之峽。） （897）修飾。（柳宗元《終南山祠堂碑》：皇帝垂德，制定統極。神道泰寧，祀典修飾。元稹詩：與君始分散，勉我勞修飾。干鵠《過長老園林》詩：身老無修飾，頭巾用白紗。李覯詩：富貴易修飾，貧賤多笑呵。） （898）褒飾。（夏侯湛《設難》：吾子所以褒飾之大矣。斟酌之喻，非小醜之所堪也。高允《荅宗欽書》：來諭褒飾，有過其分。裴耀卿《竇希求神道碑》：生而寵光，已榮觀津之族；歿有褒飾，仍申渭陽之贈。） （899）鐩飾。（權德輿《裴公神道碑銘》：王三錫命，鐩飾宗工。） （900）珩璜飾。（張説《蕭公神道碑》：表以金章，永閟珩璜之飾。）
張玉書《佩文韻府》御定佩文韻府卷一百二之六		（901）箭刻。（楊炯《李君神道碑》：波瀾不息，箭刻無傷。） （902）内則。（《禮記》有《内則篇》。《後漢書·皇后紀》：（論）述宣陰化，修成内則。《世説》：東海家内，則郝夫人之法；京陵家内，範鍾夫人之禮。楊雄《元后誄》：内則純被，後烈丕光。潘岳文：母儀不忒，内則靡疚。庾信《宇文顯和墓誌銘》：箴訓有儀，言容以德，肅恭中興，賢才内則。楊炯《魏哲神道碑》：三周按禮，無虧内則之風；四德揚蕤，載闡中閨之訓。皮日休《九原歌》：出有嘉謀，入有内則。） （903）遺則。（《離騷》：願依彭咸之遺則。蔡邕《胡太傅碑》：既明且哲，保身遺則。庾信《慕容公神道碑銘》：歛氣餘勇，雄邊遺則。許敬宗《代御史彈

續表

作者/文獻	版本	用　　例
張玉書 《佩文韻府》 御定佩文韻府 卷一百二之六	清文淵閣四庫全書本	營國公文》：拔園葵而自潔，垂往哲之通規，飲呉水而齊清，標曩代之遺則。） （904）富殖。（《後漢書・竇融傳》：河西民俗質樸，而融政亦寬和，上下相親，宴然富殖。又《夏馥傳》：同縣高氏、蔡氏竝皆富殖，郡人畏而事之，唯馥比門不為交通。《齊書・虞悰傳》：悰治家富殖，奴婢無游手，雖在南土，而會稽海味無不畢致焉。權德輿《劉公神道碑》：邊闕棄地，寊然富殖。長幼養老，沛然生聚。）
張玉書 《佩文韻府》 御定佩文韻府 卷一百二之七		（905）填臆。（楊炯《李君神道碑》：指蒼天而永訴，血下霑襟；對白日以長號，悲來填臆。孫樵《祭高諫議文》：填臆悲來，淚如迸泉。）
張玉書 《佩文韻府》 御定佩文韻府 卷一百二之八		（906）增新陟。（《書》：惟新陟王畢協賞罰，戡定厥功，用敷遺後人休。王安石《梅公神道碑》：真宗新陟，罪垢皆滌。為郎度支，以將廣德。） （907）差忒。（《禮記》：黼黻文章，必以法故，毋或差貸。……《宋史・天文志》：太史令丁師仁乃言：臨安府地勢向南，於比極高下當量行移易。局官呂燦言：渾天無量行更易之制，若用於臨安與天參合，移之他往必有差忒。遂罷議。顏延之文：衡石日陳，猶恐差忒，況神道不形，固衆端之所假。趙蕃《衆星拱比極賦》：不騫不崩，匪差匪忒。李存詩：縱無續命方，未必大差忒。）
張玉書 《佩文韻府》 御定佩文韻府 卷一百三之一		（908）人立。（《左傳》：齊侯遊于姑棼，遂田于貝丘。見大豕，從者曰：公子彭生也。公怒曰：彭生敢見！射之，豕人立而啼。……《後漢書・左慈傳》：慈少有神道。操欲收殺之，慈遂走入羊羣。操知不可得，乃令就羊中告之曰：不復相殺，本試君術耳。忽有一老羝屈前兩膝，人立而言曰：遽如許。即競往赴之，而羣羊數百皆變為羝，并屈前膝人立，云“遽如許”，遂莫知所取焉。） （909）竇命集。（顏延之《宋武帝謚議》：神道會昌，竇命既集。）
張玉書 《佩文韻府》 御定佩文韻府 卷一百三之二		（910）李及。（歐陽修《王文正公神道碑》：公累官至太保，以病求罷。因薦可為大臣者十餘人。其後不至宰相者，李及、凌策二人而已，然亦皆為名臣。）
張玉書 《佩文韻府》 御定佩文韻府 卷一百四之一		（911）計合。（蔡邕《釋誨》：納玄策于聖德，宣太平于中區。計合謀從，已之圖也。庾信《拓拔儉神道碑》：伐蜀之謀，張儀與秦昭計合；平吳之利，羊祜與晉武意同。） （912）璧合。（《晉書・陸雲傳》：（制）千條析理，則電折霜開；一緒連文，

續表

作者/文獻	版本	用　　例
張玉書《佩文韻府》御定佩文韻府卷一百四之一	清文淵閣四庫全書本	則珠流璧合。梁元帝《言志賦》：差立極而補天，驗璧合而珠連。庾信《神道碑》：發源纂胄，葉派枝分，開國承家，珠聯璧合。） (913) 容納。(《晋書・帝紀論》：昔高祖宣皇帝性深阻有若城府，而能寬綽以容納；行任數以御物，而知人善采拔。故賢愚咸懷，大小畢力。庾信《周上柱國齊王憲神道碑》：璣鏡照林，山河容納。） (914) 後葉。(《漢書・司馬相如傳》：恐後葉靡麗，遂往而不返。《蜀志・吕凱傳》：雍侯造怨而封，竇融知興，歸志皆流名後葉，世歌其美。《晋書・劉波傳》：惠彼蒼生，勲流後葉。陸機《五等諸侯論》：創制垂基，思隆後葉。劉峻文：兆發于前期，渙汗于後葉。賈至《儒廟碑》：今天子矯覆車之前軌，崇明祀于後葉。李軫《李君神道碑》：詞林翰苑，玉友金昆。垂芳後葉，流慶無垠。） (915) 累葉。(《後漢書・耿弇傳》：(論) 耿氏累葉以功名自終。《晋書・張茂傳》：(論) 茂、駿、重華資忠踵武，故能西控諸戎，東攘巨猾，綰累葉之珪組，賦絶域之琛賨。《吴都賦》：雖累葉百疊，而富強相繼。沈約《郊居賦》：風臺累葉，月榭重栭。徐陵文：帝系王基，重光累葉。張九齡《徐公神道碑》：三賢德聲，方賈氏無媿；累葉儒訓，與班門孰多？楊巨源詩：一門累葉凌煙閣，次第儀刑漢上公。） (916) 奕葉。(《唐書・衣朗傳》：奕葉忠鯁，能抗疏規朕之失。《元史・樂志》：貽謀翼子，奕葉重輝。曹植誄：伊君顯考，奕葉佐時。潘岳《楊仲武誄》：伊子之先，奕葉熙隆。祖君彦《檄洛州文》：富貴以重當年，珪璋以傳奕葉。李德林《天命論》：本支種德，奕葉丕基。楊炯《李君神道碑》：陸離簪紱，奕葉公卿。令狐楚《為僧謝賜袈裟狀》：覩奕葉以重光，知分珪而疊慶。杜甫詩：仙李蟠根大，猗蘭奕葉光。裴度《諸葛祠堂碑》：德及于人，雖奕葉而見思。范成大詩：奕葉邯鄲後。） (917) 重葉。(顔延之《赭白馬賦》：盛烈光乎重葉。張說《楊君神道碑》：重葉尚主，三朝嬪帝。李嶠《攀龍臺碑》：國家累仁千祀，積德重葉。衣兑《五色露賦》：既桂成于重葉，亦珠綴于垂芒。） (918) 八葉。(《晉書・王綏傳》：自昶父漢鴈門太守澤，已有名稱。忱又秀出，綏亦著稱。八葉繼軌，軒冕莫與為比焉。于邵《進畫表》：上天垂慶，八葉騰輝。張祜《黄葵》詩：名花八葉嫩黄金。裴抗《田公神道碑》：周十世而生方叔，唐八葉而傳太傅，保乂藩服，昭宣王度。于公異《賀登極表》：承八葉之重熙，叶千齡之廣運。李劉賀表：衣冠盛事，夙尊八葉之科；翰墨大勲，詎止五花之判。） (919) 根葉。(江淹《蓮花賦》：華實各名，根葉異辭。權德輿《王公神道碑》：澤流根葉，恩及漏泉。）

續表

作者/文獻	版本	用　　例
張玉書《佩文韻府》御定佩文韻府卷一百五之一	清文淵閣四庫全書本	(920) 槐葉。(楊炯《魏哲神道碑》：宮花如錦，還臨羽將之壇；槐葉成帷，復對將軍之樹。王維詩：柳條疎客舍，槐葉下秋城。杜甫《槐葉冷淘》詩：青青高槐葉，采掇付中厨。岑參詩：槐葉蒼蒼柳葉黃，秋高八月天欲霜。戴叔倫《登樓望月》詩：陌上凉風槐葉凋，夕陽清露濕寒條。鄭巢詩：蟬鳴槐葉雨，魚散芰荷風。劉駕詩：九陌槐葉盡，青春在豪家。皮日休《石榴歌》：蟬噪秋枝槐葉黃，石榴香老愁寒霜。) (921) 僊葉。(楊炯《任君神道碑》：夫人姚氏，徵士神人之女也。壽丘僊葉，嬀水靈苗。定姚信之機衡，審姚光之術藝。) (922) 譜牒。(《史記・太史公自序》：維三代尚矣，年紀不可考，葢取之譜牒舊聞，本于茲，于是略推，作《三代世表》第一。《後漢書・袁紹傳》：審配獻書于譚曰：昔先公廢黜將軍以續賢兄，立我將軍以為嫡嗣，上告祖靈，下書譜牒。《宋史・高宗紀》：紹興二年，詔編次建炎以來譜牒。《遼史・蕭朴傳》：時太平日久，帝留心翰墨，始畫譜牒以別嫡庶。《金史・宗室表》：貞祐以後，譜牒散失，大槩僅存，不可殫悉。李華《與盧復書》：頃撰《軍器舅神道碑》，後其房族由來，意欲如軍器之志，廣外家之美，令萬代聞見，不復討譜牒也。)
張玉書《佩文韻府》御定佩文韻府卷一百五之二		(923) 夜獵。(《爾雅》：夜獵為獠。庾信《哀江南賦序》：豈知灞陵夜獵，猶是故時將軍；咸陽布衣，無復思歸王子！李邕《臧公神道碑》：宿昔灞陵，意將軍之夜獵；屏營細柳，冀天子之幸臨。李商隱詩：灞陵夜獵隨田竇，不識寒郊自轉蓬。羅隱《題新榜》詩：灞陵老將無功業，猶憶當時夜獵歸。) (924) 稠疊。(張説《楊君神道碑》：璽書勞徠，縟賞稠疊。武少儀《鑿山引瀑記》：渥恩稠疊，時罕為比。杜甫《朝享太廟賦》：璧玉儲精以稠疊，門闌洞豁而森爽。又詩：稠疊多幽事，喧呼閲使星。李白詩：稠疊千萬峯，相連入雲去。周鉞《土積成山賦》：既稠疊于委輸，亦縱横于經緯。元稹詩：書來稠疊頗相於。白居易詩：從容盡日語，稠疊長年情。李商隱《謝端午賜物狀》：乾文昭融，睿賜稠疊。陸龜蒙詩：稠疊煙蘿屏。陸游詩：今茲稅駕地，佳事喜稠疊。陳與義詩：高門召客車稠疊，下里燒香篆屈盤。劉仲尹詩：碧雲稠疊鎖崔巍。) (925) 盈篋。(張華《豆羹賦》：是刈是穫，充箪盈篋。謝惠連詩：盈篋自余手，幽緘候君開。獨孤及《張公神道碑》：天書盈篋，廐馬在庭，恩華寵光，旁午道路。錢珝《謝食邑表》：將投盈篋之書，寧用濟川之檝。盧綸詩：簡誨偏盈篋。元稹詩：君衣不盈篋，君食不滿囷。又：幣聘雖盈篋，泥章未破緘。

續表

作者/文獻	版本	用　　例
張玉書 《佩文韻府》 御定佩文韻府 卷一百五之二	清文淵閣四庫全書本	劉禹錫《搗衣曲》：盈篋寄何處，征人如轉蓬。鄭谷詩：苦澀詩盈篋，荒唐酒滿樽。皮日休詩：盈篋共開華頂華，滿缾同折惠山泉。） (926) 綬篋。（張説《冉府君神道碑》：建旟千里，逮君六葉。龜顧印房，虵盤綬篋。） (927) 思涉。（元載《杜鴻漸神道碑》：天之薦瘥，時丁秏斁。如魚思涉，若廢網罟。） (928) 緩頰。（《史記・魏豹傳》：漢王聞魏豹反，方東憂楚，未及擊，謂酈生曰：緩頰徃説豹，能下之，吾以萬戸封若。……《宋史・趙良嗣傳》：宣和二年，使良嗣于金國，見其主阿骨打，議取燕。頗能緩頰盡心。吳邁遠詩：緩頰獻一説，揚眉受千金。張説《裴行儉神道碑》：公潛使緩頰，均其利心。深圖既入，狠意亦改。張友正《請長纓賦》：緩頰來九譯之朝，一言敵兩階之舞。皮日休詩：緩頰稱無利，低眉號不能。蘇轍詩：上客遠來工緩頰，雙鬟為出小垂肩。唐庚《察言論》：古之人臣，抵掌緩頰，説人主以用兵者，其言未嘗不引義。宇文虛中詩：敢將緩頰阻天兵。姚孝錫詩：忠言勞緩頰，善謔為開眉。盧摯《郝公神道碑》：世祖在潛邸，羅致異儁，挹其聞，遣使一再起公。既奉清問，上稽唐、虞，下迨湯、武，所以仁義天下者，緩頰以談，燦若所陳也。）
張玉書 《佩文韻府》 御定佩文韻府 卷一百五之三		(929) 去楫。（梁簡文帝詩：連翩隨去楫，鏡澈倒遙墟。杜牧詩：秋浦倚吳江，去楫飛青鷁。李至遠《安侯神道碑》：梁木應悲，井田俄殞。廣川去楫，修途廢軫。） (930) 綰攝。（李絳《王紹神道碑》：可以進退海內之上，可以綰攝天下之柄。） (931) 坐躡。（《齊書・十七王傳》：（論）帝王子弟，齠年稚齒，養器深宮，習趨拜之儀，受文句之學，坐躡縉紳，傍絶交友，情偽之事，不經耳目，憂患之道，未涉胷衿。楊炯《王公神道碑》：瞻太階兮坐躡，惜天年兮不假。） (932) 動躡。（張説《蕭公神道碑》：動躡思後，故口無擇言；照在機前，故身無擇行。） (933) 玉諜。（《急就篇》：鳥策篆素，玉諜石記。劉峻《廣絶交論》：聖賢以此鏤金版而鐫盤盂，書玉諜而刻鐘鼎。……楊炯《魏哲神道碑》：登封告禪，玉諜金繩。） (934) 危堞。（（《宋史・楊億傳》：西鄙未寧，億上疏曰：今國帑匱乏，不能制邊人之命，及濟靈武之急。數年之間，兇黨逾盛。靈武危堞，巋然僅存。

續表

作者/文獻	版本	用　例
張玉書 《佩文韻府》 御定佩文韻府 卷一百五之三	清文淵閣四庫全書本	李邕《臧公神道碑》：出奇兵以四征，保危堞以内備。呂周任《泗州大水記》：今以一葦之航，挂于危堞之上，以當漲海之勢，城頽而一塊不傾，水止而所濟獲全。鹿慶期《城邑判》：遽營危堞，不憚嚴科。） （935）樓堞。（《宋書・桂陽王休範傳》：表治城池，修起樓堞，多解榜板，擬以備用。……徐陵《廣州刺史碑》：浴鐵蔽于山原，擬金駭于樓堞。蘇頲《劉公神道碑》：易之梯衝，頗亡其樓堞；魏之桑梓，尤固于藩籬。韓愈詩：暗浪春樓堞。盧亘詩：彭城樓堞照黄土，河平堰石愁金天。） （936）永愜。（張説《郭知運神道碑》：以軍累破敵，即授其州刺史，進當軍經畧使。朝廷以永愜前除，且有後命。杜甫《論巴蜀安危表》：舉事永愜，不隕穫于蒼黄之際。） （937）仁浹。（獨孤及《李公神道碑》：仁浹鰥寡，道在彝鼎。臧孫有後，遺烈焕炳。孛术魯翀《王忱神道碑》：仁浹義洽，德崇配天。） （938）四表懾。（庾信《齊王憲神道碑》：用之撫軍，則四表懾伏。） （939）韻藻增宛葉。（《史記・項羽紀》：漢王之出滎陽，南走宛、葉，得九江王布，行收兵，復入保成皋。……簡文帝《慈光寺碑》：未若樊川之邦，宛葉之境。陳子昂書：瀍澗之中，天地交會，北有太行之險，南有宛葉之饒。元載《杜鴻漸神道碑》：分河隴材官，據南陽，當宛葉，以遏其勢。沈遼詩：謂如伯升勇，揚兵開宛葉。） （940）氣讋。（熊執易《馬公神道碑》：業揮而載，氣讋戎旃，火烈其威，金聲方革。）
張玉書 《佩文韻府》 御定佩文韻府 卷一百六之一		（941）蕭何法。（庾信《齊王憲神道碑》：宫殿崢嶸，彌壯蕭何之法。）
張玉書 《佩文韻府》 御定佩文韻府 卷一百六之二		（942）勛業。（《宋史・韓琦傳》：琦與范仲淹、富弼皆以海内人望，同時登用，中外跂想其勛業。潘岳《楊仲武誄》：名器雖光，勛業未融。張説《唐冉府君神道碑》：承家善慶，歷代名臣，風流載于史官，勛業藏于王府。杜甫《惜别行・送向卿之上都》詩：尚書勛業超千古，獨鎮荊州繼吾祖。又：南宫載勛業，凡百慎交綏。又：勛業青冥上，交親氣概中。白居易詩：待君麟閣圖勛業，更合何人居上頭。） （943）至業。（謝靈運賦：寒暑有移，至業莫矯。韓休《韋公神道碑》：夫賢者所以稱至業也。方干《送于丹》詩：至業是至寶，莫過心自知。） （944）榮業。（張九齡《徐文公神道碑》：仁而愛人，敏而好學，家有榮業，紹其弓冶。）

續表

作者/文獻	版本	用　　例
張玉書 《佩文韻府》 御定佩文韻府 卷一百六之二	清文淵閣四庫全書本	(945) 種樹業。(韓愈《胡公神道碑》：以剛直齟齬不阿權貴，除獻陵令。居陵下七年，不置田宅，務以種樹為業自給，教授子弟。) (946) 良弓業（劉大貞《杜府君神道碑》：宗族喻良弓之業，親朋示博帶之義。)
張玉書 《佩文韻府》 御定佩文韻府 卷一百六之三		(947) 執劫。(《漢書・樊噲酈商等傳》：(賛) 當孝文時，天下以酈寄為賣友。夫賣友者，謂見利而忘義也。若寄父為功臣而又執劫，雖摧呂祿以安社稷，誼存君親可也。權德輿《王公神道碑》：不能酬恩刷恥，而遭罹執劫，得正而斃，猶生之年。) (948) 驅劫。(裴杭《節度使田公神道碑》：驅劫忠良，易其守心。)
張玉書 《佩文韻府》 御定佩文韻府 卷一百六之三		(949) 韻藻駢脅。(《左傳・重耳》：及曹，曹共公聞其駢脅，欲觀其裸。浴，薄而觀之。按：駢脅，晉語作"骿脅"。《史記・商君傳》：趙良曰：君之出也，後車數十，從車載甲，多力而駢脅者為驂乘。《吴都賦》：猿臂駢脅。楊炎《郭公神道碑》：虎頭駢脅，曲踊雷聲；猿臂過挾輈之材，鷹揚表下韝之志。王安石詩：驕頑遂敢侮，有甚觀駢脅。) (950) 增嵲嶫。(《晉書・凉武昭王傳》：《述志賦》：崇崖嵲嶫，重嶮萬尋。姚燧《忙兀博羅驩神道碑銘》曰：大興師征，嵲嶫百城。)
張玉書 《張文貞集》 卷九		(951) 誥授光祿大夫護軍統領兼佐領世襲拖沙喇哈番柯公神道碑 (952) 户部員外郎納喇君神道碑 (953) 誥授通議大夫奉天府府尹前工部右侍郎萬含金公神道碑 (954) 文華殿大學士户部尚書掌翰林院事徐公神道碑

表二千零五十一

作者/文獻	版本	用　　例
張裕釗 《濂亭集》 遺文卷四	清光緒八年查氏木漸齋蘇州刻本	(1) 誥授光祿大夫贈太子太傅雲貴總督岑襄勤公神道碑 (2) 誥授中議大夫三品銜補用道夔州府知府蒯公神道碑（代合肥李相國） (3) 公諱德模，字子範。其卒以光緒三年九月二十一日，春秋六十有二。以某年月日葬於某所之原，淑人李氏祔。其季翰林院檢討光典具述遺烈，屬馮編修煦志其墓，又請爲神道之碑於鴻章。凡公世次、子姓、歷官、行治及其他諸懿軌，編修銘幽之文，曲折委備，既具言之矣。

表二千零五十二

作者/文獻	版本	用　　例
張滌章 《四朝詩》 宋詩卷七	清文淵閣四庫全書本	(1)《爆竹行》：歲朝爆竹傳自昔，吳儂政用前五日。食殘豆粥埽罷塵，截筒五尺煨以薪。節自汗流火力透，健僕取將仍疾走。兒童却立避其鋒，當堦擊地雷霆吼。一聲兩聲百鬼驚，三聲四聲鬼巢傾。十聲百聲神道寧，八方上下皆和平。却拾焦頭疊牀底，猶有餘威可驅癘。屏除藥裹添酒杯，晝日嬉遊夜濃睡。
張滌章 《四朝詩》 宋詩卷六十三		(2)《次韻槐姪送花》：塵欺雙鬢少，春寄一枝多。為報花神道，晴天載酒過。
張滌章 《四朝詩》 元詩卷四十九		(3)《和張仲舉清溪夜行》：溪上人家溪樹青，溪行野客思冥冥。月光蕩水遊魚出，屐齒穿沙宿鴈醒。蔓草古陵神道没，楓林夜火鬼祠靈。後庭遺曲依然在，商女能歌不忍聽。

表二千零五十三

作者/文獻	版本	用　　例
張雲章 《樸村文集》 卷十五	清康熙華希閔等刻本	(1) 神道碑・墓表・塔銘・哀辭 (2) 太常寺少卿高公神道碑（代）

表二千零五十四

作者/文獻	版本	用　　例
張照 《唐宋文醇》 卷六	清文淵閣四庫全書本	(1)《傳》曰“子雖齊聖，不先父食”，蓋言子為父屈也。景皇帝雖太祖也，其於獻、懿，則子孫也。當禘祫之時，獻祖宜居東向之位，景皇帝宜從昭穆之列，祖以孫尊，孫以祖屈，求之神道，豈遠人情？又常祭甚衆，合祭甚寡，則是太祖所屈之祭至少，所伸之祭至多。比於伸孫之尊，廢祖之祭，不亦順乎？事異殷周，禮從而變，非所失禮也。臣伏以制禮作樂者，天子之職也。陛下以臣議有可采，粗合天心，斷而行之，是則為禮。如以為猶或可疑，乞召臣對，面陳得失，庶有發明。謹議。

續表

作者/文獻	版本	用　　例
張照 《唐宋文醇》 卷九		(2) 唐故江南西道觀察使中大夫洪州刺史兼御史中丞上柱國賜紫金魚袋贈左散騎常侍太原工公神道碑銘
張照 《唐宋文醇》 卷十		(3) 歐陽文忠作《陳文惠公神道碑》，書公通判潮州，惡谿鱷魚不可近。公命捕得，鳴鼓於市，告以文而戮之，其患并息。潮人嘆曰：昔韓公諭鱷而聽，今公戮鱷而懼，所為雖異，其使異物醜類革化而利人一也。吾潮間三百年而得二公，幸矣！
張照 《唐宋文醇》 卷十二		(4) 壽州安豐李興亦有至行，柳宗元為作《孝門銘》，曰：壽州刺史臣承思言：九月丁亥，安豐令上所部編户甿興，父被惡疾，歲月就亟，興自刃股肉，假託饋獻。父老病，已不能啖，宿而死。……此皆陛下孝理神化，陰中其心，而克致斯事。謹案：興甿庶賤陋，循習淺下，性非文字所導，生與耨耒為業，而能鍾彼醇孝，超出古列，天意神道，猶錫瑞物，以表殊異。
張照 《唐宋文醇》 卷十三	清文淵閣四庫全書本	(5)《與呂恭書》：宗元白：元生至，得弟書，甚善，諸所稱道具之。元生又持部中廬父墓者所得石書，模其文示余，云若將聞於上，余故恐而疑焉。……聖人有制度，有法令，過則為辟。故立大中者不尚異，教人者欲其誠。是故惡夫飾且偽也。過制而不除喪，宜廬於庭；而矯於墓者，大中之罪人也。況又出怪物，詭神道，以奸大法，而因以為利乎？夫偽孝以奸利，誠仁者不忍擿過，恐傷於教也。然使偽可為而利可冒，則教益壞。若然者，勿與知焉可也，伏而不出之可也。
張照 《唐宋文醇》 卷十七		(6)《柳州文宣王新修廟碑》：仲尼之道，與王化遠邇。惟柳州古為南夷，椎髻卉裳，攻劫鬬暴，雖唐虞之仁不能柔，秦漢之勇不能威。至於有國，始循法度，置吏奉貢，咸若采衛，冠帶憲令，進用文事。學者道堯舜孔子，如取諸左右，執經書，引仁義，旋辟唯諾。中州之士，時或病焉。然後知唐之德大以遐，孔子之道尊而明。……卜日之吉，虔告於王靈曰：昔者夫子嘗欲居九夷，其時門人猶有惑聖言，今夫子代千有餘載，其教始行，至於是邦。人去其陋，而本於儒。孝父忠君，言及禮義。又況巍然炳然，臨而炙之乎！惟夫子以神道設教，我今罔敢知。欽若茲教，以寧其神。追思告誨，如在於前。苟神之在，曷敢不虔。居而無陋，罔貳昔言。申陳嚴祀，永永是尊。麗牲有碑，刻在廟門。

續表

<table>
<tr><th>作者/文獻</th><th>版本</th><th>用　　例</th></tr>
<tr><td>張照
《唐宋文醇》
卷二十九</td><td rowspan="7">清文淵閣四庫全書本</td><td>(7)《元史》：臣謂真宗英悟之主，而天書一事，吁可駭怪。及修《遼史》，乃知遼俗尚機而明鬼，故神道設教，假以動敵人之聽，消覬覦而偃兵革耳，然而計亦末矣。仁宗以天書殉葬，賢哉！……及是澧州獻瑞木成文，遂慷慨論列，不顧忌諱。修於真宗之非自欺，而仁宗之必不裕蠱，雖若不相知者，顧其論正而言忠，則可為後世法也。</td></tr>
<tr><td>張照
《唐宋文醇》
卷三十</td><td>(8) 資政殿學士戸部侍郎文正范公神道碑銘
(9) 太尉文正王公神道碑銘</td></tr>
<tr><td>張照
《唐宋文醇》
卷三十一</td><td>(10) 鎮安軍節度使同中書門下平章事贈太師中書令程公神道碑銘
(11) 觀文殿大學士行兵部尚書西京留守贈司空兼侍中晏公神道碑銘</td></tr>
<tr><td>張照
《唐宋文醇》
卷三十二</td><td>(12) 修與杜衍子訢書自謂：文字簡略，止記大節，期於久遠，恐難滿孝子意。……凡墓志、神道，皆國史所據以示後世者也。文如韓、歐其人者不世出，而史則不可以或闕。不可或闕，而又無可信之碑志以為據依，則信史不更大難乎！觀修為杜衍作志，其斤斤自明如此，蓋以時俗不能曉信今傳後之義，徒欲躋其父祖與聖哲比肩，必銘功悉太公、頌德皆仲尼而後快，不知空言無實之名非所榮也。</td></tr>
<tr><td>張照
《唐宋文醇》
卷四十九</td><td>(13) 司馬溫公神道碑
(14) 朱子曰：坡公作《溫公神道碑》，叙事畧。然其平生大致，不踰於是矣。這見得眼目高處。</td></tr>
<tr><td>張照
《唐宋文醇》
卷五十</td><td>(15) 富鄭公神道碑
(16) 徐度曰：東坡初欲為《富韓公神道碑》，久之未有意思。一日晝寢，夢偉丈夫，稱是寇萊公來訪。……蓋碑之末，初曰：公之勳在史官，德在生民，天子虛已聽公，西戎、北狄視公進退以為輕重，然一趙濟能搖之。竊謂“能”不若“敢”也。東坡大以為然，即更定焉。</td></tr>
<tr><td>張照
《協紀辨方書》
卷七</td><td>(17) 天罡者，厭對也，招搖也，六儀也，隨所取義而異其名，其實一也。所以用天罡加建者，天罡為北斗臨制四方之柄，故以加建。擇日則加月建，擇時則加日建，此神道之樞機也。罡既加於陽建，則破必指於陰建矣，此陰陽之妙用也。</td></tr>
</table>

表二千零五十五

作者/文獻	版本	用　例
張振鋆《按摩要術》卷三	清光緒張氏刻述古齋幼科新書本	(1)《督脈圖註》：長強（骶骨端三分），腰俞（二十一椎下），陽關（十六椎下），命門（十四椎下），懸樞（十三椎下），脊中（十一椎下），續筋（九椎下），金陽（七椎下），靈臺（六椎下），神道（五椎下），身柱（三椎下），……神庭（髮際上五分），素髎（鼻端），水溝（人中），兌端（唇上端陷中），齗交（上齒內）。

表二千零五十六

作者/文獻	版本	用　例
張之洞《張文襄公奏議》卷六十九	民國刻張文襄公全集本	(1) 第三十三條：凡請發拘提及搜索房院等票者，必宣誓。按：凡宣誓爲西教舊習，《摩西十誡》不許妄言，耶穌行道首闡此旨。西國崇尚宗教，故裁判之地不廢宣誓。然餼羊告朔，不過略存其意，未必竟以爲憑。日本訴訟法，除證人外，概不宣誓，亦以人情詐僞，隨指天誓日，必無益也。中國古者有大征伐則誓於民，然作誓民疑已見於殷人之世。春秋列國以祝詛之詞載於盟府，而口血未乾，渝盟背約者往往有之。是無論東西古今，斷無宣誓可信之理。況近來教堂日盛，教勢自張，載此於法律之中，直是揚湯止沸，將使神權之說昌於禮義之邦，迷信之譏始於法廷之上，此不問而知其害矣。而本法各條，宣誓一項凡十一見。長言反覆，鄭重再三，一若宣誓以後，所控皆真，所供皆實者。即使毫無欺罔，亦是神道設教，迹近愚民，況變詐百出乎。
張之洞《（光緒）順天府志》卷六	清光緒十二年刻十五年重印本	(2)《御制重修關帝廟碑記》：人之道，非聖無以臻其極，至聖不可知而謂之神。如《書》所頌"乃聖乃神"，與夫炎帝之稱神農，夏禹之稱神禹者，希焉。若神之道，旼旼穆穆，自日星河嶽，爰逮坊庸門霤之各顓其職，靡不緣司契以定主名，則純乎神而非人之所得預者。生為英，殁為靈，其功德勿沫於世，世亦相與俎豆尸祝以神之。然未有不推乎正直聰明，足立萬禩人倫之表，故睪然尊而宗之以為神聖焉。蓋聖而神之，所以著聖道之精；神而聖之，所以明神道之正。若是者嘗求諸先聖先師而外，厥惟關聖大帝克以當之。
張之洞《（光緒）順天府志》卷十八	清光緒十二年刻十五年重印本	(3)《景物略》又云：祠在北京者稱泰山頂上天仙聖母，麥莊橋北曰西頂，草橋曰中頂，東直門外曰東頂，安定門外曰北頂，盛則莫如宏仁橋，若億萬姓所皈禮以教神道焉，君相有司不禁也。

續表

<table>
<tr><th>作者/文獻</th><th>版本</th><th>用　　例</th></tr>
<tr><td>張之洞
《（光緒）順天府志》
卷二十三</td><td rowspan="2">清光緒十二年刻十五年重印本</td><td>(4) 時康熙三十九年二月二十七日，距公生於皇清崇德三年七月初五日，得春秋六十有三。賜祭葬碑文於西山楊家莊神道，謚襄勤。凡公生平政績，俱詳史館，不備書。天鳳承乏茲土，景仰先型，慮無以盡修舉責，爲守土者羞，幸祠落成，竊誌梗概而知通之俎豆。夫公者名宦，而外復有專祠，豈不宜哉！
(5) 至於我朝，奉祀尤謹，月朔、望，官吏必親謁，春、秋賽，祀特牲。來宰其邑者，必先謁廟，若期與陰陽表裡，幽明一體，以共安小民者。蓋神道設教，所以警飾愚氓者至矣。</td></tr>
<tr><td>張之洞
《（光緒）順天府志》
卷二十四</td><td>(6) 戴聖聰《重修城隍廟記》：古之為國者，專於治人，而後世之為國者，則不能無藉乎神道之教。神道者，所以扶賞罰之窮，而佐平明之理也。古之制，國社里社而已，未有城隍也。然宰我之對哀公，有“使民戰栗”之言，而新莽之誓其臣下亦曰“社鬼祀之”，此即鬼神之說所自昉矣。迨齊慕容儼、梁武陵王祀城隍，皆見於史，而唐張說、杜牧，並有祭城隍之文，李陽冰有縉雲城隍之祀，自是以後，始入祀典。國家籍古定制，守令至官，必先謁城隍神，而祭厲之日，以城隍主之。是則人鬼幽明之所宗，其義重於前代矣。懷柔邑小而近邊，圈佔之後，生齒稀少，而在諸邑之中稍為涫樸，然以密邇浩穰，不無奸宄之慮。令陸君曰：是可以神道教也。
(7) 青都臨於近輔，磐石移於京邑，信羣望之會宗，方輿之勝境也。夫大造之運，歸于無眹，顯于有赫，后土所載，無不有人，則無不有神司之。君人者為民則設官以治，治之有弗能移者，則藉神道以默相其間，自生民以來，未有廢此者也。今聖主用大道為治，天下嚮風，文德四洽，遠人來歸，若無事于神者，乃猶以懷柔之典，有舉不廢，倘亦神道設教之意歟！
(8) 吳山鳳《清河將軍廟祈雨記》：人心之所聚，而神憑焉。神依乎人，而天應焉。聖人所以神道設教，而人所有賴乎神者，其理甚正，其道至大。涿州有神曰清河將軍，或曰唐人，或曰後漢時人，有墓在涿境。元時屢著靈應，封號“昭祐靈惠公”，下有司建廟以祀，歷今數百年。涿之人，水旱疾苦必禱焉。
(9) 吳道凝《重修城隍廟碑記》：皇朝崇德報功，首重祀典。我房邑城隍社令之神，與山川並列正祀，以其爲萬民司命也。載稽前志，爵封顯佑伯，鎔金爲像，架木為祠，神式憑之，用嘉惠億兆，俎豆馨香垂二百餘年，以至於今。其間補葺增修者，名勒碑陰，昭然可考。說者曰：聖人以神道設教，不過為冥頑輩森羅拜象，使有所懼，而不敢為惡。此猶淺之乎視神道也。上帝</td></tr>
</table>

續表

<table>
<tr><th>作者/文獻</th><th>版本</th><th>用　　例</th></tr>
<tr><td>張之洞
《（光緒）順天府志》
卷二十四</td><td rowspan="2">清光緒十二年刻十五年重印本</td><td>之尊，處於衝漠，而職司都邑者，神實有靈，其心則帝心也，其力則帝力也。萬民之生，胥聽於神，神之聰明，無不見聞，神之正直，無不賞罰。
（10）吾聞聰明正直之謂神，則福善禍淫，實惟城隍之職，今此下民能為善以去惡，若神陟降左右，而不敢斁，則福履無疆，垂之子孫不替，神之所佑，不既大乎！是不可以不慎也。雖然，幽有鬼神，明有禮樂，有司之施於有政，無非神道設教耳。試觀安侯之仕平舒也，伸節以礪民之行，率義以作民之勇，彰善以示民之勸，癉惡以示民之懲，法制凜然而不可犯，真如神明之在上也。爾士民能遵侯之令，而守之不渝，則可免刑憲之辱，悠悠於太平之世，是安侯之錫福於民，卽城隍之佑之也。</td></tr>
<tr><td>張之洞
《（光緒）順天府志》
卷二十六</td><td>（11）《一統志》：楚材，見《先賢傳》。《縣志》：墓東有祠，今為僧舍，石像猶存。《匏翁家藏集》：耶律丞相墓，在甕山下，前有石像，鬚分三繚，其長過膝。《野獲編》：耶律楚材大有造于中國，功德塞天地，元世祖眷之亦異他將相，其壽域想必屬當時恩賜者。今按《元文類》，宋子貞撰《耶律公神道碑》，偁耶律公生于明昌元年六月二十日，年五十五而卒。以中統二年葬于玉泉東甕山之陽，從遺命也。然則非恩賜矣。
（12）禮部尚書馬忠懿月合乃墓，在縣清水河之陰。（據馬祖常撰《神道碑》。《碑》云：公諱月合乃，世屬雍古部族，居靜州之天山，官至禮部尚書。葬于大都宛平縣清水河之陰之原太夫人王氏墓後，梁郡夫人白氏祔後。）
（13）平章政事廉文正公希憲墓，在縣西。（據元明善撰《神道碑》。《碑》云：王姓廉氏，字善甫，北庭人。年十九，宿衛世祖王邸。三十，拜平章政事。至元十七年十一月十九日夜，大星隕于正寢之後樂堂，流光燭地，久之方滅。是夕，王薨，春秋五十。越某日，葬于宛縣之西原。）
（14）正議大夫禮部尚書王倚墓，在縣西三十里盧師山下。（劉因撰《神道碑》。倚，見《搜古表》。按：墓今無考。）
（15）楊襄敏公教化墓，在縣西香山鄉之皇華原。（虞集撰《神道碑》。《碑》云：教化，西夏人。葬宛平縣香山鄉之皇華，原娶李夫人，繼室王夫人，皆祔焉。）
（16）兵部右侍郎李震墓，在縣西玉河鄉。（商輅《李公神道碑》。《碑》云：公諱震，字用初，別號省菴。成化乙未某月日卒，距生永樂甲午某月日，壽六十有二。以卒之年月日葬玉河鄉之原，祔先塋也。先世山西臨汾人。元季，曾伯祖希賢，遊宦于燕，因家宛平，娶蔡氏、劉氏，子四：浦、瀚、溟、江。）</td></tr>
</table>

續表

作者/文獻	版本	用　例
張之洞《（光緒）順天府志》卷二十六	清光緒十二年刻十五年重印本	（17）大學士朱珪墓，在西山呂邨二老莊。（阮元《朱文正公神道碑》。珪，見《先賢傳》。） （18）徽政副使張九思墓，在縣境南。（虞道園撰《神道碑》。九思，見《先賢傳》。） （19）史尚書秉直墓，在大焦垡邨，有《神道碑》，劉祁撰。 （20）史元帥進道墓，在大焦垡邨，有《神道碑》，段紹先撰。 （21）平章史格墓。（按：《周志》未載格墓，惟元姚燧撰《神道碑》云：葬太保莊太尉兆。按：云“太尉兆”者，必祔葬天澤墓者也。且碑銘云：載烈茲碑，石獸衛之，與漯河流，相永無期。漯河，卽桑乾河。既有碑可據，因標目於天澤墓之次。格，見《先賢傳》。） （22）孫巖墓，在州東馮家務。（《通州高志》。楊榮《孫公神道碑》：公諱巖，世家鳳陽之於皇里。） （23）贈通議大夫董政墓，在故漷縣境。（《通州高志》。商輅《董公神道碑》：公諱政，字文正，今刑部右侍郎方之父，以正統乙丑七月十九日卒，享年五十有四，葬漷邑里居河陽之原。以方貴，贈通議大夫、刑部右侍郎。） （24）董子和墓，子布政使昱祔葬，在故漷縣北。（《通州高志》。薛瑄《董公神道碑》：公諱子和，字有節，姓董氏，世為順天府漷縣人。曾祖顯，祖成，父恭。公性剛直謙厚，幼知嗜學，通經史大義，居家孝友，樂善好施，位不滿德，而教付厥子，長曰暹，次日昱。） （25）李莊簡偉墓，在州永樂店西北，有明大學士申時行撰《神道碑》。（《通州高志》） （26）照提督例賜卹、安徽壽春鎮總兵王剛節錫朋墓，在縣南董家莊，有福建陳慶鏞撰《神道碑》。（《采訪冊》。錫朋，見《先賢傳》。） （27）湖北巡撫徐化成墓，在城東八里南邵邨，詹事沈荃撰《神道碑》。（《昌平宋志》。化成，見《先賢傳》。） （28）兵部尚書范承勳墓，在縣北青甸莊，有《神道碑》，張廷玉撰。 （29）懷甯侯孫武敏鏜墓，在縣北紅螺山前，有《諭祭碑》及大學士彭時撰《神道碑》。（《懷柔吴志》。） （30）兵部尚書史道墓，在州城南，有季本撰《神道碑》。（《涿州吴志》。） （31）姚少師廣孝墓，在縣東北四十里太平里。（《一統志》。《明宣宗實錄》：宣德元年五月，立《故少師榮國公姚廣孝神道碑》。初，廣孝卒，太宗皇帝親製碑文，命有司營葬，並樹碑《神道碑》已具，而文未刻。至是其養子繼以請，上出永樂中御製文付之曰：其卽刻碑以成皇祖嘉念功臣之志。廣孝，見《釋道傳》。）

續表

作者/文獻	版本	用 例
張之洞《（光緒）順天府志》卷二十六	清光緒十二年刻十五年重印本	(32) 工部尚書張仁憲墓，在縣西北三里相公莊，有《神道碑》，李儉撰。（《一統志》。《文安楊志》：即仁憲故里。有《神道碑》在莊北。《碑》云：工部張公，嘗仕本州，歷居右職。貞元初，敕授銀青光祿大夫、太子中允。四年，薨於昌平縣之官舍，春秋七十有五。旋窆於文安縣之西北安樂鄉原。夫人魯氏，後公二十二年没，至是祔焉。公諱仁憲，字仁憲，其先清河人。祖諱為，瀛洲刺史，封清河伯，遂家於燕。） (33) 同知廣東宣慰司事王守信墓，在縣北孟郁。（《大城張志》。姚燧撰《神道碑》：（略）至元三十年，年五十六。六月四日，卒廣州，在官三十二年。今以某歲月日還葬霸之大城孟郁。） (34) 祭酒成憲墓，在城東三里，有《神道碑》。（《薊州沈志》） (35) 兵部侍郎韓鑅墓，在州東一里北大井。（《采訪册》。李宗昉撰《神道碑》：公韓姓，諱鑅，字序東，別字蘭亭，貴州畢節人也。公以別駕入仕，揀發東河，超擢至東河總督。嘉慶四年，轉兵部左侍郎。純廟上賓，奉護裕陵，積勞致疾，得請告並准入大興籍。九年八月十二日，卒於京邸，年七十六。）
張之洞《（光緒）順天府志》卷二十九		(36) 西北二里麻各莊，東麻各莊，三里相公莊，唐張仁憲故里也。（《文安楊志》。相公莊，唐工部尚書張仁憲故里，莊北有《神道碑》。）
張之洞《（光緒）順天府志》卷七十二		(37) 緄傳云：煥為幽州刺史。又煥有墓闕，題“豫州幽州刺史馮使君神道”。 (38) 五載，又破契丹功居多，拜左武衛大將軍，仍充節度副使。玄宗嘉之，璽書慰勉，盈溢篋笥。十四載冬十一月九日甲子，安祿山反范陽，以天子有命，陷身凶逆，舉家見質，冒死南奔，投行營。廣德二年，薨。（顔真卿《特進行左金吾衛大將軍上柱國清河郡開國公贈開府儀同三司兼夏州都督康公神道碑銘》。）
張之洞《（光緒）順天府志》卷七十三		(39) 劉畿（《題名碑》。按：王世貞《羽泉劉公神道碑銘》，畿作“幾”），字子京，由汴南徙居長洲。（《神道碑》）……畿調度往來，僅四月而城成。會所勸募足，還三萬金于大官。上悦，特賜白金、文綺，進右副都御史，督撫兩浙。（《神道碑》）
張之洞《（光緒）順天府志》卷七十四		(40) 十年立春日，循例進春。上召問春牛顔色，起於何時。淩漢奏：《月令》稱出土牛並無顔色，宋時頒行《土牛經》，支幹各色，略與今同，始於仁宗景祐元年。其博洽強記多類此。（阮元《何文安公神道碑銘》。）

續表

作者/文獻	版本	用　　例
張之洞《（光緒）順天府志》卷七十四	清光緒十二年刻十五年重印本	(41) 淩漢奏：附近京城之民，無庸資送，其隸外州、縣及外省者，應於散工日給盤川錢二百文，再給印票一張，注明制錢五百文，回本籍衙門承領，貧民歸有餘資，散歸必速。奉旨允行。(《神道碑銘》) (42) 景龍中，復起左諭德兼榮文館學士，詔加銀青光禄大夫。又攝詹事東都留守，拜常州刺史，居歲餘，優詔致仕。先天元年薨，年八十。凡撰（張説《平君神道碑》)《孝經義》《養德傳》(《新書·藝文志》注云“卷亡”)《淳孝友悌傳》各一篇，《先君親友傳》十卷，《家譜》《家誌》各十卷，《河南巡察記》十卷，《文集》十卷，行於代。(《神道碑》) (43) 盧巽，范陽人。安祿山諂覆洛京，以偽職淫刑脅劫士庶，巽潛遁於陸渾山，食木實、飲泉水者二年，訖不為逆命所汙。及肅宗嗣位，詔河南尹薛伯連搜訪不仕賊庭隱藏山谷者，伯連得六人以應詔，而巽在焉。繇是名節聞於朝野，君子以為知道，優詔褒美。(白居易《張公神道碑銘》。) (44) 高崇文，字崇文。其先自渤海徙幽州（《新書·列傳》）為潞人，七葉無分家，異財化行鄉黨。(韋貫之《南平郡王神道碑》) 開元中，再表其閭。崇文性樸重寡言（《新書·列傳》)，雅尚節義，學韜鈐，習騎射（《神道碑》)，少籍平盧軍（《新書·列傳》)。 (45) 貞元中，侯隨韓全義鎮長武城（《神道碑》)，治軍有聲。 (46) 西蜀帥佐劉闢反（《神道碑》)，宰相杜黄裳薦其才。(新舊《列傳》) 元和元年，拜檢校工部尚書、左神策行營節度使，兼統左右神策、奉天麟遊諸鎮兵以討闢。(《舊書·列傳》) 黄裳因奏罷中人監軍，專委崇文。(《新書·杜黄裳傳》) 時顯功宿將，人人自謂當選，及詔出，皆大驚。(《新書·列傳》) 崇文在鎮，繕甲兵，勵士卒，常如待敵。及奉詔，卽日進路（《神道碑》)，器良械完，無一不具。 (47) 會昌六年，詔配享憲宗廟。子承簡。(《新書·列傳》。按：《神道碑》言“嗣子金紫光禄大夫行思王傅上柱國上谷郡公士政，次子檢校秘書兼御史中丞士榮，季子左衛率府胄曹參軍士明”，而不見承簡名，豈士政即承簡歟? (48) 盧渥，字子章，范陽人。識致遠大，強學發文，未就鄉舉，時輩皆以爲傑出。……大京兆每引見必優禮，言則稟規，諸曹請事，若奉嚴師。(司空圖《盧公神道碑》。)
張之洞《（光緒）順天府志》卷九十六		(49) 耶律楚材，字晉卿。……因取左氏“楚材晉用”以名字。(宋子真《耶律文正公神道碑》) 生三歲而孤，母楊氏教之學。比長，博極群書，旁通天文、地理、律曆、衍數之説，為文若宿搆者。(《元史類編》十一) 金中都破，蒙古主嘗訪遼宗室（《通鑑輯覽》五十)，聞其名，召見之。……(《神道碑》) 己卯夏六月，帝西討回回國，禡旗之日，雨雪三尺，帝疑之，楚材

續表

作者/文獻	版本	用　　例
張之洞《（光緒）順天府志》卷九十六	清光緒十二年刻十五年重印本	曰：元冥之氣見於盛夏，克敵之徵也。……夏人禪巴泌（原作“常八斤”），善造弓，每曰：國家方用武，耶律儒者，何用？楚材曰：治弓用弓匠，為天下豈可不用治天下匠耶？太祖聞之喜，日見親用。（《古品節錄》六）國初未有曆學（《神道碑》），西域曆人奏：五月望，夜月當蝕。楚材曰：否。卒不蝕。明年十月，楚材言：月當蝕。西域人曰：不蝕。至期，果蝕八分。（《元史·列傳》）上大異之，曰：汝於天上事無不知，况人間事乎！（《神道碑》）壬午八月，長星見西方。楚材曰：女真將易主矣。未幾，金宣宗果殂。……甲申，帝至東印度，駐鐵門關（《元史·列傳》），忽有大獸（《輟耕録》），鹿形，馬尾，色綠而獨角（《神道碑》），如犀牛，能作人語，云：此非帝世界，宜速還。左右皆震懾，獨楚材進曰：此名角端，乃旄星之精。聖人在上，則斯獸奉書而至，能日行一萬八千里（《輟耕録》），解四夷語，是惡殺之象。 (50) 太祖九年甲戌（《永清周志》），從下北京，詔以烏頁爾（原作“吾也兒”）為北京路都元帥，秉直行尚書六部事。（《元史·史天倪傳》）烏頁爾雖為大帥，其軍府事，一委秉直。（劉祁《史公神道碑》。） (51) 庚寅，老疾，謝歸鄉里。（《永清周志》）……時時幅巾羸馬，逍遥園亭，里巷間人不知其為貴人。又種竹蒔花，以閑自適。（《神道碑》）卒年七十一。子天倪，次天安，次天澤。（《元史·史天倪傳》）初，天倪之赴真定也，秉直戒之曰：觀武仙辭氣終不為我用，宜早備之。天倪曰：我以赤心待人，人或相負，天必不容，願無慮。尋果及禍。（《元史類編》十七） (52) 又王惲作家傳亦載此事於太宗朝，與權為唐鄧萬户並載，而樞為新軍萬户，則載於憲宗時，與當時情形亦不盡合，而王磐《神道碑》又云：讓位在世祖時，蓋元人之文已不一律矣。 (53) 張宏範請復將亳州軍，乃還格鄧州舊軍，拜參知政事、行廣南西道宣慰使。入覲，拜資德大夫、湖廣行中書右丞。移江西右丞，尋復為湖廣右丞，進平章政事。（《元史·列傳》）聚書萬卷，鼎彝圖書一室，號曰“裕齋”。（姚燧《史公神道碑》）卒，年五十八。（《元史·列傳》） (54) 進道治北京十有餘年，但推誠御眾，不為鉤距鉗戾譎詐之事。其於治也，輕徭薄賦，憫弱抑強，以清嚴為用，仁慈為體，不要虛譽，務施實德，闔境之內，家給人足，咸樂其生。常謂人曰：人生處世，幼不能事父母，長不能事兄長，於義誠有闕矣。且吾有老兄，别居鎮陽，吾嘗思之，每馳神南邁，吾兄得毋引領北向乎？慨然為之變色。其天資孝弟如此。卒，年六十有五。（段紹先《史公神道碑》。）

續表

作者/文獻	版本	用　　例
張之洞《（光緒）順天府志》卷九十七	清光緒十二年刻十五年重印本	(55) 董子和，字有節，漷縣人。……父恭，湘潭縣令。（薛瑄《董公神道碑》）……侍父疾（《通州高志》），晝夜在側，衣不解帶。復稽首北辰，求以身代。既而父歿，水漿不入口者三日，幾絶復蘇，葬祭如禮，而哀戚過之。平日樂善好施，人有死無葬具者，即助之棺槨；婚姻未就者，即助之財禮；有假貸不能償者，即焚券不復問；有鬬辯不能平者，待其一言而決。（《董公神道碑》）里有牧官馬斃，法當償者，追呼無以應，將自盡。子和貸以償之，得不死。遇蝗旱，民不聊生，量拯以粟，全活甚衆。卒，年五十八。 (56) 田景賢，字宗儒，涿州人。（《畿輔唐志》七十一）舉成化甲午鄉試，乙未進士，為户科給事中。（羅洪先《禮部尚書田公神道碑銘》）劾貴戚慶雲伯周壽（《畿輔唐志》），忤憲宗旨，廷杖瀕死（《神道碑銘》），猶極言不已。……視居庸三關，歸備禦之策，以佐朝議。（《神道碑銘》）建白咸切時宜。（《畿輔唐志》）代祀東方，凡道途所經，耳目覩記可駭異者，具以上聞。蓋雖不在言路，無由盡論天下事，然猶隨事納忠，以冀一言之用。（《神道碑銘》）歷官禮部尚書，掌太常事。劉瑾擅政（《畿輔唐志》），奴視諸大臣，俱入賄求免。然賄入，禍亦不免。太常典諸儀禮、郊祀、燕享、朝賀、樂舞，節目繁碎，最易得罪。（《神道碑銘》）景賢，長身玉立，簡靜自持，毫不為屈。（《涿州續志》）終瑾之身，竟不能有所螫毒。（《神道碑銘》）後進太子太保，卒，贈太子太傅。（《涿州續志》）孫汝麟，登嘉靖庚戌進士，官户部主事。（《神道碑銘》）
張之洞《（光緒）順天府志》卷一百二		(57) 二十九年，丁父憂。服闋，授湖北按察使。時緬甸用兵，珪司驛務，無遲誤，無擾累。楚北亂民聚衆，珪鞫之不少縱，然脅從者皆得免。三十三年，調山西按察使。明年，授山西布政司。（阮元《朱文正公神道碑》。） (58) 五十四年，置蕭山祭田百畝。冬，還朝，充經筵講官。五十五年，經筵進講時，諸皇子侍班聽講。（《先正事略》）珪講《尹誥》《說命》之篇，天心愉悦（陳壽祺《朱文正公神道碑》），顧謂仁宗曰：汝師傅所講甚善。 (59) 嘉慶元年，授兩廣總督。降旨内召（阮元《朱文正公神道碑》），將相之。尋以治安南艇盜緩，左遷，復爲安徽巡撫。（陳壽祺《朱文正公神道碑》）鳳陽等屬水災，疏請賑卹，親給之，官吏莫敢侵。（《先正事略》）時楚、豫多邪教，流言安徽有隱伏者，珪曰：疑而索之，是激之變也。……明年，授兵部尚書，調吏部尚書，皆留巡撫任。（阮元《朱文正公神道碑》。） (60) 惟願我皇上恒久不忘堯、舜自任之心，臣敢不隨時勉行仁義事君之道！上嘉納之。及至京哭臨，上執手哭失聲，旋命直南書房，管户部三庫。（阮元《朱文正公神道碑》）自是凡國家大政有所咨詢，皆造膝自陳，不草一疏，

續表

作者/文獻	版本	用例
張之洞《（光緒）順天府志》卷一百二	清光緒十二年刻十五年重印本	不沽直，不市恩，不關白軍機大臣。 (61) 十二月乙亥，力疾作《芻獻》詩（《先正事略》），有云：天道神難測，民心惟一中。知人可安衆，居所自持公。（阮元《朱文正公神道碑》）丁卯，夜半薨。上震悼，晉贈太傅，入祀賢良祠。己卯，上親臨，奠三爵，哭不止。回宮降制曰：乾隆朝故大學士劉統勳，蒙皇考鑒其品節，賜諡文正，易名之典特隆。 (62) 珪在翰林時（《先正事略》），國家有大典禮，撰進雅頌、詩册、文跋，高宗必親覽之，以為能見其大，頌不忘規。或陳坐隅，或命諸皇子、皇孫寫爲副。聖製詩或寄示命和（阮元《朱文正公神道碑》）所著《知足齋詩文集》，上命以刻本進，賜題律詩四章於卷首。（《先正事略》）珪於經術，無所不通，取士務以經策較《四書》文，鋭力以求樸學。才士黃景仁、張騰蛟死，深恫惜焉。撫安徽，裁蕪湖南關陋規。閩省洋商陋規事發，欽使蒞治，惟珪未受一錢，清操亮節，人皆仰之。（阮元《朱文正公神道碑》）嘗曰：吾三十九歲夜坐，忽腹間自煖，由脊上貫於頂，甘液自顎下注，由是流轉，至老不絕，乃知朱子注《参同契》，非空言也。
張之洞《（光緒）順天府志》卷一百三		(63) 宣宗手勑曰：玩則懲之，服則舍之，尚合機宜，不失國體也。十五年，卒，年六十有四。（《先正事略》）贈太子太師，諡敏肅。（龔自珍《盧公神道碑》）諭賜祭葬如例。（《先正事略》）
張之洞《（光緒）順天府志》卷一百四		(64) 闢率餘黨奔西山，霞寓以輕騎追捕，及於陽灌田，遂擒送闕下。（韋貫之《南平郡王神道碑》）以功拜彭州刺史，尋繼崇文為長武城使，封感義郡王。 (65) 高郜，字子將，范陽潞人（四字據韋貫之《高崇文神道碑》補），淮南節度使駢之猶子也。父泰，黔中觀察使。唐僖宗避敵在蜀，駢鎮淮南爲都統，兼諸道鹽鐵使，兵賦在已，朝廷優假之，以故郜幸而早官，年十四遥領華州刺史。 (66) 謝表有云：桓榮設几杖於太常，不聞宸翰之賜；晏殊題舊學於神道，未見几杖之頒。自今將杖以戒噎，則當思四海或有飢餒之民；凭几以安身，則當念一物或有顛連之歎。人争頌之。
張之洞《（光緒）順天府志》卷一百二十三		(67) 今存《爲姚大夫請致仕歸侍表》《諫營興泰宫疏》《答毛傑書》《右拾遺陳子昂文集序》《衡嶽十八高僧序》《析滯論》《弔紀信文》《紀信碑》《紀信碑陰》《景星寺碑銘》《太子少傅蘇瓌神道碑》《陳子昂别傳》《祭拾遺陳

續表

<table>
<tr><th>作者/文獻</th><th>版本</th><th>用　例</th></tr>
<tr><td>張之洞
《（光緒）
順天府志》
卷一百二十三</td><td rowspan="3">清光緒十二年刻十五年重印本</td><td>公文》，見《全唐文》二百三十八。
(68)《河南巡察記》十卷（佚）。《唐志》未著録，見張説《平君神道碑》。
(69)《淳孝傳》一篇（佚）。《唐志》未著録，見《神道碑》。
(70)《友悌傳》（佚）。《唐志》未著録，見《神道碑》。
(71)《先君親友傳》（佚）。《唐志》未著録，見《神道碑》。
(72)《家譜》十卷（佚）。《唐志》未著録，見《神道碑》。
(73)《家誌》十卷（佚）。《唐志》未著録，見《神道碑》。
(74)《集》十卷（佚）。《唐志》未著録，見《神道碑》。
(75)《鮮于向坤樞》十卷（佚）。向，漁陽人，字仲通，以字行。以鄉貢進士，仕至京兆尹。此書見顏真卿《鮮于公神道碑銘》。</td></tr>
<tr><td>張之洞
《（光緒）
順天府志》
卷一百二十四</td><td>(76)《還山前集》八十一卷、《後集》二十卷（佚）。見同上。元好問作《奐神道碑》則稱《還山集》一百二十卷，錢大昕《元史・藝文》作六十卷，參差不同。舊本不得，無從考定。</td></tr>
<tr><td>張之洞
《（光緒）
順天府志》
卷一百二十八</td><td>(77) 考許敬宗所作《神道碑》及本傳，並無鎮幽州事，亦不當列於宮官之下也。又史言尉遲敬德晚年閑居，學延年術，修飾池臺，奏清商樂以自奉養，不交通賓客，凡十六年，而不聞其事佛。(《金石文字記》)
(78)《唐書・公主傳》：睿宗第九女金仙公主，始封西城縣主。景雲初進封。太極元年，與玉真公主皆爲道士，以方士史崇元爲師。當開元時，公主既爲道士，未嘗進封“長公主”。此稱“長公主”，後又有御書《神道碑》亦稱“長公主”，蓋皆以元宗之妹而尊稱也。
(79) 仲堪，舉大歷七年進士。……張謂進士三十三人，今可考者：張式，見柳宗元《先友記》；暢當，見《唐才子傳》；王礎，見《韓昌黎集・與陸傪員外書》。注：胡珦，見《韓昌黎集・少府監胡公神道碑》。注：與仲堪而五，餘無可考矣。
(80)《太子中允工部尚書清河張仁憲神道碑》。(存。李儉撰，蔡陵分書并篆額。大中二年，在文安相公莊。)
(81)《唐張仁憲神道碑》，李儉撰，蔡陵八分書并篆額。大中二年立，在縣相公莊。(《京畿金石考》)
(82)《雲居寺主真性神道碑》。(存。何籌撰，張景琮正書并篆額。咸通八年十一月，在房山。)</td></tr>
</table>

續表

作者/文獻	版本	用　　例
張之洞《（光緒）順天府志》卷一百二十九	清光緒十二年刻十五年重印本	(83)《尚書史秉直神道碑》。（存。劉祁撰，平元正書，趙安世篆額。歲乙巳九月四日，在焦垡村。） (84)《左丞相贈太尉中書史天澤神道碑》。（存。王磐撰，正書，郭貫篆額。至元十三年三月，在永清大焦垡。）
張之洞《張文襄公古文書札駢文詩集》書劄一	民國十七年刻張文襄公全集本	(85) 夏間得手書，具感注存。弟近況平平，回省兩月，亦仍然寢食不暇，人斷不信也。今有一快事，《漢上庸長司馬君臺神道》曾見繫釋，後遂無聞，頃為弟訪得之，拓本一紙奉鑒。又《唐永徽二年修學宮碑》今亦求得之。此外尚有唐刻數種，在執事則以為不足重矣。
張之洞《張文襄公古文書札駢文詩集》駢文二		(86) 予惟汝南之祠荀勗，建於生存；秣陵之祀蔣侯，託諸神道。神道則涉於誕，生存則嫌於諛。唯兹不朽之名，庶符無媿之語。乃最其上善，俾鏤貞珉。霜露星河，歲時膢臘。知朱邑之魂魄，猶戀桐鄉；喜陸雲之圖形，常依縣社。 (87)《祭伏羲文王周公孔子祈雨文》：維神道闡苞符，德參造化。師、保、父、母，乾坤其易之門；陰、陽、剛、柔，吉凶與民同患。迺者舞雩閔旱，輟耒增憂。以太原實為首善之區，而小暑猶有膏屯之象。……念先天而弗違，奉盛以告。躬率長吏，同省咎愆。蘄資生資始之元功，紓不耕不菑之急難。於戲！吏廑於庭，商歌於市，惟期閶澤之旁流，雷出于地，雲上于天，仰賴神明之幽贊。尚饗！ (88)《祭漢虞仲翔唐韓文公宋蘇文忠公文》：維三君，立德、功、言，兼三不朽；歷漢、唐、宋，為百世師。……兹者就粵秀之山，徙妥期之宅。重恢傑構，特舉明禋。率僚屬以告虔，命諸生而習禮。過江山之故宅，奉以師資；奏焦荔之歌詞，尊為神道。庶幾激揚忠讜，牖啟人文。窮理則知天以知人，修詞則如潮而如海。宗仰媲東京之盛，踵劉、陳、竇以垂名，元精耿南極之躔，與斗、牛、箕而並燦。尚饗！

表二千零五十七

作者/文獻	版本	用　　例
張志聰《黃帝内經素問集注》卷七	清康熙刻本	(1) 大椎以下至尻尾及旁十五穴。（謂自大椎以下至尻尾之長強，計十三穴，及下兩旁之會陽穴，共十五穴也。大椎在項後大骨上陷中，陶道在大椎下節間，身柱在三椎下節間，神道在五椎節間，……會陽在陽尻骨兩旁，屬太陽膀胱經。）

續表

作者/文獻	版本	用　　例
張志聰 《靈樞經集注》 卷二	清康熙刻本	(2)（附）《督脈歌》（經脈之循于身以前、身以後者憑任、督二脈，以分上下左右）：督脉在背之中行，二十七穴始長强，舞腰俞兮歌陽關，入命門兮懸樞當，脊中束筋造至陽，靈臺神道身柱詳，陶道大椎至瘂門，風府腦戶强間分，後項百會兮前項，顖會上星兮神庭，素髎至水溝于鼻下，兑端交斷交于内唇。 (3)《分寸歌》：督脈斷交唇內鄉，兑端正在唇端央。水溝鼻下溝中素，素髎宜向鼻端詳。頭形北高面南下，先以前後髮際量。分為一尺有二寸，髮上五分神庭當。……大椎大骨為第一，二椎節後陶道知。第三椎間身柱在，第五神道不須疑。第六靈臺至陽七，第九身內筋縮思。十一脊中之穴在，十二懸樞之穴奇。十四命門腎俞並，十六陽關自可知。二十一惟即腰俞，脊尾骨端長短隨。

表二千零五十八

作者/文獻	版本	用　　例
章邦元 《讀通鑑綱目札記》 卷四	清光緒十六年銅陵章氏刻本	(1)《吳章要斬》：是時，賊莽之心，路人皆知。吳章猶教其子，謬以神道警悟，不亦迂乎？就使莽聽子言，奉迎衛后，而其篡弒之禍，究不能解。章以當世名儒，不能如龔勝等見幾之早卒死逆臣之手，而又不獲忠義之名，亦可哀矣。
章邦元 《讀通鑑綱目札記》 卷十九	清光緒十六年銅陵章氏刻本	(2)《蒙古號西僧為國師》：八思巴所宗者，即宗喀巴之黃教也。雖黃教與紅教同見擯於儒者，然蒙古奉是教而猛悍好殺之性潛移矣。譬之錮疾，非烏附不能奏效。其尊八思巴為國師，固亦神道設教，彼行彼法不為害也。大抵中國以孔孟為法，至於夷狄各奉一教，雖聖人不能禁，亦不必禁，惟既入中國則要當以孔孟為宗。若猶崇信釋氏，是為異端。猶之僭竊之國干預正統儒者，不可不持正論以黜之也。

表二千零五十九

作者/文獻	版本	用　　例
章學誠 《（乾隆）永清縣志》 卷六	清乾隆四十四年刻本	(1)《史丞相神道碑記》一通，又《史氏慶源碑記》一通，又《史元帥神道碑記》一通。 (2)《西鄉古蹟》：舊志，史丞相天澤墓，在縣西南二十里焦垈村。墓前《神道碑》，翰林學士王磐所撰。今王磐碑石已失，僅存《史氏慶源碑》、《秉直神道碑》。乾隆四十二年，知縣周震榮掘地得《進道神道碑》。

續表

作者/文獻	版本	用　　例
章學誠《（乾隆）永清縣志》卷十七	清乾隆四十四年刻本	(3) 乙亥，北京降，木華黎承制以烏野兒爲北京路都元帥，秉直行尚書六部事。烏野兒雖爲大帥，其軍府事一委秉直。（從《劉祁神道碑》增）秉直主餽餉，軍中未嘗有之。庚寅，以老疾謝，歸鄉里。遣放用兵俘獲爲奴隸者二百餘人，還爲齊民。（從《神道碑》增入）卒，年七十有一。 (4) 又王惲作家傳亦載此事于太宗朝，與權爲唐鄧萬戶並載，而樞爲新軍萬戶，則載于憲宗時，與當時情形亦不盡合，而王磐《神道碑》又云：讓位在世祖時，蓋元人之文已不一律矣。
章學誠《（乾隆）永清縣志》卷二十四		(5) 臧丞相，不知何時人，名字亦不可考。舊志，縣南麗歌庄有臧丞相墓，墓有《神道碑》，碑石今已不見。舊志不載其文，可惜也。
章學誠《文史通義》内篇一	民國嘉業堂章氏遺書本	(6)《周官》太卜掌三《易》之法，夏曰《連山》，殷曰《歸藏》，周曰《周易》，各有其象與數，各殊其變與占，不相襲也。然三《易》各有所本，《大傳》所謂庖羲、神農與黃帝、堯、舜，是也。（《歸藏》本庖羲，《連山》本神農，《周易》本黃帝。）由所本而觀之，不特三王不相襲，三皇、五帝亦不相沿矣。蓋聖人首出御世，作新視聽，神道設教，以彌綸乎禮樂刑政之所不及者，一本天理之自然，非如後世託之詭異妖祥，讖緯術數，以愚天下也。
章學誠《（嘉慶）湖北通志檢存稿》卷四	民國劉氏嘉業堂刻章氏遺書本	(7)《蒲圻縣誌有廖氏一家》：廖道南，字鳴吾，蒲圻人。……是故志建邦也，首星野，次時制，次疆域，次官秩，則天道也。志觀土也，首山支，次水委，次民數，次物産，若地道也。志崇政也，首署宇，次裹社，次橋梁，次田賦，遵君道也。志惇教也，首學宮，次書院，次塾坊，次壇祠，闡神道也。志稽績也，首鎮牧，次令長，次丞尉，次師儒，廣臣道也。志徵獻也，首原勳，次考履，次篡概，次錄遺，敦人道也。六者備，則志之道其庶幾矣。

表二千零六十

作者/文獻	版本	用　　例
章楹《諤崖脞説》卷四	清乾隆三十六年浣雪堂刻本	(1) 然巫史之言，存而不論；青烏之説，尤所未諳。嘗自誦言必天理無虧而後地理可協，亦必人道克盡而後神道可諧耳。

表二千零六十一

作者/文獻	版本	用　　例
章藻功 《思綺堂文集》 卷五		(1) 仁義，發為文章。(歐陽修《文正范公神道碑》：為文章，論說必本于仁義。)
章藻功 《思綺堂文集》 卷六	清康熙六十一年刻本	(2) 勒石有文，以垂永久。(按；公《神道碑》：浙以用兵，故多設防；軍既每藉，施責以居。利百錢之利，寅生而卯長；不閱日而積，計驟至千百。貧傭飢販，償身不足，繼之以妻女，而市井無厲且代之質劑，相為引援。公先治無厲，而後告將軍、都統捐俸以償其本，正其罪而永禁之。勒石於通江之門。)
章藻功 《思綺堂文集》 卷十		(3) 兩星發祟。(《左昭》：晉侯有疾，下人曰：實沈、臺駘為祟。子產曰：昔高辛氏有二子，伯曰閼伯，季曰實沈，不相能也。帝遷閼伯于商丘，主辰。遷實沈于大夏，主參。庾子山《賀婁公神道碑銘》：祟發兩星。)

表二千零六十二

作者/文獻	版本	用　　例
昭槤 《嘯亭雜録》 卷十		(1)《章嘉喇嘛》：國家寵幸黃僧，並非崇奉其教，以祈福祥也。祇以蒙古諸部敬信黃教已久，故以神道設教，藉仗其徒，使其誠心歸附，以障藩籬，正王制所謂“易其政不易其俗”之道也。
昭槤 《嘯亭雜録》 嘯亭續録 卷一	清鈔本	(2)《大戲節戲》：乾隆初，純皇帝以海內昇平，命張文敏製諸院本進呈，以備樂部演習，凡各節令皆奏演。……其於萬壽令節前後奏演羣仙神道添籌錫禧，以及黃童白叟含哺鼓腹者，謂之《九九大慶》。……其詞皆出日華遊客之手，惟能敷衍成章，又抄襲元、明《水滸義俠》《西川圖》諸院本曲文，遠不逮文敏多矣。
昭槤 《嘯亭雜録》 嘯亭續録 卷三		(3)《侍衛結銜之誤》：國朝定制，凡御前朝夕侍側者，名御前侍衛，其次曰乾清門侍衛，無論王、公、武大臣、侍衛等皆充之。其六班值宿者，統名領侍衛府侍衛，以分等級。近日武進士改充侍衛者，其門榜皆書御前侍衛，相沿成習，實爲僭妄。余爲散秩大臣時，曾屢向侍衛處主事等言之，令其回堂飭禁，彼皆以爲不急之務，未及更正，不知實爲紊亂官階也。近讀錢辛楣詹事所作《許提督（成麟）神道碑》，亦誤書爲御前侍衛。公爲當代考據名家，乃亦未諳本朝典故，何也？

表二千零六十三

作者/文獻	版本	用　　例
趙賓《學易菴詩集》卷二七	清康熙二十四年劉植等刻本	(1)《吊張丞相墓》：千載上人不可見，王侯將相終荒甸。張公八尺偉丈夫，少年掌書秦王殿。風塵邂逅隆準公，從龍西入咸陽宫。咸陽火燄焚斯文，律曆獨推北平君。歌鐘畫鼓曾幾日，伐石樹松起新墳。墳枕城闉瀕大河，翁仲淪没榛莽多。父老相傳故侯塚，伏臘誰爲澆新醛。秋來策馬神道前，狐兎縱横樵牧歌。吁嗟乎！古往今來都如此，惟宜招客飲醇烹肥豕，君不見丞相墓頭土一壘。
趙賓《學易菴詩集》卷三五		(2) 荒墳誰弔問，過客漫相驕。萬古青山宅，中宵白馬朝。壠楸雲漠漠，神道莽蕭蕭。鉄案三仁定，胸中壘塊消。

表二千零六十四

作者/文獻	版本	用　　例
趙宏恩《（乾隆）江南通志》卷三十七	清文淵閣四庫全書本	(1)《一統志》：南京功臣廟，建於洪武二十年。嘉靖中，科臣禮官駁郭威襄配享之議，皆援以為証。且謂黔寧、東甌，此時尚在，以實生者虚位之說。……王景撰《黔寧神道碑》云：王薨之明年，塑像功臣廟，勑太常，祀以太牢。今二十年位次已定，則黔寧之塑像何以待其薨之明年耶？《傳》曰：豫凶事，非禮也。《記》曰：之生而致死之，不仁而不可為也。
趙宏恩《（乾隆）江南通志》卷三十八		(2) 叅政范仲淹墓，在吴縣天平山麓。按：仲淹，葬於河南尹樊里之萬安山下。見歐陽修所撰《神道碑》。此處俗稱為"衣冠墓"。
趙宏恩《（乾隆）江南通志》卷三十八		(3) 叅政王都中墓，在吴縣金井塢。歐陽玄撰《神道碑》。按：都中，福寧州人。父積翁，宣諭日本，遇害。世祖憫焉，賜平江田八千畝、宅一區。都中，年十七，授平江路治中。多異政，歷仕四十餘年，政事之名聞天下。
趙宏恩《（乾隆）江南通志》卷四十		(4) 明都督山雲墓，在留城雲鎮廣西。卒，正統四年，勑葬於此，有《神道碑》。 (5) 朝散大夫郟升卿墓，在州樊涇北官道東。今為民居，神道柱石猶存。

續表

作者/文獻	版本	用　　例
趙宏恩《（乾隆）江南通志》卷四十一	清文淵閣四庫全書本	（6）天臺陳紀得公《神道碑》於宋太史景濂先生文集中，謀諸知府涂觀欲為治墳建祠，勒銘於石，慰答忠魂，以為天下萬世臣子勸。遂具以請，余嘉其義而許之。紀乃經營作石，修塋域，壘墳墓，勒宋太史所為碑銘，監之神道。造石橋於其前，復於郡城南三里許，市地建祠。廵按御史江右孫弁出公帑五千金，以助成之。首事於癸卯春，訖工於是年冬。馳書請予為記。 （7）郎中湯希閔墓，在石埭縣西金堂冲。畢鏘撰《神道碑》。
趙宏恩《（乾隆）江南通志》卷四十二		（8）廣德侯華高墓，在含山縣七都。宋濂撰《神道碑》。
趙宏恩《（乾隆）江南通志》卷四十五		（9）蓬萊道院，在府東門内，元至正中建。東廡有梓潼神舊祠，於縣學祠後有竹林。大比歲，以筍迸室中卜薦士之多寡，近神坐則占前名，其驗如響。明成化六年，提學陳選以神道家者流，非學所當祀道士李朝陽，因請移祠於此，仍塑吕真人配之。
趙宏恩《（乾隆）江南通志》卷一百十二		（10）李錡將反，以聞，置鄉兵萬二千人；錡反，命將期以卒救湖常，坐牢江東心。錡以無助敗縛。作響山亭，營軍於左右，權丞相善之，鑱其説響山石。（韓愈《平陽路公神道碑銘》。）
趙宏恩《（乾隆）江南通志》卷一百十三		（11）宋閻象，鉅野人。太平興國間，吴越新附，以禁兵五千人屬象安撫，遂知蘇州。象以齊魯之人，悉能知越風俗而揉以善政，恩涵澤濡，民以蘇息。（歐陽修《金部郎中閻公神道碑》。）
趙宏恩《（乾隆）江南通志》卷一百十六		（12）胡珦，字潤博，宗城人。貞元中，剌舒州，歲大熟，麥一莖數穗，閭里歌舞之。考功以聞。（韓愈《胡良公神道碑》。）
趙宏恩《（乾隆）江南通志》卷一百十七		（13）陳堯佐，字希元，閬州人。……堯佐十典大州，以方嚴束下，使人知畏而重犯法，至其過失，多保佑之。（歐陽修《陳公神道碑銘》。） （14）曾致堯，字正臣，南豐人。知壽州。州近京師，諸豪大商結權貴，號為難治。致堯居歲餘，斂手不敢犯，人亦莫見其以何術而然也。既去，壽人遮留，以一騎二卒逃去，過他州，猶有追之者。（歐陽修《曾公神道碑銘》。）

續表

作者/文獻	版本	用　　例
趙宏恩 《（乾隆） 江南通志》 卷一百七十	清文淵閣四庫全書本	(15) 趙伯驌，字希遠，千里之弟。嘗畫姑蘇天慶觀進呈孝宗。仕至觀察。卒葬支硎山，周必大為《神道碑》。
趙宏恩 《（乾隆） 江南通志》 卷一百九十六		(16) 薛考功蕙嘗曰：上帝固曰天，吾心亦天也；鬼神固曰神，吾心亦神也。小人妄意神道為茫昧，故肆其惡而無忌憚，謂天為弗知，而吾心已知矣；謂神為可欺，而吾心已不可欺矣。《書》曰：天聰明，自我民聰明。民之聰明，即天之聰明也。不然，億兆至衆，天將竭聰明以伺之，不亦勞乎？
趙宏恩 《（乾隆） 江南通志》 卷二百		(17)《建陵辨》：梁武帝父追尊為文皇帝，廟號太祖，陵曰"建陵"，陵有碑曰"太祖文皇帝之神道"。歐陽修《集古録》以為"宋文帝神道碑"。

表二千零六十五

作者/文獻	版本	用　　例
趙懷玉 《亦有生齋集》 詩卷十六	清道光元年刻本	(1)《黄司馬（易）白嵩山拓三闕全幅寄來翁學士（方綱）張之蘇齋招同人觀賞竟日因題上方》：我聞中嶽多奧蹟，三闕分峙名尊崇。惜哉讀者每罣漏，未得字字捜礧硔。錢唐黄九雅好事，裹糧秋末升維嵩。廟前神道首肅謁，吕營記造元初中。……因循奇境失交臂，烏帽翻使黄埃蒙。會當一了向平願，揖讓李渤延廬鴻。盡收碑版貯行笈，集古更補歐陽公。主人笑謂此壯舉，曷不先以誇涪翁。
趙懷玉 《亦有生齋集》 詩卷二十七		(2) 題司馬文正公神道碑拓本（并序）
趙懷玉 《亦有生齋集》 文卷七		(3) 全紹衣精於考核，流覽極博，所爲亭林《神道表》詳載著述，獨無此書。此書卷帙頗繁，而自來序録家亦多未之及。由是觀之，亭林生平撰述恐尚不止此也。

續表

作者/文獻	版本	用　　例
趙懷玉《亦有生齋集》文卷八	清道光元年刻本	(4)《虞伯生書劉元帥碑銘跋》:《元劉元帥垓神道碑銘》卷縱一尺，横二十一尺七寸，虞文靖集正書并撰。按：陔爲武敏整之子。整少隸孟珙麾下，有“賽存孝”之稱。入元後，屢有戰功於西北。 (5)《董文敏書許宜人墓銘卷跋》:董文敏集書之大成，其書約有三種：一則凝重古拙，似顔平原。一則紆徐妍溢，似李北海。此皆香光上乘。今世所行，多非經意筆也。此卷汪君承燮所藏，葢公晚年書能兼李、顔之勝，爲生平合作。余家董書頗夥，以陳隅陽《神道碑》及周忠毅《告身》爲最。隅陽《碑》爲貧售去，忠毅《告身》尚存，與此在伯仲間，暇日當攜以相質耳。
趙懷玉《亦有生齋集》文卷十五		(6) 皇清光祿大夫都察院左都御史周公神道碑銘

表二千零六十六

作者/文獻	版本	用　　例
趙吉士《寄園寄所寄》卷八	清康熙三十五年刻本	(1) 起復者，喪制未終，勉為任用，所謂奪情起復者也。如歐公《晏元獻神道碑》:明年，遷著作佐郎，丁父憂，去官，已而真宗思之，即其家起復，為淮南發運使。及史嵩之喪父，經營起復是也。今人不考，例以服闋為起復，誤矣。宋制：銜上亦帶書，如“起復左僕射中書門下平章事臣趙普”是也。(《霏雪錄》)

表二千零六十七

作者/文獻	版本	用　　例
趙繼序《周易圖書質疑》卷一	清文淵閣四庫全書本	(1) 大觀在上，順而巽，中正以觀天下。觀，盥而不薦，有孚顒若，下觀而化也。觀天之神道，而四時不忒。聖人以神道設教，而天下服矣。

表二千零六十八

作者/文獻	版本	用　　例
趙紹祖《新舊唐書互證》卷八	清文淵閣四庫全書本	(1)《新書》攷異曰：案《回紇傳》，回貴死，子大燾嗣。《表》以元慶為迴貴，子大壽為元慶，子多元慶一世。攷路巖撰《渾偘神道碑》，叙其先世，正與《表》同，則《回紇傳》誤也。
趙紹祖《新舊唐書互證》卷十一		(2)《新書》攷異曰：《神道碑》作“鄒平”，《新書》“謚曰壯肅”，《舊書》作“忠壯”。《新書》攷異曰：《舊傳》《唐會要》及《神道碑》作“忠壯”。 (3) 余家藏《李勣神道碑》是高宗御書，云“春秋七十有六”，可據也。
趙紹祖《新舊唐書互證》卷十三		(4)《新書》攷異曰：案張說撰《崇神道碑》云“謚文貞”，其“謚文獻”者，乃崇之父名懿也。
趙紹祖《新舊唐書互證》卷十七		(5) 皇甫湜作公《神道碑》云：關中旱饑，人死相枕藉，吏刻取怨。先生列言天下根本，民急如是，請寬民徭而免民租，專政者惡之，遂貶。然則不因論宮市明甚。 (6) 案：王起所撰《馮宿神道碑》，乃冀州長樂人。
趙紹祖《通鑒注商》卷十四	清嘉慶二十四年趙氏古墨香齋刻本	(7) 余桉：《舊傳》本云“年七十六”，考《李勣神道碑》亦云“年七十六”。是《新傳》所謂“年踰八十”者，誤也。《考異》雖疑而辨之，不若據《碑》爲信。
趙紹祖《安徽金石略》卷三	清道光刻本	(8)《宋翰林侍讀學士知許州軍州事梅公神道碑》。（熙寧元年，王安石撰。在宣城。佚。文載《臨川集》。） (9)《宋贈少保汪公神道碑》。（紹興九年，汪藻撰。在涇縣。存。文載《涇縣志》。）
趙紹祖《安徽金石略》卷六		(10) 桉：《昌黎文公全集》並無《合肥城記》，惟《路公神道碑》中有云“改刺廬州，又甓其城，民不歲苦”等語。……《神道碑》云：公諱應，字從衆，冀公之嫡子。
趙紹祖《安徽金石略》卷八		(11)《晉故使持節散騎常侍都督揚州江州諸軍事安東大將軍譙定王河內温司馬公墓神道碑》。（永嘉三年。在亳州。未見。） (12)《宋衛尉卿祁公神道碑銘》。（天聖八年，歐陽修撰。在亳州。文載《文忠集》。）

表二千零六十九

作者/文獻	版本	用例
趙舒翹《提牢備考》卷四	清光緒刻本	(1) 康熙時官滿司獄，以除夕縱囚，元日悉來歸，一囚偶後。公懼，竟仰藥死。囚踵至，痛公甚，亦觸柱死，卽今肖像牽馬侍公側者也。諸神朔望則祀，履任則祀，報賽日則祀，勾決日則祀，祀則必躬詣，香帛虔潔，宜專厥司，庶幾覆盆之中，亦有臨質。神道設教，用佐良箴。

表二千零七十

作者/文獻	版本	用例
趙文哲《媕雅堂別集》卷六	清乾隆五十九年刻本	(1) 竊考繹祭之典，事尸于堂，而設祭于室。先儒謂"孝子求神，不一其處"，可知公尸來燕之時，尚儼然以神道事之。彼福祿者，神之貺也。方從公尸而來，而即歸之公尸，得無褻乎？

表二千零七十一

作者/文獻	版本	用例
趙新《周易述》卷二	清光緒八年刻還硯齋全集本	(1)《彖》曰：大觀在上，順而巽，中正以觀天下。（陽稱大，九居五。故"大觀在上"。中正亦謂五也。）觀，盥而不薦，有孚顒若，下觀而化也。（本體巽。巽爲進退，容止可觀，進退可度，則下觀其德而順其化。）觀天之神道，而四時不忒。（神道謂五。……臨，震兑爲春秋，三上易位，坎冬離夏，既濟日月象正。故"四時不忒"。）聖人以神道設教，而天下服矣。（聖人謂乾。《乾鑿度》：乾五爲神道設教者，謂退藏於密，而齊乎巽，以神明其德教也。……張皋文曰：臨，教思无窮。觀，反臨爲神道。故"神明其德教"。）
趙新《周易述》卷四		(2) 夫幽隱深遠之情，吉凶未兆之事，物皆勉勉然願知之，然不能也。及蓍成卦，龜成兆也。雖神道之幽密，未然之吉凶，坐可觀也。是蓍龜成天下勉勉之聖也。是故天生神物，聖人則之；天地變化，聖人效之；天垂象，見吉凶，聖人象之；河出圖，洛出書，聖人則之。

表二千零七十二

作者/文獻	版本	用　例
趙翼《廿二史札記》卷十九	清嘉慶五年湛貽堂刻本	（1）《皇太后不祔葬》：穆宗久葬，其妃韋氏生武宗，亦已久亡。武宗立，欲以母祔葬于穆宗之光陵，宰臣奏：神道安於靜，光陵葬已二十年，不可更穿。太后所葬之福陵亦崇築已久，不宜徙，請但奉主祔廟。穆宗從之。
趙翼《陔餘叢考》卷十八	清乾隆五十五年湛貽堂刻本	（2）《宋元追褒古賢》：累朝有追崇前代名賢者，如唐初加號老子爲元元皇帝，明皇加號莊子南華眞人，文子通元眞人，列子冲虛眞人，庚桑子洞虛眞人。宋神宗封馬援忠顯王，徽宗時封莊子微妙元通眞君，列子致虛觀妙眞君。元成宗封伍員忠孝威惠顯聖王，英宗封諸葛亮威烈忠武顯靈仁濟王，文宗封漢長沙王吳芮文惠王，秦蜀郡太守李冰聖德廣裕英惠王，其子二郎神英烈昭惠靈顯仁祐王，泰定帝封柳宗元文惠昭靈公，順帝封張飛武義忠顯英烈靈惠助順王，郭璞靈應侯，周處英義武惠正應王，曹娥慧感靈孝昭順純懿夫人，危全諷南庭忠烈靈惠王。此但爲崇奉神道起見，非懷賢褒德之舉也。……夫宋代之追錄唐臣後，猶第以其賢耳，如熊、袁二臣，則嘗抗拒我朝者，皇上不惟不介意，轉嘉其忠而錄其後，曠蕩之恩，更高出前代萬萬矣！
趙翼《陔餘叢考》卷二十七		（3）起復：俗以滿服後補官爲起復，此甚非也。《霏雪錄》云：起復者，喪制未終，而奪情起視事。如歐公所作《晏元獻神道碑》：遷著作佐郎，丁父憂，去官，已而眞宗思之，卽其家起復，爲淮南發運使。及史嵩之遭父喪，經營起復是也。
趙翼《陔餘叢考》卷三十一		（4）潤筆：隋鄭譯拜爵沛國公，位上柱國。高熲爲制，戲曰：筆乾。答曰：出典方岳，杖策言歸，不得一文，何以潤筆？……王禹玉作《龐穎公神道碑》，其家送金帛外，參以古法書、名畫三十種，杜荀鶴及第試卷其一也。
趙翼《陔餘叢考》卷三十二		（5）墓祭：古無墓祭，先儒備言之。其最明切者，晉博士傅純曰：聖人制禮，以事緣情。制冢槨以藏形，而事之以凶；立廟祧以安神，而奉之以吉。送形而往，迎精而反。此墓廟之大分，形神之異制也。至於室廟寢祊，所以廣求神之道，而獨不祭于墓，明非神之所處也。韓昌黎《豐陵行》亦云：臣聞神道尚清靜，三代舊制存諸書。墓藏廟祭不可亂，欲言非職知何如。又程子謂：生不野合，死不墓祭。唐順之亦云：墓祭非古也。……兩漢以來，見于史書者不一而足。蓋又因上陵之制，士大夫仿之，皆立祠堂于墓所，庶人之家不能立祠，則祭于墓，相習成俗也。孔子云：死歸土謂之鬼。周豐云：墟墓之間，未施哀于民而民哀，以生者之哀，事死者之鬼，亦情之自然而不容已者也。李濟翁《資暇錄》記唐時寒食出城拜埽，雖已即吉者，仍用喪服，白衫麻鞋。此蓋猶沿古時凶祭之意。

續表

作者/文獻	版本	用　　例
趙翼《陔餘叢考》卷三十二	清乾隆五十五年湛貽堂刻本	(6) 神道：吳曾《能改齋漫錄》謂：墓路稱神道，自漢已然。而引《襄陽耆舊傳》"光武立蘇嶺祠，刻二石鹿夾神道"，又《楊震碑》首題"太尉楊公神道碑銘"爲證。張淏又引《漢書·高惠文功臣表》云"戚國侯李信成，坐爲太常丞相侵神道爲隸臣"，又《霍光傳》"光夫人侈大其塋制，起三幽闕，築神道"，謂此二事又在前。是神道葢起於西漢也。 (7) 碑表：《儀禮·士婚禮》：入門當碑揖。《聘禮》：賓自碑內聽命。又曰：東西北上碑南。《禮記·祭義》：牲入廟門，麗牲于碑。賈氏以爲宗廟皆有碑，以識日景。《說文注》又云：宗廟碑以麗牲，後人因於其上紀功德。《檀弓》：公室視豐碑，三家視桓楹。……秦漢以來，始作文褒讚功德，刻之於石，亦謂之碑。此二說似謂刻石之碑與下棺之碑無涉者，然唐封演《聞見記》：豐碑本天子、諸侯下棺之柱，臣子或書君父勳伐於其上，又立於隧口，故謂之神道。古碑上往往有孔，是貫繂索之象。……古碑之傳於世者，漢有《楊震碑》，首題"太尉楊公神道碑銘"，又蔡邕作郭有道、陳太邱墓碑文，載在《文選》。《後漢書》：崔實卒，袁隗爲之樹碑頌德。故劉勰謂東漢以來，碑碣雲起。吳曾《能改齋漫錄》亦謂碑文始自東漢。……按：表即碑之類，則西漢已有碑制。究而論之，要當以孔子題延陵吳季子"十字碑"爲始。……自此以後，則嶧山、之罘、碣石等，雖非塚墓，亦仿之以紀功德矣。 (8) 碑表、誌銘之別：《曾子固文集》有云：碑表立於墓上，誌銘則埋壙中，此誌銘與碑表之異制也。諸書所載，如庾子山作《崔公神道碑銘》所謂"思傳舊德，宜勒黄金之碑"，楊盈川作《建昌王公碑銘》所謂"邱陵標榜，式建豐碑"，此碑之立於墓上者也。……惟宋景濂作《常開平神道碑銘》亦云：序而銘諸幽，殊不可解。《神道碑》無納壙之例，惟《南史》裴子野卒，宋湘東王作墓誌銘藏于壙內，邵陵王又作墓誌列於羡道，羡道列誌自此始。……又《後漢書·趙岐傳》：岐久病，敕兄子可立一員石於墓前，刻之曰：漢有逸人，姓趙名嘉，有志無時，命也奈何。此亦與杜子夏臨終作文同也。 (9) 七七：俗以人死每七日爲忌，至七七四十九日則卒哭，此不得其說。田藝衡《春雨逸響》云：人之初生，以七日爲臘，死以七日爲忌，一臘而一魄成，一忌而一魄散。……又引皇甫湜所譔《昌黎神道碑》云：遺命喪葬，無不如禮。凡俗習畫寫浮屠，日以七數之，及陰陽家所謂吉凶，一無汙我云云。棠謂"日以七數之"者，卽今世逢七設奠是也。然七七之祭，實不始於唐。……《韓琦君臣相遇傳》：仁宗崩，英宗初即位，光獻后謂琦曰：當初立他爲皇子時，臣僚多有言不當立者，恐他見后心裹不好，昨因齋七並焚於錢爐矣。齋七即做七也，此又近代做七故事也。

續表

作者/文獻	版本	用　　例
趙翼 《陔餘叢考》 卷四十三	清乾隆五十五年湛貽堂刻本	(10) 杜撰：撰，此說非也。《湘山野錄》：盛文肅度撰《張文節神道碑》，石参政中立問：誰撰？文肅卒然對曰：度撰。滿堂皆笑。按：文肅在杜默之前，則非起於默矣。呂藍衍《言鯖》謂：道家經懺俱杜光庭所撰，多設虚誕，故云“杜撰”。此亦非也。……因而俗語相沿，凡文字之無所本者曰“杜撰”，工作之不經匠師者曰“杜做”。後世并以米之不從商販來者曰“杜米”，笋之自家園出者曰“杜園笋”，則昔以杜爲劣作，而今轉以杜爲佳品矣。
趙翼 《甌北集》 卷五十一	清嘉慶十七年湛貽堂刻本	(11)《爲劉瀛坡總戎作神道碑感賦》：里閈追隨不暫離，笑言如昨忽長辭。天教老命差强在，留與人間作墓碑。
趙翼 《甌北詩話》 卷十	清嘉慶湛貽堂刻本	(12) 老友他鄉盡，吾生去日多。(《趙北口懷故友姜西溟》) 簑笠平生夢，蹉跎直至今。(《商家林買草笠》) 後至無奔馬，前飛及片鴻。(《順風掛前》) 指水言猶在，登山力已微。爲報江神道，無田我亦歸。(《重經金山作》) 中秋晴日少，樂事故園多。(《中秋與兒輩小飲》) 有生逢聖代，無祿及親年。(《西阡（闕）黄》雨狂風正惡，勿厭草堂低。(《燕來巢》)

表二千零七十三

作者/文獻	版本	用　　例
趙之謙 《補寰宇訪碑録》 卷一	清同治三年刻本	(1)《謁者北屯司馬沈君神道右闕》，八分書，無年月。四川渠縣。 (2)《新豐令交阯都尉沈君神道左闕》，八分書，無年月。四川渠縣。 (3)《尚書侍郎河南京令豫州幽州刺史馮煥神道闕》，八分書，無年月。四川渠縣。 (4)《侍中大將軍臨川靖惠王蕭宏神道二闕》，正書，其一左行。按：宏卒，以普通四年七月贈官謚。江南上元。
趙之謙 《補寰宇訪碑録》 卷三		(5)《隴關道遊奕使任令則神道碑》，正書，天寶四載十月廿八日。石已為宋人刻《大觀聖作碑》，文在碑陰，磨滅過半。陝西武功。

續表

<table>
<tr><th>作者/文獻</th><th>版本</th><th>用　例</th></tr>
<tr><td>趙之謙
《補寰宇訪碑録》
卷四</td><td rowspan="2">清同治三年刻本</td><td>(6)《匡國軍節度使白延遇神道碑》，正書，顯德六年七月甲辰朔十二日。江蘇嘉定瞿氏拓本。
(7)《高（闕）裕神道碑》，正書，大中祚符六年。河南洛陽。
(8)《贈光禄大夫黄仲美神道碑》，朱子撰并書，湻熙十五年正月甲子。福建邵武。</td></tr>
<tr><td>趙之謙
《補寰宇訪碑録》
卷五</td><td>(9)《知中山府事王善神道碑》，李治文并行書，至元五年三月廿六日。直隸藁城。
(10)《榮禄大夫王慶端神道碑》，劉賡書，閻復文，大德十年七月廿二日。直隸藁城。
(11)《藁城令董文直神道碑》，第十八姪男士廉書，元明善文，皇慶元年十一月十九日。直隸藁城。
(12)《功臣平章鄭温神道碑》，鄧（闕）原文并書，至治三年。直隸靈壽。
(13)《榮禄公哈珊神道碑》，瞻思文并書，至順三年十二月。直隸欒城。
(14)《趙國忠穆公董文用神道碑》，張起巖書，閻（闕）文，年月泐。直隸藁城。
(15)《千户鄭銓神道碑》，王士熙正書，蘇天爵文，後至元二年四月。直隸靈壽。
(16)《中順大夫安贇神道碑》，張澍書，逸民嚴（闕）文，後至元三年五月十三日。直隸欒城。
(17)《趙國清獻公董士珍神道碑》，張起巖書，歐陽元文，至正七年二月朔。直隸藁城。
(18)《昭勇大將軍武獻侯董士表神道碑》，揭傒斯文并書，至正八年九月。直隸藁城。
(19)《隴西昭懿侯董守義神道碑》，王守誠書，虞集文，至正八年九月。直隸藁城。
(20)《冀國忠肅公董守簡神道碑》，蘇天爵書，虞集文，至正八年十一月。直隸藁城。</td></tr>
<tr><td>趙之謙
《張忠烈公年譜》</td><td>清光緒二十二年慈溪童賡年校刻本</td><td>(21) 鄞《張忠烈公年譜》，題全先生祖望輯。其書出自鄭氏，鄭氏言得之姚江黄氏。董君孟如修《鄞志》時，嘗據以校正，之謙乞孟如叚寫以歸。今反覆讀之，有大疑焉。……先生年十八時，已從之問遺事，補黄、楊二徵士《志記》闕失，糾吳星叟《嘯臺集》謬誤，一見之《神道碑銘》，再見之《與萬九沙趙谷林書》，蓋至審且慎矣。
(22) 公諱煌言，字元箸，號蒼水，浙江甯波府鄞縣西北廂人。（全祖望撰《神道碑銘》）姓張氏，宋文節公知白之後。(全祖望《甬上族望表》。)</td></tr>
</table>

續表

作者/文獻	版本	用　　例
趙之謙《張忠烈公年譜》	清光緒二十二年慈溪童賡年校刻本	(23) 母趙氏，中年艱於子，禱漢壽亭侯祠，以六月初九日生公。(《神道碑銘》) (24) 崇禎八年（乙亥），十六歲。補邑弟子員。(《傳》) 思陵以天下多故，令諸生於試《經義》後，試射。莫能中，公執弓抽矢，三發三中。(《神道碑銘》) (25) 崇禎十三年（庚辰），二十一歲。喜呼盧，無以償博進，則私斥賣其生產，父怒。全美樟售己田，爲清其逋，勸以折節讀書。(《神道碑銘》) (26) 十八日，奉箋迎魯王監國。(全祖望撰《錢忠介公神道第二碑銘》) 公先至，肅樂卽遣公迎於天台，監國授公行人。至會稽，賜進士，加翰林院編修，兼官如故。入典制誥，出籌軍旅。(《神道碑銘》) (27) 閩中詔使至，議開讀，不合。公請充報使入閩，從之。(《神道碑銘》) (28) 公倉卒馳歸，拜父曰：兒將隨主航海。竟去。(《傳》) 入翁洲，從富平將軍張名振奉監國入閩。既至，招討使鄭成功不爲用。公勸名振還石浦，謀再舉。乃偕還，加右僉都御史。(《神道碑銘》) (29) 七日，閒道（桉：《北征錄》云：遭颶風覆舟，陷（閩）中七日，得閒行歸海上。) 復歸翁洲。(《神道碑銘》) ……全氏撰《崇明沈公神道碑銘》述廷揚言：兵至，必駐崇明，禁打糧，然後可。 (30) 順治五年（戊子），二十九歲。義興餘校復起，出沒林麓。(《魯春秋》) 公集義從於上虞之平岡。(《神道碑銘》) (31) 順治七年（庚寅），三十一歲。公入衛舟山，超拜兵部左侍郎。(《魯春秋》)(《神道碑銘》：名振當國，召公以所部入衛；加公兵部右侍郎，兼官如故。……全氏《神道碑銘》於歷官年次皆不誤，惟"左""右"字誤，遂爲官止尚書，以浙督所上印文爲信，《鄞志》辨之是也。……《鄞志》遂據《譜》以正《神道碑》之誤，非也。《碑》既泥舊制，《譜》又無確證，蓋兩家皆未見左尹書故也。) (32) 桉：全氏《神道碑銘》：大兵下翁洲，名振奉王親擣吳淞，以牽制舟山之師，拉公同行。翁洲陷，公扈王再入閩，次鷺門。 (33) 全氏《神道碑銘》言：癸巳冬，復閒行入吳淞。尋招軍天臺，次於翁洲。明年，軍於吳淞，會名振之師入長江，趨丹陽；掠丹徒，登金山，遥祭孝陵。上游宿約不至，左次崇明。……《譜》則以癸巳、甲午、乙未三年分紀，復與《神道碑銘》相左。又全氏撰《定西侯張公墓碑》，直以癸巳、甲午兩入長江爲說，則《北征錄》三入之文爲不足據矣。) (34) 公平岡入衛，部下不滿三百，至是始盛。(《神道碑銘》)

續表

作者/文獻	版本	用　　例
趙之謙《張忠烈公年譜》	清光緒二十二年慈溪童賡年校刻本	(35) 順治十二年（乙未），三十六歲。公屯臨亹。(《神道碑銘》：乙未，成功貽書於公，謀大舉。《魯春秋》：乙未秋九月，成功還厦門，改爲思明州，議設四屯。公駐臨亹。陳文達駐玉環山，阮春雷駐楚山，牛頭門亦置勁旅，遥爲犄角，相聲應。東南遺黎，走集甚衆。) (36) 順治十三年（丙申），三十七歲。公移軍秦川。(《神道碑銘》：丙申，公軍於天臺；是冬，軍於閩之秦川。) (37) 順治十四年（丁酉），三十八歲。公還翁洲。(《神道碑銘》：丁酉，大兵遷翁洲之民，公還軍翁洲。時魯王已去監國號，通表滇中。) (38) 順治十五年（戊戌），三十九歲。公在翁州，桂王遥授兵部尚書。(《魯春秋》。校：《神道碑銘》：戊戌，滇中遣使加公兵部左侍郎兼翰林院學士。己亥，告敗滇中，且引咎；滇中專敕慰問，加尚書，兼官如故。) (39)《神道碑銘》：成功仍推公爲監軍，泊舟羊山。羊山多羊，見人馴擾不避，然不可殺；殺之，則風濤立至。軍士不信，殺而烹之；方熟而禍作，碎船百餘，義陽王溺焉。 (40) 全氏《神道碑铭》书：戊戌，江督郎廷佐以书招公，公峻词拒之。 (41) 順治十八年（辛丑），四十二歲。公引軍入閩，次沙關。(《神道碑銘》)時成功取臺灣，公遣參軍羅子木致書阻之，成功不聽。 (42)《神道碑銘》：公孤軍裵回兩島，滇中事急，成功方得臺灣，不能行。乃遣職方郎中吴鉏挾帛書，閒道入鄖陽山中，欲說十三家之軍，使撓楚以救滇。 (43) 康熙元年（壬寅），四十三歲。公還軍臨亹。(《神道碑銘》) (44) 秋九月，監國魯王卒於金門。(《神道碑銘》作“冬十一月，魯王薨於臺。”) (45) 全氏《神道碑銘》又書“招撫使王公”，皆不著其名。 (46) 七月，提督張杰執公。(《神道碑銘》：提督張杰執募公故校，使居補陀爲僧，以伺公。會公告糴舟至，不之忌也。故校出刀脅之，其將赴水死；又擊殺數人，最後乃告之。……又全氏《神道碑銘》言：公被執時，有王居敬，黄巖人，以計得脱。) (47)《神道碑銘》：時部曲内附者，皆得來慰問。官吏願見者，勿禁。杭人爭賂守者，入見；或求書，公亦應之。

表二千零七十四

作者/文獻	版本	用　　例
震鈞《國朝書人輯略》卷六	清光緒三十四年刻本	(1) 鐵保，字冶亭，號梅菴，滿洲正黃旂人。……楷書模平原，草法右軍，旁及懷素、孫過庭，臨池之工，天下莫及。(《神道碑》)
震鈞《天咫偶聞》卷二	清光緒甘棠精舍刻本	(2) 獄有神，有總司，有分司，統尊之曰獄神。在祀典者，若關帝、龍神、門神。他若佛典之大士、閻羅、社公；若道流之太乙、藥王、瘟部、火部，皆爲位以祀。別一楹，祀前明椒山楊公。……公懼，竟仰藥死。囚踵至，痛公甚，亦觸柱死，卽今肖像牽馬侍公側者也。諸神朔望則祀，履任則祀，報賽日則祀，勾決日則祀，必躬親，香帛虔潔，宜專厥司，庶幾覆盆之中，亦有臨質。神道設教，用佐官箴。

表二千零七十五

作者/文獻	版本	用　　例
鄭方坤《經稗》卷四	清文淵閣四庫全書本	(1) 夢賚良弼：論者多以高宗向嘗遯於荒野，素知傳說之賢。及即位，欲舉以為相，託之夢帝賚予良弼，使舉朝咸服此神道設教也。……太公何嘗有臧丈人之稱，文王何嘗託之夢以舉丈人耶？而豈可援荒唐之說，以為高宗夢傳說之証耶？田單用一男子為軍師，此則神道設教，寧高宗、文王而亦假夢以愚人乎？或曰：叔孫之夢豎牛，漢文之夢鄧通，卒為身名之累，蓋夢固不足憑也。然至誠格神，思之思之，鬼神通之。高宗恭默思道，其純一至誠，上與天通。故夢寐之間，上帝亦如晤對而授之良弼。其精神默相感應，豈有偽哉？(《書經辨訛》)
鄭方坤《經稗》卷十三		(2) 碑字：注：《說文》：豎石紀功德。從石，卑聲。徐曰：按：古宗廟立碑，以系牲耳。後人因于其上紀功德。此碑字從石，秦以來制也。七十二家封禪勒石，不言碑。七十二家封禪之言始于管仲，不言碑。……銘勒功德，當始於宗廟麗牲之碑也。……又《釋名》云：碑，被也。葬時所設。臣子追述君父之功，以書其上。徐曰：劉熙言“起于懸棺之碑”者，盖今《神道碑》也。《初學記》：碑，悲也，所以悲往事。今人墓隧宮室之事，通謂之碑矣。(《韻會舉要》)

續表

作者/文獻	版本	用　　例
鄭方坤 《全閩詩話》 卷一	清乾隆詩話軒刻本	(3) 顧况：閩人謂子爲囝，謂父爲郎罷。故顧况有《哀囝》一篇曰：囝生閩方，閩吏得之，乃絶其陽。爲臧爲獲，致金滿屋。爲髡爲鉗，如視草木。天道無知，我罹其毒。神道無知，彼受其福。郎罷別囝，吾悔生汝。及汝既生，人勸不舉。不從人言，果獲是苦。囝別郎罷，心摧血下。隔地絶天，及至黄泉，不得在郎罷前。蓋唐世多取閩童爲閹奴以進之，故况陳其苦以諷焉。(《青箱雜記》)
鄭方坤 《全閩詩話》 卷三		(4) 鄧肅，入太學，所與游皆天下名士。宣和末，東南貢花石綱，肅作詩十一章，以獻疏言：臣聞功足利一國者，當享一國之樂；德足被四海者，當受四海之奉。恭惟皇帝陛下，至仁所眇，神道所化，覃乎無外，不可量數。是雖移嵩嶽以爲山，决江河以爲沼，竭東風之所披拂，以爲臺榭之觀，且不足奉聖德之萬一。區區官吏，輒以根莖之細、塊石之微，挽舟而來，動數千里。竊竊然自謂：其神刓鬼劃，冠絶古今，若眞足以報國者？以臣觀之，是特以一方之物奉天子，曾不以天子之物奉天也子。……惟陛下留神，幸甚幸甚。 (5) 韓熙載，字叔言，事江南三主，時謂之神仙中人。……以熙載有才名，固請撰其父《神道碑》，欲苟稱譽取信於人。以珍貨幾萬緡，仍輟未勝視一歌鬟質冠洞房者，為濡毫之贈。意其獲盼，必可深諷。熙載納贈愛姬，遂納其請。文既成，但敍譜裔品秩及薨葬褒贈之典而已，無點墨道及續之事業者。續嫌之，封還，尚冀其改竄。熙載亟以向所贈及歌姬悉還之，臨登車，止寫一闋於泥金雙帶，曰：風柳搖搖無定枝，陽臺雲雨夢中歸。他年蓬島音塵斷，留取樽前舊舞衣。 (6) 太平興國中，吳王李煜薨，太宗詔侍臣撰《吳王神道碑》。時有與徐鉉爭名而欲中傷之者，面奏曰：知吳王事迹，莫若徐鉉為詳。太宗未悟，遂詔鉉撰碑。鉉遽請對而泣曰：臣舊事李煜，陛下容臣存故主之義，乃敢奉詔。太宗始悟讒者之意，許之。故鉉之為碑，但推言歷數有盡，天命有歸而已。其警句云：東鄰遘禍，南箕扇疑。投杼致慈親之惑，乞火無里婦之談。始勞固壘之師，終後塗山之會。

表二千零七十六

作者/文獻	版本	用　　例
鄭福照 《姚惜抱先生年譜》	清同治七年桐城姚濬昌刻本	(1) 蓋學博論文主品藻，侍郎論文主義法。先生後出，尤以識勝，知有以取其長，濟其偏，止其敝。(見門人方東樹書《墓誌》後) 論者以為辭邁於方氏，而理深於劉氏焉。……先生於當代公卿，不為過譽。作《江上攀轅圖記》，但美孫文靖厚於故交；作《王文端神道碑》，數十年宰相一事不書。(見門人管同《因寄軒文集》。)

續表

作者/文獻	版本	用　例
鄭福照《姚惜抱先生年譜》	清同治七年桐城姚濬昌刻本	(2) 戊辰,《禮終集要序》《梅湖詩集序》《吳孝婦傳題後》《吏部左侍郎譚公神道碑文》(見《與陳石士尺牘》)《張母鞠太恭人墓誌銘》《重修境主廟記》《遊故崇正書院記》《先宅記》。 (3) 乙亥,《稼門集序》《跋史閣部書後》……《光祿大夫東閣大學士王文端公神道碑文》《中憲大夫保正清河道朱公墓表》《臧和貴墓表》《廣西巡撫謝公墓誌銘》《通奉大夫廣東布政使許公墓誌銘》《贈文林郎鎮安縣知縣婺源黃君墓誌銘》《光祿少卿沈君墓誌銘》《誥贈中憲大夫刑部員外郎瀘溪縣教諭楊府君墓誌銘》《舉人議敘知縣長洲彭君墓誌銘》《中憲大夫順德府知府王君墓誌銘》《吉州知州喻君墓誌銘》……《奉政大夫順天府南路同知歸安沈君墓誌銘》《甘氏享堂記》。

表二千零七十七

作者/文獻	版本	用　例
鄭復光《費隱與知録》	清道光活字本	(1)《澆刻無後理卽是神》: 問: 澆刻人無後, 理耶? 神耶? 曰: 天卽理也, 則神亦卽理也。凡物厚者久長, 薄者易缺, 豈非理乎? 此與雷擊不孝, 固可深信而不疑者矣, 豈盡神道設教歟?

表二千零七十八

作者/文獻	版本	用　例
鄭光祖《一斑録》卷一	清道光舟車所至叢書本	(1) 雷以聲言, 電以光言, 實一物也。天地眞陽之氣沛乎空中, 與雲氣相磅礴, 雷神乘發揚之氣泄其機, 不皆有所著也。若著草木則焦折, 著屋宇則摧崩, 著人畜則傷死。嘗聞某處某人, 昧良死於雷, 跪捧砒霜云云。及探其實, 盡屬子虛。有眞爲雷斃者, 厥罪亦不白。然人至顯受天誅, 鬼神諒無佚罰, 聖人亦神道設教, 可以記惡垂戒, 莫輕謂"天道遠, 人道邇"也。
鄭光祖《一斑録》卷四		(2) 若北土長城以北, 亦有喇嘛, 亦有活佛, 大抵類是, 則天下何處尚有眞佛哉? 我朝德綏外藩, 凡遐方異域, 莫不因其俗而錫以殊榮, 是亦遠撫長駕之微意。至內地梵宮禪宇, 聽方外之靜修, 卽藉爲神道之設教, 是亦太平盛事。若民間無端奉佛念經, 本干律法, 吾人讀聖賢之書, 奉聖賢之教, 防微杜漸, 不得不自正其心, 以端儒者之所守, 故前所論佛論其理而已。必須運佛之理入我心, 不能放我心以從佛, 庶不致悞信異端以荒自己之學云。

續表

作者/文獻	版本	用　　例
鄭光祖《一斑録》卷五	清道光舟車所至叢書本	(3) 古之人不盡言鬼神之理，姑留神道設教以治愚氓。雖取法乎下，而庸庸者藉以警戒不少也。
鄭光祖《一斑録》雜述二		(4) 余曰：孔子夢周公，乃因思成夢；殷王夢帝賚良弼，亦因思成夢。旁求不過謂求賢，說築傅巖之野；惟肖不過謂得賢，史筆稍藉神道設教鋪張之。何必執其詞以爲說?
鄭光祖《一斑録》雜述五		(5) 僧尼多詐：聖人以神道設教，而天下化。孰知小人卽以欺詐爲事，而其計行有姦僧照其面貌塐羅漢，乃出化緣繳願者，見廟塐像，駭爲佛，實有靈，此巳見於小說矣。
鄭光祖《一斑録》雜述八		(6) 余曰：聖賢爲善，是循巳之分；人世勸善，必力證果報。此殆《乩書》所傳耳，但聖人亦神道設教。吾人於此等雜說，不必排亦不必順置之，不論不議可巳。

表二千零七十九

作者/文獻	版本	用　　例
鄭傑《閩詩録》丙集卷七	清宣統三年刻本	(1)《花石詩十一章》(并序)：臣聞功足以利一國者，當享一國之樂；德足以被四海者，當受四海之奉。恭惟皇帝陛下，至仁之所眇，神道之所化，覃乎無外，不可量數。……臣今有策，欲取率土之濱，山石之秀者，花木之奇者，不間大小，尤可以駭心動目，畢置陛下圃中，若天造地設，曾不煩唾手之勞。蓋其策爲甚易，而天下初弗知也。臣獨知之，喜而不寐，謹吟成古詩十有一章，章四句，以敘其所欲言，雖越祝代庖，固不勝誅。然春風鼓舞之下，則候蟲時鳥亦不約而自鳴耳。惟陛下留神，幸甚幸甚。

表二千零八十

作者/文獻	版本	用　　例
鄭梅澗《重樓玉鑰》卷下	清道光十八年謙吉堂刻本	(1)《禁鍼穴歌》(共三十一穴)：禁鍼穴道要分明，腦戸顖會及神庭。絡却玉枕角孫穴，顱顋承泣隨承靈。神道靈臺膻中忌，水分神闕並會陰。横骨氣衝手五里，箕門承筋及青靈。乳中上臂三陽絡，二十三穴不可鍼。孕婦不宜鍼合谷，三陽交内亦通論。石門鍼灸應久忌，女子終身無妊娠。外有雲門並鳩尾，缺盆客主人莫深。肩井深時人悶倒，三里急補人還平。刺中五臟膽皆死，沖陽血出投幽冥。海泉顴髎乳頭上，脊間中髓傴僂形。手魚腹陷陰股内，膝臏筋會及腎經。腋股之下各三寸，目眶關節皆通評。

表二千零八十一

作者/文獻	版本	用　　例
鄭珍《巢經巢詩文集》文集卷三	民國遵義鄭徵君遺著本	(1)《訪楊价墓記》(庚申閏三月)：宋威靈英烈侯楊公价善甫之墓，舊無識其處者。道光庚子，趙石知旭與余言，曾見楊氏譜，稱价墓在桐梓治西胡盧壩。……若是袁清容撰《楊忠宣神道碑銘》云：宗社踰南，閒道以前。是生忠顯，擐甲開先。三帥締歡，痛不有年。立廟錫封，歲時牲牷。忠顯，宋理宗賜侯廟號也。
鄭珍《(道光)遵義府志》卷八	清道光刻本	(2)(附)馮士奇《城隍廟記》：謹按祠典，能禦大災則祀，能捍大患則祀。城隍司釐保，禦民災，捍民患，衍國祚於靈長，非淺鮮也。方今神州赤縣，棊布星列，未有守令而無城隍者。守令理明，城隍理幽。理明者賞罰猶有未徧，彼狡僞者猶得逃於法網；理幽者彰癉無微不燭，即狡僞亦無能逃其照鑒矣。辛亥冬，余蒞茲土，展謁祠下，顧瞻殿宇三楹，幾於傾圮，帳然久之。第文廟尚未建立，即哨有兵，山有木，安能並舉厥工哉？今幸文廟落成矣，仍責千總郭行達董其事，遴吏中勤謹好施如黎應舉者兼理焉。經始於癸丑冬，迄工於甲寅夏。兩廊與山門業已告竣，隨列十冥府於廊，儼然相向，以示神道設教之意。丹青絢麗，頗肅瞻仰。……《伊訓》云：作善，降之百祥；作不善，降之百殃。斯言豈欺我哉？爾等其悚意而聽之。
鄭珍《(道光)遵義府志》卷二十二		(3)選建先師廟於縣治左三洞橋，草創未竟，旋就荒蕪。三十六七年間，知府孫敏政重建。(正殿五楹，位學基之中。像主龕帳如制：左右龕列四配十哲，殿外欄垣階級皆以石甃，殿下左右列，東西廡各五楹。到從祀先賢龕主如制：前為戟門，備儀衛。砌臺為三，中為神道，左右各有翼室。墀植四柱，東西列。禮樂器及經書吏籍，庫各充切。)
鄭珍《(道光)遵義府志》卷二十四		(4)夫為民守者，愛士之至。至望其立身揚名，孜孜汲汲，如慈嚴祖父之於其子孫，而默假神道以相之。
鄭珍《(道光)遵義府志》卷三十四		(5)王青蓮，字希白，號香湖恆子。嘉慶壬戌進士。……平生每言及，未嘗不流涕。尤篤宗族立義莊，以贍族人貧之者。修族譜，建宗祠，聚族子弟，聘師教之。……著有《金粟齋詩文》行世。(莫與儔撰《神道碑》)弟青藜，舉道光乙酉順天鄉試。
鄭珍《(道光)遵義府志》卷四十		(6)按：歐陽元《許熙載神道碑》云：在衡，安仁盜袁舜一怨苦播州餉，負險挺亂。既誅，朝廷宥其餘黨甚衆云云。

表二千零八十二

作者/文獻	版本	用　　例
鍾文烝《春秋穀梁經傳補注》春秋隱公經傳第一	清光緒刻本	(1)《士文伯論日食》曰：神道可以助教，不可專以爲教。神之則惑衆，去之則害宜。故其言若有若無，其事若信若不信，期於大通而已。此讀《左傳》者，所不可不知矣。
鍾文烝《春秋穀梁經傳補注》春秋僖公經傳第四		(2)己卯晦，震夷伯之廟。（補曰：加之者，與仲子同。《左傳》曰：罪之也，於是展氏有隱慝焉。罪之，謂書以罪之。杜預曰：聖人因天地之變，自然之妖，以感動之。神道助教，唯此爲深也。）

表二千零八十三

作者/文獻	版本	用　　例
鍾淵映《歷代建元考》卷七	清文淵閣四庫全書本	(1)右諫議大夫陽夢申奉勑撰《大漢都統進封定王劉繼顒神道碑》云：天會十二年，實皇帝踐阼之初年也。十七年，繼顒卒。末題：廣運元年，歲次甲戌，九月丙午朔。今按：周廣順元年辛亥，旻即帝位，稱乾祐四年。顯德元年甲寅，旻之乾祐七年也。

表二千零八十四

作者/文獻	版本	用　　例
周昂《中州全韻》卷二	清此宜閣刻本	(1)埸，祭神道也。
周昂《元季伏莽志》卷十	稿本	(2)按：《寔録記》：戊子之戰，張定邊直犯御舟，中矢百餘而走。《平江漢頌》則繫于辛卯，相去凡四日。《實録》：戊子之戦，帝與遇春舟俱僇（闕）。及《間平神道碑》則繫于壬戌溼江江之戦，相去凡三十有五日。
周昂《元季伏莽志》卷十		(3)又查《開國羣雄事略》云：于宋文憲《銮坡後集》，得《梁國趙武桓公神道碑》云：丁酉六月戊辰，取江陰。秋七月丙子，攻常塾，張士誠出挑戦，公麾兵而進，士德就縛。士德，士誠之弟也。

表二千零八十五

作者/文獻	版本	用　　例
周城 《宋東京考》 卷二十	清乾隆刻本	(1)《容齋隨筆》：祥符以後，凡天書禮文、宮觀典冊、祭祀巡幸、祥瑞頌聲之事，王文正公旦實為參政宰相，無一不預。公知得罪於清議，而固戀患失，不能決去。及臨終，乃欲削髮僧服以殮，何所補哉？魏野贈詩云“西祀東封俱已了，好來相伴赤松遊”，可謂君子愛人以德矣。歐陽文忠公作公《神道碑》，悉隱而不書，蓋不可書也。公持身公清，無一可議，然獨有此者功名之際，人所難耳。

表二千零八十六

作者/文獻	版本	用　　例
周拱辰 《聖雨齋集》 文集卷三	清初刻本	(1)《睦陵東關重葺文昌閣碑》（代）：文昌一星，繫奎壁之纏，掌圖書靈笈。凡士子文章、祿命之豐嗇，予奪實司之歷七十二朝，書傳七十有二，化以孝以忠，厲世範俗。……先王神道設教，籍靈之烜赫，以鼓吹人材於不衰，此物此志也。睦東城外有文昌閣，下祀關聖君。鄉達宋某曾四葺之，頗稱巨麗。兵荒以來，幾鞠茂艸，且峙城之巽隅文峰，巍然而有缺焉。不振之憂，當事者恧焉。

表二千零八十七

作者/文獻	版本	用　　例
周廣業 《孟子四考》 卷二	清乾隆六十年省吾廬刻本	(1) 后之言姓者，始皆作“逢”。石刻有漢故博士趙傳《逢府君神道逢童之碑》，其篆文皆作“逢”。《魏元丕碑》有“逢牧”，《孔宙碑陰》有“逢祈”，此有“逢信”，亦不書作“逢”。予謂漢儒尚以“蠭”爲“逢”，則恐諸“逢”當讀爲“鼉鼓逢逢”之“逢”爾。
周廣業 《經史避名匯考》 卷二	清鈔本	(2) 天子祭郊社、宗廟，唐宋制祝文，皆手自署名。周制，想亦然也。別國山川、鬼神，本有臣道，今以神道事之，故對之稱字。祝奉命告祀，例不敢名君也。
周廣業 《經史避名匯考》 卷三		(3) 郎瑛《七修類稿》：生稱名，死稱諱，自古而然。故古今名公作壽堂等記，則曰“公名某”；作《誌銘》《神道碑》，則曰“公諱某”。今人不察，遇人則請問“尊諱”，答人曰“諱某”。又稱人之母曰“壽堂”，以為崇敬，殊不知卯墓祭祀之處乃壽堂也。 (4) 然《柳河東集》有《先侍御史府君神道碑》，自六代祖慶以下，皆曰“諱某”。又曰：先君諱鎮，字某。

續表

作者/文獻	版本	用例
周廣業《經史避名匯考》卷十五	清鈔本	(5)《日知錄》曰:《晉相里金神道碑》,“民”“珉”二字皆缺末筆。南漢劉龔尊其父謙為代祖,猶以“代”易“世”。至宋益遠矣,而乾德二年《卜謜伏羲女媧廟碑》,“民”“珉”二字,咸平二年《孫冲序絳守居園池記碑》,“民”“珉”二字,皆缺末筆。其於舊君之禮,何其厚歟! (6)韓退之《諱辨》本為二名嫌名立論,而其中治天下之“治”却犯正諱。蓋元和之元,高宗已祧,故其潮州上表,曰“朝廷治平”,曰“為治日久”,曰“政治少懈”,曰“巍巍治功”,曰“君臣相戒,以致至治”。舉張行素曰“文學治行,衆所推服”,《平淮西碑》曰“大開明堂,坐以治之”,《韓宏(本字避改)神道碑銘》曰“無有外事,朝廷之治”,惟《諱辨》篇中似不當用。
周廣業《經史避名匯考》卷十六		(7) 《十七史商榷》:張九齡所撰《裴光庭神道碑》:父仁基,避諱去“基”字。 (8)(名義)《通鑑》:開元六年,上命宋璟、蘇頲為諸皇子制名及國邑之號,又令別制佳名及佳號進之。璟等言:七子均養,著於《國風》。臣等所擬各三十餘,輒混同以進,以彰覆幬無偏之德。上善之。(《顏魯公集》。《宋文貞神道碑》云:公奏稱:七子均養,鳲鳩之德,錫以名號,不宜亦殊。若母寵子愛,恐非正家之道。元宗悦而從之。) (9)鍾輅《前定錄》:郭子元,初名紹。肅宗在儲邸,改子元。《宰相表》:韋紹,改名綱。(《英華》。權德輿《工部員外郎王端神道碑》:三子,次曰紹,本名犯皇帝諱而改焉。是人在德宗時不應名紹,疑有誤。) (10)(書籍)《韓集點勘》:《許國公神道碑》:恒無宿儲,祥符本無“恒”字。是《碑》作於長慶中,應避御名。
周廣業《經史避名匯考》卷十九		(11)王肅《康誥》注:康,國名。康叔,先封在康也。山謙之《吳興記》云:康氏衛,康叔封之後,食邑于康,因氏是也。又《梁書》:康絢,出自康居。漢時,遣子待詔河西,因留為黔首,以康為氏。顏魯公撰《康公神道碑》:名阿義屈連干,先世吐蕃貴族。
周廣業《經史避名匯考》卷二十		(12)(名字)《宋史》:劉甲,字師父。淳熙進士,官至實錄院檢校。使金,至燕山,伴宴完顏者,名犯仁廟嫌諱,甲力辭,完顏更名脩。石保興,本名保正,太祖改之。(《事略》同)案:今洛陽有《神道碑》云:公本名貞知,史避仁宗嫌名。(《中州金石記》)

續表

作者/文獻	版本	用　　例
周廣業 《經史避名匯考》 卷二十三		(13) 郭奎，字子章，以字行，是嫌名不諱也。其後用法嚴峻，幾於摇手觸禁。而名諱之間，卒亦踈濶，革除而降，防禁益弛，遂有以璋為名，如永樂中王璋，景泰中孫璋（《海寧御史》），成化中李璋（少保賢子，官尚寶丞。見《少保神道碑》）、吕璋（浙江學憲。見（闕）汝舟《許州志》）、劉璋（四川廵撫。見《總志》），正德中羅璋（知府。見《王弇州史料》）者非一。
周廣業 《經史避名匯考》 卷二十三		(14) 案：《世德碑》：惟仁祖書先考五四公諱世珍，三祖但云“某公”，未嘗言諱，盖當時衹就行第稱之，史家遂以為諱。猶開平王常遇春，曾祖名四三，祖名重五，父名六二。（宋濂撰《神道碑》作“六六”。）湯和，曾祖名五一，祖名六一，父名七一，實皆行第也。 (15) 宋文憲濂撰《資善大夫廣西等處行中書省右丞方公神道碑》：公諱珍，避國諱，更名眞。因字日“貞”（《本集》），無改“國”為“谷”之説，則所謂“谷”“真”者，特明臣稱之為然耳。 (16) 案：徐溥《謙齋文集》載：英宗時，黎文僖公淳見天下鄉試錄多舛謬，或犯國諱，摘奏數十條，下禮部翰林院，議治考試提調官罪，且申定格式，行之至今。（《黎淳神道碑》）
周廣業 《經史避名匯考》 卷二十六	清鈔本	(17)《集古錄》云：《唐書・列傳》：裴光庭卒，賜謚忠憲。今張九齡《神道碑》及題額皆為忠獻。
周廣業 《經史避名匯考》 卷二十九		(18) 竇希球，字國珍。昭成后弟，明皇舅。裴耀卿《神道碑》云：車通幰，門加兵，會同不錄班，讌見不呼名，所以教天下之為甥。（《文苑英華》） (19)《宋史》：眞宗乾興元年，仁宗即位，尊后為太后，御崇德殿，垂簾聽政。冬十月，詔中外避皇太后父諱。明道二年，太后崩時，賈昌朝為國子監説書。上言：禮，母之諱不出於宫。今章獻太后易月制除，猶諱父名，非尊宗廟也。從之。（王安石撰賈《神道碑》云：仁宗即位，太史以章獻太后為彭城郡王諱其名，公言：母之諱，禮不得以出於宫。）
周廣業 《經史避名匯考》 卷三十		(20) 長孫儉，初名慶明，太祖以其志安貧素改焉。（《後周書》）《庾開府集》：《周柱國大將軍長孫儉神道碑》云：以公識度嚴明，志節清儉，遂改名儉，字慶明。非關書月，詎待看碑？幸得千畝不同，二山無廢。
周廣業 《經史避名匯考》 卷三十一		(21) 高崇文，字崇文。（韋貫之《神道碑》，無字。）官司徒，封南平郡王。

續表

作者/文獻	版本	用　例
周廣業《經史避名匯考》卷三十三	清鈔本	(22) 歐道元《神道碑》云：文忠，行第八，世祖嘗以其行呼之。士珍，行亦第八，世宗命侍裕宗東宮，裕宗知之，亦呼以行而不名。特加一小字，以別其父焉。 (23) 王翺，字九皐，鹽山人，永樂進士。景泰朝，吏部尚書。天順初，與李賢甚相得帝眷之厚，召對便殿，稱“先生”而不名。(彭華撰《神道碑》，作“呼為老王而不名”。)
周廣業《經史避名匯考》卷三十四		(24) 高力士，本馮氏。内侍高延福養為子，因冒其姓。(張説《内侍高君神道碑》) 元宗時，以平韋氏。誅蕭、岑，累官右監門衛將軍，知内侍省事。四方奏請皆先省後進，小事即專決。宇文融、李林甫厚結之，踵至將相。
周廣業《經史避名匯考》卷三十六		(25) 陸逞，字季明。初名彦，字世雑，魏文帝改焉。父政，驃騎大將軍。《庾開府集》:《周太子太保步陸逞神道碑》云：御正以官觸父名，不拜。會稽有王會之名，其子不為太守；博陵有王沉之封，其兒不為刺史。 (26)《中州金石記》云：洛陽許家營有《盧府君神道碑》云：除洛州新安宰，以犯諱更滎陽。
周廣業《經史避名匯考》卷三十七		(27) 又翺集《相公神道碑》《侯君墓誌》等篇皆不避“楚”字，韓誌亦云“遷夫人之喪於楚州”。二名單避一字，未詳其故。 (28) 王初，父仲舒，字宏（本字避改）中。韓文公為作《神道碑》，御覽載《獨異志》云：唐長慶、太和中，王初、王哲，俱中科名。其父仲舒顯于時。二子初官，不為秘書省官，以家諱故也。
周廣業《經史避名匯考》卷三十八		(29) 考《六一集》中，如《觀文殿大學士晏公神道碑》。又《王武恭公德用神道碑》中，觀察使、會靈觀使之類，皆未嘗避尤氏説，非也。
周廣業《經史避名匯考》卷三十九		(30) 李燾，字仁甫，一字子真。祖鳳，贈奉直大夫。考中，仙井監，終秘書少監，贈通奉大夫。……避父名，遇遷秩，寄理者三，於是遷通議大夫，官至敷文殿學士、通奉大夫，贈少師，謚文簡。(周必大撰《神道碑》。見《全蜀藝文志》。) (31) 曾魯，字得之。父順，字至順。……魯以“順”字犯父諱辭，就朝請下階。吏部以國法有定，不之許。（宋濂撰《神道碑》，曾順亦有《墓誌銘》。)

續表

作者/文獻	版本	用　例
周廣業《過夏雜録》卷三	清種松書塾鈔本	(32) 伏突：李光弼，京兆萬年人。安史之亂，光弼討平之。以為戰者危事，勝員難必，每臨陣，嘗貯伏突于靴中，義不受辱。見顔魯公所作《神道碑》，伏突不知何物。
周廣業《過夏雜録》卷五	清種松書塾鈔本	(33) 吾年友王季重，占此一絕。聖人神道設教，當與此門開闢萬年，而他碑亦可搥碎矣。季重曾請謁于帝，輒得第一籤許可之矣。
周廣業《循陔纂聞》卷二	清鈔本	(34)《廣博物志》載：齊武帝欲爲裴后立石誌墓，王儉以為非古。《物原》載：晉武帝始置《神道碑》。此謂始于晉宋，未免失寔。楊雄《元后誄》曰：既作下宫，不復故庭。爰緘伊銘，嗚呼哀哉。則碑銘始西漢之末，劉熙之說信矣。

表二千零八十八

作者/文獻	版本	用　例
周煌《琉球國志略》卷七	清乾隆二十四年漱潤堂刻本	(1)《祠廟》(寺院附)：《周官》：宗伯禳祈宜報之典最繁，所以昭誠敬、廣仁孝也。國家歲事有常，百神效靈，山海寧謐。琉球仰遵聖教，頗知淫祀無福諸不在祀典者，罔敢僭黷。是以舉行蜡臘，崇飾宫牆，而寢廟城叢亦皆式禮莫愆，允合“生三事一”之義。若乃像教之設，雖儒者所不道；要其大旨，足以警醒貪嗔。揆之神道設教遺意，初無大忤。且點綴名山邃谷，上以備祝釐淨地，下亦供登覽勝遊，未為不善也。因復略表，其尤著者焉。志《祠廟》。

表二千零八十九

作者/文獻	版本	用　例
周京《無悔齋集》附錄	清乾隆刻本	(1)《徵士穆門周先生墓志銘》(鄞縣全祖望撰)：穆門以詩名天下五十餘年，平生嘗徧歷秦、晉、齊、楚之墟，所至，巨公大卿皆爲倒屣，顧終於蹭蹬不遇而死。其人淵然湛然，莫能窺其涯涘，渾淪元氣，充浹眉宇，蓋古黄叔度、陳仲弓之流也。士無賢不肖，皆曰周先生。……廿年以來，神道荒蕪，石馬眠草中，寒食麥飯，恐無舉者。穆門泫然流涕曰：吾當東歸，買墓田，復置墓户以守之。是後歲歲相見，必及此。然詘于力，竟未能也。……又以幽堂之文屬余，是不可以辭也，乃更為之銘曰：重湖黯然，喪我祭酒！白雲封之，其骨不朽！

表二千零九十

作者/文獻	版本	用　　例
周亮工《因樹屋書影》卷一	清康熙六年刻本	（1）揲蓍之法，爲聖人神道設教而作，而世人守之，若眞有鬼神，屑屑焉告之以某卦、某爻者。聖人亦樂得其意用之，實非如此也。何也？《易》之全理，一卦一爻皆見，聖人原就其時之消息，位之當否，而推其事勢所必至，遂有吉凶悔吝之占耳。而況由一卦一爻而極其變，又有不可窮盡者乎。……但愚人難曉，易生怠玩，非藉神道，不足以起其敬信。故聖人設為揲蓍之法，若有鬼神告之者，使人鼓舞不倦耳。
周亮工《因樹屋書影》卷四		（2）政和間，忽弛黨禁，求蘇軾墨跡甚鋭。或謂寳籙宫羽流拜章，久之方起。徽宗詰問，荅曰：上帝所値奎宿奏事，良久方畢，始能達章。問：奎宿何神？所奏何事？曰：所奏事不可知。爲此宿者，即本朝蘇軾也。故不惟弛禁，且欲玩其詞翰焉。此羽流必通文墨，爲坡公抱憤者。……聖人神道設教，信有由矣。

表二千零九十一

作者/文獻	版本	用　　例
周壽昌《漢書注校補》卷二十四	清光緒十年周氏思益堂刻本	（1）又案：《漢少室神道石闕銘》及薛尚功《鍾鼎款識》《漢平周鉦文》，圜陽、圜陰皆作“圜”。自韋昭《漢書注》有“圜當爲圁”之說，後人皆沿其謬。改亂舊文，師古不明。 （2）錢坫校本引王氏念孫曰：《少室神道石闕銘》《開母廟石闕銘》并有“西河圜陽馮寳”、《劉寛碑陰》有“西河圜陽田植”。
周壽昌《思益堂集》古文卷二	清光緒十四年王先謙等刻本	（3）誥授光祿大夫兵部尚書贈太子少保毛文達公神道碑銘

表二千零九十二

作者/文獻	版本	用　例
周碩勳《（乾隆）潮州府志》卷十七	清光緒十九年重刊本	(1) 太僕寺卿吳裕墓，在廣岐山。學士吳寬撰《神道碑》。
周碩勳《（乾隆）潮州府志》卷四十	清光緒十九年重刊本	(2)《陸丞相墓辯》（明知府郭子章）：余守潮之二年，續《郡志》，貽書南澳于將軍曰：不佞聞宋陸丞相墓在澳山北青徑口，請訪其神道安在。已而將軍報余曰：址石僅存，碑表湮沒。余傷之亟，爲伐石題曰“宋陸丞相君實之墓”，下令禁樵採，雖然竊有疑焉。

表二千零九十三

作者/文獻	版本	用　例
周永年《先正讀書訣》	清光緒二十一年嚴修刻本	(1) 治古之時，非唯道德純一，而政教修明，至於文學之彥，亦精贍宏博，足以為經濟之用。蓋自童丱之始，十四經之文，晝以歲月，期於默記。又推之於遷、固、范氏之書，豈直覽之！其默記亦如經。基本既正，而後遍觀歷代之史，察其得失，稽其異同，會其綱紀，知識益日至矣。而又參于秦漢以來之子書，古今譔定之集錄，探幽索微，使無遁情。於是道德性命之奧，以至天文、地理、禮樂、兵刑、封建、郊祀、職官、選舉、學校、財用、貢賦、戶口、征役之屬，無所不詣其極；或廟堂之上，有所建議，必旁引曲證以白其疑，不翅指諸掌之易也。自貢舉法行，學者知以摘經擬題為志，其所最切者，惟四子一經之箋，是鑽是窺，餘則漫不加省。與之交談，兩目瞪然視，舌本强不能對。嗚呼，一物不知，儒者所恥。孰謂如是之學，其能有以濟世哉！（《宋學士集·曾侍郎神道碑》） (2) 公在南都學舍，掃一室，晝夜講誦，其起居食飲，人所不堪，而公益自刻苦。居五年，大通《六經》之旨，為文章，論説必求於仁義。其所有爲，必盡其力，曰：爲之自我者當如是，其成與否，有不在我者，雖聖賢不能必，吾豈苟哉！（《范公神道碑》）

表二千零九十四

<table>
<tr><th>作者/文獻</th><th>版本</th><th>用　　例</th></tr>
<tr><td>周在浚
《南唐書注》
卷一</td><td rowspan="4">民國嘉業堂刻本</td><td>（1）《六朝事蹟》載：居詠墓，石頭城北。碑額云“大唐順天翊運功臣特進守太子太傅上柱國清河郡開國張懿公神道碑”，朱銑書。</td></tr>
<tr><td>周在浚
《南唐書注》
卷三</td><td>（2）魏泰《東軒筆錄》曰：吳王薨，詔侍臣撰《神道碑》。時有與徐鉉爭名欲中傷之者，面奏曰：知吳王事，莫若徐鉉。太宗詔鉉撰碑，鉉遽請對而泣曰：臣舊事吳王，陛下容臣存故主義，乃敢奉詔。太宗悟，許之。故鉉之爲碑，但推言厤數有盡，天命有歸而已。其警句云：東鄰搆禍，南箕扇疑。投杼致慈親之惑，乞火無里婦之辭。始勞因壘之師，終後塗山之會。太宗覽讀稱歎。</td></tr>
<tr><td>周在浚
《南唐書注》
卷六</td><td>（3）徐鉉《武烈帝廟碑銘》曰：臣聞昊穹凝命，玄化下宰。司契牧民之重，授以聖功。益謙輔德之明，顯諸神道。玉燭景風之瑞，所以報憂勤。天時地物之妖，所以警安逸。是以古之聖人，覩災而懼，因敗而成。撥亂反正之勳，偃武修文之業，延洪光大，皆有幽贊者焉。……下臣奉詔，謹勒銘云：玄功不宰，帝德無爲。化機冥運，羣動交馳。必有神道，鑒而董之。董之伊何，惟帝之職。恍惚有象，陰陽不測。如岳降祥，配天輔德。……上日欽哉，享茲昭告。帝服加尊，大名紀號。多壘既平，連營既寧。奕奕新廟，崇崇百城。民罔疵癘，年斯順成。庭有備物，時殷頌聲。禍福何常，惟人所擇。棄信毀義，恃眾與力。上帝不蠲，明神是殛。勒石嚴祠，敢告萬國。
（4）徐鉉《唐故德勝軍節度使檢校太保同中書門下平章事扶風馬匡公神道碑銘》曰：夫道被萬物，處其中者是爲賢人。功濟橫流，讓其先者方稱君子。施之則開物成務，興廣業而同歸。卷之則保族宜家，垂令名於必大。是以長沙吳芮，繁祉邁於三雄。南陽賈復，賁寵隆於四七。歷代以降，靡不由之。迄於我朝，則扶風公其人矣。公諱仁裕，字德寬，其先扶風人。子孫或從官於徐方，今為彭城人也。……峴首之懷靡盡，昆吾之烈長存。嗚乎哀哉！其銘曰：益作朕虞，實曰元凱。崇基締業，明德攸在。維趙于蕃，封移族改。祚實刊山，源長巨海。……梁木或顛，通川有逝。長城既嚴，哲人永瘁。像著雲台，風存遐裔。輟春盡思，瞻山隕淚。信結殊俗，悲深上旻。丹碑既刻，列鼎書勳。祁連不泯，庸器長存。丕顯百代，惟子有臣。</td></tr>
<tr><td>周在浚
《南唐書注》
卷十</td><td>（5）《六朝事蹟》曰：金全墓，在石頭城北。碑額“唐故開府儀同三司檢校太尉兼侍中贈中書令李順公神道碑”，侍郎高越書。</td></tr>
</table>

續表

作者/文獻	版本	用　　例
周在浚《南唐書注》卷十	民國嘉業堂刻本	(6)《馬書》曰：嚴續請熙載撰其父可求《神道碑》，欲苟稱譽，遺珍貨巨萬，仍輟未勝夜歌妓歸焉。文既成，但敘其譜裔品秩而已。續慊之，封還熙載。熙載亦卻其贈，上寫一闋於泥金帶云：風柳搖搖無定枝，陽臺雲雨夢中歸。他年蓬島音塵斷，留取樽前舊舞衣。
周在浚《南唐書注》卷十二		(7) 徐鉉《大唐故匡時啟運功臣清淮軍節度使壽州觀察處置等使特進檢校太傅持節都督壽州諸軍事壽州刺史御史大夫上柱國彭城威侯贈太尉劉公神道碑》曰：聞夫郊圻内理，牧萬民者是曰諸侯。夷狄外攘，守四方者其惟猛士。然則安危異任，文武殊塗。……公諱崇俊，字德修，其先彭城人。高祖升，調補山陽淮陰尉，遂家焉，即爲縣人也。兵峻洪基，海疏遥派。陽城相士，千齡侯伯之封。沛澤中興，兩代帝王之胄。懷黄結紫，論鼎甲以盱衡。刻像圖形，誓山河而捧袂。國史家牒，披卷可知。……眇眇來云，披文而盡信。其銘曰：惟彼陶唐，有此冀方。自天佑之，後嗣其昌。侯遷魯縣，帝隱芒碭。猗那大族，嵩華配長。……甘棠勿翦，召伯攸憩。是用刊碑，永告來裔。

表二千零九十五

作者/文獻	版本	用　　例
周召《雙橋隨筆》卷十二	清文淵閣四庫全書本	(1) 由大而論之，係乎盛衰者莫大於國都，殽函河渭無異也。秦帝之亡，漢帝之昌，隋據之而促，唐據之而長，果在於善地乎？帝王之尊，家天下而役海内，使地善而可興，竭智以營陵廟，奚求而不致。而亡國敗主相屬，則果不在乎此也審矣。古之卜宅兆云者，以神道定民志也，非視岡阜之向背順逆臆度目斷，如世之葬師之為也。

表二千零九十六

作者/文獻	版本	用　　例
周中孚《鄭堂札記》卷四	清光緒刻仰視千七百二十九鶴齋叢書本	(1) 柳子厚作《先侍御史府君神道表》，敍其世系則曰：六代祖諱慶，曾伯祖諱奭。而昌黎志子厚墓則曰：七世祖慶，曾伯祖奭。案：曾伯祖當作“高伯祖”，方與柳文相符。

續表

作者/文獻	版本	用　　例
周中孚《鄭堂讀書記》卷十八	民國吳興叢書本	(2) 案:《宋史志》《傳》及子固《行狀》《神道碑》諸文俱不載，有是書殆出於依託也。
周中孚《鄭堂讀書記》卷三十三		(3) 凡漢魏晉之碑碣,《石經》《儀禮》《左傳》之遺文，磨崖、石闕、神道之題字，石壁、石室之畫，宅舍、墟墓之甎，刀鏡、鼎壺、鉦鐙、槃洗、梧柈、板函、鐵盆、壽椁、官擊之銘識，石羊、石虎之刻，莫不罔聚而會稡之。
周中孚《鄭堂讀書記》卷五十四		(4) 凡經史奥旨，昧者顯之，譌者訂文，雖優柔不迴，而難決之疑，久蔽之惑，皆涣然而冰釋。非攬之于至博而約之于至精者，不可以與此歟? 所可惜者，公之胸中所存宜不止此，而耄年之加厄于求文者之轇轕，竟不能有以盡筆之也。劉（剛可）以危素所撰《神道碑》及傅（亨）定謚等文，以附其後并爲後序。
周中孚《鄭堂讀書記》卷七十		(5) 然讀是錄者，合兩本而參觀之，從此可無賸義矣。卷首有自撰《凡例》，又有戴笠像及梅（庚）贊，并王（阙）所撰《神道碑》、宋（犖）所撰《墓誌銘》。

表二千零九十七

作者/文獻	版本	用　　例
朱彬《禮記訓纂》卷十	清咸豐宜禄堂刻本	(1) 單席者，神道異人，不假多重。視朝，謂日出視諸臣之朝也。

表二千零九十八

作者/文獻	版本	用　　例
朱次琦《朱九江先生集》卷九	清光緒刻本	(1) 明贈嘉議大夫兵部左侍郎原任四川夔州府知府朱公神道碑 (2) 論者謂公德匪直配前人也，其穀後尤遠焉。公於品秩，神道當得立碑。……宗英耇德，相與太息曰：薶石幽宫，冀垂久遠。墓誌以之，揭銘表阡。 (3) 皇朝賜謚烈愍明贈嘉議大夫兵部左侍郎原任戶部郎中奉敕團練水陸義師朱公神道碑

表二千零九十九

<table>
<tr><th>作者/文獻</th><th>版本</th><th>用　　例</th></tr>
<tr><td>朱方增
《求聞過齋文集》
卷三</td><td rowspan="2">清光緒二十年刻本</td><td>（1）《歐陽文忠公撰范文正公神道碑跋》：嘉慶己卯夏，方增課士來吴，蔣生賡壎進見曰：近得《范文正公神道碑文》，其卷首有宋仁宗御篆“褒賢之碑”四字。</td></tr>
<tr><td>朱方增
《求聞過齋詩集》
卷四</td><td>（2）《題司馬文正公神道碑後》：平生志慕兩文正，范公温公並賢聖。范公碑文已留跋，（己卯夏，范緗芸外翰出元杜本所書《范女正公神道碑》，屬余跋之。）公之墓碑足輝映。</td></tr>
</table>

表二千一百

<table>
<tr><th>作者/文獻</th><th>版本</th><th>用　　例</th></tr>
<tr><td>朱楓
《雍州金石記》
卷五</td><td rowspan="3">清乾隆刻朱近漪所著書本</td><td>（1）《雲麾將軍李思訓碑》（行書），今在蒲城縣二十五里橋陵下。題曰“唐故雲麾將軍右武衛大將軍贈秦州都督謚曰昭公李府君神道碑并序”。略云：公諱思訓，字建。碑下半已磨滅，存字千許。有邕書，尚隱隱可識。</td></tr>
<tr><td>朱楓
《雍州金石記》
卷七</td><td>（2）《金仙長公主碑》（行書），今在蒲城縣北二十里賈堡。玄宗御書，題曰“大唐故金仙長公主神道碑銘”。略云：高宗天皇大帝之孫，睿宗大聖皇帝之女。碑已漫滅，不可讀。
（3）《竇居士神道碑》（行書），今在三原縣北十里橋頭鎮。碑首已失，題曰“唐故逸人竇居士神道碑并序”，北海郡太守李邕撰，河南府縣進士段清雲書。略云：居士諱天生，字白，扶風人也。
（4）《贈工部尚書臧懷恪碑》（正書），今在三原縣九陂城。臧氏墓上碑首篆書“唐故東莞臧公神道碑”九字，題曰“唐故右武衛将軍贈工部尚書上柱國上蔡縣開國侯臧公神道碑銘并序”，金紫光禄大夫行撫州刺史上柱國魯郡開國公顔真卿撰并書。……略云：公諱懷恪，字貞节，東莞人。
（5）《左金吾衛將軍臧希晏碑》（八分書），今在三原縣九陂城。碑首篆書“唐東莞臧府君神道碑”九字，碑題及第二行俱漫滅。其二行之末有撰字隱隱可辨，乃撰文銜名也。三行，朝議郎行衛尉少卿淮陽縣開國男賜緋魚袋韓秀弼書。略云：有唐廣德二年八月五日朔，左金吾衛將軍臧公薨。</td></tr>
<tr><td>朱楓
《雍州金石記》
卷八</td><td>（6）《太子賓客白道生碑》（正書），今在西安府城東十五里鮑陂。近出土中，移於土穀祠前。碑首已失，題曰“大唐故左武衛大将軍贈太子賓客白公神道碑銘并序”，朝議郎行尚書禮部員外郎翰林學士賜緋魚袋于益奉勑撰，宣議大夫行将作翰林詔上柱國賜紫金魚袋摯宗奉勑書并篆額。略云：公諱道生，其先呼韓之宗。</td></tr>
</table>

續表

作者/文獻	版本	用　例
朱楓 《雍州金石記》 卷八	清乾隆刻朱近漪所著書本	(7)《慈州刺史王履清殘碑》(正書),今在高陵縣。碑首篆書“唐故慈州刺史王府君神道碑”,題曰“唐故同朔方莭度副使紫金光禄大夫試太常卿兼慈州刺史(以下缺)”,朝散大夫行河中府功曺条軍上柱國賜魚袋上谷侯冕撰。府君諱履清,字履清,京兆萬年人。 (8)《清源公王忠嗣碑》(正書),今在渭南縣西門外。題曰“唐故朔方河東河西隴右莭度御史大夫贈兵部尚書太子太師清源公王府君神道碑銘并序”,銀青光禄大夫守中書侍郎同中書門下平章事集賢殿崇文舘大學士修國史潁川郡國公元載撰,金紫光禄大夫門下侍郎同中書門下平章事太清太微宫使文崇館大學士上柱國齊國公王縉書,大歷十年四月。 (9)《贈揚州都督段行琛碑》(正書),今在汧陽縣。碑首篆書“唐故段府君神道之碑”九字,題曰“唐贈揚州大都督段府君神道碑銘并序”,朝議郎撿校尚書刑部員外郎鳳翔少尹侍御史賜緋魚袋張增書。略云:巨唐大歷己未歲春正月,段府君之子四鎮北庭涇原鄭潁等州莭度使開府儀同三司御史大夫張掖郡王曰秀實,追琢貞石,光昭先考,展孝思,旌休烈也。
朱楓 《雍州金石記》 卷九		(10)《劍州長史李廣業碑》(正書),今在三原縣北五十里三家店。碑首篆書“唐故劍州長史李府君神道碑”十二字,題曰“唐故劍州長史贈太僕少卿汝州刺史隴西李公神道碑銘并序”。略云:公諱廣業,字(闕)。我景皇帝,公五代祖也。 (11)《西平郡王李晟碑》(正書),今在高陵縣。碑首篆書“唐故太尉兼中書令西平郡王贈太師李公神道碑”,題曰“唐故太尉兼中書令西平郡王贈太師李公神道碑銘并序”,特進爵司空兼門下侍郎同中書門下平章事充集賢殿大學士上柱國晋國公臣裴度奉勑撰,朝散大夫守尚書庫部郎中翰林侍書學士上柱國賜紫金魚袋臣柳公權奉勑書并篆額。略云:公諱晟,字良器。其先隴西也,後徙京兆。 (12)《義陽郡王苻璘碑》(正書),今在富平縣儒學。題曰“唐故輔國大将軍行左神策軍将軍知軍事撿校右散騎常侍兼御史大夫食邑百戶贈越州都督刑部尚書苻公神道碑銘并序”,銀青光禄大夫守中書侍郎同中書門下平章事充集賢殿大學士上柱國開國侯食邑一千戶李宗閔譔,翰林學士承旨兼侍書朝議大夫守尚書工部侍郎知制誥河東縣開國男食邑三百戶柳公權書。略云:公諱璘,字元亮,其先琅邪人。 (13)《梓州刺史馮宿碑》(正書),今在西安府儒學。碑首篆書“大唐故劍州東川莭度使贈吏部尚書馮公神道碑”二十字,題曰“大唐故銀青光禄大夫撿校禮部尚書使持莭梓州諸軍事兼梓州刺史御史大夫充劍南東川莭度副大使知莭度事内觀察處置静軍等使上柱國長樂縣開國公食邑一千五百戶贈吏部尚書馮公神道碑銘并序”,銀青光祿大夫工部尚書皇太子侍讀兼判太常卿事上柱國晋陽縣開國子食邑五百戶王起撰,翰林學士朝議大夫守諫議大夫知制誥上柱國河東縣開國男賜紫金魚袋柳公權書并篆额。略云:開成元年十二月三日,撿校禮部尚書東川莭度使長樂公享年七十薨扵位。

表二千一百零一

作者/文獻	版本	用　　例
朱黼《畫亭詩草》卷十七	清乾隆四十三年太岳山房刻增修本	(1)《次韻稃山長靈官求雨詩》(泰州遇旱，輙舁廟中王靈官求雨。凡廟有靈官者，為之一空。山長曾作詩紀其事，余爲和之。)：女魃不溺神潢乾，將軍望梅空作酸。責躬六事舞大雩，不聞悠謬求靈官。杭州降神有廟寺，崇恩之徒張厥勢。……爾時重道教，畧喚風雷雲。傳之後世符籙盛，鋪張傅會其術神。豈知神道雖設教，正要人事回青冥。靈官之靈幾何年，藉官之靈爭斂錢。焦金流石官不靈，君不見大河以北終歲不聞滂沛聲。

表二千一百零二

作者/文獻	版本	用　　例
朱珪《知足齋集》知足齋詩集卷第十九	清嘉慶刻增修本	(1)《陰識陰興》：陰氏祀管仲，謂之爲相君。其先陰子方，至孝有恩仁。臘日竈神見，再拜受釐親。獻以黃羊牲，巨富連廛囷。識興因椒戚，戒侈能恂恂。神道固幽贊，亢龍防其迍。
朱珪《知足齋集》知足齋文集卷第五	清嘉慶刻增修本	(2)《前博山縣知縣詔起引見武君墓誌銘》：偃師虛谷武君既卒之明年，其孤穆淳走京師來謁曰：先君從游笥河先生久，及官博山也，以所學見諸施行，克廉以惠，乃行懲番役事罷官，民歌思之不忘。今上廉知其枉，特詔檄調來京，而先期厭世命也。公悉其本末既詳，乞銘之，以彰不朽，則死者誠不死也。予不獲辭。案狀：君姓武氏，名億，字虛谷。先世由懷慶軍籍遷偃師。……事蹟見笥河先兄所作《神道碑》。兄弟六人，君第五。貌魁偉，少喜讀書。
朱珪《陰隲文注》	清光緒重刊道藏輯要本	(3) 凡五經四子之書，口讀而心不信，心然而身不從，以至敢於為惡泯淪而不可救也。帝君憫之，故神道設教，飛鸞行化，使人知神明昭布，森列於上，善惡吉凶之報，確然不爽，冀其信畏悔悟，以自拔於陷穽也。此其心即堯舜孔孟之心，故其言皆平易切近之言。

表二千一百零三

作者/文獻	版本	用　　例
朱筠《笥河文集》卷十一	清嘉慶二十年椒華吟舫刻本	(1) 先生之弟行向榮，晉涵祖父也。嘗從先生問古文法，嘆曰：紹興自文成講學傳授，矩矱代有。四明所在多遺獻，若張岱、呂章成撰著卓然。先生實兼承其業。自先生歿，而紹興之師法與史學絕矣。筠謹案：表所以表其人之大者。今制：三品以上用《神道碑》，四品以下用《墓表》。宗羲《金石要例》曰：《墓表》有銘，不可謂非也。先生厥光不曜，而行與文實應銘法。 (2)《奉政大夫吏部驗封司郎中偃師武君神道碑銘》：偃師武君億，以書介宛平王範曾、武進陳宋賦、懷甯余鵬翀三生，抵筠乞為其尊甫先生驗封君撰神道之碑，曰：伏惟夫子於先人非有一日之雅，而億又不為世所知，獨敢奔命投誠於前者。自惟朴鈍，幸辱教，必不敢自誣其先，而俾吾夫子陷於有愧詞之譏，幸哀而賜之銘。其詞文應昔請銘法，而國制自五品以上得於神道建碑，刻文如式。……君諸子先以甲申冬十一月，葬君於北郭之原。不及納石壙中，茲乃重為之銘於其神道。銘曰：稽《風俗通》：宋姓武功，河南巨宗。遷偃師去，高曾槼槼。霤主槖柜，君竟大夫。成進士初，師文定模。……故吏不伐，亦不諂官。將擢老焉，教授閉關。隸烏識面，充夫推牽。君返自縣，德與度美。天厚君死，六丈夫子。億也桀桀，先大君閥。詞乞銘刻，邙山之邃。右碑矗天，吾文不愆。
朱筠《笥河詩集》卷五	清嘉慶九年朱珪椒華吟舫刻本	(3) 僮僮碧霞廟，銅碑萬歷末。離婁與高禖，神道陰教設。列縣走季女，手摩字深没。至柔剛爲摧，拊之甚剝剖。
朱筠《笥河詩集》卷六	清嘉慶九年朱珪椒華吟舫刻本	(4)《古城驛》：蕭瑟古城城，云是季倫築。當時鎮下邳，余貲分金谷。綠珠或偕來，淮水映亦綠。如何佳麗處，風蔑土轉樸。行行仰化集，中有素封屋。縣令假館留，問氏我同族。寧名康侯字，義取洪範福。德蔚堂中坐，二客飯不速。曰去五里近，朱笈有兆域。翁仲守四碑，一斷三可讀。一隆慶建儲，恩勑寫花軸。一賜祭萬歷，知府捧來肅。曰告某官笈，饗玆酒茅縮。神道碑又一，侍郎竟不祿。户部薨於位，李文殷所錄。（中極殿大學士李芳春撰文，户部尚書殷世茂書丹。）我手一摩挲，所遇姓又屬。乃知適來頃，一字會茲觸。生死真適然，貧富計又足。此驛方坐奕，且了今日局。

表二千一百零四

作者/文獻	版本	用　　例
朱駿聲《傳經室文集》卷八	民國劉氏刻求恕齋叢書本	(1)《杜少陵年譜》：杜甫，字子美。族望，出京兆杜陵。居襄陽，後徙河南鞏縣。……天寶元年（壬午），在洛陽，作公姑《萬年縣君墓誌》。三載（五月，改年爲載。）（甲申），作公祖母《范陽太君墓誌》。）四載（乙酉），在齊州，撰《皇甫叔妃神道碑》。夏，《陪李北海邕宴歷下亭》時，北海奇其才，先往見之。
朱駿聲《説文通訓定聲》壯部弟十八	清道光二十八年刻本	(2) 場，祭神道也。从土，昜聲。字亦作“塲”。除地曰場，亦曰墠，封土曰壇。《漢書・郊祀志》：犧牲壇場。注：平地爲場。《孟子》：築室于場。注：孔子冢上祭祀壇場也。《法言・問明》：靈場之威。注：鬼神之壇也。《爾雅・釋宫》：場，道也。 (3)《孝經》曰：祭則鬼享之。……《爾雅・釋詁》：享，孝也。《廣雅・釋言》：亯，祀也。按：字與饗别。享，神道也。饗，人道也。……《書・洛誥》：汝其敬識百辟享。《傳》：奉上謂之享。……《考工・玉人》：諸侯以享天子。《左昭五傳》：享頫有璋。按：所尊者，以神道事之，故亦日享。

表二千一百零五

作者/文獻	版本	用　　例
朱銘盤《南朝梁會要》	稿本	(1) 乃定郊禋、宗廟及三朝之樂，以武舞為《大壯舞》，取《易》云“大者壯也”，正大而天地之情可見也。以文舞為《大觀舞》，取《易》云“大觀在上”，觀天之神道，而四時不忒。國樂以“雅”為稱，取《詩序》云：言天下之事，形四方之風，謂之雅。雅者，正也。

表二千一百零六

作者/文獻	版本	用　　例
朱奇齡《拙齋集》卷五	清康熙介堂刻本	(1)《易》曰：河出圖，洛出書，聖人則之。而先儒遂以為伏羲則《河圖》以畫《八卦》，禹因《九疇》以叙《洪範》，或亦聖人神道設教之微旨歟！愚請得而詳其説。夫圖書之所以著象者，奇偶而已矣。奇偶之所以成形者，陰陽而已矣。一陰一陽之謂道。理如是，數亦如是。圖無以異于書，書亦無以異于圖也。可以之而畫卦，亦可以之而叙疇也。

表二千一百零七

作者/文獻	版本	用　例
朱士端 《彊識編》 第三	清同治元年刻本	（1）《征南劉君神道碑》作“劉”，此《漢隸》僅見。又《隸辨》云：《漢書·王莽傳》云：受命之日，丁卯也。卯，劉姓所以為字。

表二千一百零八

<table>
<tr><th>作者/文獻</th><th>版本</th><th>用　例</th></tr>
<tr><td>朱軾
《史傳三編》
卷二十九</td><td rowspan="3">清文淵閣四庫全書本</td><td>（1）仁宗即位，太后預政，以宿憾貶準雷州，迪衡州團練副使。……景祐中，范諷得罪，廸坐姻黨，罷為刑部尚書，歷知徐州。廸謂人曰：廸不自量，恃聖主之知，自以為宋璟而以吕為姚崇，不知其待我乃如是也！後以太子太傅致仕。慶歴四年冬卒，年七十七。謚文定。帝篆其神道曰“遺直之碑”，又改所居鄉曰“遺直鄉”。</td></tr>
<tr><td>朱軾
《周易傳義合訂》
卷四</td><td>（2）觀，盥而不薦，有孚顒若。《彖》曰：大觀在上，順而巽，中正以觀天下。觀，盥而不薦，有孚顒若，下觀而化也。觀天之神道，而四時不忒。聖人以神道設教，而天下服矣。（《本義》：觀者，有以示人而為人所仰也。九五居上，四陰仰之。又内順外巽，而九五以中正示天下，所以為觀。謹按：“盥而不薦，有孚顒若”，即《彖傳》所云“神道”也。其義可想像，不可名言。先儒謂“不輕用”，又謂“不薦”，誠意未散，均屬未當。天道不言，而四時運行；聖人无為，而天下化成。不顯篤恭之妙，即无聲无臭之天載也。）</td></tr>
<tr><td>朱軾
《周易傳義合訂》
卷十</td><td>（3）又如：行船遇風，静坐，聞霹靂猛烈，此時還有妄想萌動否？可知本來良心到底未滅。但能齋肅戒畏，則天心旋復自然，如夢之醒、酲之解矣。聖人之作“筮龜”，盖神道設教，使人於此齋戒，以復其神明之德也。</td></tr>
</table>

表二千一百零九

作者/文獻	版本	用　例
朱壽朋 《東華續録（光緒朝）》 光緒二十六	清宣統元年上海集成圖書公司本	（1）庚辰，上詣奉先殿壽皇殿行禮。辛巳，命恩承、祁世長承修泰陵正紅門，及正紅門外神道石牌樓，並禮部果樓工程。

續表

作者/文獻	版本	用　　例
朱壽朋《東華續録（光緒朝）》光緒五十一	清宣統元年上海集成圖書公司本	(2) 相應請旨，將啟續一併革職，以伸公論而儆官邪。上諭：御史邵積誠，奏請將劣員革職等語。河南候神道啟續前任户部司員，聲名惡劣，著即行革職，以示懲儆。
朱壽朋《東華續録（光緒朝）》光緒一百		(3) 近年，不法匪徒每因挾有宿嫌，或計圖得財，昏夜放火，燒人房屋，被害之家老幼嗷嗷，坐以待斃，甚至一連數户家業蕩然，其險惡情形，較之行刦盜匪尤為狠毒。雖經歷任將軍出示嚴禁，並拿獲多起，照例懲辦，而惡風猶未止息。如此次拿獲放火匪犯陳起汶、栗玉珍二起：一則挾仇，疊次放火，並敢擲甎拒捕；一則假託神道，疊次哄誘愚民，姦淫良善。如今有何理說？

表二千一百一十

作者/文獻	版本	用　　例
朱素臣《十五貫》下卷	清鈔本	(1)《第拾柒出》（踏勘付搃甲上）：自家身充搃甲，全憑作事奸猾。衙門中朋友是養家神道，書房裡相公是家堂菩薩。遇了熊家這場官司，真正有些兆搭。

表二千一百一十一

作者/文獻	版本	用　　例
朱興悌《宋文憲公年譜》年譜上	民國五年刻宋文憲公全集本	(1) 三年丁丑，先生二十八歲。十二月，大父太常公卒。(《神道表》見卷五十三。) (2) 閏九月，黄文獻公卒。作《黄公行狀》，作《黄先生祠堂碑文》，((原)案：《行狀》見卷六十，《祠碑》見卷三十一。) 作《康里公淵神道碑銘》。(卷三十六。鏘案：《銘詞》有“皇明麗天”句，可疑。) (3) 二十七年丁未，先生五十八歲。吳元年，明太祖本用宋龍鳳年號，至是改吳元年。……作《縉雲伯胡公神道碑》((原) 卷三十六)、《人虎説》(卷六十四)。
朱興悌《宋文憲公年譜》年譜下		(4) 夏，御史中丞龍泉章溢卒。(《神道碑》見卷三十五) 奉敕撰《追崇揚王神道碑銘》。(卷同上) (5) 九月，奉敕撰《康蘄國公茂才神道碑銘》。((原) 卷三十四) (6) 十月，撰《膏露頌》。……奉敕撰《常開平王遇春神道碑銘》。((原) 鏘案：王以七月七日卒，十月葬。見卷三十四。)

續表

作者/文獻	版本	用　　例
朱興悌《宋文憲公年譜》年譜下	民國五年刻宋文憲公全集本	(7) 六月，奉敕撰《華巢國公高神道碑銘》。（（原）卷三十四） (8)《左丞方公神道碑銘》。（卷三十五） (9) 作《味梅齋稿序》（卷十二）、《柳氏宗譜序》（卷十一）、《毛公神道碑》（卷三十六）、《東邱郡侯花公墓碑》（卷二十七）、《元故國子祭酒孔公神道碑》（卷三十六）、《傅守剛墓碣》（卷四十九）、《毘盧寶藏閣碑》（卷三十三）。

表二千一百一十二

作者/文獻	版本	用　　例
朱纁《盡節録》卷下	清康熙二十六年澹寧堂刻增修本	(1)《重修鄉賢祠記》：閲《縣誌》，鄉賢有祠無記。《傳》云“鄉先生歿而可祭于社者”，則立祠以祀。粂之《祭法》，盖所稱法施于民，以勞定國，與夫捍大災、禦大患者也。而以死勤王事，則尤祀之。……疇昔傾頽成墟，群主皆露處，今則廟貌重新，駿奔而肅，祀緊誰之力哉？公冢嗣方來，創修于前；仲嗣武林，重建于後。且易甓而磚，示久遠也；度地而垣，便陳設也。神案：祭噐備具，肅對越潔，粢盛也。以衆家之廟祠，而武林一身獨建之，是烏可以不記，而武林固辭。僉曰：前此鐫盡節録刻忠烈公遺書，修神道碑楼，種種孝思，悉獨爲之。此武林家事耳，可以不記兹者一人，而修衆家之廟祠，爲我諸人，倡我諸人，能率是意而歲修焉，則塗茨丹雘，輪奐重光，廟貌百世猶新矣，豈復有傾圮之慮哉？是烏可以不記，乃爲之記㞢。

表二千一百一十三

作者/文獻	版本	用　　例
朱一是《為可堂初集》卷七	清順治十一年刻本	(1) 由此以觀，梁之朝廷，法紀、風俗、人心大畧可睹，即無侯景已國非其國，豈真一叛亾之奴，稱兵犯闕，能令土崩瓦解如此速哉？然則文章與佛，有位者當深絶之歟！曰：文爲國華，粉餙太平，不可廢也，但不當棄其他而耑此耳。至于佛，亦先王神道設教之意，敬而遠之，聽其興廢可也。彼梁武捨身同泰，與魏太武欲盡誅沙門，皆非處佛之道，而有害于正經，何怪乎身之皆蒙弑哉？况佛與道異端一也。

表二千一百一十四

作者/文獻	版本	用　　例
朱一新《無邪堂答問》卷一	清光緒二十一年廣雅書局刻本	(1) 漢人語言簡質，往往混事於制，又欲立《春秋》於學官，而故神其説，端門受命，素王改制。此蓋神道設教之遺意，豈可據爲事實？漢儒亦但寓之於緯，未嘗敢著之於經也。近人信緯而不信經，抑知鄭君注《中庸》，以祖述堯舜，憲章文武。爲仲尼作《春秋》之事，而必引《公羊》"繼文王之體，守文王之法度"，以明之。
朱一新《無邪堂答問》卷二		(2) 然邱長春《西遊記》、劉馘《西使記》，於回回種類，多稱"回紇"。《元史・姦臣傳》：阿合馬，回紇人也。而世祖嘗言：回回人中，阿合馬才任宰相。又：耶律文正作《回回歷》，名"麻苔把歷"，而《輟耕錄》以為回鶻歷名。《元遺山集・恆州刺史馬君神道碑》云：出於花門貴族（花門即回回）。而篇中又言：回鶻梵唄之所，是皆稱回鶻為回回。蓋其部落酋長雖回鶻種人，而其俗自唐以後已從回教，故二名混稱，元時已然。顧氏、杭氏之言，未為盡誤也。 (3) 評曰：天之蒼蒼，神祇何在？災祥何在？在乎人之心耳。心以爲有則有，心以爲無則無。合千萬人之心而以爲有是物，則真有是物矣。楚人鬼，越人機，其理皆作如是觀。聖王明知其言之近誕也，而人情如是，則因其機而利導之，使人由是生敬畏心，以潛消其邪慝。故曰：神道設教，而天下服。

表二千一百一十五

作者/文獻	版本	用　　例
朱彝尊《曝書亭集詞注》卷四	清嘉慶十九年校經廎刻本	(1)《金縷曲》：枕上閒商畧，(《晉書・阮籍傳》：籍嘗於蘇門山遇孫登，與商畧栖神道氣之術。) 記全家元夜看燈，(趙長卿《元夕詞》：去年元夜正錢塘，看天家燈火。鬧蛾兒轉處，熙熙笑語，百萬紅妝女。) 小樓簾幙。暗裏橫梯聽點屐，(歐陽修詞：梯橫畫閣黃昏後。毛熙震詞：鬢動行雲影，裙遮點屐聲。) 知是潛回香閣。

續表

作者/文獻	版本	用　　例
朱彝尊《經義考》卷十二	清文淵閣四庫全書本	(2)《洞林》(《隋志》三卷)(佚)：元帝自序曰：蓋聞玄枵之野，鬼方難測；朱鳥之舍，神道莫知。而緹縵曉披，既辨黄鍾之氣；靈臺夕望，便知玉井之色。復以談乎天者，雖絕名言之外；存乎我者，還居稱謂之中。……余幻學星文，多歷歲稔，海中之書，略皆尋究，巫咸之說，偏得研求。雖紫微迢遞，如觀掌握；青龍顯晦，易乎窺覽。羨門五將，亟經玩習；韓終六王，常所寶愛。至如周王白雉之筮，殷人飛燕之卜。蓍名聚雪，非關地極之山；卦有密雲，能擁西郊之氣。爻通七聖，世經三古。山陽王氏，直解談玄；河東郭生，才能射覆。並而兩之，竊自許矣。
朱彝尊《經義考》卷二十二		(3) 然《易》之始，固出於《河圖》。《河圖》所見惟陰陽之數最為其夲也，而君臣之法與有神物皆出矣。雖然其吉凶治亂之效未著，乃資乎聖人者君天下而發之，故包犧氏出焉，示與神道適會，遂卦之而又爻之，用其法以王天下。然其法非聖人作君不能張之，聖人非以是不能王之，故《易》與聖人而相需也。
朱彝尊《經義考》卷二十四		(4) 又曰：此潔所聞於先君子也，輒拾其遺說而爲之傳。嗟乎！其深思旁取如此，亦已勤矣。異夫前所謂神道體用之說者，故余竊有取焉。且求余爲序。余故摭其所得於《易》者而序之。
朱彝尊《經義考》卷三十六		(5) 趙氏（汝楳）《周易輯聞》（六卷）（存）：汝楳自序曰：《易》道函三極而神萬化，《易》書立三極而萬化神道，主於有書，主於用也。體《易》"君子處而用身，出而用世"，皆於此焉。出以用爲動，則靜者其體也。動之變無窮，近而顯者；百姓與能，遠而微者。賢智未易，知夫道妙於無形；而著於有象，確乎不易而變動不居。以虛而言，則至於無畔；以固而言，則或有所不通。……因輯所聞於篇，庶不忘先君子之教，且以觀吾過云。 (6)《筮宗》（三卷）（存）：汝楳自序曰：神哉蓍乎！聖人所以決疑定志，明吉凶以成大業；斯興治輔化之務，君子所當盡心，非卜史事也。聖人無惑，衆人未能免惑，聖人不欲以已意解人之惑。天生神物，以前民用，聖人托之，雖曰"神道設教"，非無是理而矯誣斯世也。太極既判，氣化而凝，寒暑之往來，三光之運燭，動者植者之榮瘁消長，夫孰使然？必有妙於其間者。故禍福之至，有開必先，斯實然之理。若而吉，若而凶，曷去曷就，衆人惑焉。聖人洞其幾而發其縕，而神蓍告焉。是以事舉而民信，業鉅而名巍。若夫進德修業之君子，趨吉避凶之眾人，莫不以之。……夫如是有不動，動斯吉；有不筮，筮斯神。此聖人心筮之妙，是爲蓍筮之本。
朱彝尊《經義考》卷六十		(7) 凡歷五甲，姑去箋注，直探文王、周公之辭，以辭合象，以象合先天之畫，似有見其一斑者。敢攄己見，以與文王、周公發揮其微義。余不敢知經世之大用，直就辭衍義，以為神道設教之小助云耳。

續表

作者/文獻	版本	用　　例
朱彝尊《經義考》卷一百二十四	清文淵閣四庫全書本	(8)《彖》曰：盥而不薦，有孚顒若。先王以其誠敬之心事神，故“下觀而化”。故《傳》曰：聖人以神道設教，而天下服矣。今夫官名之設，内外之辨，崇卑之度，多寡之數，成周致治之具也。而所以致治，豈盡於是耶？故善為治者，師其意而已。
朱彝尊《經義考》卷一百二十五		(9)朱氏（申）《周禮句解》（十二卷）（存）：陳儒序曰：《周禮》之行於天下也久矣，乃薄海内外。……昔者先王之有天下也，體國經野，創制立法，庸以章志軌物，立極宣化，而民用靡忒。是故乃立六官，以象天地，以象四時。而典章文物，放諸海内，郁郁如也，洋洋如也。……聖人神道設教，而天下服也。子知之乎？曰：未也。曰：先王修禮以達義，體信以達順。是故微而顯，深而通，茂而有間。大道之行，天下為公焉。譬諸天運神道，而風霆流行，庶物露生，有莫尸其功而莫之或忒者。是故吾觀於六典，而經綸之業盡之矣。……儒乃拜手而言曰：吾乃今知周公之德與周之所以興也。信矣！信矣！乃次其說而序諸首簡。
朱彝尊《經義考》卷二百五十八		(10)郝氏（敬）《四書攝提》（十卷）（存）：敬自序曰：《漢官》：尚書，猶北斗也。口代天言，如北斗斟酌元氣，布令四時也。聖人繼天立極，神道設教，垂訓萬世，庸詎非天之尚書北斗歟？
朱彝尊《曝書亭集》卷第三十一	四部叢刊景清康熙本	(11)《報汪苕文户部書》：彝尊不敏，言行不足取重鄉里。……近代不然，往往就爵位相次者，列其名以爲榮，不復計辭之工否。故公孤之葬不乞銘於卿大夫，卿大夫之葬不乞銘於士，則夫士之不得志以歿，欲求卿大夫一言以誌其墓，抑又難矣。往先曾祖賜葬日，其《神道碑》例當請之宰輔。是時閹寺檀政，正人皆已去國，在位者率非其人，由是神道之碑闕焉。
朱彝尊《曝書亭集》卷第三十二		(12)《文皇實錄》載：壬午歲七月，命前工部尚書嚴震直、户部致仕尚書王鈍、應天府尹薛正言分往山西、山東、陜西巡視，俾奏利弊。……忠誠伯茹瑺撰《神道碑》可證吞金之事。不足信十一也。至若因楊行祥事而移之楊應能，王元美辨之矣。不足信十二也。因史仲彬之名而造爲《致身録》，久而附益之，錢受之駮之矣。不足信十三也。世之論者以革除靖難之事，載諸《實録》者皆曲筆，無寧取之野史。
朱彝尊《曝書亭集》卷第四十七		(13)《漢開母廟石闕銘跋》：右《漢開母廟石闕銘》，存書三十二行。漢避景帝諱，改“啟”爲“開”。……《地志》云：是潁川守朱寵造，其制累石而成，兩觀雙植，中不爲門。亦有石方數尺，上琢樓屋覆蓋，如佛寺經幢然。武綏宗爲兄造闕，用錢十五萬，比立碑，費十倍之。洪氏《隸續》：具圖闕狀，顧啓母廟暨少室神道未之及者。洪氏主于釋隸，而二闕銘皆篆文故爾。予友葉井叔宰登封，拓以見遺，因疏本末于册尾。

續表

<table>
<tr><th>作者/文獻</th><th>版本</th><th>用　　例</th></tr>
<tr><td>朱彝尊
《曝書亭集》
卷第五十</td><td rowspan="4">四部叢刊景清康熙本</td><td>（14）《晉王墓二碑跋》：代州柏林寺東晉王李克用墓斷碑二：其一曰“唐故左龍武軍統軍檢校司徒贈太保隴西李公神道之碑”。文曰：公諱國昌，字德興，世爲隴西沙陀人。偉姿容，善騎射，蓋克用之父朱邪赤心，所謂赤馬將軍火生頭上者也。其一曰“唐故使持節代州諸軍事代州刺史李公神道之碑”。文曰：公即太保之次子也。其名“克”字僅存，餘可識者有“公前躍馬彎弓及徐方”等數字。</td></tr>
<tr><td>朱彝尊
《曝書亭集》
卷第五十</td><td>（15）《北漢千佛樓碑跋》：丙午二月，登天龍之山，得北漢李惲所爲《千佛樓碑》，異焉。俾工搨歸，裝潢之，書其後曰：北漢之爲國不足當一大郡，而王朴以爲必死之寇亡最後自周之世宗。宋之太祖，百戰不能克，宜其君臣有過人之才。而劉繼元處裹瘡吮血之餘，輕役其民，命嬖臣范超冶金爲佛，治不急之務。惲身爲相臣不能匡正，惟事圍棊飲酒，反撰碑文侈大其事，何歟？……按：楊夢申撰《劉繼顒神道碑》，亦稱“廣運元年歲次甲戌”，與是《碑》合，則卽位改元之說，史未得其詳矣。</td></tr>
<tr><td>朱彝尊
《曝書亭集》
卷第七十</td><td>（16）《太保孟忠毅公神道碑銘》：太保孟忠毅公薨，歸葬於京西蔡公莊之東。歲在庚午，其子熊弼請予撰碑，立石於神道。於是，公薨三十有七年矣。公之德善功烈紀諸史冊，無俟碑銘後顯，乃予讀公奏疏，竊恐史氏未載其詳而訏謨偉略，不盡傳于天下，不可以不銘也。公諱喬芳，字心亭，永平人。
（17）通議大夫都察院左副都御史徐公神道碑
（18）光禄大夫工部左侍郎顧公神道碑銘
（19）光祿大夫兵部左侍郎楊公神道碑銘</td></tr>
<tr><td>朱彝尊
《曝書亭集》
卷第七十一</td><td>（20）光禄大夫太子太保刑部尚書李公神道碑
（21）囊與予定交久，玆以幣來請補撰先公《神道碑》，立隧道之左。……乃書公晚節系之以銘。其辭曰：濼源有水，匯于大東。巖巖者岱，溷溷者風。篤生元老，望峻家邦。匪禄是干，惟親是顯。自從三篚，五鼎十釁。色養無違，儀文有腆。世祖特詔，賁于丘園。……公之辭世，母已百齡。門有綽楔，翬革丹青。又越五載，始御云駢。惟公事親，孝乎惟孝。母氏劬勞，庶幾仰報。我作此銘，通國是告。</td></tr>
<tr><td>朱彝尊
《明詩綜》
卷五</td><td>清文淵閣四庫全書本</td><td>（22）載考《文皇帝實錄》，壬午七月二十三日，詔云：朕居藩邸，凡百姓艱苦，靡不知之。數年來兵興，北方之民疲勞尤甚。朕所以舉義者，爲宗社生民計。今宗社既安，而北方之民未安，朕夙夜不安。……合之忠誠伯茹瑺所撰《嚴公神道碑》無異。初不聞奉長陵密詔，往雲南訪建文帝也。</td></tr>
</table>

續表

作者/文獻	版本	用　　例
朱彝尊《明詩綜》卷六十六	清文淵閣四庫全書本	(23) 黄尊素，字眞長，餘姚人。萬歷丙辰進士。……崇禎初死，奄禍諸臣，止諡及高楊魏周四公，論者多咎姚文毅之過。……文肅作《神道碑銘》云：於惟黄公，憂來無方。愓號同志，戒其用剛。蓋得其實也。
朱彝尊《静志居詩話》卷二	清嘉慶扶荔山房刻本	(24) 載攷《文皇帝實錄》，壬午七月二十三日，詔云：朕居藩邸，凡百姓艱苦，靡不知之。數年來兵興，北方之民疲勞尤甚。朕所以舉義者，爲宗社生民計。今宗社既安，而北方之民未安，朕夙夜不安。……合之忠誠伯茹瑺所撰《嚴公神道碑》無異。初不聞奉長陵密詔，往雲南訪建文帝也。
朱彝尊《静志居詩話》卷十七		(25) 黄尊素（一首）：尊素，字真長，餘姚人。萬歷丙辰進士。……崇禎初死，奄禍諸臣，止諡及高楊魏周四公，論者多咎姚文毅之過。……文肅作《神道碑銘》云：於惟黄公，憂來無方。愓號同志，戒其用剛。蓋得其實也。
朱彝尊《静志居詩話》卷二十四		(26)《洪武實錄》載：谷眞質子曰關、曰元，後與其子明完、明則俱降。完小字亞關，關卽完也。宋濂《神道碑》載：子男五人。其二則禮與完，谷眞病亟時，授官以慰之者；其三曰本則、安則。未知此五人者，孰爲明敏者也。

表二千一百一十六

作者/文獻	版本	用　　例
朱滋年《南州詩略》卷二	清乾隆刻本	(1) 吳綺，薗次，江都人。《青山望黄將軍墓道》（按本傳，墓在蕪湖赭山。）：霜花入江江樹紅，半江落日摇悲風。此時客问青山路，遥見松楸竄狐鬼。推篷指問黄頭郎，云是將軍神道處。將軍束髮事邊疆，浴血榆關四十霜。射雕并挽雙飛韃，回馬常持半段鎗。曾經搏戰烏桓賊，手戮長鯨襄水赤。……吁嗟將軍復何有，從來運數多陽九。留守魂遊宋氏河，監軍淚滴唐家酒。吾徒意氣豈能灰，當時所用違其才。夕陽下山黄葉雨，江風颯颯魂歸來。

表二千一百一十七

作者/文獻	版本	用　　例
朱佐朝《奪秋魁》	舊鈔本	(1)（白）我牛皋爲大哥，釋放之後，不覺快活。同王哥到酒店中喫了幾罈酒，不覺有些醉意。王哥先去睡了，我見月明如晝，爲此到街坊上閑撞閑撞。好一所大廟宇，這麽一個大廟宇，没有個神道兒？我走來，不覺酒湧上來，就在這桌底下睡他娘一囬。

表二千一百一十八

作者/文獻	版本	用例
莊存與《八卦觀象解》篇下	清味經齋遺書本	(1) 六官之瀳縣于象魏，使萬民觀之，中正以觀天下也。夫巽者，天之神道，四時之令，以是觀之而不忒。 (2) 司天者屬神，司地者屬民，各處其所而不相奸，重黎之所以絶地天通也。觀者，天之神道。……中國山川有神靈矣，是以人心不惑焉。柔而眾者，桑之苞也。
莊存與《尚書既見》	清乾隆五十八年刻本	(3) 是故古者重祔，神之道也。以其氣合之，不以其形二之。去人道，從神道，先王以是為禮之大節也。

表二千一百一十九

作者/文獻	版本	用例
莊廷鑨《明史鈔略》開國以後釋教之傳	四部叢刊三編景舊鈔本	(1) 永樂六年，還朝，同解縉等增纂《永樂大典》。皇太孫出閣，復命輔導。十六年，來朝北京，寓慶壽寺。病且甚，車駕臨視。卒，年八十四。贈少師榮國公，謚恭靖。上爲文《神道碑》。洪熈元年，侑享廟庭。嘉靖九年，移祀大興隆寺，罷侑享。 (2) 於是思以神道治之，(闕) 使迎取西畨有道僧，而惺吉堅茂与七僧俱來。選日結壇場，且大石鉢盂三，貯蓄净水、菜、飯三物。諸僧登壇作法，忽感天雨寶花之異，監中黑氣，充塞壇場上下，或聚或散，時開時合，宛若趨向之狀。

表二千一百二十

作者/文獻	版本	用例
莊有可《毛詩說》卷五	民國二十四年商務印書館景鈔本	(1) 潨，水會也。來宗尸，有神道而尊也。宗始祖之廟，羣宮之所宗也。崇，積而高也。
莊有可《春秋小學》卷三		(2) 古文鬼，从古文示，以有神道也。

續表

作者/文獻	版本	用　　例
莊有可 《春秋小學》 卷六	民國二十四年商務印書館景鈔本	(3) 神道尚幽，乃或不安其所出而為禍是祟也。

表二千一百二十一

作者/文獻	版本	用　　例
鄒漪 《啓禎野乘二集》 卷七	清康熙十八年金閶存仁堂素政堂刻本	(1) 上召對問：高皇帝如何行得？公對：高皇帝神道設教，只賞賜及折俸用鈔，兵餉亦不曾用。上曰：只要法嚴。公對：徒法亦難行。因言民窮已極，且宜安靜，上决意行之。

表二千一百二十二

作者/文獻	版本	用　　例
鄒鍾泉 《道南淵源録》 卷九	清道光刻本	(1) 道光戊申三月辛卯，予偕東林賢裔七人，訪廻溪，祭玉泉先生墓。至則朝列大夫碑巋然孤峙，求玉泉碣已亡，而所謂亂碑卧荆榛間者，則喻墓神道坊石也。
鄒鍾泉 《道南淵源録》 卷十二		(2) 公友愛備至，自營生壙，祔封翁左傍，有詩曰：父兮母兮同一堡，猶然赤子依懷抱。閒來收拾行囊好，遲速修短憑穹昊。可謂殀壽不貳，修身以俟者矣。姚現聞撰先生《神道碑》云：庚戌春，希孟過錫山，謁高忠憲止水祠。 (3) 黄石齋撰《神道碑》云：在鄉五載，日惟市一蔬。既秉銓歸，四壁蕭然，人稱之曰“冰條先生”。

表二千一百二十三

<table>
<tr><th>作者/文獻</th><th>版本</th><th>用　　例</th></tr>
<tr><td>左宗棠
《左文襄公集》
文集卷三</td><td>清光緒十八年刻本</td><td>(1)《太常寺少卿徐公神道碑銘》(并序)：公諱法績，字定夫，晚自號熙庵，陝西涇陽人也。……時天下無事，中外宴安，言官多計資待擢，希言時政得失。公屢疏言國家大計，在求人才，捐文法，重守令，嚴繩貪墨。因劾疆史不職者兩人，風采甚著。宣宗異之，召對稱旨。擢刑科給事中，命稽察銀庫。</td></tr>
<tr><td>左宗棠
《左文襄公奏疏》
續編卷六</td><td rowspan="2">清刻本</td><td>(2)臣宗棠前以韓城、神道嶺及澄城北路空虛，慮賊折而南趨，已飭總兵李南華率所部分扼神道嶺及各峪口，而咨廣東提督劉松山、壽春鎮總兵李祥和、總兵郭寶昌各幸所部，全軍於十三日由白水、洛川進宜川、延川、延長追剿，恰與竄宜川之賊相值，尚未接其到宜川續報。
(3)韓城、神道嶺既派軍扼紮，而劉松山、郭寶昌全軍復由洛川以向宜川，是南竄一著渡河，一著似可無虞。</td></tr>
<tr><td>左宗棠
《左文襄公奏疏》
續編卷八</td><td>(4)而韓城縣又報：宜川一帶捻回各逆，分由神道嶺、沙河腦窺牛心峽、白馬灘等處，意圖内犯。</td></tr>
</table>

第三章　近代社會

表二千一百二十四

<table>
<tr><th>作者/文獻</th><th>版本</th><th>用　　例</th></tr>
<tr><td>陳思
《白石道人年譜》</td><td rowspan="3">民國遼海叢書本</td><td>（1）周必大《范公成大神道碑》：九年，公以積勤寢苦頭眩，自夏徂秋，五上章求閒。上不得已，進資政殿學士，再領洞霄宮。里居七年，十五年十一月起知福州，引疾固辭。詔令奏事，又辭。時皇太子参決庶務，公得見東宮，坐論治道移時。太子亦送“壽櫟堂”三大字。</td></tr>
<tr><td>陳思
《稼軒先生年譜》</td><td>（2）（康熙）《江西通志》：辛棄疾墓，在鉛山縣七都。舊有金字碑立驛路旁，曰“稼軒先生辛公神道”。稼軒先生祠，在鉛山縣崇義鄉。</td></tr>
<tr><td>陳思
《稼軒先生年譜》</td><td>（3）元李道源《謝公神道碑》：謝枋得，字君直，弋陽人。寶祐丙辰試中，禮部高等比對，力詆時宰閹官，抑置二甲第一。……丁卯，以史館召不赴。乙亥，授江東提刑，總其兵以守饒信撫。與元兵戰輒敗，遂易服負母走閩中，隱於卜。按：丁卯，係度宗咸淳三年。乙亥，係德祐元年。</td></tr>
</table>

表二千一百二十五

作者/文獻	版本	用　　例
故宫博物院文獻館 《清代文字獄檔》	民國本	（1）是年十一月，伊子梁海淑因被該犯逐日打罵，逃避回家。該犯遂獨自往來惠、肇各處，賣卜算命餬口，不肯歸里。每遇瘋發，輒稱神道告知伊父母俱係天上貴人，并非梁學文親子。

表二千一百二十六

作者/文獻	版本	用　例
金正煒《戰國策補釋》卷四	民國金氏十梅館刻本	(1) 唐人書“寡”字作“宣”，如李邕書《李思訓神道碑》，“寡欲”作“宣欲”。二形相似，傳寫易譌。

表二千一百二十七

作者/文獻	版本	用　例
柯劭忞《新元史》卷一百八十六	民國九年天津退耕堂刻本	(1) 既而又詔曰：昔在東朝，卿於事無所違缺，朕素念之。今佐朕理天下如詹事，朕所望也。時人榮之。六年，加光祿大夫，卒，年六十一。追封魯國公，贈推誠翊亮功臣、太傅、上柱國，謚惠獻。子金界奴，天曆三年爲大都留守。文宗建奎章閣，金界奴爲都主管公事，帝嘉其才，命爲九思立《神道碑》，以寵之。曆官河南行省右丞。
柯劭忞《新元史》卷二百六		(2) 曆官四十餘年，兩爲祭酒，六入翰林，三拜承旨，兩知貢舉及讀卷官。朝廷高文典冊，多出玄手。文宗時，詔爲《許衡神道碑》，當世知名之士皆斂手推玄，以爲文章道德非玄不稱也。

表二千一百二十八

作者/文獻	版本	用　例
李榕《（民國）杭州府志》卷十	民國十一年本	(1) 國朝雍正十年，巡撫程元章奉勑查各先賢祠墓，以走馬塘永惠祠應修，彙題給帑興修。胡氏後人呈請領帑，於故里擇地建祠，春秋致祭。許相卿撰《神道碑》，胡國信撰《祠堂記》。(《艮山雜志》)
李榕《（民國）杭州府志》卷十一		(2) 李衛《岳忠武王廟碑記》：王廟，在棲霞之麓。宋亡，興廢不常。元李全初力圖恢復廟制，以備前明屢加修葺。然岳氏子姓不知敬守，佔地以為僦值計，斬林以鬻於市。予滋愍焉，補其罅隙，舉王之廟墓而聿新之，神道直前重建石坊一座，額曰“碧血丹心”。左右兩翼，夾蒔松柏，羅列成行。廟前市廛之已燬者，毋俾再造，餘則俟其傾圮而悉撤之，使俗塵淨埽，景象空明，彷彿靈旗洋洋，如在誡爾岳氏子姓：勿翦勿拜，毋蹈前非。

續表

作者/文獻	版本	用　　例
李格《（民國）杭州府志》卷二十二	民國十一年本	(3) 神道隖，與下天竺對。(《靈隱寺舊志》)
李格《（民國）杭州府志》卷二十三		(4) 南澗南發源五雲山，西合上竺兩山支澗，流過五雲山路，又合觀音井水，出金佛橋，東合場梅塢支澗出琮老橋，又東合中竺永清塢、下竺神道塢及月桂峰支澗，過慈雲北澗，出飛來峰至龍迹橋會北澗。(《靈隱寺舊志》)
李格《（民國）杭州府志》卷三十一		(5)《松雨軒集》中句云：萬頃水雲橫里北，百年邱隴洛山陽。又云：藕花官漾十二里，桑蔭鄰村數百家。又云：水竹空思仲墅村。至今過之風景宛然，惜先生之不能終老于是也。(《樊榭山房續集》) 胡世甯故宅。世甯，仁和橫塘里人。(《許黃門集・胡公神道碑》)
李格《（民國）杭州府志》卷三十九		(6) 忠獻王墓。王名宏佐，謚忠獻。太常卿張昭撰《神道碑文》。葬於龍山之西南原。(《十國春秋》) (7) 公莅浙，邵君以舊石剝蝕遂磨去之，請於公碣以隸書將建神道石闕而不果，遂別立石刻於道左，曰“宋通問副使朱公墓道”。往來展謁者，皆嘆朱公之忠，而喜墓之久而不廢，莫不低徊感慨而後去，且十載矣。今歲，宋君咸熙及歸安，嚴君元照遊靈隱歸，謂黃泥嶺下別有巨碑，題云“宋通問副使朱公神道”，天啓二年立。旁有祠堂遺址，特去墓數十步，疑其迂遠。今姜君亦至其地，以為墓久廢，今所存者，其後裔墓耳。當遷近立墓道石於舊碑側，以合傳疑之義。坦以此說為非，是昔人營葬有墓碣，有神道石闕。墓碣當墓前，石闕則往往去墓遠，如于太傅墓在三台山麓而石闕在蘇堤之左，茅觀滄墓在丁家山半而石闕在山下路側。此天啟二年所立《神道碑》，即石闕之例，宜其去墓遠也。 (8) 唐際盛《宋贈少保忠勇李公神道碑》：宋忠勇李公，諱寶，南渡後飛將也。 (9) 太師太甯郡王吳益墓。《吳益王神道碑》，蔣燦書，甚佳。墓前二石馬，琢刻如生。舊傳夜輒馳驟。其鞍轡光瑩如玉。(《武林舊事》) (10) 南京大理寺卿夏時正墓，在三峰山。揚守阯譔《神道碑》。(《武林文獻志》) (11) 順天府尹查秉彝墓，在五雲山南桐樹塢。嘉靖四十年，諭葬。(《萬歷志》) 翰林學士李春芳撰《銘》，武英殿大學士徐階撰《神道碑》。(《康熙志》) (12) 民部尙書吳公約墓，在桐扣鄉。羅隱撰《神道碑》。(《康熙志》)

續表

作者/文獻	版本	用　　例
李格 《（民國） 杭州府志》 卷四十		（13）睢陽太守許遠墓，在縣東北五十里洛塘。唐大歷二年，遠子玫招魂葬此。（《一統志》）……散騎常侍柳渾撰《神道碑》（《舊縣志》），歲久湮蕪。乾隆十七年，里人許承祖重新宅北立石表墓。（《（乾隆）海甯州志》） （14）副都御史查約墓，在袁花里道人塘北偏。嘉靖九年，諭葬。錢宏撰《神道碑》。（《萬歷志》） （15）《（嘉慶）縣志》引《舊縣志》，嚴氏有二墓相連，其一則晉陽太守嚴昆，其一墓已無存，但有石柱刻“甯朔將軍嚴公神道”。 （16）太子少保禮部尚書謚康靖鄒幹墓，在鳳山之岡。……宏治五年，諭葬。大學士徐溥撰《神道碑》。（《萬歷志》） （17）武肅王墓，在縣城北二十三步。按：《表忠觀碑》：錢氏墓，在臨安者十有一，今不可悉考。（《咸淳志》）唐長興三年，工部侍郎楊凝式碑。應順元年正月，敕葬安國縣衣錦鄉茅山之原。（《吳越備史》）在今治東五十步，墳旁有五祖石室，墳前神道、華表、翁仲、石獸見存。（《（宣統）縣志》）
李格 《（民國） 杭州府志》 卷四十三	民國 十一 年本	（18）《世忠傳》采趙雄所撰《神道碑文》，故揚抑不同。據《碑》云：王部敢勇五十人，隨王稟以往，遇別將王淵於杭之北關堰橋。會大潦，道不通，賊掩至，淵惶怖，不知所出。王造淵說曰：今賊據險争利，我不以智勝，而以力拒，可乎？淵曰：願聞必勝之說。
李格 《（民國） 杭州府志》 卷四十四		（19）《鮚碕亭集·錢忠介公神道碑》云：諸將斬獲，皆有功。
李格 《（民國） 杭州府志》 卷八十六		（20）《書傳拾遺》。（仁和應撝謙撰。見全祖望撰《神道表》。） （21）《詩注》八卷。（仁和應撝謙撰。《神道表》作《詩傳翼》。） （22）《春秋集解》十二卷。（仁和應撝謙撰。見《四庫附存目》《神道表》。又有《春秋傳考》，疑即是書。）
李格 《（民國） 杭州府志》 卷九十七		（23）《唐敕賜荊州都督許遠神道碑》。（《海甯州志》。大歷二年，柳渾撰。杜確撰《墓銘》。） （24）《贈禮部尚書謚文褚無量神道碑》。（《乾隆志》。蘇頲譔。） （25）《吳越民部尚書吳約神道碑》。（《羅江東集》。在仁和臨平鎮。羅隱撰。） （26）《吳越錢武肅王神道碑》。（《寶刻叢編》。楊凝式撰，張恭允書，郭在微篆額。長興五年正月立，在臨安縣。）

續表

作者/文獻	版本	用　例
李格 《（民國） 杭州府志》 卷九十七	民國 十一 年本	(27)《吳越錢文穆王神道碑》.（《潛研堂金石文跋》。天福八年四月立。前半割裂幾無一字，惟首行題“大晉故天下兵馬都元帥守尚書”十三字尚存。字特大，徑三寸餘，較於正文，幾大三倍，他碑無此式也。後文字可讀者十之七八，銘詞獨完好。） (28)《宋太子賓客分司西京謝濤墓誌銘・神道碑》。（《乾隆志》。《墓誌銘》，歐陽修撰。《神道碑》，范仲淹撰。） (29)《太尉韓公裔神道碑類》。（審（闕）《縣志》：碑佚，僅存篆額。） (30)《益王神道碑》。（《西湖志》。舊在時思薦福寺傍。蔣燦撰，未詳年月。附此，下同。） (31)《元溫處士神道碑》。（《天下金石志》。趙孟頫書。在按察司。） (32)《鄒文敏神道碑・墓銘誌》（《餘杭縣志》。楊士奇撰，子鄒幹立石。） (33)《肅愍于公神道碑》。（《武林訪碑錄》。倪岳撰，林章書，汪諧篆。……《重修于忠肅墓記》，萬歷丁巳仲春，陳繼儒撰，喬之申書。均在三台山。） (34《徐貞襄公神道碑》。（《武林訪碑錄》。成化九年，孫貞原書并篆額。） (35)《南京大理寺卿夏時正神道碑銘》。（《乾隆志》。宏治十四年，楊守阯撰。） (36)《昌化伯邵公神道碑》。（《武林文獻》。在青芝隖，嘉靖六年立石。） (37)《贈少保兵部尚貞謚端敏胡世甯神道碑銘》。（《乾隆志》。許相卿撰。） (38)《宋贈少保忠勇李寶神道碑》。（《乾隆志》。在定香橋八盤嶺。唐濟盛撰。） (39)《四川按察使陳公神道碑》。（《武林文獻》。萬歷二年，吳遵撰，陳善書。）
李格 《（民國） 杭州府志》 卷九十九		(40) 韋湊（十一年，任今。增見韋述撰《神道碑》。） (41) 今考《舊唐書》本傳，湊遷河南尹，以公事左授杭州刺史，與韋述所撰《神道碑》合，故仍《古志》補錄。以時計之，當在薛瑩、皇甫忠後云。
李格 《（民國） 杭州府志》 卷一百七		(42) 褚廷誨（鹽官人。左拾遺。蘇頲《褚無量神道碑》。） (43) 謝濤（富陽貫陽夏人。太子賓客。范仲淹撰《神道碑》。）

續表

<table>
<tr><th>作者/文獻</th><th>版本</th><th>用　　例</th></tr>
<tr><td>李格
《（民國）
杭州府志》
卷一百十五</td><td rowspan="6">民國
十一
年本</td><td>(44) 褚廷誨（以父無量左散騎常侍廕。《褚無量神道碑》，下並同。）</td></tr>
<tr><td>李格
《（民國）
杭州府志》
卷一百十六</td><td>(45) 張擇，字無擇。登明經第。補宏文館校書郎，調杭州錄事參軍。前後詰僞制補吏者三十八人，駮假年侍老者二十人，舉而正之，人服其明。（白居易撰《神道碑》。）</td></tr>
<tr><td>李格
《（民國）
杭州府志》
卷一百十七</td><td>(46) 越二年，始為元祐元年，則非元祐初明矣。東坡為《清獻神道碑》言：屼終於杭州於潛縣令。是紀眞除之官，終非謂卒於官也。
(47) 吳芾，字明可，仙居人。隆興二年，以敷文閣直學士知臨安府，充兩浙西路安撫使。内侍家僮毆傷酒家保，芾捕治之，徇於市，權家側目。又於城内運河，自望仙橋以南開至都亭驛橋，積水以備緩急。（《宋史本傳·河渠志》。朱子撰《神道碑》。）
(48) 李陟，字元昇，内黄人。少以進士舉太學。祥符中，浙江隄壞不可治，詔江淮荆浙發運使舉可用者，以陟通判杭州。隄成，度用財力甚省而完且可久，當時以為材。天禧初，將召除御史，以内艱歸，卒。（王安石撰《神道碑》。）</td></tr>
<tr><td>李格
《（民國）
杭州府志》
卷一百二十一</td><td>(49) 陳用光，字碩士，江西新城人。嘉慶六年進士。由編修累官禮部左侍郎，督浙江學政。時以宋臣孫覿摧忠助邪，奏罷其專祀。訓諸生，必本古儒先警戒之。海甯祝淦為學，由張楊園以達朱子。用光訪得其遺集，刻之。（梅曾亮撰《墓誌》，吳德旋撰《神道碑》。）</td></tr>
<tr><td>李格
《（民國）
杭州府志》
卷一百二十四</td><td>(50) 時正，剛正負氣，官至九列，生計蕭然。以宋殿帥施全、布衣劉允升並死，忠義言於御史朱洪、主事林沂，各立廟祀之。（《明史本傳》。土鏊撰《墓誌》，楊守阯撰《神道碑》。）（《萬歷志》）
(51) 保聞恚怒，巡按御史劉某希保恉以剛愎不任事，劾罷應奎。既歸，結吟社孤山，杜門不出，卒。子仲暘、仲曉。（干宗炎撰《神道第二碑》。）（《金氏世德記》）</td></tr>
</table>

續表

<table>
<tr><th>作者/文獻</th><th>版本</th><th>用　　例</th></tr>
<tr><td>李楁
《（民國）
杭州府志》
卷一百二十五</td><td rowspan="3">民國
十一
年本</td><td>(52）賜祭葬。(朱彝尊撰《神道碑》)，錢林《文獻徵存錄》。子中訥，字耑木。康熙三十年進士，官右中允。嘗從黃宗羲游，尤深《易》《春秋》。入翰林，典試河南，視學江左。歸築拙宜園於海鹽，與許汝霖、查慎行、陳勱修香山洛社故事。尋被命召，赴密雲修城，以勞致疾。工竣，卒。（《海甯縣志》）
(53）近思之學，以程、朱為準的，與儀封張伯行講性命之學。伯行所著《學庸講義》，皆與近思往復辨論而後成。晚歲，篤好《稼書文集》，與閩人雷鋐、王道考訂其業，所著述皆理道之言。(杭世駿撰《神道碑》。)（《文獻徵存錄》)
(54）詩正，經歷四部，遞長六官。性孝友，母前卒，忌日輒泣。侍父，色養備至。事伯兄，飲食必偕。不敢先愛，弱弟尤篤。俸餘贍給之外，分財產與子姪並三族，待以舉火者不能悉數。供奉年久，於內監一無交際，多憎之者。上益以是嘉之。御製懷舊詩，列五詞臣之首。(《國史本傳・年譜》。杭世駿撰《神道碑》。)</td></tr>
<tr><td>李楁
《（民國）
杭州府志》
卷一百二十六</td><td>(55）十六年，以疾乞休。二十一年，卒，年七十九。(《國史本傳》。阮元撰《墓志》，金應麟撰《神道碑》。)
(56）教子以立志愛身，擇交崇儉，書數百言為家訓。嘗以其祖顥編《國朝杭郡詩輯》，乃自為《續輯》以繼之。子春杰，山西雁平兵備道。(《國史本傳》《行狀》《崇祀鄉賢錄》。繆荃孫撰《神道碑》。)
(57）年七十九，卒於家。贈太保，賜祭葬，謚文勤。(王先謙撰《墓志銘》，王闓運撰《神道碑》。)
(58）初，學勤在戶部，著有《國用歲出歲入總數考》，敬銘領度支據以作《光緒會計錄》。其《結一廬遺文》二卷、《國用考》全稿在焉。《雜文》十餘篇，淹雅宏通，猶可窺見萬一也。(張佩綸撰《神道碑》，繆荃孫撰《遺集序》。)
(59）元鼎引疾歸，里居一載，特召入都。時有爭滬杭甬鐵路事者，元鼎奏言：拒貸外款，實人民愚忠。今外交力不足恃，惟恃人心。臣願固人心，維大局。上為之動容。尋命協理開辦資政院務，候補三品京堂。元鼎疾未愈，再疏乞歸。卒，年七十一。(陳豪撰《行狀》，吳慶坻撰《神道碑銘》。)</td></tr>
<tr><td>李楁
《（民國）
杭州府志》
卷一百二十七</td><td>(60）既卒，帝哭之慟，贈太師、中書令、隴西郡王，謚恭僖。帝撰《神道碑》，書曰“親賢之碑”。初，仁宗以太后不逮養，故外家褒寵特厚。用和列位將相，能小心靜默，推遠權勢，論者以此稱之。（《宋史・后妃傳・外戚傳》《歷代名臣奏議》。)</td></tr>
</table>

續表

作者/文獻	版本	用　　例
李格《（民國）杭州府志》卷一百二十九		（61）《疏牘》：恆自裁，幕下斂手。自奉儉約，遇推解則散金如泥沙。卒之日，巷哭數里。嵩武軍中，斫地投胄，哀聲遏長河。時論皆以曜少習兵事，絀於學，而宗棠獨薦其器識宏遠，才兼文武，天下以為知人。（《行狀》。譚獻撰《神道碑》。）
李格《（民國）杭州府志》卷一百三十一		（62）得旨贈侍郎銜，給騎都尉世職，予謚文介，敕死事地方及本籍建立專祠。子學瀚，欽賜舉人。十年，挈妻周、女弟學漪避寇餘杭，同殉難，均旌恤如例。（《國史本傳》《行狀》。莊仲方撰《傳》，董沛撰《神道碑》。）
李格《（民國）杭州府志》卷一百三十七	民國十一年本	（63）五十二年，擢迆南道，以父憂去官。楚雄人祀之於城東仰恩寺。弟禔身，亦以舉人官內閣。敬身謹慤，禔身穎敏，一時稱兩龔云。（段玉裁撰《神道碑銘》，程同文撰《行狀》。）
李格《（民國）杭州府志》卷一百三十八		（64）二十二年，病卒，年六十九。歿後，巡撫趙士麟刻其《性理》，大中張伯行刻其《潛齋文集》。祀鄉賢祠。子禮璧、禮琮，事陸隴其，列高第。（陸隴其撰《祭文》，全祖望撰《神道碑》。）
李格《（民國）杭州府志》卷一百七十		（65）凡郡之醫局、義塾、貧户歲米諸義舉，皆樂佽助。卒於任，年六十九。（自撰《年譜》，石韞玉撰《神道碑》，張應昌撰《行述》。）

表二千一百二十九

作者/文獻	版本	用　　例
廖平《知聖篇》卷下	清光緒刻本	（1）《中庸》云：萬物並育而不相害，道並行而不相悖。並育萬物，人所能知；道之並行，世所罕論。閒嘗統天下諸教而合論之：道家本於德行是爲大成，釋出於道，天方、天主又出於釋。不惟楊、墨並行不害，天主釋迦是亦大同。中國夷狄之弱，由於崇尚佛教，談時務者類能言之。……亦如言聖學者專習儒家，非毀異教。考釋氏出於老子化胡，由道變釋，因地施教。……若夫輪回、因果，亦神道設教、無終無始之常理。若以其與聖教不合，實與今之八股、試帖、白摺、大卷，其去聖賢之途，未能相遠。孔子居中持正，老子自任化胡以爲先路，一粗一精，一終一始。至今日地球大通，各教乃會其極。天下已定，偃武修文，數百年之後，專行孔教，釋法盡滅。……總之，佛者、孔子之先鋒，馬上可得天下，不足以治天下。將來大一統後，存亡聽之。若未能大統，則於化夷，不可謂無功也。

表二千一百三十

作者/文獻	版本	用　　例
馬其昶《周易費氏學》卷三	民國七年抱潤軒刻本	(1)《彖》曰：大觀在上，順而巽，中正以觀天下。（蜀才曰：柔小浸長，剛大在上，其德可觀，故曰“大觀在上”。）觀，盥而不薦，有孚顒若，下觀而化也。（胡瑗曰：君子居上，爲天下之表儀，必極其莊敬，則下觀仰而化也。卞斌曰：祀乎明堂而民知孝，天下觀感而化矣。）觀天之神道，而四時不忒。（吐得反）聖人以神道設教，而天下服矣。（虞翻曰：聖人退藏於密，以神明其德教，而天下服矣。王弼曰：觀之爲道，不以刑制使物，而以觀感化物者也。神則无形者也。不見天之使四時，而四時不忒；不見聖人使百姓，而百姓自服也。楊時曰：聖人所以交神而接人，其道一主於誠，故曰“明則有禮樂，幽則有鬼神”，所謂神道誠意而已。趙彥肅曰：天之神寓於四時，聖人之神寓於教。吳汝綸曰：劉向言：周十月，今八月也，消卦爲《觀》。據此，則劉以臨之八月爲《觀》也。此以卦氣、消息說《易》。陳漢章曰：天之神道，四時不忒，即《禮運》“播五行於四時”。聖人以神道設教，即《中庸鄭注》“木神則仁，金神則義，火神則禮，水神則信，土神則知”，非徒以鬼神爲教。《史記》謂“《易》著天地陰陽四時五行”，莫著於此。《祭統》云：廟中者，竟内之象。竟内之教，即觀民之教，即法天四時不忒之神道也。《中庸》曰：修道之謂教。）
馬其昶《周易費氏學》卷三		(2)《彖》曰：尊酒簋貳，剛柔際也。（王弼曰：一樽之酒，二簋之食，瓦缶之器，納此至約，自進於牖，乃可羞於王公，薦於宗廟，故“终無咎”。剛柔相比而相親焉，際之謂也。……其昶案：《漢志》云：水，北方，終藏萬物者也。其於人道，命終而形藏，精神放越，聖人爲之宗廟以收魂氣，春秋祭祀，以終孝道。王者即位，必郊祀天地，禱祈神祇，望秩山川，致其齊戒。所以順事陰氣，和神人也。坎中多言祭祀，此最得其旨。神道與人遠，惟祭祀爲陰陽交際之時。九五剛中，四以柔際之，鬼神歆饗。有孚，維心亨也。“樽酒”二字爲句，酒缶牖爲韻。）
馬其昶《左忠義公年譜定本》卷上	清光緒集虛草堂叢書本	(3) 黃忠端公撰《神道碑》云：楊公疏先，上選侍不為動。及公疏入，乃益怒，急遣中使召公。公立墀下，簡門鑰付楊公曰：斗命盡於此。選侍不出乾清宮，斗亦不立螭頭之下，蓋後二日始移居別殿。
馬其昶《左忠義公年譜定本》卷下		(4) 黃忠端公撰《神道碑》云：余嘗過京東諸州縣，問長吏及諸弟子：二十年來，督學誰廉？能者皆曰：左公。左公不受薦，不受謝，亦不薦受謝者。 (5) 至晚，三君子果俱死于鎖頭葉文仲之手，蓋天啟五年七月二十四日戌時也。(其昶按：《明史本傳》作“七月二十六日”，《行狀》《神道碑》皆與《譜》同。

續表

作者/文獻	版本	用　例
馬其昶《詩毛氏學》卷二十七	民國七年本	(6) 徐常吉曰：享祀是薦非祭，所謂備四時之異物，順孝子之誠心也。方愨曰：王者於祖廟，以人道事之則有寢，以神道事之則有廟。祭，神道；薦，人道也。
馬其昶《抱潤軒文集》卷六	清宣統元年安徽官紙印刷局石印本	(7)《贈太子太保兵部尚書銜福建臺灣巡撫一等男爵劉壯肅公神道碑銘（丙午)》：公姓劉氏，諱銘傳，字省三，合肥人。曾祖某，祖廷忠，考惠，世業農，後皆以公貴，贈如公官爵。公生而英特，有偉抱，嘗登所居大灊山歎曰：生不爵，死不謚，非夫也。會天下亂，淮、淝居民爭築堡寨自衛，各相長雄。……積功至提督，賞黃馬褂。而程忠烈已前定蘇州，遂越境應浙軍攻嘉興，克之。至是公平常州，亦出屯句容，以應江寧圍軍。於是湘軍拔江寧，殄洪寇。……公所箸別有《奏議》二十四卷，藏於家。辭曰：公專閫寄，方壯其齒。金節琱戈，謔浪書史。蟄居在壑，公驤無止。皇怵外訌，詔速公起。公來氓驩，彼驕亦駭。韜智銜勇，創古未有。漲天大澤，納於一沚。公胡遽歸？公歸不俟。疆埸成壞，彼此一時。悲膺雄志，雖死而視。焯功鑱詞，萬古是記。

表二千一百三十一

作者/文獻	版本	用　例
閔爾昌《碑傳集補》卷一	民國十二年刊本	(1) 清故太子太保東閣大學士管理吏部事務軍機大臣贈太保謚文達張公神道碑銘（張亨嘉） (2) 武英殿大學士贈太傅孫文正公神道碑（馬其昶） (3) 文華殿大學士贈太傅晉封一等男爵瓜爾佳氏文忠公神道碑（孫葆田）
閔爾昌《碑傳集補》卷四		(4) 兵部右侍郎徐公神道碑銘（孫葆田）
閔爾昌《碑傳集補》卷五		(5) 清光祿大夫刑部右侍郎龍公神道碑（陳三立）

續表

<table>
<tr><th>作者/文獻</th><th>版本</th><th>用　　例</th></tr>
<tr><td>閔爾昌
《碑傳集補》
卷六</td><td rowspan="4">民國十二年刊本</td><td>(6) 户部侍郎張公神道碑銘（張祖廉）
(7) 司馬氏《通鑑》首以教人，謂明季國朝諸儒，若黄氏宗羲、王氏夫之、顧氏炎武、胡氏渭、顧氏祖禹、顧氏棟高所箸書，皆裨實用，爲文章開朗詳盡，不屑屑爲含蓄吞吐以取姿態。嘗作《張文達公之萬神道碑》，中述豫軍戰事數千言，翔實地形以究東西捻就殲之勢，見者皆以爲非公莫爲也。
(8) 清誥授光禄大夫頭品頂戴經筵講官弼德院顧問大臣予謚文直閩縣林公神道碑銘（陳三立）</td></tr>
<tr><td>閔爾昌
《碑傳集補》
卷十四</td><td>(9) 光禄大夫雲貴總督吳公神道碑（繆荃孫）
(10) 直隸布政使前安徽巡撫唐公神道碑銘（李元度）
(11) 公之子具狀屬文其《神道碑》，乃銘曰：衡鎭火維，蜿蟺螃礴。喆人挺生，降神喬嶽。顯允唐公，起家以儒。投筆奮挺，手矺豺貙。饒信襄黄，琱戈疊指。斧彼兇吭，所當輒靡。惟帝念功，詔逮監司。……公曰歸與，時止則止。卻掃明農，釣遊舊里。旂常節鉞，勳在生民。揆公志事，有藴未申。散手騎箕，山邱華屋。淮漢遺黎，同聲巷哭。藍江宰樹，嶽翠遥涵。有碑墮淚，一字何慙。</td></tr>
<tr><td>閔爾昌
《碑傳集補》
卷十五</td><td>(12) 清故署兩廣總督山東巡撫袁公神道碑（陳三立）
(13) 清授光禄大夫陸軍部尚書兩廣總督周慤慎公神道碑文（馬其昶）</td></tr>
<tr><td>閔爾昌
《碑傳集補》
卷十八</td><td>(14) 頭品頂戴陝西布政使贈内閣學士蔣公神道碑（王先謙）
(15) 又頭品頂戴陝西布政使蔣公神道碑銘（馮煦代孫家鼐作）
(16) 誥授資政大夫二品頂戴江蘇蘇松太兵備道監督江南海關馮君神道碑銘（陳澧）
(17) 光緒四年，江蘇蘇松太道馮君出塞求父柩歸，卒於塗；事聞，奉旨入《國史》《孝子傳》。嗚呼！此二百餘年未有之曠典也。……事在光禄《神道碑》。君諱焌光，字竹儒。咸豐三年，舉人；會試，留京師。光禄下獄，君日詣刑部號哭呼寃，不得直；光禄遣戍，君隨至烏魯木齊，乃還京會試。同治元年，光禄卒於伊犂。……君卒後，君弟江蘇候補道瑞光及啟勳奉君靈柩歸廣州，與夫人張氏合葬城東銀坑嶺龍顙寺之原。銘曰：猗孝子兮隕厥身，垂青史兮耀千春。才槃槃兮幹濟臣，嗟哉隕折迄未伸！出其智略邁等倫，後賢采擇可策勳。伐貞石兮刻斯文，下馬讀者悲沾巾！
(18) 廣西布政使江公神道碑銘（郭嵩燾）</td></tr>
</table>

續表

作者/文獻	版本	用　　例
閔爾昌 《碑傳集補》 卷十八	民國十二年刊本	(19) 次子順燾，葬邑東鄉侯家寨十有八年矣。其子孝樸來請曰：先公之葬，羅舍人文實志其墓，而《神道碑》至今未立，於禮有闕焉。先忠烈公之友今存者，惟公能知先人家世、行誼，敢請文揭之墓道，以章先人之績，昭示來兹。 (20) 二品頂戴記名簡放道員前廣東高廉兵備道陸公神道碑銘（繆荃孫）
閔爾昌 《碑傳集補》 卷十九		(21) 誥授光禄大夫浙江温處兵備道童公神道碑銘（孫詒讓）
閔爾昌 《碑傳集補》 卷二十		(22) 故資政大夫花翎蘇松太道兵備副使曾公神道碑（曾廉） (23) 光緒二十八年，資政大夫權蘇松太道兵備副使曾公卒於江寧公館，既歸葬於降嶺山祖塋之次。越八年，廉歸自南中，始承其嗣毓驤、毓驄之屬，碑其神道曰：昔漢孝武詔州郡察茂才異等可爲將相及使絶國者。 (24) 清江蘇提法使兼署布政使左公神道碑（陳三立）
閔爾昌 《碑傳集補》 卷二十四		(25) 誥封光禄大夫四川岳池縣知縣何公神道碑銘（陳澧） (26) 四川岳池縣知縣誥封光禄大夫江蘇巡撫香山何公卒於里第，長子璟官兩江總督聞訃，歸葬公於城東大嶺頭之原，屬澧爲公銘神道之碑。
閔爾昌 《碑傳集補》 卷二十五		(27) 邑有四人出行，不歸其家，以某鄉甲讐殺訟君，按之不得殺人迹。乃假農事，徧行諸鄉，或起新冢甚偉，方有工徒塈神道，植華表。未已，十數衰絰者，祭墓。下祭既畢，各席地飲食。君過之，猝命鍪斧伐偉冢，胥吏百役相顧而眙不敢動。君促伐，益力伐之，則四人者胸洞腸裂，枕籍於一阱也。
閔爾昌 《碑傳集補》 卷二十九		(28) 武顯將軍福建海壇鎮總兵官丁公神道碑銘（龔自珍） (29) 以嘉慶二十一年十月初二日，奉公暨陳太夫人合葬於松江細林山祖塋之側。越九年，神道之文未具，鍾傑等以公捍大患而世莫聞，願文學之士發其光，則與載於官書者異日出入必互見。故來乞書於碑。銘曰：告下車者曰：是百戰百勝者丁將軍之墓。再告下車者曰：是百戰百克而無炳炳於時者。三告下車者曰：是將軍之孫鍾傑、鍾琪泣述功烈，有盡於其心，是爲史之别子龔氏之言，用卒告闞烈之君子，今年實道光五年。
閔爾昌 《碑傳集補》 卷三十一		(30) 朱將軍神道碑（朱緒曾）

續表

作者/文獻	版本	用　　例
閔爾昌 《碑傳集補》 卷三十三	民國十二年刊本	(31) 皇清誥授榮祿大夫追贈侍郎銜賜謚文敏前團練大臣國子監祭酒王公神道碑銘（孫葆田）
閔爾昌 《碑傳集補》 卷三十四		(32) 清故署四川提督奉天副都統右江鎮總兵黃公神道碑（陳三立）
閔爾昌 《碑傳集補》 卷四十九		(33) 鄉試中式，出高郵王文簡公門下。有《闇告子》《資政大夫禮部侍郎武進莊公神道碑銘》等篇。……冬，小客崑山，得漢趙倢伃玉印，得地十笏於玉山之側，擬購寶燕閣居之。有《武顯將軍福建海壇鎮總兵丁公神道碑銘》等篇。……十六年丙申，四十五歲，官宗人府主事。正月，王元鳳遣戍軍台，乞假五日，送之居庸關，逾八連嶺而返。有《陸彥若所著書敍》《贈太子太師兵部尚書兩廣總督謚敏肅涿州盧公神道碑銘》《送廣西巡撫梁公序》等篇。十七年丁酉，四十六歲。春，京察一等引見，蒙記名。

表二千一百三十二

作者/文獻	版本	用　　例
唐晏 《庚子西行紀事》	民國刻求恕齋叢書本	(1) 然上固彊也，下亦效之。乃求其所以能制勝而殺敵者，其道無由。蓋洋人之礮利也，必求所以不畏礮火者；兵精也，必求所以能制其兵者；至此而民之技窮，乃有為之說者曰：勝此者，非神道不為功。於是義和拳之說起矣。小民甚愚，焉知利害？其所見聞，不出戲文小說。舉小說之所以致勝者而欲慕效之，於是義和拳因之而日盛，民不足怪也。

表二千一百三十三

作者/文獻	版本	用　　例
王榮商 《容膝軒詩文集》 文集卷一	民國四明叢書本	(1)《重修井溪廟記》：泰邱鄉之上傳村有井溪廟，相傳祀郭姓之神，其來久矣。光緒三十二年，村之人葺而新之。既竣事，而請記於余。有尼余者曰：方今世運昌明，阮瞻無鬼之論盛行於天下，神道設教之説將自玆廢矣。區區村廟之興，作何以記？爲應之曰：唯唯，否否，不然。《傳》曰：國將亡，聽於神。此爲不務民義，專媚神以徼福者言耳。若大祈年報賽之典，奚爲而可廢也。 (2)《靈樹觀記》：世傳泰山神主人生死，故東嶽行宮之建徧於郡縣，而吾鄉爲尤盛最先者在石湫，謂之老行宮，巖、泰兩鄉之廟屬之。其後分建於大碶爲靈山觀，巖鄉前後五廟屬之。……自井田之制廢，比閭族黨之間不復設官，

續表

作者/文獻	版本	用　例
王榮商《容膝軒詩文集》文集卷一	民國四明叢書本	野處之民散而無所統，惟賴神道設教，以聯合之。一家之中，父子兄弟互相親愛，此以天合者也。推之於一族，則門戶分而心志歧，有宗祠以聯合之，而一族如一家焉。推之於一村，則族姓異而心志益歧，有神廟以聯合之，而一村如一族焉。而靈樹觀者，又能合五廟及青峙之人，而使之相親相愛，平居不費升鬥之祿，而聚會不過一日之期，於以導和宣鬱而仰承郡縣之教令，若身便臂而臂使指焉。此真吾民乏社會，而豈淫祀之比哉？觀作於光緒丙午，龍樹庵僧兼主之。其捐錢之數，詳列於他藉。里人王榮商記。

表二千一百三十四

作者/文獻	版本	用　例
翁洲老民《海東逸史》卷二	民國四明叢書本	(1) 戊戌年，王在南澳。二月，(《張忠烈公神道碑》作"三月"，《小腆紀年》作"七月"。) 延平王鄭成功會師浙海，以兵部左侍郎張煌言為監軍，北伐抵洋山，(按：洋山當作"羊山"。) 怪風猝至，義陽王溺死。乃還。

表二千一百三十五

作者/文獻	版本	用　例
徐世昌《晚晴簃詩匯》卷二十七	民國退耕堂刻本	(1)《青山下望黃將軍墓道》：霜花入江江樹紅，半江落日摇悲風。此時客向青山路，遥見松楸竄狐兔。推篷指問黃頭郎，云是將軍神道處。將軍束髮事邊疆，浴血榆關四十霜。……至今白骨滿蒼山，折戟猶存戰血斑。豎子無成悲廣武，詞人多恨哭江南。吁嗟將軍復何有，從來運數多陽九。留守魂遊宋氏河，監軍淚滴唐家酒。吾徒意氣豈能灰，當時所用違其才。夕陽下山黃葉雨，江風颯颯魂歸來。
徐世昌《晚晴簃詩匯》卷七十二	民國退耕堂刻本	(2)《春晚出郭送溧陽公歸葬江南述感》：望到郊門萬古愁，歸來城府颯清秋。閲人華屋更相待，流涕哀箏併自休。陵處可應成下馬，路分猶怕近西州。川原便逐東風改，會有心期白日留。槐碧幢新舊燕歸，不逢家令已成悲。……白首青山終一隔，滄波丹旐恨俱移。敢辭垂老仍羈賤，淚濕生金續蔡碑。(作公《神道碑銘》) 一夢從公十載深，塞雲關雪換朝陰。……人間梓器身何恨，病後楹書墨尚濃。春水帆檣星斗氣，晚花賓客雨雲蹤。苦爲怨句裁還得，愁對青雲阮仲容。

續表

作者/文獻	版本	用　　例
徐世昌 《晚晴簃詩匯》 卷七十四	民國退耕堂刻本	(3)《夏縣謁司馬溫公墓》：條山蒼蒼河水黃，大賢鐘毓非尋常。兒童走卒識君實，至今青簡生輝光。天將元老資有宋，范韓文富道繼昌。……當時墓碑題御筆，清忠粹德昭煒煌。鉅手萬言勒神道，學士振藻鏗琳琅。一朝被讒忽摧毀，馬鬣空見斧與堂。墓門閉向六百載，公名自共河山長。整冠下拜瞻且肅，松柏聲入清風香。
徐世昌 《晚晴簃詩匯》 卷一百十五		(4)《味辛以蘇文忠所撰司馬文正公神道碑見示屬題其後》：豐碑紀功日磨礲，諛墓之文苦充棟。誰歟日星照兩間，其人其文交引重。涑水學術醇乎醇，古三不朽萃一身。……磨兮不磷涅不淄，芒寒色正典誥辭。淋漓元氣自往復，可式浮詭扶衰疲。亦有生齋（味辛齋名）今守藏，示我遺碑遥悵望。二童一馬萬人環，天下安時注意相。
徐世昌 《晚晴簃詩匯》 卷一百十六		(5)《黃石齋先生手書周忠介公神道碑墨跡卷》：後死文章貴，先生志節同。千言寫孤憤，一卷得雙忠。事去天如夢，悲來筆有風。想當揮灑處，嚼齒恨無窮。
徐世昌 《晚晴簃詩匯》 卷一百五十		(6)《曹水農甎》：昨者摩挲孫吴甎，甎文完好留紀年。此甎何幸得相匹，所惜款識難兼全。上方剥落存日月，亦如石闕之銘傳少室。（《少室神道石闕銘》有“三月三日”字，而缺紀年。）誰歟作者曹水農，勒石考成法嚴密。……吁嗟乎！富貴過眼如奔濤，操鏝甘處賤且勞。水農將無圬者流，摶埴之名千載留。磚兮磚兮，匣而藏之宜鐫圭璋字，曹翁銘硯同位置。（曹種水丈曾為大人銘金帶硯曰：公玉帶圖明堂，匣而藏同圭璋。）但願三農年年大有樂租稅，我亦坐擁硯田無惡歲。
徐世昌 《晚晴簃詩匯》 卷一百七十四		(7) 張亨嘉，字變鈞，一字鐵君，侯官人。光緒癸未進士。改庶吉士，授編修。官至侍郎，謚文厚。有《磐那室詩存》。（……公方官太僕寺少卿，越次奏陳：妖術不可恃，徒召外患。……論文主翔實，嘗作《南皮張文達神道碑》，中述豫軍剿捻戰績凡數千言。於地理軍略，朗若列眉。論詩於古人推昌黎，於近人稱亭林惜抱。其詩似韓，無率意之作。）
徐世昌 《將史法言》 卷四	民國八年靜遠堂排印本	(8) 若當承平無事之時，奢淫心縱，雖小民一念之淫佚，可廢中人之產者有之。上爲之發其禁令：除每年供賦及仰事俯畜外，有鮮衣怒馬、崇宮盛筵者禁之；有婚嫁侈費、喪葬無度者禁之；諸如習於奢俗、慶生辰、賀字號，輒動打網請會、戲筵綺席二三十數成群者禁之；或惑於邪教、祈平安福、造神道祠，每至斂錢佈施、打醮演戲，月每幾舉者禁之。

表二千一百三十六

作者/文獻	版本	用　　例
楊鍾羲《雪橋詩話》卷三	民國求恕齋叢書本	(1) 巡撫曹申吉又復密圖應賊，無一人可與謀者，乃按劍而起，疾趨鎮遠。猶思守黔門戶，以待大師鎮將乃復抗顏逆命，此則非公之所豫料者矣。公賜塋在京城西郊斗府閘，《神道碑》為王文靖公撰文，沈文恪公書丹。 (2) 阿顏覺羅氏，其先建州靈椿里人。明時以都督同知總領建州等衛，天命時來歸，其尊人柯爾琨仕至護軍統領。張文貞為撰《神道碑》，稱其身列四朝，戰績燀赫，而始終一節，勁挺不撓。順治九年，從敬謹郡王征衡州。凱旋，疏中諱王戰歿事。貝勒羅託以下皆逮問，世祖御午門臨決焉。
楊鍾羲《雪橋詩話》卷六		(3) 雙峰所書《護軍赫騰額神道碑》，予舊有拓本，撰文者為雲樵散騎石芳。 (4) 均弼歿後，朱石君誌其墓，汪容甫為撰《神道碑》，慕堂則石君、辛楣、蘇齋均為之表彰。
楊鍾羲《雪橋詩話》卷八		(5) 章嘉國師，即辛丑年重新正定龍興寺落成時，開光慶讚者也。每遇靈鷲峰展禮，輒率喇嘛誦經迎駕。蒙古最重黃教，自聖祖建望海寺居以喇嘛，內外扎薩克歲時來叩，亦神道設教之意。北臺為五臺最高處，高宗聖製有“攀梯九天半，飛罕五雲中”之句。
楊鍾羲《雪橋詩話》續集卷二		(6) 端恪既尊顯，猶敬執弟子禮焉。彭芝庭撰《端恪墓誌》，謂端恪家貧，游學靈隱，有借巢老人者資之讀儒書。杭大宗《神道碑》，亦諱其為僧事。
楊鍾羲《雪橋詩話》續集卷三		(7)《春晚出郭送溧陽公歸葬江南述感》(四首) 云：望到郊門萬古愁，歸來城府颯清秋。閱人華屋更相代，流涕哀箏併自休。陵處可應成下馬，路分猶怕近西州。川原便逐東風改，會有心期白日留。槐碧幢新舊燕歸，不逢家令已成悲。難為東閣重來日，堪憶三朝晏起時。白首青山終一隔，滄波丹旐恨俱移。敢辭垂老仍羈賤，淚溼生金續蔡碑。(作公《神道碑銘》)……冠劍行看欲就封，過門爭感舊時龍。人閒紫氣身何恨，病後楹書墨尚濃。春水帆檣星斗氣，晚花賓客雨雲蹤。苦為怨句裁還得，愁對青雲阮仲容。
楊鍾羲《雪橋詩話》續集卷六		(8) 明珠黨科爾坤、佛倫皆與公忤，而余國柱方與湯文正相齮齕，明珠亦惡文正。文正撫蘇，公為文送之。其歿也，作《神道碑》，據事直書，不諱兩人，蓋衛公深矣。

續表

作者/文獻	版本	用　　例
楊鍾羲《雪橋詩話》續集卷七	民國求恕齋叢書本	(9) 那文毅撰《梅翁神道碑》，謂其“於河不浚，海不增隄堰，蘄復曩利、去今害，河以從軌”，蓋指此也。
楊鍾羲《雪橋詩話》續集卷八		(10) 文中子祠，舊在銅鞮故縣紫金山麓。明萬歷中，刺史俞汝為移置州城，祠今不復存。《宋司馬温公神道碑》，蘇文忠公撰書，額曰“忠清粹德之碑”，則哲宗御篆也。
楊鍾羲《雪橋詩話》三集卷九		(11) 丹徒嚴麗生大令學淦，少時隨宦四川，與姚公子春木有齊名之目海雲堂詩文，幾可與吴巢松抗手，其《札克塔爾神道碑銘》尤壯麗。
楊鍾羲《雪橋詩話》餘集卷二		(12) 邑人龔元玉謂趙清獻嘗為其邑令，城北故有祠，今廢不存。以青士與清獻後先輝映，欲立二賢祠于鳳翼山麓，致崇報之意。永甯城東有清獻《舊治碑》，而本傳、《神道碑》皆不載令永甯事。
楊鍾羲《雪橋詩話》餘集卷三		(13) 嚴善思之言：尊者先葬，卑者不得入。以卑動尊，術家所忌。其說雖未見經傳，然以昭陵之先後言之，則是皇后之喪在先，幽宫重關外留棧道，以待後日者有之矣。若攻鑿冶錮，啟入後喪，誠乖神道矣。且天子以天下為家，魏孝文既不合祔文明太后于雲中山陵，始于永固陵北，自營壽宫，有終焉瞻望之志。及遷洛陽，乃表瀍西以為山陵之所，而方山虚宫號曰“萬年堂”。蓋山陵自當從其所遷之都也。
楊鍾羲《雪橋詩話》餘集卷八		(14) 平定李菊圃方伯，由編修守惠州不二年，即署黔撫。……戊戌二月卒，年七十。性耐苦惡衣食，所至禁酒食宴會，以敝衣率僚友，其清操為不可及。李雲生刺史詩有“一代醕儒人未識，但稱歸去不名錢”之句，當時頗有議其堅僻操切者。楊蓉浦為作《神道碑》，記其言曰：天下大利必歸農。輕農而重商，是取貧之道也。致荒之道，在不種穀種煙，於黔南禁種罌粟尤力。其赴陝時，寶竹坡嘗送以詩云：奇哉菊圃公，與我性情異。公儉我奢靡，公謹我放肆。而乃愛我深，不忍遂我棄。

表二千一百三十七

作者/文獻	版本	用　　例
張采田《玉溪生年譜會箋》卷一	民國刻求恕齋叢書本	(1) 又案：權德輿《故鄜州伏陸縣令贈左散騎常侍王府君神道碑銘》云：公諱崇術，字敬方，其先太原晉陽人。中以閥閱，徙於帝邱。曾王父皇集州司倉參軍元素，元素生朝散大夫滑州衛南縣令瓌，瓌生蔚州司法參軍宏效，公即司法府君之子。

續表

作者/文獻	版本	用　　例
張采田《玉溪生年譜會箋》卷一	民國刻求恕齋叢書本	(2) 案：李宗閔《故丞相尚書左僕射贈太尉太原王公神道碑》云：上即位五年正月，丞相左僕射太原王公以癸巳發病，其明日，遂薨於位。蓋文宗以寶歷二年即位，故言五年，實太和四年也。
張采田《玉溪生年譜會箋》卷二		(3) 考《會昌一品集》，有《宣懿太后祔廟制》云：朕因載誕之日，展承顏之敬。又有《宣懿皇后祔陵廟狀》云：臣等伏以園寢已安，神道貴靜，光陵因山久固，僅二十年，福陵近又修崇，足彰嚴奉。今若再因合祔，須啟二陵，或慮聖靈不安。又以陰陽避忌，亦有所疑。 (4)《過伊僕射舊宅》詩云：朱邸方酬力戰功，華筵俄歎逝波窮。據權德輿《伊慎神道碑》，復檢校右僕射兼右衛上將軍。元和六年十二月晦，寢疾薨於光福里。是慎死於京邸，不在安州。
張采田《玉溪生年譜會箋》卷三		(5) 李珏撰《神道碑》已云“李崖州於公仇也，郵竄謫於窮途，厚供待於逆旅”，則《舊紀》誤矣。
張采田《玉溪生年譜會箋》卷四		(6) 五月，葬太尉牛僧孺。（據李珏《神道碑》。案：李珏撰《牛僧孺神道碑》曰：公以大中戊辰歲十月二十九日薨，以大中己巳歲五月十九日葬。《碑》見《文粹》載此，與《乙集敘》相印證。）

表二千一百三十八

作者/文獻	版本	用　　例
張其淦《邵村學易》卷五	民國刻寓園叢書本	(1)《彖》曰：大觀在上，順而巽，中正以觀天下。觀，盥而不薦，有孚顒若，下觀而化也。觀天之神道，而四時不忒。聖人以神道設教，而天下服矣。(黼皆平聲) (2) 老子曰：天得一以清，地得一以寗，王侯得一以為天下貞。一即誠，而貞亦誠也。觀盥而不觀薦。誠之孚在初，誠之初最眞；初則不懈，眞則无妄。百姓不期化而自化。故曰：有孚顒若，下觀而化也。夫上之示其觀也，无心而自然；下之感其上也，亦自然而化。此即天之神道矣。天何言哉？四時行焉，萬物生焉。天地之得，一而誠也。此天之大觀在上，而聖人即以神道設教。故曰：誠之不可揜如此夫。且夫天下之至誠，即天下之中正也。誠無不中，中無不正，以我之中正化天下之不中不正，不言而化，無為而成，其效如此。是故天道即神道也。天之道，中正而已。中正，故“四時不忒”。天，無心也。聖人以神道設教，而天下服。聖人，無為也。天之神寓于四時，聖人之神寓于教。無他，皆一誠之所感動也。

續表

作者/文獻	版本	用例
張其淦《邵村學易》卷五	民國刻寓園叢書本	(3) 郭雍曰：設教者，天无教。聖人設教，雖以不教教之，亦曰設教可也。帝堯之則天，孔子欲无言，皆是道也。《乾卦》言：各正性命，保合太和。天之神道，其及物如此而已。顧懋樊曰：以一人為天下觀，曰"大觀"。《君牙篇》曰：爾身克正，罔敢弗正，民心罔中，為爾之中。中正，所以為觀之道也。 (4)《象》曰：風行地上，觀。先王以省方觀民設教。風行地上，可以識君子之德風，小人之德草矣。夫感化之理，捷於風草，先王所以省方以觀民設教，而民觀之也。上有風教，則下成風俗。《象》言：神道設教而民服，不知所以然而然。先王觀民設教而天下化，亦不知所以然而然。

表二千一百三十九

作者/文獻	版本	用例
章炳麟《太炎文録》文錄卷一	民國章氏叢書本	(1)《神權時代天子居山說》：惠定宇作《明堂大道錄》，考明堂者經師所有事，其言大道則夸也。明堂、清廟、辟雍之制，古今興廢雖不同，然麗王公奠天位者，其實其名大氐不出山麓。古之王者，以神道設教。艸昧之世，神人未分，而天子為代天之官，因高就北，爲其近於穹蒼。是故封泰山，禪梁父。後代以爲曠典，然上古視之至恒也。《山海經》云：鼓鐘之山，帝臺之所以觴百神也。又云：帝堯臺、帝嚳臺、帝丹朱臺、帝舜臺，各二臺，臺四方，在昆侖東北。西王母之山有軒轅之臺，係昆之山有共工之臺。蓋人君恒居山上，雖宮室既備，猶必放而爲之。
章炳麟《太炎文録》文錄卷二		(2)《與馬良書》：相伯先生左右居賢善俗、神道化民者，是先生之志也。嵬瑣干祿，固不屑爲。比聞梁啟超、蔣智由輩，將以立憲倂張天下。戴先生爲祭酒，舍天爵而植朋黨，先生不其然。立憲黨人"志不過升斗，藉成名以取寵"，此嬖婉子之所周知。然其說率以民權爲埻，故有所諗於先生：代議政體，非能伸民權而適堙鬱之。蓋政府與齊民，財有二階級耳。橫置議士於其閒，即分爲三。政府誠多一牽掣者，齊民亦多一抑制者，歐美、日本行之，民愈困窮，未見其爲元元福也。
章炳麟《太炎文録》文錄卷二		(3)《駁建立孔教議》：近世有倡孔教會者，余竊訾其怪妄。宗教至鄙。大古愚民行之，而後終已不廢者，徒以拂俗難行，非故葆愛嚴重之也。中土素無國教矣，舜敷五教，周布十有二教，皆掌之司徒，其事不在庠序，不與講誦，是乃有司教令，亦襍與今世社會教育同類，非宗教之科。《易》稱"聖人以神道設教"，斯即盥而不薦禘之說也。禘之說孔子不知，號曰設教，其實不教

續表

作者/文獻	版本	用　　例
章炳麟 《太炎文録》 文錄卷二	民國章氏叢書本	也。……自爾二千年，雖佛法旁人，黄巾接踵，有似於宗教者。佛典本不禮鬼神，其自宗乃以寂定智慧為主，勝以緲論，思人無間，適居印度，故雜以怪迂之談，而非中土高材所留意。……由斯以談，佛非宗教，黄巾則猶日者卜相之流，為人輕蔑，則中國果未有宗教也。……亂法，鬼事干政，盡漢一代，其政事皆兼循神道。夫仲舒之託於孔子，猶宮崇、張道陵之託於老聃。今之倡孔教者，又規摹仲舒而為之矣。今之倡孔教者，又規摹仲舒而為之矣。……世無孔子，則憲章不傳，學術不起，國淪戎狄而不復，民居卑賤而不升，欲以名號列于宇內通達之國難矣。今之不壞，繄先聖是賴，是乃其所以高于堯、舜、文、武而不算者也。……孔教本非前世所有，則今者固無所廢；莫之廢則亦無所復矣。愚以為學校瞻禮，事在當行；樹為宗教，杜智慧之門，亂清甯之紀，其事不便。
章炳麟 《訄書》	清光緒三十年重訂本	(4）九事。飾終之制，傅外者易斷，周身者難理。神道石闕，其誣肇于後漢。裴松之陳議禁斷，而南朝無碑。泰西以冶銅寫形，崇爲偶像，落成祝灌，比于生人。此既异于景教，其鄙倍亦瘉甚焉！然非哀思所寄，苟以崇侈外觀，故易斷也。及其周身厚者，蓋子姓之慕也。中世以厚葬發担。輓近乃有室家乏無，困于營葬，茨棺露處。中人信形法，曠歲求壤，還殯庫宇，叢柩爲屯。故今積屍之氣傳爲殗殜。民之漬疫，此其一矣。然則桐棺三寸，衣衾三領，下毋及泉，上毋通臭，墨子之教也，足以抑情流滯。于今篤終者，必引孟、荀以爲難，是以難理也。夫禮以文質異時而制。制衡律者，必本于石師。……馬融、盧植，皆禮家有方之士也。……而植之將死，顧敕其子：葬于土穴，不用棺槨，附體單帛。夫以馬、盧博達經禮，趙岐觼觼，亦宗法孟氏，然皆不用經儒之說，而取墨家。五時衣少厚于三領；沙床無棺，于桐棺三寸爲甚焉。然則，明者作故，以更周公之法，抑何牽于孟、荀，而率情爲時病乎？

表二千一百四十

作者/文獻	版本	用　　例
趙爾巽 《清史稿》 志三十六	民國十七年清史館本	(1）蔚州（衝，疲，難。府西南二百四十里。雍正六年，自山西大同來隸。有衛。康熙三十二年改。乾隆二十二年省入。東南：笄頭山，一曰磨笄山。西有壺流河，自山西廣靈入，再錯出復入。左右得乾沙河，九折，北合定安河、會子河、扶桑泉諸水，入西寧。三鎮。黑石嶺即飛狐岌，有神道溝巡司，康熙中裁，以史目兼理。又岔口、桃花堡，三遞。）

續表

作者/文獻	版本	用　　例
趙爾巽 《清史稿》 志四十五	民國十七年清史館本	(2) 韓城（難。府東北二百二十里。明隸西安府。雍正三年來屬。東北：龍門山。西北：梁山。西南：韓原，即少梁。黄河緣東北自宜川入，合洽户川，屈南得龍門口，禹蹟存焉，南至官渡，合澽水及芝川，又南入郃陽。西北：神道嶺。汛薛峰、昝村二鎮。）
趙爾巽 《清史稿》 列傳四十三		(3) 十四年，詔哈占分兵防蘭州，哈占疏言西安兵少不宜分遣。上命雲貴總督鄂善率師駐興安、漢中，既又命守延安，哈占迭奏請留西安不遣。時輔臣據平涼，同州游擊李師膺叛，戕韓城知縣翟世琪，脅神道嶺營卒，合蒲城土寇陷延安。固原道陳彭、定邊副將朱龍皆以城叛。輔臣分兵四出，陷旁近諸州縣，遂破蘭州，巡撫華善走涼州。
趙爾巽 《清史稿》 列傳三百十五		(4) 十一年六月，國王奉表謝恩，並奏：伊祖東王於明永樂間入朝，歸至德州病故。帝命有司營葬，勒碑墓道，謚曰恭定，留妻妾傔從十人守墓。畢三年喪，遣歸。今事隔三百餘年，所有墳墓及其子孫存留周恤之處，懇請修理給復。禮臣議覆：蘇祿國東王巴都噶叭哈答殁，長子都馬含歸國襲封。次子安都祿，三子溫哈喇，留居守塋，其子孫以祖名分為安、溫二姓，應如所請。飭查王墓所有神道亭亭、牌坊，修理整飭，於安、溫二姓中各遴一人給頂戴奉祀。著為例。帝允之。

表二千一百四十一

作者/文獻	版本	用　　例
趙經達 《歸玄恭先生年譜》	民國刻又滿樓叢書本	(1) 五月，顧寧人與葉氏搆訟，先生為之營救。（全祖望《亭林先生神道表》：顧氏有三世僕曰陸恩，叛投里豪。欲告先生通海，先生亟往擒之，湛之水。……張穆案：為先生求救者，歸高士玄恭。某公者，謂錢謙益也。案：《與葉嵋初書》：先生曾往吳門。又《神道表》中有“丁酉，先生四謁孝陵。”丁酉，係“乙未”之誤。）

表二千一百四十二

作者/文獻	版本	用　　例
趙詒琛 《顧千里先生年譜》 卷下	民國刻對樹書屋叢書本	(1) 十一月二十四日，程芑堂安葬其孤，來請《墓誌銘》。冬，同里葉紉之得李北海書《任令則神道碑》，與先生共讀而跋之。

本書為內蒙古工業大學範景武主持完成的國家社會科學基金（西部）項目《中國帝陵神道文化研究》（項目批准號为：13XZJ013）的最終成果。

第五卷

神道文獻整理與帝陵神道研究

範景武 編著

中国社会科学出版社

第二编

帝陵簡史

第四章　傳說之陵

原始社會屬於人類社會的初始時期和奠基階段，蒙昧和野蠻是這一歷史時期的主要特徵，這歸因於生産力水準低、物質不豐富、科學技術不發達、社會交往不暢通、文化積澱不厚實、民族交融不深入及人智啟蒙未充分、社會階層未固化、等級觀念未強化、集權思想未定型等方面，而這些客觀因素的決定作用和主觀因素的制約功能，致使陵墓建築只存活於傳說裏、陵寢觀念僅存在於萌芽中。其中有無附屬的“帝陵神道”無從考證，揭示其附著的或內存的神道文化、思想和哲學尚屬懸置的話題或懸疑的議題。在原始社會的早期階段，尚未出現有意識的、有目的的、有計劃的墓葬行為，殯葬制度尚未出現，殉葬制度並未開始，厚葬制度更未形成，但正是無階級社會的開啟和奠基才表現為階級社會的持續和提升，原始公有制社會的存續和基礎才呈現為私有制社會的進步和發展。“帝王和帝王陵寢是成熟的階級社會和國家出現以後的産物，但成熟的階級社會和國家有一個逐漸産生、形成的過程，所以帝王陵寢制度同樣也需要一個孕育、成型的緩慢過程。從這個意義上說，萌芽時期的‘帝王墓’應該出現於史前時代。”① 一般而言，沒有考古學意義上的實物例證，則沒有歷史學意義上的精准闡釋，而沒有歷史學意義上的精細論考，則難以為哲學社會科學奠定堅實的理論素材和邏輯規則。但不是說任何人文社會科學的産生與發展都要等待考古學和歷史學的全面發展或真正成熟起來以後才能實現自身的理論昇華或學術繁榮，考古學領域的蛛絲馬跡和歷史學範圍的點滴進步，皆可帶來相關的人文社會科學予以文化、思想和哲學上的拓展、提煉和凝練。

我們根據不同的口頭傳說、零星的文字記載及殘缺的實物例證，只能對文明早期的生死觀念、喪葬意識、祭祀行為等略知一二，這屬於回溯歷史與回味文化般的研究工作；而對陵墓建築中的帝陵神道的考察與挖掘則捉襟見肘，更難以把握“帝陵神道”文化、思想和哲學的內涵與精髓，這屬於重拾文化和尋根傳統般的研究工作。換句話說，有條件的考

① 賀雲翺、郭怡：《古代陵寢》，文物出版社 2008 年版，第 14 頁。

古發現、有限的文字記錄及可數的研究成果，也給我們留下了思想自由馳騁的空間和思維自由發展的餘地。

一　傳說之陵的樣式

原始社會時期，傳說之陵主要包括：盤古氏的盤古冢、伏羲氏的太昊陵、女媧氏的女媧陵、炎帝神農氏的炎帝陵、黃帝有熊氏或軒轅氏的黃帝陵、少昊金天氏的少昊陵、顓頊高陽氏的顓頊陵、帝嚳高辛氏的帝嚳陵、帝堯陶唐氏的堯陵、帝舜有虞氏的舜陵、大禹氏的禹陵等。儘管各種帝陵處於傳說狀態，但是我們並不能否認原始社會中後期人們已經開始簡單地、自發地思考生與死、存與亡、靈與肉、魂與魄等關係問題了，並逐漸地自然地孕育和形成了原始的生死認識、粗淺的存亡意識、樸素的靈魂觀念及簡易的埋葬行為。儘管人們試圖從事嘗試性的、實踐性的墓葬行為，但沒有出現墳丘式墓葬等歷史遺存和文化遺跡，因為中原地區出現墳丘式墓葬開始於春秋晚期，而其普遍推行則是在戰國時代。遠古時代或文明初始，古人對故人尤其是有特殊社會地位和特別文化貢獻的歷史人物實施了分級墓葬行為，一定意義上顯露出先人們有了看重權力、地位、財富及威望、聲望、祈望的認識和思考了。我們認為超越歷史條件、跨越歷史階段、穿越歷史時期、脫離歷史事實，都不是面對歷史的態度、針對歷史的方式和尊重歷史的行為。面對歷史和文化的科學態度，應該是針對歷史和文化的本來面貌，而不是刻意地還原歷史和文化，更不是盲目地虛構歷史和文化！

二　傳說之陵的起因

“自從盤古開天地，三皇五帝到如今”。“三皇五帝”的民間傳說各具特色，文獻記述各有千秋，顯示了中國人對於夏朝以前傳說中的帝王的認知方式和想像能力，以及對於部落首領或部落聯盟的領導者在促進社會發展和文化建設過程中的認同方式和思考能力。現今社會，作為人文遺產和旅遊資源，其生地葬處成為爭相搶奪的稀缺資源，導致牽強附會或捕風捉影者有之，無中生有或憑空想像者有之，引經據典或旁徵博引者有之，獨此一家或舉世無雙者有之，粗製濫造或因陋就簡者有之，精心打造或發揚光大者有之等現象或問題，揭示歷史本真和尋找文化本源的工作應該引起學界重視並加強政策引導，眾說紛紜的歷史怪像和莫衷一是的文化亂象，既不是對古人和古跡的負責任態度，也不是對後人和後世的擔責任方式。以黃帝陵為例，傳說中有四個地方，一是陝西黃陵縣橋山，二是河南靈實縣荊山，三是河北涿鹿，四是甘肅正寧，而現實中何止如此！真實情況是有一個還是多個地方？後世對前世的尊敬，現世對先世的愛重，後人對前人的尊重，今人對先人的尊崇，伴隨歷史進程而不同，結合現實需求而有別，但如何擺正歷史事實的真實狀況與現實社會的利益驅動的關係，確實檢視著世人的心智和學者的心態。毋庸置疑，黃河流域的黃河文明、長江流域的長江文明，共同成為中華民族和華夏文明的搖籃。中原地區是中華民族和中華文明的發祥地，特別是中原地區在孕育中國古代文明中的帝陵神道文化、思想和哲學的過程中發揮了先導和引導、積澱和奠基等作用。

我們認為先人們認識事物是從外觀或形狀、數量或大小開始入手，而解決問題是從實用或適用、簡便或易行予以突破，故人類文明發展軌跡是首先重視外在的數量關係，然後揭示內在的性質。數量關係必然內含著性質，性質必須依託於數量關係，這既符合事物和現象的客觀規律，也契合認知和想像的邏輯規律。當我們試圖把握歷史的本來和未來，著力把脈文化的本原和本真，以及執意歷史和文化的本位和本質之時，不難發現上古之人在構築中華民族傳統思想文化體系化特徵過程中的基礎性作用。如以“三”為限的思維方式和行為模式體現著中華民族由來已久的思維特性和行為特質之一，即中華民族歷來崇尚增量與擴充的趨勢，追求延續與極致的樣式，探索永續與至上的態勢，因為“三”是奇數和偶數的首次合體，且根源和定型於“道生一，一生二，二生三，三生萬物”的基本理念；以“五”為限的思維方式和行為模式展現著中國傳統思想文化的主要特色之一，因為“五”是東西南北中的一種融會，且把“五方”“五行”“五常”“五倫”等內化為“五帝”，表明了一種先自然後社會，由自然而社會，以及自然與社會的一體化存在與和諧式發展的基本規律。但“中國歷史上的帝王出現之前，在原始社會和奴隸社會的墓葬中已經逐漸出現了等級差別。部落首領或奴隸主的喪葬便與眾不同，這主要表現在墳墓的形制、葬具、隨葬品、葬式等方面。中原地區盛行土葬，奠定了後來幾千年的帝王墓葬的基本形式，其他各地還有水葬、火葬、天葬、崖葬等不同葬式”。①

恩格斯曾經深刻地揭示了社會歷史條件、思想文化因素與靈魂觀念之間的相互關係，經典地闡明了鬼魂、亡魂、幽魂或亡靈、幽靈、神靈等問題的內在機理，即“在遠古時代，人們還完全不知道自己身體的構造，並且受夢中景象的影響，於是就產生了一種觀念：他們的思維和感覺不是他們身體的活動，而是一種獨特的、寓於身體之中而在人死亡時就離開身體的靈魂的活動。從這個時候起，人們不得不思考這種靈魂對外部世界的關係。即然靈魂在人死時離開肉體而繼續活著，那末就沒有任何理由去設想它本身還會死亡；這樣就產生了靈魂不死的觀念，這種觀念，在那個發展階段上決不是一種安慰，而是

① 參見劉勇編著《帝王陵寢》，時代出版傳媒股份有限公司/黃山書社 2013 年版，第 2 頁。

一種不可抗拒的命運，並且往往是一種真正的不幸，例如在希臘人那裏就是這樣。"[①] 靈魂觀念產生於遠古時代即原始社會中期，起因於樸素的、低級的思想意識即猜測性的缺少科學根據的思想觀念，受制於不充分的社會狀況、不發展的經濟基礎、不完善的政治條件、不健全的倫理規範及未改善的自然地理環境等因素。如此看來，靈魂觀念已經包含了當時人們的一些心智因素及其智力成果，已經展示了當時人們嚮往文明的願望和追求進步的訴求，已經邁出了步入文明大道的堅定步伐。我們認為靈魂觀念作為一種宗教迷信觀念，屬於主觀唯心主義，但其內含的相關價值取向包含感情與心情上對死者的紀念或懷念，信念與信仰上對逝者的追思或追遠，以及行為和舉措上對故人的感恩或報恩。自古以來，不同國家的人民、各個民族的成員和不同地區的居民形成了風格迥異的靈魂觀念或花樣翻新的靈魂思想，但籠而統之包括以下主要內容和表現為如下重要特徵：祈願——祈求人死以後靈魂依然存活於另一世界，繼續從事著與生前一樣的生產和過著類似的生活，期盼靈魂不滅或靈魂永生；降福——希望不死的靈魂能夠重回人間，輔助人們實現趨樂避苦、趨利避害的願望和要求；懷念——活著的人通過追憶往事，寄託哀思，使死去的人依然"活"在人們心中，特別是"活"在親人或友人心中；報恩——生活於現實世界中的人感謝先輩曾經的所作所為和所思所想，以使他們的在天之靈得到安慰或安息，以為感恩戴德才能心安理得；佑護——希冀逝者在冥冥之中保佑活著的人生活幸福、身體健康、身心愉悅、諸事順遂等，特別是統治者相信祖宗有靈，能夠確保江山社稷永遠存在，皇權政治臻於神聖；溝通——通過除舊佈新的祭祀活動，實現此岸與彼岸、此世與彼世、現世與來世的一體，為今生今世的人們尋求出路和歸宿等；敬畏——尊崇長者，因為他們在奠基家業、管理家族、繁衍後代、傳承家風等方面奉獻了一生智慧、做出了傑出貢獻，甚至在治理國家、發展民族、建設文化等方面貢獻了畢生精力、完成了不朽偉業；敬畏逝者，因為他們留下了苦心經營的家業、世代相傳的祖業和繁榮昌盛的事業，故生者總放不下思念之心，割不斷想念之情，去不掉懷念之意，由此形成了肉體與靈魂合一的觀念，或形成了儘管生命結束或肉體消失，而靈魂依然存在或靈魂不死等觀念。"中國原始居民的宗教信仰與一般的民族無異：有靈魂的恐懼，崇拜無處不藏躲的幽靈，虔誠的尊崇給人印象深刻的形象及大地再生的力量，敬畏上天，它那光芒四射的陽光和潤濕大地的雨水是人間的生活和上天秘密的力量之間的一種神秘的和諧。風、雷、山、林、龍、蛇等都是崇拜的對象；每逢有豐收便舉行盛大的慶祝會。……在初民的時代，帝王和僧侶幾乎是一體的，日後歷史家在一些富有教誨意義的歷史記載上這樣寫道，中國最早的帝王們都是聖賢的政治家，他們的豐功偉業常常是得之於禱告和諸神的惠助。"[②] 也就是說，在古代中國經濟社

---

① 《馬克思恩格斯選集》第四卷，人民出版社 1977 年版，第 219—220 頁。

② ［美］威爾·杜蘭：《世界文明史·東方的遺產》第一卷，幼獅文化公司譯，東方出版社 1998 年版，第 535 頁。

會發展與傳統思想文化建設的過程中，帝王為了永久統治和長治久安而對圖騰、靈魂、迷信和宗教形成了強烈的訴求，民眾則為了生存和生活而對圖騰、靈魂、迷信和宗教提出了多元的需求。總之，社會各階層的訴求或需求，必須經過認真篩選和多重過濾，才能成為在中國社會歷史發展和精神文化建設過程中發揮促進作用的精神動力之一。

墓葬起初是在靈魂觀念的支配下的行為表現或實踐活動，即人們把樸素的思想觀念予以物化或外化，使虛無縹緲的靈魂觀念變成實實在在的墳墓、陵墓或陵園，而靈魂觀念的增強、迷信思想的加深及宗教意識的強化，又使得墓葬的外在形式趨向於豐富多彩，墓葬的固有內容呈現出多種多樣，特別是如何埋葬死者，如何慰藉鬼魂，如何祭祀亡靈，如何契合神靈，如何維繫現實世界與靈魂世界的一體關係等，全面地、深刻地體現著社會的發展進程與變化軌跡。恩格斯在《反杜林論》中指出："當我們深思熟慮地考察自然界或人類歷史或我們自己的精神活動的時候，首先呈現在我們面前的，是一幅由種種聯繫和相互作用無窮無盡地交織起來的畫面，其中沒有任何東西是不動的和不變的，而是一切都在運動、變化、產生和消失。"① 也就是說，物質世界的事物和現象、精神世界的情狀和追求以及物質世界和精神世界相互轉化過程中的關係和規律均處於運動、變化和發展之中，皆具有產生、存在、發展和滅亡的歷史。我們認為靈魂觀念是不文明社會的某種文明現象，也是文明社會的某些不文明現象；靈魂觀念有產生、存在、發展和滅亡的歷史，不能視之為永恆存在、永生不滅的現象；靈魂觀念屬於精神文化現象，不是客觀物質現象；靈魂觀念在一定的社會歷史條件下發揮著有限的社會作用，而非無限的社會功能；泛化靈魂觀念，易於形成神秘主義的"萬物有靈魂論"，而極化靈魂觀念，則易於倒向各種唯心主義的錯誤立場。

三　傳說之陵的例證

借助傳說之陵，可以"窺見"當時的社會發展狀況，即社會現象、社會問題及社會規律印記於統治者或執政者的葬身之處、安神之所的選址、堪輿、營建、修築及安葬、祭祀等各個環節。原始社會早期的伏羲氏、神農氏、軒轅氏被公認為中華文明三始祖、人文始祖或人文初祖。"三個人物代表了我國原始社會早期的原始生產方式，伏羲代表的是漁業採集生產方式，神農代表的是農耕的原始生產方式，軒轅代表的是更進一步的原始社會生產方式。"② 而堯舜禹三位賢明君主的傳說則向我們展示了原始社會進一步的社會發展圖

① 《馬克思恩格斯選集》第三卷，人民出版社 1977 年版，第 60 頁。

② 參見羅哲文等編著《中國名陵》，百花文藝出版社 2003 年版，第 33—34 頁。

景和人文精神圖譜。“堯舜禪讓”令人欽佩，“堯天舜日”使人嚮往，“大禹治水”世世傳誦。

第一，堯廟和堯陵均建於山西臨汾市郭村。建於平地的堯廟和築於山體的堯陵，印證著當時人們關於人與自然或人與環境、人與人及人與社會之間關係的原始的、樸素的、直觀的思想認識，拜廟和謁陵的普通人身臨其境，會有一種莊嚴與肅穆、神秘與神奇之感，而視政治壽命的長短為重中之重的歷代統治階級不僅拜謁先帝之陵，還要營建或重修帝王陵墓，以志紀念、尊崇、感恩、戴德和祈願等願景，如明成化、清雍正和乾隆時都曾重修堯陵。他們修復的是先祖陵廟，傳承的是傳統文化，延續的是封建統治，表達的是政治目的，體現的是靈魂觀念，彰顯的是陵寢思想。他們祈求達成的是風調雨順而五穀豐登、子孫繁衍而國運昌盛、民風純正而文化繁榮、民意順遂而國泰民安、神道設教而天下服從等多重目標。如荀子的《禮論》曰：“禮有三本：天地者，生之本也；先祖者，類之本也；君師者，治之本也。無天地，惡生？無先祖，惡出？無君師，惡治？三者偏亡，焉無安人。故禮，上事天，下事地，尊先祖而隆君師。是禮之三本也。”① 總之，統治階級的言行舉止，雖親力親為，仍恐怕政治目的強於經濟目的，政治利益高於社會利益，政治訴求先於文化訴求。

第二，舜陵和舜廟均建於湖南寧遠九疑山。前為廟，後為陵，落實著“依山為陵”的理念，追求著“因山為陵”的認識，實現了山陵一體或山陵合一的目標，即山以陵為尊，陵以山為高，以此啟動了山勢，盤活了政局。例如，司馬遷認為舜“踐帝位三十九年，南巡狩，崩於蒼梧之野。葬於江南九疑，是為零陵。”②《漢書・武帝紀》也記述了元封五年（前106年）人們祭祀虞舜於九疑的事例。唐歐陽洵所編《藝文類聚》記載了東漢蔡邕所書的《九疑山碑》（摩崖石刻）：“岩岩九疑，峻極於天。觸石膚合，興播建雲。時風嘉雨，浸潤下民。芒芒南土，葺賴厥勳。逮於虞舜，聖德光明。克諧頑傲，以孝蒸蒸。師錫帝世，堯而授征。受終文祖，琁璣是承。太階以平，人以有終。遂葬九疑，解體而升。登此崔嵬，托靈神仙。”③ 由於歷史沿革，政權更迭，風蝕水流，天災人禍，陵廟屢遭破壞，後代人唯有精心修復或修葺，以期不中斷歷史過程、文化進程和政治前程。

第三，禹陵、禹祠、禹廟均建於浙江紹興會稽山。“或言禹會諸侯江南，計功而崩，固葬焉，命曰會稽。”④“禹東教乎九夷，道死，葬會稽之山。”⑤《論語・泰伯篇》既盛讚了大禹治水的歷史功績，也記述了其祭祀鬼神的歷史事實，且具有借古喻今的功能和價

① 《荀子・禮論》。
② （西漢）司馬遷：《史記・五帝本紀》。
③ （東漢）蔡邕：《九疑山碑》。
④ （西漢）司馬遷：《史記・夏本紀》。
⑤ 《墨子・節用下》。

值——上古時代，為君者、執政者生活簡樸，孝敬鬼神，且行事盡善盡美，善始善終，不以權力、地位和財富為重，而以人民的生活和國家的富強為要，即“子曰：禹，吾無間然矣。菲飲食而致孝乎鬼神，惡衣服而致美乎黼冕，卑宮室而盡力乎溝洫。禹，吾無間然矣。”① 禹陵處於群山懷抱之中，綠蔭環繞之境，體現了向山、靠山、崇山、拜山的思想認識。現在，坐東朝西的禹陵前，有石牌坊一座，長約百米的甬道一條。石牌坊可視為神道碑，甬道則為神道。在原始社會末期最後一位傳說君主的陵墓建築中，記有一條長約百米的帝陵神道，堪稱一大學問亮點，可謂一束文化之花。這是我們不能忽視的歷史文獻記載，它具有不可低估的歷史文化價值。

關於堯陵、舜陵和禹陵的傳說，既是一種歷史記憶，也是一種文化符號；既是歷久彌新的思維實踐，也是耐人尋味的文明成果。在其中，“依山為陵”的陵墓建築理念依稀可見，“樹碑立傳”的陵寢思想文化初現端倪，“人化自然”的生態文明理念初顯身手，“天人合一”的傳統哲學精神嶄露頭角。雖然多年後逐漸形成的“因山為陵”的陵園建築文化始於唐朝初期的傳統觀念或正統思想，但我們認為關於社會事物、現象及其規律的理解、認識和把握並形成制度化、規範化和常態化的成果或格局，需要經歷由萌發到成長的過程、由成長到成熟的歷程、由成熟到定型的進程，即由“借山言山”的感性認識發展到“借山言志”的理性認識、由“依山為陵”的建築理念發展到“因山為陵”的制度設計，需要具備社會的變遷、歷史的演進、心智的啟蒙和文化的積澱等主客觀因素。

① 《論語·泰伯篇》。

第五章　可考之陵

一　可考之陵的要因

原始社會向奴隸社會的過渡、原始公有制向私有制的發展及無階級社會向階級社會的轉變形成了傳說之陵到待考之陵再到可考之陵的轉型，而進入奴隸社會後帝陵的待考或可考狀態有著復雜而深刻的社會歷史背景和思想文化因素。歷史分期和文化分層，屬於社會科學研究領域不能回避且必須回答的問題。儘管“全球史觀”審視中國史時有自己的歷史觀和價值觀，國外部分漢學家或中國問題研究者劃分中國歷史階段時也有自己的歷史認識和價值判斷，但歸根結蒂中國人研究中國史更具有話語權或發言權。“中國古代思想，依照一般的分期法，有西周、春秋、戰國的三個階段。這大體上是沒有問題的。但我們的研究，卻不在於敍述貨色，陳列古董，而在於說明思想的生成和發展的所以然。我們認為，由殷、周之際古代思想的起源，經過西周‘學在官府’之學，以至東遷前後的思想，是中國古代思想的第一階段；由東遷以後的思想以至搢紳先生的儒學，是中國古代思想的第二階段；由孔、墨顯學對儒學的批判，經過百家並鳴之學，以至周、秦之際的思想，是中國古代思想的第三階段。”①

第一，社會歷史條件及其制約作用。黃帝以降，舊的社會制度行將退出歷史舞臺，但尚未徹底退出歷史舞臺，新的社會制度即將登上歷史舞臺，但尚未正式登上歷史舞臺，中國社會進入了一個大變革和大轉型的歷史時代，即原始氏族公社制度崩潰和奴隸制興起的時代，由非階級社會向階級社會過渡的時代，由蒙昧進入文明的時代，以及由原始公有制向私有制轉變的時代。在社會變遷或社會轉型中，政治制度、經濟體制和文化機制往往面臨著嚴峻的挑戰和嚴重的考驗，何去何從？處於社會不同

① 侯外廬等：《中國思想通史》第一卷，人民出版社 1957 年版，第 17—18 頁。

階層的人們有著不同的智慧、意志和心理，如何施展政治智慧和實施政治抱負，如何堅挺生存意志和夯實生活意念，如何緩解心理負擔和增強心理承受力，成為時人或世人不得不做出的選擇甚至抉擇。夏朝建立，標誌著中國最終結束了漫長的、特殊的歷史過渡時期或社會轉型時期，迎來了新的社會發展階段和新的社會形態——奴隸社會。短暫的奴隸社會及其文化成果不比漫長的封建社會及其文化成就，但中國社會的傳統文化和文化傳統的歷史卻肇始於文明時代即第一個階級社會形態，而且奴隸社會的文化、思想和哲學預示著其後不同的社會形態及其各個發展階段的多種可能與多元趨勢。

從西周中晚期開始，支撐奴隸制的經濟條件即井田制已開始動搖，出現了與更新的、更高的社會形態相對應的經濟因素如土地轉讓等現象。進入春秋時代以後，土地兼併和土地買賣則進一步瓦解了井田制，削弱了奴隸制的經濟基礎，表徵著封建制的土地佔有關係及農民和地主之間的新興階級關係代之而起。春秋時期是中國古代歷史上的社會大變革時期，其趨勢和特點是喪失存續基礎的奴隸制讓位於不斷新生的封建制，即在私有制框架下低級的社會形態轉變為高級的社會形態成為歷史必然，而促成這一社會變革的誘因或主因是生產力呈現劃時代意義的突飛猛進式的發展，如鐵器的使用和牛耕的出現，它們共同預示著中國封建社會的來臨，即春秋末期奴隸社會內部已經孕育了封建生產關係、階級關係和民族關係，或者說奴隸社會的生產關係已經難以回應生產力的發展訴求，與其發展水準和要求相適應的新型的生產關係登上歷史舞臺也就不可難免了。進入戰國時期後，各諸侯國啟動了“變法運動”，目的在於增強國力，擴充勢力，鞏固王權，牢固政權。在中國社會發展和歷史進程中，不乏變法、變革、革新、維新等運動，其功過是非自有評說或已有定論。結合社會歷史條件和思想文化邏輯，我們認為這一變法運動實質是一場封建化運動，旨在佐證封建制度的合理性與合法性，也是一次“去奴隸制”嘗試，以期證明奴隸制度的落後性與非法性。

恩格斯的《家庭、私有制和國家的起源》吸收和改造了摩爾根（Lewis Henry Morgan）在《古代社會》中的諸多思想觀點，並經典地指出人類“從鐵礦的冶煉開始，並由於文字的發明及其應用於文獻記錄而過渡到文明時代”[①]。“我在這裏根據摩爾根的著作而描繪的這幅人類經過蒙昧時代和野蠻時代而達到文明時代的開端的發展圖景，已經包含足夠多的新特徵了，而尤其重要的是，這些特徵都是不可爭辯的，因為它們是直接從生產中得來的。不過，這幅圖景跟我們研究終了時將展現在我們面前的那幅圖景比較起來，就顯得太暗淡和可憐了；只有在那個時候，才能充分看到從野蠻時代到文明時代的過渡以及兩者之間的顯著對立。現在我們可以把摩爾根的分期法概括如下：蒙昧時代是以採集現成的天然

① 《馬克思恩格斯選集》第四卷，人民出版社 1977 年版，第 21 頁。

產物為主的時期；人類的製造品主要是用作這種採集的輔助工具。野蠻時代是學會經營畜牧業和農業的時期，是學會靠人類的活動來增加天然產物生產的方法的時期。文明時代是學會對天然產物進一步加工的時期，是真正的工業和藝術產生的時期。"① 此為基於唯物史觀關於生產方式內部生產力和生產關係、社會形態內部經濟基礎和上層建築的相互作用及其矛盾運動的經典論述，是我們分析中國社會的歷史發展及其文明進程的世界觀和方法論。在中國，自夏商開始，由於生產力發展而集聚的物質財富和彙聚的文化資源及生產關係所蘊含的人際關係、分配關係和地位關係，統治者有充足的資源和理由為自己量身打造生前死後的生活空間。例如，歷代帝王營建陵墓、修建陵寢、興建陵園乃至擴建陵邑之時，會按照家族血緣關係和封建宗法制度，實行"子隨父葬，祖輩衍繼"的埋葬制度和陪護制度，或呼應特殊歷史時期的物殉、牲殉和人殉的陪葬制度及守陵、守墓和守城的守護制度，並由此積累了獨特的政治內涵的生死文化和獨有的政治意圖的喪葬文化。

法國啟蒙思想家伏爾泰（Voltaire）曾經表示"我想知道人類由野蠻進到文明每一階段的情形"，即文明人應該知曉先民的歷史和先人的文明，這是文明社會中文明人的普遍的文明追求和價值訴求。人類告別初級的原始社會，進入高級的奴隸社會，也就意味著擺脫了蒙昧的認識和野蠻的生活，迎來了文明的曙光和光明的前景。從歷史發展的角度看，作為階級社會的奴隸社會的私有制取代作為非階級社會的原始社會的公有制，屬於社會的巨大進步和歷史的急劇發展，這符合馬克思主義論述的人類社會發展表現為波浪式前進和螺旋式上升等哲學原理。一般而言，在思想文化的研究過程中追溯歷史要難於續寫歷史，再現歷史要難於創造歷史，評價歷史要難於推動歷史。在學術研究中，尤其是在歷史問題的研究中，回溯歷史也是極其重要的研究方法，但我們還是需要依照歷史的邏輯起點和邏輯展開之間的序列關係或因果關係，才能把握歷史事件的發展軌跡及其規律。人類社會進入文明時期以後，由於考古發掘的不發展和考古研究的欠發展，諸多歷史疑點難以破解，之後又由於考古發現的較發展和考古研究的再發展，使之能夠解答眾多歷史懸案，共同為哲學社會科學領域的研究工作提供了基礎和課題。尚未證實的那些客觀存在的歷史事實或歷史事件如陵墓建築，反過來又是文明社會之文明發展的制約力量，也是文明社會之文明不發展的支配因素。但"文明是增進文化創造的社會秩序。它包含了四大因素：經濟的供應，政治的組織，倫理的傳統，以及知識與藝術的追求"②。而中國人民的聰明才智，中華民族的勵精圖治，中國文化的博采眾長，以及中華文明在世界文明中的地位和作用，卻早已得到了中外哲學思想家的首肯或文學藝術家的推崇，如法國啟蒙思想家、唯物主義哲學家、百科全書式人物狄德羅（Denis Diderot）指出："這些人民，在文物、藝術、聰明、

① 《馬克思恩格斯選集》第四卷，人民出版社 1977 年版，第 22—23 頁。

② ［美］威爾·杜蘭：《世界文明史·東方的遺產》第一卷，幼獅文化公司譯，東方出版社 1998 年版，第 3 頁。

才智、政策，以及他們對哲學的品位等方面，優於其他任何亞洲人民。不但如此，有些作家們甚至判斷，就上述各方面來說，他們勝過最開化的歐洲人。”① 法國啟蒙運動的旗手、法蘭西思想之王、歐洲的良心伏爾泰（Voltaire）認為：“帝王的體制持續4000多年，而在法律、習慣、語言，甚至於服裝式樣等方面……一切都無任何顯著的變化；在世界上確難見這種至佳的制度。”② 作為血脈相連、文化相通的炎黃子孫，作為吸吮華夏民族文化之養分的中華兒女，作為有志於民族復興、文化自信的新時代社會科學研究者，我們沒有理由放棄整理與研究帝陵神道及其文化、思想和哲學。

待考之陵，如太昊陵——太昊伏羲氏的陵廟、炎帝陵——炎帝神農氏的陵廟、黃帝陵——黃帝軒轅氏的陵墓、堯陵——帝堯陶唐氏的陵墓、舜陵——帝舜有虞氏的陵墓、禹陵——帝禹夏後氏的陵墓等樣式，作為一種文化資訊和文化標識，存儲於中華民族的歷史記述和文化回憶中，中華兒女在歷史追述過程中吸收其文化養分，在歷史演進過程中回味其文化成分，足見其奠基意義上的社會地位和開啟意味上的歷史價值。考究原始社會轉向奴隸社會、奴隸社會時期及奴隸社會轉向封建社會時期，我們梳理出如下學術見解：與原始社會的情形相比，陵廟、陵墓或陵寢有諸多突出的特點——夏、商、周代的帝陵和春秋戰國時代的帝陵多無陵號或陵名；商代帝名多用“天干地支”，說明當時人們已經開始利用天文、地理和曆算等自然科學知識為政治統治和文化建設提供服務；西周、春秋和戰國時代的廟號則“帝王”合稱，此與開始於西周時代的以分封制和宗法制為內容的社會等級制度及其文化密切相關。總之，社會歷史條件的積累與扎實，為中國傳統思想文化的有效積澱與不斷提升提供了必要條件。低級的社會形態和初級的社會發展，是中華民族安身立命的前提和基礎；低端的文化成就和早發的思想成果，是中華民族上下求索的文化底冊和思想原色。

第二，思想文化條件及其影響作用。西周至春秋戰國時期，在文化典籍、思想內涵、精神追求等方面，有了明晰的軌跡和突出的成就，故成為我國傳統思想文化的奠基階段、雛形時期和發展環節。當人們回溯歷史和回望文化時，會不由自主地把眼界定在文明早期，亦即文化初期。其一，文化典籍，如創制了儒家經典——五經。這是我國現存最古老的歷史文獻，也是研究先秦歷史和思想文化史的重要資料。以五經與五行、五常、五方的對應關係為例，足以見證其歷史貢獻和文化成就。例如，“及夫敦樂而無憂，禮備而不偏者，其唯大聖乎？天高地下，萬物散殊，而禮制行也；流而不息，合同而化，而樂興焉。春作夏長，仁也；秋斂冬藏，義也。仁近於樂，義近於禮。樂者敦和，率神而從天；禮者

① ［美］威爾·杜蘭：《世界文明史·東方的遺產》第一卷，幼獅文化公司譯，東方出版社1998年版，第447頁。

② 同上。

辨宜，居鬼而從地。故聖人作樂以應天，制禮以配地。禮樂明備，天地官矣。”① 再如，“《經》所以有五何？經，常也。有五常之道，故曰《五經》：《樂》仁、《書》義、《禮》禮、《易》智、《詩》信也。人情有五性，懷五常，不能自成，是以聖人像天五常之道而明之，以教人成其德也。”② 其二，諸子百家，如出現了“百家爭鳴”的局面。出於各階級、各階層、各派別的政治考量，思想家們依照本階級、本階層、本集團的政治目的，對宇宙世界的萬事萬物，尤其是人類社會的萬般景象或做出解釋，或提出主張，或推出理想，或拋出定論。諸子及其所代表的思想流派有儒家、道家、墨家、法家、名家、陰陽家、兵家、縱橫家、小說家、農家、雜家等，其中儒家、道家、法家、墨家諸家由於對中國社會及其思想文化發展的影響巨大而深遠，成為本土文化或本族文化的符號和品牌。其三，文學建樹，如《詩經》《楚辭》等傳世之作。源於生活又高於生活再服務於生活的文學成就，演繹著“文學—藝術—人生”的定律和定力，它不僅能夠滿足人民群眾日益增長的物質文化和精神文化需求，而且能夠掌控和引領主流意識和核心價值，使人們能夠享用高品質、高層次、多元化的精神食糧。其四，科學技術，如天文學和醫學的齊頭並進。二十八宿的劃分和應用，春秋時已定制和使用的八個節氣和三種曆法，戰國時期夏曆的普遍採用等，均是天文學發展的實證。醫學方面，西周時期醫學因與巫術結合而具有迷信色彩和幻化成分，春秋時期醫學和醫術則擺脫了巫術、巫祝而實現了獨立發展等。總之，思想文化諸形態的充實發展，為文明時代的文明人之所以文明提供了充足的條件。

二 可考之陵的要件

依據歷史邏輯和思維邏輯，梳理神道文獻與詮釋神道文化、思想和哲學時，我們不可避免地接觸到廟號、謚號、尊號、年號、帝號、陵號或陵名等概念或術語，為避免語義混亂和思想紛爭，有必要廓清其內涵與外延、分清其能指和所指及認清其本位價值和功能價值。清代的沈炳震編《廿一史四譜》、陸費墀編《歷代帝王廟謚年諱譜》、劉長華編《歷代名臣謚法匯考》及“中國歷史紀年表”、專家學者的考證與研究等文獻和成果，可視為我們認知或熟知有關廟號、謚號、尊號和年號等的歷史沿革和基本含義的工具書、教科書或參考書。我們輯錄和解讀如下：

廟號：中國私有制社會中立廟（皇家祖廟）祭祀或專祀已死帝王的一種制度，它是帝王死後在太廟裏立宣奉祀時所追尊的專屬名號，後妃不能享有此殊榮。在中國傳統思想文

① （西漢）司馬遷：《史記・樂書》。

② （東漢）班固：《白虎通德論》。

化輻射弧內的日本社會，亦無例證可舉。廟號發端於商朝，其配享標準為“祖有功而宗有德”，即開國君主為祖、後嗣君主有治國才能者為宗，但曹魏時期由於濫用祖名而出現例外，十六國時期後趙、前燕、後秦、西秦等小國帝王廟號更是無不稱祖。其間周朝啟用了謚號制度，秦朝則廢止了廟號和謚號制度。總體而言，漢朝承襲廟號制度以後，其存續至清朝滅亡。作為歌功頌德、蓋棺定論之制，以及死後追封、嗣後追尊之行，各朝各代既嚴守制度又自有章法，如兩漢皇帝皆有謚號，但少有廟號；唐朝除了亡國之君和短命皇帝外，一般侑享廟號。唐朝以前對歿世的皇帝簡稱謚號，唐朝以後則改稱廟號。廟號的選字有褒貶之意和時代之分，如開國立業者稱太祖、高祖，發揚光大者稱世祖、太宗，守成令主者稱世宗、高宗，明君賢主者稱仁宗、宣宗、聖宗、孝宗、成宗、睿宗，中興之主者稱中宗、憲宗，有所作為者稱哲宗、興宗，功業不足者稱神宗、英宗，過於懦弱者稱德宗、寧宗，偏好玄虛者稱玄宗、真宗、理宗、道宗，名褒實貶者稱文宗、武宗，功過相當者稱穆宗、敬宗，昏庸腐朽者稱光宗、熹宗，亡國之主者稱哀宗、思宗。廟號既有慣例又有破例，既有常規又有違規，既有因襲又有逆襲，這些情形受制於時代的階段與運行、朝代的長短與興衰、帝王的功德與喜好、後嗣的想法與做法等諸多因素。

謚號：古代中國及周邊國家（如朝鮮、越南、日本等）評價或評判生前擁有至尊社會地位、扮演特殊角色或做出傑出貢獻者（如君主、諸侯、功臣、名流、望族、后妃等）的一種尊稱。議謚是禮官評議駕崩的皇帝或有功的大臣的生平事蹟的一種行為或制度，而上謚或賜謚權高度集中於皇帝手中，乃皇權至上的產物和表現。帝王的謚號由禮官議定經繼位帝王認可而確定下來，臣下的謚號則由朝廷定奪而流行起來。周穆王前後，謚號時興起來。謚法出現後，先有“美謚”“平謚”而無“惡謚”“私謚”，謚號的善惡之分或公私之別源自西周共和行政體制，其後大致分類為：上謚——表揚類的謚號，下謚——批評類的謚號，中謚——同情類的謚號，私謚——議定類的謚號。在古代社會中，謚號制度的存廢，謚號用字多少，選用何字，漸有一定之規：一是基於帝王的個人喜好，二是出於當朝的避諱制度，三是源於皇帝的統治策略，四是契合當時的社會風氣，五是關聯國家的文教政策。具體言之，先秦的謚號慣用一個字，偶有兩三個字；秦始皇因擔憂“子議父、臣議君”而廢除謚法；漢代重拾謚法制度，並設置“大鴻臚”專司其職，而謚號多選定兩個漢字；唐宋時期謚法成為封建帝王滿足虛榮心的工具和駕馭群臣的手段，如武則天打破了皇帝謚號為一、二、三字的舊例，追謚唐高宗李治為“天皇大帝”，自己稱帝後又開皇帝追尊四代祖宗的先例及皇帝生前疊加諛詞上尊號謚美的特例，故之後皇帝的謚號用四個字以上者屢見不鮮；明清時期謚法內容和謚號用字基本固定下來，如明代皇帝謚字為十七字，親王一字，大臣二字；清代皇帝謚字為二十一字、二十三字或二十五字，親王一字，大臣二字等。“文字”與“政道”具有內在關聯性，即政治制度內化於語言文化之中，語言文字承擔了助力政治使命之責。謚號制度的演變史，也可視為政治文化的演變史。

尊號：亦稱上尊號。它指嗣皇帝為了尊崇先帝、宣示功德、神化皇權和強化祭祀而為之上的一種名稱。例如，日本統稱在位君主為“今上天皇”，尊號則指稱皇太后、皇后和皇太子，且天皇以年號為諡號，皇后以尊號為諡號。尊號制度始於秦代，興於唐代，盛於清代。皇帝專用尊號，皇后特用徽號。唐朝以前，帝王死後才享受追封的尊號；唐朝以後，帝王生前就尊享群臣上請的溢美之詞。唐代大興上尊號之風，既有生前奉上者亦有死後追加者，而前者分為加於在位之時和遜位之後等情況，後者則表現出數次追加和不斷加長等特點。唐代以降，帝后尊號字數有增無減，如唐宣宗尊號為十八字、宋神宗尊號為二十字、明太祖尊號為十一字、清乾隆皇帝尊號為二十三字。由是觀之，關於尊號和諡號，皇后和太后可得尊號；尊號乃帝后禁臠，諡號為帝后、功臣等人共用；在世時所加者為尊號，崩後所加者為諡號；帝后尊號愈加愈長，與集權專制休戚相關。儘管有尊者貴也、尊者長也、尊者顯也、尊者敬也、尊者崇也和尊者上也等說法，但皇帝生前和死後、在位或退位往往一併享有至尊之位和獨尊之號，這為尊號制度塗上了濃厚的政治色彩。尊號制度的發展史，堪稱尊卑意識、等級觀念和官本位文化的發展史。

年號：中國封建王朝用以紀年或編年的一種名號，屬於國運、時運、命運變化的一種標識。新朝建立或新皇登基，會遵守慣例而“改元”，即頒行新年號。此舉預示了君臨天下、宣示正統的特殊意義，預演了延展文化、延續傳統的特定功能。年號制度發軔於中國，6 世紀的新羅、7 世紀後期的日本、10 世紀的越南及大韓帝國時期的朝鮮和高麗、蒙古國建國初年都曾因深受中國社會制度和傳統文化影響而使用年號，如今尚有日本因保存君主制而保留年號紀年方式，且多出自漢文經典。另外，中華民國的民國紀年和朝鮮的主體紀年也曾被誤認為年號。在古代中國，先秦至漢初尚無年號，漢武帝首創年號制度。皇帝始創年號後，如遇天降祥瑞、突發災異、內訌外憂等大事則更改年號。明清時代則一帝一號為常制，一帝多號為特制，故後世常以年號稱呼皇帝。史書以帝王的年次紀年，記時則與帝號合稱，此規制止於帝位更迭。改朝換代或嗣者即位、新帝登基，則改用嗣帝或新君年次紀年，以示權杖和君威。這種“帝號紀年”或“王位紀年”之法延至漢代，其間從未發生帝王在位期間“改元”現象。一個政權使用另一政權的年號，則為藩屬、臣服之義。地方割據政權和少數民族政權及農民起義軍常自立年號紀年。並存政權，則各有年號。一年之中數次改元者有之，多個年號重疊使用者有之；本朝不建年號者有之，沿用前朝年號者有之。有的朝代因避諱之故，一個年號有幾種寫法。各朝所定年號大多以二字命名，亦有用三字、四字乃至六字者。年號的選詞擇字一向講究，講求字意吉瑞或詞意雋永，如以“天、元、中、永”等字開頭；年號的確定程式十分規範，要求重臣集議、反復篩選。年號的寓意是祈望執政者在位期間四海承平，民安國泰。擇字時尤重《周易》：“《彖》曰：大哉乾‘元’，萬物資始，乃統天。雲行雨施，品物流形。大明終始，六位時成。時乘六龍以御天。乾道變化，各正性命。保合太和，乃'利貞'。首出庶物，萬國咸寧。"① 年號的選擇結果曾改變讀書人的命運，如宋太祖趙匡胤慨歎"宰相須用讀書人"而定下重用儒臣之策。中國歷史上約有 720 個年號，使用年號最多者為唐高宗李治和武則天夫婦，使用年號最多的年份為公元 373 年，共計 10 個，使用時間最長的年號為清"康熙"（自 1662 年壬寅到 1722 年壬寅）、"乾隆"（從 1736 年丙寅到 1795 年乙卯）。一般而言，年號多而短暫，折射出國運不濟，命運多舛；年號少而長久，顯示出國力隆盛，天下泰平。中華人民共和國成立後，開始採用公元紀年。自年號制度創立以來，其選定條件之嚴、選用範圍之廣、存續時間之長、更改頻次之快、輻射國度之多及規約作用之大等，一定程度上反映了中國歷史長河的風景和制度文化的風貌，一定意義上體現了中國傳統思想文化體系之"年號文化"在"儒家文化圈"中的交流作用。

陵號：中國古代社會已故帝王、帝后和帝妃所葬陵墓的稱號，此乃陵寢制度的產物和陵寢文化的要件。陵號產生於戰國時期，其標誌為趙肅侯十五年（前 331 年）的起壽陵。秦朝帝王沒有陵號，漢代以後陵號得以普及（除元朝皇帝既無陵墓更無陵號外）。歷代帝王的全號包括謚號、廟號、年號和陵號，此為專制時代的國粹和陵寢文化的標識。謚號並非君王獨有，上了秩品的公卿及入品的夫人也可有，但先帝的謚號必有"皇帝"二字。廟號、陵號為皇帝專有，此為皇家的祖先祭祀和皇家葬儀。亡國之君若在新朝成為臣子，則無皇帝的廟號和陵號，僅有臣子的謚號。公卿大臣入太廟祭祀或陪葬皇陵者，只是陪祀、陪葬而已，沒有獨立的廟號和陵號。陵號議定於本朝，而指代過世皇帝。皇帝、皇陵與陵號的一一對應關係，為認清專制社會的集權、皇朝時期的專權和特權階層的霸權等歷史文化現象，提供了研究視角和視野。

帝號：中國封建皇帝的稱號，包括謚號、廟號、年號、尊號和陵號。皇帝死後追加的廟號、謚號與陵號表示後人對先帝的稱呼和後世對亡帝的尊崇。謚號多為自西漢至隋朝的皇帝所用，廟號常為自唐朝至元朝的皇帝所用，而年號僅為明清兩朝的皇帝為紀在位之年而立的名號，尊號則為皇帝在位時由臣下給予的尊稱。陵號是表記陵寢或標記陵墓的稱號，建陵則有號，築陵則命名，一陵一號，但陵名重復者層出不窮。

三　可考之陵的系譜

1. 夏朝（約公元前 21 世紀初—公元前 17 世紀），傳位十六帝，其廟號、皇帝姓名為：後啟、太康、仲康、後相、少康、後杼、後槐、後芒、後泄、後不降、後扃、後廑、

① 《周易·乾卦》。

後甲、孔皋、後發、後癸（桀）。依據歷史文獻所載，可略知中國古代第一個朝代——夏朝的政治、經濟和文化狀況：夏初統治者對本部族和邦國進行階級壓迫和經濟剝削，過著奢侈腐化的生活；經過較長時間的中興穩定時期後，夏末社會矛盾日益激化，出現了“好方鬼神”的宗教觀念和祭祀行為，如“帝孔甲立，好方鬼神，事淫亂。”① 萌芽狀態中的迷信觀念和初始意味上的宗教意識，預示了特殊的思想文化現象的未來趨勢和諸種可能，提供了養育中華民族的先民們的文化素材和精神養分。總之，奴隸社會作為私有制社會的第一階段或階級社會的第一形態，鋪墊了人類社會未來發展階段的前提與基礎。

2. 商朝（約公元前17世紀初—約公元前11世紀），傳位三十帝，其廟號、皇帝姓名為：成湯、外丙、仲壬、太甲、沃丁、太庚、小甲、太戊、雍己、仲丁、外壬、河亶甲、祖乙、祖辛、沃甲、祖丁、南庚、陽甲、盤庚、小辛、小乙、武丁、祖庚、祖甲、廩辛、庚丁、武乙、文丁、帝乙、紂（辛）。“殷帝王的名稱，不是甲、乙、丙、丁時間的稱呼，便是外（外丙）、匚冂（報丙，報丁，即匚丙匚丁）、上（上甲）等地域的稱呼，或者是大、小等數量的稱呼，此外就是祖示的稱呼了。到了殷末，康、文、武三字雖然用於王名，但它們並沒有如周人文、武、康三王名的道德觀念，我們從這裏僅可以看出道德的萌芽形態。”② 殷商時代，人們開始把語言翻譯為文字，出現了中國最早的文字——殷代的卜辭。文字是人類社會由野蠻末期進入文明時期的標誌，是由“言說文化”向“書寫文化”轉型的象徵，即文字作為一種符號和圖像、實體和載體，具有記錄、交流、承載和外化等功能，如文字的出現——人類文明的最主要的表徵之一；文字的功能——具化了人類自身的思維過程，開啟了民族文化的自信歷史。有史以來，不同民族或國家、不同地域或區域、不同時代或朝代、不同人群或社區的人們，借助文字記載和傳播了宗教信仰，如商人有崇拜天帝的信仰；記錄和傳佈了風俗習慣，如“神前獻身”的習俗；記述和傳達了祭祀儀禮，如出現了專司祭祀的巫祝，專為祭祀的歌舞——“侑於小乙”“伐於上甲”；記認和傳揚了宗教思想，如從事具有神秘色彩的尚鬼風俗，雕刻帶有神秘意味的青銅花紋，流行使用甲骨的卜元筮法等。總而言之，語言表述了人們思想、心理和情感上的需求，文字記錄了人們物質生產和精神活動的軌跡，祭祀展示了人們對人與自然或環境、人與人或社會相互關係的認知。人的進化過程及成效與社會的進步歷史及效度互為表裏，彼此印證，這是因為人是社會的人，社會是人的社會，社會的人與人的社會是對等和置換的關係。

3. 西周（約公元前11世紀—公元前771年），傳位十三帝，其廟號、皇帝姓名為：周文王昌、周武王發、周成王誦、周康王釗、周昭王瑕、周穆王滿、周恭王繄扈、周懿王囏、周孝王辟方、周夷王燮、周厲王胡、周宣王靜、周幽王宮涅，其中，周文王的墓葬不

① （西漢）司馬遷：《史記·夏本紀》。

② 侯外廬等：《中國思想通史》第一卷，人民出版社1957年版，第24頁。

稱“陵”而稱“墓”。廟號與墓葬的對應關係為：周文王昌——文王墓、周武王發——武王陵、周成王誦——成王陵、周康王釗——康王陵、周昭王瑕——昭王陵、周穆王滿——穆王陵、周恭王緊扈——恭王陵、周懿王囏——懿王陵、周孝王辟方——孝王陵、周夷王燮　　夷王陵、周厲王胡——厲土陵、周幽王宮涅——幽王陵。根據史料記載，周人的宗教觀念發生了顯著變化，如祭祀物件一分為三：天神（昊天上帝、日月星辰、司中、司命、風師、雨師）、地祇（社稷、五祀、五嶽、山林川澤、四方百物）和人鬼（祖先）。占卜方式一分為二：使用蓍草的筮法和沿用甲骨的卜法，常為“先筮後卜”，且“筮輕龜重”或“筮短龜長”。天道觀則強調天命和德（敬天、孝祖、保民），認為文王有德乃受天之大命，武王有德才能克商——這既有倫理性質，又有宗教意義。周朝東遷以前，依然維繫著“禮樂征伐自天子出”的社會局面——其政治意義囿於奴隸社會，中國的社會發展尚未出現從第一個階級社會即奴隸社會轉向另一個階級社會即封建社會的象徵性跡象或標幟性事件。

根據考古發掘和史學研究，殷周的墓葬尚無墳丘，也尚未出現墳丘式墓葬。“《易》曰：古之葬者，厚衣之以薪，臧之中野，不封不樹。後世聖人易之以棺槨。棺槨之作，自黃帝始。黃帝葬於橋山，尭葬濟陰，丘壠皆小，葬具甚微。舜葬蒼梧，二妃不從。禹葬會稽，不改其列。殷湯無葬處。文、武、周公葬於畢，秦穆公葬於雍橐泉宮祈年館下，樗里子葬於武庫，皆無丘壠之處。此聖帝明王賢君智士無覽獨慮無窮之計也。其賢臣孝子亦承命順意而薄葬之，此主成奉安君父，忠孝之至也。”① 一般認為，西漢末年“劉向說”和東漢“崔寔說”符合歷史事實。春秋晚期以後，中國帝王的陵墓才開始修建成巍峨高大的形狀和氣勢恢宏的體量，改變了從前“古者墓而不墳”的王者陵寢制度，走出了一條“由墓而墳”到“由墳而丘”的演化之路，出現了“虎丘”——吳王闔閭之墳、“昭丘”——楚昭王之墳、“靈丘”——趙武靈王之墳等稱謂，並為“由丘而陵”專稱帝王墓葬指明方向，最終形成了完備的陵寢制度。

4. 春秋時代（公元前770—公元前476年），傳位十四帝，其廟號、皇帝姓名為：周平王宜臼、周桓王林、周莊王佗、周釐王胡齊、周惠王閬、周襄王鄭、周頃王壬臣、周匡王班、周定王瑜、周簡王夷、周靈王泄心、周景王貴、周悼王猛、周敬王匄。春秋時代的十四帝只有廟號，皆無陵號或陵名。這與當時戰亂頻仍、紛爭不斷、思想駁雜、心緒不寧等社會危情密切關聯，特別是與“禮樂征伐自諸侯出”的社會混戰局面息息相關。春秋時代，繼續沿用西周以來的特殊官制——設置主管宗教事務的官員。孔子創建了儒家學派，提出了“仁者愛人”的核心思想，“克己復禮”的道德要求，“己所不欲，勿施於人”的處世態度，“以德治國”的治國治民方略，並逐漸演化為中國傳統思想文化的基礎和基石、

① （東漢）班固：《漢書・楚元王傳》。

主幹和主流。孔子儒學積極提倡“務民之義，敬鬼神而遠之”“不能事人，焉能事鬼?”“未知生，焉知死?”等天道觀，說明孔子並不否認天命鬼神的存在，而是懷疑天命鬼神的作用，並倡議人們對待鬼神應該秉持“敬遠”的方式和態度。在孔子儒學的天道觀中，“事人”應該先於“事鬼”，但“事人”不能取代“事鬼”；“事生”必須重於“事死”，但“事生”不能取代“事死”；“事生”的同時需要“事鬼”，但“事鬼”不能妨礙“事生”；人們既要“敬畏鬼神”，又要“遠離鬼神”。這種天道觀既契合又營造了當時社會的思想文化條件，既深刻又長遠地影響了其後儒學的道德規範和價值取向，如人們習以為常的“文以載道”，就特指文學藝術作品載承著儒家的倫理道德規範。

審視當時的迷信觀念和鬼神思想，對於我們認識和思考思想文化體系的多層關係和思想文化結構的多元關係不無裨益。第一，人鬼神一致觀。“且泣曰：鬼猶求食若敖氏之鬼，不其餒而?”[①] 即鬼神與人一樣，必須享受同樣的生活待遇、共有一樣的生活環境、具備相同的生活資料。在禮制上，提倡“且臣聞之曰：事死如事生，禮也。”[②] 在處理和解決人事、鬼事和神事的關係時，必須遵循“事人”即“事鬼”亦即“事神”，“事生”即“事死”，“事存”即“事亡”等基本原則，故非此即非“禮也”。其二，政教一體觀。雛形的陵寢制度和初顯的陵寢文化，要求人們合理地處理和解決國事與政事、民事與家事、祭事與神事等的相互關係，如“曰：子弗聞乎? 天子及諸侯合民事於外朝，合神事於內朝；自卿以下，合官職於外朝，合家事於內朝；寢門之內，婦人治其業焉。上下同之。夫外朝，子將業君之官職焉；內朝，子將庀季氏之政焉，皆非吾所敢言也。”[③] 伴隨著春秋晚期陵寢制度的逐漸完備和定型，古人祭祀祖先或先祖的場所由太廟（家廟）轉向墳墓，在位皇帝祭祀先王、先帝或先皇、上皇的場所由太廟（家廟）移向帝陵，由此統治階級開始依託帝王陵墓及其附屬設施實現祭政一致的理念，而且在東漢明帝親率公卿貴族朝拜漢光武帝原陵後，逐步形成了在位皇帝親自上陵祭拜先帝的先例和慣例。

5. 戰國時代（公元前 475—公元前 221 年），傳位十一帝，其廟號、皇帝姓名為：周元王仁、周貞定王介、周哀王去疾、周思王叔、周考王嵬、周威烈王午、周安王驕、周烈王喜、周顯王扁、周慎靚王定、周赧王延。此十一帝只有廟號，皆無陵號或陵名。這依然是社會動蕩、政局不穩、人心思變等社會現實的真實反映。春秋時代，除了“學在官府”的官學外，還出現了私學，這就營造了孔子及其儒學的社會歷史條件。戰國時代，則呈現為“孔墨之弟子徒屬，充滿天下”的學術文化氛圍，形成了“儒分為八，墨離為三”的百家爭鳴現象，出現了“諸子十家，其可觀者九家而已。皆起於王道既微，諸侯力政，時

① （春秋）左丘明：《左傳・宣公四年》。
② （春秋）左丘明：《左傳・哀公十五年》。
③ （春秋）左丘明：《國語・魯語下》。

君世主，好惡殊方，是以九家之術蜂出並作，各引一端，崇其所善以此馳說，取合諸侯"① 的學問繁榮景象。儘管各家各派抱著"以其學易天下"的政治宗旨，卻產生了"皆有所長，時有所用"的社會作用。《墨子》提出了包含宗教思想、祭祀禮儀和風俗習慣在內的十種主張——尚賢、尚同、節用、節葬、非樂、非命、天志、明鬼、兼愛、非攻；《老子》提出了天地是按照客觀規律而運動的"道法自然"的唯物主義的天道自然觀；《荀子》提出了人定勝天而非單純適應自然的積極主張，制定了"制天命而用之"的著名學說和學理。在當時的社會歷史條件和思想文化背景下，人們在關切人與自然或環境的關係時，僅僅達到了社會生存意義上的"適應自然"，尚不能做到社會發展意義上的"順應自然"，更沒有實現社會進步意義上的"回應自然"。百家之學尚處於農業文明條件下的"敬畏自然"階段。我們認為關於人與自然或環境的關係，在農業文明階段，人們只能"敬畏自然"；在工業文明階段，人們一味"虐待自然"；在知識經濟時代，人們開始"善待自然"。如何處理人與自然或環境的關係，反映了人類社會的文明進程和文明成果。

陵寢制度起源於原始的宗教迷信和素樸的鬼神觀念，它是把遠古流行的在墓地上建屋獻食的禮俗加以固定化和擴大化所形成的一種禮制。陵寢制度與陵寢文化的形成和發展，反映了人們在處理和解決人與自然或環境的關係時的文化心態和思想狀況。開始於春秋時期、推廣於戰國時代的陵寢制度，向世人展示了一幅鮮活的文化圖景。如在戰國時代的陵墓或陵園建築中，統治者已經開始引入都邑和豪宅的建築式樣及建築理念，一定意義上時人試圖把世俗文化與宗教文化關聯起來，把人與人或社會的關係同人與自然或環境的關係整合起來，把客觀物質關係與思想文化關係對接起來，因此可以認為陵寢制度及其文化從一個側面或一個層次上既歷史地又邏輯地構築著中國傳統思想文化體系化特徵。"三曰：世之為丘壟也，其高大若山，其樹之若林，其設闕庭、為宮室、造賓阼也若都邑。以此觀世示富則可矣，以此為死則不可也。"② 至於戰國時代，則已經以"既封且樹"取代"不封不樹"，以"因山為陵"取代"墓而不墳"，並開始以"山陵"比喻帝陵，象徵著皇位穩固如山、皇權神聖不可侵犯的政治意圖，以及身份等級制度牢不可破的統治觀念。自戰國時代開始，為使封建社會的政治、經濟和思想文化制度遍及社會的所有領域和各個層面，統治階級已經將封建社會的身份等級制度與血緣宗法關係延伸和覆蓋到陵寢制度及其文化領域，致使墳墓的形制與規制、墓葬的禮制與禮儀、祭祀的程式與儀禮及所種樹木的品種與多少等內容，都變成墳墓等級制的主要符號和封建等級制的重要象徵。

① （東漢）班固：《漢書·藝文志》。
② （秦）呂不韋：《呂氏春秋·安死》。

四 可考之陵的思想

圍繞宗教的起源與本質、要素與因素、功能與價值等問題，存在著唯物史觀和唯心史觀的分野，只有運用歷史唯物主義的立場、觀點和方法評判主觀唯心主義的宗教觀，評價作為社會文化現象的宗教形態和信仰文化，才能真正認識和厘清不同歷史階段和不同文化體系中各種文化的固有價值或本位價值與功能價值或應用價值。"但是，一切宗教都不過是支配著人們日常生活的外部力量在人們頭腦中的幻想的反映，在這種反映中，人間的力量採取了超人間的力量的形式。在歷史的初期，首先是自然力量獲得了這樣的反映，而在進一步的發展中，在不同的民族那裏又經歷了極為不同和極為復雜的人格化。……但是除自然力量外，不久社會力量也起了作用，這種力量和自然力量本身一樣，對人來說是異己的，最初也是不能解釋的，它以同樣的表面上的自然必然性支配著人。最初僅僅反映自然界的神秘力量的幻象，現在又獲得了社會的屬性，成為歷史力量的代表者。在更進一步的發展階段上，許多神的全部自然屬性和社會屬性都轉移到一個萬能的神身上，而這個神本身又只是抽象的人的反映。"①

第一，變味的殯葬文化與變形的殉葬制度。我們應該重點關注帝王陵墓的殉葬現象及殉葬制度，因為它反映了奴隸和勞動人民的悲慘境遇與悲酸歷史，也預示著階級社會的發展歷程，並展示著階級關係的真實狀況。階級社會的社會關係主要表現為政治關係、經濟關係和思想文化關係，它們內化於各種社會事物和社會現象之中，並通過不同的社會事物和社會現象表現出來，其中帝王陵墓的殉葬現象及殉葬制度必然折射著當時社會發展階段的社會關係狀況，這為我們從一個側面或一個角度認識中國社會，尤其是階級社會提供了一面鏡子或一把尺子。根據考古發掘的資料和歷史研究的成果，殉葬有其自身的發展過程。其一，原始社會的原始殉葬。殉葬起始於原始氏族制度，隨著氏族公社制度的發展，在母系社會（母權制）向父系社會（父權制）發展過程中，特別是父系社會定型以後，殉葬物的數量、品質、體量、分量、結構及功能等發生了廣泛而深刻的變化。這充分地反映著人們的生死觀念、紀念意識、靈魂觀念、再世思想及生產發展、貧富狀況和階級關係等方面的發展變化。此時，"人祭""人殉"現象尚屬罕見，"物殉""物祭"情形則不鮮見。難以勝計的實物殉葬具有不可估量的歷史文化價值，因為人們不會選取毫無象徵意義的東西作為"殉物"或"祭物"，而是選用那些代表社會生產力發展水準和思想文化建設成就的東西進行殉葬和祭祀。其二，奴隸社會的悲慘殉葬。隨著奴隸社會的殉葬制度尤其

① 《馬克思恩格斯選集》第三卷，人民出版社 1977 年版，第 354—355 頁。

是厚葬制度的建立、發展和完善，“人祭”或“人牲”“人殉”現象已經相當普遍，這種現象書寫著奴隸社會被壓迫和被剝削階級的血淚史，也反映出一部分人死心塌地的“愚忠”觀念。“若送從，曰天子殺殉，眾者數百，寡者數十；將軍、大夫殺殉，眾者數十，寡者數人。”[①] 至於封建社會，儘管它是以一個階級社會代替了另一個階級社會，是以一種私有制代替另一種私有制，但它還是廢止或終結了這一悲劇歷史。其三，陪葬現象的來龍去脈。它最早出現於商代帝王陵墓之中，乃死者生前侍衛、儀仗、軍陣、宴飲、朝典等現實世界的日常生活的真實反映。隨葬的品物與從葬的人物，證明了陽間的日子與陰間的生活不能彼此脫節或相互背離，必須具有類似、仿照與相通的意味。“商代的隨葬品以各種青銅器為主，包括酒器、樂器、飪食器、兵器、車馬器、工具等，配備成套，種類齊全。其中鼎和簋最為重要，其數量、組合是當時區分貴族身份的標誌。到了戰國時期，隨葬品中漆器等生活用品的比重顯著增加。據文獻記載，秦漢時代的陵區內就設殿堂，其中收藏已故帝王的衣冠、用具，置宮人獻食，猶如生時狀況。秦始皇陵的地下寢宮內，‘以水銀為百川江河大海’，並用金銀珍寶雕刻鳥獸樹木，完全是人間世界的寫照。而明代帝王陵的陵體則完全宮室化，是對朝會格局的模擬。”[②] 這是奴隸社會的階級結構——奴隸主階級和奴隸階級，奴隸社會的階級關係——壓迫與被壓迫、剝削與被剝削關係的真實寫照。這是人性被扭曲、人格不健全的社會行為和社會景象，必然成為人性解放、人格尊重和人權回歸的目標所指。但並不是說封建社會廢除了以“人祭”或“人殉”為主要內容的殉葬制度，人們就擺脫了受壓迫和受剝削的人身依附關係。基於客觀的、正確的社會發展觀，即把封建社會放在人類社會的發展線索或歷史長河中，我們認為封建社會同樣具有二重性　　對應於較低的社會形態和社會發展階段而具有歷史進步性，對應於較高的社會形態和社會發展階段又具有階級局限性。我們認為一種社會現象的產生、存續與消亡並不是偶然的，一種文化現象的開篇、延展和終端也不是偶發的，且社會現象的要素和因素反映在文化現象之中、文化現象的結構與成分投射於社會現象之上所形成的影響與制約關係，乃是世人尋找文化自覺之動因、尋求文化自信之動力的可行之路。

第二，轉變的禮樂文化與轉型的祭祀文化。春秋時代以前，受制於靈魂觀念和迷信思想的祭祀文化居於主導地位，起著規約作用，即祭祀文化以祖先祭祀和民間宗教迷信的形式在下層社會和普通民眾中得以生息、繁衍和發展，這是中國傳統思想文化積澱過程中的必經階段和傳承系列裏的必然環節。隨著中國傳統思想文化的不斷積累和漸進發展，思想文化的理性化和邏輯化愈加成為顯著的、主導的發展趨勢，於是春秋時代的禮

① 《墨子·節葬下》。

② 參見劉勇編著《帝王陵寢》，時代出版傳媒股份有限公司/黃山書社2013年版，第16頁。

樂文化取代了此前的祭祀文化並顯示出強大的生命活力，而且從禮樂文化到諸子百家爭鳴，知識分子的理性精神和理性產品，借助語言文字的傳播和政治權力的角逐，逐漸在社會發展和文化建設中佔據了支配地位。尚祭和崇禮，均成為陵寢制度及其思想文化的內在要求。

第三，確立的天人合一觀念與演繹的天人一體關係。西周時期，統治階級已經確立了天地人合一的政治立場和思想路線，即依照天意行事或根據天道行事的指導思想，並進一步演進為以天配祖的天地人合一的倫理思想路線。如“後六百一算至紂六祀，周文王初禴於畢，十三祀歲在已卯，星在鶉火，武王嗣位。”① 再如“九年，武王上祭於畢。東觀兵至於盟津。”② 周文王開創的“初禴於畢”的“禴祭”與周武王繼承的“上祭於畢”的“上祭”乃同一所指，這一祭祀禮制，既不是祭祀宗廟，也不是祭祀陵墓，而是求天助，祭天神，尊天意，行人事。“禴祭”即“上祭”，實質是在確立和演繹中國傳統思想文化中的天人關係及其合一思想。在天人關係及其思想的嚆矢階段和演繹過程中，它既闡釋了人與自然或環境關係的基本準則，也闡明了人與人或社會關係的根本原則；它既詮釋了統治階級與被統治階級的政治關係的政治思想，也註釋了人與人或社會的一般關係的倫理思想；它既指出了天地人關係的基礎或原點，也指明了天地人關係的展開與延長。

第四，豐實的祭祀文化與堅實的祭祀制度。西周和春秋時代，盛行以宗法血緣關係為基礎的族葬制或集體墓葬制，墓地分為公墓與邦墓兩種形式。公墓是王室國君等貴族的墓地，它依據爵位的高低確立各家庭或家族的空間位置，並歸冢人掌管；邦墓是萬民百姓的墓地，它無需區別高下尊卑之位，不再困於東西南北之向，而歸墓大夫掌管。春秋戰國之際，宗法關係受到衝擊，宗法制度發生動搖，出現了獨立的王室冢墓地；戰國中期，出現了以國君為中心的陵墓。儘管如此，奴隸社會的葬制依然是以宗法關係為基礎，以宗法制度為保障，以國君、皇帝為中心的傳統葬制。為什麼中原地區於春秋戰國之際墳丘式墓葬逐漸增多，到戰國時代普遍推行呢？個中原因很多，其中之一為：“原來貴族實行宗族的集體墓葬制，既有按貴族的等級和宗法關係安葬的‘公墓’（《周禮·春官·冢人》），又有‘國人’集體安葬的‘邦墓’（《周禮·春官·墓大夫》）。不論‘公墓’或‘邦墓’，每個人的安葬都必須按禮制規定次序來排列，有著一定的規格和位置。到春秋戰國之際，由於社會發生變革，社會組織發生變化，出現‘禮崩樂壞’的局面，原來貴族以宗族為單位的墓葬制開始瓦解，以家族為單位的墓葬制開始興起。在同一墓葬區裏，就出現貧富懸殊、身分高低不同的交錯排列情況。同時由於經濟上、政治上交往加強，東西南北流動的人增多，每個宗族或家族的墓葬就不可能固定在一個地方，出現分散各處的現象。”③ 在

① （北宋）歐陽修：《新唐書·曆志》。

② （西漢）司馬遷：《史記·周本紀》。

③ 楊寬：《中國古代陵寢制度史研究》，世紀出版集團/上海人民出版社 2003 年版，第 11 頁。

奴隸社會所實行的宗族墓葬制中，死者的等級差別主要表現在地下墓室之中，即墓主人的身份地位主要通過墓室的形制大小、棺槨的規格尺寸和隨葬品的組合關係等方面表現出來。伴隨著封建集權政治體制的建立和爵位等級制度的確立，新的墳墓等級制度逐漸形成，其顯著特點為在講求地下墓室等級的同時，更加重視地上墳丘外觀的等級和差別。總之，當時人們已經開始思考和解決地上的“陽”與地下的“陰”、地面的“顯”與地裏的“隱”、生前的“用”與死後的“藏”以及有形的“物”與無形的“神”之間的鏈結、延續與一體等關係了。

第五，確立的陵園文化與追求的陵寢制度。春秋時代以前，墓葬稱“墓”，而非“丘墓”“墳墓”或“冢墓”。進入戰國時代，“丘墓”“墳墓”或“冢墓”才成為墳墓的通稱，因為此時的墳墓已普遍有高起的土堆，即“冢”原指高起的山頂，“墳”本指高起的土堆，“丘”專指高起的土丘。戰國中期，君王的墳墓開始稱“陵”，如趙王的“起壽陵”、秦王的“葬公陵”和“葬永陵”、趙王的“夷陵”等。“壽陵之名見於書傳者，蓋自此始。……《秦紀》諸君之葬，至惠文王以後始稱陵，然則名王者之兆域為陵，其出於戰國之際乎？”[①]“古王者之葬，稱墓而已。……及春秋以降，乃有稱丘者。楚昭王墓謂之‘昭丘’，趙武靈王墓謂之‘靈丘’，而吳王闔閭之墓亦名‘虎丘’。蓋必其因山而高大者，故二三君之外無聞焉。《史記·趙世家》：肅侯十五年，起壽陵。《秦本紀》：惠文王葬公陵，悼武王葬永陵，孝文王葬壽陵。始有稱陵者。至漢，則無帝不稱陵矣。”[②] 先秦時代，各國的“君王陵”思想及禮制，並沒有被中國社會第一個封建王朝——秦朝的第一個封建皇帝——秦始皇所創設的第一個帝陵——秦始皇陵完全沿用，儘管兩者存在著前與後的影響關係和彼與此的參考關係，但秦始皇陵在陵寢制度上的定力與定制，使之擁有了最大限度地影響後代社會歷代帝王陵墓建築制度的機遇與殊榮。追根溯源，其思想意識為封建皇帝的陵墓，尤其是第一個封建皇帝的陵墓之等級必須高於先秦時代各國君王的陵墓，才能顯示出皇權的至上、等級的至尊及國家的統一。由此可知，第一個封建制國家——秦朝的統治者的等級觀念，遠比此前過渡時期或轉型時期的社會發展階段的奴隸制國家的統治者的等級觀念強烈得多。

第六，演進的陵寢文化和演化的陵寢制度。春秋時代以前，貴族尤其是統治階級雖然在政治生活中把朝廷與宗廟等而視之，但在禮制上宗廟的地位和作用遠遠超過朝廷，即宗廟除了用作祭祀祖先和宗族行禮的場所外，更主要的是已經成為在政治上舉行重要典禮和宣佈決策的地方，如朝禮、聘禮和對臣下的策命禮等必須在宗廟舉行，宗廟與朝廷之間在總體上形成了“分庭抗禮”或“相互制衡”的格局。戰國中期以後，社會結構和社會關

---

① （南宋）呂祖謙：《大事記解題》卷三。

② （清）顧炎武：《日知錄》卷十五。

係發生重大變化，奴隸主貴族勢力開始衰落，地主階級的中央集權政治漸次確立，朝廷的地位和作用大大超過了宗廟，朝廷不僅成為議論和處理國家大事的場所，還成為舉行政治典禮和宣佈決策的地方，如朝禮、聘禮和發佈命令等必須在朝廷舉行，宗廟僅為祭祀祖先和王族內部舉行傳統禮儀的處所，由此形成了"陵側起寢"的陵寢制度和"陵旁立廟"的宗廟制度。

第七，多重的歷史價值和多元的文化價值。"《彖》曰：大觀在上，順而巽，中正以觀天下。觀，盥而不薦，有孚顒若，下觀而化也。觀天之神道，而四時不忒。聖人以神道設教，而天下服矣。"① 在這裏，神道指天道、天之道、神明之道，即自然界的理法、規律或法則，而神是形容詞，不是有意識的人格化的上帝，它被用來形容自然之道、天之道和宇宙之道是一種奇異的、靈妙的、超乎尋常的存在及其作用，由此賦予神道之微妙無方即陰陽莫測、理不可知即不知其所以然而然、目不可見即自然仰觀而天下服等至上地位、至尊含義和至大功用，這反映了人們試圖憑藉自然界的威力，實現政治統治、人心歸依的社會效果，即通過"神道設教"期望實現統御和統攝、教化和垂化、感化和化育廣大民眾與天下百姓由服從至自服、由仰觀至戴服、由觀化至體認等合二為一的雙贏效果。此時，神道已經是一個非常抽象和概括的概念，具有素樸的自然哲學因素。

春秋戰國時代是上承商周、下啟漢唐的重要歷史時期，急劇的社會變遷和社會轉型，激蕩著統治者的心靈與智慧，衝擊著被統治者的心緒與情懷。古人普遍相信祖先安葬之地的自然環境和山水佈局是影響家族和家業是否永存、制約子孫後代是否永昌和決定後世江山是否永續的根本所在，何況高居統治地位的統治者！他們自認為和總認為"生的偉大"與"死的尊嚴"擁有同等地位且同樣重要，由此給時人和世人留下了耐人尋味的陵寢制度及其文化、意味深長的喪葬制度及其文化和引人入勝的祭祀制度及其文化。

① 《周易·觀卦》。

第六章　實存之陵

中國的奴隸社會相對短暫，而封建社會則相當漫長。“內力”的緩慢和微弱與“外力”的急劇和強大形成了一種“合力”，共同結束了中國封建社會，把它拖入既是過渡性又有實質性的半殖民地半封建社會。中國封建社會構築了“超穩定結構”或建構了“超穩定系統”，它向世人展示著超乎常規又符合定規的社會政治、經濟和思想文化現象。如以封建時代墳墓和陵墓的等級制為例，可以窺見社會系統與思想形態的有機關係。“我們還必須指出，從漢代以後，歷代封建王朝為墳墓和陵墓的建築規定一整套制度，無非是為了推崇皇權和維護身份等級，從而鞏固其統治。……古代墳墓的等級規定是不斷擴大的。戰國時只有墳墓高低和種樹多少的等級規定。到漢代，除了高低的等級規定之外，開始有墓的形制和墓地建築的等級規定，闕有單闕、二出闕、三出闕之分。到南朝，陵前神道上的石刻，皇帝陵用石麒麟，王侯陵用石辟邪，說明所用石刻開始有等級區別。到唐代以後，墳墓的高低和形制、墓地建築、墓前石碑和石刻、墓地的大小，都有詳細的等級規定了。這是封建王朝重視喪葬之禮，把墓葬的等級制用作鞏固封建統治手段的一種表現。歷代封建統治階級運用規定的禮制作為維護君權、族權、夫權、神權的重要手段。……封建統治者之所以特別重視喪葬之禮，不惜以大量人力物力修建巨大的陵墓和擴大的陵園，從陵園中設‘寢’擴展到建設獻殿或享殿，陵園前開設的神道及其兩旁石刻的規模也越來越延伸，定期舉行的上陵朝拜祭祀儀式規模也越來越大，無非是為了推崇皇權，顯示封建皇帝的赫赫‘威儀’，用作團結封建統治集團和加強對人民統治的一種手段。”① 關於中國封建社會的長期性和穩定性問題，不知磨禿了多少歷史學家的筆頭，也不知耗費了多少思想家的心血，更不知耗盡了多少政治家的精力。我們綜述花樣翻新、各抒己見的中國史觀，主要包括：第一，中國封建社會長期推行自給自足的自然經濟（小農經濟、農業經濟或農耕經濟），嚴格限制自主開放的商品經濟，微弱的商品經濟因素只能存活於自然經濟的夾縫之中或消失在自然經

---

① 楊寬：《中國古代陵寢制度史研究》，世紀出版集團/上海人民出版社 2003 年版，第 157—161 頁。

濟的汪洋大海之中，這是中國社會歷史發展過程中僅存資本主義因素，未形成資本主義制度的根本原因。第二，中國封建社會剝削關係的殘忍和剝削制度的殘酷，使農民群眾始終生活於貧困線下，甚至掙扎於死亡線上，岌岌可危的階級關係存在於苟延殘喘的封建社會之中，變化多端的民族關係始終是歷朝歷代統治者不得不面對的、難解的社會關係。儘管如此，封建社會及其統治集團內生的自組織功能，仍然長期地維繫了社會秩序，長久地維持了民族交往交流交融關係。第三，中國封建社會奉行專制的中央集權制，高度集權和等級制度是其根本特徵。家庭層面的血緣制和宗法制，是家庭生活、家族關係和家庭文化的支撐條件；國家層面的世襲制和等級制，是政治生活、社會關係及民族關係的保障因素；而“家國同構”的關係和特徵，則為政治集權和社會等級提供了制度、體制和機制的平臺條件。第四，中國封建社會受制於“亞細亞生產方式”，即東方歷史或東方國家的特殊生產方式：國家以農村公社為基本社會組織，在社會生活中管理農村公社、指揮農村公社進行大型工程的建設。此概念或說法來源於馬克思《〈政治經濟學批判〉序言》，即“隨著經濟基礎的變更，全部龐大的上層建築也或慢或快地發生變革。在考察這些變革時，必須時刻把下面兩者區別開來：一種是生產的經濟條件方面所發生的物質的、可以用自然科學的精確性指明的變革，一種是人們借以意識到這個衝突並力求把它克服的那些法律的、政治的、宗教的、藝術的或哲學的，簡言之，意識形態的方式。……無論哪一個社會形態，在它們所能容納的全部生產力發揮出來以前，是決不會滅亡的；而新的更高的生產關係，在它存在的物質條件在舊社會的胎胞裏成熟以前，是決不會出現的。……大體說來，亞細亞的、古代的、封建的和現代資產階級的生產方式可以看做是社會經濟形態演進的幾個時代”①。第五，中國封建社會長期處於與世隔絕的地理環境和人文環境之中。閉關自守、故步自封、天朝上國、華夷秩序等說法，成為中國封建社會的政治標籤；原創文化、不尚應用等論斷，成為中華民族傳統思想文化的文化標籤。

歷史學家除了關注中國封建社會自身的制約因素外，還通過對比中國與西方的私有制社會，即奴隸社會、封建社會和資本主義三種社會形態，進一步揭示中國封建社會的政治結構、經濟結構和意識形態結構。作為整理神道文獻與研究帝陵神道之考察對象的社會形態，不管是漫長的週期還是短暫的歷史，不管是完整意義上的社會形態還是不完整意義上的社會因素，它們都有時間充分暴露自身的各種社會矛盾現象，也為人們提供了充足的社會條件和諸多研究機會來把握這一社會形態及其社會狀況。中國社會的帝陵主要出現在奴隸社會和封建社會，更多地出現在封建社會。儘管我們論及傳說或待考中的陵墓或陵園及其文化，但陵園文化或陵寢文化的內容、特徵和作用主要通過封建社會這一社會形態展示給世人，並昭示和警示著世人。

---

① 《馬克思恩格斯選集》第二卷，人民出版社 1977 年版，第 83 頁。

我們應該關注東臨島國——日本社會的歷史線索和社會規律，並比較中日西三方之間的異同。因為日本所經歷的社會發展過程和所表現的社會發展階段，既有別於西方國家，又不同於中國社會，且對於中國社會而言具有參照性，對於西方國家而言具有可比性。日本社會的私有制社會發展表現為“奴隸社會（短暫）——封建社會（漫長）——資本主義社會（後發社會或遲發社會，但迅速躋身於發達資本主義國家之列）”。在私有制的框架內，以發展過程、歷史軌跡和現實狀況進行綜合考察和比較研究，我們形成了如下問題意識和思想觀點：

第一，“泱泱大國”的中國與“蕞爾小國”的日本同樣經歷了短暫的東方式的奴隸社會，建立了東方式的奴隸制國家，共同區別於漫長的西方式的奴隸社會和奴隸制國家，並且日本社會及其文化因師事以儒學為基礎和根幹的中國傳統思想文化，成為構築“漢字文化圈”或“儒學文化圈”的重要因素，這說明日本作為地理環境、空間位置上的東方國家，同樣曾是思想文化、價值取向上的東方國家，即日本人日常社會生活的行為方式和精神文化生活的思維方式具有根深蒂固的中國情結和東方印記。

第二，中國和日本的封建社會同屬於東方式的路徑選擇與發展模式，其政治、經濟、文化、外交、軍事等總體上一度隔絕於世界體系，但局部上並非完全游離於世界舞臺，尤其是其在中國傳統思想文化的輻射弧內長期接受思想滋潤和文化撫育而不斷加固著“漢字文化圈”或“儒學文化圈”，使其在閉關鎖國的狀態下同樣經歷了漫長的社會發展過程，並迴異於短暫的西方式的封建社會和封建制國家，這無疑構成了 19 世紀中葉西方資本主義制度企圖轉移社會矛盾、資本主義精神試圖嫁接價值理念、資本主義文化妄圖輸出宗教信仰的社會基礎和文化土壤，但 19 世紀中葉三個具有代表性的東方國家——中國、印度和日本，在面臨西方社會政治、經濟、文化、宗教及軍事、外交等的全面打壓時，卻呈現出三種選擇和命運，即中國成為半殖民地半封建國家，印度成為殖民地國家，日本成為資本主義國家。

第三，中國的資本主義因素的萌發早於日本，但日本的資本主義制度的建立、發展及完善卻早於中國。“一個比較發展的封建社會，在晚期產生資本主義生產關係的萌芽，是許多民族歷史的共同現象。”① “資本主義，僅是近代中國社會的一種經濟成分，而且不是占統治地位的經濟成分。”② 19 世紀中葉，中日兩國同時面臨西方勢力時，分別做出了不同的抉擇，各自給出了自己的答案，足以說明資本主義因素的早與晚、快與慢、多與少、好與壞等特徵，並非是否最終建立資本主義社會制度的決定力量。中國古代社會經久孕育了諸多資本主義因素，但最終拒絕了資本主義制度，這或許是保全中國傳統思想文化體系化、完整性的要因之一。

---

① 參見許滌新等主編《中國資本主義發展史》（第一卷），中國出版集團/人民出版社 2005 年版，第 4 頁。

② 參見許滌新等主編《中國資本主義發展史》（總序），中國出版集團/人民出版社 2005 年版，第 5 頁。

第四，我們審視日本資本主義社會制度，發現其建立時間遲於西歐北美的資本主義國家，但其發展速度卻快於很多西歐北美的資本主義國家，其完善程度又高於大多數西歐北美的資本主義國家。儘管近代日本依然是地理上的東方國家，但其政治、經濟和思想文化已經告別了“師事中國”的時代，而開啟了“師事西方”的歷史。與此同時，中國社會積累了資本主義因素，跨越了資本主義制度，選擇了過渡性的半殖民地半封建國家，籍此保留了中華民族的火種，保存了傳統思想文化的血脈，這些延續下來的社會基礎和傳承下來的傳統文化，成為中華民族偉大復興的固有資源和內生動力。

第五，結合社會發展、歷史進程和文化脈絡等要素和因素，我們針對中國傳統文化和日本民族文化的關聯性予以把握和審視，以及在中日文化比較與交流的意味上進行考察和分析，得出如下結論：“日本是我們的鄰國。文獻可考的兩國關係，至少已有 21 世紀。古代日本文化的發展晚於中國，而日本民族卻能在固有文化的基礎上對外國文化採取選擇、吸收和創新的態度，形成自己獨特的文化。封建末期，中國和日本同受西方列強的侵略蹂躪，但兩國由於內外條件和對應結果不同，各自走上了不同的道路：中國封建統治者同列強勾結，使國家陷入半封建半殖民地的深淵，經過新民主主義革命，才成為社會主義國家；日本明治維新積極引進西方文明，推進了近代化，但封建專制勢力把日本拉向軍事封建帝國主義的歧途。”①

受制於中國封建社會的政治條件和經濟因素的思想文化現象異彩紛呈，千頭萬緒。我們應該把社會結構關係體系中的政治、經濟和思想文化進行一體的、系統的全面考察和綜合研究，但鑒於“神道文獻整理與帝陵神道研究”的主旨和論域，我們只能以古代社會發展過程中的帝陵神道及其文化、思想和哲學為主要對象，旨在梳理它們的歷史脈絡，挖掘它們的文化內容，揭示它們的思想特徵，詮釋它們的哲學價值，闡釋它們的社會作用。由於中國封建社會的陵園建築體系已不象原始社會和奴隸社會的傳說或待考狀態下的墳墓和陵墓建築樣式，它已經是實實在在的實物形態或不以人的主觀意志為轉移的物質形態，已經是值得回味的歷史遺存和文化遺跡。這就為我們認清陵園建築和陵寢文化與帝陵神道及其文化、思想和哲學提供了諸多便利的客觀條件和思想基礎。我們應該注意以下情形，即一般民用住宅建築與富人、地主、貴族特別是君王或帝王的宮殿建築不可同日而語，君王或帝王的宮殿建築與其陵墓或陵園建築不能等量齊觀，不同時代、不同社會形態及不同統治者的陵墓或陵園建築不宜泛泛而論，即使是同一社會形態下的不同統治者的陵墓或陵園建築亦不應一概而論，但我們既可以縱向地梳理不同歷史時期或不同社會形態下陵墓或陵園建築及其思想文化的發展線索，也可以橫向地比較相同歷史時期或同一社會形態中的陵墓或陵園建築及其思想文化的特徵和作用。

---

① 參見吳廷璆主編《日本史》（前言），南開大學出版社 1994 年版。

以汗牛充棟的神道文獻和諱莫如深的帝陵神道為例，可知時代與朝代、地域與民族及人物與著述等影響因素不同，導致承載神道文獻的載體、注疏神道文獻的文體各有千秋，闡釋帝陵神道文化的集體、運用神道思想的主體、掌握神道哲學的群體各具特色，這是我們不惜人力與物力、體力與精力而立意和執意於整理神道文獻和研究帝陵神道的旨意。

一　秦代帝陵——秦始皇陵之系譜及思想

“千古一帝”秦始皇消滅六國，結束了諸侯分裂割據、獨霸一方的社會局面，創立了中國第一個大一統的封建社會和集權制的封建國家。“初並天下”的秦王朝，面臨著百廢待舉的歷史課題，也承擔著百業待興的時代課題。秦王朝是以法家學說為指導思想或行動指南建立起來的封建王朝，它又以此為思想基礎兼收並蓄了各家學說，尤其是儒道兩家的思想理論藉以鞏固封建政權。秦始皇創建了中國歷史上第一個專制主義中央集權的封建制國家——秦王朝（公元前221—公元前207年），共傳位二帝；建造了中國最大的一座帝王陵園——秦始皇陵，並在風雨剝蝕中殘存至今；在陵寢制度與文化上，秦始皇沿襲古制，創設新制，形成定制，規約後制，致使秦始皇陵又在歷朝歷代的仰慕或尊崇中延續下來。“一墓獨尊”的陵園建制，突出了秦始皇陵所反映的經濟社會地位和所內化的歷史文化價值。

（一）秦代的廟號、皇帝姓名的對應關係

秦始皇嬴政、秦二世胡亥。這可謂“有始有終”，也可稱“始終相繼”，儘管此與“有始無終”的初衷大相徑庭，與“世代永續”的夙願亦相去甚遠。始皇陵的稱謂意蘊深邃，意旨深切，意味深遠，但在位三年的秦二世胡亥死後“以黔首葬二世杜南宜春苑中”①，則是回味無窮的墓葬現象，故我們對經歷了淒涼的在位和執政、享受了蕭條的人生和命運的秦二世之陵不予歷史考察和文化解讀。

（二）秦始皇陵的文化特點、歷史價值和社會作用

仁者見仁，智者見智。如有的研究者基於考古學的立場、觀點和方法，把秦始皇陵置於由秦公陵、秦王陵、秦帝陵形成的秦公帝王陵的整體發展之中予以考察和研究，認為“從秦襄公被封為諸侯開始直到秦始皇陵，秦公帝王陵的發展經過了從公到王再到皇帝的發展過程，秦公帝王的陵墓也經過從‘墓’到‘陵’到‘山’的演變過程，其規模也隨

① （西漢）司馬遷：《史記·秦始皇本紀》。

著國力的日益強大而擴展，由享堂發展到冢墓。陵園內的設施也日益完備，發展到秦始皇陵時，形成了中國歷史上第一個皇家陵園”[①]。圍繞研究內容與主旨，我們嘗試性地提出如下見解或主張：

第一，開創歷史紀元，營建實存之陵。秦代開始了中國封建社會和封建制國家的歷史，秦始皇則翻新了奴隸社會的陵墓建築觀念，即一改傳説之中或待考狀態下的陵墓建築，營造了歷史可考和文化可尋狀態下的陵園建築，真實可信的實物形態為我們提供了直觀考察的便利條件，大量留存的文獻資料為我們提供了理性思考的諸多機會。不過，由於考古實踐仍在進行中，考古資料仍在整理中，考古理念仍在整合中等因素，諸多學術探討在所難免，思想紛爭亦不可避免。我們不能一味地等待或盲目地期待所有的文獻資料被一一翻閱和證實，秦始皇陵墓被全面開掘或大白天下，以及學術研究窮盡一切懸而未決的歷史課題，而應該在現有的或現實的文獻資源、考古環境和研究背景下，盡力勾畫秦始皇陵的歷史地位與文化價值，以點明秦始皇陵的開山之功和創舉之效。

第二，創設“山陵”制度，盡顯皇陵價值。秦始皇陵之稱謂具有諸多歷史文化價值。秦始皇不滿足於僅以人間最高統治者的權威統轄天下和震懾臣民，期望借助神明的力量為中國封建皇權塗上一層神秘色彩和神聖油彩，故他把“君權神授”的觀念與人身隸屬關係結合起來，藉以充分體現皇權的不可分割性和神權的不可轉移性，如他十三歲甫一即位就開始修建的歷時近四十年才完成的“秦始皇帝陵”即為明證——印證了秦始皇自詡“德兼三皇，功過五帝”的價值觀念：秦——中國歷史上第一個地主階級中央集權的統一國家；始——祈望皇位傳之無窮，有始無終，萬世一系，即“後世以計數，二世三世至於萬世”；皇——人們對祖先或神明的尊稱，此根據“古有天皇，有地皇，有泰皇，泰皇最貴”的思想，以及“泰皇”即“人皇”的觀念；帝——古人想像中的主宰萬物的最高的天神；陵——沿襲了古已有之的埋葬習俗及墓葬制度，反映了死者生前神聖至極和登峰造極的社會地位。在“陵”之禮制上，為了顯示封建社會的“秦始皇陵”高於先秦時代的“君王陵”，秦始皇沒有因襲戰國時代趙、秦、楚等國把君王墳墓通稱為“陵”的禮制，而是把自己的墳墓尊稱為“山”，定名為“麗山”，把自己的陵園敬稱為“麗山園”。這是因為“秦始皇大興厚葬，營建冢壙於麗戎之山，一名藍田，其陰多金，其陽多玉。始皇貪其美名，因而葬焉。”[②]“國彌大，家彌富，葬彌厚。含珠鱗施，玩好貨寶，鐘鼎壺濫，輿馬衣被戈劍，不可勝其數。諸養生之具，無不從者。題湊之室，棺槨數襲，積石積炭，以環其外。”[③] 由此觀之，秦始皇陵背山面水、山環水抱，確屬風水聖地，而麗山金多玉美、神通靈驗，堪稱人文勝景。總之，秦王朝的建立，體現了社會歷史發展的客觀規律；秦朝

① 徐衛民：《秦公帝王陵》，中國青年出版社 2002 年版，第 1 頁。

② （北魏）酈道元：《水經注》卷十九。

③ （秦）呂不韋：《呂氏春秋・節喪》。

的統一，證明了歷史必然性和偶然性的辯證關係；秦始皇陵的建造，展示了社會歷史條件、客觀自然因素和思想文化要素的合一圖景。

第三，立足自然崇拜，映射社會崇拜。秦始皇試圖建立世代相傳、永遠存續的大一統的封建國家，祈望建設此世與彼世、此岸與彼岸、虛無縹緲的靈魂世界與實實在在的現實世界一體化的永久社會，而生前開建、死後續建的埋葬之所或安葬之地——秦始皇陵即為例證。秦始皇陵已經充分說明了封建社會初期的帝王竭力維持和大力實施“視死如生”“入土為安”“靈魂不滅”即“事死如事生”或“事亡如事存”及“事靈如事人”或“事魂如事人”的統治原則和文化理念。在春秋戰國時代，上述生死觀、靈魂觀和宗教觀已得到了推崇和發展，如荀子認為“禮”乃指養生和送死的道理與禮制，如果做到死生一貫或存亡一體，則遵循了“禮義之法式也”。如“禮者，謹於治生死者也。”“喪禮者，以生者飾死者也，大象其生以送其死也。”“夫厚其生而簿其死，是敬其有知而慢其無知也，是奸人之道而倍叛之心也。”[①] 秦始皇陵建築規模之大、持續時間之長、耗費物資之巨、動用民工之眾、社會影響之深以及選址之精心策劃、設計之盡善盡美、營造之曠世持久等情形，堪稱世界之最和人間奇跡，這是政治理念和宗教觀念在繼承與發展意味上的經典或精品之作。“始皇初即位，穿治酈山，及並天下，天下徒送詣七十餘萬人，穿三泉，下銅而致槨，宮觀百官奇器珍怪徙臧滿之。令匠作機弩、矢，有所穿近者輒射之。以水銀為百川江河大海，機相灌輸，上具天文，下具地理。以人魚膏為燭，度不滅者久之。”[②] 由此可知兩種思想意識或文化理念：其一，以穩固、高聳和威嚴的名山比喻神聖不可侵犯的皇權、特權和集權，以自然事物和現象的神奇和神秘比喻社會事物和現象的神妙和神化。“秦名天子冢曰山，漢曰陵，故通曰山陵矣。”[③] 秦始皇把自己的陵墓稱為“山”，既合於兩種“比喻”之義，又別於“君王陵”之指，且成於其後帝王墳墓統稱“山陵”之制。其二，以穿鑿治理的方法，以仿造奇山的意識，建築帝王陵園，可稱之為“仿山為陵”。我們認為，“仿山為陵”為仿造自然而建築陵墓或陵園；“依山為陵”為利用自然而建築陵墓或陵園；“鑿山為陵”為改造自然而建築陵墓或陵園，故不能混用概念和混同所指，但它們同屬於“緣山傍岩”“以山為陵”或“因山為陵”這一人們處理和解決人與自然或環境關係的過程中所獲得的系列文明成果，因為“以山為陵”或“因山為陵”體現了“因山為禮”“因山為高”“因山為最”“因山為崇”“因山為敬”“因山為久”“因山為固”等具有比喻或象徵意味的價值理念，彰顯了藏之名山、傳之後世的政治理想。“穿治酈山”，建造皇帝陵園，是認識自然或環境的結果，即認識人與自然或環境關係的成果，尚不是利用自然和改造自然的效果，即尚未真正利用和改造人與自然或環境的關係，更未

① 《荀子・禮論》。

② （西漢）司馬遷：《史記・秦始皇本紀》。

③ （北魏）酈道元：《水經注》卷十九。

全面保護人與自然或環境的關係，即它只是運用穿鑿治理的方法建築“麗山”這座墳墓，而不是把原來的酈山穿鑿治理成墳墓。但對“山陵”關係的理解與把握，為神權時代帝陵建築及其文化提供了開創和奠基作用。如近代國學大師、古文學家章炳麟在《神權時代天子居山說》中有如下經典論述：“明堂、清廟、辟雍之制，古今興廢雖不同，然麗王公奠天位者，其實其名大氐不出山麓。古之王者，以神道設教。艸昧之世，神人未分，而天子為代天之官，因高就北，爲其近於穹蒼，是故封泰山，禪梁父。後代以爲曠典，然上古視之至恒也。”①

第四，變革殉葬制度，變形殯葬文化。秦始皇帝改革了奴隸社會“人殉”“人祭”的殉葬制度，但作為中國封建社會初始階段的秦王朝並非“令行即止”，其政令並未產生“立竿見影”的效果。我們依據史書的文字記載和陵墓遺跡的實地考察，得知秦始皇陵——這一中國封建社會中央集權的實物表徵，既殘殺和埋葬了大量活人如在陵園的八座陪葬墓中發現了始皇帝公子、公主被肢解的屍骨，也放置了與活人相匹配的取代活人的陶俑如兵俑；既屠殺了大量牲口如馬匹，也安置了與牲口相匹配的取代牲口的陶俑如馬俑。這就是階級社會的二重性或雙重性：“人殉”“人祭”是歷史發展的特定階段，亦是階級關係的維繫手段，還是剝削制度的印證方式；陶俑反映了歷史進步的邏輯，預示了階級關係的調整，代表了剝削制度的演進。因此，我們不能隨意美化階級社會的某一社會形態或某個發展階段，也不能隨便高估階級社會的各個社會形態或發展階段的統治政策；中國封建社會依然難以擺脫人類社會，尤其是階級社會發展過程中的歷史進步性和階級局限性的雙重角色，也必然體現著人類社會發展過程中的一般規律和特殊規律的辯證關係。

第五，詮釋天人關係，推進文明進程。秦始皇陵反映了階級社會中人與人、人與社會的基本利益關係，體現了人與自然、人與環境的樸素協調關係。在中國傳統思想文化的積澱過程中，圍繞“天人合一”哲學思想，人們自始至終關注和實踐著改進人與人、人與社會的人際關係，關心和改善著人與自然、人與環境的天人關係。從奴隸社會後期到封建社會的漫長歷史進程中，緣於“入土為安”的生死觀念，在中華大地上中華民族形成了殘酷的殉葬制度，完備了繁雜的埋葬禮儀，規定了龐雜的厚葬物品及踐行了非人的厚葬理念。對於以人形、偶像或陶俑來代替活人、牲畜落實殉葬之制和表現祭祀之義，我們既不能高評其社會歷史價值，也不能低評其思想文化功能，但它畢竟是歷史的進步和文明的發展，這是一次人性的部分解放，一種人權的某種尊重，以及人與人的等級關係的微小調整和人與社會的隸屬關係的再度重組。而陶俑的製作材料的變化、製作工藝的改進、製作水準的提高、製作數量的增多等方面，如泥燒、木刻、石雕、草編、紙糊，以及使用金、銀、銅、鉛等金屬冶煉，無不說明人類在認識、利用和改造自然的過程中，嘗試性地改變著人

① （清）章炳麟：《太炎文錄》文錄卷一。

力與自然力的力量對比關係，即逐漸地擺脫自然力的束縛和壓抑，逐步地證明社會力的增強或提高。我們不能強求古人具有科學的保護自然或環境的思想認識，苛求先人有意識地有目的地有計劃地從事修復人與自然或人與環境的緊張關係的實踐活動，因為那時人對自然環境的破壞力十分有限，正如人對自然世界的保護力相對有限一樣；人對自然力的征服力相當有限，正如人對自然秩序的改造力較為有限一樣；人對生態系統的控制力比較有限，正如人對自然規律的認識力非常有限一樣。如果我們納入中國傳統思想文化體系中的“天人關係”的框架內加以考察和研究，就會發現歷史進程中或歷史線索上的每一次作為和有為，都是人與人或人與社會、人與自然或人與環境關係“鏈條”上的一個環節和成就，我們無權人為地抹殺其承上啟下的作用和環環相扣的價值。

第六，構建陵寢制度，積澱陵寢文化。秦始皇陵乃當時社會政治、經濟和思想文化的外在表現，其規制深刻地影響了其後的陵墓建築和陵寢文化，形成了“漢承秦制”的定規和“後承前制”的儀軌。秦朝的帝王陵園制度具有既“空前”又“繼後”的歷史價值和文化功能，如它開啟了帝后合葬的風習（八座陪葬墓群），設置了陵邑制度（修建酈山陵墓時又設置了陵邑——酈邑），形成了坐西面東的佈局（秦始皇陵主墓道東向），構築了閉合的“回”字形的形制（陵墓為內外兩重長方形城垣）等，作為歷史規制和文化模式，它們成為其後陵園建築和陵園文化的範式。秦始皇建立了封建專制的中央集權制度，形成了以皇權為中心的政治思想，這些制度和思想在封建社會內和封建制國家中，並沒有發生根本性的動搖和革命性的改變，只是隨著歷史的發展、社會的變遷及文化的演變而不斷鞏固和完善。為了滿足祭祀祖先的方便和管理陵園的需要，秦朝帝王陵墓的建制呈現出隨著都城的遷移而遷徙即“陵隨都移”的基本規律，這是中國古代帝工陵墓的普遍現象。

第七，切合自然環境，新添附屬建築。秦始皇陵的墓穴為方形或近似方形的土壙，四面有斜坡形的墓道，主墓道在東邊，墓向坐西朝東，墓穴上部有高大的封土，封土呈覆鬥形，其上再無其他建築，這與以前各代陵墓之上建有享堂（注：一是作為墓主靈魂的棲息之所，二是用於祭祀即祭祀祖先的亡靈。）的情形完全不同。帝陵的神道可以劃分為通往陵園建築的外神道和進入墓穴的內神道，而進入墓穴的內神道又可以劃分為居於東邊的主神道和位於西邊、南邊及北邊的次神道。內、外神道之別，主、次神道之分，南、北神道之列，實質是封建社會政治等級制度、經濟等級制度和文化等級制度的縮影。

第八，堅守獨葬理念，彰顯等級觀念。秦始皇陵園內未有帝后陵或妃園陵，也未預留帝后陵或妃園陵的位置或空間。一是預防或提防帝后專權與叛亂，以導致帝業或霸業“善始”而不能“善終”，或造成帝王死後世界的光景不能延續生前世界的圖景，死後生活的樣式不能拷貝其生前生活的狀態；一是預示“一墓獨尊”或“一陵獨大”的君主專制獨裁思想，並以此證實封建制優於奴隸制、帝王高於君王、皇權勝於君權及帝陵盛於王陵等。秦朝的葬制依然是建立在宗法制基礎上的傳統葬制，尚未形成外戚、大臣陪葬並在國君、皇帝陵域內賜予塋地的新葬制。這是專制主義中央集權政治體制在陵墓葬制和葬式上的真實反映。

第九，實用鬼神思想，著力社會生活。秦王朝沿襲了戰國時代秦國人在鬼神觀上的功利主義和實用主義價值觀，迎合了封建社會早期的社會狀況，契合了封建王朝初期的政治局面，符合了統一國家前期的民眾心理。在秦王朝統治階級統治思想的威懾之下，人們既無暇又無力關注禮樂制度之興廢，因為生產力的發展導致經濟基礎、上層建築與周禮不相融的境況，必然會破壞曾經的典章制度和禮儀教化，造成社會秩序和道德規範混亂，而將主要精力聚焦於占卜或問卜連年戰事之何時休止、自然現象之祥與不祥、婚喪嫁娶之可與不可、生老病死之利與不利、耕耘稼穡之吉與不吉等方面，時人對社會生產、日常生活的世俗關懷可見一斑，這是鬼神觀、幽明觀與靈魂觀在人們的生活態度、思維習慣和行為方式等方面折射出的歷史軌跡和時代印跡。

第十，活用方位學說，見證風水理論。其一，秦始皇陵的陵寢建築之形制與制度嚴格地遵循了方位學說或方位思想。自古以來，在陵墓或陵園建築上逐漸形成了獨有的形制，它要麼採用長方形或正方形的建制，要麼採用圓錐形或覆鬥形的建置，而在陵寢制度與文化的發展史上，有時以長方形或正方形的建制為尊，有時以圓錐形或覆鬥形的建置為上。一般而言，正方形建置的特點為四邊對等，四方齊一，而長方形建置的特點為兩邊對等，一方至尊。至於規模宏大、氣勢恢宏的秦始皇陵，其整體位於麗山北麓，依地勢而建；其全體面向東方，以方向而建。秦始皇陵試圖把形與勢有機結合起來，以期體現山與陵一體的威嚴和尊嚴。在秦始皇陵園內，陵寢建於西部，陵寢週邊築有雙重長方形城牆，形成了回字形的小城，位於西部的小城（陵園）與位於東部的大城（都市人居住的都邑）在東西向上實現了對接；陵墓建於西南部，寢殿及其附屬建築大體居於西北部，而陪葬墓區築在陵園中部的南方，以此體現“事死如事生”的原則，遵循“尊長在西，卑幼在東”的禮制，以及“西方為上，威鎮東方”的理念。“秦始皇陵園的佈局，把陵墓安置在整個陵園的西南角，是按照古禮以西南隅作為尊長之處的；把建置陵寢的長方形小城築在陵園的西部，是按照禮制以西方為尊的；把陪葬墓區放在陵園的中部南方，正當陵墓的東方，因為按照禮制是‘尊長在西，卑幼在東’的。陵園整個朝向東方，在東方正中設有大道和東門闕，因為按照禮制以東向為尊的。陵園的東門大道，相當於後世陵園的‘神道’，是整個陵園的主要通道。在東門大道以北佈置有三個兵馬俑坑，排列成面向東方的龐大軍陣，是有其用意的：一方面用來表現東向為尊的禮制，一方面又是用來表現秦朝威鎮東方的形勢。”① 其二，秦始皇陵依據地勢和水勢而建，考慮了環境因素，規避了自然風險，形成了人文氣勢，造就了山勢、地勢、水勢的合體局面，追求了天時、地利、人和的合一狀

① 楊寬：《中國古代陵寢制度史研究》，世紀出版集團/上海人民出版社 2003 年版，第 193 頁。

態，這是認識和利用人與自然或人與生態關係的歷史文化見證。“渭水右徑新豐故城北，東與魚池水會。水出麗山東北，本導源東流，後始皇葬於山北，水過而曲行，東注被轉。始皇造陵取土，其地汙深，水積成池，謂之魚池也。在秦始皇陵東北五里，周圍四里。池水西北流，徑始皇冢北。”[①] 其三，帝陵神道貫通“陵寢”與“宗廟”，這既運用了方位觀念，又體現了迷信思想。秦始皇陵的選址和營建開始於始皇即位之初年，秦始皇廟即“極廟”的規劃和修建於始皇統一六國之翌年。基於“事死如事生”的靈魂觀念，使死者的身體得到安葬，靈魂得以安息，並享受到與生前一樣的飲食起居遊樂之待遇，而創立了“陵側設寢”的禮制；緣於死者的靈魂能夠在宗廟接受祭祀，而設立了“陵旁立廟”的禮制；為便於死者的靈魂及時、順利地由居所即“陵寢”到祭場即宗廟而享受祭祀之禮，於是在陵寢與宗廟之間以帝陵神道連接起來，地面神道既為神通之道又是通神之道，它既是神明之道又是明神之道，既是由此及彼的幽玄之道又是連貫生死的世俗之道。秦始皇陵園的東門大道即帝陵神道，既是整個陵園的主要通道，又是連接“陵寢”與“宗廟”的必經通道，即“自極廟道通酈山”；又因為整個陵園坐西向東，帝陵神道則是東西方向，故這種佈局和理念既充分體現了墓主坐鎮西方和面向東方的威懾之意，也蘊涵著等級序列、尊卑長幼和強本弱末等思想觀念。

第十一，革新喪葬理念，形塑封建文化。秦始皇陵所蘊涵的建制、形制和禮制，體現著秦王朝沿襲舊制、僭越古制和創設新制的基本價值理念。以厚葬制度為例，“厚葬為榮，薄葬為辱”的價值取向，凸現了剛剛步入封建社會的秦王朝不得不在續寫歷史與重書歷史的矛盾之中逐漸完成歷史定位和文化定向。儘管封建王朝的主流意識或主導意識傾向於以新制來推動社會變遷和推進歷史發展，但受制於舊制與古制藉以維繫和保全歷史的思想意識並非不強烈。“善棺槨，所以避螻蟻蛇蟲也。今世俗大亂，之主愈侈其葬，則心非為乎死者慮也，生者以相矜尚也。侈靡者以為榮，儉節者以為陋，不以便死為故，而徒以生者之誹譽為務。此非慈親孝子之心也。”[②] 在這裏，顯示出社會發展的“向前意識”與沿襲舊習的“向後意識”皆彰顯於世人面前。總之，封建社會已經確立但尚待穩固，封建制國家已經建立但尚需加固，封建思想已露端倪但尚要鞏固，故政治、經濟上佔據統治地位的階級必須在思想文化上佔領統治地位的歷史課題任重而道遠。

第十二，定位封建制度，完善思想體系。秦始皇陵集朝代與廟號於一體，具有豐富的文化內涵與思想意涵。在由奴隸社會發展為封建社會、由諸侯割據到封建統一、由君王到帝王的轉型和定型過程中，以修築秦始皇陵為契機，開啟了陵寢文化、陵園文化、神道文化的建設之路，規劃了生死文化、喪葬文化、祭祀文化的發展之路，尤其是開始了世俗文

① （北魏）酈道元：《水經注・渭水》。
② （秦）呂不韋：《呂氏春秋・節喪》。

化與宗教文化、封建文化與專制文化、政治文化與制度文化的混合之路。例如，先秦人的取名風尚以伯、仲、叔、季四字為准，實際上是後世姓名學所推崇的尊敬長者、看重稱謂、突出身份、強調德行等內容，而秦始皇陵既迎合了當時社會的取名風尚，也符合了統治階級的命名心理。學界有一種觀點：女子稱姓，是母系社會的產物；男子稱氏，是父系社會的產物。在姓氏或姓名上做文章，可以說是落實了皇權與集權、帝權與神權、統制與專制、帝制與官制相統一的又一例證。

二　西漢帝陵之系譜及思想

（一）西漢的政治、經濟和思想文化概況

西漢（公元前 202—公元 8 年），亦稱前漢，共傳位十四帝。秦朝末年，陳勝、吳廣“揭竿而起”，開啟了重構社會關係和改變歷史進程的“易姓革命”，即揭開了反抗封建制國家的暴政之大幕，掀開了中國歷史上農民起義之序幕，並以此證明了階級鬥爭是階級社會發展的直接動力和人民群眾是歷史發展的推動力量等社會規律及唯物史觀。西漢的郡縣制是來源和延續了自春秋戰國至於秦朝的地方行政制度，而逐漸完備和臻於完善的分封制則是有別於秦代的社會政治制度，故西漢成為我國封建社會的延續或延長、封建國家的鞏固或發展、封建制度的完善或完備、封建文化的積澱或提升的重要時期。

第一，社會分期——凡是存續了相當長歷史時期的社會形態，往往都表現為明顯的發展過程，並呈現出顯著的階段性特徵，這一社會發展進程中波浪式的前進趨勢和螺旋式的上升現象，符合“肯定——否定——否定之否定”的辯證法，屬於經濟社會發展和思想文化建設的常態、週期及規律。西漢的前期、中期和後期之分，既有時序關係又有因果關係，既有依次關係又有邏輯關係，既有繼承關係又有發展關係，既有斷續關係又有連續關係。西漢政治的運行與政權的運命，與經濟基礎的厚薄和思想文化的良莠密切關聯，而表現為前後相繼的發展階段和環環相扣的發展週期。

第二，政治建設——實行“與民休息生養”政策，吸取秦王朝短命和速亡的歷史教訓，旨在贏得施政時間和施策空間，以期治癒秦末戰亂對社會生活的多重創傷和修復秦帝苛政對政治文化的深重影響。重塑社會制度尤其是政治制度，重拾文化信心，乃是社會建設、社會治理的重中之重。一是建立制度——蕭何定律令、韓信定軍法、張蒼定曆法及度量衡程式、叔孫通定禮儀等多措並舉，在頂層設計上下功夫，提振民眾的生活信心，強化官吏的政治信念，重建文化的再興平臺，使社會重回正常軌道。二是招集官僚——徵召天下賢士、大夫，使之雲集京師，分派官職，賜予田宅，從而構築了嚴密的官僚機構——三公九卿制，草創了中國式的監察體制——御史制度，實施了政府機構與宮廷機構分而督之

的雙重監督模式。三是壓抑商賈——秦王朝以郡縣制取代貴族政治，商賈乘機重利盤剝、操縱物價的本性暴露無遺，故針砭時弊，整治世風，還政於民，還利於民，成為當政者刻不容緩的時代課題。四是和親匈奴——社會的繁榮與邊陲的和睦同等重要，國家的穩定與邊疆的穩固息息相關，民族的興衰與邊境的安寧休戚與共，處理和解決好國家關係、民族關係、地域關係等事務，檢視著執政者的政治智慧，故選擇對匈奴忍辱退讓的和親政策，不失為一種正確選擇。"固議曰：竊自惟思，漢興已來，曠世歷年，兵纏夷狄，尤事匈奴。綏御之方，其塗不一，或修文以和之，或用武以征之，或卑下以就之，或臣服而致之。雖屈申無常，所因時異，然未有拒絕棄放，不與交接者也。故自建武之世，復修舊典，數出重使，前後相繼，至於其末，始乃暫絕。永平八年，復議通之，而廷爭連日，異同紛回，多執其難，少言其易。先帝聖德遠覽，瞻前顧後，遂夏出使，事同前世。以此而推，有一世闕而不修者也。今烏桓就闕，稽首譯官，康居、月氏，自遠而至，匈奴離析，名王來降，三方歸服，不以兵威，此誠國家通於神明自然之征也。臣愚以為宜依故事，復遣使者，上可繼五鳳、甘露致遠人之會，下不失建武、永平羈縻之義。虜使再來，然後一往，既明中國主在忠信，且知聖朝禮義有常，豈可逆詐示猜，孤其善意乎？絕之未知其利，通之不聞其害。設後北虜稍強，能為風塵，方夏求為交通，將何所及？不若因今施惠，為策近長。"[①] 五是醫治創傷——戰爭的負面影響如不能及時消除，戰事的心理陰影如不能有效醫治，戰局的消極作用如不能全面清除，那麼整個社會的政治、經濟和文化等領域的建設與發展就難以從羈絆中解脫出來，從困境中擺脫出來，實現從負能量到正能量的轉變，從消極狀態到積極態勢的轉換，更不能獲得社會各階層的普遍認可和滿意，故夯實能夠推動社會發展的群眾基礎，從而實現物質力量和精神力量的有效對接與轉化。六是剷除割據——立國時，異姓者與同姓者可以並肩作戰，同仇敵愾，建功立業；建國後，異姓諸侯王分封卻存在著巨大的政治隱患，或潛藏著嚴峻的統治風險，故強制實施消滅異姓王、分封同姓王、遷徙豪強等政策，成為牢固基業、延續祖業、成就霸業的必經之路。

第三，經濟建設——西漢的政治財富來源於第一個封建制國家即秦王朝，但其嚴苛政治的短暫歷史作為政治經驗和歷史教訓，無疑警醒和警示著漢王朝的統治階級和特權階層，如何做實新興社會的經濟基礎，如何創造新建社會的物質財富，如何滿足新生社會的民眾需求，成為綜合考量執政者的能力和水準的主要指標與關鍵因素。西漢初期，只有告別戰爭環境，清理戰爭陰霾，穩定社會秩序，恢復經濟發展，滿足民生需求，才能實現統治者長治久安的政治目的。"漢興，接秦之敝，諸侯並起，民失作業，而大饑饉，凡米石五千，人相食，死者過半。高祖乃令民得賣子，就食蜀漢。天下既定，民亡蓋臧，自天下

① （南朝宋）范曄：《後漢書·班固傳》。

不能具醇駟，而將相或乘牛車。"[1] "漢興，掃除煩苛，與民休息。至於孝文，加之以恭儉，孝景遵業，五六十載之間，至於移風易俗，黎民醇厚。"[2]

第四，文化建設——在一個社會中或一種體制內，如果能夠做到"軟件著手、硬件著力"的程度，實現硬件建設的硬實力和軟件建設的軟實力相輔相成，無疑是社會建設的福利和文化建設的福音。文化、思想和哲學以不同層次或維度反映了社會狀況、政治環境與經濟形勢等因素和要素，而統治集團緣於政治利益和地域關係，推崇某種文化類型、思想形態或哲學理論，必然使文化、思想和哲學與社會發展、政治制度、經濟體制等形成作用與反作用的雙向互動關係，如劉邦集團的掌門人及核心人物的故鄉位於道家文化圈內，地域文化的薰陶和洗禮使他們在打拼江山和指點江山時難以擺脫尊崇道家學說的情結，或在治國理政和坐穩江山時擁有不能摒棄道家思想的心結，並處心積慮地使之提升為官僚集團的主流文化、民間社會的主導思想及知識分子的主要哲學。漢初政治的道主儒次的格局或道尊儒卑的位次，説明了儒家的次要地位和儒學的輔助功能，但儒家不甘於從屬和儒學不屈於權威是不爭的事實。文景時期，統治者接受清靜無為思想，實行無為而治政策，確實收到了百姓和樂、"其鬼不神"的效果，但儒道之爭、道法之鬥並未休止，其蓄勢待發之情狀，乃是指日可待之情形。武帝時代，學界的共識為"儒表法裏"，事實上應該區分為武帝被迫繼續執行道家無為政治、主動執行儒家多為政治、開始接受法家法治思想和回歸與民休養生息政策等幾個發展階段。昭宣時期，"少為政治"與"多為政治"並存，且完成了由"修孝文時政"到"修武帝故事"的轉變，並最終導致了西漢政治的日薄西山，西漢政權的大權旁落。因此之故，儒學和儒術既苦心經營了獨尊的政治環境和獨霸的思想環境，也使匠心獨運的儒家和儒者喪失了競爭的文化條件和紛爭的哲學基礎，而災異説盛行則預示著西漢儒學將終結自己的幸運，迎來自身的不幸！西漢末年，王莽假借"仁義"之名，謀得篡權之實，亦即改天換地，已為不可逆轉之勢！具體而言，西漢前期奉行黃老刑名之學，一定意義上契合了與民休養生息的社會需要和無為而治的統治策略，故而形成了政治統治、經濟基礎與人心向背的一體化局面。西漢前期，占統治地位的黃老之學隸屬道家，但吸入儒法成份的漢代道家已有別於先秦時代的道家，形成了以道家統攝儒法兩家的思想特點。西漢中期，"罷黜百家，獨尊儒學"之風盛行，導致道、儒、法各家的先後順序發生了位移及輕重關係產生了變化，董仲舒"春秋公羊學"實乃以儒學為主、刑名學為輔，其盛行證明了西漢中期的"多為政治"觀取代了前期的"無為政治"觀，説明了當時完成了自戰國以來以儒家為主、按陰陽五行宇宙論配置並融合各家各宗各派的思想體系，即《呂氏春秋》是用儒家精神變換了法家，《淮南鴻烈》是用儒家精神滲進了道家，

① （東漢）班固：《漢書·食貨志》。
② （東漢）班固：《漢書·景帝紀》。

董仲舒“天人感應理論”則自覺地運用儒家精神改造了陰陽家的宇宙系統說，並為魏晉本體論和宋明心性論做了理論儲備。西漢後期，推行純儒學即原始儒家思想，並流行讖緯之學——來源於秦漢以前的符籙、圖讖，根源於董仲舒之儒學神學化發展即用宗教迷信詮釋儒家經典的神學目的論：以神秘的隱語、詭秘的預言，向世人昭告吉凶禍福或通告治亂興衰等正常的或不正常的社會現象。儒家學說的神學化，儒家經典的神秘化，儒門人物的神聖化，可以說是西漢政治窮途末路的徵兆，西漢政權日漸式微的先兆，西漢集權大勢已去的預兆！

（二）西漢帝陵之系譜及思想

1. 西漢的廟號、皇帝姓名、陵號或陵名的對應關係

漢高祖劉邦——長陵、漢惠帝劉盈——安陵、漢文帝劉恒——霸陵、漢景帝劉啟——陽陵、漢武帝劉徹——茂陵、漢昭帝劉弗陵——平陵、漢宣帝劉詢——杜陵、漢元帝劉奭——渭陵、漢成帝劉驁——延陵、漢哀帝劉欣——義陵、漢平帝劉衎——康陵。（注：廢帝、未稱帝、非正統皇帝不在此列。）

2. 西漢帝陵的主要特點

第一，西漢的廟號與陵號或陵名對應規整且排序齊整。西漢奉行“獨立陵園制”，取代了商周時期的“集中公墓制”，即為帝則建陵，建陵為顯靈，旨在追求以陵慰靈，靈祔於陵，陵靈合一。埋葬集中，或咸葬關中，能夠彰顯中心地位、等級序列或核心功能——在西漢十一帝陵中，有九帝葬於現陝西省咸陽市，另外二帝葬於現陝西省西安市。咸陽位居關中平原腹地，西安地處關中盆地，自然山水連貫兩地或連通兩市，共築風水勝地，同屬於宜建宜居宜葬之地；咸陽乃宗山穿南，渭水亙北，古有山南為陽、水北為陽、山水俱陽之說，故為咸陽；西安乃“絲綢之路”的起點，享有“秦中自古帝王州”的盛名，其南依秦嶺，北臨渭河，堪稱通衢、要塞之地或核心、基點之位；結合帝陵建築及其思想文化內涵，這一佈局或格局符合“一陰一陽之謂道。繼之者善也，成之者性也”[①] 之理，或契合“道者，陰陽之理也。陰陽者，一分為二也”[②] 之義。形制高大，規制嚴謹，禮制嚴肅，墓制創新，葬制改革，實乃崇尚封土之制的結果和大行厚葬之風的成效——除霸陵外，西漢帝陵皆採用高大的封土堆，堆土形狀如覆鬥，四邊見棱見線，稱為覆鬥式堆土墓。一般而言，封土以方形為貴，象徵天圓地方，皇天後土，且營造豪華壙室和堆築高大的封土，需要以相當的經濟基礎或雄厚的物質條件為前提，一定的建造技術和審美理念為支撐，穩定的民心向背和心理承受為參照。依山為陵——以霸陵為例，其喻義為地位淩駕

① 《易傳・系辭傳上》
② （明）張介賓：《類經・陰陽類》

於上和俯視於下，寓意為皇權神聖至尊或帝權不可侵犯，因為山的意旨和象徵成為封建社會統治者的政治寄託、情感依託和心理相托之首選，山高、山形、山體、山勢、山水、山河、山脈、山嶺、山峰等用詞，皆有崇高、威嚴、神聖、恒久之意，而如高山峻嶺、大好河山、江山如畫、高山流水、東山再起、高山仰止、山清水秀、人山人海、山高水長等用語，亦都有讚美、稱頌、弘揚、折服之義。另外，帝陵均為"亞"字形，坐西面東，四條墓道以東墓道為主；陽陵之後，帝、后各置陵園，后陵在帝陵之東，且規模偏小；西漢早中期設置陵邑，大多在帝陵東側或北側，漢元帝廢除陵邑制度；陵區內均有寢殿、便殿等禮制性建築。"漢代帝王陵墓的建築形式有兩種：一種是依山為陵；一種是以黃土夯築的方形墳丘，上小下大，頂部平坦，狀似覆鬥，即所謂的'方上'。在這兩種建築形式中，漢代帝王陵的建築以方上為主。依山為陵的皇陵，只有漢文帝的霸陵一座。但是，依山為陵的這種建築形式，對以後的皇陵建築也產生了影響。"① 不管是"方形墳丘"，還是"依山為陵"，無非是封建專制和中央集權制的集中表現，也是以皇權為中心的封建思想的重要例證，更是極化教權的主要象徵。由此觀之，西漢時期封建皇帝擁有說一不二的政治權力和難以撼動的宗教權威，他們為了使封建王朝千秋萬代，為了使自己的靈魂升入天堂，羽化成仙，永垂不朽，而不惜濫用民力，無端訴諸武力，並耗費大量的人力物力財力，為自己修建遵循"事死如事生"或"事亡如事存"原則的陵園與陵區、陵墓與陵寢、陵邑與城邑。

第二，實現了"帝后合葬"的制度化和規範化。"高后崩，合葬長陵。……迎立代王，是為孝文帝，奉漢宋廟。"② "西漢帝陵的合葬形式較為單一，均為同塋異穴合葬。……帝陵實行異墳異穴合葬是對舊葬俗的繼承，是其身份地位的體現，而諸侯王墓多樣的合葬形式更多表現出的是西漢時期夫妻合葬墓的發展，這與地方葬俗的發展變化有一定關係。"③ 在漢朝，皇帝和皇后埋葬在一個陵園之中，再現生前的生活景象不言而喻，掌控生死世界的目的不言自明。"皇帝生前顯貴，死後也希望繼續生前的奢華，大多數都建有雄偉壯觀的陵墓。從漢高祖開始，每一位老皇帝過世後，新皇帝為了區別各位先皇帝，給他們的陵寢都冠上專門的陵號，一陵一號，清楚明白，絕不相混。"④ 漢高祖時，帝后同塋不同穴即同墳異穴，而在其他各個朝代，帝后同園不同塋即同園異墳，說明了等級觀念的嚴肅、等級序列的嚴整、等級關係的嚴明和等級制度的嚴酷，證明了專制觀念的固化、專制文化的強化、專制制度的神化和專制實踐的深化。西漢延續和發展著自戰國時代至秦國以來的帝后合葬制度，以期把現實社會的政治、經濟和思想文化等全部"復製"

① 參見羅哲文等編著《中國名陵》，百花文藝出版社 2003 年版，第 80 頁。

② （西漢）司馬遷：《史記·外戚世家》。

③ 劉尊志：《漢代諸侯王墓研究》，社會科學文獻出版社 2012 年版，第 334—335 頁。

④ 李文君：《皇帝的名字》，中華書局 2012 年版，第 227 頁。

到“死後世界”或“靈魂世界”，使封建社會的最高統治者在另一世界繼續享用著勞動群眾創造的物質財富和精神文化，尤其是繼續統攝著社會各界的精神世界及其思維活動。

第三，繼承和完善了自商代以來的殉葬制度，實現了由殉葬制度到陪葬制度的發展。中國社會進入階級社會後，統治階級創制了既有政治企圖和思想意圖又有宗教目的和祭祀意義的殉葬制度，它根源於崇拜祖先神靈、希冀祖靈佑護的鬼神觀念，認為死者的靈魂不該寂寞或不能孤寂，藉此才能有效保佑生者的現世利益和現實需求，表達了靈魂不滅和鬼魂高居凡人之上的宗教思想，或說殉葬習俗即為宗教習俗，鬼神信仰即為宗教信仰，以此將現實世界或世俗世界與虛擬世界或鬼神世界聯通起來。殉葬制度開啟於殷商時期，歷經多個朝代，走過漫長時光，至明朝英宗時才最終廢止。殉葬制度表現為“人殉、牲殉和物殉”三種方式、“薄葬和厚葬”兩種形式及“殉葬和陪葬”兩種制度，而無隨葬者或隨葬品的“無葬”情形難覓其蹤。如殷商時期，人殉制度最為盛行，主要是奴隸殉葬。西周時期，人殉與牲殉並行，儘管人殉現象較少，但以兒童和青少年居多，後又新增了妻妾殉葬現象。秦王朝延續了殷商的人殉習俗，廢棄了西周的妻妾殉葬現象，發展了物殉和牲殉制度。漢、唐兩代實行讓皇親國戚和達官顯宦死後葬在帝陵附近以陪葬帝王、以陶瓷和金銀代替以人殉葬的陪葬制度。薄葬和厚葬，取決於經濟社會發展所創造和積累的物質財富、當時的社會風氣所崇尚的價值觀念和價值取向及統治者的財富觀或利益觀、生死觀或喪葬觀、鬼神觀或靈魂觀等因素。一般而言，薄葬乃人心所向，眾望所歸，但不一定是帝王所想和所取；厚葬往往是帝王所好和所求，但並非人心所指和財力所及。總體而言，厚葬因勞民傷財而不得人心，千夫所指，但薄葬因簡便易行或敷衍塞責，也未必就能夠順應潮流，贏得人心；精選適宜的時間、適合的場所、適當的規模和適用的方式予以安葬，應該是一種理性認識和文明行為。豐富多彩、製作精巧、生動形象、時代特徵明顯的陪葬物和隨葬品作為遺跡和遺物，既直觀地再現了帝王生前行幸、宴飲、觀賞百戲雜耍活動等生動畫面，也展示了其本身所固有的歷史文物、思想文化和藝術審美等重要價值。

第四，延續、完備和終止了陵邑制度。西漢前期的皇帝基本上都設置了陵邑、陵園、陵祠、陵廟、寢園等墓外的建築群體，這不僅是制度建設，還是文化工程。後期因社會經濟凋敝，階級矛盾加劇，陵邑制度未能延續發展，最後壽終正寢，退出歷史舞臺。漢代的陵邑制度繼承和發展了秦制，也是“漢承秦制”或“後承前制”之實例，即“臣愚以園邑亡興，始自強秦。古者丘隴且不欲其著明，豈況郭邑，建都郛哉!”① 並實現了政治統治、經濟發展和思想控制等各種目的。“西漢帝陵為什麽要設置陵邑呢？首先，它是西漢統治者鞏固政權的一項措施。……西漢初期，諸陵邑主要遷徙關東大族，是西漢王朝加強對關東地區政治控制的需要，西漢中期主要遷入的是高貲富戶及兼併之家，是保證王朝對

① （南朝宋）范曄：《後漢書·東平憲王蒼傳（子任城孝王尚）》。

全國經濟控制的需要。第二，西漢初期，匈奴勢力強大，不斷南下掠奪財物，形成對京師長安的嚴重威脅，因此，設置陵邑於京師周圍，等於建立了一道堅固的屏障，拱衛京師長安的安全。第三，陵邑內除了關東豪族、高貲富戶以外，更多的是公主、諸侯王、丞相、將軍、列侯、吏2000石等現任高職官員，這對加強中央集權統治，提高執政皇帝的權威有一定作用。第四，京師長安之內多為宮殿衙署市肆等公共設施，用於住宅的空地有限，隨著官僚機構的增加，官吏人數的增多，皇帝通過賜土地、宅第、冢地等方式，將皇親國戚、高官顯貴安排在陵縣，既緩解了長安城過於擁擠的矛盾，也便於加強對這些人的控制，還滿足了這些人入籍長安的虛榮心理。第五，設置陵邑，客觀上大大繁榮了京師長安和陵縣地區的經濟文化生活。"[①] 我們認為，"漢承秦制"是在延續封建制度，"漢改秦制"是在鞏固封建制度，"漢創新制"是在完善封建制度。

3. 西漢帝陵的思想文化評析

第一，陵寢文化隸屬於中國傳統建築文化，傳統建築文化歸屬於中國傳統民族文化。陵墓或陵園建築是中國古代建築的重要組成部分，陵墓文化或陵寢文化是中國古代歷史文化遺產的重要組成部分，正如對待中國傳統文化應該採取"古為今用，推陳出新""去其糟粕，取其精華""去粗取精，去偽存真"等立場、觀點和方法，我們也應該"揚棄"作為中國傳統民族文化之重要組成成分的傳統建築文化中的陵墓文化和陵寢文化，因為陵墓和陵寢的形制、規模、隨葬品、禮制、禮儀、祭祀活動等不同側面，直接反映了不同時代的物質文化與精神文化、制度文化與行為文化的某些內容、特徵、軌跡和作用，同時它還是一個時代政治、經濟、思想文化、宗教習俗、生活習慣及科學、技術等方面的物化表現和實物形態。如果以西漢時期昭穆制度為例，則可以審視當時社會歷史條件下陵寢制度及其文化建設的基本歷程與主要成就，即"西漢帝陵的昭穆制度一直是學術界爭論的焦點，目前有三種觀點：一是認為西漢帝陵有昭穆制度的存在，二是否定遵照昭穆制度，三是認為在西漢前期的西漢帝陵遵循昭穆制度，後期漸不遵守"[②]。

第二，"神道設教"具有巨大的政治功能和一定的文化價值。短暫的秦朝，預示了中國封建社會在政治、經濟和思想文化等方面的基本制度與未來狀況。漢初定國，統治階級著力於"漢承秦制"，企圖延長中國封建社會的政治壽命、經濟命脈和文化血脈；致力於"漢改秦制"，不斷推進文治政府的建設歷程，持續凸顯文教政策的落實效果；全力於"漢創新制"，以期展示封建社會的存在感和生命力，尤其是社會政治意識的非理性因素有增無減，"神道設教"再次登上歷史舞臺。"神道設教"是指人間社會的政治、經濟和思想文化等方面的基本秩序乃天地之序的投影，天地秩序即天道，天道即神道，自然而然

① 梁安和：《論西漢帝后陵墓文化》，《咸陽師範學院學報》2001年第6期。

② 劉尊志：《漢代諸侯王墓研究》，社會科學文獻出版社2012年版，第334頁。

的、永恆不變的天道和神道印證著人間社會的統治秩序的威嚴神聖和不可淩越；社會結構中的任何構成要素和社會關係中的任何組成成分，都必須在“神道教化”中確立無條件地服從於、全方位地服務於自然之理和人文定制的思想意識。在封建專制制度下，社會秩序是比擬自然秩序而建立的，即人們必須套用自然界的法則才能精准地說明人類社會中發生的事物、現象及其規律。“神道設教”充分體現了天道、人道及其相互關係的內容和主旨，即它體現了順應天道、適應人道和回應天道與人道關係的社會政治理念及文化價值取向。因為天道化育宇宙萬物，生成人類社會；人道規約社會生產和社會生活，支配人類存在和發展；天道和人道組合為神道，並通過“神道設教”，實現安定社會、維持政治、教化民眾、繁榮經濟等自身固有價值和社會功能價值。我們在審視“神道設教”的政治功能時，不應該無視其文化價值。“神道設教”是在刻意極化自然界的規律和法則，並將其泛化到社會歷史領域，一味強調社會歷史規律的制約作用。“神道設教”的政治功能是至上的與非至上的、主導性的與非主導性的、絕對的與相對的統一，因為它依據天意建立和推行君權神授的天人理論，把專制君權推向極端或極致；又“以天抑君”“屈君伸天”，以期限制或約束專制君權的無限膨脹；並在一定意義上或一定程度上看重人的力量。“人受命於天，固超然異於群生，入有父子兄弟之親，出有君臣上下之誼，會聚相遇，則有耆老長幼之施，粲然有文以相接，歡然有恩以相愛，此人之所以貴也。……故孔子曰：天地之性人為貴。”① 總之，在政治功能和文化價值的關係上，“神道設教”過分強調政治功能，有意壓制文化價值；在客觀規律性和主觀能動性的關係上，“神道設教”過度誇大客觀規律性，刻意限制主觀能動性；在天道與人道的關係上，“神道設教”片面推崇天道，執意約束人道；在神道與教化的關係上，“神道設教”一再強調神道教化的雙重功能，即“自上而下”的強力教化與“自下而上”的絕對服從。

第三，祭祀文化的持續發展，祭祀制度的不斷完善。陵墓或陵園建築是實施祭祀活動的物質場所或物理空間，是形成祭祀文化的實物設施或物質載體。陵墓建築及陵墓文化或陵園建築及陵園文化滿足了人們的某些實質性要求和根本性願望——祭祀活動應該屬於統治階級的實質性要求和根本性願望之一。“沒有一種僅僅是建立在迷信，也就是建立在虛偽之上的制度是能持久的。一種制度，假如不是適應了人類某些實質性的需要，假如它的基礎不是牢牢地建築在事物的自然屬性之上，那麼它就一定會滅亡，滅亡的越早越好。”② 當迷信尚未發展為宗教，當宗教文化尚未被哲學思想有效吸收和全面改造的歷史時期，人們並不能完全徹底地認識到迷信的虛偽性和宗教的欺騙性，於是具有迷信色彩和宗教意味的祭祀活動就成了人們的實質性需要。正如人類社會現象必須經歷自身的發展階段，客觀

① （東漢）班固：《漢書·董仲舒傳》。

② ［英］J. G. 弗雷澤：《魔鬼的律師——為迷信辯護》，閻雲祥、龔小夏譯，東方出版社 1988 年版，第 2—3 頁。

物質現象必然經過本身的發展過程，精神文化現象同樣表現出產生、存在、發展和滅亡的歷史過程及其規律。作為特定歷史時期的精神文化現象的封建迷信，儘管在後人看來具有極強的虛妄性和荒誕性，且以此為文化支點和精神動因的社會制度難以長久維持，但它作為當朝與當局、當時與當地的各層、各界、各色之人的精神食糧、感情依託和心理歸宿之一，依然發揮了不可替代的社會作用。西漢時期的祭祀活動十分頻繁，祭祀內容非常豐富，祭祀制度趨於完備，祭祀文化比較發達。當時規定，日祭於寢（寢殿——安放皇帝衣冠等物的地方），月祭於廟（陵廟——供奉皇帝神主牌位的地方），時祭於便殿（便殿——放置皇帝生前使用過的物品和舉行埋葬儀式時使用的器具的地方）。"初，高祖時，令諸侯王都皆立太上皇廟。至惠尊高帝為太祖廟，景帝尊孝文廟為太宗廟，行所嘗幸郡國家各立太祖、太宗廟。至宣帝本始二年，復尊孝武廟為世宗廟，行所巡狩亦立焉。凡祖宗廟在郡國六十八，合百六十七所。而京師自高祖下至宣帝，與太上皇，悼皇考各自居陵旁立廟，並為百七十六。又園中各有寢、便殿，日祭於寢，月祭於廟，時祭於便殿。"① 西漢時期，祭祀活動幾乎貫穿一年四季，祭祀內容包羅萬象，祭祀禮儀不遺巨細。因此，它有利於形成和發展獨特的社會文化現象特別是宗教文化現象——祭祀文化，以滿足當時統治者和普通民眾的多樣化、多層化的文化訴求。

第四，由"漢承秦制"到"漢改秦制"再到"漢創新制"的歷史發展，反映了封建社會初創時期和鞏固時期之間連續性與非連續性、繼承與發展的關係。自春秋戰國以來，陵墓墓向的共同規律為坐西向東。秦代以來，陵墓周圍都築有夯土城垣，城的四面有門，門上建有門闕，正門在東邊，整個陵園坐西面東。儘管自秦朝起陵墓發展為陵園，規模擴大，佈局考究，格局講究，但墓向未變——帝陵坐西向東，陵園坐西向東，陵區坐西向東，並形成了帝陵神道東西貫通。這是對自然界的認識結果和對自然力的利用方式，即意指前途和未來——地球的自轉與公轉皆自西向東，其前進方向為東方，直指東方則橫亙古今；喻指平衡和穩固——地球由東西向的經度與南北向的緯度交織而成，其內在機理恒久不變，重合經線則萬古不易。西漢帝陵既繼承了始自春秋戰國時代的陵墓建築方位觀念，也傳承了源於秦朝的陵園建築形制理念，並把秦始皇陵的內外雙重城垣，修正為一重方形城垣。西漢帝后合葬制度是始自西周、傳至春秋戰國時代的傳統葬制，而異於秦始皇陵的喪制與喪禮、葬制與葬禮、祭祀與祭禮等內容。"西漢帝、后的同塋異穴合葬制較前代更制度化、規範化。其表現是：帝陵一般在西邊，后陵在東邊；后陵與帝陵陵墓的形制相同，除呂后高祖的陵墓大小相同外，其餘都是后陵的規模略小於帝陵；除呂后與高祖處於一個陵園內，其餘均各自有一個夯土牆環繞的城垣，並各自有一個獨立的寢園。西漢后陵在陵域內的地位顯然較前代有所提高，……這與漢代的君權神授，帝為天，后為地，帝、

① （東漢）班固：《漢書·韋賢傳》。

后匹配從而使天命全、萬福原的思想觀念是一致的；也與西漢時期皇親國戚權勢的增強和擅權的事實互為因果關係。”[1] 在陵墓或陵園的禮制性建築方面，殷周、春秋戰國時代至秦朝的帝陵，均不見在陵墓附近建廟園者，而漢代帝陵則在陵域內建築廟園，它表明陵園祭祀禮儀制度的進一步發展和完善。秦朝依然強力維護著建立在血緣關係和宗法制度上的傳統葬制，而西漢不僅維持這一傳統葬制，還創建了由異姓的外戚、大臣陪葬並在帝王的陵域內賜給獨立塋地的新葬制。這一方面反映了帝王專權與官僚分權的政治矛盾；另一方面反映了君權神授論、皇權至上觀與天人感應說、讖緯之學的思想矛盾。

第五，由“依山為陵”到“鑿山為陵”的歷史發展。自古以來，人們在靈魂觀念或鬼神意識的支配下，開始了“掘地起墳”的陵墓建築歷程。隨著社會的不斷進步和文明的漸進發展，“依山為陵”的理念逐漸盛行。西漢時期，又新添了“鑿山為陵”的形制。在人與自然或人與環境的相互關係上，“掘地起墳”屬於認識自然階段，“依山為陵”屬於利用自然階段，“鑿山為陵”屬於改造自然階段。在人與自然的關係上，由“掘地起墳”到“依山為陵”，再到“鑿山為陵”，反映了人類認識、利用和改造自然的歷史進程和文化成就，這是人類社會的自然歷史過程，即人類社會的實踐活動必須首先遵循客觀的自然規律，處理和解決人與自然或人與環境的相互關係，認識、利用和改造自然界的事物、現象及其規律；在此基礎上，遵循社會歷史發展規律，處理和解決人與人、人與社會的內在關係，認識、利用和改造人類社會的事物、現象及其規律。儘管人們對人類社會的自然歷史過程的認識深度、利用程度和改造力度等存在著很大的歷史局限性、階級局限性和文化局限性，但人們畢竟以一種獨特的方式邁出了文明的腳步，邁向了文化的未來。

第六，沿襲前制，但不拘於古制，且創立新制。以陵寢制度為例，西漢已經棄用“前曰朝，後曰寢”“前曰廟，後曰寢”的古制，確立了“陵旁立廟”的制度。“明年，玄成復言：古者制禮，別尊卑貴賤，國君之母非適不得配食，則薦於寢，身没而已。陛下躬至孝，承天心，建祖宗，定迭毀，序昭穆，大禮既定，孝文太后、孝昭太后寢祠園宜如禮勿復修。”[2] 在西漢時代，“廟”與“寢”不同，即“廟”建在陵園以外的附近地方，每年祭祀二十五次；“寢”造在陵園之內，每天四次供奉新鮮食品，故陵園又稱“寢園”，連陵帶寢合稱“陵寢”。這樣一來，此時已把宗廟的“廟”和“陵寢”的“寢”分割開來，把“寢”建造在陵園之內，把“廟”移至陵園之旁，於是就使宗廟與陵墓結合起來。西漢奉行“采擇其善”“擇善而從”的價值觀念，沿用、確立和發展秦代以來的“陵側起寢、陵旁立廟”的制度。我們還應該進一步認識到陵寢制度與祭祀觀念是同體不離的關係，因為陵寢制度是祭祀觀念的外化，祭祀觀念是陵寢制度的內化；而陵寢制度和祭祀觀

① 袁仲一：《秦始皇陵與西漢帝陵異同的比較分析》，《秦文化論業》（第八輯）2001 年。

② （東漢）班固：《漢書・韋賢傳》。

念相契合的原始内驅力就是古人堅信不疑的——死人有靈魂、人死靈魂不死——的信仰和信條。根據考古發掘和學術研究，“寢”的設置，起源於原始宗教信仰，它可以追溯到原始社會末期；“寢”的禮俗，可以追溯到商代；“寢”的機能，乃是便於墓主靈魂起居生活之用。“儘管這種墓地上設‘寢’的禮俗起源很早，但是普遍的推行，當在戰國秦漢之際實行陵側起‘寢’、陵旁立‘廟’制度以後。戰國秦漢之際所以會實行陵側起‘寢’、陵旁立‘廟’的制度，看來和當時宗廟的地位發生變化有關。”①

第七，甄選和追尊皇帝的陵號或陵名，完備政治制度和陵寢制度，規約陵寢文化和神道文化建設。自西漢初開始，每個過世的皇帝除了享有廟號和謚號之外，還追贈了陵號或陵名，這是史無前例的政治事件和開天闢地的文化事例，由此在朝代、廟號、謚號、尊號、帝號或年號、陵號或陵名之間形成了規整的對應關係或齊整的序列關係。貴為帝王或尊為天子，不管是即位之初還是在位之時，不管是本人親自圈定還是政治集團集體議定，不管是仰賴堪輿之術還是憑借風水學說，在精選廟號、陵號和陵名方面，都已形成了一套嚴格的制度和嚴肅的程式，它屬於“千年大計”和“國家大事”。有無陵號或陵名，陵號或陵名長短，以及是否重復使用某個或某些陵號或陵名，皆有一定之規且富有文化内涵。其一，有無陵名問題。無陵號或陵名者，大多為“廢帝”、末代皇帝、被弑皇帝或傀儡皇帝，因無“尊貴”可言，故無“追封”必要；另有末代皇帝享有謚號和陵號或陵名者，如曹魏曾給予禪位的東漢末帝劉協的特殊禮遇即為例證，劉協謚號為“獻帝”，陵號為“禪陵”，可謂恰如其分，實至名歸；還有帝王尚無條件尊享陵號或陵名之者，如原始社會中傳説的帝陵，以及盤古冢、太昊陵、女媧陵、炎帝陵、黄帝陵、少昊陵、顓頊陵、帝嚳陵、堯陵、舜陵、禹陵等，僅有廟號，而無陵號或陵名；奴隸社會待考的帝陵系譜則呈現出另一番景象，其廟號有後啟、太康、仲康、後相、少康、後杼、後槐、後芒、後泄、後不降、後扃、後廑、孔甲、孔皋、後發、後癸（桀），而其廟號和墓號關聯起來者只有太康陵和後皋陵（注：後皋即孔皋）。其二，陵名分類問題。皇帝的陵號大致可分為單字陵號（陵名）或雙字陵號（陵名），其中以單字定陵號或陵名者居多，且民族文化影響深遠，其始作俑者為西漢高祖的“長陵”；以雙字定陵號或陵名者略少，且加入了外來文化影響的印記，其開山鼻祖為東漢明帝的“顯節陵”。無論選用單字還是雙字，首選象徵吉祥、表徵文雅、循證文化的字眼（雙字具有修飾和疊加之意），一般遵循一陵一號的規制，也有一號多用的現象，但無一陵多號的特例；其選用標準要麼基於輩分，要麼緣於地名，要麼本於家族譜系，要麼關聯重大事件，要麼關切歷史人物，均有固定套路和固有規則。“西漢的陵號，多根據陵寢所在地的地名而來。高祖長陵，因建於長平阪上而得名；文帝霸陵，位於灞河西岸，因水得名；景帝陽陵，建於弋陽縣境，因縣得名；武帝茂陵，在槐

① 楊寬：《中國古代陵寢制度史研究》，世紀出版集團/上海人民出版社 2003 年版，第 35 頁。

褢縣茂鄉，茂鄉是其母親王皇后的故里，茂陵因茂鄉得名；昭帝平陵，築於始平原上，故稱；宣帝杜陵，在杜縣境內，故名；元帝渭陵，因在渭城縣境而得名。”① 其三，陵名諭旨問題。我們審視“漢承秦制”之說，發現西漢僅延續了原始社會、奴隸社會及第一個封建王朝——秦朝有無廟號之實，至於確定陵號或陵名為何之制則非政治遺訓和文化遺產，故以“漢創新制”而言，起始於西漢的陵名定制或陵號規制，可以說“前無古人，後有來者”。“長陵”“安陵”“霸陵”“陽陵”“茂陵”“平陵”“杜陵”“渭陵”“延陵”“義陵”“康陵”等陵號或陵名，寓意美好，含義精妙，故沿用機會多，選用頻次高。西漢統治者認為取雙字名不合禮數，故取名（皇帝姓名和陵號或陵名）特徵是首選單字，即從皇室到普通群眾皆以單字取名為時尚或風尚，其中承繼了先秦人常用的伯、仲、叔、季等四字，新增了元、長、次、幼、少、公、翁、君、臣、侯、賓、士、民、郎等多字。東漢統治者則視單字取名為古禮，以示尚古之氣或崇古之風。兩漢推崇統一的社會風習，起因為“晉魏多帥師侵衛。此晉魏曼多也。曷為謂之晉魏多？譏二名，二名非禮也。”② 取單字名之風對後世、後代和後人影響深遠，如反映在帝陵文化建設之中，唐代二十一位帝王中僅有太宗李世民、玄宗李隆基為雙字名，南宋皇帝大多取單字名，直至明清時期單字名逐漸被冷落——明清兩朝二十八位皇帝中僅有明成祖朱棣為單字名。我們認為文字是文化的載體，文化是文字的寓意。中華民族的文字功底，也是中國社會的文化底蘊。可資選用的富有深意的鮮活文字，蘊藏和孕育了中華民族和中國社會的燦爛文化。充滿活性的文字符號附著在帝陵制度之上，嵌入陵寢文化之中，為解讀內設在皇帝陵園中的神道及其文化，開闢了獨特的民族文化、地域文化和傳統文化的建設與發展之路。

第八，設置“奉陵邑”，守護帝陵，便利祭祀，掌控政局。“奉陵邑”作為縣級行政建制，適時登上歷史舞臺，有其獨特的社會歷史條件和思想文化背景：陵寢制度的完備，陵園建築的增多，陵區面積的擴大，需要加強對帝陵的守護、看護和保護；祭祀先祖魂靈活動由太廟轉向帝陵後，開展日常祭祀活動和規範特殊祭祀儀式，需要加強對帝陵的修繕、維護和管理；管控豪強巨富和打壓各類政敵，抑制他們的商業企圖和政治野心，以便強化中央集權，維護政局穩固、時局穩定和格局穩當，需要加強對帝陵的佈局、統籌和監管。陵邑是在帝陵所在區域專門設置的城邑，如長陵縣為高祖護陵、霸陵縣為文帝護陵、陽陵縣為景帝護陵、茂陵縣為武帝護陵、平陵縣為昭帝護陵等，其行政功能、政治色彩、宗教意味等彰明較著；陵縣是以皇帝的陵號直接命名的地方政府，如自漢至唐一直沿用的長陵縣、安陵縣、陽陵縣、茂陵縣、平陵縣等，其管理體制——中央直管、運行機制——縣級建制、服務模式——精准服務等一體發展起來。“隨著經濟的開發和行政建制的完備，

① 李文君：《皇帝的名字》，中華書局 2012 年版，第 236 頁。

② （戰國）公羊高：《春秋公羊傳·哀公十三年》。

從兩漢至明清，以陵號直接作為奉陵邑的行政區域專名的情況，也就是陵縣越來越少，但設置奉陵邑的制度大致上還是延續下來了。”① 行政區劃上的歷史痕跡和文化印跡，體現出陵寢制度及其文化的歷史價值和思想意義。

三 東漢帝陵之系譜及思想

（一）東漢王朝的政治、經濟和思想文化概況

東漢（公元25—公元220年），共傳位十二帝。東漢王朝建立後，其統治制度沿襲了西漢舊制，故依然行進在維護封建社會統治秩序和牢固封建國家統治基礎的延長線之上。但統治階級的階層分佈和結構關係發生了明顯變化，即政權由豪強地主創建，依靠大地主支持，更加強化了封建專制主義和中央集權制度。東漢前期，出現了“光武中興”之輝煌；東漢後期，形成了宦官與外戚專權之格局。東漢前期，中央政權與地方勢力連袂，使社會和國家處於穩步調整階段且相對較穩定，在某種程度上為經濟發展、文化建設和科技進步等創造了條件及營造了環境。例如，在思想文化方面，預言家、占卜家、神學家以《河圖》和《洛書》的神話傳說、陰陽五行學說、天人感應論為理論基礎，將自然界的偶發事物和奇異現象予以神秘化或妖魔化，編織和炮製了具有神秘主義色彩的讖緯之學，並以思想統治工具之地位而盛行起來，其內容或解經，或述史，或論天文、曆數、地理，主要為宣揚神靈怪異，充實了陰陽五行思想。經學本來是注解經書要旨、闡明各家經典要義的學說，但因受制於獨尊儒術的思想條件，雜糅了“陰陽說”和“五行說”的義理為要旨，最終成為陰陽五行化了的儒學形態，且以“天象”與“人事”的互動關係為主旨，從理論上為漢朝之統治秩序進行合理性辯護，從思想文化上為漢朝統治階級的政治利益和強權訴求歌功頌德、樹碑立傳。桓譚的無神論與王充的唯物論，目的在於跳出經學範疇，挑戰正統儒學，批判讖緯思想與神仙方術，援引黃老之學，宣揚唯物論和無鬼論，但在社會歷史觀上陷入宿命論。東漢早期道教登上思想舞臺，漸成氣候，如由張陵、張衡、張魯所組成的“三張”或“三師”創立和發展了五鬥米道，尊奉老子為教主，尊崇《道德經》為教典，並吸收了巴蜀地區少數民族的原始宗教思想，使其在當時為當地農民階級和下層民眾提供了心理撫慰之良藥與精神寄託之良方，但因其經受過正統化改造，故也適應了封建專制統治的需要；張角創立的太平道是一種民間宗教，植根民間沃土，吸收民風和民俗，關注民情和民意，並以宗教語言和宗教思維解讀自然界、人類社會的事物和現象，主張黃神開天闢地，創造出人類社會，又信奉黃帝和老子，認為黃帝時天下太平，人間美

① 李文君：《皇帝的名字》，中華書局2012年版，第226頁。

好，無剝削壓迫，無饑寒病災，無詐騙偷盜，人人自由幸福，故提出“致太平”的基本教義和宗教理想。因襲司馬遷《史記》的體裁，又具有獨特的思想價值和歷史價值的班固《漢書》等成果，匯入歷史文獻之林，成為後人研讀歷史和品評文化的重要資源。東漢時期，科技文明成為社會文明的亮點和風景，如蔡倫發明了造紙術，使文字記錄進入新時代；制陶業的發展，惠及尋常百姓人家的日常生活；張衡力主“渾天說”，並製造了“渾天儀”“地動儀”等科學儀器，推進了天文曆算的發展；華佗首創運用麻醉技術對病人進行手術治療；書法、繪畫不僅僅為文字圖形符號，已顯露出一定的藝術品位和文化價值。總之，科技文明作為社會文明的重要組成部分，既展示了社會發展過程中統治階級的科技政策、中華民族的科技意識、科技精英的求索精神，也顯現了科技發展和科技進步對於社會發展、經濟振興、文明進步等方面的強力推動作用。

（二）東漢帝陵之系譜及思想

1. 東漢的廟號、皇帝姓名、陵號或陵名的對應關係

光武帝劉秀——原陵、明帝劉莊——顯節陵、章帝劉炟——敬陵、和帝劉肇——慎（順）陵、殤帝劉隆——康陵、安帝劉祜——恭陵、順帝劉保——憲陵、沖帝劉炳——懷陵、質帝劉纘——靜陵、桓帝劉志——宣陵、靈帝劉宏——文陵、少帝劉辯（無陵名）、獻帝劉協——禪陵。

2. 東漢帝陵的主要特點及思想文化價值

第一，東漢建都於中原地區（現河南省洛陽市），皇帝陵寢主要分佈於都城附近（邙山原和伊河南岸，除漢獻帝劉協死後葬於現焦作市外），呈“一”字形排序，且高大封土多為圓形，帝后合葬一室較為常見，嚴守西漢的陵寢制度或喪葬制度。如“帝問綝曰：漢陵中物何乃多邪？綝對曰：漢天子即位一年而為陵，天子貢賦三分之一，一供宗廟，一供賓客，一充山陵。”① 自古以來，洛陽便被譽為“神都”，因其歷經 13 個朝代，94 位帝王，1337 年。洛陽雄踞中原，尊為“天下之中”，即“被昆侖之洪流，據伊洛之雙川。挾成皋之嚴阻，扶二崤之崇山。”② 且以洛陽為中心，西至潼關、華陰，東至滎陽、鄭州，南至汝潁，北跨黃河至晉南、濟源一帶，形成河洛地區，蘊育了河洛文化。河洛文化原為地域性文化或區域性文化，但因其“黃河文明”“國都文化”“根文化”“元文化”等特質，成為中華民族的文化基因及中國社會的主流文化，如“河出圖，洛出書，聖人則之”③。建都與建陵同屬一地，立業與創業、建業與守業固守一處，又輻射周邊，放眼全國，符合了陰陽和合、生死一貫及現世與來世一體兩面、中心與周圍一脈相承、中原與華夏休戚與

① （唐）房玄齡：《晉書·索靖》。

② （東漢）傅毅：《洛都賦》。

③ 《易傳·系辭傳上》。

共的邏輯和道理，這是中央集權、封建一統、皇權中心、政權神聖的主要表現和重要印證，充分證明了在任何社會形態及其不同發展階段上，政治、經濟上占統治地位的階級必然地在思想文化上居於支配地位，即任何階級或集團只有實現政治統治、經濟控制和思想支配的“三位一體”狀態，才能實現社會穩定與發展和文化傳承與繁榮，這對以豪強大族為統治階級而建立的東漢政權同樣適用。

第二，東漢王朝統治者持續推行以血緣關係為前提、基礎和紐帶的宗法制度，特別重視服喪、埋葬和祭祀等禮儀，強調集合列祖列宗的遺願和高曾祖考的遺志，期盼祖靈和神靈能夠佑護家業昌盛、子孫繁衍等現世利益，故不遺餘力地吸收或彙聚豪強地主祭祀祖先祠堂的想法和做法，使其陵墓或陵園建築風格、埋葬佈局和陵寢理念等發生了重大變化，為陵園文化填充了新內容和新特徵。“第一，不建陵廟。第二，不建牆垣，而用竹、木構成的臨時性屏籬代替，人稱行馬。第三，寢殿、管陵官員的辦公室、住所等，建於陵墓的東邊。第四，墳丘之前建石殿，以做祭祀之用。”① 陵園建築的方位亦發生了重大調整，即改變了西漢及其以前的帝陵或皇陵、陵園和陵區、神道或神路皆坐西向東的建制，而形成坐北朝南的佈局。如“根據文獻記載和考古鑽探可知，東漢帝陵應改四條墓道為單一墓道，且墓道均南向”②。這緣於東漢政權開始推行以坐北朝南為尊的“上陵之禮”，即“上陵”的朝拜祭祀典禮。這一墓葬習俗和祭祀禮俗使陵邑、陵廟趨於簡化或走向衰亡，而新添了寢殿、園省、石殿、園吏寺舍等設施，可知兩漢政權雖然同在封建社會存在和發展之延長線上，但因與前朝和古制的密切程度不同，以及掌控政權的統治階級內部結構關係的差異等，而出現了由“漢承漢制”到“漢改漢制”的轉型。調整陵寢的方位，重定墓葬的方向，實質是對自然界的事物、現象及其規律的重新認識與深度思考，即詮釋天地關係——天與地天然具有上下、高低、南北、陰陽、仰俯等意味，居於天地之間的歷代統治者希冀呈現貫穿天地、直通陰陽、經天緯地的局面；迎合定律與定力——“上天”的願望與“入地”的運命，總是縈繞在歷代統治者的腦際和內心，他們企盼自然世界的“縱向之軸”與人類社會的“一統之理”實現並行不悖、相輔相成、協同共進的效果。

第三，東漢的陵寢制度、祭祀制度和宗廟制度與西漢相比發生了顯著變化。西漢時期，寢殿建在陵園之內，宗廟建於陵園之外，祭祀活動往往在宗廟舉行，這表明宗廟的社會地位相對較高，祭祀活動的作用比較突出，而東漢時期的祭祀活動則常常在陵園內進行，而且陵前建築專門用於祭祀活動的祭殿，致使宗廟的地位開始下降，這反映出東漢統治階級的統治策略發生明顯調整——據此，最終把公卿百官和地方官員團結在皇帝、皇室、皇權和皇陵周圍，進一步加強和鞏固了東漢政權。不管宗廟建在陵園內還是陵園外，

---

① 參見羅哲文等編著《中國名陵》，百花文藝出版社 2003 年版，第 89—90 頁。

② 劉尊志：《漢代諸侯王墓制度研究》，社會科學文獻出版社 2012 年版，第 411 頁。

不論祭祀活動設在宗廟內還是祭殿內，都無法否定陵寢建築與宗教設施的相關性及生死認識與宗教信仰的密切度，這足以說明封建社會統治者不會繞開宗教信仰而落實生死觀念，也不會避開生死關係而單獨張揚宗教信仰。具體言之，東漢政權徹底地改變了西漢時期確立的陵側起寢、陵旁立廟的陵寢制度，形成了以上陵朝拜和祭祀典禮為內容的陵寢制度。其一，推行“祭陵”高於“祭廟”的“上陵之禮”。東漢明帝把“元會儀”（注：每年元旦，公卿百官、四方來朝者、各郡來到京師的上計吏及皇親國戚都會集到朝廷，舉行朝賀皇帝的儀式）由朝廷移至陵寢，把“酎祭禮”（注：每年八月，將釀出的高級好酒首先祭獻宗廟的儀式，它屬於宗廟每年二十五祠中最主要的儀式，它是由皇帝親自率領公卿諸侯在宗廟主持的祭獻犧牲和黃金的儀式）由宗廟移至陵寢，以此抬高陵寢在祭祀活動中的地位，降低宗廟在祭祀實踐中的作用。“乾學案：漢不師古，諸帝之廟不立於京師而各立於陵側，故有朔望及時節諸祭。此實祭廟，非祭陵也。又皆祠官致祭，天子不親行，即世祖祭長安諸陵，止因巡幸而祭之，亦非特祭。其率百官而特祭於陵，實自明帝始也。”① 其二，推行“墓祀”重於“廟祭”的“上墓之禮”。東漢時期，人們相信墓地是死者靈魂居住的場所，故“鬼神所在”乃“祭祀之所在”。“愧負刑辱，深自刻責，故不升墓祀於先。古禮廟祭，今俗墓祀，故不升墓。慚負先人，一義也。墓者，鬼神所在，祭祀之處。祭祀之禮，齊戒潔清，重之至也。今已被刑，刑殘之人，不宜與祭供侍先人，卑謙謹敬，退讓自賤之意也。緣先祖之意，見子孫被刑，惻怛憯傷，恐其臨祀，不忍歆享，故不上墓。二義也。”② 總之，“明帝對陵寢制度的改革，擴大‘寢’的建築而舉行上陵朝拜祭祀之禮，就是把原來豪強大族‘上墓’、祭祀祠堂的辦法加以擴大而搬到了陵園中來。豪強大族的重視‘上墓’、祭祀祠堂，是用作團結大族成員的一種手段。東漢政權創立的由皇帝率領公卿百官以及各郡上計吏的上陵朝拜祭祀典禮，就是為了把代表豪強大族勢力的公卿百官和各郡官吏團結在東漢皇帝的周圍，用來作為鞏固統治的一種手段”③。

第四，關於東漢帝陵有無開築神道的問題學界業已達成共識，但是否設置石像生的問題則各抒己見，形成了兩種相反的學術見解。一是主張普設警衛性質的石刻群，認為“這時普遍在墓前開築神道，也該和當時盛行上墓祭祀的禮俗有關。自從東漢明帝把元旦舉行的朝賀皇帝儀式，搬到光武帝的原陵舉行，成為上陵朝拜祭祀的儀式，把寢殿造成朝拜用的宮殿式樣，就當然要在陵園大門之前，如同宮殿一樣開築便於群臣朝拜的大道了。皇帝為了表示威武和加強警衛，在宮殿門前大道兩旁佈置有警衛人員”④。一是主張尚未設置石像生，“因此，筆者認為石刻象生制度應該在東漢中型墓葬中率先出現，這與豪強地主

① （清）徐乾學：《讀禮通考》卷九十四。

② （東漢）王充：《論衡·四諱篇》。

③ 楊寬：《中國古代陵寢制度史研究》，世紀出版集團/上海人民出版社 2003 年版，第 42 頁。

④ 同上書，第 82 頁。

的發展，家族墓地的普及和墓地祭祀的發展等有很大關係，同時也是墓地的標記之一。但這一制度在東漢時並未影響到帝陵，而在東漢之後，漸被帝陵接受，並逐步發展成為陵墓制度的一個重要組成部分”①。學術思想與學術爭鳴主要源於文獻記載和考古勘察，如果認為開築神道之同時建置石像生，則其根本目的是顯示皇帝的至上權威和皇權的神聖地位，其實質是把人間世界的統治秩序復製於象徵靈魂世界的物化形態的陵園之內，以期標明人間世界與靈魂世界、現實世界與鬼神世界的不可分割的一體化關係；如果開築神道與建置石像生不在同期，則與中央集權制和分封諸侯制的制衡、家族墓地及其祭祀的興盛、由厚葬到薄葬的演變等因素密不可分。在中國帝陵神道的形制、規制和定制的歷史演變及帝陵神道文化的積澱、傳播和傳承的歷史過程中，是否設置、如何設置和設置多少石像生，取決於當時社會歷史條件和思想文化背景中的多種要素與多重因素，其從無到有的破例、或多或少的用例、亦人亦獸的定例、東西排序的慣例、共建共用的實例、或立或臥的常例、或存或毀的事例等狀況或關係，乃是自然因素與人文旨趣相結合的一道風景，形成了紀念意味、象徵作用和守護功能相統一的一種規制，但其數量、規模、材質、形制、式樣等有無定制，則要因地而異——主要依據地理位置、氣候特點、山形水勢等因素，因時而異——主要根據時代特徵、社會條件、經濟狀況等因素，因人而異——主要緣於世襲制度、風水理論、個人喜好等因素。

第五，宗教文化獲得了發展時機，表現出發展成效。外來的佛教已經傳入中華大地，本土的道教亦漸成氣候，傳入和土生的宗教形態裹挾著或明或暗的政治意圖、良莠不齊的思想內涵及同樣虔誠無比的宗教信仰，共同填充著封建社會的社會結構中的精神文化層面、社會關係中的精神文化方面，由此形成了以儒釋道為中華民族傳統思想文化主幹成分的基本格局，這既是中國傳統思想文化取向和走向的制約性因素，也是其他宗教文化現象存在與發展的影響性因素。“佛教入中國內地後，最早的信徒多為帝王貴族，如楚王英喜好黃老學，為浮屠齋戒祭祀；桓帝在宮中立黃老浮屠之祠。當時的人把佛當作一種祠祀，近於神仙方術；並且把佛教教義理解釋為清虛無為，省欲去奢，與黃老學說相似。”② 東漢明帝曾遣使寫佛經《四十二章經》，獻帝時開始建浮屠祠，造浮屠像，並以減免徭役的方式招納信徒，擴充信眾，強化信仰，形成了中國佛教廣造佛像和廣招僧徒的社會風氣。東漢後期，民間社會流行的巫術與黃老學說結合起來，形成了道教的流派、思想及著述，即由西漢武帝時尚無教派性質的組織和聯繫的道教發展為東漢桓帝時有組織、有道書、有宗祀信仰和簡單儀式的道教，如被尊奉為“神書”的道教主要經典《太平清領書》，張角的“太平道”，張陵、張衡、張魯的“五鬥米道”和“天師道”等流派，特別是道教成為

① 劉尊志：《漢代諸侯王墓制度研究》，社會科學文獻出版社 2012 年版，第 408 頁。
② 參見白樂天主編《中國全史》第一卷，光明日報出版社 2000 年版，第 424 頁。

農民起義的組織手段和思想工具，威懾著搖搖欲墜的東漢政權。當某種宗教開宗立派之後，且宗教派別與政治利益、文化立場掛起鉤來，實現聯手指向某種目標或某一目的，就會產生強大的政治威力並帶來巨大的社會風險。

第六，外來的宗教文化印記於帝陵建築、神道文化之中，顯示了多元文化關係中文化要素的制衡功能和動力作用。佛教文化摻入政治鬥爭則規約制度文化建設，修築廟宇、佛堂等設施則影響物質文化建設，傳遞情感、信仰和信念則制衡精神文化建設，關涉人們的日常生活、行為舉止或修行方式則制約行為文化建設。尤其是佛教作為宗教文化形態，能夠從異域傳入中國大地及思想文化領域，其文化敏感性不言而喻，其文化適應力有目共睹，其文化滲透力一目了然，但一種異質文化形態進入和嵌入一個陌生的國度，直面和直指一個由多個民族和多種文化共同構成的封建社會有機體，其起步階段的舉步維艱、擴展時期的困難重重、交融過程的曲曲折折等狀況，一次次地驗證著其文化鑒別力之強和文化影響力之大。東漢時期，帝陵陵號或陵名異彩紛呈，這是政治角逐和文化角力的結果與表現，如無陵號或陵名者有之（少帝），改陵號或陵名者有之［和帝之慎（順）陵］，單字陵號或陵名者有之（原陵、敬陵、康陵、恭陵、憲陵、懷陵、靜陵、宣陵、文陵、禪陵等），雙字陵號或陵名者有之（顯節陵），綜合性地反映了當時社會中地域文化與中原文化、中原文化與華夏文化、外來文化與本土文化、宗教文化與世俗文化、民族文化與傳統文化的內在關係。

四　三國兩晉南北朝帝陵之系譜及思想

（一）三國時期帝陵之系譜及思想

1. 三國時代的廟號、皇帝姓名和陵號或陵名的對應關係

魏太武帝曹操（追封）——高陵、魏文帝曹丕——首陽陵、魏明帝曹叡——高平陵、魏哀帝曹芳（無陵名）、魏高貴鄉公曹髦（無陵名）、魏元帝曹奐（無陵名）、蜀昭烈帝劉備——惠陵、蜀後主劉禪（無陵名）、吳武烈帝孫堅（追封）——吳陵、吳大帝孫權——蔣陵、吳會稽王孫亮（無陵名）、吳景帝孫休——定陵、吳末帝孫皓（無陵名）。

2. 三國帝陵的主要特點及思想文化價值

第一，三國政治鼎立，經濟發展各有千秋，文化水準參差不齊，文化交流日超活躍，故三國的歷史文化價值亦不盡相同。這是特殊的思想文化現象——陵寢文化或陵園文化的政治、經濟和思想的背景與條件。鼎足而立的魏蜀吳三國始於公元220年，終於公元265年，歷史雖不長，故事卻不少，且特點鮮明。一般而言，形成鼎立之勢的事物和現象應該具有相對的穩定性，彼此制衡從而為思想文化建設提供適宜的社會歷史條件，但魏蜀吳三

國的歷史發展卻未遵循這一規律，而呈現出特殊的發展規律。三國政治、經濟和思想文化既有互補性，又有差異性，即它們在互補中表現出明顯差異，又因存在顯著差異而形成互補之勢。應該說魏國文化較為發達，其在文學、哲學和科學技術方面皆有傑出成就和突出貢獻，而且魏國與日本境內的邪馬臺國保持著較為頻繁的交往關係，這是中日文化交流關係的啟動環節。歷史文獻卷帙浩繁地記述這一中日文化交流的開創之舉，學術研究也不厭其煩地闡述著這一中日文化交流的開山之行。如果說佛教傳入中國打開了中印宗教文化交流的大門，邪馬臺國朝貢天朝和接受冊封則叩開了中日世俗文化交流的大門。中外思想文化交流與比較事業，呈現出從無到有、從少到多、由淺入深和時斷時續、時好時壞、時長時短的曲折發展軌跡，這是思想文化的內生力量和外展功能交互作用使然，也是思想文化對經濟社會發展的反映能力和制約作用共同發力之必然。閉鎖國門，專注於國內或域內的思想文化建設，難以借力其他國度和民族的同質文化或異質文化增強本國和本地的文化實力；而門戶開放，讓渡本國或本族的思想陣地或文化空間，又會使保存民族傳統文化火種面臨著巨大的風險和嚴峻的挑戰。開國與鎖國，歷來檢驗著政治生態和文化心態，關聯著國力狀況和國民志向。

第二，中日文化交流尤其是中日宗教文化交流的地位和作用不可小覷。據《三國志·魏書·東夷傳》"倭人條"所載，從公元238年到公元247年約10年間，倭人中的邪馬臺國女王向我國三國時代的魏國遣使5次，平均2年1次；魏國的使節赴邪馬臺國2次。《魏書·倭人傳》記述了邪馬臺國女王卑彌呼"事鬼道，能惑眾"的宗教觀念和統治策略，即"其國本亦以男子為王，住七八十年，倭國亂，相攻伐歷年，乃共立一女子為王，名曰卑彌呼，事鬼道，能惑眾，年已長大，無夫婿，有男弟佐治國。自為王以來，少有見者。以婢千人自侍，唯有男子一人給飲食，傳辭出入。居處宮室樓觀，城柵嚴設，常有人持兵守衛。""卑彌呼以死，大作冢，徑百餘步，殉葬者奴婢百餘人。更立男王，國中不服，更相誅殺，當時殺千餘人。復立卑彌呼宗女壹與，年十三為王，國中遂定。"① 綜合中日學界的研究理念和科研成果，結合我們的問題意識和學問訴求，我們認為應該把握以下內容與實質：一是卑彌呼女王集宗教權力與世俗權力於一身，推行神權政治和神化政體，試圖營造政教合一的社會制度。中日學界有"鬼道道教說""鬼道原始神道說""鬼道乃巫術性質的原始宗教說"及"卑彌呼實行等級制和殉葬制"等。二是卑彌呼女王時代已經開始了中日文化交流事業，儘管交流的內容不多，交流的程度不高，交流的區域有限，交流的特徵不太顯著，交流的影響尚小等，但是其對中日世俗文化交流事業的基礎作用是不可弱視的，其在中日宗教文化交流過程中的環節作用是不能忽視的。三是重新審視中日文化交流的過程與成果，如中國大陸傳統文化如何影響日本社會及其民族文化問題，

① （西晉）陳壽：《三國志·魏書·烏丸鮮卑東夷傳》。

中國大陸傳統文化中的宗教文化如何影響日本社會及其宗教文化問題，中國傳統宗教文化中的道教文化是否和如何影響日本民族宗教和民族文化問題。在日本社會及其思想文化領域，有一種學術偏見長期佔據學界的主導地位：藉口道教在日本未“成宗立派”，而否定其對日本社會及其文化的影響作用；依據道教未與神道一體化發展，即在日本社會及其文化領域沒有形成如佛主神從神道、神主佛從神道、儒主神從神道、神主儒從神道及神儒佛一致神道等神道學說和神道派別，而主張道教沒有影響日本社會及其文化，即使影響日本社會及其文化，也只能局限於日本民間社會、基層民眾及日本文化的表層等。而當學界逐漸糾正以往學術偏見時，即學界認同道教影響日本社會及其民族文化後，研究者卻並不能對道教影響日本社會及其文化的影響程度、範圍等給出合理的解釋，這不能不說是一種學術缺失。詮釋卑彌呼女王“事鬼道，能惑眾”這一宗教意識和政治理念，我們認為可以起到拾遺補缺的學術效果和社會效果。

第三，超越時代的價值取向和價值選擇略見一斑。嚮往統一，反對分裂；追求和平，反對戰爭；崇尚友誼，反對無情……這是不同時代的相同的價值追求和理性選擇，時人和後人傳誦“揚劉抑曹”的思想及營造“君臣合祀”的局面即為明證。其一，鑲嵌於陵牆上的清康熙帝手書“漢昭烈之陵”，刻立於石碑上的清乾隆帝的聖諭“漢昭烈皇帝之陵”，表徵著蜀昭烈帝劉備之惠陵的古樸、典雅和肅穆，說明了自古至今與通古達今、自上而下與自下而上地尊崇和敬仰之情。照烈帝傲視群雄的政治膽略與雄霸一方的政治業績流傳於世，獲得了世人的敬慕及後人的景仰。其二，祭祀諸葛亮的武侯祠遷入昭烈廟（劉備廟）和惠陵，並共用“漢昭烈廟”之大匾，形成昭烈廟即武侯祠、武侯祠即昭烈廟的歷史事實和思維邏輯，展示了君臣之分與帝侯之合的分合思想。其三，昭烈廟的建築佈局體現著人與人、人與社會及人與自然或人與環境的關係，這也是蜀漢政權的縮影和蜀漢文化的表徵。在昭烈廟中，劉備殿屬於主體建築，殿前楹聯真實地刻畫了劉備的為人、為政和為事之功：上聯：“一抔土，尚巍然，問他銅雀荒臺，何處覓漳河疑冢？”下聯：“三足鼎，今安在？剩此石麟古道，令人想漢代官儀。”位於劉備殿之後的諸葛亮殿除了共用“君臣合祀”的殊榮外，還獨享人們對他的立身之道、治國之術、事君之節和治人之法的讚美與稱譽，其殿前和過廳前之楹聯則為適例：“能攻心，則反側自消，從古知兵非好戰；不審勢，即寬嚴皆誤，後來治蜀要深思。”而劉備殿兩側建有東西偏殿和東西廊廡，東偏殿有關羽、吳平、關興、趙累和周倉的塑像，西偏殿有張飛、張苞等祖孫三代的塑像，東廊和西廊則被世人尊稱為文臣武將廊，內有文韜蓋世、武略過人的文臣和武將的塑像。其四，武侯祠通向惠陵的甬道即神道，具有通往神聖、通向極權的意味，含有聯為一體、連成一片的所指，還有君臣有別、上下有序的含義，更有天人合一、人與自然或人與環境和諧共生的理念。

第四，由於現世政治目的和死後人身安全等考量，沿用或棄用古已有之的陵寢制度。

一般而言，在社會的相對平穩發展時期，統治階級講究興建陵園、祠堂、廟宇的風氣和實行厚葬的制度，而出現社會的分割局面和動蕩態勢時，則統治階級因擔心苦心經營的墓葬被盜掘，價值連城的葬品被掠走，至尊無比的屍首被曝光，導致靈魂不安、鬼魂亂舞、基業不再、祖業不存、家業不興、斷子絕孫等悲慘境地，往往暫時棄用原來的陵寢制度。具體地說，魏文帝以"古不墓祭，皆設於廟"為由，決意廢棄了起源於戰國時代中期、確立於西漢時代、盛行於東漢時期的陵側起寢和陵旁立廟的把宗廟與陵寢結合起來的宗廟制度和陵寢制度，並鑒於"漢氏諸陵無不發掘"的事實，而堅決推行符合當時社會發展狀況的陵寢理念和陵寢制度。"冬十月甲子，表首陽山東為壽陵，作終制曰：禮，國君即位為椑，存不忘亡也。昔堯葬穀林，通樹之，禹葬會稽，農不易畝，故葬於山林，則合乎山林。封樹之制，非上古也，吾無取焉。壽陵因山為體，無為封樹，無立寢殿，造園邑，通神道。夫葬也者，藏也，欲人之不得見也。骨無痛癢之知，塚非棲神之宅，禮不墓祭，欲存亡之不黷也，為棺槨足以朽骨，衣衾足以朽肉而已。故吾營此丘墟不食之地，欲使易代之後不知其處。無施葦炭，無藏金銀銅鐵，一以瓦器，合古塗車、芻靈之義。棺但漆際會三過，飯含無以珠玉，無施珠襦玉匣，諸愚俗所為也。季孫以璵璠斂，孔子歷級而救之，譬之暴骸中原。宋公厚葬，君子謂華元、樂莒不臣，以為棄群於惡。漢文帝之不發，霸陵無求也。光武之掘，原陵封樹也。霸陵之完，功在釋之；原陵之掘，罪在明帝。是釋之忠以利君，明帝愛以害親也。忠臣孝子，宜思仲尼、丘明、釋之之言，鑒華元、樂莒、明帝之戒，存於所以安君定親，使魂靈萬載無危，斯則賢聖之忠教矣。自古及今，未有不亡之國，亦無不掘之墓也。喪亂以來，漢氏諸陵無不發掘，至乃燒取玉匣金縷，骸骨並盡，是焚如之刑，豈不重痛哉！禍由乎厚葬封樹，'桑、霍為我戒'，不亦明乎？其皇后及貴人以下，不隨王之國者，有終沒皆葬澗西，前又以表其處矣。蓋舜葬蒼梧，二妃不從，延陵葬子，遠在嬴、博，魂而有靈，無不之也，一澗之間，不足為遠。若違今詔，妄有所變改造施，吾為戮屍地下，戮而重戮，死而重死。臣子為蔑死君父，不忠不孝，使死者有知，將不福汝，其以此詔藏之宗廟，副在尚書、秘書、三府。"①

第五，魏蜀吳三國政治鼎立，中日印三國文化交流，中國社會的特殊歷史時期和中國傳統思想文化的全新發展階段微縮於帝陵建築和神道文化之中，為帝陵神道研究開闢了新視角和新視野。考察廟號和陵號或陵名的對應關係，我們認為廟號不規範者有之，如魏國第四位皇帝曹髦稱"高貴鄉公"，吳國第二位皇帝孫亮稱"會稽王"；無陵號或陵名者偏多，如蜀後主劉禪、魏高貴鄉公曹髦、魏元帝曹奐、吳會稽王孫亮、吳末帝孫皓；單字陵號或陵名者和雙字陵號或陵名者兼而有之，如"惠陵""高陵""首陽陵""高平陵""吳陵""蔣陵""定陵"。起名、取名與命名、定名，屬於人生大事或終生大事，此與社會風

① （西晉）陳壽：《三國志・魏書・文帝紀》。

氣關聯度高，如起名、取名流行單字，則廟號、陵號或陵名爭相效仿，這體現了尊老、身份、德行、禮制等內涵；其亦與最高統治者的家族背景和宗族文化相關，如曹魏、劉蜀、孫吳等，體現了家天下的思想認識。

（二）兩晉帝陵之系譜及思想

1. 兩晉的政治、經濟和思想文化狀況

兩晉指西晉（公元265—公元316年）和東晉（公元317—公元420年），其中西晉是一個以漢族為主體的多民族共生共存的封建國家，而各民族的交往交流交融的民族關係並沒有改變中央集權制度和社會等級制度；東晉是一個西晉王室後裔南遷避難時所建立的中原士族占主導地位、南方士族居次要地位且維持百年有餘的封建王朝。兩晉時代，統治階級為了鞏固沿革下來的集權制、宗法制和等級制，必然要在繼承傳統和發展創新上下功夫，以此體現歷史發展和朝代更迭的連續性與非連續性相統一的基本規律。西晉的政治、經濟、文化和軍事政策、措施與實踐，大多因襲曹魏舊制、舊章、舊習和舊學，並略加改革和發展；東晉因門閥士族的崛起，人身依附關係的加強，方鎮勢力的膨脹，而逐漸削弱了中央集權的統治基礎。當時社會的政治經濟狀況和要求必然反映在思想文化的內容與形式、形成與發展、維持與創新等諸多方面，使兩晉的思想文化在中國傳統文化史上呈現出獨特的內容、特徵和貢獻。

第一，注疏經典，闡揚玄學。儘管由西漢推崇的繁瑣章句和東漢流行的讖緯迷信構築的經學已經式微，但儒學經典的注疏和研究並未中斷或休止，這成為特殊歷史時期內儒家思想的獨有經歷和獨到經驗。例如，西晉流行鄭玄注，東晉流行王肅注，致使儒家經典和經義通過注疏、注解和注釋得以延續。再如，晉人杜預集解的《左傳》、范寧集解的《穀梁傳》和郭璞注的《爾雅》等文獻，因在文本的闡釋和理解上提出了注經新法——"求宗""通經"等而廣為後世傳習。興起於曹魏時的玄學依然是西晉時的顯學，如西晉的裴頠、郭象和東晉的張湛等知名玄學家繼續推進著以老莊思想為骨架，以"本末有無"（天地萬物為何如此存在和如此存在有何依據）問題為中心的玄學，這是作為先秦兩漢哲學思想發展的必然結果，也是思辨性較強的哲學形態——玄學對於中國哲學的持續發展所起的推進作用及對於魏晉南北朝時期的思想解放所起的促進作用的又一例證。

第二，發展史學，創設新學。陳壽的《三國志》、干寶的《晉紀》、孫盛的《晉陽秋》和常璩的《華陽國志》等史書皆因世代推重而成為歷史文獻的佼佼者，人們可以從中引經據典而借古喻今或援古證今。荀勗繼承了劉向以來的圖書目錄學，並進一步把圖書的七種分類法凝練為甲乙丙丁四部，亦即經史子集四類，其學術貢獻及思想影響顯而易見，至今未絕於世。賈弼始創譜學，理清了族譜和家譜的來龍去脈，一姓一族的世系關係，以及家族遷移、繁衍生息、婚姻關係、重要人物等情況，迎合了門閥士族推崇的世系譜牒觀念。

汲冢發現了竹簡所寫古籍如《竹書紀年》《穆天子傳》等，成為發掘秦漢竹木簡及敦煌、吐魯番古寫本之先聲。圖書分類、文獻整理和古籍輯錄等，或屬開疆破土之舉，或謂別開生面之事，成為世代傳頌的佳話和著意效仿的範本。

第三，脱離於經學，受制於玄學。西晉人的詩文偏重詞藻雕飾，側重寫作技巧，而文學藝術作品過於重視形式則導致輕視內容等結果，過分強調“技術含量”則會造成淡化“思想內涵”等結局，但存有憂國、憂民、憂時、憂世的左思和劉琨等作家及其作品卻能夠超越時人，更有陸機、摯虞等文學家討論文學的形式與內容、繼承與創新等關係，並致力於擺脱經學的束縛或儒學的羈絆，而成為影響了《文心雕龍》和《文選》的先驅或先導。東晉的詩詞歌賦大多受制於玄學，而呈現出理過其詞和淡乎寡味的局面，但亦有寫照現實生活的陶淵明的田園詩作之閃亮問世和廣為流傳。

第四，西行求法，精進佛教。法顯赴天竺，攜來律藏；道安編纂《綜理眾經目錄》，制定僧徒戒規；慧遠宣傳因果報應、輪回轉生的佛教教義和佛教哲學，宣導和推進了宗教哲學；僧肇撰述《不真空論》，推出真空之辯的佛教邏輯和佛教思維；道生提出人人皆可成佛，悟證了真理即可成佛等學説。篤信佛教、研習佛法、誦讀佛經、闡揚佛理、建築佛堂、雕塑佛像等工作，對於弘揚宗教文化、宣揚宗教信仰、擴充宗教信徒、扎實信眾基礎、彰顯宗教功能等具有舉足輕重的作用：一是由神話傳説到神仙方術到宗教信仰再到宗教學説，宗教思想或宗教文化的理論性、學理性或邏輯性一點一滴強化起來；二是世俗文化與宗教文化共同構築和完備了中國傳統思想文化體系，使其構成要素與影響因素、結構關係與功能定位一步一步豐富起來。

第五，宣揚儒道，輔助政論。如葛洪著《抱朴子》，分内外兩篇，論儒道二家，成儒道雙修，為一世建言獻策。其中，《内篇》屬於玄學或道學，主要論述神仙方藥、鬼怪變化、養生延年、禳邪卻禍之事，乃道教發展史的立言與力作；《外篇》偏於經學或儒學，主要為佐證儒家和刑名家之論，其言人間的得失、世事的臧否之法，乃儒學發展史的立論與傑作。

2. 兩晉時期的廟號、皇帝姓名和陵號或陵名的對應關係

西晉共傳四帝，其廟號、皇帝姓名、陵號或陵名為：晉武帝司馬炎——峻陽陵、晉惠帝司馬衷——太陽陵、晉懷帝司馬熾（無陵名）、晉湣帝司馬鄴（無陵名）。

東晉共傳十一帝，其廟號、皇帝姓名、陵號或陵名為：晉元帝司馬睿——建平陵、晉明帝司馬紹——武平陵、晉成帝司馬衍——興平陵、晉康帝司馬嶽——崇平陵、晉穆帝司馬聃——永平陵、晉哀帝司馬丕——安平陵、晉廢帝司馬奕——吳陵、晉簡文帝司馬昱——高平陵、晉孝武帝司馬曜——隆平陵、晉安帝司馬德宗——休平陵、晉恭帝司馬德文——沖平陵。

3. 兩晉帝陵的主要特點及思想文化價值

第一，西晉帝陵一部分有陵號或陵名，另一部分沒有陵號或陵名，而東晉帝陵皆有陵號或陵名。儘管我們不能把有無陵園建築簡單地歸結為是否致力於積澱中國傳統建築文化，也不能把如何建築陵園中的帝陵神道等同於是否致力於豐實中國傳統宗教文化，但有無陵名（陵號）、是否全有陵名（陵號）或全無陵名（陵號），反映了當時社會歷史條件和思想文化背景下特殊社會階層的生活態度和價值取向。如西晉的峻陽陵、太陽陵（除無陵號或陵名者外）之“陽”，追求一種陰陽合、天地齊、萬物序、萬事順的態勢或境界；東晉的建平陵、武平陵、興平陵、崇平陵、永平陵、安平陵、高平陵、隆平陵、休平陵、沖平陵（除吳陵外）之“平”，則期盼一種太平、安定、隆興、永久的秩序或願景。自古以來，帝陵的堪輿、規劃、建造、修繕和祭奠等事項，皆被視為關乎世襲罔替、世代永存、民族永續、民生永安的大事，切不可掉以輕心，也不能怠忽職守，即它不是在有無或虛實之間做出選擇或取捨，而是必須做到好中選好，優中選優，以實現精益求精的目標和要求。如果出現以次充好的現象，或以假亂真的情形，或偷工減料的做法，當事人或責任者就會傾家蕩產，甚至家破人亡，株連九族。總之，這是沒有退路、彎路或歧路的一種職業，唯一的出路就是精心策劃，用心選址，誠心建造，按時祭奠，全心呵護，方能博取統治者的滿意，也才能避免大難臨頭。

第二，西晉先建都洛陽，後遷入長安，兩地均屬中原地區，其帝陵體現和維護了中原文化的根本特色——雄踞中心，輻射全國；位居核心，相容並蓄；盤古開天，引領文明；強本固基，導引主流；萬里同風，遠播異域。東晉建都建康（今南京），隸屬江南地區，其帝陵吸納和彙集了江南文化的主要特色——山川秀美，人傑地靈，崇尚文教，心胸豁达；人文情結，人性靈秀；宗教特質，文化多元。因西晉、東晉合稱兩晉，而兩晉時代彙聚了具有根源性、原創性、包容性和開放性的中原文化和追求應用性、移植性、宗教性和多元性的江南文化，故兩晉時代共屬思想交流和文化交匯的時代。幅員遼闊的中華大地，民族多元的中華民族，在鑄就歷史、積澱文化和協調民族關係的過程中，留下了諸多可歌可泣的歷史財富，創造了可圈可點的文化財產。安定的政治環境和安穩的社會生活，使得社會各界人士往往遙想江南，寄情山水，謳歌時代，推進文教。當社會動蕩、政治貪腐、經濟低迷、百姓無著、世風日下之際，命運多舛的人們或南遷避難，或重振山河；或隱居山林，或重操舊業；或一蹶不振，或東山再起；或金盆洗手，或蓄勢待發；或鬱鬱寡歡，或大展宏圖；或與世無爭，或結黨營私；或吟詩作畫，或針砭時弊等。直面國家命運、民族危亡及考量政治仕途、個人前途等大是大非問題之時，或以集團利益和個人心懷進行斟酌和抉擇，表現出同仇敵愾的氣節，展現出了生死與共的風骨，或顯露出了規避社會風險的無奈，做出了逃避社會責任的選擇。“在這樣的文化後院裏到處有文治武功的君王，名位隆顯的重臣，落魄江湖的世族，孤獨寂寞的太子，長歌當哭的後主，歷經世變的遺民，告老還鄉的罷相，鑽營仕途的考生，寄情青樓的名士，息影林泉的隱士，懷古傷今的吟者的身影。”①

第三，東晉部分地恢復了古制或舊制，如“上陵之禮”，但其規模和作用卻遜色於前世。因防止盜墓是當時統治階級之陵墓和陵園建築的第一要務，故沿用和推廣了始自漢武帝時期的“因山為體”，即開鑿山腰建築墓坑的築墓方法。“因山為體”的築墓理念或方法是指把帝王陵墓修建在山腰、山麓或山頂上的觀念和做法，它昭示了當時社會趨於動蕩和經濟走向衰退的景況，導致其文化訴求必然指向棄用奢華的陵寢制度和奢靡的厚葬制度。這一舉措屬於統治階級的思維方式的轉型和行為方式的轉向，其基於政治考量的因素偏多，但不乏“山嶽信仰”成分的有力掣肘。

（三）十六國時期帝陵之系譜及思想

1. 漢民族政權與少數民族政權、漢文化與少數民族文化的相互關係

五胡十六國時期（公元304—公元439年），即自西晉惠帝永興元年（公元304年）匈奴劉淵稱王建漢起，到南宋文帝元嘉十六年（公元439年）北魏統一中國北部為止，共一百三十六年。“五胡”指以匈奴、鮮卑、羯、氐、羌為主的少數民族，“十六國”指入主中原的北方少數民族貴族和漢族貴族所建立的割據政權（五涼、四燕、三秦、二趙、成漢、胡夏）。這是一個漢族和少數民族共同經營的特殊歷史階段，民族差別、習俗差異、信仰差距等為不爭的事實，即民族成分繁多、民族關係繁雜、民族利益凸顯、民族權利制衡等因素，釀成了連年混戰、經濟凋敝、民不聊生等局面，導致社會岌岌可危、政權搖搖欲墜、人心惶恐不安等狀況。縱觀中國古代歷史發展，其週期性和階段性等特徵較為明顯。我們認為統一的封建國家大多初建於革命或戰爭之後，統治者起初往往珍惜來之不易的政治財產，但當其經濟社會發展步入沒落階段後，統一的社會和國家就會趨於分崩離析，最終被另一封建王朝取代。而割據的封建國家，大多根源於統一的政治格局，統治者往往混跡於各種政治勢力之間，斡旋於不同政治集團之中，苦苦尋求政治保全之策，故封建割據狀態下的混戰局面在所難免，迎來新的統一格局指日可待。

在這段歷史時期中，各族之間征服與被征服、統治與被統治的關係變幻無常，民族壓迫與反壓迫的鬥爭反復進行。不論各少數民族原先處於何種歷史發展階段，也不論其本身的發展階段差異如何，他們都置身於一個業已成熟的封建社會之中，是在封建社會經濟基礎上建立的政權，且各少數民族政權誕生於眾多漢族人居住的地域，故各族統治者無不尋求與固有封建勢力合作，並在此過程中實現了漢文化與少數民族文化的交流與會通，這是保存、傳播和豐富中華民族傳統思想文化的重要時期，尤其是篤信“佛天保佑”和“來

① 孫興文：《文化的後園》，《中學語文》2009年第36期。

世福報”的佛教成為歷盡苦難的民眾的精神寄託，藉此佛教在這個動蕩不定的時代獲得了難能可貴的成長機會與發展環境，並由外來文化形態轉化為傳統文化類型之一，實現了外來的宗教文化與本土的宗教文化、世俗文化的合體狀態和一體發展。

2. 十六國時期的廟號、皇帝姓名和陵號或陵名的對應關係

漢劉淵——永光陵、漢劉聰——宣光陵、漢劉粲（無陵名），前趙劉曜（無陵名），後趙石勒——高平陵、後趙石弘（無陵名）、後趙石虎——顯原陵、後趙石遵（無陵名）、後趙石鑒（無陵名）、後趙石祗（無陵名），前燕慕容皝（無陵名）、前燕慕容儁——龍陵、前燕慕容暐（無陵名），前秦苻健——原陵、前秦苻生（無陵名）、前秦苻堅（無陵名）、前秦苻丕（無陵名）、前秦苻登（無陵名）、前秦苻崇（無陵名），後秦姚萇——原陵、後秦姚興——偶陵、後秦姚泓（無陵名），成漢李特（無陵名）、成漢李雄——安都陵、成漢李期（無陵名），漢李壽——安昌陵、漢李勢（無陵名），前涼張寔——寧陵、前涼張茂（無陵名）、前涼張駿——大陵、前涼張重華——顯陵、前涼張祚——愍陵、前涼張玄靚——平陵、前涼張天錫（無陵名），西涼李暠——建世陵、西涼李歆（無陵名）、西涼李恂（無陵名），後涼呂光——高陵、後涼呂紹（無陵名）、後涼呂纂——白石陵、後涼呂隆（無陵名），後燕慕容垂——宣平陵、後燕慕容寶（無陵名）、後燕慕容盛——興平陵、後燕慕容熙——徽平陵，南涼禿發烏孤（無陵名）、南涼禿發利鹿孤——西平陵、南涼禿發傉檀（無陵名），南燕慕容德——東陽陵、南燕慕容超（無陵名），西秦乞伏國仁（無陵名）、西秦乞伏乾歸——抱罕陵、西秦乞伏熾磐——武平陵，北燕馮跋——長穀陵、北燕馮宏（無陵名），胡夏赫連勃勃——嘉平陵。

3. 十六國時期帝陵的主要特點及思想文化價值

第一，入主中原的北方各少數民族為了防止墳墓或陵墓被盜掘，而多沿用本民族原來的墓葬風俗，即大多採用“潛埋”的方式而不堆土，不起墳，不封樹。這種“潛埋”的墓葬方式與埋葬理念，不僅為少數民族的君主所採用，也為少數民族的民眾所青睞，即在當時北方各少數民族的思想認識中，“死則潛埋，無墳壟處所，至於葬送，皆虛設棺柩，立冢槨，生時車馬器用皆燒之以送亡者。”① 我們看出少數民族的戒備意識、防御心理、生死觀念和喪葬文化，即在遷徙內地和遷居中原的北方少數民族與雄踞中原的漢族的“政治對話”和“文化對接”過程中，儘管他們取得了政治上的統治權力，但在思想意識裏和心理活動中仍以“弱勢群體”為出發點來處理和解決問題。我們看到少數民族對於“前車之鑒”的認同心理，即我們以墓葬方式和生死文化為主要參照可以管窺在特殊的社會歷史時期中華民族大家庭中掌握政權的北方各少數民族群體對於整個社會風氣的認知與趨同。這種價值觀念、價值取向或價值選擇，既迎合了當時主流的

① （南梁）沈約：《宋書·索虜》。

社會風氣，又保存了獨有的民族風習。我們認為政治制度與文化傳統之間有著千絲萬縷的內在聯繫，一個制度不但需要一定的文化條件支撐，還需要富有營養的文化乳汁哺育，但政治制度能否保存下來和延續下去，則主要取決於政治謀略、經濟博弈及利益格局、力量對比等因素，而文化觀念的差異與思想認識的衝突僅僅發揮著影響作用。

第二，佛教在物質文化、精神文化、制度文化和行為文化的多重意味上深刻地影響著少數民族統治者的陵園文化與陵寢制度。我們從外來宗教與傳統思想相互關係的角度去探討佛教中國化或本地化、本土化或本族化等問題，可知人們接受異國文化或異質文化包括宗教文化，往往先以傳統思維和固有模式予以理解和審視，而異國文化或異質文化包括宗教文化要想在異域或異地扎下根來，則首先和首要為當時的社會上層所理解和接受，即走“上層路線”，或為基層社會所認同和踐行，即走“群眾路線”，因此它在中國傳統文化形態所構築的思想文化結構體系面前一開始不能不有所遷就，或使自己多少有些變形。傳統文化與異國文化的真實關係為：二者不僅有相互排斥、彼此紛爭的一面，還有在一定歷史條件下互相融合、彼此嵌入的一面。在十六國時期，佛教文化乘虛而入，乘勢而上，在法術、傳教及譯經等方面獲得了巨大發展，這對於作為外來文化形態的佛教文化來說，則無疑檢驗了宗教文化形態的文化張力，而對於作為外來宗教文化形態的佛教文化的中國化來說，無疑驗證了中國傳統文化的文化引力，文化張力與文化引力整合後的文化合力，是特殊歷史時期少數民族貴族經營陵園文化的文化基礎和文化動因。特別是佛教文化東傳時攜來佛教建築、雕塑藝術和宗教信仰的共同作用，啟發了中華民族的創新智慧、創造思維和創意實踐，如開鑿敦煌石窟即為明證。總之，外來宗教文化形態與中國社會文化土壤的有機結合，成為中華民族及其思想文化生生不息的文化基因。我們認為已被內化為中國傳統文化形態並作為其主幹成分的佛教文化，自然會在其後封建社會統治階級推進陵園文化建設與落實陵寢制度中發揮制約作用。

第三，文化交流和思想會通養育著中華民族，影響著中國社會，積澱著中國傳統文化。十六國時期，中華民族是漢民族與各少數民族共同組成的大家庭，中國傳統文化是漢文化與各少數民族文化共同構築的大文化，中國社會思想文化體系是根深蒂固的傳統文化與適時傳入的外來文化共同維繫的大系統。藉此，中國社會、中華民族及其傳統文化開始了由外來文化與民族文化在相互影響和彼此貫通的互動關係中得以繁衍開來和延續下去的歷史進程。十六國時期，各民族及其文化在交往、交流與交融過程中獲得了共同推進或協同共進，一定程度上協調和解決了文化訴求與文化滿足的矛盾關係，一定意義上檢驗和發展了文化張力與文化引力、文化外力與文化內力的互動關係。因此，在構築文化體系、解讀文化關係、看待文化實力、汲取文化養分和培育文化精神時，我們不能無視民族群體之內和各民族之間歷史地自然地形成的雙向互動關係，而在共用文化資源、互通文化資訊、凝聚文化力量、品讀文化內涵和分享文化成果的過程中，我們也不能忽視不同國家、民族和地區現實地真切地鑄就的多元共治關係。

第四，十六國時期屬於封建社會的過渡時期，天災不絕，人禍頻仍，故學界有黑暗世界、人間地獄等說法。梳理和整理廟號與陵號或陵名的對應關係，乃是一件艱苦的思維實踐活動。大致說來，與歷史上各朝各代相比，無陵名（陵號）者、取單字陵名（陵號）者、取雙字陵名（陵號）者、重復使用陵名（陵號）者，其數量和頻次之多堪稱亙古未有，由此可以反觀社會風氣的分散、價值取向的多元、朝代更迭的頻繁、家族背景的迥異等狀況，而看不到主導性的價值規範、主流性的社會風尚、長期性的封建政權、穩定性的政治生態等內容，故挖掘此時期社會歷史條件和思想文化因素對帝陵神道及其文化的規約和影響意義不大，省卻筆墨和精力在所難免。

（四）南北朝時期帝陵之系譜及思想

1. 歷史時代與思想文化

南北朝時期（公元 420—公元 589 年），指我國歷史上南北對峙的政治局面。南朝從公元 420 年劉裕代晉到公元 589 年陳亡，經歷宋（歷八帝，共五十九年）、齊（歷七帝，共二十四年）、梁（歷四帝，共五十六年）、陳（歷五帝，共三十三年）四代，四朝順次更迭，演繹了南朝的歷史。北朝從公元 439 年北魏（歷十二帝、二王，共一百四十九年）統一北方開始到公元 534 年分裂為東魏（歷一帝，共十七年）、西魏（歷三帝，共二十二年），後來北齊（歷六帝，共二十八年）代東魏，北周（歷五帝，共二十五年）代西魏，北周又滅北齊，兩朝並存且相繼更迭，演繹了北朝的歷史。公元 581 年，北周被隋朝取代。隋滅陳和後梁，結束了南北朝的歷史發展。

第一，宗教文化獲得了續存條件和發展時機。我們總結了如下兩點學術共識：其一，流行佛教。宋僧人道生力主一切眾生皆有佛性，人人皆可頓悟成佛。陳高僧真諦譯出《攝大乘論》和《攝大乘論釋》，提出統攝一切心理活動的“阿黎耶識”學說，以此作為宇宙萬物和萬象賴以產生和變化的終極根源，以及精神創造物質或觀念創造世界的理論根據。其二，盛行道教。宋道士陸修靜的《三洞經書目錄》，提出“三洞”分類法。梁陶景弘主張融合道家內丹外丹之說，兼顧養神與養形，並編造出新的神仙系統。南朝時往往把道教的煉形、佛教的澄神、儒家的養德融為一體，致力於會通佛道、兼收儒學，形成了佛道儒三種文化形態的並存並行之效果。

第二，哲學思想取得了續寫條件和發展契機。我們援引以下學術觀點：其一，梁范縝根據玄學珍視環境、崇尚自然、呵護生態的思想，運用辨名析理的方式，撰述《神滅論》，以期攻破佛家的因果論，由此引發了思想紛爭，並促進了思想解放和學術發展。其二，南朝經學綜合和取捨了以往各派經學的見識與主張，積極營造自由開放的學風與研風。其三，由於契合門閥世族的政治要求和道德訴求，故而南朝重視禮學。

第三，文學和史學贏得了創作氛圍和發展良機。我們徵引下列學術主張：其一，傾心文學，引領風騷。南朝的謝靈運和鮑照等人，偏愛詩歌創作，其作品提升了文學品位，展示了文學價值。劉勰的《文心雕龍》是聞名於世的文學評論之經典之作，鐘嶸的《詩品》是獨闢蹊徑的詩歌評論之開山之作。北朝的長篇敘事民歌《木蘭詩》被譽為“樂府雙璧”之一，庾信的詩賦堪稱成就最高。其二，編修國史，影響深遠。如范曄撰《後漢書》、沈約著《宋書》、蕭子顯編《南齊書》等文獻，要麼薈萃史料史籍，要麼論述治亂興衰，要麼探求經驗教訓，奠定了史學的地位與價值，可謂“精通簡要，得其英華”。總之，南北朝時期鑄就了中國傳統文化在宗教、文化、文學、史學等領域的一道獨特的風景線。

2. 南北朝的廟號、皇帝姓名和陵號或陵名的對應關係

南朝的廟號、皇帝姓名、陵號或陵名為：宋武帝劉裕——初寧陵、宋少帝劉義符（無陵名）、宋文帝劉義隆——長寧陵、宋孝武帝劉駿——景寧陵、宋前廢帝劉子業（無陵名）、宋明帝劉彧——高寧陵、宋後廢帝劉昱（無陵名）、宋順帝劉准——遂寧陵，齊高帝蕭道成——泰安陵、齊宣帝蕭承之——永安陵、齊武帝蕭賾——景安陵、齊鬱林王蕭昭業（無陵名）、齊恭王蕭昭文（無陵名）、齊景帝蕭道生（追封）——修安陵、齊明帝蕭鸞——興安陵、齊東昏侯蕭寶卷（無陵名）、齊和帝蕭寶融——恭安陵，梁武帝蕭衍——修陵、梁臨賀王蕭正德（無陵名）、梁簡文帝蕭綱——莊陵、梁豫章王蕭棟（無陵名）、梁武陵王蕭紀（無陵名）、梁元帝蕭繹（無陵名）、梁敬帝蕭方智（無陵名），陳武帝陳霸先——萬安陵、陳文帝陳蒨——永寧陵、陳廢帝陳伯宗（無陵名）、陳宣帝陳頊——顯寧陵、陳後主陳叔寶（無陵名）。

北朝的廟號、皇帝姓名、陵號或陵名為：北魏明元帝拓跋嗣——金陵、北魏太武帝拓跋燾——金陵、北魏文成帝拓跋濬——金陵、北魏獻文帝拓跋弘——金陵、北魏孝文帝元宏——長陵、北魏宣武帝元恪——景陵、北魏孝明帝元詡——定陵、北魏孝莊帝元子攸——靜陵、北魏東海王元曄（無陵名）、北魏節閔帝元恭（無陵名）、北魏孝武帝元修——雲陵，西魏文帝元寶炬——永陵，東魏孝靜帝元善見（無陵名），北齊文宣帝高洋——武甯陵、北齊廢帝高殷——文靜陵、北齊武成帝高湛——永平陵、北齊後主高緯（無陵名），北周閔帝宇文覺——靜陵、北周明帝宇文毓——昭陵、北周武帝宇文邕——孝陵、北周宣帝宇文贇——定陵、北周靜帝宇文衍——定陵。

3. 南北朝帝陵的主要特點及思想文化價值

第一，南朝的陵墓或陵園建築大多沿襲“因山為陵”的古制或“依山為陵”的舊制。南朝帝陵陵號或陵名（梁之帝陵例外。除無陵名或陵號者外，不使用雙字命名，而選用單字定名，此對後世帝陵用名影響較大。）多採用“寧”“安”等字，如宋之“初寧陵”“長寧陵”“景寧陵”“高寧陵”“遂寧陵”，齊之“泰安陵”“永安陵”“景安陵”“修安

陵”“興安陵”“恭安陵”，陳之“萬安陵”“永寧陵”“顯寧陵”，這是在期盼儘快結束現實社會的南北割據、連年戰亂、國無寧日、民不聊生等不良狀況，也是在真切祈求一旦進入未來世界能夠過上和諧和和睦、安寧和安順、平靜和平順的死後生活。南朝諸帝的陵墓或陵園，仍然採用依山麓、山腰或山上而築墓的墓葬方式，即辟山為穴，再用石磚修築墓室，墓前地勢平坦，其外觀並不顯眼，大墓也不多見，但氣勢上謀求雄偉，功能上追求實用，特別是陵園的方向皆依照山川的形勢或山脈的走向而自然天成，無須人為雕琢或矯正，並在陵前平地上開設神道，佈置以瑞獸為主的石像生，又依據地勢，講究風水，看重堪輿，顧及人與自然或人與環境的共生關係，故時人或世人已經有條件或有限度地活用了中國傳統思想文化中的風水學說或堪輿之術。這既是歷史積澱下來的一般價值取向和共性價值追求，也是規避自然風險的價值判斷，更是回避社會風險的價值選擇。這種“因山為陵”或“依山為陵”的陵墓或陵園佈局，既繼承了古制和傳統，又影響了其後繼朝代，如唐、宋、明、清的陵寢制度和陵墓文化。

第二，北朝的陵墓或陵園建築是鮮卑文化與漢族文化、西域文化相互融合的產物和象徵。北朝帝陵陵名或陵號重復者居多——如“金陵”出現 4 次、“定陵”出現 4 次、“靜陵”出現 2 次等，選用單字者偏多——如“金陵”“長陵”“景陵”“定陵”“靜陵”“雲陵”“永陵”“昭陵”“孝陵”等，使用雙字者較少——如“武寧陵”“文靜陵”“永平陵”等，這一方面體現了鮮卑文化的特色——狩獵、遊牧民族弱於文化建設，不刻意追求文字表記和表意；另一方面展示了漢族文化的價值——鮮卑文化與中原文化、西域文化交融後，佐證了少數民族的文化適應力和漢族文化所內含的創造力、吸引力和影響力；最後預示了帝陵文化的走向——帝陵陵名或陵號的命名方式逐漸固定下來，成為一種文化模式、文化範式或文化範本，呈現出了其後諸多朝代爭相效仿的情形。自北魏開始，北方地區墳丘式墓葬逐漸增多，這是漢族文化深刻影響的結果，因為推行“漢化”，仿照“漢制”，尊崇“漢習”等，乃是少數民族政權建設的當務之急。一個耐人尋味的現象是北魏既沿用古已有之的鮮卑風俗——“鑿石為祖宗之廟”，稱為“石廟”或“石屋”，又援用源遠流長的漢族文化理念——建築帝王之陵園，稱為“金陵”“定陵”等，而以“金陵”“定陵”“靜陵”命名帝陵者之多，值得人們認真思考並仔細玩味，如明元帝拓跋嗣、太武帝拓跋燾、文成帝拓跋濬、獻文帝拓跋弘及北魏孝明帝元詡、孝莊帝元子攸等。在宗廟制度和陵寢制度上，北魏既保持具有民族特色的鮮卑遺風，又借用佛教信仰和儒家思想，如把佛堂、齋堂和祠廟結合起來，以及強調忠孝、貞順等儒家的倫理道德規範和道德要求。“但是必須指出，北魏所重建的陵寢制度是鮮卑文化和漢族文化相結合的結果，有它自己的特點，和漢代的陵寢制度有所不同。北魏把北邙墓地作為內遷鮮卑各族集體安葬之所，是沿襲鮮卑族原來族葬的遺風，這和漢代諸帝陵墓以文武大臣陪葬顯然不同。但是他們這樣以皇帝陵墓為中心，營建‘山園’，並在陵前建立祠廟，顯然又是‘漢化’改革的結果。他們不像東漢時期每年正月、八月定期舉行上陵禮，而是每逢改元、親政等國家大事實行‘謁陵’，具有向先帝神靈請示報告的意思，該又是沿用鮮卑族的原始禮俗。”① 由此觀之，民族交往和文化交融是中華民族的歷史發展及中華文化的歷史積澱過程中的一條生命主線，不同民族的惺惺相息組成命運共同體，不同文化的相互融合結成文化共同體，不同政權的彼此關照形成利益共同體，它們共同承載和延續著中華民族和中國傳統文化，使之根深葉茂和輝煌燦爛。

第三，南北朝間的民族和文化差異，是民族交往和文化交融的前提條件。南朝和北朝雖合稱南北朝，但並不意味著南朝和北朝在政治、經濟和思想文化等諸多方面就只有一致而無差別，只有共性而無個性，只有分歧而無衝突。事實上，南朝和北朝在文化訴求和價值取向上存在著顯而易見的差異。普遍意味上的文化背景和思想前提，無疑會印記在特殊的思想文化現象上。關於南朝與北朝間不同的文化訴求和文化軌跡，我們可以這樣梳理：在佛教思想方面，南北佛學的學風不同——南朝佛學偏向義理，北朝佛學偏重禪定；重視義理者，易於形成理論建樹，而重視禪定者，則會形成內心體驗。在傳習、講授儒家經典方面，南朝和北朝各有所主，各取所需——南朝繼承魏晉以來的新經學，並接受玄學的影響，旨在開放和創新，而北朝則仍堅守漢代遺風、遺俗，質樸有餘，創新不足。在文學藝術方面，南朝和北朝的藝術追求各異——南朝的文風講求聲律詞藻，北朝的文風注重質樸實用，並出現了以南人之學為主流的文風統一趨勢及過程；南朝取向以秀逸流移為特徵，盛行以王羲之和王獻之為首的行草書，北朝則承襲以方正遒勁為特徵的漢魏隸法。

總而言之，南北朝時期不同文化形態的文化訴求和不同文化背景的文化取向，對於結束南北分裂局面、實現政治統一的隋朝來說，既是艱難的歷史課題，也是重大的時代課題，即結束對峙與分治，實現統一與統治，成為告別舊社會與迎接新時代的分水嶺和試金石。

五　隋唐五代時期帝陵之系譜及思想

（一）隋朝帝陵之系譜及思想

1. 社會歷史條件和思想文化背景概況

隋朝（公元 581—公元 618 年），共傳三帝，歷時三十七年。歷時之短，無例可循，但隋朝結束了封建國家長期分裂的狀態，使封建社會再一次踏上集權、專權和統一的發展軌道，為中國社會步入相對穩定的繁榮發展時期提供了政治條件和制度保障。隋朝統一中

① 楊寬：《中國古代陵寢制度史研究》，世紀出版集團/上海人民出版社 2003 年版，第 52 頁。

國，表明了始自東晉十六國時期北方少數民族與中原漢民族交往、交流和交融的歷史跨入新階段或新時期，宣告了統治中國近六個世紀的豪強大族、士族門閥政治壽終正寢，實現了中國社會在政治、經濟和思想文化上的又一次解放。

第一，政治統一與文化合流。伴隨著中國社會的政治統一，隋朝開始致力於思想文化的南北合流，且經過不懈努力實現了哲學、宗教、文學、史學、藝術等領域及其成果的南北交融，開創了中國社會在政治、經濟和思想文化等方面的統一發展和繁榮局面。其一，隋朝的經學大師劉焯、劉炫共同注解了《尚書》和《春秋左氏傳》等儒家經典巨獻，他們以“學通南北，博極今古”的氣度，旨在克服南北朝時期關於經學的各執一端的價值取向，即南朝重在繼承或接受魏晉以來的新經學及玄學，而北朝意在堅守漢代的文化遺產，最終實現了思想文化發展由南北分流到南北交流再到南北合流的目標。其二，佛教天臺宗的創立，以參合南北教風為宗旨，以義理、禪定並重為取向，以“止觀”法門為原則，批判、整理、解讀佛教諸經，評析、梳理、粘合佛教各派，形成了由低級到高級、由簡單到復雜的佛教理論，建立了獨立的判教體系，實現了南北佛教的會通與協同。其三，迎合社會風尚，突出藝術創作。例如，書法藝術、音韻學、音樂、天文學、建築學、醫學等領域實現了一體發展的趨勢並走上了整體推進的過程，這契合了封建社會政治統一的格局與文化整合的需要。

第二，“華夷秩序”與文化交流。重新實現政治統一的封建王朝——隋朝，為了盡顯國威和張揚國力，再度拾掇起“華夷秩序”思想，致力於中日經濟、貿易和文化的交流事業。日本文化史堪稱外來文化吸收史、應用史和變形史，或稱中日、日西文化的比較史、交流史和會通史，即日本人憑藉引入和應用外來先進文化，節省了原創本土文化的時間與成本，並形成了本國家和本民族獨樹一幟的文化發展軌跡和文化生成模式。明治維新以前，以中國傳統文化為師事對象，形成了以“吸取和變形”外來文化為特徵的日本文化史。明治維新以後，以西方文化為師事對象，續寫出異域文化或異質文化與民族文化相結合的日本文化史。中日文化交流時代久遠，領域廣泛，形式多樣，渠道多元，層次不一。其一，東漢時，中國人已知倭人形象和倭國狀況。當時，日本尚屬於小國林立的狀態，倭奴國的國王決意遣使入漢，願意列為臣藩，以期利用臣屬關係或隸屬關係來確立自己權位和王位的合法性，或證明自身權威和權力的正當性。1784 年，在日本九州志賀島發現的“漢委奴國王”金印，吻合了《後漢書》的相關記載：“建武中元二年，倭奴國奉貢朝賀，使人自稱大夫，倭國之極南界也。光武賜以印綬。安帝永初元年，侯國王帥升等獻生口百六十人，願請見。”① 其二，魏明帝景初三年（239 年），邪馬臺女王卑彌呼遣大夫難升米、都市牛利等到隋都洛陽奉獻貢品，隋帝詔封卑彌呼女王為“親魏倭王”，並賜以金印紫綬。這一朝貢體制與封賜模式，表明了國家、民族和文化關係的內容與特徵。“景初二年六月。

① （南朝宋）范曄：《後漢書・東夷》。

倭女王遣大夫難升米等詣郡，求詣天子朝獻，太守劉夏遣吏將送詣京都。其年十二月，詔書報倭女王曰：制詔親魏倭王卑彌呼：帶方太守劉夏遣使送汝大夫難升米、次使都市牛利奉汝所獻男生口四人，女生口六人，班布二匹二丈，以到。汝所在逾遠，乃遣使貢獻，是汝之忠孝，我甚哀汝。今以汝為親魏倭王，假金印紫綬，裝封付帶方太守假授汝。其綏撫種人，勉為孝順。汝來使難升米，牛利涉遠，道路勒勞，今以難升米為率善中郎將，牛利為率善校尉，假銀印青綬，引見勞賜遣還。今以絳地交龍錦五匹、絳地縐粟罽十張、蒨絳五十匹、紺青五十匹，答汝所獻貢直。又特賜汝紺地句文綿三匹、細班華蒨五張、白絹五十匹、金八兩、五尺刀二口、銅鏡百枚、真珠、鉛丹各五十斤，皆裝封付難升米、牛利還到錄受。悉可以示汝國中人，使知國家哀汝，故鄭重賜汝好物也。"[①] 其三，南北朝時期，中日頻繁接觸和來往，加深了彼此間的溝通和瞭解。例如，日本曾八次遣使劉宋、蕭齊，致使中國傳統文化大量地直接地遠播東臨島國，為島國環境注入中國傳統文化要素，深刻影響了日本社會及其文化的發展。南朝劉宋時，日本勢力進入朝鮮半島，其王“珍”“濟”“興”皆請表宋帝，覬覦日本和朝鮮的總督之位，但周劉宋皇帝未予應允，故未能如願。倭王“武”時，獲宋帝冊封“安東大將軍”，督六國軍事。後五代倭王（仁德、反正、允恭、安康、雄略）均受南朝皇帝冊封。南朝以倭為外藩，乃出於在政治和軍事上抗衡北魏的考慮。其四，隋朝時，攝政的聖德太子渴望引入先進文化以改進日本文化，希望推進文化交流以提升文化品位。他特別仰慕中國傳統文化，如佛教、儒學和道家文化等，尤其篤信佛教，曾號令全國廣建佛堂，廣置佛像，廣藏經卷，廣納佛僧，多次遣使遣僧入隋，如派遣小野妹子作為遣隋使移入大陸新文化，並為謀求平等外交，攜來“日出處天子致書日沒處天子，敬問無恙”之國書，隋煬帝則遣裴世清報聘。頻繁的人員往來、經貿交流與文化互訪等活動，把中國傳統文化中的佛法、禮制、律令和政令等移植到日本社會和日本文化之中，甚至植入日本精神文化土壤之內，並實現了開花結果，形成了儒學、佛教和神道整合發展態勢，引發了日本社會具有劃時代意義的大化改新運動，成就了日本人在關鍵時刻總是能夠成功引入先進文化並為我所用的案例和美譽。

2. 隋朝的廟號、皇帝姓名和陵號或陵名的對應關係

隋文帝楊堅——太陵、隋煬帝楊廣——煬帝陵、隋恭帝楊侑（一說陵墓、陵號或陵名不詳，一說隋恭帝陵為楊侑的陵墓，位於現陝西省咸陽市乾縣陽洪鄉乳臺村，屬平地起陵，地面建築物已然無存，僅有盜墓痕跡）。

3. 隋朝帝陵的主要特點及思想文化價值

第一，在陵寢制度和陵寢文化上，隋朝帝陵起到了承前啟後的環節作用。隋朝再度統一了中國，為中國社會封建文化的一體化發展或統一化格局奠定了制度基礎和政治前提，

① （西晉）陳壽：《三國志·魏書·烏丸鮮卑東夷傳》。

還為陵園文化和陵寢制度的復興與發展提供了社會條件和思想氛圍。隋文帝葬於太陵，史書稱太陵“高五丈，周數百步”，這說明隋朝已經恢復了秦漢時期“封土為陵”的規制。隋煬帝先埋葬於吳公臺，後改葬在雷塘，史書稱隋帝陵“陵土僅高七點八尺，週二三畝許”，這是“隋承秦制”及“隋承漢制”的例證。隋朝雖然沿襲和維護了“封土為陵”的形制，但其營建規模卻遠遜於秦漢陵寢建築。隋朝與秦朝相比，首先，二者同樣完成了統一中國的偉業；其次，前者因襲了後者的陵寢制度及其文化；最後，二者俱屬於短命王朝，統治者治國理政的時間短暫，即秦朝傳位二世，隋朝傳位三代。總之，隋朝在陵寢制度和陵寢文化上發揮了承啟作用——為唐宋明清的陵寢制度及其文化的建設、改革和完善提供了重要參考。

第二，太陵與煬帝陵之文化閱讀。其一，隋文帝的頹圮陵墓。隋文帝用時九年（公元581—公元589年）統一了中國，終結了南北分治的歷史和南北對峙的局面。他開基立業，意得志滿，享有“開皇之治”之譽，如首創科舉制度——實施分科取士制，取代九品中正制；推行均田制——續行按人口分配土地的制度，肯定了土地的所有權和使用權，完善了專制主義中央集權制，為後繼時代奠定了一定的經濟基礎和文教氛圍。他死後與皇后合葬太陵，同墳異穴。千年來，由於歷經世事滄桑、飽受風雨剝蝕，太陵略顯蒼老和荒涼，風采漸失甚至風光不再。陵墓上部為平展的長方形，陵冢的底部和四周幾經盜掘，陵園建築早就毀廢。陵冢南面有一通清代石碑，大約高三米，刻有“隋文帝太陵”，為乾隆年間陝西巡撫畢阮所書。太陵東南空地上，尚有當年隋文帝廟的遺跡，今人俗稱為“祭祀壇”。在殘磚和碎瓦中，考古發現了體現濃厚佛教文化色彩的文飾和形制，以蓮花狀的方磚居多，中央為浮雕的蓮花圖案，角邊飾以蔓草，四周刻著連珠紋。另有一枚殘破的、以菩薩形象為文飾的瓦當，其正面用弦紋和連珠紋組成一個心形，其中端坐著一尊雙手合十、結跏趺坐的菩薩，具有一定的考古價值、歷史價值、文物價值和文化價值。其二，隋煬帝的葬身之地。以暴君聞名於世、以暴政治理國家、以暴虐統治民眾、以暴斂搜刮民財的隋煬帝，死後被草草埋葬於名不見經傳的彈丸之地（吳公臺），其陵墓曾一度動遷（631年，由吳公臺移葬於雷塘），致使靈魂不得安息，屍骨難以完好，且陵墓幾無修繕，更無守陵之制或護陵之人，故漸成孤魂所居之荒郊孤墳。自宋代以後，隋煬帝陵僅剩孤冢一座，後人戲稱為“皇墓墩”。1807年，浙江巡撫阮元得知皇墓墩即隋煬帝陵，才解囊予以重修，即“封土植樹”，刻立“隋煬帝陵”石碑。我們認為統治階級的所作所為，統治者的是非功過，某種程度上反映在帝王陵墓或陵園建築的規模、形制、修建、修復、保存和保護等諸多方面。

（二）唐朝帝陵之系譜及思想

1. 社會歷史條件和思想文化背景概況

唐朝（公元618—公元907年）歷時二百九十年，共傳二十一帝。以公元755年“安史之亂”為界，可將唐朝的歷史分為前期和後期，並藉此開始了由盛轉衰、由強變弱的歷史，造成了藩鎮割據、邊疆不穩的局面，也由於社會轉型期和矛盾凸顯期的疊加，導致經濟矛盾、階級矛盾、民族矛盾和內部矛盾層出不窮。我們綜合歷史文獻資料和史學研究成果，針對唐朝在政治、經濟、思想、文化、外交、民族關係等方面所成就的盛名、盛世和盛況及所出現的盛衰轉化、強弱位移等問題，予以如下概述：

第一，唐朝前期，在政治上建章立制，在經濟上厚積薄發，在文化上改弦更張，重構了經濟基礎與上層建築的關係。

其一，沿襲官制——唐承隋制，主要表現在中央政權機構繼續推行三省六部制，地方政權架構仍然固守州縣或郡縣兩級制。在統一的集權的封建社會內，在政治制度和組織架構上，統治階級可以通過繼承前朝的政治遺產來保障今朝社會結構的穩定與社會運行的有序，而且一定意義上政治體制內行政層級的多少和行政關係的良莠對整個社會的運行狀況與實際效果起著左右作用。

其二，完善科舉制——這是一種選官、晉升、取士和用人的制度，是事關國家和民族的命運與個人和群體的前途的一種制度，它起始於漢代的“察舉制”，經過魏晉南北朝時期的“九品中正制”，定型為隋、唐、宋、元、明、清各朝代通用的“科舉制”，只是不同朝代會在考試科目的調整、選拔人數的設定、任用職位的設置、管理措施的完善及其社會影響的大小等方面發生變化。以唐朝為例，其考試科目主要有定期進行的常舉和分期舉行的常科以及皇帝下詔臨時舉辦的制科或制舉。

其三，健全法制——完備的法制是為經濟社會發展保駕護航的利器，故探索和推進依法治國的策略與進程，處理和解決人治、德治與法治的關係，是封建社會統治階級不可推卸的“必修課”，尤其是開明的社會和賢明的君主大都努力將其建成具有示範作用的“精品課”，如以隋朝的《開皇律》為藍本，修訂成為唐初的《唐律》，又經長孫無忌等人注解而為《唐律疏義》，成為時至今日依然被奉若經典的封建法典，且被譽為中華法系的代表之作。

其四，改進府兵制——這是一種兵農合一、寓兵於農的兵役制度，屬於平時耕作、農閒訓練和戰時從軍的徵兵制度。其沿襲前制，形成了養兵、徵兵、練兵和用兵趨於合理化的管理制度，有利之處表現在無養兵之費而多用兵之策，兵源為有業之民而非遊手好閒之輩，將帥難以擁兵自重等。“貞觀十年，定府兵之制，大約與秦、隋銷兵，宋罷方鎮之意略同。……府軍之制，散處天下，不論其風氣之柔剛、任為兵與否也；多者千二百人，少者百人，星列碁布於隴畝，乃至白首而不知有行陳，季冬習戰，呼號周折，一優人之戲而已。……後世論者，泥古而不知通，猶曰兵制莫善於唐，則何如秦、隋之盡銷弭而猶不驅農民以淪死地乎？詳考府兵之制，知其為戲也，太宗之以弱天下者也。欲弱天下以自弱，則師唐法焉可爾。"[①]

其五，續行均田制，頒行租庸調制——這是一種自北魏經隋朝發展至唐中葉，依據戶籍制度而實行的土地制度，也是一部新推的國家土地所有制和原有的土地私有制並行的土地法令，它主要有按口授田、平均地權、分配奴婢等內容，對國家和民族的統一、發展與繁榮起著基礎性作用，也因人口減少、人心渙散、耕地荒蕪、土地私有、私蓄奴婢等因素而廢弛並最終退出歷史舞臺。

其六，"貞觀之治"——"濟世安民"的唐太宗李世民選用"天地之道，貞觀者也"[②]之意而實施的賢明政策措施及開創的清明政治局面，它包括虛心納諫，任人唯賢——廣開言路，廣納賢良，吸納不同社會階層各種有利於國家安全、民族和諧、政治穩定、經濟繁榮和文化發展等方面的言論、討論、議論和爭論，營造人人關心國家和民族大事的社會氛圍，引導人人關切國家和民族命運的時代風尚，但出現了魚龍混雜、良莠不齊、真假難辨、說法不一、認識迥異等不良狀況；重用學士，盛獎科舉——開闢了舉賢不避親的晉升之路，開通了學而優則仕的通達之道，這為有識之士打破階層界限、為有志之人突破等級藩籬、為有為之人衝破傳統壁壘等提供了平臺、創造了條件，但出現了"唯科舉是重""千軍萬馬過獨木橋"及"科舉腐敗"等不良風氣；重視立法，執法公允——著力完善法制體系，努力營造法治環境，盡力實現倫理本位與法律至上相結合的局面，但如何處理好道德與法律、德治與法治及立法與執法等關係仍屬任重而道遠的課題；輕徭薄賦，崇尚節儉——降低下層民眾的稅負，減輕普通民眾的負擔，擴張政治資本，擴充統治基礎，謀求社會上層的風清氣正與社會下層的勤儉持家相結合，但出現了國庫空虛、國力衰退、國人羸弱等不良現象；繼續均田，大興義倉——實施均田與授田、分權與均權、分地與均地、救濟與救助等政策措施，維護了權責關係，疏通了階層關係，緩解了民族關係，但出現了經濟凋敝、政局動蕩、民眾懶惰等不良後果。另外，統治階級對周邊少數民族政權尤其是邊疆少數民族群體採取了"愛之如一"、和親友好、恩威並重和保衛邊防等多種政策，帶來了邊疆穩定、民族交融、社會和諧等局面，但能否健全和完善懷柔與掌控、集權與分權等相互關係尚需經得起歷史的考驗、實踐的檢驗和時間的效驗。

其七，"武周革命"——武則天臨朝稱制，改唐建周，謀奪了李唐社稷，剪除了李唐宗室，其後又因"神龍革命"，重建唐朝並恢復唐制。這一階段唐朝大開科舉之門，創新用人制度，如提高進士科的地位，並創設了武舉、自舉、試官等多種制度，為寒門弟子開通了晉升通道，為莘莘學子搭建了仕途平臺，為熱血青年鋪墊了制度基礎；出兵西域地區，驅逐吐蕃勢力，清理關隴集團及其依附者，使得北周以來的既得利益集團土崩瓦解，

---

① （清）王夫之：《讀通鑒論》卷二十。

② 《易傳·系辭傳下》。

為鞏固邊防、安撫邊民和發展經濟創造了條件；重視農業生產，夯實農業經濟，服務農業人口，如提倡“勸農桑，薄賦徭”，制定“田疇墾辟，家有餘糧”者獎勵、“為政苛濫，戶口流移”者懲罰等政策；修訂《姓氏錄》，抑制門閥士族並任用普通地主，符合當時社會發展趨勢。

其八，“開元之治”——亦稱“開元盛世”，形成了社會發展的新標杆和文化建設的新尺規，由此進入唐朝中興時代或復興時期。我們以其所暢行的文教政策和所追求的社會思潮為例，首先，其一改武則天時代奉行的佛教高於道教、尊崇佛教而貶抑道教之制，轉而推行道教優於佛教之策，實施以清靜無為思想為宗旨的文教之策和治國之道。其次，在官僚體制、用人制度、稅收政策、兵役制度等方面，亦有創制之行和創新之舉，如裁汰冗官，整頓吏治，即通過瘦身官僚隊伍，精簡管理人員，實現提高政治效能的效果；選賢任能，虛心納諫，即通過配備精幹人員，開通進言通道，實現政令暢通和政通人和的目標；固定地稅戶稅，整頓賦稅制度，即通過稅制改革，調整稅負結構，實現減輕民眾負擔，促進社會和諧的目的；整頓戶籍，搜刮隱戶，即通過清查冒牌“士族”和搜刮避役的遊食之民，或檢刮逃戶和籍外占田，實現戶籍管理的效果。最後，變府兵為募兵，改革軍制等方略，提振了民眾信心，提升了國防實力。

第二，唐朝後期，政治核心雖未變，但經濟重心發生了轉移，導致政治中心與經濟中心的合體狀態變為分體格局。這一方面動搖了政治統治的經濟基礎；另一方面削弱了經濟發展的政治保障，造成了政治隱患和經濟風險。

其一，“安史之亂”——這一千古流傳的事件的影響既廣泛又深遠，主要包括經濟重心南移到了江淮地區後，統治階級由直管到遙控經濟建設，由直接到間接獲取經濟利益，一定程度上弱化了政治生態，優化了經濟環境。加之西北邊患愈演愈烈，釀成了兵連禍接的藩鎮割據，這些既基於均田制的瓦解和府兵制的崩壞，也緣於節度使權力的膨脹和統治者生活的腐化。在這之後，盛唐的歷史終止了，興唐的使命凸顯了。

其二，實施“兩稅法”——開啟了挽救大唐基業的制度設計與實施措施。伴隨著均田制和租庸調制的功能式微，雜糅著連年戰爭和殘酷戰事的消極影響，借鑒曾經效果顯著的戶稅和地稅等稅賦制度，助力搖搖欲墜的封建國家的重建和多種民族的重生，屬於利在當下和功在千秋的偉業。“唯以資產為宗”，即按田畝和資產徵稅，減輕了無地和少地農民的賦稅負擔，擴充了稅源且擴大了納稅面，增加了國庫收入，簡化了徵稅名目，制止了橫徵暴斂，緩和了階級矛盾等，因為在封建社會稅收是滿足統治集團的私欲和保障整個社會運轉的必要條件，而稅負則是平衡社會各階層的利益關係和普通群眾的民心所向的基礎力量。

其三，“朝宦之爭”—— 朝官與宦官之爭，維權與分權之鬥，權利和權力時刻在掌控與空置間搖擺不定。“甘露之變”表明宦官專權、皇權旁落、政權危機等境況，影響著國家興衰與民族危亡。封建國家的組織架構及各個行政層級的官僚體系，以及其政治生活的行為方式和精神生活的思維方式，決定了整個社會結構是否穩定和社會運行是否有序。

其四，“牛李黨爭”——唐朝後期，朝官內部長期、慘烈的朋黨之爭。它根源於科舉選仕和門蔭取仕之別，而引發的朋黨間政見相左和政論不合，致使政治關係和權責關係在激烈的思想紛爭中艱難地存活下來。

第三，唐朝時期的民族關係是多元民族主體的廣泛而深入的交流、交往和交融關係，這是封建社會前此階段處理和解決民族社會問題的歷史性總結，也是此後時期處理和解決民族發展問題的開創性舉措。

其一，唐朝與突厥的關係——建立少數民族政權，危及民族統一大業。突厥屬匈奴的別支，興起於北魏末年，建國於 6 世紀中葉，分裂於 6 世紀末期，其中唐太宗於 630 年消滅東突厥，唐高宗於 657 年剿滅西突厥。

其二，唐朝與西域各族的關係——形成了復雜的漢民族與少數民族的利益關係，延續了長期的中央政權與邊疆重鎮的交流關係。隋末唐初，中原與西域的關係是封建統治階級不能不解答的政治命題，是建立分級的隸屬關係和分層的管轄關係，還是構築平等的交流關係或共生的治理關係，考量著統治者的政治智慧和政治抱負。唐太宗設置“安西四鎮”，統轄西域各族且對高昌、焉耆、龜茲、于闐、疏勒等五個王國實施懷柔政策，鞏固和發展了中原與西域的雙邊關係。“安史之亂”前後，吐蕃進擾且控制了西域，使中原與西域的雙向關係愈加緊張。

其三，唐朝與吐蕃的關係——建立了良好的民族關係，促進了良性的漢藏民族文化交流事業。唐朝初年，松贊幹布統一了興起於 6 世紀的吐蕃各部，奉行了“漢藏和親”政策，開創了吐蕃經濟社會發展的新階段，迎來了漢藏民族文化交流的新時期。9 世紀以後，吐蕃內政不穩，內亂不止，終被回鶻取代。

其四，唐朝與南詔的關係——協調中原地區與西南邊陲的地域關係，探索中央政權與地方政權的管轄關係。唐朝初年，西南地區洱海周邊建有六詔。738 年，蒙舍詔統一其他五詔，唐玄宗冊封南詔首領為“雲南王”，南詔政權為合法政權，且與唐朝保持友好關係。794 年，南詔不堪吐蕃之奴役，曾向唐朝遣使求和與修復關係。唐朝與南詔互有用兵，戰事和求和交錯進行，使得雙方經濟和文化交流延續下來。

其五，唐朝與渤海的關係——承認少數民族政權，維護民族和諧關係。713 年，唐玄宗封粟末首領為“渤海郡王”，建立了渤海國，並統屬於唐朝，確立了隸屬與管轄關係，確保了一方國土的安寧和一地國人的幸福。

第四，唐朝的對外關係或國際關係——多方位的交流與比較關係，多方面的影響與制約關係，多層面的平衡與制衡關係。

其一，唐朝與朝鮮半島三國的關係。唐朝統治者憑藉經濟社會發展所積累的物質基礎、政治體制機制創新所創造的政治資本和思想文化建設所積蓄的精神財富，而擁有了在世界舞臺上，尤其是在周邊國家中開展多邊外交並樹立民族形象的資本與實力，由此創造了中國社會和中華民族進入文明發展階段以來外交工作的新局面和國際關係的新時期。例如，利用高麗、百濟和新羅的三角關係，採取聯合與分割、攻打與綏靖及人員往來與利益均沾相結合的方式，建立了大國與小國、強國與弱國、中國與外國的睦鄰關係。642 年，高麗聯合百濟進攻新羅，新羅遣使求救於唐朝，唐太宗於 644 年率軍征討高麗，無功而返。660 年，唐高宗派兵消滅長期依附高麗的百濟。668 年，唐高宗乘高麗內亂之機，一舉滅之。唐高祖冊封“樂浪郡王新羅王”，新羅統一朝鮮半島後仍冊封“雞林州都督新羅王”，致使唐朝與新羅保持頻繁的經濟互通和文化交流關係。

其二，唐朝與日本的關係。大唐盛世的社會局面牽動著東鄰島國及其居民的神經中樞，加之日本社會各階層對中華民族及其傳統文化仰慕已久且趨之若鶩，故當時的政治家、思想家、宗教家等唯恐錯失與中國社會和中華文化親密接觸的機會，應該說這是“蕞爾小國”依靠天朝上國並由落後國成長為先進國的必經之路。一般而言，唐日交往與交流仰賴於遣唐使和民間宗教組織的頻繁互訪與彼此親近，於是遣使次數之多，來華人數之巨，隨員結構之雜，持續時間之長，社會影響之深，各界評價之異，堪稱前無古人之壯舉，或絕無僅有之偉業，尤其是留學生和學問僧（留學僧）把唐文化帶回日本，對日本的政治制度、經濟體制和文化類型產生了重大影響，對日本人日常生活的行為方式和精神生活的思維模式產生了巨大作用，如平安京的修建、班田制的推行、租庸調的推廣及《大寶律令》的頒行等，無不印記了唐朝與日本的源流關係。阿倍仲麻呂、吉備真備、玄昉等人，因共同的興趣與愛好——學習漢語和研習漢文化而共擔使命——出使中國並引進先進文化，從而青史留名，特別是阿倍仲麻呂改名晁衡實現了由入境問俗到入鄉隨俗，結交文人而成就詩書，匯入科舉而仕途通達，長住帝都而權傾朝野，歸心似箭卻命運多舛等歷史故事，無不佐證了中華民族與大和民族的往來關係。“入唐八家”是日本平安初期來唐留學並帶回密教經典以廣弘密教之八位僧人，他們來華之前已熟讀佛教經典及宗教教義，形成了虔誠的宗教信仰，並創立了宗教流派，甚至發展了宗教學派，但為了求取原汁原味的宗教文化內涵還是歷盡千辛萬苦遠渡重洋、拜師學藝以精進佛學，這不但在日本佛教史上傳為佳話，在中日文化交流史上成為美談，還在中日宗教文化比較和交流史上創造了奇跡。鑒真和尚為了彰顯源於印度、化於中國的佛教文化的內生力量與外展功能，不顧體弱多病而毅然決然地東渡日本，普度嗷嗷待哺的日本國民特別是佛教信眾，其一行人不但帶去了佛教經典，傳去了佛教精神，而且在日本國土上修建了佛教設施，拓展了佛教領域，其本人也由此成為中日宗教界世代敬仰的傳法大師和傳教大師，如在東大寺建壇授法，滿足日本人渴求宗教文化慰藉的民族心理；營建招提寺，弘布律宗教理，傳播建築學、醫藥學等知識，促進了中日兩國人民多方位、多層次、多維度的思想文化交流。

其三，中國與東南亞諸國的關係。中國與東北亞諸國自古就結成了千絲萬縷的多元外交關係，而全面開闢與東南亞諸國的多邊外交關係則屬於唐朝必需之舉措，包括與林邑（越南）、真臘（柬埔寨）、驃國（緬甸）、師子國（斯里蘭卡）、天竺（印度）等的關係，其中主要通過人員往來、進獻貢品、研習佛法等方式，達成傳播文化、密切關係、互通有無等目的。我們以唐朝與天竺的關係為例，唐太宗曾選派使者王玄策背負國家使命而幾度出使印度、拜會松贊幹布和看望文成公主，以強化睦鄰友好關係；指派名僧玄奘、義淨相繼西行，取回大量佛書佛經，促使佛教文化在中國遍地開花結果，且深入中華民族傳統思想文化結構體系，成為構築新型思想文化關係不可或缺的資源和素材。天竺的建築、醫學、音樂、舞蹈等傳入唐朝，提升了國人的藝術修養和審美情趣；唐朝的紙張和造紙術輸入天竺，加速了印度文明和文化發展的進程。我們認為文明古國的文明之旅所帶來的文明成果堪稱世界文明史上的文明之花。

其四，唐朝與中亞西亞和歐洲諸國的關係。古代的“絲綢之路”與當代的“一帶一路”一脈相承，薪火相傳，即起始於遠古且延續至今的絲路故事既是國人匠心獨運的歷史文化遺產，也是世人精誠合作的人文交流通道，既是曾經協調和處理中外關係的經典之作和歷史符號，也是現今拓展和創新中西關係的雙多邊機制和區域合作平臺，特別是“一帶一路”作為合作發展的理念和倡議，沿襲了“和平合作、開放包容、互學互鑒、互利共贏”絲路精神，由此中國與多國共同打造了政治互信、經濟融合和文化包容的利益共同體、命運共同體和責任共同體。我們梳理和審視唐朝與波斯（伊朗）、大食（阿拉伯帝國）、拂菻（羅馬）的關係，則可見識歷史交往之頻繁，經濟往來之深入，文化互動之關切，足以證明絲路話語的歷史意義與現實價值。我們以唐朝與波斯的關係為例，波斯人每當陷入政治危機或生活危難之時，首先想到的都是遣使入唐，求救擺脫危機之策和救民於水火之計，如波斯遭遇大食侵擾，在國家生死存亡關頭，唐高宗回應了入唐使節的哀求，不吝施救和施策，設置了波斯都督府，安定了波斯國的政治局面，安穩了波斯人的躁動心理；當波斯的社會平穩之時，波斯人則深入唐朝帝都腹地，其足跡甚至遍及中華大地，如波斯商人來華經商時長安、揚州、廣州等地留下了他們的足跡、身影和印記，而中國商人將絲綢輸入波斯，遠銷西方，則打開了中西關係或中歐關係的大門和通途。再如，儘管唐玄宗時唐朝兵敗於大食，但被俘兵士將中國的絲織品、造紙術等傳入大食，再傳入西亞、歐洲，連接了文明之橋樑，開啟了文明之旅程。唐朝與拂菻因“絲綢之路”而連貫起來，兩國商品貿易聯通起來，兩地文化、技術和藝術聯動起來。總之，憑藉“絲綢之路”，中國人與沿線國家共同寫就了歷史，造就了技術，成就了藝術，鑄就了文化。

第五，隋唐五代文化建設與發展——隋唐五代在世俗文化與宗教文化、本土文化與外來文化、官方文化與民間文化、主流文化與附屬文化、先進文化與落後文化、漢民族文化與少數民族文化等領域內和關係上頗有見地和建樹，其經營的文化陣地與搭建的文化高地，具有别具一格的風采和獨領風騷的魅力。

其一，宗教與哲學——深究宗教與哲學的關係，努力構建宗教哲學，目的是探求宗教哲學化和哲學宗教化的雙重效果。我們以佛教傳入與傳播、傳承的歷史軌跡來看，其經歷了由外來的宗教形態變為本土的宗教形態、由佛教貼近儒道二教獲得生存機會到儒道二教依託佛教獲取發展空間、由統治階級信奉的宗教信仰到民間社會奉行的宗教文化等演變軌跡。幾度轉型發展，幾經風風雨雨，逐漸扎實了自己的思想根基，豐實了自己的思想內容，樹立了自己的思想地位，積澱了自己的思想特點，彰顯了自己的思想價值。統治階級為了自身的統治需要和政治利益，大力提倡和宣揚佛教，廣施和弘揚佛法，闡釋和精進佛理，以及遍地建設佛教設施，如佛教的建築和門庭設施及法物、法器、佛教典籍等，這既促進了寺院經濟的長足發展，又促使宗教文化深入王公貴族和下層百姓等社會各階層，使佛教文化成為不同社會階層的心理寄託和精神食糧。通過創立佛教宗派或創建佛教流派，招募佛教信徒或招引佛教信眾，不斷擴大自己的服務群體和服務半徑，競相登場的宗派或亟待立足的流派有天臺宗、華嚴宗、法相宗、禪宗等，而以慧能為代表的禪宗因教義簡便易行、教規方便實用而逐漸壟斷佛壇。譯介佛教經典的數量和品質大幅提高，不僅助力了佛教思想的研究事業，而且助推了佛教文化的普及工作，如玄奘因精通漢梵，其譯文既忠於經意又語言流暢，既尊重了佛教經典的原始含義又提升了佛教教義的文化品位。此外，我們以其他宗教文化及其傳播為例，可以佐證宗教文化的多元化發展格局，如基督教之一的景教乃大秦人阿羅本於635年傳入中國；摩尼教於694年傳入中國，並在長安、洛陽和太原等建立摩尼寺；祆教即拜火教於北朝時傳入中國，至唐朝時頗為盛行，亦建有祆祠，但會昌滅佛時同遭禁止；道教被李姓唐皇帝大為尊崇，一度取代了佛教的政治地位和思想影響。我們以唯物主義思想的發展狀況為例，可以見證唯物主義和唯心主義“兩大陣營”的矛盾關係，即宗教唯心主義的產生和存在，必然促進唯物主義的立場、觀點和方法的發展和完備，如以傅奕和呂才為代表的唯物主義思想家提出人的“貴賤”與“祿命”和“葬法”無關、“人死壽夭，由於自然”等觀點，已經扛起了反對佛教理論和迷信說教的大旗，而柳宗元和劉禹錫又提檔升級了唐代唯物主義思想。

其二，文學與藝術——兩者類似孿生關係，形成了彼此孵化和共生共揚的內在關係；兩者又類似於伴生關係，一個打開了人類想象力的天窗，一個拓展了人類創造力的空間。我們以詩歌為例，“初唐四傑”興盛了詩歌，其詩作一掃萎靡的宮廷詩風，描寫了真實的生活樣態。中唐和盛唐的詩仙李白、詩聖杜甫和人民的詩人白居易共同繁榮了詩壇，其詩作千古流傳，享譽世界。唐詩與書法、藝術、音樂互相影響，亦和佛教、道教和儒家思想有密切關聯，為研究當時的語言、歷史、宗教和文化提供了重要參考。我們以古文運動為例，可知文學藝術既不能因偏重形式而忽視內容，也不能因注重內容而忽略形式；我們以傳奇為例，可知唐代小說的傳奇色彩和神奇地位，它既申明了中國古典小說的成熟，又推動了其後戲劇和白話小說的發展；我們以繪畫與書法為例，可知唐初的著名畫家如雨後春筍般湧現出來，而“顔體”“柳體”又具有登峰造極的文化藝術價值。

其三，史學與史論——定位史學成就和定性史論價值，實際上是開展“以史為鏡”的吸取歷史經驗和“以史為鑒”的汲取歷史教訓等工作。我們以隋唐五代的史學成就為例，其確立了官修史書制度，自此紀傳體的正史、國史多出自官修和國辦，宰相監修成為定制或定例，由此引發了中國古代社會史書編纂制度的重大改革，對後世時代修史制度產生了重要影響。例如，隋文帝時詔令“禁絕”私人“撰集國史”；唐太宗時專設史館，置史官修撰前代及本朝歷史，例由宰相監修；出現了紀傳體史書，或為通史，或為斷代史，或為評論史，其數量之多、覆蓋之廣、價值之高和影響之深等令人肅然起敬。

其四，科學與技術——科學研究的基礎作用和技術推廣的應用價值互為表裏，因為以科學研究為前提的技術則如有“源頭活水”，而無科學研究支撐的技術則如“無本之木”，歷史和現實證明了科學與技術為同體不離或一體兩面的關係。中國人與生俱來的好奇心和刨根問底的求知欲，蘊育了自然哲學上的陰陽五行學說和自然科學界的諸多天文學家，如張遂與梁令瓚共同製成了黃道遊儀和水運渾儀，藉以觀測天體和天象，從而發現了恒星移動現象，詮釋了日月五星的運行規律；張遂修制的《大衍曆》確立了世界上最先進的曆法，又製作了“復矩圖”，成為世界上實測出子午線1°的長度的第一人。隋朝巢元方的《諸病源候說》填充了中華文明寶庫的空位，加重了人類戰勝各種身心疾患的砝碼。唐代精通醫藥、會通老莊、學通佛教和道教的孫思邈著有《千金要方》和《千金翼方》，因其醫術高明、醫德高尚、重視養生、濟世活人等無量功德，唐太宗贊曰：“鑿開徑路，名魁大醫。羽翼三聖，調合四時。降龍伏虎，拯衰救危。巍巍堂堂，百代之師。”宋徽宗敕封為“妙應真人”，後世尊稱為“藥王”。隋朝李春運用工程力學的理念和方法設計並建造了趙州安濟橋，成為我國現存最古老、最完好的石拱橋，這是排解水患、惠及民生的自然遺產，也是因地制宜、巧奪天工的藝術傑作。宇文愷運用城市規劃思想和建築設計理念設計並建造的長安城由宮城、皇城和外郭城三部分構成，其建築之精細、規劃之科學、設計之精美、體量之巨大、佈局之嚴謹，堪稱古今建築之樣板、規劃之範本和設計之母版。唐朝的雕版印刷術“前承”漢代發明和使用的造紙術，“後啟”宋代發明和使用的活字印刷術，享有“活化石”之譽，作為非物質文化遺產之一，驗證了中國古代勞動人民的創造智慧與創新能力，也向世界宣示了文明古國的原創能力和創新精神。

總之，走過初唐、盛唐、中唐和晚唐的唐王朝，作為朝代已經進入歷史檔案了，作為時代已經壽終正寢了，作為古代已經不可逆轉了，但其在政治、經濟、思想文化及外交關係或國際關係的各個領域都貢獻了“承前”和“空前”的成就，也奉獻了“啟後”和“絕後”的成果，在歷史長河、文化長廊和外交長卷中，唐王朝的事例應該大書特書，唐王朝的作為需要歷史點評，唐王朝的功業值得頂禮膜拜。

2. 唐朝的廟號、皇帝姓名和陵號或陵名的對應關係

唐太祖李虎（追封）——永康陵、唐世祖李昞（追封）——興寧陵、唐高祖李淵——獻陵、唐太宗李世民——昭陵、唐高宗李治——乾陵、則天女皇武曌——乾陵、唐中宗李顯——定陵、唐睿宗李旦——橋陵、唐玄宗李隆基——泰陵、唐讓皇帝李憲（追謚）——惠陵、唐肅宗李亨——建陵、唐代宗李豫——元陵、唐德宗李適——崇陵、唐順宗李誦——豐陵、唐憲宗李純——景陵、唐穆宗李恒——光陵、唐敬宗李湛——莊陵、唐文宗李昂——章陵、唐武宗李炎——端陵、唐宣宗李忱——貞陵、唐懿宗李漼——簡陵、唐僖宗李儇——靖陵、唐昭宗李曄——溫陵、唐哀宗李柷——和陵。附：孝明高皇后楊氏——順陵。

3. 唐朝帝陵之主要特點及思想文化價值

第一，“唐承漢制”或“唐仿漢制”。漢、唐兩個鼎盛時期的封建王朝在政治制度、經濟體制和思想文化規制上具有一定的可比性和前後的參照性，如以“依山為陵”為例，則可以看出漢、唐王朝在喪葬制度、生死文化、園陵制度、建築理念、靈魂觀念、風水理論等方面具有“古制今用”或“今仿舊制”“多依典故”或“遵守成式”這種由前而後、彼此呼應的顯著特點。我們認為，沿襲古制，遵守古法，目的是找尋歷史起點和文化原點，而作為歷史起點的古制又是“高點”而非“低點”，文化原點的古法又是高地而非窪地，這就是中國傳統文化所養育的中國人的傳統思維方式和行為方式。一般認為，“依山為陵”的陵園建制並非始於唐朝，唐朝亦非僅僅盛行“務從儉約”的“依山為陵”或“以山為陵”的山陵制度，因經濟原因不得已而“封土為陵”或“堆土成陵”的喪儀制度下構築的唐陵歷歷可數。“依山為陵”或“依山建陵”起源於西漢文帝劉恒的霸陵，起因於統治階級試圖以封建社會的薄葬制度廢止奴隸社會的厚葬制度的統治原則，也基於歷朝歷代防止盜掘或盜墓、棄屍或暴屍等有悖人倫道德和社會風習的歷史經驗與教訓，緣於為了顯示初唐、盛唐時期統治階級中最高統治者的生前和死後的威勢或氣勢，以及為了解決中唐、晚唐時期國家意志——實行薄葬制度與民間行為——隆喪厚葬和喪葬越禮之間的階級矛盾，以期實現自上而下、上行下效的統治目的。我們還應該特別關注“依山為陵”的形制，它體現了人們對高山、奇山、大山或靈山這種自然資源及其周邊地理環境和人文環境的充分認識、利用、改造和維護的思維方式和行為方式，即它借助山體，憑藉山峰，利用山形，活用山勢，整合山水，張揚威力，最終形成了自然之形與人為之勢的嫁接與統一。不過，由於唐陵集中建於關中盆地，其地形、地貌、地質和地勢存有顯著差異，故唐陵可分為“封土為陵”或“堆土成陵”和“依山為陵”或“因山為陵”兩大類，其中“封土為陵”或“堆土成陵”實指“依高原為陵”，即建於高原上的覆鬥形土冢，包括獻陵、莊陵、端陵、靖陵，而“依山為陵”或“因山為陵”實指“依山嶽為陵”，即利用圓錐形的孤山之自然形勢，在山南面鑿墓室而成陵，包括昭陵、乾陵、定陵、橋陵、泰陵、

建陵、元陵、崇陵、豐陵、景陵、光陵、章陵、貞陵、簡陵。這說明決定或影響陵園建築的要素和因素除了政治、經濟和思想文化等主客觀條件外，自然條件或周邊環境有時也起著巨大的、顯著的作用。因此，在分析帝陵神道及其思想文化的歷史與規制、內涵與特徵、功能與價值時，必須確立綜合的、辯證的思想認識和思維方式。

第二，“唐改前制”或“唐立新制”。在墓葬制度、喪葬禮制和建築規制上，唐朝一改此前封建王朝普遍實行且漸成定制的“坐西向東”的舊習，強力推行“坐北朝南”的新制，這體現了歷史發展和文化積澱過程中的連續性與非連續性相統一的顯著特徵，尤其是體現了人們在喪葬思想、風水意識、方位觀念及靈魂學說等方面的根本變化。對於唐陵在形制上的變化，學界多有論述，如“唐代的皇陵均為坐北朝南，而一般貴族或平民墓葬，已發現者也都是南北方向，即墓道在南，墓室在北，墓主多頭北足南而葬。如果說皇陵依此方位是適應上陵祭祀需要的話，一般的唐代墓葬似無此必要。有人認為這是受了中國傳統文化方位觀的影響。中國文明主要發源於黃河中、下游地區，位於北半球 35 度左右。北方寒冷，南方溫暖，歷代建房大都坐北朝南。因而，古代中國對南方感情較深，而對北方則多少有一些恐懼感。將死者葬於城邑的北方，死者的頭朝著北方，因為傳說北方是鬼魂要去的地方”①。“我國古代皇帝陵，自春秋戰國時趙肅侯的壽陵起，以坐西向東，方形封土堆式為主。隋唐以後逐漸發展演變成坐北向南依山為陵式。這兩種模式，在確定陵址時有以下共同之點：一是歷朝歷代都有自己的陵區，如無特殊情況，本朝皇帝去世後，都埋在陵區之內；二是為了便於保護、管理、供奉以及朝拜祭祀，陵區往往都修建在離京城不遠的地方；三是陵區的位置大都選擇在很少發生水災、地勢比較高峻之處。比如位於咸陽周陵鄉以公陵、永陵為主的先秦陵區；位於湖北楚都紀南城周圍的楚陵區；位於咸陽北塬的漢代五陵塬和位於北京近郊的明十三陵，也是符合歷代帝王陵址的基本規律的。唐陵只是鑒於堆土式陵墓每每被盜的教訓，改變了封土為陵的形制，開創了依山為陵的先河罷了”②。我們認為，“唐承漢制”或“唐仿漢制”屬於“復興之舉”，即找尋經濟社會發展和思想文化建設的歷史基因，而“唐改前制”或“唐立新制”則屬於“振興之策”，即找准經濟社會發展和思想文化建設的現實動因。一般認為，“復興”是恢復曾經有過的興盛狀態，“振興”是創造從未有過的輝煌狀態，而追求“復興”與“振興”的一體推進和統一發展之路，則是社會進步、經濟繁榮和文化昌明的良性運行軌跡。

第三，突出“以方為貴”“以上為尊”的思想。這種思想意識和價值取向，其實是“以山為上”“以山為尊”的借喻、轉義和延伸。統治階級為了充分展示他們對政治利益的渴望和對文化訴求的願望，往往把自然事物和自然現象與社會事物和社會現象結合起

① 陳安利：《唐十八陵》，中國青年出版社 2001 年版，第 6—7 頁。

② 同上書，第 17 頁。

來，以期借用自然事物和自然現象及其所蘊涵的規律或本質，表達關於社會事物和社會現象的立場、觀點和方法，可見“山勢”與“政勢”之間存在著由此及彼的內在關係。在諸多自然要素所構築的自然環境和諸多自然因素所形成的自然條件中，山（孤峰、群山、山脈）的自然狀態常被人們認識和利用，特別是其思想內涵和文化底蘊常被統治階級發揮到淋漓盡致的程度，這是因為山立於地上，居於上層，具有“立”和“壓”的雙重功效；山沖出底線，或挺拔，或屹立，或巍峨，或險峻，或壯觀，具有“威”和“鎮”的綜合功能；山高出平面，或俯瞰，或阻隔，或導引，或威懾，具有“統”和“領”的不同功效。“山水之間，風光無限”，統治階級往往借助山水相映、山水一體等自然狀況，追求一統、一系或一脈相承的社會局面尤其是政治局面。人類社會根於水系，源於水流，興於水域，本於水氣，旨於水勢，水成為人類的血液和命脈，也成為人類的思源和哲理。關於這一點，古希臘哲學家和古中國思想家，不約而同地提出了“水是世界的本原”的人類命題。人類社會立於山系，緣於山脈，仰於山峰，用於山體，借於山勢，山成為人類的依託和寄託，也成為人類的信仰和追求。這一點，被歷代傳承下來的作為現實世界與彼岸世界的聯繫紐帶的陵園建築尤其是皇帝陵園不斷證實。

第四，遵守或突破等級制度和序列觀念。等級制度和序列觀念主要是在封建社會發展成熟起來的根深蒂固的社會制度和傳統觀念，它浸潤於社會政治、經濟和思想文化的各個領域和不同層面，成為規約社會結構的穩定性和社會運行的有序性、人們的物質生產與生活的過程與效益以及精神生產與生活的進程與效果的主要工具和重要力量，或滲透進了各種群體的內部結構和各色個體的內心深處，逐漸演變為群體和個體的固有意識與固定行為。固守傳統，堅守序列，意味著人們依然存活於歷史情景之中，致使社會各階層不得不用心咀嚼著歷史資源的良莠，不能不始終接受著歷史故事的洗禮。突破傳統，重建序列，表徵著人們活動於現實世界之中，致使居於某個社會階層或位於某些社會群體的人必須精心創造著現實社會的物質資源，必然不斷創新著現存社會的精神財富。只有把固守傳統、安於序列與揚棄傳統、重塑序列有機結合起來，尋找保持與創新的結點和節點，探索歷史與現實的鏈結與過渡，才能夠在歷史畫卷的展開與現實答卷的寫就之間找到通古達今的通路。

第五，歷史跨度與思想深度。唐王朝的歷史發展走過了初唐、盛唐、中唐和晚唐等幾個階段，因每一階段的社會目標、政治任務、經濟狀況和文化水準參差不齊，故投放於陵園建築上的有效資源各有所長，配置在帝陵神道文化建設的扶持政策不可勝計，導致各個歷史時期所營建的皇帝陵園的規模、形制、規制、禮制、禮俗、禮節、習慣、習俗、風俗、風氣等千差萬別。如果從帝陵選址的方式、營建時間的早晚、建築週期的長短、建築材料的好壞、護陵守陵的人選、昭穆次序的落實、陪葬合葬的設計等方面來看，可以說唐朝帝王所制定和執行的陵寢制度、所宣導和推行的陵寢文化，既呈現為軒輊有別的景況又表現為殊途同歸的結局。具體而言，唐朝僅有兩座帝陵的陵名（陵號）為後人追封，即唐太祖李虎的“永康陵”和唐世祖李昺的“興寧陵”，而且選用雙字定位陵名（陵號），這種歷史文化現象在唐朝帝王之中絕無僅有，也符合封建社會一些朝代對於開疆破土的鼻祖、功高蓋世的先祖予以追封的歷史慣例。“一些開國皇帝登上帝位以後，在給自己的父祖追尊帝號廟號的同時，也會給他們追尊陵號。這些被追尊的皇帝，可分為兩類。一類本身就是真正的創業者，子孫能當上開國皇帝，完全是繼承他們的餘緒。只是在他們的有生之年，並沒有僭越稱帝而已。這些事實上的創業者有魏武帝曹操、晉宣帝司馬懿、成漢景帝李特、前涼武王張軌、前燕宣帝慕容廆、北齊神武帝高歡、北周文帝宇文泰、後唐太祖李克用、楊吳太祖楊行密、閩太祖王審知、西夏太祖李繼遷等，他們自己默默‘奉獻’一生，把踐祚的光榮留給子孫，子孫給他們追尊陵號，確實是實至名歸。一類本身並沒有特殊之處，子孫的帝位，完全是靠自己打拼出來的。子孫當皇帝後，尊及父祖，給他們追尊了陵號。”① 皇朝的奠基者與皇位的開創者、皇權的繼承者的廟號和陵名（陵號）鮮見如此之別，也讓後人不得不絞盡腦汁、費盡心機去破解此難題，即其餘帝陵的廟號、皇帝姓名和陵名（陵號）均為規整的對應關係，且皆以單字命名陵號或陵名，具體包括“獻”“昭”“乾”“定”“橋”“泰”“建”“元”“崇”“豐”“景”“光”“莊”“章”“端”“貞”“簡”“靖”“溫”“和”“惠”，其中一些單字曾被廣泛使用，如“定”“景”“昭”“惠”等，而另一些單字則首次出現，如“獻”“乾”“橋”“泰”“建”“元”“崇”“豐”“光”“莊”“章”“端”“貞”“簡”“靖”“溫”“和”等，其所選用的單字意蘊深厚且所指明確，要麼內含政治意圖，要麼追求文化價值；要麼擷取儒家學說，要麼推崇宗教信仰；要麼彰顯個人的價值取向，要麼突顯統治集團的價值追求；要麼關切傳統文化的構成要素，要麼關注普通民眾的民生需求，等等。我們通過挖掘文字背後的文化所指、思想內涵和哲學見地，可見歷朝歷代的統治階級在建築帝陵時的精心規劃和耐心謀劃，以及在經營神道思想文化尤其是中國帝陵神道思想文化時的用心良苦和常抓不懈。

第六，固守本土文化與援用外來思想。在階級社會中，統治者挖空心思地把持著最高權力機關的運行狀態，事無巨細地掌控著行政建制的各個環節，唯恐外族、外戚、外姓謀奪手中的權柄，害怕本宗、本族、本家篡奪現行的政權，不管是處於統一的封建集權國家還是分裂的封建割據國家，不管是經濟社會和思想文化正常發展的良性狀態還是處於經濟社會和思想文化異常發展的惡性狀態，不管是漢民族建立和經營的統一國家還是少數民族建立和經營的民族國家，不管是外來思想文化尚未傳入和影響中國社會的某個朝代還是外來思想文化已經植入和左右中國社會的不同時期，不管是單一的東方思想文化傳入和影響中國社會的歷史階段還是復合的東西方思想文化共同深入影響中國社會的歷史過程，我們

① 李文君：《皇帝的名字》，中華書局2012年版，第230頁。

均可見證固守本土文化的重要性和援用外來思想的必要性，這是人類社會進入文明發展階段以後必然面對的問題和必須回答的課題：究竟是執意行走在故步自封的狹隘民族主義道路上，還是決意行進在相容並蓄、開放包容、互利共贏、多元一體的歷史征途上，它檢驗著每一個國家、民族和地區的執政者或當權者的政治智慧及人民群眾的社會心理。

（三）五代十國時期帝陵之系譜及思想

1. 五代十國時期的廟號、皇帝姓名和陵號或陵名的對應關係

第一，五代時期。後梁太祖朱溫——宣陵、後梁末帝朱友貞（無陵名），後唐莊宗李存勗——伊陵、後唐明宗李亶——徽陵、後唐末帝李從珂（無陵名），後晉高祖石敬瑭——顯陵、後晉出帝石重貴（無陵名），後漢高祖劉知遠——睿陵、後漢隱帝劉承祐——潁陵，後周太祖郭威——嵩陵、後周世宗柴榮——慶陵、後周恭帝柴宗訓——順陵。

第二，十國時期。吳楊渥——紹陵、吳楊隆演——肅陵、吳楊溥——平陵，前蜀王建——永陵、前蜀王衍（無陵名），後蜀孟知祥——和陵，南唐李昪——永陵、南唐李璟——順陵、南唐李煜——金陵，南漢劉隱——德陵、南漢劉龑——康陵、南漢劉玢（無陵名）、南漢劉晟——昭陵，楚馬殷（無陵名）、楚馬希聲（無陵名）、楚馬希範（無陵名）、楚馬希萼——金陵、楚馬希崇——金陵，吳越錢鏐（無陵名）、吳越錢元瓘（無陵名）、吳越錢弘佐（無陵名）、吳越錢倧（無陵名）、吳越錢俶（無陵名），閩王審知——宣陵、閩王鏻（無陵名），閩王曦（無陵名）、閩王延政（無陵名），南平高季興——高陵、南平高從海（無陵名）、南平高保融（無陵名），北漢劉旻（無陵名），北漢劉均（無陵名）。

2. 五代十國時期的社會狀況

介於唐末和宋初的五代（公元907—公元960年）十國（公元902—公元979年），因襲唐朝政治制度而保有前朝的內容和痕跡，關聯宋朝政治制度而具有後朝的徵兆和趨勢。從總體來看，這一時期處於南北分治、政治分野、政權分庭的社會局面，且南強北弱、南安北亂、南禪北儒的社會格局始終未有改變，不管是依次更迭的五代的稱王稱藩，還是共存共生的十國的稱王稱帝，皆屬於藩鎮割據狀態下的獨立王國，其實質是在夾縫中求生存和謀發展的分裂時期，這一特點印記在思想文化建設尤其是民族傳統文化建設之特殊層面和維度上，使之在維護共性特徵時又表現出個性特色。

3. 五代十國時期帝陵之思想文化解讀

第一，五代時期的帝王有陵號或陵名者居多，無陵號或陵名者偏少，而十國時期的帝王有無陵號或陵名者基本持平，且基本屬於沿用陵號或陵名者；追尊皇帝的陵號或陵名亦延續下來——作為一種政治慣例，主要包括登上帝位者追尊實際創業的父輩或祖輩、繼統

皇帝追尊親生父輩或祖輩、新皇帝追尊曾經做過太子或讓位的兄長等。陵號或陵名是繼位皇帝、在位皇帝或權臣、重臣或普通民眾對先帝、先皇、先王的禮貌性稱呼，目的是在全社會營造尊崇皇權、崇敬皇位、崇拜皇室的環境和氛圍。一般認為，有陵號或陵名者，沿用的情形大同小異——表示吉祥、嘉美、平穩、永固、長久、高大、堅實、威嚴等含義，比如“宣陵”“顯陵”“平陵”“紹陵”“永陵”“和陵”“康陵”“金陵”“高陵”“順陵”等；棄用的原因不一而足——回避或規避人名、地名與帝陵、皇陵的陵號或陵名一致等情形，如無陵號或陵名者、改陵號或陵名者；新用的情況亦不鮮見——尊崇皇帝的個人喜好，迎合當時的社會風氣，契合當地的風土人情，譬如“伊陵”“徽陵”“睿陵”“穎陵”“嵩陵”“慶陵”等。

第二，沒有陵號或陵名者，原因所在多有，主要有亡國之君、非正常死亡的皇帝、被權臣廢掉的皇帝及皇帝本人無此需求等情形。具體言之，五代時期的陵號或陵名除了沿用者外尚有創新者，而十國時期的陵號或陵名除了不設者則無創新者，反映了社會動蕩、人心不古、文化疲軟、思想滑坡等社會現實。陵號或陵名作為一種禮節性的稱號、紀念性的稱謂，成為評定陵寢制度是否完善和陵寢文化是否深厚的重要指標之一。

六　宋遼夏金時期帝陵之系譜及思想

（一）社會歷史條件及其決定作用

960 年，宋朝建立，定都開封，雄踞中原，史稱北宋。1127 年，發生“靖康之難”，遷都杭州，盤踞江南，史稱南宋。1279 年，漢民族建立的王朝——宋朝滅亡。1271 年，蒙古族建立的王朝——元朝誕生，於是在宋、元間開創了中華民族大家庭中不同民族輪流執政、交替掌權的局面，而且宋元時代位於封建社會的中間階段，處於封建經濟文化的鼎盛時期，屬於當時世界格局的封建帝國，居於中華文明領先世界的最後時期。在時長或時限相對均衡的北宋和南宋即“兩宋”依次存續期間及前後，還出現了契丹族建立的遼朝（公元 907—公元 1125 年）、黨項族建立的夏國（公元 1038—公元 1227 年）和女真族建立的金朝（公元 1115—公元 1234 年）等三個少數民族政權，由此在中國歷史發展的長河中形成了漢民族掌握的中央集權和少數民族把持的民族政權並存的格局。

宋朝（公元 960—公元 1279 年）前期和中後期所擁有的政治資源或政治資本、所處於的政治環境或政治氛圍、所面對的政治關係或政治格局、所涉及的階級關係或民族關係、所觸及的國際關係或外交關係、所經營的文化類型或文化資源等方面，具有歷史發展的時代性和歷史分期的階段性等特徵。宋朝統治階級採取了一系列旨在加強中央集權、推動社會發展、推進文化建設、改進國家關係、促進民族和諧等的政策和措施，產生了一定的社會效益、經濟效益、政治效益和文化效益，出現了社會進步、經濟發展的事實和態勢，擴展了海外貿易的領域和層次，拓寬了國際交流的渠道和範圍等，也帶來了內外矛盾的發展尤其是階級矛盾的激化。遼朝、夏國和金朝等少數民族政權除保全本朝、本地、本族的歷史和傳統、宗教和文化等原有利益之外，還青睞於漢族長期經營的政治制度、經濟體制、文化傳統等社會資源，垂涎於其疆域、國土、物產等自然資源，偏愛於其風俗習慣、風土人情、人文化成等精神資源，故我們必須在宋朝與遼朝、夏國、金朝的相關性意味上研究各自的獨享資源與彼此的共用資源。根據學界和同仁的研究成果，結合研究主旨和視閾，我們擷取了一些對同期或後期所建造的帝陵有著深刻影響的要素和因素，以佐證我們的想法和觀點。

第一，完善和擴充了科舉制度——中國古代官僚選拔考試制度，夯實了官僚機構的社會基礎，實行了"守內虛外"的國家政策，儲備了行政機構的人力資源，創新了權力運行的體制機制，營造了"崇文抑武"的社會風氣。隨著體制的轉變，國家所需要的人才的類型、規格、數量、結構及特徵亦會不同，而科舉制度便成為統治階級實現政治目的和莘莘學子達成人生目標的必經通道。科舉制度起源於漢代為登用人才舉行的"鄉舉里選"，經過六朝時代的"九品官人法"，定型為隋朝的書面考試制度以及皇帝親自主考的殿試制度，至於唐朝後期開始發揮實質性作用即科舉官僚掌握政界實權，到了宋朝則非科舉出身難以成為各級政府首腦即當時的社會政治秩序被科舉制度的受益者組成的精英集團左右。總體來說，北宋時期嚴格考試和錄用制度（鎖院、湖名、謄錄等），規範選拔程式和嚴肅監督紀律；增加錄取名額和比例，暢通晉升渠道和路徑；提高被錄取者的政治地位和生活待遇，規劃被錄取者的政治生涯和人生軌跡；廣納地主階級知識分子參政議政，保持行政系統和學術機構的正常運轉與服務成效；尤其是納入中央集權體制者，自然會為當政者分憂解難，成為瓦解藩鎮體制的重要力量。但是，由於大量增加錄取人數，擴大選拔範圍，使得備用或入仕的科舉官僚存在魚龍混雜等現象，導致官僚隊伍膨脹，甚至造成人浮於事的弊端，以致出現積貧積弱的隱患，增加了財政負擔和民眾稅負；特別是一些科舉考試失意者會成為藩鎮幕僚，為藩鎮割據出謀劃策，成為助推藩鎮跋扈的重要力量。科舉制度不僅在漢地、漢族、漢民中不斷推行和完善，還在邊疆、邊地、邊民中得以逐漸推廣和擴展，尤其是在契丹族、黨項族和女真族等少數民族建立的民族政權的制度設計或文教政策中得以仿效和應用。"遼朝原無科舉考試制度，遼聖宗時始置科舉取士。設進士科，分甲、乙兩科。考試分為鄉試（鄉貢）、禮部試和廷試（殿試）。遼朝科舉只限漢人文士考試，契丹人不得應試。"① 西夏"人慶四年，仁宗依仿宋朝科舉制，策試舉人，立唱名法；又設

① 參見白樂天主編《中國全史》第二卷，光明日報出版社 2000 年版，第 1076 頁。

立童子科。通過科舉擢用官員，限制了貴族的特權”[1]。“金太宗天會元年（1123 年），始行科舉，以招納遼朝故地的漢人文士，分詞賦、經義兩科，考中者稱詞賦進士、經義進士。五年，在河北、河東宋朝故地行科舉，因遼宋所傳經學內容不同，分別舉行考試，稱‘南北選’。金海陵王時統一各項制度，南北選也合併為一，取消經義科，只試詞賦。另有律科，考試律令，以選拔執政的官吏。武舉考試騎射和兵書。金世宗倡導保存女真文化，創設女真進士科，以女真字考試策論，又稱策論進士。應試者為女真人子弟。金世宗以後，科舉成為入仕的主要途徑。女真、漢人顯要官員多為科舉出身。”[2]

第二，調整社會政策尤其是土地政策，調節社會關係尤其是階級關係，拓展海外貿易領域尤其是依託“絲綢之路”的商品經濟發展。其一，推行新的土地政策，完善封建土地所有制。例如，施行“不抑兼併”和“田制不立”等政策，即允許土地的自由買賣和自主兼併等事實，這基於封建國家土地稅收的穩定和封建土地所有權的穩固，而兼併的形式為經濟型的小塊土地而非政治型大片土地，兼併的結果為人身依附關係的鬆弛和租佃契約關係的發展。這一土地政策適應了自然經濟條件下商品經濟要素的發展訴求，削弱了封建政府對土地的政治干預，但也表明封建國家和政府縱容地主兼併和買賣土地，導致宋王朝未出現預想化的盛世局面。“有的學者甚至認為，宋初之所以未出現像漢初的‘文景之治’、唐初的‘貞觀之治’、明初的‘洪武永樂之治’、清初的‘康熙之治’，就是因為‘不抑兼併’、‘田制不立’政策的影響。”[3] 其二，實施“慶曆新政”——慶曆三年（1043 年）九月，范仲淹向宋仁宗提出了十項改革措施，即明黜陟，抑僥倖，精貢舉，擇官長，均公田，厚農桑，修武備，減徭役，覃恩信，重命令，旨在實現整頓吏治、厲行法治、富國強兵、培養人才等社會治理目標。其三，推行“王安石變法”，包括機構改革、賦稅改革、科舉改革、軍隊改革及頒行農田水利法、募役法、市易法等，旨在強國強民和富國富民，努力挽救政治危局，極力避免社會危機，但並未達成“變則通，通則久”的預期。其四，彰顯了系列改革與創新的成果，凸顯了諸多矛盾激化的後果，如階級矛盾、民族矛盾等逐漸不可調和，最終引發了終結宋朝政治生命的農民起義，如方臘起義和宋江起義等，佐證了朝政腐敗、官逼民反的真理。其五，海外貿易活躍、經濟交往頻繁、文化交流廣泛，證明了宋朝統治階級特別重視與國際社會接軌，在國際舞臺上努力探索走外向化和國際化之路。這基於兩宋時期的經濟體量、政治膽量和文化分量，也緣於傳統“絲綢之路”的受阻和東南海路交通的開闢。例如，北宋之初，首設市舶司於廣州後，普設市舶司或市舶務於杭州、明州、泉州、密州、秀州等地，全面打開了海上“絲綢之路”的門戶，保持了與世界的交往、交流及互利、共贏等局面，追尋著“路路相通”、資源互通、利益

---

① 參見白樂天主編《中國全史》第二卷，光明日報出版社 2000 年版，第 1099 頁。

② 同上書，第 1089 頁。

③ 王輝：《北宋“不抑兼併”“田制不立”政策新論》，《江西社會科學》2010 年第 7 期。

共通的美好願景。續寫“絲路故事”，續存“絲路精神”，積澱“絲路文化”，實現了“文脈”和“商脈”的共同推進和協同發展，為中華文明的輸出和世界文明的輸入搭建了互利互惠的平臺，開闢了由此及彼、由彼及此的通道。

第三，宋朝的中央集權與遼、西夏、金等少數民族政權，在並存中各行其道，在並行中相互紛爭。其一，遼朝分為西部、東部和南部三個區域，分別居住著不同的民族，各自實行不同的制度，如西部地區固守原來的奴隸制，東部地區實行原有的封建制，南部地區推行漢人傳統的封建社會制度和政治制度。其二，西夏統治集團內部始終存在著皇族與后族的鬥爭及奉行漢禮和堅守蕃禮的矛盾。“夏國是以黨項族為主體，並包括漢族、吐蕃、回鶻等民族的多民族政權。從中唐、五代以來是黨項部落內家長奴隸制迅速向封建制即領主封建制過渡的時期。西夏景宗李元昊為了強化自己的統治權力，一方面效法漢官儀式，借以提高君權；一方面又蓄意保存和發揚黨項固有的淳風悍俗。集中皇權與堅守享有平等議政舊俗的貴族領主勢力不可避免地產生矛盾。”① 其三，金朝是以女真族氏族部落制為基礎而建立的少數民族政權，其在奉行舊制與實行新制、執行奴隸制與推行封建制、保存本民族的習俗和制度與汲取漢民族的習俗和制度的矛盾關係中，走完了“建國—立國—興國—滅國”的歷史過程。“初期仍保留女真族的若干舊制，兼採遼朝制度。金太宗時，佔領遼、宋地，仍實行遼、宋舊制，與女真地區存在差異。金熙宗時，對各項統治制度作了改革。金海陵王遷都中都，統一制度，又作了進一步的改革。金世宗時，各項制度大體確立。此後，只有局部的修改。伴隨著統治地區的擴大和女真族自奴隸制向封建制的過渡，金朝越來越多地採用漢族的統治制度，女真舊制逐漸削弱或消失。”②

第四，精心維護宋朝與亞洲國家尤其是周邊國家的雙邊或多邊關係，探索協調國家關係的方式和方法，在某種意義上對構建和諧亞洲產生了促進作用。遣隋使、遣唐使頻繁往來於中日之際，構築了經濟、社會和文化之發達國家與落後國家交流、交往和交融的通道，但當此路不通時，如何延續曾經之做法，彰顯過去之輝煌，成為擺在宋朝中央政府面前的歷史課題和現實難題。承接歷史重任，續寫歷史篇章，為我們提供了玩味歷史故事的機會和發展中外關係的資本。其一，宋朝與朝鮮的交往關係。高麗曾屢贈金器、人參、硫磺及藥材等手工製品和土特產品給大宋，以維護易貨貿易的商業交往事業；屢派留學生，積極學習和吸收先進國家的先進文化和先進經驗，以助推本國家、本地區和本民族的建設與發展大業；宋朝常派使臣出訪高麗，贈送貨物，傳授醫術，以維護禮尚往來的外交關係。官方貿易的正常發展，民間交易的慣常進行，使得當時的高新技術——活字印刷術傳入朝鮮，並由朝鮮人改鑄成銅活字，這一方面表明國際貿易不限於物質和技術層面，還延

① 參見白樂天主編《中國全史》第二卷，光明日報出版社 2000 年版，第 1097 頁。
② 同上書，第 1087 頁。

伸到文字和文化領域；另一方面標明商業往來不只停留在產品和技術上，還精深到技術應用與創新上。其二，宋朝與日本的交流關係。中日之間互通有無，互派使者，互贈禮物，互致問候，鑄就了休戚相關的國家關係和源源不斷的文化交流。例如，日本輸入中國的木材、黃金、硫磺、水銀、砂金和各種手工藝品與中國輸往日本的瓷器、絲綢、香料、藥材、書籍、文具、銅錢等名貴產品，成為深厚兩國傳統文化和延續兩國文化傳統的要素與因素。南宋時，日本僧人榮西把禪宗文化與茶文化傳入日本社會，養成了日本人“茶禪一味”的社會風習和文化特色。其三，宋朝與亞洲各國的交換關係。宋朝與東南亞、南亞、西亞等地區及國家，如越南、柬埔寨、緬甸、印度、阿拉伯國家等保持了物品交換、人員交往和文化交流等關係，以漢字、造紙術、煉丹術、火藥及指南針等代表中華文明成就者，遠渡重洋，遠播海外，助推了東學西漸的思潮，奠定了“漢字文化圈”和“儒家文化圈”的雛形，顯示了中國社會、中華民族及其傳統文化的內生力量和外展功能。

（二）思想文化背景及其影響作用

第一，哲學思想及主要成就——迎來學問的新高度，創造哲學的新形態，鑄就思想的新樣態，提供社會的新動因。其一，宋學問世——由漢代到宋代，由漢學到宋學，由漢儒到宋儒，完成了朝代更迭和學術更新，尤其是帶來了儒學發展的新階段和新高峰，即宋儒融合佛道思想，開創了儒釋道合體狀態的新儒家學說：胡瑗、孫復、石介為宋學先驅者，李覯、歐陽修、范仲淹、王安石和司馬光等人為宋學發展者，其中王安石的“荊公新學”為宋學代表者。宋明理學的稱謂：“宋明‘理學’的名稱，歷來見仁見智，或‘道學’、或‘理學’、或‘新儒學’、或‘宋學’、或‘性理學’等等，紛說齊陳。然目前學術界以宋明為‘道學’，其中又分程朱理學、陸王心學、張載到王夫之的‘氣’一元論等三派較為流行。”① 宋明理學的性質和內容：“‘理學’是北宋出現的一種新的社會思潮，是時代精神的體現。它原旨是對於漢唐以來章句注疏之學和篤守師說的反動。漢儒治經，偏重考據注疏，名物訓詁。唐儒治經，上承漢儒。……第一，宋明理學以探討‘道體’為核心。……第二，宋明理學以‘窮理’為精髓。……第三，宋明理學以‘存天理，去人欲’為‘存養’工夫。第四，宋明理學以‘齊家’、‘治國’、‘平天下’為實質。第五，宋明理學以‘為聖’為目的，辟佛、老，辨異端。”② 在“漢儒—唐儒—宋儒—明儒—清儒”的依次關係或邏輯關係上，宋儒發揮了“前承”漢、唐儒和“後啟”明、清儒的中介或橋樑作用，使中國古代社會中儒學發展呈現出鮮明的時代性和顯著的階段性特徵。其二，理學大成——北宋的周敦頤以《太極圖說》而創立濂學，張載以《正蒙》而創立關學，

① 張立文：《宋明理學研究》，中國人民大學出版社 1985 年版，第 5 頁。

② 同上書，第 15—22 頁。

程顥、程頤以《遺書》《文集》《經說》等而創立洛學，南宋的朱熹以《晦庵文集》《朱子語類》《朱子遺書》等而創立閩學，總稱為理學四派，其中濂學、洛學和閩學共建了客觀唯心主義哲學體系，關學代表了樸素的唯物主義哲學思想，而南宋的陸九淵的《象山先生全集》連同明代的王陽明的《王文成公全書》等而創立陸王心學。程朱理學詮釋了“理”或“天理”等核心範疇，主張理是宇宙萬物所遵循的普遍原則，是永恆存在的本原或根源；理是自然界和人類社會的最高法則，三綱五常是“理”的體現；理先於氣而存在，理是第一性的存在；提出“人心私欲，故危殆。道心天理，故精微。滅私欲則天理明矣”（二程），“存天理，滅人欲”（朱熹）的理學命題。張載認為氣是世界萬物的本原，一切存在皆由物質性的氣構成。南宋的理學家把儒家學說和佛教禪宗思想結合起來，提出“心即理也”的命題，認為“心”是天地萬物的本原，主張倫理綱常是人所固有的本心，提倡“存心”“去欲”的道德修養方法。其三，反理學登場——以薛季宣、陳傅良、葉適為代表的永嘉事功學派和以陳亮為代表的永康學派共同反對空談義理性命之學，在“空談”與“實幹”、“性理”與“事功”的辯證與對話過程中，推進了哲學思維的拓展與哲學思想的發展。

第二，史學著述及主要價值——寫史為青史留名之舉，論史為青史流芳之策；通史為記述歷朝歷代的史實，正史為記載歷史沿革的真相；政史為記錄制度變遷的典籍，文史為輯錄文化資訊的寶庫；學史為找尋歷史規律的路徑，懂史為踐行以史為鑒的前提。在中國古代思想史上，不知有多少有志於史學事業者磨平了筆端，絞盡了腦汁，耗盡了心血，費盡了心機，嘗盡了詬病，才為後世和後人留下了值得珍視的歷史素材和令人欽佩的歷史文獻。例如，司馬光撰寫《資治通鑒》，偏重於評判歷代王朝的治亂成敗，偏弱於關注經濟發展和文化建設，其旨在總結和吸取前朝值得借鑒的經驗與教訓，為當朝的統治者提供切實可行的思路與做法，為後世的當權者警示能夠規避的風險與參考。南宋史家袁樞的《通鑒紀事本末》，開創了我國紀事本末體史書之先河。盛行私家修史之風，補足官修國史之遺，具有一定的歷史意義與參考價值，如李燾的《續資治通鑒長編》是研究北宋歷史之作，李心傳的《建炎以來系年要錄》《建炎以來朝野雜記》專記了宋高宗一朝史事、南宋前期的典章制度，徐夢莘的《三朝北盟會編》記載了宋徽宗、欽宗、高宗三朝與金和戰諸事等。分類編纂全國性和地方性的志書，分別記錄全國範圍的或各個地方的自然風貌及社會狀況，如樂史的《太平寰宇記》、王存的《元豐九域志》、王象之的《輿地紀勝》等全國性志書，范成大的《吳郡志》、梁克家和陳傅良的《淳熙三山志》、施宿的《嘉泰會稽志》、潛說友的《咸淳臨安志》等地方性志書。金石學成績斐然，值得大書，如歐陽修的《集古錄》、呂大臨的《考古圖》、王黼的《宣和博古圖》、趙明誠的《金石錄》、洪遵的《泉志》及洪適的《隸釋》等。大型類書功在千秋，值得特書，如北宋的《太平御覽》《太平廣記》《文苑英華》《冊府元龜》和南宋王應麟的《玉海》等。歷史的厚重，文獻的厚實，史觀的厚道，共同完成了人們尊重歷史、尊敬史學和尊崇史家的多重願望。

第三，文學藝術及重要成果——唐詩宋詞是國學興盛之佐證，唐宗宋祖是彰顯大國雄風的依據。宋詞是兩宋時期引領思潮的文學主流，也是當今社會膾炙人口的文學藝術。例如，柳永的詞具有濃厚的市民氣息，風靡一時；蘇軾的詞富有浪漫主義色彩，雄渾博大；李清照的詞飽含委婉含蓄的情懷，風格清新；陸遊的詞充滿壯志未酬的悲情，令人扼腕；辛棄疾的詞蘊藏豪情奔放的氣魄，慷慨激昂。此外，《大唐三藏取經詩話》《三國志平話》《五代史平話》《大宋宣和遺事》《京本通俗小說》等話本小說，以及傀儡戲、皮影戲和雜劇等戲劇形式，不僅拓展了國人的話語空間，還展現了時人的表演藝術。而善於畫功、精於筆墨、志於寫意、敢於創意的畫家們，比如北宋的李成、范寬、郭熙、米芾和米友仁父子及南宋的李唐、馬遠、夏珪等人，則留下了值得珍藏的歷史記憶和富於想像的文化創意。墨蹟浸潤著文學藝術巨人們的匠心獨運，墨香飽含了文學藝術大師們的胸懷和情愫；書籍凝結著文學藝術巨匠們的慧眼獨具，書香抒發了文學藝術大家們的心懷和關懷。

第四，科學技術及廣泛應用——科學不應是束之高閣的藏品，技術不能是空穴來風的贗品，應用不該是無源之水的廢品，只有由科學到技術再到應用才能形成井然有序的系列關係或循序漸進的遞進關係。中國人的聰明才智和中華民族的發明創造聞名於世，其中印刷術、火藥和指南針的發明和應用集中於宋朝：畢昇因熟知雕版印刷術而發明了活字印刷術，堪稱一次技術革命，且廣泛傳播至亞洲、非洲、歐洲、美洲、澳洲後成為引發文藝復興、工業文明的中國元素；官方設置專門製造火藥和火器的手工業作坊，可謂尊重科學研究和技術推廣之舉措；勞動群眾智慧結晶——指南針應用於航海事業，拓寬和延長了“海上絲綢之路”，形成了與世界互聯互通的格局，打開了世人放眼世界的大門。此外，揚威中華、揚名世界的建築、醫藥、天文等自然科學、技術及應用，也是耐人尋味的回憶。例如，建造開封鐵塔、北京盧溝橋等，表明匠人的建築理念更新和建築技術高超，而李誡的《營造法式》則是烙印在中國建築史冊上的經典文獻。北宋初的《開寶本草》、北宋末的《政和經史證類本草》記述了新增藥品數百種，宋慈的《洗冤集錄》是世界上第一部法醫學專著，王惟一的《新鑄銅人俞穴針灸圖經》第一次統一了針灸穴位且用銅鑄成人體模型等，蘇頌和韓公廉等人的《新儀象法要》記錄了世界上第一座結構復雜、自動運轉的“天文鐘”（水運儀象臺），秦九韶的《數書九章》最早記錄了高次方程的數值解法和聯立一次同餘式解法，沈括的《夢溪筆談》綜述北宋及其以前自然科學的輝煌成就時涉及了數學、天文、物理、化學、生物、地理、地質、氣象、醫藥和工程技術等諸多領域。

第五，遼、西夏、金等少數民族政權存續期間，致力於在保存民族文化的同時吸收漢族文化。其一，以遼的宗教與文化為例，“契丹在建國前只有對自然界的原始崇拜和原始文化。遼朝建立後，佛教逐漸在契丹貴族中傳播。漢人、渤海人居住地區，仍繼承唐代的文化傳統。遼聖宗以後，漢族的封建文明為契丹貴族所接受，在遼朝得到發展”[①]。佛教文化發展主要表現為建造寺院，培養高僧，傳播佛教；刊校典籍，刊刻石經，保存佛典；建築佛塔，注解佛書，探究佛理；創制文字，仿學漢詩，傳承佛學；尤其是遼墓的壁畫，接受了唐壁畫墓的影響。其二，以西夏的宗教與文化為例，“黨項人原崇信鬼神和自然物，巫術流行。西夏建國以後，大力提倡佛教，李德明和西夏景宗都通曉佛學，多次從宋朝請來《大藏經》。此後，以西夏文翻譯了大量佛經。夏國境內廟宇遍佈。……約自景宗時起，喇嘛教在夏國已見流行，朝中達官有的便是喇嘛教徒，後期影響更加擴大。……夏國也流行道教”[②]。以西夏的婚姻喪葬為例，“黨項人從隋唐以來，盛行收繼婚制，允許聚庶母、伯叔母、兄嫂、子弟婦，只是不娶同姓。富有家庭的男性家長可以收養眾多的婦女，實行多妻制。黨項人舊俗，死則焚屍，名為火葬。西夏建國以後，皇室、貴族多改行土葬，並仿漢人制度修建奢侈的陵墓”[③]。其三，女真族在與遼、宋交往與交戰的過程中及建立金朝以後，其文化取向為既保留本民族的某些文化傳統又吸收漢族文化一些養分，既創制了女真文字又通用漢族語言，既研判儒學和尊崇佛教又發展原始的薩滿教，成為雜糅漢族文化和少數民族文化的典型案例。“女真族原來只有原始的薩滿教。滅遼後，遼代興盛的佛教在各地繼續發展。滅宋後，北宋的儒學逐漸在金代文化思想中占統治地位。”[④]

（三）北宋、遼、西夏的廟號、皇帝姓名和陵號或陵名的對應關係

宋宣祖趙宏殷（追封）——永安陵、宋太祖趙匡胤——永昌陵、宋太宗趙光義（炅）——永熙陵、宋真宗趙恒——永定陵、宋仁宗趙禎——永昭陵、宋英宗趙曙——永厚陵、宋神宗趙頊——永裕陵、宋哲宗趙煦——永泰陵、宋徽宗趙佶（無陵名）、宋欽宗趙桓（無陵名），遼太祖耶律阿保機——祖陵、遼太宗耶律德光——懷陵、遼世宗耶律阮——顯陵、遼穆宗耶律璟——懷陵、遼景宗耶律賢——乾陵、遼聖宗耶律隆緒——慶陵、遼興宗耶律宗真——慶陵、遼道宗耶律洪基——慶陵、遼天祚帝耶律延禧——乾陵，西夏太祖李繼遷——裕陵、西夏太宗李德明——嘉陵、西夏景宗李元昊——泰陵、西夏毅宗李諒祚——安陵、西夏惠宗李秉常——獻陵、西夏崇宗李乾順——顯陵、西夏仁宗李仁孝——壽陵、西夏桓宗李純佑——莊陵、西夏襄宗李安全——康陵、西夏神宗李遵頊（無陵名）、西夏獻宗李德旺（無陵名）、西夏末帝李睍（無陵名）。

（四）南宋、金的廟號、皇帝姓名和陵號或陵名的對應關係

宋高宗趙構——永思陵、宋孝宗趙昚——永阜陵、宋光宗趙惇——永崇陵、宋寧宗趙

① 參見白樂天主編《中國全史》第二卷，光明日報出版社 2000 年版，第 1078 頁。
② 同上書，第 1103—1104 頁。
③ 同上書，第 1105 頁。
④ 同上書，第 1091 頁。

擴——永茂陵、宋理宗趙昀——永穆陵、宋度宗趙禥——永紹陵、宋恭宗趙顯（無陵名）、宋端宗趙昰——永福陵、宋衛王趙昺（無陵名），金太祖完顏旻（完顏阿骨打）——睿陵、金太宗完顏晟——恭陵、金熙宗完顏亶——思陵、金完顏亮（無陵名）、金世宗完顏雍——興陵、金章宗完顏璟——道陵、金完顏永濟（無陵名）、金宣宗完顏珣——德陵、金哀宗完顏守緒（無陵名）、金末帝完顏承麟（無陵名）。

（五）宋、遼、夏、金時期帝陵之主要特點及思想文化價值

宋朝因兵變而建國，因集權而立國，因文治而興國，因元軍南下而滅國。宋朝的國家統一狀態既表現為所轄疆域偏小，還表現為由北宋和南宋而合稱“兩宋”共同構築，其由雄居北方到偏居南方，由雄霸中原到退守江南，由漢族執掌政權到少數民族垂涎國政，使得歷史的車輪在風雨兼程中行進，時代的年輪在北南轉換中推進，而統治階級則在政治壽命週期內完成了歷史擔當，在多元政權抗爭中保存了中央集權，中華民族在中國歷史進程中實現了文化興盛，在世界歷史舞臺上綻放出文明之花。

第一，北宋帝陵的稱謂、分佈、格局和特徵——北宋九位皇帝的廟號、陵號或陵名共分三種類型，即追封先祖、雙字陵號或陵名和無陵號或陵名。陵園或陵區、陵墓建築或陵寢建築存在兩種情形，即宋徽宗和宋欽宗因囚死漠北和身葬異鄉而僅存衣冠冢、先祖和帝王所組成的“七帝八陵”皆位於現河南省嵩山北麓與洛河之間的丘陵地帶，形成了“背山面水”的格局，且依照規制和儀禮而祔葬了皇后陵二十一座、陪葬了宗室後代和名將勳臣數百人，形成了由皇帝陵、祔葬墓和陪葬墓構成的規模宏大、規制嚴整的建築群，復製了最高統治者生前生活的圖景——依據政治制度和圍繞權力核心設計特殊社會階層的唯我獨尊的生存方式和獨一無二的生活方式，以期實現生前世界的現實與死後生活的期許的無縫對接。北宋統治者沿用雙字陵號或陵名，選用“永”字修飾或潤色“安”“昌”“熙”“定”“昭”“厚”“裕”“泰”等吉祥字和文雅字，追求世代和世事、家業和國運的永續、安定、昌明、富裕等理想目標。具體言之，北宋皇帝的陵園或陵區南依嵩山少室，北據黃河天險，東有群山綿亙，西接伊洛平原，山高水長，水深土厚，山形與山勢、河流與水勢、地形與地勢等構成要素和影響因素共同構築了“山高水暢”的吉祥之地。中國大陸位於北半球，這種區位與方位導致古時普通民眾的宅舍或陽宅大多依據地理位置、季節風向、陽光照射等自然資源而定格為“坐北朝南”的建造佈局，而古代皇陵或帝陵的陵墓或陵寢則定位為“坐南朝北”的建築格局時，一為區別普通民宅，二為與陽宅相向而建，以形成人人崇拜的氣氛和家家尊崇的氣勢；如果定型為“坐北朝南”的情形，則符合修廟、造墳、建房的古老習俗或通行規制。再如，秦始皇陵由定性為“坐南朝北”而修正為“坐西朝東”，則契合秦人“自西而東”進入中原政治舞臺的夙願。北宋帝陵的堪輿、選址與營造具有獨出心裁的思路和別具一格的做法，其獨闢蹊徑的本義既是充分利用地理、地形、地貌和地質等自然條件，尋求“人化自然”的契機和“自然人化”的機緣，又是遵照“五音姓利”之法（趙姓屬角音）等人文要素，遴選遠離帝都開封且自東南向西北傾斜的平緩地勢；依照“昭穆之法”（南前北後、東昭西穆、男尊女卑等），營造在陵園或陵區內自東南方至西北方由皇帝陵、祔葬墓、陪葬墓共同構成佈局規整、兆域清晰的建築體系。因此，北宋的統治者一改此前歷代帝陵建陵墓於高阜而居高臨下、倚山面河而“坐南朝北”的制度設計，而置陵墓於低平地勢而仰望嵩山、面山背水而“坐北朝南”的傳統做法，其深層含義為因北方少數民族政權的擠壓而使北宋疆土面積狹小，統治階級雖有固守中原、北望山河、收復失地的政治企圖，但更有以中原為腹地、以嵩山為視界、以河洛為屏障、以江南為目標的政治目的。承襲漢唐“積土為陵”的制度，強化“封樹”（堆土封樹以固疆界，或堆土為墳，植樹為飾）的理念，陵臺呈覆鬥形或盝頂形，玄宮（皇堂）、獻殿、上宮、神門、角闕、神道、石像生、乳臺、鵲臺、樓觀等一應俱全。此外，恢復了漢代為后妃單獨起建陵園的相關制度，但其方位由帝陵前方一側改在帝陵西北一帶，地位下降，形制變小，石刻減少。特別是皇帝生前會精心挑選風水先生、堪輿大師和宗教人士，選擇良辰吉日，將之派到全國各地，然後依據風水理論、堪輿學說和宗教信仰等因素，勘定洞天福地，但並不營建壽陵，嚴格限定帝王駕崩後七個月內完成陵墓營建、入葬儀式等政治任務。

第二，南宋帝陵的稱謂、分佈、格局和特徵——南宋九位皇帝的廟號、陵號或陵名共分三種情形，即雙字陵號或陵名、無陵號或陵名和無廟號。陵園或陵區、陵墓建築或陵寢建築形成兩種狀況，一是由永思陵（宋高宗趙構）、永阜陵（宋孝宗趙昚）、永崇陵（宋光宗趙惇）、永茂陵（宋甯宗趙擴）、永穆陵（宋理宗趙昀）、永紹陵（宋度宗趙禥）構成的“宋六陵”——位於今浙江省紹興市城東的寶山（又名上皋山），屬於江南地區規模最大、形制齊整的帝王陵區、皇家陵區或帝后陵寢，它東傍青龍山，南接紫雲山，西依五虎嶺，北靠霧連山，形成了左青龍、右白虎、前朱雀、後玄武的首善之地和人文景觀；選取與北宋帝陵相似之形，定都於人傑地靈之所，定陵於山清水秀之地，埋葬於山水交融之區，但難以撫平游離故土的創傷，難以治癒痛失中原的內傷，難以割捨返回中原、歸葬伊洛的夙願，故營建臨時性、規模小、附屬建築單一而隨葬物品不失奢華的陵墓——攢宮（古代皇帝權殯、皇后暫殯之所，指就近攢殯、浮土淺埋、攢集梓宮之地）即為明證。南宋沿襲漢唐的陪葬制度，但取消了元勳重臣共用陪葬之尊貴，而限選皇親國戚獨享陪葬之殊榮，使其瀕臨行將就木的境地，陷入苟延殘喘的局面，並隨宋王朝的壽終正寢而退出歷史舞臺。南宋延續北宋帝陵舊制，如沿用“帝后分葬”制度，選用雙字陵號或陵名，且以“永”字修飾或潤色“思”“阜”“崇”“茂”“穆”“紹”“福”等吉祥字和文雅字，表達了思念與歸屬、昭穆與秩序、地勢與福運、繼承與發展等政治心理和權力訴求。“宋六陵”的營建史，可謂一部南宋的興衰史。“宋六陵”的陵形、規制——攢宮，加之元代掌握政權的蒙古族唱行的“淺埋”習俗，共同成為明代十三陵的固定範本，開闢了明清陵寢制度的先河。但南宋諸帝定都杭州，不忘汴州（汴京或汴梁）；苟且偷安，不忘紙醉金迷；國破陵毀，不忘驕奢淫逸，故清人王居瓊由感而賦《穆陵行》曰：“六陵草沒迷東北，冬青花落陵上泥。黑龍斷首作飲器，風雨空山魂夜啼。當時直恐金棺離，鑿石通泉下深錮。一聲白雁渡江來，寶氣竟逐奴僧去。金屋猶思宮女侍，玉衣無復祠官護。可憐持比月支王，寧飼鳥鳶及狐兔。百年枯骨卻南返，雨花臺下開幽宮。流螢夜飛石虎殿，江頭白塔今不見。人間萬事安可知，杜宇聲中淚如霰。”二是由宋恭宗趙顯、宋端宗趙昰、宋衛王趙昺所組成的“宋末三帝”，三帝皆為年幼即位，尚不諳政治生活的玄機；短暫在位，還不知政治鬥爭的慘烈；流離失所，並不懂國破家亡的後果。他們雖然獲得了政治上的尊位，但並未享受到生活中的尊崇；雖取得了權力階層的上位，但未享有精神層面的尊榮，故他們僅為證明宋王朝存續的擺設和宋時代滅亡的徵兆。依據文獻記載、考古發掘及學界研究，“宋六陵”的人文價值表現為營造規劃、建築形式、風俗習慣、藝術淵源等所形成的人文積澱或人文遺產；“宋六陵”的歷史價值表現為在社會安定、政治清明、經濟繁榮的歷史時期所建造的帝陵規模宏大且保存完好，而在政治腐敗、黨爭熾烈、社會混亂、經濟蕭條的歷史時期的帝陵則建築草率且規模偏小、品質較差；“宋六陵”的政治價值表現為元朝統治者為了鞏固少數民族的政權，維護蒙古貴族的特權，推行民族壓迫和歧視政策，激化了民族矛盾；“宋六陵”的思想價值表現在秉持了風水理論、堪輿思想、靈魂不滅論和“事死如生”說，嚴守了典禮之規制，配合了山川之勝勢，強化了中央集權制和皇權至上觀；“宋六陵”的藝術價值表現為延續了建築、雕刻、石刻、陶瓷等藝術特色與審美情趣。

第三，遼朝帝陵的稱謂、分佈、格局和特徵——遼朝九位皇帝的廟號、陵號或陵名既有少數民族政權及其文化的底色，也有同時代漢族政權及其文化的潤色，具體為遼太祖耶律阿保機葬於祖陵、遼太宗耶律德光葬於懷陵、遼世宗耶律阮葬於顯陵、遼穆宗耶律璟葬於懷陵、遼景宗耶律賢葬於乾陵、遼聖宗耶律隆緒葬於慶陵、遼興宗耶律宗真葬於慶陵、遼道宗耶律洪基葬於慶陵、遼天祚帝耶律延禧葬於乾陵。［注：北遼宣宗耶律淳葬於燕京香山水安陵、北遼梁王耶律雅裏（不詳）；西遼德宗耶律大石（不詳）、西遼仁宗耶律夷列（不詳）、西遼末帝耶律直魯古（不詳）。］其一，遼陵制度與唐、宋、金、明諸朝陵寢制度關聯度高，而且具有顯著的民族性和地域性等特點。選用單字陵號或陵名，如“祖”“懷”“顯”“乾”“慶”等表示吉利、正直的字眼，屬於少數民族歷史文化的延展和漢族傳統文化的援用，但重復使用情況明顯，以致出現了陵號或陵名共用的現象，如“懷”“乾”字分別為兩次，“慶”字為三次，而且祔葬或合葬含義特殊——本來“祔葬者不筮宅”“祔葬，謂葬於祖之旁也”，即葬於先塋之旁，或專指后妃葬於皇帝陵之旁，表示政治上的尊卑關係、地位上的等級關係和身份上的隸屬關係，但遼朝皇帝駕崩後祔葬於先帝皇陵之旁，共用同一陵園或陵區，共占同一山水或風水，共用同一陵號或陵名，此為少數民族政權的佐證，還是少數民族文化的例證；或是漢族政權的轉型，還是漢族文化的轉義；抑或並列關係的題解，還是從屬關係的題義，等等，這些懸而未決的謎面，值得考古界的挖掘、史學界的考證和思想界的論證，以期揭開深藏不露的謎底，解答諱莫如深的迷題。墓中之謎，實為歷史之謎；陵中之謎，實為文化之謎。陵墓與所憑依之山並尊、陵園與所承載之地並榮、陵邑與所守護之功並進，形成了陵山崇祀的規制，規約了明清陵寢制度及其文化理念。我們解讀歷史事物和現象、歷史事件和過程及歷史邏輯和規律時，必須閱讀陵寢制度和陵寢文化，否則將會留下一些值得填補的歷史空白及應該彌補的文化遺憾。其二，充分利用山水相連、風水絕佳的自然資源，並內化為天人合一、生死一貫等人文理念，一定範圍內或程度上把自然與社會、世俗與宗教、現實與未來、真實與虛幻、生存與死亡等構成要素和制約因素統合起來，追求一種合體的狀態，謀求一種一體的格局，苛求一種整體的效果，如陵區或陵園與奉陵邑的空間分佈廣，地域跨度大，建設時限長，耗費資源多——陵區或陵園分佈於今內蒙古自治區巴林左旗和巴林右旗，奉陵邑選址於今遼寧省北鎮；延續了“因山為陵”的陵寢制度和山陵崇拜的傳統思想，即視醫巫閭山為聖山——保護皇家政權穩定、龍脈永興，神山——保佑國泰民安、風調雨順，靈山——保障皇族祖業昌盛、世代繁盛，寶山——保證民眾子孫繁衍、家業興旺，金山——保存國人生生不息、國運昌盛，如祖陵之制曰：“太祖陵鑿山為殿，曰明殿。殿南嶺有膳堂，以備時祭。門曰黑龍。東偏有聖蹤殿，立碑述太祖遊獵之事。殿東有樓，立碑以紀太祖創業之功。”[①] 總之，既保有遊牧民族“逐水草而居”、實行多都制的特性，又有漢民族尊崇太祖家族發祥之地、實行近都城而葬之制的特點；既有“鑿山為陵”的影響痕跡，又有“鑿山為殿”的創新軌跡。其三，看重民族交往，重視文化交流，促進民族交融。繼唐之後，遼與五代、北宋並立，亦戰亦和，或且戰且和，導致國家關係和民族關係變化莫測。北方草原的荒蕪與中原地區的富庶、漢族文化的包容和少數民族文化的開放，使得漢族和少數民族的統治階級與普通民眾皆有嚮往富裕生活、仰慕先進制度、保存多元文化的價值目標與價值追求，故形成了不同時代、不同民族、不同地域和不同政權之間的交往、交流和交融關係，即漢族與少數民族之間及各少數民族內部在政治制度、經濟體制和文化機制上形成了既有榮辱與共的民族氣節又有恪守本分的民族紛爭，既有“血濃於水”的民族關係又有同仇敵愾的民族情懷。具體言之，契丹族建立的少數民族政權——遼朝的統治階層的有識之士，借用回鶻文字，製成“契丹小字”；仿照漢字偏旁，創造“契丹大字”；依託民族語言和民族文字，推進民族文化發展和民族法治建設，如制定了契丹族的“決獄法”，出臺了各部族法，而且要求漢人依唐律，可以說少數民族政權執掌者行進在摸索法制體系的完善和法治環境的營造之路上。其四，遼代皇陵設置陵邑，行政級別為州，名與所奉帝

① （元）脫脫等：《遼史》卷三十七。

陵同。一般認為，西漢王朝始創陵邑制度，尤其是西漢早期、中期的帝陵旁普設陵邑，定為縣級行政單位，至元朝終廢而退出歷史舞臺，它一方面標明了帝王陵墓所在之地，一方面發揮著守護帝陵之功能。遼朝祖州、慶州之名早於祖陵、慶陵之名，而懷州、顯州、乾州之名或由奉陵而改名，或因守陵而得名。以祖州為例，可知“本遼右八部世有裹地。太祖秋獵多於此，始置西樓。後因建成，號祖州。以高祖昭烈皇帝、曾祖莊敬皇帝、祖考簡獻皇帝、皇考宣簡皇帝所生之地，故名”①。遼代的“奉陵州”規模大小不一，建制與功能有別於漢代的“奉陵縣”，即前者主要功能為奉祭守護帝陵，“陵戶”通常不住在城中，而後者為單獨築城以居民眾，“陵戶”必須居住在城中。其五，遼陵制度既因襲又迥異於唐、宋陵寢制度，其創制部分成為明、清兩代陵寢制度的重要參照。從陵墓選址、墓穴開掘、卜葬方式來看，形成了靠山、面山和環山之形制，即陵墓朝南而偏東，呈現背靠高山、面向低山、左右案山的群山環拱之氣勢，這種禮制印記在明十三陵和清東陵、清西陵的陵寢制度之中。“從陵園的基本佈局來看，遼陵與唐宋皇陵仿都城或仿宮城的陵宮城門四開（十字軸線）的形式明顯不同；據已披露的資料分析，遼陵雖然分為內外陵園，但建築佈局應該是縱向單軸線的，明太祖孝陵以後的明清皇陵與之相同，儘管可能沒有直接影響或根本沒有影響。”② 自東漢推行“上陵禮”以來，帝陵的祭祀活動及其意義逐漸被重視起來，並演變為國家祭祀之一環，唐、宋、金、明諸朝皇帝謁陵之舉並不鮮見，遼代帝陵附近多有宗廟建築，如祖陵城西“東長霸縣，西咸寧縣。有祖山，山有太祖天皇帝廟，御靴尚存。”③ 而清朝皇帝親祭先帝之例更形成常態化和制度化。如此看來，對於陵旁設廟、推崇宗教、推行祭祀等事項，遼代帝陵承當了承前啟後的環節作用。

第四，西夏帝陵的稱謂、分佈、格局和特徵——我國西北地方黨項族建立的少數民族政權——西夏，先後與遼、北宋和金、南宋鼎立，共傳十代，帝陵、皇陵或王陵共九座，其中因奠基祖業而追尊二帝，因為蒙古軍所殺而未造陵者三帝，其廟號、陵號或陵名既充分體現了民族性和地域性的特點，又吸收了前朝、同代的漢族或少數民族政權及其文化的內容及精神，具體為西夏太祖李繼遷葬於裕陵、西夏太宗李德明葬於嘉陵、西夏景宗李元昊葬於泰陵、西夏毅宗李諒祚葬於安陵、西夏惠宗李秉常葬於獻陵、西夏崇宗李乾順葬於顯陵、西夏仁宗李仁孝葬於壽陵、西夏桓宗李純佑葬於莊陵、西夏襄宗李安全葬於康陵、西夏神宗李遵頊（無陵名）、西夏獻宗李德旺（無陵名）、西夏末帝李晛（無陵名）。其一，深受唐宋陪葬制度的影響，各種名目、形制不一的陪葬墓（一說一百九十三座，一說二百零七座）遍佈陵區，成為古代陵寢制度及其文化的一道風景線。黨項族本為遊牧民族，過著遊牧生活，經營著遊牧經濟，對土地和財產的佔有觀念、對牲畜和財富的獨享觀

① （元）脫脫等：《遼史》卷三十七。

② 劉毅：《關於遼代皇陵的幾點認識》，《中國國家博物館館刊》2013 年第 3 期。

③ （元）脫脫等：《遼史》卷三十七。

念、對徭役和稅負的強制觀念等相對淡漠，但其生死觀念、喪葬習俗和陵寢制度卻某種程度地淡化了遊牧文化的基調，強化了農耕文化的色彩。“西夏帝陵位於寧夏首府銀川市西35公里處，陵區西依雄偉的賀蘭山脈，東俯廣闊的銀川平原，更遠的東南方向有奔騰的黃河水流過，堪稱背風向陽的風水形勝之地。陵區東西寬4.5公里，南北長10公里餘，總面積約50平方公里。陵區內共有九座帝陵和二百零七座陪葬墓，陵區中部東側和北端還各有一處建築遺址。”① 黨項族的活動範圍、地理位置和統轄區域是稟賦自然資源的結果和內化自然環境的表現，即西夏帝陵建於賀蘭山東麓沖積扇的緩坡地帶，陵區和陵墓坐北向南，其規模、佈局、形制、方位等基本保持一致，其地面建築如闕、碑亭、神牆、獻殿、角樓、陵臺、墓道等沿著中軸線左右對稱分佈，追求統一的政局、和諧的格局和良性的時局。其二，雜糅了少數民族文化、漢族文化和宗教文化，並投射在西夏帝陵的陵寢制度之中。固守和延續本民族文化傳統及其精神追求，可以解決民族生存問題；援引和借用他民族文化類型及其內涵，可以解決民族發展問題；不僅面向他民族的世俗文化，而且面向他民族的宗教文化，可謂開放民族文化陣地和擴大民族文化陣營的有利舉措。這些想法凝練在陵墓建築之中而使之獨具特色，這些做法濃縮在陵寢制度之上而使之標新立異。“研究者認為，西夏帝陵的佈局方式是根據當時流行的陰陽堪輿之術和五音姓利之說確定的。西夏國先祖為黨項族之拓跋氏，唐僖宗時得賜李姓，宋初又被賜趙姓，西夏建國後，元昊還以‘嵬名’為皇族姓氏。但從九座帝陵分佈情況分析，西夏陵是按《地理新書》中‘趙’姓即角姓貫魚葬法堪輿定穴的。”② “吳峰雲認為，西夏陵的埋葬制度、陵邑的設置，以及陵園建築方面的一些特點確實反映了它與中原地區唐、宋帝陵有諸多相同之處，但是它在兆域之外圍建四座角臺為界標、角臺上建闕樓，這是中國陵園建築中絕無僅有的做法。每座帝陵設二至三座碑亭，而各碑亭建築面積又不同，甚至碑亭的建築形式也有區別，或為穿堂式的殿宇建築，或為穹窿頂的圓形建築，墓碑都是以西夏文和漢文兩種文字刻成，這些都構成了西夏帝陵濃厚的民族色彩。另陵臺作密簷式佛塔的形狀，反映了西夏統治者崇拜佛教的宗教意識。所以，他認為西夏帝陵將漢族文化、佛教文化和黨項族文化三者結合在一起，構成了我國帝陵建築中別具一格的建築形式。”③ 憑依山脈綿延、山體龐大、山勢雄偉及地形多樣、地貌奇異、地勢高峻等自然條件，秉承宋代昭穆制度的直接影響，西夏帝陵的陵園或陵區內陵墓形制和佈局採取了由南向北的方位和左昭右穆的形式。其三，融通西夏文和漢文兩種語言文字及其思想文化，使西夏帝陵的內容與形式、內涵與外延得以統一起來。西夏帝陵廟號、陵號或陵名分為三種情況，即追尊、單字陵號或陵名、無陵號或陵名，分別擷取“裕”“嘉”“泰”“安”“獻”“顯”“壽”“莊”“康”

① 賀雲翱、郭怡：《古代陵寢》，文物出版社2008年版，第272頁。
② 同上書，第274頁。
③ 同上書，第281頁。

等字所內含的讚美、嘉美、完美之義，修飾、裝飾和粉飾西夏統治者的文化取向、宗教意圖和政治目標，其中沿用古制為慣例，如“裕”“泰”“安”“獻”“顯”“壽”“莊”“康”等字，而創立新制為特例，如“嘉”字。這既說明了漢文字和漢文化的影響力之巨大，固守傳統和先制之必要，也表現出黨項族及其文化的開放性特點，仰慕先進和訂立新規之可能。西夏帝王依然面臨堅守少數民族傳統與汲取先進文化營養的雙重任務，如何處理和解決兩種文化要素的疊加關係和兩種思想因素的協同關係，考量著統治階級的執政能力和政策水準。西夏深受唐宋喪葬制度、埋葬制度、陵寢制度的影響，如集中建設陵區或陵園，陵墓或陵寢四周構築圍牆，每面圍牆各辟一門，陵園建築沿中軸線左右對稱佈置，挖掘斜坡式的墓道，建造穹隆頂土洞式的玄宮等，以落實古制中的喪葬制度、扎實舊制中的埋葬制度並夯實前制中的陵寢制度。同時，西夏皇陵還有其自身特點，如陵園內無陪葬的皇后陵，無下宮，陵園設二重城牆，內城呈長方形且前加月城，地宮偏處內城西北部，建塔式陵臺等，以展示少數民族政權的歷史性、民族性與地域性等特點。

第五，金朝帝陵的稱謂、分佈、格局和特徵——女真族是活動於我國東北地區的邊陲地帶、活躍於黑龍江和牡丹江與長白山所形成的白山黑水之間、勃興於漢族政權與少數民族政權鼎立之際的古老遊獵民族。當其建立少數民族政權——金朝後，便開始了對同位於北方的漢族政權——北宋和少數民族政權——遼朝的長期征戰，加速了兩個國家的滅亡進程，終結了兩個王朝的歷史發展，實現了本民族、本地區和本國家由奴隸社會向封建社會的歷史轉變、由邊疆向中原的政治遷徙以及由京畿向江南的軍事威懾；金朝與同處北方地區、同為少數民族政權的西夏和偏居江南的漢族政權——南宋並立期間，同樣處於鼎足和征伐狀態，並使西夏臣服、南宋求和，後來由於內生腐敗和權力紛爭及蒙古軍的強力打壓，才結束了政治壽命，完成了歷史使命。女真建國，共傳十帝，其廟號、陵號或陵名具體為金太祖完顏旻葬於睿陵、金太宗完顏晟葬於恭陵、金熙宗完顏亶葬於思陵、金海陵王完顏亮（無陵名）、金世宗完顏雍葬於興陵、金章宗完顏璟葬於道陵、金衛紹王完顏永濟（無陵名）、金宣宗完顏珣葬於德陵、金哀宗完顏守緒（無陵名）、金末帝完顏承麟（無陵名）。其一，金朝的陵寢制度在契合古制、奉迎舊制的基礎上創立新制，尤其是創制女真文字，使女真文化與各族文化的交流與交融成為金朝的國政或國策，主要表現為因遷徙、遷都和遷陵而有初葬、改葬和遷葬者，因降為郡王和庶人而取締廟號或陵號而無陵名者，因襲漢制而取單字陵名者，這是女真族能夠存活於漢族與少數民族之間、漢族政權與少數民族政權之間的政治資本和文化資源。我們以金太祖完顏阿骨打所葬帝陵陵址幾度變更為例，其興建與埋葬、遷陵與改葬，堪稱金朝由北向南、由弱至強、由存而亡的演變史或興衰史。金太祖的初葬地為今黑龍江省哈爾濱市阿城區，素有“金源故地第一陵”之譽，因金初在陵址上建有寧神殿，又稱“太祖廟”“阿骨打廟”，而“金初無宗廟。天輔七年九月，太祖葬上京宮城之西南，建寧神殿於陵上，以時薦享。自是諸京皆立廟，惟在京師者則曰太廟。天會六年，以宋二帝見太祖廟者，是也。或因遼之故廟，安置御容，亦謂之廟。"[①] 即初葬於會寧府，遷葬於和陵，定都燕京後改葬於睿陵，可謂死有葬身之地，卻無安靜之所。另外，金太宗完顏晟先葬和陵，後改葬恭陵，遷都燕京後再葬於恭陵，同樣經歷了風雨飄搖、葬無定所的悲慘命運。我們以海陵王完顏亮被剝奪廟號和葬無陵名為例，他精通漢文化，推行漢化政策，仰慕漢族政權的文物制度，熟悉封建王朝的政治思想，通過改革科舉制度，完善官僚體制，補訂法律條文，強化君主集權制，促進了我國北部地方的社會發展和民族交融，但因驕奢淫逸、濫殺無辜、猜忌成性、荒淫無度等被削去廟號，致使毀譽參半的一代帝王葬無陵號或陵名。另外，被殺的衛紹王完顏永濟、自縊的哀宗完顏守緒、戰死的末帝完顏承麟與海陵王完顏亮亦殊途同歸。我們以追謚陵號或陵名時所選用的用來表達皇帝的人生理想和價值追求的漢字為例，如以"睿""恭""思""興""道""德"等字所組合的"睿陵""恭陵""德陵"等已被前朝使用，而重組的"思陵""道陵""興陵"則屬首次出現，在陵寢文化上表現出來的思維定式和行為模式佐證了漢文化對少數民族文化的影響印記。其二，因襲唐朝以來"因山為陵"之制而選擇陵區、營建陵園和興建陵寢，仿照唐宋以來的祔葬制度而營造陪葬陵——后妃的坤厚陵和建造功臣的陪葬墓，出於安葬和謁陵、祭陵的需要，建築行宮和離宮。金陵是中國歷史上為數不多的少數民族皇陵，依據考古發掘後人逐漸明晰了對金代帝陵陵寢結構和平面佈局形制的認識，開始梳理其社會價值、文化價值和藝術價值，為研究中國的美術史、雕塑史、服飾史、建築史、家族史、堪輿史等提供寶貴的實物資料。

七　元朝時期帝陵之系譜及思想

（一）社會歷史條件及其作用

元朝（公元1271—公元1368年），是由長期遊牧於大漠南北廣袤草原的古老民族、馬背民族、北方少數民族——蒙古族建立的統一的多民族的中央集權的封建國家。這一少數民族政權基於叱吒天下、睥睨八荒的鐵木真建立的大蒙古國而為"思大有為於天下"的忽必烈建立的蒙元帝國，期間經歷了蒙古族各部落的並立與統一、飽受其他少數民族政權如金朝的統治與獨立、由氏族社會後期到階級社會的轉變與發展、從奴隸主和奴隸兩大對立階級的奴隸制向封建領主和牧奴兩大對立階級的封建制的過渡與定型、同少數民族政權如西夏和西遼與漢族政權如南宋的戰爭與霸權、自以蒙古高原為根據地的遊牧帝國到覆蓋了草原世界和農耕世界的封建強國，以及對中亞和西亞諸國的征伐與佔領，橫掃東歐地

① （元）脫脫等：《金史》卷三十。

區、佔據俄羅斯大地、分封征服之地、建立汗國和王朝等諸多彪炳日月的經典事例，故因其戰爭之大、戰役之多、戰線之長、戰事之密、戰地之廣、戰時之久、戰略之變、戰術之精、戰力之強、戰果之巨等亙古之義，才堪稱史不絕書的蒙元時代。“還有一種現象不可忽視。即蒙古此後吸納了綠洲社會，接受了牧農並存的地區，由此不斷併入更大範圍的定居地區，滾雪球式地膨脹起來。這是因為它在契丹國、西夏、金國、西遼、塞爾柱等先行國家的基礎上，自然地接受了它們的知識。蒙古像是逐一趕超之前的歷史經驗似的，不斷擴大著。也就是說，蒙古最終擔當了總合歷史的角色。從國家、社會開始，各個方面的系統總合，歷史性地落在了蒙古的頭上。”① 在當時紛雜的社會歷史因素和多重的思想文化格局下，蒙古族作為少數民族政權統治者能夠借助於相容歷史經驗、包容民族文化、優容民族關係、寬容牧農模式等體制與機制，擔當和扮演了吸納先進知識、統合社會資源、定位歷史時代、重塑國家形象等重任與角色，才打造了史無前例的帝國時代。

第一，建章立制，建國興國，精心打造蒙古汗國，勵精圖治蒙元帝國，建立和完善了一套以貴族民主為基礎的蒙古貴族共和政體制度。蒙古族的遊牧特性和尚武精神，寫就了南征北戰的歷史，鑄就了西征北伐的輝煌，開闢了政治、軍事和外交的局面，奠定了經濟、內政和文教的基礎。其一，實行了領戶分封制、怯薛制、達魯花赤制度等軍政合一制度，探索出了軍與民共擔王朝發展大任、蒙與漢共建帝國昌盛大業、遊牧文化與農業文明共促中華民族進步大勢、草原文化與中原文化共創中國傳統文化傳承大局的有效途徑。其二，制定了《至元新格》《大元通制》《元典章》等成文法典，旨在推進法制建設、營造法治環境，即依託典章制度的建設規約了少數民族政權統治者的思維方式，以期努力創造“有法可依”的政治生活環境，也規範了漢族及以蒙古族為代表的少數民族普通群眾的行為方式，目的在於建成“有法必依”的日常生活氛圍，或者使北方少數民族既保有遊牧生活又嚮往定居生活，也使漢族各階層既享有農耕生活又尊重遊牧生活，最終在中華民族大家庭中形成了生活方式的多樣性和生活理念的創新性。其三，創制了畏兀體蒙古文即回鶻式蒙古文等民族文字和民族語言，為書寫悠久的民族歷史、保存豐富的文化遺產、傳承優秀的傳統文化、開展廣泛的文化交流、展示豐實的民族風習、創造幸福的精神生活等提供了載體與工具，尤其是運用回鶻體蒙古文和漢文鐫刻碑銘，可謂蒙漢民族交往交流交融的歷史見證和文化傳承，即心與心的互動、情與情的互換和禮與禮的互尊等過程，也反映了蒙漢民族在生產方式、生活習俗、民族文化、碑刻藝術等方面的彼此借鑒和相互觀照，即運用語言、文字和藝術等工具或載體把社會、政治、文化、宗教及歷史觀、價值觀等雜糅起來，在蒙元帝國這個中國古代社會特殊時期留下了值得珍藏的歷史遺存和可資珍重的文

① ［日］杉田正明：《疾馳的草原征服者——遼・西夏・金・元》，烏蘭等譯，廣西師範大學出版社 2014 年版，第 264 頁。

化遺跡。其四，在蒙元帝國建立時期，或藏傳佛教即喇嘛教傳入之前，薩滿教的國教地位不可撼動，薩滿巫師的神秘力量不容懷疑，薩滿信仰的神奇作用不可小覷，薩滿文化的歷史貢獻不能抹殺，因其在蒙古族統治者中備受禮遇而獲得了政治支持，也在蒙古族民眾中普遍信奉而擴大了群眾基礎，它已經成為科學昌明和文明昌盛之前蒙古民族滿足自身物質文化和精神文化需求的必然選擇，成為蒙古民族認識和利用自然事物與現象及其規律、閱讀和分析社會事物與現象及其規律、關切和詮釋精神現象與過程及其規律的必然結果，成為蒙古民族詮釋生活內涵、追求精神愉悦、尋求心理寄託、描繪文化面貌、張揚主觀意志、展示祭祀儀式、表達虔誠信仰、傳遞宗教觀念的文化符號，而這種以萬物有靈論為思想基礎的原始宗教，以自然崇拜、圖騰崇拜、祖先崇拜及靈魂不死、占筮或巫術等為主要內容的原始信仰，也佐證了宗教文化在特殊歷史時期承擔著宣揚國家政策的任務、傳遞官方意識的作用和掌控民心向背的功能，即薩滿文化作為我國北方地區古代文化的聚合體，成為北方少數民族在相當長的歷史時期內宗教、歷史、經濟、哲學、婚姻制度、道德規範、文學、藝術、體育、民俗等方面或領域的主要標識，它是以蒙古族為代表的北方少數民族在生產與生活、生存與發展、戰爭與和平及遷徙與定居的並存或交錯過程中，閱讀自然界、人類社會和精神世界的過程、能力與結果，顯示了自身持之以恆的文化追求和獨具見地的價值選擇。其五，仿照漢地的漢制和推行故地的漢化，使草原本位文化與漢法尊崇思想得以結合起來，共同尋覓中華民族屹立於世界民族之林的必經之路，中華文化通向世界舞臺的必然之路，以及中華歷史融入國際社會的必由之路。其六，新定年號、改定國號和重定首都，即“忽必烈在推進蒙古國大改造的同時，以引進‘中統’、‘至元’等年號為開端，宣佈定上都和中都為首都、接著在中都的東北郊建設大都、創制新國字八思巴字、採用冠以‘大元’之語的新國號、引入立后和立太子的制度，進行了一連串看似中華式的國制整頓”①。總之，實現了北方蒙古草原舊制與中原漢族政權模式的混合發展，完成了蒙古族入主中原地區、少數民族政權統治中華大地、少數民族與漢族共同保全中國社會等歷史偉業，由此延續了中國歷史的封建統一並續寫了世界舞臺上的中華篇章。

第二，確立了高度集權的政治制度、蒙漢二元的文化體制，形成了“內蒙外漢”的政治文化二元格局，模索出了多民族國家一體發展的有效模式。在中國古代社會尤其是階級社會裏，掌權的意味是統治階級擁有苦心經營的集權與唯我獨尊的特權，建國的出路是統治階級矢志於百業待興的立國並專注於百業俱興的興國，而不放棄保存本民族的根性與血脈；這是少數民族貴族階層實現集權和獲取特權的基因，致力於援用他民族的經驗與做

① ［日］杉田正明：《疾馳的草原征服者——遼·西夏·金·元》，烏蘭等譯，廣西師範大學出版社 2014 年版，第 311 頁。

法；也是少數民族特殊群體厚實國力和興旺國家的動因，著力於活用他民族的資源和財富。為了鞏固少數民族政權，構築高度統一的中央集權制度，一方面全力維護民族本位和民族中心思想，一方面強力推行漢化政策並實施漢制措施，以期實現啟動內生基因與盤活發展動因的綜合效果，此可謂少數民族統治者經營國家政權之時所表現出來的審時度勢的政治自信，仰慕先進封建文化之時所展示出來的切中事理的制度設計，以及彌合蒙漢文化差異之時所呈現出來的開放包容的文化自覺。蒙古族全面地、整體地融入中華民族大家庭的歷史進程，源於元王朝統治中華大地的歷史，緣於元帝國實行“內蒙外漢”的政策。“內蒙外漢”這一政治文化政策，是草原遊牧與漢地農耕的並存格局使然，也是追求多元文化的共存與多種文明的發展之必然，如從制度或政策層面上說明基於草原舊俗的蒙古制度佔據著政治文化的核心或中心地位，立於中原習俗的漢法制度盤踞在政治文化的週邊或居於從屬地位，但從事實或影響層面上來看核心與週邊或中心與從屬的界限並非一目了然或不可逾越，它更多地表現為多元一體格局下的各種構成要素的交互影響作用和結構功能關係。比對清朝統治者的“內漢外滿”政策，蒙與漢、滿與漢的政治文化定位迥異，但維護多民族國家統一與發展則呈現出了異曲同工之妙。元王朝是蒙古族建立和統治的少數民族封建國家，但其國號、年號、廟號等依據了漢地的漢法或漢族的漢制，其國都南遷中原的大都和華北的上都，其國君自稱中國正統王朝的繼承者和發展者等歷史事實，足以證明是華夏民族共同書寫了中華民族的歷史與發展的時代華章。

第三，探索少數民族政權制度框架下的行政管理制度改革之路，釋放了少數民族統治者管控國家的政治智慧和治理社會的創新精神，獲取了漢族及各個少數民族對多民族國家的政治認同，創造了中國古代社會政治體制改革的先行模式。例如，創新行政區劃制度即創立行省制度，實乃中國古代政治制度史上的重大創舉，或謂中國古代地方行政制度的重大改革，且對後世及當代的政治制度尤其是行政制度影響深遠——明清王朝予以繼承、完善和發展，時至今日其歷史痕跡仍然歷歷在目，其政治影響依然歷歷可數，而如何面對這一政治遺產或政治資本，將成為現今社會深化政治體制改革和助力社會治理創新的重要參考。再如，實行軍民分治政策，謀求軍民共治效果；推行軍屯、民屯、軍民和屯等屯田措施，實現軍民共建社會和共擔民生等目標；引入農業經濟的優勢，彌補遊牧經濟的短板，解決因戰爭造成的北方人口下降、農田荒廢、牧場經營不良等狀況。軍戶制、兵役制、屯田制等制度設計，對穩定國家軍源、減輕政府負擔、保障社會有序運行等產生了積極作用，但也帶來了軍役負擔重、軍官腐敗多、軍民關係亂及傳統生產生活方式面臨嚴峻挑戰等消極影響。

第四，重視學校教育和先延續後廢除科舉制度，營造了法治與文教並行的社會環境，造就了崇文重教的社會風氣，即漸成以興學為本、以耕讀為樂、以知識為榮的社會風尚。我們認為，中國古代社會就已重視家教、家訓、家風和家學，家庭教育在社會各階層的人生經歷和人文素養上均發揮了啟動功能和基礎作用。但受制於傳統的教育理念、有限的教育資源和有待優化的教育環境等多重影響，家庭教育難以有效鏈結學校教育，或無法實現家庭教育與社會教育的順利對接，故蒙元時期蒙古族統治者通過援用漢禮、效法漢制、尊崇漢學、推廣漢語、推崇漢字、定都漢地、重用漢官、推行漢化等一系列政策措施，致力於保存家庭教育的火種，點燃學校教育的火勢，一定意義上可以說已經認識到家庭教育對學校教育的前提作用和學校教育對家庭教育的延展功能，即沒有家庭教育的學校教育如同“無源之水”或“無本之木”，沒有學校教育的家庭教育如同“空穴來風”或“空中樓閣”，而是否接受教育、接受何種教育和教育效果如何等重大問題，無不與人生前途、政治仕途休戚相關，因為人生選擇、人生路徑與科舉制度高度關聯，當一種賭博式的教育觀念對接上過獨木橋式的教育制度之時，就會不可避免地造成增加教育成本、降低教育效果和違背教育公平等事實，且易於形成教育怪圈和認識誤區，因此在中國古代社會裏是否重視學校教育和如何推進學校教育成為檢驗統治階級的文教政策與措施的試金石。不過，在中國封建社會裏，能夠關切學校教育、營造興學的社會氛圍，實屬有為政府的有為之舉了，而關涉家庭教育、培養向學的家庭環境，則確屬有心父母的用心選擇。我們認為，重視而不囿於民族教育，開放而不附會普通教育，既可培養服務於少數民族政權的復合型少數民族人才，也可借助於整合民族教育資源而展示民族文化的積澱歷程和主要特色。當今社會，改革教育體制、更新教育理念、優化教育資源、整治教育環境、追求教育公平、挖掘教育內涵、提升教育品質等，已經成為國人關注的重大現實課題，而擺正家庭教育的地位、矯正學校教育的誤區、體現社會教育的價值、挖掘自我教育的潛力等，則應該成為家庭、學校、社會和個人等層面或個體直面和解答的問題，特別是針對追求家庭教育、學校教育、社會教育和自我教育的整體推進或整合發展尚處於無計可施的窘境時，深化教育體制機制改革則是推不掉的責任和繞不開的路徑，需以此真正解決“是否培養人”“如何培養人”“培養什麼人”和“為誰培養人”等關切國計民生、關聯民族興亡的大問題！

第五，奉行雙重的民族政策，推行二重的民族措施，貫徹分層的民族觀念，確定不同的民族身份，構築多元的民族關係，維護自身的民族利益，成為歷史的經驗和時代的烙印。頒行法律和完善制度，以期加固蒙古民族尤其是確保蒙古貴族的統治特權，實現來之不易的少數民族政權的長治久安。實施民族分化政策、貫徹民族歧視觀念和製造民族分層事實，創造了激化階級矛盾、民族矛盾的制度因素和現實條件。拉攏漢族和其他少數民族的上層貴族，逐漸形成了以蒙古貴族為主、漢族和其他少數民族貴族為輔的規模龐大的統治集團，強化了蒙古貴族的政治勢力和文化實力，展示了蒙古民族的政治智慧和執政能力，在社會上層緩解了蒙古族與漢族的階級關係，緩和了蒙古族與諸少數民族的民族關係，而在社會下層使漢族與蒙古族及各少數民族間的利益關係出現裂痕，也使社會上層與社會下層之間的利益格局出現破綻。如何調整階級地位關係和民族利益關係，如何安穩民族利益格局和安頓國家戰略佈局，成為檢驗掌控少數民族政權者的一把鑰匙。蒙元時期，為了維護蒙古貴族的政治實權、經濟特權和文化領導權，削弱其他各族的政治抗爭能力，執政者採取了分化的民族壓迫政策，實行了嚴格的民族等級制度，如元朝政府根據地域特點和民族成分等指標，把國人分為四種等級或四個層次：一等蒙古人——元朝的“國族”，二等色目人——西北、西域各族，如黨項、畏兀兒、吐蕃、回回等，三等漢人——原金朝統治區內的漢族、契丹、女真及雲南、四川各族，四等南人——原南宋境內以漢族為主的各族，且詳細規定和嚴格限定了四種人或四等人在政治舞臺、法律地位、經濟活動、科舉制度、文化建設上的所占地位和所起作用，在表現了明確的民族壓迫傾向的同時，對各族上層或實施安撫和安置的政策，或執行拉攏和聯合的策略，甚至給予諸多特權或專權，使國人按要求“恪守本分”，形成了社會分層的事實。總之，元朝採取、實施和倡導的雙重民族政策、措施和觀念，既迎合了少數民族政權現實與需求，又體現了二元政治文化結構的功能與特色，關鍵在於它有效地服務了以蒙古貴族、王族和黃金家族為核心、以漢族及其他少數民族上層人士為骨幹而組建起來的封建統治階級或政治利益集團。

對此，國外民族學界另有主張。他們認為蒙元帝國自創建至鼎盛時期，整體上並無明顯的種族差別、民族歧視和階層壓迫等等級序列現象，宏觀上並未推行令人詬病的種族主義政策，故而蒙元帝國應屬於多民族或多種族、多要素或多因素混合並存的復合國家或新型國家。“這樣形成的忽必烈的新國家，成為不同種族、社會、宗教、文化和價值觀混合並存的多種族復合國家。這當中，在作為統治者的蒙古王族、貴族以及與之相關的特定人群之外，不太看得出有什麼種族的差別。因蒙古的統治而突顯的現象，反映了其以蒙古帝室為核心聚合歐亞大陸各地種種‘王權’而產生的巨大聯合權力這一本質，在必然重視帝國創建以來形成的人際關係和門第的同時，又與之正相反地主要根據個人實力和能力選用人才，從整體上不太看得出有什麼種族主義。尤其是忽必烈從即位之前就擁有由畏吾兒、契丹、漢人、女真人等多種族混合而成的智囊團和執行團隊，取得政權後又不分種族地提拔他們擔任高官和要職。進而，在財政部門主要任用穆斯林；在與宗教、文化相關的部門主要任用吐蕃人以及印度、尼波羅、怯失迷兒出身的人；在與學術、資訊和科學技術相關的部門主要任用包括歐洲人在內的各地區出身的人，根據個人的特長和能力予以選用。”①由此，我們認為認定民族關係、識別民族身份、認同民族平等、甄別民族利益、評價民族政權、評估民族文化等諸多事項，只有借助民族學、人類學、社會學和政治學的相關理論和方法，尤其是需要科學地運用馬克思主義民族理論與政策及馬克思主義民族學的立場與觀點，並結合當時的社會歷史條件和思想文化因素，才能做出實事求是的評判與符合歷史

① ［日］杉田正明：《疾馳的草原征服者——遼・西夏・金・元》，烏蘭等譯，廣西師範大學出版社 2014 年版，第 318 頁。

事實的結論。歷史證明：民族交往是社會進步的前提或基礎，民族交流是文化繁榮的路徑或通道，民族交融是國家統一的根基或保障。

（二）思想文化條件及其影響

蒙元帝國時期的思想文化建設及其成果舉足輕重且特色顯著，主要表現為少數民族的思想文化遺產匯入中華民族思想文化體系之中，成為“只有民族的，才是世界的”“越是民族的，越是世界的”這一至理名言的又一經典例證。作為有著悠久歷史和獨特文化且已掌握了國家最高權力的少數民族，蒙古族致力於在民族地區打造民族品牌，在國家平臺上創造國家品牌，在國際舞臺上展示民族形象，故其在修築歷史長河和描繪文化長廊的過程中，重視世俗文化與宗教文化的歷史傳承，強調科技發展及其應有的文化內涵，這是蒙元時期值得大書特書的歷史遺產和文化財產。

第一，保存理學。宋、元時代相繼，元、明朝代相連，為理學位居正統官學和成就世之顯學奠定了制度基礎，而貫通宋、元、明三個歷史時期的理學成為養成宋人、元人和明人的日常生活的行為方式和精神生活的思維方式的文化基因與思想動因。蓋棺定論的宋明理學——北宋“理學三先生”（胡瑗、孫復、石介）之學、“五子”（周敦頤、邵雍、張載、程顥、程頤）之學、以二蘇（蘇軾、蘇轍）為代表的蜀學和南宋理學大師朱熹的講道理或有道理之學及明代陸九州的心學，實際經歷了元代的承前啟後——元朝的思想界和理論界及社會各階層的消化與內化、過渡與延續、繼承與傳播，如許衡、劉因及吳澄等人位列理學繼承者，儘管他們在哲理或學理上建樹不多，但在事理或情理上保存了理學的學脈淵承；還如鄧牧等人屬於理學批判者，儘管他們極力宣揚反理學思想或主張，卻無法斷送理學的一脈相承。總之，理學作為一種儒家哲學思想體系，歷時性地建構了一套完整的客觀唯心主體系——在魏晉時期把儒學玄學改造之後，經歷了隋唐時代儒學走向沒落又強力復興之後，經過了宋明王朝有抱負或有理想的知識分子、有思想或有創意的學術群體積極回應現實社會問題及外來佛教文化、本土道教思想等諸多挑戰之後，而做出的一次儒學運動和一種歷史表態，旨在解決漢末以來中國古代封建社會所面臨的嚴峻的信仰危機和所遭遇的嚴重的道德危機。在蒙元帝國這一少數民族政權的制度框架內，出臺了寬容開放的文教政策，營造了相容務實的文化環境，這是各種思想文化形態及其所宣傳的價值理念得以存在、繁衍、交互、紛爭、發展的有利條件，儘管此時表現為並未擴充理學的內涵與主旨、提升理學的水準與品質、擴大理學的範圍與領域、厚實理學的前提與基礎、培養理學的人才與團隊等狀況，但呈現出來的保存理學的要素或元素、利用理學的功能或價值、承繼理學的血脈或線索、構築理學的橋樑或中介、延續理學的精神或追求等態勢，也是不容忽視的歷史事實和文化事例。

第二，寬容宗教。適度開放的宗教意識和信仰自由的宗教政策，共同營造了多元宗教文化的並存和共生的環境與條件。成吉思汗及其子孫在創建大蒙古國及蒙元帝國的過程中，足跡遍佈亞歐大陸，印跡遍存世界各地，所到之處或所征之地無不關涉當地的宗教文化形態，軍事征服有可能披荊斬棘，文化信服則難以立竿見影，因為軍事力作為一種硬實力，它可以在當下決出雌雄，或在不遠的將來定出勝負，而文化力作為一種軟實力，是一個國家、地區和民族長年累月地積澱下來的精神財富或智力資源，其往往固化為本國家、本地區和本民族的思維模式和行為定式，故它不會因一時的武力征服而銷聲匿跡，也不會因先進文化形態的傳入和衝擊而蕩然無存，這樣一來不同文化形態的定型和定力就會顯露出來，即宗教文化與世俗文化之間的共存、宗教文化形態之內的認同乃是文化生存的前提和文化發展的條件。當時，世界上諸多宗教形態存在和發展於蒙古族的征伐及統治區域內，主要包括蒙古人早已信奉的薩滿教，西藏地區、西夏之國和漢族之人信奉的外來佛教，金和南宋信奉的道教、摩尼教，畏兀兒和西方列國信奉的伊斯蘭教，蒙古高原地區一些部落乃至欽察、斡羅思各國信奉的基督教等，蒙古族在強力征服世界及統治國家的過程中，大多採取了開明的宗教政策和寬鬆的宗教對策，並不強迫被征服者徹底放棄原來的宗教信仰，也不強制被統治者全面改信蒙古人的宗教形態，而是有意營造信仰自由的制度環境與政策措施，允許各個教派持續存在和招收信徒，而且認可蒙古人自由參加各種教派及其傳教活動等事實，採取對宗教信眾基本上免除賦稅和徭役等做法，其直接目的是減少被征服者的武力反抗和被統治者的政治對抗，使之在思想認識、心理承受和行為舉止上接受被征服的歷史事實和被統治的社會現實，而其最終目的是避免新生宗教矛盾和再生宗教衝突，尤其是規避將宗教矛盾與民族矛盾關聯起來，以及把宗教問題提升為政治問題、將宗教矛盾升格為政治矛盾，以期實現蒙古貴族的得天下和治天下、建王朝和興帝國的有機統一。

第三，發展史學。馬端臨仿照《通典》體例所撰典章制度沿革通史《文獻通考》、胡三省為司馬光《資治通鑒》所作注釋《通鑒注》，以及全面官修前朝的史籍，尤其是使用蒙文編寫本朝的史籍，可謂元代史學建樹之典範。編史、修史和撰史，是在政治和經濟上占統治地位的階級或集團試圖在思想文化上居統治地位的不二選擇，中國奴隸社會和封建社會的統治者在掌控了政治局面並把控了經濟命脈之後，必然要佔據思想文化陣地、擴大思想文化陣營，以期實現政治、經濟和思想文化全面發展的態勢和整體推進的局面。修撰史籍，體現了當朝統治者的歷史觀和價值觀；記述歷史，反映了當時社會知識分子的政治觀和價值觀；編纂文獻，則為後世反觀和貫通歷史提煉了資料，為後人咀嚼和玩味文化提供了線索。我們認為一個國家、地區和民族的歷史軌跡與文化載體，必須相輔相成才能相輔相承，必須互為表裏才能經得起實踐檢驗和理論推敲，而任何虛構歷史或粉飾歷史的人，都將成為歷史的罪人和文化的惡人。歷史過程中的文化印記，可以完整地呈現歷史事實；文化視野中的歷史事件，可以全面地再現文化價值。

第四，獨創元曲。唐詩、宋詞和元曲是各自所屬歷史時期的文化符號、藝術成就及時代標杆，它們同樣具有來源生活現實又高於生活狀況、反映生活內容又加工生活樣式、服務生活目標又提升生活品質、展示生活風采又引領生活願景等功能與特徵，藉此才有了家喻戶曉、世代傳承的景況。有識之士將唐詩、宋詞和元曲等納入國學之列，可見世人的喜愛程度經久不衰，時人的傳承力度經世不減，足見其藝術性和思想性之高深、影響力和適應力之巨大。元曲分為劇曲和散曲，其中劇曲又稱雜劇，“元曲四大家”即關漢卿、白樸、馬致遠、鄭光祖等代表人物婦孺皆知，《竇娥冤》《牆頭馬上》《漢宮秋》《倩女離魂》等驚世之作世代傳頌。劇曲盛行於元代，其產生與發展的主要條件為城市經濟的發展和城市生活的富足、民族矛盾和社會矛盾的激蕩、儒家倫理思想和道德文化的懈怠、蒙古族統治者對歌舞藝術的偏好等。散曲又稱“樂府”或“今樂府”，包括小令和套數兩種基本形式。以元仁宗延年間為界，前期以北方為中心，後期移至南方。依據社會身份，前期作家分為三類，即以關漢卿和王和卿為代表的書會才人作家、以白樸和馬致遠等人為代表平民及胥吏作家及以盧摯和姚燧為代表的達官顯宦作家，而後期則主要有張可久、喬吉、睢景臣等作家。散曲盛行於元代，其產生與發展主要源於民族交往交流交融過程中語音辭彙的變化、北方少數民族音樂傳入中原地區導致詩歌創作格律的改變，以及城內經濟生活的繁榮、通俗文學的興起等多重因素。此外，還有南戲（傳奇）的流行，蒙、藏史詩的出現，如蒙古族的《元朝秘史》、藏族的《格薩爾王傳》和《米拉日巴傳》等少數民族優秀作品，共同豐富了蒙元王朝內社會各個階層的物質文化的內涵和精神文化的層次。

第五，成就科技。郭守敬主編了《授時曆》，創制了多類天文儀器，如簡儀、仰儀、高表、候極儀及景符等；朱世傑編著了《四元玉鑒》，提升了數學研究水準，如多元高次方程組的解法、高階等差級數和有限差法等；珠算的發明及應用促進了社會發展、經濟建設和文化普及等。天文學、數學的迅猛發展及應用，為推進經濟社會發展提供了技術支撐，為思想文化建設提供了量化工具。《河源志》（潘昂霄）乃我國現存最早的河源勘察報告，《輿地圖》（朱思本）、《真臘風土記》（周達觀）和《島夷志略》（汪大淵）為地理學的標杆，而地質學、地理學的領域拓展及其成果應用，對於理清國土資源的存量和認定生存環境的品質大有裨益。王禎的《農書》概括了中國古代農業社會、農業文明的全貌，記敘了多種農作物栽培方法，列舉了農具、水利機械、手工業工具等；官修《農桑輯要》概述了中國古代農業生產經驗。農業的發展和農學的成果，表明了農業社會與農業文明的現實，標明了農耕社會與農耕文化的水準。危亦林的《世醫得效方》最早記錄了麻醉藥的種類和藥效，忽思慧的《飲膳正要》專門論述了營養與食療的結構和譜系。朱震的《格致餘論》《局方發揮》等醫學著作傳入日本古代社會並深植日本文化土壤，形成了日本漢醫中的丹溪學派，由此成就了中日文化交流的一段佳話。

（三）蒙古族的自然觀、生死觀、宗教觀和祭祀觀及其功能

在中國傳統思想文化體系中，自然觀、生死觀、宗教觀和祭祀觀是中華民族歷時性把握和屆時性地解讀自然界與人類社會、生前世界與死後世界、現實世界與虛幻世界、物質世界與內心世界等關係時所表現的思維過程與所凝練的認識成果。在中國古代社會多民族共存、紛爭或一體發展過程中，在中國封建社會——元朝時期各民族交往、交流、交融的歲月裏，蒙古族力主“天人共生”的自然觀、“重生輕葬”的生死觀、“萬物有靈”的宗教觀和“薄葬重祭”的祭祀觀，這是少數民族群體處理和解決人與自然、人與社會、人生與死亡、現實與願景、喪葬與祭奠等關係時所經歷的認識過程與所提煉的思維成果。

第一，“天人共生”的自然觀。蒙古族是北方遊牧民族的佼佼者，其在長期的遷徙過程和遊牧生活中逐漸形成了“天人共生”的自然觀，主張自然界是由“人、自然物、動物”組成的復合的有機的生態系統，以遊牧文明為基調和根幹的蒙古族文化是草原文化的典型代表和集大成者。蒙古族置身於草原世界之中，面對變化多端的自然條件和相對脆弱的生態環境，摒棄了竭澤而漁的不可持續發展觀，確立了“天人共生”的自然觀，並使之貫穿於國家的制度與政策、法律與道德、文化與藝術的規範體系當中，作用於生產與生活、生存與發展、存在與意識的各個領域之內。這種自然觀包括敬畏自然、珍愛生命的人文意識，呵護自然、守望相助的和諧意識，感恩懷德、知恩圖報的奉獻意識，草原至尊、理性索取的節制意識，以身作則、責任擔當的自律意識等內涵。

其一，自然是生命之本、生存之基和生活之源。廣袤無垠的大草原提供了相對充足的生產生活資料，變幻莫測的自然界潛伏著難以預料的生存發展危機，故生於草原、長於草原、逝於草原、葬於草原和祭於草原的蒙古族先民們面對難解或不解的自然事物、現象及其規律時，其心智、心理和心態經歷了由神秘莫測到內心畏懼再到奉若神明的歷程，最終確信天地日月、四季更替、風雨雷電、陰晴圓缺、山川草木、枯榮交替、鳥獸蟲魚、優勝劣汰等自然景象皆有神仙常駐其間或神靈主宰其中，只有崇信萬物有靈或萬事有神，篤信神靈佑護，且在生產方式和思想觀念上順從自然，堅守逐水草而居的遊牧生活，才能在人與自然的關係上實現自生與共生、自存與共存、自在與共在、小我與大我的一體化或系統化發展。遊牧是敬畏神靈、保護自然的理性選擇，是尊重生命和感念生活的明智之舉，它避免了征服自然的消極後果，規避了利用自然的不良結果；減少了因過度傷害自然而遭受的報復，降低了因過分親近自然而遭遇的風險；反對淩駕於自然之上，力主回歸自然之中；杜絕長期定居於固定草場或長途跋涉於草原之上，精心安排適度利用草原和適時選取草場的居住和生活方式；設置各種禁忌以強調水草與牧場的自然屬性的原汁原味，賦予自然物和自然力以生命來突出主客觀世界的有機統一。例如，蒙古族的“騰格里”（天神）崇拜意識強烈而持久、牢固而普及，奠基了自然崇拜、圖騰崇拜、祖先崇拜或祖靈崇拜等

宗教信仰，蘊育了薩滿教這一宗教文化形態，並將薩滿信仰、薩滿文化植入蒙古族的生產生活之中，滲透到蒙古族群體的血液和靈魂之內，維繫了民族和諧關係，延續了民族傳統文化。

其二，自然是資源之庫、營養之母和文明之泉。遊牧人經營草原資源的方式經歷了逐水草而遷徙、四季輪牧及精細輪牧等歷史階段，從被動遷徙到主動遷徙，從鐘擺式遷徙到循環式遷徙，推動了遊牧生產方式從簡單到復雜、從單一到復合、從不成體系到自成體系的發展過程，開創了人類歷史上少數民族在處理和解決人與自然關係過程中追求和踐行可持續發展的先河。逐水草而遷徙，保證了牧草的休養生息和牲畜的生長繁衍，緩解了飼養牲畜與有限草場、發展經濟與資源保護、改善生活與維護生態的矛盾，符合了可持續的協調的發展理念。四季輪牧，遵循了季節變化的自然過程及其規律，在保護與利用、遷徙與遊牧、移居與輪牧之間尋找契合點和平衡點，即“這種四季輪牧的生產、生活方式，是順應自然規律，保持人和自然和諧、持續利用牧草資源的有效方式”①。精細輪牧充分利用牧草或牧場、水資源、環境資源等條件，一為改善牧民收入狀況，二為保護草原生態結構，三為堅守草原生態倫理，四為發展遊牧循環經濟，實質上是謀求草原資源的精細化管理和差異化利用之策，以期保障草原文明的活力和草原文化的定力。

其三，自然是感恩之地、謝恩之場和報恩之緣。蒙古人自古以來就抱有感激蒼天之意和感謝草原之情——他們的祖祖輩輩和子子孫孫面對廣闊的草地、茂密的森林、潺潺的河水、成群的牛羊、繁多的動物及蔚藍的天空、潔白的雲彩、閃爍的星空等自然資源或自然景象，總是心存敬意和愛意，或施以善舉，或報以親近，因為他們擔心一旦冒犯自然而受到懲罰，提防無意傷害自然而帶來厄運，警醒主觀破壞自然而遭遇不幸，故而時時處處地遵循著取之有道的原則和用之有節的規範，探求人的欲望和需求與自然的承受和再生的有機關係，探索人的生路和進路與自然的後路和退路的辯證關係，這些認識和行為源於蒙古族一直固守的適應自然先於改造自然、順應自然高於人化自然、保護自然優於利用自然等原則。例如，在薩滿教信仰或文化中，常有祈求上天、祈願大地、祈禱聖山、祈盼神靈和祈福子孫等祈禱詞，旨在戰勝自然災害和祛除疾病苦難等問題，獲得賜福消災和圓滿人生等效果。再如，蒙古包以圓形為建築風格，無棱無角，呈流線形，此與“天圓地方之說”十分契合；又以白色為主色調，配以藍色、白色的哈達，此與藍天白雲之景色融為一體，象徵著純潔、乾淨、美好和祝願；蒙古包立於地表之上，地基與草地齊平，拒絕採用深挖、夯築和壘砌等對於保持自然環境的原形或原貌不太友好的建築理念或施工措施，充分體現了草原民族的環境保護意識和天人共生理念。

總之，天人共生作為一種得天獨厚的信念、與生俱來的信仰、順其自然的稟賦、自然

① 額爾敦扎布：《遊牧經濟與可持續發展》，內蒙古人民出版社 2005 年版，第 245 頁。

而然的情愫和持之以恆的倫理，已經凝結為蒙古族的集體意識和民族心理，熔鑄為蒙古人的知識體系和價值取向，內含了人與自然協調共進的發展觀、惻隱動植物的道德觀、善待草原資源的價值觀等內容，形成了“因地制宜”“因時制宜”“因草制宜”“因畜制宜”等觀念，故“在歷史的傳統中，人類形成了自己的基本觀念和主體意識，所謂‘形成’仿佛是不斷地皴染和塗抹，於是在意識的最底層形成了一個深幽的、被遮蔽的背景，以它為支持的依託，建構了一個知識與思想的系統，它仿佛樹根，支撐著樹幹、樹枝和樹葉，給它們提供存在的水分與營養。這個背景作為一切知識與思想的依據，實際上也控制著人們對一切的判斷與解釋，賦予知識與思想的合理性。”① 而對於蒙古族傳統文化來說，賦予其前提性與合理性、思想性與系統性及背景條件與終極依據者，即為時空、天地、水草、動植物等要素與因素相統一的、充滿生機和活力的、承載著歷史和文化的大草原。

第二，“重生輕葬”的生死觀。人與自然界共同構成了完整的物質世界或客觀世界，其中人是自然界的安全守護者或矛盾調處者，自然界是人類的生存與發展、生產與生活的資源提供者。在人類的物質訴求趨於強烈與精神追求走向多元的背景下，在自然界的物質資源的結構調整與反復利用的條件下，人與自然界所形成和具有的同體不離或一體兩面的結構功能關係和系統網絡關係，共同承載著人——生命體、社會——有機體及人與社會——共同體的全部活動過程及其內容，由此解決了自然界的供給水準和承載能力與人類的需求層次和發展欲望的矛盾關係。

其一，關愛生命——身體和性命是人世間的第一要務。在蒙古人眼中，宇宙萬物乃天父地母所生，人們必須無條件地信守和崇敬生命之源，如果無止境地開發和索要上蒼所賜之物，無疑是在折損天神的壽命和肢解神靈的作用，亦即自毀前程和自斷進路。生命的存續無與倫比，生命的可貴毋庸贅述，生命的價值不證自明，生命的意義顯而易見，因它作為所賜、所生、所創、所造之物，代表了生產與生活、生存與生長、生機與生氣及朝氣與活力、希望與願景等內涵和特質，故珍惜來之不易的生命，珍重飽含著七情六欲、充斥著生離死別、經歷著跌宕起伏的生命，是蒙古人值得驕傲的光鮮亮麗的觀念與引以為豪的獨樹一幟的文化。例如，圖騰崇拜是原始文化的典型特徵，體現了人對自然事物和現象的關照，進而展示了人對生命現象的執著，“對神話和宗教的感情來說，自然成了一個巨大的社會——生命的社會。人在這個社會中並沒有被賦予突出的地位。他是這個社會的一部分，但他在任何方面都不比任何其它成員更高。生命在其最低級的形式和最高級的形式中都具有同樣的宗教尊嚴。人與動物，動物與植物全部處在同一層次上”②。由圖騰崇拜到祖先崇拜，由拜祭神物到尊崇神靈，由宗教信仰到宗教文化，證明了蒙古人堅信生命世界

① 葛兆光：《中國思想史》（導論），復旦大學出版社 2007 年版，第 41 頁。

② ［德］恩斯特・卡西爾：《人論》，甘陽譯，上海譯文出版社 1985 年版，第 106 頁。

是統一和連續的信念，因為逝者進入了另一種生命世界（神靈的世界），並不意味著人生歸零，它又以另一種形式（靈魂的形式）參與到生者的生活之中，也不象徵著生命終結，它通過佑護現實世界的子孫繁衍、生活幸福及祛除災害、保全人脈等重要事項，彰顯出生命的價值或人生的意義。總之，薩滿教認為世上萬物以天地為根，天父主宰一切，地母養育萬物，即天神恩賜了生命，地神撫育了身體，信仰慰藉了心靈，文化滋養了智慧，而蒙古人發出的向天神求雨、向地神求草的祈願，亦有康健身體和永續生命的內在含義。

其二，善待人生——構建和諧人際關係。蒙古族歷史上是逐水草而居、因環境而變的遊牧民族，特殊的自然地理條件決定了別具一格的經濟基礎和政治結構，形成了風格迥異的民族文化、草原文化、生態文化和地域文化，在草原熱土上為中國統一的多民族國家、多元一體的中華民族的形成與發展，貢獻了不可或缺的作用和令人矚目的能量。蒙古人性格中的坦率、粗獷、奔放、善意等，使他們敢於拋棄歷史包袱，勇於卸下傳統負累，主動適應自然環境變化，適時改變生存和生活方式，努力調適心理狀態，著力增強社會適應能力，緊扣時代發展的速度與節奏，為本民族和本地區開拓了生存之路，也為整個國家和社會開闢了發展之路。“對於蒙古人來說，面對現實，直面人生是他們最基本的人生信條。嚴酷的自然環境、動蕩的社會環境，使他們反對玄想空談而崇尚腳踏實地的精神，不論是在宗教信仰、民間文學中，還是在倫理道德、政治生活中都顯著而深刻地表現出了這一點。”① 蒙古人養成了心地善良、熱情好客、性情直爽、善待他人等品格，使他們在政治生活之外，在日常生活之中，不過分苛求富貴與貧窮之別，不過度論及上層社會與平民百姓之分，不嚴格區分家裹迎客與旅途待客之意，不特別考慮本民族與他民族之間，特別是對於異文化形態大多採取寬容或相容之策，如在對待戰爭俘獲的知識分子、掌握手藝的匠人及具有善意的傳教士時，允許他們傳承知識、傳授技藝和傳播信仰。草原民族在思想文化領域內不刻意設置條條框框，在思想文化建設過程中不盲目追求畫地為牢，在完善民族理論與政策、民族關係與發展進程裹不消極對待機遇與挑戰等，故應該說蒙古民族史是一部民族交往、交流、交融史。

我們基於民族文化、民族心理和民族風習等要素和因素來分析，可知蒙古族人民具有善於遊牧的特性和長於軍旅的天性，擁有勇於獲取資源的本性和敢於分配權力的秉性，固有樂於開疆破土的屬性和弱於固守所屬領地的個性，持有上敬蒼天的習性和下敬草地的人性等特點，致使蒙古族在建立政權和掌控政局的過程中，在進行制度設計和規則設定時，往往重視過程而忽視結果，追求規模而弱視結構，偏重眼前利益而輕視長遠利益，尤其是在生死觀念、喪葬制度和祭祀禮制上表現為看重生前的生活狀態而看輕死後的生活模式，難以貫徹“生死一貫”“慎終追遠”的認識和理念，於是蒙古族義無反顧地選擇了“淺

① 烏雲巴圖、葛根高娃：《蒙古族傳統文化的基本精神》，遠方出版社2001年版，第139頁。

埋”葬式（地表挖坑、墓土回填、萬馬踏平等）並持之以恆地落實著密葬制度（帝王陵墓的埋葬地點不立標識、不予公佈、不記錄在案等），這種喪葬方式或祭祀禮制是遊牧民族關愛自然和厚愛生態的真實反映，即矢志不渝地恪守著貼近自然的天人觀念，或無怨無悔地導引著親近水草的生態理念，從而未給後世或後人留下陵寢、陵園、陵邑等歷史遺存和文化遺跡。這種喪葬方式也是蒙古民族所遵從的生產生活方式、所依託的生存發展環境及其在宗教信仰、生死觀念、喪葬制度、祭祀儀禮等方面的具體表現。我們認為，在蒙古族人民的心目中，大自然無私地賦予了其“取之不盡，用之不竭”的遊牧資源——廣袤的草場、富饒的草地和無垠的草原，這個民族的世世代代就應該無條件地回報草場、回歸草地或回敬草原，那些以認識自然為名而誤讀自然、以利用自然為名而濫用自然、以保護自然為名而掠奪自然的思想和行為，無疑是對原生態的破壞、對大自然的不敬或對天人關係的誤解，故蒙古人看待財產與財富、生死與存亡、喪葬和祭祀等人生大事方面，守住了民族的本性和文化的根性，他們以少數民族的視角和視野，審視了人與人的並存關係、人與社會的共存關係和人與自然的依存關係，藉此在構築中華民族傳統文化體系過程中奉獻了善待自然的民族智慧、多元一體的民族文化和崇尚生態的民族精神。

第三，“萬物有靈”的宗教觀。在蒙古人的意識和認識中，自然不是人類的敵人、仇人和外人，而是人類的母親、朋友和夥伴，人與自然相依為命、和諧相處，形成情感共同體和命運共同體，因而主張一山一水、一草一木乃大自然的恩賜和禮物，從而一言一行、一舉一動無不關涉感恩和回報自然之力，從愛護自然物到崇拜自然力所表現出來的虔誠，如草原的萬物吉祥、人生的無災無害、畜群的膘肥體壯、天空的清澈碧藍等眾多期許，既是道德層面的倫理情懷，也是信仰層面的人文關懷。自然界是神聖、神秘和神奇的存在，在信仰的範圍上和領域內賦予自然物以神性而加以崇拜，認可自然力以神力而予以膜拜，從而形成了敖包祭拜、聖山祭祀、靈水祭奠等不同形式。

其一，薩滿教的內核與實質。蒙古族宗教文化是本民族存在與發展的精神財富、生息與繁衍的精神力量，它主要包括薩滿信仰文化和與民族傳統文化相結合的佛教文化。16世紀以前，薩滿教為蒙古地區居主導地位、起支配作用的宗教文化，已滲透到蒙古族文化的深層結構和蒙古人內心深處，在政治、經濟、哲學、文學和藝術等領域及日常習俗、風俗和民俗中，都深深地烙上了原始自然圖騰崇拜的印痕，逐漸演變為民眾的生活習慣和民族的文化符號，並發揮了心理暗示的作用和生命接力的功能。薩滿教作為蒙古族原始自然宗教，相信萬物有靈，主要崇拜自然、祖先和天神。薩滿教是上至皇族甚至可汗、下至庶民甚至牧奴的精神食糧和心靈寄託，它以減輕人們日常生活的壓力、擺脫物質生活的困境、解除精神生活的困惑及滿足心理層次的需求、補足文化訴求的缺失等為主要目的，其功利性和現實性特徵顯著，如祈求神靈賜予財富、健康、食物、幸福、長壽、和平等福祉，期盼借助神力免除痛苦、疾病、瘟疫、災難、不幸等願望，這也印證了信奉者對生命的在意和渴望，並以依託宗教感情、依據宗教信仰、依靠宗教語言真切地表達了頑強的生命意志。薩滿教所創議的生態倫理道德規範與佛教文化具有殊途同歸之效，如佛教倫理之慈悲為懷，嚴禁殺生；拯救一切生命，普度眾生；無端殺傷動物、損害草木被視為“作孽”等，張揚宗教文化的倫理評判和道德約束等功能，佐證了自然的尊貴、生命的寶貴和信仰的珍貴。當然，我們也不能忽視宗教文化形態的神秘主義色彩和唯心主義立場，甚至必須警惕宗教派別無端干涉政治生活、宗教人士惡意干預政治建設等傾向，警醒宗教勢力阻礙社會發展、宗教團體阻滯文化建設等錯誤，認真貫徹信仰自由、信仰平等的宗教政策，牢固樹立宗教是一種社會文化現象的學術立場。

其二，禁忌的形式與內容。恪守禁忌，是延長生命鏈條的有效舉措。蒙古人在社會生活和信仰活動中，趨利避害的本性、揚善懲惡的人性和疾惡如仇的天性，歷史地、務實地結晶為種種禁忌，如因崇拜而禁忌、因恐懼而禁忌、因厭惡而禁忌、因向善而禁忌、因信仰而禁忌等，為此產生了諸如生產禁忌與生活禁忌、生存禁忌與發展禁忌、世俗禁忌與宗教禁忌、行為禁忌與文化禁忌、個人禁忌與群體禁忌、自然禁忌與社會禁忌、居家禁忌與出行禁忌等不同樣式，通過制定必須遵守的限制條件或要求應該完成的規定動作，體現了老老實實做人、規規矩矩做事、平平安安生活和踏踏實實工作的人生追求。例如，在日常生活中，在衣食住行、言談舉止、接人待物、迎來送往等各個環節或細節，形成了一套行之有效的規範或做出了事無巨細的規定，違反者則屬觸及一定之規或觸犯金科玉律，必然遭到警告或懲罰，甚至付出慘痛的代價。再如，蒙古人的拜火意識強烈，火神崇拜由來已久，因為火與生命現象息息相關，火有驅妖避邪或攘災降福之力，火既對草原危害極大又能保障畜群安全，既是清潔的源泉和神聖的象徵，又是財富的保障和安全的屏障等，故蒙古人因火而生、因火而存、因火而信和因火而拜，展示了一種獨特的生命觀和價值觀。

第四，“薄葬重祭”的祭祀觀。蒙古民族提倡“重生”理念，意味著把生存機會和生活享受置於現世和當下；主張“輕葬”觀念，展示了節約資源的思想和凸顯生命的文化。在中國古代社會發展過程中，“厚葬”與“薄葬”、“陪葬”與“安葬”之爭，“殉葬”與“祔葬”、“人殉”與“物殉”之分，以及“喪”“葬”“祭”之序等課題，受制於當時的社會歷史條件、思想文化背景及統治階級的主導意識尤其是統治者的主觀認識和個人偏好。當歷史定格在蒙元時期，當政權定位於少數民族政權，蒙古族針對上述問題的解讀能力和解答方式，具有歷史時代的印記和民族文化的印痕。

其一，喪葬習俗的內裏與外表。“‘事死如生’、‘鬼福及人’的觀念與儒家大力提倡的‘孝道’結合起來，陽宅堪輿得以大行其道，歷代不衰，並逐漸形成一套隆重復雜的祭祀禮儀制度和墓葬制度。墳墓被認為是安葬祖宗及父母之首丘，上可盡送終之孝，下以為啟後之謀，所以上至皇帝，下至百姓，對墳墓的安置均格外重視。”[①] 在歷史上和現實中，蒙古族的婚喪嫁娶都自成體系，其中喪葬習俗中體現的生態環保意識真實地再現了以草原為家居、視草地為生命的北方少數民族的生態取向和民族風采。蒙古人重生輕葬，大多選用野葬、火葬和土葬等喪葬方式。野葬又稱天葬，即將亡者裝入用白布縫製的口袋，或用白布纏裹全身，然後載於車上，送至遠離蒙古包的荒效野外，隨行家人即刻返回，任其風吹日曬或風雨剝蝕，由其被狼吞噬或被野鳥啄食。這種葬式的寓意為赤裸裸地來到草原，又原原本本地回歸草原。火葬是以火焚屍，將亡者放在車上，送到野外空地之上，蓋上樹枝、枯草等雜物，點火焚燒，待燒完後將白骨碎塊拋撒四方。這種葬法的含義是受益於草原，反哺於草原，或感恩於草原，報恩於草原。土葬是把亡者置於車上，驅車於草原之上，在屍體落地之處進行挖地掩埋，並以馬踩踏，使之恢復平地。這種葬禮的原意為親近草原或貼近草地，而在平緩的草地向上堆土或向下深挖，實質上是遠離草原或隔絕草地。野葬、火葬和土葬時均不修墳冢，不挖地宮，不立石碑，不設碑亭，不撰碑文，不刻碑銘等，而選取此種喪葬方式：一是緣於自然環境和氣候條件。蒙古民族對崇山峻嶺漠不關心（注：關心山丘的原因為壘砌敖包），對平坦草原情有獨鐘，他們並不仰慕山高水長，而是追逐水草豐美，這與漢文化崇尚“山嶽信仰”大相徑庭。二是源於蒙古族居無定所的遊牧生產生活方式。流動、遷徙、移居、征伐是蒙古族生產和生活的原生態，隨遇而安的馬背生活是蒙古族存在與發展的主要方式，他們看慣了“風吹草低見牛羊”的風景，習慣了“一歲一枯榮”的風貌，這迫使他們更加看重現存社會的利益格局和現實生活的客觀現狀，至於選擇何時殯葬、何地埋葬和何種喪葬禮儀等問題，則交由神靈的定奪和祖靈的定位，反止萬物有靈、萬事有神，生者不必過於操心喪葬 事，這與漢族政權統治者奉行的“事死如生”思想相去甚遠。三是受制於節儉意識或節約思想。散在草原上的樹木彌足珍貴，長成參天大樹者屈指可數，珍稀樹種更難以存活並成長於草原環境，而不伐樹木、不用棺木可以最大限度地避免對人力、物力、財力等資源的浪費，且不佔用或少擠占牧場，其破壞力便可忽略不計，這與農耕文化推崇的採用名貴樹木精雕細刻棺槨、興師動眾下葬、勞民傷財封土、費盡心機深埋等喪葬儀禮格格不入。四是防止盜挖和杜絕盜墓。基於蒙古人的財富觀、生死觀和喪葬觀，他們注重死者在靈魂世界的精神生活，不太看重逝者在陰間的物質享受，故元代帝王死後會遵照蒙古族習俗，葬於漠北起輦穀，平地埋葬，不設陵丘及地面、地下建築，一則因無標識而無法辨識，避免了盜挖者冒犯祖靈和神靈的舉動；二則因無珍品而無法暴富，斷絕了盜墓者盜用隨葬品而致富的念頭。例如，史書記述了元代蒙古族帝王的葬制與祭禮：“元朝官裏，用梡木二片，鑿空其中，類人形大小合為棺。置遺體其中，加髹漆畢，則以黃金為圈。三圈定，送至其直北園寢之地深埋之，則用萬馬蹴

---

① 參見謝海東、謝宇主編《明清皇陵堪輿大全》上冊，華齡出版社2013年版，第10頁。

平。俟草青，方解嚴，則已漫同平坡，無復考誌遺跡，豈復有發掘暴露之患哉？誠曠古所無之典也。”① 蒙元帝王的密葬令人深思且讓人費解：“凡宮車晏駕，棺用香楠木，中分為二，刳肖人形，其廣狹長短，僅足容身而已。殮用貂皮襖、皮帽，其靴襪、系腰、盒鉢，俱用白粉皮為之。殉以金壺瓶二，盞一，碗碟匙箸各一。殮訖，用黃金為箍四條以束之。輿車用白氈青緣納失失為簾，覆棺亦以納失失為之。前行，用蒙古巫媼一人，衣新衣，騎馬，牽馬一匹，以黃金飾鞍轡，籠以納失失，謂之金靈馬。日三次，用羊奠祭。至所葬陵地，其開穴所起之土成塊，依次排列之。棺既下，復依次掩覆之。其有剩土，則遠置他所，送葬官三員，居五里外。日一次燒飯致祭，三年然後返。”② 這與中國古代人特別是漢族皇帝源於“事死如事生”思想而奉行的“封樹觀”“堆土觀”“陵寢觀”軒輊有別，即他們崇信人死之後，在陰間應該過著類似陽間的生活，故陵墓的地上建築嚴守封建禮制與原則，而地下設施的式樣與隨葬生活用品的種類與規格均應仿照世俗樣式。

其二，敖包祭祀的內涵與特徵。蒙古人認為自然界的日月、星辰、山川、草木、砂石、風雨、雷電等自然物和自然力皆有神靈和神力，為了表達對萬物神靈和神力的感恩和祭拜，便在高山丘陵、森林莽原、江河溪流等高聳之地或通衢之處堆壘敖包，這成為一種習俗——居住於氈房，祭祀於敖包；成為一種寄託——順時針繞行的暗示，無香火拜祭的啟示；成為一種標識——我在草原懷中，草原在我心中；成為一種符號——祭天與祭神的一體，祭祖與祭靈的合一；成為一種文化——制度化與常態化的禮制，信仰化與生活化的規制等。草原上的敖包大多在高山或丘陵之上，人們用形狀各異、大小不一的石頭堆砌而成（“土堆”“木塊堆”並不常見），其規模或體量大小、結構復雜程度等並無統一要求，其外觀形象類似於中原地區皇帝陵寢之“封土”，但用料與寓意不同。敖包山或敖包丘上面插有樹枝，頂端插上旗杆（蘇魯錠或曰蘇魯定、蘇立德），旗杆周圍從上到下掛紅、黃、白、藍、綠數條經旗，分別象徵護法、大地、白雲、藍天和河水，系白色和藍色的哈達，表示守護、敬神、祈願等含義。敖包是蒙古人心中的聖殿，敖包信仰起源於原始社會的薩滿教信仰。在蒙古族民間信仰裏，山是上天的梯子或登天的臺階，自然的山體與堆壘的敖包成為具有象徵意義的天梯或天道。凡有敖包的地方，就有蒙古族的部落、家庭、家族在此地或周圍遊牧和生活，就有萬馬奔騰、牛羊成群、奶茶飄香、美酒醉人、牧歌飛揚等生命跡象和生活景象。凡有敖包山的地方，就有固定的祭祀日期、特定的祭祀供品和規定的祭祀儀禮，蒙古人習以為常且信以為真，因為它是生命的象徵和生活的源泉，集聚著人群和人氣，與草原和牧場一起歡歌和律動，構築了一道亮麗的草原風景線。每逢祭敖包時，如同節日一般，人山人海，盛況空前，牧民們穿上節日的盛裝，臉上洋溢著幸福的微笑，

① （明）葉子奇：《草木子》。
② （明）宋濂：《元史・祭祀六・國俗舊禮》。

心中蕩漾著尊崇的情愫，手中捧起祭祀禮品，供奉在敖包前；薩滿教主持擊鼓念咒，膜拜祈禱，焚香點火；牧民們面向祭臺，圍跪在敖包前，祈求降福，保佑人畜兩旺；參加祭祀的人們圍繞敖包從左向右轉三圈，並將帶來的祭祀品撒向敖包。平日裏，人們會自發從周圍撿起石頭，添置在敖包上，以祈求平安。敖包祭奠儀式結束後，會舉行傳統的賽馬、射箭、摔跤、唱歌、跳舞等文體活動，還要進行物品交易，故祭敖包是牧民們一次大規模的集會活動。現如今，人們可以通過尋跡傳統敖包，遙想古人們生活的方方面面，或猜想故人們生計的點點滴滴，它可能是遊牧的足跡、戰爭的痕跡或祭祀的印跡；人們可以新建現代敖包，暢想今人們發展的美好訴求，或心想時人們復興的美麗夢想，它應該是民族團結的象徵、民族進步的表徵和民族繁榮的特徵。

總之，依據唯物史觀的立場和觀點，即生產方式和社會形態內部構成要素及其矛盾關係的基本原理和哲學思想，可知“各民族之間的相互關係取決於每一個民族的生產力、分工和內部交往的發展程度。這個原理是公認的。然而不僅一個民族與其他民族的關係，而且一個民族本身的整個內部結構都取決於它的生產以及內部與外部的交往的發展程度。一個民族的生產力發展的水平，最明顯地表現在該民族分工的發展程度上”①。“思想、觀念、意識的生產最初是直接與人們的物質活動，與人們的物質交往，與現實生活的語言交織在一起的。觀念、思維、人們的精神交往在這裏還是人們物質關係的直接產物。表現在某一民族的政治、法律、道德、宗教、形而上學等的語言中的精神生產也是這樣”②。蒙古族人與自然打交道的方式及其成果，既具有深遠的歷史價值，也具有真切的現實意義；既具有廣泛的社會價值，也伴生了深邃的文化意義；既具有縱向的傳承價值，也產生了橫向的傳播意義。但是，歷史上因蒙古族人強於處理和解決人與自然、人與環境的關係，弱於處理和解決人與人、人與社會的關係，而導致蒙古族貴族掌權、多民族共存的王朝尚未真正處理和解決好本民族內部、各民族之間尤其是蒙漢民族之間的矛盾關係，蒙古帝王們在接受中原地區先進文化時採取了猶猶豫豫的態度和搖擺不定的方式，成為元朝短命和速亡的原因之一，如許衡因推崇和倡導程朱理學，曾勸諫元世祖忽必烈實施“重農桑”“興學校”“行漢法”“尊儒學”“施仁政”等國策，其中“行漢法”之論曰：“國朝土宇曠遠，諸民相雜，俗既不同，論難遽定。考之前代，北方奄有中夏，必行漢法，乃可長久。故魏、遼、金能用漢法，歷年最多，其他不能實用漢法，皆亂亡相繼，史冊具載，昭昭可見也。國朝仍處遠漠，無事論此，必若今日形勢，非用漢法不可也。陸行資車，水行資舟，反之則必不能行。幽燕以北，服食宜涼，蜀漢以南，服食宜熱，反之則必有變異。以是論之，國家當行漢法無疑也。”③

---

① 《馬克思恩格斯選集》第一卷，人民出版社 1977 年版，第 25 頁。

② 同上書，第 30 頁。

③ （元）許衡:《魯齋遺書》卷七。

八 明朝時期帝陵之系譜及思想

（一）社會歷史條件和思想文化背景概況

明朝（公元1368—公元1644年），是一個時序上順承於蒙古族建立和蒙古貴族掌握的少數民族政權——元朝，制度上回歸於漢族建立的封建王朝——再次統治天下百姓、統一中國社會和統領中華民族的歷史時代，即它是一個對蒙古帝國持有否定態度、對少數民族政權具有替代意義的漢族王朝，為此中國社會歷史上最後一個大一統的集權式的漢民族統治者掌權的封建國家登上了歷史舞臺——歷經十二世，共立十六位皇帝，享國二百七十六年。朱明王朝同樣經歷了由建而興、由盛而衰、由衰而亡的歷史週期，這不是歷史循環的佐證，而是歷史邏輯的定律。我們主要依據世俗化的文化藝術、專業化的手工業生產、商業化的經濟發展及資本主義萌芽狀態的社會現實等方面，洞悉和把握這一封建王朝的相關制度及其思想文化建設。

1. 改朝與換代的歷史擔當，承前與啟後的政治責任，定都與遷都的文化內涵。社會的進步與發展、歷史的經驗與教訓一再證明：民族關係系於一切，民族團結利於一切，民族發展重於一切，民族命運強於一切，國家利益高於一切，以及民族交往交流交融關乎一切。中國社會傳統的治理體制，提供了“天下一統”的政治前提；中國歷史連續的發展歷程，佐證了“多元一體”的價值追求；中國文化持續的進步過程，體現了“民族平等”的重要理念。當蒙古民族在特定的歷史時期完成了特殊的歷史任務之後，歷史的車輪便在國家因素和民族因素的共同作用下進入新的發展軌道，文化的軌跡在積澱與創新、傳承與保護的合力驅動下步入新的發展態勢。中華民族櫛風沐雨的歷史，中華大地春華秋實的文化，華夏兒女矢志不移的精神，譜寫了人類歷史的新篇章，塑造了東方國家的新形象，為此我們需要負責任、有擔當地梳理中華民族的國家觀、歷史觀和民族觀，以期將其匯入歷史與文化、文獻與思想、神道與哲學等問題的研究序列之中。具體言之，元太祖朱元璋於洪武元年（1368年）定都應天府（今南京）——朱元璋起兵反元，元朝大勢已去、明朝大局已定之時，謀士認為金陵乃龍蟠虎踞或虎跨龍盤之地，方士認為金陵為“王氣”“龍氣”旺盛之所，有識之士認為金陵是帝王久居和天下太平之都，他們一致主張取金陵而定天下，定金陵而治天下，治金陵而統天下。因享譽“江南佳麗地，金陵帝王州”之美名——東有鐘山龍盤，西有石頭虎踞，南有秦淮環繞，北有玄武鎮守，故金陵成為新王朝開國皇帝定都之首選，而金陵所擁有的宏觀的風水環境與微觀的環境佈置，契合了“風水寶地”的構成要件，符合了“地理五訣”（龍、穴、砂、水、向）的基本條件，應和了風水選擇（尋龍、察砂、點穴、觀水、定向）的一般程式，也使其成為一國之君陵寢之必選。明成祖朱棣於永樂十九年（1421 年）遷都順天府（今北京）——自元世祖忽必烈欽定精通風水和天文、地理、律曆、術數的劉秉忠主持營建元大都（今北京）以後，他並依據“象天法地”的原則，開創了北京作為全國統一政權的都城的歷史，而且其作為集“地脈”“水脈”“人脈”“龍脈”等風水之大成者，決定了明清皇家陵寢的基本建築規制，確立了中國古代都城營建規劃的風水典範，尤其是將都城區分為內城與外城的設計，堅固了一種東方國家都城規劃與建築理念——內外有別、高低有序、親疏有致和遠近有位等，牢固了傳統的封建等級制度——內城與外城、宮城與皇城及皇帝與貴族、皇族與大臣、統治階級與普通民眾的地位、利益、功能、價值等方面的差序格局：即內城有皇城、宮城，皇帝、皇族居於宮城，貴族、大臣及政府辦公位於皇城，而平民百姓生活於外城。明朝的歷史分期和階段特徵明顯，這不僅是一個時代烙印，還是一種思想印痕：明初，歷經洪武之治、永樂盛世、仁宣之治等發展階段，綜合國力走向強盛之勢，政治生態趨於清明之狀。中期，經“土木之變”後由盛轉衰，又經弘治中興、萬曆中興等過程，經濟社會發展勢頭一度向好，普通百姓生活狀況一度改觀。後期，由於政治腐敗、天災外患和農民起義等因素，導致國力衰退，國運不濟，國威難在，故它完成了政治使命，迎來了壽終正寢，退出了歷史舞臺。從政權更迭來看，蒙古族少數民族政權易手，漢民族重掌國家政權；從歷史沿革來看，明朝統治者延續了中國封建社會的血脈，更張了中國古代社會的軌跡；從時代發展來看，統治階級繼續拉長私有制社會的歷史，不斷解決階級社會的矛盾；從社會進步來看，當原有的生產關係難以容納生產力發展要求時，便爆發了推翻舊社會制度的社會革命，新的符合生產力發展狀況的經濟形態、政治制度和上層建築應運而生了；從文化傳承來看，契合中國社會的多民族並存和中華民族的多王朝更迭等事實，造成了文化形態的多樣化、文化土壤的多層化、文化訴求的多元化和文化精神的一致化等特徵，致使文化傳播的網絡處於逐步完善過程之中，文化傳承的系統處在逐漸整合進程之中；從陵寢制度來看，同不會發生整體的“元承宋制”一樣，也難以形成全面的“明承元制”的局面，如明代作為中國陵墓建築史的又一高潮，推進了陵寢文化建設和建築藝術發展。歷史翻開了新的一頁，時代走向了新的時段，社會開始了新的進程，文化進入了新的軌道，民族關係步入了新的時期，如何評判當時的社會歷史條件及其作用，如何評價此時的思想文化體系及其影響，如何評論其時的皇帝陵寢的系譜及其思想，需要絞盡腦汁，才能在尊重歷史事實和遵循思想邏輯的前提下進行思維加工和理論創新。

2. 明朝前期的政治定位與定力、經濟形態與形勢、社會結構與運行等問題，成為區別和驗證統治階級處理和解決前王朝與現王朝、舊王朝與新王朝、本王朝與後王朝等關係的分水嶺和試金石。明朝統治階級的政治目標和政治抱負是什麼？社會制度設計與運行狀況是什麼？價值取向和文化訴求是什麼？與前朝的政治遺產、經濟體量、文化分量的繼承與發展關係是什麼？與後朝的政治繼承、經濟過渡、文化繁衍的內在邏輯是什麼？新王朝的統治階級登上政治舞臺並攝取最高權力之後，首當其衝的是要釋放政治意圖、落實政治理念、獲取政治資源、掌控政治局面和把握經濟命脈、引導經濟走向、增強經濟實力、夯實經濟基礎，同時還要在社會領域和文化陣地創造滿足普通百姓物質文化和精神文化需求的環境與條件，以此才能遵循政治經濟占統治地位的統治階級必然在思想文化領域起主導作用的社會歷史規律。我們認為明初統治者所提供的政治資訊或所發出的政治信號具有獨到之處："奠定中華帝國基礎的秦，是以周朝所封的國名而命名的。漢是創始人劉邦受楚王項羽所封的國名。直到宋朝，王朝的創始人都是以前朝賜予的爵位為國號。也就是說王朝的名稱不是自稱，而是他稱。這是中國的傳統。"① 而"元第一次作為統一的王朝沒有採用地名而用了理念作為國號。……明朝沒有用宋、吳這類國號，而用了一個抽象的詞語。這種思維方式，繼承於元朝。國號定名之時，沒有根據中國的傳統，而效仿了元，這一點表現出明朝並不是一個復古的王朝，它是一個在蒙古帝國創造出來的世界中誕生的王朝"②。一般而言，一種政權的"易姓革命"、一個王朝的改頭換面和一類文化的"主體移位"等重大事項的發生和展開，可能會出現"後承前制"或"後改前制"等相左的路徑，"改良"或"革命"等相反的選擇，以及"繼承"或"創新"等相繼的序列。根據歷史記載的事例，我們以國名、國號的沿用或創新等多重關係為例，可知元、明兩朝曾出現了"明承元制"的特殊情況。

第一，中央集權和皇權膨脹。完善了中央機構和國家機關、地方組織的組織架構與運行機制，形成了地方分權服務於中央集權的制度，完成了各種機構的管理者、各級機關的掌權者和各類組織的負責者受制於最高統治者的管理體制，這樣一來就保障了政令暢通的社會局面並營造了皇權至上的政治氛圍。其一，推行地方組織建設工作，目的在於厘清地方政府的管理職能，疏通國家機關任務下移的通道，搭建承接中央政府職責下沉的平臺，營造各司其職的體制和服務專制集權的機制。1376 年，明朝統治者棄用行省制度，普設承宣佈政使司，主掌省或府的民政和財政等政務；再設提刑按察使司主管刑法、都指揮使司統領軍隊；分設布政司之下的府和縣等部門，負責地方行政事務。這些重大改革舉措旨在堅固統治與被統治的政治關係和理順管理與被管理的層級關係。其二，推進中央機構建設工作，完善權力運行的組織體系，避免權力架空或權力真空的不良狀態，體現了統治階級推進國家治理的良苦用心。1380 年，朱元璋廢棄了中書省，改由六部直屬皇帝，可謂減少行政層級之政策；廢除了丞相職權，交由文臣擔任殿閣大學士且授權批閱奏章，可謂重視文治之舉措；改御史臺為都察院，專職彈劾百司，可謂看重官僚隊伍建設之辦法；設立六科給事中，負責稽查各部，可謂強調政府部門協作之行事；設立錦衣衛，強化對官吏和百

① ［日］上田信：《海與帝國——明清時代》，高瑩瑩譯，廣西師範大學出版社 2014 年版，第 13 頁。
② 同上書，第 81 頁。

姓的管控，可謂加強社會穩定之舉動。朱棣即位後，閣臣的權力迅速增大，權欲不斷膨脹，最終形成了內閣制度。其三，改革軍隊編制和機構設置，為皇帝獨攬軍政大權掃清障礙。1380 年，朱元璋撤廢了洪武初年大都督府節制諸軍的軍制，只是保留了其主管兵籍和軍政的許可權，進而確立了由五軍都督府取而代之並直接統軍的軍制，可謂起到了“釋兵權”和“攬兵權”的雙重功效；實行衛所制度，五軍都督府統轄各省都指揮使司，各都司管轄府縣各衛，兵部掌握軍官的選授權，皇帝獨享軍隊指揮權，可謂成就了“掌兵權”和“用兵權”的終極效果。其四，嚴明刑法，安定社會，謀求完善法制和推進法治的局面。明政府頒行《大明律》，既維護了中央集權和帝王的皇權，又穩定了社會秩序和國家的運轉；明太祖撰述的《大誥》三篇，彙編了嚴懲官民貪污索賄、逃稅抗租等案例，發揮了警示世人和震懾時人的作用；實行廷杖制度，威懾了官吏的思想認識和行為方式，強化了君主專制制度。其五，推行科舉，設置學校，暢通飽學之士的晉升之路，搭建求學之人的教育平臺。恢復了元朝中斷的科舉取士制度，創新了本朝的考試週期與層級，如週期設為三年一科，層級分為鄉試、會試和廷試；又圈定了考試內容與格式，如指定朱熹注解的四書五經為教科書，確定八股文為唯一格式，可謂重拾了舊制，但又通過限定考試內容和規定文章格式而實現禁錮思想和規約言行的目的。設置了中央國子監、府縣學和民間社學等學校，劃定了四書五經及《大誥》《大明律》等內容，可謂改革教育體制和優化教育體系，但這又帶來學習內容固定和學習方式呆板等後果。其六，實行文字獄，殺戮功勳之臣，束縛思想文化和剷除政治異己。統治者以血腥手段摧殘知識分子，以極端方式摧毀誠信體系，如製造“胡藍之獄”，藉以維護專制統治和皇權獨尊；打擊貪官污吏，淨化政治生態，牢固統治基礎，如外遷地主豪富，使之遠離故土，從而喪失已有的政治實力、泯滅膨脹的政治野心。其七，推行分封制，強化私有和世襲關係。朱元璋以“慎固邊防，翼衛王室”為由，強力推行分封制度，但造成了藩王盤踞一方、藐視中央的消極後果；朱允炆登基後，迅即採取了削藩戍邊策略，整治了集權分化現象；“靖難之役”後，朱棣奪取了帝位，續行了削藩政策，削弱了藩王勢力，加強了君主集權。

第二，經濟恢復和社會發展。飽受元朝統治與壓迫、備嘗元末戰亂與疾苦的人民群眾，期盼著明朝執政者出臺開明的社會政策、創造良好的經濟環境和構建有序的社會秩序，這為新政權創造由百業待興到百業俱興的社會局面，藉以修復千瘡百孔的社會有機體、安撫處於水深火熱之中的廣大民眾、消除因自然災害所造成的恐懼症和人為災難所造成的後遺症等提供了壓力和機遇。“長江下游三角洲地區，自宋代至元代，發展為東部亞歐地區的經濟中心，後來又逐漸變為華北糧食供給以及生絲、絲織品等國際商品的生產地。渤海地區，因元朝百年間定都於此，具備了首都圈的所有功能。江淮地區因處於這兩個經濟、政治中心之間，又地處內陸，若不採取政策上的運作，則難逃落後的命運。反言之，若能創造出不讓江淮地區受窮的國家體制，則應該可以克服唐朝至南宋持續了二百幾十年的華北政治中心與華中經濟中心南北分立的體系。”[①] 草根出身又黃袍加身的朱元璋，其內心深處懷有強烈的思鄉情結，其情感世界總有衣錦還鄉的里歸意識，其施政綱領含有重振山河的復興觀念，於是毅然地關閉了蒙古帝國開拓的歐亞世界的門戶，決然地設計出統治人民的社會制度與國家體制。明初，新政府頒行了諸多新政策，這既實現了贏得民心的效果，又達到了擴大農田面積、興修水利設施、種植經濟作物、改進人身依附關係、培育勞動力資源、保障國計民生以及走向世界舞臺、融入國際社會、影響世界秩序等目的。如釋放奴隸，禁止庶民之家蓄養奴婢；頒佈法令，提高佃戶的社會地位；鼓勵墾荒，推行屯田政策；規整農田，鼓勵農民發展生產；保留匠戶制度，促進手工業發展；完善賦役制度，確保徵課財物和調用勞動力；創立糧長制，達成“以良民治良民”的效果；編制《黃冊》，實行戶籍管理制度；改進徭役制度，保障徵調社會各階層的無償勞動；發展棉紡織業、制瓷業、礦冶業和造船業等，如景德鎮的制瓷業、沿海地區的造船業、中心城市的商品經濟、口岸城市的海外貿易等，不但引領中國，還享譽世界。

3. 明中後期的矛盾疊加、政治改革與資本主義萌芽。在中國古代社會尤其是封建社會裏，經歷腥風血雨後的改朝換代，使得第一代統治者往往倍加珍惜來之不易的政權，總是想方設法地清理政治殘局、清算政治遺產，並設身處地地維護聖祖的尊嚴或先祖的形象，而其後以和平方式世襲皇權或以暴力方式篡奪王權者，也會苦心經營於國力昌盛、勵精圖治於改善民生等事業，努力成為“人過留名”的聖主或流芳青史的明君。於是，初創與中興的鏈結和過渡大多是緊密和連續的過程，而明朝統治階級的內部鬥爭則展示了別樣的政治圖景。

第一，統治集團內部的慘烈鬥爭和吏治腐敗，說明了政治利益的誘惑、政治目標的牽引、政治手段的殘酷、政治風雲的無常及政治命運的變幻等事實及作用。如明英宗時內閣的“票擬”制度，明世宗時的“大禮議”之爭，明成祖和明英宗時的宦官專政、太監專權或閹黨專横等現象，使得明王朝過早地迎來了政治亂局和社會動蕩時期。我們認為“打江山”與“坐江山”、“爭皇位”與“做皇帝”、“滅政權”與“建政權”等的行為模式和思維方式不同，加之草根出身的皇帝及皇族們分析問題和解決問題的視角的獨特性與視野的局限性，使其在盤活政治資源、協調政治關係、滿足政治訴求和實現政治目的時有著抹殺不了的個人色彩和揮之不去的時代印跡。

第二，土地兼併與財政危機並行，賦役加重和賦稅過重共存，導致了民不聊生的慘狀，形成了人心不古的困局，創造了農民起義的條件。如上至皇帝帶頭兼併土地，中到藩王、外戚、宦官、官僚瘋狂兼併土地，下有縉紳、地主紛紛兼併土地，土地的高度集中導致勞動者與生產資料分離，民眾無立足之地，賦役多如牛毛且稅負一再攀升，財政收入銳

---

① ［日］上田信：《海與帝國——明清時代》，高瑩瑩譯，廣西師範大學出版社 2014 年版，第 82 頁。

減而財政支出倍增，國防力量削弱而抗倭力量不足。於是，階級矛盾的持續激化、民族關係的不斷緊張和農民起義的風起雲湧，足以證明明王朝已經病入膏肓且危在旦夕了，也可以說明代統治者是自己的掘墓人，最終為明王朝的埋葬者提供了充要條件。

第三，政治改革勢在必行，旨在極力找回政治生態、力挽經濟頹勢和擺脫社會危機。比如，政治上整頓吏治、杜絕貪贓枉法，裁減冗官、防止人浮於事，出臺用人唯才的政策；邊防上加強漢蒙民族的利益互惠和政治互信關係，拓展中原與北方的貿易通道；經濟上推行“一條鞭法”，這一中國古代社會賦役制度史上的重大改革政策，鬆弛了農民與封建國家的人身依附關係，促進了江南地區尤其是沿海地區資本主義生產關係的適時產生和適度發展，但因觸及了大官僚大地主的既得利益而招致強烈反對和蓄意破壞。我們認為，當社會有機體失去生機或活力之時，救治社會危難屬於防患未然之舉；當社會共同體走向解體或瓦解之後，醫治戰爭創傷則屬於亡羊補牢之策。

第四，商品經濟的萌生和資本主義的萌芽。商品經濟基於社會分工、生產資料和勞動產品屬於不同物質利益主體等基本條件，它是社會生產力發展到一定階段的產物和表現。一般認為，中國社會未曾建立資本主義制度，但積累了諸多資本主義因素；漢、宋、明、清等朝代的部分地區內和一些行業中產生了資本主義生產關係，但整個國家和所有行業的商品經濟發展尚不足以支撐資本主義社會制度；大明王朝的經濟關係和社會分工受制於中國封建社會制度，也成為中國資本主義發展史的重要一環。如提高了農業生產的耕作技術與水準，擴大了經濟作物的種植種類與範圍，提高了手工業的商品數量與品質（景德鎮民窯生產），形成了冶、鑄鐵業的產品規模與結構，促進了絲紡織業尤其是棉紡織業的技術進步與產值，帶來了造船業的技術革新與應用，推出了田賦和力役折銀徵收的商業政策與措施，促成了商業資本的活躍和交易中心的建立，如徽商、晉商、江右商、閩商、粵商、吳越商及關陝商等足跡遍及大江南北，允許了欠發達地區農民的自由遷徙而使人身依附關係得以緩和，坐實了發達地區的“永佃制”而使土地所有權與使用權得以分離，改變了班匠制度即出銀代役、以銀代役而使班匠與封建政府的人身隸屬關係得以鬆動，等等。當此之時，資本主義社會制度所需要的商品經濟基礎較為薄弱，尚處於萌芽階段，且僅發生在少數沿海或發達地區之內並局限於少數先進行業之中。

4. 邊疆管理、民族關係與對外交往。邊疆民族地區的施政與周邊國家的施策，是封建社會統治階級的內政和外交的重要內容，是社會穩定與和諧和國際關係與發展的重大關切，是關乎國內平臺上構建何種政治關係和國際舞臺上樹立哪種國家形象的重大舉措，是衡量經濟社會發展的重要指標和保障思想文化建設的重要條件。

第一，蒙古族集聚區。“土木之變”之後，中央政府與蒙古各部、中原文化與草原文化、漢族與蒙古族的地緣關係、民族關係和文化關係較為敏感，統治集團內部的政治關係、階級關係和利益關係亦暗藏危機。為此，統治者採取了一系列務實的進攻策略與防御措施，如利用蒙古各部的内部紛爭關係，通過冊封、攻打、防御、懷柔等多措並舉，發揮了化解矛盾之功；在長城沿線上先後設置要鎮即“九邊”，又沿各鎮修繕長城，以防蒙古地方統治者的襲擾，收到了衛國戍邊之效。社會治理之策，帶來了社會結構的相對穩定和社會運行的基本有序。

第二，畏兀兒族集聚區。天山南北屬於畏兀兒族聚居地區，但長期以來處於割據狀態。明朝政府因地制宜，分而治之，如設立了哈密衛、蒙古赤斤衛、安定衛、沙州衛等機構，使之保持與中央政府的朝貢關係；畏兀兒族改信伊斯蘭教後，又注重發展民族關係與宗教關係，使之保持與國家制度的一體關係。

第三，藏族集聚區。明朝政府實施封賞攝帝師、冊封地方政權首領等措施，恢復了西藏與中央的從屬關係；借助賞封闡教王、輔教王、護教王和贊善王等名號，確保了西藏與中央的朝貢關係；通過設立指揮使司、宣慰司、元帥府、萬戶府及千戶所等機構，任命本地社會上層人物為長官直接管理，牢固了西藏與中央的層級關係；與西藏進行茶馬互市，修通了從雅州到烏斯藏的驛道，加強了西藏與內地的經貿關係；妥善處理與 14 世紀末宗喀巴創立的新教派——格魯派的關係，如赴京朝見、弟子轉生、追封尊號（一世達賴和一世班禪）等，維持了民族地區與中央政府的政治關係。

第四，西南少數民族集聚區。在中國古代社會歷史發展過程中，西南地區的經濟社會發展、民族交往交流交融關係、少數民族傳統文化建設等事項，並不是制度設計的主題、社會治理的主流及人文關懷的主導，但它在各朝各代的國家版圖上不是可有可無的要素，在不同時期的政治佈局中不是可多可少的因素，其地緣特點、民族特色和文化特徵等處於不可或缺的地位並起著舉足輕重的作用。如明王朝在雲貴地區設立布政使司；在比較進步的地區廢除了土司，改派流官管理；在落後地區保留了土司制度，任命當地少數民族的上層人物為土官予以統治。儘管在地理和疆域上很偏僻，但並未游離於政治統治和文化建設之外，讓各民族倍感中华大家庭的溫暖。

第五，女真族集聚區。在中國古代社會處於統一狀態或分裂局面時，東北地區的區位優勢和民族發展關聯著統治階級的政治利益，檢驗著統治集團的政治智慧，在一定程度上成為統治者政治壽命的晴雨錶和政治生涯的分水嶺。如在女真三部設立建州衛、建州左衛和建州右衛，賜授建州女真首領為指揮使；建立奴兒幹都指揮使司，管轄西起鄂嫩河、東至庫頁島、北抵外興安嶺、南瀕日本海的廣袤地區；努爾哈赤統一女真各部、建國稱汗及創立八旗制度，選擇了與明朝政府對峙、對抗和對決之路，而皇太極繼位並稱帝後，改國號為“大清”，改族名為“滿洲”，效仿明朝建制，新置漢軍八旗、蒙古八旗，統一東北各地，征服蒙古各部，為清軍入關創造了必要條件。

第六，鄭和七下西洋的世界壯舉及國際影響。歷史上，無論是與國際社會發生政治和軍事關係，還是在世界舞臺上開展經貿往來和文化交流事業，都有賴於國家意志、國力狀況、科技成就、世界認知及文化認同等因素，尤其是主動打開中國的門戶還是被動開放中國的市場，是積極適應世界格局還是消極接受國際力量，在一定程度上反映了不同歷史時期在相同社會制度下涇渭分明的路徑與結局。如鄭和先後七次下西洋，對亞非各國進行貿易和訪問，其船隊規模之大、隨行人員數量之眾、造船與航海技術之精、所載商品種類之多、航行與出訪時間之長、交往國家之廣等情況，加強了中國和亞非各國的商貿往來和文化對話，屬於主動的、積極的“走出去”戰略，其深遠的、持久的、廣泛的影響作用就不證自明了。

第七，華僑開發南洋與振興經濟。不堪重負的國民，不願苟且的居民，不能存活的農民，選擇了背井離鄉，走上了逃生之路，這既是無奈之舉，也是再生之策。可以說，在受剝削和被壓迫的年代，當人們走投無路之時，選擇奮起反抗，不失為一種選擇，而另謀他路，亦不愧為一種抉擇。如東南沿海地區失地農民遠涉重洋謀生，帶去了先進的生產技術與工藝，促進了當地社會經濟文化的啟蒙與發展，拓寬了中國與南洋的貿易領域。

第八，抗倭鬥爭與民族氣節。明代恢復了中日兩國的經濟聯繫和文化往來，這本應該形成良性的國家關係和積極的文化聯繫，但偏居列島的蕞爾小國——日本並不珍惜這一先進文化與落後文化的影響與被影響關係，也不尊重創造文化的國家與應用文化的國度之間的輸出與輸入關係，而是借機把日本人的國民性暴露出來，把大和民族的劣根性展示出來。如日本一些失意的封建諸侯開始了掠奪財富的征程，開啟了敗壞民族形象的旅途，即組織武士、浪人和走私商人頻繁到中國沿海地區從事掠奪和騷擾活動，給當地人民的生產和生活造成災難，故為了反擊日益猖獗的倭寇，出現了可歌可泣的民族英雄和值得大書特書的抗倭事例。

第九，殖民政策與西學東漸。在資本主義發展史上，轉移矛盾和轉嫁危機是資本家們的累累血債，開拓市場和掠奪資源是資產階級的必然選擇。先一步完成資產階級革命、步入資本主義軌道的西方國家利用經濟實力、政治勢力和軍事能力殖民落後地區之際，也伴生了文化侵略、種族主義和宗教傳播等種種劣跡。與此同時，我們還應該認識到：東學西漸，可謂文化輸出之旅；西學東漸，堪稱文化輸入之行。如從 16 世紀起，葡萄牙、西班牙、荷蘭等國的殖民者先後來到東方，搶佔殖民地，開始殖民統治；在西方殖民者向東方擴張之時，傳教士亦相繼到明朝境內從事宗教活動，如耶穌會傳教士羅明堅（Michele Ruggieri）和利瑪竇（Matteo Ricci）等人，他們除了傳播宗教外還暗中從事測繪地圖、調查中國物產等活動，也介紹了西方社會一些有關曆算、水利、測量等方面的知識，增進了中西科技交流與發展。

5. 農民起義與明朝滅亡。官逼民反，是解讀私有制社會尤其是封建社會中消除弊端或革除頑疾的一種常理或定論。農民戰爭，是社會結構的穩定性走向不穩定性和社會運行的有序性變成無序性的產物和表現，是生產關係難以容納社會生產力發展及其要求的結果和出路，是推翻舊社會制度和建立新統治秩序的選擇和路徑。當一個封建王朝苟延殘喘之時，聲勢浩大的農民起義則加速了舊社會、舊制度、舊王朝、舊政權的滅亡進程，提速了新社會、新制度、新王朝、新政權的建立歷程。

第一，統治集團的腐敗和社會矛盾的激化。政治的黑暗和腐朽，官吏的貪污和腐化，朝廷的黨爭不斷，如“梃擊案”“紅丸案”“移宮案”等事件，使得整個社會陷入風雨飄搖的境地；東林黨人打壓閹黨勢力失敗而慘遭迫害，導致宦官專權，朝政腐敗，整個國家進入人人自危的險境；土地兼併和賦役加重，使大批農民喪失土地後淪為佃戶和奴僕，他們既受地主盤剝又遭額外勒索，全體陷於無法生計的狀況；“遼餉”、關稅、鹽課及雜項等多如牛毛，廣大農民面臨家破人亡的命運。明末，社會生產力的嚴重破壞，各種自然災害的連年光顧，“民相食”現象屢見不鮮，導致生產力與生產關係、經濟基礎與上層建築的矛盾不可調和，預示著舊社會的滅亡和新社會的誕生。

第二，農民起義、農民政權和明朝覆滅。明末，王二在澄縣率領饑民造反，王嘉胤、高迎祥、張獻忠在陝北發動農民起義，李自成揮師投奔“闖王”高迎祥，形成了聲勢浩大的革命力量，動搖了明朝的統治基礎，削弱了明代的群眾基礎。特別是張獻忠粉碎了明朝的軍事圍剿，李自成提出了“均田免糧”的口號，使得廣大農民和饑民看到了重新做人、消滅盤剝和壓榨的希望。1644 年，李自成、張獻忠分別建國、稱帝、改元、定都，完備了農民政權的組織機構，而明朝在農民起義的沉重打擊和農民政權的強大威懾下退出了歷史舞臺。明末農民起義推翻了不符合社會生產力發展要求的社會制度，打擊了代表黑暗、腐朽、壓迫、剝削的地主階級，為處理和解決生產方式、社會形態內部矛盾創造了必要條件；第一次明確提出了“均田”的口號，將農民的平等要求聚焦於土地問題，表明農民戰爭進入了以反對封建土地所有制為鬥爭目標的新階段；提出了“公平交易”的口號，反映了工商業者的利益訴求，順應了商品貨幣經濟發展的根本要求。

6. 文化建設、思想成就與哲學建樹。社會歷史條件的構成要素和影響因素，必然反映在一個國家、一個地區和一個民族的文化積澱、思想積累和哲學建構之中，表現為揭示歷史特點的文化類型、反映時代要求的思想形態和代表思維成果的哲學體系。在文明社會中，任何民族都不可能放棄傳承和發展文化、凝練和總結思想及概括和提升哲學，以滿足廣大民眾持續增長的物質文化需求和精神文化訴求。

第一，在哲學上成就“陸王學派”，比照“程朱理學”，完備宋明理學，以及挑戰儒學傳統，駁斥封建禮教，批判等級制度。其一，援用儒佛，續寫“心學”。王陽明生於明朝中葉，恰逢明王朝由盛變衰的時間節點，歷史轉折和社會轉變預示了精神世界或思維領域的文化轉型、思想轉向和哲學轉軌的動向和進程，故在其思想成熟過程中因接受先秦思孟學派和佛教禪宗的思想影響、明瞭明前期思想界中程朱理學的統治地位、繼承南宋陸九淵的“心學”精髓，而推出自己的“心學”體系。王陽明在《傳習錄》和《大學問》等傳世之作中闡明了“心學”的立場、觀點和思想，如以“心外無物”為核心命題，主張人心是萬事萬物的本源，沒有人的意念活動（如意守丹田、凝神定志、克制雜念等），就沒有客觀事物（如自然界和人類社會的事物、現象及規律）；又以“心外無理”為根本理念，提出“心即理”學說，引導人們自覺遵循和嚴格踐行封建倫理道德規範，其主觀唯心主義的哲學立場和封建社會的時代局限也就一目了然了。其二，反叛傳統，致敬商業。李贄在《焚書》《續焚書》《藏書》《續藏書》等著述中旗幟鮮明地挑戰理學權威、闡發進步思想，如面對程朱理學的至上地位，敢於提出迷信孔子的認識誤區，表現了離經叛道的批判精神；針對封建禮教的殘忍和等級制度的殘酷，敢於肯定工商業的發展，表達了超世拔俗的質疑態度；反對封建束縛，提出了要求平等和發展個性的民主思想。

第二，文學藝術的品味之高和成就之多，可謂史無前例；大型典籍之廣和影響之大，堪稱前無古人。例如，以羅貫中的《三國演義》、施耐庵的《水滸傳》、吳承恩的《西遊記》、馮夢龍的“三言”、凌蒙初的“兩拍”、《金瓶梅》等為代表的大量長篇章回小說和短篇話本、擬話本，其文學水準、藝術價值及思想影響達到了登峰造極的程度並確立了無與倫比的地位。比如，明前期以楊士奇、楊榮、楊溥為首的“臺閣體”詩派引領詩風，把持文壇；明中葉以後以李夢陽、何景明為首的“前七子”和以李攀龍、王世貞為首的“後七子”，主張“文必秦漢，詩必盛唐”，反擊“臺閣體”，搶佔詩壇；以王慎中、歸有光為代表的“唐宋派”和以袁宗道、袁宏道和袁中道三兄弟為代表的“公安派”，批判復古派，變革文風，活躍文壇。還如，明代中葉以後康海的《中山狼》、王世貞的《鳴鳳記》、徐渭的《四聲猿》、湯顯祖的《牡丹亭》等戲曲作品及其藝術實踐，豐富了中國封建社會的藝術寶庫，滿足了廣大民眾的藝術需求。再如，明前期的趙原、邊文進、王紱、戴進，明中葉以後的張偉、林良、呂紀等著名畫家，各具特色，各領風騷，而以沈周、文徵明、唐寅和仇英為代表的“吳門四大家”或稱“明四家”則在汲取前人諸派藝術營養的基礎上，取得了彪炳春秋的藝術成就。最後，編纂中國最大的一部類書——《永樂大典》，輯入了明以前圖書七八千種，內容涉及經、史、子、集、戲劇、平話、天文、地理、醫卜、農工技術及道教、佛教等著作，成為世界矚目的文化成果。

第三，科學技術全面發展，科技成果普惠人間。徐光啟的《農政全書》融匯了西方先進的科學知識和中國傳統的科技發明，涉及天文、數學、生物學和農學等流域，尤其是全面總結了農業的政策、制度、措施、工具、作物特性及技術知識等內容，在農業的經營管理上具有巨大的參考價值，在農作物的種植技術上具有顯著的推廣作用。宋應星的《天工開物》系統梳理了當時農業和手工業生產技術成就，詳細記述了農作物的種植、加工及各種手工業產品的製造技術，對於發展農業和手工業起到指導作用。李時珍的《本草綱目》彙集了前人的“本草”經驗，吸收了群眾的實踐經驗，結合了自身的實驗經驗，修正了歷代相沿的錯誤認識，其收錄的藥物種類、附錄的治療處方和配置的相關插圖等一應俱全，故它是16世紀以前中醫藥學的經驗總結和中國醫藥寶庫的珍貴遺產。《徐霞客遊記》是一部遊覽祖國大好河山、遊學中國傳統文化之傑作，其在長期的田野調查基礎上記錄下來的南方少數民族地區的歷史典故、風土人情等內容，成為民族史志的經典和研究歷史地理的寶藏。宮殿、佛塔、園林、陵墓等建築的樣式、風格、規制、技術、理念及材料等，亦令人津津樂道，讓人回味無窮。

（二）明朝的廟號、皇帝姓名和陵號或陵名

明太祖朱元璋——孝陵、明惠帝朱允炆（不詳）、明成祖朱棣——長陵、明仁宗朱高熾——獻陵、明宣宗朱瞻基——景陵、明英宗朱祁鎮——裕陵、明代宗朱祁鈺——景泰陵、明憲宗朱見深——茂陵、明孝宗朱祐樘——泰陵、明武宗朱厚照——康陵、明世宗朱厚熜——永陵、明穆宗朱載垕——昭陵、明神宗朱翊鈞——定陵、明光宗朱常洛——慶陵、明熹宗朱由校——德陵、明思宗朱由檢——思陵。

附1：追尊皇帝列表

明德祖朱百六——明祖陵、明懿祖朱四九——明祖陵、明熙祖朱初一——明祖陵、明仁祖朱五四——明皇陵、明興宗朱標——明東陵

附2：由王陵到帝陵列表

明睿宗朱祐杬——顯陵

附3：南明皇帝列表

安宗朱由崧（待考）、紹宗朱聿鍵——隆武陵、文宗朱聿鐭——紹武陵、昭宗朱由榔——永曆陵

（三）明朝帝陵的主要特點及思想文化價值

第一，明朝的廟號與陵號或陵名之間形成了錯雜的對應關係，反映了中央集權的封建王朝亦存在難以一以貫之的陵寢制度，為繼承與發展並行過程中的陵寢文化再添了有聲有色的時代特色和有血有肉的地域特點。縱觀歷史，我們認為一個時代有一個時代的主題，一個朝代有一個朝代的要旨；而按照政治、經濟、文化等發展狀況劃分的某個時代和依照個人生命過程劃分的某個時期與遵照存亡時限劃分的某個朝代，既有交叉地帶，又有獨自領域，如一個時代可能內含多個朝代——三國時期包括魏、蜀、吳三個朝代，或一個時代可以分為不同時期——人生旅程包括兒童、青少年、中老年等階段，或一個朝代由建立到滅亡之間往往存在前期、中期和後期等分期，這些要素和因素都會烙印在陵寢制度和陵寢文化之中，並形成承前啟後的序列關係、史無前例的地位關係及亙古未有的價值關係。具體言之，如果從明朝帝陵或皇陵的規劃佈局、整體格局來看，其既有集中營造的體系、規模、氣勢、規制等堪稱完美的陵寢建築群——明十三陵，也有幾經改造的前所未有的一陵

兩家的孤例——明顯陵；既有皇帝登基後為自己百年之後能夠安葬和安息而籌建的陵墓——明長陵，也有穩固皇權後為報答父母和兄嫂養育之恩而修建的陵墓——明祖陵、明皇陵和明東陵；既有定都南京時憑信“鐘山龍蟠、石頭虎踞”之說而營造的陵墓——明孝陵，也有遷都北京後確信“風水勝境、絕佳吉壤”之論而營建的陵墓——明十三陵；既有牢固帝位後相信堪輿師、風水師或陰陽師之言而督建的陵墓——明獻陵，也有一言九鼎後為表達孝心、追尊皇帝、受封廟號、升級王陵而後建的陵墓——明顯陵；既有以單字陵號或陵名而命名的陵墓——景陵、裕陵、茂陵等，也有以雙字陵號或陵名而定名的陵墓——景泰陵；既有掌握實權的明朝君主的陵墓——泰陵、康陵、永陵等，也有未實際掌權的追尊君主的陵墓——明祖陵、明皇陵、明東陵及明顯陵；既有明朝存續期間營造的陵墓——昭陵、定陵、慶陵等，也有明朝滅亡後其皇族與官員南遷後所建立的各政權君主的陵墓——南明的隆武陵、紹武陵和永曆陵。總之，明朝的帝陵或皇陵分為四種情形：一是世襲皇位或篡奪皇權者在登基之後，手握權杖或玉璽，無論其在位時間長短，都要在生前營造並用於死後安葬的陵墓；二是取得帝位和掌握政權者追尊先輩而營建的陵墓；三是感恩父輩而由王升格為帝、由王陵提檔為帝陵後而補建的陵墓；四是打著明王朝的旗號、偏居一隅且苟延殘喘地經營地方政權者建造的陵墓。明朝的帝陵或皇陵分佈在四個地方：虎踞、龍蟠、形勝的南京，得水、藏風、聚氣的北京，享譽歷史文化名城的安徽滁州鳳陽，以及贊為楚文化發祥地的湖北鐘祥。明王朝迎來了中國古代社會中陵寢制度的又一高峰，創造了中國傳統文化裏陵寢文化的又一高潮，因其處理和解決人類與自然的一體關係、生存與死亡的鏈結關係、存在與滅亡的接續關係及帝王與家族的親情關係，與其前相比具有總結和提高之功，與其後相較具有示範和引領之用。

第二，明帝陵的合葬（祔葬、附葬、從葬、歸葬）現象較為普遍，以人殉葬的陪葬現象銷聲匿跡，而以物隨葬的厚葬現象則趨於常態，這說明了封建社會末期自然經濟與商品經濟共同發揮了基礎作用，生死觀念與喪葬文化一同起到了規約功能，陵寢制度與建築思想一道體現了指導意義。我們以明王朝帝王的陵寢建築為例，可知帝后合葬現象習以為常，一帝與多后合葬現象司空見慣，帝王與后妃合葬現象亦有例證。其具體情況如下：孝陵——朱元璋與馬皇后的合葬墓，顯陵——朱祐杬與獻皇后的合葬墓，長陵——朱棣與徐皇后的合葬墓，獻陵——朱高熾與張皇后的合葬墓，景陵——朱瞻基與孫皇后的合葬墓，裕陵——朱祁鎮與錢皇后和周皇后的合葬墓，景泰陵——朱祁鈺與汪皇后的合葬墓，茂陵——朱見深與王皇后、紀皇后、邵皇后的合葬墓，泰陵——朱祐樘與張皇后的合葬墓，康陵——朱厚照與夏皇后的合葬墓，永陵——朱厚熜與陳皇后、方皇后、杜皇后的合葬墓，昭陵——朱載垕與孝懿皇后、孝安皇后、孝定皇后的合葬墓，定陵——朱翊鈞與孝端皇后、孝敬皇后的合葬墓，慶陵——朱常洛與郭皇后、王皇后、劉皇后的合葬墓，德陵——朱由校與張皇后的合葬墓，思陵——朱由檢與周皇后及皇貴妃田氏的合葬墓。我們從封建禮制、人倫道德、階級關係和等級制度來分析，可知在階級社會、封建制度、自然經濟等條件之下，物質財富的佔用與分配、階級地位的獲取與維繫、等級序列的分層與定格、倫理規範的制定與落實、禮儀制度的堅守與完備等內容，成為完善陵寢制度的直接的社會條件和積澱陵寢文化的具體的歷史條件。歷代帝后的合葬形式，主要包括："一、同塋異墳。指同一塋兆，帝后各起墳丘。或依山為陵，墳丘標誌不明顯，但二者之墓壙有一定的間距。二、同墳異穴。又稱並穴而葬。穴指墓壙或墓室（玄宮、地宮）。在一墳丘下有兩個緊鄰但不相通的墓室，分別葬帝與后。三、同穴而葬。指帝后葬於同一墓室（墓穴）。"① 究其原因，中國古代社會尤其是封建時代，"五禮"（吉禮、凶禮、軍禮、賓禮、嘉禮）之"凶禮"即喪禮，既是平民百姓面對最終歸宿時的行為規範，也是封建皇帝前往終極去處時的行為準則。帝后葬於一處，集大成了自古延續下來、經年累積而成的作為封建禮儀和宗法等級的古代葬制，而帝后相聚相合正是墓主的階級地位和等級序列的例證，亦是喪主的政治地位和隸屬關係的佐證，這足以說明在陽間相沿成習的差序格局即為陰間恪守不渝的親疏遠近，萬萬不可僭越或顛倒。帝后合葬乃"五常"或"五倫"之一環，這一方面體現了不可撼動的男權社會和不可動搖的男權主義，另一方面體現了人倫之道和夫婦之德的重要意義。

第三，明帝陵的選址和踏勘過程、修建與營造理念及建築格局與建築特點等方面，活用了風水之說、堪輿之理和陰陽之辯，成為中國封建時代統治階級處理人與自然的關係的典範、傳承中華民族傳統文化的範例，以及協調人類行為、生態環境與宗教文化的關係的範本。

其一，以明太祖朱元璋所葬之孝陵為例。出身社會底層、憑藉足智多謀而登基坐殿的明太祖朱元璋，依然遵循了生前親自過問選擇陵墓位置、選派風水大師、督辦陵寢建築等事項的古制，即在選定國都和定鼎金陵之後，隨即著手相度陵址，選用了精通"象、數、理、占"的術數大家——劉基，運用堪輿學、風水學和陰陽學的內涵和要求，遷走了古已有之的古剎、寺觀和墓葬，應驗了諸葛亮遠觀金陵之歎——"鐘阜龍蟠，石城虎踞，此誠帝王之宅也"，獨佔了充滿龍脈王氣和風水格局絕佳的龍穴福地。1784 年，清代乾隆皇帝最後一次遊靈穀寺之時，直言不諱地評價了明太祖朱元璋遷寺建陵之誤，如詩曰："建陵故遷寺，儒釋典俱違。儒固有忠恕，釋仍有是非。舊名殊杳杳，新境自依依。暫向匡床坐，那看花雨霏。""明孝陵不僅規模宏大，結構復雜，建築精美，而且在建築規劃、佈局、類型和細部加工上都具有劃時代的創新。其陵寢制度在繼承唐宋及之前帝陵'依山為陵'制度的同時，廢去了過去帝陵所用的方上、靈臺、方垣、上下宮制度，新辟了圜丘、

① 樊一：《歷代帝后的合葬及其類型——秦漢三國兩晉南北朝時期》，《成都大學學報》（社會科學版）1998 年第 4 期。

方城、明樓、享殿及長方形陵宮等建築體制。其規制和模式為後來的北京明十三陵、湖北顯陵等所沿用，也成為清代帝陵制度的主要基礎。因此，明孝陵在中國皇陵發展史上有著特殊的地位，堪稱明清皇家第一陵。"①

其二，以追尊廟號為契機、營造陵墓為目的而改建的明顯陵為例。它體現了統嗣體系和陵寢制度的獨特性，反映了嘉靖皇帝繼承大統之後而決意改變祖制和新立規制的創新性，即朱祐杬並未做過皇帝，也從未臨御、坐朝，只因其子明世宗朱厚熜追尊其父廟號、升格"興獻王"為"獻皇帝"、興遷王陵為帝陵，故而配享皇帝陵寢的禮遇，由此為世人留下了一座最具特色的按皇陵禮制而改建的帝王陵寢。"需要特別指出的是，顯陵陵寢建築中金瓶形的外羅城、九曲回環的御河、龍鱗神道、瓊花雙龍琉璃影壁和內外明塘等都是明陵中僅見的孤例，尤其是'一陵兩冢'的陵寢結構為歷代帝王陵墓絕無僅有，由瑤臺相連而成啞鈴狀的兩座隱秘的地下玄宮神秘莫測，一直為世人稱奇。"②

其三，以集中埋葬十三位帝王的明十三陵為例。它是帝都、陵寢等關涉帝王身家性命之事占盡了江南地區上佳風水資源，並實現了遷都中原地區的願望和定都京師之地的志向後，再一次旨在用盡北方地區絕妙風水環境的一種政治考量和文化考評。明十三陵是明代的皇家陵園、帝后墓葬群、皇陵建築群，在明王朝十六位皇帝中除了一位皇帝葬於金陵、一位皇帝的陵墓被搗毀而不知所葬、一位皇帝葬於北京西郊玉泉山外，其餘十三位皇帝皆依天壽山的山麓而葬，陵寢佈局均在天壽山的山前而築，應該說這是中國傳統文化之山嶽信仰、山嶽文化在陵寢制度和陵寢文化的具現、發展與創新。依山而陵，因其三面環山，形成了群山環抱之勢；臨水而陵，因其一面面水，形成了小河曲折蜿蜒之形；借地而陵，因其位於山中盆地，形成了地勢平坦和凸顯山勢之效，這些天然的要素、自然的因素和人文的情愫形成合力，契合了風水理論所主張或堅持的背有靠山、前有朝山、左右案山的格局和態勢，以及背山面水、背風向陽、坐北朝南的內涵和精髓，最終形成了封建王朝陵寢制度之建制規整、禮制齊整、規制完整且具有地理標誌和人文旨意的皇帝陵寢建築群。得天獨厚的風水環境，舉世無雙的陵寢佈局，天造地設的建築格局，以及樹立皇威、張揚國威的政治時局，共同體現了"天人合一"的東方哲學思想。朱棣揮師北上，蓄意已久且成竹在胸，旨在由人傑地靈之地入主山明水秀之所，力排眾議之後，執意遷都和建都北京後，通過利用和改造北京的原始風水、原有風貌或原生環境，實現了清除元代的殘餘王氣、彰顯明代的帝王之氣等目標，並造就了諸帝陵分列長陵左右之形勢，即"明十三陵，既是一個統一的整體，各陵又自成一個獨立的單位，陵墓規格大同小異。每座陵墓分佈建於一座山前。陵與陵之間少至半公里，多至八公里。除思陵偏在西南一隅外，其餘均成扇

① 參見謝海東、謝宇主編《明清皇陵堪輿大全》上冊，華齡出版社 2013 年版，第 83—84 頁。

② 同上書，第 101—102 頁。

面形分列於長陵左右。在中國傳統風水學說的指導下，十三陵從選址到規劃設計，都十分注重陵寢建築與大自然山川、水流和植被的和諧統一，追求形同‘天造地設’的完美境界，用以體現‘天人合一’的哲學觀點。”①

第四，明帝陵內含了當時社會政治、經濟、文化、宗教、建築、藝術、科技及國際關係等諸多因素，其選址、規劃、設計、佈局、營造、修繕、維護及改建、擴建、補建等工作屬於“一發不可牽，牽之動全身”的系統工程，而統治階級通過創新前朝陵寢制度及其文化，恢復和重構儒家思想的統治地位，產生了維護不可一世的皇權和開創了明清帝王陵墓的先河等功效。在中國古代社會裏，新建王朝的第一代統治者大多以暴力手段推翻舊制度、以革命方式剷除舊勢力或以武裝起義奪取舊政權，他們對原有的社會生產力的破壞、生產關係的變革和社會制度的取締，使其無法承接完整的政治資產、經濟資源和文化遺產，故必然面臨社會安危、政治動蕩、經濟窘迫、文化不力等局面，急需積累政治經驗以獲取話語權，夯實經濟基礎以解決民生大計，出臺文化復興政策以滿足人民群眾不斷增長的物質文化和精神文化需求。例如，朱元璋針對經濟凋敝和民不聊生等不良狀況，採取了嚴懲貪官污吏之策，其制貪之法是保障經濟社會發展的一大法寶；針對各種政治勢力的力量對比關係，施展了嫻熟的政治手腕，創制了實用的政治模式，擺脫了政治危機和信任危機；針對戰爭環境養成的非理性的思維方式和行為模式如何轉變為和平年代或建設時期理性的思維方式和行為模式等問題，不得不崇尚儒學，尊崇儒家，遵循以儒制世思想，逐步醫治了社會創痛和心靈創傷。反映在陵寢佈局和神道規制上，則是摒棄了葬與祭、上宮與下宮、左神道與右神道等分而治之的理念和做法，形成了合一、和合、和諧、合用的認識和格局，呈現為對稱、平衡的局面和境界。“唐、宋皇陵，採取的是上、下宮制，地上的用於祭祀的獻殿就是上宮，地下安放棺槨和隨葬品的寢宮就是下宮，是皇帝的魂魄飲食起居之所。這種上下宮制度強調的是墓主的靈魂，能夠像生前一樣繼續受到臣民的頂禮膜拜，並繼續奢侈豪華的生活。而孝陵為了突出皇權，將上下宮合為一宮，在陵前建造長城明樓，並按照皇宮格局，採取‘前朝後寢’和前後三進院落的佈局模式，所有的建築，都完全按照儒家禮制的要求，採取中軸對稱的佈置，前後呼應，左右對稱，均勻和諧，從中軸線由南往北，由低到高，逐層推進，最後到達地宮之上的寶頂（也稱寶城），從而突出皇權至高無上的地位。明孝陵開創的這種陵寢建築的新規制，被其後的明代北京十三陵所沿用，只是將神道合二為一，由十三座陵寢共用；而清東陵、西陵也是完整地繼承了孝陵的建築形制，從這一點看，明孝陵開創明清五百餘年帝王陵墓之先河，正與朱元璋開國之君的地位相得益彰。”②

---

① 參見謝海東、謝宇主編《明清皇陵堪輿大全》上冊，華齡出版社 2013 年版，第 111 頁。

② 同上書，第 137 頁。

第五，陵園之內或陵園周邊地區常設寺院，以此為線索可以追尋陵寢文化與宗教文化如道教文化、佛教文化的影響與被影響或吸收與被吸收的內在關係。我們知道封建時代政治與宗教的關係密切而復雜，剝離宗教的政治往往缺少手段和工具，遠離政治的宗教大多缺失基礎和理由；宗教與文化的聯繫緊密而神奇，宗教是填補文化體系的要素和影響文化建設的因素，文化是宗教形態賴以生存的土壤和得以傳播的條件。帝王的宗教信仰既引領著全社會的價值取向，也關切著國家的施政綱領，尤其是在生與死、葬與祭等時間節點上，或在生離死別、婚喪嫁娶等生命節點上，凸顯出宗教政策和宗教觀念的地位與價值。換言之，宗教是帝王日常生活的行為方式的制約力量和精神生活的思維方式的影響因素，如佛教教義有助於實現安邦御民的政治目的，而以陵寢建築和陵寢文化為例閱讀宗教設施的佈局和宗教文化的功能，或許能夠探尋到封建王朝的最高統治者的思想軌跡和心路歷程。例如，唐初的李姓皇帝尊奉道家學派及其思想，以老子（李耳）為創世祖先即李姓始祖，以《道德經》為基本經典即治世聖典，而武則天則反其道而行之，以佛教為思想武器制定大政方針，以佛教經典為金科玉律掌握群眾，以祭祀儀式為載體左右人心向背。唐武宗（李炎）為了挽救日益衰落的國勢，重振來之不易的皇權，痛擊兩漢之際傳入中國、初唐以來漸成氣候的宗教（佛教）經濟勢力，化解寺院經濟與世俗經濟爭奪土地資源和勞動力的社會矛盾，於是在中國佛教史上鑄就了“三武之禍”或“三武滅佛”，即北魏太武帝拓跋燾滅佛、北周武帝宇文邕興難和唐武宗李炎“會昌法難”。總之，滅佛毀寺還俗之時，則是崇道興教求仙之際，再次回歸於主張長生不老之術和養生攝氣之學的道教學派及其思想。明朝自洪武至宣德時期的有節制的崇佛、自正統至正德時期無條件的禮佛、自嘉靖至崇禎時期在宮中的拜佛，出於皇帝崇信藏傳佛教，篤行“即身成佛”、重視儀式巫術、強調男女“雙修”等思想和祭儀，加劇了政治的黑暗腐朽和財政的危機局面，但在加強民族團結、維護國家統一和促進漢藏文化交流等方面具有積極意義。“明朝統治集團中，崇奉藏傳佛教者主要限於皇帝個人，而不像元朝那樣包括皇帝、后妃乃至廷臣等整個蒙古貴族統治階級上層；明朝皇帝不再封授帝師，在京法王等不能淩駕於皇權之上，藏僧在內地沒有干預政治的權力；宮中、京中雖然不斷舉行法事，但規模、次數都大大遜於元朝；明帝雖為藏僧修建寺院等，但數量及耗費錢財也與元朝無法相比；明朝統治者基本上不再對內地藏僧、寺院大量賞賜土地、佃戶等，這與元代也大相徑庭。但是，明代尤其是明代中期的皇帝崇奉藏傳佛教，仍對當時政治、經濟、文化產生不小的影響。”①

第六，帝王之死，區分為正常死亡和非正常死亡等情況，其或年壽過高，或耽於酒色，或死於非命，或鬱鬱而終，或體弱多病，或沉湎丹藥，或死因不詳等，這是王朝更迭、政權重組的關鍵節點，也是重振基業、改弦易轍的重要契機。帝王之葬，區分為獨葬

① 何孝榮：《明代皇帝崇奉藏傳佛教淺析》，《中國史研究》2005 年第 4 期。

與合葬、薄葬與厚葬、深葬與淺葬等形式，位高權重的統治者必然追求得水而葬和藏風而葬、尋龍而葬和察砂而葬、點穴而葬和定向而葬、聚氣而葬和納福而葬、擇地而葬和擇時而葬等目標，而獨享陵墓或共用陵寢取決於政治地位、自然環境、宗教信仰和生死觀念等因素；奢華的厚葬和簡陋的薄葬起源於墨家的有鬼論和儒家的無鬼論之辯，受制於喪葬禮俗和靈魂不滅之論，關聯著喪葬禮儀是否制度化、等級化和法制化之勢，以及經濟形勢的走向、社會思想的取向、民族文化的指向等要素；葬淺與葬深來源於陰宅風水的淺深論，主張淺深適宜和風水自成，即宜淺而深葬則氣從上而過，宜深而淺葬則氣從下而過，如果在陰氣聚集的高壟之地則應該深處下葬而接地氣，在陽氣聚集的平坦之地則應該淺處下葬而連浮氣，才能符合深與淺、聚與散、陰與陽、風與水的相輔相成和相得益彰。帝王之祭或帝王之祀，指帝王一姓天下的正統之禮——太廟之祀，而國家祭祀的原則和配享祭祀者，可見“夫聖王之制祭祀也：法施於民則祀之，以死勤事則祀之，以勞定國則祀之，能御大菑則祀之，能捍大患則祀之。是故厲山氏之有天下也，其子曰農，能殖百穀；夏之衰也，周棄繼之，故祀以為稷。共工氏之霸九州島也，其子曰後土，能平九州島，故祀以為社。帝嚳能序星辰以著眾，堯能賞均刑法以義終，舜勤眾事而野死。鯀鄣鴻水而殛死，禹能修鯀之功。黃帝正名百物以明民共財，顓頊能修之。契為司徒而民成，冥勤其官而水死。湯以寬治民而除其虐，文王以文治，武王以武功，去民之菑。此皆有功烈於民者也。及夫日月星辰，民所瞻仰也；山林川谷丘陵，民所取材用也。非此族也，不在祀典。”①明太祖朱元璋要求帝王廟“仿太廟同堂異室之制”，遵“先祖居中，左昭右穆”之序，奠基了明清兩朝關於祭儀與祭禮的國家制度。明代帝王之葬式是以仰身直肢為主，墓主人的頭向與墓向相反，即取面朝墓門之向。夫妻二人合葬者，以墓主人本身定向，男左女右；夫妻三人合葬者，以墓主人本身定向，男居中，次左位，再次右位。上述情形皆取男尊女卑、男主女從之義，生前於皇室之中與死後於墓室之內的尊卑位次和等級序列一目了然。

第七，帝陵歷史與帝陵文化是一體兩面的關係，即帝陵的歷史演進與文化積澱一脈相承、協同共進。如果以堪輿或風水為例，則可知歷史上和現實中的人們往往把它與帝王的偏好和生死、皇帝的陵寢和祭祀及君主的權威和信仰聯繫起來，即認為統治階級利用堪輿術和風水學滿足自私自利的目的、凸顯利慾薰心的願景和實現歌功頌德的追求，充分體現了“封建迷信”的蒙昧主義、神秘主義和功利主義的功能和價值。世俗世界中世俗之人的世俗理解給了我們認清堪輿或風水的本來面目的角度和深度，但它仍然擴展了中國傳統文化體系的層面和維度，構築了中國傳統思想體系的成分和要素，凝結了中國傳統哲學體系的內涵和邏輯，即它與陰陽觀、中庸觀、和合觀、天人觀等結合起來，豐富和精深了中國傳統文化、美學思想和哲學體系。具體言之，堪輿術和風水學作為深植於農業社會和農耕

① 《禮記·祭法》。

文明，起源於古人對人與自然之間是否存在和諧關係的思考和解讀，做出了以人的自由和自在對接自然的先天和必然的認知和解答，由此鑄就了人必須學會適應自然而不是讓自然適應自己的認識和結論。古人深諳天文、地理和人文、心理的內在關係，熟知整體和諧、左右對稱、前低後高、朝向端正、南北通透的建築規範、藝術要求和人文訴求，以此才能達成"天人合一"的境界和不偏不倚的態勢。以明十三陵為例，可知中國古代的堪輿文化和風水文化承載了歷史重任且延續了文化邏輯。"明十三陵是中國歷史上最為整齊、形制最為統一、建築最為輝煌的一個皇家陵園。它的存在，和明代歷時277年的歷史緊密聯繫在一起。從明成祖朱棣北遷帝都開始，昌平北部、燕山腳下的這座山脈，就註定要和中國歷史以及北京城的發展緊緊地結合在一起。大明王朝的每一起社會變遷，每一次帝王更迭，都和這個小小的山間堆積平原息息相關。"①

九　清朝時期帝陵之系譜及思想

（一）社會歷史條件和思想文化背景概況

清朝（公元1616—公元1911年），中國古代社會歷史上由少數民族——滿族建立和經營的最後一個統一的集權的專制的封建帝制時期。它源於1616年努爾哈赤建立後金，接於1636年皇太極改金為清。1644年，多爾袞率領滿族八旗的金戈鐵馬揮師入關，以摧枯拉朽之勢碾壓和驅逐了導致明朝滅亡的李自成部隊，扶持並扶正了順治皇帝，在東方社會又一次完成了封建王朝的改元換號。1840年，第一次鴉片戰爭爆發之前的清朝，屬於統一的多民族國家，基本奠定或劃定了我國的疆域和版圖。1840年至1949年中華人民共和國成立，中國是半殖民地半封建社會，其中1912年清帝退位之前的清朝，仍在延續兩千多年的封建君主專制制度，而1912年至1949年的中國近代社會，封建帝制結束了，"共和政體"登場了，中華民國誕生了，北洋軍閥和國民黨反動派掌權了。按照馬克思主義關於人類社會發展階段的理論，封建社會的結束，應該是資本主義社會的到來，然而中華大地上雖然孕育了諸多資本主義的經濟因素，但並未最終形成資本主義的政治制度，表現為資本主義的社會發展史，也並未呈現為資本主義的制度發展史，即封建社會的後繼者乃半殖民地半封建社會這一近代中國的特殊的社會形態。

1. 清代前期的政治格局與政治生態。問鼎中原，意味著從邊關向腹地的邁進；定鼎中原，表徵著從偏居一隅到盤踞華夏的躍進。入主中原而放眼中華，新建王朝而著眼政局，展示了滿族統治者發憤圖強的政治抱負，當然也面臨著少數民族政權水土不服的現實

① 參見謝海東、謝宇主編《明清皇陵堪輿大全》下冊，華齡出版社2013年版，第382頁。

困境。例如，清初統治者利用暴政或苛政迫使人民群眾服從統治，反而釀成了風起雲湧的反清浪潮或遍佈各地的抗清鬥爭，乃至出現了史可法、黃道周、瞿式耜、李定國等諸多家喻戶曉的民族英雄，但歷史的車輪依舊行進在固有的政治軌道上，思想的邏輯依然展開在固定的文化軌跡上，再一次證明了中國古代社會的規律性現象：當一個王朝行將就木之時，農民起義是加速王朝滅亡的催化劑；一個時代開始步入正軌之時，農民起義是鞏固王朝統治的晴雨錶；一段歷史開啟新的征程之時，農民起義是檢視統治階級及其思想認識的試金石。

2. 清代中央和地方的組織機構與運行模式。開闢一個時代有一個時代的主題，創建一個朝代有一個朝代的課題。一般而言，統治階級首當其衝的是要解體原有的政治制度、體制和機制，利益集團的當務之急是構建全新的政治制度、體制和機制，以確保政治穩固和謀求政權安全、夯實經濟基礎和掌握經濟命脈、厚實文化資源和引領文化願景。例如，清朝中央政府實行內閣制，但並未操控實權，即雖未大權旁落，也有架空之虞。由滿族貴族組成的議政王大臣會議，居於權力中心，既脅迫皇權、抵觸皇威，又無漢族上層的支持。康熙時設置南書房，挑選文臣協助皇帝處理政務，才部分消除了“國議”之弊。雍正皇帝先設軍機房，後改軍機處，才完全取締了議政王大臣會議，實現皇權與政權、皇帝與皇威集於一身，成就了君主專制集權的極端狀態。另外，實行六部制，由滿、漢長官執掌大權，實施少數民族與漢族共擔大任的政策和共避風險的策略。設置理藩院、都察院、大理寺、通政司、國子監等機構，尤其是理藩院由滿、蒙官員擔任要職，專司邊疆民族地區事務，形成了民族關係的自我管理和民族事務的自我約束的體制機制，有利於民族和諧和邊疆穩固。地方行政機構分省、道、府、縣四級，形成了自上而下的垂直管理體制，有助於暢通政令和暢行政策。設立特別行政區於東三省、蒙古、新疆、青海和西藏等地，探索自管與共管、自建與共建、自治與共治相結合的有效途徑，如實行盟旗制度、土司制度、保甲制等政策，既尊重了地區特色、民族特色、歷史特色和時代特色，也彰顯了行政管理的原則性與靈活性、繼承性與創新性的有機統一。改革軍制，完善軍政，增強軍力，展現軍威。例如，分編八旗和綠營，組建滿洲、蒙古和漢軍八旗，既守衛京師又駐防各地，既維護中央又鎮守地方。完備刑法，修訂刑律。例如，既編修了《大清律》旨在有法可依，又在司法操作中體現重例輕律的特點。

3. 創造和完成了穩定的社會局面，鞏固和發展了多民族的國家統一。只有解決歷史遺留的政治與宗教問題和民族與文化問題，剷除藩鎮勢力和割據狀態，謀求民族團結和國家統一，才能為政通人和、安居樂業的社會局面提供前提、奠定基礎。康熙時，中央頒行撤藩令，引發“三藩”叛亂，而平定“三藩”之亂，既鞏固了多民族的國家統一，也有利於全國範圍內的經濟交往和文化交流。鄭成功從荷蘭侵略者手中收復了祖國寶島——臺灣，既維護了國家領土主權的完整，又促進了臺灣地區的經濟振興、社會發展和文化繁榮。粉碎蒙古準噶爾部上層的叛亂，加強了中央政府對青藏地區、喀爾喀蒙古地區及天山南北地區的實際控制與管轄，維護了邊疆民族地區的社會穩定和民族和諧之大局。土爾扈特部擺脫沙俄的控制，回歸祖國懷抱，深感祖國大家庭的溫暖和民族交融的重要與必要。正確處理和解決了清朝中央政府與西藏地方政權的管控關係，包括中央與地方、國君與藏王的政治關係，內地與邊疆、漢地與藏區的地域關係，漢族與藏族、滿族與藏族的民族關係，佛教與藏傳佛教、薩滿教與土著苯教的宗教關係，世俗文化與宗教文化、民族文化與中華文化的文化關係等層面，其為什麼要妥善解決、如何才能妥善解決及妥善解決的意義何在等問題，事關政治的權威性、國家的統一性、歷史的連續性、民族的多元性和文化的共生性等。例如，高層往來頻繁，成效顯著——清朝入關之前，身處關外的滿族貴族與偏處西南的達賴喇嘛互有聯繫。清朝入主中原之後，五世達賴親赴北京朝見順治皇帝，並獲清廷所賜金冊金印和敕封“達賴喇嘛”封號；康熙皇帝派兵入藏以驅逐準噶爾叛軍，分兵駐藏以守護一方水土；雍正皇帝設置駐藏大臣，以督辦西藏地方事務；乾隆皇帝廢除藏王制，設置噶廈管理西藏地方政事，又頒佈《欽定西藏章程》規定駐藏大臣地位與“達賴喇嘛、班禪額爾德尼平等”；達賴、班禪及其他“靈童”轉世時的“金本巴瓶”掣簽儀式，必由駐藏大臣監視、報請中央批准等方為有效；雍正皇帝在西南少數民族地區、乾隆皇帝在四川西北部分別推行“改土歸流”政策，密切了各民族間的經濟聯繫和文化交融。

4. 出臺了恢復生產和保障農業的制度，實施了發展商業和促進貿易的政策，開展了推動工商業和手工業的措施，由此實現了助推商品經濟發展和助力資本主義萌芽的實際效果。生產力和生產關係結成的生產方式規約了經濟基礎和上層建築合一的社會形態，而當社會形態實現更迭和重新定位之後，其內部結構的完善、構成要素的填充、影響因素的重組和功能價值的體現等方面，則是當政者需要費盡心思完成的任務，或是當權者必須千方百計做好的事情。面對元末的“後遺症”和清初的“併發症”，統治階級內部既心知肚明又心急如焚，但置若罔聞或急於求成皆非明智之選，而期待社會有機體的自愈或社會共同體的自覺並不現實，故綜合施策和循序漸進乃當務之急。例如，康熙皇帝下令停止圈地、實行“更名田”及獎勵墾荒等政策，以刺激生產者的積極性和穩定政府的稅收額數；雍正皇帝推行了“攤丁入畝”之策，把康熙皇帝實行的丁銀攤入田賦銀中一併徵收即“地丁制”，基本廢止了數千年來沿襲的人頭稅，安穩了封建統治秩序，削弱了廣大農民對封建國家的人身依附關係；康熙時代之後，陸續將匠銀攤入田賦，以致廢除了匠籍制度，匠戶擺脫了封建政府的人身控制，有利於工商業的發展。如此一來，農業生產得以恢復，耕地面積得以擴大，人口數量得以增長，興修水利得以實施，單位產量得以提高，經濟作物得以種植，調整了租佃關係，鬆弛了佃農對地主的人身依附關係，使用雇工現象增加，緩解了農業雇工同雇主的人身依附關係，以絲織業、棉紡業、制瓷業為主的手工業生產在江南沿海、沿江地區獲得了發展條件；中心城市、中小市鎮的商業帶動了商品經濟的發展，尤以山西的票號、兩淮的鹽商、廣東的行商等為代表的大商人勢力得以擴張，帶出了嘉慶時代以前或實行閉關鎖國政策之前以茶葉、陶瓷、生絲、綢緞、棉布及鐵器等為大宗商品的國際貿易的快速發展。在封建社會內、自然經濟裏和清代中葉時，助長了資本主義萌芽條件，如絲織業工廠主的織機數量增多，不僅增加了手工作坊、工廠的商品數量，也孕育了資本主義的社會關係。當然，以手工業工人為主的商業領域的階級壓迫和剝削，一方面促進了自然經濟夾縫中的商品經濟的發展；另一方面導致了階級關係和民族關係的復雜、階級矛盾和階級鬥爭的發生，驗證了經濟因素與政治狀況的決定與反映的關係。

5. 社會矛盾的沉積和農民起義的爆發，佐證了社會事物、現象及其規律的客觀性和必然性。社會矛盾大多與政治制度設計是否合理、經濟基礎是否厚實、文教政策是否科學、宗教信仰是否堅實、階級矛盾是否激烈、民族關係是否和諧、國際關係是否有利等狀況相關，往往發生在社會體制變革、社會結構變動、利益格局調整、思想觀念變化等時期，集中表現為經濟上的貧富矛盾、政治上的官民矛盾和文化上的主次矛盾等形式。康熙中期以後，權力舞臺上出現了官僚結黨傾軋、吏治腐敗等不良政治局面，其作為政治機體的毒瘤，毒害了統治階級的思想和行為，毒化了整個社會的風氣和環境。再加上，賦役剝削極其沉重，苛捐雜稅名目繁多，劇烈的土地兼併和殘酷的地租剝削現象愈演愈烈，人民負擔愈加繁重、農民破產淪為佃戶和雇工等不利經濟狀況，故反抗封建統治和地主欺壓的農民起義在所難免。

6. 開放門戶、中外交流和反殖民鬥爭。清政府整體建構鎖國體制和執行閉關政策，體現和再現了天朝上國、“華夷秩序”、長幼尊卑、等級序列等思想認識，而某個階段、某些領域、某一地區並未完全斷交、鎖住和封閉，以致開展了經貿互通和文化互補等交流活動，伴生了偷運、走私、官商勾結等不良行徑，由此催生了有良心的志士仁人和有骨氣的廣大民眾的反抗殖民統治的長期而艱巨的鬥爭。

第一，亞洲國家內部的經濟文化交流，聯絡了亞洲各國人民的感情，活躍了亞洲地區不同國家各民族的交往、交流、交融事業。例如，與東亞的朝鮮、日本和東南亞的越南、老撾、暹羅、緬甸、菲律賓、柬埔寨、馬來西亞、印度尼西亞及南亞的尼泊爾、印度等國共同續寫了傳統的友誼關係，其中經濟貿易的紐帶功能和文化交流的橋樑作用愈加突出。康熙時代，中國商船滿載絲綢、瓷器、藥材、茶葉、染料、紙張等產品及書籍、文具等物品輸出日本，滿足了日本人日常生活之需要和文化生活之追求，而日本商船將銅、金銀及漆器等商品輸入中國，亦滿足了中國上層社會物質生活之奢求和精神生活之渴求。清朝初期，思想家、教育家朱舜水東渡日本，親授儒學，暢行“實理實學、學以致用”之風，力主“學問之道，貴在實行，聖賢之學，俱在踐履”思想，深受日本政界、學界及民間社會的廣泛推崇，影響了日本社會向學、志學、求學和治學的社會風氣。

第二，打通中西經貿往來的經絡，搭建“中學”與“西學”交流的橋樑，受益於

“走出去”和“看世界”，得益於“請進來”和“知世界”。例如，耶穌會傳教士擔當文化使者，貢獻於“東學西漸”事業，他們將儒家經典和文史名著傳播到以基督教文化為根基和根幹的歐洲大陸，使西方社會瞭解了東方國家的社會制度、儒家學說和人文主義。傳教士充當思想先鋒，推進著“西學東漸”事業，他們把西方的數學、天文、地理、水利、醫藥及火器等知識傳入以儒釋道為基礎和主幹的中國社會，增添了中國思想文化體系的西方元素。作為“中國名片”的手工藝製品和代表東方美學的陵寢建築藝術，成為歐洲思想家、藝術家們進行思想創造和藝術創作的中國元素。總之，清朝政府奉行閉關鎖國政策，西方傳教士肩負傳播宗教和文化侵略等任務，致使中西文化交流的深度和廣度、文化碰撞的力度和幅度、文化比較的範圍和領域、文化傳播的過程和結果、文化建構的層次與效果等方面，具有歷史進步性和時代局限性。

第三，中俄領土之爭的戰與和。明、清之際，俄國殖民主義者侵佔了西伯利亞，侵擾了中國東北地區，清政府的反擊和人民的反抗共同捍衛了中國領土完整與主權獨立，如康熙時代中俄簽訂了《尼布楚條約》、雍正時代中俄簽訂了《布連斯奇條約》和《恰克圖條約》。總之，領土問題關涉國家主權和民族尊嚴，只有堅持寸土不讓的原則，堅守寸土寸金的理念，才能確保中華民族屹立於東方，確保中國人民享譽世界。

第四，中英鴉片戰爭，打破了鎖國的體制，打開了閉關的缺口，打敗了封建王朝，打醒了中國人民。清王朝實行閉關鎖國政策、推行天朝天國的思想，限制了國際貿易和文化往來，堵塞了英國借助外交手段擴大通商的通道，但沒有堵住殖民主義者以侵略為目的的鴉片走私貿易，致使中國人民的身心健康受到極大傷害、真金白銀大量外流、財政收入銳減和國庫空虛等嚴重後果。於是，道光皇帝派林則徐查禁鴉片，引發了鴉片戰爭，中國被迫步入了反帝反封建的近代社會，選擇了半殖民地半封建的社會形態。

7. 堅守文化陣地，擴充文化陣營，推進文化發展，迎來文化高峰。行至清代，封建社會的歷史即將終結，古代社會的文化亟待總結，社會歷史領域裏有待開拓的空間和思想文化體系中有待優化的要素，成為歷史課題和時代課題的集散地、政治課題和理論課題的集中點。如何守住中華歷史傳統和守護民族文化脈絡，檢驗著學界的政治良心和學術熱心，制約著經濟社會發展，規約著思想文化建設。

第一，古代社會中的清朝文化、思想和哲學彙聚了傳統要素和時代因素，成為彙集歷史文獻和闡揚時代主題的經典之作。例如，《明儒學案》《宋元學案》和《明夷待訪錄》（黃宗羲著）等哲學著作，著力抨擊君主專制制度，形成了早期民主思想的框架。《張子正蒙注》《周易外傳》《讀四書大全說》《黃書》《讀通鑒論》和《宋論》（王夫之著）等哲學力作，站穩了唯物主義立場，闡明了唯物主義思想，維護了唯物主義陣地。《日知錄》和《天下郡國利病書》（顧炎武著）等哲學名作，既力反君主專制制度，又提出了“經世致用”的思想。《四存編》《四書正誤》《朱子語類評》《習齋記餘》（顏元著）和《戴氏遺書》（戴震著）等哲學大作，提出了反對理學的進步思想。

第二，古代社會中的清朝考據學（考證學、漢學、樸學），其逆反宋學的治學方法，開啟了以經學為中心，以文字學、音韻學、訓詁學、歷史學、地理學、曆算學、目錄學、版本學、校勘學、辨偽學、輯佚學等為輔助的“乾嘉學派”或“乾嘉史學”，恰當地回應了清政府大興文字獄的政策和提倡整理古籍文獻的學風。例如，顧炎武、黃宗羲等人拒絕空談與虛學，提倡漢學和實學，逐漸與知識分子達成共識，從而引發了理論學界的共鳴。胡渭的《禹貢錐指》和《易圖明辨》、閻若璩的《尚書古文疏證》等佳作，引領了整理古籍、校勘文獻、注疏經典、輯佚史料、辨偽經史、考訂史實等考據之風。以戴震為首的皖派和以惠棟為代表的吳派及阮元、王先謙、段玉裁、王念孫等知名學者，共同致力於中國古典文獻的整理事業並做出了應有的貢獻。

第三，官修國史，欽定正史，取代私修和私史，其行為和作為既有為歷史正名之功，又有銷毀和刪改舊書之用，或既有流芳歷史之義，也有文化浩劫之果。例如，官修《明史》及《國榷》（談遷著）、《宋元學案》和《明儒學案》（黃宗羲著）、《天下郡國利病書》（顧炎武著）、《讀史方輿紀要》（顧祖禹著）、《廿二史考異》（錢大昕著）、《十七史商榷》（王鳴盛著）、《廿二史劄記》（趙翼著）等皆為傳世之作。康熙、雍正時期官修的《古今圖書集成》、乾隆年間編修的《四庫全書》，沿用了《永樂大典》的體例和精神，延續了文獻整理的理路和精髓。總之，持之以恆地編纂歷史文獻，實現了鍥而不捨地傳承傳統文化。

第四，妝點文化長廊，裝飾藝術殿堂，匯聚文學智慧，結集社會名流。例如，《儒林外史》（吳敬梓著）、《聊齋志異》（蒲松齡著）和《紅樓夢》（曹雪芹著）在文學界久負盛名，《長生殿》（洪升著）、《桃花扇》（孔尚任著）在戲曲界獨領風騷；昆曲表徵著漢族傳統文化藝術的突出成就，秦腔、弋陽腔、徽調、二簧調等象徵著地方戲種的百花齊放，山西梆子、豫劇、贛劇、漢劇及湘劇等預示著獨立劇種的發展態勢；“清六家”（王時敏、王鑒、王翬、吳曆、惲壽平、王原祁）、“揚州八怪”（金農、鄭燮、羅聘、李鱓、黃慎、李方膺、高翔、汪士慎），摒棄了因循守舊的畫風，形成了清新灑脫的畫派。

第五，天文曆法、地理測繪、園林建築、中醫藥學等成果，支撐著經濟社會的發展，惠及了普通百姓的生活。王錫闡的《曉庵新法》《五星行度解》是精通中西曆法的專業性著作，梅文鼎的《中西數學通》是當時世界數學知識的總結性著作，明安圖用解析方法研究圓周率是數學領域的代表性成果。康熙時期，清政府注重地理測繪事業，繪製了《皇輿全覽圖》；乾隆時代，以《皇輿全覽圖》為藍本，繪製了《乾隆內府皇輿全圖》。園林建築成就卓著，如北京的圓明園融匯了國內眾多名園的特色，吸收了西歐園林藝術的風格；承德避暑山莊和外八廟、拉薩的布達拉宮、北京的雍和宮等建築，內含了世俗文化與宗教文化，具有極高的藝術價值。保持中醫藥學傳統，服務於國人身心健康事業，如乾隆時代官修的《醫宗金鑒》介紹了中醫臨床經驗，王清任的《醫林改錯》集約了解剖學知識。

（二）清朝的廟號、皇帝姓名和陵號或陵名

清太祖努爾哈赤——福陵、清太宗皇太極——昭陵、清世祖福臨——孝陵、清聖祖玄燁——景陵、清世宗胤禛——泰陵、清高宗弘曆——裕陵、清仁宗顒琰——昌陵、清宣宗旻寧——慕陵、清文宗奕詝——定陵、清穆宗載淳——惠陵、清德宗載湉——崇陵、清興王溥儀——先葬於北京八寶山革命公墓，後遷至河北省易縣清西陵內崇陵附近的華龍皇家陵園。

附 1：清祖陵——永陵

（1）清太祖的六位先祖的陵園：高祖父孟特穆、曾祖父福滿、祖父覺昌安、父親塔克世、伯父禮敦、五叔父塔察篇古。

（2）愛新覺羅氏的家族墳塋地，未按清朝陵寢規制而建，即無墓碑，無石像生，無華表，無石牌坊，無神道碑，無方城角樓，無陵寢門，無石五供，無大明樓，無啞叭院，無大地宮。

（3）順治年間（1659 年），尊為永陵。

（4）順治年間，追尊“四皇帝”：孟特穆為肇祖原皇帝、福滿為興祖直皇帝、覺昌安為景祖翼皇帝、塔克世為顯祖宣皇帝。

（5）肇祖、興祖、景祖、顯祖的功德碑亭一字排列，並刻有滿、蒙、漢三種文字的碑文。

附 2：清興王——溥儀

（1）稱謂有宣統帝、廢帝、末代皇帝、遜帝等。

（2）廟號為民間所傳，非朝廷所加，或屬於家族內定，未獲國民認可。

（三）清朝帝陵的主要特點及思想文化價值

第一，清仿明制或清承明制、清沿明制，並非指清朝照搬或挪用明朝的陵寢制度，而是沿用或效仿其相關的陵寢思想及陵寢文化。“清朝皇帝陵，主要借鑒明陵建築規制進行建造，但在建造過程中，也融入了自己民族的特殊風格。……按照這些特色，清朝皇帝的陵寢大致上可以分為四種類型：一，孝陵、泰陵：東、西陵區首陵類型。這種類型的皇帝陵，建築物規模最大，陵寢所在地理形勢也最好；二，是以景陵為代表，包括裕陵、昌陵在內的一般皇帝陵類型。這一類建築定型化的現象較為突出，但在具體實行時，也有其各自的特色；三，是更改祖制的慕陵；四，在慕陵改制之後，又向祖制復歸的陵寢類型。其

表現以定陵最為明顯。”① 中國古代社會新舊政權嬗替之際，新王朝為了爭取國家機器的運轉時間和統治階級的政治效力，往往挖掘和利用舊王朝的有效資源，以實現學以致用的目標和為我所用的目的。清朝與明朝、清陵與明陵，不是簡單的後與前的順序關係，也不是單純的新與舊的時序關係，更不是單向的高與低的次序關係，其內含著復雜的政治邏輯和文化定力。清朝歷經十二帝，歷時將近三百年，縱跨中國古代社會和近代社會，即結束了封建社會的歷史和經歷了半殖民地半封建社會的時代。從建陵年代、建築文化和地理位置、空間佈局上看，清代帝王陵寢可分為三個陵區：關外三陵（盛京三陵）、清東陵和清西陵。從關外到關內、從白山黑水到中原腹地、從祖陵到帝陵、從無陵寢定制到有陵寢定制、從一個陵區到三個陵區、從使用滿蒙漢回藏五種文字篆刻碑文到使用滿蒙漢三種文字或滿漢兩種文字篆刻碑文、從清東陵到清西陵、從遵從漢族陵寢原則到遵循滿族陵寢原則的轉換，清帝陵所建地區、陵區數量、陵寢格局和祭祀關係的變化，反映出歷史時代、少數民族政權、生死認識、喪葬理念的演進。“後承前制”“後仿前制”或“後沿前制”，即後朝仿照前朝的陵寢制度、新朝仿製舊朝的陵寢文化和本朝仿效前代的陵寢建築，旨在發揮行之有效的舊制、卓有成效的舊儀和社會認可的舊禮的可持續功能，但它不是復製或套用之行，而是參考或借鑒之舉，而且造就了“十個皇帝九帝修，只有宣統轉幽州”之說，藉此形成繼承與發展、傳播與傳承、因習與創新等關係。“由此可見，無論是明代自明成祖朱棣之後修建的明十三陵，還是清朝入關之後修建清東陵和清西陵，都位於北幹龍之中，遵從於北部幹龍所確定的風水形勢。”② “清朝的皇家陵寢是我國陵寢史上的最後絕唱。清朝統治者入關以後，為了加強對中原地區的統治，竭力學習漢民族的傳統文化，包括倫理道德、典章制度等，其陵寢制度沿襲明制，並在其基礎上又有所改革和創新，從而使我國的陵寢制度達到了極致。”③

第二，帝王陵、皇后陵和妃園陵合於一體，帝、后、妃葬於一處，完備了陵寢制度，完善了陵寢文化，完成了陵寢歷史。在中國古代陵寢建築史上，至於清代更加注重按墓主輩分排列葬址、按等級序列排定塋地和按昭穆次序排序墓次，形成了帝、后、妃陵寢的等級序列關係。在中國古代祭祀制度史上，到了清代尤其重視封建皇陵的營建、喪葬禮制的遵守和祭祀文化的傳承，形成了喪、葬、祭等禮法的相輔相成關係。陵寢制度和祭祀制度及其文化，雜糅了風水學、堪輿學、建築學、建築美學、景觀學、哲學、宗教學等相關理論和思想，使有清一代成為中國傳統思想文化的集大成者。遴選於山川形勝之地、依山附勢而建的陵寢，成為中國古代社會家國一體的產物和天下一家的表現；作為封建皇帝及其后妃死後安葬的閟宮，成為後嗣子孫瞻仰敬祀的聖境、達官顯貴

① 晏子有：《歷代帝后陵寢研究書系·清東西陵》，中國青年出版社 2000 年版，第 34—35 頁。

② 參見謝海東、謝宇主編《明清皇陵堪輿大全》下冊，華齡出版社 2013 年版，第 220 頁。

③ 同上書，第 234 頁。

緬懷功德的聖地和普通百姓性命攸關的聖域。因此，中國古代陵寢塋域建築群體現了強烈的封建禮制和鮮明的宗教文化等色彩，表現了自然景色與人文景觀或山川地理與風水形勢有機結合等意蘊，營造了神聖、永恆、崇高、莊嚴和肅穆的禮制環境和紀念氣氛。依據帝陵、后陵和妃園陵陵寢制度，遵從封建王朝的宗法禮制，以陵寢塋域組群建築中軸線為分界，各自配置了不同等級、規模、數量及形制的建築物，組成了既互相獨立又隸屬分明的建築組群，它包括墳丘墓隴和附屬建築與設施，如清代帝王陵墓皆有界限清晰的陵墓範圍，內有墳丘寶頂、神道橋樑、石像生、獻殿朝房與明樓方城等，其高低、大小、遠近、離合、虛實、主從等空間關係淋漓盡致地展現了古代社會官式建築的模數和規制、審美和法則及宇宙觀和人文觀的底蘊與精神。在規劃設計帝、后、妃陵寢制度及其思想文化時，先朝的基礎作用和示範功能不可一帶而過，本朝的肯定與否定、繼承與發展、維繫與創新等想法和做法亦不可等閒視之。我們分別以“盛京三陵”、清東陵和清西陵為例，來審視清帝、后、妃陵寢制度的草創、完善和衰變的歷史過程。

其一，北依啟運山、南臨蘇子河、對恃煙筒山的清永陵，排列著四位清帝先祖的碑樓或碑亭，此乃中國古代社會皇家陵園和先祖陵寢之創舉；祔葬了追尊“四皇帝”的嫡福晉即追封“四皇后”，此乃成就了皇族輩分最高——皇帝先祖或“關外三陵”之首、建造年代最久——明末清初或後金及清初、政治寓意最深——祖業永固和帝業永久、陵寢形制最簡——滿族早期建築風格等特色。雖有國力不強、大業未成、連年征戰等狀況，但作為先帝先后的安葬之地和安息之所，作為死者享用和活人祭奠的萬年吉地，其既貫徹了統治階級的宗法思想和等級觀念，又反映了勞動人民的文化素養和藝術追求。背倚天柱山、前臨渾河的清福陵，是清太祖努爾哈赤、孝慈高皇后（孟古姐姐）、大妃阿巴亥的合葬之地。“在有清一代的二百多年間，清福陵是皇室從事禮制活動的主要場所。因此，無論是建築遺存，還是其所包涵的歷史史實，都是研究清朝陵寢制度、喪葬禮儀乃至清初的殉葬制度、祭祀制度、職官體制以及政治、經濟、文化等方面的實物資料，記錄著明末、清朝及民國年間的歷史。”① 作為陵寢與園林合一的昭陵，一說仿效唐太宗李世民的昭陵，一說與古代昭穆制度有關，其實為嗣位皇帝（順治皇帝）依據先帝的功業而選取的表示讚譽、吉祥和祝福的文字所欽定的陵名，它既是清太宗皇太極、孝莊文皇后的陵墓，也是關雎宮宸妃、麟趾宮貴妃、衍慶宮淑妃等后妃的園寢。清昭陵的風水特點、陵寢格局和建築特色等，完全契合了“上乘太祖開國之緒業，下啟清代一統之宏圖”的皇太極的身份、地位及行為，或從清昭陵的佈局、格局和時局來看，切實反映了開國皇帝和創業之君具有的強烈的民族意識——保存民族根性和開放的文化情懷——嚮往漢族文化。“清昭陵陵寢建築的平面佈局遵循‘前朝後寢’的陵寢原則自南向北由前、中、後三個部分組成，其主體建築

① 參見謝海東、謝宇主編《明清皇陵堪輿大全》下冊，華齡出版社2013年版，第234頁。

都建在中軸線上，兩側對稱排列，系仿自明朝皇陵而又具有滿族陵寢的特點。”①

其二，依燕山山脈而建、環“五山兩河”（北以昌瑞山為靠山，南以金星山為照山，西以黃花山為右弼，東以鷹飛倒仰山為左輔及西側的西大河與東邊的馬蘭河）而成的清東陵，完美體現了“山環水繞、負陰抱陽”的山水格局，完整表現了“山川形勝、天造地設”的堪輿理念，真實展示了“百尺為形、千尺為勢”的審美思想，充分遵循了“居中為尊、長幼有序、尊卑有別、主次分明”的傳統觀念，嚴格遵照了“陵制與山水相稱”的陵寢原則，故完全包容了中國明清兩朝宮廷建築與園林建築的基本形式。清東陵包括五座皇陵（順治皇帝的孝陵——合葬孝康章皇后、孝獻皇后，康熙皇帝的景陵——合葬孝誠、孝昭、孝懿、孝恭四位皇后及敬敏皇貴妃，乾隆皇帝的裕陵——合葬孝賢、孝儀二位皇后及慧賢、哲憫、淑嘉三位皇貴妃，咸豐皇帝的定陵——合葬孝德顯皇后，同治皇帝的惠陵——合葬孝哲毅皇后）、四座皇后陵（孝莊文皇后的昭西陵、孝惠章皇后的孝東陵、孝貞顯皇后的普祥峪定東陵、孝欽顯皇后的菩陀峪定東陵）、五座妃園陵（景陵皇貴妃園寢、景陵妃園寢、裕陵妃園寢、定陵妃園寢、惠陵妃園寢）及一座公主陵（內葬道光皇帝的二位公主和二位皇子），其繼承和發展了明陵制度如明十三陵所奠基和落實的集中埋葬和集約資源、共用風水和共享形勢、共鑄陵制和共創帝業及共傳陵寢文化和共建祭祀文化、共推生死文化和共助喪葬文化等內容。就陵寢佈局、昭穆規制、合葬形式、墓主身份、山水形勢、建築風格、神道文化及子隨父葬的古禮等方面予以考究，可知清東陵既吸收和內化了漢民族的文化邏輯和文化精神，也保持和張揚了少數民族的文化類型和文化訴求，成為融合不同民族文化含量和品質的典範之作。清東陵的地面建築或精巧或堂皇，或精美或恢弘，或精致或壯觀，或灑脫或深沉，或雍容或雄偉，或樸實或精湛，或精細或龐大，或簡約或壯麗，或靈秀或渾厚，或環抱或雄踞等特點，不僅使陵寢與陵址、陵地、陵域、陵區渾然天成，也使陵墓的原建、新建、改建、擴建精益求精。“此外，凡皇后陵的神道都與本朝皇帝陵的神道相接，而各皇帝陵的神道又都與陵區中心軸線上的孝陵神道相接，從而形成了一個龐大的枝狀系，其統緒嗣承關係十分明顯，表達了瓜瓞綿綿、生生不息、國祚綿長、江山萬代的願望。”②

其三，依太行山山脈而建，群山拱衛、眾水環流的清西陵，陵區北面的永寧山為諸陵的祖山，西側的雲濛山和東側的金龍峪為各陵的案山，南面的元寶山為其首陵——泰陵的朝山亦即眾陵的朝山，元寶山兩翼的東、西華蓋山又形成了天然的陵口，其東有九龍山、西有九鳳山，而西面的拒馬河和東面的易水河環繞陵區，最終完成了“八山兩河”的山水與陵制相映成輝的建陵理念和陵寢佈局。清西陵所憑依的枕山臨河、依山面水、環山匯水

① 參見謝海東、謝宇主編《明清皇陵堪輿大全》下冊，華齡出版社 2013 年版，第 230—231 頁。
② 同上書，第 240 頁。

等山脈水法，可謂天設的吉地、自然的吉壤和天然的佳地，堪稱“乾坤聚秀之區、陰陽合匯之所”。清西陵的每座陵寢都恪守清代皇室建陵制度、嚴守滿族文化品位和堅守傳統建築形制，如皇帝陵、皇后陵、王爺陵採用黃色琉璃瓦蓋頂，妃、公主、阿哥園寢採用綠色琉璃瓦蓋頂，形成了鮮明的民族特色、政治特色、地域特色和時代特色。清西陵共有十四座陵寢，其中四座帝陵：雍正皇帝的泰陵（祔葬孝敬憲皇后、敦肅皇貴妃）、嘉慶皇帝的昌陵（祔葬孝淑睿皇后）、道光皇帝的慕陵（祔葬孝穆成皇后、孝慎成皇后、孝全成皇后）、光緒皇帝的崇陵（祔葬孝定景皇后）；三座皇后陵：泰東陵（內葬孝聖憲皇后）、昌西陵（內葬孝和睿皇后）、慕東陵（內葬孝靜成皇后及皇貴妃一人、貴妃三人、妃四人、嬪四人、貴人四人）；三座妃園寢：泰陵妃園寢（內葬皇貴妃一人及貴妃、妃以下至答應二十人）、昌陵妃園寢（內葬皇貴妃一人、妃四人、嬪四人及貴人二人、常在一人）、崇陵妃園寢（內葬珍妃、瑾妃）；其他四座陵寢為懷王陵、公主陵、阿哥陵、王爺陵。同清東陵以順治皇帝的孝陵為首陵一樣，清西陵以雍正皇帝的泰陵為首陵，共同夯實了由地理中心和權力核心向周邊延伸與輻射的清陵制度及其建築文化。當然，按照常規和舊例，雍正皇帝應該安葬在清東陵陵園內，且位於孝陵和景陵附近，以形成環繞首陵和父陵的態勢，並為嗣皇帝留出空間或餘地即預留分位、卑不動尊，其一為遵守昭穆之制，其二為皇統綿長之義，其三為傳位正統之說，但因諸多主客觀原因如篡改遺詔、篡奪帝位等說法，原陵區內並非十全十美而無合意墓地等措辭，而另選陵址，另辟陵區，另建陵園，另設陵寢，另造陵墓，才又增添了世界物質文化遺產寶庫的中國元素。

第三，孝字當先，孝行天下，傳承孝文化的典範；以孝定名，孝道至上，尊崇滿文化的典型。中國古代社會是孝文化的發源地，中國近現代社會是孝文化的集散地。起源於西周的孝作為一種倫理觀念和道德要求，主要包括尊祖敬宗和傳宗接代等內涵。針對“禮崩樂壞”的社會局面，“諸子百家”縱論孝行、孝道、孝觀念和孝文化，如孔子將孝與敬、孝與悌、孝與仁、行孝與守禮等結合起來，強調了孝的人性根源、行孝的價值追求、孝道的精神本質、孝義的思想基礎等內容，指出了首要維護家庭穩定才能維繫社會秩序等宗旨。孟子以性善論、荀子以性惡論、告子以性無善無惡論、世碩子以性亦善亦惡論嘗試性地為孝道找尋和奠定了哲學基礎，探索性地推進了孝道的政治化進程。秦、漢之際的《孝經》將孝觀念和孝文化予以泛化、政治化乃至神秘化，至於將其納入封建道德體系並成為封建家長制專制統治的思想基礎，則超出了家庭倫理的原有範圍，逐漸演變為中國社會在經濟、政治、文化生活中貫通性、統領性的道德意識和行為準則，即其提倡的養親與敬親、順親與諫親、喪親與祭親及立身與立功、以顯父母等觀念，對於修身養性、融合家庭、報國敬業、凝聚社會和塑造文化等具有積極作用，而其主張的愚民、封建、保守和等級等消極思想則需要加以辨別和剔除。針對封建社會“御用”傳統孝道文化、“五四運動”衝擊傳統孝道文化等情況，導致中國傳統孝道文化的斷層和孝道觀念的淡漠等困境，需要在中國傳統思想文化偉大復興過程中不斷地修正其良莠不分、矯枉過正的認識誤區和行為偏差。在中國古代歷史上，使用“孝陵”之陵名者有北周武帝宇文邕、明太祖朱元璋和清世祖福臨，雖時代跨越大，內涵變化多，但其精神實質相同，價值追求一致。清朝皇帝普遍選配“孝”與溢美之字冊封皇后，如孝康、孝獻、孝誠、孝昭、孝懿、孝恭、孝賢、孝儀、孝德、孝哲、孝莊、孝惠、孝貞、孝欽、孝敬、孝淑、孝穆、孝慎、孝全、孝定、孝聖、孝和、孝靜等封號，皆為安康、獻納、忠誠、昭明、懿德、恭謙、賢淑、威儀、德行、聰敏、端莊、仁惠、貞潔、欽慕、恭敬、淑質、溫和、慎獨、齊全、平安、聖潔、和美、恬靜等褒獎之詞，也有禁忌、避忌、避諱、忌諱、隱諱、隱忌等規避之義。其一為踐行孝道文化——尊老敬老和尊祖敬宗、和諧家庭和永固社稷；其二為宣示母儀天下——皇帝乃百姓之父、皇后乃黎民之母；其三為表示皇權神聖——忠君愛國、君為臣綱；其四為表明禮制等級——尊卑有序、恪守本分；其五為證明孝陵至尊——首陵至上、國家一統；其六為嚴明宗法制度——血統純正、親疏嚴明。總之，孝道文化是滿族文化的基礎和標識之一，它大體經歷了由宗教倫理——尊祖敬宗的家族祭祀到家庭倫理——傳宗接代的族規族訓再到政治倫理——移孝作忠的忠孝合一的演變歷史。在此過程中，它吸收和借鑒了漢族儒家孝道文化，也保存了滿族的民族風習和民族根性，而尚未形成滿族孝道思想體系，則說明了凝練和內化漢族文化的功底不足；尚未充分發揮孝道的教化功能，則說明了旨在維護滿族文化的民族性和樸素性，由此形成了亦漢亦滿、非漢非滿的孝道文化。滿族的孝道文化應用於陵寢、宗法、血統、血脈、皇族、皇室、宗室、帝室等制度中，其良苦用心在於追求和實現概莫能外的政治效果。

第四，昭穆葬法、昭穆次序或昭穆制度，具現了有清一代的政治、經濟、文化、宗教、哲學、建築、藝術等現實狀況，反映了中國古代社會中尊與卑、昭與穆、生與死、喪與葬、祭與祀、前與後、高與下、左與右、親與疏、貴與賤、父與子、長與幼、嫡與庶等層級關係，說明了位居九五之尊的皇帝對於地表與地脈、山形與山勢、水流與水勢和坐向與朝向等根本取向。昭穆制度是宗廟制度之一，乃祖先崇拜的產物、儒家思想的一環、宗法制度的例證、姓氏制度的示例和墓葬制度的範例。“衛將軍文子將立先君之廟於其家，使子羔訪於孔子。子曰：公廟設於私家，非古禮之所及，吾弗知。子羔曰：敢問尊卑上下立廟之制，可得而聞乎？孔子曰：天下有王，分地建國，設祖宗，乃為親疎貴賤多少之數。是故天子立七廟，三昭三穆，與太祖之廟而七；太祖近廟，皆月祭之，遠廟為祧，有二祧焉，享嘗乃止。諸侯立五廟，二昭二穆，與太祖之廟而五，祖考廟，享嘗乃止。大夫立三廟，一昭一穆，與太祖之廟而三，享嘗乃止。士立一廟，曰考廟，王考無廟，合而享嘗乃止。庶人無廟，四時祭於寢。此自有虞以至於周之所不變也。凡四代帝王之所謂郊者，皆以配天；其所謂禘者，皆五年大祭之所及也。應為太祖者，則其廟不毀；不及太祖，雖在禘郊，其廟則毀矣。古者，祖有功而宗有德，謂之祖宗者，其廟皆不毀。”①《廟制》規定：天子立七廟，諸侯立五廟，大夫立三廟，士立一廟，庶人無廟——根據立廟數量區分親疏遠近、丈量高低貴賤和排列等級次序。在民間社會裏，擺放祠堂神主牌時亦遵循昭穆之制，如始祖居中，左昭右穆，前昭後穆；父居左為昭，子居右為穆；單數世為昭（一世、三世、五世等），雙數世為穆（二世、四世、六世等）；先世為昭，後世為穆；長為昭，幼為穆；嫡為昭，庶為穆。儘管昭穆制度有嚴謹、嚴肅和嚴整的一面，但也有鬆弛、廢弛和逋弛的另一面，即它不代表皇室統緒的世代交替，也不意味嗣承大統的按部就班。具體言之，雍正皇帝得位不正、死後無顏面對父皇的民間傳說不足憑信，初選清東陵附近的九鳳朝陽山後發現“規模雖大而形局未全，穴中之土又帶砂石，實不可用”，又重新相度“山脈水法，條理詳明，洵為上吉之壤”而另建清西陵，於是形成了清東陵、清西陵並存之實和守望之勢，故此本來圍繞首陵而佈局陵寢的明陵制度和清陵制度，演化為區分東西陵區而規劃陵墓且具有少數民族政權特色的昭穆制度。乾隆皇帝確定了子孫按照昭穆制度於清東陵和清西陵分別安葬的陵寢規制後，自己葬於清東陵，嘉慶皇帝葬於清西陵，道光皇帝原本應該葬於清東陵，但因陵墓滲水而改葬清西陵，咸豐皇帝葬於清東陵，同治皇帝因慈禧太后葬於定東陵之故而葬於清東陵，最後一位享用皇家陵寢的光緒皇帝至 1915 年才葬於清西陵而入土為安。這樣一來，由人而定規制，因人而改規制，或前人制定規制，後人改定規制，這究竟是與時俱進呢？還是與世俱進呢？或是與事俱進呢？我們只能以人治社會和人情世故來解釋了。

第五，君臣共陵，或君臣一陵，乃史無前例之舉；君臣共葬，或君臣共居，乃後無來者之事。清永陵由陵前參拜道、下馬石碑、前院、方城、寶城、省牲所等地面建築組成，此基於遊獵民族的財富觀念和建國初期的經濟狀況而選擇性地延續了古制和有條件地創建了新制。選用多民族多種文字鐫刻本族歷史和先祖功業於碑亭，成為清王朝帝王陵寢碑刻的定制或範本。例如，清永陵前參拜道所立下馬石碑之碑陽使用漢、滿、蒙、回、藏五種文字豎刻“諸王以下官員人等至此下馬”，其共用了一種漢字和四種少數民族語言文字，作為特定歷史時期特殊文化的載體起到了文化記憶和文化傳承之功用。四祖碑亭或碑樓內各立神功聖德碑之碑陽使用滿、蒙、漢三種文字豎刻宣揚先祖文治武功的頌詞，其體現了“滿蒙一家”的民族懷柔政策和“滿漢一體”的民族和諧關係。關內帝陵與關外祖陵遙相呼應，呈現了繼承與發展、開創與完善等因果關係，如在清東陵陵區內，“清代在此陸續建成 217 座宮殿牌樓，組成大小 15 座陵園，諸陵園以順治的孝陵為中心，排列於昌瑞山南麓，均由宮牆、隆恩殿、配殿、方城明樓及寶頂等建築構成。其中方城明樓為各陵園最高的建築物，內立石碑，碑上以漢、滿、蒙三種文字刻寫墓主的諡號；明樓之後為‘寶

① 《孔子家語·廟制》。

頂'（大墳頭），其下方是停放靈柩的'地宮'"①。另外，清永陵的前宮門則保留了建州女真人"樹柵為寨"的建築習俗和生活遺俗，屬於清代帝后陵寢所獨有的建築特點和文化遺跡，打破了自古以來帝王陵寢或陵墓、陵區或陵園只埋葬皇帝、皇后及妃嬪而形成帝、后、妃陵寢制度的先例。寶城分為前、後兩層臺地，其上層臺中葬興祖、左昭景祖、右穆顯祖，此契合了"尊者居中，昭左穆右"的陵寢制度及其文化。"前朝後寢"的陵寢形制，迎合了"事死如生"的封建迷信思想，守護了"靈魂不滅"的宗教思想。二方一圓的三進院落，既遵循了陰陽學說的"天圓地方"之理，又實現了封建皇帝在陽間的現實生活與在陰間的靈魂生活的一體化，即圓形的寶城寶頂是奉安帝、后屍骨的寢宮，方形的方城和享殿分別是皇帝在陰間的皇城和上朝臨御的宮殿，為此打通了陽間與陰間的界限，暢通了肉體與靈魂的渠道，貫通了此岸與彼岸的橋樑。

第六，因襲明陵規制，探索清陵規制，既異於關內諸陵建制，又突出關外陵寢特點，說明了陵寢制度及其文化建設非一日之功，它需要經歷初試與初創、繼承與傳承、立制與改制、創意與創新、定型與定制等一系列相輔相成的過程之後，才能成為封建社會統治階級可持續利用與發展的"頂層設計"，並最終定格為享譽世界文明體系中的有形的物質財產和無形的精神財富。滿清王朝入關即入主中原之前，並無陵寢定制，也難以在短時間內固化陵寢制度和沉澱陵寢文化，而參考明朝陵寢的規制和形制、參照漢族政權的體制與機制、創立滿族王朝的禮制與禮法則成為新時代、新王朝、新政權的不二選擇和必經之路。"過了石橋，正中為碑樓，重簷歇山式，四面券門，下為須彌座式臺基，內立清聖祖玄燁親撰的'大清福陵神功聖德碑'，碑文用滿、漢兩種文字書刻，記載著努爾哈赤的功績。再北的城堡式建築叫方城，四角建有角樓。方城南面正中建有隆恩門，門楣上用漢、滿、蒙三種文字刻成'隆恩門'三字。進門迎面為隆恩殿，是祭祀用的享殿，殿后洞門之上設明樓，內立'太祖高皇帝之陵'石碑。方城後為圓形寶城，兩城間呈月牙狀，因而也叫月牙城。寶城正中有一突起的寶頂，下為埋置靈柩的地宮。福陵建築群將我國傳統建築形式與滿族建築形式融為一體，形成了異於關內各陵的獨特風格。"② 縱觀歷代帝王陵寢的營建及其命運，考究古代陵寢文化的積澱及其樣式，我們認為可以大致歸類如下：其一，如果從統治階級的民族身份來看，漢族政權主要依據漢族文化而精心設計陵寢制度和著力推進陵寢文化，只是少量利用和部分吸收少數民族文化，使之限量地發揮參考之用和點綴之功；少數民族政權則在堅守民族文化本位的基礎上，大量援用和深度內化漢族文化，使之儘量起到規約之力和出彩之效。其二，如果從陵寢建築的佈局、格局和時局來看，統治者不惜人力物力財力而大興土木，或不顧國庫國力和人心向背而勞民傷財；建設者不敢違背

① 參見謝海東、謝宇主編《明清皇陵堪輿大全》下冊，華齡出版社 2013 年版，第 236 頁。

② 同上書，第 228 頁。

帝王的初衷和意願，夜以繼日地貫徹聖旨並達成聖意；參拜者心懷尊崇之情和好奇之意而紛至遝來，一睹帝王陵寢的尊榮與華貴，了卻畢生為之心馳神往的夙願與追求；嗣承者不忘感恩之心和報恩之行而拜謁陵墓，以期還願大統綿延和世代永續的家訓與祖訓；盜墓者則滿懷深仇大恨和天降橫財的邪惡心理而鋌而走險，做出了暴屍荒野、掃蕩財物等臭名昭著、令人不齒的罪惡行徑。其三，如果從雕刻匾額、石碑、楹聯等所使用的語言文字來看，其至少使用兩種以上文字或文體，大多以滿、漢文字為基調或底限，或以漢、滿、蒙文字為基礎或上限，最多擴展為漢、滿、蒙、回、藏等五種語言文字，這孕育了漢族文化與少數民族文化的整合關係及各少數民族內部及其文化的一體關係，蘊含了少數民族政權亟待多元文化的支撐和多種文化的協同才能存在與發展的政治寓意和歷史記憶。

第七，中華民族別具一格的語言文字和富含魅力的語言文化，深植於中國傳統思想文化體系之內，深化於我國古代皇帝陵的命名之中，這充分顯示了中國傳統思想文化的源遠流長和博大精深，深刻揭示了命名帝王陵的煞費苦心和一絲不苟。帝陵用字學問之大、風險之高和歷時之長及爭辯之激烈、結果之不測和命運之多舛，類似於王位之立與廢，可比於帝位之傳與接，不亞於皇族之興與衰。一般而言，陵名關切皇帝一生的是非功過，但主要概觀其歷史功績；關涉皇帝終身的喜怒哀樂，但首要概述其個人嗜好；關乎皇帝終生的價值目標，但重點概論其生死追求；關聯皇帝終極的人生理想，但基本概言其政治理念。有鑒於此，在為皇帝陵選名、命名、用名和定名之時，相關人士需要慎之又慎，三思而行，不可獨斷專行，越俎代庖，否則或飛黃騰達、一步登天和光宗耀祖，或身首異處、株連九族和家破人亡；或在權力爭鬥中敗下陣來而銷聲匿跡，或在政治較量中占得先機而贏得信任；或在學理闡述中站穩立場而推廣觀點，或在學說闡揚時坐失良機而退出政壇。自古以來，帝陵之名，事關帝室、帝位和帝制，是不可敷衍塞責的大事；皇陵之事，攸關皇室、皇權和皇威，是不能得過且過的要事。古代帝王或戎馬倥傯，或經國濟世；古代社會或太平盛世，或戰亂頻仍；古代國家或雄踞中原，或偏居邊疆；古代政權或由漢族掌控，或由少數民族掌握，而帝王在位時間的長期與短暫、退位原因的主觀與客觀、篡位動機的主動與被動、執政能力的勤政與懶政、歷史地位的高評與低估、文化成就的稱譽與責備等事項，皆可成為陵名之故而載入史冊，或可成為陵名定制而名垂青史。當然，追尊先祖而有陵名者不乏其人，成為廢帝而無陵名者亦不鮮見，不同時代或朝代的帝王共用陵名者大有人在，這一方面證實了帝王陵名的制度建設與文化魅力，另一方面反映了古代社會歷史變遷過程的多元性取向與統一性特徵的辯證關係。我們通過梳理歷史線索，整理文化軌跡，並援引學界的研究成果和學人的研究動態，可以將帝王陵名分類為如下情形：其一，嗣承者為了感恩荷德而追述先王的功業和後代人為了樹碑立傳而追認先帝的陵名。如黃帝陵、秦始皇陵等，表達了繼位者或後裔者、後世人尊崇中華民族的人文始祖的文化訴求和希冀王朝有始無終地傳承下去的政治目標。其二，當代人或當時人為了彰顯人傑地靈或藏龍臥虎，而依據陵墓所在地命名陵名。如西漢的長陵和安陵因位於長安城、陽陵因位於弋陽縣、平陵因位於平原鄉、茂陵因位於茂鄉、霸陵因臨近灞水等地區或水系而得名，表達了人們因地而居、因時而動、因人而榮的文化心理，表明了人們期待著集天時、地利和人和於一身的特殊人物及特權階層能夠於國於民締造偉業、與時與世創造佳績。其三，當時和當世權傾朝野、精通堪輿、看透風水、參透陰陽者根據皇帝的尊號和謚號，用心選取那些表示吉利或吉祥、祥順或祥瑞、平和或平安、美好或美麗、長期或長久、讚美或讚譽等具有正能量的字眼用作陵名。如唐太宗李世民昭陵的“昭”字、唐高祖李淵獻陵的“獻”字、唐中宗李顯定陵的“定”字、唐睿宗李旦橋陵的“橋”字、唐玄宗李隆基泰陵的“泰”字、唐德宗李適崇陵的“崇”字、唐穆宗李恒光陵的“光”字等，既具有褒揚、頌揚、讚揚之深義，也符合謚法、禮法、王法之釋義。

清帝陵的陵名大多古已有之，採取沿用重於創新、歸納先於演繹、總結利於提高等策略，代表了在古代社會行將結束和封建社會即將解體之際，回溯和借鑒歷史經驗乃毋庸贅述的選擇，保持和內化傳統文化乃無怨無悔的抉擇。例如，清祖陵永陵的“永”字——選用者包括西魏文帝元寶炬、前蜀王建、南唐李昇和明世宗朱厚熜，清太祖努爾哈赤福陵的“福”字——宋端宗趙昰永福陵是將“永”與“福”字合用後形成雙字陵名的特例，清太宗皇太極昭陵的“昭”字——選用者包括北周明帝宇文毓、唐太宗李世民、南漢劉晟、宋仁宗趙禎和明穆宗朱載垕（另有宋仁宗趙禎永昭陵乃“永”字與“昭”字合用後形成的雙字陵名），清世祖福臨孝陵的“孝”字——選用者包括北周武帝宇文邕和明太祖朱元璋，清聖祖玄燁景陵的“景”字——選用者包括北魏宣武帝元恪、唐憲宗李純和明宣宗朱瞻基，清世宗胤禛泰陵的“泰”字——選用者包括唐玄宗李隆基、西夏景宗李元昊和明孝宗朱祐樘（另有宋哲宗趙煦永泰陵乃“永”字與“泰”字和明代宗朱祁鈺景泰陵乃“景”字與“泰”字合用後形成的雙字陵名），清高宗弘曆裕陵的“裕”字——選用者包括西夏太祖李繼遷和明英宗朱祁鎮（另有宋神宗趙頊永裕陵乃“永”字與“裕”字合用後形成的雙字陵名），清仁宗顒琰昌陵的“昌”字——十六國時期漢李壽安昌陵、宋太祖趙匡胤永昌陵是將“安”字、“永”字與“昌”字合用形成雙字陵名的用例，清宣宗旻寧慕陵的“慕”字——除此並無以“慕”字命名皇陵的案例，清文宗奕詝定陵的“定”字——選用者包括吳景帝孫休、北魏孝明帝元詡、北周宣帝宇文贇、北周靜帝宇文衍、唐中宗李顯和明神宗朱翊鈞（另有宋真宗趙恒永定陵乃“永”字與“定”字合用後形成的雙字陵名），清穆宗載淳惠陵的“惠”字——選用者包括蜀昭烈帝劉備和唐讓皇帝李憲，清德宗載湉崇陵的“崇”字——選用者包括唐德宗李適（另有宋光宗趙惇永崇陵乃“永”字與“崇”字合用後形成的雙字陵名）。根據上述示例，我們可以歸納如下：其一，清帝陵均為單字陵名，且與歷代帝王陵名重合者居多，僅有惠陵例外，並無重復者。基於此，我們不能僅以單字陵名或雙字陵名作為是否尊貴的原則或依據，而只能以陵名用字反觀帝陵主人所言所行、所作所為和所思所想。其二，在奴隸社會和封建社會裏，選用雙字陵名者，大多為合用了常用的單字陵名者，即以常用單字組合為慣用雙字，其實疊加了文字所含之義。鑒於此，清王朝統治者的想法和做法並非簡單化而是簡約化，其思維方式和行為模式印證了歷史規律和文化邏輯。其三，清帝陵陵名可分為沿用、新用與合用三種情況，針對重復登場者或反復使用者，我們可以看清其歷史進程和文化線索；針對新近出現者或唯一使用者，我們能夠閱讀其歷史故事和文化創造；針對整合資源者或合體使用者，我們應該挖掘其語言文字的活性特徵並探究其文化載體的傳承功能。

第八，神道是帝王陵寢的構成要件，帝陵神道是陵寢制度及其文化的組成部分，清帝陵神道是凸顯少數民族政權特色的歷史遺存，清帝陵神道文化是整合漢族文化與滿族文化的文化遺跡，清帝陵神道及其文化是集成從前的陵寢制度的典範和終結迄今的陵寢文化的力作。漢代以來，因受喪葬禮俗和外來文化的雙重影響，又受墓葬形制、隨葬制度與封建專制、宗法制度的多重制約，以霍去病墓前神道石刻、石人、石獸為瑞倪，開創了把神道、墓道與陵墓相結合的先例和通例，初具了神道形制的雛形和模型：陳列於神道兩側的石人石獸即石像生（翁仲），象徵著帝王生前的儀衛，表徵著帝王死後的尊嚴，表明了皇帝與皇權的神聖；矗立於陵墓前或神道內的墓表即神道表或神道碑，乃人物傳記的變體，碑文經歷了由簡而繁、由少而多的演變，主要記錄皇帝的生平年月、皇族譜系、生前活動、主要貢獻等內容，而開神道或築神道即“墓前開道，建石柱以為標”，言通天之道、通墓之道、通神之道、通靈之道等含義。清初“關外三陵”既模仿了明陵規制又形成了清陵特點，如清永陵以南北方向八百四十米的參拜道（神道、神路、甬道、墓道等）為陵寢的中軸線，其南北兩端各立東、西下馬石碑，具有“左右對稱”之意；其北端建有享殿、啟運殿，具有“居中當陽”之意；啟運門、正紅門坐北朝南依次佈局，具有強化皇權之意。清福陵以南起正紅門北至隆恩殿后全長五百五十六米的神道為坐向線，由南向北依次佇立三對六座下馬碑（四座在陵前，兩座在東、西紅門附近且用滿漢蒙三種文字刻有“官員人等至此下馬”）、兩排四對八座石像生（獅、虎、馬和駱駝）、兩對四座華表（擎天柱、石望柱）、一對石碑樓（用滿漢蒙三種文字刻著“往來人等至此下馬”），而東西配殿、隆恩殿、角樓、大明樓、一百單八磴、方城等陵寢主體建築圍繞神道或坐北朝南或左右對稱，形成了突出中心、拱護皇威等效果，使人文資源和自然條件有機結合起來。“昭陵全陵占地 18 萬平方米，共分三大部分。由南至北依次為：前部，從下馬碑到正紅門，包括華表、石獅、石牌坊、更衣廳、宰牲廳；中部，從正紅門到方城，包括華表、石象生、碑樓和祭祀用房；後部，是方城、月牙城和寶城，這是陵寢的主體。……正紅門內有一條南北筆直的石路叫‘神道’，神道兩側由南往北依次立有擎天柱一對，石獅子一對，石獬豸一對，石麒麟一對，石馬一對，石駱駝一對，石象一對。在神道正中有神功聖德碑亭一座。……除此之外，在陵寢東西兩翼各三里許有陪葬墓，左側有武勳王楊古裏墓及奶嫣墳，右側有貞臣敦達裏及安達裏殉葬墓。這種以功臣陪葬的形式是古代陵寢制度，體現了封建君王‘事死如事生’的願望，也體現了忠君思想和嚴格的封建等級制度。另在陵區之外還有藏經樓、關帝廟、點將臺等建築。昭陵建築佈局嚴格遵循‘中軸線’及‘前朝後寢’等陵寢規制，陵寢主體建築全部建在南北中軸線上，其他附屬建築則均衡地安排在它的兩側。這樣的設計思想主要是體現皇權至高無上，同時，達到使建築群穩重、平衡及統一等美學效應。”① 清帝陵分關外帝陵和關內帝陵，關內帝陵又分清東陵和清西陵，這既有“三足鼎立”之形，也有“三足鼎盛”之勢；它既有南北貫通和內外聯通之功，也有東西對稱、彼此呼應之效。清東陵和清西陵的陵寢或陵墓從制度到理念、從規劃設計到付諸實施、從地面建築及其附屬設施到地下建築及其陪葬品，其建制、形制、規制及規模、結構、造型等內容和內涵均有仿照明朝帝陵的明顯痕跡，如採用了集中陵區、經緯組合、主次分明、均衡分佈等手法，也有突出清朝帝陵的政治經濟狀況、社會歷史階段、民族文化特色、自然環境條件等顯著特點，如在少數民族政權、問鼎中原地區、封建社會末期、私有制度終端等方面。清東陵和清西陵安排了總入口，以正紅門為開端，經過神道石像生、碑亭及華表，到達各陵區。陵寢佈局和格局為：五孔石券橋、牌樓、碑亭、三孔券橋，大月臺、宮門、隆恩殿及左右配殿，其後為石平橋、月臺、琉璃門、五供、方城、月牙城、寶城、寶頂，其中皇帝、皇后、親王、公主、嬪妃等墓主人依照程式化規則和等級制陵制，各取所需，各圖所安，為中國傳統思想文化之陵寢制度和陵寢文化畫上了休止符。

總而言之，走過歷史通道，享受歷史資源；穿過文化地帶，品味文化素材，我們領悟到了堪輿文化和風水文化在帝陵建設過程中的功用和價值，確信了堪輿理論不等於封建迷信思想，而是有著一定的科學內容的古老文化形態，領略到了山川地理的形勢與氣勢所蘊含的內力和魅力，領會到了陵寢建築的形制與工藝所承載的美學思想及其意義，感受到了中國傳統哲學“天人合一”的追求和境界，感悟到了中國古代社會中人們對生產與生活、現實與未來、人與自然等關係予以把握的形而上的哲學思想，認識到了江山的起伏和王朝的興衰均與制度建設、文化傳承及國內各民族的交往交流交融關係、中外國際比較與交流關係等密切相關。歷史的思考，文化的思索，思想的精進，哲學的提升，這些便是中華民族偉大復興的題中應有之義吧！

① 參見謝海東、謝宇主編《明清皇陵堪輿大全》下冊，華齡出版社 2013 年版，第 231—233 頁。

第 三 编

神道研究

第七章　神道歷史與文化

第一節　歷史與邏輯的統一

鑒古為今，以史為鏡，不失為一種歷史定位和文化定向；古為今用，以史為師，也不啻為一次邏輯考量和理性選擇；只有師古而不泥古，才能在不背棄根本的基礎上實現創新發展，才能在尊重歷史的前提下避免因泥古而陷入教條主義的泥潭或本本主義的窠臼。整理神道文獻與研究帝陵神道，旨在以歷史與邏輯相統一的原則，即歷史的起點與邏輯的起點、歷史的原點與邏輯的原點、歷史的基點與邏輯的基點、歷史的打開與邏輯的展開、歷史的過程與邏輯的進程、歷史的規律與邏輯的規則相統一的原則，把握中國帝陵神道及其文化、思想和哲學的內涵與實質；基於政治、經濟、文化和社會這四個維度的人類實踐的主要場域，探究文化的意識形態性和意識形態的文化性的構築與轉化關係，尤其政治場域的意識形態與文化場域的觀念文化的交織和相通關係，詮釋中國帝陵神道及其文化、思想和哲學的軌跡與邏輯。

人類社會的生活和習俗具有由單一性向多元化發展的趨勢，人們的思維和行為具有由現實世界向彼岸世界延伸的指向，人們的情感和意願存在由真實世界向虛幻世界延展的趨向，其中“墓葬”就是其明顯例證。所謂“墓”是指用以放置屍體或其殘餘部分的固定設施，所謂“葬”是指人們將死者的屍體或其殘餘部分按一定的程式放置在特定的場所。自戰國中期開始，君王之墓稱為“陵”；自秦、漢以後，陵址、陵地、陵墓、陵園或陵寢、陵邑專指或專屬皇帝陵。我們認為墓葬反映了人類社會的歷史進程、文明成就及思維方式、行為方式的重大變化，體現了人們追求歸宿意識和永恆意識的價值取向，表明了人們構築現實世界以外的另一世界的願望和要求，尤其在階級社會中墓葬制度又是階級關係與民族關係、階級利益與民族利益及階級統治與民族統治的一種寫照。

帝王陵墓包括陵墓及其附屬建築，合稱陵寢。作為特殊的實物存在，作為特別的歷史見證，作為奇特的社會文化現象，它受制於社會歷史條件如私有制，也受限於社會文化因素如中華傳統文化。已經鋪展開來的歷史畫卷展示著悠悠歷史，昭示著多彩文化。歷史告訴我們，我國從第一個奴隸制國家到最後一個封建王朝，漫長的時間跨度與悠長的文化傳揚，其疆界穩固與變更，疆域擴大或縮小，疆土安全或危險，以及政治制度的維持與更迭，文教政策的維護與更新，可謂紛紜變換，跌宕起伏，但從總體格局和基本走向來看，中央集權制度穩如泰山，私有制社會安如磐石，儒釋道的主幹地位不易動搖，儒家學說的主流作用難以抹消。具體而言，在漢族和少數民族建立的統一王朝和地方政權中，共有帝王五百餘人，形成了各個歷史時期居於特殊地位、擁有特殊資源、享有特殊利益的社會階層，其生前飲食起居於富麗堂皇的宮殿，盡享人世間的富足與奢靡，而死後還要“衣食住行”於精妙入神的陵墓，致使至今地面上有影有蹤、年代確鑿的帝王陵寢共一百多座，廣布於中華大地的東西南北中。所以我國的帝王陵寢存量之多、體量之大、形制各異、規模不等和分佈廣泛等特徵，堪稱世界歷史與現實上的獨樹一幟，國家和民族中的標新立異，歷史和文化相統一意味上的自成一家，起到了篳路藍縷的功效，而且其佈局嚴密與建築恢弘、格局宏大與工藝精湛、時局多變與風格迥異及文化深厚與思想深邃等，在世界思想文化史和建築藝術史上彪炳千古，發揮了示範引領的作用。

根據史料記載和考古發現，春秋時期已經出現了初級形態或原始形態的陵園建築。早期的陵園建築大多在陵墓的四周挖掘隍壕或夯築圍牆而建，另有利用天然溝崖作屏障而成，陵園的一側辟門或設門，陵園內除陵墓外沒有其他附屬建築物，由兩個以上的陵墓排列而建的陵區亦不大，且更多地依賴原始狀態下的自然條件或自然環境，人為因素尚未充分地體現出來，即人化自然的意識和效果並不顯著，自然人化的進程尚屬於啟動階段。儘管陵墓幾乎就是陵園的唯一實物設施，即使陵園內沒有形成明顯的主體建築與附屬建築之分，及人文建築與自然環境之間僅為簡單的樸素的認識、利用與改造的關係，但直面和改善自然條件來滿足人類自身對往生世界圖景的嚮往和靈魂居住問題的關切，屬於一種閱讀人間世界及其居住問題所衍生的初級文明成果，可謂遵照人類社會的歷史進程及其規律、尊享人類自身的認知過程及其成果的重大舉措。我們不能否認在文明初期，調節人與社會、人與人關係的行為規範總和即人際道德已在一定程度上向人類社會賴以產生、生存和發展的自然界適度擴展，對自然界講道德的自然倫理已部分得到認可，但人際道德與自然倫理間所形成的樸素的原始的簡單的影響關係，既有賴於世俗文化的紐帶作用，更仰賴於宗教倫理的橋樑作用，既有待於深度揭示人與自然或人與環境的客觀關係，又亟待於全面闡明人與人及人與社會的價值關係。

春秋晚期，人們已經開始了墓上構築活動和封土為丘的行為，如孔子為父母的墳建造墳丘，這應該是在宣言“敬鬼神而遠之”的思想意識中所存留下來的關於世俗社會與靈魂世界之關係的一種認識和行為吧！“孔子即得合葬於防，曰：吾聞之：古也墓而不墳；今丘也，東西南北人也，不可以弗識也。於是封之，崇四尺。”① “延陵季子適齊，於其反也，其長子死，葬於嬴博之間。孔子曰：延陵季子，吳之習於禮者。往而觀其葬焉。……既葬而封，廣輪掩坎，其高可隱也。……孔子曰：延陵季子之於禮也，其合矣乎！”② 而此前尚沒有出現墓表堆起封土和種植樹木的社會行為及社會現象，即“不封不樹”或“無樹無封”（不封土——不壘土成墳，不植樹——不植樹為標記）、“墓而不墳，與地齊平”。一般來說，建造墳丘的意識和活動本來是為了辨識墓葬的自然位置，後來演變為顯示墓主人身份地位的社會標誌。應該說墓葬的社會內容的不斷填充，並初步顯示出時人由平等意識向等級觀念過渡的基本價值取向，即已經萌發了與階級社會相對應的思想意識和價值觀念。戰國中期，六國的君主死後都營造高大的墳丘，並尊稱為“陵”，意指其高大如山峰，穩固如山嶺，巨大如山巒，權力如山勢，國運如山脈，以此象徵著王權之神聖與神秘，王位之尊貴與尊崇，皇權之至高與至上，即“陵”的出現表明了極權思想已露端倪。墳丘大體分為圓錐形和覆鬥形兩種，這種形制是政治利益的驅使和政治制度的縮影。秦始皇陵繼承了戰國時秦國的陵寢理念，又吸收了六國君王陵寢的一些作法，並最終開創了規模宏大、設施齊備、對後世歷代帝王陵園建築影響巨大而深遠的陵寢制度。這說明由於社會生產力的發展和人類智力因素的開掘，以及為了維護政治統治的需要和滿足政治利益的需求，人們開始一定程度上認識、利用和改造自然條件或自然環境，使其既為人間世界的階級統治提供直接服務，也為靈魂世界輔助人間世界的政治權威提供間接服務。

秦、漢以前，人們在建築都城和住宅時，不具有宗教迷信色彩的“擇地利以便人事而已”的趨利避害的選址觀念居於主導地位，使用占卜的方法選擇建築基址而建造的“卜宅”則帶有一定的迷信和宗教意味，認識、利用和改造自然條件選擇和營造陵墓或陵園則具有較多的迷信要素和信仰因素。秦、漢時期，由於禁忌意識的萌發和風水觀念的增強，人們不再如以前僅以占卜決定吉凶福禍或生老病死，而是密切關聯五行、干支等學說，且大量吸收其中的相生相剋、陰陽互補等觀念，這強化著人文建築與自然環境相適應的思想觀念和文化理念。魏晉南北朝時期，風水理論受到封建士大夫的青睞和推崇，他們把八卦、五行、干支等觀念引入風水學說，以支撐風水理論。唐、宋時期，風水理論得到大儒們的援引和闡揚，堂而皇之地登上了大雅之堂，他們不但稱其為修身養性的必修學問，還著書立說予以弘揚和推廣。元、明、清時期，風水理論得以進一步豐富和完善，皇室宮殿、陵園建築、顯貴宅邸、民間住宅等受到風水學說的全面影響，城

① 《禮記·檀弓上》。
② 《禮記·檀弓下》。

市水系的思考、公共建築的格局和公私住宅的佈局等亦與風水理論密切相關，致使風水理論向神秘化發展；社會上層信奉和依靠風水理論，以期控制人間世界和靈魂世界的各種活動，社會下層堅信和迷信風水學說，藉以填補精神世界，規約民間風俗和生活習慣。在中國古代社會不管是至尊帝王還是一般平民，風水術乃至風水學（堪輿學、相地術）是維繫社會的正常運轉、填充人們的精神世界和心理空間的不可缺少的構成要素，尤其是帝王在選擇墓園、葬地之時，堅信如果選擇了風水好的地方則會入土為安、子孫蔭福，且政治永續、皇權無憂，而選擇了風水壞的地方則會不得安息、禍患無窮，甚至制度崩壞、文化崩潰。“堪輿，也就是我們通常所說的風水，幾乎每一個對中國文化和民俗稍有瞭解的人都知道，這是中國特有的一門與建築環境規劃有關的學問，主要內容是為選擇建造地點而對地形、地貌、景觀、氣候、生態等各環境要素進行綜合評價，提出建築規劃和設計的一些指導性意見，指出哪些是應該追求的、哪些是應該禁忌的。其範圍包括住宅、宮室、寺觀、陵墓、村落、城市諸多方面，其中涉及陵墓的稱為陰宅，涉及其他方面的稱為陽宅。”① “葬者，藏也，乘生氣也。……其行也，因地之勢。其聚也，因勢之止。古人聚之使不散，行之使有止，故謂之風水。”② 隨著社會的發展、認知的啟蒙和思想的精進，人們不應該片面或消極地評價堪輿、風水、占卜等思想和行為，對於天與地或天道與地道、陰與陽或陰宅與陽宅、高與下或高處與下處、吉與凶或吉祥與凶相等事物和現象，需要逐步樹立“取其精華，去其糟粕”的思維定式和行為方式，努力變革宗教思想、迷信觀念、風水學說、堪輿之術等觀念形態的諸種文化的消極因素而為積極因素，並使之發揮正面的正向的社會作用。

梳理中國陵墓或陵園建築的發展脈絡或演進軌跡，剝離出其中的帝陵神道部分，書寫中國帝陵神道發展簡史，並撰述中國帝陵神道文化與思想歷史，既是艱苦的思維實踐活動，也是探索性和嘗試性的學術研究事業，更是一次甘冒一定的學術風險和文化風險的研學經歷。探討人文建築與生態環境相適應的陽宅風水學說，把捉儒家思想與後世觀念相融合的陰宅風水學說，詮釋中國傳統文化中的風水觀對中國社會及周邊地區如朝鮮半島、日本列島等的思想文化所產生的廣泛影響，這是理解和把握中國傳統文化所固有的文化張力與日本文化所內在的文化引力之間影響和被影響關係的重要參照。整理神道文獻與研究帝陵神道，旨在以帝制社會或皇權時代的陵墓或陵園建築為主要對象，歷時性地把握中國陵墓或陵園建築中帝陵神道及其文化、思想和哲學的歷史發展，屆時性地彰現其思想內容、性格特徵和社會功能，並以日本神道的物質形態和觀念形態為重要參照，比較和鑒別不同國家、不同民族和不同地域的有著千絲萬縷的內在聯繫的神道類型與神道派別，並以神道

① 參見謝海東、謝宇主編《明清皇陵堪輿大全》上冊，華齡出版社 2013 年版，第 2 頁。
② （晉）郭璞：《葬經》。

文化、思想和哲學為視角和視野或中介和參照，努力研究和著力推進中日思想文化交流事業，在一定意義上逐步修正那些因無視神道文化對於中國傳統思想文化體系的構築作用所帶來的學術缺憾，在某種程度上補正那些因忽視中國神道思想對於日本社會及其價值取向的影響作用所造成的學術空白，在相關領域內矯正那些因輕視中國神道哲學在中日思想文化比較和交流過程中的橋樑作用所形成的學術偏見。

馬克思主義的創立者提出了人類社會“五個發展階段說”，即人類社會依次經歷原始社會、奴隸社會、封建社會、資本主義社會和共產主義社會（社會主義社會是它的第一階段）這五個階段的歷史發展。人類社會已經走過了原始社會、奴隸社會、封建社會，正在經歷著資本主義社會和社會主義社會的並存與互動的歷史時期，同時社會主義社會時時處處在為實現共產主義社會夯實客觀物質基礎和儲備精神文化條件。中國社會的歷史發展體現了人類社會發展的一般規律與特殊規律、個別規律的統一，它因經歷了原始社會、奴隸社會、封建社會三種社會形態的完整過程，而遵循了人類社會發展的一般規律；因跨越了資本主義社會的發展階段，而遵從了人類社會發展的特殊規律；因探索中國特色社會主義理論、思想和實踐，而誕生了人類社會發展的個別規律。馬克思主義的基本原理是我們分析和解決問題的經典依據，中國古代社會的社情和國情則是我們研讀和深究問題的事實依據。整理神道文獻與研究帝陵神道的問題意識，需聚焦原始社會、奴隸社會、封建社會等社會形態及中華民國時期，嚴守歷史與邏輯相統一的原則及理論與實踐相統一的原理，因為“每一時代的理論思維，從而我們時代的理論思維，都是一種歷史的產物，在不同的時代具有非常不同的形式，並因而具有非常不同的內容。因此，關於思維的科學，和其他任何科學一樣，是一種歷史的科學，關於人的思維的歷史發展的科學”①。任何民族都不可能沒有也一刻不能停止理論思維，因為任何民族的理論思維都是這個民族的一面旗幟，表徵著這個民族的文化品質和文化品位，構築著這個民族的文化平臺和文化高地，也關聯著這個民族的思維模式和行為方式，塑造著這個民族的民族特性和民族精神，並通過一些實物文化形態真實地具現出來，鮮活地存留下來，連貫地延續下去，以使人們可以直觀地、感性地瞭解和把握理論思維與實物形態的相互關係。我們必須追問如下重大理論和實踐關切：人們為什麼能夠如實地反映客觀存在的事物、現象及其發展規律？人們借助什麼樣的工具和手段才能如實地反映物質世界和精神世界的事物、現象及其規律？當人們把握了客觀規律和主觀規律，在遵循自然規律和社會規律的前提下如何發揮人的主觀能動性？理論思維及精神產品所蘊涵的精神力量為什麼要轉化為實物形態和物質力量？能否轉化為實物形態和物質力量？如何轉化為實物形態和物質力量？轉化為怎樣的實物形態和物質力量？馬克思在《神聖家族》中指出：“思想根本不能實現什麼東西。為了實現思想，就要有使

---

① 《馬克思恩格斯選集》第三卷，人民出版社 1977 年版，第 465 頁。

用實踐力量的人。”[1] 又在《〈黑格爾法哲學批判〉導言》中指出：“批判的武器當然不能代替武器的批判，物質力量只能用物質力量來摧毀；但是理論一經掌握群眾，也會變成物質力量。”[2] 馬克思主義的創立者深刻地揭示了物質力量與精神力量相互轉化的哲學原理，這是我們認識、利用和改造自然界、人類社會和思維發展的世界觀和方法論。

我們既不能照搬一般的哲學世界觀和方法論，也不能套用一般的宗教世界觀和方法論。宗教學派及其思想屬於社會文化現象，但不是普通的社會文化現象，而是特殊的社會文化現象，它總是體現著一般社會文化現象的某些一般性，彰顯著特殊的社會文化現象的一些特殊性。原始宗教的發生，是原始人對於自身周圍的人與自然或人與環境、人與人及人與社會之間諸種關係的有限的虛幻的反映成果，或是人類顛倒了的世界意識尤其是社會意識的表現形式；原始宗教的形成，是人們把人間世界的事物和現象投射於靈魂世界的實踐結果，以期説明真實存在的現實世界與人為創造的靈魂世界之間由此及彼的雙向關係；原始宗教的問世，是人對自然力無力克服的表現之一，是人對人際關係無力改善及人對社會發展無力推進的標誌之一。我們不能否認原始宗教内容及其形式在人類社會的文明進程和文化歷程中的啟動功能與環節作用，如靈魂不滅觀念——遠古時代的人們不完全知道自己身體的構造、器官的功能、意識的層次和心理的特徵，往往受夢中幻覺和心理陰影的導引，加之猜測和預想的成分，以致於把精神同肉體分離開來，認為精神獨立於肉體之外，靈魂是游離於肉體的一種存在物，從而形成了崇拜精靈和相信鬼神的觀念或主張肉體消亡，靈魂依然存在，從而形成了靈魂不死的思想。萬物有靈信仰——人們往往認為自然事物和現象與社會事物和現象一樣，皆存在意識和靈魂，形成了對一般的自然事物和現象尤其是難解的自然事物和現象、多樣的動植物及特徵的盲目崇拜，認為凡物均有靈，有靈則顯靈，顯靈需拜靈，即只有對有靈驗的一切事物和現象肅然起敬，才能化凶為吉，化險為夷。圖騰主義——人們對一種、幾種或多種特定的自然現象及動植物的直觀崇拜，即古代原始部落的居民相信人與某種、某些動物或植物屬於親屬關係，認為每個氏族、部落或人群、個人都起源於某種、某些動物或植物，並將記載神的靈魂的載體——圖騰視為本氏族、本部落的徽號，由此形成了迷信某種或某些自然物的意念，或形成了膜拜某位或某些先祖的行為。總之，原始宗教意識或原始宗教學説就在人們對自然力和自然物的直接崇拜及對精靈和鬼神的人為崇拜中扎下根來。宗教觀念和宗教思想不是人類固有的東西，它是人類社會生產力發展到一定階段的產物，又是社會生產力發展水準不高的表現，它證實了人類在處理和解決人與環境或人與自然關係的生產實踐中的困惑與無力，説明了人類在處理和解決人與人及人與社會關係的社會實踐中的困擾與乏力。宗教文化與思想的不斷發

---

① 《馬克思恩格斯文集》第 1 卷，人民出版社 2009 年版，第 320 頁。

② 《馬克思恩格斯選集》第一卷，人民出版社 1977 年版，第 9 頁。

展，規約著哲學思想與文化的內容、特徵、歷史及社會作用，於是便形成了“神話—宗教—哲學”之間依次的序列關係和內在的邏輯關係。這是世界上各個民族的精神軌跡和文化邏輯，但不同民族的神話傳說、宗教信仰和哲學理論因社會歷史條件的差異和制約而表現為自身的演變過程、主要內容、根本特徵及影響作用。

“中國的社會並不是建立在科學上，而是建立在宗教、道德和哲學三者奇妙的混合上。歷史上我們找不到那個民族比中國人更迷信、更懷疑、更虔誠、更理性、更世俗；也沒有任何一個國家這樣的而能不受教會控制；除了印度人外，沒有一國的人這樣受神的擺佈。我們除了把這些矛盾的現象歸之於中國哲學家所具有的那種無比的影響力，以及安於貧窮的中國具有一種無窮的希望的狂熱的泉源外，我們還能作怎麼樣的解釋呢?”① 世界文明史千姿百態而非整齊劃一，中華文明史千態萬狀而一脈相傳。在中華文明與世界文明的比較和對話過程中，我們可以看出兩者的同步性與不同步性、同質性與異質性等相互關係。

在廣袤無垠的中華大地上，孕育了廣博豐富的傳統文化；在悠久的中國傳統文化中，深藏著獨特的傳統建築文化；在奇特的中國傳統建築文化中，隱藏著在世界上獨一無二的陵墓或陵園建築及其文化。最初的墓葬是沒有墳丘的，體現了單一的埋葬觀念，表現了生人對死者樸素的處理方式。最早的帝王陵墓僅為孤立的墳丘，預示著“封樹”意識的萌發和尊崇觀念的形成，反映出生人對死者現實的解決辦法。早期的陵園是在陵墓的四周挖掘隍壕或夯築圍牆，或以自然條件為屏障，陵園之內沒有任何附屬建築，說明統治階級開始注重認識、利用和改造自然為我所用的人化自然的歷程與結果，明示著其“圈地”意識和佔有觀念逐漸增強。自秦始皇陵，陵園開始包括陵墓及若干附屬設施，它們合稱“陵寢”，形成了完備的陵寢制度，表現出國家祭祀意識、等級序列思想和社會尊崇觀念已經強化起來。在中國社會所經歷的原始社會、奴隸社會和封建社會中，漢族和少數民族建立的王朝和政權體系，形成了多民族集聚的社會現實和各民族交融的民族關係，而作為最高統治者的歷代帝王不僅生前營造雕欄玉砌的宮殿，還要建造死後盡情享樂的陵墓或陵園。

“在陰宅堪輿的發展圖景中，皇家陵寢的營造無疑是最濃重的一筆。按陰宅堪輿的說法，一家之主的陰宅風水，會影響一家人的命運；而一國之君陵墓的風水，就會影響一個國家、一個皇朝的命運。因此，歷朝歷代的帝王們都將陵寢的選擇作為決定國運盛衰的頭等大事。許多帝王往往登基之後就著手修建陵墓，並指定朝廷重臣專門負責。那些傾全國之人力物力修建的皇陵，其規模之宏大，氣勢之恢弘，達到了驚人的程度。”② 儘管我們的立意不是在考古學、金石學、堪輿學、風水學等意味上探索墳丘墓的發生、發展及其變

① ［美］威爾·杜蘭：《世界文明史·東方的遺產》第一卷，幼獅文化公司譯，東方出版社 1998 年版，第 535 頁。

② 參見謝海東、謝宇主編《明清皇陵堪輿大全》上冊，華齡出版社 2013 年版，第 10 頁。

化過程，但我們不能不借助考古學、金石學、歷史學、地理學、建築學等相關理論與方法；儘管我們的主旨不是泛論東亞文化圈的所有國家的墓制與陵寢的歷史、特徵和作用，但我們必須關聯和比較東亞文化圈中有著影響與被影響關係的中國和日本在生死文化上的異同；儘管我們的創新在於考究中國帝陵神道及其文化、思想和哲學，以及其在中日思想文化交流尤其是在中日宗教文化交流過程中的地位和作用，但我們沒有必要詳論中日思想文化交流或中日宗教文化交流的歷史、內容、特徵和作用；儘管我們不能放過縱向地梳理帝陵神道的歷史發展線索或文化演進軌跡，但本質上我們是在橫向地界定帝陵神道及其文化、思想和哲學，以及揭示陵墓或帝陵神道所內含的人與人、人與社會、人與自然或人與環境的多元關係。通過整理神道文獻和研究帝陵神道及其文化、思想和哲學問題，我們認為在對待傳統文化和文化傳統時，思想界和哲學界應該堅守文化自信和理論創新；在解決人與自然或人與環境之間的關係時，理論界和學術界應該堅持與時俱進和繼往開來；在推進中日思想文化交流事業時，文化界和政治界應該不斷更新觀念和創新學術。這是歷史和文化的應有之義，也是文獻和思想的應盡之責。

第二節　歷史是一種文化自信

中國古代社會由低級到高級、由簡單到復雜、由無階級社會到階級社會、由原始公有制到私有制的持續發展的歷史，也是文化由單一到復合、由一元到多元及由本土文化的獨立發展到本土文化與外來文化的融合發展、由民族文化到世界文化的不斷進步的歷史。國家和民族的進步與發展的歷史，也是民族文化的積澱與傳承的歷史。歷史進程有起伏、曲直、進退等狀況，文化歷程有先後、快慢、源流等特徵。歷史過程有階段、長短、分期等狀況，文化建設有對話、交流、比較等方式。歷史現象有簡單、復雜、重復等狀況，文化現象有醞釀、興起、流播等歷程。國家和民族有存亡、興替、盛衰等狀況，傳統文化和民族文化有傳播、傳承、揚棄等特徵。歷史規律和文化規律既有不以人的意志為轉移的客觀必然性，也有打上人的實踐活動印記的主觀能動性。“如果在研究中把整個歷史中心的一個領域代替整個歷史，這個領域就將局限於歷史中我們稱為文化的那一部分，因為歷史不僅是部落和民族的歷史，而且也是知識發展的歷史，宗教、藝術、習俗等等的歷史，那麼調查研究就會處在一個比較適宜的範圍之內。”① 讀史可以明理，讀史可以勵志；讀史可

① ［英］愛得華·泰勒:《原始文化——神話、哲學、宗教、語言、藝術和習俗發展之研究》，連樹聲譯，上海文藝出版社 1992 年版，第 5 頁。

以總結經驗，讀史可以汲取教訓；讀史可以知古鑒今，讀史可以修身齊家；讀史可以增進歷史自覺，讀史可以增強文化自信。中國帝陵作為歷史遺存和文化遺跡，承載著可以觸摸到的中華民族歷史，蘊含著能夠看得見的中國傳統文化，演繹著值得解讀出的中國歷史與中華文化。換句話說，中國帝陵既是一個能夠看見歷史的地方，也是一個能夠聽見文化的去處，還是一個能夠摸見歷史與文化的場域。多角度、多維度或多方位地探討中國歷史與中華文化的相關性問題，既有助於理清中國帝陵神道建築的歷史線索，逐漸培育尊重中國歷史的人文心懷，也有利於探尋中國帝陵神道歷史的內在邏輯，逐步積累珍重中國社會的人文關懷，還有效於探究中國帝陵神道的文化脈絡，逐次養成看重中國文化與思想的人文情懷。我們認為，一磚一瓦、一草一木都是歷史與文化的見證，一舉一動、一言一行都是歷史與文化的印證，而中國帝陵、帝陵神道及帝陵神道文化、思想和哲學珍藏了中華民族的悠久歷史，傳承了中華民族的原創文化，哺育了中華民族的政治智慧，沉澱了中華民族的宗教情結，延續了中華民族的喪葬習俗，強化了中華民族的生死觀念，規範了中華民族的祭祀禮制，積累了中華民族的生態文明，展示了中華民族的建築藝術等內容或內涵。中國帝陵神道是歷史與文化同體不離關係的鐵證，因為它不僅凝聚了統治階級的政治理想，還凝結了勞動人民的精湛技藝和聰明才智，不僅體現著歷史與文化的深刻內涵，還關聯著傳統的儒家倫理道德、民族宗教信仰、社會生活方式、民族風情風貌、自然生態理念及古代建築藝術等人文意旨。一段歷史、一種文化都切實地反映了一個國家和民族緬懷歷史事實、感恩文化創造和文化創新的認識與情懷；收集歷史，保護文化，折射了時人和世人對待歷史與文化的態度。總之，中國帝陵神道與社會政治制度、經濟發展狀況、文化建設形態、宗教信仰觀念、建築藝術追求及社會生活方式、民族習慣風俗、社會歷史傳統、生態文化價值等有著根深蒂固的直接關係和千絲萬縷的間接聯繫。

研究中國帝陵神道及其文化、思想和哲學，最棘手的問題在於視角的設定和視野的開拓，因為視角的不同和視野的寬窄，可以帶來完全不同的分析習慣和研究結果。視角的設定是復數的而不是單數的，視野的開拓是動態的而不是靜態的，沒有哪個視角和視野可以一枝獨秀，因為人們在選取某一視角或局限於某一視野時，往往會強調所呈現的內容與特徵，而忽略所遮蔽的部分與要素。沒有萬能的視角和無垠的視野，並且伴隨著歷史的進程和文化的發展，視角的調整和視野的變化也是必然的，因為立足於歷史視角予以歷史分析象徵性歷史遺存時，就會過分關注它的歷時性和示範性；駐足於文化視野予以文化解讀典型性文化遺跡時，也會過多關切它的代表性和獨特性；立意於歷史視角與文化視野相結合，歷史地考察文化現象和文化地洞察歷史現象，或許能夠將中國帝陵神道的時代性與規律性、制度化與體系化結合起來，將中國帝陵神道的文化特性、思想特徵和哲學特點與歷史過程、進程和規律統一起來。馬克思在 1859 年的《〈政治經濟學批判〉序言》中指出：

"物質生活的生產方式制約著整個社會生活、政治生活和精神生活的過程。"[①] 恩格斯在《卡爾·馬克思〈政治經濟學批判〉》中評價說："下面這個原理，不僅對於經濟學，而且對於一切歷史科學（凡不是自然科學的科學都是歷史科學）都是一個具有革命意義的發現：'物質生活的生產方式制約著整個社會生活、政治生活和精神生活的過程'，在歷史上出現的一切社會關係和國家關係，一切宗教制度和法律制度，一切理論觀點，只有理解了每一個與之相應的時代的物質生活條件，並且從這些物質條件中被引伸出來的時候，才能理解。"[②] "近年來我們看到，某種歷史事實因為受到現代人興趣與利益的中介而在歷史書寫中變形這一簡單的二元模式已經開始瓦解。我們實際上擁有的不是兩個時刻——過去的真面目和現在，而是一系列復雜的中介過程，這些中介過程聯繫起了過去和現在。一個過去的文本流傳至今要經過許多層面，而其中某些層面對文本產生了至關重要的影響，以至於我們觀察過去的唯一途徑就是通過前人的視角。"[③] 儘管我們永遠無法如實地再現過去且難以全面地復原歷史，但我們可以走進歷史與文化共同構築的文史長廊，走進歷史與文化共同搭建的資源寶庫，這樣我們才能探知作為中國傳統思想文化體系之部分的帝陵神道的悠久歷史與鮮明特色，才能深知中國帝陵神道伴隨中國傳統思想文化的深奧精微而枝繁葉茂，才能獲知中國帝陵神道是構築中國傳統喪葬文化、生死文化、陵寢文化及建築文化的重要力量，才能認知中國帝陵神道與日本神道（主要是神社神道）之間復雜的影響與被影響的雙向關係。把握和分析能夠鏈結起歷史與現在的"一系列復雜的中介過程"，不能忽略一個國家和民族的歷史與文化的相關性問題。

"從一個國家和一個人的生活流程中所完成的文明過程的類似事例中可以鮮明地看出，世界不是停止不前的，而新技術、新思想、新制度、新生活準則總是不斷從舊的事物狀態中發生或發展著。但是，文明在現代得以如此迅速成長或發展，顯然是它從人類在地球上生活的最早時期起，就在或多或少地積極進行了。……歷史，它是如此之深地源於古代，它證明，技術、科學和政治制度起初是在很簡陋的狀態下發展的，後來，隨著時間的流逝，為完成它的使命，它變得更為合理，更為系統，安排或組織也更為完善了。"[④] 閱讀歷史事實，品讀歷史事件，尊重歷史規律，歷史將提供取之不盡的資源；分析文化資源，剖析文化遺跡，定位文化品格，文化將為一個國家和民族提供用之不竭的資源；品讀歷史與文化的決定與影響的關係，闡釋歷史文獻與文化遺產的承載與傳承的關係，它將向我們展現無窮的魅力和新鮮的活力，也會向我們提出嚴峻的挑戰並提供難得的機遇。機遇和挑

① 《馬克思恩格斯選集》第二卷，人民出版社 1997 年版，第 82 頁。

② 同上書，第 117 頁。

③ ［美］宇文所安：《史中有史（上）——從編輯《劍橋中國文學史》談起》，載《讀書》，生活·讀書·新知三聯書店 2008 年第 5 期，第 23—24 頁。

④ ［英］愛得華·B. 泰勒：《人類學——人及其文化研究》，連樹聲譯，廣西師範大學出版社 2004 年版，第 14 頁。

戰再一次共同降臨在國人面前，把握歷史機遇，應對文化挑戰，規避學術風險，創新體制機制，才是我們唯一正確的選擇！擴而充之，一個國家和民族只有徹底廢除官本位的等級制度、黑箱化的財政制度、權貴壟斷的企業制度、歧視性的戶籍制度、宣揚特權的境遇制度、歌頌權貴的文化制度等弊病或弊端，才能為傳統文化現代化事業提供適宜的制度環境，為現代文明國家建設注入有益的文化資源。

歷史是有故事的歲月，文化是有溫度的情懷；歷史是有邏輯的時段，文化是有幅度的心懷；歷史是分階段的過程，文化是負責任的關懷。歷史畫卷的展開與文化邏輯的演進，共同構築了中華民族生生不息的歷史長河與豐富多彩的文化長廊。歷史的慣性和文化的柔性結合起來，才能為擁有悠久歷史的國家和享用燦爛文化的民族創造光明的前景和美好的未來。龔自珍在《古史鉤沉論》中認為："滅人之國，必先去其史；隳人之枋，敗人之綱紀，必先去其史；絕人之材，湮塞人之教，必先去其史；夷人之祖宗，必先去其史。"[①]思想文化是一個國家和民族得以生存的基點和獲得發展的支點，如果想要消滅某個國家和民族，單靠剝奪其財富和權力是不夠的，最主要的是切斷其文化根脈，割斷其文化血脈，可見文化力量的固守之功和守護之用。現今時代，文化自信成為一個國家、一個民族、一個地區對自身擁有的傳統和價值及其生命力、競爭力的認同和肯定、信心和希望，因為"文化的力量，或者我們稱之為構成綜合競爭力的文化軟實力，總是'潤物細無聲'地融入經濟力量、政治力量、社會力量之中，成為經濟發展的'助推器'、政治文明的'導航燈'、社會和諧的'黏合劑'。"[②]"要化解人與自然、人與人、人與社會的各種矛盾，必須依靠文化的薰陶、教化、激勵作用，發揮先進文化的凝聚、潤滑、整合作用"[③]。中華民族自主創造和自我傳承下來的優秀的文化傳統、思想體系和哲學理論是社會的資源、國家的財富和民族的靈魂，也是我國"站起來"的根基、"富起來"的根幹和"強起來"的根本。如果不倍加珍惜和善於傳承文明成果，就會喪失社會存在的基礎要素、斷裂國家存續的支撐條件和葬送民族繼往開來的發展機遇。歷史經驗和現實狀況昭示著中華兒女，必須堅守從歷史走向未來的原則，必須堅持從延續民族文化血脈中創新發展的精神，才能實現中華民族的偉大復興。我們以陵寢建築為視域，以帝陵神道為論域，尤其是以帝陵神道文化、思想和哲學為主線，以帝陵神道與世俗文化、宗教文化、生死文化、喪葬文化、祭祀文化等文化形態、文化要素所積澱的文化特質、所凝結的文化關係和所培植的文化土壤為主軸，考究歷史與文化的內在關係與內生力量，以期借助歷史的本真找尋文化的本位，希冀通過文化的復興助力社會的發展。

---

① 龔自珍:《龔自珍全集》，上海人民出版社 1975 年版，第 22 頁。

② 習近平:《之江新語》，浙江出版聯合集團/浙江人民出版社 2013 年版，第 149 頁。

③ 同上。

第三節 歷史是一幅文化畫卷

我們運用歷史的方法審視人類社會及其文化的起源與過程，可知人類社會及其文化大都走過了蒙昧階段、野蠻階段和文明階段，表現為由簡單形態到整合狀態、由單一形態到復合狀態、由低級階段到高級階段的循序進化的發展軌跡。我們運用比較的方法研究人類社會及其文化的演進與規律，可知社會文化現象往往是由某民族在某地區創造出來，經過不斷的文化積累，經歷長期的文化傳承，實現廣泛的文化傳播，借助雙向的文化對話、切實的文化比較或多向的文化交流，逐漸形成為不同國家、地區和民族所共同享用的文化財產、彼此分享的文化資源、驚世駭俗的非物質文化遺產及其所蘊藏的歷久彌新的文化品格和文化精神。我們運用跨學科研究的方法審視人類社會及其文化的內容、性質與特色，試圖突破近代以來形成的分門別類的學科建制所造成的學科界限和專業壁壘，使科學、技術與社會統一起來，使方法交叉、理論借鑒、問題導向和文化交融等層次貫通起來，以拓展揭示歷史規律的理論視野並不斷暢通文化編碼的研究途徑。我們運用歷史與邏輯相統一的方法，檢視歷史與文化的關係與機理，可知歷史的起點應該是邏輯的基點和文化的原點，以證明歷史托起了文化的原理；也可知歷史的展開應該是邏輯的展現和文化的展示，以闡明歷史規約了文化的軌跡；更可知歷史的規律決定著文化的邏輯和邏輯的文化的有機統一，以解明歷史支配了文化的命運。

人類社會的歷史發展表現為必然性與偶然性、連續性與非連續性、貫通性與階段性、現實性與可能性、歷時性與屆時性以及波浪式前進與螺旋式上升的有機統一，文化建設與發展呈現為創造者、繼承者、應用者、傳承者、傳播者、發展者、批判者及揚棄者的共同努力，歷史過程和演變與文化建設和演進之間展現為決定與被決定、反映與被反映、認識與被認識、作用與反作用的辯證關係。“歷史不外是各個世代的依次交替。每一代都利用以前各代遺留下來的材料、資金和生產力；由於這個緣故，每一代一方面在完全改變了的條件下繼續從事先輩的活動，另一方面又通過完全改變了的活動來改變舊的條件。”① 追述歷史過程，意味著整飭和考究文化歷程；閱讀歷史事實，意味著描述和反思文化軌跡；評述歷史事件，意味著關照和把握歷史本真；探尋歷史規律，意味著挖掘和定位文化精神；翻閱歷史文獻，意味著回味和咀嚼歷史故實；評價歷史人物，意味著考量和檢視歷史態度。歷史是一幅文化畫卷——歷史從遠古走到今天，從今天走向未來，文化畫卷徐徐展

① 《馬克思恩格斯選集》第一卷，人民出版社 1977 年版，第 51 頁。

開，人類的文明足跡歷歷在目；歷史是一條文化長廊——歷史由單薄到厚實，由單純到紛繁，文化長廊琳琅滿目，人類的文化精神昭然若揭；歷史是一條時空隧道——歷史由遠及近，由短到長，文化時間愈加久遠，文化空間愈加開闊，人類的文化品格愈加醇厚。在中華民族的歷史演進中展開了一幅璀璨的文化畫卷，閱讀文化畫卷，增強了我們的歷史自豪感；在中華民族的文化演進中鋪開了浩瀚的歷史畫卷，審視歷史畫卷，增強了我們的歷史使命感；在中華民族的文化創造中鑄就了精美的文化長卷，品味文化長卷，增強了我們的歷史責任感；中國帝陵神道及其文化、思想和哲學在歷史演變過程中，構築了中國傳統思想文化體系的一道風景線，通過這道風景線我們可以窺視位居特殊社會階層的人們演繹"為人之道"的思維方式和掌控"為政之道"的行為模式。總之，中華民族的悠久歷史和燦爛文化是一壺清冽和甘甜的美酒，更是一幅壯美和迷人的畫卷；中國社會的歷史發展和文化建設是一面明亮和奪目的鏡子，更是一面輝煌和偉大的旗幟；中華民族傳統思想文化及其民族精神是集體智慧的結晶和民族復興的記憶，更是博大的氣魄和寬廣的胸懷。在中國傳統民族文化體系中，求取某一文化形態、某種文化類型和某些文化成分，總會增強中華民族大家庭每一成員的文化自覺、文化敏感和文化自信，也會敦促各地區、各民族在享受文化資源和踐行文化價值時，構築守望相助的關係，實現砥礪前行的努力，達成不忘初心的目的。

歷史是一門內含"變"與"常"的學問，如果能夠做到在"常"中權衡"變"，在"變"中求證"常"，則可謂尊重歷史、貼近歷史和回味歷史之舉；歷史是一門貫通古與今的學問，如果能夠實現以古為鑒和推古至今，或古為今用和推陳出新，或借古諷今和古今協同，則堪稱與時俱進、與世俱進和與事俱進之路；歷史與文化是相伴而生的現象、相交而行的進程和同日而語的事實，如果能夠歷史地把脈文化和文化地解讀歷史，則可以避免歷史與文化的斷層，貫通歷史與文化的路徑，還原歷史與文化的相承；歷史是一部比較古今和鑒別中外的書籍，打開"歷史之書"，可呈現一番天地；翻閱"歷史之書"，可展現一幅畫卷；品讀"歷史之書"，可滋潤一方心田；研讀"歷史之書"，可知曉一個世界；文化是一種記載社會歷史、裝載國家前途、承載民族命運的文本，一種文化形態或文化類型，總會反射出社會歷史境況；不同的文化成果，也會反映出國家和民族的景況；各種文化體系，還會反襯出國家和民族的狀況。"中國文化，表現在中國已往全部歷史過程中，除卻歷史，無從談文化。……我們應在歷史進程之全時期中，求其體段，尋其態勢，看他如何搭配組織，再看如何動進向前，庶乎對於整個文化精神有較客觀、較平允之估計與認識。"[①]"中國文化之評價各有不同，有謂為落後者，有謂為優美者，然不論其評價如何，中國人之應當瞭解中國文化，則無疑問，否則，吾族艱難奮鬥、努力創造之歷史，無由明

① 錢穆：《中國文化史導論·弁言》（修訂本），商務印書館1994年版。

瞭，而吾人之民族意識，即無由發生，民族精神即無由振起。晚近中國國勢不振，即由於文化教育之失敗所至。茲者國脈益危，不言復興則已，言復興，則非著重文化教育，振起民族精神不可。本書之作，意即在此。"① 總之，當我們確立了歷史視角、確定了文化視野，則打開了進入和深入"歷史與文化"論題的門戶，我們只能盡力靠近所設定的研究目標，而不能期望立竿見影的結果。當我們致力於把歷史視角、自然情懷、生態意識和文化視野結合起來，分析陵寢制度及神道文化、思想和哲學的關係時，旨在獲得"睜眼看世界"的前提，克服坐井觀天的狹隘主義的歷史觀；夯實"開眼看世界"的基礎，克服閉關自守的封閉主義的歷史觀；登上"放眼看世界"的平臺，克服唯我獨尊的民族主義的歷史觀。

在西方史學家和思想家看來，中國的未來是難以捉摸的，而中國的史實是毋庸質疑的；中國的歷史是悠久的，而中國的文化是奇特的；中華民族是偉大的，而中國人的國民性是獨特的。於是，他們總結出了堪比"希臘模式"的"中國模式"——在中國歷史形態和政治現象的背後挖掘文化邏輯和思維軌跡，在文化時間和思想空間的坐標上透視歷史輪廓和政治更迭。來自西方社會、有志於中國社會的歷史與文化研究者界定中國模式、直言中國認識和評說中國形象，對於我們破解中國的歷史規律和文化模式不無裨益。"如果我們對中國史做一番回顧，從 1911 年清政權傾覆開始，對以前的歷史過程做一審視，那麼我們就會發現一種非常明顯的結構。中國歷史具有漫長的跨度，它表現為一個大一統國家的理想不斷變為現實，中間又不時被一些分裂和混亂的局面所打斷。這兩種局面在時間長度上有很大差別，所以二者更替的節奏是沒有任何定規的週期性循環。從清政權回溯到明朝和元朝，連續統一的局面之間出現的分裂狀態相對短暫。元朝以前的分裂持續了大約 150 年。再往前統一的宋王朝持續了 167 年。宋朝之前有半個世紀的分裂狀態。統一的唐政權加上前面的隋王朝，超過三個世紀。此前的分裂和混亂局面卻有四個多世紀（往上推算，經西晉的瓦解至後漢的滅亡為止）。這之前，統一的漢朝外加秦朝大約有 400 年，中間被兩次劇烈短暫的動亂（公元 9—25 年和公元前 207—前 202 年）打斷。……但在公元前 221 年政治統一之前，中國早已實現了文化統一。在這方面，中國最偉大、最富有創造性的思想文化運動發生在兵連禍結的春秋戰國時代，即完成政治統一之前。……中國早期史的這種可靠的構成，包括政治分裂與思想文化成就的共時性，與早期希臘史的結構雷同，完全不同於接踵而來的中國歷史形態，其思想僵化和政治統一的輪廓不斷被非正常與暫時的分裂動亂所打斷。"②

我們以"現象和模式的推移關係""製造和創造的轉化關係"及"元素和因素的轉型

① 參見王德華編著《中國文化史畧·敘例》，正中書局 1936 年版。

② ［英］阿諾德·湯恩比：《歷史研究》，劉北成等譯，上海人民出版社 2000 年版，第 37 頁。

關係”，可以力證歷史與文化、文化與文明的相關性關係和復雜性局面。根據學界和政界的共識，“中國現象”是展示給時人或世人看和思的東西，而“中國模式”則是需要他人或世界學和用的東西。在中國社會的歷史發展和中華民族的精神創造過程中，紛繁的社會現象尤其是龐雜的文化現象，歷史地積澱為可資借鑒的範例和值得推介的模型，扎實地鑄就了無與倫比的底蘊和積厚流光的精神，顯示了中國社會所蘊藏的深厚的潛力、巨大的實力和超凡的勢力，顯示了中華民族所具有的無可比擬的智慧和與眾不同的才能，展示了中國傳統文化所承載的精益求精的品格和相容並蓄的追求。依據國人的認識和外人的認知，我們在一段歷史時期曾經沾沾自喜於“中國製造”，因為“中國元素”走出國門，走向世界，不僅養育了背井離鄉的中華兒女，使他們時時刻刻地牽掛著祖國的經濟建設和關心著祖國的社會發展，還撫育了與臨為善的各國人民，使他們扎扎實實地受益於降低能源消耗、雇傭廉價勞動力、購買低廉的生活用品等促進經濟社會發展的有利條件，而現在我們已在一定意義上津津樂道於“中國創造”，因為“中國因素”改變了中國人只能輸出產品和服務的歷史，迎來了中國人能夠創造技術、創新管理、擁有產權、確立品牌、樹立形象的時代。由此，我們可以進一步探討文化現象與文化模式的推移關係、文化製造與文化創造的轉化關係，旨在詮釋創造文化的民族與應用文化的民族在文化政策上的差別、在文化策略上的差異及其在促進經濟建設和影響社會發展上的反映與表現。總之，“從現象到模式”的推移，“從製造到創造”的轉變，“從元素到因素”的轉型，屬於文明的進步、文化的轉型、觀念的更新和功能的強化，它源於市場經濟的騰飛、民主政治的透明和社會管理的創新。

我們認為創造文化的民族在創造文化的過程中顯示了首創精神和創造能力，而在應用文化時卻顯得瞻前顧後而力不從心，或常因三思而行而錯過最佳時機或錯失最好機遇，往往表現為強於創造、不善應用的特點，或展現為善於創造、弱於應用的特點，或體現為敢於創造、不屑應用的特點；應用文化的民族在應用文化的過程中展示出實用精神和應變能力，而在創造文化時卻顯得生不逢時，或總抱怨時運不濟而無法施展抱負、無緣大展宏圖，大都表現出重於應用、輕於創造的特點，或展現出志於應用、疏於創造的特點，或體現出精於應用、粗於創造的特點。創造文化的民族在創造文化時精益求精，善始善終，善做善成，但因耗費了大量的時間和精力或人力物力財力，一旦形成了原創文化，則容易產生舍我其誰的意識、夜郎自大的心理、坐井觀天的認識及志得意滿的心態；應用文化的民族在應用文化時採取實用主義立場、拿來主義觀點和功利主義方法，一旦盯住了某種文化形態，一經研判其具有先進性或實效性，則易於產生機不可失的心理和失不再來的心態，生怕機會稍縱即逝，害怕資源無端浪費，懼怕自身發展落伍時代。創造文化的民族因創造文化而背負沉重的傳統負累，往往容易患得患失；應用文化的民族因應用文化而形成靈活的應變策略，總是能夠學以致用。創造文化的民族在對待民族關係或文化關係時，善於以區分為先進文化與落後文化、高級文化與低級文化的華夷秩序思想來研判事物和現象，並逐步形成非對即錯的思維方式；應用文化的民族在看待民族關係或文化關係時，總是以區分為輸出文化和輸入文化、本土文化與異域文化的文化傳播思想來研判事物和現象，並逐漸形成非贏即輸的思維模式。創造文化的民族往往認為創造文化屬於開天闢地之事，文化創造屬於舉世矚目之業，創造文化和文化創造屬於萬邦效法之策；應用文化的民族常常以為應用文化屬於改革開放之事，文化應用屬於實事求是之業，應用文化和文化應用屬於搶抓機遇、搶佔市場之策。創造文化的民族因在歷史的長河中建功立業而在文化的延長線上樹碑立傳，應用文化的民族因在歷史的演進中相機而動而在文化的軌跡上事半功倍。創造文化的民族相信歷史的規律和文化的慣性，往往主張任何事物和現象只要順其自然就能水到渠成，只要順水推舟就能功成名就；應用文化的民族捕捉歷史的軌跡和文化的變數，往往主張任何事物和現象如果坐失良機就是自取滅亡，如果左顧右盼就是自掘墳墓。創造文化的民族在風險面前往往糾纏於“可與不可”“行與不行”“能與不能”的對比關係，應用文化的民族在機會面前往往糾結於“如何作為”“有何作為”“作為如何”的評價體系。我們以中國帝陵神道所蘊含的文化、思想和哲學與日本神社神道所孕育的文化、思想和哲學為例，可以循證創造文化的民族與應用文化的民族如何處理和解決創造文化與應用文化、文化創造和文化應用的比對關係，由此進一步說明有著歷史淵源和文化源流關係的中華民族與大和民族在處理和解決政治制度、經濟形態、文化類型、歷史過程、民族交融、宗教信仰等事物、現象及問題時所表現出來的迥異的想法和做法。

根據我國關於文明的政策設定和制度設計，它可以劃分為社會文明、物質文明、政治文明、精神文明和生態文明，即中華民族所創造的社會財富、物質財富、政治財富、精神財富和生態財富積澱為豐厚的文明土壤，呈現出清晰的文明歷程，彙集為統一的文明成果，凝結為光照世界的文明精神。界定文明的優劣和界說文化的良莠，檢視著社會的良心和研究的道德。我們認為文明的程度可以視為社會進步與社會發展的尺規，文明的進度可以看作經濟建設與社會變遷的縮影，但文化的水準與經濟社會發展不具有對應關係，文化的類型往往與民族、歷史、地域、生態、宗教、風俗、道德、藝術等密切相關。與把握文明與文化之關係中的文明相比，我們傾向於詮釋文化與文明之關係中的文化。依據我們的論題和主旨，在歷史與文化的關係層面上，文化可以分類為實物形態和觀念形態，它是記述歷史的工具、反映歷史的方式、還原歷史的通道、反觀歷史的條件、研習歷史的符號和定位歷史的準繩，如果能夠做到在“實態”中提煉“觀念”，在“觀念”中反映“實態”，在挖掘文化潛力中鞏固文化實力，在展示文化實力中充實文化潛力，在進行文化地閱讀歷史時發揮文化鏡鑒歷史的功能，在追求歷史地積澱文化時體現文化閱讀的力量，那麼就可以把握文化與歷史本來的一體兩面的契合關係。縱向地、歷史地對待文化現象、軌跡與脈絡，文化地看待歷史過程、事件與規律，是我們珍重歷史與文化之內在關係的價值追求；橫向地、屆時地比較文化事實、形態與類型，歷史地比對文化過程、理念與精神，是我們珍惜歷史與文化之相關關係的價值取向。

第四節　文化是一份歷史責任

眷顧歷史，才能有效地認清文化線索與合理地驗證文化定位；關切文化，才能切實地研判歷史過程與真正地擔當歷史責任。不可更改的歷史事件及其規律，奠基和規約了值得回味的文化內容與漸趨明確的文化方向；逐步定型的文化品牌與文化品位，反映和回應了清晰可見的歷史分期與不斷增強的歷史訴求。一段歷史或一部歷史，豐實著傳統文化土壤及其養分，積澱著民族文化的類型及其特質；一種文化或一類文化，檢視著中華歷史的關係及其邏輯，回味著中國歷史的現象及其規律。民族傳統文化應該是一種負責任的歷史傳承，民族文化精神必須是一種高度凝練的歷史素材。一個歷史時代，需要一種深刻揭示歷史規律的時代精神；一個主體民族，需要一種契合歷史變遷的民族精神。一個社會、組織、部門、社區、群體或個人，只有找准歷史視角並擴大文化視野，才能在社會生活共同體和思想文化有機體中充分地享用歷史責任和文化精神相互融合、彼此支撐的優質資源與有利條件。總之，歷史順則國人順，歷史昌則國勢昌；文化興則國運興，文化強則國力強。

文化是一種不必刻意傳授或特意教授的精神財富，它是可以通過耳濡目染或潛移默化的方式所獲得的性格特徵和精神氣質。文化既是民族、部落或社區的主要標示，也是一個國家、民族或地區的歷史名片。文化既是歷史過程的記述，也是歷史規律的反映；文化既是歷史進步的成果，也是歷史發展的見證；民族文化既是記載歷史軌跡的一座文化豐碑，也是寄存歷史遺跡的藝術殿堂；民族宗教文化既是承載宗教感情和協調宗教關係的一種社會歷史現象，也是反映統治階級的宗教政策和人民群眾的宗教認同的一種重要文化形態。民族文化是一個民族在歷史長河中長期積澱、漸次發展、逐步完善的生活方式和價值理念，民族宗教文化是一個民族在歷史軌道上逐漸積累、不斷延伸、持續存在的信仰方式和崇敬心理。傳統文化是世代承繼下來的整體反映民族特質和歷史風貌的民族文化，是民族歷史上各種思想文化、觀念形態、精神狀態的總體表徵，民族歷史的發展歷程和階段特徵使我們能夠更好地瞭解和理解自己的民族文化，切實地享受和享用內在的民族精神。關於社會形態與文化形態的關係，“恩格斯曾經指出，古代奴隸社會創造出後代社會的一切經濟的萌芽形態，同時古代的人類在大的方面也發現了後代社會的一切思想的萌芽因素”①。關於生產力與生產關係的關係，“隨著農業人口的膨脹，黃河流域和長江流域的村落和城鎮興盛起來。最初，這些定居點各自處理自己的事務，組成地區性國家，維持本地區的秩序。但是到了公元前3千紀，更大的地區性國家開始出現了。其中最重要的是夏、商、周這三個王朝，它們掌控大半個中國，為中國社會的形成奠定了政治基礎”②。關於中國早期文字和文化發展的關係，形成了中國人的思維類型與文化脈絡，限定了中國人國民性的內容與特色。“宗教組織在古代中國並沒有像在其他早期社會那樣佔有重要地位。中國早期的神話和傳說解釋了世界、人類、農業和各種技藝的起源。但是中國的思想家們認為沒有必要把這些思想組織成系統的宗教傳統。他們經常談到一種超人的力量——‘天’，即負責統治者權力的賦予和收回的力量——但是，他們並不信仰一位干預人類事務，尤其對人類行為感興趣的具有人性特徵的最高神。古代中國也沒有像美索不達米亞、埃及和印度那樣供養一個龐大的、作為人與神之間媒介的祭司階層。在王宮，有少數祭司履行宗教儀式祭祀王室祖先，但是對大多數家庭來說，由家長主持對祖先靈魂的祭奠。在這種情況下，文字在古代中國成為一個獨特的世俗文化的基礎。在夏代，中國的書吏可能使用文字符號作簡單的記錄，但是，現有證據表明，文字在商代才得到廣泛應用。就像在其他地區一樣，在東亞，文字很快也成為政府不可或缺的統治工具，同時也成為表達思想和反思人類及其生存的世界的手段。”③ 中國古代社會的哲學家或思想家們能夠發現後代社會各種思想的萌芽形態或不同文化的可能狀態，現代社會的享受者或研究者們更應該續寫“文化是一種歷史責任”的大文章。

中國古代社會的政治、經濟、文化、宗教、藝術的萌芽狀態如何？它為中國社會的後續發展和中國文化的未來狀態儲備了哪些基礎要素和影響因素？針對這些問題，我們在政治和經濟上必須樹立“尋跡觀念”，在思想和文化上必須確立“尋根意識”，在歷史與文化的關係上必須建立“相關意識”。“我國古代是在基本保留氏族結構的情況下進入階級社會的，因而它在政治架構上還保留著氏族社會的許多特點。在國家體制上，夏、商時代基本上還是方國、部落聯盟的國家；在政權構造上，它們實行的基本上是氏族封建。西周以後，‘封建親戚，以藩屏周’，周人在新開闢的地區建立有血緣關係的二級子國並把這種分封制度作為國家的基本制度，標誌著周人已經進入宗法封建的時期。氏族封建時期的文化特色是巫術神權文化，‘殷人尊神，率民以事神，先鬼而後禮’，鬼神在人們的心目中有絕對的權威，文化、藝術都充滿著溝通人神的神話或巫術的意義。宗法封建時期的文化特

① 侯外廬等：《中國思想通史》第一卷，人民出版社1957年版，第44頁。

② ［美］傑裏·本特利、赫伯特·齊格勒：《新全球史——文明的傳承與交流》（第三版）上，魏鳳蓮等譯，北京大學出版社2007年版，第116頁。

③ 同上書，第131—132頁。

色是禮樂文化，禮樂文化承認‘天命’但由強調執政者用‘明德’‘保民’去維持‘天命’，強調道德的內涵和禮樂的規範、潛移默化作用，這實際上是中國理性文化思想的開始。它的出現，標誌著中國文化進入一個新的時期。”①

我們以中國帝陵神道及其文化、思想和哲學為例，可以證明中國古代社會的復雜性和中國傳統文化的多樣性。中國帝陵神道作為中國傳統思想文化體系的文化多樣性的例證，對其進行文化保護和文化監督已刻不容緩，即明確其文化身份至關重要，進行其思想解碼十分必要，開展其哲學界定著實切要。世界範圍內不同國家和民族在歷史演進中創造了自成體系的思想文化形態，或在歷史進程中經營著自己獨特的思想文化類型，而中國帝陵神道就是中華民族精心創造的具有中國特色的文化形態、苦心孤詣的具有世界意味的思想類型和哲學體系。民族文化是民族身份的重要標識，中國帝陵神道文化、思想和哲學是中華民族的文化遺產。從不同民族傳統節日和歷史文化遺產中，人們可以深切地領悟到世界文化的多種多樣；從以中國帝陵神道文化、思想和哲學為媒介和載體的民族節日和歷史遺產裏，我們能夠真切地認識到中華文化的多姿多彩。民族節日深藏著人們生活中的人情世故、風俗習慣、宗教信仰和道德情操等文化因素，而基於中國帝陵神道文化、思想和哲學的傳統民族節日的慶祝活動，則是中華民族精神的一種演示，也是中華民族情愫的一份表達。歷史文化遺產體現了民族進步的歷史過程和民族發展的文化創造，它是一個國家和民族歷史文化成就的主要特徵，而依法保護和合法監督包括中國帝陵神道在內的文化遺產，才能使其所具有的歷史、藝術和科學價值不至於破損、遺失、散失或絕滅，才能使其所內含的與社會生活密切相關、世代相承的傳統文化表現形式不至於失傳、變形、扭曲或絕跡。它們是中華民族共同擁有和世代享用的一種特殊文化財富，是中華民族客觀評價歷史和全力助推歷史的一個史實證據；它們是中華民族貢獻給整個世界的具有象徵意義的民族文化符號，是中華民族展示給其他民族的具有示範價值的民族文化邏輯。“文化是人類適應和延續的關鍵方面，文化是傳統與風俗，它形塑和指導接觸它的人們的信仰和行為，並通過學習來傳播。文化力量持續模塑人類的生物性和行為。”② 文化不是孤立的，也不是孤獨的，因為文化作為一種內生力量，如同營養、冷暖一樣，為人類各種各樣的活動提供機會，為人與自然、人與人、人與社會的互動提供條件。聯合國教科文組織的《世界文化多樣性宣言》及《行動計畫》(2011 年)，確立了世界文化多樣性促進對話和發展日（5 月 21 日），形成了文化多樣性和文化包容性的國際共識，支持了不同國家和民族日常生活形態的多樣性和通融性，以此消除了文化兩極分化和先入為主的文化成見，提升了來自不同文化背景的國家和族群的相互瞭解與彼此合作。聯合國教科文組織的《保

---

① 參見王冠英主編《中國文化通史・先秦卷》(緒言)，中共中央黨校出版社 2007 年版，第 2 頁。

② ［美］康德拉・菲利普・科塔克：《人類學——人類多樣性的探索》，黃劍波等譯，中國人民大學出版社 2016 年版，第 4 頁。

護和促進文化表現形式多樣性公約》（2005 年）指出文化多樣性乃各群體和社會藉以表現其文化的多種不同形式，這些表現形式在它們內部及其間傳承；文化多樣性既體現在人類文化遺產通過豐富多彩的文化表現形式來表達、弘揚和傳承的多種方式，也體現在借助各種方式和技術進行的藝術創造、生產、傳播、銷售和消費的多種樣式。總之，文化多樣性既是人類社會發展歷程的伴生物，也是人類社會文明進程的催化劑。尊重文化多樣性，既是珍存本民族傳統文化的內在要求，又是珍視世界思想文化體系的必然訴求；尊重文化多樣性，既要强調保持各民族文化差異和文化平等的權利，又要倡議維護文化互動交流、自由創造的權利；尊重文化多樣性，既要不斷優化各國優秀文化在中華大地上的合理傳播和有效傳承的體制機制，以實現本土化、本族化地吸收世界優質文化成果，又要更加主動地推動中華文化走向世界之林，走上國際舞臺，以增強中華文化的國際知名度和號召力；尊重文化多樣性，既要珍惜自己民族的本土文化，培育好、發展好民族傳統文化，又要重視不同國家的民族傳統文化，遵循各民族傳統文化一律平等的原則；尊重文化多樣性，既要加強文化對話、文化比較和文化交流，又要承認文化差異，理解文化個性，看重文化特性，挖掘文化靈魂，共同促進世界文化的全面發展和整體繁榮。

總之，承擔起歷史責任，才能擔當好歷史角色；樹立好民族形象，才能維護好民族尊嚴；傳承好思想文化，才能延續好中華精神。文化從故鄉到異鄉、從故土到異地，演示著歷史的流變，演繹著歷史的邏輯。根植於中華歷史的新時代，根源於傳統文化的現時代，必將踏上鋭意進取的新征程，必定續寫美好生活的新篇章。

第五節　文化是一張歷史面孔

如何彙聚文明或文化的條件，如何分類文明或文化的類型，如何培育文明或文化的土壤，如何把握文明或文化的進程，如何看待文明或文化的缺失，如何對待文明或文化的差異，如何張揚文明或文化的價值等問題，自古至今始終困擾著創造文明或文化、維護文明或文化和發展文明或文化的有志之士，但古今中外一直存在著詆毀文明或文化、阻礙文明或文化和消除文明或文化的民族敗類。結合歷史上和現實中的文明觀或文化觀，或許能夠使我們在文明的建立基礎和文化的發展契機上，獲得一些警示和啟迪："文明是增進文化創造的社會秩序。它包含了四大因素：經濟的供應，政治的組織，倫理的傳統，以及知識與藝術的追求。當動亂告一終結時，即是文明的起點。因為一當恐懼被克服，好奇心與建設不受拘束，人們自然便會產生進一步瞭解並改善生活的衝動。”①

確立文化制度、完善文化體制和活用文化機制，受制於自然地理環境的改觀、社會歷史條件的改善和民族素質狀況的改變。“無論在任何時代、任何社會，歷史研究都同其他社會活動一樣，受到在特定的時間和地點佔據主導地位的思想傾向的控制。我們這個時代的西方世界一直生活在兩種制度的統治之下：一種是工業化經濟體制，另一種是我們稱之為‘民主’的、幾乎同樣復雜的政治體制。民主這個簡潔的字眼是指在一個主權獨立的民族國家當中負有責任的代議制政府。這兩種制度，一種經濟制度，一種政治制度，於上個世紀的末葉，在西方世界取得了至高無上的地位。其原因在於它們為那個時代所面臨的一些主要的難題提供了暫時的解決方案。它們的登堂入室標誌著尋找自救出路的那個時代的終結。它們能夠倖存到現在則證明我們的前人所具有的創造力。”② 歷史思想的相對性，歷史規律的客觀性，歷史課題的艱巨性，成為我們確立歷史視角、文明意識和文化視野的制約因素。文明使人擺脫蒙昧和野蠻，使社會步入文明和理性時代；文化使人擺脫愚昧和無知，使社會進入民主和法治時代。追溯歷史，閱讀歷史，品味歷史，尊重歷史，使歷史鮮活和生動起來。立足歷史座標，優化歷史環境，回味傳統文化，推展民族文化，能夠使文化卓越和光鮮起來。確立歷史立場，樹立文明理念，拓展文化領域，能夠使歷史與文化鏈結和貫通起來。歷史使命感、文明緊迫感和文化危機感交織在一起，使中華民族的偉大復興事業任重而道遠，故而我們必須為中華之崛起而上下求索，必須為中華民族的偉大復興而矢志不渝。

20世紀90年代初期以來，人們在評價世界各地區、各民族之間日益緊密的相互關係時，越來越多地求助於“全球化”、求解於“信息化”、求同於“一體化”、求索於“多元化”，尤其是越來越廣地普及著“以全球史觀透視歷史”的方法，這是因為在政治多極化、經濟一體化、文化多元化和思維多樣化的背景和趨勢下，人們在充分享用巨大的社會財富、深入開展廣泛的文化交流、不斷挖掘悠久的文化傳統的同時，也在面臨著相伴而生的諸如環境污染、氣候變暖、文化衝突、道德衰落、政治糾紛、民族仇殺及大規模殺傷性武器的出現等問題所帶來的潛在威脅和嚴峻挑戰。氣候變化引發了世人和國人牢固環境意識、堅固綠色理念和更新生態觀念的緊迫性，在世界範圍內和中國語境下，修正“環境孤島”的認識偏差和矯正“生態粗放”的行為失當迫在眉睫，建立針對環境改善和生態完善的信用制度時不我待，這是整個世界、各個國家和不同民族贏得政治信任、社會信用和民族信心的必然選擇。“因為全球的互動深刻地影響到所有人的命運，僅僅從西歐、從美國、日本或者其他某個社會出發，是不可能理解當代世界的。同樣，僅僅從某個社會的歷

① ［美］威爾·杜蘭：《世界文明史·東方的遺產》，幼獅文化公司譯，東方出版社1998年版，第3頁。

② ［英］阿諾德·湯恩比：《歷史研究》，劉北成等譯，上海人民出版社2000年版，第3頁。

史經驗出發也是不可能理解世界歷史的。以全球史觀透視歷史，要求尊重世界上所有民族——而不是一個或幾個民族——的歷史經驗，考察每一個民族為人類所做的貢獻。全球史觀要求超越對某個社會的研究，而考察更廣大的地區，考察各大洲的、各半球的，乃至全世界的背景。全球史觀還要考察那些對不同社會中人們之間交流有促進作用的網絡和結構。最後，全球史觀要求關注各地區、各民族和社會之間互動交流所帶來的長期影響和結果。以全球史觀來研究世界歷史，旨在尋找一種理解過去歷史的方法，為當代世界提供一個意義深遠的背景。"① "以全球史觀透視歷史"的方法漸成時尚的同時，"以亞洲史觀透視歷史"的方法亦在悄然興起並逐漸得到政界、學界或民眾的廣泛認可——為了從各個地區和不同民族的歷史經驗和現實教訓出發，尋找理解和把握亞洲尤其是東亞的歷史過程、社會網絡、交流關係、影響結果和長遠意義等諸多問題，我們需要特別對中日兩國的"傳統和交流"予以文化閱讀和文化鏡鑒，不斷培養和鍛煉中華民族在與不同地方、不同區域、不同國家、不同民族打交道時的建設性舉措與實效性能力。

柏楊先生在監獄裏"埋頭整理中國歷史"，寫成了《中國人史綱》，其自序為："我們的國家只有一個，那就是中國。我們以當一個中國人為榮，不以當一個王朝人為榮。當中國強大如漢王朝、唐王朝、清王朝時，我們固以當一個王朝人為榮。當中國衰弱如南北朝、五代、宋王朝、明王朝以及清王朝末年時，我們仍以當一個中國人為榮。中國——我們的母親，是我們的惟一的立足點。所有的王朝只是中國的王朝，所有的國，都是中國的另一種稱謂。"② 一個有良心和良知的中華民族的子孫後代，不管身處何地或處境如何，也不管位居何處或身份高低，都應該有血濃於水的民族骨氣，有舍我其誰的英雄氣概，有關涉歷史的社會責任，有生死存亡的時代憂患。他詮釋了中華民族歷史發展與文化建設的燦爛輝煌和曲折歷程，歷數了試圖游離於中華民族偉大復興事業的各種企圖和不良行徑。作為世界上經濟體量不斷增大、社會發展前景與生態文化資源持續向好的發展中國家，中國既加入了世界範圍內環境治理和生態保護體系，也發出了適合本土、契合本地、符合本族利益和訴求的聲音，我們有理由相信並堅信中華民族能夠早日實現"綠色經濟、生態安全、環境優美、人居和諧"的戰略目標。

在歷史研究和文化考察的過程中，出現了風格迥異的學說和學派，各抒己見的專家和學者，不計其數的著作和文章，以及見仁見智的觀點和思想，如"全盤西化論""傳統復興論""啟蒙思潮說"和"全球史觀"等，不管是"民族自豪感"的驅使，還是"歷史與文化相結合意識"的促動，不論是尋求歷史自覺意識，還是確立文化主體理念，思想家們關於"歷史與文化""傳統與現代""繼承與發展""傳承與創新"等關係的思想結晶

① ［美］傑裏·本特利、赫伯特·齊格勒：《新全球史——文明的傳承與交流》（第三版）上，魏鳳蓮等譯，北京大學出版社 2007 年版，（前言）第 9—10 頁。

② 柏楊：《中國人史綱》上，同心出版社 2007 年版，（出版人語）第 5 頁。

都是耐人尋味的精神財富。我們值得在理性和邏輯上甄別諸種學說的優劣或是非，更需要在實踐和應用上見證各種論說的功能或價值。“目前在世界上有並行、對流的兩大文化思潮，一是‘全球意識’，一是‘尋根意識’。一方面現代化是世界思潮，現代文化基本是國際性的；另一方面每一個民族的獨立發展又必須尋找自己民族文化的根基，這就構成了本世紀文化發展在對立兩極中必要的張力。”① 我們結合歷史視角和文化視野，審視中國帝陵神道及其文化、思想和哲學等內涵與實質，關切中國特殊社會階層如何傳承中華民族的傳統文化，如何處理中華大地上的人與自然或人與生態的關係，如何解決中華視域裏的宗教與自然或宗教與生態的關係等，同時立足於“歷史與文化”“傳統與現代”“繼承與發展”“傳承與創新”等重大關係，張揚歷史自豪感，探求文化復興之路，找尋社會管理體制機制創新的歷史脈絡與文化路徑。

① 蕭萐父：《活水源頭何處尋？——關於傳統文化與現代化之間歷史接合點問題的思考》，《武漢大學學報》（社會科學版）1989 年第 1 期。

第八章　中外神道諸說

第一節　神道用例

在整理神道文獻的漫長時段中，我們深切地領悟到了中國傳統思想文化體系的完整性與邏輯性，真切地認識到了神道文化、思想和哲學的構成作用和驗證功能，如其用詞的準確、用語的正確、用量的適當、用處的適宜、用例的精心及用意的精確等，語言的洗練、語句的精煉、寓意的深遠、意境的高遠及載體的多樣、文體的多元等情形，無不閃爍著中華民族的智慧之光，無不佐證著中國傳統思想文化的精美之色。我們還查詢到中國人關於日本、印度、美國及歐洲部分國家的神道觀，這是我們全解中國神道文化、思想和哲學研究的重要資源。比如“吾前有記者，再一記神物圖為道家，一記四靈拱雉為儒家，是記華嚴法界圖為佛家，三教為之一備。……皇道無為，帝道無心，王道無私，聖道無欲，神道無形，至道無事。心猿蛟龍，抱之意馬，虎豹捧之”①，論及道家、儒家和佛家的著述、思想及關係，言及神道與皇道、帝道、王道、聖道、至道等概念、內涵及旨意。再如“問於夢澤子，夢澤子曰：天道忌彰，神道忌明，人道忌露，物道忌華，乘而除之，其道彌光。故實者或侈其衷矣，浮者或慦其慧矣，仡者或遭其履矣，劣者或淫其祉矣，闇者或相其行矣，覺者或違其覩矣。此六者數之為也，乘除之道也。故天道貴微，神道貴妙，人道貴襲，物道貴質。存也闔其門，發也諱其端，運也藏其輪，竟也化其積。夫天神人物之道畢於數矣，知而違之有不值其忌者乎？”② 涉及天道、神道、人道和物道的“禁忌”與“屏除”等含義，實者、浮者、仡者、劣者、闇者、覺者的“所為”與“應為”等行為，

① （明）孫慎行：《玄晏齋集》玄晏齋文抄卷三。
② （明）王廷陳：《夢澤集》卷十二。

天道、神道、人道和物道之分別“貴微”“貴妙”“貴襲”“貴質”等品質，以及相應的“存與闔”“發與諱”“運與藏”“竟與化”等關係。

第一，我國古典文獻基本沒有標點或不予句讀，閱讀起來不方便，理解起來更困難，甚至會產生諸多文化歧義，乃至引發眾多思想紛爭。中國古代社會的文獻資料和歷史典籍或以口傳、口授的方式得以流播，或以輯錄、抄寫的方式得以傳播，或以雕刻、碑刻的方式得以傳承，或以碑拓、石刻的方式得以留存。我們按照現代人的閱讀方式和理解習慣，嘗試性地加上標點，予以句讀，劃定類別，圈定意指，以使其出處與含義、分類與歸類、境遇與境界、原初與演繹及所指與能指等一目了然。“神道”用例出現在各種文獻類型裏，如刻寫、印刷、出版等文獻載體，或編纂、注疏、傳記等文獻形式。嵌入了不同思想文化領域，如歷史學、文獻學、宗教學、民俗學、哲學、文學、醫學、建築學等。蘊含了特殊指向或特定意向，如後人抄錄前人的原文，顯示以古為師的治學心態；或同仁校正古人的原意，以印證自己的神道認識；或後人注疏前人的用法，以豐富神道的內涵與拓展神道的外延；或今人解讀先人的說法，以確證自己的神道思想；或同時代的人相互爭論神道概念，彼此辨析神道本質，以確認自己的神道立場等。呈現的情形或狀況如下：其一，抄寫前人用法時，可能產生誤讀現象。如“接神道氣”“入神道氣”的“道”乃“導”之誤，初義為疏導或引導、疏通或暢通等，這究竟是筆誤，還是“刻誤”或“纂誤”？此“神”與“道”相連，並無“神道”之義。其二，引用古人說法時，可能出現誤用現象。如“精神道德”“怡神道德”“入神道理”等說法，原本指陳內心或心理的狀況、精神或情緒的狀態等。此“神”與“道”相接，亦無“神道”之要。其三，比對時人提法時，可能形成誤解現象。如“神明”“神人”“神氣”“神通”等概念，皆理解或轉義為“神道”，模糊了神道的內涵且放大了神道的外延。其四，批駁前人做法時，也會造成“誤殺”現象。如“人神道隔”“人神道同”“人神道懸”“人神道異”“人神道暢”“人神道通”等說法，實質是闡釋人神、聖神、天神等關係。此“神”與“道”相繼，仍無“神道”之旨。其五，設置宗教場所時，也可能帶來誤導現象。如“通神道院”“龍神道人”等，前者指一種場景或場域、宮觀或道場、設施或建築，旨在道教之傳和道觀之興，實乃專門為超能或異能者、預言吉凶者、得道救世者或修悟真道者而修建，此指道士蓑衣真人或蓑衣真道人（俗家名何中立）；後者指道人或道士、真人或道長，且他們作為出家人，或雲遊天下，或設壇講法，或妖言惑眾，如“里中有巫，稱曰‘龍神道人’，談禍福如響，家趨戶迎，官不能禁。”① 此“神”與“道”相並，但非“神道”用例。這些想法、用法或做法無疑增加了我們在整理資料、說明含義、劃分類型、界定內涵、挖掘實質等方面的工作難度。不過，這正是學術研究的旨意和旨趣所在。

① （明）朱國禎：《湧幢小品》卷九。

第二，當“神道”一詞出於同一説者或作者（著者、撰者、編者、注者、刻者、拓者、賜者等）的同一文獻且内容一致、用法一樣時，不論重復出現多少次，僅選其一，不再增加“神道”出典的數量；當出於同一説者或作者的同一文獻但内容不一、用法不同時，即使個別字或詞屬於誤記、誤抄、誤傳、誤刻者，也予以列出，歸為“神道”用例；當出於不同説者或作者的不同文獻但内容一致、用法不變時，即使歷史時代或所屬派別不同，亦單列出來，視為“神道”用例；當後人抄寫前人的著述或轉引他人的觀點時，因受制於印刷、雕刻、謄寫等技術條件，或出於個人喜好、偏好或愛好等興趣因素，往往對一些經典論述或習慣用法，著意保留或刻意增删，以致於出現了意思不盡相同或含義大相徑庭等情形，看成“神道”用例；因年代久遠，出現了一誤再誤、以訛傳訛等情形，但只要符合“神道”要件，亦劃歸“神道”用例。例如，《子夏易傳》共收錄“神道”五條，其中“卷二”三條，有二條重復，選擇其一，故此書“神道”用例則為四條。又如《太平經》共收錄“神道”三十六條，其中“卷九十二”九條，有四條重復，選擇其一。更有甚者，古人因不使用標點，“神”與“道”連用，今人以為的“神道”用例，其實不然，我們在閲讀和使用時應將“神”與“道”分開，如《道德經》的用例就多有此種情形。我們依託“中國基本古籍庫”查詢“神道”用例，儘量做到周全，但當“神”與“道”分别屬於某頁、某行的最後一字和最先一字時，就會出現遺漏或脱漏等情況，這就需要花費時間查缺補漏予以補充或補足。歷史學家和思想家詮釋“神道碑”“神道表”“神道碣”“神道銘”等詞條時，往往採取省略或簡略的方式予以處理，致使“神道”用例未列入“中國基本古籍庫”之中，如清張玉書《佩文韻府》（卷九十八）之“神道碣”條，曾有白居易的《青石樂府》：“不願作人家墓前神道碣，墳土未乾名已滅。”故“資料庫”“文獻庫”“知識庫”“古籍庫”等資料平臺建設尚需完善，學術平臺建設尚待時日。從中我們既深刻感受到中國傳統思想文化的深厚底藴和深刻内涵，又深切體悟出中華民族在延續傳統文化和豐實文化傳統時的艱難歷程和艱苦歲月。

第三，“神之道”用語大量存在，但無法列為“神道”用例。這是文言、文獻的魅力，古文、古語的定力，古人、古典的活力。如清趙翼撰《陔餘叢考》在彙集和解説“墓祭”時，認為“墓祭：古無墓祭，先儒備言之。其最明切者，晉博士傅純曰：聖人制禮，以事緣情。制冢槨以藏形，而事之以凶；立廟祧以安神，而奉之以吉。送形而往，迎精而反。此墓廟之大分，形神之異制也。至於室廟寢祊，所以廣求神之道，而獨不祭於墓，明非神之所處也。”① 這是基於先儒因崇禮而制禮、因尊禮而行禮之説，而認為在墓祭時必須明瞭“墓廟”之分和“形神”之異，做到“廣求神之道”，才能達成逢凶化吉的願望，實現明理崇道的目的。如北宋晁迥《法藏碎金録》在闡釋“道”和“術”關係時，

① （清）趙翼：《陔餘叢考》卷三十二。

主張："世間之法大妙者，謂之數術，蓋以物有成壞之數，推窮以至根極者能然也。出世間之法大妙者，謂之神道，蓋以心有聖神之道，修練以至明徹者能然也。道與術以大小分名，可以智曉，不可以言宣。"[①] 也就是說，只有內心藏有"聖神之道"，才能走上"至神之道"；只有心中存有"神聖之道"，才能走向"通神之道"；只有心裏保有"神妙之道"，才能趨向"入神之道"；只有心上留有"神奇之道"，才能指向"求神之道"等，這樣就踐行了"推窮而根極"之法、"分名而智曉"之路及"修煉而明徹"之旨。

第四，墓葬與墓碑聯繫在一起，並與喪葬觀念的變化、喪葬文化的演進和喪葬制度的完善等密切相關，它表達了古人持之以恒地培育而成的樹碑立傳的思想和行為，這是一種身份的象徵和地位的標識，是普通群眾無法奢望的待遇和不可企及的禮遇，只有各朝各代的帝王將相、皇親國戚、達官顯貴、名門望族、社會名流等歷史人物才能與之匹配。在社會生活中，埋葬現象適用於社會各個階層，因為"入土為安"的安葬理念適合於所有人群，不管是病死還是戰死，無論是壽終正寢還是意外夭折，抑或是政治謀殺、兄弟殘殺，大都需要定一個時間，找一塊地方，看一看風水，走一下程式，還一次願望，出一種說法，劃一個句號，以此寄託家人的哀思，牽動後人的懷思，表達友人的情思，以及吸引鄉鄰的目光，衡量親族的眼光，追念逝者的時光，只是墓地規模的大小、埋葬程式的繁簡、隨葬物品的多少、祭祀活動的疏密等方面有著明顯的差異，以表示家庭或家族地位的高低、社會地位尤其是政治地位的尊卑、物質條件尤其是經濟條件的好壞等。在社會歷史上，有葬有墓的現象十分普遍，有葬有墓有碑的現象較為常見，而有葬有墓無碑的現象有之，有葬無墓無碑的現象有之，有葬掘墓毀碑的現象有之，這些情形雖然改寫不了喪葬歷史，改變不了喪葬制度，但影響了喪葬文化與思想的研究工作。我們通過建造墓碑與撰寫墓志的關係、墓志的撰者與墓主的關係，可以透視喪葬歷史與喪葬文化及其內在關係。如果我們拋開墓碑的物理特質，關注碑題的墓志首行文字，則又可發現一些墓志的文體特色和文化特質。如唐代的墓志首題大致包括"墓志""墓志銘""墓志並序"和"墓志銘並序"等四種類型。"徐師曾曰：塋者，既為志以藏諸幽，又為碑碣表以揭於外。其為體有文，有銘，又或有敘。而其銘或謂之辭，或謂之系，或謂之頌。要之皆銘也。文與志大略相似，而稍加詳焉，故亦有正、變二體。其或曰碑，或曰碑文，或曰墓碑，或曰神道碑，或曰神道碑文，或曰墓神道碑，或曰神道碑銘，或曰神道碑銘並序，或曰碑頌，皆別題也。若夫銘之為體，雖不能如志銘之備，而大略亦相通焉。"[②] 明朝徐師曾細分碑與銘、墓碑與墓銘、墓碑銘與墓志銘及碑銘與碑文、墓碑文與碑陰文等載體和文體，旨在明辨其分類和歸類、內涵和外延等。"後漢以來，作者漸盛，故有山川之碑，有城池之碑，有宮

---

① （北宋）晁迥：《法藏碎金録》卷十。

② （明）賀復徵：《文章辨體彙選》卷六百六十五。

室之碑，有橋道之碑，有壇井之碑，有神廟之碑，有家廟之碑，有古跡之碑，有風土之碑，有災祥之碑，有功德之碑，有墓道之碑，有寺觀之碑，有托物之碑，皆因庸器漸闕而後為之，所謂‘以石代金，同乎不朽’者也。”① 林林總總的説法、千奇百怪的想法、分門別類的用法和各顯神通的做法，成為印證中國傳統思想文化體系化和完整化的有利證據之一。

第五，帝陵與神道碑關聯起來，內化和提升了墓葬與墓碑、陵墓與墓祭及陵寢制度與碑刻文化的關係，使之更具有象徵意義。這是等級觀念的外化、專權思想的物化和集權制度的具化。雖然神道碑不計其數，其碑體、碑形和碑刻等各具特色，其碑文、碑銘和銘文等晦澀難懂，其碑額、碑陰和碑座等各有所長，但都表現出制度化、規範化的發展圖式，並漸成一種書法形式、文章體例、建築樣式及冊封制度。我們予以整理和歸納，可見以下大致類型：帝陵神道碑與王陵神道碑，皇帝賜予或贈予且親撰碑文、碑銘、碑詩、碑序、碑額等的神道碑與文人、史家和思想家撰寫碑文或碑銘的神道碑，保存完好、字跡清晰的神道碑與殘垣斷壁、字跡模糊的神道碑，有跡可循的屬於歷史遺存的神道碑與有章可依的屬於文化遺跡的神道碑，豎於神道之上的神道碑與存於歷史文獻的神道碑，漢民族當政者的神道碑與少數民族當權者的神道碑，帝王陵墓中的神道碑與王公貴族墓園中的神道碑等。另外，碑文的題材不一，碑銘的文體繁多，碑志的用字考究（注：四字者居多，篇幅冗長；三字者偏少，文章短小；五言詩或七言詩者，講究格律；普通文體者，直抒胸臆），揭示了神道碑的內容與形式、外在與內裏、實物與觀念的統一關係；賜者、撰者和刻者等均有一定之規，篆書、行書和隸書等皆有固定之法，求銘者、屬予者和拜請者等亦有例可循，推進了神道碑的歷史、傳承和定型的一體關係。此外，嗣皇帝專為先皇撰寫碑文或碑銘的神道碑，成為帝陵制度及其文化不可或缺的組成部分，也是一種專權的明證或特權的佐證。皇帝為有功之人親撰碑文或碑銘的神道碑，或彰顯保家衛國者的赫赫戰功，或表彰著書立説者的思想價值，或表達對治國理政者的敬佩之意，這是一種殊榮，也成為歷史人物光宗耀祖的證據或流芳百世的依據。一些文人墨客、歷史學家或思想巨人撰寫碑文或碑銘的神道碑，記錄了“碑主人”的生平事蹟、歷史貢獻及家庭成員、子孫繁衍等情況，成為後人瞭解歷史事件、分析歷史人物和把握歷史故事的可資素材或可信資料。我們關注神道碑的稱謂和分類，不去考證和求解神道碑的碑文或碑銘；我們認可神道碑的事實與存在，不去審美神道碑的藝術或設計；我們輯錄歷史文獻中的神道碑，旨在反觀不同時期、不同類型的神道觀或神道論。

第六，神道碑的建造與建制、神道碑文的書寫與鐫刻、神道碑銘的求取方式與保全措施等，反映了經濟社會發展狀況與思想文化狀態，也是我們考究神道文化、思想和哲學的

① （明）徐師曾：《文體明辨序説・碑文》。

重要參照。因為碑“寫”歷史，碑“現”春秋，碑“含”藝術，碑“連”文化，碑“拓”思想，碑“刻”哲學。“至論其題，則有曰墓志銘，有志有銘者是也；曰墓志銘並序，有志有銘而又先有序者是也。然云志銘而或有志無銘，或有銘無志者，則別體也。曰墓志，則有志而無銘；曰墓銘，則有銘而無志。然亦有單云志而卻有銘，單云銘而卻有志者，有題云志而卻是銘，題云銘而卻是志者，皆別體也。其未葬而權厝者曰權厝志，曰志某；殯後葬而再志者曰續志，曰後志；歿於他所而歸葬者曰歸祔志；葬於他所而後遷者，曰遷祔志。刻於蓋者，曰蓋石文；刻於磚者，曰墓磚記，曰墓磚銘；書於木版者，曰墳版文，曰墓版文。又有曰葬志，曰志文，曰墳記，曰壙志，曰壙銘，曰槨銘，曰埋銘。其在釋氏，則有曰塔銘，曰塔記。凡二十題，或有志無志，或有銘無銘，皆志銘之別題也。”① 中國傳統思想文化體系因陵寢建築之中的碑刻及其所孕育的文化類型和所承載的文化內涵而豐富多彩，中華民族的聰明才智結晶在立碑、刻碑的歷史過程中，中華民族的世事滄桑印跡在毀碑、斷碑的特殊歲月裏，使我們在回望歷史和追尋文化時不得不盛贊文化創造，也不能不痛惜文化斷裂。

第七，神道碑的保存與毀壞、看護與重建、完好與殘存及有字與無字等情形，或因自然環境的突變，使其不能完整如初；或因風雨剝蝕，使之外觀變型；或因人為破壞，使之傾覆斷裂；或因政權更迭，使之成為眾矢之的；或因百姓無知，使之埋沒殆盡；或因個人疑慮，使之不復存在。當然，其作為歷代陵寢建築和陵寢文化的重要組成部分，仍然成為金石學、碑學的源流，積澱為金石文化和墓碑文化的載體。我們認為，它原為歷史遺跡，因自然的磨損及人為的毀壞，使之成為歷史遺憾；本為文化遺存，因保護不力和保存不周及傳播有限和傳承有失，使之成為文化缺失。這值得我們反思、深思和痛思！歷史賦予我們責任，後人應當肩負起保存歷史遺跡的歷史重任；文化賦予我們機遇，國人應當承擔起延續文化火種的文化義務。對待歷史的部分和文明的成分——神道文獻和帝陵神道，我們應有多種理性的選擇和規範的理路，“修舊如舊”可謂尊重悠久的歷史和燦爛的文化的明智之舉。

第八，神道碑的內涵、所指與演變，讓我們體悟和認清了神道的歷史脈絡和文化軌跡。神道有墓道、甬道、羨道、隧道及神路等說法，有神明、神靈、神人、神術、神權等認識，有神道穴、神道門、神道場、神道橋等名稱，而神道碑則特指立在墓道或神路上的石碑。神道碑（墓碑）是古時立於墓道前、墓道內或神路前、神路上，用於記載死者生平事蹟的石碑，它大多記錄著死者的生平年月、所做貢獻、所獲封號等內容，而樹於古代社會皇帝陵園內規格不一的神道碑，則被賦予了更多、更深、更廣的政治含義和文化寓意，它主要記錄著帝王的生前活動與死後願景，如開疆破土、戎馬生涯、文韜武略及生死觀

① （明）徐師曾：《文體明辨序說·墓志銘》。

念、宗教信仰、喪葬制度等。神道碑古已有之，碑體和碑文則與時俱進，如歐陽修《集古錄跋尾》記述了漢楊震碑首為“故太尉楊公神道碑銘”，則神道碑之名，漢已有之；再如神道碑文原本比較簡單，一般只稱“某帝或某官神道之碑”，後來紀事漸趨詳細，成為人物傳紀的一種變體，並多收入作者的文集之中。神道碑不同於墓志銘：墓志銘是中國古代一種悼念性的文體，在埋葬死者時，刻在石上，埋於墳前；一般包括志和銘兩部分，志多用散文撰寫，敍述死者的姓名、籍貫、生平等，起到記載和輯錄的作用，而銘用韻文概括全篇，讚揚死者的功名、業績、影響等，發揮悼念和安慰的功效，但只有志或只有銘的情形大量存在。神道碑、墓志銘與墓表、神道表的異同關係值得咀嚼和回味，如始於東漢的墓表只寫大事，不言小事，更不能言情，而墓志銘多言小事，也可言情。

第九，我們整理神道文獻、回味神道文化、凝練神道思想、挖掘神道哲學之時，發現《中國基本古籍庫》是按朝代先後順序、中文拼音字母表、姓氏筆劃相結合予以排序的，如某一歷史人物生活在前朝末與後朝初，其著述可能有完成於前朝內、後朝時或前後朝間等情況，或某一歷史人物及其著述排序在前或在後，其生卒年月卻在後或在前，且神道一詞或與其相關聯的用詞散在於歷史文獻和典籍之中，故難以理出先後、師承、傳承、評說、演變等相互關係。我們在點校和釋義神道用例的過程中，應該依據同一朝代及相繼朝代內人物與著述（注疏、碑刻等）、載體與內文、學說與學理、歷史與文化、文獻與思想等邏輯關係，並突破中文拼音和姓氏筆劃所框定的排序規則，還原歷史進程中、社會制度內和思想文化裏神道的原態、神道碑的原貌、帝陵神道的原型及其所承載的文化、思想與哲學。但我們面對浩如煙海的文獻、車載斗量的典籍、風格迥異的文本、成千上萬的人物及前後相續的朝代時，研究團隊意識到難以處理和解決好整理時間的不充分、梳理能力的不平衡與研究訴求、學術目標之間的矛盾關係，故不得已留下了研究遺憾，騰出了學術空間。這或許會被認為是一種託辭，但確實是我們的研究狀態和心路歷程的真實寫照，懇請專家學者和學界同仁參與、評估和助力我們的研究事業。

第十，在整理神道文獻和把捉神道線索之時，一要保留原典的原汁原味，二要保證用典的精益求精，三要保障釋義的切中要義，四要保持引證的準確無誤。儘管我們不願陷入“認識誤區”，但難免出現“行為偏差”，故走出誤區和矯正偏差有待學界的敦促、學者的教誨和學人的督導，以使我們在求索過程和求知路上能夠實現“百尺竿頭，更進一步”的夙願。基於我們的智商和情商，緣於我們的努力和能力，我們往往偏好於那些包含典故、保存文化、飽含思想和富有哲理的文獻載體，偏向於那些後人匯總前人成果、後代彙聚前輩創意、後朝承啟前朝精神和後世肩負前世責任的文獻形式，以使其完整、準確地呈現出來，而針對那些小說、戲曲、傳記等文學藝術類文獻則予以壓縮篇幅，但在處理文獻的完整性和準確性的關係時，我們必須全面地關注內容、類型和級次等方面，而不能主觀地刪減或縮減人物、數量和著述等樣本，故刪繁就簡者有之，連篇累牘者有之，繁簡適宜者有之，繁簡不分者有之，這可能導致文中篇幅冗長，或造成描述意猶未盡。如何才能做到精准識別神道文獻？如何才能界定帝陵神道文化、思想和哲學的內涵與外延？我們求證之心急切，求真之意迫切，求理之行關切。

第十一，神道文獻與帝陵神道文獻交織在一起，形成了包含與被包含的關係；神道範疇與帝陵神道概念混合在一起，形成了你中有我、我中有你的狀況。我們認為，帝陵神道屬於諸多神道類型之一，帝陵神道文獻內存於浩繁的歷史文獻之內；帝陵神道文化內生於眾多神道文化形態之中，神道文化、思想和哲學內在於中國傳統文化、思想和哲學體系之裏。神道或帝陵神道的載體與形式，或是神道碑、神道書和神道文，或是神道觀、神道說和神道論，或是神道橋、神道門和神道表，或是神道嶺、神道路和神道山，或是神道場、神道穴和神道臺，或是甬道、墓道和羨道，或是神路、王道和御道，或是求神之道、通神之道和向神之道，或是生死現象及其文化的要素，或是喪葬制度與文化的元素，或是陵寢制度與文化的要件，或是墓葬制度與文化的要義，或是建築規制與文化的因素，或是碑刻技術與藝術的成分。我們運用系統的理論與方法，綜合性地歸類了神道文獻與帝陵神道文獻，嘗試性地提煉了帝陵神道的文化、思想和哲學，探索性地闡述了帝陵神道文化、思想和哲學與中國傳統思想文化體系的內在關係。

第十二，神道文獻庫中有著不盡的歷史資源和不竭的文化資料，它不僅內藏了古人專論中國帝陵神道的經典案例，而且深藏了前人散論其他國家和民族的神道類型的蛛絲馬跡，由此形成了中外神道諸說。只有調准神道研究視角，才能聚集帝陵神道文化；只有調整神道研究視野，才能聚力帝陵神道思想；只有調適神道研究的視角與視野的統一關係，才能聚焦帝陵神道哲學。在整理神道文獻過程中，依照“傳說之陵—可考之陵—實存之陵”的演變邏輯，結合“先秦時期—皇權時代—近代社會”的時空界域，我們匯總了20500多條用例、6000餘種文本及2100多名人物，分享了帝陵神道文化、思想和哲學。在分類神道文獻的進程中，中國神道已然盡收眼底，而對世界神道亦心無旁騖。概觀如下：將政治人物的墓碑視作神道碑，如美國總統華盛頓碑；在審視中日宗教文化關係時，不惜筆墨地闡明了日本神道歷史與演變、神道學派與學說、神道文化與哲學、神道精神與本質及神道與日本人國民性、中日神道文化的比較與交流關係等諸多課題；在“亞洲文化圈”內以佛教文化為抓手，比較分析原產地的印度佛教與輸入地的中國佛教，深刻闡釋佛教與儒學、佛教與道教的關係及三教融合下的中國神道與印度神道的影響關係；在“西學東漸”和“東學西漸”的大背景下，重拾西方社會及其文化中所內含的神道與人道關係，並以中國神道觀解說歐洲神道論。

我們行進在歷史軌跡和時空隧道裏，可以時時刻刻地享受著歷史的厚重和時空的厚實；我們徜徉於文化長廊和思想寶庫裏，可以實實在在地享用著文化的底蘊和思想的精髓。我們總是為歷史的進步而慶倖，總能為時空的絢爛而駐足；我們時時處處為文化的多樣而驚喜，誠心誠意為思想的多變而驚奇。我們因整理和回顧神道文獻而把捉歷史和文化，又因探究帝陵神道文化、思想和哲學而提升歷史自覺和文化自信。

第二節　神道疏義

“神道”一語始出和多見於中國古代文獻之中，成為思想家們揭示自然界、人類社會和思維發展的過程、關係及規律的工具；“神道”一物始建和常見於陵墓之前或陵園之中，成為見證古代經濟社會發展的證物和承當思想文化建設的載體；“神道”一事普適於社會發展的不同階段、社會人群的特殊階層、社會生產的關鍵環節及社會生活的特別領域，成為滿足普通民眾的精神需求與心理訴求的方式和落實統治階級的政治願景與宗教信仰的手段；“神道”一道內在於日常生活、政治制度、文化形態、藝術作品之中，發揮著規約人們的思維模式和行為方式等功能，即神道文化是研究和分析中國人國民性內涵與特徵的一個視角和一種視野。“神道”書籍遍存於日本社會的神社、書店、文庫、圖書館、資料室、家庭、課堂等場所，成為日本人精神生活中須臾不離的食糧和寄託，即神道文化尤其是神社神道文化是分析和研究日本人國民性內涵與特徵的視角之一。在中國古代政治家、思想家和建築藝術家的眼中或視界，“神道”和“神道碑”還散存於世界各地的不同國度和文化類型裏，如印度、美國和歐洲部分國家，這是中國人“看世界”的一個視窗和“論世界”的一個緣由。

一　神道本義

根據我國古代社會的文獻記載，綜合國內外學界的研究路徑及其相關成果，揭示神道的本義或原義，考究神道文化的內力與張力，把握帝陵神道及其思想文化的類型和本質，以及詮釋排列在帝陵神道兩側的石刻、矗立於帝陵神道兩端的下馬石碑、建築在帝陵神道之上的碑亭或碑樓、豎立在帝陵神道之前的墓表或神道表等，這樣有利於解明中國神道文化、思想和哲學的演變和軌跡、內涵和邏輯、特徵和實質等，有助於解讀中國帝陵神道文化、思想和哲學的分類和歸類、載體和主旨、傳承和定型等，有益於揭示中國傳統思想文化體系的要素和因素、內容和形式、結構和功能、層面和維度等。另外，結合中國傳統思想文化的傳播歷史與影響作用，可知神道文化、思想和哲學在世界範圍內尤其是在日本社會及其思想文化領域的延展與增生。

第一，在民間社會裏，神道即神衹。人們圍繞鬼神、福禍、吉凶、苦樂等相關問題形成了低俗的迷信、原始的信仰和簡易的認知，藉此將神道根植於内心深處，牢固於精神領域，這一定程度上滿足了基層人民群眾不斷增長的趨利避害、化險為夷、逢凶化吉、避災禳禍、苦盡甘來、招財納福、子孫繁衍、祖業穩固等物質生活需求和精神文化訴求，可以説普通民眾的衣食住行、喜怒哀樂、生老病死、婚喪嫁娶等事項和狀態都仰賴著神道的佑護，借此滿足自身的財富需求、資源獲取、機會獲得、心理安慰、精神慰藉等願望。例如，“臧岐領了主命，去了八九日，回來稟道：小的直去到豎眼洞，探得別莊燕因借兵劫營輸了一仗，洞裏苗頭和他惱了，而今又投到白蟲洞那裏去。小的又尋到那裏打探，聞得馮君瑞也在那裏，別莊燕只剩了家口十幾個人，手下的兵馬全然沒有了。又聽見他們設了一計，説我們這鎮遠府裏，正月十八日鐵溪裏的神道出現，滿城人家家家都要關門躲避。他們打算到這一日，扮做鬼怪，到老爺府裏來打劫報仇。老爺須是防範他爲妙。湯鎮臺聽了道：我知道了。”① “四年九月，始北往荊南。將渡江，與女偕。有術士劉三郎者，能靜識異物，俗稱爲活神道。”② 帝王將相的喪葬之制和祭祀之禮，如剝離其政治外衣，將之還原於日常生活，則其仍然接近於普通民眾的生活樣態和民間社會的基本準則，同样契合社會存在與社會意識的辯證關係。“當禘祫之時，獻祖宜居東向之位，景皇帝宜從昭穆之列。祖以孫尊，孫以祖屈，求之神道，豈遠人情?”③ “中宗正位後，有武當縣丞壽春周憬，慷慨有節義，乃與王駙馬同皎謀誅武三思。事發，同皎見害，憬逃於比幹廟中刎死。臨死謂曰：比幹，紂之忠臣也；儻神道有知，明我以忠見殺。”④

第二，在學術視閾中，神道即天道。它主要依託虛幻的神靈、怪異的神仙、至上的神明和至尊的神君展示鬼神賜福降災的神奇莫測的功效，由此成為有識之士的研究對象和統治階級的價值追求，特別是知識分子刨根問底其産生根源、孜孜以求其發展過程、不遺餘力其外在表現、上下求索其内在本質，而逐漸形成了神道的觀念、信仰的學説、宗教的倫理及哲學的理論。例如，“《彖》曰：大觀在上，順而巽，中正以觀天下。觀，盥而不薦，有孚顒若，下觀而化也。觀天之神道，而四時不忒。聖人以神道設教，而天下服矣。”⑤ 自此伊始，“觀天之神道，而四時不忒。” “聖人以神道設教，而天下服矣。” 以此為核心議題，立論者和釋義者俯拾皆是，由此 “神道設教説” 暢行儒道各家，並定格為感化萬物而 “服天下”，教化民眾而 “天下服”。“神道者，微妙無方，理不可知，目不可見，不知所以然而然，謂之神道。”⑥ “今之為道，皆四毀之行天，侮辱皇天之神道，並亂地之紀，

① （清）吳敬梓：《儒林外史》第四十三回。
② （南宋）洪邁：《夷堅支志》己卷九。
③ （唐）韓愈：《東雅堂昌黎集注》卷十四。
④ （北宋）王讜：《唐語林》卷五。
⑤ （春秋）卜子夏：《子夏易傳》卷二。
⑥ （魏）王弼：《周易注疏》周易兼義上經隨傳卷第三。

訖不可為化首，不可為師法，不可為父母。”① “敷皇極以創業，協神道而大寧。”② 北宋張載注曰：“協和神明之道，而天下大寧。” 因“神道闡幽，天命微顯”，要求人們必須守護神靈之念、確信神仙之術、遵循神明之教和維護神君之統，以確保神人互通、政教互惠和君神一體的信度與效度。如把“神道設教”認定為中國傳統政治文化的重要範疇時，則在其原始含義之上新增了衍生含義，“但是，‘神道設教’在不同的時代，在不同的思想家那裏產生了不同的理解，出現了流變。其形態筆者概括為‘六說’即神妙無形說、自然無為說、至誠如一說、禮樂刑政說、祭祀禮儀說、巫筮鬼神說。”③

第三，在實物層面上，神道即墓道。它特指幽玄的墓道、曲直的参道、詭秘的羨道、神秘的甬道，也泛指神道之上、神道之側及神道兩端所建神道碑、神道表、神道碑亭、神道碑樓或神道門、神道路、神道橋等建築物。它是陵園建築的構成要素，也是陵寢文化的影響因素。它記載了特殊社會階層刻意地物化自己的集權思想或等級觀念的政治意圖與心路歷程，執意地外化自己的專制思想或專政理念的政治企圖與心理軌跡。自帝陵開神道或築神道以來，帝陵與神道之間就形成了相互間印證關係，它或表現為帝陵與神道的對應關係如明孝陵，或表現為某陵區諸帝陵與總神道的共用關係如明十三陵，或表現為某陵區諸帝陵與主神道的合用關係及各帝陵與分神道的共生關係如清東陵和清西陵。不同歷史時期的帝陵所屬神道有總與分、一與多、長與短、曲與直、寬與窄、左與右、東與西等對比關係或對稱關係，這既使神道成為客觀性、歷史性的存在物，也使神道成為精神性、思想性的象徵物。自帝陵立碑和刻碑以來，形成了神道碑的規制：開國之君建有“神功聖德碑”，繼嗣皇帝立有“聖德神功碑”。其順序和稱謂的變化，反映了神與聖、功與德、前與後、高與下、一統與嗣承的等級序列關係，也說明了君權神授、統嗣一體、宗法嚴明、規制嚴整的封建專制與帝統連綿等思想。“自中興至和帝時，皇子始封薨者，皆賻錢三千萬，布三萬匹；嗣王薨，賻錢千萬、布萬匹。是時竇太后臨朝，竇憲兄弟擅權，太后及憲等，東海出也，故睦於焉而重於禮，加賻錢一億。詔濟南、東海二王皆會。大為修冢塋，開神道，平夷吏人冢墓以千數，作者萬餘人。發常山、巨鹿、涿郡柏黄肠雜木，三郡不能備，復調餘州郡工徒及送至者數千人。凡徵發摇動六州十八郡，制度餘國莫及。”④ “《神道碑》：古之葬有豐碑以窆。秦漢以來，死有功業、生有德政者皆碑之。稍改用石，因總謂之碑。晉宋之世，始又有《神道碑》，天子及諸侯皆有之，其刻文止曰：某帝或某官神道之碑。今世尚有《宋文帝神道碑》，墨本也。其初由立之於葬兆之東南，地理家言以東南爲神道，故以名碑爾。按：後漢中山簡王薨，詔大爲修冢塋，開神道。注云：墓前開道，

① （東漢）佚名：《太平經》鈔庚部卷七。
② （南朝齊）蕭統：《六臣注文選》卷十一。
③ 李定文：《“神道設教”諸說考辨》，《福建論壇》（人文社會科學版）2008 年第 7 期。
④ （南朝宋）范曄：《後漢書・中山簡王焉傳》。

建石柱以爲標，謂之神道。是則神道之名，在漢已有之也。晉宋之後，易以碑刻云。”①“先君以淳熙九年十二月十七日，卒於仲兄嚴州郡治。以次年九月二十日，大葬庵之右。屋適在其前，雖不礙前山，而神道門起于谿次，不能相望，爲曲徑以入。”②“重建文公神道門：竊惟建之考亭，實惟東南闕里。文公墓在縣西北偏唐石九頓峯下，神道門在麻沙鎮西可一里許。”③

第四，在社會實踐中，神道即神術。它指在特定的時間、特殊的場所和特別的氛圍之中，某人的言語具有神奇的魔法和魔力，某人的舉止具有特異的神功和神力，表現出了與眾不同的能力和能量，呈現為一種玄妙的技藝和幻化的效果，人們或許相信其展示的超凡脫俗的能量，可以達成意想不到的結果；或許祈望其發揮不同凡響的作用，可以拯救身處逆境的民眾；或許盼望其出現在特殊時期、特定地點及呈現特異的功能，可以扭轉危在旦夕的局面。“左慈，字元放，廬江人也。少有神道。嘗在司空曹操坐，操從容顧眾賓曰：今日高會，珍羞略備，所少吳松江鱸魚耳。放於下坐應曰：此可得也。”④“道源注《搜神記》：左慈，少有神道。嘗在曹公座，公曰：今日高會，所少者松江鱸魚為鱠。慈求銅盤貯水，釣於盤中，引一鱸魚出。公曰：今既得鱸，恨無蜀中薑耳。慈曰：亦可得也。”⑤“廬江左慈，字元放。少有神道。曹操欲收殺之，慈乃卻入壁中，霍然不知所在。或見於市者，又捕之，而市人皆變形與慈同，莫知誰是。後人逢慈於陽城山頭，因復逐之。入走羊羣。操知不可得，乃令就羊中告之曰：不復相殺，本試君術耳。”⑥“四方正而域中平，七政齊而天下泰。動而無欲，任之故絕私；益而無方，行之固不害。然能思無不踐，應倉舒刻舟之深淺；問無不知，表張重度骨之威儀。若乃均其神道，形其事業，聖人因之以平施，邊鄙賴之而不怯。豈欲決其差謬，明其有無，小人取之以作則，君子見之而交孚。則有王臣謇謇，宰職秩秩。洞鑒人才，神無隱質。諒絲衡之攸媲，故守之而勿失。倘陳平之見知，宰州縣之如一。”⑦

第五，在人際交往時，神道即神人。它指人的思想有悖常規、人的思維不合套路、人的言談不合邏輯、人的舉止不太正常及人的作用十分神奇等情形。在日常生活中，常有某人神神道道、瘋瘋癲癲、雲裏霧裏、歇斯底里或行為奇異、行動詭異之說，說明人們在享受社會生活和處理人際關係的過程中，總有一些人或著奇裝異服，或不走尋常路，或不言正經事，或不干日常活，或不交正常人，以及有的人想法奇特、行為古怪且內心難測等情

① （北宋）高承：《事物紀原》卷九。
② （南宋）樓鑰：《攻媿集》卷六十。
③ （南宋）熊禾：《勿軒集》卷四。
④ （南朝宋）范曄：《後漢書·左慈傳》。
⑤ （唐）李商隱：《李義山詩集注》卷二下。
⑥ （唐）劉知幾：《史通評釋》卷五。
⑦ （唐）徐寅：《釣磯文集》補。

況，以至於人們難以與之正常交往或交流、正式交談或交心，或出現了出其不意的效果，表現為意料之外的收穫，以至於人們不能與之正面接觸或接洽、正常聯絡或聯手。這樣一來，古人和今人在協調人際關係、評判人倫道德及衡量溝通方式之時，如果遵循慣常的思維方式和行為模式，運用常規的道德標準和使用常態的價值尺規之時，則往往冠之以“神道”之名，經常貼上“神道”標籤，時常視之“神道”人物，即它們被歸為現實世界的另類，劃為世俗生活的異類。“予方爲七里巡船所驚，忽有聲如人哨，齒甚清麗。船稍立船頭拜且禱曰：神道來送！問：何神？曰：江河田相公也。即得順風送上。”① “長老道：貧僧受了朝廷的敕旨，不得不然。王尚書道：原來這個羊角大仙就是紫氣真人。長老道：便是。王爺道：卻是個有名神道，故此倡狂。”② “元來，這神道這樣靈的！不免將豆盧哥哥送我的盤纏取出幾錢來，不去抽籤、問筊，單求他扶一鑾，問我前程事怎麼樣?”③ “元來是一所古廟，旁邊鬼卒十餘個各持兵杖夾立，中間坐著一位神道，面闊尺餘，須髯滿頰，目光如炬，肩臂搖動像個活的一般。真珠姬心慌，不免下拜。神道開口大言道：你休得驚怕。我與汝有夙緣，故使神力攝你至此。真珠姬見神道說出話來，愈加驚怕，放聲啼哭起來。旁邊兩個鬼卒走來扶著。神道說：快取壓驚酒來。旁邊又一鬼卒斟著一杯熱酒，向真珠姬口邊奉來。真珠姬欲待推拒，又懷懼怕，勉強將口接著，被他一灌而盡。真珠姬早已天旋地轉，不知人人事，倒在地下。神道走下座來，笑道：著了手也！旁邊鬼卒多攢將攏來，同神道各卸了裝束，除下面具。元來個個多是活人，乃一夥劇賊裝成的，將蒙汗藥灌倒了真珠姬。”④

第六，在政治建設中，神道即人道。它指統治階級維護政治利益、保障政治權威、維繫社會穩定、保障人民生活的制度設計與行為準則，並由此形成了“為政之道”或“制御之道”與“向神之道”或“通神之道”的合一狀態。在神道與政治的聯盟關係中，神道可以借助政治舞臺施展技法，政治可以依託神道平臺釋放能量，由此推進社會生活的歷史進程，為政治制度塗抹上集權色彩。“聖人之心，至誠如神。信不以聲，敬不以色，淵淵默默立民之極，蕩蕩穆穆順帝之則。神矣哉！其堯舜之盛際乎？‘觀天之神道’，孰觀之？聖人觀之也。聖人觀天之道，無聲無臭，耳不可聞，思不可測，而春夏秋冬各循其序，天不知也，四時不知也，使之然而不得不然也。‘聖人以神道設教’，以天之神道也。天不言而化，聖人之教何待聲色政令哉?”“聖人觀乎天文，以察時變，則知歲功之時自然而然，而修政和民不外是矣。觀乎人文，以化成天下，則知治功之成亦自然而然，而神道

① （南宋）文天祥：《文山集》卷之十三。

② （明）羅懋登：《西洋記》卷六。

③ （明）阮大鋮：《春燈謎》卷下。

④ （明）淩蒙初：《二刻拍案驚奇》卷五。

設教不外是矣。賁之為道，豈非至大而無外者哉?"[1] 總之，統治階級宣揚"神道設教"，實現愚民以治的目標；利用鬼神迷信作為教育手段，實現政治教化的目的；借助宗廟祭祀和典禮等宗教活動，純化民風民俗，收集民情民意，緩解或化解矛盾與糾紛，並使百姓產生敬畏之情和服膺之心，實現社會結構的穩定和社會運行的有序；通過天道和人道的嫁接與一體，實現天文和人文的並舉；通過尊重自然秩序，遵循自然法則，遵照自然精神，實現人道彰顯和人文化成的效果。另外，神道作為養神之道、養心之道、養生之道、養精之道、育德之道、教化之道和載物之道，表示人們由對自然事物和自然現象的一種認識發展為一種理念，由對社會事物和社會現象的一種態度發展為一種尺度，由對精神過程和精神產品的一種把握發展為一種境界，即它是一種生活態度、修身觀念、修養方式和生存理念，最終實現由表及裹的人格追求，滿足由外而內的人性要求。

第七，在中醫學領域中，神道即沖道。它指人體穴位——神道穴，屬於經絡系統之經脈，或經絡學說之督脈。人是有機體，人是經絡圖。神道即沖道位於椎骨之上，契合了天道、正道和中道之義。神道布於人體背部正中線上第五胸椎棘突下凹陷中，主治健忘、驚悸、咳嗽、瘧疾、脊背強痛、癲癇及神經衰弱、肋間神經痛等疾患，以此證明了疏通經絡則有利於實現祛病養生和延年益壽的人生目標、暢通經脈則有助於提高生命品質和幸福指數等道理。我們認為，宇宙或天地具有陰與陽、經與緯、上與下、左與右、橫與縱、垂直與平行、南北與東西等對比關係，人體固有經與絡、脈與絡、內與外、表與裹等對稱關係，它們共同作為客觀物質世界的構成要素和影響因素，形成了彼此印證和相互關照等系統關係，故當我們認識和解決自然事物、現象及規律時，有助於認清和揭示社會事物、現象及規律。"神道，在第五椎節下間，督脈氣所發，俛而取之，刺入五分，留五呼，灸三壯。""身熱頭痛，進退往來，神道主之。"[2] "灸從大椎數，下行第五節下，第六節上，穴在中間（此即神道穴），隨年壯。並主上氣。"[3] 總之，人的身體之中的經絡對應於自然界之中的經緯，即經與經線對應、絡與緯線對照，由此對接了人體經絡的生理意義與天地經緯的物理意義，使之既包括貫通上下或貫穿南北、溝通內外或聯通表裹的含義，又包含網絡東西或平衡左右、環繞周圍或順暢環節的意義。

第八，在編制地名時，神道即神地。它指地名或山名，並演變為官名，即某地或某山因地理位置特殊、自然景觀奇異及人文氣息濃郁而得以命名，則有了"神道嶺""神道營""神道嶺營""神道場""神道山""神道街""神道涯""神道口""神道路""神道溝""神道處""神道域""神道臺""神道塢""神道隝"等稱謂或稱呼、場所或場域及建制或管制。它或者位於戰略要地，形成易守難攻之勢；或者屬於宗教聖地，具有修身養

① （明）曹學佺：《周易可說》卷二。
② （晉）皇甫謐：《甲乙經》卷七。
③ （唐）孫思邈：《千金要方》卷五十七。

性之效；或者處於水源地帶，象徵源流與脈絡相續、青山與綠水相關之義。例如，今陝西省延安市黃龍縣柏峪鄉“神道嶺”，其歷史由來或稱謂起源眾說不一：其一，天人合一的自然景象——人類的童年時期，黃龍山稱為大樑山，四周汪洋大海，托起湖光山色，唯獨此山露出海面，林木蔥郁，鳥獸嬉戲，形成了人仙同濟的原始景象。其二，神秘莫測的人文底蘊——東晉時期，道士許遜為了濟世救苦、普度眾生，辭官後在黃龍山修行煉丹，捉蛟降魅，營造了穿越時空的文化符號。“南川水，在宜川縣城東縣冊。源出神道嶺，至縣境付曲村合丹陽水。流逕縣之東北二門，與仕望、銀川二水合。”[①] “潼關協副將一人（駐劄華陰縣，兼轄神道嶺、商州城守、金鎖關三營），中軍都司一人，千總二人，把總四人，兵七百十有七名。神道嶺遊擊一人（駐劄韓城縣），千總一人，把總二人，兵二百五十五名。”[②] “內道場起於後魏，而得名在乎隋朝，何邪？煬帝以我為古，變革事多。改僧寺為道場，改道觀為方壇。若內中僧事，則謂之內道場也。今朝茲福等殿安佛像經藏，立剎聲鐘，呼為內寺是也。魏大武皇帝始光二年，立至神道場。神麚四年，勑州鎮悉立道場，蓋帝王生此日也。”[③] “九月，尹先民以初三日敗賊於郟縣之神道街。陳永福以十四日由神道街之野豬峪進，明日大敗之於高家坡掃地。王授首、孔道興以十七日于葉縣之獨樹，單騎提刀逐賊。（賊在郟縣神道山野豬峪敗後，渡河越㶏，由魯寶走葉縣。）”[④] “《襄陽記》曰：鹿門山，舊名蘇嶺山。建武中，襄陽侯習鬱立神祠於山，刻二石鹿夾神道口，俗因謂之鹿門廟，遂以廟名山也。”[⑤]

第九，在喪葬儀禮上，神道即神路。在中國古代社會裏，當封建帝王結束政治壽命且走完人生軌跡後，要麼即時安葬於生前欽定且已建成的陵寢，要麼等待安葬於在位時籌建但尚未完工的陵墓；要麼集中安葬於為同一朝代帝王們劃定的某一陵區，要麼單獨安葬於皇帝本人心儀的某個陵園。靈魂是一種依託信仰觀念的宗教現象，也是一種憑籍喪葬習俗的文化現象。“這也說明，正是靈魂觀念或靈魂信仰引發了喪葬習俗，而喪葬只不過是對這種信仰的世俗化表演。”[⑥] 帝王們的生死觀念、喪葬意識、陵寢思想各具千秋，但亦有章可循，他們或者堅持長生不老，或者堅信靈魂轉世，或者堅守靈肉一體，故認為保全身體和慰安靈魂同等重要，選擇土葬順理成章，合乎天意。因皇帝的死亡之地與埋葬之處大多相距偏遠，在運送皇帝屍體和護送皇帝靈魂時，方位和朝向、平穩和安穩等方面的要求十分嚴格，而且必然要走過一段意味深長的路段，經過一段不同尋常的路徑，即“神路”或“神道路”、“神道橋”或“神道門”。基於神道是帝王的屍體和靈魂的必經之地，故立

① （清）畢沅：《關中勝蹟圖志》卷二十三。
② 官修《大清會典則例》卷一百十二。
③ （宋）釋贊寧：《大宋僧史略》卷中。
④ （清）吳偉業：《綏寇紀略》卷四。
⑤ （南北朝）庾信：《庾子山集注》卷十五。
⑥ 參見趙芳編著《中國古代喪葬》，中國商業出版社 2015 年版，第 6—7 頁。

下了“横走罰，豎走殺，馬過削蹄”的規矩，即對那些有意或無意横過神道、步行神道的人和穿過神道、行走神道的馬必須治以重罪或施以重罰，以明示皇帝和皇權的威嚴、神權和神靈的神聖。另外，當神道指陳神道路、神道門和神道山時，又往往與家族顯赫、功勳卓著或為國捐軀者的墓地、葬址相關聯，這既為表彰他們的豐功偉績，也為讚頌他們的效忠國家，更為安慰他們的不朽靈魂。“泰定四年四月初六日，安定書院狀申奉祠。陳壽孫呈：先賢胡安定先生于嘉佑五年葬於烏程縣三碑鄉何山晉賢讀書堂之右，將及三百年，見有亡宋砧基明白建立表思堂等屋貳拾餘間，墓下有神道路一帶，每歲春秋祭祀。”“胡安定先生所葬墳墓，四邊元有田地，舊築牆垣、神道路、門樓、書堂，自幾年月日，如何侵占，逐一追究明白。”[①]“時從子游者吳生某，善擇地，從其卜。某年月日，葬公會稽日鑄嶺二十里，為兆嶺之神道路山，遂因某來托銘。”[②]

第十，在鬼神邪說上，神道即鬼道。其一，鬼道本為關於鬼神的諸多邪說、騙術和巫術，用以發揮哄騙民眾的作用，實現麻痹思想的功能，使人相信那些捉摸不定的事物、虛無縹緲的現象、稀奇古怪的人物及其奇談怪論，尤其是它與統治階級的政治利益與目的、政治立場與策略等結合起來，使人深信政治騙局和崇信政治説教，最終達到愚弄群眾、蒙蔽大眾和麻醉民心等目的。例如，“昔者玄都賢鬼道，廢人事天，謀臣不用，龜策是從，神巫用國，哲士在外，玄都以亡。”[③]“魯遂據漢中，以鬼道教民，自號‘師君’。”[④]“勳好鬼道，有言漢高祖廟夜閱兵，人馬流汗，勳日往請命。”[⑤]“公深愧以鬼道設教，而滿庭胥吏皆有見聞，不能掩也。”[⑥] 其二，我們以“泰山封禪”為例，可知它既包括在山下祭祀地主即鬼道，又包括到山上祭祀天主即神道。這樣一來，鬼道便演變為古代郊祀與祭壇相連接的通道。例如，“自然之法，乃與道連，守之則吉，失之有患。比若萬物生自完，一根萬枝無有神，詳思其意道自陳，俱祖混沌出妙門，無增無減守自然。凡萬物生自有神，千八百息人爲尊，故可不死而長仙，所以蚤終失自然，禽獸尚度況人焉。愚者賤道志，下與地連，仁賢貴道，忽上天門，神道不死，鬼道終焉。……道已畢備，便成自然。”[⑦]“吾有其禁知天神，蓋不自發身歸誠。日南施禁火精，日北施禁五帝動。經吾三禁，莫敢不來。神道神名，鬼道鬼字。蠱道蠱名，魅道魅字。偷道偷名，賊道賊字。”[⑧]“毛伯玉曰：陰者，鬼道也，至幽之義也。陽者，人道也，至明之義也。祭祀之禮，以其

① （清）陸心源：《吳興金石記》卷十四。

② （明）何偉然：《十六名家小品》諸名家小品卷二。

③ 《逸周書・史記解》。

④ （西晉）陳壽：《三國志・魏書・張魯傳》。

⑤ （北宋）歐陽修等：《新唐書・康承訓傳》。

⑥ （清）昭槤：《嘯亭雜錄・徐中丞》。

⑦ （東漢）佚名：《太平經》卷一百三。

⑧ （唐）孫思邈：《千金翼方》卷三十。

至明者託於至幽，所謂以‘神道設教’也。”[①] “古者天子以春秋祭泰一東南郊，用太牢，七日（師古曰：每日以一太牢，凡七日祭也。），為壇開八通之鬼道。（《索隱》曰：司馬彪《續漢書·祭祀志》云：壇有八陛，通道以為門。又《三輔黃圖》曰：上帝壇八觚，神道八角，通三十步也。回曰：上帝壇，指太一也。）”[②] “以神道教人則奇，以人道事神則正，以鬼道教人則幻，以人道事鬼則眞。”[③] 其三，鬼道指佛教六道之餓鬼道。它屬於三惡道之一，指鬼類中有夜叉、羅刹等身懷具大威力者。例如，“義曰：五道者，明善惡之雜報，示苦樂之差別，戒行是修，則受人天之果，罪緣不輟，仍為地獄之因，此其致也。一天道，二人道，三地獄道，四畜生道，五餓鬼道。釋曰：一天道者，字一大也。道氣初應之曰一，一統億兆，無所不包，故號一大。天以自然為義，言諸天皆果報自然也。二人道者，人者，仁人也，謂有仁愛；亦以統御為義，謂假人御陰陽也。三地獄道者，謂居在地下囚獄之中也。四畜生道者，謂為人所畜，亦是積惡招生也。五餓鬼道者，鬼，歸也，謂去生歸滅，無糧常餓也。亦有六道，即加鬼神道。”[④] “今依律召攝，遍十方際，盡玄空界，浩劫以來，至於今日，一切天道，一切人道，一切神道，一切地獄道，一切餓鬼道，一切畜生道，一切孤魂滯魄。” “右關神虎三部、追魂使者，天道、地道、人道、仙道、神道、鬼道、業道功曹。只今前去酆都，六道都案，及東嶽泰山府。”[⑤]

第十一，在儒道結合上，定名“通神道院”。因人的行為或舉止詭異、預言或預測靈驗及藥物或藥效神奇而專門設置“通神庵”，後又“改庵為院”，即更名為“通神道院”。它既是按照廟宇的樣式而建、依照道觀的功能而用的一處場所，也是雜糅“敬神”的儒者渴求道德教化和“崇術”的道士追求特異功能的一種設施。依據文獻、史料及學界的研究成果，現今江蘇省昆山市錦溪鎮的“通神道院”，原名天慶觀，宋代始建三清殿，元時增建正山門，明清時再建中嶽殿、雷祖殿、關帝殿、玉皇殿、文昌閣、門姥閣等，逐漸形成了規模和體系及規制和建制。依據乾隆《陳墓鎮志》所載：“何中立，淮安海州人，披蓑修煉。群號‘蓑衣真人’。其所言休咎輒應，摘蓑衣濟人亦皆靈驗。宋孝宗南渡時，駐蹕（錦）溪上，知為異人，始建庵以居之，賜書‘通神庵’三字，至今尚存。後棲真於天慶觀，慶元三年（1197 年）五月二十二日夜端坐化，葬於長洲縣金鵝鄉里燕塘之原。”例如，“然後天道章，神理炳，善者知勸，而惡者知懲。此文昌神道設教之大恉也。祀文昌者徧天下，而儒衣冠者以其說近道士家言類疑信雜糅，其亦不考於古不究於其義者與？元和、崑山之界，有地名陳墓者，舊有通神道院，院東南爲蓮池、僧舍。乾隆九年，里人始

① （南宋）馮椅：《厚齋易學》卷十三。
② （南宋）魏了翁：《古今考》十四。
③ （清）魏象樞：《庸言》。
④ （唐）孟安排：《道教義樞》卷七。
⑤ （宋）蔣叔輿：《無上黃籙大齋立成儀》卷十三。

建文昌閣於院中。閱數年，尋圮。三十七年秋，復建新閣于池上，累爲三重，閲三歲乃成，費白金八百兩。”① “通神道院，在府陳墓鎮，元時建。”② 由此觀之，“因人立廟”“因事建庵”等事項，落實了“神道設教”的宗旨，追求著勸善懲惡或揚善抑惡的目的。

第十二，在傳統文化裏，神道文化是構築中國古代社會傳統思想文化體系的重要力量。在中國傳統文化視域內，不同歷史時期、不同思想流派或學派如儒家、法家、道家、陰陽家、宗教家等出於自身的政治主張、學術立場、利益訴求、文化追求和藝術修養等目標，關注神道和帝陵神道，詮釋神道文化和帝陵神道文化，以推進傳統思想文化建設事業。他們的思維邏輯、語言習慣和思想内涵有著鮮明的個人印記與時代特色，並依託所創學説和所屬學派、所著書籍和所刻碑文等，闡發了各自所持文化見解、所懷學問態度和所秉藝術氣質等，使帝陵神道文化、思想和哲學成為構築或影響中國傳統思想文化的一種要素和一個因素。中國古代社會中政治家、思想家、宗教家、文學家、建築家、藝術家等，以所樹立或雕刻的“神道碑”為載體，以所撰寫的“神道碑銘”或篆刻的“神道碑文”為契機，外化了文化觀念，固化了思想認識，釋放了人文情懷，展示了藝術修養，弘揚了建築美學，宣揚了宗教信仰，形成了中國傳統思想文化體系的層面和維度。一般而言，神道碑是陵寢建築的構成要素，是帝陵地面建築的要件之一。帝陵與神道碑既有片刻不離或自始至終的關係，也有若即若離或有始無終的關係。其一，帝陵與神道碑的伴生和伴隨關係，即有陵皆有碑，或有神道碑則有陵寢建築，或營建帝陵則樹立神道碑，其屬於陵寢建築之時或過程中的一項配套工程，它可能歷經風雨剝蝕而鏽跡斑斑，也可能突遭自然災害而無跡可尋，又可能遭到人為破壞而支離破碎，還可能飽受戰爭創傷而成為戰利品或犧牲品。其二，帝陵與神道碑的疏離和鬆散關係，即有碑未必有陵，或碑不等於墓碑，墓碑不等於神道碑，且立碑不立傳者有之，如武則天的“無字碑”；碑、墓碑、神道碑皆為立於地上者，且與墓主的身份地位相關聯，尤其是一旦與至高無上的社會地位、神聖不可侵犯的政治地位掛鈎，則凸顯出神道碑的獨特地位或獨有價值。其三，神道碑或因初建而暫存，或為改建而續存，或為擴建而永存。不管是何種情況，大都表明處於統治地位的人不想缺失之，落實統治階級意志的人不能缺少之，揣摩統治集團心理的人不願缺損之，因為它象徵著統治階級的政治尊嚴，關聯著被統治階級的生活指向，故它是統治者精心搭建和用心維護的政治舞臺，也是普通民眾同心嚮往和全心呵護的生活平臺。其四，神道碑刻是精美的藝術作品，神道碑文或碑銘是深奥的思想作品，它們是統治者的政治野心、藝術家的獨具匠心、營建者的良苦用心的真實寫照。在學緣或學脈、學理或學説上，它或由哲學家闡揚其内在邏輯及倫理精神，或由宗教家挖掘其信仰方式及祭祀儀禮，或由文學家宣揚

① （清）彭紹升：《二林居集》卷十。

② （清）趙宏恩：《（乾隆）江南通志》卷四十四。

其活動方式及精神風貌，或由醫學家認定其生理特徵及心理反應等，使之成為不同學科專業領域的共同話題及研究主題，在不同歷史時代和相關領域貢獻了諸多智慧和成果。其五，神道碑的功能和作用並不是單一的，它除了標識、分界等功能外，還有“懸棺”“測日影”等作用；它經歷了從“閉壙中”到“立隧口”的演變，佐證了“因陵立碑”“因靈豎碑”或“為人建碑”等緣由或初衷。例如，“墓前碑碣，未詳所起。按《儀禮》：廟中有碑，所以系牲，並視日景。《禮記》：公室視豐碑，三家視桓楹。豐碑桓楹，天子諸侯葬時下棺之柱，其上有孔，以貫綷索，懸棺而下，取其安審，事畢因閉壙中。臣子或書君父勳伐於碑上，後又立之於隧口，故謂之神道，言神靈之道也。古碑上往往有孔，是貫綷索之遺像。前漢碑甚少，後漢蔡邕、崔瑗之徒，多為人立碑。魏、晉之後，其流寢盛。”[①]“《詳定禮文》所言：天道遠而難致，尊而難親。以其遠而難致也，故常以神道致之；以其尊而難親也，故常以人事親之。”“又言：祭祀之禮，神有尊卑，故禮有隆殺，德有大小，故物有厚薄，惟其稱而已。天神尊，故以神道接之。社稷五祀卑，故以人道接之。以神道接之，則貴遠人之物，故郊天先薦血，次薦腥，次薦爓，次薦熟。以人道接之，則貴近人之物，故社稷、五祀先薦爓，次薦熟。至於髃小祀，則又其卑者，故薦熟而已。”[②]

第十三，在陵寢建制上，石像生是帝陵建築的要素和帝陵神道文化的因素。神道兩側放置一定數量的成對排列的石人石獸，象徵帝王生前的儀衛和守衛，起到迎送死者靈魂的作用，它襯托著神道的神秘、神奇和神聖，顯示著皇帝陵園的莊嚴、肅穆和威儀，體現著帝王靈魂的存續、轉世和佑護。漢代以後，陵墓前、神道邊、入陵處開始裝飾神態恭肅、體積巨大、雕刻精美和造型生動的石人和石獸，其中石人主要是勳臣、文臣和武臣的化身，石獸主要是獅、獬豸、駱駝、象、麒麟、馬的變型，由此形成了石像生的形制和規制——成對排列、依次排序、或立或臥、坐立交替、先人後獸等。不過，由於時代和朝代、區位和地位、環境和情境、人物和人品及經濟狀況和文化理念等影響因素，導致石像生的數量、排位、造型、雕刻、材質等存在差異，反映出石刻文化、碑刻文化、建築文化、生態文化、宗教文化、地域文化乃至服飾文化、裝飾文化的變化與發展。例如，明十三陵因分主神道和輔神道或總神道和分神道，其石像生亦有鮮明特點。我們以其首陵——明長陵為例，可管中窺豹，略見一斑。“明長陵幽深曲折的神道上排列陵寢兆域門（長陵作大紅門，孝陵作大金門）、神功聖德碑亭、石像生、龍鳳門等墓儀設施也源自孝陵制度。但兆域門前石牌坊的設置，石望柱改置石像生之前，像生中增加功臣像等，其制度較之孝陵又更臻完備，更能體現封建社會的禮制特點。”[③] 我們以清東陵首陵——順治皇帝孝陵為例，可知“孝陵神功聖德碑樓向北，沿神路繞過林陰茂密、果枝累累的天然影壁山，在神路兩

① （唐）封演：《封氏聞見記》卷六。

② （南宋）李燾：《續資治通鑒長編》卷三百十七。

③ 胡漢生：《歷代帝后陵寢研究書系·明十三陵》，中國青年出版社1999年版，第10頁。

側，井然有序地排列著十八對石人石獸，統稱為石像生，也叫‘翁仲’”[①]。即石獅、獬豸、駱駝、大象、麒麟、石馬立臥各一對，武將、文臣各三對。而“康熙二十年（1682年）興建景陵時，只雕了五對‘翁仲’，其風格與孝陵這十八對截然不同。後來乾隆裕陵所雕的八對‘翁仲’，咸豐定陵所雕的五對‘翁仲’，都沿襲了康熙景陵的雕技與風格”[②]。據文獻記載和學術研究，有石人石獸合稱翁仲之說，也有統稱石像生之說，但其原始含義如下：石人稱翁仲——石人放置在墓前始於秦朝阮翁仲像。阮翁仲駐守臨洮時征服匈奴而立奇功，秦始皇為表達懷念之情和表示感佩之意，特鑄翁仲銅像，特立咸陽宮司馬門外，發揮鎮守邊城和震懾匈奴等作用。石獸稱石像生——石獸放置在墓前始於漢代霍去病墓。漢武帝為了表彰戰功卓著卻英年早逝的抗擊匈奴的英雄——霍去病，特許在茂陵之東遵循“依山為陵”的理念修建霍去病墓，工匠們參照祁連山的天然石獸，在墓前鑿刻了躍馬、臥馬、伏虎、臥象、小豬、石魚、人與熊、猛獸食羊等石刻，以致造就了“馬踏匈奴”的典故。之後，歷代帝王在修建自己的陵墓時大都沿用石人石獸的陵前裝飾，如唐陵、宋陵、明陵、清陵基本上都在陵墓前陳列儀仗隊式的石人石獸，使之成為皇帝陵園不可或缺的組成部分。“從《水經注》描寫的東漢官僚墓地上石刻群的情況來看，有下列兩個特點：第一個特點是，墓地上的石刻群往往佈置在祠堂或祠廟的前面，說明石刻群的出現該與當時盛行的上墓祭祀的禮俗有關。儘管漢武帝時期霍去病墓前已有石刻群，但在當時是個特殊的例子，是為了表彰霍去病的武功而特別設置的，它和後世墓前石刻群的性質不同。到西漢、東漢之交，由於上墓祭祀禮俗的盛行，豪強大族紛紛在墓地上建祠堂或祠廟，石刻群也開始普遍設置了。光武帝的原陵，在開始建立供上陵朝拜祭祀用的寢殿和鐘虡的同時，開始在陵前大道上陳列石象、石馬等石刻群，決不是偶然的。第二個特點是，墓地上石刻群往往成對佈置在墓前大道的兩旁。古時墓前開築的大道叫做‘神道’，一般又稱為‘隧道’。‘隧道’有兩個意義，一是指地下挖掘的通道，有時用來指墳墓中通向地下墓室的通道；另一是指宮室門前中央的大道，也用來指墓前開築的大道。《水經注·易水》說：‘其東謂之石虎岡，范曄《漢書》云：中山簡王焉（光武帝之子劉焉）之窆也，厚其葬，采涿郡山石，以樹墳塋，陵隧碑獸，並出此山（按指郎山）。’所說‘陵隧碑獸’，就是指陳列在墓前大道兩旁的石刻群。……《水經注·陰溝水》說‘光武隧道所表象馬’，就是指光武帝陵前大道上樹立的石象和石馬。這樣在陵前大道兩旁佈置成對的石刻的方式，為後世長期沿襲應用。”[③]

第十四，在文化交流上，神道是中外文化交流尤其中日兩國宗教文化交流的前提和媒介。我們以中日神道文化比較和交流關係為例，可見中國的神道與日本的神道形成了經久

① 參見于善浦編著《清東陵大觀》，河北人民出版社 2000 年版，第 24 頁。

② 同上書，第 26 頁。

③ 楊寬：《中國古代陵寢制度史研究》，世紀出版集團/上海人民出版社 2003 年版，第 80—82 頁。

而深遠的影響與被影響關係。在思想文化比較與交流的意味上，神道文化屬於中日兩國共有的文化形態，也具有某些類似的文化內涵，但不具備同質的文化屬性，也各自追求本民族特有的文化精神，張揚本民族獨有的文化功能，樹立本民族自有的文化品牌。神道文化作為一種特殊的宗教文化形態，扮演了中日文化比較的內容和交流的平臺等關鍵角色，也是檢視原創文化與應用文化、先進文化與落後文化、世界文化與民族文化之間相互關係的尺度或指標。中國古代思想家較早地關注了日本社會，較多地論述了日本文化，較深地挖掘了日本人國民性，即國人一直未放棄對東臨島國——日本社會及其思想文化的閱讀，其中關涉日本宗教的核心形態或日本的民族宗教——神道者大有人在，儘管見仁見智，但不乏真知灼見。如《漢書・地理志》是中國最早對日本有確切記載的歷史書籍；《隋書・東夷倭國傳》記載了公元607年倭國派小野妹子出使中國，國書寫有“日出處天子致書日沒處天子”；中國南朝文學家范曄在《後漢書》中論及了日本的地理位置、自然環境和生產方式等內容；西晉史學家陳壽著《三國志・魏志・東夷傳・倭人條》，記載了中國三國時代的斷代史，記述了日本國名的演變；《新唐書・日本傳》記載了公元670年日本使節朝拜中國皇帝時，建議將“倭國”改稱“日本”，即指太陽升起的地方，並沿用至今。清代學者王先謙在《日本源流考》中，提到了《後漢書・東夷傳》所載“卑彌呼”之說，《日本史》所記“天皇尊神道，信佛法”之論，本居宣長在《日本記傳》中的“主張神道”之言，以及日本明治維新後“復神道，廢佛法”之策等，描繪了一幅神道文化演變的歷史畫卷。在國別或民族上，不同國家和民族分別關注神道設施建設和神道文化現象，解讀神道文化內涵，張揚神道文化精神，如在中國傳統文化語境下，或使用神道用語，或分類神道類型，或拓展神道領域，或豐富神道文獻，或深究神道功能，使神道文化成為民族文化的重要層面，或使神道設施成為歷史遺存和文化遺跡的重要成分；而在日本民族文化語義下，或創立神道學說，或發展神道學派，或完備神道設施，或推崇神道祭祀，使神道文化成為日本民族特有的文化現象和特殊的文化符號，或使神社成為日本宗教文化的載體和平臺。我們認為，神道文化是聯通中日文化交流的橋樑，開展中日文化比較的平臺，檢視中日文化建設的指標，以及證明中國傳統文化影響日本民族文化的素材。例如，“神道：自天祖大日靈尊治高天原為天照大神，……自神武創業，崇神肇基，神功遠伐，皆托之以神，而神道益尊。及允恭天皇四年，帝憂群臣氏族錯亂，詔設鼎於廟，誓神探沸湯，偽者皆手爛，遂以神道聽松。顯宗天皇三年，月神、日神迭憑人謂阿閉事，代宜以地獻高皇產靈事，代備奏之，帝遂奉以田，使壹岐縣主、對馬縣主侍廟，又以神道行政。……夫建邦神者，天地剖判時草創國土者也，爾舉族祀之，國必復興。則又以神道警勸外國。……外史氏曰：神武之開基，崇神之肇國。（崇神尊稱曰‘御肇國天皇’）神功之遠征，一以神道行之。……余觀上古之世，清靜沕穆，禮神重祭，萬國所同。而一切國政皆出於神道，則日本所獨。……抑余考日本諸教流行，獨無道教，蓋所謂神道者即為道教，日本固早重之。彼張魯之米教，寇謙之符籙，杜光庭之科儀，反有所不必行矣。”①

第十五，在文化比較上，神道是中外民族文化比較尤其是中日兩國民族文化比較的素材和平臺。在深厚中國傳統文化的歷史、展示中華民族睿智的典籍或文獻中，“始出”神道，證明了中國人的文化創造力；“多見”神道，佐證了中國人的文化推廣力；演繹“神道”，說明了中國人的文化滲透力；輸出“神道”，見證了中國人的文化影響力。在幅員遼闊的中華大地和山川秀美的文明古國，“始建”神道，體現了古人外化智慧的追求；“常見”神道，說明了先人人化自然的努力。另外，在蕞爾小國——日本“遍存”神道，足見日本民族仰慕和應用中國大陸先進思想文化，以助推日本社會發展、思想建設及文化比較。創造和使用概念或範疇說明一個民族在認識、利用和改造自然界與人類社會的過程中，在處理和解決人與自然、人與物、物與物、人與人、人與社會及人與神之關係的進程中，不斷地擺脫無知、蒙昧和野蠻，不斷地靠近文明、進步和發展，不斷地打開文化記憶的扉頁，不斷地展示人智啟蒙的成果。“神道”用語在內涵上逐漸豐富、在外延上逐步拓展及在應用上持續強化，說明中國人能夠始終一貫地集中精力、凝聚智慧貢獻於人類文明進步和文化發展事業，而開通神道和鑿刻石人石獸，則說明自古以來中國人並不滿足於以文獻記載文化，以書籍記錄文化，以典籍輯錄思想，還致力於以實物傳承文明，以遺存證明文化，以遺跡留存思想，為後人以文化閱讀歷史開闢了多種路徑，以文明關照歷史開拓了多元空間，以文化和文明續寫歷史創造了有利條件。而原於《日本書紀》中的日本神道用例，一方面印證了日本民族文化和民族宗教在概念和內容上接受大陸先進思想文化的影響程度；另一方面昭示了日本人在認識和思維上即處理和解決文化輸入與文化輸出、先進文化與落後文化、世俗文化與宗教文化的互動關係時所表現出來的文化鑒別力和文化應用力。哲學、宗教上的概念或範疇是構築思想文化體系的基本單位和根本要素，是對自然界、人類社會及思維發展中的事物、現象及其規律的提煉、概括和抽象，是人類文明和智慧的思想凝結，是一個民族歷史足跡和傳統文化的重要表徵。各個歷史時期的哲學思想家及宗教家特別關注諸種思想文化形態之神道文化，足以說明神道範疇所具有的本位價值和社會功能價值。我們對神道概念或範疇的歷史考察，一定程度上可以看出中國傳統思想文化的發展軌跡與演進邏輯，可以考查中國傳統思想文化體系中各種思想文化形態之間的交合、紛爭、鏡鑒等關係，亦可究明中國傳統思想文化投射於或輻射到“東鄰島國”——日本的歷史事實，以及闡明以民族宗教文化——日本神道文化尤其是神社神道文化為媒介的中日文化對話和思想比較的歷史過程及影響作用，即通過揭示神道概念或範疇的豐富內涵、廣泛外延和深刻影響，能夠把握中日思想文化在各個歷史時期的比較關係和不同思想文化領域中的鏡鑒關係。

① （清）黃遵憲：《日本國志》下卷，吳振清等點校整理，天津人民出版社2005年版，第892—904頁。

總之，神道載於和出於中國古代歷史文獻，立於和融於中國傳統思想文化，傳於和變於日本社會及其思想文化領域，見於和成於中日思想文化比較和交流的歷史過程及其成果，尤其是以神道文化為媒介和載體的中日兩國之間多層次、多渠道、長時間、雙向性的交流事業，主要包括文化交流（世俗文化、宗教文化及文學戲曲、書畫藝術等）、教育交流（如開辦學校等）、人員交流（如商人、遺民、僧侶、學者、醫生等）。這樣一來，神道文化不僅在中國社會和中華民族內實現了文化創造、文化傳播和文化傳承，又在中國與日本、中華民族與大和民族間實現了文化交流、文化比較和文化融合。因此，國內外學術界和思想界一直關注神道的出典、內涵、價值及其影響，人們百折不撓地挖掘神道的出典、挖空心思地探究神道的內容、千方百計地評價神道的價值和想方設法地廓清神道的影響，目的是以神道文化研究為契機，尋求中國傳統思想文化的與時俱進的邏輯和創新發展的機制，厘清神道文化在不同時段、不同國度和不同民族之間所形成的文化變遷軌跡與思想流播規律。

二　神道釋義

我們利用網絡平臺和資訊技術，在《中國基本古籍庫》裏，查閱了神道的來龍去脈，閱讀了神道的存儲方式，瞭解了神道的多種形態，明確了神道的主要線索，知曉了神道的物質遺存，明瞭了神道的文化遺跡，享受了神道的思想追求，見識了神道的哲學底蘊，這就為我們分類神道、歸類神道、釋義神道和把脈神道提供了基礎資料和主要思路。《中國基本古籍庫》的大致分類有“哲科庫”（包括思想類、宗教類、政治類、經濟類、法制類、軍事類、科技類、農學類、醫學類）、史地庫（包括歷史類、地理類、外國類）、藝文庫（包括語文類、文學類、藝術類）、綜合庫（包括教育類、體育類、生活類、術數類、其他類）。僅就神道一詞出現的順次和頻次來看，有些條目屬於重復出現或反復使用，有些條目屬於幾經轉載或部分引述，有些條目屬於文化釋義或思想解讀，有些條目屬於誤記、誤讀、誤傳或誤用等，有些條目屬於裝飾、點綴、充數或畫蛇添足，有些條目屬於匯總、彙編、集成或人云亦云，有些條目屬於轉義、演繹或演義，甚至有些條目屬於斷章取義、不得其意或望文生義，等等。為了閱讀和研究之用，也為了後人參考和解釋之便，我們選取《中國基本古籍庫》裏所收錄的、經過文獻整理的部分神道條目，對其說法和用法、原義與釋義、本義與演繹等相關層面或不同維度予以回顧和匯總、閱讀和集成。

分類與歸類文獻資料和資訊資源，是盤活學術資源和提升學術品質的內在要求，也是拓展學術空間和經營學術陣地的主要方式，更是尊重悠久歷史和燦爛文化的基本態度。當我們確定某一分類標準後，則可以獲得相應的歸類結果。如果我們以時間線索為標準，則可知神道是出現在不同時代、不同朝代的帝陵建築之中的歷史文化現象；如果我們以空間分佈為標準，則可知神道是遍佈於中國的帝陵與日本的神社、中國人和日本人的內心世界的歷史文化現象；如果我們以文獻類型為標準，則可知神道是存儲於不同文獻、不同文本、不同文體及不同學說等載體中的歷史文化現象；如果我們以存在方式為標準，則可知神道是為不同社會群體、不同社會階層提供精神產品和精神食糧等資源的歷史文化現象；如果我們以價值追求為標準，則可知神道是反映政治制度、文化訴求、宗教信仰、建築藝術、生態觀念等內涵的歷史文化現象；如果我們以思想內容為標準，則可知神道是承載政治、思想、道德、藝術、信仰及風水、堪輿、陰陽等方面的歷史文化現象；如果我們以表現形態為標準，則可知神道是分為觀念和實物、理念和遺存、精神和遺跡等樣式的歷史文化現象；如果我們以社會階層為標準，則可知神道是分佈在帝陵或皇陵、后陵或妃陵和妃園陵及英雄人物的陵園等建築的歷史文化現象；如果我們以所屬領域為標準，則可知神道是涉及思想文化與審美藝術、人性修養與傳統醫學等範疇的歷史文化現象；如果我們以主體和受眾為標準，則可知神道是遍佈民間社會、統治階級等群體的歷史文化現象；如果我們以精神實質為標準，則可知神道是揭示人與神、人與靈、人與祖先、人與社會、人與制度、人與自然、人與生態、人與環境等關係的歷史文化現象；如果我們以功能價值為標準，則可知神道是構築和承載、傳播和傳承、內化和支撐中國傳統思想文化體系化與整體性等特徵的歷史文化現象。

【出典一】“《象》曰：大觀在上，順而巽，中正以觀天下。觀，盥而不薦，有孚顒若，下觀而化也。觀天之神道，而四時不忒。聖人以神道設教，而天下服矣。”①

【釋義一】觀卦，即觀察和分析事物論，其內涵是提出觀察事物的基本原則、分析問題的根本方法和解決矛盾的主要路徑；其宗旨是追求政治穩定、社會和諧、自然有序、民心歸依、民意暢通、天下太平的理想境界，其大意為觀察和思考萬事萬物萬象時要站的高一些、看的遠一點和想的深一層，且態度溫和，持中守正，不偏不倚；觀看祭祀活動或宗教儀式時，要始終表現出虔誠的心態和感念的狀態；審視自然運行的規律和認識四季交替的道理，懂得聖人藉此施行教化而使天下人嘆服和順服的要旨。

【釋義二】注釋或演繹“神道”和“神道設教”，勾勒出中國神道文化、思想和哲學的理念、輪廓和線索，映射出中國古代社會思想家們的精神軌跡和心路歷程，即表明了人們探求神秘莫測的事物和神奇靈妙的現象的志向，昭示出不同時代和不同學派的思想家們矢志於思想文化建設的信念；從源與流、根與脈、始與終等關係上來看，不同時代的思想家和各種學派的代表者關注“神道”的文化價值，闡發“神道設教”的政治功能和社會作用，但在中國社會只有散见於歷史文獻中的“神道概念”和“神道學說”，而沒有形成

① 《周易·觀卦》。

系統的“神道理論”和獨立的“神道學派”，這是值得思考和研究的現象。我們通過閱讀後人之書、沿用古人之言和沿襲古人之說，驗證思想文化建設的歷史繼承性和相對獨立性等特徵。比如，三國時王弼的注釋：“王註：統說觀之為道，不以刑制使物，而以觀感化物者也。神則無形者也。不見天之四時，而四時不忒，不見聖人使百姓，而百姓自服也。”[①] 唐朝孔穎達的注疏：“觀天之神道而四時不忒者，此盛名觀卦之美言，觀盥與天之神道相合，觀此天之神道而四時不有差忒。神道者，微妙無方，理不可知，目不可見，不知所以然而然，謂之神道。……聖人以神道設教而天下服矣，此明聖人用此天之神道以觀設教，而天下服矣。天既不言而行，不為而成，聖人法則天之神道，本身自行善垂化於人，不假言語教戒，不須威刑恐逼，在下自然觀化服從，故云天下服矣。”[②] 北宋程頤的詮釋：“天道至神，故曰‘神道’。觀天之運行，四時無有差忒，則見其神妙。聖人以天道之神，體神道以設教，故天下莫不服也。夫天道至神，故運行四時、化育萬物無有差忒。至神之道莫可名言，唯聖人默契，體其妙用，設爲政教，故天下之人涵泳其德而不知其功，……故曰：以神道設教，而天下服矣。”[③]

【釋義三】在《周易·觀卦》中，神道之道是指自然界的理法、法則和規律。神道之神是用來修飾和形容自然之道、天之道、宇宙之道和萬物之道的，它指自然界之中固有的一種超乎尋常的作用或內在的一種高深莫測的功能。張揚神道，就是懾服於自然力的神奇，嘆服於自然界的神秘，折服於自然物的神威，亦即憑藉自然世界的威力，實現自然順服、政治安定、人心歸依的社會效果。“神道設教”的奧秘在於追求自然與人事的統合及達成“政道、人道與天道合一”的政治目標，而對神靈的崇敬和對神明的祭奠，如同窺察奇特與玄妙的自然規律，認同無比與無窮的自然靈力，才能藉以施行教化而使百姓信服。為了構築穩固的政治秩序與和諧的社會秩序，必須借助“神道設教”的方式，發揮“神道設教”的功能，洞察“天之神道”的本質，體現“天之神道”的價值。總之，神道不僅是一個抽象的概念和思辨的範疇，還具有素樸的自然哲學的要素和要領。

【出典二】“轉圓者，無窮之計也。無窮者，必有聖人之心，以原不測之智；以不測之智而通心術，而神道混沌為一。以變論萬類，說意無窮。智略計謀，各有形容，或圓或方，或陰或陽，或吉或凶，事類不同。故聖人懷此，用轉圓而求其合。故與造化者為始，動作無不包大道，以觀神明之域。天地無極，人事無窮，各以成其類；見其計謀，必知其吉凶成敗之所終。轉圓者，或轉而吉，或轉而凶，聖人以道，先知存亡，乃知轉圓而從方。圓者，所以合語；方者，所以錯事。轉化者，所以觀計謀；接物者，所以觀進退之

① （明）錢澄之：《田間易學》卷三，清文淵閣四庫全書本。

② （唐）孔穎達：《周易注疏》卷第四。

③ （北宋）程頤：《伊川易傳》伊川易先生周易上經傳卷之三。

意。皆見其會，乃為要結以接其說也。”①

【釋義一】鬼谷子在春秋戰國思想史上位列諸子百家，精通縱橫術，著有《鬼谷子》——側重於權謀策略和言談辯論之技、《本經陰符七術》——集中於持身養神蓄鋭之道，而“轉圓法猛獸”是指人要想實現運用計謀如轉動圓球，則應效法猛獸。自然界的埋法與人類社會的技法具有一致性或通約性，故參照自然界的事物、現象及其規律，有助於認識社會事物和社會現象、處理社會關係和社會問題、揭示社會本質和社會規律。

【釋義二】轉圓是一種變化莫測的計謀。要有無窮的計謀，必有聖人的胸懷，才能施展變化多端的智慧；使用深不可測的智慧溝通心術，哪怕在神明與天道混為一體之時，也可以推測出事物變化無常的道理、解釋宇宙無窮無盡的奥秘。智略計謀各具形式和內容，有圓略和方略、陰謀和陽謀、吉智和凶智之分，均因事而變、因地而宜或因人而異。聖人憑藉轉圓，以求與道契合，以期與理吻合。從創造和化育者開始，各種作為無不與天道符合，借此仰觀神明之境。天地無垠，人事繁雜，考察個中計謀，可以預知成敗與興衰。轉圓時，存在轉吉和轉凶之別，只有聖人以道預測存亡，方知轉圓就方。圓乃語言靈活且合乎規範，方乃四角穩固而事物穩定，轉化乃轉禍為福、轉失為得、轉敗為勝和轉衰為興，接物乃通達人情而進退自如。只有融通四法，才能歸納要點和總結結論，並發展聖人的學說與提升哲人的學理。

【釋義三】“神道混沌為一”是指神明與天道處於天地未剖、混沌未分、合而為一的狀態。此神道是神明和天道的合稱。哪怕是在神明與天道一體狀態下，人們只要憑借自身的智慧和心術，也可以探知處於混沌狀態的自然界中的非混沌現象，把握隱藏於紛繁復雜的自然事物和現象背後的具有某種規律性的確定不移的東西；推而廣之，如果能夠遵循神明與天道的混沌原則，迎合神明與天道的合一關係，人們就可以在處理和解決人與自然、人與環境、人與生態及人與人、人與組織、人與社會的關係時，憑依獨有的計謀和胸懷，在險象環生的人際溝通過程中化險為夷，在荊棘叢生的社會交往進程中披荊斬棘，在如履薄冰的人生舞臺上閒庭信步，在勾心鬥角的政治較量中遊刃有餘。

【出典三】“夫無形無聲而使物自然者，道與神也；有形有聲而使物自然者，地與天也。神道蕩蕩而化，天地默默而告；蕩而無所不化，默而無所不告；神氣相傳，感動相報；反淪虛無，甚微以妙；歸於自然，無所不導。故，言言之言者，自然之具也；爲爲之為者，喪眞之數也；無為無言者，成功之至而長存之要也。是以聖人，言不言之言，爲不爲之爲；言以絕言，爲以止爲。絕言之道，去心與意；止爲之術，去人與智。爲愚爲慤，無知無欲。無欲則靜，靜則虛，虛則實，實則神。動歸太素，靜歸自然，保身存國，富貴

① （戰國）鬼谷子：《本經陰符七術·轉圓法猛獸》。

無患，群生得志，以至長存。此言之易知而事之易行者也，而天下莫能知莫能行也。"①

【釋義一】"無形無聲而使物自然而然的，是道與神呀；有形有聲而使物自然而然的，是地與天呀。神道無所拘制而風化，天地默默無言而相告；放縱而無所不風化，緘默而無所不相告；神氣相互傳遞，感動相互應照；返還虛無之中，其內甚是微妙；回歸於自然，無所不開導。所以，用言語說出的言語，是自然的器具呀；以作為造作的作為，是失真的理數呀；不造作不言語，是成功的終極而長存的訣竅呀。所以，聖人以不言之言為言，以不為之為為為；以堵絕言語為言，以休止作為為為。堵絕言語的方法，是消除心思與意念；休止作為的方法，是消除謀略和智慧。癡愚忠厚，無知無欲。無欲則心中平靜，靜則胸中謙虛，虛則引物充實，實則神明進入。動則回歸天地未分的階段，靜則保持自身的自然而然，保身存國，富貴無患，群生各自滿足自己的志向，以至達到長生久存。這是言語之中容易明曉而諸事之中容易施行的呀，而天下沒有人能知沒有人能行呀。"②

【釋義二】春秋戰國時期，各國推行富國強兵的國政，奉行強國惠民的內政，崇尚實用主義，追逐實用價值，但老子所主張和表白的政治觀念卻有保守的傾向和退避的色彩，其政治思維顯得與時代脫節，政治思想顯得欠缺利用價值。《道德經》所宣明的政治主張和所踐行的政治思維，在敵存我亡的環境下，在深謀遠慮的政治家眼中顯得不合時宜，甚至與時代背道而馳。不過，在依然是封建社會的兩漢、隋唐等朝代反而受到重用而制定出休養生息政策。思想與時代是否契合，文化與歷史能否切合，印證著時代或歷史對思想或文化的制約性與思想或文化相對於時代或歷史的獨立性的辯證關係。我們認為，一種思想文化形態的產生條件、發展機理和作用方式，決定或影響著其存續時間的長短、思想價值的有無及社會作用的大小等，它既可以通過直接或間接作用於構築政治秩序、社會秩序或自然秩序等目標，成為主導社會發展和文化建設的主流意識，也可以遠離思想紛爭或逃避社會責任，謀求自娛自樂的狀態，追求內心平靜的境界，成為滿足人們特殊的文化訴求和心理需求的一種方式。

【釋義三】嚴遵的《老子指歸》亦稱《道德指歸論》，在闡發天地萬物為何產生、由何產生、如何產生等問題時，遵循《老子》關於由無生有、由少生多的宇宙演化論之宗旨，構造了一幅以虛無為源、以氣化為流的宇宙演化論之圖式；在探討世界萬物產生、存在和變化的根據及原由時，延續了以無為本的本體論；在闡述"萬物自生""物自為之化"的命題及天地與萬物的關係時，指出了天地萬物、人間萬象彼此和諧的事實，證明了天地無為、萬物自生自化的道理。總之，無為思想否定了天命論和神學目的論，其"與時俱和"可以給予現代社會一定的啟示。

① （西漢）嚴遵：《老子指歸·言甚易知篇》。

② 王德有：《老子指歸譯注》，商務印書館 2006 年版，第 277—278 頁。

【釋義四】參閲《老子》關於神與道、天與地、神道與天地、有與無的論述，有助於我們理解“神道蕩蕩而化，天地默默而告”的涵義。例如，“道可道，非常道。名可名，非常名。……無名天地之始；有名萬物之母。”① “有物混成，先天地生。寂兮寥兮，獨立而不改，周行而不殆，可以為天下母。吾不知其名，字之曰道，強為之名，曰大。大曰逝，逝曰遠，遠曰反。故道大，天大，地大，人亦大。域中有四大，而人居其一焉。人法地，地法天，天法道，道法自然。”② “反者道之動，弱者道之用。天下萬物生於有，有生於無。”③ “道生一，一生二，二生三，三生萬物。萬物負陰而抱陽，沖氣以為和。”④ “昔之得一者，天得一以清，地得一以寧，神得一以靈，穀得一以盈，萬物得一以生，候王得一以為天下貞。其致之也。天無以清將恐裂，地無以寧將恐廢，神無以靈將恐歇，穀無以盈將恐竭，萬物無以生將恐滅，候王無以貞而貴高將恐蹶。”⑤ 中國古代哲學思想家們大都設定世界本原，以彰顯宇宙本原意識，但並不執著於追問本原是什麼，而是繼續勾畫著世界圖景，以本原融入世界之中，求索世界本真“是什麼”和“怎麼樣”等問題，即在自然與人事、本性與教化的相對狀態下，闡發道與神、地與天、有與無的關係，闡述天人合一、古今一貫、形神一體、有無轉化的思想。“中國人承認的基本原則是理性——叫做‘道’；道為天地之本，萬物之源。中國人把認識道的各種形式看作是最高的學術，然而這和直接有關國家的各種科學研究並沒有聯繫。老子的著作，尤其是他的《道德經》，最受世人崇仰。……中國人雖然都可以任意研究這些哲學著作，可是更有一派人自己稱為道士或者‘道的崇拜者’，把這種研究作為專業。道士們與世隔絕，他們的見解裏混雜有許多妄想和神秘的成分。例如他們相信：凡是得‘道’的人便取得了無所不包的、簡直認為是無所不能的秘訣，並且可以發生一種超自然的力量，使得道的能夠升天，永遠不死（極類似我們曾經談起過的那種萬有的‘仙丹’）。”⑥

【釋義五】參閲《老子指歸》關於神與道、神明與天地、有與無、大與小、始與終等概念及其關係的論述，有利於我們把握“神道蕩蕩而化，天地默默而告”之所指。例如，“一者，道之子，神明之母，太和之宗，天地之祖；於神爲無，於道爲有，於神爲大，於道爲小。故，其爲物也，虛而實，無而有，圓而不規，方而不矩，繩繩忽忽，無端無緒；不浮不沉，不行不止，爲於不爲，施於不與，合囊變化，負包分理。無無之無，始始之始，無外無內，混混沌沌，芒芒汎汎，可左可右；虛無爲常，清靜爲主，通達萬天，流行

① 《道德經》第一章。

② 《道德經》第二十五章。

③ 《道德經》第四十章。

④ 《道德經》第四十二章。

⑤ 《道德經》第三十九章。

⑥ ［德］黑格爾：《歷史哲學》，王造時譯，世紀出版集團/上海書店出版社 2006 年版，第 126 頁。

億野；……故，能知一，千變不窮，萬輪不失；不能知一，時兇時吉，持國者亡，守身者没。”① 研究者認為：“關於‘道’，《指歸》採納了《淮南子》的觀點，認為它是引導天地萬物生化的軌道，是天地萬物普遍遵循的法則。……這是說道沒有形象，沒有聲色，沒有意識，沒有作為，是一種看不見、摸不著、聽不到、無所事事的東西。……也就是說，道作為一個普遍法則，無有形狀容貌，卻可以包容一切，奇妙亨通，使天地諧和，陰陽不戾，四時順暢，萬物安泰。……道即是這個萬物以之為常規的無為法則。”② 再如，“有物俱生，無有形聲，既無色味，又不臭香；出入無戶，往來無門，上無所蒂，下無所根；清淨不改，以存其常，和淖纖微，變化無方，與物糅和而生乎三；爲天地始，陰陽祖宗，在物物存，去物物亡；無以名之，號曰神明。生於太虛，長於無物，稟而不衰，授而不屈，動極無窮，靜極恍惚；大無不包，小無不入，周流無物之外，經歷有有之內；天奔地馳而不能及，陰騁陽騖而不能逮，響窮竭而不能應，影靡散而不能類；取而不能以息，予而不能以費，去取有分，無所憎愛；留柔居弱，歸於空虛，進退屈伸，常與德俱；爲道先倡，物以疏瞿，受多者聖智，得少者癡愚。故神明聖智者，常生之主也；柔弱虛靜者，神明之府也。”③ 研究者認為：“關於‘神明’，《指歸》吸取了《管子》書中《內業》《白心》《心術上》《心術下》諸篇的觀點，把它描繪成一種變化莫測的氣，《管子》四篇稱之為‘精氣’，《指歸》稱之為‘神氣’（卷六）。”④ 這樣一來，《老子》中的“由上可見，道生一，一生二，二生三，三生萬物”就演變為“道生一，一生神明，神明生太和，太和生萬物，也就是自然無為的法則生原始混沌物質，原始混沌物質生神氣，神氣生和氣，太和妙氣生天地萬物。在這裏，除了宇宙起始於一個抽象的法則‘道’外，完全是一個物質世界演化的過程”⑤。神道指無形無聲的不可感知的“無物”“無狀之狀”和“無物之象”，且表現為化生萬物的作用和化育萬象的機能，而天地指有形有聲的可以感知的宇宙萬物和人間萬象。總之，先民們已經不是靜態地認識事物和現象，而是動態地把握事物和現象，即通過揭示化育萬物的過程和化生天地的結果來把握神道的意旨與功用。

【出典四】“禹既嗣為博陸侯，太夫人顯改光所自造塋制而侈大之。起三出闕，築神道，北臨昭靈，南出承恩，盛飾祠室，輦閣通屬永巷，而幽良人婢妾守之。”⑥ “廣死明年，李蔡以丞相坐詔賜冢地陽陵當得二十畝，蔡盜取三頃，頗賣得四十餘萬，又盜取神道外壖地一畝葬其中，當下獄，自殺。”⑦

① （西漢）嚴遵：《老子指歸·得一篇》。

② 王德有：《老子指歸譯注》，商務印書館 2006 年版，（自序）第 7—8 頁。

③ （西漢）嚴遵：《老子指歸·生也柔弱篇》。

④ 王德有：《老子指歸譯注》，商務印書館 2006 年版，（自序）第 9 頁。

⑤ 同上書，（自序）第 10 頁。

⑥ （東漢）班固：《漢書·霍光傳》。

⑦ （東漢）班固：《漢書·李廣傳》。

【釋義一】封建神學是維繫東漢政權的統治思想，儒家思想經過“罷黜百家，獨尊儒術”式的整合業已成為支撐東漢皇權的正統思想，故班固編寫《漢書》的目的之一是神化皇權和擁立正統，宣揚“五德終始說”和“王權神授論”，闡揚“天人感應論”和“災異祥瑞說”，旨在最大限度地服務東漢王朝的封建統治。

【釋義二】中國古代在陵墓前開掘神道或在陵園中開通神道，應該起始於西漢時期。其一，“起三出闕，築神道，北臨昭靈，南出承恩”。此神道指墓前神道，它是屢建戰功、聲名遠播的霍家一改前制（陵墓制度），耗費鉅資修建的巨大石闕和寬闊神道，以顯示霍家功高蓋世的霸氣、比肩最高統治者的骨氣和覬覦漢室皇權的勇氣。其二，“盜取神道外壖地一畝葬其中”。此神道指陵園神道，屬於漢景帝劉啟陽陵中所辟神道。在封建社會，加官進爵者屢見不鮮，人們往往期待位高權重者政治清明或潔身自好，但事與願違者不乏其人。其三，由開闢神道到鑿刻石像生，可視為神道文化建設的重大舉措。

【釋義三】“起三出闕，築神道”之神道指墓前神道，即通向墳墓之道，連接墳墓之道，比喻由生及死、由現世到來世的通道，以及死後靈魂與生前意志彼此相通之道；“修築神道”，藉以顯示生前的社會地位和膨脹的政治意圖，也因此招致誅滅之災。“盜取神道外壖地一畝葬其中”之神道作為帝陵神道，本來具有皇權神聖、皇位永續、皇室威嚴、皇恩浩蕩及皇靈不滅等象徵意味，但一些封建貴族“以權謀私”“盜取壖地”，則說明他們試圖借助封建社會最高統治者的淫威而造勢，表明他們欲借用皇帝陵園的風水而強勢。

【出典五】“望至，說囂曰：足下欲承天順民，輔漢而起，今立者乃在南陽，王莽尚據長安，雖欲以漢為名，其實無所受命，將何以見信於眾乎？宜急立高廟，稱臣奉祠，所謂‘神道設教’，求助人神者也。且禮有損益，質文無常。削地開兆，茅茨土階，以致其肅敬。雖未備物，神明其舍諸。囂從其言，遂立廟邑東，祀高祖、太宗、世宗。”[①]“論曰：安順以後，風威稍薄，寇攘浸橫，緣隙而生，剽人盜邑者不闋時月，假署皇王者蓋以十數，或托驗神道，或矯妄冕服。然其雄渠魁長，未有聞焉，猶至壘盈四郊，奔命首尾。若夫數將者，並宣力勤慮，以勞定功，而景風之賞未甄，膚受之言互及。以此而推，政道難乎以免。”[②]“大為修冢塋，開神道，平夷吏人冢墓以千數，作者萬餘人。發常山、巨鹿、涿郡柏黃腸雜木，三郡不能備，復調餘州郡工徒及送致者數千人。凡徵發搖動六州十八郡，制度餘國莫及。”[③]“左慈，字元放，廬江人也。少有神道。”[④]“桓、靈間，倭國大亂，更相攻伐，歷年無主。有一女子名曰卑彌呼，年長不嫁，事鬼神道，能以妖惑眾，於是共立為王。侍婢千人，少有見者，唯有男子一人給飲食，傳辭語。居處宮室、樓觀城

---

① （南朝宋）范曄：《後漢書・隗囂傳》。
② （南朝宋）范曄：《後漢書・楊璇傳》。
③ （南朝宋）范曄：《後漢書・中山簡王焉傳》。
④ （南朝宋）范曄：《後漢書・左慈傳》。

柵，皆持兵守衛。法俗嚴峻。”① “贊曰：逷矣西胡，天之外區。土物琛麗，人性淫虚。不率華禮，莫有典書。若微神道，何恤何拘。”②

【釋義一】范曄的《後漢書》與司馬遷的《史記》、班固的《漢書》並稱“三史”，流播於世，流傳至今，流行不止，深刻地反映了時人的價值觀並深度地影響著世人的歷史觀。追本窮源，司馬遷以《史記》創設通史體裁，但未見一處“神道”用語；一脈相承，范曄以《後漢書》沿襲紀傳體例，多次論及“神道”意旨；意味深長，中國古代社會歷史發展與神道文化建設的互動關係，值得深切思考和深入研究。

【釋義二】“所謂‘神道設教’，求助人神者也”之“神道設教”可以解釋為在政治意圖上以神明之理為教化工具，實現國家意志的暢通無阻；在學理層面上以鬼神禍福之說為教育手段，滿足全體國民的精神訴求；在民間社會中以鬼神迷信為教導策略，實現世俗世界與虛幻世界的一體發展。“托驗神道”是指借助神道之力，規避政道之危，即發揮神道之功，排解內憂，驅除外患，純化民風，美化民俗，實現社會的政治安全和人民的生活安定。“大為修冢塋，開神道”是指大興土木，侈修陵墓，廣開神道，一為落實厚葬制度，二為扎實陵寢制度，三為夯實集權制度。“少有神道”是指某人思維超乎常規，邏輯超乎常理，心理超乎常態，行為超乎常識，從觀念到行為使人感覺不同尋常，有違正常且表現反常，即某人的言談舉止總處於人們意想不到的狀態，並非情理之中的景況；某人的喜怒哀樂出乎意料的情形，並非意料之中的狀況。“事鬼神道，能以妖惑眾”是指認同鬼道，認可迷信，施展妖術，迷惑民眾，即在社會動蕩和民心思變的時代，統治者通過找尋一種神奇的力量，製造一種神秘的氣氛，從而形成一種神化的認識，完成一種神聖的使命。“若微神道”是指如果輕視神道，就難以實現正通人和、國泰民安；如果弱視神道，也就不能恩澤周邊、福及四鄰，故神道是治國安邦的利器和國計民生的砝碼。

【出典六】“敷皇極以創業，協神道而大寧。皇極，皇建其有極，謂得中也。協和神明之道，而天下大寧，皆謂初漢之盛時也。善曰：《孟子》曰：君子創業垂統，謂可繼也。《周易》曰：聖人以神道設教。”③ “尚越其幾，淪神域兮。曹大家曰：大素不染，神色不變，則庶幾於神道之幾微，而入於神明之域矣。子曰：知幾其神乎。”④ “乃知長嘯之奇妙，蓋亦音聲之至極。……籍嘗於蘇門山遇孫登，與商略終古，栖神道氣之術，登皆不應，籍因長嘯而退至於半嶺，聞有聲若鸞鳳之音，響乎巖谷，乃登之嘯也。”⑤ “頹綱既振，品物咸秩。《說文》曰：振，舉也。《周易》曰：品物咸亨。神道見素，遺華反質。《周

① （南朝宋）范曄：《後漢書·東夷》。

② （南朝宋）范曄：《後漢書·西域》。

③ 參見（梁）蕭統編、（唐）李善注《文選》二，上海古籍出版社2007年版，第509頁。

④ 同上書，第646頁。

⑤ 同上書，第871頁。

易》曰：聖人以神道設教。"[①] "事爲名教用，道以神理超。言上二事乃爲名教之所用，而其至道，實神理而超然也。《文子》曰：聖人所由曰道，所爲曰事。……《周易》曰：聖人以神道設教，而天下服。"[②] "宮廟禮哀敬，枌邑道嚴玄。顔延年《拜陵廟詩》曰：哀敬隆祖廟。枌，枌榆社也。《漢書》曰：高祖禱豐枌榆社。《說文》曰：玄，幽遠也，謂神道幽遠也。"[③] "楚人名巫爲靈子。連蜷，巫迎神道引貌也。既，已也。留，止也。"[④] "皇帝體膺上聖，運鍾下武，冠五行之秀氣，邁三代之英風。昭章雲漢，暉麗日月，牢籠天地，彈壓山川。設神理以景俗，敷文化以柔遠。澤普汜而無私，法含弘而不殺。……《淮南子》曰：帝者體太一，牢籠天地，彈壓山川。神理，猶神道也。《周易》曰：聖人以神道設教，而天下服。"[⑤] "公乘理照物，動必研機。《晉中興書》，謝安石上疏曰：王恭超登清任，當虛心乘理。《周易》曰：夫《易》所以極深研幾。當時嗟服，若有神道。《周易》曰：聖人以神道設教，而天下服矣。"[⑥] "一暑一寒，有明有晦。《周易》曰：日月運行，一寒一暑。《莊子》曰：消息滿虛，一晦一明，日改月化也。神道無跡，天工罕代。《莊子》，老聃謂孔子曰：夫神生於道，其來無迹，其去無方。《尚書》曰：無曠庶官，天工人其代之。"[⑦] "運神道以載德，乘靈風而扇威。《周易》曰：聖人以神道設教。"[⑧]

【釋義一】儘管神道用語一樣，但神道出典不同，神道用意不一，神道意旨有別。編著者與注疏者所處年代、時序與政局各異，但擁有共同的旨趣，做出了一致的選擇，即詮釋了神道內含的文化、思想與哲學。關於蕭統的《昭明文選》即《文選》："這部書選錄詩文辭賦，除了史書中少數讚、論、序、述被蕭統認爲是文學作品以外，一般不收經、史、子等學術著作。作品入選的標準是'事出於沈思，義歸於翰藻'（蕭統《文選序》），就是說，入選的作品必須是情義與辭采內外並茂，偏於一面的概不錄取。蕭統有意識地把文學作品和學術著作區別開來，給文學作品和非文學作品之間劃出了一條界綫。這反映了當時對文學作品的特色和範圍認識日益明確，是有一定的進步意義的。"[⑨] 蕭統的著述孕育了文選學，展示了文學藝術家的素養和品味；輯錄了神道論，顯示了哲學思想家的視角和視野。

【釋義二】東漢王延壽所著《魯靈光殿賦》，敍述了漢代的建築和壁畫等文化建設及其成就，其中有"敷皇極以創業，協神道而大寧"一語。根據文獻，我們認為聖明君主因

① 參見（梁）蕭統編、（唐）李善注《文選》三，上海古籍出版社 2007 年版，第 951 頁。
② 同上書，第 1037 頁。
③ 同上書，第 1477 頁。
④ 參見（梁）蕭統編、（唐）李善注《文選》四，上海古籍出版社 2007 年版，第 1515 頁。
⑤ 參見（梁）蕭統編、（唐）李善注《文選》五，上海古籍出版社 2007 年版，第 2058 頁。
⑥ 同上書，第 2082—2083 頁。
⑦ 參見（梁）蕭統編、（唐）李善注《文選》六，上海古籍出版社 2007 年版，第 2429 頁。
⑧ 同上書，第 2597 頁。
⑨ 參見（梁）蕭統編、（唐）李善注《文選》一，上海古籍出版社 2007 年版，（出版說明）第 1—2 頁。

神道設教而創業垂統，盛世西漢因“得道多助”而國泰民安，知識分子因身心愉悅而言之鑿鑿；人們不僅關注自然界的規律性現象，借助天道和地道而成就統一大業，還關心人類社會的規律性現象，憑依神道和人道而維持社會安定、發展和繁榮的發展態勢。《文選》中多次引用《周易》“聖人以神道設教，而天下服矣”一語，從概念與涵義、用語和用意的關係上看，足以說明編者和注者的目標選擇和價值追求。總之，“神明之人”在“神明之域”奉行“神明之道”和“神明之德”，追求著“神道設教”的目標，開創了“神明之世”和“神明之治”的局面，這就是時代、人物和事蹟青史名垂的要因。

【釋義三】東漢班氏家族“以史為業”和“尊奉詔旨”，共同完成了歷史巨作《漢書》而名垂後世——班彪“采其舊事，旁貫異聞”為司馬遷的《史記》“作《後傳》六十五篇”，奠定了《漢書》的基礎；班固“子承父業”，“專篤志於儒學，以著述為業”，接續《史記》，基本完成了《漢書》，成就了《漢書》的偉業；班昭（馬續協助）“秉承兄志”，又“博極群書，兼精算術”，續寫《百官公卿表》和《天文志》等遺稿，擴大了《漢書》的影響。中國學界、史界和政界在唐以前多看重《漢書》，宋以後才敬重《史記》，致使人們評價歷史文獻的思想價值時“仁者見仁”，評判歷史事件的來龍去脈時“智者見智”，評論歷史人物的是非功過時各抒己見。清人章學誠認為：“遷書一變而為班氏之斷代，遷書通變化，而班氏守繩墨，以示包括也。就形貌而言，遷書遠異左氏，而班史近同遷書。蓋左氏體直，自為編年之祖；而馬、班曲備，皆為紀傳之祖也。推精微而言，則遷書之去左氏也近，而班史之去遷書也遠；蓋遷書體圓用神，多得《尚書》之遺；班氏體方用智，多得官禮之意也。”①

【釋義四】魏晉時代，易與老莊思想的結合是一種時代風潮或社會思潮，故此神道表現出了把自然界的理法與道家思想集合起來的基本含義。可以看出，自然事物的發展變化遵循著一定的規律，即它始於純而無雜的狀態，天長日久之後，回到原初的虛靜無為的境地；社會事物的發展變化遵守著一定的規則，順其自然之後，表現為自然而然的狀態或趨勢；尤其是通過社會政治現象的發展、變化及其規律，不但內化了自然界中的自然規律，而且演化了人類社會中的社會規律，還轉化了思維發展中的思維規律。

【釋義五】蕭統編、李善注的《文選》，在輯錄和注釋《袁太尉淑從駕》時，彙集了“宮廟”“陵廟”“祖廟”及“枌榆社”等概念，使用了“邑道”“神道”等用語，出現了“禮”“拜”“禱”及“哀敬”等活動，提出了“神道幽遠”等說法。根據《梁書》等記載，江淹為官清廉，不畏權貴，直言敢諫，得到了齊高帝蕭道成的賞識和重用，齊明帝蕭鸞讚譽之：“宋世以來，不復有嚴明中丞，君今日可謂近世獨步。”他死後謚曰“憲”，並受到梁武帝蕭衍素服舉哀。因此，此神道指通向廟、陵、社的墓道或“邑道”。

① （清）章學誠：《文史通義·書教下》。

【出典七】“又云：書有三等，一曰神道書，二曰覈事文，三曰浮華記。神道書者，精一不離，實守本根，與陰陽合，與神同門。覈事文者，覈事異同，疑誤不失。浮華記者，離本已遠，錯亂不可常用，時時可記，故名浮華記也。”① “神人曰：決之於明師，行之於身；身變形易，與神道同門，與眞爲鄰，與神人同戶。求之子身，何不覩患，其失道意，反求之四野，索之不得，便至窮老矣。遂離其根，言天下無道也，常獨愁苦，離其根，是爲大災。大人失之不能平其治，中士失之亂其君，仁人失之無從爲賢，小人失之滅其身。古之賢聖所行，與今同耳。古之小人所窮，亦與今同耳，明證若此。”② “愚哉，然天下人本生受命之時，與天地分身，抱元氣於自然，不飲不食，噓吸陰陽氣而活，不知飢渴，久久離神道遠，小小失其指意，後生者不得復知，眞道空虛，日流就僞，更生飢渴，不飲不食便死，是一大急也。”③ “今後生皆用命少，未覩一周，何知大小中有三周哉？古常神道乎？故遂失正路，覩須臾之間，又未通洞古今神文，遂從偏辭，自言是也。”④ “自古者諸侯太平之君，無有奇神道也，皆因任心能所及，故能致其太平之氣，而無冤結民也。”⑤ “記古記今，其要亂自同神聖所記，猶重規合矩，雖相去億億萬年，比若相對而語也。故可爲爲天地常經，爲陰陽作神道，勿怪吾書前後甚復重也。”⑥ “火氣正神道訣第一百三十五”：“請問古者火行，同當太平，而不正神道，今天師獨使令火行正神道，何也？”“夫火氣盛者，必正神道，何也？願聞其意。然夫火者，乃是天之心也。心主神，心正則神當明。故天使吾下理神道也。夫神道已自神，何必當理之邪？善哉，子之言。夫神，乃天之正吏也。今邪神多，則正神不得其處，天神道內獨大亂，俱失其居。今天氣不調，帝王爲之愁苦，而人又不得知其要意。子欲樂知其（闕）也，此比若人矣。今邪人多居位，共亂帝王之治。今使正人不得其處，天地爲其邪氣失正。夫邪多則共害正，正多則共禁止邪，此二者，天地自然之術也。子知之邪？故令太陽最盛，未嘗有也。陽者稱神，故天爲神。陰者稱邪，故奸氣常以陰中往來，不敢正晝行；奸而正晝行，爲名陰乘陽路；病而晝作，名爲陰盛興，爲陽失其道，君衰間爲是久矣。故天道吾正神道也，令使不敢復爲也。子知之耶？”⑦ “其小賢守一，入道讀書，亦或覩神，可治十中八，可爲百姓共辟邪除惡也。亦皆當拘校古今道文，以自相證明，乃愚者一明，悉解信道也。如使讀一卷書，必且不信之也。反且言其非而自解，則邪惡日興，得害人也。如大賢中賢下及百姓，俱守

① 參見王明編《太平經合校》上，中華書局 1997 年版，第 9—10 頁。
② 同上書，第 26—27 頁。
③ 同上書，第 43 頁。
④ 同上書，第 177 頁。
⑤ 同上書，第 204 頁。
⑥ 同上書，第 260 頁。
⑦ 參見王明編《太平經合校》下，中華書局 1997 年版，第 376—378 頁。

神道而爲之，則天地四時之神悉興，邪自消亡矣。眞人知之耶?"[①]"言十中十者，法與天神相應；言十中九，與地神相應也；言十中八者，與人神相應也。過此而下者，言不可用也。或有初覩神，反十十相應，久久反日不中者，見試於神道，故使不中也。…… 故大賢中賢小賢百姓男女爲道，悉以是自占，不失之也，非猶神道試人也。凡天下之事，皆以試敗。天地有試人，故人亦象天地，有相試也。眞人知之耶?"[②]"行，後世得吾文，爲其廣開眞道之路，必且俱學眞道。夫眞道而多與神交際，神道專以司人爲事，親人且喜善，與不視人且驚駭，與不俱爭語言於人旁，狀若羣鳥相與往來，無有窮極。或言人且度去，或言人且富而貴，或言人且貧而賤，或譽旁人，或毀旁人，或使人大悅喜，或使人常苦大忿。夫神，乃無形象變化無窮極之物也。"[③]"自然之法，乃與道連，守之則吉，失之有患。比若萬物生自完，一根萬枝無有神，詳思其意道自陳，俱祖混沌出妙門，無增無減守自然。凡萬物生自有神，千八百息人爲尊，故可不死而長仙，所以蚤終失自然，禽獸尚度況人焉。愚者賤道志，下與地連，仁賢貴道，忽上天門，神道不死，鬼道終焉。"[④]"諸神未白天君，聞知被遣，當直之神，承教見之。其人言所動搖云何，具問其意，使諸神問之，還白日。言中和之民，自道善行，積功日久，貪慕久生。自薄說常自垂念，恐有愆負，未嘗有懈息之意，爲諸神道其功效。"[⑤]"易者理陰陽氣，八風爲節，與六甲同位，陰陽同體，與天地連身，故爲神道也。"[⑥]"夫道乃天也，清且明，不欲見汙辱也。而今學爲道者，皆爲四毀之行，共汙辱皇天之神道，並亂地之紀，訖不可以爲化首，不可以爲師法，不可以爲父母，俱共毀敗天之寶器，天之皆名之，名爲大反逆之子。"[⑦]"太平氣至，陽氣大興，天道嚴，神道明。明則天且使人俱興用之，神道用，則以降消鬼物之道也。神道興，與君子同行。鬼物道者，與小人同行。故君子理以公正，神亦理公正。小人理邪僞，鬼物亦理邪僞，明於同氣類也。今陽道興火，兵刃當消滅，火厭之。故兵積陰氣盛，火積陽氣盛，陽盛消兵，自然感召也。"[⑧]"一曰神道書，二曰核事文，三曰去浮華記，都曰大順之道。太者，大也；大者，天也；天能覆育萬物，其功最大。平者，地也，地平，然能養育萬物。經者，常也；天以日月五星爲經，地以嶽瀆山川爲經。天地失常道，即萬物悉受災。帝王上法皇天，下法后地，中法經緯，星辰嶽瀆，育養萬物。故曰大順之道。"[⑨]"古者神人自占是非，得與不得，其事立可觀也。不但闇昧，昭然清白。神道至

① 參見王明編《太平經合校》下，中華書局1997年版，第412—413頁。
② 同上書，第413—414頁。
③ 同上書，第439頁。
④ 同上書，第472頁。
⑤ 同上書，第610—611頁。
⑥ 同上書，第650頁。
⑦ 同上書，第654頁。
⑧ 同上書，第696頁。
⑨ 同上書，第718頁。

眾，染習身神，正心意，得無藏匿。善者出，惡者伏，即自知吉凶之法，如照鏡之式也。”① “於此之時，賢明自安，時不再來，物不重應。乃得獨盛，洽遠方，故事見，其應見，慎無拒逆，撰以爲寶器，可謂得天地之心意矣。其事時矣，事皆職矣，神道來矣，賢者謀矣，吉人到矣，邪者不來矣，清明見矣，四方悅矣，幽人隱士出矣，得天心矣，得治術矣，邪不發矣，自然達矣，眞人來輔矣，天下善應矣，各以其事來矣，去憒亂矣。”②“所謂神道書者，精一不離，實守本根，與陰陽合，與神明同。”③

【釋義一】依據史家的考證和學界的共識，可知《太平清領書》即《太平經》的成書過程、思想淵源、主要內容及思想影響。今人王明據有關資料輯校補遺，撰成《太平經合校》一書。《太平經》假託神人（天師）與六方真人問答，演說原始道教教義和神仙方術，大抵以奉天法道、順應陰陽五行為宗旨，宣揚治世之道、倫理之則及長壽成仙、治病養生、通神占驗之術，又受漢代讖緯神學影響，提倡災異祥瑞、善惡報應等觀念，但它自成體系且能自圓其說，既以順天地之法、治政修身及達於天下太平為主旨，又內含代表下層民眾反對統治者恃強淩弱，主張自食其力、周窮救急的思想，故為張角等早期民間道教領袖所利用，組織和發動了農民起義，並影響了後世道教各派教義與教旨。

【釋義二】《太平經》把老莊之道、鬼神信仰、陰陽五行、神仙方術予以結合，而成為道教早期經典。今人對古人的尊崇、對著述的理解和對精神的凝練，主要包括如下內容：秉承了老子“道生一，一生二，二生三，三生萬物”的宇宙觀，結合了《周易》和漢代流行的元氣說，而闡述了以元氣為本原、一分為二（陰陽元氣）和三合（天地人）相通的宇宙觀，論述了天人一體、神乃“皇天之吏”有權統轄人間的天道觀，提出了太平世道、大樂無災的公平社會及明君良臣順民和諧共處的政治觀，敘述了樂生好善、固精、愛氣、養神的人生觀，提煉了修精養神及下以維持生命、上乃修道成仙的修性觀，繼承和發展了天人感應說和善惡報應說，推出了以承負（承負前五代，流及後五代）說為核心的宗教觀和善惡觀。“《太平經》的基本內容，《後漢書》裏襄楷疏說它專以奉天地順五行爲本。范曄說：其言以陰陽五行爲家，而多巫覡雜語。遠的說，上承老子的遺教；近的說，受當代圖讖、神仙方術的影響。它的進步的思想部分，下對張角、張魯輩也有所啓發。這部書的大部分篇幅是宣揚有神論、宗教唯心論和封建社會統治階級的思想的，但其中一些篇章裏也反映了當時的進步思想和正確的觀點。”④

【釋義三】日本學者摘錄《太平清領書》中關涉神道的部分內容，並展開和形成了一家之言，一定程度上影響了日本思想家的視角和日本思想界的視野。經過核實，其所引文

① 參見王明編《太平經合校》下，中華書局1997年版，第718頁。

② 同上書，第718—719頁。

③ 同上書，第720頁。

④ 參見王明編《太平經合校》上，中華書局1997年版，（前言）第2—3頁。

獻略有出入，或者因以訛傳訛，或者因翻譯使然，或因論題所限。例如，“吾書知神之心，……為陰陽作神道”。“於今遠離神道，……神道至眾，染習身神，如正心意，不得藏匿，……神道來，……”“為天地常經，為陰陽而作神道。”“神道之書，精一不離，實守本根，合陰陽，同神門。”“神道不死，鬼神終焉。”“清明之神道，神道清明。”① 在一定意義上，作為世俗文化的道家思想和作為宗教形態的道教學說俱已傳入日本社會及其思想界，不同程度地影響了日本民眾的精神生活和價值判斷，但它不像儒學和佛教那樣對於日本的社會發展、制度建設、文化政策、哲學思想等產生了無法替代的影響作用。日本人的神道說自成特色：一是辨析神道與鬼道的關係，證明日本神道已經超越鬼道，而其他思想文化形態僅發展到憑依鬼道的歷史階段。神道與鬼道不僅旨趣相反，而且功能不同，即神道為陰陽之道、清明之道、正心之道和守心之道，而鬼道為低俗之道、鬼物之道、小人之道和惑眾之道；遠離神道，則鬼道迫近，侵染本根，攪亂身心，而神道將至，則鬼神離去，且合陰陽，正心意，見清明，知神心。二是突出神道文化與日本人國民性的關係，強調日本神道的特殊性，為找尋日本民族文化的根基和闡發日本民族文化的根性而大做文章。從《古事記》和《日本書紀》中所見的“神道”用語，可知日本神道除了概念源於中國的歷史文獻和傳統文化外，其思想內容及與相關思想文化形態的淵源關係等方面，亦可以看出其與中國傳統文化的多重影響關係。日本人一方面從不放棄從中國傳統文化中吸取“為我所用”的思想營養，試圖通過依託悠久的歷史和深厚的文化，書寫本民族的歷史和積澱本民族的文化；另一方面處心積慮地擺脫中國傳統文化的思想束縛，構築符合“日本風土”的文化形態和養育日本民族的文化精神。為此，宣揚日本神道是日本社會固有的民族風俗和日本民族獨有的文化精神，成為日本人國民性的應有之義，即左右日本人日常生活的行為方式和精神生活的思維方式的核心價值。三是詮釋神道與道教和道家文化的關係，扎實神道文化的社會基礎和民眾基礎。道教、道家文化傳入日本社會和影響日本文化，與儒學和佛教的路徑及效果迴然有別，它主要是根植於日本民間社會，滿足的是普通民眾的心理需求或信仰需求，故日本人適當地避開了中國思想文化諸形態的紛爭，適度地關照了道教和道家文化的功能，而把主要精力放在神道文化的本土化和民族化方面，看重神社文化的建設、經營與發展等，以期彰顯日本文化的實用性和變形性。四是強調神道與皇道的一致性，既為神道修築政治屏障，又為皇道提供思想基礎。神道是日本文化的根源與根基，也是日本精神的源泉與源流，因它既是日本人的“真心”或“大和心”的載體與介質，也是奉行清淨正直的日本人國民性的表徵與特徵。例如，清淨正直說乍一看來是宣傳一種倫理道德與規範，深究起來則是推重一種政治理想與信念，而神道思想家難以忘懷的神國思想即為實證。再如，敬神崇祖觀是把祭祀祖靈、祭奠神靈和尊皇愛國雜糅起來

① ［日］牟禮仁：《中世神道說形成論考》，皇學館大學出版部平成十二年版，第83頁。

的一種生死觀和神國觀，是神道信仰、神道文化和神道政治的核心價值觀。它借助神人關係，審視生死關係，或以生死問題映射祭政一致，或以生死文化展示日本人國民性，或援用儒佛思想豐富日本人國民性。日本人利用諸神的生成創造性和祖先的靈魂永續性來保護自身的現實利益和滿足自己的現世需求，包括尊崇神靈生成日本列島和森羅萬象，報答神靈恩賜物種豐富和稻作豐產；祈禱祖靈返回人間與子孫交流，使人靈共居和世代永續，感恩祖先積德行善，使子孫相繼和豐衣足食；崇敬天皇神聖，維護皇室尊嚴，貫徹“神人一體”思想，祈求皇統綿綿和“萬世一系”，滿足日本國民的文化訴求、心理需求和精神慰藉。

【釋義四】基於王明的《太平經合校》，考察《太平經》的思想價值，評述《太平經》的神道諸說。例如，“後漢《太平經》，現存的只有明朝《道藏》的一個本子。原書一百七十卷，今本殘存僅五十七卷。……全書的大義代表中國道教初期的經典。值得注意的，其中有樸素唯物主義觀點和辯證法因素，又有反對剝削階級聚斂財貨等思想。它是中國哲學史和道教思想史上有價值的資料。”①

第一，《太平經》對應的社會現實為西漢末年、新莽朝和東漢後期的亂世，援引的思想現實為先秦及秦漢以來的道家、儒家、墨家、陰陽家、數術家、神仙家、醫家和讖緯等學說，追求的政治理想是“吾乃上爲皇天陳道德，下爲山川別度數，中爲帝王設法度，中賢得以生善意”②，構築的思想藍圖是推出中國早期道教的教義和教典，故一定意義上掌控了後世道教的走向，滿足了人們宗教心理或宗教文化的需求，影響了中國傳統思想文化的格局。

第二，吸納和發揮了中國傳統思想文化尤其是道家文化所推崇的“一分為三，合三為一”的世界觀和方法論，提出了“書有三等”說，即主張“書有三等，一曰神道書，二曰覈事文，三曰浮華記。神道書者，精一不離，實守本根，與陰陽合，與神同門”。其目的是體現由小至大、由淺入深、由個人到社會、由教內到教外的邏輯關係，消除“承負天災變怪”和制止“群神無故共害人”等重大問題，與“觀天之神道而四時不忒，聖人以神道設教而天下服矣”一脈相承，為“為陰陽作神道”而凸顯“神書傳受”的獨尊地位和獨有價值。在這裏，神道指神妙靈驗之道、神明或神靈所恪守和餞行的大順之道，即神道是微妙無方、理不可知、目不可見、天人一體、不知其所以然而然、順其自然而然的大道。《太平經》對“天地格法”“太靈自然之術”的通盤闡說，使“神書”成為政治定位的座右銘和人生走向的指南針，使封建帝王牢固地確立了以“大真道法”為治國平天下的指導思想。

① 參見王明編《太平經合校》上，中華書局1997年版，（前言）第1頁。
② 參見王明編《太平經合校》上，中華書局1997年版，第216頁。

第三，“神道專以司人為事”之神道指“神靈對世人的賞善懲惡之道”。在判斷人的行為和界定人的思想時，在面對親與疏、善與惡、富與貧、貴與賤、喜與忿、樂與苦等關係時，要求人們做到親人喜善、專心自守、考心乃行、閉口不傳、固堅守本等程度和效度，因為神靈掌控著人世間存在的一切事物和現象，神明關照著社會中發生的所有喜怒哀樂及善惡美醜等情感和行為。因此，神靈是借助賞善懲惡之道，從而實現統治階級撥亂反正的政治理想、治國安邦的社會理想和仁賢貴道的人文理想。

第四，“神道至眾，染習身神”之神道泛指修煉術。在處理和解決是與非、得與失、明與暗、出與伏、吉與凶等關係時，神人具有“自占之功”，擁有“自知之法”，眾人則必須通過“正心意”“苦心志”“勞筋骨”等磨練，才能習得“修身之術”，才能悟出“養心之法”，才能體認“天人一體”，才能遵循“大道真法”。

第五，“眞人問：何以知道效乎？神人曰：決之於明師，行之於身；身變形易，與神道同門，與眞爲鄰，與神人同戶。”[①] 此神道用語出自道教經典中最高級的神人與次高級的真人的對話，它指神人之道、真神之道和為神之道。《太平經》構築了兩個神學系統，且“此皆助天治也”。一是天人相通的神仙系統，其等級由上而下、由高而低、由虛而實共分六等：一為神人，二為真人，三為仙人，四為道人，五為聖人，六為賢人，並認為“神人主天，真人主地，仙人主風雨，道人主教化吉凶，聖人主治百姓，賢人輔助聖人”。二是天地陰陽系統，因神人之上還有“無形委氣之神人”。

第六，“愚哉，然天下人本生受命之時，與天地分身，抱元氣於自然，不飲不食，嘘吸陰陽氣而活，不知飢渴，久久離神道遠，小小失其指意，後生者不得復知，眞道空虛，日流就僞，更生飢渴，不飲不食便死，是一大急也。……天下無人，何有夫婦父子君臣師弟子？”[②]。在最高級的神人與次高級的真人關於大急與小急問題進行的對話中，主張未有神道時，天下人憑依天地之氣、自然之氣、陰陽之氣而存活，而神道產生、存在和演變後，它變成了人們的精神食糧和人生真諦。如果遠離神道或偏離神道，則將險象環生且必死無疑，即神道是維繫人類生命存在的精神支柱和提升人類生存品質的精神食糧。

第七，“夫道乃天也，清且明，不欲見汙辱也。而今學爲道者，皆爲四毀之行，共汙辱皇天之神道，並亂地之紀，訖不可以爲化首，不可以爲師法，不可以爲父母，俱共毀敗天之寶器，天之皆名之，名爲大反逆之子汝居地上，不中師法，上天安而反中師法哉？”[③] 作為道教經典中的神道用語，自然具有濃厚的道教思想色彩和道家文化痕跡，即神道為自然之道、天之道、皇天之道，它具有與生俱來的既清且明、亦正亦直的特徵，如果攙雜了過多的人為因素或主觀意願，則會失卻本真意味，難以為化首、師法和父母。

① 參見王明編《太平經合校》上，中華書局1997年版，第26頁。

② 同上書，第43—44頁。

③ 參見王明編《太平經合校》下，中華書局1997年版，第654頁。

第八，“神道不死，鬼神終焉”[①]。神道與鬼道是對立的兩極，不可同日而語，不會同時存在，不能並行發展。揚神道，抑鬼道，或舉神道，去鬼道，或近神道，遠鬼道等意圖昭彰，也表明了以道教為尊、其他思想文化形態為卑的思想意識。

第九，“太平氣至，陽氣大興，大道嚴，神道明。明則天且使人俱興用之，神道用，則以降消鬼物之道也。神道興，與君子同行。鬼物道者，與小人同行。故君子理以公正，神亦理公正。小人理邪僞，鬼物亦理邪僞，明於同氣類也。……上士度世上天，爲中和調風雨；中士屬縣官，當理人；下士當理財產。各有所職，不相妨矣。”[②] 此神道用語中有道教與儒學交匯的內容。神道、天道、君子之道與鬼道、鬼物道、小人之道是根本對立的存在，是不能並行和相交的關係，故昌明和興盛神道、天道、君子之道，可降服和削弱鬼道、鬼物道、小人之道。

第十，“夫火氣盛者，必正神道，何也？願聞其意。然夫火者，乃是天之心也。心主神，心正則神當明。故天使吾下理神道也。夫神道已自神，何必當理之耶？善哉，子之言。夫神，乃天之正吏也。今邪神多，則正神不得其處，天神道內獨大亂，俱失其居。”[③] 此表明了道教援引和吸納儒學思想的歷史事實，因為陰陽五行、天人合一等思想是儒學主唱的哲學理念，火氣、陽氣屬於自然之理，只有其與心神、正氣相交合，即天之心與人之心合一，才能表現為神道神明，使正神與邪神各得其所，即神道自神，邪神自滅。

【釋義五】“神道”一語在《太平經》中出現的次數之多、頻率之高、含義之雜和歧義之大，頗耐人尋味。《太平經》主要立於道教立場，主旨是提倡神道學說，不過在中國傳統文化構架內和在中國傳統文化諸形態中，不得不援引儒學的概念、觀點、思想和精神。學術界在解讀《太平經》的經義時，基本上形成了以下共識：一是為完善中國傳統思想文化體系而構建了一種早期道教的神學思想，二是為帝王治理國家提供了一套相對完整的政治方針，三是為教徒制訂了一些行之有效的修養方法，四是為社會各界安身立命提出了一個卓有成效的善惡報應學說。總之，《太平經》把國人的傳統文化逐漸引向了宗教文化，把學人的治學精神漸漸導向了宗教信仰，把時人的世俗生活逐步貼近了宗教情結，最終使之成為道教教團的指南針、座右銘和宣言書。

【出典八】“或問隱淪之道。《抱朴子》曰：神道有五，坐在立亡其數焉。然無益於年命之事，但在人間無故而為此，則致詭怪之聲，不足妄行也。可以備兵亂危急，不得已而用之，可以免難也。”[④]

【釋義一】晉代葛洪的《抱朴子》出於《老子》的“見素抱朴，少私寡欲”之論，

---

① 參見王明編《太平經合校》下，中華書局1997年版，第472頁。

② 同上書，第696頁。

③ 同上書，第377頁。

④ （晉）葛洪：《抱朴子·內篇·雜應》。

分為“外篇”和“内篇”兩部分，撰寫順序為“先外篇後内篇”，因自述“外篇”“屬儒家”，“内篇”“屬道家”，可知其思想來源為戰國以來神仙家的成仙得道之説和魏伯陽的煉丹長壽之術，思想軌跡為“先儒後道”或“由儒而道”，思想特徵為“道本儒末”或“道主儒輔”，思想地位為研究道教史、思想史、科技史和文學史的寶貴資料。

第一，活用道教術語，集成道教典籍，奠基宗教哲學。它通過融合玄學與道教、神學與道學、方術與金丹、丹鼎與符籙及儒學與仙學等相關内容，逐步完善了初期道教的神仙理論體系，如提出了修仙與修行、修道與修心等關係，主張只有滿足積累善行、建立功德、慈善為懷等條件，才能成就人生夙願；如果人類的修煉單從方術入手，人生的抱負僅是遁隱山林，則與修身齊家治國平天下等政治目標相去甚遠；如果不能做到兼修立時濟世和超凡入聖，則在現實社會生活中難以獲得精神解脱和煉得肉體飛升。

第二，《抱朴子・外篇》主要闡述儒家思想：論人間得失，重譏刺世俗，宣治民之法；評世事臧否，講藏器待時，以克己思君；論諫君主任賢能，愛民節欲，獨掌權柄；論超俗出世，修身著書等。

第三，《抱朴子・内篇》主要論述道家學説：講述神仙方藥、鬼魅妖怪、延年益壽、求福禳災、世事變遷等大旨，如論述宇宙本體是什麼，論證神仙的存在方式，論説製作金丹和仙藥的方法及應用，探討各種方術的傳習與運用，解讀道教的典籍或書目，闡明世人修煉的廣泛性和實用性等。

【釋義二】《抱朴子》在解答和詮釋“隱淪之道”（隱淪有神仙、隱者、隱居、隱藏和沉淪等含義）時，認為“神道有五，坐在立亡其數焉”。根據唐李善注漢桓譚《新論》之“天下神人五：一曰神仙，二曰隱淪，三曰使鬼物，四曰先知，五曰鑄凝”，我們認為此“神道”是道家之語，它指陳能夠施展咒術、方術、幻術、仙術、房術、煉丹術、道術、神術、氣術、藥術、德術等神奇功能的神人或神仙。在滿足世人的心理、情感和信仰等需求時，神道具有實現撫慰人心、控制喜怒哀樂、左右吉凶福禍等奇妙作用；在滿足人們的生活、健康和長壽等願望時，神道具有造成鰥寡孤獨、主宰生老病死、賜予福壽雙全等神奇功能；在滿足各個社會階層的安定、繁榮和發展等利益時，神道具有安定社會秩序、推進社會發展、提高思想水準等奇特價值。

【出典九】“夫神道茫昧，聖人之所不言，然惟其製作所弘，如將可見。佛所貴無為，殷懃在於絕欲，而比者淩遲，遂失斯道，京師競其奢淫，榮觀紛於朝市，天府以之傾匱，名器為之穢黷，避役鍾於百里，逋逃盈於寺廟，乃至一縣數千，猥成屯落，邑聚遊食之群，境積不羈之衆，其所以傷治害政，塵滓佛教，固已彼此俱弊，寔汙風軌矣。便可嚴下在此諸沙門，有能申述經誥，暢説義理者，或禁行修整，奉戒無虧，恒為阿練若者，或山居養志，不營流俗者，皆足以宣寄大化，亦所以示物以道，弘訓作範，幸兼内外，其有違於此者，皆悉罷遣。所在領其戶籍，嚴為之制，速申下之，並列上也。唯廬山道德所居，不在搜簡之例。”①

【釋義一】桓氏家族歷經和影響了東漢、三國、兩晉的歷史和政治進程，使之不得不面對自有的文化形態和輸入的文化類型的地位關係，究竟是為外來文化提供存續與變形的試驗場和根據地，還是為原生文化增添生存與發展的參照物和動力源，成為本上文化與佛教文化的博弈焦點。由此，我們認為只有在世俗政權與佛教文化之間處理好存在與意識、制約與影響等關係，才能解決好不同思想文化現象的吸收與利用、借力與發力、參考與借鑒、互動與互惠等問題。以惠遠和桓玄的四次論爭為例，可見倡佛者的佛理與當政者的政見的交鋒，展示了出家與在家、宗教與政治、宗教修行與世俗教化、新近文化與傳統文化、傳播佛教與排斥佛教的對立，故一方抑制佛教的傳入和傳播，惡化佛教的處境和環境，而另一方弘揚佛教的思想和精神，優化佛教的策略和主張，上演了一部施展政治權力和政治規則與釋放宗教文化和宗教思想的內容豐富、場面宏大的連續劇。

【釋義二】此神道基於道家思想，並對抗佛教文化，表明了道家之道與佛家之道的分野、道家之理與佛家之佛的分歧。我們認為儒釋道能夠共同成為中國傳統思想文化的根基和主幹，期間經歷了滄桑歲月，經過了鬥爭或磨合，經受了一波三折，即本土的儒家與儒學、道家與道教與外來的佛教與佛學的政治關係和思想關係，經歷了組合與分離、紛爭與援用、獨自與排他、打壓與抗壓、獨尊與罷黜、興盛與危機、尊崇與鄙棄等過程，說明了社會歷史、政治制度與思想文化之間不是平面的、由此及彼的序列關係，而是立體的、由表及裏的建構關係。

【出典十】“答曰：夫幽宗曠邈，神道精微，可以理尋，難以事詰。既涉乎教，則以因時為檢。雖應世之見，優劣萬差。至於曲成在用，感即民心而通其分。分至，則止其智之所不知，而不關其外者也。若然，則非體極者之所不兼，兼之者不可並御耳。是以古之語大道者，五變而形名可舉，九變而賞罰可言。此但方內之階差，而猶不可頓設。況其外者乎？”“答曰：夫神者何耶？精極而為靈者也。……論者不尋方生方死之說，而惑聚散於一化；不思神道有妙物之靈，而謂精庇同盡，不亦悲乎？”②

【釋義一】此神道乃佛家之言，指與形而下的具體的事物相對的形而上的抽象的法則。在佛教思想中，有理相與事相之分，神道精微，故必然在理相上思考之，而不能在事相上觀察之。神道即佛道，沙門不應敬畏王者之道即儒道，而應該精微神道；佛徒不應禮贊道家的方生方死之說，而應該虔誠信仰神道有妙物之靈。

【釋義二】在佛教中國化和本地化的過程中，面對著嚴峻的政治生態，面臨著復雜的文化環境。政權的扼制，政令的限制，政策的強制，使其不得不用心呵護著佛典和佛說，

---

① （南朝梁）釋僧佑：《弘明集》卷十二。

② （清）釋唐時：《如來香》卷六。

不能不用力維護著佛家和佛徒，不可不用情庇護著佛道和佛理。在此過程中，據理力爭者有之，水土不服者有之，改弦更張者有之，趨炎附勢者有之，入鄉隨俗者有之，由此獲取了一線生機，具有了得以生存的陣地，或者獲得了發展契機，具備了得以擴展的陣營。有時，佛教必須低調和低頭，呈現出卑躬屈膝的狀況；有時，佛教必然高調和抬頭，表現出舍我其誰的態勢。在中國古代社會歷史進程中，統治階級選擇了世俗文化的宗教化政策，主要是借助宗教實力提升政治地位、達成政治目標，而宗教人士則選取了宗教文化的世俗化策略，主要是借用政治勢力扎根於異樣的文化土壤並落戶於異域的政治制度。

【出典十一】“《襄陽記》曰：龐門山，舊名蘇嶺山。建武中，襄陽候習郁立神祠於山，刻二石鹿夾神道口，俗因謂之鹿門廟，遂以廟名山也。”①

【釋義一】此神道即神路，指在物質層面（宗教設施——神祠）定位神道，迎送神靈。廣開神道，修築神道碑，積澱神道文化，具有明顯的社會象徵意義和明確的文化標識功能。

【釋義二】神道碑、神道碣的出現時間與所載文獻、身份要求與所刻內容等形制與規制皆有較為清晰的軌跡和明確的線索，它對於普通民眾來說屬於望塵莫及的奢侈品，而對於統治階級而言乃是不可或缺的必需品。神道碑最早出現於漢楊宸所題的《太尉楊公神道碑銘》。“秦漢以來，死有功業、生有德政者皆碑之。……稍改用石，因總謂之碑。”②“詔：藩侯帶平章事以上薨，許立神道，差官撰文。未帶平章事及刺史，準令式合立碑者，其文任自製撰，不在奏聞。”③“豊碑桓楹，天子諸侯葬時下棺之柱，其上有孔，以穿繂索，懸棺而下，取其安審，事畢即閉壙中。臣子或書君父勳閥于碑上，後又立之於隧口，故謂之《神道碑》，言神靈之道也。”④“《金石例》：三品以上神道碑，五品以下不銘碑，謂之墓碣。”⑤

【釋義三】洪適的傳世名作《隸釋》和《隸續》，依碑釋文，著錄全文，後附跋尾，具載論證，其中記述了古人墳墓之“神道”。《隸釋》《隸續》是我國最早集錄漢魏石刻的文字專書，為我們研究漢字流變、石刻碑拓、漢魏歷史等提供了重要文獻和珍貴資料。

【出典十二】“魯陽、耿恭，遠祖九江，所以能回日飛泉，蟲虎避德者，皆以烈誠動乎神道。神道之感，即佛之感也。”“夫人事之動，必貫神道，物無妄然，要當有故而然矣。”“固將懷遠以開神道之想，感寂以昭明靈之應矣。”“漢、魏、晉、宋，咸有瑞命，知視聽之表，神道炳焉。”“蓋處意則然，誠試避心世物，移映清微，則佛理可明，事皆信

① （南朝宋）范曄：《後漢書》卷八十四。

② （北宋）高承：《事物紀原》卷九。

③ （北宋）薛居延：《舊五代史・唐書・閔帝紀》。

④ （北宋）王讜：《唐語林》卷六。

⑤ （明）胡侍：《真珠船・墳碑之制》。

矣。可不妙處其意乎？資此明信已往，終將克王神道。”①

【釋義一】此神道為佛家之言。神道即佛道，佛道即神道；神理即佛理，佛理即神理；明神即明佛，明佛即明神；信神即信佛，信佛即信神。神道具有奇妙幽玄、至玄至妙的作用，表現為漢魏晉宋皆有祥端出現。

【釋義二】宗炳的《明佛論》，後世名之為《神不滅論》。為了扯清與儒學的關係，認為儒學力主入世與救世、儒道與政道，而佛教篤信出世與普度、佛道與神道。為了拉近與儒學的關係，援引“一陰一陽之謂道”“陰陽不測之謂神”等儒家思想，證明佛家的神不滅論；援用形神、靈肉、祭祀等關係，說明“上際於天，下盤於地”之神不滅論。

【出典十三】“《經》稱有餘涅槃、無餘涅槃者，蓋是返本之真名，神道之妙稱也。”“豈可止妄想，絕於靈照，標其神道，而語聖心者乎？”“豈是以統夫幽極，擬夫神道者乎？”②

【釋義一】此神道為佛家之言。神道乃佛道之真諦，只有經過艱苦的修煉，才能達及佛教所追求的至高境界。

【釋義二】僧肇的《涅槃無名論》，旨在追求神與道的會通，實現天得一以清、地得一以寧、帝王得一以治天下的終極目標。

【出典十四】“同遊諸道人，並業心神道，求解言外。”③

【釋義一】此神道為玄學家之言。謝靈運在《辨宗論》中主張同道交流思想，既尊重佛教，又精深玄儒；既辨明儒釋，又傾心神道。認為神道的意旨在於言外，其不言之言，不言即言，乃吸收和內化了一些禪宗思想。

【釋義二】魏晉南北朝時期，玄佛之爭十分激烈，這關乎佛教大師道生涅槃學的中國化問題。謝靈運在《辨宗論》中基於儒釋差異而尋求儒釋會通，認清儒釋優劣而維護儒學和重估外道，

【出典十五】“夫神道幽玄，惑人多昧，義經丘而未曉，理涉旦而猶昏，唯有佛宗，乃盡其致。”④

【釋義一】此神道為佛家之言。神道是宇宙、世界、萬物、生命中的至深、幽玄、奇妙的理法，故孔子所創的儒學“未曉”，只有佛教才能解明其義，即“唯有佛宗，乃盡其致”，意為佛教高於儒學，宗教文化優於世俗思想。

【釋義二】吉藏《三論玄義》闡述了三論宗的教義、玄義或真義，其來源為印度大乘佛教的中觀學派，其核心為脫離二邊、不偏不倚的中道思想，其目的是既批判佛教的成實

① （南朝宋）宗炳：《明佛論》。

② （東晉）釋僧肇：《肇論》。

③ （南北朝）謝靈運：《謝康樂集》卷四。

④ （隋）釋吉藏：《三論玄義》。

論，又痛斥儒學的世俗觀。

【出典十六】“皇帝以神道設教，利益羣生，故普建仁祠，紹隆正覺。卜兹勝地，立此伽藍。請赤縣之名僧，征帝城之上首。山林之士，擁錫來遊；朝廷之賓，摳衣趨座。”① “自長而三，州縣之職，保家自若也。其志遠，其德高，業心神道，求解言外，固非世局之所常談也。”②

【釋義一】此神道為佛家之言。它表達了政教合一的理念，即從政治利益來看，神道設教可以利益群生，維持社會安穩；從弘布宗教來看，神道設教、普建仁祠、紹隆正覺等可以解除弘布神道、法言過程中諸多“業障”和“苦惱”。

【釋義二】高僧大德深悟儒佛合一關係，深諳神佛政治目標，故致力於“援佛入儒”和“援儒入佛”，以在思想文化建設與社會政治發展中實現雙贏或多贏的效果。

【出典十七】“《藝術》：藝術之興，由來尚矣。先王以是決猶豫，定吉凶，審存亡，省禍福。曰神與智，藏往知來；幽贊冥府，弼成人事；既興利而除害，亦威眾以立權，所謂神道設教，率由於此。”③

【釋義一】此神道為史家借用儒家之言。“神道設教”，既可興隆“藝術”即六藝及術數方技等各種技能，亦有興利避害、招福除災、連通幽顯、借古喻今、威懾民眾、維護王權等社會作用。

【釋義二】《晉書》作為唐代的官修史書，體現了修撰正史與以史為鑒、總結歷史經驗與吸取歷史教訓，以及看重歷史與傳承文化等多重目的。

【出典十八】“夫六合之外，非典籍所模，神道詭世，豈意者所測？故曰：人之所知，不若共所不知。”④

【釋義一】此神道為佛家之言。神道無形，不可言說，難以描繪；神道至極，不可企及，只能意會。標其神道，建立神道碑，無非是傳達聖上旨意，表達了佛家意圖借助政治勢力，以弘布佛法的理念。

【釋義二】本於法師之言，摒棄莊老之說，力言神道即神妙之道，故神道乃佛道也。

【出典十九】“但見：緋羅繳壁，紫綬卓圍。……說不盡許多威儀，擬塑就一堂神道。”“太公道：便是神道如今在房中，磚石亂打出來，誰人敢去？”⑤

【釋義一】此神道即威嚴的人或神奇的人。其有著與眾不同的面目，意想不到的言行，起到出人意料的作用。

① （唐）釋道宣：《續高僧傳》卷三。
② （唐）釋道宣：《續高僧傳》卷十三。
③ （唐）房玄齡等：《晉書》卷九十五。
④ （東晉）釋支遁：《支道林集》。
⑤ （明）施耐庵、羅貫中：《水滸傳》，人民文學出版社 1992 年版，第 108—109、1001 頁。

【釋義二】《水滸傳》的寫作動機緣於封建制度下的階級矛盾，創作素材源於黑暗腐朽下的農民起義，其所塑造的府衙的“神道”和房中的“神道”，分別喻指了威儀的王朝和造反的英雄。

【出典二十】“興兒笑道：玫瑰花又紅又香，無人不愛的，只是刺戳手。也是一位神道，可惜不是太太養的，‘老鴰窩裏出鳳凰。’”①

【釋義一】此神道指不同尋常之人。因有不落俗套的經歷，而具有難以企及的能量。

【釋義二】這是文學家眼中的人物形象，文學作品中的人格特徵。曹雪芹在《紅樓夢》中批駁腐儒文化，提倡道學理念，故借用神道一語譏諷現實社會的人情世故，暢想理想生活的美好願景。

第三節　神道補論

在中國歷史文獻中，內含著日本神道、印度神道、美國神道和西方神道等概念，使我們的研究視野擴大到了世界範圍。中國人把視界與世界關聯起來，環視世界領域內的神道文化現象，並非空穴來風，亦非穿鑿附會。其一，中國傳統文化的輸出及其作用。中日兩國有著一衣帶水的地緣關係，原創的中國傳統文化與變形的日本民族文化形成了由此及彼的源流關係，其中神道文化起到了中日宗教文化的比較基礎和交流平臺等作用。其二，印度佛教的傳入及其作用。印度佛教學派、宗派及其教義和教理，以適當的時間和地點、適宜的方式和途徑輸入中國古代社會及其傳統思想文化領域，逐步實現了本土化或中國化，如表現為儒釋道融合關係，並嵌入封建社會的政治生活和中華民族的國民信仰。其三，中西文化交流及其作用。“西學東漸”，帶來了西方社會的學術和技術、宗教和思想等，不管是被動接受還是主動學習，在明清時期出現了全新的歷史現象和文化現象；“東學西漸”，帶去了中國古代社會的君主制度、儒家學說和民族文化等，在歐洲國家形成了中國元素和中國認識。其四，出訪歐美及其作用。在國際政治、文化和外交舞臺上，中美關係有著“遲發”和“後發”的雙重特點，思想家的遊學和政治家的出使，留下了“美國神道”等概念和認識。我們補錄且補論如下：

【出典一】“日本東方地甚磽，不多產物，惟出黃金紅銅。民習於勤，而性固執。……語音雖異中國，而用中國文字、書冊以教人。除漢人文字外，兼學荷蘭各藝術，是以醫術、天文、地理，無不通習。其聰明過於漢士，尚有用字母者，智士便寫之以合土音。

① （清）曹雪芹、高鶚：《紅樓夢》，人民文學出版社 1992 年版，第 936 頁。

日本國重文墨，但官多世襲。通習文字者，或反無俸禄。不甚與外國貿易，每年惟荷蘭船一，唐舶五，琉球船亦不過十。……除佛教外，則崇尚古時所傳之神道。”①

【出典二】“日來以神教爲國教，顧其書不數見。近時內藤正直所著《碧海學説》，則主張神教之書也。其言曰：資漢學以明神道者，是之謂正學。昔之談神道者，必附曾儒佛之旨，牽強杜撰以粉飾古言，謂不如是不足以抗二教，不知祖宗之訓既發人道之大端，固不須曲學細論也。然學者能資之孔子經典以説我道，則其精微之旨明瑩透徹，固不待牽強而彰然較著，是吾資彼以明神教者，固不待粉飾也。又曰：耶蘇奉天主，措之君父之上，其説最迷謬。蓋神道雖僅祭祀而推崇君父，其術固與儒相近也。”②

【出典三】“《初五日記》：綜計地球之上，約共有一千五百十兆二十八萬人。中國人數約占四百兆內外，大柢不外儒釋道三教。其從耶穌教者，係歐洲北方與北亞美利加各國並澳大利亞洲，如英、德、荷蘭、瑞士、瑞典、挪威、美國，共一百三兆人。南方各國，亦略有此教。從天主教者，歐洲南方與南亞美利加各國，如法、西、葡、意、比、巴西、秘魯、智利等邦，共一百九十兆人。從希臘教者，最大之國爲俄羅斯，尚有諸小國，共七十五兆人。凡天主、耶穌、希臘等教，皆奉耶穌爲宗主，統名之曰救世教，又名基督教，合計有三百九十七兆人。此外，從印度教者，一百九十兆；從回回教者，一百八十五兆；從猶太教者，七兆；從日本神道教者，二十兆。雜教不在此數。釋教行於中國、日本、西藏、蒙古、緬甸、暹羅、錫蘭，其人數不易稽核。印度教，一名婆羅門教，又與釋教不同。凡地球受教之人一千一百六十兆，作爲一百分計算內，救世教有三十四分，回教十六分，印度教十六分，儒釋道及日本神道教三十六分。此外，尚有三百餘兆人未受教化，或雜教不足比數者也。”③

【出典四】“《日本人刑法論》曰：自殺之罪，自古各國無定於國法上者。耶蘇教國，雖有自殺之處罪，然其意則人身為天所授，無故自戕是犯神之所惡，當屏諸教外，非關於法律上之規定也。日本古時，神道家言亦以自殺為不善，當處罰之。希臘斯託伊克氏之道德說，則謂人當困難之時，不欲為惡事，而困難又不能解則惟有死而已。死固無妨害於人，不當處罰，而現時道德說不從此論，故各國法律中雖未規定處罰，而學者多以處罰為宜。”④

【出典五】“《後漢書・東夷傳》：桓、靈閒，倭國大亂，更相攻伐，歷年無主。有一女子，名曰卑彌呼，年長不嫁，事鬼神道，能以妖惑衆，於是共立爲王。侍婢千人，少有

---

① （清）魏源：《海國圖志》卷十七。

② （清）文廷式：《純常子枝語》卷二十四。

③ （清）薛福成：《出使英法義比四國日記》卷四。

④ （清）沈家本：《寄簃文存》卷二論。

見者，唯有男子一人給飲食，傳辭語。居處宮室、樓觀城柵，皆持兵守衛。法俗嚴峻。”①

【出典六】“《日本史》：用明天皇，諱橘豐日。初稱大兄皇子，欽明第四子也。母堅鹽媛。天皇尊神道，信佛法。敏達，十四年八月崩。九月，天皇即位，都於磐餘，號池邊雙槻宮。大臣蘇我馬子、大連物部弓削守屋，並如故。”②

【出典七】“秋七月庚戌，公卿奏頃者，災異薦臻，妖徵仍見，乃命龜筮驗徵其由。神祇官、陰陽寮並言：方今天下素服，依例祭祀，故伊勢大神及諸神爲祟，而陛下至孝，欲終喪服。神道誠有難誣，恐致聖體不豫。伏乞以社稷爲念，爲除凶服慼神之意。”③

【出典八】“真淵，遠江人。元文延享之際，精國學、古言，善和文、和歌，慨世之儒者，浸淫於漢學，誤名分，傷國體，務排斥之。宣長，伊勢人。從眞淵學，博學多識，尤長字音、言詞之學，祖述師說，著《古事記傳》等書。篤胤，出羽人。傳眞淵、宣長之學，排擊儒佛，主張神道。”④

【出典九】“維新之初，復神道，廢佛法之説起，後竟不行，尋改神祇省爲教部省，又並之文部省，舉祭祀諸典屬式部寮。教導職請設大教院，總轄説教。神佛兩徒，水火不相容。神道興隆，不過行葬祭於民間而已。又許僧徒肉食娶妻，令稱氏姓，而佛教亦因衰頹矣。”⑤

【釋義一】在日本歷史文獻中，“神道”始出《日本書紀》。“用明天皇”條：“天皇信佛法尊神道。”⑥“孝德天皇”條：“尊佛法輕神道，為人柔仁好儒，不擇貴賤，頻降恩敕。”⑦“皇極天皇”條：“天皇順考古道，而為政也。”⑧ 孝德天皇大化三年（647年）四月的“惟神之詔”：“夏四月丁已朔壬午。詔曰：惟神我子應治故寄，是以與天地之初君臨之國也。自始治國皇祖之時，天下大同，都無彼此者也。”“惟神者謂隨神道，亦自有神道也。”⑨

【釋義二】“神道”和“惟神”的用語、用處和意圖作為其後神道歷史、神道政治、神道思想、神道學派及神道研究的一個導火線，成為日本文化多元性與日本人國民性的一塊試金石，變為日本社會中何者為民族固有文化、何者為外來傳播思想的一道分水嶺。此皆因其關涉著外來思想與本土文化之間存在的輸出與輸入、交流與比較、吸收與內化、變形與定型等關係。

---

① （清）王先謙：《日本源流考》卷二。
② （清）王先謙：《日本源流考》卷三。
③ （清）王先謙：《日本源流考》卷五。
④ （清）王先謙：《日本源流考》卷二十。
⑤ 同上。
⑥ ［日］《日本古典文學大系68・日本書紀（下）》，岩波書店昭和四十年版，第155頁。
⑦ 同上書，第269、237頁。
⑧ 同上書，第301—303頁。
⑨ 同上書，第155頁。

【釋義三】佛教自印度傳入中國社會和影響中華文化之前，神道作為中國固有的文化、本土的思想和宗教的信仰，起到總括教理和儀禮的作用。2—3 世紀的張角和張魯、5 世紀的寇謙之和陸修靜、6 世紀的陶景弘等人物及其教派繼承和發展了神道文化，並以“神道之教”與“佛道之教”相對，又以中國古來的“惟神之道”自居，強調自《詩經》和《書經》以來的宗教傳統。儒佛道共同裹挾著神道文化先後登陸日本社會，各自尋求存在的條件和發展的環境，一併成為制約和影響日本人日常生活的行為方式和精神生活的思維方式的文化類型與文化力量，合力形塑了日本的社會面貌和文化特質。

【釋義四】“神道”“惟神”等概念的不統一，乃當時日本人思維不定型和文化欠發達的具現，包括隨神、神隨、乍神、神在隨、神奈我良、神奈賀良、可無奈我良、可牟奈我良、可武奈可良、可武奈我良、神那我良、神奈可良、神那可良等。又如《續日本紀・宣命》的二十處用例中，只有光仁天皇天應元年（781 年）四月辛卯讓位於皇太子山部親王（桓武天皇）的宣命讀作“神ながらしろしめす”（神奈我良所知食），其他十九處用例均讀作“神ながら念（おも）ほしめす”（隨神、神隨、神奈我良、神所念［思］行），其構詞方法雖略有差別，但在思想意識上都明確了天皇既是人又是天神的理念。在《萬葉集》中，並非特指“既是人又是神”的天皇，已用作“根據神意行事”之意。從平安中期到江戶中期，“神道”一詞盛行起來，“惟神”成了“死語”，彰顯了儒學和佛教的社會地位和文化價值，證明了道家思想和道教文化的式微，包括日本哲學的儒學傳統、民族文化的儒學基因、封建統治的儒學理論、等級制度的儒家學說、律令制度的儒學元素、日本人國民性的儒家道德、日本社會的儒家倫理、神道文獻的儒家用語及多神信仰的佛教教義、宗教體系的佛教文化、神道學派的佛教思想等方面，表明儒學和佛教共建了日本社會及其民族文化。

【釋義五】自江戶中期起，國學和復古神道興起，着力識別日本文化的原點，重新關注“惟神”之義，並提出“向神之道”“爲神之道”和“成神之道”之説，排斥神佛習合神道説和神儒一致神道説，復活已成爲“死語”的“カムナガラ”。平田篤胤提出“有志於神隨之道”，鈴木重胤認為“人是在者，故才具備神隨之道”，矢野玄道主張“首先神習古有的惟神之道”，谷川士清在《日本書紀通證》卷三十中始稱“惟神之大道”，本居宣長的《直毗靈》專論《日本書紀》的“惟神”條，即指“所謂隨神道，乃指治理天下惟有憑依神代的賜授，不攙雜絲毫人為的因素，神代既是自明的，也是自足的，它無須添加任何思慮辨別，故曰自有神道”。平田篤胤的《俗神道大意》（卷一）認為“此惟神者一語，究竟是指天皇還是指舍人親王，並不明瞭，但不管怎樣，它已經指明了古道大意，即它是神道的出典和根據”。“所謂神道，絲毫未異於人之所為，即如字面意義所指，隨神道亦為自有神道，天皇憑依祖神的敕命和神諭而制定法律，我們也依據神的產靈而生，各有自己的神道，那就是以敬神、君和父母，養妻子兒女為始，正如儒者所謂的五倫、五常之教，是與生俱來的東西，故把不曲、不歪和隨行稱為隨神之教”。明治政府頒佈的大教宣佈之詔曰：“為了更好地昌明治教，應該宣揚惟神之大道。”

【釋義六】用明天皇看重外來的思想和本土的文化，試圖在日本的精神土壤中營造共同發展的體制機制，而孝德天皇打破了這種思想文化格局，側重於扶植外來的佛教文化，輕視日本民族的固有信仰。在平安時代以前，佛教主要關聯政治層面、介入統治階級的權利紛爭時，“惟神”代表了民族文化的純粹性。儒佛道深入日本思想文化內層後，“惟神”退至幕後，“神道”活躍於前臺，形成了神佛一體的佛教神道說、神儒一致的儒學神道說、神儒佛一體的神道說等。在明治維新以前，日本神道遵循“否定之否定”的發展規律，呈現出螺旋式的演進過程，即“純而無雜”的“惟神”到“雜而不純”的神道再到“唯一宗源”的古神道，其時間跨度符合“平安時代以前—從平安中期到江戶中期—江戶中期到明治維新”的歷史進程。“惟神之道”的旨意為：一是日本民族祈願從祖先到兒孫的生命永續；二是日本人恪守自開天闢地到未來社會的“萬世一系”；三是為了證明日本民族和日本文化的“純種性”；四是以宗教文化為表徵，為相對貧瘠的日本文化尋找打開世界之門的捷徑。

【釋義七】再論鬼道與神道的關係，審視中日文化交流事業。平田篤胤的《赤縣太古傳》認為《易經》中的“神道”已是哲學意味上的抽象概念，即吸收了陰陽二氣的自然哲學思想，但自然哲學體系中所充實的是宗教哲學，而非形而上的哲學理論。我們認為作為萬物生成變化原動力的陰陽二氣分為形而上的本質和形而下的現象，神道、天道已經擺脫了鬼道，而把握為形而上之道。在漢代，神道是通向神之道，神又是鬼神的意思，鬼神還包含死者的靈魂在內，故神道通稱墓道。魏晉時代，神道是宗教世界的一般真理，是關於神秘世界的一種教說。佛教轉入中國後，儒釋道均自稱神道——儒學即神道，佛教即神道，道教即神道，神道乃特殊身份和獨尊地位的象徵。基督教初傳中國時，自稱神道的目的是扎根於中國社會現實和立足於傳統文化體系。從事鬼神祭祀時，人們或施靈術，或行禁咒，或做祈禱，或展巫術方技，故鬼道乃巫術和巫教的代名詞。《太平經》第一次區別了神道和鬼道：鬼道是未導入哲學時的樸素認識，神道是哲學理念萌芽時的初級觀念；鬼道是死之道，神道是不死之道；鬼道是不吉之道，神道是常吉之道；鬼道是死者之道，神道是生者之道；鬼道的觀念部分可以昇華為神道；正確地行使神道，可以規約鬼道。南朝梁陶弘景的《真誥》、東晉道安的《二教論》等認為道教是鬼道，佛教是神道，佛教、佛道與神道是同義詞。在佛教經典中，僧肇的《肇論》提出無餘涅磐是“神道之妙稱”，用神道來解釋佛教。總之，《易經》的“神”的哲學、《老子》的“道”的哲學和《莊子》的“真”的哲學，對日本神道概念的定型和理念的定性起到了基礎作用。

【釋義八】結合“道教四重結構說”，闡明鬼道、神道和道教的關係。福永光司依據《雲笈七籤》，在《道教和日本思想》中提出了“道教四重結構說”。其一，鬼道之教。鬼道是巫術般的宗教信仰，包括祝詞、禁咒、咒符和靈媒等內容與形式，具有祛病、除災、避禍、延壽等主要功能，卑彌呼的“事鬼道，能惑眾”即為此意，大體相當於中國古代的黃教。巫術大多由女性來進行，故卑彌呼“事鬼道”不足為奇，而鬼道的禁咒形成為修驗道，並與日本神道的祭祀儀式有一定的淵源關係。其二，神道之教。此神道相當於公元二世紀、後漢順帝時已經神秘化和宗教化了的“惟神之道”。鬼道在日本古典中未見，且未對日本社會的民族宗教信仰產生影響。其三，真道之教。因吸收了《莊子》“真的哲學”，神道發展為真道，用以對抗“俗道”即儒學。佛教和道教沆瀣一氣，相互導入有利於自身發展的教理和哲學，如真言密教乃道教與佛教的結合，這是本土文化與外來思想的習合現象。空海遊學中國之時，已經接受了一種習合狀態下的中國傳統文化的洗禮和薰陶了。其四，聖道之教。公元三四世紀時，佛教與道教成為利益共同體，共同抗衡“俗道”即儒學；公元五六世紀時，佛教反戈一擊，把道教斥為俗道，轉而構築了儒學的治國平天下思想與佛教的眾生濟度思想的命運共同體。但不甘示弱的道教抛出了《度人經》和《救苦經》，以迎合時世和時局，以應對教界和哲人，故儒釋道俱言自己為聖道之教或聖教。

【釋義九】深掘神道的文化底蘊、思想意蘊和哲學意味，續寫中日文化交流大業。其一，神道始見於中國古典文獻，並隨著中國傳統文化東漸，演變為日本民族特有的思想文化形態。其二，儒釋道融合狀態演變為神儒佛習合關係，使日本神道彙集了民族神話、民族文化、民族宗教和民族哲學於一體的學派與教派，並與日本人國民性深度結合起來。其三，神道、神習、惟神、隨神等用法，把名詞（神道）演化成動詞（惟神、隨神、神習等），把音讀演化成訓讀，把中國式的表記方式演化成日本式的表記方式，這是中國神道文化在日本文化的話語體系和學術視域中的一次變容。其四，“惟神”並未常見於中國古代歷史文獻之中，這緣於儒學的主導地位，基於儒釋道的根幹作用，故概念或範疇在文化母國和異國他鄉的不同軌跡，是思想文化傳承的奇特現象。其五，從惟神和神道概念始出於中國，發達於異邦的歷史事實，能夠辨明中日兩國思想文化的原創性與變型化的關係。其六，文明的發生與發展具有共生性和共時性，文化的傳承與傳播具有相繼性和雙向性，故借鑒日本神道文化建設的有益成分，應該是助推中國傳統思想文化的復興之策。其七，從天皇“信佛法”和“不信佛法”等態度，可見儒釋道傳入和深入日本以後，改變了日本原有的社會秩序和文化軌跡，故“吸取—變型”成為日本社會的一種文化模式。其八，以《日本書紀》和《古事記》為例，中日學界曾主張接受中國的政治理念，而不接納中國的宗教思想，即使嫁接了宗教思想，也僅青睞佛教思想，如今開始關注道教的傳播機理和影響作用。

總之，日本社會及其民族文化在較長歷史時期內深受中國傳統思想文化的制約，在一定歷史階段上飽受中國神道思想文化的影響，由此成就了以神道思想文化為媒介的中日文化間經年累月的交流比較的歷史景象。中國神道在用詞、用法和用意上各具特色，日本神道在學說、學理和學派上自有主張，但我們不以考究日本神道的出典、日本神道文化的演變為導向，而以關注發生在日本社會及其思想文化領域内的民族文化與外來思想的習合關係為主旨，反觀和深思中國帝陵神道文化、思想和哲學的内涵與特徵。

【出典十】“巴馬爲古教，山支訶、月各爲新教，三派皆淵源於費大，然異端尤多，不能悉數。又按：費大書論神道者，有曰花羅尼者，謂天印度也；曰彌達黎者，日印度也；曰仁達黎者，晝印度也。”①

【出典十一】“摩西假天愚民之巫術，皆不謀而合。此則由獉獉狉狉而為巫世界者，殆亦時勢為之歟。自婆羅門興，而韋陀之書益多，其論神道則有曰花羅尼，謂天印度也；曰彌達立，謂日印度也；曰仁達立，謂晝印度也。”②

【釋義一】清末詞人文廷式，別號純常子。其人生軌跡及主要成就為：其一，飽讀詩書，著述頗豐；活躍於詞壇，自成一家；借景言情，托物詠志。其二，潛心時務，志在救世；憂國憂時，傾情愛國；敢言反清，直言變法。其三，結交名流，交遊甚密；涉獵百家，傾心佛學；貫通古今，縱論東西。對其進行研究，有助於我們掌握和評價詞壇巨匠的宗教思想、學術立場及社會貢獻。

【釋義二】《純常子枝語》有著百科全書的意味，因其關涉經術、史地、諸子、詩詞、掌故、人物及天文、曆算、術數等内容，兼及佛教、道教、基督教、伊斯蘭教等思想。其一，論及古教與新教的分野，闡明正統與異端的分界。其二，表明佛道與神道的關係，申明佛理和神理及其賴以產生、得以發展和可以傳播的國土和風土的關係，如曰花羅尼則指天印度，如曰彌達黎則指日印度，如曰仁達黎則指晝印度。

【釋義三】清末維新派領袖唐才常，號佛塵。其政治生命及是非功過為：一是始終為改良派，二是徘徊於保皇與革命之間，三是由改良主義走上革命之路。對其進行研究，有利於我們理解和把握政治活動家的抱負、史學經世思想的價值及中西比較史學上的建樹。

【釋義四】批判摩西的“假天愚民”的政治圖謀和宗教意圖，即以“巫術”為手段實現構築“巫世界”的企圖；推崇婆羅門教和推介韋陀之書，以期弘揚佛學和佛道與佛理和神道，為天印度、日印度和晝印度夯實思想基礎。

【出典十二】“摩西密告宗人，約期同發，至海港，潮退變陸，渡畢而潮大至。麥西軍追者皆溺死。摩西率眾至迦南之耶路撒冷，遂王其地。示十誡以訓民，教以事神天，敬父母，勿殺，勿奸，勿盜，勿妄證，勿貪他人之財。七日禮拜，省過𠎝，是爲西土立教之始。（泰西人相傳天神降於西奈山，石上現文字，摩西拜受，垂爲十誡，以教民蓋托於神道，以起人之崇信耳。後來耶穌教即本於此。西奈山，在今亞剌伯西北境。）摩西卒，約

① （清）文廷式：《純常子枝語》卷二十四。

② （清）唐才常：《覺顛冥齋内言》卷四。

書亞繼之。分以色列族爲十宗，裂地封爲小部，統於耶路撒冷。”①

【出典十三】“《瀛環志略》卷六云：摩西率眾至迦南之耶路撒冷，遂王其地。示十誡以訓民，教以事神天，敬父母，勿殺，勿姦，勿盜，勿妄證，勿貪他人之財。七日禮拜，省過愆，是爲西土立教之始。泰西人相傳天神降西奈山，現文字，摩西拜受，垂爲十誡，以教民蓋託神道，以起人之信耳。後來耶蘇教卽本於此。摩西卒，約書亞繼之。”②

【出典十四】“自佛蘭西侵後，道院之勢漸衰，遂籍其產入官，以充公費。然道院中之教師，庶民至今引領焉，屢唆是非，使民不安。……其教師不好文，故兒童多不入學，女鮮識字。國內立大學院十七間，以神道設教。……西班亞人崇天主新教，祈禱念經，口內長稱其名，臨危時即懇籲馬利亞之名，以爲憑信。其民好逸而憚勞。”③

【釋義一】魏源與《海國圖志》，可謂“睜眼看世界”第一人與影響中外近代歷史的第一書。因其洞悉近代自然科學知識，洞察西方社會的文化樣式、社會制度和風土人情，而極力破除“夷夏之辨”的傳統文化價值觀，摒棄九洲八荒、天圓地方、天朝中心等史地觀念，牢固並推動了愛國主義、國際視野、“師夷”思想和改革主張等，奠定了中國近代思想史和史學史的雙重地位。

【釋義二】魏源、文廷式等近代學者，限於“摩西十誡”與西土立教的關係，分析了泰西人基於地緣關係而崇信耶穌教或天主教的主因；立於“托於神道”與垂信宗教的關係，指出了西方神道的“教民”“訓民”的政治功能及“民信”“民服”的社會效果。

【釋義三】文藝復興時期，人文主義思想體系力主以人道反神道、以人權反神權、以人本反神本、以人性反神性，旨在破解禁欲主義、破除宗教思想。在西方世界，先後出現了耶穌教、天主教、新教、舊教、東正教、猶太教、基督教等不同教派，它們既有共性主張又有個性見解，既有連續的歷史又有斷續的階段，既有並存的格局又有紛爭的局面，並因所處地域、所經時代、所屬民族、所列宗派及所系政治等影響作用，造成了復雜的政教關係和龐雜的國際關係。在中國，基督教專指新教，又稱福音教或耶穌教。

【釋義四】在近代社會，有了“睜眼看世界”的情懷，才有“開眼看世界”的胸懷，也才有“放眼看世界”的心懷，故政治家和思想家們只有放眼國際範圍的自然景觀和人文精神，才能研判世界領域的自然知識和社會科學，實現接觸世界與接軌世界的夙願，如論述了日本的教育制度與教育理念，特別是論說了高等教育與“神道設教”的關係。應該說日本的“神道設教”又產生了新內容和新價值——儒釋道習合狀態影響下的日本神社神道學派及其思想，教化和培養了日本資本主義制度下經濟社會和思想文化的建設者和接班人。

---

① （清）魏源：《海國圖志》卷二十六。

② （清）文廷式：《純常子枝語》卷十七。

③ （清）魏源：《海國圖志》卷三十九。

【出典十五】“二十七日，晴，遊華盛頓第宅。乘小輪船約半時辰到岸。上小嶺，高數十丈，至華盛頓墓。有屋一所，自鐵欄外瞻之，白石棺二，停土面，蓋夫婦二人也。屋外左右有《神道碑》。又前行不半里，至其第，局面甚小，鄉居蓋如是也。”①

【釋義一】崔國因奉命出訪美國、西班牙、秘魯三國，不僅親歷了歐美大陸的經濟社會發展與思想文化成就，還親受了異域社會的自然景色與人情世故，但因政治制度、經濟狀況、文化形態、軍事戰略、外交政策、經貿往來等方面存在著強烈的對比和巨大的反差，必然產生劇烈的衝擊和強烈的反應，故《出使美日秘國日記》不僅具有學術研究的史料價值，更具有經世濟民的借鑒意義。

【釋義二】在出訪期間，崔國因造訪了“華盛頓第宅”，參觀了“華盛頓墓”，拜謁了“華盛頓碑”，並按中國人的思維習慣和認知邏輯，將其改名為《神道碑》。東西方社會的文化類型不一、文化土壤各異，崔國因套用儒釋道思想文化背景下的“神道碑”的詞義、用意和意義，定名基督教文化條件下的名人墓碑，不知是出於政治考量，還是系於文化認同？

① （清）崔國因：《出使美日秘國日記》卷十一。

第九章　帝陵神道界說

第一節　帝陵神道文化

在中國歷史文獻中，直言“神道是一種文化”，故研究神道文化現象乃題中應有之義。“明鏡得花而與影為二，琉璃得日而與影為三，江湖之波得月而千百其影，或動於天，或動於物，其動於物猶動於天也。蓋偶失之，偶得之。文章之妙，必有待於所感，所感而悲則悲，樂則樂，清濁、高下、疾徐，必與之肖，其動於外者天也，其根於內者亦天也。知本者明，得源者清，學道而後文章者與之終身而不厭焉。默然無營而待物之至者，其感也。神道之至者，不可以書，言喻也。而其喻者已至矣，則亦有至焉者矣，斯之謂文化。”① 文化的內涵與外延、本質與表徵、分類與歸類等，是文化學、歷史學、文獻學、民族學等學問領域不容回避的問題。文化的產生條件、存在環境、傳播機理和發展變化在於自然界、人類社會和思維發展的現象、關係及其規律。“文化的幾個發展階段，文化在工業領域、精神領域、政治領域和道德領域內的發展。”② 文化現象具有合乎規律的聯繫，中國傳統思想文化體系化和完整性特徵即為實證。歷史與文化或神道歷史與神道文化的統一，既是一種科學的理念又是一種研究的方法。“如果在研究中把整個歷史中心的一個領域代替整個歷史，這個領域就將局限於歷史中我們稱為文化的那一部分，因為歷史不僅是部落和民族的歷史，而且也是知識發展的歷史，宗教、藝術、習俗等等的歷史，那麼調查

---

① （清）鄧繹：《藻川堂譚藝》比興篇。

② ［英］愛德華·泰勒：《原始文化——神話、哲學、宗教、語言、藝術和習俗發展之研究》，連樹聲譯，上海文藝出版社 1992 年版，第 25 頁。

研究就會處在一個比較適宜的範圍之內。"①

一　文化財富說

文化是一筆精神財富。文化刻印在我們的記憶裏，流淌在我們的血液中，深入在我們的骨髓內。文化財富，在傳承中創新，在創新中傳承。其一，文化是一種社會現象——文化是社會的文化，社會是文化的社會，即文化是人們在社會實踐中處理和解決人與人、人與組織、人與群體、人與團體、人與社會等關係的成果，在生產實踐中處理和解決人與自然、人與環境、人與生態、人與物種等關係的產物，在精神活動中處理和解決人與內心世界、人與情感反應、人與心理需求、人與生活理念、人與生命意志及人與意識形態等關係的表現，它作為一種創造物和"軟實力"，為不同社會歷史時期經濟社會發展提供精神動力和智力支援，即先進的、健康的文化能促進社會的进步，落後的、腐朽的文化會阻礙社會的發展。其二，文化是一種歷史現象——作為社會歷史的積澱和表徵，體現了歷史的起點與文化的基點、歷史的展開與文化的積累、歷史的規律與文化的邏輯的契合和統一，它是解讀歷史事實、分析歷史現象、規約歷史過程、把握歷史規律的一把鑰匙。只有歷史的文化邏輯與文化的歷史邏輯相結合，才能呈現出環環相扣的歷史和絲絲入扣的文化。其三，文化是一種精神現象——文化是相對於經濟、政治而言的人類全部精神活動及其產品總匯，它既包括具有意識形態性質的部分（世界觀、人生觀和價值觀等），又包括非意識形態的成分（自然科學和技術、語言和文字等）；它既是不同國家和民族精神追求的過程和思想訴求的成果，也是滿足人們不斷增長的精神文化需求和社會心理訴求的養分或食糧；它作為一種精神力量，在人們認識客觀世界、改造主觀世界的過程中轉化為物質力量，既可促進個人和群體的成長與發展，也可推進民族和國家的進步與繁榮。其四，文化是一種自然現象——人們在生產實踐中如何認識、利用、改造、開發和保護人類社會賴以生存和發展的物質條件和自然環境的一種方式和手段，而且文化產生的條件、存在的機理與發展的環境具有不以人的意志為轉移或不依賴於人的主觀能動性的脈絡和規律。其五，文化是一種政治現象——文化具有服務政治組織、安排政治活動、表達政治立場、追求政治目的、滿足政治利益、體現政治需求、協調政治關係、解決政治事象、展示政治願景等功能，它是衡量不同社會發展階段在政治、經濟領域占統治地位的階級如何在思想文化領域占據統治地位的一把規尺。其六，文化是一種生態現象——文化生態與自然生態相對應與相統一，整體關涉經濟建設與

① ［英］愛德華·泰勒:《原始文化——神話、哲學、宗教、語言、藝術和習俗發展之研究》，連樹聲譯，上海文藝出版社 1992 年版，第 5 頁。

社會發展，共同關切人類健康與全面發展，它包括看得見的文化資產和摸不著的文化資源，涵蓋了文化與自然地理環境、文化與民眾生活方式等多層關係，影響了人們的價值追求、生活情趣和審美境界等多重領域；尤其是受制於“天人合一”哲學觀，中國人的生產方式、生活方式和文化方式以適應自然為標準，對待自然的態度是親近的，人與自然、人與物、人與自身的關係是協調的；得益於農業社會或農耕文明，中國人自古以來一直注重人文主義、人本主義、人道主義與自然主義的結合，故將自然與人文整合統一，創造出人與自然生態共存共榮、與文化生態共治共用的和諧空間是歷史賦予我們的責任；只有保護自然生態環境，利用文化生態優勢，才能實現弘揚民族文化、張揚民族精神的目的。

文化因人而生，因人而在，因人而異，因人而變，因人而新。文化與人類的生產與生活、生存與發展、實踐與認識及物質欲求與精神需求有著千絲萬縷的聯繫和紛繁復雜的關係。文化與人類社會相伴而生，生生不息；文化與人類社會息息相關，休戚與共；文化與人類社會一體兩面，同體不離；文化與人類社會同呼吸，共命運。文化內涵與功能的矛盾關係，表現為文化內涵影響文化特質，文化功能影響文化取向，文化價值影響文化品位。文化對社會發展具有導向作用，對社會運行具有調控作用，對社會存在具有凝聚作用，對社會進步具有驅動作用，對社會文明具有規約作用，對社會變遷具有引導作用。換句話說，文化是社會變革的內生力量——文化是新制度戰勝舊制度的“批判的武器”，即文化既是批判、否定和超越舊制度、舊體制及舊機制的武器，又是建立、支撐和穩固新制度、新體制及新機制的工具。文化既肯定和支持現實社會，也評價和研判現實社會；文化既說明社會“為什麼”，也指出社會“是什麼”，還規約社會“怎麼樣”。文化既證明一個社會如何“站起來”，又佐證一個國家如何“富起來”，還驗證一個民族如何“強起來”。文化是社會常態的調控手段——文化在化解人與自然、人與人、人與社會等矛盾時，依託法律、理想、道德、禮俗、情操、正義、公平等文化因數，規範和制約著社會主體“想做什麼”“能做什麼”和“做了什麼”，發揮著薰陶、教化、激勵的作用，彰顯著凝聚、潤滑、整合的功能，使經濟社會實現又好又快的科學發展和全面協調的可持續發展。文化是社會關係的整合因素——文化只有依託文化載體，營造文化環境，維護文化生態，提升文化氣質，著力文化傳播，實現文化傳承，才能逐步滿足廣大人民群眾不斷追求的社會心理和精神需求。總之，文化可以為社會主體的價值觀、審美觀、是非觀、善惡觀塗上“底色”，使之化作維繫國家和民族生生不息的巨大力量。文化是經濟發展的催化條件——文化滲透和支撐著一個國家、地區和民族選擇經濟制度、提出經濟戰略、制定經濟政策、落實經濟措施、組織經濟活動、開展經濟競爭及評價經濟效益等活動，而社會文化背景的影響與決策者文化水準的制約，為經濟生活注入文化要素、植入文化因素和融入文化含量，為社會生活增加文化變量、增添文化變數和增強文化價值，共同搭建起經濟生活與社會生活協調發展的共用和共享平臺。

文化環境孕育了文化氛圍，文化條件決定了文化內容，文化內容左右了文化形態，文化建設積澱了文化模式，故文化政策、文化環境、文化條件和文化內容共同制約著文化取向、文化指向、文化走向和文化方向。馬克思在《路德維希・費爾巴哈和德國古典哲學的終結》中，引用了費爾巴哈的名言："當人剛剛脫離自然界的時候，他也只是·個純粹的自然物，而不是人。人是人、文化、歷史的產物。"① "任何一種人類文化，都可分為物質的、制度的、精神的幾個層面，而制度和精神層面的文化，必須通過人們的行為或物化的形態才能顯現出來。故通過物質形態是可以、至少能在一定程度上反映出精神文化的內涵的。"② 閱讀中國帝陵神道文化，目的是在文化事實中吸取文化養分；品味中國帝陵神道文化，目的是在文化關係中找尋文化精神；比較中國帝陵神道文化與日本神社神道文化，目的是在文化對話和文化鑒別中獲得文化資源。總之，優化文化環境，享受文化資源，可以積累文化建設的信心，提升文化發展的信念，探索文化治理的路徑，維繫文化精神的條件。

中國古代歷史上，善於治國理政、精於籠絡民心的統治者不乏其人，如唐太宗感傷於直言納諫的魏徵，親制碑文，警示自己，警醒世人："嘗臨朝謂侍臣曰：夫以銅為鏡，可以正衣冠；以古為鏡，可以知興替；以人為鏡，可以明得失。朕常保此三鏡，以防己過。今魏征殂逝，遂亡一鏡矣！"③ 另外，當政者還有"以史為鏡，可以明事理""以法為鏡，可以斷曲直"等說法，以告誡世人，或勸誡時人。我們認為，文化鏡鑒既緣於同一文化形態本身的自省功能，也來自不同文化類型之間的關照作用。以文化為鏡，可知不同歷史時期人們的衣食住行的狀況及其內涵，可知歷朝歷代的更迭過程與深層原因，可知人情世故的操作程式及其內在機理，可知義利關係的解決過程與遵循原則，可知統治階級、普通民眾的日常生活的行為方式和精神生活的思維方式——中國人國民性的內涵與特徵。閱讀文化、品讀思想和研讀哲學，目的是在各種文化形態中提高資訊數量、提升資訊品質、把握資訊機會和積累資訊資源，為文化鏡鑒鋪墊堅實的文化因素；文化鏡鑒、思想品鑒和哲學借鑒，目的是在不同文化類型之間構築起文化對話的平臺，找尋到文化交流的機會，定位好文化比較的圭臬，優化出文化互鑒的條件，為文化建設和發展填充厚實的文化要素和積極的文化因素，最終實現我國文化治理體系和治理能力現代化。

二　文化家園說

文化是一處精神家園。文化珍藏著民族的血脈、演繹著民族的願景，它是人們社會生

① 《馬克思恩格斯選集》第四卷，人民出版社 1977 年版，第 233 頁。

② 段清波：《秦始皇帝陵園考古研究》，北京大學出版社 2011 年版，第 224 頁。

③ （後晉）劉昫：《舊唐書・魏徵》。

活的沃土和精神生活的樂土。文化是一個民族的血液、骨髓和脊樑，中華文化是中華民族的精神家園，文化自信是實現中國夢的軟實力和硬道理。文化是人們反映和認識一個國家、民族或地區的社會歷史發展和自然地理風貌而形成的風土人情、傳統習俗、生活方式、文學藝術、行為規範、思維方式、價值觀念、宗教信仰、生態意識等方面的總和，或它是人類為使自己適應生存與發展環境和改善生產與生活方式的努力或追求的總匯。正如"人類學之父"、現代第一個界定文化的學者愛德華・泰勒所指出的："文化，或文明，就其廣泛的民族學意義來說，是包括全部的知識、信仰、藝術、道德、法律、風俗以及作為社會成員的人所掌握和接受的任何其他的才能和習慣的復合體。人類社會中各種不同的文化現象，只要能夠用普遍適用的原理來研究，就可以成為適合於研究人類思想和活動規律的對象。一方面，在文明中有如此廣泛的共同性，使得在很大程度上能夠拿一些相同的原因來解釋相同的現象；另一方面，文化的各種不同階段，可以認為是發展或進化的不同階段，而其中的每一階段都是前一階段的產物，並對將來的歷史進程起著相當大的作用。……同時，我們特別注意把落後部落的文化跟先進民族的文化加以對照。"① 中國傳統文化實質性地、基礎性地孕育了中華民族的民族精神，中國傳統文化歷史地、自然地養育了中華民族的責任感、使命感、尊嚴感、認同感和歸屬感。我們認為中國傳統文化研究是中華民族的文化建設的基礎工程、文化振興的主要抓手和文化復興的重要契機，即文化建設是我國經濟社會發展的精神動力，文化成就養育著中華民族的日常生活的行為方式和精神生活的思維模式，文化價值代表著中華民族的主導思想和核心追求，故文化研究關聯著創造文化的中華民族的歷史命運，文化發展關係著享用文化的中華民族的現實需求，文化進步關涉著推展文化的中華民族的未來前景。"誠然，不論在蒙昧民族中，也不論在文明民族中，文化都在日益發展，但是這種發展不是在相同的條件下進行的。"② 一般而言，同一形態的文化，其產生、存在和發展所需要的條件是不同的；不同形態的文化，其產生、存在和發展的機緣更是不同的。文化的產生條件、存在環境和發展機遇有著巨大差異，但文化內涵、文化特質和文化精神有著歷史的連續性、自身的貫通性和內在的規律性。我們以建築及其文化為例，可以探索其蘊含的生死觀念，如"建築是怎樣開始的呢？我們不願使用誇大的語句來形容原始茅屋的建造。因為建築不僅是指建造了一些房屋，而且還要美觀的建築物。當最初一個男人或是女人想到要有一個外表看得見，並可以使用的居所時，建築就算是開始了。可能像這樣的要求美觀或壯大的建築物的成就還是先出現在墳墓，爾後才使用於房屋。而當具有紀念性的柱子發展到雕刻時，墳墓亦演變到了廟宇。就原始的想法，死者遠較生者更為重要與更具權威。除此而外，死者能存留在一個固定的

---

① ［英］愛得華・泰勒：《原始文化——神話、哲學、宗教、語言、藝術和習俗發展之研究》，連樹聲譯，上海文藝出版社 1992 年版，第 1 頁。

② ［英］愛得華・泰勒：《人類學——人及其文化研究》，連樹聲譯，廣西師範大學出版社 2004 年版，第 412 頁。

地方，生者則到處漂泊，無法獲得永久的歸宿。”① 帝陵神道是中國傳統建築文化的構成成分和特殊層面，它代表了一定歷史時期的特殊社會階層在政治理想、生死觀念、宗法制度、宗教倫理、文化創意、思想創造和哲學創新等方面的追求過程和實現程度，而我們從事中國帝陵神道研究，應該說是在保護中華民族的文化原創力和文化影響力的環境，呵護中華民族的文化秩序和文化創新的生態。因此，一定意義上可以說中國帝陵神道研究既是挖掘中國傳統建築文化的精髓的有益舉措，也是彰顯中國傳統文化的現實價值的必然環節，更是甄別中華民族的精神家園的優良成分和糟粕部分的前提條件。

歷史和文化總是讓人惦記，也不能不讓人惦記！文明和生態總是讓人回味，也不能不讓人回味！傳統和史實總是讓人執著，也不能不讓人執著！宗教和信仰總是讓一部分人癡迷，也不能不讓少數別有用心的人癡迷！常常體味歷史和文化，人們就不會丟失歷史感和文化場；經常回味文明和生態，人們就不會損失資源和環境；總是沉浸傳統和史實，人們就不會虛妄和飄忽；一味癡迷宗教和信仰，可使那些需要精神慰藉或心理撫慰的人脫離空虛和無助，但一定要牢記宗教是一種特殊的社會文化現象，不能以宗教信徒的虔誠信仰和極端分子的宗教狂熱為內容或標準，去填充普通民眾心靈的空虛和衡量非信教群眾世俗的作為。馬克思主義認為：“人們自己創造自己的歷史，但是他們並不是隨心所欲地創造，並不是在他們自己選定的條件下創造，而是在直接碰到的、既定的、從過去承繼下來的條件下創造。”② 同樣，雖然人們自己創造自己的文化，但既不能隨意地創造自己的文化，也不能隨便地享用自己的文化；既不能任意地輸出自己的民族文化，也不能恣意地輸入其他民族的文化，只能在條件具備的前提下和環境允許的基礎上輸出文化形態或輸入文化成果。進行歷史考察和文化審視，我們不得不設問亦不能不追問：如何世代相繼、精誠構建我們的精神家園？如何薪火相傳中華民族的文化火種？如何切實檢驗中國傳統建築的文化功效？如何搭建世俗文化與宗教文化的對話平臺？如何暢通政治文化與歷史文化的交流通道？古代的聖賢們孜孜以求，奠基了中華民族的精神家園的文化基礎；近代的志士們矢志不虞，撐起了中華民族的精神家園的文化支柱；現代的精英們與時俱進，吹響了中華民族偉大復興的文化號角。炎黃子孫歷盡艱辛的探索、華夏兒女堅苦卓絕的努力及中華民族開放包容的心態，既為國人又為世人、既為古人又為今人留下了寶貴的智力資源和珍貴的精神財富。我們既可以審視中國傳統文化中制度文化與宗教文化的歷史脈絡及其所蘊涵的精神力量，以期挖掘“精神家園的元素和要素”，也可以反省中國傳統文化中的世俗文化的發展軌跡及其所展現的精神實質，以期甄別“精神家園的因素和情愫”，特別是考察中國傳統文化的潛力與實力、內力和外力的矛盾關係，或許能夠為我們現時代的文化建設、文

① ［美］威爾·杜蘭：《世界文明史·東方的遺產》第一卷，幼獅文化公司譯，東方出版社 1998 年版，第 59 頁。

② 《馬克思恩格斯選集》第一卷，人民出版社 1977 年版，第 603 頁。

化發展、文化振興和文化復興提供一定的理論參考，從而為中華民族的偉大復興提供必要的文化參考。

一般而言，要瞭解一個民族，就要瞭解一個民族的文化，因為文化是傳承民族精神的通道和載體；要深刻地瞭解一個民族，就要深入地瞭解一個民族的宗教文化，因為民族宗教文化是在特殊歷史時期啟動和促進經濟社會發展的精神條件和智力支援；要構建一個民族的精神家園，就要在文化對話的平臺上、文化比較的情境裏、文化交流的過程中和文化借鑒的取向上，考察和把握不同文化形態的雙向互動關係，因為任何民族及其文化都必須在文化對話中尋找文化關照的機會、在文化比較中鏡鑒民族文化的優劣、在文化交流中分享世界文化的精髓、在文化借鑒中規避文化建設的風險。"一般說來，要理解一個國家的文化，就有必要理解這個國家的宗教。比如說，要理解歐洲的文化，就要理解歐洲的宗教——基督教；要理解阿拉伯的文化，就要理解阿拉伯的宗教——伊斯蘭教。同樣，要理解日本的文化，當然首先必須理解日本的宗教。"① 博採眾長的中國傳統建築文化和歷史悠久的中國建築文化傳統是諸多形態各異的文化現象彼此借鑒、相互融通，又激烈紛爭、不斷更迭的產物和表現，它們同為構築中華民族的精神家園的不可或缺的文化資源。中國傳統宗教文化作為輔助性的構成要素，籌建了中華民族的精神家園；中國傳統世俗文化作為主導性的制約因素，創建了中華民族的精神家園。"中國帝陵神道研究"，旨在從政治文化、制度文化、歷史文化、宗教文化、生死文化及建築文化等諸多層面上解讀特殊的社會存在與閱讀曾經的社會歷史。自古迄今，人們的慣常認識為尊者曰陵、高者曰墳、封者曰冢、平者曰墓等，足以說明墓、冢、墳、塋、陵、園、邑的形貌與內涵、規模與結構、特徵與功能等存在顯著差異。"把墳墓建築成墳丘的式樣，是中國、朝鮮、日本等國古代東亞墓制的共同特徵。而且不論在何地，它都是特定時期出現的歷史性的產物；它的發展和變化，也是與其各自的歷史的變遷相關聯的。因此，探索作為東亞文化中心的中國的墳丘墓發生、發展及其變化過程，對於東亞其他地區墳丘墓的研究，特別是對於考察日本古墳的發生及其歷史背景，是極其重要的。然而到現在為止，對於中國墳丘墓如何發生、如何發展變化以及有何特徵等等問題的研究，還是零亂的，不成體系的。"② 我們認為在特定的"文化圈"內，可以反觀中華民族的文化建設和文明發展的歷程，反省中華民族的文化創造和文明積累的方式，反思中華民族的文化發展和文明進步的成就。

① ［日］梅原猛：《森林思想——日本文化的原點》，卞立強等譯，中國國際廣播出版社 1993 年版，第 1 頁。

② 楊寬：《中國古代陵寢制度史研究》（日文譯本序），世紀出版集團/上海古籍出版社 2003 年版，第 3 頁。

三　文化雙刃劍說

文化是一柄雙刃劍。關起門來搞文化建設，將錯失吸納文化養分和展示文化魅力的機會，而敞開門戶求文化發展，也會迎來良莠不齊的文化力量和送出參差不齊的文化知識。我們認為社會轉型和歷史變遷是文化變化的根本原因，但文化對社會進步和歷史進程來說是一柄雙刃劍，它既可以對社會發展和歷史過程產生強大的、積極的推動作用，也可能對社會運行和歷史前行形成強烈的、消極的阻抗力量。一般而言，文化類型有著明顯的地方特徵和民族特色，文化差異源於各地的社會制度和風土人情，但地區差別或物理空間不是阻隔不同的文化形態相互滲透和彼此影響的決定性因素，於是文化的正功能表現為通過吸取優質的文化養分克服本國家、本地區和本民族文化的缺陷和弊端，以此豐富自身的文化內涵，提升自身的文化品位，積澱自身的文化精神，發揮自身的文化功能，最終促進本國家、本地區和本民族的經濟社會發展；文化的負功能表現為借助文化比較所彰顯出來的文化反差，致使在先進文化與落後文化、本土文化與外來文化、世俗文化與宗教文化之間不是搭建借力發力的文化平臺，而是製造非此即彼的文化瓶頸，導致不同文化類型難以優勢互補或順勢而為，也不是相互補臺而是彼此拆臺，這不僅制約了文化融合與文化增生，而且阻礙了經濟社會的有序運行和不斷進步。世界範圍內不同國家、地區和民族的文化形態內含正功能和負功能，同一國家的不同地區和民族的文化形態同樣包含正能量和負能量，關鍵是如何做到以正功能抑制負功能，如何做好以正能量壓制負能量，實現經濟社會發展和思想文化建設的正向發展而非逆向行進。從中國古代的社會歷史與思想文化的關係來看，春秋戰國時期的文化變動是中國歷史上第一次根本性變革，清末時期的文化運動是中國古代社會末期再一次整體性的文化碰撞，改革開放以來的文化振興和文化復興是中國社會發展過程中新一次全局性的文化自信。我們應該認清文化變動的雙重功能，積極引導其正功能、發揮其正能量，合理規避其負功能、限制其負能量；著力挖掘和釋放文化的內生功能，有效培育和經營文化的外展功能。這一切都在驗證文化建設與發展、復興與繁榮的基本原理：挖掘、培育和提升文化軟實力實質是一種硬道理！

20 世紀初葉，文化傳播學派代表人物、德國人弗裏茲・格雷布內爾（Fritz Graebner）於 1911 年出版了《民族學方法論》，將人類學家、德國人萊奧・弗羅貝紐斯（Leo Frobenius）首先提出的文化圈概念發展為民族學的方法論，並與民族學家、奧地利人 W・施密特（Wilhelm Schmidt）共同發展出"文化圈"理論或"文化圈"學說，形成了世界上存在若干文化圈，每個文化圈皆包含一定的物質文化和精神文化的共有成分等學術共識，為此圈定了同質文化的共存地帶，蘊育了同類文化的共生區域，可以說某種文化形態往往根基於賴以形成的文化土壤，依靠自身的文化實力，擴展自身的文化空間，釋放自身的文化能力，形成了由內裏到表面、由核心到周邊的發展態勢，變成了既有邊界又有範圍、既有原生又有增生的文化現象。由此觀之，歷史發展的同期性、文化歷程的同步性、文化體系的同構性、文化類型的可比性、文化對話的可能性、文化交流的雙向性、文化融合的可行性、文化精神的可塑性及歷史與文化的相關性等因素或特徵，共同構築或優化了文化對話的前提、文化比較的條件、文化交流的場域、文化借鑒的資源及文化自信的環境。"'文化圈'作為文化傳播造成的文化場，指具有相近文化特質、文化結叢的文化群體所構成的人文地理區域，往往由某一先進民族或國度組成'中心文化叢'（或曰'文化核心區'、'文化源地'），以其首創的文化播揚於周邊地區（或曰'文化邊緣區'、'文化受容地'），在核心和邊緣的互動中逐漸形成相對穩定的文化圈。"① "文化圈可從地理、民族、語言、宗教、民俗等多種角度劃分與命名。上述'東亞文化圈'以地理屬性得名，其範圍約指東亞大陸及周邊半島和島嶼，大略包括今天的中國、朝鮮、韓國、越南、日本。從體質人類學言之，這一文化圈居民同屬蒙古人種；從文化人類學言之，這一文化圈共同擁有漢字漢文（故有'漢字文化圈'之稱）、儒學（故有'儒學文化圈'之稱）、華化佛教、中國式律令制度，等等。"② "此外，根據我們的觀察，在五花八門、紛然雜呈的眾多的文化或者文明中，顯然有文化圈的存在。換句話說就是，在某一個比較廣闊的地區內，某一個國家或民族的文化或者文明，由於內部和外部的原因，影響了周圍的一些國家和民族，發揮了比較大的作用，積之既久，就形成了這樣的文化圈。古希臘和羅馬文化、從希伯來起一直到伊斯蘭時期的閃族文化、印度文化和中國文化都形成了各自的文化圈，在非常遼闊的地區內，在相當長的歷史時期中，對圈內的國家產生了或大或小或強或若的影響。這影響不是單方向的，圈內的國家間有著文化交流，圈與圈之間也有文化交流，總起來看，是一個互相學習、互相滲透的過程。"③

我國學術界和思想界針對中國傳統文化的內容、特徵和精神等問題，基本達成了思想統一：道法自然、天人合一的和諧宇宙意識，天道循環、周行不殆的因果輪回意識，血緣宗法、自然綱紀的倫理道德意識，唯我獨尊、普濟四夷的中華天朝意識，兼收並蓄、和而不同的文化包容意識，自足自守、自治自強的內斂生存意識，重德輕才、重義輕利的群體價值意識，家族本位、光宗耀祖的不朽人生意識。④ 這些內容和特徵是形成"文化場"的基礎要素或構築"文化圈"的根本因素。根據"文化圈理論"，中國人的文化創造力、文

① ［日］鈴木貞美：《日本的文化民族主義》（總序），魏大海譯，武漢大學出版社 2008 年版，第 1 頁。

② 同上書，第 2 頁。

③ ［英］李約瑟：《東方文化叢書 · 中國古代科學思想史》（總序），陳立夫主譯，江西人民出版社 2006 年版，第 2 頁。

④ 參見汪丹《文化本體與文化形態——兼析中國近代以來"激進"與"保守"思維定式》，《2000 年環球回顧/社會轉型問題天津國際學術會議論叢》，遼寧人民出版社 2001 年版。

化適應力、文化滲透力和文化影響力舉世公認，原生的文化形態和原創的文化符號，凝練和加固了本民族的文化内核，輻射和覆蓋了他民族的文化領域。中華民族憑藉自己的聰明才智和奉獻精神，既為本民族創建了獨特的話語方式、話語體系和獨有的精神家園、心靈家園——不僅為我國不同歷史時期經濟社會發展蓄積了豐厚的文化土壤和堅實的文化精神，而且使中國人日常生活的行為模式和精神生活的思維方式打上了深深的文化印記和思想痕跡，也為人類社會共建了共性的話語模式和共用的精神家園——不僅歷史地、邏輯地向世界展示了中華民族獨具匠心的文化資源，而且使世界文明進步和經濟社會發展因“中國文化元素與因素”的加入而豐富多彩，因“中國文化創造與創新”的參與而意味深長，尤其是它將傳統文化的民族屬性與世界屬性貫通起來，整個世界和不同民族在歷史發展過程中的文化根性和文化屬性愈加凸顯。

依據“文化圈理論”，我們可以嘗試著詮釋多層的文化現象、解釋多元的文化關係、摸索多樣的文化模式及找尋多種的文化脈絡。善待還是虐待某種文化，體現了一個民族社會生活的行為方式和文化生活的思維模式，反映了一個民族的精神境界和價值追求。吸收或變形文化形態，旨在營造適合於經濟社會發展需求的文化土壤或文化氛圍，而誤用或惡用文化價值，目的是滿足一定的社會階層發生變態的文化心理和某種社會制度産生變故的利益訴求。中國傳統文化的陽光雨露曾經普照了相對落後的日本社會發展並滋潤了相對貧瘠的日本文化土壤，使日本人成為“漢字文化圈”或“儒學文化圈”的最大受益者，而一定歷史時期日本文化建設與發展模式，也曾一度成為中華民族學習和仿效的對象，由此構築了文化互動關係和文化增長模式，但以輸贏來斷定文化價值和行為效果的日本人，警示了以對錯來判定事物與現象、行為與結果的中國人的文化建設和文明發展之過程和經驗。中國人在清理歷史垃圾和盤活歷史功績、擯棄文化糟粕和張揚文化精華的過程中，不能放棄上下求索、自強不息的進取精神，不能拋棄去粗取精、去偽存真的科學態度，不能遺棄自我發展、合理借鑒的憂患意識，不能摒棄文化比較、思想交流的開放觀念。

日本社會的近代轉型和日本文化的近代轉向，為日本人國民性的近代定型提供了契機和條件，即奠定和彰顯了日本人國民性的近代因素和近代特色。近代以來，日本社會的制度設計轉向西方，日本文化的價值取向偏向西方，日本人的思維模式倒向西方，日本人的心理定式歸向西方，日本人的精神需求面向西方，日本人的行為習慣指向西方，即在制度層面上日本民族確立了德國式的君主立憲制的資本主義制度，在文化層面上日本民族實現了由“師事中國”到“師習西方”、由“尊佛崇儒”到“廢佛毀釋”、由“因襲傳統”到“文明開化”的思想轉變和政策調整，在思維層面上日本民族完成了“脫亞入歐”“脫中入西”的轉型和定位，在心理層面上日本民族出現了“唯西方是賴”的認知，在精神層面上日本民族展現了實用主義或功利主義的選擇，在行為層面上日本民族完成了由理性主義向非理性主義的蛻變，致使西方社會的政治觀、歷史觀、價值觀、文化觀和宗教觀逐漸成為近代以來日本人國民性的基礎要素和主導因素。伴隨著日本近代化成功發展的歷程，社會思潮也醞釀著失敗經驗積累的動向。這其中已經沉積和演化為日本近代社會的文化源頭與大和民族的文化活水的神道文化發揮了前瞻性作用，考驗了中日兩國的地緣政治關係和歷史文化關係。"日本與中國幾乎同時被西方列強打開國門，日本的明治維新同中國的洋務運動也幾乎同時起步，但日本用不到半個世紀的時間，完成了從封建社會向資本主義社會的跨越，它的崛起意識，它的維新步伐，它的勤奮學習，它的鋭意進取，它的擴展野心，它的尚武精神，它的舉國一致，它的社會活力，達到了前所未有的水準。而中國則在半殖民地半封建社會的泥淖裹越陷越深，進入到中國政治制度最腐朽、最黑暗的時期，它的衰微破敗，它的千瘡百孔，它的腐敗無能，它的窮奢極欲，它的內耗不已，它的一盤散沙，它的社會分裂，它的民心喪盡，達到了無以復加的程度。"[①] 在社會變遷、思想轉型的關鍵時期，日本人借機炮製了"亞洲一體論"（岡倉天心）、"大亞洲主義"（小寺謙吉）和"脱亞入歐論"（福澤諭吉）、"日本優秀論"（西周）等學說和理論，引領了"日本人核心價值觀的近代轉型"，這是以"吸取—變形"外來文化為特徵的日本文化發展的必然結果，也是以排邪意識為底流的日本人國民性的主要表徵，更是以建設和諧的精神家園為取向的中華民族的重要警示。舉例言之，岡倉天心在《東洋的理想》和《日本的覺醒》等著述中，大肆鼓吹亞洲只有在日本的領導下才能實現復興，因為創造亞洲文化的中國和印度只能享受創造文化形態的殊榮，不能做出保存文化火種的努力，乃至丟棄了亞洲民族的共同遺產，而繼承亞洲文明的日本才有資格、有能力建造了保存和發揚亞洲文明的博物館，使亞洲人民有機會、有可能享受物質文化的燦爛輝煌和精神文化的陽光雨露。如"亞洲本為一體，喜馬拉雅山脈兩側孕育了兩個強大的文明，即孔子共同社會主義的中國文明和吠陀個人主義的印度文明"[②]。而日本社會"仰仗無與倫比萬世一系天皇的祝福，未被征服過的自豪，繼承祖先放棄膨脹發展而流傳下來的觀念和本能，使孤立的島國日本成為亞洲思想和文化的真正貯藏庫"[③]。在《大亞洲主義論》等著述中，小寺謙吉以種族的對立為前提，以亞洲的聯合為幌子，以太平洋的安全為招牌，以文明的保全為取向，以日本的利益為軸心，明目張膽地宣揚日本在亞洲尤其是東亞的霸主地位和霸權主義，如"中國與印度乃亞洲文明的發源地，而日本乃承繼亞洲之文明也"[④]。"援助中國以確定日

① 李洪峰：《以史為鑒，迎接新的世紀大考》，《參考消息》2014 年 7 月 28 日第 11 版。

② ［日］岡倉天心：《東洋的理想》，轉引自龜井勝一郎、宮川寅雄《明治文學全集 38 · 岡倉天心集》，築摩書房昭和四十三年版，第 6 頁。

③ 同上書，第 7 頁。

④ ［日］小寺謙吉：《大亞洲主義論》，中國百城書舍 1918 年影印本，第 138—139 頁。

本在太平洋之地位耳。為保全鄰邦之義，而維持極東和平，是日本之根本國是也。”① 甲午戰爭以後，留學日本並接受馬克思主義的思想洗禮、考察日本近代社會成功發展的文化動因、尋求中華民族救亡圖存的革命道路且憂國憂民憂時的大批志士仁人，早就識破“小寺謙吉等人之心”，如李大釗一針見血地指出了他們的“亡我之心”：“假大亞洲主義之旗幟，以顏飾其帝國主義，而攘極東之霸權，禁他洲人之掠奪而自為掠奪，拒他洲人之欺淩，其結果必召白人之忌，終以嫁禍於全亞之同胞。則其倡大亞細亞主義，不獨不能維持亞細亞之大勢，且以促其危亡，殊非亞細亞人所宜出，此則望日本人之深加注意也。”② 一語道破了大亞洲主義的精神實質：“不是和平的主義，是侵略的主義；不是民族自決主義，是吞併弱小民族的帝國主義；不是亞細亞的民主主義，是日本的軍國主義。”③ 我們認為日本的軍國主義與德國的納粹主義和意大利的法西斯主義如出一轍，沆瀣一氣，它們既有異曲同工之妙，也有彼此呼應之效；尤其是大日本主義、大亞洲主義和軍國主義的殘暴行徑及民族主義、國粹主義、神國主義的思想膨脹，給亞洲人民特別是中國人民的身心以深度傷害，警醒了中華民族必須強壯體魄、強健身心和強大國力，為維護世界和平、繁榮和發展而不遺餘力，為構築政治、經濟和文化的防御體系而殫精竭慮，為建成和諧、美好和文明的中國而彰顯實力。

日本人的近代思想轉型，源於前近代日本社會及其思想文化領域一直湧動的“本地垂跡說”與“反本地垂跡說”的思想紛爭，以及以“反本地垂跡說”為根底的“根葉花實說”的重大影響。第一，以“根葉花實說”為例。本來，“本地垂跡說”奠定了佛主神從的神佛習合關係的思想基礎，構築了中日文化交流的理論前提，即它促動了中日文化的深層交流，或者說中日文化交流的縱深發展是以“本地垂跡說”為思想基礎的外來的佛教思想與本土的神道文化的習合關係為開端和軌跡的。“根葉花實說”則是逆轉佛主神從的神佛關係為神主佛從的神佛關係的思想武器，它提升了神道文化的理論水準，深化了神道文化的思想內涵，並促使神道文化與外來思想的關係——神佛習合關係發展為神儒佛融合關係，中日兩國思想文化關係發展為中日印三國思想文化關係。例如，吉田兼俱極力鼓吹的“根葉花實說”旨在處理和解決神佛習合關係、儒釋神道融合關係，並努力張揚日本人的宗源意識、神國思想和“一分為三，合三為一”的思維方式。他認為國家的排序依次為日本、中國和印度，所對應的思想文化成果為神道、儒學和佛教，日中印的國家關係、神儒佛的思想關係皆是源與流、本與跡、根與葉、花與實的關係。《神道大意》認為：“右所言之神道名曰宗源，何也？神書曰，掌神叓是宗源也。宗者，萬法皈一謂之宗，源者，諸緣所起謂之源，是故上宮太子曰，神道者，儒佛宗萬法之源也，宗源之旨於是乎可視焉。

① ［日］小寺謙吉：《大亞洲主義論》，中國百城書舍1918年影印本，第145頁。

② 李大釗：《李大釗文集》上，人民出版社1984年版，第450頁。

③ 同上書，第609—610頁。

蓋神者，天地也，無天地則四時不行，百物不生，無神則無人生，無人生則無萬法，亦無一法，畢竟為諸宗之源也，明矣。”① 即宗是萬法皈一，源是諸緣所起，宗源是神國神道；神道與天地同在，與日月同輝，故神道是四時行與不行、百物生與不生，以及有無人生、有無萬法、有無一法的宗源。《唯一神道名法要集》認為：“問：神道者，亦有子細哉？答：就此大旨有二義，一者，明神道二字義；二者，明體用相三義。”“問：二字義者，何謂哉？答：神者，天地萬物之無靈宗也，故謂陰陽不測；道者，一切萬行之起源也，故謂道非常道，惣而器界生界，有心無心，有氣無氣，莫非吾神道，故頌曰：神者，萬物心，道者，萬法行，三界有無情，畢竟唯神道。”② “問：神道之所談者，吾國之根奥，獨立之一法也，幸得宗源二字，何不立一家之宗義哉？答：吾神道者，在萬物不留一物。……故天地之心，神也；諸佛心，神也；鬼畜心，是神也；草木心，是神也；何況於人倫哉！以意成理，以意成物（言），以手足（意成）成事，皆是心神之所為也。一切含靈，莫非神者也，故云成佛，不云成神。物而無不含藏神靈矣，故神經云天無神道，則無有三光，亦無四時；地無神道，則無有五行，亦無萬物；人無神道，則無有一命，亦無萬法。易曰，觀天之神道，而四時不忒，聖人以神道設教而天下服矣。道教云道生一，一生二，二生三，三生萬物，皆是神也。佛教中密經云神變加持經並諸經論中，神變、神通、神力多以在之，非是神道哉。儒教云太極生兩儀，兩儀生四象，四象生八卦，八卦生萬物，是則聖人神道也。故頌曰：唯一神道，諸法根本，萬法濫觴，畢竟宗源。”③ 神明的作用和神道的功能表現為：生成和支配一切自然事物和現象，如風起雲湧、動靜進退、晝夜更迭、隱顯易位和寒暑交替等；制定和規約人類社會的善惡是非基準，如善惡報應、是非曲直和正邪差別等；決定和制約隱藏在自然界、人類社會中的事物和現象及其發展規律，如天地之心、諸佛之心、鬼畜之心、草木之心和人倫道德之心等；神經是易經、道教經典、佛經和儒學經典的宗源，故神道設教、道教之道、聖人神道、佛道皆為神國神道。天地一神、大道一元、儒佛一宗、萬法一源、唯受一流、成就神道、返本歸真等宗源意識和神國思想是吉田神道的基本理念。第二，以“體用相三義說”為例。他再次推展或推銷神佛習合關係和神儒佛融合關係。“問：神道者，亦有子細哉？答：就此大旨有二義，一者，明神道二字義；二者，明體用相三義。問：體用相三義者，如何？答：體者，三光（元）也；用者，三妙也；相者，三行也。問：三元者，何哉？答：神道者，天元也，地元也，人元也，故云三元。問：三妙者，何哉？答：神道者，天妙也，地妙也，人妙也，故云三妙，又是云三部。問：三部者，何哉？答：天妙是云神變部，地妙是云神通部，人妙是云神力部，又是云三部妙壇。問：三部妙壇者，如何加會釋哉？答：以天為神變妙壇，以地為神

① ［日］神道大系編纂會：《神道大系・論說編・卜部神道（上）》，精興社昭和六十三年版，第40頁。

② 同上書，第63頁。

③ 同上書，第88—89頁。

通妙壇，以人為神力妙壇者也。問：三才九部妙壇者，何謂哉？答：天之神變具通力二妙，地之神通具變力二妙，人之神力具變通二妙，故頌曰：三元天地人，三妙變通力，三才各具三，故云九妙壇。問：天是神變，地是神通，人是神力，各定境界，然三才各具三，故云九部妙壇者，何謂哉？答：此難一往難隨（解）歟，但天之大德者，神變也，然具三部者，天之神力（變）者，日月、星辰是也；神通者，寒暑、晦朔、晝夜是也；神變（力）者，雷鳴、風雨是也。問：地三部者，如何？答：地之大綱者，神通者，然具三部者，地之神力者，山河、大地、江海是也；神通者，山澤通氣、海潮於滿、萬物通氣是也；神變者，草木顯枝葉、生花、成果是也。問：人三部者，如何？答：人之大底者，神力也，然具三部者，人之神力者，拜、供、印是也；神通者，讀、誦、唱是也；神變者，觀、念、想是也。問：尒者，天道、地道、人道皆以無非神道者乎？答：天無神道，則無有三光，亦無四時；地無神道，則無有五行，亦無萬物；人無神道，則無有一命，亦無萬法。……問：不云天地人，謂三元；不云五行，謂三行；不云變通力，謂三妙者，是何謂哉？答：三界者，天地人之三元也，萬法者，三元所變之五行也，五行之所為者，神變、神通、神力，此三妙謂也，故器界、生界、森羅萬像，莫非此三品之所為矣，儒教、道教、萬端以三成物，故易云三生萬物，是謂之乎。……相秘決義云，八萬法藏，諸經論中，云三寶（佛、法、僧），云三身（法、報、應），云三諦（空、假、中），云三學（戒、定、惠），畢竟歸身口意三業，三業者，神道三元三行三妙之所為也。”① 其一，他把自然界、人類社會的事物和現象及其認識成果進行了“一分為三”的解析，“合三為一”的歸結，特別是三個亞洲國家的排序為日、中、印，三種東方思想的次序為神道、儒學、佛教，體現了“一分為三”的演變和“合三為一”的歸類。“一分為三”是指由整體到部分、由全體到個體、由唯一到多元、由本源到支流的過程，它是由一般到個別、由普遍到特殊、由抽象到具體的思維過程，而“合三為一”是依據由部分到整體、由個體到全體、由多元到一元、由分流到源頭的順序，復歸到元初階段，即實現由個別到一般、由特殊到普遍、由具體到抽象的過程，但因設定了天地的根源和萬物的靈性畢竟歸於一心，一心為神明之舍，神明是一神即無名之名、無形之形和無狀之狀的國常立尊這樣的基本前提，故它被抽去了現實的、客觀的物質基礎，表現為由思維到存在、由精神到物質的過程，即吉田神道家借用宗教語言、宗教思維和宗教邏輯表達了一種唯心主義的立場。其二，他運用“體用相三義”喻指日中印三國和神儒佛三道，以期闡釋源流關係或本末關係和神國思想。體指實體、本體、根本和本質，表示靜止、不變、不易和不生不滅的狀態，故“體者，三光（元）也”。用指體的作用、動作和功能，是運動、變化、發展和有生有滅的狀態，故“用者，三妙也”。相指形相、姿態和表現，是外在、現象、具象和常生常

① ［日］神道大系編纂會：《神道大系・論說編・卜部神道（上）》，精興社昭和六十三年版，第63—72頁。

滅的狀態，故“相者，三行也”。總之，吉田神道的神國思想孕育和驅動了日本近代社會的軍國主義思想與行為，滋養和左右了日本人國民性——日本人日常生活的行為模式和精神生活的思維方式。以此為鑒，可知中國帝陵神道所蘊含的帝國思想特指中國社會特定歷史時期、特殊社會階層的思想觀念，它專指特殊社會群體或統治集團的政治生活的行為方式和特權生活的思維方式，並沒有泛化為中國人國民性的基礎要素和關鍵因素，也沒有演變為普通中國人日常生活的行為模式和精神生活的思維方式。

梁啟超頗具學理和哲理的“取道日本，回到中國”之論，對於我們參照日本社會發展及其民族文化建設的歷史進程與實踐經驗，論證中國社會的歷史性選擇及其民族文化的現實性定位大有裨益。關於“取道日本”的問題，我們既應該認可日本近代化成功的歷史事實，也必須反思日本近代社會轉型或思想文化轉向的歷史教訓——日本近代化發展過程及其成果成為軍國主義、亞洲主義、民族主義、國粹主義的現實基礎和思想前提，還需要追溯造成近代日本經濟社會成功發展與失敗結局的植根於近代日本社會以前的思想根源和價值追求。日本社會制度轉型不是統治者的權宜之計，日本思想文化轉向也不是學術界的頭腦發熱，其基因深植於近代之前日本社會歷史條件內和思想文化背景下，其動因起源於國際社會的政治打壓、經濟引導和文化干預等方面。作為當代的思想文化研究者和中日文化的比較與交流事業的研究者，尤其是作為有良知的中華民族傳統文化研究者，我們必須參考和借鑒近代和現代中國知識分子的真知灼見。“殊不知如果只是捷徑式的‘取道日本’，根本無法瞭解真正的日本精神，如果不能真正‘取道’，當然也回不到‘中國’。因為近代中國知識分子包括康有為、梁啟超、張君勱等人，都是取‘近’道，而非取‘遠’路，‘近’是指已經富國強兵的近代化日本，‘遠’是指近代以前的日本傳統精神。日本近代化的富國強兵政策的確‘成功’，但其後往軍國主義發展所帶給東亞民族以及自身的苦難則應屬‘失敗’。而作為現代的研究者，我們所關懷的是：為何日本比較能走向近代化？又在她近代化成功後，最終為何會走上選擇歐美帝國主義路線的發展方向？以日本的傳統民族性而言，近代日本有無可能走上其他不一樣的國家發展路線？未來的日本又會朝哪個方向發展？這些問題都不能只是從近代日本發展脈絡中找尋，必然要回溯到日本的傳統精神，深入探索、縝密研究，才能撥雲見日，否則如果只專注近現代的日本，猶如哈日族般的速食追逐，終難深入理解日本。日本的近現代精神及其發展，一定有其傳統淵源，如果不能瞭解日本傳統精神的真諦，又何以能精准解釋近現代的日本呢？”①

文化的雙重性格和多重功能，使中華民族真正明白了文化自覺的必要性和文化自信的必然性，只有挖掘文化潛力，增強文化實力，苦練文化內力，檢驗文化外力，才能逐步拓

① 張崑將：《儒學與東亞文明研究叢書·德川日本「忠」「孝」概念的形成與發展——以兵學與陽明學為中心》，華東師範大學出版社 2008 年版，（自序）第 1—2 頁。

展和拓寬中華民族文化復興之路。

四　文化鏡子說

文化是一面鏡子。文化可以照出民族生活的面貌，也可以照亮民族發展的前途；文化可以照出民族國家的歷史，也可以照亮民族關係的未來；文化可以照出民族文化的個性，也可以照亮傳統文化的共性。中國傳統文化本身及其所影響的各種文化形態之間歷史地形成了源與流、先與後、高與下、本與跡、主與次、根與幹、體與用、華與夷、顯與隱、良與莠等對比關係，自然地分類為世俗文化與宗教文化、制度文化與精神文化、物態文化與觀念文化、原創文化與應用文化、先進文化與落後文化等具體形態。文化之鏡，既可以關照對方，也可以反照自己；既可使同一文化形態的各種構成要素形成緊密的黏合關係，也可使不同文化類型的影響因素形成鮮明的比照關係。文化對話、文化比較、文化交流和文化借鑒是一種存在模式與發展方式，它既可以檢驗自己，也可以充實對方，使文化主體和文化客體彼此吸收有利於自身生存與發展的要素，去除不利於自身存在和發展的因素。"文化交流是人類社會和各民族文化進步發展的重要推動力。世界上任何一個國家文化的發展，都不可能孤立封閉的自我繁殖，而總是和其他國家、民族的文化進行交流，互相影響、補充、滲透，不斷借鑒、吸收、融合外來文化。這種文化交流對於各國社會的進步和政治、經濟、文化、科學的發展，起著巨大的推動作用。它也是各國人民之間互相理解和友好往來的重要基礎。"① 不同國家、地區和民族的文化如此存在與發展，同一國家、地區和民族的文化亦如此生存與演進。囿於本國家、本地區和本民族的文化類型的高低、優劣、良莠等認識水準，無視他國家、他地區和他民族的文化模式的是非、曲直、好壞等現實狀況，既不利於文化本身的建設、治理和發展，也無助於文化之間的對話、比較和交流。

我們以日本民族宗教文化——神道文化為參照，可以反觀和審視中國傳統文化的潛力與實力、內力與外力、自力與他力的矛盾關係。神道信仰是武士道精神的源泉和載體，武士道精神又是日本軍國主義的源頭和根幹，日本軍國主義則是日本實施軍事佔領、殖民統治、文化侵略、宗教輸出的武器和工具。神道文化尤其是神社神道文化作為特殊的宗教文化形態和社會文化現象，既是日本民族傳統文化的基礎性要素和關鍵性因素，也是考究東方思想體系和東方宗教文化的主要參照；既是構築日本人國民性的文化要素，也是左右日本人國民性的思想因素；既是中國大陸思想文化登陸日本社會、衝擊日本文化的攻略對

① 參見王曉秋、大庭修主編《中日文化交流大系·歷史卷》，浙江人民出版社 1996 年版，第 1 頁。

象，也是日本社會及其文化吸取與變形外來思想文化的擔當主體。我們認為研究日本社會的歷史發展、政治制度、經濟體系、文化特質、宗教信仰、風俗習慣、行為方式及生態智慧等諸多問題，不能無視神道文化、思想和哲學尤其是神社神道文化、思想和哲學的存在及其價值，甚至在思想文化比較、對話、交流與借鑒的雙向性和互動性、人類社會文明的同步性和共生性、社會經濟發展的持續性和融通性、人類智力活動的一致性和相關性等視角和視野上，我們在研究中國傳統文化的內生與外展、中華文化傳統的內核與軌跡以及原創文化與嫁接文化、輸入文化與輸出文化、先進文化與落後文化、民族文化與世界文化、世俗文化與宗教文化、社會文化與生態文化等眾多關係時，也必然要關注東鄰島國——日本社會及其文化，尤其是神社神道與日本人國民性的相關性問題，這對於推進長期困擾我國學界的“日本之謎”“日本社會之謎”“日本文化之謎”“日本精神之謎”“日本神道之謎”“日本人國民性之謎”等課題的研究不無裨益，還會給推動我國學界一直懸置的“神道文獻整理與帝陵神道研究”問題提供參考。我們通過梳理中國帝陵神道文化、思想和哲學的內容與線索，完善中國帝陵神道文化、思想和哲學的結構與體系，發掘中國帝陵神道文化、思想和哲學的本質與特徵，張揚中國帝陵神道文化、思想和哲學的價值與意義，可以最大限度地規避民族宗教文化建設與發展過程中可能出現的危害社會、危及人類和殃及民族的想法和做法，最大可能地貢獻有益社會、有利人類和有助民族的認識和實踐，藉此不斷為中華民族或中國人日常生活的行為方式和精神生活的思維模式注入鮮活的文化資源和健康的精神財富。

我們再以梁啟超“取道日本，回到中國”說，審視“文化中國”或“文化中華”在東亞世界的經典示範作用，尤其是在日本社會及其思想文化領域生根發芽、開花結果的全面影響作用，這對於找回國人的文化自我、強化民眾的文化自覺和提升群眾的文化自信更有裨益。在日本社會的政治制度、思想體系、文化體制及價值取向“師事東方”或“師事中國”之時，日本知識分子著迷於儒學的普遍價值、癡迷於儒家的道德哲學，他們或通過政府委派組團求學於儒學，或憑藉個人漢學修養單獨求教於儒者，一度造就了爭先恐後的社會局面，鑄就了趨之若鶩的文化心理，這充分展示和全面提升了中國傳統思想文化的世界地位和國際影響。儒學、佛教和神道轉化和內化為武士道精神後，與軍國主義思想和行徑關聯起來，反而成為侵略中國社會、傷害中國人民、欺辱中華民族的思想工具和文化手段。因此，我們在大力弘揚具有普遍意義和實踐價值的中國傳統思想文化時，必須高度警惕、時時提防號稱善於學習的日本人特別是宣稱親聆聖教的日本知識分子，因為他們在接受洗禮和教化後，一些人轉而為別有用心的政治精英和心懷叵測的智囊團隊提供了御用思想，以此徹底扭曲或歪曲了思想原點和文化原型的基本精神。“事實上，近代以前‘文化中國’或‘文化中華’在東亞世界中是一個普遍價值的中心，這種文化心理狀態不僅僅是就中國士大夫而言，還包括韓國與日本德川時代的儒者亦都如此。東亞知識分子認為，孔孟程朱陸王所堅持的儒家道德，皆具有普遍意義與實踐價值，它是跨國界、跨民族而不局限於一國一家的道德價值，例如仁義禮智四端之心、程朱理學、孔子的仁學、孟子的性善論與王道精神等，主要的關懷都是普遍主義的精神。總之，儒學的普遍價值精神，對日本學者而言，常具有謎樣般的吸引力，例如日本德川儒者藤原惺窩（1561—1619）聞孔子之道，不惜生命危險乘桴浮於海，為的就是想到中國親聆聖教；伊藤仁齋（1627—1705）則視孔子為宇宙至極第一人，《論語》為'最上至極宇宙第一書'；中江藤樹（1608—1648）遵循陽明學心學精神，認為陽明是先覺出世。換言之，不論孔孟或是程朱、陸王，吸引日本學者的並不是政治的中國或地大物博的中國，而是文化精神的中國，所以儒學在日本被稱為'儒教'，除了它有'教化'之意以外，還帶有'宗教'企慕之情。因此，儒學在日本江戶時代甚為發達，大量的武士階級無不受到儒學教化的影響，我們所瞭解的武士道精神除了有佛教、神道的淵源外，主要還有日本化的儒學精神。"①

中國傳統思想文化諸形態與以神道為根底的日本文化有著多方位、多層次的彼此交流與相互影響關係，處於中國大陸先進思想文化"輻射弧"內的日本社會及其思想文化，既體現師事對象的內容和特徵，也演繹著獨自的發展之路，由此展示日本民族的世界觀、歷史觀、價值觀、宗教觀、自然觀、生死觀及思維方式、行為方式和國民性等領域與層面。"中國在他獨殊的地位上特別有瞭解日本的必要與可能，但事實上卻並不然，大家都輕蔑日本文化，以為古代是模仿中國，現代是模仿西洋的，不值得一看。日本古今的文化誠然是取材於中國與西洋，卻經過一番調劑，成為他自己的東西，正如羅馬文明之出於希臘而自成一家（或者日本的成功還過於羅馬），所以我們盡可以說日本自有他的文明，在藝術與生活方面更為顯著，雖然沒有什麼哲學思想。我們中國除了把他當作一種民族文明去公平地研究之外，還當特別注意，因為他有很多地方足以供我們研究本國古今文化之參考。從實利這一點說來，日本文化也是中國人現今所不可忽略的一種研究。"② 我們以日本原有的民族文化和稀有的宗教文化——神道文化尤其是神社神道文化為參照，一方面可以揭示日本民族宗教文化在中日思想文化交流過程中的嫁接和傳承作用，探究日本人國民性的文化基因和思想動因，深究明治維新以後日本社會發展和經濟建設的精神動力，考究日本民族原初的宗教意識和人文精神，審視日本民族的思維方式、行為方式、心理定式和文化特質等重大的歷史問題和關鍵的文化問題；另一方面可以為我們研究中國傳統文化的歷史脈絡和中華民族的民族精神提供文化參考，為中國傳統文化的歷史傳承、人與自然界的關係的歷史解讀、宗教與自然和生態的關係的歷史關照等研究主旨提供文化借鑒。

19 世紀中葉，正值社會發展的關鍵階段與歷史抉擇的關鍵時期，中日印三國的統治

① 張崑將：《儒學與東亞文明研究叢書・德川日本「忠」「孝」概念的形成與發展——以兵學與陽明學為中心》，華東師範大學出版社 2008 年版，（自序）第 2 頁。

② 周作人：《周作人論日本》，陝西師範大學出版社 2005 年版，第 171 頁。

階級和知識分子在對待西方社會與西方文化的認識及態度上的明顯差異，令人深思。在西方政治制度的打壓、經濟實力的擠壓、科學技術的碾壓和宗教文化的強壓下，印度成為殖民地國家——國家和民族完全喪失主權，國人徹底失去尊嚴；中國成為半殖民地半封建國家——國家和民族的命運岌岌可危，國人的前途危在旦夕；日本成為資本主義國家——加入資本主義世界體系，步入資本主義發展道路。在地理、政治和文化上，有著多元影響關係的中日兩國面臨著近乎相同的社會問題——西方國家的侵略和西方文化的衝擊。以同屬漢字文化圈或儒學文化圈、同位於亞洲東部的中國和日本為例，兩國的歷史選擇與歷史命運軒輊有別。在歷史上，中日文化交流的途徑、層面和特徵令人深思，但“從已經翻譯成漢文的西方書籍上吸收西方文化，對幕末和明治初年的日本知識分子是一條方便的捷徑”①。“西學東漸”於中國的成就，也成為日本人的利用對象和精神財富。“時至近代，東亞諸國都面對工業化西方的來襲，西學東漸構成東亞文化圈的新命題，東亞諸國在 19 世紀中末葉先後進入社會及文化近代轉型過程。比較而言，日本較迅速地汲納西方近代文明，實現近代化，明治維新以後的日本成為東亞文化圈的先進國和新的文化源地，中日文化勢位對比發生異動，文化傳輸的主流方向逆轉：古代是中國—日本，近代是日本—中國，19 世紀末、20 世紀初的中國出現留日熱潮，便是中國人以日本為中介學習西方近代文明的一種努力。進入現當代，中、韓等國現代化取得長足進展，漸成迎頭趕上之勢，在新的文明水平上，東亞諸國發生著空前深刻的文化互動，東亞文化煥發出新的光耀，對全球文明的影響力也日益巨大，東亞文化與西方文化成為當下世界最為強勁的兩大文化圈，當然，其他文化圈的影響力也不可忽視。”②

一些日本人特別關注“東亞文化圈”的“核心區與邊緣帶”的文化關係，如日本史學家內藤湖南在《日本文化史研究》一書中，針對中國傳統文化與日本民族文化的影響關係，表達了有良知的學者和有良心的學人的獨到見解：日本文化是豆漿，中國文化是使它凝成豆腐的鹵水。這是在日本本土上發生的文化互動，在日本人內心世界裏產生的文化反應，以及在日本精神世界中產生的文化效應。英國史學家湯因比（Arnold Joseph Toynbee）提出了類似觀點：日本文明是中國文明的“交流文明”“衛星文明”。在中國傳統文化與日本民族文化的關係上，承認其為文化土壤提供文化養分，為文化資源注入文化活力，為文化素材產生文化催化，充分顯示了在日本社會近代發展和文化建設過程中，學術界僅存的文化良知和未泯的文化良心，它說明了理性關注“東亞文化圈”的文化關係，應該是中華民族文化復興的條件與良機。

① 王曉秋：《近代中日文化交流史》，中華書局 2000 年版，第 48 頁。

② ［日］鈴木貞美：《日本的文化民族主義》（總序），魏大海譯，武漢大學出版社 2008 年版，第 3 頁。

五　文化良方説

文化是一副良方。任何文化本身都應該宣示修身養性、恪守道德、尊崇禮儀之旨意，發揮治理國家、扶翼政治、安撫民心之功效。文化在政治活動中被邊緣化，導致文化陣地雖然存在，但文化陣營卻逐漸縮小；文化在經濟活動中被商業化，導致文化內容的變形，文化形式的變異；文化在文教政策中被核心化，致使文化底蘊逐漸深厚，文化功效不斷凸現；文化在人們日常生活中被層次化，由此創造文化、享用文化和推進文化的民族的行為方式具有顯著的歷史繼承性和時代差異性；文化在人們精神世界中被定型化，由此為咀嚼文化、加工文化和過濾文化的民族的思維方式打上明顯的主體差異和歷史烙印。有效挖掘文化潛力，可以增強民族自信心；著力展示文化實力，可以增進民族自豪感。適宜地彰現文化張力，可以展示文化的輻射功能和示範作用；適時地訴求文化引力，可以獲取文化的刺激功能和培育作用。文化不應該是可有可無的餘興或談資，也不應該是用於點綴和裝飾的花瓶或奢侈品，而應該是國家的頂層制度設計、民族的生死存亡大計和民生的不可或缺資源。我們的生活內容尤其是我們的生活品質、幸福指數和國民素質，受制於文化理念和文教政策；我們的生存空間和發展願景尤其是我們的生存品質和發展需求，受益於文化成就和文明成果。對於渴求文化滋養的民族，文化是一副救世良方；對於祈求文化扶貧的民族，文化是一劑救人良藥；對於求索世界真諦的民族，文化是一條必經之路。歷經時代風雨的剝蝕和沖刷而留存下來的規模宏大、富麗堂皇的歷史建築，抑或飽經政治更迭的危害、經濟起伏的危機而殘存至今的破敗不堪或雜草叢生的歷史建築，經過世人的精心呵護和時人的認真修復，都可以成為社會大眾的文化記憶和公共財產，這些對於追尋歷史足跡和文化軌跡的民族而言，都是彌足珍貴的文明標識和文化遺產。文化是傳承歷史的邏輯符號，也是佐證國民教養的現實依據，更是見識國民性格的關鍵因素。“所以文化是基礎國民教育，它奠定國民的品位教養。文化是生活，它決定我們眼睛所見、耳朵所聽、手所觸摸、心所思慮的整體環境的美醜。文化是經濟，它的產業所值——媒體、設計、建築、音樂、電影、電子、廣告、文學、體育、觀光旅遊……早就是先進國家的經濟項目大宗。文化是外交，當政治協商觸礁、軍事行動不可的時候，文化是消弭敵意惟一的方法。尤其對於弱勢國家，文化可以是以柔克剛的軍隊、溫柔滲透的武器。文化更是一個國家的心靈和大腦，它的思想有多麼深厚，它的想像力有多麼活潑、創意有多麼燦爛奔放，它自我挑戰、自我超越的企圖心有多麼旺盛，徹底決定一個國家的真實國力和它的未來。”①

① 龍應臺：《文化就是唱歌跳舞?》，《中國時報》（臺灣）2008 年 5 月 12 日。

任何原生態文化形態或文化類型都是人智啟蒙的產物和思維創新的結果。原創文化的實力表現在其歷史積澱過程中深根固蒂的豐富內涵和左右逢源的應變能力，任何追求創新發展的文化形態都是人們致力心態開放的標誌和滿足文化訴求的表徵，而應用文化的潛力表現在其歷史演進過程中靈活多變的文化政策和與時俱進的文化策略，任何追求文化功效的文化形態都是人們核計文化成本的選擇和捕捉文化機遇的努力。中國傳統文化的實力和潛力必須借助於相關性的文化接觸、務實性的文化對話、針對性的文化比較、雙向性的文化交流、開放式的文化借鑒及靈活性的文化策略，才能構築起挖掘文化潛力的有效通道和展示文化實力的共用平臺。當然，求索文化價值，探索文化功能，摸索文化創新，弘揚文化理念，張揚文化精神，屬於根在古代、功在當代、利在千秋的偉大事業，如“中華民族和中國人民在修齊治平、尊時守位、知常達變、開物成務、建功立業過程中培育和形成的基本思想理念，如革故鼎新、與時俱進的思想，腳踏實地、實事求是的思想，惠民利民、安民富民的思想，道法自然、天人合一的思想等，可以為人們認識和改造世界提供有益啟迪，可以為治國理政提供有益借鑒。傳承發展中華優秀傳統文化，就要大力弘揚講仁愛、重民本、守誠信、崇正義、尚和合、求大同等核心思想理念”①。在現時代和新形勢下，我們應該杜絕文化侵略主義意識和行為，摒棄文化沙文主義思想和政策，批判文化種族主義認識和行徑，反對文化霸權主義觀念和措施，在致力於破除文化壁壘之時構築防止文化滲透的屏障，在破解文化壓制之時建造避免文化奴役的藩籬，在消除文化本位之時營造規避文化變質的保障，在評估文化自我之時建設阻隔文化霸權的堡壘。

人們常說：“良藥苦口，忠言逆耳。”我們認為文化如同“苦口良藥”，適宜者，可以產生“對症下藥”和“妙手回春”的效果，實現克服病態、恢復常態、回歸家庭、融入社會、適應環境的局面；不適宜者，則可能出現“有病亂求醫”和“是藥三分毒”的後果，落得加重病情、攪亂心情、遠離家庭、游離社會、不適環境的下場。文化如同“逆耳忠言”，適用者，可以產生“言之有物”和“言之鑿鑿”的效果，實現言之成理、言行一致、知行合一的狀態；不適用者，則可能出現“言不盡意”和“言外之意”的後果，導致言多有失、節外生枝、枝外生節的狀況。因此之故，只有立於歷史的視角和文化的視野，著力培養出一大批能夠開出“良藥處方”的良醫和說出“忠言直諫”的達人，才能醫好罹患身心之病的生命體，使之成為身心健康的有機體；才能治好貌合神離的不良家庭，使之成為愛情純潔、親情和睦的社會細胞；才能管好假冒偽劣猖獗、坑蒙拐騙盛行、心急氣躁流行的不良社會，使之成為競爭有序、責權明確、協同共進、和諧共生的理想社會；才能用好資源有限、再生脆弱、岌岌可危的環境，使之成為環境優美、生態優良、資

① 參見中共中央辦公廳、國務院辦公廳《關於實施中華優秀傳統文化傳承發展工程的意見》（2017 年 1 月 25 日）。

源優質的美麗家園。分辨中國傳統文化的良莠，解析民族文化的是非，品讀建築文化的德藝，審視神道文化的機理，才是對歷史與文化的一種負責任和盡義務的學術態度。總之，文化是一種力量——文化是對歷史的記憶和對未來的選擇，文化軟實力、文化競爭力和文化影響力熔鑄於經濟社會發展的生命力、創造力和凝聚力之中。文化是一種影響——文化是人類智慧的結晶和歷史長河的記錄，它具有傳播性和傳承性，內含教育意義和教化功能，能夠指引人生、充實思想、拓寬視野和滋潤心靈。文化是一種情懷——文化是生命存在的符號和生活價值的體現，它讓人充實和寬厚、開放和包容，使人穿越歷史的苦難，穿透功利的迷霧，穿過政治的藩籬，我們應該致力於中華民族文化的體系化、整體化及時代化，而避免中華傳統文化的碎片化、淺層化及功利化。文化是一種溫暖——文化是世間真情的投放和人間冷暖的回籠，它融入生命，嵌入肌體，化為血液，植入靈魂，釋放出人性的光輝，堅定了人生的目標。文化是一種願景——文化是經濟建設的展現和社會發展的展示，它使人明確了擔當責任的不可推卸、履行義務的義不容辭和維護權利的無比神聖，它使人在文化創設過程中扎實對美好未來的憧憬，在文化創新過程中加深對光明前景的期待。當然，文化的正功能總是伴生著負功能，文化的正能量往往伴隨著負能量，問題在於如何彰顯正功能或正能量，如何遮罩負功能或負能量，這是考量一個國家、地區或民族的文化制度設計水準、文化體制創制能力和文化機制運行狀況的核心指標之一。

宗教改革家馬丁・路德・金（Martin Lather King）指出了國民教育與國民素質、文明素質與國家存亡、文化素質與民族興亡等關係，主張一個國家、地區和民族的物質富足固然重要，但其教育發達更加必要，尤其是依託教育平臺培養出來的全民的文化素養和塑造出來的國民的精神品格，決定了國家的前途和民族的命運。如“一個國家的繁榮，不取決於它的國庫之殷實，不取決於它的城堡之堅固，也不取決於它的公共設施之華麗；而取決於它的公民的文明素養，即在於人們所受的教育、人們的遠見卓識和品格的高下。這才是真正的利益所在，真正的力量所在”①。我們認為力主教育立國的國家，推行教育先行的民族，實現教育普惠的地區，可以造就一批批接受優良教育的良民，成就一群群秉持文化傳統的國民，鑄就一類類傳承文明成果的公民，這就如同一個國家、地區和民族擁有了德藝雙馨的良醫、包醫百病的良方和藥到病除的良藥，就可以醫治國家機器的頑疾，可以剷除社會機體的病根，可以清除群體和個人的毒瘤，恢復國家和社會的有序運行、民族和群體乃至個人的健康發展。總之，一個國家和民族的存在與發展，既需要培養出精通醫術的良醫，也需要設計出精益求精的良方，更需要匹配出療效上佳的良藥，這一切都仰賴於優良教育，依賴於優質文化。優秀文化就是救世的良醫、良方和良藥。

① ［英］塞繆爾・斯邁爾斯：《品格的力量》，宋景堂等譯，北京圖書館出版社1999年版，第1頁。

六 文化旗幟說

文化是一面旗幟。文化既反映又反作用於社會歷史條件，先進文化則推動社會進步與發展，而政黨以文化或先進文化為旗幟或武器，與傳統勢力和落後觀念做鬥爭，為新生事物掃除障礙。時至今日，否定世界上某個民族或某些民族文化的固有價值或本位價值與應用價值或實用價值，是文化虛無主義的幼稚觀念；囿於本國和本民族文化優秀論或中心論，無視他國和他民族文化的先進性或進步性，是坐井觀天的狹隘觀念；局限於肯定主流文化的至上價值，否定非主流文化的社會功能，是文化絕對主義的片面觀念；固守本民族的文化陣地和文化陣營，拒絕他民族及其文化的價值評判，是文化相對主義的機械觀念；一味地輸出民族文化，搶佔他民族的文化市場，強行推展自己的文化理念，是民族中心主義的落後觀念；構築文化比較的平臺，修築文化交流的通道，開啟文化對話的機制，營造文化借鑒的氛圍，樹立民族文化"血濃於水"的觀念及各種文化形態"誰也離不開誰"的理念，是與時俱進的科學思想和與世俱進的先進觀念。"民族中心主義是把自己的文化看作高級的文化，並傾向於利用自己的文化價值觀來評判其他文化中成長的人們的行為和信仰。……與民族中心主義相對的是文化相對論（cultural relativism），這種觀點認為一種文化中的行為不應由另一文化的標準來評判。"① 我們認為在文化創造與應用、比較與交流、研究與推廣的過程中，應該摒棄中國文化優於其他文化或中華文化先於世界文化——文化優劣論，樹立立足於中國文化土壤和享用中國文化精神——文化自豪感，批判放棄文化建設事業和無視文化復興大業——文化無用論，確立科學地研判世界上不同國家、地區和民族的文化內容、文化類型、文化理論、文化邏輯、文化精神和文化功能等問題——文化價值觀。

文化是習得的，因為人類具有獨一無二的系統的學習能力，它可以借助有意識和無意識的學習得以內化，也可通過融入文化傳統得以濡化；它可以依據直接傳授得以分享，也可以通過仔細觀察得以傳遞。文化是共用的，因為人類的根本屬性是社會性，它可以凭借群體活動創造適合的文化平臺和適宜的文化模式使人們在相互聯繫中分享共同的價值觀、歷史觀、世界觀。文化是象徵的，因為文化起源於先祖和先賢們使用象徵符號的能力，它由工具、器具、器物、飾物、風俗習慣、公共機構、信仰、信念、儀式、儀禮、藝術作品、語言等組成。文化是整合的，因為文化不是習俗和信仰的偶然集合，而是經濟行為、

① ［美］康德拉·菲利普·科塔克：《人類學——人類多樣性的探索》，黃劍波等譯，中國人民大學出版社 2016 年版，第 298—299 頁。

社會模式、價值觀念、個人思想等構築的共用機制。我們認為文化既攜帶著泥土的芬芳，也凝結著先人與時人、賢人與哲人的智慧；文化既固守著國家和民族的疆界，也拓展著象徵實力和效力的領域。在文化建設與發展、文化振興與復興的過程中，“舉什麼旗”“走什麼路”等問題，應該是值得思考和必須回答的課題。“文化系統具有多個層次。分散和遷移使得文化特徵和模式跨越社會和國家的邊界。而且，國家也具有同民族、地域和社會階層相關聯的內在文化多樣性。文化的某些方面是世界普遍的。另外一些僅僅是有所傳播或普及。文化變遷的機制包括傳播、涵化和獨立創制。全球化所描述的過程表示著促進世界上那些越來越聯繫緊密的國家和人們的不斷變遷。”①

中華民族善於觀察思考，敢於發明創造，使歷史呈現為由無到有、由短到長、由暗到明、由亂到治的發展過程，使文化表現為由淺入深、由表及裏、由粗到精、去偽存真的演變歷程，進而使歷史和文化底蘊展現為由單薄到厚實、由淺顯到深厚、由簡易到精深、由片面到全面的積澱過程。在悠久的歷史長河中，中華民族逐漸樹立了文化自信，確立了文化自尊，建立了文化自覺，矗立了文化自省，形成了強大的文化認同感，凝成了強烈的文化歸屬感，育成了強勢的文化凝聚力，養成了強勁的文化鑒別力，表現了顯著的文化影響力，呈現了巨大的文化滲透力。只有高舉先進文化旗幟，中華民族的復興事業才能面向世界，面向未來，面向現代化！只有全民參與、舉國推進傳統文化的建設與發展，才能為和諧社會建設、社會管理創新等國家戰略和民族關切注入精神動力與智力資源。

我們認為一個民族只有確立了文化意向，做出了文化選擇，形成了文化意識，凝練了文化理念，積澱了文化精神，造就了文化品格，提升了文化品位，才能步入“只有民族的，才是世界的”這一良性發展軌道。只有高揚民族文化旗幟，追求民族精神真諦，塑造民族文化品牌，構建和諧文化社會，引領先進文化建設，彰顯核心文化價值，才能無愧於中華民族的歷史和文化之偉大復興事業。因為只有文化意識覺醒，我們才會尊重自己的文化創造，才會內化文化精神而為自己的生命價值；只有樹立起文化危機的意識，我們才能有效地避免文化侵略的危險，構築起防微杜漸、化險為夷的文化堡壘；只有確立文化建設的信心，我們才能為經濟建設提供強力的文化支撐，為社會發展注入不竭的文化資源；只有堅守文化復興的信念，我們才能抵御逆歷史潮流而為的文化滑坡，撐起推動歷史進步的保護傘；只有呵護核心文化的價值，我們才能挖掘乃至釋放其示範作用和引領功能，促成文化體系的完善和文化脈絡的清晰。我們只有對自己的歷史和文化有自信，才能支撐起中華民族的制度自信、理論自信和道路自信等頂層制度設計。要在世界歷史中立足，要在世界文化體系裏站穩，要在國際關係上不為強權所欺淩，則必須以優良的文化傳統充實悠久

① ［美］康德拉·菲利普·科塔克：《人類學——人類多樣性的探索》，黃劍波等譯，中國人民大學出版社 2016 年版，第 290 頁。

的歷史進程，才能在維持世界秩序方面起到正作用，發揮正能量，也才能成為萬邦敬仰、世人尊重的泱泱歷史與文化大國。

文化是一個國家和民族的血脈和靈魂，是追求民主、崇尚科學、追求幸福、實現文明的通道和載體；文化是衡量一個國家和民族的文明素養的規尺，是檢驗執政黨執政能力、治理能力、創新能力和服務能力的指標。因為文化具有多重功能和多種作用，它可以豐富普通群眾精神文化生活，提高人民群眾生活品質，改善經濟發展環境，維護社會和諧穩定，實現自然生態美化。只有開展文化建設，樹立文化旗幟，才能不斷提高全社會或全民族的思想道德素質、科學文化素質和生態文明素質。“（六）必須把發展社會生產力同提高全民族文明素質結合起來，推動物質文明和精神文明協調發展，更加自覺、更加主動地推動文化大發展大繁榮。三十年來，我們既重視物的發展即社會生產力的發展，又重視人的發展即全民族文明素質的提高，堅持物質文明和精神文明兩手抓，實行依法治國和以德治國相結合，以科學的理論武裝人、以正確的輿論引導人、以高尚的情操塑造人、以優秀的作品鼓舞人，著力培育有理想、有道德、有文化、有紀律的公民，不斷提高全民族思想道德素質和科學文化素質，為改革開放和社會主義現代化建設提供強大精神動力和智力支持、營造良好輿論環境。”①

七　文化關係說

文化是一種關係。文化關係往往與社會關係、政治關係、經濟關係、宗教關係等相聯，並結合古今關係、中外關係、民族關係而愈加復雜。中華民族的優秀傳統文化是支持民族生存的“護身符”、促進民族發展的“保護傘”和協調民族利益的“穩定器”。如果傳統文化具有現代意義，則它一定可以創造與其他國家和民族的文化進行交流的機會，建構與其他國家和民族的文化開展對話的平臺，形成與其他國家和民族的文化相互比較的資本，積累與其他國家和民族的文化彼此借鑒的條件。文化交流是不同的民族文化形態的接觸、嫁接和會通，以期獲得互相補足、一體提升的效果，它不是一方同化另一方，而是彼此珍重對方的文化軌跡，相互尊重對方的文化選擇，一同信守雙方的文化邏輯，共同維護彼此的文化價值。文化對話是不同的民族文化形態的碰撞、衝擊和交鋒，旨在交換文化資訊和閱讀文化產品，它不是一方歧視另一方，而是彼此審視對方的文化理念，相互關照對方的文化建設，協同創新雙方的文化體制機制，共同創造和諧的文化環境資源。文化比較是不同的民族文化形態的校驗、較量和比對，目的是檢視文化起源的條件、文化建設的速

① 《胡錦濤文選》第三卷，人民出版社 2016 年版，第 163 頁。

度和文化發展的品質，它不是一方取代另一方，而是彼此甄別對方的文化追求，相互考量對方的文化政策，共同追求理想的文化前景。文化借鑒是不同的民族文化形態的吸收、鑒別和應用，實質是把脈文化軌跡和挖掘文化精神，它不是一方忽視另一方，而是在鑒別良莠、區別先後的前提下彼此吸收和應用對方有利於自身存在的因素和發展的要素，消減和排除不利於自身建設與提升的內容和作用。文化交流、文化對話、文化比較和文化借鑒都必須遵循文化建設和文化發展的規律與規則，在文化互動互惠過程中實現全面、協調和可持續發展。若只套取其他國家和民族的東西以為固定模式或價值標準，而喪失了自我，這對於一個國家和民族的生存與發展絕非好事！一個有生氣、有骨氣、有內涵的民族，必定是能夠維繫自己的文化精神、體現自己的文化品位、張揚自己的文化價值的民族。總之，只有喚醒中華民族及其文化的靈魂，接續中國傳統文化的核心價值和歷史傳統的使命，挖掘中華民族傳統文化的優質內涵，展示中國傳統思想文化的整體追求和目標定位，才能為提升人類整體的文化水準和文化品質貢獻足夠的“中國元素”，為實現優良的“中國創造”效果做出應有的貢獻。

當我們以中國帝陵神道和日本神社神道為比較研究對象時，需要詮釋先進文化與落後文化、民族文化與民族精神、傳統文化與文化傳統、民族覺醒與文化復興的邏輯關係，並以此為整理和研究中國傳統思想文化體系中的神道文化、思想和哲學創造條件。

（一）先進文化與落後文化

創造文化的民族往往是輸出文化的主體，他們憑藉原創文化的實力和威力，圈定了先進思想的投射對象和輻射範圍；應用文化的民族往往是輸入文化的主體，他們借助變形文化的能力和活力，堅守著落後文化的固有陣地和原有陣營。一般而言，創造和享用先進思想文化的民族易於滋生至上意識、本位精神、尊崇思想和等級觀念，他們在處理和解決先進思想與落後文化之間歷史地形成的交流關係上，表現為刻意追求建立“先進思想的主體與落後文化的客體”之間的主客體關係；當不同發展水準的思想類型和不同成熟階段的文化形態表現出較大的“思想和文化落差”時，作為吸取和分享先進思想文化的民族往往採取輸入精神、開放意識和學習心態，他們試圖援用外來的先進的思想文化這種“外力”或外因，不斷強化相對落後的民族文化的“內力”或內因，以補強相對貧弱的民族文化，即在外來先進思想文化的巨大衝擊和強烈刺激下，不斷喚起保持民族文化的“根性”意識，保存民族文化的“火種”理念。我們認為世界上任何民族都有權利自主選擇符合本民族利益、願望和要求的文化建設政策、文化治理策略和文化發展道路，也應有能力合法經營可以滿足本民族日益增長的文化需求的供給模式、推進方式和提升戰略，但要以不損害其他國家和民族的整體利益為前提，以不阻礙其他國家和民族的科學發展為基礎。

思想的先進性和文化的落後性是相對而言的。在世界範圍內和歷史進程中，不存在永遠先進的思想，也不存在一直落後的文化。保持思想的先進性固然重要，但改變文化的落後性同樣必要，先進思想與落後文化之間不存在永久的單向的直線的文化流變規律，文化比較的互惠性、文化對話的相關性、文化交流的雙向性和文化借鑒的必要性，共同構成和演繹了同質文化的變異性和異質文化的同構性等特點，使不同國家和民族的思想文化建設與發展表現出螺旋式上升和波浪式前進的模式。文化現象與其他社會歷史現象一樣，其歷史性和實效性既需要社會實踐的最終檢驗——實踐是檢驗真理的唯一標準，也需要思維實踐的中期證明——邏輯證明是說明認識過程和認知成果的必要環節。

進入21世紀，中國共產黨審時度勢，與時俱進，做出了建設當代中國的先進文化這一戰略決策。"發展和繁榮先進文化的一個極為重要的任務，就是要使我們的民族和人民在建設有中國特色社會主義事業的征程上，始終保持奮發有為、昂揚向上的精神狀態。一個民族，沒有振奮的民族精神，沒有高尚的民族品格，沒有堅定的民族志向，不可能自立於世界先進民族之林。我們必須不斷增強全民族的精神力量，不斷豐富全民族的精神世界。唯有這樣，才能萬眾一心、堅韌不拔地向前奮進。"① "堅持創造性轉化和創新性發展。堅持辯證唯物主義和歷史唯物主義，秉持客觀、科學、禮敬的態度，取其精華、去其糟粕，揚棄繼承、轉化創新，不復古泥古，不簡單否定，不斷賦予新的時代內涵和現代表達形式，不斷補充、拓展、完善，使中華民族最基本的文化基因與當代文化相適應、與現代社會相協調。"② 引導社會主義文化建設的適時和有序開展，篤行社會主義核心價值體系的完善政策和踐行舉措，既可以繼承和發揚中華民族的優秀文化傳統，也可以鞏固和弘揚中國人民的優良民族精神；實現社會主義文化建設又好又快地發展，助推社會主義核心價值體系全面、協調和可持續發展，可以有力地彙集民意，有效地凝聚民心，真切地關注民情，切實地滿足民生，在全社會形成共同的理想和信念，在中華民族中樹立正確的世界觀、歷史觀、人生觀、價值觀。總之，推進社會主義文化建設和踐行社會主義核心價值體系，可以堅定社會主義制度的性質和方向，堅守社會主義制度下思想文化的陣地和陣營。

（二）民族文化與民族精神

民族文化孕育民族精神，民族精神凝練民族文化。如果一個民族沒有根深蒂固的傳統文化和源遠流長的文化傳統，那麼這個民族在經濟建設和社會發展過程中就容易缺失賴以傳承的文化基因和得以發展的思想動因；如果一個民族在創造傳統文化和經營文化傳統的過程中不能積澱厚重的民族精神，那麼這個民族在無形的思想傾向和有形的行為模式中就

---

① 參見中共中央文獻研究室編《江澤民論有中國特色社會主義》（專題摘編），中央文獻出版社2002年版，第391頁。

② 參見中共中央辦公廳、國務院辦公廳《關於實施中華優秀傳統文化傳承發展工程的意見》（2017年1月25日）。

容易缺乏信仰和靈魂。我們以中國傳統思想文化中的陵寢文化和神道文化為對象，以民族文化和宗教文化為視域，可以全面闡述中國傳統思想文化中的矛盾關係和價值關係，可以把握神道文化、思想和哲學的建構歷程及其成就。我們以民族生存為底線，以民族發展為目標，以民族文化為根基，以民族精神為靈魂，以民族文化與民族精神為養分，可以整體審視一個民族的日常生活的行為模式和精神生活的思維方式。在當代中國社會，“發展社會主義文化，必須繼承和發揚一切優秀的文化，必須充分體現時代精神和創造精神，必須具有世界眼光，增強感召力。中華民族的優秀文化傳統，黨和人民從五四運動以來形成的革命文化傳統，人類社會創造的一切先進文明成果，我們都要積極繼承和發揚。我國幾千年歷史留下了豐富的文化遺產，我們應該取其精華、去其糟粕，結合時代精神加以繼承和發展，做到古為今用。同時必須結合新的實踐和時代的要求，結合人民群眾精神文化生活的需要，積極進行文化創新，努力繁榮先進文化，把億萬人民緊緊吸引在有中國特色社會主義文化的偉大旗幟下。”①

傳統文化可以演進為現代文化，民族文化可以演變為世界文化，民族精神可以影響世界歷史進程和國際關係體系，甚至民族宗教文化在成長為世界宗教文化的過程中，也會左右其他國家和民族的歷史進程與文化歷程。固守民族文化，培育民族精神，是任何國家和民族世代相繼、無法撼動的價值追求；吸納先進文化，引入科學精神，也是一個國家和民族立足世界、放眼世界的期許所在。在中國社會有著短暫而深入的生活體驗、對中國文化有著全面而深邃的哲學思考的英國著名哲學家羅素（Bertrand Russell）在《中國人的性格》一文中，認為“一直以來，中國文明也在受著外來文化的影響，包括最初的佛教文化，以及現代的西方科學。但是，佛教並沒有把中國人變成印度人，西方科學也沒有把中國人變成歐洲人。在中國我遇到過這樣一些人：他們像我們西方國家的教授那樣熟知西方文化，但是並沒有因此失去文化心理上的平衡，也沒有脫離自己國家的人民。他們認為中國人應當摒棄西方文化中一些不好的東西，比如野蠻好戰，動亂不安，欺負弱小，利慾薰心，追求純粹的物質享受目標等，而應該學習採納他們的一些好的東西，特別是西方科學”②。“堅持交流互鑒、開放包容。以我為主、為我所用，取長補短、擇善而從，既不簡單拿來，也不盲目排外，吸收借鑒國外優秀文明成果，積極參與世界文化的對話交流，不斷豐富和發展中華文化”③。

---

① 參見中共中央文獻研究室編《江澤民論有中國特色社會主義》（專題摘編），中央文獻出版社 2002 年版，第 390 頁。

② 林語堂等：《閒說中國人》，北京文藝出版社 2006 年版，第 243 頁。

③ 參見中共中央辦公廳、國務院辦公廳《關於實施中華優秀傳統文化傳承發展工程的意見》（2017 年 1 月 25 日）。

（三）傳統文化與文化傳統

文化內容和文化形式的統一，文化手段和文化目的的融合，文化形態與文化品位的結合，滋養著不同國家和民族的國民性特徵，培育著不同國家和民族的民族文化與民族精神。文化是“人文化成”的簡稱。古人曰：“剛柔交錯，天文也。文明以止，人文也。觀乎天文，以察時變。觀乎人文，以化成天下。”① 在傳統的思想視野裏，觀察自然事物的剛柔交錯和陰陽變化，考察自然現象的斗轉星移和陰晴風雨，思索和探求天文與人文並舉，凸顯生活規範和禮儀教化，屬於仁人志士的不懈追求。文化傳統的重點在傳統，它是人們生活內容的原則與心靈向上的依附；傳統文化的重點在文化，它是表現生活的準則和規範生活的內容。文化傳統與傳統文化都表現為一個民族的生活形態、生存樣式與目標追求，是歷史過程與現實生活的整合，是一個民族賴以生存和得以發展的精神食糧與智力條件。復興傳統文化和延展文化傳統，並以民族文化精神支撐國家和民族的生存與發展，則中華民族的偉大復興指日可待。

中國人和西方人看待中國傳統文化有著異曲同工之妙，足以說明中華民族的文化創造力舉世公認，中華文化的核心影響力不言而喻，這是中國經濟社會發展聯世界、世界經濟社會發展看中國的有力證明。陳獨秀在《東西民族根本思想之差異》一文中，認為“五方風土不同，而思想遂因以各異。世界民族多矣：以人種來分，略分黃、白；以地理言，略分東、西兩洋。東、西洋民族不同，而根本思想亦各成一系，若南北之不相並，水火之不相容也。請言其大者：一、西洋民族以戰爭為本位，東洋民族以安息為本位。……二、西洋民族以個人為本位，東洋民族以家族為本位。……三、西洋民族以法治為本位，以實利為本位；東洋民族以感情為本位，以虛文為本位”②。羅素（Bertrand Russell）在《中國人的性格》一文中，認為“古老的中國本土文化已經逐漸衰敗，其文化與藝術已經沒有過去那種勃勃生機，孔子的儒家思想已經不能再滿足現代中國人的需求了。凡是受過歐美文化教育影響的中國人都意識到：他們需要外來文化的一些新因素來振興自己的傳統文化。因此，他們開始注意西方文明，希望它能為中國傳統文化注入新的活力。但是他們並不希望創建一種類似我們的文明。他們期望開拓一條更為理想的文明之路。假如中國人能不被煽動起尚武的精神的話，他們一定能創造出一種新的更加燦爛的文化，這種新的文明將比我們西方人現在所能創造的任何文明更令人神往”③。

① 《周易・賁卦》。

② 林語堂等：《閒說中國人》，北京文藝出版社2006年版，第210—211頁。

③ 同上書，第243頁。

（四）民族覺醒與文化復興

鴉片戰爭——中國人被西方人打敗了！西方文化衝擊了中國傳統思想文化體系，中國社會逐漸淪為半殖民地半封建國家。甲午戰爭——中國人被日本人打醒了！應用文化的民族檢視和警示了創造文化的民族，“師事中國”的日本成為中國的參考對象。1840 年，第一次鴉片戰爭標誌著中國近代史的開端；1868 年，明治維新運動表徵著日本近代史的開始，其間隔近 30 年，其命運大相徑庭。中日兩國同樣經歷了漫長的封建鎖國，又在近乎相同的時段被迫於近代打開國門。中日兩國面臨著近乎相同的時代課題——西方國家的侵略和西方文化的衝擊，但兩國的歷史選擇與歷史命運迥然有別。儘管社會制度軒輊有別且文化取向改弦更張，但基於中日兩國有著千絲萬縷的文化交往、交流、交融關係，近代以後中日關係在特殊的歷史時期以獨特的方式延續下來。“從歷史上說，等級制度一直是日本社會內在的特點，它的核心是差別化。在明治維新以後的皇族、華族、國民、新國民、非國民的序列中，在日本‘脫亞入歐’後對中國、朝鮮等東亞其他民族的蔑視甚至歧視中，我們都能看到同一個差別化邏輯在發生作用。這是理解日本民族性很重要的問題點。”①

甲午戰敗後，不自強就亡國的陰影籠罩在中國人的心上，不自信就滅種的命運擺放在中國人的面前，不自省就亡命的劫難縈繞在中國人的腦際。醖釀於 19 世紀 60 年代的中體西用式的變法自強成為時代的主題。1898 年 3 月，洋務派的代表人物、“中學為體，西學為用”論的主導者張之洞著《勸學篇》，發出了變法自強的時代聲音，並在 19 世紀和 20 世紀之交，大力宣揚留學日本之效。他在“遊學第二”中指出：“出洋一年，勝於讀西書五年，此趙營平百聞不如一見之說也。入外國學堂一年，勝於中國學堂三年，此孟子置之莊嶽之說也。遊學之益，幼童不如通人，庶僚不如親貴。……請論今事：日本，小國耳，何興之暴也？伊藤、山縣、榎本、陸奥諸人，皆二十年前出洋之學生也，憤其國爲西洋所脅，率其徒百餘人，分詣德、法、英諸國，或學政治工商，或學水陸兵法，學成而歸，用爲將相，政事一變，雄視東方。……至遊學之國，西洋不如東洋。一、路近省費，可多遣。一、去華近，易考察。一、東文近於中文，易通曉。一、西書甚繁，凡西學不切要者，東人已刪節而酌改之。中、東情勢風俗相近，易仿行，事半功倍，無過於此。若自欲求精求備，再赴西洋，有何不可？”② 這既體現了國人的一種文化心態，也反映著政府的一種文化策略，更表明了中華民族不甘落後於世界的文化信心和不願落伍於時代的政治決心。這是理解中國人國民性的重要參考。

① 劉曉峰：《日本的暗部》，《讀書》，生活·讀書·新知三聯書店 2006 年第 11 期，第 162 頁。

② 參見趙德馨主編《張之洞全集》十二，武漢出版社 2008 年版，第 174—175 頁。

不同民族及其文化的交流和互動，使人們能夠真正對其他民族的社會制度、文化興趣和歷史經驗產生相當的認識、足夠的理解和充分的尊重。民族覺醒主要依靠本民族及其文化的內力，同時需要借助他民族及其文化的外力；文化復興主要取決於本民族經濟社會發展所提供的不竭動力和文化建設所釋放的不盡活力，同時還要吸取他民族及其文化建設的成功經驗，參照他民族及其文化發展的失敗教訓。“當代全球化的經歷也清楚地表明，只考慮某一個單一的社會是不可能理解今天的世界的，理解當代世界需要考慮世界各民族彼此交流的多種方式。在考慮不同民族組織自身社會的獨特方式的同時，世界歷史還格外關注各民族跨文化交流的多種方式，這種交流深刻地影響了每個社會的發展，也把世界聯成一體。……在世界歷史上，全球化不是一個全新的現象，當代的全球化的確比早期的跨文化互動更為劇烈，但是只有在人類長期的跨文化互動的歷史中，才有可能理解今天的全球化的世界。”①

八　文化情懷説

文化是一種情懷。文化可以培育一個人的修養和心懷，使之具有坦蕩、熱切、真摯和無私的品格和行為；可以展現一個群體與社會、一個國家與民族的形象和力量，使之形成偉大、博大、深切和永恆的目標和作為。人類社會與自然界的歷史相得益彰，人類活動與自然環境的關係紛繁複雜，宗教文化與生態文化的聯繫錯綜變化。馬克思主義認為“自然界是不依賴任何哲學而存在的；它是我們人類即自然界的產物本身賴以生長的基礎；在自然界和人以外不存在任何東西，我們的宗教幻想所創造出來的那些最高存在物只是我們所固有的本質的虛幻反映”②。自然界是一部家書，值得我們永遠閱讀，但每個人的閱讀方式、不同民族的閱讀習慣和整個社會的閱讀能力參差不齊，相差甚遠，故豐富“閱歷”、積攢經歷及推進“品讀能力建設工程”乃當務之急！自然界是一部史書，需要我們世代珍藏，但不同國家、地區、民族和每個人的對待方式千差萬別，無可比擬，故提倡善待、倡議善行、釋放善意等工作，應該成為完備法制體系、完善法治建設和完成法律約束的重中之重。自然界是需要精心呵護、用心維護的服務對象，是需要我們不間斷地投放人文情懷和人文心懷的管理對象。統治階級如何處理人與自然、人與生態的關係影響著人與人、人與社會之間關係的解決方式及其效果，正如他們如何處理人與人、人與社會的關係影響著人與自然、人與生態的關係的解決方式及其效果一樣。東西方不同的文化形態及其文化主

① ［美］傑裏·本特利、赫伯特·齊格勒：《新全球史——文明的傳承與交流》（第三版）上，魏鳳蓮等譯，北京大學出版社 2007 年版，（致中國讀者）第 4 頁。

② 《馬克思恩格斯選集》第四卷，人民出版社 1977 年版，第 218 頁。

體皆關注著人與自然、人與生態的關係問題，並形成了大量可資借鑒的自然情愫、道德情懷、宗教觀念、國民意識、民族心理、生態理念、文化精神和價值規範等精神財富。

考究中國帝陵神道及其文化、思想和哲學，必然關聯人與自然、人與生態的關係問題，即必須考察中國古代社會的政治家和思想家如何處理和解決社會關係和自然關係，如何構築和修繕社會秩序、經濟秩序、政治秩序、文化秩序和自然秩序，尤其是從人際道德和傳統文化的視角，關照不同文化形態及其文化主體關於人與自然、人與生態的關係所形成的自然情懷、生態智慧、道德關切及文化遺產等事項，更能夠彰顯中國帝陵神道文化、思想和哲學的本位價值與功能價值。中國帝陵神道研究可以視為一種觀察和思考中國古代社會歷史發展的歷史視角和文化視角，而宗教文化的視角應該視為歷史視角和文化視角的核心方法之一，因為運用宗教文化的視角及宗教文化自身發展演變的規律，來考察中國古代社會的各種思想觀念或意識形態的形成、演變與發展，能夠對中國古代社會的思想文化現象及其規律產生更為深刻的認識和貼切的理解。因為蒼松翠柏覆蓋下的皇帝陵園，青山綠水環繞中的帝陵建築，曲徑通幽情境裏的帝陵神道，不應該僅僅具有觀賞意義層面上的"顏值"，還應該具有歷史遺存和文化遺跡意味上的價值，其承載著社會文明建設的分量，蘊藏著政治文明建設的含量和體現著生態文明建設的品質。在現今社會裏，在堅固文化自信意識、提升文化自信能力和完善文化自信環境的過程中，不能遺漏構築中國傳統思想文化體系的任何一種有內涵或有價值的文化形態或文化類型，故關注和研究由自然、環境和生態所構造的自然景觀與社會、人文和文化所塑造的人文景色——中國帝陵及其神道文化、思想和哲學，應該是我們不可推卸的責任和義不容辭的義務。

處理和解決人與人、人與社會、人與神、人與自然、人與生態及人與物、物與物等相互關係，必須培育和餞行"人文心懷，人文關懷"的價值理念。面對自然事物和現象、社會事物和現象及精神活動過程和精神文化產品時，人們必須樹立嚴格要求自己的人文意識，培育寬厚的相容的律於己的人文心懷；必須履行充分尊重他人的人文精神，養成開放的包容的施於人的人文關懷。進而言之，在處理和解決人與自然、人與生態的關係時，人文意識體現了人之為人的社會屬性，人文理念顯示了人類自身不斷創造文化、持續積澱文化和世代享用文化的理性選擇，人文情懷內含了人類善待自然和生態、維護自然和生態、尊重自然和生態的道德情愫與心理需求，人文意境昭示著人們在認識、利用、改造和維護自然和生態的過程中不斷修正著人類中心主義的認識誤區和行為偏差，人文精神證明了人類不斷探索和遵循著與社會進步的過程和文明發展的歷程並行不悖的自然規律的核心價值，故由人文意識的養育到人文精神的探索，說明中華民族歷史地、自然地養成了與時俱進的品格、與事俱進的視野、與世俱進的境界及與時俱和的特徵。在我國浩如煙海的古代文獻中，集合了人類社會的各種思想文化現象，集約了不同社會階層修身齊家的倫理道德規範。宋明理學代表人物程頤認為："天文，天之理也。人文，人之道也。天文，謂日月星辰之錯列，寒暑陰陽之代變，觀其運行，以察四時之遷改也。人文，人理之倫序，觀人文以教化天下，天下成其禮俗，乃聖人用賁之道也。”① 日月星辰、剛柔交錯，這是天的文飾，屬於天理、天道；文章燦明、止於禮義，這是人類的文明，屬於人道、人倫。上觀天的文飾，可以查看四時交替變化的規律，做到順天應時；下觀人類文明，可以推行教化庶民的政策，促使天下昌明。

人與自然、生態的關係是隨著人類的出現、社會的產生尤其是國家的形成、階級的定型而結成的雙向互動關係，人與人、社會的關係是隨著社會的發展、文明的進步尤其是科技的昌明而推進的多維利益關係，而當兩種類型的客觀關係一旦形成和交互發展，就必然地決定著思想文化、倫理道德、宗教信仰、人生價值等精神關係，鮮活地反映出中華民族的文化傾向、文化理念、文化原則、文化意境、文化品格和文化精神等社會意識。在社會結構關係裏及社會運行過程中，人類為自己量身定制了諸多規範與規程、準則與原則、指標與目標、模式與範式等，其中倫理道德的規約功能和思想文化的制衡機制業已成為人們的生產和生活的關鍵要素、生存和發展的制約因素及物質活動和意識活動的充要條件，早已成為約束人們日常生活的行為方式和精神生活的思維方式的重要力量。20 世紀以來，隨著西方工業化的推進、現代化的演進和城鎮化的漸進，人們開始關注生態狀況、環境品質和文化氛圍等與人類社會攸關的重大問題，尤其是20 世紀下半葉以來，人們開始對人的社會實踐、生產實踐和思維實踐進行整體道德評價，它包括針對上述各種實踐活動的開始、過程和結果的道德評價和文化追問，但人們更多地聚焦於評判和質疑活動結果，這是一種“事後評價”，實乃“亡羊補牢”之舉。那麼，應該確立何種文化心懷和文化情懷呢？我們認為，淡化利用和改造自然資源的認識和行為，強化維護和保護自然力量的意識和作為；增列道德評價、生態評估和文化評判等指標，削弱人類中心、利益驅動、自然無能等主張；貫通人際道德與自然道德協同共生的路徑，搭建社會倫理與生態倫理互為表裏的平臺等，都是可行之舉。總之，只有人類時時處處地對自然界講道德、講倫理和講文化，才能最終建立自然世界的理性思維和人文世界的理想秩序。

如何處理和解決人與自然、生態的關係，展示了人類文明的發展過程和內在要求。“因此我們必須時時記住：我們統治自然界，決不象征服者統治異民族一樣，決不象站在自然界以外的人一樣，——相反地，我們連同我們的肉、血和頭腦都是屬於自然界，存在於自然界的；我們對自然界的整個統治，是在於我們比其他一切動物強，能夠認識和正確運用自然規律。”② 回顧和反思不同歷史發展階段人類社會處理和解決人與自然、生態的關係問題，我們有著多樣的耐人尋味的經驗和多重的意味深長的教訓。人類無法從源頭上

① （北宋）程頤：《伊川易傳》卷三。

② 《馬克思恩格斯選集》第三卷，人民出版社 1977 年版，第 518 頁。

消滅人與自然、生態的原始關係，也不能從利益上擺脫人與自然、生態的契約關係；人類在認識上誤讀了人與自然、生態的利益關係，也在行為上破壞了人與自然、生態的共生關係；人類在文化上誤解了人與自然、生態的並存關係，也在實踐上阻礙了人與自然、生態的共進關係；人類在政策上誤判了人與自然、生態的一體關係，也在措施上折扣了人與自然、生態的協同關係。我們認為不同的文化形態歷史地、自然地培植了迥異的文化土壤，而文化土壤的厚與薄、富與貧、良與莠的分類和交織具體地、真實地養育了各個社會階層和諸多民族成分，並使其在吸允民族文化養分的過程中，義無反顧地開展文化創造和殫精竭慮地推進文化傳承，以期實現中華民族傳統文化的可持續發展。因此，我們要著力挖掘中國傳統思想文化體系中的世俗文化與宗教文化、傳統文化與民族文化、固有文化與外來文化、主流文化與大眾文化等文化類型和文化關係所內含的生態意識或生態智慧，探索文化比較與文化嫁接的可行之策，求索文化交流和文化鑒別的可走之路，實現文化保護和文化生成的可鑒之舉。

九　文化力量說

文化是一種力量。文化因凝結了社會認同的傳統觀念和民族承襲已久的社會習俗，而左右著人們的行為和鏈結著國家的命運；文化因反映了經濟社會發展水準和人智啟蒙開化狀態，而成為社會變遷的動力和民眾生活的食糧，因此開發文化思維和積蓄文化力量，才能助力自然進化、助推人類進步和助長思維發展；只有協調文化關係和完善文化體系，才能評說傳統自然觀、社會價值觀、倫理道德觀及建築藝術觀。

（一）解讀人與自然、生態的關係的哲學高度

馬克思主義創立者以 19 世紀自然科學由“收集材料”到“整理材料”的轉型發展為基礎，以推進人和社會的全面發展為宗旨，以戰勝形而上學的自然觀、唯心主義的文化觀和資產階級的道德觀為目標，開始了人類認識史的新發展，開創了人類精神史的新階段，開闢了人類道德史的新征程。因為形而上學的自然觀和唯心主義的文化觀是牛頓（Isaac Newton）的宇宙不變論和林奈（Linnaeus）的物種不變說的產物，其中心內容和核心價值在於主張自然界的事物、現象及過程的絕對不變和亙古不移，即自然界是一副靜止的孤立的不變的圖景。馬克思主義創立者立足於 19 世紀的“三大發現”及其科學證明了的一切皆流、一切皆變、一切皆動的宇宙法則，並吸取和改造了黑格爾（Hegel）辯證法的“合理內核”與費爾巴哈（Feuerbach）機械唯物論的“基本內核”，把人類的認識和意識提高到一個新境界，把人類的道德和倫理提升到一個新階段：“於是我們又回到了希臘哲學的

偉大創立者的觀點：整個自然界，從最小的東西到最大的東西，從沙粒到太陽，從原生生物到人，都處於永恆的產生和消失中，處於不斷的流動中，處於無休止的運動和變化之中。”① 自然界是一個相互聯繫、不斷運動、持續發展的整體，具有演變與進化的歷史，故我們研究自然界的事物、現象及其規律，應當自覺運用辯證的歷史的觀點與方法。

馬克思主義內含了解決人與自然、生態的關係的基本立場、觀點和方法，堅持了辯證唯物的自然觀和唯物辯證的歷史觀相統一的哲學立場，運用了歷史辯證法和自然辯證法相結合的思維方法，揭示了科學的世界觀和靈活的方法論相融合的哲學精神，故馬克思主義凝結了時代精神，引領了理論思維，彙聚了東西方文化，對於理解和把握中國傳統思想文化中處理和解決人與自然、生態的關係問題的智慧及思想具有積極的指導意義。例如，客觀物質世界包括自然界和人類社會，客觀物質關係包含自然關係和社會關係；自然規律是自然事物、現象及其關係中所固有的客觀的聯繫，而社會規律是社會事物、現象及其關係中所特有的必然的聯繫，但它既表現為自然歷史過程又受制於人類自身的發展需求；人不是自然界的主人而是自然界的成員，自然界不是人的奴僕而是人的夥伴；人不能隨意地征服和隨便地改造自然，自然亦非無條件地服從於人和無目的地服務於人；自然界是天然的自然和人化的自然的合一，人是自然的人和社會的人的統一；自然界是人類生產實踐的基礎、社會實踐的前提和思維實踐的對象，人類社會是自然世界的見證者、自然關係的協調者和自然過程的參照者。“在實踐上，人的普遍性正是表現為這樣的普遍性，它把整個自然界——首先作為人的直接的生活資料，其次作為人的生命活動的對象（材料）和工具——變成人的無機的身體。自然界，就它自身不是人的身體而言，是人的無機的身體。人靠自然界生活。這就是說，自然界是人為了不致死亡而必須與之處於持續不斷的交互作用過程的、人的身體。所謂人的肉體生活和精神生活同自然界相聯繫，不外是說自然界同自身相聯繫，因為人是自然界的一部分。”② “共產主義是對私有財產即人的自我異化的積極的揚棄，因而是通過人並且為了人而對人的本質的真正佔有；因此，它是人向自身、也就是向社會的即合乎人性的人的復歸，這種復歸是完全的復歸，是自覺實現並在以往發展的全部財富的範圍內實現的復歸。這種共產主義，作為完成了的自然主義，等於人道主義，而作為完成了的人道主義，等於自然主義，它是人和自然界之間、人和人之間的矛盾的真正解決，是存在和本質、對象化和自我確證、自由和必然、個體和類之間的鬥爭的真正解決。它是歷史之謎的解答，而且知道自己就是這種解答。”③

① 《馬克思恩格斯選集》第三卷，人民出版社 1977 年版，第 454 頁。

② 《馬克思恩格斯文集》第 1 卷，人民出版社 2009 年版，第 161 頁。

③ 同上書，第 185—186 頁。

（二）解釋人與自然、生態的關係的思想維度

自然界的再生能力、內化能力和轉化能力如何？“為自然立法”“向自然開戰”“與自然作戰”等傳統思想是否面臨挑戰？科學發展和技術進步把自然界當作認識和利用、改造和征服的對象，使人類從自然界的壓迫下掙脫出來，把人類從對自然力的恐懼中解放出來，但人類借助科技力量向自然界無限索取的各種資源大大超過了自然界的再生限度和更新能力，人類在生產和生活中拋向自然界的大量垃圾遠遠超出了生態系統的消解幅度和自淨能力，全球性的資源匱乏、環境污染和生態失衡等不良狀況嚴重地威脅著人類社會的生存和發展，嚴峻地考驗著人民群眾的願望和要求。固守傳統，意味著因循守舊的認識；揚棄傳統，代表著觀念更新的追求；擴展道德，表徵著理論創新的努力；珍重文化，預示著與時俱進的品格。人們應該深刻反省在處理人與自然、生態的關係上的失策和失誤，應該充分肯定自然事物、現象及其規律的權利屬性。我們認為一味地追求“征服自然”的勝績，或片面地宣揚“戰勝自然”的勝果，都屬於一種認識誤區和行為偏差，要走出誤區和矯正偏差，需要政策統領、理論闡釋、文化疏導和觀念更新等多策並舉，需要貫徹系統治理、依法治理、綜合治理和源頭治理的總體思路，引導社會意識和民心民意步入協同、共生和善治的正確軌道，摒棄那些非理性的慣性思維和無理性的慣常行為，讓扭曲人與自然、生態的關係的時代一去不復返！

我們只有放棄陳舊的倫理思維方式和過時的文化評價模式，才能建構全新的生態倫理觀、綠色文化觀和生態哲學觀，如消除人類至上主義及其危害，阻止環境危境繼續惡化及其後果，喚醒人們沉睡的生態意識和懵懂的綠色理念，復興健康的生態智慧和有益的生態文化，樹立全面的生態倫理意識、整體的生態價值意識、高尚的生態審美意識和進步的生態文明意識。任何國家和民族都應該重估“環境容量”或“生態存量”了——找到與自然生態系統友好相處、協同共進的接點，守住不致傷害自然生態系統的內生機制和再生能力的底線！因為自然界是由多層關係、多樣要素和多種因素共同構築的共同體和有機體，人是自然生態系統的要件和自然歷史過程的環節；自然界並不獨立於人類社會和人類活動之外，人類則通過有目的的、有計劃的活動始終參與並深刻影響著自然界的自組織能力，故重新整合人與自然、生態的關係必須列入議事日程。

道德是規範人類行為和調節人際關係的行為規範的總和，文化是檢驗人們日常生活的行為方式和精神生活的思維方式的規尺。我們不能低估道德和文化的調節功能，但也不能高估道德和文化的制衡作用，因為道德和文化不是萬能的，而沒有道德和文化是萬萬不能的。人類對自然界履行道德義務和承擔道德責任是人類的又一次自我解放，人類對自然界進行文化介入和文化嵌入是人類的再一次自我發展。這既是推進中華民族的偉大復興目標和滿足中國人民的美好生活需求的內在要求，也是實現人的自由而全面發展和社會的可持

續而整體發展的前提條件。

（三）解決人與自然、生態的關係的文化角度

我們選取東方文化的典型——儒學與日本文化的主流——神道，提取其中的精華部分，藉以審視不同文化背景下人們處理和解決人與自然、生態的關係的文化角度，以期為中國傳統思想文化的體系化和完整性特徵提供文化參考和文化借鑒。

1. 儒學觀

中國古代哲學思想家和政治理論家從天人合一、物我齊一、自他統一及中庸之道等原理出發，提出了治理之道和治世之策，其思想成果裏無不閃爍著智慧之光和影響之力；從治國治世之道、治人治理之術等角度出發，論述社會秩序、優化社會結構、闡釋社會關係、解讀社會運行、關注社會現象、閱讀社會問題、找尋社會規律等問題，其經典思想制約著後人的思維方式和行為方式，成為中國傳統思想文化之瑰寶。如儒家強調禮治秩序和倫理本位，法家強調法治秩序和法制精神，道家強調自然秩序和生態理念，陰陽家強調宗教秩序和信仰力量等，它們皆努力探索政治秩序的穩固之道、社會秩序的穩定之法、自然秩序的維護之策、倫理秩序的維繫之規及宗教秩序的信仰之念。“周朝後期和戰國初期，政治混亂，出現了儒家、道家、法家和其他思想學派，他們都致力於尋找能使中國政治和社會穩定的方法。法家思想直接針對統一的問題，提出了很多方法幫助統治者治理國家，使國家走上富強的道路，儒家學者和道家學者並沒有直接投身於國家統一的過程中，但這兩個學派源遠流長，對中國的政治和文化傳統產生了深刻的影響。……周朝後期，中國政治混亂，在戰國時期（公元前403—前221年）出現了諸侯爭霸的混亂局面。但是，在這一時期，文化上卻出現了百家爭鳴的現象，對中國歷史產生了持久的影響。換句話說，正是這一時期的政治混亂才迫使那些思想者不斷反思社會的本質以及人們在社會所應該承擔的角色，一些人試圖找到能夠恢復政治和社會秩序的法則，另一些人則想在社會之外，找到屬於個人的內心平靜。在這一混亂的時期裏，出現了三種思想——儒家思想、道家思想和法家思想，它們對中國的政治和文化傳統產生了深刻的影響。”① 中國古代社會的先賢、先哲、先聖們佈道、傳德、為政之時，往往立足於同政治秩序和社會秩序相匹配的自然秩序與生態秩序、相對應的自然關係與生態關係、相關切的宗教秩序與宗教關係及相關聯的倫理秩序與倫理關係，闡釋自然界、人類社會和思維發展的制約關係或決定關係，不僅提出了決定中國傳統思想文化內容和取向的思想精華，還提出了影響世界範圍內相關文化形態和文化精神的思想結晶，如“與天地合德”的天人合一思想、自強不息的進取精神、

① ［美］傑裏·本特利、赫伯特·齊格勒：《新全球史——文明的傳承與交流》（第三版）上，魏鳳蓮等譯，北京大學出版社2007年版，第196頁。

“貴和持中”的中庸之道、“厚德載物”的包容理念、“以人為本”的人本主義、“實事求是”的實踐觀念，以及“道法自然”“天道生生”“仁愛萬物”“尊道貴德”“聖人深慮天下，莫貴於生”“與天地相參”等。

在工業革命和工業文明以前的漫長歷史發展和文化積澱過程中，生產力水準偏低，科學技術落後，人類的智力成果較少，人類活動對自然界的影響力較小，人與自然、生態的關係較為親近，人與自然長期保持著穩定和諧的狀態，因此中國古代社會倡導天道與人道統一、自然與人為相通、宗教與生態一體、政治與倫理相容等理念。莊子闡述了“天人合一”的概念及思想，董仲舒將其發展為“天人合一”的哲學體系，並由此構建了中國傳統思想文化的基礎與根幹。莊子認為人與天本來合一，人類應該積極主動地追求天地與我共生、萬物與我一體的精神境界，如“天地與我並生，而萬物與我為一。既已為一矣，且得有言乎？既已謂一矣，且得無言乎？”①“天地者，萬物之父母也，合則成體，散則成始。”② 老子主張與時俱和、與事協同、與物協調、道法自然、無為而治以及人在自然規律和社會規律面前保持低調等觀點，如“人法地，地法天，天法道，道法自然”③。孔子宣揚“天命論”，視“天命”為宇宙的根本、萬物的主宰和人間的主導，要求人們“敬天命”“尊天命”和“畏天命”。我們認為儒家關於人與自然、生態的關係的認知水準和認識成果，佔據著中國傳統生態倫理思想的支配地位。

第一，“天人觀”。“天人合一”問題意味深長，“天人合一”觀念深根固柢，“天人合一”思想根深枝茂，它規約了不同歷史時期儒家的基本價值取向，影響了儒家各學派的核心價值觀念，構築了中國人處理和解決人與人、人與社會及人與自然、人與生態的關係的主要理念，制約了中國傳統思想文化的基本走向，內化為統治階級的政治理念和權利觀念，也體現在帝陵的規劃設計、建築藝術與陵墓佈局之中，彰顯於帝王陵寢文化與喪葬文化、帝陵神道文化與石刻文化的內容和形式之上。余英時先生認為“天人合一”觀念開始於遠古巫文化的“降神”，最終演變為孔子、孟子、荀子、老莊等古代哲學家所推崇的精神境界和道德修養，它大致分為五個階段：原始宗教、政教結合、宗教轉化為政治、政治轉化為哲學和哲學深化發展。遠古時期，它指巫文化的“降神”——通過巫師作法，上天神靈降附於人身，這是一般民眾為祈福、問卜而普遍舉行的儀式。邦國時期，它指與“天”交通——巫師掌管、政治首領獨佔的向天帝或神祭祀、禱告、祈福、問卜的權利，意味著人間帝王秉承天命而統治天下。西周時期，它指“制禮作樂”——“禮樂”是一種規格化的祭祀、祈福儀式，加之“天命靡常”，要求國君謹慎行事，“修德”以保天命，由此“得天授命”轉化為“德行”。春秋時期，它指天道與人心的結合，或個人的精神修

① 《莊子・齊物論》。
② 《莊子・達生》。
③ 《道德經》第二十五章。

養——“天”從具有意志、主宰福禍的上天神靈，轉化為充塞天地的精神實體（道、德），“人”從君主一人，轉化為不論賢愚貴賤的個人，又由外在個體轉化為內在心靈。孔孟之後，它指“氣化感應論”——人與宇宙整體主要通過“氣”來發生互動，如“浩然之氣”“天地之一氣”“精氣”等等①。《周易》闡發了天人協調、天人互動、天人感應及天地人和諧、日月星匹配等思想認識，闡述了知天道曉人道、推天道明人事、順應自然則自然而然等原則，如“是以明於天道，而察於民之故”②。“夫‘大人’者，與天地合其德，與日月合其明，與四時合其序，與鬼神合其凶。”③“天地感而萬物化生，聖人感人心而天下和平。觀其所感，而天地萬物之情可見矣。”④ 人類如何看待自然界、如何對待自然界、如何善待自然界是中國傳統思想文化的永恆主題。

我們以朱元璋的明孝陵為例，試圖闡明神道設計理念和帝王陵寢文化所體現出來的“天人合一”的哲學思想。從陵寢建築佈局、格局和時局來看，明孝陵堪稱陵寢制度的完備和陵寢文化的完善，如自大金門至碑樓、神道、石望柱、欞星門、金水橋、文武方門、享殿、寶城等建築物，其走勢呈“北斗星”狀，氣勢堪比天象或星象。從寶城的地位和方位來看，東有青龍，西有白虎，且“龍砂”高於“虎砂”；西南面的燕雀湖為朱雀，所依之玩珠峰為玄武；孫陵崗（孫權墓）與東山構成了“近案”“遠朝”的風水形勢。這種陵宮佈局體現了中國封建帝王的“君權神授”“天人合一”思想，是人工與自然的巧妙結合，可謂巧奪天工之作，從而使道家哲學中的天人合一合德思想與儒家思想中的封建禮治秩序理念貫通起來。明孝陵的“曲神道”之由，一是具現了山陵思想和生死文化。梅花山乃“案山”，又古稱孫陵崗。朱元璋動用“十萬軍工”修陵時，力排眾議，並未搬走梅花山以伸直神道，而是決意留下孫權墓，為其把守門戶，這體現了統治者夢寐以求的“事生”與“事死”相統一的狀態。二是巧借地形與地勢、地理與地緣等關係，營造“北斗七星”陵寢格局，體現“天人合一”的哲學精神。如“曲神道”上佇列石像生，石獸或蹲或立，形態各異，配以蒼山遠樹，營造了一種莊嚴肅穆的氛圍，使人身臨其境而心馳神往。總之，依據歷代帝王營建陵墓的歷史事實及其所承載的文化故事，可知人是自然界的產物與產品，也是人化自然的主體和主力；人是自然界的要素與因素，也是自然人化的享用者和受益者；人是自然界的部分與成分，也是自然進化的參與者和推動者；人必須看重自然事物、敬重自然現象和尊重自然規律，人必須承認自然道德、認同自然秩序和認識自然關係，以及人必須追求天人協調、解明天人關係和呵護天人秩序。只有這樣，人類才能在自然界面前樹立形象、擁有權利並享有尊嚴，

---

① 參見余英時《論天人之際——中國古代思想起源試探》，臺北聯經出版公司 2014 年版。

② 《易傳・系辭傳上》。

③ 《周易・乾卦》。

④ 《周易・咸卦》。

才能在社會領域運籌帷幄、施展抱負並創新發展，即人類所擔當的義務，體現在對待自然界的想法和做法上；人類所享有的權利，展現在看待自然界的思想與行為上；人類所樹立的尊嚴，突顯在善待自然界的過程和結果上。因此，只有端正人類的問題意識和話語方式，才能使其在面臨自然事物、面對自然現象和面向自然規律之時，獲得和擁有話語權利，營造和維護和諧氛圍，贏得和推進共生關係，追求和達成善治目標。

第二，"仁愛觀"。儒家關注人際道德，並努力把人際道德擴展到自然界，使人倫道德與自然道德聯通起來，積澱為"仁民愛物""愛人及物"等觀念；關愛自然規律，尊重社會規律，追求天地人"三才"的和諧，謀求天道地道人道"三道"的統一；樹立推己及人、由人及物的道德觀，提倡"己所不欲、勿施於人"的倫理觀，追求人人和諧、事事和諧及人事和諧的理想狀態；人類遵循惜生與愛生、重生與共生等原則，在獲取生產資料和生活素材時必須合乎道義與情義、禮儀和程式，貫徹和落實有度有節有理有利的準則，謀求和達到生生不息、休戚與共的美好境界。如"子曰：天何言哉？四時行焉，百物生焉，天何言哉？"[①]"子曰：知者樂水，仁者樂山。"[②]"致中和，天地位焉，萬物育焉。"[③]中國人生存和發展於以仁德為基礎、以愛心為紐帶的生態鏈條或自然系統之中，任何構成要素皆為影響因素，表現為各種要素的相互關聯、多種因素的彼此制約、各個環節的環環相扣、不同程式的依次而行，使人與自然之間形成了正向的積極的系統的內在的關係。

我們以漢文帝劉恒的霸陵為例，嘗試說明帝王陵寢文化所包含的仁民愛物的倫理思想。漢文帝的謚號"孝文皇帝"，代表著"孝行天下""孝治天下""孝贏天下""善事父母""經天緯地""道德博聞""慈惠愛民""湣民惠禮"等多重含義，這是對其開創"文景之治"社會局面的讚譽，也是中國傳統孝文化在漢代實現政治化的寫照。孝文化作為一種倫理文化，植根於農耕文明，依附於宗法社會，側重於調節家內親子關係，延伸至調整家庭成員關係，擴展為協調社會關係尤其是君臣關係，主倡幼者孝敬長者，位低者尊敬位高者，位卑者崇敬權貴者，以期踐行子女敬仰父母、臣民忠誠君主的倫理品格和道德責任。如"因此，這種關係表現得更加切實而且符合它的觀念的，便是家庭的關係。中國純粹建築在這一種道德的結合上，國家的特性便是客觀的'家庭孝敬'。"[④]霸陵（或灞陵）因靠近灞河而得名，其選址與漢初所遵循的"昭穆制度"有關，抑或昭穆秩序觀使然。根據《史記》所載，霸陵依山而建，它是中國歷史上第一個依山鑿穴為玄宮的帝陵，影響了六朝及唐代"因山為陵"的陵寢建制。霸陵"因山為陵，不復起墳"，即依山鑿挖墓室，無封土可尋，表達了"山即是陵""陵即是山"的認識與實踐。霸陵的修建，也是大興土

---

① 《論語·陽貨篇》。

② 《論語·雍也篇》。

③ 《禮記·中庸》。

④ ［德］黑格爾：《歷史哲學》，王造時譯，世紀出版集團/上海書店出版社 2006 年版，第 114 頁。

木、勞民傷財之舉——在斷崖上鑿洞為玄宮，內部以石砌築，並有排水系統，墓門、墓道、墓室以石片壘砌，但節省了耕地——漢代的陵寢制度規定帝后合葬不合陵，即皇后與皇帝葬在同一處，各立陵冢。總之，開國皇帝大多吸取了前朝興亡的經驗和教訓，試圖避免重蹈覆轍，往往勵精圖治，志在成就霸業，奠基祖業，輝煌帝業，即努力地踐行著以德治國、以禮服眾、實施仁政、貫徹仁愛等思想認識。

第三，“和合觀”。和合關係是內存和孕育於事物與現象中的一種客觀關係，和合思想是反映和揭示事物與現象之辯證關係的一種哲學理念，故深植於中國傳統思想文化體系內的和合觀為中國社會的理想境界、中華民族的道德目標和中國人民的價值追求注入了動力、增添了活力和結成了合力，它貫通天地萬物的產生、存在和發展的全過程，遍存人與自然、人與人、人與社會之間的一切關係；它體現了統一性與多樣性、一致性與差別性的關係，蘊涵著以“代內公平”和“代際公平”為內核的可持續發展觀；它以整體的法則維護人與自然的和諧關係，使萬事萬物各得其所，各得其時，各得其宜，貫徹了整體統一、和諧共生的根本思想；中國人遵行“和合觀”，使中國傳統思想文化具有了強大的生命力，如文化同化力——外域文化輸入中國社會後，其生存條件和影響機理是迅速而深入地走中國化之路，成為中國傳統文化的組成部分和中華民族文化的構成成分。再如文化融合力——中華文化並非指單一的漢民族文化或黃河流域文化，而是多個民族共同創造、多種文化相互交融的文化形態和文化體系。如“去和而取同。夫和實生物，同則不繼。以他平他謂之和，故能豐長而物歸之；若以同裨同，盡乃棄矣”①。“乾道變化，各正性命，保和太合，乃‘利貞’，夫是之謂能參。”② “天有其時，地有其才，人有其治，夫是之謂能參。”③ “若是，則萬物失宜，事變失應，上失天時，下失地利，中失人和，天下敖然，若燒若焦。”“若是，則萬物得宜，事變得應，上得天時，下得地利，中得人和，則財貨渾渾如泉源，汸汸如河海，暴暴如丘山，不時焚燒，無所藏之，夫天下何患為不足也?”④ “子曰：君子和而不同，小人同而不和。”⑤ “有子曰：禮之用，和為貴。”⑥ 總之，人們“和合”而行，則在自然事物或現象上留下足跡，在生態或環境中刻上印跡，由此找到人、社會、自然和生態之間的平衡關係與和諧狀態。

我們以漢武帝劉徹的茂陵為例，以期證明“和合觀”與帝陵文化的內在關係。茂陵盡顯了山水風光——位於關中腹地、涇渭之交，北面遠依九駿山，南面遙屏終南山，東西為橫亙百里的“五陵原”，它體現了山水相連、山水一體、山高水長、背山面水、天地相交、

① 《國語·鄭語·史伯為桓公論興衰》。

② 《周易·乾卦》。

③ 《荀子·天論》。

④ 《荀子·富國》。

⑤ 《論語·子路篇》。

⑥ 《論語·學而篇》。

陰陽相會等山水和合思想。茂陵貫徹了“漢承秦制”——大興厚葬之風，比肩特權制度，如修造歷時長、建陵人數多、占地面積廣、封土體積大及陵邑制度完善、陪葬物品奢華等，氣勢磅礴，堪比“穿治驪山，及並天下”的秦始皇陵，如“漢帝送死，皆珠襦玉匣。匣形如鎧甲，連以金縷。武帝匣上皆鏤為蛟、龍、鸞、鳳、龜、麟之象，世謂為蛟龍玉匣。”① 它體現了沿襲古制的傳統思想與訂立新制的創新精神予以“和合”的努力及成果。漢武帝為加強中央集權制度，既奉行了“罷黜百家，獨尊儒術”的思想政策，又執行了兼用百家的文化策略，如落實“儒表法裹”即以儒為主、以法為輔或內法外儒等體制，提倡陰陽五行學說、支持黄老之學和扶持縱横學者等機制。對神怪詛咒之説深信不疑、對巫蠱神仙之術信以為真等做法，體現了儒家思想與非儒家思想、反儒家思想的“和合”關係，也反映了主流思想與非主流學説、反主流學派的“和合”關係。結合與西漢時期十一位皇帝相匹配的十一座帝陵的建築佈局、文化格局和政治時局，參照漢武帝的茂陵與其他帝陵的形制、規制、建制、禮制等關係，可以映襯出中國傳統思想文化體系中和合觀的影響印記，如嚴守昭穆制度，實施因山為陵（僅有霸陵）的理念，夯實陵園坐西朝東的佈局，開創帝后合葬的制度（同塋不同穴），形成陵側立寢和陵旁立廟的規制，要求封土分長方的覆鬥形（高祖長陵和惠帝安陵）和正方的覆鬥形（其餘帝陵）的形制等。這些政策、策略及措施，無不體現了和而不同、同而不和的哲學思想。

第四，“中庸觀”。“中庸”是一種常德和至德、品德和道德、規則和準則及追求和境界，它要求人們在處理社會關係、自然關係時把握好適度原則、適時準則或適量規則，掌握好適合、適可、適宜的尺度，做到允執其中、執兩用中、無偏無黨、無偏無陂、不偏不倚、不偏不易、恰如其分、過猶不及的力度。“中庸之為德也，其至矣乎！民鮮久矣。”②“子莫執中，執中為近之，執中無權，猶執一也。”③ “中庸”是一種追求、限界和境界，既要求人們一心一意地付出與奉獻於事業和職業，又要求人們心態平和地看待與對待事物和現象。“中庸”是一種狀態、態勢和取向，它不是缺乏張力的節點，而是內含幅度的區間，需要人們精心地呵護，耐心地維護，用心地庇護，全心地保護。“中庸”是一種折中、妥協、謙讓與協調，但它不是無原則的折中、無條件的妥協、無目的的協調和無節制的讓步，即它不是一種庸俗的調和論或低俗的折中論，它要求人們在為人處世時，追求遊刃有餘的境界，做到應時而動和隨時而化的程度，為此人們不應該採取某種一成不變的姿態，不應該拘泥於某些千篇一律的模式，不應該死守著某一是非曲直的標準。“中庸之道”的理論基礎是天人合一的哲學思想和內聖外王的政治思想，即它包括天道與人道的合一、天性與人性的合一、理性與情感的合一、外觀與內裏的合一等含義，它教導人們要自覺地進

① （西漢）劉歆：《西京雜記》卷一。

② 《論語·雍也篇》。

③ 《孟子·盡心章句上》。

行自我修養、自我監督、自我教育和自我完善，以期達到至真、至善、至美、至仁、至義、至禮、至智、至信、至道、至德、至聖、至誠、至上、至尊、至理等理性狀態。因此，中國古代儒學思想家們用心開出了試圖根治百病的“思想處方”，使之逐漸成為統治階級普遍認可的企圖包治百病的“政治處方”，並著力實施於社會進程之中，廣泛應用於普通民眾之間，旨在構築理想社會、理想人生和理想人格。

我們以唐高宗李治的乾陵為例，著力探索“中庸之道”與帝陵文化的內在關係。沿革和創制合葬制度——由“帝后合葬”到“帝王合葬”，其中“帝后合葬”屬於“唐承漢制”，保持和維護了陵寢制度，形成了一脈相承的文化關係；“帝王合葬”屬於“篳路藍縷”，開闢和創新了喪葬制度，即乾陵是中國歷史上獨一無二的一座兩朝帝王、一對夫妻皇帝合葬陵，這既體現了陰陽交合、男女媾和、夫妻和睦等道理和倫理，也因山體與人體、山形與人形的耦合而契合了“生者南向、死者北首”等制度和文化。完善和引領“因山為陵”或“依山為陵”的帝陵建制——“關中十八唐帝陵”與“關中九漢帝陵”平行一線，且形成了倍數關係和平衡狀態。數量關係是自然界和人類社會的事物與現象中不以人的意志為轉移的客觀關係，而自然事物和自然現象、社會事物和社會現象所表現出的平衡狀態實質是均衡分佈、彼此關照、相互制衡的一種關係；唐帝陵不僅起因山水，還依託山水，糅合了高山與長水、動態與靜態的比照關係，形成了借助山勢顯示尊嚴和威嚴的含義，憑依水勢預示流傳和綿延的寓意；唐陵制度沿襲了漢陵制度，又歷經魏晉南北朝的分治局面和動蕩歲月，將堆土為陵轉變為依山為陵，並延續至其後歷代封建王朝，形成了起點和基點、中點與高點、原點與終點的歷史線索和邏輯關係；唐帝陵的陵區包括陵山、陵園和陵下宮與陪葬墓群，群山、活水與帝陵、陪葬墓及主體建築與附屬設施整合和統一起來，形成了完整的陵寢佈局，構築了完善的喪葬理念；唐帝陵的石刻、石雕被譽為“一部藝術版本的《資治通鑒》”，與大唐、盛唐等美譽相匹配，為中國古代歷史的黃金時代增添了濃墨重彩的一筆，即在中國古代歷史上陵前石刻的數目、種類、鑿刻、排列等內容所形成的固定制度或固有模式肇始於乾陵，延長至清代，成為唐代政治、經濟和文化發展的縮影，也成為中國古代社會的陵寢文化和喪葬文化的寫照。

2. 神道觀

神社神道文化、思想和哲學是日本人長期積累的生態智慧和矢志踐行的生態文化的必然產物與根本標誌，它展示了日本人維護自然秩序、協調自然關係和把握自然規律的過程及成就。日本人運用宗教式的語言和話語，詮釋了人與自然、生態的關係；確立宗教式的思維和邏輯，思考了人與自然、生態的關係；守護宗教式的情感和信仰，維護了人與自然、生態的關係。我們挖掘日本神道文化、思想和哲學中的合理成分，探究其中的參考和借鑒作用。

第一，原始神道的自然觀。原始神道的自然崇拜意識和生態保護思想，開啟了嘗試性地解決人與自然（環境或生態）關係的歷史與文化。自古至今，日本人常把山嶽、巨樹、磐石、瀑布、河口、沼澤、海峽等自然景象作為信仰的對象和尊崇的客體，因其與同類相比或具有巨大無比的威力，或具備前所未有的定力，或內含無可比擬的神力，或潛藏無與倫比的活力，如大神神社、諏訪大社等神社以鬱鬱蔥蔥的常青樹作為"憑代"，熊野那智大社以飛流直下的瀑布作為神體，榛名神社、神倉神社等以千鈞巨石作為靈石。由此可見，神道信仰對象首選自然事物或現象、自然狀態和自然力量等方面，其指向亦為保持原狀、原形、原貌、原態和原力的原始資源，但其在同類的自然事物和現象中如無特異性、稀有性和靈異性等特徵，則必與神道信仰無緣，也難與神道文化結緣，故它是自然景況和社會選擇、自然力量和社會管理相結合的產物與相契合的表現。古代日本人基於萬物有靈說，確立了萬物有神論，故他們又儘量選取而非人為加工那些示範性的自然事物或現象，因為他們認為所有的自然事物和現象都是眾神生成的結果，而不是主神創造的產物，所以人類沒有必要外加支配作用或強加改造作用。

第二，神社神道的生態觀。日本神社神道的生態觀與西方基督教的生態觀是考究日西文化差別性的切入點，而其與中國儒家的生態觀則是闡釋中日文化相近性的關鍵點。原始神道奠定了人與自然親和親睦、人與自然和諧守望的思想意識。在日本神道文化、思想和哲學中，不認可一神論所主張的主神創造世界觀，而堅持多神論所提倡的諸神生成世界觀；神靈、人類與自然界不是三足鼎立的關係而是和諧共生的關係，人的積極性、主動性和創造性不是體現在質疑神的地位和價值而是表現在守護神的權威和功能，故日本人逐漸認清了神社神道內生的可持續發展的生態觀的積極意義。在形狀狹長的蕞爾小國裏，排列了大大小小的神宮、神社和大社，它們成為日本人關切自然的歷史見證和關乎生態的文化符號。據統計，在日本形形色色的神道建築——神社有八萬多座，平均每一千伍佰個人就有一座神社，而且日本的宗教人口（約二億人）多於戶籍人口（約一點二億人），表明日本人的雙重的宗教信仰和多重的宗教情愫，說明日本人大多採取實用主義的宗教態度和現實主義的宗教政策。各式各樣的神社遍佈城市和鄉間，成為日本人的精神寄託和信仰載體。神社境內及其周邊地區森林密佈、水草豐美、氣候宜人、環境優美，加之人與自然的關係和諧，故而成為日本人借助神道信仰和宗教文化有效處理和解決人與自然或環境、宗教與自然或生態的和諧共生關係的一道亮麗的、獨特的風景線。

第三，日本神道的生成觀。其一，日本人在解讀神與人、自然的關係時，沒有全面接受世界宗教的立場和觀點，而是一味堅守民族宗教的本質和特點，即以"生成說"定位神與人、物的生成與被生成關係，而沒有運用"創造說"定性神與人、物的創造與被創造關係，這是日本神道區別於佛教、基督教、伊斯蘭教等世界宗教形態的根本特徵。生成關係是指神之神性、神力和神格與人類社會和自然界、社會力和自然力的交互關係，兩者不是對立、對抗的創造關係，而是一體、和諧的生成關係。萬物有靈觀和萬物有神論的神道觀是日本民族宗教文化的特色，但堅定不移的民族宗教意識、一以貫之的神社神道祭祀與方興未艾的社區文化建設，共同培養了日本人強烈的環保意識和科學的生態觀念，致使日本社會中人與自然界的依存關係和共生關係上的異化現象並不顯著，尊重和親近自然蔚然成風，優待和優化生態人人有責，即並未出現人與自然或生態的緊張關係及人與自然或生態的二元分裂現象——人類給予自然或生態足夠的崇敬與保護，自然或生態還以人類足量的回饋與恩惠。“如欲將一個極其復雜的現象縮減為一個非常簡單的公式，那麼我可以說，日本宗教基本上與和諧相關——人與人之間的和諧和人與自然之間的和諧。……神道包括對佔據整個自然界、關照人類一切活動的八萬個神的崇敬。當神和人聚集一堂，跳著一種生活中的典型舞蹈歡快地慶祝大地的恩賜時，神道便達到了節日的高潮。”① 生成觀與和諧觀是大和民族的文化遺產、思想寶庫和哲學精髓。日本人在處理和解決事物或現象的結構關係、價值關係和功能關係時，試圖尋找一種平衡力量或者制約機制，以期達成成本最低和效益最佳的經營目標，於是他們不僅在人與人、神與自然之間尋求和諧關係，還在人與社會、神與社會、神與神之間尋找和諧關係。其二，神社扮演了多重角色，神社神道發揮了多種功能，故神道文化與日本人呼吸相通，休戚與共。例如，神社是神與人的相會之所、自然環境與生活場景的習合之所、生者和死者的關照之所，特別是日本人的關鍵時刻和轉折時期的內心依託與精神寄託。“要瞭解一個民族及其宗教，不止需要知道他們所皈依的正式教義及學說，以及他們所加入的宗教組織的形式結構。這些都很重要，但它們僅僅是向我們顯露了宗教的外殼。在能夠觸及到它的內核之前，我們必須先研究它的外殼，但我們所要瞭解的真正重要的卻是它的內核，……一旦我們能夠把握住宗教在個人的思想、情感和願望中所占的位置，即使是不完全地把握，那麼我們就能開始瞭解到他們的宗教信仰形成與影響他們整個生活的方式，並且瞭解到他們生活的其他部分又是如何反過來影響宗教的。”② 神社是日本人津津樂道的建筑物，趨之若鶩的祭祀場，更是日本民族宗教文化中有效處理和解決人與自然、生態之關係的重要產物和主要成果。

“綜上所述，日本的自然界在空間上和時間上都是復雜多樣的，它賦予居民無限的恩惠，同時也以不可抗拒的威力支配著他們，其結果，他們學會了通過服從自然來充分地享受恩惠，這種特別的對待自然的態度，對日本人的物質的乃至精神的生活的各個方面都產生了特殊的影響。”③

---

① ［美］貝拉：《德川宗教：現代日本的文化淵源》（平裝版前言），王曉山等譯，生活·讀書·新知三聯書店/牛津大學出版社1998年版，第15頁。

② ［美］貝拉：《德川宗教：現代日本的文化淵源》，王曉山等譯，生活·讀書·新知三聯書店/牛津大學出版社1998年版，第1—2頁。

③ ［日］寺田寅彥：《日本人的自然觀》，《東洋思潮》1935年10月。

十　文化價值説

文化是一種價值。追求文化價值的主體與秉受文化效益的客體構成了利益共同體、命運共同體等關係，實現文化的社會功能和落實文化的精神實質形成了個人價值、群體價值和社會價值的矛盾聯合體或矛盾統一體等關係。對於一個國家、地區和民族而言，認識與信任文化是必然選擇，尊重與發展文化是必經之路，因為社會的變遷、民族的覺醒和國家的強盛，表現為文化的進步、思想的自覺和哲學的發達，即“在一個有理性存在者裏面，產生一種達到任何自行抉擇的目的的能力，從而也就是產生一種使一個存在者自由地抉擇其目的之能力的就是文化。因之我們關於人類有理由來以之歸於自然的最終的目的只能是文化”①。我們堅信文化的歷史就是人類的歷史，文化的現實就是人類的現實，文化的未來就是人類的未來。

（一）關切自然道德

中國傳統思想文化歷史地、自然地養成了中國人的行為模式和思維方式，使享用傳統思想文化的主體民族形成了別具一格的國民性，而中華民族追求和享受文化資源時既可以使人們習慣於傳統的行為模式和思維方式，也能夠使人們適時、適當地修正傳統的行為習慣和思維特性。黑格爾在詮釋東方社會的歷史、東方國家的制度、東方民族的精神、東方哲學的特徵等問題時，提出了“‘家’的原則是中國的原則”“皇帝是中國古代各個朝代的靈魂”“東方哲學實質是一種宗教哲學”等觀點，如在闡述中國古代社會處理道德和法律之關係時，論及了其歷史傳統和封建殘餘：“歷史開始於中國和蒙古人——神權專制政體的地方。兩者都把大家長憲法作為原則——在中國，這個原則經過修正，使一種有組織的世俗的國家生活得以發展；而在蒙古人方面，把這個原則集中起來，取得了一種精神的、宗教的主權的簡單形式。在中國，皇帝好像大家長，地位最高。國家的法律一部分是民事的敕令，一部分是道德的規定；所以雖然那種內心的法律——個人方面對於他的意志力的內容，認為他個人的最內在的自己——也被訂為外在的、法定的條例。……凡是我們稱為內在性的一切都集中在國家元首身上，這位元首從他的立法上照顧全體的健康、財富和福利。”② 這是站在西方中心主義的立場上，立足於客觀唯心主義的哲學，試圖剖析東方國家的社會狀況、思想特徵及其發展規律，但我們依然可以從中獲取一些有益見解甚至

① ［德］康德：《判斷力批判》下卷，韋卓民譯，商務印書館 1995 年版，第 95 頁。

② ［德］黑格爾：《歷史哲學》，王造時譯，世紀出版集團/上海書店出版社 2006 年版，第 106 頁。

重要啟示，如他看清了中國封建專制社會和中央集權政體的面目，闡明了道德規範和法律約束的關係，說明了人治社會的現實和法治社會的缺失，指出了倫理本位和宗教主導的特徵，揭示了世俗生活和國家意志的統一等內容。

我們運用新近的自然倫理思維與生態文化邏輯審視社會價值觀、權利義務觀、倫理道德觀、公平正義觀等概念及其關係，可知傳統的社會價值觀偏重於人類活動領域所發生的社會事物、現象及其規律，側重於人與人、人與組織、人與集團、人與族群、人與社會等社會關係，而傳統的自然價值觀並未將自然界置於應有的位置，也未給予生態環境應有的地位，或並未充分認可自然道德的價值及全面認同生態倫理的意義，亦或自然界的事物、現象及其規律僅有工具性而無目的性，致使人與自然的道德關係未得到足夠的重視，即人類在處理和解決人與自然、人與生態、人與環境之關係的思想、行為及其結果時沒有進行必要的、必須的道德評估，人們認識、利用、支配和改造自然界的過程及其結果缺乏道德約束的體制機制，缺少道德評價的指標體系，從而形成了道德滑坡的條件，產生了道德失範的惡果。人們再度審視傳統價值觀和道德觀時，才逐漸形成了新的認識成果——自然不僅具有經濟價值即為人類社會提供了賴以生存與發展的資源和能量，還具有哲學價值即為人類社會由“必然王國”走向“自由王國”提供了契機和條件；自然界不僅具有能夠滿足人的物質需要、實現人的社會目的和契合人的經濟利益的工具價值，還具有能夠滿足自身生存與發展需要的內在價值和本位價值；人類的尊嚴不是體現在人化自然的程度或範圍上，而是展示在和諧自然的行為或實踐上，內含於人和自然守望相助的關係或聯繫上。我們承認人與自然、人與生態、人與環境之關係的人文價值，因為一切社會事物和現象的文化價值不能離開自然生態系統而單獨存在和獨立產生作用，而自然價值的存在或自然力量的大小，則與社會變遷、文明開化等因素密不可分。傳統的權利觀未充分尊重自然權利和生態權益，甚至人為地剝奪了物種起源的基本權利，損害了生態系統的整合功能。只有體現自然意志，尊重自然規律，保護自然力量，維護自然關係，才能真正避免自然力的報復和反擊。人類社會和自然世界並無貴賤之分、優劣之異、高下之別和尊卑之論，不能基於生存時間的早與晚、擁有數量的多與少、自身力量的大與小、進化程度的高與低、演變速度的快與慢、發展品質的好與壞及認識過程的先與後、認識程度的深與淺等因素予以判別。只有人擔當起主體的重任和責任，才能真正形成人與自然、人與生態、人與環境的良性互動關係；評價人與自然、生態、環境的道德關係，應該將事前評價、事中評價和事後評價有效結合起來，將過程評價與結果評價有機結合起來，形成尊重自然規律、弘揚自然道德、看重生態文化的社會氛圍。

（二）關乎生態文化

信息技術突飛猛進，信息社會全面覆蓋，信息化成為時代的象徵；知識經濟主導社會結構的穩定性和社會運行的有序性，“勞動創造價值”與“知識創造價值”共同滿足人們對美好生活的追求與探索；而自然世界千瘡百孔，肇始於人類短淺的發展眼光，致使世人只能採取亡羊補牢的戰術策略；在人類社會危機四伏之時，需要找回自我保全而實現可持續發展的條件和機遇。人類的生存與發展、生產與生活、現在與未來等，面臨著史無前例的機會、前所未有的挑戰及觸目驚心的危機，因為知識經濟時代正值生態危機愈演愈烈之時，人與自然、生態的關係恰逢瀕臨崩潰之際，一旦出現知識誤用、資訊誤導、科技失控、環境缺損、生態失衡及道德失範等現象或問題，則可能引發更嚴重的生態危機，導致人類生存和社會發展陷入困境，故構築和完善知識經濟，更應該把生態智慧和環保理念作為價值依託，把生態平衡和環境友好作為價值目標，把生態文化和環境文明作為價值取向，只有這樣，才能為中華民族的民族精神注入新時代的新內容和新氣象。

合理構建和闡揚生態文化，完善人類社會賴以生存、發展和復興的文化體系。生態文化是從以人為主、人統治和支配自然的文化過渡到以人為本、人與自然和諧相處與共生共用的文化。這是人的傳統價值觀念和固有文化理念的根本轉變，即由人類中心主義價值觀過渡到人與自然和諧發展的價值觀。生態文化的主要特點是人們運用生態學的基本理論、根本觀點及其知識、觀念、方法、技巧去觀察和思考由人類社會、自然界共同構築的客觀物質世界的真善美圖景，解釋和分析人與自然和諧共生的雙向互動的互利互惠關係，處理和解決生態險象環生、生態文化嚴重缺失等不容回避的現實問題，綜合運用自然科學的技術與社會科學的知識去認識和把握生態學的研究途徑與主要觀點，使人們在現實生活中逐步增強生態維繫或環境保護的人文色彩，最終建立起科學的生態文化觀。總之，生態文化是不同國家和民族在歷史進程中所結成的思想文化體系的要件和要因，它構築了一個國家和民族的整體文化體系的結構、層面和維度，影響了一個國家和民族傳統文化體系的生存、發展和前景。

協同創新生態文化或環境文化，緩解或消除工業社會所造成的日益加深的全球性的生態危機或環境危機，才能逐步解除其給人類社會造成的生存與發展壓力。生態文明自身擁有不能突破的底線，它供給了人類社會分享生態文明成果所固有的福利和所釋放的紅利；生態文化是人類行為與生態環境的資訊交換過程和能量交互成果，它驗證了民族文化的個性特徵和區域特點。生態文化與人類社會相伴而生——文明之前的採集、漁獵時代，同樣存在著不同種族的原始生態文化；農業文明時代不同的種族和民族在不同的生態環境中培育了豐富多彩的初級生態文化，而中華民族的生態文化傳統是農業文明時代的經典形態；工業文明要在生態廢墟上創建生態文明，需要吸收人類自誕生以來世界各個種族、民族和國家長期積累起來的生態文化，以根除工業社會帶來的反自然的惡習和反生態的惡果，形成有利於生態文明產生、存在和完善的良好的文化氛圍。

培育生態文化教養，提升生態文化素質，修復生態環境狀況，推進生態文明建設品質，實現從傳統的人際倫理向生態倫理的進化，應該成為每一個社會成員主動參與、積極創造的自覺行為。中國生態文化傳統和生態文化脈絡，培育了中華民族的生態文化素養，為全球範圍內的生態文化建設、治理與發展做出了不可替代的貢獻。其一，宇宙生成論的整體思維模式的建構功能。中華民族天人合一思想下的生存論、內因論和有機論的思維模式，有別於西方社會工業文明時代主客體二分論下的構成論、外因論和機械論的思維方式，促使人們從過程取向上理解宇宙的生成軌跡，也從關係取向上理解人類社會與自然界用生命之線共同構築的生命之網。其二，尊重生命價值的生態道德觀的完善功能。中國的生態文化傳統強調自然演化，這既是生命存在的創始過程，也是生命價值的創造過程。孔子認為人的道德態度是人的內心感情的自然流露，動物亦存在相似的道德情感。如“丘聞之也，刳胎殺夭則麒麟不至郊，竭澤涸漁則蛟龍不合陰陽，覆巢毀卵則鳳皇不翔。何則?君子諱傷其類也。夫鳥獸之於不義也尚知辟之，而況乎丘哉!”[①]“凡生乎天地之間者，有血氣之屬必有知，有知之屬莫不愛其類。今夫大鳥獸則失亡其群匹，越月逾時，則必反鉛，過故鄉，則必徘徊焉，鳴號焉，躑躅焉，然後能去之也。小者是燕爵猶有啁噍之頃焉，然後能去之。”[②] 儒家強調人與動物的生命關係和情感關係，宣導“萬物一體”“民胞物與”的生態關懷，有利於守護生態環境，有助於守望生態文明。其三，農業生態實踐經驗的規約功能。中國的生態文化傳統與農業文明的生態實踐息息相關。如黃帝教導人民：“時播百穀草木，淳化鳥獸蟲蛾，帝羅日月星辰水波土石金玉，勞勤心力耳目，節用水火財物。”[③] 荀子揚棄前人經驗，提出“聖王之制 ”，如“聖王之制也：草木榮華滋碩之時，則斧斤不入山林，不夭其生，不絕其長也；黿、鼉、魚、鱉、鰍、鱣孕別之時，罔罟、毒藥不入澤，不夭其生，不絕其長也。……洿池淵沼川澤，謹其時禁，故魚鱉優多而百姓有餘用也；斬伐養長不失其時，故山林不童而百姓有餘材也”[④]。此已將保護生態環境、永續利用生物資源和實施可持續發展貫徹到對君王威德的政治制度的實踐要求之中。

(三) 關聯生態哲學

恩格斯針對人類社會與自然環境的雙向制約關係問題，既充分肯定了人類認識、利用和改造自然的過程、成果及意義，也嚴厲批評了人類認識、利用和改造自然的有限、無度及後果。“但是我們不要過分陶醉於我們對自然界的勝利。對於每一次這樣的勝利，自然界都報復了我們。每一次勝利，在第一步都確實取得了我們預期的結果，但是在第二步和

① (西漢) 司馬遷:《史記・孔子世家》。
② 《荀子・禮論》。
③ (西漢) 司馬遷:《史記・五帝本記》。
④ 《荀子・王制》。

第三步卻有了完全不同的、出乎預料的影響，常常把第一個結果又取消了。”① 縱觀人類社會發展及人與自然、生態的關係，可知生態文明與社會文明相伴而生，生態文化與社會文化相交而行，認識、利用和改造自然界的過程、成本和成果，決定了認識、利用和改造自然界的進程、收益和效果。我們認為培育生態意識就是強化文化意識，改善生態環境就是營造人文環境，挖掘生態價值就是彰顯人文價值，確立生態本位就是扎實人文本位。

可持續發展觀的提出、落實與得到廣泛認同，佐證了恩格斯的科學論斷。我們結合以工業化及其成果為主的文明社會的歷史過程與發展現實，可知文明時代人們在處理和解決人與自然、生態的關係時，不可持續發展現象和問題觸目驚心，即文明社會已經積累了諸多制約可持續發展的不利條件，工業社會也為可持續發展製造了眾多難以逾越的障礙因素。可持續發展觀已經演變為國際共識和國家戰略，它主要包括社會可持續發展觀、生態可持續發展觀、經濟可持續發展觀。一是從宏觀上明確了可持續發展觀所覆蓋的領域及其重要性，這關乎一個國家和民族的生存與發展的制度設計。二是從中觀上指出了各種發展觀分門別類、各司其職，但未搭建起彼此關切的共用平臺，這關涉一個國家和民族的生存與發展的體制機制。三是從微觀上如何推進不同的可持續發展的具體要求、如何評價不同的可持續發展的落實過程、如何實施不同的可持續發展指標體系等問題仍屬於上下求索的主題，這關聯一個國家和民族的生存與發展的路徑選擇。四是文化可持續發展未列其中，更沒有指出文化可持續發展對社會可持續發展、生態可持續發展和經濟可持續發展的貫通和粘合作用，這關切一個國家和民族的生存與發展的整體佈局。五是尚未觸及生態文化可持續發展的內涵、本質及其功能，更未深刻論及生態文化在文化體系中的構成地位和影響作用，致使包含生態文化在內的文化可持續發展與社會可持續發展、生態可持續發展、經濟可持續發展的內在關係問題仍然懸而未決，這關係一個國家和民族的生存與發展的價值取向。依照可持續發展的需要原則，文明社會在推進社會發展、提升經濟效益和完善生態政策的前提下、過程中和成果裏，應該優先滿足人們不斷增長的美好生活的需求，才能調動民眾積極參與社會事務、有效緩解社會矛盾、不斷協調社會關係和大力推動社會進步，才能組織民眾主動參加經濟建設、合理追求經濟利益、努力提升經濟品質和切實促進經濟發展，才能釋放群眾的生態情懷、形成律於己的人文心懷和施於人的人文關懷。總之，只有彰顯文化可持續發展的“軟實力”，才能體現經濟社會發展的“硬實力”；只有追求生態文化可持續發展這一“硬道理”，才能徹底改變不平衡、不充分的發展現狀。依照可持續發展的限制原則，文明社會在提倡經濟社會發展和生態環境保護的戰略、政策和措施中，應該摒棄只顧自己眼前利益滿足、不顧他人當前利益訴求的狹隘觀念，應該拋棄只顧自己長遠利益滿足、不顧他人未來發展需求的自私觀念。總之，只有實現社會可持續發

① 《馬克思恩格斯選集》第三卷，人民出版社 1977 年版，第 517 頁。

展、生態可持續發展和經濟可持續發展，才能確保文化可持續發展，尤其是可以護航民族傳統文化可持續發展。文化可持續發展觀信守"代際公平"和"代內公平"原則，我們以創造文化與應用文化的源流關係，或以創造文化的民族與應用文化的民族的傳承關係為例，說明主張創造文化的先賢們除了享受文化創造過程和成果外，總是期待後繼者延續文化傳統和拓展文化脈絡，而享受文化的後輩們除了保護和利用文化產品、繼承和發揚文化成果外，往往還需要努力甄別、精心遴選那些能夠契合時代和現實的文化養分，捨棄那些已經落後、退化、不合時宜的文化成分，清理那些已經危害經濟社會發展和思想文化建設的文化垃圾。只有實現內含生態理念的文化可持續發展，尤其是實現包含生態文化的民族文化可持續發展，才能為社會可持續發展、生態可持續發展和經濟可持續發展提供不盡的智力保障、注入不竭的動力資源。

中國傳統文化有著自身的文化軌跡、獨特的文化創意及經久的文化交融，它養育了中華民族每個國民的權利、責任和義務，也造就了不同歷史時期統治階級的心理、思想和思維。中國傳統文化的主體或主幹是由恪守天時地利人和的儒學、提倡善待眾生和依緣而起的佛教、主張自然無為和反省自求的道教等構成的，它區分為以文字典籍為載體的上層文化和以口頭傳承為媒介的底層文化。中國傳統文化是以中華文化為源頭、以中國社會為界域、以中華民族共同創造為依託、以長期歷史積澱為條件所形成的文化類型及其所蘊含的民族精神，它還得益於不同歷史時期與外來思想文化的長期對話、全面比較、廣泛交流、深度融合及有益借鑒。中國傳統文化的特徵主要表現為天人合一與順天應物、家族倫理本位和貴和尚中等，它同西方文化的天人相分與征服自然、個人本位和理性精神等特徵軒輊有別。中國傳統文化的形態大致可以分為"樹狀""網狀"或"水系狀"，而每一個基本的構成要素都是其重要的影響因素，由要素、結構和功能構成的系統關係，規約了中國傳統文化體系的本質、特徵和前景。我們以"樹狀"的文化脈絡為例，來解讀中國傳統文化的形態或類型，它可以分解為根、幹、枝、葉等組成部分，從中可以解析出不同的文化形態或類型如何扎根以厚實基礎，如何立幹以頂天立地，以及如何生枝和長葉以枝繁葉茂，從而說明每一個部分或環節都影響甚至決定著"文化之樹"的存活、形態及功能。我們以"網狀"的文化脈絡為例，來詮釋中國傳統文化的形態或類型，它可以劃分為點、線、面、體等構成成分，從中可以分析出不同的文化形態或類型如何結點以畫龍點睛，如何連線以線索清晰，如何成面以面面俱到，如何立體以體系完整，從而闡明每一種組合或每一次整合都影響甚至決定著"文化之網"的疏密、鬆緊與功能。我們以"水系狀"的文化脈絡為例，來審視中國傳統文化的形態或類型，它可以區別為源流、主流、幹流、支流等不同情狀，從中可以剖析出不同的文化形態或類型如何發源以取之不盡，如何匯流以用之不竭，如何導流以由淺入深，如何清流以由表及裏，從而表明每一條渠道或流向都影響甚至決定著"文化之系"的源頭、主次及功能。帝陵神道文化屬於中國傳統思想文化體系的一個分支、系別或網格，其構築了獨特的文化邏輯，演繹了獨自的文化線索，積澱了獨有的文化精神，養育了獨尊的文化品格，開闢了獨享的文化融合，逐漸形成了一道獨具特色的文化風景線，其中帝陵神道文化、思想和哲學所蘊涵的豐富而深刻的生態智慧，也是中國傳統文化可持續發展支撐社會可持續發展、生態可持續發展和經濟可持續發展的一種力量。

第二節　帝陵神道思想

中國是歷史悠久的文明古國、歷盡滄桑的文化大國和薪火相傳的思想強國，擁有豐富多彩的思想遺產、舉世聞名的歷史遺存、原汁原味的文化生態和可圈可點的民族精神，而帝陵建築與神道文獻作為中國歷史的軌跡和中華思想的載體，既蘊含了私有制社會中統治階級特有的思維方式與行為模式、獨特的想像能力和思想意識，又體現了中華民族大家庭的生命力與適應力、創造力與創新力、凝聚力和向心力。保護和利用好歷史文化遺產，有利於增進民族團結和維護國家統一，有助於增強中華民族的自信心與自尊心、自豪感與獲得感及歸屬感與榮譽感。

一　神道價值觀

任何思想文化皆有載體，因載體是思想文化用以表達的媒介、表現的平臺和表演的舞臺，故思想載體是以各種物化的形態或可視的樣態使思想文化得以形成與成型、傳播與傳承、擴散與繁衍的前提和基礎。第一，帝陵建築是喪葬思想尤其是陵寢思想的載體之一，帝陵制度是社會制度特別是政治制度的縮影之一，帝陵思想是傳統思想和民族文化的要件之一。中國帝陵建築的環境與人文、生態與樣式、規制與形制、藝術與審美等綜合地反映或證明了神道思想是一種垂直型、等級制和集權式的思想形態，它是中華民族思想體系和藝術寶庫的一個層面、一種維度和一幅圖景。帝陵建築營造了一種物理環境或空間環境，神道思想塑造了一類精神環境或思想環境，它們又蘊含了一份文化情懷，孕育了一處思想風景，還蘊藏了一致的民族情結，醞釀了一貫的思想價值，更再現了統治階級的認知水準與行為方式。第二，神道文獻是神道思想的載體，也是陵寢思想的載體。神道文獻承載了歷史過程和歷史事件，融匯了思想邏輯和思想關系，植入了政治理念和政治藝術，寄托了宗教信仰和宗教情感，等等，故神道文獻成為反觀歷史、洞察文化、精深思想、凝練哲學、檢視政治、關切信仰、鑒賞藝術等相關內容的憑依和見證。

思想文化是無處不在的社會現象和無時不有的歷史現象，它時時處處地發生著變化，實實在在地經歷著傳播。分析形形色色的思想形態，把握深邃內在的思想價值，需要闡明思想載體與思想價值的關係。第一，思想價值依靠思想載體來表達，思想載體依賴思想價值而啟動。思想由內而外、由虛而實、由精神而物質、由內容而形式，反映了思想的張力、魅力和實力。神道思想作為一種獨特的思想形態，始終追尋著獨自的思想價值，演繹著自身的思想軌跡，支撐著完整的思想體系。第二，思想載體承載了特定的思想價值，形成了獨存的思想力量，積澱為特殊的思想品位。經濟和社會的競爭力，歸根結底是思想的競爭力，尤其是思想的核心競爭力是構築一個國家的核心競爭力的重要力量和彰顯一個民族的核心價值觀的主要形式。神道思想是構築傳統思想文化體系的元素，也是演繹傳統思想文化邏輯的支系。第三，思想價值與思想載體不是簡單的對稱關係或線性的對應關係。思想價值可以依託不同載體來表達，而思想載體也可能蘊涵一種或多種思想價值。神道思想集聚於神道文獻之內，也散在於歷史文獻之中。總之，思想是人類內心深處的情感力量、與生俱來的固有價值和不可磨滅的內在意義，而文學與藝術、哲學與宗教、制度與禮制、風俗與時尚、環境與生態、建築與碑刻等均為思想載體，如文學與藝術通過語言、動作和線條表達了人類心靈深處的共同情感與審美取向，哲學與宗教以不同方式詮釋了世界的起源、人類的命運與生命的歸宿，制度與禮制在頂層設計上制定了社會運行的規則和人類行為的規範，風俗與時尚從不同角度約定了人的行為模式和思維方式，環境與生態在實物層面限定了人們的活動空間和改造程度，建築與碑刻或多或少地秉承了人類的價值選擇與審美情趣。

思想價值的形成和釋放具有緩慢、漸進、持久的特點。文物古跡或遺存歷久彌珍，時代的久遠和類型的獨特使其思想內涵日益凸顯、思想底蘊日趨深厚、思想特徵更加顯著、民族精神愈加珍貴，從而獲得了難以磨滅的歷史價值、思想價值和藝術價值。文化遺產，可以激發民族的認同感與歸屬感、獲得感與尊嚴感，也可以改變世界對本民族的某些偏見和誤解。文化設施，可以成為一個國家和民族展示自身形象的視窗或名片。文化效應，乃是民族或大眾的普遍價值和共同情懷的典型表達。思想建設與文化發展不僅要滿足廣大人民群眾日益增長的精神文化和社會心理的總體訴求，還要滿足執政黨緣於執政目標而構建共同精神家園、提升國家和民族思想文化軟實力的具體需求。因此，基於文化生產力與文化生產關係的原理與立場，更新文化生產、文化交換、文化分配與文化消費的理念與方式，是延續一個國家的歷史和民族的血脈的內生力量與保障條件。

我們特別關注依託神道思想載體所形成和彰顯的文化傳播與文化傳承的相關關係，以期解釋神道思想的傳播路徑指什麼，探討神道思想的傳承機理是什麼。我們認為借助於神道思想載體，構築和密切了文化傳播與文化傳承的辯證關係；仰仗於神道思想平臺，豐富和強化了文化傳播與文化傳承的內在關係。文化傳播是文化傳承的前提條件和基礎要素，文化傳承是文化傳播的自生力量和再生機制。一個國家和民族重視文化傳播，不時地釋放文化能量，可以為文化形態、文化模式等尋找生存空間和生長環境；一個國家和民族重視文化傳承，及時地凝練文化方向，可以為文化精神、文化特質找到建設原則和發展路徑。文化傳播模式和文化傳承機理的關係，主要表現在：第一，文化傳播與文化傳承的路徑或功能不同。文化傳播具有屆時性特點，體現了橫向到邊的意味，它側重於橫向傳輸和平面輻射，即在不同國家、地區和民族之間流播，形成了文化對話的機會和文化交流的條件，實現了一種共同分享文化資源的環境氛圍和體制機制，它是文化適應力、文化影響力和文化滲透力的內核，它不斷展示出文化的寬度和幅度，顯示出文化的擴展能力並圈定了文化的影響範圍，逐漸積澱為一種“樹狀”的文化軌跡和“網狀”的文化脈絡。文化傳承具有歷時性特徵，顯示了縱向到底的趨向，它側重於縱向延伸和內聚功能，即在同一國家和民族的歷史與現實之間傳承，形成了文化比較的平臺和文化借鑒的機理，由此不斷精進文化內容、優化文化形式和體現文化價值，它是文化生命力、文化創造力和文化增長力的主旨，它展示了文化的力度和深度，明示了文化的凝聚能力和延伸功能，並逐漸表現為一種“水系狀”的文化邏輯。第二，文化傳播與文化傳承的原因各異。文化傳播源於文化的多樣性——多種的文化形態或多樣的文化類型之間存在對話機制和交流平臺，由此可以實現優勢互補的文化功效；隨著文化傳播範圍的擴大和幅度的加寬，將不斷豐富輻射弧內原有文化形態的內容和形式；由於文化傳播程度的不同和文化接受程度的差別，將不斷擴大不同文化形態的差異性，甚至在文化的衝擊和碰撞下導致某種或某些文化形態因傳播能力不足、接受能力有限而出現退化和消失現象；文化多樣性所引發的文化融合程度高，將有利於文化傳播事業，而其所造成的文化摩擦現象，也會阻礙文化傳播。文化傳承基於文化的繼承性——同一種文化形態承載經濟社會發展的歷史重任，依託自身的內在的固有的文化功力或文化慣性，不斷豐實文化土壤和凝練文化精神，由此實現自然進化的文化功效。文化傳承如同源頭與活水的關係，它只有在處理和解決“繼承與發展”“糟粕與精華”及“原創與創新”等關係的過程中才能實現薪火相承、與時俱進的文化效果。第三，文化傳播與文化傳承的狀態或趨勢有別。對文化傳播的正確態度是既要輸出文化，展示文化的實力與外力，又要輸入文化，證明文化的內力與引力。文化傳播可以發生在同一國家和民族的不同文化形態之間，呈現順理成章的路徑和態勢，也可以發生在不同國家和民族的不同文化樣式之間，呈現中學西漸、西學東漸的趨向和格局。對文化傳承的正確態度是既要尊重一個國家和民族的歷史文化及其民族精神，暢通古往今來的文化軌跡和達成古為中用的文化效果，又要創造傳統文化得以延續的條件、創新的環境和闡揚的機制，實現推陳出新、革故鼎新的文化功效。第四，神道思想是文化傳播與文化傳承的合體。帝陵作為歷史遺存和文化遺跡，將文化傳播與文化傳承整合起來，實現了文化的橫向擴展與縱向延伸、歷時性發展與屆時性推移、階段性成效與整體性功效的結合狀態。神道思想豐富和完善了中國傳統思想文化的結構體系，乃文化傳播的含義，故我們詮釋神道思想，可以佐證中國傳統思想文化的博采眾長；神道思想內化和體現了中國傳統思想文化的精神實質，乃文化傳承的含義，故我們挖掘神道思想，可以證實中國傳統思想文化的層序分明。

二　傳統神道觀

神道文化是物質文化、精神文化、制度文化與生態文化的復合體。作為物質文化的神道，一定意義上承襲著中國社會的歷史發展和中華民族的文明演進；作為精神文化的神道，大量吸允著中國傳統文化的營養，也扎實地豐實著中國傳統文化的內涵；作為制度文化的神道，深刻地印證著政治制度、經濟制度和文化制度的變遷或更迭，廣泛地服務著各種社會制度的需要；作為生態文化的神道，一定程度上表徵著人類協調和處理人與自然或人與環境之關係過程中的足跡和成就，體現著人類開發、利用和保護自然或生態的思想與行為。總之，神道是一部歷史，展示了中國社會的過去、現在和未來，展示了中華民族的昨天、今天和明天，展示了中國人民的內心、情愫和嚮往。神道是一面鏡子，見證了炎黃子孫的所思所想和華夏兒女的所作所為。神道是一把尺子，度量著創造文明和享用文化的主體民族的進取意識、創新精神及思想成果。神道是一種現象，一定意義上集合了自然現象、社會現象和精神現象的歷史軌跡、文化邏輯和現實價值。

神道思想是中國傳統思想文化的組成部分，帝陵神道及其思想又是中國神道思想的基本成分。然而，瞭解和理解中國的神道者寥寥可數，研究和探討中國的神道思想者屈指可數，整理和分析中國的神道文獻並形成科學的研究理念和豐碩的研究成果者歷歷可數，有志於把神道思想與政治、經濟和文化結合起來以尋求政治更迭、經濟建設和社會發展的思想動因者寥若晨星，縱橫雙向地比較中日神道思想並以帝陵神道思想為視角和視野研究中日文化思想交流事業者寥若星辰。總之，中國學術界和思想界尚未形成完備的神道觀或神道思想觀，即使形成了散在的神道說或未成熟的神道論，也存在著諸多局限或缺陷，如關於神道思想的根本立場和主要觀點上的局限性，關於神道思想的研究方法和思維方式上的缺陷性，關於神道思想的文獻資料的深度挖掘和合理利用上的滯後性，特別是人們尚未關注神道思想內生的本位價值和外顯的功能價值。在神道世界觀和神道方法論、神道理論與神道實踐、神道思想的固有價值和社會價值等相結合的意味上，存在著值得商榷的學術成果、有待推進的學問領域和需要提升的知識境界，主要表現為：第一，無視或忽視神道和神道思想（含帝陵神道思想）的客觀存在、歷史發展及邏輯演進，或將其視為學術禁區和禁地，列為學術禁忌和忌諱。第二，尚未把神道思想現象納入傳統的思想文化體系之中，更沒有在政治、經濟和文化等諸要素所構築的社會結構關係體系中把握神道思想，或者將其游離於傳統思想文化體系，剝離出社會結構關係。第三，並未把神道思想納入傳統建築思想體系之中，從而深入、綜合地探討神道建築在選址、規劃、設計和營造過程中所體現出來的思想內涵和審美價值。第四，還未界定中國神道思想究竟歸於一般的社會文化現象，還是屬於特殊的宗教文化現象，抑或它共有一般的社會文化現象和特殊的宗教文化現象的基本特徵。第五，拘泥於挖掘中日古典文獻和歷史資料，以期界定神道的內涵和外延，這只能把捉觀念形態或理論形態的神道思想，這種神道思想研究理念雖不失為可行之路，但亦有許多缺憾之處：它既不能全面、整體地把握神道思想現象，也不能深入、客觀地把握帝陵神道思想實質等。我們認為只有把考證神道古典文獻資料與考古帝陵神道形態結合起來，才能邏輯地再現神道思想的歷史本真和文化原貌。考古中國帝陵神道形態不是考古學意義上的繁細工作，而是"文化考古"之意味和所指。探求經濟社會發展的文化基因和思想動因、剖釋民族文化與國民性關係以及整理和梳理、分類和歸類、尋求和探求中國神道文獻及其思想等問題意識，實屬任重道遠的研究事業和上下求索的系統工程。

針對中國帝陵神道及其思想文化，人們只停留在旅遊景點（或景區、景觀及景色）的簡單介紹或刻意推介、旅遊文化資源的淺層開發或有限利用等層面上，這屬於對表層文化或外在文化的關注，而不是對深層文化或內在文化的探求；人們訴諸於修繕或裝飾物質文化意味上的帝陵神道，而不是追溯或挖潛精神文化層次上的帝陵神道思想；人們更多地期望帝陵神道觀覽能夠帶來近期的經濟效益和直接的物質利益，而不考慮帝陵神道研究可以產生長遠的社會效益和持久的思想價值；人們往往"畫地為牢"或各自為戰，過多地、分散地追求地方的或區域的神道文化的開發與利用，而不能整體地、系統地開發、利用和保護中國的帝陵神道及其思想文化；人們常常"坐井觀天"或"夜郎自大"，以原創神道文化自居，並不從作為中日思想文化交流的組成部分的角度和高度來關注和研究神道思想的本位價值和功能價值；人們尚未形成"可持續神道文化發展觀"，即人們並沒有在可持續發展觀的指導下開發、利用和保護帝陵神道及其思想文化，由此有可能釀成"吃祖宗飯，斷子孫根"的歷史悲劇。為了避免人與自然或人與環境關係的持續緊張甚至惡化，人們應該遵循可持續發展與和諧共生的基本原則，貫徹"兩不損害和雙方共贏"的根本理念，如"代內公平"（同代人利益均衡地開發、利用和保護帝陵神道及其思想文化）和"代際公平"（不同代人即當代人和下代人機會均等地開發、利用和保護帝陵神道及其思想文化）原則，實現既是自然資源又是人文資源的帝陵神道、既是實物文化又是觀念文化的神道思想文化的可持續發展與和諧共生發展。總之，人們既沒有從淵源至深、積澱已久、思想深邃的傳統文化體系中，從旅遊文化資源的深度開發、合理利用和有效保護的意旨上，闡釋帝陵神道的總體價值，也沒有從旅遊文化資源以外的一般的文化理念和思想形態上，開掘帝陵神道的綜合價值。我們可以通過大量的旅遊宣傳手冊、旅遊資源檔案彙編、旅遊文化論著等全面獲取遍佈全國各地的附屬於陵園建築的帝陵神道的諸多資訊資源，並將這些可資利用的文化資訊加以充分且合理的開發、利用和保護，才能不至於陷入因“考古而師古”、又因“師古而泥古”的巢臼；特別是在工業社會和信息時代，網絡技術的迅猛發展與發達，為我們提供了一條可以節約時間和縮短空間的便捷的“信息高速公路”，提供了一種可以降低成本、提高效益的科學的“文化發展模式”，藉此人們可以通過“網絡文化訴求”，在身心、時空所面臨的困境中找尋積少成多、由淺入深的通道，由知之不多到知之較多的坦途，以及由知之不深到知之較深的出路，但我們亦不能囿於新科技革命所帶來的累累碩果和所創造的科研便利條件，更不能在科技迅速發展面前無所適從和無所作為，而應該確立全新的科學精神和遵循規範的學術道德，以免在通向科學的道路上違背科學精神和科研道德。

近代以來，中國社會的政治、經濟、科技和思想等各個領域，中國人的身體、精神、心理和感情等各個層面，曾經幾度遭受居於東鄰島國的大和民族的有意侵擾和無端傷害，中國社會的強勁內力雖然逐漸化解了不良外力的惡性影響，但治愈中國人的身心創傷還需要時間和努力，而這不應該成為人們忽視神道思想比較的託辭或無視神道文化交流的藉口。我們只有本著“深入研究一個社會，才能看清這個社會；深入研究一種思想形態，才能解剖這種思想形態”的目標追求和價值理念，才能正確處理影響國家振興和民族復興過程中的國家關係、民族關係、歷史關係和思想關係等重大關切，才能避免歷史悲劇的再度重演，才能消解歷史事件的負面影響。我們應該牢記：以史為鑒，面向未來；前事不忘，後世之師。基於只有國家和民族的思想文化的不斷交流和彼此會通，才能共同鑄就人類思想文化史等共識，我們不能忽視作為源遠至深和根深葉茂的中日思想文化交流的組成部分的神道思想，更不能看低在中日宗教思想文化交流過程中具有嫁接和中介作用的神道思想，而應該以神道思想文化為視角和視野，研究中日思想文化交流這一裨益於中日兩國人民的偉業。我們認為思想文化交流是不同民族、地域和國家共用社會資源尤其是思想文化資源的一種途徑；中日思想文化交流是檢驗中國傳統文化、優化文化資源、提高文化品位的一種方法；包括神道思想交流在內的中日思想文化交流是啓動日本社會發展、塑造日本民族形象、培育日本人國民性、提升日本文化地位的一種條件。由此，才能解讀一定歷史時期內日本社會及其民族文化“師事”中國社會及其傳統思想的歷史與邏輯，才能品讀一定歷史階段上日本社會及其民族文化“轉向”西方社會和西方文化的原因與軌跡。

我們必須樹立科學的世界觀和靈活的方法論及世界觀和方法論的辯證統一思想。當我們直面中國傳統文化及神道思想時，不能從中國傳統思想文化中割捨神道思想，也不能使神道思想游離於中國傳統思想文化；神道思想內在於中國傳統思想文化之中，中國傳統思想文化內含著神道思想；神道思想不是中國傳統思想文化的全部內容，中國傳統思想文化也不僅僅表現為神道思想；神道思想不能淩駕於中國傳統思想文化，中國傳統思想文化應該吸收神道思想的合理內核；中國神道思想不僅表現為實實在在的帝陵神道，還應該包括古典文獻中的觀念神道。中國傳統思想文化與神道思想是整體與部分的關係、系統與元素的關係。依據辯證唯物主義的世界觀和方法論——任何脫離整體的部分都不成其為部分，任何沒有部分的整體是根本不存在的整體；整體是由自己的部分構成的整體，部分是構成自己整體的部分；整體不是部分即整體不等於部分，因它是由部分構成的；部分不是整體即部分不等於整體，因它是構成整體的部分；整體又是部分即整體可以轉化為部分，因為任何相對小的整體又是構成相對大或絕對大的整體的部分；部分又是整體即部分可以轉化為整體，因為任何相對大或絕對大的部分又是相對小或絕對小的部分所構成的整體。只看到整體而看不到部分，視整體為無部分的整體，或把整體視為沒有內部結構、沒有構成成分的純粹整體；只看到部分而看不到整體，或視部分為絕對對立的、與整體不相干的、不構成整體的部分等觀點，都是形而上學的錯誤認識。只有基於辯證唯物主義的立場、觀點和方法，我們才能不至於陷入孤立地片面地靜止地看待世界和解決問題的境地，即才能唯物地辨證地處理和解決中國傳統思想文化與神道思想的關係；若陷入形而上學的泥潭，則難以擺脫孤立地片面地靜止地看待世界和解決問題，即不能唯物地辨證地處理和解決中國傳統思想文化與神道思想的關係。

中日思想文化存在著悠久的全方位的多層次的影響與被影響、輸出與輸入的交流或會通關係，其中神道思想在中日文化交流過程中起到了橋樑、中介和制衡的作用。中國思想文化根深葉茂且先進發達，自然具有向外伸張的欲望和要求，其在思想文化相對貧瘠的日本列島上找到了充分發展的條件和機會，致使中華思想文化與日本民族文化之間形成了互利互惠的雙向關係，形成了文化訴求與文化滿足之間的價值關係，即創造文化的民族與應用文化的民族之間形成了交流、比較與會通關係，致使輸入先進思想的民族降低了創造文化的時間成本，規避了創新文化的失敗風險，並把握住了經濟、社會和文化發展的機遇，實現了社會發展和文化積澱，而輸出先進思想的民族則檢驗了原有文化的原創效益和應用價值，滿足了文化大國和思想強國延展思想文化的價值理想和外向意識。中國神道思想並沒有作為獨立的思想形態輸入日本社會且全般地轉化為日本文化，但內化於中國傳統思想文化體系的主幹和根基——儒學、佛教、道教及道家文化中的神道思想，傳入日本社會和影響日本文化則是不容置疑的歷史事實。在中國，儘管神道思想不是完全獨立的思想形態，更不是中國傳統思想文化的主要部分或重要層面，但內含著神道思想的中國傳統思想文化相繼傳入日本社會以後，經過日本民族的“吸取—變形”或“消化—吸收”，而形成了日本化的中國傳統思想文化，由此改觀和提升了日本民族特有的民族宗教和民族文化。

附屬於陵園建築的帝陵神道，內化了建築文化與陵寢文化，內聚了建築思想與陵寢思想，這是顯而易見的；它以實物形態蘊涵了文化訴求和思想價值，也是一目了然的；而研判帝陵神道思想屬於普通的社會文化現象，還是特別的宗教文化現象，則是眾所周知的。

關於帝陵神道及其思想文化，人們往往存在著如下認識誤區：從外觀或表面上觀賞真實存在的帝陵神道，獲得身心愉悅的效果，或形成事後回憶的成果，就意味著已經開發了帝陵神道的使用價值或應用價值，這實質上是止於直觀或表層、流於形式或程式的形式主義。我們認為偏重於視覺效果的開發，祈望人們走馬觀花式的“到此一遊”，這是一種短視行為。為了避免淺層次或低層次的循環現象，提升帝陵神道的文化品位和思想地位，有識之士應該精進由表及裏、由外而內、由低到高、由現象到本質的價值追求或文化訴求；特別是在進行高層次和全方位的價值追求或文化訴求時，不應該將其定性為單純的宗教文化現象之一，而應該定位在綜合的傳統思想文化體系之中。這是一種艱苦的思維實踐，更是一種思辯的價值取向。

陵園建築起步於奴隸社會，發展於封建社會；帝陵神道思想發軔於奴隸社會，發達於封建社會。隨著社會的發展和思維的進化，封建社會的政治、經濟和文化制度越來越顯示出“超穩定性”特徵，而中國封建社會的這一獨特特徵，也通過陵園建築的數量、規模、佈局和特色等充分體現出來，特別是陵園建築中帝陵神道從無到有、左右對稱、主輔結合、寬窄不一、長短互補、總分相宜等情形，更是封建社會的政治、經濟和思想文化的縮影和表徵。帝陵神道的嚴肅、規整與輝煌，即神道建築的制度化和人文化發展，意味著其蘊涵了豐厚的文化底蘊和思想價值，或者說嚴謹、齊整、恢弘的帝陵神道是較為發達的文化和比較成熟的思想的產物與表現，再者既然客觀存在著嚴密、完整和璀璨的帝陵神道，我們就應該邏輯地再現深藏於內的非物質的觀念的第二性的帝陵神道交化、思想和哲學。擺脫傳統歷史觀、價值觀和生死觀上的困境，尋找樹立全新神道觀和神道思想觀的出路，這是中國帝陵神道及其思想文化研究的本義和真義。如果單純地介紹陵園建築中帝陵神道的有無、多少、主輔、長短、寬窄、左右、曲直、總分等自然狀況，則意味著割捨了包括帝陵神道在內的陵園建築、內含神道思想的陵寢思想與特定的社會歷史條件和思想文化條件的制約與被制約、決定與被決定的辯證關係。

靈魂觀念或祖靈觀念與帝陵神道並不存在對應關係，即靈魂觀念或祖靈觀念並非只物化為帝陵神道，但神道建築是靈魂觀念或祖靈觀念的一種外化。神道是精神力量轉化為物質力量的表徵，是無形文化轉化為有形文化的標誌，它反映了中國封建社會中特殊社會階層之喪葬觀和生死觀、祭祀觀和宗教觀。恩格斯在《路德維希·費爾巴哈與德國古典哲學的終結》中指出：“全部哲學，特別是近代哲學的重大的基本問題，是思維和存在的關係問題。在遠古時代，人們還完全不知道自己身體的構造，並且受夢中景象的影響，於是就產生一種觀念：他們的思維和感覺不是他們身體的活動，而是一種獨特的、寓於身體之中而在人死亡時就離開身體的靈魂的活動。從這個時候起，人們不得不思考這種靈魂對外部世界的關係。既然靈魂在人死時離開肉體而繼續活著，那末就沒有理由去設想它本身還會死亡；這樣就產生了靈魂不死的觀念，這種觀念，在那個發展階段上決不是一種安慰，而是一種不可抗拒的命運，並且往往是一種真正的不幸，例如在希臘人那裏就是這樣。……同樣，由於自然力被人格化，最初的神產生了。”① 靈魂觀念起始於原始社會中期，起因為生產力欠發展、科學技術不發達、人智漸開及人與自然之間樸素的支配與被支配的關係和人與人之間幫助與感恩的關係等條件，它主要表現為靈魂不死、靈魂轉世、萬物有靈等形式，它是世人死的困擾與生的執著的雙重變奏，具有兩重性的社會作用——既代表著人性的覺醒程度和力度，又是阻滯社會進步的桎梏或障礙。神道不是完全獨立自存的建築物，而是附屬性的地面建築物，其規模和數量、選址和設置、佈局和排列、式樣和材質等受制於一定的社會條件和思想基礎。馬克思在《路易·波拿巴的霧月十八日》中指出："人們自己創造自己的歷史，但他們並不是隨心所欲地創造，並不是在他們自己選定的條件下創造，而是在直接碰到的、既定的、從過去承繼下來的條件下創造。”② 伴隨社會的進步和人智的啟蒙，並吸納各種思想文化的因素及影響，靈魂觀念或祖靈觀念演變為一種貫穿於個體、群體、民族並跨越時空的認識——靈魂觀念或祖靈觀念由低級的迷信發展為高級的宗教，並成為哲學發展的不可或缺的文化元素，且由單一民族和個別國家的區域性文化形態發展為多民族和眾國家的世界性的價值取向，在相互比較、彼此借鑒和共同提升的過程中為不同民族和國家的政治、經濟和社會發展提供了相應的支撐作用。我們把靈魂觀念或祖靈觀念與帝陵神道結合起來進行綜合性的考察和省察，有助於把握靈魂觀念或祖靈觀念的實質，有益於揭示帝陵神道及其思想文化的本質。

建陵、建廟、建寺、建邑等以志紀念、懷念、感恩和祈禱，反映了社會生產力的發展狀況、社會生產方式的演變歷史、社會生活理念的更新機理、社會心態的調整方式、人與人或人與社會關係的定型機制，以及人與自然或人與環境關係的定位原則等內容，在一定意義上可以說帝陵神道的建造史回應了中國傳統思想文化的發展史，也印證了中國古代社會的發展史。帝陵神道的發展和完善，與寺院建築存在著密不可分的關係，即我們從建築式樣、規格佈局、風格特徵和建築理念等方面，可以看出寺院建築的種種痕跡；亦與道教的道觀、仙觀存在著方方面面的關係，即我們從道觀和仙觀存在於陵園的內外城之間，可以看出道教的多層面的影響印記；還與儒學的天人合一思想存在著源頭活水的關係，即我們從陵園建築的彼此對稱、整齊劃一、井然有序、錯落有致、形神兼備等特色，從依山臨水之佈局、人與自然之巧合等狀況，可以看出儒學的基本理念和價值取向。我們既不能把陵園建築思想與帝陵神道思想同中國社會的制度文化分割開來，也不能把陵園建築思想與帝陵神道思想同中國傳統思想文化的主要組成部分割裂開來，因為神道思想是真實存在的思想因素與要素，是內在於中國傳統思想文化體系的思想內容與形式，是啟動和規約中日

① 《馬克思恩格斯選集》第四卷，人民出版社 1977 年版，第 219—220 頁。

② 《馬克思恩格斯選集》第一卷，人民出版社 1977 年版，第 603 頁。

思想文化交流的思想形態與力量。

在延續或弘揚中國傳統思想文化時，高深的、思辯的理論建樹是主流的走勢，但不是唯一的衡量指標和排他的思維定式，廣泛的、大眾的生死文化的發展和發達亦是維持傳統思想文化連綿不斷的重要力量。在不同國家或地域、時代或民族的物質生產和生活及精神活動和成果中，當人們懷著各種復雜的心情親歷了那些在陵園或墓地中舉行的花樣翻新、訴求各異的追思活動時，其實是在躬身實踐和維繫傳統思想文化的生命力。中國傳統思想文化研究存在著歷史遺留下來的種種痼疾和困境，當然也存在著克服痼疾的良方和擺脫困境的出路。不過，在配置良方和尋找出路的過程中，不可能一步到位，更不可能一帆風順，只有經歷曲曲折折的過程和風風雨雨的歷練，才能出現光明和彩虹。我們不應該面臨困難就半途而廢，更不應該偶有收穫就沾沾自喜。既然致力於中國帝陵神道及其思想文化研究，就應該堅信“道路是曲折的，前途是光明的”這一道理。我們致力於中國帝陵神道及其思想文化研究，既是拾遺之舉，也是補缺之策，還會挂一漏萬，但我們希冀此項研究工作能夠成為理論創新和學術創新的一次嘗試。

我們認為要瞭解和把握中國傳統文化、思想和哲學，不能無視和輕視神道文化、思想和哲學，而要把捉和詮釋神道文化、思想和哲學，還必須梳理和闡釋帝陵神道及其文化、思想和哲學的發展線索、核心觀點、顯著特徵及社會作用。這樣一來，我們才有理由宣稱中國傳統思想文化是由不同思想文化形態共同構築而成的完整的思想文化體系。在中國傳統思想文化體系的研究過程中，我們應該盡可能地體現“有所為、有所不為”的基本理念。

三　現代神道觀

在歷史座標和文化座標相關聯、傳統思想座標與現代思想座標相銜接的意味上，我們可以追問的領域實在太寬了，我們能夠追究的問題實在太雜了，我們需要追尋的理想實在太高了。諸如：神道是什麼？神道文化是什麼？神道思想是什麼？帝陵神道是什麼？帝陵神道文化是什麼？帝陵神道思想是什麼？中國神道是什麼？中國帝陵神道是什麼？中國帝陵神道文化是什麼？中國帝陵神道思想是什麼？中國帝陵神道哲學是什麼？日本神道是什麼？日本神社神道是什麼？日本神社神道文化是什麼？中日神道文化之異同點是什麼？中國神道特別是帝陵神道在中日思想文化交流過程中發揮的作用是什麼？日本神道特別是神社神道在中日思想文化比較意味上展示的功能是什麼？凡此種種，這些問題意識一直縈繞在學者的腦際，困擾著智者的思緒，制約了學問的發展，產生了學術的紛爭。如果我們相信發現問題意味著解決了一半問題的話，那麼最終解決另一半問題的依據什麼？人們或者困惑於應該解決的問題的懸而未解，或者迷茫於必然解決的問題的難以解決，或者止步於難以解決的問題的前期準備，或者徘徊於勢必解決的問題的周邊領域，或者規避於因學術風險與政治風險之大而懸置不顧必須解決的問題。我們認為要解決上述諸多未解、難解、曲解或誤解等問題，應該確立解疑釋惑和精進學問屬於一體兩面或同體不離的問題等立場、觀點和方法。但並不是說我們一旦發現了問題意識，定位了正確立場，闡述了獨到的觀點，運用了靈活的方法，凡事就能夠迎刃而解或大功告成了，因為學問研究和知識積澱不是一朝一夕之事，“矯枉”和“糾偏”不是一蹴而就之功，定位和定性不是信手拈來之舉，個中路徑不是輕而易舉之選，只有在艱苦卓絕的思維探索和迎難而上的躬身實踐中，才能不至於坐失良機，才會不至於事倍功半！

解讀神道，詮釋神道文化、思想和哲學，需要有巨大的學術勇氣和政治勇氣，甚至是甘冒諸多風險而做“第一個吃螃蟹的人”。我們會有相應的學術收益，尤其是我們作為宗教界之外的普通研究者或生活於世俗社會的一般研究者，既沒有虔誠的宗教信仰，也沒有篤深的宗教感情，更沒有參與任何宗教組織，自然不會出現“不識廬山真面目，只緣身在此山中”式的學術偏見或思想成見。在人們追求自由的思想環境與營造寬鬆的學術氣氛的價值導向和價值取向的時代，致力於學術發展和思想昇華的學問者既要擁抱社會機遇、拒絕學術浮華、擋住物質誘惑，又不能試圖構想“放之四海而皆準”的永恆真理。還需要特別指出的是，我們進行了一部分“國別神道”的研究工作，即立足於中國神道及其思想文化的挖掘、整理和闡釋，涉及了中國神道文獻中的外國神道說如日本神道、印度神道、美國神道和西方神道等，但我們主要關注日本神社神道的理論建樹和實踐發展，關切中日神道思想文化的比較和交流關係。在此過程中，必然牽扯到歷史的和現實的國家利益、民族感情等問題，如何擺正學術立場，如何評介學術紛爭，如何看待民族關係，如何維護國家利益，以及如何推進新時期中日兩國的學術交流和思想會通等問題，必然提到議事日程上來，也必須予以科學的作答或客觀的解答。

（一）帝陵神道

帝陵神道實存於陵墓、陵園或陵寢之中，而其觀念形態則實載於古典文獻的歷史記述之內。帝陵神道經歷了從無到有、由簡而繁、從無序到有序等歷史發展，而文獻記述則散在於不同歷史時期、不同文化形態、不同學術派別的文本或古典之中。帝陵神道因社會發展階段不同、政治制度有別、經濟基礎各異、價值觀念紛呈等方面的直接影響，而形成了千差萬別的建築式樣、大小不等的建築規模、各種各樣的建築理念、紛繁復雜的人與自然或人與環境的相互關係，但文獻記載則因不同歷史時期的不同文化形態及思想流派的不同詮釋，而表現為參差不齊的發展態勢，呈現為褒貶不一的學術風格，或亦破亦立的學術命運等。帝陵神道主要指現存的神道建築（包括原樣的神道建築和改觀的神道建築）、民間傳說或文獻記載中的神道建築，而無從考證的神道建築則不在我們的視野之內；至於帝陵神道與觀念神道之間是否存在契合關係，這種關係是否符合歷史與邏輯合一或理論與實踐統一的原則，則交由眾"仁者"和諸"智者"吧！

民間傳說或口頭傳承的帝陵神道先於觀念神道或理論神道而成為人們的精神寄託，但歷史文獻中的神道記述別於現存的帝陵神道而成為人們的精神家園；一定歷史時期中國帝陵神道建築發展較快，學派神道或理論神道發展滯後，形成了實踐層面上的帝陵神道與理論層面上的神道派別的一種反差，這是否可以說善於宏觀把握、精於體系建構的中國社會的傳統思想文化特徵和中國人的傳統思維特性的一種另類。依據馬克思主義的立場、觀點和方法，即有什麼樣的世界觀，就應該有什麼樣的方法論；有什麼樣的世界觀和方法論，就應該有什麼樣的行為準則和實踐方式；有什麼樣的行為規範和實踐模式，就應該有什麼樣的實踐過程和實踐結果等，我們將如何審視中國帝陵神道的內涵與外延、內容與形式及歷史與思想的相互關係呢?

在我國學術界或思想界，關於帝陵建築及其思想長期存在著諸多先入為主的成見、偏見或謬見，如認為密切關聯著風水術及風水學的帝陵建築難以登上學術研究的"大雅之堂"，對其不屑一顧；主張凡與西方科學技術和思想文化格格不入的帝陵建築思想皆為蠱惑人心、危害社會的封建迷信和文化糟粕，對其百般阻撓；提出基於堪輿學說和風水理論的帝陵建築活動及傳統建築思想只能服務於私有制社會或封建專制制度，而難以流傳於民間社會和流行於民間生活等說法，並對此堅信不疑等，致使千年不輟的、內涵豐富的、成就輝煌的、風格獨具的帝陵建築思想長期被束之高閣，成為學界未曾涉足和未被揭示的學術空白。毋庸置疑，千姿百態的帝陵建築屬於經久不衰的傳統建築體系的重要組成部分，世代相繼的帝陵建築活動孕育了內涵豐實和外延廣博的傳統建築思想，特色鮮明和自成體系的帝陵建築思想則豐富了博大精深的中國傳統思想文化。近年來，學術界和思想界開始關注傳統建築思想的深層研究，努力開掘帝陵建築思想的本位價值和功能價值，並形成了接近於科學和貼近於實際的學術成果，營造了相對寬鬆且比較自由的學術氛圍：如揭示了傳統建築思想的特點——認為包括陵園建築思想在內的我國傳統建築思想體系的顯著特點內在於各種類型的建築活動，如都邑、村鎮、聚落、宮宅、園囿、寺觀、陵墓、道路、橋樑等，從選址與定址、規劃與設計、營造與修葺等無不受到風水理論深刻而廣泛的影響。詮釋了人與自然或人與環境的雙向互動關係——認為中國古代建築在空間環境的整體處理、人文景觀與自然景觀的有機結合、人文精神和科學精神的辯證關係、大規模的建築組群的空間組織與時間序列等方面，體現著真善美的藝術造詣和價值追求，即傳統建築思想或建築理念注重各種構成要素的整體性和協調性，體現人與自然或人與環境的一體性和和諧性，扎實了人與人、人與社會和人與自然、人與環境關係的協同性和系統性。廓清了傳統建築思想的發展歷程或歷史傳承——如以陵園建築為例，其經歷了"封土為陵"到

“依山為陵”的發展，而帝王陵墓封土又包括方上、以山為陵和寶城寶頂的過程及形式，以及由注重單體藝術處理到解決組群建築美學問題，由片面追求形式美到綜合追求形式美與內容美的有機統一等。把捉建築思想與理論、方法和實踐的整合——把建築視為物質文化與精神文化的統一體、自然客體與人為客體的聯合體，特別是重視各色建築物作為文化載體和傳播媒介的價值功能，如符號機制、歷史脈絡及社會作用等。總之，我國自古以來的各類建築特別是陵園建築，具有哲理、美學、心理、地質、地理、生態、景觀、宗教、信仰等諸多方面的豐富內涵，包含著如何解決人與自然或人與環境、人與人和人與社會關係的多元價值理念。我們只有把神道建築及神道思想放在陵園建築及陵園思想之中，把陵園建築及其思想置於中國傳統建築及建築思想文化之中，才能為我們的研究對象確立一個宏觀的整體的思想背景和實效的有益的參照體系。

（二）神社神道

神社神道是日本神道的一個階段和一種類型，也是學派神道的總稱或理論神道的代稱，它依託於大小和規模不等、歷史或長或短、式樣或建制不同的神社建築，把日本神道的學說與學術、學派與學理、學問與學識等提升到新高度和新境界，帶來了神道思想和神道哲學的全面發展，催生了神道政治的抬頭和國家神道的登場。神社神道的觀念形態內在於專門的神道古典文獻的文字記載之內，或者散在於非神道古典文獻如歷史著述、文學作品或官府文牒等之中。日本的神社各色各樣，日本的神道千態萬狀。內含著史實、故事和願景的神社遍佈於日本列島的角角落落，其數量之多可達八萬座，面積之大可至千頃萬頃，規模之小僅為彈丸之地；地位之尊令人望而生畏，作用之微可謂過眼雲煙；信眾之巨成倍於實際人口（據統計，包括信仰神道在內的宗教人口約二億人，而日本的實際人口數量約為一點二億人，在宗教人口中神道信眾又居於多數），信仰之堅既無懈可擊又搖擺不定；祭祀活動之頻繁堪稱風雨無阻、四季不斷和“遍地開花”，如日本神社的“年中紀事”（一年中持續不斷的神道祭祀活動，在現代社會已與社區文化活動合體），參拜或朝拜之意義漸成全民信仰，如“式年遷宮”（伊勢神宮每隔20年為祖神遷移神座而舉行的重大神道祭祀儀式）。神社的神道祭祀活動既讓日本人魂牽夢繞，亦令世人眼花繚亂，因它既保留了傳統特色又增添了時代內容，既守住了地域特色又吸納了異域風情，既突顯了民族特色又吸引了世界目光，既體現了祭祀本義又展現了生活含義，既落實了神職人員的本職工作又動員了社區居民的廣泛參與，既遵守了祭拜禮儀的嚴密性和儀式感又新添了祭祀活動的娛樂性和生活化，特別是現代社會中祭祀文化與社區文化的一體化發展，驗證和踐行了“人靈共居”“人神共處”的神道思想。

日本神道是一種相對獨立的思想形態，它既有別於輸入日本社會及其精神家園中的中國傳統思想文化如儒學、佛教、道教、陰陽五行說等，也不同於經過“吸收和變形”中國傳統思想文化後而演變的日本民族文化如儒教、佛教和道教等，它大量地援引了作為輸出文化的中國傳統思想文化，依託了作為輸入文化的日本民族文化，並制約了中日思想文化交流的過程和結果、深度和廣度及內容和形式等方面，這就奠定了德川時代以前日本文化的主要特徵和重要模式——神道在吸取和消化外來的先進國家的精神文化和文化精神、變形和增生本土的落後國家的民族文化和民族精神的過程中扮演了主體角色並發揮了主導作用。日本神道具有清晰的發展軌跡和明顯的發展階段，即它經歷了“原始神道—神社神道（學派神道或理論神道）—國家神道—神社神道與獨立神道並存”四個發展階段，各個階段又具有依次的因果關係和內在的邏輯關係，並形成了清晰的發展過程和邏輯的發展成果，表現出與生俱來的本位價值與文化價值和衍生出來的功能價值與社會價值。日本神道具有較為嚴密的組織形式和頗為嚴謹的祭祀規程，一招一式皆一板一眼，各個環節都有一定之規，局外人以為的繁文縟節，當事者卻樂此不疲，特別是日本的宗教法人比比皆是，其依法經營宗教文化產業，使大大小小的宗教組織或宗教團體存活於社會結構體系之中，遊刃於世俗社會與宗教世界之間，一定意義上模糊了社會組織與宗教組織、社會團體與宗教團體、社會階層與宗教教階、社會角色與宗教信徒的界限，這體現了淡化宗教文化的自身價值和強化宗教思想的社會價值的顯著特色。日本神道之實物存在和觀念存在之間具有一致或統一的關係，即日本神社是神道的外化，日本神道是神社的支撐，而神道和神社的發展歷程和水準某種程度上體現了歷史和邏輯相統一的原則或理論與實踐相結合的規則。日本神道作為日本民族特有的民族宗教、民族文化和風俗習慣，作為與日本民族的生產與生活，即與日本民族的物質生產與生活及精神活動與成果形影不離的宗教思想和社會文化，根植於日本社會的政治、經濟和思想文化的方方面面，形成了“物質力量轉化為精神力量”和“精神力量轉化為物質力量”的雙向關係，超越了空間界域並打破了時間界限，逐漸成為日本民族賴以生存和實現發展的主要精神食糧，成為日本社會的“時時存在和處處存在”的一道文化風景，特別是成為日本人張揚非理性行為的內在的巨大的精神動力和思想動因。

（三）帝陵神道與神社神道

比較中日神道，鑒別中日神道思想，考究中日神道思想文化交流史，既是歷史課題，也是時代課題。歷史邏輯昭示著世人必須縱向地、歷時性地把握曾經發生的重要事件，時代邏輯警示著時人必須橫向地、屆時性地把捉正在發生的重大問題。過去的歷史與現時的時代之間連續性和非連續性的辯證關係，則客觀地要求人們既不能輕視歷史過程及其結果，也不能無視時代發展及其要求。當我們把發生在不同國度、地區或民族但又有著盤根錯節的相互影響關係的社會文化現象——帝陵神道與神社神道作為比較對象之時，我們產生了如下問題意識和思想觀點：

第一，中國帝陵神道屬於紀念性強而民眾參與性低的實物存在，日本神社神道屬於祭祀性強而國民參與性高的客觀存在，其結果為當人們涉足這一領域即拜謁帝陵或參拜神社時，其心態、情感和意志及外在行為表現存在天壤之別。中國人在觀賞形態各異的紀念性建築，或在遊覽風格迥異的標誌性建築時，目的和要求不盡相同，即一些人作為匆匆過客往往一走了之、一看了之甚至一笑了之，難以留下值得回味的思想素材；一些人抱著祈願的目的而產生了“心靈溝通”或“思想共鳴”，能夠形成事後回憶的效果，甚至昇華為理性反思的境界。日本人總是用心體驗林林總總的祭祀性建築的來龍去脈，用情體味造型各異的象徵性建築的思想內涵；日本人心甘情願地參與神社祭祀活動，往往目標一致且行動協調，以普通一員的身份融入人與自然或人與環境的關係之中，通過全員的、固化的、常規的、務實的神社祭祀活動，表達一種與被祭祀者同在、與被祭祀者同樂的生產觀念和生活理念。總之，以神道及其思想為對象，在理論、實踐以及理論與實踐的相互關係上，我們能夠看到中華民族和大和民族在處理和解決人與自然或人與環境、人與人或人與社會的關係時所表現出來的立場、觀點和方法。

第二，中國神道扮演著輸出文化的主體和輸入文化的客體的角色，日本神道飾演著輸入文化的主體和輸出文化的客體的角色，這反映了思想形態的先進與落後，體現了價值觀念的訴求與滿足，表徵了社會發展尤其是生產力發展的速度與效益。中國在相當長的時期內演示著先進思想的思想實力，切實地檢驗著相對落後的日本社會的思想引力，扎實地擠壓著先進文化的陽光雨露滋潤的日本民族的思想領地，而日本則在強烈的危機意識和憂患意識的驅使下維護著危機四伏的思想根基、延續著來之不易的思想脈絡和營造著自得其樂的思想氛圍。至於近代，時移事殊。因中日思想文化關係發生了逆轉，師事對象發生了轉向，主客體關係發生了移位，歷史掀開了新篇章，時代拉開了新序幕，舊有的傳統風光不再，新近的傳統開始續寫。藉此，我們切不可固守歷史和思想只有連續性而無階段性的慣性思維方式，更不能一以貫之地拘泥於原創思想永遠具有先進性而無落後性的華夷秩序觀。以神道思想為視野和視角審視中日思想文化交流關係，我們認為先進思想只是一定歷史階段上的先進，超越這一階段也可能變為落後思想；落後思想只是在一定歷史時期內的落後，跨越這一時期也可能成為先進思想。不同國家、不同民族自然地、歷史地積澱下來的思想形態的比較和交流關係總是發生在先進思想與落後思想之間，總是先進思想首先流播於落後國度並養育着落後思想，這是雙向思想文化交流關係啟動階段的基本規律，但並不能證明異域的思想文化交流關係只具有單向性而不具有雙向性，而隨著思想文化交流力度的加大、廣度的擴展和深度的加深，特別是被養育的落後思想在內容上不斷豐滿，在水準上不斷提升，思想文化交流的雙向性就會凸現出來，並成為發展過程中和成熟階段上思想文化交流關係的主流傾向和主要特徵。以中日思想文化關係中的神道思想交流為例，先進的中國神道思想文化曾啟動和制約了日本神道思想文化，而當日本神道思想文化日臻成熟後，即由落後的思想形態逐漸變為發達的思想形態後，一度為中國神道思想文化提供可資借鑒的思想營養、可以訴求的思想對象以及值得參照的思想發展模式。因此，以神道思想為視角和視野研究中日兩國思想文化交流不是可有可無的事情，而是大有可為和大有作為的事情。

第三，中國帝陵神道的構件與日本神社神道的佈局。帝王陵的地面建築的三個主要組成部分之一的神道即帝陵神道，通常指通向祭殿和墳前的導引大道，也有“御路”“甬路”“辟邪”“神路”“甬道”等稱謂。陵園建築中所辟神道，存在著內神道與外神道、直神道與曲神道、左神道與右神道、長神道與短神道、主神道與輔神道、寬神道與窄神道、古神道與今神道、總神道與分神道、單一神道與復合神道、平地神道與通天神道、形神道與勢神道等種種區別。我們可以將質性研究與量化研究結合起來，以把握帝陵神道及帝陵神道思想。附屬於陵園建築的神道存在著相對獨立的發展歷程，並在其不同的歷史發展階段上形成了迥異的構成要素和影響因素。所謂相對獨立的帝陵神道發展史，是指它不能獨立於陵園建築及陵園思想的發展史。神道建築作為陵園建築的組成部分而存在，神道思想作為陵園思想的構成要素而發展，但神道建築又不是陵園建築的復製品，神道思想亦不是陵寢思想的拷貝物。神道建築、神道思想與社會發展的關係為：“自從出現了封土墳頭之後，前有享殿，通向墳頭必然會有一條整齊的道路，稱作神道或墓道。起初是很短的，在道旁置少數石刻，道的入口設闕（中間空缺的大門）。早期陵墓前的神道石刻現在保存不多，秦、漢諸陵尚未發現，僅霍去病墓尚存十四件，但其性質與神道石象生還有所不同。到東漢時期，在河南、四川等地的墓闕旁尚存有石獸，名叫‘辟邪’，也稱‘天祿避邪’，取天賜其祿，避除邪惡的意思，當是作為守墓之用的了。南京附近的六朝陵墓已有了辟邪、獅子、墓表和墓碑，基本上形成了規制。到了唐朝，陵前神道得到了很大的發展，大型的石刻儀仗隊‘石象生’已經形成。如陝西乾陵的神道，全長已有一公里許，前面神道的兩側，借梁山雙峰以為天然之闕，更在峰頂建闕樓，遠望之似雙乳，遂被人稱之為乳峰。神道口上建望柱一對，望柱之後依次為翼馬（亦稱天馬）一對，朱雀（為鴕鳥形象）一對，引馬石人五對，石人像十對，石獅一對（另有六十一王賓石像，不在神道之上，作為附加的內容）。宋陵神道基本上與唐陵相似，但規制則遠遜了。明、清時期的帝王陵神道，可謂發展到了頂點。明十三陵神道全長達七公里多；清東陵神道亦長達十餘里，兩旁建築和石刻完全仿照明十三陵佈置，最前借龍門口兩旁山峰為闕，似效乾陵雙峰之意。”①

依據日本現行的《宗教法人法》，神社境內必須具備六種設施：（1）必須有本殿、拜殿、社務所等有利於宗教活動的建築物。（2）必須有供參拜之用的“參道”等。（3）必須有神饌田等用地。（4）必須有維護神社尊嚴的用地如庭院、山林等。（5）必須有體現

① 參見羅哲文等編著《中國名陵》，百花文藝出版社2003年版，第13—14頁。

神社歷史、古義等紀念性用地。(6) 必須有防止突發性災難和公益事業用地。在神社內，包括在神鎮座本殿之前，有供奉供品和詠唱祝詞的幣殿、為神整備供物的神饌所、参拜者著座禮拜祈願的拜殿、奉納神樂和舞樂的神樂殿等，包圍這些場所的是垣牆（瑞垣和玉垣）、用清水潔淨身心的手水舍、神職人員執行社務的社務所、舉行各種集會的参集殿、作為聖域之門的鳥居等，特別是大部分神社藏身於綠野之中，各種建築物和樹木渾然一體，保持著神社的功能和自然的景觀。神社是指爲了祭祀神道諸神而設的建築物或設施的總稱，自古以來被稱為社（やしろ）、宮（おみや）、杜（もり）、祠（ほこり）等，它是承載神道文化的物質基礎，是延續神道文化的客觀條件，是嫁接人與自然或人與環境關係的重要橋樑，是檢驗人與人和人與社會關係的重要場所。

第四，中國陵園與日本神社的選址思想和建築理念。中國陵園建築大多遠離人口集聚的城市，體現著"人靈分居""人神道殊"的價值取向，附屬於陵園的帝陵神道是以自然景觀為主的自然景觀與人文景觀的統一體，而日本神社多建於鬧市之中，或常建於城鄉周邊，寓意了"人靈共居""人神道同"的價值取向，它是以人文景觀為主的人文景觀與自然景觀的統一體。它們的共同點在於試圖在活人與故人、身體與靈魂、過去與現在、現今與未來間構建貫通彼此的橋樑，建成相互支撐的基礎。中國神道內在於中國的傳統思想文化之中，蘊含著傳統思想的一些基本特徵，如關於天人關係的天人合一思想，天地人秩序中的"尊天理，明人道"理念，中庸之道上的允執其中觀，與天地相參中的協同進化論，仁民愛物中的惜生、重生和放生原則，和合觀中的可持續發展思想，保和太合中的各得其所與各盡其宜思想等，但在最終意義上天道歸結於人道，天理受制於人倫，自然道德只具有工具性，人際道德才具有目的性。日本神道在"諸神生成世界而非唯一神創造世界"的基本思想支配下，推進著自然界的"自然歷史過程"，其在理論層面上的建樹不遜於中國神道觀，在實踐層面上的績效不亞於帝陵神道觀。"尤其到了德川時代，各種主要的宗教之間常見借用現象，因而我們可以抽取出近乎普遍的並稱之為'日本宗教'的某些因素。所有重要的宗教傳統均表現在國家及家庭宗教中，幾乎不可分割地融合在一起。儒教和神道借用了佛教的形而上學和心理學成分；佛教和神道則借用了儒教倫理的許多東西；儒教和佛教則被徹底日本化了。"① 關於日本神道的宗教屬性或宗教性格問題一直是學界關注的熱點，大多歸類為多神論，但我們認為它由主張萬物有靈觀念的原始宗教向多神論的自然宗教發展，並在此過程中和最終意義上搖擺於一神論與多神論之間，介乎於宗教文化與風俗習慣之間，或致力於向一神論發展，又難以擺脫多神論的束縛。"宗教被認為是社會生活中政治、經濟、法律、教育、文學、藝術等的樞紐，對國家、民族、個人的行為和思

① ［美］貝拉：《德川宗教：現代日本的文化淵源》，王曉山等譯，生活・讀書・新知三聯書店/牛津大學出版社1998年版，第74頁。

維方式，有著重要的影響。因此，通過宗教來理解一個民族和他者的言行，就不是從表面上，而是從民族的深層心理和個人的內心深處加以理解的。”“但是，就是在這些年輕人當中，就像人們所說的‘出生時是神道，結婚時是基督教，送終時是佛教’，在人生的關鍵期，他們都與宗教有著密切的關係。”① 宗教思想受制於客觀的社會歷史條件的存在和發展，演繹著一般的社會文化現象的內容和特徵，由此形成固有的本位價值和擴展的功能價值。一味地開展宗教批判和政治批判，也許不能認清宗教作為社會文化現象的本質特徵，但放棄批判宗教文化現象，使之歸類於一般的社會文化現象，也不是科學的世界觀和方法論。神社神道既有世俗世界觀，又有宗教世界觀。

我們以自然神論與泛神論、一神論與多神論的基本含義和主要表現為參照，界定神道的思想品位和宗教屬性。其一，自然神論與泛神論。自然神論或理神論是 17—18 世紀流行於英法德諸國的一個宗教和哲學思潮，也是同期英國自由思想家們的共同的宗教和哲學傾向。“自然”並非指自然界，而是指人類固有的“自然光亮”即理性。就神與自然界的關係而言，自然神論承認神或上帝是超自然的存在者和創造者，但它反對啟示或奇跡、迷信之類的東西，而主張對上帝的理性崇拜，相信上帝是按照自然理性的法則創造世界和推動世界。還有自然神論者把上帝解釋為牛頓所說的超自然的“第一推動力”，在創造和推動了世界之後就置身事外而不復過問世事，以使世界萬物按照自然規律而自我運行。總之，自然神論者承認存在超自然的上帝，作為物質世界創造者的上帝，作為純粹精神或最高智慧的上帝，以及作為超越的理性化的上帝。而“泛神論（Pantheismus）一詞據說是 18 世紀的英國唯物主義者、《Panthesiticon》（《泛神論者的神像》，1720 年）一書的著者約翰·托蘭德在 1705 年首先使用的。但是可以用這個詞表述其特徵的世界觀卻古已有之。……但是泛神論思想得到廣泛發展、獲得重要意義則是在近代，特別是在文藝復興時期。在尼古拉（庫薩的）、布魯諾、康帕內拉、伯麥等文藝復興思想家那裏，與或多或少的中世紀有神論（Theismus）成分一起，並存著明顯的泛神論傾向。在那裏，泛神論因其佔有中世紀神學到近代唯物主義的過渡階段這樣一個地位，而在思想史上具有令人矚目的意義。這些思想家乃是在實質上宣傳唯物主義的斯賓諾莎、托蘭德等人泛神論的歷史先驅。……它在或大或小的程度上是有神論和無神論的中間學說……”②泛神論否定神或上帝是超越的理性的存在，否定神或上帝是世界之外的人格神存在，而以神為內在於世界的原因、本質等，主張上帝寓於自然之中而與自然相統一，上帝是內在的自然化的存在，但上帝或神與自然、世界或宇宙不能簡單地劃等號，不能宣稱上帝即宇宙、上帝即世界、上帝即自然界，或宇宙即上帝、世界即上帝、自然界即上帝。馬克思主義認為，泛神論為

① ［日］鈴木範久：《宗教與日本社會》，牛建科譯，中華書局 2005 年版，第 3、1 頁。

② ［日］永田廣志：《日本封建制意識形態》，劉績生譯，商務印書館 2003 年版，第 8—9 頁。

"調和精神和物質的對立"的學說:"在唯物主義者那裏,這已經是一目了然的了,而唯心主義體系也愈來愈加進了唯物主義的內容,力圖用泛神論的觀點來調和精神和物質的對立;因此,歸根結底,黑格爾的體系只是一種就方法和內容來說唯心主義地倒置過來的唯物主義。"① "但是,一般來說,折衷主義原則上不能獨立;最終要看在其中折衷的各部分哪一方佔優勢,而從屬於相對立觀點中的某一方。因此,作為唯心主義和唯物主義的中間形態,乃至從神學世界觀到無神論的過渡階段,泛神論的折衷學說,當然視其內容中哪種色彩更為濃厚,而傾向於這些對立學說中的一方。"② 其二,一神論與多神論。一些學者綜合各種宗教的歷史事實,認為至上神與諸神或最高神與眾神的關係大概有如下四種形式:單拜主神教、輪換主神教、泛神教和二元神教。"第一種形式:至上神以超越眾神之上的最高神的形式出現於萬神殿中,成為神靈世界的主宰和君主,眾神則成為它們的下屬和官僚。……中國古代的天帝崇拜、日本的神道教、希臘的宙斯、羅馬的朱比特崇拜屬於此類。""第二種形式:有些宗教體系也崇拜一位主神,但此神不能永保至上神的主位,信仰者常在不同的時間,改變其所信奉的主神,有幾位大神輪流坐莊,交替為主。這種形式以古典印度教最為典型。""第三種形式:把其他諸神作為單一的至上神的化身或表現。在這種至上神觀念中,萬神殿中的其他諸神並未喪失其特殊性和獨立性,但同時卻被認為是同一主神的本質的多種表現形式。……這種情況相當普遍地存在於許多宗教體系之中。""第四種形式:世界宗教中有這樣一種特殊的神靈觀念,它以一種二元論的宗教世界觀來分析神性,劃分神靈,把統治世界的力量說成是兩個相互對立,但卻又都是至高無上的神或一對具有神性的實體。"③ 一般而言,至上神、最高神、唯一神和絕對神是同一所指,並具有置換或互換關係,而日本神道中至上神或最高神不是唯一神和絕對神,不具有創造世界、推動世界、支配世界的全智或全能,而是幾位大神輪流坐莊,交替為主,且眾神"生成"世界後,便對世界不管不問。崇拜一位主神,但此神不能永保至上神的主位,故而信仰者常在不同的時間和不同的地域,根據不同的需要而改變其所信奉的主神,如伊勢神宮內宮所奉天照大神和外宮所奉豐受大神就互為主神,互居主位。

第五,中國帝陵神道是思想融合的產物,日本神社神道是思想習合的表現。帝陵神道不是獨立的建築物,因為它屬於陵園建築的附屬設施;神道思想不是獨立的思想形態,因為它內在或內化於傳統思想文化體系之中。帝陵神道及思想並非獨立存在和發展,它必須吸納不同思想形態的相關內容,表現不同思想形態的某些特徵,才能呈現出由弱到強的歷史發展。因中國傳統思想文化的形成和發展過程是以儒學、佛教和道教為主幹的各種思想形態的紛爭與融合的歷史,故神道思想必然展現出思想交融的內容、過程和特徵。日本神

① 《馬克思恩格斯選集》第四卷,人民出版社 1977 年版,第 222 頁。

② [日]永田廣志:《日本封建制意識形態》,劉績生譯,商務印書館 2003 年版,第 7 頁。

③ 參見呂大吉主編《宗教學通論》,中國社會科學出版社 1989 年版,第 144—145、145、146、148 頁。

社是神道思想的物質載體，神社和神道是在相繼輸入日本的中國先進思想的不斷養育下而發展和成熟起來的，已經經歷了學說紛爭和思想融合的中國傳統思想文化登陸日本社會及其精神家園，使日本神社和神社神道成為中國傳統思想與日本民族文化相習合的成果。中國傳統思想文化輸入日本之時，神道尚屬於低級的原始信仰形態，並未形成高級的宗教理論形態，更未居於日本思想的主導地位。“武家政治建立以後，值得注意的是：針對鎮護王朝的佛教和南都北嶺的佛教，令人矚目地蓬勃興起了異端新宗派；同時，與平安勢力結合的神道也應運而生。當然，在佛教傳入以前的部族信仰中已可看出神道的起源。日本人固有的這種信仰，在與儒、佛、道教為伍而提出自己特有的學說以表明其獨立性之前，在思想方面一直沒有什麼發展。不過，儘管外來宗教興旺發達，它卻沒有消亡，不如說倒是與外來宗教結合而保存下來。這種結合早在奈良朝時代就已經在神宮寺和修驗道中表現出來；後來又在本地垂跡說以及天臺宗的山王神道、真言宗的真言神道（狹義的兩部神道）等當中得到了思想上的表述，從日蓮宗也派生出了法華神道。”①

神社是由臨時性的祭祀場發展起來的固定化的建築物，反映了人們的信仰對象定著化的發展趨勢。它起初依託山嶽，後來遷居都市，目前遍佈城鄉，寄情山川湖泊，深入百姓人家，成為日本人生活、工作和學習中不可缺少的精神食糧。神社的階位和序列顯著，因為其規模不一，風格各異，稱謂有別，如神宮（內宮和外宮）、大社、神社等。神社自成體系，故而表現為“大而全”“小而全”的現象，如設施齊全、功能齊備、祭祀程式化等。神社體現著鎮護國家、政教合一的基本理念，如天皇巡幸、奉祀統治者、政局變動與社殿榮衰密切相關等。神社是神秘主義與現世主義的結合，因為祭祀具有日常性和神秘性：它不設神像，人們只能憑藉想像來尊崇神靈或神明；它蒙著一層神秘的面紗，如伊勢神宮內宮所奉象徵著天照大神神德的三種神器之一——“鏡”，迄今仍不見“廬山真面目”。神社嚴守著“神、人、靈”共居的精神，如在“神都”伊勢，神宮、墓地和生活區“同體不離”。神社體現着傳統與現代的雙重變奏，因為其中既殘存着農耕文化（或文明）的歷史遺迹，如每年春季的“田植え祭り”（插秧祭），也有工業文明的現實投影，如應用了最先進的計算機設備，引進了最發達的信息技術，如インターネット（因特網）。神社的式年遷宮儀式體現著變與不變相統一的觀念，即每 20 年翻修神社或神宮成為一種規制。祭祀是例行公事與虔誠信仰的組合，因為在神社祭祀和神道信仰中，可見信者懷著各自不同的目的、願望和要求，如祈願、祈求和祈福，報恩、感謝和還願，先祈後報，先請後謝等，日本人從價值觀念到生活細節都乞求神靈佑護。神道祭祀既是祖輩遺風，也是生活習俗，人們既抱著一種趨同心理而不甘落伍，也懷有一種遊戲心理，以排遣生活、學習、工作等方面的重壓。總之，神社是日本人生產的依託和生活的歸宿，亦是日本人心靈

① ［日］永田廣志：《日本封建制意識形態》，劉績生譯，商務印書館 2003 年版，第 59—60 頁。

的寄託和信仰的去處。神社承載著神道文化，因為它既是神道文化的發源地和儲存庫，也是傳承神道思想的載體和路徑，特別是神社建築、神社信仰和神社神道之間具有一種內在的相互關係，而神社神道作為日本神道的主要發展階段，再現著理論神道的性格特徵，規定著神道的民族宗教和民族文化特色，並為國家神道提供了扎實的思想基礎。神社神道奠基了神道文化發展中的思想融合和文化交流，並啓動了神道教化事業，制約著神道教化的發展方向。大至方圓百里，小至方寸之地，豐富多彩的神社維係著神、人與自然的和諧一體關係。神社是階級社會的產物，具有强烈的政治性和鮮明的階級性，一定的信仰基礎、特殊的階級關係和濃重的外來思想影響是神社得以發展的必要條件。神社建築區別於住宅建築和寺院建築而采取宮殿式建築式樣，説明它對於特權階層和階級利益的依附關係，神社的組織化發展乃是政治制度的投影和縮影。神社以伊勢神宮為開端，始於奈良時代以前。平安時代末期，在佛教、修驗道、陰陽道等思想和教理的顯著影響之下，伊勢神宮、宇佐八幡宮、日吉神社、稻荷神社、石清水八幡宮、北野天滿宮、熊野三山等相繼成型，表明神社建築雖有定型但並不單一，建築式樣雖然固定但並非一成不變。在平安時代，伴隨著神佛習合思潮的抬頭，在伊勢神宮等地出現了神佛分離現象，故日本思想文化的歷史進程始終存在著排邪意識、至上意識和神國思想，反本地垂跡説、復古神道和廢佛毀釋等是一以貫之的思想和運動，説明日本社會接受外來思想文化的過程乃是發展民族文化的歷程，外來思想與民族意識的關係實質上是手段和目的、現象和本質的關係。神社信仰始於民俗信仰，但又未完全包攝民俗信仰。神社是神社神道的中心，神社神道是神道哲學思想展開的第一個階段，而神社神道又是以辨明“顯幽”關係而發展起來的階段或形態，即它是立足於顯世觀和幽冥觀而發展起來的理論神道，反過來又進一步影響了神道思想的基本理念。神社的“造式”（建築式樣）反映了不同的思想文化理念，如當我們考察神社的形式、鳥居、狛犬、扁額及森林時，除可知出雲大社的大社造是基於住宅建築或宮殿建築、伊勢神宮的神明造是基於祭祀關係的神殿樣式外，還明瞭大社造富有神祇信仰的宗教意味，神明造充斥著皇祖尊崇的人間意蘊，它們共同顯現了神道信仰的本質和特質。

我們以帝陵神道為視角，主張人類的文明史是一部人與自然或人與環境的友好關係史，而不是一部對自然界和自然力的長期征服史。我們以帝陵神道思想為視野，揭示其在中日思想文化尤其在中日宗教思想文化交流過程中的地位和作用。我們以帝陵神道與神社神道為參照，比對了歷史發展與交流成果、概念內涵與構成要件、祭祀活動與信仰體系、思想融合與文化習合、世俗思想與宗教文化等多層關係。我們以神道文獻整理和帝陵神道研究為論旨，證明了如果一個民族沒有民族文化，那它就沒有根基；如果一個民族沒有民族精神，那它就沒有靈魂。我們在前期研究和相關成果的基礎上，詮釋帝陵神道思想文化乃中國傳統思想文化體系化和完整性的構成要素和影響因素。

第三節 帝陵神道哲學

一 中國神道哲學論

我們在整理神道文獻和研究帝陵神道過程中，發現了以往的未及領域和未競事業，試圖挖掘和圍繞山陵關係、地陵關係、神陵關係和人陵關係，提煉或提取其中蘊藏的具有中華民族特色的神道哲學思想。在我國私有制社會中，有一類關切政治、關涉皇統的頂層設計——陵寢或陵墓制度；在我國古代建築寶庫中，有一類世人矚目、令人神往的建築物——帝王陵寢或陵墓；在我國旅遊資源特別是旅遊文化資源裏，有一類燦爛奪目、引人入勝的自然風光和人文景觀合而為一的目的地——帝王陵園或陵邑；在我國傳統思想文化中，有一類歷史悠久、風格迥異的傳統建築文化——陵寢文化或墓葬文化；在我國古老藝術殿堂裏，有一類技藝精湛、刻工精美的碑刻藝術——石像生和神道碑亭。在莊嚴肅穆的陵墓或陵園建築中內設了神道建築，在內涵豐富的陵墓或陵寢文化中包含著神道文化，在中日多元文化交流與多維文化比較過程中內含了神道文化交流與會通——中日宗教文化交流與比較是中日思想文化交流與比較的組成部分，特殊的思想文化形態的交流歷史構築了特殊歷史時期的交流文化，獨特的思想文化交流過程沉澱了明晰的思想交流軌跡和文化習合規律。

我們以附屬於陵墓或陵園建築的帝陵神道為對象，探究其歷史演變、文化內涵、思想成就和價值意義；我們根據時代演進、政權更迭、思想發展、文化積澱及靈魂觀念和宗教信仰等綜合的客觀物質條件和精神文化因素，把捉不同的時代、地域、民族、文化及建築等制約和影響因素下的帝陵神道發展史；我們側重於詮釋神道的客觀存在和價值存在，通過整理和分類帝陵神道，考究帝陵神道所蘊涵的人與人、人與社會的人文關係，研究其所內在的人與自然、人與環境的共生關係，使神道的內涵得以充分挖掘，神道的外延得以有效拓展，神道的價值得以完整彰現；我們既不能無視散在於儒學、佛教和道教等歷史文獻中關於神道文化的經典記述，也不能忽視哲學、文學、歷史學、美學、建築學、風水理論等學科群對神道思想的總體影響，更不能輕視社會、經濟、政治、歷史、文化等社會歷史條件和思想文化背景對神道歷史發展的綜合作用；我們還要以日本神社神道為主要參照，比較和甄別不同國家、地區和民族之間的深入和深遠的影響與被影響關係；我們以神道典籍為參照，以神道思想文化為視野，研究和推進新時代中日思想文化交流事業；我們必須運用馬克思主義的否定之否定觀，“揚棄”作為中國傳統思想文化的神道思想文化，實現“古為今用”的價值理想，即我們應該既克服中國傳統思想文化中的神道思想文化所夾帶的文化糟粕和所發揮的消極作用，又保留中國傳統思想文化中的神道思想文化所孕育的文化精髓和所起到的積極作用，以期實現中國傳統思想文化的現代化發展；我們必須運用馬克思主義的立場、觀點和方法，“揚棄”作為日本文化的根基和特色的神道文化，實現“洋為中用”的價值追求，即我們應該既克服日本文化中的神道文化所攜帶的文化垃圾和所發揮的負面作用，又保留日本文化中的神道文化所蘊含的一些文化觀念和所起到的某些正面作用。總之，我們以神道文獻整理為基礎，以神道思想文化比較為參照，分析了帝陵神道文化，詮釋了帝陵神道思想，除此之外還需要界定帝陵神道哲學，旨在實現文化層次、思想品位和哲學高度的一體化發展的研究效果。

陵寢建築屬於古代建築樣式或類型之一，某種程度上代表了當時建築技術、雕刻藝術和審美文化的水準，且內化了園區設計、陵區規劃和建築美學的精髓，體現了帝陵選址、堪輿和陰陽的理念，經歷了皇陵營建、改建和擴建的過程，解決了帝王生死、靈肉和魂魄的關係，彰顯了神道文化、思想和哲學的價值，承載了中華歷史、時代和朝代的追求，融合了世俗、宗教和皇權的要素，衡量了社會、政治和經濟的狀況，擺脫了自然、生態和環境的困境，表明了集權、專制和等級的威嚴，內含了碑亭、殿堂和神道的元素，落實了階級、集團和組織的利益，夯實了國家、民族和社會的基礎。歷代陵寢建築主要包括古代帝、后、妃的墳墓、祭祀殿堂及其他附屬建築，如秦始皇陵、漢茂陵、唐乾陵、宋永昌陵、明孝陵、明十三陵、清東西陵等，這些中國古代皇陵是建築、雕刻、繪畫與自然環境融為一體的產物和見證，其建制、形制和規制大體分為三種：以陵山為主體的佈局形式，如秦始皇陵；以神道貫穿全局的軸線佈局形式，如唐乾陵；以建築組群為佈局方式，如明清皇陵。我們以帝王陵寢建築為參照，以帝陵神道為例證，深度發掘其關係、線索和特徵等層面，找尋佈局、格局和時局等特點，探討文化、思想和哲學等內容，以指向中國帝陵神道哲學的積累過程和主要成就。總之，帝王陵墓，是看得見的一部歷史；帝王陵寢，是摸得著的一種文化；帝陵神道，是寫得出的文化、思想和哲學。

（一）山陵關係

山因陵而奇，因陵而秀，因陵而美；陵因山而名，因山而特，因山而靈。山與陵的關係，是中國古代社會中構建和完善陵寢制度、構築和完備陵寢思想過程中不能回避的一種特殊關係。

第一，孝文化的物質載體。封建社會的統治階級一向看重且極力宣揚“聖天子孝先天下，首重山陵”。此既標明了孝道的尊貴與山陵的尊崇的合一——禮儀和禮制的全民性與權威性，山形和山勢的象徵性與至上性，又說明了自然崇拜和社會崇拜的一體——“向山”和“依山”的原則性與固有性，“若山”和“靠山”的政治性與國民性。大愛如山、孝道如山、恩重如山、德重如山等傳統文化，鑲嵌在陵寢制度上和陵寢思想裏，使之在特定時期內、一定程度上和特別領域裏發揮了教化、教導和教諭等作用。古人曰：“百善孝為先。”只有確立“孝先天下”的理念，才能達成“孝行天下”的局面。古典曰：“父母在，不遠遊，遊必有方。”只有有心侍奉父母的衣食住行，才能用心完成治國平天下的壯舉；只有牢固感恩之心，才能落實報恩之行；只有養老送終，才能精忠報國。普通民眾既然能如此認識與踐行，帝王將相則更能無一例外地予以堅信和一如既往地遵照執行。“臣聞古之聖帝明王所以薄葬者，非不欲崇高光顯，珍寶具物，以厚其親。然審而言之，高墳厚壟，珍物畢備，此適所以爲親之累，非曰孝也。……昔漢成帝造延、昌二陵，制度甚厚，功費甚多。諫議大夫劉向上書，其言深切，皆合事理。其略曰：孝文居霸陵，悽愴悲懷，顧謂羣臣曰：嗟乎！以北山石爲槨，用紵絮斮陳漆其間，豈可動哉？張釋之進曰：使其中有可欲，雖錮南山猶有隙；使其中無可欲，雖無石槨，又何戚焉！夫死者無終極，而國家有廢興，釋之所言，爲無窮計也。孝文寤焉，遂以薄葬。又漢氏之法也，人君在位，三分天下貢賦，以一分入山陵。武帝歷年長久，比葬，陵中不復容物，霍光暗於大體，奢侈過度。……魏文帝於首陽東爲壽陵，作終制，其略曰：昔堯葬壽陵，因山爲體，無封樹，無立寢殿園邑，爲棺槨足以藏骨，爲衣衾足以朽肉。吾營此不食之地，欲使易代之後，不知其處，無藏金銀銅鐵，一以瓦器。自古及今，未有不亡之國，無有不發之墓。喪亂以來，漢氏諸陵，無不發掘。至乃燒取玉匣金縷，骸骨並盡，乃不重痛哉！若違詔妄有變改，吾爲戮屍於地下，死而重死，不忠不孝，使魂而有知，將不福汝。以爲永制，藏之宗廟。魏文帝此制，可謂達於事矣。……伏願深覽古今，爲久遠之慮，臣之赤心，唯願萬歲之後，神道長安，陛下孝名，揚於無窮矣。”①

第二，等級制度的實物表徵。喪葬制度尤其是陵寢制度是隆禮制樂、中央集權、皇權神聖、階級等級的前提或基礎，是封建社會家天下的產物和表現。例如，在歷史上和文化裏，逐漸形成了堪輿和建造帝陵、后陵、妃園陵及宗室陪葬墓的禮制，規劃和營建皇陵、皇族墓葬和士庶墓葬的規制，皇帝生前選址和營造“壽陵”的典制，先皇死後由嗣皇帝負責營陵的定制，以及在位皇帝山陵、追尊皇帝山陵、皇后山陵和皇后園陵的陵制，此說明了在歷代封建帝王的心目中陵寢的至上、至尊、至極、至高、至聖等地位，這是檢驗帝運與國運之盛衰的標杆，驗證國祚與鼎祚之長短的標準。例如，追尊先祖與命名皇帝的謚號、陵名存在等級差別，即宋朝追尊未就皇位的皇帝時選用了單字陵名——宋太祖趙匡胤之前四代世祖的陵名都為單字，而命名實際在位的皇帝時選用了雙字陵名——宋太祖趙匡胤開始八位皇帝的陵名多加上“永”字。例如，沿用唐代之制，宋帝陵稱為山陵，皇帝均

① （北宋）王欽若：《冊府元龜》卷五百四十二。

有陵名，而皇后陵稱為園陵，不另起名，但曾經臨朝聽政的太皇太后或皇太后死後已為太皇太后者，其陵墓雖可稱為山陵，但仍存在前者可有陵名而後者未有陵名之差別。例如，陵區的規模與佈局、陵垣的規劃與營建、墓室的裝飾與丈尺、隨葬的物品與數量、皇堂（地宮、玄宮）的深度與大小、陪葬的規格與多少、陵臺的高低與寬窄、神道的有無與長短、石刻的數量與排序等方面，無論是後承前制還是改弦更張，無論是完善禮制還是順應時政，均未放棄夯實等級制度，也未放鬆扎實等級思想。"穆宗宣懿皇后韋氏，失其先世。穆宗為太子，后得侍，生武宗。長慶時，冊為妃，武宗立，妃已亡，追冊為皇太后，上尊謚，又封后二女弟為夫人。有司奏：太后陵宜別制號。帝乃名所葬園曰福陵。既又問宰相：葬從光陵與但祔廟孰安？奏言：神道安於靜，光陵因山為固，且二十年，不可更穿，福陵崇築已有所，當遂就。臣等請奉主祔穆宗廟便。帝乃下詔：朕因誕日展禮於太皇太后，謂朕曰：'天子之孝，莫大於承續。'今穆宗皇帝虛合享之位，而宣懿太后實生嗣君，當以祔廟。繇是奉后合食穆宗室。"①

第三，山嶽信仰的主要成分。山嶽崇拜證明了自然崇拜的原始和綿長，佐證了社會崇拜的持久和漫長。在社會生產力水準低下、人類認知能力有限、科學技術落後而自然現象復雜、自然力量巨大、自然規律無解等情況下，基於山林為人類提供了賴以生存和生活的食物與庇護、群山成為溝通凡人與上天的橋樑與路徑等因素，人們在幻想中形成了幻覺、恐懼和崇敬等意識，在神話中形成了神聖、祭祀和信奉等認識，正如"自然是宗教的最初的原始對象，這一點是一切宗教、一切民族充分證明了的"②。中國傳統文獻提出了"神山"的概念，如"取駿（張說《都督安公神道碑銘》：神山與鋏，龍池取駿。）"③ 記述了人與山、靈與山、神與山、陵與山等關係，如"西南四百里，曰昆侖之丘，是實惟帝之下都，神陸吾司之。"④"（昆侖之丘）或上信之，乃維上天，登之乃神，是謂太帝之居。"⑤ 詮釋了山嶽與國家、山體與國體、山勢與國祚等關係，如"大宗伯之職，掌建邦之天神、人鬼、地示之禮，以佐王建保邦國。"⑥"凡日月食、四鎮五嶽崩、大傀異災、諸侯薨，令去樂。"⑦ 古代都城大都依山傍水而建，國泰民安主要依託祭祀山川而成，衣食富足可以通過祈禱山神而得，國破家亡亦因山崩地裂而致，因此山嶽崇拜由自然崇拜進入社會崇拜之列，逐漸培育了山嶽文化模式，這充分證明了社會崇拜的重要和牢固，足以揭示出自然資源的社會化和自然力量的人文化等趨勢和現實。

---

① （北宋）歐陽修等：《新唐書・后妃下》。
② ［德］費爾巴哈：《宗教的本質》，王太慶譯，商務印書館 1999 年版，第 2 頁。
③ （清）張玉書：《佩文韻府》卷七十一之二。
④ 《山海經・西山經》。
⑤ 《淮南子・地形訓》。
⑥ 《周禮・春官宗伯・大宗伯》。
⑦ 《周禮・春官宗伯・大司樂/小師》。

我們遴選封建社會中所建之陵與所依之山，見證山陵關係。一山一特色，一山一世界，一山一故事。山與陵的連袂，所構築的世界和所演繹的故事更加意味深長。山的寓意和陵的憑依，發揮了相互印證的作用和彼此襯托的功能。“民俗稱人死為歸山，墳墓就是山，墓門為山門，卜卦算命的人為山人。山形決定人的福禍。群山連綿，像人體的脈絡，又像龍在飛舞，風水師稱為龍脈，並以之大做文章。這些觀念，都是由大山崇拜逐漸演變而來的。”① 例如，秦始皇陵南依驪山，北臨渭水，高大如山的封冢與山林蔥郁的驪山相得益彰，承載了造福子孫後代的生活願景，肩負了傳承永世帝業的政治夙願，奠基了橫貫封建社會“依山造陵”的傳統理念，遵循了“環山抱水”而建陵的風水思想，即“秦始皇大興厚葬，營建冢壙於驪戎之山，一名藍田，其陰多金，其陽多美玉。始皇貪其美名，因而葬焉”②。例如，西漢帝陵制度乃承襲秦制與創立漢制並存，如以“因山為陵”為例，則一改奢侈的厚葬而為節儉的薄葬；以“昭穆之制”為例，則有尋常的定例和超常的特例；以“背山面水”為例，則有以渭河為界而分葬於南岸的白鹿原、少陵原和北岸的咸陽原；以“造陵形制”為例，則有“鑿山為陵”和夯土為丘之別。例如，隋朝時“五音姓利說”與“陰陽五行說”相結合，加之開國之君親歷北周禁佛、滅佛、廢佛和毀佛的運動，目睹了當時佛徒和信徒的悲劇，轉而推出了信佛、興佛、援佛或禮佛的政策，以助力新建王朝的政治、經濟、文化和宗教的發展，此反映了“山與佛”和“山與陵”的對應關係，或內含了“山即是佛”“佛即是山”與“山即是陵”“陵即是山”的互證關係。例如，唐代帝陵集中分佈於渭河盆地和中原一帶，東西橫跨之長，南北分界之義，顯示了盛世之態和雄踞之勢，其大多“依山鑿築”於九嵕山，採擷山南、山陽和山腰的意指，配合陰宅、陰間和陰曹之旨意，實現了天與地、陰與陽、寢與殿的結合，崇道、尚佛和興儒的關聯，陵園與陵寢、信仰與祭祀、世俗與宗教的對接。例如，宋朝皇帝既有客死漠北者，也有偏居江南一隅者，大多安葬於中原腹地，其中“七帝八陵”共居於佛教聖山——嵩山，共沐了母親之河——黃河，素有“生在蘇杭，葬在北邙”之譽，此為我國中部地區氣勢最盛、規模最大的皇陵群。如以“神道石刻”為例，既具有栩栩如生的碑刻特色——擺脫宗教神秘色彩，捕捉世俗生活氣息，也具有石人石獸佇列的建築特色——南北成行、左右對稱、人獸交替和奇偶相配，即其定制一般為二十三對，自北向南為武士一對、門獅一對、文臣二對、武將二對、客使三對、羊二對、虎二對、控馬官四對、仗馬一對、角端一對、瑞禽一對、馴象人一對、望柱一對，另上宮四周其他神門外門獅一對、神門內宮人一對。如以“相墓之術”為例，它始於六朝時期的皇室風水信仰，經於南朝民間風水信仰轉向社會上層風水信仰，終於隋唐時期的官方風水信仰，顯示了其制度化的發展趨勢和體系

① 參見鴻宇編著《中國民俗文化・堪輿》，中國社會出版社 2005 年版，第 12 頁。

② （北魏）酈道元：《水經注》卷十九。

化的演變軌跡。例如，明孝陵的“主山”為鐘山（紫金山），自古就有龍脈、山勢、王氣合於帝王之宅等風水說，“其陵寢制度在繼承唐宋及之前帝陵‘依山為陵’制度的同時，廢去了過去帝陵所用的方上、靈臺、方垣、上下宮制度，新辟了圜丘、方城、明樓、享殿及長方形陵宮等建築體制。其規制和模式為後來的北京明十三陵、湖北顯陵等所沿用，也成為清代帝陵制度的主要基礎”①。明十三陵坐落於太行山餘脈——天壽山麓（原黃土山），它以明長陵為核心，形成諸陵環繞之形；以天壽山為中心，鑄就群山拱衛之狀；以十三陵為整體，每座陵墓分別建於一座山前，體現了整體與個體、系統與部分、集中與分散的協同關係；以陵寢位次為例，各陵呈扇形分列長陵左右，孕育了相鄰與相隔、相望與相守、相距與相關的和諧關係；以墓葬等級制度為線索，山陽的陵寢建築與山陰的陪葬墓群鑲嵌在山體之上，山麓的陵寢與山前的陵區分佈於陵園之內，蘊含了陽氣與陰氣、平展與凹凸、高聳與低平的統一關係；以總神道與分神道為例，前者由石牌坊、大紅門、碑樓、石像生、龍鳳門等建築物組成，如樹“大明長陵神功聖德碑”，精刻細雕了 3600 多字的碑文，立十二對石獸和六對石人，整齊劃一，惟妙惟肖，而後者則無此殊榮，此彰顯了主流與分支、主導與引導、主體與分體的一體關係；以傳統文化為例，它處理和解決了世俗與往生、藏風與聚氣、天理與人文、自然與人道、天造與地設等辯證關係，發展了“皇權天授”或“君權神授”“天人合一”或“天地人合一”的哲學思想。例如，清東西陵集成了封建社會帝王陵寢制度與文化、墓葬制度與思想、喪葬制度與風習、建築規劃與美學、雕刻技術與藝術等核心內容與精神實質，新辟了分屬於太行山脈的清東陵和燕山山脈的清西陵的格局，創立了雜糅少數民族政權和遊牧民族特性的陵制，創造了相距政治、經濟和文化中心遠近一致的佈局，形成了既仿效明朝漢族陵寢又保存清朝滿族陵寢的特點。具體而言，清東陵北靠昌瑞山，南朝金星山，中案影壁山，西依黃花山，東憑倒仰山，凸顯了合圍、環抱和護衛的態勢，突出了東西南北中缺一不可和穩如泰山、堅如磐石的形勢。清西陵祖山為永寧山，西面為雲蒙山，東面為金龍裕，南面為元寶山，形成了東西對峙、南北對照及東西南北合一的天然屏障，尤其是陵口東有九龍山、西有九鳳山，為中間佈局神道之上及兩側的建築物提供了既斂攏又遼闊、既積聚又壯闊的地勢，實屬“乾坤聚秀”和“陰陽合匯”的勝境。而且，清帝入關，首選京師，坐北朝南，統領中華，完成了既續寫中華歷史與華夏文化又終結古代社會與封建制度的多重任務，而清陵東西合璧，相輔相成，南北東西，四平八穩，由此可以看穿最後一個封建王朝統治者的處心積慮，看透中國古代歷史上第二個少數民族統一政權統治者的苦心孤詣。總之，山體、山形和山勢與陵址、陵寢和陵制的關係，使自然條件和人文環境、客觀要素與主觀因素、自然崇拜與社會崇拜、自然規律與社會規律等結合起來，成為中國神道哲學思想的內容和特色。

---

① 參見謝海東、謝宇主編《明清皇陵堪輿大全》上冊，華齡出版社 2013 年版，第 83—84 頁。

（二）地陵關係

歷代帝陵不但“因地制宜”，且與“因時制宜”和“因人制宜”相結合，連通了“天時”，貫通了“人和”，使天時、地利和人和統一起來。

第一，堪輿的構件與基礎。根據地區、地域、地理、地形、地貌、地質、地表、地物、地氣、地脈、地位等特點，使地與陵之間形成了地緣、方位和區位等關係，特別是在修建神道過程中表現為主神道與輔神道、總神道與分神道、曲神道與直神道、長神道與短神道、寬神道與窄神道、左神道與右神道、有神道與無神道等形勢關係。堪輿是自古以來人們對自然條件尤其是周圍環境的一種原始的、樸素的認識和簡單的、神秘的思考，目的是為自身的生存與生活、現世與來世尋找適合的空間和適宜的條件，即先民們認為宅地或墳地周邊的山川、風向、水流、地質、土壤、植被的形態與品質關乎住者、生者的吉凶福禍或死者、葬者的魂魄輪回，並以此安排世俗世界裏的日常生活和往生世界中的精神生活，由此逐漸積澱為中華民族的一種獨特的行為方式和思維模式，而伴隨人智開蒙、社會變遷、科技昌明及自然進化、生態演化等歷程，人類開啟了由無知而有知、由少知而多知、由無助而多助、由寡欲而縱欲、由禁欲而縱情等轉化，堪輿便摻雜了物質欲望、經濟利益、政治權力、尊卑觀念、等級思想及孝思、報應等認識，故人們大多把它歸結為封建迷信、宗教信仰或形而下之“術”，並主張其主要發揮消極影響和負面作用，而對其中蘊藏的人們對於自然環境與自然規律、人文環境與社會規律的勘察和總匯、理解和把握等成果不予重視或予以忽視。我們認為應該給予堪輿術、堪輿觀、堪輿說、堪輿論在“術”和“道”相結合的意味上進行定性和定位，採取“揚棄”之法，甄別良莠，鑒別真偽，剔除糟粕，吸取精華。“‘相地’本是先民們順應自然擇地而居的一種習俗，漸漸地，這種習俗被功利者所用。從商周相地術的孕育，到秦漢地脈等觀念的產生；從魏晉風水師的誕生，到隋唐相地術的蔓延；再到五代、宋朝擇葬術的盛行，終至明清建陵修墓的氾濫。這個過程體現了堪輿史的發展軌跡。”①東漢晚期，開始普及獨立陵園的建制，並逐步推進相墓術的發展，如“夫土者，氣之體，有土斯有氣。氣者，水之母，有氣斯有水。經曰：土形氣行，物因以生。夫氣行乎地中，發而生乎萬物。其行也，因地之勢。其聚也，因勢之止。葬者，原其起，乘其止。地勢原脈，山勢原骨，委蛇東西，或為南北。千尺為勢，百尺為形，勢來形止，是謂全氣。全氣之地，當葬其止。氣之盛雖流行，而其餘者猶有止。雖零散而其深者，猶有聚。古人聚之使不散，行之使有止，故謂之風水。經曰：氣乘風則散，散界水則止”②。當此之時，人們已經開始摸索和思索了土與氣、氣與水、形與勢、

① 參見鴻宇編著《中國民俗文化·堪輿》，中國社會出版社 2005 年版，第 21 頁。

② （東晉）郭璞：《葬經》。

生與葬、聚與散、行與止、經緯與脈絡、區位與方位、氣行與氣聚、地形與地勢、山形與山勢等相提並論的關係，探索何以全氣、何以風水、何以生物、何以安葬等攸關生死的問題，即認為具體的有形的物質形態存在著相生相剋的關係和生死存亡的狀態，抽象的無形的意識狀態存在著彼此相通的關係和聚散離合的狀態，這在某種程度上應用了天人感應的學說和陰陽五行的理論，最大限度地貫徹了“百尺為形，千尺為勢”的建築美學思想。

第二，陰陽的接點與節點。陰陽關係是自然界和人類社會中普遍存在的一種關係，陰陽序列是自然界和人類社會中相輔相成的一種屬性。陰陽之分合與交感、相反與相成、相輔與相得、平衡和轉化等均為不以人的意志為轉移的事物、現象及規律，而屬陽者大多為絕對運動的、前進的、外向的、上升的、溫熱的、明亮的事物及其功能，屬陰者往往是相對靜止的、後退的、內守的、下降的、寒冷的、晦暗的事物及其功能。陰陽學說認為陰陽現象存在於相互關聯、彼此對立的事物之間，也表現為同一個事物內部的正反、表裏、潛顯、幽明等方面，而陰陽關係同生死或存亡、魂魄或靈肉、陵寢或建築、喪葬或祭祀、堪輿或風水、選址或葬址、陵制或禮制、神道或神明等關聯起來，不僅促進了相關制度建設，還提升了思想文化水準。神道是連接陰陽兩界的通道，是對接陰陽兩極的載體，是銜接陰陽兩端的端口，故陰陽是現實世界和靈魂世界的接點，也是世俗生活和宗教生活的節點。由此，我們便可知思想界和統治者為何傾心於神道建築和神道文化，又如何針對陰陽序列關係大做文章了。“黃帝曰：陰陽者，天地之道也，萬物之綱紀，變化之父母，生殺之本始，神明之府也。”① “右，臣等伏以園寢已安，神道貴靜，光陵因山久固，僅二十年，福陵近又修崇，足彰嚴奉。今若再因合祔，須啓二陵，或慮聖靈不安，未合先旨。又以陰陽避忌，亦有所疑，不移福陵，實合禮意。伏以照臨在天，光靈未遠。合食清廟，於禮無違，足以申陛下大孝之心，表先后昭配之德，既遵舊典，尤愜眾情。臣等商量，祔太廟不移福陵，實為允便。”② 鑒於祖陵因地而建，祖靈因山而安，神道因陵而修，神明因陵而居，神靈因陵而寢，以及皇帝因山因地而堅固了至上權威，皇權因制因典而達及了神聖之域，故對於先祖陵寢不宜驚動或驚擾，不能因主張祔葬、合葬或合祔而啟陵、遷陵或移陵，以免侵擾聖靈、違背聖旨或破壞聖境，應該遵照禮制、孝道、德治、舊典和民情等制度或文化，三思而後行，才不可輕舉妄動，因為“禍兮福之所倚，福兮禍之所伏”。如果貿然行事或一意孤行，以至於造成陰陽不和、陰陽失衡等不良狀況，將釀成事倍功半的後果或事與願違的惡果。

我們以皇帝陵園所選與所處之地和所聚與所依之氣，探索地與陵的關係，即地的基礎和承載作用與陵的依託和象徵作用。我們認為自然界的事物和現象既有司空見慣的一般

① 《黃帝內經・素問・陰陽應象大論篇》。
② （清）徐乾學：《讀禮通考》卷九十。

性，又有與眾不同的特殊性，或既有千篇一律的共性特徵，也有千差萬別的個性色彩，或既有深藏不露的某種玄機，亦有活靈活現的一片生機，故選定山地或平地、廣地或狹地、富地或貧地、福地或勝地而為陵地，以建陵寢、修陵墓、築碑樓、豎神道、掘地宮、造陵寺、立道觀等，這些既不是一時興起的選擇，也不是隨隨便便的決定，它必然是經過綜合考量且精挑細選的結果。例如，秦始皇陵依據精心挑選的地理位置，確立了坐西朝東、背西面東的規制，迎合了自西向東、自始至終的意蘊，契合了西高東低、東西貫通的方位。它活用了驪山和渭河之間的地形和地勢等自然地理因素，在原有的自然環境與條件中加入了人文環境與創意，如區分陵園區和從葬區及地面建築和地下建築兩個部分、堆砌封土為三級階梯且呈四方錐形、營建內外城兩重城垣、深挖陪葬坑於陵墓四周等，最終形成了尊者居中、四方閉合的格局，實現了上具天文、下具地理的目的，奠定了事死如生、事亡如存的禮制，遵循了長幼有別、尊卑有序的舊制，開創了厚葬制度的先例，開闢了陵寢制度的先河。例如，西漢王陵或王墓因葬俗、葬法、葬制等影響因素而有明顯的地域文化特徵，又因在中央集權制下實行諸侯分封制而具體表現為帝陵制度直接影響了諸侯王陵的墓葬制度，並使帝陵之間、王墓之間在規模、形制、設置、建築等方面存在著墓葬時代的先後順序、政治地位的高低對位和政治制度的完善程度等方面的較大差異。如從地域特徵和時代特點來看，"墓葬選址方面，雖都選在高亢之地，但有山丘與平原之分，這與地理環境的差異有一定關係。合葬形式方面，異墳異穴合葬、同墳異穴合葬、同墳同穴合葬和無合葬的形式均有存在。陵寢建築多參照帝陵之制，但由於合葬形式等的不同，具體表現形式也有一定的地域差異。形制方面，封土的形狀有多樣性，這與墓葬的結構、選址及防盜等有較大關係"①。如從墓地選址和墓葬位置來看，"總的來講，帝陵與諸侯王墓在選址墓地或塋域時都考慮到聚族而葬的要求，但帝陵相對集中，而諸侯王墓則因為政治、自然地理情況而形成自身的特點，或集中，或稍分散。西漢諸帝陵與諸侯王墓在墓地選址時遵循的另一個原則就是充分利用堪輿術，即'先畫其地之形勢，豫圖出其丘壟之處'"②。如從墓葬形制、結構關係和主要特點來看，"西漢時期，墓葬封土制度已得到較大發展，使用封土較為普遍，但有等級的差別。帝陵多有封土，較為高大。有封土者皆是平地築土，經夯築而成，形狀基本為覆鬥形。帝陵高度有定制，底部和頂部似無定制，分長方形和方形等"③。如從喪葬制度及其思想文化的繼承與發展關係來看，"從西漢帝陵與眾多諸侯王墓可以看出，帝陵與諸侯王墓的喪葬制度在很大程度上是對周、秦、楚葬制、葬俗的繼承，並有很大的發展，而且這些喪葬制度對後代帝陵與諸侯王墓有著較大影響"④。例如，明朝帝陵作為保存完

① 劉尊志：《漢代諸侯王墓研究》，社會科學文獻出版社 2012 年版，第 323 頁。
② 同上書，第 331 頁。
③ 同上書，第 338—339 頁。
④ 同上書，第 346 頁。

好的歷史遺存和文物古跡，得益於明末農民起義軍未曾採取全面破壞的行為、清朝統治者用心維護了協調滿漢兩族關係的政策，有益於人們看清陵寢制度及其思想文化的歷史沿革和時代特色——明朝與前世王朝、明朝開國者與嗣統者、明朝與滿清政權的繼承和發展關係。"明朝的帝陵屬於同一時代，但就陵寢制度而言，不同時期仍各具不同特點。早期的陵墓，以朱元璋的父陵皇陵為代表，陵制承襲了秦、漢、唐、宋時期以覆鬥形陵臺為中心，前設祭殿，周以方垣，四面設門的均衡對稱的方陵體制。此後，朱元璋營建孝陵，對陵制進行大刀闊斧的改革，從而奠定了圓形寶城和方形院落相結合、導之以曲折幽深的神道的嶄新的陵制體系。北京的明十三陵，陵制雖基本沿用了孝陵制度，但又多有完善之處，因之更趨完美，更適合表現大明天子的尊崇地位。"① 具體而言，明朝最初的統治者沿用宋代及宋代以前歷代陵寢制度，尚無暇翻新或創新山陵制度，此乃基於建國與立業的同期或立國與創業的疊加等社會現實；其一改前制而為新制，痛改舊制而為明制，即由方陵制度變為"前方後圓"制度，則是為了凸顯中央集權的至尊和漢族政權的特色，為了貫徹天地圓滿的理念，還映射了天地關係與人際關係的協同、自然關係與社會關係的一體，即陵寢制度及其思想文化的形成和完善過程乃是全面協調和綜合處理人與自然、人與人、人與社會關係的歷程和成果——追求有方有圓、亦方亦圓、既方又圓及方圓適度的良性狀態，避免有方無圓、有圓無方、不圓不方和方圓失度的不良狀況；其形成規制而為定制，漸成形制而為陵制，即新創了合併上下宮為一宮、依照神道建築走向隨地勢彎曲而設置等陵寢制度，並最終成為明清兩代的基本制度。"我國古代帝王陵寢的陵區設置，早在戰國中期隨著陵墓的建造就已出現，其制導源於我國古代以宗族為單位，按貴族的等級和宗法禮制關係布葬的'公墓'（見《周禮・春官・冢人》）制度。各個時代陵區規模的大小及建築的設置各不相同，但總起來說，宋朝以前歷朝歷代的帝王陵寢建築雖然彼此聲勢相連，形成了佈局相對集中的陵寢區域，但各陵相互的獨立性都很強。以唐及北宋諸陵為例，每座陵園都有各自的門闕、神道和石刻群，均自成體系。它們雖然在地理位置上形成了一個整體，但在建築的設置上卻彼此互不統屬，缺乏有機的整體聯繫。明十三陵則不同，各陵雖然各有自己的享殿、明樓、寶城，自成獨立單位，但陵區之內，長陵神道作為各陵公共的'總神道'出現，公用的牌坊、石刻群，使陵區建築緊密相連，形成了一個整體。"② 在中國古代社會發展過程中，統治階級一旦在政治和經濟上居於統治地位，就必然在思想文化領域內謀求統治權力。由此觀之，陵寢（陵墓）制度史和陵寢（陵墓）文化史，一定意義上濃縮和內化了社會發展史和社會變遷史，而社會發展和社會變遷在決定意義上依託和仰仗了人民群眾的創造智慧和創新成果，在影響意義上依靠和借助於不同時

① 胡漢生：《明朝帝王陵》（增訂版），學苑出版社 2013 年版，（引言）第 2 頁。

② 同上書，第 44—45 頁。

代的統治階級推進相關道路、理論、制度和文化建設的努力與作為。

（三）神陵關係

神祇、神明、神仙和神靈是中國古代社會中陵寢制度和墓園思想的構成要素之一，故我們通過深挖和揭示神與陵的關係能夠把握各個朝代修建帝陵的深層政治根源和內在思想動因，因它反映了不同時代統治者所在意的生死之觀、喪葬之風、陵寢之制和祭祀之禮等內涵，落實了自古以來思想界所探究的天人感應、以德配天、君權神授、天賦人權等思想，發展了神化君主專制制度和神秘君權至上思想等理論，如主張皇帝與上帝同名、皇權與神權一致、帝意與天意相同、人志與天志契合、天上與人間相參等理念，並通過提倡天人相與的學說、貫徹"奉天承運"的套話和打著"替天行道"的旗號等，最終實現政治統治和民心歸一、社會治理和天下咸服等目的。

第一，神權與帝陵的關係。神化陵地、陵山、陵河、陵水、陵氣和陵風等，使陵寢、陵墓、陵園、陵區、陵殿和陵邑等設施和設置具有了神奇、神秘、神妙、神異、神化和神聖的意味。自然界的事物和現象的產生與存在、演變與發展、本質與規律皆具有固有的、天然的內涵、關係、特徵和功能，如東西南北、地火水風、山川石木、鳥獸蟲魚、風雨雷電、陰晴圓缺、四季更迭等自然事物或現象皆有自身的產生原因、存在方式、演變機理、發展路徑及客觀規律，當人為地、主觀地、臆想地在其上附加或填充人類的目的、願望和要求時，既可使自然界按照人類所設定的目標和所提出的意願走上"自然人化"的道路，也可能給自然界以不能承載的負擔或賦自然界以無法承受的壓力，更有可能借助幻化乃至神化自然事物、現象及其規律，使之出現變形、變態、變味、變異、變軌或變質等狀況。特別是當陵寢建築與藝術、陵寢佈局與禮制、陵寢制度與思想等同宗教信仰與思想、宗教設施與活動、宗教派別與學說、宗教教義與祭祀等關聯起來，則會使自然界的事物和現象依照統治階級規劃的圖景和圈定的路線進入"自然神化"的軌道，故山不僅是山，還是神山或聖山；地不僅是地，還是神地或聖地；河不僅是河，還是神河或聖河；水不僅是水，還是神水或聖水；風不僅是風，還是神風或聖風；氣不僅是氣，還是神氣或聖氣；人不僅是人，還是神人或聖人；陵不僅是陵，還是神陵或聖陵；墓不僅是墓，還是神墓或聖墓。總之，神化的是構成和影響自然環境的基本要素——神秘化自然力量，強化的是主導和統領社會系統的主要力量——神聖化社會力量，固化的是嫁接和粘合自然界和人類社會的重要形式——神格化物質力量。例如，"內道場起於後魏，而得名在乎隋朝，何邪？煬帝以我為古，變革事多。改僧寺為道場，改道觀為方壇。若內中僧事，則謂之內道場也。今朝茲福等殿安佛像經藏，立刹聲鐘，呼為內寺是也。魏大武皇帝始光二年，立至神道場。神麕四年，勑州鎮悉立道場，蓋帝王生此日也”[①]。“九月，尹先民以初三日敗賊于郏縣之神道街。陳永福以十四日由神道街之野豬峪進，明日大敗之于高家坡掃地。王授首、孔道興以十七日于葉縣之獨樹，單騎提刀逐賊。（賊在郏縣神道山野豬峪敗後，渡河越澗，由魯寶走葉縣。）”[②]“院子一所，南至河南小道，北至迎神道，西至神地東北道，東至郝社長楊社長，計地九畝。”[③]

第二，神明與帝陵的關係。探索天神地祇與歷代帝陵的關係，求索陵寢建築與佛寺、道觀的關係，可以審視現實世界與虛擬世界、世俗皇權與天賦神權、物質世界與精神世界、社會存在與社會意識等。古語：山不在高，有仙則名；水不在深，有龍則靈。今言：地不在廣，因陵而名；陵不在古，因地而名；陵不在奇，因神而名。我們認為帝陵建築制度及其管理體制與外來的佛教和本土的道教結成了一體兩面的關係，甚至達成了一心同體的關係，前者借助後者增添了文化含量、增強了文化力量，後者依託前者夯實了物質基礎、獲取了發展資源。例如，皇帝喪禮、葬禮和祭禮原本是為以儒家禮儀為主的國家意志和政治行為，但在唐代已經混入了佛教追薦儀式——七七齋、地藏十王齋等佛道齋會和行香儀式；帝陵神道兩側豎立的石柱一改傳統樣式而採用了摩尼寶珠柱的形式，說明佛道文化已經融入了帝陵地面建築之中，並實現了帝陵禮儀空間中的佛法與皇權的結合，由此我們看到了佛教的佛說和佛理對皇權（帝權、君權）的輔翼，看出了皇帝（君主、帝王）對佛教的佛法和佛論的偏愛，讀出了在外來文化與本土文化的疊加和交錯過程中皇權對佛教的利用和制約及對佛道勢力的援用和制衡，理出了自南北朝至隋唐時期因佛教盛行而使皇帝多與佛教結下了不解之緣。例如，在唐代帝陵附近修建了三座陵寺，表面看來縮短了陵墓或陵寢與寺院或寺廟的空間距離，實質上是搭建了儒家思想與佛教文化的共用平臺，由此我們明瞭了中國古代陵寺制度的發展演變、唐代帝陵與佛寺的關係等重大問題。在唐代皇室的追福活動中，既有大量建造寺廟的行為，又出現了造立道觀的現象，形成了築陵、建寺與立觀並行之風，出現了帝陵、佛寺、道觀並存之狀，呈現了儒學、佛教、道教並舉之勢，由此我們認為此時的陵寢制度摻雜了更深的政治寓意和政治目的，陵寢文化滲透了更多的外來文化和宗教文化。“明太祖敬共神明，博考典常，釐正祀事，大者如二邱始分而終合四廟，先異而後同，創制明堂，尊崇廟寢，偉哉！酌古今通幽，渺絕地天通，洽神人志，因革損益，神道設教之禮不可有加，而訓辭諄復本於克誠猗歟?”[④] 為了崇敬神明而整治淫祠，為了“以禮事神”而厘正祀事，為了神道設教而博考典常，為了尊崇廟寢而創制明堂，以期實現通古今、絕

① （宋）釋贊寧：《大宋僧史略》卷中。

② （清）吳偉業：《綏寇紀略》卷四。

③ （清）胡聘之：《山右石刻叢編》卷二十八。

④ （清）傅維鱗：《明書》卷五十。

天地、洽神人的目的和效果。

第三，神化與帝陵的關係。我們以帝陵的勘察與勘測、選址與陵址、墳地與墓地、陵地與葬地等自然條件為主線，以靠山面水、青山綠水、環山抱水、負陰抱陽等風水事項為參考，旨在詮釋地與陵、水與陵、山與陵等的彼此印證關係。自中原地區盛行土葬以後，逐步奠定了中華民族喪葬歷史上歷代帝王墓葬的主要形式。由此，開啟了延續墓葬歷史，完備墓葬制度，積聚墓葬文化，沿襲墓葬習俗，創新墓葬形式，守護墓葬理念，挑選墓葬地點，更新墓葬技術，精選墓葬物品，尊崇墓葬人物，完善墓葬建築，遴選墓葬時間，維護墓葬規格，優化墓葬環境等的歷程和進程，但這皆脫不了與生前的“故土難離”意識的干係，脫不掉與死後的“入土為安”觀念的關聯，故土與地、山與水是關乎生老病死、生離死別的基礎要素。上至帝王將相，下至黎民百姓，無不生於斯、活於斯、長於斯、亡於斯和葬於斯，只是時間、時代和時限不同，抑或路徑、方式和規則有別。不管是“不封不樹”“墓而不墳、與地齊平”的原始形態，還是壘土成墳、堆土為陵、植樹為標的發展狀態；不管是獨葬、合葬、祔葬、陪葬、埋葬和天葬，還是深葬、淺葬、厚葬、薄葬、安葬和禮葬；不管是漢族統治者的墓葬，還是少數民族統治者的墓葬，均可視為對土地、山水的認識和利用的結果與表現。堪輿術或風水術不只是因地而定陽宅或陰宅，也不單是因土而建墳墓或陵墓，但土的材質和地的資質起著關鍵作用。“原來，中國古代建築選址的風水觀念在形成過程中產生了許多的流派，按照這些流派的核心取向和具體的操作手法，主要可以分為兩大主流，即‘形勢宗’和‘理氣宗’。（一）主要是考察自然地理各方面條件，通過龍、砂、水、穴等要素，以及植被、氣候等陵區周圍的生態景觀因素，來評價風水的好壞，進而作出選擇規劃，這一類稱‘形勢宗’。（二）主要通過占星、卜筮、陰陽八卦、五行生克，以及卦理、命理的相生相剋來推算風水的吉凶，選擇城市、宮宅、陵墓、宗廟等建築方位和興造時辰，包含著許多原始巫術和占卜的成分，這一類稱‘理氣宗’。”① 例如，朱元璋尋找祖陵之地的故事就不同尋常，令人深思。若論其尋根意識，則有了本源之義；若論其尋祖心理，則有了盡孝之義；若論其附會之說，則有了神化之義；若論其風水理念，則有了神秘之義；若論其政治意圖，則有了神聖之義；若論其宗教信仰，則有了神道之義。為此，有人施展法術，用盡渾身解數尚難以博得聖心愉悅，故難逃遭遇重罰或去官解職的命運，難免招致身敗名裂或家破人亡的結局；有人工於心計，善於揣摩帝王心理和需求，加之上知天文，下知地理，中曉人和，故求得龍顏大悅而飛黃騰達、光宗耀祖，如朱貴因發現了“肇基帝跡”、無疆之地、龍興之地的祖陵地址而加官進爵且蔭蔽祖孫。“明洪武十九年（1386 年）祖陵建成，欽天監官奉皇太子朱標之命作《泗州祖陵形勝賦》就對祖陵風水進行了這樣的描述：蠙（bīn）城直北，汴河西崗，管鮑讓

① 徐鑫：《康熙帝陵歷史之謎》，遼寧人民出版社 2016 年版，第 30—31 頁。

金之地，招賢貴土之鄉，山名萬歲山，河名金水河，周圍旋繞九曲羅堂水，勢真龍之象。……土山亦有勢，環拱祖陵朝盛地。珠山出寶最稀奇，柳山青翠俱隨勢。……山色明、水色秀，山川總是天生就。重山疊水繞盤旋，地傑人靈風醇厚。萬古千年國運昌，便是神仙誇輻輳。"[①] 例如，依據山川走勢、地貌特徵和地理形勢，古代皇帝生前的宮殿和死後的陵寢往往迷戀於坐西朝東或坐北朝南，這蘊含了坐擁天下或君臨天下之意。由此，興建陵寢乃天經地義之事，而修建廟宇或佛寺而為陵寺亦是題中應有之義。

我們依據文獻記述和考古發現，可知太廟的演變歷史及太廟與明堂的演化關係，可見帝陵與佛寺、皇陵與廟宇、王陵與道觀之間的影響關係，即太廟創始於黃帝，夏代始稱"世室"，商代尊稱"重屋"，周代改稱"明堂"，秦漢時期定稱"太廟"；它起初為中國古代皇帝的御用宗廟，供奉著皇帝列祖列宗的神牌，專供皇帝及皇族祭拜，後經皇帝特許開始擺放皇后和功臣的神位，這是中國古代文化或傳統思想中宗教文化居於中心地位的歷史見證，也是集宗教、政事、教化和神化為一體的文化標識，而明堂是中國先秦時帝王會見諸侯、進行祭祀活動的場所，其建築樣式、祭祀禮儀及政治意圖，既影響了禮制建築的形制，也規約了政治體制的走向，還反映了祭祀文化的程式。"自漢明感夢，寺興白馬之名；孫權驗瑞，塔始建初之號。自斯厥後，相係而興，向若神道泯無，帝王豈應敬事？威靈歇滅，國主寧復遵承？並以目驗身臨，故使歸依迴向。未若道家都無承據：李老事周之日，未有玄壇；張陵謀漢之晨，方興觀舍。"[②] 例如，雍正皇帝為了感恩與報恩康熙皇帝——其因康熙皇帝傳位而成為世襲制度的寵兒，懷念與追念孝恭仁皇后——其因恭仁皇后生養而成為皇室家族的嗣子，便將父皇和生母的畫像供奉於景山壽皇殿內，並制定了祭祀制度，又將其神牌供奉於養心殿東佛堂，並制定了瞻拜制度，即"雍正皇帝考慮太廟、奉先殿雖然供有皇父和生母孝恭仁皇后的神牌，但到那裏去上香行禮是受日期和規定限制的，不是哪天去都可以的，而且這兩個地方距養心殿很遠，去那裏很不方便，而如果將神牌供設在皇帝的寢宮養心殿的東佛堂內，則每天早晚隨時可以去瞻禮膜拜，極為便利。於是，他就將康熙帝和孝恭仁皇后的神牌供奉在養心殿的東佛堂，並經常到那裏瞻拜。雍正的這一做法，日後為後世清帝所效仿，並成為制度"[③]。

（四）人陵關係

依託陵寢制度及其思想文化，鑄就了神人一體的辯證關係，主要表現為"奉神為人"和"奉人為神"兩個層面及其雙向互動關係。

第一，奉神為人——人格化神，使神具有人性化特徵。人格神具有類似於人的情感、

① 胡漢生：《明朝帝王陵》（增訂版），學苑出版社 2013 年版，第 35 頁。

② （唐）釋道宣：《廣弘明集》卷第十二。

③ 徐鑫：《康熙帝陵歷史之謎》，遼寧人民出版社 2016 年版，第 60 頁。

心理和意志，具備相當於人的形貌、體征和品格，故可以通過神與人的交流和溝通，鋪設神格與人格的往返通路，以使神瞭解和理解人的願望與訴求；通過膜拜和祭祀，搭建神性與人性的共用平臺，使人傳達和傳遞神的目的與作用。早期儒學的人格神與人格天同義且合稱為人格天神，但到了宋明理學和現代新儒學則演變為非人格天、非人格神且無人格天神之稱謂，由此形成了中國哲學思想史上“人格神、人格天產生人”與“非人格神、非人格天產生人”兩個階段和兩種認識。我們結合陵寢制度及其思想予以考究，可知天人關係與神人關係屬於唇齒相依的關係，“天人合一”與“神人合一”乃是互為表裏的關係，故中國古代思想家尤其是哲學思想家通過鍥而不捨地閱讀和解讀天人關係而確立了“天人合一”的儒道哲學思想，又借助矢志不渝地解析和解答神人關係而明確了“神人合一”的神道哲學思想。“奉神為人一方面指在觀念世界中，神的習性如同人一樣，有著喜怒哀樂、七情六欲，甚至要抽煙喝酒看粉戲聽黃段子，要成雙成對，還睚眥必報，另一方面指在敬拜實踐層面，人們通過神話、傳說等口頭敍事，廟宇、雕塑、聖畫像等視覺符號，燒香磕頭、勒石刻碑、修廟塑像等體化實踐和旌旗牌匾等可感可觸的靈驗符碼‘將神具化，親情化為人’，從而在人與神之間形成一種相互之間存在權利與義務，並必須互惠的擬親屬關係，直至最終簡潔地體現在綴之以‘祖’‘爺’‘公’‘母’‘娘’‘奶’等親屬稱謂的神靈名號上。”① 首先，在精神層面上，樹立神性與人性相通的觀念，確立神靈世界與世俗世界互通的意識。其次，在實踐層面上，落實信仰、敬拜和祭祀等行為，推行建築、雕刻和繪製等舉措。再次，在制度層面上，形成建制、規制和形制等原則，彰顯文化、思想和哲學等內涵。我們認為背負神聖使命的帝王們，生前死後既享受了人民群眾創造的物質財富和精神財富，又接受著人心向背和與民同樂的考量；既擁有了一言九鼎的政治權力，又承受著統治基礎牢固與否的考驗；既獨享了奉為神明的文化禮遇，又面臨著骨肉相殘的命運，即他們是在處理和解決人與人或人與社會、人與自然或人與生態及自然環境與宗教信仰等復雜關係的過程中，以特殊社會階層的身份和至高無上的地位傳播且傳承了中華民族傳統思想文化的一些內容和旨意。如果從帝陵神道及其哲學思想來看，可見儒家的哲學思想、道德觀念和價值追求的印跡作用，即博引了家庭中心、道德至上、倫理本位等儒學思想。“我們認為，儒學的天人關係論是以天為基礎，而以人為中心或重心的。所謂以天為基礎，就是說天產生了人，是人的創造者，如‘天生蒸民’所說的那樣。同時，天還是人效法的目標，就是說，人渴望‘天人合一’的精神境界，達到這樣境界的人會感到天人本是合一的，因而接納一種順應天意的生活方式。”②

① 岳永逸：《朝山——廟會的聚與散，映射出民間的生活與信仰》，北京大學出版社 2017 年版，第 240 頁。

② 傅有德：《神人關係與天人關係——猶太教與儒學之比較》，《猶太研究》2002 年第 1 期。

第二，奉人為神——神格化人，使人具有了神性化特徵。統治者的身份地位和普通人的善心義舉，皆可為成神的條件和化神的機遇。統治階級的向神之心、入神之境、敬神之意和拜神之行，具現在完善陵寢制度和构筑陵寢文化的歷史之上，以此將人格提升為神格，將人性提升為神性，將人道提升為神道，將人本提升為神本，將人力提升為神力，將人權提升為神權，最終實現了神化的目的和神聖的目標。我們認為此神並非專指虛無縹緲的神靈，亦非特指捉摸不定的神仙，它應包括化腐朽為神奇的力量、挽狂瀾於傾倒的能量，如救人於危難之際的作為、助人於左右為難之時的表現、治人於俯首稱臣之狀的權力等層面或維度。我們認為儒學主張入世而治世，从而主導了政治思想和道德哲學的走向；佛教弘揚出世而面世，从而導引了信仰文化和宗教哲學的流向；道教宣揚出世且入世，从而引導了生命智慧和人生哲學的取向。因此，統治階級在協調和處理人陵關係時，沐浴和沉浸在入世與出世、治世與面世、修身與修心等對立統一關係之中，必然深耕其中所深藏的多元政治關係、多種文化關係、多樣思想關係和多維哲學關係。"奉人為神一方面指人皆有可能成神，不僅僅是帝王將相、先祖聖賢、大德高僧、異士奇人，只要有好的德行、心地善良，行好者皆有可能被人供奉而成神，另一方面指凡夫俗子基於'人皆成神'而對'自己也是神'的想象或者說幻覺。這些又與儒家的修身、佛教的修行、道教的修煉等混融一處，交互感染。"① 當賦予人的身份、地位和作用以政治性、宗教性和權威性之時，則注解了中國古代社會政治制度與政治哲學、宗教制度和宗教哲學、家庭制度和道德哲學、社會制度和社會哲學的序列關係乃至因果關係。在中國古代歷史上，神道哲學思想依然擺脫不了歷史條件和時代特徵的決定作用，仍然秉受文化類型和思想基礎的制約作用。"中國政治文化歷來是一種'文化中軸的政治文化'，它異於西方'制度中軸的政治文化'。所謂'文化中軸的政治文化'，指的是政治文化本身與家庭生活、社會生活、道德生活和倫理生活有著千絲萬縷的聯繫，政治文化彌散在更宏大的社會文化之中，社會通過一定的文化機制和一定文化形態下形成的主體文化沉澱作用於政治生活，社會生活和倫理生活的展開便是政治生活的實現。'制度中軸的政治文化'則較為明確地劃分為政治領域和上述其他領域，更多地肯定了主體在不同領域中的不同身份，建立了政治生活特有的程序、機制、功能和結構。"②

我們以帝陵制度及其思想中"人化之神"和"神化之人"為參照，求證人與陵的關係——人是陵的主宰，陵是人的歸宿，人陵關係是神道哲學思想的內涵。歷史上，"因人設陵"是一種禮制，"因陵設事"是一項規制；"因人設教"是一種制度，"因陵設地"是一類形制；"因人設制"是一種體制，"因陵設職"是一個機制，這緣於人們完善陵寢制

① 岳永逸：《朝山——廟會的聚與散，映射出民間的生活與信仰》，北京大學出版社 2017 年版，第 240 頁。

② 王滬寧：《轉變中的中國政治文化結構》，《復旦學報》（社會科學版）1988 年第 3 期。

度和建構陵寢文化的過程中將帝王“推向神殿”和“葬於寢殿”相結合的思想認識。我們擷取歷史文獻中關於神人關係的經典論述，並結合太廟與帝陵、敬神與孝親、昊天與大帝、聖人與神人、神道與王道、知道與守道、興道與失道、陰陽與時序、星宿與時運、天極與人極及神道清靜與天子尊崇、神道設教與聖道設教等關係，可知帝陵史與社會史、帝陵觀與政治觀、帝陵論與哲學論等關係。“夫以神道事之，則尊而不親；以師道事之，則敬而兼愛。今者，藏書樓之建，毋亦冀入斯廟者，讀其書，論其世，雖相去數千載，猶然執經請業於一堂，而毋徒鐘磬聲容登降拜跪之爲觀，美乎？若然，則古昔勸學親師之遺意，猶可得而尋也。”[①]“真人問：何以知道效乎？神人曰：決之於明師，行之於身，身變形易，於神道同門，與真為鄰，與神人同戶，求之子身，何不睹患，患其失道，意反求之，野索之不得，便至窮老矣。”[②]“太廟清廟，世室明堂，名異地同，大射、大饗、大祀行其中。以神道之清靜，天子之尊崇，混神人而無異，宮毋乃迂且侗乎？”[③]“謹按：後魏王均《志》：北辰第二星，盛而常明者，元星露寢，大帝常居，始由道奧而為變通之蹟。又天皇大帝，其精耀魄寶，蓋萬神之秘圖，與河海之令紀皆稟焉。據元說，即昊天上帝也。天一掌八氣、九精之政令，以佐天極。徵命而有嘗，則陰陽序，大運興。太一掌十者十有六神建法度，以輔人極。徵明而得中，則神人和而王道興。外又北斗有權、衡二星，天一、太一參居其間，所以財成天地，輔相神道也。若一槩以列宿論之，實爲淺近。”[④]“聖人以神道設教，神人亦以聖道設教，無非欲人爲善而已。其告先公者，以先公之敬神好善，可與言也。余所聞見古今之人，強有力者橫行天地之間，舉世莫能當也。”“彼之所以敢於爲惡者，不敬神之故也。是以爲神者，亦欲人之敬神也。猶爲君者，欲人之敬君也。爲親者，欲人之敬親也。人皆不敬神，不敬君，不敬親，則人類絕矣，而天地毀矣。故曰：聖人以神道設教，神人亦以聖道設教，神之與人本一體也。”[⑤]在追求政令通與國運興、神人和與王道興、陰陽序與大運興的過程中，只有解決好為神與敬神、為君與敬君、為親與敬親等關係，才能避免人類絕、天地毀、法度亂等局面。當我們褪去封建色彩、剝開宗教外衣、掀開神秘面紗和撥開神權的層層迷霧之後，即當我們批判了唯心主義立場、去除了神秘主義信仰和擺脫了專制主義的重重迷蒙之後，而回歸文化本位，扎根思想基礎，探求哲學邏輯時，將裨益於中國傳統思想文化的現代化事業。

① （清）賀長齡：《耐菴詩文存》文存卷一。
② （東漢）佚名：《太平經》鈔乙部卷二。
③ （清）董誥：《皇清文穎續編》卷四十八。
④ （北宋）王欽若：《冊府元龜》卷五百九十二。
⑤ （明）趙南星：《趙忠毅公詩文集》卷十二。

二　日本神道哲學論

結緣日本社會，思索日本民族，考究神社神道文化，研究神道哲學思想，探求日本人的精神文化結構、關係及特徵。我們從事日本哲學思想研究始於 20 世紀 80 年代，而專攻神道哲學思想研究則始於 20 世紀與 21 世紀之交。多年來，我們深耕日本社會的精神文化環境和思想文化土壤，參與“日本有無哲學”的思考與論爭，找尋通往日本文化的深層、日本思想的底層及探究日本哲學的底色和日本精神的底蘊的可行之路。

（一）神道傳統

神道是日本社會的原始宗教、日本人的精神食糧和日本文化的主要層面，它養育了大和民族的國民性。

針對日本社會“說”點什麼？面對日本民族“談”點什麼？比對日本文化“論”點什麼？應對神道文化“評”點什麼？這些問題一直盤桓在我們的心頭，徘徊於我們的腦際，使我們對它們有著“撿”起來的欲望，“放”不下的衝動，“做”不好的擔心。因為日本社會現象、日本民族精神、日本人國民性及日本哲學思想特點，總是既表現為矛盾對立的關係，又展現為和諧統一的關係，並孕育了具有日本民族特色的神道哲學思想。以神道文化的形成與發展為視閾和論域，可知它受到諸多要素的規約和眾多因素的影響，如本國的和外國的歷史、東方的和西方的思想、宗教的和世俗的文化、先進的和落後的制度等，再如佛教、儒學、基督教等均對日本社會發展和國民生活方式產生過特別的作用。日本的原始文化從未被高級的發達的文化形態取代，這與本土文化根源的保留和保護及神道文化的堅守和執著休戚相關。以神道文化的特點或特徵而言，日本民族歷時地處理著文化的吸收性和獨立性、文化的根源性和外來性及文化的輸出和輸入、文化的吸取和變形的雙重關係。以中日神道文化的比較與交流而論，由中華民族和大和民族苦心經營和共同養育的歷史悠久、範圍廣泛、影響深遠的中日文化交流事業，多以宗教文化、政治制度、經濟體制及典章制度為重點，故論及中日思想文化比較與交流屬於責無旁貸的學術義務，闡釋中日宗教文化的比較與交流屬於不可推卸的學術責任，提出中日思想文化比較與交流是以宗教思想文化的比較和交流為促動因素和中介要素的學術見解屬於不能回避的學術追求。堅持“日本人論”“島國根性論”“日本獨特性論”者始終堅信大和民族的政治制度的獨特性和神道文化的特殊性等觀點，如“亞細亞主義”“大東亞主義”等論調，曾一度成為第二次世界大戰期間日本社會的意識形態。當全球化成為現時代不可逆轉的潮流和新時代不容忽視的道路時，人們再度研判日本社會制度的特徵、大和民族的特性和神道文化的屬性等內容，可知“天皇擁有無上權力，在政治上舉足輕重，然而這僅限於日本早期歷史。自中國唐末到清中葉的一千年間，除了少數天皇，其他大部分天皇都無政治影響力。但在宗教上，天皇仍沿襲本土神道傳統，擔任神官角色，而實際統治日本者則另有其人……因此，19 世紀的現代君主制能有如此高的政治地位，實與其傳統歷史相異。”①

我們面對以“吸取和變形”外來思想而屹立於世界的日本社會，面向善於精細考證歷史事件和勇於開放文化市場的日本民族的精神世界，辨析了因世界觀、歷史觀和價值觀的差別而形成的日本人的神道世界觀、歷史觀、價值觀和方法論，完成了神道文化、思想和哲學的斷代研究，揭示了明治維新以前日本神道的主要內容、發展脈絡、性格特徵和社會作用，指出了神道是日本民族特有的宗教文化，是與日本社會的物質生產與生活、精神生產與生活密切關聯的風俗習慣，是構築日本文化的基礎性的文化基因和關鍵性的思想動因，是關聯著日本社會和日本民族的歷史、現實與未來的文化形態，並提出了神道文化是考究東方哲學思想和東方宗教文化的主要參照，闡明了神道文化在中日宗教文化交流過程中的復合作用，闡釋了神道文化是驗證先進的中國傳統思想文化的文化實力與落後的日本傳統文化的文化引力之契合關係的試金石等研究理念，證明了神社神道哲學思想是明治維新以後日本社會轉向和日本經濟成功發展的重要力量等研究成果。我們援引美國“現代日本史”研究者的學術立場，可管窺日本傳統並略知神道傳統：“本書會指出很多所謂的‘日本傳統’只不過是現代世界所創造的神話而已，部分‘日本傳統’被視為進步的絆腳石，部分則成為日本的典型，並向世界展示。”② 只有直面日本社會的二元性、日本文化的雙重性、日本哲學的滯後性、日本國民的曖昧性等內容，才能解明日本經驗的地域性、時代性和局限性等，以此認清日本傳統與神道傳統的內在關係。

（二）神道關係

在神道歷史和傳統中，始終圍繞著神道、儒學和佛教的影響關係，用心維護著神道學派、學說和學理的邏輯關係，著力維繫著神道、宗教和政治的契合關係，努力維持著日本、中國和東亞國家的地緣關係。

綜合研究和全面把握日本神道，應該把實物神道——神社神道和理論神道——神道學派與神道學說結合起來，但因千姿百態的神社作為承載神道文化的物質載體和神道祭祀的客觀場所，其主要在實踐層面和外在文化的意味上有著研究的必要和參考的價值，故我們沒有深究其歷史演變、主要內容、祭祀儀式、分佈特徵及社會作用等問題，也沒有研究其

① ［美］安德魯·戈登：《現代日本史：從德川時代到 21 世紀》，李朝津譯，中信出版集團股份有限公司 2017 年版，第 004 頁。

② ［美］安德魯·戈登：《現代日本史：從德川時代到 21 世紀》（序言（英文第三版）），李朝津譯，中信出版集團股份有限公司 2017 年版，第 015 頁。

在選址、規劃、設計、營造及式年遷宮等過程中的價值取向和價值理念，更沒有研究寺院、道觀與神社的影響與被影響關係等內容。我們以神道文獻所記述的神道文化、不同神道學派所闡釋的神道理念、漫長的神道歷史所展現的神道邏輯、激烈的神道紛爭所表露的神道立場等為主要對象，形成了具有自身特色的學術觀點和學術思想：概述日本神道文化、思想與哲學，明瞭日本民族的特殊的社會文化現象的來龍去脈和淵源關係；揭示民族文化的根底和外來思想的影響，闡明神道文化是日本民族在處理和協調民族文化與外來思想、宗教文化與世俗文化以及東西方哲學思想、東西方宗教哲學思想的雙向互動關係的過程中得以積澱而成的思想文化形態；神道文化、思想和哲學是通過諸多神道學說、不同神道學派間所具有的依次的因果關係和內在的邏輯關係表現出來的思維成果，它主要表現為神佛習合關係、神儒一致關係和神儒佛三教融合關係，也是通過神道學說和神道學派本身所具有的獨特的思想文化關係表現出來的思想結晶，它主要表現為神神關係（包括主神與主神、主神與眾神、眾神與眾神及天神與地祇的關係）、神人關係（包括主神與天皇、主神與民眾、眾神與天皇、眾神與民眾、天皇與民眾及神、天皇與民眾的關係）、神與社會的關係（包括主神或眾神與日本社會政治、經濟和思想文化的關係）、神與自然的關係（包括主神“生成”自然、眾神維護自然、人神共居於自然及人們認識、利用、改造和保護自然等關係）、神與世界（宇宙）的關係（包括主神“生成”世界或宇宙的萬事萬物，主神與眾神共同規約世界或宇宙的事物和現象的運動、變化和發展，神、人與世界或宇宙的和諧一致關係），以此來閱讀和審視神道自然觀、神道世界觀與神道價值觀。

神道哲學思想是神道宗教思想、神道政治思想和神道倫理思想的統一體。在各種神道學說和不同神道學派的產生與發展、定型與演變、紛爭和滅亡的過程中，依據社會歷史條件的客觀要求和思想文化環境的規約作用，而展示了日本文化關聯東西方文化又有別於東西方文化的顯著特徵，印證了日本文化根連宗教文化和依附宗教文化的獨有特色。神道文化、思想和哲學有著顯著的階段性特徵，表現為連續性與非連續性、至上性與非至上性、絕對性與相對性、普遍性與特殊性的相互關係，這是社會歷史發展過程中的時代特色在思想文化形態上的具體體現。神道學說與神道學派表現為主流與非主流、主導與次要的層次關係，即在日本中世神佛習合關係主導神道文化的格局和走向時，神儒一致關係、神儒佛三教融合關係是非主流的附著性的思想文化關係，而在日本近世神儒一致關係取代神佛習合關係主宰神道文化的格局和走向時，神佛習合關係和神儒佛三教融合關係則是從屬的次要的思想文化關係。我們不能忽視神道與其他外來思想文化的復雜關係，如神道與基督教、陰陽道、修驗道、易、陰陽五行說的影響與被影響或吸收與被吸收及變形與被變形的關係，但這些思想文化關係散在不同歷史時期的各種神道學說和神道學派之中，其影響作用、吸收成果及變形效果等亦不及神佛習合關係、神儒一致關係和神儒佛三教融合關係。

（三）神道學派

經營神道學派、闡述神道學說和張揚神道理論，旨在表明神道立場、提煉神道觀點和盤活神道方法，積澱神道文化、凝練神道思想和培植神道哲學，優化神道關係、推出神道原則和完善神道體系，這是日本神道的根底。

依據神道學說、神道學派的產生順序和影響關係，遵循歷史與邏輯的辯證統一原則，遵照神話、宗教和哲學的因果序列關係，我們首先揭示了神道文化的原點或基點——“記紀神話”中的自身矛盾現象，由此闡明了神道文化、思想和哲學的未來發展的路徑與特徵。我們把協調和處理神佛習合關係的神道學說、神道學派大體上分為兩種類型——主張佛主神從（佛主神隨、佛本神跡）的神佛習合關係的神道學說與神道學派和主張神主佛從（神主佛隨、神本佛跡）的神佛習合關係的神道學說與神道學派，此以山王神道、兩部神道、伊勢神道和吉田神道的系譜、思想、特徵及作用為例證。我們把協調和處理神儒一致關係的神道學說、神道學派大體上分為兩種類型——主張神主儒從（神主儒隨、神本儒跡）的神道學說與神道學派和主張儒主神從（儒主神隨、儒本神跡）的神道學說與神道學派，且進一步分為神道家宣揚的神道學說與神道學派和儒學家宣明的神道學說與神道學派等兩個系列，此以吉川神道、垂加神道、理當心地神道、復古神道、自然神道等的系譜、思想、特徵及作用為實證。我們認為協調和處理神儒佛三教融合關係的神道思想基本上貫穿於神道歷史發展的整個過程，它表現為上述以協調和處理神佛關係和神儒關係為主旨的神道學說、神道學派所論及的神儒佛三教融合關係思想，也包括主要論述神儒佛三教融合關係的思想家和神道家的思想，如聖德太子思想與太子流神道、根葉花實說與神道諸流派、一條兼良的神道思想、忌部正通的神道思想、石門心學的神道思想、二宮尊德的“神儒佛三味一粒丸說”等形態，它們雖未成為主導性或主流化的思想文化關係，但對於神佛習合關係和神儒一致關係仍然具有制衡作用，對於日本文化、神道思想的結構關係仍然具有規約作用，而且依附於佛主神從的神佛關係和神主佛從的神佛關係的神儒佛三教融合關係具有不同的特徵和作用，依附於神佛習合關係和神儒一致關係的神儒佛三教融合關係具有不同的特質和功能。這樣一來，我們才能正確把握神道哲學思想是通過諸種神道思想文化關係表現出來的，才能真正明確日本人以佛教和神道來滿足自己的主要宗教需求，以神道和儒學為思想指導形成了自己的政治理想，以儒學和佛教為規約自己的社會活動的行為準則。

位於中國傳統儒學文化圈的邊緣地帶的日本社會及其思想文化，既全面地接受了中國大陸先進的有形的物質文化和無形的精神文化的深刻影響，又未被大陸思想文化的威勢壓倒，“島國環境”歷史地、自然地養育著日本民族的“島國根性”，並保住了本民族的主要制度和價值標準，即居於“島國環境”中的“島國居民”仰賴以憂患意識、危機意識、排邪意識、開放意識及吸取與變形意識為主要內容的“島國根性”，扎實著民族本性，豐實著民族特性，張揚著民族個性，維護著民族天性，保存著民族種姓，這是考察日本性和國民性的主要參照。

明治維新以前的思想文化諸形態合力構築了一個相對完整的日本思想文化體系。在這個獨特的觀念體系中，其構成要素和結構層面主要包括神道、佛教、儒學、道教、基督教、蘭學等形態，眾多思想文化類型中除了神道是日本的民族文化和民族宗教外，其他都屬於外來思想或異域文化，它們要麼是東方文化的主體或主幹，要麼是西方文化的基礎或根幹，故日本社會及其民族受益於東西方思想文化中的世界觀和方法論，得益於東西方思想文化的概念界定、原理闡明及思維邏輯，而在優秀的、發達的思想文化的影響下成長和發育，並在沒有重復其他民族創造文化的漫長過程、沒有背負因文化創造而產生“傳統負累”的前提下，不斷地利用其他民族所創造的思想文化的前沿成果，展示著日本思想文化發展過程中的“後發優勢”。

明治維新以前的神道文化、思想和哲學是近現代日本社會發展的主要的文化基因和重要的思想動因。在歷史上和現實中，人們不斷地求解“日本之謎”或“日本社會之謎”，尤其是在全解“日本文化之謎”時，儘管已有令人欣慰的研究隊伍和可資借鑒的科研成果，但依然存在着諸多學術成見乃至學術偏見，如人們在研判日本近現代社會和經濟成功發展的各種動因尤其是思想文化動因時，尚未深諳中國帝陵神道文化在中日宗教文化交流過程中及神道文化交流環節上如何匯入日本人的精神世界並融入各種思想文化內裹等重要課題。中國社會不同時代的神道文化、思想和哲學的內容與特徵、脈絡與作用又如何界定呢？我們關注了整個中國傳統思想文化體系中的神道文化、思想和哲學，關切了各種神道文獻中帝陵神道文化、思想和哲學。

歷史如川，時間如岸。文化如海，時代如船。思想如山，時光如梭。哲學如夢，時局如潮。歷史責任感和學術使命感共同驅使著、激勵著我們這一代人，我們必須與時俱進、創新理論，勇於承擔責任、敢於不辱使命，才能敢問“神道文獻整理與帝陵神道研究”。

參考文獻

一　學術著作

侯外廬等:《中國思想通史》(全五卷),人民出版社 1957 年版。

俞進化:《清東陵與西陵》,北京出版社 1981 年版。

傅永魁:《中國文物小叢書——宋陵》,文物出版社 1982 年版。

中國第一歷史檔案館編:《清代帝王陵寢》,檔案出版社 1982 年版。

劉敦楨主編:《中國古代建築史》(第二版),中國建築工業出版社 1984 年版。

林黎明、孫忠家編著:《中國歷代陵寢紀略》,黑龍江人民出版社 1984 年版。

王仲殊:《漢代考古學概說》,中華書局 1984 年版。

蔡冠洛編著:《清代七百名人傳》(全三冊),中國書店 1984 年版。

于善浦編著:《清東陵大觀》,河北人民出版社 1985 年版。

俞偉超:《先秦兩漢考古學論集》,文物出版社 1985 年版。

[日] 神道大系編纂會:《神道大系·論說編》,精興社昭和六十三年版。

陳寶蓉編著:《清西陵縱橫》,河北人民出版社 1987 年版。

孫中家等編著:《中國帝王陵寢》,黑龍江人民出版社 1987 年版。

中國社會科學院民族研究所編:《馬克思恩格斯論民族問題》(上、下冊),民族出版社 1987 年版。

羅義俊:《漢武帝評傳》,上海人民出版社 1988 年版。

徐伯勇主編:《開封文物勝跡》,中州古籍出版社 1988 年版。

王守華:《日本哲學史教程》,山東大學出版社 1988 年版。

李登勤:《特殊的明帝陵——顯陵》,湖北人民出版社 1988 年版。

呂大吉主編:《宗教學通論》,中國社會科學出版社 1989 年版。

龔維英:《原始崇拜剛要——中華圖騰文化與生殖文化》，中國民間文藝出版社 1989 年版。

王家驊:《儒家思想與日本文化》，浙江人民出版社 1990 年版。

蔣中健:《明代第一陵》，江蘇古籍出版社 1990 年版。

左步青主編:《清代皇帝傳略》，紫禁城出版社 1991 年版。

李書有主編:《中國儒家倫理思想發展史》，江蘇古籍出版社 1992 年版。

［英］愛德華・泰勒:《原始文化——神話、哲學、宗教、語言、藝術和習俗發展之研究》，連樹聲譯，上海文藝出版社 1992 年版。

王其亨主編:《風水理論研究》，天津大學出版社 1992 年版。

詹鄞鑫:《神靈與祭祀——中國傳統宗教綜論》，江蘇古籍出版社 1992 年版。

朱謙之:《中國景教》，人民出版社 1993 年版。

李秉新等:《清宮八大疑案》，河北人民出版社 1993 年版。

郭松義等:《清帝列傳——清朝典制》，吉林文史出版社 1993 年版。

王學理:《秦始皇陵研究》，上海人民出版社 1994 年版。

那國安、王禹浪:《金上京百面銅鏡圖錄》，哈爾濱出版社 1994 年版。

李尚英:《中國清代宗教史》，人民出版社 1994 年版。

王家驊:《儒家思想與日本現代化》，浙江人民出版社 1995 年版。

唐山市政協文史資料委員會編:《清東陵》，社會科學文獻出版社 1995 年版。

沙宗平:《伊斯蘭哲學》，中國社會科學出版社 1995 年版。

嘯天編著:《清宮之迷》，內蒙古文化出版社 1995 年版。

耿保倉等編:《清西陵帝王傳奇故事》，甘肅人民出版社 1995 年版。

許成、杜玉冰編著:《西夏陵——中國田野考古報告》，東方出版社 1995 年版。

呂思勉:《中國民族史》，東方出版社 1996 年版。

佘桂元:《中國著名的寺廟宮觀與教堂》（增訂版），商務印書館 1996 年版。

王曉秋、［日］大庭修主編:《中日文化交流大系 1・歷史卷》，浙江人民出版社 1996 年版。

嚴紹璗、［日］源了源主編:《中日文化交流大系 3・思想卷》，浙江人民出版社 1996 年版。

楊曾文、［日］源了源主編:《中日文化交流大系 4・宗教卷》，浙江人民出版社 1996 年版。

［法］孟德斯鳩:《論法的精神》（上、下冊），張雁深譯，商務印書館 1997 年版。

張生三主編:《中華帝陵》，中州古籍出版社 1997 年版。

樓宇烈主編:《東方哲學概論》，北京大學出版社 1997 年版。

曹硯農:《古代帝王文化叢書——古代帝王陵寢實錄》，嶽麓書社 1997 年版。

趙爾巽等:《清史稿》(全四册),中華書局 1998 年版。
馮友蘭:《中國哲學史新编》(全三卷),人民出版社 1998、1999 年版。
[美] 威爾·杜蘭:《世界文明史——東方的遺產》,幼獅文化公司譯,東方出版社 1998 年版。
李興華等:《中國伊斯蘭教史》,中國社會科學出版社 1998 年版。
黄心川主編:《現代東方哲學》,浙江人民出版社 1998 年版。
胡漢生:《明十三陵》,中國青年出版社 1998 年版
武斌:《中華文化海外傳播史》(全三卷),陝西人民出版社 1998 年版。
[美] 貝拉:《德川宗教:現代日本的文化淵源》,王曉山等譯,生活·讀書·新知三聯書店/牛津大學出版社 1998 年版。
王淑良編著:《中國旅遊》(古代部分),旅遊教育出版社 1998 年版。
黄景略、葉學明:《中國歷代帝王陵墓》(增訂版),商務印書館 1998 年版。
徐廣源:《清朝皇陵探奇》,新世界出版社 1998 年版。
[日] 藤原(王)文亮:《聖人與日中文化》(全三卷),社會科學文獻出版社 1999 年版。
樊英峰等:《乾陵》,陝西旅遊出版社 1999 年版。
麦迪編著:《雍正謀略》,京華出版社 1999 年版。
王淑良、張天來:《中國旅遊》(近現代部分),旅遊教育出版社 1999 年版。
雍曉茹編著:《中國名勝概覽》(全三卷),中國人事出版社 1999 年版。
高國藩:《中國巫術史》,上海三聯書店 1999 年版。
朱謙之:《日本的朱子學》,人民出版社 2000 年版。
朱謙之編著:《日本的古學及陽明學》,人民出版社 2000 年版。
鄭師渠總主編:《中國文化通史》(全十卷),中共中央黨校出版社 2000 年版。
白樂天主編:《中國全史·中國通史》(全三卷),光明日報出版 2000 年版。
惠焕章等編著:《陝西帝王陵》,陝西旅遊出版社 2000 年版。
王雙懷:《荒塚殘陽——唐代帝陵研究》,陝西人民出版社 2000 年版。
孫遜:《中國古代小説與宗教》,復旦大學出版社 2000 年版。
趙社民主編:《中華名人墓葬》,宗教文化出版社 2000 版。
惠焕章等編著:《陝西名人墓》,陝西旅遊出版社 2000 年版。
晏子有:《清東西陵》,中國青年出版社 2000 版。
金永田:《真寂之寺覽勝》,中國社會出版社 2000 年版。
田葆瑗、劉寂編著:《茂陵與馬嵬坡》,陝西旅遊出版社 2000 年版。
劉慶柱:《古代都城與帝陵考古學研究》,科學出版社 2000 年版。
宋蜀華、陳克進主編:《中國民族概論》,中央民族大學出版社 2001 年版。

徐廣源:《清東陵史話》，新世界出版社 2001 年版。
陳安利:《唐十八陵》，中國青年出版社 2001 年版。
黄濂、包貴智編著:《中國歷代將帥陵墓》，文物出版社 2001 年版。
徐復觀:《兩漢思想史》（全三卷），華東師範大學出版社 2001 年版。
葛兆光:《中國思想史》（全三卷），復旦大學出版社 2001 年版。
範景武:《神道文化與思想研究》，内蒙古人民出版社 2001 年版。
張德澤:《清代國家機關考略》，學苑出版社 2001 年版。
朱謙之:《日本哲學史》，人民出版社 2002 年版。
羅哲文等編著:《中國名祠》，百花文藝出版社 2002 年版。
金其楨:《中國牌坊》，重慶出版社 2002 年版。
［俄］H. A. 庫恩:《古希臘的傳說和神話》，秋楓、佩芳譯，生活・讀書・新知三聯書店 2002 年版。
王勝利主編:《世界文化遺產——清西陵》，河北美術出版社 2002 年版。
伊人:《盛京三陵》，遼寧民族出版社 2002 年版。
松茂如:《盛京故宫》，遼寧民族出版社 2002 年版。
吳繼路:《中國明亭》，百花文藝出版社 2002 年版。
許鳳閣主編:《清西陵及易縣風光導遊》，河北省石家莊方圓電子出版社 2002 年版。
沈祖祥主编:《旅遊與中國文化》（第 2 版），旅遊教育出版社 2002 年版。
王宏剛:《滿族與薩滿文化》，中央民族大學出版社 2002 年版。
黄濂:《清代十三陵》，遼寧民族出版社 2002 年版。
金其楨、崔素英:《中國奇碑》，重慶出版社 2002 年版。
徐衛民:《歷代帝后陵寢研究書系——秦公帝王陵》，中國青年出版社 2002 年版。
袁仲一:《秦始皇陵的考古發現與研究》，陝西人民出版社 2002 年版。
楊寬:《中國古代陵寢制度史研究》，世紀出版集團/上海人民出版社 2003 年版。
宋大川等:《金代陵寝宗庙制度史料》，北京燕山出版社 2003 年版。
羅哲文等:《中國名陵》，百花文藝出版社 2003 年版。
盧兆敏、王佩環編著:《昭陵》，遼寧民族出版社 2003 年版。
馬文廷編著:《走進乾陵》，黑龍江人民出版社 2003 年版。
陳文彥主編:《遼都神韻》，内蒙古人民出版社 2003 年版。
王前華、廖錦漢編:《明孝陵史話》，南京出版社 2003 年版。
支運亭主編、清代宫史研究會編:《清代皇宫禮俗》，遼寧民族出版社 2003 年版。
楊林仁編著:《漢陽陵》，三秦出版社 2003 年版。
王曉如、樊英峰編著:《乾陵》，三秦出版社 2003 年版。

孫偉剛編著:《秦始皇帝陵與兵馬俑》,三秦出版社 2003 年版。
黃濂:《中國后妃陵墓》,大連出版社 2003 年版。
劉向陽:《唐代帝王陵墓》,三秦出版社 2003 年版。
林劍鳴:《漢代雄風——漢武帝》,三秦出版社 2003 年版。
王志傑:《漢代雄風——漢武帝與茂陵》,三秦出版社 2003 年版。
王學理:《漢代雄風——漢景帝與陽陵》,三秦出版社 2003 年版。
韓養民、韓小晶:《漢代雄風——風水與西漢陵》,三秦出版社 2003 年版。
樊英峰、劉向陽:《大唐盛世——唐乾陵》,三秦出版社 2003 年版。
韓養民:《佛骨靈光——唐都皇家寺院》,三秦出版社 2003 年版。
唐群:《華夏始祖——炎帝與炎帝陵》,三秦出版社 2003 年版。
韓養民:《大唐盛世——風水與唐陵》,三秦出版社 2003 年版。
張高舉:《佛骨靈光——佛教聖地法門寺》,三秦出版社 2003 年版。
黃光任:《大唐盛世——唐武則天》,三秦出版社 2003 年版。
宋蜀華、滿都爾圖主編:《中國民族學五十年》,人民出版社 2004 年版。
[德] 馬克斯·韋伯:《中國的宗教——宗教與世界》,康樂、簡惠美譯,廣西師範大學出版社 2004 年版。
南京大學文化與自然遺產研究所、孝陵博物館編:《世界遺產論壇——明清皇家陵寢專輯》,科學出版社 2004 年版。
羅宗真、王志高:《六朝文物》,南京出版社 2004 年版。
鄭川水、陳磊編著:《大清陪都盛京》,瀋陽出版社 2004 年版。
閆光亮編著:《清文化叢書——開國皇帝皇太極》,瀋陽出版社 2004 年版。
姜相順編著:《清文化叢書——大清太祖努爾哈赤》,瀋陽出版社 2004 年版。
王佩環編著:《清文化叢書——關外三都》,瀋陽出版社 2004 年版。
王佩環編著:《清文化叢書——清帝東巡》,瀋陽出版社 2004 年版。
王佩環編著:《清文化叢書——盛京昭陵》,瀋陽出版社 2004 年版。
王豔春編著:《清文化叢書——盛京福陵》,瀋陽出版社 2004 年版。
陸海英編著:《清文化叢書——盛京永陵》,瀋陽出版社 2004 年版。
李鳳民編著:《遼沈旅遊叢書——話說昭陵》,東北大學出版社 2004 年版。
李鳳民編著:《遼沈旅遊叢書——話說福陵》,東北大學出版社 2004 年版。
李鳳民編著:《遼沈旅遊叢書——話說永陵》,東北大學出版社 2004 年版。
那鳳英編著:《清西陵探源》,河北科學技術出版社 2004 年版。
[英] 愛德華·B. 泰勒:《人類學——人及其文化研究》,連樹聲譯,廣西師範大學出版社 2004 年版。

［日］曾布川寬：《六朝文化譯著叢書——六朝帝陵》，傅江譯，南京出版社 2004 年版。
張曉風等編著：《遼寧世界遺產畫廊——清福陵》，瀋陽出版社 2004 年版。
何榮偉等編著：《遼寧世界遺產畫廊——清永陵》，瀋陽出版社 2004 年版。
曉舟、福貴編著：《遼寧世界遺產畫廊——清昭陵》，瀋陽出版社 2004 年版。
傅曉偉：《金國演義（第一部）·完顏阿骨打》，黑龍江人民出版社 2004 年版。
鴻宇編著：《中國民俗文化大觀——禁忌》，中國社會出版社 2004 年版。
鴻宇編著：《中國民俗文化大觀——堪輿》，中國社會出版社 2004 年版。
鴻宇編著：《中國民俗文化大觀——鬼神》，中國社會出版社 2004 年版。
張佳生主編：《中國滿族通論》，遼寧民族出版社 2004 年版。
（清）黃遵憲：《日本國志》（上、下卷），天津人民出版社 2005 年版。
徐廣源：《解讀清皇陵》，紫禁城出版社 2005 年版。
金星華主編：《民族文化理論與實踐——首屆全國民族文化論壇論文集》（上、下），民族出版社 2005 年版。
翁獨健主編：《中國民族關係史綱要》（上、下），中國社會科學出版社 2005 年版。
張分田：《秦始皇傳》，人民出版社 2005 年版。
李朝陽、王曉謀：《漢代雄風——漢高祖與長陵》，三秦出版社 2005 年版。
鮑明：《滿族文化模式——滿族社會組織和觀念體系研究》，遼寧民族出版社 2005 年版。
諸葛文編著：《細說清代十二朝》（最新圖文本）（上、下冊），京華出版社 2005 年版。
朱鷹主編：《中國民俗文化大觀——擇吉》，中國社會出版社 2005 年版。
朱鷹主編：《中國民俗文化大觀——八卦》，中國社會出版社 2005 年版。
朱鷹主編：《中國民俗文化大觀——相術》，中國社會出版社 2005 年版。
王志傑：《茂陵與霍去病墓石雕》，三秦出版社 2005 年版。
柏楊：《中國人史綱》（全三卷），同心出版社 2005 年版。
喬繼堂主編：《正說歷朝八十帝》（上、下），中國國際廣播出版社 2005 年版。
那鳳英：《清西陵旅遊指南》，河北科學技術出版社 2005 年版。
徐廣源：《正說清朝十二帝陵》（圖文本），新世界出版社 2006 年版。
孫建生編著：《風水寶地清西陵》，花山文藝出版社 2006 年版。
田鳳岐編著：《中國帝王譜》，天津教育出版社 2006 年版。
周鈺雯主編：《南京明孝陵之謎》，南京出版社 2006 年版。
［日］金子修一：《中國古代皇帝祭祀の研究》，岩波書店 2006 年版。
胡漢生：《圖說明朝帝王陵》，北京燕山出版社 2006 年版。
李林：《滿族宗譜研究》，遼寧民族出版社 2006 年版。
王佩環：《一個登上龍廷的民族——滿族社會與宮廷》，遼寧民族出版社 2006 年版。

劉毅:《明代帝王陵墓制度研究》，人民出版社 2006 年版。
胡芳:《漢景帝陽陵探秘》，西北大學出版社 2006 年版。
李鳳民編著:《關外三陵趣聞錄》，遼寧民族出版社 2006 年版。
朱偰:《建康蘭陵六朝陵墓圖考》，中華書局 2006 年版。
(民國) 王煥鑣:《南京稀見文獻叢刊——明孝陵志》，南京出版社 2006 年版。
胡元超:《昭陵文史寶典》，三秦出版社 2006 年版。
田賓鋒編著:《中國清代封建帝王陵園——大唐乾陵》，中國畫報出版社 2006 年版。
南京大學文化與自然遺產研究所、孝陵博物馆編:《世界遺產論壇（二）——世界遺產與城市發展之互動》，科學出版社 2006 年版。
[英] 李約瑟:《中國古代科學思想史》，陳立夫主譯，江西人民出版社 2006 年版。
汪學群、武才娃:《清代思想史論》，中國社會科學出版社 2007 年版。
孟繁德編著:《中國歷代主要職官概覽》，遼海出版社 2007 年版。
十三陵特區辦事處:《世界文化遺產——明清皇家陵寢保護與發展研討會論文集》，北京燕山出版社 2007 年版。
黃濂編著:《中國歷代帝王陵》，大連出版社 2007 年版。
崔明德:《兩漢民族關係思想史》，人民出版社 2007 年版。
王金林:《日本神道研究》，上海辭書出版社 2007 年版。
袁珂:《中國神話史》，重慶出版集團/重慶出版社 2007 年版。
李山:《中國文化史》，北京師範大學出版社 2007 年版。
崔明德:《中國古代和親通史》，人民出版社 2007 年版。
肖愛民:《中國古代北方遊牧民族兩翼制度研究》，人民出版社 2007 年版。
王子雲:《漢代陵墓圖考》，太白文藝出版社 2007 年版。
李雪慧等編著:《中國皇帝全傳》(典藏版)，中國華僑出版社 2008 年版。
于金寶、周鈺雯主編:《世界遺產文化叢書——明孝陵》，東南大學出版社 2008 年版。
蒲慕州:《墓葬與生死——中國古代宗教之省思》，中華書局 2008 年版。
李清泉:《宣化遼墓——墓葬藝術與遼代社會》，文物出版社 2008 年版。
胡阿祥:《六朝文化叢書——六朝政區》，南京出版社 2008 年版。
宋曉明編著:《解密大清皇陵》，中國華僑出版社 2008 年版。
胡漢生:《明代帝陵風水說》，北京燕山出版社 2008 年版。
賀雲翱、郭怡:《古代陵寢》，文物出版社 2008 年版。
明孝陵博物館編:《明孝陵史料彙編》(上、下)，中國文史出版社 2008 年版。
周莎:《明清墓葬》，百花文藝出版社 2008 年版。
秦說主編:《叩響乾陵》(修訂版)，太白文藝出版社 2008 年版。

［英］李約瑟：《中國科學技術史》（第四卷：物理學及相關技術）（第三分冊：土木工程與航海技術），汪受琪等譯，科學出版社/上海古籍出版社 2008 年版。

姚念慈：《清初政治史探微》，遼寧民族出版社 2008 年版。

範景武：《民族文化與國民性研究》，內蒙古人民出版社 2008 年版。

高有鵬：《廟會與中國文化》，人民出版社 2008 年版。

明孝陵博物館編：《明朝十九陵》，鳳凰出版傳媒集團/江蘇美術出版社 2009 年版。

南京大學文化與自然遺產研究所等編：《世界遺產論壇（三）——全球化背景下的中國世界遺產事業》，科學出版社 2009 年版。

陳中梅主編：《文化百科叢書——中國皇帝大傳》（圖文版）（全四冊），遼海出版社 2009 年版。

孟憲斌：《漢武帝出巡記》，三秦出版社 2009 年版。

鄧詩萍主編：《中華帝王》（全四冊），吉林大學出版社 2009 年版。

周維林、夏仁琴：《南唐二陵史話》，南京出版社 2009 年版。

黃留珠：《漢代雄風——董仲舒與災異說》，三秦出版社 2009 年版。

王志傑：《茂陵文史叢書——茂陵珍聞》，三秦出版社 2009 年版。

楊珍：《清朝皇位繼承制度》（修訂本），學苑出版社 2009 年版。

于景祥、李貴銀編著：《中國歷代碑誌文話》，遼海出版社 2009 年版。

卿希泰主編、詹石窗副主編：《中國道教思想史》（全四卷），人民出版社 2009 年版。

徐廣源：《大清皇陵秘史》（圖文珍藏本），學苑出版社 2010 年版。

徐廣源：《大清皇陵探奇》（圖文珍藏本），学苑出版社 2010 年版。

黃濂：《中國歷代帝陵》，大連出版社 2010 年版。

本社編：《禮制建築——壇廟祭祀》，中國建築工業出版社 2010 年版。

本社編：《道教建築——神仙道觀》，中國建築工業出版社 2010 年版。

本社編：《帝王陵寢建築——地下宮殿》，中國建築工業出版社 2010 年版。

中國明史學會、北京十三陵特區辦事處編：《明長陵營建 600 周年學術研討會論文集》，社會科學文獻出版社 2010 年版。

謝海東编著：《中國風水文化博覽》（全圖解）（全三卷），團結出版社 2010 年版。

（清末民初）張璜：《梁代陵墓考》，南京出版社 2010 年版。

（民國）中央古物保管委員會編輯委員會編：《六朝陵墓調查報告》，南京出版社 2010 年版。

蔣曉春：《三峽考古研究叢書——三峽地區秦漢墓研究》，四川出版集團/巴蜀書社 2010 年版。

《中國皇帝全書》編委會主編：《中國皇帝全書》（全六卷），大眾文藝出版社 2010 年版。

［日］堀敏一：《隋唐帝國與東亞》，韓昇、劉建英編譯，蘭州大學出版社 2010 年版。
張雁雁：《漢光武帝原陵》，中國文史出版社 2010 年版。
賴惠敏：《清皇族的階層結構與經濟生活》，遼寧民族出版社 2010 年版。
崔明德、馬曉麗：《隋唐民族關係思想史》，人民出版社 2010 年版。
周潔主編：《日本的祭禮》，世界知識出版社 2010 年版。
徐遠和等主編：《東方哲學史》（全五卷），人民出版社 2010 年版。
李寅：《清代帝陵》，遼寧民族出版社 2011 年版。
邢義田：《天下一家——皇帝、官僚與社會》，中華書局 2011 年版。
葛兆光：《宅茲中國——重建有關「中國」的歷史論述》，中華書局 2011 年版。
韋正：《六朝墓葬的考古學研究》，北京大學出版社 2011 年版。
段清波：《秦始皇帝陵園考古研究》，北京大學出版社 2011 年版。
諸葛文編著：《迷蹤帝陵》，武漢出版社 2011 年版。
［法］謝和耐、戴密微等：《明清間耶穌會士入華與中西匯通》，耿昇譯，東方出版社 2011 年版。
熊月之：《西學東漸與晚清社會》（修訂版），中國人民大學出版社 2011 年版。
徐新生：《中華第一帝朝——五帝與五帝朝文化》，古吳軒出版社 2011 年版。
［日］谷川道雄：《日本中國史研究譯叢——隋唐帝國形成史論》，李濟滄譯，上海古籍出版社 2011 年版。
章孔暢：《南朝陵墓石刻淵源與傳流研究》，東南大學出版社 2011 年版。
本书編委會主編：《大清十二帝》（全六卷），中國書店 2011 年版。
丁山：《中國古代宗教與神話考》，上海書店出版社 2011 年版。
李媛：《明代國家祭祀制度研究》，中國社會科學出版社 2011 年版。
鳳凰書品編：《帝王陵密碼》，江蘇文藝出版社 2012 年版。
顏宗嶽編著：《大漢帝國之漢景帝地下王國》，陝西出版集團/陝西旅游出版社 2012 年版。
劉向陽：《唐代帝王陵墓》，三秦出版社 2012 年版。
李文君：《皇帝的名字》，中華書局 2012 年版。
李寅：《清東陵密碼》，電子工業出版社 2012 年版。
王躍文：《大清相國》，湖南文藝出版社 2012 年版。
徐廣源：《皇陵埋藏的大清史》，東方出版社 2012 年版。
高至喜：《湖南楚墓與楚文化》，嶽麓書社 2012 年版。
尹弘兵、黃瑩編著：《荊楚文化叢書——荊楚古墓揭秘》，武漢出版社 2012 年版。
陳徽：《中國古典建築思想四論》，復旦大學出版社 2012 年版。
王子今：《秦漢社會意識研究》，商務印書館 2012 年版。

秦始皇帝陵博物院編著：《秦始皇帝陵園考古報告（2009—2010）》，科學出版社 2012 年版。
譚維四：《戰國王陵——曾侯乙墓》，浙江文藝出版社 2012 年版。
廖曉晴等：《清代帝王》，遼寧民族出版社 2012 年版。
索德浩：《峽江地區漢晉墓葬文化因素分析》，四川出版集團/巴蜀書社 2012 年版。
王新英輯校：《全金石刻文輯校》，吉林出版集團/吉林文史出版社 2012 年版。
徐鑫：《嘉慶帝陵之謎》，中央廣播電視大學出版社 2012 年版。
劉尊志：《漢代諸侯王墓研究》，社會科學文獻出版社 2012 年版。
于善浦著、張玉潔編：《清東陵拾遺》，天津出版傳媒集團/天津古籍出版社 2012 年版。
謝宇主編：《清代皇陵堪輿考》，華齡出版社 2013 年版。
謝宇主編：《明代皇陵堪輿考》，華齡出版社 2013 年版。
史式：《皇權禍國——皇帝是個什麼玩意兒》，北方聯合出版傳媒（集團）股份有限公司/萬卷出版公司 2013 年版。
謝海東、謝宇主編：《明清皇陵堪輿大全》（上、下冊），華齡出版社 2013 年版。
崔志勇編著：《中華文明歷史長卷：宮闕並隨煙霧散——墓葬卷》，北京工業大學出版社 2013 年版。
鄭岩：《逝者的面具——漢唐墓葬藝術研究》，北京大學出版社 2013 年版。
朱淨宇：《雲南探秘叢書：暴找王陵——探秘失蹤的南詔、大理國王陵》，雲南出版集團公司/雲南美術出版社 2013 年版。
徐潛主編：《中國皇陵》，吉林出版集團/吉林文史出版社 2013 年版。
王希恩主編：《馬克思恩格斯列寧斯大林論民族》，中國社會科學出版社 2013 年版。
［英］J. G. 弗雷澤：《金枝——巫術與宗教之研究》（上、下冊），汪培基等譯，商務印書館 2013 年版。
李卓：《“儒教國家”日本的實像——社會史視野的文化考察》，北京大學出版社 2013 年版。
張宏傑：《中國國民性演變歷程》，湖南人民出版社 2012 年版。
馮爾康：《中國古代的宗教和祠堂》，商務印書館 2013 年版。
胡漢生：《明朝帝王陵》（增訂本），學苑出版社 2013 年版。
楊向奎：《唐代墓誌義例研究》，嶽麓書店 2013 年版。
張立憲主編：《讀庫》，新星出版社 2013 年版。
［日］陳舜臣：《成吉思汗——十三世紀的冒險之王》，易愛華譯，新星出版社 2013 年版。
王玉亭、王燕趙：《遼文化與遼上京》，內蒙古出版集團/內蒙古文化出版社 2013 年版。
王天有主編：《明朝十六帝》，故宮出版社 2014 年版。

徐鑫:《皇太極陵歷史之謎》(圖文珍藏版),遼寧人民出版社 2014 年版。
牛建軍編著:《墓葬的故事》,中州古籍出版社 2014 年版。
林永匡:《清代宮廷文化通史》,上海文藝出版社 2014 年版。
尹子主編:《大清十二帝》,中國華僑出版社 2014 年版。
張立憲主編:《讀庫》,新星出版社 2014 年版。
阿城:《洛書河圖——文明的造型探源》,中華書局 2014 年版。
[日] 宮本一夫:《從神話到歷史——神話時代・夏王朝》,吳菲譯,廣西師範大學出版社 2014 年版。
[日] 平勢隆郎:《從城市國家到中華——殷周・春秋戰國》,周潔譯,廣西師範大學出版社 2014 年版。
[日] 鶴間和幸:《始皇帝的遺產——秦漢帝國》,馬彪譯,廣西師範大學出版社 2014 年版。
[日] 金文京:《三國志的世界——後漢・三國時代》,何曉毅、梁蕾譯,廣西師範大學出版社 2014 年版。
[日] 川本芳昭:《中華的崩潰與擴大——魏晉南北朝》,余曉潮譯,廣西師範大學出版社 2014 年版。
[日] 氣賀澤保規:《絢爛的世界帝國——隋唐時代》,石曉軍譯,廣西師範大學出版社 2014 年版。
[日] 小島毅:《中國思想與宗教的奔流——宋朝》,何曉毅譯,廣西師範大學出版社 2014 年版。
[日] 杉田正明:《疾馳的草原征服者——遼・西夏・金・元》,烏蘭、烏日娜譯,廣西師範大學出版社 2014 年版。
[日] 上田信:《海與帝國——明清時代》,高瑩瑩譯,廣西師範大學出版社 2014 年版。
[日] 菊池秀明:《末代王朝與近代中國——清末・中華民國》,高瑩瑩譯,廣西師範大學出版社 2014 年版。
徐廣源:《溯影追蹤——皇陵舊照裏的清史》,人民文學出版社 2014 年版。
胡楊:《歷代帝陵全檔案》,中國工人出版社 2014 年版。
王禹浪:《金源文化研究》,黑龍江人民出版社 2014 年版。
王永年編著:《金上京史話》,東北林業大學出版社 2014 年版。
陳鶴歲:《漢字中的中國建築》,天津大學出版社 2014 年版。
王煒編著:《中國古代碑刻》,中國商業出版社 2015 年版。
施經偉編著:《中國古代帝陵文化探秘》,中國財富出版社 2015 年版。
[奧] 弗洛伊德:《圖騰與禁忌》,文良文化譯,中央編譯出版社 2015 年版。

［日］田山茂：《清代蒙古社會制度》，潘世憲譯，內蒙古出版集團/內蒙古人民出版社 2015 年版。
李寅：《探秘清代帝后陵》，中華書局 2015 年版。
徐鑫：《大清皇陵私家相冊》，中華書局 2015 年版。
趙芳編著：《中國古代喪葬》，中國商業出版社 2015 年版。
喬志霞編著：《中國古代宮殿》，中國商業出版社 2015 年版。
王俊編著：《中國古代陵墓》，中國商業出版社 2015 年版。
朱偰：《建康蘭陵六朝陵墓圖考》，中華書局 2015 年版。
朱偰：《金陵古跡圖考》，中華書局 2015 年版。
徐廣源編著：《一張圖表看懂明清皇陵》，中華書局 2015 年版。
李亮宇編著：《長江文明之旅——長江流域的陵寢墓葬》，長江出版社 2015 年版。
王俊編著：《中國古代官制》，中國商業出版社 2015 年版。
喬志霞編著：《中國古代寺廟》，中國商業出版社 2015 年版。
劉勇編著：《帝王陵寢》，時代出版傳媒股份有限公司黃山書社 2015 年版。
王治心：《中國宗教思想史大綱》（校訂版），商務印書館 2015 年版。
［美］柯馬丁：《秦始皇石刻——早期中國的文本與儀式》，劉倩譯，上海古籍出版社 2015 年版。
劉毅：《中國古代物質文化史・陵墓》，開明出版社 2016 年版。
王丹波編著：《中國皇帝彩圖館》，中國華僑出版社 2016 年版。
［日］山村明義：《神道與日本人》，尹智慧、汪平譯，南京大學出版社 2016 年版。
徐鑫：《康熙帝陵歷史之謎》（圖文珍藏版），遼寧人民出版社 2016 年版。
徐鑫：《同治帝陵歷史之謎》（圖文珍藏版），遼寧人民出版社，2016 年版。
徐鑫：《努爾哈赤陵及清祖陵歷史之謎》（圖文珍藏版），遼寧人民出版社 2016 年版。
劉勇編著：《帝王陵寢》（漢英對照），時代出版傳媒股份有限公司/黃山書社 2016 年版。
張立憲主編：《讀庫》，新星出版社 2016 年版。
［加］卜正民主編、［美］陸威儀：《哈佛中國史 01：早期中華帝國——秦與漢》，王興亮譯，中信出版集團 2016 年版。
［加］卜正民主編、［美］陸威儀：《哈佛中國史 02：分裂的帝國——南北朝》，李磊譯，中信出版集團 2016 年版。
［加］卜正民主編、［美］陸威儀：《哈佛中國史 03：世界性的帝國——唐朝》，張曉東、馮世明譯，中信出版集團 2016 年版。
［加］卜正民主編、［德］迪特・庫恩：《哈佛中國史 04：儒家統治的時代——宋的轉型》，李文鋒譯，中信出版集團 2016 年版。

［加］卜正民主編、［加］卜正民：《哈佛中國史 05：掙扎的帝國——元與明》，潘瑋琳譯，中信出版集團 2016 年版。
［加］卜正民主編、［美］羅威廉：《哈佛中國史 06：最後的中華帝國——大清》，李仁淵、張遠譯，中信出版集團 2016 年版。
岳永逸：《朝山——廟會的聚與散，映射出民間的生活與信仰》，北京大學出版社 2017 年版。
［日］金子修一：《古代中國與皇帝祭祀》，肖聖中等譯，復旦大學出版社 2017 年版。
［美］許烺光：《美國人與中國人》，沈彩藝譯，浙江人民出版社 2017 年版。
徐廣源：《清西陵史話》，重慶出版集團/重慶出版社 2017 年版。
陳斌、劉專可主編：《義帝陵》，中國文史出版社 2017 年版。
［美］安德魯·戈登：《現代日本史——從德川時代到 21 世紀》，李朝津譯，中信出版集團股份有限公司 2017 年版。
徐廣源：《清朝陵寢制度》，瀋陽出版發行集團/瀋陽出版社 2018 年版。
黨明放：《陵寢文化》，南京大學出版社 2018 年版。
湖南省地方誌編纂委員會編：《舜帝陵志》（上、下冊），方志出版社 2018 年版。
徐鑫：《守墓筆記——順治帝陵卷》，中國國際廣播出版社 2018 年版。
徐鑫：《守墓筆記——雍正帝陵卷》，中國國際廣播出版社 2018 年版。
徐鑫：《守墓筆記——道光帝陵卷》，中國國際廣播出版社 2018 年版。
徐鑫：《守墓筆記——咸豐帝陵卷》，中國國際廣播出版社 2018 年版。
徐鑫：《守墓筆記——光緒帝陵卷》，中國國際廣播出版社 2018 年版。
杜忠潮：《關中地區帝陵文化遺產研究》，科學出版社 2018 年版。
李亮宇編著：《長江文明之旅（建築神韻篇）——陵寢墓葬》，上海科学技术文献出版社/長江出版社 2019 年版。
咸陽市地方志辦公室編纂：《咸陽歷史文化叢書——咸陽帝陵攬勝》，陝西新華出版傳媒集團/三秦出版社 2019 年版。
張大可：《三國十二帝》，華中科技大學出版社 2019 年版。
夢宛：《明朝十六帝》，中國華僑出版社 2019 年版。
周建行：《大明帝國》（上、下），上海社會科學院出版社 2019 年版。
徐慶文輯：《歷代帝王評儒輯錄》，山東大學出版社 2019 年版。
李昊霖：《關中唐十八陵》，中國工信出版集團/電子工業出版社 2019 年版。
秦始皇帝陵博物院編：《秦始皇帝陵》，文物出版社 2019 年版。
張立華主編：《歷代皇帝著作集》（全三〇冊），線裝書局 2019 年版。

二 期刊論文

杜葆仁：《西漢諸陵位置考》，《考古與文物》1980 年第 1 期。
徐苹芳：《中國秦漢魏晉南北朝時代的陵園與塋域》，《考古》1981 年第 6 期。
楊寬：《先秦墓上建築和陵寢制度》，《文物》1982 年第 1 期。
黄明蘭：《東漢光武皇帝劉秀原陵淺談》，《中州今古》1982 年第 2 期。
陳長安：《洛陽邙山東漢陵初探》，《中原文物》1982 年第 3 期。
楊鴻勳：《關於秦代以前墓上建築的研究》，《考古》1982 年第 4 期。
劉興：《略論西漢的隨葬特徵》，《考古與文物》1983 年第 1 期。
李蔚然：《論南京地區六朝墓的葬地選擇和排葬方法》，《考古》1983 年第 4 期。
石興邦等：《長陵建制及其有關問題——漢劉邦長陵勘察記存》，《考古與文物》1984 年第 2 期。
劉煒：《西漢陵寢概談》，《中原文物》1985 年第 2 期。
何忠禮等：《南宋六陵考略》，《杭州大學學報》1985 年第 2 期。
劉慶柱等：《關於西漢帝陵形制諸問題探討》，《考古與文物》1985 年第 5 期。
阮榮春：《論明代祖陵、孝陵神道石刻之時代》，《考古與文物》1986 年第 2 期。
徐廣源：《清代東陵的管理機構》，《故宫博物院院刊》1986 年第 4 期。
魏鳴：《魏晉薄葬考論》，《南京大學學報》1986 年第 4 期。
劉煒：《東漢帝王陵寢制度》，《文博》1986 年第 6 期。
曾青：《關於西漢帝陵制度的幾個問題》，《考古》1987 年第 1 期。
李蔚然：《東晉帝陵有無石刻考》，《東南文化》1987 年第 3 期。
張崇德：《唐代建陵及其石刻》，《考古與文物》，1988 年第 3 期。
葉文憲：《西漢帝陵的朝向分佈及其相關問題》，《文博》1988 年第 4 期。
李毓芳：《西漢帝陵分佈的考察——兼談西漢帝陵的昭穆制度》，《考古與文物》1989 年第 3 期。
胡漢生：《明定陵玄宫制度考》，《故宫博物院院刊》1989 年第 4 期。
劉士莪等：《秦漢陵寢制度對西漢帝陵的影響》，《文博》1990 年第 5 期。
徐廣源：《清代陵寢的命名》，《故宫博物院院刊》1992 年第 1 期。
韓小忙：《西夏陵在中國古代陵寢制度發展史上的地位》，《寧夏社會科學》1993 年第 6 期。
周明：《陝西關中唐十八陵陵寢建築形制初探》，《文博》1994 年第 1 期。

張鐵夫：《論唐朝皇帝的無神論思想》，《船山學刊》1994 年第 2 期。

馮繼仁：《論陰陽堪輿對北宋皇陵的全面影響》，《文物》1994 年第 2 期。

葉春芳：《北宋與唐朝皇帝喪葬禮儀的關係及其對南宋的影響》，《深圳大學學報》（人文社會科學版）1994 年第 4 期。

尚志儒：《秦陵及其陵寢制度淺論》，《文博》1994 年第 6 期。

宿白：《西安地區的唐墓形制》，《文物》1995 年第 12 期。

沈海波：《論孔子的神道設教思想》，《同濟大學學報》（人文社會科學版）1996 年第 1 期。

嚴文明：《中國王墓的出現》，《考古與文物》1996 年第 1 期。

朱子方：《遼《耶律淙神道碑》碑文校正與闡釋》，《遼海文物學刊》1996 年第 2 期。

丁宏偉：《明孝陵神道演變考》，《東南大學學報》1996 年第 6 期。

燕四海：《武當山古神道》，《中國公路》1996 年第 6 期。

陳春慧：《秦人靈魂觀與秦始皇帝陵》，《秦文化論叢》1996 年。

盛曉明：《神道與日本政治》，《浙江大學學報》（社會科學版）1997 年第 1 期。

周絢隆：《從文言到白話：古典敘事的演變——論“三言”對神道小說的改編》，《山東大學學報》（哲學社會科學版）1997 年第 1 期。

張鴻膺、呂冬梅：《唐張仁憲神道碑考》，《文物春秋》1997 年第 2 期。

羅西章：《西周王陵何處覓》，《文博》1997 年第 2 期。

劉毅：《明朝“陵山之祭”述論》，《故宮博物院院刊》1997 年第 2 期。

王守華：《神道思想研究的現代意義》，《日本學刊》1997 年第 3 期。

凍國棟：《羅隱《吳公約神道碑》所見唐末之“杭州八都”》，《魏晉南北朝隋唐史資料》1997 年。

張楊：《亦教非教的日本神道》，《當代世界》1998 年第 1 期。

程學華、王育龍：《秦始皇帝陵陪葬坑綜述》，《考古與文物》1998 年第 1 期。

張大柘：《日本的教派神道研究》，《世界宗教研究》1998 年第 2 期。

易行廣：《歐陽修《襄公余靖神道碑》注釋》，《嶺南文史》1998 年第 2 期。

岳連建：《西周王陵位置初探》，《文博》1998 年第 2 期。

鄧士祥：《中南第一陵——明顯陵》，《文物天地》1998 年第 2 期。

王曉峰：《復古神道的歷史背景及其思想特點》，《外國問題研究》1998 年第 3 期。

王金林：《明治前期神道的國教化》，《日本研究》1998 第 4 期。

陳鍠：《浙江鄞縣東錢湖南宋神道石刻調查》，《南方文物》1998 年第 4 期。

趙冉等：《神道穴指壓法對心肌缺血的影響觀察》（附 53 例分析），《浙江中醫學院學報》1998 年第 4 期。

雷依群：《論西漢帝陵制度的幾個問題》，《考古與文物》1998 年第 6 期。

劉毅:《宋代皇陵制度研究》,《故宫博物院院刊》1999 年第 1 期。
盧海鳴:《江蘇境内的南朝墓神道石刻》,《江蘇地方志》1999 年第 1 期。
何兆吉:《元代答失蠻神道碑的文獻價值》,《回族研究》1999 年第 1 期。
劉毅:《明清皇陵制度比異》,《北方文物》1999 年第 2 期。
祝建華、鄧士祥:《奇特的明代帝陵——顯陵的建築藝術》,《江汉考古》1999 年第 2 期。
陳望衡:《《周易》“神道”析》,《周易研究》1999 年第 2 期。
秦士芝:《明祖陵的營建及其神道石刻》,《東南文化》1999 年第 2 期。
楊東晨:《從古帝陵遺跡論部族的遷徙和融合》,《貴州文史叢刊》1999 年第 2 期。
王金林:《江戶幕府末期日本的國學和國學神道》,《日本學刊》1999 年第 3 期。
章灣、馬濤:《南京南郊又發現一處南朝陵墓神道石刻》,《南京史志》1999 年第 3 期。
範郁山:《神道穴臨床應用舉隅》,《上海針灸雜誌》1999 年第 3 期。
王志高、張金喜:《試探南朝陵墓神道石刻的運輸方式》,《江蘇地方志》1999 年第 4 期。
陳鍠:《鄞縣東錢湖南宋神道石刻藝術初探》,《東南文化》1999 年第 5 期。
王振彥、安身春:《看似荒誕亦合理——論《水遊傳》中神道設教描寫的作用》,《南都學壇》1999 年第 5 期。
焦南峰、馬永嬴:《西漢帝陵無昭穆制度論》,《文博》1999 年第 5 期。
何寶善:《論明代帝陵的更制與嬗變》,《第七届明史國際學術討論會論文集》1999 年第 5 期。
秦士芝:《明祖陵的營建及其神道石刻》,《檔案與建設》1999 年第 7 期。
崔紅花、崔英姬:《神道穴臨床應用體會》,《中國針灸》2000 年第 S1 期。
張大柘:《簡論日本神道教祭祀的原理、構成及主要特質》,《世界宗教研究》2000 年第 2 期。
官偉勳:《神道設教與個人迷信》,《炎黃春秋》2000 年第 2 期。
馮秋雁:《清初陵寢之殉葬》,《滿族研究》2000 年第 2 期。
史瑞玲:《《水滸傳》宋江“神道設教”故事嬗變考論》,《濟南教育學院學報》2000 年第 3 期。
鄭紅利:《與西周王陵有關的幾個問題》,《文博》2000 年第 6 期。
李寅:《清朝皇陵的陪殉制度》,《中國紫禁城學會論文集》(第三輯)2000 年。
王志高、周維林:《關於東晉帝陵的兩個問題》,《東南文化》2001 年第 1 期。
袁仲一:《秦始皇陵與西漢帝陵異同的比較分析》,《秦文化論叢》2001 年。
田夫:《民國首次祭祀黃帝陵》,《民國春秋》2001 年第 1 期。
曹茂、楊聲:《論西漢神道設教的政治功能》,《雲南社會科學》2001 年第 S1 期。
金尚理、陳代波:《從神道到人道——談禮在原始宗教階段的演化及其對早期民族精神的影響》，《復旦學報》（社會科學版）2001 年第 3 期。
馬林韜：《中華傳統文化中的“人道”“天道”“神道”——“新儒學”與現代化之批判》，《思想戰線》2001 年第 5 期。
馬家駿：《豐碑座座贊軒轅——黃帝陵與軒轅廟的碑刻》，《文博》2001 年第 5 期。
鄭祥林：《元姚天福神道碑》，《文物世界》2001 年第 6 期。
梁韋弦：《〈易傳〉中的易道與天道、人道及神道》，《齊魯學刊》2001 年第 6 期。
張大柘：《論日本歷史上佛教與神道教的交融》，《世界宗教研究》2002 年第 2 期。
付麗：《理性張揚與神道教化——〈醒世姻緣傳〉的神道設教》，《哈爾濱工業大學學報》（社會科學版）2002 年第 2 期。
朱靖恒：《基督教與神道思想的初次交鋒》，《日本研究》2002 年第 2 期。
秦建明、姜寶蓮：《西漢帝陵昭穆與陵位探》，《文博》2002 年第 2 期。
韋立新：《中日文化關係史上不容忽視的一頁——儒、佛思想在日本神道發展過程中的作用》，《日本學刊》2002 年第 3 期。
張宇共：《黃帝陵地名考》，《西北民族研究》2002 年第 3 期。
劉毅：《明代皇陵陵園結構研究》，《北方文物》2002 年第 4 期。
王奇偉：《商代“神道設教”質疑》，《史學月刊》2002 年第 4 期。
于海君：《論日本傳統文化中“神道”與“皇道”的結合》，《東疆學刊》2002 年第 4 期。
張穎：《按壓神道穴治療胃脘痛 500 例臨床觀察》，《中國自然醫學雜誌》2002 年第 4 期。
孫伯君：《蘇軾〈富鄭公神道碑〉的西夏譯文》，《寧夏社會科學》2002 年第 4 期。
黨寧：《由“魯潛墓誌”探尋魏武帝陵》，《殷都學刊》2002 年第 4 期。
付麗：《儒家理念統攝下的神道教化——論〈醒世姻緣傳〉的神道設教》，《學習與探索》2002 年第 5 期。
牛建科：《試論國家神道之思想理論淵源》，《山東大學學報》（哲學社會科學版）2002 年第 6 期。
何宏：《秦始皇陵和漢陽陵佈局結構之比較》，《秦文化論叢》2002 年。
姜捷：《關於帝陵陵制的幾個新因素》，《考古與文物》2003 年第 1 期。
董延壽：《論洛陽古代墓葬在我國古代墓葬中的地位》，《洛陽大學學報》2003 年第 1 期。
曹天生、韋大偉：《李鴻章撰〈誥授光禄大夫吏部侍郎王公神道墓碑銘〉考略》，《中共合肥市委黨校學報》2003 年第 1 期。
陳書良：《朱雨田神道碑箋釋》，《湖南商學院學報》2003 年第 1 期。
張沛等：《秦始皇帝陵旅遊發展的若干關鍵問題研究》，《西安建築科技大學學報》（社會科學版）2003 年第 1 期。
吳新雷：《關於昆劇中的神道八仙戲》，《中華戲曲》2003 年第 2 期。

羅火金、田中華：《明代樂律學家朱載堉神道碑考》，《焦作大學學報》2003 年第 2 期。
李克和：《無為有處有還無——論神道的建構》，《佛山科學技術學院學報》（社會科學版）2003 年第 2 期。
張耀傑：《田漢戲曲中的宗教神道》，《戲曲研究》2003 年第 3 期。
何燕子等：《炎帝陵生態旅遊開發與可持續發展》，《株洲工學院學報》2003 年第 3 期。
張黔：《神道之文如何通向審美之文》，《湛江師範學院學報》2003 年第 4 期。
張志江：《關公崇拜與“神道設教”》，《晉陽學刊》2003 年第 4 期。
陳朝雲：《北宋陵寢制度研究》，《鄭州大學學報》（哲學社會科學版）2003 年第 4 期。
董延壽：《論洛陽皇家墓葬的特點和影響》，《河南社會科學》2003 年第 4 期。
牛致功：《有關高力士的幾個問題——讀高力士的《神道碑》及《墓誌銘》》，《史學月刊》2003 年第 4 期。
王維先：《試論神道“土金傳”與朱子學的關係》，《齊魯學刊》2003 年第 5 期。
蔡東洲：《《陳省華神道碑》與《陳堯佐自製墓銘》研究》，《西華師範大學學報》（哲學社會科學版）2003 年第 5 期。
傅麗：《《醒世姻緣傳》神道設教中的思想偏見》，《學術交流》2003 年第 5 期。
王中田：《神道教倫理思想的現代闡釋》，《日本學刊》2003 年第 6 期。
王芳恒：《詩的表達與神道設教——馮友蘭論儒、墨兩家的宗教態度》，《哲學動態》2003 年第 9 期。
段清波、張穎嵐：《秦始皇帝陵的外藏系統》，《考古》2003 年第 11 期。
栗楊：《黑龍江省阿城市發現金源郡王完顏公神道殘碑》，《黑龍江民族叢刊》2004 年第 1 期。
董延壽：《論洛陽古代墓葬的價值和作用》，《洛陽大學學報》2004 年第 3 期。
陳世松：《文物保護應尊重歷史本來面目——廣安“鄧時敏神道碑”質疑》，《四川文物》2004 年第 3 期。
夏漢寧：《朱熹、周必大關於歐陽修《範公神道碑》的論爭》，《江西社會科學》2004 年第 3 期。
田中華：《《神道碑》與朱載堉生平考述》，《中國科技史料》2004 年第 4 期。
蔡錦堂：《日治時期日本神道在臺灣的傳播與局限》，《東疆學刊》2004 年第 4 期。
張泰湘、仇偉：《阿城金源郡王神道殘碑的初步研究》，《黑龍江民族叢刊》2004 年第 4 期。
晁中辰：《明朝皇帝的崇道之風》，《文史哲》2004 年第 5 期。
付麗：《《醒世姻緣傳》神道設教的民間性策略》，《學習與探索》2004 年第 6 期。
宣麗華等：《神道穴粗針平刺治療面神經炎 30 例》，《上海針灸雜誌》2004 年第 7 期。

劉德清：《範仲淹神道碑公案考述》，《西南交通大學學報》（社會科學版）2005 年第 1 期。
白才儒：《上古神道傳統與道教生態思想》，《中華文化論壇》2005 年第 2 期。
衛琪：《簡論神道石刻的藝術特色》，《河南科技大學學報》（社會科學版）2005 年第 3 期。
吳波：《彰顯聖人“神道設教”的創作動機與矛盾的鬼神觀天命論——《閱微草堂筆記》思想文化意蘊研究之一》，《船山學刊》2005 年第 4 期。
郭成康：《清朝皇帝的中國觀》，《清史研究》2005 年第 4 期。
衛琪：《略談宋陵神道石刻藝術》，《中原文物》2005 年第 5 期。
伊葆力：《完顏翰魯神道碑殘石考略》，《哈爾濱學院學報》2005 年第 6 期。
程建軍：《中國古代皇陵選址的風水藝術》，《資源與人居環境》2005 年第 8 期。
董延壽：《論洛陽古代墓葬的特點》，《史學月刊》2005 年第 9 期。
孫芬慧：《白敏中神道碑與歷史記載》，《蘭臺世界》2005 年第 11 期。
潘靜、劉臨安：《西夏王陵與北宋皇陵空間結構的比較》，《文博》2006 年第 1 期。
晁福林：《試論先秦時期的“神道設教”》，《江漢論壇》2006 年第 2 期。
張平等：《漢陽陵帝陵遺址保護與地下空間開發利用》，《建築學報》2006 年第 2 期。
湯毓賢：《明吳公神道碑銘釋略》，《閩臺文化交流》2006 年第 2 期。
田豐：《連南夫神道碑》，《閩臺文化交流》2006 年第 2 期。
陶保成、楊毅：《明祖陵神道石刻二期保護的修復技術》，《東南文化》2006 年第 2 期。
鄭萬耕：《“神道設教”說考釋》，《周易研究》2006 年第 2 期。
王志高：《南京麒麟鋪南朝陵墓神道石刻墓主新考》，《南京曉莊學院學報》2006 年第 2 期。
孫宏安：《《紅樓夢》中的數術和神道世界》，《大連教育學院學報》2006 年第 3 期。
秦建明：《乾陵神道鴕鳥為射侯說》，《文博》2006 年第 3 期。
郭建設等：《許衡神道碑述考》，《中原文物》2006 年第 4 期。
韓東育：《日本“京學派”神道敘事中的朱子學》，《求是學刊》2006 年第 4 期。
曲辰：《“河圖”“洛書”與洛邑之營建及神道設教——關於“河圖”“洛書”的新揣測》，《周易研究》2006 年第 6 期。
王守華：《“人喜歡的，神也喜歡”——神道自然觀和環境保護再詮釋》，《杭州師範學院學報》（社會科學版）2006 年第 6 期。
韓大強：《唐代三李的神道觀念論略》，《唐都學刊》2006 年第 6 期。
吳泓：《“神道設教”的文字意義及其演繹》，《中山大學學報論叢》2006 年第 8 期。
楊曉春：《南朝陵墓神道石刻淵源研究》，《考古》2006 年第 8 期。
劉占成：《秦始皇帝陵區的考古發現與研究》，《西部考古》2006 年。
焦南峰：《西漢帝陵考古發掘研究的歷史及收穫》，《西部考古》2006 年。

段清波：《古代闕制研究——以秦始皇帝陵三出闕為基礎》，《西部考古》2006 年。
冉萬裏：《帝陵建寺之制考略》，《西部考古》2006 年。
李慧強：《“神道設教”小考》，《首都師範大學學報》（社會科學版）2007 年第 S1 期。
王金林：《皇室神道的形成與天皇的神化》，《日本研究》2007 年第 1 期。
朱穎：《日本神話和神道中的徐福東渡之謎》，《日本研究》2007 年第 1 期。
宣麗華等：《粗針神道穴平刺促進面神經炎面肌功能恢復的研究》，《中國中醫藥科技》2007 年第 1 期。
邸楠：《西漢帝陵佈局淺析》，《榆林學院學報》2007 年第 1 期。
方海燕：《論日本神道教的現世性特徵——以中世以前神道和佛教的相互關係為中心》，《日語學習與研究》2007 年第 2 期。
戴念祖：《朱載堉神道碑文注》，《中國音樂學》2007 年第 2 期。
梁松濤：《〈河西老索神道碑銘〉考釋》，《民族研究》2007 年第 2 期。
郭冬梅：《明治末期的神社整理與國家神道》，《日本學論壇》2007 年第 3 期。
王蓉：《神道神饌——日本食文化的原型》，《民俗研究》2007 年第 3 期。
馮燕群：《朱有燉雜劇與神道設教》，《四川戲劇》2007 年第 3 期。
谷敏：《周必大對小說與正史的態度——也談“範仲淹神道碑”的刪文問題》，《文獻》2007 年第 3 期。
秦明：《金〈完顏希尹神道碑〉拓本考略》，《故宮博物院院刊》2007 年第 4 期。
余平：《“神道設教”的現象學視域》，《四川大學學報》（哲學社會科學版）2007 年第 5 期。
韓國河：《東漢帝陵有關問題的探討》，《考古與文物》2007 年第 5 期。
王茂華、劉冬青：《虞集〈劉垓神道碑〉考析》，《河北大學學報》（哲學社會科學版）2007 年第 6 期。
左尚鴻：《巴人軍舞遺風與“泥神道”傳承——鄂西土家族民間傳統舞蹈肉連響發展探源》，《東南文化》2007 年第 6 期。
王鶴等：《明孝陵神道南段規劃設計》，《建築與文化》2007 年第 10 期。
嚴輝等：《偃師白草坡東漢帝陵陵園遺址》，《文物》2007 年第 10 期。
趙中樞、胡敏：《西漢帝陵群文物本體與環境的保護》，《城市規劃通訊》2007 年第 11 期。
焦南峰：《試論西漢帝陵的建設理念》，《考古》2007 年第 11 期。
吳光正：《神道設教——明清章回小說敘事的民族傳統》，《文藝研究》2007 年第 12 期。
方興：《論明朝皇帝“祀天”態度的演變》，《江西社會科學》2007 年第 12 期。
丁偉高等：《〈大元故周侯神道之碑〉小考》，《文物世界》2008 年第 1 期。
雷百景、李雯秦：《西漢帝陵昭穆制度再探討》，《文博》2008 年第 2 期。

沈俐：《漢代神道石刻與墓葬形制》，《大連大學學報》2008 年第 2 期。

劉金鑫：《淺析外來文化對日本神道教的影響》，《安徽文學》（下半月）2008 年第 2 期。

楊為剛、吳晨：《莆田林氏與唐代福建文化的振興——林蘊《睦州刺史二夫君神道碑》考論》，《泉州師範學院學報》2008 年第 3 期。

張雙志：《清朝皇帝的華夷觀》，《歷史檔案》2008 年第 3 期。

張穎嵐：《秦始皇帝陵文化遺產地資源管理相關問題研究》，《西安電子科技大學學報》（社會科學版）2008 年第 4 期。

秦大樹：《試論北宋皇陵的等級制度》，《考古與文物》2008 年第 4 期。

沈睿文：《唐陵神道石刻意蘊》，《考古與文物》2008 年第 4 期。

王雁卿：《北魏永固陵陵寢制度的幾點認識》，《山西大同大學學報》（社會科學版）2008 年第 4 期。

朱建軍：《炎帝陵祭祀文化意義述考》，《湖湘論壇》2008 年第 5 期。

夏寒：《試論南京地區明初功臣墓神道石刻》，《東南文化》2008 年第 5 期。

楊芳、劉昆：《人道與神道——中西哲學宗教觀之比較》，《貴州師範大學學報》（社會科學版）2008 年第 6 期。

周景崇、胡成明：《寧波東錢湖南宋墓前神道石馬造像藝術研究》，《裝飾》2008 年第 7 期。

李定文：《“神道設教”諸說考辨》，《福建論壇》（人文社會科學版）2008 年第 7 期。

劉奔騰、董衛：《基於分層思想的歷史地段保護方法探討——以明孝陵神道南段保護規劃為例》，《規劃師》2008 年第 10 期。

毛賀力：《簡述日本神道教中的中國道家思想》，《安徽文學》（下半月）2008 年第 11 期。

焦南峰等：《神道、徼道、司馬門道——西漢帝陵道路初探》，《文物》2008 年第 12 期。

石寧：《西漢帝陵漢陽陵陪葬墓出土玉器賞析》，《收藏界》2008 年第 12 期。

張宏彥：《黃帝陵與“黃帝文化”的考古學觀察》，《西部考古》2008 年。

劉瑞：《昭穆制度與西漢帝陵排序》，《西部考古》2008 年。

趙振華：《洛陽東漢北兆域帝陵的初步研究》，《古代文明》2008 年。

鄭睿：《北魏陵寢制度的基本特徵》，《南都學壇》2009 年第 1 期。

王偉：《漢晉六朝神道柱與外來文化研究》，《藝術研究》2009 年第 1 期。

高宏等：《粗針神道穴透刺治療慢性蕁麻疹對血清 IgE 的影響及療效分析》，《浙江中醫藥大學學報》2009 年第 1 期。

傅紫瓊：《神道教與日本民族性》，《河北理工大學學報》（社會科學版）2009 年第 1 期。

何長文：《《詩經》與《楚辭》的審美異趣——以神道觀念為切入點》，《北方論叢》2009 年第 2 期。

張海英、張松輝：《“神道設教”和“中庸”整合下的孔子天道觀》，《求索》2009年第2期。

張強祿：《南漢康陵的陵寢制度》，《四川文物》2009年第2期。

李寅：《昭西陵神道碑亭的建制及其影響》，《文物春秋》2009年第2期。

牟成文：《神道情結與日本民族性格》，《世界民族》2009年第2期。

嚴桂林：《論中國道教、日本神道對古代天皇制的影響》，《鄖陽師範高等專科學校學報》2009年第2期。

範景武：《論神道生死觀的内核與實質》，《延邊大學學報》（社會科學版）2009年第2期。

高敏、葉康寧：《南朝帝陵石獸與龍》，《文物世界》2009年第2期。

壽佳琦：《簡析“陂池”——東漢帝陵的新形制的含義和來源》，《三峽大學學報》（人文社會科學版）2009年第2期。

鄭永華：《〈姚廣孝神道碑〉考實》，《世界宗教研究》2009年第3期。

楊曉春：《關於南朝陵墓神道石獸的名稱問題》，《東南文化》2009年第3期。

衛紹生：《獻帝陵前說獻帝》，《尋根》2009年第3期。

吳春燕：《日本德川時代儒學神道的產生及其思想特點》，《鄭州大學學報》（哲學社會科學版）2009年第3期。

高曉波：《從〈姚天福神道碑〉鉤沉金元時期雁北的葡萄種植業問題》，《文物世界》2009年第3期。

張穎等：《中國古代園林空間模式研究——以甘泉宫、武侯墓和黄帝陵為例》，《重慶師範大學學報》（自然科學版）2009年第3期。

英衛峰、霍雅琴：《唐代帝陵陪葬墓盛衰原因新探》，《西北大學學報》（哲學社會科學版）2009年第4期。

艾永生：《論明代皇陵墓石雕藝術》，《雕塑》2009年第4期。

楊哲峰：《渭北西漢帝陵佈局設計之觀察》，《文物》2009年第4期。

劉毅：《中國古代陵墓研究中的資料選擇與利用問題》，《南方文物》2009年第4期。

高宏等：《粗針皮下透刺神道穴對慢性蕁麻疹患者症狀積分及血清IgE的影響》，《針刺研究》2009年第4期。

楊哲峰：《渭北西漢帝陵佈局設計之觀察》，《文物》2009年第4期。

馬永嬴：《從“將作大匠”看西漢帝陵的變化》，《考古與文物》2009年第4期。

方剛等：《〈明吏部尚書蹇義神道碑銘〉校點及相關考釋》，《四川文物》2009年第4期。

葛兆光：《國家與歷史之間——日本關於道教、神道教與天皇制度關係的爭論》，《中國社會科學》2009年第5期。

孟凡人：《南宋帝陵攢宫的形制佈局》，《故宫博物院院刊》2009年第6期。

李健、殷衛群：《唐帝陵石雕馬的裝飾紋樣與唐代設計美學》，《農業考古》2009 年第 6 期。

劉新萬：《《周易》與唐代帝王年號關係考》，《洛陽理工學院學報》（社會科學版）2009 年第 6 期。

李欣欣：《中國道教與日本神道——道教與神道在兩國的地位及影響》，《語文學刊》（外語教育與教學）2009 年第 7 期。

李建：《論孔子生死鬼神觀與"神道設教"的人文意蘊》，《社會科學戰線》2009 年第 10 期。

李斌、萬中一：《試論明顯陵在明代帝陵中的地位》，《世界遺產論壇》2009 年。

夏寒：《論明代帝陵神道石刻制度的形成》，《世界遺產論壇》2009 年。

焦南峰：《宗廟道、遊道、衣冠道——西漢帝陵道路再探》，《文物》2010 年第 1 期。

邵磊：《對南朝陵墓神道石刻研究的回顧與反思》，《南京曉莊學院學報》2010 年第 1 期。

嚴輝等：《河南偃師市首陽山西晉帝陵陪葬墓》，《考古》2010 年第 2 期。

李聲能、李鑫：《清福陵、昭陵空間組合與建陵思想比較研究》，《瀋陽故宮博物院院刊》2010 年第 2 期。

穆崟臣、穆鴻利：《金完顏希尹神道碑研究述略》，《北方文物》2010 年第 2 期。

吳光正、羅媛：《花主、詩人和哲人——神道設教與賈寶玉的形象設計》，《江西師範大學學報》（哲學社會科學版）2010 年第 2 期。

張衛星：《秦漢帝陵陵寢制度及其象徵研究的思路探析——以秦始皇陵的研究為例》，《中原文物》2010 年第 3 期。

孟凡人：《北宋帝陵石像生研究》，《考古學報》2010 年第 3 期。

董清麗：《淺析西漢後期陵寢制度變化及其原因》，《西安社會科學》2010 年第 4 期。

任婷婷：《中國道教與日本神道教"神人關係"比較》，《日本研究》2010 年第 4 期。

劉尊志：《西漢帝陵分佈及相關問題淺析》，《中原文物》2010 年第 5 期。

胡松梅、楊武站：《漢陽陵帝陵陵園外藏坑出土的動物骨骼及其意義》，《考古與文物》2010 年第 5 期。

孔德立：《歷史失憶與價值選擇：孔子"神道設教"思想的生成與退隱》，《世界宗教研究》2010 年第 6 期。

吳光正：《草木、花柳與群釵——神道設教與大觀園群釵的神界胎記》，《黑龍江社會科學》2010 年第 6 期。

牛建科：《試析儒學與日本神道的關係》，《孔子研究》2010 年第 6 期。

姚媛、熊藝鈞：《淺議"貞憲王完顏公神道碑"撰文之特點》，《黑河學刊》2010 年第 6 期。

宣麗華等：《粗針神道穴平刺對面神經炎患者瞬目反射的影響》，《中華中醫藥學刊》2010年第7期。
張廣核：《炎帝陵地理環境與風水初探》，《文史博覽》（理論）2010年第7期。
段建宏：《“神道設教”思想與明清山西民間信仰研究》，《滄桑》2010年第8期。
王書廣：《顏真卿與《宋璟墓神道碑》》，《中小企業管理與科技》（中旬刊）2010年第8期。
匡賢明：《神醫神道的神奇土壤》，《中國報導》2010年第9期。
岳起：《西漢帝陵諸問題的探討》，《秦漢研究》2010年。
劉衛鵬：《西漢帝陵的陪葬坑》，《秦漢研究》2010年。
徐衛民：《秦漢帝陵祭祀制度研究》，《秦漢研究》2010年。
程義：《唐代帝陵陪葬墓的分佈及其規律》，《乾陵文化研究》2010年。
陸擎宇：《從乾陵及唐代帝陵看唐政治風氣》，《乾陵文化研究》2010年。
李星明：《佛法與皇權的象徵——論唐代帝陵神道石柱》，《復旦學報》（社會科學版）2011年第1期。
鄭永華：《《姚廣孝神道碑》碑文之誤辨正》，《首都師範大學學報》（社會科學版）2011年第1期。
宮萬琳：《東漢帝陵神道石象與刻銘“天祿”“辟邪”》，《美與時代》（中）2011年第2期。
崔世平：《從文獻記載論五代帝陵玄宮問題》，《華夏考古》2011年第2期。
邵竇：《日本神道流派研究》，《吉林省教育學院學報》（學科版）2011年第2期。
沈志權：《《周易》祭祀與神道設教》，《求索》2011年第3期。
孫雪菲：《論日本神道教與佛教的融合關係》，《黑龍江教育學院學報》2011年第3期。
唐永亮：《試析日本神道中的時空觀念》，《日本學刊》2011年第3期。
劉銘：《儒家“神道設教”思想對《歧路燈》的影響》，《焦作大學學報》2011年第4期。
張樹國：《神道設教——論古代帝王的宗教職能與祭祀文學的核心特徵》，《中南民族大學學報》（人文社會科學版）2011年第4期。
馮祖光：《神道夕陽——明代神道石刻研究》，《藝術與設計》（理論）2011年第5期。
任乃宏：《《竇默神道碑》輯錄匯校》，《文物春秋》2011年第5期。
李明琴：《明兵部尚書劉體乾墓神道石刻》，《文物春秋》2011年第5期。
王玲珍、李德方：《洛陽五代帝陵的調查與研究》，《黃河科技大學學報》2011年第5期。
宋震昊：《丹陽地區南朝帝陵石刻的前源——試論漢代有翼石獸對南朝帝陵石獸的影響》，《江蘇教育學院學報》（社會科學）2011年第6期。
杜忠潮：《陝西關中地區帝陵遺產資源保護與旅遊開發研究》，《咸陽師範學院學報》2011

年第 6 期。
嚴輝等:《洛陽孟津朱倉東漢帝陵陵園遺址相關問題的思考》,《文物》2011 年第 9 期。
房麗君:《王銳教授施用至陽、靈臺、神道 3 穴論治經驗》,《中醫研究》2011 年第 10 期。
焦南峰、馬永嬴:《西漢帝陵選址研究》,《考古》2011 年第 11 期。
岳冰茹:《明治維新時期的日本天皇制度與神道教》,《出國與就業》(就業版)2011 年第 12 期。
萬璐璐:《淺析神道神饌中蘊含的日本飲食文化——以伊勢神宮的神饌為例》,《重慶科技學院學報》(社會科學版)2011 年第 13 期。
譚前學等:《中國的帝王谷:渭北西漢帝陵》,《人類文化遺產保護》2011 年。
陳巧玲、虞彬豔:《神道穴粗針平刺治療面神經炎的護理》,《浙江醫學教育》2012 年第 1 期。
王琛發:《中華神道的信仰版圖——以開漳聖王為討論範例》,《閩臺文化交流》2012 年第 1 期。
王琛發、張弼士:《在檳榔嶼神道設教的晚清官員》,《粵海風》2012 年第 1 期。
宣麗華等:《粗針神道穴平刺治療面神經炎臨床多中心研究》,《中華中醫藥學刊》2012 年第 1 期。
虞彬豔等:《粗針神道穴平刺與傳統針刺治療不同損傷程度面神經炎的比較研究》,《中國中醫藥科技》2012 年第 2 期。
崔建華:《論皇權傳承規範對西漢帝陵佈局的制約》,《考古與文物》2012 年第 2 期。
任婷婷:《猶太教、神道教"現世性"之比較》,《世界民族》2012 年第 4 期。
趙天智:《略論明孝陵神道石刻》,《雕塑》2012 年第 4 期。
孫偉剛、曹龍:《再議秦始皇帝陵墓方向與陵園方向——墓向與陵向二元結構並存的秦始皇帝陵園》,《考古與文物》2012 年第 4 期。
劉毅:《中國古代帝王陵墓碑制探析》,《南開學報》(哲學社會科學版)2012 年第 5 期。
周進芳:《敬神道・崇天道・重人道——關於女媧神話、形象與崇拜的思考》,《鄖陽師範高等專科學校學報》2012 年第 5 期。
吳書蔭:《越雪山人及其《雙南記》考——兼談寫實劇中為何出現神道》,《文學遺產》2012 年第 5 期。
王久宇:《金源郡王神道碑與金朝大定年間的文化導向》,《遼寧工程技術大學學報》(社會科學版)2012 年第 5 期。
劉毅:《帝王陵墓之冊、寶、志探析》,《東南文化》2012 年第 5 期。
曹龍:《西漢帝陵陪葬制度初探》,《考古與文物》2012 年第 5 期。
張燕軍:《風水思想與西漢帝陵關係研究》,《咸陽師範學院學報》2012 年第 5 期。

梁中效：《東漢時期關中西漢帝陵的文化地位及影響》，《咸陽師範學院學報》2012 年第 5 期。

孫偉剛：《秦始皇帝陵北部西側建築遺址的性質及相關問題》，《考古》2012 年第 6 期。

左東嶺：《〈方國珍神道碑銘〉的敘事策略與宋濂明初的文章觀》，《首都師範大學學報》（社會科學版）2013 年第 6 期。

高曉東：《論北宋的皇陵制度》，《雞西大學學報》2012 年第 6 期。

劉鶴丹：《“神道設教”的人文意義》，《中國宗教》2012 年第 7 期。

崔曉莉：《從〈中書令耶律公神道碑〉看耶律楚材的“以儒治國”》，《牡丹江大學學報》2012 年第 9 期。

楊宗紅：《明末清初擬話本小說“神道設教”的形式、策略與場域論析》，《廣州大學學報》（社會科學版）2012 年第 11 期。

王磊：《明皇陵石獸的象徵意義》，《貴州師範學院學報》2012 年第 11 期。

李輝：《偽滿時期日本神道教在東北的主要活動及其影響》，《蘭臺世界》2012 年第 22 期。

宋燕鵬、董劭偉：《〈唐張仁憲神道碑考〉補》，《文物春秋》2013 年第 1 期。

王久宇：《金源郡王神道碑述略》，《北方文物》2013 年第 1 期。

陳君、宣麗華：《粗針神道穴平刺對周圍性面癱大鼠面神經電生理的影響》，《山西中醫學院學報》2013 年第 1 期。

劉九生：《秦始皇帝陵總體營造與中國古代文明——天人合一整體觀》，《唐都學刊》2013 年第 2 期。

方興：《清代陵寢與堪輿：基於制度與權力層面的考察》，《明清史》2013 年第 2 期。

崔紅分：《保定出土〈老索神道碑銘〉再研究》，《中國文化》2013 年第 2 期。

張穀：《道家哲學對日本近世復古神道的影響——以賀茂真淵、本居宣長為中心》，《日本問題研究》2013 年第 2 期。

夏寒：《試論明皇陵、孝陵神道石刻制度的形成》，《中國國家博物館館刊》2013 年第 3 期。

劉毅：《關於遼代皇陵的幾點認識》，《中國國家博物館館刊》2013 年第 3 期。

程蓓：《植物對漢陽陵帝陵封土遺址的影響》，《文博》2013 年第 3 期。

孔毅：《論〈搜神記〉中的鬼神與“神道”》，《重慶師範大學學報》（哲學社會科學版）2013 年第 4 期。

杜樹海：《宋末至明初廣西左江上遊土酋勢力的動向——從〈知思明府黃公神道碑〉看祖先敘事的創制》，《民族研究》2013 年第 4 期。

肖紅兵：《宋代御賜神道碑額考述——以文獻所見六十餘人碑額為中心》，《中原文化研究》2013 年第 5 期。

張建林：《唐代帝陵陵園形制的發展與演變》，《考古與文物》2013 年第 5 期。

焦南峰：《西漢帝陵形制要素的分析與推定》，《考古與文物》2013 年第 5 期。

石寧：《西漢五行思想與漢陽陵帝陵陵園設計》，《文博》2013 年第 5 期。

王銳等：《電針靈臺、神道穴對心臟過早搏動的影響》，《中國針灸》2013 年第 5 期。

顏永傑、徐衛民：《渭北西漢帝陵的營建與自然環境關係研究》，《西北大學學報》（自然科學版）2013 年第 5 期。

李玉君等：《從金代女真貴族墓葬看女真民族漢化進程》，《遼寧師範大學學報》（社會科學版）2013 年第 6 期。

邱霓：《淺析中國古代帝陵建築特點》，《江西教育學院學報》2013 年第 6 期。

張燕軍：《關中帝陵大遺址的保護與利用》，《哈爾濱學院學報》2013 年第 6 期。

葉原：《從“神道設教”模式看新年畫運動的缺陷》，《美術觀察》2013 年第 8 期。

王雪芹等：《明皇陵石像生群的象徵意義及文化內涵分析》，《科教文匯》（中旬刊）2013 年第 11 期。

張燕軍：《風水思想與漢唐帝陵選址研究》，《蘭臺世界》2013 年第 21 期。

張亦帥：《風水與帝陵——漢帝陵與風水的相互關係問題淺析》，《黑龍江史志》2013 年第 23 期。

劉曉媛：《唐陵與宋陵神道石刻異同研究》，《學理論》2013 年第 26 期。

陳宏恩：《道教與神道的對比研究》，《科技信息》2013 年第 34 期。

高鳳、徐衛民：《秦漢帝陵制度研究綜述（1949—2012）》，《秦漢研究》2013 年。

焦南峰：《西漢帝陵“夫人”葬制初探》，《考古》2014 年第 1 期。

董俊玨：《陳三立佚文《清故太常寺卿袁忠節公神道碑銘》發微》，《福建師大福清分校學報》2014 年第 1 期。

李趙益多、侯文輝：《淺談中國神道雕刻的歷史及藝術手法》，《美術大觀》2014 年第 1 期。

吳光正、張海翔：《“神道設教”對《紅樓夢》敘事架構的人性掌控與悲情關懷》，《江西師範大學學報》（哲學社會科學版）2014 年第 2 期。

胡春勃：《唐代陵墓及陪葬墓神道石柱樣式分析》，《文博》2014 年第 2 期。

劉毅等：《炎帝炎帝陵史籍之研究》，《湖南社會科學》2014 年第 2 期。

國靛青：《西夏帝陵》，《城鄉建設》2014 年第 3 期。

周莎：《清代帝陵五供祭台的紋樣研究》，《古建園林技術》2014 年第 3 期。

張鴻亮、盧青峰：《略談東漢帝陵陪葬墓塋域問題》，《華夏考古》2014 年第 3 期。

王舶宇：《帝陵文化旅遊資源開發、利用的幾點思考——以咸陽市的帝陵為例》，《西藏民族學院學報》（哲學社會科學版）2014 年第 3 期。

李小勇：《唐楊執一神道碑考釋》，《文博》2014 年第 4 期。

劉鶴丹：《神道設教與儒家道德的養成》，《中國宗教》2014 年第 4 期。

葛榮晉：《比幹的人格與神格的轉換——“神道設教”的典範》，《商丘師範學院學報》2014 年第 4 期。

付建、張寧：《秦始皇帝陵封土築造工藝考略》，《文博》2014 年第 4 期。

王青：《神道教與日本型倫理道德觀念的演變》，《哲學研究》2014 年第 5 期。

劉毅：《明鳳陽皇陵神道石刻研究》，《文物》2014 年第 5 期。

張洪英：《〈唐張仁憲神道碑考〉再補》，《文物春秋》2014 年第 5 期。

李明、劉呆運：《唐竇希瓘神道碑研究》，《考古與文物》2014 年第 5 期。

焦南峰等：《秦人的十個陵區》，《文物》2014 年第 6 期。

徐謐：《中國道教對日本神道教的影響初探》，《西藏民族學院學報》（哲學社會科學版）2014 年第 6 期。

張穀：《道家哲學對日本中世伊勢神道的影響》，《寧波大學學報》（人文科學版）2014 年第 6 期。

張國旺：《元代張弘略事蹟考略——以張弘略墓誌和神道碑銘為中心》，《西北師大學報》（社會科學版）2014 年第 6 期。

曹瑋、張衛星：《西安市秦始皇帝陵》，《考古》2014 年第 7 期。

牛達生：《西安帝陵建築揭秘》，《大眾考古》2014 年第 9 期。

張啟後：《中國帝陵封土的來源及其發展》，《新西部》（理論版）2014 年第 11 期。

蔣樹森：《試論西漢帝陵制度》，《黑龍江史志》2014 年第 20 期。

翟志強：《明代帝陵選址諸因素考述》，《蘭臺世界》2014 年第 27 期。

孫偉祥：《試論遼朝陵寢佈局特點》，《蘭臺世界》2014 年第 27 期。

王朝霞：《明清帝陵中石五供的禮儀制度初探》，《碑林集刊》2014 年第 27 期。

白欲曉：《“神道設教”與“神道助教”——儒家“神道”觀發微》，《中山大學學報》（社會科學版）2015 年第 1 期。

朱峰、杜忠潮：《論西漢帝陵位次排列中的昭穆制度》，《咸陽師範學院學報》2015 年第 1 期。

宋濤、郭志成：《姚天福神道碑考辨》，《史志學刊》2015 年第 2 期。

楊宗鳴：《從墓誌銘與神道碑考察王永江的政績》，《蘭臺世界》2015 年第 2 期。

張雁勇：《周代軍禮中的神道設教——《周禮》大師祭祀考論》，《遼寧師範大學學報》（社會科學版）2015 年第 2 期。

王久宇、孫田：《完顏婁室神道碑碑文的史料價值述要》，《哈爾濱師範大學社會科學學報》2015 年第 2 期。

萬意佳、宣麗華：《粗針神道穴平刺與傳統針刺治療不同病程面神經炎療效比較》，《上海針灸雜誌》2015 年第 2 期。
劉毅：《遼西夏金陵墓制度的新因素及其影響》，《南方文物》2015 年第 3 期。
陳謙：《論《論語》中的神道教化觀》，《安徽文學》（下半月）2015 年第 3 期。
鄭藝鴻等：《明、清帝陵石刻獨角獸小議》，《佳木斯大學社會科學學報》2015 年第 3 期。
趙剛：《戰後七十年日本神道的歷史變遷》，《日本研究》2015 年第 3 期。
王雙懷：《唐代帝陵中的紀念性石刻》，《廊坊師範學院學報》（社會科學版）2015 年第 3 期。
汪小洋：《南北朝帝陵壁畫墓的圖像體系討論》，《民族藝術》2015 年第 4 期。
王久宇、孫田：《完顏希尹神道碑碑文的史料價值》，《古籍整理研究學刊》2015 年第 4 期。
張光輝：《明孝陵神道石象生——駱駝出現的原因》，《黑龍江史志》2015 年第 5 期。
範麗珠、陳納：《“以神道設教”的政治倫理信仰與民間儒教》，《世界宗教文化》2015 年第 5 期。
徐衛民：《秦漢帝陵制度與當時社會》，《西北大學學報》（哲學社會科學版）2015 年第 5 期。
宋典：《《韓國華神道碑》中契丹大將蕭寧身份考》，《赤峰學院學報》（漢文哲學社會科學版）2015 年第 7 期。
楊武站、曹龍：《漢霸凌帝陵的墓葬形制探討》，《考古》2015 年第 8 期。
仝相卿：《歐陽修撰寫範仲淹神道碑理念探析》，《史學月刊》2015 年第 10 期。
王志高：《南京甘家巷“梁鄱陽王蕭恢墓神道石刻”墓主身份辨正》，《中國國家博物館館刊》2015 年第 12 期。
唐培淞：《唐和北宋兩代帝陵華表石刻藝術造型風格之比較》，《大眾文藝》2015 年第 13 期。
胥孝平：《五代李茂貞夫婦墓神道淺析》，《收藏》2015 年第 21 期。
劉衛鵬：《試論西漢帝陵的方向》，《秦始皇帝陵博物院》2015 年。
郭羅、楊歡：《古代帝陵稱謂漫談》，《陝西歷史博物館館刊》2015 年。
衣撫生：《《大元太師泰安武穆王神道之碑銘》校勘劄記》，《泰山學院學報》2016 年第 1 期。
王興亞：《王鐸撰朱載堉《神道碑》原稿發現及其價值》，《石家莊學院學報》2016 年第 2 期。
王志高：《南京堯化門外北家邊南朝陵墓神道石刻墓主身份新證》，《南京曉莊學院學報》2016 年第 3 期。

王琛發:《臺灣與南洋華人的民間神道信仰:同源、在地分流與互動》,《閩臺文化研究》2016年第3期。

霍彥儒:《陝西黄帝陵"國祭"地位的形成》,《長安大學學報》(社會科學版)2016年第3期。

胡春勃:《從幾件唐代神道碑看唐代碑首的變化》,《西北美術》2016年第3期。

劉坤:《宣化元代潘澤神道碑考釋》,《文物春秋》2016年第3期。

蘇俊芳:《北宋武將高繼嵩神道碑考釋》,《西夏研究》2016年第3期。

馬雲超:《日本天皇曾向唐朝皇帝稱臣——隱藏在百濟人墓誌中的歷史真相》,《文史天地》2016年第3期。

陳冬梅、劉寧:《王仁裕神道碑的歷史價值及其保護方案》,《天水師範學院學報》2016年第4期。

劉春迎等:《開封劉昌墓勘探及神道發掘簡報》,《華夏考古》2016年第4期。

周思成:《元朝皇帝與星命、相術之關係新證》,《北方文物》2016年第4期。

陳力祥、王志華:《論王船山"神道設教"催生遵禮實踐的内在邏輯機理》,《衡陽師範學院學報》2016年第5期。

王昆陽等:《溫針灸神道穴治療失眠症的隨機對照研究》,《針灸臨床雜誌》2016年第5期。

張琴、張清英:《顯陵:一座穿越時空密道的帝陵》,《檔案記憶》2016年第9期。

劉向陽、鄭茂良:《唐朝對其帝陵建設的探索及完善》,《乾陵文化研究》2016年。

葛華廷:《遼代帝陵佈局新探》,《遼金歷史與考古》2017年第1期。

王昌豐:《西夏陵區帝陵陵主新探》,《西夏學》2017年第1期。

燕飛:《〈大慈靈和尚覺靈神道碑〉碑文考釋》,《文物世界》2017年第2期。

史少博:《論日本"神道"與中國思想的關係》,《理論月刊》2017年第2期。

唐更生:《鳳陽明皇陵石像生兩批次樹立之謎》,《大眾考古》2017年第2期。

周永生:《日本神道文化及其力量》,《世界宗教文化》2017年第3期。

楊武站:《論西漢陵邑的功能》,《考古與文物》2017年第3期。

鄧濤:《清朝皇帝對金朝陵寢的祭祀》,《歷史檔案》2017年第3期。

王憶雯等:《明祖陵神道文臣石像生服飾研究》,《藝術設計研究》2017年第4期。

何召鋒:《金陵南朝石刻遺存藝術特徵分析——以蕭景墓神道石刻為例》,《南京工業職業技術學院學報》2017年第4期。

唐宸:《晚清重臣吳廷芬神道碑拓本考釋》,《歷史檔案》2017年第4期。

李航:《關於元末乃蠻氏闊闊神道碑的實地考察及研究》,《西部蒙古論壇》2017年第4期。

李東：《橫山陳元燾蕭氏神道牌坊的發現與考證》，《桂林師範高等專科學校學報》2017 年第 5 期。
楊樹坤、彭明旭：《神道碑、墓碑、墓碣、墓表概念辨析》，《新餘學院學報》2017 年第 5 期。
肖晴、鄭藝鴻：《明代帝陵神道比較研究——以明皇陵和明孝陵為例》，《黑龍江工業學院學報》（綜合版）2017 年第 5 期。
田振宇：《宋元拓唐〈王卓神道碑〉經眼記》，《藝術工作》2017 年第 6 期。
張波、潘暢和：《對日本神道之“神”的溯源及詮釋》，《延邊大學學報》2017 年第 6 期。
李軍等：《浡泥國王墓神道石刻及碑刻病害檢測與保護》，《石材》2017 年第 6 期。
龔幹：《中國古代帝王陵墓中的博物館雛形——以秦始皇帝陵為例》，《美與時代》（中）2017 年第 7 期。
肖娟：《陵園石雕：一脈相承的民族藝術》，《中關村》2017 年第 8 期。
王名峰：《在乾陵神道二刻石碑研究中的幾個問題》，《新美術》2017 年第 9 期。
丁建軍：《宋朝皇帝詔求直言類型及原因探析》，《蘭州學刊》2017 年第 10 期。
邢暢：《從“神道設教”談關公信仰的起源和發展》，《文化學刊》2017 年第 12 期。
梁安和：《西漢帝陵陵廟與廟制研究》，《秦漢研究》2017 年。
楊鑫：《〈大元故京兆知府劉侯神道碑〉考略》，《陝西歷史博物館館刊》2017 年。
範星盛：《明樓建制淵源考》，《草原文物》2018 年第 1 期。
黃偉亮：《梁啟超撰書浙江提督張其光神道碑銘考釋》，《浙江檔案》2018 年第 1 期。
王玉強：《佛教儒學與日本神道特殊論的構建研究》，《國際漢學》2018 年第 1 期。
丁建軍、宋若岩：《宋朝皇帝詔求直言的功能與效果》，《河北大學學報》（哲學社會科學版）2018 年第 1 期。
朱晨露、趙鈞陶：《西漢帝陵朝向新探》，《西北大學學報》2018 年第 2 期。
龐亮：《洛陽地區帝陵兆域考》，《濮陽職業技術學院學報》2018 年第 3 期。
山草：《佟公神道碑與佟氏家族》，《中國地名》2018 年第 3 期。
李宗俊：《楊卓墓誌與唐代帝陵的風水理念等相關問題》，《文博》2018 年第 3 期。
孫偉剛：《秦始皇帝陵選址新認識》，《考古與文物》2018 年第 4 期。
任利偉：《〈周易〉的“神道設教”思想》，《世界宗教文化》2018 年第 4 期。
杜忠潮：《關中漢唐帝陵分佈及陵區水土流失觀測分析》，《咸陽師範學院學報》2018 年第 4 期。
祁志祥：《從“神道設教”走向“人文”之道——〈周易〉的思想史意義研究》，《理論月刊》2018 年第 5 期。
秦士芝：《明祖陵神道石刻設置年代的探索——兼議洪武朝石刻的龍鳳紋樣》，《文物鑒定與鑒賞》2018 年第 10 期。
馬健中:《鞏縣《元故張思忠神道碑》考略》,《中國書法》2018 年第 10 期。
胡元超:《貞觀君臣民本思想在帝陵建設中的反映》,《乾陵文化研究》2018 年。
梁雲、王璐:《論東漢帝陵形制的淵源》,《考古》2019 年第 1 期。
錢國祥:《東漢洛陽帝陵的佈局與歸屬辨析》,《中原文物》2019 年第 1 期。
陳明文:《民間信仰傳統文化再造中的功能轉換——以湖南株洲炎帝陵為例》,《湖南行政學院學報》2019 年第 1 期。
孟慶雷、孫易君:《神仙道教視域下的南朝帝陵畫像磚內容解讀》,《宗教學研究》2019 年第 2 期。
裴書研、範丹妮:《唐代早期墓葬等級劃分初探》,《唐都學刊》2019 年第 2 期。
杜忠潮、孫媛媛:《秦始皇陵對中國古代帝陵制度的創設性貢獻及影響》,《咸陽師範學院學報》,2019 年第 2 期。
鄭藝鴻:《明代帝陵石刻襲變研究》,《佳木斯大學社會科學學報》2019 年第 2 期。
許孝堂等:《拓跋帝陵祁皇墓考古調查》,《山西大同大學學報》(社會科學版)2019 年第 2 期。
胡憶紅、王毓偉:《清代舜帝陵祭祀與歷史文化的認同》,《滿族研究》2019 年第 2 期。
焦南峰:《漢成帝延陵名位補證》,《考古與文物》2019 年第 4 期。
魏鎮:《東漢墓地建築的兩種傳統及其互動》,《東南文化》2019 年第 4 期。
張登璨:《明代祠祭署的設置、類別與職能》,《內蒙古大學學報》(哲學社會科學版)2019 年第 4 期。
段清波、朱晨露:《古代陵墓墓道研究——中國古代陵墓制度研究之四》,《考古與文物》2019 年第 5 期。
張雁:《黃帝陵旅遊資源的文化意蘊及價值》,《社會科學家》2019 年第 5 期。
王名峰:《以唐代帝陵為例看中國古代陵墓石刻的題材與模式》,《雕塑》2019 年第 5 期。
王青賢:《根祖文化的聖地——舜帝陵廟》,《文物鑒定與欣賞》2019 年第 6 期。
段清波、劉俊豔:《帝國體制下獨立陵園制的發展演變》,《考古》2019 年第 10 期。
吳唯佳等:《中國國家祭祀及國家紀念地傳統追溯初探》,《中國名城》2019 年第 11 期。

三　學位論文

白才儒:《漢魏晉南北朝道教生態思想研究》,博士學位論文,山東大學,2005 年。
沈琍:《南朝陵墓雕刻造型風格研究》,博士學位論文,南京藝術學院,2005 年。

張穀：《道家思想對日本近世文化的影響》，博士學位論文，武漢大學，2006 年。
段清波：《秦始皇帝陵園相關問題研究》，博士學位論文，西北大學，2007 年。
張英：《傳統儒家生死觀研究》，博士學位論文，黑龍江大學，2007 年。
竇志強：《唐陵石雕的考古學研究》，博士學位論文，山東大學，2007 年。
劉尊志：《徐州漢墓與漢代社會研究》，博士學位論文，鄭州大學，2007 年。
史婷婷：《《太平經》哲學思想探微》，博士學位論文，山東大學，2009 年。
英衛峰：《唐代帝陵陪葬墓研究》，博士學位論文，西北大學，2011 年。
劉書惠：《先秦儒家神道觀研究》，博士學位論文，東北師範大學，2012 年。
趙永翔：《明清關中的寺廟與地方社會》，博士學位論文，南開大學，2012 年。
鄭承燕：《遼代貴族喪葬制度研究》，博士學位論文，南開大學，2012 年。
王司瑜：《中國古代教化思想及方式研究》，博士學位論文，黑龍江大學，2013 年。
莊恒愷：《多維視野中的福建祠神信仰研究》，博士學位論文，福建師範大學，2013 年。
張華：《漢代文學中的神話研究》，博士學位論文，陝西師範大學，2013 年。
張建忠：《中國帝陵文化價值挖掘及旅遊利用模式——以關中 3 陵為例》，博士學位論文，陝西師範大學，2013 年。
耿雪敏：《先秦兵陰陽家研究》，博士學位論文，南開大學，2014 年。
李慧：《武當山道教宮觀環境空間研究》，博士學位論文，北京林業大學，2014 年。
李程成：《中國墓園設計理法研究》，博士學位論文，北京林業大學，2014 年。
秦波：《唐代陵墓石刻研究——以乾陵為中心》，博士學位論文，中央美術學院，2014 年。
蘇琨：《文化遺產旅遊資源價值評估研究》，博士學位論文，西北大學，2014 年。
韓佺：《清代皇族女性墓葬研究》，博士學位論文，南開大學，2014 年。
劉寧：《讖緯天學研究》，博士學位論文，山東大學，2015 年。
莫陽：《戰國中山王墓研究——一種藝術史的視角》，博士學位論文，中央美術學院，2015 年。
劉佳：《魂兮歸來——漢唐陵墓神獸石刻研究》，博士學位論文，中央美術學院，2016 年。
張鴻亮：《洛陽地區漢晉墓研究》，博士學位論文，鄭州大學，2017 年。
王名峰：《唐代乾陵石刻模式形成研究》，博士學位論文，西安美術學院，2018 年。
張帥：《兩晉南北朝皇族宗法形態研究》，博士學位論文，山西大學，2019 年。

後　記

20 世紀 70 年代末以來，中國推行改革開放的基本國策，國門徐徐向世界敞開，國人慢慢向國際靠近，國力漸漸向世人展現，中國社會、中華民族及其文化、思想和哲學領域開始了新時期的“睜眼看世界”的歷史征程，而各種世界潮流紛紛現身中國社會舞臺，不同社會思潮蜂擁而入中國思想文化陣地，世界舞臺和國際社會因中國社會的參與、中華民族的加入而不斷調試著已經固化的行為準則和業已定型的行為方式。現代西方哲學、文化、文學、藝術等領域的流派和學說位列其中，爭先恐後地流向中國社會，流入中國思想文化體系，導致一段時期內國人尤其是學界精英唯恐落伍，競相踏上求索和解讀西方社會真諦、西方文化真義、西方思想真髓和西方哲學真意的遊學之旅。我們這一代，伴隨着改革開放的鐘聲和號角，步入大學校園，享受高等教育，沐浴傳統文化，接受西方思潮，尤其是筆者自告奮勇地選擇了外國哲學專業，青睞中外思想文化比較研究方向，深受西方哲學文學化、文學哲理化的影響，並在學習過程和學業進步中逐漸成為民族文化、傳統思想和哲學理論的研究者和實踐者。

一　共用時代之利

新千年的鐘聲敲響之時，新時代的腳步開啟之際，新常態的態勢定型之間，中國社會、中華民族及其思想文化的建設與發展，及時跟隨了世界潮流，同樣出現了“世紀末現象”“世紀初現象”和“世紀之交現象”。在力量對比、結構調整、勢力平衡和格局定位的過程中，中國元素、中國聲音和中國形象頻頻出現在世界舞臺上，不斷影響著世界的歷史進程和文化面貌，“中國製造”成長為“中國創造”，“中國元素”演變為“中國因素”，世界因中國而豐富多彩，中國因世界而變化多端，以致於中國離不開世界，世界也離不開中國；中國因世界而精彩，世界因中國而榮光，以致於中國走向和融入了世界，而世界接納和認可了中國。在全球範圍內，不同國家、地區和民族的政治、經濟、科技、教育、文化等領域，共同分享著信息化、全球化、一體化、多元化和多極化所帶來的優質資源與優良機遇，並不失時機地提出適合本國家、本地區和本民族的基本國策，時不我待地應對世界潮流，共同追求著“你中有我，我中有你”的良性局面。

中國社會、中華民族及其思想文化的境況令人回味，景況令人深思，狀況令人求解。沉穩有餘者有之，心浮氣躁者有之；保持中立者有之，鋌而走險者有之；置若罔聞者有之，全盤否定者有之；坐井觀天者有之，賣國求榮者有之；歡欣鼓舞者有之，心靜如水者有之；實事求是者有之，食洋不化者有之；崇洋媚外者有之，閉關自守者有之；穩扎穩打者有之，盲目冒進者有之；中庸之道者有之，機會主義者有之；主動適應者有之，被動接受者有之；曲線救國者有之，直奔主題者有之；文化輸出者有之，文化輸入者有之；文化交流者有之，文化比較者有之；民族覺醒論者有之，民族危亡論者有之；民族振興者有之，民族復興者有之；思想覺悟者有之，思想迷茫者有之；哲學無用論者有之，哲學萬能論者有之。各抒己見，各執一詞。中國經濟社會發展取得了舉世矚目的成就，也伴生了矛盾凸顯的危情；中國民族傳統文化呈現了百舸爭流的局面，也出現了魚龍混雜的狀況，“去粗取精，去偽存真”的課題任重而道遠，“由此及彼，由表及裏”的任務需要披荊斬棘。當舉國對改革開放政策堅定不移之時，一部分人發出了冷嘲熱諷的不和諧之聲；在中國經濟社會建設及其思想文化發展不斷釋放出正能量的同時，一些地區的一些行業的一些社會現象或一些部門的一些人的一些言行舉止投放了一些負能量，並消耗著符合社會規律、契合歷史進程、切合民眾需求的努力及成效。中國社會從未發生過的社會問題和從未出現過的社會現象在令人眼前一亮的同時，也導致了讓人眼花繚亂的局面或無所適從的境地，如“錢奴”“房奴”“車奴”“權奴”等詞語及現象，改變著國人的認知與行為，影響著時人的生產和生活，制約著世人的價值與倫理。而作為求學者、治學者和志學者，我們一直奉行“擋住誘惑、守住寂寞、潛心研究、用心創作”的信條，旨在寫下心路歷程，留下研究心得，趟出研學軌跡。我們始終期待的狀態或期盼的願景為：走過的路，想過的事，留下的汗，存下的情，寫下的字，繪出的表，能夠印製成飽含墨蹟的精美文字，印刷成散發墨香的經典書籍。打消自己的顧慮，才能回應他人的質疑，學問和學術就在不斷質疑和釋疑的過程中砥礪前行。

二　分享文獻之便

從文獻和資料上講，我們的研究工作涉及故人 2100 多人，涉獵文獻 6000 多部，關聯的歷史事件、人物故事和典章制度等不計其數，在與他們或它們進行“交往”與“互動”

時，需要發掘曾經的哲學教育和借助已有的哲學素養，並主動“惡補”歷史學、文獻學、民族學等領域的理論、知識和方法，才能出現研究夙願如願以償、研究成果經得起推敲的效果。從前人、同仁的成果與思想上講，可以扶翼我們的研究見解和見地者難以計數，我們以何種方式感謝？又以何種途徑報答？姑且以“神道文獻整理與帝陵神道研究”的面世，求教於各位專家學者和學界同仁吧！我們走出書齋，奉行著“沒有調查研究，就沒有發言權”的哲理名言，致力於“人類行為與社會環境”的合一狀態，在開展田野調查時，足跡遍及大江南北；在實地調查時，身心融入研究對象。我們坐在書桌前，信守著善待“歷史與文化”“文獻與思想”“神道與哲學”的研究邏輯，追求著“氣定神閑”與“思想自由”的一體狀態，在擬定篇章結構時，不知幾易其稿；在引經據典時，不知多少反復；在架構體系時，執意嘔心瀝血；在精深學問時，執著有所作為。凡此種種，其間的風風雨雨，不論何時回想起來依然歷歷在目，不管何地議論起來仍然回味無窮。研究過程的幾多艱辛和自娛自樂，不管何人以何種方式達到何種程度的猜想和考量，都無法企及研究者們內心世界的真實、情感世界的真情和精神世界的真意，因此我們的世界我們做主，既可以省卻諸多紛擾和麻煩，也可以為學界和同仁留存質疑的空間和研討的餘地，以便共同精進學問領域和精深學術成果。我們的文化敏感性、思想恰適性和哲學思辨性，經與神道文獻歷時多年“打交道”的過程中才能培養起來和釋放出來。儒學、佛教、道教、文學、醫學等典籍中的神道，讓我們心馳神往；儒家、佛家、道家、文學家、醫者內心中的神道觀，使我們魂牽夢繞。政治家、思想家和哲學家的神道論，如何從學理上予以評判？民間社會、日常生活的神道觀，又如何從常理上予以評說？應對科研管理部門的“拭目以待”，回應學界同仁的“翹首以盼”，都是開展研究工作、推進研究進程、提升研究水準和推出研究成果的壓力、動力和合力。

整理神道文獻，闡述中國帝陵神道文化、思想和哲學，其實是一次尋夢、築夢和圓夢之旅。夢想在，心就在。尋夢之苦樂，築夢之艱辛，圓夢之美妙，鐫刻在人生的履歷上，銘刻在人心的烙印裏。子曰：吾十有五而志於學，三十而立，四十而不惑，五十而知天命，六十而耳順，七十而從心所欲，不踰矩。雖未有憑藉“家學厚養”的原始資源而順理成章學富五車或才高八斗，但擁有依託“家教嚴苛”的原初財富而擺脫了貧困的境地與貧窮的命運，這導致了明白志學的道理和明確治學的志向皆與聖賢之至理名言所內含的時段和要求大相徑庭。現如今“而立”之年已隨時光流逝而相去甚遠，“不惑”之年亦隨歲月流轉而漸行漸遠，而介於“知天命”與“耳順”之間的人生旅程則亦步亦趨，其真情實感自然而然地流淌在血液裏，順其自然地深植在骨髓中，豐富著學人的人生，滋養著學者的心智。諸葛亮《誡子書》中有“年與時馳，意與日去”等名言，故可以猜想人到“從心所欲”的年歲時，每個人是否可以依據身心條件或狀況，使得心之所想能夠如約而至，欲之所望能夠如期而來。為了耄耋之年及之後不留遺憾，現在就可以敞開想像的心扉，放飛自由的心智，憧憬美好的未來，並為之夯實基礎，儲備條件，積蓄能量，以期光鮮生命，光彩人生。

三　獨享田野之樂

踏上田野和實地調查之路，開啟尋訪遺物和遺跡之旅，個中滋味回味無窮，身心投入令人欣慰。“崇古—述古—考古”，堪稱善待我國傳統文化的學術路徑；“訪古—究古—師古”，可謂珍視我國傳統文化的學問軌跡。我們沒有刻意設定調研時間和路線，也並未專門選定調研人數和內容，只是設想在研究週期內保質保量地完成閱讀有史可查的歷史文獻和遍訪有跡可循的皇帝陵園等任務或目標，將所見所聞的資料、所感所悟的認識、所思所想的見解、所作所為的考察等成果或成效躍然紙上，如果能夠成為“引玉之磚”，則避免了“枉費心機”的結局。我們的足跡有時“時空穿梭”，我們的行蹤間或“穿越時代”，即我們在田野調查或實地考察各個朝代的帝王陵園或同一朝代的不同帝陵之時，不是完全按照朝代更迭的先後順序而走自始至終之路，如先秦後漢、先唐後宋、先明後清等線路，也不是全部依照同一朝代各個帝王登基在位的先後序列而走由前至後之路，如“清順治皇帝福臨的孝陵—清康熙皇帝玄燁的景陵—清雍正皇帝胤禛的泰陵”等順序，而是往往打破時序和佈局，出現了先漢後秦、先清後明的程式和清東陵與清西陵一併探訪等情形。同時，也並未遵照春夏秋冬的季節變化而精心安排行程，於是出現了“反其道而行之”或“反季節而行之”等情況，如本該按部就班地在春暖花開、氣候宜人的季節成行，卻陰差陽錯地在三九寒天、冰封大地之時前往，全面考察了位於今黑龍江省哈爾濱市阿城區的女真族所建的少數民族政權——金朝的上京會寧府遺址、金上京歷史博物館、金太祖陵園；原計畫在金秋十月、桂花飄香的季節出行，卻鬼使神差地在梅雨時節、陰雨綿綿之時到達，深入考察了位於今浙江省紹興市城東的“宋六陵”，結果是走在泥濘的山路上看到了漫山遍野的茶樹、茶葉和茶園，或走在崎嶇的道路上找到了酒缸、酒窖和酒坊，卻不見承載歷史和傳承文化的南宋帝王陵園之所在和現存；利用參加學科專業研討會或調研會之機，順訪了遍佈關中地區的唐帝陵，卻因時間短暫、行色匆匆而有走馬觀花之嫌，只好重新安排時間和行程，深度考察了“關中十八陵”或“關中唐帝十八陵”或“唐十八陵”，深切感受到關中文化的深厚和唐代文化的博大；組織研究生查閱文獻和外地實習之際，正趕上中原地區麥熟季節，層層麥浪，堵住了路線，遮擋了視線，以至於將麥地中高大的“祖墳”當成了歷經風雨剝蝕後低矮的帝陵，真切感受到保護傳統文化需要負重致遠；為了面見同學和朋友，不止一次造訪位於今河北省唐山市遵化縣的清東陵和保定市易縣的清西陵，不厭其煩地詢問自稱守陵人的後代者，如神樹在哪兒？神道為何彎曲？“昭穆之序”

落實了嗎？守陵的職責是什麼？盜墓之因有哪些？得到的答案不一且說法離奇，筆者心情和心境就可想而知了。

四　盡享研究之情

研究生活樂此不疲，居家生活亦樂在其中。蝸居的生活狀況，並沒有伴生窩心的心理狀態，因為陪伴孩子的讀書之路旨在成就其向學之心，伴隨兒子的求學之路意在落實其求知之志，故自力步入自覺自願的階段並努力進入無怨無悔的境界。我們深知居住環境是生活品質的重要指標，但幸福指數往往取決於人們的內心感受，故常常把內心的甜酸苦辣、情感的喜怒哀樂和自然的陰晴圓缺統稱為“我選擇，我願意”！別人可以無奈了，我們則可以釋然了。長期租用（時長六年）區內最著名高等學府知名教授曾居住過的斗室，總感覺這裏有一種濃郁的底氣、厚重的底蘊和真切的精神，總想著此處潛藏了“取之不盡，用之不竭”的資源，總盼著借此實現代代相傳的願景，當然也懼怕著中斷這一優良傳統，成為求學路上的“逃兵”或治學途中的“過客”。基於歷史責任感和現實使命感，家庭成員眾志成城，精心安頓好兒子的學習條件、基礎設施和優良環境。雖然其後室內已放不下沙發，也安不下書桌，更擺不下書架，但我依然日以繼夜地坐在睡床上，伏在飯桌上，專心致志地整理著浩如煙海的神道文獻，精益求精地撰寫著中國帝陵神道文化、思想和哲學研究書稿。梳理文獻時，嘆服其汗牛充棟；咀嚼文字時，折服其美輪美奐；研究文化時，心服其一脈相承；提煉思想時，信服其匠心獨運；凝練哲學時，屈服其獨樹一幟。樂哉，足矣！

在致力於完成研究任務的過程中，本想找到日見進益的通途，或者發現由繁而簡的捷徑，以期節省出時間和精力，但卻給自己和團隊設計了一個又大又深的“坑”——添加了“神道文獻整理”這一浩繁復雜的研究內容，並在“帝陵神道文化”研究基礎上提升為“神道思想和神道哲學”這一諱莫如深的研究高度，而且總是擔心我們“跳進去，出不來”，故焦躁之情和煎熬之狀不禁如約而來。心想徜徉在精神世界之中，總想謀求精神食糧能夠自給自足，但“心想”與“事成”的巨大落差，無疑平添了研究成本，折扣了研究效果，故期待著學界同仁們全力以赴地出手和不惜筆墨地出力，助推我們的研究工作如期完成，按時交付，以便給予社會和學界一份答卷，以期交還團隊和個人一個答案。

開展學術研究工作，可以心靜如水，心無旁鶩，但無法超凡脫俗，不食人間煙火。從事高等教育事業，可以對民族地區經濟社會發展與人才培養、科學研究、社會服務和文化傳承創新等教育目標之關係享有一定的話語權和發言權，並增強發展教育事業的自信心和增進研究事業發展的自信力；從事社會工作學科專業教育與民族學學科建設工作，可以對中國社會的少數民族文化的構成與結構和少數民族傳統文化的本質與特色予以品讀和品鑒，還可以對家庭教育、學校教育、社會教育、自我教育的內在關係予以思考和踐行，更可以對兒童社會工作、青少年社會工作、老年社會工作、社區社會工作、民族社會工作等實務領域予以調研和闡述，但日常生活的內力和引力、科研工作的壓力與動力及處理社會事務的耐力與定力，使我們不得不由理想主義回歸現實主義，由功利主義回到理性主義。“理性之思想”和“自由之精神”，如何才能保持和保鮮？吾將上下而求索！

五　飽享人生之義

教書人、讀書人和寫書人。書教了若干年，還在繼續教和認真教，想教出名堂和業績；書讀了千百卷，還在繼續讀和仔細讀，想讀出真知和真理；書寫了幾卷本，還在繼續寫和用心寫，想寫出心得和體會。教書是傳道、授業和解惑，它可以品評經典語錄、把捉基本思想和解讀核心觀點，也可以闡明學術立場、闡述個人觀點和闡揚研究方法；讀書是知人、知世和知情，它可以觀賞別人的內心世界、欣賞他人的精神追求和讚賞學人的價值目標，也可以採集文化資訊、搜集思想材料和彙集哲學思維；寫書是立意、言志和達標，它可以展示自己的精神空間、展現自身的價值追求和呈現自我的創作願景。教書、讀書和寫書乃是“三位一體”的關係，出入其中，徜徉其內，尋找門徑，探求門道，豐富閱歷，享受人生。

管理者、服務者和志願者。管理乃計畫、組織、協調、控制的統一體，應該做到精細管理、科學管理和依法管理，而面對高等院校社會科學類專業建設與學科發展等工作，面向人才培養、科學研究、社會服務和文化傳承創新等目標，在管理過程中受盡了喜怒哀樂，嘗盡了甜酸苦辣，看盡了陰晴圓缺。受苦，受累，還受氣！服務乃誠信、誠實、誠篤、誠懇的聯合體，應該做到精准服務、精心服務和精到服務，而面對專業背景不同、學科素養有別、思維方式和行為模式各異等情形，面向邊疆民族地區的特點、理工科見長的高校、人文素養偏低的群體等現實，在服務過程中費盡了口舌和說辭，耗盡了體力和精力，花盡了智力和能力。流血，流汗，還流淚！志願乃無償、義務、免費、奉獻的結合體，應該做到無私志願、無怨志願和無悔志願，而面對志願資源不足、志願對象不良和志願效果不佳等境況，面向志願方式不妥、志願渠道不暢和志願前景不明等景況，在志願過程中損傷了志願意願，損害了志願隊伍，損失了志願機會。費心，費力，還費神！

指揮者、戰鬥者和救援者。指揮乃指導政策、指明方向和指示目標，應該做到決策科學、規劃合理和計畫可行，但往往受制於執行環境、落實條件和群體基礎等因素而不能一以貫之或心想事成，欲追求事半功倍的效果，卻收穫事倍功半的現實，或一呼百應的局面未曾出現，涉險過關的情形如影隨形。例如，在指揮“思想政治理論課”教師團隊時，努力追求政治性、政策性、針對性和實效性的有機統一，但僅僅做到了完成任務而未達成圓滿完成任務；在指導法學類學科專業教師團隊時，不懈探索“法學專業建設要學會走路”和“社會工作專業建設要學會趟路”的關係，但始終走在“兩個專業的平衡與失衡關係”向“三個專業的制衡與均衡關係”的轉型之路上，最後仍未跳出人文社會科學類專業“申報—評審—再申報”的循環之列。戰鬥乃實施政策、指向目標和付諸行動，應該做到有令必行、有禁必止和知行合一，但奉行上有政策、下有對策者大有人在，我行我素、特立獨行者不乏其人，置身事外、坐山觀虎者亦不鮮見，一些人不是執意享受參與過程，而是在意分享勝利成果，導致付出實際行動者缺乏成就感和榮譽感，而袖手旁觀者往往坐享其成。救援乃補充力量、收拾殘局和力挽狂瀾，應該做到有求必應、來者不拒和解危濟困，但隔岸觀火者有之，熟視無睹者有之，高高掛起者有之，一些人不願意介入處於危難之境的事物或現象，總是希望進入順風順水的良性運行的局面或狀態，往往錯失了以一己之力救人於險境或救事於困境的機會和機遇。多年來，自身的角色重疊、角色多元和角色衝突等事例屢見不鮮，且已習以為常，這是一種值得珍藏的回憶，一段耐人尋味的經歷。

學習者、問路者和求索者。我們虛心向社會、實踐、經驗、前輩、他人和書本學習，爭取實現活到老、學到老的人生目標，努力達成終生學習或終身學習的人生追求，在學與思的互動關係中找視角、寬視野和達境界。人生有涯，學海無涯。我們用心向專家學者、向文獻資源、向網絡系統和向大千世界問路，爭取做到有疑必問，努力實現有問必答，在問與答的閉合關係中長知識、增見識和拓才識。他山之石，可以攻玉。我們潛心向已知世界、未知領域、真知灼見和懸而未決求索，在求與取的雙向關係中尋平衡、探路徑和成願景。路漫漫兮，上下求索。志學、問學和求學，我們將風雨無阻，一往無前。向學、治學和研學，我們將義無反顧，一往直前。

求助者、受助者和自助者。在中國傳統思想文化的影響下，人們面臨困難和擺脫困境時，經常表現為“被動發現”的狀況而不是“主動求助”的情形，但我們積極申報科研課題——獲批國家社會科學基金項目的資助，用心挑選出版單位——獲得中國社會科學出版社的青睞等，實現了“求助—受助—自助”的良性發展。在科學研究的局限性和科學認識的漸進性等制約下，致使科研成果有待於歷史的考驗、實踐的檢驗和學界的察驗，學術事業遵循著“跟行—同行—前行”的基本路徑。在整理神道文獻和研究帝陵神道的進程中，家人的鼎力相助正如“雪中送炭”，出版社的策劃、編輯和錄改恰似“錦上添花”，著者心存感激，心生敬意，心無旁騖，一心向學。